三

軍事化學總部

火藥部

論説

綜述

傳記

紀事

圖録

藝文

雜録

兵器軍備部

論説

綜述

傳記

紀事

圖録

藝文

雜録

金丹化學總部

綜合部

綜述

傳記

劉　安

劉　向

寇謙之

韋文秀

鮑　靚

葛　玄

葛　洪

陶弘景

張遠遊

孫思邈

孟　詵

張　果

劉道合

丹道理論部

藝文

雜録

鉛汞化學部

論説

綜述

藝文

雜録

金銀化學部

題解

論説

綜述

雜録

雜藥化學部

論説

綜述

藝文

雜録

方法部

水法分部

題解

綜述

泥法分部

綜述

火法分部

論説

綜述

器具設備部

綜述

圖録

服餌與丹毒部

引用書目

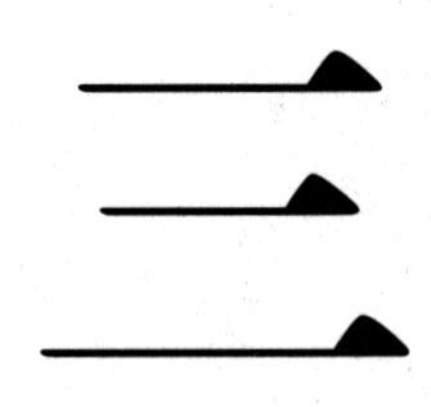

軍事化學總部

火藥部

論説

明・焦玉《火龍經》卷上《火攻總説》 東寧伯曰，兵家藉火器以禦敵，若迅雷不及掩耳，其威莫測，而其機最神。自我太祖、成祖用爲先鋒，以驅羣兇，滌腥穢，收之内庫，以示慎重。此中國之長技，而蠻夷之所由落膽者也。邇來虜夷交訌，戎事鞅掌，入幕而譚火器之利者，十之六七。其制度之工拙，名號之奇巧，類各不同。余嘗著《帷問答問》者辯之詳已。總之，地有南北，勢有夷險，而用之有圓機，要非淺智之夫所能窺度其妙者。今彙輯成篇，并繫《圖説》，以便觀覽，則在當機應敵之而已。

明・茅元儀《火龍經三集》卷上

輯火攻説

茅元儀曰，兵家藉火器以禦敵，若迅雷不及掩耳，其威莫測，而其機最神。自我二祖用爲先鋒，以驅羣兇，滌腥穢，收之内庫，以示慎重。此中國之長技，而蠻夷之所由落膽者也。邇來虜夷交訌，戎事鞅掌，入幕而譚火器之利者十之六七，其制度之工拙，名號之奇巧，類各不同。余嘗著《帷問答問》者辯之詳已。總之，地有南北，勢有夷險，而用之有圓機，要非淺智之夫所能窺度其妙者。至若火馬可以衝陣，石油可以焚舟，水底雷鳴可以碎敵艦，余未敢行。吾所疑且未敢以誣同志，迺舉諸器中所最利而最效者，輯之成篇，并繫《圖説》以便觀覽。嗟夫！師曠不世出，而天下不能廢五音。公輸不世出，而天下不能廢方員。田單、孔明不世出，而天下不能廢火戰。是在當機應敵者，以智運之而已矣。

火攻論略

王鳴鶴曰，大哉火之爲用乎！蕩滌腥穢也，運用死力決勝於斯須之際；制勝惟神，克敵於呼吸之間。古人之用火攻者，尚矣！至於我朝獨得其用，撻伐夷虜，皆以火取勝。故設神機營以肘火器，誠重之也。嗚呼！得火器而善用之者，斯可以行師矣。

兵法曰，凡火攻有五：一曰火人，二曰火積，三曰火輜，四曰火庫，五曰火隊。所謂火人者，焚其營柵及其士卒，駭而攻之，必潰也。所謂火積者，焚其糧食、薪芻，軍無以存也。所謂火輜者，器械、財貨及軍士衣裝，在道未止者也。所謂火庫者，軍在營壘，已有止舍也。二者焚之，使其乏絶也。所謂火隊者，焚其行伍，因亂擊之可獲也。此五者，滅敵之大利矣。

煙火必素具，發火必有時，起火必有日。所謂時者，天之燥也。日者，宿在箕、壁、翼、軫也。此四宿者，風起之日也。

火攻，必因五火之變而應之。火發于内，則軍應之于外。謂外必兵攻也。火發，兵静者待而勿攻，極其火力，可從而從之，不可從則止。謂大晝以來，若敵擾則攻之，不擾則收兵而退。火可發於外，無待於内，以時發之。若敵居草萊，則可從外及時放火，不必待内火發而應之，恐敵自撓草萊，我不能起火。火發上風，無攻下風。以兵隨風勢攻之。晝風久，夜風止，爲將者必知有五火之變，以數守之。須算星纏之數，守風起之日，乃可以發火。故曰以火佐攻者，明此之謂也。

明・焦勗《火攻挈要自序》 中國之火攻備矣，其書亦綦詳矣，似無容後人可贅一詞。然而時異勢殊，有難以今昔例論，深心者更不可不審機觀變，對症求藥之爲愈也。即古今兵法言之，如《武經總要》《武學大成》《武學樞機》《紀效新書》《練兵實紀》《練兵全書》《登壇必究》《武備志》《兵録》《一覽知兵》諸書，所載火攻頗稱詳備，然或有南北異宜、水陸殊用，或利昔而不利於今者，或更有摭拾太濫、無濟實用者，似非今日救急之善本也。至若火攻專書，稱《神威秘旨》《大德新書》《安攘秘着》，其中法制雖備，然多紛雜濫溢，無論是非可否，一槩刊録，種類雖多，而實效則少也。如《火龍經》《制勝録》《無敵真詮》諸書，索奇覓異，巧立名色，徒炫耳目，罕資實用。惟趙氏藏書海外《火攻神器圖説》《祝融佐理》，其中法則規制，悉皆西洋正傳。然以事關軍機，多有慎密不詳載、不明言者，以致不獲茲技之大觀，甚爲折衝者之所歉也。勗質性愚陋，不諳韜鈐，但以虜寇肆虐，民遭慘禍，因目擊艱危，感憤積弱，日究心於將略，博訪於奇人，就教於西師。更潛度彼己之情形，事機之利弊，時勢之變更，朝夕講究，再四研求，只爲癡憤所激然耳。乃二三知己，誤以勗爲深諳茲技，每問器索譜，勗茫無以應。因不揣鄙劣，姑就各書之要旨、師友之秘傳，及苦心之偶得，去繁就簡，刪浮採實，釋奥註明，聊述成帙，公諸同志以備參酌云爾。

崇禎癸未孟夏，後學焦勗謹識。

明·湯若望　焦勗《火攻挈要》卷上　槩論火攻總原

用兵之道，原以角勝而已，唯彼此角勝，則愈久愈變而愈得其精。自蚩尤始，變造五兵以勝徒手，黄帝再變，造甲冑以勝五兵，至春秋漸變而製弓弩礮石遠擊之技，又以勝短兵矣。孫子更變而用火攻焚人馬、焚糧草、焚輜重、焚府庫、焚營寨，謂之五火，更勝於兵器之利多矣。我國朝更製有神威發熕、滅虜狼機、三眼快鎗等器，置之軍中，更覺隨時可用，隨地可施。以此蕩平寇虜、廓清宇內，戰陣攻取，所至必克，此又勝於焚燒之技絶相遠矣。近來購來西洋大銃，其精工堅利、命中致遠、猛烈無敵，更勝諸器百千萬倍，若可恃爲天下後世鎮國之奇技矣。孰意我之奇技悉爲彼有，然則談火攻者豈宜拘執往見，槩恃爲勝着哉？深心兹道者，必更翻然易慮，詳察利弊，灼知近來所以不勝之故，默計將來所以致勝之方。如是講究，革故鼎新，條分縷析以求萬全，則庶幾乎可以語火攻之微意矣。

又　卷中　火攻根本總説

世之論兵法者咸稱火攻，論火攻者咸慕西洋。此言固爲定論，然而西銃之傳入於中國，不止數十餘處，其得利者止見於京城之固守，涿鹿之阻截，寧遠之力戰。與夫崇禎四年，某中丞令西洋十三人救援皮島，殄敵萬餘，是其猛烈無敵，著奇捷之效者此也。及遼陽、廣陵、濟南等處，俱有西銃不能自守，反以資敵。登州西銃甚多，徒付之人，而反以之攻我。昨救松錦之師，西銃不下數十門，亦盡爲敵有矣，深可歎者。同一銃法，彼何以歷建奇勳，此何以屢見敗績，是豈銃法之不善乎，抑以用法之不善耳。總之根本至要，蓋在智謀良將，平日博選壯士，久練精藝，膽壯心齊，審機應變，如法施用，則自能戰勝守固而攻克矣。不則，徒空有其器，空存其法，而付託不得其人，是猶以太阿利器而付嬰孩之手，未有不反以資敵而自取死耳。諺云：寶劍必付烈士，奇方必須良醫。則庶幾運用有法，斯可以得器之濟，得方之效矣。

綜述

佚名《黄帝九鼎神丹經訣》卷八　明化石爲水并硝石法

作三轉酒法

按：硝石味苦辛，實無毒，其五臟積熱，腹中止熱，止煩滿，消渴，利小便，久服輕身，天地至神之石。一名芒硝。出益州山谷，及武都、隴西、西羌，採無時節。

陶隱居云：主療與朴硝相似，經多用此硝化諸石，竟無正别。識者頃來尋訪，猶云與朴硝同山，所以朴硝、硝石名朴硝也。如此則非一種也。先時有人得一種石，其色理與朴硝大同小異，朏朏如握鹽雪不殊，燒之紫青烟起，仍成灰不停沸，如朴硝者，云真硝石也。一名芒硝。今芒硝乃是鍊朴硝作之，與皇甫説，並亦未得。窮研其驗效，當文證記耳。

化硝石法三十六水方

隴西屬秦州，在長安西羌中，今鞏昌以北，山有鹹土處，皆有之。皇甫士安説方無朴硝，可以硝石替之。硝石牛山之陰，鹽之膽也。取石脾與芒硝，以水煮之，一斛得一二斗，正白如雪，以水投中，即硝石。其味苦，無毒。三月採於赤山，朴硝亦得水即消。主療與硝石小異。按：此説即是芒硝煮成真硝石，但不知石脾復是何物。皇甫既是安定人，又明醫藥，或當詳鍊之。今益州人乃鍊礬石作硝石，雖服柔白而味，猶是礬石也。

《孔氏解散方》又云：熬鍊硝石，令汁盡沸定，如此硝石，猶是有汁也。今仙家所用硝石，須能化石爲用，於理未盡。又朴硝生於益州，故決山郡西川蠶陵二縣界山崖之中，色多青白，亦雜異斑，時人擇取白軟者，當硝石用之，燒汁沸出，狀如礬石也。仙經數云，硝石能化他石。今此又云能化石，必爾。可各試之。此朴硝經云，化七十二種石，鍊之如白銀，服之輕身神仙。已有寒熱澀滑辛苦鹹酸八種，又更能化石，即此朴硝之功，何異於硝石也。訣曰：硝石難得好者，不好則不能化雄黄、丹砂爲水也。若得真物，少先出數兩硝石，試化雄黄及他石，視之成與不成，若不能化石者，不可用，非真物也。形極似朴硝小虛軟，當先以一片子置火炭上，有紫烟出，仍成灰者爲上，若沸良久者，由是朴硝也。難得其真，亦宜必須先作雄黄、丹砂水試之，不然不可定也。

又　卷一六　明芒硝功力

芒硝出處

臣按：芒硝生於朴硝，生益州山谷。硝石，又云與朴硝同山，明三物功力及出處略同也。又朴硝，硝石朴也。雖非一物，大同小異。朏朏如握鹽雪，不冰强，又燒之紫青烟焰起，仍成灰，不沸無汁者，是硝石也。若沸而有汁者，即是朴硝也。若重據色理，則不可造次而分辨也。生山之陰地，有鹽鹹苦之水，則朴硝

生其陽也。出寧州者，云是正質也。

佚名《周易參同契》朱熹《周易參同契考異》卷中 丹砂木精，得金乃并。金水合處，木火爲侶。四者混沌，列爲龍虎。龍陽數奇，虎陰數偶。肝青爲父，肺白爲母。腎黑爲子，脾黄爲祖。三物一家，都歸戊己。剛柔迭興，更歷分部。龍西虎東，建緯卯酉。刑德並會，相見懽喜。刑主伏殺，德主生起。二月榆死，魁臨於卯。八月麥生，天罡據酉。子南午北，互爲綱紀。九一之數，終則復始。含元抱真，播精於子。關關雎鳩，在河之洲。窈窕淑女，君子好逑。雄不獨處，雌不孤居。玄武龜蛇，盤糾相扶。以明牝牡，畢竟相胥。假使二女共室，顔色甚姝。令蘇秦通言，張儀結媒。發辯利舌，奮舒美辭。推心調諧，使爲夫妻。弊髮腐齒，終不相知。若藥物非種，名類不同。分劑參差，失其紀綱。雖黄帝臨爐，太一降坐，八公擣鍊，淮南執火，立宇崇壇，玉爲階陛，麟脯鳳腊，把籍長跪，祝章神祇，請哀諸鬼，沐浴齋戒，冀有所望，亦猶和膠補釜，以硇塗瘡，去冷加冰，除熱用湯，飛龜舞蛇，愈見乖張。

丹砂木精，得金乃并，即上章姹女、黄芽之意。心赤、脾黄二章，諸本無之，未詳孰是。龍虎子午，交錯方位，關關以下，又以二女明藥物之非種。

題鄭思遠《真元妙道要略》 黜假驗真鏡第一

有以硫黄、雄黄合硝石，并蜜燒之，焰起燒手面，及燼屋舍者。

又 凡硫黄伏火，有制藥之功。【略】唯硝石伏火，不能獨化五金、石硫黄，宜服養諸藥。硝石宜佐諸藥，多則敗藥。生者不可合三黄等燒，立見禍事。

凡硝石伏火了，赤炭火上試成油，入火不動者，即伏矣。若瓶内燒成汁者，即未。可知生熟，何爲耳。蓋緣硝石戀櫃，火炭上試之不伏者，纔入炭上，即便成焰。

晉·葛洪《抱朴子内篇》卷一一《仙藥》 又雄黄當得武都山所出者，純而無雜，其赤如雞冠，光明曄曄者，乃可用耳。其但純黄似雄黄色，無赤光者，不任以作仙藥，可以合理病藥耳。餌服之法，或以蒸煮之，或以酒餌，或先以硝石化爲水乃凝之，或以玄胴腸裹蒸之於赤土下，或以松脂和之，或以三物煉之，引之如布，白如冰。

宋·寇宗奭《本草衍義》卷五 石硫黄

今人用治下元虚冷，元氣將絶，久患寒泄，脾胃虚弱，垂命欲盡，服之無不效。中病當便已，不可盡劑。世人蓋知用而爲福，不知用久爲禍。此物損益兼行，若俱棄而不用，當倉卒之間，又可闕乎？或更以法製，拒火而又常服者，是亦弗思也。在《本經》則不言如此服食，但專治婦人。不知者，往往更以酒服，其可得乎？或臟中久冷，服之先利。如病勢危急，可加丸數服，少則不效，仍加附子、乾薑、桂。

佚名《諸家神品丹法》卷五

孫真人丹經内伏硫黄法

硫黄一兩，硝石一兩，硇砂半兩。

右三味爲末，甘鍋坯成汁，瀉入槽中，成伏矣。

黄三官人伏硫黄法

硫黄、灘石、白南礬各四兩。

生姜自然汁半碗，磨刀水半碗，將此水挼皂角五定，取汁半碗，化前三味藥成汁，如稀相似，以鐵器於火上煎乾爲末，括取末作匱，養三七日。

伏火硫黄法

硫黄、硝石各二兩。令研。

右用銷銀鍋，或砂罐子，入上件藥在内，掘一地坑，放鍋子在坑内，與地平，四面却以土填實，將皂角子不蛀者三箇，燒令存性，以鈐逐箇入之，候出盡焰，即就口上，着生熟炭三斤，簇煅之。候炭消三分之一，即去餘火，不用冷取之，即伏火矣。

佚名《鉛汞甲庚至寶集成》卷二 伏火礬法

硫二兩，硝二兩，馬兜鈴三錢半。

右爲末，拌勻，掘坑，入藥於罐，内與地平。將熟火一塊彈子大，下放裏面，煙漸起，以濕紙四五重蓋，用方磚兩片，捺以土塚之。候冷取出，其硫黄住。每白礬三兩，入伏火硫黄二兩爲末，大甘鍋一箇，以藥在内，扇成汁，傾石器中，其色如玉也。

元·陶宗儀《南村輟耕録》卷五 發燭

杭人削松木爲小片，其薄如紙，鎔硫黄塗木片頂分許，名曰發燭，又曰焠兒。蓋以發火及代燈燭用也。史載，周建德六年，齊后妃貧者以發燭爲業，豈即杭人之所製與。宋翰林學士陶公穀《清異録》云，夜有急，苦於作燈之緩。有知者，批杉條，染硫黄，置之待用。一與火遇，得燄穗然。既神之，呼引光奴。今遂有貨者，易名火寸。按此，則焠寸聲相近，字之譌也，然引光奴之名爲新。

又陶宗儀《墨娥小録》卷六《藝術戲劇》

煙火

玉蘂：硝一兩，黄五分，炭九分。

明火：即慢熖。硝一兩，黄四錢，炭五錢。

中熖：硝一兩，黄四錢，炭一錢。

緊熖：硝一兩，黄三錢半，炭一錢半。

紅火：硝一兩，黄五錢，加松香、黄丹。

平慢：硝一兩，黄一錢，炭五分。

平緊：即藥線藥也。硝一兩，黄一錢，炭四錢。

中平：硝一兩，黄一錢，炭三錢半。

水老鼠：硝一兩，黄一錢半，信錢半，炭八錢。

雪：硝一兩，滑石二錢，炭一錢半。

滿樹花：硝一兩，黄三錢七分半，炭一錢七分半。

藤條菊：硝一兩，黄三錢，炭三錢半。

水瓶花：凡瓶花筒子，先盤線在口内，用大平火些少打入，極要實。後入緊熖，加銕屑，打入要實。又用慢平火，打入一小段。再入滿樹藥，加銕屑，打入要實。再入慢平火一小段，却入爆杖藥，加緊熖，并銕屑打實。

金盞銀臺　中熖

白牡丹：中熖同敞口筒子打實。

北梨花：硝一兩，黄四錢，炭四錢，細銕屑。

鬪金雞：硝一兩，黄五分，炭四錢，黄火。　加瀝青。

白牡丹：硝一兩，黄二錢半，炭五錢。

西河柳：硝一兩，黄一錢，炭六錢。

錦屏風：中平，加中銕屑。

錦帶：中平，加細銕屑。

撒金錢：硝一兩，黄五分，炭五錢半，(加)中平，[加]銕屑。

金絲柳：平慢，加銅青。

壽帶：平慢，加大銕屑。

大金錢：平慢，加銕屑。

小金錢：平慢，加細銕屑。

撒金錢：平慢，加細銕屑、錫珠。

松竹梅：玉蘂，加細銕屑。

蘭花：玉蘂，加中銕屑，扎口，筒子厚。

賽月明：硝一兩，黄一錢，雄黄一錢。

紫蒲萄：以雪糕爲丸，入硫黄，要極乾。　次以薄紙成囊藥線化去紙。

又　卷一一《丹房燒鍊》

出伏血法四條。

每仗一兩，入砒半錢，巴荳、斑猫各等分，同入鍋作汁。　傾入白酒脚中，依此數次，以白爲度。

每仗一兩，作汁後投伏硝如皂子大，二三番却將瓦塊或炭攪去血，凈。

每仗依上法傾入地栗汁中數次，盡白，且易作汁。

每仗作汁後，投制砒點了，傾入虀水中三次，虀水以酒、醋、鹽三件水調和之。

合鬪藥法二條。

每伏硝二兩，黄丹七兩，琉璃末一兩，同乳，入鍋作汁，傾出，放冷。　加金鼎些少，乳細用。　或加煅硼砂二兩半，同作汁亦可。

鹽炒乾，同和黄丹用。

伏硫法二條。

硫用韮菜搗汁懸胎煑五日，入合封固，虗養七日，已真死矣。

桑柴燒灰淋汁，和韮汁并五加、地榆燒灰淋汁少許，同煑三日，入合封固養。如無韮菜時月，以五加、地榆代煑。

伏硝法

皂角燒烟熏砂鍋，極厚，鎔硝作汁。　以去殼江子逐顆投入，候鬼熖盡，再投一顆。每一兩用二十餘顆，傾出用。

一法，依上法，止不用江子。

明・李東陽等《明會典》卷一九三《工部一三・軍器軍裝二》　火器

凡火器成造，永樂元年奏准，銃砲用熟銅，或生熟銅相兼鑄造。　弘治九年，令造銅手銃，重五六斤至十斤。又令，神鎗神砲在外不許擅造。　遇邊官奏討，工部奏行内府兵仗局，照數鑄給。　正德十二年題准，盔袋火桶等件，南京兵仗局造解。　鐸木、箭竹，兩廣採辦。　嘉靖四十二年題准，内局鑄各邊火器、演試炸破者，發局陪料改造，仍查究經造員役。

凡火器編號，正統十年題准，軍器局造椀口銅銃，編勝字號。景泰元年，改編天威字。天順元年，仍編勝字。成化四年題准，手把銅銃編列字。

弘治以前定例

軍器鞍轡二局三年一造：

椀口銅銃三千箇，手把銅銃三千把，銃箭頭九萬箇，信砲三千箇，椵木馬子三萬箇，檀木楂子三千箇，檀木送子三千根，檀木馬子九萬箇。

兵仗局：

火車，火傘，大將軍，二將軍，三將軍，奪門將軍，神鎗，神銃，斬馬銃，手把銅銃，手把鐵銃，椀口銃，一窩蜂，神機箭，銃箭，襄陽砲，信砲，盞口砲，神砲，大樣神機砲，小樣神機砲，椀口砲，銅砲，大砲，小砲，旋風銅砲，砲裏砲。

弘治以後續增

軍器局造：

四眼鐵鎗，嘉靖二十五年造。

各號雙頭鐵鎗，內三號、四號、六號、七號，俱嘉靖四十年造。

夾靶鐵手鎗，嘉靖三十四年造，四十年、四十三年又造。

大樣、中樣、小樣佛朗機銅銃，大樣，嘉靖二年造三十二副，發各邊試用。管用銅鑄，長二尺八寸五分，重三百餘斤，每把另用短提銃四把，輪流實藥腹內，更迭發之。中樣，嘉靖二十二年，將手把銃碗口銅銃改造，每年一百五副。又停年例銃砲、銃箭、石子麻兜馬子等件，添造一百副。小樣，嘉靖七年造四千副，發各營城堡備敵。重減大銃三分之一，八年，又造三百副。二十三年，造馬上使用小佛朗機一千副。四十三年，又造一百副。

佛朗機鐵銃，嘉靖四十年造。

木廂銅銃，

觔繳樺皮鐵銃，上二器俱嘉靖二十四年造。

十眼銅銃，嘉靖二十五年造。

七眼銅砲，

十眼銅砲。上二器俱嘉靖二十八年造。

兵仗局造：

四將軍，

五將軍，

九龍筒，正德十二年造。

飛鎗筒，

快鎗，上二器俱弘治十三年造。

無敵手銃，即神鎗，但稍長，重十六斤。嘉靖七年，用黄銅鑄一百六十副，發各邊試驗。

鳥嘴銃，嘉靖三十七年造一萬把。

流星砲，嘉靖七年，用黄銅鑄一百六十副，發各邊試驗，式如佛朗機。每副砲三節，共重五十九斤一十四兩。

三出連珠砲，式如神機，其長倍之。每桿三分之，以次實藥，發亦如之。人可持放。

百出先鋒砲，式如佛朗機樍，其筒十之六，納小砲十，繫火繩於筒外，連發連納。末有銃鋒如戈形，長六寸，以代鐵鎗。一人持放，馬上亦可。

鐵棒雷飛砲，式如毒火飛砲，少變輕，約每砲長尺許，上廣下窄。敵遠用以衝擊，近則揮爲鐵棒，連鎧甲楂撻之。

火獸布地雷砲，刳木爲筒，長一尺五寸，圍四寸，繫火砲有機通火線，有候略如毒火飛砲法。凡馬騾一，負筒六。筒一，繫砲七。驅而放之。上四器俱嘉靖二十五年題造，給發各邊。四十三年，又造連珠砲三百桿，京營用。

虎尾鐵砲，

石榴砲，上二器俱嘉靖四十三年題准，行局查給。

龍虎砲，

發熕火器，上二器皆隆慶三年題，照浙直軍門式樣料造，各二十架，京城備用。

各邊自造：正統十四年，四川；弘治四年，湖廣、廣西；正德六年，青州、左衛；七年，徐州；十二年，涼州，俱准自造銅將軍神銃等器。

千里銃，式如概狀，實藥其中，繫於帶下。卒然遇賊，舉手可放。嘉靖四十四年題准，遼東自造。

毒火飛砲，用熟鐵造，似盞口，將軍內裝火藥十兩有餘，盞口內盛生鐵，飛砲一箇，內裝礦硫毒藥五兩，藥線總縛一處，點火大砲先響，將飛砲打於二百步外，暴碎傷人。

連珠佛朗機砲。用熟鐵造，二管合爲一柄，每管各盛小砲一箇，二二接連點放。上二器俱嘉靖二十三年題准，山西三關自造。

火藥、硫黄遇缺召買，焰硝每十年題派二百萬斤。或缺，亦如數召買，每三年兵仗局關領一次。硫黄一萬六千六百六十六斤，硝三萬三千三百三十三斤。

鉛彈，嘉靖四十三年令，京營演放火器，改用鉛彈。舊用泥彈。隆慶二年，改鑄鐵彈。五年後，改鉛彈。日記損失，止操奏補。

凡關領火器，舊例征進每隊給神鎗八把，神銃二箇，哈喇蠢袋火藥全。

凡九門軍器，嘉靖二十一年題准，行戊字庫，放弓箭、撒袋、腰刀一萬六百四十一副，給巡捕九門官軍，免其交還。三十年議准，將戊字庫節年收貯長圓挨牌，共二十六萬有餘，運送九門城樓堆放。四十一年題准，將各門堆放軍火器械，逐一查明，分别應存應發，并損壞短少數目，造册呈報。除該存留外，發兵仗軍器等局交收。　隆慶元年議准，各門存留器械，清查修換，仍貯各門庫內，責令守門指揮等官看守。置立循環簿，每年五月內兵工二部委官，會同照册查盤，不許損失。又以朝陽、東直、安定、德勝四門通行要路，廣渠、東便二門切近運河，各門除原用連珠砲、快鎗、夾靶鎗外，添給中樣鐵佛朗機二十架，一窩蜂砲六位，快鎗四十桿。

凡各邊奏討軍器，舊例，天下衛所歲造軍器在邊鎮者，留本處給軍。在腹裏者，解戊字庫，專備京營官軍領用，并無别項供應邊討之費。　正德四年，以宣府當虜要衝，奏准給熟鐵二十萬斤。　嘉靖十七年議准，工部先咨取各邊合用各色，行局成造。每遇造完，即開數目，送部委官查驗候給。二十二年，准發銀四千兩。後令每五年行甲字庫，止關熟鐵十五萬斤。四十一年題准，各邊不許違例奏討。

凡各邊奏討火器，正統七年，密雲奏討數多，減半給與。　嘉靖四十三年，薊鎮奏討火器，該局缺少，令以便利火器抵給。　隆慶五年題准，宣大每五年，例領神箭一萬枝，每枝改折鉛彈四箇，每箇重六錢，以後年分給荒鉛一千五百斤，送鎮造用。　今例薊鎮，三年關領火器一次，宣府五年一次，遼東延綏三年關領硫黃燄硝一次，遼東黃二千斤，硝三萬斤。延綏黃三千五百斤。宣府、寧夏、甘肅，俱五年一次。宣府黃一萬斤，硝五萬斤，寧夏甘肅黃三千斤。

凡軍器禁例，景泰五年令，各處守備官採取雜木製鋭箭火藥操演，務在密切關防，不得漏洩法式。違者從重治罪。　正德六年奏准，應禁軍器，除弓箭刀鎗外，凡盔甲、旁牌、火筒、火砲、旗纛號帶，不許私家製造。有故違者，在內拏送法司，在外拏送巡按御史，從重問罪。

明·焦玉《火龍經》卷上　神火藥，偷營劫寨衝鋒破敵用之：石黃，燒酒浸麻油炒，曬乾，爲君。雄黃，雌黃，硫黃，黑砒，蘆花，艾肭，松香，豆末，乾糞，巴霜，硝火，箬灰，柳灰，銀杏葉。

毒火藥，破陣用之。賊聞其氣，昏眩臥倒，又燎皮肉：鐵脚砒，杉灰，柳灰，骨灰，金頂砒，川烏，草烏，巴霜，爛骨草，南星，半夏，斑毛，斷腸草，狼毒，乾糞，乾漆，蛇埋草，硝火，硫火，雄黃，蝦蟆油，金汁，銀銹，石黃，生姜汁，烟膏，艾肭，松香，牙皂角。

烈火藥，燒營，燒糧，燒賊，燒馬用之：銀杏葉，硝火，硫火，艾肭，樺皮灰，柳灰，箬灰，斑毛，鐵脚砒，石黃，雄黃，松香，黃豆末。

飛火藥，衝陣刦寨，焚糧燒賊，水陸馬步俱用之：蘆花，桐油拌，曬。松香，豆黃，銀杏葉，乾糞，硝火，硫火，皂角末，斑毛，箬灰，柳灰，樺皮灰，石黃。

法火藥，最利害一物，不得見一步不可行，生擒賊兵用此：良姜，乾姜，軍姜，胡姜，川辛，胡辛，黑蓼，赤蓼，榆皂，大皂，石黃，雄黃，硝火，硫火，箬灰，樺灰，人精，松香，柳灰，礦灰，燒酒拌，炒。白信。巴油拌，曬。

烟火藥，著賊皮肉立爛，見血封喉：鐵砂，瓷鋒，磠砂，銀銹，桐油，虎藥，硝火，硫火，箬灰，樺灰，柳灰，斑毛，人中汁。炒。

逆風火藥，風逆愈勁，烟燄蔽天：狼糞，艾肭，斑毛，江豚骨，箬灰，樺灰，杉灰，江豚油，硝火，硫火。

飛空火藥：樟腦七錢，松香二錢，石黃五錢。

共研極細末，用火酒調作團餅，如小酒盃大，曬乾聽用。

日起火藥：硝火一兩，杉灰九錢。

夜起火藥：硝火四兩，杉灰一兩，硫火二錢。

噴火藥：硝火二兩，杉灰三錢，硫火二錢，箬灰一兩，細砂七錢半。桐油、巴油炒。

爆火藥：硝火四兩，杉灰八分，硫火三錢。

砲火藥：硝火十兩，硫火六兩，葫灰二兩，箬灰二兩。石黃一兩，雄黃五錢。

水火藥：礦子石灰一斗，爲極細麪。川烏、草烏各二斤，桑霜，蕎霜，茄霜，蓼霜各一斤。紅砒、磠砂各一斤。

各爲極細麪，用燒酒十五盌、腊醋十五盌煮二烏，熬去十盌，去渣，將酒醋合熬成膏子，同前七味和膏一處慢火炒乾，仍研極細，仍入鍋炒成灰。冷定，手試隨縫而出方可成。或做紙砲，或做烟火花筒，俱於中間做小筒盛火藥。小筒週遭將毒烟藥築滿，照常紙砲點放。又曰，先天風火藥，特蓬殺爲主。先天水火藥，江豚油爲主。

火彈藥：杉灰一錢，樟腦七分，松脂三錢，硫火三錢。

共研細末，用火酒調勻，做小模子，打如櫻桃大，每箇約重二錢四五分爲度。仍要與鐵筒合堂口。

五里霧：木屑將桐油炒過，共和一處，要研極細，用布袋盛之。臨敵，人各量

帶，如遇順風，先傾予地，詐退百餘步，用走線點火，結成霾霧，曚蔽五里，人馬聞氣涕淚不絶，互相賤殺。尺出鳥鎗，驍騎追殺，此亦用兵一奇，出其不意，儘足破敵。

硝火百斤，杉灰五十斤。木屑五斗，紅砒五斤，人糞一斤，狼糞二斤，松香三十斤，雞糞一斗，硫火百斤，頭髮五斤。燒灰。

追魂霧：硝火十兩，硫火一兩，紅砒二兩，狼糞三兩，石黄一兩，毒蛇骨二兩，孔雀尾一兩。

共爲細末，作筒如南竹樣，長一尺八寸。將藥築緊，敞口，用木柄，臨敵上風放之者，中藥烟氣七竅血流，其人立殰。

烟毬毒藥：硝火二斤，硫火二斤，草烏五兩，巴豆五兩，狼毒五兩，桐油五兩，杉灰五兩，瀝青三兩，砒霜二兩，黄蠟一兩，竹茹、蔴茹各□兩。

右共搗合爲毬，貫以麻繩一條，長一丈二尺，重半斤。爲紘子再以故紙十二兩，麻皮十兩，瀝青、黄蠟各三兩，黄丹一兩，杉灰八兩搗合，敷于外。若其氣中人，則口鼻血出。此物放之，以害攻城人。

神火：硇砂一兩，針砂四兩，硫黄四兩，硝半斤，蝈硫一斤，爲末，好燒酒三斤拌汁，曬乾。炭二兩。

右共研極細，緊築于鎗内。臨敵發之，可燒賊人。

神烟：硝火一斤，樟腦一兩，輕粉一錢，石黄一斤，硫四兩，用小便煮過。炭三兩，砒四兩，陽起石一兩。

右爲極細，緊築于竹筒内，發之可迷百步，良久不散。

結烟：狼糞，石黄，雌黄，陽起石。

青烟：硝火二兩，樺皮一兩，硫火五分，青黛三錢，灰一錢。

紅烟：硝火一兩，松香二兩，黄丹一兩，瀝青八分。

紫烟：硝火一兩，硫火三錢，紫粉五錢，麻油少許。

白烟：硝火一兩，硫火五錢，鉛粉四分，灰一錢。

黑烟：硝火一兩，硫火二錢，木煤三錢，灰三錢，生皂角三錢。

按：此五烟方，乃黑夜白日埋伏要地爲號記認之法也。

又 火龍神器陣法

火攻藥法

火攻之藥，硝黄爲之君，木灰爲之臣，諸毒火藥爲之佐，諸氣藥爲之佐使。然必知藥性之宜，斯得火攻之妙。硝性主直，直發者以硝爲主。硫黄性横，横發者以黄爲主。灰主爲火，火各不同，以灰爲主，有箬灰、柳灰、杉灰、樺灰、葫蘆灰、蜀葵根灰、老茅竹根灰、茄楷灰之類。性直者主遠擊，硝九而黄一。性横者主爆，硝七而硫三。青楊爲灰，其性最鋭。枯杉爲灰，其性尤緩。箬葉爲灰，其性尤燥。雄黄氣高而火焰，神火以雄爲君。石黄氣猛而火烈，法火以石黄爲君。砒黄氣臭而火毒，毒火以砒黄爲君。金汁、銀銹、磠砂炒製鐵子、磁鋒，着人(火)則爛見骨，爛火藥内用之。牙皂、姜霜、椒末配合飛砂神霧，着人則立瞎雙睛，飛火藥内用之。草烏、巴豆、霜雷籐少加水馬虎藥，中人飲令水即解，加水馬，見水愈急。熬煎藥矢飛鎗，着人則見血封喉，賊着立斃火箭、火鎗、火弩等器用也。江子、常山、半夏，礜和川黄，製造噴筒、藥罐，着人則噤唇不語，噴火藥内用之。桐油、豆末、松香用利焚糧，劫寨、偷營，劫火藥内用之。人精、鐵汁、巴油，用破革車皮帳，攻城用此鎔化燒沸，傾注城下，洞透重革。狼屎烟晝黑夜紅，遞傳警報。江豕灰逆風愈勁，立顯奇功。凡火藥順風則發，逆風則不可用，加江豕灰配合諸藥，風愈逆而火愈熾矣。他如猛火油出占城國，得水愈熾，可燒濕物。九尾魚脂出波羅國，見風漫爆，無可遮攔。固皆難得之物，而爲將者亦不可不知也。

火攻兵戒

又 天罡神砲陣

天罡砲陣，員陣也。砲長二尺四寸，大如鴨卵，中藏鐵子二百餘枚，砲有提手，用木架發之。掩於中軍，分爲六門，每門六層，每層十砲，一門六十砲，六門共三百六十砲，陣名天罡，合其數也。每門各有號頭，悉聽中軍舉之，探賊將近二里之外，聽號迎賊舉放，賊被砲擊，無不糜爛，散亂奔潰，乘勢擊之，不戰自勝矣。殺人于二三里之外，誠爲火攻第一。

火龍捲地飛車

用木爲車，下設雙輪，使不欹側。上用大木攢刻獅象虎豹諸獸等形，腹藏諸藥火器，火從諸獸口中噴出，併神彈、神箭、神鎗次第而發，藥信盤曲，每一車用壯士四人，輪番推轉。兩傍設飛翅神牌摭擋矢石，牌留望眼以便觀看。車前裝利刃，上蘸虎藥，號旗一舉，輪轉如飛，冲入賊陣，百將莫當。若冲虜騎，尤爲神捷。

火龍神機櫃

火龍櫃者，用木作櫃，外畫龍文五彩，内藏神機火龍箭三十六枝，用藥製紙作筒，中藏發藥，桿用箭竹，頭裝鐵鏃，蘸以虎藥。尾後置翎毛鐵墜，蓋無墜則不能遠。櫃後總于一信，百櫃共三千六百枝。號砲一響，則百櫃齊發，殺賊甚衆，

不待交兵接刃，而敵自破矣。此櫃制度嚴密，不懼陰濕，且輕便，一人可持二櫃，可于遠征，水戰尤玅。

八面神威砲

砲用精銅鎔鑄，長五尺，後有燕尾，長二尺。下用木架，另鑄提心子銃五枚，每砲一架，用兵二人，一放一裝，八面旋轉，攻打不絶。中藏鉛彈鐵子數百枚，遠擊四五里，一彈可透數人，遇賊穿心透腹，着船板碎底裂，不勞于力而賊可擒矣。遠近之機在低昂之則，藥之多寡，準彈之重輕，水陸遠擊之利器也。

小竹將軍

此銃以竹爲之，長二尺四寸，外以細麻繩纏緊，内用蕩藥，不令火熾。三銃縛爲一處，狀如品字。銃末亦有照星，放一門，以二門爲托手，連續轉放，放完隨棄。一哨馬内可藏百門，一門三銃，一人可連放三百銃。今之鳥銃，放後尚要洗净裝藥，不啻半飯時，賊即近前，措手無及，有何益哉。此銃輕便，宜於遠征。

神行破陣火牌

牌用生牛皮爲之，畫以火龍、火獸。牌後暗藏神火、毒火、法火、爛火、飛火、烈火，各六筒。藥信盤曲，列于陣前。兩軍相對，號砲一響，先發火攻，次用滚法，甲士持刀上砍賊首，下斬馬足，亦迎敵之玅藝也。

燒天猛火無攔砲

用篾爲籃，外糊油紙，内則捲紙爲筒，中藏神火數種，火各不同。毒火、法火，能飛或走，飛火、噴火，或跳或躍，撲人眼目，燒人鬚髮。隨風四散，焚糧驚馬，勢不可遏。飛入賊陣，彼必自亂，乘機奮擊，大捷成矣。

霧毒神烟砲

用狼屎、艾腩、砒霜、雄黄、石黄、皂末、姜粉、蓼屑、椒沙、巴油等藥合成，藏于小砲中。用母砲發馬發之，打入城内，火發砲碎，烟霧四塞，燎賊滿目，鑽賊孔竅，焚賊衣凱，一物不可見，一技不可施，乘機而上，無不破矣。

毒龍噴火神筒

截竹爲筒，長五尺，以貯火藥，如爛火、毒火于上，懸于高竿之首，令壯士持之，突擁城下，乘風發之，飛空擊賊，烟熖撲着，盡皆跌倒。令驍將蟻附而登，内外相應，破之必矣。

神火飛鴉

用篾製，造形如飛鴉，外用紙糊，腹藏神烟、毒火、蒺黎、飛燕之類，尾後縛催火筒，酌量大小。黑夜用火鴉數百，乘風飛入敵城寨中，火起烟迷，賊心驚怖，乘亂擊之，必有功矣。

賊點頭

以竹爲之，下裝木柄，先入發藥在下，後入毒藥在上，毒藥以牙皂、石灰、胡椒、蓼末、皂莢、砒霜、狼毒等物合成。不拘水陸戰陣，務乘上風。造以數百枚，一齊發之，賊着此藥，眼即立瞎，噴涕不已，何暇對敵？可不戰而擒矣。

滑地神油

用鵞鴨雞卵清，盡去其黄，和以桐油，磁瓶注滿，浸塞其口。細繩爲絡，約離賊船二三丈，令力士擲過賊船，勢以擊碎，四散流溢。兼以風波洶湧，滑不可立。器一能施，況油沾船板惹火易焚，更于上風或揚神沙以迷其目，或施神火以冲其陣，或舉火砲以突其鋒，然錐小技，而取勝之功亦甚大矣。

地煞神機砲

砲用生鐵鎔鑄，可容藥五升，堅木爲馬，中藏諸毒火藥。料賊必至之處，預掘地深三尺，方員廣數十丈，將砲七十二箇埋伏四處，每砲隔一丈五尺用竹通節週圍連續，以引藥信。中用發藥一盆，藥信總于發藥盆内，上有火種盆，盆上置小旗一面，或令箭一枝，柄連火種，仍以土覆，毫不露形。或竟用鋼輪櫃一個，賊動其機，則火種墮于藥盆内，衆砲齊發，勢若山崩，人馬着之，蓋爲虀粉。若能消息伏之，列成虚營，森然隊伍，良有取也。

神機伏弩

伏弩之法，用堅木爲柄，角弓爲担。或用桑木、茅竹者。弩柄、弩弦各有機械，傍置一箭，俱蘸虎藥。料賊必經之處，埋伏于草莽中，或山林險隘處，一機撥動，衆弩齊發，勢如蜂攢，敵不能避，也罕知之。

神仙自發排乂銃

用大木鋸爲兩半，剜刻陷槽以嵌火器，外釘鐵鐶以安毒藥火。將鐵索懸于城垛外，内用鐵猫墜于城脚地下。玅在藥信盤曲有方，護以礬紙，以防陰雨。看賊勢緩急，量賊遠近，次第發出。縱賊兵百萬圍遶，可談笑却之。或不時開門，出奇兵擊之。爲將而知此，則在在金湯之固，而民倚之如長城矣。

又 攔火冲敵神飛篷

水戰之具，莫要于篷帆。江河湖海之間，四面波濤，篷帆一沾火藥，則我軍如何展布，必用晉石蜂脂，熬溶如水，將竹篾繩索箬葉等件皆浸極透，曬乾再浸，

再曬，以不染火爲度。編造篷帆，則火箭、火毬等件沾染不着。我軍可保無虞，而進可克敵矣。

渡水神機砲

砲藥俱與地雷一般，料在賊必渡之所，隔岸伏之。用竹通節，藏子水中，以引藥信。俟其半渡，此岸燃火，彼岸砲發，即揮兵亟擊，無不潰敗。縱有制之兵量，亦措手不及。

水底龍王砲

砲用生鐵溶鑄，大如籐斗，內藏諸毒火藥，并彈石等項入於牛脖，藥信貫於羊腸，膠漆嚴密，不容水滲。羊腸之尾連入一小木匣，匣内用香種、火香連藥信，匣上插鵞鴈翎以通香氣，使火不滅。將木排載砲三、五個，以石墜于水中，以細繩擊住木排，順流而下。量在敵船之底，香盡火發，船即粉碎。人見火發于水中，無不驚駭，我即乘亂擊之，彼雖强勁，亦如摧朽拉枯。

火攻製藥法

硝：十觔，用白蘿蔔十觔，打碎，入鍋熬爛，濾清，入硝于汁中，煮化，取起，冷，待結芽，去水净，慢火焙乾，研末。又用火酒十觔浸曬爲度，再研之，以壜貯之聽用。

硫：十觔，用麻油十五觔，入鍋熬化，油沉硫浮，以杓盛起，入水分胎去油，而硫自結，取起曬乾研末，壜盛聽用。

縱火諸藥品

桃花砒，紅。鐵甲砒，黑。瑪瑙砒，五色。潮腦，陰火。辰砂，砲。銀銹，爛。乾漆，火。巴油，盡爛火。江子，毒，吐。巴霜，毒。麻油，煑。桐油，燒。金汁，爛。蒜汁，毒。麻子油，砲。狼屎，熱烟直。天雄，熱焚。甘遂，逆。常山，嘔。川黄，利。鬼臼，毒。姜粉，達。鬧楊花，泛。牙皂，嚏。川烏，噤。草(馬)[烏]，鬧。鈎吻，斷。巴戟，毒。人精，毒。半夏，噤。(班猫)[斑蝥]，迅。狼毒，毒。江豚灰，逆。蜈蚣，毒。蝦蟆，毒。虺蛇，毒。盧蜂，毒。南星，毒。銀杏葉，灰。鐵甲蓮，毒。大小蓼，熱。竺黄，毒。腐骨草，爛。破血草，枯血。梨蘆，嘔。方勝蛇，毒。封喉草，噤。斷腸草，斷。蘆花，火。芫花，鬧，毒。礦灰，斷。附子，熱。蝰蛇，毒。墨記草，毒。鶴頂紅，毒。蒲苍，火。射乾。毒。

右藥製煉神火、毒火、法火、爛火、飛火、爆火，各配合有方，煆煉有法，用酌其多寡，不得差毫厘，斯爲得法也。

煑箭砂

用篩過生鐵砂如菜子大，每觔用石灰、炭灰各一斗築實于落底桶內，用滚湯淋水十碗，加入硇砂二兩，銀銹頭四兩，巴豆肉一兩，皂角末四兩，將砂共入罐煑乾，炒半日。再用好滴醋洗砂(静)[净]，又以火酒浸净，仍煑乾，焙炒通紅，燥，聽用。

無敵毒龍神火詩即名神烟、神水、神砂。

二十八宿按天曹，二十八味神藥苗。開天闢地安邦國，用之鬼哭與神號。地埋一味獨爲尊，上應天垣角木星。此味一觔各二兩，誅邪滅亂顯威靈。上風揚去號神砂，迷人眼目立昏花。砲中發去號神烟，九竅須臾噴血鮮。但得毫厘鑽鼻孔，腦漿流出命歸泉。注于溪澗號神水，寸腸烈斷肝腸碎。迎風送入賊營中，百萬軍兵一掃光。不用干戈并汗馬，奪取凌烟第一功。

神火詩偷營刼寨、衝鋒破陣用之。

神火燒烟第一方，石黄味毒最難當。燒酒浸透麻油炒，足用二斤性太剛。加上雌黄並黑信，蘆花艾朒與松香。豆末攪和銀杏葉，更加乾屎共巴霜。松香二斤餘四兩，三七匀分火藥强。飛雲砲裡深藏貯，落地喧天放火光。噴霧噴烟紅滿塞，賊兵千萬盡皆傷。破陣衝鋒能利害，且焚衣甲及輜糧。

神火藥方

石黄二斤，用巴油、麻油砂。蘆花二斤，用桐油拌。黑砒三斤，巴油浸曬。巴霜一斤四兩，雄黄一斤，雌黄一斤，用巴油浸。艾朒二斤半，鈎吻三斤，川黄一斤四兩，松香三斤，豆末一斤六兩，乾屎十三兩，銀杏葉一斤半，甘遂一斤，浸巴油。草烏二斤，蝰蛇一斤，江子油浸。鐵甲蓮十四兩。與前火藥三七配用。

毒火詩破陣用之，賊聞其氣昏迷跌倒，着面腐爛。

黑砒先搗巴油浸，毒氣冲人嘔見心。乾漆細研乾屎炒，松香艾朒要匀停。雄黄一味爲君主，透出光明用一斤。石黄諸品各四兩，四六火藥配分明。裝入砲中冲打去，破陣開鋒便殺人。

毒火藥方

黑砒三斤，巴油浸曬極乾。乾漆三斤半，乾屎一斤，松香三斤十兩，石黄一斤三兩，艾朒一斤半，方勝蛇二斤十二兩，南星十二兩，巴油浸。蝦麻三斤，銀銹一斤，鐵砂、硇砂、磁炒各一斤，雄黄二斤。與前火藥四六配用。

烈火詩燒營寨焚糧馬用。

銀杏、松香各一斤，二斤硫火要匀停。石黄雄信各三兩，提過明硝要七斤。

每斤四兩灰爲使，劫寨燒營最有名。

烈火藥方

銀杏葉、豆末、松香各一斤，石黄、雄黄各三兩，白砒三兩，净硝七斤，灰二十八兩，大小蓼十二兩，黎蘆一斤二兩，芫花二斤半，水銀八兩，鬼臼子八兩，商陸大兩，蘆蜂一斤，巴油浸炒。紅砒一斤，巴油浸曬。虺蛇六兩，巴油浸曬。巴戟一斤半，桐油浸焙。金汁、蒜汁各二斤，俱將虺蛇末浸乾，共搗如麪用。

飛火詩刦寨焚糧，水陸並用。

蘆花合用桐油拌，密室攤乾仔細藏。一毫風日不可見，一見之時放火光。此件十觔不可少，更配松香與豆黄。銀杏細羅乾屎配，更加皂末要相當。松香二斤各斤半，一一分明不可忘。却用火藥三七配，霹靂臨風烈焰揚。燒人衣甲攢人眼，滿面肥膚爛似瘡。鐃彼敵兵雄百萬，砲響連聲一掃光。

飛火藥方

蘆花寸斤，桐油拌濕、陰乾，不可見一毫風日，否則自焚。松香二斤，豆末、銀杏葉、乾屎、皂末各斤半，蛇埋草净末十斤。火中聖藥。用煎藥三七配用。

法火詩此藥劑利害，即一物不見，寸步難行。用之擒賊。

姜末爲君足十斤，二椒一蓼細羅成。白砒須用巴油拌，礦灰火酒製酒精。六味各加斤半足，烏梅净末一斤匀。諸味攢成和一處，便將紙砲巧裝盛。週圍却把松香蘸，霹靂小砲在中心。砲響一聲如吐霧，迷人鼻竅瞎人睛。眩暈昏花無可奈，噴涕連天不絶聲。一物不見不可走，滿營撩亂自縱横。揮兵一湧前追殺，個個生擒與活擒。

法火藥方

良姜二斤，乾姜粉三斤半，牙皂三斤，川椒、胡椒、辣蓼各一斤，銀銹、豆末各一斤，松香二斤，狼屎半斤，江豕灰一斤半，常山三斤半。巴油浸。

爛火詩着肉即爛，見血封喉。

鐵子磁鋒巴豆粒，磠砂銀銹人中汁。連浸三朝火焙乾，再把桐油炒燥烈。取將虎藥輕輕滚，一砲不過三二合。假使賊兵十萬餘，此砲只須三四十。飛雲行入賊營中，霹靂一聲天地烈。攢人孔竅透人腸，見血封喉不可當。頃刻横尸滿戰場，此是火攻真竗訣。

爛火藥方

鐵子，磁鋒，巴豆，磠砂，銀銹，人中汁，桐油炒，蘸虎藥配後藥。蘆花二斤半，豆黄一斤，巴油浸。銀杏葉半斤，皂末三斤，乾屎三斤，松香三斤半，半夏一斤四兩，川烏三斤，巴油浸。斷腸草三斤半，破血草五斤，天雄十三刃，附子一斤半，蜈蚣三斤，巴油浸。鬧楊花三斤，桐油拌。潮腦六兩。

已上六火神方，依法配合，功大無可當。

迷風火詩烟焰蘸天，逆風愈勁。

狼屎多收與艾肭，須教加入江豕骨。骨閃爲灰肉煉油，油拌硝黄灰性烈。曬焙須當用極乾，逆風愈勁真奇砲。還當二八配分明，火攻陣裡神仙訣。

逆風火藥方

飛、毒、神三火各用一斤，加硝一斤，硫六兩，箬、葫、柳三灰各三兩，班猫一兩，硃砂三錢，水銀叁錢。研令極細，如遇風逆，諸火不利，用此獨神。

後火法

凡燒篷帆、營寨，火箭必用後火，製須精妙，乃不誤事。凡送藥筒長五寸，加一寸五分，打足送藥，再加發藥一匙，即將楷就紙錢置藥上，藥線分開四路，直透筒口。再下黄土一分隔之，方入後火藥，用木捍寔，將藥線頭掾伏藥口，用紙三層封固爲度。

火龍神器諸藥方

火種藥：不灰木十斤，礦灰二十兩，鐵衣二十兩，栗炭灰六十兩，蜀葵根灰三兩，有此悶不息。柳木灰三十兩，鐵末極細者十兩，茅竹根灰二十兩。共爲木，煑紅棗肉，爲丸如胡桃大。每一兩管一月，須要乾灰深埋之。

噴火藥：净硝二百兩，硫黄四十五兩，細砂七十五兩，巴油灰三十五兩。如法製配得宜。

地雷藥：净硝一百兩，硫黄四十兩，密陀僧四十兩，柳木灰二十兩。要横紋者。如法製配得宜。

砲藥：硝二百兩，硫四十五兩，班猫四兩，一方不用此味。灰三十兩。如法製配得宜。

鳥銃藥：硝十斤，硫一斤，柳灰青直者。二斤。藥水製搗幾萬下，用手試。

火彈藥：硝十兩，硫六兩，雄一兩五錢，磠三兩，灰五錢。隨大小做之。

劣火藥：硝一斤，硫四兩，灰四兩，砒一兩六錢，細鐵粉一兩。配匀隨用。

常銃藥：硝一斤，硫二兩，灰四兩。如法研搗製度。

送藥：硝六斤，硫五兩，灰二十七兩。研羅如法。

藥信：净硝一斤，硫三兩三錢，灰三兩二錢。一方，再硝十斤，用黄五兩，灰三兩，班猫四兩。法以黄多，研水臼椿幾萬下，勿容成塊。入銃月餘且不濘口，全在搗碾之功也。

鎗上毒火法

硝、巴、班各一兩，砒、磁、屑各五錢，硫一兩五錢，灰三兩，小鐵子二兩。

製磁屑法

每屑一斤，如米粒大者，用砒、硫各四兩，巴霜一兩，慢火共炒過，任用。

製纏身火法

用棉花子打碎，用硫黄炒過，又用松香末炒，滾如芡實大。或入流星紙筒内，放之粘身不落也。

緊藥信法

硝四兩，黄四錢，蓁柴灰一兩，人言一錢。爲細末，火酒拌煑過，乾爲度。煑藥火候先文後武，其藥信緊急用之。

飛線法

硝四兩，黄三錢，麻楷灰一兩，信三錢，班猫一錢。研細，火酒拌匀，照前方煑製。

以上諸品藥，必先將硝提净，硫亦去脚，各研極細，即入製水煎溶，方令銃灰、砲灰并用藥漸投拌和，隨將木臼、木杵搗幾萬餘下，乾則加水，以禦木火。塊即研細，約如飛麪。砲藥試無白點，銃藥燃不手熱。又須安置停妥，常令乾燥各各如法，斯爲善用。秉鉞者，寧不究心乎！

明·戚繼光《紀效新書》卷一七《守哨》

守城該備器具廠屋

一，每垜口五箇，立草廠一間，下用板鋪，勿使泥濕傷人，上用苫蓋，四面皆堪遮蔽風雨。遇至樓鋪者，即聽以樓鋪充之，不必另立。每廠竹竿一根，長一丈三尺，上用布旗一面，疊方二幅，顔色照城方向。

一，每垜口有幾丁，每丁用一尺高有底通節粗竹筒一箇，埋在垜口裏面，各軍所執器械，或短鎗，或斬馬刀，或鳥銃，或弓矢，插於竹筒内立之。【略】

一，每垜竹木梆一箇，每鋪百户備大小鼓二面，鑼一面，但城内有鼓者，皆許借用。此待賊至方用，賊去即聽交還，打壞以守鋪軍糧扣賠新鼓。無賊時不許指此誆騙。如無借處，即便預將守城紀録老小軍丁内扣糧速辦，限文到十日内。此有警備用，今先備，候本職親到驗之。

一，每鋪遇警種火一盆，俱守鋪人丁備。此臨守城日時備也。

一，每一廠大水缸一箇，貯清水。此臨時備。

一，各色火器俱要預備齊整，責令派到鋪邊垜口之人管列在鋪，聽候不時之用。此預撥在鋪。

一，各神兵照派過垜口所在，每一架處搭高廠一箇，將佛狼機等銃在其下。遇警，火草時時點候，鉛子、銃心裝蓋停當，藥線裝收乾燥。其一應木馬、鉛子、石子、銃送等項，俱照本府舊日爲緊急軍務事頭行内數目件件完足，聽不時查點。如遇敵用過，敵退，準從五日之外補足，如敵尚在，限一時之内補足，過期軍法重處。此預備點查，各預收派到臨近鋪内貯閣，候臨警取用。

一，守城鳥銃手，每人藥一斤，裝管五十三箇，鉛子五十三箇，火繩每根三丈。此該點查，臨警帶上城。

一，中軍惟看城外伏路及墩堠原定晝夜煙火旗砲起火號令，但見前項有警號令，掌印官即便將中軍高處，晝則放火砲三箇，車起大白旗，在城大小官軍旗舍、舉監生員、致仕人等，盡照派過垜口，即時各執器械廠旗，上垜乘城，照依號令。

一，夜則放砲三箇，車起雙燈籠二盞，在城前項人等，一照白晝事例上城。遇夜，中軍發擂，樓鋪一齊發擂，中軍打更，樓鋪處處打更，一處斷絶更鼓，依臨陣軍法，連坐本管官旗。

守城號令

一，凡遇有警，但看城上中軍内，晝則放火砲三箇，車起大旗，各人照派信地垜口，火速上城，夜則總中軍高處放大銃三箇，車燈二盞，各人照派信地垜口上城。凡上城時，即將器械插於竹筒内，垜長將旗插於草廠邊，照垜不拘一垜幾人，俱向外立定。視賊來，遠則佛狼機，近則鳥銃，再近打石子等項，難以預料。如賊退，或探賊未來，晝如探賊歸巢，其巢在十里之外，看中軍高處放砲落旗，每垜留一人城上看瞭，餘俱下城休息，聽中軍前令上城。

一，凡遇夜，則五垜之人不拘通有幾丁，看中軍高處放砲舉雙燈，通上城，照垜向外立，聽中軍放砲落燈，每一廠内之人先輪一垜者，或二名或三名支一更，餘俱入廠安睡。一更盡，吹長聲喇叭轉更，又一垜者輪出，敲梆守更。守過者進廠同睡，不許脱衣。如此，五更五輪，輪完天明。若遇夜間，忽聽中軍高處砲響，車起雙燈，是有賊來攻城。各廠内不該支更人丁，盡數起出，向垜口備戰。一處

有賊，擂鼓敲鑼，滿城鋪俱擂鼓敲鑼。一鋪鑼鼓止，挨鋪通止。如賊已退，候中軍高處放砲落燈，各丁又俱進廠睡，輪該守垛，照舊執更。

一，人丁雖不令俱在垛下立到天明，所以休息人力，務使精神有餘，免致每夜到四更人倦失更，被賊掩襲。但又不許一人因而乘機私歸家内安睡。既許在廠内輪睡，又不許説話，依舊説的困倦了，及至輪該執更，却值渴睡。

守城軍法

一，凡一廠内一人不至，或夜歸私家，連坐垛長，各打二十棍，本犯割耳，同垛、同廠連坐。遇賊攻打城池之時而不到者，本犯軍法示衆，垛長割耳，同垛、同廠綑打。

一，凡旗廠，器械、矢石、火銃、鑼鼓之類，一件不完者，本犯綑打，連坐同垛、同廠。五垛以上，本官旗綑打。衛城五鋪以上，所城二鋪以上，掌印官旗、本管官綑打。臨賊攻城之時以致缺少及放火器不如法者，本犯軍法示衆，照前連坐者皆割耳。【略】

天字五號止，即接地字一、二、三、四、五號，又接玄、黄字號，俱倣此式刊版，填造書册。

各城内建立中軍號令

一，應備什物

先於本城高處可以四面瞭視之地，立桅竿一根，粗徑一尺，長五丈，上用棕繩一條粗大耐久者，大黄布十二幅旗一面，即於旗竿下，或就樓鋪，或另立房屋一所，預備燈籠四盞，亮好油燭一百二十枝，大將軍砲一箇，碗口轡砲四口，即以原派管神兵守之。其隨銃應該木馬、火藥、火繩、送子等件，俱照神兵頭行備足，仍將好軍十名，專管種火一盆。日夜分班四瞭城外陸路號火銃砲，撥吹鼓手一副八名，專執此處號令，不拘何事，不許差扯。

號令

平時無警之日，每早天明吹打一通，守城人下城。每晚吹打一通，守城人上城。

凡遇有警，每夜日入山不見，便放大砲三口，車起雙燈。城内人丁聞砲看燈，即便上城守夜。俟定更砲響，起更時，雙燈放落，各處支更守城人，照守城項下條約施行。所撥十人，分更向四面瞭看城外伏路人動靜。

凡伏路人在於城外，不拘晝夜，但放起火三枝，砲響三箇，是有賊來偷城。中軍瞭見，如是白晝，則放砲三口，車起大旗，城内人丁，盡數火速上城守禦，一照守城號令條約。賊去落旗，人丁休息。若夜間瞭見城外不拘何面伏路人放起火砲響，則車起雙燈二盞，放大砲三口，廠内人丁，盡數出向垛口，以備攻打。賊退後落燈，各人丁仍還廠内休息。

一，軍法

凡伏路人已舉火號，而中軍接應遲延毫刻，或砲鬆不致大響，以致在廠之人聽聞不明，及燈籠不亮者，致賊突到城下，攻城登雉，掌號鼓手、瞭望人役以軍法示衆，決不貸生。掌印官綑打一百，割耳。

凡平時各應備器具什物不完者，應備之人軍法施行，掌印官連坐。

伏路

一，發人伏路，凡風汛時月，每城陸路官，將伏路人役照城外要口，四面共有幾處，每處撥三人，每人管二更，俱於每日午時赴陸路官處領起火六枝、手銃四口，各照派過信地方向，出城離三二里之遠守伏，每至次日午時有人交代，方許回家。若遇有賊在近，每路每方加撥五名，每人止執一更。

應備什物

一，每陸路軍每一名自辦三眼手銃一把，好起火六枝，火繩隨時辦用，每人燈籠一盞，小黄旗一面，雨具一副。

發伏路號令

一，凡白晝遇有賊至，即放手銃三箇，起火三枝，摇展黄旗，馳回。中軍高處，照給過號令接應。城内人丁，又照中軍號令，上城守禦。

一，凡夜遇賊至，伏路人先覺，即放手銃三箇，起火三枝，一面奔告城下。中軍高處瞭見，照給過號令舉動，廠内人乘城備戰。

伏路軍法

一，凡伏路人出伏遲期，及備該隨身前項火藥不如法，藥繩、藥線濕落不堪，雨具不整，及在外之人不候交代而輒回家者，通以軍法綑打一百，割耳。如有誤事，軍法示衆，陸路官連坐。

又　卷一八《治水兵》

平居號令禁約

福船應備器械數目：大發貢一門　大佛狼機六座　碗口銃三箇　噴筒六十箇　鳥嘴銃十把　烟罐一百箇　弩箭五百枝　藥弩十張　粗火藥四百斤

鳥銃火藥一百斤　弩藥一瓶　大小鉛彈三百斤　火箭三百枝　火磚一百塊　火砲二十箇　鈎鐮十把　砍刀十把　過船釘鎗二十根　標鎗一百枝　藤牌二十面　寧波弓五張　鐵箭三百枝　灰罐一百箇　大旗一面并號帶。　大篷一扇　小篷一扇　大櫓二張　舵二門　椗四門　大索六根　小索四根每根長十八丈。　扳舵索一根　繚後手索二根　椗繳四根每根長二十丈。　絞椗索四根　鐵鍋四口并竈蓋。　花碗八十箇　鐵鍬四把　鐵鋸四把　鐵鑽四把　鐵鑿四把　鐵斧四把　薄刀二把　銅鑼一面重五斤。　大更鼓一面　小鼓四面　大桅旗一頂　正方旗五頂　水桶四擔并擦梁。　燈籠十盞　木梆鐵鐸一副　備用大小松杉木十株　火繩六十根　繩十根　鐵蒺藜一千箇

捕盜自備用：釘四十斤　油五十斤　麻六十斤　灰三擔

各兵自備用：筬盔一頂　隨身釘鎗一根　腰刀一把

海滄船應備器械數目：大佛狼機四座　碗口銃三箇　鳥嘴銃六把　噴筒五十箇　烟罐八十箇　火砲十箇　火磚五十塊　火箭二百枝　粗火藥二百斤　鳥銃火藥六十斤　藥弩六張　弩箭一百枝　弩藥一瓶　大小鉛彈二百斤　鈎鐮六把　砍刀六把　過船釘鎗十根　標鎗八十枝　藤牌十二面　寧波弓二張　鐵箭二百枝　灰罐五十箇　大旗一面并號帶。　大篷一扇　小篷一扇　大櫓二根　舵二門　椗三門　挽篙十根　大索四根　小索四根每根長十五丈。　繚後手索二根　扳舵索一根　椗繳四根每根長二十丈。　絞椗索四根　鐵鍋二口并竈蓋。　水桶二擔　花碗五十箇　鐵鍬二把　鐵鋸二把　鐵鑽二把　鐵斧二把　薄刀一把　鐵鑿二把　更鼓一面　小鼓二面　銅鑼一面重五斤。　五方旗五面　燈籠四盞　木梆鐵鐸一副　備用大小松杉木五株　火繩三十六根　繩五根　鐵蒺藜八百箇

捕盜自備用：釘三十斤　油四十斤　麻四十斤　灰二擔

各兵自備用：筬盔一頂　腰刀一把　隨身釘鎗一根

蒼山船應備器械數目：大佛狼機二座　碗口銃三箇　鳥嘴銃四把　噴筒四十箇　烟罐六十箇　火磚二十塊　火箭一百枝　粗火藥一百五十斤　鳥銃火藥四十斤　藥弩四張　弩箭一百枝　弩藥一瓶　大小鉛彈一百六十斤　鈎鐮四把　砍刀四把　過船釘鎗八根　標鎗四十枝　灰罐三十箇　大旗一面并號帶。　大篷一扇　小篷一扇　遮陽篷八扇　大櫓一枝　邊櫓八枝　舵二門　椗二門　竹篙二十根　大索四根　小索二根每根長十五丈。　扳舵索一根每根長二十丈。　繚後手索二根　紵繳二根每根長二十丈。　絞椗索一根　筬纜一根　鐵鍋二口并竈蓋。　鐵鋸一把　花碗四十箇　鐵鑽一把　鐵斧一把　鐵鑿一把　薄刀一把　銅鑼一面　更鼓一面　小鼓一面　五方旗五面　燈籠四盞　木梆鐵鐸一副　火繩三十六根　備用杉松木五株　繩五根

捕盜自備用：釘三十斤　油三十斤　麻三十斤　灰二擔

各兵自備用：筬盔一頂　腰刀一把　隨身釘鎗一根

一，平日各照派定武藝，時常檢點船上器具，每日一次看驗。損壞火藥，遇天晴五日一曬，收閣乾燥避火之處。鎗刀鐵器，半月一磨，遮蔽風雨。有一件收磨不如法，扣罰工食，甲長連坐。

又　常時水寨操習

【略】

一，下營，中軍掌長聲喇叭三盪，吹哱囉，各兵起身，再吹哱囉，中軍旗幟擺出，當中立定，點鼓，各船捕兵依前畫港内列船式樣，由中照前圖擺出。仍爲每甲一行，每船各甲平行，俱在場之當中一行立畢，金響，鼓止。一面預於場之盡首，立左右二的，左右相去一百步，其的高六尺，闊三尺，每的下立高桅一根三丈，粗不拘。又立近的二座於左右的之中，相去二十四步，的高三尺，闊一尺。看中軍點何色旗，其該管兵即聽吹天鵝聲喇叭，擂鼓，各兵吶喊，一船一船挨次近的，一船之兵約去五十步，即照前圖内閲視擺船圖，相間擺開爲一長圈，趨的之中。先鳥銃、狼機射手，照遠的打放，火箭向高照遠桅放之。其佛狼機預先立三架在彼，臨時止用各船機兵到即打放，不必擡行。將鳥銃一遍，狼機各一箇，火箭一枝，弓箭三發，其鳥銃兵即向近的打石，佛狼機手每人包火藥五兩，向近的擲火燃之，各色火器各放一件，其標鎗手打標，弩手放弩，俱中近的爲則，各照方面攻打，石矢各三發。鼓少間，一船兵即於大前面抄旁而回。又擂鼓吶喊，又一船到的，照前行之，又過旁抄回。如此俱完，則前一船兵復又如環輪轉，再近的。金響，鼓止，鑼響，即各於脚下坐息，乃將前四的、四桅，俱取立居中，一字立之。中軍掌哱囉，各起身，擂鼓，吹天鵝聲，吶喊，各兵四面向中攻打一番。鳥銃不用銃子，火箭高放，火藥標石不必施。以其四圍遠攻，使賊不敢出露身體於船之上，我可徑造而擒之。此遠勢，非逼近勢也。如臨敵，則自有一船逼近，用標石火藥擲傾，近攻不可預習。如此一陣，金鳴，鼓止，摔鈸響，各收成每甲一行，每船爲一方，立定。再摔鈸響，收照原出在港圖次立定。放砲三箇，鳴金，大吹

打，挨次照初出擺營序列回還原劄信地立定。鳴鑼，坐地休息。各官赴臺下稟操畢。中軍稟比較，先列佛狼機六座，立一百步的，一面豎起紅旗，各船佛狼機手通赴臺下，立聽唱名打放。每人三銃，中一者量賞，中二者平賞，中三者超格重賞，不中者打罰，如比較陸兵格眼。次立八十步的一面，豎起紅高招，各船鳥銃俱集臺下，照佛狼機試打賞罰。次立六十步的一面，豎起黄旗，各弩手、射手、火箭手通赴臺下，每人亦三發，亦照銃手行賞罰。次立二十步的一面，豎起藍旗，各船標鎗、打石手俱赴臺下，每人三發，亦照銃手行賞罰。次立白旗，各船刀手、鉤鐮手、鎗手俱赴臺下，先每名單看使舞手法、身法、步法，次斬馬刀與長鎗較，次叉、鈀、鈎鐮與長鎗較，看其遮當何如。但能任鎗誘哄，執立不動，目不瞬視，候到見肉分鎗，就使不能遮架，亦爲第一等；若一見鎗來，遠近迎架，頭摇身傾，手動足亂，即爲生疎，且其人無膽，或治或革，惟公道行之，是爲下等。俱演畢，放砲，落旗，散操。各船三板，俱來岸下，候兵登船歸䑸。每演此一遍，則演陸操一遍，不拘二項，但操一遍，歇一日。水操每月一、五、九、十三、十七、二十一、二十五、二十九日，陸操每月三、七、十一、十五、十九、二十三、二十七日。其陸操照依本府陸兵《新書》内，止操自一隊起，以至一官者止，不操方營與前一半，蓋水兵有水操，太勞故也。其武藝各照所執比較，一如官旗調集臺下之法。

【略】一，放火磚、火砲、火毬之法，須火線燃之將入，方可擲下。不然，擲而滅。就不滅，賊可反手，正當發時，反爲所害。

一，火箭，只著棚帆當中一點打去，常高中則不可救，低則易救。

一，弩弓，不可遠，遠則無益，徒費矢竭力。

一，標鎗，非兩船相逼不可用，往下打，更難准。

一，打石，著人頭面方打，不可空往船上擲之。

一，賊船如近我船，便傾下火藥一二桶，少則無用，連桶則恐滚擲水中，須傾桶倒下。一面用一二人用鐵鍬執炭火數鍬，隨藥擲下，火多則必有燃藥者。或用粗碗一箇，種火一碗，用灰蓋之，放於桶口，擲藥之時，碗内火同藥傾，及船一磕，而火藥相粘，必發難救。此第一全勝捷徑妙法，智者不能施其巧，勇者不能用其力也。

發船號令

一，隔日先行牌諭各捕兵將，以出洋若干日，該備薪米水數目，令備完限時點查，欠者綑打，罰工食。凡中軍吹長聲喇叭一通，立起黄旗一面，各哨船出洋哨賊。如報有警，本總即升船廳，聽砲三箇，大吹打畢，先吹哱囉一遍，各船一面起椗，掌號笛，官、捕、旗甲俱坐三板赴中軍船下，兩邊照營列定。掌號官稟稱：「官旗到齊，聽發放。」船上叫：「官旗進來！」水倉門報門，俱赴船面。掌號官叫：「官旗過來！」以下俱照常時在於水寨操練規矩。發放畢，各官捕回船，亦照寨操一體發放畢。中軍船擂鼓，升行旗，吹第二遍哱囉響，各船起篷，第三遍哱囉，依次開船。夜洋行使，首尾相接，雁行而進，不許太相遠離䑸哨。一船違令，捕盗之罪；二船違令，哨官之罪；四船違令，領兵官之罪；中軍畏縮，把總之罪。其舵工、繚手，皆加倍重治。遇有船漏風水不便者，覈實免罪。

遇夜洋行船

一，各船以燈火爲號，中軍船放起火三枝，放砲三箇，懸燈一盞。各船以營爲辨，前營船懸燈二盞，平列；左營懸燈二盞，各桅一盞；右營大小桅各懸燈二盞，平列；後營懸燈二盞，一高一低。看燈聽銃收䑸。船到將近，船上捕盗先自呼名識認。

一，遇夜泊船，聽中軍船招䑸喇叭響，各船依序隨䑸安插，不許私求穩便遠泊，因而疎虞，斬首示衆，哨官連坐。

一，守夜號令俱同在港號令，但每夜加鳥銃手二名，點火執銃，遇疑即便對放。

一，各船遇夜有急，看中軍旗五方，高豎燈五盞，是欲設疑以見船多之意，每船後尾上立燈左右一盞，前桅上加燈二盞。

臨敵號令軍法

一，中軍船戰聲喇叭響，各鳴鑼，齊擂戰鼓。天鵝聲響，大聲吶喊，奮勇勦殺。獲有功級，各送領兵指揮驗實，類送中軍紀驗解報。退縮後至者，斬其捕盗。船行遲曲而後到者，斬其捕盗、舵工。遇淺者，斬其扳招手。望賊減帆者，斬其繚手。船雖先到，而不直射賊船，傍邊擦過者，斬其舵工、繚手。使風不正者，斬其舵工、繚手。如已使逼賊舟相并，不能成功，致賊舟復走者，斬其捕盗。各甲辰有能挨報某兵不用心、某兵不用心者，其不用心之兵斬首，甲辰止於綑打。

一，敵人慮我官兵追戰，將船内器物遺棄水中，兵夫敢有撈拾而不追賊者，許本船捕甲割耳示衆，故縱者連坐斬首。

一，凡已打敗賊舟一隻，而餘舟不行分投追打別賊，共相攢來争撈首級，致賊遁走者，各船獲級俱止歸先打一船之功，餘船捕盜綑打一百，割耳。其一船雖已逼到賊舟，而未即打敗，餘舟接應，會同用力者，不在此例。

一，各船遇敵，敢有畏勢揚帆，遠望逗遛不進者，捕盜、舵工俱就陣斬首示衆。

一，各船放銃，須將火藥收藏安便，免至火星爆入，貽患匪細。儻有失誤，銃手、管藥兵夫一體軍法施行。

一，各船打敗倭寇，所撈獲財物包裹，聽船捕盜從公分給，以多半付動手首功之人，餘皆均處。敢有官捕頭目勒分，甚至夾打追侵，公然放肆者，許各兵徑於回日赴官告首，決打重治，加倍追付各兵，頭目依律治罪。其軍器則要報官解驗，不許各兵隱藏。

一，與賊船對泊，船碇繳上，用猫竹擘開，包裹繳上，以防敵人夜竊之患。違令，舵手綑打。

一，各船遇警，聽中軍船天鵝聲喇叭響，各船鳴金鼓一通，捕兵大聲吶喊，以壯軍威。違令，治以軍法。

一，各船遇警，捕舵兵夫不許解衣而卧。違令，察出治以軍法。

一，報警至急，起碇不前，即使用大猫竹一段，計長一二丈，縛於碇繳浮水，以便班師各自認取。違誤，舵手割耳示衆。

一，各船捕舵兵夫，遇泊船山嶴，無故不許上山閒遊，恐遇警，一時下船不便，致有誤事。若要取水，輪直兵夫赴中軍船告禀明白，方許取水。違令，上山人拿治不恕。

又戚繼光《練兵實紀雜集》卷二《儲練通論下》 諸器之中，鳥銃第一，火箭次之。南方則大砲、火箭、鳥銃，皆爲利器，餘則只可施于舟師，守城頗同，而非陸戰所宜也。前項火器往往打放無節，賊未至而打放已盡，賊既至而空手無可打放者。其弊在于場操時，不曾照臨陣實演，及至對陣時，頭目不在前列，火器之兵信不過殺手立得脚根定，中軍復無主令以爲火器之放止耳。夫火器均謂之長技，長者短用，業已載之《新書》，惟是平時即以草人，約臨陣打放步數，教之如對敵。及臨敵之際用之，則如在場叮嚀，聽中軍何令，方才打放，先者有誅。凡力可及百步者，只用于五十步之外。勢險節短，無有不中者矣。

一，原火器

夫北方之火器，惟有夾把鎗、快鎗、神鎗、佛狼機、碗口銃、大小將軍等項，種色尚多。就中夾把鎗之制，即快鎗也，但多一鐵把，以備急時充鐵棍之用耳。緣所製之人，洞曉此中病痛者既少，而又非任怨任真之心，不過捲成鐵筒而已，腹内未曾用鋼鑽鑽光，以致鉛子不得到底，出口不直，銃身單捲成器，時有炸損，人手不敢托架于前，却以雙手把持柄後，又用一手點火，試以藥力既可炸損鐵銃，豈兩手之力所能擎禦？火未出而手先動，銃已歪斜，鉛子何由得準？又軍士不知放法，官給鉛子大小不一，子大而銃口小，則子入不深，出口便落；子小而銃腹大，火藥先鉛子而泄，則鉛子無力，何以致遠？夫欲鉛子出遠而有力，爲其銃身長，腹内光圓均直，鉛子與銃口腹相合，火氣不泄之故也。藥幾錢，則鉛子幾錢重。子重藥少，則無力；子輕藥多，則子燁。子去多中而準者，爲其火發而銃不動也。火發而銃不動者，爲其一手把于銃前，手在火藥之前，銃不動則發必中。銃腹長則子去必直，後手不點火，而以指發機，則手嘗執銃而臨發穩正，此鳥銃之所以爲利器也，此鳥銃之所以較中，雖弓矢弗如也，此鳥銃之所以洞重鎧而無堅可禦也。

馬上步下，惟鳥銃爲利器。其車上守城，必用佛狼機。今之佛狼機鑄造失法，甚有母銃口大，子銃口小。欲將鉛子如母銃之口，則小銃之力不能發，蓋機銃子母爲二，子銃口邊有隙瀉火氣，火氣常弱也；如照子銃製子，則子小，母銃腹大，藥氣先出，子必滚落，即發去亦不遠不中。又子銃之口，多與母銃口不合，藥發則火氣激回于後，不復俱送子向前。裝放之法，又每以土石實子銃，或用木馬，而浮鉛子于面，以輕激重，必不能遠。求其善用，必將母銃口鑄與子銃口合，子銃須深銜于母銃之間。放法，將鉛子務與子銃口一半相合，用凹心鐵送，送入子銃腹内，不用木馬。此狼機之妙用也。

碗口砲，腹小口大項短，藥少子重，發出無力，不堪用。如用之，必須腹長三尺以上，而鉛子合口，送至腹底，發出乃急且中也。五十人之中，可備一位，以防要路大勢冲突之寇。今取名虎蹲砲即是。

又神鎗，國初之製，有木箭，體輕而火力急，斯箭發多番跌，有鏃向内而尾擊物者，且遲鈍費工，臨陣不過一二發而已。

大小將軍，不可行用，只可守城。而每遇試放，多炸破傷人者，放之無法也。因用藥太多，土石築之，將藥築實，内無轉力，遂乃横攻。今須用藥僅約至大腹之半，木馬長三寸，下至腹口，虚其内四五寸，使藥有轉旋之空，上用一窩蜂大小子數百，外用一合口大石子壓之，若無大石子壓而激之，口大如盂，小子如栗，出

口便落，不能遠中。惟其腹之虛也，故火發向虛處一攻而出，則不横及矣。

他如千里勝、自發銃、魚骨銃等項，巧立名色，逞意浪造，皆不如式。習之苟精，投石可勝；用之不精，雖多無益。何況火器，惟無惑于多端可也。又其最利遠者，其火箭乎？利近者，其噴筒乎？以火箭言之，頭須鋼鐵，鋒須兩刃，取刃自脊，鏃長三寸，中間以瘰矢，與火筒輕重得宜，鑽眼須直，眼不直則發不正，發准遠近以爲高下，自天而墜，擾亂後隊，着人馬皆洞燃，攻火盡而後止。以噴筒言之，慢藥明火，一具三子，縛以藥線，合口而入，入須圓緊無破，每子下用急藥，子上用慢藥，子發如星墜，火出成烟霧，揚威驚馬，近敵之具也。

一，原戰器

夫今胡虜之技，遠惟弓矢，近惟腰刀，别有鐵鉤鎗，乃乘吾陣亂而用之者。弓矢射不能及遠，僅可五十步。使我兵敢于趨前擁鬬，虜矢不過三發，則短兵相接，弓矢無用矣，此無足畏也。腰刀用于馬上，前有馬頭，馬頭已長于刀，我兵步下列擁向前，舉刃擊馬，豈馬上之刀可以及吾身者？由此言之，虜無足恃矣。而邊兵每每陷亂，視虜若神鬼魍魎，此皆我兵之拙也。何以見之？薊鎮之防，九邊腹裏悉有入衛之兵，俱屬本府過堂，人馬器技，俱經面閱，而人計之。我所恃以爲勝，而且利且遠，可以代矢者，謂非火器乎？除大砲、佛狼機、碗口等銃已於《原火器》款内詳言矣，鳥銃尚未傳至北方，知用者少，臨陣無有捍蔽，銃盡發則難以更番，分發則數少而不足以却聚隊。手鎗打造，腹口欠圓，鉛子失制，發之百無一中，則火器不足以與虜矢敵矣。

況用器之術，短不接長，且如南方狼土之兵，土官軍令嚴重，人人用命，宜戰無不勝也。初調殺倭，每得一勝，旋即敗衄，何也？所用皆長牌短刀，而倭寇則以長鎗重矢，此所謂短不接長。及短刀相接，刀法迥不如倭，此所謂以不能而鬬能也。余乃因蹶思便以敗求勝，乃精放鳥銃之法以代矢，矢不及銃，步下短兵，有若長鎗，手握于根，而倭則持鎗中截。鎗法惟長彼一寸則必勝，乃較倭長可五尺，是倭鎗不足以敵吾之鎗矣。狼筅、鈀、棍，皆倍刀之長；藤牌捍身而進，刀不可入，是以幸而屢捷，此後百戰，未有一挫。固中間感召之道，立定脚根之效，雖不全繫于器技，匪此是又以袒裸搏虎，不幾以卒予敵乎？

今之邊兵、入衛兵，火器既已如前不足恃，而弓矢之外惟有短刀。弓之勁既不如虜，矢之利復不如虜，臨時膽定力舒，近發必中又不如虜。及至近身，虜在馬上，我兵亦以馬交鋒，則馬不如虜强，刀不如虜利。且軍士之刀，平時砍木砍柴，芒刃已喪，白鐵尺餘，僅有刀名，即謂之赤手可也。如以步鬬，虜在馬上，我兵步下，持二尺短刀，欲仰逆馬首，上砍賊頭，雖倍兩刀之長，亦不相及。是今日所以禦虜之技，件件短如虜，件件不如虜，而悉使虜得其長，尚可以語戰乎？

今日之計，以與戰言之，必須各項器械，各長彼一倍；相持之勢，各得便宜數倍，庶可驅膽怯之卒，不堅之陣，而當强悍之敵也。精利火器——火箭、鳥銃、噴筒，則可以長于虜之矢矣。長柄鈀可打可戳，可以革刀，步下仰戳則可及敵面，馬上則先加于刀。夾刀棍可打可戳，步下則可戳馬腹，馬上足能敵刀，洞甲則可長于虜之鉤刀矣。

中原之地，兼防内盜賊，可用長鎗；與虜戰，則長鎗難用。何也？虜馬萬衆齊衝，勢如風雨而來，鎗身細長，惟有一戳。彼衆馬一擁，鎗便斷折，是一鎗僅可傷一馬，則不復可用矣。惟有雙手長刀藤牌，但北方無藤，而以輕便木爲之，重不過十斤，亦可用。以牌蔽身，牌内單刀滚去，只是低頭砍馬足，此步兵最利者也。

一，原用器

夫長兵短用，短兵長用，此所謂勢險節短之法已。火器、火箭、弓矢，皆長兵也。往往賊在數百步外，即已打發。及至敵近，與大隊齊來，却稱火藥放盡，鉛子欠缺，或再裝已遲，每由此而敗。緣其故在于場操素無號令以節制之，臨時殺手立不定，銃手居前列，每陷于敵，非此之用也。

今當先將銃手交與殺手，臨陣放不如法，違令先發，徑聽殺手割耳。回兵查無耳者，斬。銃手若亡，殺手償命。平日又操之以定令，每于報賊將近時，銃手雖列于外，專聽中軍號銃。中軍主將自掌號銃，看賊至五六十步，中軍放號銃一箇，向賊一面才許放銃，分番如期。每一長聲喇叭，放一次。看中軍放起火一枝，方許一體放火箭。如無號銃，便賊到營下，亦不許輕放。若違令放銃打賊者，即一銃打死二賊，亦以違令誅之。如此而更番有法，放銃必能打賊，打賊必能多中，賊亦不敢衝我矣。此放火器第一要務也。

一，原將秘

夫制勝之妙，如珠轉圜，將何有秘？蓋有不可以言喻而可以意受者，感召之道也。忠誠惻怛，實心實行，艱苦居士之先，便利居士之後。知我士情，使衆由之而不覺；知敵虛實，使衆蹈之而忘危。驅萬人以意，而不在於威刑之寬猛；悦萬人之心，而不在於財貨之重輕。材有大小，各適其宜，佐之惟斷惟信，無適

莫方體，謂非秘哉？

明・鄭若曾《籌海圖編》卷一二《嚴城守》　城池接近蠻寇者，不可不豫備也。至於攻蠻寇，破營寨，則有火攻、水攻二法焉。火攻者，火兵。以驍騎，夜銜枚，縛馬口。人負束薪、麻藴、懷火，直赴敵營。一時舉火，彼營中驚亂，急而乘之，静而勿攻。凡火攻，皆因天時燥旱，舍茅竹，積蒿糧，軍營於結草宿莽之中，因風而焚也。又有火獸、以艾熅火，置瓢中。瓢間鑽四小孔，繫瓢於野猪、獐鹿項下，或繫其尾端，向敵營而縱之，奔入草中，瓢敗火發。火禽、以胡桃剖分，空中實以艾火，開兩小孔，復合。繫野鷄項下、足間，針其尾而縱之，奔入草中，器敗火發也。火盜、遣人暗伏，與敵人同者，夜竊號逐便，懷火偷入敵營中，焚其積聚，火發必亂而出。火弩、以臂張弩，可射入三百步者，以瓢盛火藥，縛矢端，以數百張，中夜齊射敵營芻草積聚之處。火箭、先以小瓢盛油，冠矢端，射敵城樓櫓板木上。瓢敗油散，因燒矢鏃，内中射油散處，火立燃。復以油瓢翼之，則樓櫓盡焚。火杏、磨杏子核，中空，以艾實繫雀足上，加火，薄暮群放，飛入城壘上棲宿，其聚蘆舍，須臾火發。毒藥煙球，球重五斤，用硫黄一十五兩，草烏頭五兩，焰硝一斤十四兩，巴豆五兩，狼毒五兩，桐油二斤八兩，小油二兩五錢，木炭末五兩，瀝清二兩五錢，砒霜二兩，黄蠟一兩，竹茹一兩一分，麻茹一兩一分，搗合爲球；貫之以麻繩一條，長一丈二尺，重一斤八兩，爲絃子；更以故紙一十二兩五錢，麻皮十兩，瀝清二兩五錢，黄蠟二兩五錢，黄丹一兩二分，炭末八兩，搗合塗傅於外。若有氣熏人，則口鼻血出。二物并以砲放之，可害敵人來攻城者。煙火藥球。即煙火架上所用。作四方架，綴球其中，遇風勢便用火攻。以小艇先潛，使人架於敵舟上，點着疾回。而乾荻隨之，則敵舟盡焚矣。

【略】

此古人守城之具，以其詳悉，故採之以爲式。

總督尚書胡宗憲云：「凡賊圍城，必須選募勇敢，夜斫其營；或夜舉銃砲，使賊驚疑，其圍自解。」此言解圍之法。

一，凡賊可結巢去處，如松江府柘林、陶宅等地方，必諭令居民盡行搬移入城，房屋拆卸，務使賊難棲止。此言清野之法，誠與城守相兼。

一，大兵進攻賊巢，城内不無空虚，恐墮誘敵奸計，或敵出我之背，乘虚來襲，吁亦危矣。必須嚴加防守，仍撥人把往來要路。此言備賊乘虚來襲之道，嚴城守者不可不知。

海道副使譚綸云：「自來城守攻破者少，襲破者多，此嚴夜巡，詰奸細，爲第一要緊事也。」此總言城守要法，其詰奸細之規，詳具於後。

一，守城之器，佛郎機、銅發礦、鳥嘴銃、床子弩、旋風砲最利，弓弩次之。到用刀斧，是最下策矣。然亦不可不備也。

一，凡城有敵臺者，最好守。若無敵臺架櫓，起望臺亦善。或皆未備，則用絮被挑懸出垛外五尺，以蔽矢石，庶臨敵無失耳。

一，凡敵在城外，不獨當爲守禦具，亦當爲修城之具。如木石灰磚之料與匠人，皆不可不備也。

一，凡守城用燭不如用松明，一松明可代十燈也。

蘇州府守城條議附録

寇犯吴城，謹採輿人之論，條上郡守，採擇施行者也，録以備用。

分職掌

一，設法守城物料進城：稻草、石灰、磚石、鉛鐵、火藥、油燭。

右六項，須府佐一員專督之。

一，設法竹木遠去與進城。

右一項，須府佐一員專督之。

一，查修城屋，城門，閘板，置造城垛燈架、燈籠。燈架、燈籠，俱當照崑山縣式。

右一項，須府佐一員專督之。

一，製器械：銅發礦、佛狼機、鳥嘴銃、鉛錫銃、火球、火箭、噴筒、煙罐、箭匠、竹匠、木匠、造火器架子用。銅匠、鐵匠、合火藥人。

右火器，府佐一員專督之。

長槍、刀、月斧、鐵盔、鐵甲、皮挨牌、紙甲、弩、弓箭。太倉州取弓匠來造。鐵匠、皮匠、竹匠、木匠、裁縫、弓箭手。

右兵器，府佐一員專督之。

已上火器，兵器，先揀選舊時所蓄，可者用之，不可者作急製之。某人某人長於揀選者也，某人某人長於製造者也，與府佐相協贊，庶不爲各匠所欺。

備儲蓄

一，區處鉛鐵入城。鉛鐵資火器之用，關係匪輕，不可棄以資敵。蘇城客販、冶坊俱在城外，須先查鋪行及冶坊等姓名，賊有警報，着本地方總甲押催，依期搬運鉛鐵、鐵鍋、鐵器入城，任從放置。專督官再行逐一查訪，不搬入城者，本家治以與賊交通之罪。總甲不行開報，一體問罪，鉛鐵等入官公用。

一，區處火藥入城。蘇州硝黄之類進城有限，務先查定各南貨鋪行，賊有警

報，着本地方總甲押催，依期搬運入城，任從堆置。如有公用，悉照價將銀現買。專督官查訪不搬運入城者，治以私販火器，與賊交通之罪。地方總甲不行開報，一體問罪。【略】

一，城上各敵樓，每處宜派定舉人一人，或監生一人，各帶家丁、生員二人，不拘家丁有無，專在上歇宿，督視本處垛口。城夫晝夜防守，若各該地方有防守疏虞。致賊寇攀援上城者，坐名申呈憲院提問，亦不許科擾保甲長人等。

一，用衛指揮六員，每員派定一門，白晝各行巡視，以整齊保甲長散夫人等站立觀望。及防不測之變。其官生六人，每人派定一門，給與巡視虎頭牌面，上寫遇夜各行巡視信地站立人等，至交界處方回，循環不息。官生每人給馬一匹。

一，各城樓及對城外衝要之處，各置佛狼機一座，隨用裝火器二人，帶火藥一桶，備急用。其城樓下，預置合用火器、鋒利器械、弓矢及堅固防牌，使賊臨城，隨取隨足。官廳庫中，置放石灰、油燭、火藥等項備用。若庫中封識不盡，更用沿近居民空房一二間封鎖亦可，須差官一員，當時看取給發。

慎斥堠

自古守邊，不過遠斥堠，謹烽火。至於海中風帆，瞬息千里，烽堠尤爲緊要。凡濱海墩臺，俱應盡數修復。或年遠爲水所衝没，或民居樹木遮蔽，或仍舊貫可恃，或宜就中加添，或改移可瞭之所，以十里內爲率。難瞭者三四里亦可，易見者十里之外亦可。墩法，舉狼烟。南方狼糞既少，烟火失制，拱把之草，火燃不久，數里之遥，豈能目視而爲之接應？且遇陰霾晝晦，何以瞭望？宜多積柴草，火勢大而且久，庶使鄰墩相望可見。

國初，沿海衛所每衛分左右二路，自衛城起，左爲左路，右爲右路。各設官一員。曰左路管墩，右路管墩，各盡境內，以千百户充之。每所設立二員，各照衛例，以旗舍充之。各省以指揮一員，總司其事，稱曰提調墩哨。近視爲閑散之局，廢棄職守。或臺堠不修，或器械不整，索受軍士常例，聽其偷安，略無懲究。寇犯地方，則烽火之號不傳；賊艘在海，則聲息之警不報。玩愒廢弛，莫此爲甚。夫內地防禦安危，邊海居民趨避，調發軍旅機宜，全在烽堠傳報，所繫匪渺小也。須責成總兵參游等官，詳明守墩號令，風汛時月，及聞警報，督令巡守軍兵，晝夜分番瞭望，俾無疏虞，庶計之得哉。

每墩一座，設守墩軍房一間、床帳、鍋竈、器用等項，令各守墩軍自備。草架三座、每架務高一丈五尺，方四面俱一丈。離土五尺高，用木橫閣，使草柴不着土，不爲雨濕所浥。上用茅蓋如屋。其內草柴，務相均匀，一層柴，一層草，填實盈滿。遇警之後，但火過草架，不得過三日，即宜補設。旗杆二根、立於墩上左右。大黑旗二面、大白旗一面、大燈二盞、大銃三口、小銃三口、大木梆一架、長五尺，內空六寸，深一尺。須性響體堅之木爲佳。大鑼一面、發火乾稻草三百束、每草架一座貯一百束，三座共三百束，用過即便補足。種火糞五石。每墩不拘日夜，分三人帶起火三枝、碗口銃一個，手銃二把，白布小旗一面，在於極外海邊巡邏守哨。遇有賊舟，晝則舉旗放銃爲號，夜則放起火，放銃爲號，墩上即便接應。如天晴，則車大白旗，相鄰之墩，各車起大旗，一路直至本衛所城池，仍接傳至將官處而止，將官通報各上司。如遇天日陰霾，望旗不見，照夜間令，將原搭草架舉火，連草架通聽燒燃一架，鄰墩接放火則已。如不接放，又燒放一架。夜遇有警，看下墩哨軍銃響，燒放草架一座，鄰墩即便一體燃放草架一座。若賊寇登岸，一面差人由便路徑報本衛所，并管墩官處，報賊多寡，以便防禦。

墩軍於風汛時月，及聞警報，務要盡數在墩。如有下墩歸家，及雖住近墩下，而不在墩者，軍法處治。不準以取水米破調，餘月準以一名專運薪水。每二名爲一班，分爲二班，每半月更番赴墩。

賊所登犯之地，本墩失誤放火車旗，遇賊流至鄰墩之下，鄰墩放火車旗，而本墩後接者，墩軍以軍法處治。遣下墩海邊人役失誤者，罪坐下墩海邊之人，墩上者連坐。近賊本墩放火車旗，而鄰墩接應遲延，因而誤事者，鄰墩治以軍法。

每月主將三次，把總五次，衛所七次，各差人於本處起南北分發人員，點閘至墩。先點守軍，次驗種火之處火種有無；次驗火器收拾藥線可否；次驗大小銃裝收何如；次驗大旗有無損壞；次驗大旗杆堅直何如，桅繩車式是否堅裝；次驗草架內柴草有無雨濕、短少，用過有無補足；次驗睡卧處所，是否在墩宿歇，有不如法者，即稟明主將，墩軍治以軍法，該管官一體坐罪。

凡試銃試旗，須車旗而不放銃，放銃而不車旗，俱不接應。預於十日前，通行鄰近軍民之家，及報合干上司知會，使鄉野城市，近墩遠墩之人，悉知其由，方可舉行。否則，恐驚地方耳目。至官府經過，止可擊梆鑼，不得槩車大小白旗燈籠，舉放銃砲等項，以疑鄰墩。違者以安報聲息，軍法重治。

實器械

器械不實，雖終日操演，俱屬虛文。器械之中，有長兵有短兵。長兵者，火器、弓弩是也。短兵者，槍、刀、叉、棍是也。無長無以衛短，無短無以衛長。假如一隊五十人，每隊長兵二十五人，短兵二十五人。學火器者，必須藥線、鉛彈、火繩、錘屑、流杖具備，缺一則火器皆無用之物也。學弓弩者，必須撒袋俱全，弓備二張，弦備二條，箭備百矢，仍腰懸短刀，以備格鬥，缺一則弓弩手亦虛設之兵也。至於槍、刀、叉、棍是否鋒利，學習是否生熟，不然，則短兵俱應點之人也。今日所謂兵者，不惟人無定伍，抑且習無專藝，蓋緣操練無方。且如弓箭手，人各九矢，雖教演終日，往來奔走，所射不過九矢，是弓矢不可以操而熟也。況火器、刀、槍之類多置而不校，總是校之，臨操雜沓跳舞一番，何曾別其優劣，是亦不可以操而教也。今宜整齊器械，遴選各技教師，於一月之內分立操程，更番教演。如某日教火器，某日教弓弩，某日教刀槍，某日教叉棍，某日方合衆技而總試優劣。如此不惟器械有以畢備，且技藝可以精專。然後益以衝鋒設伏進退之法，方克有濟。

廣團結

□□□□云：「城外團結法，愚嘗廣詢博訪，宜以二十家爲一團。除租房單丁外，每一團令養客兵一名。每家各設器械一件，出人丁一丁，以爲團兵。凡二團四十餘家，各出銀一錢，造一巷門，門上蓋一更鋪，鋪內置鼓一面、鑼一面、鐵銃三口、香盤一方，就四十家，每夜輪人夫二名守之。居常無事，止鳴金鼓巡更，一有寇警，則本處即連放三銃，四十團兵各執器械追截，諸團皆應之。其所養各客兵，官嚴立法，不許擅離本團，并騷擾團户。每日有暇，即教習本處團兵。軍門復時時委官查省之，責成之。衆既以勢分，而不得爲非團兵之布列者，又以聯絡而相爲友助。況一團有賊，諸團應之，四郊之外，固有隨地皆城，隨民皆兵，而大城屯守之卒，將有不必用者矣。」

又　卷一三《兵船總論》　都御史唐順之云：「再三沉思，制賊小船衝突之説，灘淺處多釘暗樁，薄皮船遇之必碎，此一説也。先發制人一着，惟有望斗上做工夫。然必須以利使人，惜不得銀子。每夜楊都司、邵把總、盧守備等，各水軍編定福船十隻。每一隻望斗人，一夜給與銀一兩，使一夜常有人坐在望斗上者，看賊動靜。雖月黑之夜，若撞船撑船，未必無一把兩把火光，我船便可做手脚，不患於大船趕賊不上也。月明之夜，則斗上纖悉必見，正與彼四層望樓是對手。至如小船，叭喇唬、八槳船，宜多置銃手。既不戰，亦宜量與給賞，多布之八槳、叭喇唬船中。火器既多，賊來便死打。又有望斗內人先報賊動静，不患於小船制賊不下也。一隻船望斗人，每夜與銀一兩，毫厘不可少。就是一月浪費銀三百兩，亦説不得。支得一月，賊必擒矣，恐惜費，誤了大事。望斗人若報賊的當，水軍因以成功，則望斗人即當給與衝鋒重賞。若有誤事，定以軍法斬首。蓋賞重則罰亦重也。每夜與銀一兩，分毫不可與頭目人尅落，必使望斗人一一得實惠。」

訓導薛俊云：「水戰，東南長技也。故國制瀕海衛所，俱置官哨船以備倭。但虛飾美觀，少遇風色，不便行使。遞年走報聲息，多賴民船。莫若少更無益虛花之制，務求堅便實用。每官哨船，增置小划船或三隻，或四隻。有事則令與大船夾戰，無事則令與大船樵山漁海，以贍器械修補之用。」

又云：「聽容沿海居民單桅船隻附近砍柴捕魚，則邊氓便於生理聲息，便於夾戰，實備邊萬一之助也。」

閩縣知縣仇俊卿云：「地有南北，時有冬夏。自春徂夏，則時多南風，而利於北行。自秋徂冬，則時多北風，而利於南行。此番舶往來出没之候也。彼瞰其時，輒乘風連雲以出洋。我當其衝，欲逆濤破浪以邀擊之，未必其勢之便也，盍亦隨時以應之。時乎南風也，必先嚴北道之防，以遏其衝，而以南舟曳於後而追之。其居中間各寨澳之舟，又從旁遞出而擊之。時乎北風也，亦如前法，或遏於前，或躡於後，或擊於旁。此亦迭肆之法，長蛇之勢，寇未有不困疲而就縛者，海上可立京觀矣。」

又云：「國初置沿海衛所，每所船十隻，每船軍百名，其法備載《會典》。自一所推之，則合衛之海船海軍，可知其數也。自一衛推之，則合省之海船海軍，可總其實也。使法之常存，何慮海寇之擾。向來修復一二，止可用於哨報，難以衝敵禦寇。及其事急，調用不給，借發福清鹽船，并報各澳民船。奈彼不思國家之急，皆存繫吝之私。原非官物，率不如令。雖給價值，終不直前。況福清鹽船雖大，不可以當海寇之夾板船、叭喇船。漳州之草撇，樂清之大鐵等船，又不可以當海寇之烏尾船、尖艚船。至如東仔、銅茭等船，又不及也。昔人海戰之船，大小制度不同，今當兼用可也。如樓櫓艨艟，此船之大者也。如直進露橈，此船之中者也。又如舴艋、海鰍，此船之小者也。此船之大者爲中軍座船，而當其衝；以船之中者爲左右翼，而分其陣；以船之小者繞出於前後兩旁之間，伏見於遠近散聚之際，使撓其計。隨船器械，各須犀利完足，固不待贅。但海寇所

恃，全在於銃，吾亦以銃爲應。中軍大船之前，仍用次等船載佛狼機大銃數架以鎮之。兩翼中船之前，亦用再次船載銅將軍大銃數十架以列之。其小船亦各載鳥銃、鉛筒數百，以備於四面。各船編定字號，每數船列爲一行，每一陣列爲數行。晝則麾旗爲號，夜則振鼓爲號。迭出更進，則彼此衆寡勞逸之勢不同，未有不殲此渠醜者也。今者委官鳩工，大造船隻。戰船之造，必有定議。但船之外旁，又須護以牛革、漁網、氈絮之類。其大者，更用列木爲柵，可避砲石。又有車船之制，令戰士前後踏輪，舟自進退，所謂中流上下，回轉如飛，鹵衆相顧駭愕者，用此法也。又須預募能射與善浮之人，一遇番船，或以火箭焚之，或以水鑽溺之，是或皆可用也。至於奇正之變，大船中船爲正，則以小船爲奇；前隊爲正，則以後隊爲奇；合之爲正，則以鬬之爲奇。形難預料，變不可窮。是在臨機神應之妙，不可測者也。」

兵器總論

若以火器言之，我太祖以神武定天下，盡古今火攻之具，靡所不有，藏之武庫。每歲神機營軍演習，奇名異狀，人多不識，其用不啻數百種而已也。今人胥言佛狼機、鳥嘴銃傳自番舶。若曾聞之參將戚繼光云，昔署衛印時，嘗發山東地窖佛狼機，乃成祖所蓄，年月鑄文可稽。又於衛庫中見鳥嘴銃，皆倭變未作，中國所故有者。又聞胡序班云，渠諳火攻法二三十種，偶從南都神機營銃手竊而得之。所未得者，尚以三百餘計也。又聞正統己巳，寇騎薄都門，京軍隨駕而出者過半。大司馬于肅愍公以軍器局神槍試之，火石所及，人輒成粉。一砲而寇死數萬，血湧如川，遂解圍去。可見兵器莫備於我朝，私習之禁莫嚴於我朝。承平久，而民不習兵，亦莫如我朝也。如愚見，治世右文，亂世右武。邇來歲受倭患，詎可以平世例論哉！凡識火攻者，督撫宥私習之罪，募而用之。仍嚴焰硝下海之禁。區區海寇，觸吾者碎，犯吾者焦，有不談笑而蕩滅也哉！

兵器總論二

若曾按：古人之戰有三，有天戰者，有地戰者，有人戰者。蓋兵器，不外乎金木水火土五器之用。五器之中，各藏三戰之妙。其製器之法，製藥之方，雖見於《武經總要》，多不切於禦倭。《紀效新書》所載似切矣，而亦惜其不多。愚見學士大夫談經濟者，多有不傳之秘。如無形渡之類，隨時變化，出奇制勝，尤爲將者之所當知也。但不可顯言以示敵，故書之所已刊者，愚擇而録之。書之所未刊者，愚不敢録，惟提其要，以俟將官之自訪而自悟云。

破倭法附録

有李七師者，廣東揭陽人，贅婿日本，爲我兵所擒。言倭燕尾箭，張棉布可收；鳥嘴銃，鹽水漬絮被可障；梯而乘城，則投以灰罐火藥。水戰，船相比，毋登彼船。我用火攻，彼則投諸水。彼習太白符訣，如摇扇，我以草薦亂撲，彼亦舉草薦，我以箬笠亂撲，彼知我通其術，必遁矣。

禦倭火器附録

倭之火器，祇有鳥銃，直百步而止。中國有鳥銃，又有大砲，去七百步。佛郎機去三百步。又有神槍、火箭、飛天、噴筒、埋火藥桶、大蜂窠、火妖諸器，敵不足以當我明甚。第聞倭製火銃，其藥極細，以火酒漬製之。故其發速，又人善使，故發必中。中國有長技，而製之不精，與無技同。愚謂宜設專官，嚴督製造，務令中法，更熟演之，何憂乎不敵耶？倭銃每發無聲，人不及防，類能洞甲貫堅，諸物難禦。惟是廣中所産鰾膠，形如掌片，堅勁異常，較之浙中所産者不同。用釘連綴，施於木架，造爲防牌，鉛彈始不能透，是一策也。

明·李時珍《本草綱目·石部》 硝石《本經》上品。

釋名　芒硝、《别録》。苦硝、甄權。焰硝、《土宿》。火硝、《綱目》。地霜、《蜀本》。生硝、宋本。北帝玄珠。　志曰：以其消化諸石，故名消石。初煎煉時有細芒，而狀若樸硝，故有芒硝之號。不與樸硝及《别録》芒硝同類。　宗奭曰：硝石是再煎煉時，取去芒硝凝結在下者，精英既去，但餘滓如石而已。入藥功力亦緩，惟能發煙火。　權曰：芒硝，一作苦硝，言其味苦也。　時珍曰：硝石，丹爐家用製五金八石，銀工家用化金銀，兵家用作烽燧火藥，得火即焰起，故有諸名。狐剛子《粉圖》謂之北帝玄珠。《開寶本草》重出生硝、芒硝，今並爲一，並詳下文。

集解　《别録》曰：硝石，生益州山谷及武都、隴西、西羌。采無時。　弘景曰：硝石療病與樸硝相似，《僊經》用此消化諸石，今無真識此者。或云與樸硝同出，所以樸硝一名硝石樸也。又云一名芒硝，今芒硝乃是煉樸硝作之。並未核研其驗。有人得一種物，色與樸硝大同小異，朏朏如握鹽雪不冰，燒之紫青煙起，云是真硝石也。今宕昌以北諸山有鹻土處皆有之。　志曰：此即地霜也。所在山澤，冬月地上有霜，掃取以水淋汁，後乃煎煉而成，狀如釵脚，好者長五分以來。陶説多端，蓋由不的識之故也。　又曰：生硝生茂州西山岩石間，形塊大小不定，色青白，采無時。　時珍曰：硝石，諸鹵地皆産之，而河北慶陽諸縣及蜀中尤多。秋冬間遍地生白，掃取煎煉而成。貨者苟且，多不潔净，須再以水煎化，傾盆中，一夜結成。澄在下者，狀如樸硝，又名生硝，謂煉過生出之硝也。結在上者，或有鋒芒如芒硝，或有

圭棱如馬牙硝，故硝石亦有芒硝、牙硝之名，與樸硝之芒、牙同稱，而水火之性則異也。崔昉《外丹本草》云：硝石，陰石也。此非石類，乃鹻鹵煎成，今呼焰硝。河北商城及懷、衛界，沿河人家，刮鹵淋汁煉就，與樸硝小異，南地不產也。昇玄子《伏汞圖》云：硝石生烏場，其色青白，用白石英炙熱點上，便消入石中者爲真。其石出處，氣極穢惡，飛鳥不能過其上。人或單衣過之，身上諸蟲悉化爲水。能消金石，爲水服之長生，以形若鵝管者佳。謹按昇玄子所説，似與今之硝石不同，而姚寬《西溪叢語》以其説爲真正硝石，豈外國所產與中國異耶？抑別一種耶？當俟博物者訂正。

正誤　弘景曰：《神農本經》無芒硝，衹有硝石，一名芒硝。《名醫別録》乃出芒硝，療與硝石同，疑即硝石也。舊出寧州，黄白粒大，味極辛苦。今醫家多用煮煉作者，色。全白粒細，而味不甚烈。皇甫士安言：無樸硝可用硝石。硝石生山之陰，鹽之膽也。取石脾與硝石以水煮之，一斛得三斗，正白如雪，以水投中即消，故名消石。其味苦無毒，主消渴熱中，止煩滿，三月採於赤山。樸硝者，亦生山之陰，有鹽咸苦之水，則樸硝生於其陽。其味苦無毒，其色黄白，主療熱，腹中飽脹，養胃消穀，去邪氣，亦得水而消，其療與硝石小異。按如此説，是取芒硝合煮，更成爲真硝石，但不知石脾是何物也？以樸硝作芒硝者，用暖湯淋汁煮之，著木盆中，經宿即成矣。今益州人復煉礬石作硝石，絶柔白，而味猶是礬爾。又曰：樸硝，今出益州北部汶山郡西川、蠶陵二縣界，生山崖上，色多青白，亦雜黑斑。土人擇取白軟者，以當硝石用之，當燒令汁沸出，狀如礬石也。藏器曰：石脾、芒硝、硝石，並出西戎鹵地，鹻水結成。恭曰：樸硝有縱理、縵理二種，用之無別。其白軟者，樸硝苗也，虛軟少力。煉爲硝石，所得不多；以當硝石，功力大劣也。又曰：硝石即是芒硝，樸硝一名硝石樸。今煉粗惡樸硝，取汁煎作芒硝，即是硝石。《別録》復出芒硝，誤矣。晉宋古方，多用硝石，少用芒硝；近代諸醫，但用芒硝，鮮言硝石。理既明白，不合重出。頌曰：舊説樸硝、芒硝、硝石三物同種。初采得苗，以水淋汁煎成者爲樸硝，一名硝石樸。又煉樸硝或地霜而成，堅白如石者，爲硝石，一名芒硝。又取樸硝淋汁煉煎結成有細芒者，爲芒硝。雖一體異名，而修煉之法既殊，則主治之功亦別。然《本經》所載，疑是二種。今醫方所用，亦不能究。但以未煉成塊微青色者爲樸硝；煉成盆中、有芒者爲芒硝，亦謂之盆硝；芒硝之底澄凝者，爲硝石樸。硝力緊，芒硝次之，硝石更緩。未知孰是？蘇恭言：晉宋古方，多用硝石，少用芒硝。按張仲景《傷寒論》，承氣、陷胸皆用芒硝。葛洪《肘後方》，傷害時氣亦多用芒硝，惟治食鱠不化雲，無樸硝，用芒硝代之。是晉宋以前通用樸硝、芒硝矣。胡洽方，十棗湯用芒硝，大五飲丸用硝石，並雲無硝石用芒硝。是梁隋間通用芒硝、硝石矣。以此言之，樸硝、硝石爲精，芒硝爲粗。故陶氏引皇甫士安之言爲證，是硝石當時已難得其真，故方書通以相代矣。又古方金石淩法，用樸硝、硝石、芒硝、馬牙硝四種相參，次第下之。方出唐世，不知當時如何分別也？又南方醫人著《硝説》云：本草有樸硝、硝石、芒硝，而無馬牙硝。諸家所註，三種竟無斷決。或言芒硝、硝石是一物，不合重出。或言煎煉樸硝，經宿盆中有細芒爲芒硝。或言馬牙硝自是一物。今諸硝之體各異，理亦易明，而惑乃如此。樸硝味苦而微咸，出蜀郡者，瑩白如冰雪，內地者小黑，皆蘇脆易碎，風吹之則結霜，泯泯如粉，熬之烊沸，亦可熔鑄。以水合甘草、豬膽煮至減半，投大盆中，又下凝水石屑，同漬一宿，則凝結如白石英者，芒硝也。掃地霜煎煉而成，試竹上如解鹽，而味辛苦，燒之成焰都盡者，硝石也，能消金石，又性畏火，而能制諸石使拒火，亦天地之神物也。牙硝，即是芒硝也。又有生硝，不因煮煉而成，亦出蜀道，類樸硝而小堅也。其論雖辨，然與古人所説殊別，亦未可全信也。好古曰：硝石者，硝之總名也。但不經火者，謂之生硝、樸硝；經火者，謂之芒硝、盆硝。時珍曰：諸硝，自晉唐以來，諸家皆執名而猜，都無定見。惟馬志《開寶本草》，以硝石爲地霜煉成，而芒硝、馬牙硝是樸硝煉出者，一言足破諸家之惑矣。諸家蓋因硝石一名芒硝，樸硝一名硝石樸，之名相混，遂致費辨不決。而不知硝有水火二種，形質雖同，性氣迥別也。惟《神農本經》樸硝、硝石二條爲正。其《別録》芒硝、《嘉祐》馬牙硝、《開寶》生硝，俱系多出，今並歸併之。《神農》所列樸硝，即水硝也，有二種，煎煉結出細芒者爲芒硝；結出馬牙者，爲牙硝；其凝底成塊者通爲樸硝，其氣味皆咸而寒。《神農》所列硝石，即火硝也，亦有二種，煎煉結出細芒者亦名芒硝，結出馬牙者，亦名牙硝，又名生硝；其凝底成塊者，通爲硝石。其氣味皆辛苦而大温。二硝皆有芒硝、牙硝之稱，故古方有相代之説。自唐宋以下，所用芒硝、牙硝，皆是水硝也。南醫所辨雖明，而以凝水石、豬膽煎成者爲芒硝，則誤矣。今通正其誤。其石脾一名硝石者，造成假硝石也。見後石脾下。

修治　大明曰：真硝石，柳枝湯煎三週時，如湯少，即加熱者，伏火即止。斅曰：凡使硝石，先研如粉，用雞腸菜、柏子仁共二十五個，和作一處，丸如小帝珠子，以瓷瓶子於五斤火中煅赤，投硝石四兩於瓶內，連投藥丸入瓶，自然伏火也。《抱朴子》曰：能消柔五金，化七十二石爲水。制之須用地蓮子、豬牙皂角、苦參、南星、巴豆、漢防己、晚蠶砂。時珍曰：熔化，投甘草入內，即伏火。

明・何汝賓《兵録》卷一二

火攻藥性

火攻之藥，硝、硫爲之君，木灰爲之臣，諸毒藥爲之佐，諸氣藥爲之使。然必知藥之宜，斯得火攻之妙。硝性主直，直發者以硝爲主。硫性主横，横發者以硫爲主。灰性主火，火各不同，以灰爲主，有箬灰、柳灰、杉木灰、□灰□□□□。性直者主遠擊，硝九而硫一。性横者主爆擊，硝七而硫三。青楊爲灰，其性最鋭。枯杉爲灰，其性尤緩。箬葉爲灰，其性尤燥。雄黄氣高而火焰，神火以雄爲君。石黄氣猛而火烈，信火以黄爲君。砒黄氣息而火毒。毒火。以桃黄爲君。金汁、銀銹、硇砂炒製鐵子磁鋒，着人則須爛見骨。爛火藥內用之。草烏、巴豆、雷藤少加水馬，廝藥着人飲冷水却解，加水馬見水愈急。熬熱火藥龍鎗着人則見血封喉。火箭、火鎗上用之，

賊衆立死。江子、常山、半夏署加川黄，造製噴筒藥罐，着人則禁唇不語。噴火藥内用之。桐油、豆粉、松香用于焚糧劫寨，偷劫火藥内用之。人精，頭髮也。鐵汁、巴油，用破革車皮帳。革車皮帳，攻城用此。鎔化燒沸，傾注城下，直透重革。狼糞烟晝黑夜紅，遞傳警報。江豚灰逆風愈勁，力顯神奇。凡火藥順風則發，逆風則不可用。加江豚灰配合諸藥，風息逆則火愈疏。他如猛火油，出占城國。得水愈熾，可燒濕物。九尾魚脂，出暹羅國。見風漫爆，無可遮攔。固皆難得之物，而爲將者亦不可不知也。

提硝法

提硝用泉水，或河水、池水，如無以上三水，或甜井水，用大鍋添七分水，下硝百觔，燒三煎，然後下小灰水一觔，再量鍋之大小，或下硝五十觔，止用小灰水半觔。其硝内有鹽鹹，亦得小灰水一點，自然分開鹽鹹，化爲赤水不坐。再燒一煎，出在磁瓮内，泥沫沉底，净硝在中。放一二日，澄去鹽鹹水，刮去泥底，用天日曬乾。宜在二、三、八、九月，餘月炎寒不宜。或欲急用，夏天入井，冬天放于煖處可也。又曰，提硝用瓦烏盆，濾至一百觔，得三十觔乃可。作藥線，用熬熟老桐油粘紙作，藥線衣過水、入地無礙。

又法：製硝法，每硝半鍋，甜水半鍋，煮至硝化開時，用大紅蘿蔔一個，切作四五片，放鍋内同滚。待蘿蔔熟時撈去，用雞卵清三個，和水一、二碗，倒入鍋内，以銕勺攪之。有渣滓浮起，盡行撤去，再用極明亮水膠二兩許化開，傾在鍋内，滚三五滚，傾出，以磁盆盛注，用蓋蓋定，放在涼處一宿，看鎗極細極明亮方可用。若鎗不細，尚有鹹味，未可入藥，當再如前法製過。

提磺法

提黄，每鍋用水五六碗燒滚，然後下黄三四十觔煎開，出在磁盆内，澄一日，去黄底坐，用黄稍，將底坐加水入鍋再煎澄，通用黄稍去下沾墨色底。又曰，用好硫黄十觔，將麻油先製去油後用。去硫磺内油法，先將硫打荳粒樣碎塊，每觔硫黄用麻油二觔入鍋燒滚，再下青栢葉半觔在油内，看栢枯黑色，撈去栢葉，然後入硫黄在滚油内。待油面上黄沫起至半鍋，隨取起安在冷水盆内，倒去硫上黄油，净硫凝一併在鍋底内者是，取起打碎，入栢枝湯内煮，洗净，研極細爲度，聽用。砒紅者，去脚用。

火藥方

製火藥，每料用硝五觔，黄一觔，茄桿灰一觔。以上硝、黄、灰共七觔，分作三槽，定碾五千八百遭出槽。每藥三觔，用好燒酒一觔成泥，仍下槽内再碾百遭，出槽，拌成粒如黄米大，或緑豆大。須入手心燃之不覺熱方可。尋常藥用一觔，以藥止用半觔。因藥力大迅，不可多用。如無茄灰，柳條亦可去皮去節用。

又法：製火藥，每硝十兩，灰一兩五錢，磺五錢，將三種研極細末，用水噴半乾半濕，放在木柏内，用杵着力狠搗。若乾去，再用水噴濕，搗至一萬杵，取出放在手心内燃之，火燃手心不覺者，方可用。若覺火熱，如前法再搗。藥可用，將燒酒和搗作劑，曬乾再搗碎，用密些竹篩篩過，上粗大者不用，下細者不用，止取如粟米一般者入銃。其大小者再如法製造。蓋鳥銃筒甚長，細則下藥之時盡粘筒上，不得到底，太粗藥又不實。大槩磺欲快發火，灰欲作力，硝取噴送致遠，全要精細。粗心爲之，必致傷銃。

火線方

製火線藥，净硝一觔，黄三兩六錢，柳灰四兩三錢，茄灰五錢，白砒五錢，朝腦三錢，如前合，或止用前藥，走線、扁線皆用之，但不作粒。若作炸砲藥方，硝、黄如前，灰減去五錢，加白砒五錢、朝腦一錢，好燒酒和匀曬乾。若作起火，黄減去一兩二錢，硝、灰、白砒、朝腦如前，班毛二錢，爲極細末，重羅合一處，用好燒酒拌濕，曬乾再研一次，仍用燒酒拌潤，曬乾研羅，即起火。若作箭藥，黄減去一兩一錢，柳灰四兩，硝、白砒、朝腦如前，茄灰五錢。

扁線方

製扁線，用細布裁成條，以稀麪糊刷過，乘濕敷火藥雙摺成線，黏壁上陰乾，用生桐油油過聽用，以防雨水。

火攻神藥法品

硝火，主。硫火，主。葫蘆灰，烈火。箬灰，爆灰竹葉也。柳灰，主灰，帶青新者爲妙，枯者不用。杉灰，主灰。樺樹皮灰，銃灰。蘇楷灰，無聲。石黄，法火。雄黄，毒火。蜀葵莖灰。不畏雨。

火攻從藥

桃花砒，紅。瑪瑙砒，五色。朝腦，陰火。辰砂，炮。水銀，炮。銀銹，爛。鐵脚砒，黑。江子油，毒。乾漆，火。巴豆，吐。巴油，爛。麻油，煮。麻子油，炮。鬧羊花，迷。桐油，燒。金汁，爛。蒜汁，毒。狼毒，熱。銀杏葉，火。江豚，油骨能逆風。附子，熱。天雄，熱。甘遂，逆。常山，嘔。鐵脚蓮，毒。大小蓼，毒。川黄，利。姜粉，迷。牙皂，嚏。半夏，嚏。爛骨草，皮肉沾之即爛。川烏，毒。蒲花草，火。草烏，

毒。鈎吻，斷腸。礦灰，毒。血肉草，毛竅沾之血湧。封喉草，喉沾之立啞。巴戟，巴霜，毒。人精，毒。狼糞，風。斑毛，信。蜈蚣，毒。虺蛇，毒。蝰蛇，毒。斷腸草，入腹腸則寸斷。蝦蟆，毒。竹黄，毒。蘆花，火。墨記草。毒，爛。

右火攻從藥，製煉神火、毒火、法火、飛火、爛火各火配合，煆煉有訣，差之毫釐，謬以千里。

神火藥方

石黄，燒酒浸麻油炒，曬乾爲末，三斤。雄黄，雌黄，黑砒，銀杏葉，蘆花，艾朒，松香，一斤。豆末，乾糞，巴霜，硝火，硫黄，箬灰，柳灰。

右用石黄三觔，松香一觔，同雄黄等各四兩，三七分火藥配諸藥攪和。此藥偷營劫寨，衝鋒破敵之用。

毒火藥方

川烏，草烏，南星，半夏，狼毒，爛骨草，蛇埋，牙皂，巴霜，銀銹，乾漆，金頂砒，乾糞，松香，艾朒，雄黄，金汁，銕脚砒，石黄，硝火，硫火，杉灰，柳灰，斷腸草，斑猫，姜汁，煙骨，骨灰，蝦蟆油。

雄黄爲主，用一觔，石黄諸味各四兩，乾漆洒乾糞炒，四六分火藥配。此藥破陣用之，賊聞其氣，昏眩卧倒，又燎皮肉。

無敵毒龍神火藥方又名神烟、神沙、神水。

一，蛇埋草，一云將毒蛇埋地下，種荆芥，採而陰乾，爲末入藥。一云即馬旅草，採時手背犯之輒腫。一，龍尾良薑草，一，連珠半夏草，一，兔頭商陸草，一，狐跋藜蘆草，一，虎牙鈎吻草，一，豹眼南星草，一，搜風甘遂草，一，牛舌天雄草，一，鬼頭大附草，一，鼠尾芫花草，一，神仙草，即革蔴草苗。一，豬牙皂角草，一，挂劍偷牙鬼箭草，一，狼牙宣薑草，一，木鱉斷腸草，又名胡蔓，形似黄精。又名野葛。人食之立死，羊食之而肥，中毒者羊血解。一，雉頭鬼臼草，一，雞目胡莘草，一，川烏草，一，江子將軍草，一，川紅細辛草，一，雷公藤草，用燒酒浸，曬乾。一，羊躑躅草，柴大黄花，又名金剪刀。一，大戟紅牙草，一，雷丸草，一，紫王金絲草，一，蛇蟠不食草，即蛇蔓草。一，魚鱗艾朒草。松樹皮外緑衣，即艾朒也。

右神草二十八品，炮煉極乾，碾羅絶細，和以砒、黄礦霜、斑猫、石黄、蜈蚣、蝦蟆、蝰蛇、虺蛇、□蛇、孔雀尾、蝎尾，各爲細末，以蛇埋草爲君，或用爲神沙，順風揚去。或用爲神烟，火炮發去。或用爲神水，注于溪、河、井、澗，隨機而應。沙入人目，頭眩睛瞎，煙鎖賊竅，血湧髓流，水入賊腹，腸斷心裂，騾馬傷藥者亦然。我兵須噙解藥，方可合製。

烈火藥方

荳末，松香，石黄，雄黄，砒信，銀杏葉，硝火，硫火，箬灰，樺灰，柳灰，斑猫，艾朒。

銀杏、松香各一觔，硫火二觔，石黄、雄信各三兩，加提過明硝七觔，每觔用灰四兩。此藥燒賊營寨糧草用之。

飛火藥方

蘆花十斤，桐油拌曬。松香三斤，豆黄、乾糞，與銀葉二味細羅過。銀杏葉、硫火、箬火、樺灰、皂角末、柳灰、斑猫、石黄。以上各八兩。

蘆花十觔，密室攤乾，切不可見風日。配以松香諸味，三七分配火藥。此藥衝陣劫寨，焚燒賊糧，水陸馬步俱用。

法火藥方

良姜，十斤。乾姜，軍姜，胡姜，川辛，細羅。白信，巴油拌曬。胡辛，細羅。黑蓼，赤蓼，榆皂，大皂，礦灰，燒酒拌炒。人精，炒。松香，石黄，雄黄，硝火，硫火，箬灰，樺灰，柳灰。

姜皂爲主，用十觔，配以川辛、胡辛、黑蓼、赤蓼、白信、礦灰六味各半觔，用烏梅一觔，勻爲末。攢合諸味，裝成紙砲，周圍將松香塗蘸。此藥最利害迷人鼻竅，瞎人眼睛，生擒賊兵用之。

煙火藥方

鐵子，磁鋒，硇砂，銀銹，桐油，人中汁，炒。虎藥，硝火，硫火，箬灰，樺灰，柳灰，斑猫。

鐵子等味，磁鋒、硇砂、銀銹、人中汁連浸三日，用火焙乾，入桐油再炒，將虎藥輕滚。此藥着賊皮肉立爛。

逆風火藥方

狼糞，艾朒，江豚骨，硝火，硫火，箬灰，樺灰，杉灰，江豚油，斑猫。

狼糞二味加江豚煆骨爲灰，煉肉爲油，拌以硝、硫等藥曬，焙極乾，二八分配火藥，用以火攻，風逆愈勁，烟燄蔽天。

三火合一藥

飛火、毒火、神火，三火合一，每火一斤。硝火一斤，硫火六兩，箬灰、葫灰、柳杉灰，合四兩。入硃砂三錢，水銀三錢，研不見星。

火種

不木灰一斤，銕衣三兩，炭末三兩，麩皮三兩，紅棗肉六兩。略拌米泔爲餅，每兩管一月。

火信

硝一兩，火酒製。葫灰、斑猫各三錢，硫火三分。

銃用常藥

硝火四兩，硫火一錢，灰一錢七分，斑猫一錢。

爆火藥

硝四兩，硫火三錢，灰八分。

起火藥

硝一兩，硫三錢，蜜陀僧四分，炭三錢。

又方：硝一兩，硫三分，炭三錢五分。

日起火藥

硝一兩，灰九錢。

夜起火藥

硝四兩，硫二錢半，灰一兩。

噴火藥

硝二兩，硫二錢半，細砂七錢半，桐油、巴油炒。灰三錢半。

爆火藥

硝十兩，硫六兩，葫箬灰三兩，石黄一兩，雄黄五錢。

一炷香

夏枯草末五斤，鬧楊花末五斤，地星草子二十斤，地胡椒。金線斷腸草十斤，秋海棠。金喬麥楷五斤，黄花地丁二斤，紫花地丁二斤，江豚油二斤，射香五兩，牙皂一斤，硇一斤，鳳仙五斤，膽礬十斤，金星草二兩，或柏樹，背陰之地生。獐腦一斤，公灰三十斤，灰。粉霜五斤，葉如韭菜，背有金精相對。榆樹皮二十斤，銅青一斤，土蜂房三斤，黑胡蜂窠在壁上。檀香二斤，□□姜一斤，速香一斤。兩頭尖，竹節附子二斤，栢香十斤，川烏草一斤，毒蛇十條，浮萍一斤，膏十斤，合牡蠣五斤，爛體煙。以物染油，使有附著。

砒二斤，斑猫一斤，獐屎一斤，江豚油五斤，黄十斤，石脂二斤，硝二十斤，南星子一斤，硇二斤，茄灰五錢，瓢灰十斤，壁蟃二斤，巴豆二斤。

萬般毒

蛇埋草十兩，主。信十兩，開桃花色。蛇含石五兩，羊烏三兩，狼毒三兩，杏仁二兩，竹茹三兩，大蒜十兩，人糞十兩，炒。皂角二十兩，主。大戟五兩，斷腸草五兩，用燒酒浸。鑽骨草五兩，童便浸。紅商陸五兩，血見愁十兩，童便浸。木鱉子三兩，巴豆五兩，狼糞二十兩，煑。斑猫五兩。

右用硝六十五觔，硫十觔，炭十三觔，箬灰三觔，燒酒、童便共製三次，藥末計一百三十四兩，通共九十六觔十一兩。

三十六味藥方

達達蒜，囉囉藤，商陸，狼毒，紅牙大戟，川烏，草烏，軍草，皂角，甘遂，焦芫花，鬧羊花，蛇埋草，鐵甲將，鑽骨草，巴豆，金絲斷腸草，鐵線草，黄龍尾，水葫椒草，碎骨草，透腸草，箭頭草，馬連草，大蓼，蒼耳草，雀蝨草，左纏藤，蔓陀花，小蓼，旋風草，織角蘭，南星，鑽心穿肺草，韭子，猫眼草，鵝腸。

已上三十六味藥，俱用童便製七次過，爲末。

水火藥

鵝夷魚油肝及子末半斤，砂挼子一斤，鮎蠖魚油二十斤，邵陽魚尾四兩，土濕地生足多如蠼螋蟲十兩，予脂三兩，黄二十斤，净。硝三十斤，净。蟲蟲二斤，五色蜘蛛一斤，不灰木一斤，硇一斤，砒半斤，用礦子石灰一斗，爲極細麪。桑霜、蕎霜、茄霜、蓼霜、硇、砂、砒各一斤，俱爲極細麪。川烏二斤，草烏二斤，用燒酒十五碗，臘醋十五碗，煮二烏，熬去十碗，去査。將前酒醋熬成膏子，同前七樣和膏一處慢火炒乾，仍研極細，仍入鍋炒成灰。冷定，手試隨縫而出方可成。或做紙砲，或做烟火花筒，俱于中間做小筒，盛火藥。小筒週遭將毒煙藥築滿，照常紙砲點放。又曰，先天風火藥特蓬殺爲主，先天水火藥江豚油爲主。

碎藥

蜜陀僧，雌黄，雄黄，信。製火慢藥性宜用不宜多。

慢藥

硝一斤，黄六兩二錢，墨煤四兩，砒霜八兩，雄黄四錢八分，硇砂八錢，水飛過。硃砂四兩，水銀四兩。鉛冶。

右共研細末聽[用]。

糞砲罐法

先以人清塼槽内盛煉擇净，曬乾打碎，用篩羅細，盛在甕内。每人清一觔，

用狼毒半觔，草烏頭半觔，巴豆半觔，皂角半觔，砒霜半觔，砒黄半觔，斑猫四兩，石灰一觔，荏油半觔，入鑊内煎沸，入薄瓦罐容一觔半者，以草塞口，用放砲内，以擊攻城人，可以透鐵甲，中則成瘡潰爛。放毒者仍以烏梅、甘草置口中，以辟其毒。

五里霧

木屑將桐油炒過，共和一處，要研極細，用布袋盛之。臨敵，人各量帶。如遇順風，先傾於地詐退百餘步，用走線點火，結成霾霧，朦蔽五里，人馬聞氣涕淚不絶，互相戕殺。突出鳥鎗，驍騎追殺，此亦用兵一奇，出其不意，儘足破敵。

硝百斤，黄百斤，炭五十斤，木屑五斗，松香三十斤，砒五斤，雞糞一斗，狼糞二升，頭髮五斤，燒灰。人糞一斤。

白雲神水

先取陽起石、陰起石二物真正者，研爲細末，用清水在磁盆内淘净，輕輕隨水飛出之，既澄，又淘，如此九次，只要用功，淘澄細膩者曬乾，如膩粉有光亮射目方好用也。無光采、少神氣，不可用也。澄出者以一觔爲則，用好燒酒浸過，日曬。如此浸透，曬乾七次爲准聽用。

配合法白粉五觔，研細爲末。風化石灰四觔，羅細，共一處拌匀，火酒浸曬三次。又重羅篩細，加獐腦半觔，雲母粉半觔，共研極細。每半觔裝一銃，先裝銃藥，完後裝此藥。紙筒内安在銃中心，用藥二包成砲築於筒内，如法封固。臨敵砲響，白雲凝結敵陣，如此一箇時辰，慢慢散去。

製神水之法，先用人之□□以鐵鍋熬成黑色如膏，焙乾，煅細紅入清滚水，濾汁去查，仍將汁熬至半乾，入草烏膏一觔，麻花膏四兩，信石一觔，硇砂半觔，人靈石四觔，五靈膏一觔，共熬如稀糊收貯。臨用時，以五靈膏水調汁，安疾桶内用之。白雲銃一枚在前，疾桶百枚在後，此神水發之，人着點皮肉腐爛而死。

水箭法

川烏、草烏、狼毒、南星、麻茹、紅砒霜、硇砂、半夏、皂角、膽礬每各一斤，巴豆三升，藤黄半斤，大椒半斤，斑猫六兩。

右咀片入布袋中，分作二袋，盛之聽用。又用石灰五斗，滚湯三桶聽用。先將藥袋同入大壜内，却將石灰水鍋内燒滚，傾入壜内，速將泥頭封固，過十數日，將藥袋取起，其水分作三四壜，封固，臨時取用，以噴筒噴之。其灰用礦石。

神煙

火硝一斤，硫四兩，用小便煮過。炭三兩，獐腦一兩，輕粉一錢，石黄一斤，陽起石一兩，砒四兩。

右爲極細，緊築于竹筒内，發之可迷百步，良久不散。

神火

煙硫一斤爲末，好燒酒三斤拌汁曬乾。硇砂一兩，硝半斤，針砂四兩，炭二兩，硫黄四兩。

右共研極細，緊築子鎗筒内，臨敵發之，可燒賊人。

毒方

桑柴灰五斗，苦蕎麥灰十斗，豆楷灰二斗五升，五燈頭灰五斗，茄楷灰三斗，巴豆灰一斗五升，川草烏灰二斗，地星草汁三斗，藜蘆灰一斗。

右共淋水三石，煎至八斗，後入地星草汁微熬，再入硇五兩，砒三兩，膽礬五兩，皂末二兩，銅青三兩，再微熬，藥冷爲度，以竹筒出之。

解毒方用解神火、神煙、神砂、神水之毒。

明雄半斤，好箭頭砂二兩。

右將白鴨取血拌浸，九浸九曬，又以緑豆漿三浸三曬，又以白蘿蔔汁三浸三曬，又以藍根煎汁三浸三曬，又以含春水煎汁三浸三曬，研極細末，用烏梅肉四兩，甘草半觔，熬膏，爲丸如雞豆大，製藥、裝藥、放藥皆噙一丸。製藥時用真阿魏抹口鼻竅，烟毒氣不能害。

麻藥

績花，川草烏，附子，半夏，南星。

又方：雷公藤，巴豆，五月草，常山。爲末，投入井泉。

毒酒方

川烏、草烏俱取去尖。五月草，取花并臍。天仙草，取花子。陀羅花子。每五分浸酒一罈。

又方：田鬧花一兩，川烏一兩，番木烎一兩五錢，馬尾一兩五錢，半夏五錢，辣蓼五錢，用酒一觔，入藥在内。

又方：風茄爲末，投酒中，飲之即睡去。此廣西産，又名悶陀羅。

弩箭藥法

大金藤，飛蟲藤，地鞠，地油麻，吕公縧，樟木，悶多羅根，百蛇藤，單摩根，木通，半天藤，烏籠藤。爛藥少□。

右各等分爲粗末，用净瓦碗一箇，地上掀一孔，放碗在孔内，用薄竹笆蓋在

碗口上，用生茅草三葉十字放在竹笆上，後放藥末在竹笆上，用大樹葉，或諸般樹葉蓋在藥上，留頂上孔，却用温灰團團煨住，頂孔上放炭火徐燒，盡火量時，抽出茅草，看黄色爲度，取出竹笆，用碗内藥汁調擴藥母，乳鉢内研爛，不稀不稠，就擦上箭頭上，曬乾後用粟殼草燒烟薰箭頭。此箭見血便死，每一錢擴藥母，須搽七根箭頭爲效。此箭用箭筒裝，不要走了氣。掛在燒火有煙處，搽藥時，箭頭上用綿子些少纏住箭頭上，然後搽藥上，方不落了藥。

又方：篤頭，一名烏喙，味辛，甘温大熱。有大毒。八月採其汁煎之，名射罔殺禽獸。

又方：土附子，味辛熱有毒，生去皮，搗濾汁澄清旋添，曬乾取膏，名爲陶獵人，將作毒箭使用。

又方：君子實、狼毒、川烏、草烏、硇砂、升麻各五錢，真麝香四錢。

右各藥，用五兩麻油二十五觔，煮銕子一升，候乾聽用。每藥一兩，油五觔，鐵子一合，與吊藥同功，或與同用。

見血封喉方

取生鮮草烏，或一、二斗，洗去土沙。再用籮盛，人脚踹去黑皮，以内肉白爲度。搗碎，用布濾(窄)[榨]出汁，汁乾爲度，去渣不用。用磁盆澄汁，盆底下有粉，去粉不用。約於清汁有十碗，用四碗入鍋内煎一滚，起沫，用篾片刮去沫，傾入磁盆内。再將存六碗生汁，入前熱汁内，一順攪均，放露天下露一宿，明早取澄清汁，散分于碗内。下澄渣粉，不用量汁多寡，以碗大小盛之，放日中曬至午時。又取澄清汁，下澄渣粉，不用曬。至晚，如前取澄清汁，再用薄綿紙鋪罩籬内濾過，渣不用。第二日、第三日如前曬法、澄法，紙濾去渣粉。每日曬時用竹片從碗底挑起順攪曬。此法不致上熱下生之故也。至第四日晚，濾稠藥存留勿去，另用碗盛曬。第五日，將濾稠藥入總曬用。此稠藥先夜露一宿，取澄清汁用，底下存硬稠者不用。曬至六、七日，各碗漸少，減歸各碗。曬時觀看，碗弦上起黑沙點子，面上結冰，有五色雲象，其色紅黑如香油樣，歸總磁盆内，放净處陰四、五日聽用。再用磚砌一爐，高二尺，週圍大可容藥盆放内中爲度。爐中從地上一尺五寸，用木物架盆於上，爐上空五寸，用布物蓋于藥盆之上，不致煙透走。爐旁取一火門，如鵞卵大，從地起高三寸，外用炭火十數塊，并櫪戚柴，又名繫條，又名棍戚，又用皂角花樹同燒煙，令煙入火門内，燻藥盆熱，藥面上結成冰，是火候好矣。約燻一時之候，其結冰要厚，如冰薄，再燻，再看。厚冰則除火取藥出，令冷，收入磁瓶内封固聽用。如冬天寒冷，用絮物包放煖處，勿令凍着。如夏天熱時，放於清涼之處，勿令潮壞。如冬凍着，如夏潮壞出沫，用磁盆盛，如前法上爐燻之，藥熱即止。或將藥上於箭上，用皂角花樹煙燻之如舊。前藥曬時如遇日色太緊，曬一、二日又要露一宿。如日色淡緩，不必露也。初做藥之日，觀天色晴明，即用烏頭如前法制之。如遇日曬一、二日，有雨，將照前燻藥爐上只用炭火烘熱盆爲度，攪均，又放得一、二日，候晴再照前法曬之。烏頭取來不可堆厚，恐爛壞，必要濕地下攤開。又不可風吹乾了無汁，即取即搗爲妙。其藥制完，放瓶内封固，日久下澄，有稠者如砂糖樣，挑起取用上箭最快。箭到身上，不滿數步即斃矣。此藥名爲曬藥，比燻藥更妙。或人悮中藥箭，用松毛搗調，冷水服之，或香油服之。如不及，自溺泥中，和泥漿水服之。如旁有人，用口銜水吸箭傷處吐之，再銜水吸，再吐之，不致藥散走封喉之故。其藥忌見香油，如入一點香油，藥即解無効。其性有三飛：見血飛，見油飛，見水飛。造、藏甚忌。

又方：三、四月間採草烏頭子一百觔，去皮葉，止用肉，擣碎，酒窄部窄水約三十觔，將竹篾做簍，高四尺，迴一丈，下留一門燒火。紙糊將薄板三、四塊作一個架楞，上半中間將大碗盛藥水，用紙蓋碗口，放在板上，下用木窩樹柴，有量星，在山出在杭州，細明火如篾攢欤火，燒四日四夜，時時要將藥水并在大家火盛一處，去碗底渾脚，將布拭净。又將碗盛煙一日，如此要并十次，夜并換去脚十次，後用細柴煨煙燻三日三夜，仍前并換去脚，不可絶火。煙至成藥二觔，將雞試不効，再煙。試好，收入磁器收貯。弔在煙火頭上，不可冷處。又忌松煙，一入，藥性則解。又忌煤煙，并出脚去在河内，猪牲食死。

大砲火藥方

晉州硫十四兩，窩黄七兩，熖硝二斤半，麻茹一兩，松脂一十四兩，乾漆一兩，砒黄一兩，定粉一兩，竹茹一兩，黄丹一兩，黄蠟五錢，清油一分，桐油五錢，濃油一分。

右以曾州黄窩、黄熖硝同搗，羅，砒、黄、定粉、黄丹同研，乾漆搗爲末，竹茹、麻茹即微炒爲碎末，黄蠟、松脂、清油、桐油、濃油同熬成膏，入前藥末，旋旋和匀，以紙五重裹衣，以麻縛定，更别鎔松脂傅之聽用。

毒藥烟毬方

毬重五觔，用黄一十五兩，草頭烏五兩，硝一觔十四兩，芭豆五兩，狼毒五

兩，桐油二兩半，小油二兩半，木炭末五兩，瀝青二兩半，砒霜二兩，黄蠟一兩，竹茹一兩一分，麻茹一兩一分。

右搗合爲毬，貫之以麻繩一條，長一丈二尺，重半觔，爲弦子。更以故紙一十二兩半，麻皮十兩，瀝青二兩半，黄蠟二兩半，黄丹一兩一分，炭末半觔，搗合塗傅於外。若其氣熏人，則口鼻血出。二物並以砲放之，害攻城者。

又方：毬内用火藥三觔，外傅黄蒿一重，約重一觔，上如火毬法塗傅之，令厚，用時以錐烙透。

藥信方

好硝一觔，硫黄四錢八分，杉木灰四兩八錢，滴水研極細，曬乾再研。

水裡藏火種方

以紅棗去核，用老茄枝、石灰要成片的、不曾見水者，各等分，調和一處，曬乾，用火煅煉存性聽用。

火彈子方

用松木炭一錢，獐腦七分，黄一兩，硫黄三錢，松脂三錢，共爲細末，用燒酒調均，做小模子，打如櫻桃大，每個約重二錢四五分爲度。其鐵筒一樣，如是。

飛空藥火方

用獐腦七錢，松脂二錢，石黄五錢，共研細末，用燒酒調作圓餅，如小酒鐘大，曬乾聽用。

長生火葫蘆法

用大葫蘆一個，嘴上開一孔，可容一指。倒去子穰，用好金墨研雞蛋清入内盪過，曬乾。又復如此三、四次，入長生火藥于内，外用紙筋熟泥固封之，以乾葛爲塞，塞住葫蘆口。其火經年不滅。拔去乾葛塞，火藥噴出，如放花一般遠，如不用，仍塞之。

製火種方

用板紙燒過存性一兩，火硝一兩，用童便浸二七日，去性炒乾。又用荳腐漿炒數次，净用八分，硫黄三分，用桐子樹稍燒炭三錢，共爲細末，入葫蘆内。置香頭一寸，燃着爲准。

裝火銃藥

如裝藥，似裝花筒一般，只要層層打築得緊。裝藥一寸四分，仍裝彈子一個，層層如是，後塞泥留三寸。

發藥方

用硝一觔，炒王色。用火酒一觔，陸續添炒，酒盡爲度，慢火焙乾。用硫黄二兩二錢四分，用柳木炭二兩八錢八分，或用葫蘆炭，三味俱爲細末。再用燒酒半觔拌，研作薄餅，用刀切碎如緑豆大碎者，再拌，又切如前，聽用。如發快銃、鳥銃、手銃，只用緑豆大。如發大將軍，發千里雷、飛空神雷，俱剉如馬醬子大，約重七八分一個，或一錢二三分一個。碎者再剉，務要曬乾爲妙。

炸藥法

用硝一觔，硫黄半觔，柳木炭一兩六錢，石黄一兩六錢，雄黄八錢，研爲細末。用燒酒半觔調均，仍前剉如緑豆大，臨用之際，每一觔加汞二兩。

行藥法

硝一觔，柳木炭四兩八錢，用火酒六兩調勻，仍前剉如小米大，曬乾收用。

收藏火藥法

收貯用木櫃，多糊紙，置乾處，永不壞，任意聽用。

射虎毒藥

川烏、烏頭一擔，搗爛。踪枯色竹箍打油報汁十四五碗，用綿布濾净，以磁碟數個將汁勻分堞内。天晴好日，即曬，夜收鍋内，用火柴烟熏之。每日將碗内濁汁淀去，止留清汁，十晝夜爲度。重曬藥汁，如稀糖樣，攪起有絲方收火。次用黄嘹狼刺一束，燒烟熏。每藥一觔，加斑毛三十個，砒霜三錢，無非取其毒烈。製合須要净室，最忌閑人。製完用瓶收貯，常近火處，則不至白花，可久用。此最難箴之物，即獵户慣製，只有日曬，不若此法爲妙。

風火砲

見日與風則發，如陽燧取火。特逹殺二觔，分半膏炒，入膏百觔，煉十觔。砒一觔，同當灰炒，入鐺灰二觔，硫十觔，升净，同瓢灰研。瓢灰二觔，班毛四兩，巽毛灰三兩，黄天硫八錢，末，炒一觔，取八錢。硇四錢，賣魚腥水製過。

又 卷一三

西洋煉造大小銃火藥法

磺用生者佳。先搥碎，去砂土，後用牛油煮磺。火不可太旺，以木棍旋轉鍋底，看磺溶化時，方以麻布作濾巾，濾在缸内。則油浮居於上，磺實沉於底，去油用磺，研細聽用。

硝用雞蛋白煉，約每觔用蛋二個，硝不潔者多用數枚。先將雞蛋白水勻訖，

次將硝下鍋，水高二指。復將蛋水傾入，大滚數次，則雞白雜硝渣滓俱浮鍋面，以竹笊籬抄起。又用細麻布爲濾巾濾過，復將前鍋洗净，再以濾過硝水傾入，用火煮成冰塊。然後將鍋舉起，放在地上，一日後冷了，則鹽在下，硝在上，只取上面硝，研細聽用。

炭用稭骨爲之，茄梗次之，柳、杉又次之，大都輕浮之木，皆可研細聽用。

右三種細細製煉，秤準明白，然後和匀，放在銅鑲木臼内，用銅包木杵搗之。復將楠檬酸汁破雨水不時洒濕，使搗有力。搗藥之人須擇勤慎者，莫使毫厘砂土蒙塵藥内，恐搗熱之際，石能生火。亦不可犯鐵器，鐵亦易生火也。藥搗萬杵後，用木板試放，略無渣滓，烟起白色，快且直者始妙。即以粗細夾篩篩過，粗者成珠在上，細者在下，略用樹下日色照乾，不可用暴日。慮日中亦有火耳。照乾後，以内外有釉磁罎收之。如日久有濕氣，再用楠檬酸汁破雨水洒濕，搗過如前，點放自然遠到矣。

大銃配藥方

硝六觔，磺一觔，炭一觔。

小銃配藥方

硝六觔，磺一觔二兩，或十六兩二錢，或十五兩。炭一觔二兩。

火門配藥方

火門藥與小銃藥分兩相同，但硝用上面一層，配以磺、炭多搗數時，不用篩，揉成珠，照乾，研細即是。

明・茅元儀《火龍經三集》卷上 火器之用，無問古今，無問攻守，其種類實多如發煩。神機大將軍威猛無敵，破敵可成血路，攻城可使立碎。古惟銅鐵鑄成者，自廣東葉火中丞治以熟鐵打造，較鑄者遠矣。今以三輪之車，一放之後輪向後走十數步，以殺其威猛之勢，其架不使震壞，實爲圓機。或間有損傷，緣匠有工拙。其體甚大，而煮火不到使然。或倉皇之際，裝藥有多寡，用子有輕重，大小之異耳。但體勢重大，難以輕譽。惟攻已固之城，塞要衝之口，非此不足以示威也。其次則虎蹲砲、連珠砲、百子砲，若連施叠放，雖百萬之衆，亦可使落膽。至於佛狼機，内同百子銃提放不竭，其母銃若長，可得數百步之遠火。看照星，真的可以取將擒王，但未免用銅、用鐵，體骨亦重。今用堅木作母銃，一人可俛而走。多備子銃，軍中可稱利器。其次則三眼銃與鳥嘴銃，而鳥嘴銃宜南不宜北，三眼銃宜北不宜南。何也？然北方之地寒風冷，鳥嘴銃必用手繫尚易爲力，一開火門，其風甚猛，信葯已先吹去。用碾信，則火門易壞，一放之後，虜騎如風而至處，不便執此爲拒敵之具。近有製竹鳥銃嘴，及自開火門鳥銃，亦一時之奇，然終是費事。惟三眼銃一桿三銃，每銃可着鉛子二、三箇，向敵三四十步内對準，方放一砲。三放其聲不絶，未有不中者。虜馬闖至，則執此銃以代悶棍，虜縱有鐵盔鐵甲，雖利刃不能入者，惟此銃能擊之。故在北方，鳥銃不如三眼銃也。南方倭苗多係步戰，其來之勢不似虜馬之迅疾，鳥銃照定施放，中敵極準。按定班次，一上一下，雖三放銃熱，則不能再放，若每人以布數尺，用水打濕，三放之後，以布濕銃，可以長放不歇。有狼筅、挨牌之類在前，敵縱衝來，此足拒之。若三眼銃，其捍甚短，其去不遠，對鹹不如鳥銃之準，執之則禦倭刀，利鈍相懸，人易生畏。故在南方，三眼銃不如鳥銃之利也。

凡銃砲俱稱神器，緣其震驚奮迅如雷如霆，一砲之出，數百生靈所係，實有神宰之，爲將者宜信心告虔，克意講究，務臻神理，斯收神效。若漫然爲之，不致棄以資敵，則必然自戕。士卒受器，須供奉潔净之處，儼若神明，戒淫慾，屏暈穢，一有觸犯，立即致禍非淺哉。

火箭勢猛力大，敵見生畏，過於弓弩。善造者，可得六七百步遠。然造之不易，一枝約打二萬鎚，方能濟。頭上須用回火約十分之二，水戰方可焚帆，陸戰方可焚寨。其鏃必用茨菰頭點，銅長信入箭服中三寸，信外銼一肩與箭竹相凑合，不然，火箭力大，一蹴則鏃入箭服，傷人不深。其竹鐵交接處，須用筋纏堅，間用漆過。其翎花亦用漆下，方耐風雨濕氣。此火箭之制也。至於今時之用，見敵惟圖高遠放去，敵望而避之甚易，是以有用之物，而施于無用之地，甚可惜也。善用長技，短用不務高遠，或三五十枝，或百枝，裝成一籠，總一火信，用有力之兵負之，或禦虜禦倭，只向二三十步之内，開隊而出，平按於地上，直衝而去，雖山嶽可推，況倭虜乎！若遠遠見敵人，即先放去，又何益于事！又長鎗之上，可用火箭，人人知之，亦是遠遠放去，徒費工料。今鎗上各帶火箭一枝，其法用黄藤紐做二扣，光滑不澀。以火箭一枝，或二枝，安入其内。其火信又長，外用一小箭桿竹劈破一半，用刀剜空，將火信按于半竹之下，用細麻線縛于鎗上，要在鎗之半中，其所縛之竹不礙手，即使鎗信藏於半竹内，下出一二寸，人帶火繩一小□，不拘左右，以拿鎗前手中指夾之，□□至三十步方點之，其信以燃隱入手心之内，敵人不覺，惟兩手執鎗向敵厮殺，其信燃至火箭葯門，敵與吾接刃矣，其箭一發，對面而去，焉有不中之理。敵人着箭，其鎗即至，敵人躲箭，其鎗

亦至。鎗不中而箭中，箭不中而鎗中，此勢險節短之妙法，百發百中之玄機也。

火毬、火磚、火罐，此三者軍中必用之物，但用之各有其時，而有其地。或敵人攻營，蜂屯蚊聚，可燒而走也。或敵人結營山林，可因而燒也。或夜去敵營探其睡熟，以此擲入，外以精兵攝之，可因其亂而取也。或攻敵之城營，設法飛入，其夜驚不眠，吾得以逸待勞。或水戰，其船相近，燃信得法，丢入彼船，焚其帆蓬，亂其脚步，無不利者。至於火罐，耑爲水戰之用。舊制將葯信縛在罐外，遇船燃着丢去。然風帆上下往來不定，一燃之後，而機會不得則不復。遲倘不得丢入賊船，只得投之水中，不然反爲本船之害也。每罐八鼻，鼻各繫火繩四五寸一段。如臨用之際，將火俱點看，以四五寸之火繩，可燃許久，惟伺便始投，一投則罐破，罐破則八面皆火繩，豈無一繩燃葯乎！此法可以久待，亦變法之妙者也。其火毬、火磚若在水戰，全在點信之人有用。若點信火長，易至閟滅，或丢入賊船，敵人見信尚長，亦可反擲我船之内。若點信火短，未及人賊船而先發，均反爲累。況臨敵之時，手忙足亂之際，易至失錯。二物用之水戰，不如火罐之妙也。

焚帆有遠近四等，若在百步之外者，火箭也。夫傷人之火箭，刀要大，勢要急。其打造非鐵桿鎚打二萬鎚不可，其頭盡處回火只用十分之二。若焚帆火箭，只用木桿搥打，其力止可至十步而止。頭用劍鬚，其回火當用十之三四。蓋火箭力大，而帆蓆之薄，一射經過，何益于焚！故焚帆之箭，止量其力至穿帆而止，則無透過之失。如慮透過，當于離火門之下一二寸，遠用竹孔十字交乂，以阻留之。如五六十步，用弓射石榴箭。如一二十步，則噴筒之制甚妙。如近十數步之内，或焚帆，或焚具燒棚，非火飛抓不可。其制用堅木車作棒搥形，自頂上入刀，將内車空入明火葯裝滿，周圍共掏七八孔出火。又周圍用倒鬚釘釘之，外以油紙糊之，以避雨濕。臨敵用手擲去，或釘帆上，可以焚帆。釘入人身，可焚而奔。釘入灶棚，可以延燒。此四者，焚帆之利器也。

竹將軍者，乃伯温劉公救急造用，有七利焉。其器雖一發而壞，不似銅鐵崩毁能傷人，其利一也。敵人得去不可再用，其利二也。每位通計工價不過七分，費廉工省，一刻可就，其利三也。無難取之物，隨地可造，其利四也。體輕可以遠負，其利五也。易于分步，易于舍棄，其威猛與銅鐵相等，能寒敵心，能壯吾膽，其利六也。南北水陸無所不宜，匠不論工拙，皆能造，其利[七]也。對壘立陣，防營守城，無不可者。但安葯信，並製葯，又與别器少異。不然，則横出多而直出少矣。

昔有督造火葯者，分發各兵，始而放不響，既而大震損銃，人莫知其故。蓋因所造，只將硝、磺碾細，並未入水舂過，各兵又不能分定分量，或用紙筒，或用竹筒裝盛，以備聽用，而乃總入一大皮袋裝貯。兵係馬兵，終日馬上捶簸，其硝與磺性重而沉底，灰性輕而上浮，初放者灰也，故多不響。既放者硝、磺也，磺多則銃損。此理甚明，又何疑焉。南方之製，硝用水膠或腥物提净，磺不用底灰，或柳或杉，各有分量。濕柳乾柳性有緊慢之别；紅杉白杉情有遲速之殊，尤有當知焉。而新葫蘆與舊瓢蒂性有不同，至於茄桿灰、苧麻灰，其説甚多。而銃之有聲無聲，皆於此中分别。分量既定，當用水舂之葯。葯一片，用水二碗。乾時入頭料燒酒一碗，吞如緑豆子大，擎於掌上，火升而手不熱，斯妙矣。舂之不細，則有白默落手中，尚能傷手，豈只熱乎！如葯至手掌不熱，裝入銃内，豈有後坐之理！所謂器精不如葯精也。大凡火葯内入一絲頭髮，銃必爆碎，慎之。

焚寇之船，莫如火。碎寇之船，莫如砲。大抵船宜極新堅爲佳，然大固可好，亦不必甚大。大如海上之雙桅者，可用也。將此船之下層，左右開銃孔或二三十處，安置紅夷大砲，每門重二千三四百斤者，用一車輪架乘之，便于進退裝葯。此等大砲，每船一隻，或六門，或八門左右排列。餘孔亦列千斤與五百斤之銃，必要以五百斤爲率者，方沉重不跳。且送彈端直至上層戰坪。如用百子、狼機等砲，大約一船要兵五百餘名，大小銃兵五六十門，多多益善。火箭長鎗等項，各數十件。有此一船，蓬桅絆索新固，舵工水手精熟，以一能將統之，横衝直揰于賊艅内，止在交鋒時使賊接應不暇，乘機又用快小堅船隻，選勇敢者披甲固體，以火攻法燒其船，賊必潰矣。此等衝鋒船，只須十隻或五六隻，皆可克賊，何慮賊舟之多哉！蓋水上與陸地不同，陸用馬，疾足可驟。舟用風，心急難前。若論真正對敵，只在一二船可收功，故賊船雖多，不過虚張聲勢，況未必多船即能凑一處以交鋒者。若肯凑聚一處，則更易破矣。兵法所謂以少攻衆，以精攻疎，以堅攻脆，此一定不易之法也。内惟紅夷大銃爲急用，何來皆謂船上不能放此大銃，若放，必將本船灰縫震動。此皆意度，信口訛傳，未曾經練之説。殊不知此銃在大船上，用車輪架安置停妥，裝葯試放，船不震動，且聲亦不大震。若放于岸上，此銃一發，屋舍皆摇，地面皆動。在船上，則以□舟水浮面，其勢甚軟，而以葯力出銃口，其勢方張，故在遠則震，在近反静，此真乃無敵之妙用也。

凡叢林深草在敵軍左右，可因疾風之利，燔其上風。或焚其營壘，及其士

卒。或焚其糧食薪芻，及其器械財貨、軍士衣裝。或焚其行伍，亂擊之，無不勝也。

火兵須用驍騎，昏夜銜枚，身藏火具，直抵敵營。一時縱火，亂則乘而擊之，靜則棄而勿攻。或竊敵號，潛入營中，焚其積聚，火發衆亂，急擊勿失。

火獸，用牛馬驢騾等畜，皆身縛利刃火器，以樺皮細草注尾上，驅其首向敵，然後縱火。火發必痛駭前奔，因亂擊之可勝也。然須遠離戒軍，恐防反噬，亦須相時度勢，不可妄用。不然純任田單貽法，如執方醫病，所誤實多。

臨陣時，敵人尚遠，在矢石所不能到處，若銃砲手輒便放打，是徒勞氣力火葯，及賊近前，則葯盡力竭，惟束手待斃而已。故必俟賊三十步之內，聽中軍號砲，方可看準放打。如有不遵號令先放，及放不如法，或高向、低向、歪向，並畏懼顫搖後顧者，俱以法令處治。

攻城未下，用蓬艾新草萬束，乾柴爲心，濕草外縛，候風勢猛急，即于上風發火，煙逼城上，人必退走，可乘勢急攻。若水戰，則用敝船，載以芻薪，多裝火葯銃砲，從上風順流發火，敵舟可焚也。

火器種類雖多，然有榫子實用者甚鮮。夫多而寡効，不若少而取功。如近日之捷，只用西洋火砲，使屍積如山，故删其繁，而摘其要者録焉。

又茅元儀《武備志》卷一一九《軍資乘・火一・製火器法一》 解云，謂硝産不是道地，硝性微軟，故曰不明。因硝不道地，加上黄灰，恐致暴裂，故曰虐。黄居硝六分之一，爆仗用之。黄居硝三十分之一，灰居硝五分之一，爲下料，爲行火藥，火箭流星、地老鼠及藥線用之。一云，有硝無黄爲藥線，黄多則能發火。杉灰爲緊藥，輕煤爲慢藥，柳枝灰、茄稭灰最輕而易引火，瓢灰、蜂窠灰則又輕矣。黄居硝三分之一或四分之一，灰居硝四分之一，爲上料。凡紙筒、紙毬、梨花竹筒、瓦罐敞口之物，火箭頭上及銕砲欲炸者用之。黄居硝二分之一，水火毬、煙毬用之。黄居硝十分之一，灰同之爲中料，凡銃砲及鳥銃用之。各藥稱足分兩，先碾硫黄如麪細，次下硝碾，將灰稱足，投入熟水，攪入硝黄内，碾爲片塊，曬乾復碾極細，愈細愈佳，此即良法。

提硝法

提硝，用泉水，或河水、池水，如無以上三水，或甜井水，用大鍋添七分水，下硝百斤，燒三煎，然後下小灰水一斤，再量鍋之大小，或下硝五十斤，止用小灰水半斤。其硝内有鹽碱，亦得小灰水一點，自然分開，鹽碱化爲赤水不坐，再燒一煎，出在磁瓮内，泥沫沉底，净硝在中。放一二日，澄去鹽碱水，刮去泥底，用天日曬乾。宜在二、三、八、九月，餘月炎寒不宜。或欲急用，夏天入井，冬天放於煖處可也。又曰，提硝用瓦烏盆，濾至一百斤，得三十斤，乃可。作藥線，用熬熟老桐油，粘紙作，藥線衣過水、入地無礙。

提黄法

提黄，每鍋用水五六碗燒滚，然後下黄三四十斤煎開，出在磁盆内，澄一日，去黄底坐，用黄稍。將底坐加水入鍋再煎澄，通用黄稍。又曰，用好碗黄十斤，將麻油先製去油後用。去硫黄内油法，先將硫打荳粒樣碎塊，每斤硫黄用麻油二斤，入鍋燒滚，再下青栢葉半斤在油内，看栢枯黑色，撈去栢葉。然後入硫黄在滚油内，待油面上黄沫起至半鍋，隨取起安在冷水盆内，倒去硫上黄油，净硫凝一併在鍋底内者是，取起打碎入栢枝湯内煮洗净聽用。砒紅者去脚用。

製火藥方

製火藥，每料用硝五斤，黄一斤，茄桿灰一斤。以上硝、黄、灰共七斤，分作三槽，定碾五千八百遭出槽。每藥三斤，用好燒酒一斤，成泥，仍下槽内，再碾百遭出槽。拌成粒如黄米大，或緑荳大，須入手心燃之不覺熱，方可。尋常藥用一斤，此藥止用半斤，因藥力大迅，不可多用。如無茄灰，柳條亦可，去皮去節。南方如無柳、茄，杉槁俱可。

製火線藥

製火線藥，净硝一斤，黄三兩六錢，柳灰四兩三錢，茄灰五錢，白砒五錢，朝腦三錢，如前合，或止用前藥，走線、扁線皆用之，但不作粒。若作炸炮藥方，硝、黄如前，灰減去五錢，加白砒五錢，朝腦一錢，好燒酒和匀曬乾。若作起火，黄減去一兩二錢，硝、灰、白砒、朝腦如前，班毛二錢，爲極細末，重羅合一處，用好燒酒拌濕，曬乾再研一次，仍用燒酒拌潤，曬乾研羅，即起火。若作箭藥，黄減去一兩一錢，柳灰四兩，硝、白砒、朝腦如前，茄灰五錢。

製扁線

製扁線用細布裁成條，以稀麪糊刷過，乘濕敷火藥，雙摺成線，黏壁上陰乾。用生桐油油過聽用，以防雨水。

火攻神藥法品

硝火，主。硫火，主。葫蘆灰，烈灰。箬灰，爆灰，竹葉也。柳灰，主灰。杉灰，主灰。樺樹皮灰，銃灰。麻楷灰，無聲。石黄，法火。雄黄。毒火。

火攻從藥

桃花砒，紅。瑪瑙砒，五色。朝腦，陰火。辰砂，炮。水銀，炮。銀銹，爛。鐵脚砒，黑。江子油，毒。乾漆，火。巴豆，吐。巴油，爛。麻油，煑。麻子油，炮。鬧羊花，迷。桐油，燒。金汁，爛。蒜汁，毒。狼毒，熱。銀杏葉，火。江豚，油骨能逆風。附子，熱。天雄，熱。甘遂，逆。常山，嘔。鐵脚蓮，毒。大小蓼，毒。川黄，利。姜粉，迷。牙皂，嚏。半夏，噤。爛骨草，皮肉沾之即爛。川烏，毒。草烏，毒。鈎吻，斷腸。礦灰，毒。血肉草，毛竅沾之血湧。巴戟，毒。巴霜，毒。人精，毒。狼糞，風。封喉草，喉沾之立啞。斑毛，信。蜈蚣，毒。虺蛇，毒。蝰蛇，毒。斷腸草，入腹腸則寸斷。蝦蟆，毒。竹黄，毒。蒲花草，火。蘆花，火。墨記草。毒爛。

右從藥六十品，製煉神火、毒火、法火、飛火、爛火各火，配合煆煉有訣，差之毫釐，謬以千里，專閫宜留意焉。

神火藥，偷營劫寨、衝鋒破敵用之。歌曰：神火燒營第一方，石黄一味最難當。燒酒浸來麻油炒，足用三斤性太剛。加上雌雄并黑信，蘆花艾肭并松香。豆末攪和銀杏葉，更加乾糞與巴霜。松香一斤餘四兩，三七均分火藥强。飛雲砲裏深藏貯，落地喧天發火光。吐霧噴煙紅滿寨，箇箇賊兵盡着傷。破陣衝風能利害，又燒衣甲及輜糧。

石黄，燒酒浸，麻油炒，曬乾爲末。雄黄，雌黄，黑砒，蘆花，艾肭，松香，豆末，銀杏葉，乾糞，巴霜，硝火，硫黄，箬灰，柳灰。

毒火藥，破陣用之，賊聞其氣昏眩卧倒，又燎皮肉。歌曰：黑砒先擣巴霜浸，毒氣冲人嘔見心。乾漆曬和乾糞炒，松香艾肭更均停。雄黄一味爲君主，透徹光明用一斤。石黄諸味各四兩，四六火藥配分明。裝入砲中攻打去，破敵衝鋒更殺人。

川烏，草烏，南星，半夏，狼毒，蛇埋，爛骨草，金頂砒，牙皂，巴霜，鐵脚砒，銀銹，乾漆，乾糞，松香，艾肭，雄黄，金汁，石黄，硝火，硫火，杉灰，柳灰，斑猫，斷腸草，姜汁，煙膏，蝦蟆油，骨灰。

無敵毒龍神火藥，又名神煙、神沙、神水，至難之敵用之。歌曰：二十八宿按天曹，二十八味神藥苗。開天闢地安邦國，用之鬼哭與神號。蛇埋一味獨爲尊，上應天垣角木星。此物一斤各二兩，誅邪滅亂顯威靈。上風揚去號神沙，迷人瞎眼便昏花。砲中發去號神煙，孔竅須臾噴血鮮。但得毫釐鑽鼻竅，腦漿流出命歸泉。注於溪澗號神水，寸腸立斷碎心肝。順風送入賊營去，百萬賊兵一陣空。不用干戈并汗馬，奪取凌煙第一功。

角木蛟，天罡星，在天十二度。主造化萬物，布君之威信，蛇埋草應之。一云將毒蛇埋地下，種荆芥，採而陰乾，爲末入藥。一云，即馬旋草，採時手背犯之輒厘。

亢金龍，武曲星，在天九度。主天乙内相邊塞險阻之地，龍尾良姜草應之。

氐土貉，天后星，在天十六度。主騎官車騎之象，連珠半夏草應之。

房日兔，明堂星，在天六度。主天之管鑰，爲天衢之大道，兔頭商陸草應之。

心月狐，多疑星，在天六度。主五營積卒之象，狐跋藜蘆草應之。

尾火虎，剛烈星，在天十九度。主天之中道，虎牙鈎吻草應之。

箕水豹，文曲星，在天十一度。主蠻夷胡貊之地，豹眼南星草應之。

斗木獬，忠烈星，在天二十五度。主天之都關，搜風甘遂草應之。

牛金牛，柔順星，在天七度。主左右將軍之象，牛舌天雄草應之。

女土蝠，后妃星，在天十一度。主周秦代雍晉韓魏陳燕齊鄭楚十二國之地，鬼頭大附草應之。

虚日鼠，天倉星，在天九度。主北夷匈奴之地，鼠尾芫花草應之。

危月燕，吉祥星，在天十六度。主天之府墨記，神仙草應之。即草麻草苗。

室火猪，酒食星，在天十七度。主羽林之垣壘、北方之蕃部，猪牙皂角應之。

壁水貐，財帛星，在天九度。主圖書之府，掛劍貐牙鬼箭草應之。

奎木狼，天德星，在天十六度。主兵戈之象，狼牙宣姜草應之。

婁金狗，天鬼星，在天十二度。主山川藪澤之地，木鱉斷腸草應之。

胃土雉，天廪星，在天十五度。主積屍之象，雉頭鬼白草應之。

昴日雞，天鳥星，在天十一度，又名旄頭星。主兵戈之象，雞目胡荽草應之。

畢月烏，天耳星，在天十七度。主邊兵戈獵之衆，川烏草應之。

嘴火猿，天劍星，在天十度。主行軍之藏府，江子將軍草應之。

參水猴，陰陽星，在天十度。中三星，主三將，左肩主右將，右足主後將，右肩主左將，左足主偏將，又主夷狄之用，川紅細辛草應之。

井水犴，天法星，在天二十四度。主泉水積薪之象，雷公藤草應之。

鬼金羊，天日星，在天二度。主奸謀警急之象，羊躑躅草應之。柴大黄花。

柳土獐，天相星，在天十四度。主天之中道，大戟紅牙草應之。

星日馬，鑾輿星，在天十七度。主雷雨之師，雷丸草應之。

張月鹿，青龍星，在天十七度。主胡夷之長垣，紫玉金絲草應之。

翼火蛇，天翌星，在天十九度。主四夷之地，蛇蟠不食草應之。即蛇蓼草。

軫水蚓，土德星，在天十七度。主天子六軍之門，魚鱗艾朒草應之。松樹皮外緑衣，即艾朒也。

右神草二十八品，應天垣二十八宿，炮煉椒乾，碾羅絶細，和以砒黄、礦霜、斑猫，石黄、蜈蚣、蝦蟆、蝰蛇、虺蛇、蝀蛇、孔雀尾、蝎尾，各爲細末，以蛇埋草爲君，或用爲神沙，順風揚去。或用爲神煙，火砲發去。或用爲神水，注于溪、河、井、澗，隨機而應，沙入人目，頭眩睛瞎，煙鎖賊竅，血湧髓流。水入賊腹，腸斷心裂。騾馬傷藥者亦然。我兵須噙解藥，方可合製。然製藥已成，選天將吉日，各依方位，主將者齋戒沐浴，盛服，虔設鹿脯酒醴香燭之儀，夜深於壘中，先禱於天垣二十八宿之神，東方七宿，青旗青甲，連於本方。南紅、西白、北黑、中黄，各依方列。

烈火藥，燒營、燒糧、燒賊、燒馬用之。歌曰：銀杏松香各一斤，二斤硫火要均停。石黄雄信各三兩，提過明硝要七斤。每斤四兩灰爲使，劫寨偷營最有名。

銀杏葉，荳末，松香，石黄，雄黄，砒信，硝火，硫火，箬灰，樺灰，柳灰，斑猫，艾朒。

飛火藥，衝陣刦寨、焚糧燒賊，水陸馬步俱用。歌曰：蘆花合用桐油拌，密室攤乾仔細藏。一毫風日不可見，見了之時放火光。此物十斤不可少，更配松香與豆黄。銀葉細羅乾糞配，更加皂末要相當。松香三斤各半斤，一一分明不可忘。却用火藥三七配，霹靂臨風烈燄揚。燒人衣甲鑽人眼，滿面肌膚爛作瘡。縱爾賊兵雄百萬，砲響連聲一陣亡。

蘆花，桐油拌曬。松香，豆黄，銀杏葉，乾糞，皂角末，硝火，硫火，箬火，樺灰，柳灰，斑猫，石黄。

法火藥最利害，一物不可見，一步不可行，生擒賊兵用此。歌曰：薑皂爲君足十斤，二椒二蓼細羅成。白砒須用巴油拌，礦灰燒酒製須精。六味各加半斤足，烏梅淨末一斤勻。諸味攢成合一處，便將紙砲巧妝成。周圍却把松香醮，霹靂小砲在中心。砲響一聲如吐霧，迷人鼻竅瞎人睛。眩暈昏花無可奈，噴嚏連天不絶聲。一物不見不能走，滿營撩亂自縱横。指揮一擁前追去，箇箇生拏與活擒。

良姜，乾姜，軍姜，胡姜，川辛，胡辛，黑蓼，赤蓼，榆皂，大皂，白信，巴油拌曬。礦灰，燒酒拌炒。人精，炒。松香，石黄，雄黄，硝火，硫火，箬灰，樺灰，柳灰。

煙火藥，著賊皮肉立爛，見血封喉。歌曰：鐵子磁鋒菀豆粒，硇砂銀銹人中汁。連浸三朝火焙乾，再入桐油炒燥烈。取將虎藥輕輕滚，二砲不過二三合。假使賊兵十萬餘，此砲只須三四十。飛雲打入賊兵中，霹靂一聲天地裂。鑽人孔竅透人腸，見血封喉不可説。頃刻横尸滿戰場，此是火攻真妙訣。

鐵子，磁鋒，硇砂，銀銹，人中汁，炒。桐油，虎藥，硝火，硫火，箬灰，樺灰，柳灰，斑猫。

逆風火藥，風逆愈勁，煙燄蔽天。歌曰：狼糞多收并艾朒，須教加入江猪骨。骨煆爲灰肉煉油，油拌硝硫灰性烈。曬焙須當用極乾，逆風愈勁真奇絶。

狼糞，艾朒，江豚骨，江豚油，硝火，硫火，箬灰，樺灰，杉灰，斑猫。

三火合一藥

飛火、毒火、神火，三火合一，每火一斤。硝火一斤，硫火六兩，箬灰、葫灰、柳杉灰，合四兩。入硃砂三錢，水銀三錢。研不見星。

火種

不木灰一斤，鐵衣三兩，炭末三兩，麩皮三兩，紅棗肉六兩。略拌米泔爲餅，每兩管一月。

火信

硝一兩，火酒製。葫灰、斑猫各三錢，硫火三分。

銃用常藥

硝火四兩，硫火一錢，灰一錢七分，斑猫一錢。

爆火藥

硝四兩，硫火三錢，灰八分。

起火藥

硝一兩，硫三錢，蜜陀僧四分，炭二錢。

又方：硝一兩，硫三分，炭三錢五分。

日起火藥

硝一兩，灰九錢。

夜起火藥

硝四兩，硫二錢半，灰一兩。

噴火藥

硝二兩，硫二錢半，細砂七錢半，桐油、巴油炒。灰三錢。

砲火藥

硝十兩，硫六兩，葫箬灰三兩，石黄一兩，雄黄五錢。

鉛銃火藥

提净明硝四十兩，硫六兩，柳灰或葫灰或茄楷灰六兩八錢。

右各另研極細末，照前分兩配合，用水一盞拌濕，杵千遍，取起曬乾。如此三次，爲細末，每銃用藥二錢五分，打遠再加五分。鉛子大小照藥輕重，用加蜘蛛皮。

一炷香

夏枯草末五斤，鬧羊花末五斤，地星草子二十斤，地胡椒。金線斷腸草十斤，秋海棠。金喬麥楷五斤，黄花地丁二斤，紫花地丁二斤，江豚油二斤，射香五兩，牙皂一斤，硇一斤，鳳仙五斤，膽礬十斤，金星草二兩，或栢樹背陰之地生。獐腦一斤，公灰三十斤，柳灰。粉霜五斤，葉如韭菜，背有金精相對。榆樹皮二十斤，銅青一斤，土蜂房三斤，黑胡蜂窠，在壁上。檀香二斤，高良姜一斤，速香一斤，兩頭尖，竹節附子二斤，栢香十斤，川烏草一斤，毒蛇十條，浮萍一斤，膏十斤，合牡蠣五斤。

爛體煙，以物染油使有附著。

砒二斤，斑猫一斤，獐屎一斤，江豚油五斤，黄十斤，石脂二斤，硝二十斤，南星子一斤，硇二斤，茄灰五錢，瓢灰十斤，壁蟃二斤，巴豆二斤。

萬般毒

蛇埋草十兩，主。信十兩，用桃花色。蛇含石五兩，羊烏三兩，狼毒三兩，杏仁二兩，竹茹三兩，大蒜十兩，人糞十兩，炒。皂角，主，二十兩。大戟五兩，斷腸草五兩，用燒酒浸。鑽骨草五兩，童便浸。紅商陸五兩，血見愁十兩，童便浸。木鱉子三兩，巴豆五兩，狼糞二十兩，主。斑猫五兩。

右用硝六十五斤，硫十斤，炭十三斤，箬灰三斤，燒酒、童便共製三次，藥末計一百三十四兩，通共九十六斤十一兩。

三十六天罡

達達蒜，囉囉藤，商陸，狼毒，川烏，草烏，焦芫花，鬧羊花，蛇埋草，鐵甲將軍草，皂角，鑽骨草，金絲斷腸草，鐵線草，黄龍尾，甘遂，紅牙大戟，碎骨草，透腸草，箭頭草，馬連草，大蓼，小蓼，水葫椒草，蒼耳草，巴豆，南星，雀蝨草，左纏藤，蔓陀花，旋風草，鐵角蘭，鑽心穿肺草，韭子，鵝腸，猫眼草。

已上三十六味，按三十六天罡，俱用童便製七次過爲末。

水火藥

鵝夷魚油肝及子末半斤，砂挼子一斤，邵陽魚尾四兩，土濕地生足多如蠼螋蝨十兩，子脂三兩，黄净二十斤，鮎蠖魚油二十斤，硝净三十斤，蝨蝨二斤，五色蜘蛛一斤，硇一斤，砒半斤，不灰木一斤，用礦子石灰一斗，爲極細麪。桑霜，蕎霜，茄霜，蓼霜，硇、砂、砒各一斤，俱爲極細麪，川烏二斤，草烏二斤。用燒酒十五碗，臘醋十五碗煮二烏，熬去十碗，去查，將前酒醋熬成膏子，同前七樣和膏一處，慢火炒乾，仍研極細，仍入鍋炒成灰。冷定，手試隨縫而出方可。成或做紙砲，或做煙火花筒，俱於中間做小筒盛火藥，小筒週遭將毒煙藥築滿，照常紙砲點放。又曰，先天風火藥，特蓬殺爲主。先天水火藥，江豚油爲主。

碎藥

蜜陀僧，　雌黄，　雄黄，　信。製火慢藥性，宜用不宜多。

慢藥

硝一斤，黄六兩二錢，墨煤四兩，砒霜八兩，雄黄四錢八分，硇砂八錢，水飛過。硃砂四兩，水銀四兩。鉛治。

右共研細末聽[用]。

糞砲罐法

先以人清塼槽内盛煉，擇(静)[净]煎乾打碎，用篩羅細，盛在甕内。每人清一秤，用狼毒半斤，草烏頭半斤，巴豆半斤，皂角半斤，砒霜半斤，砒黄半斤，斑猫四兩，石灰一斤，荏油半斤，入鑊内煎沸，入薄瓦罐，容一斤半者，以草塞口。砲内放以擊攻城人，可以透鐵甲。中則成瘡潰爛，放毒者仍以烏梅、甘草置口中，以辟其毒。

明・唐順之《武編》卷前五　火器

一，保生牌，上列鉛子小銃一十五箇，一人左手執牌，右手執刀，内運某機，則銃齊發，發無不中。較之鳥銃嘴只傷一人者，有間矣。此爲衝鋒第一神器也。

一，百步火龍，内藏神器二十四件，諸般毒藥飛沙發泄而凝聚不散，入目則目盲，入喉則喉啞，劫營破寨，勢若燎毛。陸戰水攻截殺用之，無不取勝。此爲破敵第一神器也。

一，千子銃，即大將軍也。以毒藥法制生鐵千斤，藏於銃内。銃發，則片如雨，雖萬衆莫能當也。一中其賊，頃失其命，而不自知其終矣。宿火，用鐵片、炭基。

一，水底雷，以大將軍爲之，埋伏於各港口。遇賊船相近，則動其機，銃發於

水底，使賊莫測，舟楫破而賊無所逃矣。用大木作箱，油灰粘縫，內宿火，上用繩絆，下用三鐵猫墜之。

一，法制火毬，以諸般毒藥和火器爲之。毬碎而火不息，火散而煙不滅。此宜於水攻破敵，而燒舟楫者也。

一，子母舟，母用二小船爲之，遇賊船，密以繩連環其柁，柁不應則船不可使。然後以戰艘臨之，無不破敵。

一，飛懸神銃，固守城池者也。埋伏於城下，每離十箇垛口，只用一人守之。遇賊攻城，上動其機，則銃發於城下，此爲形而示之以無形，伏而疑之以無伏，兵不勞而城可守者也。

一，迷眼火沙，以諸般毒藥爲之，置於長鎗之首，占其上風，賊中火器氣，則目即盲。

一，火車取勝，或以牛馬載之，縱之使入賊營陣，則火舉而賊衆奔潰，觸處皆傷，手足無措，聞其烟氣者，命絶而不知所終矣。

【略】

解云，謂硝産不是道地，硝性微軟，故曰不明。因硝不道地，加上黄灰恐致暴裂，故曰虐。

硝六分之一，爆伏用之。黄居硝三十分之一，灰居硝五分之一，爲下料，爲行火藥，火箭、流星、地老鼠及藥線用之。一云，有硝無黄爲藥線，黄多則能發火。杉灰爲緊藥，輕煤爲慢藥。柳枝灰、茄楷灰最輕而易引火，瓢灰、蜂窠灰則又輕矣。

硫黄本是火之精，餤硝一見便興兵。硝爲君，而硫作臣，炭灰佐使最通靈。硝力竪而硫性横，炭灰在内助力真。三家本是各類産，會合君臣萬古雄。

黄居硝三分之一或四分之一，灰居硝四分之一，爲上料。凡紙筒、紙毬、梨花竹筒，瓦罐敝口之物，火箭頭上，及銕砲欲炸者用之。黄居硝二分之一，古火毬、煙毬用之。黄居硝十分之一，爲中料，灰同，爲中料。凡銃砲及鳥銃用之。黄與灰各居

口敞則火散而力緩，口撮則火拘而力急。如人，問口舒氣則無力，撮口出力則有力。藥箭出管難則行遠，出管易則行近。如射箭，後手放箭，扣緊則有力，扣鬆則無力。砲聲細則嚮而震耳，聲宏則散而不震耳。入樂聲，管聲入耳深，鼓聲入耳淺。

緼、青此二物和勻，半斤黄蠟，四兩香油，入水不息。紙在中間，布夾在外，三分布，一分紙，撚紙撚，以蠟油裹浸。

各藥稱足分兩，先碾硫黄如麪細，次下硝碾。將灰稱足投入熟水，投入硝黄内碾爲片塊曬乾，復碾極細。愈細愈佳，此即良法。

【略】

火箭頭白火：六兩四錢，六錢四分，樟腦八錢。

凈江龍慢藥：六兩二錢，輕煤四兩八錢，砂四兩，雄四錢八分，硇八錢，鉛制汞四兩。緊藥［方］：四兩八錢，杉灰四兩，一兩六錢，雄、硇、砂、汞同上。

噴鎗：五兩，四兩八錢，一兩六錢，雄二兩四錢，砂三兩二錢，汞三兩二錢，銕沙半斤。

子劣火藥：四兩，四兩一云八錢，一兩六錢，一云硝一斤，黄五兩，灰同上。

噴筒：四兩八錢，四兩八錢，八錢一云粲皮久烟。

一窩蜂：四兩，四兩八錢，火彈五分，石子三分，砂一兩六錢，鐵菱一錢，鐵子一錢，汞四兩。火毬：四兩，三錢。

荔枝砲：四兩，杉灰四兩。

火龍口：四兩，柳灰四兩，四兩八錢。

紙砲急藥：三兩二錢，四兩。

機銃：一兩六錢，二兩四錢，四兩。

銃母藥：一兩一錢二分，四兩。

砲仗：一兩二錢八分，二兩四錢。

流星藥線：四兩八錢。

火龍暴，驚風猪：四錢八分，四兩八錢，八錢。

火箭：硝一斤，黄四錢八分，灰四兩八錢。離筒四指半稱勻。不勻，後用鎖墜子。

廣東梨花方：硝一斤，黄六兩，砂六兩八錢。輕煤，六錢，二兩四錢，砲長藥二兩八錢。

砲長藥方：硝一斤二兩三錢，灰二兩三錢。

不灰木五斤，用五倍子代之。黑棗三斤，煤炭五斤，鐵皮四兩八錢，黄三兩，七兩團七日，又南棗栗、木等分，糯米粥丸七兩團五日。

子砲用火燒紅，投入醋内三次，其鐵脆而易於炸碎。貯火用銕罏，火藥用木器。

破綿紙碎五錢，舊青布碎五錢，用此二物微有烟。又用作紙撚，用舊綿花絮浸陰溝内，取乾，入甑内燒存性。馬勃，□□

不灰木出上黨，今澤潞山中皆有之，蓋石類也。其色青白如爛木，燒之不然，以此得名。或云滑石之根也，出滑石處皆有。今處州山中出一種松石，如松幹而實石也。或云松久化爲石，人家多取以飾山亭，及琢爲枕，雖不入藥，然與不灰木相類，故附之。陳藏器要燒成灰，即斫破以牛乳煑了，便燒黄牛糞燒之成灰。榆麪、不灰木、炭屑、棗肉、内獸炭料，艾三兩，杉灰三兩，星石黑的即火石一兩，星石耐火，無星石用陳乾桃核破兩半個，入諸末内，乾綿子玄仁二兩，煤用自然煤末，取其輕，一兩。

提硝，用瓦烏盆，濾至一百斤得三十斤乃可。作藥線，用熬熟老桐油粘紙作藥線衣，過水入地無礙。

火毬：硝一斤，黄四兩，灰三錢。

荔枝砲：硝一斤，黄四兩，杉灰四兩。

火龍口：硝一斤，黄四兩，柳灰四兩，砒四錢八分。

藥信方：硝一斤，黄四錢八分，杉灰四錢八分。

一母十四子砲：焰硝一斤，硫黄三兩二錢，杉灰四兩。

小一窩蜂即鐵梨花：硝一斤，黄四兩，杉灰四兩八錢，硃砂一兩六錢爲末，鉛冶過水銀四兩。

石子每箇重三分，火彈子每箇重五分，用火藥打成塊。生鐵菱角每箇一錢，生鐵子每箇重一錢，一云製過，用硫黄煎鐵塊。

噴鎗一把連，竹節替馬子發箭：硝一斤，黄五兩，杉灰四兩八錢，砒霜一兩六錢，硃砂三兩二錢，雄黄二兩四錢，水銀三兩二錢，鉛冶大生鐵砂半斤。

細作水攻：净江龍，緊藥方：硝一斤，黄四兩八錢，杉灰四兩，雄黄四錢八分，砒霜一兩六錢，硇砂八錢，水飛過，硃砂四兩，鉛冶水銀四兩，共爲細末聽用。

慢藥方：硝一斤，黄六兩二錢，墨煤四兩，砒霜八錢，雄黄四錢八分，硇砂八錢，水飛過，硃砂四兩，鉛冶水銀四兩，共研細末聽用。

蜂窠火，噴筒松皮久烟火彈、石彈，烏壁喜窠灰，硝十兩，黄八兩，灰，嫩柳枝，輕煤，瓢灰，茄科灰，莆。

藥線方：硝四兩，黄一兩二分，灰一兩二錢。

火藥方：硝一斤，黄一兩一錢二分，灰四兩，杉木炭灰一錢五分。

母快火藥方：白一斤兮黄四兩，黄四兩兮黑八錢。再加朝腦錢八分，便是無敵大將軍。

獨火飛將軍[illegible]，盞口將軍[illegible]藥線：硝一兩，灰三錢，極要研細拌匀。硝四兩，黄一錢二分，灰一兩二錢。噴筒一箇，用藥十料。每料硝一斤，黄四兩八錢，黄多則能發火。信八錢，杉灰四兩八錢，内用八錢浸燒酒數次，細細築實，愈實愈好。每一寸築五分，用鐵槌打。凡流星、水老鼠、火箭，皆同此料。水老鼠用氏礬紙。

總要火毬法，加入草烏、巴豆、狼毒各五兩，砒二兩，則爲毒烟毬。若其氣熏人，則口鼻血出。

晉州硫黄十四兩，窩黄七兩，焰硝二斤半，麻茹一兩，竹茹一兩，乾漆一兩，雌黄一兩，定粉一兩，黄丹一兩，黄蠟半兩，清油一分，桐油半兩，濃油一分，松脂十四兩。

右以晉州硫黄、窩黄、焰硝同搗羅。雌黄、定粉、黄丹同研，乾漆搗爲末。竹茹、麻茹微炒爲碎末，黄蠟、松脂、清油、桐油、濃油同熬成膏，入前藥末，旋和匀，以紙五重裹以麻縛定，更别鎔松脂或瀝青傳之，以砲放之。

紙砲火鏚：神驚石半斤，硝四十斤，熏黄一斤，狼筋十斤，巽羽一斤，樱螋二斤，硇一斤，孔雀尾二斤，砒半斤，鴝鵒肉共用一斤，砂四兩，隱飛鳥十個鴟，共煎油一斤，骨成灰，共爲末。裝爲㡸包，其大如斗，外以竹絲圍之，内以針塞密。火發，針刺人，無不立死。

藥方製法：不嚮，一斤硝内用燒存性爲末二錢。又云，壁喜窠：硝用好硝十斤，入鍋提六七次，務要提净，形如針芒者可用。硫用好硫黄十斤，將麻油先製去油後用。去硫黄内油法，先將硫打荳粒樣碎塊，每斤硫黄用麻油二斤入鍋燒滚，再下青栢葉半斤在油内，看栢枯黑色，撈去栢葉，然後入硫黄在滚油内。待油面上黄沫起至半鍋，隨取起安在冷水盆内，倒去硫上黄油净，硫凝一併在鍋底内者是。取起打碎，入栢枝湯内煮，洗净聽用。

砒紅者，去脚用。

膏，百斤入銅鍋内慢火熬清，去查再熬，入芒硝、硫黄、砒霜三味各等分，量油多寡，入鍋熬煉，漫漫微火焙枯。火大即著，全在微微火候。煉時不可見風日。

膏乾用，膏先熬清净，然後火熬乾成黑灰用。

煉塵粱一斗，將水拌濕爲團，入炭火内煅紅，再濕，再團，再煅，如此九次，至輕白聽用。

苦蘆灰：將苦蘆切爲細塊，黄甕内閉了口，外用糠火煨通紅，量内蘆成灰止火。

特蓬殺收數斤，煆成黑灰，同前法。

鐺灰：取鐺上輕灰，見火星即著者用。

風火砲

見日與風則發，如陽燧取火。特蓬殺二斤，分半膏炒，入膏百斤，煉十斤。砒一斤，同當灰炒。入鐺灰二斤，硫十斤，升净，同瓢灰研。瓢灰二斤，班毛四兩，巽毛灰三兩，黄天硫八錢，末，炒一斤，取八錢。硇四錢，賣魚腥水制過。

水火藥

鵜夷魚油肝及子末半斤，砂挼子一斤，邵陽魚尾四兩，土濕地生足多如蠼螋蟲十兩，子脂三兩，黄净二十斤，鮎鱯魚油二十斤，硝净三十斤，蟲蟲二斤，五色蜘蛛一斤，硇一斤，砒半斤，不灰木一斤。

用礦子石灰一斗，爲極細麪，桑霜，蕎霜，茄霜，蓼霜，硇、砂、砒各一斤，俱爲極細麪。

川烏二斤，草烏二斤，用燒酒十五碗，臘醋十五碗，煮二烏，熬去十碗，去查。將前酒醋熬成膏子，同前七樣，和膏一處慢火炒乾，仍研極細，仍入鍋炒成灰。冷定，手試隨縫而出，方可成。或做紙砲，或做烟火花筒，俱于中間做小筒，盛火藥。小筒週遭將毒烟藥築滿，照常紙砲點放。

先天風火藥：特蓬殺爲末。先天水火藥，江豚油爲主。特蓬殺味辛、苦、温，小毒，主飛金石用之，煉丹亦須。生西國，似石脂、蠣粉之類，透金石鐵無礙下通出。

【略】

神烟方：火硝一斤，硫四兩，用小便煮過。炭三兩，樟腦一兩，輕粉一錢，陽起石一兩，石黄一斤，砒四兩，共研極細，緊築于竹筒内。發之可迷百步，良久不散。

神火方：烟硫一斤，爲末。好燒酒三斤，拌汁曬乾，加硇砂一兩，硝半斤，針砂四兩，硫黄四兩，炭二兩，共研極細，緊築于鎗筒内。臨敵發之，可燒賊人也。

一炷香

夏枯草末五斤，鬧羊花五斤末，地星草子二十斤，地胡椒。金線斷腸草十斤，秋海棠。金喬麥楷五斤，黄花地丁二斤，紫花地丁二斤，江豚油二斤，射香五兩，牙皁一斤，硇一斤，鳳仙五斤，膽礬十斤，金星草二兩，或栢樹背陰之地生。獐腦一斤，公灰三十斤，柳灰。粉霜五斤，葉如韮菜，背有金精相對。榆樹皮二十斤，銅青一斤，土蜂房三斤，黑胡蜂窠，在壁上。檀香二斤，高良姜一斤，宿香一斤，兩頭尖，竹節附子二斤。栢香十斤，川烏草一斤，毒蛇十條，浮萍一斤，膏十斤，合牡蠣五斤。爛體烟，以物染油使有附著：砒二斤，班毛一斤，獐屎一斤，江豚油五斤，黄十斤，石脂二斤，硝二十斤，南星子一斤，硇二斤，茄灰五錢，瓢灰十斤，壁蟢二斤，巴豆二斤，蛇埋草十兩，主。信十兩，用桃花色。蛇含石五兩，羊烏三兩，狼毒三兩，杏仁二兩，竹茹三兩，大蒜十兩，人糞十兩，炒。皁角主。二十兩。大戟五兩，斷腸草五兩，用燒酒浸。鑽骨草五兩，童便浸。紅商陸五兩，血見愁，十兩，童便浸。木鱉子三兩，巴豆五兩，狼糞二十兩，主。班毛五兩。

右用硝六十五斤，硫十二斤，炭十二斤，若灰三斤，燒酒、童便共製三次，藥末計一百三十四兩，通共九十六斤十一兩。

達達蒜，囉囉藤，商陸，狼毒，川烏，草烏焦，芫花，鬧羊花，蛇埋草，鐵甲將軍草，皁角，鑽骨草，金絲斷腸草，鐵線草，黄龍尾，甘遂，紅牙大戟，碎骨草，透腸草，箭頭草，馬連草，大蓼，小蓼，水葫椒草，蒼耳草，巴豆，南星，雀蝨草，左纏藤，蔓陀花，旋風草，鐵角蘭，鑽心穿肺草，韭子，鵝腸猫眼草。

已上三十六味，按三十六天罡，俱用童便製七次過爲末。

九老仙師兵甲遁法白雲神水一宗：

先取陽起石、陰起石二物真正者，研爲細末，用清水在磁盆内淘净，輕輕隨水飛出之物，澄又淘，如此九次，只要用功淘、澄，細膩者曬乾如膩粉，有光亮射目，方好用也。無光采、少神氣，不可用也。澄出者，以一斤爲則，用好燒酒浸過，日曬，如此浸透、曬乾七次爲准聽用。

配合法，白粉五觔，研細爲末。風化石灰四觔，羅細，共一處拌匀。火酒浸、曬三次，又重羅篩細。加獐腦半觔，雲母粉半斤，共研極細，每半斤裝一銃。先裝銃藥完，後裝此藥。紙筒内安在銃中心，用藥二包，成砲築于筒内，如法封固。臨敵砲響，白雲蒙結敵陣，如此一個時辰，慢慢散去。

製神水之法，先用人之大便，以鐵鍋熬成黑色如膏，焙乾，煆細紅，入清滚水濾汁去查，仍將汁熬至半乾，入草烏膏一斤，麻花膏四兩，信石一斤，硇砂半斤，人靈石四斤，五靈膏一斤，共熬如稀糊收貯。臨用時，以五靈膏水調汁，安疾桶内用之。白雲銃一枚在前，疾桶百枚在後。此神水發之，人着點皮肉腐爛而死。

烟毬：用好火藥，加皁角末，椒末，乾姜末，皆生用，毒。每火藥一斤，加四末五、六兩，隔紙帶末半斤，用五灰水煉成五毒膏，加硇、信并狼毒，和在隔紙末内，用瓦甕。

行煙：猛烟衝人無拒者。凡攻城邑旬日未拔，則備蓬艾薪草萬束，已上其束輕重使人力可負。以乾草爲心，濕草外傅，候風勢急烈，于上風班布發烟，漸漸逼城，仍具皮笆傍牌，以禦矢石。

天火毬：此火不用凡火，以藥修合三五個月，仍可用。見風見日即着，合必須在地窨内，不見風方可。其藥用黑豆楷燒灰，每存性。每一斤加焰硝半斤，硫黄四兩，班毛一兩，真黄天硫一兩六錢，無風日處攢合。當時即裝入雞鴨卵殻内令滿，每一個令加頑石子一塊如栗子大，夾紙封口，用茄柴灰固濟半指厚。遇敵，令軍士以繩圈投去，到彼處跌破，不拘落在草船木人身服，盡成火，水亦不能救。若陸戰，燒敵糧輜積尤妙。

火罐内有火塊，刀背藏銃，鴛鴦銃藏鉛子，拒銃簾軟硬相兼，猫竹挂草薦軟泡。又云，綿包沙。月落香銷毬即大砲。天墜砲即子母砲。千里勝即竹發熕。子砲用醋煮過易碎。

結烟：狼糞、雌黄、陽起石、石黄。

爛藥：硇、班毛、巴豆。紫金沙壞眼，出雲南番中。

麻藥：績花、川草烏、附子、半夏、南星。

碎藥：蜜陀僧、雌黄、雄黄。信，製火慢藥性，宜用不宜多。

又如製造紙糊圓砲，今製者不過震響一聲，無益于用。本職因此舊物而觸爲新製，造成此砲。待其糊成紙殻之時，中含小鐵刺菱二三十枚，地火鼠一二十枝，方入藥于其内，然後緊糊其口。每砲一枝，開藥線眼四處，各穿藥線，使其丢落城下不至滅火。賊近城下時，燃砲而下，砲一響，則砲中所藏刺菱自然布散，其中火鼠飛去，賊見火鼠燒身必走，而刺菱又傷其足，況城上且擊之矣。

飛空神砂火：此砂製度不一，水陸皆可用也。用山水河内流出細砂，類玉田砂者佳，如無，將爛石擣爲末，先用細絹羅，麪不用。次用粗羅羅下匀砂，每斗用藥一升炒過聽用。以神火鎗自空飛去，以害敵人眼目。鎗用白竹片爲身，用起火二桶，交口顛倒之，連身長七尺，徑一寸五分，絲麻纏綁一處。前桶口向後，後桶口向前，此來去身也。前用爆瘴一個，長七寸，徑七分，安在桶頭上。藥線置起火桶内。爆外用三四層夾紙作圈桶，連起火粘爲一處爆外。圈内裝前製過砂，糊嚴密，頂上用薄倒須鎗，如在陸地不用此鎗，放時光照前身，起火藥線用大茅竹作榴子桶，照敵放去，刺彼蓬上，彼不齊救，信破爆落砂下，每一星入人眼内，痛若鎚剜，既瞎莫救。彼既不敢救信，至後桶其船即焚矣。如陸戰，對敵放去，爆破砂下，其鎗身自回本營，敵莫知其所以也。

一窩蜂：噴筒之意，用檀木桿子，徑二寸半，趕紙筩一尺三寸，厚四分。或用大竹，外以生牛皮裹住曬乾亦可。頭上留大指頭一眼，以紙塞住。用前數件藥末，并後五件攪匀，打實封固，綁于長鎗頭上。火發三四丈，長鎗一丈二尺。此器火發，如羣蜂相似，敵人離我四五丈地，先被此火，并火、石、鐵三色子燒臉，目不能睁，我先勝。四五丈地彼敵不能前進，參離大軍短刀長牌于隊中，此爲步下攻城之寶也。

一把蓮：用毛竹一段，約長二尺五寸，打通節，留底下用黄土上，用鐵口外用細麻索細繞一層，用濃凡水瀝于上，又用麻布料灰一層，曬，仍用麻布，再用麻索一層，麄細瓦灰後上洿，却將半指厚鐵片照桶底大小安平，黄土實築二寸，曬乾爲度。將前各色藥攪匀，實築畢打，再用隨竹筩大小竹一節，二寸，在口内上加黄土築實，方安木桿鐵頭鐵翎箭，在口内插滿。長一尺皮作護手盤子，下以木柄鐵箍三道，曬乾聽用。久不打的銃砲，恐其驟打而炸也，乞地窨丈餘，先用火燒坑，以銃使砂石打洗内外净，入坑中，内以泥塗覆、薪燒煉，俟其冷取出。復用桃艾湯洗，以牛或羊猪血塗内外，仍入坑煉之。

神鎗改爲快鎗，即鉛錫銃。

手把銃歌曰：一裝鎗，二撚線，三裝藥，四馬子，五投至子，六打三鎚，七插箭，八行鎗，九聽號頭哵哵響，單擺開鑼響，點火摔鈸響，收隊。

火器手合用：藥匙，汪碗，藥筒，透針，鋼鎚，木馬子，裂鑽，至子，斧子，此九件快藥不用。

明・朱國禎《湧幢小品》卷一二《火器》 火藥重在提硝潔净。硝有上、中、下三等，上等百斤提至九十斤，次者提至八十斤，下者七十斤。必鹹穢去盡，舂擣極細，試然鐵上，著火無滓，方妙。大銃藥乾結成塊，經年不碎。雖久冒霧雨，放之雄烈，遠去百步。入火箭、火龍、火磚諸器之内，雖二三年可用，則提之至净故也。不者，雖藏之極密，吐濕，盡廢無用矣。

明・孫元化《西法神機》卷下 煉火藥總説

火藥配合分兩，毋論中國南北不同，即泰西亦傳授不一，盍不於炭、硝、磺之

性理一調劑之乎！夫柳炭，木火也。硫磺，土火也。焰硝，水火也。木火輕烈，土火沈重，水火流暢，性也，理也。調劑不因其性，不得其理，用之必不遂意。若欲迅速快便，必將硫黄去下面黑脚，研極細末，仍水飛過，入藥方不滚珠。柳炭須清明後採取，如筆管大者，去皮去節。有皮則多煙，有節則迸炸。焰硝以雞子清煉之，每硝一斤，雞子一枚，不惟去硝中渣滓，兼去水中鹹味。是以雞子之外，又用萊菔、豆腐、葫蘆等類，以拔去其鹹。煉硝之水，宜雨水、雪水，次用長流水，蓋不得已耳。深忌井水，有鹹味故也。每硝半鍋，水用一鍋，雞白趁冷即攪入鍋內，待滚起渣，又入萊菔等物。硝鍋初出火時，必須用蓋。蓋定勿掀動泄氣，恐硝中照渣不肯隨流而出。照渣者，形如粗米粉，此物最能滚珠，與鹽鹹同害。直待兩日後水冷硝凝之時，將硝囫圇取起，用布包好，再以淡水澆之，置於灰上，令撒净曬乾，方得潔净。已上三味如此製煉明白，研成細末，然後先將硫磺與柳炭調和極勻，使土木二火合作一家，彼此相濟，再入製硝和搗成珠。大約藥一斤，水一碗，研搗之人約以成藥之時，在渠掌中點試，自然不敢苟耳。又法，將硝一半研細，一半用水開化，研搗時用硝水拌三味，更覺渾化。蓋欲使輕烈之火泛起沉重之火，俾與流暢之火一齊行走，甚得三物之性理，俱列備用。搗法三種，各各精製，照各方稱準明白，然後和匀入銅鑲木臼，以銅包木杵搗之，復以酸菓汁點净、雨水、泉水，不時洒濕搗之。選有力搗藥之人，須擇勤慎者，莫使砂石蒙塵，毫釐入藥，恐打熱之際，石能生火。亦勿著鐵器，鐵亦能生火也。藥搗萬杵後，用木板試放，略無渣滓，煙起白色，快且直者爲妙。即以粗細夾篩，篩過粗者，成珠在上，細者在下，略放樹下，映日曬乾，勿經暴日，恐日中有火焚燎耳。照乾後，以内外有鈗磁罈收之，如日久有温氣，再取酸菓汁破雨水、泉水洒溼，搗過如前，點放自然遠到矣。

煉硝又法：每硝一斤，雞子二個。先審硝質何如，以卵白加減煉之，不拘於一卵也。亦量鍋大小，可容硝幾何，大約以硝平鋪半鍋爲度。假使半鍋之硝重二十五斤，即用雞卵二十五枚，別鍋擊開，去黄用清，與殼投別鍋内，以手碎殼，極力打匀，漸加以水，傾入硝鍋，以蛋清浮於硝面三寸爲度。然後煑之，以木作楫狀，不時攪之。將沸則沫浮，沸甚則沫亦甚，以密眼銅杓兜掠其沫，并取其渣滓，則清澈可鑒毫末，以涓滴成珠爲度。但滴時不宜逼近火傍，亦不宜避火耽閣。近火難凝，傷於太老。遠火易凝，傷於太嫩。其法以草莖蘸出硝汁，即轉身背火，滴於指甲上試之，以成珠爲度。預放有鈗磁缸，缸口覆苧布二層，將鍋硝傾入，擡貯潔净之所，俟七日後成鎗，去水，復曬乾搗細，重絹篩羅聽用。又法，硝以雞子白煉，硝一斤，蛋二枚。硝不潔者，加蛋數枚。先以蛋白攪匀訖，次將硝下鍋，水高二指，復將蛋白水傾入，大滚數次，則硝渣、蛋白俱浮鍋面，以竹笊抄起。又用細麻布濾過，再易净鍋，重將硝水傾入，用文火煮成冰塊，置鍋冷地一日，則鹽在下，而硝在上。只取上硝研細用。

煉磺又法：每磺十斤，用牛油、麻油各一斤。將牛油分半斤與麻油入鍋内盪滌之，鍋經油染，磺不粘滯。然後以搗細之磺，徐徐投入，即投即攪，如不能即化，就磺中戳一窩，以存下牛油八兩，納入窩中。以牛油之潤，殺磺燥性，不即燃耳。俟磺盡鎔，乃以有鈗缸盆，覆以蒲蓆以當漉巾，以磺傾注，清液自下，砂石自留於上。切不可使一毫著火，亦不可使一毫沾鍋，恐或沾，或著鬼焰倏發耳。俟凝搗細，以重絹羅過聽用。又法：硫磺用生者亦可製，先搥碎去砂土，每十斤用牛油二斤煮化。火不可旺，以木棍旋攪鍋底化盡，麻布濾巾濾入缸内，則油浮於上，磺沉於下。去油，研細聽用。又法：以防風、川烏煎汁，將磺碎如豆粒鎔化，以前汁冲入同熬，則磺之渣滓悉沉於底，取其上半用之。不用牛油而磺更精。此法邊人傳於馮相，西洋會士見其妙而傳之，但須再三試之，恐未周到耳。炭用蔴稭爲上，茄梗次之，迎春梧柳枝次之，搗羅聽用，大都取其輕浮之性耳。

西洋大銃藥方：硝四斤，炭一斤，磺十二兩，以上皆羅過細末，用水和匀而搗之，務力緊杵，則藥常温熱時，以水滴則藥常滋潤。杵頭用銅，臼底亦用銅，則藥不焚燒。杵至三日，膠結成塊，用篩揉下，莫不成珠。曬乾，貯甕月餘，取出復曬，然後封固收貯，永無潤氣。

中國又方：大銃藥，硝一斤，磺一兩，炭三兩。又方：硝一斤，磺一兩，炭三兩。又方：硝一斤，磺二兩六錢七分，炭二兩六錢七分。又方：硝六斤，磺、炭各一斤。又方：硝四斤，磺十二兩，炭一斤。上六方分兩不同，杵製同前方。附嚕密國火藥方：硝一斤，磺二兩，炭六兩。日本國火藥方：硝一斤，磺二兩八錢，炭六兩八錢。

鳥銃藥方：硝七斤，磺十兩，炭一斤，合法如前。又西洋方：硝一斤，磺、炭三兩。又方：磺二兩七錢。又方：磺二兩五錢，硝、炭同上。又方：硝一斤，磺一兩四錢三分，炭二兩二錢八分。又方：硝六斤，磺一斤二兩，或十五兩二錢，炭一斤二兩。又方：硝二斤八兩，磺四兩，炭六兩八錢。

中國鳥銃方五種：

一、硝一斤，磺二兩四錢，炭二兩七錢二分。

二、硝一斤，磺八錢，炭二兩四錢。

三、硝一斤，磺一兩一錢二分，炭二兩七錢二分。

四、硝一斤，磺一兩六錢，炭二兩七錢二分。

五、硝一斤，磺四錢，炭六錢八分。

火門藥方：硝一斤，磺二兩五錢，炭三兩，合製同前，但搗法滿七日爲妙。又方：硝一斤，磺二兩三錢，炭三兩。又方：硝一斤，磺二兩七分，炭三兩。又方：硝一斤，磺二兩二錢，炭三兩。又方：硝一斤，磺一兩四錢三分，炭二兩二錢八分。

金氏曰，五方總以磺爲差等。因磺有石、土之别，力量不同耳。引藥每兩入信石三分，發得緊足，硝要提清，精瑩如練爲妙。火門藥方與小銃藥分兩相同，但硝用最上面一層者，配磺、炭訖，多搗數時，不用篩揉成珠，日乾研細即是。

中國火門藥方：

一，硝一斤，磺五錢六分，炭五兩二錢八分。

一，硝一斤，磺八錢，炭五兩七錢六分。

一，硝一斤，磺四錢八分，炭用柳炭一兩六錢，又稭灰九錢六分。

一，硝一斤，磺四錢八分，炭用葫蘆灰四兩八錢，斑蝥四兩八錢，只用蟲頭。

約而論之，大銃藥，硝一斤宜配磺二兩、炭三兩而已。鳥銃藥，硝一斤，磺一兩二錢，亦以火酒浸過，曬乾又浸，又曬，看炭上有白霜起，然後研細。先用細磺五錢調和極勻，方拌入牙硝、斑猫七十頭，洒水力搗萬杵，趁藥不乾不濕之時，用馬尾羅細細篩出，如蒸糕米粉一樣粗細。太細恐糊火門，陰天難用。最可笑者，今人不知修治，不用水搗，只研細拌勻，以爲得法，一付軍士挈帶，或步行，或跨馬，終日撞篩，硝磺性重者必沉，炭性輕者必浮，初放不響，炭多故也；後放銃炸，磺多故也。此皆不可不察者也。

又　凡彈下腹，銃必須貼藥點放推出，方有力遠到。其彈俱小，銃内口一運，運作線解。庶彈易出而銃不壞也。彈自一斤至八斤者，藥照彈配用。如彈一斤，用藥一斤。彈二斤，用藥二斤也。彈自九斤起至十七斤者，彈作五分，用藥止四分。如彈九斤，作五分，用藥四分，止該七斤三兩二錢。彈十斤，作五分，用藥四分，止該八斤也。彈自十八斤起至二十六斤者，彈作四分，用藥止三分。如彈十八斤，作四分，用藥三分，止該十三斤八兩。彈十九斤，作四分，用藥三分，止該十四斤四兩。彈自二十七斤以上者，彈作三分，用藥止二分。如彈二十七斤，作三分，用藥二分，該十八斤。餘俱例推。若彈帶鐵菱、鐵鍊、小鐵彈、碎石者，悉準彈斤兩，其輕重用藥，照前法算之。然亦皆大略也。諸銃用藥，有宜增宜減者，仍悉開於各銃之下。

金氏曰，凡彈九斤至十七斤者，照彈斤兩，藥皆八折也。十八斤起至二十八斤，照彈斤兩，藥用七五折。二十七斤彈以上，藥六六折，不盡。

點放大小戰銃合用彈藥平仰步數法

銃腹容彈九斤至十七斤者，名半蛇銃，彈與藥相均。彈以鐵爲之，彈重十斤，藥用十斤，平放五百五十步，仰放五千五百步。彈、藥各十二斤者，平放六百步，仰放五千六百步。彈、藥各十五斤者，平放六百五十步，仰放六千一百八十步。

銃腹容彈十八斤至二十五斤者，名大蛇銃，亦彈藥相均。如彈、藥十八斤，平放七百步，仰放六千八百步。彈、藥各二十斤者，平放七百二十步，仰放七千二百步。彈、藥各二十二斤者，平放八百二十步，仰放七千二百十步。彈、藥各二十五斤者，平放九百步，仰放七千二百六十九步。

大佛郎機銃，亦用鐵彈，彈作四分，藥用三分。如彈重十斤，用藥六斤十兩六錢，平放八百二十步，仰放八千二百步。彈重十五斤者，用藥十二斤，平放九百六十步，仰放九千六百步。

點放大小攻銃合用彈藥平仰步數法

銃腹容彈九斤至十三斤者，名鷹隼銃，彈作三分，藥用二分，彈亦用鐵。如彈重十斤者，藥用六斤十兩六錢，平五百步，仰三千五百四十步。

銃腹容彈十四斤至十八斤者，名梟嘷銃，彈作三分，藥用二分。彈重十六斤，藥用十斤十兩六錢，平六百步，仰四千三百八十七步。

銃腹容彈十九斤至二十八斤者，名半鳩銃，彈作五分，藥用三分。如彈二十斤，藥用十二斤，平七百步，仰五千三百八十九步。

銃腹容彈二十九至三十九斤者，名大鳩銃，彈作十分，藥用五分。彈三十斤，藥十五斤，平八百步，仰四千九百步。彈三十五斤，藥十七斤半，平八百五十步，仰四千八百三十四步。

銃腹容彈四十斤至六十斤者，名倍大鳩銃，彈作十分，藥用五分。彈四十斤，藥二十六斤，平九百步，仰四千六百二十二步。如彈四十六斤，藥二十三斤，平九百五十步，仰四千七百二十八步。如彈重五十斤者，藥二十五斤，平一千步，仰四

千六百五十五步。彈重六十斤者，藥三十斤，平一千六十步，仰四千六百步。

銃腹容彈六十斤以上至百斤者，名虎唬銃，彈作十分，藥用五分。如彈重七十斤者，藥用三十五斤，平二千步，仰八千九百步。如彈重百斤，藥五十斤，平四千步，仰一萬六千步。

飛彪銃，原以照準攻城者，故他銃用車，此銃不用車。他銃仰放不得過六度，此銃仰放可過十度、十一度。內裝鐵菱、石塊、小鐵彈、毒火包，復以大石彈封口。彈作三分，藥用二分。如大石彈及鐵菱等重一百五十斤，藥一百斤，攻城之時，以此銃仰輪於賊城之外，引藥放之，則飛彈驟雨城中，損其屋宇城樓，一時鼎沸，何城不破乎！

點放大小守銃合用彈藥法

銃腹容各等彈六斤至十二斤者，名半喙銃，彈藥相均，用彈以石，先裝鐵菱、鐵鍊、小鐵彈、毒火包等件，後以石彈壓之。但鐵菱等物不得重過石彈，如石彈三斤，各物三斤，藥六斤是也。餘類推。

銃腹容各等彈十二斤者，名大象銃，彈作五分，藥用四分。如彈等重十二斤者，藥用九斤六兩。

銃腹容彈等十九斤至二十五斤者，名倍大象銃，彈等作四分，藥用三分。彈十九斤者，藥十四斤四兩。餘同。

銃腹容彈等二十六斤至五十斤者，名虎踞銃，彈等作三分，藥用二分。如彈重三十斤者，藥止二十斤。餘同。

已上守銃彈藥猛性烈，步最遠，特吾乘臺施放，以逸待勞。俟賊臨近，審定對擊，務必糜爛，故不細開平仰步數也。

舊銃久不放，蓄藥未洗，或洗不盡，而口內鏽澀者，勿輕用鐵鏟錘鑿之，恐二鐵相戛擊，火星迸出，故藥復燃，殞錘工於頃刻。丙子年范制臺任中曾有此事，可不鑒諸！雲從云，今有曲口銃彈，出如擲梭，渾身有鏤金龍鳳，從海浮來，今藏太內矣。又有所謂天銃者，於大銃中復藏一銃，打至賊營，火乃迸發。

明・毛希秉《火龍經二集》卷上

火攻地利

用器類於烟障。

先用法火烟藥障塞江中，撲賊眼目，便賊一物不可見，一技不能施，破之必矣。

蓬帆必以藥制，使不沾染風烟。

水戰與陸戰不同，四面波濤，用法藥造製蓬帆，不沾火藥，則萬保無虞矣。

此火攻應戰之策，苟不辨地利，而用之不得其宜，未有不捨器而走，徒資寇敵也。

又　火攻器宜

火攻之法，有戰器，有埋器，有攻器，有守器，有陸器，有水器，種種不同，用之合宜，無有不勝。其戰器利於輕捷，則兵不疲力而銳氣常充。

輕捷則利於擊刺，便乎手持。

其攻器利於機巧，則兵可奮勇而移動不常。

機巧則便於攻打，而兵可移。

其埋器利於爆擊易碎，火烈而烟猛。

用火砂、水銀、麻子油，和神火藥，藏於砲中，則爆如豆粉，擊賊透骨，傷賊甚衆。

其守器利於遠擊齊飛，大、長而氣毒。

用巴豆末，砒霜，神砂，合飛火藥，藏於砲中以發之，賊受其毒，立刻而斃。

明・宋應星《天工開物》卷中《燔石》　硫黃

凡硫黃，乃燒石承液而結就。著書者誤以焚石爲礬石，逐有礬液之說。然燒取硫黃，石半出特生白石，半出煤礦燒礬石，此礬液之説所由混也。

又言中國有温泉處必有硫黃，今東海、廣南産硫黃處又無温泉，此因温泉水氣似硫黃，故意度言之也。凡燒硫黃石，與煤礦石同形。堀取其石，用煤炭餅包裹叢架，外築土作爐。炭與石皆載千斤于內，爐上用燒硫舊渣罨蓋，中頂隆起，透一圓孔其中。火力到時，孔內透出黃焰金光。先教陶家燒一缽盂，其盂當中隆起，邊弦卷成魚袋樣，覆于孔上。石精感受火神，化出黃光飛走，遇盂掩住不能上飛，則化成汁液靠著盂底，其液流入弦袋之中，其弦又透小眼流入冷道灰槽小池，則凝結而成硫黃矣。其炭煤礦石澆取皂礬者，當其黃光上走時，仍用此法掩蓋以取硫黃。得硫一斤則減去皂礬三十餘斤，其礬精華已結硫黃，則枯滓逐爲棄物。

凡火藥，硫爲純陽，硝爲純陰，兩精逼合，成聲成變，此乾坤幻出神物也。

硫黃不産北狄，或産而不知煉取亦不可知。至奇砲出于西洋與紅夷，則東徂西數萬里，皆産硫黃之地也。其琉球土硫黃、廣南水硫黃，皆誤紀也。

又　**卷下《佳兵》**

火藥料

火藥、火器，今時妄想進身博官者，人人張目而道，著書以獻，未必盡由試

驗。然亦粗載數葉，附于卷内。凡火藥以消石、硫黄爲主，草木灰爲輔。消性至陰，硫性至陽，陰陽兩神物相遇于無隙可容之中。其出也，人物膺之，魂散驚而魄齏粉。凡消性主直，直擊者消九而硫一。硫性主横，爆擊者消七而硫三。其佐使之灰，則青楊、枯杉、樺根、箬葉、蜀葵、毛竹根、茄秸之類，燒使存性，而其中箬葉爲最燥也。

凡火攻，有毒火、神火、法火、爛火、噴火。毒火以白砒、硇砂爲君，金汁、銀鏽、人糞和製。神火以朱砂、雄黄、雌黄爲君。爛火以硼砂、磁末、牙皂、秦椒配合。飛火以硃砂、石黄、輕粉、草烏、巴豆配合。劫營火則用桐油、松香。此其大略。其狼糞煙晝黑夜紅，迎風直上，與江豚灰能逆風而熾，皆須試見而後詳之。

消石

凡消，華夷皆生，中國則專産西北。若東南販者不給官引，則以爲私貨而罪之。消質與鹽同母，大地之下潮氣蒸成，現于地面。近水而土薄者成鹽，近山而土厚者成消。以其入水即消鎔，故名曰消。長淮以北，節過中秋，即居室之中，隔日掃地，可取少許以供煎煉。

凡消三所最多：出蜀中者曰川消，生山西者俗呼鹽消，生山東者俗呼土消。

凡消刮掃取時，牆中亦或迸出。入缸内水浸一宿，穢雜之物浮于面上，掠取去時，然後入釜，注水煎煉。消化水乾，傾于器内，經過一宿，即結成消。其上浮者曰芒消，芒長者曰馬牙消，皆從方産本質幻出。其下猥雜者曰樸消。欲去雜還純，再入水煎煉。入萊菔數枚同煮熟，傾入盆中，經宿結成白雪，則呼盆消。

凡制火藥，牙消、盆消功用皆同。凡取消製藥，少者用新瓦焙，多者用土釜焙，潮氣一干，即成研末。

凡研消不以鐵碾入石臼，相激火生，則禍不可測，凡消配定何藥分兩，入黄同研，木灰則從後增入。

凡消既焙之後，經久潮性復生。使用巨砲，多從臨期裝載也。

硫黄詳見《燔石》卷。

凡硫黄配消，而後火藥成聲。北狄無黄之國，空繁消産，故中國有嚴禁，凡燃砲拈消與木灰爲引線，黄不入内，入黄即不透關。凡碾黄難碎，每黄一兩，和消一錢同碾，則立成微塵細末也。

火器

西洋砲熟銅鑄就，圓形若銅鼓。引放時，半里之内，人馬受驚死。平地爇引砲有關捩，前行遇坎方止。點引之人反走墜入深坑内，砲聲在高頭，放者方不喪命。紅夷砲鑄鐵爲之，身長丈許，用以守城。中藏鐵彈并火藥數斗，飛激二里，膺其鋒者爲齏粉。凡砲爇引内灼時，先往後坐千鈞力，其位須牆抵住，牆崩者其常。大將軍、二將軍、即紅夷之次，在中國爲巨物。佛郎機、水戰舟頭用。三眼銃、百子連珠砲。

地雷埋伏土中，竹管通引，衝土起擊，其身從其炸裂。所謂横擊，用黄多者。引線用礬油，砲口覆以盆。混江龍，漆固皮囊炮沉于水底，岸上帶索引機。囊中懸吊火石、火鐮，索機一動，其中自發。敵舟行過，遇之則敗。然此終癡物也。

鳥銃。凡鳥銃長約三尺，鐵管載藥，嵌盛木棍之中，以便手握。凡錘鳥銃，先以鐵梃一條大如箸爲冷骨，裹紅鐵鎚成。先爲三接，接口熾紅，竭力撞合。合後以四棱鋼錐如箸大者，透轉其中，使極光净，則發藥無阻滯。其本近身處，管亦大于末，所以容受火藥。每銃約載配消一錢二分，鉛鐵彈子二錢。發藥不用信引，嶺南制度，有用引者。孔口通内處露消分厘，捶熟苧麻點火。左手握銃對敵，右手發鐵機逼苧火于消上，則一發而去。鳥雀遇于三十步内者，羽肉皆粉碎，五十步外方有完形，若百步則銃力竭矣。鳥槍行遠過二百步，制方仿佛鳥銃，而身長藥多，亦皆倍此也。

萬人敵。凡外郡小邑乘城却敵，有砲力不具者，即有空懸火砲而癡重難使者，則萬人敵近制隨宜可用，不必拘執一方也。蓋消、黄火力所射，千軍萬馬立時糜爛。其法：用宿乾空中泥團，上留小眼築實消、黄火藥，參入毒火、神火，由人變通增損。貫藥安信而後，外以木架匡圍，或有即用木桶而塑泥實其内郭者，其義亦同。若泥團必用木匡，所以妨擲投先碎也。敵攻城時，燃灼引信，抛擲城下。火力出騰，八面旋轉。旋向内時，則城牆抵住，不傷我兵。旋向外時，則敵人馬皆無幸。此爲守城第一器。而能通火藥之性、火器之方者，聰明由人。作者不上十年，守土者留心可也。

明・湯若望　焦勗《火攻挈要諸器圖》

裝放大銃應用諸器圖説

銃規

以銅爲之，其狀如覆矩，闊四分，厚一分，股長一尺，勾長一寸五分，以勾股所交爲心。用四分規之一，規分十二度，中垂權線以取準則。臨放之時，以柄插入銃口，看權線值某度上，則知彈所到之地步矣。其權彈用藥之法，則以銃規柄畫鉛鐵石三樣不等，分度數以量口。銃若干大，則知彈有若干重，應用火藥若干

分兩。但鐵輕於鉛，石又輕於鐵，三者雖殊，柄上俱有定法。無論各樣大銃，一經此器量算，雖忙迫之際，不惟不致誤事，且百發百中，實由此器之妙也。

銃墊

每銃四件，厚一徑，闊二徑，長四徑。墊後居中造圓柄，徑大半寸，長一徑，墊形從厚漸薄至前，以便低昂。

藥鍬

以銅片爲之，長五徑半，闊徑半，捲轉作鍬，寬合銃口半徑。量稱藥數，以爲定準，毋致臨期悮事。其口圓尖，其木柄照銃塘加長一尺，徑大一寸。

銃掃藥撞

以羊毛爲之，徑如銃口，以便掃銃之用。其柄照銃塘加長一尺，末接以檀木，徑如銃口，以便撞藥，即名藥撞。

起刮銃杖

以鐵爲之，長三尺五寸，徑大一寸。頭如鰻尾，尖圓而扁，以便起銃。尾如蝌螯尖利，開深一寸，可刮銃銹，亦可以撬銃，低昂得宜。

轉彈鐵杖

煉鐵爲之，長七寸，其頭扁尖而利，形如煙燒外向，柄照銃塘加長一尺。如彈不甚圓，以急用悮投銃內，致横擱於半空不出，則以此撥之而使出也。

箝火繩杖

以銅爲之，左右各灣，長三寸，頭各開，以便箝繩點放。中餘直銃三寸，裝柄處亦三寸，其柄用木，長三尺。

火繩

以榕樹根最嫩者去皮心，椎軟，和松脂撚繩，或竹青亦可。如棉繩、麻繩，必用新者入黑豆湯內。每繩一觔，用净硝二兩煮，晾乾聽用。

收蓋火銃鎖箍圖説

口蓋鎖箍

煉鐵爲之，其蓋炤銃口外圍務寬大，覆轉如傘幃樣，以避雨水浸灌。其蓋徑兩際，各繫鐵鑻，彎曲之處俱用樞紐，以便轉折。以一鑻合樞，箭鐵處横分，折叠兩股，以便圍轉。以一鑻開竅，套兩股樞以箭之，以便上鎖。但蓋根底亦可那動，故炤銃口空徑造圓木一寸長，釘於蓋之陰面，如火門柱子一般，那動不開矣。

火門鎖箍

煉鐵爲之，炤火門銃身圍圓作箍，厚二分，闊二寸。判爲兩股，股似半規，兩端俱爲樞紐。先以兩股樞，貫以鐵箭，聯而爲一，以便開闔。餘兩股樞，以待合而後鎖之。於近鎖稍偏三寸之際，比箍增闊一寸。於箍背面安一鐵柱，如火門孔梢，以便出納鎖匙。先以箍柱插入火門之内，然後以兩股合樞上鎖，庶箍有根蔕，不致上下那動，其見方增闊，亦不致雨水之浸。

鑄造各種奇彈圖説

銃之得力處全在於彈，故西洋彈制非止尋常一色，其用彈亦非尋常一法。有專以擊遠者、攻堅者、横截者、開闊者、炸爆者、寬撒者、驚震者、燒焚者，所用不同，故其制各異。惟合口之彈不可太小，小則銃塘縫寬，火氣傍洩，發彈無力且不得準。亦不可太大，大則阻擱塘内，倘偶發不出，則銃必炸裂。其法必欲大小得宜，凑合口徑微小二十一分之一，更欲光溜極圓，毫無偏長歪斜等弊，則擊放之際火力緊推彈身，必更遠到而中的矣。其鑄法，炤造銃模之泥兩塊做成磚形，即以彈徑半規鐵片鏇成半窩，上以羅細煤炭刷塗，又用半規鏇匀，模成候乾，燒過，兩塊對縫箭合，以麻皮纏裹前泥封固，聽候用鐵鎔鑄，每鑄或一枚或數枚不拘。俟彈鑄成，鉗置圓窩鐵砧之上，即趁熱將彈上鑄口縫痕立即打圓。若彈冷，必再燒再打，定以極圓爲止。若鑄小鉛彈，即以紫石爲模，每一鑄可得數十。鑄成，用刀削圓鑄口縫痕，再用鐵滚槽滚過，末用布袋盛稻皮同鉛彈着實擦揉，庶得光溜。

圖彈前説已盡，兹不贅陳。

響彈　亦名吼龍彈，以生鐵鑄之。鑄時於模内更爲小模，以空其中。放時以空口外向，則出銃口迎風而響，如吼龍然。

鍊彈　亦名鴛鴦彈，其形中分兩半。彈心鑄存箭釘長大各五分，如磨心相似，以便箭合。渾圓彈之邊際，各鑄鐵鼻，聯以百鍊鋼鍱，或長四五尺、七八尺不等。放時先以鋼鍱入口，次以鐵彈合圓裝入。彈出之際，兩頭分開，横拉往前，所過無敵。

鑽彈　攻寨所用，中以百鍊純鋼打成粗條，長一徑半，粗得一徑四分之一，兩頭磋成尖鋭。鑄時先定中線，毋使稍偏並輕重長短，以致歪斜不能直貫，若攻營寨，勢若拉朽。

鑿彈　攻城所用，亦以純鋼打成粗條，長三徑，粗得一徑四分之一。兩頭磋

寬大，劒形鑿頭。凡遇攻城，先以此彈鑿破，復繼以圓彈擊之，無不推倒。

分彈　亦名横彈，以一彈中分兩半。以鋼條爲柄，長二徑，粗得一徑五分之一，中用鐵環爲紐。裝時以細繩輕縛，放時則横開向前，此亦鍊彈之意。

闊彈　一名扁彈，二圓分爲四塊。形如分彈，但柄短一徑而鐵紐居中，蓋取扁闊散陣之意。

散彈　圓彈分爲四塊，每塊鋼柄長二徑，粗照前，然必輕重適均，毋使偏墜。此亦闊彈之制，但所用更寬。

公孫彈　大彈一枚，帶小彈多寡不等，裝時先以紙錢緊蓋藥上，次裝小彈，末用大彈壓口，是名公孫。

蜂窩彈　大彈一枚帶小彈、碎鐵、碎石及藥彈諸物多寡不等。裝時先以諸物裝入，末用大彈壓口，是名蜂窩。

製造狼機、鳥鎗説略

大銃宜用銅鑄，小銃宜用鐵打，其鐵用閩廣者佳。但打銃全在煉鐵極熟，捲筒全要煮火極到。若不諳此法，只恐薄而加厚，又恐重而減短，以致不能命中及遠，並銃亦無用也，又恐短，鐵生筒疎，心炸裂。煉鐵炭火爲上，但北方炭貴，無奈用煤燒。鐵在爐時，用稻草剸細，搥好黄土憑灑火中，令鐵汁自出。煉至五火，用黄土和水作漿，入細稻草浸一二宿，將鐵放在漿内泡沃半日，取出再煉至十火之外，必須生鐵十觔，煉至一觔之時方可言熟。

佛狼機係西洋國名，鳥機即狼機之極小者。是以玆器格理甚精，設法甚密。其義蓋恐銃短，不能達遠命的，故銃身必取其長。又恐體長轉身不便，難以裝放，故又多設子銃更番捉換，一以便裝，一以免熱。其銃之身長，小者自五十徑起以至七十徑，大者自七十徑起以至百徑。銃身之後外爲半徑以托子銃，其長必過子銃身徑，後鑿拴眼以受壓拴。子銃身大者十徑，小五徑，底各一徑，底後伸出一徑以便拴壓，口上套簨深長一徑。銃之口徑小者，自五分起以至一寸，大者自一寸起以至二寸。銃之輕重，鳥鎗自四觔至六觔，鳥機亦同狼機，自五十觔以至百觔，城守者或用二百觔亦可。鉛彈自三錢起以至一兩，鐵彈自四兩起以至二觔。

是器之妙，全在子母銃筒大小合一。其兩口相接之際，必爲鴛鴦長簨，渾凑緊密，不得絲毫大小，後拴鎮壓穩固，故彈出平正直速，自能遠中而且有力。今人不諳此義，以銃身後截，即爲半徑托銃。蓋托銃既窄，則子銃必小而薄，合之母銃竟小數分。且彈不圓不入子銃腹内，致藥發寸數而後及彈，則藥力緩矣，彈纔脱口，而母銃寬大烧蕩，藥力散漫，若此者是猶無母銃矣，又何取於筒長欲遠中而力猛也？

銃身捲筒小者用鉗，大者用提架。或三節、五節煮成全體，其各節之内，先要算定前後厚薄比例之數。大約子銃筒徑之厚，應得口徑十分之八，母銃後筒應得十分之六，母銃前筒應得十分之三，此狼機鳥機之例也。若鳥鎗，則火門筒應得八分徑，口筒應得四分徑。各節炤此比例，上下周圍厚薄適均，其節縫合口之處，更要極力煮熟，於將合未合之時，用鐵刷刷去重皮灰滓，鎔煮渾化一體。候各節既成，然後接成長筒，着實火煮，敲打勻直圓固。筒成之時塞住一眼，以滚水灌入腸内，看有隙處再加火煮，必期毫無滲漏，方爲良筒。

狼機内外炤依大銃鏇塘打磨，其塘内更欲圓净光溜。子母合口簨縫着實緊密，拴壓着實穩固，前後炤門炤星，正直無偏，後柄稍低數寸以便看的，不致礙眼。

鳥鎗先磋去粗皮，分作八稜，前後十字分，中吊準墨線，插置鑽架之上。架頂用線吊下，直對筒上墨線一樣，用木嬰定，二人對鑽。又一人用鉗，將鑽根提着，便鑽得旋轉伶俐。

鑽要長短五六根，自一尺起，每根添長三寸，至三尺長止。先鑽上口，至中間翻轉，從底再鑽，相通爲度，交接之處，更宜詳細看線。

銃筒既已鑽去粗皮，又須另換長鑽光洗。其鑽之兩頭須長五寸，頂頭一寸略作尖鋭，中間四寸務要勻直，大小一般，其筒洗出始直。若如棗核子，鑽時隨彎就彎，其筒畢竟歪斜不得勻直。銃筒鑽完磋磨停當，用鐵一條磋成螺螄，旋或七層十二層，後尾方長寸許，微似門大。再用鐵一塊打成方眼，將螺螄底方頭插入眼内。將筒嬰定架上，以螺螄底放入銃，後門用鉗擰入，將後尾磋去，止留方頭五六分。

火門用鐵磋成作馬蹄簨，將筒後根鑿一槽，下寬上窄，將火門安入，其眼宜小，次安火門蓋及後紐等件。炤門、炤星、後尾俱炤狼機。

銃床必安木墊，端直乾挺方爲可用，若歪斜，則放時振動摇撼，銃亦因而不準，又必須漆過，則不怕水濕。

製造火箭、噴筒、火礶、地雷説略

火箭，以揩過棉紙捲筒，緊厚爲度，每下藥一匙打一百錘，第二匙加一百錘，以後照數遞加。每筒約打至四千餘錘，則發始遠而且勁猛。藥箭須要麻稭灰，

他灰不能透上。鑽孔之法，以藥分爲十分，約鑽至七分爲止，多則通頂出火不便。其孔要直，不直則歪，以鐵捍打成自然者更妙，且要寬大可容三根藥線，出則透而有力。若孔細則線少火微，出則低近而無力矣。箭鏃長五寸，要寬大倒鬚。桿要堅直，長三尺或四尺，重三兩或四兩。用藥二兩五錢，若爲放火燒燃之用，必加後火藥始得易着。其放法，必加溜筒方可命中，筒外以礬紙托油紙兩層包裹，庶過夏不致走硝，可以久留。又有以此法造成數倍然重大者，即名飛鎗、飛刀、飛劍是矣。

噴筒，以二寸徑粗竹三尺五寸，去節鑿光爲筒，大頭朝上，外用藤絲緝箍五道，勻箍於筒之外。於下頭五寸之際，留竹底一節，下安木柄長四尺、粗寸餘，套柄之處用鐵釘箭之於筒内。以不木灰膠礬水調成漿水，周圍均漩一次，俟乾再漩一次。底上以不木灰膠礬水調泥，築實四五分厚。其膠礬分兩：膠一兩，礬二兩，水二觔，照常熬兑。裝藥，用小竹筒三尺五寸去節，裝粗壯雙藥信於内，插入筒底。四圍裝火藥一徑築實。下藥彈一徑，其彈與藥分兩相半。如此裝滿，至頂空一寸許，用合口火藥餅一個蓋之。餅心留孔以通藥線，傍用碎紙塞緊。裝畢，將竹管從容拔去，外用礬紙托油紙拴住筒口，中亦留孔以通藥線。若行營，更加油紙二層，連藥信一並蓋住。用時去外一層點放，高十數丈，遠可四五十步，寬可十數步，此名滿天星噴筒，亦名一窩蜂。無論戰與守，凡係近用，持柄任意噴燒傷敵，極爲寬衆。若爲燒焚之用，則以徑大藥餅兩傍開竅如銀錠樣，裝時用小竹管二根，各裝藥信插入筒底，兩邊裝藥一層，下餅一個，餘法照前。此名飛天噴筒，亦名霹靂火，燒帆焚寨所必不可少者。藥信者，火藥引線也。

火礶，亦名萬人敵，亦有用生鐵鑄成圓形名西瓜礮者，總屬一類。每礶用炸藥一觔或二五觔不等，雜裝爆仗、飛鼠、鐵蒺、碎鐵、碎石、礦灰、磁砂等物。其鐵石蒺藜要製過，灰砂要炒過，其分兩每炸藥一觔，雜物二觔。其礶用裏外有釉，庶免過夏發潮之虞。礶口宜小且要束頸，以便拴固。礶外用四耳，耳上各拴粗麻繩一截，繩之兩頭各留二寸蘸磺。放時將磺頭各點着隨便擲擊，横直炸爆一里餘寬，傷敵甚衆，此係城守水戰時刻不可少者。

地雷，亦名轟雷，用裏外有釉磁罈，大小不拘，要小口束頸，旁有寬嘴。每罈用炸藥五觔、十觔或數十觔不等，裝入罈内，約滿八分爲度。用小管一根炤罈長短去節，内裝粗信三根，兩頭長出寸餘，從口插入罈内。罈底用油紙封固，上用磁碗扣蓋。罈下挖坑數尺餘深，將罈擱起在内，以避水氣。四圍用大小堅石堆砌高厚，上用大石壓緊，外用泥土封固如墳堆樣，使人不疑。亦有下挖深坑、上爲平地使人不疑者。於罈口藥信處，用小磁盆着烘藥緊置口邊，以便安接走線點放，上用大磁盆多覆，以防雨水。此法大約宜於高阜不宜於低窪，蓋恐雨水浸灌之慮。此係城外埋伏，隘要亦必不可少者。其用磁罈之意，一則取其能避雨水，一則取其倘或未用，亦可以收回也。

又湯若望　焦勗《火攻挈要》卷中

提硝、提磺、用炭諸法

提硝用雞蛋清，每硝十觔，用蛋五個或十個，視硝質之清垢如何以爲加減，不必拘數。預備有耳大新鐵廣鍋二口，先用一口量可容硝若干，大約以平鋪半鍋爲度，將蛋清入内，用手極力揉搓拌勻，漸加以水，傾入彼鍋，以水浮硝面一拳爲度，然後發火煎熬。以大木匙常川攪勻，俟大滚數沸，垢沫漂浮，用細密竹笊籬撈去，再攪再煎。不可太老，亦不可太嫩，以草棍蘸硝水滴於指甲之上，即成突起圓珠，便是火候。用有釉新磁缸一口，以夏布二層將缸口輓定，以鍋内硝水傾入濾過。俟三五日後硝已成牙，將浮水另揮磁缸之内，取硝曬乾研細，以細絹羅篩過篩，聽候配合。其水中未盡之硝，用前法再熬一次，將硝取盡，則餘水不必存矣。

又方，用甜水高硝面二寸爲度，每硝二十觔用水膠一觔。先泡開大蘿蔔一個，切作四五片，皂角二條鎚碎，炭灰汁水四兩，同入硝鍋煎熬。以大木匙着實攪勻，候大滚數沸，將浮膠垢沫去净。候蘿蔔已熟，用細夏布二層濾去，磁盆澄二日，去水取硝，研細聽用。取硝之時，看牙頭明方可取用，若不明亮尚有鹹味，則是鹹未盡，不可入藥，當用前法再煎再熬一次，取其餘硝。此方以硝質原無他垢，唯生産地中多雜鹽鹹結成，殊不知硝性主燃，鹽鹹主滯，若一毫未净，則硝之力不猛烈矣。故茲必用灰汁諸物，正欲盡去鹽鹹，净還硝質之本體耳。

提磺，用生者佳，先搗碎揀去砂土，每磺十觔用牛油二觔、麻油一觔。用有耳大新鐵鍋，將油入内蕩過，使不沾磺，然後以搗細之磺，徐徐投入，用大木匙旋攪鍋底，勿使少停。俟磺鎔開，用細夏布笊籬隨時撈去滓垢。其鍋口宜大於竈數寸爲妙，以防火焰。其火宜用炭，不宜用柴，恐柴火焰燃入鍋内。即炭火亦不宜太旺，恐鍋熱而磺即燃。當備瓦數片在傍，以防鍋熱，蓋壓其火。待磺已化盡，將鍋掇起離火，又毋令冷滯，速以細麻布濾入磁缸。候冷則油浮於上，磺沈

於下，去油用磺，研細聽用。倘油氣未盡，則薄棉紙一層包裹磺外，入乾爐灰内埋一二日，其油自净矣。

又方，每磺十觔，用牛油二觔，用水煮化，以搗細之磺徐投入内。其水不可太多，務使與磺相平，以木匙極力攪勻。俟鎔煮刻許漸加以水，不可太多，務高磺面三寸爲度。用細夏布笊籬撈去渣垢，再熬再撈，另以細夏布濾入有釉磁缸之内，候冷揭油去水取磺用。此方以磺中之滓垢固爲難净，而磺中之油性，更爲難净。人知以牛油去磺之垢是矣，至若油之藏伏於磺者，一毫未净，則磺性終不猛也。茲故先用牛油入淺水煮攪，以去渣垢，更用深水滚沸，以去油性，則庶幾油垢兩盡，而磺得純净之本質矣。

用炭，麻稭茄梗爲上，迎春梧柳爲次，杉木爲下，大約輕浮之木俱可用。但木俱要盡去皮節，柳木用正月取者有力，餘法照常，燒炭研末羅細，聽用。

配合火藥分兩比例及製造曬晾等法

大銃藥方：硝四觔，磺十二兩，炭一觔。磺作加一零八，炭作加二零五。

鳥鎗藥方：硝七觔，磺十兩，炭一觔。磺作零九之數，炭作加一零五。

火門藥方：硝一觔四兩，磺二兩四錢，炭三兩。磺作加一零二，炭作加一零五。

將硝磺炭三種，先各用大銅碾碾末羅細，照前方分兩配合一處，用净甜水拌成半乾半濕。決不可用井水，恐有鹹氣，又不可用木石及生鐵杵臼搗之，亦不可乾搗，恐乾搗，與木石生鐵之器俱能生火。必將兑成火藥放在銅鑲木舂，銅包木杵、脚碓之内，用人着實踹搗。其人須擇小心勤慎者，勿使毫釐砂土塵蒙藥内，恐搗擊之際砂石相磕偶而生火，貽害不淺。倘搗久藥乾，再用水拌濕搗萬餘杵，取出放在手心，燃之不熱，或用木板試放略無形跡，煙起白色快且直者，方爲得法可用。倘煙起黑色，木板燃焦，手心燒熱，即用前法再搗，如法方止。俟藥已搗成，即用粗細竹篩，其大銃藥用粗篩，篩成黍米珠；狼機藥用中篩，篩成蘇米珠；鳥鎗藥用細篩，篩成粟米珠。惟火門藥不必成珠，但多搗數時，候乾羅細，另裝小罐待用。

或謂藥既搗久，力自猛烈，不必成珠亦可。殊未知諸凡物理，精微莫測。昔西國一兵偶爾放銃，發彈不及數步且聲亦不響，再過數時放之，銃又炸矣。究其藥原係美藥，火門裝法仍皆照舊，諸人莫解，銃師亦莫測其故。及再四推度，素彼原藥仔細詳看，乃知此弊原因軍人帶藥奔走摇撓，以至炭質本輕漸浮於上，磺質本重漸沉於下。所以先放無力而不響者以炭多故也，後放而銃炸者以磺多故也。且銃筒多長，若用細藥則必沾粘筒上，藥不到底，發彈無力，所以必欲成珠，則諸弊可免。但不可太粗，恐裝不實，必如前法庶幾可用。

俟藥既篩成珠，或用細蓆或竹筐鋪藥於上，略用樹蔭日色照乾，萬不可用暴日夏日曬之，恐日中生火，猝難救耳。

候藥晾乾，用内外有釉磁罈一口，須有束頸以便拴固，罈外須用竹絡以便擡掇。收藥務要稱準定數，每罈百觔或五十觔，以便分發，庶免臨警稱散，倉皇而失事也。藥既入罈，先用礬紙托油紙着實拴緊，上用大磁碟蓋在口外，再用膠泥封固，候乾另交藥庫之内收貯。倘各軍所領零藥因日久發潮，或被雨水泉水灑濕，如前法搗過篩珠晾乾，則火藥之力仍舊猛烈矣。

收貯火藥庫藏圖説

火藥原備傷賊之用，若收藏無法，偶致自傷，其害更大。如小城用藥不多，不過分置各處静所，封鎖嚴固，或可無虞。至若都省邊鎮，軍興之際，未免常開局廠，終歲製造。積藥既多，若無良法收貯，如京城王公廠、盔甲廠、安民廠屢變之慘，豈非前鑒哉？藥庫之制，總以避火爲主，最要緊者，藥庫不可同在造藥之局，亦不可逼近人煙密處，更不可深藏坑窖，以致地中遊火偶發震動地脈，延禍極廣。其庫基必擇間空高爽之處，以避濕氣，其房屋不得多用木料，牆垣不用磚石，只用土築，房簷包入牆内，牆必包過房脊。庫門用鐵皮裹緣，不露寸木，以絶招火之端。庫房之内用寸厚板漫平，離地一尺五寸，以絶地中遊火。四隅用磚砌曲折風孔，以通濕氣，孔内用銅網隔住，以絶外面火入。庫簷四隅亦開曲孔透風，孔内亦隔銅網，以絶空火入。庫之内外一槩不得鋪蓆糊紙、及堆積柴草並蘆葦麻稭蓋瓦夾籬之類。門軍邏卒止許居住外層，炊爨許用煤炭，不許用柴草，以絶發火之根。其庫房之大小多寡，不拘定數，大約一城之藥，不宜總歸一處，恐偶有失事，復遇變警猝難製造。即一處之庫亦不得接連合一，只宜一二間或三間各爲一庫，俱用厚築土牆包隔。各庫彼此相離二丈餘地，庫門不得直對。夾道必曲折開向，外加土牆，上門封鎖。衆庫之外，總用厚土圍牆一道，高過房脊。總牆之外，各二丈寬許夾道，夾道之外，各築圍房，一層四隔，住邏卒，門俱外向，别房貯别器者門俱内向。惟南面開門之處，多加圍牆夾道一條，高闊照前。夾道之外，造圍房一列，以數間爲官府署廳，以數間爲門軍住房廳，房門俱内向。其多餘房間，不得賃外人。出入總門，不必立大門樓，只用磚圈小門。其各門路徑不得直通到底，俱要紆回曲折。圍房之外，各空大道一條，寬二丈，各與民房

隔絶。其大道之四隅，各立眺樓一間，四面開窗，至晚各派邏卒二名在上輪替瞭望，下安栅欄以阻人行。其内外各門至晚，各派門軍二名看守，日間禁絶閑人出入，違者即以奸細論罪。官府入庫，跟伴不得私窺庫門。其守庫軍卒，務擇土著熟人，仍互相保結，連坐賞罰以示鼓勵，斷不可妄用生人，以防奸細。管庫官不時巡察，稽其謹怠。

西洋另有小庫之制，即於城頭間空之處，附城裏面幫築方臺之形，高與城等。大者見方三丈，小者二丈，周圍編以荆笆爲墻，用羊毛和泥塗於笆上，外用桐油石灰披蓋三分餘厚。其笆裏外兩層相距四尺，其頂尖圓，亦照周牆兩層泥塗灰蓋。門用木板鐵包，裏外兩層曲折安置，四隅上下曲折，開孔透風，亦用銅網蔽之，以防火氣。其藥照前用罎裝貯，每庫可藏數萬餘觔，將門封鎖，只須二三邏卒輪流看管，較之大庫，更爲省便，州縣小城極宜做此。此庫之妙，正取頂圍不用木石磚瓦，止用荆笆，體輕料微。縱有失事，火性炎上，一轟而起，所傷無幾。萬不可將藥藏貯寺塔城樓等處，倘有不測，則木石飛揚，貽害不可言矣，當事者慎之！

西洋更有一法存貯火藥，不可盡數合成，但將各料煉净研細，分貯聽候。臨用，多以連臼齊衆合搗，即日可成，無患不及。若將所積之藥料盡數合成，恐積多日久，偶遇地火遊行，時有焚燒，此人事之不謹耳，非天災之謂也。

火攻諸藥性情利用須知

火藥之性情迥異，火攻之作用亦殊。習此技者，若非熟知諸藥本來之力，與夫相需佐助之功，則方藥之是非可否無從辨别，製作之變易加減，亦無從斟酌。如硝性主直，直者利於攻擊；磺性主横，横者利於炸爆；炭性主燃，燃者利於噴發。但炭有不一，茄梗蔴稭主烈，葫蘆竹箬主爆，楊柳性急，杉木性緩，性既有異，用亦隨宜。以上係火攻常用之主藥也。如雄黄急而焰高，石黄燥而迅烈。礦灰、皂麪、秦艽傷眼，銀釉、硇砂、磁鋒爛肉，白砒、巴豆、膽礬、乾糞主毒。松脂、桐油主燒而鑽粘，潮腦、豆麪、乾漆主焚而發旺。艾納煙聚而突起，蘆花、銀杏葉火散而飛揚，狼糞煙焰直挺，江猪灰逆風返衝，水馬見水更急。以上亦火攻偶用之佐藥也。外有猛火油出占城國，入水愈熾；九尾魚脂出暹羅國，遇風逆裂。此藥雖難得物，藥性亦所當知。以上藥内多有非常用者，似乎不必濫稱。但爲將之道，正宜詳格物理，且偶逢奇正或可兼資，緩急不妨咸備，若臨機應變，隨宜施用，斟酌在人可矣。

火攻佐助諸色方藥

藥製毒彈方：硼砂，銀釉，桐油，班貓。

右各等分研細，將鉛鐵小彈及碎鐵碎石、磁鋒等件，俱先入人中汁内浸三日，用火炒乾，將藥滚上，著敵立斃。

藥彈方：柳屑一觔，曬半乾。松香三觔，潮腦二觔，硫黄一觔，乾漆半觔，牙皂一觔，石黄、硼砂各八兩。

右各研細末，以白芨麪或榆麪一觔，調稀和匀，做成指頂小彈，曬乾聽用。此用以近燒人馬，緊鎖皮肉，疼痛莫當，且毒氣侵發，不時斃矣。

藥餅方：硝二觔，磺一觔，石黄一觔，潮腦一觔，乾漆十兩，柳屑二觔，芸香半觔，松香三觔，好麻六兩，槌軟，剪寸許長作線。

右各研細末，用白芨麪一觔，或榆麪亦可，調成稀糊，投藥入内和匀。每餅用藥一兩七錢，加鉛三錢入模印成。餅子兩旁各留圓孔如銀錠樣，曬乾聽用。此用以燒帆寨，有如膠粘，卒難解救，燒焚之功最爲第一。

火箭藥方：硝十兩，磺五錢，炭三兩五錢。

右味共研細拌匀，搗法照前。

起火藥方：硝十兩，磺三錢，炭三兩五錢。

右方有加蜜陀僧五錢，除炭五錢者，搗合照前，造法亦如火箭。

噴筒藥方：硝十兩，磺五錢，炭三兩。配合研搗，悉照前法。

噴銃藥方：硝十兩，磺一兩，炭二兩。雜物在外，餘法照前。

火罐藥方：硝七兩，磺三兩，炭二兩。每火藥一觔，用雜物二觔。

地雷藥方：硝十兩，磺三兩，葫箬灰二兩，石黄五錢，雄黄三錢，硼砂五錢。用桐油巴油炒過。

爆火藥方：硝十兩，磺二兩五錢，班貓五錢，搗合照前。炭一兩五錢。

火信藥方：硝十兩，磺三錢，葫箬灰三兩五錢。此係常藥，若裝竹營亦可。

埋伏走線藥方：硝十兩，磺一兩，炭三兩，班貓一兩，白砒三錢，潮腦二錢，水馬一兩。

右照前法配合，先撚就麻線若干聽用。以薄棉紙裁成直條一寸寬許，將麻線順鋪紙上，以信藥入内，照常加粗二倍捻成圓條，接續相連令其不斷。外用礬水麪糊，周圍抹過曬乾令成硬條，以免散開。外用熟油紙爲衣，再用毛竹截斷，長短不拘，上下接連套合，湊長可數十丈。以接就藥線入竹筒内，隨套隨穿，務

與銃眼烘藥相連，隨機點放，可以過水，入雨水不能壞也。

又埋伏扁線藥方：藥方照前，用細布裁條六分餘寬，以稀麪糊刷過，乘濕厚敷信藥於上。雙摺成條，用棉紙纏固，粘貼壁上令乾。揭下用熟桐油紙封裹外，用松香三兩、黄蠟二兩、潮腦五錢、白砒三錢、雄黄三錢、石黄五錢、水馬一兩、班貓五錢。先將松香黄蠟化開，後將諸藥投入攪匀，用黄牛尾刷子蘸藥將扁信匀刷一層令乾，可避雨水。

飛兔飛鼠方：即火箭起火之制，但不用鏃桿，紙筒略短三分之一，尾加後火，兩頭各繫銅絲小圈，以便走溜即是。

火種方：不木灰一觔，鐵末三兩，硬炭末八兩，麩皮三兩，紅棗肉六兩。

右用洱水搓成圓餅，每餅重一兩。用時燒通紅，以燒過熱爐灰埋藏，可經數日。

火攻佐助方藥附餘

放火藥方：蘆花十觔，不見風日，密室晾乾，再用桐油拌曬。松香三觔，艾絨、潮腦、豆麪各一觔，乾漆、銀杏葉、石黄各半，班貓四兩。

右各研細末，與火藥三七配用，此方藥力迅利，飛步高遠，用以燒焚糧草營寨，見此無不著矣。

逆風藥方：狼糞、艾絨各八兩，江猪骨一觔，燒灰存性。江猪油一觔。

以前藥合油拌匀，曬乾研細，與火藥三七配用。此方力能鬭風。凡用火攻，若風不順，必加此藥，則逆風而愈硬矣。

烽煙藥方：狼糞百觔，曬乾研細。柳炭二十觔，浄硝十觔，榆麪二十觔。

先將硝用水煮化，以榆麪調成稀糊。將狼糞、柳炭入内拌揉，造成斗大線香之形，曬乾。遇警燃起，煙衝半空，日黑夜紅，風吹不散。

本營自衛方藥

解火毒藥方：烏梅一觔，甘草一觔。

右共研細末，稀米糊爲丸如指頂大，每服一丸，可解諸般火毒。

又方，用血餘燒灰存性，每服五錢，白湯送下，可解諸毒。

又方，用萬年花、四時青、含香木、劉寄奴，右各等分爲細末，米糊爲丸如指頂大，每服一丸，可解諸毒。

避火毒藥方：凡製造諸般火攻毒藥，必先用真阿魏抹擦口鼻眼耳，可免毒氣侵入。

敷火毒藥方：瓦松一兩，雄黄三錢。

右用烏雞血和搗泥爛，敷貼傷處，立愈。

貼火瘡藥方：鮮猪油二兩五錢，黄蠟一兩。

右先用藤黄二錢、水二碗將黄蠟同入浄鍋，煮化製過，滚沸片時，掇起聽用。次將猪油熬化去渣，投蠟入内攪匀成膏，油紙攤貼傷處，立愈。諸般瘡毒及各樣傷處，以此貼之，俱有速效。

試放新銃説略

西洋鑄銃之法雖是詳備，但以各處銅鐵質體之精粗不等、地界水土之燥濕不同，以致鑄時難保必成。即雖彼處，亦必萬分加慎。於鑄成之銃，外貌倘似完固而内體或有疎瑕，以致試放而或炸裂者多矣。是以試放新銃，無論大小，一槩宜加謹慎，防備炸裂。其極大者，用鉅木三根入土丈餘夾銃而固紮之。中者用小車照常架於車上，先用半藥烘一二次，再用常藥常彈實，放二三次，然後加倍彈倍藥，點放數旬完固無變，則永無炸弊，斯爲實用之利器也。其加倍彈倍藥之説，謂以常法大彈重五觔者，所帶小彈亦重五觔，共算十觔之數，則用藥亦宜十觔，此常彈常藥之説也。今所謂加倍者，謂將小彈外加五觔，共算彈重一十五觔之數，將藥亦加五觔，共湊一十五觔，此即所謂倍彈倍藥也，若所加太多，則亦恐悮事。試放之際，預築鬆土厚牆，置銃於墻外，走線放之，萬無疎虞。若試狼機鳥鎗，亦須倍彈倍藥試放數旬而無悮者，庶臨陣之際，始敢從容放心而擊敵也。

裝放各銃竪平仰倒法式

裝放高下，固在隨時取便，但諸銃所用，亦有各法不同。唯竪放止有飛彪銃十一度、十二度，攻城可用。倒放止宜守銃一度至四度，守城時下擊可用。平放之法最宜用於戰陣，百發百中，萬無一失。仰放之法止一度以至六度上下不等，大槩宜於攻銃。若飛戰銃亦嘗用仰法，但學者不可拘泥亦不可錯悮，唯相機觀變，斟酌用之可矣。

試放各銃高低遠近註記準則法

凡各等大銃既經試放無失，必先分定各等次第，挨次編立字號。預造空册一本，將各字號挨次登記，如某等某字某號銃一位。依法照常彈藥用平度試放，看準本彈所到之靶多少步數，照數註記本銃之下。又照常彈藥用高一度試放，看準本彈所到之靶多少步數，又照數註記。如此依法照前，自平度試起，以漸試至六度而照數註準，及各銃試準註完，即照册上原號原數，挨次刻記暗號於各銃

之上，以便司銃者臨用之際，量敵遠近以爲擊放之高下也。俟各銃刻記完畢，將本册照樣共造三本，一存鑄銃官留底，一存帥府備察，一存本將教練。仍將各銃度分步數抄寫小帖，分給司銃軍士，責令熟記以便演習。此法無論戰攻守銃，皆所必用，但守銃更宜詳悉。如城上銃既有定位，即將城外遠近地面，或隘口、或橋梁、或要路約量緊急去處，閒常備細試放記明。如某處遠者用某度可到，某處近者用某度可到，照數熟記明悉，仍詳註暗號，小帖隨身。庶臨敵之際，可從容暇豫，隨宜擊放，無有不中者矣。其註記之例，萬不可悞認彈到之處以爲定則。蓋火力迅急，多有彈已落地，仍復激起而去數里。若是乃餘氣之所飄至，實非正力之所推擊。此等苗頭不但難於定準，且强弩之末，雖中亦無用也。其法只以彈著靶者爲準，今篇内增繪三等圖式，正防學者誤認而錯注也。苗頭，視學也。謂測視遠近之準則，俗呼望遠，其音如苗。

各銃發彈高低遠近步數約略

各銃大小迥異，發彈遠近有殊，用火攻者務必預知約略，以便臨敵之際酌量長短，隨宜施用也。

三號大銃，用彈三四觔重者，平度擊放可到四百步，仰高一度可到八百步，高二度可到一千四百步，高三度可到一千八百步，高四度可到二千步，高五度可到二千一百步，高六度可到二千一百五十步，計一千零七十五丈，合六里地。若高七度，則發彈太高從上墜落，其彈無力且反近矣。諸凡放銃平仰度數之法，皆可以此例推。

二號大銃，用彈六七觔重者，平放可到七百步，仰放可到三千五百步。頭號大銃，用彈九觔重者，平放可到一千步，仰放可到五千步。

頂尖飛龍戰銃，用彈二十觔重者，平放可到七八里，仰放可到三十餘里。攻銃彈重十觔至四十觔者，平放可到五百步，仰放可到一千五百步以至五千步。

小銃狼機，用彈重半觔至一二觔止，平放可到三五百步，仰放可到二三千步。

大銃狼機，用彈重三觔至五觔者，平放可到七八百步，仰放可到三四千步。鳥機鳥鎗平放可到百餘步，仰放可到三百步。火箭亦同。

以上俱係約略之數，蓋以銃塘有長短不同，藥性有緩急不等，裝法有鬆緊不一，故不便執定細數，以滋疑慮。倘必欲細數，亦必將各銃依法備細試驗，註記明白，方可定數以爲準則也。

教習裝放次第及涼銃諸法

西洋教練火器，未肯令草率粗疎之人，便許當兵食糧，必另有學教官，大設教場，聽從民間願習武者各開籍貫投詞，里老親族連絡保結送入學内投拜學師。羣居肄業，教官量材教授各藝。朝夕演習，就如幼童學藝一般，不得時刻間斷，以期速成。俟藝將熟，教官自行十日一考。先將應用什物查看，如一有遺忘、一不如法者，即照例行罰；次以考藝簿册，每人各居一行，註名於下。上三等九級欵例，隨藝填註高下。進者有賞，退者有罰，原等者免罰，再次原等者，量責示辱以爲激勸，三次原等者倍責，四次原等者再責，五次原等者，免責逐回改業。

又約學藝限期，以一季爲度，必欲造成。若逾期不成，即行革退，不許復留以滋勞費。其一應器械飯食，悉係官給，學者一無所費，但亦無廩糧。必俟學成精藝，方許教官開送選武官處。先將一切器械藥彈等件逐一察驗，是否全備閤法，驗畢無差，然後試演各技。大約以十發而僅中五六者止稱通藝，不准收用，仍令回學再習。十發不差一者，稱爲成藝，方准收入營内，厚給廩糧衣甲等件，候用，立功即名武士，其體儀服飾咸旌異之，以示高貴。百發不差一者始稱精藝，其給廩旌異，超等優示。其教官之責，即以所教武士技藝之精粗多寡，以爲升降賞罰，其餘法制，另詳將略練藝卷内。

凡初學火器，無論大小新舊，切不可遽用常藥裝放。蓋銃冷及天冷，雖厚者亦怕驚裂，必先用半藥烘過一二次，然後照常裝放，屢試無病方可以授學者。凡初學，切不可用他人及未經慣者裝造之銃，倘偶有裝成者，亦必用搠杖探過深淺如何，然後可免疎虞。

凡彈必要逐一看驗圓潤與否，務與銃相合，仍將各彈俱要裝入本銃筒内，上下滾過不礙，止略小一線，則出便利而銃亦不受傷。

凡初學，先將銃身安置平正，以照門照星對準靶子。令學者做成架勢，著信藥放火池内，傍著一人點火。看煙起時頭不仰避，目不閃動。然後令其自點，看頭目兩手不動。然後著藥在内撞緊空放，看銃響時，身子頭眼俱不慌亂，然後著彈打靶。蓋初學秘法，全在循序而進，久練熟慣，以使膽壯心定，則技自能漸精。若不循次序，遽令著彈打靶，則心驚手顫，諸弊不可除矣。凡裝銃，必先以銃箒細細掃净，然後裝藥下彈，蓋恐銃筒之内略有砂土，則出彈猛烈而壞矣。

凡裝藥用合式銅鍬，素經量稱，藥數有定準者，每次用藥一鍬，裝入筒内，底

邊用藥撞緊，然後下彈。又法，恐用鍬稍遲，先以圓木照銃口空徑，或布或裱紙照樣做成藥袋，長四徑有餘，量準藥數定規，俟裝滿封固縛緊。照銃口略小一分，以便裝入不致滯澀，上書以號以免差悞。臨用裝入銃腸撞緊，以鐵錐破其布紙，用信藥引放，尤覺便利不致遲悞。

凡裝彈，先用故絹包裹縛匀，或故布亦可，塞入銃腸，庶免寬而滚溜，又須緊貼藥上，則火力猛烈，出彈自遠而且準矣。

凡打靶，先以右眼對照門對照星，照星與靶或偏上下。學者必須備細詳察其性，看其所發之彈落頭偏向如何，隨偏凑就，則萬無一失者矣。凡銃靶以木爲框，高六尺，闊一尺五寸，外釘蘆蓆，糊蓋白紙，上畫紅日三輪，立於平浄鬆土之地，以便彈落塵起得知落頭偏向之病。其靶之遠近，如小者自六十步起以至百步，大者自百步以至二百步，若太遠，則眼力有限不便看利弊。

凡銃若放，火筒熱則以銃箒蘸米醋攪潤内外，則醋行火斂，不必待涼而可裝放。

凡鳥鎗放法，西洋多站立側身向前，以單手挺架而點放者，亦有左手之下加一拄杖者。蓋因彼處戰鬬多用步兵且器技相等，兼以習慣藝精、拚死潑戰，始宜此法耳。若教練我軍以禦强虜，自非攢營結陣而進，萬不能當今之鳥銃。又有於前床一尺之下，順安指大支棍二根，長二尺。於棍頭二寸之際銷孔，以粗綿繩拴繫活扣，可以交叉爲鼓架之形。臨放，先將支棍架定鎗首，銃士蹲足，以銃尾安架左膝之上，庶前後穩當不致摇動，而可從容以討準矣。放完，將支棍順床拴定，更爲輕便。

凡初學秘要，首欲習慣精熟、練壯膽氣，以從容審決必中爲主。若略生疎，則手慌心亂，慌促必難命中。且行軍所帶藥彈有限，臨敵忙迫，裝放亦甚艱難，況火器又在諸器之先，交鋒之始，凡欲壯我軍之膽、挫敵人之氣，勝負關頭全在此銃之中與不中，又豈容莽撞亂放，以致悞事哉？司教練者謹記之！

運銃上臺上山下山諸法

俗謂西洋火銃雖精，但恐沉重不便行動。殊不知西法每銃必配有銃車，其製作堅利活便，可以任意奔馳。即升高渡險，亦另有起引之法，可以運重爲輕而不致阻滯也。

運銃上臺，先於臺下挨邊之際，設立起重一架，又挨邊安設直引重一具，臺後安設横引重一具，各用寸徑粗麻繩一根。先將銃車起至臺上，次將各繩同拴大銃耳際，務令兩頭輕重適均。每器用壯夫四名，齊力絞轉，雖極重之銃可以頃刻而升起矣。俟銃上臺，更加升起數尺，即將銃車安置銃下，將銃從容放落安置停妥，又省後次另爲安置之勢也。

運銃上山，先將大銃照常安置車上，次於山上路徑隨處修平，毋令攲斜以致傾跌。於轉彎之處用引重二具，各以寸徑粗繩同拴銃車鐵環之上，每一引重各用壯夫四名齊力絞轉引至彎處，將車轉過向前依法引去。雖極高遠之山亦可繇漸而上升也。

運銃下山，亦用引重二具，將繩滿纏軸上置於銃車之後，以繩頭拴繫車尾鐵環。銃車左右用壯夫四名或六名，各持鎗棍以備轉車之用，兩旁扶車而行。車後引重各用壯夫四名，將引重轉棍極力持握，從容漸放，庶衆車就下之勢不致滚溜而傾跌矣。俟繩已放完，將車墊穩，引重那近銃車，將繩滿纏軸上，照前從容漸放。遇轉彎之際，將車轉過，照法放行。

火攻要略附餘

凡火攻之事干係甚大，若少不如法，非止無益且傷害甚慘。故凡所得方法雖稱異傳，然亦不可輕用，以致誤事。必先度量理之是非，再加親身試驗，如果真善，然後用之，庶幾可免疎虞矣。

凡大小火器，大約必宜本營如法自造爲妙。萬一不便，偶用官銃、或買新銃、或陳久舊銃，斷不可輕用，以防誤事。必先自驗體質堅瑕如何，製作短長厚薄如何，銃塘光直如何，火門高低如何。果係合式，即照前法試放數回，庶可放心禦敵。若體有蜂窩漏眼及鏽爛深窪，此銃終必炸裂，萬不可用。若銃形頭大尾薄而身短者，則發彈不遠亦不能命中，且顛躍崩潰諸病定不能免，亦不可用。若銃不光，則發彈不遠不準且亦易熱，必照前法另行鏇過，或三次或五次，定以圓浄光直爲止，則放時斯有實用。若火門太高，則銃必然倒坐，當以探杖先量塘内銃底若干深淺，再量外邊火門是否相合。倘高幾許，即將原眼用鐵條釘閉緊密，塘内眼縫用不木灰調泥研録，另於緊挨銃底之際鑽火門，則可免倒坐之弊。若銃係生鐵，則難鑽孔，必量準火門比銃底果高幾許，即以幾許厚銅片一塊，照底徑鏇圓嵌入銃底之上，用鐵撞緊嚴密，旁邊微縫亦以不木灰調泥研録，俟乾可用。若小器火門用久爲火力噴大，亦當以時常修理。

凡鉛鐵石彈，亦宜本營照依銃口如法自造爲妙。若用官彈，則大小徑度斷不能合式，且長偏歪斜及鑄口縫稜，斷不可裝用。倘萬一無奈，偶用官彈，宜將

大小各等比炤銃口分配停當，只許略小一膜。運入銃內滾溜無礙，方爲圓厚合式，若太大太小及歪偏者，必宜改鑄。若鐵彈有稜，須將彈燒至紅熱，鉗置圓窩鐵砧之上，用錘趁熱打圓。如一火不匀，再燒再打，必以圓潤爲止。若鉛彈有稜，用刀削圓，仍以鐵滚槽滾過，亦以圓潤爲止。

凡火藥，亦宜本營自造爲妙，倘官藥亦必察分兩是否合法，藥形成珠與否，燃手心或熱與否，方可試用。若藥料有差、或不成珠、或潮濕、或燃手尚熱，俱要另行配足搗過，如法方止。

又　卷下

彈藥比例

火銃既分戰攻與守，其銃塘自有淺深異制，遇禦敵亦有遠近殊用，故配藥更有多寡異宜。司火攻者，若不預定約略謹記熟練，倘臨期誤用，貽害不可言矣。

凡火器量彈用藥，小者彈作五分藥作六分，中者彈藥相均，大者彈作六分藥作五分，此尋常比例之略數也。

凡公孫、蜂窩、練彈諸種所帶銅條、鋼練、小彈及碎鐵、碎石、藥彈等物，俱作彈數分兩配藥，其大小相配比例之法，又以大彈每重一觔小彈等物亦重一觔，此定則也，萬不可太多。若飛彪、象銃，則又以塘寬發近，大小彈物必欲裝滿銃口爲度，蓋取其擊寬而斃衆也。

凡攻銃體厚，更欲推空，彈藥俱可均用。鳥鎗、鳥機、狼機之屬，又以筒長擊遠，配藥必用加二加三，庶藥多力猛而能遠到。飛彪、象銃、噴銃所裝藥料彈物，極多且塘寬，遠近用藥只須四分彈作五分可也。尋常大銃只是彈藥相均，不必加減。守銃務於擊寬，用彈必帶小彈諸物，且多朝下倒放，其彈藥亦必均分，庶幾有力。

彈銃相宜

凡火器之道，不過遠近寬窄之妙用。其鉛鐵石彈等物，亦有堅脆聚散之殊能，故必隨宜酌施，庶戰守攻取，不致臨期之誤事矣。

凡鉛彈宜於鳥鎗、鳥機及小彈之用，蓋取體重透甲而傷命也。凡鐵彈，宜於大小狼機、戰銃、攻銃，蓋取其體硬以傳迥遠攻堅破鋭之用。凡石彈，宜於短銃近發者，蓋取其體脆，見火碎裂散寬而斃衆也。

凡小彈諸物宜於守銃、戰銃，獨不宜於攻銃，蓋戰與守悉利寬而傷衆者，惟攻，則止用獨彈力能摧堅足矣。

彈制説略

西洋只以攻銃始用鐵鑄獨彈，蓋取以堅攻堅之意。若戰與守，則不過取傷人馬足矣，其彈又不在於大而堅，而在於寬而廣也。蓋謂獨彈之用如徑大一寸者，其力止能擊一寸之寬，如徑大五寸者，其力亦止能擊五寸之寬，若差半寸之外，則斷不中敵矣。西洋所謂大銃而小用者，深可惜也。是以大銃有分彈、鍊彈、闊彈、散彈之制。戰銃、守銃、狼機、鳥機、鳥鎗，有公孫之制。象銃、噴銃、飛彪有蜂窩之制。此非故爲博巧炫奇，止係深心物理、變化多方，窄銃而得寬用，小銃而得廣用之利矣。跡淺意深，慎毋忽之。

製彈説略

銃彈雖稱首利之器，然亦有傷人不死之時。蓋謂彈物若果中人致命之處，則頃刻可斃不待言矣，倘僅中腿膀厚肉穿皮而過，則雖受傷，或亦未必死也。是以西法於公孫蜂窩所用小彈及碎石藥彈等件，必俱用硇砒諸藥如法製過，庶略沾皮肉而人可立斃，西法所謂弱彈而强用者是也。

裝彈機宜

凡大銃用蜂窩彈者，必將碎鐵碎石用朽絹或朽布各薄包一層，安置銃之中心，將小圓彈安放傍邊，庶發彈之際不致傷銃。其封口大彈炤常更小一分，庶發彈之際，不致推塞，又免炸裂。其大彈亦用朽絹或朽布包裹，以免滾動之弊。用公孫之法亦然。

裝藥比例

凡裝藥比例之法，銃規已詳備矣。倘偶無銃規，不知彈重多少，應該用藥若干者，見本銃口徑爲準。如用鉛彈則裝藥五徑爲度，用鐵彈則裝藥四徑爲度，石彈則裝藥三徑爲度。蓋謂鉛鐵與石輕重不同故也。其彈亦以合口爲準，若彈大小則不符矣。此係約略秘規，其法止與常數相合，依法用之，可免臨時錯誤也。若用公孫蜂窩，又必計量小彈及雜物分兩，如法加配可也。

藥信説略

凡藥信之製，最似粗跡無甚微奧者，但每以忽略，或多微細鬆軟及兩頭撒藥，以到點放之際，爲害甚大。其説爲何？蓋以細微則燃火不快，鬆軟則難入火門，兩頭撒藥則下頭急點不着，下頭不能引火入塘，是以造信之時，必欲粗壯撚緊，用麪糊抹過曬乾，各隨長短剪斷，兩頭用磺蘸過，則藥撒而信體粗壯堅硬，可以直入火門。且藥多有磺，易點速燃而又深達銃腹也。

遠近之節

中國徒有火攻而不能取勝於敵者，雖云製造之不精，抑亦用法之未善也。如遇敵兵，或纔見塵起，即將火器極力擊放，及至將近而反致缺誤，是不知遠近之節，空費急用於無用也。今則不許輕發，如大器平度能到三四百步者，則必待敵至五六十步而後發；如小器平度能到百餘步者，則必待敵至二三十步而後發。此謂長器短用之法，其命中可必，而勝敵亦多也。

衆寡之用

或前哨零賊始來窺探，即將全營火器盡放，是不明衆寡之用，費多而獲少也。今則不許浪用，如零賊窺探，不必盡發諸器，亦不必坐視不應，預派每隊另設小器一種，專爲擊零之用，聽號如法施放，則所費彈藥不多，而零賊亦不能脱漏矣。

寬窄之宜

或敵兵四圍蜂擁衝來，而我猶以尋常彈銃擊之，致彈少賊多，不能盡殄，是不識寬窄之宜，利器而鈍用也。今則不拘常法，如敵兵四面圍遶，必另以公孫蜂窩諸術近發寬散如風捲潮奔，雖敵兵愈衆，必愈斃於羅網矣。

救衛之備

俗謂兵家諸器，無如火器爲勝，然而臨敵久戰，或銃熱難裝，或彈藥偶缺，或風雨不時，即火器亦有不可以專恃者。又謂火器之用，唯能以遠擊爲勝，然而敵兵未有先遠而後不漸近者，是以必宜周慮始末，預計萬全。長技與短技間迭而出，兵器與火氣互相爲助，擊法與衛法兼資以用。且更以堅車密陣、剛柔牌盾、連環部伍、長短兵器遠近相救，彼此相衛，此時雖不用火攻，而虜之快馬利矢亦無所以逞其能矣，而況火攻更自有妙用不絶者乎？必如是轉變不窮，完固無缺，則庶幾戰勝守固而敵莫犯矣。

斬將説略

西洋臨敵交戰，必先以法取其主將。其法首欲伺明敵將之踪，蓋將踪外狀必有潛藏，而招標暗號不無稍異。我既以稍異而知是將，則將平日所派每隊另備最準狼機一位，彈用公孫之法，更擇精技數人司之，每面約備數十處不等。臨敵不許隨諸器同放，專備斬將之用。俟敵將近，號令諸銃悉向來將如雨注蝗集、拱聚而擊，勢若萬虎攢羊，從來未有能脱者也。

擊零説略

凡敵兵恃强，故使零賊前來窺犯。我則嚴戒士卒不許輒動，全營諸器肅静以待，預令原備斬將器技、兼備擊零之用。俟其將近，酌量銃力可及，號令該司隨便擊打，則零賊將來斷然不敢輕犯，而我之全營火力，亦不致於空費矣。

掃衆説略

凡敵兵令嚴如蜂擁蝗聚拚死前進，則斷非尋常器技所能殄滅也，必更用寬塘象銃噴銃，彈用公孫蜂窩之法。俟其到近，號令諸銃寬散迭擊，則銃内所發小彈及碎鐵、碎石、藥彈諸物，如浪滚潮湧，萬火齊發，敵兵雖衆，安得不悉死於火陣乎？

驚遠説略

凡敵兵遠來，我欲令彼驚潰，則先以遠鏡看明敵營所在，次則測量地步遠近如何，再以銃規算合所到度數，出其不意以飛龍大銃炤準營頭連發數彈，如雷從天降，即雖强敵，亦未有不驚散而奔潰也。

驚近説略

凡敵兵到近，圍營死進，我則炤常隨機迭擊。俟發彈數次，鋭氣少挫之際，潛令合營各用大小響彈，兼以響頭火箭出其不意，忽然向敵齊發，聲若萬龍齊吼，令敵莫測其故，有如天降神異，敵雖萬分精强，偶而聞此，亦未有不魂飛而膽裂也。

以上五端，俱止就火攻而言，其餘機秘，另詳將略各卷之内。

攻城説略

凡攻堅城，先必遠駐五六十里之外，俟夜半之際多方虚擊，令其倉惶，徐察稍瑕之處，暗用筐土活城之法，架護大小攻銃。先以中彈推到城垛，使守卒不能存站，次以鑿彈破其城磚，末以虎唬獅吼大圓彈攻其墻心，如扇軸排拱攢集而擊，城雖堅固，未有不立破也。又有以飛彪鉅銃，滿裝大小彈物從外飛擊，城中房舍無不摧裂。更有鰲翻挖洞穿入城底，實藥千萬餘觔，掀揭鉅城如紙飛空。此皆西洋攻城最猛之技，全恃火器之功力也。

守城説略

西洋城守所用火攻，無甚奇異，但凡城之突處必造銃臺，其制捏腰三角尖形，比城高六尺，安大銃三門或五門，以便循環迭擊。外設象銃以備近發，設鍊彈以禦雲梯。合上另築眺臺二層，高三丈，上設視遠鏡以備瞭望，且各臺遠近左右彼此相救，不惟可顧城脚，抑可顧臺脚，是以臺可保銃，銃可保城，兵少守固，力省而功鉅也。

水戰説略

西洋水戰所用火攻，雖以大銃爲本，亦更以堅厚大船爲基。海上戰船大者長六十丈，闊二十丈；中者長四十丈、闊十二丈，小者長二十丈、闊六丈。底用堅大整木合造，底内四圍，用鉛澆厚尺餘。船體分隔，上下三層，前後左右安設大銃數十餘門，其彈重五觔起以至數十觔。其戰法專以擊船爲主，不必擊人。先以一人坐於桅斗之上，用遠鏡窺望，俟敵船將近數里之内，用銃對準擊放，不必數彈，敵船立成虀粉，敵兵盡爲魚蝦。且更有鍊彈横截船桅，如利刀斬草，有噴銃藥彈燒毁船蓬，如燒紙片。自古水戰之法，技擊之强，猛烈無敵，亦稱西洋爲綦極矣。

以上三端，亦就止火攻而言，其餘機秘，另詳將略各卷之内。

火攻紀餘

凡城中擊外，當攻其堅，又宜寬散，蓋謂堅處必彼之技擊所在，寬散則傷彼者衆矣。城外擊内，當攻其瑕，又宜攢聚，蓋謂瑕處則易攻，攢聚則易破矣。

火攻問難

或問：兵法必以火攻致勝，其説是矣，倘敵人亦有則如之何？答曰：若兩火相敵，惟用長器而遠擊者勝。若兩長相敵，唯裝放有法而疾速者勝。若兩法相敵，惟膽壯心齊而用命者勝。

火攻索要

夫火攻何以重西洋乎？爲其能遠、能準、又能速也，是以人莫能敵，最可貴者此也。故凡習此技者，必究心於所以然製造之法，與所以然運用之方，得其要領肯綮，則凡銃皆可化西銃矣。否則徒恃無敵之虚名，而不獲致勝之實效，雖有西銃何補哉？

火攻慎傳

兵法所以禦亂也，若匪人得之則反足以生亂，況火攻又係兵法中之最猛者乎？西師之所以不肯輕傳者，爲此故也。且又嘗有言，凡軍國秘機雖云不可秘傳，然更不可妄傳，諳兹技者謹戒。

火攻需備

火攻雖稱兵法之首務，然亦不過兵法中之一着耳。若以總端言之，則部伍營陣之制、刑名分數之法、勸諭鼓舞之方、臨敵戰鬭之秘，數者之於兵法，孰非緊要之機宜乎？是故以火攻論火攻，則凡事務於精詳，必自能得制敵之勝算，似未必獲全局之成功，然則習火攻者，更當於火攻之外兼求完備之道斯可矣。

火攻需資

西洋火攻最精，爲其器精而兵更精故也。殊未知精器必須厚價，精兵必須厚餉。孔子言：足兵必先足食，言教之必先富之。其意固已深矣，然則論火攻者，又不得不先爲理財計。

火攻推本

火攻之士，卒固貴膽壯心齊而用命矣。然膽不易壯，心不易齊，命亦不易用也。必須賢能良將，有完固必勝之略，能使士卒内有所恃、外無所懼，則膽不期壯而自壯矣；有感召節制之方，常與士卒恩威並用、賞罰分明，則心不期齊而自齊矣；是則恩信結之於裏，功利誘之於前，嚴刑迫之於後，則命不期用而自無不用矣。有此良將，又何患火攻之不精，功績之不成哉？

歸源總説

嗟嗟，代不乏人，堂堂中國豈乏良將？是何國初高皇帝崛起草莽，偏多如許賢能，而能逐胡元於全盛。今金甌鞏固，將士雲屯，而反屢挫於小醜，其故何也？蓋以良將之出没，關世運之盛衰，豈今人民過惡深重，獲罪於天，故令我列闒昏懦，縱兹闖賊狂逆以爲假手罰罪意乎？安得懇求上帝回怒發慈，大赦衆罪，速降良將，盡殄妖氛，永建太平，子日望之。

明·方以智《通雅》卷三五《器用·戎器》 古以石爲砲，火砲起自外國，而中土傳之。砲朴教切。或作礮，匹角切。乃桔槔，以反發石也。今有火器，用硝黄，乃從外國傳此法。明朝因立神機營，有伏狼機、大將軍、百子諸製；後得紅彝砲，尤爲神器，可發二十里遠。西洋以銃尺量之，測遠度之，發無不中，惜今未有盡其用者。智按宋真宗咸平五年，召普言，能發火毬火箭，上召至崇政殿試之。先是開寶二年，岳義方上火箭法，賜束帛。豈所謂枉矢、絜矢、結火以射敵者乎？且有火毬，必爲火藥矣。

又　卷四三《植物·木》 榕當别出，狀木始于嵇含，分字始于戴侗。《説文》以窠爲古松字。《六書故》以古松字爲𦎫，而榕爲南方之榕。榕實南方巨木，嵇含已詳載矣。柳宗元詩：「榕葉滿庭鶯亂啼。」《後山談叢言》：「蔡州壺公觀有大木，四垂傍出，人莫能知。張戣閩人，嘗至蔡，爲余言：『乃榕木，此木無用，惟枝上垂根，暴之可作火繩以發炮，又可染黑。』」《贊寧志》所云「倒生木、不死樹、横枝生根，下地如柱」，即榕無疑。

又　卷四八《金石》　烏場消石，乃青消也。　昇玄子《伏汞圖》云：「烏場國消石，青色，能消金石，若鵝管者佳，試炙白石英熱，點上便消。」《西溪叢話》：狐剛子粉圖曰：「青消爲北亭玄珠，化曾青方正用之」，然則世間消石自非正也。士安言有石碑，同製法。

石流黃，今作硫黃，猶朴消之爲硝也。或作石流丹。　消石能消化物，世訛爲硝。姚寬載《仁和縣圖經》：「鹽消煉成朴硝，透光曰霜花，亦名劍脊消」，可証也，前説舛謬。今分水硝、火硝二種：水消煎煉結芒曰芒硝，如馬牙曰牙消，凝成底塊，通名朴硝，其氣味鹹寒。《神農》「硝石」，火硝也，煎鍊亦有芒牙，其凝底成塊者，通爲硝石，其氣味辛苦而温。姚寬云：「仁和縣鹽消煉成朴消，透光曰霜花劍脊」，蓋水硝也。硫黃，古作流黃，機上流黃，亦取流黃之色也。《説文》「莀可以染留黃」，蓋言染色，即流黃色也。資、榮州磵中，秋潦已收，里人布茅水上，流沫擁聚，取而熬之，復投于水，則成硫黃。或言多年厠木煎淋得硫。留、磂、流、硫，並通。唐馮贄《雲仙雜記》言：「元載飲食冷物，用硫黃碗。」《緯略》引《仙傳》曰：「許由巢父服箕山石流丹。」抱朴子曰：「石流丹，山之赤精。」蓋石流黃之類也。《太玄》：「赩黃」乃雄黃。

又方以智《物理小識・金石類》　硫黃　《博物志》云，西域使王暘説硫黃出且彌山，去高昌八百里。晝視孔中上狀如煙，夜如燈。言時氣不和，皆往保此山。西國布那如山皆硫，近硫之洞可以治病。忽魯謨斯多鹽與硫，日本土多硫黃，不可作竈，必取別島土。《魏志》云，盤盤國有火山，山旁皆焦溶，流數十里乃凝，即石硫黃。則硫有石、有土、有水結者。益部《方物記》：水硫黃出資榮州山磵中，秋潦已收，里人布茅水上，流沫擁聚，取而熬之，復投于水而成。號真珠黃，赤即石亭脂，即箕山巢許所服之石流芝也。青即冬結石，藏器載毗南硫黃香，又三佛齊有摩挲石，有光焰，燒作硫氣。

又《器用類》　火爆　火藥自外夷來。宋開寶二年，岳義方上火箭，張和仲記虞允文采石舟中發霹靂礮，乃紙爲之，實以石灰、硫黃，墜水而火自水跳出。永樂立神機營，西隖以尺測量，精矣。唐有火樹銀花，想已用之耶。硝入杉灰則直發，硫則横爆，加黃礬則研烈，箬瓢灰則悄聲，碾西匡石粉則發時不先光。試之，堆相間丈，而點一及諸堆者，萬杵者也。掌上然之，毫無所傷，以其疾也。入鐵蛾、樟腦則成花，今名烟火。禦銃者溼絮、魚網、土囊，柔能制剛也。岳珂《桯史》曰，汴城舊多曲折，蔡京方之。粘罕幹離不視城而咲，植炮四隅，隨方擊之，城既引直，一炮所望，皆不可立矣。魏子一曰，敵臺宜築三角附城，如麦葉，兩腋皆有小門可出，而外炮不能攻也。城址砌石，上即以土築之，炮子入土便陷不出。暄曰，未乾箬可代硫。

清・孫承澤《春明夢餘録》卷三一《戎政府・設立戎政》　兵部尚書于謙置建團營疏：議得各營見操官軍，又賊之所恃者，弓馬衝突而已。賊知我火器一發之後，未免再裝遲慢，以此我軍放罷火器，就便馳突前來。今若與之對敵，我軍列陣，外用鹿角遮護，持滿以待，賊若來緊，堅陣不動，(先)以弓弩對敵。神銃未發，先以火藥爆竹詐之，賊必謂我火藥已盡，不復畏避，馳馬來攻，則我軍火炮、火銃、飛鎗、火箭、弓矢齊發。若[賊]勢衝(不)動，又以大將軍擊之。

又《京營事例》　造辦鉛子火藥

凡京營火器所用鉛子火藥，係工部王恭廠等預造，以備京營領用。每年二季開操，各營具册前赴總督衙門用印投廠。每五日，三大營共領火藥三千餘斤，中鉛子三千餘個，小鉛子三萬餘個。如遇風雨等項，傳免操演，則餘剩火藥、鉛子，具册仍鈐印，下次該操找領應用。中鉛子每個重一兩二錢，小鉛子每個重三錢五分。

清・顧祖禹《讀史方輿紀要》卷六三《陝西一二》　文殊山口，衛西南三十里，又西南二十里有硫磺山口，東南有寒水石山口、紅山口、觀音山口，俱衛卒戍守。

又　卷六九《四川四》　四十八渡水，縣東三十里，兩山壁立，一水回環其中，凡四十八渡，有門穴如户牖然；又流金水，在舊隆化縣南五里，水色如金，泥之沈下者與硫黃無異，俗傳水之發源乃硫黃所出處也；又奉恩溪，在縣西十餘里；其下流皆入於南江。

又　卷七二《四川七》　獻寶溪，縣西北七十里。志云：溪源一出仁壽縣界羅泉山下，一出兩母山，合流而東南入富順縣界注於金川。又有中溪，在縣南。下流合於榮縣之榮川。　龍會河，在縣東。曲流如盤龍，合於獻寶溪。又硫黃川，在縣北四十里。溪自山罊中來，旁有一竅，硫黃隨泉而出。

又　卷八二《湖廣八》　硝場。所北百里。懸崖數千丈，下有河渡。其半崖一孔，勢若城門，上産硝土。志云：縣北百里有韓信坡，相傳信嘗經此，土不生草。

又　卷九九《福建五》　琉球，琉球之地，在泉州府東海島中，亦在福州府之東北。漢、魏以來不通中華。隋大業三年令羽騎尉朱寬入海，訪求異俗，始至其

國，言語不通，掠一人以歸。明年復令寬慰撫琉球，不從，寬取其布甲而還。適倭使來朝，見之曰：「此夷邪久國人所用也。」六年遣虎賁郎將陳稜等自義安泛海擊之，東行至高華嶼，又東行二日至鼊鼊嶼，又一日至其都，琉球王歡斯渴利兜戰敗，稜等乘勝拔其柵，殺其王，虜男女數千人而還，自是歷唐至宋未嘗朝貢。元至正二十七年遣使招諭琉球，不至。其國所轄有古米、馬齒、太平等山，東北有硫黃、葉壁、七島諸山，並隔海外，不相屬。

又　卷一一〇《廣西五》　青連山，府北十里。山勢綿亘三百餘里，峰巒紛列，青翠相連。其陽有青山巖，高闊深邃，奇勝不一。巖中之土可以煎硝，郡人取之。

《清工部軍需則例》卷一《雜支》

配製火藥

一，雲南省配製火藥，向無成例。查乾隆三十二、三等年軍需案內配製火藥，因軍需孔亟，分派各鎮配製，所開硝、磺價值低昂數倍，一切器具又屬參差。經工部奏交該督委員確查實在情形，酌中定價，奏明送部核定。嗣據該督委員查明實在情形，酌中核定，以配火藥一斤，用硝十一兩八錢，磺二兩一錢，柳炭灰二兩一錢。連器具人工，合銀一分四釐四毫。其硝、磺價脚，各處硝每斤概定銀三分二釐五毫零，磺每斤概定銀五分，運脚以每兩每站銀五絲一忽，按站加算。惟開化一處，硝每斤銀一分六釐，磺每斤銀四分八釐，均經工部題明，准其照依酌中價值辦理在案。又四川省配製火藥向有成例，如配火藥一斤，用毛硝一斤，毛磺二兩，柳炭用二三兩不等。煮硝每百斤用柴一百二十斤爲率，踏火藥每七斤用工銀四分爲率。至硝、磺價值，磺每斤銀二分九釐，硝每斤銀二分四釐三毫，及二分九釐七毫五絲。其各營採買硝、磺，返日期船脚盤費不能一律，均照各營成例分别減辦。此次軍需案内，各營報銷配製火藥，工部即係照依各營向來成例價值數目核減題銷。亦在案查雲南、四川配製火藥，雲南係用凈硝、凈磺，四川係用毛硝、毛磺，而折算硝、磺等項數目，亦屬相仿。今擬定嗣後雲南、四川仍照此辦理，其餘各省，或有地方燥濕不同，配製難以畫一者，將所用硝、磺仍照各省成例辦理。再查四川軍需案内，硝斤價值因需用浩繁，經該督奏明加價。在案查該省硝斤原有例價，未便援爲定例，今擬定嗣後仍照該省例價核辦。或因實在價值不□，該督臨期據實具奏辦理。

製造鉛彈

一，雲南省軍需案内製造鉛彈，經該督奏明，每斤加耗鉛一兩三錢。廠本人工銀三分二毫七絲五忽，圓整人工銀三釐，炭火銀一分等，因經工部將炭火項下照四川成例減去銀七釐五毫，核定銀二釐五毫題銷在案。又四川省各營製造鉛彈，均有成例。每毛鉛一斤二兩，製凈鉛彈一斤。每毛鉛一百斤，用木炭五十斤，清油一斤。其三錢重鉛子，每一千八百顆，用匠一工。四錢重鉛子，每一千五百顆，用匠一工。五錢重鉛子，每一千三百顆，用匠一工。七錢重鉛子，每一千二百顆，用匠一工。八錢重鉛子，每一千顆，用匠一工。六兩重砲子，每四百五十顆，用匠一工。至鉛斤價值，每斤銀三分五釐。其各營差員採買毛鉛，往返日期船脚盤費，及鑄造匠工，按依斤兩加減，均不能畫一。歷照各營成例，分别減辦。此次軍需案内，工部即係照依各營向來成例、價值數目核減題銷亦在案。查雲南四川製造鉛彈，雲南係用凈鉛，四川係用毛鉛，而折算數目亦屬相仿。今擬定嗣後雲南四川仍照此辦理。至各省採買鉛斤，有遠近情形不同，而價值難于畫一者，應仍照各省成例辦理。

製造火繩

一，雲南軍需案内，製造火繩每盤長二丈，徑三分，銀二分八釐。又四川軍需案内，製造火繩每長一丈，徑二分者，銀四釐五毫五絲。徑二分五釐者，銀五釐二毫七絲五忽。徑三分者，銀六釐。查雲南四川製造火繩，雲南係用椰樹皮，捶取凈絲筋，成造價值稍昂。四川係用荒竹、麻成造，價值較賤。原係按照該省實在情形核議題銷在案。今擬定嗣後雲南四川仍照此辦理，其餘各省製造火繩，仍照該省實在情形核辦。

鑄造砲位砲子

一，雲南四川軍需案内需用砲位砲子，名目不同，大小互異，所需銅鐵難以擬定。其鑄造做法，照依軍裝做法則例辦理。一切物料，照依該省物料價值則例核實，辦理在案。今擬定嗣後需用砲位砲子，俱照此辦理。

設窑燒炭

一，軍營需用炭斤，向照軍裝則例核銷。查乾隆三十八年四川口外軍營，于四十三年據會辦報銷，大臣工部尚書富勒渾題銷軍營案内，口外隨營設立砲局，鑄造化熌砲位所需炭斤，應設窑燒炭。每窑一座，日用燒夫二名，砍柴夫七名，每五日出炭一次，每次出炭四百五六十斤。並聲明口外燒炭之柴難于一律堅好，多用雜樹，木質不一。又口外風多勁烈，化熌易而成炭難。每窑燒炭四百五、六十斤，必須柴數千餘斤，兼以山多不毛，産木處所多係偏僻峻嶺，砍運維

艱。是以每窑一座，用砍柴夫七名，每曰連砍帶運，往返二次並無閒空燒炭。用夫二名，晝夜輪流看守，並無虛工。核之内地採運煤炭價脚，實屬有減無浮等因，經工部准銷在案。嗣後如進征地方距内地未遠者，自應仍照軍裝則例採辦。如進征地方寫遠，需用煤炭，較之由内地輓運費用過多，必須設窑燒炭者，臨時承辦。大臣酌量地方情形核實奏明辦理。

一切軍裝器械

一，雲南四川軍需案内，製造鳥鎗、長鎗、叉鎗、陵鎗、腰刀、雙手帶刀、矛頭砍刀、牌刀、鐮刀、旗纛、蒙古包、涼棚、帳房、罩子、綳子、號褂、披肩、籐牌、布五龍袋、弓插撒袋、棉線鞓帶、陣鑼陣鼓、令號火藥、葫蘆烘藥、牛角筒、鉛子皮搭連、火繩皮包、砲藥葫蘆、烘藥筒、砲皮搭連、砲苫、單砲、錘鑼鍋、鍋撑、鐵斧、鐵錘、鐵鍬、鐵鋤等項做法，照依軍裝做法則例辦理。物料價值，照依該省物料價值則例核辦。其有做法尺寸，與例内尺寸較大或尺寸較小者，俱比照則例内尺寸核實辦理，題銷在案。今擬定嗣後製造軍裝器械，應仍照此辦理。

雜項三則

一，雲南四川軍需案内，製辦騎鞍、鞍屉、馬掌鍘刀、弩弓弩箭、弩箭筒、火箭等項，均將做法尺寸斤兩數目逐細核實，開明報部，經工部按依例案核請題銷在案。今擬定嗣後各省俱照此辦理。

一，雲南四川軍需案内，解運一切火藥等項製辦油簍、篾包、棕苫單、墊蓆等項，均將做法及長寬尺寸逐細核實，開明報部，工部按依例案核議題銷在案。今擬定嗣後各省俱照此辦理。

一，雲南四川軍需案内，製辦天平砝碼、倉斛倉斗倉升、夾剪戥秤等項，均將大小斤兩數目逐細核實，開明報部，經工部按依例案核議題銷在案。今擬定嗣後各省俱照此辦理。

化煅砲位

一，化煅砲位，軍裝則例内並未開載。查四川准銷成案，每煅獲净銅一百斤，用木炭二百斤。（鑄砲例内係用煤炸一百斤，木炭二十五斤。今因口外不産煤炸，在于就近設廠燒炭。每應用煤炸一百斤，以木炭二百斤抵用。）缸瓦子四斤，（鑄砲例内係用磁末十斤。）稻草十八斤，（鑄砲例内係用四十斤。）白土六斤，黄土二十四斤，（鑄砲例内係用青坩土十八斤，黄土四十斤。）壯夫三名，（鑄砲例内係用匠六工、壯夫三名。）今擬定嗣後應照四川軍需案内化砲准銷成案，將所需物料比照鑄砲定例酌減辦理。

製造地雷火彈

一，製造地雷火彈，軍裝則例内並未開載。查四川軍需案内，准銷頭號地雷，每個徑一尺二寸，圍圓三尺六寸，用白布四尺五寸，内裝火藥二十九斤十二兩，縫布包用棉線一錢八分七釐零，包面用牛皮四尺五寸，縫邊用蔴線一錢八分三釐，安引線用白布條一根長六尺，寬四寸。計用白布二尺四寸。内裝火藥四兩，縫邊用棉線八分六釐，裹引線心用皮紙六張做成，引線盤繞于牛皮包上，每二個用匠一工。頭號火彈，每個徑三寸，圍圓九寸，用白布一尺一寸，内裝火藥二斤十四兩，縫布包用棉線四分四釐八毫，包面用牛皮一尺一寸，縫邊用棉線二分五釐，安引線用白布條一根，長三尺五寸，寬八分，計用白布二寸八分。裝火藥二兩，縫邊用棉線一分，裹引線心用皮紙半張做成，引線盤繞于牛皮包上，每三個用匠一工。查此項地雷火彈有頭、二、三號之分，其二、三號做法雖屬相同，而尺寸大小互異，所需物料亦遞行減少。今擬定嗣後除做法照式辦理，外至需用布疋、棉線、牛皮等項，應照該省例價辦理。

又 配製炸藥

一，配製冲天砲炸藥，並無辦過成例。雲南軍需案内配製炸藥，經工部按依所開硝、磺、蔴桿炭、夫工等項核議題銷在案。今擬定嗣後如配製冲天砲炸藥，將需用硝、磺、蔴桿炭、夫工等項，逐一開明送部，按依該省物料價值例案核辦。

配製弩藥

一，配造弩藥，並無辦過成例。雲南軍需案内，配製弩藥每斤用烏稍蛇八兩，每兩銀五釐三毫七絲五忽，共銀四分三釐。孔雀糞四兩，每兩銀一釐五毫，共銀六釐。草烏根八兩，每兩銀一釐，共銀八釐。木炭匠工銀三釐。以上製造弩藥一斤，共銀六分，經工部核議題銷在案。今擬定嗣後如配製弩藥，將需用物料匠工等項逐一核實開明，比照雲南准銷成案核辦。

清・趙學敏《本草綱目拾遺》卷二

天生磺

毘陵劉霽軒先生諱焕章，任浪窮令，有《天生磺紀略》曰，浪窮東城外五里，有温泉焉，乃昆明海洱之委也。周圍三四里許，泉底産硫磺，水熱如湯，投以雞蛋可熟。中流時一平巖，名九氣臺，中空而旁穴。穴凡九，温泉注其内，其氣熏蒸，上浮於石，沾濡流浹如垂乳然。積時既久，質漸堅，色甚瑩白。曆數百餘年，其色灰蒼，堆聚巖下，魂碕玲瓏，與巧石相似。土人鑿取之，以爲藥。其性大温

補，命門真火虛寒等症，服之厥效如神。蓋硫黄泉之熱氣所結，質最輕清，又久而後成，故功效遠過於石硫黄也。今土人建文星閣於九氣臺上，爲浪邑勝跡云。

【略】

按西儒高一志《空際格致》云，硫黄有人造者，有天生者，天生者外如灰色，内如黄泥而淡，其體濃肥，其味苦鹹，其氣臭毒，其性燥熱，故近火則易爲養也。

倭硫黄

出東洋琉球、日本、吕宋等國，以日本者佳。其色白似蜜，氣不臭烈，光潤而嫩。高濂《四時修合方》云，舶上硫黄，倭夷海船上作灰塗縫者佳。人不多見，俱以市。硫有油者，用舶硫色如蜜者，黄中有金紅處，如七月石榴皮，打開鐵若水晶有光，全非鬆脆，性如石硬者真。按硫出内地者，取土與油煎熬而成，氣腥觸鼻，作老黄色。倭産者嫩白。《瀕湖集解》但引《庚辛玉册》所載石、土二種，於倭硫却無考據，僅云倭舶者佳，不知倭硫黄與内地迥別也。其附方内所載《本事方》之陰證傷寒，《博濟方》之陰陽二毒，【略】皆用舶上硫黄者，斷不可以内地臺黄代用，故補著其功於左。《百草鏡》曰，硫黄出琉球國，名倭硫黄，洋船帶來。質堅如石，不臭光潤滑澤，形如滴乳者真。《物理小識》：舶硫如蜜黄，中有金紅處，擊開如水晶有光。今青硫不佳也。蓋陽氣入地，遇水則死爲硫，升雲則爆爲雷，乃生養萬物之源，故以金紅者爲第一種，但須善製耳。遇硫毒，研釜底煤泡湯飲。以煤爲火之宅，硫本陽火，見而服也。岳鹺使秀峯先生曾語予曰，在京師見倭黄如梅花式，成餅色亦不甚白，握手中置耳畔聽之，索索作聲如蟲鳴，云此種係倭舶來者。特筆於此，以候考。

又趙學敏《火戲略》

提硝論

硝産鹵地，河北慶陽諸縣及蜀中尤多。秋冬閒徧地生白，掃取煎煉而成。崔昉《外丹本草》謂之陰石，狐剛子《伏汞圖》名爲北帝元珠，蓋太陰之精，遇火即升，乃陰極陽生，秉離爲性，能消柔五金，化七十二石爲水，故名硝。硝，消也。入服藥須製過，入煙火亦然。蓋硝乃感海鹵之氣所産，遇陰則溼。火藥以燥爲利，不製之硝，誤投入藥，一遇回潮，炭最易受溼。炭溼則砂感鹵氣，未有不鏽，以入花砲，鮮有能濟者。故用硝必先提凈鹵氣，方可入火藥用。其法，用大鐵鍋，將清水滰過硝一二寸，投水膠二兩，同煎二枝香爲度。水滚之時，見有浮沫，撇去之。退火，澄清。次日，將硝面清水撇去，另易新水入鍋，安白蘿蔔三五枚，同煮二枝香，仍退火，檢去蘿蔔，澄定如前。次日又易新水，入蘿蔔，再煎二枝香，即鹵氣俱盡矣。取硝曬乾用。若用炒硝，即以此凈硝，用上好燒酒，漸漸入鍋和炒乾用。又煮硝法，或水鼠本方。

製黄論

黄乃秉純陽火石之精，含太陽之氣所結，外丹家謂之黄牙，蓋太陽之精，感風木以成性，木幹横生，故得炭則横發。木色青，故其燄青。鵞黄色者，名崑崙黄，赤色者名石亭脂，青色者名冬結石，半白半黑者名神鶩石。西北東南皆産之，入砲藥須極黄者。用若青黑者則濁，恐有炸裂之患。若欲燒酒製，不可炒，只可拌曬收乾。若和他藥製，倘炒時有燄起，含醋噴即止。欲去其臭氣，用蘿蔔宅空，入硫末在内，糠火煨熟則自絶。欲化爲水用，以竹筒盛硫，埋馬糞中，一月即成硫黄液。其性見五金則黑，得水銀則赤，得慈石則紫，遇硝則争，遇豬脂則伏。知其性而善用之，可也。

用炭論

炭者，火之魄也。火生於木，木生於水，木死，則黑，返其所自生也。其性升揚，善於發光，皆隨其質以爲用。入藥，用杉木梢炭居多。外此若竹萌，烈而散；竹節，烈而猛；竹根，堅而旁竄。葫壺藤，捷而旁急。箬葉，則悄聲椰瓢則震聲。瓜皮速而烈，茄桿裂而清，角刺透燄，蛇蜕滑光，蚱蜢炭性竄上升，急性粉性蕩外迸，糯穀炭可入鳥鎗，柳杉炭最輕，可入手花。凡砲，入麻稭灰則無聲，竹茹則煙緊。若此之類，皆可意推。取炭，必現燒煙盡後，置凈罈中，蓋口，俟性冷，搗極細末，加入藥用。此物最易受溼，須現用現燒。倘炭末有餘，必須紙裹，入石灰罈中安放。若一受潮氣，能令藥性緩速不匀，且不能烘，變花色。入藥，則砂子亦不能鎔盡矣。然又有用溼炭法，如珠兒藥，則用硝煑炭，宜帶溼搗。雪燈藥，則用樟腦煮炭，亦乘溼擣。又有拌炭乾製法，如欲令如銀線，則石漆拌曬，以固其性。欲令其變色，則用滴燒拌收，以製其光神而明之，存乎其人可也。

用砂論

砂乃碎生鐵所成，如米砂然，故名。砂，古曰鐵蛾，今曰鐵屑，筒花中非此不成花。宜現用現擣，不宜久藏。因其性易生鏽，鏽則不能成花。敲砂，用舊鍋破損者，用火煅紅，以去其油垢，待冷，用鐵臼乘熱擣細篩分。頂細者名面砂，次日中砂，砂粗者名粗砂，頂粗者曰大砂。又有針砂，乃琢針眼中餘屑也。篩出，俱以紙裹，藏石灰罈，則不易鏽。最忌以手捏撮。一犯人手，則便起鏽不花。更忌

清油，一犯油氣，入藥則砂鎔爲珠而不開花。宜用銅匙秤配，勿用指爲要。近皆購自蘇州，以擺錫色刺眼者爲上。

藥線論

粗者曰雙槽，細者曰單槽，皆來自徽州，皆可作花砲引線。然煙火中更有度線，有慢緊二種。緊則用葫壺炭，慢則柳杉炭，其線紙皆用桃花紙。暑天，先以硝水染製，用包藥撚，庶過門無阻絶之患。成則五百根爲一束，紙撚束兩頭，置灰罎中待用。線藥，必須用線圭匙合方匀。線圭，用竹削成，細如韭葉，長尺，光而薄，以之匙藥上紙，則藥既無多寡，線成亦不致有粗細不匀之患矣。

度線法

爆竹筒俱先裝藥築實，收尾訖，然後將鐵錐向首開門插線。線皆雙紐，惟小砲則用單線。煙火有度線之法，用紅紙作筒，如麥桿樣，空其中，長短不拘，以藏度線。筒短線長，可以接套。其作筒紅紙，必須用礬水刷過，免致黏火。蓋煙火無度線，則無先後次序。度線不用礬筒，則穿插既雜，不能無併焚之慮。且線既雜露，亦不雅觀。用紅筒套藏放下時，火燃線在筒內，火不能見，忽然一明，百花條開，便饒逸趣。線盡筒又自落，妙不留滯。然其中之穿插先後，又在意巧，難以言傳矣。煙火筒中，每筒藏二三劇戲，必匾束，亦須用線。須看其輕重，重以麻線，輕以棉線，十字綑結至結頭，方用藥線盤轉，火發自能焚斷結線。倘架重結堅，須加火藥一小匙於結上。桃花紙封貼，更易焚斷也。

染紙法

紙有拒火、引火、翦頭、束腰四種，非染不可。如煙火筒內隔火等紙，必須用礬水染刷，庶可拒火。紙既拒火，便可分隔先後。即筒內雜戲樓臺人物，俱用紙做成，必須罩刷礬水數遍，再染顏色，方可於火內不焚。若藥線包花，其紙又必須刷硝水。引火紙既引火，便可分遠近隱現。此拒火、引火二法，猶畫家之皴法也。爆竹紙必須翦頭，則聲脆裂，使砲響後滿天飛雪，紛紛可觀。且紙質不留，亦免貽火之患。故好爆必用桑皮或竹紙，伏天先以礬水、斑蝥水，兩面各刷四十九次，待乾，捲筒用。其筒敲之，作金石聲最妙。筒花用紙筒者，必須束腰，方免旁出之患。蓋筒花外面，雖可用草紙裹藥一層，必須用細紙束腰。其法，用厚貼色紙或元書紙，伏天用芙蓉皮擣爛浸水，或芙蓉葉汁亦可。將水汁調石膏，刷紙數遍，待乾，作筒花裏紙，能固藥性，使上透，并不致炸裂最妙。至煙火內，一切不能用染色紙，恐藥氣熏漬，即易變色。如有，必須用五色處彩畫顏色中和礬塗，便不懼硫氣熏觸變色。若彩畫各色，總以大筆粗描，切勿細巧，愈粗愈妙。單看粗火下自細，若單看細火下，便不明矣。

製筒法

筒有泥筒、紙筒、鐵筒之分，三者爆兼其二。花筒則三者俱有製筒之法。爆則口與底如一。花則口小而底大，中如牛角形，方可逼藥力上升，不致震裂。近人合筒花，欲試藥，有簡便筒法。用細竹截作筒，一頭留節，一頭去節，築藥其中。待滿，以紙包灰，緊塞口，然後向節邊打眼裝線，火放可代紙筒之勞，又易辦也。但裝藥時必須用粗紙作一尖角小兜，入筒內推在節上。裝藥滿，打眼點放，則內亦如牛角形，便無震裂旁破之患。有用泥作餅子，穵成牛角眼推入亦可。

修合論

修合之要，莫先於硝、黄、炭三者，已各有專論，他則皆佐藥也。然修合之法，亦不可不知。如用雄、石等黄，必須用燒酒拌曬過，作黄煙拌硝用，則煙濃；作黄光入藥用，光自不爲藥光所掩。用臭硫黄，必須用醋炒過方不臭。皁角膏拌藥，則性鬆。芙蓉汁拌藥，則性緊。棉花屑光則紫，銅青之光青，銀硃之光紅，鉛粉之光白，雄精之光黄，松煤之光黑。光，五色也。石黄之煙黄，青黛之煙青，硃砂之煙紅，膩粉之煙白，瀝青之煙黑。加金銀箔，則光如金屑。加錫箔，光如碎霞。獨硫則青，加膽礬則光愈緊。獨硝則紫，遇砒石而光益長。石腦油、樟腦、地溲，皆能水中生火。皁角、刺春、柳條、竹萌芽善於火裏分枝。根脚不清，皆爲提硝未净。花頭短少，只因砂子久新。藥欲結實，噴水和。春光欲斂藏，和梅湯拌蚓屑、蛇皮，各因性用。湯蒸日曬妙有神功，在能者，固無拘於一定，學者可由此而類推矣。等分須準，拌和要匀，砂分粗細，炭有後先。火炒者必須分炒，水製者不得混同，搥研器具全在精良，篩擣諸時謹防風火。依此而求，思過半矣。

炒藥論

藥有水火既濟之妙法，若鎗藥之用硝、黄，水煮炭炒，擣成珠者是也。有用火酒炒者，若雲溪水鼠方之用浮硝、跳硝、沈硝，仁源方五色蝴蝶之用酒硝是也。有用油炒者，用漆炒者，用蛇血炒者，用芙蓉汁炒者。又有乾炒者，拌物炒者。大抵乾炒則取火力以助上升之性，拌物炒則取藥力以達神明之用也。其法本無一定，如欲縮黄餤，則與膽礬同化；欲滯硝光，則與油松同煮；欲藥旋轉，則加蝎尾炒；欲藥蔓延，則加蚓血炒。炒銀箔入藥，必加荷葉灰。炒銅箔入藥，必加胡桃灰。俱所以因制而成功也。

雜藥論

藥有正有雜。正藥爲硝、黄、炭之佐，前論俱詳矣。雜則佐中之佐，亦煙火所必用。人只知物能引火者皆可入火藥，而不知不能引火之物，得其用，入藥更神於引火。此丹經所謂萬物生光是也。蓋引火者用其質，不能引火者用其神，而後火戲之功始大。在金石，則黄丹、蜜陀僧、黑錫灰皆鎮重，能排藥力。古青錢、鐵華粉、銀鏽，能分火成花。爐甘石、不灰木、石脂膏，能染紙隔火。輕粉、鍾乳、石炭，能使火分窠。礬石、黄礬、雷墨，皆能迴光。硇砂、蓬砂、炭、罈鹹入藥，助硝、硫以透裂。草木用葉者，敷。用條者，解。用萌則升，用根則降。旁枝旁達，春梢上行。用膏則可團光，用子則可分火。藤蔓緩延，而瓜藤則速。草汁柔弱，而糯穀獨洪。蘆葦莖能變細火爲巨火，松楓脂能收散光作聚光。蓮梗水萍作炭，而在水乃神其用。瓜皮棘刺燒灰，而入火愈著其功。蜀葵根風吹不滅，胡桃火久藏猶存。禽蟲之屬，鷹睛達雲，猯膏入地，江豘骨逆風不回，猬獸隨入水生火，螵蛸末載藥力而浮水，叩蟲屑取藥力而跳空，海鰍、油鱔尾血入水如飛，虎骨髓、山羊膽乘風能躍，蜻蜓横飛，斑蝥旁裂。水馬竄水，水藥用之。鯪甲透山，地藥用之。螢取其光以生明，蚌取其口以閉竅。蜈蚣用其鉗，蝎虎用其尾。蛛采其絲入藥，而煙光分布。蜂用其窠入藥，而花朵分明。在在可資，指數難盡，惟知者能識性用巧而已。

用藥論

直用直鋒，横用横鋒。炸藥有力，閧藥透光。明火代燈照物，送藥舉重上升。玉藥明如玉，紅火色如丹。平緊乃藥線起火即流星中餧。平慢、中平以藥力分遲速，大口、中口、小口以砂子辨精粗。凡欲其飛，須加鼠藥。凡欲其明，須加月燈。龍藥拖光如練，雀尾舒翠若屏。十樣錦可代滴金施放，亂蝴蜨恐與砲火争鳴。輭筒之藥多細而不緊，若入緊藥，必裂筒而傷手。輭器之花必横出而斜開，若直吐上行，必損蓋而亂燃。硝多者力必洪，炭多者光必碎，黄多之藥出聲必大，砂多之藥蒙口不清。鐵筒忽震，只因口内生肩。花頂塞珠，皆爲用砂多鏽。泥無膠滷，休曬作筒。紙乏桐油，莫將入水。走油藥線可用雨中，炒過藥坯必裝罈内。篩炭用匣，搗炭用橐，方免飛揚。燈用懸琉，燭用角罩，庶無火發藥。因方用巧寓機先，技也可進乎道矣。

衣漿論

用藥知衣漿，則藥更神妙不測，猶畫家之設色，織匠之斑花也。蓋藥無衣漿則不能飛接，無以分淺深之色，不能攝光，無以顯變换之奇。故尚論尤宜及之。凡藥粒無粗細皆曰珠。起角曰菱，或如麥芒，如蝦鉗，如髮絲，如月痕，如破璧，如折刀，如碎方解，如攢曲鉤、八稜三叉、稷尖盂頂，有用明火作範，翠火作範，炸藥鋒藥作範者，所謂成形之藥，皆可穿衣。其衣紅則硃砂，翠則硫黄，青則銅緑，白則鉛粉，及各色皆可類推。有用漿者，如棉花用硫液漿，則見火飛出紫翠毬。錫箔用硝、硫水漿，則見火吐出彩色光。藥内有用燈草，必須漿法。砂子亦有用漿衣者，入筒則花更奇幻。又有衣外加藥，衣外加漿，半邊衣、半邊漿，抽心衣漿。又有各小粒穿衣入藥包裹再衣者，謂之七星衣。一層衣，一層藥，重重加疊者，謂之套衣。又度線筒裏有穿衣漿者，此類元妙，非專門名家，難以解此也。

築藥論

凡裝爆竹雜耍，小色筒既細小，若一一匙裝，未免多費工夫。惟將筒子三五百束作一餅，翻出洞口，用竹紙糊一層，然後開通洞口如蜂窠然，用長匙入藥打築，最爲簡便。再裝一切藥恐有浮坌升起，不妨噴水拌潮，入筒打築又易堅實。若裝筒花，須不時將藥翻撥，恐防鐵砂墮底不勾。打築不得同在藥桌上，恐震動末藥，能令硝、黄墜而炭上升，有不勾之弊。裝打砲藥宜鬆，筒花宜緊。又鐵筒裝筒花，宜先鬆而後緊，方免震竄。裝黄煙宜推築，不得打築。左右接蓮，漏接亦然，裝催藥不必築。匙藥之匙須銅製，較準。或每匙一錢、二錢，便於配合。法有虛實，數有多少，手有輕重，杵有粗細，差之毫釐，即無神應，至此尤宜細心講求。打築之杵，檀、鐵二種。碾藥之器，臼、槽竝用。皆與築藥有終始之助，故竝録云。

雜耍論

百子、三級、太極、祥雲、蝴蝶、流星、華月、輾花、九龍、八仙等，皆雜耍，以助火戲也。或單放，或入劇中，上竄下躍，旁飛側舞，令人心賞目醉。然亦静劇用以助趣則可，若劇本烘鬧，又入雜耍，未免蛇足。至流星爲煙火眼目，未放煙火，先放流星，以静場而招覽，故又名起火。更有煙火放於白日者，名曰煙戲。此種雜劇，又不以火，而以煙爲用。有結成五色樓臺人物、山水，各劇其中則又以地鼠、水鼠、雪砲、煙砲、香燈、珠灑、煙角、霧蘭、彩輪、彩翼爲雜耍，而以五色流煙爲起火外，又有殼花用果殼者，如壺盧、核桃、白果、松榧之類。用紙殼者，如小鵞、印斗之類。用泥殼者，如瓶盎、土鼠、金蟾之類。用木殼者，如木雞、狗馬之類。花盆、花籃之屬，皆可藏藥爲戲，是謂雜耍。

輭器法

凡裝筒煙火，俱用輭器。雖人物雜劇樓臺，皆可任意爲之。看式大小，或方或圓，外再加紙筒，每筒可藏四五劇。凡作輭器，俱以竹爲骨，或以銅絲、鐵絲，看器之大小貴重爲之。紙爲衣，麻線爲筋，染以彩色，動以藥機，照以明火，鬧以雜耍。先後遲速憑乎藥綫，偃仰旋轉在乎火輪。作器之法，橫者用竹，直者用線，作樓臺拱柱，只須藥外套以紙筒，便粗壯相似。作人物、禽獸，橫骨以竹圜爲之，直骨以線，外以紙糊，皆便於匾摺也。欲内明者，燃明火外必須糊桃花紙。外明者，不必盡用桃花紙也。紙線必須重礬水刷過數次，方能拒火。每劇四角或安起輪，或用筒花，中或藏連珠砲、流星、華月、飛鼠等雜耍，必須令四面上下輕重均平不偏，庶放下時無側挂鉤線之患。倘或一邊有輕重，不妨外再加筒花以壓之。摺疊時，必須先將度線捉匀，次將所藏藥耍一一整理線索明白，總不使有勾帶，要令其一墜即直，然後置底托，上用麻線，外面十字緊束，愈緊愈妙。束縛既畢，然後將頂線繫結筒中頂格橫竹上。若第二劇之頂線，只須繫在第一劇之底托藥線總結上。不論多少劇數，悉如此安法。安藏既畢，再上筒底。其筒底束縛出總線，俱如底托法。

底托法

一名隔火。煙火每筒有三四劇者，每劇必須有隔火以間之，使一劇之後，再現一劇，既有先後，又不致併爨，此法甚妙。底托之製，看每劇之大小，或方或圓，用竹爲四邊，中爲非字，或外糊礬紙如底板。然一劇内周圍藥線與度線，須總打一藥辮，繞縛底托之線，十字上盤數轉，以便火到則十字縛口線自焚，而底線自落，上戲劇亦自墜現，不須人力挑撥。後劇頂線便可接在前劇底托外藥辮上，再用有藥度線作引。再各劇底托須較小，如筒托四邊不得起芒角，及露竹骨，恐防兜礙，一時不能即脱。底托須兩面用厚礬水刷乾，或上礬後再罩爐甘石、石脂粉調水刷染石灰。亦可縛底托麻線十字結全在居中，使火到底托正墜，若打結偏，紐底脱落時，便挂墜不下，須以挑竿挑落之，勿得任其挂礙，致上劇不得落下。以上俱指整齊器劇合作一劇者。如九行萬羅、百子連燈、風雲際會等器，束縛時須作連底托放下，再去底托。或去底脱後，其劇仍併束而下，緩緩逐漸開卸，便不致有勾帶之病。總在裝束時，能者之善運其巧思也。

頂線法

每劇提首，必有頂線，或三或四，或五或六。蓋器有大小，線有多寡。惟無雙線者，以雙線不平也。煙火自下而放上，故首劇反後見也。凡頂線之上，須加一粗單線爲總繫。首劇總繫必倍長於筒身，以火劇皆藏筒内，懸筒既高，總繫若短，則放下時離筒不遠，流星花砲四射，多爲筒阻。或稍有罥挂，則縮在筒内，火信紛撒，挑竿難以施撥。次劇總繫較首劇稍可短縮，其後俱可遞殺。除首劇總繫，不必加藥線引度，以下諸劇俱要加藥線度接，必使一劇既終，則總繫自焚斷墜下。其上劇底托總線接火而墜，交接清楚爲妙。至藏縮總線，亦須曲折得法，否則連併而下，或數劇同發，或先後失次，最不雅觀。

硬器法

三四劇作一筒者，必須輭器。若單劇者，止須硬器，不必筒裝。器有大小，藥有繁減，或裏明外暗，則多用明火金燈。或内動外静，必多添轉輪雜耍。其度線，或内度，或外度。内度者，看其走火不混，則不必加套筒。外度者，雖走火不混，亦必加套筒，使人不知爲線。倘上有金燈明火，亦不礙也。硬器中有擺器，有挂器。擺器宜熱鬧，所謂静而動之是也。挂器宜静，以清朗爲主。若太熱鬧，則衆藥併發，旋轉不定，反令人不識爲何物，所謂動而静之是也。如挂器，欲熱鬧，必須同輭器之安放藥物停匀爲要。硬器中安花砲各種，須令直上。若偏，易於及人。輭器中安花砲，必稍偏。若令直出，俱射入筒内矣，更不可不知。凡花盆之屬亦然，中央置花，宜重礬多刷。

變器論

初見時是此，忽又變易爲彼，名曰變器。有單變、雙變、層疊變，輭硬器俱可作。煙火中如魚化龍，金錢變蝶，皆單變也。二仙傳道、雙龍戲海，末後各變一物，皆雙變也。層疊變者，如蟠桃壽星，初見是蟠桃，桃開變出壽星，壽星手中執桃開，有小壽星，則前壽星又不見。鵞籠書生亦然。其法總在合紙口得法，使其火到易裂，見後則前滅，并不留渣滓。必須審其横直，用鋒藥焚之，紙硬用炸藥，極硬以百子砲擊散之。若輭器，止須多刷硝藥，令其易焚。然其中先後次序、層疊開合、度線安藥，尤要巧妙。否則，畫虎不成，反類犬也。

合器論

煙火中有兩架竝放，相去尋丈，巧合成一劇者，有三四五架竝燃，合成一戲者，名巧合。有合二、合三、合四、合五之分，愈多則愈難。燃出時，能位置清楚，聚散先後不紊，方見神妙。其法，必須審藥力之厚薄，器口之向背，火力之久暫，相間之遠近，對列之高低，度線之遲速，有一舛錯，便雜亂不羣。所謂差以毫釐，謬以千里也。此在能者之善爲籌度而已。

飛器論

兵法有飛器，火戲亦有之。若流星、飛鼠、華月，皆小品也。大劇中，如仙人招鶴，蕭史乘凰，地湧金蓮，五老降天之類，皆飛器也。其法，總不外升竄斜正。若仙人招鶴，須先於隔垣置鶴，算準位置，藥力一升，即可到仙人器前。至期待仙臂轉輪時，令人隔垣燃鶴線，藥發，自能飛入垣内。如地湧金蓮，須先埋地筒，暗度藥線，然後發之。蕭史乘凰，裝藥後，須算器身重輕，與藥相稱，方能飛出。招鶴亦然。大約藥力重輕，上升可以一升十，傍升則一升五。如藥一兩，可升十兩，類推看流星便知矣。餘式皆倣此。

水器論

水器各品，須先用利水之器，如豬脬、豬腸，及通節竹之類，置藥曲折盤轉爲之，或紙造小鵞鴈之類，以助熱鬧，亦不可少。大器中，葫壺、西瓜、匾蒲，但可作膽，筒花各砲必須分水纔見。若色煙，水鼠盡可入水施放。水用轉輪，必加樟腦水。用假山，必入浮石。以意推之可也。

酒筵動器法

黄山人製酒筵小器，如跳蜢、遊魚、奔蛇、馳鹿之類，皆長寸許。醉後燃之，觀其生動，以博逸趣。聞其煙，亦易醒酒。其製法必機巧，與藥力竝用，方能得心應手。其機有用銅絲，有用鐵絲輪者，小鉛丸、水銀珠者，皆憑藥力轉運。其藥有用水銀灰、金頂砒者，有用蚱蜢炭、蝎虎尾者，皆取其奮迅之氣爲用耳。

摺疊器法

摺疊器以鐵爲之。大者用鐵條，小者用鐵絲，以盤翠火。其製，各四摺、六摺，如相思板然。收之則小，放之則大。其鬭筍處，用小環圈接合，方不摺斷。束縛亦須藥線，不得用麻。其翠火中，亦宜施藥線，以便引火。或字、花草、山水、五色畫，皆可任意盤折爲之。旁襯止可明火，不可以筒花，蓋此種乃純静之品。又有用鉛粉和，作素火盤、作梅花者，尤幽雅可觀。盤翠火之時，須用藥周包鐵絲，方不致整片墜落。倘作滿架葡萄，其翠珠必須用鐵絲作乙字鉤穿，方不燃墜。

紮胎法

煙火俱用竹胎，鐵絲胎總不若竹胎爲妙。鐵絲只可作轉關樞紐，若全用作胎，未免太重。小器或可，尚懼生鏽脆折。如用鐵絲，難以糊紙，宜先以紙條撚裹鐵絲上，便可受漿。竹胎，先劈竹，分頭青、二青、三黄三等，各有粗細，任擇用。頭青力緊不脆，細胎用之。闊者作邊。二青力輭，中胎用之。細者作運動機紐。三黄只堪作底脱及襯骨而已。紮胎，以桑皮紙撚則緊，不得以麻線。若闊厚重器，則以麻縛各色花巧，任人意造，難以言傳也。

接法

藥花有接法，猶果木之有批接也。蓋果木不接不佳，藥花不接不幻。其法，内接用藥，外接用線。内接如雙合、三合之類，悉以藥爲之。外接如流星趕月、九龍戲珠、金盆撈月之類，皆憑度線作引。但同一外接也，有陰陽接、順逆接、上下接、飛空接。同一内接也，有左右接、重疊接、和合接、蓮漏接。總其要，不外審遲速，定向背耳。陰陽接，如先花後砲，先煙後砲之類。順逆接，如起輪之左右翻旋，太極圖之中心穿線之類。上下接，如華月珠砲之類。飛空接，如仙鶴、蟠桃，蝴蝶穿花之類。左右接，如一煙起而青黄並見，一光現而紅白分明。全在築藥時用鴛鴦搥得法。重疊接，則送藥之用兩頭金菊，中間流星；竝頭蓮之用平慢玉藥，金桂之用玉藥慢火是也。此又在築之時，審各藥之宜輕宜重，爲多少得法。和合接，如滿地金錢，本藥内和中平爲用，五色蝴蝶内和合各色爲胎是也。此又在炒拌時得法。蓮漏接，藥内起管如蜂房，另安他藥。或三四五七管俱可。若諸葛箭，七星彈，九仙雲，五華光之類是也。此又在度線得法，催送得力爲要。外又有超接、幻接等法，用水銀、砒石、蛇骨、蟆皮昇煉作藥，術愈神而更巧，又難以言傳也。

禁忌

火戲本無禁忌，以其性猛烈而生光，若日之照臨，諸邪不得近也。【略】合藥忌油手，家中不得燒蠶沙，竹葉能損硝氣。又撚藥之時，得金鼓以助其威，則火花愈明。若修合之時，忌聞金鼓聲，鬧則藥多炸裂之患。用炭須去炭上灰，若炭黏灰，入藥多性滯。蓋灰者，炭之鬼也，炭固畏之。忌婦人裝藥，若婦人裝藥，砲則成花，花多變砲。藥室忌喫煙，忌喧鬧，宜静潔，以和藥神，細心以防藥變。試藥勿近藥所，裝筒勿近火煙。積藥之器宜密封，不得見風，風久則自能生火。裝藥之品勿再烘，烘久恐其性自發。築數不得任意重輕，分兩不得師心增減。燈下勿裝藥，雨中勿開緘。執成方者固泥，通元變者誰歟？

手法

煙火中用器用藥，各有專法，不相沿襲。惟手法，則始終以之紮器之手法，在樞紐。度線之手法，在過接。製藥之手法，在炒拌。打藥之手法，在重輕。就

器之手法，在疎密。成架後之手法，在束縛。果能樞紐靈動，過接清楚，炒拌匀和，重輕得法，疎密合宜，束縛平正，然後見巧於規矩之中，不必求新而自新，求異而自異也。最忌樞紐呆滯，過接交併，炒拌粗雜，重輕不準，疎密無序，束縛斜斜。達者能審其所宜而施之，知其所忌而去之，則舉隅而他可類通矣。

挑竿論

施放火戲，必預備挑竿，既可挑挂各種小器，又可插炷點線。倘劇中有挂線勾帶、斜墜不平，便於挑撥。若待臨時覓之，火烈，具舉無及矣。再一劇畢，則自墜，有不下者，必係線帶，不妨挑墜。如底不墜，亦用挑撥。用竿時，須眼明手快，勿將度線挑斷，致有黑阻。亦不得挑亂度線，撥反輪車，致失先後向背之序。

清・劉嶽雲《格物中法》卷四《土部鹵類》 硝

昇元子《伏汞圖》有試烏場消石法，云其色青，取白石英炙令熱，將點上便消入石中。道書言出烏場國，能消金石爲水，服之盡得長生。其石出處氣極穢惡，飛鳥不能過其上，人或單服從之過，身上諸蟲盡化爲水，而得長生矣。形若鵝管者佳。《狐剛子粉圖》云，青消石，一名北帝元珠。又《三十六水方》化曾青方用正消石。觀此，則今世間謂之消石似非正也。《藥名隱訣》云，自古傳消石能化一切金石爲水者，服乃長生，不聞所出之處，徒有其名而與無無異。近代陶隱居撰《本草》，乃言朴消是消石之朴，又言芒消與石脾合煮成爲真消石。石脾無復識者，尋其事由，殊爲乖僻。則消石有正有贗，信矣。然經謂消石，天地至神之物。陶言今無正石，亦未爲全失。《圖經》引梁隋間方書，謂雖非真石，而其功效既相近，亦可通用。則今世所用者，或可也。崔昉《爐火本草》曰，消石，陰石也。此非石類，即鹹鹵煎成，今呼餤消。是河北商城及懷衛界沿河人家刮滷淋汁所就，與朴消小鹽一蓆煎之，能制伏鉛，出銅暈。南地不產朴消。能熟皮，芒消可入藥用。今消石註乃云，此即地霜，所在山澤冬月地上有霜，掃取以水淋汁後乃煎煉而成。蓋以能化諸石，故名消石，非與芒消、朴消一類，而有消名也。《圖經》又云，今醫方家但以未煉成塊、微青色者爲朴消，煉成盆中上有芒者爲芒消，其芒消底澄凝者爲消石。又云，煉朴消或地霜而成堅白如石者，乃消石也。則雜煉朴消、地霜而成消石是矣，非別有消石也。余謂不假煎煉，如仙經所言，乃正消石。設煎煉而成者，亦名消石，乃今世所用餤消，亦能伏八石。而芒消可入藥，且據所有用之耳，非必消石爲天地至神之物也。《丹房鏡原》諸消篇，有馬牙消、朴消、芒消、縮沙、坑消五種，若消石則列在諸石篇中，可見也。《西溪叢語》。

嶽雲謹案，姚寬説消，博贍而未核也。消石、朴消，本經原分二物，而消石亦有二種。西人謂之鉀養淡養與鈉養、淡養。蘇恭《本草》云，朴消虛輭少力，煉爲消石，所得不足以當消石功用，正指此種。朴消亦有二種，西人謂之鉀養硫養與鈉養硫養。中國則通行鉀養淡養、鈉養硫養兩種。

朴消生于鹽鹵之地，狀似末鹽。凡牛馬皮，需此治熟，故今俗有鹽消、皮消之稱。煎煉入盆，凝結在下粗朴者，爲朴消；在上有芒者，爲芒消；有牙者，爲馬牙消。《神農本經》只有朴消、消石，《名醫别録》復出芒消，宋《嘉祐本草》又出馬牙消，蓋不知消石即是火消，朴消即是芒消、馬牙消，一物有精粗之異爾。《本草綱目》。

生消石，諸鹵地皆產之，而河北慶陽諸縣及蜀中尤多。秋冬間遍地生白，掃取煎煉而成貨者，苟且多不潔净，須再以水煎化，傾盆中一夜結成，澄在下者狀如朴消，又名生消，謂煉過生出之硝也。結在上者，或有鋒芒如芒硝，或有圭棱如馬牙硝，故消石亦有芒消、牙消之名，與朴消之芒、牙同稱，而水火之性則異也。《本草綱目》。

神農所列朴消，即水消也，有二種。煎煉結出細芒者，爲芒消。結出馬牙者，爲牙消。其凝底成塊者，通爲朴消。其氣味皆鹹而寒。神農所列消石，即火消也，亦有二種。煎煉結出細芒者，亦名芒消。結出馬牙者，亦名牙消，又名生硝。其凝底成塊者，通爲消石，其氣味皆辛苦而大温。二硝皆有芒消、牙消之稱，故古方有相代之説。《本草綱目》。

嶽雲謹案，時珍説核矣，然猶未盡也。消石原出於山巖，後世乃取諸土，致與朴消相混。朴者，似消石，非即消石。《山西通志》云，朴者，未化之意。其説得之。消石無芒消瀉藥之功用，則亦無其名。時珍猶騎牆之説耳。消石別有製法。陶隱居謂芒消與石脾合煮，成真消石是也。蓋石脾爲鈣養淡養之質，化分則鈣養合硫養爲石膏，鈉養合淡養爲消石。

崇善青山巖之土，可以煎硝。《方輿紀要》。

嶽雲謹案，據此，則硝固有產于山者。

朝南之牆，日曬雨淋，歲久糟朽，取置水中過淋，熬之得硝，煎提自净。或厠陰溺坑之土亦可用。《武備志》。

火硝是煎牆厠土而成者也。《物理小識》。

嶽雲謹案，西書所載造硝之法類此。其危城中窮思而得與？抑中國書中采取與？

已上出産。

蘿蔔提硝則白，煎亦然。《物類相感志》。

消有三品。生西蜀者，俗呼川消，最勝。生河東者，俗呼鹽消，次之。生河北青齊者，俗呼土消。皆生于斥鹵之地，彼人刮掃煎汁，經宿結成，狀如末鹽，猶有沙土猥雜，其色黄白。故《别録》云，朴消黄者傷人，赤者殺人，須再以水煎化，澄去滓脚，入蘿蔔數枚同煮熟，去蘿蔔，傾入盆中，經宿則結成白消，如冰如蠟，故俗呼爲盆消。齊、衛之消，則底多而上面生細芒如鋒，《别録》所謂芒消者是也。川晉之消，則底少而面上生牙，如圭角，作六稜，縱横玲瓏洞澈可愛，《嘉祐本草》所謂馬牙消者是也。狀如白石英，又名英消，二消之底則通。名朴消也。取芒消、英消，再三以蘿蔔煎煉，去鹹味，即爲甜消。以二消置之風日中，吹去水氣，則輕白如粉，即爲風化消。以朴消、芒消、英消同甘草煎過，鼎罐升煅，則爲元明粉。《本草綱目》。

嶽雲謹案，硝有三品，皆指朴消也。若消石，爲火藥，製法宜精。法以草灰水攪拌一晝夜，熬之，去上浮，下沈，取其中間清者。不清，以膠水入之，純清後，俟乾，加水再製之。元明粉，則朴消之最精者。製法，用白净朴消十斤，長流水一石，煎化去滓，星月下露一夜，去水取消。每一斗，用蘿蔔一斤切片同煮熟，濾净再露一夜，取出。每消一斤，用甘草一兩同煎去滓，再露一夜取出，以大沙罐一箇，築實盛之，鹽泥固濟，厚半寸，不蓋口，置爐中。以炭火十斤，從文至武煅之。待沸定，以瓦一片蓋口，仍前固濟，再以十五斤頂火煅之，放冷，一復時取出。隔紙安地上盆覆三日出火毒研末。每一斤，入生甘草末一兩，炙甘草末一兩，和勻，瓶收用。

已上煉治。

消石，丹爐家用制五金八石，銀工家用化金銀，兵家用作烽燧火藥，得火即焰起。《本草綱目》。

朴消，可以熟生牛馬皮，及治金銀。寇宗奭《本草衍義》。

朴消屬水，味鹹而氣寒，其性下走，不能上升，陰中之陰也。故惟蕩滌腸胃積滯，折治三焦邪火。消石屬火，味辛帶苦，微鹹，而氣大温，其性上升，水中之火也。故能破積散堅，治諸熱病，升散三焦火鬱，調和臟腑虚寒。與硫黄同用，則配類二氣，均調陰陽，有升降水火之功，治冷熱緩急之病。煅制礞石，則除積滯痰飲。蓋硫黄之性煖而利，其性下行；消石之性煖而散，其性上行；礞石之性寒而下，消石之性煖而上，一升一降，一陰一陽，此制方之妙也。今兵家造烽火銃機等物用消石者，直入雲漢，其性升可知矣。《本草綱目》。

朴消，除寒熱，逐積聚結固留癖，能化七十二種石。《神農本草》。

消石，治五臟積熱，胃脹閉，滌去蓄結飲食，推陳致新。《神農本草》。

消石，能消柔五金，化七十二石爲水。《抱朴子》。

硝石，能化七十二種石。《名醫别録》。

消石，感海鹵之氣所産，乃天地至神之物。入地千年，其色不變，七十二石化而爲水，制服草木，柔潤五金，制煉八石。《土宿本草》。

嶽雲謹案，據此則化七十二種石爲水，自宜用消石矣。消石用化金銀及七十二石，朴消用治皮入藥，去積熱，本經主治傳寫顛倒，《綱目》辨《别録》誤，列《土宿》於朴消而未正本經之誤。今人治冷癖，服爆竹中藥輒效，則消石屬火之證也。

消石合硫黄，内竹筩，漆封，土中埋之，即成爲水。淮南《三十六水法》。

治消石成水，以硝與石硫黄液同入釜中，氣水相得消息收取。《丹房秘訣》。

嶽雲謹案，淮南子治雄黄，内生竹筩中，一斤取加消石二兩，覆薦上下，封以漆膏丸，内醋大醋中，埋之深三尺，二十日即化爲水也，云云。其用雄黄，因雄黄内含硫質。

附趙南仲丞相溧湯私第作圈，豢四虎於火藥庫之側。一日，焙藥火作，衆砲倏發，聲如雷霆，地動屋傾，四虎悉斃。時盛傳以爲駭異。至元庚辰歲，維揚砲庫之變爲尤酷。蓋初焉製造皆南人，囊橐爲奸，遂盡易北人，而不諳藥性，碾硫之際光燄倏起，既而延燎火槍，奮迅如驚蛇，方玩以爲笑，未幾透入砲房，諸砲併發，大聲如山崩海嘯，傾城駭恐，以爲急兵至矣，倉皇莫知所爲。遠至百里外，屋瓦皆震，號火四舉，諸軍皆戒嚴，紛擾凡一晝夜。事定按視，則守兵百人皆糜碎無餘，楹棟悉寸裂，或爲砲風扇至十餘里外，平地皆成坑谷，至深丈餘，四比居民二百餘家悉罹奇禍。此亦非常之變也。《癸辛雜識》。

嶽雲謹案，硝、磺、炭之和合，自古知之，但用之於烟火花砲。邱瓊山《火藥議》：宋太祖時有火箭，真宗時始有火毬之名。

霹靂礮，蓋以紙爲之，而實以石灰、硫黄。礮自空而下墜水中，硫黄得水而火自跳出，其聲如雷，紙裂而石灰散爲烟霧，眯其人馬之目，遂壓虜舟，人馬皆溺，大敗之。楊誠齋《海鰌船賦序》。

火礮，鐵罐盛藥，以火點之。砲舉火發，其聲如雷，聞百里外。所爇圍半畝以上火點著鐵甲皆透。《金史·赤盞合喜傳》。

宋咸平三年，唐福獻新製火毬火鎗。《羣書考索》。

蒺藜火毬，三稜六首鐵刀外團火藥，中貫長繩放之。霹靂火毬，用竹兩三節，存節，用薄瓷或錢三十斤和藥，裹竹爲毬，兩頭留竹寸許，毬外加傳藥。鐵火鷂，竹身鐵嘴，束稈爲尾，入火藥。竹火鷂，竹爲疏籠，大腹狹口，糊紙入火藥束草爲尾。《事物紺珠》。

嶽雲謹案，以上各條，可考火器之初制。

火器則虎邱之爆仗，一枚四人舁之。王穉登《吴社編》。

閩中有烟火名秦皇辮者，以火砲及各花、地鼠、水鼠等筒聯成串，凡數百，相間之。令一人提而逐一放落迸散，其製甚奇。《月令廣義》。

燕城烟火諸製，有聲者曰響砲，高起者曰起火。起火中，帶砲連聲者曰三級浪。不響不起旋繞地上者，曰地老鼠。築打有虛實，分兩有多寡。有花草人物等形者，名花兒，百餘種，別以泥函者曰砂碢，兒以紙函者曰花筒，以筐函曰花盆，統名曰烟火。勳戚家有集百巧爲一架，分四門次第傳爇，通宵以爲樂。《宛署雜紀》。

嶽雲謹案，《古秘苑》載有合藥法，如萬壽花，硝一兩，硫二錢半，煤二錢半，樁木炭九分，中鐵子八錢。流星，硝一兩，炭三錢，發藥同前。金菊，硝一兩，硫三錢半，煤二錢。起輪，兩頭金菊，中間流星。全章，硝一兩，炭四錢，硫二錢半，鐵子八錢。水鼠，硝一兩，硫二錢半，炭七分。地鼠，一段前藥，一段流星。硝一兩，硫二錢，炭七分，中鐵子四錢。五丈龍硝一兩，硫三錢，炭二錢半，棉子六錢，大鐵子二錢。等。又聞人言白火，加雄黄或加樟腦，白酒。藍火，硝加銅末。緑火，硝加緑礬。紅火，硝加鐵屑，骨角屑。黄火，朴硝及鹻。皆有法度，不能盡載。

又案，烟火初起在唐以前，今略舉後來名目，以備一類。

已上形性功用。

又《非金類》 硫

石硫黄，生東海牧牛山谷中，及太行、河西，山礬石液也。《名醫别録》。

石硫，赤理如石者，生山石間。《名醫别録》。

此即硫黄之多赤者，名石亭脂，而近世通呼硫黄爲石亭脂，亦未考此也。《本草綱目》。

石硫青，生武都山石間，青白色，故名。《名醫别録》。

此硫黄之多青色者。《本草綱目》。

嶽雲謹案，凡金類皆能合硫，故五色具備。硫赤、硫青，特舉可以煉硫者耳，此類爲石硫黄。

水硫黄，出資、榮州山澗中。秋潦已收，里人布茅水上，流沫擁聚，取而熬之，復投於水則成，號真珠黄，以淺黄色者爲上，其用次海舶所來者。宋祁《益部方物志》。

又有一種水硫黄，出廣南及資州，溪澗水中流出，以茅收取，熬出號真珠黄，氣腥臭，止入瘡藥，亦可煎煉成汁，以模寫作器，亦如鵝子黄色。蘇頌《本草》。

嶽雲謹案，西書言，硫熱至五百度，傾入冷水結爲樓色之定質，柔韌而能伸縮，同於象皮，可捏爲範模，以印他物之形，少待漸漸發熱而變黄色，仍復原形。是中國固知之矣。此類爲水硫黄。

余訊大塘之出硫黄處土人，指在南峽中。乃從橋南下流涉溪而西，隨西山南行。時風雨大，至田塍滑隘，余躑躅南行半里得徑，又南一里，則西山南迸，有峽，東注大溪，遥望峽中蒸騰之氣，東西數處鬱然勃發，如濃煙捲霧，東瀕大溪，西貫山峽。先趨其近溪煙勢獨大者，則一池大四五畝，中窪如釜，水貯於中，止及其半。其色渾白，從下沸騰，作滚湧之狀，而勢更厲，沸泡大如彈丸，百枚齊躍而有聲，其中高且尺餘，亦異觀也。時雨勢亦甚大，持傘觀其上，不敢以身試也。其東大溪從南下環山南，而西合於大盈。西峽小溪從熱池南東注大溪，小溪流水中亦有氣勃勃，而池中之水則止而不流，與溪無與也。溯小溪西上半里，坡間煙勢更大。見石坡平突東北開一穴如仰口而張其上齶，其中下綰如喉，水與氣從中噴出，如有爐橐鼓風煽焰於下。水一沸躍，一停伏，作呼吸狀躍出之勢，風水交迫噴若發機聲如吼虎，其高數尺，墜澗下流，猶熱若探湯。或躍時風從中捲水輒旁射攬，人於數尺外飛沫猶爍人面也。余欲俯窺喉中，爲水所射不得近。其齦齶之上，則硫黄環染之。其東數步，鑿池引水，上覆一小茅，中置桶養硝。想有磺之地，即有硝也。又北上坡百步，坡間煙勢復大，環崖之下平沙一圍中有孔數百，沸水叢躍，亦如數十人鼓煽於其下者，似有人力引水環沙四圍。其水雖小而熱，四旁之沙亦熱，久立不能停足也。其上煙湧處雖多，而勢皆不及此三者。有人將沙圓堆如覆釜，亦引小水四週之。雖有小氣，而沙不熱，以傘柄戳入深一二尺，其中沙有黄色，而亦無熱氣從戳孔出。此皆人之釀磺者。《徐霞客遊記》。

越峻阪五六值大溪，溪廣四五丈，水潺潺嵬石間，與石皆作藍靛色。導人謂此水源出流穴，下是沸泉也。余以一指試之猶熱甚。扶杖躡嵬石渡，更進二三里，林木忽斷，始見前山。又陟一小嶺，覺履底漸熱，視草色萎黄無生意，望前山半麓白氣縷縷，如山雲乍吐，摇曳青嶂間。導人指曰，是硫穴也。風至，硫氣甚惡。更進半里，草木不生，地熱如炙。左右兩山多巨石，爲硫氣所觸，剥蝕如粉。

白氣五十餘道，皆從地底騰激而出，沸珠噴溅，出地尺許。余攬衣即穴旁視之，聞怒雷震蕩地底，而驚濤與沸鼎聲間之地，復岌岌欲動，令人心悸。蓋周廣百畝間，實一大沸鑊，余身乃行鑊蓋上，所賴以不陷者，熱氣鼓之耳。右旁巨石間一穴獨大，思巨石無陷理，乃即石俯瞰之穴中，毒焰撲人，目不能視，觸腦欲裂，急退百步乃止。左旁一溪，聲如倒峽，即沸泉所出源也。還就深林小憩，循舊路返，衣染硫氣，累日不散。郁永和《采硫日記》。

凡產石硫黃之處，必有溫泉，作硫黃氣。《本草綱目》。

下有石硫黃者，發爲溫泉，在在有之。又有共出一峰，半溫半冷者，亦在在有之。皆非食品。《煮泉小品》。

浪穹東城外五里有溫泉焉，乃昆明海洱之委也。周圍三四里許，泉底產硫黃，水熱如湯。投以雞蛋，可熟。中流峙一平岩名九氣臺，中空而旁穴，穴凡九。溫泉注其內，其氣薰蒸上浮於石，沾濡流浹如垂乳然。積時既久，質漸堅，色甚瑩白。曆數百餘年，其色灰蒼，堆聚岩下，磈碕玲瓏，與巧石相似。土人鑿取之，以爲藥。蓋硫黃泉之熱氣所結，質最輕清，故功効遠過於石硫黃也。劉煥章《天生磺紀略》。

嶽雲謹案，書言有溫泉處必有硫黃。《天工開物》言，今東海廣南產硫黃處，又無溫泉。此因溫泉水氣似硫黃，故意度言之。其説殊誤，蓋溫泉久久亦漸滅也。

又案，此類中國謂之土硫黃，火熄後山水猶溫，人因蓄之爲溫泉。其相近有硫，固宜。水既含硫，流出至遠，隨在凝結。人取之，謂爲水硫黃，其實一也。惟石硫黃則異。

已上出產。

凡燒硫黃石，與煤礦石同形。掘取其石，用煤炭餅包裹叢架，外築土作爐，炭與石皆載千斤於內。爐上用燒硫舊滓罨蓋，中頂隆起，透一圓孔，其中火力到時，孔內透出黃焰金光。先教陶家燒一盋盂，其盂當中隆起，邊弦捲成魚袋樣，覆於孔上。石精感受火神化出黃光飛走，遇盂掩住不能上飛，則化成汁液靠著盂底，其液流入弦袋之中。其弦又透小眼，流入冷道灰槽小池，則凝結而成硫黃矣。《天工開物》。

嶽雲謹案，此取含硫之石煉燒，乃正取硫之法。

其炭煤礦石燒取皂礬者，當其黃光上起時，仍用此法罨蓋，以取硫黃。得硫一斤，則減去皂礬三十餘斤。其礬精華已結硫黃，則枯滓遂爲棄物。《天工開物》。

嶽雲謹案，此從青礬中取硫也。《別録》所云礬石液，正指此種。《別録》：礬石下云，生河西山谷及隴西武都石門，采無時。能使鐵爲銅。能使鐵爲銅者，膽礬也。膽礬係銅養硫養之質。然則亦從膽礬取之。青礬，係鐵養硫養之質，西人用以煅取硫强水，烏知中國古法即於是取硫耶。枯滓是鐵養，並非棄物，宋應星所未知。白礬亦可用，故書云硫是礬之液。

土黃黑不一色，質沈重，有光芒，以指燃之，颯颯有聲者佳，反是則劣。煉法，搥碎如粉，日爆極乾，鑊中先入油十餘斤，徐入乾土，以大竹爲十字架，兩人各持一端攪之。土中硫得油自出，油土相融，又頻頻加土、加油。至於滿鑊，約入土八九百斤，油則視土之優劣爲多寡。工人時以鐵鍬取汁瀝，突旁察之，過則添土，不及則增油。油過、不及，皆能損硫。土既優，用油適當，一鑊可得凈硫四五百斤，否或一二百斤，乃至數十斤。關鍵處雖在油，而工人視火候，似亦有微權也。《采硫日記》。

嶽雲謹案，此硫與土雜，分取其硫之法。

凡用硫黃，入丸散用，須以蘿蔔剜空，入硫在內，合定，稍糠火煨熟，去其臭氣。以紫背浮萍同煮過，消其火毒。以皂莢湯淘之，去其黑漿。一法，打碎以絹袋盛，用無灰酒煮三復時用。《本草綱目》。

嶽雲謹案，此提令極净之法。

已上煉治。

酸溫。《神農本經》。

曾青爲之使，畏朴消鐵醋。《本草綱目》。

硫是礬之液，礬是鐵之精，慈石是鐵之母，故鐵砂、慈石制入硫黃，立成紫粉。《本草綱目》。

硫能乾汞，見五金而黑，得水銀則色赤也。《丹房鑑源》。

已上形性。

舊藤器，以硫黃燒煙薰之則白。《古秘苑》。

紅色花，以硫煙薰之則白。《花鏡》。

嶽雲謹案，西書言，硫黃燒於空氣中則成硫養氣，以薰物質，色即大白，此中國舊法也。用處極多，不止薰藤器。蒸餅店亦用之。

消石能化硫爲水，以竹筒盛硫，埋馬糞中一月，亦成水，名硫黃液。《本草綱目》。

嶽雲謹案，《别録》所云礬液，即西人燒青礬爲硫强水之法，惟硫强水質爲硫養，古人燒取，係以煤與青礬夾層燒之，其三分養氣化分而爲炭養氣，故只餘硫西人但藉之以燒强水，而不以取硫，以硫礦多故也。若以燒硫配硝强水，令增養氣一分劑，亦中國所知此條是也。本經硫下言能化金銀銅鐵奇物，正是硫强水功用。蓋乾硫原不能有變化，而硫又不能消化於水，其爲專指强水無疑也。

《務成子丹法》用巴沙汞置八寸銅盤中，以土爐盛炭，倚三隅塹以支盤，以硫黄水灌之，常令如泥，百日，服之不死。《抱朴子》。

嶽雲謹案，硫黄水即今硫强水，西人所謂硫養水也。《抱朴子》又有雲母水、曾青水、雄黄水，又云三十六石立化爲水，消玉爲飴，漬金爲漿，則硝强水、鹽强水之屬，均在其中矣。後世恆以白礬、皮消代硫强，硝石代硝强，鹽代鹽强，其用正同，但力差薄。

用太極玄珠盆置瓦鍋上，鍋内安硫黄、硝石等，鹽泥固濟訖，用炭火燒之，真氣透頂，入盆中水。俟氣盡，取水用。《紫微真人真炁經》。

嶽雲謹案，太極玄珠盆，丹家收取氣質之盆，諸書多不言其制。余從丹家求得之。乃瓦盆中間隆起，四周邊均上捲，略如今之官帽形，居中有孔。此鉛盆上又覆一盆，與前同，四周邊均下捲。兩盆上下捲邊相切，以六一泥塗之。時時以水漬上盆，則氣自凝縮入下盆水中。此正製强水之法，西人化學大抵全出於丹家也。

已上功用。

通靈玉粉散，用硫黄半斤，桑柴灰五斗淋取汁，煮三復時，以鐵匙炒於火上，試之伏火即止。候乾，以大火煅之。如未伏，更煮，以伏爲度。煅了研末，穿地坑一尺二寸，投水於中，待水清，取和硫末，坩鍋内煎如膏，鐵鏟抄出細研，飯丸麻子大。《玉函經》。

嶽雲謹案，此所得質鉀養硫養珠也，惟不甚净。西人書有鈉養硫養，而無鉀養硫養，然鉀鈉形性多同，凡鈉雜質皆鉀雜質所有，則亦非二物矣。

已上硫雜質。

《清會典事例》卷六八六　工部

軍火鑄礮，火藥。

鑄礮

天聰五年，鑄大礮成，欽定名號爲天佑助威大將軍。　崇德七年，遣官往錦州監造大礮，欽定名號爲神威大將軍。鑄以銅，前弇後豐，底少斂。長八尺五寸，隆起四道，重三千八百斤。用藥五斤，鐵子十斤，礮車全。　康熙十四年，鑄造大礮八十位，各長七尺三寸，口徑四寸九分，膛口徑二寸七分，底徑六寸七分。鐵彈重三斤，用火藥一斤八兩，礮車全。　十五年，鑄造大礮五十二位，欽定名號爲神威無敵大將軍，内重二千二百七十四斤。銅礮八位，各長七尺七寸，口徑一尺，膛口三寸七分，底徑一尺二寸。鐵彈重八斤，用火藥四斤，重一千六百十有三斤。銅礮二十四位，各長七尺六寸，口徑八寸五分，膛口三寸三分，底徑一尺一寸。鐵彈重六斤，用火藥三斤。木鑲大礮二十位，各重八百十有七斤，制同上。礮車均全。　十九年，造鋄金龍礮八位，各長五尺七寸，重一百五十斤至三百斤，鉛子重十有三兩至十有四兩。　二十年，造銅礮二百四十位，欽定名號爲神威將軍，各重三百九十斤。長六尺六寸，火門後徑五寸七分，口徑三寸二分。合膛鉛子重十有八兩，用火藥八兩，中的至一百弓。用火藥九兩，中的至百五十弓。口箍之上立星表，與甲乙線相等，礮車全。　是年聖祖仁皇帝平定吴逆，獲其所製渾銅礮，藏之武庫，以備軍行之用。礮鑄以銅，前弇後微豐，底如覆笠，重自一千二百斤至二千一百斤，長自六尺至六尺一寸，隆起九道，旁爲雙耳，受藥自一斤十二兩至二斤八兩，鐵子自三斤八兩至五斤，礮車全。　二十一年，聖祖仁皇帝平定臺灣，獲其所製礮。鑄以銅，前弇後微豐，口形如鉢。重自三百斤至七千斤，長自四尺三寸至一丈二寸，隆起十道。中爲龍文雙鈕，可貫繩懸之。用藥自一斤一兩至十斤，鐵子自二斤二兩至二十斤。礮車全。　二十四年，造鐵心銅礮八十五位，各長五尺二寸，重百斤至百二十斤，鉛子重四兩五錢至五兩。鐵奇礮一位，長五尺六寸，重三十三斤，鉛子重二兩五錢。　二十五年，造鋄金龍礮一位，長四尺五寸，重八斤，鉛子重五兩二錢。　二十六年，鑄礮五位，欽定名號爲威遠將軍。即衝天礮。各長二尺一寸，重二百八十五斤至三百三十斤，生鐵彈重二三十斤，大如瓜，中虚仰穴，兩耳鐵環。其法，先置火藥於鐵彈内，次用螺螄轉木纏火藥撚，裹以朝鮮貢紙，插入竹筩，入於彈内，下留藥撚一二寸，以達火藥。上留藥撚六七寸於彈外，餘空處亦塞滿火藥，以鐵片蓋穴口。外用蠟封固，於小膛底下火藥間以木馬，加土寸許，乃安鐵彈於大膛。又加潮土數寸以隔火。如放二百步至二百五十步，用藥一斤。三百步增二兩。如放二、三里，用藥三斤。火門施烘藥，次以礮尺高低度數定放之遠近，其最遠在礮尺四十五度。本度上下若干，即減遠若干。臨時施放，先點彈口火藥撚，再速點火門烘藥。　二十八年，

造大礮六十一位，欽定名號爲武成永固大將軍，重自三千六百斤至六七千斤，長自九尺七寸五分至一丈二尺，膛口自三寸八分至四寸九分，用鐵彈自十斤至二十斤，火藥自五斤至十斤，鐵軸礮車均全。又改造木鑲礮八十位，欽定名號爲神功將軍，各重千斤，長七尺一寸，膛口二寸七分，用鐵彈三斤八兩，火藥一斤十二兩，礮車全。　二十九年，造鐵子母礮二百有二位，各長五尺五寸，重八十斤至百斤，鉛子重四兩至六兩。銅衝天礮八位，各長二尺三寸，重五百六十斤，生鐵彈重三十斤。　三十四年，造銅礮四十八位，欽定名號爲制勝將軍。內四十六位，各重五百斤，長五尺一寸，膛口二寸四分，用鐵彈三斤，火藥一斤八兩。重三百六十斤者二，各長五尺，用鐵彈二斤，火藥一斤。　五十七年，造威遠將軍銅礮十位，各長三尺一寸，重一百七十餘斤，鉛子重十有九兩。　五十八年，造威遠將軍銅礮十有六位，各長三尺，重一百四十斤，鉛子重十有五兩。　六十年，造鐵子母礮六位，各長五尺，重百斤，鉛子重五兩。鐵虎尾礮二位，各長三尺，重二十七斤，鉛子重二兩。　雍正五年，造威遠將軍鐵礮十位，各長一尺七寸七分，重四十五斤，鉛子重二十八兩，用火藥十有四兩。鋄金子母鐵礮十有七位，重四十八斤者六，各長五尺二寸，鉛子重四兩，用火藥二兩。重四十斤者一，長五尺五寸，鉛子重二兩六錢，用火藥一兩三錢。重三十六斤者十，各長五尺五分，鉛子重二兩五六錢，用火藥一兩三錢。鋄銀子母鐵礮十有四位，重四十八斤者十，重三十六斤者四。子母鐵礮三位，重四十八斤者一，重三十六斤者二，尺寸鉛藥均與鋄金鐵礮同。　乾隆十三年，高宗純皇帝平定金川，製九節十成礮，鑄以銅，前後若一，前分九節，後加底，各有螺旋，以便分負涉險，用時合成。重自七百九十斤至七百九十八斤，長自五尺一寸至六尺九寸，底環螭三，每節飾獸面三，分鐫重若干，用藥自一斤四兩至一斤八兩，鐵子二斤八兩。載以四輪車，通髹朱，軫平，施輪處稍闊，長六尺一寸，中加立木半規以承礮。立木左右爲鐵柱夾礮，右柱長倍左，曲向前，加立表以爲準，板輪不施輻。　二十四年，高宗純皇帝平定西域，得回礮，鑄以鐵，前弇後豐，長五尺，隆起七道。素鐵火機，下屬於鞍，木質蒙以革，橐駝負之。遐方異製，克助膚功。命藏於紫光閣，以紀武成。　嘉慶五年，造鐵子母礮五十五。每礮一位，身長五尺六寸。子礮五個，每個長八寸五分，膛口均徑一寸。每子礮一位，隨插捎、朝天鐙等什件一分，各共重一百五十斤有零。鉛子重三兩，用火藥一兩五錢，烘藥二分，火繩二寸。

火藥

順治初年，工部設濯靈廠，委官製火藥，特命大臣督之。廠設石碾二百盤，每盤置藥三十斤爲一臺。每臺碾三日者，以備軍需。碾一日者，以備演放鎗礮。豫貯軍需火藥，以三十萬斤爲率，隨用隨備。　又定八旗試演鎗礮，及盛京各駐防等處每歲操演需用火藥，硫黃於西什庫支取，硝令直隸、山東、山西、河南四省辦解，部委官監製。存貯蕩氛廠，取用時赴廠給發，完日酌量造備。　又定，內務府取用硝黃，於西什庫支給。藥線及催藥，由部發工料造給。　又定，內務府取用鳥鎗鉛子噴砂，照來文給發工料造給。　康熙二年議准，各省軍需火藥、彈子等項，遇有征勦，准其動用開銷。駐防官兵以時操演，亦准支給。　三十一年題准，八旗試演鎗礮火藥，移濯靈廠收貯取用。　又題准，濯靈廠每歲造演放火藥二十餘萬斤，烘藥二三千斤，外備貯軍需火藥三十萬斤，烘藥四千斤。如逢運用之年，隨時補造足額。揀委司官一人經理，豫領錢糧督匠辦造。　雍正二年奏准，軍需火藥存貯已過十年者，許改作演放火藥，陸續取用。其額貯之數，即行補造。　三年，特命大臣管理火藥事務，覈定價值。軍需火藥每斤工料銀二分六釐，演放火藥每斤銀一分八釐，烘藥均每斤銀一錢五分。　十年奏准，直隸、山東、山西、河南每省每次取硝各十有五萬斤，解部應用。直隸、山東、河南題銷工運價值，每斤銀二分五釐至二分八九釐不等。山西一省，每斤題銷銀五分六釐，較之三省價值懸殊。緣山路崎嶇，雇騾馱運，不能照直隸等省覈給。且所解之硝成色亦不及三省，應將山西例解之硝停其辦運，令直隸、山東、河南各增辦五萬斤，解部應用。　十二年，奉旨：八旗操演，營兵等演放鳥鎗，所需鉛子均不拾回，徒然拋棄。外省兵丁演放鉛子，既有拾回之例，京城所放鉛子作何拾取之處，著八旗並操演營火器營大臣等會議具奏。欽此。遵旨議定：嗣後京師兵丁演放鳥鎗之鉛子，各旗委官兵用心拾取。務將實得數目，註册收貯。俟歲終，各營將每月由部領回鉛子數目，並各營各旗每月拾回數目，合算分數稟奏，交納工部。儻有不肖兵丁苟且塞責，拾取無幾，或希圖較多私行增買等情，查出將該管官題參。　乾隆六年議准：湘鄉、安化二縣，於乾隆二年開採煤礦，各廠今解庫硫黃外，尚存十二萬斤零，銷售曠日。請將有黃煤廠暫行封閉，俟現存硫黃銷完後，再行開採。至湘、安二縣原各設主簿一員，仍請存留稽查偷採。七年議准：粵省貯備三年火藥，現據委員運回西硝，與陽山縣收買民硝并新爐煎辦。業經足數，應將新爐停止。惟舊爐二十座，須赴鄰郡買運供煎，需費較

繁，請每百斤增給價銀二錢。并陽山縣挑運硝泥脚價，亦一體加給。再增城縣舊爐，現亦採辦甚難，應仍收買陽山縣民硝以充營匠之用。　又奏准：每逢碾造軍需火藥，完日奏請欽點大臣驗看，如果合式，准其貯庫備用。　八年議准：兵丁需用鉛斤，向例每百斤准銷價銀三兩五錢。浙省向不產鉛，又兼商販稀少，若照原定部價，承辦之員實多賠累。請將各營需用鉛斤，預備三年之數，每百斤於公項支價銀四兩八錢，委員赴楚、黔產鉛地方採買，運回分給應用。　九年議准：東省產硝之區，實止德州、東平、聊城、博興、荷澤五處，其餘概不產硝。祇因辦硝之款列於地丁項下，從前通省州縣派定數目，俱令採買，以致不產硝之州縣，俱差役遠赴出產地方購買，又復運至省城交收，有遠隔七八百里及千餘里者。州縣養廉有限，力不能賠，難保無暗中轉派里民之弊。請照直隸採辦香斤顏料之例，委員赴產硝處採買，如法煎熬，解省驗明，即令採買之員運交工部。其不產硝之州縣，概免匀派。再直隸、河南事同一例，亦應各按產硝地方，委員就近採買，無致派累。　又議准：硝黄嚴禁私販。地方殷實之家，願開官硝店者，如官鹽店之例，報官准開。貧民零賣硝斤，聽照時價收買，并設印簿逐日登填，月底送州縣查覈，令該撫嚴飭地方官，務令店户按照時價，不得短價收買。遇採辦官硝及本地匠鋪需用，須驗明印批始行發賣，併嚴禁胥役毋得需索。歲底將各店户收發價值及硝斤數目，逐一開明，出具並無偷漏甘結詳報。仍嚴飭文武員弁實力稽查，無致私販出境。　十年議准：陝西同官縣陳爐鎮等處煤井，兼產黄渣，除煤井仍聽民自行開採外，其黄渣令經紀自出工本煎熬。各營并各州縣行户需用硫黄，稟官給與印照售買。經紀所領司帖，每年輸税銀一兩。私售者，照例治罪，地方官分别叅處。　十三年議准：琉球國額貢硫黄一萬二千六百斤外，夷目水手多帶餘黄，向有姦商代售。飭該夷使據實報出，官爲收買。查閩省各標協營操演火藥，每年以貢黄撥用。遇有不敷，往臺郡淡水雞籠地方，開採黄泥。淡水番民雜處，黄廠一開，恐聚匪滋事，若收買琉球餘黄，免至淡水開採，海區更爲嚴密。　又議准：粵東用硝不敷，請於南海、順德二縣試採，俟足補還挪項及各營操演之用，即將原採之增城等四邑内酌停二處。　至招商承辦，恐致透漏，應令官辦。　十六年議准：長沙府屬湘鄉、安化二縣，黄煤雜礦，自乾隆十二年開採以來，計發過公項銀四千四百八十九兩零，除所收黄變價外，尚餘六萬八千三百斤，可供數年之用。應暫封閉，俟銷售完日復開。　十七年議准：古州各苗寨出産地硝，未便棄爲苗人所有。應官給價值，收買煎熬，以供古州鎮屬三營，及朗洞下江等營之用。　十八年奏准：自十四年辦造演放火藥三十萬斤，又於本年換出貯久軍需火藥三十萬斤，作爲演放火藥，並舊存演放火藥四十一萬一千四百四十八斤十三兩有奇，共火藥一百一萬一千四百四十八斤十三兩有奇。每歲春秋二季，給發盛京、綏遠、城右衛、熱河，及健鋭營八旗操演鎗礮，共發過演放火藥一百萬一千七百六十六斤十五兩有奇，僅存九千六百八十一斤十四兩有奇。向例庫貯演放火藥，除足支本年應用外，多貯三四十萬斤。今因軍需火藥未得碾造，所存無幾，應製造演放火藥四十五萬斤，烘藥六千斤，以備應用。計火藥每萬斤，用硝八千斤，硫黄一千五斤十兩，廣膠六斤四兩。烘藥每百斤，用硝八十三斤十兩八錢，硫黄十有四斤七兩五錢。均移西什庫照數給發，仍委官監秤。廣膠，行文户部支領，部給工價銀四千五十兩，錢四千五十串。　二十年奏准：川省需硝，向在重慶設局，於川東所屬南川、彭水、酉陽三廠採辦，但南、彭二廠洞老土淡，酉陽所產甚微，江油縣有硝洞八，無礙田廬，請行開採。　二十四年諭：德文奏稱，庫車附近出產硝黄，可以採取配合，給與臺站卡座官兵。其舊存火藥，加意照看收貯備用等語。庫車附近既產硝黄，較之内地運送，更屬近便。看來阿克蘇等處，或有出產，亦未可定。傳諭舒赫德、楊應琚，留心查勘採取，以備軍需。　二十六年諭：楊應琚奏稱，現在庫貯硝黄不敷各營需用，而邊外無硝黄處所，又復咨取等語，從前軍需硝黄，俱取之庫車等處，並不專藉内地。嗣後火藥，各宜查訪出產硝黄之區，採辦使用，不必取之内地。即間有一二不產硝黄處所，亦宜有附近地方取用，庶可省内地輓運之力。將此通諭各處遵行。　又議准：皐蘭縣屬騷狐泉黄廠，久經封閉，現在各標營火藥不敷，查該廠黄砂旺盛，仍招商開採。　又題准：粵東歲需硫黄，前奏准在英德縣屬猫爾峽等處開採，二十一年採畢封黄。今將次用完，請照前開採。　二十八年議准：湖南湘鄉、安化二縣所產硫黄，官爲收買。除營中歲需火藥外，積存八萬四千餘斤。應令鄰省赴買流通，並請於出硝時，咨鄰省買運，民間自無私硝。　二十九年奏准：火藥局辦造演放火藥，每萬斤例給工價銀一百六十兩，銀錢各半支給，每錢一串作銀一兩，其少有所餘，作爲在局官吏人等公費之用。查庫存火藥共止有三十餘萬斤，僅敷乙酉年各處支用，請製造演放火藥三十萬斤，以備領用。所需硝黄、廣膠等項，由部照例辦給，其應領工價銀二千四百兩，錢二千四百串，計可節省銀一千二百兩。若照向例全行支領，俟辦造完竣，又繳還節省銀兩。莫若僅領銀一千二百兩，錢二千四百串，足可敷

用。又奏准：江南豐沛蕭碭邳等州縣，及鳳潁二府各屬，俱有產硝之處，請如湖南設廠官收，轉供營匠需用。如有窩屯私販，地保不報，一體治罪。並令地方官於要隘處設役輪巡。惟近因產薄價昂，請令產硝州縣動支公項，照時價收買。試行一二年，酌中定價。再產硝既屬無多，難令鄰省採辦，又浙江所購楚黃，不及西黃成色，脚價亦較多費，請仍其舊。三十年奏准：浙省製造各營火藥，及官匠傾銀火硝，每年赴豫、江二省，採辦硝三十六萬斤。近年豫、江二省產硝稀少，委員赴買，俱未足額。除運回先供各營應用，而銀匠領鎔之硝，每致等待需時。經司道會詳，以官匠每年傾鎔餉銀，約需淨硝三萬八千斤，請令誠實官匠，備價隨同委員購買，先行運回濟用。硝斤抵浙，委員秤驗，即在原額三十六萬斤數內扣算，不許額外多買。查司道各庫餉銀，例應按卯傾兑，需用硝斤難以遲緩，今令官匠自行備價赴買運回，應於在省同知通判內派委一員監督，及時鎔淨，以濟實用。嗣後除營中需給硝斤，仍由杭協設廠監鎔外，其司道庫所需之硝，俱照此隨時派委丞倅辦理。又奏准，各省到豫採買硝斤，原係毛硝，運回本省，另行煎提澄淨，方足配用。所出成色，往往高下不等，委員隨意購買充數，提煉後成色自低，不能敷額，勢必勒賠買補，往返咨詢，徒煩案牘。嗣後責成行户收買，即飭委員督辦，就豫提淨，運費亦節省。如運回不淨，惟該員是問。三十二年奏准：健鋭營、火器營、八旗前鋒護軍營等處操演鎗礮，所需火繩均照內務府三旗護軍之例，每馬鎗一出，取用火繩二寸；步鎗一出，取用火繩一寸。其各直省駐防及標鎮協營，俱照此一律報銷，以昭畫一。三十三年奏准：浙省需用硝斤，向俱附同營硝，由杭州協委員赴江、豫等省採買，嗣因該省產硝稀少，據傾銷餉課之銀匠等，呈請自備資本，隨同營員前往買運濟用，詎各匠自此以後，遂爾居奇壟斷，應請革除官匠，停其自買，仍照舊歸營採辦。三十四年諭：向來硫黃出入海口，俱有例禁，原因黃斤係火藥所需，自不便令其私販。若姦商以內地硫黃偷載出洋，或外來洋船私買內地硫黃載歸者，必當實力盤詰治罪，乃定例於洋船進口時，亦不許其私帶，殊屬無謂。海外硫黃運至內地，並無干礙。遇有壓艙所帶，自可隨時收買備用，於軍資亦屬有益，何必於洋船來時，多此一番詰禁乎？嗣後惟於海船出口時切實稽查，不許仍帶黃斤，以防偷漏之弊，違者照例究治；其各省洋船入口禁止壓帶硫黃之例，概行停止，著爲例。又諭：明德奏，滇省各營備貯火藥需用硝斤，請於廣西太平府辦運淨硝二十萬斤，由水路運至滇省剥隘地方，委員接收。其所需脚價，俟廣西覈實移咨，照例於各營公糧內扣除。解送廣西歸款等語，硝斤爲軍營要需，自應速爲儲備，著傳諭吕兆麟等，上緊飭屬如數採辦，併即速遴員妥協解送，毋得遲滯。四十年議准：閩浙總督疏稱，各營操演併傾銷糧餉，需硝十四萬九千八百斤，委員赴山東省採買。又奏准：湘鄉、安化二縣開採硫黃，存積充裕，請將該二縣硫黃封禁。四十一年奏准：兩廣存貯火藥，俱經按照定例，廣東豫備三年，廣西豫備二年，而鎗兵間有裁減，遞年支用，已與原存數目長短不齊。廣東省原定每兵一名，每年火藥七斤八兩，本屬寬裕，即有兵多藥少之處，自可撙節通融。惟廣西向隸雲貴，原定章程與廣東互異，歲給鎗兵火藥，亦多寡懸殊。今查各營實支數目，與原額多至千餘斤及一二萬斤不等。額貯既有多餘，出易即不能如限。今酌令東西兩省，一律豫備三年，以乾隆四十一年爲始。各營火藥暫停造補，俟動支額貯正數之日，再照實支數目，出陳易新，逐年造補。四十二年奏准：火藥爲營中利器，所關甚鉅。滇省歷來辦理，聽各營自向驛道衙門請票，徑赴各州縣採挖，地方官因係營員承辦，雖有督煎之名，其實並不過問，煎熬數目既不報覈，挑運經由亦無盤查。其間採多報少，販賣走私，難保其必無。至配用支銷，亦不按依演鎗次數，覈定需藥若干，以致各營配製參差不齊，因之年久備貯外尚有陳積。查廣東黃山係題明招商開採，採足即封。其硝斤亦皆地方官招商煎辦，歲有定額，與硫黃並解省局。各營請買時，報明總督衙門，行藩司給照，赴局領買，彙價歸款經過汛口查覈。此外花礮鋪匠，並酌定額數，赴司領照買用。即鎗兵每名每月演放幾次，每次演放幾出，用藥若干，加以合操與演放礮位，皆各有一定之數。如緬寧騰越等處，逼近緬地，自應永行封禁，交地方官嚴密稽查。其出產硝黃處所，令該地方官會營勘明結報，招商承辦，就各營需數採備數年，即行封閉。俟用完請開，設立省局，驗收支放，給照查覈。再黔省各營支放火藥，倣照滇省畫一辦理。四十三年奏准：盛京、黑龍江等處所需火藥、鉛子，在於本處製造，按照時價採買，節省辦理。四十五年奏准：盛京每年應用火藥、烘藥一萬二千餘斤，黑龍江每年應用一萬餘斤。向例黑龍江需用火藥，自盛京動用驛車，由吉林遞送。今吉林既自配造，似可就近運往，但吉林所出之硝，不敷兩省之用，且黃、鉛等項，仍由盛京採辦，不如將黑龍江火藥歸併盛京配造，照例解往。至盛京現貯火藥三萬一千五百餘斤，除盛京、黑龍江二處，本年應用尚屬有餘。惟查盛京礮位八門，應備存火藥一萬二千餘斤，烘藥一百二十斤，此內尚短火藥三千六百餘斤，烘藥一百一十餘斤。今於本年春季添造足數外，仍配造二

年火藥貯庫，嗣後按年配造，出陳易新，則常有二年火藥備用。其添演鳥鎗需用鉛子，現查工部庫貯，尚足敷東三省九年之用，暫且無庸鑄造。惟礮位需用鐵子，應照礮口分寸，每位酌鑄存二百個。又盛京兵丁每年操演，並不演放礮位，竟同虚設。請選用礮四位，於春秋二季如法演放。其需用鐵子，查將軍衙門舊有存者，先令擇用，俟回殘報銷，另請鎔鑄。四十六年奏准：盛京需用硝、黄，每年由本處購買配製，但本城㻩土無多，不敷採用，如聽市儈販買，殊礙例禁。即由部支領，又致糜費脚價。惟鳳凰城所屬尚堪採挖，請委員雇夫監熬，仍可按年配造。四十九年奏准：甘省營制既多，近又添補額兵，歲需黄斤應寬爲備貯。向於皋蘭縣騷狐泉地方開採，現查黄苗已衰，不敷供用。查玉門縣牛尾山，前經奏明開採，分貯肅州、玉門二處，擬將肅州黄斤撥運三十萬，存貯蘭州。如騷狐泉採黄不敷，即於此内售給。至肅州運缺黄斤，即令在牛尾山招商採買。肅州爲新疆門户，亦可備關外撥用。玉門地方亦屬緊要，皆應備貯寬裕，俟採足停止。五十二年諭：孟生蕙奏請停止劉峩所奏昌平州開採硫黄一摺，内稱該州坐落正當京城乾坎之位，其山即京城北面之屏障，山以虚受，氣以實流，實者削之使虚則甚易，虚者補之復實則甚難等語。所奏已屬迂謬，至摺内復稱安畿輔數百里内之坤輿，葆神京億萬斯年之元氣，則國家幸甚，天下幸甚，措語更屬荒誕。京城外西山、北山一帶，開採煤座及鑿取石塊，自元明以來，迄今數百餘年，取之無盡，用之不竭，從未聞以關係風水設有例禁。豈聞採硫黄，遂致於地脈有礙？即云開設黄廠，恐聚集多人，滋擾地方，則每歲採取煤斤石料，所用人夫不知凡幾，豈皆良善安分之徒，何以並未見有滋生事端之處，乃孟生蕙摺内，妄以坤輿元氣爲辭，並以封閉開採爲天下國家之幸，夫此等重語，在楊繼盛条嚴嵩，楊漣条魏忠賢用之則可，今有其人、有其事乎？明朝科道朋黨惡習，好爲虚詞，激成廷杖爲榮，以致屋社，終無益於國。且開一黄礦，何關緊要，而張大其詞若此！況昌平係前明陵寢所在，若以開挖黄廠有礙昌平風水，隱爲明陵起見，則孟生蕙恐不能當此罪戾。且料伊庸陋之見，未必竟敢如此設想，亦不值加以深究耳。孟生蕙著交部嚴加議處。至昌平州開採硫黄一事，孟生蕙既有此奏，其産黄衰旺情形，應否開採之處，亦宜查勘确實。阿彌達現赴昌平州查看明陵工程，著派蔣賜棨即赴該處，與阿彌達帶同該地方官，親至産黄處所，詳悉履勘。如該處産黄旺盛，自應設廠開採，以資軍火之需。若所産不旺，即行據實奏明，封閉停採，亦不必因有此奏，稍存迴護之見。孟生蕙原摺著擲還。欽此。尋奏勘得黄礦現有黄線三條，鉛線一條，請准依線開採。五十三年諭：黄斤採自山中，如果開採時毫無透漏，則該省民人製造花爆以及打取牲畜配用火藥，又從何而來？即此次賊人鎗礮内所用火藥不少，豈盡由搶奪所得？可見開採黄山雖派員駐劄，仍不能保無透漏。此事惟在該督撫等平日嚴加查察，總期先於軍營無虧，即或民間鋪户之所需不能悉行禁絶，亦當防其太甚。至臺灣地方向産黄斤，前據逆匪林爽文供稱，將牆上年久石灰煎熬成硝，在北路生番山裏私换硫黄，配作火藥等語，生番山裏既産硫黄，則姦民不但可以向其私换，或幫同偷採亦未可定。現據福康安奏，將臺灣民間私用鳥鎗撤回燒燬，改鑄農器，而私换硫黄及偷採之弊，尤應嚴切查禁。著傳諭福康安，務飭該地方官嚴密稽察，勿任仍前疎縱。並著李侍堯、徐嗣曾，各於内外時刻留心查察，不得日久生懈，滋弊生事。又福康安奏，軍營存剩火藥鉛彈，現建火藥局，酌留應用，餘俱運回内地。至閩省需用黄斤，查明上杭縣郭車鄉礦産，儘足敷用，已將淡水黄山封閉。奉旨：所辦均爲妥協，即照所奏辦理。其黄斤一項，既查明上杭縣地方所産，已敷各營軍火之用，則臺灣淡水黄山，自不必復行開採。現經福康安等嚴行封禁，但恐該處仍有私行偷採，及官吏等庇縱透漏情事，並責成巡查之將軍督撫一體嚴查。如有似此情弊，即行条奏治罪。五十四年奏准：盛京所需鉛子，向係由部請領，前經奏在本處製造，原爲節省辦理，今該處鉛子價值，每百斤需工本銀十一兩六錢零，較由部請領每百斤多費銀四兩五錢零。請將盛京、黑龍江等處所需鉛子，毋庸在本處製造，仍照舊例由部領用。每届用完時，即將用去及實存數目，分晰造册具題，委員請領，由部照例製造，發交委員領回備用。五十五年諭：火繩一項，甘省係用紙張製造，殊屬非是。鳥鎗最爲軍營利器，而臨時施放，尤藉火繩點引。朕常火鎗中鹿，從不知用紙爲火繩。即向來京師健鋭火器各營，從無用紙火繩放鎗者。蓋緣紙張質地脆薄，易於破損，若用以爲繩，藥多則過火迅速，藥少則又難於點引，且不耐雨水潮濕，是以總用麻繩撚造，從無以紙爲火繩之法。不知甘省何所倣而爲之，竟成笑語。即此以推，可見外省緑營器用，全無實際。且一省如此，恐各省亦皆意圖省便，多有似此者，於軍制殊有關繫。即云藥煮麻斤火繩，貯庫恐致霉黰，不妨將火藥麻繩物料照例豫備足數，臨用時再將藥水薰煮，亦無難立時製辦。夫兵可百年不用，不可一日不備。況鳥鎗尤爲臨陣鋭器，豈可因火繩不堪適用，反致臨時誤事耶！嗣後各省營伍所用火繩，俱著照定制以麻繩妥製，毋許偷换紙張，以利軍行而昭實用。所有各省

營伍，是否俱用紙火繩放鳥鎗之處，著各督撫據實覆奏。並令不時查勘，入於年底彙奏。將此通諭知之。欽此。遵旨議定：各省所需火繩，俱遵定制用麻繩妥爲籌辦。惟兩廣各營所用火繩，向係用榕樹皮九層製造；雲貴各營所用火繩，向係用椰樹榕樹等樹皮製造，准仍照舊例辦理，俱不得偷換紙張，致有貽誤。該督撫等仍不時查勘，於年終報部及軍機處，彙覈辦理。　五十六年奏准：福建上杭縣大巖背山產有黄磺，每歲約得黄五萬斤。閩省歲需黄一萬六千斤，計採兩年，可備六年之用。今自五十二年十一月起，至五十四年十二月止，共收穫十萬斤，業經採煎足數，應行停止封禁。　五十七年奏定：各直省製造火藥、鉛丸、火繩三項，爲軍需緊要之物。所用工料價值，未便聽其浮冒。雖各省物料價值不同，而所需硝、黄、木炭、匠工等項，斤重多寡，自應歸於一致。今查京城製造火藥、鉛丸、火繩，久有成規，施放甚屬利用。應將配造火藥所用硝、黄、木炭、人工等項數目，均照京城做法覈定。其鉛丸一項，如直隸、江蘇、安徽、江西、浙江、河南、山東、廣東、貴州等省所用鉛丸，止准開銷正鉛，均不另開加耗火工。查此數省鉛丸，既可如此撙節辦理，其餘省分亦應一體備辦，不准另開耗鉛火工，以昭畫一。至火繩一項，開銷價值者，不過山東等六省，其直隸、江蘇、江西、河南、浙江、福建、湖北、山西、廣東、廣西、貴州、四川等十餘省，均係兵丁自備。蓋因兵丁常年操演所用火繩，歲有定額，需費無多，與軍需另案不同。各營兵丁除差操外，儘有餘暇，可以自行製備。嗣後山東等六省常年操演所用火繩，應照直隸等省，一體令兵丁自備，以歸節省。儻遇另案軍需動用，令該督撫豫行奏明，均照京城製造藥、鉛、火繩工料辦理。至硝、黄、鉛斤，各省有無出產，情形本有不同，價值自難一律。又各省水陸運程有難易之分、食物貴賤之别，其脚費亦難責令一致。今有在本省採買，並有赴鄰省買運，價值運費，應照向來成案酌中覈定。統計各省有減無增，以歸平允，以重錢糧。其水陸運程里數，令各該督撫，於估銷册内據實造報，工部覈實准銷。如此籌酌覈定，庶各省辦理一律，俱得配造如法，不特兵丁操演得力，而工料錢糧均歸覈實。動用銀款，仍聽户部覈辦。所有京城製造火藥、鉛丸、火繩工料做法，並各省硝、黄、鉛斤價值，及運費銀兩，刊例頒發各省旗營、緑營，一體遵行。　五十九年覆准：哈密庫貯火繩十六萬七千餘丈，未免過多。除現存麻繩七萬七千餘丈外，令該督等詳查每年實需若干，照數添辦，不得多造，以致日久黴朽。　六十年奏准：熱河密雲、山海關等處駐防兵丁操演鎗礮，所需藥、鉛，俱係派委妥員赴部請領。惟綏遠城及右衛兩處，每年應需藥、鉛，俱由部派委筆帖式解至該處收用。辦理未能畫一。嗣後綏遠城及右衛需用藥、鉛，應照熱河等處駐防之例，由該處派委妥員赴部請領。其裝盛油簍等項，仍由部覈給所需驛車門票，及沿途派撥兵丁，兵部照例辦給。　又諭：據伊桑阿奏銷庫車糧餉軍械一摺，内有兵丁演習鳥鎗需用鉛丸。此等演放鳥鎗需用鉛丸，特爲兵丁練習準頭，故例准開銷三分，必實將鉛丸裝入演放，方得準頭。若並未裝入，止放空鎗，仍開銷鉛丸，不但於事無益，反滋侵蝕之弊。著飭交各將軍大臣等，嗣後兵丁演習鳥鎗，務須將鉛丸裝入，毋得空放，虛應故事，徒滋冒銷。　嘉慶七年奏准：各省及京城八旗各營額設兵丁鎗礮額數，俱隸兵部，向例，各省操演藥、鉛，係報工部覈算。其兵丁名數、鎗礮數目，應咨查兵部覆准，始由工部覈銷。至京城八旗火器營等處所需藥鉛，每屆操演，祇由工部請領。内外事同一律，應請嗣後京城各旗營請領藥鉛等項，其應操兵丁鎗礮細數，應令先期咨報兵部覆准，工部再行覈給，以歸畫一。　十七年覆准：張家口賽爾烏素等處需用藥、鉛、火繩，應照各處由部領用之例，委員赴部請領，以昭慎重而歸畫一。再該處每歲需用無多，酌令三年一次，豫領備用。於請領之年，即將需用藥、鉛等項細數，造册送部查覈，俟用竣後，照例咨銷，以歸覈實。

清・徐珂《清稗類鈔・工藝類》

製火藥

乾隆朝，阿文成公桂平定伊犂時，捕一瑪哈沁，問其何處得火藥，曰：「蜣螂曝乾爲末，以鹿血調之，可代硝磺，惟力少弱。」又一蒙古台吉云：「鳥銃儲火藥鉛丸後，再取一乾蜣螂，以細杖送入，則比尋常可遠出一二十步。」文成試之，均驗。

製炸彈

炸彈爲西人所發明，外國暗殺家輒以之爲制勝之具，吾國初固無之也。光緒丁亥，上海製造局曾以新式爆藥供水雷之用，國人之善製者，首推無錫徐建寅，後因製藥不慎，爆死於湖北保安火藥局。其弟子郭道殷及其子某，皆擅是術，然亦惟製爲軍事用品，與政治無關也。乙未，粤人張某以研究西藥，遂及此，顧第精於銀爆藥之普通製法，尚未精深也。史堅如習其術，用以轟粤督德壽而未成。至壬寅，日本留學生大唱革命，始欲藉此以暗殺政府人物，然無人悉其製法，乃祕密謀之於日本社會黨，卒因警察干涉，無從購取原料，僅得其製法而試驗之，又以手術未純，不甚合用，黨人大懊喪。癸卯春，始有李某至東京，以製藥法授留學生。李某者，橫濱中華學堂理化教員也，此爲日本留學生習製炸彈之始。

至實用於暗殺，則始於吴樾之轟五大臣。留學生以樾一擊不中，深扼腕，益謀所以改良之者，而未得其術。會日俄開戰，日購春日戰艦於英，潛藏智利國大爆藥家某於艦中，載至日本。智利者，硝礦産出地也，故擅此術者頗多。其藥之製法有五十餘種，試驗最良者則以流質爆藥爲最。傾藥出瓶後，與養氣化合，有逾十分鐘爆發者，有由十五分以遞至五十分者。其他如銀汞、牛乳、雞卵諸原料所製者，尤稱善品。既至東京，留學生聞之，競往學，然得其傳者僅二人，其一即建寅之高足弟子，曾學於横濱李某者也，故成績最優，然未嘗一用。在炸彈史上有名者，爲徐錫麟。錫麟習警察於日本，以其暇研究理化學，後遇日人某，授以銀爆藥之簡易製法，錫麟苦心孤詣以習之。

自錫麟案出後，黨人之用炸彈者乃羣趨於銀爆藥一途，製法既簡，取攜亦便，即彈面之包皮，亦畧有進步。至丁未、戊申間，黨中急進派有與俄國虚無黨聯合者，探得彼黨所製炸藥，亦以銀爆藥爲佳品。最佳者爲牛乳藥，黨人嘗至津滬一帶演馬戲，津滬黨人間有習其製法者，其後汪精衛、黄某之炸攝政王，及廣東之李準、鳳山兩案，均用此藥。即辛亥三月二十九日廣州之役，轟督署之炸彈，亦銀爆藥所製也，有用牛乳製者，則未收效。

製火柴

火柴，以細木條蘸取燐硫等易燃之物，藉化學作用，摩擦而生火也。十九世紀之初，歐人製此者頗多，其通用之品二，一、奥人潑來歇耳所製。其法，以木條蘸已熔之硫磺，外覆以用燐質、緑酸鉀及膠水、紅料製成之糊，隨處摩擦，即能生火，如市肆所售之紅頭火柴是也。一、瑞典人倫特斯脱路姆所製。其法，以硫化銻易去糊内之燐質，加入重鉻酸鉀、鉛丹，必與匣面所塗之紅燐及硫化銻摩擦，始能發火，謂之安全火柴，如市上所售黑頭火柴是也。日本人稱之曰燐寸，輸入我國者甚多。宣統時，已有人於天津、上海、杭州、長沙設廠自製矣。

袁女製搓爆竹機

光緒時，湖南某邑有逆旅主人袁某，有女，年十八九，慧甚，能製搓爆竹機。其法，先用二版中横鐵絲十餘枚，取滑藤及糯粥煮紙爲糜，以油傅鐵絲上，取如糜者乘熱傾二板間，急搓之，凡十數次，搓紙捲鐵絲上如輭竹，置石灰中養之，一炊許，堅如鐵石矣。復有二板，上板密排多刃，下板密排多槽，槽與刃相受相距，皆以寸，取所搓者數百枚，拔去鐵絲，置此切之，皆寸斷爲短筒。又有二板，下板有多孔，深八九分，圓徑與短筒等，孔底鋪黄泥如細粉者一層，厚二分許，取短筒一一植於孔中，上板有多針，與孔數相應，長八寸許，較搓時鐵絲略粗，剡下方上，短筒既植立，取針板壓之，針從鐵絲舊痕而入，但使稍大，能容火藥，筒底黄泥受壓，皆入筒二分許擠緊矣。取去針板，傾火藥其上，寸許厚，另取平板壓之至二三次，震動筒板亦二三次。藥盡入筒，取鐵錘遍錘筒頂，取膠水塗之，欲其彌縫無隙也。俟乾，取針板刺之，盡其剡，不盡其方，取藥綫插所刺孔中，而爆竹成矣。日成爆竹二萬，售錢千，爲之一年，有贏息矣。且凡孔凡針，皆女親執鎚鑿爲之，不假他人手也。

又《礦物類》

硫黄

硫黄，非金屬化學原質之一，或止稱硫。天然産生者爲半透明之結晶，多在火山附近，故意大利所産最富，吾國則甚少。純者由天産硫黄中提取，爲黄色之固體。製時，初成結晶粉末，稱硫黄花，後溶爲液體，聚之型中，鑄成圓形，是爲桿狀硫黄，性烈易燃。

雍正初，雲南邊地之硫黄山産硫黄，經略鄂文端公爾泰巡邊，奏准開採三十餘萬斤，建庫貯之，乙卯冬復封閉。

硝

硝，結晶透明，如玻璃，燃之，發鮮麗之紫色。天然成塊者甚少，熱帶之地，多散布地面，或爲動物之糞溺所成。吾國亦有之。

又《物品類》

炸彈

炸彈，中裝炸藥之礮彈也。有二種。一可照算準時刻，使子彈飛行空中若干遠，炸爲極多之碎塊以擊敵。一可飛至所擊之處，然後炸裂，以傷所擊之物。其以炸藥裝置罐中，遥擲敵人而轟擊之者，亦稱炸彈，吾國人能自製之。

火柴

火柴，俗名自來火。泰西所製，我國有仿造者，最著爲燮昌。然昔時已有相似者，謂之火寸。《清異録》云：「夜中有急，苦於作燈之緩，批杉條，染硫黄，置之待用，一與火遇，得燄穗然，呼引光奴。今有貨者，易名火寸。」此與火柴相似，惟僅能引火而不能生火耳。日本名火柴曰燐寸，本此。

爆竹

古時以火著竹，畢剥有聲，謂之爆竹，相傳爲驅鬼之用。後世以紙裹火藥，爆火發聲，亦稱爆竹，漢口所製者爲最良。

煙火

煙火者，以火硝雜他藥物燃燒，而現變幻燦爛之狀者也，其火力噴射，能爲花草、蘭竹等形。或以紙製成種種人物，穿插其中，極靈巧。或以藥發火燄，幻成各種顔色。各省多有之，尤以廣東之潮州、江蘇之揚州所製者爲最著名，其值亦不貲。

乾隆時，秦淮畫舫競放煙火，爲河上大觀，士女空巷而出，如水鴨、水鼠、滿天星、遍地錦、金淺、銀臺、賽月明、風車、滴滴金者，不一其名，不一其巧。游者試憑紅板橋闌，望東水關及月牙池前，燈影燭天，爆聲濺水，昇平景象，誠非圖畫所能盡之也。

咸豐朝，每歲上元夕，京師西廠舞燈放煙火最盛。清晨，先於圓明園宫門，列煙火數十架，藥線徐引燃之，成界畫欄杆五色。每架將完，中復現出寶塔，樓閣之類，並有籠鴿，喜鵲數十，在盒中乘火飛出者。

光緒時，則由内務府營造司設廠放新奇烟火。元宵前數日，率小工數十，用紅槓黄絆拴擡，由菜市口進宣武門，絡繹於途，有像形五彩鳳凰、孔雀、錦雞、白鶴，並用松柏紮大小獅子、虎豹、麒麟之類。燃放時，空中停頓，變换成花，此即孝欽后請各國公使夫人同觀之煙火也。

傳記

《明史・戚繼光傳》 戚繼光，字元敬，世登州衛指揮僉事。父景通，歷官都指揮，署大寧都司，入爲神機坐營，有操行。繼光幼倜儻負奇氣。家貧，好讀書，通經史大義。嘉靖中嗣職，用薦擢署都指揮僉事，備倭山東。改僉浙江都司，充參將，分部寧、紹、台三郡。

三十六年，倭犯樂清、瑞安、臨海，繼光援不及，以道阻不罪。尋會俞大猷兵，圍汪直餘黨於岑港。久不克，坐免官，戴罪辦賊。已而倭遁，他倭復焚掠台州。給事中羅嘉賓等劾繼光無功，且通番。方按問，旋以平汪直功復官，改守台、金、嚴三郡。

繼光至浙時，見衛所軍不習戰，而金華、義烏俗稱慓悍，請召募三千人，教以擊刺法，長短兵迭用，由是繼光一軍特精。又以南方多藪澤，不利馳逐，乃因地形制陣法，審步伐便利，一切戰艦、火器、兵械精求而更置之。「戚家軍」名聞天下。

四十年，倭大掠桃渚、圻頭。繼光急趨寧海，扼桃渚，敗之龍山，追至雁門嶺。賊遁去，乘虚襲台州。繼光手殲其魁，蹙餘賊瓜陵江盡死。而圻頭倭復趨台州，繼光邀擊之仙居，道無脱者。先後九戰皆捷，俘馘一千有奇，焚溺死者無算。總兵官盧鏜、參將牛天錫又破賊寧波、温州。浙東平，繼光進秩三等。閩、廣賊流入江西。總督胡宗憲檄繼光援。擊破之上坊巢，賊奔建寧。繼光還浙江。

明年，倭大舉犯福建。自温州來者，合福寧、連江諸倭攻陷壽寧、政和、寧德。自廣東南澳來者，合福清、長樂諸倭攻陷玄鍾所，延及龍巖、松溪、大田、古田、莆田。是時寧德已屢陷。距城十里有横嶼，四面皆水路險隘，賊結大營其中。官軍不敢擊，相守踰年。其新至者營牛田，而酋長營興化，東南互爲聲援。閩中連告急，宗憲復檄繼光剿之。先擊横嶼賊。人持草一束，填壕進。大破其巢，斬首二千六百。乘勝至福清，搗敗牛田賊，覆其巢，餘賊走興化。急追之，夜四鼓抵賊柵。連克六十營，斬首千數百級。平明入城，興化人始知，牛酒勞不絶。繼光乃旋師。抵福清，遇倭自東營澳登陸，擊斬二百人。而劉顯亦屢破賊。閩宿寇幾盡。於是繼光至福州飲至，勒石平遠臺。

及繼光還浙後，新倭至者日益衆，圍興化城匝月。會顯遣卒八人齎書城中，衣刺天兵二字。賊殺而衣其衣，紿守將得入，夜斬關延賊。副使翁時器、參將畢高走免，通判奚世亮攝府事，遇害，焚掠一空。留兩月，破平海衛，據之。初，興化告急，時帝已命俞大猷爲福建總兵官，繼光副之。及城陷，劉顯軍少，壁城下不敢擊。大猷亦不欲攻，需大軍合以困之。四十二年四月，繼光將浙兵至。於是巡撫譚綸令將中軍，顯左，大猷右，合攻賊於平海。繼光先登，左右軍繼之，斬級二千二百，還被掠者三千人。綸上功，繼光首，顯、大猷次之。帝爲告謝郊廟，大行敘賚。繼光先以横嶼功，進署都督僉事，及是進都督同知，世廕千户，遂代大猷爲總兵官。

明年二月，倭餘黨復糾新倭萬餘，圍仙遊三日。繼光擊敗之城下，又追敗之王倉坪，斬首數百級，餘多墜崖谷死，存者數千奔據漳浦蔡丕嶺。繼光分五哨，身持短兵緣崖上，俘斬數百人，餘賊遂掠漁舟出海去。久之，倭自浙犯福寧，繼光督參將李超等擊敗之。乘勝追永寧賊，斬馘三百有奇。尋與大猷擊走吴平於南澳，遂擊平餘孽之未下者。

繼光爲將號令嚴，賞罰信，士無敢不用命。與大猷均爲名將。操行不如，而果毅過之。大猷老將務持重，繼光則飆發電舉，屢摧大寇，名更出大猷上。

隆慶初，給事中吳時來以薊門多警，請召大猷、繼光專訓邊卒。部議獨用繼光，乃召爲神機營副將。會譚綸督師遼、薊，乃集步兵三萬，徵浙兵三千，請專屬繼光訓練。帝可之。二年五月命以都督同知總理薊州、昌平、保定三鎮練兵事，總兵官以下悉受節制。至鎮，上疏言：

薊門之兵，雖多亦少。其原有七。營軍不習戎事，而好末技，壯者役將門，老弱僅充伍，一也。邊塞逶迤，絶鮮郵置，使客絡繹，日事將迎，參游爲驛使，營壘皆傳舍，二也。寇至，則調遣無法，遠道赴期，卒斃馬僵，三也。守塞之卒約束不明，行伍不整，四也。臨陣馬軍不用馬，而反用步，五也。家丁盛而軍心離，六也。乘障卒不擇衝緩，備多力分，七也。七害不除，邊備曷修。

而又有士卒不練之失六，雖練無益之弊四。何謂不練？夫邊所藉惟兵，兵所藉惟將；今恩威號令不足服其心，分數形名不足齊其力，緩急難使，一也。有火器不能用，二也。棄土著不練，三也。諸鎮入衛之兵，嫌非統屬，漫無紀律，四也。班軍民兵數盈四萬，人各一心，五也。練兵之要在先練將；今注意武科，多方保舉似矣，但此選將之事，非練將之道，六也。何謂雖練無益？今一營之卒，爲礮手者常十也。不知兵法五兵迭用，當長以衛短，短以救長，一也。三軍之士各專其藝，金鼓旗幟，何所不蓄，今皆置不用，二也。弓矢之力不强於寇，而欲藉以制勝，三也。教練之法，自有正門；美觀則不實用，實用則不美觀，而今悉無其實，四也。

臣又聞兵形象水，水因地而制流，兵因地而制勝。薊之地有三。平原廣陌，内地百里以南之形也。半險半易，近邊之形也。山谷仄隘，林薄蓊翳，邊外之形也。寇入平原，利車戰。在近邊，利馬戰。在邊外，利步戰。三者迭用，乃可制勝。今邊兵惟習馬耳，未嫻山戰、林戰、谷戰之道也，惟浙兵能之。願更予臣浙東殺手、礮手各三千，再募西北壯士，足馬軍五枝，步軍十枝，專聽臣訓練，軍中所需，隨宜取給，臣不勝至願。

又言：「臣官爲創設，諸將視爲綴疣，臣安從展布。」

章下兵部，言薊鎮既有總兵，又設總理，事權分，諸將多觀望，宜召還總兵郭琥，專任繼光。乃命繼光爲總兵官，鎮守薊州、永平、山海諸處，而浙兵止弗調。録破吳平功，進右都督。寇入青山口，拒却之。

自嘉靖以來，邊牆雖修，墩臺未建。繼光巡行塞上，議建敵臺。略言：「薊鎮邊垣，延袤二千里，一瑕則百堅皆瑕。比來歲修歲圮，徒費無益。請跨牆爲臺，睥睨四達。臺高五丈，虚中爲三層，臺宿百人，鎧仗糗糧具備。令戍卒畫地受工，先建千二百座。然邊卒木强，律以軍法將不堪，請募浙人爲一軍，用倡勇敢。」督撫上其議，許之。浙兵三千至，陳郊外。天大雨，自朝至日昃，植立不動。邊軍大駭，自是始知軍令。五年秋，臺功成。精堅雄壯，二千里聲勢聯接。詔予世廕，賚銀幣。

繼光乃議立車營。車一輛用四人推輓，戰則結方陣，而馬步軍處其中。又製拒馬器，體輕便利，遏寇騎衝突。寇至，火器先發，稍近則步軍持拒馬器排列而前，間以長鎗、筤筅。寇奔，則騎軍逐北。又置輜重營隨其後，而以南兵爲選鋒，入衛兵主策應，本鎮兵專戍守。節制精明，器械犀利，薊門軍容遂爲諸邊冠。

當是時，俺答已通貢，宣、大以西，烽火寂然。獨小王子後土蠻徙居插漢地，控弦十餘萬，常爲薊門憂。而朵顔董狐狸及其兄子長昂交通土蠻，時叛時服。萬曆元年春，二寇謀入犯。馳喜峯口，索賞不得，則肆殺掠，獵傍塞，以誘官軍。繼光掩擊，幾獲狐狸。其夏，復犯桃林，不得志去。長昂亦犯界嶺。官軍斬獲多，邊吏諷之降，狐狸乃款關請貢。廷議給以歲賞。明年春，長昂復窺諸口不得入，則與狐狸共逼長秃令入寇。繼光逐得之以歸。長秃者，狐狸之弟，長昂叔父也。於是二寇率部長親族三百人，叩關請死罪，狐狸服素衣叩頭乞赦長秃。繼光及總督劉應節等議，遣副將史宸、羅端詣喜峯口受其降。皆羅拜，獻還所掠邊人，攢刀設誓。乃釋長秃，許通貢如故。終繼光在鎮，二寇不敢犯薊門。

尋以守邊勞，進左都督。已，增建敵臺，分所部十二區爲三協，協置副將一人，分練士馬。炒蠻入犯，湯克寬戰死，繼光被劾，不罪。久之，炒蠻偕妻大嬖只襲掠邊卒，官軍追破之。土蠻犯遼東，繼光急赴，偕遼東軍拒退之。繼光已加太子太保，録功加少保。

自順義受封，朝廷以八事課邊臣：曰積錢穀、修險隘、練兵馬、整器械、開屯田、理鹽法、收塞馬、散叛黨。三歲則遣大臣閲視，而殿最之。繼光用是頻廕賚。南北名將馬芳、俞大猷前卒，獨繼光與遼東李成梁在。然薊門守甚固，敵無由入，盡轉而之遼，故成梁擅戰功。

自嘉靖庚戌俺答犯京師，邊防獨重薊。增兵益餉，騷動天下。復置昌平鎮，設大將，與薊相脣齒。猶時躪内地，總督王忬、楊選並坐失律誅。十七年間，易大將十人，率以罪去。繼光在鎮十六年，邊備修飭，薊門宴然。繼之者，踵其成

法，數十年得無事。亦賴當國大臣徐階、高拱、張居正先後倚任之。居正尤事與商確，欲爲繼光難者，輒徙之去。諸督撫大臣如譚綸、劉應節、梁夢龍輩咸與善，動無掣肘，故繼光益發舒。

居正歿半歲，給事中張鼎思言繼光不宜於此，當國者遽改之廣東。繼光悒悒不得志，强一赴，踰年即謝病。給事中張希皋等復劾之，竟罷歸。居三年，御史傅光宅疏薦，反奪俸。繼光亦遂卒。

繼光更歷南北，並著聲。在南方戰功特盛，北則專主守。所著《紀效新書》、《練兵紀實》，談兵者遵用焉。

弟繼美，亦爲貴州總兵官。

《明史·孫元化傳》 元化，字初陽，嘉定人。天啓間舉於鄉。所善西洋礮法，蓋得之徐光啓云。廣寧覆没，條備京、防邊二策。孫承宗請於朝，得贊畫經略軍前。主建礮臺教練法，因請據寧遠、前屯，以策干王在晉，在晉不能用。承宗行邊，還奏，授兵部司務。承宗代在晉，遂破重關之非，築臺製礮，一如元化言。還授元化職方主事。已，元化贊畫袁崇煥寧遠。還朝，尋罷。

崇禎初，起武選員外郎，進職方郎中。崇煥已爲經略，乞元化自輔，遂改元化山東右參議，整飭寧、前兵備。三年，皮島副將劉興治爲亂，廷議復設登萊巡撫，遂擢元化右僉都御史任之，駐登州。明年，島衆殺興治，元化奏副將黃龍代，汰其兵六千人。及有德反，朝野由是怨元化之不能討也。賊縱元化還，詔逮之。首輔周延儒謀脱其死，不得也，則援其師光啓入閣圖之，卒不得，同張燾棄市。光蘭、徵充軍。

清·歸莊《孫中丞傳》佚名《江東志》卷八　余讀國史至遼左之事，而嘆謀國者之誤也。自四路喪師以來，往往所任非人，間有倜儻雄偉之人實心任事者，又用之不盡其才，稍稍經營布置輒廢，復罷更易。謀不得用，力不得展，卒至疆土日蹙，舉中原而棄之。悲夫！所謂倜儻雄偉之才而實心任事者，吾得三人焉。以司馬經略者則江夏熊忠愍公，以宰輔督師者則高陽孫文忠公，以忠丞巡撫者則嘉定孫公。文忠公以觸逆奄之忌，借柳河事勒回關門，四年之力廢于一旦。熊公、孫公皆坐疆事以死。考其實則皆以中朝相制，邊吏相撓，沮敗其謀，致累人才，以誤國事。然廣寧退師，經略(賓)[實]誤，而登州之事則孫公之不幸也。按公諱元化，字初陽，號火東，蘇州嘉定人。少異敏而好深沉之思。上海徐文定公善西學，公師事之，盡得其術而制兵器尤精。萬曆四十年，以國子生中順天鄉舉。公既負經濟大略，值國家多故，嘗思有以自效。天啟二年正月，廣寧兵潰，公以計偕，在道聞之。疾馳入都，即具備京、防邊二揭致之當事。大略謂欲修守備在利器用，而器之能及遠者莫如銃。置銃于層臺之上，可以殺敵于十里之外，因言築臺造銃之法甚詳。及會試報罷，吏科候震暘薦其才，奉旨下部。時孫承宗以閣臣兼理兵部事，擬授公樞屬公不可。覆奏，以本等職色從經略衙門贊畫軍需，至期仍許會試。既奉諭旨，公上疏略曰：「臣學有淵源。行無虛飾。如其法則能成其功，行其志則能竟其業。用兵莫如火器，城守莫如銃臺。議論戒于二三，賞罰期于信，必踐臣之言而後責臣之自踐其言，臣死不悔。倘材料不應臣手而謂上作之遲，兵將不由臣練而謂器法之病，是傍人改方而罪醫，操刀受傷而誅匠，非臣所敢承也。」得旨，與総督官計議施行。時經略遼東者爲兵部尚書王在晉，而総督薊遼兵、部尚書王象乾以警急行邊。公本屬經略閣臣，謂総督習邊事，故票旨及之也。公至則周覽形勢，謂根本先圖固在山海，恢復大局宜據寧前，乃陳扼要固守、隨地進據之策。經略不納，聽逃臣之計，力主退守山海關，而総督亦以爲然。經略欲去關里許築重關以爲固，公謂：「高山大海之險，何事皇皇修築于咫尺之間？」與幕僚沈啟監、軍道袁崇煥力争之，經略僅許拓牆于八里鋪，工四千餘丈，估費一百三十萬。已而復議築臺九座，公謂：「臺宜遠不宜近，宜要不宜多，惟十二號壹與三道關當置大銃，其上各使三五百人據之以守。而我乃聚其精神財力于寧前諸城，則進退有據而戰守兩便。」又請分營兵，以清城守處遼人，以防内潰，經略皆不能用。而邊牆之議聞于中朝，于是閣部孫承宗自請行邊相視形勢。至則詰經略失策數端，皆語塞。公與崇煥等皆進收復寧前之策，閣部然之，還朝因奏授公兵部司務。公既與經略相左，欲投劾去，會朝廷召還經略，而閣部復出督師，留止公。又奏令公相度北山南海，設奇兵于高深之間，公因進言處遼民、核器械、束營陣、設山臺、結海營、修一片石防守諸事，閣部皆納之。於是始築臺造銃，城守之具漸修矣。三年，閣部欲奏裁監軍以重將權，及議文武臣體統，公與小齟齬。公又建議惟三道關、緣山、芝蔴灣並海據險扼要，可立營寨。若他處，孤臺懸立，難以固守。又曰：「登、萊諸島遠局也，前屯寧遠近局也。遠局虛而近局實，宜繕完垣牆，撫卹流離，以重兵守前屯、中前二城，而後移兵前進。今日之勢，譬之病起之夫，循牆學步，稍急則蹉跌矣。」蓋遼事經楊鎬、袁應泰、王化貞累敗之餘，人心恇擾，守備不完，故公意先修實備，後勤遠略。而閣部受命專征，布置廣遠，公謀議浸與不合，復求去。會兵部有澳夷火法之議，欲得公監督訓練，奉旨召公回部。公在關，經略强之冠帶。已而上賜

邊臣貂皮蟒服，公亦與焉。至是，公欲辭官會試，以格于例，吏部因題實授前銜，遂就職。四年，陞職方司主事。時邊疆多難，部務鞅掌，即他司事條奏皆出公手，悉中機宜。閣部奏請工部軍器，欲公選擇督解。公復往山海關，因以親老歸省，不一月而部差人追取回部。六年正月，建兵寇寧遠、寧前道，袁崇煥用西洋大砲憑城擊之，殺其衆萬餘，及長孫哈兔並孤山牛鹿死者五十餘人，擄獲器甲無算。建州用兵從無此喪敗，慚憤發病死，于是中朝始知戰守之具果無踰臺銃。會邊報東兵草青復來，公以關外守禦之具未全，自奏請出關，詔遣公往。時袁崇煥已爲遼東巡撫，公至則共議城守事宜。又議修中右、中後二城，以爲關寧，輔修覺華島以衛屯糧，至班軍、難民、降夷、兵餉，公皆悉心經理。時上遣中使至寧遠，公與白金文綺之賜，事竣還朝。先是公在部，九卿公疏參逆奄魏忠賢，公實屬草。奄嘗令鎮守内臣紀用諷公即附己，當大用于邊，公正色拒之，奄以此銜公。時總督王之臣、總兵滿桂皆與遼撫不協。公語兵部尚書馮嘉會曰：「文武不和而四路敗，經撫不和而河西失，往轍宜鑒。」尚書然之，遂調滿桂，罷總督，而專任遼撫。于是欲傾袁者皆疾公，大臣之附奄者以簧鼓中樞，更張大吏譖公于奄。七年正月，兵部敘修築功，擬加公級，逆奄忽矯旨，坐以營謀贊畫，着冠帶閑住，而遼撫尋亦罷。毅宗即位，逆奄伏誅。崇禎元年，起公爲武選司員外郎，而袁崇煥亦召還，以兵部尚書督師薊遼。時王在晉在中樞，點去而以王洽代之，洽大器重公。二年正月，陞職方司郎中。公條奏切要時政十二事，令中樞上之。時，插酋勢横，欵不足恃，而邊備空虚，公謂：「西北之急不減于東。」本兵亦以爲公憂。部當解大同馬價，因令公往相沿邊形勢，察戰欵情實。還具言邊計、虜情、牆堡、兵馬、儲械，(燎)[瞭]如指掌。本兵大喜，遂欲用公于宣、大，會寧前道缺督師，遺書兵部，乞公自輔。冢宰亦謂寧前神京第一鎖鑰，非公不可。四月，陞山東布政司右參議兼按察司僉事，整飭寧前兵備，尋陞按察司副使。督師素寬，遼人頗玩，公至則濟之以嚴，軍紀肅然。督師之出也，恃其膽略，於召對時自詭。五年滅建，於是謀多買馬，造舟，三方並進，欲用降夷乘冰堅于廣寧擾之，又欲收島帥毛文龍用之，相爲犄角。已而水餉、馬價請多不應，廣寧陷淖，不果進兵，文龍亦不爲用，輙誘而斬之。先是，老罕死，崇煥時爲遼撫，遣喇嘛僧往弔，微露欵意。至是，滅建之言既勢不能踐，遂欲講欵，使歸侵地，以結遼左之局，而建使亦來。然四罕狡又輕中國，反以欵愚我，而仍造攻具，刻期渡河。凡督師之謀惟斬島帥。公不與知，餘皆再三力諫，督師皆不從。諜報建州，將與東酋合兵入寇，約建入薊。而東入遼。十月，敵從大安口入薊州，破遵化，總兵、巡撫皆戰死。督師方西巡，聞報疾馳入關。而孫承宗亦召起，以閣部總理東征軍務，駐劄通州。公在寧遠，既發援兵以紓内難，復嚴城守以固東邊。初得督師報，則選八城兵馬，令總兵祖大壽將之入關，與督師會，于是有沙河門之捷。已而兵部移文趣援兵。則又悉發步騎，令副將劉興祚等將之而西，于是有建昌、太平之捷。後興祚以力戰死，始督師入衛，未嘗奉旨。又詗知敵沿路設伏，乃間道遮其前，與賊遇，大挫其鋒。敵更移營，近京講款。于是朝廷謂督師擅稱兵向闕，導敵以脅欵，逮下詔獄。大壽一軍遂潰而東，上恐其叛而與敵合，命閣部移鎮關門，遣舊帥馬世龍齎聖諭追之。大壽故與世龍有隙，聞之益懼，奪關而出。公聞變，前後手書遣部將王廷臣等以利害諭止之，相望于道。及還錦州，公自往勞軍，仍勉令速入援，立功以自明。而大壽之子澤、溥，公先用之于標，以恩結之。聞大壽妻柳氏有智畧，因而獎之。及大壽還，柳閉城門不納，數之以負朝廷並負孫公也。大壽外迫于公，内迫于其妻，于是復率諸將黄龍、謝尚政等步騎三萬西向勤王，以除夕啟行，三年正月整兵入關。時永薊屬邑多陷，各路援師遇敵皆披靡，惟關東兵所向克捷，守撫寧，救開平，復建昌，灤州、永平、遵化，皆關東諸將功，而激諸將復入關赴援者，則公之力也。而東酋果犯遼，分道寇寧、錦。公以城中精鋭皆已入援，閉城堅守，徐檄中右、中後守將劉源清、黄惟正等擊走之，遣王廷臣、祖可法等哨至三岔河，又敗之。于范家山斬其頭目伯言代，東酋始奪氣去。時强敵壓境，又聞援兵東潰，城中驚懼。公曲意撫循，人心帖然，有乘機倡亂者，公察得首謀誅之，頃刻而定。而建人入薊之後，捆載東歸者，公數遣兵擊敗之。縱火焚其營，得其龍文大纛，前後斬首五百十一級，救回難民一千餘人。援將孫定遼等東還，又遇敵于大鎮堡，大破之，始遁去。自燕薊之警，寧前精兵悉發入援，入城守備單弱，兵餉又缺，朝廷方急内難，亦置關東于度外。卒之邊城得完，而又以其間截殺歸師，斬獲過當，此又公之功也。于是閣部上公功狀，六月擢公爲都察院僉都御史，巡撫東萊、東江、登萊。初爲應接海外而設撫臣，已而廢。會皮島守將劉興治作亂，朝廷議復設登撫，因令登撫由登萊以收南四衛，而遼撫由廣寧以取遼瀋，爲兩路進取之局。大司馬梁廷棟初欲用公撫遼，而劉興治者故遼將興祚之弟也，素服公之威信，朝議僉謂惟公能制之。于是遼撫別除邱禾嘉，而用公于登萊。毛文龍之開鎮東江也，名爲牽制東方，而形勢實非便。及文龍死，公語袁督師，宜收海外之局，督師不聽。更議加餉，以圖用海，至是復置登

撫，勑有「備兵援遼，恢復金、復海蓋」之辭。公以爲非計，上疏辭疾，其略曰：「臣以積勞成疾，驚聞新命，竊嘆此何地，此何官，此何任也？以臣累年拮据，所備之器甲，所練之營伍，所撫之士民，所修之城堡，統此戰必勝、守必固之將，卒爲皇上發援三次，恢復數城，斬馘無算。且獨守八城五十四堡四百里邊，凡七閱月。當東西二虜縱橫數萬兵，數十萬民饑困，加以潰卒之變，歷盡險難，不敢以病軀苟安誤事。今登、萊與金、復隔海，軍機緩急，風(汎)[帆]難持，接濟調發，俱不可必。向者虜在薊門，内廷即以異域視關寧，缺餉五月，今乃爲東省之贅撫。撫遼地之贅島，無一城可據，無一事可因，將知領兵而不知備器，兵知領餉而不知對敵，此劉興治所以四顧無忌也。内廷向以登萊爲虛撫，東島爲虛兵，今欲以臣實其虛，而户部不給全餉，兵部不給馬匹，工部不給軍器，則兵仍虛。兵虛而援恢之事虛，援恢之事虛而撫亦虛。伏冀聖明洞鑒，登撫之設無益于國，以登萊海防仍歸東撫，以四衛恢復仍歸遼撫。更懇聖慈鑒臣勞瘁，憫臣病廢，容臣乞骸，使八十老親得一相見。不特邊事無悞，人皆服皇上以孝治天下矣。」疏上不允辭。公謝恩疏中又言：「臣既任復四衛，即不敢並任援遼。蓋復者定計而行，臣爲政援者，刻期而會敵爲政。且器甲無備，兵馬未練，風水不時，倉卒赴援，勢有未能。」奉旨下兵部酌覆。公在寧遠聞島變，即遣人招諭，告以興祚死事狀及所以推卹之者以感動之，興治斂兵聽命。公既至登州，責令復金州以贖罪，具爲之請餉。終以其隔海難禦，令舊島將孔有德等間疏其腹心，伺釁圖之。四年三月，島人亂相殺，興治死，敵乘間攻島，公先後發兵渡海擊，大敗之。殪其孤山牛鹿十一人，擒三人，捕斬無算。初，袁崇煥議用海梁，廷棟時爲關内道，熟知其非便。及入中樞，首創撤海之議，公實贊成之。會劉興治之亂，勢未便撤，更議用海非本謀也。公累疏言薊遼大計終當撤海，用島復金未爲上策；嚴防當在宣密，進取當在廣寧。島兵島將宜撤回河西，以實廣寧右屯之間。下兵部確議，而廷棟更背前説，以爲撤海之罪同于棄地，堅持不可，事遂寢。至是島難平，廷棟亦以人言去。公復條奏用海主失、撤海六便，閣部亦以爲然，而署中樞宋盤疑不能決。已而熊明遇爲兵部尚書，尤與邊臣相齕，恢金復遼視爲狂談，用海撤島終無成議。而司農更以爲增海餉，臺省復以開海禁交歸咎于公，公復以疏辨。建州之敗于島也，北攻大凌河。公發登州、放順、皮島兵向三坌河以壯聲勢，燒其燿州鹽場。舟遇颶風多漂溺，不能復前。公初不任援遼，固慮此也，而中樞終以責之，故請嚴旨督促。已而遼師敗于長山，大凌失守，中樞又檄公自將赴援，尋得調兵五千之旨。登州兵多分防皮旅各島，及發哨三坌，存不滿三千，復于海外調孔有德等兵一千，使王廷臣等六將軍將之，從陸路赴遼。先後發遣，申明紀律，令所過毋擾，而有德軍行至吴橋而作亂。時畢自嚴爲大司農，素不快于公。吴橋令畢自寅，司農弟也。兵至吴橋，閉門罷市，不聽止宿，兵遂大掠。而南公聞之，令監郡守城，自率見兵而西，將招撫之。而亂兵已屢敗，官兵連破陵新城等五縣矣。兵家在登州，公慮其間道來襲，乃還師守之，果來攻城。公督厲將士擊敗之，毁其攻具。而登、萊兩郡自遼陽之失，遼人避亂來奔者十餘萬，土人多折辱之，或相殘殺，遼人怨憤。至是始攻之，其在城中者皆思亂。五年正月，亂兵攻城，遼人爲内應，城遂破。公引佩刀自剄，不殊孔有德入城向公流涕謝罪，乞立功自贖。亦具疏自明，求山東巡撫余大成代爲申雪。大成因遣使招諭，而朝廷亦有招撫之旨，皆爲巡按御史王道純所遏。賊欲攻掠，公數使中軍耿仲明諭止之。以待朝命不得，更疑公誤之以事官軍，遂遣其黨攻萊州。公初聞變，謂有德嘗有平島之功，又一軍皆精銃，非官兵敵。慮其蔓延貽禍，故自往將撫，諭解散之。至登州破，尚再三諭令戢兵。朝廷亦以事由激變，罪不在公，故止處公以降級，責令招撫。而旨既沮格，益懷疑懼，至是遂如蜩螗沸羹不可收拾。公不得已歸朝待罪，而上怒不可測矣，臺省復交章搆之。會萊州亦潰，新撫臣徐從治自經死，亂兵遂襲殺郡守及二中使，上益怒。時温體仁當國，連進密揭，遂當公辟。公行過市，語人曰：「我乃拮据危疆，艱難歸死者。」聞者爲之揮涕。臨刑風雷大作，黄塵蔽日。内閣徐光啟語首輔曰：「此足明登撫真寃矣。」公自贊畫至爲寧前，在遼首尾八年，器械精練，兵將相習，保障既可無虞，進取漸有成算。苟始終用公于遼，如其言撤海之兵以實河西，必能制馭東方，恢拓疆土。而誤置之登萊，形勢既乖，謀畫不用。練兵經年，激變倉卒，自是亂兵殘東省，躪朝鮮，委身北庭而爲之用，而東勢益張，馮陵中國，不可復制。故曰：遼事之壞，謀國者之誤也。至登州失守，叛由遼人，雖公不能辭其責。然以公請纓之勇，守邊之勞，在愛惜人才者當引議能議功之例，責其後效。而全軀保妻子之臣始則忌嫉其才而掣其肘，繼則媒孽其短以殺其身，亦可痛也。公豐儀玉立，方嚴耿介，不干人以私，亦不徇人之私。居官十年，未嘗受人餽遺，爲國家惜錢穀，人不得侵冒。在京在邊，多所節省。善計畫，人窮思不能得者，公應時裁定，卒莫能易。遇事敢決。不避勞怨。既以身許國，計不復反顧。邊關勤事，樞曹佐籌，艱難危苦，不敢言勞。在登州有平島却敵功，兵部抑不叙，亦不自言。爲文章激昂精

悍，尤長于論事，所著有《泰西算要》《幾何用法》等書，皆西學；《寧前撫賞志》《遼言》《樞言》，皆時事，並《周禮類編》《姓系彙譜》及雜文共若干卷。又有《經武全編》，登州破時，公語王監軍曰：「以此自累，不可復累人。」遂投諸火，識者惜之。公之學不獨長於兵，用兵亦不獨藉砲，顧以爲敵之取遼，皆鐵騎衝突，我無以禦之，惟銃砲可以及遠，又得西洋之法，誠神明之器，制敵長技，無踰于此。而世之論者乃以敵嘗竊此以破中國，反歸咎于創用西砲之人不已。慎乎申酉之際，誠得老謀壯略如公數人置之封疆，寄之鎖鑰，未必土崩魚爛，遂至于此，此可爲國家不愛惜人才之戒也。生卒，家世具行狀中。

野史氏曰：余讀公《遼言》及公子和鼎所輯《紀事》，奇公之才而又悲公之遇也。國家循資用人，公以一榜得節鉞，又自負才略，人固已忌之矣。公又杜請托，絶交際，不附門户，負氣自高。或謂公宜稍調停世情，公曰：「吾知畢吾精神才術以辨國事耳，遑恤其他？」蓋已置死生榮辱于度外矣。竭力盡瘁如此，功之不成，命也。世乃以成敗論人，何哉？熊經略之才猷氣岸，蓋亦大類公云。

《[光緒]嘉定縣志》卷一六《人物》 孫元化，字初陽，一字火東。天資異敏，好奇略，師事上海徐光啟，受西學，精火器。舉萬曆壬子順天鄉試。天啟壬戌，入京，條上備京、防邊二策，侯震暘薦其才。從軍遼左，請據寧遠、前屯築臺、製礮，練兵，經略王在晉不能用。及大學士孫承宗行邊，奏授兵部司務。已而，承宗代在晉，築臺、製礮如元化言。擢職方司主事，疏請保護國本，復疏救副都御史楊漣。會袁崇煥撫遼，詔往贊畫。事竣還朝，賞貂皮、蟒服、金幣。時崇煥與在晉、滿桂相失，元化請以關外事專委崇煥。惡崇煥者譖之魏忠賢，罷官歸。崇禎元年，起武選員外郎，遷職方郎中，條奏兵政十二事。袁崇煥再起督師，乞以元化自輔，改山東右参議，兼整飭寧前兵備。時京師戒嚴，崇煥入援，祖大壽潰還，朵顔入犯，永平失守，關内外隔絶半年，兵食兩缺。元化善用關東將卒，所向有功，守撫寧，救開平，復建昌、灤州、永平、遵化，所隸八城二十四堡屹然不動。三年六月，皮島副將劉興治作亂。擢元化右僉都御史，巡撫登、萊，諭定興治。先是，崇煥計殺東江將毛文龍，議撤海防。及元化受敕，有援遼恢金、復、蓋、海四衛之命。元化謂：「今日大勢，宜從廣寧進取，一旦去累年所備器甲、所練營伍、所撫士民、所修城堡，而就一無可因之地，何以立功？且登、萊阻海，往來非便。軍機緩急，風汛難恃。接濟調撥，俱不可必。」疏入，不聽。遂赴登州。明年，島衆殺興治，元化請以副將黃龍代之。既而，大淩河告急，元化奉檄往援，遣登州游擊孔有德將兵。至吴橋，縣令畢自寅閉城罷市，激變，反攻登州，元化遣總兵張可大等拒之。壬申正月，戰敗城東，中軍游擊耿仲明、都司陳光福等啟門導有德兵入，元化率官屬巷戰，可大以下死者十九人。元化自刎不殊，亂兵見之，無敢犯者。有德等促元化移書東撫，求招安。東撫余大成已具題，得旨，令元化帶罪招撫，而巡按王道純匿詔不頒，兵復亂。元化歸朝待罪，亂兵復破萊州。首輔温體仁論元化大辟。臨刑，西市風雷起足下，黄霾翳日。徐光啟在内閣謂體仁曰：「此足明登撫真冤矣。」子和鼎、和斗、和京，皆諸生。和鼎，字九實，一字穎庵，績學工文，手輯父書，甫成，病卒。和斗，見子致彌傳。和京，字九牧。元化繫獄，和京隨侍。及死西市，頭血濺地，和京舐之盡，觀者流涕。乙酉，城破殉節。

紀事

宋·周密《癸辛雜識》前集 砲禍

趙南仲丞相溧陽私第常作圈，豢四虎於火藥庫之側。一日，焙藥火作，衆砲倏發，聲如震霆，地動屋傾，四虎悉斃，時盛傳以爲駭異。至元庚辰歲，維揚砲庫之變爲尤酷。蓋初焉，製造皆南人，囊橐爲奸，遂盡易北人，而不諳藥性。碾硫之際，光燄倏起，既而延燎，火槍奮起，迅如驚蛇，方玩以爲笑。未幾，透入砲房，諸砲併發，大聲如山崩海嘯，傾城駭恐，以爲急兵至矣，倉皇莫知所爲。遠至百里外，屋瓦皆震，號火四舉，諸軍皆戒嚴，紛擾凡一晝夜。事定按視，則守兵百人皆糜碎無餘，楹棟悉寸裂，或爲砲風扇至十餘里外。平地皆成坑谷，至深丈餘，四比居民二百餘家，悉罹奇禍，此亦非常之變也。

《金史·赤盞合喜傳》 龍德宫造砲石，取宋太湖、靈璧假山爲之，大小各有斤重，其圓如燈毬之狀，有不如度者杖其工人。大兵用砲則不然，破大磑或碌碡爲二三，皆用之。攢竹砲有至十三稍者，餘砲稱是。每城一角置砲百餘枝，更遞下上，晝夜不息，不數日石幾與裏城平。而城上樓櫓皆故宫及芳華、玉谿所拆大木爲之，合抱之木，隨擊而碎，以馬糞麥秸布其上，網索旃褥固護之。其懸風板之外皆以牛皮爲障，遂謂不可近。大兵以火砲擊之，隨即延爇不可撲救。父老所傳周世宗築京城，取虎牢土爲之，堅密如鐵，受砲所擊唯凹而已。大兵壕外築城圍百五十里，城有乳口樓櫓，壕深丈許，闊亦如之，約三四十步置一鋪，鋪置百許人守之。

初，白撒命築門外短牆，委曲陜隘容二三人得過，以防大兵奪門。及被攻，諸將請乘夜斫營，軍乃不能猝出，比出已爲北兵所覺。後又夜募死士千人，穴城由壕徑渡，燒其砲坐。城上懸紅紙燈爲應，約燈起渡壕，又爲圍者所覺。又放紙鳶，置文書其上，至北營則斷之，以誘被俘者。識者謂前日紙燈、今日紙鳶，宰相以此退敵難矣。右丞世魯命作《江水曲》，使城上之人静夜唱之，蓋河朔先有此曲以寄謳吟之思，其謬計如此。

合喜先以守鳳翔自誇，及令守西北隅，其地受攻最急，而合喜當之，語言失措，面無人色，軍士特以車駕數出慰勞，人自激昂，争爲效命耳。其守城之具有火砲名「震天雷」者，鐵罐盛藥，以火點之，砲起火發，其聲如雷，聞百里外，所爇圍半畝之上，火點著甲鐵皆透。大兵又爲牛皮洞，直至城下，掘城爲龕，間可容人，則城上不可奈何矣。人有獻策者，以鐵繩懸「震天雷」者，順城而下，至掘處火發，人與牛皮皆碎迸無迹。又飛火槍，注藥以火發之，輒前燒十餘步，人亦不敢近。大兵惟畏此二物云。

四月罷攻。至是十六晝夜矣，内外死者以百萬計，大兵知不可下，乃謾爲好語云：「兩國已講和，更相攻耶。」朝廷亦就應之。明日，遣户部侍郎楊居仁出宜秋門以酒炙犒師，於是營幕稍稍外遷，遂退兵。

壬戌，合喜以大兵退，議入賀，諸相皆不欲，獨合喜以守城爲己功，持論甚力，呼令史元好問曰：「罷攻已三日而不入賀，何也。速召翰苑官作表。」好問以白諸相，權參政内族思烈曰：「城下之盟，諸侯以爲恥，況以罷攻爲可賀歟。」合喜怒曰：「社稷不亡，帝后免難，汝等不以爲喜耶。」明日，近侍局直長張天任至省，好問私以賀議告之，天任曰：「人不知恥乃若是耶。」因謂諸相曰：「京城受兵，上深以爲辱。聞百官欲入賀，誠有此否。」會學士趙秉文不肯撰表，議遂寢。

是月，以尚書省兼樞密院事，合喜罷樞密。合喜既失兵柄，意殊不樂，欲銷院印，諸相謂院事仍在，印有用時，不宜毁。合喜怒，欲笞其掾。有投匿名書於御路云：「副樞合喜、總帥撒合、參政訛出皆國賊，朝廷不殺，衆軍亦須殺之，爲國除害。」衛士以聞。撒合飲藥死，訛出稱疾不出，惟合喜坦然若無事者，上亦無所問，由是軍國之事盡決于合喜矣。

《明神宗實録》卷三〇〇 萬曆二十四年八月丙申　原仕袞州府通判華光大奏，父華富製有神異火器，職方試驗堪用。比報東虜小歹青入寇廣平，以火器攻虜，虜輒扶傷奔北。既而替撫傳檄搗巢，委督放火器，得獲大捷。至水戰大船，不必挽槳，止用二人潛以盤水車飛輪攪之，一船可燒敵船百艘。欲爲天津通州海口備禦計，章下兵部。

《清會典事例》卷六八七 工部

軍火存貯火器，直省火器。

存貯火器：順治初年定，八旗礮廠，鑲黄、正白、鑲白、正藍四旗各三十五間，均在鑲黄旗教場空地。正黄、正紅二旗各三十間，均在德勝門内。鑲紅、鑲藍二旗各二十三間，均在阜成門内。八旗火藥廠，鑲黄、正黄二旗十有二間，在安民廠。餘六旗二十間，在天壇後。各廠皆撥八旗官兵看守。今裁，各廠亦廢。安民廠在西直門内之北，收貯礮位。今尚貯廢礮。濯靈廠在右安門内，收貯火藥、烘藥、鉛子。盔甲廠在崇文門内之東，今貯廢礮。條兒衚衕局、安定門局，收貯礮位及軍器。今皆貯廢礮。戊、丁二庫在西什庫内，收貯弓刀箭弦鳥鎗等項。丁字庫，今貯硝黄。中營火藥三局，東營、西營各二局。康熙十九年議准：移廣積庫硝、黄等項收貯丁字庫。二十四年奏准：請將城上房屋修整，收貯各廠各庫舊有火藥。如尚有餘剩者，再行請旨辦理。三十一年奏准：城上房屋修理完竣，將各廠庫所存舊火藥挪移安放。惟外城中營餘藥十六萬斤，請移至濯靈廠收貯。至中、東、西三營，原有看守庫丁二十四名，今火藥既已挪移，應撤回二十名，止留四名，在西什庫濯靈廠照常應差，並令其兼看三處空廠。三十五年奏准：將舊貯火器之洪威廠、蕩氛廠空地，均交與内務府收管。雍正六年奏准：看守庫丁於中營火藥廠廢址内偷刨鉛子盜賣，應將庫丁送刑部治罪，刨出鉛子交部收貯。其中、東、西三營空地三十四畝，均交與内務府收管。乾隆十八年奏准，從前盛貯軍需火藥，均置買油簍收貯，但荆條脆朽，行用一次，即成廢棄，不能經久。應在濯靈廠内建造木倉五間，收貯火藥，即於餘剩銀内動支。三十年奏准：火藥局内堆貯硝、黄、炭觔等項，原有工部搭蓋席棚五座，計二十二間。伏思火藥物料以席棚堆貯，不但雨水浸淋易致霉變，且交冬令，火燭尤關緊要。應請照依席棚分位，改造瓦房堆貯。計器具庫一座七間，乾藥庫一座三間，丸藥庫一座三間，貯硝庫一座三間，槽碾房二座，各三間，仍敷二十二間之數。所需工料價值，毋庸另請正項，即在辦理火藥節省銀内動支銀二千一百七十七兩有奇，如式蓋造，如此則一勞永逸，而於火藥物料、錢糧均有裨益。三十五年奏准：將條兒衚衕等局收貯廢鐵礮七十七位，交營造司存貯庫内。遇有取用之處，鎔化應用。

直省火器：順治初年定，各省需用銃礮、火甎、火箭、噴筩、火毬、鐵彈、鉛子

等項，由各督撫奏請，准其造備，將用過工料銀報部察覈。　康熙二年議准：各省軍需藥彈，遇有征勦，准其動用開銷。駐防別省官兵軍前操演，亦准支給。　十九年議准：各省大小銅礮、多餘鐵礮，均令解送來京。鐵礮朽壞者，銷燬作鐵備用。　又議准：鐵礮解送勞民，多餘者准留原處收貯。　二十年奉旨：直隸沿邊及路險地方，各礮不必解送。　又奏准：松江銅礮留存備用。　二十一年題准：福建、四川、雲貴兩廣，路途險遠，銅、鐵礮均留本地收貯。　二十六年諭：福建銅礮，自陸路解送，恐至累民。著裝載海船，從沿海送至鎮江。該撫撥船解京工部，仍行曉諭，嚴加申飭，沿途勿致藉端擾害地方。　三十年議准：將八旗大礮運交宣化、大同各四十位，內神功礮十有六位，神威礮二十四位，各給發鉛、鐵礮子一萬箇，存庫備用，火藥由各州縣製造交營。　三十五年題准：各省兵丁每歲演礮鉛、鐵子，照數拾回以備應用。　雍正五年奉旨：各處應設礮，俟撥給齊備之後，將彼地所有子母礮齎送來京交部。　又議准：盛京寧古塔近海，黑龍江與俄羅斯接壤三處兵丁，仍設立子母礮百位。此外各省舊存子母礮，及捐造子母礮，行令該將軍督撫提鎮，照數悉行送部。　十年奏准：青州駐防兵丁，增設子母礮十有六位，交造辦處造給。　十一年覆准：張家口、獨石口、柴溝、龍門等處爲沿邊要地，駐劄副將游擊，酌撥大礮鎮守，於邊防有益。應將宣化鎮收存大礮四十位內，於張家、獨石二口，各撥給神功礮二位，神威礮四位。柴溝、龍門二處，各撥給神威礮二位，神功礮二位。照例每年演放，需用火藥，即在額數內分給。鉛、鐵礮子，於部發原存數內動支。　舊存礮車，在存公項下動支修整。再向來演礮，並不加子施放，以致準頭遠近、星斗高低官兵茫然不知，礮位堪用與否，礮手亦不諳練。應揀發旗員一人，礮手二名，前往該處驗看演放。俟兵丁熟悉後，即令回京。至大同收存大礮，應一律於山西緊要隘口酌撥安設演習。　又議准：各省兵丁每歲操演所用鉛子，准其檢七耗三。除檢回數目抵算外，將實用鉛價在於公項銀內開除，報部覈銷。　十二年覆准：令各省將所有大礮擇其堅好者留用，銹壞者報明鑄造。如本營未設，別營有餘者，通融撥取，造册咨部備案。　十三年覆准：大同鎮大礮，生鐵鑄造，沉重粗大，移動演放均不輕便。且貯放年遠，中多銹蝕。現今各營共子母礮一百二十七位，兼以神功、神威礮均可適用，應將年久大礮分別存留銷燬，造册報部，毋庸從新鑄造。　乾隆十六年奏准：黑龍江地方請發子母礮，兵部將八旗漢軍礮局內子母礮四十位，移交工部改造修整。除二十七礮委官漆飾修補外，其不堪修理鐵子母礮十有三位，併隨礮物件，請交造辦處照式成造。完日由部委官送往黑龍江應用。　十九年奏准，鑲黃、正白二旗火器營，請換鐵子母礮三位，交造辦處撥給應用。　二十一年奏准：黑龍江齊齊哈爾城請換鐵子母礮三位，交造辦處撥給應用。　二十三年諭：據黄廷桂奏稱，甘肅現存礮位年久不堪應用，現在雇覓良工，趲造大神礮二三十位，請交松阿哩監造，就近演放，交臣轉解等語。軍營現需礮位，自宜製作精堅，著傳諭松阿哩督同鎮道等員，監視工匠，加意鑄造。但必俟全數鑄就，始行轉解，未免稽遲時日。且解送亦殊繁費，惟酌量鑄成三四位，或五六位，即爲一起轉解。　又奏准：黑龍江請換鐵子母礮一位，交造辦處撥給應用。　二十四年奏准：黑龍江請換鐵子母礮二位，交造辦處撥給應用。　又奏准：熱河請換鐵子母礮三位，交造辦處撥給應用。　二十七年奏准：黑龍江請換鐵子母礮一位，交造辦處撥給應用。　二十九年奏准：黑龍江請換鐵子母礮一位，交造辦處撥給應用。　三十一年奏准：正白旗火器營，請換鐵子母礮一位，交造辦處撥給應用。　三十二年奏准：黑龍江請換鐵子母礮一位，交造辦處撥給應用。　三十三年諭：據阿爾泰奏到《九節銅礮圖説》，按所開礮身、礮子，均較京城礮位加重。著傳諭阿爾泰，於川省現存銅礮十尊內，先將四尊運往永昌，交與阿里衮豫行演試。其礮子一項，據單開計重三斤以上，並未分晰銅、鐵。而京城所有礮子，純鐵者僅重一斤八兩，其銅包鉛子，雖大小一樣，而分兩重至二斤八兩。若川省三斤以上礮子，原係純鐵，則依銅包鉛法製造，分兩自可更重。況滇省銅鐵素多，製用自必甚易。著阿里衮於收到礮位後，擇地做架木城，將兩種礮子演放，試看銅包鉛子是否得力，並此項礮位，果否宜於攻打木城之處，即行明晰奏聞，再將川省餘礮應送應停酌量。尋阿爾泰奏，遵旨將川省九節銅礮撥出四尊，配礮子四十個，委員妥解。至礮子重三斤以上，俱係純鐵製就。　三十四年奏准：川省原存九節銅礮十位，上年解滇四位，今遵旨將現存六位，隨帶純鐵礮子，照上届按站撥夫接運，解赴永昌。　又奏准：經略大學士公傅恒咨開，前調撥川省劈山礮四十位，最利軍行，應再添調四十位。查川省亦屬邊徼，各營一經撥動，現存礮位無多。滇省既無劈山礮，可將解去者酌留備用。川省照撥解之數，另行製造，報部覈銷。　又奏准：八旗火器營請修鐵子母礮九位，經造辦處查明，礙難修理。奏明在於庫貯礮內，撥給鐵子母礮九位應用。　又奏准：解送雲南軍營衝天銅礮四位，一切隨礮什物併測量儀器，由工部造辦處派員，隨帶礮手，同欽天監五官靈臺等官員，先將所解礮位測

量演放試准，照例馳驛前往。所需炸藥一項，與尋常火藥不同，滇省匠人未能如法配合。令營造司製造炸藥匠人同赴軍營，以便隨時修合。　三十九年奏：運往四川軍營衝天礮四位，在八寶山試放。由工部造辦處派員，將礮子水平匣、什物等件照例解往。嗣奉諭旨：停止運送。將礮子一百五十箇，交筆帖式那亮迅速趕運至陝西潼關，交侍衛阿彌達，同所帶木礮樣，一併馳驛前往軍營。　又奏准：盛京舊有銅鐵大小礮七十九，礮子一千八百，鳥鎗一千三百三十八，礮子六千八百。其中因潮濕銹朽者，礮三十九，礮子一千八百，鳥鎗俱不堪用。查盛京工程需用銅鐵，俱動正項採買，請將此項銹朽鎗礮等銷化備用。　四十年奏准：正黄、鑲紅二旗火器營，請换鐵子母礮各一位。交造辦處，在於庫貯礮内撥給二位應用。　四十一年諭：從前送滇省之衝天礮位，停止軍務以來，已越數載，何以尚未派員送京？著即行查明，併原發之儀器等項送京，以免日久損壞。欽此。隨經運送回京，工部將解到衝天礮及水平匣、礮子等項，奏交造辦處收貯。　四十四年奏准：正藍旗火器營請换鐵子母礮一位，交造辦處撥給應用。　四十五年奏准：黑龍江請换鐵子母礮一位，交造辦處撥給應用。　又奏准：撥給密雲縣駐防官兵操演鐵子母礮二十位，交造辦處，在於庫貯礮位内撥給。其隨礮什物，由部辦給應用。　四十六年諭：前次攻勦金川，造辦處員外郎海陞、催長薩炳阿，在軍營鑄造大礮，於摧碉攻寨頗屬得力。著海陞、薩炳阿選帶熟習鑄礮匠役三四名，馳驛前往軍營。　四十七年覆准：甘州、固原提屬河州、興漢、延綏、涼州、西寧、寧夏、肅州等鎮，各項大礮共六百四十六位，實堪用者一百三十三位。内大神威礮六十一位，又大將軍、紅衣、雷公等名目共礮七十二位。其用與大神威礮相仿，即可抵作大神威礮之用。酌量於督標及西安撫標各貯十六位，固原甘州提標各貯十四位，河州、興安、延綏、涼州、西寧、寧夏、肅州七鎮標各貯十位。至劈山大礮一項，止就督撫提鎮大標鎗手兵丁每二百名鑄造一位酌給。併令各營，將存貯大礮以春秋二季輪流演放，併將劈山礮同鎗手兵丁時常操演。至陝甘兩省副將以下各營堡，均有舊存子母、威遠、滴珠各項小礮，現在演試堪用者二千六百一十三位，照數存貯該營。其炸裂損壞之大小各礮，盡行銷燬，廢鐵變價充公。　四十八年奏准：修理正陽等十六門存貯銅、鐵礮八百十四位，添安星斗。内銅礮四十七位，鐵礮七百六十七位。磳磨鏽銹，修理完好。外尚有銅礮二位，火門衝壞。銅有冷熱之分，不能聯絡，難以修理。請交鑄爐處銷燬，作銅應用。　四十九年奏准：烏嚕木齊各營舊存礮位，内有不堪用威遠、子母等礮，及損壞鳥鎗，一體銷燬，並於鐵廠添撥鐵斤，改造大神劈山礮。由内地調匠役，經前任都統奏明，嗣調到匠役二名，均稱但能打造鳥鎗大神礮，向未製過劈山礮。因發給成式，令其照造演放，總未妥協。查原擬各營應需大神礮二十九位，劈山礮一百二十七位，爲數過多。今覈實應造大神礮十七位，劈山礮一百零四位，計算鐵斤價值、炭火人工，較之内地糜費數倍，兼之所調工匠難得熟手。大神劈山礮位爲軍營利器，製造必須精良。查内地涼州府匠役輻輳，產鐵充盈，從前曾經打造各礮位，應移咨陝甘總督，轉飭涼州鎮，會同涼州府製造，運送至哈密等處分給。　五十一年奏准：黑龍江請换鐵子母礮一位，交造辦處撥給應用。　五十三年奏准：鑲白旗火器營請换鐵子母礮一位，交造辦處撥給應用。　五十五年奏准：熱河請换鐵子母礮一位，交造辦處撥給應用。　五十九年奏准：密雲縣駐防，請换鐵子母礮一位，交造辦處撥給應用。　又奏准：各省滿漢各營演放礮位鳥鎗，所用鉛子、鉛丸，除盛京、西安、江寧、杭州、涼州、廣州滿營，廣西緑營，係全數揀回，向不開銷；貴州一省山徑叢雜，奏明揀六銷四外，其餘各處，俱揀回七成，開銷三成，以昭畫一。　嘉慶四年奏准：金州水師營請换鐵子母礮十九位，交造辦處撥給應用。　五年奏准：修理崇文、朝陽、東直、安定、德勝、西直等六門存貯木鑲銅礮十一位，東便、右安、廣渠、西便等四門，存貯臺灣渾銅神功、鐵神機、神樞等礮三十七位，交造辦處添安星斗，修理完好。　又奏准：熊岳水師營添設戰船四隻，請給配船鐵子母礮二十四位，並金州水師營請换鐵子母礮九位，交造辦處鑄造，給發應用。　六年奏准：修理八旗漢軍礮局内存貯神威無敵銅礮十三位，神威銅礮一百位，烘門衝壞，應將損壞處所改做銅料螺螄烘門。　七年奏准：鑲紅旗火器營請换木把子母礮一位，交造辦處，在於庫貯木把子母礮内撥給應用。　十年諭：臺灣水師關繫緊要，前經玉德等奏請添造梭船三十隻，當即降旨准行。所有此項船隻應配大小礮位，據王德等奏稱，查明水陸各營並無餘礮堪以抽撥。著照所請，即行動項如數製造，以資緝捕之用。照例覈實報銷，該部知道。　十一年諭：近來外省咨報商民販鐵過多，著各該督撫悉心體察，申明例禁。如有私販出洋及違例製造軍器者，查明按律治罪。

清・龍文彬《明會要》卷五六《食貨四・庫藏》　廣積庫，貯琉黄、硝石。

又　卷六一《兵四・火器》　永樂八年，征交阯，得神機槍礮法，特置神機營，肄習火器。《世法録》

十年，詔自開平至懷來、宣府、萬全、興和諸山頂，皆置五礮架。二十年，增

置於山西大同、天城、陽和、朔州等衛，以禦敵。《兵志》。

宣德二年，設王恭廠。《會典》。

五年，敕宣府總兵譚廣：「神銃國家所重，在邊墩堡，量給以壯軍威，毋輕與。」

正統六年，邊將黃真、楊洪立神銃局於宣府。帝以火器外造，恐傳習漏洩，敕止之。

十四年，御史楊善請鑄兩頭銅銃。已上《兵志》。

景泰元年，巡關侍郎江潮言：真定藏都督平安火繖可用。應州民師翱製銃，有機，頃連三發，及三百步外。俱試驗之。《世法録》。

五年，令各處守備官製銃箭火藥操演，不得漏洩法式。《會典》。

天順八年，延綏參將房能言：「麓川破賊用九龍筒，一線然則九箭齊發。請頒式各邊。」《世法録》。

弘治九年，令：「神槍、神礮，在外不許擅造。遇邊官奏討，工部奏行內府兵仗局鑄給。」《會典》。

嘉靖八年，從右都御史汪鋐言，造佛郎機礮，謂之大將軍，發諸邊鎮。《兵志》。

二十五年，總督翁萬達奏所造火器。兵部試之，言：「三出連珠、百出先鋒、鐵棒雷飛俱便用。母子火獸、布地雷礮止可夜劫營。」御史張鐸亦進十眼銅礮，大彈七百步，小彈百步；四眼鐵槍、彈四百步。詔工部造。同上。

隆慶元年，譚綸奏：「火器之利，莫踰於佛郎機。用銅計費十餘金，用鐵少亦五六金。點放不得其宜，易破；破必傷人。以故，不能多具；具亦不敢輕用。臣在南方，見有木佛郎機，因教武生舒明臣造而試之，其利與銅佛郎機同。連發七八銃不破，破亦不傷人。法用堅木爲體，外束以鐵箍六道，計其工費，共用銀三錢三分。壞則止易其木，而鐵箍則長存。費省而用巨，莫善於此。請敕工部，支銀一萬一千兩，分發薊、易二鎮，照式制造三萬三千架，分布緊要關口，以備戰守之用。」帝從之。《明臣奏議》。

福清石竺山多猴，千百爲羣。戚繼光剿倭時，屯兵於此，每教軍士放火器，狙窺而習之。乃命軍士捕數百，善養之，仍令習火器以爲常。比賊至，伏兵山谷中，而令羣狙鬪其營。賊不虞也。少頃，火器俱發，霹靂震地。賊大驚駭。伏發，殲焉。《通典》。

萬曆中，大西洋船至，得巨礮曰紅夷，長二丈餘，重者至三千斤，能洞裂石城，震數十里。天啓中，錫以大將軍號，遣官祀之。《兵志》。

天啓六年五月，王恭廠災。《三編》。

崇禎時，大學士徐光啓請令西洋人製礮，發各鎮。光啓故從西洋人利瑪竇學火器，及遼陽敗，光啓力請多鑄西洋大礮，以資城守。《光啓傳》。

登、萊巡撫孫元化善西洋礮法，得之光啓。賊攻萊州，即葦元化所製西洋礮日穴城。城多頽。《徐從治傳》。

崇禎十五年，御史楊若橋薦西洋人湯若望善火器，請召試。劉宗周曰：「邊臣不講戰守屯戍之法，專恃火器。近來陷城破邑，豈無火器而然？我用之制人，人得之亦可制我。不見河間反爲火器所破乎？國家大計，以法紀爲主。大帥跋扈，援師逗遛。奈何徒爲此紛紛無益之舉？」《劉宗周傳》。

圖録

宋·曾公亮等《武經總要》卷一二

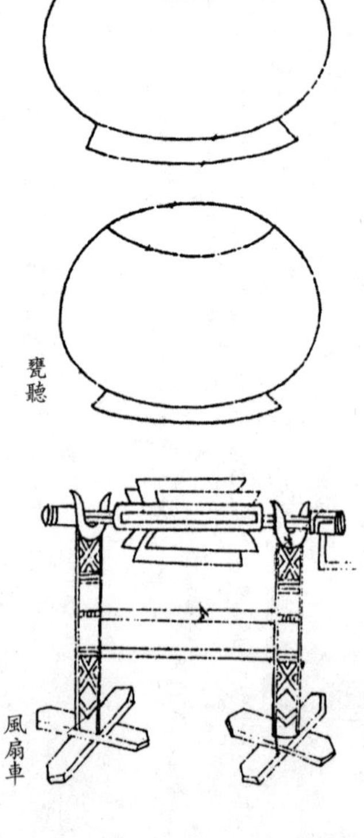

右甕聽，用七石甕覆于地道內，擇耳聰人坐聽於甕下，以防城中鑿地道迎我。若賊開地道迎我，則急以霹靂火毬、具守城門。毒藥煙毬、具火攻門。熏灼之。其樺燭、鐵燈籠、木燈籠，皆用地道中點照。

右風扇車，二柱二桄，高闊約地道能容。上施轉軸，軸四面施方扇。凡地道中遇敵人，用扇颺石灰，簸火毬煙以害敵人。

凡砲中之利器也，攻守師行皆用之。守宜重，行宜輕，故旋風單梢虎蹲師

行，即用之守，則皆可設也。又陣中可以打其隊兵中，其行伍則不整矣。若燔芻糧積聚及城門敵棚、頭車之類，則上施火毬、火鷂、火槍以放之。推車梢不可放，以其力小故也。其火毬等，重及十二斤。

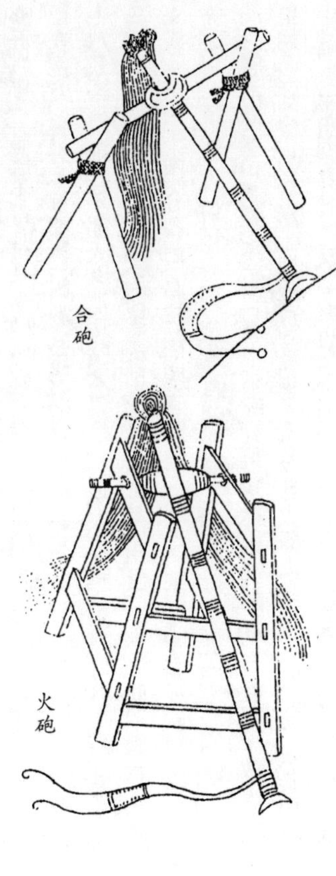

隨砲動用

長木十二根，長一丈，徑三寸。簽頭木一十二條，木杠四條，大斧三具，界索滑椽四十條，拐頭柱一十八條，皮簾八片，皮索一十條，散子木二百五十條，救火大桶二，鐵鈎十八箇，大木檻二箇，界扎索一十條，水灑二箇，拒馬二，麻搭四具，小水桶二隻，唧筒四箇，土布袋一十五條，界椽索一十條，鍬三具，氈一領，钁三具，火索一十條。

右隨砲預備，用以蓋覆及防火箭。

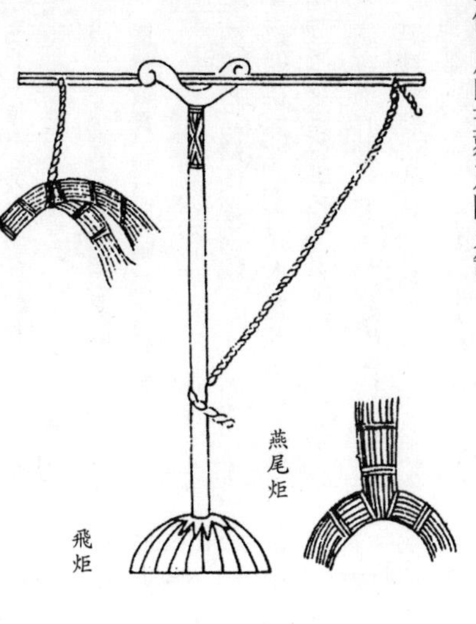

右燕尾炬，束葦草下分兩岐如燕尾，以脂油灌之，發火自城上縋下，騎其木驢板星燒之。

飛炬，如燕尾炬，城上設桔槔，以鐵索縋之，下燒攻城蟻附者。

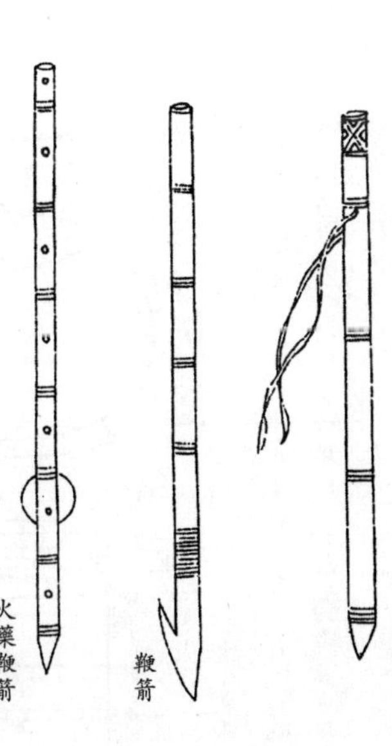

鞭箭，用新青竹長一丈徑寸半爲竿，下施鐵索，梢繫絲繩六尺，別削勁竹爲鞭箭，長六尺，有鏃，度正中施一竹臬。亦謂之鞭子。放時以繩鉤臬，繫箭于竿，一人摇竿爲勢，一人持箭末激而發之。利在射高，中人如短兵。

放火藥箭者，如樺皮羽，以火藥五兩貫鏃後，燔而發之。

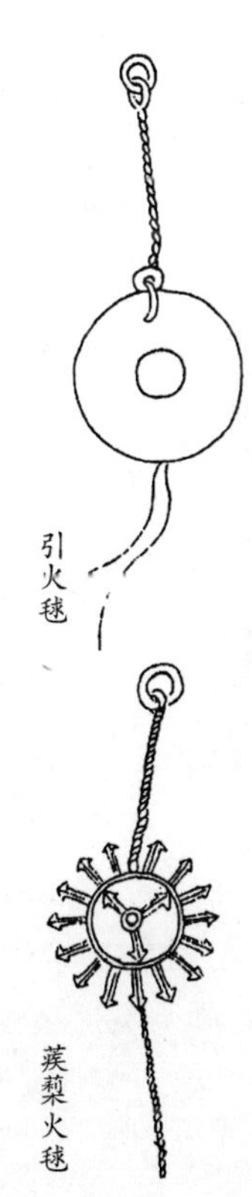

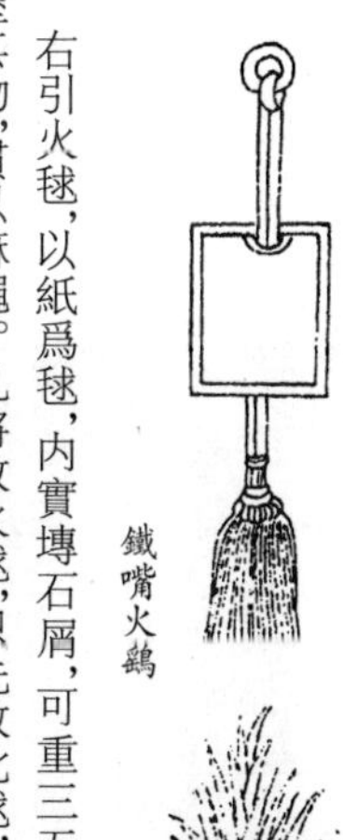

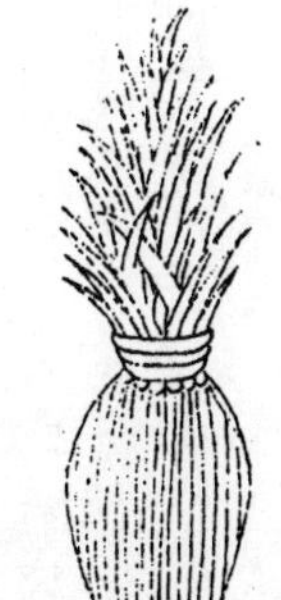

右引火毬，以紙爲毬，內實塼石屑，可重三五斤。爇黃蠟、瀝青、炭末爲泥，周塗其物，貫以麻繩。凡將放火毬，只先放此毬，以準遠近。

蒺藜火毬，以三枝六首鐵刃，以犛，藥團之中貫麻繩，長一丈二尺，外以紙并雜藥傅之。又施鐵蒺藜八枚，各有逆鬚。放時燒鐵錐烙透，令焰出。火藥法，用硫黄一斤四兩，焰硝二斤半，麄炭末五兩，瀝青二兩半，乾漆二兩半，搗爲末。竹

茹一兩一分，麻茹一兩一分，剪碎，用桐油、小油各二兩半，蠟二兩半，鎔汁和之。傅用紙十二兩半，麻一十兩，黄丹一兩一分，炭末半斤。以瀝青二兩半，黄蠟二兩半，鎔汁和合，周塗之。

鐵嘴火鷂，木身鐵觜，束稈草爲尾，入火藥於尾内。

竹火鷂，編竹爲疏眼籠，腹大口狹，形微脩長，外糊紙數重，刷令黄色。入火藥一斤在内，加小卵石，使其勢重。束稈草三五斤爲尾，二物與毬同。若賊來攻城，皆以砲放之，燔賊積聚，及驚隊兵。

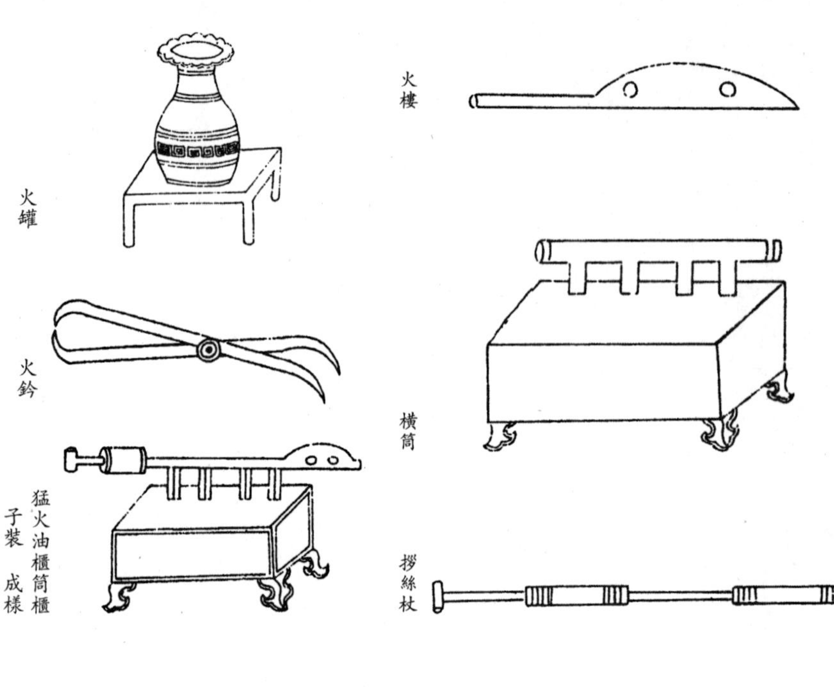

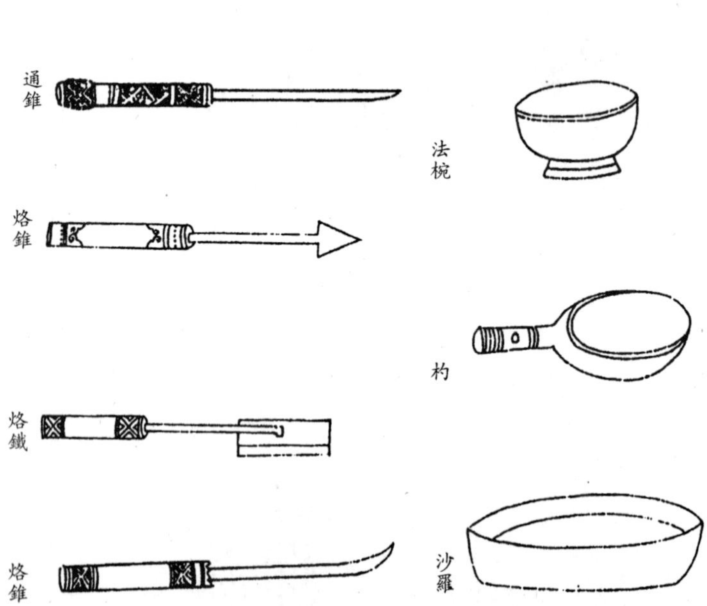

右放猛火油，以熟銅爲櫃，下施四足，上列四卷筒。卷筒上横施一巨筒，皆與櫃中相通。横筒首尾大細，尾開小竅大如黍粒，首爲圓口，徑寸半。櫃傍開一竅，卷筒爲口，口有蓋，爲注油處。横筒内有拶絲杖，杖首纏散麻厚寸半，前後貫二銅束約定。尾有横拐，拐前貫圓揜，入則用閉筒口，放時以杓自沙羅中挹油注櫃竅中，及三斤許。筒首施火樓注火藥於中，使然發火。用烙錐入拶杖於横筒，令人自後抽杖，以力蹙之，油自火樓中出，皆成烈焰。其挹注有椀、有杓，貯油有沙羅，發火有錐，貯火有罐。錐通錐以開筒之壅塞，有鈐以夾火，有烙鐵以補漏。通櫃筒有罅漏，以蠟油青補之。凡十二物，除鈐、錐、烙鐵外，悉以銅爲之。一法，爲一大卷筒，中央貫銅胡盧，下施雙足，内有小足相通，亦皆以銅爲之。亦施拶絲杖。其放法準上。凡敵來攻城，及大壕内及傅城上頗衆，勢不能過，則先用藁秼爲火牛縋

城下，於踏空版内放猛火油，中人皆糜爛，水不能滅。若水戰，則可燒浮橋、戰艦。於上流放之，先於上流簸糠粃熟草，以引其火。

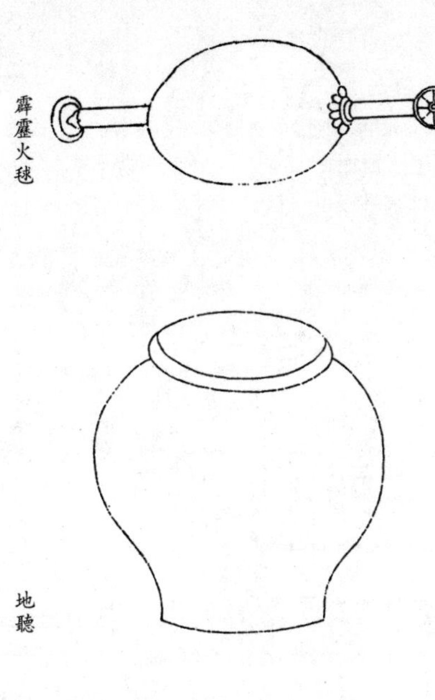
霹靂火毬
地聽

右霹靂火毬，用乾竹兩三節，徑一寸半，無罅裂者，存節勿透。用薄瓷如鐵錢三十片，和火藥三四斤，裹竹爲毬。兩頭留竹寸許，毬外加傅藥。火藥，外傅藥。注具《火毬説》。若賊穿地道攻城，我則穴地迎之，用火錐烙毬，開聲如霹靂然，以竹扇簸其煙焰以熏灼敵人。放毬者含甘草。

右地聽，於城内八分穴地如井，各深二丈，勿及泉。令聽事聰審者，以新甕自覆於井中，坐而聽之。凡賊至，去城數百步内，有穴城鑿地道者，皆聲聞甕中，可以辨方面遠近。若審其處，則鑿地迎之，用熏灼法。法具《霹靂毬説》。

明・焦玉《火龍經》卷中《火器圖説上》

［威遠砲］每位重一百二十斤，高二尺八寸，底至火門高五寸，火門至腹高三寸二分，砲口徑過二寸二分，火門上有活蓋，以防陰雨。此砲不炸，不大後坐。每用藥八兩，大鉛子一枚，重二斤；小鉛子一百，每重六錢，就近手可點放。

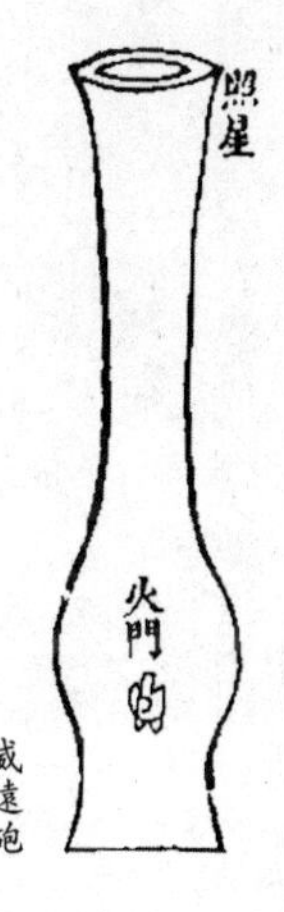

威遠砲

此器因其形得名，長二尺，重三十六斤。大釘，每根長一尺二寸，重三斤半。鐵絆每根可長一尺二寸，重三斤。器内吞百子，每子五錢，藥八兩。

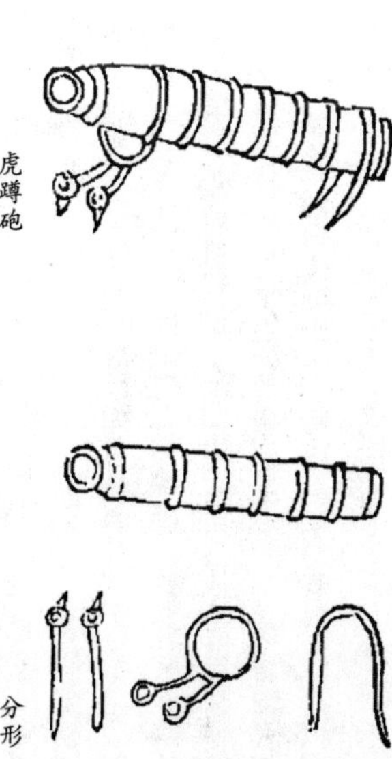
虎蹲砲
分形

［迅雷砲］每位重十餘斤，砲底至火門高二寸五分，火門下寸許開一大眼，用鐵橛釘地，便不後坐，亦可作連砲用使遠地雷各砲。

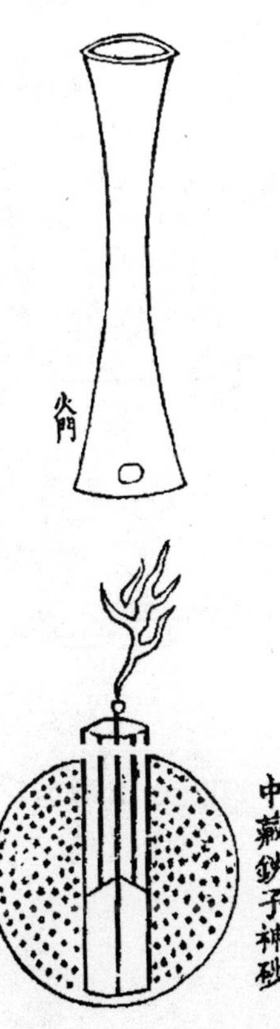

迅雷砲
爛骨火油神砲

［爛骨火油神砲］砲用桐油、銀銹、硇砂、金汁、蒜汁炒製鉄砂、瓷粉，將生鐵鑄小子砲，發去一擊粉碎，皮骨頓爛，眼目立瞎，雖生飛羽亦不能施展。

［萬火飛砂神砲］用燒酒炒製毒藥，盛於瓷罐，暗藏發藥擲於城下，火發罐破，煙飛霧障，撲賊眼目，繼以砲石弩矢擊之。毒藥見上卷。

［鑽風神火流星砲］用生鐵鑄，狀圓如毬，中藏毒火、飛火、法火、爛火等（樂）［藥］，用堅木爲馬，兩旁烙兩孔，分四信引於外。留空，藏一信盤曲於中，以礬紙裹信，藏久不潮。大砲用騾馬駝入，小砲則用手持擲去。

萬火飛砂神砲

鑽風神火流星砲

西瓜砲，此乃守城第一美器，蓋以高臨下方可用也。砲中入小蒺藜一二百枚，火老鼠五六十箇。賊至城下，點燃總線，待火將分，丢落賊羣中。火線必四者，防抛滅也。

西瓜砲

火鼠帶鈎

鐵蒺藜

篾編成圓籃，以紙厚糊四五十層，曬乾。上油紙十五層，開砲一竅，以火藥三斤，加鐵蒺藜半斤，飛燕、毒火、紙爆各數十箇。其威力甚大，不惟可以擊人，飛燕火發四散飛開，粘人身上，及遇篷帆，尤能延燒，水澆之不滅也。

羣蜂砲

銕造，身長一尺，徑三寸，下柄二尺五寸。內裝火藥，外小鐵砲，長四寸，口徑二寸五分，裝毒火藥、鈇砂爲滿用。夾紙糊口，藥線通於大銃，置之銃口。大銃一發，小銃自去，人馬中之立斃。

飛礮砲

壙子石灰羅過，桑柴炭燒火炒半炷香用。小口小底瓶，底鑽一竅，腹入紙砲一箇。藥線從瓶底透出，將石灰築滿，生牛皮封瓶口。倚高，或平陸必取下風擊之。

風塵砲

［天墜砲］其大如斗，用法升至半天，墮於賊巢，震響如雷，黑夜令賊自亂相殺。內有火塊數十，能燒賊之營寨，必不能救。

［轟雷砲］用騰沙胎曬乾，紙糊百層，間布十層，內裝半毒藥、半火藥，并地鼠小紙砲，頭拴毒鐵蒺藜、鈎針，包松脂、硫黃，固封大口，錐入藥線。此一火器水陸宜用，奪心眩目，制宜精之。

天墜砲

轟雷砲

[千子雷砲]用銅鑄，長一尺八寸，徑五寸，裝藥六分，杵實。次入細土二分，微杵。進藥鐵子二三升。砲用鐵箍，扣於四輪車上，前安楅板，使敵不覺。臨敵放時，則去楅板，勢如摧枯。

[七星銃]净鐵打造，七銃居中，一大銃圍旋六銃，如快鎗樣，長一尺三寸。各銃底總合一處，外以厚鐵包裹。鐵箍三道，底鑽一線眼，上安木柄，長五尺。下輪徑一尺五寸，中軸錠鐵□將木柄安上。杵入火藥，多裝鐵鉛子，隨高隨低，點火對打。

千子雷砲
七星銃
夜敵竹銃

[夜敵竹銃]以堅厚竹，小者佳。外用生牛皮條紮緊曬乾，鑽火眼，引線入。用火彈二十四箇，築實火藥，用板鑲口。若寇入境，乘夜多遣健卒秘至賊營，燃筒炸火光耀，寇必驚亂。

用五寸圍竹一根，長一丈五尺，離稍一尺五寸安鎗失如人手，五股倒鬚長四寸，三面縛大竹筒三節，裝火藥，入鉛彈、藥線，總合隨火勢又增力也。

翼虎銃

用鐵打造，管長三尺，柄長二尺。步戰用此，一發三百步遠彈，能擊賊，其銃又能打賊，其一器而兩用，最利者也。

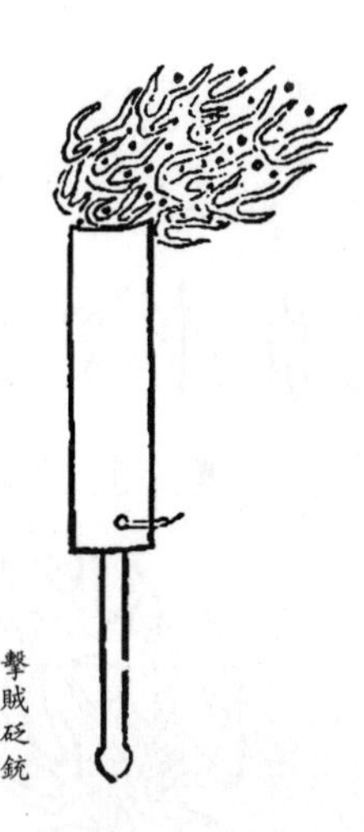
擊賊砭銃

銃與常銃相同，不必另造，惟用堅木車爲法馬，馬上釘利鏃，上蘸虎[藥]，布裹神火鐵線，縛緊鏃上。遇人馬釘入骨則拔不出，器雖常制，而利害百倍。

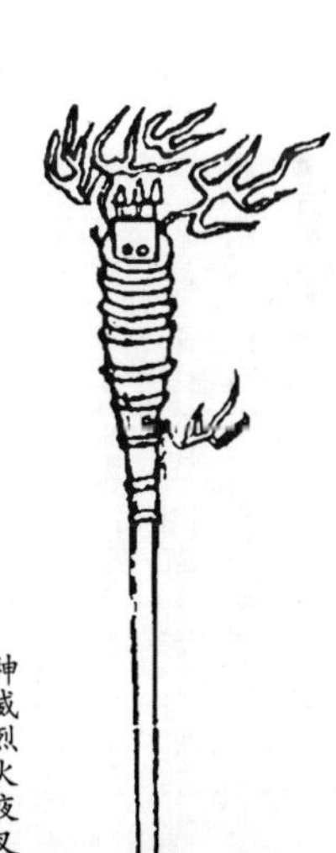
神威烈火夜叉銃

用熟鐵團打工精，短者二三尺，長者四尺，上干底鑽眼，後安木柄拐，前用鐵圈扶住，照準對打。

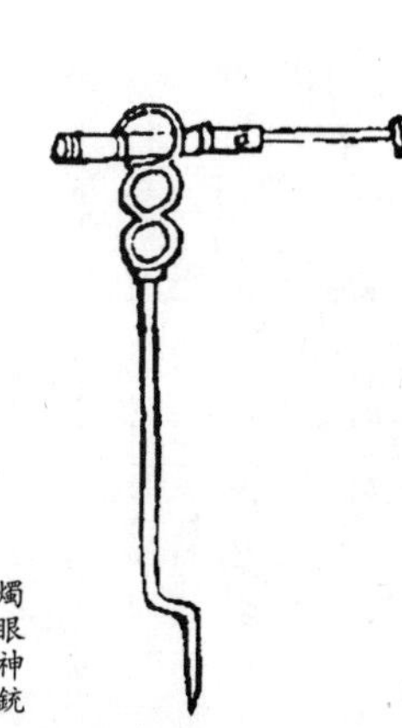
燭眼神銃

銃造二眼，中堅木長柄，頭前安鐵叉，將銃夾束兩旁，二眼鎗總束爲一。

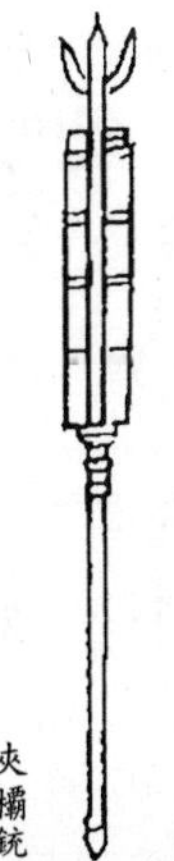
夾欄銃

[火箭]用小竹杆，長四尺二寸，鐵鏃長四寸五分，翎後釘鐵墜，長四分。前綁紙桶，起火放時有穿龍形架，或裝竹木桶，取其便也。

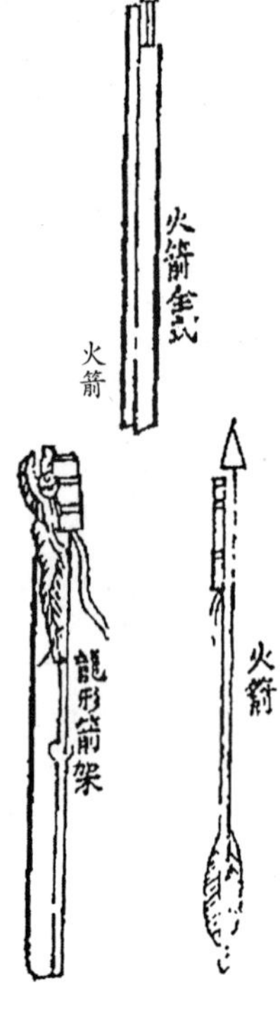

火箭

[神鎗箭]此即平安南之器也。箭下有木送子，並置鉛彈等物。其妙處在用力，木重而有力，一發可以三百步。

神鎗箭

[弓射火柘榴箭]將後火藥用綿紙二三層中樹箭桿，用藥傍根包成柘榴樣，外加麻布縛緊，以松脂熬化封固。燃藥線發火，方可開弓放去。

[單飛神火箭]用精銅鎔鑄，筒長三尺，容矢一枝。用法藥三錢。藥發箭飛，勢若火蛇，攻打二三百步人馬，遇之穿心透腹，可貫數人。

[三隻虎鉞]一如鐵銃，管長腹大，三銃三管，內三條藥線，俱合會於中。一點火，三矢俱發。

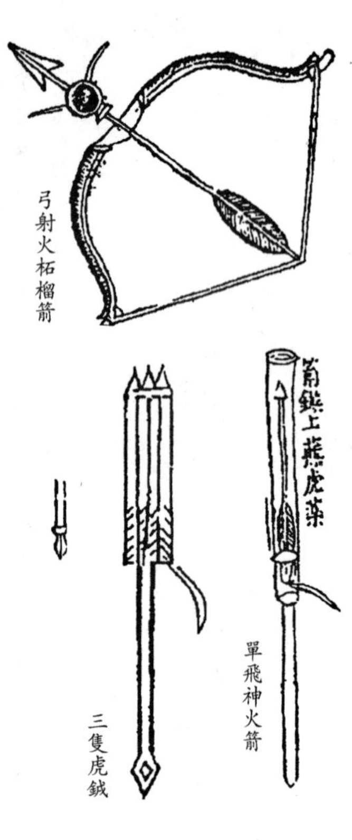
弓射火柘榴箭

單飛神火箭

三隻虎鉞

[飛天毒龍神火鎗]鎗身長一尺五寸，或用銅鑄，或鐵打。中空，藏鉛彈一枚。鎗鑄分兩開，上二寸五分，兩旁縛毒火二筒。與賊對敵，遠則發鉛彈擊之，近則發毒火燒之，戰則舉鎗鋒刺之，一器而三用，神捷莫大焉。

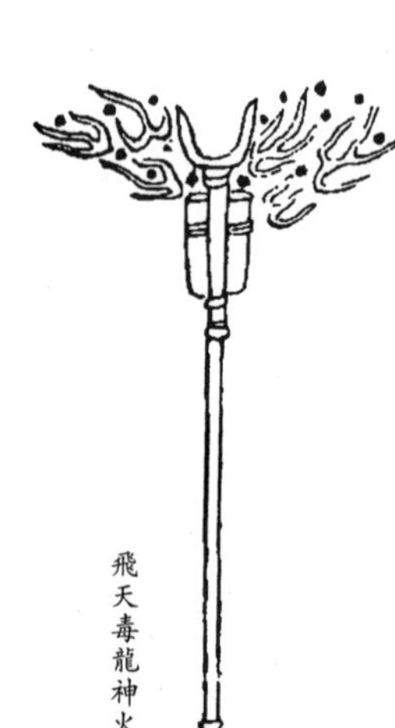
飛天毒龍神火鎗

[神機萬勝火龍刀]身長一尺五寸，或銅鑄，或鐵打造。中空，藏鉛彈一枚，刀分兩刃，長三寸，上蘸毒藥，兩旁亦縛毒火，用法與毒龍鎗同。

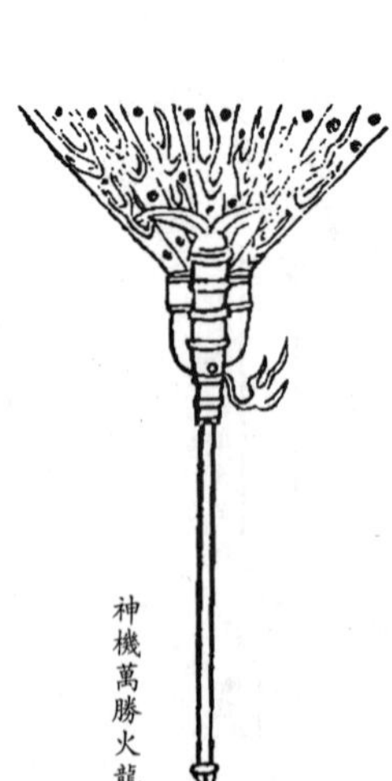
神機萬勝火龍刀

[倒馬火蛇神棍]棍用熟鐵打造，中空，以藏鉛彈、神火。身長三尺，以木爲柄，長四尺，用勇士持之，以衝馬陣。

倒馬火蛇神棍

[蕩天滅寇陰陽鏟]蕩天滅寇陰陽鏟，不懼刀鎗，不怕鍊，鉛彈、毒藥裝入内，賊過，人人皆喪膽。

蕩天滅寇陰陽鏟

[雷火鞭]用銅鐵鑄，上細下粗，長三尺二寸，前空五寸。火藥(舂)[舂]内，下錐火眼，入一錢鉛子三枚，木柄長四寸，委大力人用之。

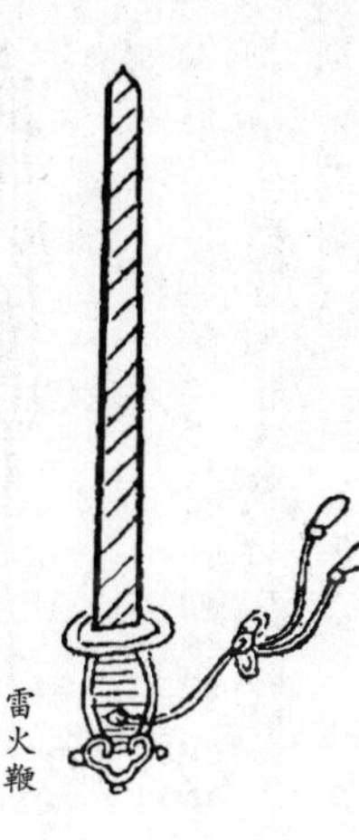
雷火鞭

[毒藥噴筒]用□細猫竹徑粘二寸深，長二尺，以麻繩纏密，下用竹木柄，長五尺。先下灰多硝少，次下噴藥一層，次下餅一枚，用力築之，築過力，餅碎無用。放時發去，可數十丈遠，徑粘帆上，其帆立燃。

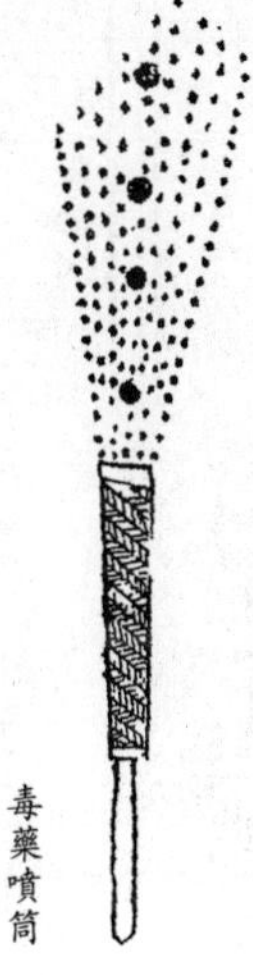
毒藥噴筒

[滿天噴筒]截中樣竹三節□，用膠布重箍，藥用硝、黄、砒霜諸毒火藥，綁於長鎗頭上，燃火守城。

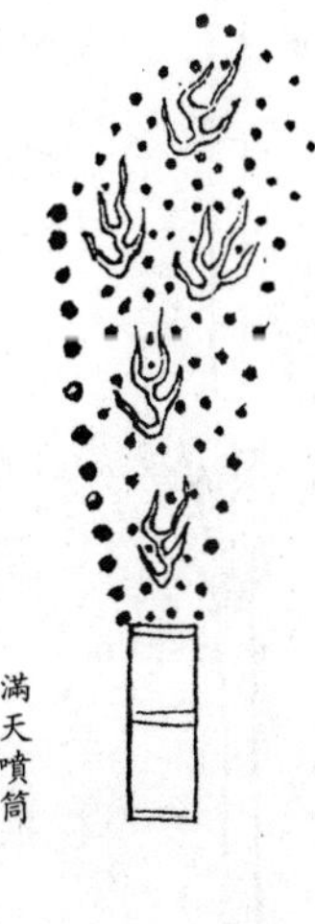
滿天噴筒

[鑽穴飛砂神霧筒]將砂合火藥灌入茅竹筒内，順風放去，遠至十餘里。賊聞昏沉不甦，乘機而攻之，取勝之道也。

鑽穴飛砂神霧筒

又 卷下《火器圖説下》

[神行破陣猛火刀牌]牌用生牛革爲之，暗藏神火、毒火、飛火、法火、爛火、烈火三十六筒，藥信盤曲，列於陣。兩軍相對，號砲一響，齊滚而進，火噴二三丈。甲士左持牌，右持刀，上砍賊首，下砍馬足。用此牌一面，足抵强兵十人。

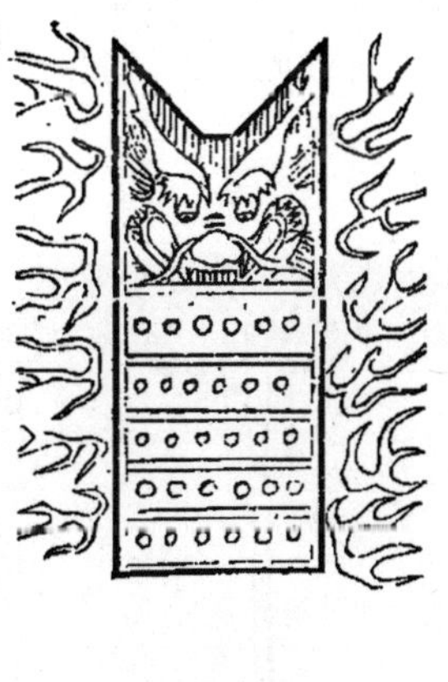
神行破陣猛火刀牌

[虎頭火牌]内藏神機箭十枝，或猛箭二十枝，外牌以備矢石。臨近忽然火發箭，敵不及拒，用之水陸，誠便利器也。

虎頭火牌

〔滚毬〕以毒火、法火、飛火、爛火、烈火、神火裝入内，以紙五重裹衣，以麻縛定，更别鎔松香傅之，以毬放。

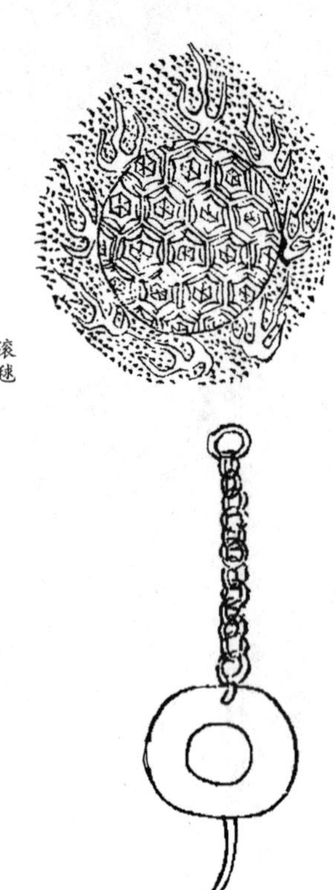
滚毬
引火毬

〔引火毬〕以紙爲毬，内實溥石屑，可重三五斤。熬黄蠟、瀝青、炭末爲泥，周塗其物，貫以麻繩。凡將放火毬，只先放此毬，以準遠近。

〔蒺藜火毬〕以三枝六首鐵刃，以火藥團之，中貫麻繩長一丈二尺，外以紙合松香瀝傅之，又施鐵蒺梨八枚，各有逆鬚。放時燒鐵錐烙透，令焰出。

〔霹靂火毬〕用乾竹兩三節，徑一寸半，無罅裂者，存節勿透，用薄瓷如鐵錢三十片，和火藥三十斤，裹竹爲毬，兩頭留竹寸許，外加傅藥。至薰灼地道攻滅人。

其製，以竹篾編圓形，紙褙曬乾，内入毒藥，中藏一大紙砲，封口。外面五綵紙糊，錐安藥線，拴繩繫之。毒煙入鼻，人馬皆傷，守城防攻亦可通用。

〔煙毬〕毬内用火藥三斤，外傅黄蒿一重約重一斤，上如火毬法塗傳之令厚，用時以錐烙透。

蒺藜火毬

霹靂火毬

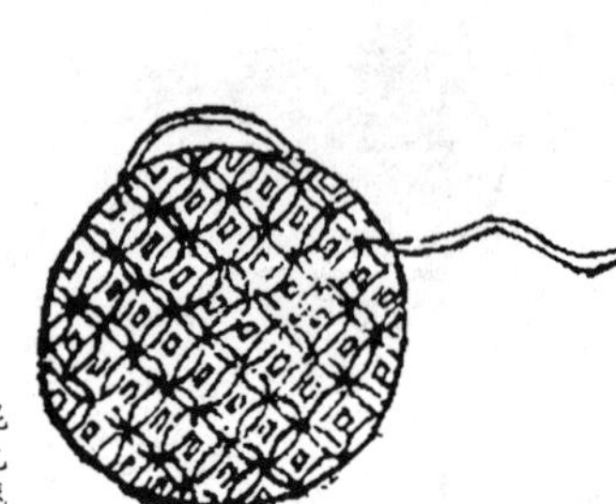

混元毬

煙毬

〔風雷火滚〕用竹編筒，圍一尺，長三尺。筒外用紙糊四五十層，一頭留口，裝毒火藥并生鐵小砲五箇，封口，中穿藥線。如賊營我兵往劫，可將此滚四面點發飛去，盡可焚滅。

〔大蜂窠〕此器戰守攻取水陸不可無者。奪心眩目，驚膽傷人，製宜精妙。此兵船第一火器也。

〔火妖〕紙薄拳大，内蕩松香，入毒火。外煮松香、柏油、黄蠟，燃火抛打煙焰，蒺藜戳脚，利水戰、守城、俯擊、短戰。

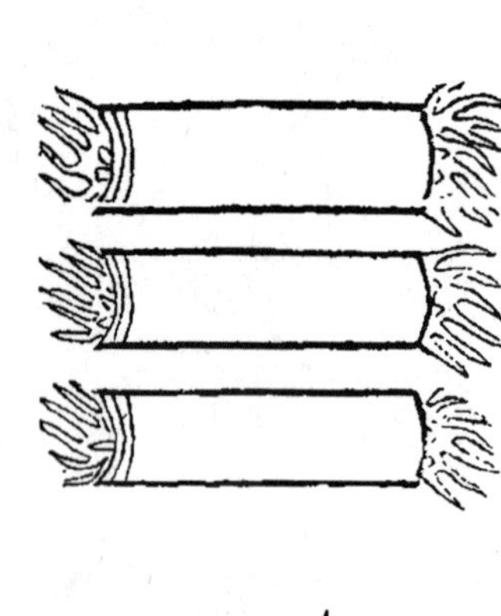
風雷火滚

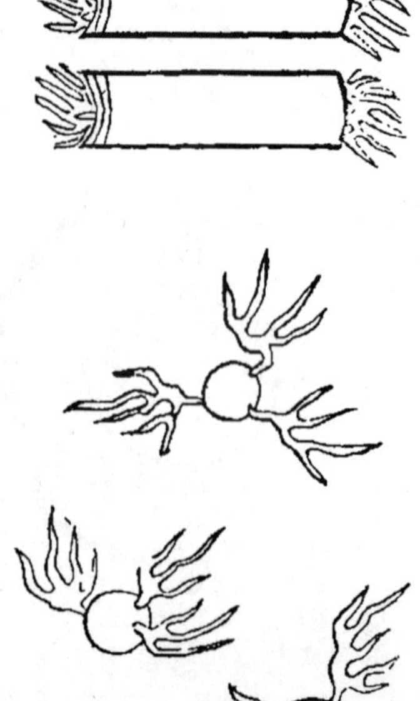
火妖

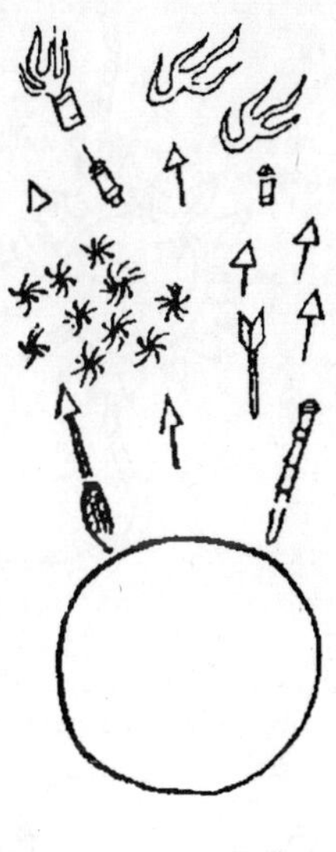
大蜂窠

〔燕尾炬〕束葦草，下分兩岐如燕尾，以脂油灌之。火發，自城上縋下，騎其木驢板屋燒之。

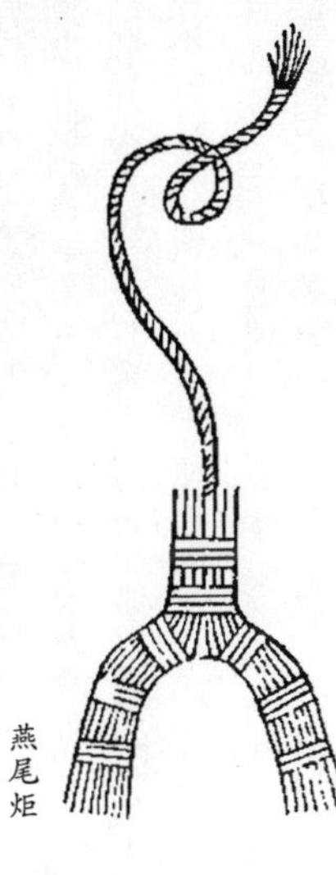
燕尾炬

〔衝陣火葫蘆〕形類葫蘆，中爲銃心以藏鉛彈。葫内毒火一升，堅木爲柄，長六尺。用猛士一人持之，與火牌相間列於陣，衝入賊隊，人馬俱驚。馬、步皆利。

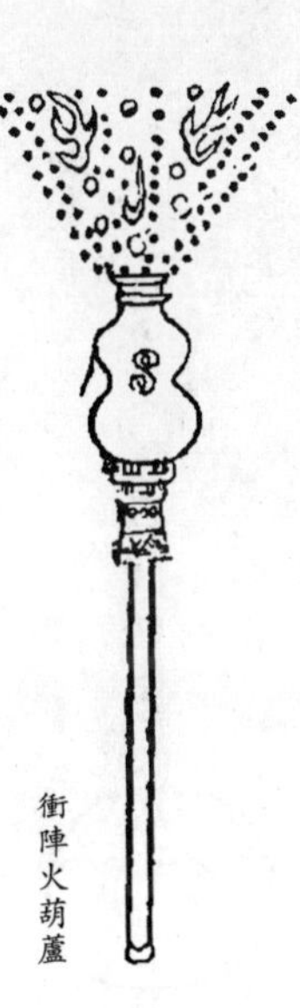
衝陣火葫蘆

〔遊火鐵箱〕以熟鐵如藍形，盛薪火如艾、蠟，以鐵索縋下，燒灼穴中攻城人。

遊火鐵箱

〔火禽〕以胡桃割剖中分，空中，實艾火。開兩孔，復合。先捕敵境中野雞，繫項下，針其尾而縱之，奔入草，器敗火發。

〔雀杏〕磨杏核中空，以艾實之，捕取敵人城中及倉庫中雀數十百枚，以杏繫雀足上，加火。薄暮羣飛入城壘中棲宿，其積聚廬舍，須臾火發。

〔神火飛鴉〕用竹篾爲簍，身如斤餘雞大，宜長。用紙糊封固，内用明火、炸藥裝滿。又將棉紙封好，前後裝頭尾。又將裱紙裁成二翅，釘牢。兩旁似鴉飛樣，每翅下用大起火二枝。鴉背上鑽眼一箇，放進藥線，連于四起火處。臨用，先燃起火，飛遠百餘丈，將墜地方着鴉身，火光遍野。

〔火獸〕以艾熅火於瓢中，開四孔，繫瓢於野獸項上，釘其尾端，向敵營而縱放之，奔走入草，瓢敗火發。

火禽　雀杏　神火飛鴉

〔火牛〕火牛，古法也。用牛前髆縛槍，其刃向前。以樺皮細草注尾上，驅其首向敵，發火，其牛震駭前奔，敵衆必亂，可以乘之攻擊。

[火牛]縛利刃於牛角，蘸毒藥，兩旁竹夾其足，使不旋轉。背負大鐵砲一箇，容牛一斗，藥信盤曲於砲内，砲藏烈火、神砂。凡賊兵甚衆，用此衝之，火發砲碎，勢若轟雷。

火獸
火牛
火牛

[火船]用弊船或木筏載以蒭薪，從上風順流發火，以炙敵人艛船戰艦。

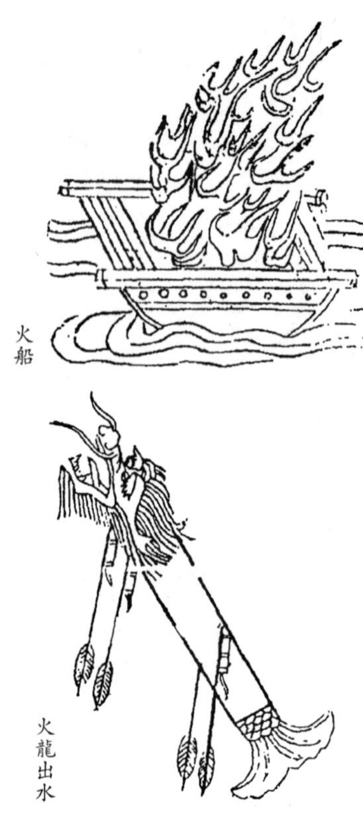
火船
火龍出水

[火龍出水]用竹五尺，去節刮薄。前用木雕成龍頭，後雕龍尾。其龍腹内裝神機箭數枝，龍頭上留眼一箇，將火箭上藥線俱總一處。水戰，可離水三四尺撚火，即飛水面二三里，去遠如火龍出于水面。筒藥將完，腹内火箭飛出，人船俱焚。

[水底龍王砲]砲用熟鐵打造，以木牌載之。其機巧在于藏火砲，上縛香爲限，香到信發。裹以上牛脬而不通氣，則火悶死。通以羊腸，硝過，夾以粗鐵線。上以鵝雁翎爲浮，隨波浪上下，黑夜順流放下，香到火發。

[地雷炸營]地雷炸營，多設關隘，以竹鋸作段，長九尺，打通，底留一節。先以生牛皮繩縛，以沸油灌入，良久傾出。下安藥線，杵作炸砲藥滿八分，入鉛鐵子，以蠟封口。挖地坑五尺，穿透藥線，機動火發。

[自犯砲]其製或鐵或石，或瓷或瓦燒造，空腹如前炸砲製法，外線通連火槽、火匣，相杌連連安置要路。賊犯真杌，羣砲皆發。

水底龍王砲

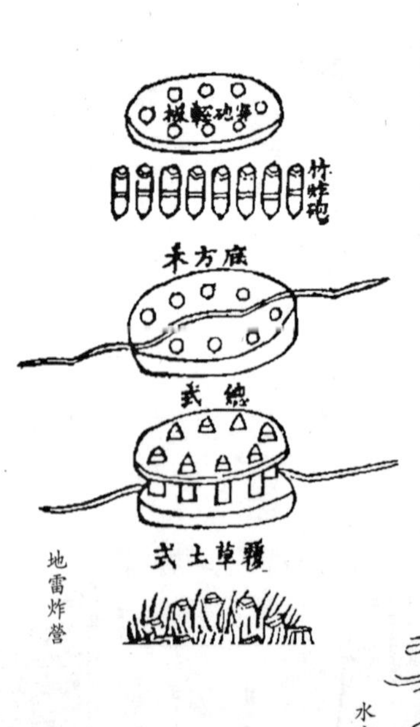

地雷炸營

[炸砲]製以生鐵鑄，大如盌，空腹入藥杵實，入小竹筒，穿火線于内，外長線穿火槽，擇寇必由之路掘坑，連連數十埋于坑中，藥槽通接鋼輪，上掩，使賊不知。踏動發機，地雷震起鐵塊如飛，火熖衝天。

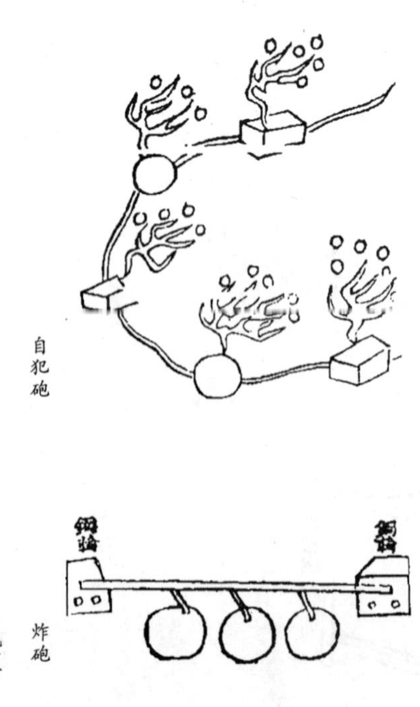
自犯砲
炸砲

[石炸砲]用石造，圓形，大小不等。腹中鑿空，裝滿炸藥，杵實，九分。入小竹筒一節，入引線，用紙隔藥上，少覆乾土。土上用紙觔泥泥平，盤藥線于上。守城、設伏地雷用此。

[無敵地雷砲]砲用生鐵鑄以極圓，容藥一斗或五升，量砲大小，神火、毒火、法火合宜而用。以堅木爲法馬，分引三信，以防閉塞，合通火竅。料賊必到之地，先埋於地中，賺賊入套，則舉號爲令，火發砲響。

石炸砲

無敵地雷砲

[太極總砲]其製以熟鐵或堅木，如式造，無論大小，上蓋太極，開一竅，露火氣。中桶繫種火、盤香、釘鐵活機，周圍安穿八卦銃，兩耳鐵針入扶中隔，下底宜厚，盛藥物、針梲，羣砲皆發。隘口、空營多設猶妙。

太極總砲

又焦玉《火龍神器陣法》

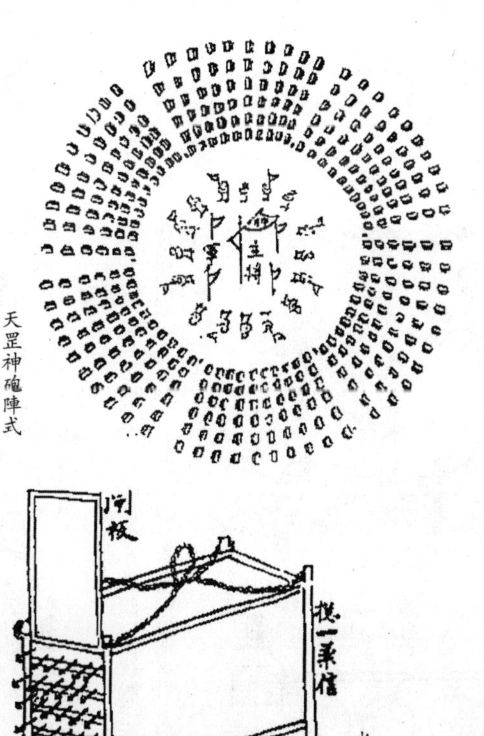

安營坐陣

天罡神砲陣式

水陸遠擊

火龍神機櫃式

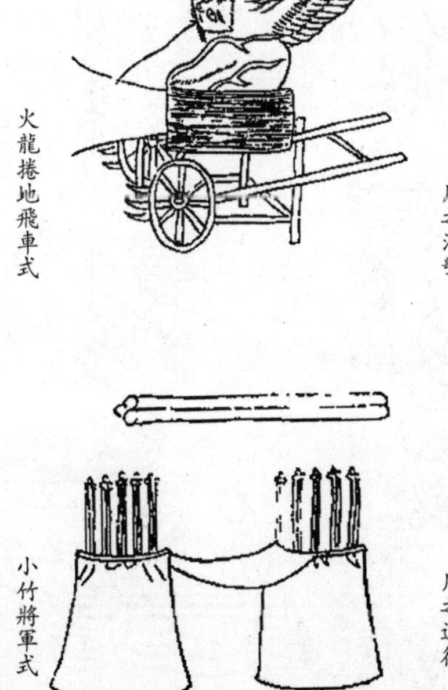
用之沖擊

火龍捲地飛車式

用之遠征

小竹將軍式

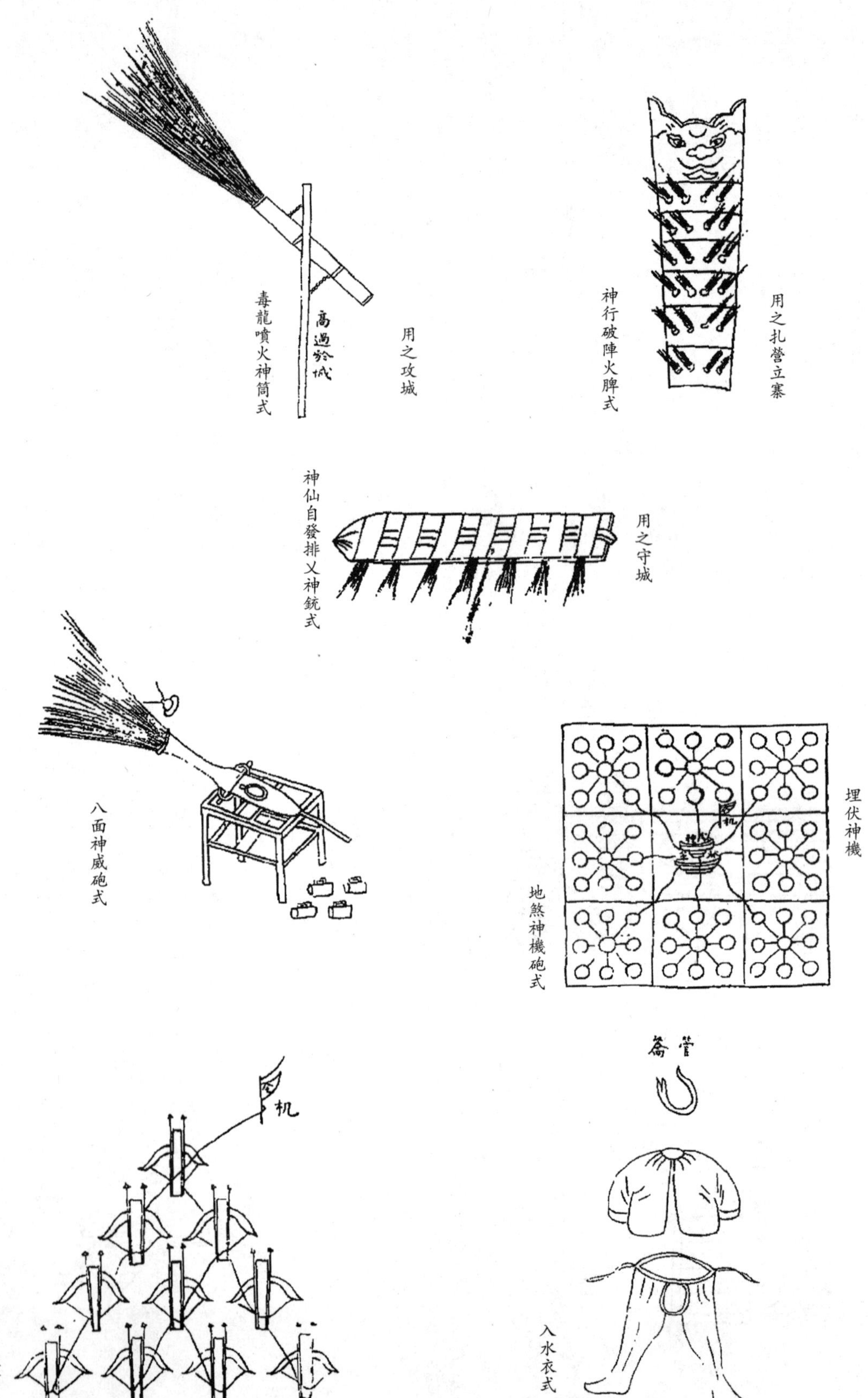
毒龍噴火神筒式
高過於城
用之攻城
神行破陣火牌式
用之扎營立寨
神仙自發排叉神銃式
用之守城
八面神威砲式
地煞神機砲式
埋伏神機
机
伏弩式
机
管
筒
入水衣式

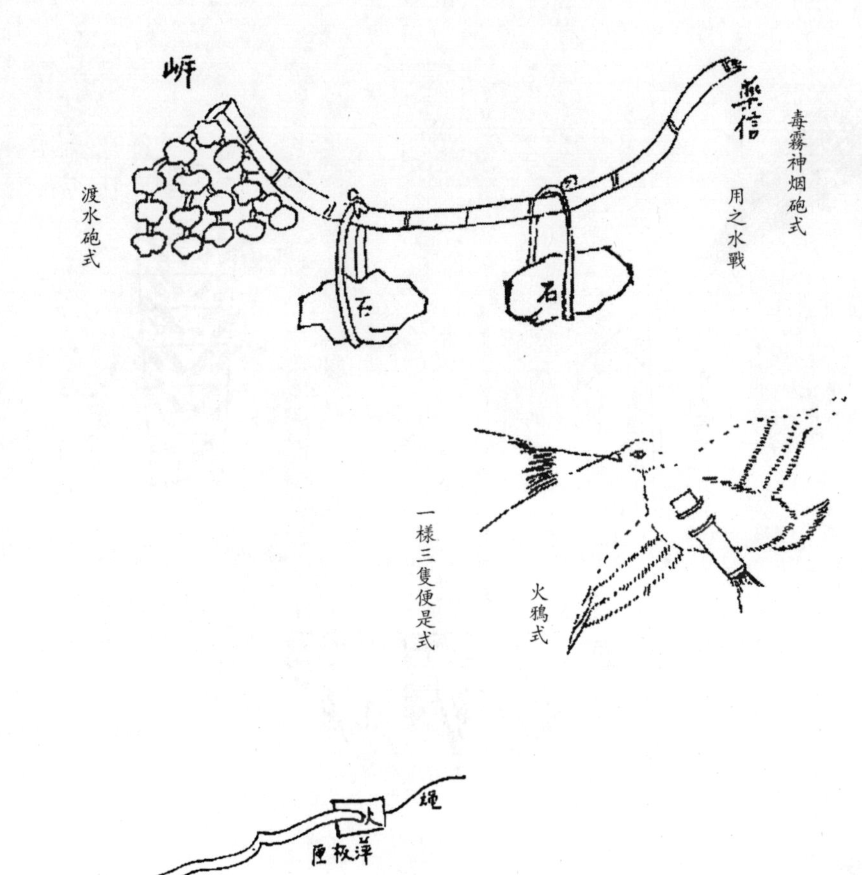

毒霧神烟砲式 用之水戰

渡水砲式

火鵶式

一樣三隻便是式

如八面砲架一舩，其口中入小鐵砲，藥信亦在大砲中，意必大砲發小砲，小砲在彼處發火即是式矣。

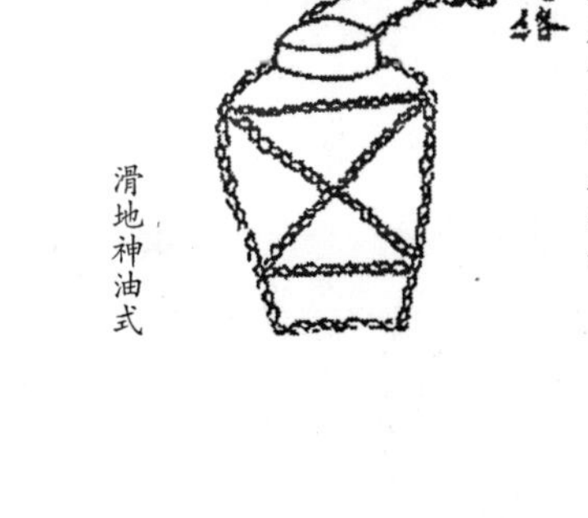

滑地神油式

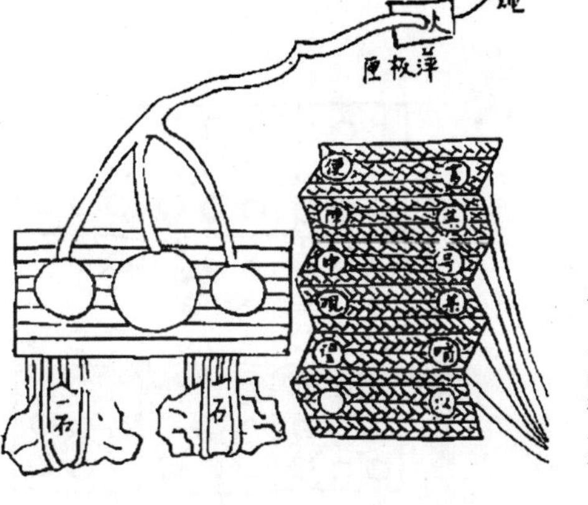

用之水战 攔火冲敵神鬼篷

水底龍王砲式

竹竿前後出馬一尺五寸，油膏燃馬尾。

木人火馬禦敵小神兵式

用堅木爲平櫃，上設女牆，中分四層，內排神弩、神箭、神槍，下設雙輪，以便推轉。用壯士五人守之，與神牌相間，分爲八門，以便出入。櫃藏遠器、牌藏神火，仍分奇正時出驍騎。此安營之利器也。

明・毛希秉《火龍經二集》卷中　砲每座約重五百斤，用鉛子一百箇，每箇約重四斤。此攻城之利器也。大敵數萬相聚，亦用此以攻之。其石彈如小斗，大石之所擊觸者，無能留存。墻遇之即透，屋遇之即摧，樹遇之即折，人畜遇之即成血漕，山遇之即深入幾尺，不但石不可犯而已，凡石所擊之物，轉相搏擊，物亦無不毀者。甚至人之支體血肉，被石濺去，亦傷壞，又不但石子利害而已。火藥一熱之後，其氣毒能殺乎人，其風能煽殺乎人，其聲能震殺乎人。故欲放發熕，須掘土坑，令司火者藏身後燃藥線，火氣與聲但向上衝，可以免死。仍須擇强捍多人爲之護守，以防敵人搶發熕之患。若非攻堅奪險，不必用此也。

銅發熕

佛狼機，國名也，非銃之名也，乃天下通有之利器，但製者多未盡精微。其妙處在母銃管得法，子銃在腹中亦要兩口得法，使火氣不泄。又每放得擊出子銃數丈傷人必用鐵門者，佳其妙處在前後二照星，後柄稍從低，庶不礙托面以目照對。其準在放銃之人用一目眇看後照星孔中對前照星，前照星孔中對所打之物。若子馬俱大則難出，出則力大要坐筏，而人力不能架之。若子小則出口鬆而無力，歪斜難準。法既省下木馬熕難之功，又出口最易用鐵凹心送子，送子入口内平，子體仍圓，其出必利，可打一里有餘人馬洞過。執銃者遇線燃時，面只看賊對準，不可回頭，司兵者須當記之。

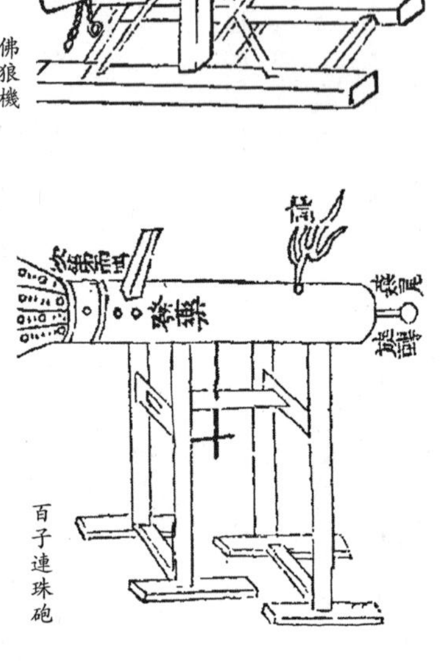

佛狼機

百子連珠砲

砲用精銅鑄，約長四尺五寸，中藏法藥一升五合。藥從口發，旁鎔一嘴，長一尺有餘，約藏鉛彈百枚。竪木爲架，八面旋轉，横於架上，竪起則彈落砲竅，次第發出，以擊賊兵，使不得偷我營寨。此砲一架，足抵强兵五十人。

捲紙爲筒，中藏神火二三十種。火各不同，或飛或走，毒火、法火。或跳或躍，飛火、噴火。撲人眼目，隨風四散，飛入賊陣，乘此奮擊，大捷成矣。

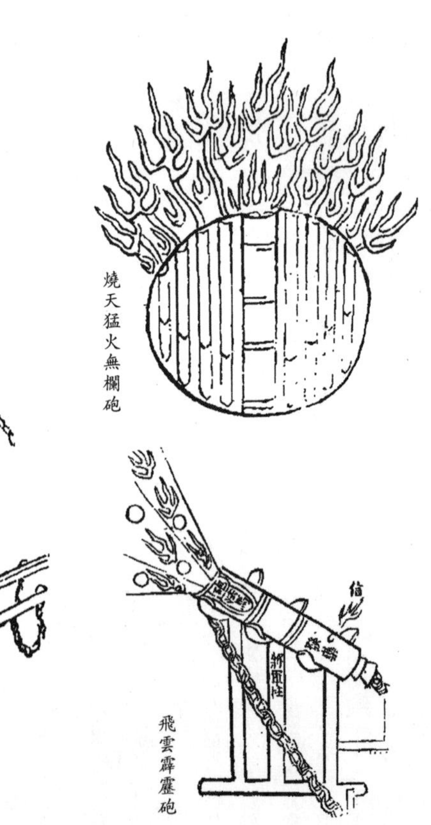

燒天猛火無欄砲

飛雲霹靂砲

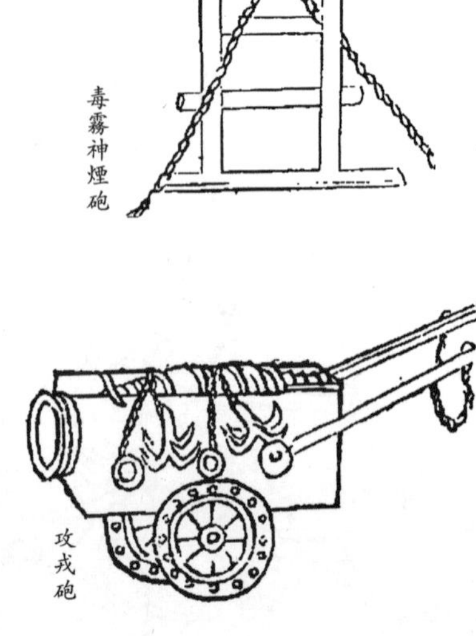

毒霧神煙砲

攻戎砲

砲用生鐵鑄，其大如碗，其圓如毬，中容神火半斤。以母砲發出，飛入賊營，霹靂一聲，光乂迸起。若連十砲，則滿管皆火，賊必自亂矣。

[毒霧神煙砲]用法火、飛火、毒火、噴火藏於砲中，攻打上城，火發砲碎，烟霧四塞，燎賊面目，鑽賊孔竅，乘機而發，無有不破矣。

[攻戎砲]榆槐木實箱，起二尺五寸鑿槽，嵌將軍在内，鐵門五道，車下安二輪，上帶鐵猫四口。如行兵，隨用騾馬拽之，或用駝負之。欲攻賊，以砲口向敵，車轅向後，鐵猫爬地上，向前，以土覆住。卒遇緊急，只用四猫覆土中亦善。其裝法，用木三根作架子，將柳木作馬子，四五寸長，安下停當，入送子用，稱竿打起，向下倒裝實，務要至砲腹中爲則，上安砲子以築之。

[葉公神銃車砲]其砲净鐵打造，天地玄三號，名曰公引孫天字號神砲，每位重二百八十斤，長三尺五寸。地字號神砲，重二百斤，長三尺二寸。玄字號神砲，重一百五六十斤，長三尺一寸。每位用車一輛，每輛轅條長七尺九寸，後一輪高一尺三寸，軸長一尺一寸，兩邊用夾耳木二根，長一尺七寸，前二輪高二尺五寸，軸長三尺五寸，横木擋長二尺，前枕木擋一根長二尺，前後横擋用鐵絆二箇，砲口提環一，仲徑四寸。轅條前後鐵環四箇，徑二寸五分。軸鈎心環高九寸，寬五寸。其車隨三號砲之大小成造，裝火藥一斤半或二斤。入木榴打三四十鎚，覆乾土又打，□入三四五斤鉛子一箇生鐵子半升，點則横發數丈，直衝五七里。

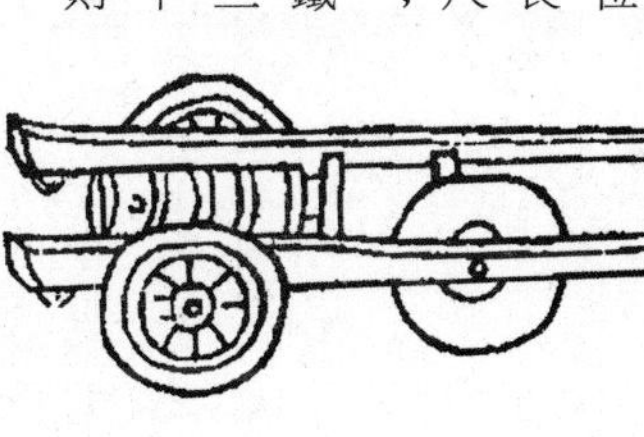
葉公神銃車砲

[嚕密鳥銃]鳥銃惟嚕密最遠最毒，又杌昂起。倭銃杌雖伏筒旁，乂在牀外，不便收拾。今加損益，置杌牀内，撥之則前，火然自回。如遇陰雨，用銅片作瓦覆之，尤爲精絶。

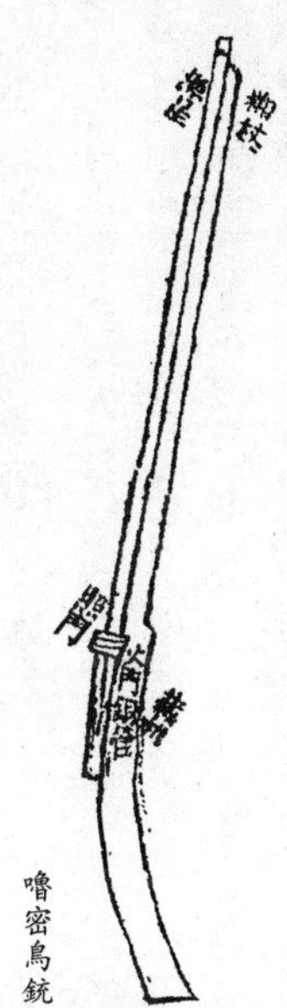
嚕密鳥銃

[子母百彈銃]用熟鐵打造，每銃長一尺五寸，外箍小銃十條，各長五寸。下用木柄，每管内裝鉛彈數十枚，用大力人，遇敵執打。

子母百彈銃

拐子銃

[拐子銃]用熟鐵團造，長一尺二寸，徑二寸二分，後筒三寸，木拐欄腹上，鑿一隙，從進小砲三箇，各長三寸，徑一寸七分，上連拐釘，入隙不滚。藥線、小砲裝藥八分，入二錢鉛子二個，遇敵夾打。

[衝鋒追敵竹發銃]用茅竹截筒，長三尺。先用冷火之藥浸透，以易其性，使不染火爲度。外以鐵線纏之，再用牛觔麻裹瓦灰灰之，曬乾，生漆漆之。内裝發藥五升，次裝石子二十四塊，每塊重半斤，瓷鋒一斤。俱用砒、黄、巴豆等藥炒製裝之，再用神砂三合，毒火一合。裝畢，上用黄泥塞其口，口上用鐵箍箍之。堅木爲柄，柄長二尺，裝實聽用。每十卒馬上携之四綑，甚爲輕便。行營、出邊追襲，與賊對敵，取勝無踰於此。

應用法物：鐵絲，牛觔，火麻，生漆，瓦灰，鐵箍，黄泥。

應用法藥：發藥，石鋒，瓷鋒，神砂，毒藥，冷火藥。

[神仙自發排車銃]用巨木鋸爲兩半，剜刻啗槽以嵌火器，外釘鐵環以安毒火藥。將鐵索懸於城垜外，内用鐵猫墜於城脚地下。其妙在藥信盤曲有方，護以礬紙，防風雨。神器與神火相間，如賊攻城，器擊火遶，亦量賊遠近緩急，次第發出。縱賊兵百萬圍繞，可以談笑却之。或不時開城門，出奇兵以擊之，圍城宜解也。

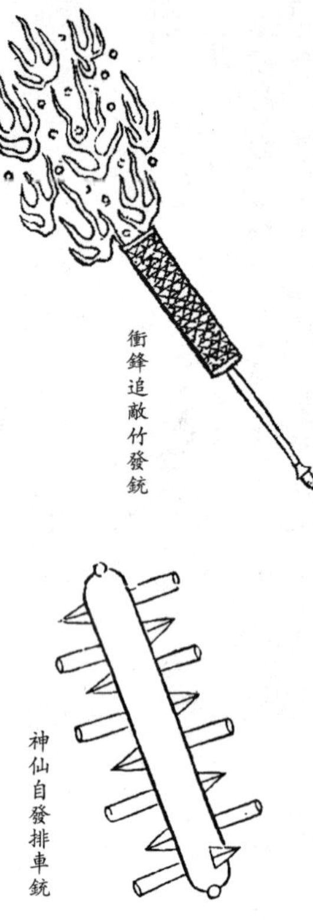
衝鋒追敵竹發銃
神仙自發排車銃

[火弩流星箭]此弩之製，用竹筒長二尺五寸，柄長二尺，鐵箍三道，筒內箭長二尺，共十矢。上陣點其藥信，衆矢齊發，勢若飛煌，一弩可抵十兵之用。

火弩流星箭

猫竹筒長二尺五寸，用牛筋、苧蔴、鐵線、生漆、魚膠纏定。馬用木柄照筒口，大筒兩頭鐵箍二道。用此列於陣第三層。

[雙飛火籠箭]用竹篾筐，長四尺二寸，圍五尺，糊厚紙，油刷。火箭桿長四尺，翎上釘鐵墜長四寸，取其發矢遠、穩。籠內兩頭安井字火箭，火線露出。臨用，一齊點火，利於山坡向下。

雙飛火籠箭

[二虎追羊箭]桿長五尺，一股三簇，行火藥二筒，向翎。劣火藥一筒，向簇。共三筒，徑七分，長四寸五分，縛於一竿。發五百步，行火藥二筒，火從出畢會。至劣火藥筒火出，能焚燒棚寨，及燒敵船，大有玄妙。

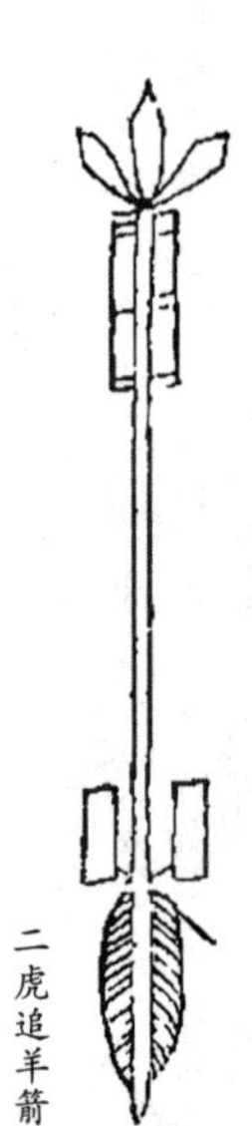
二虎追羊箭

[火鎗]柄長六尺，鎗頭長尺許，木柄下有鐵鑽兩邊，叉上作鈎鐮，夾鎗有二噴筒。用時先放一筒，藥線引轉，復放一筒。完即作短兵，一器而四用之也。

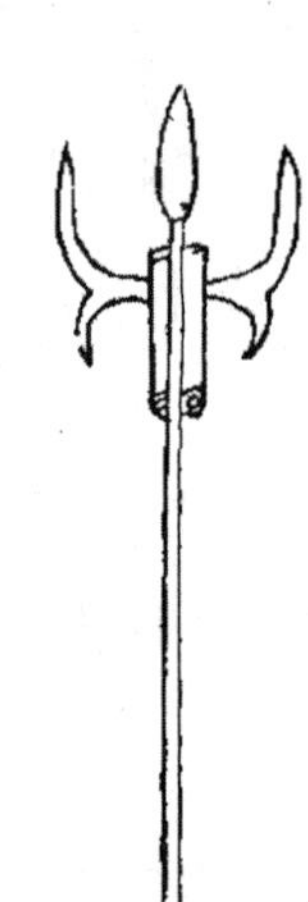
火鎗

[梨花鎗]用梨花一筒，繫於長鎗之首，臨敵用之，一發可遠去數丈，人着之即死。火盡，鎗仍可以刺賊，乃軍前第一火器也。

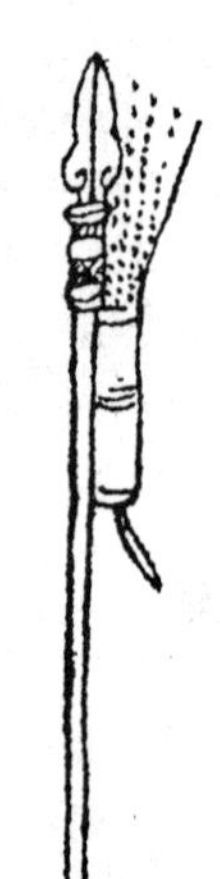
梨花鎗

[毒龍噴火神筒]截竹爲筒，約長三尺，以貯毒火、爛火。藥既於高竿之首，令壯士持至城垛口中，乘風發火，煙熖撲人，竚立不定，昏眩仆倒。蟻附而登，破城必矣。

毒龍噴火神筒

［一把蓮］用毛竹一段，約長二尺五寸，打通節，留底下。用黄土，上用鐵，口外用細麻索細繞一層，用濃礬水濺於上。又用麻布、料灰一層，曬，仍用麻布，再用麻索。一層麄細瓦灰，後上垮，却將半指厚鐵片，照桶底大小安平，黄土實築二寸，曬乾爲度。將前各色藥攪勻，實築畢打。再用隨竹筒大小竹一節三寸，在口内，上加黄土築實，方安木桿鐵頭鐵翎箭在口内插滿，長一尺皮作護手盤子，下以木柄鐵箍三道，曬乾聽用。

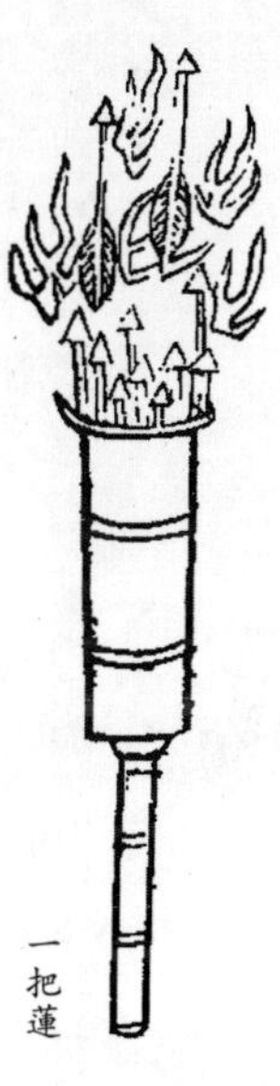

一把蓮

又 卷下

［神火箭牌］用木板造，此箱尺丈可容火箭百餘枝，下二座墩，中以活轉杌鐵軸。凡遇攻賊，預置要路，杌動火發，箭飛數百步。造此數百具，亦大助耳。

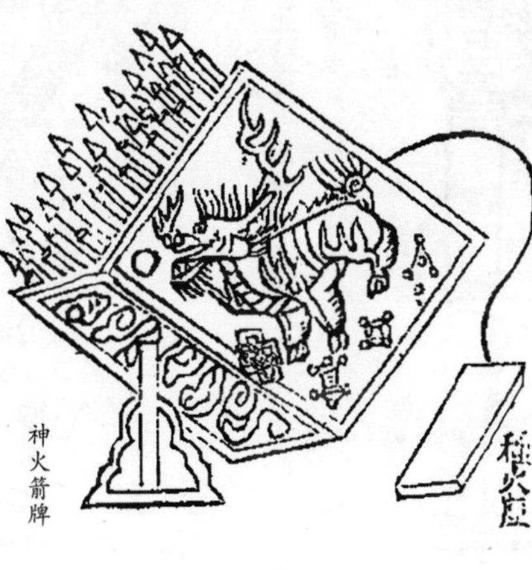

神火箭牌

［燒賊迷目神火毬］用黄泥做一毬，極圓，其大如斗爲妙。曬乾，用柿漆漆之，作胎子。外用賽表紙糊三十層厚，曬乾。用刀刻兩截脱出泥胎，將上開門如拳大，便於裝藥。仍將兩截用紙條糊成一家，外以紅油油之聽用。裝砲法，先將發藥一層鋪底，次放鐵蒺藜、地老鼠、小紙爆各十箇。再□□□□一層，又放法藥一層，藥鼠一層，神煙一層。再將發藥平口裝滿，用紙糊其口，安藥線。外用柿漆紙護其藥線，恐遇陰雨磨擦，再用油繩爲絡。上陣兵士持之，點信抛入賊陣。或營寨内碎擊，則蒺藜拥脚，地鼠攢入衣甲，滿地跳躍驚燒，小爆繫之以亂賊心，乘此而用火攻，繼以銃砲，而賊營陣無有不敗者。

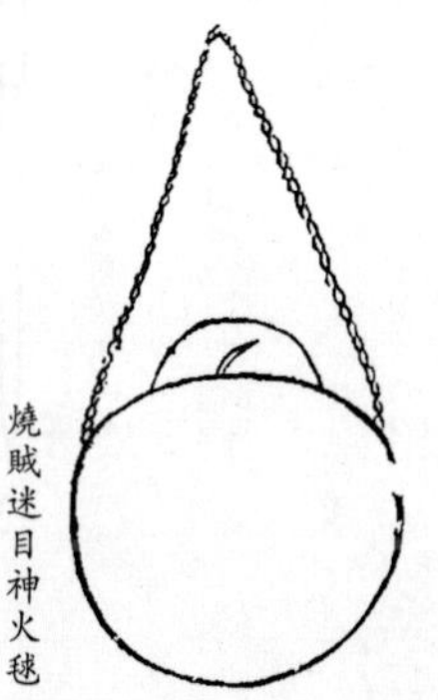

燒賊迷目神火毬

［□□煙毬］毬重五斤，用硫黄十五兩，焰硝一斤十四兩，芭豆五兩，狼毒五兩，桐油三兩，小油三兩，木炭末五兩，瀝青三兩，砒霜二兩，黄蠟一兩，竹茹一兩一錢，麻茹一兩一錢，搗合爲毬，貫之以麻繩一條，長一丈二尺，重半斤，爲絃子，更以傅藥傅之。

傅藥方：外傅用紙十二層，麻二十兩，黄丹一兩，炭半斤。以瀝青二兩半，黄蠟二兩半，鎔汁和合，周塗之。

［火磚］内用紙捲地鼠共起火砲，兩頭拴鈎針，各安火線。每磚作三節，擺壘幾層，用竹篾箍束，浮撒火藥，粗紙包裹成磚樣。外用夾紙包糊，中間錐口入火繩，臨用點擲。

［火彈］用薄夾糊如拳大，以松香在内熱塗，入毒藥蒺藜，安藥線，外刷松香、柏油、黄蠟，燃火抛擊。

□□煙毬

包裹式

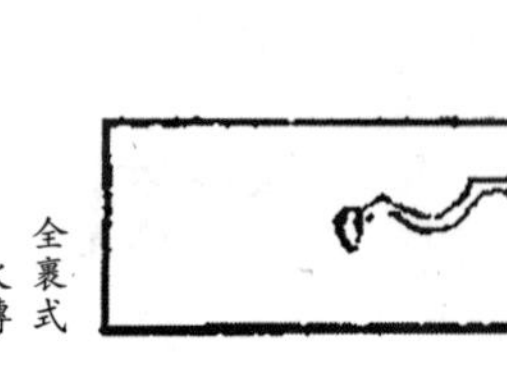

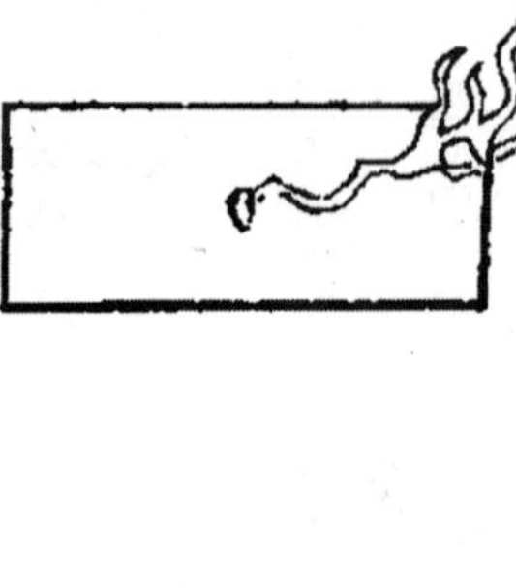

全裹式火磚

火彈

〔鐵嘴火鷂〕以木身鐵嘴束稈草爲尾，入火藥於尾內。

鐵嘴火鷂

〔竹火鷂〕編竹爲疎眼籠，腹大口狹，形微脩長。外糊紙數重，刷令黃色，入火藥一斤在內，加小卵石，使其勢重。束稈草三五斤爲尾，二物與毬同。若賊來攻城，皆以砲放之，燔賊積聚，及驚隊兵。

〔飛炬〕城上設桔槔，以鐵索縋之下，燒攻城蟻附者。

竹火鷂

飛炬

〔對馬燒人火葫蘆〕用叨腰葫蘆爲之，以黃泥、柴土、鹽水和護一指厚，曬乾。再灰布一層，外用生漆漆之聽用。用舊又章紙，不拘多少，每次十餘張燒點。將水盆覆衣上，將紙點灼，就放盆下，連蓋悶灰存性。每灰一兩，硝一分，硫黄半分，共拌勻，灌入葫內。用火種燒紅，入內，隨即用千召塞其口，收貯聽用。任放不熄，遇賊藏於衲內，放開口迎面噴之，火發三四丈，遇之無不腐爛也。

〔太平車〕其制，用巧匠以堅木牌造彎月櫃，底開墜石口，左右安兩輪，前面

對馬燒人火葫蘆

開五孔，安五大銃，內入鉛子，藥線總繫一處，櫃內安小鋼輪，入火藥、神杌。墜下又開五小孔，以通火氣。外用索吊在半城之間，用軍一名守之。賊若近城攻打，杌括一動，五銃俱發而攻城者敗亡。其城渾不用兵，自有金湯之固矣。

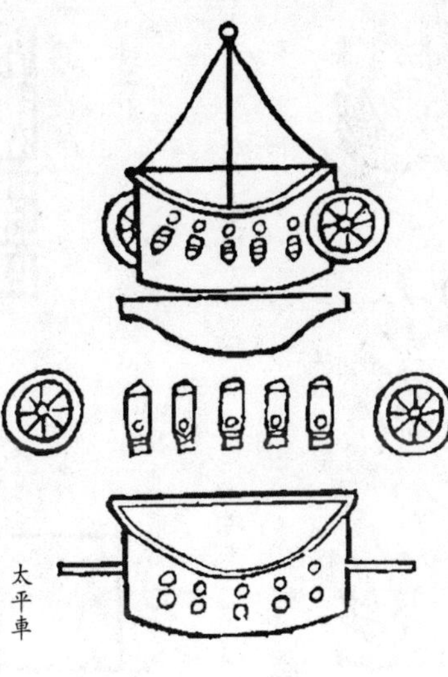

太平車

〔九牛甕〕真甕之制，用銅鎔鑄。身長五人，徑一尺。九甕共箍一處，架於架上，前裝大石彈，重二十斤，再下活馬，後裝送藥。如賊勢甚衆，吾兵寡不能抵敵者，乃用此攻之，一發十餘里，勢若霹靂，響聲振天，打賊血槽九條，遇之無不虀粉耳。如放甕，預將地挖一坑，點信，匍伏坑內，則人不振死。其勢猶山崩地裂，利害萬倍矣。

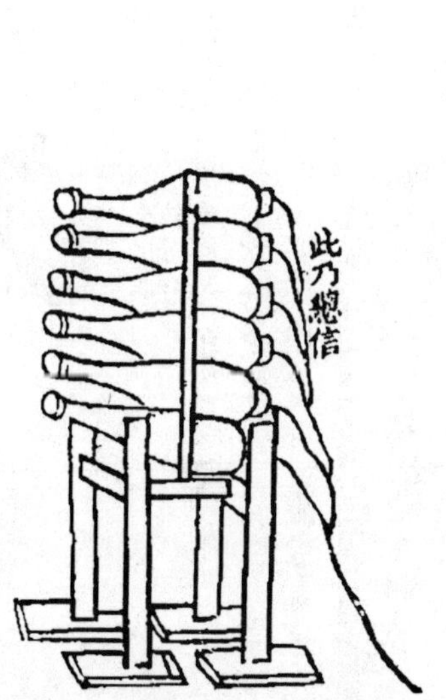

九牛甕用壯士推之。

〔鐵火床〕製用熟鐵，長五六尺，闊四尺，下施四木輪，以鐵木裹之。首貫二鐵索，上縛草火牛二十四束，自城縋下，燒灼攻城者，并可夜照城外。

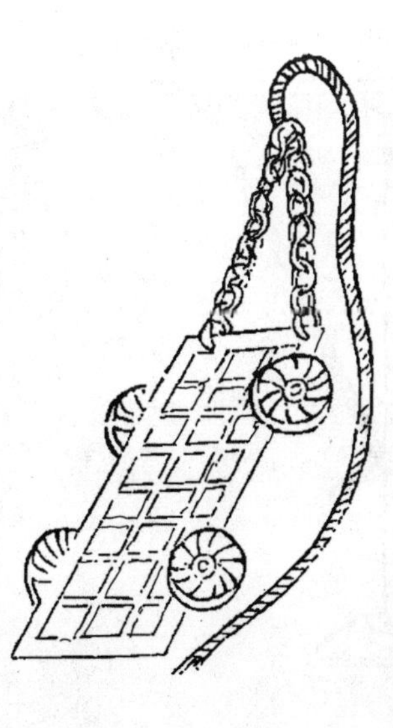

鐵火床

〔衝陣火牛轟雷砲〕用老廢牛爲之，角縛利刀，蘸虎藥。兩旁竹夾其足，使不旋轉。背負大鐵砲一箇，容藥一斗，藥信盤曲於砲內，砲藏烈火、神砂、神火等藥。凡賊兵甚衆，我兵少，用此衝之，人馬遇之，立時腐爛。突入賊隊，火發砲碎，勢若轟天之雷，霹靂一聲，而人不及掩耳。雖艱難之勁敵，萬兵重圍之陣，而以此器破之，無不勝矣。

〔火龍捲地飛車〕用木爲車，下設雙輪，使

衝陣火牛轟雷砲

不敢倒。刻爲虎豹豺狼熊羆諸獸等形，腹藏火器二十四件，火從諸獸口中噴出，神火、毒火、法火、飛火、烈火，火器次第而發，藥信以法盤曲。每一車用壯士四人輪番推轉，兩旁設飛翅神牌，牌留望眼，以便觀望遮擋矢石。車前裝利刃，上蘸虎藥。號旗一舉，輪轉如飛，衝入賊陣，萬將莫當。

[火櫃攻敵車]用堅木造轅，長一丈，輪高二尺五寸，櫃闊二尺八寸，高二尺，下架鎗五杆，上穿火箭百枝。櫃蓋油刷，以防風雨。用牛騾拽行，二兵隨幇燃火，此進攻衝敵長技也。

火龍捲地飛車

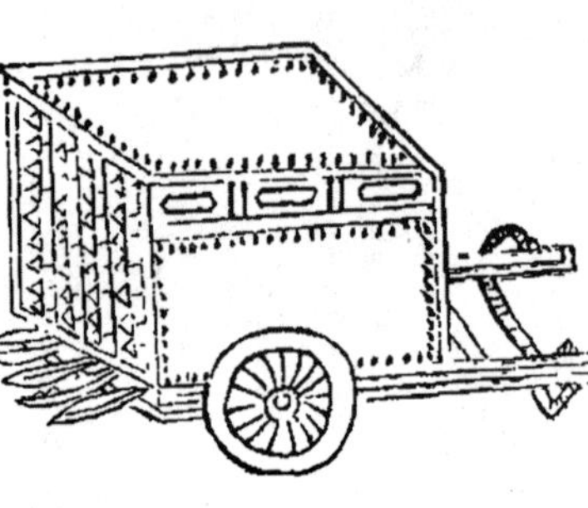
火櫃攻敵車

[屏風車]輕便可以遠駕，外則屏遮，內則裝載火器、精糗。每輛用兵三名，輪流推行。戰則屏眼穿火器攻賊，守則擺列管外爲屏風墻也。

[萬勝神毒火屏風車]用堅木製造，高與城門等。下設八輪，便於推轉，外以生牛革爲障，內藏神器火器一十二件。遠用遠器，則以火砲、火銃、火彈、火箭；近用近器，則以火弩、火刀、火鎗。乃用壯士十人守之，賊一近城，萬火齊發，聲如巨雷，人馬遇之，便成虀粉。大開城門，談笑而遣之。此守城第一器也。加以飛火、神火、烈火、毒火、神煙舉放。

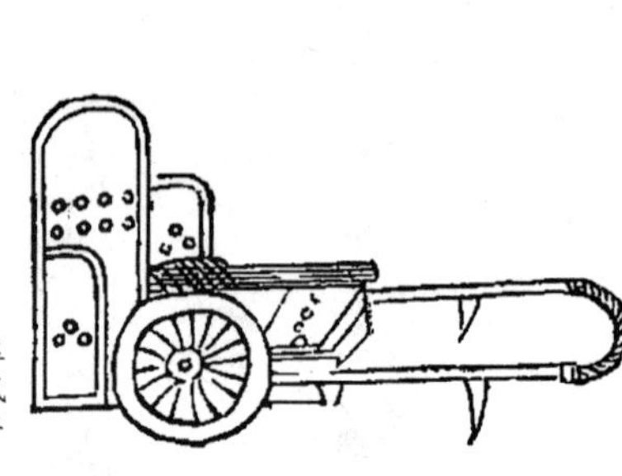
屏風車

萬勝神毒火屏風車

[八面神威風火砲]砲用銅鑄，長三尺二寸，後爲蘸尾，下爲木架，另鑄提心五枚。每砲一架，用兵二人。一裝一放，衝入賊船隊內，八面旋轉，攻打無休，一砲可透數人。下打船，底板遇碎裂，水漏船沉，不勞餘力而賊可擒也。中藏鉛彈、發藥，遠則攻打二百餘步，近則攻打一百餘步。遇人則穿心透腹，遇船則竟透木板。遠近之杌，在低昂之側；發藥之多寡，係鉛彈之重輕。水戰中遠近擊之，器最利者，莫過於此。

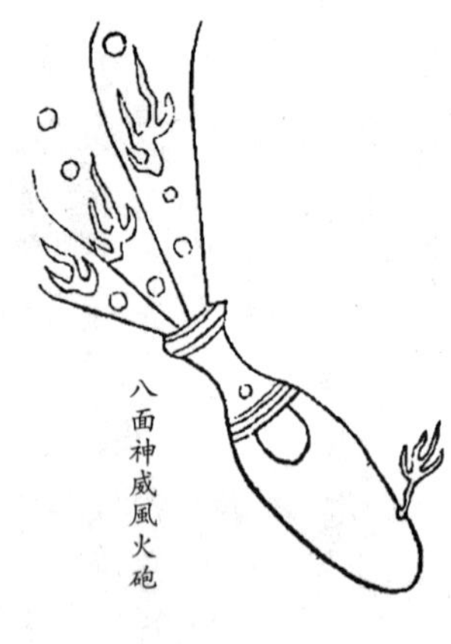
八面神威風火砲

萬彈地雷砲

[萬彈地雷砲]用大窑罈一箇，盛炸藥儘滿。中鑿眼一箇，以裝藥線，罈口用

土填緊。探賊出没之處，掘地丈餘，上用亂鵝卵石堆滿，仍用泥土蓋平。再用鋼輪一箇，埋藏如法，將竹竿作爲藥路引入罈内，或遠處用人扯拽，或拌索以物加上誘之。輪火一發，其罈炸裂如雷，泥土亂石衝天，强寇遭之有不披靡者乎！乃火攻中最狠者。

［穿山破地火雷砲］砲用銅鑄，身長四尺，中容藥五升，發鉛子三升。或用鐵打造，如碗大，容藥一升。先下法馬，發鉛子半斤，烟火飛烈，聲如巨雷，人馬遇之擊成虀粉也。

穿山破地火雷砲

明・鄭若曾《籌海圖編》卷一三上《經略五・兵船》

廣東船圖説

廣東船式

廣船視福船尤大，其堅緻亦遠過之。蓋廣船乃鐵栗木所造，福船不過松杉之類而已。二船在海若相衝擊，福船即碎，不能當鐵栗之堅也。倭彝造船，亦用松杉之類，不敢與廣船相衝。但廣船難調，不如調福船爲便易，何也？廣船非我軍門所轄，不似福船之易制御，一也。廣船若壞，須用鐵栗木修理，難乎其繼，二也。造船大户，倩人駕使，任其毁壞而不惜，三也。造費浩繁，其毁甚易，移文修造，理勢難行，四也。將欲重價以雇之，則此船在廣，魚鹽之利自多，區區價微，不樂於雇，五也。欲許其帶貨，則廣貨之來，無資於海。蓋福建收港溪水甚逆；浙、直道遠，風濤可畏。不如一逾梅嶺，即浮長江，四通八達。故雖帶貨，亦非其所願，六也。向來通倭，多漳、泉無生理之人。廣人自能以魚鹽取西南諸番之利，不必如福船當啗以取利中國，七也。此廣船之利弊也。廣東大戰艦用火器，於浪漕中起伏蕩漾，未必能中賊。即使中矣，亦無幾何。但可假此以褫敵人之膽耳。所恃者有二，發磺、佛狼機。是惟不中，中則無船不粉，一也。以火球之類，於船頭相遇之時，從高擲下，火發而賊舟即焚，二也。大福船亦然。

尖尾船圖説

新會縣尖尾船式

大頭船圖說

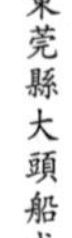

東莞縣大頭船式

福船高大如樓，可容百人。其底尖，其上闊，其首昂而口張，其尾高聳。設柁樓三重於上，其傍皆護板，裼以茅竹，堅立如垣。其帆桅二道，中爲四層。最下一層不可居，惟實土石，以防輕飄之患。第二層乃兵士寢息之所，地板隱之，須從上躡梯而下。第三層左右各護六門，中置水櫃，乃揚帆炊爨之處也。其前後各設水椗，繫以綜纜。下椗起椗，皆於此層用力。最上一層如露臺，須從第三層穴梯而上。兩傍板翼如欄，人倚之以攻敵。矢石火砲，皆俯瞰而發。敵舟小者，相遇即犁沉之。而敵又難於仰攻，誠海戰之利器也。但能行於順風順潮，回翔不便，亦不能逼岸而泊，須假哨船接渡而後可。

參將戚繼光云：「福船高大如城，非人力可驅，全仗風勢。倭舟自來矮小，如我之小蒼船。故福船乘風下壓，如車碾螳螂。鬥船力，而不鬥人力，是以每每取勝。設使賊船亦如我福船之大，則吾未見其必濟之策也。但吃水一丈一二尺，惟利大洋，不然多膠於淺，無風不可使。是以賊舟一入裏海，沿淺而行，則福舟爲無用矣。故又有海滄船之設。」

大福船圖說

大福船式

草撇船圖說

草撇船，即福船之小者。

草撇船式

海艙船圖説

參將戚繼光云：「海滄稍小福船耳，吃水七八尺，風小亦可動。但其功力皆非福船比。設賊舟大，而相并我舟，非人力十分膽勇死鬥，不可勝之。二項船皆只可犁沉賊舟，而不能撈取首級，故又有蒼山船之設。」

開浪船圖説

參將戚繼光云：「開浪以其頭尖，故名。吃水三四尺，四槳一櫓。其形如飛，内可容三五十人，不拘風潮順逆者也。」

高把梢船圖説

艟艚船圖説

參將戚繼光云：「近者改蒼山船制爲艟艚，比蒼山船稍大，比海滄船更小，而無立壁，最爲得其中制。遇倭舟，或小或少，皆可施功。但水兵人技皆次於陸兵。設使將水兵教練遴選，亦如陸兵，而後登之舟中，則比陸兵戰加一舟，驗其功倍於陸兵必矣。司兵寄者，何憚而不爲哉！」

蒼山船圖説

蒼山船首尾皆闊，帆櫓兼用。風順則揚帆，風息則蕩槳。其櫓設於船之兩傍腰半以後，每傍五枝，每枝二跳，每跳二人。方櫓之未用也，以板閘於跳上，常露跳頭於外。其制以板隔爲三層，下層鎮之以石，上一層爲戰場，中一層穴梯而下，卧榻在焉。其張帆下椗，皆在戰場之處。船之兩傍，俱飾以粉，蓋卑隘於廣、福船，而闊於沙船者也。用之衝敵，頗便而捷，温州人呼爲「蒼山鐵」。

參將戚繼光云：「蒼山船最小，舊時太平縣地方捕魚者多用之。海洋中遇賊戰勝，遂以著名。殊不知彼時各漁人爲命負極之勢，亦由賊之入我地是也。今應官役，便知愛命。然此船水面上不過五尺，就加以木打棚架，亦不過五尺，賊舟與之相等，既勢均，不能冲犁。若使徑逼賊舟，兩艘相聯，以短兵鬥力，我兵決非長策，多見誤事。但若賊舟甚小，一入裏海，我大福、海滄等船不能入，必用蒼山船以追之。此船吃水六七尺，與賊舟等耳。其撈取首級水潮中，可以摇駛而快便，三色之中，又此爲利。」

㴩者，閩人將草撇、蒼山改造鳥船式。如草撇兩傍有櫓六枝，尾後催稍櫓一枝，不畏風濤，行使便捷，往來南北海洋，福、蒼等船無出其右。

八槳船圖説

八槳船但可供哨探之用，不能擊賊。

海滄船式

開浪船式

艟艑船式

高把梢船式

八槳船式

蒼山船式

鷹船圖説

崇明沙船可以接戰，但上無壅蔽，火器矢石何以禦之？不如鷹船，兩頭俱尖，不辨首尾，進退如飛。其傍皆茅竹板，密釘如福船旁板之狀。竹間設窗，可出銃箭，窗之内，船之外，隱人以蕩槳。先用此舟衝敵，入賊陣中，賊技不能却，沙船隨後而進，短兵相接，戰無不勝矣。鷹船、沙船乃相須之器也。

漁船圖説

漁船於諸船中，制至小，材至簡，工至約，而其用爲至重，何也？以之出海，每載三人，一人執布帆，一人執槳，一人執鳥嘴銃。布帆輕捷，無墊没之虞。易進易退，隨波上下，敵舟瞭望所不及，是以近年賴之取勝擒賊者，多其力焉。

網梭船圖説

此船定海、臨觀、象山一帶沿海地方俱有之。其形如梭，用竹桅布帆，僅可容二人。衝風冒浪，專入大洋，抵下八山，取殼菜、紫菜、打魚之利。舟至山麓，二三人以舟舁置灘塗，避風潮。若欲西歸，仍舁舟下水。不能禦敵，但可爲哨探之用，乃漁船之至小者也。

參將戚繼光云：「網梭船，形似織梭，内容二人，前後用二人。以罩罩之。風浪大，可拖之塗上，且不能覆。吃水七八寸耳。此可走報，或用之裏港窄河，動以百數，每隻内用鳥銃二三人，蜂集蟻附，沿海沿塗而打之，甚妙。如賊追逼，就可棄之而走，一舟不過一金之費耳。」

兩頭船圖説

按《大學衍義補》，有兩頭船之説，蓋爲海運而設。船巨，遇風懼難旋轉，兩頭製舵。遇東風則西馳，遇南風則北馳，海道諸船無逾其利。蓋武備不嫌於多，慮患不妨於遠，莫爲之前，猶將求之，而況設之前者有未泯乎！以此衝敵，則賊舟雖整，可亂也。

蜈蚣船圖説

船曰蜈蚣，象形也。其制始於東南彝，專以駕佛狼機銃。銃之大者千斤，至小者亦百五十斤。其法之烈也，雖木石銅錫，犯罔不碎，觸罔不焦。其達之迅也，雖奔雷掣電，勢莫之疾，神莫之追，蓋島寇之長技也。其法流入中國，中國因用之以馭島寇。諸凡火攻之具，砲箭槍球，無以加諸。其成造也，嘉靖之四年，其裁革也，嘉靖之十三年。數年之間，未及一試，而莫知其功用之大也。葛稚川曰：「蜈蚣之氣能逼蛇。」船之制義，毋乃爲是故歟？夫海晏河清，萬世所願。使長蛇之勢不能盡偃，則蜈蚣之制其能不興也乎！名器尚存，述之以俟採用。

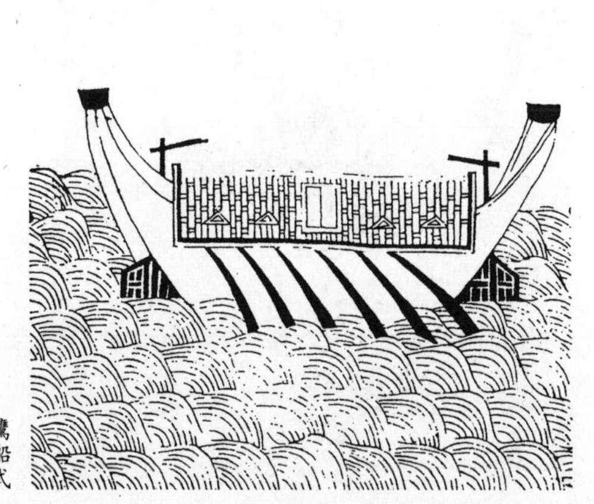

鷹船式

漁船式

兩頭船式

網梭船式

蜈蚣船式

海行甚速，而遲者鬥風故也。如大食國在漳州東南，每歲通番者，必候冬初，西北風盛而去；夏初，東南風盛而來。所謂海舟無風不可動也。惟佛狼機、蜈蚣船，底尖面闊，兩傍列楫數十，其行如飛，而無傾覆之患，故仿其制造之。則除颶風暴作，狂風怒號外，有無順逆，皆可行矣。況海中晝夜兩潮，順流鼓枻，一日何嘗不數百里哉！

車船圖說

車船，制如兩頭船，令戰士前後踏輪，舟自進退。所謂中流上下，回戰如飛，鹵衆相顧駭愕者，用此法也。

沙船圖說

水戰非鄉兵所慣，乃沙民所宜。蓋沙民生長海濱，習知水性，出入風濤，如履平地。在直隸，太倉、崇明、嘉定有之。但沙船僅可於各港協守小洋出哨，若欲出赴馬蹟、陳錢等山，必須用福、蒼及廣東、島尾等船。

沙船能調戧使鬥風。然惟便於北洋，而不便於南洋。蓋北洋淺，南洋深也。沙船底平，不能破深水之大浪也。北洋有滚塗浪，福船、蒼山船底尖，最畏此浪，沙船却不畏此。且北洋水淺，可抛鐵猫，南洋水深，惟可下木椗。

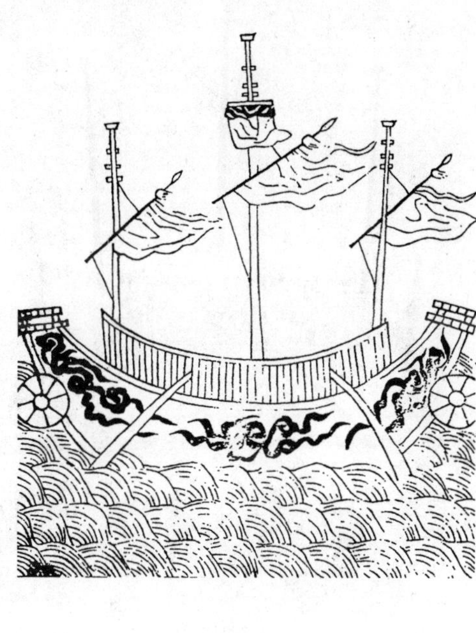
車船式

沙船式

此船當與鷹船説參看。

太倉生員毛希秉云：「太祖舊制，深嚴雙桅船隻私自下海之禁。承平既久，法度浸弛，雙桅習以爲常，甚至有五桅者。長江大帆，一日千里。近蒙當道建言，申明舊制，曉諭改正，而未嘗着實舉行。故沙船入港，頭桅多寄海口，或倩人游説官府，航海非雙桅不可，冀便其私。蓋單桅、雙桅無不可行，但有大小遲速耳。定制，沙民止許户船一隻，巡船宜快便多桅櫓，如糧船有一定之式，以便江海識别。沙船宜樸實單桅，仍禁雙桅眼。責令本州縣及守禦官，限一月之内改正，違者即係賊船，許諸人擒獲首告，即以充賞。惟有副帆、副桅，以備損壞，而桅眼止一者，聽。庶幾我常强而彼常弱，我常速而彼常遲，此造船之良法也。」

船舵圖説

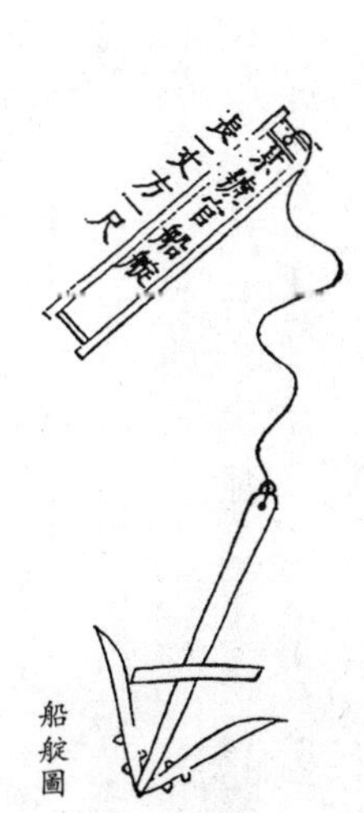

船舵圖

走風捉颶，事急追賊，車關人力，起舵遲誤，備此，臨急解繫傘尾，泛於水面，以便回取。

又 卷一三下《經略六·兵器》

銅發礦圖説

每座約重五百斤，用鉛子一百個，每個約重四斤，此攻城之利器也。大敵數萬相聚，亦用此以攻城。其石彈如小斗，大石之所擊觸者，無能留存。墻遇之即透，屋遇之即摧，樹遇之即折，人畜遇之，即成血漕，山遇之，即深入幾尺。不但石不可犯而已，凡石所擊之物，轉相搏擊物，亦無不毁者。甚至人之支體血肉，被石濺去，亦傷壞。又不但石子利害而已，火藥一熱之後，其氣能毒殺乎人，其風能煽殺乎人，其聲能震殺乎人。故欲放發礦，須掘土坑，令司火者藏身後燃藥綫，火氣與聲但向上衝，可以免死。須擇强悍多人，爲之護守，以防敵人搶發礦之患。若非攻堅奪險，不必用此也。或問用之水戰可乎？曰賊若方舟爲陣，亦

可用其小者。但放時火力向前，船震動而倒縮，無不裂而沉者。另以木筏載而用之，斯可也。曰城上可用乎？曰不可。發礦便於攻高，不便於攻下故也。

佛狼機圖説

每座約重二百斤，用提銃三個，每個約重三十斤。用鉛子一個，每個約重十兩。

其機活動，可以低，可以昂，可以左，可以右，乃城上所用者，守營門之器也。其制出於西洋番國，嘉靖初年始得而傳之。中國之人更運巧思，而變化之。擴而大之，以爲發礦。發礦者，乃大佛狼機也。約而精之，以爲鉛錫銃。鉛錫銃者，乃小佛狼機也。其制雖若不同，實由此以生生之耳。其石彈之大如升，力氣小於發礦，而大於鉛錫銃。若遇關隘，人守堅不可遇者，以此攻之，借勢而渡。

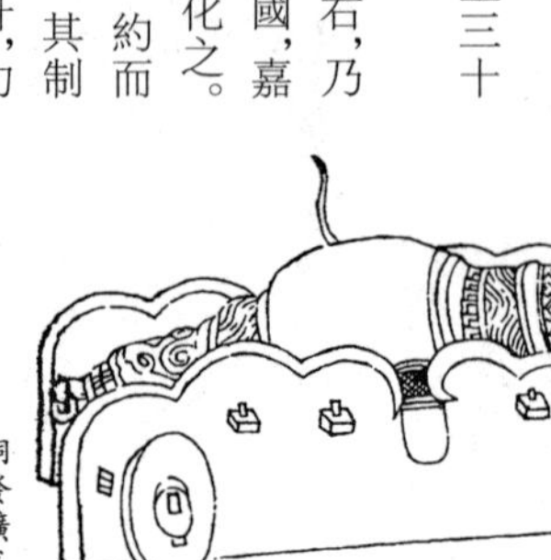
銅發礦式

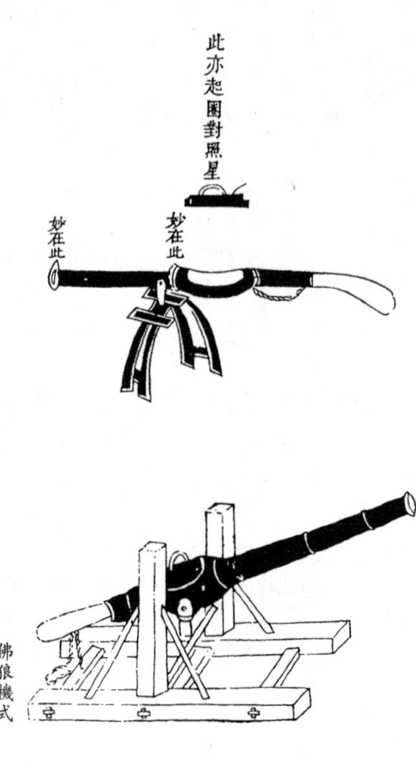

佛狼機式

參將戚繼光云：「此乃天下通有利器，製者多未盡精微，其妙處在母銃管得法，子銃在腹中，亦要兩口得法，使火氣不泄。又每放，得擊出子銃數丈，傷人，必用鐵閂者佳。其妙處，在前後二照星。後柄稍從低，庶不礙托面，以目照對。其準在放銃之人，用一目眇看，後照星孔中對前照星，前照星孔中對所打之物。若子馬俱大，則難出，出則力大，要坐後，而人力不能架之。若子小，則出口鬆而無力，歪斜難準。法既省下木馬煩難之功，又出口最易。凡鑄銃之法，子銃口大，則子難出，要破母銃；母銃口大，而子銃口小，則出子無力且歪。務要子母二銃之口，圓徑分毫不差，乃爲精器。」

刑部尚書顧應祥云：「佛狼機，國名也，非銃名也。正德丁丑，予任廣東僉事，署海道事。驀有大海船二隻，直至廣城懷遠驛，稱係佛狼機國進貢。其船主名加必丹，其人皆高鼻深目，以白布纏頭，如回回打扮。即報總督陳西軒公金，臨廣城，以其人不知禮法，令光孝寺習儀三日，而後引見。查《大明會典》，并無此國入貢，具本參奏，朝廷許之起送赴部。時武廟南巡，留會同館者將一年。今上登極，以其不恭，將通事明正典刑，其人押回廣東，驅之出境去訖。其人在廣久，好讀佛書。其銃以鐵爲之，長五六尺。巨腹長脛，腹有長洞，以小銃九個，輪流貯藥，安入腹中放之。銃外又以木包鐵箍，以防決裂。海船舷下，每邊置四五個，於船艙内暗放之。他船相近，經其一彈，則船板打碎，水進船滿。以此横行海上，他國無敵。時因征海寇，通事獻銃式一個，并火藥方。此器會於教場中試之，止可及百步。海船中之利器也，守城亦可。持以征戰，則無用矣。後汪誠齊鋐爲兵部尚書，請於上，鑄造千餘，發與三邊。其一種有木架，而可低可昂，可左可右者，中國原有此制，不出於佛狼機。」

虎蹲砲圖説

長二尺重三十六斤，大釘每根長一尺二寸重三斤半，鐵絆每根長一尺二寸重三斤，火繩每根長二丈五尺重四兩。此砲水陸俱可用。

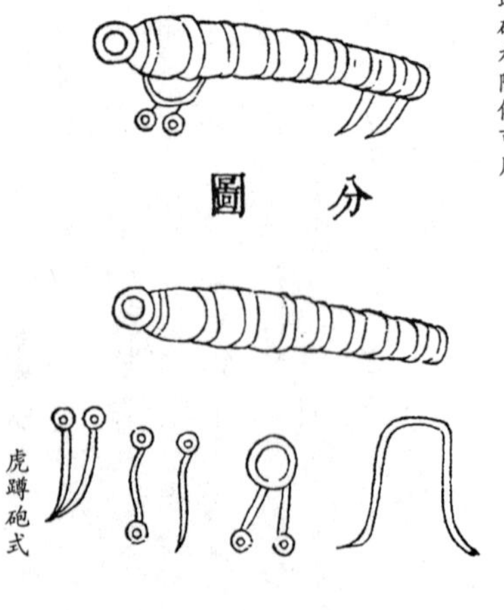

虎蹲砲式

參將戚繼光云：「近時毒虎砲、百子砲，體輕易躍，每發必退回二三十步後。舉砲時，必出營壁安置，營内外大小砲皆不敢發，發之適以中傷。出燃砲之人，將置壁壘間，則火發輒躍，必傷我營後之人。鳥銃雖速準，而力小難禦大隊，難守險阻。佛狼機體重，難於扛行。今此砲比佛狼機而輕，比鳥銃一可當百。裝法，先用藥線縛之以布，次用藥若干，上用木馬，以合口者爲準，送至二箍平上。用土少許，入鐵子一層。又用土少築，再下鐵子一層。子以五十丸爲限，用合口大鉛子一枚，下口一半，慢慢築實，口平而止。後尾梢用鏤，去土三四寸，相地方高低，前下二爪釘，後用雙爪尖絆在下四箍後。將前爪上活箍與後絆，俱各抵砲身實箍之肩，庶不退走。此砲即去人五寸，可以無慮，庶燃舉大小炮之人不必避。南方五百兵中，馱扛三個，以備守路截險甚妙。」

神飛砲圖説

舊制，用之舟中，恐力大坐損船身，鑄時減口一寸，則身分俱減。而其厚即當加，不必減。改一號爲二號。連子砲共重一千五十斤，每砲一位，子砲三門。生鐵子每出一百丸，每丸一兩。每子砲一門，備二出木馬子六個。厚三寸，圓如大母砲口，不用力，下平口爲準。木送一根，粗同子砲口。鐵閂三根，扁高一寸，横二寸，長過母砲腹。每子砲一門，用火藥五升。

用堅重木厚闊者作槽，匣母砲於内。其放法與佛狼機同，必牢閂梁頭船之間，非對大賊船不發，遠不發。

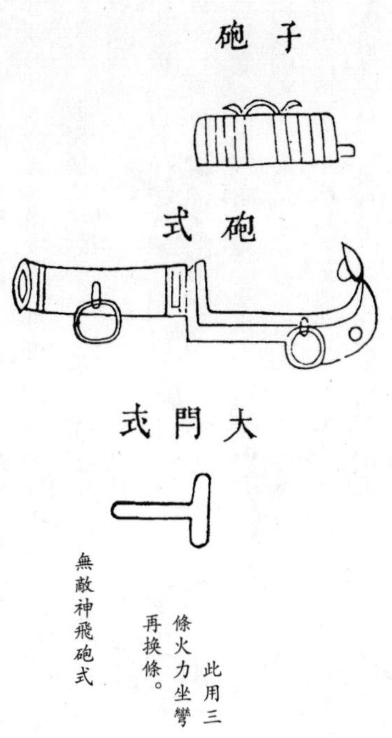

無敵神飛砲式

參將戚繼光云：「賊如大艦徑犯我舟，鳥銃、佛狼機等器一銃一子，勢小難禦。百子銃子雖多，船舷厚，不能洞穿。便中傷單人，不能覆賊全舟。所製大二三，將軍試放，多炸破傷人，雖製造火精，亦放之無法。往往火發向虚，一攻而出，不能横及。且此器發後，要取起直立再裝，一不便也。一二三發後，體熱銅軟，再發必碎，二不便也。只可守城，以禦聚攻。發礦等器，體重身長，船内難於裝藥。預裝，則日久必結，臨時裝，則勢有不及。一發之後，再不敢入藥，又直起不得，非數十人莫舉。今所製無敵神飛砲，體若佛狼機，輕可移動，且預爲裝頓。臨時只將母銃安照高下，再不取起。只是子銃發之，發畢隨用一人之力可以取出，又入一子。每銃一發，可更二白子，可擊二十餘丈，艨艟巨艦，一擊而粉。」

鳥嘴銃圖説

鳥銃所貴，在於造時煉鐵熟，兩筒相包，原孔甚小。用鋼鑽鑽之，一日鑽寸許，至底而止，一月鑽光者爲上。近來洞曉此中弊竇者既少，而又不任真責成工匠，聽其捲成鐵筒，粗細厚薄不同，已可容三四錢鉛子矣。腹内未曾用鋼鑽鑽光，以致鉛子不得到底。出口不直，厚處不容子入，薄處遇火爆裂。甚至單筒捲成，舉即炸損人手，安敢托架於前。官給鉛子，大小不一。子大而銃口小，則子入不深，出口便落。子小而銃腹大，火藥先鉛子而泄，則鉛子無力，何以致遠。或鉛子溶液於腹内，則爲虚發。其法，每銃口以可容三錢鉛子爲準，下藥亦三錢。子輕則藥減，子重則藥增，藥數同子。子重合口下口之半，强之人，爲得彀。若再加，口大子必重，子重藥必多，則手不能持。定口小，子小，藥少，則無力而不能射遠。此器與各色火器不同，利能洞甲，射能命中。猶可中金錢眼，不獨穿楊而已。夫透重鎧之利，在腹長。腹長，則火氣不泄，而送出勢遠有力，射能命中。在於出口直，出口直，在於手托藥之前，火藥不能奪。所以手托腹前者，以有木爲托，即有腹炸，不能傷手。張手不用棄把點火，則不摇動，故十發有八九中。即飛鳥之在林，皆可射落，因是得名。馬上步下，惟鳥銃爲利器。有一種名快槍，即手把銃也。功用不逮鳥嘴銃遠甚。

都御史唐順之云：「寇所最畏於中國者，火器也。天助聖朝，除凶滅寇，而佛狼機，子母砲、快槍、鳥嘴銃，皆出嘉靖間。鳥嘴銃最後出，而最猛利。以銅鐵爲管，木橐承之，中貯鉛彈，所擊人馬洞穿。其點放之法，一如弩牙。發機，兩手握管，手不動而藥綫已燃。其管背施雌雄二臬，以目對臬，以臬對所欲擊之人。三相直，而後發，擬人眉鼻，無不着者。捷於神槍，而準於快槍，火技至此而極。

架內撇鬼形

其鬼所勾畫不出

龍頭式

此乃鐵條折回

此敵龍尾

此折條上出一鐵，此逼龍尾不外張

鳥嘴銃分形之圖

是倭寇用以肆機巧，於中國習之者也。」

參將戚繼光云：「鳥銃之利，在於腹長而直。火藥之不爇，手在於前，手拿在銃腹照放之。直，在於兩手俱托執銃身，而無點火之誤。鉛子之利，在於合藥之方。其神機銃，用木馬繫而多誤，勢難再發。邊銃手執後尾，其重在前，一手點火，眼不能照。快槍執在銃後，低在腋下，眼面不得平視，又無照星可對，皆不及此銃之妙而速也。」

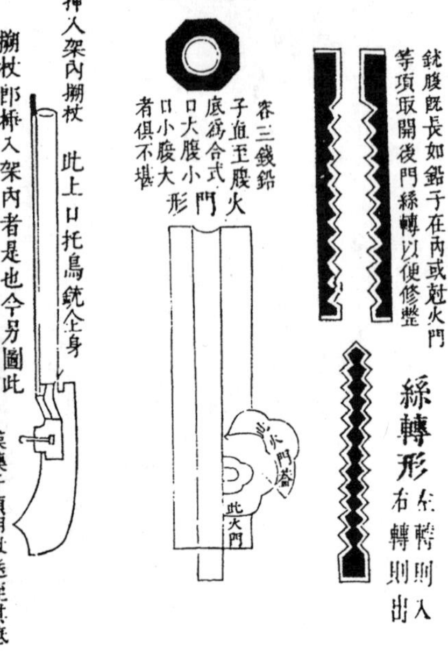

鳥銃後門形

若曾按：鳥銃之制，自西番流入中國，其來遠矣。然造者多未盡其妙，嘉靖二十七年，都御史朱公紈，遣都指揮盧鏜破雙嶼港賊巢，獲番酋善銃者，命義士馬憲製器，李槐製藥，因得其傳，而造作比西番尤爲精絶云。

側立裏面鬼撐形

此軏壓住龍頭用右手無名指向後撇動軏頭則此軏自入龍頭落火發

側立外形

鉛錫銃圖説

造鉛錫銃者，須知煉鐵。蓋鐵中原有渣滓夾雜，須煅煉不已，融盡渣滓，底於精純，方免脆折爆碎之患。故十斤而煉用一斤者，爲上。十斤而煉用五斤者，次之。其管欲員而浄，其臬欲端而直，司銃者須擇手足便捷之人，臨敵裝藥入彈，覘臬爇火，庶不遲誤。若但見臬而不見管，則失之仰；但見管而不見臬，則失之俯，皆不能中也。此器今人類并立而用之遠攻，非也，須近敵乃用。長短兵相夾，乘勢速往，使賊避銃，目睫閃眩之間，而我兵已入其隊中矣。鉛錫銃之妙，全在此也。若恃以攻敵，不亦繆乎！

鳥嘴銃全製式重六斤五斤尤妙。搠杖每根重三兩，火繩每根長二丈重五兩。

銃如鳥銃，但藥盡處用吼，上安一鐵筒，入鉛子數枚，門定口一箇子又落入。

送子形

此用鐵作送子下口圓送鉛子不偏

銃形

銃內裝藥式

銃式

六合銃圖說

以堅木六條做成，內尖外闊，照圖合圓，體長三尺。內自上口至腹深二尺，底下實木。內有肩長一尺子銃一門，厚五分，徑五寸，高五寸，僅裝滿藥而已，用過聽其炸損。木銃內口徑六寸，口上外木厚三寸，口底實木，自外至尖厚六寸。陸用用箍箍緊，另將子銃先安藥綫，用藥築實。銃外綫眼處用藥一兩包，綫下入木銃內，留綫眼，稍大，用粗二分藥綫捻入。不必透子銃，只對包藥所縛處，燃外綫，入藥包。藥包自燃，又速又無失誤。下合口石子一丸，可以碎堵。發時可及百步外，太遠則力柔。水中用，以木爲小船式，將銃縛在上。另用三板船，或八槳、哨馬船之類，以繩一丈繫銃。船預用粗火繩燃，繫長竿杪，點發一擊，賊舟爲粉。此器任其沉水，捨之亦不甚費，得碎賊一巨艦，何惜焉！發時必遠不過二十步，近至五步內尤妙。緣水中舟蕩，風帆旋轉，遠則發後舟移，但差一尺，不可望中，爲徒勞耳。

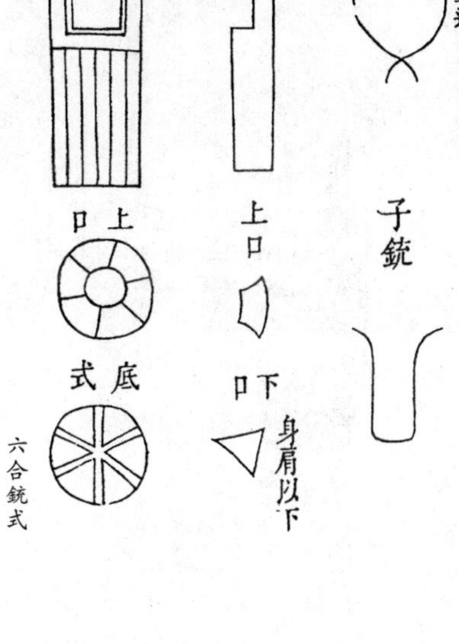

六合銃式

子母砲圖說

此用驚營，或夜間遠遠放入賊壘。少停，於賊壘中銃發。無制之兵，烏合之衆，奪氣之寇，勢必驚惶，我得乘之。此器最妙。

子母砲總製形

子砲

母砲

子母砲分形

子砲信妙在此

子砲 內爲刻木信以藥線纏之外用稍紙捲緊合口

母砲

柄

子母砲式

一窩蜂圖說

其狀如鳥銃之鐵幹而短，其管口比鳥銃口稍寬。容彈子百枚，燃藥則彈子齊出，可遠去四五里。

把總顧□云：「鳥銃所發止於一彈，所中止於一人，中則傷人，不中則無所傷矣。一窩蜂一發百彈，漫空散去，豈無中傷者乎？其力量真可以爲佛狼機之亞。但佛狼機器重難帶，一窩蜂輕於鳥銃，以皮條綴之，一人可佩而行。戰時，以小鐵足駕地，昂其首三四寸，蜂尾另用一木樁釘地，止之，誠行營之利器也。若欲以爲坐營之用，則以木床載於營門。床身左右各置二輪，以便進退，可以爲守營之寶。」

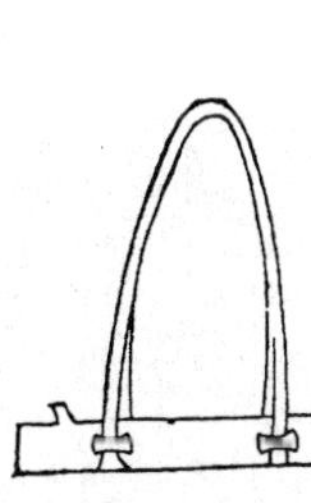

一窩蜂式

天墜砲圖說

丹陽邵守德云：「天墜砲，其大如斗。用法，升至半天，墮於賊巢，震響如雷，黑夜令賊自亂相殺。內有火塊數十，能燒賊之營寨，必不能救。」

地雷圖說

丹陽邵守德云：「地雷以生鐵鑄成，實藥斗許，檀木砧，砧至底，砧內空心，

裝藥綫一條。擇寇必由之地，掘地作坑，連連數十，埋地雷於坑中。內用小竹筒通藥綫，土掩如故。機關藏火，賊不知而踏動，則地雷從下震起，火焰冲天，鐵塊如飛蝗，着人即死，乃孔明之秘器也。」

大蜂窠圖説

此器戰守攻取，水陸不可無者，奪心眩目驚膽傷人，製宜精妙，此兵船第一火器也。

火妖圖説

紙薄拳大，內蕩松脂，入毒火；外煮松脂、柏、柏油、黄蠟。燃火抛打，煙焰蒺藜戳脚。利水戰、守城、俯擊、短戰。

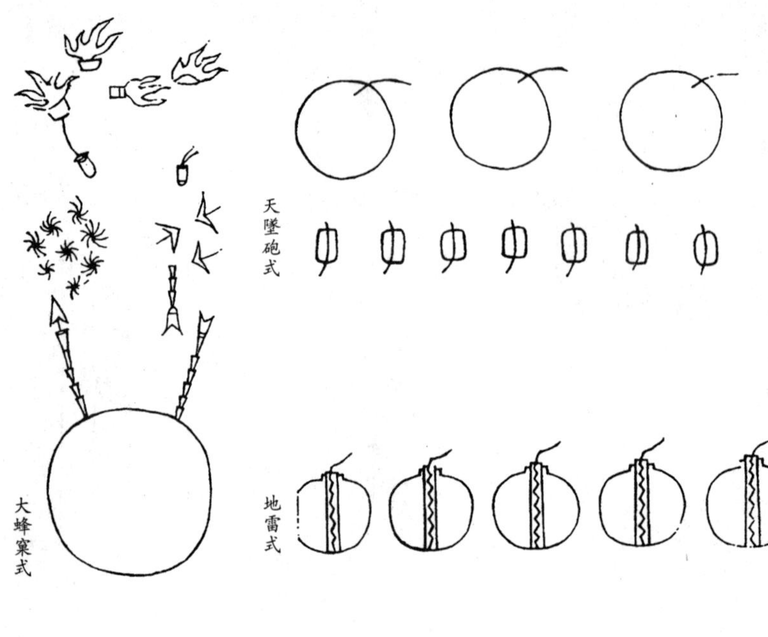

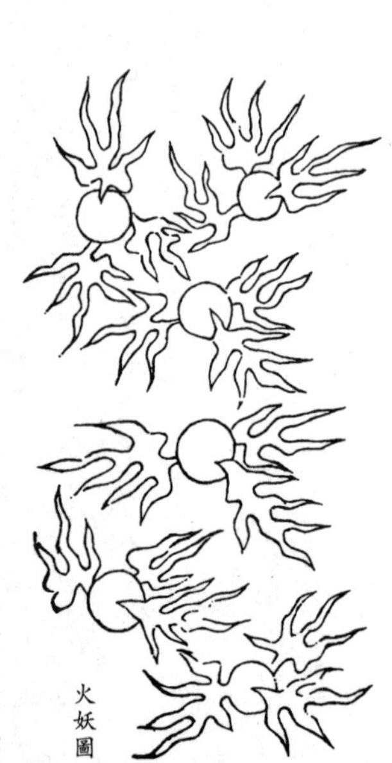
火妖圖

參將戚繼光云：「火器之法，制度甚多，其實大同小異，皆不甚利於用。只此數種，盡其妙矣。故開陽鄭先生不繁載。嘗觀火器藥綫，各處製者，俱用一二尺長，浮於外。每點擲之際，一擲門風，其藥綫便滅，或擲至別船。如賊見綫尚長而拔之，或反擲我舟。今用子母銃藥綫法，凡火器一件，其藥綫之處，用細竹管一個，直插於腹內至底。藥綫安於竹腹之內，待外點火，燃綫已入竹管之內不見，方纔擲下。則綫在竹內，燃至竹底方透。火器擲下之時，藥綫在竹內燃，并無閃滅之事。且擲至賊舟，只見凝然一物，并不知點燃何處。就擲在水內，則綫燃於腹，火氣衝於口，水爲氣所迎，亦不能入。雖在水底，猶能燃放而後已。此極妙極驗，萬無一失者。」

火藥桶圖説

木桶可容一斗者，用緩藥。即各船不堪之藥。每桶五斤。如法用好，輕輕將桶加蓋，加門。門孔要穴，門要細取，入門時不致撞動。桶雙手平舉，輕輕落下。彼舟爲舟所擊，火激藥發，全舟盡焚。

參將戚繼光云：「舊用火藥傾下賊舟，此固長策。然又别用火藥或炭火再傾擲，使之發藥。每每或連桶擲入水中，或被賊乘藥桶及伊舟，以水沃濕，亦皆未中肯綮，可以必發。不如遠則只用飛天噴筒，近則只用埋火藥桶，至易至便，萬用無差。除此之外，所謂火箭、神機箭，火磚、噴筒之類，皆遠不及此。苟用此二種，則他種又皆不必用也。」

桶蓋

用粗碗一筒將炭火三四塊温灰焙于碗內不見平放在藥面以蓋蓋之

灰焙

此火藥半桶鋪火磚四箇蒺藜一百箇切不可滿若滿則內實恐下時藥不泛火以出碗也

火藥桶式

火磚圖説

用地鼠紙筒砲，各安藥綫，每個排爲一層，上下二節。各二層以薄篾横束，合灑火藥、松脂、硫黄、毒煙。用粗紙包裹成磚形，外用綿紙包糊，以油塗密。另

於頭上開口下竹筒，以藥綫自竹筒穿入。

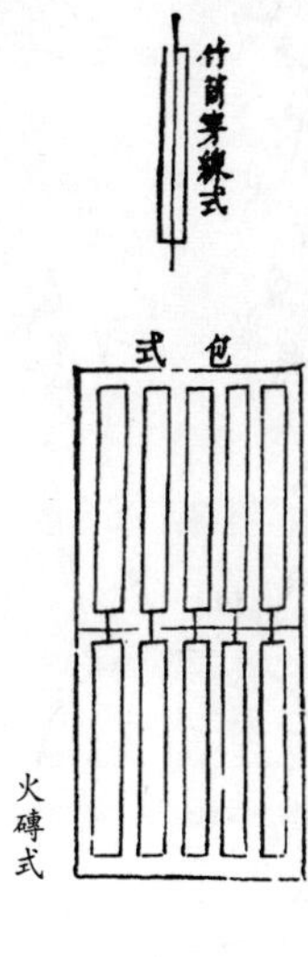

火磚式

飛天噴筒圖説

截徑二寸竹，深長一尺五寸，用麻繩密纏。下用竹木柄，長五尺。先下灰多硝少，慢藥一層；次下噴藥一層，下餅一個，用送入推緊。餅照圖製，務要合口，如法築之，築過力，餅碎無用也。如此五次方完。其法以竹筒粗細，餅子大小，爲送藥加減。送藥多，則暴其腹；送藥少，則送出餅子不遠，此處務要得宜。餅發去，可高十數丈，遠三四十步，徑粘帆上如膠，立見帆燃莫救。此極妙極妙，萬分效策。

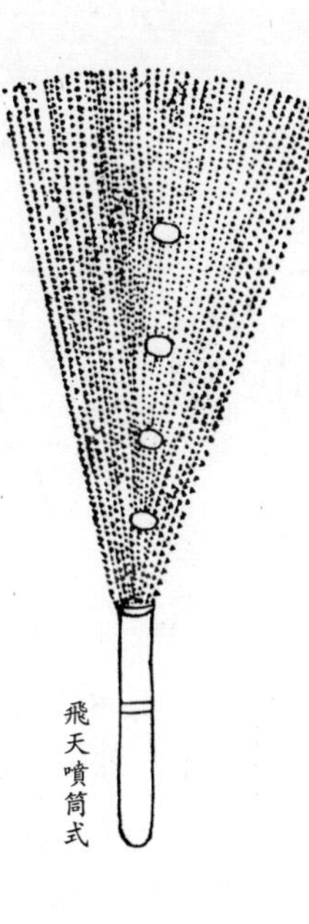
飛天噴筒式

飛槍飛刀飛劍圖説

三種飛，不過一法，即一大火箭也。惟其製不同，所以得名各異。用徑六七分荆木爲柄，長可六七尺。後杪用大翎三稜，與柄相稱。箭頭用紙筒，實以火藥，如火箭頭同，長可七寸，粗可二寸。鏃長五寸，橫闊八分。或如槍形，或如刀形，或如劍形。光瑩芒利，通計連身重二斤餘。燃火發之，其聲如雷，可去三百步，中者人馬皆倒。此器惟擊聚隊擁衆之勢，擊大舟燒棚效，要須製造得法，乃妙。

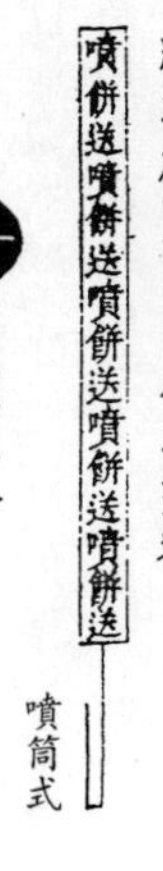

噴筒式
餅式

合餅子法：硝、黄、樟腦、松脂、雄黄、砒霜以分兩法制打成餅，如筒口大小，兩邊取渠一道用藥線拴之。

參將戚繼光云：「抽取數枝，用有橫枝者爲架船舷木上，即可。以手托其尾，照賊舟棚心，酌遠近高下燃發。預習一二次，庶臨時不怯，不回頭。」

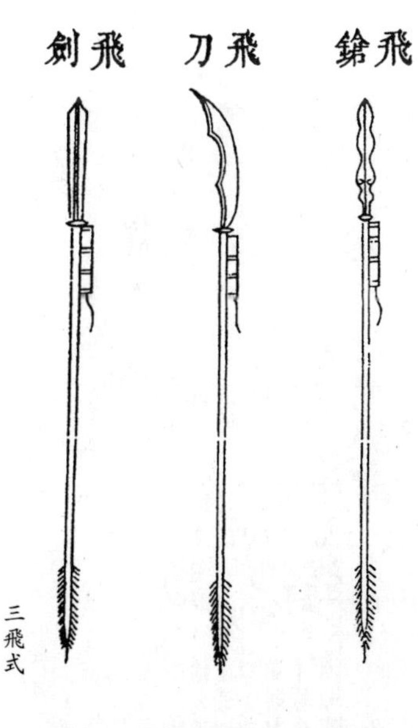

三飛式

火器總論

閩縣知縣仇俊卿云：「火器所及，能加於數百步之外。今海寇所恃，全在火器。緣硫黄出於琉球諸國，製造又多巧思。惟硇硝中原所産，嚴其禁約，不許人下海潛通，以資其用。則彼失所恃，擒之亦易矣。」

若曾按：海中戰法，攻船爲上。若以我大船犁敵小船，觸之無不壞者。其次則恃火器。火器之中，火箭銃砲之類亦多無用，惟火球、火藥桶二者，投入賊舟，即時焚毁，爲至妙也。或問我以火攻敵，使敵亦以火攻我，如之何？曰以火攻敵，全靠柁工得人，持柁得法。我常奪據上風，則敵之火攻，將爲風所驅，而反攻之矣。大抵火攻之法，須先自爲水備。假如一舟五十人，只用十人持火器，其四十人俱執水斗水桶，遇敵火攻，群手傾水滅之，烏能焚我耶！或又曰，設使我用火攻，而敵知水備，何道以焚之？曰敵若知備，則雖不能焚，敵亦必救火而亂矣。我乘其亂而擊之，豈有不勝者乎？

又按：短兵相接，乃倭寇所長，非中國之民所易敵也。其所歉者，火器耳。今鳥嘴銃，反爲彼之長技。而我兵鳥銃手雖多，不能取勝，何耶？倭人亡命，我兵望之輒懼而走。或鉛子墮地，或藥綫無法，手掉目眩，仰天空響。議者謂宜禁通番接濟火藥之人，甚善甚善。愚謂硫黄出産在彼，何禁之有？所當禁者，焰硝

耳，此吾中國之物。若官司設法，不容入番，則倭寇之火器爲無用，而我以火器攻之，彼之短兵，豈能加於我哉！

又按：兵家器械甚多，有宜於山戰者，有宜於陸戰者，有宜於水戰者，如《武經總要》所載是也。要之利於今日海戰者，無幾。至於火器，其名雖有二三百種，而海船得用，亦惟噴筒、火藥桶二件。蓋噴筒發去，有一百五十步之遠，橫占丈餘。火藥桶抛入賊舟，賊一時不知，取而視之，内火發矣。未發之先，水不及沃，臨發之際，人不能救。觸之者碎，犯之者死。故敵舟離遠，則用噴筒燒之。敵舟相逼，則用火藥桶燒之。此二者，皆海船利器，今日禦寇之切要也。

又按：近時交戰，有用所謂灰瓶者。不知舟上惟利滑，使人不能立脚。一説用鷄鴨卵擲下，或擲滑泥者，猶可臨時取海中水母擲之，更妙。今乃用灰瓶，是又澀賊之足，而使之立以爲我敵矣。

砲圖説

砲爲守城第一器，既省火藥之費，又有不乏之資。

火箭圖説

參將戚繼光云：「火箭亦水陸利器，其功不在鳥銃下。但造者無法，放者無法，人鮮知此器之利也。大端造法有二，或造成用鋼鑽鑽綫眼，或用鐵杆打成自然綫眼。但鑽者不如打成者妙。鑽易，而打成費手，匠人多不肯爲。打成之法，其肯綮全係於綫眼之歪正深淺。杆要直，翎要勁，羽長而高。褙筒用礬紙間以油紙，夏不走硝，可留二年。此物最不耐久收也。」

又云：「火箭只着棚帆當中一點打去，常高中，則不可救，低則易救。」

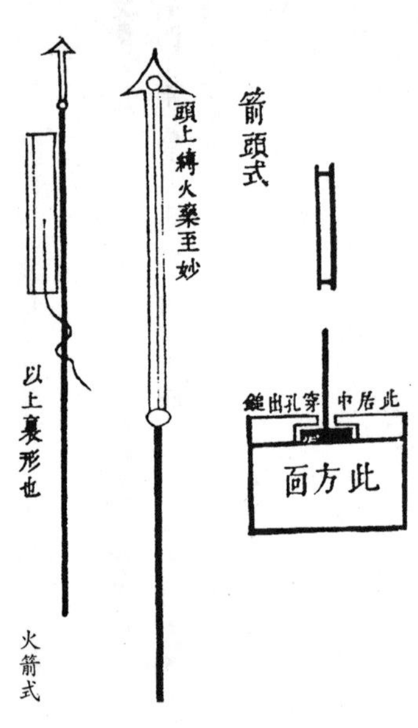

火箭式

神機箭圖説

丹陽邵守德云：「造法，礬紙爲筒，内入火藥，築令滿實。另置火塊，油紙封之，以防天雨。後鑽一孔，裝藥綫。用箭竹爲幹，鐵矢鏃，如燕尾形。末裝翎毛大竹筒，入箭二矢或三矢，望敵燃火，能射百步。利順風，不利逆風。水陸戰皆可用，用之水戰，能燔舟篷，用之陸戰，能毁巢穴，中毒必死。」

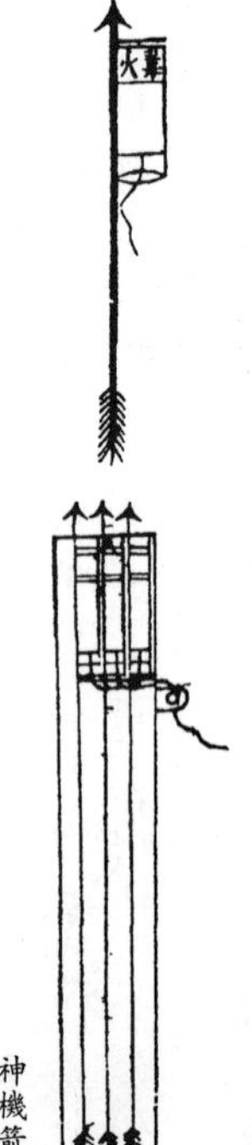
神機箭式

梨花槍圖説

梨花槍者，以梨花一筒，繫於長槍之首，臨敵時用之，一發可遠去數丈，人着其藥即死。火盡，槍仍可以刺賊，乃軍前第一火具也。宋李全嘗用之，以雄山東，所謂「二十年梨火槍，天下無敵手」是也。此法不傳久矣，布政司報效吏許國得其法而造之。嘗試之沈莊，果得其用。總督胡公宗憲因命之專司其事，以爲軍前之利器云。

梨花鎗式

明・戚繼光《紀效新書》卷一五　布城諸器圖説

放鳥銃法式

一，放銃之法，先將藥預裝各小竹桶内，約銃口可容幾錢鉛子一枚，即每桶裝藥幾錢，藥多則鉛化，藥少則子無力。先裝藥入銃，用搠杖送實，方下鉛子一枚，又搠杖送下至藥際，將火門取開，用另裝細火藥傾入鳥銃火門内，向上振摇，藥入線門，將火門閉之，以火繩安入龍頭，前手托銃架中腰，後手開火門，即拿銃架後尾，人面妥架尾之上，用一隻眼看，後照星對前照星，前照星對所打之人，用右手大食指撥鬼向後，鬼入龍頭，落在火門，藥燃銃響。

鳥銃之中準，在於腹長而直；火藥之不奪手，在於前手拿在銃腹；照放之直，在於兩手俱托執銃身而無點火之誤；鉛子之利，在於合藥之方。其神機銃

用木馬，繁而多誤，勢難再發。邊銃手執後尾，其重在前，一手點火，眼不能照，皆不及此銃之妙而速也。

一，製合鳥銃藥方：硝一兩，熕一錢四分，柳炭一錢八分。

通共硝四十兩，熕五兩六錢，柳炭七兩二錢，用水二鍾，舂得絶細爲妙。秘法：先將硝、熕、炭各研爲末，照數兑合一處，用水二碗，下在木柏，木杵舂之。不用石椿者，恐有火也。每一柏，舂可萬杵，若舂乾，加水一碗，又舂，以細爲度。舂之半乾，取出日曬，打碎成豆粒大塊。此藥之妙，只多舂數萬杵也，好清水舂，換出硝中鹹氣至盡。大端如製合好墨法相類。若添水舂至十數次者，則將一撮堆於紙上，用火燃之，藥去而紙不傷，如此者不敢入銃矣。只將人手心擎藥二錢，燃之而手心不熱，即可入銃。但燃過有黑星白點與手心中燒熱者，即不佳，又當再加水舂之如式而止。

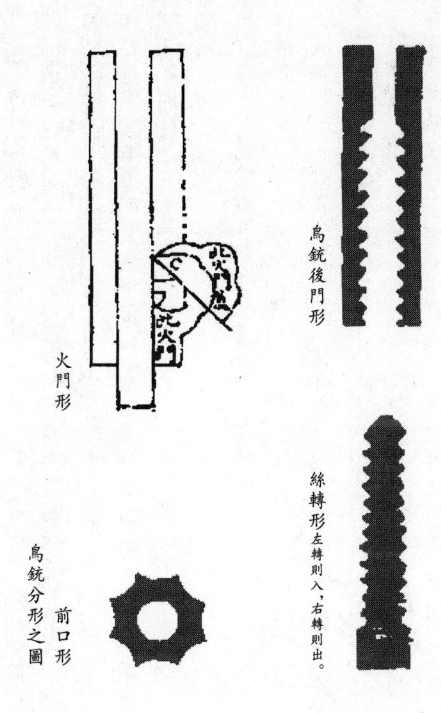

鳥銃後門形

絲轉形左轉則入，右轉則出。

火門形

前口形

鳥銃分形之圖

銃架形

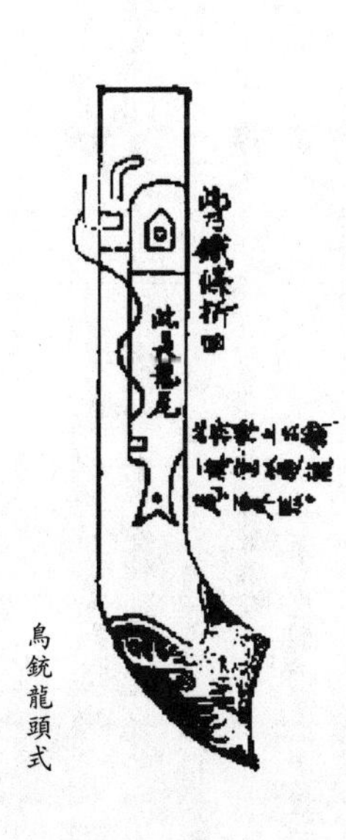

鳥銃龍頭式

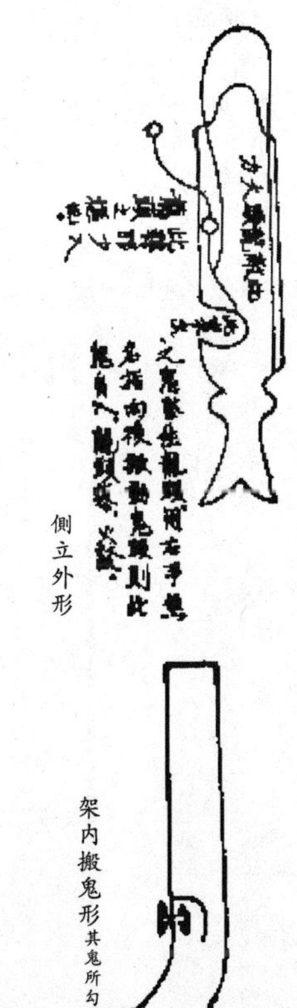

側立外形

架内搬鬼形其鬼所勾畫不出。

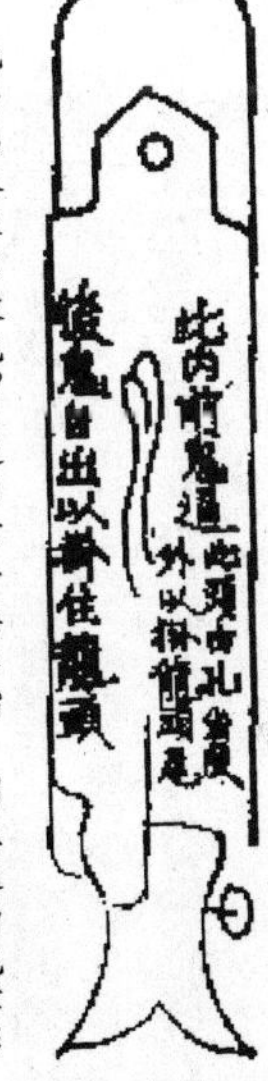

此乃爲木架内搬鬼，勾遍用右手無名指頭搬此則鬼之頭退入皮内，龍頭落而火發。

側立裏面鬼撑形

一，造鳥銃之法。後門有螺絲轉者，此銃腹長，放過後内常作濕，二三日要洗一次，用搠杖展水布一方，醮水入洗之。如鉛子在内，或尅火門等項，取開後門絲轉，以便修整，最爲易便。

一，行營之内，鳥銃雖速準，而力小難禦大隊，難守險阻，難張威武，佛狼機又太重，難於扛隨。今以臆創一器，名爲賽貢銃，既無下木馬延遲之艱，又不坐後，其鉛子猶勝佛狼機之大，其聲勢可比發貢，其速即可比鳥銃。每五百人之中，用以五六門，以備守路截險，甚妙。

一，銃式：銃長三小尺，内口約容半觔鉛子，藥在粗腹，不可過，鉛子送至腹口方好。即如此平卧地下，隨其遠近，加墊頭高，並不用木馬等類。此器之利

者，亦以項長而鉛子合口故也。

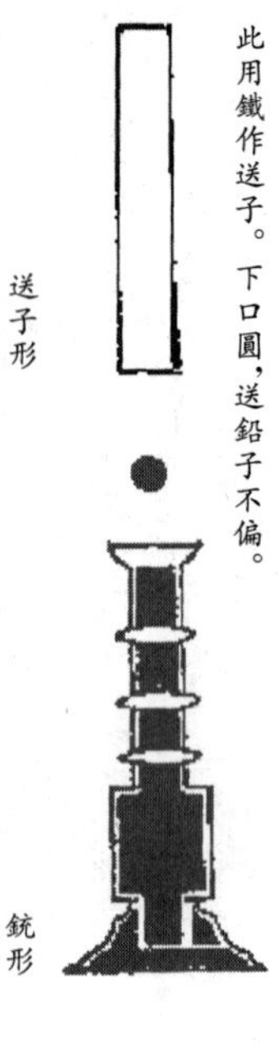
此用鐵作送子。下口圓，送鉛子不偏。

送子形

銃形

後有連子銃、銃鎗，皆繁巧，放銃時多誤，難以屢中無虞。聊亦載之，以備兵家之一法也。

銃如鳥銃，但藥盡處用一孔，上安一鐵筒，入鉛子數枚，門定口一箇，銃放去一箇，子又落入。

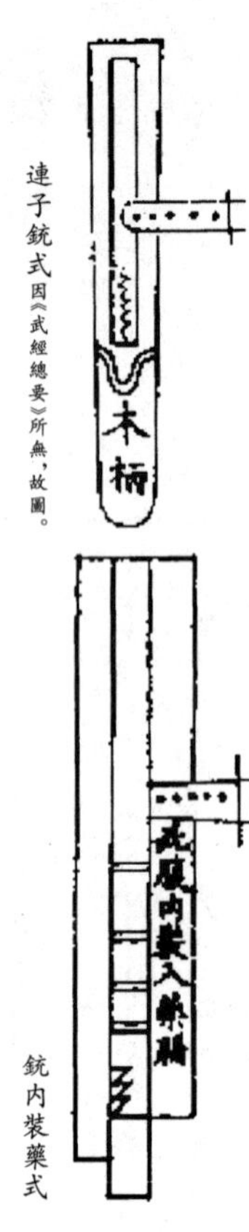

連子銃式因《武經總要》所無，故圖。

銃內裝藥式

其法：以藥裝入一節，即以厚褙紙錢一箇，中穿藥線一寸，送入銃內，又裝一箇，藥入築實，又間以穿藥線、紙錢，如此裝至鉛子、鐵管止。

一，子母砲：此用驚營，或夜間遠遠放入賊壘，少停，於賊壘中銃發。無制之兵，烏合之衆，奪氣之寇，勢必驚惶，我得乘之，此器最妙。

一，裝放子母砲法：此砲用木信，雕成羅絲轉形爲渠，以藥線隨渠纏足，下露線一節，在底上露出，信之上用褙紙，信外卷緊，與子銃口合，乃將好藥入瓶八分，將信送入口，即將瓶覆向下，摇摇按入其信。若仰瓶裝信，則信底有藥，放時藥催信出，而瓶不破響，惟覆裝其信，則將信務入到底，庶底下無藥，藥在週圍，信線燃入，藥乃炸破子瓶。其放時，先用木馬將大銃裝畢，以瓶入上大口，先點瓶線，燃入木信不見，即點母砲線打去。若瓶線點早，母線太長，則瓶不出口而響矣。若點瓶線太遲，未及燃入打去，則閃風而滅矣。又有一法：共拴一線，居中點火。終是不齊，還是兩點爲妙。

總形內爲刻木信，以藥線纏之，外用褙紙捲緊合口。子砲信妙在此。

一，佛狼機：此乃天下通有利器，今所以重圖者，舊製之未盡精微也。其妙處要母銃管長，長則直而利遠，子銃在腹中要兩口對合，則火氣不泄。子銃後方用半笋轉入者，每放時，多擊出子銃數丈傷人，必用鐵閂者佳。其妙處在今添出前後二照星，後柄稍從低，庶不礙托面，以目照對其準。在放銃之人，用一目眇看，後照星孔中對前照星，前照星孔中對所打之物。又子銃內用木馬，後下鉛子。苟子馬俱大則難出，出則力大要坐後，而人力不能架之。若子小則出口鬆而無力，歪斜難準。今法止用鉛子，預將鉛子照子銃合口微大一分製就，用時入藥之後，即以子下口，用凹心鐵送桿打下，入口一寸，即入母銃放之。此法既省下木馬煩難之功，又出口最易，而且鉛子合母銃之口，緊激直利，便速成功。凡鑄銃之法，子銃口大，則子難出，要破母銃；母銃口大而子銃口小，則出子無力且歪，務要子母二銃之口圓徑分毫不差，乃爲精器也。切記！切記！

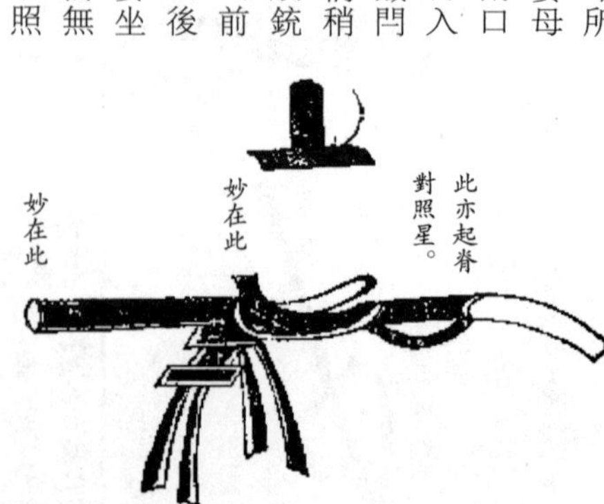

佛狼機式

一，火箭：夫火箭亦水陸利器，其功不在鳥銃下。但造者無法，放者無法，人鮮知此器之利也。大端造法有二，或造成用鑽鑽線眼，或用鐵桿打成自然線眼。但鑽者不如打成者妙，鑽易而打成費手，故匠人多不肯用打成之法。其肯綮全係於線眼，眼正則出之直，不正則出必斜，眼太深則後門泄火，眼太淺則出而無力，定要落地。每箇以五寸長言之，眼須四寸深。桿要直，而去頸二寸稱平；翎要勁，羽長而高。褙筒用礬紙，間以油紙，則不走硝，可留二年。此物最不耐久收也。

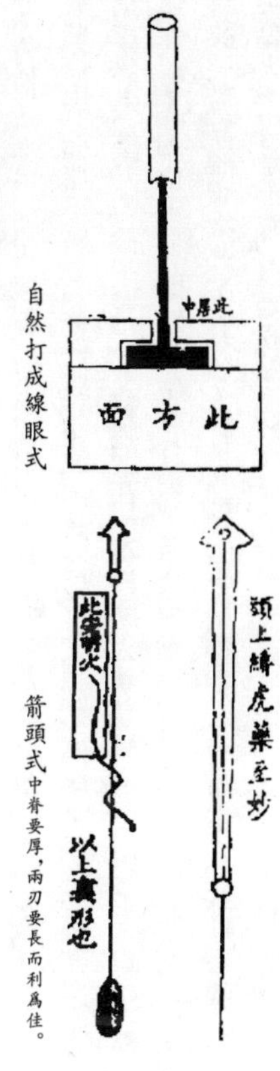

自然打成線眼式

箭頭式中脊要厚，兩刃要長而利爲佳。

又　卷一八《治水兵》

一，兵船束伍法：每福船一隻，捕盜一名，舵工二名，繚手二名，扳招一名，上斗一名，椗手二名，上用甲長五名，每甲兵十名。

第一甲佛狼機，甲長專管放佛狼機，賊近管放火磚、煙罐等器。

第二甲鳥銃，甲長奪管放鳥銃，賊近攻打。

第三甲標鎗雜藝，甲長賊遠照管船隻摇櫓，賊近發鎗刀石藥等項。

第四甲標鎗雜藝，甲長賊遠照管船隻摇櫓，賊近發鎗刀石藥等項。

第五甲火弩，甲長以一半打弩，以一半放火箭，賊近從便攻打。

以上如與賊逼近船邊，一時遇巧，不拘何人用何器，但能奮勇當鋒，用火藥火器成功，用刀鎗戰殺有功，各爲首者，俱以破格奇功論。

又　戰船器用説

夫水戰於舟，火攻爲第一籌，固然也。其火器之屬，種目最多，然可以應急用者甚少。何則？兩船相近，立見勝負。其諸器或有宜於用，而制度繁巧，一時倉忙，不能如式擲放，致屢發而無用；或精巧宜用，而勢不能遍及一舟；或重贅而不能發及賊船。最不宜者，是見行火器安藥線在口，如若候點入口，則發在我手，若方燃即擲，則擲下又爲賊所救，且以返擲。又有所謂灰瓶者，内用石灰，蓋舟上惟利滑，使人不能立脚；一説用鷄鴨卵擲下，或擲滑泥者，尤可；今乃用灰瓶，是又澀賊之足，而使之立牢也。不可！不可！不可！今屢試屢摘，合以衆情，共愛而數用無異者，止有二種，一遠一近。至矣！足矣！愈淫巧繁多，愈無實用。記之！記之！

一，舊用火藥傾下賊舟，此固長策，然又别用火器或炭火再傾擲，使之發藥，每每或連桶擲入水中，或被賊乘藥桶及伊舟，以水沃濕，亦皆未中肯綮可以必發，故復重出此説，因以見此法之萬分至妙也。所謂二種者，遠則只用飛天噴筒，近則只用埋火藥桶，至易至便，萬用無差。除此之外，所謂火箭、神機、火磚、噴筒之類，皆遠不及此。苟具此一種，則他種又皆不必用也。

用粗碗一箇，先將炭火三四塊，用温灰培於碗内不見，平放在藥面，以蓋蓋之。此火藥半桶，鋪火磚四箇，蒺藜一百箇，切不可滿，若滿則内實，而擲下藥不泛火以出碗也。

右約賊船在遠，先將炭火燒紅，盆盛一處，約賊舟相近百十步，以火入粗碗灰培，再俟賊近三二十步，以碗平放在藥桶内蓋了。俟兩舟相逼，將桶平平擲下，至賊船被磕動，碗内之火跌泛而出，與藥相埋即發，時刻不失。較之别器，尅線不燃及線濕放早之病，皆可無矣。

船椗

走風捉颶，事急追賊，俱闕人力，起椗遲誤。備此臨急，解繫繳尾泛之，以便回取。

此用桐木，燒黑外一寸，甚妙。

滿天煙噴筒

截粗徑二寸竹，布箍，用硝磺、砒霜、斑毛、剛子、硇沙、膽礬、皁角、銅緑、川椒、半夏、燕糞、煙煤、石灰、斗蘭草、皁烏、水蓼、大蒜，得法分兩製度，磁沙、玉田沙炒毒，繫鎗竿頭，順風燃火，則流淚噴涕，閉氣禁口，守城用。戰船只用飛天噴筒燒帆爲第一妙器，此又不足用也。此乃各處見用於兵船者爾。

火磚

用地鼠紙筒砲，各安藥線，每五箇排爲一層，上下二節，各二層，以薄篾横束，合灑火藥、松脂、硫黄、毒煙，用粗紙包裹成磚形，外用綿紙包糊，以油塗密，另於頭上開口，下竹筒，以藥線自竹筒穿入。

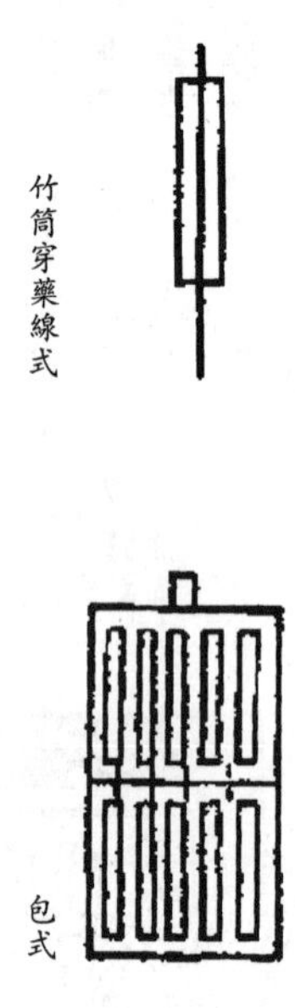

火妖

紙薄拳大，内蕩松脂入毒火，外煮松脂、柏油、黄蠟，燃火拋打煙焰，蒺藜戳脚，利水戰、守城、俯擊、短戰。

飛天噴筒

硝磺、樟腦、松脂、雄黄、砒霜以分兩法製打成餅，修合筒口，餅兩邊取渠一道，用藥線拴之，下火藥一層，下餅一箇，用送入推緊，可高十數丈，遠三四十步，徑粘帆上如膠，立見帆燃莫救。此極妙極妙，萬方效策。

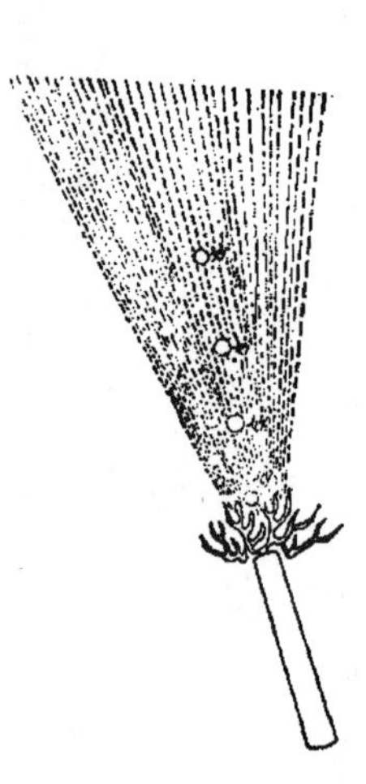

大蜂窠

範大砲，紙糊百層，間布十層，内藏小砲，半入毒，半入火，又間小砲，入灰煤、地竄頭帶火，磁沙炒毒，鐵蒺藜糞汁毒炒，包松脂、硫黄、毒人髮角層等件。此一火器，戰守攻取，水陸不可無者，奪心眩目，驚膽傷人，製宜精妙。此尤兵船第一火器。

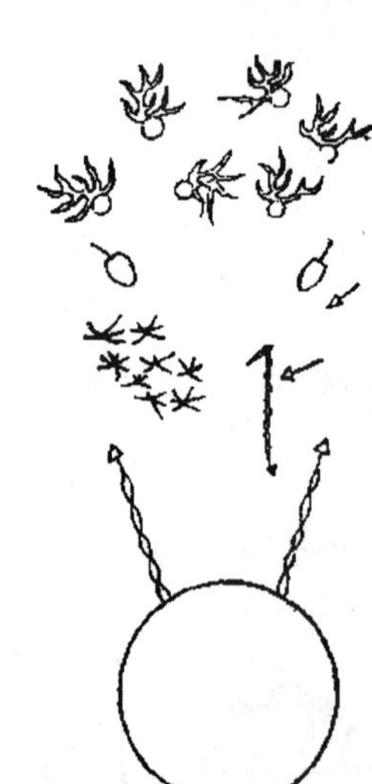

火器之法，製度甚多，其實大同小異，皆不甚利。若用，只此數種，盡其妙矣，故不繁載。至如弓射箭頭用火之類，又不如火箭。除水陸通用者，先附陸兵技藝之後。凡陸所不用，只可用于水者，故備于此。以上藥線，各處製者，俱用一二尺表，浮于外，每點擲之際，一擲閃風，其藥線便滅。或擲至別船，如賊見其尚長而拔之，或反擲我舟。余今用子母銃藥線法，凡火器一件，其藥線之處，用細竹管一箇，直插于腹内至底，藥線安于竹腹之内，待外點火燃線，已入竹管之内不見，方纔擲下。則線在竹内，燃至竹底方透，火器擲下之時，則藥線在竹内燃，並無閃滅之事。且擲于賊舟，只見凝然一物，並不知點燃何處。就擲在水内，則線燃于腹，火器銜于口，水爲氣所迎，亦不能入，雖在水底，尤能燃放而後已。此極妙極驗，萬無一失者。其法附陸兵器藝之後，子母銃信是也。如要速燃，則不必纏盤，但只入竹管腹内亦可。

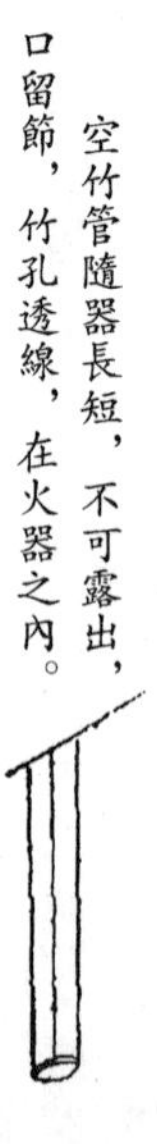

空竹管隨器長短，不可露出，口留節，竹孔透線，在火器之内。

又戚繼光《練兵實紀雜集》卷五《軍火器》

一，無敵大將軍圖共重一千五十斤。

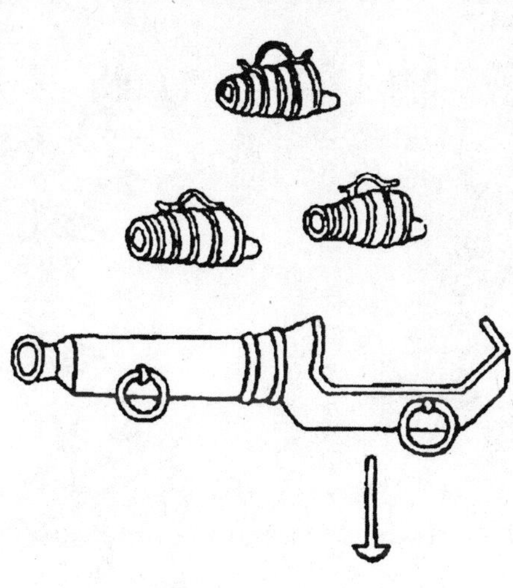

無敵大將軍解

此器所以擊衆也。夫虜馬動以萬數擁來，毋論溝塹，須臾墮溢，踏之而過。快鎗等器，一銃一子，勢小難禦，但能擊死有限之虜，不能阻其直前之衝，我軍以故每每不支而敗。舊有大將軍、發熕等器，體重千餘斤，身長難移，預裝則日久必結，線眼生澁，臨時裝則勢有不及，一發之後，再不敢入藥，又必直起，非數十人莫舉。今製名仍舊貫，而體若佛狼機，亦用子銃三，俾輕可移動，且預爲裝頓，臨時只大將軍母體安照高下，限以木枕，入子銃發之。發畢，隨用一人之力，可以取出，又入一子銃云。一發五百子，擊寬二十餘丈，可以洞衆，罔有不懼而退者。

其放法，先將子銃刷净，用藥線一條撚入，外以布裹之，恐擊下馬子摧動也。次下藥三升不等，以紙一層蓋之，亦防藥被打馬子擊泛耳。藥不過二箍下口。次用木馬，厚三寸，馬初試不用力，自與上口平，下至二箍平止。子銃口小腹大者不可用。其馬子上以少土塞之，所以防木馬與銃腹有隙處。次下鐵子一層，又下土一層，俾子縫皆以土實之，再用木送築之。如此五次。如尚不滿，再下一層，鐵子不拘六七層，以平口上第五層箍下凵而止。此層不用生土，就于子藥上加微濕泥粘，高過銃口，築實，毋使子覆出，乃將母銃酌量遠近，以木枕之高下所至爲準。下子銃入腹，閂定，舉放。又每位用載行大車一輛，内用活軸十數道，即三四人可以上下。車制另開。

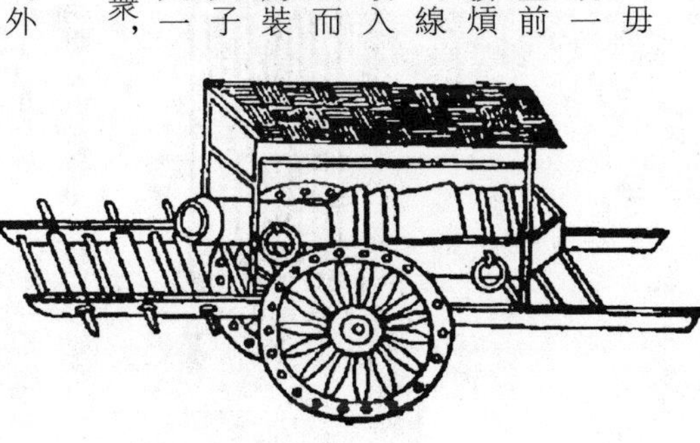

載無敵大將軍車圖

每無敵大將軍一位，子銃三門，備征火藥一百二十斤，生鐵子一萬九百五十箇，木榔頭一箇，木馬子三十箇，木枕二箇，木送一根，鐵閂一根，鐵錘一把。

一，佛狼機圖

佛狼機解

此器最利，且便速無比，但其體重，不宜行軍，比無車營，只可邊墻守城用之。今有車營，非有重器，難以退虜衝突之勢。

二尺、二尺五寸、三尺、三尺五寸、四尺、五尺不等，重亦隨之隆殺。鐵閂隨母銃大小。子銃隨母銃大小。鐵錘隨母銃大小。火繩長二丈五尺，重四兩。

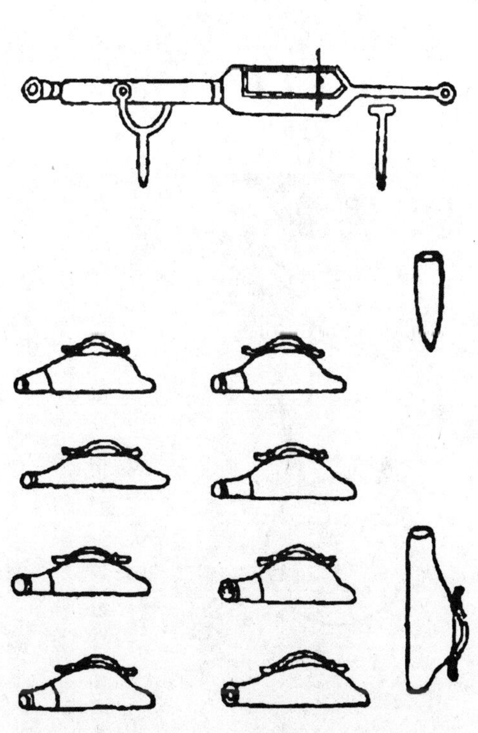

其造法，銅鐵不拘，惟以堅厚爲主。每銃貴長七尺更妙，則子藥皆不必築矣；五尺爲中，三尺則僅可耳，再短則不堪也。腹洞與子口同，乃出子有力，若子銃口大，母銃口小，必致損傷；子銃口小，母銃腹大，出則無力。子銃後尾須抵門，前後緊逼無縫，乃不傷門及他虞。

其放法，先以子銃酌大小用藥，舊用木馬，又用鉛子，以輕馬摧重子，每致銃損，又多遲滯。今用，入藥不必築，不用木馬，惟須鉛子合口之半。舊以平頂送桿，將子打平，出則不利。今製鐵凹心送一根，送子入口，內陷八分，子體仍圓，而出必利，可打一里有餘，人馬洞過。

每佛狼機一架，子銃九門，鐵閂二根，鐵凹心送一根，鐵錘一把，鐵剪一把，鐵錐一件，鐵藥匙一把，備征火藥三十斤，合口鉛子一百箇，火繩五根。

一，虎蹲砲總圖

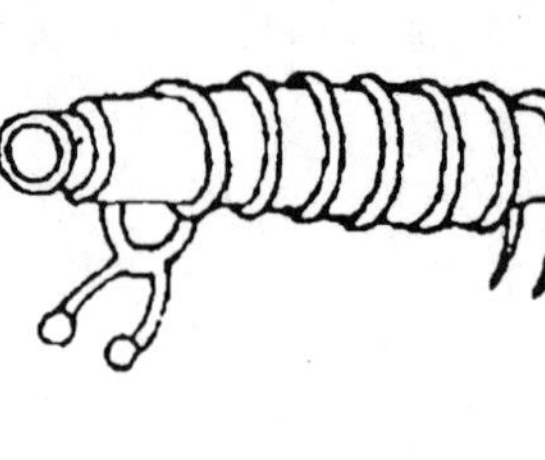

一，虎蹲砲分圖

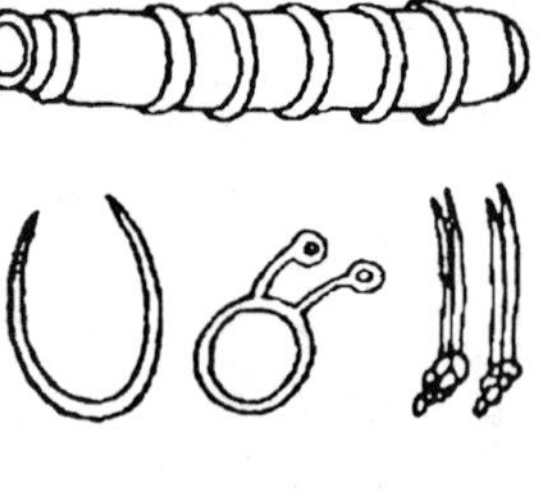

長一尺九寸，重三十六斤。大釘每根長一尺二寸，重三斤半。鐵絆每根長一尺二寸，重三斤。火繩每根長二丈五尺，重四兩。鐵錘每把重三斤。

虎蹲砲解

此器因其形得名也。國初分在邊方，有所謂三將軍、纓子砲者；近時有所謂毒虎砲者，固亦利器，但體輕易躍，每放在二三十步外。我軍當放此砲時，必出營壁，前至砲所，則營墻大小砲火皆不敢發，發之適足以中放砲之人耳。砲大不可多得，數砲不能退虜，而群砲在後，不得齊放，適則我事。將欲置前砲於壁間，則火發易躍，必傷營內之人，故用之適以害之。

今乃特造熟鐵砲，長二尺，腹內粗二寸餘，外用五箍，光磨如鏡，棱面可愛。用法：先入藥線，縛之以布；次用藥六七兩，上用木馬，以合口者爲準，送至二箍平，上用土少許，入鉛子一層，又用土少築，再下子，子小以百數，子大以五十數；口用石子一枚，下口一半，慢慢築實，口平而止；後尾稍用钁去土三四寸不等，相地方高低，前下二爪釘，後用雙爪尖絆下在四箍後，將前後箍俱前抵砲身大箍之肩，庶不退走。此砲只去人五寸無慮矣，庶放大小砲之人無避也。此砲可退敵則已，倘此砲用盡，則諸鎗砲可以併發，而此砲又可取裝如前。

每虎蹲砲一位，鐵钁一把，鐵錘一把，鐵剪一把，鐵鎚一件，藥線盒一箇，藥升一箇，木送一根，木榔頭一箇，皮簍二箇，木馬子三十箇，石子三十箇，火藥一十五斤，鉛子九百箇，藥線一十五根，火繩二根，馱架一副半。

一，鳥銃總圖

重六斤、五斤尤妙。搠杖一根，重三兩。火繩一根，長二丈五尺，重四兩。

一，鳥銃分圖

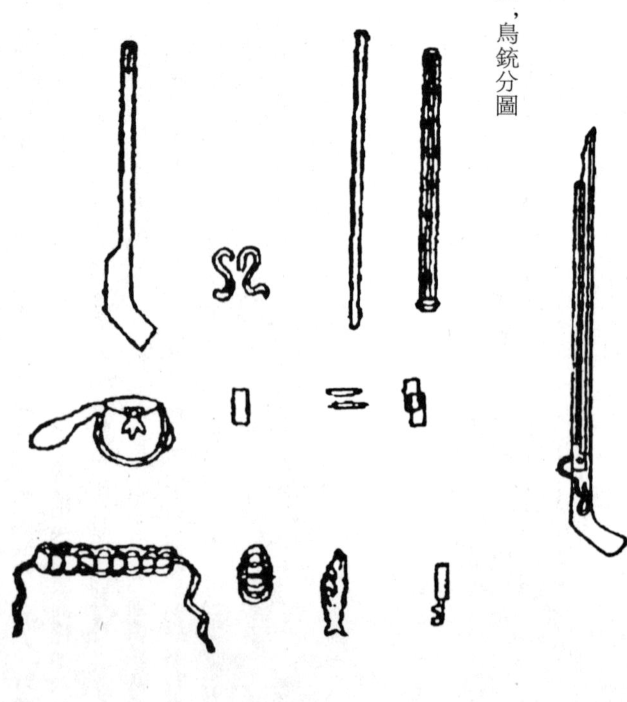

鳥銃解

此器中國原無傳，自倭夷始得之。此與各色火器不同，利能洞甲，射能命中，弓矢弗及也。猶可中金錢眼，不獨穿楊而已。夫透重鎧之利在腹長，造時腹無孔，用鑽鑽虛，故光直無礙，出口直。其射能命中，在於火藥之發不能奪手。其不奪手者，緣以一手拏在腹前。其手所以拏在腹前者，以有木爲托，即有腹炸不能傷手，方敢加手于木。譬如人焉，以手挽其髮，雖有力者，莫能與之争。後手不用棄把點火，則不摇動。後手執定，一目照直，以指勾軌，則火自然入藥，而銃發矣。

目照之法，銃上後有一星，口上有一星，以目對後星，以後星對前星，以前星對所擊之物，故十發有八九中。即飛鳥之在林，皆可射落，因是得名。

火藥用水舂，如造墨法，舂多爲上，藥如粒不塵，可以掌上燃之，皮不熱，言其急也。精者可于單紙上燃去，而紙不燃。

每鳥銃一門，搠杖一根，錫鱉一箇，藥管三十箇，鉛子袋一箇，銃套一箇，細火藥六斤，鉛子三百箇，火繩五根。

搠杖解

搠杖頭大有簷，每遇銃放完過夜，恐其中藥滓化濕，夜歸以湯醮布如錢，纏在杖頂有簷處，帶入腹内洗銃，築藥子須用杖。

一，快鎗圖

長六尺五寸重五斤。

快鎗解

北方禦虜，惟有快鎗一種，人執一件，但成造本拙，工尤粗惡，身短體薄，腹中斜曲，口面大小全無定製，不堪擊賊，而鉛子又不知合口之度，什物不具，裝放無法，徒爲虚器。故雖虜畏火器，而火具又不足以下虜，惟有支吾，不見虜面而已。且柄短贅重，將欲兼持戰器，則不能兩負；將只持此器，則近身無可恃者。

今製必以腹長二尺爲準，腹用鑽洞光圓如口，每口可吞鉛子三四錢，藥有竹木筒量就，封貯候用，俾臨時不至增減。藥線舊時隨用隨撚，或長線見截，悮事更甚。今教裝放之法，先將藥線寸半長剪斷，每數十爲一束，以硫黄蘸兩頭，不惟平時不致藥撒，臨時點燃亦易也。入藥線之後，用竹木筒内藥，每次一筒，用搠杖築實，下鉛子一枚，不可用二三枚。二三枚者，舊弊。彼殊不知，一錢藥一錢子，則去直，中途不落地，可以計步命中。藥多子輕，則未出腹而化如水；藥少子重，則出腹至半途必墜地。激之再發，不惟不可中，且中不殺人。下子後，人須屈前膝架銃，以後手點之，乃不高下摇易。但用後手燃線，須棄銃柄而燃之。線燃，用手回執銃柄，則已遲矣。況銃低在腋下，而目視在上，終不若鳥銃之準，畢竟不能命中。然人情見常，未可輕議棄置；即盡棄之，以精鳥銃可也。

什物俱同鳥銃，惟不用錫鱉，而用藥線筒耳。

一，飛山神砲圖

長二尺七寸重二百八十斤。

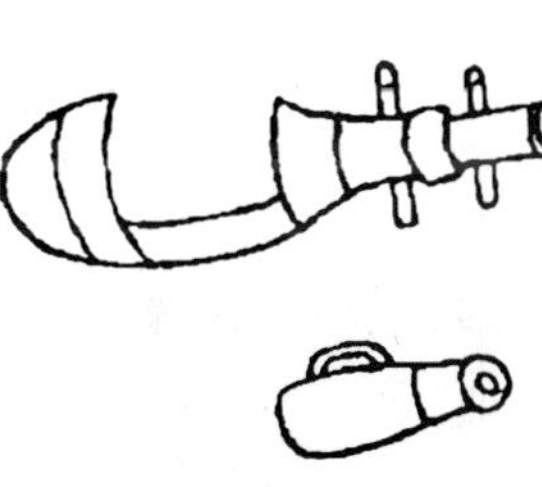

一，石砲圖

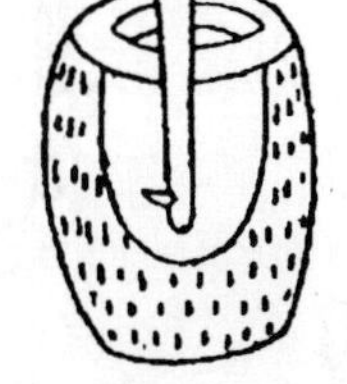

石砲解

此砲乃是前巡撫今戎政劉始。石有大小不等，粗可徑尺，細可徑六七寸，鑿以孔，内入以炸藥，築之以土，預安纏線、葦筒，置于邊墻垜口。遇賊至墻下，則燃線入筒，以手推下。賊人所見不過一石，以爲我抛擊不中，不再隄防。藥燃石碎，有相近而不傷者，有數十丈而被擊者，敵人莫測所向，故人人自危。此爲第一利器，且不費官帑，一時數萬可備，節財威敵，誠爲妙策。仍有大至千斤者，又有走兎引線之法，地雷叢發之制，固爲千變萬化而不窮，然皆有滯，未可期必，不若墻上推下之爲妙也。夫賊至墻下，勢不可阻，如出頭視賊，而外方叢矢如蝟，即抛一石不過擊一人，況仰視石下，每可迴避，十未得中其一。此砲一落，即有百人，莫知中誰，莫不畏懼，人人奔遁，此所以爲利也。

一，飛鎗、飛刀、飛劍圖

俱長五尺五寸重二斤。

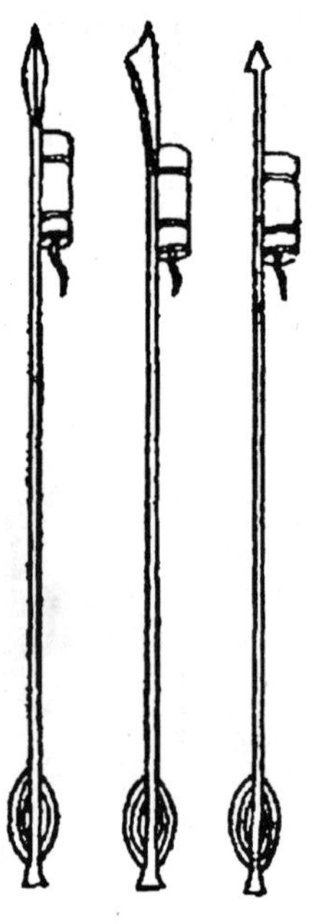

一，飛鎗、飛刀、飛劍解

三種飛器，不過一法，即一大火箭也。惟其兩製不同，所以得名各異。造用徑六七分荆木爲柄，長可五尺，後杪三稜大翎，如箭矢。頭用紙筒，實以火藥，如火箭頭，長可七寸，粗可二寸。他人製之悉墮地不起，惟近日所造之法，其鏃長五寸，横闊八分，或如劍形，或如刀形，或三稜如火箭頭，光瑩芒利可玩，通計連身重二斤有餘，北方所未見，燃火發之，可去三百步，中者人馬皆倒，不獨穿而已，但命中則不能。擊大隊齊衝之虜，虜人畏此甚如神鎗鉛子。若神鎗鉛子所擊中只一人，不見其至，則不知其畏，惟前行受之，後行無虞也。此器其聲如雷，則馬驚跳躍不敢前，又高飛深入，則後行皆不可避，使虜未測所向也。凡有枝杈之物，皆可架放。

一，火箭圖

長四尺三尺不等重三兩爲佳。

火箭解

此箭即三飛中之小者，但桿用箭竹，以二枝相接，即堪火藥，頭粗不及寸，鏃鋒長可四寸，三稜頭，柄粗二分，飛入後隊，人人自危，莫測所向。

製法：捲褙紙作筒，以藥築之，務要實如鐵。以鑽鑽孔，務要直，孔斜則放去亦斜。頭用繩牽，鑽頭常用水沃，鑽不過五箇輒換，鑽多則鑽頭熱，熱則藥燃，每每傷人。每頭長以五寸計，所鑽藥線孔必三分之二，太淺，則出不急，或墜；太深，則火突箭頭之前，遂不復行。鑽孔須大，可容三線，則出急而平。否則，線少火微，出則不利。

以上之外，有火磚、一窩蜂、地雷、千里砲、神鎗等百十名色，皆不切于守戰，故不備。今皆一切禁之，以節靡費。惟有子母砲，尚屬可用，未嘗終棄，亦一奇品也。

一，馬兵下營拒馬虎蹲砲圖

拒馬每枝長九尺二寸，重三斤十二兩。鐵錘一把，重二斤六兩。鐵釘一把，重十二兩，皮鞭一根，長四尺。

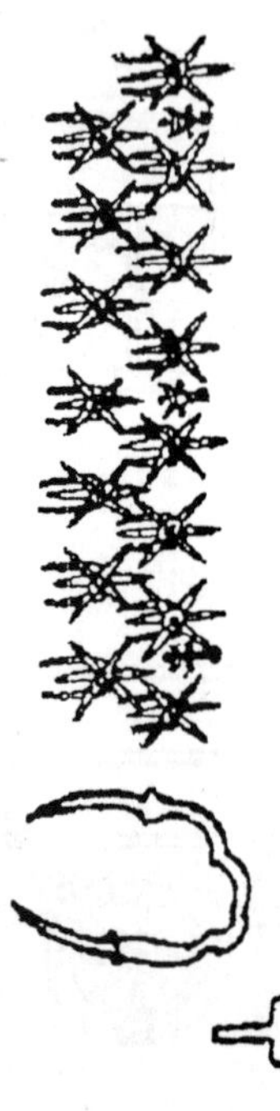

又　卷六《車步騎營陣解》

一，敵臺圖

敵臺解

先年邊城低薄傾圮，間有磚石小臺，與墻各峙，勢不相救。軍士暴立暑雨霜雪之下，無所藉庇。軍火器具，如臨時起發，則運送不前；如收貯墻上，則無可藏處。虜勢衆大，乘高四射，守卒難立，一堵攻潰，相望奔走，大勢突入，擄掠莫禦。

今建空心敵臺，盡將通人馬衝處堵塞。其制，高三四丈不等，周圍闊十二丈，有十七八丈不等者。凡衝處，數十步或一百步一臺；緩處，或百四五十步，或二百餘步不等者爲一臺，兩臺相應，左右相救，騎墻而立。

造臺法：下築基與邊墻平，外出一丈四五尺有餘，内出五尺有餘，中層空豁，四面箭窗，上層建樓櫓，環以垛口。内衛戰卒，下發火砲，外擊虜賊，賊矢不能及，虜騎不敢近。每臺百總一名，專管調度攻打；臺頭副二名，專管臺内軍器輜重；兩防主客軍士三五十名不等。其常川守臺，先曾用主軍，因月糧一石，内供父母妻子之養，外備臺上月日之炊，每有饑

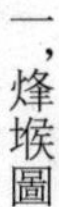

餒而死者，棄臺而逃者，其存者往往私棄臺守，下臺措辦米糧，且妨身役，不得操練。今將召到南兵一萬，分布各臺五名十名不等，常川在臺，即以爲家，經年再不離臺入宿人家。以此臺上時刻不致乏人，故此數年無虞，遇虜則擊斬全捷。五臺一把總，十臺一千總，節節而制之，官軍得以固守無恐，即大舉虜賊犯邊，攻必難入，亦難出。此修險隘之大，收效最著者也。

每臺一座，設備軍火器械什物：佛狼機八架，子銃七十二門，鐵門二十四根，鐵錘八把，鐵剪八把，鐵錐八件，藥匙八件，鐵送八根，圓木座八箇，木挺八根，合口鉛子二千一百六十箇；神快鎗八桿，合口鉛子四百八十箇，木馬子四百八十箇，錘八把，鎚八把，剪八把，藥匙八件，藥碗八箇，火藥四百斤，火繩二十根；火箭五百枝，鐵頂尖根八根，鑼一面，鼓一面，旗一面，木梆一具，大水甕四口，石砲五十位，河光大石四百塊，河光小石四千塊，棋炒二石，食米十石，鍋二口。

一，烽堠圖

烽堠解

自古守邊，不過遠斥堠，謹烽火。薊鎮以險可恃，烽火不修久矣。緣軍馬戰守應援，素未練習分派，故視烽火爲無用。今該議擬呈會督撫，參酌裁訂。凡無空心臺之處，即以原墩充之；有空心臺所，相近百步之内者，俱以空心臺充墩。大約相去一二里，梆鼓相聞爲一墩，每墩設軍五名，計減濫設墩軍不下數千，省費不貲。墩之相去，惟以視見聽聞爲準，不相間斷。近臺者聽守臺百總調度，不近臺者聽信地百總調度。烽號賞罰，立爲哨守條約，分給官軍習學遵行。每一提調下，各設把總二員。每一路，各設傳烽委官一員，係南方人員，以其機利素習也。凡遇賊馬所向之處，該墩舉烽，左右分傳。計薊鎮邊墻延袤曲折二千餘里，不過三箇時辰可遍。各路兵馬見烽，即行收拾器械，或應速發，或應候報，或應赴邊者，分投趨赴戰守。全鎮邊墻一體警備，軍士乘墻，晝夜罔懈，禦備既速，馳援不悞。

每墩臺一座，設備號火什物：

小房一間，隔爲二半間，向邊外半間墩軍住，向内半間百總住。炕各一座，米一石，鍋竈各一口，水缸一箇，碗五箇，碟五箇，種火牛馬糞五擔，鹽菜之類不拘。以上墩軍備之，空心臺係充墩者亦備一分。

大銃五箇，盞口、直口、碗口、纓子皆可。三眼銃一把，白旗三面，燈籠三盞。白紙糊，務粗，徑一尺五寸，長三尺。以上俱官給。

大木梆二架，每架長五尺，内空六寸，深一尺。要性響體堅之木，不合式者，即行改造。每擂梆必雙，庶聲合而可遠。該路採木造與。旗杆三根，好繩三副。發火草六十箇，用房一間覆之，毋令雨濕。火池三座，連草苫蓋聽用。火繩五條，火鐮、火石一副，旗杆三根，每根長一丈八尺，要直，每根相去五丈。扯旗繩五副，務要新、粗，每半年一换。火池。每座方五尺，張口，庶草多火亮。以上俱軍採辦。

一，戰車圖

只用向外面一廂，即偏廂車也。

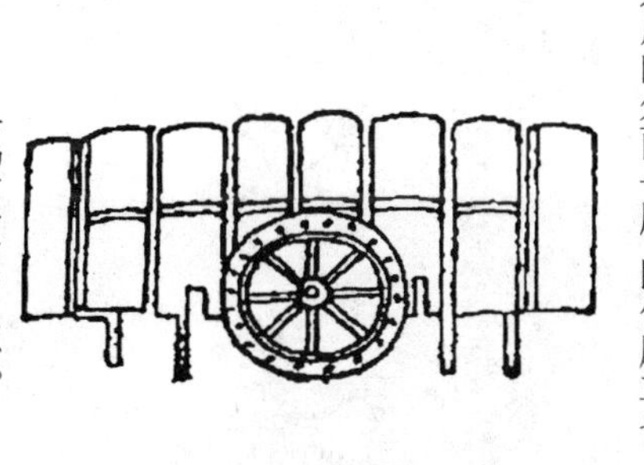

每輛重六百斤以外。

一，輕車圖

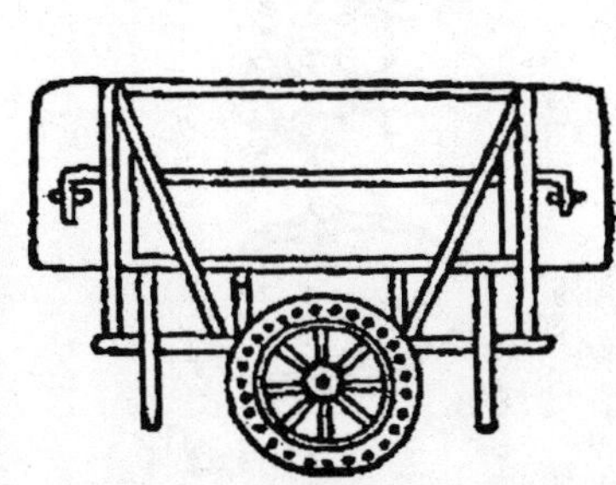

每輛重三百斤以上。

一，車營圖

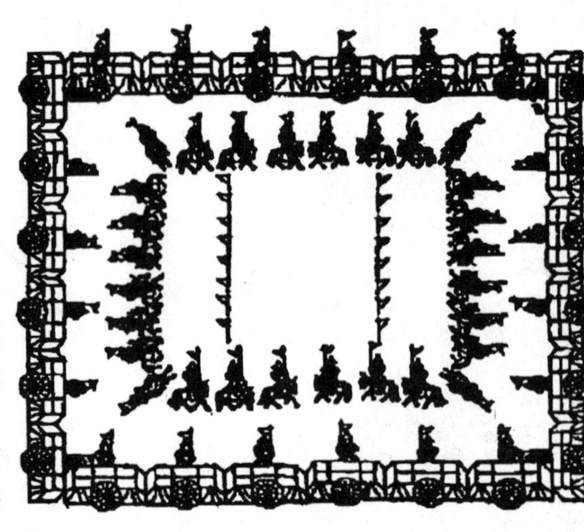

幅小，只載其略而已。另有全營，此不盡載。

車營解

往事，胡虜鐵騎數萬衝突，勢鋭難當。我軍陣伍未定，輒爲衝破，乘勢蹂躪，至無孑遺。且虜欲戰，我軍不得不戰；虜不欲戰，我惟目視而已。勢每在彼，故常變客爲主，我軍畏弱，心奪氣靡，勢不能禦。

自總督譚，今總督前巡撫劉、楊，巡撫王，及職創立車營，近該閲視侍郎汪會題，以十座爲額，每座戰車一百二十八輛，每輛雙輪長轅，用騾二頭，兩頭俱堪騾架，以便進退。上用偏廂，各隨左右安置。長一丈五尺，兩頭各有一門，啟閉出入。車上安大佛狼機二架，每車見派軍士二十名，分爲奇正二隊。正兵一隊軍士十名：以二名專管騾頭，以六名管佛狼機二架，每架三名；車正一名，專在車上披堅執旗，以司進止；舵工一名，專管運車，左右前後，分合疎密。奇兵一隊軍士十名：内以勇敢服人者爲隊長；以鳥銃手四名，仍兼長刀，在車内放鳥銃，出車先放鳥銃，賊近用長刀；又以身中年少骨軟者二人爲藤牌手，在車内放火箭，出車打石塊，賊近用藤牌；又以殺氣者二人充鏜鈀手，在車放火箭，出車亦放火箭，賊近用鏜鈀；火兵一名，專管各隊炊飯，皆其責任。

用之環衛軍馬，一則可以束部伍，一則可以爲營壁，一則可以代甲胄，虜馬擁衆，無計可逼，誠爲有足之城，不秣之馬也。但所恃全在火器；火器若廢，車何能禦？

每二車爲一聯，四車爲一局，立一百總；十六車爲一司，立一把總；六十四車爲一部，立一千總。一營左右二千總，中軍一員。又鼓車二輛，即以鼓手充車正，不另設。火箭車四輛，大將軍車八輛，各車正一名，即以火藥匠充車正。座車三輛，各車正一名。計車一十七輛，舵工一十七名。運車軍兵，大將軍車每車二十名，計一百五十九名，百總一名；元戎、鼓車、火箭車每輛十名，計九十名，百總一名，共把總一員，千總不設，以中軍兼管。

以上每一營，通計將官一員，中軍一員，千總二員，把總九員，百總三十四名，車正一百二十八名，舵工一百二十八名，狼機手七百六十八名，大棒手二百五十六名，運大將軍、火箭等車車正軍兵二百三十四名，奇兵隊長一百二十八名，火兵一百二十八名，鳥銃手五百一十二名，藤牌手二百五十六名，鏜鈀手二百五十六名，旗鼓、爪探、架梁、開路大小將官應用軍士二百六十八名，通共官軍三千一百九員名。

每車一營，旗鼓并該設備征軍火器械：將官認旗一面，金鼓旗二面，門旗二面，五方旗五面，角旗四面，高招五面，坐纛一面，巡視旗十面，千總認旗三面，把總認旗九面，百總認旗三十四面，車正旗一百二十八面，金鼓一面；佛狼機二百五十六架，子銃二千三百四門，鐵門五百一十二根，鐵錘、鐵剪各二百五十六把，鐵匙、鐵錐各二百五十六把，凹心送子二百五十六件，鉛子二萬五千六百箇，火藥七千六百八十斤，火繩一千二百八十根；鳥銃五百一十二門，銃袋五百一十二箇，藥筒一萬五千三百六十箇，藥鱉五百一十二箇，細火藥三千七十二斤，火繩二千五百六十根，鉛子一萬五千三百六十箇，搠杖五百一十二根，鉛子模三十四副；火箭一萬五千三百六十根，火箭簍并雨罩俱二百五十六箇，大棍七百六十八根，銅鍋一百四十四口，桶一百四十四隻。

一，馬隊圖

一，馬營圖

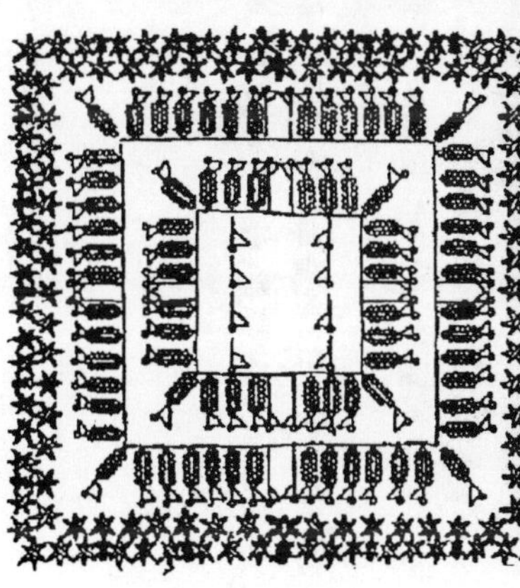

馬營解

每馬軍十二名爲一隊，隊總一名，次鳥銃手二名，次快鎗手二名，次鈀手二名，鎗棍手二名，大棒手二名，火兵一名。三隊，計隊總三名，兵夫三十名，火兵三名，旗總一名，共三十七名，爲一旗。三旗爲一局，百總一員，共一百一十二員名。四局爲一司，把總一員，共四百四十九員名。二司爲一部，千總一員，共八百九十九員名。三部爲一營，將官一員，中軍一員，共二千六百九十九員名。

以上爲中營，每營將官一員，中軍一員，千總三員，把總六員，神器把總一員，百總二十四名，旗總七十二名，隊總二百一十六名，兵勇二千一百六十名，火兵二百一十六名，神器馬騾九十四頭（如軍出三千之外，另爲大營，每一把總加一局），旗鼓、爪探、架梁、開路大小將官共用軍士二百八十八名，通共二千九百八十八員名。

每馬軍一中營，旗鼓并該設備征軍火器械：將官認旗一面，坐纛一面，門旗二面，五方旗五面，角旗四面，高招五面，金鼓旗二面，巡視旗十面，千總認旗三面，把總認旗七面，百總認旗二十四面，旗總認旗七十二面，隊總認旗二百一十六面，旗總背旗桿七十二根，隊總背旗桿二百一十六根，金鼓一副；虎蹲砲六十位，鐵錘六十把，鐵剪六十把，火線九百根，藥線盒六十箇，火繩一百八十根，鐵錐六十把，火藥九百斤，大鉛子五萬四千箇，木馬子一千八百箇，石子一千八百箇，皮簍一百二十箇，藥升六十箇，木送六十根，木榔頭六十箇，馱架九十副；鳥銃四百三十二門，搠杖四百三十二根，藥鱉四百三十二箇，藥管一萬二千九百六十箇，鉛子袋四百三十二箇，銃套四百三十二箇，火藥二千五百九十二斤，鉛子一十二萬九千六百箇，火繩二千一百六十根，鉛子模二十四副；快鎗四百三十二桿，搠杖四百三十二根，鐵錐四百三十二把，鐵剪四百三十二把，藥袋四百三十二箇，藥線筒四百三十二箇，藥管一萬二千九百六十箇，鉛子袋四百三十二箇，火藥四千五十斤，鉛子一十二萬九千六百箇，藥線二十一萬六千根，火繩一千二百九十六根，鉛子模二十四副；火箭一萬二千九百二十枝，火繩一千二百九十六根，鉛子模二十四副，火箭　萬二千九百二十枝，火繩一千二百九十六根，火箭簍四百三十二箇，油罩四百三十二箇；盔二千七百九十頂，甲二千七百九十副，銼帶二千七百九十條，撒袋一千三百四件，弓一千一百五十二張，弦二千三百四條，火箭一千一百五十二把，雨罩一千一百五十二箇，腰刀一千一百五十二把，雙手長刀四百三十二把，鎲鈀四百三十二把，鎗棍四百三十二根，大棒六百四十八根，銅鍋二百一十六口，拒馬六百四十八副。

一，步隊圖

一，步營圖

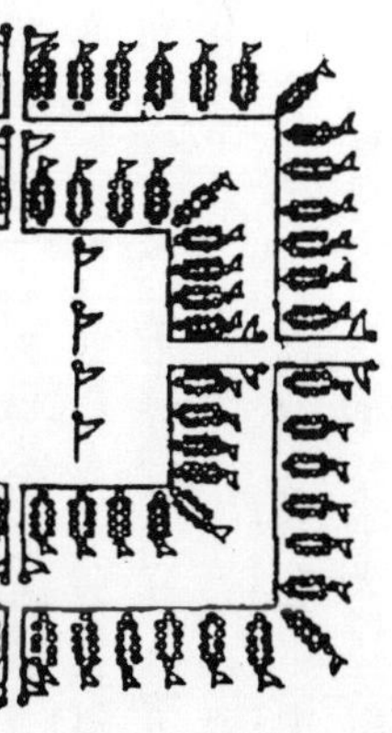

步營解

每步軍十二名爲一隊。火器手每隊，隊長一名，鳥銃手十名，火兵一名。殺手每隊，隊長一名，圓牌二名，狼筅二名，長鎗二名，鈀二名，大棒二名。隊長，長旗鎗一桿，腰刀，弓箭。牌手，腰刀一把。狼筅手，狼筅二把。鈀手兼火箭，鎗手兼弓箭，大棒手兼弓箭。火兵一名，鐵尖扁擔一根。三隊爲一旗，旗總一名，共三十七名。

三旗爲一局，百總一名，共一百一十二名。四局内，鳥銃二局，殺手二局，爲一司，把總一員，共四百四十九員名。二司爲一部，千總一員，鳥銃四局，殺手四局，共八百九十九員名。二千總爲一營，將官一員，中軍一員，共二千六百九十九員名。

以上爲一中營，將官一員，中軍一員，千總三員，把總六員，神器把總一員，百總二十四名，旗總七十二名，隊總二百一十六名，兵夫二千一百六十名（内銃手一千八十名，殺手一千八十名），火兵二百一十六名，共計二千六百九十九名。

每步軍一營，旗鼓并該設備征軍火器械：將官認旗一面，金鼓旗二面，門旗二面，坐纛一面，五方旗五面，高招五面，巡視旗十面，千總認旗三面，把總認旗七面，百總認旗二十四面，旗總旗鎗桿七十二根，隊總旗鎗桿二百一十六根，腰刀二百一十六把，金鼓一副；鳥銃一千八十門，搠杖一千八十根，錫鱉一千八十箇，鉛子袋一千八十箇，藥管三萬二千四百箇，火藥四千三百二十斤，鉛子二十一萬六千箇，火繩三千二百四十根，鉛子模一十二副；長刀一千八十把，藤牌二百一十六面，狼筅二百一十六根，長鎗二百一十六桿，弓二百一十六張，弦四百三十二條，大箭二百一十六把，雨罩二百一十六箇，鎲鈀二百一十六把，火箭六千四百八十枝，大棒三百二十四根，銅鍋二百一十六口。

一，輜重營圖

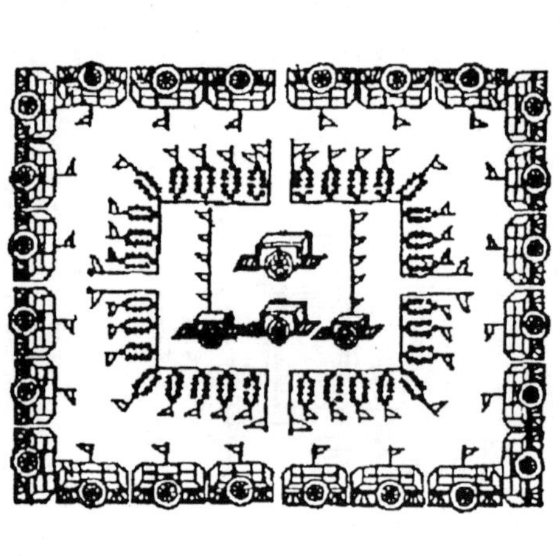

一，輜重車圖

每輛重二千上下斤。

輜重營解

師行糧從，軍事所先。邇來虜每入犯，官軍並無輜重。虜乘肥馬，即日馳百五十餘里。我軍馬匹既弱，行至有城池所在，俱將城門關閉，月糧在倉，草束在場，多在城内，每不得支。如候支糧料，必悞追賊。大軍之行動，以二三萬計，便開城聽候，緣倉場門小，株粒干係錢糧，唱名給支，一二日尚不能完。如候支完追虜，虜去二三百里矣。官軍只得枵腹追往，至三日之後，饑疲甚矣。氣息懨懨，支步不前，安能殺賊？即虜有可乘之機，徒付嘆息而已。

近該題奉欽依，新創輜重營三座，每座大車八十輛，每輛騾八頭，車上用偏廂牌，遠視如城，到處下四面營。每車一輛，派軍二十名，分奇正二隊。正兵一隊，軍士十名，以知喂養者八人，領拽車騾，内，以六人爲管狼機二架，每架三名；以大棒手二人，臨陣專管收拾騾頭；車正一名，專司進止；舵工一名，專備留後。奇兵一隊，隊長一名，鳥銃手八名，仍以一、二、三、四名兼習長刀，五、六名兼習藤牌、短刀，七、八名兼習鎲鈀，火兵一名專管各隊炊飯。此奇兵一隊，專備護車。每車載米豆棋炒一十二石五斗，每營可供一萬人馬三日之食。各于出門之日，再自帶乾糧二三日，計虜出入，亦足用矣。故師行常飽，而敵愾不銷，全賴于此。

每營將官一員，中軍一員，全管千總二員，分管把總四員，各管二十輛；百總一十六名，各管五輛；中軍元戎、鼓車三輛，各騾二頭，中軍帶管。計騾夫六百四十六名，車正八十名，舵工八十名，元戎、鼓車三輛，每輛軍兵十名，共三十名。又奇兵隊長八十名，銃手六百四十名，火兵八十名，共計一千六百六十員名，旗鼓、爪探、架梁、開路大小將官共用二百五十四員名。每營車八十輛，每輛載米二石五斗，棋炒三石七斗五升，黑豆六石二斗五升，共載米三百石、棋炒三百石、黑豆五百石。

每輜重一營，旗鼓并該設備征軍火器械：將官認旗一面，坐纛一面，五方旗五面，角旗四面，高招五面，金鼓旗二面，巡視旗八面，千總認旗二面，把總認旗四面，百總認旗十六面，車正旗八十面，隊總旗一百六十面，金鼓一副；佛狼機一百六十架，子銃一千四百四十門，鐵門三百二十根，鐵錘一百六十把，鐵剪一百六十把，鐵匙一百六十把，鐵錐一百六十把，凹心送子一百六十根，火藥三千二百斤，鉛子一萬六千箇，火繩八百根；鳥銃六百四十門，搠杖六百四十根，錫鱉六百四十箇，藥管一萬九千二百箇，鉛子袋六百四十箇，銃套六百四十箇，火藥三千八百四十斤，鉛子一十九萬二千箇，火繩三千二百根，鉛子模一十六副；大棍七百二

十根，銅鍋一百六十口，木桶一百六十隻，喂騾柳筐八十箇，草鍘八十口。

明·劉效祖《四鎮三關志》卷一

車器營臺圖

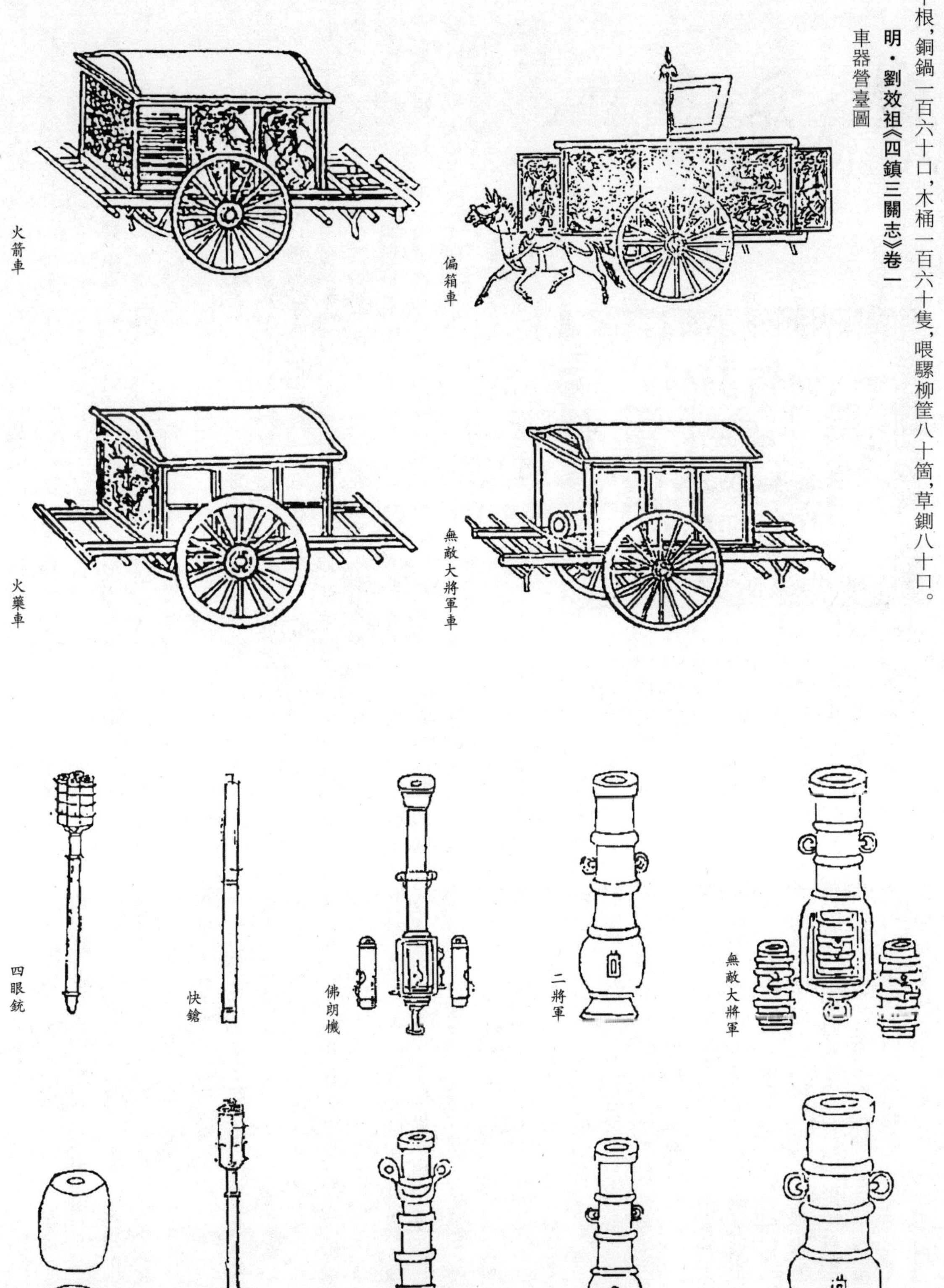

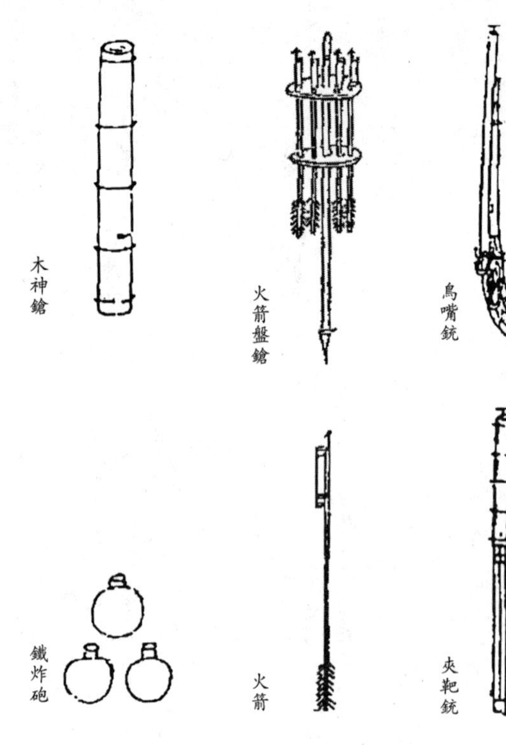

明・李時珍《本草綱目・圖》卷上

焰硝

明・蘭陵笑笑生《金瓶梅》第四二回《逞豪華門前放煙火》

明・趙士禎《神器譜》

嚕密銃全形

約重七八斤，或六斤，約長六七尺龍頭軟機俱在床內。捏之則落，火燃復起，床尾有銅刃。若敵人逼近，即可作斬馬刀用。放時前捉托手，後掖床尾發機，只捏不撥，砣然身手不動。火門去著目對準處稍遠，初發煙起，不致薰目驚心，此其所以勝於倭鳥銃也。用藥四錢，鉛彈三錢。

火繩

發藥罐

形如蒸餅，口大如箸，頭上塞口木。用時以口啣出。宜長三寸許，以便裝還時眼看得見。

藥罐

每銃用罐一個，以銅爲之。上管恰好裝一銃之藥，頸下用銅一片做門。用時以指堵管口，開門倒傾，待管中藥滿，仍閉頸門，裝入銃內。

筒形

筒約長四尺五六寸，約重四五斤，愈長愈妙。後著照門，前著照星，火門在側邊，下著二三鐵鈕，以便下捎釘，放時不致振動。

銃後門形

銃腹既長若尅火門，并鉛子。及洗時布紙等物不出，取開方便。左轉則進，右轉則出。然初學放銃，總不如實底者，不擔干繫，又不致洩氣。

火門形

盛藥池宜稍深，多貯發藥爲妙。眼不宜大，大則氣洩，致殺前去火力。眼又宜緊挨底上，若離遠火燃後坐，必致搖動身手，彈去不準。上着銅蓋，以便裝發藥時搖入火眼。

前口

口宜容三錢鉛彈，至小二錢。口與底必須一樣大小。若腹口大小不同者，不堪用。口小腹大者，氣先洩，彈去不遠，不狠。口大腹小者，彈出搖蕩上下兩旁亂走，不便討準。

機

以銅爲之，其軌必用鋼錢，如錢厚。不用水蘸，蘸則恐其太硬。用別錢，恐其性軟起遲。軌貼發機處，須著一小鍱片，長一寸許，以助其力。

照門 照星

照門、照星乃鳥銃樞要，討準全在此處。倭銃用一凹字形不如此更妙。下俱作馬蹄筍。

銃床

宜用桑木爲上，河柳次之，南方多用紬木。後尾用鋼鍱片一條，向上磋作刀刃。

搠杖

搠杖插在銃床之下，用以築藥送子并回軍時，恐藥滓化濕生繡傷銃，即以布纏其首。蘸滚水洗刷杖頭，有篖中分兩股，恰好入銃口者爲妙。桿用木頭必用鍱，或全用粗鍱線。

西洋銃全形

約重四五斤，長六尺許。龍頭在床外，倒回顧火門，撥之則落。火燃自起，因有發軌在機軌之下也。用藥一錢，彈八分，火門不粘本身，在蓋機銅葉之上。燃火門不及本身，燃本身不及火門，可多放五六次，較倭鳥銃更覺輕便。大小藥罐搠杖同嚕蜜銃。

托手

以木作把。上用銅作叉。常時陽手托銃，不免搖動。用此如執弓一般，頗爲得力。長三寸。

火門

形方。後有火墻。防煙起觸。目其火池制度，俱與前銃同。

機

龍頭機軌用銅，發軌用鋼鍱，不用水蘸。

筒形

約長五六尺，約重二三斤。照門照星與嚕蜜銃同。實底。用螺螄底亦可。大槩筒輕。用實庢，不擔干繫。

銃床形

所用木與前同。但後尾彎向下，用銅葉裹其中。放時手執彎把撥機。

掣電銃全形

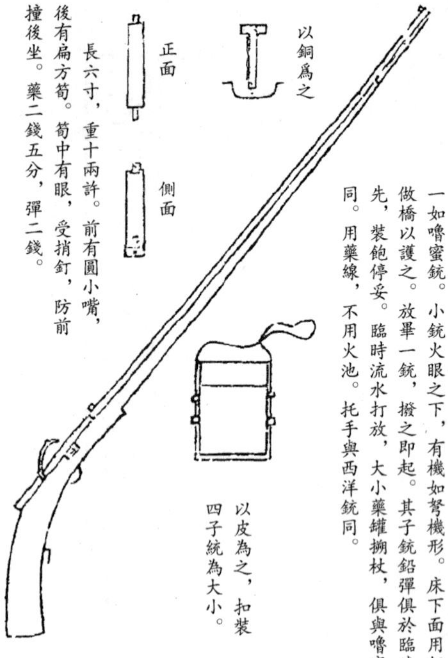

約長六尺許，重五斤。前用溜筒，後著子銃五門。其機一如嚕蜜銃。小銃火眼之下，有機如弩機形。床下面用銅片做橋以護之。放畢一銃，撥之即起。其子銃鉛彈俱於臨陣之先，裝飽停妥。臨時流水打放，大小藥罐搠杖，俱與嚕蜜銃同。用藥線，不用火池。托手與西洋銃同。

小機

以銅爲之

以皮為之，扣裝四子銃為大小。

子銃

正面

側面

長六寸，重十兩許。前有圓小嘴，後有扁方筍。筍中有眼，受捎釘，防前撞後坐。藥二錢五分，彈二錢。

筒形

筒圓。長四尺許。後首有腰箍，以受小銃。照門著腰箍，箍下用一大鋏鈕。鈕上鑽眼，捎在床内，防子銃前撞。

銃床形

形似嚕蜜鳥銃，但後尾稍短。用木同前。

迅雷銃全形

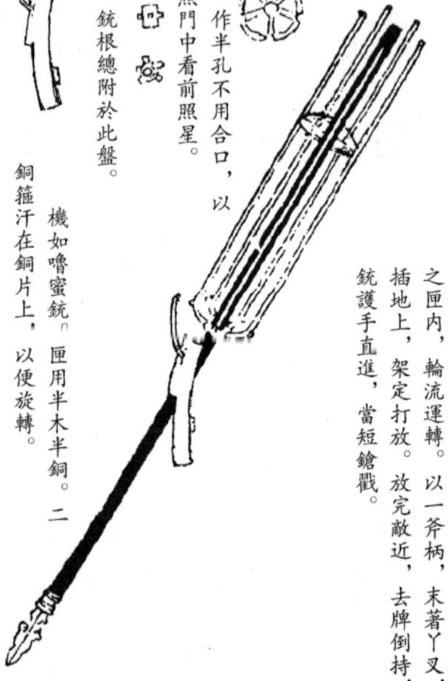

筒五門，各長二尺許，總重十餘斤。筒上俱有照門、照星。中著一木桿。總用一機，置之匣内，輪流運轉。以一斧柄，末著丫叉，倒插地上，架定打放。放完敵近，去牌倒持，五銃護手直進，當短鎗戳。

前盤

作半孔不用合口，以便照門中看前照星。

後盤

銃根總附於此盤。

機匣

機如嚕蜜銃。匣用半木半銅。二銅箍汗在銅片上，以便旋轉。

筒形

形如鳥銃，筒根彎轉作鵲口，啣之盤上，以釘捎定。用藥線。筒根火門之後，磋一小渠，將藥線卧放其中。用薄銅葉做箍護定，臨放將箍推起。若不用箍遮住藥線，機發之時，必致五筒俱燃。

銃桿

以木爲之，下著鎗頭，上著錢筒，幫機處五稜，長六七寸許。用藥二錢，彈一錢五分。中桿筒内，着火毬一塊。五銃放畢，點火出毬，以便乘勢前進。

牌斧形

寬一尺六七寸

長二尺許

以生牛皮爲裡。表用絲紬，或綿紬，軟綾之類。内絮絲綿一層，頭髮一層，綿紙十層。中作一圓眼。週邊作五長眼，恰好安桿與銃。斧倒插架銃，敵近即取牌與斧，作同等銃者兵器。牌用白藤編製更便，但北方氣燥，不甚相宜。

滾槽形

以銅爲之，用兩扇，中作圓槽，彈鑄出置槽内，用脚端著滾。

鉛彈袋

以皮爲之，揪口用布，寬二十，長一尺許。

彈模

以石爲之，用二扇，有二筍卯，鑄時用繩拴定。

架勢

凡銃未臨陣之時，先裝飽一銃。隨帶至陣上，放畢取搠杖，將筒搠洗去藥滓在銃者。然後取藥罐，將頭門撥開，以左手拇指頂住罐口，倒出火藥在頭上，候管滿，以食指將頭門掩住。

倒銃藥圖

將銃以右手攢住，將藥傾入銃内。必須用拇指食指圍住銃口，不然恐藥撒出，分數不足。所放銃無刀不遠，不狠，難計準頭。

裝銃藥圖

裝畢藥，將搠杖取出，將藥築實，然後取鉛彈裝入。用綿紙少許，以搠杖送進，至藥處方止。彈須强之入者，方準，在筒中滑落者不妙。

實藥裝彈圖

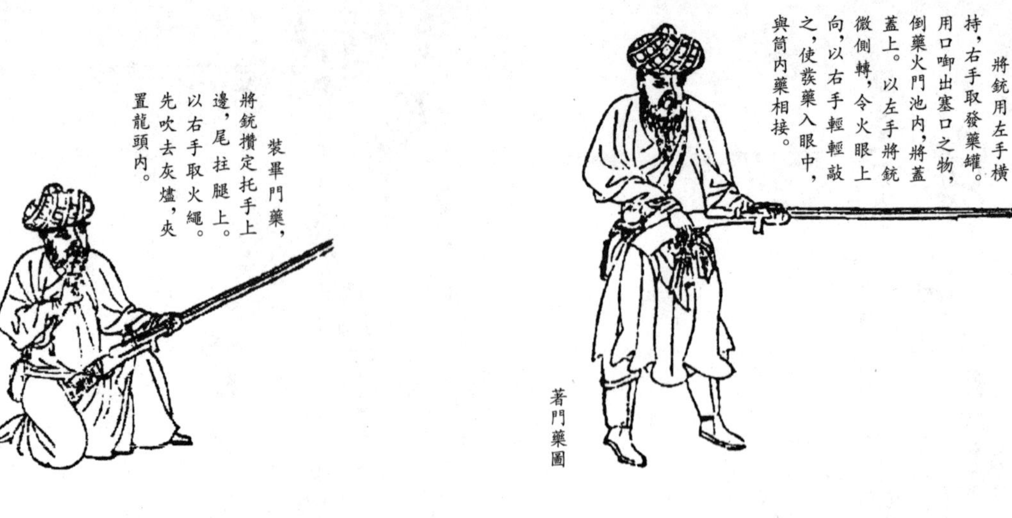
將銃用左手横持,右手取發藥罐。用口啣出塞口之物,倒藥火門池内,將蓋蓋上。以左手將銃微側轉,令火眼上向,以右手輕輕敲之,使㸐藥入眼中,與筒内藥相接。
著門藥圖
裝畢門藥,將銃攢定托手上邊,尾拄腿上。以右手取火繩。先吹去灰燼,夾置龍頭内。
著火繩圖

裝藥各樣同前。若我在低窪之處,敵人稍在高處,不必蹲身。只將左膊緊挨脇肋之上,前脚挺直,後脚少拳,不丁不八,如射箭站立一般。
立放圖

火繩安放停妥,踞前脚,跪後脚,將銃舉起。左手執托手,膊節拄膝頭,後尾緊夾腋下。閉左目,以右目覷後照門,對前照星,閉口息氣,對準敵人,然後捏機。
嚕蜜人打放圖

凡賊逼近,若銃已裝飽,不必著火繩於龍頭上,只須用左手攢定銃床,用右手向火門點著,自然中賊。到此,全憑膽氣,慌張則不能殺賊矣。
五六步打賊圖
凡賊至十步之外,不及對照星,將銃尾緊倚肋上,前執托手捏機便㸐,大槩至十數步外。若銃手神閒氣定,不必對照,無有不中之理。
十數步打賊圖

已上九勢俱朵思麻所授。

裝藥各樣勢同前。只將前手挺直，後手夾定，滿攢銃尾，將臉緊挨尾上，以食指撥機。

水西洋各國番人打放圖

陽手挺直，執銃不穩。今用小圓木一根，長三寸許，以暖皮裹過，如弓靶一般。上著銅片作叉，將銃鈐住。立放，則挺手如執弓樣。蹲身，則前手如西域嚕蜜著膝頭，後手如夷人挨臉上。

改放西洋銃圖

臨敵之先，將諸子銃裝飽停妥，將溜子亦用搠杖先洗搠過。遇敵，將在床之銃先放。放畢，出後捎釘，撥小機，起銃，再取一子銃著床内，捎住捎釘。其架勢打法，一如嚕蜜。

放掣電銃圖

用牌套銃上，從照門由牌眼看前照星，打放。放完，牌斧與同事兵用，銃本身作鎗用。

放迅雷銃圖

明・何汝賓《兵録》卷一二　火攻

銅發熕

每座約重五百觔，用鉛子百枚，每箇約重四觔。此攻城第一利器，倘遇大敵亦可用。擊石彈大如小斗，石之所擊，人畜遇之則成血漕，山遇之則深入幾尺，不但石子不可犯，凡石所擊之物，轉相搏擊，無不立毁。甚至人之支體血骨，被石濺去，亦必傷壞，又不但石子如是。火藥一爇之後，其聲能震殺人，其風能搧殺人，其氣能毒殺人，故欲舉發熕，須令司火者先掘土坑藏身，然後藥線與火氣上衝，可以免死。仍防敵人搶奪，然便于攻高而不便于攻下，利于陸戰而不利于水戰。用兵者詳之。

銅發熕圖式

佛狼機

每座約重二百觔，用提銃三箇，每箇約重三十觔。用鉛子百箇，每箇約重十兩。其機活動，可以低昂，可以左右，乃守城之利器也。其精妙處，在母銃管長，長則直而利遠。子銃在腹中，要兩口對合，則火氣不泄。子銃後方用半筭轉入者，每放時多擊出子銃傷人。必用鐵閂者，佳然。而緊要又在前後二照星。後柄稍從低，庶不礙托面，須以目照對準，可令放銃之人用一目眇看後照星孔中，對前照星，前照星孔中對所打之物，則發無不中矣。又令了銃内用木馬，後下鉛子，苟子、馬俱大，則難出，出則力大要坐後，而人力不能架。若子小，又出口鬆。而無力，歪斜難準。莫若止用鉛子爲善，預將鉛子、照子銃合口微大一分製就，臨用時入藥之後，即以鉛子下口用凹心鐵桿打送下入口一寸，即入母銃放之。此法既省下木馬，又出口最易，而且鉛子合母銃之口，緊急直利，成功尤速也。凡鑄銃法，子銃口大則子難出，要破母銃。母銃口大，而子銃口小，則出子無力且歪。務要子、母二銃口圓徑分毫不差，乃爲精妙。夫此一器也，擴而大之爲葓熕，約而精之爲鉛錫銃。發熕者，大佛狼機也。鉛錫銃者，小佛狼機也。其制雖若不同，寔由此以生生耳。

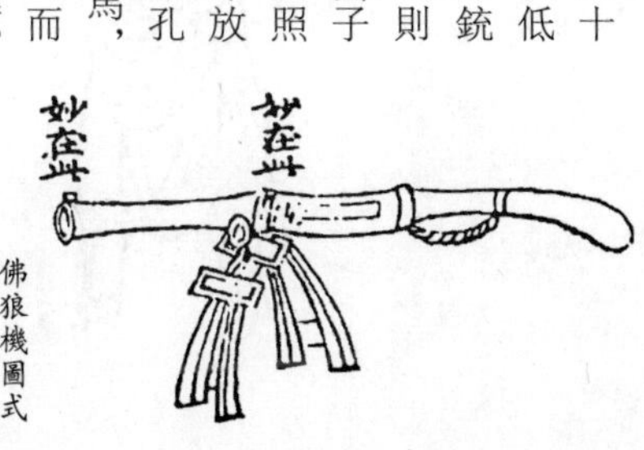

佛狼機圖式

威遠砲

每位重百二十觔，如一營三千人，用十位，每位用人三名，騾一頭，人帶銃棍一條。舊製大將砲，週圍鐵箍，徒增斤兩，無益實用，點放亦不準。今改爲光素，名威遠砲，惟于裝藥發火着力處加厚，前後加照星、照門，千步外皆可對照。【略】若攻山險，如川廣各關砲重二百觔，墊高五六寸，用車載行。大鉛子重六觔，遠可二十里，視世之千里雷尤輕便。倭虜營將近我營，晝夜各發大鉛子數枚，令驚潰。若欲誘賊至後用連砲，則此砲在連砲前後發。此砲不炸，又不後坐，就近手可點放。

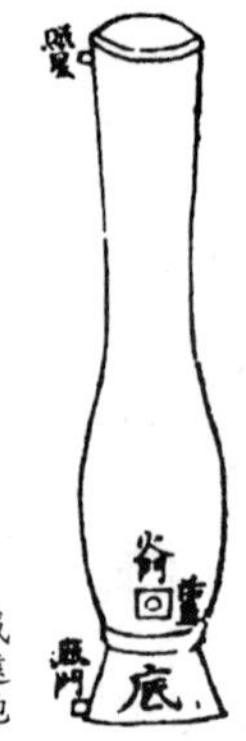

威遠砲

大將軍銃

火器之大者，莫過于大將軍銃，身一百五十觔，以一千觔銅母裝發如佛狼機樣。葉公夢熊改銃身爲二百五十觔，其長二倍之，得六尺，不用銅母，徑置滚車上發之，可及八百弓。內大鉛彈七觔，爲公彈。次者三觔，爲子彈。又次者一觔，爲孫彈。三錢二錢者二百，爲群孫彈。名之曰公領孫。尚以鐵磁片，用班毛毒藥煮過者佐之，共重二十觔。此一發勢如霹靂，可傷人馬數百。若沿邊以千萬架而習熟之，處處皆置，人人能放，則所向無敵，真火器絶技也。初疑其重，若運以車，登高涉遠，夷險皆宜。

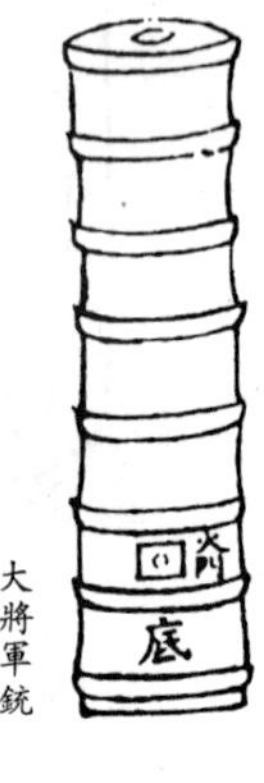

大將軍銃

國朝天順六年，造兵車一千二百輛，各有載大銅銃車。成化元年造各樣大將軍三百箇，載砲車五百輛。皆善用中國之長以制虜，此上策也。

虎蹲砲

此器內呑百子，每子五錢，子小而口大，則出散無力。上用大石子一，或鉛子一，約重三十兩。大石子石鉛，不兩用。石子體輕，則小子如數。鉛子體重，則小子減半。蓋藥力有限也。比佛狼機而輕，比鳥銃一可當百。南方五百兵中，馱扛三位，以備守路，截險甚妙。習法先用藥線縛之以布，次用藥七八兩，上用木馬，以合口者爲準。送至二箍平，上用土少許，入鐵子一層，又用土少築，再下鐵子一層，子以五十九爲限。用合口大鉛子一枚，下口一半，慢慢築入，口平而止。後尾稍用鍬去土三四寸不等，相地方高低，前下二爪釘，後用雙爪尖絆在下四箍後，將前爪上活箍，與後絆俱各抵砲身實箍之肩，庶不退走。此砲只去人五寸無慮矣。此砲可退敵則已，倘用盡，則諸鎗砲可以併發，而此砲又可裝放不竭。

長二尺，重三十六觔。大釘每根長一尺二寸、重三觔半。鐵絆每根長一尺二寸、重三觔。火繩每根長二丈五尺、重四兩。鐵鍤每把重三觔。

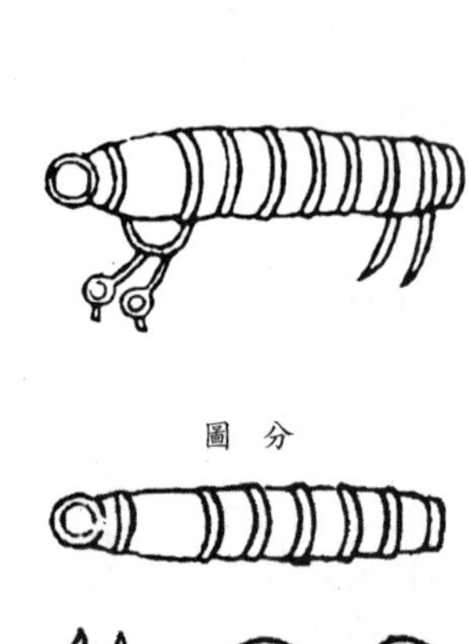

虎蹲砲

碗口銃

碗口銃，用凳爲架，上加活盤，以銃嵌入兩頭。打過一銃，又打一銃。放時以銃口內啣大石彈，照準賊船底艕，平水面打去，以碎其船，最爲便利。

百子銃

放時，執尾牽挽望準照星于稠人處打之，百發百中。此舟師第一利器也，守城亦宜用之。

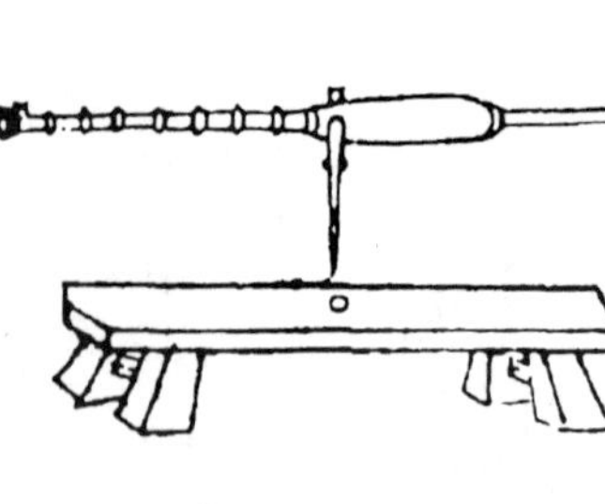

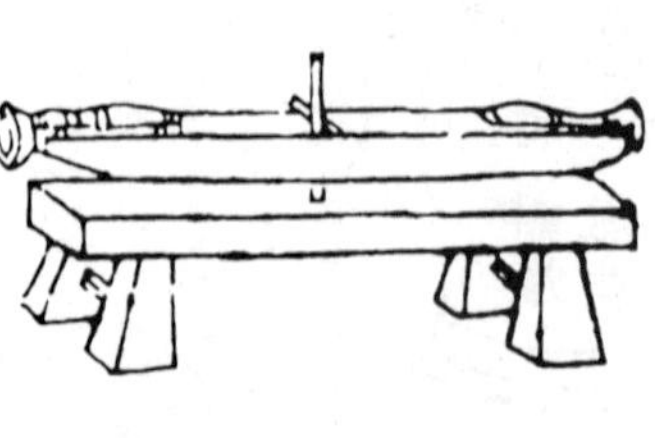

子母銃

子母鳥銃者，其鐵管與眼孔大小，并龍頭木函等項，悉如鳥銃之式。蓋鳥銃必於管長，然後中的無遺。而管長裝藥不速，是乃易以子銃也。惟管後不結螺絲底，做照狼機銃式，開作鐵槽，謂之母銃。自槽後至管端，長官尺四尺二寸，重可六觔。槽中裝子銃，後加鐵拴。子銃一樣四個，每個僅重一觔，如狼機銃子之式，長七寸，上有小鐵牌作拏手，中開小眼，以照前星，大與母銃相稱。子母口務要緊密，以免藥煙沖目。其錫鱉發藥、藥筒、皮袋，一如鳥銃。其母銃之端有照星，又加短劍一把，劍鋒官尺長一尺三寸，靶長五寸，口開曲眼，裝上管端，即以照星湊入曲眼，少扭轉，自然扣緊。盛以木函，總自木函起，至劍末止，長六尺。遇放時，四子輪裝，即放至百銃，其子不熱，萬無爆炸之失。若至戰酣，藥彈兩盡，及與賊相薄，兵刃相接，或卒遇賊於兩步之內，裝銃不及，即插上劍鋒，則舉銃爲鎗也。蓋鳥銃本兵中長技，而致用不能太遠。子母銃則遠近兼利，故視鳥銃功用爲有加也。

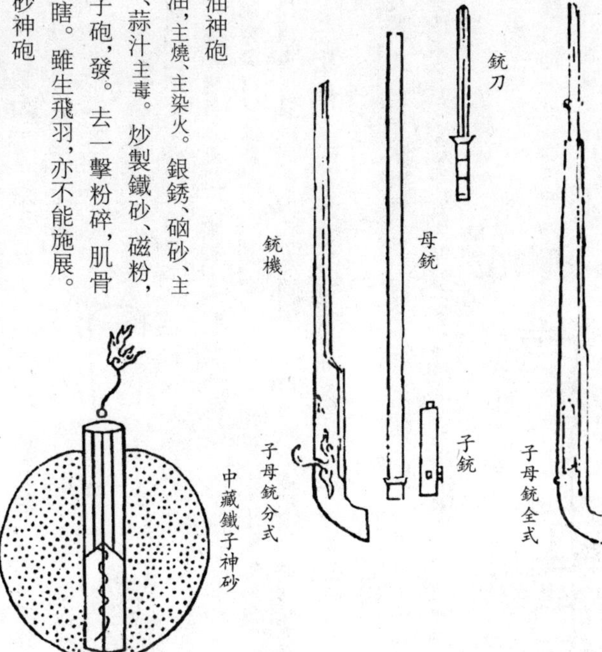

爛骨火油神砲

砲用桐油，主燒、主染火。銀銹、硇砂、主爛皮肉。金汁、蒜汁主毒。炒製鐵砂、磁粉，將生鐵鑄小子砲，發。去一擊粉碎，肌骨頰爛，眼目立瞎。雖生飛羽，亦不能施展。

萬火飛砂神砲

用燒酒炒製諸藥，盛於磁罐。暗藏發藥，擲于城下，火發罐破，煙飛霧障，撲賊眼目，繼以砲石弩矢擊之。

應用法物紙砲以松香灌之，製造甚易。

燒酒，礦砂，即石灰，未見水也。良姜，乾姜，大皂，蓼屑，曬乾爲末，即屑也。附末，椒粉，半夏，巴豆殼，烏頭，躑躅，鬧羊花根也。中藏爆火藥發出。

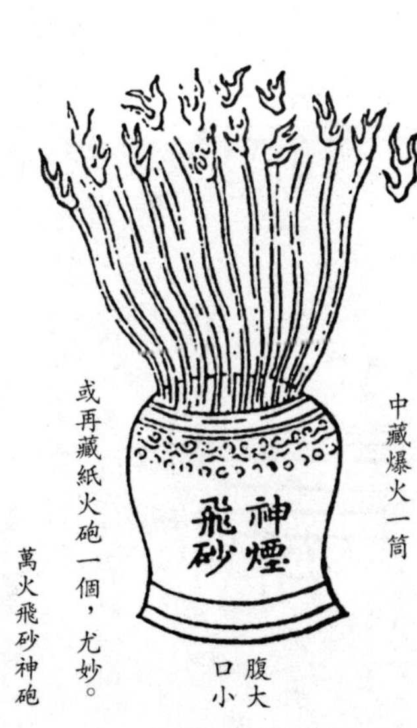

萬火飛砂神砲

轟天霹靂猛火砲

砲用生鐵鎔鑄，容藥三升，或二升、一升，此用三火合一，多加豆末、松香、乾漆，與發火藥，如法配勻，方可用也。內藏飛火、神火、烈火，搭木爲架，四面齊發，可以攻城。

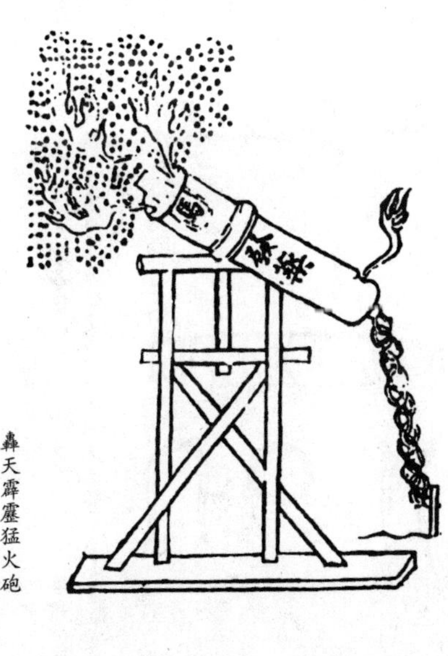
轟天霹靂猛火砲

西瓜砲

此砲原是守城第一利器，但以高臨下方可用也。砲中入小蒺藜一二百枚，

火老鼠五六十筒，每一鼠筒面倒縛細毛鈎三口，各貫火線，俱入砲中。然後入砲藥，惟使藥滿，不可築實。入藥之後，緊閉其口，再糊麻布二層，堅紙二十層，曬乾。週迴分三停錐三細孔，俱貫入藥線，頂上正中錐一孔，入二寸長細竹管，夾一藥線，貫入其中，使其火當中發爆力均齊，不致偏朦也。四藥線會歸一束，俟賊至城下，點燃總線。待火將發，丟落賊群中。火線必四者，防拋滅也。砲聲一響，紙殼碎裂，亦能傷人。蒺藜布散滿地，火鼠錯亂燒人，人必走動，脚蹈蒺藜，自然傷跌，斷不敢再至城下矣。

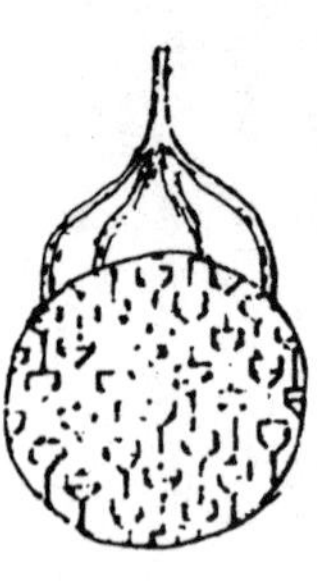

西瓜砲

六合砲

以堅木六條做成，內尖外闊，照圖合圓體長三尺，內自上口至腹深二尺，底下實木內有肩，長一尺。子銃一門，厚五分，徑五寸，高五寸，僅裝滿藥而已，用過聽其炸損。木銃內口徑六寸，要口再大任意，必以鐵箍大小爲準。口上外木厚三寸，口底實木自外至器厚六寸，石子用堅石，合口軍中有匠，隨時採用。若在陸用，先將木做完六合爲體，用箍照圖箍緊，另將子銃先安藥線，用藥築實。銃外線眼處用藥一兩包線，下入木銃內，留線眼稍大，用粗二分藥線撚入，不必透子銃，只對包藥所縛處。燃外線入藥包，藥包自燃又快，又不致失悞。下合口石子一丸可以碎堵。陸用必攻堅營、擊城寨乃設，發時遠亦不可過半里，百步外更妙。太遠則力柔少中。水用以木爲小船，將銃縛在上，另用三板船或八槳哨馬之類，以繩一丈繫銃船，一面預用粗火繩燃繫長竿杪，點菐擊賊舟。此器任其沉水，菐時遠不過二十步，近至五步內尤妙。緣水中舟盪，風帆旋轉，再遠則發後舟移，但差一尺，不可望中。

六合砲式

飛礞砲

鐵造，身長一尺，徑三寸，下柄二尺五寸，內舂火藥，外小鐵砲長四寸，口徑二寸五分，裝毒火藥、鐵渣爲滿，用夾紙糊口藥線通于大銃，置之銃口。大銃一菐，小銃自去，人馬中之，瞬息而斃。

飛礞砲式

風塵砲

將竹篾爲簍，形如西瓜，外用紙糊，止留一大眼。將好石灰風化，又用人糞曬乾，皂角研爲細末，分兩不等，共爲一處。將大鍋燒紅，炒，要墨色爲度。裝入砲中，內放小砲一箇，仍封固其口，穿眼裝上藥線。每軍可帶二三箇，如對敵遇順風，將砲一齊舉火遠拋。砲聲一響，風塵遍野，人馬閉目難開，奮力追殺，勢如破竹，全勝之器。

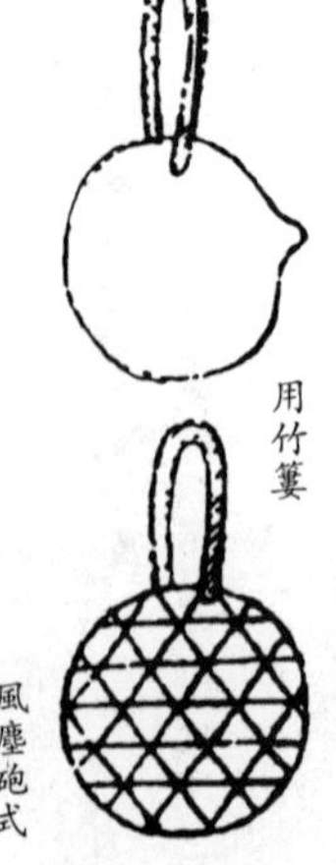

風塵砲式

神火萬全營

兵志曰，進爲陣，止爲營。故營寨之製，大將軍護兵之所，三軍保命之地也。如勢不敵，即奔本寨本營，賊雖攻圍，可以自保，以有法器可恃也。用堅木爲櫃，分作四層，爲排神弩、神箭、神鎗、神彈一十六件，遠近相間，用壯士五人守之。賊如近攻，萬火齊飛，與神牌間隔。

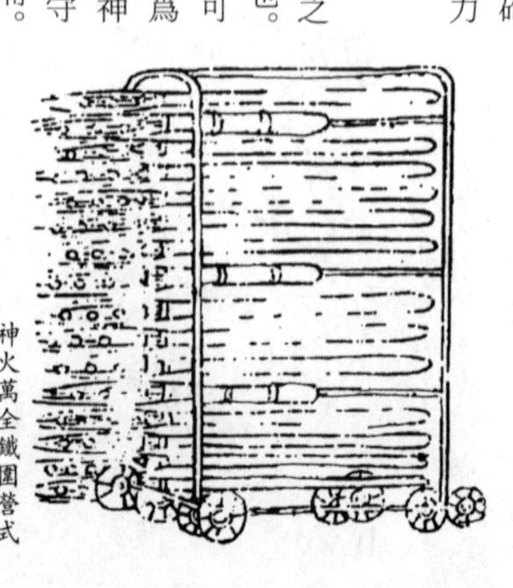
神火萬全鐵圍營式

櫃藏遠器，以攻擊。牌藏神火噴燒。分遠近而用。分別八門，天地風雷龍蛇虎豹八門。出入有路，仍將分兵奇正，發驍將以統之。號旗號砲，總于中軍。中軍總號令以指揮諸將，驍將聽號令以應敵兵。出其不意，時戰時止，使彼不得休息，乘機一擊而功成矣。上爲女墻，以便觀望，中分四層，以藏火器。下設雙輪，以便推轉，與神牌相間，分爲八門。賊若近攻，萬火齊發，擊成虀粉，乃大將三軍保命之重器也。寶之。

萬勝火屏風

此守具也。用堅木製造，如屏，下設八輪，便于推轉。外以生牛皮爲障，用火銃、火砲、火彈、火矢主遠，火弩、火鎗、火刀主近。再以神火、神煙、飛火、烈火俱藏其內，賊近則舉。

藥線盤曲有機，與城門相等。

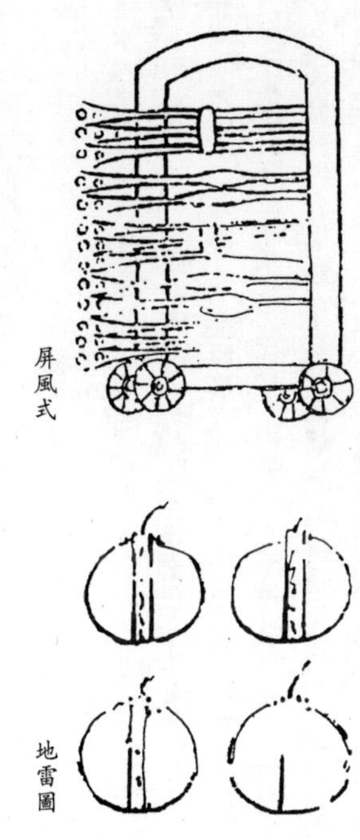
屏風式

地雷圖

地雷

夫地雷，乃諸葛武侯之秘器也。以生鐵鑄成，實藥斗許，用檀木砧砧至底。砧內空心裝藥線，擇寇必由之地，掘地作坑。其坑排如品字，連連數十，埋地雷于坑中，上覆芻草，內用小竹筒通藥線，竹筒以沸油灌入。良久，逐節打通，仍復以油灌之。凡過脈處，須用蠟汁封固。藥信之長短，必要總會一處爲妙，神莫神乎齊發也。機關藏火，賊至不疑，觸動則地雷從下震起，着人即死。

地雷連砲

每位重二十觔，十位一連，每連用人十五名。人仍各帶銃棍，或劍鎗、火鎗一根。舊砲點放易後坐，傷吾人馬，且擺動常不準。今改身加長，尾加重，前後用照星照門，以鐵火釘貫其環中，不坐不擺，不用鐵箍，比舊制力大而準。初用火櫃，今改走線，以發火，扁線以傳火，尤便。各司一件，臨時頃刻可布。每用藥二兩，墊高一寸，大鉛子一枚，重八兩，遠四五里。小鉛子一枚，重三錢，遠二三里，闊三五十步。

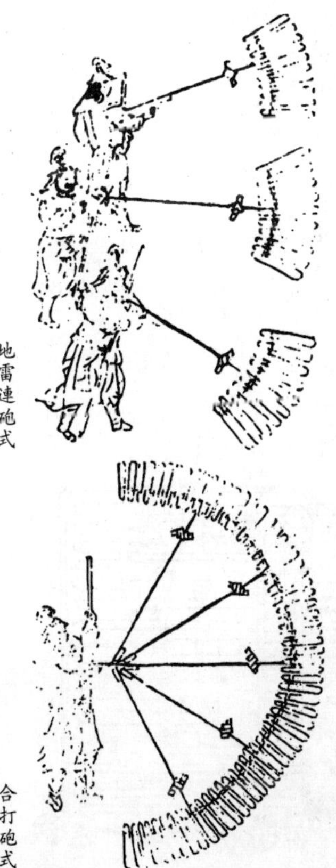
地雷連砲式

合打砲式

賽熕銃

夫行營之內，鳥銃雖速準，而力小難禦大隊。佛狼機又太重，而難于扛隨。又有一器，名爲賽熕銃，既無下木馬延遲之艱，又不坐後，可鉛子又勝佛狼機之大，其聲勢可比發熕，其速可比鳥銃。用之守險甚妙。銃式約長三小尺，內口約容半觔鉛子。藥在粗復，不可過鉛子，送至腹口方好。此器之利者，亦以項長而鉛子合口故也。

背鐵作送子下口圓送鉛子不偏。

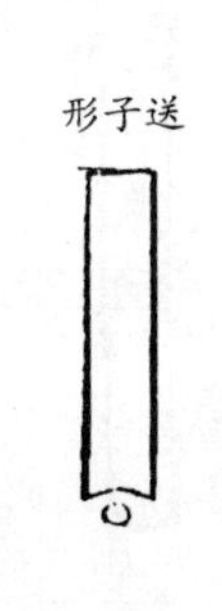
送子形

賽熕銃式

子母砲

用木信雕成螺絲轉形爲渠，以藥線隨渠纏足，下露線一節在底上，露出信之上，用稍紙信外捲緊，與子銃口合，乃將好藥入瓶八分，將信送入口。即將瓶覆向下，搖搖按入其信。若即瓶裝信，則信底有藥，放時藥催信出，而瓶不破響。惟覆裝其信，則將信務入到底，庶底下無藥，藥在週圍，信線燃入藥，乃作破子瓶。其放時，先用木馬將大銃裝畢，以瓶入上大口，先點瓶線，燃入木信不見，即點母砲線打去。若瓶線點蚤，母線太長，則瓶不出口而響爽。若點瓶線太遲，未

及燃入打去，則閃風而滅矣。又有一法，共拴一線，居中點火，終是不齊，還是兩點爲妙。此砲用之驚營甚善，或夜間遠遠放入賊壘，少停于賊壘中銃發，若無制之兵，烏合之衆勢必驚惶也。

子砲信妙在此。

內為刻木，以藥線纏之，外用楷紙捲緊合口。

子母瓶

砲母

柄

總形

連子銃

此銃如鳥銃，但藥盡處用一孔，上安一鐵筒，入鉛子數枚。閃定口一箇，銃放去一箇，子又落入。其裝藥法，以藥裝入一節，即以厚褙紙錢一箇，中穿藥線一寸，送入銃內，又裝一箇。藥入築實，又間以穿藥線紙錢，如此裝至鉛子鐵管止。

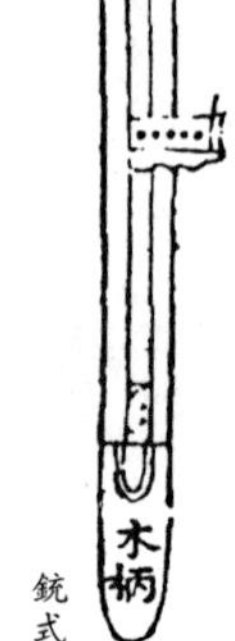

銃式

無敵竹將軍

用猫竹圓厚者，長四尺許，將圓鑿開通其節，止留頭節作底，節後留一尺四五寸，用一木柄，柄頭照竹節凹凸之形，直抵竹節處，週圍用四肥釘犬牙樣釘之，以苧蔴打成辮，或三股繩，自柄至口緊緊纏固。傍節底上先置潤黄泥二寸，以一分厚，轂筒口大鐵錢一箇蓋泥上，傍錢上開一藥線眼。先將雙藥線引入四五寸，直透上爲妙。方入藥一觔，看竹之大小增減。已入藥，用木桿輕輕築實，少用紙團或乾土實之。又將一分厚彀竹筒圓大鐵錢一箇，鑽眼如蓮房式，置藥上方。以轂筒口大圓石彈一箇，置鐵錢上，或再加碎生鐵小鉛彈於錢上更妙。若單用石彈，則蓮房式鐵錢不必用矣。以徑寸粗柴二根，長三尺許，縛成權架之取其便也。對敵舉放，若欲遠，則稍昂其頭。如敵近，在二三百步外，只消平架放去，柄尾須以大石塊抵住，防其後坐。人在側立，即不用亦可。惟麻繩與辮，用圓石子、鐵錢、鐵釘、火藥、竹火門、油灰。及製造之器，斧鋸圓鑿等項，預備多帶，軍中即隨地立刻可造。其體甚輕，每兵可擔十數位，而威力則尤在佛狼機上。發時響聲震地，其力可及七八百步之遠，故以將軍名之，尊其威也。即勁敵遇此，雖銅肝鐵膽，且虀粉碎於七八百步外矣。每營共得數十位架在陣前，分作十數層，次第裝之。再以數位分架兩翼，或橋口，或田塍，或津渡，敵可往來之處，以備衝突，賢於數百精兵矣，奚患衝突哉！若西北邊塞造用，須以萬計。曠野平原，動以百數爲一層，次第舉火，稍近即用各色火箭，接續不斷。虜雖衆悍，誠此器如法禦之，安得不落膽也。此器之便有六。雖一裝即廢絶，無傷人之患，一。敵得之不爲用，二。每位通計工價七分，費廉工省，三。隨地立刻可造，四。體輕可以多負遠行，易於分布，五。威力震地，中之靡不虀粉，令敵寒心，足壯吾膽，六。用之南北水陸無所不宜，有志籌邊者，可不講乎。

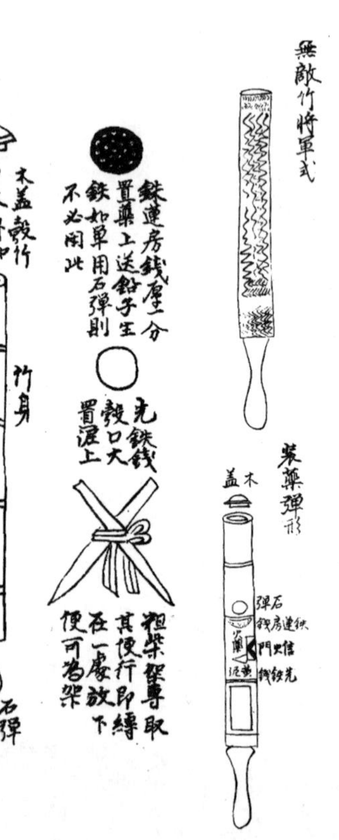

鉛彈一窩蜂

此器狀如鳥銃之鐵幹而短，其管口比鳥銃口稍寬，容彈數百枚，燃藥則彈齊出，遠去四五里。以皮條綴之，一人可佩而行，戰時以小鐵足駕地，昂其首三四寸，蜂尾另用一小木樁釘地止之，誠行營之利器也。若欲爲坐營之用，則以木床載于營門，床身左右各置二輪，以便進退，亦可以爲守營之具。大鳥銃所裝止于一彈，所中止于一人，中則傷人，不中則無所傷矣。此器一裝百彈，漫空散去，豈無中傷者乎？真可以爲佛狼機之亞云。

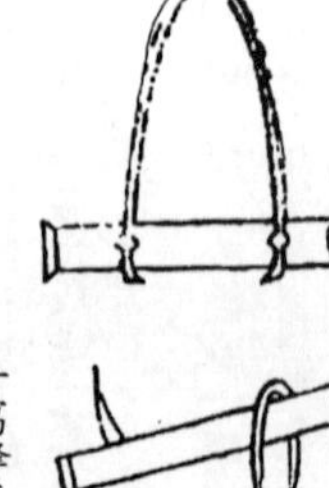
一窩蜂式

夾耙銃

夾耙即快鎗一般，但快鎗是一塊打的一條鐵棍，一般太重。夾耙銃則上半截渾用鐵，下半截扁扁一片鐵，兩邊加木板夾住錠牢。銃口頭上傍邊加上如尖刀相似，若見賊，放夾耙銃打了，一時再裝藥不及，賊却早撞在面前，便作鎗照賊殺將去，亦可一物而兩用焉。況一連五放，一放俱有鉛子在內，多打着賊，如連珠砲一般，猶勝於三眼、四眼，所以爲妙。

夾耙銃式

日本銃刀式

此係日本樣式。荒鐵十斤、鋼鐵一斤，用膠藤水和黃泥水，煆煉四十九日止。煉一斤半爲度，再用鋼三兩，于刀心并背上煉七日亦可。柄上，銃用鋼鑽并牛角灰油研成銃孔。用藥一錢五分。臨陣藤牌手，先以銃擊後用刀，隨牌滚進取勝。

飛天噴筒

截粗徑二寸竹，布箍，用硝磺、樟腦、松脂、雄黄、砒霜，以分兩法製打成餅，脩合筒口，餅兩邊取渠一道，用藥線拴之。下火藥一層，下餅一箇，用送入推緊，可高十數丈，遠三四十步，徑粘帆上如膠，立見帆燃莫救。此水戰極妙之利器也。至易至便，萬用無差。

滿天噴筒

放時須待賊船相近，照人稠之處放之，則毒藥燒噴，賊人自亂，我兵可以取勝矣。

飛天噴筒式

噴筒料數

每桿盛噴藥一觔四兩，合用牙硝一十四兩三錢，杉炭五兩七錢，計銀二釐一毫四絲；明火珠三個，重三兩，合用牙硝五兩二錢，硫黄二兩三錢，杉炭五錢，計銀一毫九絲；發藥六兩，合用牙硝四兩五錢，硫黄六錢八分，柳炭八錢二分，計銀五毫。

竹筒一段長三尺，計銀三釐；木柄一根長六尺，計銀三釐；絞筒麻十兩，計銀一分；蓋口苧麻布方圓三寸，計銀三毫六絲；桐油五錢，并淡底，共銀五毫五絲；木煤、猪血，計銀七絲；礬紅五錢，計銀一毫六絲；裱紙麪粉五錢，計銀一毫五絲；裱筒雙連冒簷紙一張半，計銀三毫九絲；徐青紙藥線三條，計銀一毫七絲；煎油并提硝膠柴，共銀八毫。

以上，除硝、黄官給外，每桿計價銀二分一釐四毫八絲。

造法與火籠同，惟比火籠小一等，以便于用。故另列作料，便於查計耳。

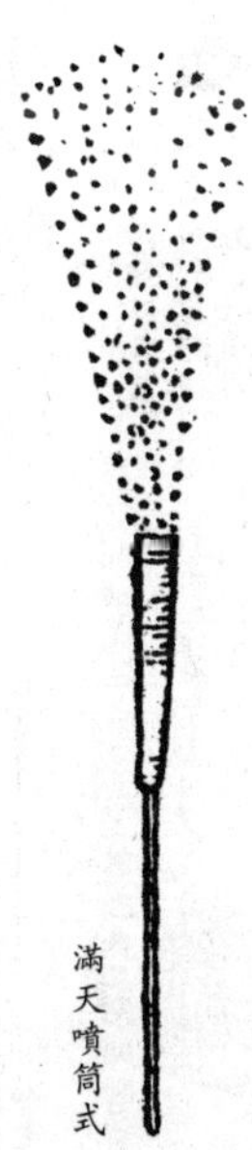
滿天噴筒式

神水噴筒

用青竹爲筒，長三尺，打通節，一頭留節，以鐵綫纏緊一頭，節上鑽一孔，用竹條一根，棉花包頭。將筒放藥水内抽出竹條浸之，臨用將竹條往來噴之，着肉即腐爛見骨。

神水藥品

川烏、草烏、南星、半夏、狼毒各二兩。聽用。先將石灰二斗，滚水一桶，淋汁，入前藥煎數滚。去藥，加巴霜二兩，紅砒二兩，硇砂二兩，班猫二兩，明礬二兩，銀銹四兩。共爲末，入前藥，水内攪勻聽用。

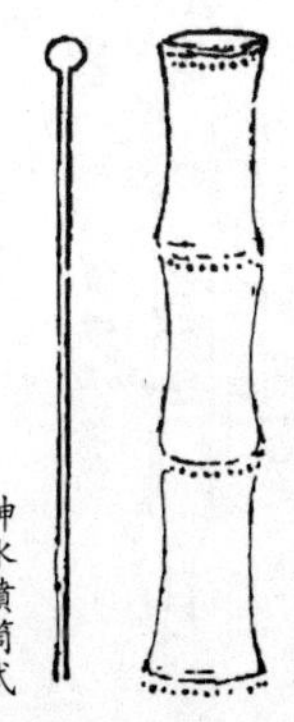
神水噴筒式

火桶

約賊船在遠，先將炭火燒紅，盆盛　處。約賊船相近，以火入粗碗，再俟賊更近，以碗平放在藥桶内蓋了，俟兩舟相逼，將桶平平擲下至賊船，被磕動，碗内火跌泛而出，與藥相埋即發，時刻不差。此戚少保所製也。須嘗令兵士演習于岸上，隔河擲過，火跌出即發。後遇賊船用之輒效。有議爲五不

便者，殊不知器非不善，惟在乎人之習與不習而已。

火礶

初用火磚、火毬之類，如藥線緊則自失慢則賊得復擲我船。近易之以火桶，其火桶埋火于內，冬蓋則火息，少動則火傾，失抛則落水，均爲未利也。今改火礶。火在礶外，緊慢無失，一擲即碎，不能反擲。礶復小巧，抛去便中，無利于此者。

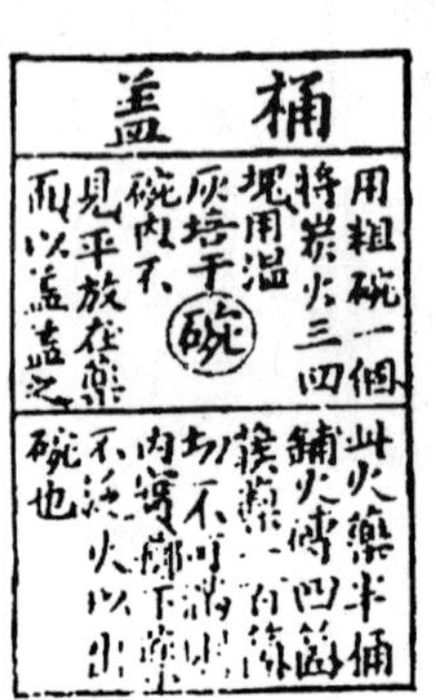

火藥桶式

火礶須用脆薄瓦礶，其粉料即以火磚火毬之料易之。礶内貯爆仗、飛鼠、鐵蒺藜各三十箇，礶口用紙布包緊，仍用油飾，以却温氣。礶上有四耳，每耳用綿紗火繩一條，長一尺，平中拴結，則四耳八繩頭，追近賊船，燃點八頭，抛擲過船，礶即破碎，飛爆滿船，賊無容足矣。

火礶料數

每箇盛噴藥一觔，合用牙硝十一兩五錢，杉炭四兩五錢，計銀一釐六毫九絲；飛鼠二十五箇，盛火藥五兩，紙砲二十五箇，盛火藥七兩五錢。合用；牙硝九兩四錢，硫黄二錢四分，杉炭二兩八錢六分，計銀一釐七絲；四耳瓦瓶一箇，計銀四釐；苧蔴一兩，計銀二釐；引火綿繩四尺重八錢，計銀五釐；鐵蒺藜三十箇，計銀一分五釐；蓋口布方圓四寸，并裱紙、麪粉、油飾、礬紅，共計銀一釐；飛鼠捲箇二十五箇，用徐青紙八張半，共計銀一分三釐六毫；砲仗、飛鼠共用雙連冒篬紙五十張，計銀一分二釐；瀝青、松香四兩，并提硝、膠、柴共銀九毫。

以上，除硝、黄官給外，每箇計銀五分六釐二毫。

造法

火礶飛鼠用雙連冒篬紙一張，均裁十條，徐青紙張裁六條，止將二條與冒篬紙同裱，將裱成徐青紙捲心包皮捲筒，盛藥二錢。

砲仗每箇用雙連冒篬紙一張，均裁八條，捲筒結實，盛藥三錢。

火藥每硝一兩，硫黄三錢，杉炭二錢。

鐵蒺藜俱要打成四角茨者，務要尖利。每箇重二錢，將瀝青、硫黄炒過，方可入藥。

火礶式

大蜂窠式

大蜂窠

範大砲，紙糊百層，間布十層，内藏小砲，半入毒，半入火。又間小砲，入灰煤、地鼠頭帶火。磁沙炒毒，鐵蒺藜糞汁毒炒。包松脂、硫黄，毒人髮角屑等件。此一器奪心眩目，驚膽傷人，水陸戰皆可用者也。

火箭

夫火箭，爲水陸利器，其功不在鳥銃下。但造者無法，放者無法，人鮮知此器之利也。大端造法有二。或造成用鑽鑽線眼，或用鐵捍打成自然線眼。但鑽者不如打成者妙。鑽易而打成費手，故匠人多不肯用打成之法。其肯綮全係於線眼，眼正則出之直，不正則出必斜。眼太深則後門泄火，眼太淺則出而無力，定要落地。每箇以五寸長言之，眼須四寸深，桿要直，而去頸二寸，稱平。翎要勁，羽長而高。梢筒用礬紙，間以油紙，夏不走硝，可留二年。此物最不耐久收也。

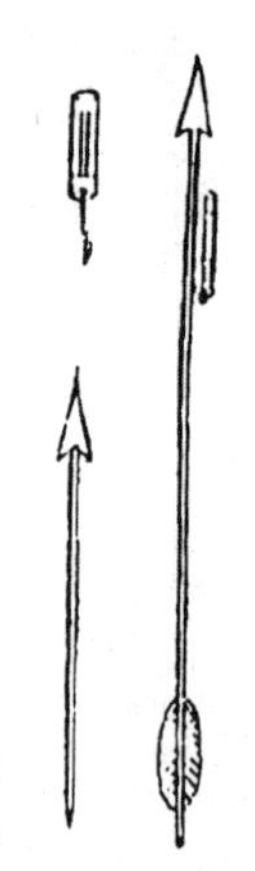
火箭式

自然打成線眼式

神機箭

造法

礬紙爲筒，内入火藥，築令滿實。另置火塊，油紙封之，以防天雨。後鑽一孔，裝藥線，用箭竹爲幹，鐵矢簇如燕尾形，末裝翎毛。大竹筒入箭二矢，或三矢，望敵燃火，能射百步。利順風，不利逆風。水陸戰皆可用。用之水戰，能燔舟篷，用之陸戰，能燬巢穴，中毒必死。

神機箭式

藥方

牙硝四十兩，如法提過。硫黄三兩六錢，製過。柳炭十二兩，燒炭，將柳條去櫛者佳。茄樹、椰衣亦可代之。箭筒用綿紙裱厚，用軌捲筒，用鐵桿築打，煮糊須用白礬入内，以備年久不壞。

釘篷箭

水戰必以先燒篷爲第一務。若用尋常火箭，賊易救滅，無益于事。今改釘篷箭者，用倒鬚鐵頭，一着其篷，能入而不能出也。且筒後復加毒藥，燃即直噴，其性最烈，頃刻即焚矣。凡放時，用竹溜筒盛箭對射，遠則前手向高，近則平放。

釘篷箭料類

每枝盛火藥二兩五錢，合用牙硝一兩九錢，硫黄二分，杉炭五錢八分，計銀二毫二絲；箭桿一根，計銀一釐；翎花絲纏牛觔，油漆，共銀一釐；捲筒徐青紙二張，計銀二釐八毫；紮筒苧蔴二錢，計銀四毫；磋楞鐵箭頭一箇，計銀一釐；包頭油紙半張，計銀五毫；雙連冒簷紙六張，計銀一釐九毫二絲；藥線、徐青紙、麪粉，共銀一釐；提硝煎膠柴，計銀二毫。

以上，除硝、黄官給外，每枝計銀一分四絲。

造法

釘篷箭，用雙連冒簷紙六張，均裁二十四條，裱作八條。徐青紙二張，裁八條，與冒簷同裱精潔，捲筒結實，盛藥二兩五錢，打成天生眼，三分之二留底，一分不透。火眼後毒藥三錢，於底傍另裝藥線，倒入尾内，使毒藥向後噴出燒篷。箭桿務要堅直浄節，配筒相宜，不得輕重。箭頭俱用打成磋劒脊楞如蒔如葉樣，不得用鐵皮剪做，以致脆軟，不能射入。翎花用堅硬鵝毛膠固，復用絲纏，用紅油蓋好粘口，庶無損落。

火藥

每硝一兩，黄一分，杉炭三錢。

毒藥

每硝一兩，黄四錢，雄黄三分，樟腦一分，松香八分，杉炭一錢。

箭式

溜筒

以竹去半邊，削平竹節，留前後一管，籠入火箭。照準賊船風篷射之，以燒其篷。

溜筒式

後火藥筒

凡燒篷帆，營寨火箭，必用後火。而後火之製，必要精妙，迺無悮事。送藥筒長五寸，外另捲稍紙，比送藥筒加長一寸五分。送藥筒打滿而止，留此一寸五分，少加發藥一匙，即將此稍紙錢置藥上。藥線分開回路，直透筒口，即下黄土一分隔之，方入後火藥，以木桿稍實之，入滿到口，以四藥線頭俱捻伏藥口，用線紙二三層封固。如此秘法，萬無一失。

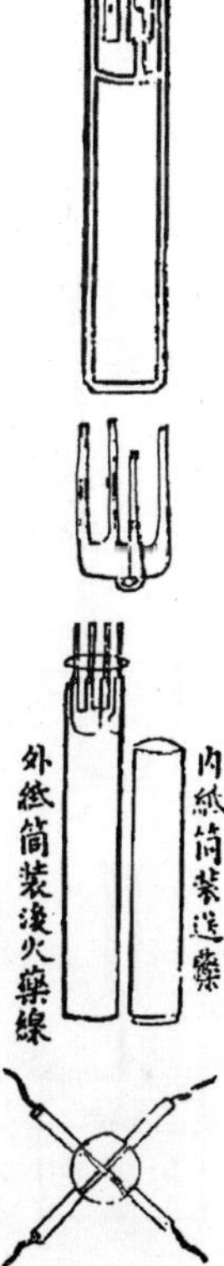

後火藥筒式

分形

小竹筒箭

每筒藏短火箭十枝，亦以毒藥塗鏃，重不過一觔，每兵可負四五筒。敵不知爲何物，候至百步之外，忽然火齊發，箭短且速，敵安能避！則一兵可兼數十人之技。凡將領隨從，旗健雜流，俱可負帶，試其力，能貫薄板，發時舉竹筒稍昂，可至二百餘步。勿謂箭小而忽之也。

藥筒長一寸五分，箭長九寸，翎後有鐵錘。

小竹筒箭式

火弩流星箭

此弩之製，用竹爲之，筒長二尺五寸，柄長二尺，鐵箍二道，筒内箭長二尺，共十矢。上陣點其藥信，衆矢齊發，勢若飛煌，一弩可抵十兵之用。

猫竹筒長二尺五寸，用牛筋、苧蔴、鐵線、生漆、魚膠纏定。

步戰時此列於陣第三層。

火弩流星箭式

猛箭

兩陣相薄，勝負攸分。敵方對陣我兵之前，猛箭齊發，敵初不知，防必閃爍少

動。我即乘隙而入，此必勝之道。故猛箭之利用也，輕而且巧，尤便于陸，無甚負重，一兵可帶四、五筒，臨敵之際，相繼放之，隊隊皆箭，源源不絶，敵自難當，堅陣可破矣。其製法，雖類於窩蜂，而箭與筒長不過二尺許，取勝功效則大也。

猛箭料數

每筒五枝，每枝合用火藥四錢，銀一釐；黄册紙二張，銀五毫；紗紙半張，銀一毫五絲；褙紙、麪糊、扎頭、麻藥線、油飾，共工料銀五毫；箭桿并翎毛、扎箭苧蔴，共工料銀一釐；鐵箭頭一個，工料銀一釐；捲筒裝藥，工銀一釐五毫。

以上，每枝用銀五釐六毫五絲。

盛箭竹筒一箇，用丹竹一節，連蓋、苧蔴小繩藤提繫，共工料銀二釐。

每箭一筒，計五枝，共該工料銀三分零二毫五絲。

造法

火藥捲筒、裝藥鐵鏃等項，與窩蜂箭同。

猛箭式

筒式

大一窩蜂

海上克敵，全在我占上風，使煙熖迷漫，賊皆披靡矣。倘我居下風，則火籠噴筒反障我兵，或賊船未近，則火籠噴筒皆不能及，是不可不求全而均備也。今改一窩蜂，放去稍遠，一發五十枝，多而亂竄，其勢閃爍，無論上下風，均可制勝。

放時須待賊船相近，止用一人夾于手臂揭開籠蓋，燃點藥線放之。則五十箭齊發，賊不能當，必下船躲避，我兵即可過船矣。

料數

每籠藏火箭五十枝，每枝盛火藥五錢，共藥一觔九兩，合用牙硝一觔二兩九錢，硫黄四錢七分，杉炭五兩六錢三分，計銀二釐一毫一絲；做篾籠楠竹二十五觔，計銀一分；扎口黄藤三兩，計銀四釐；褙籠舊綿紙，計銀二釐；褙紙麪糊四兩，計銀一釐五毫；褙籠蓋布一尺二寸，計銀六釐；桐油三兩并淡底，共銀三釐二毫；箭桿五十枝，計銀一分五釐；翎花、絲纏、牛觔、油漆，共銀一分五釐；鐵箭頭五十個，計銀二分；托箭鑽眼板一片，并吊板鐵絲，共銀四釐；扎筒苧蔴一兩五錢，計銀三釐；雙連冒簷紙七十五張，計銀二分四釐；油飾、礬紅二兩，牛膠五錢，并提硝膠柴，共計銀二釐三毫六絲；捲筒五十個，用徐青紙十七張半，藥線五十條，紙二張，共計銀二分七釐三毫。

以上，除硝、黄官給外，每籠計價銀一錢三分九釐四毫七絲。

造法

大一窩蜂，用小火箭，每枝用三千六百頭，雙連冒簷紙一張半，裁作九條。徐青紙一張，裁三塊。將一塊與冒簷紙同褙捲筒，每筒盛藥五錢，如法做造。亦用天生眼，庶直而且速。箭桿竹務要堅直净節，配筒相宜，不得輕重。箭頭俱用打成，劍脊倒鬚堅實輕巧，翎花用堅硬鵞毛，膠粘絲纏堅固，紅油蓋好粘口，庶無損落。

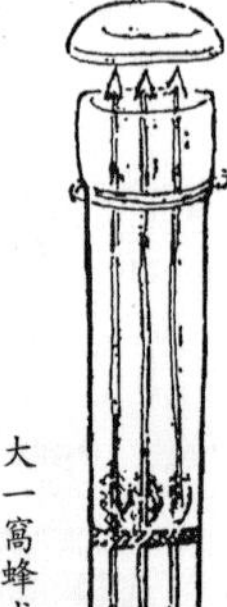
大一窩蜂式

火藥

每硝一兩，黄二分五釐，杉炭三錢。

大火籠

放時須待賊船相近，向稠人中放去，則火力猛烈，毒藥着人，即腐爛矣。

火籠料數

每桿盛噴藥二觔，合用牙硝一觔七兩，杉炭九兩，計銀三釐三毫八絲；明火珠三箇，重一觔八兩，合用牙硝十五兩五錢，硫黄六兩九錢，杉炭一兩六錢，計銀六毫；發藥一觔，合用牙硝十二兩，硫黄一兩八錢，柳炭二兩二錢，計銀一釐三毫八絲；大猫竹一段，長三尺五寸，計銀一分；木柄一根，長五尺，計銀六釐；絞筒川麻二觔，計銀三分；褙筒雙連冒簷紙三張，計銀七毫八絲；蓋口苧布方圓四寸，計銀六毫；褙紙麪粉一兩，計銀三毫七絲；桐油一兩二錢，并淡底，共銀一釐三毫；礬紅一兩，計銀三毫；藥線徐青紙三條，計銀二毫七絲；油飾并提硝柴，共銀二釐。

以上，除硝、黄官給外，每桿計銀五分七釐一絲。

造法

火籠、噴筒做法一樣。火籠用猫竹一段，噴筒用楠竹一段，俱要圓直，不得灣曲扁樣。各將裡面竹節去净，如竹筒一樣光溜。若粗糙，則炸碎悮事。其不炸碎，必係明珠減小耳。但明珠若小，放出無力，射去不遠，不可不知。川麻扎筒，務要絞緊堅壯，庶克濟事。

大火籠式

火藥

每硝一兩，杉炭四錢；火珠每硝一兩，硫黄四錢五分，杉炭八分；發藥每硝一兩，硫黄一錢五分，柳炭一錢八分。

火彈

用棉紙捲成長筒，下扎麻繩縛住，先下送藥，次下火彈，一寸一彈，至口滿止。安藥線，㮶糊口，入竹長筒内。一人手持點放，彈落處，燎焚諸物。

火彈式

火藥

硝十兩，硫黄五兩，石黄三兩，樟腦二兩，杉炭六錢。共研細，用燒酒潤濕，築成彈子，用灰木煨乾。

送彈子藥

硝十兩，硫黄八錢，柳炭二兩六錢。共研細，用江河水煮乾聽用。

飛火槌

身連柄八寸，長圓圍三寸，狀如棒槌，以白楊木爲之。中車空使薄，裝藥在内，釘三道釘，每道用倒鬚鈎釘四個，攢十字釘，止留倒鈎在外。倒鈎約一寸，以鋒利爲上。打去賊船，使釘釘船牢，一時不能脱，而火發可以燒船。火確搕易碎裂，火磚拋去易還擲，不如此器之妙也。

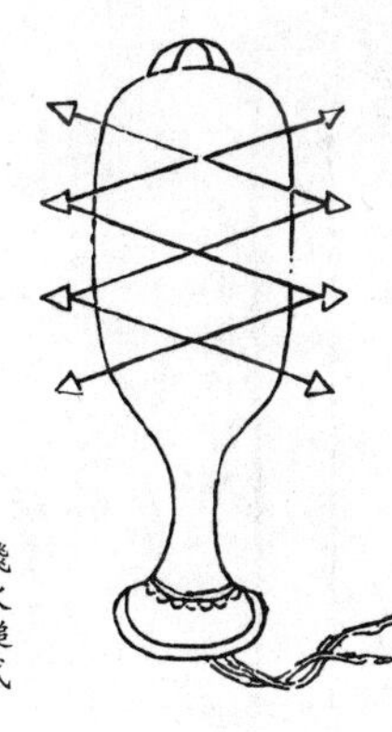

飛火槌式

火磚

用地鼠紙筒砲，各安藥線，每箇排爲一層，上下二節，各二層，以薄篾横束，合灑火藥、松香、硫黄、毒煙，用粗紙包裹成磚形，外用綿紙包，糊以油，塗密。另於頭上開口，下竹筒，以藥線自竹筒穿入。

一説，紙磚、鐵磚，猶未爲妙，不若用瓦罐，貯火藥、毒鼠、飛燕、明火、火砲，封口更便。

飛鼠藥方

牙硝一觔，硫黄一兩八錢，柳炭四兩八錢。將藥研細，和勻再研，用好紙裱硬，捲筒築藥，兩面安鈎。

飛燕藥方

牙硝十兩，硫黄一兩八錢，柳炭二兩八錢。筒外兩面安鈎。

火磚内用明火藥方

牙硝十兩，硫黄六兩，雄黄一十六兩，鉛粉一十六兩，樟腦十兩，柳炭四兩。將藥各自另研細末，稱足，合于一處，用燒酒頭煮糯米糊作餅，將藥拌勻築實，如棋子大。

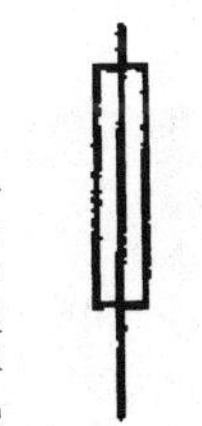

竹筒穿藥線式

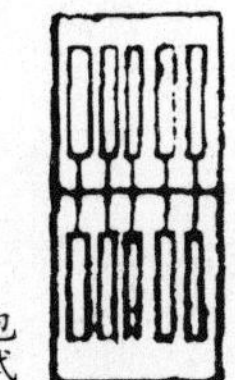

包式

鋼輪

鋼輪框用榆槐木如式造。兩頭重，用藏火線。槅板底鑿墜石口，匣蓋周圍多鑽引線眼。内兩旁用槽木四枝，上粘紫膠、火石。純鋼照匣大小造兩輪，中用鐵軸，捲繩從下中孔拴墜石于底外。匣内兩頭閣輪，用鐵板四箇，中開眼。製鐵長針，將底外墜石板扶住，閣於地坑，草土覆之。其針鼻拴遊線，交横遠繫釘地。若人馬絆繩，針脱輪轉火起，貫天通槽火線，群砲轟發，有神術之妙。屢試，驗也。

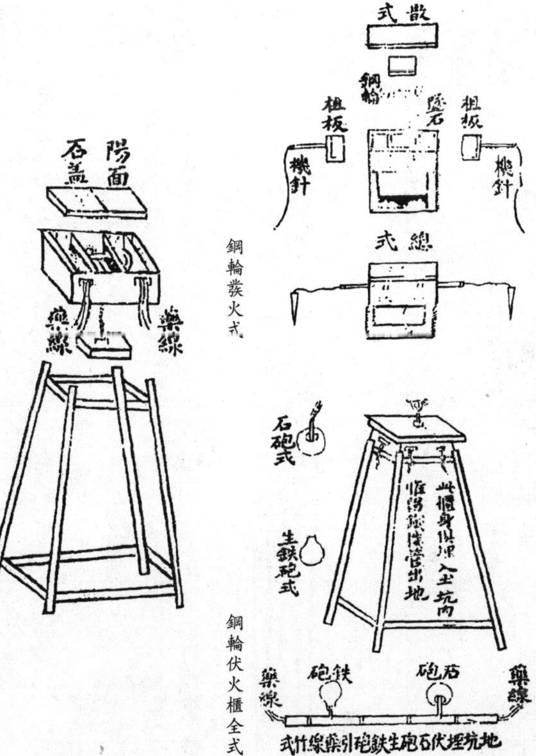

鋼輪發火式

鋼輪伏火櫃全式

裝石硾上鋼輪□板式

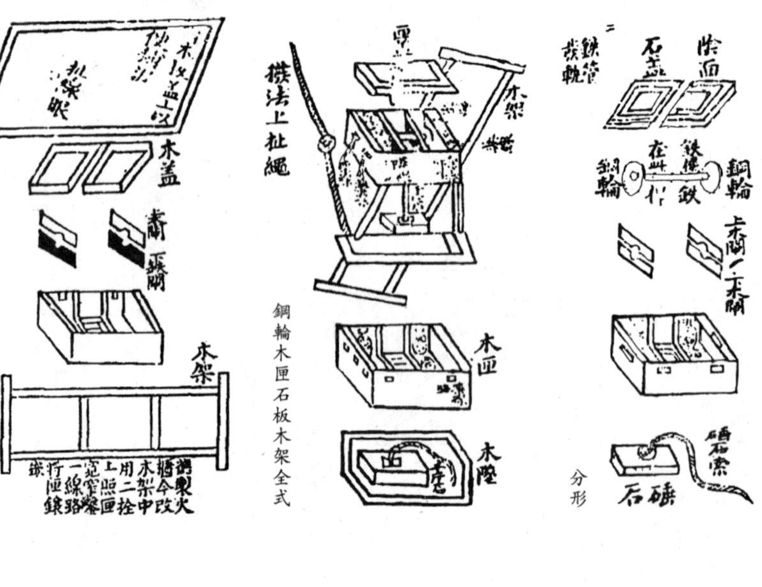

鋼輪木匣石板木架全式

分形

分形

匣長一尺五寸，闊七寸，匣底中出一孔，聽穿墜繩石之用。將木拴二根，做架一個，鑲定木匣，在于地潭上，與地相平。其匣每頭鑿眼二箇，以通發藥藥線桁條之脈。匣中兩旁直處爆線路二條，裝放鐵閘板。其閘板四塊，先將二塊從線路放下閘板，上銼一闕口，架上鋼輪横條。又將二塊板下銼一缺口，合上鋼輪，下鑲嵌火石輪。條中間要一小釘，可滾石繩，匣中放妥，蓋好匣底，眼内透出繩頭，下係千觔石一塊。此石用木相擡住，襯于匣底之下。板下有潭，深丈餘尺。板之兩頭，一頭用繩繫牢，一頭聽拴鐵銷，銷後有圈，以繩繫定，引出在外。或使人扣拴，或以物誘賊自犯，扯出鐵軌，木板自下，千斤石從空墜下，鋼輪轉動，石上火起，發藥盡燃，分散各處，桁條、砲石、蒺藜衝飛，四處皆兵，人馬糜爛，地覆山摇。用好净鋼三觔，打成二輪，形如車輪。猶中碗口大，横用鐵條一根，長七寸，將兩輪中鑿方眼，拴嵌鐵條，務要牢繫。鐵條上架板處要銼深痕，轅上缺内，使不走動。鐵條中間要小釘，可轉繩索。

太極總砲

其製以熟鐵或堅木如式造，無論大小。上蓋太極，開一竅，露火氣。中桶繫種火盤香、釘鐵活機，周圍安穿八卦銃，兩耳鐵針入扶中楄，下底宜厚盛藥物，針挽群砲皆發。隘口空營多設猶妙。

太極總砲式

藥瓶藥囊

藥瓶用銅管内，約定火藥分兩，頸下銅片爲閘。用時以指抵瓶口，開閘傾藥，滿管閉閘，傾入銃用。藥囊用布、木底，底下留孔，以木塞住，裝藥去罩，藥瓶上一傾便滿，俱取簡便。

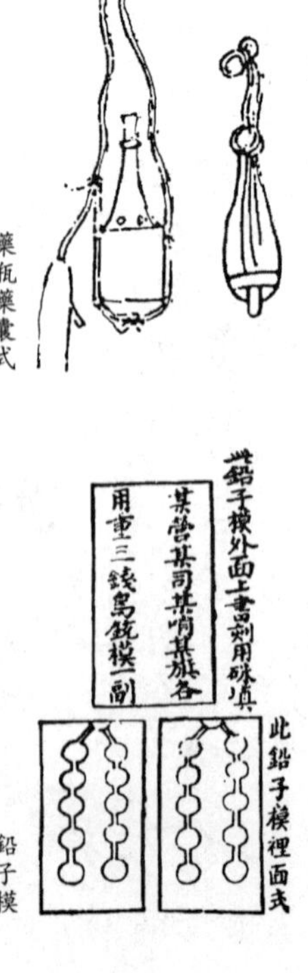
藥瓶藥囊式

鉛子模

鉛子模以石爲之，用二扇，有二筍。鑄時用繩拴定。

種火庫

用堅木造柜，高一尺，徑方五寸，四面鑽藥線眼，内中照匣隔厚鐵葉一方，一

邊轉軸下放火藥，穿藥線，旁入鐵針扶住鐵楇，上放種烘，内藥線接通火槽。砲具設伏要路，針穿長細繩扯伏於地，繩動針脱，火落楇下，藥燃砲㷆。此庫比鋼輪易造，但種火不過十日而盡，仍要入種火物料。

藏火筒

用銅打成，式長一尺一寸，徑三分。筒之周圍花鑽十三孔，以通火氣。外用大筒一箇，長一尺一寸三分，徑五分，套之。蓋上鑽一竅，安神火繩。隨帶于身旁。此種火之便具也。

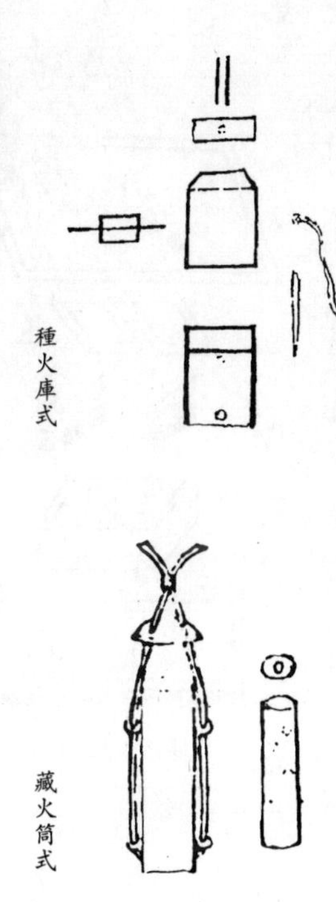

種火庫式

藏火筒式

又　卷一三　西洋火攻神器説

神器仰放六分式

神器平放式

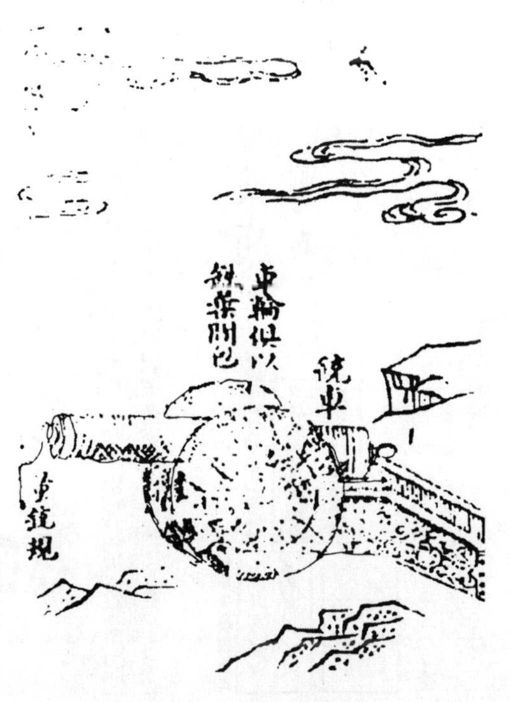

戰銃式

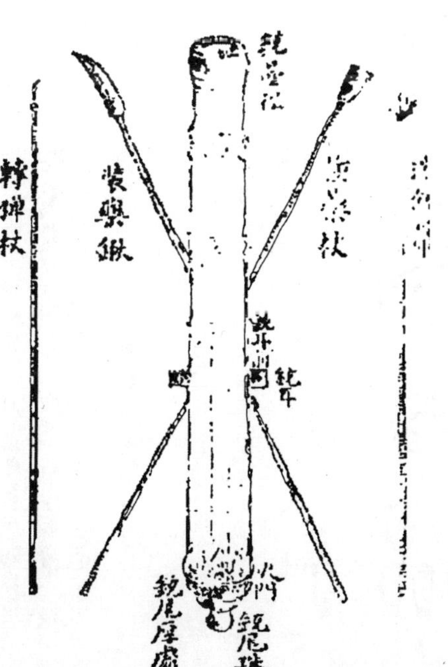

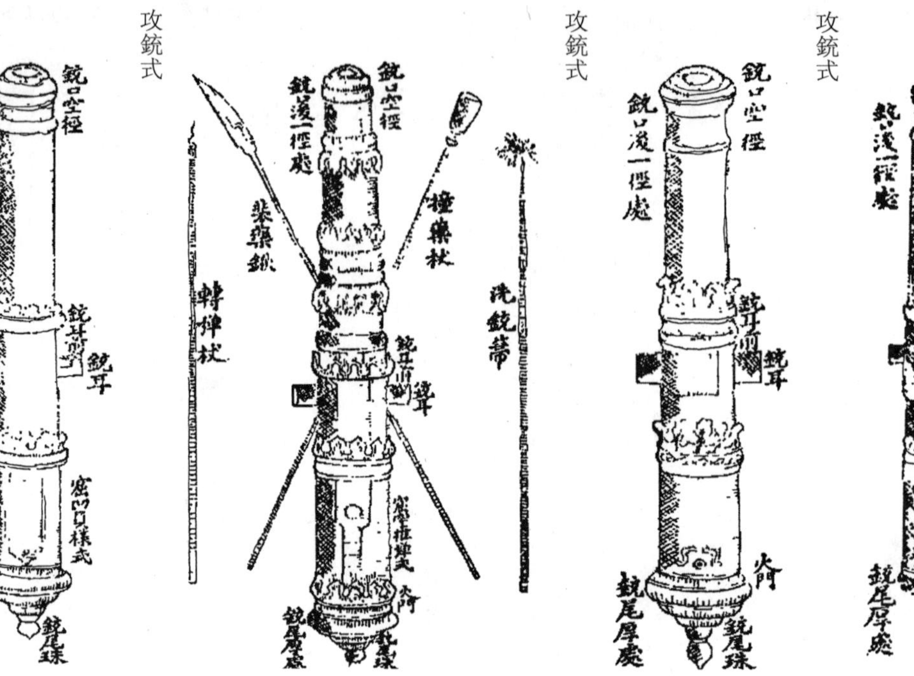

鐵銃式　攻銃式　攻銃式　攻銃式

飛彪銃式

嚕嘧神銃中書趙士禎製造，西番朵思麻所傳。

約重七八觔或六觔，約長六七尺，龍頭、軌機俱在牀內，捏之則落火，燃復起。牀尾有銅刃，若敵人逼近即可作斬馬刀用。放時前提托手，後掖牀尾發機，只捏不撥，砣然身手不動，火門去着目對準處稍遠，初發煙起不致薰目驚心，此其所以勝於倭鳥銃也。用藥四錢、鉛彈三錢。

筒形

筒約長四尺五六寸，約重四五斤，愈長愈妙。後著照門前著照星。火門在側邊下著二三鐵鈕，以便下捎釘，放時不致振動。

銃後門形

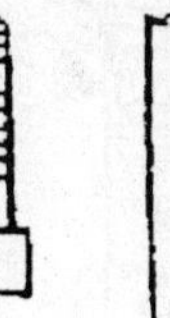

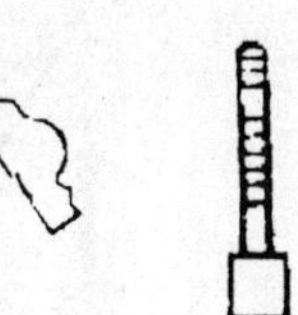

銃腹既長若尅火門并鉛子及洗時布紙等物不出，取開方便左轉則進右轉則出。然初學放銃總不如實底者，不擔干繫又不致洩氣。

火門形

盛藥池宜稍深多貯發藥爲妙。眼不宜大，大則氣洩致殺前去火力，眼又宜緊挨底上若離遠火燃後坐必致搖動身手彈去不準。上著銅蓋以便裝發藥時摇入火眼。

前口

口宜用三錢鉛彈至小二錢，口與底必須一樣大小。若腹口大小不同者不堪用口小腹大者氣先洩彈去不遠不狠。口大腹小者彈出摇蕩上下兩旁亂走不便討準。

機

以銅爲之其軌必用銅錢如錢厚不用水蘸蘸則恐其太硬用别錢恐其性軟起遲。軌貼發機處須著一小鏌片長一寸許，以助其力。

照門 照星

照門照星乃鳥銃樞要，討準全在此處。倭銃用一四字形不如此。更妙下俱作馬蹄筍。

銃床

宜用桑木爲上河柳次之，南方多用紬木。後尾用鋼鏌片一條向上磋作刀刃

搠杖插在銃床之下用以築藥送子并四軍時恐藥滓化濕生銹傷銃即以布纏其首蘸滾水洗刷。杖頭有簷中分兩股，恰好入銃口者爲妙。桿用木頭必用鏌，或全用粗鏌線。

掣電銃全形

約長六尺許重六斤，前用溜銅後著子銃。子銃各有火門子銃腰間用一銅盤壓住兼防節縫煙出薰眼，盤上打眼爲照門下二脚著捎捎在床上。

子銃

長七寸重一斤各有火門用藥二錢四分彈一錢。

正面　倒面

子銃上銅盤

子銃袋

以皮爲之殼裝四子銃爲大小。

溜筒正面形

溜筒側面形

銃床形

形與嚕密大同小異，後尾類日本鳥。銃床用木同前。

迅雷銃全形

筒五門各長二尺許總重十餘觔筒上俱有照門照星中著一木桿總用一機置之匣內輪流運轉以一斧柄末著丫叉倒插地上架定打放放完敵盡去牌倒持五銃護手直進當短鎗戳。

前盤

後盤

作半孔，不用合口以便照門中看前照星。

錢匣

機如嚕蜜銃匣用半木半銅二銅箍汗在銅片上以便旋轉

筒形

形如鳥銃，筒根彎轉作鶻口啣之，盤上以釘捎定用藥線筒根火門之後磋一小渠，將藥綫臥放其中，用薄銅葉做箍護定。臨放將箍推起若不用箍遮住藥綫，機發之時必致五筒俱燃。

銃桿

以木爲之，下著鎗頭上著鏃筒幫機處五稜長六七寸許，用藥二錢彈一錢五分，中桿筒内著火毬一塊，五銃放畢點火出毬以便乘勢前進。

牌斧形

寬一尺六七寸

長二尺許

以生牛皮爲裡表用絲紬或綿紬軟綾之類，内絮絲綿一層頭髮一層綿紙十層。中作一圓眼，週遭作五長眼恰好安桿與銃斧倒插架銃。敵近即取牌與斧作同管銃者兵器，牌用白藤編製更便但北方氣燥不甚相宜。

嚕嘧人打放圖

火繩安放停妥，踞前脚跪後脚將銃舉起。左手執托手，脾節拄膝頭，後尾緊夾腋下。閉左目以右目覷後照門對前照星，閉口息氣對準敵人，然後捏機。

立放圖

裝藥各樣同。若我在低窪之處，敵人稍在高處，不必蹲身。只將左膊緊挨脇肋之上，前脚挺直後脚少拳，不丁不八，如射箭站立一般。

水西洋各國番人打放圖

裝藥各樣勢同。只將前手挺直，後手夾定滿攢銃尾。將臉緊挨尾上，以食指撥機。

放掣電銃圖

臨敵之，先將諸子銃裝飽停妥，將溜子亦用搠杖先洗搠過。遇敵將在床之銃先放。放畢，出後捎釘撥小機，起銃再取一子銃著床内。捎住捎釘，其架勢打法一如嚕密。

放西洋銃圖

陽手挺直，執銃不穩。今用小圓木一根長三寸許，以暖皮裹過如弓靶一般。上著銅片作叉將銃鈐住。立放，則挺手如執弓樣。蹲身則前手如西域嚕密著膝頭，後手如夷人挨臉上。

放迅雷銃圖

用牌套銃上，從照門由牌眼看前照星，打放。放完，牌斧與同事兵用，銃本身作鎗用。

銃器襍説二十條

一放銃全在手準眼疾，右眼對照門，照門對照星，照星對敵對把，此不易之法。但銃筒十無四、五正準者，或偏左，或偏右，或上或下，銃手必須時令服習。人知銃性，庶便臨陣擊打，必須一彈一賊，方可發機。神器在諸器之先，壯三軍之膽，喪敵人之氣，勝負攸關，安危是賴，豈淺鮮哉！

一初學時令習學銃手做成架勢，先著火門於火池內，傍着一人點火，看其煙起時，頭不仰避，眼不閃動，然後令習學者自發機點火，看頭目兩手不動，再著藥在筒內空放，身手頭目俱不動搖，然後着彈打把。把要安在極鬆土上，或用板浮一把於水面，彈落鬆土則有塵起，水上則濺起浪花，方知落頭在左在右，以便改手。

一西域嚕蜜銃，因其筒長故遠，藥多故狠，機簡故便。銃床盡制，前後手俱有着落，故不致動摇。然藥必須極精極快，方敢多用。銃筒要沉重，方能壓定前手不動。沉重其銕方厚，不怕藥多。

一水西洋諸國銃其筒長，故遠於倭鳥銃。然因欲其體輕，以便挺手立放，著藥甚少。藥少，故不及嚕蜜之狠。

一倭鳥銃，狠、遠不如嚕蜜，輕便不如水西洋，衹緣時常服習，藝高膽大，所以稱能事耳。

一製銃須用福建銕，他銕性燥不可用。煉銕炭火爲上，北方炭貴，不得已以煤火代之，故迸炸常多。銕在爐時，用稻草戳細，襍黄土頻灑火中，令銕尿自出。煉至五火，用黄土和作漿，入稻草浸一、二宿，將銕和在漿內，半日取出再煉。須煉至十火之外，生銕十觔，煉至一觔餘，方可言熟。

一捲筒雙層交錯，岔口捲成者爲上。若銕不净，内有重皮，反不如單捲。全要岔口將合未合之時，用銕刷刷去銕上灰滓，自然合成一家。筒成，抵住一眼，以滚水灌入腹中，看有隙漏處，再加煮火。

一筒成，先磋去粗皮，作八稜，將前後門十字分，中吊準墨線，插鑽架上。架頂用一線吊下，直對筒上前面墨線。再將角尺從吊線横比筒上墨線上下一般，用木楔楔定，兩人對鑽。又一人用鉗將鑽根提着，使鑽得旋轉伶利。鑽要長短，用五、六根自一尺起，每根旋添長三寸至二尺五六寸，三尺爲止。先鑽上口至中間，翻轉從底再鑽，相通爲度。交接之處，更宜詳細看線。

一筒鑽完磋停當，用銕一條，磋成螺螄旋，或七層、或九層、或十二層，後尾要方，長三寸許，比後門口微大些。須再用鐵一根，打成一眼，將螺螄底方頭插

鑽筒圖

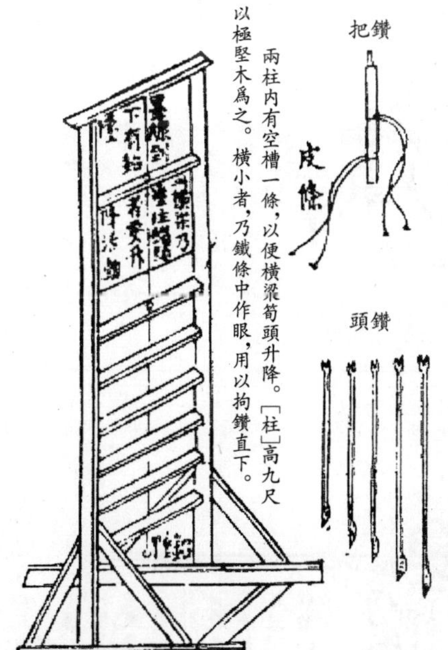

鑽架側形

入眼内，將筒擤定架上，圓頭放筒後門，兩人用手擰入，將後尾磋去，止留方頭七、八分。

一將銕磋成一火門，作馬蹄筍，將筒後根鑿一漕，下寬上窄，將火門卯入，用平鏨躐過。其眼務要極小，然後安火門、火墻，蓋後三鈕，如卯火門法。照門、照星須要將前後門比極準方可，卯入神器，喫緊全在此處，決不可忽略。

【略】

一銃床必要木理正直方可用。若用久歪斜，必須換過。不換，放時振動，銃筒畢竟搖撼，因之不準。又必須漆過，雨水不致滲壞。

一螺螄底倘壞，不知筒内淺深長短。將筒内先用墨塗濕，以硬紙一片，捲作小筒，入銃後門。所捲紙撒開，再用圓棍砑之，即可印出筒中旋形，然後照樣磋成補入。

一每銃五門，於銃手五人之中，擇一膽大有氣力者，耑管打放。令四人在後裝飽。時常服習，若平原曠野之間，去敵二三百步，譬如一軍五千人，内有大砲數位鳥銃五百門，先以大砲振揚軍威，然後用鳥銃百門，佐以弓矢火箭，陸續彈射，縱有數萬賊徒，未必便敢衝突。若遠道趨利，未擇戰場，或倉卒遇敵，遽難成列，而又無車以爲前拒，尤宜依此法運用，使三軍之士得以整頓隊伍，稍治其氣，從容接戰。否則敵必乘我之亂，擊我未定。易而險之，亂而安之，反客爲主，轉勞爲逸，非此不可。

一五人打放，若神器多，即揀銃筒受藥一般、彈鉛合口一般者，作一隊，庶幾臨陣裝藥，及打放不致差錯。銃少，將銃與罐各明白記號分類，并銃偏正遞銃之時，雖倉卒之間，定要招呼一聲偏左偏右，及藥輕重。

一銃成之時，先將鉛彈試口大小，口容鉛彈一錢，用藥一錢。彈重，則隨彈加藥，分數臨陣要狠。彈重一錢，加藥二分。銃筒堅厚，是木炭打成者，即加三，着藥無妨。

一放銃干繫甚大，切不宜托不同心人，并未經打放之輩裝飽。若不得已，有別人裝來者，須用捌杖試探停妥，多則將前多裝分數藥傾出。只壞銃筒尚是小事，兩傍人及自己性命，豈可相忽。

一古人火攻之法，上順天時，下因地理，有一不宜，不敢遽用。即用矣，猶虞風候中改，反致自戕。惟鳥銃、佛狼機，但得常常教演，使士卒技精，任其險地易地，風候不順，俱可舉放。即陰雨之時，尚可設法制敵也。

明·唐順之《武編》卷前六　戰車有許多造法，只是造出來要輕便，先要遮護的本營人馬，不驚動士卒，安心向前破敵。這等的戰車進退分合，左右遮護，前後接應，或分騎、步于兩哨，或藏騎、步于中軍，看賊遠近多寡，或賊四散，或浪戰驚，或隊伍周全，或輕騎先來哨探，或鼓操衆賊齊奔，或偷營舉火，或劫寨奪門，或餌兵詭計，或陰雨動兵，或天昏地黑，或霧結雲生。所以將者，軍之司命未動，先定地形，平日操練經熟，臨敵不必叮嚀。此係大將嚴肅，各路人馬分明，如重而不可輕敵，如寡而不可重兵。分毫不可差錯，賞罰軍律難容。臨敵觀其動静，哨探暗合無形。

輕便戰車

皮輪管心旋風護軍車，此車破敵安營，日夜風雨灰砂矢石發中可行，前有引戰啰車擺列認旗，後帶四子夾攻輪流火器不斷。此火器不用人力，其間暗藏古恠，大風雷雨隨意攻守。

各子戰車不同

長子神鎗雙翅車，二子黑牛金眼銀星百點車，三子伏虎連環車，四子獅子滾毬車。

其間戰敵擺列器具，遠近各樣旗號不同。此名連環車，或七或九相連，内藏戰士，施火器、藥弩，專禦北虜馬衝，如去環則散行，可以載資重，可以結堅營。

兩旁堅板厚五寸，高三尺，長九尺，闊四尺，上架木柱，可以閉矢石。

如中加一輪，可以行狹路，拒獠猫。四輪在外，一進一出。輪大三尺，厚二寸。管心俱用鐵裹，兩頭用鐵箍扣掯定，其箍如饅

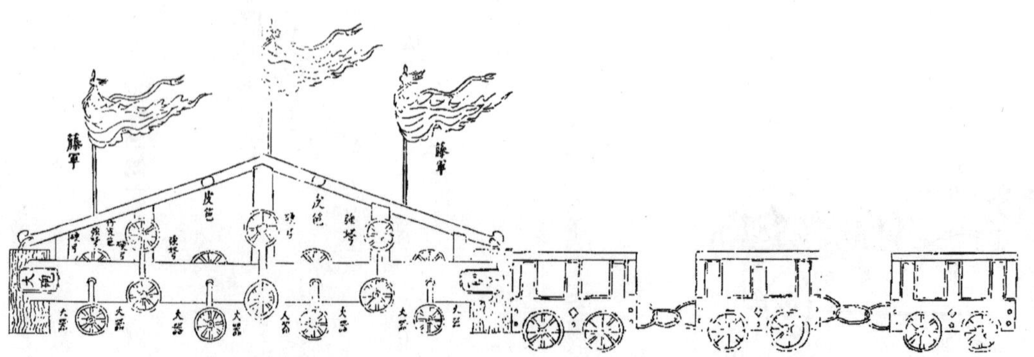

頭様。

此車用獨木爲之，其輪如千斤車輪大，一出一進。上加直柱横梁，厚板遮上，皮笆遮外，身長七丈或九丈，共十四輪。戰士隱皮笆內，上下兩層，施諸般大器、弓弩神鎗。

車心用檀木爲之，身方，兩頭圓徑二寸，用鐵饅頭箍扣扣定活輪。可以攻城，可以渡河，可以跨濠塹，可以破陷坑。如用破北虜騎陣，妙不能述。

每一乘約價三十兩，名曰百足火龍車。

此車名獨戰千里車，用厚板二片爲伏柁，長一丈二尺，高五尺，上架四梁直柱，任意加皮牌四面遮護，隱戰士在內，施諸般兵器。四輪在外，二輪在內，輪高三尺，厚三寸，身闊五尺。可以衝陣，深入燒營，陸破倭奴。埋伏鳥嘴銃，并備獠猫藥弩，又可遏虜騎、塞歸路，又可載資重，使戰士常逸。如大將坐此巡營，疾如馬，可防奸細。每輛約價十二兩。

西洋砲用生鐵七千斤，長一丈二尺徑二尺四寸。

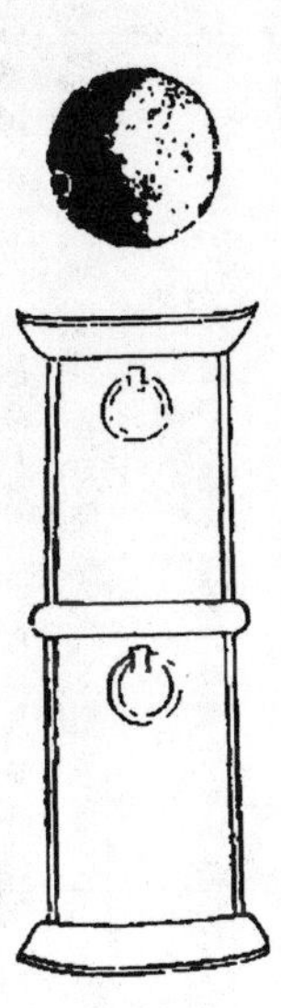

滿天星用生鐵一千五百斤，下安藥處厚於上面。

混江龍乃大砲中一藥砲名。砲內安火藥，火藥上安小鐵彈子，上安混江龍，混江龍上安大鉛子。此四物俱在砲筒中，砲筒底開二藥孔。如銅砲，則以熟銅爲卷筒。如鐵砲，則以熟鐵爲卷筒。裝藥線，藥插入砲筒內，筒首開横孔，孔中爲機關。不用則鎖定，雨不能濕。鑄砲以銅爲最，生鐵次之。銅者可久，鐵者不可久。其説如此。砲筒長六尺，厚二尺，口闊八寸，底狹十分之一。若生鐵鑄其筒，加厚一寸，計厚四寸。

明・茅元儀《武備志》卷一二二《軍資乘・火四・火器圖説一》

宋火砲

宋人用旋風單稍虎蹲等砲，所謂火砲者，但以其車放毬鶴槍等諸火器耳。此爲砲之祖。

鋼發熕

每座約重五百斤，用鉛子一百箇，每箇約重四斤。此攻城之利器也。大敵數萬相聚，亦用此以攻之。其石彈如小斗大，石之所擊，觸者無能留存。墻遇之即透，屋遇之即摧，樹遇之即折，人畜遇之即成血漕，山遇之即深入幾尺。不但石不可犯而已，凡石所擊之物，轉相搏擊，物亦無不毀者。甚至人之支體血肉，被石濺去亦傷壞。又不但石子利害而已，火藥一爇之後，其氣能毒殺乎人，其風能煽殺乎人，其聲能震殺乎人。故欲放發熕，須掘土坑，令司火者藏身後，燃藥線，火氣與聲但向上衝，可以免死。仍須擇强捍多人爲之護守，以防敵人搶發熕之患。若非攻堅奪險，不必用此也。或問用之水戰可乎？曰，賊若方舟爲陣，亦可用其小者。但放時火力

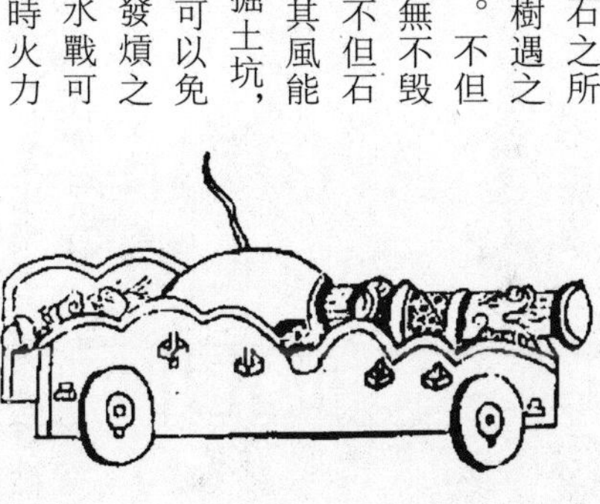

向前，船震動而倒縮，無不裂而沉者。須另以木筏載而用之可也。曰城上可用乎？曰，不可。發熕便於攻高，不便於攻下故也。

佛狼機式

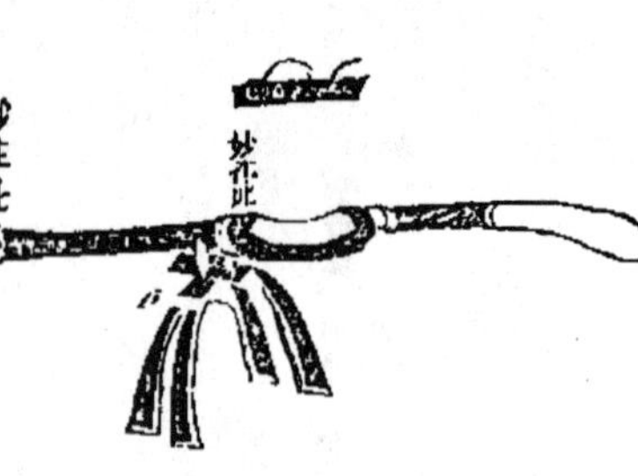

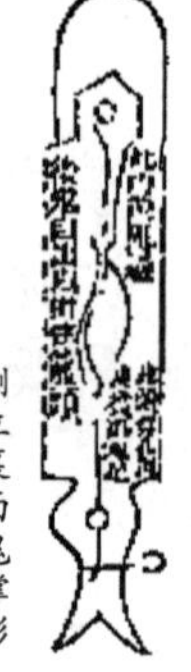

此訣與鳥銃同。

架佛狼機式

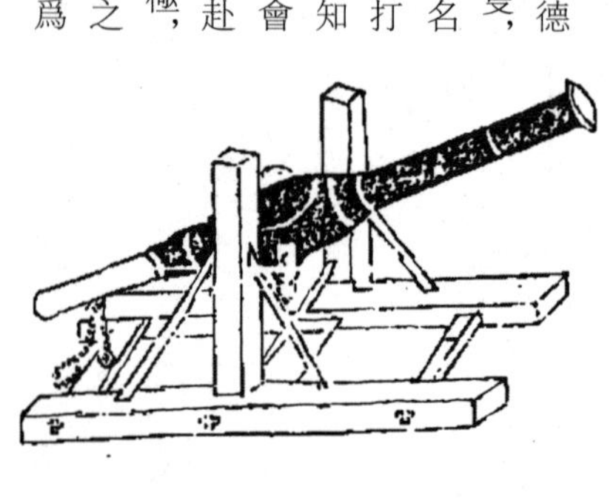

顧應祥云，佛狼機，國名也，非銃名也。正德丁丑予任廣東僉事，署海道事，驀有大海船二隻，直至廣城懷遠驛，稱係佛狼機國進貢。其船主名加必丹，其人皆高鼻深目，以白布纏頭，如回回打扮。即報總督陳西軒公，金臨廣城，以其人不知禮，令於光孝寺習儀三日而後引見。查《大明會典》，並無此國人貢。具本參奏，朝廷許之起送赴部。時武廟南巡，留會同館者將一年。今上登極，以其不恭，將通事明正典刑，其人押回廣東，驅之出境去訖。其人在廣，久好讀佛書。其銃以鐵爲之，長五六尺，巨腹長頸，腹有長孔，以小銃五箇輪流貯藥，安入腹中放之，銃外又以木包鐵箍，以防決裂。海船舷下，每邊置四五箇於船艙内暗放之。他船相近，經其一彈，則船板打碎，水進船漏。以此横行海上，他國無敵。時因征海寇，通事獻銃一箇并火藥方。此器曾於教場中試之，止可百步，海船中之利器也，守城亦可。持以征戰，則無用矣。後汪誠齋鋐爲兵部尚書請於上，鑄造千餘，發與三邊。其一種有木架，而可低可昂，可左可右者，中國原有此制，不出於佛狼機，每座約重二百斤，用提銃三箇，每箇約重三十斤。用鉛子一箇，每箇約重十兩。其機活動，可以低，可以昂，可以左，可以右，乃城上所用者，守營門之器也。其制出於西洋番國，嘉靖年始得而傳之。中國之人更運巧思而變化之，擴而大之，以爲發熕。發熕者，乃大佛狼機也。約而精之，以爲鉛錫銃。鉛錫銃者，乃小佛狼機也。其制雖若不同，實由此以生生之耳。其石彈之大如升，力氣小於發熕，而大於鉛錫銃。若關隘人守，堅不可過者，以此攻之。故戚繼光云，此器乃天下通有之利器，但製者多未盡精微，其妙處在母銃管得法，子銃在腹中，亦要兩口得法，使火氣不泄。又每放得擊出子銃數丈傷人，必用鐵門者佳。其妙處在前後二照星，後柄稍從低庶不礙，托面以目照對其準，在放銃之人，用一目眇看後照星孔中對前照星，前照星孔中對所打之物。若子、馬俱大則難出，出則力大要坐後，而人力不能架之。若子小，則出口鬆而無力，歪斜難準。法既省下木馬熕難之功，又出口最易。凡鑄銃之法，子銃口大，則子難出，要破母銃。母銃口大，而子銃口小，則出無力而且歪。務要子母二銃之口，圓徑分毫不差，乃爲精器。每位子銃九門，鐵拴二條，鐵錘一把，合口凹心鐵送一根，鐵剪一把，鐵錐一把，鐵藥匙一把。火藥，每子銃一門，備十出，九子共九十出。一號長九八尺，口必容鉛子每丸一斤，用藥一斤。二號長七六尺，口必容鉛子每丸十兩，用藥十一兩。三號長五四尺，口必容鉛子每丸五兩，用藥六兩。四號長三二尺，口必容鉛子每丸三兩，用藥三兩半。五號長一尺，口必容鉛子每丸三錢，用藥五錢。以上銃有大小，藥有多寡，隨機大小照子銃口加減分兩，合口鉛子九十出，每出一丸，分兩照銃號大小坐數。火繩三條，每條長合一丈五尺，粗可如指，以舊布爲之。三條共重一斤。母銃銅鐵不拘，子銃必用熟鐵，惟以堅厚爲主。一號、二、三號者，可用於舟城營壘，四號者可用於行營，五號者只可爲玩具。舊用木馬，又用鉛子，以輕馬摧重子，每致銃損，又多遲滞。今又用藥不必築，不用木馬，惟須鉛子合口之半。舊以平頂木爲送子，將鉛子打扁，出則不利。今制鐵凹心送子，送

子入口內，平子體仍圓，其出必利，可打一里有餘。人馬洞過，預將船舷上鑿孔，可容鐵信，高下左右，利便活動。先將子銃安線畢，將預裝火藥，每一出一袋者，用取一袋，裝入用木送輕輕送實，用紙蓋之。將銃子一枚入口面，用鐵凹心送子，以鐵錘用力打入平口，不可打扁。此凹心之妙也。九子俱裝完，舉發時，將子銃一門入腹，用拴牢，用手執後尾照看後照星對前照星，前照星對人舟，燃發高下左右，但將母銃轉動相對。執銃者，遇線燃時，面只看賊對準，不可回頭。

威遠砲

高二尺八寸，底至火門高五寸，火門至腹高三寸二分，砲口徑過二寸二分，重百二十斤。

火門上有活蓋，以防陰雨。

重二百斤，照前量加尺寸。

每值重百二十斤，如一營三千人，用十位，每位用人三名，騾一頭。人帶銃棍一條。舊製，大將砲週圍鐵箍，徒增斤兩，無益實用，點放亦不準。今改爲光素，名威遠砲。惟於裝藥發火著力處加厚，前後加照星、照門，千步外皆可對照。每用藥八兩，大鉛子一枚，重三斤六兩。小鉛子一百，每重六錢。對準星門，墊高一寸平放，大鉛子遠可五六里，小鉛子遠二三里。墊高三寸，大鉛子遠十餘里，小鉛子四五里，闊四十餘步。若攻山險，如川廣各關，砲重二百斤，墊高五六寸，用車載行，大鉛子重六斤，遠可二十里。視世之千里雷，尤輕便。倭虜營將近我營，晝夜各發大鉛子數枚，令驚潰。若欲誘賊至，後用連砲，則此砲在連砲前後發。此砲不炸，不大後坐，就近手可點放。

百子連珠砲

砲用精銅鎔鑄，約長四尺。中藏法藥一升五合，藥從日發，旁鎔一嘴，

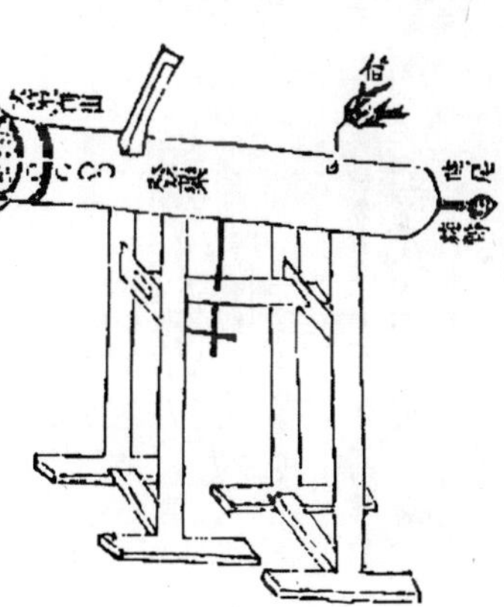

長一尺有餘，約藏鉛彈百枚。堅木爲架，八面旋轉，橫于架上，竪起則彈落砲竅，次第發出，以擊賊兵，使不得偷我營寨。此砲一架，足抵强兵五十人。

虎蹲砲

長二尺，重三十六斤。大釘每根長一尺二寸，重三斤半。鐵絆每根長一尺二寸，重三斤。火繩每根長二丈五尺，重四兩。鐵錘每把重三斤。

分圖

此器因其形得名也。國初分在邊方，有所謂三將軍纓子砲者，近時有所謂毒虎砲者，固亦利器，俱體輕易躍，每發必退回二三十步之後。我軍當舉此砲時，必出營壁安置。凡營墻內外大小砲火皆不敢發，發之適足以中傷出撚此砲之人。且砲大不可多得，數砲又不能退虜，而羣砲又不得齊發，適取我事。將欲置前砲于壁壘間，則火發易躍，必傷我營後之人。故用之適以害之，且重至三十斤，步兵行水田中尤難載重，鳥銃雖速準，而力小，難禦大隊，難守險阻，難張威武。佛狼機更重，更難於扛行。今創此虎蹲砲，器內吞百子，每子亦五錢，子小而口大，則出散無力。上用大石子一，或鉛子一，約重三十兩。大子石、鉛不兩用。石子體輕，則小子如數。鉛子體重，則小子減半。蓋藥力有限也。比佛狼機而輕，比鳥銃一可當百。南方五百兵中馱扛三位，以備守路截隘甚妙。習法，先用藥線縛之以布，次用藥七八兩，上用木馬以合口者爲準，送至一箍平，上用土少許，入鐵子一層。又用土少築，再下鐵子一層，子以五十丸爲限。用合口大鉛子一枚，下口一半，慢慢築入，口平而止。後尾稍用鏤去十三四寸不等，相地方高低，前下二爪釘，後用雙爪尖絆，在下四箍後，將前爪上活箍與後絆，俱各抵砲身實箍之肩，庶不退走。此砲只去人五寸無慮矣，庶燃舉大小砲之人不必避。此砲可退敵則已，倘此砲用盡，則諸鎗砲可以併發，而此砲又可取裝如前。倭賊之來，每二三五百結爲一簇擁來，再不顧

四面，只衝一路，任有若干兵列若干長□不能禦。但衝處徑能潰圍，臨時得此一砲大妙。其訣曰，一洗鉋，二入藥線。三下藥，四下覆紙。五下送子輕，六下木馬。七下送子，用力打至藥前第一箍乃止。八下子一層，下土下送子。九下子一層，下土下送子。十下子一層，下土下送子。十一下子一層，下土下送子。十二下子一層，下土下送子。十三下大子，下送子，用力打入口平，銃完候放。

迅雷砲

砲底至火門高二寸五分，火門下寸許鑿一大眼，用鐵橛釘地，便不後坐，亦可作連砲。

每位重十餘斤，如一營三千人，用一百位，每位用人二名。人仍各帶銃棍一根。其製大約與地雷連砲同，用佐遠地雷各砲。

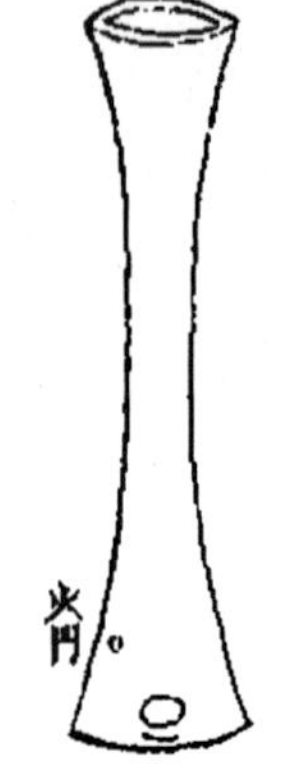

燒天猛火無攔砲

捲紙爲筒，中藏神火二三十種。火各不同，或飛或走，毒火、法火。或跳或躍，飛火、噴火。撲人眼目，燒人鬚髮，隨風四散，焚糧驚馬，勢不可遏。飛入賊陣，彼必自亂，乘此奮擊，大捷成矣。

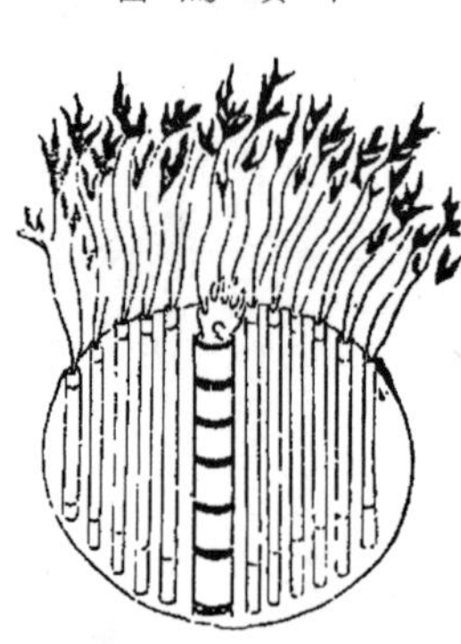

飛雲霹靂砲

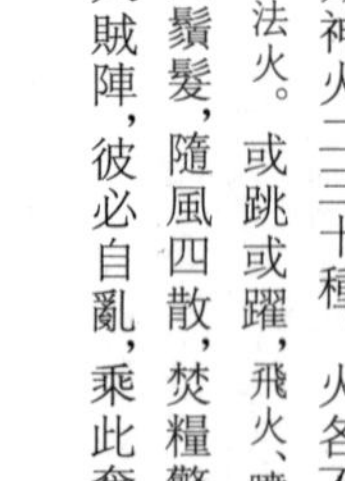

砲用生鐵鎔鑄，其大如碗，其圓如毬。中容神火半斤，以母砲發出，飛入賊兵營寨，霹靂一聲，光火迸起。若連發十砲，則滿營皆火，賊必自亂。中藏法藥、飛火、法火、烈火、毒火、爛火、神煙，隨宜用之。

爛骨火油神砲

中藏鐵子神砂。

砲用桐油，主燒、主染火。金汁、蒜汁，主毒。銀銹、硐砂，主爛皮骨。炒製鐵砂磁粉，將生鐵鑄小子，砲發去，一擊粉碎，肌骨頓爛，眼目立瞎。雖生飛羽亦不能施展。

萬火飛砂神砲

中藏爆火一筒。腹大口小。或再藏紙火砲一箇尤妙。

用燒酒炒製諸藥，盛於磁罐。暗藏發藥，擲於城下，火發罐破，煙飛霧障，撲賊眼目，繼以砲石弩矢擊之。

應用法物紙砲以松香灌之，製造甚易。

燒酒，礦砂，即石灰末見水也。砒黃，硇砂，皂角，良姜，乾姜，大皂，蓼屑，曬乾爲末，即屑也。附末，椒粉，半夏，巴豆殼，烏頭，躑躅。鬧羊花根也。中藏爆火藥發出。

轟天霹靂猛火砲

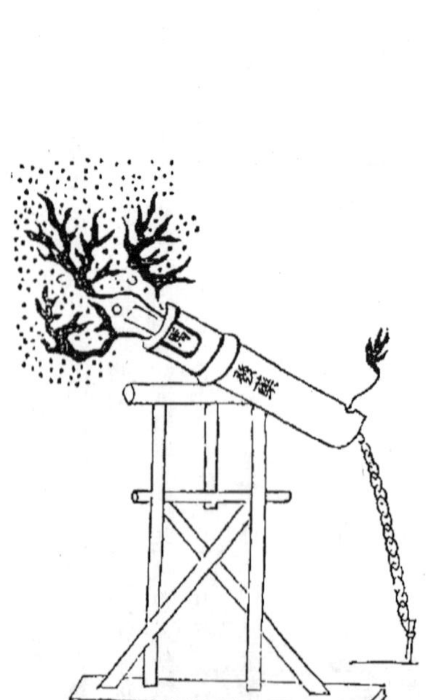

砲用生鐵鎔鑄，容藥三升，或二升、一升，此用三火合一，多加豆末、松香、乾漆與發火，藥如法配勻，方可用也。內藏飛火、神火、烈火，搭木爲架，四面齊發，可以攻城。

毒霧神煙砲

用狼糞、艾朒、砒霜、雄黃、石黃、皂末、姜粉、蓼屑、椒沙、巴油等藥，和合如法，藏於砲中。攻打上城，火發砲碎，烟霧四塞，燎賊面目，煙也。鑽賊孔竅，沙也。焚賊衣凱，久也。乘機而發，無有不破。中藏神煙、神火、神沙、飛火、爛火、毒火，隨宜而用，不拘于一。

鑽風神火流星砲

用生鐵鎔鑄，狀圓如毬，中藏神煙、神砂、毒火、飛火、法火、爛火等藥，用堅木爲馬，兩旁烙兩孔，分四信引於外。中留空藏一信，盤曲於中，以礬紙裹信，藏久不潮。大砲則用騾馬駝人毒火五升、飛火五升、神砂一升，或加爛火、法火亦可。中砲則用母砲，發出毒火半升、飛火半升，神砂三合。小砲則用手持擲去，毒火三合，飛火三合，神砂三合。

西瓜砲

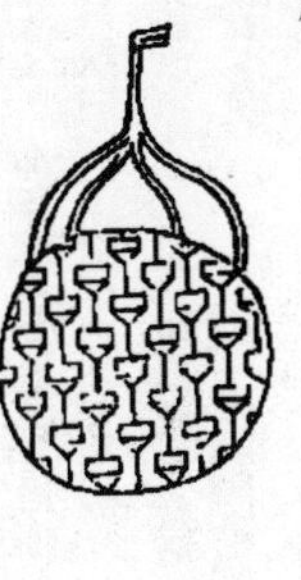

火鼠帶鈎

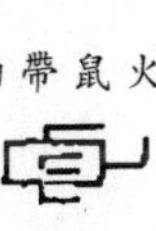

鐵蒺藜

西瓜砲，又名皮砲。此物原是守城第一美器，蓋以高臨下，方可用也。砲中入小蒺藜一二百枚，火老鼠五六十箇，每一鼠筒面倒縛細毛鈎三口，各貫火線，俱入砲中。然後入砲藥，但使藥滿，不可築實。入藥之後，緊閉其口，再糊麻布二層，堅紙二十層，曬乾。週迴分三停，錐三細孔，俱貫入藥線。頂上正中錐一孔，入二寸長細竹管，夾一藥線貫入其中，使其火當中發，爆力均齊，不致偏勝也。四藥線會歸一束，俟賊至城下，點燃總線，待火將分，丢落賊羣中。火線必四者，防拋滅也。砲聲一響，紙殼碎裂，亦能傷人。蒺藜布散滿地，火鼠錯亂燒人，人必走動，脚踏蒺藜，自然傷跌，斷不敢再至城下矣。

飛摧炸砲

用大鐵砲裝火藥舂實，用生鐵鑄小口空腹蒺藜砲，入炸藥杵盈口，進小竹筒安藥線，稍長，放在大砲口上。臨用先點小砲藥線，次點大砲藥線，以大砲而送小砲，至彼裂矣。

威遠石砲

今沿邊臺堡，每見敵至，措無禦守之物，總有用之而不爲敵畏者，在器利與不利耳。爲今之急，莫若用威遠石砲之省，上不費公帑，下不勞兵力。在在頑石可造，處處邊臺可設。然年遠不壞其藥而可用者，以其火門有瀝青、黃蠟貫蔽雨

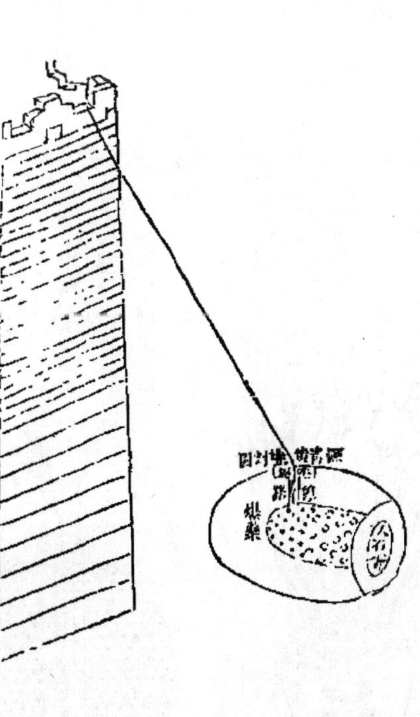

水之恃也。當置緊衝臺下、沿邊墩堡，敵人出没要路，延袤星設，瞭敵將至數里之外，當預安走線，一發一砲，炸打横亘數里。且其山崩地裂，若雷霆之轟擊，人馬盡成虀粉矣。更有何物，敢攖其鋒哉！每砲裝藥二斤，小石彈一百箇，大石彈一箇，外填塞其口。

又 卷一二三《軍資乘·火五·火器圖説二》

造化循環砲

每位重二十斤，砲身長二尺二寸，後有鐵尾柄長二尺九寸。用木解爲兩片，中間刻槽，將砲後鐵尾入槽内，用觔鰾纏之。前後有鐵束，有照星、照門，用火藥袋裝藥二兩。大鉛子一枚，子重四兩。小鉛子三十枚，每重六錢。放時用悶棍一條，下有鐵鑽，便利入地，上有木梋，中用鐵葉裹之。用大鐵環一箇，放時將悶棍斜插於地，左膊夾定木梋，右手執火繩每對敵，將砲頭穿在環内，拏砲者專看苗頭高低，必照星對定敵人。拏砲者用右手點火，大鉛子五六百步，小鉛子三四百步命中。鉛子出砲口，可寬二三十步。一人放畢，又换一人。每架一桿，管砲四位，名曰循環砲。每三千營内，四面各用架三十桿，砲一百二十桿。每空加三眼鎗三桿，無不取勝。又曰，此砲名循環者，每位五人，四人拏砲，一人架砲。放訖一砲，又放一砲，週而復始，如環無端，故名循環砲。夫有照星、照門，不慮不準。惟是砲大力壯，無以制之，頭必上跳，尾必後坐，或高或低，不能奇中耳。此砲木作夾把，拏砲者以右膊夾之，則不後坐。悶棍鐵環扭住，架砲者以左膊夾，則不上跳。星門對正，不跳不坐，鉛子平出，正中居中一點。神哉思乎，何以復加乎。

羣蜂砲

篾編成圓籃，以紙厚糊四五十層，曬乾上糊油紙十五層。開砲一竅，以火藥三斤，加鐵蒺藜半斤，飛燕、毒火、紙爆各數十箇納其中。其威力甚大，不惟可以擊人，飛燕火發，四散飛開，粘人身上，及遇篷帆，尤能延燒，水澆之不滅。投之賊船，蔑有不破者。

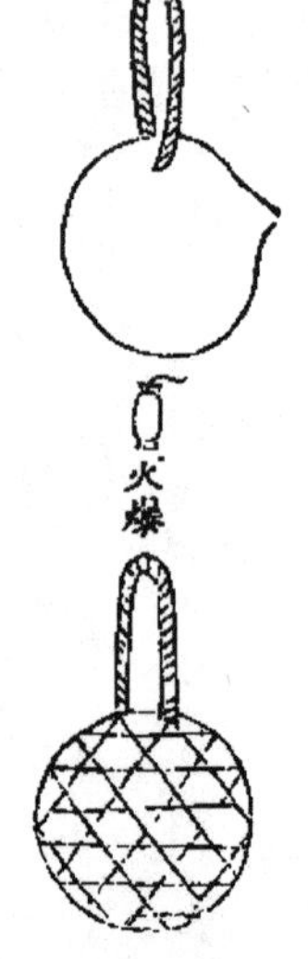

圓籃分形

八面旋風吐霧轟雷砲

砲用生鐵鎔鑄，中藏神煙、法藥，用母砲送入賊陣，火發砲碎，霹靂一聲，火光迸起，砲鐵碎飛，勁如鉛彈，人馬俱傷。乘機而戰，破之必矣。或欲生擒，或欲擊死，隨機而用之。一種用毒火、神砂，一種用烈火、磁鋒，一種用飛火、神煙，一種用神火、神鋒，一種用法火、神煙，一種用爛火、神砂。

木砲

用堅木造，式無論大小，渾鑿空腹，外鐵箍四道，下開線眼裝火藥，杵實口，入黄土少許。次進石、鐵子，藥線穿聯機槽。火發砲碎飛傷。便于守城，事急爲易造耳。

六合砲

以堅木六條做成，内尖外闊，照圖，合圓體長三尺，内自上口至腹深二尺。底下實水，内有肩長一尺，子銃一門，厚五分，徑五寸，高五寸，僅裝滿藥而已。用過聽其炸損。木銃内口徑六寸，要口再大任意，必以鐵箍大小爲準。口上外木厚三寸，口底實木，自外至尖厚六寸，石子用堅石合口。軍中有匠，隨時採用。若在陸用，先將木做完，六合爲體，用箍照圖箍緊。另將子銃先安藥線，用藥築實。銃外線眼處用藥一兩包線，下入水銃内。留線眼稍大，用粗二分藥線撚入，

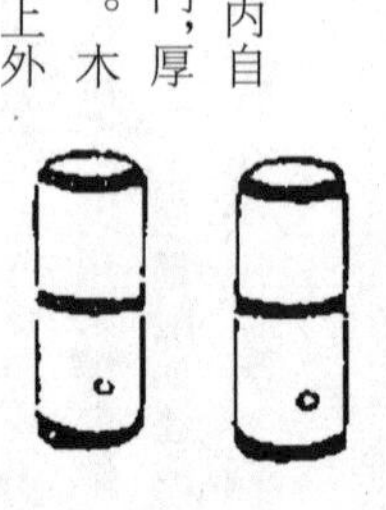

不必透子銃，只對包藥所縛處。燃外線入藥包，藥包自燃，又快又不致失悞。下合口石子一丸，可以碎堵。陸用，必攻堅營，擊城寨乃設。發時遠亦不可過半里，百步外更妙，太遠則力柔少中。水用，以木爲小船，將銃縛在上，另用三板船或八槳哨馬之類，以繩一丈繫銃船。一面預用粗火繩燃繫長竿杪，點發擊賊舟，此器任其沉水。發時遠不過二十步，近至五步内尤妙，緣水中舟蕩，風帆旋轉，再遠則發後舟移，但差一尺，不可望中。

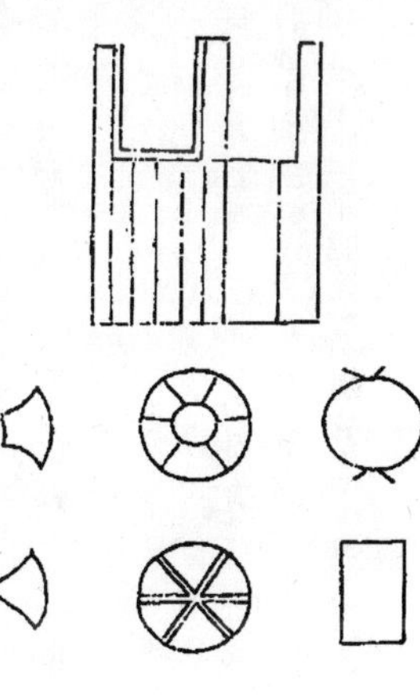

無敵竹將軍

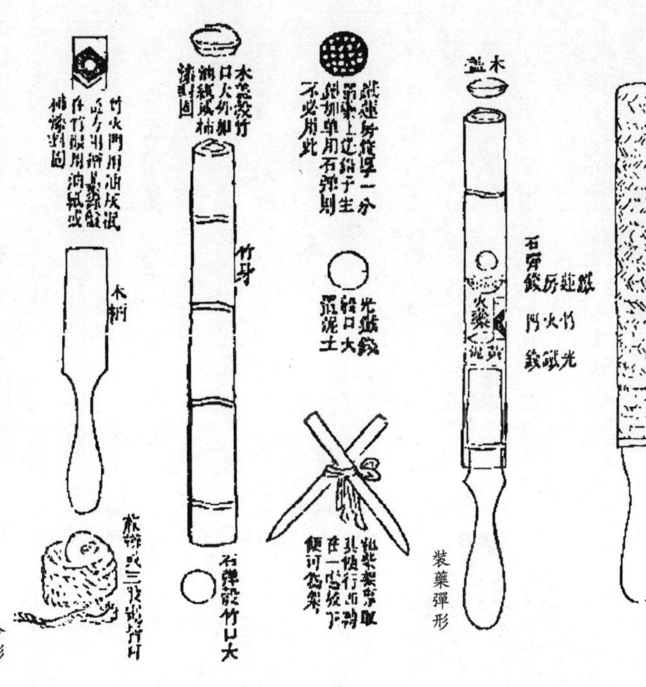

用猫竹圓厚者，長四尺許，將圓鑿開，通其節，止留頭節作底。節後留一尺四、五寸，用一木柄，柄頭照竹節凹凸之形，直抵竹節處。週圍用四肥釘犬牙樣釘之，以苧蔴打成辮，或三股繩，自柄至口緊緊纏固。傍節底上先置潤黃泥二寸，以一分厚轂筒，口大鐵錢一箇，盖泥上。傍錢上開一藥線眼，先將雙藥線引入四、五寸，直透上爲妙。方入藥一斤，看竹之大小增減。已入藥，用木桿輕輕築實，少用紙團，或乾土實之。又將一分厚轂竹筒圓大鐵錢一箇，鑽眼如蓮房式，置藥上。方以轂筒口大圓石彈一箇，置鐵錢上，或再加碎生鐵、小鉛彈於錢上更妙。若單用石彈，則蓮房式鐵錢不必用矣。以徑寸粗柴二根，長三尺許，縛成權架之，取其便也。對敵舉放，若欲遠則稍昂其頭，如敵近在二三百步外，只消平架放去。柄尾須以大石塊抵住，防其後坐。人在側立，即不用亦可。惟麻繩與辮，用圓石子、鐵錢、錢釘、火藥、竹火門、油灰，及製造之器斧鋸圓鑿等項，預備多帶，軍中即隨地立刻可造。其體甚輕。每兵可擔十數位，而威力則猶在佛狼機上。發時響聲震地，其力可及七八百步之遠，故以將軍名之，尊其威也。即勁敵遇此，雖銅肝鐵膽，且虀粉碎於七八百步外矣，安足以血吾刃哉。每營共得數十位架在陣前，分作十數層，次第發之，再以數位分架兩翼，或橋口、或田塍，或津渡敵可往來之處，以備衝突，賢於數百精兵矣，奚患衝突哉！若西北邊塞造用，須以萬計，曠野平原，動以百數爲一層，次第舉火，稍近即用各色火箭，接續不斷，虜雖衆悍，誠此器如法禦之，安得不落膽也！此器之便有六。雖一發即廢絕，無傷人之患，一。敵得之不爲用，二。每位通計工價七分，費廉工省，三。隨地立刻可造，四。體輕可以多負遠行，易於分布，五。威力震地，中之靡不虀粉，令敵寒心，足壯吾膽，六。用之南北水陸，無所不宜。有志籌邊者，可不講乎！

紙湖圓砲

向製者不過震響一聲，無益於用。今爲新製，造成此砲，待其糊成紙殼之時，中含小鐵刺菱二、三十枚，地火鼠二、三十枚，方入藥于其内，然後緊糊其口。每砲一枚，開藥線眼四處，各穿藥線，使其丢落城下，不至滅火。賊近城下時，燃砲而下，砲一響，則砲中所藏刺菱自然布散，其中火鼠飛去，賊見火鼠燒身必走，而刺菱又傷其足，城上擊之更便。

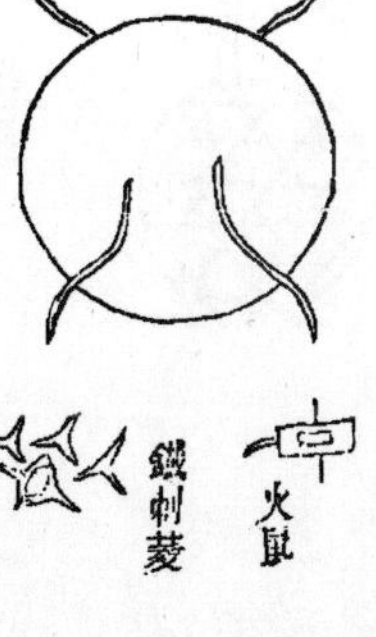

飛礮砲

錢造，身長一尺，徑三寸，下柄二尺五寸，內春火藥，外小鐵砲長四寸，口徑二寸五分。裝毒火藥、鐵渣爲滿，用夾紙糊口，藥線通於大銃，置之銃口。大銃一發，小銃自去，人馬中之，瞬息而斃。

荔枝砲

用細泥打爛，做成圓砲，如鵞卵大，厚一寸，腹空，容藥二合。留小指大一孔，窑內燒過。將硝一斤，黃四兩，杉木灰四兩，爲極細末，慢慢磨入砲內。約有九分藥，以竹一節訂入，中孔處入藥信，以紙糊定如空空。掘墩臺之賊，點火擲下擊賊，砲響碎破，砲屋擊破之，火藥燒之。臨陣，每單可帶十數箇，臨敵時燃火遠抛，則砲炸石碎，毒砂亂抛，鼻聞其煙，人馬噴涕不止，兩目難開，手足無措。

風塵砲用竹簍。

將竹篾爲簍，形如西瓜，外用紙糊，止留一大眼。將好石灰風化，又用人糞曬乾，皂角研爲細末，分兩不等，共爲一處。將大鍋燒紅，炒要墨色爲度，裝入砲中。內放小砲一箇，仍封固其口，穿眼裝上藥線。每軍可帶二三箇，如對敵遇順風，將砲一齊舉火遠抛，砲聲一響，風塵遍野，人馬閉目難開，奮力追殺，勢如破竹，全勝之器。

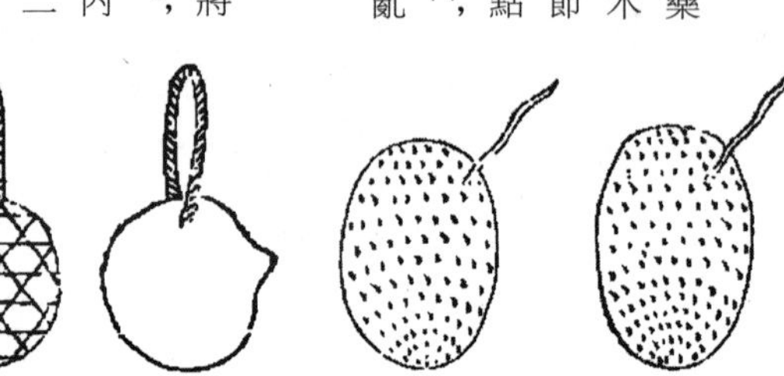

風塵砲用瓶。

壙子石灰羅過，桑柴炭燒火，炒半炷香。用小口小底火瓶，底鑽一竅，腹入紙砲一箇，藥線從瓶底透出，將石灰築滿，生牛皮封瓶口。倚高或平陸，必取下風擊之。砲響瓶破，灰揚迷目，賊掘墩臺城塹，擲此攻守。

擊賊神機柘榴砲

砲用生鐵鑄造，形類柘榴，如碗大，上留一孔，以灌毒火、神煙等藥。裝藥只可裝十之六分藥，放酒盞一箇，盞內放火種，用鐵蓋塞其口。砲外用粉粉白，上畫五色花卉，輕輕擺放路傍地上。賊見以爲好戲之物，將手拾之，摇動機關，砲擊粉碎，烟霧障天，神砂鑽入賊孔，鑽喉噤齒，立瞎雙睛，血湧髓流，毒火燒鬚燎肉，殺賊利器也。

砲藏法藥、毒火、神煙、發藥，先下發藥，次放酒盞，再下火種。

天墜砲

其大如斗，用法升至半天，墮於賊巢，震響如雷，黑夜令賊自亂相殺。內有火塊數十，能燒賊之營寨，必不能救。

一母十四子砲

以竹筒造砲，以篾編砲胎，長四寸，徑二寸，重紙糊厚曬乾。裝火藥，下穿藥線，一攢十四箇，一大居中爲母，十四箇作子，周圍拖住。藥信長短俱聯于內，透出一線燃著，有一十五聲之響。宜用黑夜高阜擲下，驚潰敵營，亦軍中當備者。

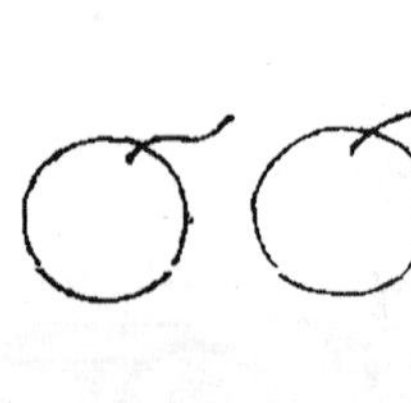

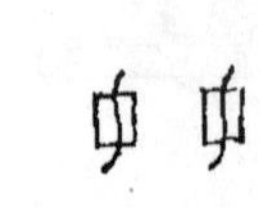

轟雷砲

用騰沙胎，曬乾紙糊百層，間布十層，內裝半毒藥、半火藥，并地鼠、小紙砲，頭拴毒鐵蒺藜、鈎針，包松脂、硫黃，固封大口，錐入藥線。此一火器，水陸宜用者。奪心眩目，驚膽傷人，制宜精之。

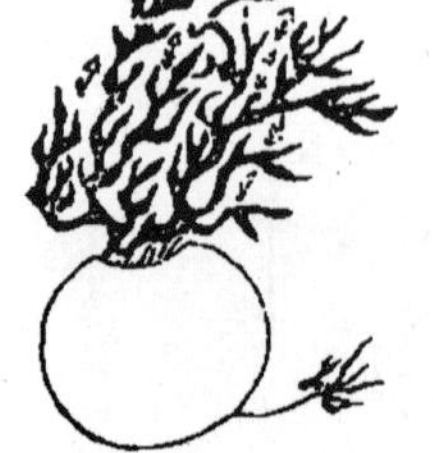

鉛彈一窩蜂

其狀如鳥銃之鐵幹而短，其管口比鳥銃口稍寬，容彈百枚。燃藥則彈齊出，遠去四五里。鳥銃所發，止於一彈，所中止于一人，中則傷人，不中則無所傷矣。一窩蜂一發百彈，漫空散去，豈無中傷者乎？其力量真可以爲佛狼機之並。但佛狼機器重難帶，一窩蜂輕於鳥銃，以皮條綴之，一人可佩而行。戰時以小鐵足駕地，昂其首三四寸，蜂尾另用一小木樁釘地止之，誠行營之利器也。若欲爲坐營之用，則以木牀載於營門，牀身左右各置二輪，以便進退，可以爲守營之寶。

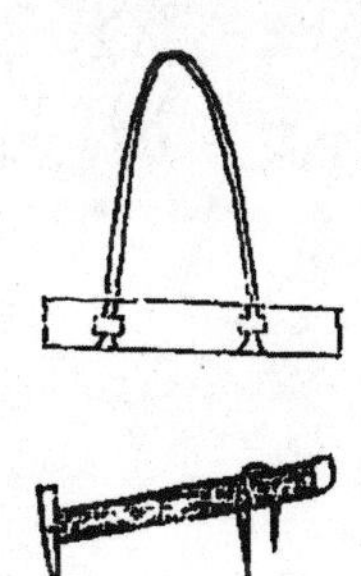

飛空擊賊震天雷砲

送藥進飛空擲入賊營，發開火燒煙迷惟多最妙。其腹藏稜角數枚，一爆角皆釘人身上，其尖上加醮虎藥。

其砲徑三寸五分，狀類毬，篾編造。中間用紙捍一筒，長二寸，內裝送藥。筒上安發藥、神煙，藥線接着送藥，外以紙糊十數層，油紅色。兩旁安轄風翅兩扇。如攻城，順風點信，直飛入城。待送藥盡燃，至發藥碎爆，煙飛霧障，迷目鑽孔。燒賊打陣，亦如前法。風大去之則遠，風小去之則近，破陣、攻城甚妙。

車輪砲

每輪輻條十八根，長一尺四寸，每條左右傍銃二杆。其銃用淨鐵圓打，重一斤半，長一尺，輪邊刻口，每副安三十六杆，前用鐵絆，後鈎輪頭。銃內裝火藥、鉛子，一騾馱架二輪，架中綻鐵轉柱，以皮條護銃口以固藥子，連木架約重二百餘斤。三軍附之，如臨敵，將架置地，先取一輪安架柱上，隨其高低轉打，二軍可執七十二人之器也。

攻戎砲

榆槐木實箱，起二尺五寸，鑿槽，嵌將軍在內，鐵叩五道。車下安二輪，上帶鐵猫四口。如行兵，隨用騾馬拽之，或用駝負之。欲攻賊，以砲口朝向敵，車轅向後，鐵猫爬地上向前，以土覆住。卒遇緊急，只用四猫覆土中亦善。其裝法，用木三根作架子，將柳木作馬子四五寸長，安下停當，入送子，用稱竿打起，向下倒裝實，務要至砲腹中爲則，上安砲子以築之。

葉公神銃車砲

其砲淨鐵打造，天地玄三號，名曰公引係。天字號神砲每位重二百八十斤，長三尺五寸。地字號神砲重二百斤，長三尺二寸。玄字號神砲重一百五六十斤，長三尺一寸。每位用車一輛，每輛轅條長七尺九寸。後一輪高一尺三寸，軸長一尺一寸。兩邊用夾耳木二根，長一尺七寸。前二輪高二尺五寸，軸長三尺五寸。橫木擋長二尺，前枕木擋一根，長二尺。前後橫擋用鐵絆二箇。砲口提鐶一件，徑四寸。轅條前後鐵鐶四箇，徑二寸五分。軸鈎心鐶高九寸，寬五寸。其車隨三號砲之大小成造，裝火藥一斤半或二斤，入木榴打三四十鎚，覆乾土又打，內入三四五斤鉛子一箇，生鐵子半升。點則橫發數丈，透壁鑿屋，直衝五七里。

千子雷砲

用銅鑄，長一尺八寸，徑五寸，裝藥六分，杵實，次

攻戎砲

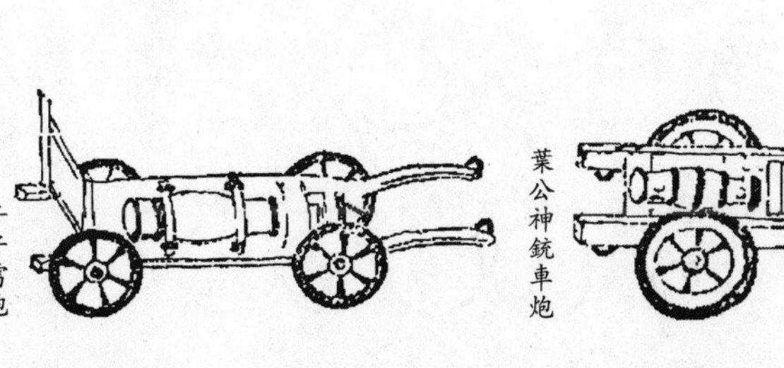

葉公神銃車砲

千子雷砲

入細土二分，微杵，進藥鐵子二三升。砲用鐵箍，扣於四輪車上。前安槅板，使敵不覺。臨放則去槅板，勢如摧枯。

又　卷一二四《軍資乘·火六·火器圖説三》

鳥嘴銃全製

重六斤五斤尤妙，搠杖每根重三兩，火繩每根長二丈重三兩。

後門

螺轉　左轉則入　右轉則出

銃腹既長鉛子在內
或對火門等項取開後
門螺轉則便修整

鳥嘴銃分形

火門

前口

必以容重三錢鉛子，只至腹底乃合式。不容三錢鉛子者不堪口大腹小者不堪小腹大者不堪。

銃架

銃頭

搬軌

側立

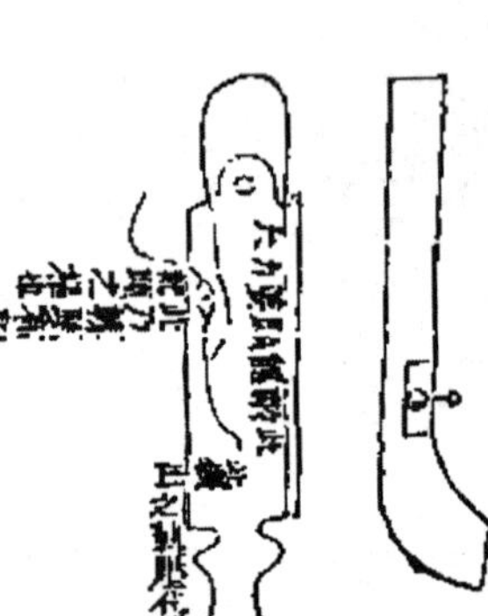

側立裏面軌撑形

側立
軌撑
裏面

又鳥銃分形

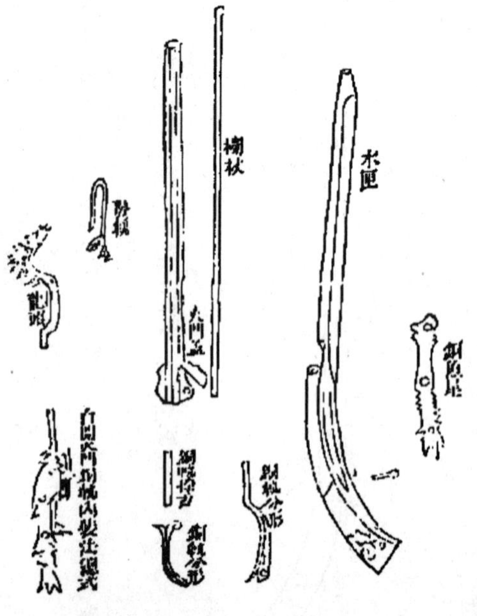

鳥銃，所貴在于造時鍊鐵熟，兩筒相包。原孔甚小，用銅鑽鑽之，一日鑽寸許，至底而止。一月鑽光者爲上。近來洞曉此中病痛者既少，而又不任怨任真，責成工匠，聽其捲成鐵筒，粗細厚薄不同，已可容三四錢鉛子矣。腹内未曾用銅鑽鑽光，以致鉛子不得到底，出口不直，厚處不容子入，薄處遇火爆裂。甚至單筒捲成，舉即炸損人手，安敢托架于前！官給鉛子大小不一，子大而銃口小，則子入不深，出口便落。子小而銃腹大，火藥先鉛子而泄，則鉛子無力，何以致遠。或鉛子鎔液於腹内則爲虐發。其法，每銃口以可容三錢鉛子爲準，下藥亦三錢。子輕則藥減，子重則藥增，藥數同子，子重合口下口之半，强之入爲得彀。若再加口大，子必重，子重藥必多，則手不能持定。口小，子小藥少，則無力，而不能射遠。今有妙法。用鐵三、四十斤，煉七、八斤，不論長短，分爲三節。每節分四塊，形如瓦樣，邊薄中厚。量共大小，將二塊合捲一筒，俟發火熟過，出爐時通上鐵條，用力打成後二塊，打法照前。縫處用草紫黄泥發熟，仍通上鐵條打合。一銃三節，每節用二人，將厚板凳鑿一眼，鐵拴拴定，將鋼鑽對直鑽空。復將三節分爲二，爐發熟，仍用鐵條，接成一桿，復用長鑽鑽透。又將小銼插進，旁用兩人牽之，使其内光滑。即將底眼用鐵打成螺螄纏樣，量其深淺，仍入爐燒熟，出爐插入其内，重打合逢後，留一小蒂，備裝木牀之用。六面銼光，前要照星，後要照門，須要稜角分明。將細鑽照藥底處鑽眼一箇，以爲火門。又用小鐵鑿，當火門下鑿成一縫，裝振摇藥入線門，將火門閉之，以火繩安入龍頭。前手托銃架中腰，後手開火門，即挈銃架後尾。人面妥架尾之上，用一隻眼，看後照星對前照星，前照星對所射擊之人，用右手大食指撥軌向後，軌入龍頭，落在火門，藥燃銃發。其訣，一洗銃，二下藥，三送藥實，四下鉛子，五送鉛子，六下紙，七送紙，八開火門，九下線藥，十仍閉火門，安火繩，十一聽令開火門，照準賊人舉發。

每一門，捌杖一根，錫鱉一箇，藥管三十箇，皮袋一箇，銃套一件。每百門，石模一副，備出征火藥三百舉。計細火藥六斤，三錢鉛子三百箇，皮袋一箇，火繩五條。

火藥製

硝一兩，黄一錢四分，柳炭一錢八分。

通共硝四十兩，黄五兩六錢，柳炭七兩二錢，用水二鍾，舂得絶細爲妙。秘法，先將硝、黄、炭各研爲末，照數兑合一處，用水二碗，下在木柏，木杵舂之。不用石舂者，恐有火也。每一柏，舂可萬杵。若舂乾，加水一碗又舂，以細爲度。至半乾，取出日曬，打碎成豆粒大塊。此藥之妙，只多舂數萬杵也。好清水舂，換出硝中鹹氣至盡，大端如製合好墨法相類。若添水舂至十數次者，則將一分堆於紙上，用火燃之，藥去而紙不傷，如此者不敢入銃矣。只將人手心擎藥一錢燃之，而手心不熱，即可入銃。但燃過有墨星白點，與手心中燃熱者，即不佳。又當添水舂之，如式而止。

嚕密鳥銃

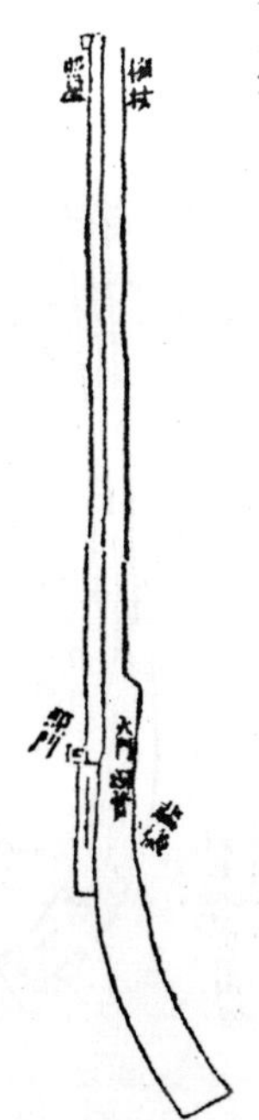

連牀重八斤，長五六尺機用銅藏於牀内。

牀

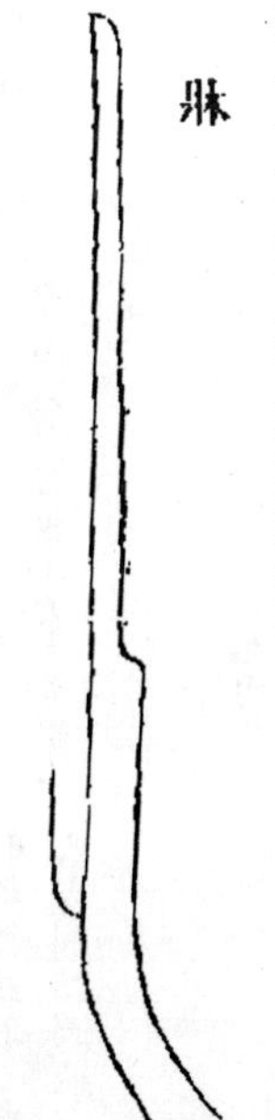

桑木爲上，河柳次之，南方多用椆木。

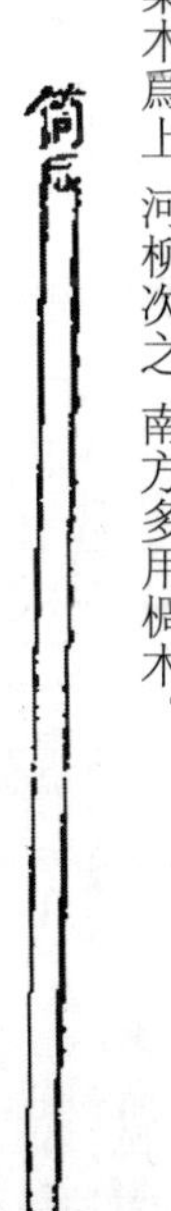

筒酌銃牀長短爲之，愈長愈妙。下有二三鐵鈕，以便下(捎)[梢]釘放時不致振動。

底

銃後門内鑿成螺螄殼形，以鐵銼成螺螄纏扣底深淺粗細，左轉則進右轉則出。恐藥渣積内生銹，即除底以捌杖纏布蘸滚水刷洗。

前口

銃口止宜容三錢鉛彈，至小二錢。口與腹一棣直，若腹大口小則氣洩彈去不遠，口大腹小則彈摇蕩難準。

藥地宜深多貯發藥爲妙，眼不宜大，大則氣洩，前去火力不緊。眼宜緊帖底。若高易後坐致身手搖動，彈去不準。上著銅套以便發藥入火眼。

機　下軌　轉輪　上軌　捌子

捌子，用黃銅片兩頭交釘摺疊，意若鎖簧。鈎來，則捌子摺疊，下軌闗輪而上軌至前燃火。放手，則捌子撐開，下軌推去，火管自回。

鳥銃，惟嚕密最遠、最毒。又機昂起，倭銃機雖伏筒旁，又在牀外，不便收拾。今加損益，置機牀内撥之則前，火然自回。如遇陰雨，用銅片作瓦覆之，尤爲精絶。

子母銃

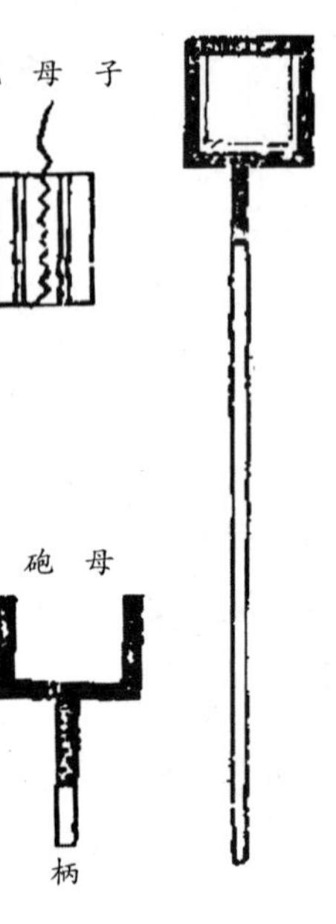

砲用木信，雕成羅絲轉形爲渠，以藥線隨渠纏足，下露線一節在底上，露出信之上。用褙紙信外卷緊，與子銃口合，乃將好藥入瓶八分，將信送入口，即將瓶覆向下，摇摇按入其信。若仰瓶裝信，則信底有藥，放時藥催信出，而瓶不破響。惟覆裝其信，則將信務入到底，庋底下無藥，藥在週圍，信線燃入藥，乃得破子瓶。其放時，先用木馬，將大銃裝畢，以瓶入上大口，先點瓶線，燃入木信不見，即點母砲線打去。若瓶線點早，母線大長，則瓶不出口而響矣。若點瓶線太遲，未及燃入打去，則閃風而滅矣。又有一法，其拴一線，居中點火，終是不齊，還是兩點爲妙。

此用驚營，或夜間遠遠放入賊壘，少停於賊壘中銃發，無制之兵，烏合之衆，奪氣之寇，勢必驚惶，我得乘之，此器最妙。

子母百彈銃

用煉成熟鐵打造，每銃長一尺五寸，外箍小銃十條，各長五寸。下用木柘柄，每管内裝鉛彈數十枚，用大力人，遇敵執打。

［拐子銃式］

拐子銃

用熟鐵團造，長一尺二寸，徑二寸二分，後筒三寸，安木拐欛。腹面上鑿一隙，從前進小砲三箇，各長三寸，徑一寸七分，上連拐釘入隙，不滚藥線，小砲裝藥八分，入二錢鉛子二箇，遇敵夾打。

直横銃

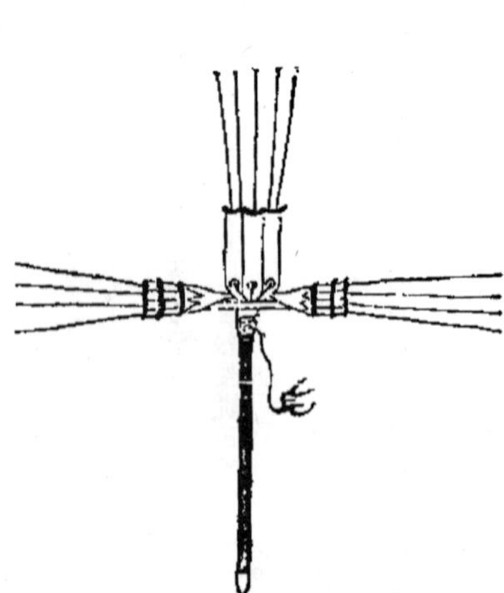

打造鐵銃，如三眼鎗式，裝將軍砲藥九分，入鉛子畢，將木馬子送至銃腹，用木鎗一根，長七八尺，兩頭鈎閣横銃中。鑿大眼，横套中鎗，入藥彈、葉信，遇敵放打。此爲前中横傷也。

七星銃

浄鐵打造七銃，居中一大銃，圍旋六銃，如快鎗樣，長一尺三寸，各銃底總合一處，外以厚鐵包裹，鐵箍三道。底鑽一線，眼上安木柄，長五尺。下二輪，徑一尺五寸。中軸錠鐵橛，將木柄安上，杵入火藥，多裝鐵鉛子。隨高隨底，點火對打，其勢猛烈。

［七星銃式］

夜敵竹銃

以堅厚竹小者佳。外用生牛皮條紫緊曬乾，鑽火眼引線入，用火彈二十四箇，築實火藥，用木板鑲目。若寇入境，乘夜多遣健卒，秘至賊營，或一更或二更分，燃筒炸火光耀，羣寇驚疑必亂，量勢驅兵以混戰。

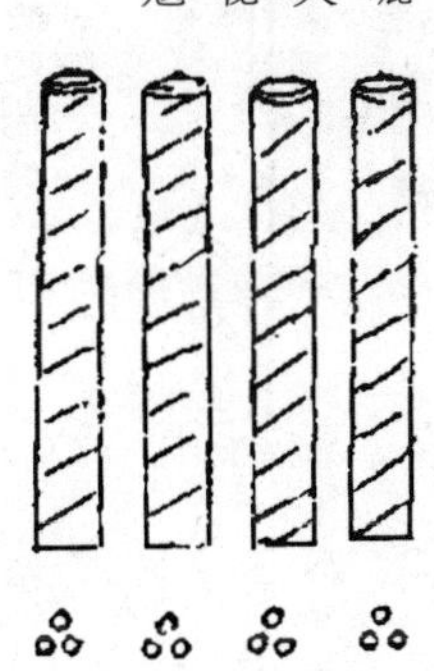

衝鋒追敵竹發熕

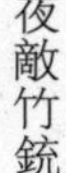
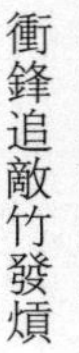

用茅竹截筒長三尺，先用冷火之藥浸透，以易其性，使不染火爲度。外以鐵線纏之，再用牛觔麻裹丸灰灰之，曬乾，生漆漆之。內裝發藥五升，次裝石子廿四塊，每塊重半斤，磁鋒一升，俱用砒黄、巴豆、硇砂等藥炒製裝之。再用神砂三合，毒火一合裝畢，上用黄泥塞其口，口上川鐵箍箍之。堅不爲柄，柄長二尺，裝實聽用。每士卒馬上携之四細，甚爲輕便。行營出邊追襲，與賊對敵取勝，無踰於此。

應用法物

鐵絲，牛觔，火麻，生漆，瓦灰，鐵箍，黄坭。

應用法藥

發藥，石鋒，磁鋒，神砂，冷火藥，毒藥。

又　卷一二五《軍資乘・火七・火器圖説四》

翼虎銃

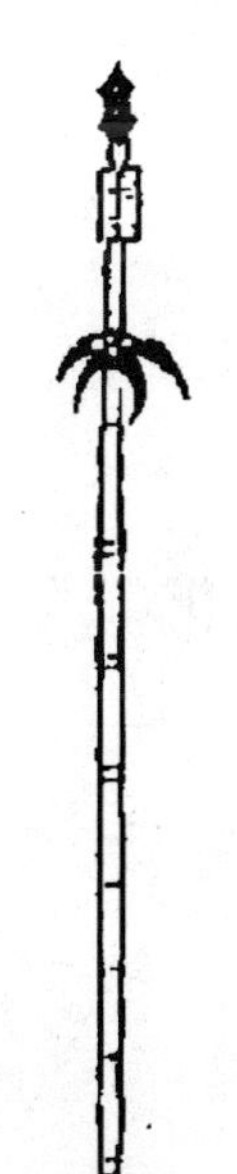

用五寸圍竹一根，長一丈五尺，離稍一尺五寸安鎗尖，如人手五股，倒鬚長四寸，稍安木翎，三面縛大竹筒三節，徑二寸，長一尺，裝火鎗藥，入鐵鉛彈。拴在木翎上，藥線總合，隨火勢又增力也。

萬勝佛狼機

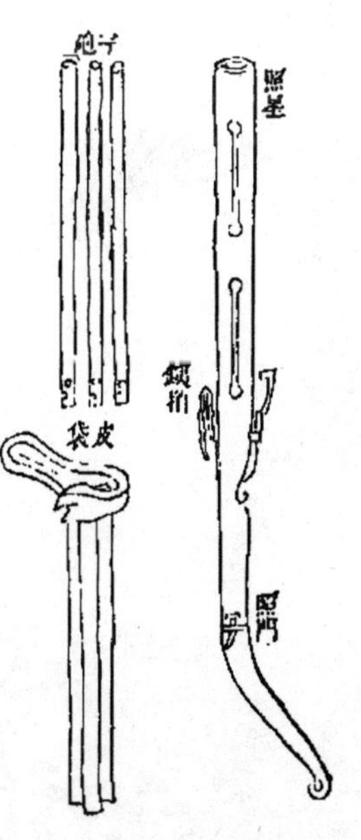

母砲長一尺六寸，底上少許有孔，旁繫鐵捎，底至火門一寸六分。子砲長一天七寸，底稍上有門底至火門一寸，如望下放打，以捎從孔關住子砲之間，以防倒出。

每位人三名，仍各帶銃棍一根。此器蓋倣佛狼機血畧爲更易者也。佛狼機重大，利於船，不利於步騎。且提砲短小，氣洩無力，今改子砲，子砲三套九位，身長氣全而有力，一裝一放，循環無端。照星、照門對準方發，平放二百餘步，每用藥三錢，鉛子一枚重三錢，可佐威遠與連砲。

擊賊砭銃

用鐵打造，管長三尺，柄長二尺，步戰用此，一發三百步遠，彈能擊賊，其銃又能打賊，其器械一器而兩用，最利者也。

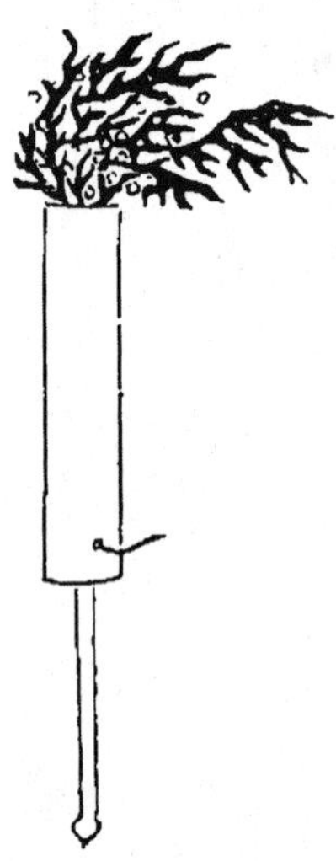

神威烈火夜叉銃

銃與常銃相同，不必另造。惟用堅木車爲法馬，馬上釘利鏃，上蘸虎藥，布裹神火、鐵線，縛緊鏃上。遇人馬則釘入骨，遇輜重則焚糧草，遇船則燒篷帆。鏃制三稜側鈎，遇物釘入，則拔不出。器雖常制，而利害百倍。

神仙自發排車銃

用巨木鋸爲兩半，剜刻陷槽，以嵌火器。外釘鐵環，以安毒火藥。將鐵索懸於城垛外，內用鐵猫墜於城脚地下。共妙在藥信盤曲有方，護以礬紙，防風雨。神器與神火相間，如賊攻城，器擊火遶，亦量賊遠近緩急，次第發出。縱賊兵百萬圍繞，可談笑却之。或不時開城門，出奇兵以擊之。

獨眼神銃

用熟鐵團打工精，短者二三尺，長者四尺，止于底鑽眼，後安木柄拐，前用鐵圈扶住，照準對打。

單眼銃

單眼銃，雖取輕便，臨敵不及裝藥，今造少也。

大追風鎗

式長四尺四寸，重十八斤。除四尺四寸外，後五寸入柄內，柄長一尺九寸。

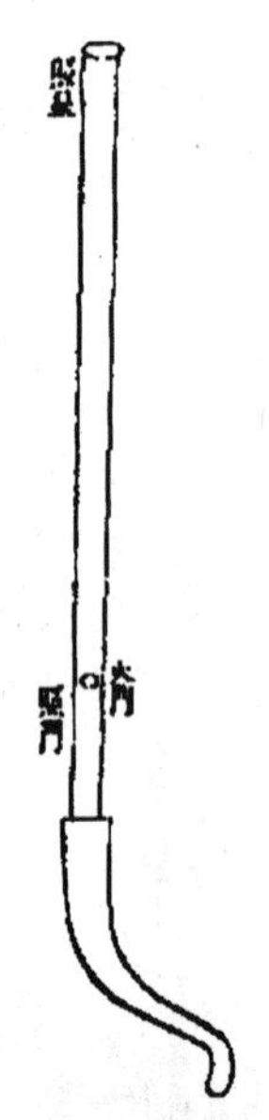

每位用人二名，一名執鎗照準，則一名執火繩。鎗用三足鐵柱，其器甚長且利便，發而能遠。遇敵營四面，各用數十位，或先以此驚賊，或先以地雷連砲迅雷三捷五雷等器打敗賊勢，俟賊潰奔，以此同威遠砲追賊，使其不敢再來，以乘我亂。每用藥六錢，鉛子一枚，重六錢五分，平發二百餘步，高發十餘里。此真無敵之長技也。

神鎗

用閩鐵十餘斤煉熟，打成三斤餘兩，形如瓦樣，約長一尺，要四塊，中厚邊薄。先將二塊輳合封固，泥水蘸過，入爐煉熟，將出通上鐵條打合。又將一塊輳成，泥水蘸過，入爐煉熟，將出通上鐵條打合。務要光净。口上鐵箍以火鑄上，著底處鑽一火門，使不後坐。底後餘鐵打成尖釘，裝上木柄，如鳥鎗法打放。此鎗不用鉛子，止用細鉛鑿碎如豆大，用草烏、砒霜煎水浸之，數日撈起，待乾，以松香末拌放。臨打一鎗，裝二十餘粒。鉛化如汞，人馬逢之，一一顛仆矣。

夾欛銃

銃造二眼，中堅木長柄，頭前安鐵叉。將銃夾束兩旁，二眼鎗總束爲一。

用熟鐵造，重十五斤，長五尺，中團實一尺。兩頭空箍，每節長四寸，鑽一眼，分鑽十眼。如裝火藥一節，畧杵，下重一錢五分鉛子一枚，入紙隔。再裝藥，又入紙護，餘倣此。十眼裝完，自口挨眼，番轉點放。

五雷神機

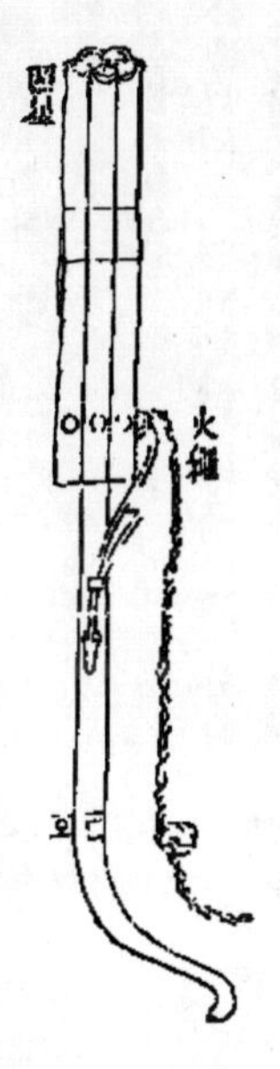

銃長一尺五寸，重五斤，底至火門高一寸。每銃各有照星，柄上總一照門。銃裝柄上，可以旋轉。火繩函銅管內，剛對火門。放時以左手托住柄，挾右腕照準，以左指按銅管點放，一銃放後，輪對星門再放。

每位人二名，帶銃棍一根，每發用藥二錢，鉛子一枚重一錢五分，遠一百二十步。各鎮所用火器，惟三眼鎗最勝。一器三發，可以備急，然多而不準。倭奴鳥銃，前後星門對準方發，極稱利器，然準而不多，一發後旋即無用。今酌量於二者之間，製爲二器，前後星門一準倭奴鳥銃，而加以三眼、五眼，其機則更易，使點放由人，前後對準星門，平放一百二十步命中。

三捷神機其製大約與五雷神機同。

五排鎗

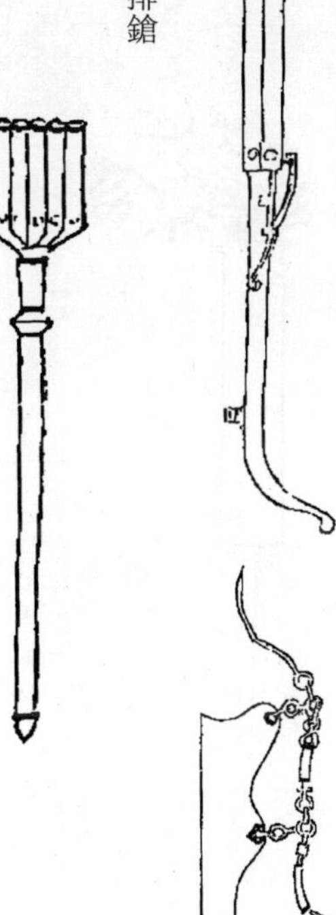

用净鐵打造，每鎗重一斤四五兩。後安木柄，長四尺。每孔裝藥鉛子四五枚。

八斗銃

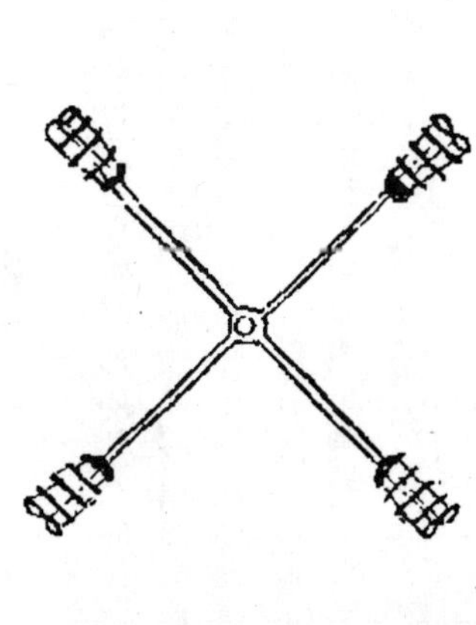

又　卷一二六《軍資乘・火八・火器圖說五》

火箭

自然打成線眼式

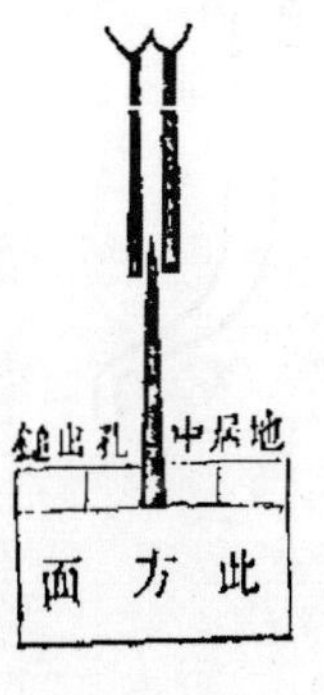

夫火箭，亦水陸利器，其功不在鳥銃下。但造者無法，放者無法，人鮮知此器之利也。大端造法有二。或造成用鑽鑽線眼，或用鐵桿打成自然線眼。但鑽者不如打成者妙。鑽易而打成費手，故匠人多不肯用打成之法。其肯綮全係於線眼，眼正則出之直，不正則出必斜。眼太深，則後門泄火。眼太淺，則出而無力，定要落地。每箇以五寸長言之，眼須四寸深，桿要直，而去頸二寸，稱平。翎要勁羽，長而高，褙筒用礬紙，間以油紙，夏不走硝，可留二年。此物最不耐久收也。

火箭

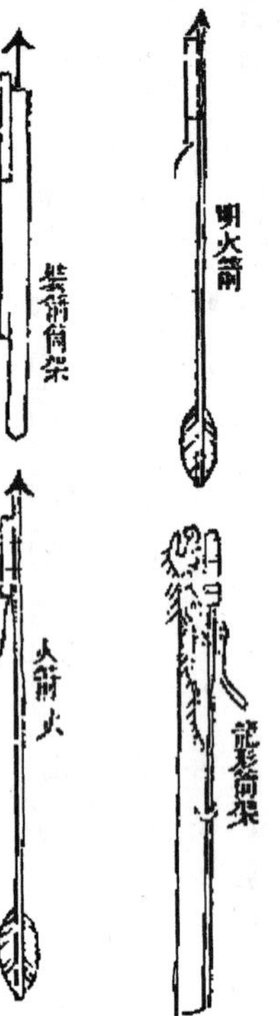

俱用小竹，杆長四尺二寸，鐵鏃長四寸五分，上塗毒藥。有捏明火者，翎後釘鐵墜，長四分，前綁紙桶起火，油蔽濕放。時有穿龍形架，或裝竹木桶，或架各火箱，取其便也。

飛刀箭

飛鎗箭

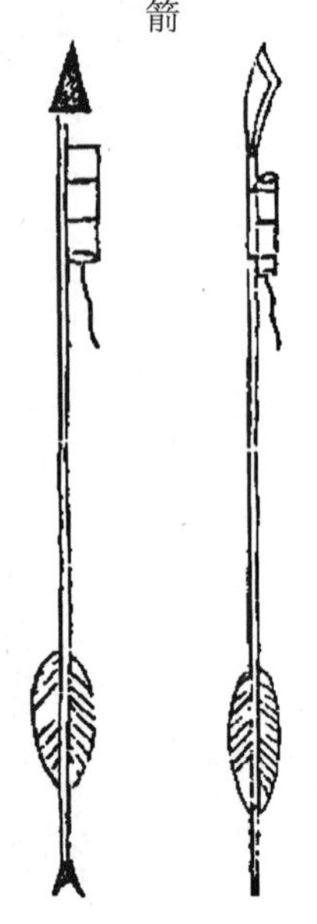

飛劍箭

燕尾箭

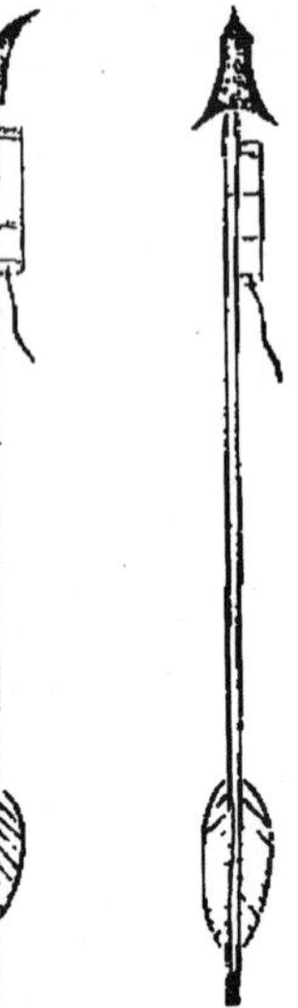

鐵鏃長三寸，藥筒長八寸徑粗一寸二分，箭桿用荊棍長六尺或實竹桿徑粗五六分，翎長七寸後有鐵硾。

此即火箭之類，特以桿大身長，用鏃不同，異其名耳。藥筒長八寸，徑粗一寸二分，用荊棍爲桿，長六尺。或實竹桿，徑粗五六分。箭頭塗以毒藥，力能洞甲，可射五百餘步，須候敵至三百步發之，長技短用，勢力益大。大凡火箭製法要精，每一大筒，每人一日止可築三四筒，次者五六筒，再小者倍之，方有工夫，必能遠發，亦可久藏數月。蓋工夫既到，即小箭亦遠。否則不爆碎，則近在數十步止矣，將焉賴之。是乃克敵神器，紙筒、藥料、箭桿等項，將領須要件件經心，則猛烈無敵，南北水陸，所恃以爲一技者，此耳。安可視爲不急而急之乎？

機神箭

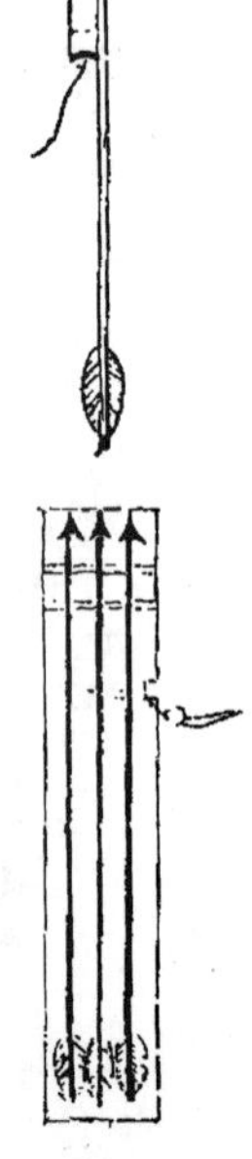

造法，礬紙爲筒，內入火藥，築令滿實。另置火塊，油紙封之，以防天雨。後鑽一孔，裝藥線。用箭竹爲幹，鐵矢簇如燕尾形，末裝翎毛，大竹筒入箭二矢，或三矢。望敵燃火，能射百步。利順風，不利逆風。水陸戰皆可用。用之水戰，能燔舟篷。用之陸戰，能燬巢穴。中毒必死。

大筒火箭

造法，用徑六七分荊木爲柄，長五尺，後杪三稜火弼如箭，矢頭用紙筒，貫以火藥，如火箭。頭長七寸，粗可二寸。其法，金鋒長五寸，闊一尺，或如劍形，或如刀形，或三稜如火箭。頭若鎗形，光瑩芒利，通計連身重二斤有餘。燃火發之，可去三百步。大隊一齊衝之，賊中者皆倒，不獨穿而已。凡有枝枒之物，皆可架放而去矣。

神鎗

此即平安南所得者也。箭下有木送子，并置鉛彈等物。其妙處在用鐵力木，重而有力，一發可以三百步。

弓射火栢榴箭

將後火藥用綿紙二、三層，中樹箭桿，用藥傍根，包成石榴樣，外加麻布縛緊，以松脂熬化封固。又用紙糊，油過，藥線眼向前開。鐵鏃須要鋒利倒鈎。然藥線發火，方可開弓放去，一着人馬篷帆，水澆之不滅。亦便利之器。

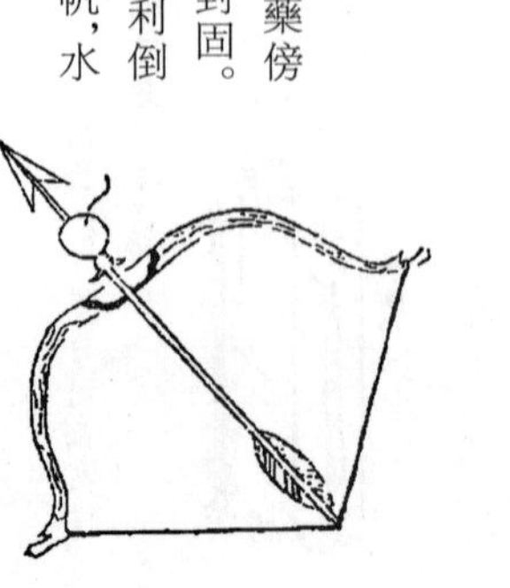

後火藥筒

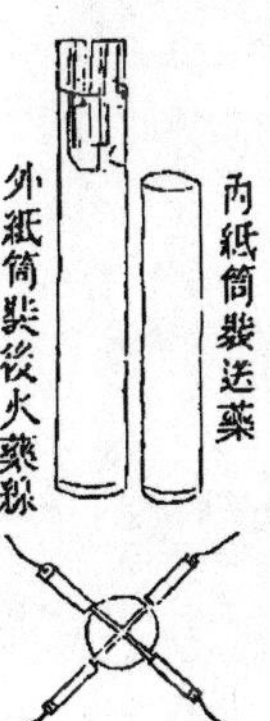

分形

凡燒篷帆營寨火箭，必用後火。而後火之製，必要精妙，乃無悮事。送藥筒長五寸，外另捲稍紙，比送藥筒加長一寸五分。送藥筒打滿而止，留此一寸五分，少加發藥一匙，即將此稍紙錢置藥上，藥線分開四路，直透筒口，即下黃土一分隔之，方入後火藥，以木桿稍實之，入滿到口，以四藥線頭俱捲伏，藥口用線紙二三層封固。如此秘法，萬無一失。

火弩流星箭

猫竹筒長二尺五寸，用牛筋、苧蔴、鐵線、生漆、魚膠纏定。馬用木柄照筒口大筒兩頭鐵箍二道。步戰用此列於陣第三層。

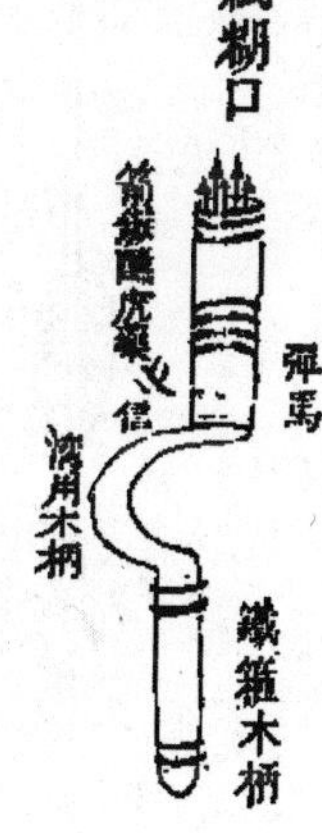

此弩之製，用竹爲之。筒長二尺五寸，柄長二尺，鐵箍二道，筒内箭長二尺，共十矢，上陣點其藥信，衆矢齊發，勢若飛煌，一弩可抵十兵之用。

鞭箭

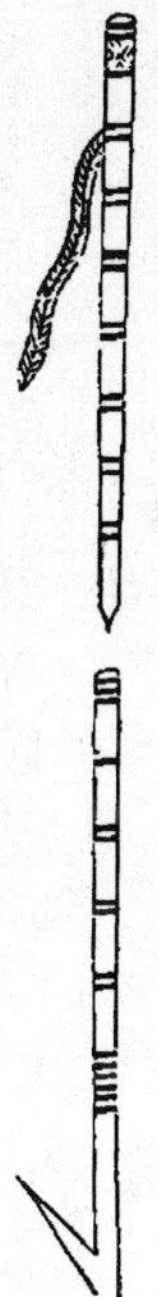

火藥鞭箭

用新青竹，長一丈，徑寸半爲竿。下施鐵索，稍繫絲繩六尺。別削勁竹爲鞭箭，長六尺，有鏃。度正中施一竹臬，亦謂之鞭子。放時以繩鈎臬，繫箭於竿，一人摇竿爲勢，一人持箭末激而發之。利在射高中人，如短兵放火藥箭，則如樺皮羽，以火藥五兩貫鏃後，燔而發之。

小竹筒箭

每筒藏短火箭十枝，亦以毒藥塗鏃，重不過二斤，每兵可負四五筒。敵不知爲何物，候至百步之外，忽然火齊發，箭短且連，敵安能避！則一兵可兼數十人之技。凡將領隨從、旗健雜流，俱可負帶。試其力能貫薄板，發時舉竹筒稍昂，可至二百餘步。勿謂箭小而忽之也。

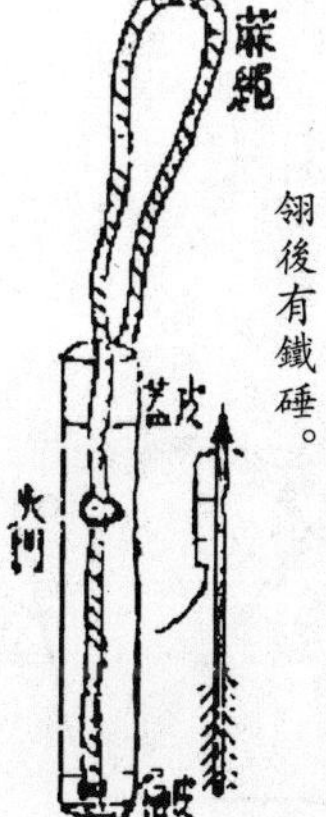

藥筒長一寸五分筒長九寸，翎後有鐵硾。

單飛神火箭

用精銅鎔鑄，筒長三尺，容矢一枝。用法藥三錢，藥發箭飛，勢若火蛇，攻打二三百步，人馬遇之，穿心透腹，可貫數人。神鎗並用，中藏堅馬、法藥，鏃蘸虎藥，以竹爲翎。

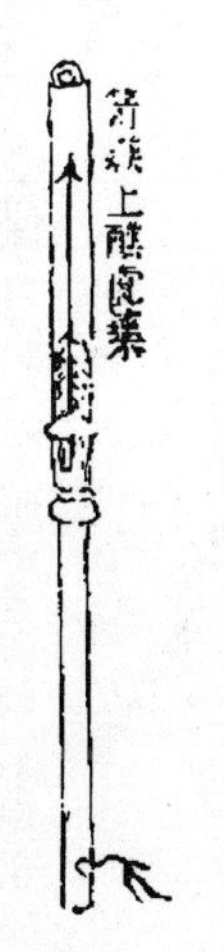

火籠箭

用竹篾編筒，長四尺，口大尾小，紙糊、油刷以防風雨。内編横順閣箭竹口三節，上編捉綁，前身旁留小眼穿藥線，總聯内起火箭上。每筒裝十七八枝，或二十枝，鋼箭頭塗毒藥。起火前揑明火一丸，焚糧草、城樓、船隻俱妙。遇敵則前衝可也。

雙飛火籠箭

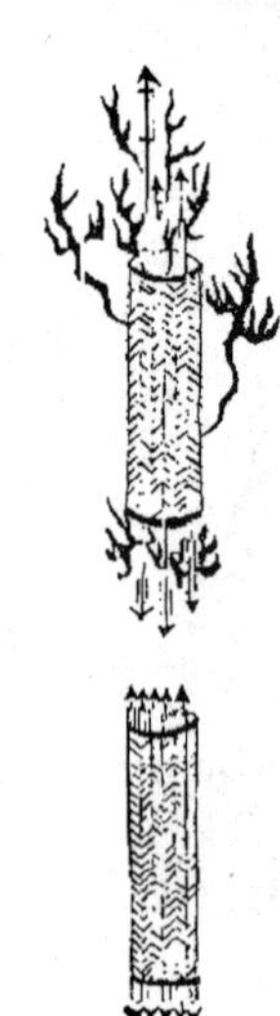

用竹篾筐，長四尺二寸，圍五尺，糊厚紙，油刷。火箭桿長四尺，鏃長一寸五分，箭翎上釘鐵墜，長四寸，取其發矢遠穩。籠内兩頭安井字火箭，火線露出，總線一條盤住。臨用一齊點火，利於山坡向下飛摧，其勢莫支。

二虎追羊箭

箭桿長五尺，一股三簇，行火藥二筒，向翎。劣火藥一筒，向簇。共三筒，徑七分，長四寸五分，縛於一竿，發五百步。行火藥二筒，火從出畢，會至劣火藥筒，火出能焚燒棚寨，及燒敵船，及毁敵之房舍。一人用之，則百人驚懼，大有元妙。亦塗見血封喉藥，與返復火鎗刀備之。

三隻虎鉞

一如鐵銃，管長腹大，即今神鎗也。三銃三管，内三條藥線，俱合會於中。一點火，三矢俱發，與鎗無異。三矢易於獲賊人散騎，亦善攻步隊。

五虎出穴箭

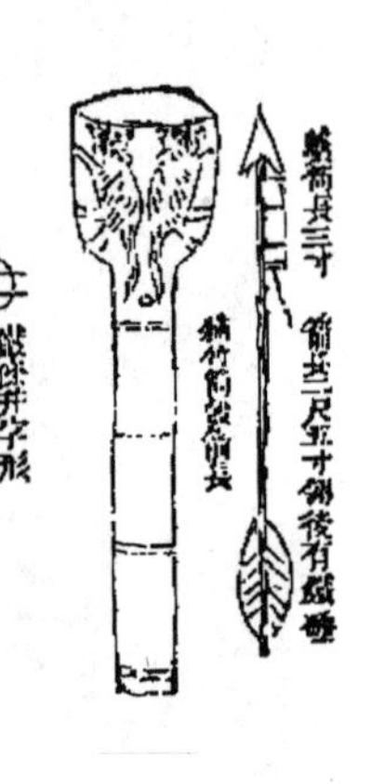

小五虎箭

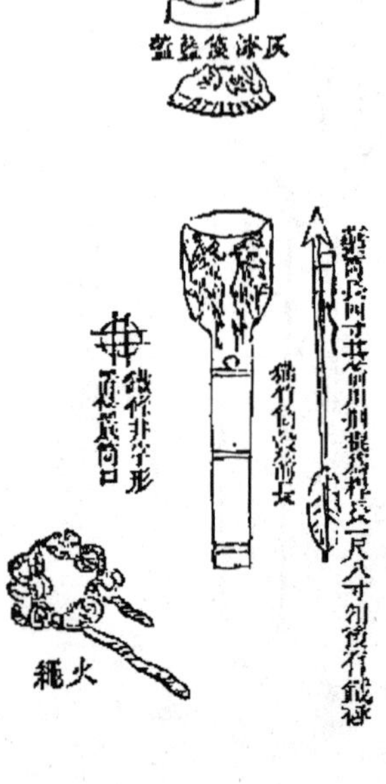

用小猫竹筒，上劈開六寸許，編成一籃，内外漆布堅密，以備雨濕。筒口用鐵條分爲井字形，藏箭五枝。神機藥筒長四寸，荆木二尺五寸長，爲桿翎，後加以鐵硾。離筒口六指，秤量相平爲準。竹小取其輕便，編籃方可容五藥筒。此箭可發五百步，塗以射虎毒藥，勢極猛烈，故以五虎名之。人負一筒，可兼十人之勇。邊塞馬上用之甚便。小筒者，同一製法，惟欲輕便，故稍變其體。但須製法精妙，亦能遠發。

七筩箭

用竹七根，長四尺，徑八分，打通節，内外光净聽用。火箭桿長四尺五寸，翎長四寸，藥筩長四寸五分，徑一寸二分，黄土封後。一頭箭簇長二寸三分，四楞有槽，塗見血封喉藥，離口四指半稱平，恐尾輕，用鐵釘作墜子，務要稱得匀平爲則。箭七矢，用前七筩綑爲一處，用牛皮作盤子護手，安箭七矢於内信總頭。護散騎摧鋒挫鋭之法，疾騎難逃，用百具火破齊整之陣，有二百步之力。護手皮漆過，下用皮兜住，免磨藥信。

九龍箭箭藏九矢而發故爲九龍。

九矢鑽心神毒火雷砲

用精銅鎔鑄，身長三尺八寸，中藏九矢，矢鏃上蘸虎藥。一發則九矢齊飛，穿心透骨，勁不可逾。遇中於人馬，見血封喉，立時而斃。用此銃一柄，足抵精兵九人。量賊陣而應敵，中藏堅馬發藥，鏃蘸虎藥，或蘸爛藥，或帶飛火布包，裝時下米一撮，則箭不搖動。常弓一發一矢，此銃一發九矢，故抵九人之用。

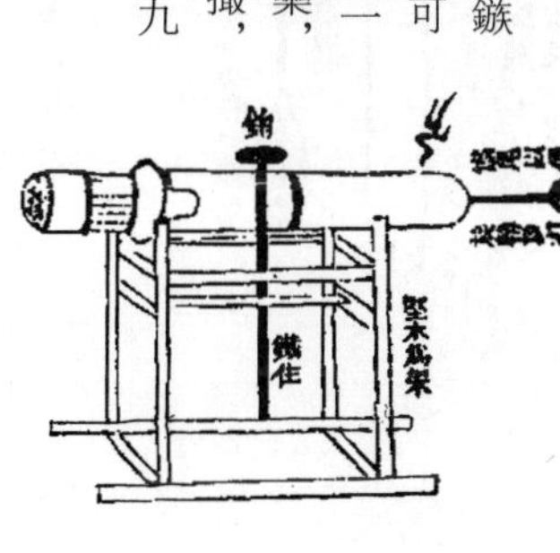

四十九矢飛廉箭

鏃蘸虎藥
以防陰雨

編篾爲籠，中空圓眼，約長四尺，外糊紙帛，内裝四十九矢。以薄鐵爲鏃，捲紙爲筒，長二寸許，前裝燒火，用砒霜、巴豆合。後裝催火，發藥也。縛於鏃上。順風放去，勢如飛蝗，中賊則腐爛，掛蓬則焚燒。賊心驚怖，且焚且溺，破之必矣。前裝爛火藥、神火藥，各對分。後裝催火發藥，務首尾輕重相等，則去遠。或箭蘸虎藥，中賊則見血封喉。亦水戰之利器也。

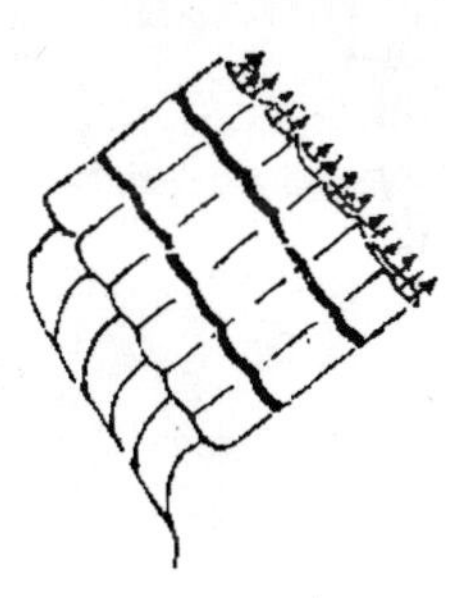

百矢弧箭

用白礬、瀝青製過紙筒六箇，長五寸，徑一寸五分，裝藥多半筒，連中心繫縛一處。每筒内裝箭數枝，箭用老竹削長五寸，如弩箭。頭用松香汁蘸過，火内炙乾，刮磨快利，其硬如鐵，藥線貫連，宜於近用。

百虎齊奔箭

皮蓋

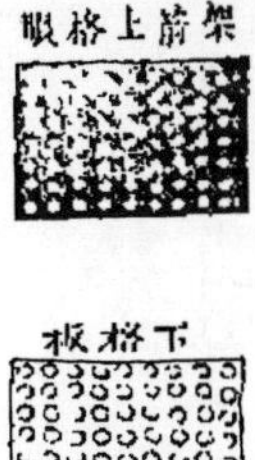

藥筒長三寸，箭桿用竹長一尺六寸，翎後有鐵硾。

匣内用猛箭藥筒，肥短竹桿共百矢，翎後加以鐵硾，離筒口四指，稱量相平爲準。能發三百步之外，一發百矢。塗以射虎毒藥，威力甚猛，故以立名。若用之舟車，即可隨意改製，長大神機式樣更雄。此式短小，特爲陸地步戰一人背負設耳。

羣豹横奔箭

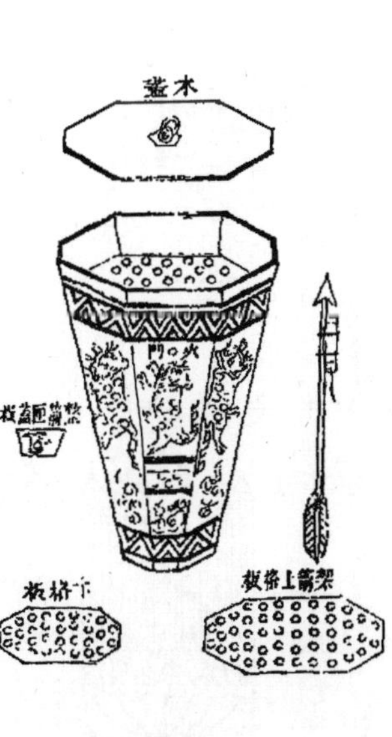

匣藏神機箭，筒長五寸，以肥短荊棍長二尺三寸爲桿，其四十矢。翎後加以鐵硾，去筒口六指，稱量相平爲準，力可到四百餘步，一發四十矢。匣口稀疏，稍分左右，尾後緊密架之，一發横布數十丈。凡原野間遇敵，只以十餘匣列陣前，横闊數百丈皆箭矣。能左右擊敵，故名羣豹横奔箭。

長蛇破敵箭

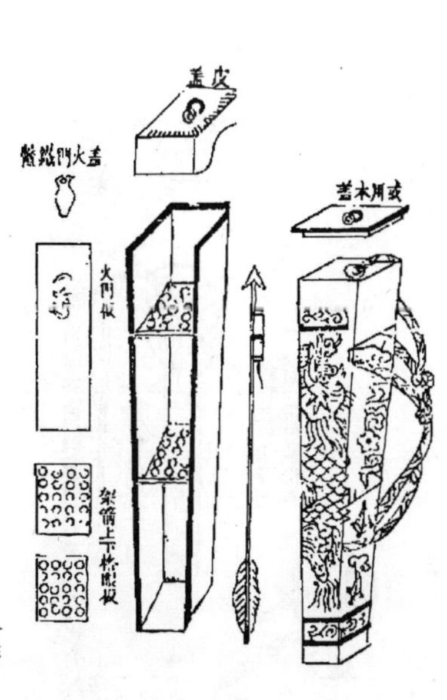

分形

木匣内藏火箭三十枝，藥筒長四寸，桿長二尺九寸，俱以射虎毒藥塗在鐵鏃。每匣重不過五、六斤，令一兵負之，候敵至二百步内，忽然火齊發，威勢毒烈，一兵賢於三十兵，故以立名。

羣鷹逐兔箭　藥筒長三寸，箭長一尺四寸，翎後有鐵硾。

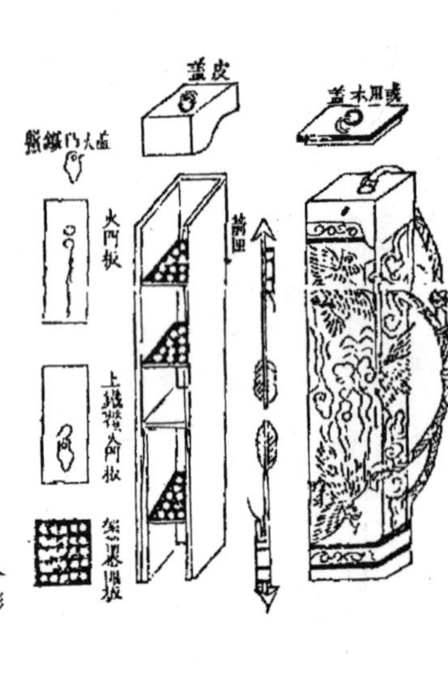

分形

兩頭匣内各藏肥短火箭三十枝，兩頭共藏六十枝，名曰羣鷹逐兔箭，因其短小猛鷙立名。每匣重不過五七斤，亦以射虎毒藥塗鐵鏃，令一兵負之，候敵至百步之外，忽然火齊發，即微傷，亦未有不立斃者。放盡一頭，忽又以一頭繼之，使其莫測。是一兵而兼六十兵之技矣。

一窩蜂

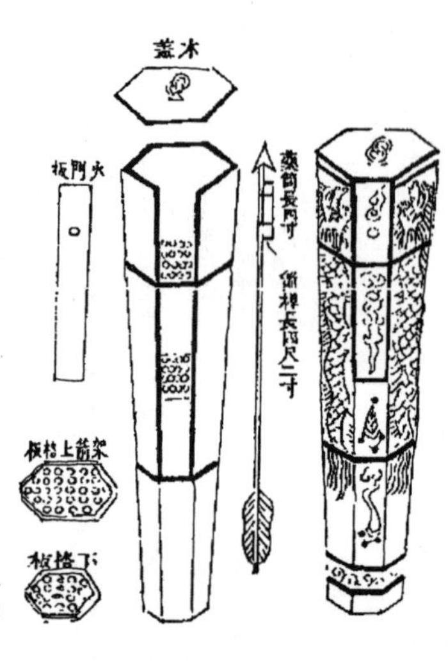

分形

木桶内貯神機箭三十二枝，名曰一窩蜂。須製造如法，力能貫革，可射三百餘步。先有以十數短六猛箭貯一篾簍，但猛箭藥力稍減，終不若神機發之勁。篾簍難蔽雨濕，終不若木桶貯之宜。每桶三十二枝，用之南北水陸，靡所不宜。繼於竹將軍、鳥銃放盡之後，仍以射虎毒藥塗鏃。在西北多用車戰，每車可架十數桶，去敵二百步外，總線一燃，衆矢齊發，勢若雷霆之擊，莫敢當其鋒者。且至輕，陸兵人人可以負行。每營或數十桶，或百桶，多多益善。

又　卷一二八《軍資乘・火十・火器圖說七》

火鎗

柄長六尺，鎗頭長尺許，木柄下有鐵鑽，兩邊又上作鈎鐮。夾鎗有二噴筒，用時先放一筒，藥線引轉，復放一筒，完即作短兵，格架刀鎗，以佐威遠等砲。此鎗有二噴筒，故名火鎗；頭長尺許，鎗也；兩刃向上，鏡也；兩刃向下，鐮也。一器而四用之者，設使有膂力者持之，亦利器也。

梨花鎗

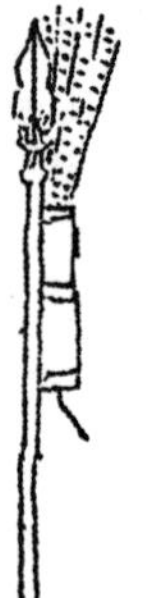

用梨花一筒，繫於長鎗之首，臨敵時用之，一發可遠去數丈，人着其藥即死。火盡，鎗仍可以刺賊，乃軍前第一火具也。宋李全嘗用之以雄山東，所謂二十梨花鎗，天下無敵手是也。

飛天神火毒龍鎗

鎗身長一尺五寸，或用銅鎔鑄，或用鐵打造。中空，藏鉛彈一枚，鎗鑄分兩開，上二寸五分，上蘸虎藥，兩旁縛毒火兩筒。火中有炒製炒法用人精、銀銹、砒砂、桐油製過。

與賊遠對敵，則發鉛彈擊之。賊近，則發毒火燒之。戰則舉鎗鋒刺之。鉛彈擊賊，利害穿心。毒火燒賊，傾刻腐爛。虎藥傷賊，立時而死。一器三用，神捷莫大焉。此鎗一柄，足抵强兵三人。

竹火鎗

用猫竹長三尺，鑽透如鐵鳥鎗樣，底用土築實一二寸，湊土處鑽眼，以作火門，備裝藥線。外用鐵絲麻線紮緊，瓦灰漆固。內將盪藥盪過，用直性火藥一錢六分，放鉛子一枚。照準對打，移動輕便，當者立斃。兩利之器。

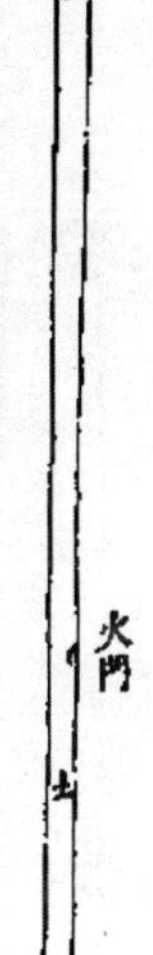

鎗銃

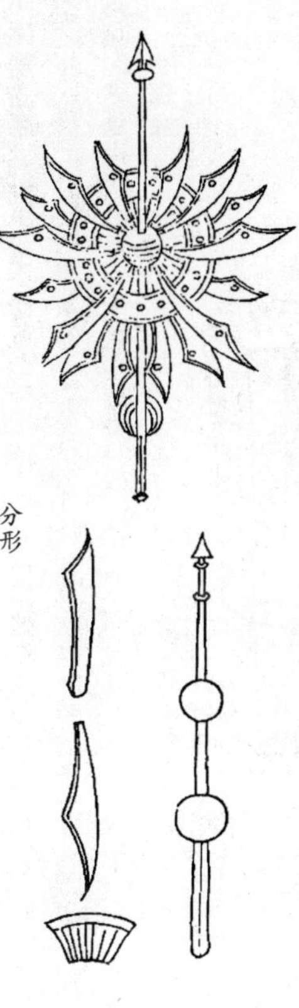
分形

其制以堅木爲棍，作成上圓下方。又用堅木造小輪二箇，用熟鐵打成鎗一把，小雙連銃對安在棍竿戳賊。又用熟鐵造刀十二把，每把重一斤，仍用熟鐵線作經，以牛皮條作縛，編成六片，然後安上。遇敵張開似傘形，刀箭不能入，任施一應銃彈、弓弩等器，人馬不能衝越。此禦敵秘器。

劍鎗

長四尺八寸重八斤。後作一鎗頭長九寸，直柄九寸三分，即作鎗鞘斜柄一尺一寸。

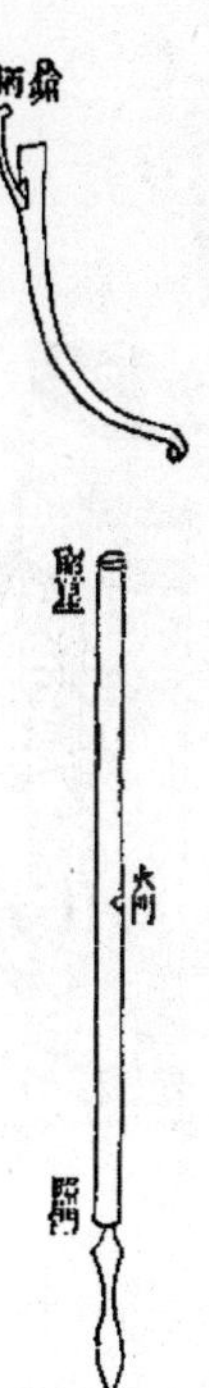

每位用人一名，其器甚長，照甚準，發甚利，亦用佐威遠地雷各砲。或遇强敵，或某面受敵最急，或敵有可乘，或招旗、頭腦所向諸夷視以進止者，臨敵調集數十餘位攢打，一招應發而斃，殲其渠魁，摧其耳目，虜所大忌，可使不戰而遁。其製通身是鐵，把內藏鎗，可當短兵。鎗棍一器，而兼三器之用，專備出奇制勝。每用藥三錢，鉛子一枚，重三錢。平放遠二百餘步，與銃棍火鎗相間攻打。蓋恐賊忽至，可急用也。總之近攻不如遠攻，遠攻而廣踰里，遠踰一二十里，利之利者也。一人敵，不如萬人敵，萬人敵而一發可數十砲，中可數千萬人，利之利者也。用刀不如用棍，用棍而先以銃，間以鎗，又以火利之利者也。

神機萬勝火龍刀

身長一尺五寸，或銅鎔鑄，或鐵打造。中空，藏鉛彈一枚。刀分兩刃，長三寸，上醮虎藥，兩旁亦縛毒火。與賊對敵，戰法與毒龍鎗同。上砍賊首，下鈎馬足，此刀一柄，足抵强兵三人，亦一器而三用，量賊陣遠近，以應敵也。

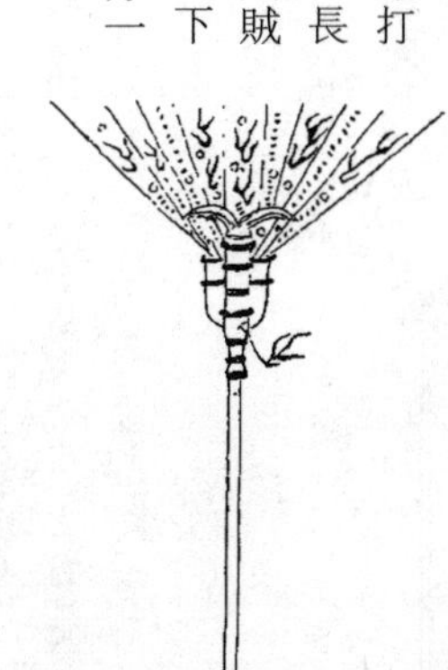

倒馬火蛇神棍

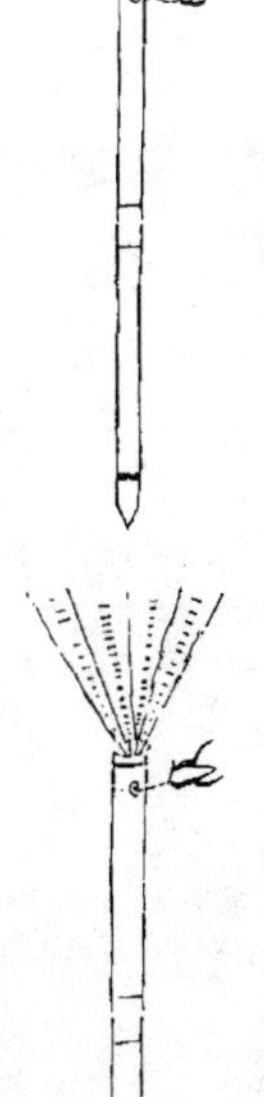

棍用熟鐵打造。中空，以藏鉛彈、神火。與毒火藥合用。身長三尺，以木爲柄，長四尺。用勇士持之，以衝馬陣。又一法，以鐵打造，兩頭如鉛彈銃大，中間隔斷，一頭裝火，一頭裝彈，最利於戰。

銃棍

式長六尺五寸，裝藥將至上火門，即以搠杖築實入一鉛子，仍加以土少許與上火門齊。復如前裝藥并鉛子。放時，先點上門次下門，方作棍用搠杖以意爲之。

每位重十斤，用人一名。如一營三千人，用六百名，放威遠地雷、迅雷等砲。餘二千四百名，令十之五各帶銃棍一條，十之五帶火鎗、劍鎗若干，亦用星門，上身全用鐵，如鳥銃。或一發，或再發。下身鐵連心，外用竹藤漆包裹。緩則發後再裝藥，急則作悶棍以擊，一器而兼二器之用。每用藥三錢，鉛子一枚，重三錢，平放遠二百餘步。藥待臨放時方裝，以防不虞。

蕩天滅寇陰陽鏟

蕩天滅寇陰陽鏟，不懼刀鎗不怕鍊。鉛彈毒藥裝入内，賊遇人人皆喪膽。百萬軍中取上將，囊中探物如反掌。

飛火降魔梯

身連柄八寸，長圓圍三寸，狀如棒槌，以白楊木爲之。中車空，使薄，裝藥在内。釘三道釘，每道用倒鬚鈎釘四箇，攢十字釘。止留倒鈎在外，倒鈎約一寸，以鋒利爲上。打去賊船，使釘釘船牢，一時不能脱，而火發可以燒船，火礶搖易碎裂，火磚抛去易還擲，不如此器之妙也。

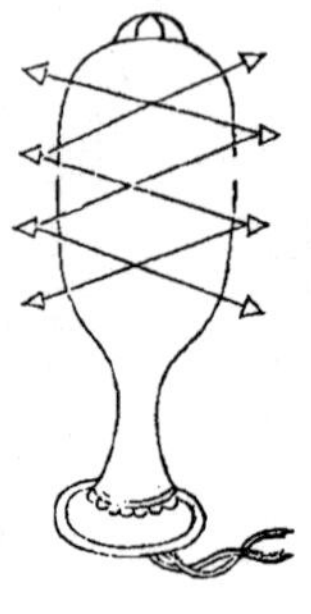

雷火鞭

用銅鐵鑄，上細下粗，長三尺二寸，前空五寸，火藥舂内。下錐火眼，入一錢鉛子三枚。木柄長四寸，委大力大用之。

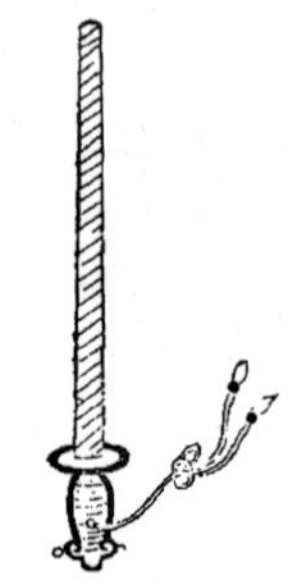

鑁銃

净鐵七八斤，團造如鑁頭樣，後安木柄，長五尺。内裝藥五錢，鉛彈六、七枚，以紙塞口。如備攻城、守城，軍夫每執一把，預閣垜口之外，望下對打，其賊不敢挖扒。

流星砲

鎗桿用實竹，如小指大，長四尺五寸。翎花長四寸五分，筩長五寸，徑一寸。鎗簇倒鬚有槽，可塗見血封喉藥，長二寸五分，脚長二寸。筩打藥畢，後安紙砲一箇，與筩大小同，長一寸八分。鎗中人馬，後有砲鳴，驚駭跳躍，乘亂攻之，致勝之術。

小一窩蜂

此器火發如蜂相似，敵人離我三四丈地，先發此，則敵臉目不睜，我先勝四五丈地，彼敵不能前進。叅雜步軍短刀挨牌於隊中，此爲步下不攻戰之寶也。

應用藥物

硝一斤，黄四兩半，杉灰三兩八錢，硃砂一兩六錢。

右爲末，鉛製過。水銀四兩，石子每箇重三分，火彈子每箇重五分，用火藥打成塊。生鐵鋑角，每箇重一錢。生鐵子，每箇重一錢。檀木桿子徑二寸，捍紙筩，長一尺三寸，厚四分。或用木竹，外以生牛革裹住曬乾亦可。頭上留大指大一眼，以紙塞住。用前數件藥末，并後五件攪均打實，固綁於長鎗上頭。火發三四丈，鎗長一丈二尺。

又　卷一二九《軍資乘・火十一・火器圖説八》

毒藥噴筒分式

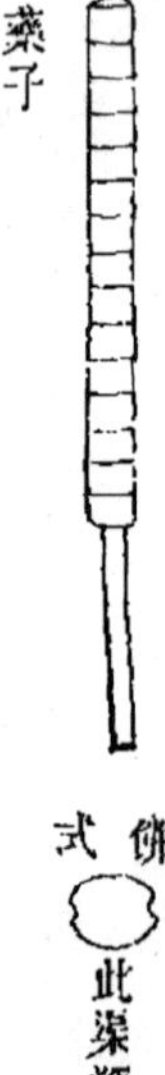

餅式

此築深一分

毒藥噴筒發式

用圓細猫竹，徑粗二寸，深長二尺餘，以麻繩纏密，下用竹木柄，長五尺。先下灰多，硝少慢藥一層，次下噴藥一層，次下餅一枚。餅照原製，務要合口，用力築之。築過力，餅碎無用也，此處要妙。如此五次完。送藥多則爆其腹，送藥少則送出餅子不遠。此有定法，以竹筒粗細，餅子大小，爲送藥加減耳。餅發去可數十丈遠，徑粘帆上，其帆立燃。

合餅子方

硝黄，樟腦，松香，雄黄，砒霜。

右以分兩法製打成餅，兩邊取渠一道，用藥欞之。

滿天噴筒

截中樣竹二節，外用膠布重箍。

藥用硝黄、砒霜、班毛、魟子、磠砂、膽礬、皂角、銅緑、川椒、牛夏、燕糞、煙煤、石灰、斗蘭草、草烏、水膠、大蒜，得法分兩製度，磁砂玉因沙炒毒，綁於長鎗頭上，燃火守城。

毒龍噴火神筒

截竹爲筒，約長三尺，以貯毒火、爛火藥。懸於高竿之首，令壯士持至城垛口中，乘風發火，煙焰撲人，掩賊面目，鎖賊孔竅。竚立不定，昏眩僕倒，蟻附而登，内外相應，隨將利器繼之，破之必矣。

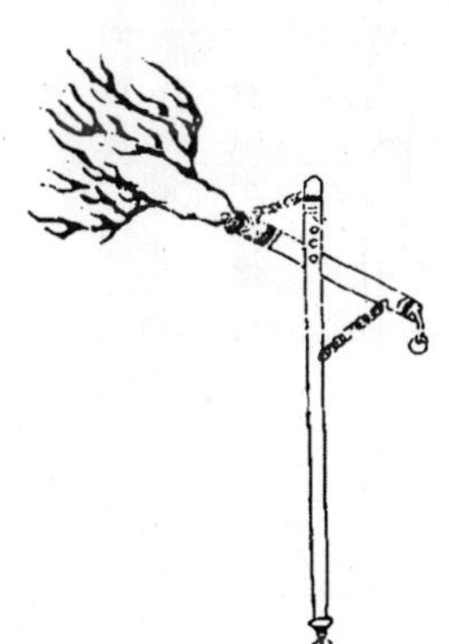

一把蓮

用毛竹一段，約長二尺五寸，打通節，留底。下用黄土，上用鐵口，外用細麻索細繞一層，用濃礬水瀝於上。又用麻布料灰一層，曬。仍用麻布，再用麻索一層，麄細瓦灰，後上洿却將半指厚鐵片，照桶底大小安平。黄土實築二寸，曬乾爲度。將前各色藥攪匀，實築畢打。再用隨竹箭大小竹，一節三寸，在口内。上加黄土築實，方安木桿鐵頭鐵翎箭在口内插滿，長一尺。皮作護手，盤子下以木柄鐵箍三道，曬乾聽用。

飛空砂筒

飛空砂，製度不一。用河内流出細砂，如無，將石搗爲末，以細絹羅，羅去面灰，次用粗羅落砂。每斗用藥一升，炒過聽用。銃用薄竹片爲身，外起火二筒，交口顛倒縛之。連身其長七尺徑一寸五分，鰾麻纏綁一處。前筒口向後，後筒口向前，爲來去之法。前用爆竹一箇，長七寸，徑七分，置前筒頭上。藥透於起火筒内。外用夾紙三五層作圈，連起火粘爲一處。爆竹外圈裝前製過砂，封糊嚴密。項上用薄倒鬚鎗，如在陸地，不用。放時先點前起火，用大茅竹作溜子，照敵放去，刺彼篷上，彼必齊救。信至爆烈，砂落傷目無救，向後起火發動，退回本營，敵人莫識。

鑽穴飛砂神霧筒

風化灰用大塊灰，桐油浸。一斗。走砂一斗，鐵脚砒五斤，硫黄五斤，南星二斤，半夏三斤，細辛二斤，甘遂一斤，川烏二斤，草烏二斤，硇砂二斤，丹皂十斤，巴霜三斤，班猫二斤，姜粉二斤，銅青四兩。共爲細末聽用。飛麵二十斤，鍋内炒之半熟。次下羣藥同炒，取起聽用。士卒近戰，用皮袋盛之，縛於兩手背上，暗藏神砂，臨敵順風揚之。賊聞此砂，鑽入孔竅，血湧髓流，立刻昏迷倒地，雙目皆瞎，利害百倍。或遠戰，用雞蛋殼灌藥，紙糊其口，對面打去。或賊在城外，將此砂灌入茅竹筒内，順風放去，遠至十餘里。賊聞昏沉不甦，乘機而攻之，取勝之道也。

神水噴筒

用青竹爲筒，長三尺，打通節，一頭留節，以鐵線纏緊。一頭節上鑽一孔，用竹條一根，棉花包頭。將筒放藥水内，抽出竹條浸之。臨用，將竹條往來，噴之着肉，即腐爛見骨。

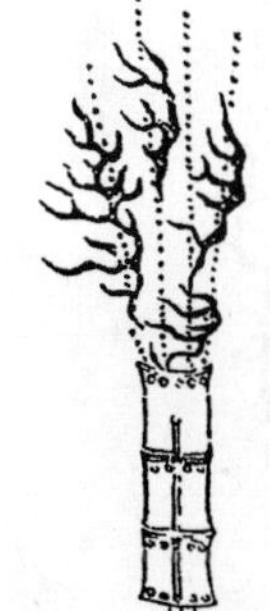

浸水藥品

川烏、草烏、南星、半夏、狼毒各二兩聽用。先將石灰二斗，滚水一桶，淋汁入前藥，煎數滚。去藥，加巴霜二兩，紅砒二兩，磠砂二兩，班猫二兩，明礬二兩，銀銹四兩。共爲末，入前藥水内，攪匀聽用。

神行破陣猛火刀牌

牌用生牛革爲之，畫以火龍火獸，暗藏神火等火三十六筒，神火、毒火、飛火、法火、爛火、烈

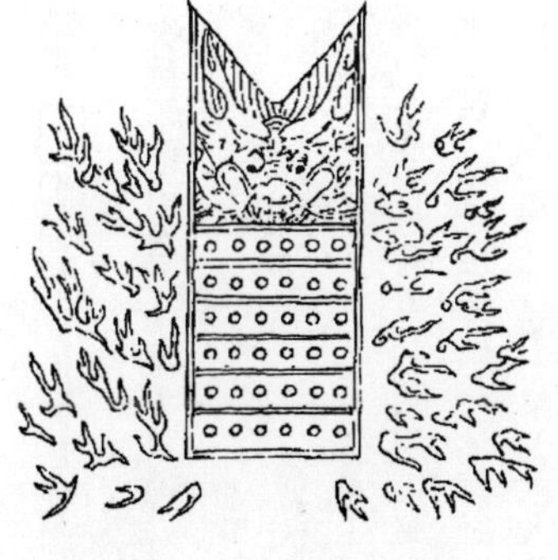

火，各六筒。藥信盤曲，列於陣。兩軍相對，號砲一響，齊滾而進。牌有滾法，火噴二三丈，甲士左持牌，右持刀，上砍賊首，下斬馬足。用此牌一面，足抵强兵十人。

虎頭火牌全式

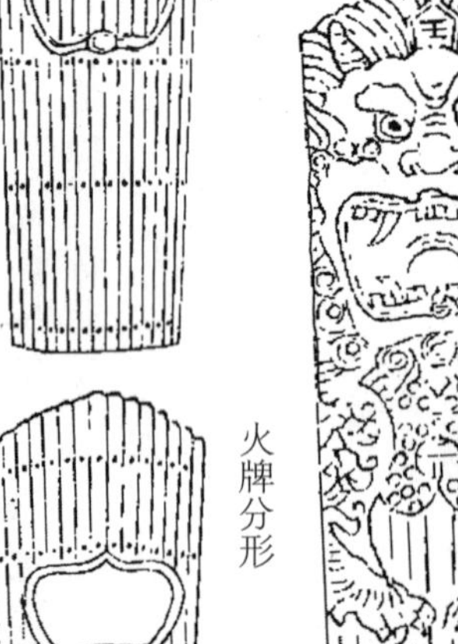

未畫牌形

火牌分形

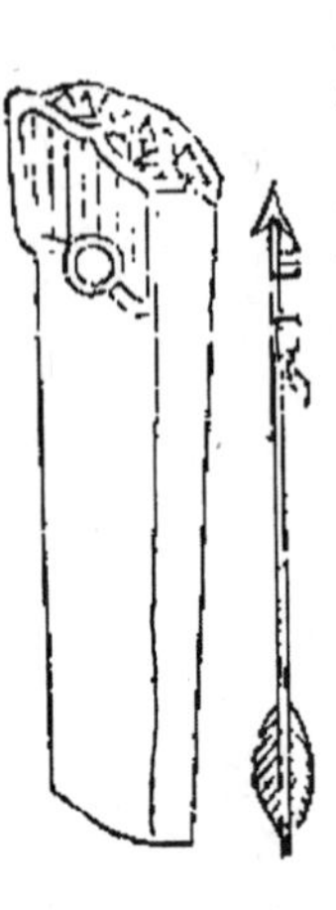

正面箭匣側形

藥筒長四寸，箭桿長二尺九寸。

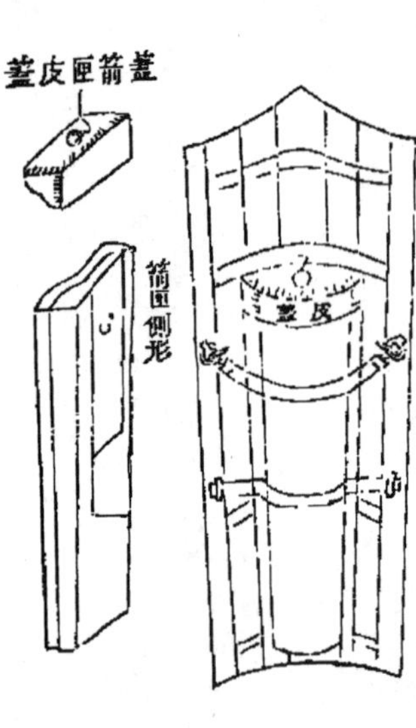

陰面皮帶木檔全式

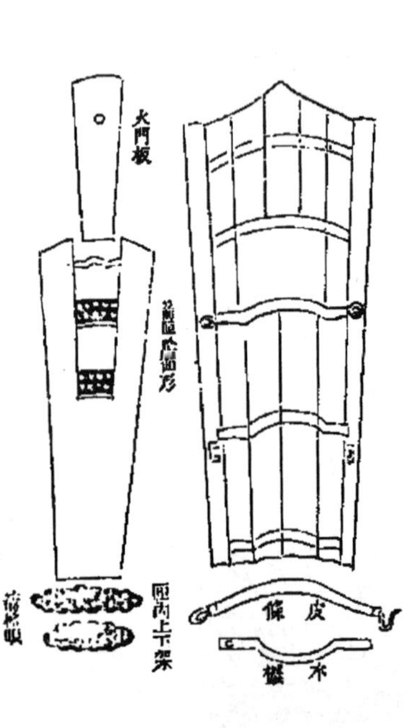

陰面木檔分形

內藏神機箭十枝，或猛箭二十枝。外牌以備矢石，臨近忽然火發箭，敵不及拒。用之水陸，誠便利器也。

虎頭木牌式

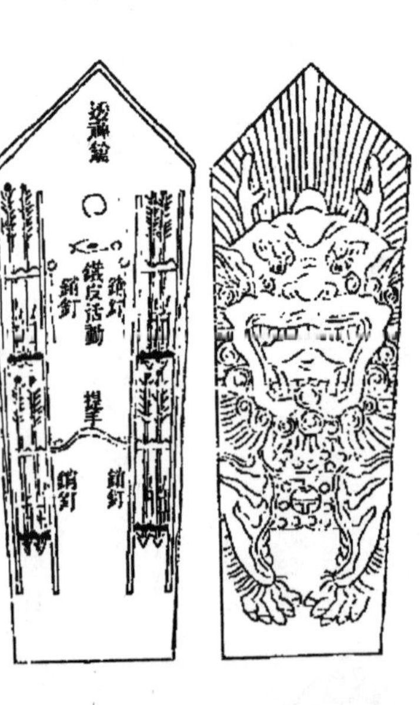

牌高五尺，厚三分，闊一尺七寸，外有生牛皮包裹，頂上用鐵條釘護，可禦鋒刃。皮畫獸形，挖二孔爲眼，横設鐵皮，轉活開閉。木牌旁邊上下鑿二方眼，長六寸，闊二寸，嵌以小匣。每匣藏神機箭二枝，一牌有匣共箭八枝。牌後釘上木牙四條，將小匣捎住木牙上，使其活動。遇敵扯自上銷，匣向後落箭，鎗外向，發遠三百餘步。箭完亦可再裝。牌上鑿一圓孔，透出神鎗一根。虜若稍近，扯出

神鎗打放爲援。此器日可對敵，夜可安營，行可肩，止可竪。虜騎衝突，最難欄當，先將此牌抵定，後將鳥銃、三眼神鎗等器打放，既可阻伊衝突，復可逞吾奮擊，有不戰，戰必勝。

神火箭屏

用木板造此箱，尺丈可容火箭百餘枝。下二座墩中，以活轉機鐵軸。凡遇攻賊，預置要路，機動火發，箭飛數百步。造此數百具，亦大助耳。

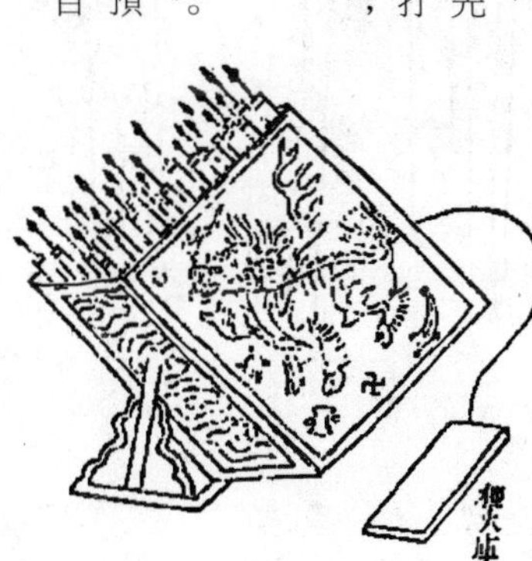

又　卷一三〇《軍資乘・火十二・火器圖説九》

滚毬

宋人火藥法

晉州硫黄十四兩，窩黄七兩，焰硝二斤半，麻茹一兩，乾漆一兩，砒黄一兩，定粉一兩，竹茹一兩，黄丹一兩，黄蠟半兩，清油一分，桐油半兩，松香十四兩，濃油一分。

右以晉州硫黄、窩黄、焰硝同搗，羅，砒黄、定粉、黄丹同研，乾漆搗爲末，竹茹、麻茹即微炒爲碎末，黄蠟、松香、清油、桐油、濃油同熬成膏，入前藥末，旋旋和匀。以紙五重裹衣，以麻縛定，更別鎔松香傅之，以毬放。

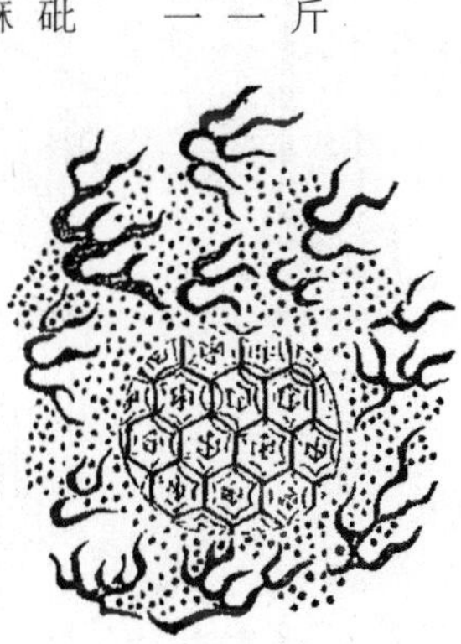

引火毬

以紙爲毬，内實塼石屑，可重三五斤。熬黄蠟、瀝青、炭末爲泥，周塗其物，貫以麻繩。凡將放火毬，只先放此毬，以準遠近。

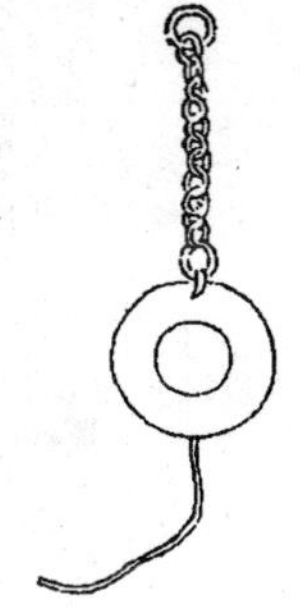

蒺藜火種

以三枝六首鐵刃，以火藥團之，中貫麻繩長一丈二尺，外以紙并雜藥傅之，又施鐵蒺藜八枚，各有逆鬚，放時燒鐵錐烙透，令焰出。

［蒺藜火種］

火藥法：硫黄一斤四兩，焰硝二斤半，麁炭末五兩，瀝青二兩半，乾漆二兩半，搗爲末。竹茹一兩一錢，麻茹一兩一錢，剪碎。用桐油、小油各二兩半，蠟二兩半，鎔汁和之。外傅用紙十二兩半，麻二十兩，黄丹一兩一錢，炭末半斤，以瀝青二兩半，黄蠟二兩半，鎔汁和合，周塗之。

霹靂火毬

用乾竹兩三節，徑一寸半，無罅裂者，存節勿透。用薄瓷如鐵錢三十片，和火藥三四斤，裹竹爲毬，兩頭留竹寸許，毬外加傅藥。傅藥注具前。若賊穿地道攻城，我則穴地迎之，用火錐烙毬，聞聲如霹靂然，以竹扇簸其煙焰，以薰灼敵人。放毬者含甘草。

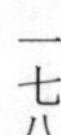

［霹靂火毬］

神火混元毬

其製以竹篾編圓形，紙褙曬乾，内入毒藥，中藏一大紙砲，封口。外面五綵粧畫成，錐安藥線拴繩繫之。夜晚秘跡賊營，與神火鎗、子母銃齊發，炸破，毒煙入鼻，人馬皆傷。守城防攻，亦可通用。

［神火混元毬］

燒賊迷目神火毬

用黄泥做一毬，以極圓、其大如斗爲妙。曬乾，用柿漆漆之，作胎子，外用賽表紙糊三十層厚，曬乾。用刀刻兩截，脱出泥胎，將上開門如拳大，便於裝藥。仍將兩截用紙條糊成一家，外以紅油油之聽用。裝砲法：先將發藥一層鋪底，次放鐵蒺藜、地老鼠、小紙爆各十箇，再鋪飛砂神煙一層，又放法藥一層，藜、鼠一層，神煙一層，再將發藥平口裝滿，用紙糊其口，安藥線。外用柿漆紙護其藥線，恐遇陰雨磨擦。再用油繩爲絡，上陣兵士持之，點信抛入城營碎擊，則蒺藜搠脚、地鼠攅入衣甲，滿地跳躍，驚燒小爆擊之，以亂賊心。乘此而用火攻，無有不敗者。

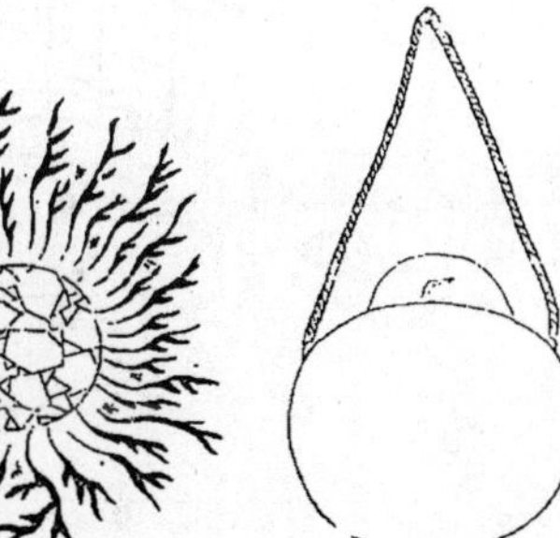

煙毬

毬内用火藥三斤，外傅黄蒿一重，約重一

［煙毬］

斤。上如火毬法塗傳之，令厚，用時以錐烙透。

毒藥煙毬

毬重五斤，用硫黄一十五兩，草烏頭五兩，焰硝一斤十四兩，巴豆五兩，狼毒五兩，桐油二兩半，小油二兩半，木炭末五兩，瀝青二兩半，砒霜三兩，黄蠟二兩，竹茹一兩一分，麻茹一兩一分，搗合爲毬，貫之以麻繩一條，長一丈二尺，重半斤，爲弦子，又以傅藥傳之。傅藥注具前。

又方：用好火藥，加皂角末、川椒末、乾姜末，皆生用。每火藥一斤，加末五六兩，隔紙，帶末半斤，用五灰水煉成五毒膏，加硇信并狼毒，和在隔紙末内，用瓦甕盛。

五灰方：桃柳桑灰，蕎麥灰，好陳石灰，和水煉熟。每斗水加信四兩，硇砂六兩，蟾酥一兩。

五毒膏：川烏，主。草烏，主。南星，半夏，狼毒，加入神水内，煉成膏。若作神砂，用五灰水煉成五毒膏，加巴豆末，和砂焙乾(麻)。

平曠步戰隨地滚

用杉木爲身，長三尺，徑四寸，中留車空，一寸厚，要滚圓爲妙。外釘利刃、尖釘、十字釘之，蘸虎藥，週圍安滚藥筒六十箇，腹裝發藥、神砂。如平原步戰，列於陣前，約離賊營十餘丈，點信火發木飛而去，則滚賊營人足馬蹄，盡皆傷壞。況虎藥見血即斃，待外滚藥盡燃至腹，則發藥碎擊，沙飛煙迷賊竅，嚏涕連聲，眼花唇噤，乘機昏迷，用大將軍神火奇兵攻之，必敗也。

風雷火滚

用竹篾編筒圍一尺，長三尺，筒外用紙糊四五十層，一頭留口，裝毒火藥并生鐵小砲五箇，封口，中穿藥線，安置停妥。如劫賊營，彼預爲準備，可將此滚四面點發飛去，糧草、衣甲盡可焚滅。

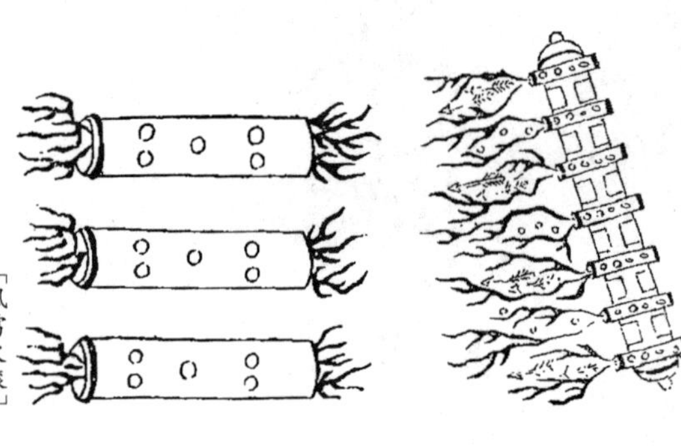

[風雷火滚]

大蜂窠

此器戰守攻取水陸不可無者，奪心眩目，驚膽傷人，製宜精妙。此兵船第一火器也。

火妖

紙薄拳大，内蕩松香入毒火，外煮松香、柏油、黄蠟燃火抛打，煙焰藜戮脚，利水戰、守城俯擊短戰。

大火毬

此火不用凡火，以藥修合三五箇月乃可用。見風見日即着，合必須在地窖内，不見風方可。其藥用黑豆楷燒灰每存性，每一斤加焰硝半斤，硫黄四兩，班毛一兩，真黄天硫一兩六錢。無風日處攢合，當時即裝入雞鴨卵殼内，令滿。每一箇令加頑石子一塊如栗子大，夾紙封口，用茄楷灰固濟半指厚。遇敵，令軍士以繩圈投去，到彼處跌破，不拘落在草船木人，身服盡成火，水亦不能救。若陸戰，燒敵糧輜積尤妙。

火磚

用薄胎素板糊成方磚樣，板匣一箇，長一尺，闊四寸，高二寸。開一頭，用松香熬化，盪在匣内，硫黄末摻上，入火藥一斤四兩，飛燕與紙爆各二十，鐵蒺藜三十，外用油紙四五層封固。燃藥線抛入敵船發開，飛燕四散，飛擊延燒。

火磚

内用紙捲地鼠，其起火砲兩頭拴鈎針，各安火線。每磚作三節，擺壘幾層，用竹篾箍束，浮撒火藥，粗紙包裹成磚樣。外用夾紙包糊，中間錐口，入火繩，露盤外。臨用點擲，并設火營用。

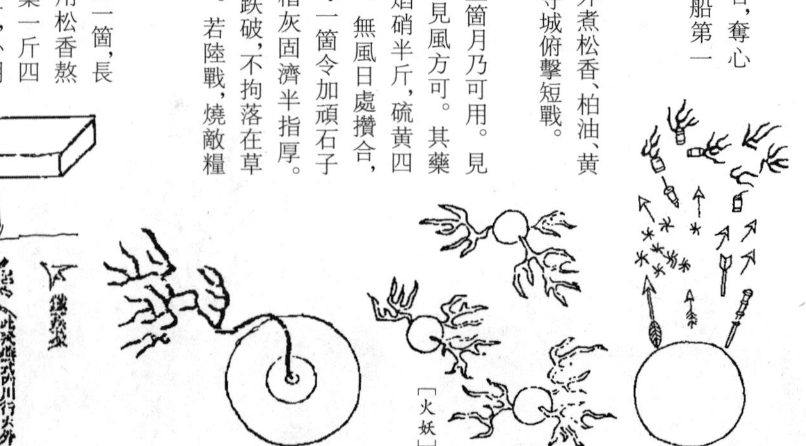

[火妖]

火磚

用地鼠紙筒砲，各安藥線，每箇排爲一層，上下二節各二層，以薄篾横束，合灑火藥、松香、硫黄、毒煙，用粗紙包裹成磚形。外用綿紙包糊，以油塗密。另於頭上開口下竹筒，以藥線自竹筒穿入。

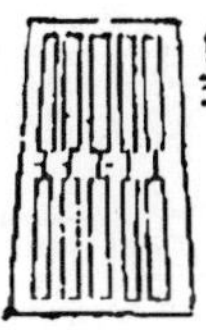

火彈

用薄夾紙糊如拳大，以松香在内熱塗，入毒藥蒺藜，安藥線，外刷松香、柏油、黄蠟，燃火抛擊。

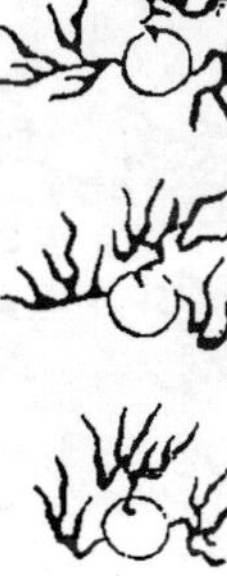

鐵嘴火鷂

以木身鐵嘴，束稈草爲尾，入火藥於尾内。

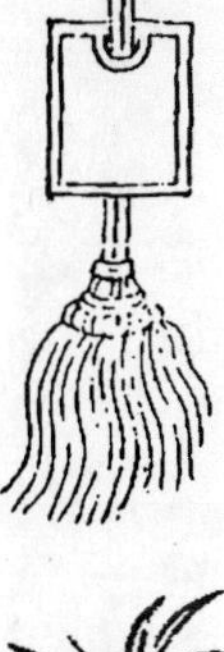
[鐵嘴火鷂]

竹火鷂

編竹爲疎眼籠，腹大口狹，形微修長。外糊紙數重，刷令黄色，入火藥一斤在内，加小卵石，使其勢重，束稈草三五斤爲尾，二物與毬同。若賊來攻城，皆以砲放之，燔賊積聚及驚隊兵。

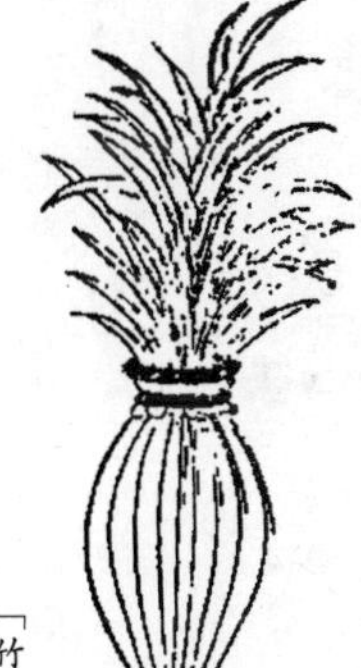
[竹火鷂]

燕尾炬

束葦草，下分兩歧如燕尾，以脂油灌之。火發，自城上縋下，騎其木驢板屋，燒之。

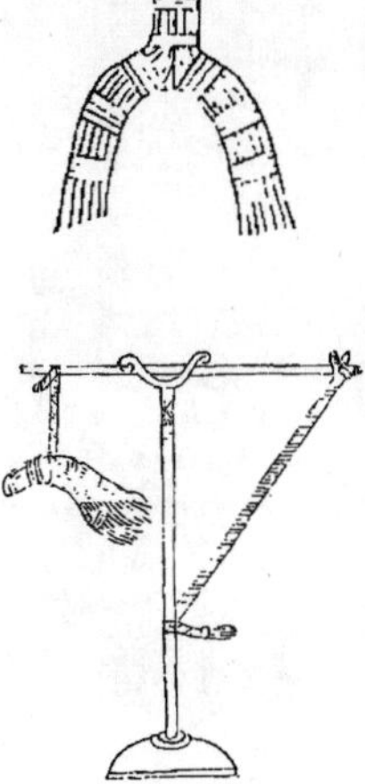
[飛炬]

飛炬

如燕尾炬，城上設桔槔，以鐵索縋之，下燒攻城蟻附者。

筒陣火葫蘆

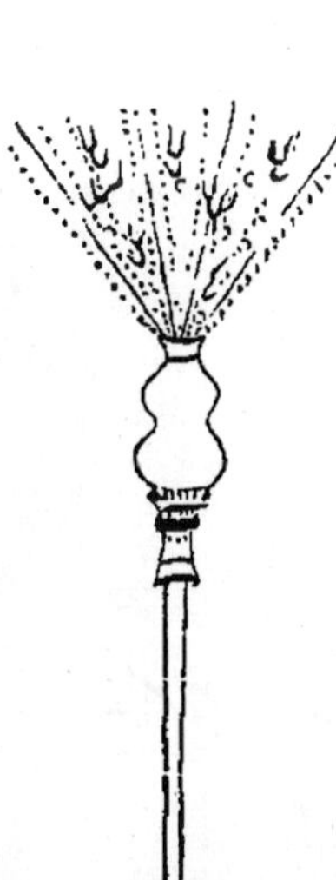

形類葫蘆，中爲銃心，以藏鉛彈，葫内毒火一升。堅木爲柄，長六尺。用猛士一人持之，與火牌相間，列於陣前，衝入賊隊，人馬俱驚。馬步皆利。

對馬燒人火葫蘆

用凹腰葫蘆爲之，外以黄泥、紫土、鹽水和護一指厚，曬乾，再灰布一層，外用生漆漆之聽用。舊文章紙不拘多少，每次十餘張，燈水點燒灼，將水盆覆板上，將紙點灼，就放盆下，連蓋悶灰存性。每灰一兩，硝一分，硫黄二釐，共拌匀，灌入葫内。用火種燒紅入内，隨即用干葛塞其口，收貯聽用，任放不熄。遇敵或夜行遇盜，藏於袖内，放開口迎面噴之，火發三四丈，燒鬚燎鬢，面目腐爛也。

又　卷一三一《軍資乘・火十三・火器圖説十》

猛火油櫃

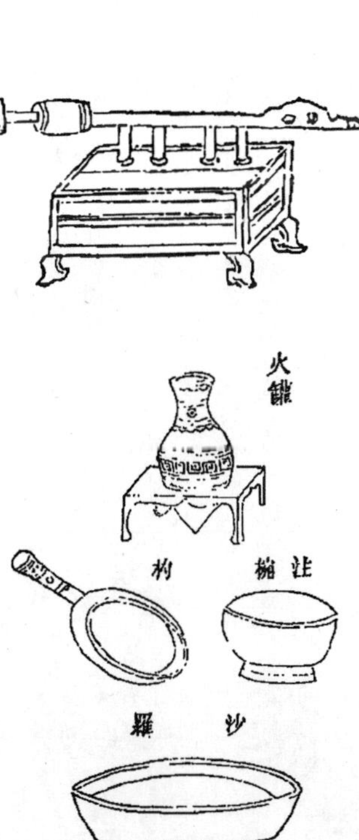

通錐

鈎錐

火鈐

烙錐

烙鐵

放猛火油，以熟銅爲櫃，下施四足，上列四卷筒，卷筒上橫施一巨筒，皆與櫃中相通。橫筒首大尾細。尾開小竅，大如黍粒。首爲圓口，徑寸半。櫃旁開一竅，卷筒爲口，口有蓋，爲注油處。橫筒內有拶絲杖，杖首纏散麻，厚寸半。前後貫二銅束約定，尾有橫拐，拐前貫圓，搟入則用閉筒口。放時以杓自沙羅中挹油注櫃竅中，及三斤許，筒首施火樓，注火藥於中使然。發火用烙錐。入拶絲放於橫筒，令人自後抽杖以力蹙之，油自火樓中出，皆成烈焰。其挹注有椀有杓，貯油有沙羅，發火有錐，貯火有罐、有鈎錐，通錐以開筒之壅塞。有鈐以夾火，有烙鐵以補漏。通櫃筒有鏄，漏以蠟油青補之。凡十二物，除錐、鈐、烙鐵外，悉以銅爲之。一法，爲一大卷筒，中央貫銅胡盧，下施雙足，內有小筒相通，亦皆以筒爲之。亦施拶絲杖。其放法準上。凡敵來攻城，在大壕內，及傅城上頗衆，勢不能禦，則先用藁秫爲火牛縋城下，於踏空版內放猛火油。中人皆糜爛，水不能滅。若水戰，則可燒浮橋、戰艦。於上流放之。先於上流簸糠粃熟草，以引其火。

太平車

其製用巧匠，以堅木板造彎月櫃，底開墜石，口左右安兩輪。前面開五孔，安五大銃，內入鉛子，藥線總繫一處。櫃內安小鋼輪，入火藥，神機墜下。又開五小孔，以通火氣。外用索吊在半城之間，用軍一名守之。賊若近城，機括一動，五銃俱發，攻城者敗亡。其城渾不用兵，自有金湯之固矣。

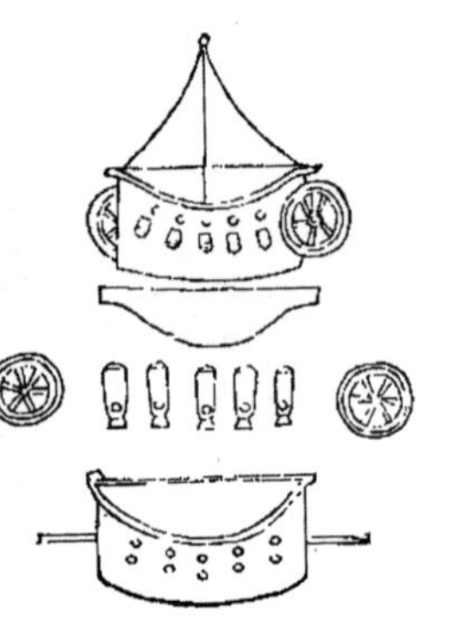

九牛甕用壯士推之。

其甕之制，用銅鎔鑄，身長五尺，徑一尺。九甕其箍一處，架於架上，前裝大石彈重二十斤，再下活馬，後裝送藥。如賊勢甚衆，吾兵不能敵者，用此攻之，一發十餘里，勢若霹靂，響聲振天，打賊血槽九條，過之無不虀粉耳。如放甕，預將地挖一坑，點信甸伏坑內，則人不振死也。其勢猶山崩地裂，利害萬倍矣。

神火飛鴉

用細竹篾爲簍，細蘆亦可，身如斤餘雞大，宜長不宜圓。外用綿紙封固，內用明火炸藥裝滿，又將綿紙封好。前後裝頭尾，又將裱紙裁成二翅，釘牢兩旁，似鴉飛樣。身下用大起火四枝斜釘，每翅下二枝。鴉背上鑽眼一箇，放進藥線四根，長尺許。分開釘連四起火底內，起火藥線頭上另裝捐總一處。臨用，先燃起火，飛遠百餘丈，將墜地，方着鴉身，火光遍野。對敵用之，在陸燒營，在水燒船，戰無不勝矣。

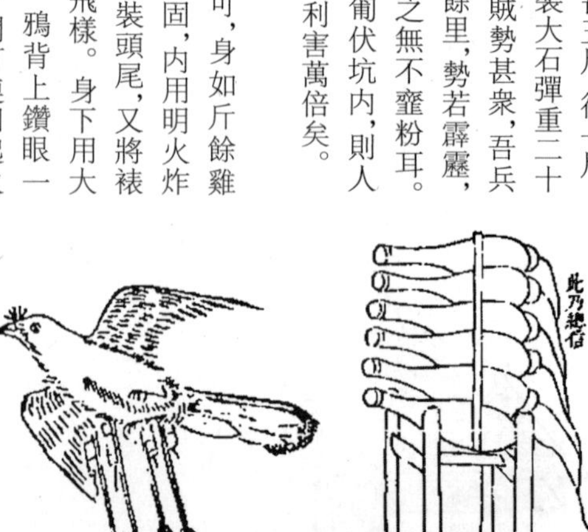

木火獸

用輕木造，架下安四獸足，高三尺，長五尺二寸，四足踏四輪，身頭用竹篾編形，裏

外紙糊，裝畫以彩像，用白礬重塗，藏二煙瓶於耳內。口中置竹噴筒，左右胸旁拴銃四眼，内裝火藥、鉛子、藥線聯絡，俱從後發。用一人駕行，衝鋒驚敵，乘亂擊之也。

木人活馬

木人騎活馬，能大敵破堅陣。用木作人形，飾以衣冠，裝以神像，身高三尺，頭高九寸，下闊二尺，上闊一尺五寸。居中用竹筒，至木人齊，徑一寸五分，週圍鑽眼，每二寸爲一層，共十五層，每層七眼，至頂共一百零五眼。身三面留孔，與内合。孔内俱安神箭、神砂、神火，口與二目安三神砂，頂上安二大神鎗、起火，前安神砂，背後留門。安畢補合，騎於馬上，一手向前，一手向後。空腹口舂安一大西瓜砲，白礬水煮刷馬屜，庶不燒爛馬背。木人後手藥線連絡貫通一身，馬尾剪净，用没香合火藥裝袋一條如錢粗，縛馬尾根。馬左右用二鎗夾縛，木人兩腿前穿馬轡嚼環出。馬頭長一尺，使馬直前不得轉首。外布包鹽一合，置馬口中紮住，下繫煙瘴雲霧藥鎗，象太極。兩目口三砂箭，連身上共一百零八矢，按天地星宿之數。居中一砲，以象混元。夾馬二鎗，以象兩儀。或日或夜，我營更變號色，將馬秘牽臨敵營，先點木人後手藥線，次點馬尾火帶，又點肚下雲霧火，主將喝令速去，即還本營。勿得回顧。

馬著火，只往前衝，木人後手藥線著至頂上起火，其馬五彩雲罩，彼視如同天神。藥線往下，層層火砲陸續出底，大砲聲震如雷，木人擊碎，砲擊至箭，飛傷人馬，我兵登高遠望，彼營驚亂，率大軍攻擊。又用護額一箇蓋馬頭，防砂入馬眼。

火牛

火牛，古法也。用牛前膊縛槍，其刃向外。以樺皮細草注尾上，驅其首向敵發火，其牛震駭前奔，敵衆必亂，可以乘之。古有燧象火馬，其法略同，皆可度宜用之。

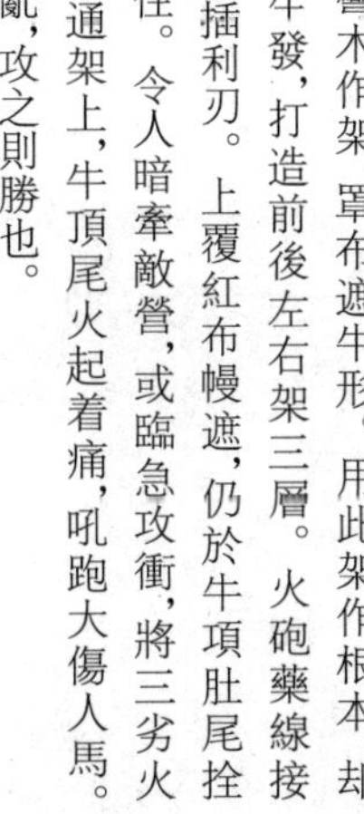

以彎木作架，罩布遮牛形。用此架作根本，却從架上牛發，打造前後左右架三層。火砲藥線接續，回而插利刃。上覆紅布幔遮，仍於牛項肚尾拴劣火盤住。令人暗牽敵營，或臨急攻衝，將三劣火點起，中通架上，牛頂尾火起着痛，吼跑大傷人馬。乘其驚亂，攻之則勝也。

衝陣火牛轟雷砲

用老廢牛爲之，角縛利刃，蘸虎藥。兩旁竹夾其足，使不旋轉。背負大鐵砲一箇，容藥一斗，藥信盤曲於砲内。砲藏烈火、神砂、神火等藥。凡賊兵甚衆，我兵甚少，用此衝之。人馬遇之，立時腐爛。突入賊隊，火發砲碎，勢若轟雷，霹靂一聲，不及掩耳。雖艱難敵重圍之陣，亦破必矣。

又 卷一三二《軍資乘・火十四・火器圖説十一》

火龍捲地飛車

用木爲車，下設雙輪，使不欹倒。刻爲獅象虎豹諸獸等形，腹藏火器二十四件。火從諸獸口中噴出，神火、毒火、法火、飛火、烈火火器次第而發，藥信以法盤曲。每一車用壯士四人，輪番推轉。兩旁設飛翅神牌，牌留望眼，以便觀望，遮擋矢石。車前裝利刃，上蘸虎藥。號旗一舉，輪轉如飛，衝入賊陣，萬將莫當。

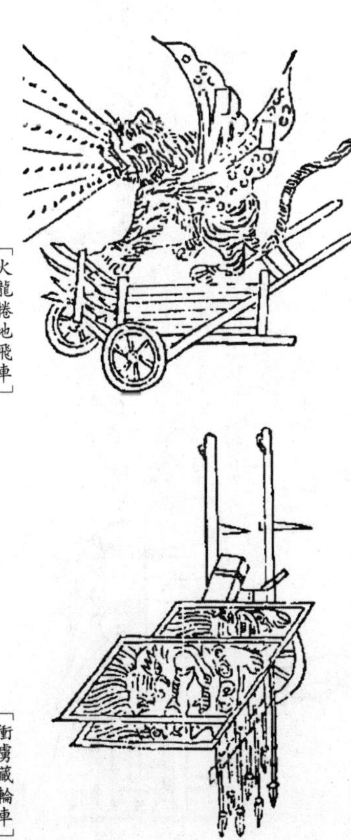

［火龍捲地飛車］

［衝虜藏輪車］

衝虜藏輪車

轅長七尺，屏高五尺。前轅二層，架鎗刀八杆。箱中放火箭，櫃通於外面，内裝火箭四十枝。用軍二名，輪流推行衝攻。

火櫃攻敵車

用堅木造轅長一丈，輪高二尺五寸，櫃闊二尺八寸，高二尺。下架鎗五杆，上穿火箭百枝，櫃蓋油刷，以防風雨。用牛騾拽行，二兵隨幇燃火。此進攻衝敵長技也。

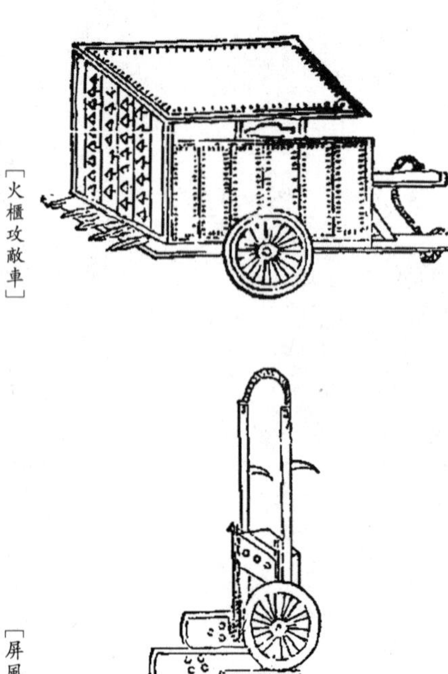

［火櫃攻敵車］

［屏風車］

屏風車

輕便可以遠駕，外則屏遮，内則裝載火器構糗。每輛用軍三名，輪流推行。戰則屏眼穿火器攻賊，守則擺列營外爲屏風墻也。

萬勝神毒火屏風車

用堅木製造，高與城門等，下設八輪，便於推轉。外以生牛草爲障，内藏神器、火器二十二件。遠用遠器，火銃、火砲、火彈、火箭。近用近器，火弩、火刀、火鎗。用壯士十人守之。賊一近城，萬火齊發，聲如巨雷。人馬遇之，便成齏粉。大開城門，談笑而遣之。此守城第一器也，加以飛火、神火、烈火、神煙、舉放。

萬全車

此車四輪，轅長一丈五尺，横闊八尺。一層如墻，高三尺，中載折疊望樓。

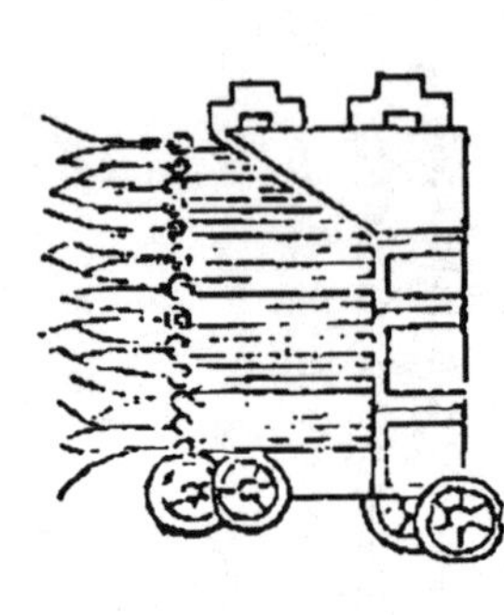

［萬勝神毒火屏風車］

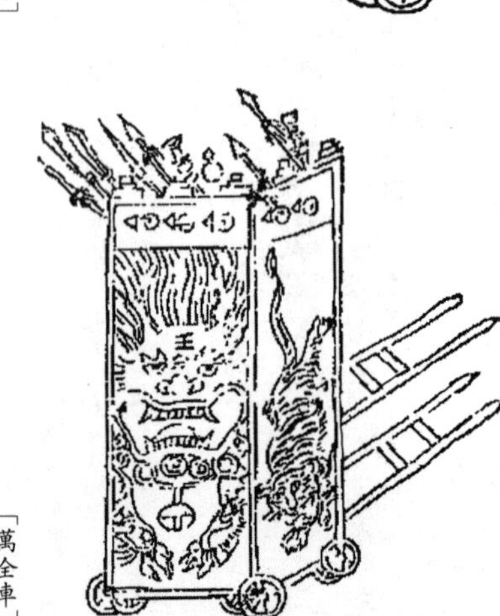

［萬全車］

旗杆强勁，八人頂竅内出神器，八柱高七尺，横梁上銷板射，八人於内，女墻高三尺五寸，八柱上横井字，其頂高七尺，中載弩床二張。神器長鎗，上帶一小窩蜂、飛砂鐵彈、火弩，女墻開竅，安神器分建旗杆上。行用五馬，攻戰以鐵騎九匹馳驟若飛者，衝陣敵人固守。我於高埠處换去望樓，以竹索牽之防風。上女墻仍用吊搭，開竅以索牽繫。其頂上須斷水漏，恐濕神器，須週迴立小旗二十四面，前後跳蕩。

架火戰車全式

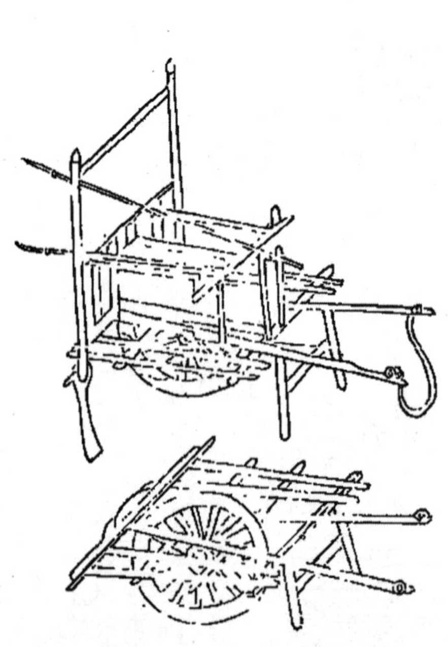

架火器式

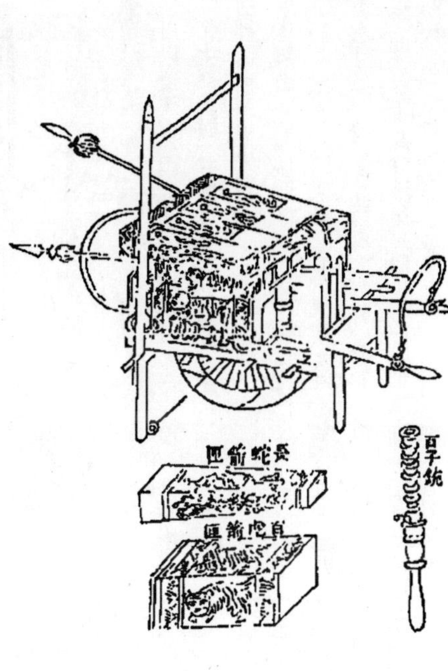

聯絡戰車式

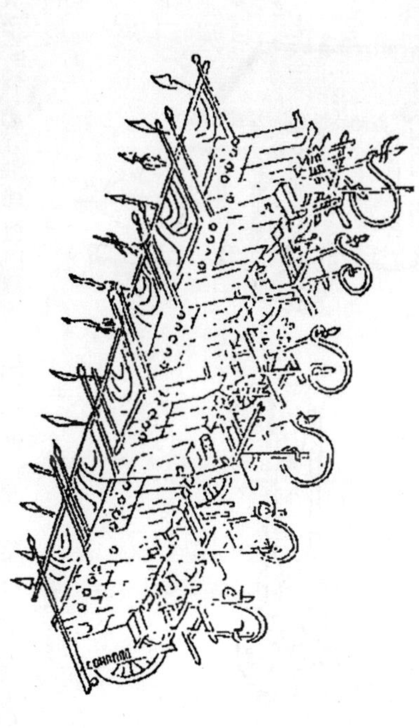

近年，輕車之製超出古法遠甚。益以大將軍滾車威力無敵，第少火箭耳。愚今訪造一式。每輛架百子銃三門，百虎齊奔及長蛇神機箭三百枝有奇。總百輛計之，火器益多，惟次第舉發，則用之不竭矣。以綿褥蔽車前，庶可當鉛彈。用火器時旋卷之，以此禦倭，或亦一長技也。平地止須二人，遇險量增二人，則推挽如飛。

破敵火風鼎

用杉木爲之，形類方櫃，高三尺，闊一尺五寸。上做蓋板，板上用木做數十槽，四閣四柱，高二尺。上做飛虎旗四面，以壯威儀。櫃爲雙扇門，內藏發藥、烏銃、火箭、飛彈、大將軍等器數件，上面亦架數件。後做一架，架上用麻繩一圈，下設四輪。架前列列器十餘件，每櫃用壯士二人推，一人點火，一人待刺賊衝陣。用此排列陣前，號砲一響，齊滾而進，火砲、火箭一起發出，利害百倍。

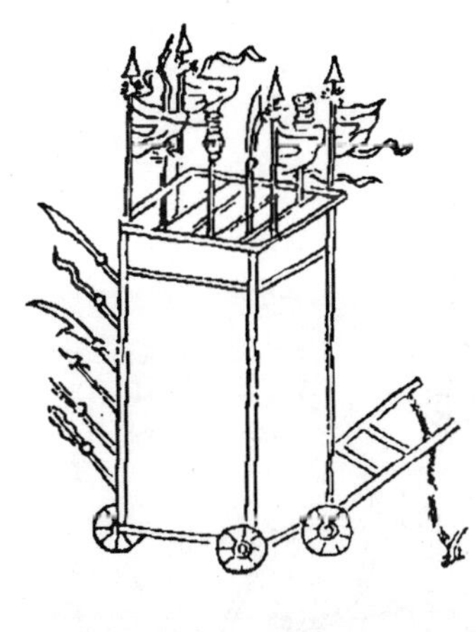
［破敵火風鼎］

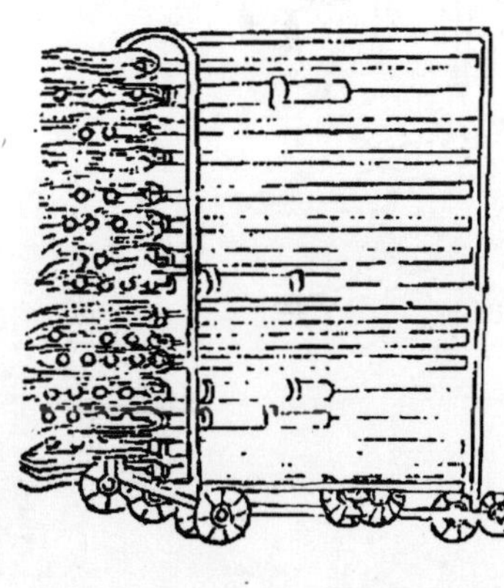
［神火萬全鐵圍營］

神火萬全鐵圍營

兵志曰，進爲陣，止爲營。故營寨之製，大將軍護兵之所，三軍保命之地也。即勢不虞，即奔本寨本營，賊雖攻圍，可以自保，豈有他哉，有法器可恃也。用堅木爲櫃，分作四層，內排神弩、神箭、神鎗、神彈一十六件，遠近相間，用壯士五人守之。賊如近攻，萬火齊飛。與神牌間隔，櫃藏遠器以攻擊，牌藏神火噴燒，分遠近兩用。分別八門，天地風雲龍蛇虎豹八門。出入有路，仍將分兵奇正，發驍將以統之，號旗號砲總於中軍。中軍總號令以指揮諸將，驍將聽號令以應敵兵。出其不意，時戰時止，使彼不得休息，乘機一擊而功成矣。上爲女墻，以便觀望，中分四層，以藏火器。下設雙輪，以便推轉。與神牌相間，分爲八門。賊若近攻，萬火齊發，擊成虀粉，乃大將三軍保命之重策也。寶之。

又　卷一三三《軍資乘・火十五・火器圖說十二》

火船

用弊船或木筏，載以蒭薪，從上風順流發火，以焚敵人樓船戰艦。

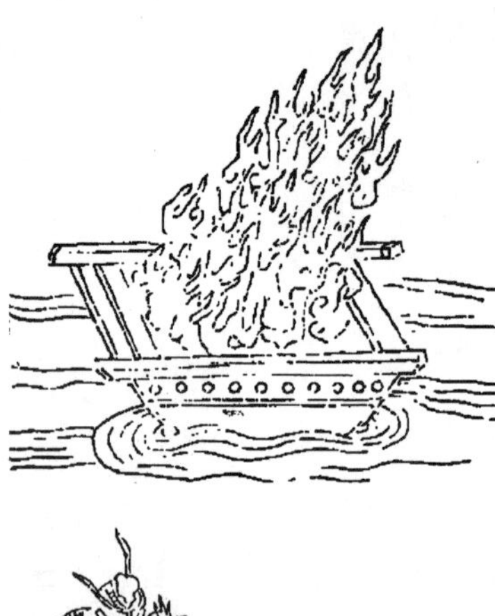

〔火船〕

〔火龍出水〕

火龍出水

用猫竹五尺，去節，鐵刀刮薄。前用木雕成龍頭，後雕龍尾，口宜向上，其龍腹内裝神機火箭數枝。龍頭上留眼一箇，將火箭上藥線俱總一處。龍頭下兩邊用斤半重火箭筒二箇，其筒大門宜下垂，底宜上向，將蔴皮魚膠縛定。龍腹内火箭藥線由龍頭引出，分開兩處，用油紙固好裝釘，通連於火箭筒底上。龍尾下兩邊亦用火箭筒二箇，一樣裝縛。其四筒藥線，總會一處捻繩。水戰，可離水三四尺燃火，即飛水面二三里，去遠如火龍出於江面。筒藥將完，腹内火箭飛出，人船俱焚。水陸並用。

水底龍王砲

砲用熟鐵打造，以木牌載之。其機巧在於藏火，砲上縛香爲限，香到信發，或一更，或三更，準定香限寸數時刻不□。裹以牛脬而不通氣，則火悶死。通以羊腸，硝過，夾以粗鐵線。上以鵞鴈翎爲浮，隨波浪上下，則水灌入而火不死。其機之元妙有如此。乃量賊船泊處，入水淺深，將重石墜之，黑夜順流放下，香到火發，砲從水底擊起，船底粉碎，水入賊沉，可坐而擒也。

應用法物：大彈，重四、五、六斤。發藥。或一斗，或五升。

八面神威風火砲

砲用精銅鎔鑄，長三尺。後爲蘸尾，下爲木架。另鑄提心五枚，每砲一架。用兵二人，一裝一放，衝入賊船隊内，八面旋轉，攻打無休。一砲可透數人，下打船底，板遇碎裂，水漏船沉，不勞餘力而賊可擒也。中藏鉛彈、發藥，遠則攻打二百餘步，近則攻打一百餘步。遇人則穿心透腹，遇船則竟透木板。遠近之機，在低昂之側。發藥之多寡，係鉛彈之重輕。水戰中，遠近擊之器最利者，莫過於此。

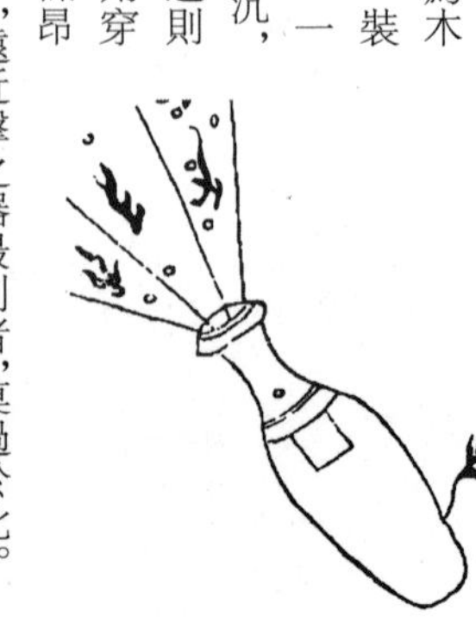

飛空滑水神油礶

用鵝、鴨、鷄蛋盡去其黄，和以桐油，將磁罐注滿，掩塞其口。將細繩爲路，使膂力勇士持之。約離賊船二三丈許，擲入擊碎，四散流溢，兼以風波洶湧，滑不可立，器不得施。況油沾船板，惹火易焚，我兵更於上風，或揚神砂以迷其目，或縱神火以衝其陣，或舉火砲以突其鋒。固雖微法小技，而取勝之功則甚大矣。爲將者慎無輕忽，寶而用之，亦萬全之利。

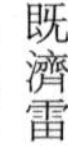

既濟雷

水戰用打船底，鐵鑄大砲，長一尺五寸，徑四寸，内藏送藥二斤，藥信盤曲於砲上，放大鉛彈重二斤，用黄蠟封口。用狗皮一張縫袋，將砲兜在居中，四足用四錐，鑽釘賊舟底上。每一舟底用砲八箇，香到砲發，船底粉碎，則舟沉，賊可生擒也。

藥信方：大黄四兩，百草霜四兩，炭末一斤，不灰木四兩，蜀葵根二兩。共爲末，用硝水調棗肉，椿爲細槎，徐盤於砲心上，曬乾聽用。砲心用硝泥做頭上點之，下接發藥，香到砲發。

渡水神機砲

渡水神機砲者，隔水爲陣，欲用火攻勝之。倘我兵寡，勢不能敵，必暗使細作之士，將砲埋險隘之處。元妙在藥信，二三十砲總于一信，機動則砲齊發。將地掘

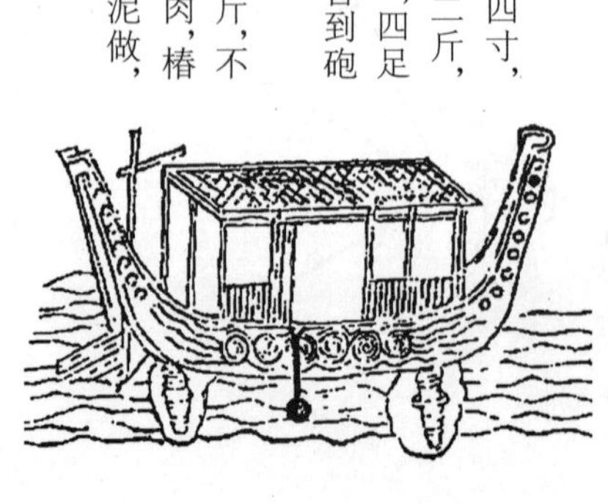

槽，用猫竹剖爲兩半，中剜去節，用礬水浸紙，曬乾，裹其藥信，則不生潮。藏於竹內，埋於地槽，仍以土掩覆。將磁盆對合，敲眼與竹口相對，以埋法火。火種用不灰木製合，用鐵精、乾漆、不灰木、硝、硫等物合之。埋於地。經一二月，遇雨水亦不息。機將長繩繫於藥信，垂於火種之旁。賊至用繩拽動其機，則砲應手而發。砲藏神砂，着賊立瞎雙睛。磁屑着賊，見血封喉。毒火着賊，立時腐爛。鉛子着賊，透腹穿心。隨出奇兵以應之，無有不敗，雖鬼神亦莫測其機也。

隔河神捷火龍陣

以寡擊衆兵之妙，以逸待勞將之謀也。倘或我甚寡，賊兵甚衆，力不能敵，欲隔河爲勢，用火攻之，必相地形，料賊必至，周圍徑成浮溝，將光圓木釘以刀刃，尖鋒上蘸虎藥，兩頭各設轉輪，聯以鐵環，仍覆以土，不露其跡。將牛馬驢騾藏於隔岸林中，使賊不疑。長索貫於牛馬項中，用兵隔岸挑之，賺入套內，舉號爲令。或鞭策其牛馬，或火燒其尾，牛馬齊奔，則滚木捲地而來，且刀刃尖釘俱蘸虎藥，人足馬蹄盡皆砍折，着傷則見血封喉，復駕遠攻神器隔岸擊之，仍以驍兵截其歸路。古之名將，恒以取勝。

又　卷一三四《軍資乘・火十六・火器圖説十三》

地雷連砲

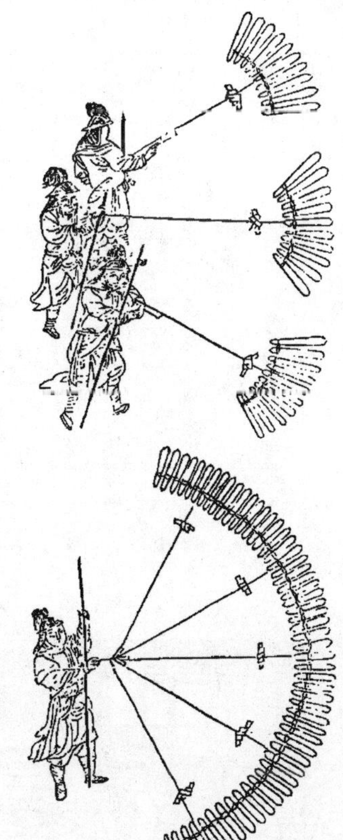

合打砲

每位重二十斤，十位一連。如一營三千人，用三十連，每連用人十五名，人仍各帶銃棍，或劍鎗、火鎗一根。舊砲點放易後坐，傷吾人馬，日擺動常不準。今改身加長，尾加重，前後用照星、照門，以鐵火釘貫其環中，不坐不擺。不用鐵箍，比舊製力大而準。初用火櫃，今改走線以發火，扁線以傳火，尤便。各司一件，臨時頃刻可布，每用藥二兩，墊高一寸。大鉛子一枚，重八兩，遠四五里。小鉛子一枚，重三錢，遠二三里，闊三五十步。

地雷炸營

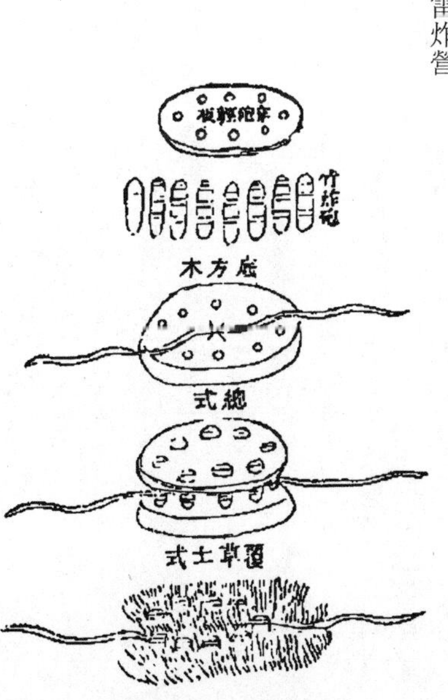

地雷炸營，多設關隘，以竹九寸圍者，鋸作段，長五尺，打通，底留一節。先以生牛皮繩縛，後以沸油灌入，良久傾出。下安藥線，杵作炸砲藥滿八分，入鉛鐵子，以蠟封口。挖地坑五尺，每處下用方木坐竪其八枝，木蓋，隔土不侵。藥信總合一處，於坑内穿透藥線，引進鋼輪，火機動發即應矣。

自犯砲

其製或鐵或石，或磁或瓦，燒造空腹如前炸砲製法。外線通連火槽、火柙機連連安置要路。賊犯其機，羣砲皆烈。

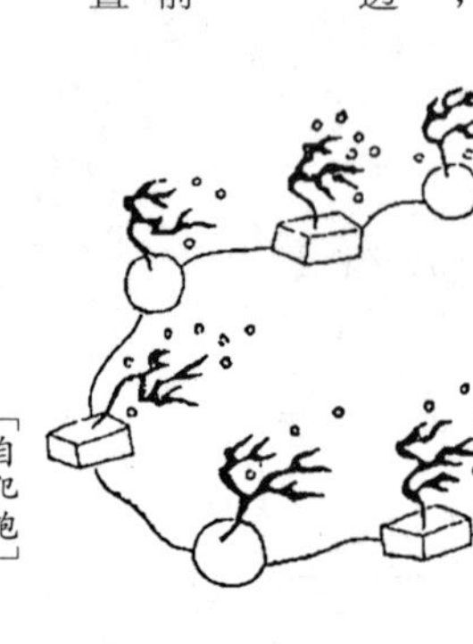

[自犯炮]

炸砲

製以生鐵，鑄大如碗，空腹，上留指壯一口容藥，木杵填實。入小竹筒，穿火線於内，外長線穿火槽。擇寇必由之路掘坑，連連數十，埋於坑中，藥槽通接，鋼輪土掩，使賊不知，踏動發機，地雷從下震起，火焰衝天，鐵塊如飛。

石炸砲

用石造圓形，大小不等，腹中鑿空，裝炸藥滿，杵實九分，入小竹筒一節，入引線，用紙隔藥。上少覆乾土，土上用紙觔泥泥平，盤藥線於上。守城設伏地雷，用此炸砲，火發砲碎，且爲久埋妙器。

萬彈地雷砲

用大窑罈一箇，盛炸藥儘滿，中鑿眼一箇，以裝藥線。罈口用土填緊，探虜出没之處，掘地丈餘，上用亂鵝卵石堆滿，仍用泥土蓋平。再用鋼輪一箇，埋藏如法，將竹竿作爲藥路，引入罈内或遠處，用人扯拽或拌索，以物加上誘之，輪火一發，其罈炸裂如雷，泥土亂石衝天。强寇遭之，有不披靡者乎？乃火攻中最狠者。

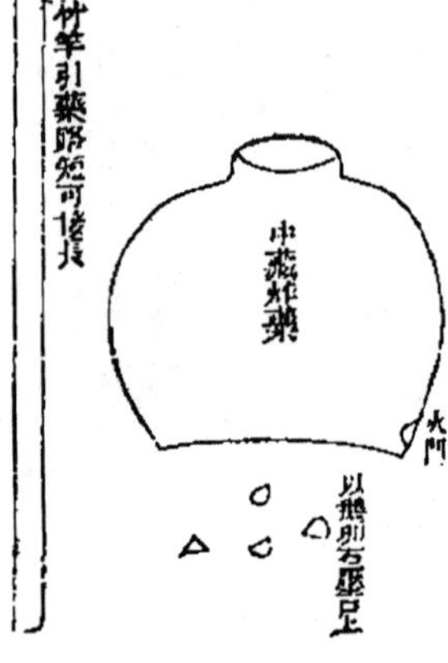

無敵地雷砲

砲用生鐵鎔鑄，以極圓爲妙。容藥一斗或五升，或三升。量砲大小，神火、毒火、出火合宜而用。以堅木爲法馬，分引三信，以防閉塞。令通火竅。料賊必到之地，先埋於地中，賺賊入套，則舉號爲令，火發砲響，奮擊如飛，勢如轟雷，不及掩耳。

穿山破地火雷砲

砲用銅鎔鑄造，身長四尺，中容藥五升，發鉛子三升。或用鐵打造，或如碗大，容藥一升。先下法馬，發鉛子半斤。煙飛火烈，聲如巨雷，林木皆震。人馬遇之，擊成虀粉。必相地勢之宜，而後可用之。先下發藥，次下發法馬，再下鉛子。發藥五升，管鉛子三升。

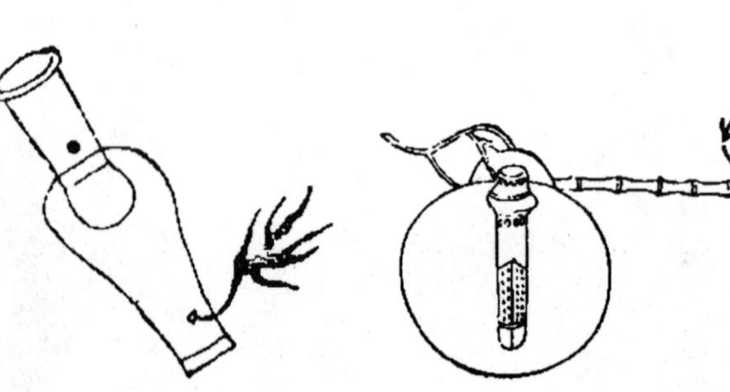

伏地衝天雷

地下埋伏神火法，料賊至之處，預將地挖三尺深，將神火火砲埋伏。火種用烏盆盛，放於砲上，藥線總盤於上，相近火種。其烏盆連於鎗刀桿上，仍以土覆平，不露其跡。鎗柄直竪插地上，賊至，見其械，必來摇拔，提機關，火種倒在藥線上，衆火齊發，聲若霹雷，不及掩耳。火燒砲擊，煙鑽賊孔，血湧髓流，昏迷倒地，可就而擒之，不勞兵力。此賺賊之神術也。

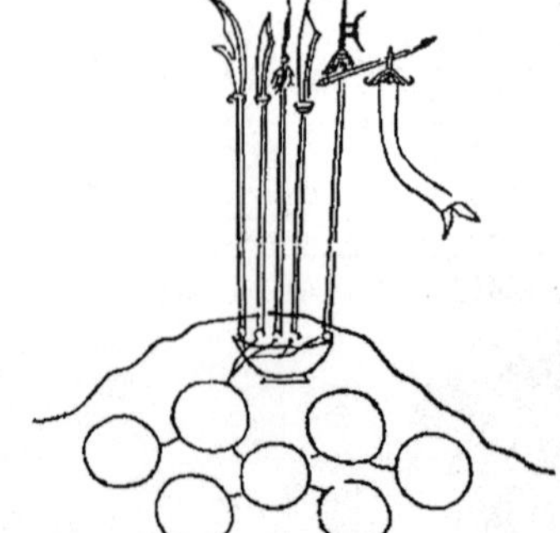

神武默機火箱

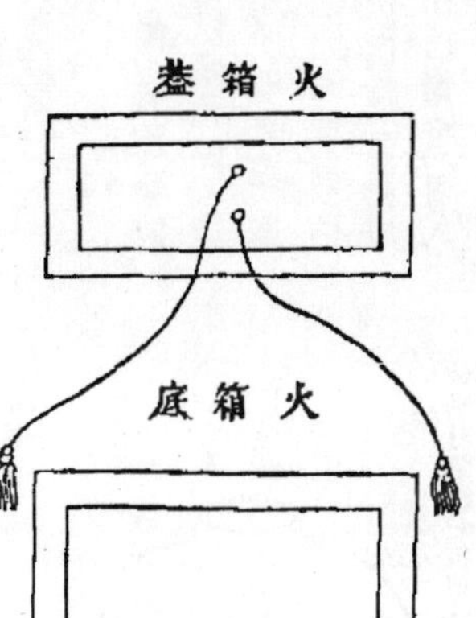

三元會合萬彈式

其製用堅板作箱，若大小任意爲之。箱蓋鑿二孔以通法針，蓋旁開六孔，以通香火。底用禦火之物，油漆堅固。底旁設六孔，以引三元萬彈神砲。此其多備，遇警藏於賊所由之處，一動其機，萬砲齊發，萬馬倒，萬人斃。

鋼輪發火

鋼輪櫃，用榆槐木如式造。兩頭重，用藏火線楄板，底鑿墜石口。櫃蓋周圍多鑽引線眼，内兩旁用槽木四板，上粘紫膠、火石。純鋼，照櫃大小造兩輪，中用鐵軸捲繩，從下中孔拴墜石於底外。櫃内兩頭閣輪，用鐵板四箇，中開眼。製鐵長針，將底外墜石板扶住。閣

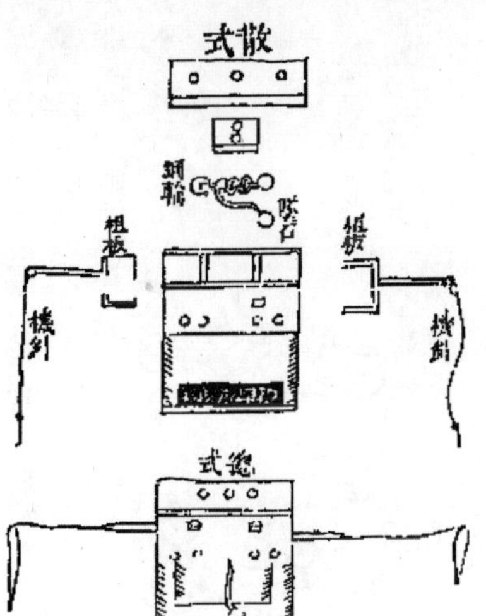

於地坑，草土覆之，其針鼻拴遊線，交橫遠繫釘地。若人馬絆繩，針脫輪轉，火起貫天，通槽火線，羣砲轟發，有神術之妙。屢試，驗也。

鋼輪伏火櫃全式

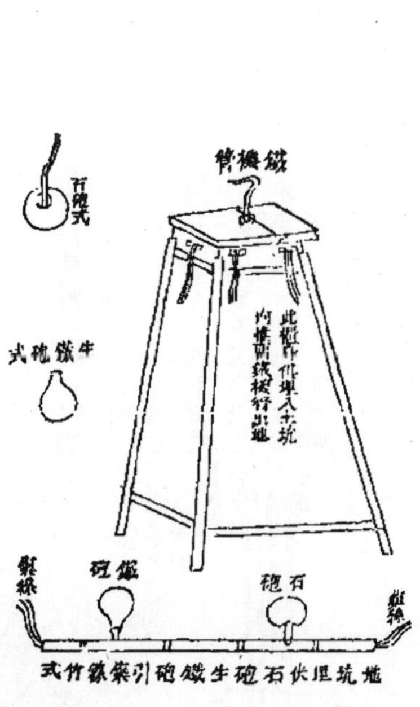

裝石硾上鋼輪閘板式

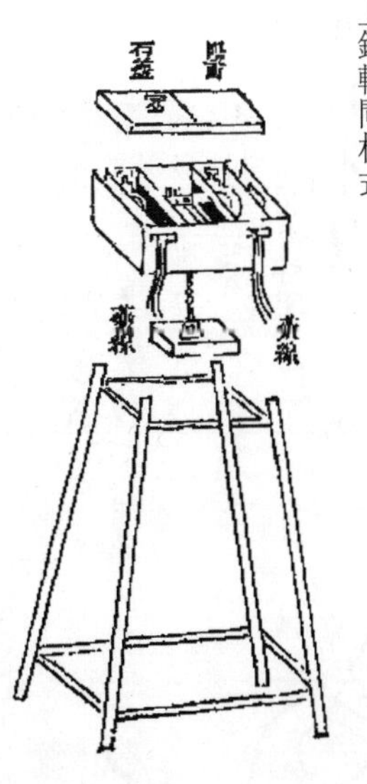

分形

竊聞鋼輪之製，出自諸葛武侯，埋伏土坑，以發地雷、石砲者。先年本兵譚公試之介領口，曾收奇捷。劉河范遊戎留心戎事，特珍藏一式攜歸。昔者海醜

匪茹，樂浪揚波，督撫軍門常屈羣策，講求水陸戰守機宜，日汲汲焉，如渴思飲。乃范遊戎出所藏鋼輪以獻，中間機巧，仍與李總兵、董遊戎商确爲之者。倘山海要害可用，足爲制敵一勝算耳。

鋼輪木匣石板木架全式

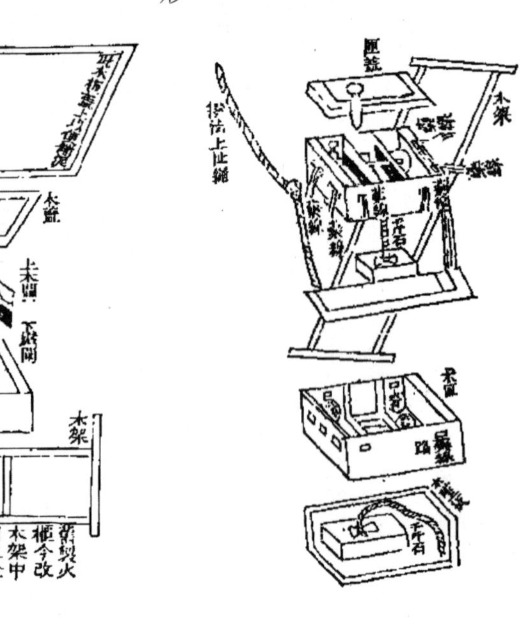

分形

匣長一尺五寸，闊七寸。匣底中出一孔，聽穿墜繩石之用。將木拴二根，做架一箇，鑲定木匣在於地潭上，與地相平。其匣每頭鑿眼二箇，以通發藥。藥線桁條之脈，匣中兩旁直處爆線路二條，裝放鐵閘板，其閘板四塊，先將二塊從線路放下，閘板上銼一闕口，架上鋼輪橫條。又將二塊板下銼一缺口，合上鋼輪，下鑲嵌火石輪條，中間要一小釘，可滚石繩。匣中放妥蓋好，匣底眼内透出繩頭，下係千斤石一塊。此石用木相撐住，襯於匣底之下。板下有潭深丈餘尺。板之兩頭，一頭用繩繫牢，一頭聽拴鐵銷，銷後有圈以繩繫定，引出在外。或使人扣拴，或以物誘賊自犯，扯出鐵軌，木板自下，千斤石從空墜下，鋼輪轉動，石上火起，發藥盡燃，分散各處，桁條、砲石、蒺藜衝飛。四處皆兵，旌旗悉竪，地覆山摇。用好淨鋼三斤，打成二輪，形如車輪，猶中碗口大。橫用鐵條一根，長七寸，將兩輪中鑿方眼，拴嵌鐵條，務要牢，繫鐵條上。架板處要銼深痕，輳上缺内，使不走動。鐵條中間要小釘，可轉繩索。

空營式

中用鋼輪一箇，四圍將木做桁條，腹中鑿空，聽裝發藥。每桁條旁鑿眼，以備裝砲。桁條接處須留角，使可鑲架。仍用蓋好，將鋼輪埋在平地下，掘方潭深丈餘，闊二尺，上用二方木爲架，放匣其上。匣與地平，四圍將桁條凑嵌在鋼輪匣側八眼，内分開八處，度其地之方圓遠近，埋作一營。四面用五色旗幟，分爲四門。旗柄用竹竿，下離底四尺鑿眼，將細木鏇圓長三尺，橫稍竿眼，每旗下掘潭一箇，將旗放倒，凑放潭上，將土蓋定。竿後用千斤石一塊，又要長蔴繩一條，營之四角，釘木樁一箇，將蔴繩兜於四角。又將竿併千斤石，齊放繩上，一總將繩扯緊。於鋼輪邊釘一大木樁，用火藥一包縛裹，四圍將各樣竹木火器、石砲、地雷、藥弩、火箭用藥線俱輳入桁條眼内。匣中將鋼輪上千斤石如法整治，用發藥入四圍桁條内，其輪中發藥一一裝裹。仍用泥土併各器蓋没，如同平地。方用撥法線裝於匣上，或用四圍縛索，或用物引誘，或用線遠處，或埋要路相機而行。踏機而出，一火發，萬火燃，四門旗竪，遍野雷轟。凡用埋伏多在險峻林麓，此只伏於平地，驍勇賊寇即遇埋伏，奮力格鬥

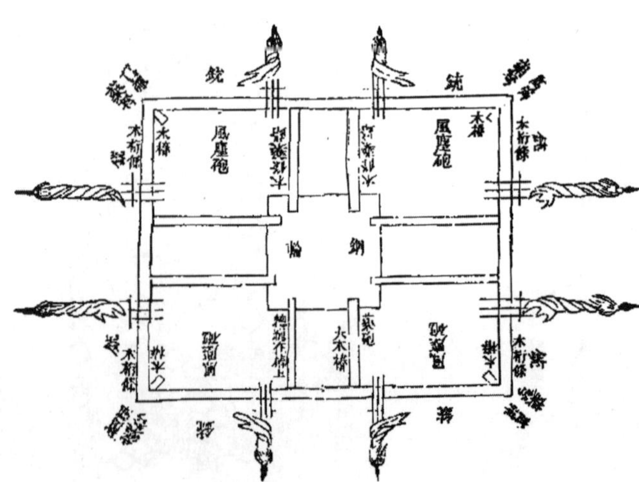

尚有殺傷，乃若中此伏者，雖拔山舉鼎之力，常勝慣戰之軍，倶千百成羣，灰燼糜爛，無影無形。使搆怨起釁之徒，魂摇膽裂，莫敢再犯。克敵利器，惟此爲最，比諸葛武侯所製，首尾頗覺完美。有志籌邊者，尤當加意，不漫視也。

伏雷砲

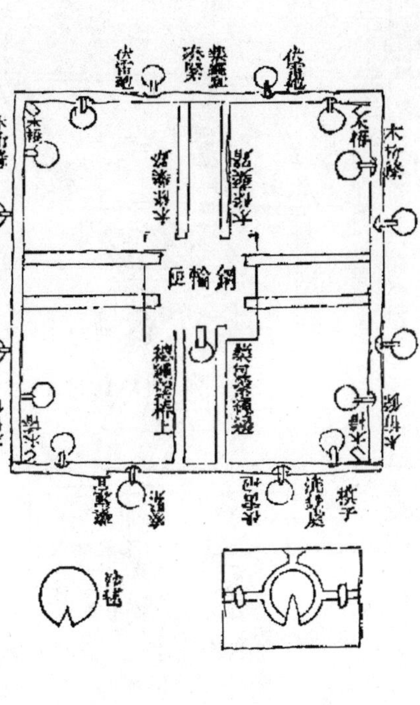

將生鐵熬化，以稻草截細，雜黄土頻摻火中，令濁鐵自出。將模子鑄成鐵砲，模子要細，土入鹽紙打爛，做成開合模子一對，模上開竅，以便灌鐵。內空如碗，火中用沙泥圓毬裝在模內，要離懸二分，以松香、瀝青燒煙，將模子薰黑。生鐵汁灌進模子內，鑄成伏雷砲，取出，去砲中沙泥，放入炸藥，裝上藥線，將一長木刳一深槽，兩旁須穿數十眼。槽中放上發藥，仍蓋好如法。將伏雷法湊在槽眼，將砲藥線引入槽內，發藥中木槽頭湊放鋼輪匣一箇，如法埋之。探賊從某處來，今犯某處，從某處歸，即賁砲埋藏要道。此器不拘城堡，皆可預備。假如東堡敵犯，量其歸路，西南扎等堡處處埋藏，敵過盡成虀粉，埋伏最利之器。此砲亦可作大將軍內子砲。

太極總砲

其製以熟鐵，或堅木，如式

造。無論大小，上蓋太極，開一竅露火氣，中桶繫種火、盤香、釘鐵活機，周圍安穿八卦銃，兩耳鐵針入扶中槅，下底宜厚，盛藥物針挩，羣砲皆發。隘口空營，多設猶妙。

隱跡火陣

用缸罏不拘大小，內裝鐵蒺藜、鉛彈、鐵石、炸砲、惡煙、毒火實滿，木板鑲口，下鑽小眼，透火線口，上重紙固封。隨軍載行，臨置底上口下，用竹篾編人獸之象，紙糊彩畫，油刷罩缸如擺布。相其賊之來路，或二三陣，或五七陣，虛實兼設。每處爲方陣，中安磁缸一箇，四角各立藥罏四箇，各以竹編人獸罩覆，横直鑿地道，接聯火線引窖藏鐵石等砲，多埋鋼輪機繩。誘賊陷此，火機動發，霹靂轟起。不惟飛打重傷，煙藥衝突，人馬倶亡，務要遠於我營也。

藥瓶藥囊

藥瓶用銅管，內約定火藥分兩，頸下銅片爲閘。用時以指抵瓶口開閘，傾藥滿管閉閘。領入銃用藥囊，用布木底，底下留孔，以木塞住。裝藥去罩，藥瓶上一傾便滿，倶取簡便。

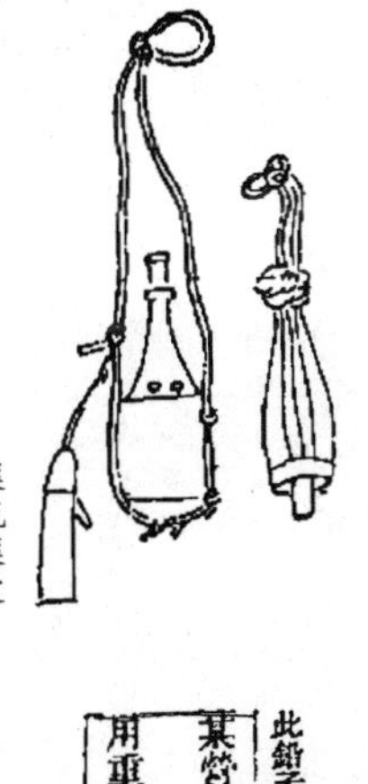
藥瓶藥囊

鉛子模

以石爲之，用二扇，有二筍。初鑄時用繩拴定。

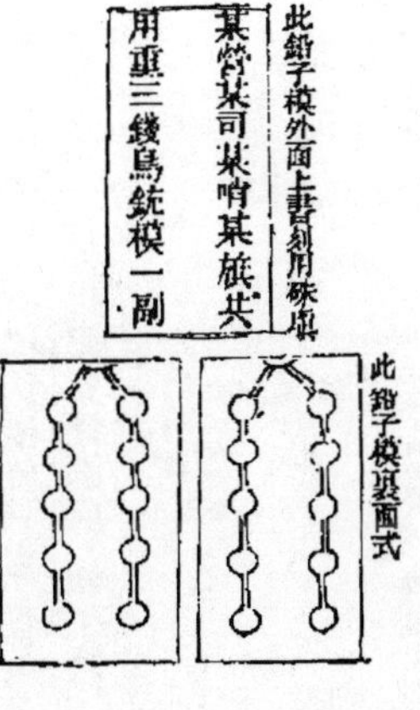

種火庫

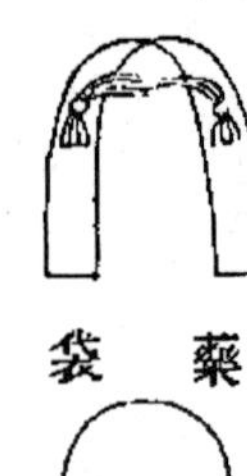

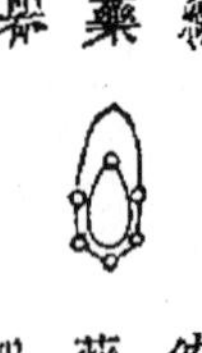

種火庫

用堅木造櫃，高一尺，徑方五寸，四面鑽藥線眼，內中照櫃隔厚鐵葉一方。一邊轉軸，下放火藥，穿藥線。旁人鐵針，扶住鐵槅，上放種烌。內藥線接通火槽砲具。設伏要路，針穿長細繩，扯伏於地。繩動針脱，火落槅下，藥燃砲發。此庫比鋼輪易造，但種火不過十日而盡，仍要人種火物料。

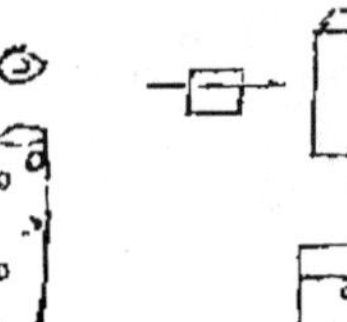

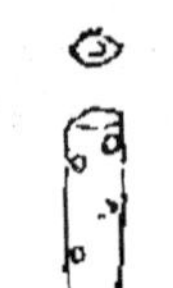

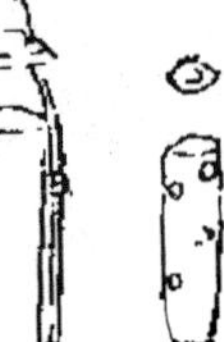

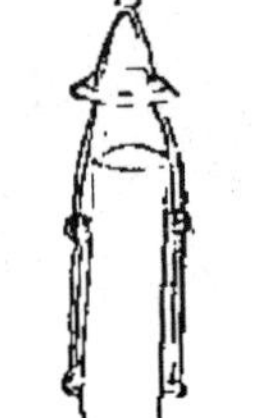

藏火筒

用銅打成，式長一尺一寸，徑三分。筒之周圍花鑽十三孔，以通火氣。外用大筒一箇，長一尺一寸三分，徑五分，套之蓋上鑽一竅，安神火繩，隨帶於身旁。此種火之便具也。

明・孫元化《西法神機》卷下　西洋大彈式十種　凡彈必合銃口徑以爲圓形，故不預定大小斤數。

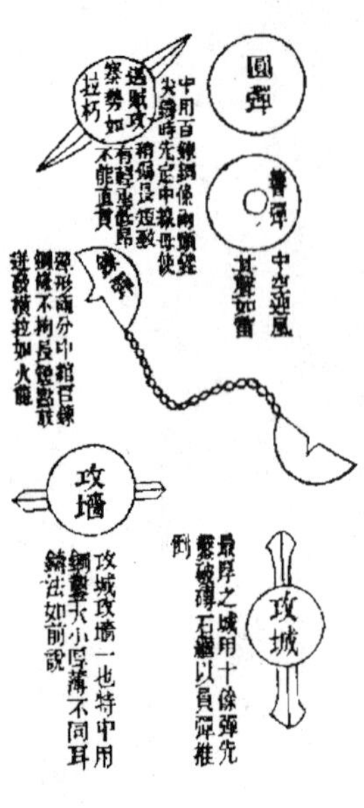

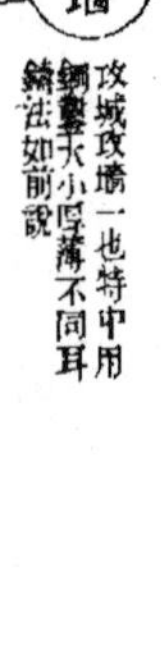

又

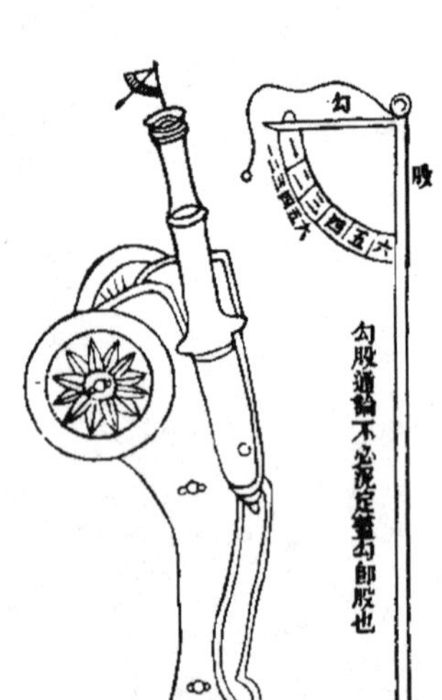

明・宋應星《天工開物》卷中《燔石》

燒取硫黃圖

又 卷下《佳兵》

鳥銃

萬人敵

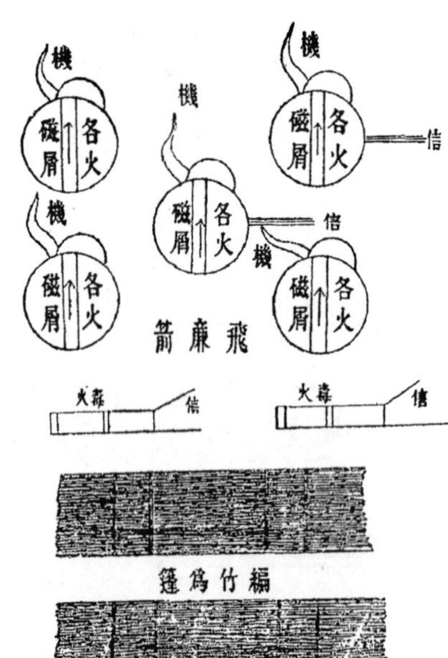

地雷

地雷炸

混江龍

混江龍炸

八面轉百子連珠砲

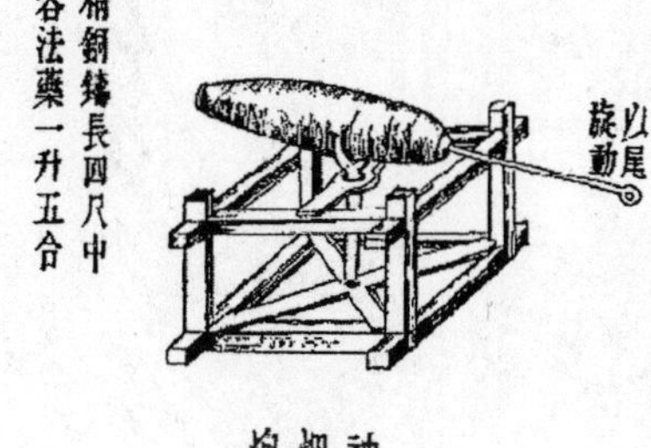

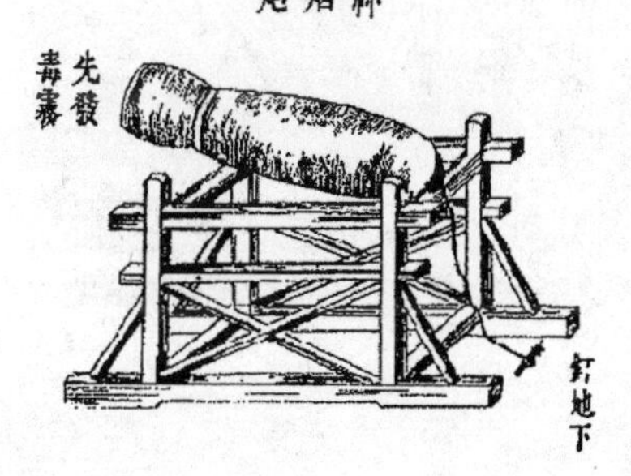

吐燄神毬

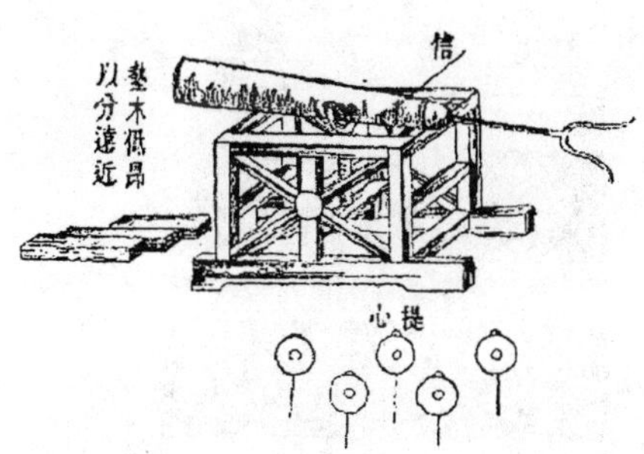

流星砲

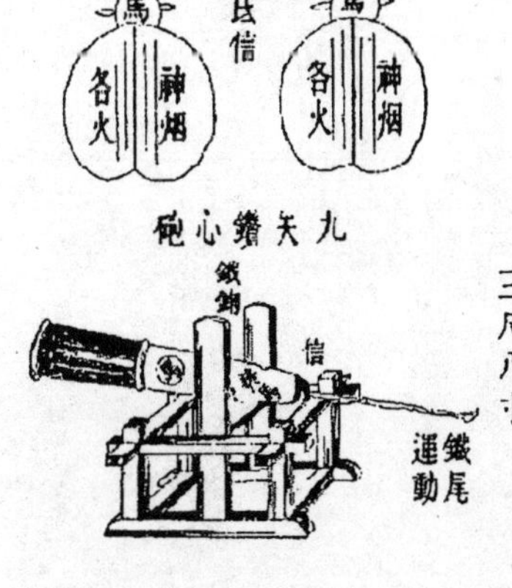

明·湯若望　焦勗《火攻挈要諸器圖》鑄銃臺

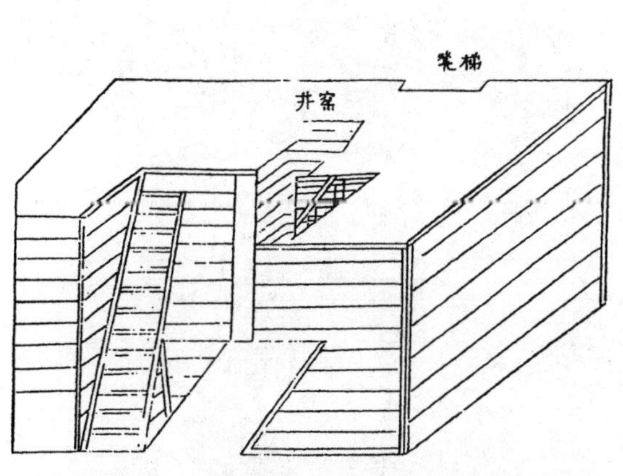

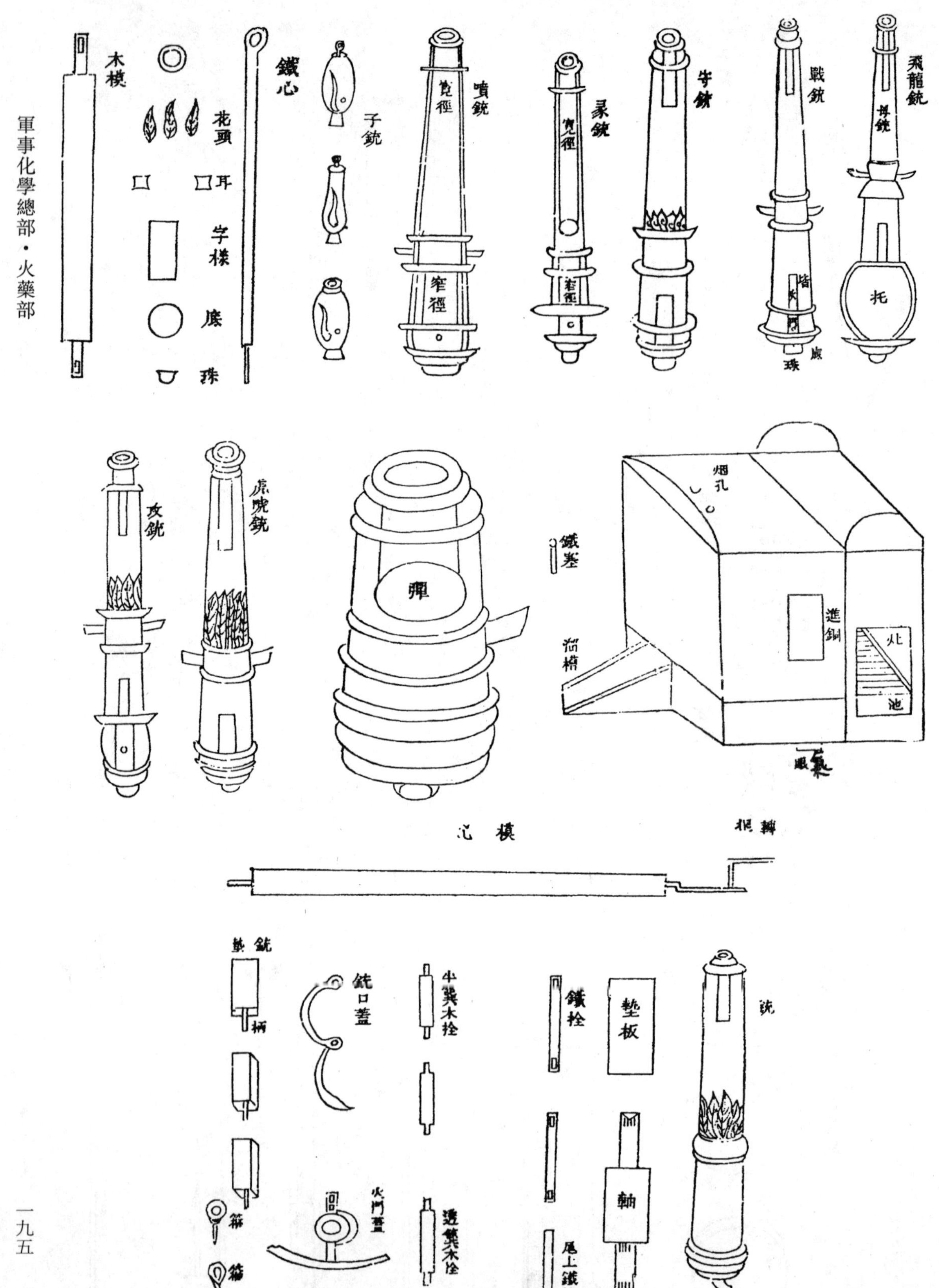
木模
花頭
耳
字樣
底
鐵心
子銃
噴銃
寬徑
窄徑
象銃
守銃
戰銃
飛龍銃
托
攻銃
虎蹲銃
彈
烟孔
鐵塞
進銅
模心
轉把
銃口蓋
鐵拴
墊板
軸
尾上鐵拴
火門蓋

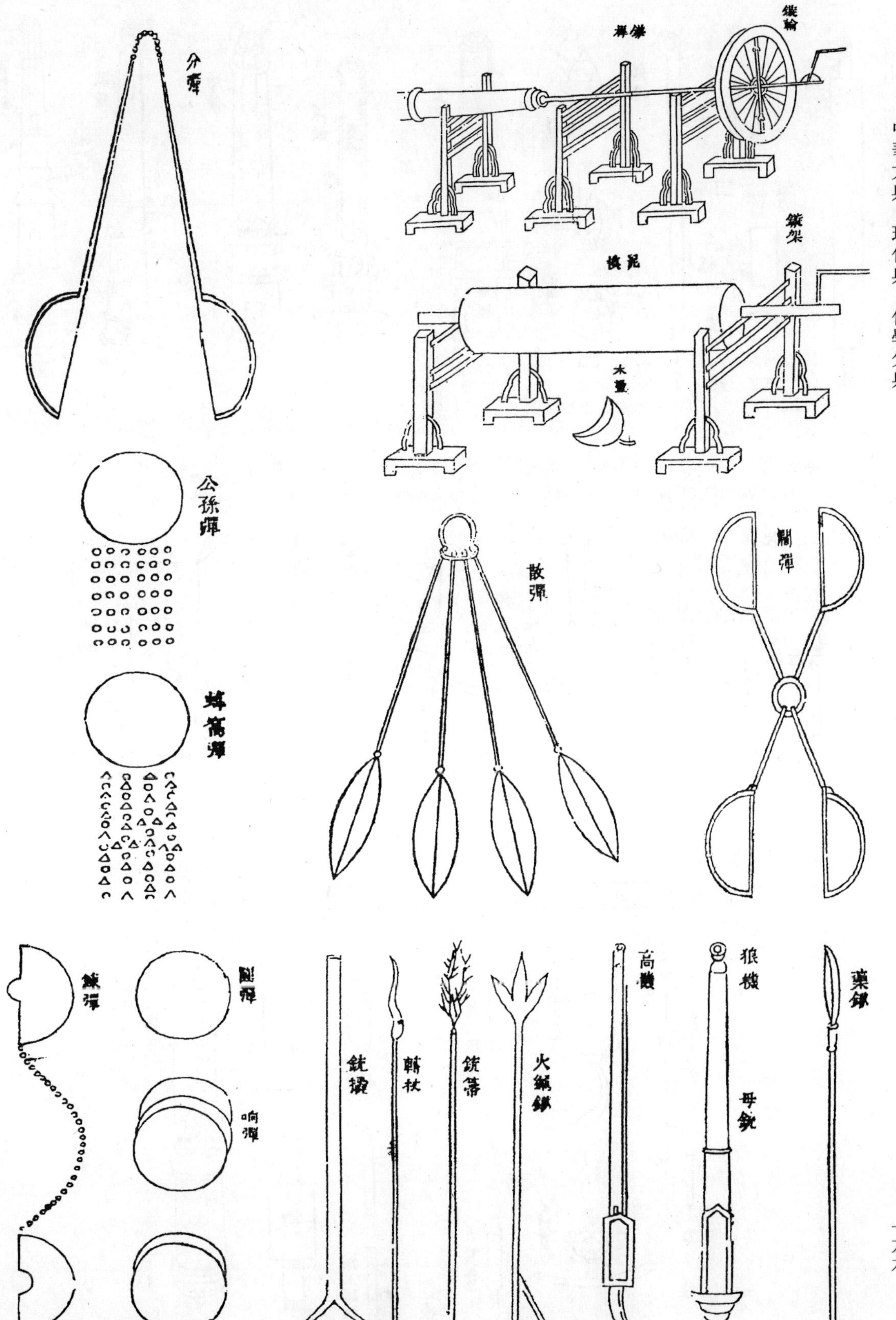
分彈
公孫彈
蜂窩彈
散彈
鍊彈
响彈
狼機
母銃

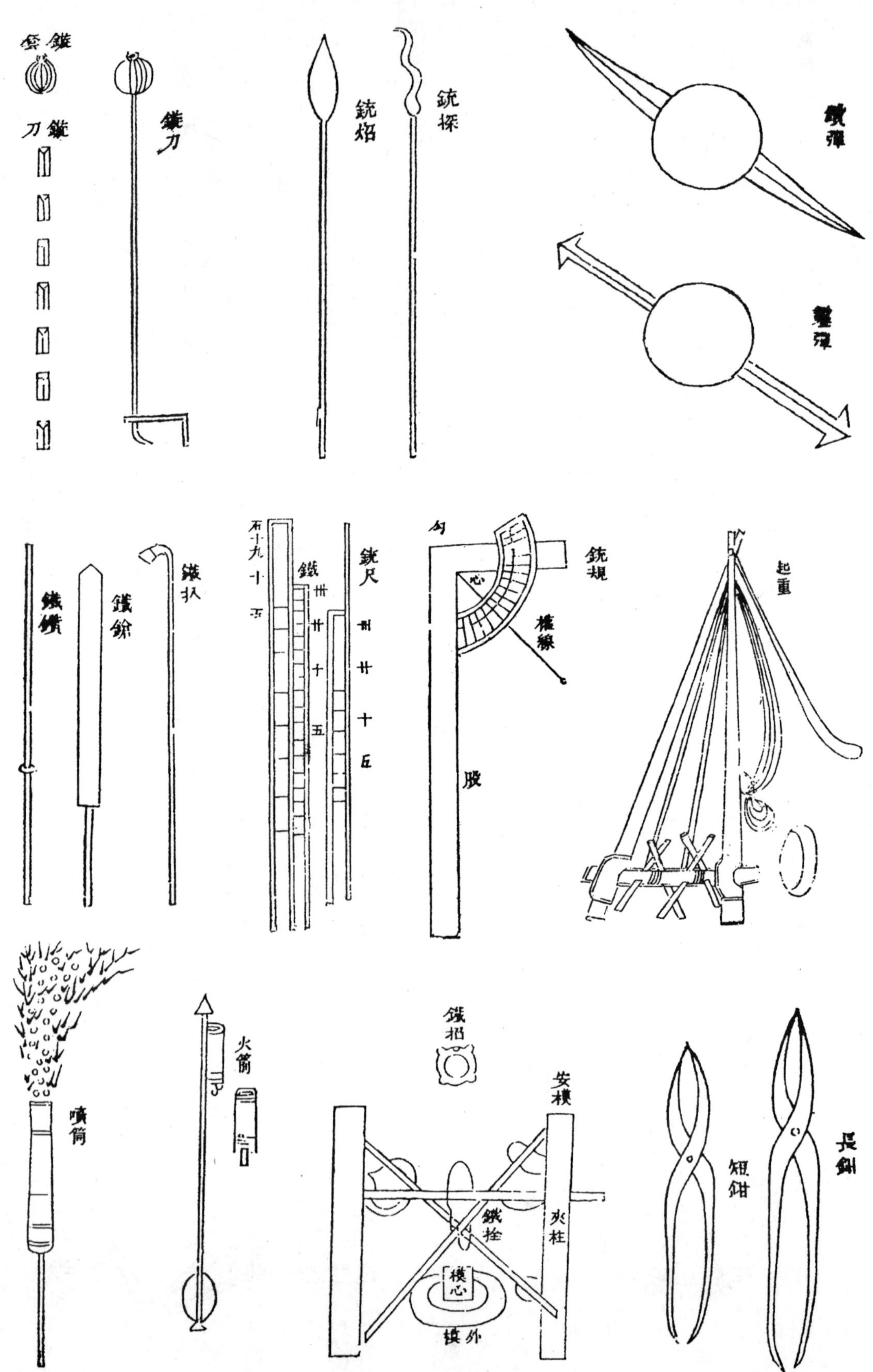
鏇銃
鏇刀
鏇刀
銃焰
銃探
鐵彈
鐵彈
鐵鑽
鐵鍁
鐵扒
鐵
銃尺
銃規
勾
心
權線
股
起重
噴筒
火箭
鐵招
安横
鐵拴
夾柱
模心
模外
短鉗
長鉗

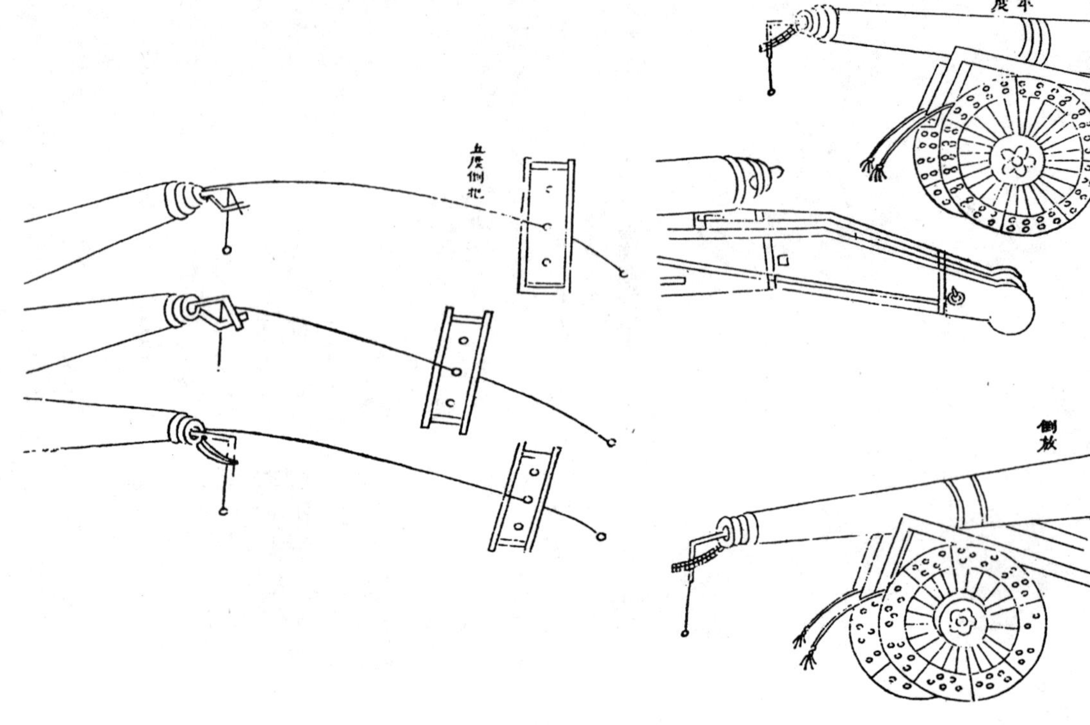

《清禮器圖式》卷一六

御製金龍礮　謹按《明史・兵志》，古所謂礮，皆以機發石，元初得西域礮，攻金蔡州城，始用火。然造法不傳，後亦罕用。至明成祖平交阯，得神機鎗礮法，特置神機營肄習。製用生熟赤銅相間，其用鐵者，建鐵柔，爲最，西鐵次之。大小不等，大者發用車。次及小者，用架、用樁、用托。大利於守，小利於戰，隨宜而用，爲行軍要器。嘉靖八年，造佛郎機礮，謂之大將軍，發諸邊鎮。佛郎機者，國名也。正德末，其國舶至廣東，得其制。以銅爲之，長五六尺，大者重千餘斤，小者百五十斤。萬曆中，大西洋船至，復得巨礮，曰紅夷，長二丈餘，重者至三千斤，能洞裂石城，震數十里。邱濬（大學衍義補）：元人始造礮，以攻破襄陽，世因目曰襄陽礮。今礮之制，用銅或鐵，如筒狀，中實以藥，而以石子塞其口，旁通一線，用火發之。

聖祖仁皇帝御製金龍礮，鑄銅爲之，前弇後豐，底如覆笠，重自二百八十觔至三百七十觔，長自五尺八寸至六尺，通髹以漆，前鋄金龍火珠；後鋄金回文、蕉葉文、夔龍；底鋄金花文。隆起四道，旁爲雙耳，左右鐫大清康熙二十年御製清、漢文。受藥自六兩五錢至八兩，鐵子自十三兩至十六兩。載以雙輪車，通髹朱，箱繪蟠夔，中加鐵盤，鋄銀花文。施機使可低昂，上爲鐵鋬，承礮耳。礮口背輴，輴長一丈有五寸，兩端飾銅龍首鳳尾，中繪雲文，輪各十有八輻。

御製制勝將軍礮　謹按聖祖仁皇帝御製制勝將軍礮，鑄銅爲之，前弇後豐，底分瓜棱，重五百觔，長五尺，不鋄花文，隆起四道，近口爲照星，面鐫大清康熙三十四年景山內御製制勝將軍。用藥一觔八兩，生鐵子三觔，星高五分，遠放酌量加藥。移與斗上眼用之。總管監造：御前一等侍衛海

御製制勝將軍礮

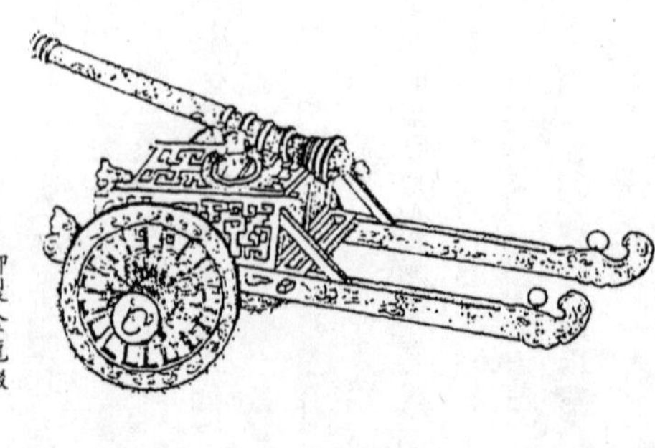
御製金龍礮

清，監造官員外郎巴福壽，筆帖式碩思、泰噶爾，圖匠役李文德、袁四漢文。載以雙輪車，通髹以朱，橫梁承礮，轅長一丈，前橫木二道，輪各十有八輻。

御製威遠將軍礮　謹按聖祖仁皇帝御製威遠將軍礮，鑄銅爲之，前哆後歛，形如仰鐘，重七百五十觔，長二尺五寸，口鍥花文，周鑄梵文，中雙魚形，間以荇藻，隆起五道，底橫連鐵軸。受藥自八兩至六觔，鐵子自三十觔至三十五觔，入藥礮内，間以木，加土寸許，乃入鐵子，復置藥子，内以螺旋木繞藥線，外裹朝鮮貢紙，盛以竹筩，入於子内，後出線寸許，以達礮藥，前出六七寸以待然。子外仍實火藥，隔以濕土，鐵鍱掩礮口，固以蠟。發時先然鐵子藥線，再速然火門藥，礮發子出，迸裂四散，爲用最烈。遠近以受藥若干及礮尺若干度爲準。載以四輪車，通髹朱，軨長四尺九寸，面立木以限鐵軸，前後橫梁，後梁當礮中，下承兩軸，貫板輪，不施輻。

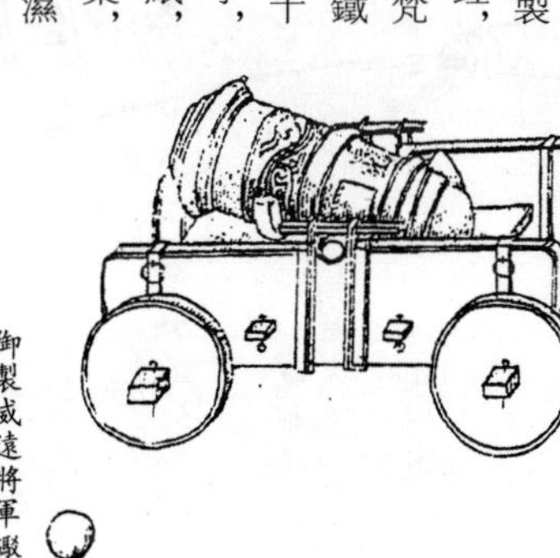
御製威遠將軍礮

神威大將軍礮　謹按本朝制神威大將軍礮，鑄銅爲之，前弇後豐，底少歛，長八尺五寸，不鍥花文，隆起四道，面鑄神威大將軍，右鑄大清崇德八年十二月日造，重三千八百觔漢文。受藥五觔，鐵子十觔。載以四輪車，通髹朱，橫梁承礮耳。轅長一丈五寸，輪各十有八輻。轅間加直木二，外出端加橫木，鐵鐶九以挽之。

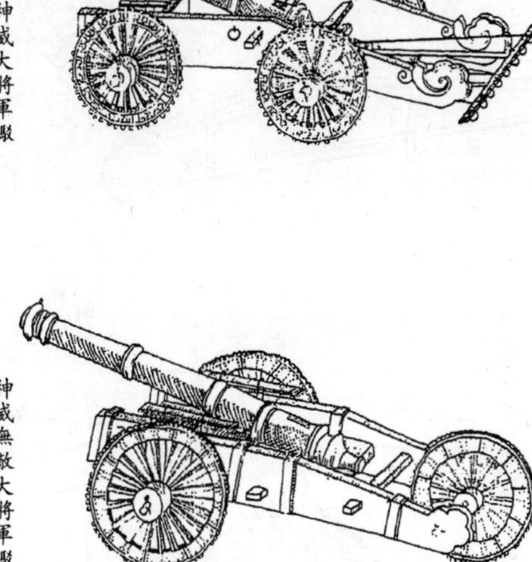
神威大將軍礮

神威無敵大將軍礮

神威無敵大將軍礮　謹按本朝制神威無敵大將軍礮，鑄銅爲之，前弇後豐，底如覆盂，重自二千觔至三千觔，長自七尺三寸至八尺，不鍥花文，隆起五道，面鑄大清康熙十五年三月日造漢文。受藥自三觔至四觔，鐵子自六觔至八觔。載以三輪車，橫梁承礮，轅長一丈二尺二寸，後二輪，轅間一輪，各十有八輻。轅旁施鐵鐶以挽之。

神威將軍礮　謹按本朝制神威將軍礮，鑄銅爲之，前弇後豐，底如覆笠，重四百觔，長六尺七寸，不鍥花文，隆起五道，近口爲照星，旁爲雙耳，中鑄大清康熙二十年鑄造。神威將軍。用藥八、九兩，鉛子十八兩，星高七分。製法官南懷仁，監造官法保、錢齊布、陶三泰，寧古塔吴喇代匠役李文德、顔四漢文。載以雙輪車，轅長九尺五寸，不加繪飾。端施鐵鐶，餘俱如御製金龍礮車之制。

武成永固大將軍礮　謹按本朝制武成永固大將軍礮，鑄銅爲之，前弇後微豐，底如竹節，重自三千六百觔至七千觔，長自九尺六寸至一丈一尺一寸，雜鍥花文、蕉葉文、回文，隆起十道，皆鏤星文。近口爲照星，底左右鑄大清康熙二十

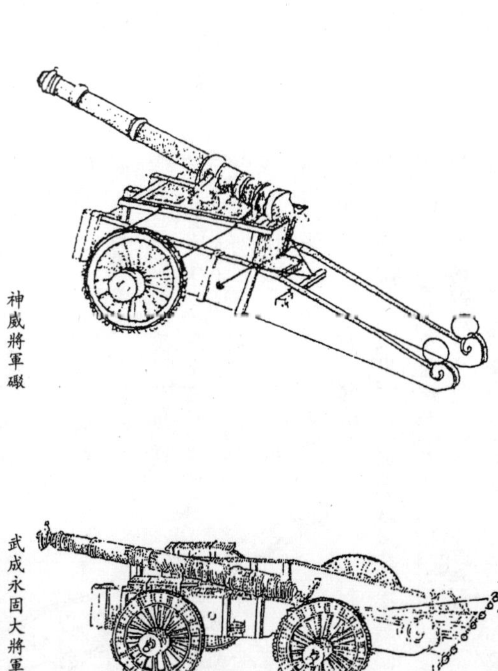
神威將軍礮

武成永固大將軍礮

八年鑄造武成永固大將軍。用藥十觔，生鐵礮子二十觔。星高四分九釐，製法官南懷仁，監造官佛保、碩思泰，作官王之臣，匠役李文德、顔四清、漢文。小者受藥五觔，鐵子十觔。載以四輪車，轅長一丈五尺，鐵鐶七，餘俱如神威大將軍礮車之制。

神功將軍礮　謹按本朝制神功將軍礮，鑄銅爲之，前弇後微豐，底如覆笠，重千觔，長七尺，不鍥花文，隆起五道。近口爲照星，中鐫大清康熙二十八年鑄造神功將軍。用藥一觔十二兩，生鐵礮子三觔八兩，星高四分。製法官南懷仁，監造官佛保、碩思泰，作官王之臣，匠役李文德、顔四漢文。載以三輪車，鐵索承礮，轅長一丈二寸，轅間板輪一，不施輻。餘俱如神威無敵大將軍礮車之制。

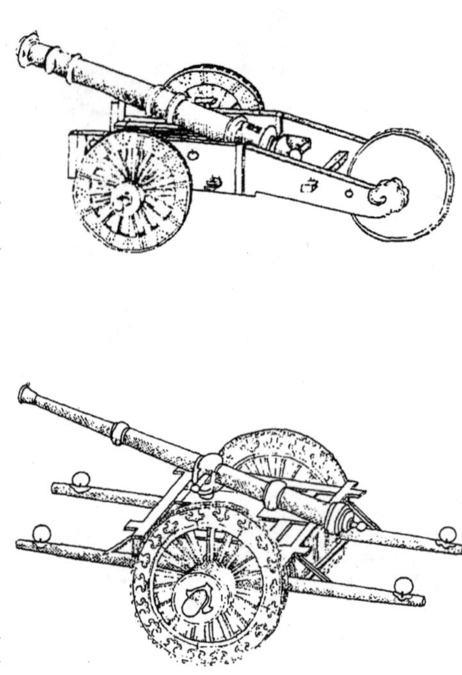
神功將軍礮　得勝礮

得勝礮　謹按本朝制得勝礮，鑄銅爲之，前弇後豐，口如銅角，重三百六十五觔，長六尺三寸，通髹以漆，不鍥花文，隆起三道，旁爲雙耳。受藥六兩，鐵子十二兩。載以雙輪車，通髹朱，正箱爲鐵鋬以承礮耳，轅前後出，長一丈二尺六寸，端皆施鐵鐶，輪在中，各十有八輻。

九節十成礮　謹按本朝制九節十成礮，鑄銅爲之，前後若一，前分九節，後加底，各有螺旋分負，以涉險遠，用時合成之。重自七百九十觔至七百九十八觔，長自五尺一寸至六尺九寸，底環螭三，每節飾獸面三，分鐫重若干。受藥自一觔四兩至一觔八兩，鐵子二觔八兩。載以四輪車，通髹朱，軫平，施輪處少濶，長六尺一寸，中加立木半規以承礮。立木左右爲鐵柱夾礮。右柱長倍左，曲向前。加立表以爲準，板輪不施輻。

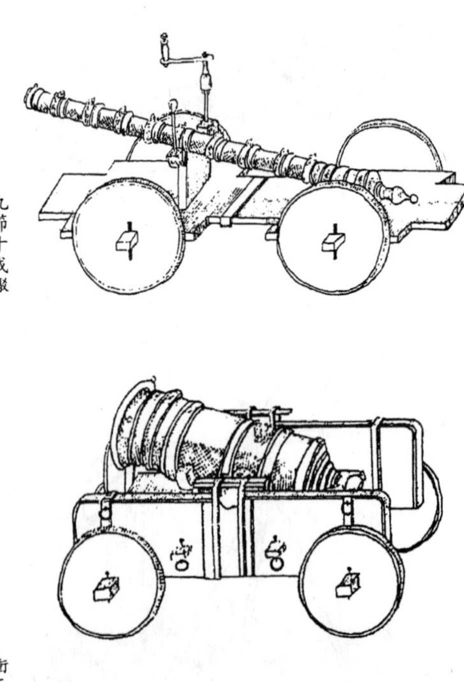
九節十成礮　衝天礮

衝天礮　謹按本朝制衝天礮，鑄鐵爲之，前哆後斂，形如仰鐘，重自三百觔至三百八十觔，長一尺九寸五分，隆起五道，旁爲雙耳，近耳鍥花文。受藥自六兩至一觔，鐵子二十觔。用法如御製威遠將軍礮。載以四輪車，亦如御製威遠將軍礮車之制。

鐵心銅礮　謹按本朝制鐵心銅礮，鑄銅爲體，内以鐵，前弇後微豐，口如螺旋，重一百十觔，長五尺六寸，青緑色，不鍥花文，隆起六道。受藥二兩四錢，鐵子四兩八錢。載以四輪車，轅長一丈二尺一寸，轅端橫木加鐵鐶六，餘俱如神威大將軍礮車之制。

子母礮一　謹按本朝制子母礮，鑄鐵爲之，前弇後豐，底如覆笠，重九十五觔，長五尺三寸，通髹以漆，不鍥花文，隆起五道，加星斗，旁爲雙耳，子礮五，如管連火門，各重八觔，受藥二兩二錢，鐵子五兩。礮面開孔，與子礮相稱。用時内之，固以鐵鈕，遞發之，相續而速。載以四輪車，如凳形，中貫鐵機，以鐵鋬承礮耳。下施四足，橫直皆楔以木，後加斜木搘之，足施鐵輪，輪各八輻，左右推挽，惟所宜。

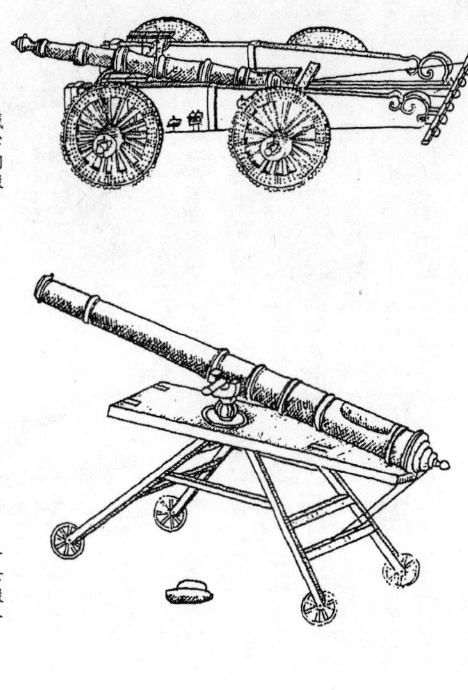

子母礮二　謹按本朝制子母礮，鑄鐵爲之，重八十五觔，長五尺八寸，末加木柄，後曲而俯，以鐵索聯於車上。用法如子母礮一，載以四輪車，亦如子母礮一之制。

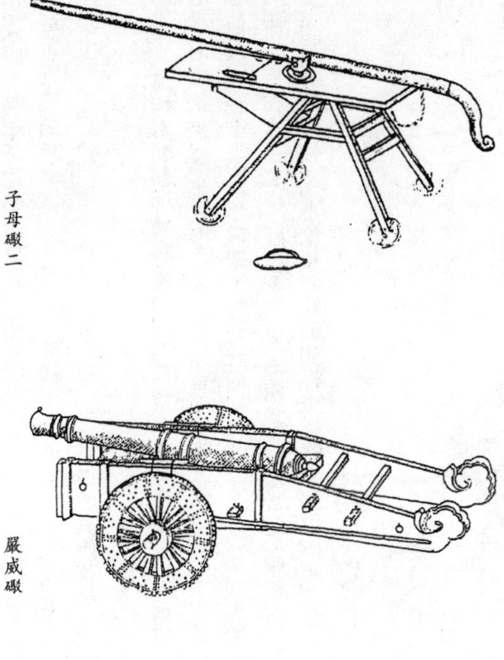

嚴威礮　謹按本朝制嚴威礮，鑄鐵爲之，前弇後豐，底如覆笠，重三百十觔，長五尺，不鍥花文，隆起五道，旁爲雙耳，受藥十兩，鐵子一觔四兩。載以雙輪車，如御製制勝將軍礮車之制。

紅衣礮　謹按本朝制紅衣礮，鑄鐵爲之，前弇後豐，底圓而淺，重自一千五百觔至五千觔，長自六尺六寸至一丈五寸，中鍥雲螭，隆起八道，旁爲雙耳，受藥自二觔六兩至七觔八兩，鐵子自五觔至十五觔。載以三輪車，如神威無敵大將軍礮車之制。

龍礮　謹按本朝制龍礮，鑄鐵爲之，形如金龍礮，重百觔，長四尺五寸，通髹以漆，口鋄金蟬文，中爲雲龍，近後爲蟠螭，隆起六道，加星斗，旁爲雙耳，受藥二兩四錢，鐵子五兩二錢。車如子母礮一之制。

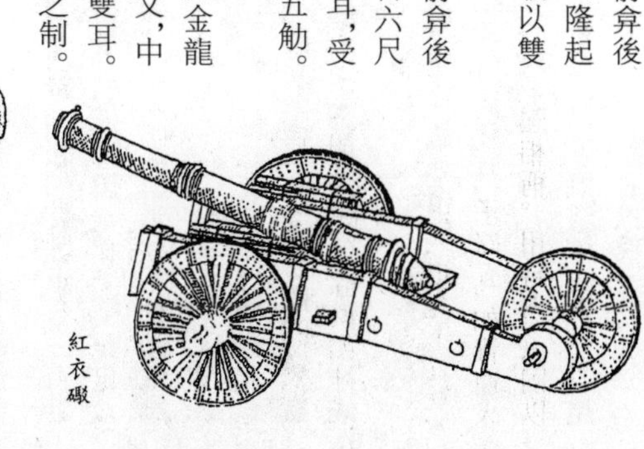

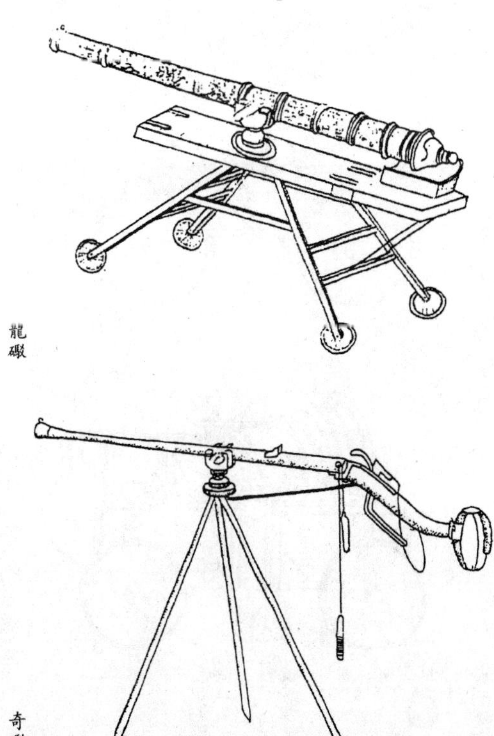

奇礮　謹按本朝制奇礮，鑄鐵爲之，後通底旁如牡鑰，重三十觔，長五尺五寸六分，通髹以漆，不鍥花文，近口爲照星，中加斗素鐵火機，旁爲雙耳。子礮四，如管，連火門，受藥自九錢至一兩，鐵子二兩六錢。後加木柄，曲而俯下爲屈

成，開柄以內子礮，從牡鑰中固以鐵鈕，遞發之，相續而速。柄末綴立瓜形，青緞爲之。載以鐵盤，鐵鏨承礮耳，下以三木搘之，末鐵鐏。

行營信礮　謹按本朝制行營信礮，鑄鐵爲之，上下若一，重自四十觔至八十觔，長自一尺六寸至一尺八寸，不鍥花文，隆起四道，受藥八兩，置地發之。

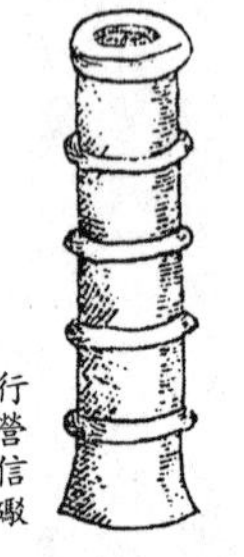
行營信礮

渾銅礮　謹按康熙二十年聖祖仁皇帝平定吳逆，獲其所製渾銅礮，藏之武庫，以備軍行之用。礮鑄銅爲之，前弇後微豐，底如覆笠，重自一千二百觔至二千一百觔，長自六尺至六尺一寸，不鍥花文，隆起九道，旁爲雙耳。受藥自一觔十二兩至二觔八兩，鐵子自三觔八兩至五觔。載以雙輪車，轅長九尺四寸，端施橫木，餘俱如御製金龍礮車之製。

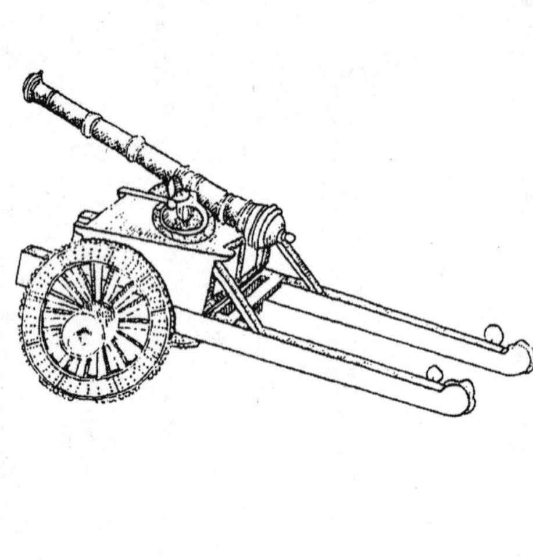
渾銅礮

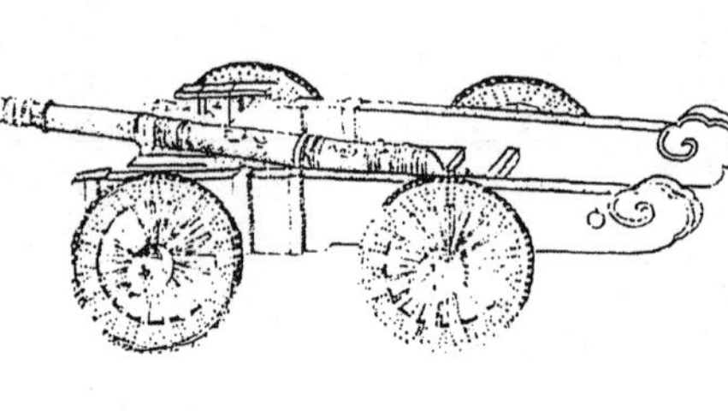
臺灣礮

臺灣礮　謹按康熙二十二年聖祖仁皇帝平定臺灣，獲其所製礮，藏之武庫，以備軍行之用。礮鑄銅爲之，前弇後微豐，口形如鉢，重自三百觔至七千觔，長自四尺三寸至一丈二寸，雜鍥花文、蕉葉文、蟠螭人、獸形，間以番書。隆起十道，中爲龍文雙鈕，可貫繩懸之。受藥自一觔一兩至十觔，鐵子自二觔二兩至二十觔。載以四輪車，通髹朱，橫梁承礮，轅長一丈二尺七寸，輪各十有八輻。

回礮　謹按乾隆二十四年平定西域，俘獲軍器無算，上命皆藏紫光閣，以紀武成。回礮，鑄鐵爲之，前弇後豐，長五尺，口鍥蕉葉文，通鋄金銀花文，隆起七道，素鐵火機，下屬於鞍，木質，蒙以革，橐駞負之。西師深入，屢得茲器，即用以擊賊，遐方異製克底膚功敬登於册，以附諸礮之末。

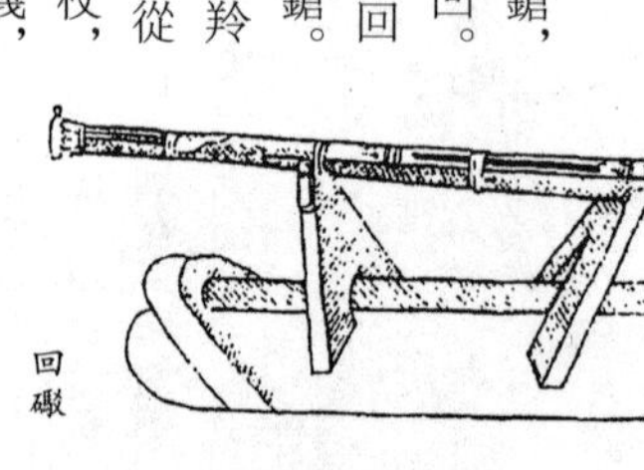
回礮

御製自來火大鎗　謹按聖祖仁皇帝御製自來火大鎗，鑄鐵爲之，重五觔九兩，長三尺三寸六分，口爲蓮瓣，微凹。近口鋄金回文、藻文，前起脊，中面分四稜，後圓，皆鋄金回文、藻文。鋄金素火機，銜石旁施鋄金鏤花輪，擊石發鎗。受藥八分，鐵子六分五釐。芸香木牀，末亦鋄金，義末飾羚羊角。凡交鎗之制，口加照星，中加斗，或於近火門加斗，從斗中視星所指，以爲準。牀，視鎗微短，竅其端，以內搠杖，以樺木或角爲之，飾以銅或角，長於鎗寸許。牀下加木義，曲而前鋭，中施橫梁，前却，惟所宜。牀面置鎗，束以韋三道。

御製自來火大鎗

御製自來火二號鎗　謹按聖祖仁皇帝御製自來火二號鎗，鑄鐵爲之，重三觔，長二尺八寸，口鋄金獸，面前起脊，後四稜，受藥一錢二分，鐵子一錢八分五釐，鸂鶒木牀，牀末不加飾，餘俱如御製自來火大鎗之制。

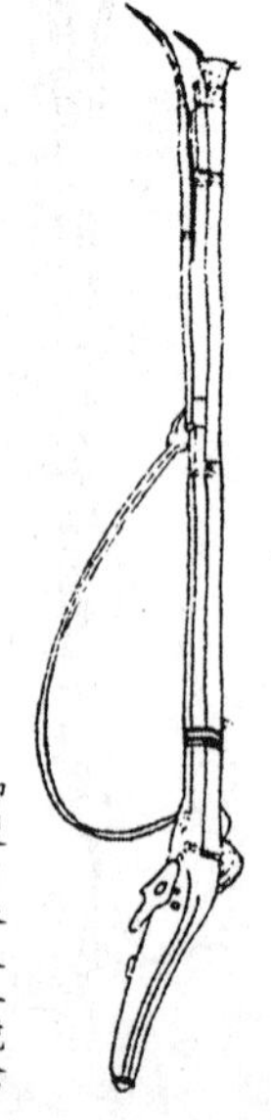
御製自來火二號鎗

御製自來火小鎗　謹按聖祖仁皇帝御製自來火小鎗，鑄鐵爲之，重二觔十二兩，長二尺四寸九分，口鋄金蕉葉文，鍥索文、星文，前起脊，中四棱，周鋄金如鐶二道，後圓，近火門爲蟠螭。受藥七分，鐵子一錢。烏拉松木牀，牀末不加飾。餘俱如御製自來火大鎗之制。

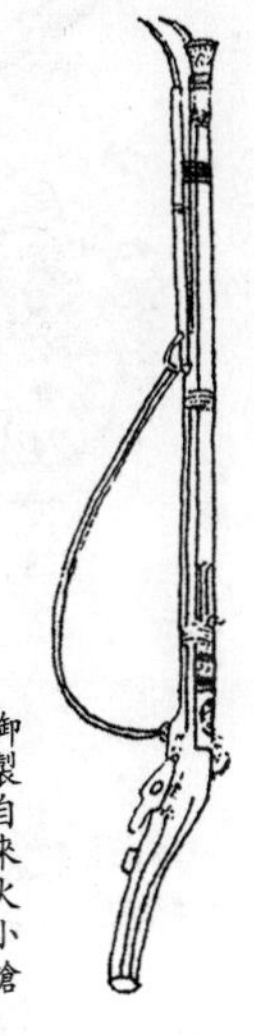
御製自來火小鎗

御製禽鎗　謹按聖祖仁皇帝御製禽鎗，鑄鐵爲之，重六觔，長三尺五寸，口鋄金蓮瓣，前起脊，中四棱，後圓，近火門鋄金雙螭，環繞御製禽鎗篆文。鋄金素火機，加星斗。受藥二錢，鐵子三錢四分。高麗木牀，叉末飾以角。

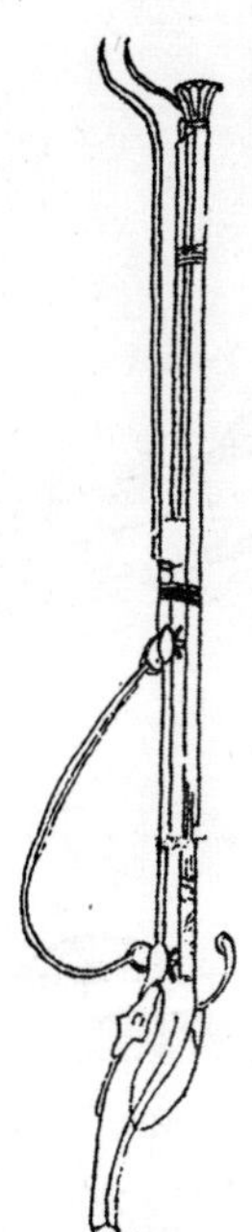
御製禽鎗

御製小禽鎗　謹按聖祖仁皇帝御製小禽鎗，鑄鐵爲之，重五觔七兩，長三尺二寸八分。受藥一錢五分，鐵子二錢七分。鸂鶒木牀，牀末飾象牙花文，餘俱如御製禽鎗之制。

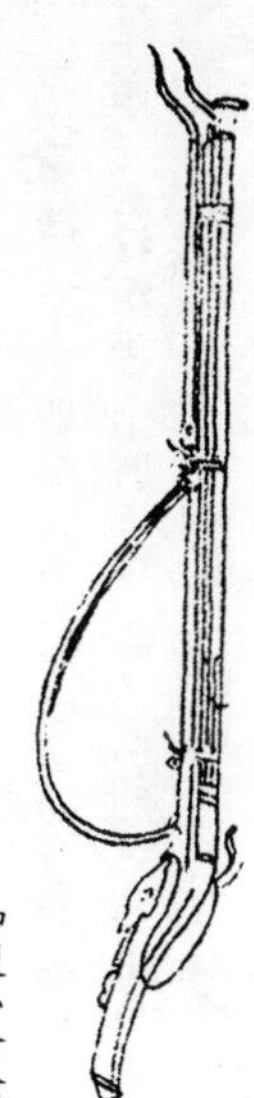
御製小禽鎗

皇帝御用虎神鎗　謹按皇帝御用虎神鎗，鑄鐵爲之，長四尺八寸，口鋄金蓮瓣，前圓起脊，後四棱，鋄金花火機，加星斗雲楸木牀，近斗處飾銀花文。中鋄金乾隆御用，漢文。左右鐫御製虎神鎗記，清、漢文。牀末飾以角，鏤花文。底鐫虎神鎗，藥用二錢五分，子用七錢。鐵八觔十兩，鞘三觔十兩，共重十二觔四兩，漢文。叉以羚羊角爲之。

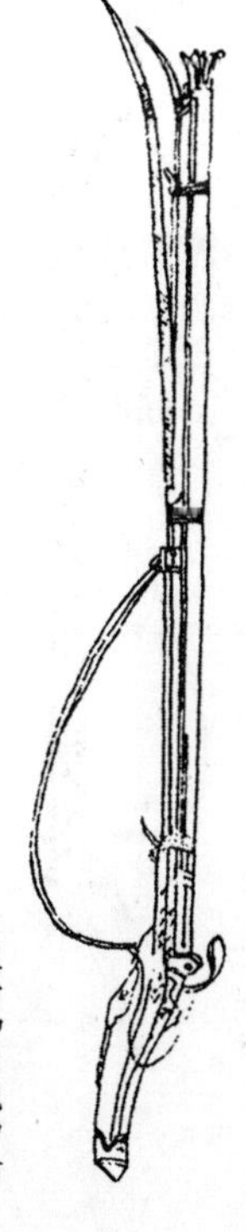
皇帝御用虎神鎗

皇帝御用舊神鎗　謹按皇帝御用舊神鎗，鑄鐵爲之，長三尺九寸，通起脊，鋄金花火機，加星斗。雲楸木牀，近斗飾銀花文，中鋄金乾隆御用。末飾以角，底鐫：舊神鎗，藥用一錢六分，子用三錢三分，鐵六觔二兩，鞘二觔六兩，共重八觔八兩。皆漢文。叉以羚羊角爲之。

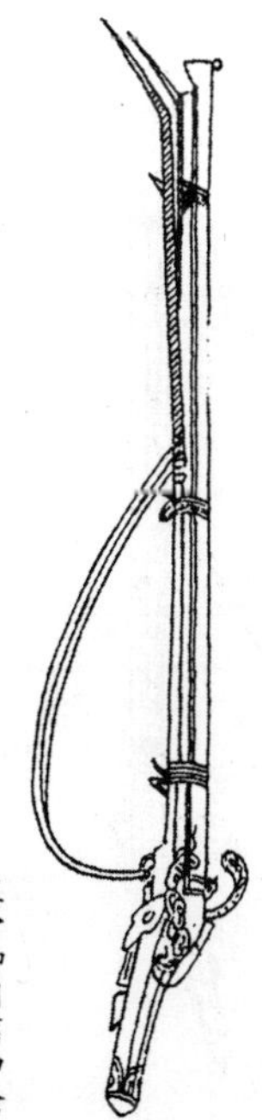
皇帝御用舊神鎗

皇帝御用花準鎗　謹按皇帝御用花準鎗，鑄鐵爲之，長四尺三寸，口鋄金蕉葉文，近口爲索文，前起脊，中四棱，周鋄金如鐶四道，後圓。牀底鐫花：準鎗藥用二錢，子用四錢四分，鐵六觔八兩，鞘二觔十二兩，共重九觔四兩，漢文。餘俱如皇帝御用舊神鎗之制。凡花鎗之制，通冶鐵鍜起爲花文。

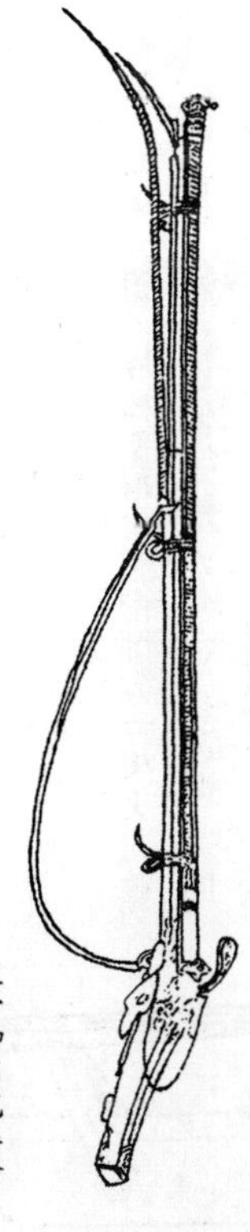
皇帝御用花準鎗

皇帝御用大準鎗　謹按皇帝御用大準鎗，鑄鐵爲之，長四尺三寸六分，口鋄金星文，下亦爲星文，間索文，近火門爲蟠夔。牀底鐫：大準鎗，藥用二錢，子用三錢八分；鐵六觔六兩，鞘二觔十四兩，共重九觔四兩，漢文。餘俱如皇帝御用舊神鎗之制。

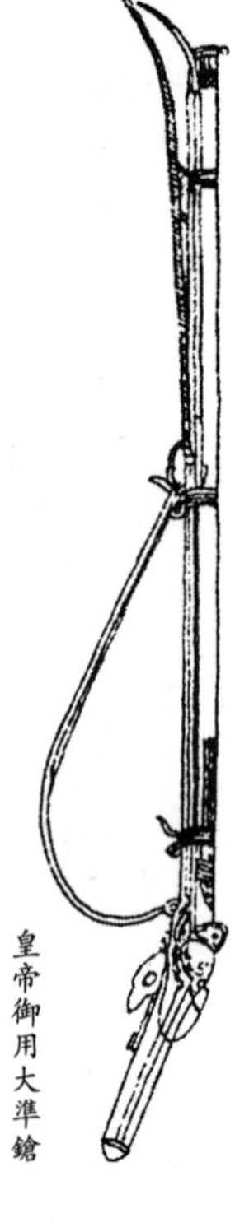
皇帝御用大準鎗

御製奇準神鎗　謹按皇上御製奇準神鎗，鑄鐵爲之，口鋄金回文、蕉葉文，前起脊，中四稜，鋄金爲雙螭。環繞鋄金大清乾隆年製，漢文。後圓，加星斗，鋄金素火機。雲楸木牀，牀末飾以角，底鐫：特等第二鎗，長四尺五寸，重七觔，鞘重二觔二兩，共重九觔二兩；藥重二錢，子重五錢，亦漢文。樺木叉，末飾以角。

御製奇準神鎗

御製準正神鎗　謹按皇上御製準正神鎗，鑄鐵爲之，口髹漆，素鐵火機。牀底鐫：頭等第二鎗，長四尺三寸，重六觔八兩，鞘重二觔，共重八觔八兩；藥二錢，子重四錢，漢文。餘俱如奇準神鎗之制。

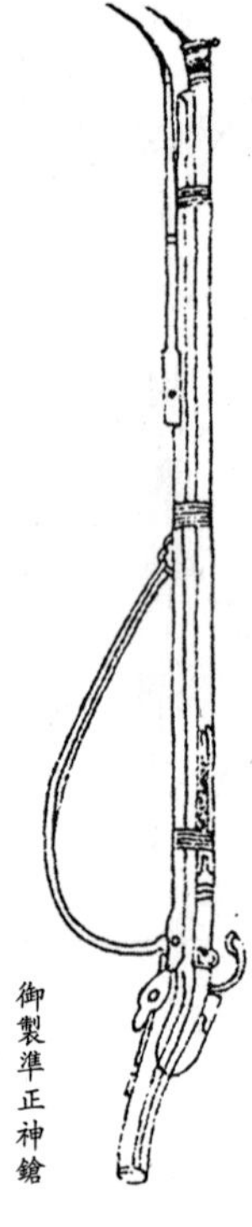
御製準正神鎗

御製純正神鎗　謹按皇上御製純正神鎗，鑄鐵爲之，口髹漆，素鐵火機。牀底鐫：頭等第三鎗，長四尺五寸，重七觔，鞘重二觔二兩，共重九觔二兩；藥二錢子重四錢五分，漢文。餘俱如奇準神鎗之制。

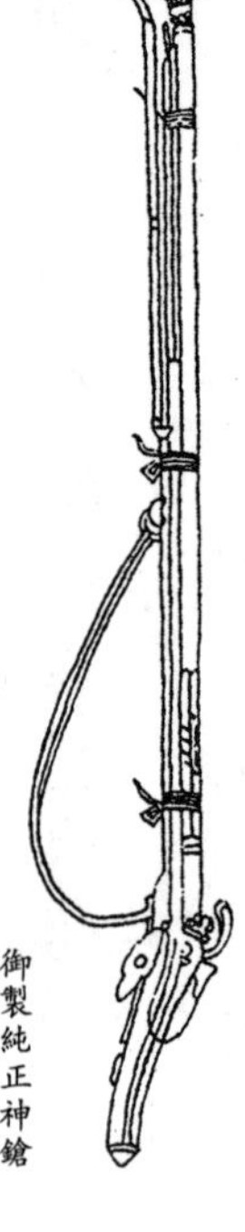
御製純正神鎗

御製連中鎗　謹按皇上御製連中鎗，鑄鐵爲之，口髹漆，素鐵火機。牀底鐫：頭等第四鎗，長四尺四寸，重六觔十二兩，鞘重二觔一兩，共重八觔十三兩，藥二錢，子重四錢五分，漢文。餘俱如奇準神鎗之制。

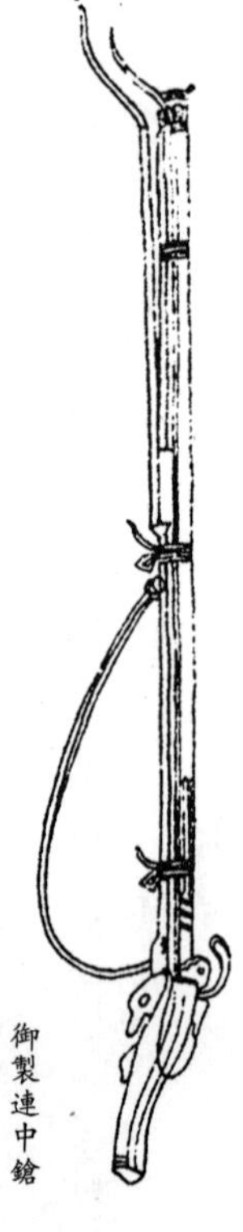
御製連中鎗

御製應手鎗　謹按皇上御製應手鎗，鑄鐵爲之，近口鍥索文、花文，中亦如之。近火門鍥花文，素鐵火機。高麗木牀，底鐫：頭等第五鎗，長四尺五寸，重七觔，鞘重三觔二兩，共重十觔二兩，藥二錢，子重五錢，漢文。餘俱如奇準神鎗之制。

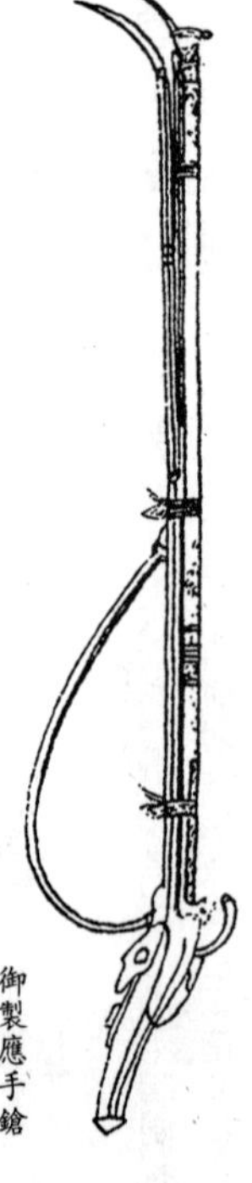
御製應手鎗

御製威赫鎗　謹按皇上御製威赫鎗，鑄鐵爲之，前起脊，鋄金索文、花文，中亦如之。後四稜，近火門鍥花文，素鐵火機。高麗木牀，底鐫：頭等第六鎗，長四尺五寸，重七觔，鞘重三觔二兩，藥二錢，子重五錢，漢文。餘俱如奇準神鎗之制。

御製威赫鎗

御製威捷鎗　謹按皇上御製威捷鎗，鑄鐵爲之，口髹漆，素鐵火機。高麗木牀，底鐫：頭等第七鎗，長四尺四寸，重六觔十二兩，鞘重三觔一兩，共重九觔十三兩，藥二錢，子重四錢五分，漢文。餘俱如奇準神鎗之制。

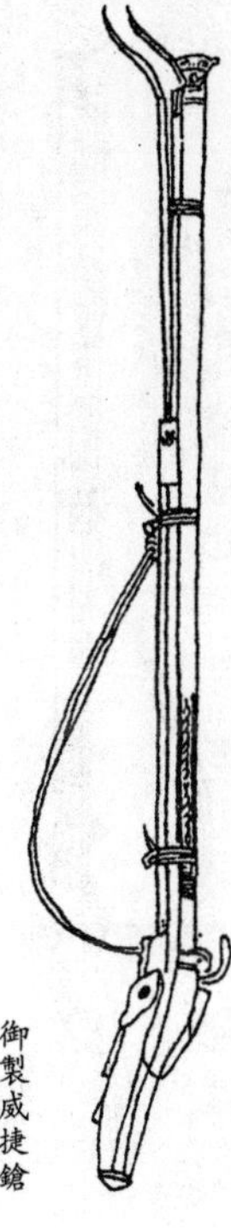
御製威捷鎗

舊神花鎗　謹按本朝制舊神花鎗，鑄鐵爲之，長三尺六寸二分，口爪棱近口鍥花文，前起脊三，中六棱，亦鍥花文。近火門微凹三道，加星斗，鋄金花火機。雲楸木牀，飾銀花文，牀末飾以角，底鐫：神花鎗，藥用二錢，子用二錢八分，鐵五觔九兩，鞘二觔二兩，共重七觔十一兩，漢文。羚羊角叉。

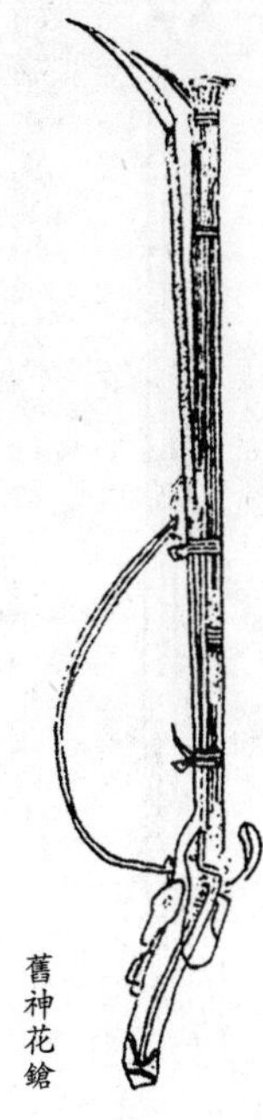
舊神花鎗

素鐵大交鎗　謹按本朝制素鐵大交鎗，鑄鐵爲之，重八觔，長三尺七寸五分，通起脊，不鍥花文，素鐵火機，受藥二錢，鐵子三錢六分。樺木牀，牀末飾以鹿角，叉末飾以銅。

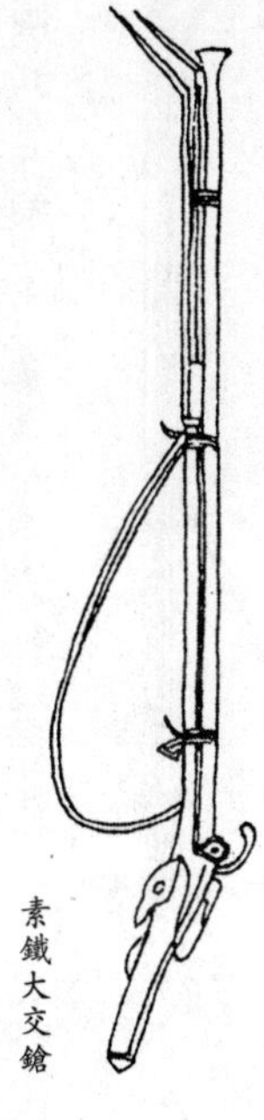
素鐵大交鎗

金口交鎗　謹按本朝制金口交鎗，鑄鐵爲之，重六觔十四兩，長三尺四寸六分，口鋄金蓮瓣，前起脊，後八棱，素鐵火機，受藥二錢，鐵子三錢，榆木牀，牀末飾以鹿角，樺木叉不加飾。

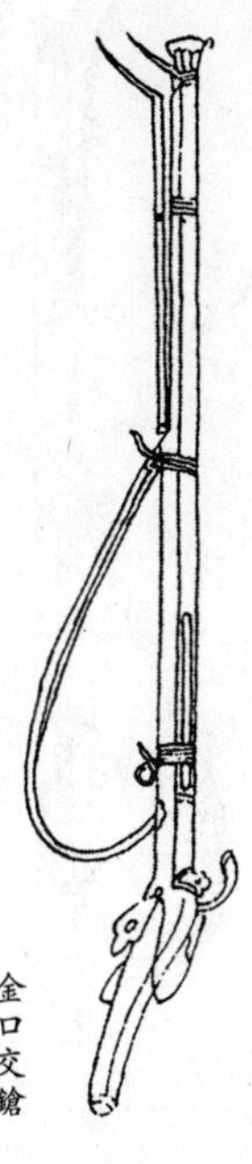
金口交鎗

素口花交鎗　謹按本朝制素口花交鎗，鑄鐵爲之，重五觔八兩，長三尺三寸二分，前起脊，中四棱，素鐵火機，受藥二錢，鐵子四錢，烏拉松木牀，樺木叉，末飾以角。

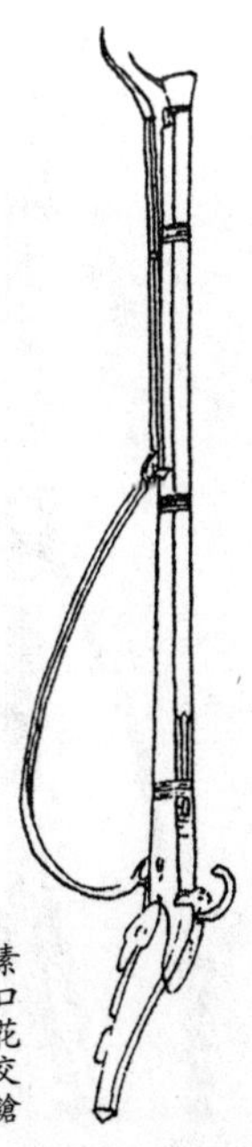
素口花交鎗

八棱口花鎗　謹按本朝制八棱口花鎗，鑄鐵爲之，通八棱，近口弦文，重五觔十兩，長三尺二寸，受藥二錢，鐵子三錢四分，餘俱如素口花交鎗之制。

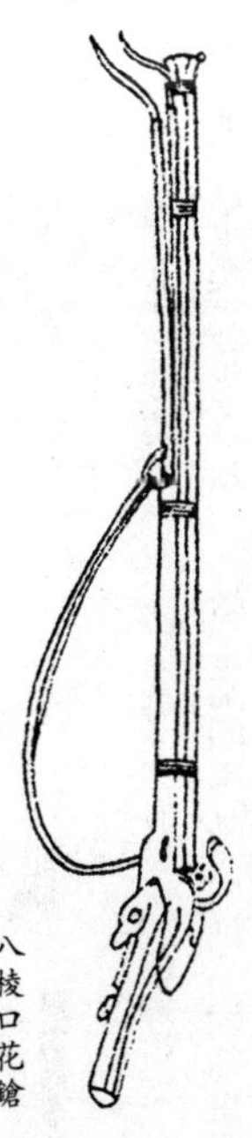
八棱口花鎗

仿神花大交鎗　謹按本朝制仿神花大交鎗，鑄鐵爲之，重七觔十二兩，長三尺六寸二分，口鍥蓮瓣，近口爲素文二重花文，前起脊，中亦爲素文花文，後四棱微凹，素鐵火機，受藥二錢，鐵子三錢四分，牀如素鐵大交鎗牀之制。

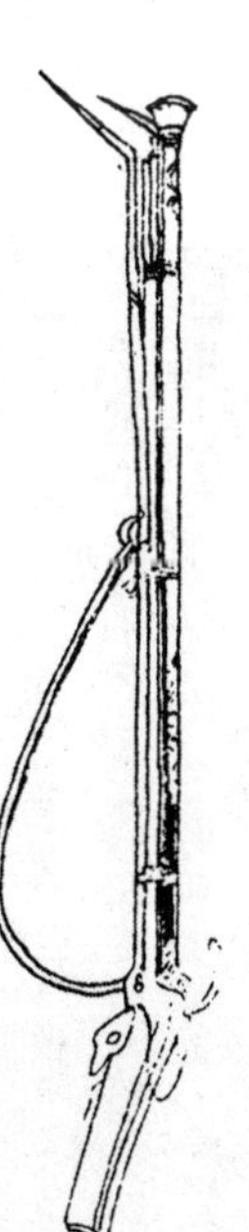
仿神花大交鎗

仿神花小交鎗　謹按本朝制仿神花小交鎗，鑄鐵爲之，長三尺六寸，受藥二錢，鐵子三錢，餘俱如仿神花大交鎗之制，牀如素鐵大交鎗牀之制。

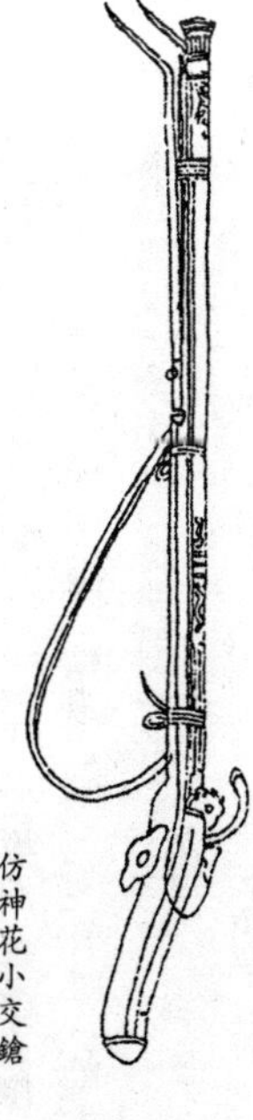
仿神花小交鎗

仿神花鎗　謹按本朝制仿神花鎗，鑄鐵爲之，雲楸木牀，末飾以角，底鐫：仿神花鎗，子重三錢六分，藥重二錢，長二尺六寸，鐵重五觔八兩，鞘重一觔十二兩，共重七觔四兩，漢文。樺木叉，末亦飾角，餘俱如仿神花大交鎗之制。

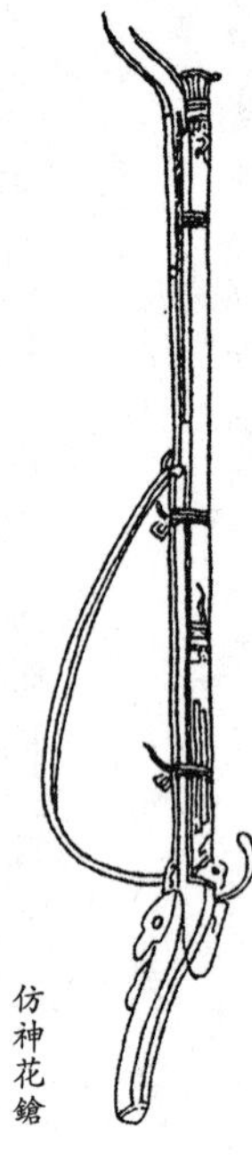

仿神花鎗

摺花交鎗　謹按本朝制摺花交鎗，鑄鐵爲之，重七觔十二兩，長三尺七寸，前起脊，後四棱，受藥二錢，鐵子三錢六分，鋄金素火機，餘俱如金口交鎗之制。烏拉松木牀，樺木叉，末飾以角。

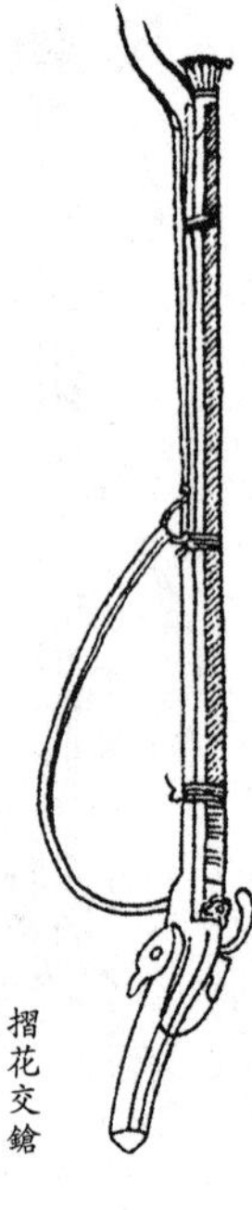

摺花交鎗

花口小交鎗　謹按本朝制花口小交鎗，鑄鐵爲之，重五觔八兩，長三尺五寸，受藥二錢，鐵子三錢一分，口棱微凹，前起脊，中四棱，後圓，素鐵火機，餘俱如金口交鎗之制。樺木牀，末飾以角，叉末飾以銅。

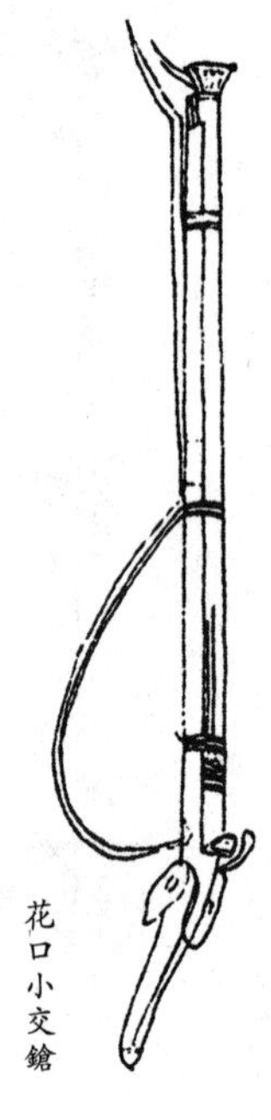

花口小交鎗

蒙古花大交鎗一　謹按本朝制蒙古花大交鎗，鑄鐵爲之，重七觔十二兩，長三尺七寸，通八棱，口周鍥星文，近口爲星文、索文、花文，周爲蒙古花文。素鐵火機，受藥二錢，鐵子三錢九分，牀如素鐵大交鎗牀之制。

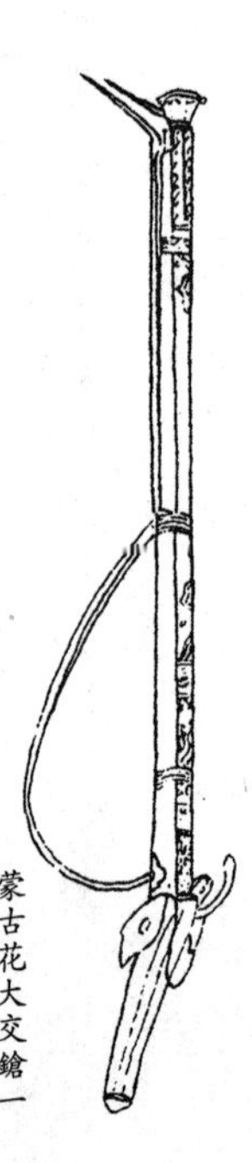

蒙古花大交鎗一

蒙古花大交鎗二　謹按本朝制蒙古花大交鎗，鑄鐵爲之，重八觔，長三尺六寸，近口星文、索文、花文，前起脊，中四棱爲花文，横鍥星文、索文，後圓亦如之。受藥二錢，鐵子四錢七分，牀如素鐵大交鎗牀之制。

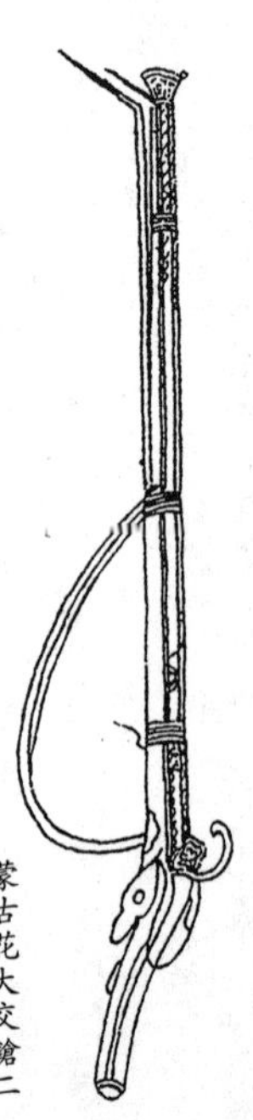

蒙古花大交鎗二

蒙古花小交鎗一　謹按本朝制蒙古花小交鎗，鑄鐵爲之，重八觔，長三尺六寸，前後八棱，中起脊，花文與蒙古花大交鎗一同。受藥二錢，鐵子四錢二分，牀如素鐵大交鎗牀之制。

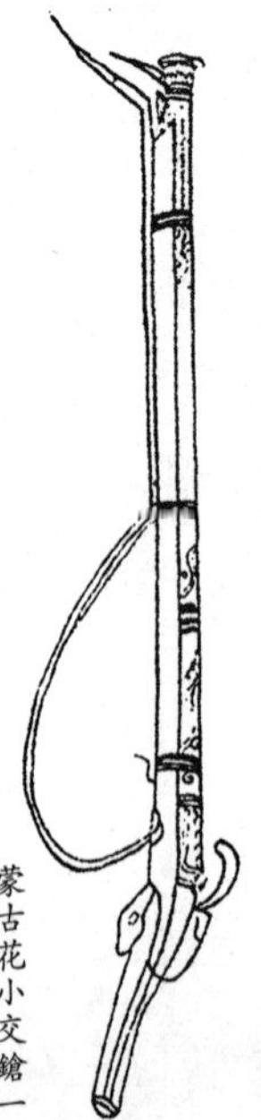

蒙古花小交鎗一

蒙古花小交鎗二　謹按本朝制蒙古花小交鎗，鑄鐵爲之，前起脊八棱，後圓，花文與蒙古花大交鎗二同。素鐵火機，高麗木牀，末飾以鹿角，底鐫：蒙古花鎗，子重三錢三分，藥重二錢，長三尺五寸四分，鐵重五觔四兩，鞘重二觔四兩，共重七觔八兩，漢文。叉末飾以角。

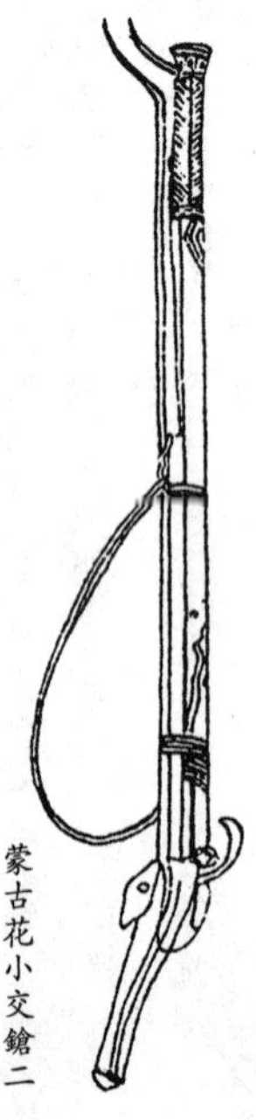

蒙古花小交鎗二

回部花套鎗　謹按本朝制回部花套鎗，鑄鐵爲之，重八觔二兩，長三尺四寸二分，口蓮瓣内各鍥夔龍，近口亦鍥夔龍二重，前起脊，中亦鍥夔龍。後六稜，近火門鋄銀回部花文，加星斗，素鐵火機。受藥一錢五分，鐵子二錢。雲楸木牀，叉末飾以角。

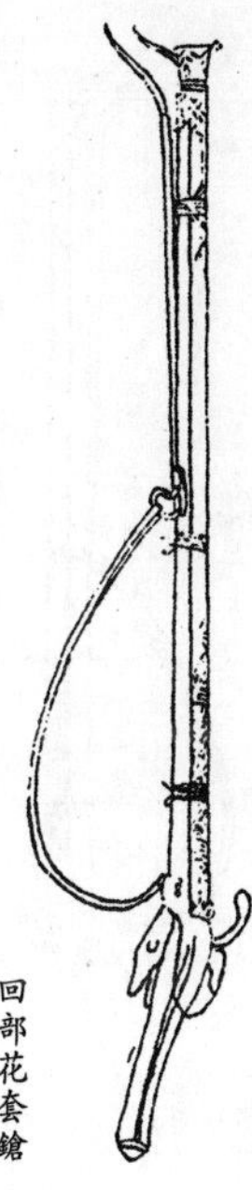
回部花套鎗

新回部花套鎗　謹按本朝制新回部花套鎗，鑄鐵爲之，重六觔十兩，長三尺五寸七分，口鋄金回文，中起脊，後四稜，横周星文二重，近火門鋄銀回部花文，加星斗，素鐵火機。受藥一錢五分，鐵子一錢八分，牀如摺花交鎗牀之制。

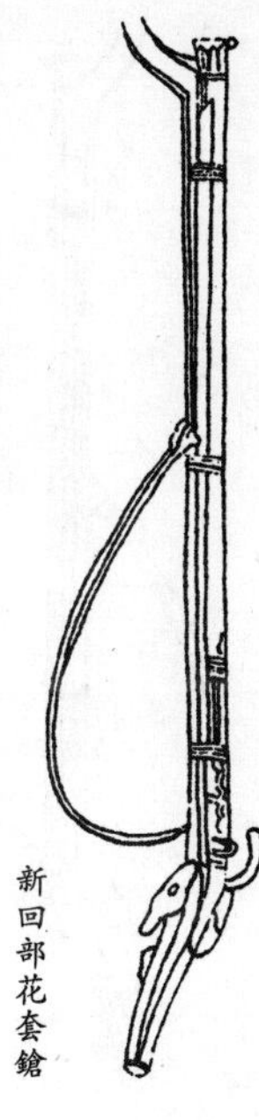
新回部花套鎗

大線鎗　謹按本朝制大線鎗，鑄鐵爲之，重八觔十四兩，長五尺五寸，素鐵火機。受藥一錢五分，砂子八錢。雲楸木牀，末飾以銅，煖木托。凡線鎗之制，皆周爲八棱，不加星斗。牀及鎗之半，不内搠杖，牀下無叉，而有托，束銅鐶二道，或鋄金。

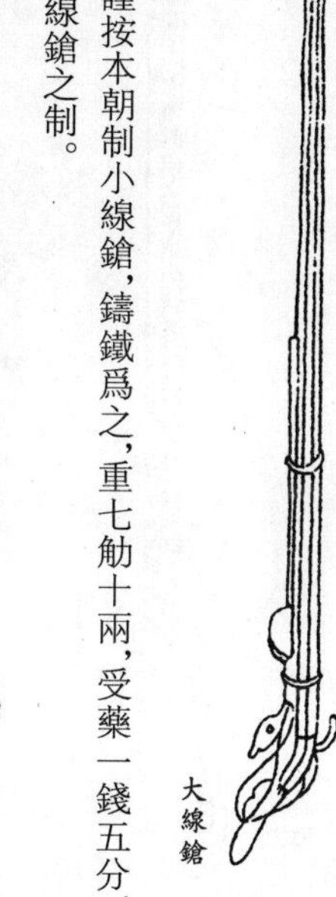
大線鎗

小線鎗　謹按本朝制小線鎗，鑄鐵爲之，重七觔十兩，受藥一錢五分，砂子八錢，餘俱如大線鎗之制。

小線鎗

舊神花線鎗　謹按本朝制舊神花線鎗，鑄鐵爲之，重七觔十五兩，長五尺七寸，受藥一錢五分，砂子八錢，餘俱如大線鎗之制。

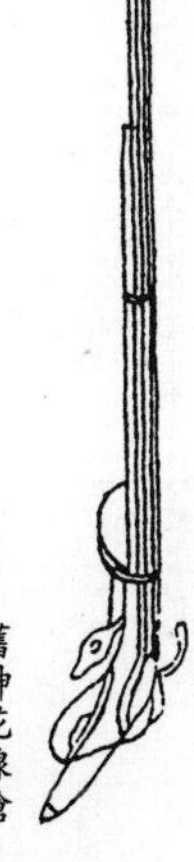
舊神花線鎗

麗花線鎗　謹按本朝制麗花線鎗，鑄鐵爲之，重六觔三兩，長四尺八寸，受藥一錢二分，砂子五錢，餘俱如大線鎗之制。

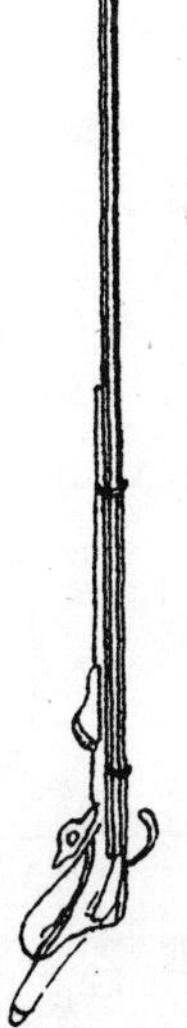
麗花線鎗

秀花線鎗　謹按本朝制秀花線鎗，鑄鐵爲之，重七觔三兩，長四尺八寸，受藥一錢二分，砂子五錢，餘俱如大線鎗之制。

秀花線鎗

輕鋭花線鎗　謹按本朝制輕鋭花線鎗，鑄鐵爲之，重四觔十兩，長四尺，鋄金素火機，受藥一錢，砂子四錢。雲楸木牀，束以鋄金鐶，末飾鋄金蟠螭，煖木托，輕便花線鎗同。

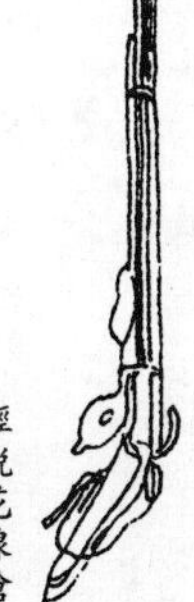
輕鋭花線鎗

輕捷花線鎗　謹按本朝制輕捷花線鎗，鑄鐵爲之，受藥一錢，砂子四錢，素鐵火機，牀末飾以銅，餘俱如輕鋭花線鎗之制。

輕捷花線鎗

輕花綫鎗　謹按本朝制輕花綫鎗，鑄鐵爲之，受藥一錢，砂子四錢，牀末鋄銀蟠螭，餘俱如輕鋭花綫鎗之制。

輕花綫鎗

落禽花綫鎗　謹按本朝制落禽花綫鎗，鑄鐵爲之，重七觔十四兩，長五尺七寸，通起棱，素鐵火機。受藥一錢五分，砂子八錢。鸂鶒木牀，牀及鎗之少半，束以鋄金鐶，末亦鋄金煖木托。賽海青花綫鎗，鶻神花綫鎗，連墜花綫鎗，勝鴉鶻花綫鎗，皆同。

落禽花綫鎗

神海青花綫鎗　謹按本朝制神海青花綫鎗，鑄鐵爲之，重七觔十二兩，長五尺七寸，受藥一錢五分，砂子八錢，餘俱如大綫鎗之制。

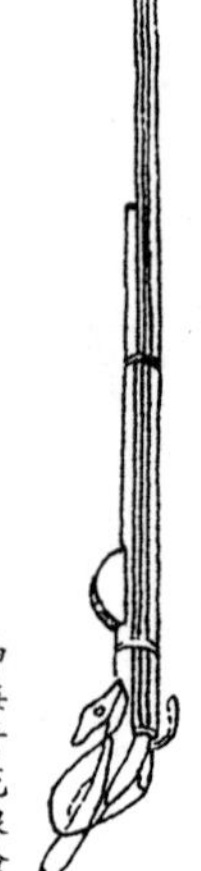
神海青花綫鎗

鴈神花綫鎗　謹按本朝制鴈神花綫鎗，鑄鐵爲之，重八觔一兩，受藥一錢五分，砂子八錢，餘俱如落禽花綫鎗之制。山鷄花綫鎗同。

鴈神花綫鎗

皂神花綫鎗　謹按本朝制皂神花綫鎗，鑄鐵爲之，重七觔十三兩，受藥一錢五分，砂子八錢，餘俱如落禽花綫鎗之制。水札子花綫鎗同。

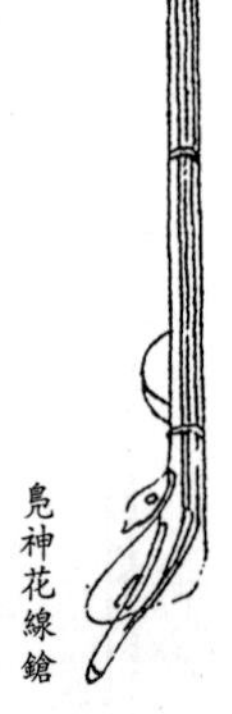
皂神花綫鎗

孤頂花綫鎗　謹按本朝制孤頂花綫鎗，鑄鐵爲之，重八觔八兩，長五尺五寸，受藥一錢五分，砂子八錢。雲楸木牀，餘俱如落禽花綫鎗之制。

孤頂花綫鎗

樹鷄神花奇鎗　謹按本朝制樹鷄神花奇鎗，鑄鐵爲之，重六觔，長三尺五分，口鋄金蓮瓣，前起脊，後八棱，加星斗，鋄金素火機。受藥二錢，鐵子三錢八分。核桃木牀，末飾以鹿角，榆木叉，末飾以羚羊角。凡奇鎗，皆通底，旁如牡鑰連牀柄處，下爲屈戍，可開闔。藥子皆實子鎗內，開底納之，從牡鑰中固以鐵鈕。子鎗六，長二寸四分，如管連火門，遞發之，相續而速。其制或如交鎗，或如綫鎗，皆不用拐杖。

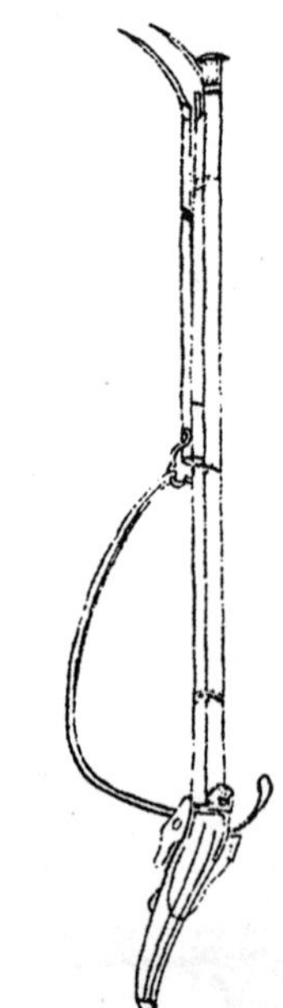
樹鷄神花奇鎗

花奇鎗　謹按本朝制花奇鎗，鑄鐵爲之，重五觔十二兩，長三尺五分，口鋄金蓮瓣，前起脊，中四棱，鋄金如鐶二道，後圓，鋄金素火機。受藥二錢，鐵子三錢八分，餘俱如樹雞神花奇鎗之制。烏拉松木牀，末飾以角，樺木叉，末亦如之。

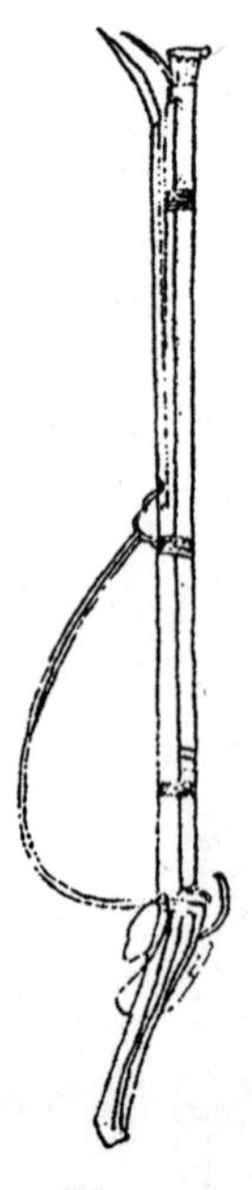
花奇鎗

花線奇鎗　謹按本朝制花線奇鎗，鑄鐵爲之，重四觔十二兩，長三尺三寸五分，通八棱，鋄金素火機，受藥二錢，砂子三錢二分，烏拉松木牀，末飾以金煖木托。

花線奇鎗

兵丁鳥鎗　謹按本朝制兵丁鳥鎗，鑄鐵爲之，重六觔，長六尺一寸，不鍥花文，素鐵火機。受藥三錢，鐵子一錢。木牀，滿洲、蒙古俱髹以黃，漢軍髹以黑，緑營髹以朱，束鐵鐶二，鐵義長一尺。

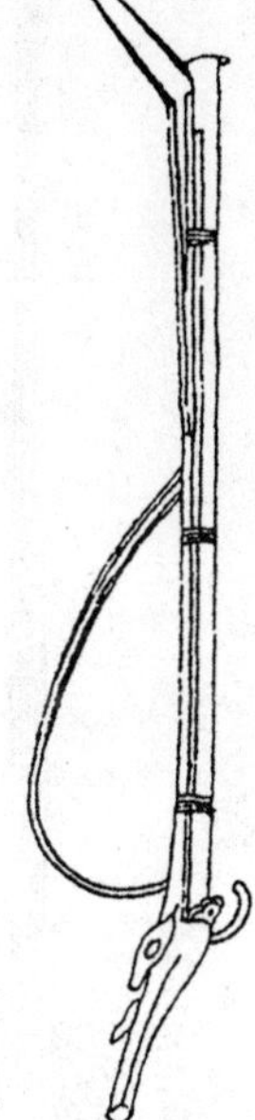
兵丁鳥鎗

清・徐建寅《兵學新書》卷一一《洋槍》　今所用後膛槍有二式，一毛瑟槍，一漫利夏槍。弁兵必先知其機件，能裝拆修理，再習施放命中，臨陣方有把握。

毛瑟槍各件分爲五項：一槍筩，二通條，三槍機，四槍托，五刺刀。　槍連刺刀，共長五尺六寸七分，重九斤四兩。槍筩外前有準星，後有望牌，以爲對準。望牌上有號碼及缺口，號碼至一千六百邁止。子擊之遠，按號碼之數，缺口正對準星，以對準欲擊之物。　漫利夏槍，能五子連放，號碼至三千步止，約中國五里。昂界槍子能遠，則平界亦遠。取昂界遠之槍，而用其平界。

毛瑟

毛瑟槍　槍機

此係槍機總圖，分前後四件：一機頂，二機前筩，三機後筩，四機尾。分論如左。

通條，鋼製。放槍後，銅殼不出，用通條抵出。擦洗槍，筩膛内亦用通條。分爲三段：一條首，二條身，三螺絲。

扳手，鐵製。扳簧，鋼製，其頭由托穿入機槽，以阻住機之後筩。欲放槍，即用食指摳扳手向後，其扳簧之軸即自轉，而扳簧之頭，退平機槽，後筩不受其阻而放矣。

機頂，鋼製，緊塞槍筩後門。其頂合銅殼底，及槍筩後門。頂中有孔，左有槽，合退子鈎之筍。關機時，鈎身逼入槽内，鈎過銅殼底邊。及開機，而鈎自能鈎出銅殼矣。

機前筩，鋼製，圓形，旁有方背，横連機柄，又活螺絲，及螺絲墊等件。筩内膛前大後小，大者容螺簧，小者容頂針。筩後有三角槽，合機後筩關筍，筍左有短槽，安配機後筩之鈕。

機後筩，鋼製，式略同機前筩。旁亦有方背，中有横釘，以連後鈕。筩内有平面一段，長五分，以防頂針走滑。筩右有三角筍，合前筩之三角槽機關，則筍入槽内。機開，則互相交錯。

機尾，鋼製。前有筍，合於機槽。中有孔，孔内有螺紋，以連頂針。

後鈕，鋼製。方形，連半圓軸，扳轉以閘住頂針，不致誤放。

挺簧，用鋼絲盤成螺絲形，約二十八九圈，頂力有十啓羅。計十六斤十三兩。頂針受簧力，前撞銅殼底中之引火，即燒。平時簧宜放鬆，否則力減。

頂針，鋼製。針尖圓細，後有鋼

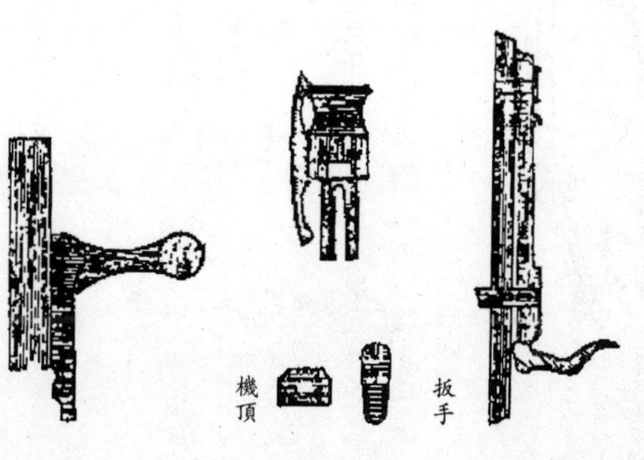
通條　扳手　機頂　機前筩

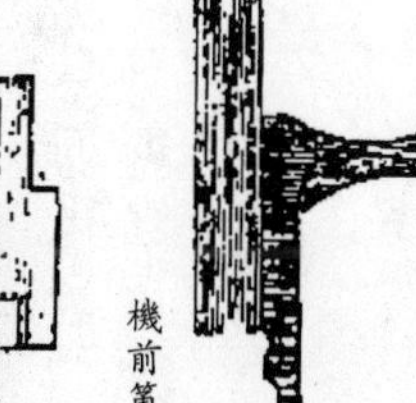
機後筩

機尾

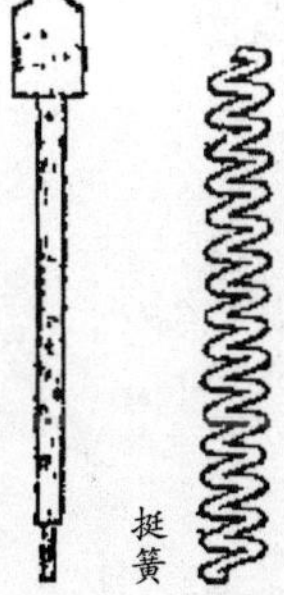
挺簧　頂針

片，針身稍粗，尾有螺絲，旋合機尾。

槍頭刀，鋼製。兩面有淺槽，刀後有柄，前有護手，左有孔，套於槍頭外。柄旁有長槽，槽內有簧，簧尾有鉤，柄尾有短槽，合於槍筩箍之鐵鼻。而簧端之鉤，鉤住使不脫下。如以大指用力按簧尾鉤之釘，將鉤推過，可以拔下刺刀。

槍頭刀

刀鞘

望牌，即表尺。下有基盤，連於槍筩上面。基盤之中，嵌有簧。望牌扳起，簧即挺起。望牌分內外二層，外層有三箇缺口，分爲上中下三等，內層亦分上中下三等。如看下牌，爲距二百七十邁，看中牌爲距三百五十邁，立起上牌，看下缺口，爲距四百邁。看中缺口，爲距六百邁。看上缺口，爲距八百邁。提上外層，對內層之左下第一半畫，看下缺口，爲距四百五十邁。外層再提上，每畫加距五十邁，至一千零五十邁止。外層再推下，對內層之右第一半畫，看上缺口，爲距一千二百邁，再提上直至一千六百邁止。其左右兩邊數目，有號碼可認識，每半畫爲距五十邁，每全畫爲距一百邁，必辨認清晰爲要。

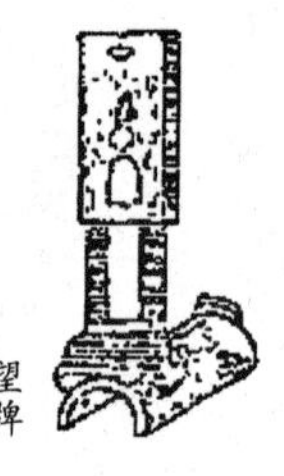

望牌

漫利夏

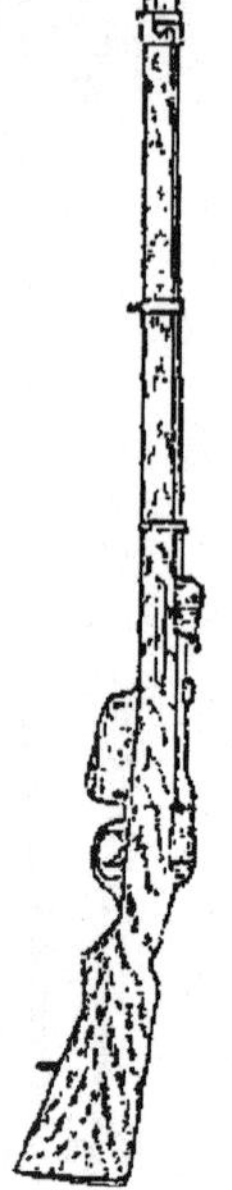

漫利夏槍

各件分五項：一槍筩，二機膛，三槍托，四卸機起子，五刺刀。

槍筩，鋼製。長七十三生的，合工部尺二尺三寸一分。膛內有來復線四條，右旋半周。前口徑八密里，有小至六密里半者。後膛徑稍大，以容逼碼。逼碼由後裝入，子爲藥火漲出，順來復線旋轉向前，出口後不致兜甩顛倒，而少受空氣阻力，自能致遠命中。槍筩外，前有準星，中有偏星，後有正偏二望牌。

機膛鋼製，爲半圓筩，以容全機。右內面有退殼鉤槽一條，後左面有停扳鈕，名保鈕。上轉則扳而不放，下轉則一扳即放。旁有擋機螺釘，以管束全機之開關。中有長方空槽，即容逼碼槽。內有挺逼碼簧，下有退逼碼簧。每放一出，則挺逼碼簧將逼碼挺上一箇，欲各逼碼全數退出，以手按退簧即得。

槍托，核桃木製。前段上面有槽，以容槍筩之半。中段左右各有短槽，便於手指握住。後段托底，式如魚尾。

卸機起子，形似通條，端有小圓頭，頭頂有小孔，以頂針之尖，入此小孔內下壓，則螺簧縮而機尾可以旋下。

槍頭刀，式同毛瑟槍。

槍機共十件：一機前筩，二機頂，三壓力板，四釘軸，五機後筩，六退殼鉤，七螺簧，八頂針，九機尾，十機簧。

機前筩，鋼製。左有槽半段，以容退殼鉤。如甲。右有槽，如乙。與擋機螺針之筍相合。下有筍，抵機後筩壓力板之小方背，使不前進。

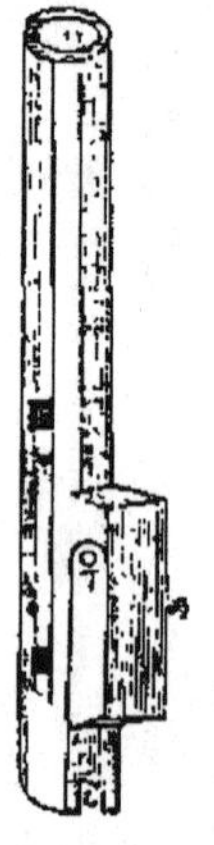

機前筩

機頂

機頂，硬鋼製，以緊塞槍筩之後門。頂中有孔，以容頂針。逼碼已入槍膛，機頂恰與殼底相合，抵住不洩火氣。

壓力板，如前筩之丙。連於前筩，以抵後筩之方背。開機緊貼前筩之平面，使機掛住方背。釘軸，如前筩之丁。鋼製，使壓力板與前筩相連。

機後筩，鋼製。後有柄，如甲。以開關。筩內後孔徑稍大，如乙。以容機尾。旁有方背。如丙。

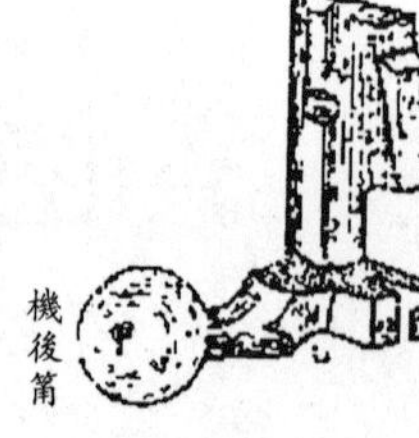

機後筩

退殼鉤，精鋼製。長爲前筩十之八，較毛瑟槍退殼鉤約長四倍。首有抓鉤。如甲，此機直推直拉以開關，藉鉤身管束全機，使循槽進退。

退殼鉤

螺簧，式同毛瑟槍者。

頂針，精鋼製，式與毛瑟槍同，而尖段稍細。

螺簧

頂針

機尾，鋼製。中有孔，如乙。孔内有螺紋，以旋連頂針尾之螺絲。旁有凸魄，如甲。與後箭之槽相配。

機尾

機簧，鋼製，與毛瑟槍同。機括，鋼製，亦與毛瑟槍同。

機簧

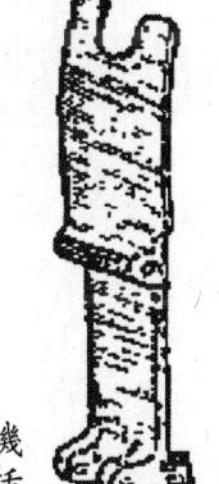
機括

望牌，即表尺。有三件：一望牌，二牌盤，三偏牌。

望牌，如丁。旁有兩翅爲挺簧，如甲。硬鋼製。大、食兩指搦緊之，可使望牌高低，放寬即不動。

牌盤，如乙。分左右兩框，左框五百步起，五步等於四邁。因距五百步，子路爲平線也。每畫二百步，如六、八、十、十二。昂至一千九百步止。欲再昂，則必用偏牌。

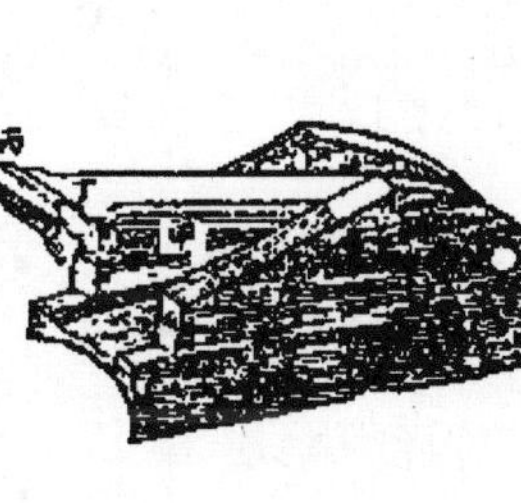
望牌

偏牌，如丙。可以向右拔出，其缺口比正缺口低三密里，偏十九密里。偏準星在中箍旁，比正準星低二十八密里。準星低，則槍口昂，而子擊去愈遠。此用右框，二千步起，每畫距二百步，昂至三千步，不能再遠。

逼碼，分四件：一銅殼，二子箭，三火藥，四逼碼夾。

銅殼，如甲。純黄銅製，西名柏拉司。即紅銅七成，白鉛三成鎔和，捶成圓箭，有底，底中嵌刺火，重湘平三錢五分六厘。

逼碼

子箭，如乙。内青鉛，外包白銅，西名臬格而。質極光滑，不生鏽，在槍膛内易出致遠，重湘平四錢四分。

火藥，用灰色無烟火藥，西名谷殼。重湘平八分四厘，專爲槍用。比礮用之無烟火藥，力尤大。計每逼碼全重湘平八錢八分。

馬槍

漫利夏式與步槍同，惟槍箭稍短，槍頭不用刺刀，不用偏牌。由距五百步起，昂至距二千五百步止。

又 快礮

五生的七口徑過山快礮，格魯森廠於光緒二十一年新造，口徑五生的七，身長二十倍口徑，礮身鋼製。分内管、外管，前細後粗，礮尾外作方形。如乙。礮箭内，後爲藥彈膛，前作來復紋，陰陽各二十四條，向右繞前。外有兩耳，底門直上下，硬鋼所製。門右連有柄及機針，將柄向上扳，底門落下而開，逼碼裝入礮膛。將柄按下，底門上升而關。以繩拉之，機針即前撞銅殼底中之爆藥，生火引燒膛内火藥，送彈出礮口。始速率三百五十邁，致遠四千九百邁。表尺如壬。缺口距準星七百密里，礮昂一度十五分，爲直尺二十二分。直尺十八分，爲横尺偏差一分。餘類推。礮身，如己。前架、後架，如丙丁。鐵檔牌，如甲。車輪，如庚。起落礮尾之雙螺絲，如乙。車架啣托礮耳，如戊。以及各零件。平地用一馬拉走，山嶺崎嶇，拆卸上牲口，馱運甚便。

彈有四種：一平常礮彈，二分圈礮彈，三子母彈，四群子彈。皆有銅殼，合藥彈爲一，即名逼碼。

平常礮彈：逼碼殼，黄銅製，内裝火藥。將彈後段裝進殼口内，至後銅圈止。銅殼前口，厚半密里，向底漸厚，至底厚二密里二五。底中有小凹，以嵌小銅冒，冒中有汞爆藥。礮底門中之頂針，刺爆藥，則生火。底外有摺邊一圈，退殼叉鉤住摺邊，能將銅殼退出。放過後，可以裝藥再用，能用十餘次。銅殼，重六百八十五格蘭，内裝四密里扁方位卑無烟火藥六百二十五格蘭。礮彈，生鐵製，後段外束軟銅箍，放出時，擠入來復紋内，使彈旋轉。前段外亦束銅箍，放出時，扶彈使不摇動。彈頂有孔，内有螺絲，以旋連引火，彈長二百零五密里，重二啓羅五百七十格蘭。内空心裝多煙黑礮藥九十格蘭，全彈重二啓羅七百二十格蘭。能礮開二十七塊。全逼碼，即銅殼、火藥、礮彈引火，共重四啓羅零三十格蘭。

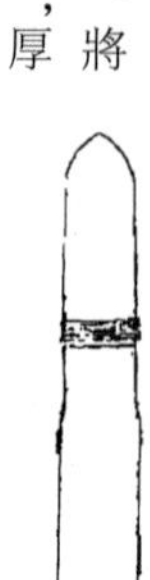

引火，係待馬立斯廠之式，黄銅製。分六件，共重六十五格蘭。

分圈礮彈：内層九圈相疊，生鐵製。外包以殼，鋼皮製。外形及引火皆同於平常礮彈，内裝黑礮藥八十格蘭，全重同於平常礮彈，能礮成九十五塊。

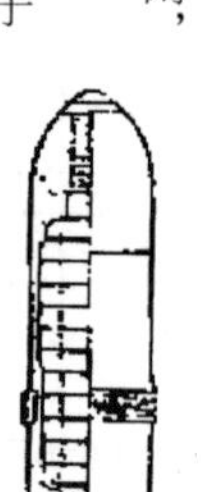

子母彈：鋼製，外形同於平常礮彈，内裝硬鉛子七十二枚，用鎔硫黄灌入，以嵌緊。中心有管，由彈頂通至彈底之藥膛。頭孔内有螺紋，旋連引火，成尖頭。彈長二百零五密里，重一啓羅二百五十格蘭。彈内裝鉛子，連硫黄重一啓羅一百五十五格蘭。近底裝礮藥三十格蘭，銅引火重二百八十五格蘭。全彈重二啓羅七百二十格蘭。銅殼重六百八十五格蘭，内裝無烟火藥六百二十五格蘭，全逼碼共重四啓羅零三十格蘭。引火，黄銅製。分九件：專爲子母彈用，欲彈擊遠若干邁，先定引火外圈之秒數，至其所定秒數即礮。最遠可至二千八百邁而礮。

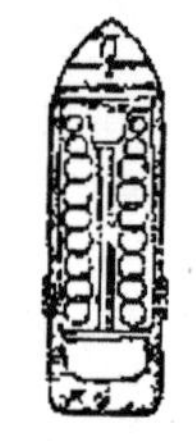

群子彈：外殼黄銅製，厚半密里，内襯錫皮一層，厚一密里半。尖頭兩層銲連，底有圓板，在黄銅之内，外面捲邊包住。彈長二百六十三密里，内裝硬鉛子一百四十枚，重二啓羅六百三十格蘭，全彈重三啓羅三百八十格蘭。銅殼重六百八十五格蘭，内裝無烟火藥四百格蘭，全逼碼共重四啓羅四百六十五格蘭。群子彈稍長，裝入銅殼内稍深，殼内裝無烟火藥稍少。

七生的半口徑礮，克鹿卜廠於光緒十四年所造，口徑七生的半，身長二十一倍口徑。新式二十四倍口徑更好。礮身鋼製，分内管外管，前細後粗，礮尾外作方形。如子字。内管，用整鋼圓柱鑽成内膛，剗圓外面，先套礮後箍，再套礮耳箍。右耳前稍高，中有孔，以安準星。礮尾右邊有三角直孔，以插表尺。表尺如丁字形，上爲横尺，刻有畫數，以圈爲中，向左二十五畫，以改彈出口向左之偏差。向右五畫，以減自右向左風力吹彈之偏差。圈之上，有可向左右移動之缺口，名準口距準星六十生的，爲準線之長。表尺下直立者爲直尺，正面刻有邁數。每百邁，有長畫，各有洋數目字。每兩長畫間，有短畫，爲五十邁。至五千邁止。右旁逢五邁逢十邁之畫，皆有洋數目字。加減一畫，即彈擊遠近之數。礮尾左邊有平塊，以置象限酒平，尾中上面有孔，孔内有螺紋，旋入銅火門管，管内插拉引火。礮底有圓孔，徑比膛徑微大，以裝入藥彈。礮膛内分三段，前段有向右旋之來復陰陽紋各二十四條，後段有大横孔。快礮式之直孔，底門更好。以容礮底門。孔内上下兩面，各有移動礮門之斜槽兩條。底門左端有柄，人手執柄，旋退螺絲，抽出底門，以裝藥彈。底門之中，嵌有鋼底。中段以容藥彈，後口有圈槽，以嵌鋼圈。將底門推入，執柄旋緊其螺絲，則鋼圈鋼底相切密合，火藥氣不致洩出。礮尾下有立螺絲，以起落礮尾，而配礮口之昂俯。

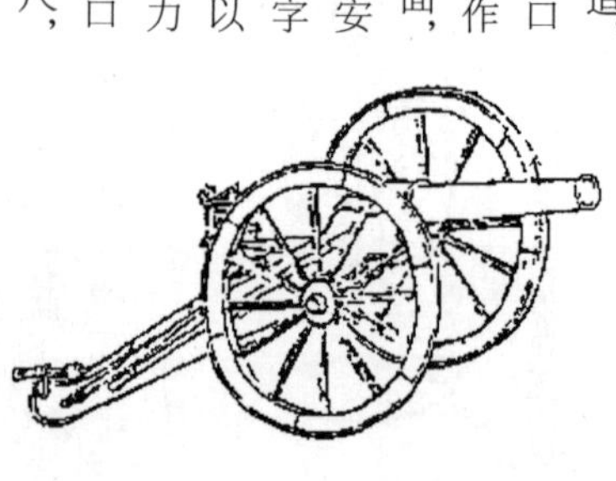

礮架車，後伸者爲車尾，尾後有桿，移礮以對準所擊之物。尾端有眼，以挂於前車鉤而接連。前車載箱五只，方者四只，長者一只。每方箱中隔爲兩半，一半裝彈六枚，一半裝皮盒，盒内裝火藥六出。四箱共藥彈二十四出。長箱裝隨用零件。前車左右各有小横桿一，以繫駕馬之繩，中有車轅，駕兩馬以夾轅。中國

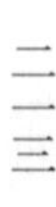

路窄，用雙轅中駕馬一匹，前套馬三匹爲便。礮彈致遠五千邁，合中國八里六分七有奇。彈出口始速率每秒四百零六邁。礮用六至十密里大粒火藥，每出重七百九十格蘭，計湘平二十一兩九錢六分。用銅殼逼碼無烟火藥更好。輪小架矮，行走皆便，置礮開放，易借地勢遮庇。

用彈亦四種：一平常礫彈，二分圈礫彈，三子母彈，四群子彈。

平常礫彈：圓柱形而頭稍尖，尖頂有孔，孔内有螺紋，旋連引火。彈内空膛，裝礫藥，彈外套紅銅箍二道，上爲正箍，其徑恰合礮膛陽紋内徑。彈在膛内前行，借以輔正，不致摇動，出口乃正。下爲旋箍，其徑恰合礮膛陰紋之徑。火藥氣漲力，將彈在膛内抵出，銅箍即自嵌入陰紋底，擠塞無隙，火藥氣可不泄，彈即循來復紋旋轉向前，出口後不致顛倒兜甩，自能致遠命中。彈頂旁有小螺絲，抵住引火，免旋轉脱落。平常礫彈，專擊堅硬之物，及初放礮，以試測敵距我遠近之用。彈放出不礫，因四弊：一、彈膛所裝礫藥未滿，或滿而未緊，引火難以引燒。二、彈出口在空中，引火螺絲未緊而脱落。三、活機針不鋭，或刺火受濕。四、鉗簧太硬，彈擊著而不能逼直，仍阻活機，不能前撞刺火。

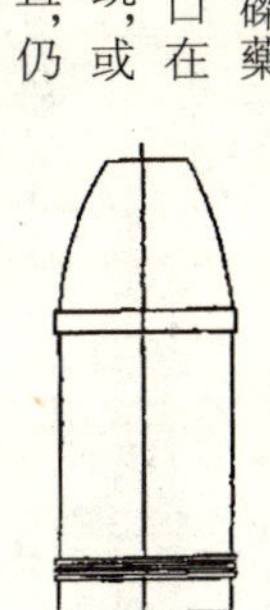

彈在礮膛内先礫，亦因四弊：一、彈膛内礫藥質不堅實，或裝未緊實，彈忽向前，藥忽向後相撞，藥粒碎而磨擦生火。二、引火内鉗簧太軟，彈忽向前，已致逼直，而活機向前，撞著刺火。三、鑄彈之工未精，内有極細沙眼，火藥氣透入彈内引燒。四、彈膛内面上漆不均不光，礫藥磨擦生火。以上四弊，皆致彈在礮膛内先礫，而傷損來復紋。

引火，黄銅製，有七件：一、銅盂，如甲。以承各件，底有孔。二、活機，中有孔，上有横條，條有鋼針，以刺自來火。火自活機中孔，透過銅盂底孔，至燒礫藥。三、鉗簧，套於活機之外，彈初動，其簧力足阻活機，使不撞自來火。迨彈擊著硬物，其簧力不勝活機之撞力，爲所逼直，前撞自來火生火。五、螺蓋，如乙。旋於彈口，壓住各件。六、自來火螺絲，如丙。頭有孔，裝小銅冒，旋入螺蓋之中。七、銅冒，紅銅片製，中點爆藥，遇活機之針刺，即生火。刺針，鋼製。

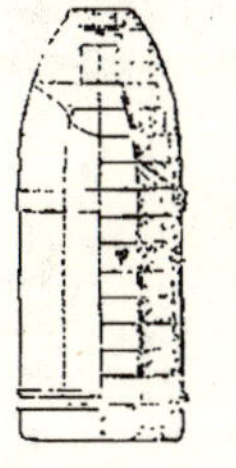

分圈礫彈：外形輕重及引火各件，皆同平常礫彈，内用生鐵鑄成分圈，如梅花瓣式，以十二圈相疊，如甲。外再鑄生鐵一層，爲外殼。如乙。擊敵在遠處之人馬，用分圈礫彈，能礫散多塊，傷敵能多。兩種礫彈皆重四啓羅零七十五格蘭，用黑礫藥重一百格蘭，銅引火重一百二十五格蘭，全彈共重四啓羅三百格蘭。

凡用礫彈，所有礫藥、銅引火等件，必細心檢點，切勿稍有疏忽，以致臨放周章，貽誤要事。

子母彈：外形輕重同平常礫彈，膛内裝硬鉛子一百枚，用鎔硫黄灌入以嵌緊。中心有管，由彈頂通至彈底之藥膛。頭孔内有螺紋，旋連引火，成尖頭。彈重二啓羅三百格蘭，裝鉛子重二啓羅三百格蘭，硫黄重一百七十格蘭，近底裝礫藥重四十格蘭，銅引火重四百九十格蘭，全彈共重四啓羅三百格蘭。

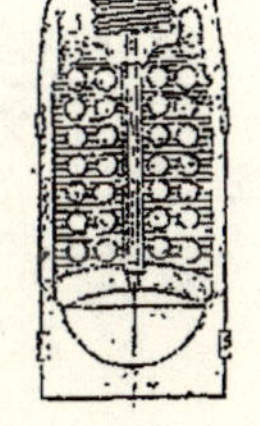

引火，黄銅製。有七件：一、銅托，上下皆有管，外作螺絲，下管裝引藥，上管底中有鋼針。上口稍侈，以安鉗簧。二、慢藥盤内有圈槽裝滿慢藥，外刻秒數洋字號碼。三、定盤圈，以固定慢藥盤。四、螺蓋，以固定各件。五、鉗簧，以夾住之，使鋼針平時不撞活機。五、銅冒。六、銅活機。七、隔梢以隔住之，使平時不自生火。欲彈擊至若干邁礫散，將慢盤旋對若干秒而固定之。拔去隔梢，裝入礮内。及火藥一燒，彈忽向前，活機即向後，逼直鉗簧，撞至鋼針而生火，由螺管孔透燒慢藥，燒至所對之秒數，透入中管，向後燒彈底之礫藥。彈在空中，小鉛子噴飛向前，故配對慢藥盤外秒數，須令彈尚距所欲擊處五十邁，而礫藥已燒，則小鉛子向前飛散，所擊寬廣，而傷敵多。擊敵較分圈礫彈稍近。

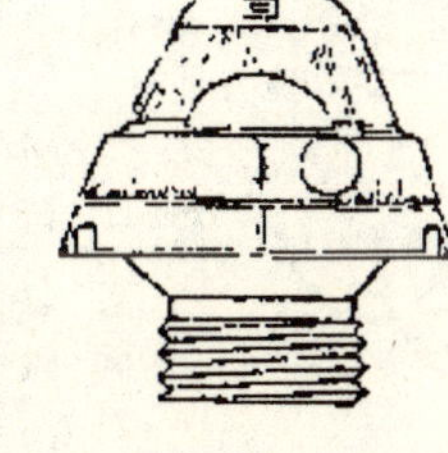

群子彈：鐵皮製，圓筩形。裝硬鉛子二百餘枚，全彈重五啓羅三百四十格蘭，用火藥重四百六十格蘭。外殼鐵皮甚薄，在礮膛内向前，已爲來復陽紋所刮破。小鉛子出口，噴飛向前散開，勢如急雨，擊相距四百邁以内之敵人，最爲得力。

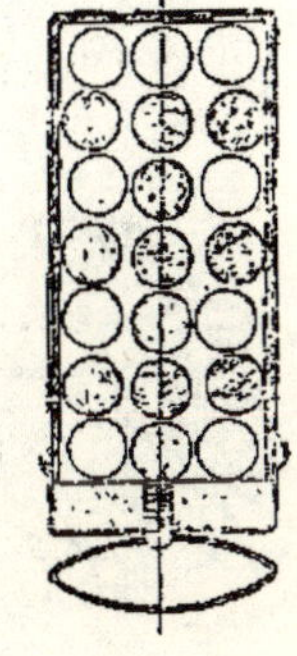

右五生的七口徑二十倍長快礮，用牲口三匹，分馱礮及礮車架，或八人分扛。另用牲口四匹，分馱逼碼九十六出。或八人分挑。中國南北各省，無論何處山嶺

平地，皆甚便。七生的半口徑礮，宜用長二十四倍口徑，亦改快礮，用雙轅車，則北省有車路之地，亦甚便用。其力較大於五生七口徑快礮。十生的半口徑十二倍長短礮，用昂度擊向上落下，彈成彎線，甚爲得力。其重同於七生五口徑二十四倍長快礮，皆用牲口四匹拉走，便於北省車路之用。

五生的七口徑三十倍長高架快礮，光緒二十一年，格魯森廠造，礮身鋼製，分前後兩段。前段爲礮箭，如甲。箭內後爲礮膛，前作來復紋陰陽各二十四條，向右繞前，箭外中有耳箍，如丙。後作大螺絲，旋入礮尾內。後段爲礮尾，如乙。外作八角形，後作直立方孔，以容礮底門。方孔下及底門上皆有半圓缺口，以承裝藥彈。底門開閉極便，礮尾上有平而以置酒平。右邊有直孔，以插表尺。表尺有橫直，直尺有分度數，邁數，以對遠近。橫尺有小分數，以改正偏差。直尺第七畫，配橫尺半分偏差。礮箭前有準星，距表尺六百五十密里爲準線。表尺一分，等於準線千分之一。彈出口始速率每秒五百邁，致遠七千邁。合中國十二里半有奇。

礮車有雙輪，架分上下。上架鋼板製，左右兩板，上各有銜礮耳之枕。下架亦鋼板製，尾端有眼，以連前車之鉤。車輪堅木製，牙外束鐵箍，輪轂端外有鋼圈，圈旁有柄。將柄提上，圈口緊閉，車輪不能轉擋礮退力。將柄按下，圈口放開，車輪能轉。此車架對準礮極便。先將架尾之柄，左右移使略對，次由表尺缺口準星，以望欲擊之物，旋轉上架後之橫螺絲，使三點參直，則對能極準。橫螺絲向左右，各移五度，有直螺絲，使礮口昂俯各十五度。前車運載藥彈，即逼碼。有鐵架，用螺釘固連車軸旁兩輪，皆堅木製，前有車轅，中國用宜改雙轅，中駕牲口一匹，前套牲口三匹爲便。轅下有支棍，轅左右各駕馬一匹，前拉馬四匹，共馬六匹。後有鐵鉤，接連礮車之尾眼。鐵架上載鐵箱，箱內分上下兩層，上層淺，下層深。上層竪分三檔，以裝礮之零件，及礮底門之備用零件。下層分三格，每格有抽屜，以盛藥彈。即逼碼。箱後有門兩扇，可開閉，以取出逼碼。箱前右面置鐵鏟一把，鐵椒一根，鋼斧一把。架下有鐵鉤，挂水桶一只。每礮兩尊，另有箱車一輛，即每礮兩旗，另有運藥彈車一旗也。以運載另備之逼碼。此前車之式，略同七生的半口徑礮之前車，而盛逼碼之箱較大。礮車高且重，中國路窄，行走笨滯，宜加更改。惟守要隘營牆，皆甚得力，比諸七生的半口徑礮，彈固較小，力自稍遜，惟礮身長，而彈擊較遠一千餘邁，至其輕重仍畧相等。

所用逼碼及各式之彈，皆與五生的口徑二十倍長快礮所用各式相同。

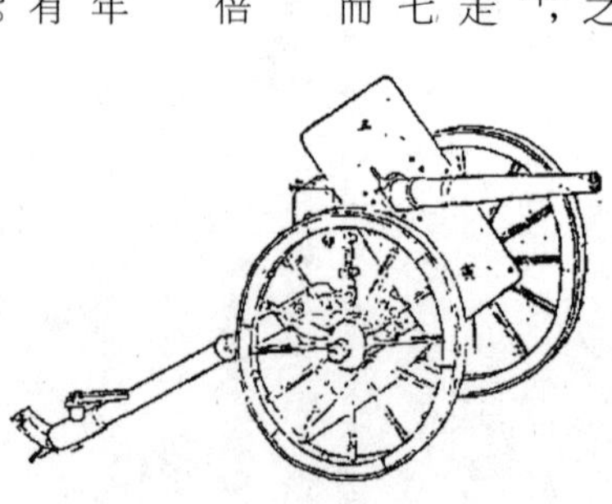

〔過山快礮〕

三生的七口徑三十倍長過山快礮，光緒二十年造。礮身鋼製，亦分前後兩段。前段爲礮箭，內有來復紋及藥膛，外中有礮耳，後作螺絲旋入礮尾。後段爲礮尾，方形，後有直孔，以容底門。右有扳機，如卯。逼礮裝入膛內，閉其底門，以食指鉤之其扳機之中針，即撞銅殼底之爆藥，而生火引燒。此爲常快放。其旁另有機鈕，上鐫速放二字，扭轉機鈕，使字向上，則閉底門，而中針隨自撞銅殼底之爆藥，此爲加快放。礮尾下有雙套螺絲，使之起落，以配礮口之昂俯。礮架上托礮耳，下有軸以貫兩輪，後有架尾圓桿，桿端有鐵板，如子。以擋礮之退力。前有鐵牌，分上下兩半塊。如丑、寅。此礮及車架，亦可拆卸分馱牲口三匹。

彈有二式：一、礮彈。二、群子彈。亦用銅殼，火藥與彈合爲一。

礮彈，鋼製，內鑽空膛，外車圓式。前段留圈一道，恰合礮膛來復陽紋之內徑，後段外套紅銅箍一道，恰合來復陰紋之底。擠入陰紋內，循紋旋轉放出。彈重湘平十七兩二錢四分，內裝細粒黑礮藥重湘平二兩八錢一分。彈後段裝入銅殼口內，銅殼內襯粗麻布袋，袋內裝四密里扁方灰色位卑無烟火藥，重湘平五兩九錢七分。銅殼底中有凹，裝爆藥連冒重湘平一錢四分。

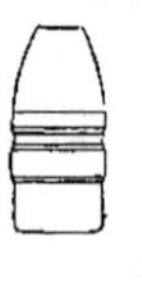

銅引火，用新式，五件：一、彈口銅盂。二、活機刺針。三、花瓣擋機。四、擋機銅圈。五、螺蓋自來火。

群子彈：與五生的七口徑礮者相同，而較小，重湘平十六兩九錢八分。銅殼内裝四密里扁方灰色位卑無烟火藥，重湘平五兩七錢四分。

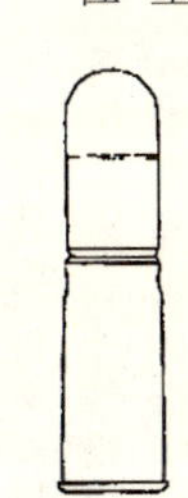

此礮之重，與五生的七口徑二十倍長快礮相同。惟口徑小，而彈力弱，礮身長，而所擊更遠耳。

每礮應備物件此係各物全備之數，可以酌量選擇置備。

鉤繩，二。表尺，一。卑麻油，二磅。銅絲鉤，一。燈籠，一，可明可暗。水桶，一。螺柄，一。彈篦，一。礮尾皮帶，一。螺柄，一。口塞，一。門劈箱，一。礮上木槍，一。零件箱，一。磋，一。銅絲，一綹。毛帚，一。門藥注，一，此件不用。叉架，一。彈嘴螺叉，一。火門眼鑽，一。格色令，二磅半。自來火螺絲盒隔針皮帶，一。斧，二礮共一。半圓磋，二礮共一。劈孔刷，二礮共一。藥裹皮匣，連皮帶一。鏟鉗椎，連袋二礮共一。爬，二礮共一。火種夾，二礮共一。半圓刷，二礮共一。彈抓，回出藥彈，二礮共一。準星蓋，二礮共一。象限，二礮共一。洗桿，二。子母彈鑰，二。大衣，二。抹布，二。阻劈，二。卑麻油盒，二。毛皮，二方。氈毯，三。子母彈箱，六。實心彈箱，四。大洋鐵盒，容格色令十三磅，六礮共一。長爬，去礮紋滯鉛，十礮共一。城上零件箱，六礮共一。卑麻油大盒。盛油十磅，六礮共一。

藝文

宋・楊萬里《誠齋集》卷四四《海鰌賦有後序》 辛巳之秋，北人侵邊，既飲馬于大江，欲斷流而投鞭。自江以北，號百萬，以震擾。自江以南，無一人，而寂然。其帥抵掌而笑曰，吾固知南風之不競，今其幕有烏而信焉。指天而言，吾其利涉大川乎。方將仗三尺以麾軍旅，濟六師以耀戈鋋。掠木綿估客之艓，登長年三老之舡。並進半濟，其氣已無江壖矣。南望牛渚之磯，屹峙七寶之山，一幟特立于彼山顛。其帥大喜曰，此降幡也。其衆呼萬歲而賀曰，我得天乎！言未既，蒙衝兩艘，夾山之東西，突出于中流矣！其始也，自行自流，乍縱乍收，下載大屋，上横城樓，縞于雪山，輕于雲毬，倏忽往來，刻頃萬周，有雙疊之舞波，無一人之操舟。其衆指而笑曰，此南人之善幻，不木不竹，其誑我以楮先生之儔乎！不然，神爲之楫，鬼與之游乎？笑未既，海鰌萬艘，相繼突出而争雄矣。其迅如風，其飛如龍，俄有流星，如萬石鐘霣，自蒼穹墜于波中，復躍而起，直上半空。震爲迅雷之隱谷，散爲重霧之冥濛，人物咫尺而不相辨，其衆大駭，而莫知其所從。于是海鰌交馳，攪西噪東，江水皆沸，天色改容，衝飆爲之揚沙，秋日爲之退紅。敵之舟楫，皆躪藉于海鰌之腹底，吾之戈鋋矢石，亂發如雨而横縱。馬不必射，人不必攻，隱顯出没，争入于陽侯之珠宫。其帥匹馬而宵遁，未幾自斃于瓜步之棘叢。予嘗行部而過其地，問之漁叟與樵童，欲求北人敗衄之處，杳不見其遺踪。但見倚天之絶壁，下臨月外之千峰，草露爲霜，荻花晚茸，紛欋謳之悲壯，雜之以新鬼舊鬼之哀恫。因觀蒙衝海鰌於山趾之河汭，再拜勞苦其戰功。惜其未封以下瀨之社侯，册以伏波之武公！抑聞之曰，在德不在險，善始必善終。吾國其勿恃此險，而以仁政爲甲兵，以人材爲河山，以民心爲垣墉也乎！

右采石戰艦，曰蒙衝，大而雄；曰海鰌，小而駛。其上爲城堞，屋壁皆堊之。紹興辛巳，金亮至江北，掠民船，指麾其衆欲濟。我舟伏于七寶山後，令曰，旗舉則出江。先使一騎，偃旗于山之頂，伺其半濟，忽山上卓立一旗，舟師自山下河中，兩旁突出大江，人在舟中踏車以行船，但見舟行如飛，而不見有人。敵以爲紙船也。舟中忽發一霹靂礮，蓋以紙爲之，而實之以石灰、硫黄。礮自空而下落水中，硫黄得水而火作，自水跳出，其聲如雷。紙裂而石灰散爲烟霧，眯其人馬之目，人、物不相見。吾舟馳之，壓敵舟人馬皆溺，遂大敗之云。

明・茅元儀《武備志》卷一一九《火藥賦》 五材並用，火德最靈。秉熒惑之精氣，酌朱雀之權衡。軒轅創法，以衛民生。五金八石，按炎帝之草經。範金修火，命風后而制兵。謂銛鋒利鏃，力尚有窮。而火燄之精，無堅不潰。雖則硝硫之悍烈，亦藉飛灰而匹配。驗火性之無我，寄諸緣而合會。硝則爲君，而硫則臣，本相須以有爲。硝性竪而硫性横，亦並行而不悖。惟灰爲之佐使，實附尾於同類，善能革物，尤長陷陣，性炎上而不下，故畏軟而欺硬。臣輕君重，藥品斯匀。烈火之劑，一君二臣。灰硫同在臣位，灰則武而硫則文，剽疾則武收殊績，猛炸則文策奇勛。雖文武之二途，同輸力於主君。世直道而翻右武，時横行而乃尚文。如豨苓與桔梗，時爲帝而稱珍。若乃硝材，真正君明則宜。硝匪其材，主暗取譏。君賢明而治理，城郭完全，文恬武嬉。君不明而暴虐，文武縱横，滅裂裳衣。且藥不精專，雖多亦少。藥能精製，以少爲多。過與不及兮，失其調

劑。用之適中兮，燮理平和。灰硝少，文雖速而發火不猛。硝黃缺，武縱燃而力慢。奈何棄武用文，勢既偏而力弱，堪成白火之用。棄文用武，事雖濟而力窮。乃在噴火之科，臣懦君强，不堪布政。惟宜直前宣吐，臣勇君明，有似焕汗，忽爾中舍激烈，賢哲明此兩端，昏愚豈諳優劣！文一武十，是謂先驅。渾圓則流轉不窮，而四圍跳躍。直遂則中通一線，而百步争途。縱一兩之藥，行三百步有奇。恐千里之馬，終有一蹶不虞。難於百發百中，大抵藥力多少之論耳。若夫方以類聚，材在兼收。滴酷以酸折助順，火酒以燥性相投。木折皮或微潮而噀遠，班猫以酷烈而取遒。至如獨蒜，氣亦相求。論其製法，須諳利弊。硫黄粗兮灰易細，文武乖暌。硝研細而黄灰粗，煎熬失味。合藥不厭精，碾藥不厭細。錘打不嫌多，築虚最所忌。若夫土囊所以壓砲，蓋爲金土相生。沸湯用以和藥，是則水火既濟。聊且撮其大都，指破迷途之士。

雜録

明·朱國禎《湧幢小品》卷一二《火器》 火器起于周官，有矢枉、矢緊、矢利、火射、枉矢之屬。以變星名，能飛且有光也。春秋焚成邱。焚者，樵之也，晉中軍曳柴焚之也。魯取齊攻廪邱之郛，主人焚衝，焚戰車也。楚奔燧象，齊縱火牛，孫子五火之變，此其最著。水戰之火，起于赤壁。束葦灌脂，用以濟舟。魏、唐以來，火箭、射梯、巨礮、飛石。宋曾公亮編《武經》，有虎蹲、旋風之砲，蒺藜、霹靂之毬。

國朝火車、火傘、大二三將軍等銃，四眼、雙頭、九龍、三出、鐵棒、石榴等器，最利者爲佛郎機、鳥嘴。近又增火箭、火磚，而用無可加矣。此外則猛火油最烈，今未之聞。或云，出高麗東數千里，日初出處，烘石所融之液，佗物遇之即化爲火，唯真琉璃器可貯。

陸戰用火，莫著于陸遜秭歸之役。水戰用火，自赤壁外，莫著于我太祖鄱陽之役，然皆草木葦荻之類。束而灌脂，又趐風勢，雖間以毬、砲，未聞全用火藥、火器也。惟建文東昌之戰，燕軍爲火器所乘，死者萬餘人。味一乘字，則戰酣而用，非全恃以決勝也。文皇因之，有神機銃砲之屬，其製始盛。五軍鐵騎恃之益彊，能逐虜數千里外。至宣皇喜峯口外之戰，先以兩翼飛矢，虜不能支。而後以此乘之，則用之次第可見。自後兵不習戰，專倚之爲護身符。敵佯挑戰誘我，或驅所擄掠我中國人先嘗我，火器叠發，敵叠爲進退。藥盡，敵衝而前，全軍潰散。甚有不見敵而發火，敵至不及發而先走者，則火器誤之也。火鎗、火砲，守則得力。若戰，不及弓矢便捷，此余親在行間知之。

清·顧禄《清嘉録》卷一 放煙火

各鄉社廟，或放煙火，有集數十架於庭，次第傳爇，媚神以爲樂者。范來宗《金衙園觀煙火》詩云：「金衙是何園，其地曠非奥。久成荒礫場，旁建社公廟。居民思媚神，立竿光照耀。空中掣金蛇，耳畔轟火砲。争趨忘近遠，聚觀雜耄少。有客遠方來，目笑頭屢掉。爆直記禁園，盛會元宵鬧。漫天黑夜陳，遍地白日照。雉堞打襄陽，蜃樓現海嶠。垂老返江湖，百思不能到。偉哉天上觀，豈易人間肖。即此娱社公，聊乞豐年召。」

案：唐高承《事物紀原》云：「火藥雜戲，始於隋煬帝。」孟襄陽謂即火樹也。」瞿宗吉《煙火戲詩》：「天花無數月中開，五色祥雲繞絳臺。」沈榜《宛署雜記》云：「燕城煙火，有響砲、起火、三級浪、地老鼠、沙碼兒、花筩、花盆諸製。有爲花草、人物等形者。花兒名百餘種，統名曰『烟火』。」趙甌北有《西廠觀煙火》詩云：「晚直郊原月未斜，昇平樂事覽繁華。九邊塵静平安火，上苑春催頃刻花。跋浪魚龍煙似海，劈空雷電礮爲車。歸途尚有餘光照，一路林巒映紫霞。」吾鄉承平氣象，無異輦下也。

兵器軍備部

論説

《荀子·議兵》 故仁人之兵聚則成卒，散則成列，卒，卒伍。列，行列。言動皆有備也。延則若莫邪之長刃，嬰之者斷；兑則若莫邪之利鋒，當之者潰。兑，猶聚也，與隊同，謂聚之使短。潰，壞散也。《新序》。

又 魏氏之武卒，以度取之，武卒，選擇武勇之卒，號爲武卒。度取之，謂取其長短材力中度者。汪中曰：度，程也，下文所云是也。注非。衣三屬之甲，如淳曰：「上身一，髀褌一，脛繳一，凡三屬也。」衣，於氣反。屬，之欲反。盧文弨曰：案《考工記釋文》：「屬，之樹反。」操十二石之弩，負服矢五十个，置戈其上，置戈於身之上，謂荷戈也。盧文弨曰：元刻作「負矢」，無「服」字，與《漢書》同。王念孫曰：此本作「服矢五十个」。「服矢」，即「負矢」。負與服，古同聲而通用，（《考工記·車人》「牝服」，先鄭司農云：「服，讀爲負。」）故《漢書》作「負」。今本作「負服矢」者，校書者依《漢書》旁記「負」字，而寫者誤合之也。元刻無「服」字，則又後人依《漢書》刪之也。俞樾曰：「服」字實不可無。「服」者，「箙」之假字。《説文·竹部》：「箙，弩矢箙也。」經傳通以「服」爲之。《詩·采薇篇》「象弭魚服」，《國語·齊語》「服無矢」，皆是也。負服矢五十个者，盛矢五十个於服而負之也。若但云「負矢」，則矢無服不可負，若云「負矢服」，則疑五十个以服計矣，故曰「負服矢五十个」，古人之辭所以簡而明也。《漢書》奪「服」字，元刻從之，非是。置戈其上，承「負服矢五十个」而言，所謂「其上」者，矢服之上也。蓋負矢服於背而荷戈於肩，戈之上半適在矢服之上，故曰「置戈其上」也。楊注不解「服」字之義，故於此句亦失其解，而曰「置戈於身之上」，不可通矣。先謙案：俞説是。冠軸帶劍，軸與胄同。《漢書》作「胄帶劍」，顔師古曰：「著兜鍪而又帶劍也。」贏三日之糧，日中而趨百里。贏，負擔也。

又 楚人鮫革犀兕以爲甲，鞈如金石，鞈，堅貌。以鮫魚皮及犀兕爲甲，堅如金石之不可入。《史記》作「堅如金石」。鞈，古洽反。《管子》曰：「制重罪入以兵甲，犀脅二戟；輕罪入蘭盾，鞈革二戟。」犀兕堅如金石之狀也。王念孫曰：楊本作「鞈如金石」，與《史記》不同。然鞈訓堅貌，諸書未有明文。《説文》「鞈，防扞也」，（今本「扞」譌作「汗」，據《玉篇》《廣韻》改。）尹注《管子·小匡篇》曰「鞈革，重革，當心著之，可以禦矢」，皆不訓爲堅貌。《史記》而外，《韓詩外傳》亦作「堅如金石」。《文選·三月三日曲水詩序》注引《荀子》正作「堅」，《太平御覽·兵部》八十七同。鈔本《北堂書鈔·武功部》九引作「牢如金石」，（陳禹謨本改爲「堅」。）此是避隋文帝諱，故改「堅」爲「牢」。然則虞所見本正作「堅」，與楊本異也。俞樾曰：《史記》《禮書》作「堅如金石」，故楊注訓鞈爲堅貌，即引《史記》爲證。然鞈之訓堅貌，諸書皆無明文，殆非也。《説文》「鞈」有二：其一是《革部》，爲正篆；其一見《鼓部》，爲「鼛」，篆之古文。鼛，鼓聲也。故《文選·上林賦》「鏗鎗闛鞈」，李善注曰：「鏗鎗，鐘聲也。闛鞈，鼓聲也」。此乂「鞈如金石」，當以聲言，不當以貌言，謂扣之而其聲鞈然如金石也。必以鼓聲相況者，鼓是革所爲。上云「鮫革犀兕以爲甲」，則亦革所爲也，正見其屬辭之密。《史記》作「堅」，自與《荀子》異，不得竝爲一談也。宛鉅鐵釶，慘如蠭蠆，宛，地名，屬南陽。徐廣曰：「大剛曰鉅。」釶與鍦同，矛也。《方言》云：「自關而西謂之矛，吳、揚之閒謂之鍦。」言宛地出此剛鐵爲矛，慘如蠭蠆。言其中人之慘毒也。鍦音啻。盧文弨曰：案今《方言》云「矛，吳、揚、江、淮、南楚、五湖之閒謂之鍦」，無「自關而西謂之矛」七字。先謙案：《史記》作「宛之鉅鐵，施鑽如蠭蠆」，《索隱》云：『鑽，謂矛刃及矢鏃也。」《史》「釶」爲「施」，「慘」爲「鑽」，故《索隱》以「施」屬下讀，望文解之。例以上下文「鞈如金石」「卒如飄風」，則《荀子》本書文義較長。輕利僄遬，卒如飄風。言楚人之趫捷也。僄，亦輕也，匹妙反。或當爲「嫖姚」之「嫖」，嫖，驍勇也。

漢·桓寬《鹽鐵論》卷一〇 雜論

文學曰：「兵者，凶器也。甲堅兵利，爲天下殃。以母制子，故能久長。聖人法之，厭而不陽。《詩》云：『載戢干戈，載櫜弓矢，我求懿德，肆于時夏。』【略】世稱利劍有千金之價，棠谿、魚腸之屬，《史記·蘇秦傳》：「韓之劍戟，皆出棠谿。」《集解》徐廣曰：「汝南吳房有棠谿亭。」《吳越春秋》：「越王允常聘歐冶子作名劍五，四曰魚腸。」《淮南·修務訓》注：「文理屈襞若魚腸者。」龍泉、太阿之輩，《越絶書外傳紀·寶劍》：「楚王令風胡子之吳，見歐冶、干將，使之爲鐵劍。歐冶、干將鑿茨山，洩其谿，取鐵英爲三劍，一龍淵，二太阿。」《晉太康地理記》：「汝南西平有龍淵水，可以淬刀劍，特堅利，故有龍淵之劍。」此作「泉」，沿唐諱未改。其本鋌，《衆經音義》十一，玄應曰：「鋌，銅鐵之璞，未成器用者也。」山中之恒鐵也，冶工鍛鍊，成爲銛利。銛亦利也。豈利劍之鍛與鍊，乃異質哉？工良師巧，鍊一數至也。試取東下直一金之劍，「東下」未聞。盼遂案：「東」，疑爲「要」之誤。「要」，古「腰」字。篆「要」作𦥔，故與「東」形致混。更熟鍛鍊，足其火，齊其銛，《漢書·王莽傳》注，應劭曰：「齊，利也。」銛猶鋒也。猶千金之劍也。夫鐵石天然，尚爲鍛鍊者變易故質，况人含五常之性，賢聖未之熟鍛鍊耳，奚患性之不善哉？

佚名《太平經合校》卷七二 今軍師兵，不祥之器也，君子本不當有也，下之惡之。故當置於鞘中，堅冶藏之，必不貴有之也，不貴用之也。但備不然，有急乃後使工師擊治石，求其中鐵，燒冶之使成水，乃後使良工萬鍛之，乃成莫耶，可

以戰鬭，禦急者亦豈及事邪？

明・宋應星《天工開物》卷下《佳兵》　宋子曰：兵非聖人之得已也。虞舜在位五十載，而有苗猶弗率。明王聖帝，誰能去兵哉？弧矢之利，以威天下，其來尚矣。爲老氏者，有葛天之思焉。其詞有曰：佳兵者，不祥之器。蓋言慎也。

火藥機械之竅，其先鑿自西番與南裔，而後乃及于中國。變幻百出，日盛月新。中國至今日，則即戎者以爲第一義，豈其然哉？雖然，生人縱有巧思，烏能至此極也？

綜述

《周禮・冬官考工記》　冶氏爲殺矢，刃長寸，圍寸，鋌十之，重三垸。殺矢與戈戟異齊，而同其工，似補脱誤在此也。殺矢，用諸田獵之矢也。鋌讀如「麥秀鋌」之鋌。鄭司農云：「鋌，箭足入槀中」者也。垸，量名，讀爲丸。　鋌，徒頂反。三垸，音丸。異齊，才細反。槀中，古老反。

注「殺矢」至「爲丸」　云「殺矢與戈戟異齊，而同其工」者，案：上文戟在上齊内，殺矢在下齊中，是異齊，今此同工，不可也。云「似補脱誤在此也」者，案：下矢人自造八矢，殺矢彼已有，此亦有，是彼脱漏，有人於彼補脱訖，更有人補於此，是誤在此也。云「殺矢用諸田獵之矢也」者，《司弓矢職》文。先鄭直云「垸，量名，讀爲丸」者，其垸是稱兩之名，非斛量之號。又讀爲丸，未知欲取何義，後鄭引之在下者，以其垸之度量，其名未聞，無以破之，故引之在下也。

戈廣二寸，内倍之，胡三之，援四之。戈，今句孑戟也，或謂之雞鳴，或謂之擁頸。内謂胡以内接柲者也，長四寸。胡六寸，援八寸。鄭司農云：「援，直刃也。胡，其孑。」　句孑，古侯反，下句兵同。接柲，音祕。

「戈廣」至「四之」　「戈廣二寸」者，據胡寬狹。云「内倍之」者，據胡下柄入處之長。「胡三之」，據胡之長。援四之，據最上刺刃之長也。

注「戈今」至「其孑」　據此上下文，戈與戟别，而鄭云「戈，今句孑戟」，戈戟共爲一者，據漢法而言。漢時見胡横之句孑戟。云「或謂之雞鳴」者，以其胡似雞鳴故也。云「或謂之擁頸」者，以其胡曲，故謂之擁頸，有此數名也。云「内謂胡以内接柲」者，即柄也。

已倨則不入，已句則不決，長内則折前，短内則不疾，戈，句兵也，主於胡也。已倨，謂胡微直而邪多也，以啄人，則不入。已句謂胡曲多也，以啄人，則劒不決。胡之曲直，鋒本必横，而取圜於磬折。前謂援也。内長則援短，援短則曲於磬折，曲於磬折則引之與胡並鉤。内短則援長，援長則倨於磬折，倨於磬折則引之不疾。　而邪，似嗟反。以啄，丁角反。必横，劉華孟反，又如字。磬折，之設反。

「已倨」至「不疾」　此經論戈之所用主於胡，故此經言胡之四疾之事。

注「戈句」至「不疾」　云「戈，句兵也」者，下文《廬人》云「句兵欲無彈」，鄭注云：「句兵，戈戟屬。」是戈爲句兵，以其有胡孑，故爲句兵也。云「主於胡也」者，以胡爲主，言此者，欲見此經戈不説援，專言胡之意也。此經「已」，皆爲大也。「已倨」，謂胡頭大舒，故云「胡微直而邪多也」。「已句，謂胡曲多」者，謂胡大横也。云「以啄人，則創不決」者，横則擁不割物，故創不決也。云「胡之曲直，鋒本必横，而取圜於磬折」者，胡孑横捷，微邪向上，不倨不句，似磬之折殺也。云「前謂援也」者，以其援在上，故云前。云「内長則援短」者，案：上文内倍之四寸，援曲之八寸，並有定數。若胡内長，則胡向上侵援，援無八寸，故云内長則援短，援短則曲於磬折。「曲於磬折」者，由胡向上近援，胡頭低。胡頭低，則胡曲於磬折也。胡既與援相近，故援共胡並鉤，並鉤則援折，故云折前也。云「内短則援長」者，胡内本四寸，今胡近下爲之，胡下無四寸，故胡上援，則長踰八寸矣，故云内短則援長也。云「援長則倨於磬折」者，以其由胡近下安之，則頭舒，頭舒則倨於磬折也。以頭舒，故引之不疾。

是故倨句外博。博，廣也。倨之外，胡之裏也。句之外，胡之表也。廣其本以除四病而便用也。俗謂之曼胡，似此。　而便，婢面反。曼胡，莫干反。

注「博廣」至「似此」　此經爲除上四疾而生此文，故云「是故」，謂起上義也。云「倨之外，胡之裏也者，句之外，胡之表」者，倨謂胡上，句謂胡下，倨與句皆有外廣，故云倨之外胡之裏，謂胡下近本，增使廣。句之外，胡之表，謂於胡上近本，增之使廣。若然，則胡本上下俱寬，自然合於磬折，無上四疾而便用矣。云「俗謂之曼胡，似此」者，由胡外廣而本寬曼胡然，俗呼爲曼胡，似此經所云者也。案：莊公四年《左氏傳》：「楚武王荆尸，授師孑焉，以伐隨」，注云：「孑，句孑。凡戟而無刃。秦晉之間謂之孑，或謂之鏔。吴楊之間謂之

伐。東齊秦晉之間，其大者謂之曼胡，其曲者謂之句孑曼胡。」

重三鋝。 鄭司農云：「鋝，量名也。讀爲刷。」玄謂許叔重《説文解字》云：「鋝，鍰也。」今東萊稱或以大半兩爲鈞，十鈞爲環，環重六兩大半兩。鍰鋝似同矣，則三鋝爲一斤四兩。 三鋝，色劣反，又音劣，或音環。鍰也，户關反，又于眷反。萊稱，尺證反。

注「鄭司」至「四兩」 先鄭讀「鋝」爲「刷」，取音同。後鄭引許叔重《説文解字》云「鋝，鍰也」者，《尚書·呂刑》有「墨罰疑赦，其罰百鍰，及大辟千鍰」，許氏以此「鋝」與《尚書》「鍰」爲一。云「今東萊稱或以大半兩爲鈞，十鈞爲環，環重六兩大半兩。鍰鋝似同矣」者，鋝鍰輕重無文，故王肅之徒皆以六兩爲鍰，是以鄭引許氏及東萊稱爲證也。云「大半兩爲鈞」者，凡數言大者，皆三分之二爲大，三分之一爲少。以一兩二十四銖，十六銖爲大半兩也。云「十鈞爲鍰」者，鍰則百六十銖，二十四銖爲兩，用百四十四銖爲六兩，餘十六銖爲大半兩，是鍰有六兩大半兩也。云「鍰鋝似同矣」者，此從許君之説。

戟廣寸有半寸，内三之，胡四之，援五之，倨句中矩，與刺重三鋝。 戟，今三鋒戟也。内長四寸半，胡長六寸，援長七寸半。三鋒者，胡直中矩，言正方也。鄭司農云：「刺謂援也。」玄謂刺者，著柲直前如鐏者也。戟胡横貫之，胡中矩，則援之外句磬折與？ 中矩，丁仲反，注同。與刺，七賜反，注同。著柲，直略反。鐏，徂悶反，劉祖悶反。折與，音餘。

注「戟今」至「折與」 鄭知此戟三鋒者，見此經言援言胡又言刺，又案：上文戈廣二寸，援及接柲長一尺二寸，胡長六寸，重三鋝。此戟廣寸半，援及接柲，亦長尺二寸，胡長六寸，狹於戈半寸，亦重三鋝。明知刺與援别，爲三鋒矣。云「三鋒者，胡直中矩言正方也」者，經云「倨句中矩」，鄭云「胡中矩」，則倨句不中矩，謂援爲磬折，故爲倨句也。先鄭云「刺謂援也」，後鄭不從者，經上言援及胡，下别言刺，明刺與援别，若不三鋒，輕於戈，不得同重三鋝也。「玄謂刺者，著柲直前如鐏者也」者，謂於援胡之横上中，使出者也。但長短無文，蓋與胡同六寸，乃可充三鋝之數也。云「戟胡横貫之」者，胡六寸，横貫三寸，直下三寸。云「胡中矩，則援之外句磬折與」者，援七寸半，亦以三寸爲横，稍舉之使不中矩，以四寸半者向上爲磬折，磬折向外，故云外句。言「與」者，以經直言倨句中矩，鄭以意分中矩，於胡以倨句，於援上爲磬折，故云與以疑之也。若然，讀經「倨句」上屬。必知三鋒胡向下者，三鋒皆向上者無用。故《廬人》注「句兵，戈戟屬」也。

桃氏爲劍，臘廣二寸有半寸。 臘謂兩刃。 臘廣，力闔反，一音獵，李魯頰反。

注「臘謂兩刃」 此劍兩刃與今同，短則與今異。言「兩刃」者，兩面各有刃也。

兩從半之。 鄭司農云：「謂劍脊兩面殺趨鍔。」

注「鄭司」至「趨鍔」 謂劍刃兩面殺趨鍔，鍔即鋒，兩廂俱然，故云「兩」也。

以其臘廣爲之莖圍，長倍之。 鄭司農云：「莖謂劍夾，人所握，鐔以上也。」玄謂莖在夾中者，莖長五寸。 之莖，户耕反。劍夾，古協反，又古洽反，下同。鐔，戚音淫，徐、劉音尋，一音徒南反。

注「鄭司」至「五寸」 二鄭意劍夾是柄，莖又在夾中，即劍鐔是也。倍上臘二寸半，故五寸也。

中其莖，設其後。 鄭司農云：「謂穿之也。」玄謂從中以卻稍大之也。後大則於把易制。 於把，劉音霸，戚必雅反。易制，以豉反。

注「鄭司」至「易制」 先鄭云「穿之」，謂穿劍夾，内莖於中，故云「中其莖」。後鄭意，設訓爲大，故《易·繫辭》云：「益長裕而不設」，鄭注云：「設，大也。《周禮·考工》曰：『中其莖，設其後。』」故云從中以卻稍大之，後大則於把易制也。

參分其臘廣，去一以爲首廣，而圍之。 首圍，其徑一寸三分寸之二。

注「首圍」至「之二」 此「首廣」，謂劍把接刃處之徑也。臘廣二寸半，參分去一，二寸，以一寸爲六分，二寸爲十二分，半寸爲三分，添十二爲十五分。三分去一得十分，取六分爲一寸，餘四分，名爲六分寸之四。六分寸之四，即三分寸之二，故云「一寸三分寸之二」也。而圍之者，正謂圜之，故《廬人》皆以圍爲圜之也。

身長五其莖長，重九鋝，謂之上制，上士服之。身長四其莖長，重七鋝，謂之中制，中士服之。身長三其莖長，重五鋝，謂之下制，下士服之。 上制長三尺，重三斤十二兩。中制長二尺五寸，重二斤十四兩三分兩之二。下制長二尺，重二斤一兩三分兩之一。此今之匕首也。人各以其形貌大小帶之。此士謂國勇力之士，能用五兵者也。《樂記》曰：「武王克商，裨冕搢笏，而虎賁之士説劍。」 裨冕，婢支反，劉音卑。笏，音忽。虎賁，音奔。説劍，吐活反，劉詩悦反。

注「上制」至「説劍」 知「上制長三尺」者，以其言「五其莖長」。上文長倍之，莖長五寸，五其莖，長二尺五寸，并莖五寸，爲三尺也。已下皆如此計之可

知。「重三斤十二兩」者，以其言九鋝，鋝別六兩大半兩，六九五十四，爲五十四兩；九鋝皆有大半兩，鋝別有十六銖，爲百四十四銖；二十四銖爲一兩，揔爲六兩，添前五十四爲六十兩。十六兩爲一斤，取四十八兩爲三斤，餘十二兩，故云重三斤十二兩。已外皆如此計之，亦可知也。云「此今之匕首也」者，漢時名此小劍爲匕首也。云「人各以形貌大小帶之」，解經上士、中士、下士，非謂三命爲上士之屬，宜以據形長者爲上，次者爲中，短者爲下士。云「此士謂國勇力之士，能用五兵者也」者，此《司右》文。彼不言勇力之士用劍而言勇力士者，以《樂記》説劍之事知之，故引之爲證也。武王克商，在軍皆韋弁。韋弁，兵服。克商還，皆裨冕，裨冕則五冕，各以尊卑服之，而助祭於明堂，「虎賁之士」，即勇力之士者也。【略】

又 函人爲甲，犀甲七屬，兕甲六屬，合甲五屬。屬讀如灌注之注，謂上旅下旅札續之數也。革堅者札長。鄭司農云：「合甲，削革裏肉，但取其表，合以爲甲。」七屬，之樹反，下及注同。合甲，如字，舊音閤，注同。

犀甲壽百年，兕甲壽二百年，合甲壽三百年。革堅者又支久。

凡爲甲，必先爲容，服者之形容也。鄭司農云：「容謂象式。」

注「服者」至「象式」 凡造衣甲，須稱形大小長短而爲之，故爲之人形容乃制革也。

然後制革。裁制札之廣袤。

注「裁制札之廣袤」 上旅七節、六節，節數已定，更觀人之形容。長大則札長廣，短小則札短狹，故云「裁制札之廣袤」。廣即據横而言，袤即據上下而説也。

權其上旅與其下旅，而重若一，鄭司農云：「上旅謂要以上，下旅謂要以下。」謂要，於遥反，下同。

「權其」至「若一」 謂札葉爲旅者，以札衆多，故言旅，旅即衆也。先鄭云「上旅腰以上」，謂衣也，「下旅腰以下」，謂裳也。故《春秋傳》曰「棄其甲裳者也」。

以其長爲之圍。圍謂札要廣厚。

注「圍謂札要廣厚」 此據一札之上，先量上下之長，乃以長。中央圍之一帀，如此，則長短廣狹相稱也。

凡甲鍛不摯則不堅，已敝則橈。鄭司農云：「鍛，鍛革也。摯謂質也。鍛革大孰，則革敝無强，曲橈也。」玄謂摯之言致。甲鍛，丁亂反。不摯，音至。大孰，音泰，劉莵餓反。言致，直置反，下同。

注「鄭司」至「言致」 先鄭以「摯」爲「質」，後鄭不從者，質即革之別名，非生孰之稱，故後鄭爲致，致，謂孰之至極也。

凡察革之道，眡其鑽空，欲其惌也；鄭司農云：「惌，小孔貌。惌讀爲『宛彼北林』之宛。」其鑽，作官反。空，音孔，又如字，下同。其惌，於阮反，或云司農音鬱。

注「鄭司」至「之宛」 先鄭云「惌，小孔貌」者，革惡則孔大，革善則孔小，驗今亦然。讀如「宛彼北林」之「宛」者，以音讀之。

眡其裏，欲其易也；無敗蔵也。其易，以豉反，下同。敗蔵，音穢，本或作穢。

眡其朕，欲其直也；鄭司農云：「朕謂革制。」其朕，直忍反。

櫜之，欲其約也；鄭司農云：「謂卷置櫜中也。《春秋傳》曰：櫜甲而見子南。」櫜之，音羔，劉古道反。謂卷，眷勉反，下文同。

「櫜之欲其約也」 先鄭引《春秋》者，案：昭元年《左氏傳》，鄭公孫黑與子南争徐吾犯之妹，適子南氏，子皙怒，既而櫜甲而見子南，欲殺之。彼以衣表著甲謂之櫜，與此別，引之者，彼以衣藏甲爲櫜，此亦以甲衣藏甲爲櫜，藏甲爲櫜相似，故引以爲證也。

舉而眡之，欲其豐也。豐，大。

「舉而」至「豐也」 此文與上經相對，舉之，正謂於櫜中取而舉之。

衣之，欲無齘也。鄭司農云：「齘謂如齒齘。」衣之，於既反。齘，户界反。

注「鄭司」至「齒齘」 人之齒齘，前却不齊，札葉參差，與齒齘相似，故以齒爲喻。

眡其鑽空而惌，則革堅也；眡其裏而易，則材更也；眡其朕而直，則制善也；櫜之而約，則周也；舉之而豐，則明也；衣之無齘，則變也。周，密致也。明，有光燿。鄭司農云：「更，善也。變，隨人身便利。」更也，音庚。便利，婢面反。

「眡其」至「變也」 此文歷序上文，於此揔結之也。

又 鮑人之事，鮑，故書或作「鞄」。鄭司農云：「《蒼頡篇》有鞄䩕。」作鞄，匹學反，劉音樸。蒼頡，户結反。鞄䩕，人兖反。

「鮑人之事」 此文與下經爲揔目。先鄭取《蒼頡篇》從故書爲「鞄」字者，鮑乃從魚，此官治皮，宜從革，故玄引先鄭，於此取從革旁之義。

望而眡之，欲其荼白也；韋革，遠視之，當如茅莠之色。荼白，音徒。茅莠，音酉，又音秀。

「望而」至「白也」　此官主革不主韋，韋自韋氏爲之，鄭云「韋革」者，夾句而言耳。茶，即茅莠也。

進而握之，欲其柔而滑也；謂親手煩撊之。　煩撊，人專反，劉而垂反，或如詢反。

卷而摶之，欲其無迆也；鄭司農云：「卷讀爲『可卷而懷之』之卷，摶讀爲『縳一如瑱』之縳。謂卷縳韋革也。迆讀爲『既建而迆之』之迆。無迆，謂革不齵。」　摶之，直轉反，或除面反，下同。縳一，直轉反。如瑱，他見反，本或作顛，音同。不齵，音虧，又許皮反。

注「鄭司」至「不齵」　先鄭云「可卷而懷之」，《論語》文。云「摶讀爲『縳一如瑱』之縳」者，案：昭二十六年《左氏傳》云「以幣錦二兩，縳一如瑱」。

眡其著，欲其淺也；鄭司農云：「謂郭韋革之札入韋革，淺緣其邊也。」玄謂韋革調善者鋪著之，雖厚如薄然。　其著，直略反，下「眡其著」同。之札，側八反，劉側列反。者鋪，普吴反，又音孚。著之，直略反，又丁略反。

察其線，欲其藏也。故書線或作綜。杜子春云：「綜當爲系旁泉，讀爲絤，謂縫革之縷。」其線，思賤反，注絤同。

革欲其荼白而疾澣之，則堅；鄭司農云：「韋革不欲久居水中。」　澣之，户管反。

欲其柔滑而腥脂之，則需；故書需作劃。鄭司農云：「腥讀如『沾渥』之渥，劃讀爲『柔需』之需。謂厚脂之韋革柔需。」　而腥，於角反，劉音屋。則需，人兖反，注同。作劃，而髓反，又人兖反。沾渥，於角反。

注「鄭司」至「柔需」　先鄭據《詩》云「既沾既渥，生我百穀」。

引而信之，欲其直也。信之而直，則取材正也；信之而枉，則是一方緩、一方急也。若苟一方緩、一方急，則及其用之也，必自其急者先裂。若苟自急者先裂，則是以博爲帴也。鄭司農云：「帴讀爲翦，謂以廣爲狹也。」玄謂翦者，如俴淺之俴，或者讀爲羊豬戔之戔。　信之，音身，劉音新，下皆同。爲帴，音踐，或山箭反。如俴，音踐，劉仕顯反。羊豬戔，劉音普見反，依字才丹反，《字林》昨善反。沈云：「馬融音淺，干寶爲殘，與《周易》戔戔之字同，亦音素千反，不知其義。」或云字則如沈釋，而羊豬戔之語未見出處。俗謂羊豬脂爲䐁，音素干反，豈取此乎？案：《周禮注》殘餘字本多作戔，宜依殘音。

注「鄭司」至「之戔」　先鄭讀「帴」爲「翦」者，翦亦是狹少之意。後鄭轉帴爲「俴」者，從《小戎・詩》「小戎俴收」之俴，讀爲「羊豬戔」者，義亦同。案：彼《小戎・詩》俴者，淺也。謂車深四尺四寸，其車廣六尺六寸，是廣深不得，是一方緩一方急，以博爲俴，以廣爲狹之喻。

卷而摶之而不迆，則厚薄序也；序，舒也。謂其革均也。

眡其著而淺，則革信也；信，無縮緩。

察其線而藏，則雖敝不甐。甐，故書或作鄰。鄭司農云：「鄰讀爲『磨而不磷』之磷。謂韋革縫縷没藏於韋革中，則雖敝，縷不傷也。」　不甐，音吝，或作鄰，音同，注同。

注「磨而不磷」　先鄭云「鄰讀爲磨而不磷之磷」者，《論語》孔子辭。

又　矢人爲矢，鍭矢參分，茀矢參分，一在前，二在後。參訂之而平者，前有鐵重也。《司弓矢職》茀當爲殺。鄭司農云：「一在前，謂箭槀中鐵莖居參分殺一以前。」　鍭矢，音候，劉音侯。茀矢，依注，音殺，色黠反，劉色例反，李音拂。參訂，音亭，劉當定反。槀中，古老反，下同。

注「參訂」至「以前」　云「參訂之而平者」，以其言參分一在前二在後，明據稱量得訂言之。云「前有鐵重也」者，若不前鐵重，何以參分得訂也。引《司弓矢職》者，彼鍭矢與殺矢相對，茀矢自與矰矢相對。此上既言鍭矢，明下宜有殺矢對之，故破此茀爲殺也。先鄭云「一在前，謂箭槀中鐵莖居參分殺一以前」者，後鄭意，直據近鏃鐵多，先鄭據長短，又以參分殺一，近鏃宜細，以其鏃長，近鏃雖殺猶重，與後鄭義合，故引之在下也。

兵矢、田矢五分，二在前，三在後。鐵差短小也。兵矢，謂枉矢、絜矢也。此二矢亦可以田。田矢，謂矰矢。　絜矢，苦結反，又音結。矰矢，音增。

注「鐵差」至「矰矢」　云「鐵差短小也」者，前參分一在前得訂，此五分二在前得訂，故知鐵差短小也。云「兵矢謂枉矢、絜矢也」者，以《司弓矢職》參之，下有七分，當茀矢矰矢，此五分，當枉矢絜矢也。云「田矢，謂矰矢」者，依《鄭志》。此云田矢謂矰矢，非謂經中田矢，正是下文七分者。若然，既非經之田矢，鄭言之者，欲見矰矢正田矢。此經二矢亦可以田，若然，經枉矢、絜矢非直爲兵矢，亦將田獵，故云此二矢亦可以田也。案《鄭志》，趙商問：「《司弓矢》注云：『凡矢之制，矰矢之屬，七分，三在前，四在後。』案《矢人職》曰：『田矢五分，二在前，三在後。』注云：『田矢，謂矰矢。』數不相應，不知所裁。」荅曰：「『田矢謂矰矢』，此先定，後云『此二矢亦可以田』。頃若少疾，此疏初在篋笥之間，屬録事得之，謹荅。」若然，鄭君本意，以矰矢爲田矢，非經田矢，自是尋常田矢。「此二矢亦可以田」，解經田矢是枉矢、絜矢，非直爲兵矢，此二者亦可以田也。此鄭云「田矢謂矰矢」，案《司弓矢職》，枉矢、絜矢言利諸田獵，茀矢、矰矢直言弋射，不言田獵，而云田矢者，弋射即是田獵也。案《司弓矢職》，枉矢、絜矢在前，後乃云鍭矢、殺矢，此《矢人》先言鍭矢、殺矢者，彼據事之重者爲先，以其枉矢、絜矢用諸戰伐是重，故在前，此據鐵輕重，重者在

前，故不同也。

殺矢七分，三在前，四在後。鐵又差短小也。《司弓矢職》殺當爲茀。　網，依注爲茀，劉苻弗反，李音拂。

注「鐵又」至「爲茀」　上經已破「茀」當爲「殺」，此殺固宜爲茀，與矰矢同七分，故亦引《司弓矢》證之也。此經直言茀矢，不言矰矢者，以其與茀矢同制，故略而不言也。言「鐵又差短小也」者，以其前五分二在前，此七分三在前，是差短小也。

參分其長而殺其一，矢槀長三尺，殺其前一尺，令趣鏃也。　而網，本又作殺，色界反，注下皆同。令趣，七喻反，一音促。鏃也，子木反，或比木反。

注「矢槀」至「鏃也」　案《槀人》注：「矢箙長短之制，未聞。」今此注云「矢槀長三尺」，彼以無正文，故云未聞。此云三尺者，約羽六寸，逆差之，故知三尺也。

五分其長而羽其一，羽者六寸。　而羽，于付反，注及下同。

以其笴厚爲之羽深，笴讀爲槀，謂矢幹，古文假借字。厚之數，未聞。　其笴，古老反，下相笴同。

水之以辨其陰陽，辨猶正也。陰沈而陽浮。　以辨，皮勉反，劉方勉反。

注「辨猶」至「陽浮」　就其浮沈刻記之。

夾其陰陽以設其比，夾其比以設其羽，夾其陰陽者，弓矢比在槀兩旁，弩矢比在上下。設羽於四角，鄭司農云：「比謂括也。」　夾其，古洽反，劉古協反。其比，毗志反，下及注同。

注「夾其」至「括也」　云「弓矢比在槀兩旁」者，以其弓豎用之，故比在槀之兩畔。云「弩矢比在上下」者，以其弩弓横用之，故比在槀上下。云「設羽於四角」者，無問弓之矢，弩之矢，比在兩旁上下，皆設羽於四角同也。

參分其羽以設其刃，刃二寸。

注「刃二寸」　知「刃二寸」者，以其言「參分其羽以設其刃」，不可參分取二分，作四寸刃，明知參分取一，得二寸爲刃，故知刃二寸。

則雖有疾風，亦弗之能憚矣。故書「憚」或作「但」。鄭司農云：「讀當爲『憚之以威』之憚，謂風不能驚憚箭也。」　能憚，音怛，都達反，李直旦反，注同，李又直丹反。

刃長寸，圍寸，鋌十之，重三垸。刃長寸，脱「二」字。鋌一尺。　鋌十，直頂反。三垸，音丸。

注「刃長」至「一尺」　知脱「二」字者，據上參分其羽，以設其丸，若刃一寸，則羽三寸，矢一尺五寸，便大短，明知脱「二」字也。

前弱則俛，後弱則翔，中弱則紆，中强則揚。羽豐則遲，羽殺則趮。言幹羽之病，使矢行不正。俛，低也。翔，迴顧也。紆，曲也。揚，飛也。豐，大也。趮，旁掉也。　則趮，音躁，子到反，旁掉也。沈又色到反。掉也，徒弔反。

是故夾而摇之，以眡其豐殺之節也。今人以指夾矢儛衛是也。　而摇，本又作搖，羊招反。

「是故」至「節也」　上經陳幹羽失所，今此經説知矢之羽病狀，故云「夾而摇之，以眡其豐殺之節也」。

橈之，以眡其鴻殺之稱也。撓搦其幹。　橈之，乃孝反。之稱，尺證反。搦其，女角反。

「橈之」至「稱也」　此經説知矢幹之病狀，此言「鴻」，即上文「强」是也。此言「殺」，即上文「弱」是也。

凡相笴，欲生而摶，同摶欲重，同重節欲疏，同疏欲臬。相猶擇也。生謂無瑕蠹也。摶讀如「摶黍」之摶，謂圜也。鄭司農云：「欲臬，欲其色如臬也。」　凡相，息亮反，注同。而摶，徒九反。瑕蠹，丁故反。

【略】

弓人爲弓，取六材必以其時。取幹以冬，取角以秋，絲漆以夏，筋膠未聞。

注「取幹」至「未聞」　鄭知「取幹以冬」者，見《山虞》云：「仲冬斬陽木，仲夏斬陰木。」二時俱得斬，但冬時尤善，故《月令·仲冬》云「日短至，伐木，取竹箭」，注云：「堅成之極時。」是知冬善於夏，故指冬而言也。云「取角以秋」者，下云「秋殺者厚」，故知用秋也。絲漆以夏者，夏時絲孰，夏漆尤良，故知也。「筋膠未聞」，必知六材據此六者，皆依下文而説也。

六材既聚，巧者和之。聚猶具也。　既聚，似主反，具也。

「六材」至「和之」　爲弓須此六材，故云「聚」。「巧」者，即此弓人之工者也。「和之」，謂春液角夏治筋之類是也。

幹也者，以爲遠也；角也者，以爲疾也；筋也者，以爲深也；膠也者，以爲和也；絲也者，以爲固也；漆也者，以爲受霜露也。六材之力，相得而足。　檍，於力反，一音意，劉又烏克反。檿桑，烏簟反。杻檍，女丑反。箕箙，音服。

注「六材」至「而足」　此一經主論六材在弓，各有所用，六材相得，乃可爲足也。

凡取幹之道七，柘爲上，檍次之，檿桑次之，橘次之，木瓜次之，荆次之，竹爲

下。鄭司農云：「檍讀爲億萬之億。《爾雅》曰：『杻，檍。』又曰：『檿桑，山桑。』《國語》曰：『檿弧箕箙。』」

「凡取」至「爲下」 此經說弓幹善惡者也。

注「鄭司」至「箕箙」 引《國語》者，彼爲幽王寵褒姒以至亡國，故彼云「檿弧箕箙，寔亡周國」也。

凡相幹，欲赤黑而陽聲。赤黑則鄉心，陽聲則遠根。陽猶清也。木之類，近根者奴。凡相，息亮反，下同。鄉心，許亮反。則遠，于力反，下遠於同。近根，附近之近。

注「陽猶」至「者奴」 此經說相幹善惡之法。

凡近幹，射遠者用埶，射深者用直。鄭司農云：「埶謂形埶。假令木性自曲，則當反其曲以爲弓，故曰審曲面埶。」玄謂曲埶則宜薄，薄則力少；直則可厚，厚則力多。 射遠，食亦反，下同。

注「鄭司」至「力多」 此說弓力多少之事。「凡析幹，射遠者用埶」者，弓弱則宜射遠，謂若夾庾之類。云「射深者用直」者，弓直則宜射深，謂若王弧之類也。此注後鄭增成先鄭之義，先鄭惟見隨木形埶而用之，後鄭則論厚薄力多少之法也。二鄭相兼乃具。

居幹之道，菑栗不迆，則弓不發。鄭司農云：「菑讀爲『不菑而畬』之菑。栗讀爲『榛栗』之栗。謂以鋸副析幹。迆讀爲『倚移從風』之移。謂邪行絕理者，弓發之所從起。」玄謂栗讀爲『裂繻』之裂。 菑，側異反，又側其反，沈子眞反，劉音厠。栗，音烈，李又如字。不迆，羊氏反。不菑，側其反。畬，音餘。以鋸，音據。副析，普逼反，下星歷反。倚移，於綺反，下羊氏反，下同。邪行，似嗟反。裂繻，音須。

注「鄭司」至「之裂」 「居」，謂居處，解析弓幹之法，但菑栗皆謂以鋸剖析弓幹之時，不邪迆失理，則弓後不發傷也。先鄭云「菑」讀爲「不菑而畬」之「菑」，《禮記・坊記》云「不菑畬」，此畬即耕，故《爾雅》云：「田一歲曰菑，二歲曰新田，三歲曰畬。」菑取彼義也。云「栗讀爲榛栗之栗」者，《詩》云「樹之榛栗」，栗者，亦取破之義。「迆」讀爲「倚移從風」之「移」，讀從司馬相如《上林賦》云「倚移從風」。玄謂「栗」讀爲「裂繻」之「裂」者，讀從隱元年《左氏傳》「紀裂繻來逆女」。彼裂繻，字子帛，則爲裂破衣義。義亦與先鄭大同，皆取破義。但從裂繻之裂，勝從栗，以其栗是栗栗堅硬之意，於破義爲疏，故從裂也。

凡相角，秋⿰糹門者厚，春⿰糹門者薄；稺牛之角直而澤，老牛之角紾而昔。鄭司農云：「紾讀爲『抮縛』之抮，昔讀爲『交錯』之錯，謂牛角觕理錯也。」玄謂昔讀「履錯然」之錯。 秋⿰糹門，戚色黠反，劉色例反，下同。紾，劉徒展反，許慎尚展反，又徒展反，與注抮縛之抮同。 角，絞縛之意。而昔，七各反，下同。抮縛，並與紾同。縛，又徒轉反。觕理，才苦反，又七奴反。錯然，七各反，李云鄭且若反。

注「鄭司」至「之錯」 上文已言幹訖，至此更宜「相角」。但以秋對春，以稺對老而言之。「秋⿰糹門者厚」，謂角厚肉少。「春殺者薄」，謂角薄肉多。稺牛之角直而澤，謂角直而潤澤。「老牛之角紾而錯」者，紾，謂理麤，錯然不潤澤也。先鄭云「紾」讀爲「抮縛」之「抮」者，未知讀從何文，蓋從俗讀。云「昔讀爲交錯之錯」者，讀從《詩》「獻酬交錯」。「玄謂昔讀履錯然之錯」者，讀從《履卦》爻辭。

疢疾險中，牛有久病則角裏傷。

注「牛有」至「裏傷」 以「疢疾」爲久病，故云「牛有久病」。險，傷也。中即裏。謂角裏傷也。

瘠牛之角無澤。少潤氣。 瘠牛，在亦反。

「瘠牛之角無澤」 上云疢疾，謂久病，即此云「瘠」者，惟瘦瘠，非病，角則無潤澤也。

角欲青白而豐末。豐，大也。

注「豐大也」 凡牛角善者，案下注云「本白，中青，末豐」。

夫角之本，蹙於⿰壴刂而休於氣，是故柔。柔故欲其埶也。白也者，埶之徵也。蹙，近也。休讀爲煦。鄭司農云：「欲其形之自曲，反以爲弓。」玄謂色白則埶。 夫角，音扶，下皆同。戚於，子六反，注同，李又音促，又且六反。⿰壴刂，乃老反，本又作腦。而休，音煦，下同。爲煦，況付反，劉音休，下同。

注「蹙近」至「則埶」 此說角之埶也。言角之本近於⿰壴刂，得和煦之氣於⿰壴刂，是故柔。柔故欲其形之自曲，反是爲埶也。然可以爲弓，夫角色白者，則埶之徵驗也。

夫角之中，恒當弓之畏。畏也者必橈，橈故欲其堅也。青也者，堅之徵也。故書畏或作「威」，杜子春云：「當爲威。威謂弓淵。角之中央與淵相當。」玄謂畏讀如「秦師入隈」之隈。 之畏，讀爲隈，烏回反，下同。

注「故書」至「之隈」 此說角之堅也。子春從故書「威」，後鄭不從，而爲「隈」者，威，謂威儀，不得爲曲中，故從隈爲曲隈之義。案僖二十五年秋，秦晉伐鄀，秦人過析隈。鄭以爲入隈。

夫角之末，遠於⿰壴刂而不休於氣，是故脃。脃故欲其柔也。豐末也者，柔之徵

也。末之大者，刦氣及煦之。故脃，七歲反。

注「末之」至「煦之」 此説角欲豐末之意。云「角之末，遠於刦而不休於氣，是故脃。脃故欲其柔也。豐末也者，柔之徵也」，則末不豐者脃。末豐則柔，柔則不脃可知，故鄭云「末之大者，刦氣及煦之」。

角長二尺有五寸，三色不失理，謂之牛戴牛。三色：本白，中青，末豐。鄭司農云：「牛戴牛，角直一牛。」

凡相膠，欲朱色而昔。昔也者，深瑕而澤，紾而摶廉。摶，圜也。廉，瑕嚴利也。而摶，徒丸反。

注「角長」至「摶廉」 上已相幹角，次及相膠。此云「欲朱色」，案下「鹿膠青白」已下，惟牛膠火赤，自餘非純赤，則牛膠爲善矣。「紾而摶廉」者，謂有紾理而摶圜，又廉瑕嚴利。

注「摶圜」至「利也」 膠之性段段皆摶圜也。廉瑕二者，俱是嚴利之狀。

鹿膠青白，馬膠赤白，牛膠火赤，鼠膠黑，魚膠餌，犀膠黃。皆謂煮用其皮，或用角。餌，色如餌。

注「皆謂」至「如餌」 云「煮用其皮，或用角」者，經惟鹿用皮亦用角，今人鹿猶用角，自餘皆用皮。云「餌，色如餌」者，時有餌之色，故從之也。

凡昵之類不能方。鄭司農云：「謂膠善戾。」故書昵或作樴，杜子春云：「樴讀爲不義不昵之昵，或爲䵒。䵒，黏也。」玄謂樴脂膏脜敗之脜，脜亦黏也。凡昵，女乙反，又音職。作樴，音職。爲䵒，女乙反。《爾雅》云膠也。劉、沈並音刃。脜敗，音職，吕忱云膏敗也。

注「鄭司」至「黏也」 子春云「不義不昵」者，案隱元年，鄭大叔段爲不義，莊公曰：「不義不昵，厚將崩。」彼不昵爲不親兄，則昵爲親近不相捨離。後鄭以爲還從古書「樴」音，故轉爲脂膏敗脜之脜。若今人頭髮有脂膏者則謂之脜，脜亦黏也。

凡相筋，欲小簡而長，大結而澤。小簡而長，大結而澤，則其爲獸必剽，以爲弓，則豈異於其獸。剽，疾也。鄭司農云：「簡讀爲『撊然登陴』之撊。」玄謂讀如簡札之簡，謂筋條也。必剽，芳妙反，戚芳昭反，或扶召反，後同。撊然，下板反，或胡簡反。登陴，婢支反，劉蒲佳反，又房卑反。

「凡相」至「其獸」 上已相角膠，次及相筋。言此筋之獸剽疾，爲弓亦剽疾，故云豈異於其獸也。

注「剽疾」至「條也」 先鄭云「簡」讀爲「撊然登陴」之「撊」者，讀從《左氏傳》也。義無所取。「玄謂讀如簡扎之簡，謂筋條也」。竹簡一片爲一扎，此筋條亦有簡別，故讀從之也。

筋欲敝之敝，鄭司農云：「嚼之當孰。」敝之敝，婢世反，扶哲反。嚼之，才略反。

注「鄭司」至「當孰」 筋之椎打嚼齧，欲得勞敝，故云「嚼之當孰」也。

漆欲測，鄭司農云：「測讀爲惻隱之惻。」玄謂測讀如測度之測，測猶清也。惻隱，本或作㥯，同。測度，徒洛反。

「漆欲測」 先鄭云：「測」讀爲「惻隱」之「惻」，此惻隱爲痛切之義，非漆之善狀，故後鄭以爲測度之測。測，清也，從水義，取漆爲良也。

絲欲沈。如在水中時色。

注「如在水中時色」 言「絲欲沈」，則據乾燥時色，還如在水湅之色，故云「如在水中時色」。

得此六材之全，然後可以爲良。全，無瑕病。良，善也。

注「全無」至「善也」 「全，無瑕病」者，幹、角、膠、筋、漆、絲六材，皆令善而無瑕病，然後爲善也。

凡爲弓，冬析幹而春液角，夏治筋，秋合三材。三材，膠、絲、漆。鄭司農云：「液讀爲醳。」液角，音亦，下同。爲醳，音亦，劉、沈音釋，下同。

注「三材」至「爲醳」 凡治弓材，各於其時。言秋合三材膠、漆、絲，則幹、角、筋須三材乃合，則秋是作弓之時，故至冬寒而定體也。鄭知三材是膠、漆、絲者，以經既言幹角及筋，六材之中惟少膠、漆、絲，故知三材謂此也。先鄭「液」讀爲「醳」者，醳是醳酒之醳，亦是漬液之義，故讀從之也。

寒奠體，奠讀爲定。至冬膠堅，内之檠中，定往來體。奠體，讀爲定，下同。檠中，音景。

注「奠讀」至「來體」 檠，謂弓檠。至寒膠堅而牢，故「内之檠中，定往來體」，則六弓往體來體多少者是也。

冰析灂。大寒中，下於檠中，復内之。析灂，子召反。復内，扶又反。

注「大寒」至「内之」 十二月小寒節，大寒中，是冰盛之時，故以大寒解冰也。云「下於檠中，復内之」者，謂復如上寒奠體，内之於檠中相似。但上内爲定體而内，此爲析灂而内之，所爲有異，故別言也。

冬析幹則易，理滑致。則易，以豉反。滑致，直致反，下言致同。

春液角則合，合讀爲洽。

夏治筋則不煩，煩，亂。

「冬析幹則易」 自此已下，重釋上文各以其時之意。

秋合三材則合，合，堅密也。　則合，讀爲洽。

寒奠體則張不流，流猶移也。

注「流猶移也」　體既定，則後用時雖張不流移，謂不失往來之體也。

冰析灂則審環，審猶定也。

注「審猶定也」　納之檠中，析其漆灂，其漆之灂環則定，後不鼓動。故冰析之也。

春被弦則一年之事。朞歲乃可用。　被弦，皮寄反。

注「朞歲乃可用」　通春被弦，則二年之事，而云一年者，據冰析灂已前爲一年，春被弦是用時，不數也。

析幹必倫，順其理也。

析角無邪，亦正之。　無邪，似嗟反。

斲目必荼。鄭司農云：「荼讀爲舒，舒，徐也。目，幹節目。」　必荼，音舒，下同。

注「鄭司」至「節目」　案《禮記·學記》云：「善問者如攻堅木，先其易者，後其節目。」是斲目必徐之義也。

斲目不荼，則及其大脩也，筋代之受病。脩猶久也。

「斲目」至「受病」　「筋代之受病」者，以筋在弓，皆與幹爲力，必須筋幹相得。今弓幹有節目，用力不得其所，則幹不用力，故筋代幹受病，以其偏用力故也。

夫目也者必强，强者在内而摩其筋，夫筋之所由幨，恒由此作，摩猶隱也。故書筋或作薊。鄭司農云：「當爲筋。　幨讀爲『車幨』之幨。」玄謂幨，絶起也。　由幨，昌廉反，注同。

注「摩猶」至「起也」　此還重釋筋幹不得所之意。先鄭讀「幨」爲「車幨」之「幨」者，《衛詩》云「漸車帷裳」，《昬禮》亦云「婦車亦如之有裧」，故讀從之。後鄭云「幨，絶起也」者，由絶起，則廉幨然也。

故角三液而幹再液。重醳治之，使相稱。　重醳，直龍反。稱，尺證反，下各稱同。

注「重醳治之使相稱」　或三液、再液不等者，角須三液，幹須再液，乃得相稱。

厚其帤則木堅，薄其帤則需，需謂不充滿。鄭司農云：「帤讀爲『襦有衣絮』之絮。　帤謂弓中裨。」　其帤，女居反。　則需，人兖反，下注罷需同。　襦有，劉音須，沈音傿，本亦作褥。　衣絮，本亦作帤，《周易》作袽，皆女居反。　中陴，苻支反，又音卑。

注「需謂」至「中裨」　「需謂不充滿」者，需儒不進，故爲不充滿。　謂「弓中裨」者，造弓之法，弓幹雖用整木，仍於幹上裨之，乃得調適也。

是故厚其液而節其帤。厚猶多也。節猶適也。

注「厚猶」至「適也」　多其液者，謂角幹，其裨須節適厚薄得所也。

約之不皆約，疏數必侔。不皆約，纏之繳不相次也。皆約則弓帤。侔猶均也。　疏數，音朔。　必侔，莫侯反，或亡又反。　繳不，音灼。

注「不皆」至「均也」　「約」，謂以絲膠横纏之，今之弓猶然。云不皆約，謂不次比爲之。疏數必侔，約之多少，須稀疏必均也。

斲摯必中，膠之必均。摯之言致也。中猶均也。

「斲摯」至「必均」　斲幹厚薄，必調均爲之。施膠亦均，不得偏厚也。自此以下，説弓之隈裏施膠之事。云摩其角，謂幹不均而有高下，則摩其角。

斲摯不中，膠之不均，則及其大脩也，角代之受病。夫懷膠於内而摩其角，夫角之所由挫，恒由此作。幹不均則角蹴折也。　由挫，子卧反。　蹴折，子六反。

注「幹不」至「折也」　此揔釋經「角代之受病」，及「角之所由挫」二事者也。

凡居角，長者以次需。當弓之隈也，長短各稱其幹，短者居簫。　之隈，烏回反。

注「當弓」至「居簫」　云「長短各稱其幹」，復云「短者居簫」，簫謂兩頭，則長者自然在隈内可知。

恒角而短，是謂逆橈，引之則縱，釋之則不校。鄭司農云：「恒，讀爲裻絚之絚。」玄謂恒讀爲拒，拒，竟也。竟其角，而短于淵幹，引之，角縱不用力，若欲反橈然。校，疾也。既不用力，放之又不疾。　恒角，古鄧反，又如字，下同。　不校，古卯反，注及下同。　爲裻，音督。　絚，古鄧反，或古登反，沈又居肯反。　爲拒，古鄧反。

注「鄭司」至「不疾」　竟角而短，謂施角竟滿兩畔，而上下短於隈者也。云「是謂逆橈」者，被弦引之時，以角寬而短，引之角縱，不用力，若欲反橈然，故云「引之則縱」也。「釋之則不校」者，角所以放矢，今角不用力，故釋放之不校疾也。

恒角而達，辟如終紲，非弓之利也。達謂長於淵幹，若達於簫頭。紲弓韠，角過淵接，則送矢太疾，若見紲於韠矣。弓有韠者，爲發弦時備頓傷。《詩》云「竹韠緄縢」。　辟如，音譬。下注譬辟同，或房赤反。　終紲，息列反，弓韠也。　韠，音祕，又補結反。　爲發，于僞反。　緄，古本反，劉古寬反。　縢，本又作縢，徒登反。

注「達謂」至「緄縢」　先鄭上讀爲裻絚之絚者，從俗也。此弓非直兩畔角

滿，讀之爲揯角，而角又上下長於淵幹，如達於簫頭。若然，則「譬如終紲」，紲，謂弓韣，謂弓在韣中然，非弓之利。引《詩》云「竹韣緄縢」者，緄，繩。縢，繫約之也。以竹爲韣，發弦時，裨於弓之背上，又繩横繫之，使相著。韣與弓爲力，備頓傷也。

今夫茭解中有變焉，故校；鄭司農云：「茭讀爲『激發』之激。茭，謂弓檠也。校讀爲『絞而婉』之絞。」玄謂茭讀如「齊人名手足掔爲骹」之骹。茭解，謂接中也。變，謂簫臂用力異。校，疾也。 茭，司農古歷反，鄭户卯反。解，户賣反，注同。茭讀，音交，下茭亦同。激發，古歷反。足掔，鳴喚反。骹之骹，户卯反。簫臂，如字，下文同。本或作辟，一音房赤反。

「今夫」至「故校」 記人別起義端，故言「今夫」。言「茭解中」，謂弓隈與弓簫角接之處。云「有變」者，即異也，謂弓簫與臂用力異。異者，引之則臂中用力，放矢則簫用力。既用力異，故絞，絞，謂矢去疾也。

注「鄭司」至「疾也」 先鄭讀「茭」爲「激發」之「激」者，當時有激發之語，故從俗讀之。云「茭謂弓檠也」者，此據用時，輒言弓檠，於義不合，後鄭不從之。云「絞讀爲『絞而婉』之絞」者，按昭元年《左氏傳》，虢之會，楚公子圍設服離衛，叔孫穆子曰：「楚公子美矣，君哉。」退會，子羽謂子皮曰：「叔孫絞而婉。」故讀從之。此後鄭增成其義。玄謂「茭」讀如「齊人名手足掔爲骹」之「骹」者，時齊人有名手足節掔間爲茭，取弓隈與蕭角相接，名茭也。

於挺臂中有柎焉，故剽。挺，直也。柎，側骨。剽亦疾也。鄭司農云：「剽讀爲『湖漂絮』之漂。」 於挺，勑頂反，注同，或徒令反。有柎，方輔反，下同。爲湖，音胡。漂絮，匹妙反，下相預反。

注「挺直」至「之漂」 直臂中，正謂弓把處。「有柎焉」者，謂角弓於把處兩畔有側骨。骨堅强，所以與弓爲力，故剽疾也。先鄭云「剽讀爲『湖漂絮』之漂」者，時有此語，從俗讀之。

恒角而達，引如終紲，非弓之利。重明達角之不利。變譬言引，字之誤。 引如，引依注音譬。重明，直用反。

撟幹欲孰於火而無贏，撟角欲孰於火而無燂，引筋欲盡而無傷其力，鬻膠欲孰而水火相得，然則居旱亦不動，居濕亦不動。贏，過孰也。燂，炙爛也。不動者，謂弓也。故書「燂」或作「朕」，鄭司農云：「字從燂。」 撟幹，居兆反，劉枯老反，沈古了反。無燂，音暨，又音尋，或大含反。鬻膠，章呂反。

「撟幹」至「不動」 此一經，明料理幹、角、筋、膠四者，得所不得所之事。不言漆絲者，用力少，故不言也。

苟有賤工，必因角幹之濕以爲之柔。善者在外，動者在內，雖善於外，必動於內，雖善，亦弗可以爲良矣。苟，愉也。濕猶生也。 苟愉，吐侯反，或吐豆反。

「苟有」至「良矣」 此經説弓幹須外内皆善，不得外善内惡者也。

凡爲弓，方其峻而高其柎，長其畏而薄其敝，宛之無已，應。宛，謂引之也。引之不休止，常應弦，言不罷需也。峻謂簫也。鄭司農云：「敝讀爲『蔽塞』之蔽，謂弓人所握持者。」 其畏，烏回反。其敝，讀爲蔽，必世反，劉又博婿反。宛之，於阮反。已應，應對之應，注下皆同。不罷，音皮。

「凡爲」至「已應」 「方其峻」，峻，謂簫，簫宜方爲之。「而高其柎」，柎，把中，高對方，則此高者謂爲柎骨，宜高爲之。「長其隈」，謂柎之上下，宜長爲之。「而薄其敝」，敝，謂人所握持，手蔽之處，宜薄爲之。有此四善，故引之無休止而應弦，故云「宛之無已」。應謂常用而不就弦也。

下柎之弓，末應將興。末猶簫也。興猶動也，發也。弓柎卑，簫應弦則柎將動。 柎卑，劉音婢。

注「末猶」至「將動」 言「下柎」者，謂把骨大下，爲之，由弓隈下短，故簫應弦，則將動發也。

爲柎而發，必動於閷。閷接中。 於閷，色界反，劉色例反，注下同。

注「閷接中」 此重釋上文「末應將興」。若如上爲柎而發動，則接中亦動也。

弓而羽閷，末應將發。羽讀爲扈，扈，緩也。接中動則緩，緩簫應弦，則角幹將發。 而羽，讀爲扈，音户。

注「羽讀」至「將發」 破「羽」爲「扈」者，羽於弓義無所取，故破從扈也。必知此有緩義者，以其上文云「必動於閷」，故知此云羽閷者，當從緩閷。

弓有六材焉，維幹强之，張如流水；無難易也。 難易，以豉反，下同。

注「無難易也」 弓有六材，惟以幹爲强者，以其幹外五材，當依幹而有，以幹爲本，故指幹爲强。「張如水流」者，以幹得所，以制五材，故張如水流無難易，無難易，則强弱得所也。

維體防之，引之中參；體，謂内之於檠中，定其體。防，深淺所止。 謂體定張之，弦居一尺，引之又二尺。

注「體謂」至「二尺」 云「體謂内之於檠中，定其體」者，此亦謂内之檠中則往來體定，體定然後防之。防之者，鄭云「深淺所止」，若王孤之弓，往體寡，

來體多，弛之乃有五寸，張之一尺五寸，張之一尺五寸。夾庾之弓，往體多，來體寡者，弛之一尺五寸，張之得五寸。唐弓、大弓，往來體若一者，弛之一尺，張之亦一尺。是防之深淺所止。云「謂體定張之，弦居一尺，引之又二尺」者，此據唐大中者而言，餘四者，弛之張之雖多少不同，及其引之皆三尺，以其矢長三尺，須滿故也。

維角堂之，欲宛而無負弦。引之如環，釋之無失體，如環。負弦，辟戾也。負弦則不如環。如環亦謂無難易。鄭司農云：「堂讀如牚距之牚，車牚之牚。」堂之，直庚反，或之亮反，又詩尚反，注同。沈云「或音堂」，非。辟戾，劉必亦反，衆家皆匹亦反。

注「負弦」至「之牚」　云「維角堂之」，堂，正也，謂置角於限中既正。云「欲宛而無負弦」者，引之弓體不辟戾故也。云「引之如環」者，亦由無負弦故也。云「釋之無失體，如環」者，謂放矢後無失體，得如環然。先鄭云「堂」讀如「牚距」之「牚」，牚距取其正也。「車牚之牚」，謂車輢之木，亦取正也。

材美，工巧，爲之時，謂之參均。角不勝幹，幹不勝筋，謂之參均。量其力有三均。均者三，謂之九和。有三讀爲「又參」。量其力又參均者，謂若幹勝一石，加角而勝二石，被筋而勝三石，引之中三尺。假令弓力勝三石，引之中三尺，弛其弦，以繩緩擐之，每加物一石，則張一尺。故書勝或作稱，鄭司農云：「當言『稱』，謂之不參均。」玄謂不勝，無負也。不勝，音升，下注同。有三，有讀爲又，三讀爲參。被筋，皮寄反。擐之，户串反，劉郭犬反。

注「有三」至「負也」　云「有三讀爲又參」者，以經上文已云參均，此云三均，故宜破三爲參也。上已二文參均，此文加一參均，當云又參均，故破「有」爲「又」也。云「量其力，又參均者，謂若幹勝一石，加角而勝二石，被筋而勝三石，引之中三尺」者，此言謂弓未成時，幹未有角，稱之勝一石。後又案角，勝二石，後更被筋，稱之即勝三石。引之中三尺者，此據幹、角、筋三者具，揔稱物三石，得三尺。若據初空幹時，稱物一石，亦三尺。更加角，稱物二石，亦三尺。又被筋，稱物三石，亦三尺。鄭又云「假令弓力勝三石，引之中三尺」者，此即三石力弓也。必知弓力三石者，當「弛其弦，以繩緩擐之」者，謂不張之，别以一條繩繫兩簫，乃加物一石，張一尺，二石，張二尺，三石，張三尺，則與前三幹角筋力各一石也。先鄭從古書爲「稱」者，欲以不稱爲不參均。後鄭不從者，此勝即彼負，此不勝即彼不負，故爲不勝解之。

九和之弓，角與幹權，筋三侔，膠三鋝，絲三邸，漆三斞。上工以有餘，下工以不足。權，平也。侔，猶等也。角幹既平，筋三而又與角幹等也。鋝，鍰也。邸斞輕重未聞。三侔，本又作牪，亦作桙，同莫侯反。侔等也。三鋝，色劣反，又音劣。三邸，丁禮反，或丁計反。三斞，羊主反。鍰也，音環，又于眷反。

注「權平」至「未聞」　此説上九和之弓，輕重相參。不可妄爲加減之事。云「鋝，鍰也」者，《尚書》云「其罰百鍰」之等言鍰，此與《冶氏》言鋝，鋝與鍰爲一物，皆是六兩大半兩也。「邸斞之輕重未聞」，經既無文，故云未聞也。

爲天子之弓，合九而成規。爲諸侯之弓，合七而成規。大夫之弓，合五而成規。士之弓，合三而成規。材良則句少也。合九，如字，一音閤，下同。

注「材良則句少也」　此據角弓形不張而言。案下文及《司弓矢》，六弓爲三等，王弓弧弓，往體寡來體多，當此天子弓合九成規。唐弓、大弓，往來體若一，當此諸侯弓合七成規。夾弓、庾弓，往體多來體寡，當此大夫之弓合五成規。於彼六弓已盡，此别云士合三成規，則六弓之外，弊惡之弓。案《大射》與《鄉射》，大夫士同射五十步侯，又同用夾庾。無士用合三成規之弓者，於此言之者，六弓通弊弓有四等，故弊弓暫記士而言，其實士不用合三成規之弓也。材良則句少，據王弧及唐大已上而言也。

弓長六尺有六寸，謂之上制，上士服之。弓長六尺有三寸，謂之中制，中士服之。弓長六尺，謂之下制，下士服之。人各以其形貌大小服此弓。

「弓長」至「服之」　此以弓有長短三等，人亦有長短三等而言，取其弓與人相稱之事。此上士、中士、下士，以長者爲上士，次者爲中士，短者爲下士，皆非命士者，故鄭云「人各以其形貌大小服此弓」也。

凡爲弓，各因其君之躬志慮血氣。又隨其人之情性。

注「又隨」至「情性」　上文據人形爲弓，此據人性，故鄭云「又隨其人之情性」也。此亦與下文爲目，下别以躬與志相配而言也。躬，即身也，志慮據在心，血氣，據言與舉動也。

豐肉而短，寬緩以荼，若是者爲之危弓，危弓爲之安矢。骨直以立，忿埶以奔，若是者爲之安弓，安弓爲之危矢。言損贏濟不足。危，奔，猶疾也。骨直謂强毅。荼，古文舒假借字。鄭司農云：「荼讀爲舒。」豐肉，如字，劉而樹反。忿埶，音勢。

注「言損」至「爲舒」　此經以下，説君之躬與志慮，弓之所宜者也。「危弓」，則夾庾弱者爲言。「安弓」，謂王弧之類强者而言。若然，危矢據恒矢，安矢據殺矢者也。言「損贏濟不足」者，言豐肉寬緩，是不足，則危弓濟之。危弓

爲贏，則以安矢損之。骨直忿埶，是贏，則安弓損之。安弓是不足，則以危矢濟之。

其人安，其弓安，其矢安，則莫能以速中，且不深。故書速或作「數」，鄭司農云：「字從速。速，疾也。三舒不能疾而中，言矢行短也，中又不能深。」中且，丁仲反，注及下同。作數，音朔。

注「故書」至「能深」　上文以安危損益，即於射事爲可。此三安而無損益，故不可。

其人危，其弓危，其矢危，則莫能以愿中。愿，愨也。三疾不能愨而中，言矢行長也。長謂過去。以愿，音願，愨也，一音元。愨也，苦角反。

注「愿愨」至「過去」　此三危亦無損濟，故亦不可也。云「三疾不能愨而中，言矢行長也。長謂過去」者，危弓危矢，謂夾庾恒矢之等，皆射遠，兼人且危躁，故矢行長過去也。

往體多，來體寡，謂之夾臾之屬，利射侯與弋。射遠者用埶。夾庾之弓，合五而成規。侯非必遠，顧埶弓者材必薄，薄則弱，弱則矢不深中侯不落。大夫士射侯，矢落不獲。弋，繳射也。故書與作「其」，杜子春云：「當爲與。」夾臾，古洽反，劉古協反，下音庾。利射侯，食亦反，注下除繳射、大射、小射、用射外，皆同。獲，劉胡槩反。繳射，諸若反。

注「射遠」至「爲與」　六弓兩兩相將，下文王弓不言弧弓，唐弓不言大弓，故言「之屬」。今此夾庾并言，亦云「之屬」者，夾庾雖並言，以夾庾其類非一，故亦云之屬也。云「射遠者用埶」者，謂審曲面埶，夾庾反張，多隨曲埶向外弱，則射遠，不能深，則近亦不深，故射近侯用之。故鄭云「侯非必遠，顧埶弓者材必薄，薄則弱，弱則矢不深中侯不落」者，謂弓射遠，以其材弱，縱射近，亦不深，故近侯矢但不落也。云「大夫士射侯，矢落不獲」者，案《大射》云：「中離、維綱、揚觸、梱復，君則釋獲，衆則否。」大夫士矢落侯不獲，故不得用，是唐大之等也。云「弋，繳射也」者，案《司弓矢職》云：「夾弓、庾弓，以授射豻侯、鳥獸者。」豻侯、鳥獸，則射侯與弋也。案彼注：「近射用弱弓，則射大侯者用王弧，射參侯者用唐大矣。」如是，君用王弧射大侯，大夫用唐大射參侯，士用夾庾射豻侯。若然，此大夫與士同用夾庾射近侯者，據天子之臣多，則三公、王子爲諸侯者射熊侯，卿大夫士同射豹侯也。若然，射七十步侯用唐大，其遠中侯亦不落也。

往體寡，來體多，謂之王弓之屬，利射革與質。射深者用直，此又直焉，於射堅宜也。王弓合九而成規，弧弓亦然。革謂干盾。質，木椹。天子射侯亦用此弓。《大射》曰：「中離，維綱，揚觸，梱復，君則釋獲，其餘則否。」木椹，張林反。梱復，苦本反。

注「射深」至「則否」　言「王弓之屬」，則之屬中，弧弓及王弧之輩類也。云「利射革與質」，此即《司弓矢職》云：「王弓、弧弓以授射甲革椹質者。」亦一也。云「天子射侯，亦用此弓」，不言者，舉射革與質，有上文「弱弓射近」可參，故不言可知也。云「《大射》曰：中離，維綱，揚觸，梱復」，中謂中侯，離猶過也，麗也。維謂侯射與左右舌一幅兩相及角，亦以綱維持之，而繫於柱。綱，謂左右舌上畔下畔，以一大綱繩，各繫於其柱上，以持侯。其綱皆出布幅一尋，謂之爲綱。「揚觸，梱復」者，矢高揚而過侯。彼注云「揚觸」者，謂中他物，揚而觸侯也。梱復，謂矢至侯，不著而還復。復，反也。如此五者，君則釋獲，其餘則否。則臣不得獲，惟中乃可釋獲。

往體來體若一，謂之唐弓之屬，利射深。射深用直。唐弓合七而成規，大弓亦然。《春秋傳》曰：「盜竊寶玉大弓。」

注「射深」至「大弓」　唐弓之外仍有大弓，故云「之屬」也。案《司弓矢職》云：「唐弓、大弓，以授學射者、使者、勞者。」此不言者，亦各舉一邊而言，兼有彼事可知。言「射深用直。唐弓合七而成規」者，則王弧之弓亦射深用直。唐大合七成規，則王弧之弓射深可知。引《春秋》者，定八年《公羊傳》文。彼以陽虎爲盜竊寶玉大弓。彼《公羊》云：「寶者何？璋判白，弓繡質。」引之者，證大弓同也。

大和無灂，其次筋角皆有灂而深，其次有灂而疏，其次角無灂。大和，尤良者也。深，謂灂在中央，兩邊無也。角無灂，謂隈裏。

「大和」至「無灂」　大和，謂九和之弓，以其六材俱善，尤良，故無漆灂也。「其次筋角皆有灂而深」者，筋在背，角在隈，皆有灂。但深在其中央，兩邊無也。「其次有灂而疏」者，以上參之，此謂兩邊亦有，但疏之不皆有也。「其次角無灂」，謂隈裏無灂，簫頭及背有之。

合灂若背手文。弓表裏灂合處，若人合手背，文相應。鄭司農云：「如人手背文理。」若背，補內反，注同。

注「弓表」至「文理」　言「合灂」者，謂弓表裏灂漆相合之處，若人合手背，上文理相應。

角環灂，牛筋蕡灂，麋筋斥蠖灂。蕡，枲實也。斥蠖，屈蟲也。角環，如字，又户串反。

筋蕡，扶文反，注同。斥，音尺。蠖，枉縛反，又於郭反。枲實，絲子反。

注「蕡枲」至「蟲也」　此説弓表及弓裏瀓文也。「角環瀓」，謂限裏瀓文如環然。「牛筋蕡瀓」者，此説弓背用牛筋之漆，如麻子文。若用麋，其瀓文如斥蠖文。云「蕡，枲實」者，枲乃牡麻無實，而云蕡，枲實，舉其類爾，若簟笴然也。「斥蠖，屈蟲」者，《易》云「尺蠖之屈，以求信」，是也。

和弓轂摩。和猶調也。轂，拂也。將用弓，必先調之，拂之，摩之。《大射禮》曰：「小射正授弓，大射正以袂順左右隈，上再下一。」上再，時掌反。

注「和猶」至「下一」　引《大射》云「大射正以袂順左右隈」者，以左手横執之時，上隈向右，下隈向左，而上再下一拂去塵，乃授與君。《大射》雖不言調，亦調可知也。

覆之而角至，謂之句弓。句於三體，材敝惡，不用之弓也。覆，猶察也，謂用射而察之。至猶善也。但角善，則矢雖疾而不能遠。覆之，孚服反，注下皆同。句弓，劉九具反，沈音鉤。猶譱，音善，本又作善，下同。

注「句於」至「能遠」　此以下論弓有六材，角、幹、筋用力多，特言之。若三者全善，則爲尤良，若一善者爲敝，二善者爲次。今此先察一善者至，謂若餘幹筋不善，直角善，可以爲句弓。云「句於三體，材敝惡，不用之弓也」者，謂不入上三文所用之内。言「矢雖疾而不能遠」者，上云射遠用埶，埶是弱弓而射遠。但此句弓爲弱於彼，雖疾不能射遠也。

覆之而幹至，謂之侯弓。射侯之弓也。幹又善，則矢疾而遠。

注「射侯」至「而遠」　此察次弓，此非直角至，兼幹善，謂之射侯之弓。則上夾庾利近射與弋，言矢疾而遠，對上句弓疾而不遠，不及侯者也。

覆之而筋至，謂之深弓。射深之弓也。筋又善，則矢既疾而遠，又深。

注「射深」至「又深」　此弓三善者也。案上文唐大射深，則王弧三善亦射深可知，舉中以見上者也。

《管子·地數》　脩教十年，而葛盧之山發而出水，金從之，孫星衍云：《史記·五帝本紀》索隱引作「蚩尤受盧山之金而作五兵」，「盧」上無「葛」字。《高祖本紀》集解引作「交而出水」。《藝文類聚》六十引作「廢而出水」。「廢」、「發」古字通用。　張佩綸云：「葛盧」，《續漢書·郡國志》「東萊郡葛盧有尤涉亭」，疑即葛盧山也。　蚩尤受而制之，以爲劍鎧矛戟。張佩綸云：「蚩尤」，黄帝臣，詳《五行篇》。《御覽》八百三十三引《尸子》「造冶者蚩尤也」，《廣韻》三十五馬作「蚩尤造九冶」。　尹桐陽云：「蚩尤」，黄帝臣。《尸子》曰：「造冶者蚩尤也。」《世本》：「蚩尤以金作兵，一弓、二殳、三矛、四戈、五戟。」《前漢書·高帝紀》注臣瓚引作「以作劍戟」，無「鎧矛」二字。　是歲相兼者諸侯九。雍狐之山發而出水，金從之，蚩尤受而制之，以爲雍狐之戟芮弋，洪頤煊云：《荀子·榮辱篇》「狐父之戈」，楊倞《注》：「狐父，地名。《管子》曰：『蚩尤爲雍狐之戟。』『狐父之戈』，豈近此邪？」《路史後記》四引作「雍狐之戟，狐父之戈」，此作「芮戈」，誤。　安井衡云：「芮」，短也。戈短於戟，故曰「芮戈」。　張佩綸云：洪説非也。楊倞《注》以「雍狐」證「狐父」，非《管》書作「狐父之戈」也。路史不足據以改古書。「雍狐」者，《典論》：「周、魯寶雍狐之戟，狐父之戈。」　是歲相兼者諸侯十二。故天下之君頓戟壹怒，伏尸滿野，此見弋之本也。丁士涵云：「見戈」疑「得失」之壞字。上文云「得失之數，皆在此内」，是其證。　姚永概云：上文「是歲相兼者諸侯九」，又「是歲相兼者諸侯十二」，則「見戈」當作「見兼」。作「戈」者，涉上文「芮戈」而誤。

《吳越春秋·闔閭内傳》　能爲劍。越前來獻三枚，闔閭得而寶之，以故使劍匠作爲二枚，一曰干將，二曰莫耶。莫耶，干將之妻也。干將作劍，采五山之鐵精，六合之金英。候天伺地，陰陽同光，百神臨觀，天氣下降，而金鐵之精不銷淪流。於是干將不知其由。莫耶曰：「子以善爲劍聞於王，使子作劍，三月不成，其有意乎？」干將曰：「吾不知其理也。」莫耶曰：「夫神物之化，須人而成。今夫子作劍，得無得其人而後成乎？」干將曰：「昔吾師作冶，金鐵之類不銷，夫妻俱入冶爐中，然後成物。至今後世，即山作冶，麻絰葌服，然後敢鑄金於山。今吾作劍不變化者，其若斯耶？」莫耶曰：「師知爍身以成物，吾何難哉？」於是干將妻乃斷髮剪爪，投於爐中。使童女童男三百人鼓槖裝炭，金鐵乃濡，遂以成劍。陽曰干將，陰曰莫耶。陽作龜文，陰作漫理。干將匿其陽，出其陰而獻之，闔閭甚重。既得寶劍，適會魯使季孫聘於吳，闔閭使掌劍大夫以莫耶獻之，季孫拔，劍之鍔中缺者大如黍米，歎曰：「美哉！劍也。雖上國之師，何能加之！夫劍之成也，吳霸。有缺，則亡矣。我雖好之，其可受乎？」不受而去。闔閭既寶莫耶，復命於國中作金鉤，令曰：「能爲善鉤者，賞之百金。」吳作鉤者甚衆，而有人貪王之重賞也，殺其二子，以血衅通作釁。金，遂成二鉤。

梁·陶弘景《古今刀劍録》　夫刀劍之由出，已久矣。前王后帝，莫不鑄之，但以小事記注者，不甚詳録，遂使精奇挺異，空成湮没，慨然有想，遂爲記云。

夏禹子帝啓，在位十年。以庚戌八年，鑄一銅劍，長三尺九寸，後藏之秦望山腹。上刻二十八宿，文有背面，面文爲星辰，背記山川日月。

啓子太康，在位二十九年。歲在辛卯，三月春鑄一銅劍，上有八方面長，三

尺二寸頭方。

孔甲，在位三十一年。以九年歲次甲辰，采牛首山鐵，鑄一劍，銘曰夾，古文篆書，長四尺一寸。

殷太甲，在位三十二年。以四年歲次甲子，鑄一劍，長二尺，文曰定光，古文篆書。

武丁，在位五十九年。以元年歲次戊午，鑄一劍，長三尺，銘曰照膽，古文篆書。

周昭王瑕，在位五十一年，以二年歲次壬午，鑄五劍，各投五嶽，銘曰鎮岳尚方，古文篆書，長五尺。

簡王夷，在位十四年。以元年歲次癸酉，鑄一劍，長三尺，銘曰駿，大篆書。

秦昭王稷，在位五十二年。以元年歲次丙午，鑄一劍，長三尺，銘曰誡，大篆書。

秦始皇，在位三十七年。以三年歲次丁巳，采北祇銅，鑄二劍，名曰定秦，小篆書。李斯刻埋在阿房宫閣下，一在觀台下，長三尺六寸。

前漢劉季，在位十二年。以始皇三十四年，于南山得一鐵劍，長三尺，銘曰赤霄，大篆書。及貴，常服之，此即斬蛇劍也。

文帝恒，在位二十三年。以初元十六年，歲次庚午，鑄三劍，長三尺六寸，銘曰神龜，多刻龜形，以應大横之兆。帝崩，命入玄武宫。

武帝徹，在位五十四年。以元光五年，歲次乙巳，鑄八劍，長三尺六寸，銘曰八服，小篆書。嵩、恒、霍、華、泰山五嶽皆埋之。

宣帝詢，在位二十五年。以本始四年，鑄二劍，長三尺，一曰毛，二曰貴，以足下有毛，故爲之，皆小篆書。

平帝衎，在位五年。以元始元年，歲次辛酉，掘得一劍，上有帝名，因服之，大篆書。

王莽，在僞位十七年。以建國五年，歲次庚午，造威鬥及神劍，皆煉五色石，爲之銘曰神勝萬里伏，小篆書，長三尺六寸。

更始劉聖公，在僞位二年。自造一劍，銘曰更國，小篆書。

後漢光武秀，在位三十三年。未貴時，在南陽鄂山，得一劍，文曰秀霸，小篆書，帝常服之。

明帝莊，再位十八年。以永平元年，歲次戊午，鑄一劍，上作龍形，沉之于洛水中。水清時，常有見之者。

章帝炟，在位十三年。以建初八年，鑄一金劍，令投于伊水中，以厭人膝之怪。弘景按：《水經》云：伊水有一物，如人膝，頭有爪，人浴輒没，不復出。

安帝祜，在位十九年。以元初六年，鑄一劍，藏峨眉山，疑山王也。

順帝保，在位十九年。以永建元年，鑄一劍，長三尺四寸，銘曰安漢，小篆書，後改年號。

靈帝宏，在位二十二年，以建寧三年，鑄四劍，文曰中興。一劍無故自失，並小篆書。

魏武帝曹操，以建安二十年，于幽谷得一劍，長三尺六寸，上有金字，銘曰孟德王常服之。

齊王芳，以正始六年，鑄一劍，常服之。無故自失，但有空匣如故。後有禪代之事，兆始於此，尋爲司馬氏所廢。

蜀主劉備，以章武元年，歲次辛丑，採金牛山鐵，鑄八劍，各長三尺六寸。一備自服，一與太子禪，一與梁王理，一與魯王永，一與諸葛亮，一與關羽，一與張飛，一與趙雲。並是亮書，皆作風角，處所有令，稱元造刀五萬口，皆連環及刃口，列七十二煉柄中，通之兼有二字。房子容曰：唐人尚書郎李章武本名方古，貞元季年，爲東平帥，李師古判官因理第，掘得逼劍，上有章武字方。古《博物志》張茂先亦曰：蜀相諸葛孔明所佩劍也。乃改名師古，爲奏，請爲章武焉。蓋蜀主八劍之一也。

後主禪，延熙二年，造一大劍，長一丈二尺。鎮劍口山，往往人見光輝，後人求之不獲。

吴王孫權，以黄武五年，采武昌銅鐵，作千口劍，萬口刀，各長三尺九寸。刀頭方，皆是南銅越炭作之，文曰大吴，小篆書。又赤烏年中，有人得淮陰侯韓信劍，帝以賜周瑜。

孫亮，以建興二年，鑄一劍，文曰流光，小篆書。

孫皓以建衡元年，鑄一劍，文曰皇帝吴王，小篆書。

晉武帝司馬炎，以咸甯元年，造八千口刀，銘曰司馬。

懷帝熾，以永嘉元年造一劍，長五尺，銘曰步光，小篆書。

成帝衍，以咸和元年，造十三口刀，銘曰興國。

穆帝聃，以永和五年於房山造五口劍，銘曰五方單符，隸書。

孝武帝昌明，以大元元年，于華山頂埋一劍，銘曰神劍，隸書。

宋武帝劉裕，以永初元年，鑄一刀，銘其背曰定國，小篆書，長四尺，後入于梁。

少帝義符，以景平元年，造一刀，銘曰五色，小篆書。

後廢帝昱，以元徽二年，于蔣山頂造一劍，銘曰永昌，篆書。

順帝准，以升明元年，掘得一刀，銘曰上血，其刀照一室。帝奇之，至二年七月，帝使楊玉候織女，玉候女不得，懼死，用以弑帝，果如銘。故知吉凶其征先見矣。

齊高帝蕭道成，以建元二年，造一刀，銘曰定業，長五尺，篆書，自製之。

明帝鸞，以建武二年，造一刀，銘曰朝儀，長四尺，小篆書。

梁武帝蕭衍，以天監二年即位，至普通中，歲在庚子，命弘景造神劍十三口，用金、銀、銅、鐵、錫五色合爲之，長短各依劍術法，文曰服之者永治四方，並小篆書。

諸小國刀劍總在此

前趙劉淵，以元熙二年，造一刀，長三尺九寸，文曰滅賊，隸書。

後趙石勒，以建平二年，造一刀，用五百金，工用萬人，頭尖三尺六寸，銘曰建平，隸書。勒未貴時，耕地得一刀，銘曰石氏昌，篆書。

石季龍，以建武十四年，造一刀，長五尺，銘曰皇帝石氏，隸書。

後蜀李雄，以晏平元年，造刀五百口，文曰騰馬，隸書。

前涼張實，造刀百口，無故刀盡失，文曰霸。

後魏昭成帝拓跋犍，以建國元年，於赤治城鑄刺刀十口，金鏤赤治字。

道武帝珪，以登國元年，于嵩阿鑄一劍，銘曰鎮山，隸書。

明元帝嗣，以泰常元年，造一劍，長四尺，銘背曰太常。至真君元年，有道士繼天師白，爲帝造劍，長三尺六寸，隸書。因改元真君。

宣武帝恪，以景明元年，于白鹿山造一刀，文曰白鹿，隸書。

前秦苻堅，以甘露四年，造一刀，用五千工，銘曰神術，隸書。

前燕慕容[人雋]，以元璽元年，造二十八口刀，銘曰二十八將，隸書。

後燕慕容垂，以建興元年，造二刀，長七尺，一雄一雌，隸書。若別處之，則鳴。

後秦姚萇，以建初元年，造一刀，銘曰中山，長三尺七寸，隸書。

西秦乞伏國仁，以建義三年，造一刀，銘曰建義，隸書。

後涼呂光，以麟嘉元年，造一刀，銘背曰麟嘉，長三尺六寸。

南涼禿髮烏孤，乙太初三年，造 刀，狹小，長二尺五寸，青色。匠人曰：當作之時，夢見一人被朱服，云：吾是太乙神，來看汝作雲！此刀有獻必鳴，後落突厥可汗所有也。

南燕慕容玄明，以建平元年，作刀四口，文曰建平，隸書。

西京李皓，以永建元年，造珠碧刀一口，銘曰百勝，隸書。

北涼沮渠蒙遜，以永安三年，造刀百口，銘曰永安，隸書。

夏州赫連勃勃，以龍升二年，造五口刀，背刃有龍雀環，兼金鏤作一龍形，長三尺九寸，銘曰古之利器。吳楚湛盧，大夏龍雀，名冠神都，可以懷遠，可以柔邇，如風靡草，威服九區。宋王劉裕破長安，得此刀，後入于梁。

吴將刀

周瑜，作南郡太守，造一刀，背上有「蕩寇將軍」字，八分書。

蔣欽，拜列郡司馬，造一刀，文曰司馬，隸書。

周幼平，擊曹公，勝，敗平虜將軍，因造一刀，銘背曰幼平。

董元成，少果勇，自打鐵作一刀。後討黄祖于蒙沖河，元成引刀斷沖頭爲二流，拜大司馬，號斷蒙刀。

潘文，拜偏將軍，爲擒關羽，拜固陵太守，因造一刀，銘曰固陵。

朱理君，少受征討，黄武中，累功拜安國將軍，作一佩刀，文曰安國。

蜀將刀

關羽，爲先主所重，不惜身命，自采都山鐵爲二刀，銘曰萬人。及羽敗，羽惜刀，投之水中。

張飛，初拜新亭侯，自命匠煉赤朱山鐵爲一刀，銘曰新亭侯蜀大將也。後被范强殺，將此刀入于吴。

諸葛亮，定黔中，從青石祠過，遂抽刀刺山，投刀不拔而去，行人莫測。

黄忠，漢先主定南郡得一刀，赤如血，于漢中擊夏侯軍，一日之中，手刃百數。

魏將刀

鍾會，克蜀，于成都土中得一刀，文曰太一。會死，入帳下王伯升，伯升後渡江，刀遂飛入水。

鄧艾，年十二，曾讀陳太丘碑，碑下掘得一刀，黑如漆，長三尺餘。刀上常有氣淒淒然，時人以爲神物。

董卓，少時耕野，得一刀，無文字，四面隱起作山雲文，斵玉如泥。及卓貴，示五官郎將蔡邕，邕曰此項羽之刀也。

袁紹，在黎陽夢有一神授一寶刀，及覺，果在卧所，銘曰思召。紹解之曰：思召，紹字也。

郭淮，於太原得一刀，文曰宜爲將。後遂爲將軍，及與蜀將戰，敗失此刀。

王雙，曾於市中買得一刀，賣人曰：得之者貴。因不見。雙後佩之，爲魏將，後與曹真一刀換也。

宋・王欽若等《册府元龜》卷一六九《帝王部・納貢獻》 九月，徐州進九練神鋼刀、劍各一。

又 壬申，荆南遣使進【略】九練純鋼金花手劍二口。

又 漢高祖天福十二年，荆南高從誨賀登極，進【略】九練純鋼手刀一口。

又 六年六月，【略】荆南高保融進【略】九練神鋼陷金銀刀劍各一。

又 世宗顯德三年二月丁亥，荆南節度使高保融進御衣金帶、九練純鋼手刀、弓箭等。

宋・沈括《夢溪筆談》卷一九《器用》 唐人詩多有言吴鉤者，吴鉤，刀名也，刃彎。今南蠻用之，謂之葛黨刀。

又 鄆州發地得一銅弩機，甚大，製作極工。其側有刻文曰：「臂師虞士，(耳)[牙]師張柔。」史傳無此色目人，不知何代物也。

又 熙寧中，李定獻偏架弩，似弓而施幹鐙。以鐙距地而張之，射三百步，能洞重札，謂之「神臂弓」，最爲利器。李定本党項羌首，自投歸朝廷，官至防團而死，諸子皆以驍勇雄於西邊。

又 古劍有沈盧、魚腸之名。(沈音湛)[沈音湛]。沈盧謂其湛湛然黑色也。古人以劑鋼爲刃，柔鐵爲莖榦；不爾則多斷折。劍之鋼者，刃多毀缺，巨闕是也，故不可純用劑鋼。魚腸即今蟠鋼劍也，又謂之松文。取諸魚燔熟，褫去脇，視見其腸，正如今之蟠鋼劍文也。

又 予頃年在海州，人家穿地得一弩機，其望山甚長，望山之側爲小(短)[矩]，如尺之有分寸。原其意，以目注鏃端，以望山之度擬之，準其高下，正用算家句股法也。太甲曰：「往省括于度則釋」，疑此乃度也。漢陳王寵善弩射，十發十中，中皆同處，其法以「天覆地載，參連爲奇，三微三小，三微爲經，三小爲緯，要在機牙」。其言隱晦難曉。大意天覆地載，前後手勢耳；(三)[參]連爲奇，謂以度視鏃，以鏃視的，參連如衡，此正是句股度高深之術也；三經、三緯，則設之於堋，以誌其高下左右耳。予嘗設三經、三緯，以鏃注之發矢，亦十得七八。設度於機，定加密矣。

又 青堂羌善鍛甲，鐵色青黑，瑩徹可鑒毛髮，以麝皮爲綎旅之，柔薄而韌。鎮戎軍有一鐵甲，匱藏之，相傳以爲寶器。韓魏公帥涇、原，曾取試之，去之五十步，强弩射之，不能入。嘗有一矢貫札，乃是中其鑽空；爲鑽空所刮，鐵皆反卷，其堅如此。凡鍛甲之法，其始甚厚，不用火，(今)[冷]鍛之，比元厚三分減二乃成。其末留筯頭許不鍛，隱然如瘊子，欲以驗未鍛時厚薄，如浚河留土筍也，謂之「瘊子甲」。今人多於甲札之背隱起，僞爲瘊子，雖置瘊子，但元非精鋼；或以火鍛爲之，皆無補於用，徒爲外飾而已。

又 **卷二一《異事》** 錢塘有聞人紹者，嘗寶一劍。以十大釘陷柱中，揮劍一削，十釘皆截，隱如秤衡，而劍鋒無纖跡。用力屈之如鉤，縱之鏗然有聲，復直如弦。關中种諤亦畜一劍，可以屈置盒中，縱之復直。張景陽《七命》論劍曰：「若其靈寶，則舒屈無方。」蓋自古有此一類，非常鐵能爲也。

宋・葉廷珪《海録碎事》卷一四《百工醫技部・刀劍門》 赫雷 《外史檮杌》：王建召山南節度王宗侃，責之曰：「汝今又狂率，豈不畏赫雷乎？」赫雷，建刀名也。 純鈞 勾踐五寶劍，其一名純鈞。 兩錢錐 干將補履，不如兩錢之錐。《六帖》。 火精劍 德宗幸奉天，携火精劍出於殿内，遂以劍斫檻鐵狻猊，應手而碎。 得劍以王 林邑國王死，奴文篡立。文常放牛於山澗，得鯉魚二，化爲鐵，因以鑄劍。劍成，向石誓曰：「若斫石破者，我當王。」因斫石，如斷芻藁。 三劍 《莊子》：臣有三劍：天子、諸侯、庶人劍也。 金錯刀見贈送門。 豐隆椎 豐隆奮椎，飛廉扇炭。鑄劍如此。《七啓》。 冰刃 霜鍔水凝，冰刃露潔。上。 文犀翠緑 飾以文犀，彫以翠緑。上。 龍淵 有龍淵之利，然後可以議於斷割。注：寶劍也。曹子建書。 孟勞 《穀梁傳》：孟勞，古之寶刀也。 上市 上市，寶劍也。秦有太阿、上市。 豪曹 寶劍。越有豪曹、魚腸。《七命》。 青犢 崔豹《古今注》：吴大帝有寶刀三，一白練，二青犢，三漏景。 脱光刀 梁簡文帝《謝賚善勝刀啓》云：名均素質，神號脱光。《河圖》書有脱光刀。 半臿刀 《續漢書》：光武買半臿佩刀，懷之見李通。 倚天長

劍　宋玉《大言賦》：方地爲車，圓天爲蓋，長劍倚天外。　屬鏤　龍珠切，劍名。吴夫差賜子胥屬鏤之劍。《史記》。　辟閭　孫卿子曰：「干將、莫邪、辟閭，皆古之良劍也。」　步光劍　《子貢傳》：越王奉鐵屈盧之矛，步光之劍以賀，吴王大悦。　切玉　《大業記》：寶劍出自昆吾溪，照人如照水，切玉如切泥。　横刀　男兒何不帶横刀。李賀詩。　辭鄉劍　我有辭鄉劍，玉鋒堪截雲。上。　劍花　朝嫌劍光静，暮嫌劍花冷。上。　三尺水　李賀《劍歌》：先輩匣中三尺水，曾入吴潭斬龍子。　蘭纓　朔客騎白馬，劍弝懸蘭纓。後健如生猱，肯捨蓬中螢。李賀詩。　蛇化銅劍　武勝公常於灘口見雷公逐一黄蛇，或以石投之，鏗然有雷聲，雷公飛去，得一劍，有文云「許旌陽斬蛟第三劍」也。　善勝　陶真有二刀，一名善勝，一名寶勝，往往飛騰如二青蛇。《芝田録》。　飛景　魏文《典論》曰：選兹良金，命彼國工，精而煉之。至於百辟，浹以清漳。光似流星，名曰飛景。　葛黨刀　唐詩多用吴鈎者，刀名也，刃彎，今南蠻名之曰葛黨刀。《玉堂閑話》。　横腰劍　豈無横腰劍，屈彼淮陰人。《李白詩》。　蓮花劍　起舞蓮花劍，行歌明月宫。《送人從軍》。李白。　長劍拄頤　嚴陵高揖漢天子，何必長劍拄頤事王階。上。　千牛刀　謝淖《宋拾遺》有千牛刀，即人君防身刀也。其義取庖丁日解千牛，而刀刃若新發硎之義。　帶長鋏　帶長鋏之陸離。《離騷》。　隙月　隙月斜明刮露寒，練帶平鋪吹不起。李賀詩。

又　卷二〇《武部・兵器門》　犀渠　傳曰：犀渠，盾也。《唐書》云：吴人家鶴膝而户犀渠。　七重犀　劍懸三尺鞘，鎧有七重犀。　六屬鎧　文犀六屬鎧，寶劍七星光。　胡禄　胡禄，以皮爲器中，可以地聽。　鏁蛇鱗　蕃甲鏁蛇鱗。　丈八蛇矛　丈八蛇矛左右盤。出《劉曜載記》。　水犀甲　夫差水犀之甲三千。水犀之皮有珠甲，山犀則無。　蝦蟇車　劉勔攻豫州，以大蝦蟇車載土，蒙以牛皮，三百人推以塞塹，破之。　蘭錡　武庫禁兵，設在蘭錡。注：錡音蟻，架也。受它兵曰蘭，受弩曰錡。《西京賦》。　霜刃染　霜刃染，剛鏃潤。《吴都賦》。　揆懸刀　揆懸刀，騁絶伎。注：弩牙後刀，一名機。《射雉賦・選》。　溪子巨黍　溪子巨黍。弓弩名。《閑居賦》。　礮石　礮石雷駭，激矢蝱飛。普貌反。《閑居賦》。　金鍊　金鍊照海浦。金甲也。顔延年詩。　賜夷甲　《越絶書》：勾踐被賜夷之甲，帶步光之劍。《七啓》。　亡矢遺鏃　無亡矢遺鏃之費。《過秦論》。　泰一鋒　武帝伐南越，告禱泰一，以牡荆畫幡日月北斗登龍，以象太一三星，爲太一鋒，命曰「靈旗」。爲兵禱，則太史奉以指所伐國。注：牡荆，荆之無子者，皆潔齋之道。《天文志》：「天極星，其一明者，太一也；旁三星，三公也。」畫一星在後，三星在前，爲泰一鋒也。《郊祀志》。　渠答　爲之高城深塹，具蔺石，布渠答。蔺石，雷石也。渠答，鐵蒺藜也。《鼂錯傳》。　長鎩　鉏耰棘矜，不敵於鉤戟長鎩。山列反。《過秦論》。　矛端生火　矛端生火，此兵氣也，以火用兵。　白猿啼　丈八蛇矛出隴西，彎弧拂箭白猿啼。李白詩。　白鵠旗　斬胡血變黄河水，梟首常懸白鵠旗。李白詩。　首鎧　首鎧，兜鍪也。又，鎧，苦蓋反，甲之異名。　齊斧　首領不足以膏齊斧。注云：可以整齊軍旅也。　蕭斧　蕭斧，越斧也。出《魏都賦》。　衡軛　衡軛息於朔野。兵車也，蒲萌反。《辨亡論》。　霹靂車　魏太祖爲發石車擊紹樓，皆破，袁紹衆號曰霹靂車。　鞮鍪生蟣虱　《長楊賦》：鞮鍪生蟣虱，介胄被霑汗。

又　《弓矢門》　羊頭鏃　箭鏃三鐮者謂之羊頭鏃。《方言》。　步叉　步叉，《釋名》：受矢器也。　大弨　退之詩：大弨挂壁無由彎。《詩》：彤弓弨兮。《韻略》：弨，弓弛貌。　緑沉弓　唐太宗《出獵》詩：琱戈夏服箭，羽騎緑沉弓。　路弓乘矢　路弓乘矢。路，大也。四矢曰乘。　蹶張　申屠嘉以材官蹶張，從高帝擊項籍。師古曰：今之弩，以手張者曰擘張，以足蹋者曰蹶張。本傳。　彀騎　彀，張弩也。《西漢》。　大黄　廣自以大黄射其裨將。注云：黄肩弩也。黄肩即黄間。《李廣傳》。　彎明月　劍決浮雲氣，弓彎明月輝。《李白集》。　攫王弩　攫王弩，摧狼狐，洗清天地。《李白集》。　竹弦弓　附國，即漢之西夷也。用弓長六尺，以竹爲弦。　角端弓　鮮卑出原羊、角端牛，以角爲弓，所爲角端弓者也。郭璞注《爾雅》：原羊似吴羊而角大。《漢書音義》曰：角端似牛，可爲弓。　雹箭　蒼梧王畫齊高帝腹爲射的，引滿，將射之。左右王天恩諫曰：「領軍腹大，是佳射堋，而箭便死，後無復射，不如以雹箭射之。」　婁矢　挹婁國，弓長四尺，如弩，矢用楛，長八寸，亦名爲鏃，肅慎之國也。《魏志》。　弦驚　傷禽惡弦驚，倦客惡離聲。鮑明遠詩。　雙鞬　氈帶佩雙鞬，象弧插彫服。注：鞬，居言切，盛弓也；服，盛箭器。鮑明遠。　夏服　右夏服之勁箭，左烏號之彫弓。《七發》。　忘歸矢　忘歸矢，箭名。《七啓》。　飛鋒　動觸飛鋒，舉挂輕罾。注：箭也。《七啓》。　彀金機　彀金機，馳鳴鏑。金機，弩牙也。《七命》。　積射士　《漢書》：發積射士。注：積與迹同，古字通用，言尋迹而射之。　鵲角　箭插雕翎闊，弓盤鵲角輕。　九年成　《闕子》曰：宋景公使弓工作弓，九年成。公曰：「矢遲。」對曰：「目之精力竭矣。」獻弓三日乃死。公

登箕山而射，矢踰西霜之山，集彭城之東，餘力逸徑，飲羽於石梁也。《蔡邕傳》注。　時力距來　《蘇秦傳》：天下之彊弓勁弩皆韓出，谿子、少府時力、距來，皆射於六百步之外。注：韓有谿子弩，又有少府所造二種弩。時力，謂作之得時力。距來，謂能距來敵也。　餓鴟叫　曹景宗曰：「吾騎快馬如龍，拓弓弦作霹靂聲，箭如餓鴟叫，覺耳後生風，鼻頭出火。」《南史》。　八牛弩　漢初得八牛弩，以射楚軍，矢遠十里之外。《炙轂子》。　矰紅　《西京賦》注：繳射矢長八寸，其絲名矰紅。　素支　歷素支而冰裂。注：素支、月支，皆射括名也。《赭白馬賦》。　繁弱　左攬繁弱，右接忘歸。注：《新序》曰：「楚王載繁弱之弓，忘歸之矢以射兕于雲夢。」嵇叔夜詩。　左的　控弦破左的，右發摧月支。左的，射的也；月支，射括也。邯鄲淳《藝經》云：馬射左邊爲月支三枚，馬蹄二枚。曹子建。　射質　《毛詩》：發彼有的。注：的，射質也。

宋・羅願《爾雅翼》卷九《釋木一》　并閭

張揖解《上林賦》曰：「并閭，棕也。木高一二丈，傍更無枝葉，大而圓，有如車輪，皆萃於木杪。其下有皮重疊裹之，每皮一匝爲一節，其花黄白，結實作房如魚狀。」《山海經》曰：「石翠之山，其木多棕。」嶺南西川江南皆有之。其皮爲用最廣，二旬一剶，則葉轉復生。皮作繩入土，號爲千歲不爛。孫權討黄祖，祖横兩蒙衝保守沔口，以并閭大紲繫石爲矴。又齊高帝時，軍容寡少，乃編棕皮爲馬具裝。此蓋軍旅所須，故晉令夷民守護棕皮者，一身不輸。而《唐書》：「訶陵國，在南海洲上，立木爲城，作太屋重閣，以棕皮覆之，王坐其中。」此皮堅韌不受雨，故可以冒馬覆屋也。一名蒲葵。晉人稱蒲葵扇，扇自柄上攢衆骨，如棕葉之狀，今宣歙衢信間扇是也。梁張孝秀性通率，常冠穀皮巾，躡蒲履，執栟櫚皮麈尾。唐世以爲拂，今人遊山者作棕鞋，如淳解《甘泉賦》謂「并閭，其葉隨時政，政平則平，政不平則傾」。顔師古曰：「如氏所説，自是平慮耳。」并閭謂棕也。《周書・王會》云：白州北閭，其葉若羽，伐其木以爲車。又郭璞解《上林賦》曰「胥邪似并閭，皮可作索」。《南都賦》曰「楈枒栟櫚」，《蜀都賦》曰「棕枒」。

又　卷一二《釋木四》　箭

箭，篠也。東南之美者，有會稽之竹箭焉。《禹貢》揚州「篠蕩既敷」。《職方氏》揚州「其利竹箭」。箭一名篠，是竹之小者可爲箭幹。箭萌謂之箈。一作篙《月令》：「日短至則取竹箭。」《説文》「蕩可爲幹，筱可爲矢」。筱，箭屬，小竹也。《異物志》：「箭竹細小勁實，可爲箭，通竿無節。」《竹譜》云：「節間三尺，堅勁中爲矢，菌簵，亦堪爲矢箭，大者爲筆。」《書》「垂之竹矢」。《淮南》云「淇衛箘簵」，寇恂伐淇園之竹爲矢。《考工記》「妢胡之笴」。謂箭槀。《矢人》「相笴，欲生而摶」。

宋・李燾《續資治通鑒長篇》卷一三二　仁宗慶曆元年　今賊甲皆冷鍛而成，堅滑光瑩，非勁弩可入。自京齎去衣甲皆軟，不足當矢石。以朝廷之事力，中國之伎巧，乃不如一小羌乎？由彼專而精，我漫而略故也。今請下逐處，悉令工匠冷砧打造鈍剛甲，旋發赴緣邊，先用八九斗力弓試射，以觀透箭深淺而賞罰之。聞太祖朝舊甲絶爲精好，但歲久斷綻，乞且穿貫三五萬聯，均給四路，亦足以禦敵也。

明・王佐《新增格古要論》卷六《珍寶論》

鑌鐵

鑌鐵，出西蕃，面上有旋螺花者，有芝麻雪花者。凡刀劍器打磨光净，用金絲礬礬之，其花則見，價值過銀。

古語云：「識鐵強如識金。」假造者是黑花，宜仔細辨。刀子有三絶，大金水總管刀一也，西蕃鸂鶒木靶二也，韃靼韃皮鞘三也。嘗有鑌鐵剪刀一把，製作極巧，外面起花鍍金，裏面嵌銀回回字者。

錠鐵

錠鐵，出甘肅北方，青黑色，性最堅燥，北方多用此鐵作利刀，其價值低於鑌鐵多矣。閩、廣、衡鐵，廣東鐵，高衡州鐵，無用易斷，閩鐵亦好。

明・李東陽等《明會典》卷一九二《工部一二・軍器軍裝一》

國初，定軍器局造：二意角弓，交阯弓，黑漆鈚子箭，有蠟弓弦，無蠟弓弦，魚肚鎗頭，蘆葉鎗頭，馬軍鴈翎刀，步軍腰刀，將軍刀，馬軍叉，紅油團牌，水磨鐵帽，水磨頭盔，水磨鎖子護頂頭盔，紅漆齊腰甲，水磨齊腰鋼甲，水磨柳葉鋼甲，水銀摩挲長身甲，併鎗馬赤甲。

鞍轡局造：鞍，轡，鞭。

弘治間，定軍器鞍轡二局每年一造：硃紅油鐵圓盔三千六百頂，青甲三千六百副，腰刀三千六百把，長鎗一千八百條，鐵牌盔二百四十頂，圓牌二百四十面，撒袋一千八百副，腰刀鞓帶三千六百條。

今兵仗局造：抹金鳳翅盔，鍍金護法頂香草壓縫六瓣明鐵盔，鍍金十字鈴杵頂香草壓縫六瓣明鐵盔，鍍金寶珠頂勇字壓縫腰箍口箍六瓣明鐵盔，鍍金寶珠頂勇字腰箍口箍鐵壓縫明鐵盔，黄銅寶珠頂香草壓縫六瓣明鐵盔，黄銅寶珠

頂勇字壓縫腰箍口箍六瓣明鐵盔，黄銅橄欖頂勇字腰箍壓縫六瓣明鐵盔，黄銅十字鈴杵頂勇字壓縫明鐵盔，黄銅勇字腰箍口箍鐵壓縫六瓣明鐵盔，黄銅寶珠頂勇字口箍鐵壓縫六瓣明鐵盔，黄銅四勇字明鐵盔，一把蓮八瓣黄銅腰箍口箍明鐵盔，一把蓮明鐵盔，鍍金護法頂壓縫六瓣鐵盔，黄銅寶珠頂勇字硃紅漆鐵盔，黄銅寶珠頂口箍渾貼金鐵盔，紅頂纓硃紅漆鐵盔，四瓣明鐵盔，下五樣盔，皆一年一修造。 玉簪瓣明鐵盔，有二等：一紫花布火漆丁釘頓項襯盔，黑纓花皂絹盔旗。一青紵絲頓項青綿布襯盔，盔攢黑纓花皂絹紅月盔旗。 擺錫尖頂鐵盔，硃紅漆貼金勇字鐵盔，硃紅漆貼金勇字鐵盔，抹金甲，青織金雲紵絲裙欄魚鱗葉明甲，青織金界地錦紵絲裙欄紅絨絛穿匙頭葉齊腰明甲，紅絨絛穿齊腰明甲，緑絨絛穿齊腰明甲，緑絨絛穿方葉齊腰明甲，緑絨絛穿魚鱗葉齊腰明甲，匙頭葉齊腰明甲，青紵絲鍍金平頂丁釘齊腰甲，青紵絲黄銅平頂丁釘齊腰甲，青紵絲鍍金丁釘齊腰甲，紅絨絛穿齊腰甲，青綿布火漆丁釘齊腰甲，青紵絲黄銅平頂丁釘曳撒甲，紫花布火漆丁釘圓領甲，黑纓紅銅鏡馬甲，大葉明甲，下四樣甲，皆一年一修造。 青紵絲火漆丁釘齊腰甲，青紵絲絛穿齊腰甲，青綿布繩穿齊腰甲，桑木弰黑漆弓，桑木弰雀樺硬弓，雀樺弓，神臂弓，黑漆弓，下二樣弓，皆一年一修造。 黑漆鯊魚皮邊弓，黑鵰翎樺木桿鑿子鐵箭，黑鵰翎竹桿偏脊鐵箭，黑鵰翎竹桿射馬鐵箭，黑鵰翎竹桿三不齊鐵箭，黑鵰翎碌扣三不齊鐵箭，下二樣箭，皆一年一修造。 黑鵰翎碌扣破甲鐵箭，明鐵鎗頭蹲黄銅核桃箍黑漆攢竹桿馬鎗，黑漆桿黑披纓長鎗，一年一修造。 旗鎗拐子，緑線紮靶紅斜皮描金鞘黄銅事件摩挲刀，黑斜皮鞘羊皮紮靶黄銅事件摩挲刀，紅鯊魚皮靶黑斜皮鞘減金芝麻花十字隔手事件腰刀，紅鯊魚皮靶黑斜皮鞘減銀事件腰刀，黑漆鞘靶火漆鐵事件滾刀，黑漆靶黑斜皮鞘紅銅事件倭滾刀，黑斜皮鞘靶火漆鐵事件米昔刀，黑漆鞘羊皮紮靶黄銅事件黄蓮刀，黑漆鞘靶黄銅刀盤眼錢嚙口火漆鐵事件開腦大刀，紅斜皮鞘大樣摩挲刀，下九樣刀，皆一年一修造。 黑漆鞘靶摩挲刀，黑漆鞘靶腰刀，硃紅漆鞘靶滾刀，黑漆長靶滾刀，紅鯊魚靶黑斜皮鞘減銀事件倭腰刀，有二等隨用，皆青線鞓帶挽手，一有小拴。 黑漆皮鞘靶米昔刀，黑斜皮鞘黄蓮刀，黑漆鞘靶馬刀，脂皮刀鞓帶，下二樣，皆一年一修造。 青線絛緑線寶蓋紅線繐刀挽手，描籐黄麻子油真皮撒袋，黑真皮面藍斜皮開族團花雲撒袋，硃紅油描金撒袋，下二樣撒袋，皆一年一修造。 麻子油真皮撒袋，黄銅骨朵，下二樣，皆一年一修造。 青線絛緑線寶蓋紅線繐骨朵挽手，硃紅漆鯊魚皮靶黄銅瓜，渾鐵瓜，大樣貼金鐵瓜，下二樣瓜，皆一年一修造。 黄銅瓜，貼金彩畫挨牌，硃紅漆攢竹桿步叉，下二樣步叉，皆一年一修造。 硃紅漆攢竹桿長靶步叉。

弘治間，各都司每歲造解。

浙江都司十六衛五所：全造二千七百六十副。每副盔甲、腰刀各一件，弓一張，弦一條，箭三十枝，撒袋一副，銃箭五枝。每一副加團牌一面，長鎗一根。各都司同。弘治九年，改長鎗爲斬馬刀，團牌爲長牌。

江西都司四衛十一所：全造一千八十副，減造五百四十副。

福建都司十一衛：全造一千七百六十副，減造八百八十副。

福建行都司五衛一所：全造八百四十副，減造四百二十副。

山東都司十六衛五所：全造二千七百六十副，減造一千三百八十副。

河南都司九衛三所：全造一千五百六十副，減造七百八十副。

大寧都司十一衛一所：全造一千八百副，減造九百副。

北直隸三十八衛四所：全造六千二百四十副，減造三千一百二十副。

南直隸三十七衛五所：全造六千一百二十副，減造三千六十副。

各邊衛所軍器留本處備用，造册歲報。

各有司每歲造解。

浙江弓一萬二千七十七張，箭二十萬枝，弦一十一萬七百八十五條。

江西弓二萬五千八百九十六張，箭一十九萬八千七百九十六枝，弦一十二萬九千二百九十二條。

福建弓一萬六千張，箭一十九萬九千九百六十二枝，弦七萬九千九百六十三條。

湖廣弓五百七十四張，箭一十九萬一千三百三十枝，弦二千八百六十二條。

南直隸弓二千九百六十張，箭三十三萬枝，弦一萬四千八百條。

今各軍衛有司歲額軍器共一萬二千三百七十四副。料價以十分爲率，軍三分，民七分。隆慶四年以前，或本色，或折徵，五年以後，俱徵本色。

【略】各有司歲額民弓六萬六千七百六十七張，箭一百三萬四千二百一十二枝，弦三十三萬五千九百七十五條。隆慶二年以前，或折徵，或本色。三年以後，俱徵解物料。

浙江弓二萬二千張，箭二十萬枝，弦一十一萬條。內杭州府弓二千張，箭一萬八千二百枝，弦一萬條。嘉興府、湖州府、嚴州府、金華府、衢州府、處州府、紹興府、寧波府、台州府、溫州府，各弓二千張，箭一萬八千一百八十枝，弦一萬條。比舊額弓少七十七張，弦少七百八十五條，箭同。

江西弓二萬五千八百七十三張，箭一十九萬八千八百七十九枝，弦一十三萬二千零八條。內南昌府弓二千八百五十張，箭二萬九千枝，弦一萬三千五百條。饒州府弓二千六百一十四張，箭一萬八千四百八十三枝，弦一萬二千九百八十一條，廣信府弓二千張，箭一萬七千枝，弦一萬條。南康府弓五百張，箭七千枝，弦二千五百四十五條。九江府弓三百張，箭五千枝，弦一千五百條。建昌府弓一千八百五十九張，箭一萬五千七百九十六枝，弦九千二百九十二條。撫州府弓二千九百五十張，箭二萬二百枝，弦一萬六千九百九十條。臨江府弓二千七百張，箭一萬六千四百枝，弦一萬三千條。吉安府弓三千六百張，箭二萬枝，弦一萬七千二百條。瑞州府弓二千張，箭一萬五千枝，弦一萬條。袁州府弓二千張，箭二萬枝，弦一萬條。贛州府弓二千張，箭一萬枝，弦一萬條。南安府弓五百張，箭五千枝，弦五千條。比舊額弓少二十三張，箭多八十三枝，弦多二千七百一十六條。

福建弓一萬六千張，箭二十萬枝，弦七萬九千五百條。內福州府弓一千七百二十八張，箭四萬三千九百四十二枝，弦八千六百四十條。福寧州弓二百七十二張，箭九千四百五十八枝，弦一千八百六十條。泉州府弓二千一百張，箭二萬九千一百一十枝，弦一萬五百條。建寧府弓二千張，箭二萬九千三百枝，弦一萬條。建平府弓二千三百九十二張，箭三萬三百五十三枝，弦一萬一千七百一十條。汀州府弓二千一百張，箭一萬五千二百枝，弦一萬五百條。邵武府弓二千一百張，箭一萬七千五百枝，弦一萬五百條。興化府弓一千一百五十八張，箭四千三百二十四枝，弦五千七百九十條。漳州府弓二千五十張，箭二萬八百一十三枝，弦一萬條。比舊額箭多三十八枝，弦少四百六十三條，弓同。

湖廣弓五百七十四張，箭一十九萬一千三百三十三枝，弦二千八百六十七條。內武昌府弓二百張，箭七萬枝，弦一千條。岳州府弓一百張，箭三萬二千五百枝，弦五百條。常德府弓二百七十四張，箭八萬八千八百三十三枝，弦一千三百六十七條。比舊額箭多三枝，弦多五條，弓同。

直隸蘇州府弓三百二十張，箭四萬枝，弦一千六百條。比舊額少弓六百四十張，箭八萬枝，弦三千一百條。

徽州府弓二千張，箭二萬枝，弦一萬條。

松江府箭三萬四千枝。比舊額少箭六千枝。

鎮江府箭三萬枝。

常州府、寧國府、太平府、淮安府、揚州府、廣德州各箭二萬枝。

又 卷一九三《工部一三·軍器軍裝二》 凡關領軍器，洪武二十五年令，官軍關領軍器，將姓名數目造册收貯，仍於各器上記官軍姓名，損失即令償官。弘治元年題准，上直官旗將軍，原領盔甲瓜刀等件，例該三年。茜紅氈襖等件，例該六年。叉刀，例該十二年。行兵仗局，照數兑領。

三年一次

大漢將軍二百十六員，硃紅漆皮盔，青綿布弔線甲各如數。銅瓜、黑漆大刀各四十把，腰刀一百把。

大漢官四十八員，明盔、金瓜各如數，明甲二十四副。

旗將軍八十四名，尖頂明盔、明甲各如數，紅滚刀二十八把，銅瓜、摩挲刀各五十把。

五軍營圍子手一千名，紅漆皮盔、青皮襯盔、青布弔線甲各如數。

神樞營紅盔將軍七百二十三名，紅漆皮盔及襯盔青布緜穿甲各如數。金瓜四十把，摩挲刀二十八把，鵓鴿頭刀三十七把，腰刀五百五十三把，米昔刀二把，長靶黑刀三十九把。

披明甲將軍二百五十七名，尖頂明盔、明甲各如數，摩挲刀十三把，硃紅靶滚刀二百三十七把，披大甲、帶大刀大漢將軍四員，尖頂明盔、明甲、金瓜、摩挲刀各如數。

府軍前衛帶刀指揮千户四十員，青紵絲弔線穿甲、摩挲刀各如數。以上俱兵仗局兑領。

紅盔將軍弓箭等件，戊字庫兑領。

京營弓箭手三萬五千有奇，各弓箭一副，軍器局兑領。今舊弓免交。

皇城四門并紅鋪官軍，紅盔青甲、長鎗五千八百六十件，軍器局年例內兑。不敷，行庫關領。

旗手等二十衛盔甲、刀鎗，軍器局年例內兑。不敷，行庫關領。

六年一次

大漢官茜紅氈襖、雨帽各二十四件。

旗將軍茜紅氈襖、雨帽各八十四件。

披明甲將軍茜紅氈襖、雨籠各二百五十件。

披大甲、帶刀大漢將軍茜紅氈襖、雨盔籠各四件。以上俱兵仗局關領，遇缺，題行南京造解。

十二年一次

五軍營圍子手硃紅漆桿步叉、步刀各五百把，兵仗局兑領。

不時關領

京營春秋操演官軍，每員名各盔甲一副，鎗刀銃砲等件，俱軍器局開操關

領,歇操交還。

京營及巡捕官軍,防春防秋各兵火器械,遇警於內庫關領,事畢交還。

出征官軍,所部參隨頭目人等,各一把。蓮明鐵盔、青紵絲齊腰甲、青綿布弔線甲、倭腰刀、黑漆刀、真皮撒袋、矛鎗,行兵仗局關領。兵部應付裝載前去,事寧交還。

聖駕親郊圜壇,九門及各路擺隊軍,約用盔甲九萬餘副,行庫放給,畢日交收。

親祀山陵扈從官軍,盔甲、刀鎗、毛馬響鈴、頓項臂手等件,行兵仗局關領,畢日交收。

公侯伯及錦衣衛指揮等官,遇侍衛供事奏討,御用監盔甲、腰刀,奉有特旨,方准關給。

戰車旗牌

凡戰車,天順八年,令造戰車制如民間小車,但前增三面木板,闊二丈二尺,高六尺,綵畫飛虎獸面,上開小牕,下三面各留銃眼。

成化二年令,每步隊造小車六輛,每輛二人推挽,七人放銃,軍裝俱載其上。行則爲陣,止則爲營,空處張掛布圍,畫作獅頭牌狀。營外每車設木樁二根,絆馬索一條,又置布幕二扇,俱用旗鎗張掛,小紅纓頭,并生鐵鈴鐺。

弘治十七年奏准,造戰車一百輛,送營操習。

嘉靖十二年議准,團營收貯先年戰車,改造載銃手車七百輛。 二十九年奏准,造戰車九百輛,火車五十輛,鹿角架五十副。 三十年題准,造單輪車一千輛,雙輪車四百輛,單輪弩車四十輛。 四十三年題准,京營該用兵車,每營四百輛,共四千輛。每輛前帶鹿角木,上安拒馬鎗、迎風牌一面,兩傍偏廂牌二面,上下裹鐵葉二寸,前後車板二副,竹桿鎗一根,約一丈五尺。鐵鍋一口,鐵索一條,約一丈二尺。每輛可容步卒五人,給神鎗、夾靶鎗各二,發營教演。 萬曆三年奏准,造車一千二百輛,每輛用二號佛朗機三架,鳥銃二架,地連珠二架,湧珠砲二位,快鎗一桿,大旗二面,小旗一面,木盾二面,虎叉二枝,長鎗二柄,大砍刀二柄,布裙一條。

凡旗牌,正統元年奏准,令旗令牌,在外不許輕造,間常不許擅用。 班師之後,照驗還官。

弘治十一年奏准,成造令旗令牌三百面副,每旗用闊絹一幅,長四尺,闊一尺九寸。鎗連桿長六尺五寸,圍二寸三分。每牌連臥虎蓋長八寸,厚七分,俱編令字一號起至三百號止。火烙印記,仍置印信文簿一扇開立前件,遇有征進,并內外鎮巡等官領用,即將原領字號逐一附寫。後有事故繳回奏換,就於前件項下明白註銷。如有損壞,或比對原號不同者,聽本部參究。

正德三年,料造三百面副,自令字三百一號起至六百號止。 七年,料造一百面副。

嘉靖十二年,料造一百面副。 二十四年,料造三百面副。 二十九年,料造三百面副。

隆慶二年,料造三百面副,令字號數接編如前,今至一千七百號止,俱題行軍器局造,造完收庫備領。 近例關領旗牌,凡總督京營十二面副,協理京營并各邊總督及掛印總兵,各十面副。提督八面副,贊理軍務六面副,總兵、副總兵各五面副,參將、遊擊各三面副。

明·戚繼光《紀效新書》卷一《束伍》

一、器械

長牌手腰刀一口。籐牌手腰刀一口。火頭每名給銅鍋一口,夾鎗棍一根,行即負五人預備攻圍乾糧,止即專司炊爨。每短兵叉頭各帶火箭上枝,其挨牌藤牌上各帶蒺藜十串,每串六個接連。式開於後。每小隊輪帶拒馬六副,輪帶布城一堵。銃手每名裝藥筒六十個,鐵匙、錐各一把,鉛子一百二十個,皮袋一個,布油單一張,錫鼈一個。盛線藥。每隊或杴或钁一把。該添或射手,或毒弩手,或精健能行、或大刀,收入中軍,專備衝鋒探報等項之用。前開該用中軍把總是也。此兵並不帶拒馬、蒺藜等項。每弓一把,長箭一百枝,邊箭一百枝。每弩一張,弩箭 百枝,弩藥一瓶。每哨大銃三門,不用木馬,正用新製,極便。合口大鉛子,每三門如式,送子一根,鐵鎚一把。中軍九門中哨內火箭一百匣,匣如式,箭如新製。又如千里雷等銃,係中軍巧法,相機出奇所用,此不載。

以上圖式用法俱開後册。

二、雜流匠役

每一營火藥線匠一名,木匠一名,鐵匠一名,大銃手三名,各帶全副器具。每把總哱囉一名,喇叭一名,號笛一名,鼓四名,鑼手一名,摔鈸一名。中軍臺上下營吹鼓手共三十八名,醫士二名,獸醫一名,精占筮者驗留,裁縫二名,弓匠二名,箭匠五名,火藥匠十名,大銃手一隊三十名。

三、旗幟、燈

每伍小旗一面，各隨方色。

每隊中旗一面。

每哨官藍旗二面，門旗二面。

每總藍旗四面，五方旗五面。

高招五方旗五面，每桿燈一個。

中軍五方旗三副，五方招十面，藍旗十二面，背上小招督戰軍令旗十二面，清道旗二面。金鼓二面。掌號官二員。坐纛一面。

夜營應備中軍大將旗鼓上各黄油紙鐵絲燈一盞，俱粗四寸，長一尺五寸。五方旗十面，十盞。吹鼓手三十八名，三十八盞。角旗八面，八盞。將纛一面，上燈四盞。

凡各雜流官生人等，每起頭目各帶燈一盞，粗同，但長止用六寸，低執隨身。前總哨旗上紅油紙鐵絲燈一個，高招一個，俱圓，一尺五寸。

每一隊旗上一個，色同，圓八寸。

左總同前總數，但用藍油紙，長二尺，粗五寸。隊燈長一尺，粗同。

右總同前總數，但用白油紙，方形，一尺二寸。隊燈八寸。

後總同前總數，但用黑油紙，匾形，高一尺二寸，横二尺，匾四寸。隊燈高八寸，横一尺六寸，匾四寸。

中總塘報等燈，俱圓而黄，小，只用八寸。

凡各燈一盞，用黑油布四層，罩蓋一個，以備一時遮隱，使寸明不露。或明營暗徙，或暗營倏明，爲莫測之巧也。

明・鄭若曾《籌海圖編》卷一二《嚴城守》 唐節度使杜佑守城法，在相機以應敵，扇棧必塗泥，城門扇及門上木棧，皆以泥塗之，厚可三五寸，以備火。樓櫓必芘籬。上建候樓，以板爲之，跳出爲櫓芘籬。戰格於女墻，去跳出椽墻去三尺，内着横括，椽端安轄以荆柳條編，長一丈，闊五尺，懸椽端，用遮矢石。橋有轉關，一梁爲橋，梁端着横括，去其橋轉，人馬不得渡，皆傾水中。堞有積石，每一城堞，積石百餘塊，大小隨事。或積長木，如鏢狀，皆以備抛擲。叉竿、竿如槍，刃爲兩岐，用之又合爲飛梯。或兩旁曲刃，以便勾搭。連棒、如打禾連枷狀，用打女墻外上城敵人。布幔、複布爲之，以弱竿懸挂於女墻，七八尺，四折，抛石之勢，則矢石不復能及墻。水弩、以黄連、桑、柘爲弩，弓長一丈二尺，徑七寸，兩梢三寸。絞居張之，大矢自副，一發聲如雷吼，敗陣之卒。行爐、融鐵汁爐也。融熱鐵汁，舁行於城上，以灑敵人。游火、以鐵筐盛火，加脂臘鐵鏁，懸縋城下，燒穴中孔城之人。灰眯、灰麩糠粃，因風於城上擲之，以眯敵人之目，因以鐵汁灑之。松明、積松明燒之，夜以鐵鏁縋城下，巡城照敵人，防其乘城而上。燕尾炬、縛葦草爲炬，尾分爲兩岐，如燕尾之狀。仍以油蠟灌之，加火縱繩墜城下，便騎木驢而燒之。鹿角槍、斬木及竹如角狀，爲槍。或交對突突，槎牙女柵狀。高一丈或五尺，大小不等，以繩或藤篾縛而聯之，列於城下，以拒敵。今九邊用之爲擡營，名鹿角柞。木柵、於無城壘去處，乃建立木爲之。方圓高下，隨事深埋。木根重復，彌縫其闕。内重短爲閣道，外柱木重長，出四尺，爲女墻，皆泥塗之。内七尺，又立閣道。内柱上布板木爲棧，立闌籌栅，上懸門，擁墻濠塹，拒馬以守。鐵菱、其狀如鐵蒺藜，於要路中置之，以刺敵人馬。陷馬坑、長五尺，闊一尺，深三尺。坑中埋鹿角槍、竹簽、鐵蒺藜之類。其坑似亞字相連，狀似鈎鏁。以草及細塵覆其上。軍械營壘要路，宜皆設之。拒馬槍、以木徑二尺，長短隨事，十字鑿孔，縱横安槍。長一丈，鋭其端，可以塞城門、巷口、要路，人馬不得奔馳。近日九邊所製，兩頭裹鐵，中施横棍。長七尺五寸，每七寸七分鑿一孔，用鐵槍五杆，以小棍五杆交界之，連以鐵索，令遊軍伏其前後。烽臺、於高山四顧險絶處置之。無山處亦於孤迥平地置。下築羊馬城，高下任便。常以三五爲準，臺高五丈，下闊二丈，上闊一丈，形圓。上建圓屋覆之。屋徑闊一丈六尺，一面跳出三尺，以板爲上覆下。棧屋上置突竈二所，臺下亦置三所，并以石灰飾其表裏。復置柴籠三所，流火繩三條。在臺側近上下，用屈膝梯上收下乘。屋四壁開覷賊孔，及安視火筒。置旗一口，鼓一面，弩二張，抛力壘木，停水甕、乾糧、麻蘊、火鑽、火箭、蒿艾、狼糞、牛糞。每晨及夜，平安舉一火，聞警戒舉二火，見煙塵舉三火，見賊燒柴籠。及每晨及夜，平安火不來，即烽子爲賊所捉。一烽六人，五人爲烽子，遞如更刻，觀視動静。一人烽率，知文書、符牒、轉牒。馬鋪、每鋪相去三十里，於要路山谷間，牧馬兩匹，與游奕計會。有事警急，煙塵入境，即奔馳報探。游奕。於軍中選驍勇、果毅、諳山川泉井者充之。常與烽鋪土河計會交牌，日夕邏候於亭障之外，捉生問事。其軍中虚實、舉用，勿令游奕人知。副使子將亞久軍行人，取善騎射者。兼令人枕空胡禄卧，有人馬行，三十里外東西南北皆響見於胡禄中，名曰地聽，則先防備。

又　卷一三《兵器總論一》 倭寇揮刀若神，人望之輒懼而走。以若曾觀之，其所長者，刀法而已耳。其鳥嘴銃類，猶之我兵也，弓矢之習，猶之我兵也，此外殊無足稱矣。惟倭性好殺，無一家一人不蓄刀者。童而習之，壯而精之。而我堂堂天朝，一統之盛，禮陶樂化，偃武已久，民不知兵。欻遇醜倭，遂若强敵，不知中國武藝不可勝紀，古始以來，各有專門秘法，散之四方。若召募得人，以一教十，以十教百，即刀法一藝，倭不足以當我，况其他乎！試舉其略言之，如使槍之家十七，曰楊家三十六路花槍，其分出者，曰大閃干，曰小閃干，曰大六合，曰小

六合；曰穿心六合，曰推紅六合，曰埋伏六合，曰邊欄六合，曰大封臂，曰小封臂。曰馬家槍，上十八盤，中十八盤，下十八盤。曰金家槍，曰張飛神槍，曰五顯神槍，花槍七十二勢。曰拐突槍，曰拐刃槍，曰錐槍，曰梭槍，曰槌槍，曰大寧筆槍，曰拒馬槍，曰搗馬突槍，曰峨嵋槍，曰沙家十八下倒手杆子，曰紫金鏢，曰地舌槍。

使刀之家十五，曰偃月刀，三十六刀法。曰雙刀，曰鈎刀，陰手、陽手。曰手刀，曰鋸刀，曰掉刀，曰太平刀，曰定戎刀，曰朝天刀，曰開天刀，曰開陣刀，曰劃陣刀，曰偏刀，曰車刀，曰匕首。

使劍之家五，曰馬明王，曰先主，曰卞莊，曰王聚，曰馬超。又一家，曰邊掣厚脊短身。

使弓弩之家十四，曰邊箭，曰兩廣藥箭，曰火箭，曰神機箭，曰楊家箭，上搭、中搭、下搭。曰馬家箭，分中磨旗、穿心、推紅。又有馬上末秋。曰袖箭，曰袖彈，曰手弩，曰諸葛弩，機動而弦自張，一發四矢。曰連環弩，曰雙弓床弩，曰三弓床弩，曰打牲弩。

使棍之家三十有一，曰左少林，曰右少林，曰大巡海夜叉，曰小巡海夜叉，少林夜叉，有前中後三堂之殊。前堂棍，單手夜叉也。中堂，陰手夜叉也，類刀法。後堂，夾槍帶棒。曰大火林，曰小火林，曰通虛孫張家棍，曰觀音大鬧南海神棍，曰稍子棍，曰連環棍，曰雙頭棍，曰陰手短棍。十二路。曰雪棒搜山棍，曰大八棒風磨，曰小八棒風磨，曰二郎棒，曰五郎棒，曰十八下狼牙棒，曰趙太祖騰蛇棒，曰安猴孫家棒，曰大六棒緊纏身，曰十八面埋伏，曰紫微山條子，曰左手條子，曰右手條子，曰邊欄條子，曰雪搽柳條子，曰跨虎條子，曰滾手條子，曰賀屠鈎杆，曰西山牛家硬罩頭。

使雜器之家十，曰鐵鞭，曰夾棒，曰單手燥鐵鏈子，曰蒺藜算頭，曰金剛圈，曰鏝掌鐵尺，曰呂公拐子，曰鋼叉，曰簸銑，曰钂。

使鈀之家五，曰雄牛出陣鈀，曰山門七埋伏鈀，曰番王倒角鈀，曰直行虎鈀，曰稍欄跟進鈀。

使馬上器械之家十六，曰鞭，曰鍊，曰鑛，曰槌，曰流星，曰鎖虎口，曰馬叉上帶使流星鞭，曰雙舞劍，曰雙刀，曰馬叉，曰天平鏟，曰天方基，曰槍，曰關刀，曰斬馬刀，曰月槍。

使拳格兵器之家十一，曰趙家拳，趙太祖神拳三十六勢，蕪湖下西川二十四勢，秣陵關打韓童掌拳六路。曰南拳似風，似蔽，似進，似退，凡四路。曰北拳，供看拳，凡四路。曰西家拳，六路。曰温家鈎掛拳，十二路。曰孫家披掛拳，四路。曰張飛神拳，四路。曰霸王拳，七路。曰猴拳，三十六路。曰童子拜觀音神拳，五十三參。曰九滾十八跌打禍拿。

又有眠張短打破法，九內紅八下等破法，三十六拿法，三十六解法，七十二跌法，七十二解法，一百三十教師相傳，各臻妙際。爲將者，擇兵士資之所近，心之所好而教之。或專習一藝，或兼習群藝。藝超於百人者，推爲百人之師，超於千人者，推爲千人之師；超於萬人者，推爲萬人之師。有不戰，戰必勝矣。

又《兵器總論二・禦倭刀法附録》 倭之刀最精利，長六尺，兩手兩刀，共長一丈二尺。雖左刀以木假之，然其右之真者，亦足以殺人而無敵。故中國之畏倭者，畏其刀也。而制刀之策，一切鈀棍短兵俱不濟事，必用丈八長槍。蓋刀能傷人，不能自衛，惟長槍可以乘其破綻而入之。故禦倭以長槍爲上，其次則用狼筅等器。因刀雖快利，一有兜礙，便不稱手。任參政環殲倭於婁門外陸涇壩，出狼兵之鈎刀手，則以環密囑諸軍以兜礙之説，於是皆用青布水漬之，俟倭相近撒去。倭刀粘滯，不便揮使，而鈎刀手急自地滾去，鈎斷其足。先鋒既死，餘衆辟易。是日殺倭三千，皆用計以制其刀故也。

又按：倭寇裸體以戰，鮮有甲胄蔽體。惟廣東所造藥弩，見血立斃，較之弓弩尤利。扼險守隘，破敵摧堅，無有妙於此者。向見長寧等處諸巢遺孽，人多驍捷，技藝熟閑，輕儇跳躍，百倍倭人，慣用此弩。説者謂中國人柔軟，倭揮雙刀，銀光耀日，往往望風奔潰，倒戈就戮。此爲倉猝未設備禦者言也。有此精卒，又有此利器，其何能爲！

明・茅元儀《武備志》卷一一〇《軍資乘・火二・製火器法二》

毒方

桑柴灰五斗，苦蕎麥灰十斗，豆楷灰三斗五升，茄楷灰三斗，五燈頭灰五斗，巴豆灰一斗五升，藜蘆灰一斗，川草烏灰二斗，地星草汁三斗。

右共淋水三石，煎至八斗，後入地星草汁微熬，再入硇五兩，砒三兩，膽礬五兩，皂末二兩，銅青三兩，再微熬，藥冷爲度，以竹筒出之。

附解毒聖藥，用解神火、神煙、神砂、神水之毒：雄半斤，好箭頭砂二兩。

右將白鴨取血拌浸，九浸九曬，又菉豆漿三浸三曬，又白蘿蔔汁三浸三曬，又藍根煎汁三浸三曬，又舍春木煎汁三浸三曬，研極細末，用烏梅肉四兩，甘草半斤，熬膏爲丸，雞豆大。製藥、裝藥、放藥，皆噙一丸。

麻藥

績花，川草烏，附子，半夏，南星。

毒水方

蕨花并尖，人參對配，或加白芷、草烏共研末，注陰澗井泉。

又方：雷公藤，巴豆，五月草，常山。爲末用。

毒酒方

川烏，草烏，俱取，去尖。五月草，取花并臍。天仙草。取花子。陀羅花子，每五分浸酒一罈。

弩箭藥法

大金藤，飛蟲藤，地鞠，地油麻，吕公縧，樟木，悶多羅根，百蛇藤，單摩根，半天藤，烏龍藤，爛藥，少許。木通。

右各等分爲粗末，用浄瓦碗一箇，地上撅一孔，放碗在孔内，用薄竹笆蓋在碗口上，用生茅草三葉，十字放在竹笆上。後放藥末在竹笆上，用大樹葉，或諸般樹葉蓋在藥上，留頂上孔。却用温灰團團煨住頂孔，上放炭火徐燒，盡火量時抽出茅草，看黄色爲度，取出竹笆。用碗内藥汁調擴藥母，乳鉢内研爛，不稀不稠，就擦上箭頭上，曬乾後用粟殼草燒煙薰箭頭。此箭見血便死。每一錢擴藥母，須搽七根箭頭爲效。此箭用箭筒裝，不要走了氣，掛在燒火有煙處。搽藥時，箭頭上用綿子些少，纏住箭頭上後，然後搽藥上，方不落了藥。

又方：烏頭，一名烏喙，味辛甘，温，大熱，有大毒。八月採其汁煎之，名射罔，殺禽獸。

又方：土附子味辛、熱，有毒。生去皮搗，濾汁澄清，旋添曬乾，取膏，名爲陶。獵人將作毒箭使用。

又方：君子實，狼毒，川烏，草烏，礵砂，升麻各五錢，真麝香四錢。

右各藥用五兩，麻油二十五斤，煑鐵子一升，候乾聽用。每藥一兩，油五斤，鐵子一合，與虎藥同功，或與同用。

見血封喉方

取生鮮草烏或一二斗，洗去土沙，再用籮盛，人脚踹去黑皮，以内肉白爲度。搗碎，用布濾窄出汁，汁乾爲度，去渣不用。用磁盆澄汁，盆底下有粉，去粉不用。約於清汁有十碗，用四碗入鍋内煎一滚，起沫，用篾片刮去沫。傾入磁盆内，再將存六碗生汁入前熱汁内，一順攪均，放露天下露一宿。明早取澄清汁，散分於碗内，下澄渣粉不用。量汁多寡，以碗大小盛之，放日中曬，至午時，又取澄清汁下澄，渣粉不用。曬至晚，如前取澄清汁，再用薄綿紙鋪罩籬内濾過，渣不用。第二日、第三日如前曬法，澄法，紙濾去渣粉。每日曬時，用竹片從碗底挑起順攪，曬。此法不致上熱下生之故也。至第四日晚，濾稠藥存留勿去，另用碗盛曬。第五日，將濾稠藥入總，曬。用此稠藥，先夜露一宿，取澄清汁用，底下存硬稠者不用。曬至六七日，各碗漸少，減歸各碗。曬時觀看碗弦上起黑沙點子，面上結冰，有五色雲象，其色紅黑如香油樣，歸總磁盆内，放浄處陰四五日聽用。再用磚砌一爐，高二尺，週圍大可容藥盆放内中爲度。爐中從地上一尺五寸，用木物架盆於上，爐上空五寸，用布物蓋於藥盆之上，不致煙透走。爐旁取一火門，如鵝卵大，從地起高三寸，外用炭火十數塊，并櫪戚柴，又名繫條，又名梘戚。又用皂角、花椒同燒煙，令煙入火門内，爞藥盆熱，藥面上結成冰，是火候好矣。約爞一時之候，其結冰要厚，如冰薄，再爞，再看厚冰，則除火取藥出，令冷，收入磁瓶内，封固聽用。如冬天寒冷，用絮物包放煖處，勿令凍省。如夏天熱時，放於清涼之處，勿令潮壞。如冬凍省，如夏潮壞出沫，用磁盆盛，如前法上爐爞之，藥熱即止。或將藥上於箭上，用皂角、花椒煙爞之。如舊，前藥曬時，如遇日色太緊，曬一、二日，又要露一宿。如日色淡緩，不必露也。初做藥之日，觀天色晴明，即用烏頭，如前法制之。如遇日曬一、二日。有雨，將照前爞藥爐上，只用炭火烘熱盆爲度，攪均，又放得一、二日，候晴，再照前法曬之。烏頭取來，不可堆厚，恐爛壞，必要濕地下攤開。又不可風吹乾了無汁，即取即搗爲妙。其藥制完，放瓶内封固，日久下澄，有稠者如砂糖樣，挑起取用，上箭最快。箭到身上，不滿數步即斃矣。此藥名爲曬藥，比爞藥更妙。或人悮中藥箭，用松毛搗調冷水服之，或香油服之。如不及，自溺泥中和泥漿水服之。如旁有人，用口唧水吸箭傷處吐之，再唧水吸，再吐之，不致藥散走封喉之故。其藥忌見香油，如入一點香油，藥即解無效。其性有三飛：見血飛，見油飛，見水飛，造藏甚忌。

又方：三四月間，採草烏頭子一百斤，去皮葉，止用肉，搗汁，酒窄部窄水約三十斤，將竹篾做簍，高四尺，迴一丈，下留一門，燒火紙糊。將薄板三四塊，作一個架楞。上半中間，將大碗盛藥水，用紙蓋碗口，放在板上，下用木寫樹柴，有量星在上，出在杭州，細明火如篾纘歕火，燒四日四夜，時時要將藥水并在大家火盛一處，去碗底渾脚，將布拭浄。又將碗盛爞一日，如此要并十次。夜并換去脚十次，後用細柴煨煙爞三日三夜，仍前并換去脚，不可絶火。爞至成藥二斤，將雞試，不效，再爞。試好，收入磁器收貯，弔在烟火頭上，不可冷處。又忌松煙，一入藥，性則解。又忌煤煙。并出脚丢在河内，豬牲食死。

附解藥方

大昴頭，解牙齒緊，又能治塗罨腫痛，喉內疼痛。　大統管，解擴，治肚痛。　小昴頭，解散，治骨脉疼痛、毒瘡，擂爛酒調。　山桂皮，治大畜散。山八角，解壯血，存生氣，治痢。　九將官，解身骨疼痛。　木都管，解擴藥，治百木死氣。　飄風浪，解水面生氣。　山明靈，解飛蛇。　木明靈，解水上龍魚毒。　飄風散，解散心氣血脹。　解土藤，解吐。　青龍藤，解百蛇噴心。　白龍藤，解百蛇。　南蛇藤，解百蛇氣。　猛蛇藤，解毒。　烏龍藤，解擴藥子。　大烏蛇藤，解蛇。　霜涼藤，解喉渴。蝴蝶藤，解迷悶睏睡。　大蚶藤，解牙緊。　半天藤，煮水洗刀傷。　小烏蛇藤，解蛇。　大金藤，解身骨疼痛。　温斗藤，解血氣。　白蛇藤，解蛇。　引領藤，謳諭衆生氣，即天冬。　木通藤，解手脚軟弱。　車帶藤，洗刀傷。　蜈蚣藤，治蜈蚣，洗腫青。　川石藤，治攣劬發。　照頂木，煮洗腫爛。　破石攀根，解蛤睡，即胡系姜。　七閫根，洗刀傷骨節。通引藤，引出生氣。　百萬解，生氣，即金則根。　銀弟，解擴。　縛脛香藤，生氣，不令藥發。　用水浸，轉細如筋縛喉上藥箭不攻喉。　金弟，解擴。項引藤，解牙緊。　山獸藤，煎酒喫，洗。　小丁茄藤，洗箭口。　身硬藥。　煮水洗身。　高樓望月，即龍飛禽。　山都管，解擴藥。

右爲末，引子用五倍子爲末，用鹽等分，焰硝等分，烏梅肉多，用水煎爛，同煉蜜爲膏，磁罐收之，不許乾了。　如不酸，倍加五倍子、烏梅肉。　此係酸藥，各每服一錢重，噙化，下日進三服。　治被藥箭傷通，即先服此藥。　疎醒後，却服定心丸。

定心丸

木香、硼沙、焰硝、甘草、沉香、雄黄、辰砂各等分，母丁香減半。

右煉爲膏，密用罐盛之。　每服一錢，噙化。　日三服，爲丸，用米粥。

又方：服酸藥墊後服此。　大昴豆，九將官，大統官，木都管，山都管，金弟，銀弟，地菊，山苦練，金藤，紗藤，山八角。

右件爲末，合成用酒煎滚，放家鹽摻温服。　不犯鐵器，用銅銚煎。　更將原燒藥竹笆燒作灰，碾爛，酒調服。　全解了，將前過藥先合就，每服一餅，細嚼，姜湯送下。　如利不止，涼水補之。　更用涼水洗手，然後喫粥。

過藥方

大戟五兩，地油麻一兩，土當歸一兩。

右爲木，稠米糊爲餅子。

千里漿一名水葫蘆。

木瓜、紫蘇、葉桂各半兩，烏梅肉、赤茯苓各□兩。

右爲細末，煉蜜爲丸，如彈子大。　噙化一丸，嚥津。

又方：百藥煎，烏梅肉，紫蘇葉，人參，甘草，麥門冬。

右各等分，爲細末，煉蜜爲丸，噙化。

又方：目草三兩，爲末。　甘葛二兩，爲末。　菉豆粉一兩五錢。　蒲黄五錢，爲末。　烏梅肉二兩，厚朴二兩，紫合花草二兩。

右將蜜水與烏梅烏肉爲丸，如圓眼核大，噙化。

明・唐順之《武編》卷前五　鐵

澤、潞出鐵，上等鐵絲鐵如黄豆大，長丈餘，用工最多。　次等鐵條，鋏中鑿三眼。　三等手指鐵，鑿五條紋。　下等塊子鐵。　出鐵之處，條鐵止用兩箇錢一斤而已。

薊州好兵器用桅孤鐵。

達子鍊鐵，用馬糞火。

鐵有生鐵，有熟鐵。　鋼有生鋼，有熟鋼。　生鐵出廣東、福建，火鎔則化如金、銀、銅、錫之流走，今人鼓鑄以爲鍋鼎之類是也。　出自廣者，精；出自福者，粗。故售廣鐵則加價，福鐵則減價。　熟鐵出福建、温州等處，至雲南、山西、四川亦皆有之。　聞出山西及四川瀘州者甚精，然南人實罕用之，不能知其悉。　熟鐵多瀵滓，入火則化如豆查，不流走。　冶工以竹夾夾出，以木捶捶使成塊，或以竹刀就罏中畫而開之。　今人用以造刀銃、器皿之類是也。　其名有三，一方鐵，二把鐵，三條鐵。　用有精粗，原出一種。　鐵工作，用以泥漿淬之入火極熟糞出，即以鐵捶捶之，則渣滓瀉而淨。　鐵合初煉色白而聲濁，久鍊則色青而聲清。　然二地之鐵，百煉百拆，雖千斤亦不能存分兩也。　生鋼出處州，其性脆，拙工鍊之爲難。　蓋其出爐冶者，多雜糞炭灰土，且其塊粗大，惟巧工能看火候，不疾不徐，捶擊中節。若火候過，則與糞滓俱流。　火候少，則本體未鎔而不相合。　此鋼出自處，惟浙東用之。　若其他遠土，則皆貨熟鋼也。　熟鋼無出處，以生鐵合熟鐵煉成；或以熟鐵片夾廣鐵鍋，塗泥入火而團之；或以生鐵與熟鐵并鑄，待其極熟生鐵欲流，則以生鐵於熟鐵上擦而入之。　此鋼合二鐵，兩經鑄鍊之手，復合爲一，少沙土糞滓。　故凡工鍊之爲易也。　人謂久鍊則生鐵去而熟鐵存，其性柔，頗似不然。　蓋生鐵雖百鑄，所拆甚少，熟鐵每一鑄所拆甚多，其去其存，不知其孰多而孰少也。

人有謂團鋼久鋼則脆，與性柔之説相反。此二鋼久鍊之，其形質細膩，其聲清甚若鐵之久鍊者。聲雖清，然不及鋼也。一先將毛鐵逐塊下爐。入火，候微紅時鉗出，用稻草灰拌鐵身，却入爐，大火扇透紅發值時，鐵花飛冒之際鉗出，鎚成板子，就以鋼鏨鏨縱横深紋於其上，其紋路俱隔分數，如此三遍。初次一煉一，二次二合一，三次四合一。

其蘸灰鏨紋總同前法，但盡此法製，其色白聖如銀，其聲清而有韻，此其證驗。

計用福建方毛鐵對客買，每百斤算買脚并搬運脚價，共用銀九錢。

福建條鐵，令人用造釘、裝家火，造大器械不用。廣東條鐵，令人用抽鐵絲，造大器不用。

一、鍊鐵每十斤，權鍊作三斤，計用匠五工，工食二錢五分，約用炭價銀一錢六分，通算鍊就鐵計用銀一錢六分六釐六毫，得鐵一斤。此鍛鍊之大數。至於成造刀銃，工又益加，鐵又益折，此須逐樣監試一件，纔能定價。

一、鍊鋼，每斤計銀二錢，可作甲葉，；計銀三兩，可作好刀。

一、弊端，估造器械官價率有餘，然内而監造人員與掌局工作以漸侵尅，是以高價而得低物也。鐵與鋼鍊之，已精未精，非若金銀可以成色辨計，往昔只照常制造，尚自弊多，至於鍊鐵則弊益易着手盜炭，指粗鐵以爲精鐵，以粗鐵而易精鐵，將無所不至矣。

一、鍊鐵之工，須得素用堪用之人，方彼此相解。若造鳥銃，須得慣造得法之人爲之指撥。

刀花：羊角煆灰，粉心水提過，酸酸草燒灰硝醬。

刀方：羊角、鐵石、硇沙。

五灰：桃柳桑灰，蕎麥灰，好陳石灰，和水煉熟，每斗水加信四兩，硇六兩，蟾酥一兩。

五毒膏：川烏，主。草烏，主。南星、半夏、狼毒，加入神水内煉成膏。若作神砂，用五灰水煉成五毒膏，加庸巴豆末，和砂焙乾，麻。

桑柴灰五斗，苦蕎麥灰十斗，豆楷灰三斗五升，茄楷灰三斗，五燈頭灰五斗，巴豆灰一斗五升，藜蘆灰一斗，川草烏灰二斗，地星草汁三斗，其淋水三石，煎至八斗，後入地星草汁微熬，再入硇五兩，砒三兩，膽礬五兩，皂末二兩，銅青三兩，再微熬，藥澪爲度，以竹筒出之。

又水，出鹽處久積鹽水、鹽膽水三斤，苟印油二斤，古塚中水五斤，藍蛇頭七個，春夏水毒蛇水。五斗，陰泉水皆陰泉水。三升，銅汗三升，熱湯過銅器汗，共微熬用之，人食立死。

糞砲罐法：先以人清塼内成揀擇浄，晒乾，打碎。用篩羅細，盛在甕内。每人清十六斤，用狼毒半斤，草烏頭半斤，巴豆半斤，皁角半斤，砒霜半斤，砒黄半斤，班猫四兩，石灰一斤，荏油半斤，入鑊内煎沸，入薄罐容一斤半者，以草塞口。入砲内放，以擊攻城人，可以透鐵甲。中則成瘡潰爛，放毒者仍以烏梅、甘草置口中，以辟其毒。

金火罐法：其制，圍九寸，高四寸，形圓，口徑八分。先用麻皮泥漿，次使麥麪泥，次又口用猪濕氊裹，入砲放。其盛器則有生鐵節，用鑄成者，以盛金汁。仍有兩耳、手把。挹注則有生鐵杓、熟鐵杓。並挹注金汁。若敵來攻城，有團隊者，以金砲打之，人馬中則解散。放宜急，勿使凝結。

鍊汁入信錫，每斤入錫四兩，則常融而不凝。

人糞不落地，鍊霜白馬汁。

三四月間採草烏頭子一百斤，去皮葉，止用肉，搗碎，酒窄部窄水約三十斤。將竹箆做簍，高四尺，迴一丈，下留一門燒火紙糊，將薄板三、四塊作一層，架楞上，半中間，將大椀盛藥水用紙蓋碗口，放在板上下，用木寓樹柴，有量星在上，出在杭州，細明火如箆纜欲火，燒四日四夜。時時要將藥水并在大家火盛一處，去椀底渾脚，將布、拭浄。又將椀盛，熏一日，如此要并十次夜，并換去脚十次，後用細柴煨烟熏三日三夜，仍前并換去脚，不可絶火。熏至成藥二斤，將雞試，不效，再熏。試好，收入磁器收貯，吊在烟火頭上。不可冷處，又忌松煙，一入藥，性則解。又忌煤煙。并出脚丢在河内，猪豝食死。

八月採烏啄搗窄取汁，日曬爲射罔以傅箭，射走獸十步倒地。中人則死，速宜解之。

製弩箭藥法　合弩箭藥

大金藤，飛蟲藤，地鞠，地油麻，吕公絲，樟木，悶多羅根，百蛇藤，單摩根，半天藤，烏龍藤，爛藥少許。木通。

右各等分，爲粗末。用浄瓦碗一箇，地上撅一孔，放碗在孔内，用薄竹笆蓋在碗口上，用生茅草三葉十字放在竹笆上，後放藥末在竹笆上。用大樹葉或諸般樹葉蓋在藥上，留頂上孔。却用温灰團團煨住，頂孔上放炭火燒，徐盡火量時抽出茅草，看黄色爲度，取出竹笆，用碗内藥汁調擴藥母，乳鉢内研爛，不稀不

稠，就擦上箭頭上，曬乾後用粟殼草燒烟薰箭頭。此箭見血便死，每一錢擴藥母，須搽七根箭頭爲效。此箭用箭筒裝，不要走了氣，掛在燒火有烟處。搽藥時，箭頭上用綿子些少纏住箭頭上後，然後搽藥上。如不，落了藥。

烏頭味辛，甘温大熱有大毒，其汁煎之名射罔，殺禽獸。

射罔，味苦，有大毒。按《中蠱通用藥》云，射罔，温，大毒。云土附子味廢，辛熱有毒，生去皮，搗濾汁澄清，旋添曬乾取膏，名爲陶。獵人將作毒箭使用，或中者以甘草、藍青、小豆葉、浮萍、冷水薺苨，皆可禦也。

射罔毒，藍汁、大小豆汁、竹瀝、大麻子汁、六畜血、貝齒屑、蓄根屑、蚯蚓屎、藕芰汁。

草烏藥傅矢，臨用浸以姜汁，以火薰，以助藥力。炒冬杞，包則火藥盡壞，故以此解。

《桂海志》云，蠻人以毒藥濡箭鋒，中者立死。藥以蛇毒草爲之。好毒箭藥出那地州，諸蠻亦不能多得。

《桂海虞衡志》云，都管草一莖六葉，辟蜈蚣、蛇。

《圖經》云，都管草生施州及宜州田野，味辛辣，性寒，主風癰、腫毒、赤疣。以醋磨其根塗之，亦治咽喉腫痛，切片含之立愈。其根似羌活頭，歲長一節，高二尺許。葉似土當歸，有重臺，生二月。八月採根陰乾。施州生者作蔓，又名香毬，蔓長丈餘，赤色，秋結紅實，四時皆有採其根枝，煎湯淋洗，去風毒、瘡腫。

解箭頭藥名

大昴頭，解牙齒緊，又能治塗罨腫痛、喉内疼痛。　大統管，解擴，治肚痛。　小昴頭，解散，治骨脉疼痛，毒瘡。擂爛酒調。　山桂皮，治大畜散。山八角，解壯血存生氣治痢。　九將官，解身骨疼痛。　木都管，解擴藥，治百木死氣。　飄風浪，解水面生氣。　山明靈，解飛蛇。　木明靈，解水高龍魚鱉。　飄風散，解散心氣血脹。　解土藤，解吐。　青龍藤，解百蛇噴心。　白龍藤，解百蛇。　南蛇藤，解百蛇氣。　猛蛇藤　烏龍藤，解擴藥子。　大烏蛇藤，解蛇。　霜涼藤，解喉渴。　蝴蝶藤，解迷悶困睡。　大蚶藤，解牙緊。　半天藤，煑水洗刀傷。　小烏蛇藤，解蛇。大金藤，解身骨病痛。　温斗藤，解血氣。　白蛇藤，解蛇。　引領藤，謳諭衆生氣，即天冬。　木通藤，解手脚軟弱。　車帶藤，洗刀傷。　蜈蚣藤，治蜈蚣，洗腫毒。　川石藤，治攀觔發。　照頂木，煮洗腫爛。破石攀根，解蛤睡，即胡系姜。　七闖根，洗刀傷骨節。　通引藤，引出生氣。　百萬解，解衆生氣，即金則根。　銀弟，解擴。　縛脛香藤，解衆生氣，不冷。藥發，用水浸轉細如筋縛腠上藥箭不攻腠。　金弟，解擴。項引藤，解牙緊。　山獸藤，解山上烏猿如法此藤煎酒喫洗。　小丁茹藤，解洗箭口。　身硬藥，煮水洗身。　高樓望月，根龍飛禽。　山都管，解擴藥。

右爲末，引子用五倍子爲末，用鹽等分，焰硝等分，烏梅肉多用水煎爛，同煉蜜搜爲膏，磁罐收之，不許乾了。如不酸，倍加五倍子、烏梅肉。此係酸藥，各每服一錢重，噙化，下日進三服，治被藥箭傷通，即先服此藥，疎醒後却服定心丸。

定心丸

母丁香，減半。木香，烏朋。沙，焰硝，甘草，沉香，雄黄，辰砂各等分。

右將前五十味藥同八味煉爲膏，密用罐盛之，每服一錢。噙化，日三服，爲丸，如米粥。

解擴藥箭　服酸藥塾後服此。

大昴豆，九將官，大統官，木都管，山都管，金弟，銀弟，地菊，山革練，金藤，紗藤，山八角。

右件爲末，合成用酒煎滾，放家鹽摻温服，不犯鐵器，用銅銚煎。更將原燒藥竹笆燒作灰，碾爛，酒調服。金解了藥，煎過藥合就，得每服一餅，細嚼，姜湯送下。如利不止，涼水補之。更用涼水洗手，然後喫粥。

大戟五兩，地油麻一兩，土當歸一兩。

右爲末，稠米糊爲餅子，即過藥。

千里漿，一名木葫蘆。

木瓜、紫蘇、葉桂各半兩，烏梅肉、赤茯苓各一兩。

右爲細末，煉蜜爲丸，如彈子大，噙化一丸，嚥津。

又方：百藥煎，烏梅肉，紫蘇葉，人參，甘草，麥門冬。

右冬等分爲細末，煉蜜爲丸噙化。

甘草三兩，爲末。甘葛二兩，爲末。緑豆粉一兩五錢，蒲黄五錢，爲末。烏梅肉二兩，厚朴二兩，紫合花草二兩。

將蜜水與烏梅肉爲丸，如圓眼核大，噙化。

走血藥似解毒

桂心，乾蝎，烏樟根，突厥白，䖟蟲，水蛭，蜣蜋，土狗子，不灰木，朝桂鼠渾，鹽葉，黎母子，鹽麩子，獨顆栗子，大糞火，鐵精末。

明・朱國禎《湧幢小品》卷四《鐵器》 後主禪造一大劍，長一丈二尺。鎮劍口山，往往人見光輝。後人求之不獲。

雲長采都山鐵爲二刀，銘曰萬人。後敗，惜刀，投之水。

又 卷一二《兵器》 旗有五等，曰高招，曰角旗，曰門旗，曰督戰麾旗，曰隊旗。

纛有二等，曰牙纛，曰望纛。

盔有二等，曰明盔，曰䙡盔。

牌有四等，曰挨牌，曰圓牌，曰籐牌，曰皮牌。

斧有四等，曰鉞斧，曰鑿斧，曰鐵鞭，曰鐵簡。

刀有五等，曰腰刀，曰斬馬刀，曰捍刀，曰眉刀，曰鉤刀。

鎗有十等，曰長鎗，曰線鎗，曰叉鎗，曰看鎗，曰蛇鎗，曰神鎗，曰飛鎗，曰火鎗，曰戟鎗，曰拒馬鎗。

鎚有五等，曰重，曰卧，曰蒜頭，曰骨朵，曰□□。

棍有五等，曰雙頭，曰悶棍，曰脚棍，曰操鉤，曰狼頭棒。

弓有二等，曰馬，曰步。

弩有三等，曰斗子，曰諸葛，曰俚弩。

石有二等，曰飛，曰礌。

砲雖名十一等，近益增多矣。

武藝十八事，一弓，二弩，三鎗，四刀，五劍，六矛，七盾，八斧，九鉞，十戟，十一鞭，十二簡，十三撾，十四殳，十五叉，十六爬頭，十七綿繩套索，十八白打。

【略】 刀兩刃者曰拍刀，起于隋闕陵。

又 紙鎧綿甲

紙鎧起于唐宣宗時，河中節度使徐商劈紙爲之。勁矢不能入。商，有功五世孫也，官至平章事，太子太保。子彥若，官亦如之。有功仁恕之報也。

綿甲以綿花七斤，用布縫如夾襖，兩臂過肩五寸，下長掩膝。龘線逐行横直，縫緊入水，浸透取起，鋪地，用脚踹實，以不胖脹爲度。曬乾收用，見雨不重，黴黰不爛，鳥銃不能大傷。紙甲，用無性極柔之紙，加工鎚軟，疊厚三寸，方寸四釘。如遇水雨浸濕，銃箭難透。

甲冑密法

元太宗攻金，懷孟人李威從軍，患世之甲冑不堅，得其婦兄杜坤密法，創蹄筋翎根別爲之。太宗親射不能入，寵以金符。威每戰先登，不避矢石。帝勞之曰，汝縱不自愛，獨不爲甲冑惜乎！謂諸將曰，能捍蔽爾。爲國家立功名者，威之甲也。

明・屠隆《考槃餘事》卷二《劍》 自古各物之製，莫不有法傳流，獨鑄劍之術不傳，典籍亦不之載。故今無劍客，而世少名劍。今所見有屈之如鉤，縱之鏗然有聲，復直如絃，亦非常鐵能爲也。吾輩設此，縱不能以禦暴敵强，亦可壯懷志勇。不得古劍，即今之寘劍。如雲南製者，懸之高齋，俾豐城隱氣，化作紫電白虹，上燭三台斗垣，令熒熒夜光，爍彼攙搶慧孛，不敢横熖逞色，豈果迂哉。

明・文震亨《長物志》卷七《器具》 劍

今無劍客，故世少名劍，即鑄劍之法亦不傳。古劍銅鐵互用，陶宏景《刀劍録》所載「有屈之如鉤，縱之直如絃，鏗然有聲者」，皆目所未見。近時莫如倭奴所鑄，青光射人。曾見古銅劍，青緑四裹者，蓄之，亦可愛玩。

明・宋應星《天工開物》卷中《錘鍛》 斤斧

凡鐵兵薄者爲刀劍，背厚而面薄者爲斧斤。刀劍絶美者以百鍊煉鋼包果其外，其中仍用無鋼鐵爲骨。若非鋼表鐵裡，則勁力所施即成折斷。其次尋常刀斧，止嵌鋼于其面。即重價寶刀可斬釘截凡鐵者，經數千遭磨礪，則鋼盡而鐵現也。倭國刀背闊不及二分許，架於手指之上不復欹倒，不知用何錘法，中國未得其傳。凡健刀斧皆嵌鋼、包鋼，整齊而後入水淬之。其快利則又在礪石成功也。凡匠斧與椎，其中空管受柄處，皆先打冷鐵爲骨，名曰羊頭，然後熱鐵包裹，冷者不沾，自成空隙。凡攻石椎日久四面皆空，鎔鐵補滿平填，再用無弊。

又 卷下《佳兵》

弧矢

凡造弓，以竹與牛角爲正中幹質，東北夷無竹，以柔木爲之。桑枝木爲兩梢。弛則竹爲内體，角護其外；張則角向内而竹居外。竹一條而角兩接，桑弰則其末刻鍥，以受弦彄，其本則貫插接笱于竹丫，而光削一面以貼角。

凡造弓，先削竹一片，竹宜秋冬伐，春夏則朽蛀。中腰微亞小，兩頭差大，約長二尺許。一面粘膠靠角，一面鋪置牛筋與膠而固之。牛角當中牙接，北邊無修長

牛角，則以羊角四接而束之。廣弓則黄牛明角亦用，不獨水牛也。固以筋膠。膠外固以樺皮，名曰煖靶。凡樺木關外産遼陽，北土繁生遵化，西陲繁生臨洮郡，閩、廣、浙亦皆有之。其皮護物，手握如軟綿，故弓靶所必用。即刀柄與槍幹亦需用之。其最薄者，則爲刀劍鞘室也。凡牛脊樑每只生筋一方條，約重三十兩。殺取曬乾，復浸水中，析破如苧麻絲。北邊無蠶絲，弓弦處皆糾合此物爲之。中華則以之鋪護弓幹，與爲棉花彈弓弦也。凡膠乃魚脬雜腸所爲，煎治多屬寧國郡，其東海石首魚，浙中以造白鮝者，取其脬爲膠，堅固過于金鐵。北邊取海魚脬煎成，堅固與中華無異，種性則别也。天生數物，缺一而良弓不成，非偶然也。

凡造弓初成坯後，安置室中梁閣上，地面勿離火意。促者旬日，多者兩月，透乾其津液，然後取下磨光，重加筋膠與漆，則其弓良甚。貨弓之家，不能俟日足者，則他日解釋之患因之。

凡弓弦取食柘葉蠶繭，其絲更堅韌。每條用絲線二十餘根作骨，然後用線横纏緊約。纏絲分三停，隔七寸許則空一二分不纏，故弦不張弓時，可折疊三曲而收之。往者北邊弓弦，盡以牛筋爲質，故夏月雨霧，妨其解脱，不相侵犯。今則絲弦亦廣有之。塗弦或用黄蠟，或不用亦無害也。凡弓兩弰系彄處，或切最厚牛皮，或削柔木如小棋子，釘粘角端，名曰墊弦，義同琴軫。放弦歸返時，雄力向内，得此而抗止，不然則受損也。

凡造弓，視人力强弱爲輕重，上力挽一百二十斤，過此則爲虎力，亦不數出。中力減十之二三，下力及其半。彀滿之時皆能中的。但戰陣之上洞胸徹札，功必歸于挽强者。而下力倘能穿楊貫虱，則以巧勝也。凡試弓力，以足踏弦就地，稱鉤搭掛弓腰，弦滿之時，推移稱錘所壓，則知多少。其初造料分兩，則上力挽强者，角與竹片削就時，約重七兩。筋與膠、漆與纏約絲繩，約重八錢。此其大略。中力減十之一二，下力減十之二三也。

凡成弓，藏時最嫌黴濕。黴氣先南後北，嶺南穀雨時，江南小滿，江北六月，燕、齊七月。然淮、揚黴氣獨盛。將士家或置烘廚、烘箱，日以炭火置其下。春秋霧雨皆然，不但黴氣。小卒無烘廚，則安頓灶突之上。稍怠不勤，立受朽解之患也。近歲命南方諸省造弓解北，紛紛駁回，不知離火即壞之故，亦無人陳説本章者。

凡箭笴，中國南方竹質，北方萑柳質，北邊樺質，隨方不一。竿長二尺，簇長一寸，其大端也。凡竹箭削竹四條或三條，以膠粘合，過刀光削而圓成之。漆絲纏約兩頭，名曰「三不齊」箭杆。浙與廣南有生成箭竹，不破合者。柳與樺杆，則取彼圓直枝條而爲之，微費刮削而成也。凡竹箭其體自直，不用矯揉。木杆則燥時必曲，削造成時以數寸之木，刻槽一條，名曰箭端。將木杆逐寸戛拖而過，其身乃直。即首尾輕重，亦由過端而均停也。

凡箭，其本刻衔口以駕弦，其末受鏃。凡鏃冶鐵爲之。《禹貢》砮石乃方物，不適用。北邊制如桃葉槍尖，廣南黎人矢鏃如平面鐵鏟，中國則三棱錐象也。響箭則以寸木空中錐眼爲竅，矢過招風而飛鳴，即《莊子》所謂嚆矢也。凡箭行端斜與疾慢，竅妙皆系本端翎羽之上。箭本近衔處剪翎直貼三條，其長三寸，鼎足安頓，粘以膠，名曰箭羽。此膠亦忌黴濕，故將卒勤者，箭亦時以火烘。羽以雕膀爲上，雕似鷹而大，尾長翅短。角鷹次之，鴟鷂又次之。南方造箭者，雕無望焉，即鷹、鷂亦難得之貨，急用塞數，即以雁翎，甚至鵝翎亦爲之矣。凡雕翎箭行疾過鷹、鷂翎，十餘步而端正，能抗風吹。北邊羽箭多出此料。鷹、鷂翎作法精工，亦恍惚焉。若鵝、雁之質，則釋放之時，手不應心，而遇風斜竄者多矣。南箭不及北，由此分也。

弩

凡弩爲守營兵器，不利行陣。直者名身，衡者名翼，弩牙發弦者名機。斫木爲身，約長二尺許，身之首横拴度翼。其空缺度翼處，去面刻定一分，稍厚則弦發不應節。去背則不論分數。面上微刻直槽一條以盛箭。其翼以柔木一條爲者名扁擔弩，力最雄。或一木之下加以竹片叠承，其竹一片短一片。名三撑弩，或五撑、七撑而止。身下截刻鍥衔弦，其衔傍活釘牙機，上剔發弦。上弦之時唯力是視。一人以脚踏强弩而弦者，《漢書》名曰蹶張材官。弦送矢行，其疾無與比數。

凡弩弦以苧麻爲質，纏繞以鵝翎，塗以黄蠟。其弦上翼則謹，放下仍松，故鵝翎可扱首尾于繩内。弩箭羽以箬葉爲之。析破箭本，衔于其中而纏約之。其射猛獸藥箭，則用草烏一味，熬成濃膠，蘸染矢刃。見血一縷則命即絶，人畜同之。凡弓箭强者行二百餘步，弩箭最强者五十步而止，即過咫尺，不能穿魯縞矣。然其行疾則十倍于弓，而入物之深亦倍之。

國朝軍器造神臂弩、克敵弩，皆併發二矢、三矢者。又有諸葛弩，其上刻直槽，相承函十矢，其翼取最柔木爲之。另安機木隨手扳弦而上，發去一矢，槽中又落一矢，則又扳木上弦而發。機巧雖工，然其力綿甚，所及二十餘步而已。此民家妨竊具，非軍國器。其山人射猛獸者名曰窩弩，安頓交跡之衢，機傍引線，俟獸過，帶發而射之。一發所獲，一獸而已。

干

凡干戈名最古，幹與戈相連得名者，後世戰卒，短兵馳騎者更用之。蓋右手執短刀，則左手執干以蔽敵矢。古者車戰之上，則有專司執干，併抵同人之受矢者。若雙手執長戈與持戟、槊，則無所用之也。凡干長不過三尺，杞柳織成尺徑圈置于項下，上出五寸，亦銳其端，下則輕竿可執。若盾名中干，則步卒所持以蔽矢並拒槊者，俗所謂傍牌是也。

明・湯若望　焦勗《火攻挈要》卷上

詳察利弊諸原，以爲改圖

軍中所恃以無敵者，火攻是也。先聲能奪人之氣，隔地能傾人之命，一丸之彈可以斃萬夫之將，一囊之藥可以敗百千之兵，誠兵器之首利，禦敵之前鋒也。奈何近來徒有火攻之虚名，並無火攻之實效，其故何也？蓋因承平日久，疲將驕兵，粉飾虚文，罔計實用。鑄銃無法，不諳長短厚薄度數之節，不能命中致遠，或横顛倒坐及崩潰炸裂，而反傷我軍。造藥無法，不諳分兩輕重之數，配合研擣之工，不能摧堅破銳，或損鎗壞銃及收晾失事，而延禍極慘。裝放無法，不諳遠近之宜、衆寡之用、循環之術。或先期妄發，賊至而反致缺悮；或發而不繼，乘間而衝突可入；或倉皇失火，未戰而本營自亂，此貽害莫大，勝着果安在哉？爲今之計，必宜改絃易轍，詳悉講求。如鑄銃，必如何可以使遠而猛、疾而準；如何使銃身不動，無横顛倒坐及炸裂等弊；如何分戰、攻、守三等，銃身上下、長短、厚薄無不合宜；如何使子銃與母銃大小長短無不合法。如造藥，必如何可以使迅速而猛烈，如何使燃之手心不熱、紙上不焦及不致損傷鎗礮。如收藥，必如何可以過夏不潮，如何使久貯而永無疎失之病。如裝放，必如何分仰、平、倒三法，而知彈所到之遠近，如何用鉛鐵石彈與何銃相宜，如何使擊放寬大而殺賊多，如何使循環迭擊而礮不絶，如何令擊放終日而無失火之虞，如何使熱礮即冷，可以復裝。如用銃，必如何運重爲輕，可以疾趨；如何轉動機活，可以迎湊；如何可以升高渡隘，不致阻滯。如臨陣，如何擊虜之零賊，如何拒虜之全軍，如何備虜之迭進，如何取虜之主將，如何使火器不放，而虜騎亦不敢衝突我營。必如此詳審，則弊自去而利自存矣。

審量敵情，斟酌製器

人知攻敵全恃火器，未知制器先欲量敵。故製器得法，可以勝敵，則一器可收數器之功；若製器無法，不能勝敵，則百器不獲一器之用。今之大敵，莫患於彼之人壯馬潑，箭利弓强，既已勝我多矣，且近來火器又足與我相當。此時此際，自非更得迅利猛烈萬全精技，每事務求勝彼一籌，或如何以大勝小、以長勝短、以多勝寡、以精勝粗、以善用勝不善用，則勝斯可必矣。如目前火器所貴西洋大銃，則敵不但有，而今且廣有矣。我雖先得是銃，奈素未多備，且如許要地竟無備焉。自此而下，其大器不過神威發熕、滅虜虎蹲，小器不過三眼快鎗，此皆身短受藥不多、放彈不遠，且無炤準而難中的。銃塘外寬内窄、不圓不浄，兼以彈不合口，發彈不迅不直且無猛力，頭重無耳則轉動不活，尾薄體輕，裝藥太緊，即顛倒炸裂。似此粗惡疎瑕，反足取害，安能以求勝哉？爲今火器，無如倣炤西洋，其大者依法廣鑄各等大銃，小者狼機、鳥機、鳥鎗。只此數種，其制亦長短中矩，厚薄適宜，其用能命中致遠，堅利猛烈。更以造鑄有傳、藥彈兼精、裝放如法，配以精卒利兵，翼以剛車堅陣，統以智勇良將，以戰則克。近有鳥鎗短器，百發可以百中；遠有長大諸銃，直擊數十里之遠，横擊千數丈之闊；更有大塘象銃，擊寬斃衆，慘烈無比。以攻，則飛彪自上擊下，人民房舍無不虀碎；鰲翻自下擊上，鉅郭重牆莫不掀裂；更有虎唬獅吼，直透堅城如摧朽物。以守，則有臺垣異制，銃器異宜，更以窺遠神鏡，量其遠近而後發。如是器美法備，制巧技精，力省功倍，兵少威强，以是禦敵，庶幾有可勝之道矣。

築砌鑄銃臺窑圖説

鑄銃之臺，四旁用磚砌，中間用黄土填滿築實，高一丈六尺，寬長各四丈。正面凹進三分之一，其形見方。凹處兩傍及臺後，各用磚砌梯凳，以便上下。凹處之裏面，又開井窑，以爲安模之用。其窑深二丈，寬徑六尺，正面敞口，底下開竅，以通濕氣。其臺上蓆棚，聽候造模化銅之際，隨用所宜，臨時蓋搭，不必預設。臺之閒處，另搭庫棚二間，收藏器具物料等件，以便臨時取用。其大爐必安窑後，以便引銅傾鑄造模，宜近窑。

鑄造戰攻守各銃尺量比例諸法

西洋鑄造大銃，長短、大小、厚薄、尺量之制，着實慎重，未敢徒恃聰明，創臆妄造，以致悮事，必依一定真傳，比照度數，推例其法。不以尺寸爲則，只以銃口空徑爲則，蓋謂各銃異制，尺寸不同之故也。惟銃口空徑，則是就各銃論各銃，以之比例推算，則無論何銃亦自無差悮矣。戰銃空徑，三寸起至四寸止，身長從火門至銃口，三十三徑。火門前銃牆厚一徑，耳前牆厚七分五釐徑，銃口牆厚半徑，銃底厚一徑。尾珠在外，其珠之長大，各得一徑，銃耳之長大，俱各一徑。火

門至耳際，得十三徑，耳得一徑，耳前至銃口徑，得十九徑。此係四六比例之法，火門距耳，得十分之四；帶耳至銃口，得十分之六也。其體重，五百觔至千觔止，亦有頂大重三千觔者；其彈重，四觔至十觔止。

飛龍銃，空徑三寸起至五寸止。子母銃，身共長五十五徑，大號用子銃三門，小號用子銃五門。子銃身長五徑，底一徑，用牆得一徑。子銃口湊簨宜深，後拴鎮壓處當緊。簨處得一徑，拴處得半徑，子銃火門至母銃耳際，得二十二徑，耳得一徑，耳前至銃口，得三十二徑，餘悉照前。此亦狼機之制，因能遠發，故名飛龍。

象銃口下，空徑五寸，火門前裝藥處，空徑二寸五分。身長從火門至銃口，八徑，塘内裝藥窄處，得二徑，藥前寬處，得六徑。裝藥牆厚半徑，銃口牆厚二分五釐徑，銃底厚一徑，尾珠銃耳長大，各六分徑。火門至耳際二徑，耳得六分徑，耳前至銃口，得五徑四分。此係四分比例之法，謂火門距耳得一分，帶耳至銃口得三分，蓋以銃前塘寬體輕故也。又以塘口極寬，故名象銃。

噴銃口下，空徑一尺；火門前，空徑五寸。身長從火門至銃口，四徑。塘内從底至口一直往上，如敞口喇叭之形，不比象銃分寬窄兩截也。火門前牆厚二寸五分，銃口牆厚一寸二分五釐，底厚三寸，尾珠銃耳長大各三寸，餘悉照前。此亦象銃之類，但體更輕，所裝彈藥更多。

攻銃空徑四寸起至六寸止，身長十八徑至二十二徑止。火門至耳際得八徑，耳得一徑，耳前至銃口得十一徑，彈重十觔至五十觔，銃塘更宜光直。用彈，定要緊貼藥上，且與塘内毫無寬縫漏火，則發彈遠射而且有力，餘悉照前。

虎喙銃，空徑六寸起至一尺止，身長二十徑，彈用五十觔至百觔止，銃身較戰銃可加厚三五分，餘悉照前。

獅吼銃，空徑一尺至一尺五寸止，長十五徑，彈用一百觔至三百觔，銃身照戰銃可加厚半徑，餘悉照前。

飛彪銃，口下空徑二尺，火門前裝藥處空徑一尺，身長從火門至銃口四徑。塘内裝藥窄處二徑，藥前寬處二徑，口下牆厚半徑，裝藥處牆厚七分五釐，徑底厚七分五釐徑。尾珠銃耳長大各半徑，火門至耳際得徑半，耳得徑半，耳前至銃口得三徑。

守銃空徑三寸起至五寸止，身長十六徑至八徑止，彈用四觔至十觔止，餘照前。

西洋製守銃殊短之意，蓋備敵人攻城時之所用也。若敵人屯營遠窺，必藉長戰銃遠擊以亂其營，使彼不敢久停；若蟻聚蜂擁逼臨城下，又必藉大象銃以爲擊寬斃衆之計；若高築敵臺負固對擊，則更必藉火銃攻銃，以爲摧堅之用。總之，遠近寬窄隨宜酌用，變化在人，又豈可拘泥名色而自誤實用之功效哉？但守銃之制，大約以銃口距耳應得身度三分之二，帶耳至火門應得三分之一，蓋謂守銃利於朝下放故也。其城守之象銃，較戰陣之象銃又必加長四徑，共得十二徑，方可遠擊而斃敵也。若止於八徑，則火力短而出彈近，及至中敵已無勁矣。

造作銃模諸法

用乾久楠木或杉木，照本銃體式鏇成銃模，兩頭長出尺許，做成軸頭。軸頭上加鐵轉棍，安置鏇架之上，以便鏇轉上泥。木模既成，將銃耳、銃箍、花頭字様等模安上，用羅細煤灰匀刷一層，候乾。用上好膠黄泥和篩過細砂，二八相參，或用本色砂泥亦可，用羊毛抖開參入泥内，和匀作經，不可太乾亦不可太濘，如塗牆之泥爲準。泥或塗在模上，每次約可寸許，塗匀，將轉棍轉動，用員口木板盪蘸水盪平，候乾，照前再上，其泥之厚薄，照銃口空徑一徑六分，如銃口徑五寸，則模泥用八寸厚是也。俟上泥厚至三分之二，則以粗條鐵線，從頭密纏至尾，纏畢照前上泥。俟上至十分之九，則以指大鐵條照依模長，大號模用十六根，次號十二根，小號八根，匀擺模上作骨。隨用一寸寬、五分厚鐵箍，大號用八道，次號六道，小號四道，照泥模頭尾，自度大小，匀箍鐵條之外。又照前上泥，上完盪匀，候乾透，然後可用。其乾之日期，大號銃模約待四個月，次號三個月，小號兩個月可必乾矣。俟乾畢，將木心敲出，用炭火入模内。一則煉乾泥模，二則燒化銃耳銃箍及花頭字様等件成灰。候冷，用鷄毛箒掃出灰渣，將木銃模底安定，再安尾珠，悉照前法上泥。上完候乾，取出木底，用炭火燒化尾珠，俟冷净，聽候下窑鑄造。

模心用鐵，照本銃空徑長短打成鐵心，其徑之大小，即照本銃空徑之半，如空五寸，則鐵心當用二寸五分，周圍之泥共得二寸五分。心尾打方孔，深三寸許，另安鐵轉棍在内，以便鏇轉。其鐵心之首長出二尺，折轉五寸爲扒頭，以便拴繩提放之用。鐵心二三寸之下，留一方孔安鐵轉棍，鐵心之下尺許，留十字方孔以穿寸大鐵條，以便下模閡置外模之上。鐵心既成，安於鏇架之上，照前法上泥，漸次上完，用羅細煤灰上匀，候乾聽用。

下模、安心、起重、運重，引重機器圖説

凡大銃之模，輕者數千餘觔，重者數萬餘觔。若非預製機器，運重爲輕，則斷不能隨手轉動也。

起重用六寸徑、二丈長堅木三根作柱，柱頭用鐵箍。箍下鑿一圓孔二寸徑大，用圓鐵拴一根長二尺四寸，將三柱穿綰一處，鐵拴之兩頭用鐵箭箭住。將柱品字豎立，於中柱穿拴之下，隔二寸許鑿圓孔二寸徑大，拴繫雙銅盤滑車上下二具，以徑寸粗麻繩二根，穿入上下滑車之內。於二柱下脚離地二尺五寸許開半規，用五寸徑豎木一根爲軸，約長七八尺，納柱半規之內，外用木二尺亦開半規，幫釘軸外，十字穿心。匀安木擔四根，長四尺，將上繩拴繫軸上，下繩拴繫模尾。用四人絞轉軸木，則繩漸升而模自起矣。凡起重物，俱可例用。

此器人用者頗多，但上懸滑車止有單盤一輪，所以起重猶費力耳。兹則妙在滑車有上下二具，雙層銅盤，共有二十二輪，上下繩索宛轉活利，較之尋常省力數十倍矣。

運重用堅木一根，一尺二寸徑、三丈長爲總柱。鈎分兩截，上截長一丈，頭用鐵箍。箍下四寸許開馬口方孔，二尺高、八寸寬。孔内之下安二寸徑鐵圓拴一根，以便含架横擔。孔下鐵箍一道，柱之下頭亦用鐵箍，箍内嵌以鐵盤，中開方孔徑二寸五分，深一尺五寸，納以方頭鐵心，下餘一尺爲圓錕，錕頭尖圓，插入下截柱内以便轉動。下柱長二丈，將一丈埋入土内，土上存一丈。頭用鐵箍，箍内嵌以鐵盤，中間圓孔徑三寸、深一尺二寸，孔底嵌以鐵臼，鐵臼中心圓窩，外體方形，徑二寸五分，厚二寸。孔塘鑲嵌鐵筒，其長照塘厚一分。上下兩柱交插之際，上柱微粗，下柱微細，以便轉動。其柱心鐵錕略長二三分，柱木相接處略短二三分，則轉動之時庶不壓住，而活便隨手矣。柱外用木圈四個，小柱五根，長一丈，徑大四寸，造成套式安置大柱居中之處。上半截實釘柱上，下半截爲活套，稍寬二分。套上安置拉壓等木，以便轉動。所用擔壓等木，或榆或檀，擔木八寸寬、一尺厚、一丈二尺長，於擔身三分居二之際鑿二寸徑、七分圓以便含架柱頭鐵圓拴之上。在下壓木見方六寸大、一丈三尺長。居中壓木長六尺、見方四寸。拉木各長五尺，厚二寸，寬三寸。兩旁夾木厚三寸，闊四寸。其拉壓之際，各用寸徑鐵圓簨以便轉動，在上擔木之末，用二寸徑粗麻繩安套以挽模首，在下壓木之末，用徑寸麻繩安套以便拉挽。

此器中國名爲天秤，但止用柱頂横擔一根，所以用力猶難。兹用拉壓三層，繇短漸長，上下牽拽，左右轉動，用人極少而得力極大矣。

引重轉軸絞擔，悉宜高與胸平，則轉絞便於用力，其餘法製簡約顯明，看圖自知，不另立説。

下模，先於模體半乾之時，將火門之上開一方孔，寬半徑，長一徑，外口略寬，以便安置鐵摺。將原泥仍照孔做成泥塞，煉乾以備塞孔之用。俟模已乾，用運重繩拴住模首，用起重引重繩各拴住模尾。拴繫既定，將運重起重一齊升挽，離起原所，以運重壓柄向前轉送，以引重前拽，引至窨井受模之處。將模漸落，安對模窩，次以模首引扶端正。於火門之上所開方孔，用折疊圓圈十字鐵摺折轉送入模内，展開安置穩當，其摺徑之鐵條，或五六分大、或一寸大。於模口二尺之外，亦用摺疊鐵摺折轉放進模内，展開從下擠上安妥。用壯繩四根各拴鐵鈎，鈎住鐵擋，將繩頭各拴繫模外，聽候安心。

安心，先將模心照前升挽，引至模口，極力升起端正，正對摺内，從容放落，插入下插之内安妥。將鐵心之上十字鐵拴架平，緊縛兩傍夾柱之上。將下口塞緊，上鈎取出，四圍用乾土築實。底下用法，以通濕氣。

論料、配料、煉料説略

凡鑄大銃必先慎用銃之質體，蓋銃之質體猶人之肌體也，肌體不固則人必患病，質體不堅則銃必受傷。鐵質粗疏兼雜土性，若以生鑄，必難保全。必着實燒煮，化去土性，追盡鐵屎，鍊成熟鐵，打造庶得堅固。銅質精堅具有銀氣，但出礦之際，人必取去其銀而反參益以鉛，則銅質亦轉粗疏，恐銃鑄成，多有炸裂之病。今鑄成銅銃，必先將銅煉過，預先看驗質體純雜堅脆若何。如法參兑上好碗錫少許，用尋常爐座，照常法將銅鎔成清汁，以錫參入化匀，傾成薄片，或三觔五觔一塊，聽候燒入大爐鑄造。

造爐化銅鎔鑄圖説

西洋鑄銃大爐，不用煤炭，只用乾柴。先將爐底旁邊挖坑二尺餘深，用磚砌爲竈池。其爐底用硬磚砌平，厚五寸許，上用牛羊骨燒炭研麪，同磁麪、黄泥、青灰和匀，塗於爐底之上及出銅之口與溜槽等處，厚二寸許。再用傾銀礶用水泡爛，匀塗受銅過銅等處，厚五六分。蓋取骨灰等物細膩堅密，不致銅有滲漏之弊。爐底四圍略高，中心微低，於低處至口愈宜漸低，以便出銅。爐之外形高三尺，内鎔銅之池及燒柴之竈，距頂二尺餘高。其竈形長扁横直，得池之半徑，於池相平處，用寸徑鐵條横砌竈内上下之中，每條相距二寸，以便架柴漏灰。貼池處砌一牆相隔，上留寬縫三寸許，以通火焰倒捲入池，不用風扇，其火猛烈，化銅更爲迅速。鐵條之際，外開長形竈門以進柴，下以透風。其竈之頂似捲洞灣形，較前池頂略高二三寸，以暢火勢。爐頂之全形中高旁低，狀如伏蛙。蛙頭兩旁

各圓竅二寸餘大，以通煙氣。其銅池圓形，横直得一方徑，池之兩旁各開小門，寬五寸、高八尺，以便進銅。俟爐造完略乾，用柴煉至通紅，盡消濕氣，毋令底潮而凝銅也。化銅之際，將銅鉗入池内，輕放池上，慎毋亂摔以傷池。俟傾入銅約匀三分之一，即用大火摧化成汁，遂漸添銅，俟化盡又添，否則恐多添冷銅，並前化者亦凝結矣。俟銅汁化清如油如水、上起金花緑焰之際，將爐口、横口、溜槽等物掃浄，將爐口鐵塞敲進，引出銅汁來繇漸放入模内。候滿本模數寸之餘，即將溜槽開竅，引銅别注平坦之地，結爲薄片，以便後來用時，可以任意敲擊而取用也，倘留在爐内，則體質凝厚而難擊碎矣。

起心、看塘、齊口、鏇塘、鑽火門諸法

起心之法，俟銃鑄成三日之内，將模心摇撼鬆泛，至五日内，用起重將模心起出；至八日内，將土挖開，用起重、引重將銃放倒拉至平地，兩頭墊起二尺餘高，將模泥打去，内外掃浄。倘銃之外體雖好，尚未知塘内如何，當用看驗之法驗其内塘。若有深窩漏眼，則爲棄物，必將毀壞而再鑄矣。如果完全光潤，則爲寶器，宜珍惜之。蓋謂西洋本處，鑄十得二三者便稱國手，從未有鑄百而得百也。

看塘之法，舊用火鏡對日光，以銃口對鏡，借光反炤看驗如何。此法雖是，但恐陰晴不定，難以應急。又法，以鐵打成螺絲轉杖，名爲銃探，從下探上，但微有窪突，探到便知。此法可用，但未目覩，終屬臆度，畢竟不敢放心。總不若新法以鐵打成棒椎之形，外安長木柄，名爲銃炤，將此入爐燒至極紅，插入銃塘，亮若燈光，從下炤上，無微不見矣。

齊口之法，小銃用銅鈎鈎齊，大銃用銅鑿鑿齊，末用大磋磋光便是。

鏇塘之法，即用鐵心去泥，下頭方形，上安鐵套，套外八面安純鋼偏刃鏇刀。上頭安車輪，以十字鐵條絆緊，輪外安鐵轉棍。將銃墊起，均齊兩頭平高，將刀鏇擡上鏇床，平對銃口插入口内，繇漸鏇進。鏇下銅末，掃去再鏇，或三五次，以光爲度。

鑽火門之法，比炤内塘尺量，緊挨銃底以純鋼粗鑽蘸油鑽下，與底相平方爲合式。凡係銃之倒坐與不倒坐，全在於此，若略高一尺二分，則放銃之時必倒退數十步，戰陣之際貽禍不淺，慎之慎之。

制造銃車尺量比例諸法

大銃之必用車，猶利劍之必用柄也。劒非柄則無以把握，銃非車則難以運動。故銃車之制，必長短厚薄大小尺量比例合法，庶擊放之際，不致摇撼；戰陣之間，可追奔而輕便矣。其尺量等法，亦以銃口空徑爲則。以大木爲牆，牆厚一徑，長如銃身加十分之二，牆頭四徑半，牆尾寬三徑。白頭距尾十分得六之處，微彎下重。牆頭至身，照牆寬徑一方之處安車軸。於軸位之上往前半截開半規，鑲以一分厚鐵片以架銃耳。上下均安鐵箍三道，頭一道闊二寸五分，打釘十八個；中一道闊二寸，用釘十六個；尾箍闊一寸五分，用釘十四個。箍厚各二分，釘長二寸。牆頭包裹鐵片寬八分徑，長二十徑，厚三分，各用釘十六個，長各三寸。兩牆相合用木横拴三根，見方一徑。上二根長四徑半，俱半箕。其一距牆頭一方徑，居軸之上，牆之中心。其一距牆頭九分之三，牆之下面，與軸相平。其一距牆尾二徑，居牆之中心，長七尺半，透出牆外一徑，用鐵箭箭之。上覆墊板長十徑，闊三徑弱，厚分一徑之三，外用透箕鐵箭拴三根，方半徑，長七徑。其一居牆頭木拴之後，其一距牆頭九分之四，牆之中心，二者兩頭俱用鐵箭箭之。其一居牆尾木拴之前，兩頭貫以鐵環，以便拴繩拉拽進退高下。車軸長十七徑，大二徑，中爲方箕，透出牆外。距牆半徑鑿圓徑半之大，穿入輪轂，挨轂之處用鐵箭箭之。每箭長二徑餘、一寸寬、四分厚。兩端用鐵箍，箍闊一寸，厚二分。挨箍嵌鐵鍵二轉，每八條務與軸平，以擋轂内鐵圈。每鍵長二寸，厚四分，闊一寸。車輪共十二徑大，轂長四徑，大亦如之。外用鐵箍四道，每道闊一寸，厚二分。轂内空塘一徑七分，兩頭嵌以生鐵穿，其穿鐵之徑各一寸。車輻每輪十四根，各長五徑三分，寬一徑，厚八分徑。車輞各七塊，厚一徑二分，闊二徑，長五徑一分。釘八個，務透輞木，長一徑五分，見方七分。鐵眼錢八個，以便轉釘脚。包輞縫鐵條各七塊，每塊長五徑一分，闊一徑，厚三分。用碾頭釘六個，各長一徑，頭大半徑。

又　卷下

攻銃説略

西洋攻銃，極大名虎嘯、獅吼、飛彪諸種，用鐵彈，重百觔至五六百觔者。蓋取彈重力大，用以攻擊堅城，無有不崩潰矣。但銃體重滯，少則數萬觔，多數十萬觔，斷非車軸馬牛及人力所能運動者。其法即於敵城之外三五里之内，擇有山崗崖岸墩臺之處，或立築活機城臺，以避城中外擊之患。次於平城築起土臺，計算尺量，即就臺心，於模底之上預爲徑寸泥繩以爲火門之模，造完看實煉乾。旁置大爐數座，將鐵一齊化開注入模内，俟稍冷，將鐵取出。火門通開，灰土掃浄，不須鏇塘齊口，即時可用。其飛彪銃亦有就地挖模鑄成者。但鑄造之際，定要算就銃規十一度之例以定模體，則俟銃之鑄成，不必那動即可裝用，蓋因銃重，實不能那動故也。如虎嘯、獅吼，則於鑄成之時即於鑄旁地上酌量銃規，比

照攻城度數之例，應得寬窄高下如何，開挖停當，將銃放倒即可裝用。蓋亦以銃體太重，不比他銃可以置之車上，任意轉動故也。

罨翻説略

罨翻之説，即轟城之別稱也，中國亦多有用之者。但西洋不過運用有法，更爲猛烈而已。其法必先酌量城之遠近、池之深淺，挖通地道正對地底中心，不得高下歪斜，以致差悞。其裝藥之處，必照城體挖長裝滿，則所掀城口必闊，若堆積一處，則所掀城中亦窄矣。又必於城底中心略靠外邊裝藥，則城之磚石泥土，必俱飛落城裏，若靠裏裝藥，則磚土必飛落城外，又恐反傷我軍。用藥定要多，着萬餘觔或數萬觔裝滿洞腸。預將大竹劈開去節，用拳粗藥信接長油紙封固安置竹内，插入藥洞，長通外口。藥洞之旁用鉅石乾土築實，歸用將走線照引入内，其藥力猛烈，掀揭鉅城如揭紙條。若用藥太少，則火力微弱，其城不過崩裂而已，斷不能掀揭數丈而立破大口，以便進我兵馬也。

以上二端，係西洋攻法之最猛烈最機秘者，無論城之堅瑕與否，凡一經此法，則從來未有能自保存者矣。

模窑避濕

凡銃模埋入窑内，四圍必用乾土築實。但遇春夏之際，雖二三日内亦必有地氣上升以致蒸濕模體，則銃不能鑄矣。其法，先於窑底之下，以硬磚捲起橋洞，橋上用石條黄土鋪平以安銃模。裏外各用竹筒，下頭插入洞内，上頭向外通氣，則可免蒸濕之患矣。

木模易出

凡用乾木造模，若經濕泥塗上，其木模必將泡開而漲大矣，日後必然難出泥模。其法，於木模既成之時，先用熟礬水厚刷一次，蓋取礬性能隔水氣，濕泥不能泡之謂也。候乾，用砂皮磨光，將羅細炭灰以清水調成稀糊，刷在模上一分多厚，要匀要光，候乾始上炭灰上泥。蓋取炭灰體質鬆浮，以便日後欲取木模，則不必費力而一敲可去矣。

泥模須乾

其鑄銃泥模，務於萬分乾透兼用炭火燒過，然後可用，若微有潮氣，則銅鐵入内，必定噴出而不全到矣，縱到亦必有蜂窩漏眼，終爲棄物矣。

模心易出

其模心上泥，待上九分徑許，用指大粗麻繩從頭密纏至尾，又用泥上匀盪光候乾。再用羅細煤灰調濕上匀，候乾聽用。其用粗繩密纏之意，蓋取熟銅注入模内，繩體必化爲灰，銃冷之後則模心寬蕩可易出矣。若模心用泥，則熟銅注入，其泥亦燒熟成磚，且與銅體攙成一處，任用何法亦不能取出矣。

兑銅分兩

凡鑄銅銃，必先將銅煉過，每銅百觔參兑上好碗錫八觔，則銅始剛柔得中而堅壯矣。若全不用錫，則銅體必過於脆；若兑錫太多，則銅體必過於柔矣。

爐底避濕

大爐化銅，爐底之下最怕地氣上蒸。雖燒過極乾之爐，臨期未有不潮濕者。若不預爲防避，即銅雖化開，其貼底一層必然凝滯，有誤鑄時之急用矣。其法，於爐之下預將硬磚捲成十字空洞，與火池相通，四旁開竅以通濕氣，則化銅之際，可免凝底之弊。

化銅防滯

將欲化銅，先將大爐燒至通紅然後下銅。其銅即於大爐發之際，先另用小爐燒紅，然後送入大爐，以後添銅入爐，俱要燒紅方可送入，庶免冷銅攙入，以致凝滯之弊。

設棚避風

化銅之際，更怕起風刮散火力，則銅必然難化。又銅化開出離爐口經過溜槽下模之際，亦怕起風，吹冷銅汁半途凝凍，則銃亦難鑄成。其法，先於臺上四圍，搭起蓆棚三丈餘高以避刮風，頂上免搭以通火氣。俟銅化開將出口之際，先將大爐口邊與模口邊及溜槽内用炭火着實燒紅，仍用蓆排棚數扇，將模口爐口溜槽等處蓋嚴，以避寒氣，則凝凍之弊概可免矣。

爐池比例

爐池大小之制，先用法算合銅體相當之數爲妙。若太小則不能受銅，若太大則枉費火力。其法，以周圍上下方徑一尺之地，可鎔銅三百三十三觔，執定此數爲準，則知用銅多寡，應造池之大小，其法可例推矣。其深淺之制，不可太深亦不可太淺，蓋太深則凝底，太淺則費火。其法，必以一六之數比例推算，庶爲合式，如池之深徑該用一尺，則寬徑横直，應得六尺是矣。

銃身比例

凡鑄銃用銅，必先數定本數，於足之外略餘二分爲妙。若太多則空費火力，太少則鑄不滿矣。其法，以本銃所用合口鐵彈輕重之數爲準，合銃身一徑以十

一倍算之，則知每徑應該用銅若干之數。如鐵彈重十觔，則銃一徑應得用銅一百一十觔，如彈重三十三斤，則銃身共該用銅三千六百三十觔。常用大銃，悉以此法比例推算，毫無差謬。若飛彪、狼機、彖銃、噴銃，不在此例，倘算鐵銃，則以十倍算之足矣。

修補銃底

凡螺螄銃底倘日久有壞，不知筒內深淺長短如何，不便造補。必先將筒內用墨塗濕，以硬紙一片捲作小筒，入銃後門將紙撒開，用小圓砑之，即可印出筒內鍬形，然後照様磋成補入，庶免差誤。

修整彎銃

凡鳥鎗用火或偶爲他物壓彎，則銃不可用矣。其法，先將銃身烘熱，用合口鐵條以絹包裹放在筒內，安置厚板櫈上，用木榧顛直，再吊一線看其彎直何如，再顛可也。

明·方以智《通雅》卷三四《雜用諸器》 凡椾而附于木曰柎。柎甫無切，又去聲。闌足也。《傳》曰：「椾音邊。柎趺附二音。所以籍幹者。」椾，卑眠切。杜預曰：「棺中苓牀也。」《考工·弓人》曰：「於梃臂中有柎焉，故剽。」鄭曰：「側也。」又曰：「爲弓方其峻，而高其柎。」又曰：「下柎之弓，末應將興，爲柎而發，必動于閷。」鄭曰：「弓柎卑，彄應弦，則柎動。」《少儀》「頴削授柎」，亦謂木片也。《士冠禮》曰：「素積白屨，以魁柎之。」柎，方于切；魁，蜃蛤灰。柎，注也。以木片附塗之，令白也。漢靈時，師宜官善楷，甚矜其能，每書輒削而焚其柎。梁鵠乃益爲版而飲之，候其醉而竊其柎。此木杮也。鐙錠之柎，則趺也。杮篆作𣏟，芳吠切，削木札也。《説文》「陳楚謂櫝爲林」。

又《鹵簿執事》 以油囊韜棨戟，曰油戟。《後志》：「公以下至三百石、縣長，二人帶劍持棨戟，揵弓韣九鞬。」《古今注》曰：「殳，前驅之器也，木爲之，後代刻僞，無復典制。以赤油囊韜之，謂之油戟。王公以下通用之以前驅。」《西京賦》「武庫禁共，設在蘭錡」。即韊棨也。《劉宋志》：「皇太子夜開諸門，墨令銀字棨以傳信。」《王曇首傳》「開門須白虎幡，銀字棨」，此亦有衣之戟也。唐有門戟，廟社宫殿門二十四，乘宫門十八，一品門十六，二品及京兆、大都督、大都護門十四，三品及上中都督、上都護、上州之門十二，下都督、都護、中下州各十。崔琳與弟珪、瑤，俱列棨戟，號三戟崔家。張儉五弟五戟，號五戟張家。李願父子賜戟。韋綬爲山南帥，請門戟十二以行。今之百官職事，有錫矟，以皮爲衣。自縣令以上皆用前驅，即棨戟之遺也。泰之引《漢雜事》：郭躬謂竇固曰：「漢制假棨戟以當斧鉞。」今節鉞乃有旗牌，乃得斬人。趙凡夫言：「錫矟與釋氏錫杖，皆誤爲錫，竟以錫爲之。」

又 卷三五《器用·戎器》 甲始以革，而後以金，故名之曰鎧。古甲冑用革，後用鐵。秦時有鍪鎧之名。管子：「葛盧之山出金，蚩尤制爲劍鎧矛戟。」按：桓公定三革，偃五兩。韋注：「三革：甲、冑、楯；五兩：刀、劍、矛、戟、矢。」未有鐵鎧也。鎧一曰介兜鍪。《急就》作鉾。蓋本岑牟纏首之象。鍪似釡而反唇，取其形耳。《漢書》：「鞮鍪，猶皮也，錏鍜，音丫加。頸鎧也，盔，後垂者。」曹植《表》曰：「先帝賜臣黑光、明光各一具，兩當鎧一領，琰鑠鎧一領，馬鎧一領。今昇平，乞付鎧曹。」琰鎖，即鎖子甲也。晉有重鎧浴鐵。庾翼與燕王書，致襦鎧。後周時南寧州獻馬，蜀鎧。隋太子飾蜀鎧。鎧皆浴鐵爲精。劉宋御仗有孔明箭、袖鎧、鐵帽。宋明曾以賜殷孝祖。建安王休仁以賜王玄謨。《唐六典》有鎖子甲與明光甲、光要甲、細鱗甲、山文甲、烏鎚甲、白布甲、皂絹甲、布背甲、步兵甲、皮甲、木甲、馬甲，共十三制。子美詩稱「金鎖甲」。苻堅使熊邈造細鎧，金爲綫以縲之。《實録》，貞觀遣使于百濟，取金漆塗鐵甲。鎖甲，五環相互，一環受簇，諸環拱護，故箭不能入。鉀、俗別也。徐商襞紙爲鎧，勁矢不能洞。宋康定四年，詔江淮淮南造紙甲三萬，給陝西，實倣商法也。

鐸鞘、浪劍、鬱刃，淬鐵也。德宗遣袁滋册異牟尋，南詔遣清平官尹輔猶等七人謝大子，獻鐸鞘、浪劍、鬱刃。鐸鞘狀如殘刃，有孔傍達，出麗水，飾以金，外國尤寶，月以血祭之。浪劍、鬱刃，鑄時以毒藥并冶，取迎耀如星者，十年乃成，淬以馬血，王佩此，傳七世矣。《舊紀》：「貞元十年，南詔獻鐸槊浪人劍。」《會要》以爲樂浪人劍。樂浪在高麗，從南詔來耶？自《荀子》言「桓公之葱，太公之闕，文王之録，莊君之曶」。陶弘景撰《刀劍録》，言「禹庚戌之鑄」。《吴越春秋》之言「風胡歐冶」。《越絶書》之言「湛盧」。《宋志》言「閩中有山名湛」，疑湛山之鑪也。《三輔黄圖》《拾遺記》，言鬼方所作靈金內府之類，常疑其鑿。然祭、淬之法有之。蒲元于斜谷，爲孔明鑄刀，淬以蜀江之水。《典論》：「建安二十四年，魏太子丕造百辟寶劍，淬以清漳，厲以礛礑。」《晉太康地記》：「汝南西平縣，有龍淵水，可淬刀劍。」此所稱江心百鍊也。

飛𢊍即飛矛，銑鋧，標子之類也。《司弓矢》注：「枉矢者，取名變星，飛行

有光，今之飛矛是也。或謂之兵矢、絜矢，二者皆可結火以射敵。」《東觀記》：「光武作飛虡，攻赤眉。」又《正義》曰：「弧旌枉矢，以象弧也。漢時名此以爲飛矛。」今滇兵皆用標槍空擲，謂之標子。《陳書》：「侯安都飲蕭摩訶，摩訶擲銑息典切。銑，正中其西域人面。」銑，小鑿也。鋧，《廣韻》不載。《隋紀》有嶺南排鑹七管反。子，小矟也。宇文化及將樊文超，帥江淮排穳。《禮書》曰：「宛之鉅鐵，鑽如蠭蠆。」恐此銑鋧之類。升菴以鋧爲秦瓊所用之簡，元瑞駁之。

藺石，渠答。《鼂錯傳》：「具藺石，布渠答。」蘇林曰：「渠答，鐵蒺藜也。」如淳曰：「藺石，城上雷石也。」《墨子》曰：「城上二步一渠，立程長三尺，冠長十尺，臂長六尺。二步一答，答廣九尺，袤十二丈。」若《墨子》之言，渠是今拒馬木、品字坑矣。《周禮疏》云：「槍雷守城扞禦之具。」《説文》徐鉉曰：「豎散木爲區落，曰柴離。」疾黎，虎落也。一作虎格、虎路。《子雲賦》：「虎路三嵕」。即三叉蒺藜。蓋草木細枝初生曰嵕，山尖曰嵕，故知是三叉也。《趙充國傳》：「爲壍壘木樵。」樵，譙同，敵樓也。壘，礌也，壍，坑也。李崇槎山分聚礌石，臨崖下之。《李陵傳》：「乘隅下壘盧對反。石」，即藺石也。李光弼守太原，撤民屋爲櫑石車。車二百人挽之，石所擊，輒數百人。《唐褚遂良傳》：「翔會雲輣。」注：「機石也。」

釘鉸，安鍉也。《釋名》：「鏑，敵也，齊謂之鏃，關西謂之釘鉸。」賈誼《過秦論》：「銷鋒鍉。」即鏑也。今凡刀柄鞍首，皆有釘鉸。《雲溪友議》曰：「胡生爲釘鉸之業，祭列子墓，夢劃腹而覺，即唫咏。」

葛黨、鉤鑲，鉤鐔也，鋋、鉇、錟，皆矛也，鈹、鏦，刀也。兵器卻偃而外利。其如鉤而内利者，鉤鑲也。韓延壽鑄鉤鐔，是也。沈括曰：「吴鉤彎刀，南蠻謂之葛黨刀。」或有矛屬而鉤者。鋋、鐵杷小矛也。或曰鉇式支切。鋋，音鐔。或謂之鏦。《漢書》：「餘善鏦殺郢。」《鼂錯傳》：「戈鋋之地。」《吴都賦》：「藏鉇于人。」鈹則刀屬，非矛屬也。《方言》：「錟謂之鈹。」音皮。吴王僚左右持長鈹。《左傳》：「虞人以鈹盾夾之。」《説文》《唐韻》《韻會》皆以錟音談。爲長矛。考傳稱鈹盾，盾手必用刀，刀爲差是。或古互稱耶？史游曰：「鈹鎔謂刀之鏝。」平水曰：「鏝，鐵鐲也。鐔者，劍刃之本入把者也。鏃，劍口也。」《爾雅》：「金鏃翦羽謂之鍭。」箭鏃也，與緱不同。緱，音勾。劍頭纏緱也。《魏志》：「文帝少曉持複，名雙戟爲坐鐵室，鑲楯爲閉木户。」《張衡賦》：「鉤膺玉瓖。」通作鑲，謂馬帶玦也，借爲鑲嵌。

棓謂之棁。椎首謂之檛，一曰骨朵。粗曰檛，細曰杖。棁，音脱。小棓，棓即棒，今俗呼爲袖棁。《淮南》曰：「袖棁而狎犬。」禰衡持三尺棁杖。《説文》曰：「棁，木杖也。」檛，陟瓜切。與簻同，《廣韻》，捶也。《南齊書・高祖紀》有華爪，用鐵回釘。宋有骨朵，直鹵簿用骨朵，即長柄手撾、卧爪、立爪、拳握之類。吴處厚曰：「徐知訓在廣陵，作朱柄骨朵，曰朱蒜。」

鐎斗，刁斗也。鐎音凋，後人別爲刁字。《李廣傳》：「程不識擊刁斗。」魏孟康曰：「以銅作鐎，受一斗，晝炊食，夜擊持，行夜，今在滎陽庫中。」蘇林曰：「形如鋗，無緣。」師古曰：「鋗，火玄切。即銚也。鐎，兹消切。鋗盆也，一曰無足鐺也。」《漢舊儀》：「衛宮城擊刁斗木柝。」《博古圖》有漢小足鐎斗，梁山銷龍首鐎斗。程泰之言高麗至今呼刁斗。孔平仲《説苑》曰：「潘岳謂斗刀曰金柝，金銅點是也。」《方言》無升，謂之刁斗。

大黃，黃閒之大者，合蟬，連弩也，一曰白閒。《李廣傳》：「以大黃射其裨將。」服虔曰：「肩弩名。」晉灼曰：「即黃閒，音間。大黃，其大者也。」《武經總要》曰：「古弩有黃連、百竹、八檐、雙弓、擘張之類，今有參弓、合蟬，小黃其遺法也。」《李陵傳》：「發連弩，射單于。」注張晏曰：「三十絭共一臂。」劉貢父謂如今合蟬。魏了翁不解合蟬之名，直是少諳耳。世傳諸葛弩，弩牀上起箱，内盛十矢，可連發之，但力小射近，即連弩也。然不始自武鄉侯，秦始皇自以連弩候射大魚。《漢・藝文志》：「兵技巧家，有《望遠連弩射法》十五篇。」《魏氏春秋》曰：「亮損益連弩，謂之元戎矢，長八寸，十矢俱發。」魏馬鈞見亮連弩，曰：「巧則巧矣，未盡善也」，言作之可令加五倍。司馬懿征公孫淵，爲發石連弩射城中。唐李元諒節度隴西，築連弩臺。盧耽節度西川，爲大檜連弩，南詔憚之。智見《兵器考》，或以長竿壓數十弩機，動則俱發。古時連弩，或有此類者。孔明法，則一弩連發十矢也。陳壽謂「亮立法施度，工械技巧，物究其極，破張郃，獲玄鎧五千，角弩三千」。此亦心服矣，何謂承祚以撻百故貶耶？《御覽》引《風俗通》「白閒，古弓名。」升菴謂《西都賦》「招白閒」，今改作鷴，非。按上下文，知楊牽紐。筒箭，亦連發之箭也。王郢東至明州，劉巨容以筒箭射殺之。余按唐制，武舉有筒箭。

僕姑遂作鏷辜。因《左傳》金僕姑而作此字，其實推古人于凡物頭員謂之孤都。宋景文所云胍肚也。花蕋曰辜。《淮南》曰皇辜，《爾雅》曰黃華也。可以後世之語，推測上古而得其彷彿者，此類是也。則僕姑是大頭矢。或曰鳴鏑之

聲；其《方言》之平題羊頭乎？　呂沈《字林》以鏷鐔爲鹿矢，可證。　蓋古瓜亦音孤，如孤、狐、弧、笊、柧，皆從瓜得聲；土瓜曰鉤藈姑，亦謂其突欒也。故今曰瓜椎，漢人曰吾，凡渾圓曰昆吾，曰昆干，別詳論之矣。矢曰僕姑，即不姑之聲也。古讀僕如逋，齊地薄姑，亦作蒲姑。又《吳都賦》：「建祀姑。」注：「幡名，言其幡于也。」發語蒲口爲姑，故爲姑且之辭，爲辜負之語。俗以愁苦尖喙曰孤都，因以欒欒孤獨爲可憐之狀。《黃公紹》曰：「小兒羸病曰辜姑」是也。規模作規橅，無有模音，則辜姑之聲，亦從無辜來；辜之爲罪，正謂其粗惡堪憐也。讀書解字，不必如此；然其音義相沿，則自有源流假借之故。

弩珥，以韋爲之，鞴也。　《初學記》：「織竹曰筵，以皮曰箙。」《周禮》：「追籠箙矢。」箙，矢箱也。《集韻》或作鞴，鞴亦作韄篗，通作珥。《前漢書·張安世傳》注，師古曰：「靡珥，弩珥。」《東京賦》：「弩珥重旃。」亦通作服。《國語》：「檿弧箕服。」《詩》：「象弭魚服。」

拱稽之稽，蓋梲榾之類也，河隴謂之木吾。　《吳語》曰：「夫差陳士卒百人爲徹行，行頭皆擁鐸共稽。」《周禮》：「聽師田以簡稽。」注亦引此。唐尚書曰：「稽，棨戟也。」稽以共言，殆棨戟之屬。柳子厚「拱稽致命，執鋭忘生」。正用此也。以鐸與稽並言，則知之矣。《茶經》：「炭檛，若今河隴軍人木吾。」猶言鎚耳。執金吾亦杖稽以禦之名，而解作鳥名者非。道昭曰：「吳俗謂木椎爲櫓音能。頭。」

曰吷芮，曰瞂，曰蒙伐，曰撥，曰干櫓，曰彭排，皆盾也。　《吳語》曰：「奉文犀之渠。」渠，楯也。夏官有五盾。《齊語》：「管子制：重罪贖以犀甲一戟，輕罪贖以韇盾一戟。」《伊尹》《商書》已載鮫瞂。秦之龍盾，見于《小戎》。《蘇秦傳》：「革抉吷芮。」吷與瞂同，芮其繫也。《韓非子》曰：「趙簡子圍衛，犀楯犀櫓，立于矢石之所及。」櫓，大楯也。《陶公故事》曰：「臣侃奉獻金華大羌楯五千幡，青綾金革楯五十幡。」楊泉《物理論》「古有蘇家之瞂」。元魏，馬頭楯，破蠕蠕。李尤《楯銘》曰：「吳旂魯瞂。」《方言》：「關以東曰瞂。」即楯字。張衡賦：「植鎩垂瞂。」房越切。《孔子世家》：「矛戟劍撥，鼓噪而至。」注：「撥音伐，木楯也」，通作伐。《詩》：「蒙伐有苑」。《儒行》「干櫓」，鄭云：「大盾、小盾。」毛萇云「中干」，《詩詁》曰：「干爲小盾，櫓爲大盾，伐，中盾也。」櫓或作鹵，鹵簿以此立名。《集韻》：「瞂或作戫。」其在車上者曰彭排。《南史》：朱超石設彭排。今又謂之搪排。盾音食允切。博學家因趙盾音遯，而並讀矛盾之盾如遯，誤矣。

柯欘，轉爲柯舒，又爲哥舒。　王伯厚曰：「白幹，鎗稍也，柯舒，黑漆棒也。」智按《考工·車人》：「一欘有半謂之柯。」《蒼頡篇》有柯欘。石趙時，梁犢作亂，以斧施一丈柯，後遂有棒兵，能破鐵騎。柯舒即柯欘之轉語也。馬貴與曰：「唐有白柯，槍稍也。」《宋志》有白椅槍五十，哥舒棒十。即柯舒也。

韇即鞬，鞴即箙，建櫜即健櫜也。可負曰韊，如櫝曰韇，如匣曰醫。　櫜鞬，音羔虔。《樂記》：「衅藏倒載，名曰建櫜。」注：「建讀如鍵。兵甲之衣曰櫜，言閉藏兵甲也。」杜預曰：「櫜以受箭，鞬以受弓。」夫襓，弓衣也。又作韇。」智以爲即今之插袋也。石虎，《趙志》有赤剡金銀步乂。《左傳》曰：「右屬櫜鞬」，今邊裝行伍，弓箭插袋，正鞍于右，而左懸刀。陝人曰鞁袋。韊則盛之，而人負者，韇則藏弓矢之匵也。箙一作鞴，今之箭桶也。鞁韇箭室，或曰鞁袋。外有皮插三箭者，外以衣罩之。宋㦥弩加箭二，有鞁是也。醫於計切。盛弓矢之匣也。《說文》「從匸，引《齊語》『兵不解醫。』」戴氏曰：「劉原父得《張中醫》銅器，有蓋，識文作匽，正從匸，匡也。智見歐、董諸公所跋不同，或作醫，或作匽，但以證匽則可。《詩疏》曰：「鬯與韔同，弓囊也；棚，箭筒蓋也；容，刀鞞也；遰，刀鞞也；鞞，刀室也。」毛萇既曰「琫上飾，珌下飾」，又曰「下鞞上琫」，已自矛盾。《釋名》因曰「下末曰琕」，孔穎達附會之。其實珌乃言寶飾之璀璨耳。

刀室曰鞘，即箾也。鳴鞘即鳴蹕之名。　鞘，私妙切。刀室也，古通作削。《詩》鞞琫注，與《左傳》鞞鞈注，皆云：鞞，刀鞘；琫，飾也。」鞈，即琫也。《唐齊瑯傳》：「八歲能文，太宗召試，賜所佩金削刀。先召反。」張説作碑云：「賜以佩刀金鞘，稱曰神童。」《古樂府·獨漉篇》云：「刀鳴箾中，倚牀無施。」即鞘字。與象箾，韶箾之音不同。象箾，武王之舞，音近簫，後人因韶箾而以爲即簫，誤矣。漢制可證也。《漢》「羽籥」。注：「韶舞所持以擬南籥，天門十一，飾玉梢以舞歌。」梢竿飾玉，蓋擬象箾也。又師交切。元制：蹕出，前有鳴鞘以蹕行者，音正近稍。黃質紫斑，文有條紛。《博雅》曰：「韊，山垂切。謂之鞘綏也。」或曰即歷代長鳴鳴葭，此自非是。《宋志》鳴鞭，唐有之，周條狼氏之遺法也。在扇筤之間，今謂之靜鞭，朝班定，擊于地而鳴也。但質朴耳。

胡祿，箭室也。　府兵，人具弓一、矢三十，胡祿、橫刀、礪石、大觿、氊帽、氊裝、行縢，皆一。《韻會》作胡簶，《集韻》或作䩮韇。《雜俎》：「一將軍取敗障泥胡盝，修理食之。」謂其皮物也。胡盝一作胡鹿，蘇弘家作箶簏。

又方以智《物理小識·金石類》　銅錫鑄劍　江淹言古以銅錫爲兵器，引

昆吾之劍爲銅，歐冶合赤瑾之錫、若邪之銅而鑄純鈎。汲冢中得銅劍。淹爲吳興令，鑿池得銅箭鏑。又有人得銅斧，其徵也。愚者曰，鉛錫入赤銅而熏煉之，其利鋒乃出。今又有作銅刀者，入錫則響。凡響銅磨之，即可剔頭。贊寧曰，煉時童男女以水灌銅，銅自分兩段。凸起者牡，凹者牝也。干將莫邪，以此分乎？

又《器用類》　淬刀法　山間水出而殷者，曰繡水，淬刀刻玉，地溲也。一曰虎骨朴硝醬，刀成之後，火赤而屢淬之。一以醬同硝塗鏨口，煅赤淬水。一以羊角、乳髮爲末，調傅刀口，不必蟾酥塗而自然灰埋也。舊有詩曰：醬能雕白玉，鹽可濯黃金。《移門廣牘》曰，地榆一兩，葱蒜汁各一盌，同煑二時，便可容刀。刀生鉎，以木賊艸去之。或用炭磨。若新硎塗鸊鵜膏，則不生鉎。中通曰，服玉者，以苦米地榆酒消之爲水。苦酒者，醋也。是醬醋可刻玉。暄曰，塗藥煅刀，必豎鉗，否則偏。

《清工部軍需則例》卷一《雜支》

製造鉛彈

雲南省軍需案内製造鉛彈，經該督奏明，每斤加耗鉛一兩三錢。廠本人工銀三分二毫七絲五忽，圓整人工銀三釐，炭火銀一分等。因經工部將炭火項下照四川成例減去銀七釐五毫，核定銀二釐五毫，題銷在案。又四川省各營製造鉛彈均有成例，每毛鉛一斤二兩，製净鉛彈一斤。每毛鉛一百斤，用木炭五十斤，清油一斤。其三錢重鉛子，每一千八百顆，用匠一工。四錢重鉛子，每一千五百顆，用匠一工。五錢重鉛子，每一千三百顆，用匠一工。七錢重鉛子，每一千二百顆，用匠一工。八錢重鉛子，每一千顆，用匠一工。六兩重砲子，每四百五十顆，用匠一工。至鉛斤價值，每斤銀三分五釐。其各營差員採買毛鉛，往返日期，船脚盤費，及鑄造匠工，按依斤兩加減，均不能畫一，歷照各營成例分別減辦。此次軍需案内，工部即係照依各營向來成例價值數百核減題銷，亦在案查雲南四川製造鉛彈，雲南係用净鉛，四川係用毛鉛，而折算數目亦屬相仿。今擬定嗣後雲南四川仍照此辦理。至各省採買鉛斤有遠近情形不同，而價值難于畫一者，應仍照各省成例辦理。【略】

鑄造砲位砲子

雲南四川軍需案内，需用砲位砲子，名目不同，大小互異，所需銅鐵難以擬定。其鑄造做法，照位軍裝做法則例辦理，一切物料，照依該省物料價值則例，核實辦理在案。今擬定嗣後需用砲位砲子，俱照此辦理。【略】

一切軍裝器械

雲南四川軍需案内，製造鳥鎗、長鎗、叉鎗、陵鎗、腰刀、雙手帶刀、矛頭、砍刀、牌刀、鐮刀、旗纛、蒙古包、涼棚、帳房罩子、綳子、號褂、披肩、籐牌布、五龍袋弓、插撒袋、棉線鞋帶、陣鑼、陣鼓、令號火藥、葫蘆烘藥、牛角筒、鉛子皮搭連、火繩皮包、砲藥葫蘆、烘藥、筒砲皮搭連、砲苫、單砲錘、鑼鍋鍋撑、鐵斧、鐵錘、鐵鍬、鐵鋤等項做法，照依軍裝做法則例辦理。物料價值，照依該省物料價值則例核辦。其有做法尺寸，與例内尺寸較大，或尺寸較小者，俱比照則例内尺寸，核實辦理，題銷在案。今擬定，嗣後製造軍裝器械，應仍照此辦理。

雜項三則

雲南四川軍需案内製辦騎鞍、鞍屜、馬掌、鍘刀、弩弓、弩箭、弩箭筒、火箭等項，均將做法尺寸斤兩數目，逐細核實開明報部，經工部按依例案核議題銷在案。今擬定嗣後各省俱照此辦理。【略】

化煅砲位

化煅砲位，軍裝則例内並未開載。查四川準銷成案，每煅獲净銅一百斤，用木炭二百斤，鑄砲例内，係用煤炸一百斤，木炭二十五斤。今因口外不産煤炸，在于就近設廠燒炭。每應用煤炸一百斤，以木炭二百斤抵用。缸瓦子四斤，鑄砲例内，係用磁末十斤。稻草十八斤，鑄砲例内，係用四十斤。白土六斤，黃土二十四斤，鑄砲例内，係用青坩土十八斤，黃土四十斤。壯夫三名。鑄砲例内，係用匠六、工壯夫三名。今擬定，嗣後應照四川軍需案内化砲准銷成案，將所需物料比照鑄砲定例，酌減辦理。

清・田雯《黔書》卷四　藥弩

黃帝作弩，其臣彝牟作矢。弩，怒也。其柄曰「臂鉤」，弦曰「牙」，牙外曰「郭」，郭下曰「懸刀」，合名之曰「機」，言如機之巧也。其矢則有絜矢、鍭矢、增矢、弗矢、庳矢之不同。矢，指也，言有所指向也。其體曰「簳」，其旁曰「羽」，其末曰「栝」，栝傍曰「叉」，總名之曰「箭」，前進也。盛矢器曰「醫」，以皮曰「箙」，織竹曰「笮」，木曰「步叉」，以箭叉其中也。《書》曰：「若虞機張，往省括於度。」則釋「弩」與「箭」之謂也。秦昭王作白的之弩以射虎，睪通爲安陽王治神弩以射粵軍，武鄉侯損益連弩作元戎弩，一發十矢以拒魏兵，李陵千弩俱發，昔之用弩者多矣。然未聞有藥矢也，耿恭守金墉城，以毒藥傅矢，語曰：「漢家神弩，其中創者必有異。」因發强弩射之，中矢者視肉皆沸，於是大驚。此藥矢之所自也。黔之諸苗皆用弩，而其矢必傅藥。治藥者爲補籠之犻家，謂之「補籠藥」。採雜毒

物，碎而煎之以爲膏，雞犬婦女及白衣生人皆不得見，凡七日，比成，以藥名鵃者合之，塗諸矢，插步叉中，懸於火側，時時温養之，使勿敗，然後可以傷人。中者與拔矢者皆立死。又有苗能醫之，用利刃自頂至踵，寸寸劃之使血出，用口吮之，血盡，則以他藥傅之，始可生。鵃藥産粤西，類句金皮。不得鵃則藥不驗。鬻鵃者，多粤西猾盜，須禁除之。

丁煒曰：「向從黔中來，讀先生禁挾弓弩文告，凛若秋霜，建威銷萌，原有妙用。禁鵃之説，聊亦以遏其流耳。」

《清宮内務府造辦處檔案總彙》 雍正五年正月二十一日，郎中海望奉怡親王諭：我府内有威遠將軍鐵砲一位，爾要來將尺寸做法記明，照樣造十位。再查廢砲内有此樣砲無有。富寧安説過有子母砲架樣子，爾向他問明何樣做法，與造辦處所做砲架樣子同否，爾做一砲架樣並砲樣俟我回來時看。砲鎗作。

［六年正月］於二十二日，郎中海望代領西寧百總朱國傑，將稱准砲鎗持赴福圓門啓怡親王。奉王諭，將岳鍾琪進的子母砲一位、交鎗一杆，着員外郎唐英代領催總蘇合領催孫福等，並京内新造大些子母砲一位、小些子母砲一位，再新造交鎗，俱帶至圓明園造辦處來。明日，會同百總朱國傑持赴蘆溝橋去比試放。【略】

於二十二日，將試放砲鎗等次遠近數目摺片一件。郎中海望、員外郎唐英啓怡親王看。王諭：將試放砲鎗摺子留下，俟得空再看。爾等將岳鍾琪進的砲鎗着百總送在我的花園去。遵此。【略】

於二月初一日，郎中海望、員外郎唐英等將試放新造藥膛子母砲一位、大子母砲十位、小子母砲二十位，將試放靶子圖樣三十張啓怡親王看。奉王諭：將此藥膛砲一位爾等精細畫樣，酌量配合，鑲嵌寶石，留爲鎮庫隨侍之用。其餘大小子母砲之十位内挑選頭等的，鋄金龍金字安號數字樣。次等鋄銀龍銀字安號數字樣。遵此。

於三月初三日，畫得鋄金龍嵌珊瑚青金松石藥膛砲木樣一件、錢金龍金字安號數子母砲木樣一件、鋄銀龍銀字安號數子母砲木樣一件，員外郎唐英代領催總孫福啓親王看。隨啓稱挑選得頭等大子母砲六位、小子母砲十位，共十六位，鋄金龍金字。次等大子母砲四位、小子母砲十位，共十四位，鋄銀龍銀字。以上砲共三十一位，俱照木樣三件上畫的龍樣、字樣鋄金銀。奉王諭：好。照樣準鋄。遵此。

【略】

於九年三月十一日，栢唐阿六達子鋄得金龍子母砲十六位、銀子母砲十四位，並鑲嵌寶石子母砲一位，交員外郎馬爾漢訖。

十二月初一日，怡親王奏，稱爲造鳥鎗、子母砲等事，今通料估得八旗鐵匠並外傭鐵匠成造一年可得鳥鎗一萬杆、子母砲一百位等語具奏。奉旨，照數准做，再給鳥拉地方做鳥鎗二千杆。欽此。

於本月初五日，爲造子母砲一百位，每位長五尺二寸二分，每位隨子兒五個，長七寸，長三尺鳥鎗一萬二千杆。料估摺一件、派官員人監造摺一件，郎中海望啓怡親王看。奉王諭：子母砲准做，其鳥鎗改做長二尺七寸。司庫三音保同催總馬爾泰、栢唐阿默爾壽額領催福六一處監造，員外郎唐英同催總蘇合領催孫福並子母砲一處監造。每月每處得鳥鎗四百杆，十個月共得一萬二千杆。遵此。

清・龔振麟《鑄砲鐵模圖説》 浙江巡撫劉片奏，查嘉興縣縣丞龔振麟，于道光二十年六月調赴寧波軍營差委，因素有巧思，在營製造輪船，前欽差大臣裕謙令督製軍營一切器械，迨九月間臣復令在省局監工。凡軍器中一切應用機括之物，皆係該員督率指示。如鑄造砲位，向須合土爲模，再行笵金傾鑄。而土模非月餘不能乾燥，極爲費手。上年冬間雨雪連綿，模不能乾，以致砲不能鑄。該員冥心苦索，制爲鐵模，試用與土模無異，仍可源源鎔鑄。且事簡功倍，所省工費尤多，不特内地工匠等所未知，并爲西洋夷法所未有。其運施之靈，用心之細，寔屬不可多得。現在揚威將軍已照會臣，將該員先行記功，以示鼓勵。兹查出該員監造鳥鎗，亦有不能合用，功罪不能相掩，是以臣聲請一併交議。但其在局數月，監造之器不計其數，且多靈巧堅固，洵屬勞績懋著。即鳥鎗之震落門盤，露有沙眼，亦因多加火藥之故，況僅止四桿，爲數無多。可否將該員應得處分，俯予寬免。奏。旨：准行。

庚子夏，英夷犯順，侵入舟山。其時振麟備職禾中，奉檄赴甬東。見逆帆林立，中有船以筒貯火，以輪擊水。測沙線，探形勢，爲各船嚮導，出没波濤，維意所適，人僉驚其異而神其資力于火也。振麟心有所會，欲仿其製，而以人易火。遂鳩工製成小式，而試于湖，亦迅捷焉。中丞劉公聞製船事，令依前式造巨艦，越月而成。駛海甚便。中丞又以礮架舊式重滯，僅能直擊，與林少穆制府共相籌畫，擬數千觔重器置於上，畀一人之力，使之俯仰左右，旋轉轟擊，授以繩墨，振麟得以師承其意，而如法以成，即圖中磨盤架四輛車是也。辛丑秋八月，蛟門失事，省城添局製造，授振麟以鑄礮事。鑄礮向以合土爲模，經旬累月，一模始

成，一鑄即廢，不可復用。當軍書旁午，緩難濟急。且時入冬令，雨雪連綿，製尤不易。嘗謀一勞永逸之計，殫思竭慮，擬以鐵易土爲模，而苦無成法。遂以私臆創造，模成後，鼓鑄便捷。旋蒙入告，並以所呈圖説刊訂成書，移咨沿海，同人紛索。遂復校刊是編，敘而存之，以誌一時之知遇云爾。龔振麟自序。

礮始於范蠡，然飛石擊人，非火攻也。元人得西洋礮裹取襄陽，後不甚著。前明中官鄭和造大舶，征服西洋諸國，招徠粤東通市，於是中國有佛郎機礮。兵家者言，蓋缺如也。惟泰西湯若望《火攻挈要祕要》兩卷，專講礮法，頗爲詳備。然其建爐造模之繁難，甚於内地。内地泥模層層筍合，雖較湯法簡便，泥以水合，非一月不能乾透，若值冬令雨雪陰寒，晴霽絶少，則非三兩月不能乾透。且一鑄之後，隨即毀之。當軍興緊迫之際，何能咄嗟而辦！禾城龔士振縣丞，精於泰西算法，故製造軍械，皆能覃思極巧，神明乎規矩之外。如造夷船式，礮車用四輛，可以推拽進退。車上另用磨盤木，四面旋轉，皆堪施放。辛丑夏英夷犯順，予從事鎮海糧臺，兼管礮局，甚慮製造之艱緩，與商變通之法。士振擬刱鐵模，工匠駭爲河漢。既而鑄造若干，著有成效。其法至簡，其用最便。一工收數百工之利，一礮省數十倍之貲，且旋鑄旋出，不延時日。無瑕無疵，自然光滑，事半功倍，利用無窮。闢衆論之異軌，開千古之法門，其有裨於國家武備者，豈淺鮮哉。道光癸卯四月上浣東牟鹿澤長識。

製鐵模法

視炮之大小，約分爲幾節。或四、五、六、七節均可，總以炮身之長短爲準。長則約分多節，不必拘定。合土，按各節式，做成泥炮，以爲心。每節上下卯笋須極脗合。烘透，接成一泥炮，使無偏倚。炮箍、炮耳及照星、花紋、起線處，悉照式完備。然後用土，按節合成外模。照鐵模本身外線做成車板，於内面車鏇，務令極圓。烘透每節，於徑線分爲兩瓣。如合瓦式，須極正、極匀爲要。傾鑄時，從炮口一節起首。先另做成圓平土托一塊，亦烘極乾。將炮口一節泥炮倒竪於托上，次將外模一瓣亦竪於托上，與所竪泥炮遥對務準。中間留出空位，即係鐵模地步。覆用熟泥，補平烘透。與兩邊瓣縫拍平直。再將次一瓣合成一節，用兩鐵箍箍緊。另用烘透之泥圓板一塊，周圍與節周相等。覆於一節之上。圓板與節相合，須先做成笋槽，俾第二節之卯笋可以相屬。板上留出鑄口，范鐵傾鑄，成一節之一瓣。亦待冰透，即將先立之一瓣，輕輕退開，除净所補之泥，仍舊合好箍緊。每瓣相合之縫際，須做小卯笋扣合，俾無參差之弊。復取泥圓板，覆上范鐵傾鑄，則一節合瓦式成矣。且緩出模，仍然安置不動。待冰透，取去上覆泥圓板，將第二節之泥炮接於已鑄之第一節泥炮上，次將外模一瓣續於已鑄之第一節外模上。亦如前法，用泥補好烘透。再加皀一瓣接合，用箍箍好，上覆泥圓板，按次傾鑄。凡各節層層，悉如前法。次第傾成，務使相屬。各節兩瓣相合之縫，須令錯落如砌磚墻之真縫同式。凡每節之一瓣，須用口字樣熟鐵鈕二個，相對嵌入，使安放有準。須於未鑄之先，反嵌於外模裏面，留出日字下脚，使鐵汁自爲齒住。以上各節鑄完，即將内外泥胚去净，磨光聽用。用後放於乾燥處所，不可近潮氣。雖用至數百次，完好如初，永無弊矣。若鑄四千斤以上至萬斤炮之模，惟將每節分爲三瓣，餘法同。

鐵模鑄炮法

先將每瓣内面，用細稻壳灰，和細沙泥調水，用帚薄薄刷匀如粉墻狀。次用上等極細窑煤，調水刷之。兩瓣相合，如合瓦形。用鐵箍箍緊烘熱，節節相續。餘法皆與用泥模同。至傾足成炮後，立可按瓣次序剥去鐵模，如脱笋壳狀。露出炮身，凝結未透，尚屬全紅。設有不平處所，即用鐵絲帚、鐵錘收拾，是以鑿洗之工可省。並可立出炮心，除净泥胚，膛内即天然光滑，亦不費鏇洗之工矣。

鐵模利效

一，鐵模用一工之費，而收數百工之利也。始造時，仍先用土分段合成，較泥模工料加至二倍。既成之後，一勞永逸。雖傾鑄數百次，愈久愈熟。非若泥模，一鑄即成瓦礫廢器。是以兩泥模之工之用，而作數百次之工之用也。

一，鐵模用匠之省，無算也。改用鐵模，則泥模之工料，以及春泥、打泥板之小工可省，所需惟做炮心之匠，鑄炮之匠耳。如用匠四十名，每日可出炮三位。若起辦三日相牽，可出九位。雖陰雨，亦不能間阻。計算一炮之工，僅費數千文，是一炮較泥模已省至十餘倍矣。

一，鐵模用匠，可限定工程也。蓋泥模須春泥極熟，打泥板待曝乾作模，又須層層用炭烘透，工匠藉辭拖延時日，督催嚴則領鑄時故使瑕疵叢生，而諉于督催過嚴，泥未春熟，模未乾透之故，使督者無從置辭。而鐵模則永無此弊，故可定限刻期而成。

一，鐵模鑄成炮後，可省修飾之工也。泥模鑄後即成瓦礫，嵌於炮身，須用多工細細鑿洗修飾。今鐵模所鑄，立刻出模，炮身自然乾净，絲毫不加修飾，則修飾之工省矣。

一，鐵模所鑄，可省洗膛之工也。泥模所鑄，非兩三日不能冰透，使火氣内

攻，鎔汁浸潤于膛心胎上，出之既屬不易，洗之更費工程。無論如何鏇洗，總難一氣光滑。不若鐵模所鑄，旋鑄旋出，火氣不致內攻，膛胎出之既易，復能天然光滑，上下如鏡。施放可以致遠，而無澀滯之弊。

一，鐵模鑄炮，可無蜂窩之弊也。泥模雖費，用炭火烘足，外面乾透，而土性自潤，一見熱汁，則潮氣自生，是以騰沸不已，即生蜂窩，不能堅結渾然，施放可虞。今鐵模無濕氣可生，無騰沸之事，則蜂窩不起矣。

一，鐵模可經久收藏，以備歲修之用也。泥模不特一用即廢，且開工後，必須待至一月左右，始能范金傾鑄。是待一炮之成，已須經月之久。今鐵模既成，目下傾鑄收利無算，足用後仍復完善如初，可以收藏，以備歲時添補修改之用。其時祇須置鑪做炮心，不待天時，立可范鑄，二、三日炮即成就，用畢復可收藏，垂之永久，利用無窮焉。如軍行塞外，道路修阻，炮身重滯，搬運不易，可將炮模攜帶，隨地鼓鑄，尤爲便捷。

按：製炮法，炮之一身，厚薄輕重均有一定準則，故西法有比例推算之說，要皆以膛口空徑爲則。譬如一炮，約定膛口空徑爲一寸，則炮墻近尾處應厚一寸，近耳處應厚七分五厘，口邊應厚五分，故自外觀之，口鋭兩尾豐。耳之圓徑及耳之長，俱應一寸。比例相生，作爲定率推步，是以炮體大，而膛口亦大，故可用數十百觔封門之彈。不然，則炮體蠢然重滯，炮口窄不容權，徒有數千觔之名。雖食藥多，而子力不稱，安望其致遠乎？若謂前法膛大墻薄，有炸裂之虞，蓋未細推耳。即照空徑一寸推之，近尾處厚亦一寸計，通徑爲三，內減空徑容積，得面積，六百二十八分三十一厘八十五毫。較空徑面積七十八分五十三厘九十八毫，已大至八倍矣。以八倍之力束之，而尚炸裂，必是鐵料不善，豈可諉之於厚薄間耶！似比例相生之法，爲至善也。至位置炮耳前後，有四六比例之法，以輕重計之，不可以尺寸計爲亟要。自耳中心至炮口，十居其四二，自尾珠至耳中心，十居其五八。再以炮體圍圓定上下，以耳之外圓線上切炮體之中線，則耳就下適得其半，如捧托然。不特運用輕捷，俯仰如意，更無縱跳傾欹之弊。

又藥膛火門，亦有一定之法。炮膛內須置藥膛，藥膛徑小于炮膛徑二分許。底圓口微敞，如茶盃裏面底形。所重在底圓萬不可平。開火門，須于緊挨藥膛之極底處，則無後坐之虞。此工匠最難措手處，畧不經心，爲其所誤。雖製作精細，亦爲廢物矣。開火門法，銅鐵各異。銅炮于鑄成後，用尺內外比量極準，以鑽開之。鐵炮先用熟鐵纏絲打成火門管聽用，俟鑄時安穩泥心胎之際，將火門管置于心胎尖上，極正極準，而後范金傾鑄，即成矣。

清・徐松《宋會要輯稿・食貨・歷代土貢》 太宗太平興國八年九月二十一日，詔：「廣州歲貢藤，每斤去皴麤，中用者纔三兩。大通冶歲輸鐵，尚方鑄兵器，鍛鍊外十纔得其四五。自今藤取其堪用者，鐵先鑄成器，俾官工淬治之，無使負重致遠，以匱民力。」

清・徐珂《清稗類鈔・物品類》 太祖遺甲　景祖、顯祖之敗於尼堪外蘭也，時太祖年十五，僅有遺甲十三副，太祖用之以復尼堪外蘭之仇。其遺甲藏於內府，光緒時猶存，遇大閲，必以揀於御座旁。中有一具，尤長大，重三十餘斤，長如今人一身有半，令偉丈夫立於椅以比之，猶下與地齊，蓋亦太祖征尼堪外蘭時所自用也。

遏必隆刀　遏必隆，權臣也，以戰功著，後以鰲拜伏誅，坐死。聖祖以其爲顧命大臣，削職，後仍以公爵入衛，蓋其女即孝昭后也。乾隆時，其遺刀猶存內府。金川之役，遏之孫曰訥親者失機，高宗即詔以是刀斬於軍前。賽尚阿之奉命征粵匪也，文宗亦曾以此刀賜之，其重等於古時之賜斧鉞及尚方寶劍。相傳刀有雌雄各一，風雨之夕，輒現紫色，蓋殺人至多也。賽奉命南下，卒以挫敗受誅，其後遂不以此刀爲重矣。

小神鋒　御前有刀，曰小神鋒，長二尺餘，與神槍皆置御座旁。每駕出，則以侍衛一人負之而行。

寶刀　康熙初，陳子仙之高祖某，以副將從征吴三桂，有功。歿後遺寶刀一，長三尺許，斑剥作青黄色。

姜劊子手之刀　京師有姜姓者，爲刑部劊子手，有刀五口，刀頭有五式，一龍、一虎、一鼠、一蛇、一黿。相傳刀頗神異，如次日值行刑，先一夕必自出鞘而嘯。且用之數百年，鋒鋩完好。聞明代曾封以五將軍之號。劊子手，執行死刑者也。姜於明代已充此役，世守弗替。

番刀　青海出番刀，雖質堅如石，仍可折而屈之，蓋以百鍊鋼爲之者。長二尺，闊僅兩指許，背厚分有餘，自首至尾純直，首不仰，鋒利無比，光可鑑人，或嵌金絲紋，或鐫蒙番文。其刀鞘爲桃木質，而裹以銀鑄佛像及花草鳥獸形，滿鑲珊瑚、瑪瑙、寶石。然刀鞘之價，不及刀價之半。非上客，不出以示。

臺灣人各一刀　臺灣人各一刀，頃刻不離，斫伐割剥，事事用之，不僅以之

争鬬也。

毓賢之刀劍　光緒朝，毓賢守曹州，數月，殺人至六千。及巡撫山西，其出也，常以一刀一劍自隨，鋒皆甚鋭，柄飾玉，治事之暇，輒出而摩挲之。自謂生平殺人，必收其兵器，所積既多，權之，重二十七斤，乃命人鍛鍊鑄此刀劍，以爲記念。

手槍　手槍爲護身或軍用之小軍器，種類甚多，製法不一，舊多用Revolver，我國舊稱爲蓮蓬槍。

臼礮　臼礮，粗短之大礮，可納開花彈，向高開放，在四十五度角以上，取拋物線射擊敵人。吾國舊名虎蹲礮，俗亦謂之田雞礮，日本謂之曲射礮。

粤寇銅礮　咸、同間，粤寇洪秀全據江寧，凡通行文字音涉忌諱者，多爲更易，如干支之癸丑易爲國好，乙卯易爲乙榮，癸亥易爲國開。又軍械亦多易名，如抬槍爲長龍，礮彈爲元碼，藥爲紅粉。光緒時，無錫漁人某在河中獲銅礮一，其礮鐫有「鑄於癸開十三年」七字，即同治二年癸亥也。惟此癸字又不改國字。所刻「榮殿」，即榮王譚姓也。所刻「受汾」，殆粉字之蝕也。

礮彈　礮彈，礮膛内所用之子彈也。有數種。一，子母彈，彈膛闊大，内容多數鉛丸炸藥，膛有前後中各部之别，能在空中炸裂，地勢高低，距離遠近，皆所不論，用以擊敵軍之人馬或物品。二，開花彈，内分單雙層，又有鋼鐵等質之别，著地，炸爲碎塊，爲力甚大，用以擊敵人建築物。三，實心鋼甲彈，中心堅實，外包鋼皮，擊鐵甲船用之。四，葡萄彈，鉛丸，在礮膛中已炸裂，出口分飛，力不能及遠，距敵極近時用之，後多以子母彈代用。上海德州製造廠皆能倣製之。

鐵標及屏風　康熙時，有木雅零者，本姓朱，河南人，明宗室之裔也，能製奇器，多異技。有鐵標十二枚，藏兩袖中，舉手即發。又有屏風置座後，中藏萬弩，機在座下，在軍時輒施之坐後，猝有奸宄，一舉足，則萬弩齊發。

傳記

清浙江采訪忠義總局《浙江忠義録》卷二　龔振麟傳

龔振麟，江蘇江寧人。捐職通判，分發浙江署杭州府東防同知。道光二十九年，海寧海塘壞，振麟奉檄修築，工成，保升同知。振麟精於藝造火器，獨運巧思，工匠皆歎不及。咸豐十年，杭州陷，官吏多死難，王有齡撫浙，需材尤亟，以振麟才，擢知台州府。十一年十月，賊自金華竄處州，台州相繼失守，振麟死之。

清・徐珂《清稗類鈔・工藝類》

戴文開製軍用品

戴文開學士梓，仁和人。少有機悟，嘗製子母礮，極精巧。一礮中包孕七層，其力可及百步外，每震一聲則破一層，敵人遇之無不糜爛。康親王南征時，戴以布衣從軍，獻連珠火礮法，下江山縣有功，王承制授以道員劄付。聖祖召見，喜其能文，命以學士銜直尚書房。戴能作銅鶴，高飛雲間，按時長鳴。又能作木偶人，飾以衣服，客至則捧茶獻客。

戴善天文算法，與西人南懷仁詰論，懷仁爲之屈，忌之，因誣其通日本。上大怒，遣戍黑龍江。後赦還，卒於旅邸。

徐雪村製軍用品

光緒初，有以格致理化專精製造名者，爲無錫徐雪村封翁壽。其人質直無華，幼習舉業，繼以爲無裨實用，遂專究格物致知之學。討論經史，旁及諸子百家，積歲勤搜，凡數學、律吕、幾何、重學、化學、鑛産、汽機、醫學、光學、電學，靡不窮原竟委，而製器尤精。江督曾文正公以其深明器數，博涉多通，奏舉奇才異能，以賓禮羅置幕下。文正嘗憤西人專攬製機之利，謀所以抵制之，遂檄委雪村創建機器局於安慶。乃舉華衡芳、吴嘉廉、龔芸棠及次子建寅潛心研究，造器製機一切事宜皆由手造，不假外人，程功之難，數十倍於今日。同治丙寅三月，造成木質輪船一艘，長五十餘尺，每小時能行二十餘里。文正勘驗得實，激賞之，錫名黄鵠。

既而文正奏設江南製造局於上海，復令雪村總理局務。時百事草創，雪村於製造船槍礮彈藥等事多所發明，自製鏹水、棉花藥、汞爆藥，並爲化學工業之先導，而塞銀錢出海之漏卮。

山東機器局之成，不用洋匠一人，餘如大冶之煤鐵，徐州開平之煤鑛，漠河之金鑛，四川之機器局，皆由雪村擘畫規制，以是購機選匠，莫不合度，爲遠近所宗仰也。

徐仲虎製軍用品

徐建寅，字仲虎，壽之仲子也，從壽精研理化製造之學。壽與華蘅芳謀造黄鵠輪船時，苦無法程，日夕凝想，仲虎累出奇思以佐之，黄鵠遂成。旋於上海製

造局助成惠吉、操江、測海、澄慶、馭遠等船，及以道員奏留湖北候補，乃督辦保安火藥局。時外洋火藥不入口，鄂督張文襄公之洞慮告匱，仲虎慨然任之，指授衆工，自造機器，摹倣西製，越三月告成，燃放比驗，與來自外洋者幾無以辨。

漢陽故有鋼藥廠，製造棉藥，嗣因洋工離廠，成藥無期，文襄復檄仲虎兼辦。仲虎感知遇之隆，忘危機之蹈，期取材本地，以免仰給於外人，日手杵臼，親自研鍊。光緒庚子春，造成棉質無烟藥，試驗之，可與外洋之藥相仿，至是而喜可以大造也。日督工人，自爲指授，乃於配合時，藥燃而轟，遂遇害，同殉者員弁工人凡十六，肢體均裂。功在垂成，身忽慘殉，是可傷已。此二月十二日事也。

華若汀製軍用品

咸豐辛酉，金匱華若汀太守蘅芳從曾文正公於安慶軍中，領金陵軍械所事，與徐壽繪圖，自造黄鵠輪船一艘，推求動理，測算汽機，實爲我國自造輪船之始。同治初，文正奏設江南機器製造局於上海，則爲之建築工廠，安置機器焉。製造局之火藥廠設於龍華，若汀監理之，自製鏹水以節漏卮，朝夕巡視。一日，將至研藥廠查工，途遇西匠，立而小語，轟然一聲，烈焰上騰，相距纔數武耳。以隔牆堅厚，幸免於難，然卒不以是恐怖而巡視少懈。

若汀之在天津東局也，駐德使臣購歸新式試彈速率電機一具，譯者莫知其用，若汀以微分之理解之，理明而用亦明。其在天津武備學堂也，德國教習購得法越交戰時所用行軍瞭望之已敝輕氣球一具，欲令學生演習試放，而教習居奇，久之而功不就。若汀乃督工別製一徑五尺之小球，用鏹水發輕氣以實其中，演放飛升，觀者贊歎，德教習内慚，工遂速竣。

紀事

《魏書·西域傳》 波斯國，都宿利城，在忸密西，古條支國也。去代二萬四千二百二十八里。城方十里，户十餘萬，河經其城中南流。土地平正，出金、銀、鍮石、珊瑚、琥珀、車渠、馬腦，多大真珠、頗梨、瑠璃、水精、瑟瑟、金剛、火齊、鑌鐵。

《唐六典》卷二二 北都軍器監：監一人，少監一人，丞二人，主簿一人，録事一人，府十人，史十八人，典事四人，亭長二人，掌固四人。

甲坊署：令一人、丞一人、府二人、史五人、監作二人、典事二人。

弩坊署：令一人、丞一人、府二人、史五人、監作二人、典事二人。

又 北都軍器監：監一人，正四品上；開元初令少府監置，十六年移向北都。少監一人，正五品上；丞二人，正七品上；主簿一人，正八品上；録事一人，正九品下。軍器監掌繕造甲弩之屬，辨其名物，審其制度，以時納于武庫；少監爲之貳焉。丞掌判監事。凡材革出納之數，工徒衆寡之役，皆督課焉。主簿掌印及勾檢稽失。録事掌受事發辰。

甲坊署：令一人，正八品下；《周禮·考工記》曰：「函人爲甲：犀甲七屬，兕甲六屬，合甲五屬。凡爲甲，先必爲容，然後制革，權其上旅與其下旅，而重若一。」隋少府有甲鎧署，皇朝改焉。丞一人，正九品下；監作二人，從九品下。

弩坊署：令一人，正八品下；《周禮》：「司弓矢掌四弩。凡弩，夾庾利攻守，唐大利車戰、野戰。」《考工記》：「弓人取六材必以其時。幹也者，以爲遠；角也者，以爲疾；筋也者，以爲深；膠也者，以爲和；絲也者，以爲固；漆也者，以爲受霜露也。凡取幹之道有七：柘爲上，檍次之，檿桑次之，橘次之，木瓜次之，荆次之，竹爲下。」隋有弓弩署，皇朝改焉。丞一人，正九品下；監作二人，從九品下。

甲坊令、弩坊令各掌其所脩之物，督其繕造，辨其粗良；丞爲之貳。凡財物之出納，庫藏之儲備，必謹而守之。

宋·王溥《唐會要》卷六六《少府監》 少監本一員，太極元年二月十八日，加一員，以孔仲思爲之。至開元十一年，罷軍器監，隸入少府監，爲甲弩坊，更置少監一員統之，以馮紹貞爲之。十四年八月二十八日，省一員。

宋·高承《事物紀原》卷七《庫物職局部》 弓弩院

《周官》有司弓矢，隋弓弩署，唐爲弩坊，即今弓弩院也。《宋朝會要》曰：「開寶九年，置弓弩院。十七人。」則器之布漆，自舜始也。蓋堯啜土鉶，飯土簋故爾。

宋·趙彦衛《雲麓漫鈔》卷六 《請盟録》載女直用兵之法：戈爲前行，號曰硬軍，人馬皆全甲，刃棓自副，弓矢在後，非在五十步内，不射；弓力不過七斗，箭鏃至六七寸，形如鑿，入不可出，人攜不過百枚。其法，什伍百皆有長，伍長擊柝，什長執旗，百長挾鼓；千人將，則旗幟金鼓悉備；伍長戰死，四人皆斬，什長戰死，伍長皆斬，百長戰死，什長皆斬；能同負戰没之尸以歸者，則得其家資。凡將軍皆自執旗，衆視所向而趨之，自軍帥至步卒，皆自馭，無從者。軍行大會，

使人獻策，主帥聽之，有中者爲特奬其事。師還，又會，問有功者，隨高下與之金，人以爲薄，復增之。

《金史・太祖本紀》 收國元年正月壬申朔，羣臣奉上尊號。是日，即皇帝位。上曰：「遼以賓鐵爲號，取其堅也。賓鐵雖堅，終亦變壞，惟金不變不壞。金之色白，完顔部色尚白。」於是國號大金，改元收國。

《元史・百官志》 鑌鐵局，秩從八品。大使一員。掌鏤鐵之工。至元十二年始置。

又 刀子局，提控二員。掌造御用及諸宫邸寶貝佩刀之工。中統四年置。

武備寺，秩正三品。掌繕治戎器，兼典受給。卿四員，正三品；同判六員，從三品；少卿四員，從四品；丞四員，從五品；經歷、知事各一員，照磨兼提控案牘一員，承發架閣庫管勾一員，辨驗弓官二員，辨驗筋角翎毛等官二員，令史十有三人。至元五年，始立軍器監，秩四品。十九年，陞正三品。二十年，立衛尉院。改軍器監爲武備監，秩正四品，隸衛尉院。二十一年，改監爲寺，與衛尉並立。大德十一年，陞爲院。至大四年，復爲寺，設官如舊。

壽武庫，秩從五品。提點二員，從五品；大使二員，正六品；副使四員，正七品；庫子一十人。至元十年，以衣甲庫改置。

利器庫，秩從五品。提點三員，大使二員，副使三員，秩品同壽武庫，庫子一十人。至元五年，始立軍器庫。十年，通掌隨路軍器，改利器庫。

廣勝庫，秩從五品。掌平陽、太原等處歲造兵器，以給北邊征戍軍需。達魯花赤一員，大使、副使各一員，庫子一人。

大同路軍器人匠提舉司，秩從五品。達魯花赤一員，提舉一員，並從五品；同提舉一員，正七品；副提舉一員，正八品。其屬：豐州甲局，院長一員；應州甲局，院長一員；平地縣甲局，院長一員；山陰縣甲局，院長一員；白登縣甲局，頭目一人；豐州弓局，使一員；賽甫丁弓局，頭目一人。

平陽路軍器人匠提舉司，秩正六品。達魯花赤一員，提舉、同提舉、副提舉各一員。其屬：本路投下雜造局，大使一員，副使一員；絳州甲局，大使一員。

太原路軍器人匠局，秩正七品。達魯花赤一員，局使一員，副使一員，吏目一員。

保定軍器人匠提舉司，秩從六品。達魯花赤、提舉、同提舉、副提舉各一員。其屬：河間甲局，院長一員；祈州安平縣甲局，院長一員；陵州箭局，頭目一人。

真定路軍器人匠提舉司，秩從六品。達魯花赤、提舉、同提舉、副提舉各一員。其屬：冀州甲局，院長一人。

懷孟河南等路軍器人匠局，秩正七品。局使、局副各一員。其屬：懷孟路弓局，院長一員。汴梁路軍器局，秩正七品。局使、局副各一員。其屬：常課弓局，院長一員；常課甲局，院長一員。

益都濟南箭局，秩正七品。局使一員。

彰德路軍器人匠局，秩正七品。大使一員，副使一員。

大名軍器局，秩正七品。大使、副使各一員。

上都甲匠提舉司，秩從五品。提舉、同提舉、副提舉各一員。其屬：興州白局子甲局，院長一員；興州千户寨甲局，院長一員；松州五指崖甲局，院長一員；松州勝安甲局，院長一員。

遼河等處諸色人匠提舉司，秩從五品。達魯花赤、提舉、同提舉各一員。其屬：遼蓋弓局，大使、副使各一員；蓋州甲局，局使一員。

上都雜造局，秩正七品。大使、副使各一員。

奉聖州軍器局，秩從七品。大使、副使各一員。

蔚州軍器人匠提舉司，秩正六品。達魯花赤、提舉、同提舉、副提舉各一員。

宣德府軍器人匠提舉司，秩正六品。達魯花赤、提舉、同提舉、副提舉各一員。

廣平路甲局，院長一員。

東平等路軍器人匠提舉司，秩從五品。達魯花赤、提舉、同提舉、副提舉各一員。

通州甲匠提舉司，秩正六品。達魯花赤、提舉、同提舉、副提舉各一員。

薊州甲匠提舉司，秩正五品。達魯花赤、提舉、同提舉、副提舉各一員。

欠州武器局，秩從五品。大使、副使各一員。

大都甲匠提舉司，秩正六品。達魯花赤、提舉、同提舉、副提舉各一員。

大都箭局，秩從七品。大使、副使各一員。

大寧路軍器人匠提舉司，秩從六品。達魯花赤、提舉、同提舉、副提舉各一員。

豐州雜造局，秩正六品。達魯花赤、大使、副使各一員。

歸德府軍器局，院長一員。

汝寧府軍器局，院長一員。

陳州軍器局，院長一員。

許州軍器局，秩從七品。大使、副使各一員。

咸平府軍器人匠局，秩從七品。達魯花赤、大使、副使各一員。

大都弓匠提舉司，秩正五品。達魯花赤、提舉、同提舉、副提舉各一員。其屬：雙搭弓局，大使、副使各一員；成吉里弓局，大使、副使各一員；通州弓局，院長一員。

大都弦局，大使、副使各一員。至元三十年，改提舉司置局。

隆興路軍器人匠局，達魯花赤、大使、副使各一員。至元三十年置。

平灤路軍器人匠局，大使、副使各一員。至元三十年置。

大都雜造局，提領二員。元貞二年置。

明・李東陽等《明會典》卷一八九《工部九・工匠二》

兵仗局三千一百六十三名：

弓匠一百六十三名，箭匠一百二十九名，
挫磨匠二百二十名，木匠一百七十七名，
皮帽匠六十九名，表背匠九名，
鐵匠一百六十九名，漆匠一百七十四名，
綿花匠二十二名，刷牙匠二十四名，
剪子匠八名，刀匠五十三名，
鎖子匠二十一名，針匠六十七名，
星兒匠七名，泥水匠七名，
繩匠七十七名，釘鉸匠一十五名，
絡絲匠九十九名，拔絲匠五名，
窯匠八十七名，弦匠八十四名，
銅匠五十五名，鑄匠三十九名，
鞓帶匠一百四十一名，裁縫匠二百一十五名，
減鐵匠三十九名，木梳匠一十一名，
纓匠一百五十九名，鏇匠六十八名，
繡匠八名，戧金匠一十二名，
線子匠二名，銀匠二十七名，
錫匠三名，拔絲匠六名，
弩匠一十七名，笙匠二名，
鍍金匠九名，箭匠六名，
喇叭匠四名，表背匠一十二名，
神箭匠五十二名，甲匠一百六十四名，
火藥匠八十四名，畫匠八十一名，
篦子匠七名，毬棒匠五十五名，
彩漆匠一十三名，鼓匠一十九名，
竹匠一十二名，雕鑾匠一十六名，
刊字匠三名，砍轎匠四名，
銅鼓匠二名，氈匠三十七名，
染匠六十四名，響銅匠一十一名，
牌匠一名，銼匠二名，
窯匠五名。

巾帽局四百四十二名：

打角匠一十一名，雕鑾匠一名，
雙線匠一百八十名，椶鞋匠一十九名，
裁縫匠一十九名，油漆匠六名，
涼胎匠一十四名，氈匠五十一名，
草帽匠三名，冠帽匠六十六名，
釘帶匠四名，鏇匠二名，
表背匠六名，楦頭匠四名，
縧匠四名，木桶匠一名，
熟皮匠一十五名，斜皮匠三名，
銀硃匠一名，毛襖匠三名，
履鞋匠三名，竹匠一名，
絡絲匠五名，索匠四名，
銷金匠一名，銅匠一名，
鐵匠三名，拔絲匠二名，

銀匠一名，　繡匠四名，

五墨匠一名，　妝鑾匠三名。

又　卷一九二《工部一二・軍器軍裝一》　洪武二十六年定，凡軍器專設軍器局，軍裝設鍼工局，鞍轡設鞍轡局掌管。時常整點，若有缺少件數，隨即行下本局算計物料，委官監督定立工程，如法造完，差人進赴内府該庫收貯。如遇軍職衙門關支，仍須計較可否，果係應合關人數，即便奏聞，照依軍法定律支給。軍法定律，每一百户，銃手一十名，刀牌手二十名，弓箭手三十名，鎗手四十名。如係舊管征差軍士，不應關給者，行移駁問。馬鞍務要查勘本軍先前曾無關過，或轉納何處，要見明白纔方放支，不許含糊一槩支給。若直隸及各布政司呈稟成造，亦須定奪具奏，行下依式造完，明白支撥，仍拘收原關舊損件數，入官修理。若各處有司歲造之數起解到部，務要辨驗堪中，行下該庫交收。如有不堪者，就將原經手人員取問，其軍裝衣鞋别無定例，若有奉旨給賞，臨期下庫支給。

軍器

凡盔甲，洪武七年令線穿甲悉易以皮。十六年令，造甲每副，領葉三十片，身葉三百九片，分心葉十七片，肢窠葉二十片，俱用石灰淹裹軟熟皮穿。浙江沿海并廣東衛所用黑漆鐵葉綿索穿，其餘俱造明甲。二十六年令，造柳葉甲鎖子頭盔六千副，給守衛皇城軍士。　弘治九年令，甲面用厚密青白綿布，釘甲用火漆小丁。又定，青布鐵甲每副用鐵四十斤八兩，造甲每副重二十四斤至二十五斤。十六年令，南方衛所鐵甲，改用水牛皮造綿繩穿弔。　嘉靖二十二年令，盔甲廠改鹿皮䩞帶爲透甲牛脂皮䩞帶，改直領對襟擺錫丁甲爲圓領大襟。二十九年題准，各處歲解斬馬刀，折造盔甲。四十三年題准，行各衛所，將六瓣明盔盡改造八瓣帽兒盔。其大甲，一半改紫花布長身大甲新式，一半照舊式，惟布身加長二寸。共修造甲一萬一千三百一十二副即用。二十九年以後，停造長牌、圓牌，工料補添免行加派，所造盔甲每年限七月以裏解部。　萬曆十年令，在京兩廠造明盔甲五千副給京營軍士，以五年爲期，每年千副。

凡弓箭弦條，洪武二十三年以天下歲造弓箭擾民，令工匠輪班赴京成造。　永樂元年奏准，造弓式面闊三指，其力自七十斤至四十斤，分爲四等，造箭尖鋭如錐。　弘治九年令，弓用絲綿寸札，外用堅漆。十七年令，兵仗局將先年降去各處式樣弓箭弦送戊字庫監收，内外官處櫃藏鑰送工料掌管，遇各處解到日，取出比驗收進。　嘉靖元年奏准，浙江、江西、福建、湖廣布政司并南直隸蘇州等府，歲額民弓箭弦徵價解部，於軍器局雇匠團造。四年奏准，仍解本色。三十年奏准，南方民弓箭弦通行折價解京，分發附近各省府。山東、山西、河南三布政司各五千副，真定等七府各一千副，委官如式成造。其有不堪，追陪究治。　隆慶元年，頒京廠清油大弓及小鐵頭紅箭線弦式樣，令各省有司每歲如式造解。三年題准，各處弓箭弦條俱徵解物料。

凡弩弓，洪武四年以脚蹬弩給各邊將士，仍令天下軍衛如式製造。　弘治十三年，令兵仗局造神臂弩五千張并箭。　嘉靖二十一年題准，行兩廣選取强弩藥箭巧匠，令軍器局督造發邊後，令該省成造弩弓一千張并藥箭解部。仍每年造毒藥三十斤，限六月以裏解到。尋議停止。二十七年題造硬弩二：一并發二矢，一并發三矢，比神臂爲遠，定名克敵弩。令寶源局造送各邊應用，每邊一千張。

凡刀鎗等器，永樂元年奏准，腰刀靶通用斜皮爲飾。　成化十五年題准，各衛歲造長鎗，每三根改造麻紮大砍刀一把。　弘治十三年令官司府造斬馬大刀解部，山東二千五百把，河南二千把，浙江四千把，福建二千把，江西一千五百把，南直隸二千五百把。又奏准，成造拒馬木二千架，竹牌二千面，滚刀五千把。十六年令南方衛所攢竹長鎗，改用木笴成造。　正德四年奏准，以遼東各衛先年所造弩弓，及瀋陽、海州二衛麻紮斬馬刀，教人學古射馬砍馬之法。又以金州衛斬馬刀，分給遼陽東西邊堡軍隨宜試用。　嘉靖三十二年，令盔甲廠造拒馬鎗九百六十件，分給八營試演。

在京成造衙門

軍器局，洪武初設軍器鞍轡二局，永樂間京師設局亦如之。令併歸軍器局。宣德二年，設盔甲廠成造軍器，後又設王恭廠分造十分之三，統於該局。每年額造盔甲、腰刀等器三千六百件，其餘長鎗、銃礮、撒袋等項數目不等。正統初，令工部侍郎提督，成化間以郎中代之。嘉靖四十三年，以郎中陞遷不常，題准行吏部改註選主事。二廠原額各色人匠九千二百餘名，分兩班定四季成造，各匠五年一清查。　隆慶五年，查實在軍匠止一千五百九十二名，食糧自一石至四斗不等，議定各匠分工以食糧爲差，每石准銀五錢。不及者以次遞減，通融得銀八百餘兩，爲一年工食。自役者照算，雇役者查給著爲例。

兵仗局洪武間設，永樂間設如南京。正統二年，設南京兵仗局前廠。今兵仗局成造修理，擺朝上直圍子手，錦衣衛官旗將軍及都知監帶刀長隨，兑領盔甲，軍器工部具料，本局三年一次成造，用銀二萬四千兩。嘉靖四十二年，減爲一萬六千兩。隆慶三年，減爲八千三百兩。五年題准，每年修造换給。今該一年一題，用銀三千七百餘兩。又有弓弩火器，本局不時成造，其各邊關領及夷王奏討軍器，俱行局查給。若近侍長隨及各營總兵官所披執盔甲繡春刀，則屬御用監，本無年例，遇缺該監題行補造。該局匠數一千七百餘名。詳見營繕司工匠條下。成化四年題准，收各匠家丁并在外通曉藝業之人二千名充匠，錦衣衛鎮撫司月給糧一石，歲給冬衣布花，分兩班上工。該班者光禄寺日支白熟粳米八合。又本局水和炭一百萬斤，舊例撥囚全運。嘉靖十四年題准，以十分爲率，五分行法司撥囚搬運，五分工部召商買辦。

在外成造衙門

洪武十一年定，天下歲造軍器盔甲等項，一萬三千四百六十五件，馬、步軍刀二萬把。二十年令，天下都司衛所各置局，軍士不堪征差者，習弓箭穿甲等匠，免致勞民。永樂二年奏准，各處成造軍器合用顔料，係軍衛者，軍衛自辦。係有司者，有司支撥。不許將不係土産硃漆等項高貴之物，一槩科擾。宣德四年令，天下各衛所所造軍器，每月具報，湖廣銅鼓等衛路遠者，歲終一報。景泰二年定，每衛歲造軍器一百六十副，每所四十副。弘治二年，令各減半成造。九年令，兵仗局造精緻盔甲腰刀各二十件，送浙江、福建、江西、河南、山東、南北直隸撫按鎮守官處，各督所屬依式成造。十三年奏准，各軍器局造長鎗、斬馬刀、牌甲、弓箭不如法者，三司堂上委官各府衛掌印官，并管局委官參問降級。又奏准，各處解到軍器工部收候，類送該庫交收。敢有刁難需索者，從重治罪。

又　卷一九三《工部一三·軍器軍裝二》　凡試驗軍器，正統三年令軍器局成造，於兵仗局各取一件爲式。造完，請給事中御史各一員，同工部堂上官，按季試驗，送庫交收。但有不如法，及尅落隱瞞匠料者，治罪。以後每年終，照例請官試驗。嘉靖二十八年題准，近西安門建造試驗官廳一所，遇有各處解到軍器弓箭弦等項，工部劄行司官及咨兵部委司官，會同試驗精美合式，給與進狀呈部劄委戊字庫官吏，請科道官復行查驗，照數收庫。查驗不堪，本部駁回，陪補造解。隆慶五年題准，軍器局年例造完開數，送部委官查驗，如式貯庫，仍造册奏報。

凡查盤軍器，景泰二年奏准，各衛所季造軍器，令巡按御史同按察司官，五年一次，弔卷查盤。成化二年令，天下衛所照依原定則例，督匠按季成造軍器。完日，會同原辦物料有司掌印官，查點試驗堪中，用油漆調硃於背面，書某衛某所某年某季成造字樣。候至五年，本部通行，巡按御史查盤，敢有仍前侵欺物料，及造不如法者，指揮千百户各降一等叙用，不許管事。旗軍人等，各發極邊衛分充軍。弘治十三年令，各處巡按御史、三司守巡官查盤軍器，若衛所官旗人等侵欺物料，那前補後開報虚數，及三年不行造册奏繳者，官降一級，帶俸差操。旗軍人等，發邊衛充軍。其各該都司并守巡官，怠慢誤事者，參究治罪。十七年奏准，各衛所軍器，每三年令刷卷御史請勅帶管查盤，其收貯遠年軍器，堪中者修理，如不堪銅鐵等項，抵充年例物料。正德十一年奏准，各處刷卷御史，或清軍巡按兼刷卷者，各查盤該衛所軍器，造册二本，一本奏繳，一本送部查考。以後刷卷之年，照例舉行。嘉靖八年奏准，盔甲廠貯庫物料，差科道官會同工部委官，并管廠内外官員，盤驗過，給造軍器。十一年令，盔甲廠成造軍器，於累年兑下軍器内，查驗應該修理若干，破壞可作廢鐵若干，該扣兑物料若干，開報本部施行。

凡折徵軍器，成化十六年，以在庫弓箭弦足用，准折徵三年。每弓一張，銀六錢二分。箭一枝，銀三分。弦一條，銀五分。弘治十三年題准，歲造弓弦，内一半，每弦一條，折荒絲一兩解部。正德十年，免本年造解軍器，料銀照彼中工價徵收。每盔甲，弓箭弦、腰刀、撒袋一全副，共折銀八兩。嘉靖二十年題准，每弓一張，銀四錢一分。箭一枝，銀一分九釐五毫。弦一條，銀二分九釐八毫。此外不許濫徵工匠銼磨及解扛脚價。

軍裝

洪武九年令，將作局造綿花戰衣，用紅紫青黄四色。江西等處，造戰襖，表裏異色。使將士變更服之，以新軍號，謂之鴛鴦戰襖。宣德十年定例，每襖長四尺六寸，裝綿花絨二斤，褲裝綿花絨半斤，鞝鞋長九寸五分至一尺，或一尺二分。今例造胖襖褲，用細密闊白綿布，染青紅緑三色，俱要身袖寬長，實以真正綿花絨，鞝鞋亦要密衲堅完，衣裏開寫提調辦驗官吏、縫造匠作姓名，并價直，寬長尺寸、斤重裙幅數目，用印鈐蓋。限每年七月以前解到。

【略】

凡邊軍關給，弘治二年奏准，守墩架砲夜不收人等，胖襖三年一次給賞。十八年令，給莊浪土官軍胖襖褲鞋。　嘉靖二十一年奏准，大同虜中來降人口，常例月糧花布外，歲加布二疋，花二斤，仍比照墩軍，三年一給胖襖褲鞋。

各邊三年一次關領。

清・孫承澤《春明夢餘録》卷四六《工部一》　虞衡掌山澤採捕，厲禁陶冶。【略】凡軍器，軍裝移内府及所司，歲造或三歲二造，必程其堅緻，以給邊。【略】其分司爲寶源局大使，皮作局大使、副使，軍器局大使、副使。

清・徐松《宋會要輯稿・兵・兵械・牌》　傍牌　鐵蒺藜

《宋會要》

皇祐元年六月十七日，殿前、馬、步司言：「同共定奪到楊景宗創置(御)[禦]敵傍牌樣，鐵蒺藜，久遠並堪使用。」詔令三司指揮逐路轉運司，據轄下州軍見闕及少處，依此量行製造。

又《方域・坊》　東西作坊

《宋會要》

掌造兵器、戎具、旗幟、油衣、藤漆什器之物，以給邦國之用。各以京朝官、諸司使副、内侍二人監，内侍各二人監門。其作總五十一：有木作、杖鼓作、藤席作、鏁子作、竹作、漆作、馬甲作、大弩作、條作、椶作、胡鞍作、油衣作、馬甲生葉作、打繩作、漆衣甲作、劍作、糊粘作、戎具作、掐素作、雕木作、蠟燭作、地衣作、鐵甲作、釘鉸作、鐵身作、馬甲造熟作、磨劍作、皮甲作、釘頭牟作、銅作、弩椿作、釘弩椿紅破皮作、針作、漆器作、畫作、鑞擺作、綱甲作、柔甲作、大爐作、小爐作、器械作、錯磨作、樅作、鱗子作、銀作、打線作、打麻線作、槍作、角作、鍋砲作、磨頭牟作。舊名南、北作坊，並在興國坊。南坊兵校及匠三千七百四十一人，北[坊]兵校及匠四千一百九十人。熙寧中改今名。

太祖開寶九年九月，詔分作坊爲南、北作坊。

真宗大中祥符三年十二月，詔：「作坊弓弩造箭院，今後除内中及(二)[三]司等處抽差人匠更不收二限外，其餘諸司庫務抽取人匠，即令相度所造名件數目，勒人匠計定功限，供申到坊，上簿拘管，才候限滿日，畫時抽下。」

仁宗天聖二年五月，三司言：「南、北作坊準宣製造内中并諸處物色，乞自今並各令置簿主管，勒合干作分計料申支。候請到，作坊點檢元請數足，入庫封鏁，逐旋支付人匠。内金銀細色並當日晚却點稱元數，權入庫收附，次日復支付。造成名件，亦便勾收入庫，或即日送納。逐時計會取索憑由，於月帳内除破，務令整齊，及帳目、憑由各無差互。監官、專副得替，並須點檢造作未了名件及見在物料數目歸省，如有少欠，申省根勘，不得蓋庇，只憑文字交數。若不明白，干繫人等並以違制斷罪。仍乞自今有傳宣并急速生活，其合係申請物料，並須當日或次日具細料實封申省支給，省案亦如限支遣。」從之。

八年八月，詔：「修内司見管燈毬一作人匠物色，並撥與南北作坊收管。自今逐節作坊製造一應人匠，諸處抽取，更不發遣。」從之。

慶曆二年六月，省南(改)[北]作坊監官各一員。

神宗熙寧三年六月二十三日，權三司使公事吴充言：「準降到南作坊地圖一本，今依此修蓋，欲再陳奏。」詔令依已得旨揮計料施行。初，上欲創東西府，遣中人度北作坊爲之，而并北作坊於南。

十二月十三日，詔改南、北作坊爲東西作坊，其使副名額亦然。

六年七月二十八日，將作監言，以捧日左第三軍第三指揮營屋爲西作坊，從之。先是，軍器置監於舊西作坊故也。

七年六月，軍器監言：「東西作坊並係權移於舊基地内，屋宇窄隘，盛暑之際，人所不堪，乞每坊於廳前各創造涼棚一十五間。」從之。

《宋會要》

作坊物料庫，在汴陽坊，掌鐵、木、鉛、錫、羽、箭簳、油、蠟、革、石、矢、鏃、麻、布、毛、漆、朱等料，給作坊之用，以京朝官、内侍三人監。舊三庫，景德元年合爲一。

太宗淳化元年十二月，詔：「作坊物料庫所支弓弩院造箭庫逐料箭簳，並令逐作預差人赴庫揀選，候數足，令監造使臣分擘造作。如損裂不堪，據數迴換。自今三司不得將閑雜破損、不係軍器物於物料庫送納。」

仁宗天聖六年正月，權三司使范雍言：「作坊物料庫所受納翎毛經年蛀蚛，河、陝諸州軍上京般請，至彼皆不任用。欲自今除在京合銷要翎毛數目於向南出産州軍置場收買送納外，所有河、陝、京東西五路州軍，即令轉運司破省錢收買，應副使用。(右)[若]本州軍不係出産，即據數預先牒鄰近出産州軍，及申轉運司收買應副。」從之。

神宗熙寧七年九月二十六日，軍器監言：「作坊物料庫、皮角四場庫，自來

諸處取索應用官物，並係本庫供送。逐庫所管又少，既妨支納，復有退换官物在外，無從關防。欲乞除在内造作依舊供送外，餘處並差人般請交領。」從之。以上《永樂大典》卷六一三七。

清・龍文彬《明會要》卷五六《食貨四・庫藏》 戊字庫，貯軍器、胡椒。

又 卷六一《兵四・兵器》 洪武初，設軍器、鞍轡二局。永樂間，京師設局亦如之。後併歸軍器局。《會典》。

四月，以脚蹬弩給各邊將士，仍令天下軍衛如式製造。王圻《考》。

十一年五月，定天下歲造軍器之數：甲冑之屬一萬三千四百六十五，馬步軍刀二萬一千，弓三萬五千，矢一百七十二萬。省直郡邑分造多寡有差。

十五年，海警。衛官請令民間造兵器給軍。上以軍匠付藩司置局，與民相參而造。

十七年，稽天下衛所軍器之數。已上《世法録》。

二十年，令天下都司衛所各置軍器局。軍士不堪征差者，習弓箭穿甲等匠，免致勞民。

二十三年，以天下歲造弓箭擾人，令工匠輪班赴京成造。已上王圻《考》。

二十六年，下進賢弓於諸司，令製如法。《世法録》。

又令造柳葉甲、鎖子頭盔六千副，給皇城守衛軍士。王圻《考》。

二十七年十月，命工部收藏兵甲。《三編》。

三十年，令天下都司、衛所各置軍器局。《會典》。

定制：軍器，非應操備者，悉貯官庫；其有損壞，就各衛軍器局修理，不宜私造。《鄧真傳》。

永樂元年，從黄福言，製弓凡四等，量力給受。《世法録》。

十五年，嚴兵器出境之禁；犯者雖勳戚不宥。同上。

宣德二年，設盔甲廠。《會典》。

四年，令：天下各衛所造軍器，每月具報。湖廣銅鼓等衛所歲終一報。同上。

正統元年，增鑄鐵蒺藜，給開平、赤城，分佈要害。《世法録》。

三年二月，命工部侍郎李庸專造兵器。《大政記》。

行在兵部言：「洪、永間諸司衛所各局造兵器，所需物料出自軍民。今動請之武庫，非國初置局意。」於是南京等府請以在官贖鍰給造，不足則以在軍鈔户食鹽税鈔給之。

是年，以兵器闕，敕工部擇京操餘軍協作，復令給事中御史按季試驗。

四年，御史李果言：「各衛軍器初無定額，或倍取物料於民而苟於成造。宜量軍匠多寡，定與物料，使如數造之。其收内放支，置簿書具奏。」已上《世法録》。

十四年八月，取南京軍器三分之二輸京師。《大政記》。

景泰二年八月，禁廣東、福建、浙江等處軍民之家不得私藏兵器。匿不首者全家充軍。造者本身與匠俱論死。其知情者亦連坐之。《日知録之餘》。

郭登嘗以意造攪地龍飛天網：鑿深塹，覆以土木如平地，敵入圍中，發其機，自相撞擊，頃刻皆陷。《郭登傳》。

弘治八年六月，補造南京軍器。《大政記》。

兵部尚書馬文升奏：「近年在京盔甲廠所造軍器，多不合式。其浙、閩、齊、洛各衛所軍器料價，多被管局官員侵欺入己。間有成造者，多不堪用。一遇查盤，大半損壞，那移搪塞，有名無實。去歲，内府戊字庫軍器被火燒燬數多，見存不知幾何。乞敕工部覈内府見藏之數。如有不足，令兵仗局制爲成式，發浙、閩各省依式成造。有不如法者，照例參問發落。」《明臣奏議》。

十三年正月己卯，禁民間收鬻軍器。六月，造拒馬木、竹牌、滚刀、神臂弓、飛槍等軍器。《大政記》。

正德六年，奏定應禁軍器，除弓、箭、刀、槍外，凡盔甲、旁牌、火筒、火牌、旗纛，不許私家製造。《會典》。

九年，江彬用事，以上命趣造兵器萬計。將作不能辨，豫徵來歲物價金給之。《世法録》。

江西巡撫孫燧恐宸濠劫兵器，假討賊盡出之他所。及宸濠反，大索兵器於城中，不得。賊多持白梃。《孫燧傳》。

嘉靖元年，御史言：「諸衛歲解軍器，經年不至，至或逃亡。比驗入，筦庫之官百計爲難。莫若徵其直於京置造便。」所司以歲造成規不宜輒變，第令御史嚴督其成。侵費漁索不貸。上以爲然。

十五年，總制劉天和言：「陝西會城所貯神臂强弩，相傳百餘年，而無其矢。嘗以私見製矢，射可三百步。復準漢耿恭之法，傅矢以藥，中人無不立斃者。」命造之。已上《世法録》。

四十三年閏二月，令内府軍器聽工部委官查驗。《大政記》。

隆慶元年，議准：各門存留器械，清查脩換，仍貯各門，指揮等官看守。每年五月，委官查盤。王圻《考》。

隆慶時，詔停造南京軍器。尚書裴宇言：「留都天下根本，備不可弛。」遂命如例造之。《世法録》。

萬曆十年，令在京兩廠造明盔甲五千副，給京營軍士，以五年爲期。王圻《考》。

四十七年五月，盔甲廠災。尚書黃嘉善議：應造盔甲器械，聽工部議，動項速造。從之。《三編》。

天啓二年，孫承宗經略薊遼，造甲胄、弓矢、礮石、渠答、鹵楯之具，合數百萬。《孫承宗傳》。

圖録

宋・曾公亮《武經總要》卷一〇　攻城法

距堙

〔距堙〕右距堙，即土山也。凡頭車冗城，則取其土爲堆阜，非冗城者亦可鑿土爲之，使人乘城而上，世亦謂之疊道。仍用生牛皮作小屋，並四面蒙之，屋中容運土人，以避矢。

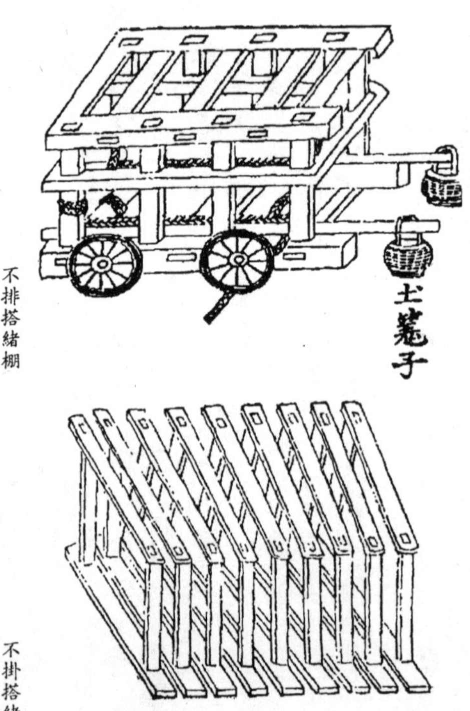

不排搭緒棚

不掛搭緒

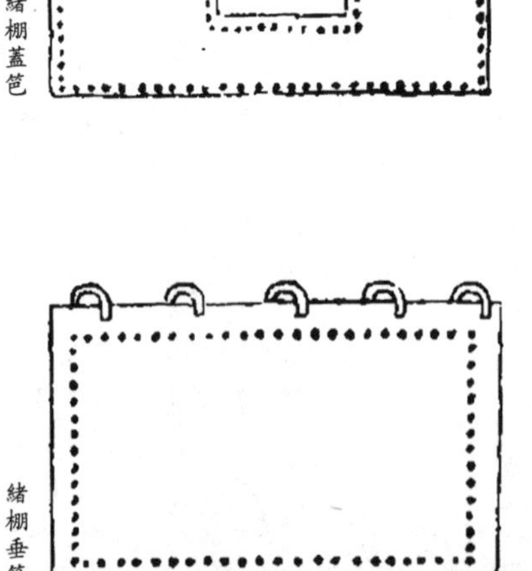
緒棚蓋笆

緒棚垂笆

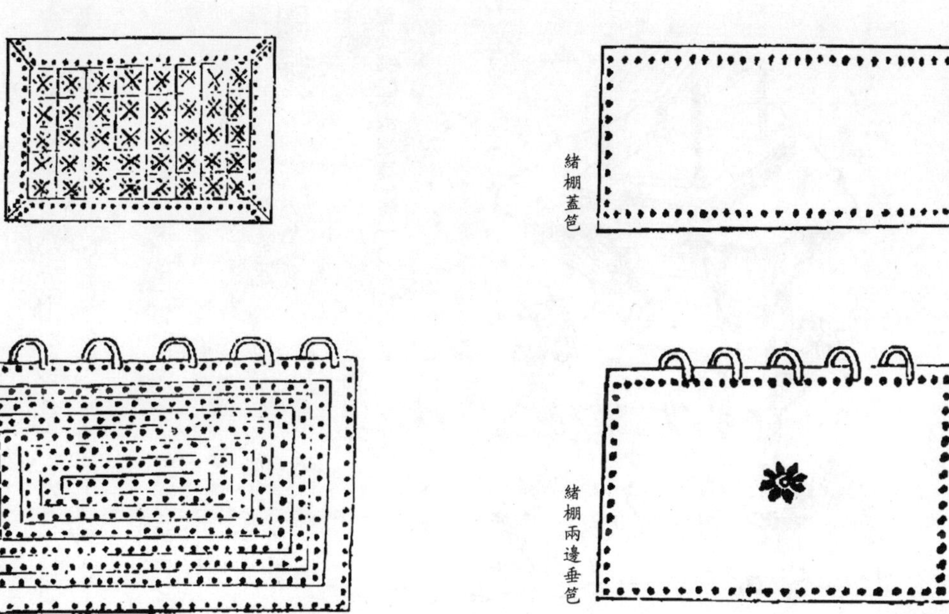

緒棚蓋笆

緒棚蓋笆

緒棚兩邊垂笆

緒棚兩邊垂笆

編皮笆

渾脱水袋

［緒棚］右緒棚接緒頭車架木爲棚，故曰緒棚。其高下如頭車，棚上及兩旁皆設皮笆以禦矢石。若頭車進，則益設之，隨其遠近。若敵人以火焚車及棚，則施設泥漿麻搭、渾脱水袋以救之。

鋒刃钁，鴟觜钁，鏵鍬，方鍬，鐵鑱，剗子。（右）地道內撅土用之，並設人常用更不圖形。

又（右）頭車，攻城器也。身長九尺，闊七尺，前高七尺，後高八尺。以兩巨木爲地栿，前後梯桄各一，前桄尤要壯大，上植四柱，柱頭設涎衣梁，上鋪散子木爲蓋，中留方竅，廣二尺，容人上下。蓋上鋪皮笆一重，皮笆以竹片編成，以生牛皮漫。笆上鋪穰藁，厚尺餘。穰藁上又施皮笆，所以禦砲石也。車三面皆設約竿。如今坐檻上欄干。頭牌木，每牌長九尺，闊五寸，厚六寸，首有小竅，以皮繩繫著車蓋，垂在約竿外。木無定數，但取遮密三面，牌外又垂皮笆，亦以禦砲。方竅下置梯以升，蓋上前施屏風笆一，笆中開箭窻，倚以木馬，令人於笆內射外。凡攻城、鑿地道，以車蔽人，先於百步內於矢石擊當面守城人，使不能立，乃自壕外進車，用大木二條，各長一丈八尺，謂之揭竿，首插前桄，下稍壓後桄出，以土囊壓竿梢，令揭車首昂起，車每進，便設緒棚續車後，遇壕則運土雜芻藁填之。運者皆自車中及緒棚下往來，矢石不能及。又以千斤大麻繩繫車前桄，引向後出，以絞車自後急絞，以助竿力，令車首常去地尺餘。兩面約竿牌木下分用三十人摧挠梯，桄下又以木橛、鐵挺斡跳，使進抵城下。

頭車舊本無輪，又無頭牌，今添入兩旁十輪，及前面屏風牌并兩掩手，庶可適用。

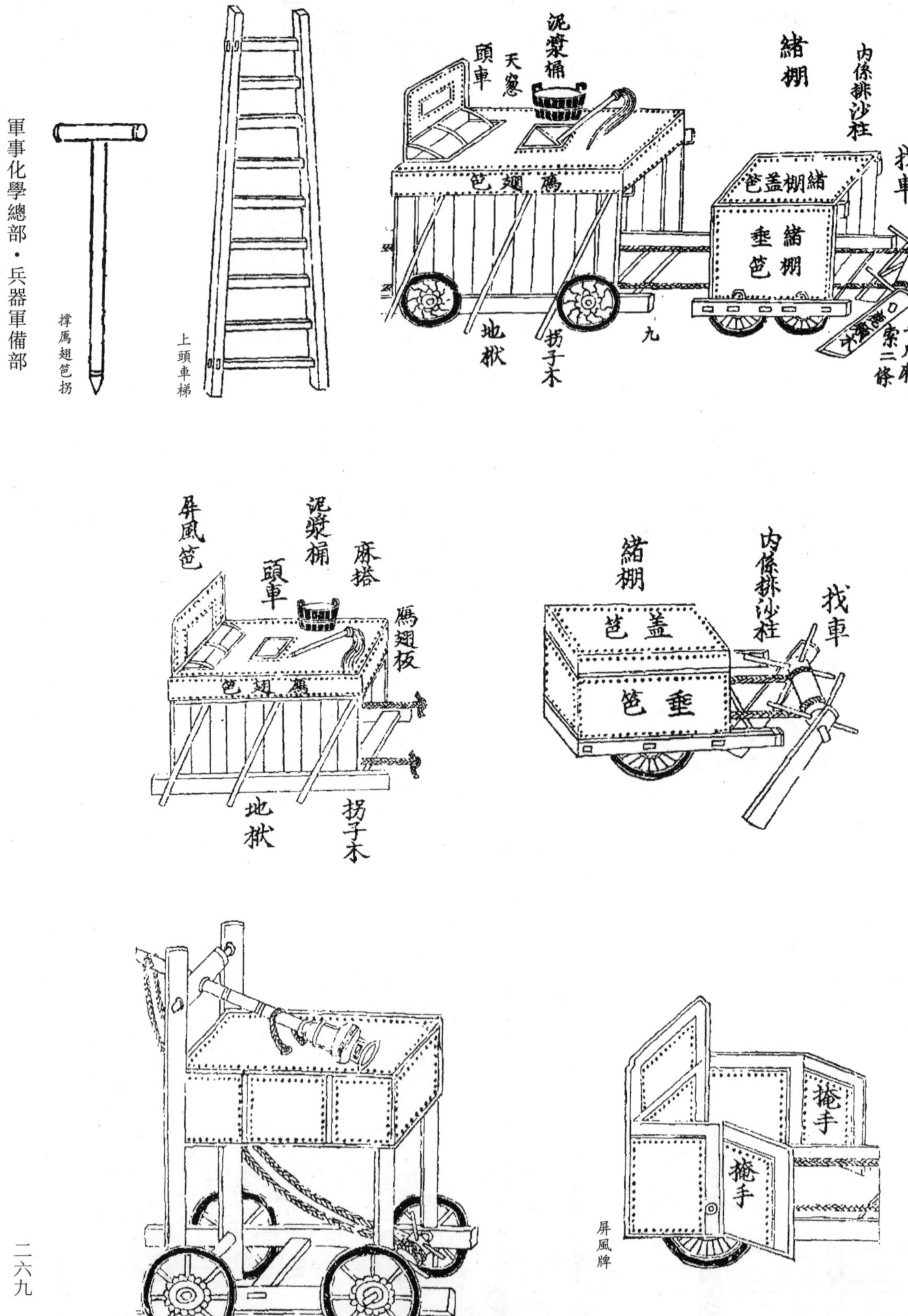
撑鴈翅笆拐
上頭車梯
泥漿桶
頭車
天窗
鴈翅笆
地栿
拐子木
九
緒棚
內係排沙柱
緒棚蓋笆
緒棚垂笆
找車
千斤麻索二條
屏風笆
泥漿桶
頭車
麻搭
鴈翅板
鴈翅笆
地栿
拐子木
緒棚
蓋笆
垂笆
內係排沙柱
找車
掩手
掩手
屏風牌
砲楼

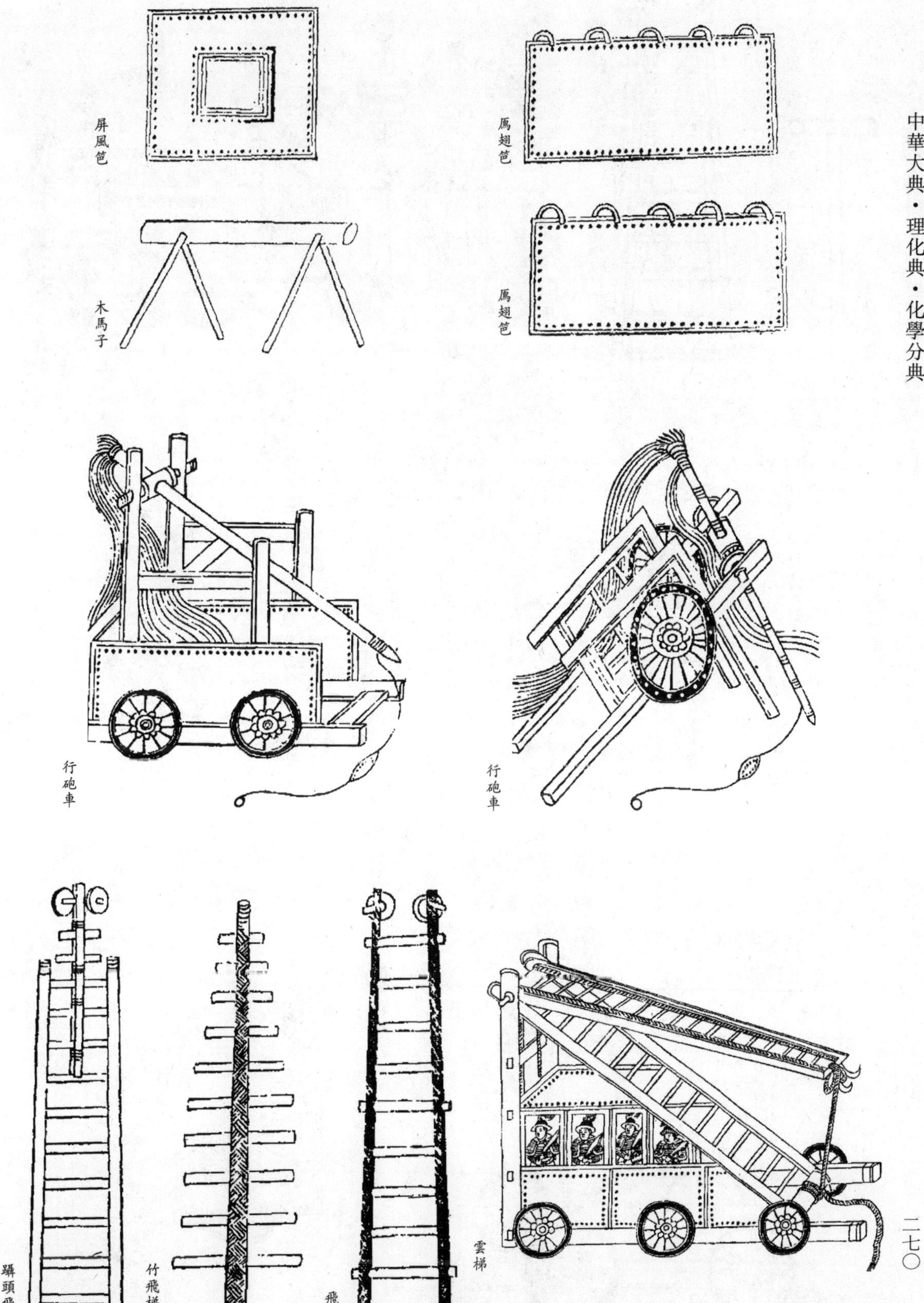
屏風笆
厲翅笆
木馬子
厲翅笆
行砲車
行砲車
躡頭飛梯
竹飛梯
飛梯
雲梯

[雲梯]右雲梯，以大木爲床，下施六輪，上立二梯，各長二丈餘，中施轉軸。車四面以生牛皮爲屏蔽，内以人推進，及城，則起飛梯於雲梯之上，以窺城中，故曰雲梯。

飛梯長二、三丈，首貫雙輪，欲蟻附則以輪著城推進。

竹飛梯，用獨竿大竹，兩旁施脚澀以登。

躡頭飛梯，如飛梯之制，爲兩層，上層用獨竿竹，中施轉軸，以起梯竿。首貫雙輪，取其附城易起。

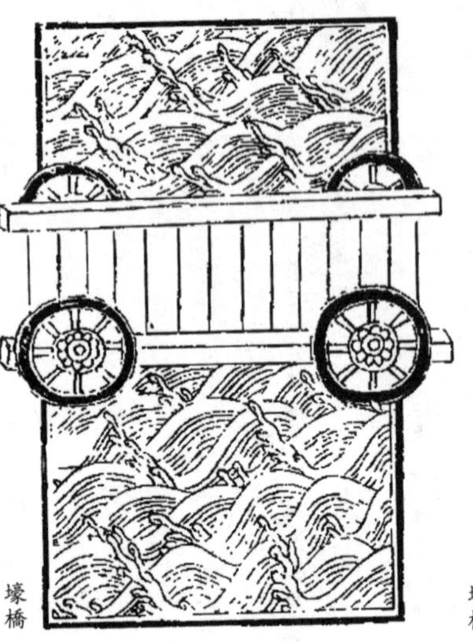
壕橋

壕橋

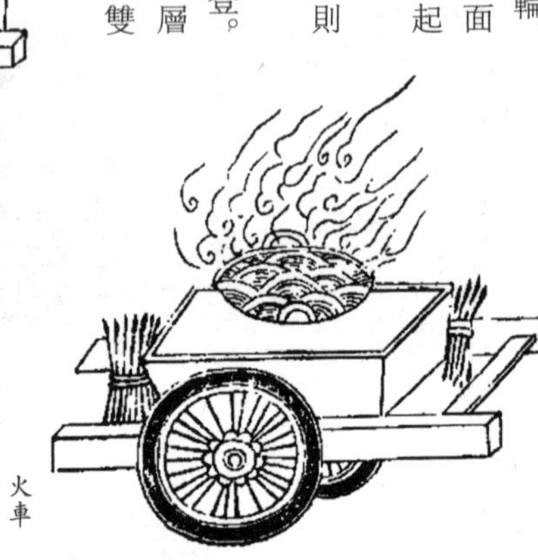
火車

又[火車](右)火車，以兩輪車，中爲爐，上施鑊，滿盛以油，熾炭火爨令沸，仍四面積薪。推至城門樓下，縱火而去，敵必下水沃之，油得水，其焰益高，則樓可燔也。

摺疊橋

[壕橋]右壕橋，長短以壕爲準，下施兩巨輪，首貫兩小輪，推進入壕，輪陷則橋平可渡。若壕闊，則用摺疊橋，其制以兩壕橋相接，中施轉軸，用法亦如之。

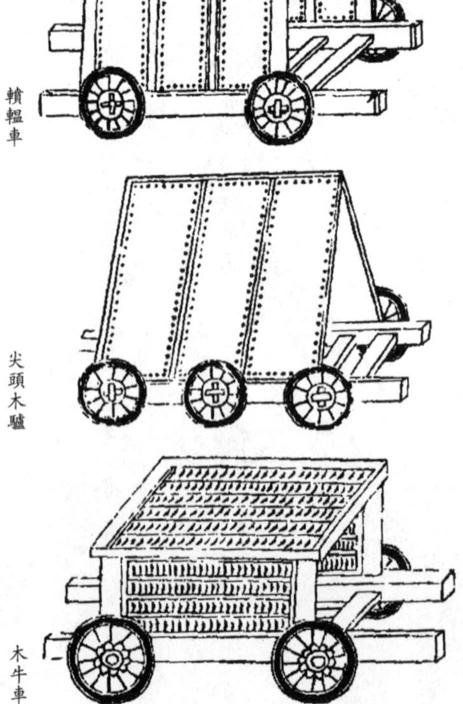
轒轀車

尖頭木驢

木牛車

右轒轀車，下虛，上蓋如斧刃，其車梯盤勿施枕板，中可容人著地推車。載以四車輪。其蓋以獨繩爲脊，以生牛皮革蒙之，中可蔽十人塡隍推之，直抵城下攻墩。

尖頭木驢，形如轒轀車，惟增二輪。上橫大木爲脊，長一丈五尺。上鋭下方，高八尺，以生牛革裹之，內蔽十人，推逼城下，以攻城作地道。

木牛，以堅木厚板爲平屋，裹以生牛革，下施四車輪，自內推進，以蔽攻城人，亦木驢之類也。

木幔，以版爲之，制如屏，裹以生牛革，上施桔槔，載以四車輪，低昂以繩挽之。凡攻城，欲蟻附者，則以幔禦當面矢石也。

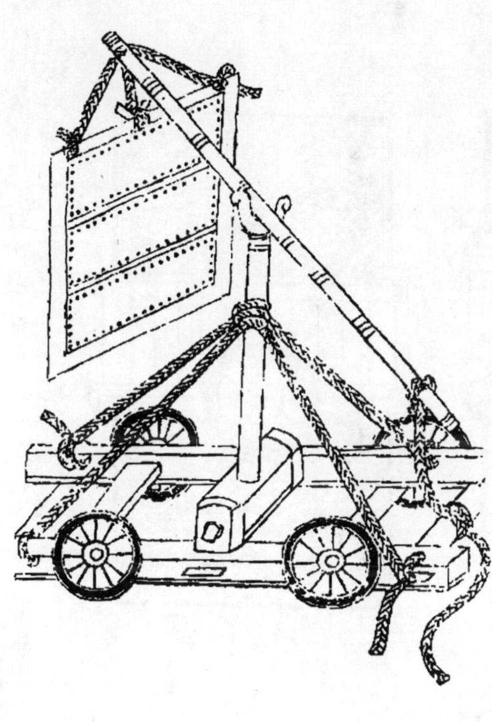
木幔

右凡望樓，與城中望樓爲一，制具守城門。所以下望城中事。攻城欲利推徙，故以車載，其制以堅木爲車，坐并轅長一丈五尺，下施四輪，輪高三尺五寸，上建望竿，凡建竿皆用鹿頰木。長四十五尺，上徑八寸，下徑一尺二寸。如之長木亦可接用。上安望樓竿，下施轉軸，兩傍施叉手木，繫麻繩三棚。上棚二條，各長七十尺。中棚二條，各長五十尺。下棚二條，各長四十尺。帶環鐵橛十條，皆下鋭。凡立竿，如舟上建檣法釘橛，繫繩六面維之令固。餘制及候望法，皆約城中望樓也。

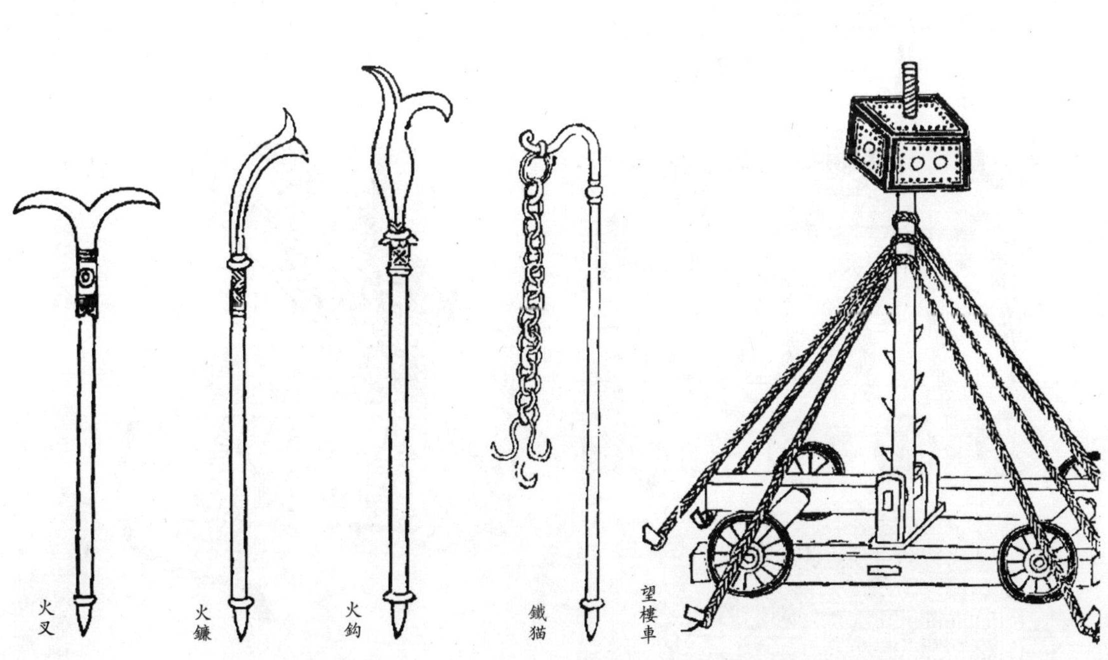
望樓車　鐵猫　火鉤　火鐮　火叉

右鐵猫，以鐵索繫三鬚。

火鈎，以雙鈎刀爲刃。

火鐮，以鈎刀爲刃。

火叉，以鐵爲兩歧，凡攻城將透，積薪草、松明、麻籸音詵。於地道中，加以膏油，縱火焚城，續之令不滅，則施四物以備用。燒之三日，其城自摧。

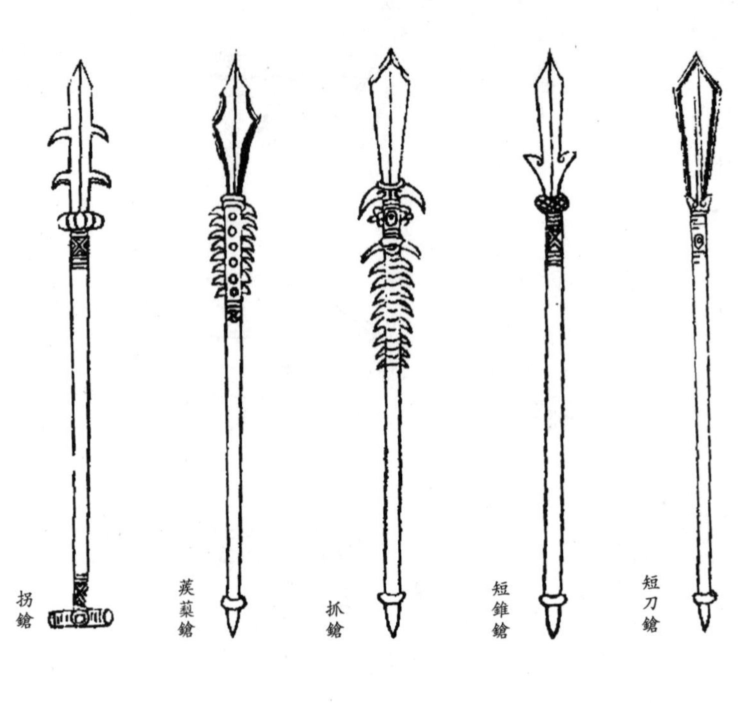

右短刃槍，并袴長二尺，桿長六尺。

短錐槍，并袴長一尺二寸，桿長六尺。

抓槍刃，長一尺五寸，刃後有四逆鬚，桿長六尺，前二尺，施鐵刺如雞距。

蒺藜槍，刃并袴長一尺三寸，桿長六尺，前二尺，施鐵蒺藜，皆頭車緒棚中所用戰器。

拐槍，刃連袴長二尺五寸，桿長四尺，有拐，攻城將透，敵來迎我，則與前四槍通用桿敵也。

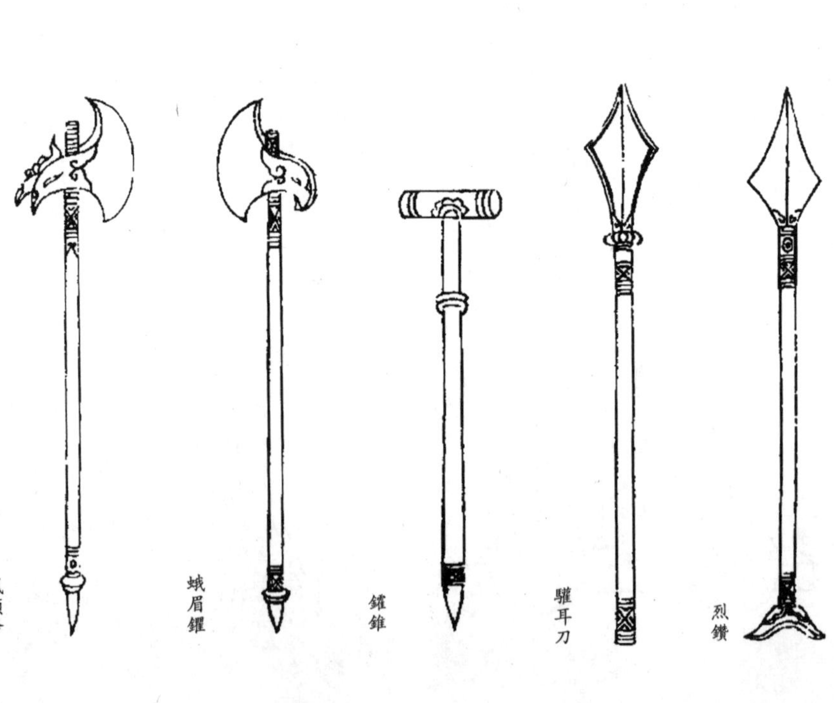

右烈鑽，刃連袴長一尺五寸，上鋭下方，闊八寸，柄長三尺，有拐。

驢耳刀，刃連袴長一尺，上鋭下狹，柄長三尺。凡冗城，先用刀鑽土，後地鍬鍤。

钁錐，刃連袴長二尺，柄長二尺五寸。冗城深者，以錐探透否。

蛾眉钁，長九寸，刃闊五寸，柄長三尺。

鳳頭斧，頭長八寸，柄長二尺五寸，並地道内撅土用之。

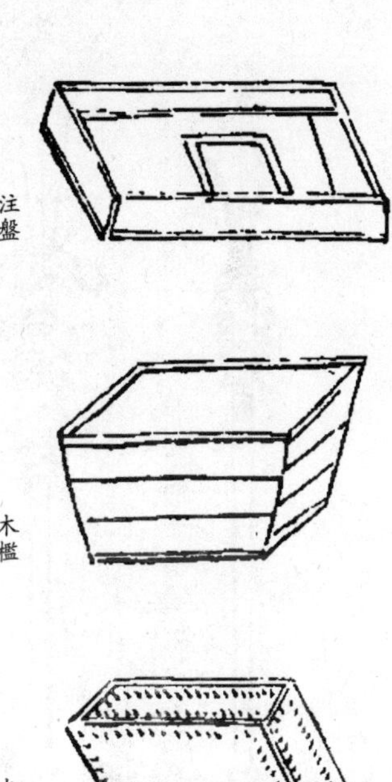

右注盤，方四尺，深七寸，中開一竅。

木檻，方四尺，深二尺，以儲人清臭藥。

皮透槽，長四尺，闊三，以生牛皮爲之。

皮漫，方六尺五寸，亦生牛皮爲之。四角各施鐵連環，環貫火繩。凡攻城，爲地道，敵人返冗地以迎我，我則賫人清臭藥，自翻身窟中，以注盤透槽下灌敵人。翻身謂城中鑿地道迎我，以甕聽審知所自，我則傍穿暗道層級漸高，直至敵人所鑿地道上爲冗定。施注盤以透槽注藥以灌之。皮漫，凡我鑿地道，敵人作飜身窟注藥害我，我則張皮漫，繫繩於排沙柱端以盛之，則無害。

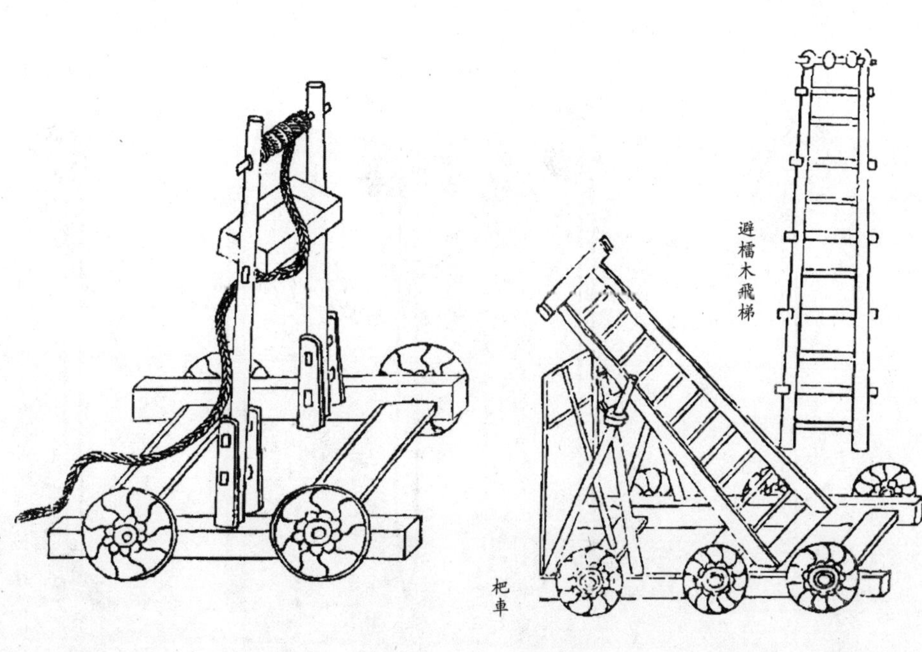

颺塵車，約行煙置三二十具，如飛梯、板屋之類。或即以飛梯板屋移用之亦通。其車與烟同縱，待烟氣盛，即推車逼城，颺其塵灰，守城人不能存立，必回避聚向一邊，則攻城人可緣上。用石灰最佳。

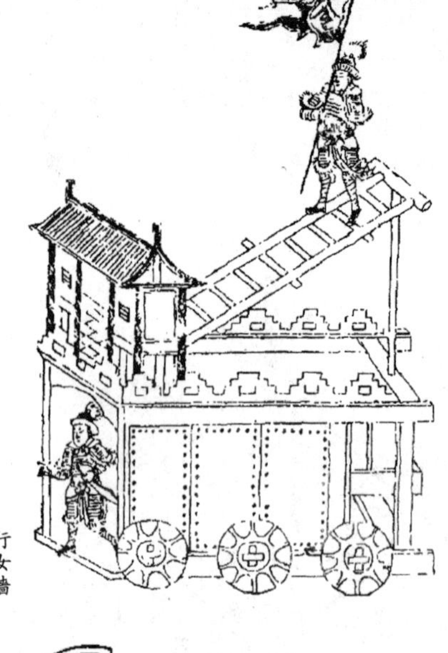

行女墻

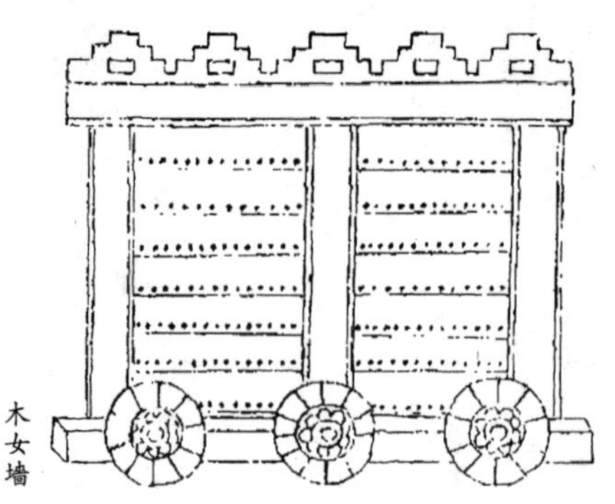

木女墻

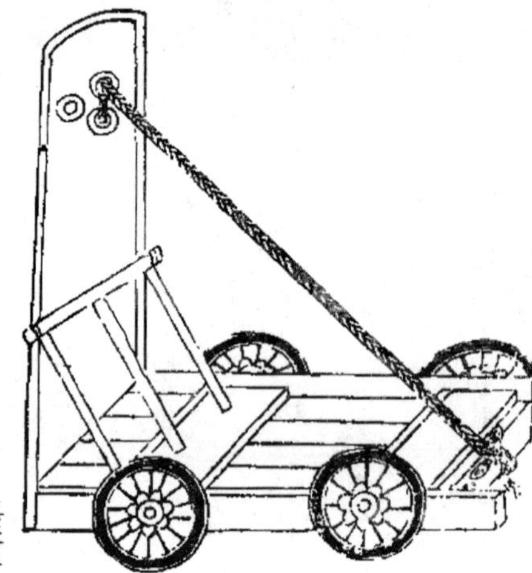

填壕車

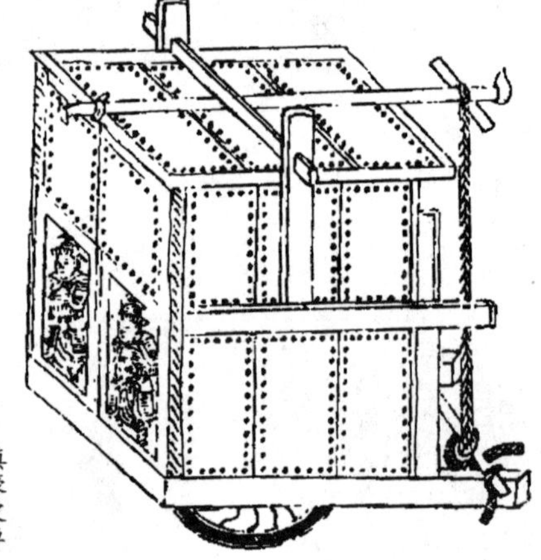

填壕皮車

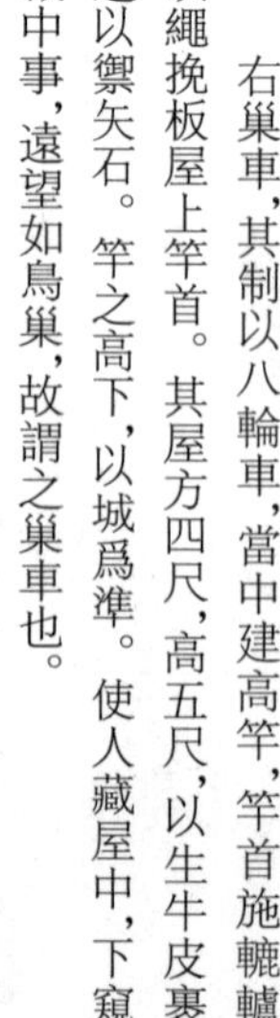

右巢車，其制以八輪車，當中建高竿，竿首施轆轤以繩挽板屋上竿首。其屋方四尺，高五尺，以生牛皮裹之以禦矢石。竿之高下，以城爲準。使人藏屋中，下窺城中事，遠望如鳥巢，故謂之巢車也。

巢車

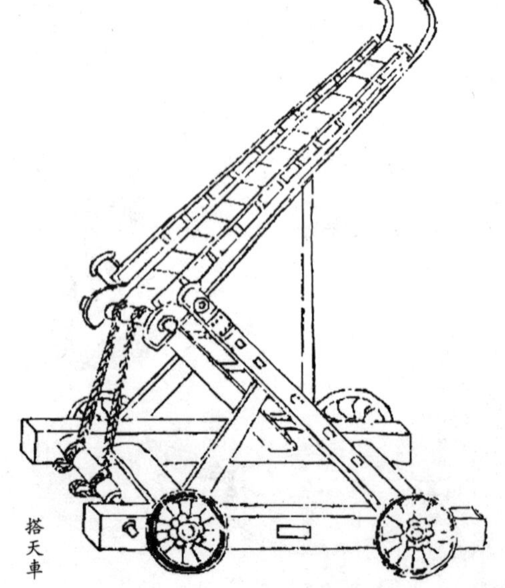

搭天車

右其説不着。

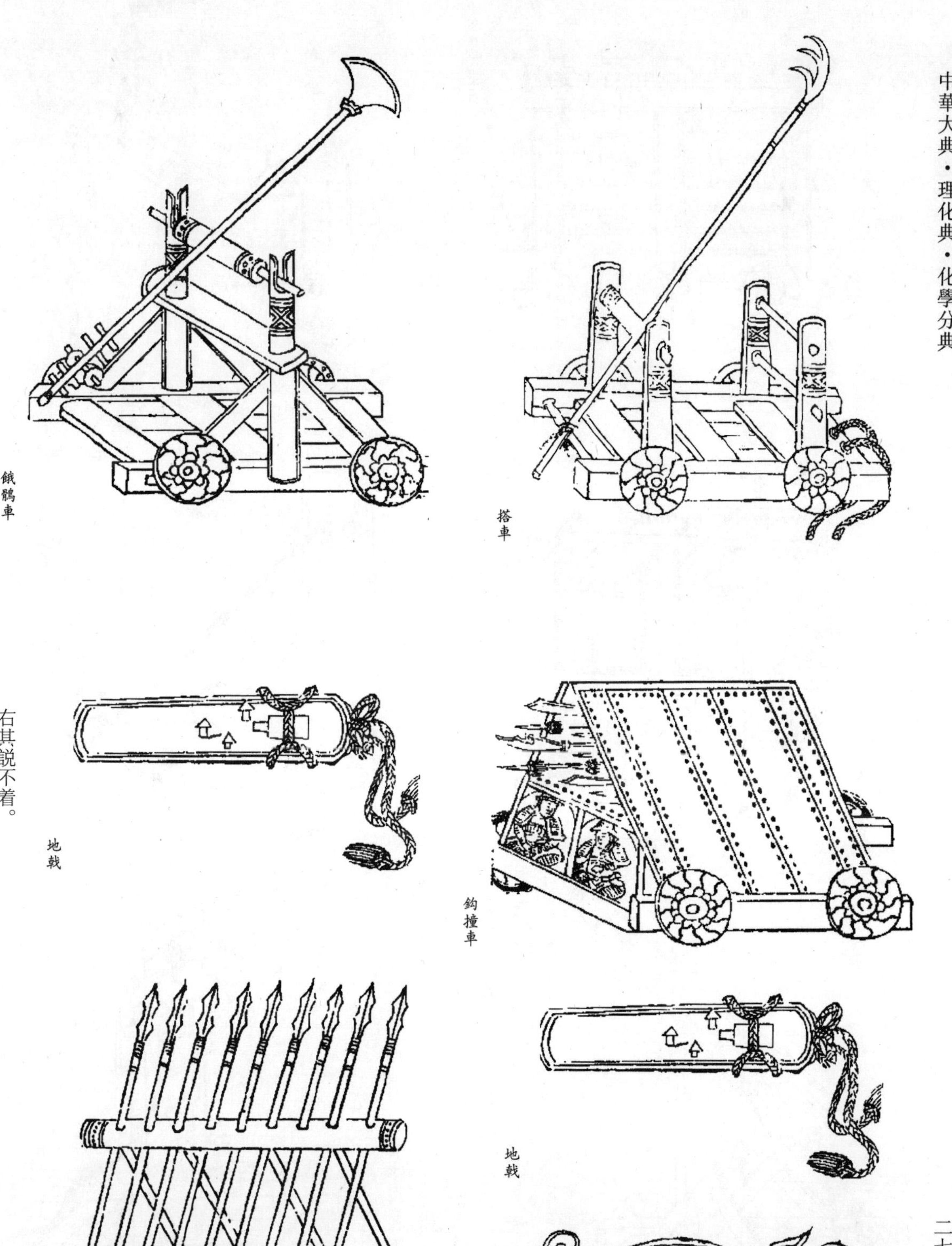

又 卷一一 戰船

凡水戰，以船艦大小爲等，勝人多少皆以米爲準。一人不過重米二石，帆櫓輕便爲上，以金鼓旗幡爲進退之節。其戰，則有樓船、鬪艦、走舸、海鶻。其潛襲，則有蒙衝、遊艇。其器，則有拍竿爲其用，利順流以擊之。諸軍視大將軍之旗，旗前亞聞皷，進則旗立。聞金則止，旗偃即還。若先鋒遊奕等船爲賊所圍，以須外援，則視大將赤旗向賊，點則進，每點一船進。旗前亞不舉，則戰船徐退。旗向内點，每點一船退。若張疑兵，則於浦泥廣設旌旗，帆檣以惑之。此其大畧也。

遊艇者，無女墻，舷上槳牀左右，隨艇子大小長短，四尺一牀，計會進止、回軍轉陣，其疾如風，虞候用之。

拍竿者，施于大艦之上，每艦作五層樓，高百尺，置六拍竿，並高五十尺，戰士八百人，旗幟加於上。每迎戰，敵船若逼則發拍竿，當者舡舫皆碎。隋高祖命楊素伐陳，自信州下峽，造大艦名五牙艦，上起樓五層，高百餘尺，左右前後置六拍竿，並高五十尺，容戰士八百人，旗幟加於上。次曰黄龍，置兵五百人。自餘平乘舴艋等各有差，軍下至荆門，陳將吕仲肅於州以艦拒素，素令巴蠻乘五牙四艘逆戰，船近，以拍竿碎陳十餘艦，奪江路。

遊艇
蒙衝

蒙衝者，以生牛革蒙戰船背，左右開掣棹空，矢石不能敗。前後左右有弩窓矛穴，敵近則施放。此不用大船，務在捷速，乘人之不備。

樓舡

走舸

樓船者，舡上建樓三重，列女墻戰格，樹幡幟，開弩窻矛穴，外施氊革禦火，置砲車、檑石、鐵汁，狀如小壘。其長者步可以奔車馳馬。若遇暴風，則人力不能制，不甚便於用。然施之水軍，不可以不設，足張形勢也。

走舸者，船舷上立女墻，棹夫多戰卒，皆選勇力精鋭者充，往返如飛鷗，乘人之所不及。金皷旌旗在上。

鬪艦者，船舷上設女墻，可蔽半身，墻下開掣掉空，音孔。船内五尺，又建棚與女墻齊，棚上又建女墻，重列戰士，上無覆背，前後左右竪牙旗、金皷。晉謀伐吴，詔王濬修舟艦，乃作大舟連舫，一百二十步，受二千人，以木爲城，起橈櫓，闊四間。其上皆得馳馬，盡鷁首怪獸，人懼江神。

海鶻者，船形頭低尾高，前大後小，如鶻之形。舷上左右置浮板，形如鶻翼翅肋。其舡雖風濤怒漲，而無側傾。覆背左右以生牛皮爲城，牙旗、金皷如常法。

又 卷一二 守城

鬬艦

海鶻

地澀

鐵蒺蔾

鹿角木

搊蹄

鐵菱角

右鐵菱角，如鐵蒺蔾，布水中刺人馬足。

鹿角木，擇堅木如鹿角形者，斷之，長數尺，埋入地，深尺餘，以閡馬足。

地澀，以逆鬚釘布版上，版厚三寸，長、闊約三、二尺。鐵蒺蔾，並以置賊來要路，使人馬不得騁。右所謂渠荅也。

搊蹄，鬭四木爲方形，徑七寸，中横施鐵逆鬚，釘其上，亦攔馬路之具。

木蒺蔾，以三角重木爲之。

凡壕中遇天旱水淺，則布鐵菱角於水中。城外有溪陂可絶者，亦布之。大城外遍植鹿角木。

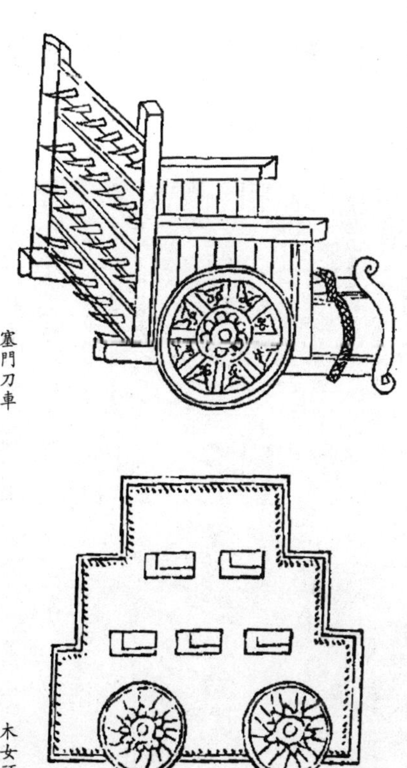
塞門刀車

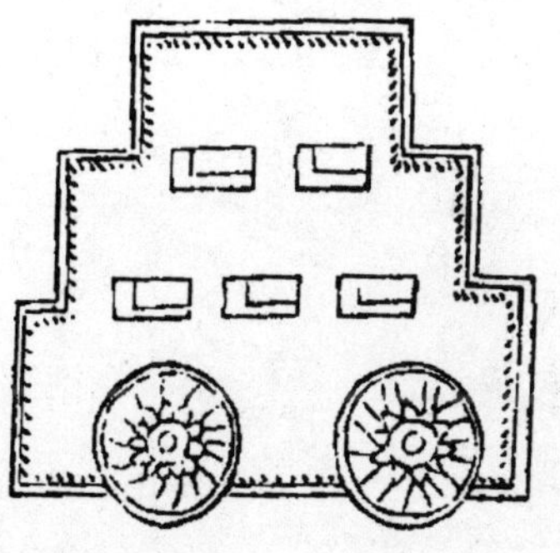
木女頭

刀車，以兩輪車，自後出鎗刃，密佈之。凡爲敵攻壞城門，則以車塞之。

木女頭，形制如女牆，以版爲之，高六尺，闊五尺，下施兩輪，軸施拐木二條。凡敵人攻城，摧壞女牆，則以此木女代之。

右木檑，以木體重者爲之，長四尺，徑五寸。

泥檑，用緊慢土調泥，入猪鬃毛、馬尾毛鬣三十斤，擣熟。捍成。長二三尺，徑五寸。

塼檑，如檑形，燒塼爲之，長三尺五寸，徑六寸。

車脚檑，以繩繫獨輪，以絞車放下、復收。

夜叉檑，一名留客住，用濕榆木，長一丈許，徑一尺，周回施逆鬚，出木五寸，兩端安輪。脚輪徑二尺。以鐵索絞車放下、復收，並以擊攻城蟻附者。

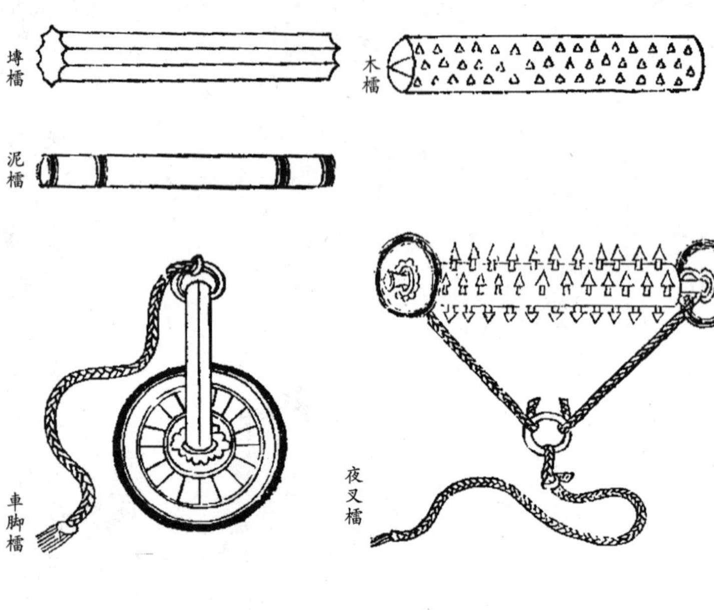

右狼牙拍，合榆木爲箕，長五尺，闊四尺五寸，厚三寸，以狼牙鐵釘二千二百箇，皆長五寸，重六兩，佈釘於拍上，出木三寸。四面施一刃，刀刃入木寸半，前後各施二鐵環，貫以麻繩，鈎於城上。敵人蟻附登城，則使人掣起，下而拍之。

飛鈎，一名鐵鴟，脚鈎鋒長利四出，而曲貫鐵索，以麻繩續之。凡敵人被重甲，頭有鍪笠，又畏矢石不得仰視，候其聚處，則擲鈎於稠人中，急牽挽之，每鈎可取三兩人。

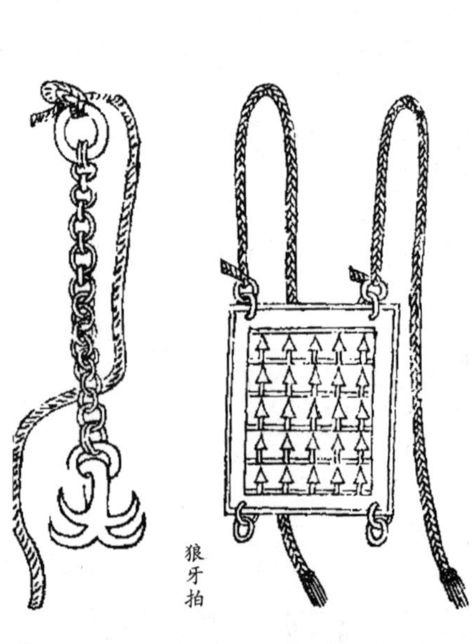

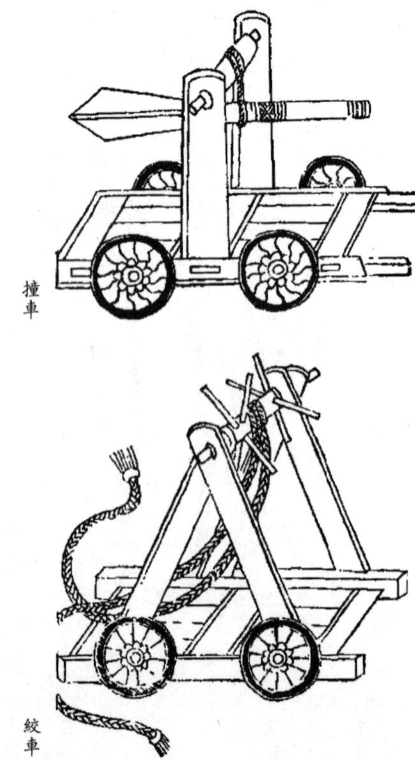

右絞車，合大木爲床，前建二叉手柱，上爲絞車，下施四卑輪，皆極壯大，力可挽二千斤。凡飛梯、木幔逼城，使善用搭索者，遥抛鉤索掛及梯、幔，併力挽令近前，即以長竿舉大索鈎及，而絞之入城。如絞木驢，待其逼城，且擲大木檑石擊之，次下小石勿絶，使木驢内驚懼，人不散出，則使二壯士坐皮屋中，自城上設轆轤，繫鐵索縋至木驢上。二人俱出，引絞車鉤索，掛搭木驢畢，復拽上，即速絞取入城。皮屋以鐵捲爲質，生牛革裹之，開出入竅，可容二壯士。

撞車，上設撞木，制如榨油撞法。以鐵葉裹其首，逐便移從。伺飛梯臨城，則撞之。

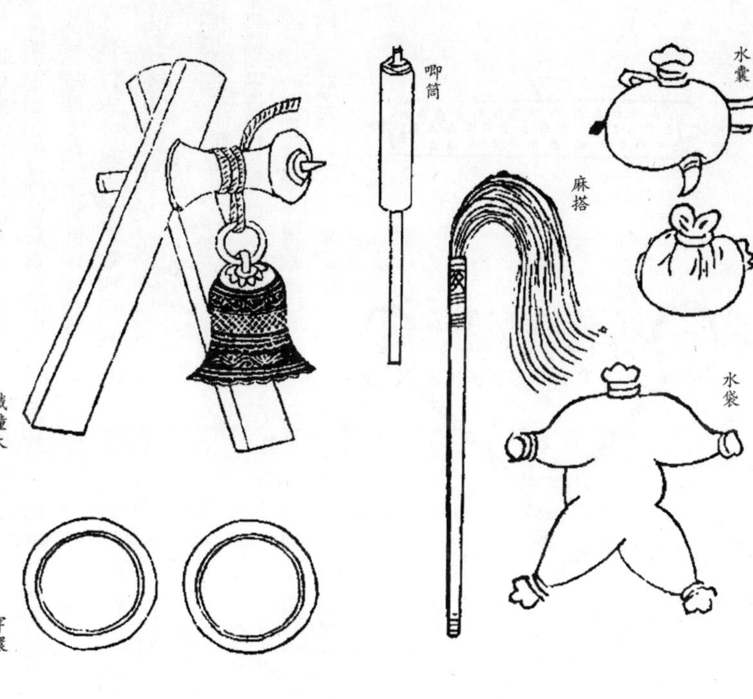

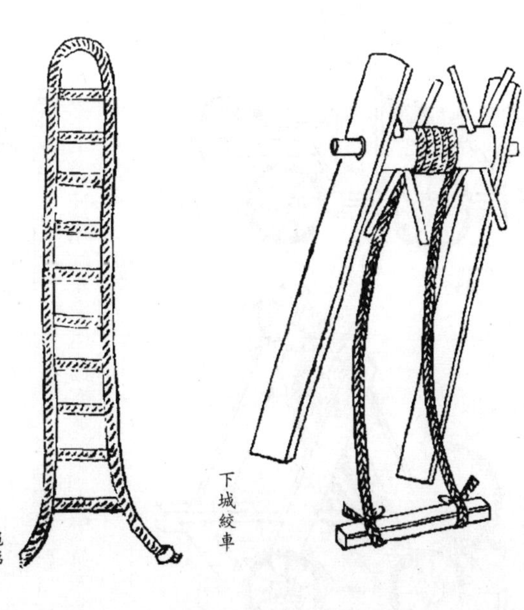

右水袋，以馬牛雜畜皮渾脱爲袋，貯水三四石，以大竹一丈，去節，縛於袋口。若火焚樓棚，則以壯士三、五人持袋，口向火，蹙水注之。每門置兩具。

水囊，以猪牛胞盛水，敵若積薪城下，順風發火，則以囊擲火中。古軍法作油囊，亦便。

唧筒，用長竹，下開竅，以絮裹水桿，自竅唧水。

麻搭，以八尺桿，繫散麻二斤，蘸泥漿，皆以蹙火。

鐵撞木，木身鐵首，其首六鐵鋒，鋒大三指，長尺餘。鋒尖爲逆鬚，其竅貫鐵索。凡木驢逼城，即自城上以轆轤絞鐵撞下，而斲之，皮革皆壞，乃下燕尾炬燒之。

穿環鍜鐵，或屈柔韌木爲大環，以索繫之，則用撞車及城，則舉環穿掛車，一併力挽繩，隨以弓弩兩傍射之，其車必翻。射仍勿止，車下人多不被甲，當遁走，急縋健卒，擲薪芻以焚之。

絞車，立兩頰木，横施轉軸，施十字絞木，垂兩繩，下貫蹈版，乘之上下。

繩梯，以巨繩繫横桄爲軟梯，凡登高則用之。

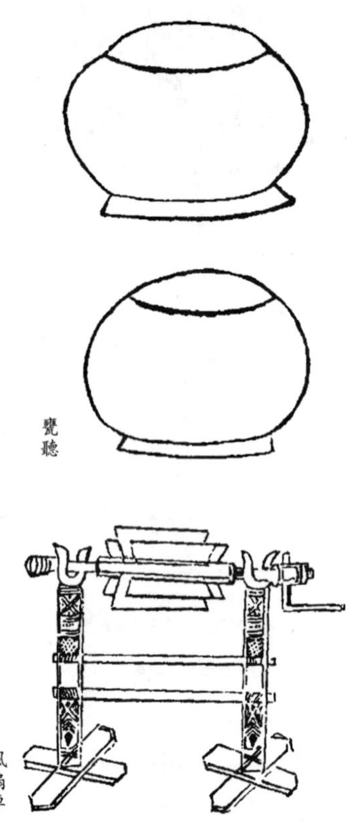

右甕聽，用七石甕覆於地道內，擇耳聰人坐聽於甕下，以防城中鑿地道迎我。若賊開地道迎我，則急以霹靂火毬，具守城門。毒藥煙毬具火攻門。熏灼之。其樺燭、鐵燈籠、木燈籠，皆用地道中點照。

風扇車，二柱二桄，高闊約地道能容，上施轉軸，軸四面施方扇。凡地道中遇敵人，用扇颺石炭，簸火毬煙以害敵人。

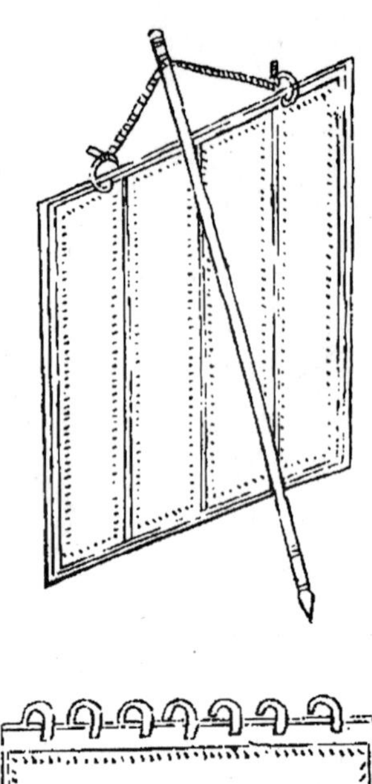

右布幔，以複布爲幕，度矢石來處，以弱竿張掛，去城七、八尺，居女墻之外，以折矢石勢。一說，結葦繩爲網，如布幔張掛，亦可護女墻樓櫓。

皮簾，以水牛皮爲之，闊一丈，長八尺，橫綴皮耳七箇。凡城上有闕遮蔽，則張掛之。

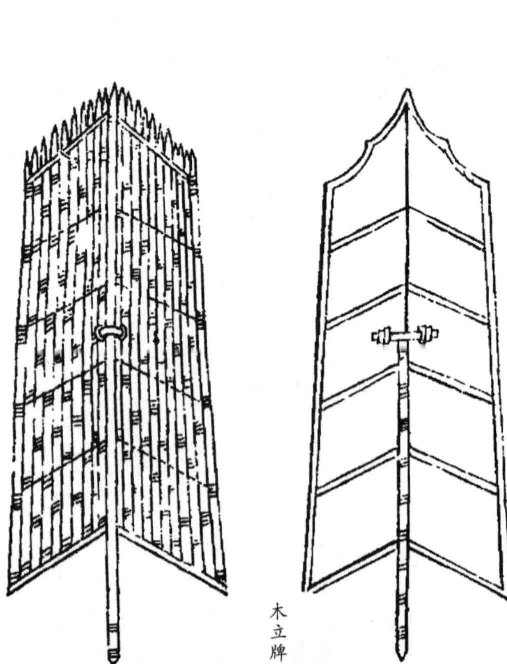

右木立牌，高五尺，闊三尺，背施橫楅。筆力反。遠轉關拐子，長三尺。竹立牌，取厚竹條，闊五分，長五尺者，用生牛皮條編成，上鋭下方，餘如木牌之制。一法，用全生牛皮，穿空以厚竹編之，尤堅。皆楯之類也。可以巡城，及敵棚上以防火砲、火箭之類，亦以蔽人射外。

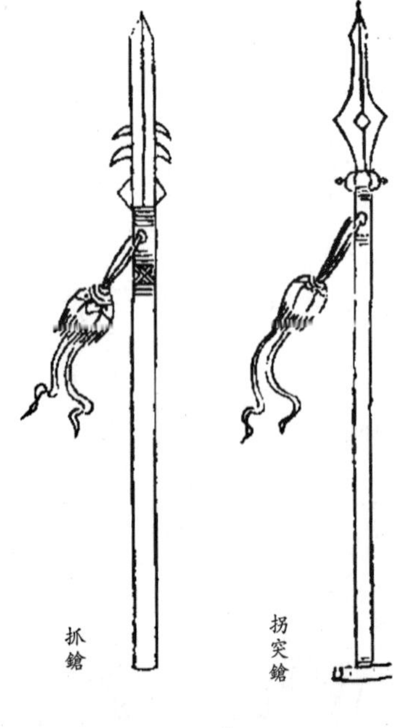

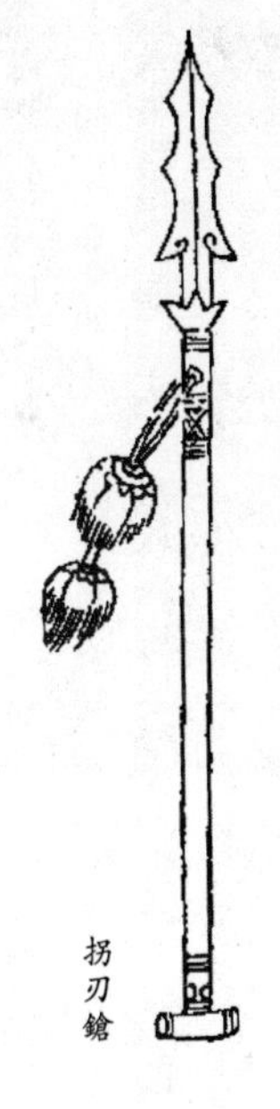
拐刃鎗

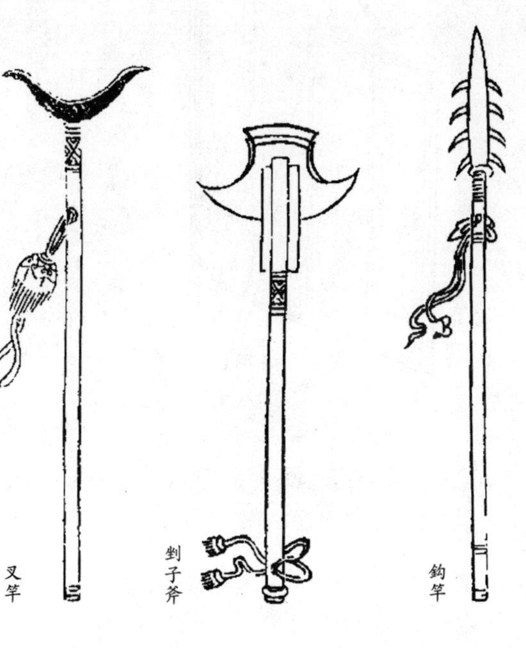
鈎竿　剉子斧　叉竿

右拐突槍，桿長二丈五尺，上施四稜麥穗鐵刃，連袴長二尺，後有拐。

抓槍，長二丈四尺，上施鐵刃，長一尺，下有四逆鬚。連袴長二尺。

拐刃槍，桿長二丈五尺，刃連袴長二尺，後有拐長六寸。

鈎竿，如槍，兩傍加曲刃，竿首三尺，裹以鐵葉，施鐵刺如雞距。

剉手斧，直柄横刀，刃長四寸，厚四寸五分，闊七寸，柄長三尺五寸。柄施四刃，長四寸，並用於敵樓、戰棚，蹈空版下鈎刺攻城人，及斫攀城人手。

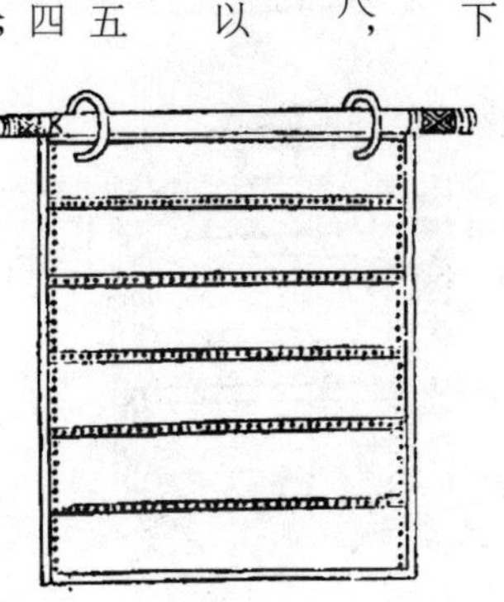
土色氈簾

叉竿，長二丈，兩岐，用叉以叉飛梯及登城。

又 （右）氊簾，制爲土色。凡地道兩傍，皆横鑿洞穴，可容十人，執短兵藏冗中，外垂簾爲蔽，與土色無别。若敵人攻奪地道，則出兵捍之。

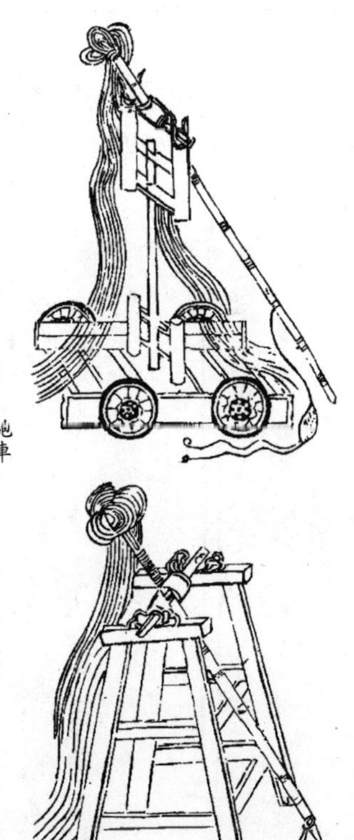
砲車　單梢砲

右砲車，大木爲床，下施四輪，上建獨竿。竿首施羅匡木，上置砲梢，高下約城爲準。推徙往來，以逐便利。其施放及用物，一準常砲法。

右單梢砲，用前後脚柱四，前長一丈八尺，上出山口六寸，裹以鐵葉。後長一丈六尺五寸。上扇桄，長八尺五寸，除仰斜留六尺五寸。下扇桄，長一丈三尺，除仰斜留一丈。上會桄一，長八尺五寸，除仰斜留四尺五寸。下會桄一，長一丈三尺，除仰斜留九尺。鹿耳四，夾軸兩端。長一尺一寸，闊五寸，厚三分。軸一，長七尺，徑一尺。罷頭木二，長七尺，徑一尺。楔十六，長一尺八寸，闊四寸，厚三分。梢一，長二丈五尺，大徑四寸，小徑二寸八分。鵰頭一，長二尺五寸，闊七寸，厚三分。極竿二，長二丈三尺，大徑四寸，小徑二寸。鐵雙蝎尾一，長一尺二寸，重二斤。鐵束二，每箇重七兩，闊七寸。狼牙釘十八，弦子二，長二丈五尺，十二子用麻一斤八兩。皮窩一，長八寸，闊六寸。禮索六，長五丈，每條用麻二斤八兩。拽索四十。長四丈，用麻四斤。凡一砲，四十人拽，一人定放，放五十步外。石重二斤。

又 **卷一三** 器圖

古稱工欲善其事，必先利其器，蓋士卒猶工也，兵械猶器也，器利而工善，兵精而事彊，勢則然矣。故曰，兵不精利，與空手同。甲不堅密，與袒裼同。弩不

及遠，與短兵同。射不能中，與無矢同。中不能入，與無鏃同。鬪而不勇，與無手同。其法五不當一。然則五兵者，三軍所以恃而爲勇也，可不謹乎！歷代異宜形，制有異。今但取當世兵機，繪出其形，以紀新制云。

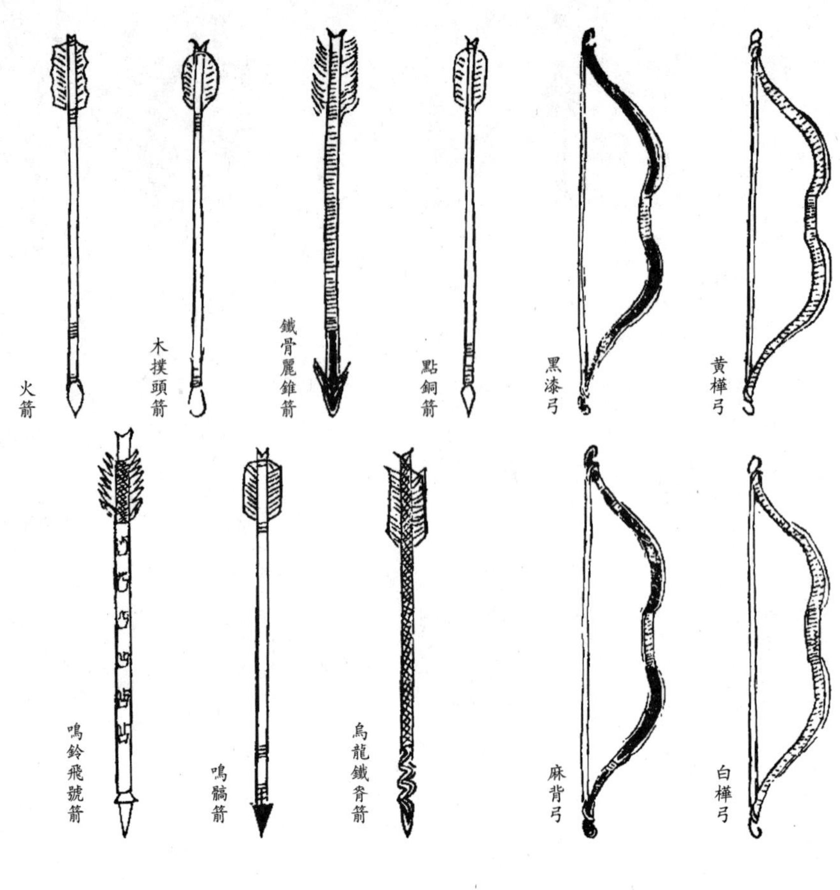

右其飾有黑漆、黃白樺、麻背之別。其彊弱，以石斗爲等。箭有點鋼、木樸頭、鳴髇。點鋼，精鐵也。木樸頭，施於教閱。鳴髇，戲射者。又有火箭，施火藥於箭首，弓弩通用之。其傳藥輕重，以弓力爲准。

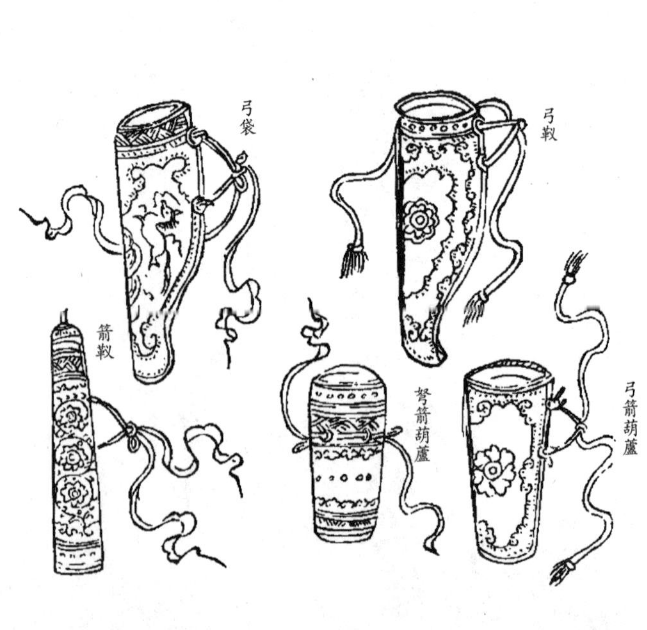

右以皮革爲之，隨弓弩及箭大小長短用之。

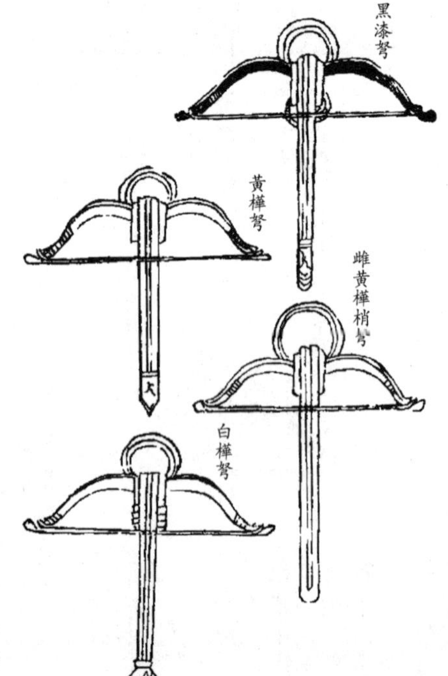

右人自踏張者，其飾有黑漆、黃白樺、雌黃樺。稍小則有跳鐙弩、木弩、跳鐙弩，亦曰小黃，其用尤利。木弩雖可施，不能久，邊兵不甚用。其力之彊弱，皆以石斗爲等。箭有點鋼、木羽、風(物)[羽]、木撲頭、三停。木羽者，以木爲幹，羽咸平。初軍校石歸宋上之箭，中人，雖幹去，鏃留牢不可拔，戎人最畏之。風羽者，謂當安羽處剔空兩邊，以客風氣，則射時不掉。此不常用，備翎羽之乏耳。三停者，箭形至短，羽、幹、鏃三停，故云三停箭，中物不能出，以短故也。

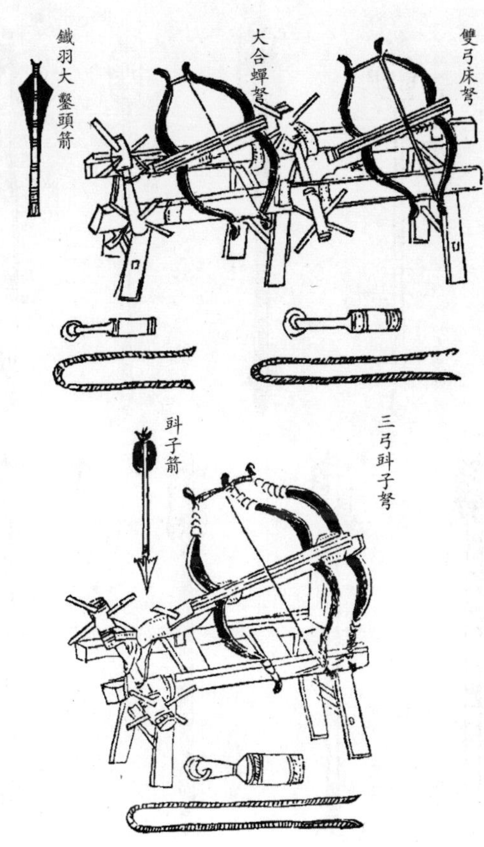

右以七人張發，大鑿頭箭射及一百五十步。

右雙弓床弩，前後各施一弓，以繩軸絞張之。下施床承弩，其名有小、大、合蟬，有手射。合蟬者，謂如兩蟬之狀。大者，張時用十許人。次者，五、七人。一工準所射高下，一人以槌發其牙。箭用大小鑿頭箭。惟手射斗子弩最小，數人就床張訖，一人手發之，射並及一百二十大步。

三弓床弩，前二弓，後一弓，世亦名八牛弩。張時凡百許人，法皆如雙弓弩。箭用木幹鐵羽，世謂之一鎗三劍箭。其次者，用五、七十人。箭則或鐵，或翎爲羽，次三弓，並利攻城。故人謂其箭爲踏橛箭者，以其射著城上，人可踏而登之也。又有繫鐵斗於弦上，斗中著常箭數十隻，凡一發可中數十人，世謂之斗子箭，亦云寒鴉箭。言矢之紛散，如鴉飛也。三弩並射及二百大步，其箭皆可施火藥，用之輕重，以弩力爲準。

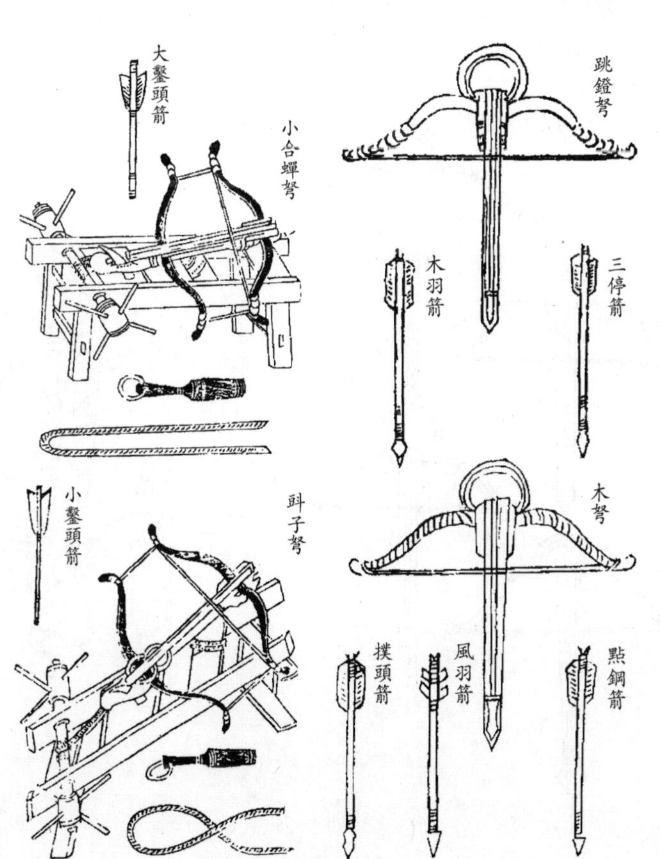

以七人張發，大鑿頭箭射及一百四十步。

[斗子弩]以四人張發，小鑿頭箭射及一百五十步。

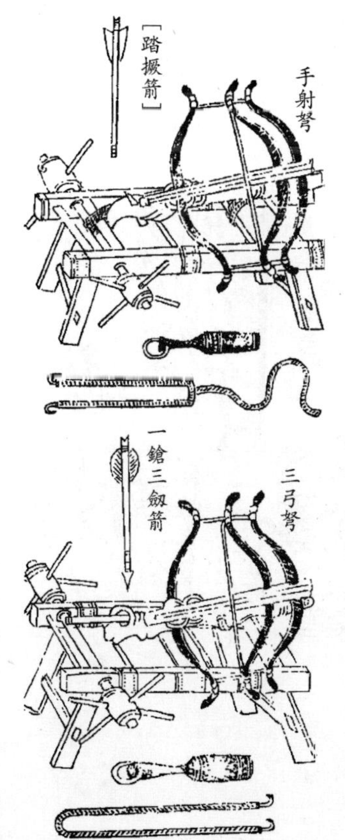

[手射弩]以二十人張發，踏撅箭射及二百五十步。

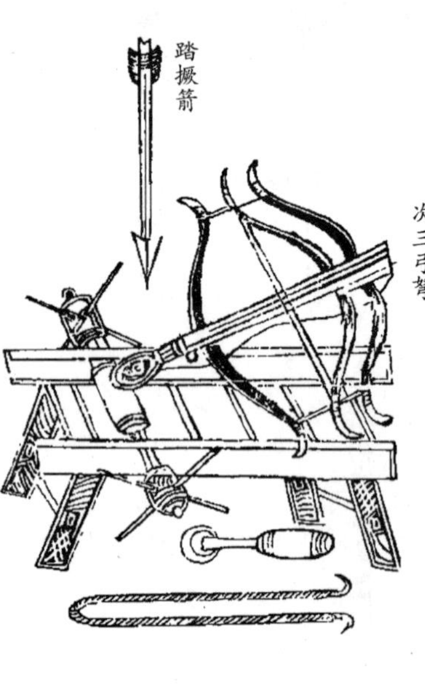

[一鎗三劍箭]以七十人張發，一鎗三劍箭射及三百步。

[次三弓弩]以三十人張發，踏撅箭射及二百步。

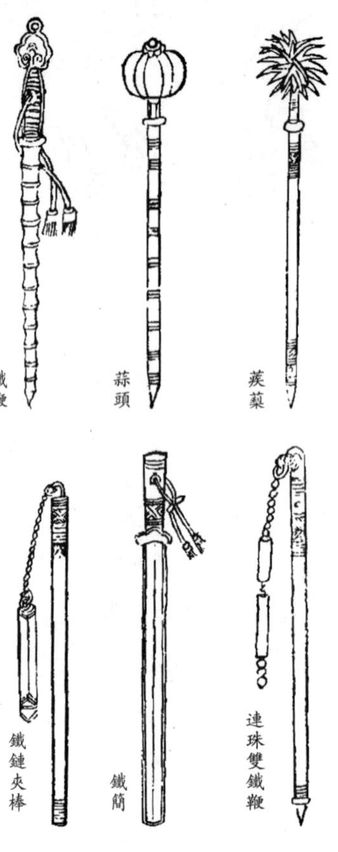

右蒺藜、蒜頭骨朵二色，以鐵若木爲大首。跡其意本爲胍肫，胍肫，大腹也，謂其形如胍而大。後人語訛，以胍爲骨，以肫爲朵。其首形製不常，或如蒺藜，或如羔首，俗亦隨宜呼之。

短柄鐵鏈，皆骨朵類，特形製小異爾。

鐵鞭、鐵簡兩色，鞭其形大小長短，隨人力所勝用之。人有作四稜者，謂之鐵簡，言方稜似簡形，皆鞭類也。

鐵鏈夾棒，本出西戎，馬上用之，以敵漢之步兵。其狀如農家打麥之枷，以鐵飾之，利於自上繫下。故漢兵善用者，巧於戎人。

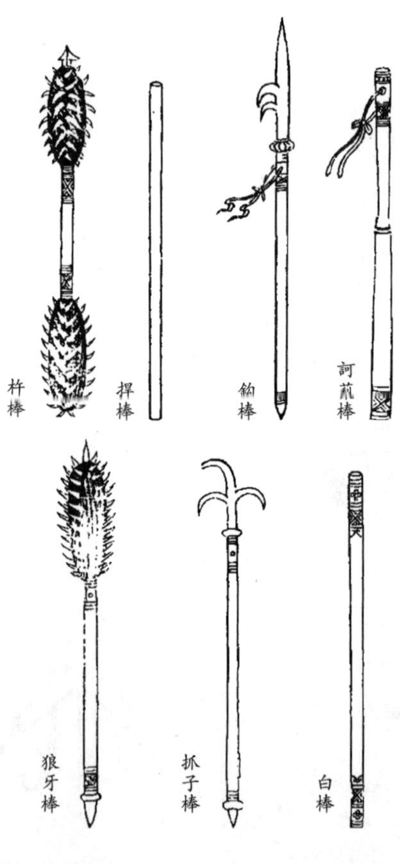

右取堅重木爲之，長四五尺，異名有四：曰棒四棆，曰杵，曰桿。有以鐵裹其上者，人謂訶藜棒。近邊臣施棒，首施鋭刃，下作倒雙鈎，謂之鈎棒。無刃而鈎者，亦田鐵抓植釘於上。如狼牙者，曰狼牙棒。本末均大者爲杵，長細、面堅重者爲桿，亦有施刃鏄者，大抵皆棒之一種。

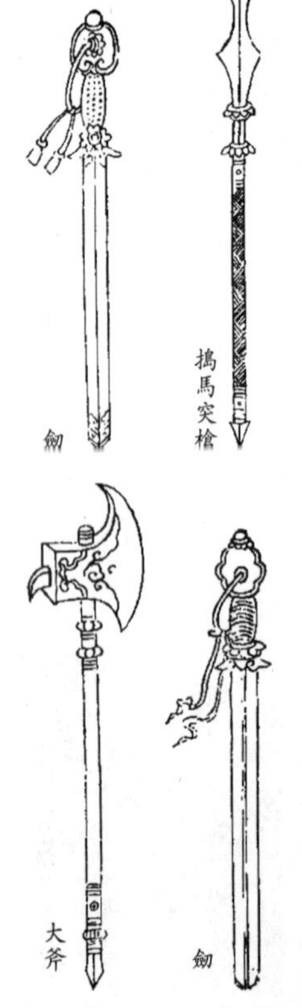

右搗馬突槍，其狀如槍，而刃首微闊。

劍，飾有銀、鍮石、銅素之品，近邊臣乞製厚脊短身劍，軍頗便其用。

大斧，一面刃，長柯。近有開山、靜燕、日華、無敵、長柯之名，大抵其形一耳。

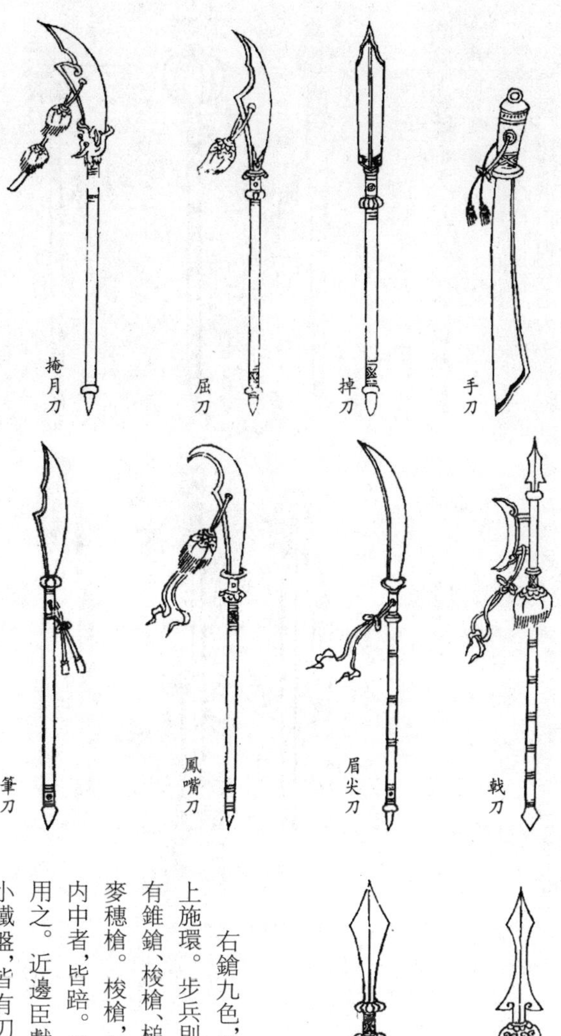

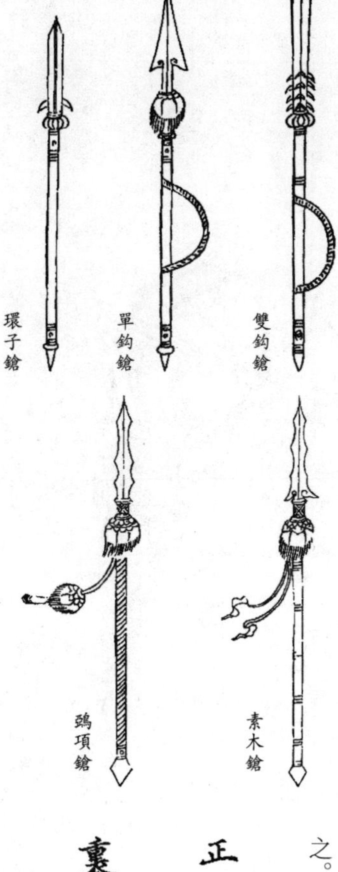

右手刀，一旁刃，柄短如劍。掉刀，刃首上闊，長柄，施鐏。鋸刀，刃前鋭後斜闊，長柄，施鐏。其小別有筆刀。此皆軍中常用，其間健鬬者，競爲異製以自表。故刀則有太平、定我朝、天開山、開陣、劃陣、偏刀、車刀、匕首之名，掉則有兩刃、山字之制，要皆小異，故不悉出。

錐鎗

梭鎗

槌槍

大寧筆鎗

右鎗九色，其制，木桿、上刃下鐏。騎兵則鎗首之側施倒雙鉤、倒單鉤，或桿上施環。步兵則直用素木或鴉項。鴉項者，以錫飾鐵觜，如鳥項之白。其小別有錐鎗、梭槍、槌槍。錐槍者，其刃爲四稜，頗壯鋭，不可折，形如麥穗，邊人謂爲麥穗槍。梭槍，長數尺，本出南方蠻獠，用之一手持旁牌，一手摽以擲人，數十步内中者，皆踣。以其如梭之擲，故云梭槍，亦曰飛梭鎗。槌槍者，木爲圓首，教閲用之。近邊臣獻太寧筆槍，首刃下數寸施小鐵盤，皆有刃，欲刺人，不能捉搦也。以狀類筆，故云。近有静戎筆，亦其小異也。今不悉出。

拒馬槍，其制，以竹若木，三枝六首，交竿相貫，首皆有刃，植地輒立。貫處以鐵爲索，更相勾聯，或布陣立營，拒險塞空，皆宜設之。所以禦賊突騎，使不得騁，故曰拒馬。

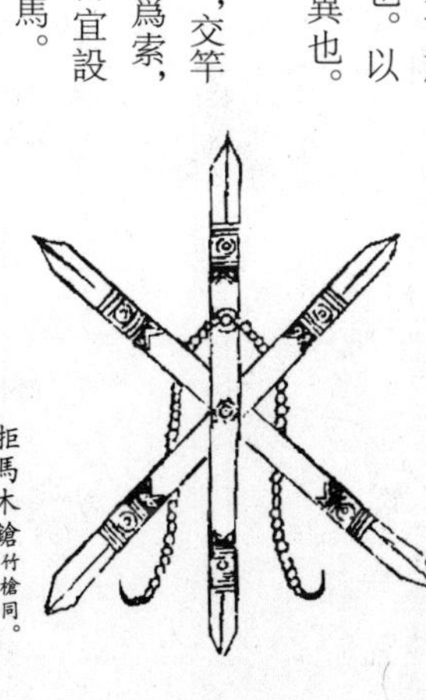
拒馬木鎗竹槍同。

正　裏

步兵旁牌一種二色。

騎兵旁牌

右並以木爲質，以革束而堅之。步兵牌，長可蔽身，内施槍木，倚立於地。騎牌，正圓，施於馬射，左臂擊之，以捍飛矢。

帶甲神旗
轉光雜色旗

右旗之色采名號無常，隨宜呼之。竿首施鐵，世謂耀篦。下注旌，謂之纛頭。旗脚或三或二。

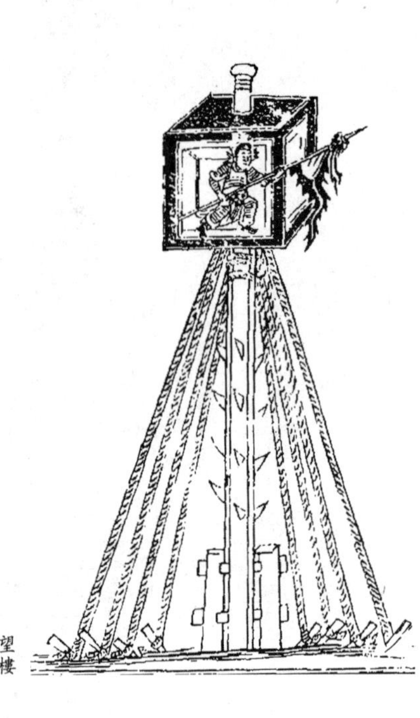
望樓

右望樓，高八丈，以堅木爲竿，木不及八丈，則三兩樓亦可。上施版屋，方闊五尺，上下開竅過人。竿兩旁釘尋夆八十箇，用索三棚，上棚四條，各一百二十尺。中棚四條，各一百尺。下棚四條，各八十尺。尖鐵橛十二箇，各長三尺。橛端穿鐵鐶。凡起樓，用鹿頰木二，各長一丈五尺，深埋之，出地八尺，用鐵叉層竿數條，更用木馬及巴木堅之。如船上建檣法，其高亦有百尺、百二十尺者。棚索隨而增之，版屋中置望子一人，手執白旗以候望敵人。無寇常卷旗，寇來則開之。旗桿平則寇近，垂則至矣。寇退，徐舉之。寇去，復卷之。此軍中備預之道也。

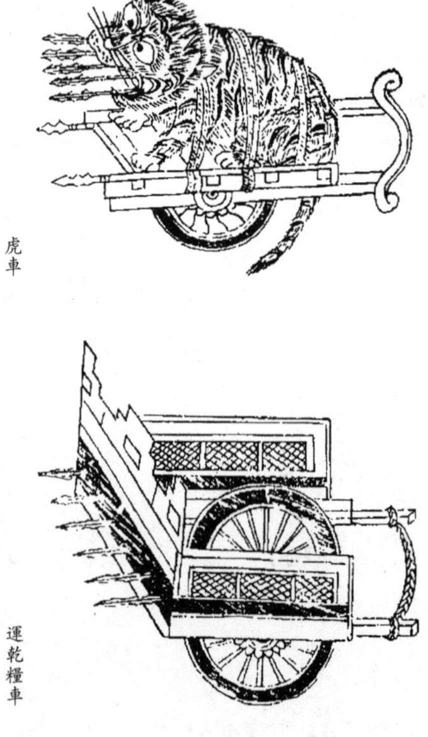
虎車
運乾糧車

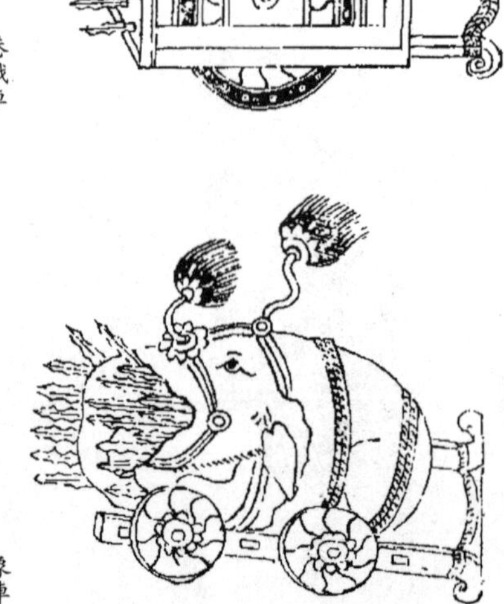
巷戰車
象車

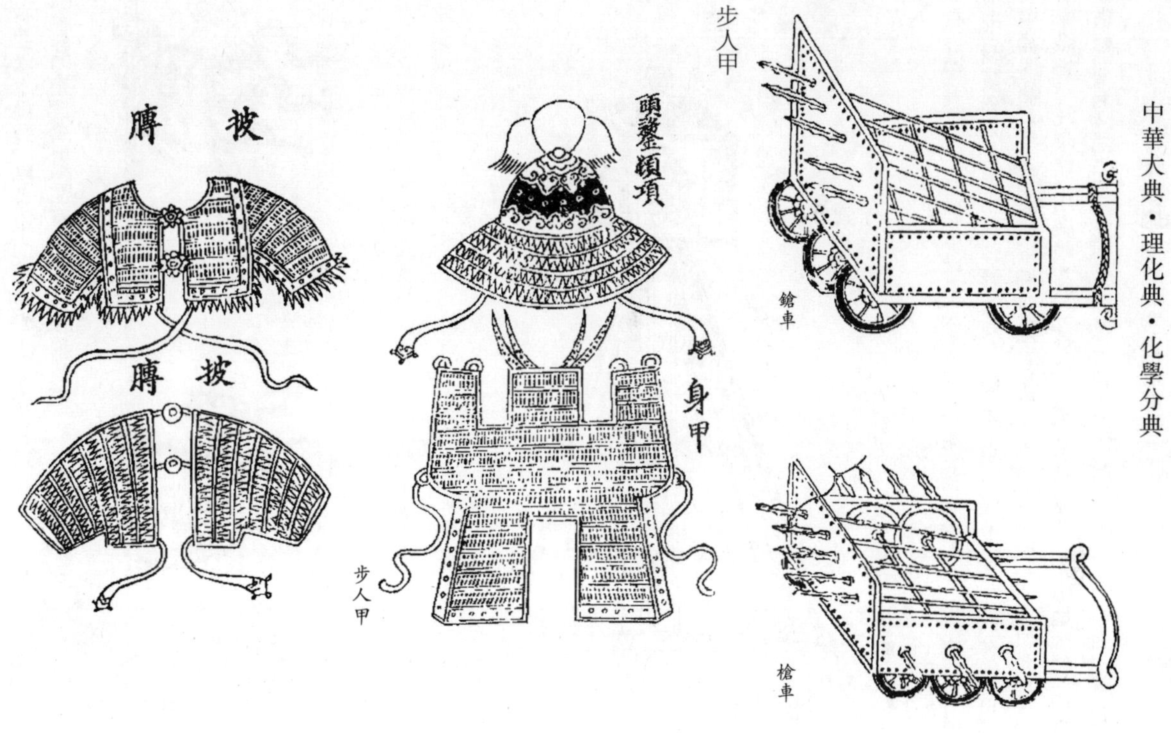
披膊
披膊
頭鍪頓項
身甲
步人甲
步人甲
鎗車
槍車

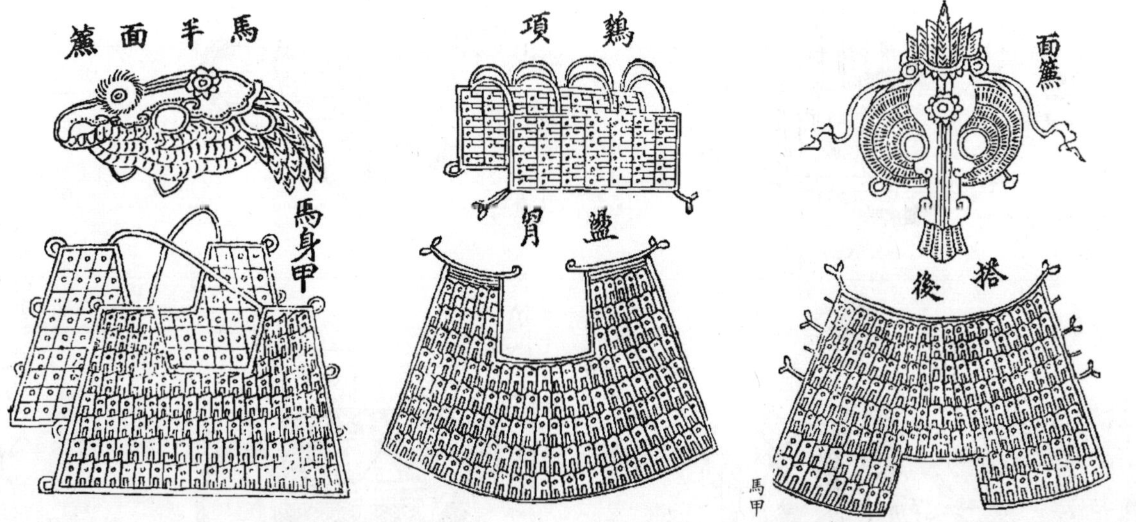
馬半面簾
馬身甲
鷄項
盪胷
面簾
搭後
馬甲

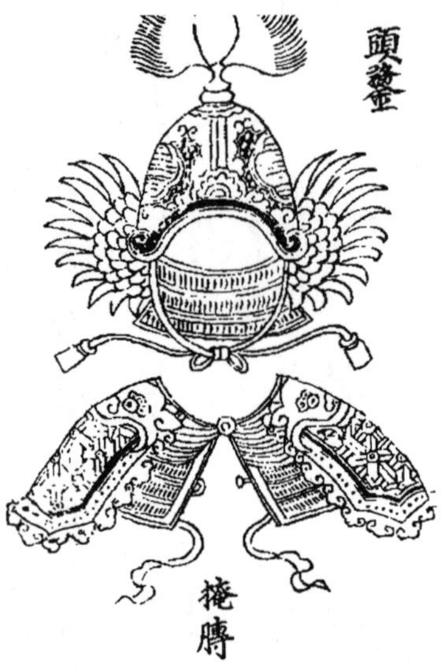
頭鍪
掩髆

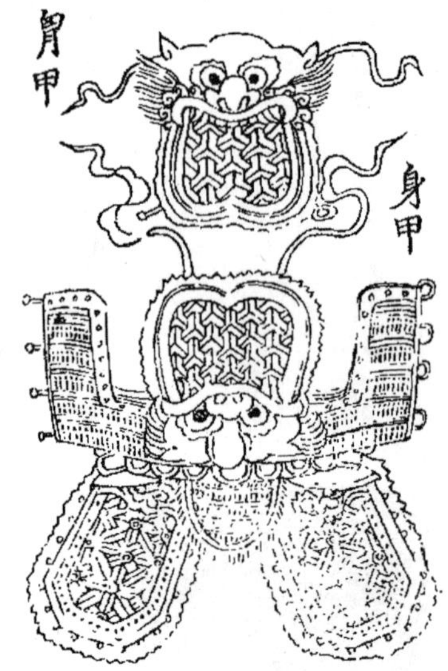
臂甲
身甲

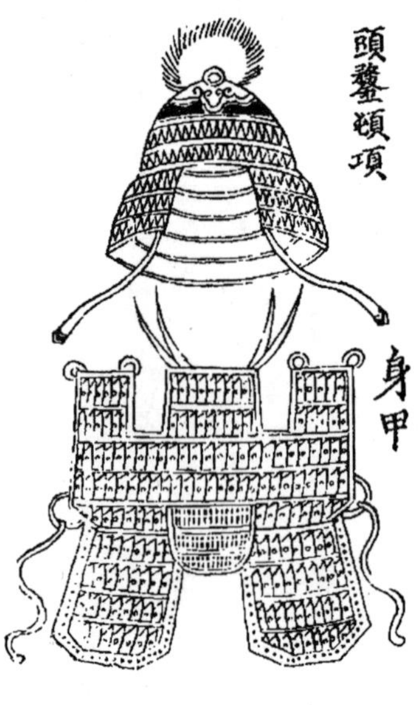
頭鍪頓項
身甲

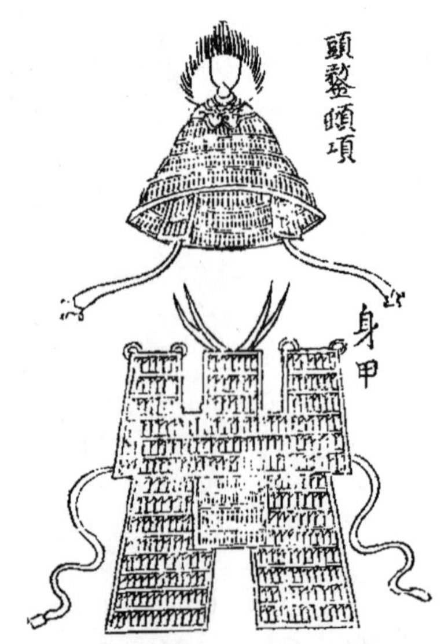
頭鍪頓項
身甲

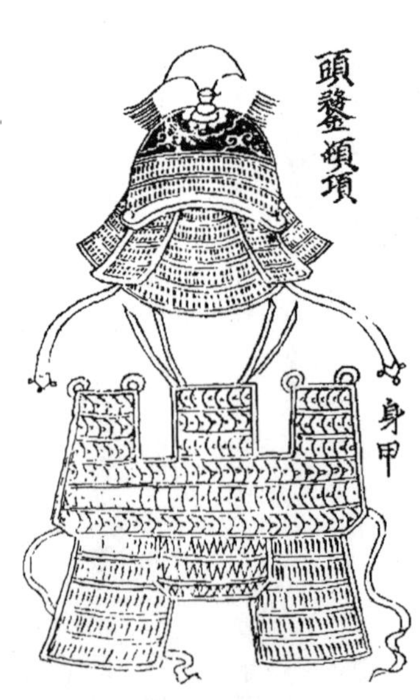
頭鍪頓項
身甲

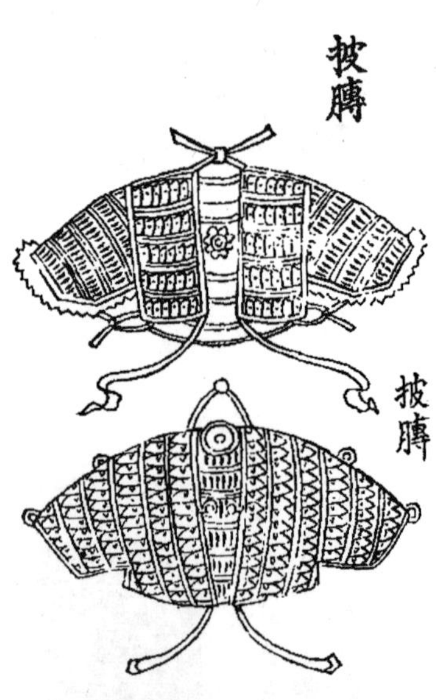
披髆
披髆

右有鐵、皮、紙三等，其制，有甲身上綴披膊，下屬吊腿，首則兜鍪，頓項。貴者鐵，則有鑽甲。次則錦繡緣繒裏。馬裝則並以皮，或如列鐵，或如笏頭。上以銀飾，次則朱漆二種而已。

宋・呂大臨《考古圖》卷六

（右）得於婺之蘭溪，重一斤六兩。

李氏《録》云：《商書》曰：若虞機張，往省括，于度則釋。孔氏注謂，機有度，以準望。此機在度，以銀約之，爲五寸，以省括，以準望。世俗謂之望山子，但立人物而無尺寸，蓋準省之法不傳。元祐三年春，北使射于玉津園，其首所用弩有度，豈彼中尚存其法耶？

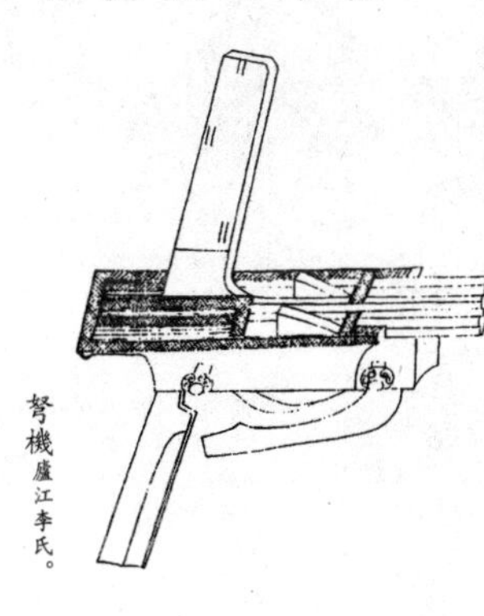
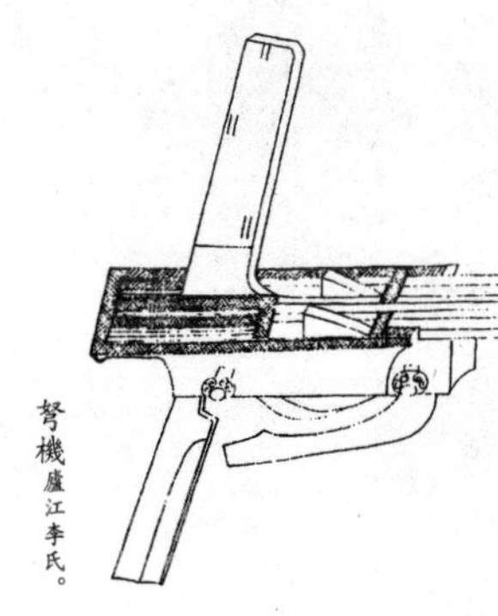

弩機廬江李氏。

戈同上。

金文象形篆庚肩吾所謂蛟脚旁低鵠頭仰立者也

右得於壽陽紫金山漢淮南王之故宮。以前所圖古弩機之度度之，刃廣寸半，內長四寸半，胡長六寸，援七寸半。胡有銘六字，蟲鳥書，黃金文。

李氏《録》云：《考工記》：冶氏爲戟，廣寸有半，內三之，胡四之，援鄭司農云，援，直刃也，胡，其子。五之，倨句中矩。令所度正應《考工》戟胡橫貫之胡中矩，則援之外句磬折也。鄭氏云，戈曰句子，戟一曰雞鳴子，橫插之，微斜向上也。揚雄《方言》曰，句子戟，楚謂之戈。王莽時甄豐《文字部》，六曰蟲鳥書，以題幡信。晉王愔《文字志》亦有蟲書象形。張懷瓘《書録》云，往在翰林見古鐘二枚，高二尺許，有古文三百餘字，紀夏禹功績，皆紫金鈿，似大篆，神彩驚人。蓋三代鈿金爲篆，其精類如此。

宋・王黼《重修宣和博古圖》卷二六

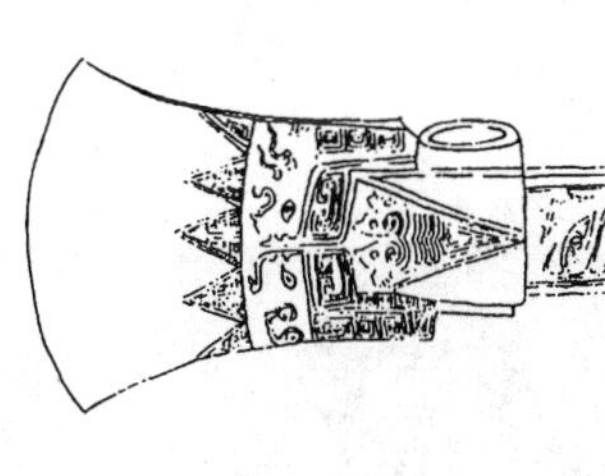
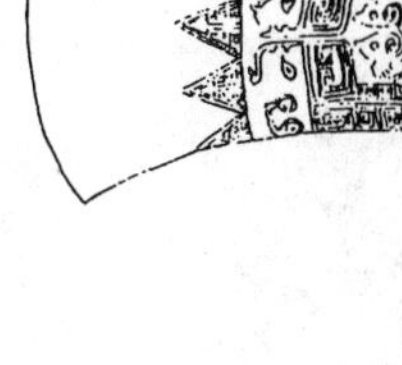

漢舞戚

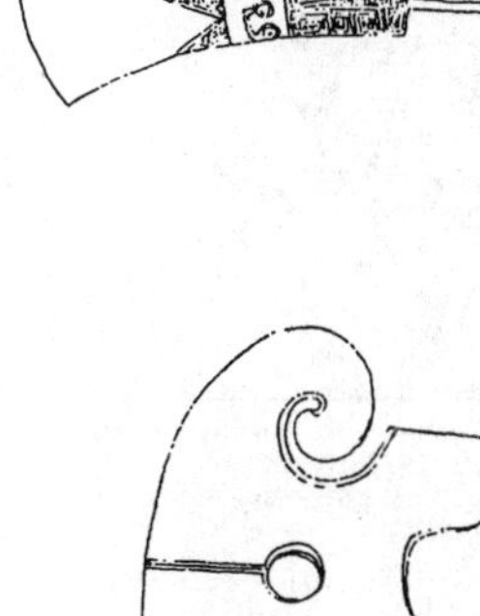

漢片雲戚

右長六寸，闊三寸，重十有三兩，無銘。夫戚蓋司殺者之所秉，用以爲舞，則以象其武。安柄處作蟬紋，柄之外作兩目，中作饕餮，垂花之飾紋鏤精妙，非漢不能爲也。

右長七寸六分，闊四寸三分，重一斤，無銘，形，戚也。戚，斧屬，又爲樂之器。此若片雲狀，而兩端微卷，中作三圜竅，容柄處爲三耳。蓋戚以玉爲柲，柲即柄也。所謂朱干玉戚者，此其戚歟。

又　卷二七

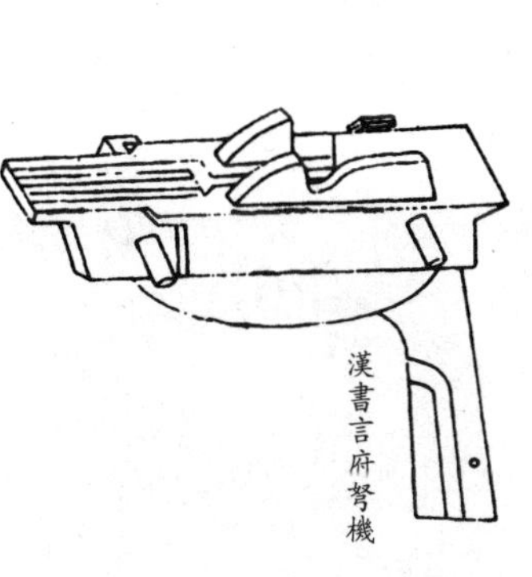

漢書言府弩機

延光三年閏月書言
府作六石鐵郭工鍛
賢令康守丞
史訓主

右高三寸八分，長四寸三分，闊二寸一分，重一斤一十兩，銘二十七字，曰延光三年閏月書言府作。按，延光三年，蓋東漢孝安皇帝即位之十九年也。是年歲在甲子，閏在十月，不言十月，而言閏月，舉閏則知十月也。書言府者，所謂言，則左史書之之義，天祿石渠之屬也。蓋漢之武庫隨府有之，如盾省是也。又若工、若令、若丞、若史皆銘之於機，則知除戎器戒不虞。昔人尤在所慎者，是機之形方且密，而紋鏤細若絲縷，綰結則可賴此以固邦國者，非特於前書孝宣之際，以示後人也。

第一器長五寸，闊一寸二分，重一斤一兩，無銘。

第二器長四寸八分，闊一寸一分，重一斤一兩，無銘。

第三器長四寸六分，闊一寸一分，重一斤一十兩，無銘。

第四器長五寸一分，闊一寸二分，重一斤七兩，無銘。

第五器長五寸一分，闊一寸二分，重一斤十有三兩，無銘。

第六器長五寸七分，闊一寸四分，重二斤二兩，無銘。

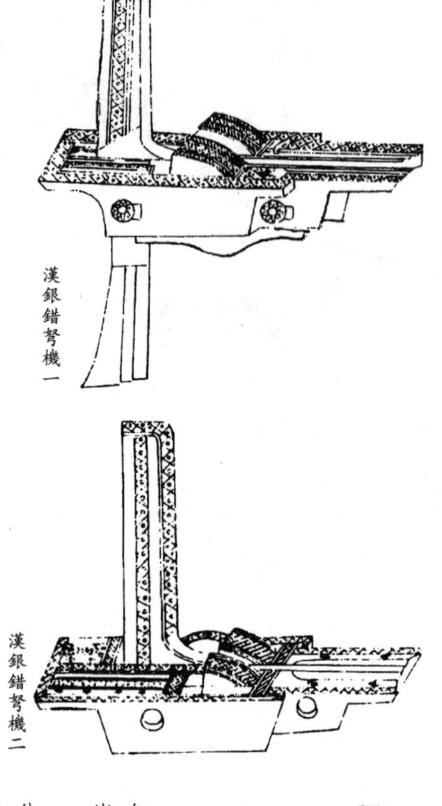

漢銀錯弩機一

漢銀錯弩機二

漢銀錯弩機三

漢銀錯弩機四

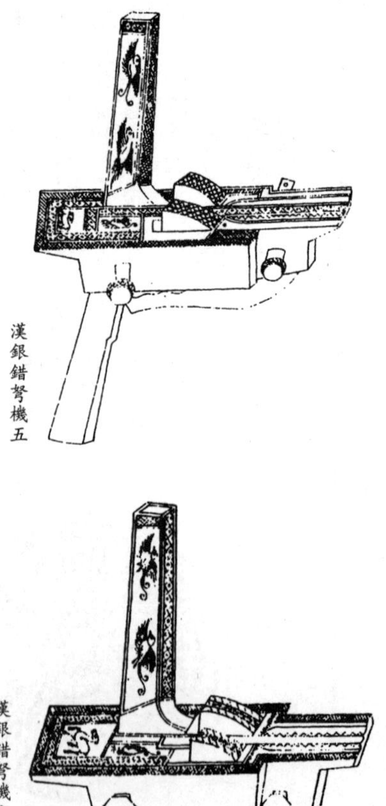

漢銀錯弩機五

漢銀錯弩機六

右六器皆飾以銀錯細紋，獨後二器復著飛鳥之形，如《詩》之《常武》，言如飛如翰，而《大明》稱尚父亦曰維時鷹揚，以取擊搏飛揚之勢。則弩機之飾此古人豈無意哉。至於機間立度，以銀約之爲分寸，正所謂機有度，以准望者也。

（右）通長三寸九分，上闊一寸二分，下闊八分，重七兩有半，無銘。其鐓平而不鋭，鐓之上通闕。稜，又其上授鉞柄處作小竅，横簪以固之，猶冠之有簪導也。按《司馬法》，三代之斧，在夏執

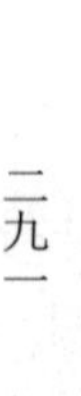

漢鉞鐓

玄鉞，在商執白戚，在周杖黃鉞。蓋夏商周所尚之色不同，而所以爲斧則一也。漢之鉞鐓有古遺法歟。

宋・陳元靚《事林廣記》　馬射物法

明・戚繼光《紀效新書》卷一一　藤牌總説

干，古有圓長二色，其來尚矣。主衛而不主刺。國初，木加以革，重而不利步。以藤爲牌，近出福建。銃子雖不能禦格，而矢石鎗刀皆可蔽，所以代甲胄之用，在南方田塍泥雨中頗稱極便。其體須輕，堅密，務其遮蔽一身，上下四旁無所不備。

用牌之間，復有所謂標者，所以奪人之目，而爲我之疑兵，所賴以勝人者也。牌無標，能禦而不能殺。將欲進步，然後起標，勿輕發以敗其事。腰刀用於發標之後以殺敵，非長利輕泛則不能接遠。

其習牌之人，又須膽勇氣力、輕足便捷少年，然後可授之。以此置於行伍之先，爲衆人之藩蔽，衛以長短之器，爲彼之應援。以之臨敵，其衆可合而不可離，可用而不可疲，進退左右，無所不利。此藤牌之功用也。

今將牌勢之可録者，繪説於後。

一、習藤牌

人牌一面，内用大藤爲骨，以藤篾條條退藤纏聯。每面隨牌標鎗二枝，腰刀一把。其兵執牌作勢向敵，以標執在右手，腰刀横在牌裏，挽手之上，以腕抵住。待敵長鎗將及身，擲標刺之，中與不中，敵必用鎗顧撥，我即乘隙徑進，急取刀在右，隨牌砍殺。一人鎗身之内，鎗爲棄物，我必勝彼矣。但擲標後而倉皇不及取刀，是一大病。其御短兵更易。

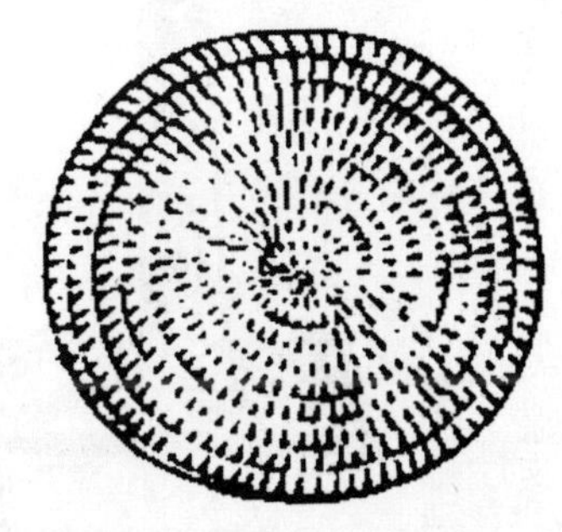

二、牌、標式

右牌，用藤云云。木牌皮牌皆類此用。

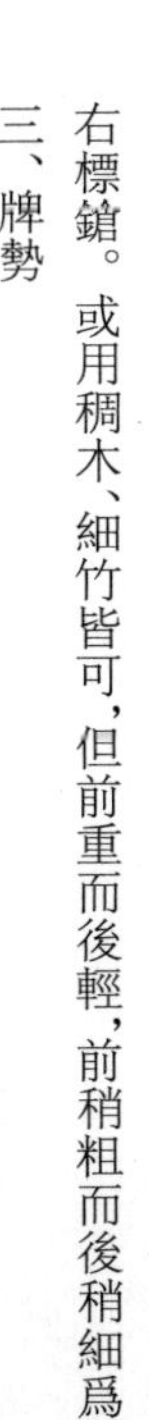

右標鎗。或用稠木、細竹皆可，但前重而後輕，前稍粗而後稍細爲得法。

三、牌勢

懶扎衣勢此起于勢也。照高管下，横行直進，諸勢可變，有躲閃之妙。

狼筅總説

狼筅之爲器也，形體重滯，轉移艱難，非若他技之出入便捷，似非利器也。殊不知爲行伍之藩籬，一軍之門户。如人之居室，未有門户扃鍵而盜賊能入者。雖然得人而用之，則可以制人；不得其人，則制於人矣。干將、太阿之利，使童子而持於國門之外，則必有袒背而奪之者，何也？其所能乖其所使故也。

凡用狼筅，須要節密枝堅，梢加利刃。要擇力大之人能以勝此者，勿爲物之所使。夫然後以牌質蔽其前，以長鎗夾其左右，舉動疾齊。必須叉鈀大刀接翼。然筅能禦而不能殺，非有諸色利器相資，鮮克有濟兵中。所以必於用此者，緣上心臨敵動怯，他器單薄，人膽摇奪，雖平日十分精習，便多張皇失措，忘其故態。惟筅則枝梢茂盛，遮蔽一身有餘，眼前可恃。足以壯膽助氣，庶人敢站定。若精兵風雨之勢，則此器爲重贅之物矣。

中平勢此勢前弓後箭，陰陽要轉，兩手要直，推步如風，天下莫敵。

又　卷一五《布城諸器圖説》　夫南方水田界地，雨濕不可用車。我兵卒然遇敵，緩急無家可依。賊皆洞見，知我無拒禦之備，是敢盡力嚮我。一遇奔潰，全軍退走。

其布城之法，不惟緩急可恃，且足張疑。使賊忽然舉目，無中生有，眼前皆是遮映，造次便不得知我立此主何意，且不得知我布裏虚實。外既立有拒馬蒺藜以爲禦，而復有布城遮映，至有誤爲真城者。緩急之間，便不敢近我營壘。如果賊人瞭料其情，我已備之久矣。

鳥銃俱向城而伏。賊如來敵，必須先取去我蒺藜拒馬。攻取之間，彼外不能視内，而我由布城視外，便打銃、戳鎗、射弩，無不便宜。一絲之限，足類金湯。如賊亦打銃，我則將各兵綿被，再搭一床於布城上，又可禦鉛子矣。

計法，每一隊雙立爲鴛鴦陣，該平去第二小隊一丈五尺。用布雙層，高四尺，長一丈五尺。每五尺爲一柱，共同柱四根，用布五幅，上用淡色畫界磚石之形。

器具除《武經總要》圖象之所有，人人所能者不備外，今將《武經總要》所無，及《武經》之所有而今不知用者，併開於後。

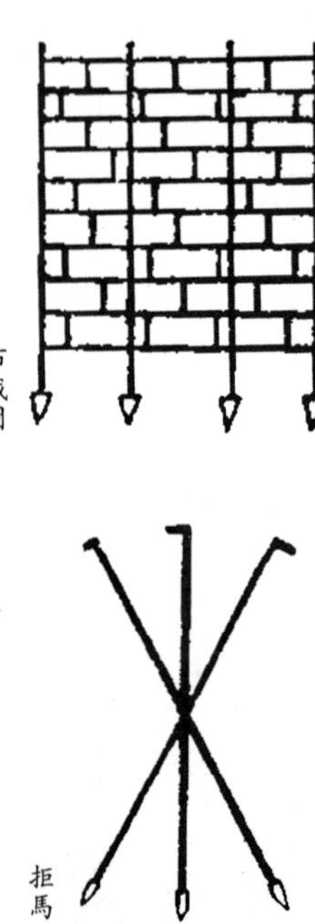

右鼓架相似，三根一束。長五尺，徑各一寸五分。上用屈鐵頭，下用鐵鑽。每一架立地二尺五寸，一小隊相接該六架。隨在取大木壓其中。

蒺藜

繩連，利於收起。

每一小尺一箇，每一步六箇，爲一繩，俱用繩串入蒺藜心中而出。每一小隊前面下五層，共計十五根，俱牌上掛帶以行。

牌法

造牌、祀牌、符咒，各有大例、日期。

正面

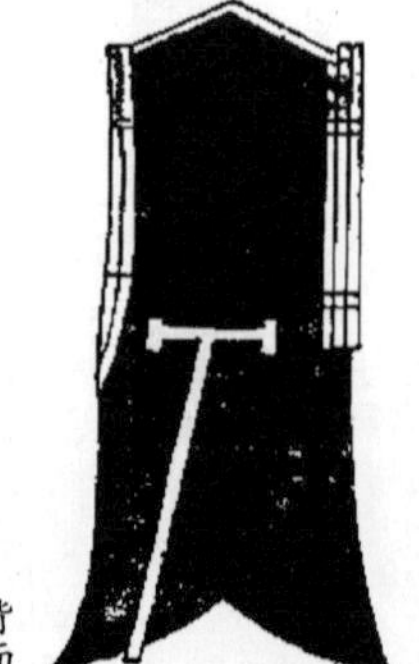
背面

此物有數法，或用皮瞞，或用輕木，而外加以竹，用釘者最利，急則擲之地下，可以當釘板阻險。其符法乃兵家厭昧之術，激我士心而疑敵者也，非真以此爲恃，後人毋惑之而爲所誤。凡兵所帶繩串蒺藜，掛於此牌向外釘上，以行用時取下鋪地。圓藤牌雖爲擊殺之器，而不能立束部伍，凡賴之以束整部伍，齊進止，遮人衆，壯士氣，進如堵牆，退如風雨者，惟有此牌之功爲大，爲可用。奈只可以遮隔刀鎗，而不能隔鉛子，尚俟天生豪傑之才更爲之。其法長五尺，横闊三尺。

軟壁

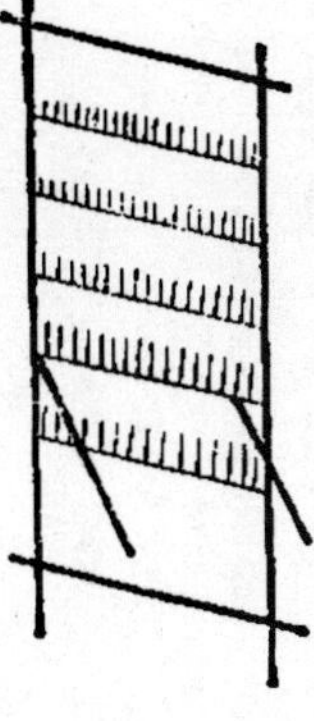

硬木作架，高七尺，闊六尺，以舊綿絮被掛上，張陣前，堵鉛彈，釘板可攔路。

軟壁無他奇異，用人所蓋綿被覆於木格上耳，固一時從便之法。然不若所製剛柔牌，四五十步之外可以遮銜鉛子，屢試無失。然近至三十步，亦要打透。但鉛子銃必是遠放，定無一二十步可放之事。今開法於後，不立圖者，秘之也。其法以輕木爲長枕，中用一檔，牌身如木牌大，先用生牛皮二層釘之，皮裏用好蠶綿三斤，用布序爲一袋，貼牛皮之裏，用分水薄綿紙每二張鬆鬆團爲一毬，挨行擺之，又用蠶綿五斤序布袋一幅蓋之，四邊竹釘定固，通用灰漆，四明裏面布處，用油厚塗，使不入水。重可十五斤，計費五兩以上，只苦於價重而官司不能辦耳。除此之外，或以鐵爲鋒，或云用鵝毛、人髮，或用密紙，或用皮漆，或用竹木而尖其脊，余曾極其智慮，博采萬口之説，盡以製造之方，所費不知幾百金，而竟皆不能遮銜鉛子。未有勝此法者也。

剛柔牌式

第四層好
蠶綿納布
一層，蓋裹。

以上通用灰布漆油，最忌水入，坐卧結實。

銜枚

後面
某官　押寫銜枚號令

某哨某隊某甲兵某人

竹籤四寸長，五分闊，上書隊甲兵勇、親臨官押，油飾掛頸，静砲響，各銜枚肅静，代圓枚而用，更可查考。

鬼箭

鐵蒺藜糞汁妙，染毒藥戳脚，曰鬼箭，散地以爲阻路守險之用。

裝帶竹筒形

人撒竹筒形

此筒用猫竹，去皮，庶不裂，長　尺，上用木蓋，下用原節爲底，貯蒺藜，懸之於腰。用時手提撒之，下地均匀，且速而不結。除此皆乖，插蒺藜不利用矣。

飃石

用一握竹，長五尺，繩繫頭作兜貯石，摇勢一擲而去。守城宜用。

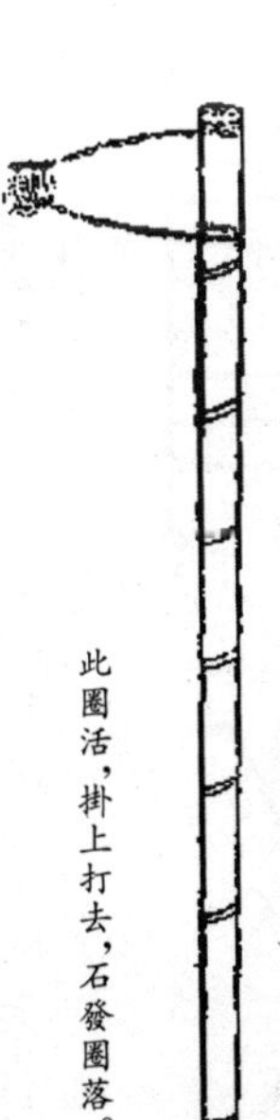

此圖活，掛上打去，石發圈落。

夜伏耕戈

弩機，用浮輕箭，染草烏毒藥，以線引繫樁於三十步横路而下，堆草藏形，觸線而機發箭中。恐害自人，須阻所行要路。

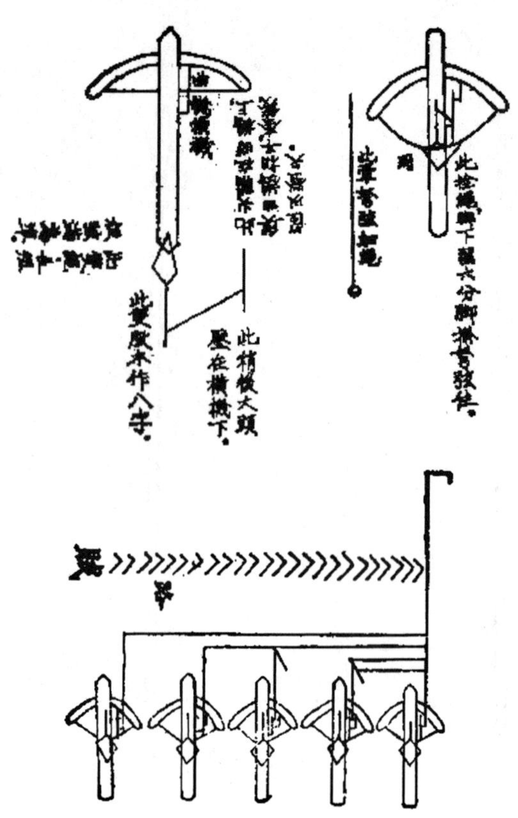

此張起弩形

近來賊用長竹先打而行，則機發於人足之先，弩又無用。今當多用，如百弩連成數丈，其機只在向我處弩盡頭下之。俟彼走進，踰弩將盡處，就長竿先發其機，則不能退出數丈矣。又當分作三四箇機，渠能打發其一機，即謂盡發矣，而不意又有未發之機也，尤妙。若三五弩而擺丈餘地則無用，且未必矢矢俱準着人身，恰得正好也。

木城

用大小木爲，每扇闊五尺，高堞五尺，滾木二道，贅大竹釘浮於拴上，約可二人負之而行，輕重適均。在城上，則立在垜口，防夜襲登；在兵中，可肩而下營，立成營盤。

又 礮法

《武經》雖載，而獨行砲單架者甚明，鮮有人能悟之，故重開明其勢，此爲守城第一器也。既省火藥之費，又有不匱之資。

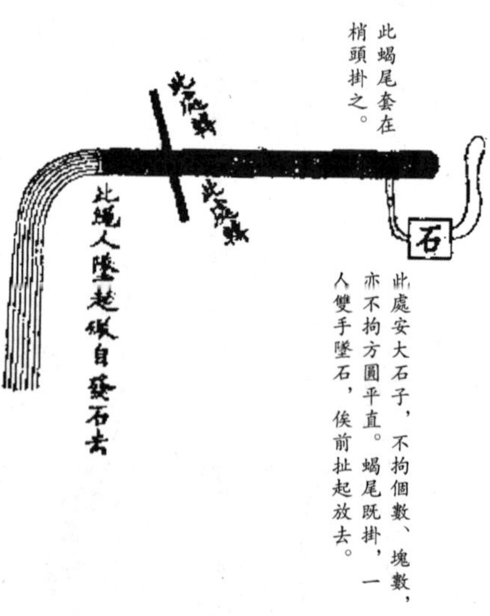

每繩長如梢之體，不必拘定若干條，但能舉其梢可矣。每繩用二人扯之。

礮石用人車起打去式

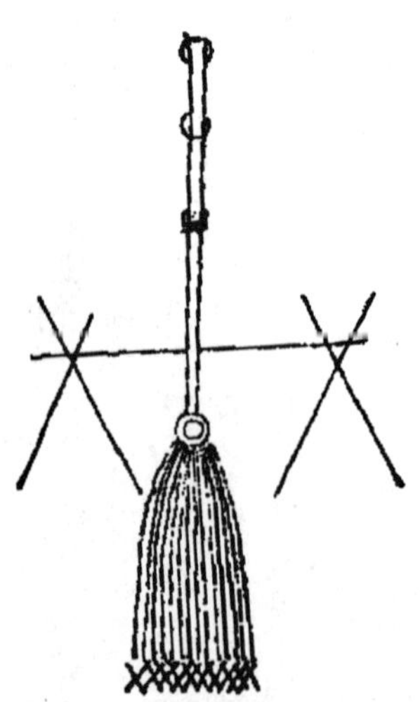

又戚繼光《練兵實紀雜集》卷五《軍器製解》

馬上器械

一，弓矢圖

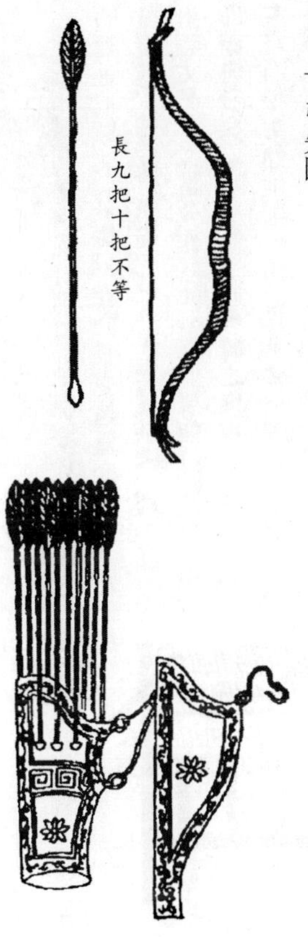

長九把十把不等

弓矢解

每名應給弓箭者，弓一張，體輕腦正，油漆防雨；箭三十枝，粗木桿，有力。箭鏃用透甲鎚點鋼，試則射石不捲爲佳。鏃信要長，射入則深。弦二條，防斷絶。弓插一件，輕小爲佳。箭插一件，須角圓，則不乖。指機一枚，近世做者無式，眼孔皆圓，人指却扁，孔圓必塞以楮布，外則杜血指黑，裏則兜弦致掃食指根之皮。宜將孔做前後稍長，横入指中轉正，則骨扁機長，不復打落，而眼中圓活，不磨指節，不逼矢掃皮。此法鮮有會之者。射法别有專刊。

一，鏜鈀圖

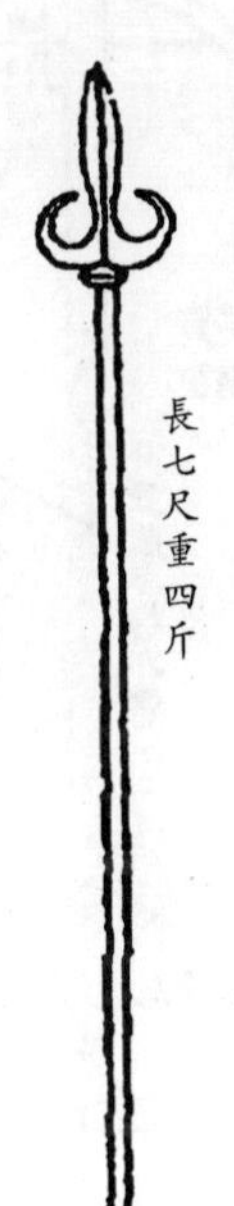

長七尺重四斤

鏜鈀解

此器柄長八尺，粗可寸半，上用利刃，横以彎股，刃用兩鋒，中有一脊。造法：須分脊平磨，如磨刀法，兩刃自脊平減至鋒，其鋒乃利，日久不禿；彎股四稜，以稜爲利，須將稜四面直削至尖，庶日久而不禿；中鋒頭下之庫，須如大核桃大，安于木杪，乃不損折；仍用一釘銷之。于馬上最便，可戳可格，利器也。此自殺倭始。

一，線鎗圖

長九尺重三斤

線鎗解

此邊舊有之，柄短刃禿，粗惡不堪。新製鐵頭長二尺，蓋因柄細，防敵刀砍斷，及用手奪去也。柄長七尺，粗僅一寸，鋒用兩脊兩刃，形稍扁，至鋒稍薄，一謂之「透甲鎗」。造法：鋒用鋼三寸，左右刃用鋼一尺，以下皆鐵；從脊分剷至刃，左右面平，乃利；至鋒更扁，漸寬又漸收，收薄則利，寬則刃入，以下不滯矣。最利馬上直戳，用法亦如長鎗，但終不能禦長器，于腰刀互有勝負，得十之五。

一，大棒説，見步兵内，馬上用亦可，但必不能雙手齊打，須加鴨嘴頭一箇，馬上則戳，步下則擊，罔不利矣。

一，腰刀圖

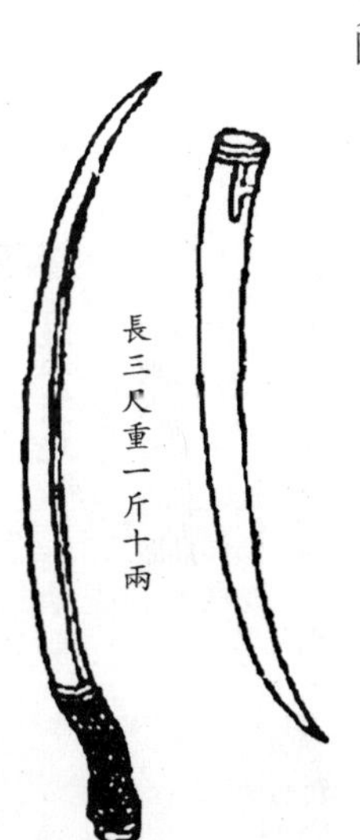

長三尺重一斤十兩

腰刀解

腰刀造法：鐵要多煉，刃要純鋼，自背起用平剷平削，至刃平磨，無肩乃利，妙尤在尖。近時匠役將刃打厚，不肯用工平磨，止用側銼將刃横出其芒，兩下有肩，砍入不深，刃芒一禿，即爲頑鐵矣。此當辯之。用法别詳《實紀》内。但以刃與虜角，屬勢均之器，殆不可勝虜也。

一，馬上惟利輕捷鋒芒，他如斧、鉞、錘、撾、大刀、鈎鐮之類，膽大藝精，能獨馬出入陣中者，間或有之，不可以教隊兵，不可堂堂當大敵。

步軍器具

一，狼筅圖

長一丈三尺二寸五分重六斤，有竹鉞二種

狼筅解

狼筅乃用大毛竹上截，連四旁附枝，節節枒杈，視之粗可二尺，長一丈五六尺，人用手勢遮蔽全身，刀鎗叢刺，必不能入，故人膽自大，用爲前列，迺南方殺倭利器。往日浙江等處兵士，未練無膽，執至臨敵，每每棄之，反以戳阻我兵馬，幾乎棄而不用。比因練兵成，硬反人言，必以爲前列，遂百戰全勝，恃此爲第一。今用之以拒虜馬，尤爲可用，用法别見。

一，藤牌圖

徑過二尺五寸重五斤

藤牌解

以藤爲之，中心突向外，内空可容手軸轉動。週簷高出，雖矢至面，不能滑泄及人。内以藤爲上下二環，以容手肱執持。重不過九斤，圓徑三尺。兵人一手持牌，一手持腰刀。此即岳飛旁牌麻札刀之制，令軍低頭，只砍馬足，以敗兀术拐子馬是也。其制雖稍有不同，其用則一。此牌兵持必以狼筅爲恃，蓋此皆短器，不能當虜馬，用筅拒其馬，以牌出筅下，砍其馬足。此器出入陣中行伍之内，進退便利，且衛且殺，南北通用之利物也。用法别見。

一，長鎗圖

長一丈二尺五寸重三斤

此用竹。北方乾燥風勁，多脆折，用攢竹腰軟。用木北方無此木。夫長鎗必利用，但不知以何物爲之乃可。今將竹杪内二尺餘實以木心，外用藤札，亦可暫用。

長鎗解

用毛竹之細者，長一丈七八尺，上用利刃，重不過四兩，或如鴨嘴，或如細刀，或尖分兩刃。造法：亦自脊平剷至刃乃利。必執持在根，用楊家法。初則用之南方，殺倭全賴於此。此利其長，倭刃短，即所用精慣，然未及我身，彼已受刺。又用法，長則易老，不可回轉；長則杪細，恐爲馬所闖折。今視之，更可與虜戰，蓋狼筅當鋒，藤牌在下，而前行既有藩衛，去一丈餘矣，短器不可戳及馬上，何以傷人？得長鎗于筅空戳去，徑刺人馬喉面，則彼既不可入我陣内，又能先及彼身，故不憂細弱也。設若虜馬乘群齊來衝我，前無筅、牌，徑用鎗以當之，戳馬，間有損折，必非全利。夫五兵之法，長以救短，短以救長，長既易邁而勢老，短又難及而勢危，故相資之用，此自然之勢，必然之理，至妙之術也。用法别見。

一，線鎗説見前，亦可用于步軍，繼長鎗之後。

一，鎲鈀説見馬兵内，此由步下直進敵群，一禦一刺，且格殺之器也。

一，大棒圖

長七尺重三斤八兩

大棒解

西北原野之戰，舊傳俱用大棒，並其他器，悉置不問。大棒亦無式，不知用法，緣以虜人盔甲堅固，射之不入，戳之不傷，遂用棒一擊，則毋問甲胄之堅，皆靡。雖然，但勢短難以刀交，又須雙手舉用，而馬上不得齊齊用力下擊，必然閃墜。此步技也，而今用之馬上，不亦左乎？今製法，長八尺，粗二寸。用一打一刺棍法習之，位在五兵後，步卒習用。倘禦之不密，刺之不得，則以棒擊落馬之賊耳。必欲馬軍兼用，須加一短刃，可三寸，如鴨嘴。打則利於棒，刺則利於刃，兩相濟矣。用法别見。

以上之外，又有飛標、毒弩、鎗、刀、戈、戟等名不一，皆可俾素習精熟者間或用之，不可以齊大隊，爲堂堂陣也。譬如戟則偏一隅；斧、鉞則形短柄細，一擊過首多自摧折；毒弩中人不深，必待解乃死，尚可以敗我於陣；鐵穗鞭簡、雙頭棍，用之緝捕零竊則可，其蝟叢蟻附，轉動非利。惟有鈎鐮稍宜行伍，然造皆欠法。

一，夾刀棍圖

刃長五寸重三斤

夾刀棍解

此即大棒也。但加一利刃，如解首，異其名。擊刺皆便，柄亦如棍，刃長五寸，更短更妙，木柄向刃下稍存微稜，庶倉卒及夜間用之，知其刃所向也。

一，鈎鎗圖

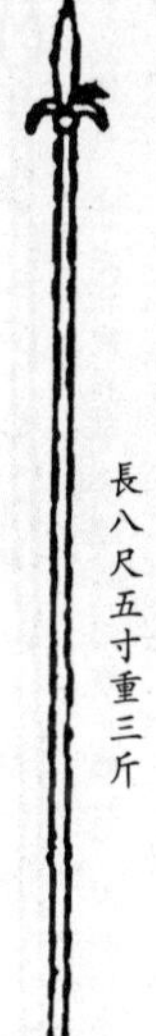

長八尺五寸重三斤

鈎鎗解【略】

明・鄭若曾《籌海圖編》卷一三　兵器總論一

礮式圖説【略】

每繩長如梢之體，不必拘定若干條，但能舉其梢可矣。每繩用二人扯之。

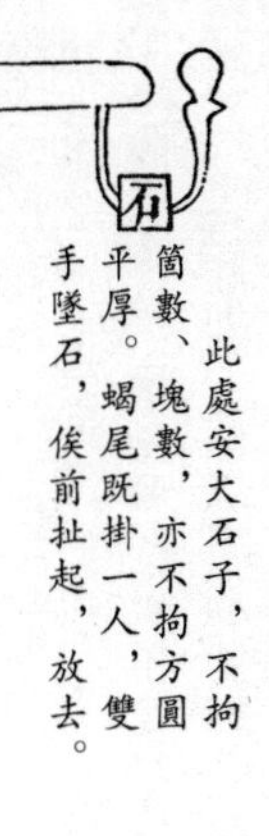

此處安大石子，不拘箇數、塊數，亦不拘方圓平厚。蝎尾既掛一人，雙手墜石，俟前扯起，放去。

礮式

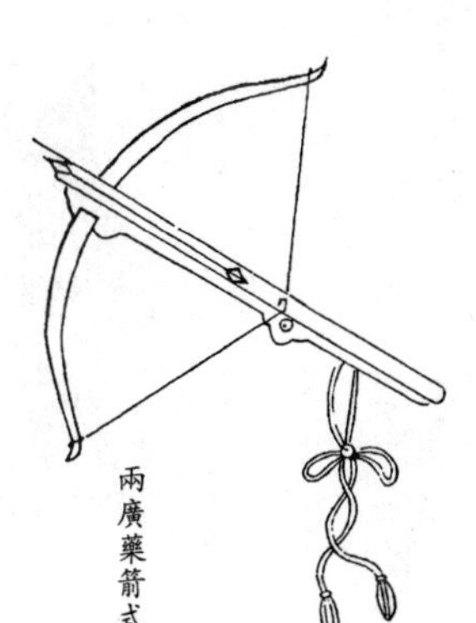

兩廣藥箭式

兩廣藥箭圖説

弓弩必採兩廣毒藥以灌其鏃，鏃着血縷則立死。但江、浙工不習射，當如兩河以北懸射銀錢之利，以誘之使習。令弓師而能教百人善弓，則善弓者得以一人兼二人之食，而弓師且賞之以百金，而署之爲百人之將矣。令弩師而能教百人善弩，則善弩者亦得以一人兼二人之食，而弩師且賞之以百金，而署之爲百人之將矣。如此，則不數月，而全軍皆善射矣。其他短兵槍棒，亦率類此。

或云：「毒箭射人，遇衣絮沾染，藥即脱落，箭鏃着肉際，毒已緩矣，不能殺人也。須於鏃上鑽孔，以藥嵌入，則雖透衣，而藥不脱，傷者應弦而絶。」

邊箭圖説

松江府同知羅拱辰云：「知射長箭，而不知射邊箭，弩手亦不知用弩之法，況各止用竿子，雖可取勝，殊非長技。爲照長箭去遲，而敵人易見，故彼得以閃避。且能拾取復射，其利在彼。邊箭去疾，而敵人難窺，非惟彼不能避，抑且不能回射。況邊箭所到，倍長箭百步有餘，其利在我。長、邊二箭，務令弓手兼習。若賊尚遠緩，則射邊箭；如來近迫，則射長箭，各從其便也。」

邊箭式

弩箭圖説

松江府同知羅拱辰云：「用弩必須力重而機巧，其矢之長短輕重大小，要與弩弦相比，乃能命中而及遠。若敵在百步之外，我兵必先用弓弩及邊銃，以制其鋒。及至來近，短兵相接，尚在三十內外，則用鏢槍以飛擊之。」

參將戚繼光云：「弩弓不可遠，遠則無益，費矢竭力。」

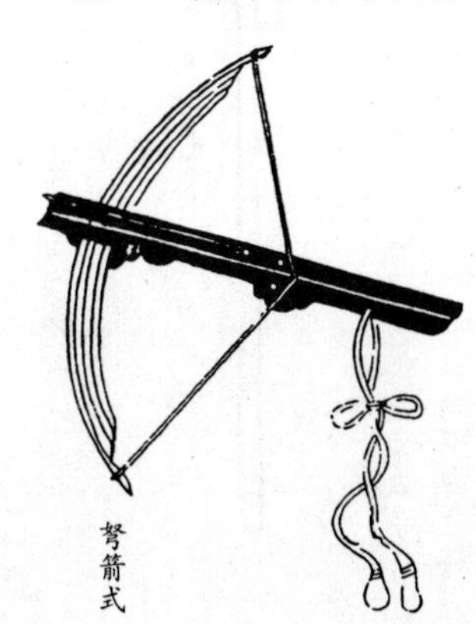

弩箭式

伏弩圖説

丹陽邵守德云：「其工價甚簡，其功用甚大。其用有三，若伏於營寨要道，可以禦賊之偷營劫寨；若伏於山野僻路，可使寇不能逃；若伏於富家門户，可使賊不能入。造法，以檀木、柘木爲身，茅竹爲擔。弩後置一木，人上弦。或連發二矢，或三矢，量往來必由之路設之。以木架架弩，任意高下。或竹徑，或稻麥叢茂翳密之處，設百餘把，止用一絲線作機關，不須人守。賊至不疑，而動其機，百弩齊發，一人不能逃生也。倭寇善遁，荒郫窮谷無處不至，用此器甚妙甚妙。」

太倉州同知鄭炳云：「弩箭染草烏毒藥，以線繫樁要路，堆草藏形，恐害自人。須授以暗記，不可令寇知之。邏者，賊用長竹先打而行，則機發於人足之先。須當分作三四個機，賊能打發其一機，謂盡發矣，不意又有未發之機也，尤妙。」

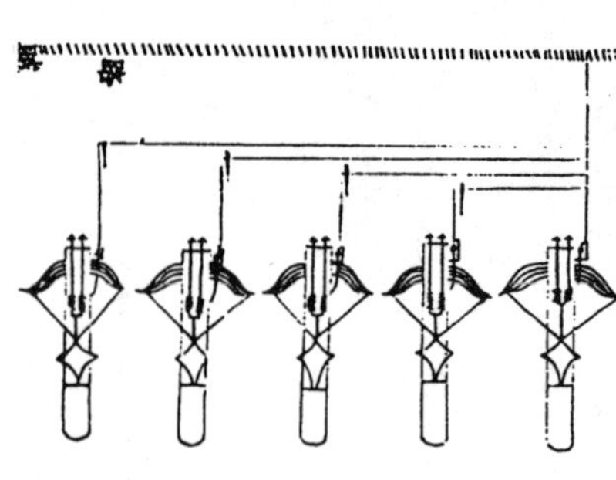
伏弩式

馬箭圖說

若曾按：馬箭之法有三，曰分踪，向前射也；曰對蹬，向傍射也；曰末秋，向後射也。此武士之常技也。愚謂分踪者，以馬之頸鬃爲界，一邊挽弓，一邊發矢，乃弄花巧之法。邊軍不然，以身俯出馬外，於此挽弓，就於此邊發矢。臨敵倉惶之際，庶無繆誤。對蹬者，主左一邊而言。今北方響馬，常勒馬由道右而行，讓客于左，以便發矢，亦此義也。然是法但可施於途遇一二人耳，設使衆敵叢射，或敵在右，將旋馬以應酬之耶？學騎射者，須習左右手皆便方向。

馬箭分踪式

馬箭對蹬式

馬箭末秋式

步箭圖說

按《步射箭法》曰：「箭者，殺人於百步之外者也。」射者必量其弓，弓量其力，無動容作色，和其肢體，調其氣息，一其心志，故曰莫患弓軟，服當自遠，莫患力羸，引之自伭。但力勝其弓，必先持滿射之，先近而遠，此不易之法也。

陰面

步箭式

陽面

實握射圖

參將戚繼光云：「北方風燥，弓勁力大矢重，中者多斃。南方天炎，膠解弓軟矢輕，中者多生。倭寇被射中，常拍其臀，以爲我辱。其用有二，其器不同。用之習比，則箭輕細，用弓輕軟，鏃不過三錢，每箭重不過兩，弓不過斤是也。用之臨敵，二者皆不可。弓必合力，矢必鏃重。鏃杆長，深入竹木三寸五寸，尤佳。但杆粗體重，發去不遠。長兵短用，原不在遠，遠則不中，中亦不深，所謂『强弩

之末，不能穿魯縞』是已。大端倭寇矢皆重，弓皆勁，發皆不遠。不輕發，發必中人，中者必斃，故人畏之。今當知其說矣。弓用樺皮加油，節處用弦線紮縛，南方多雨濕，恐解也。鏃必用透甲錐點鋼，射則不捲，中入最深。若鑿頭、燕尾、牛奶之類，皆不能入堅，又入不深也。」

掌心推握圖

大指壓中指

鏢槍圖說

槍杆用椆木第一，合木輕而稍軟，次之。要劈開者佳，鋸開者紋斜易折。北方乾燥，竹不可用。東南竹木皆可通用。但前重而後輕，前稍粗而後稍細爲得法。做槍工匠，須知用槍大意，製造方能入彀。

鏢鎗式

參將戚繼光云：「鏢槍，非兩船相逼不可用，往下打更難準。」

犁頭鏢圖說

此器於一二三四號船斗上，及一二號船尾上皆可用。下擲賊舟中，舟必洞，中人必碎。但斗上不過容一二人，多亦難携到斗。所發不過三五次，全在鐵重柄粗尾細。太長，則携上爲難，太短，則不直下。鋒但利，即可不必加工。平時習熟，庶臨高擲下，不致倒番筋斗，方能命中。每船擇能上桅斗之人，先於高陡山上，比桅斗尤高之處山下立小圓牌把團，團如一人之粗，自山上擲鏢，每發必中把上，方爲精熟。

犁頭鏢式舟師用

小鏢圖說

賊舟相近一二十丈之內，若彼舟低小，我舟高大，用此器最利。擲之如雨，無不中賊。但習之不熟，或番筋斗，或中而無力，皆爲徒費。鋒須鋼利，頭重尾輕，用竹尤妙。蓋竹體和軟，頭粗尾細，相宜也。如無竹處，必用木杆，須使頭粗尾細，取其顫軟，發之有力而準，不番筋斗也。習法，用一手握於近前，以前重爲限，握用固，手指勢順向後，庶發時有機而活。平時用銀錢懸十步習之，能皆命中，又遠五步習之。習至二三十步止。有力之士能再遠發命中者，當待以絶技，厚遇之。

小鏢式

長槍圖說

總兵俞大猷云：「長槍後手要粗可盈把，庶有力。若細，則掌把不壯。槍腰要從根漸漸細至頭而止。如腰粗，則硬强不可拿。如腰細，則軟而無力。雖手法之妙，不能拿打他槍開去也。槍梢不可輒細，要自後漸細，方有力。最忌太重，重則頭沉，不可舉動，是自棄槍也。槍頭重不可過四兩。其杆椆木第一，合木輕而稍軟，次之。要劈開者爲佳，鋸開者恐紋斜易折。攢竹腰軟，不可用。」

參將戚繼光云：「山東、河南教師相傳楊家槍法，其陰陽虛實之理相同。其最妙，是左右二門拿他槍。其弊在撒手殺去，而脚步不進。今用彼之拿法，兼我之進步，將槍收短，連脚幹上，且勿殺他，只管定他，槍則無敵矣。其最妙者，只在一得手之後，便一拿一戳，如轉圓石於萬仞之山，再無住歇。彼雖習藝勝我幾倍，一失勢，便無再復之隙。雖有師家，一敗永不可返矣。近以此法教長槍，收明效。」

鎗頭不可過四兩
此處爲中，向後漸漸粗，向前漸漸細，不可輒加輕削
此處要一手可握 無餘指無剩竹
長鎗式

又云：「荆川唐公於西興江樓白持槍教余，余請曰：『每見他人用槍，圈串大可五尺，兵主獨圈一尺者，何也？』荆翁曰：『人身側形，只有七八寸，槍圈但拿開他槍一尺，即不及我身膊可矣。圈拿既大，彼槍開遠，亦與無益，而我之力

盡難復。』此説極得其精。余又問曰：『如此一圈，其工何如？』荆翁曰：『工夫十年矣。』時有龍溪王公、龍川徐公皆嘆服。一藝之精，其難如此。」

钂鈀圖説

此器自有倭患時始用，在閩、粤、川、貴、雲、湖皆舊有之，而制不同，乃軍中最利者。兵法五兵五當，長以救短，短以救長。短兵種類甚多，惟此可擊可禦，兼矛盾兩用。中鋒長二寸，可以刺擊，可以架火箭，不用另執箭架。每執此器，兵二名，給火箭三十枝。賊遠，則架箭燃而發之；賊近，則棄箭，用本器。萬全萬勝之器也。

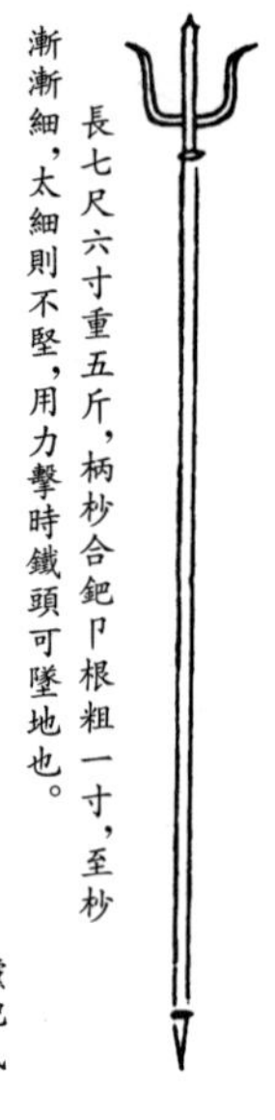
長七尺六寸重五斤，柄杪合鈀尸根粗一寸，至杪漸漸細，太細則不堅，用力擊時鐵頭可墜地也。

钂鈀式

筤筅圖説

筤筅必獵户能使。製筅之法，用茅竹長而多節者，末鋭包鐵，如小槍，兩傍多刺。其刺每隻以火熨之，一直一鈎。其直者如戟，鈎者如矛。然後以熟桐油灌之，敷以毒藥，鋒利難犯。

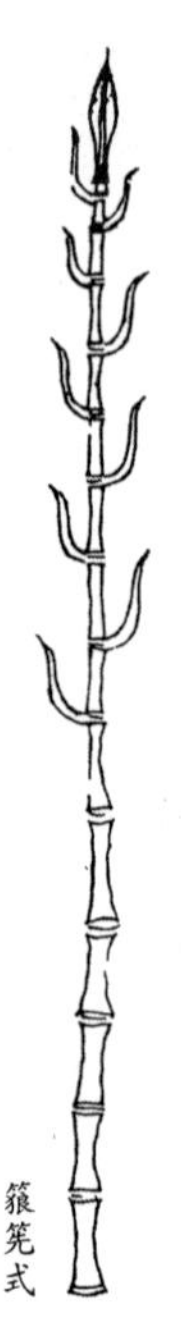
長一丈五尺重七斤附枝必九層十層十一層尤妙。

筤筅式

參將戚繼光云：「筤筅之爲器也，形體重滯，轉移艱難，非若他技之出入便捷，似非利器也。殊不知乃行伍之藩籬，一軍之門户。如人之居室，未有門户扃鍵而盗賊能入者。故凡用筤筅，須要節密枝堅，杪加利刃，要擇力大之人，能以勝此者，勿爲物之所使。夫然後以牌盾蔽其前，以長槍夾其左右，舉動疾徐，必須鈀大刀接翼。然筅能禦而不能殺，非有諸色利器相資，鮮克有濟。兵中所以必於用此者，緣士心臨敵動怯，他器單薄，人膽摇奪，雖平日十分精習，當場便多張皇失錯，忘其故態。惟筅則枝稍繁盛，遮蔽一身，眼前可恃，足以壯膽助氣，庶人敢站定。若精兵風雨之勢，則此器爲重贅之物矣。」

鈎鐮圖説

舟中或割其繚，或勾其船，或割其棚間繩索，必不可少。須竹長而輕，刃彎而利，乃得實用。

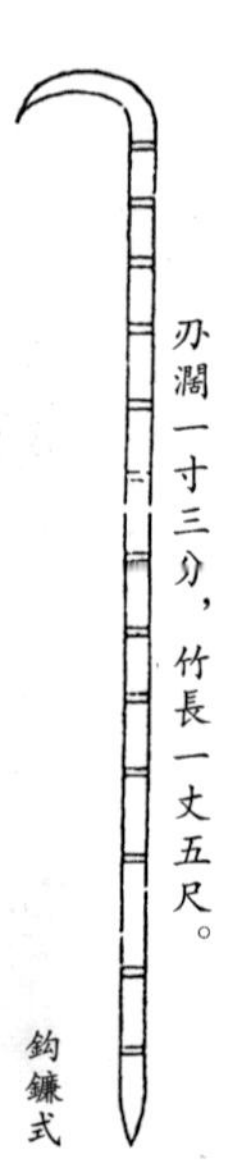
刃濶一寸三分，竹長一丈五尺。

鈎鐮式

撩鈎圖説

兩船犁沉賊舟，用此撈級。或勾搭賊船，使不得去。或鈎繚索以牽其棚，舟中必不可少者。但須鈎粗筲固，十數人扯拽，鈎萬鈎而不曲乃可。鈎柄長，手執難以着準，須用三鈎，一搭即得粘掛也。

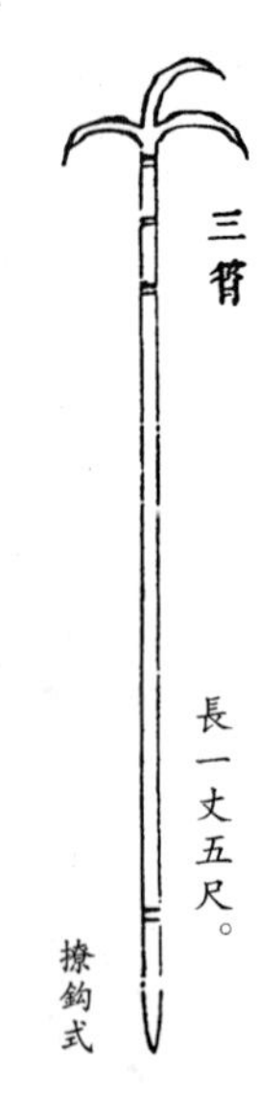

長一丈五尺。

撩鈎式

棍圖説

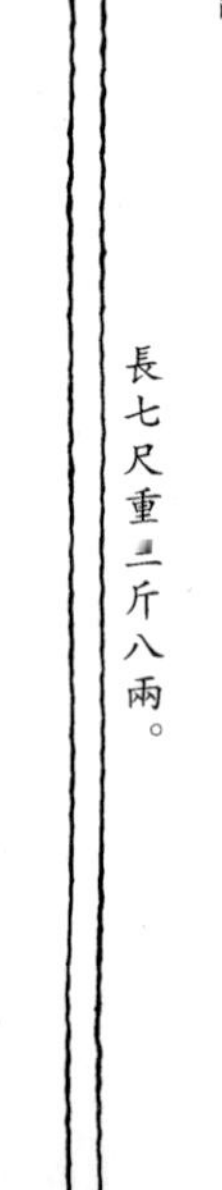
長七尺重二斤八兩。

棍式

少林棍

俱是夜叉棍，有前中後三堂之名。前堂棍，單手夜叉也；中堂棍，陰手夜叉也，類刀法；後堂棍，夾槍帶棒，監紫微山爲第一，牛山僧善弄之。通虚孫張家棍爲第二。

河南棍

趙太祖騰蛇棒爲第一，賀屠鈎杆與西山牛家硬單頭皆次之。

安猴孫家棒，汴城、淮慶人多用之。

若曾按：自古名將未見有用棍者，用棍惟宋江諸人。

參將戚繼光云：「此器勢短，步卒習用，竟不能以短接長。即法中皆一打一刺，而棍無刃，以何爲刺？今加一刃，但刃長則棍頭無力，不能壓他棍，只可二寸長，重四兩，形如鴨嘴。打則利於棍，刺則利於刃，兩相濟矣。」

天蓬鏟圖說

形如月牙，內外皆鋒刃。橫長二尺，柄長八九尺，或一丈。陸兵馬步戰，第一利器也。

此器直推之可以削手，往上推則鏟首，向下推則鏟足，或鉤敗卒之足，或於上風揚塵，妙不勝述。

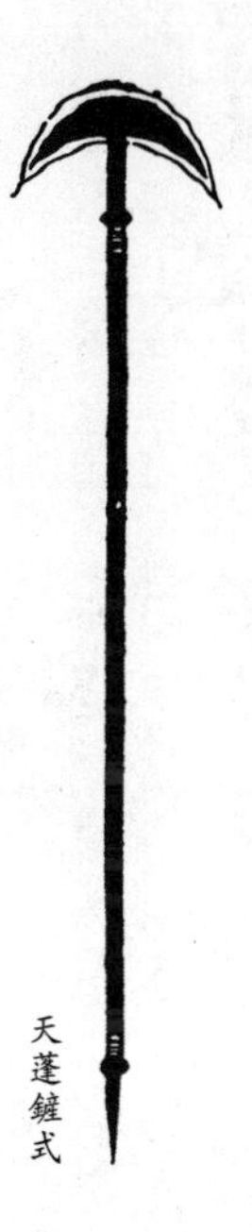

天蓬鏟式

偃月刀圖說

若曾按：使刀無如倭子之妙，然其刀法有數，藝高而能識破者，禦之無難。惟關王偃月刀刀勢既大，其三十六刀法，兵仗遇之，無不屈者，刀類中以此爲第一。馬上刀要長，須前過馬首，後過馬尾方善。

偃月刀式

長刀圖說

此刀獨用則無衛。惟鳥槍手，賊遠發銃，賊至近身，再無他器可以攻刺，如兼殺器，則銃重藥子又多，勢所不能。惟此刀輕而且長，可以兼用，以備臨身棄銃用此。

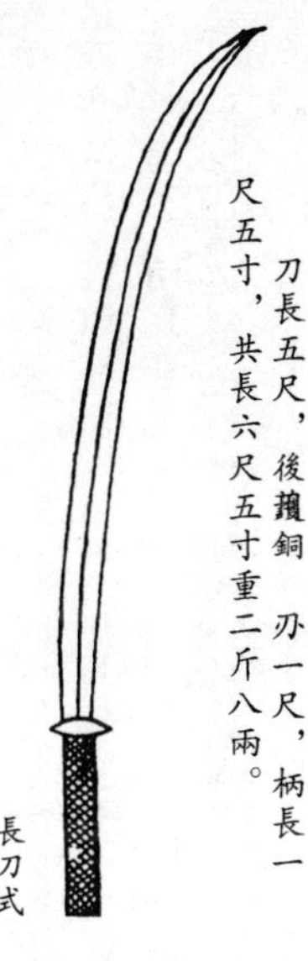

刀長五尺，後擭銅刃一尺，柄長一尺五寸，共長六尺五寸重二斤八兩。

長刀式

腰刀圖說

腰刀造法，鐵要多煉，刃用純鋼，自背起，用平鏟平削至刃。刃芒平磨無肩乃利，妙尤在尖。近時匠役將刃打厚，不肯用工夫平磨，止用側銼橫出，芒兩下有肩，砍入不深。刃芒一秃，即爲頑鐵矣。此當辨之。刀要與手相輕，柄要短，形要彎，庶宛轉藤牌下，不爲所礙。無牌刀短，不可入陣，惟馬上可用之。

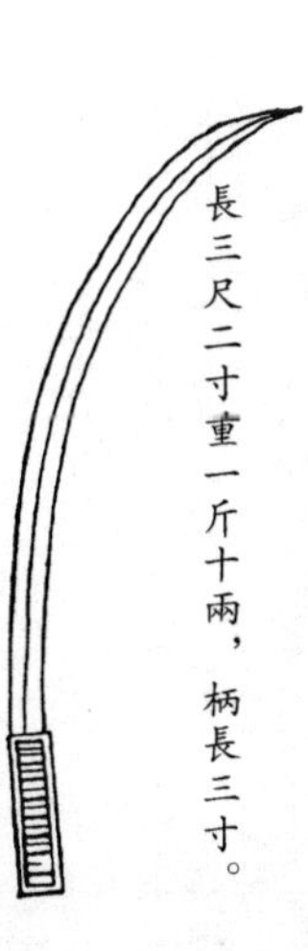

長三尺二寸重一斤十兩，柄長三寸。

腰刀式

劍圖說

有五家，一曰馬明王、一曰劉先主、一曰卞莊、一曰王聚、一曰馬超。

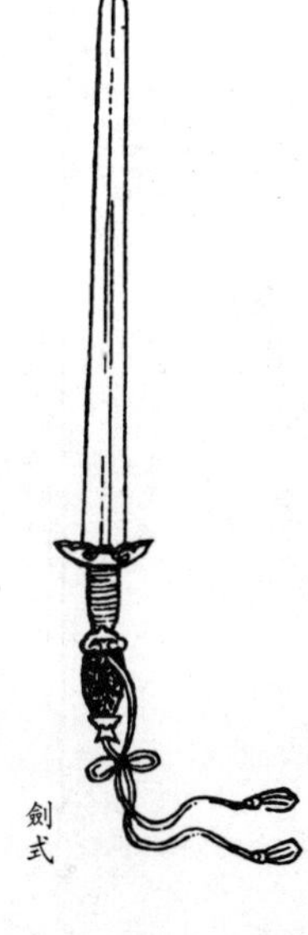

劍式

銜枚圖說

竹籤四寸長五分闊，上書隊甲兵勇親臨官押油餙掛頸静。砲響各啣枚肅静代圓枚而用更可查考。

啣枚圖

鬼箭圖說

鐵蒺藜也。糞汁、毒藥製之，戳脚肉爛，曰鬼箭。撒地以爲阻路、守險之用。

裝帶竹筒形

此柄執之以便倒撒

此筒用茅竹，去皮厥不裂。長一尺上用木蓋，下用原節為底，貯藥。製蒺藜懸之於腰，用時手提撒之。下地均勻且速而不結。除此皆垂結不利用矣。

撒勢

鬼箭式

安營拒馬圖說

拒馬形如鼓架，三根相串，縱橫顛倒，轉側皆立不仆。長五尺餘，徑各一寸五分。杪用利刃。每一架得地五尺可選。二人一小隊，去地一丈五尺，用三架，二層用六架。每隊二人，輪負一架，足用矣。每架鐵鎖一條，長一丈，輕細寫妙。地釘二根，長一尺，以便聯束釘地之用。

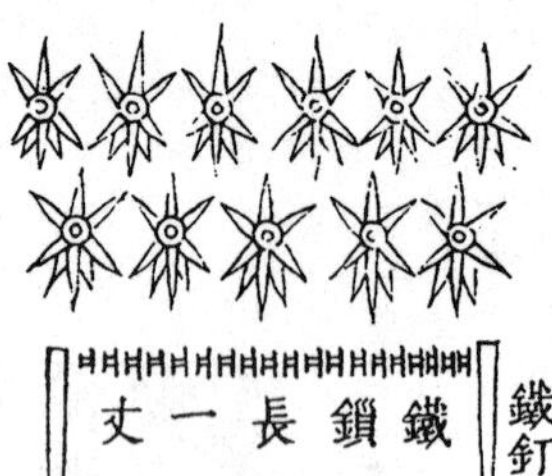

拒馬每箇長五尺二寸重三斤十二兩，鐵釘二根重十二兩，鐵鎖一條長一丈。

安營拒馬製

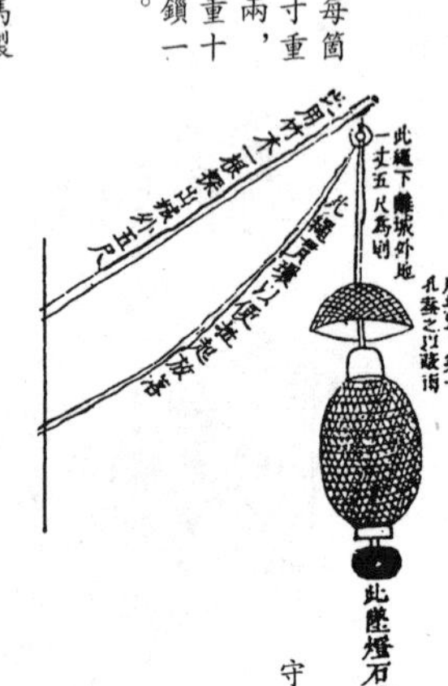

守城燈式

守城燈圖說

每垛設燈一盞，要明亮。上用席帽爲蓋，以防雨滅。下用石墜，以防風擺。將竹竿五尺，用繩繫之，竹竿平出垛外。竿頭用一鐵環，將繩入環內，懸燈於下。環活内穿繩，可高下之，以去地丈餘爲準，使賊手取不及爲妙。夜間燃燭於燈内，使城上稍暗，城外明白，可以防賊偷越之虞。

明·劉效祖《四鎮三關志》卷一 車器營臺圖

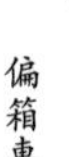

偏箱車

座車

輕車

鼓車

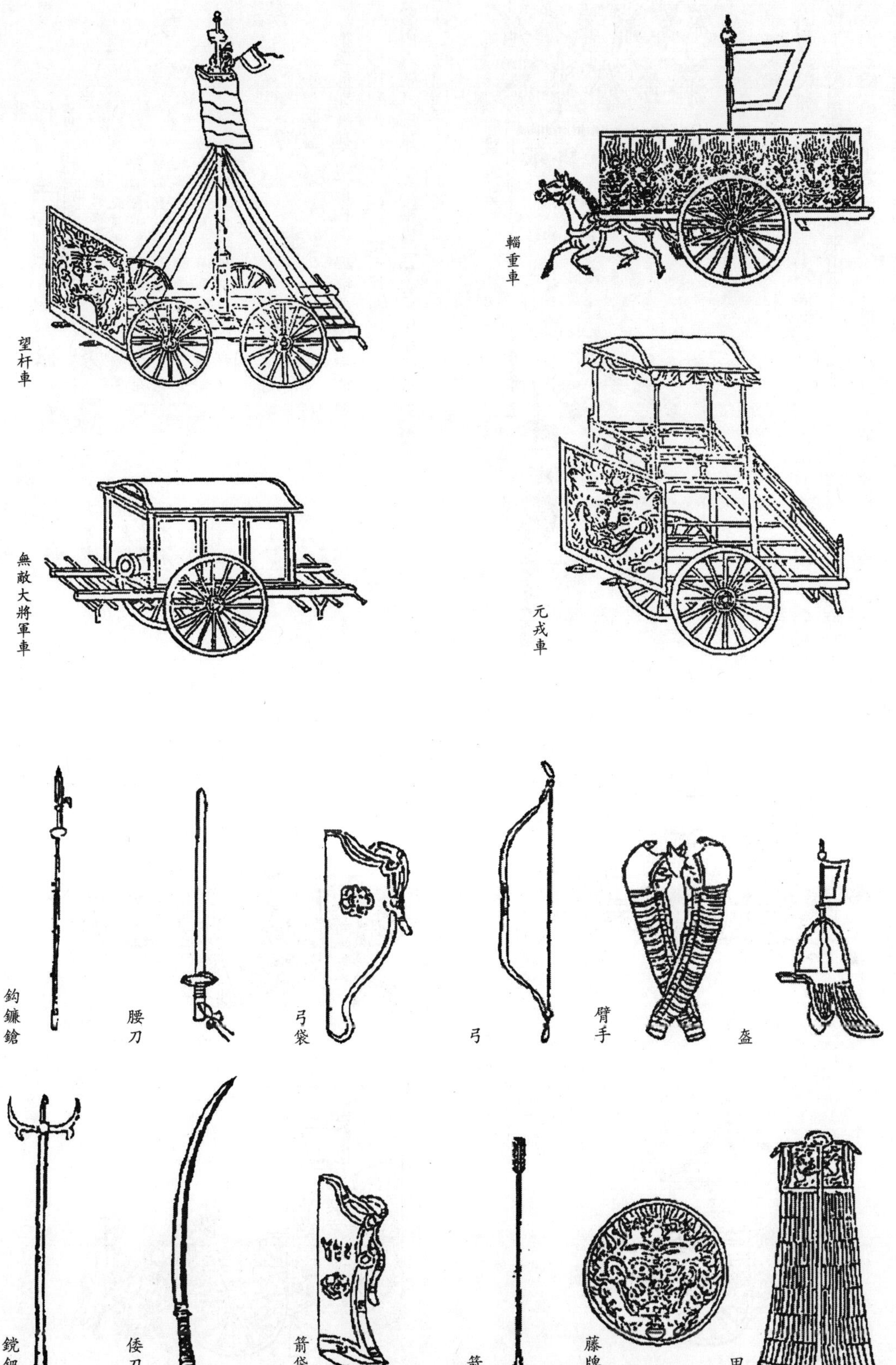

望杆車
輜重車
無敵大將軍車
元戎車
鈎鐮鎗
腰刀
弓袋
弓
臂手
盔
鎲鈀
倭刀
箭袋
箭
藤牌
甲

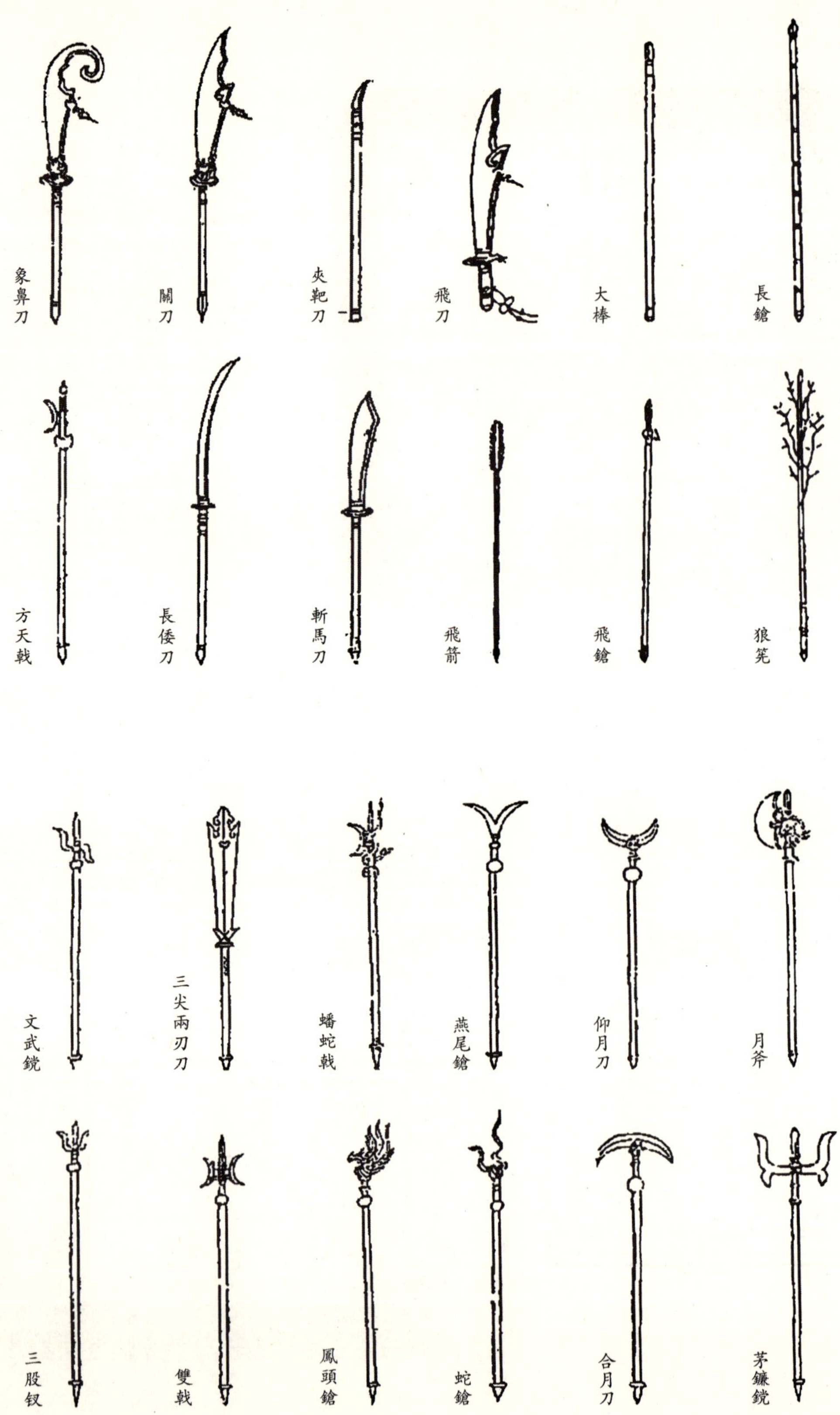
象鼻刀
關刀
夾靶刀
飛刀
大棒
長鎗
方天戟
長倭刀
斬馬刀
飛箭
飛鎗
狼筅
文武鏜
三尖兩刃刀
蟠蛇戟
燕尾鎗
仰月刀
月斧
三股釵
雙戟
鳳頭鎗
蛇鎗
合月刀
茅鐮鏜

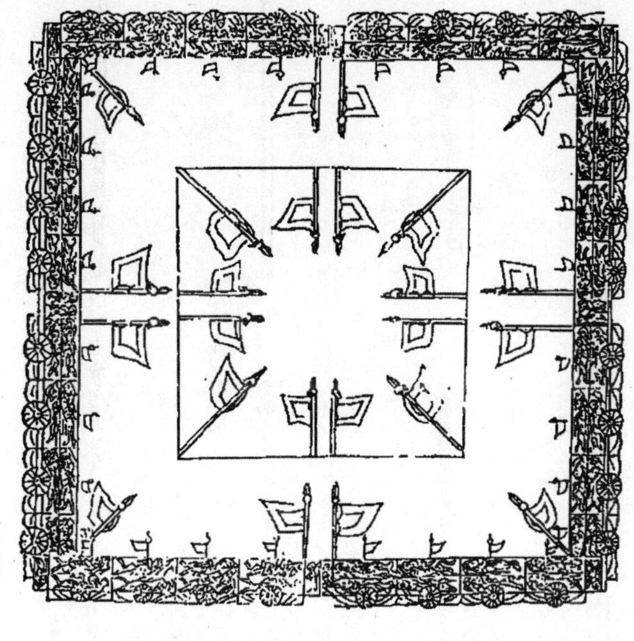
偏箱戰車營

空心敵臺

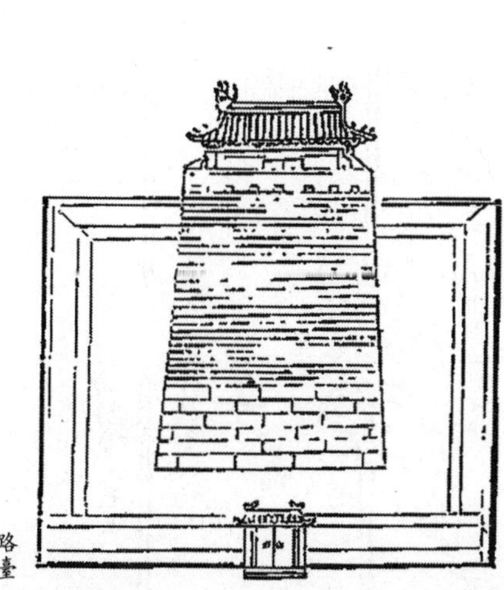
路臺

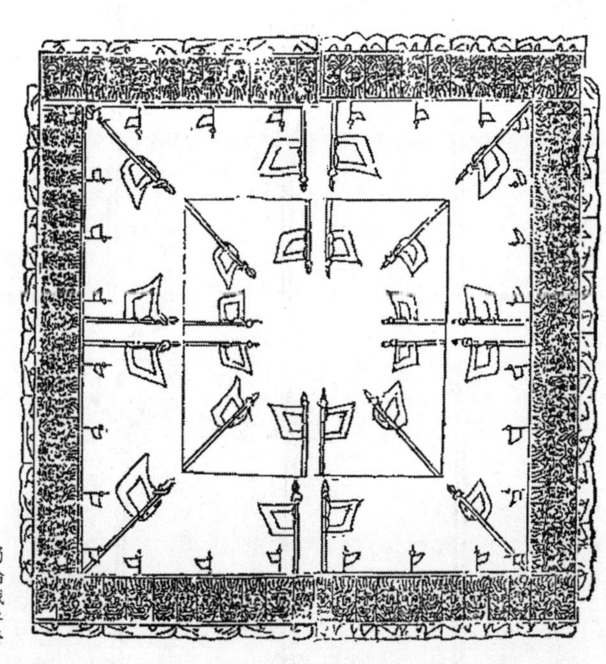
獨輪戰車營

明・王鳴鶴《登壇必究・攻城》

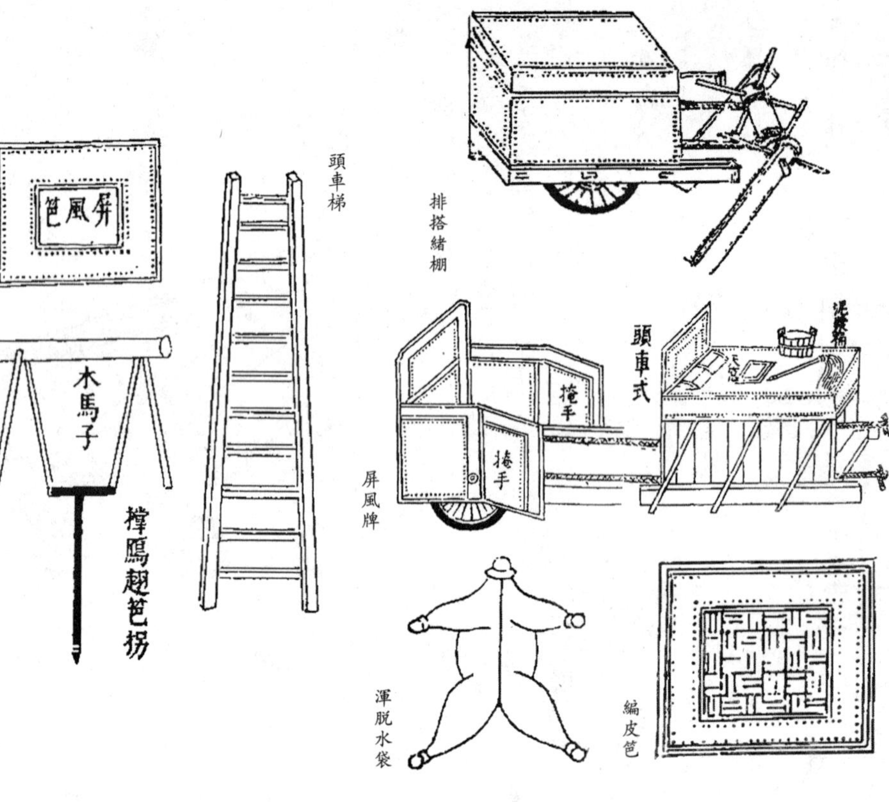

右頭車，攻城器也。身長一丈六尺，闊七尺，前高七尺，後高八尺，以兩巨木爲地栿，前後梯桄各一。前桄尤要壯大，上植四柱，柱頭設涎衣，梁上鋪散子木爲蓋，中留方竅，廣二尺，容人上下。蓋上，鋪皮笆一重。皮笆以竹片編成，以生牛皮幔。笆上鋪穰藁厚尺餘，穰藁上又施皮笆，所以禦砲石也。車三面皆設約竿。如今坐檻上欄干。頭牌，木每牌長九尺，闊五寸，厚六寸，首有小竅，以皮繩繫著車蓋，垂在約竿外。木無定數，但取遮密。三面牌外，又垂皮笆，亦以禦砲。方竅下置梯以升，蓋上前施屏風笆，一笆中開前窻，倚以木馬，令人於笆內射外。凡攻城、鑿地道，以車蔽人，先於百步內於矢石擊當面守城人，使不能立，乃自壕外進車，用大木二條，各長一丈八尺，謂之揭竿，首插前桄下，稍壓後桄出，以土囊壓竿梢，令揭車首昂起。車每進，便設緒棚續車後，遇壕則運土雜芻藁填之。運者皆自車中及緒棚下往來，矢石不能及。又以千斤大麻繩繫車前桄，引向後出，以絞車自後急絞，以助竿力，令車首常去地尺餘。兩面約卒牌木，下分用三十人推挽，梯桄下又以木橛鐵挺榦跳，使進抵城下。

頭車舊本無輪，又無頭牌，今添入兩旁十輪，及前面屏風牌，并兩掩手庶可適用。

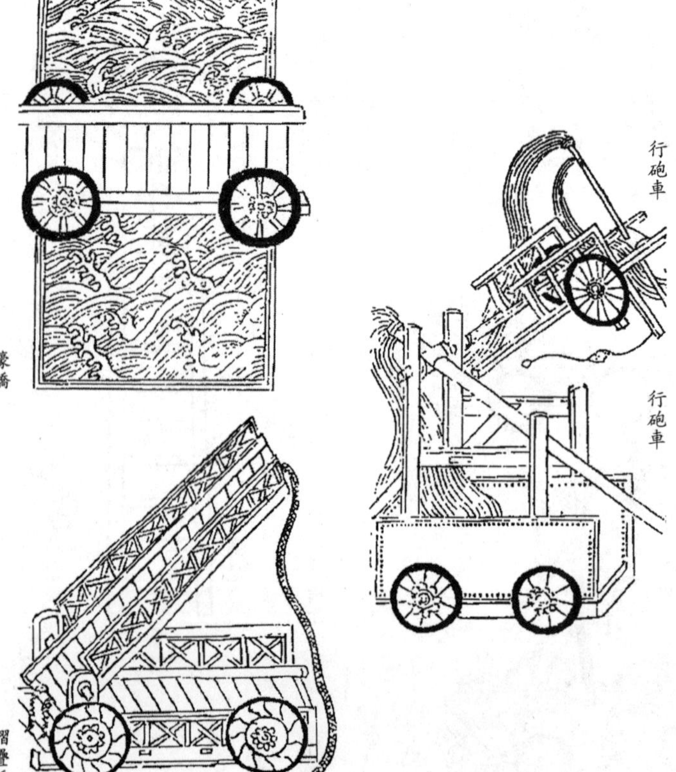

右壕橋，長短以壕爲準，下施兩巨輪，首貫兩小輪，推進入壕輪陷，則橋平可渡。若壕闊，則用摺疊橋，其制以兩壕橋相接，中施轉軸，用法亦如之。

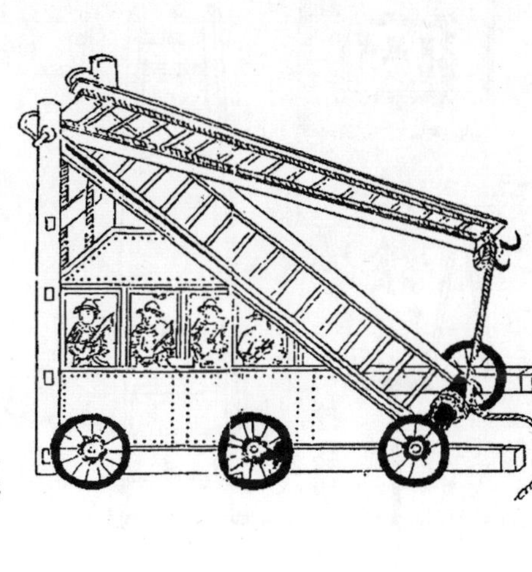
雲梯

右雲梯，以大木爲床，下施六輪，上立二梯，各長二丈餘。中施轉軸，車四面以生牛皮爲屏蔽，內以人推進，及城則起飛梯於雲梯之上，以窺城。中故曰雲梯。

（右）火車，以兩輪，車中爲爐，上施鑊滿，盛以油，熾炭火爨令沸。仍四面積薪，推至城門樓下，縱火而去。敵必下水沃之，油得水，其焰益高，則樓可燔也。

飛梯

火車

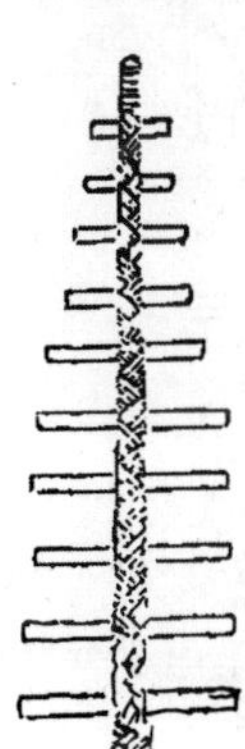
竹飛梯

飛梯，長二三丈，首貫雙輪。欲蟻附，則以輪著城推上。

竹飛梯，用獨竿大竹，兩旁施脚躍以登。

躡頭飛梯

右躡頭飛梯，如飛梯之制，爲兩層，上層用獨竿竹，中施轉軸以起梯竿，首貫雙輪，取其附城易起。

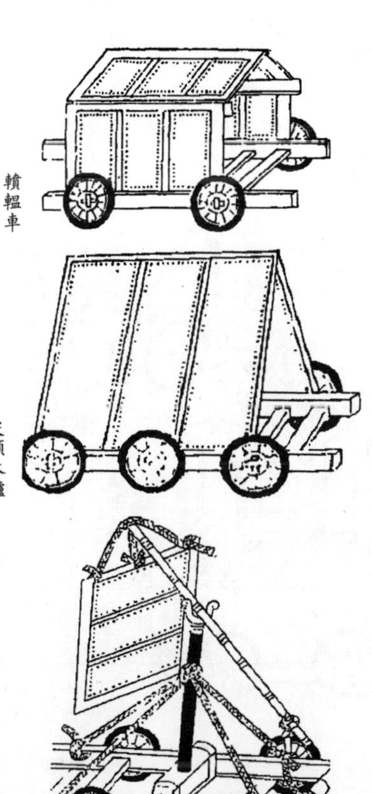
轒轀車
尖頭木驢
木幔

右轒轀車，下虛，上蓋如斧刃。其車梯盤勿施□板，中可容人，音地推車。載以四車輪，其蓋以搗繩爲脊，以生牛皮革蒙之，中可蔽十人，填隍推之。直抵城下攻撅。

尖頭木驢，形如轒轀車，惟增一輪。上橫大木爲脊，長一丈五尺。上鋭下方，高八尺，以生牛革裹之，內蔽十人，推逼城下，以攻城作地道。

木幔，以版爲之，制如屏車。以生牛革，上施桔槔，載以四車輪，低昂以繩挽之。凡攻城欲蟻附者，則以幔禦當面矢石也。

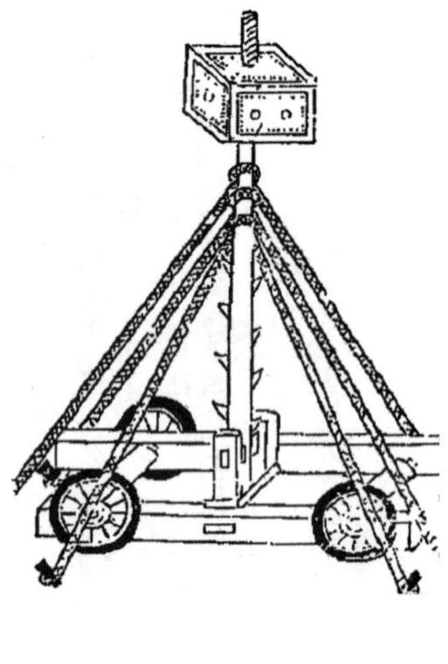

右凡望樓，與城中望樓爲一，制具守城門。所以下望城中事。攻城欲利，推徙故以車載，其制以堅木爲□坐井，轅長一丈五尺，下施四輪，輪高三尺五寸，上建望竿，凡建竿皆用鹿頰木。長四十五尺，上徑八寸，下徑一尺二寸。如乏長木，亦可接用。上安望樓竿，下施轉軸，兩傍施叉手木，繫麻繩三棚。上棚二條，各長七十尺。中棚二條，各長五十尺。下棚二條，各長四十尺。帶環鐵橛十條，皆下鋭。凡立竿，如舟上建檣法，釘橛繫繩，六面維之令固。餘制及候望法，皆約城中望樓也。

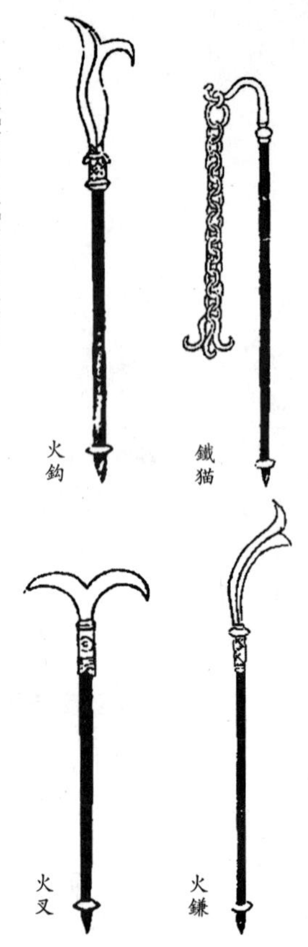

右鐵猫，以鐵索繫三鬚。

(右)火鈎，以雙鈎爲刃。

(右)火鐮，以鈎刀爲刃。

(右)火叉，以鐵爲兩岐。凡攻城將透，積薪草、松明、麻籸音詵。於地道中，加以膏油，縱火焚城，續之令不滅，則施四物以備用。燒之三日，其城自摧。

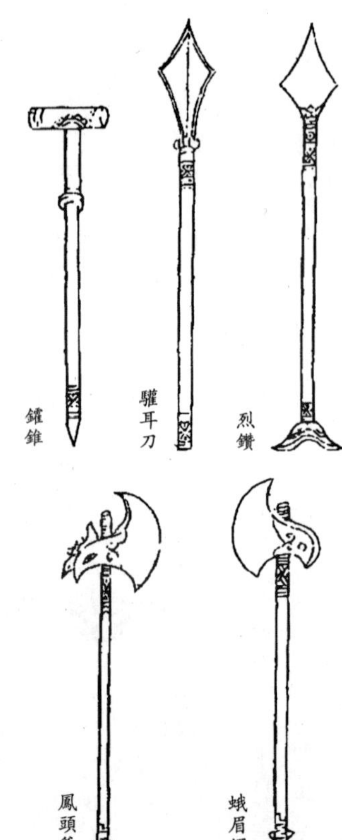

右烈鑽，刃連袴，長一尺五寸，上鋭下方，闊八寸，柄長三尺，有拐。

驢耳刀，刃連袴長一尺，上鋭下狹，柄長三尺。凡冗城，先用刀鑽土，後地鍬鍤。

钁錐刃連袴長二尺，柄長二尺五寸。冗城深者，以錐探透之。

蛾眉钁，長九寸，刃闊五寸，柄長三尺。

鳳頭斧，頭長八寸，柄長二尺五寸，並地道内撅土用之。

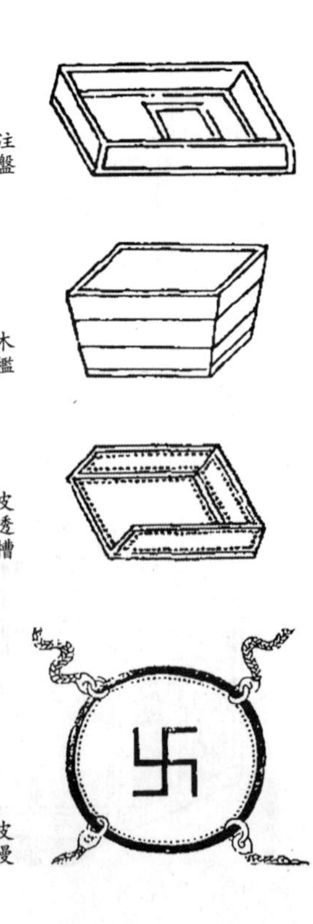

(古)[右]注盤方四尺，深七寸，中開一竅。木檻方四尺，深二尺，以儲人清臭藥。皮透槽長四尺，闊三尺，以生牛皮爲之。

皮漫方六尺五寸，亦生牛皮爲之，四角各施鐵連環，環貫火繩。凡攻城爲地道，敵人返冗地以迎我，我則袁人清臭藥，自翻身窟中，以注盤透槽下灌敵人。翻身，謂城中鑿地道迎我，以甕所審知所自，我則旁穿暗逼層級漸高，直至敵人所鑿地道上爲冗，冗口施注盤以透槽注藥以灌之。皮漫，凡我鑿地道，敵人作翻身窟，注藥害我，我則張皮漫繫繩於排沙柱端以盛之，則無守。

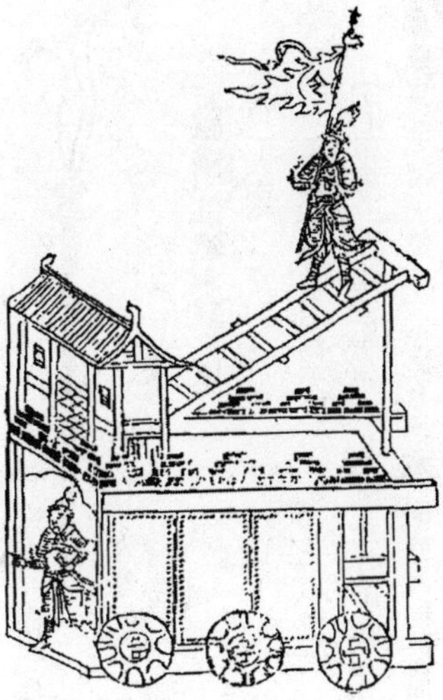
行女墻

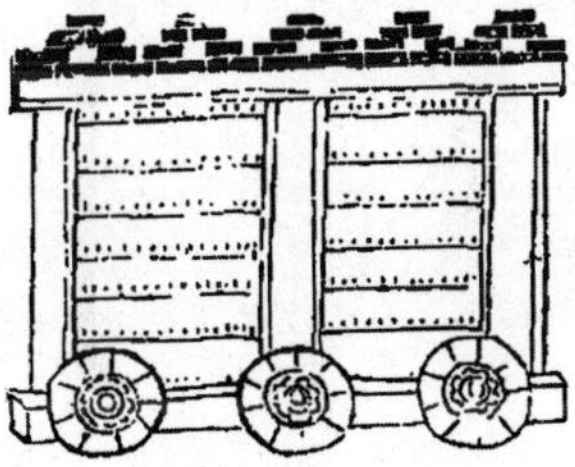
木女墻

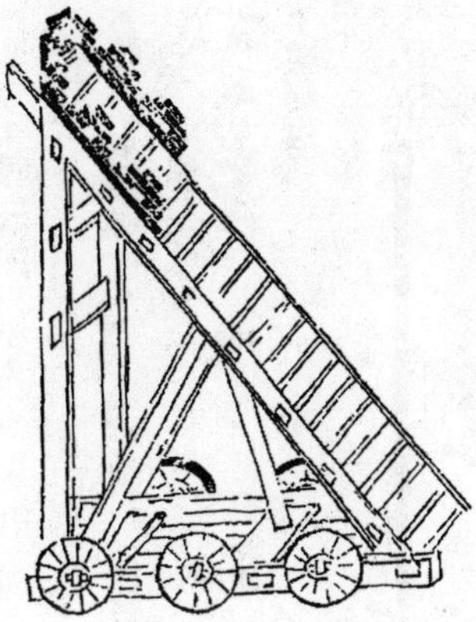
行天橋

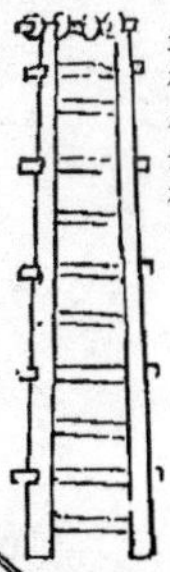
避檑木飛梯

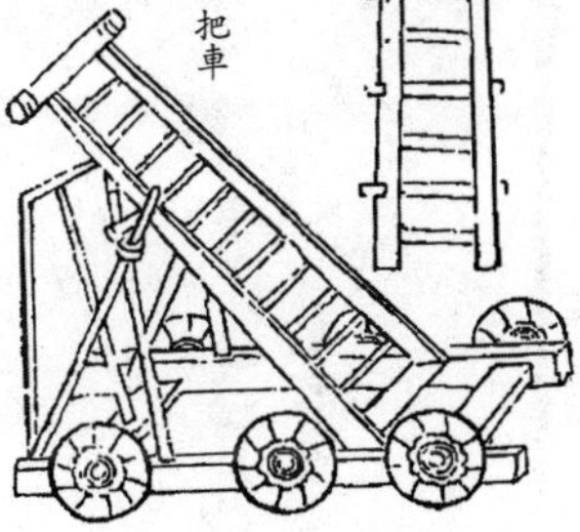
把車

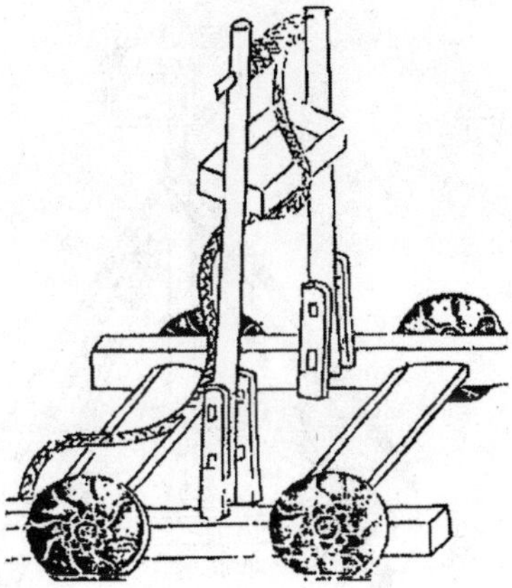
颺塵車

颺塵車約行煙置三二十具，如飛梯板屋之類。或即以飛梯板屋移用之亦通。其車與煙同縱，待煙氣盛即推車逼城，颺其塵灰，守城人不能存立，必迴避聚向一邊，則攻城人可緣上。用石灰最佳。

填壕車

填壕皮車

巢車

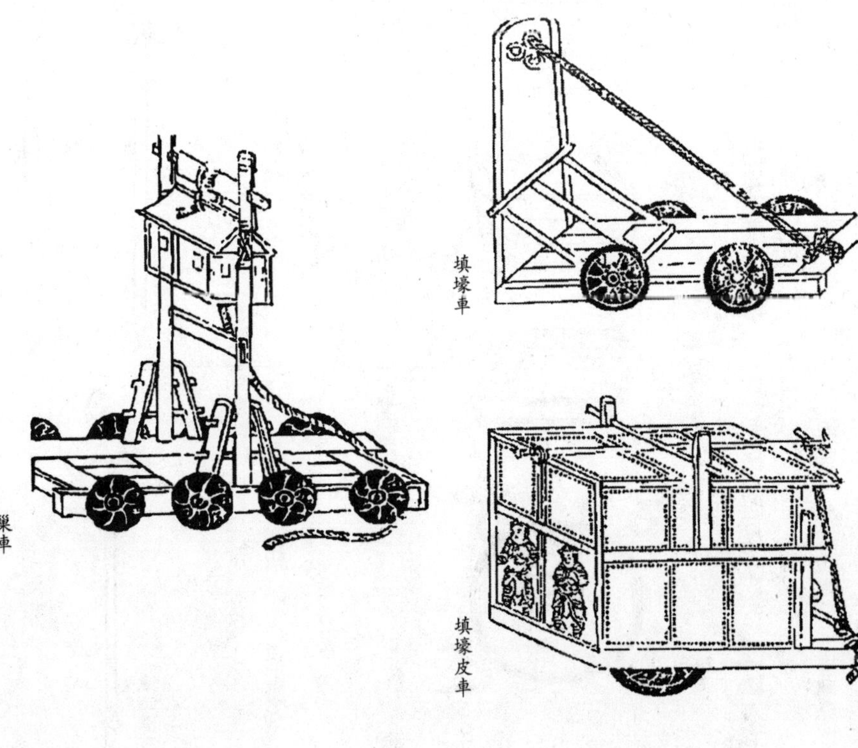

巢車，其制以八輪車當中建高竿，竿首施轆轤，以繩挽板屋上。竿首其屋方四尺，高五尺，以生牛皮裹之，以禦矢石。竿之高下以城爲準，使人藏屋中，下窺城中事。遠望如鳥巢，故謂之巢車也。

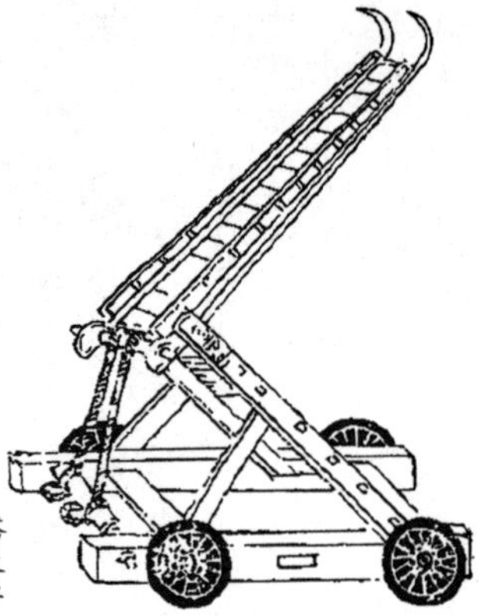
搭天車

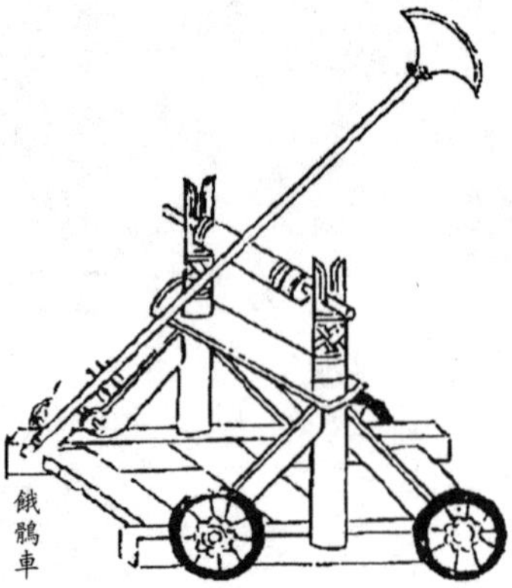
餓鶻車

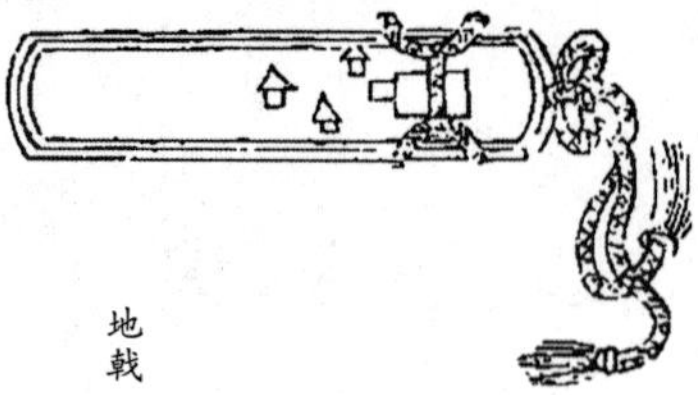
地戟

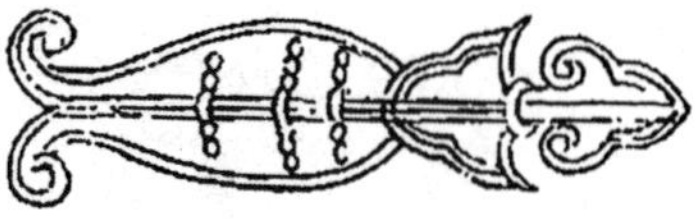
風輪缸

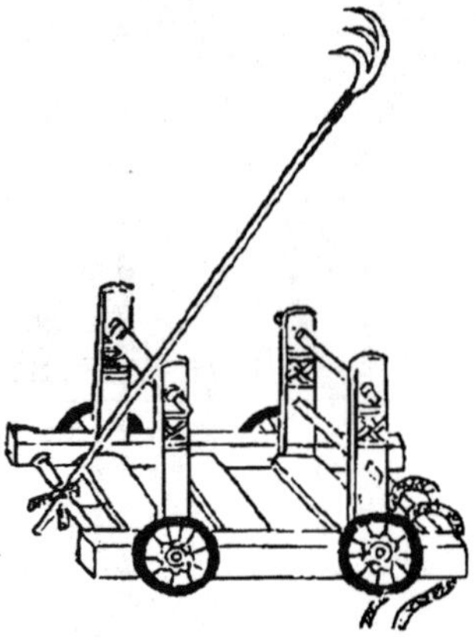
搭車

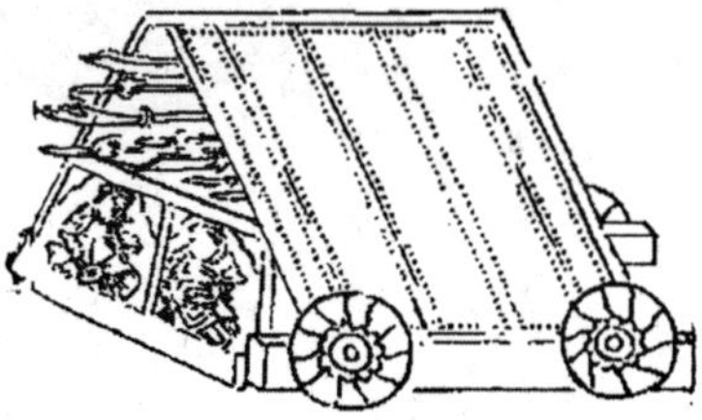
鈎花車

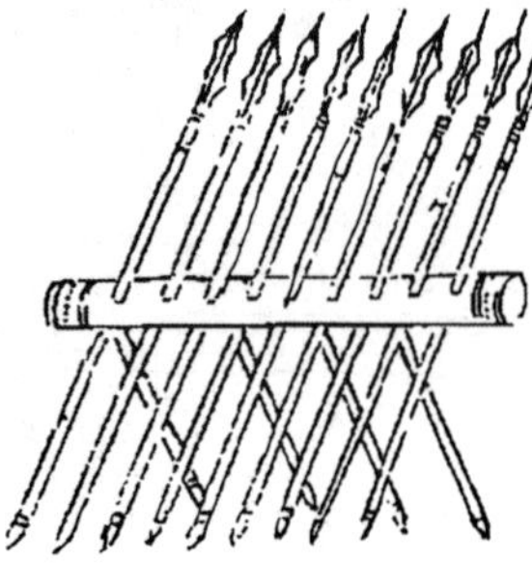
拒馬鎗

【略】破城之法，攻城之具，各有名件，(令)[今]具一十二條，可詳用之。

又《守城》

地澀

鐵菱角

鹿角木

鐵蒺藜

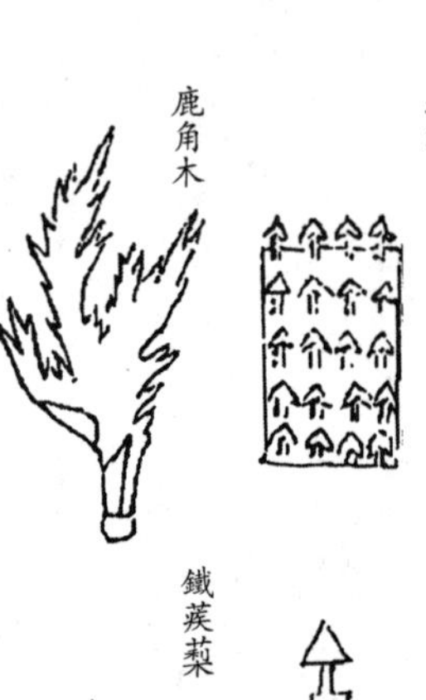

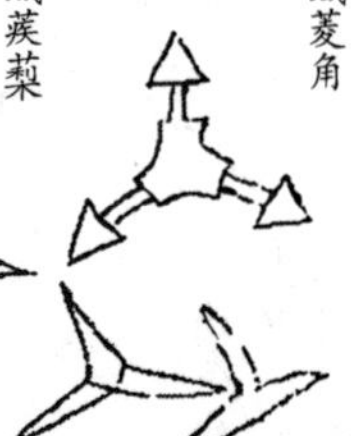

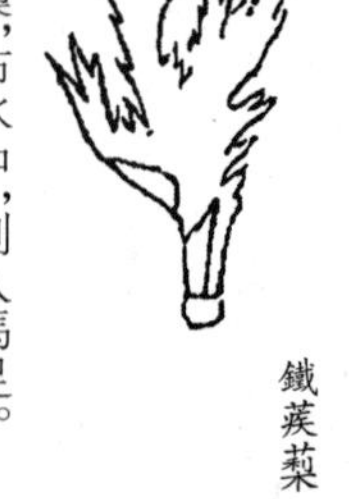

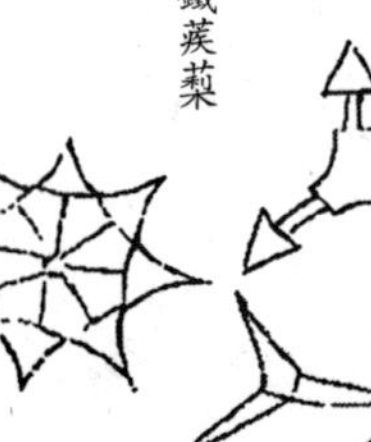

右鐵菱角，如鐵蒺藜，布水中，刺人馬足。

鹿角木，擇堅木如鹿角形者斷之，長數尺，埋入地，深尺餘，以傷馬足。

地澀，以逆鬚釘布版上。版厚三寸，長闊約二、三寸。

鐵蒺藜，並以置賊來要路，使人馬不得騁。右所謂渠荅也。

搊蹄，鬪四木爲方形，徑七寸，中横施鐵逆鬚釘，其上亦欄馬之具。木蒺藜以三角重木爲之。

凡壕中遇天旱水淺，則布鐵菱角於水中。城外有溪陂可絶者，亦布之。大城外遍植鹿角木。

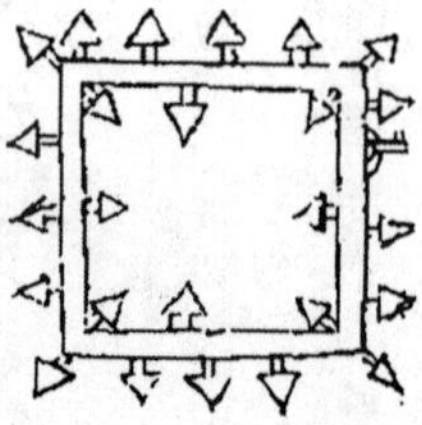
搊蹄

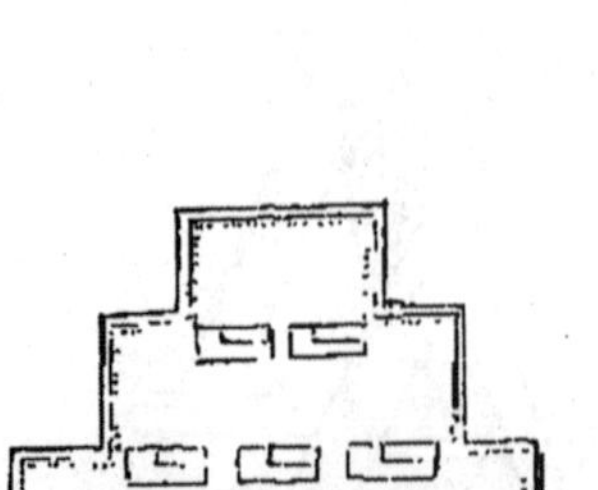
塞門刀車

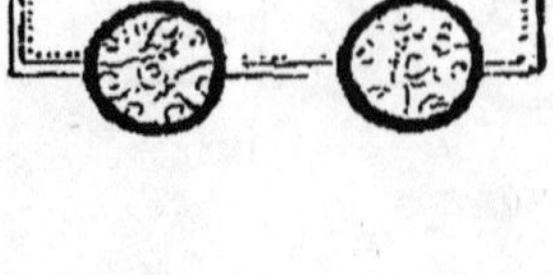
木女墻

刀車，以兩輪車自後出鎗刀，密佈之。凡爲敵攻壞城門，則以車塞之。

木女墻頭，形制如女牆，以版爲之，高六尺，闊五尺，下施兩輪，施拐木二條。凡敵人攻城摧壞女墻，則以此木女墻代之。

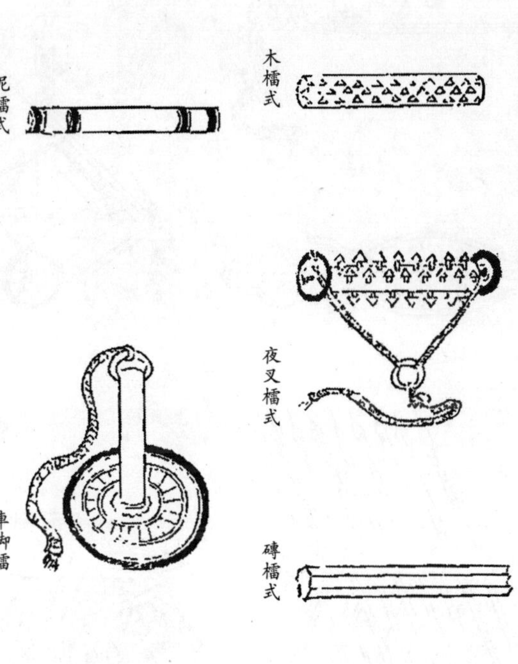

右木檑，以木體重者爲之，長四尺，徑五寸。

夜叉檑，一名留客住，用濕榆木，長一丈許，徑一尺，周回施逆鬚，出木五寸，兩端安輪。脚輪徑二尺，以鐵索絞車放下，復收並以擊攻城蟻附者。

磚檑，如檑形，燒磚爲之，長三尺五寸，徑六寸。

泥檑，用緊慢土調泥，入猪鬃毛、馬尾毛鬣三十斤搗熟捍成，長二三尺，徑五寸。

車脚檑，以繩繫獨輪，以絞車放下復收。

（右）狼牙拍，用榆木爲箕，長五尺，闊四尺五寸，厚三寸。以狼牙鐵釘二千二百個，皆長五寸，重六兩。布釘於拍上，出木三寸，四面施一刃，刀刃入木寸半，前後各施二鐵環，貫以麻繩鈎。於城上敵人蟻附登城，則使人掣起十而拍之。

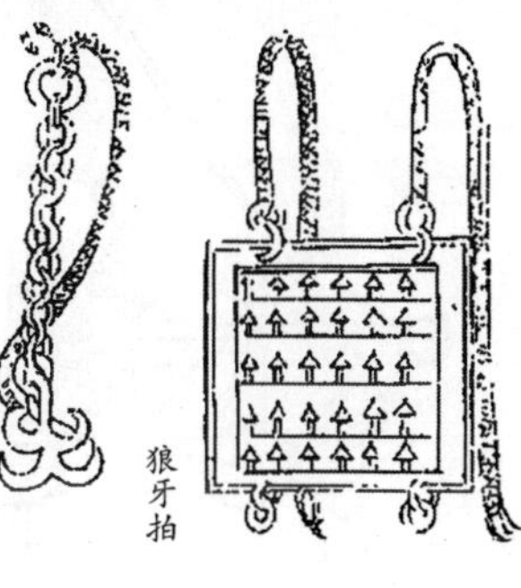

飛鈎，一名鐵鴟脚。鈎鋒長利，四出而曲貫鐵索，以麻繩續之。凡敵人被重甲，頭有鍪笠，又畏矢石不得仰視，候其聚處，則擲鈎於稠人中，急牽挽之。每鈎可取三兩人。

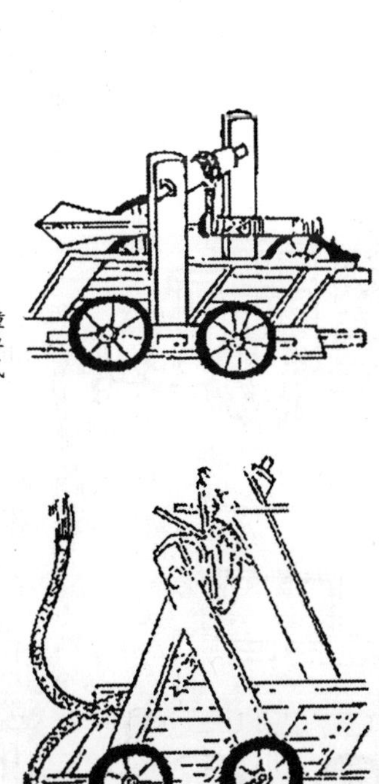

撞車，上設撞木，制如榨油狀法。以鐵葉裹其首，逐便移從，伺飛梯臨城則撞之。

右絞車，用大木爲床，前建二叉手，柱上爲絞車，下施四單輪，皆極壯大，力可二千斤。凡飛梯、木幔逼城，使善用搭索者，遥抛鈎索掛，及梯幔併力挽，令近前，即以長竿，舉大索鈎及而絞之入城。如絞木驢，待其逼城，且擲大木檑石擊之，次下小石勿絶，使木驢内驚惧，人不敢出，則使二壯士坐皮屋中，自城上設轆轤，繫鐵索鎚至木驢上。二人俱出，引絞車鈎索掛搭木驢，畢復拽上，即速絞取入城。皮屋以鐵捲爲質，生牛革裹之，開出入竅，可容二壯士。

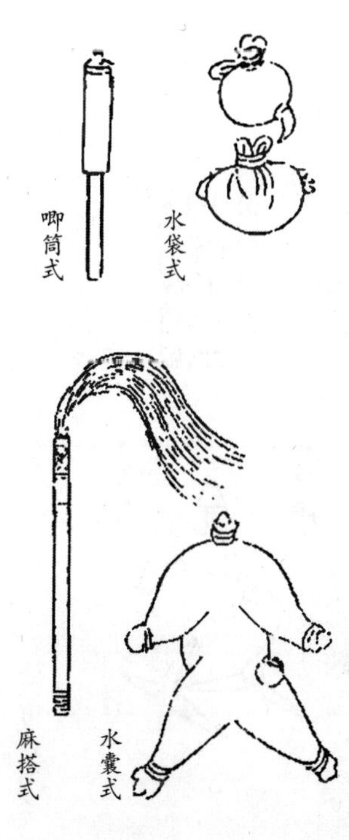

水袋以馬牛雜畜皮渾脱爲袋，貯水三四石。以大竹一丈，去節，縛於袋石。若火焚樓棚，則以壯士三、五人持袋口，向火蹙水注之，每門置兩具。

水囊，以牛胞盛水。敵若積薪於城下順風發火，則以囊擲火中。古軍法作油囊，亦便。

唧筒，用長竹，下開竅，以絮裹木桿，自竅唧水。

麻搭，以八尺擊，散麻二斤蘸泥漿，皆可蹙火。

鐵撞木

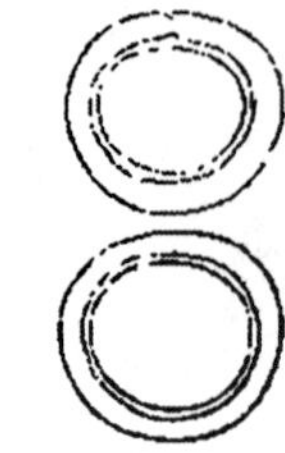
穿環

下城絞車

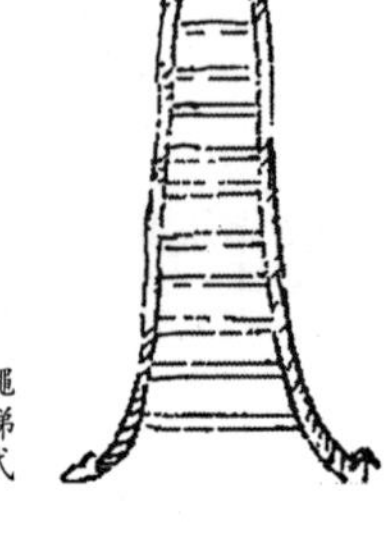
繩梯式

鐵撞木，木身鐵首。其首六鐵鋒，鋒大三指，長尺餘，鋒尖爲逆鬚，其竅貫鐵索。凡木驢逼城，即自城上以轆轤絞鐵撞下而斷之，皮革皆壞，乃下燕尾炬燒之。燕尾炬，用柴二束交縛，一頭令叉開如燕尾形，灌以鹵，燒炬丫於木驢之上，使不可脱。

穿環，鍛鐵或屈堅韌木爲大環，以索繫之，則用撞車及城，則舉環穿掛車一，併力挽繩，隨以弓弩兩傍射之，其車必翻。射仍勿止，車下人多不被甲，當遁走。急縋徤卒，擲薪芻以焚之。

絞車，立兩頰木，横施轉軸，施十字絞木，垂兩繩，下貫蹈版，乘之上下。

繩梯，以巨繩繫横桄爲軟梯，凡登高則用之。

(右)甕聽，用七石甕覆於地道，中擇耳聰人，坐聽于甕下，以防城中鑿地道迎我。若賊開地道迎我，則擊以霹靂火毬、具火器門。毒藥煙毬，具火器門。熏灼之。其樺燭、鐵燈籠、木燈籠皆用地道中點照。

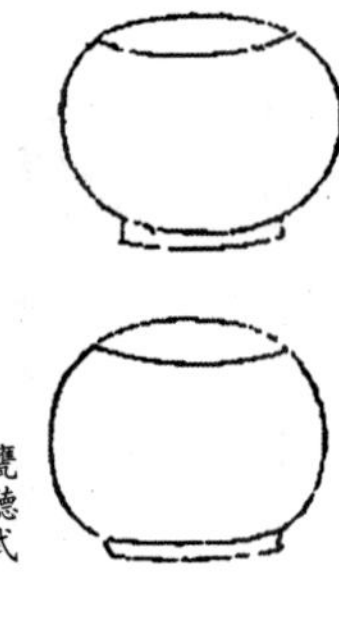
甕聽式

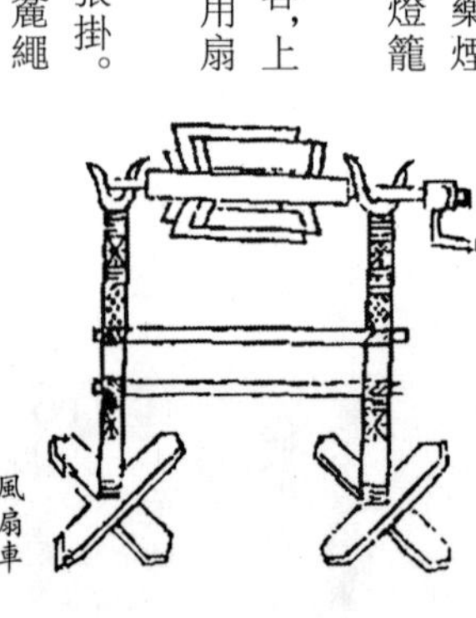
風扇車

(右)風扇車，二柱二桄，高闊約地道能容，上施轉軸，軸四面施方扇。凡地道中遇敵人，用扇颺石灰，簸火毬煙，以害敵人。

布幔，複布爲幕，度石矢來處，以弱竿張掛。去城七八尺，居女墻之外，以折矢石勢。結麄繩爲網如布幔張掛，亦可護女牆樓櫓。

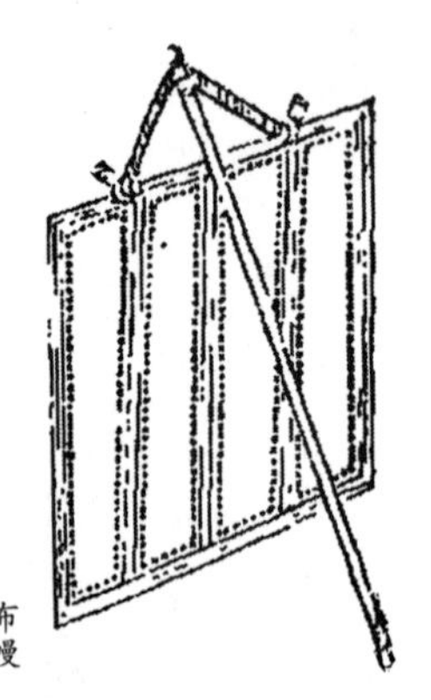
布幔

皮簾

右皮簾，以水牛皮爲之，闊一丈，長八尺，横綴皮耳七個。凡城上有關遮蔽，則張掛之。

木立牌

竹立牌

右木立牌，高五尺，闊三尺，背横施楅，筆力反。連轉關拐子長三尺。

竹立牌，取厚竹條，闊五分，長五尺者，用生牛皮條編成。上鋭下方，餘如木牌之制。一法，用生牛皮穿空，以厚竹編之，尤堅。皆楯之類也。可以巡城及敵棚上，以防火砲、火箭之類。此牌製重厚于戰盾。

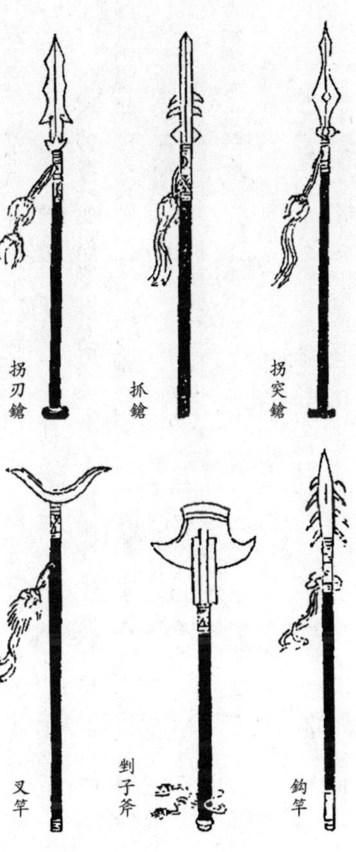

右拐突鎗，桿長二丈五尺，上施四稜麥穗鐵刃，連袴長二尺，後有拐。

抓鎗，長二丈四尺，上施鐵刃，長一尺。下有四逆鬚，連袴長二丈。

拐刃鎗，桿長二丈五尺，刃連袴長二尺，後有拐，長六寸。

鉤竿如鎗，兩傍加曲刃，竿首三尺，裹以鐵葉，施鐵刺如鷄距。

剉手斧，直柄，横刀刃，長四寸，厚四寸五分，闊七寸。柄長三尺五寸，柄施四刃，長四寸，並用如敵樓戰棚蹈空版，下鈎刺攻城人，及斫攀城人手。

叉竿，長二丈，兩岐用叉，以叉飛梯及登城。

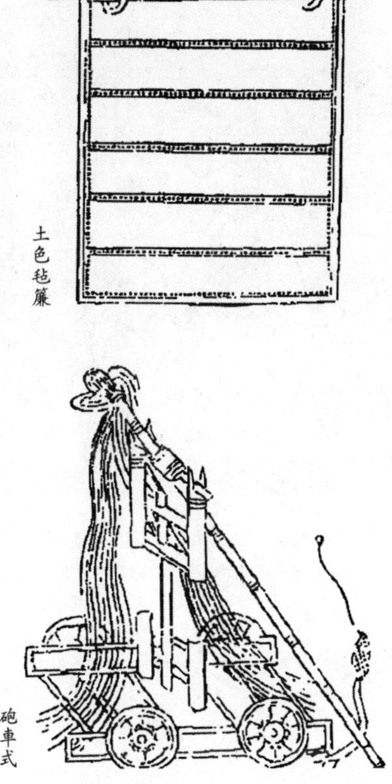

右毡簾，制爲土色。凡地道兩傍皆横鑿洞穴，可容十人，執短刀藏穴中，外垂簾爲蔽，與土色無别。若敵人攻奪地道，則出兵桿之。

右砲車，大木爲床，下施四輪，上建獨竿，首施羅匡。木上置砲，稍高下約城爲準，推徙往來，以逐便利。其施放及用物，一準常砲法。

明·茅元儀《武備志》卷一〇二《軍資乘·戰七·器械一》 弓　茅子曰，弓者，器之首也。故言武事者，首曰弓矢。【略】又聞諸志曰，弓有六善：一者往體少而勁，二者太和而有力，三者久射力不屈，四者寒暑力一，五者弦聲清實，六者一張便正。凡弓往體少，則易張而壽，但患其不勁。欲其勁者，妙在治筋。凡筋生長一尺，乾則減半，以膠湯濡而極之，復長一尺，然後用則筋力已盡，無復伸弛。又揉其材，令仰，然後傅角與筋。此兩法所以爲筋也，凡弓節短則和而虚，虚，謂挽過吻則無力。節長則健而柱，柱，謂挽過咳則木强而不來，節調把捎桿木，長則柱，短則虚。節得中則和而有力，仍弦聲清實。凡弓初射、與天寒，則勁强而難挽。射久、天暑，則弱而不勝矢則膠之爲病也。凡膠欲薄而筋力盡，强弱任筋而不任膠，此所以射久力不屈，寒暑力一也。弓所以爲正者，材也。相材之法，視其理。其理不因矯揉而直中繩，則張而不跛，此弓人之所當知也。合斯二者，而弓無遺議矣。故列《武經》之四弓，并鳴鶴，所言開元、小稍二弓而並圖之。開元者，今之大稍也。又西番用木弓，并載之。而先列制弓法數條於前。

一，用竹胎三尺五寸，牛角面二條，桑榆木作稍，各長一尺，中堅木爲把，長五尺。用魚膠四兩，牛筋半斤，製年餘方用。

一，馬蝗面弓，謂用大牛角解截成面而闊，遇拽滿則曲如扇圈，受力均匀，不嚼不走，不閃不肭。

一，泥鰍面弓，謂用小牛角，解截成面而狹，遇拽滿則曲如折竹，受力不匀，易嚼易走，易閃易肭。

一，披背筋法：披筋一版，晴暄合待半月，陰雨合待一月，方令再上。或連披數版，則内濕外乾，射不旬月，解脱可待。

一，漆弓背面法：用漆一重，晴暄合待十日，陰雨合待二十餘日，方再漆。不可日添數重，則内濕外乾，射不季月，斷脆可待。

一，裹弓之法：或用黄樺，或用桃皮，或用朱紅，皆不若黑生漆，免被水透。

一，弰弓之法：或用白角，或用魚枕，或用繪畫，或用紅緑花彩，皆不若用黑生漆，免費工績。

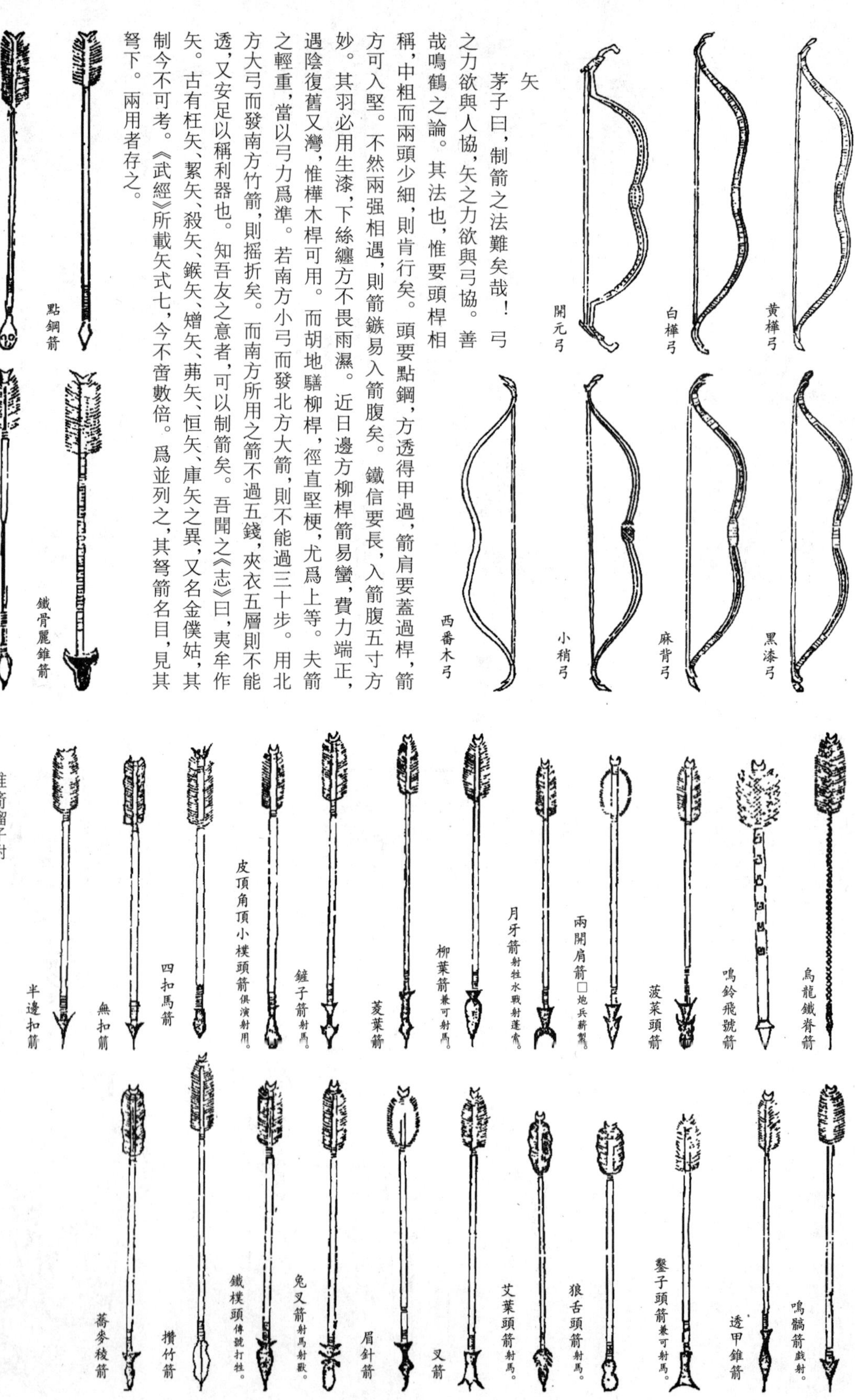

矢

茅子曰，制箭之法難矣哉！弓之力欲與人協，矢之力欲與弓協。善哉鳴鶴之論。其法也，惟要頭桿相稱，中粗而兩頭少細，則肯行矣。頭要點鋼，方透得甲過，箭肩要蓋過桿，箭方可入堅。不然兩强相遇，則箭鏃易入箭腹矣。鐵信要長，入箭腹五寸方妙。其羽必用生漆，下絲纏方不畏雨濕。近日邊方柳桿箭易彎，費力端正，遇陰復舊又彎，惟樺木桿可用。而胡地驕柳桿，徑直堅梗，尤爲上等。夫箭之輕重，當以弓力爲準。若南方小弓而發北方大箭，則不能過三十步。用北方大弓而發南方竹箭，則摇折矣。而南方所用之箭不過五錢，夾衣五層則不能透，又安足以稱利器也。知吾友之意者，可以制箭矣。吾聞之《志》曰，夷牟作矢。古有枉矢、絜矢、殺矢、鍭矢、矰矢、茀矢、恒矢、庫矢之異，又名金僕姑，其制今不可考。《武經》所載矢式七，今不啻數倍。爲並列之，其弩箭名目，見其弩下。兩用者存之。

雜箭溜子附

茅子曰，箭惟一習于弓而已。弓之外者，唯弩箭各見于其弩下，便于按也。

又有鞭箭、袖箭、筒子箭、流星箭。鞭箭者，銅爲溜子以發之。袖箭者，箭短而簇重，自袖忽發，可以禦人三十步之遠。近世大將軍劉綎最善之。其筒箭者，用竹筒爲箭，入筒中，筒中分前截爲筒，後節爲燕尾形。箭長一尺二寸，頭長五寸，桿長七寸，鳥羽頭要一刃，以外重點鋼塗毒藥更妙。發不用弓，以手發之。燕尾上生一絆，帶手入絆中，用手拿燕尾并箭要緊，儘力發之。力大者每筒二十枝，力小者每筒十五枝，乃一人敵十人法也。流星箭者，亦用手發，鐵桿中用鉛四兩，取其重而有力也。總曰雜箭。

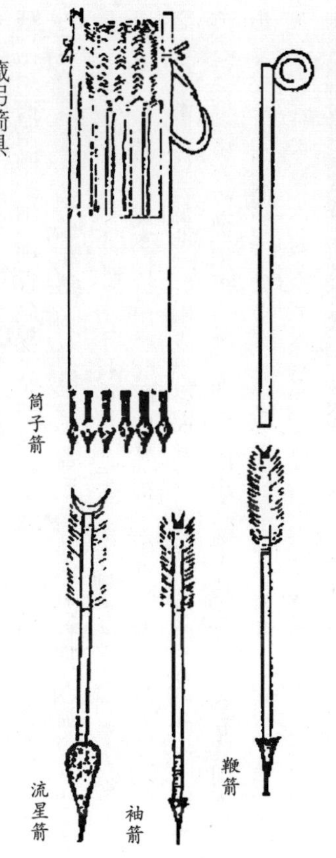

藏弓箭具

茅子曰，《武經》載弓箭及弩箭器具凡五，皆量大小長短，而以革爲之。今東南之弓，不可一日失火，則有弓廂；習射之時，則有行弓廂，并爲圖之。

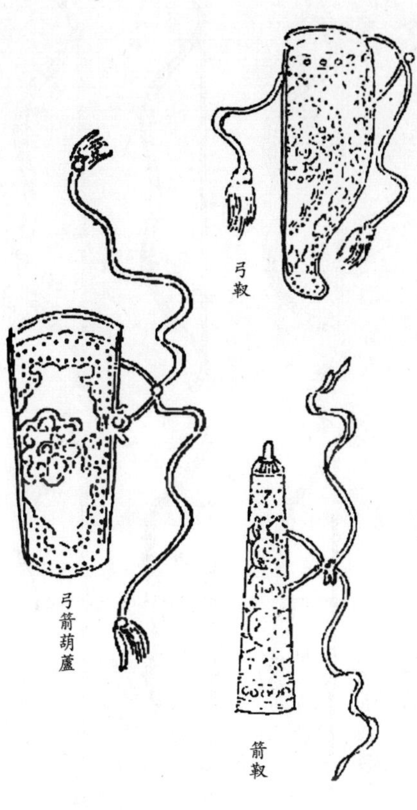

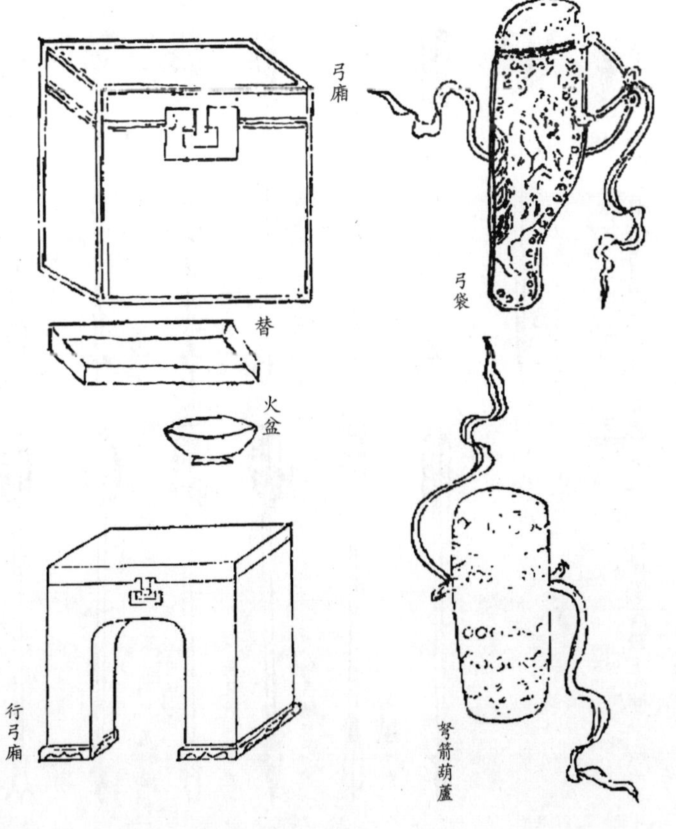

焙，宜火候。江南之地多卑濕，弓矢四時必火焙適宜，然後筋角膠漆和暢而不解，使弓斗力常存，矢翎羽常附。凡造焙之制，高不過五尺，横稱弓身而有餘，隨弓之多寡而廣狹之。弓之去火，四尺之上下。火近太追則燥，火去弓太遠，則火氣不及，務適宜耳。弓面上向，焙其背，不焙其面。凡火四時有寬猛增減，不欲太猛，亦不欲太寬。蓋太猛則有弓枯之患，太寬則火氣易息，與無火同。火在爐，春夏秋冬上常覆三分灰，於梅蒸，則宜上覆二分之灰，春夏陰潤亦如之。常使微露見火，朝以繼暮，夜以繼日。四時值天氣明爽時，取弓出而列于架，使筋角之活也，良久，復藏於焙。江南射者易傷其弓，往往于秋冬不潤，或置之風。殊不知一日失焙，弓未解遽，積日則解矣。凡自焙内取弓出射，必候頓晷，令弓絶無火氣，方可安弦，庶幾無傷折之患。箭亦不可不焙。不焙，則翎羽不附。焙箭之法，要在以直安箭，箭横安則易曲也。弦之絎者必潤，先之於焙以去其潤，然後結而上弓，庶不差於長短。大抵射以弓矢爲本，凡當謹護。其逐月用火分

數，詳列于左。正月、二月用火五分，三月、四月用火六分，五月、梅蒸用火十分，六、七月用火七、八分，十一月、十二月用火五分，八、九、十月用火六、七分。

又 卷一〇三《軍資乘·戰八·器械二》

弩弩箭附。

茅子曰，中國之利器，曰弓與弩。自漢以後，虜弓日强，遂不可復及，唯弩之用爲最。弩之力，腰開者可十石，蹶張者可二三石。古所云弓之强者，不及也。晉馬隆平樹機能猶藉腰開弩，至宋而其法不傳。故《武經》所載黑漆、黄樺、跳鐙等弩，皆蹶張也。斗子、床子等弩雖最强，然費人多，可以守，不可以戰也。宋末始有神臂弩，其法亦蹶張而稍勝之，遂以破虜。本朝劉司馬天和用之，而其法始傳。又有名克敵弩者，即跳鐙也。今苗人皆用弩，然强而不便。宣湖射虎用竹弩。二弩者皆藉力于藥，未可謂之强也。又有諸葛弩，可置十矢，以次發，東南人喜用之，然力輕而不能傷人。近世程宗猷，得古銅機，斟酌竹弩而爲古弩，則勝之矣。余爲斟酌神臂弩而加其力天和之法，上者百二十斤，今可倍之矣。然皆蹷張弩也。宗猷又自以其意合古人之説，而爲腰開弩，强者可十石，下者亦可七石。此于載久廢之器，復啓於斯人，天將以殪虜乎！并載之以告來者，其詳則見於練制中。

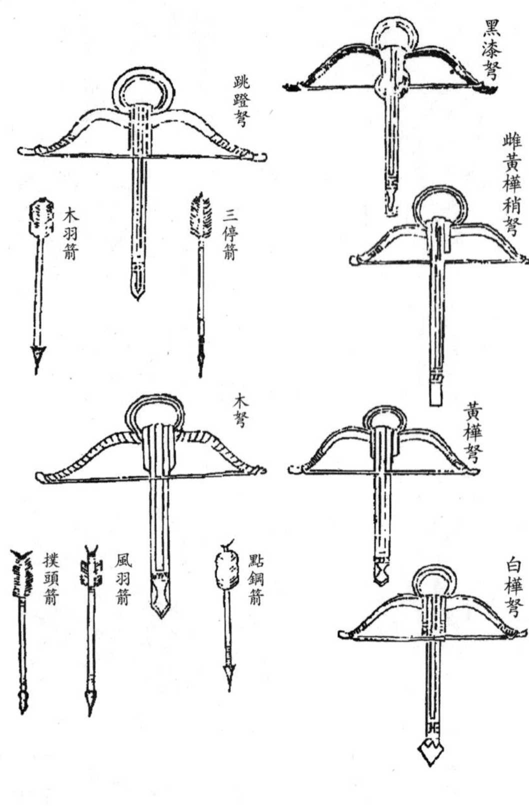

（右）[左]人自踏張者，其飾有黑漆、黄白樺、雌黄樺。稍小則有跳鐙弩、木弩。跳鐙弩亦曰小黄，其用尤利。木弩雖可施，不能久，邊兵不甚用。其力之强弱，皆以石斗爲等。箭有點鋼，木羽，風羽，木樸頭，三停。木羽者，以木爲簳羽。咸平初，軍校石歸宋上之，箭中人，雖簳去鏃留，牢不可拔。戎人最畏之。風羽者，謂當安羽處，剔空兩邊，以克風氣，則射時不掉。此不常用，備翎羽之乏耳。三停者，節形至短，羽、簳、鏃三停，故云三停。箭中物不能出，以短故也。

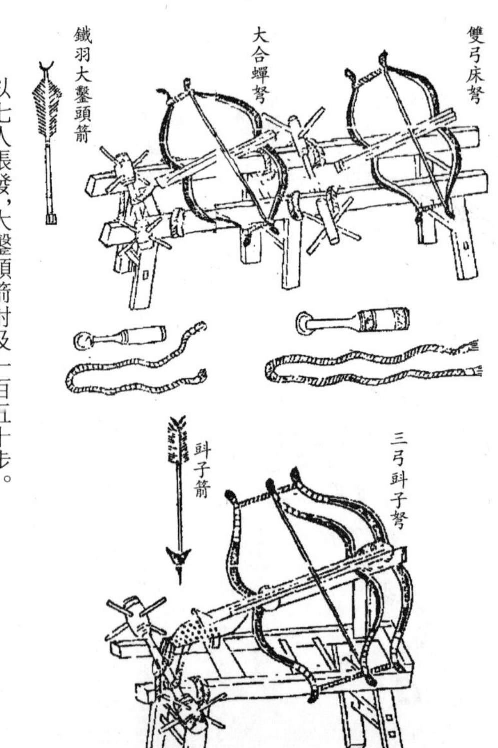

以七人張發，大鑿頭箭射及一百五十步。

雙弓床弩，前後各施一弓，以繩軸絞張之，下施床承弩。其名有小大合蟬，有手射。合蟬者，謂如兩蟬之狀，大者張時用十許人，次者五、七人，一工準所射高下，一人以搥發其牙，箭用大小鑿頭箭。惟手射斗子弩最小，數人就床張訖，一人手發之，射並及一百二十大步。

三弓床弩，前二弓，後一弓，世亦名八牛弩。張時凡百許人，法皆如雙弓弩，箭用木簳鐵羽，世謂之一鎗三劍箭。其次者用五、七十人，箭則或鐵或翎爲羽，次三弓，並利攻城，故人謂其箭爲踏橛箭者，以其射著城上人，可踏而登之也。又有繫鐵斗於弦上，斗中著常箭數十隻，凡一發可中數十人，世謂之斗子箭，亦云寒鴉箭，言矢之紛散，如鴉飛也。一弩並射及二百大步，其箭皆可施火藥，用之輕重，以弩力爲準。

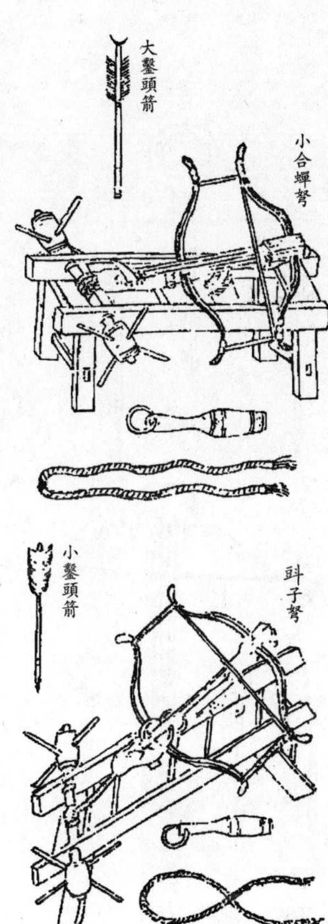

以七人張發，大鑿頭箭射及一百四十步。

以四人張發，小鑿頭箭射及一百五十步。

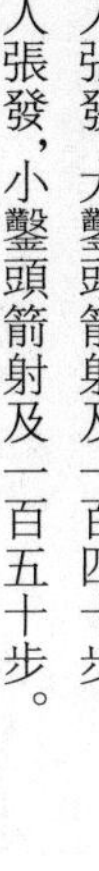

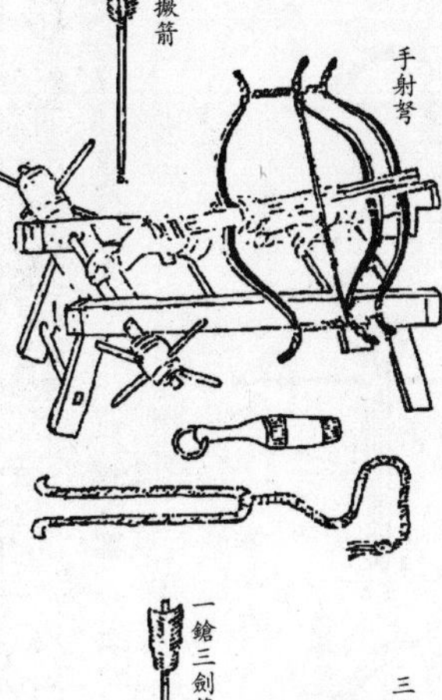

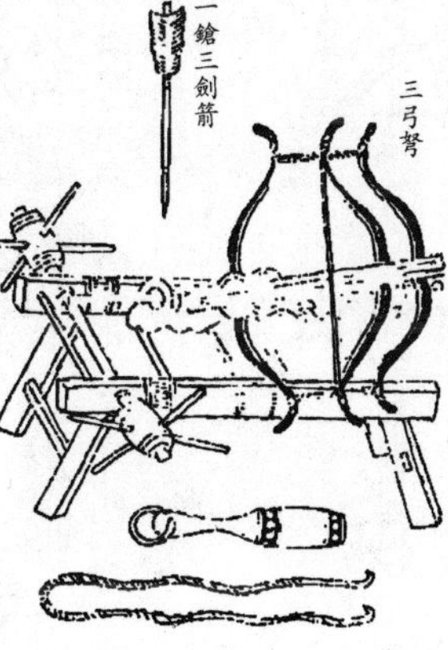

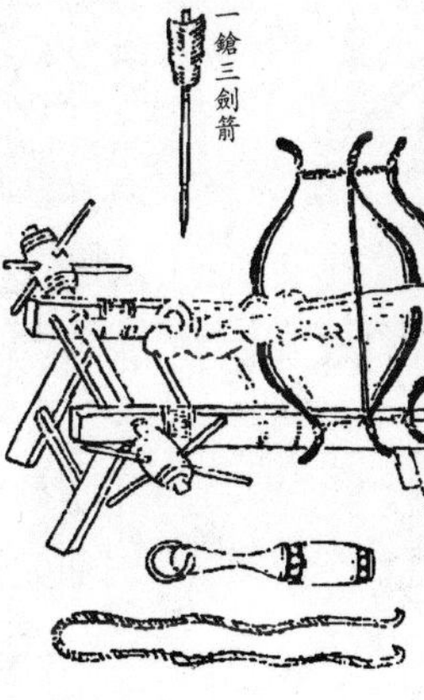

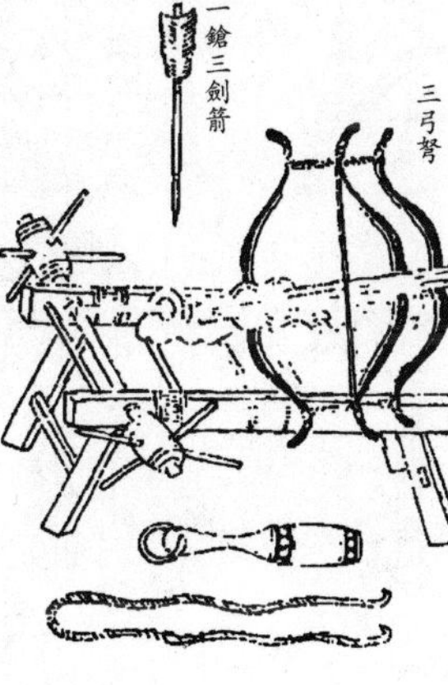

以二十人張發，踏撅箭射及二百五十步。

以七十人張發，一鎗三劍箭射及三百步。

踏撅箭

次三弓弩

以三十人張發，踏撅箭射及二百步。

用堅木造，用大力人執之擎機對射其鏃，塗見血封喉諸毒藥。

苗人木弓

苗人竹弩

隨便用細竹二十根，上下將兩大頭交穿於木柄方眼内，用細蔴繩密紮至稍蔴繩，作弦加木弩上做發機，粗竹作箭鏃，上塗毒藥。山中多設傷惡獸陣上便可用也。

宣湖射虎竹弩

以竹五層爲之，價輕易辦，但非藥則不能必殺人耳。

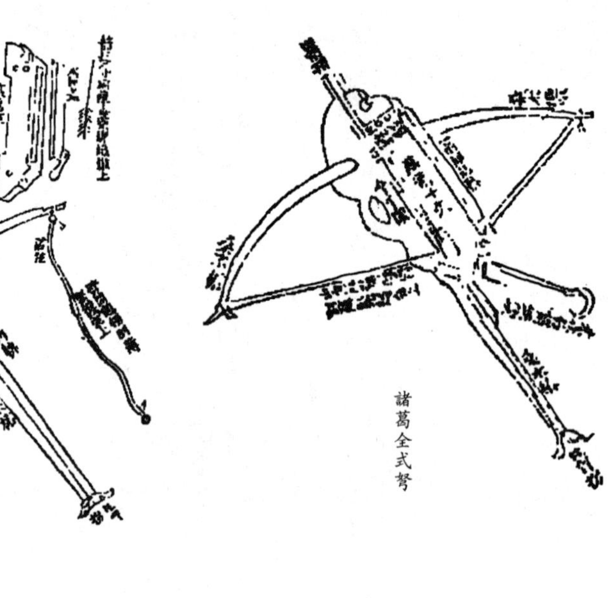
諸葛全式弩

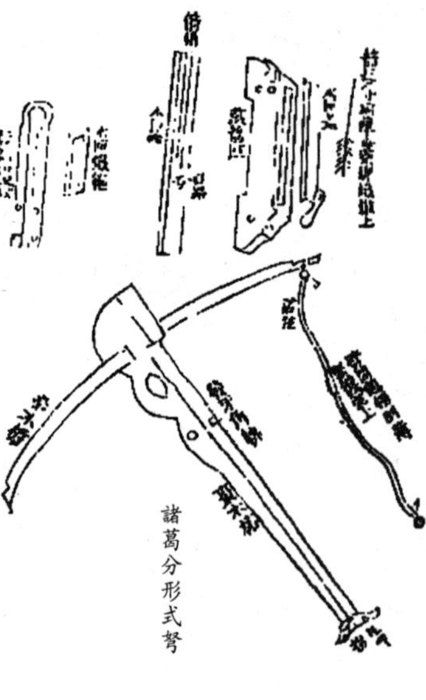
諸葛分形式弩

此弩即懦夫閨婦皆可執以環定其城。一弩連發十矢，鐵鏃塗以射虎毒藥，發矢一中人馬，見血立斃。便捷輕巧，即付騎兵，亦可持之以衝突，但矢力輕必著藥耳。

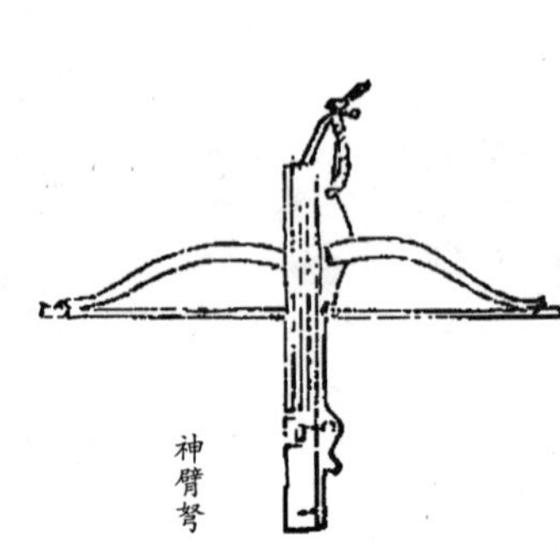
神臂弩

神臂床子連城弩

熙寧中，內副都知張若水進神臂弓。初民李宏獻此弓，其實弩也。以檿爲身，檀爲弰，鐵鐙鎗頭，銅爲馬面牙府，解索札，絲爲弦。弩身通長三尺二寸，兩弭各長九寸二分，兩閃各長一尺一寸七分。弝長四寸，通長四尺五寸八分。弦長二尺五寸，箭沒羽長數寸。時於玉津園校驗，射二百四十餘步，穿榆木，沒半簳。有司并箭奏御，詔依式製造。

劉天和曰，宋有神臂弓之制，其實弩耳，亦未敢遽是也。近於陝西省城，見有城樓，舊題神臂弩數百張，相傳者百餘年矣。乃知宋朝亦嘗制此。雖皆損壞，而制度猶存，但箭則無矣。臣謹從宜遵倣造成其制，以闊厚堅勁大弓，其力一百五十斤上下，及一百二十斤上下，及九十斤上下，爲三等，慮人力有强弱也。其長均四尺五寸，矢取其利，最遠而端可及三百步內外者爲式。其長均七寸五分，其重則六錢上下，亦三等，俾與弩稱。復倣漢耿恭之法，箭鏃開四尖，又傅以河南嵩縣等處射虎箭藥，俾人馬中之無不三洞，尤虜所畏。其箭鏃後小鐵管心僅長分許，入箭簳處內用漆膠，外用竹絲以夾縛之，俾虜不能取以返射。蓋虜之射藝極精，矢無虛發，惟此足以勝之。

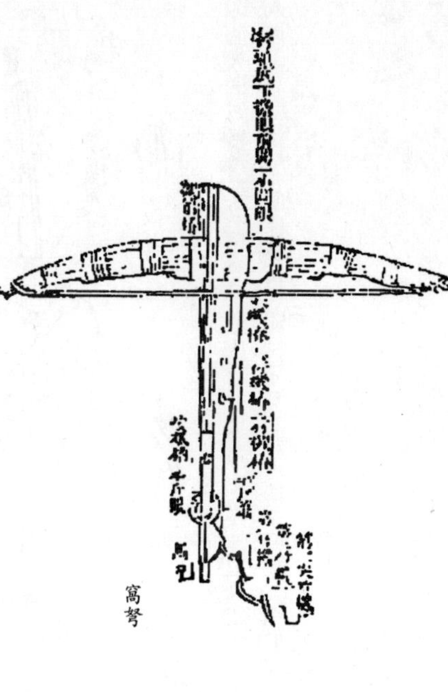

窩弩

窩弩力大，必用腰絆上弦，至機槽，將第一竹機後根插入機槽内，撇住弩弦。又以第二竹機後根，撇在第一横椿上。又以第三尖竹機後根，撇在第二横椿上。再將遊線上小圈，套在木枒椿上。又將第三尖竹機，亦插入圈内。將遊線椿隨路之闊狹，插在對過路傍。高二尺五寸。其遊線不可太緊。如太緊，恐遇大風吹動，機即發矣。弩身面上架箭二枝，弩左旁架箭一枝。此一枝箭，尾後開一叉，扣入絃上，不必安翎。用小竹造制如法。撇音鱉，借用也。

麼張弩

腰開弩

雙飛弩

雙飛弩，前用輕木架，釘閣板弓柄於上，其板開二槽，放箭弦止處。板上鑿上方下圓口，安鐵機，下繫繩板。用木棍一根，兩頭錠鐵鉤，攀弓弦於發機上。如放箭，隨其高低，用脚着力一踏，其機扯下弦去，箭發遠飛三四百步，射人極準。

刀

茅子曰，刀見於《武經》者，惟八種。今所用有四種，曰偃月刀，以之操習示雄，實不可施於陣也。短口刀，與手刀畧同，可實用於馬上。曰長刀，則倭奴之製，甚利於步，古所未備。曰鉤鐮刀，用陣甚便。又有腰刀，則惟用於籐牌，遂見於牌次。

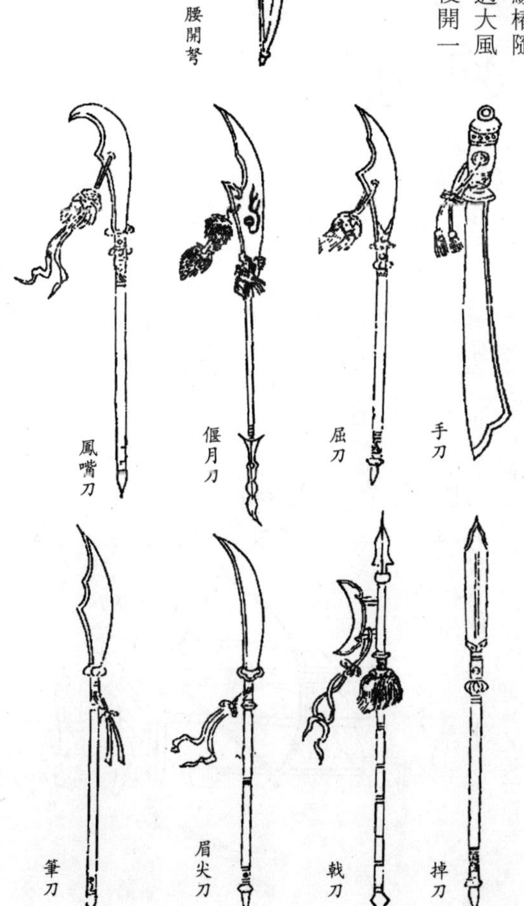

手刀　屈刀　偃月刀　鳳嘴刀

掉刀　戟刀　眉尖刀　筆刀

右手刀，一旁刃，柄短如劍。掉刀，刃首上闊，長柄施鐏。屈刀，刃前鋭後斜闊，長柄施鐏，其小有別筆刀。此皆軍中常用。其間健鬥者，競爲異製以自表，故刀則有太平定。我朝天開山、開陣、劃陣、偏刀、車刀、匕首之名，掉則有兩刃、山字之制，要皆小異，故不悉出。

短刀製

長刀製

刃長五尺，後用銅護刃一尺，柄長一尺五寸，其長六尺五寸，重二斤八兩。

鉤鐮刀

鎗矛附

茅子曰，陣所實用者，莫鎗若也。《武經》載凡七種，今所用者六種，大同而小異。一曰長鎗，則竹木兼用，最長，可以遠劄。又有鎗式三：一與鵶項鎗畧同，一與今長鎗同而桿異，一則古之所謂矛也。三鎗之用，皆兼棍法，所謂連鎗帶棒是也。一曰鐵鉤鎗，挨牌而進，甚利便。一曰龍刀鎗，可以實戰。備載之。

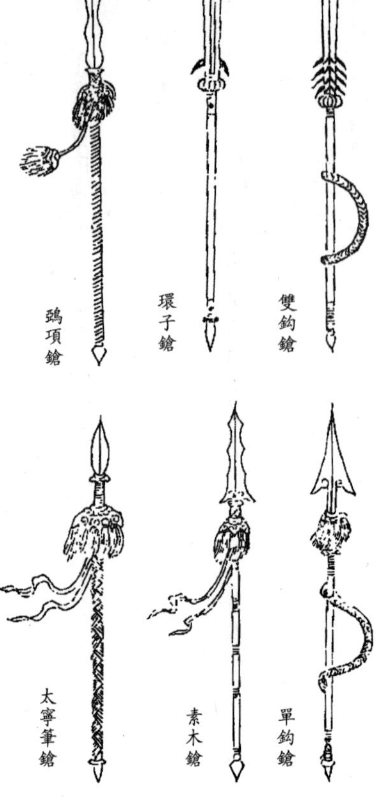
雙鈎鎗　環子鎗　鵶項鎗

單鈎鎗　素木鎗　太寧筆鎗

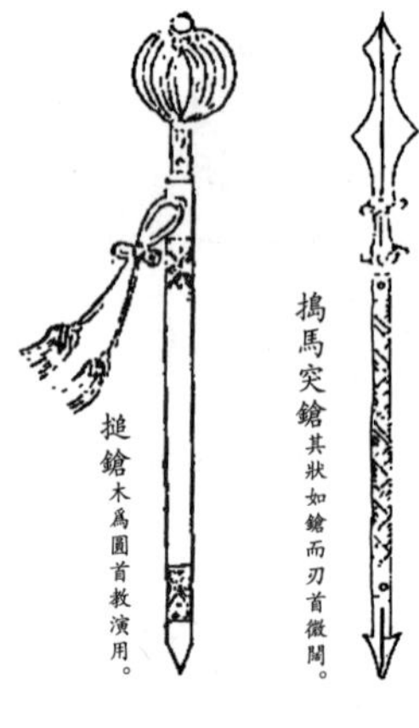
搗馬突鎗其狀如鎗而刃首微闊。

撾鎗木爲圓首教演用。

錐鎗亦名麥穗鎗。

右鎗，其制木桿，上刃下鐏，騎兵則鎗首之側施例雙鈎、倒單鈎，或桿上施環。步兵則直用素木，或鵶項，鵶項者，以錫飾鐵嘴，如鳥項之白。近邊臣獻太寧筆鎗，首刃下數寸施小鐵盤。背有刃，欲刺人不能捉搦也，以狀類筆故云。近有静戎筆，亦其小異也，今不悉出。

鎗頭不可過四兩。

此處爲中向後漸漸粗向前漸漸細不可極細極粗

此處爲一手可捉

長鎗

鎗桿，椆木第一，合木輕而稍軟，次之。要劈開者佳，鋸開者紋斜易折。攢竹，腰軟必不可用。北方乾燥，竹不可用，木桿可用。東南竹木皆可通用。做鎗工匠須知用鎗大意，方做如彀，教之十日，便悟肯綮。後手如細，則掌把不壯。後手要粗可盈把，從根起漸漸細，直至頭而止。如腰粗，則硬强不可拏。鎗腰細，則軟而無力。雖手法之妙，不能拏逼他鎗使開，最忌杪粗與腰硬，皆不可舉，是棄鎗也。

鎗式一

鎗頭長共六寸，重三兩五錢四兩止矣。

鎗式二

鎗頭長其三寸三分，重一兩二三錢。前式壯威此式輕利。

鎗式三

此即古之矛也。鎗頭長七寸，重四兩。其方稜扁如蕎麥樣，前尖鋭利於透堅。

鐵鉤鎗

攻守兼用，上鐵刃連鉤長一尺，攢竹桿徑九分，長一丈二尺。或用竹桿亦可。軍中長技，南兵角貫，隨於挨牌進攻利便。

龍刀鎗

砍人亦可，鎗人亦可。

又 卷一〇四《軍資乘・戰九・器械三》

棒棍

茅子曰，棒與棍一也，而棒有殊。今之棍，即古之桿。棒，白棒也，一名曰大棒，而加刃，《武經》之式七，並載之。而益以大棒，及少林棒式。

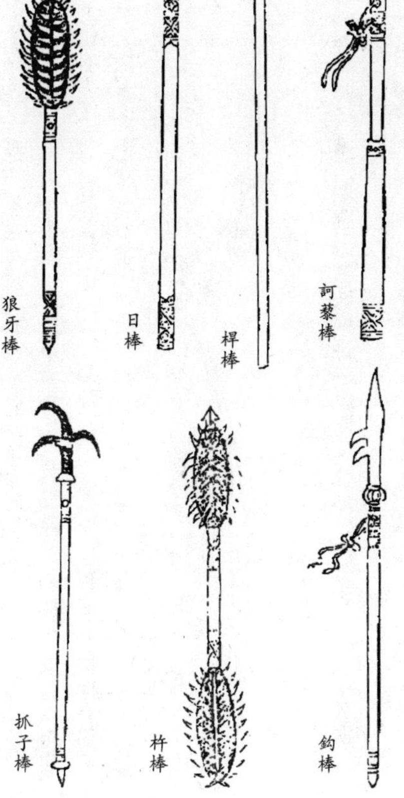

右取堅重木爲之，長四、五尺，異名有四：曰棒，曰棆，曰杵，曰桿。有以鐵裹其上者，人謂訶藜棒。近邊臣棒首施鋭刃，下作倒雙鉤，謂之鉤棒。無刃而鉤者，亦用鐵抓植釘於上，如狼牙者，曰狼牙棒。本末均大者爲杵，長細而堅重者爲桿，亦有施刃、鐏者，大抵皆棒之一種。

刃形鴨嘴長二寸有中鋒一面起脊一面有血磨精重四兩，身長七尺重三斤八兩。

大棒

此器勢短，步卒宜用竟不能以短接長，即法中皆一打一刺，而棒無刃以何爲刺？今加一刃但刃長則棒頭無力，不能壓他棒。只可二寸形如鴨嘴，打則利於棒刺則利於刃，兩相濟矣。

少林棍式

長八尺或八尺五寸。

牌腰刀標鎗梭鎗附。

茅子曰，牌之制其來尚矣。《武經》載牌二：一曰步，其式長；一曰騎，其式圓。然騎用牌，非利器也。近世南兵率用圓牌，而間之以腰刀，先之以標鎗，亦一奇也。苗人用木牌，先王父嘗以其制告胡襄懋，近世朝鮮人以牌而間鳥銃，皆可法也。其梭鎗者，出《武經》。

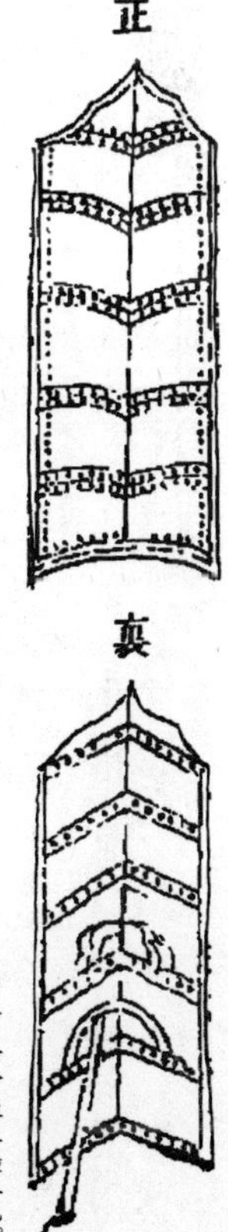

步兵旁牌一種二色。

騎兵旁牌

右並以木爲質，以革束而堅之。步兵牌長可蔽身，內施鎗木，倚立於地。騎牌正圓，施於馬射，左臂擊之，以捍飛矢。

手牌宜用白楊木或輕松木爲之，取其輕而堅也。每面長五尺七寸闊一尺，上下兩頭比中間闊三四分，俱小尺。

手牌

燕尾牌

燕尾牌廣中狼柳之兵用之，其長與手牌相似但闊不滿尺，背如鯽魚。故側身前逼雖當利刃而不能斷。其體輕，故運如鳥翼而一切矢石皆可避。以柁木桐木爲之。

捱牌亦用白楊木爲之，每面長五尺闊一尺五寸，上頭比下略小四五分，俱小尺。用繩索及木橛欖挽之。

捱牌

藤牌

老粗藤如指用之爲骨藤，篾纏聯中心。突向外內，空庶箭入不及手腕也。週簷高出雖矢至不能滑泄及人。內以藤爲上下二環，以容手肱執持。

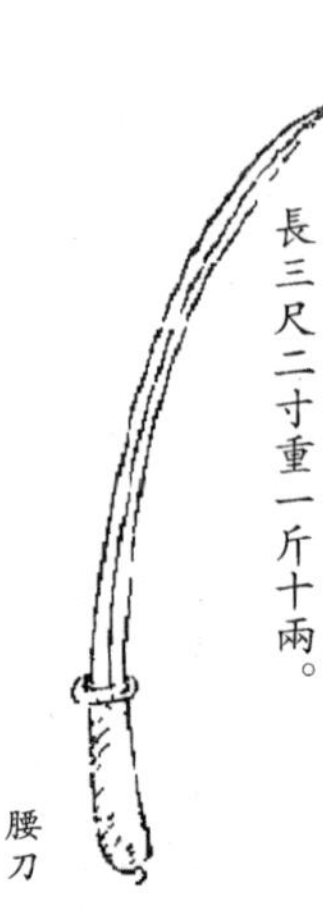
長三尺二寸重一斤十兩。
腰刀

腰刀造法，鐵要多煉，刃用純鋼，自背起用平剷平削至刃。刃芒平磨，無肩乃利，妙尤在尖。近時匠役將刃打厚，不肯用工平磨，止用側銼橫出芒，兩下有肩，砍人不深。刃芒一秃，即爲頑鐵矣。此當辨之。刀要與手相輕，柄要短、形要彎，庶宛轉牌下不爲所礙。蓋就牌勢也。

標鎗

或用稠木細竹皆可，鐵鋒要重，大柄前重後輕、前粗後細爲得法。

梭鎗

梭鎗長數尺，本出南方蠻獠用之。一手持旁牌，一手標以擲人。數十步內中者皆踣，以其如梭之擲，故云梭鎗亦曰飛鎗。

劍

茅子曰，古之言兵者必言劍，今不用於陣，以失其傳也。余博搜海外始得之，其式更不可緩矣。劍無今古，即《武經》之二種而圖之。

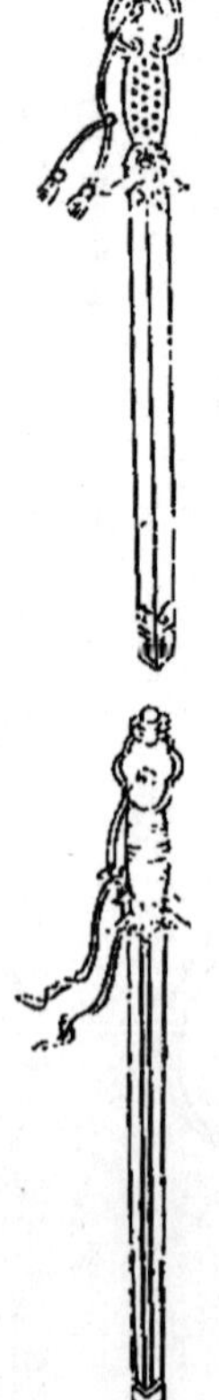

劒飾有銀鍮石銅素之品，近邊臣乞製厚脊短身劒，軍頗便其用。

鞭簡、蒺藜、骨朵、蒜頭、骨朵鐵鏈、夾棒。

茅子曰，鞭、簡、蒺藜、蒜頭、鐵鏈、夾棒，凡六種，皆短兵中最短者。以力士習之，奮揚於前，足以靡三軍。其制大同而小異。蒺藜乃有柄者，若散置蒺藜，自在拒馬木後。

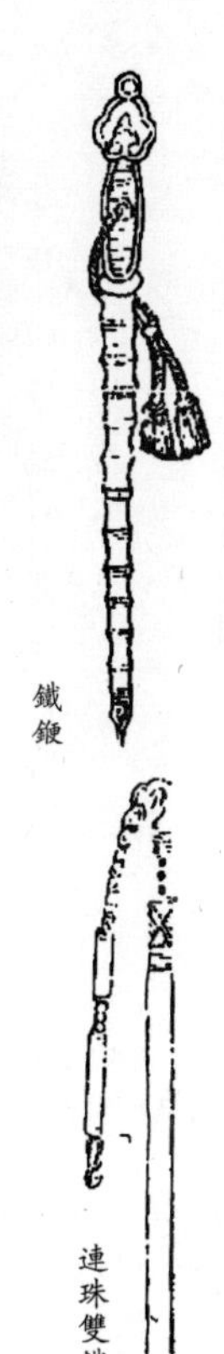
鐵鞭　連珠雙鐵鞭

鐵鞭、鐵簡兩色鞭，其形大小長短隨人力所勝用之。又有作四稜者謂之鐵簡。言方稜似簡形皆鞭類也。

鐵簡

蒺藜骨朵　蒜頭骨朵

蒺藜、蒜頭骨朵二色，以鐵若木爲大首，跡其意以爲胍肫。胍肫，大腹也，謂其形如(胍)[瓜]而大。後人語訛，以胍爲骨，以肫爲朵。其首形製不常，或如蒺藜，或如羔首，俗亦隨宜呼之。短柄鐵鏈，皆骨朵類，特形製小異爾。

鐵鏈夾棒本出西戎，馬上用之以敵漢之步兵。其狀如農家打麥之枷，以鐵飾之，利於自上擊下，故漢兵善用者巧於戎人。

鐵鏈夾棒

飛撾、飛鉤、飛鎚

茅子曰，飛撾、飛鉤、飛鎚，皆短兵而長用者也。以之鬭陣，良利器矣。飛鉤制狄更佳。

雙飛撾

用浄鐵照式打造，若鷹爪樣，五指攢中，釘活穿長繩繫之。如擊人馬，用大力人丢去，着身收合回頭不能脱走。

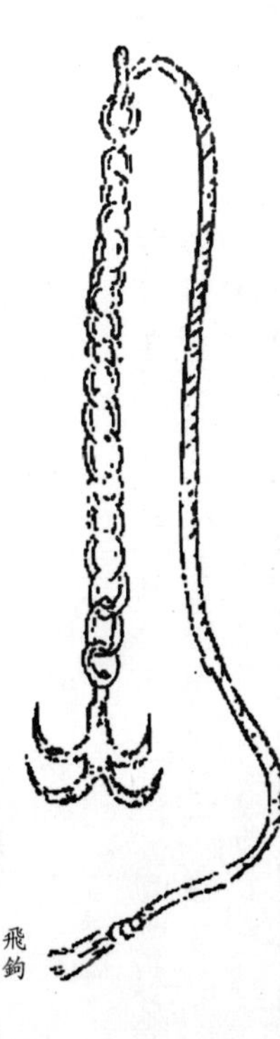
飛鉤

一名鐵鴟脚鉤，鋒長利四刃，曲貫鐵索以麻繩續之。鐶敵人披重甲頭有盔笠又畏矢石不敢仰視。候其聚取，則擲鉤於稠人中急牽挽之，每鉤可取二人。

飛鎚即流星鎚也，鎚有二前者爲之正鎚後而手中提者爲之救命鎚。

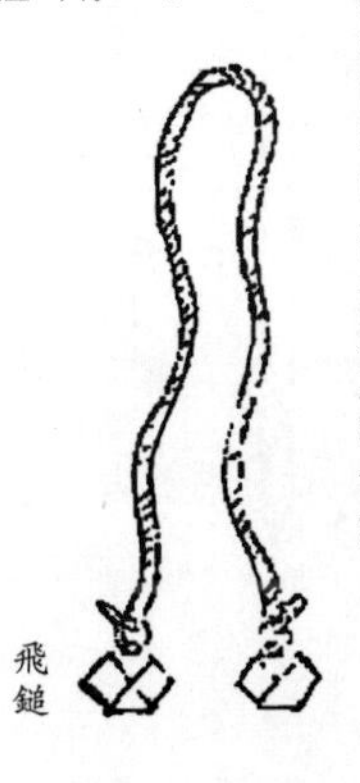
飛鎚

鎲鈀、傷杷、扒、鋭、大斧、鏟、馬叉

茅子曰，鎲鈀、傷杷、扒、鋭、大斧、鏟、馬叉，凡七種，皆短兵中之長者也。鎲鈀，即叉也，鎲與之畧同。扒者，唯南中舟師用之。傷杷與之畧同，亦南人長技也。斧鏟利於馬，古所謂大斧如墻而進者。鏟之尾後施刃，取其便用也。馬叉與鎲鈀大同而小異，利在於馬。

正鋒　梢股

長七尺六寸重五斤，柄杪合鈀口根粗一寸至杪漸漸細。太細則不堅，用力擊時鐵頭可墜地也。

鎲鈀

鎲鈀上用利刃，横以彎股。刃用兩鋒，中有一脊，造法須分脊平，磨如磨刀法，兩刃自脊平減至鋒，其鋒乃利，日久不禿。彎股四稜，以稜爲利。須將稜四面直削，亦口久(面)[而]不禿。中鋒頭下之庫，可容核桃，則安于木杪，乃不損折。仍用一釘關之，俱横股壯矣。正鋒頭冠于木杪細而淺，每擊多墜。臨時鋒墜，是失一兵矣。新造用正鋒與横股合爲一柄，杪入鐵，庫既深，横股庫又粗，任擊不落。此器自有倭時始用，在閩粤川貴雲湖皆舊有之，而製不同，乃軍中最利

者。兵法：五兵九當，長以救短，短以救長。短兵種類甚多，而惟此一品可擊可禦，兼矛盾兩用。若中鋒太長，兩横太短，則不能架拿賊器。若中鋒與横股齊，則不能深刺。故中鋒必高二寸，且兩股平平，可以架火箭，不用另執箭架。故每執此器之兵二名，共給火箭三十枝。賊遠則架箭燃而發之，近則棄箭而用本器。萬全萬勝之計也。

鎲鈀

扒 以木爲之而外施鐵。

鎲鈀之制堅木杆，五枝長二尺一寸上鐵頭三寸木柄三尺，顓於步戰，進退周旋，貫能隔架鎗刃乘隙攻刺。南人備倭，以竹造用。

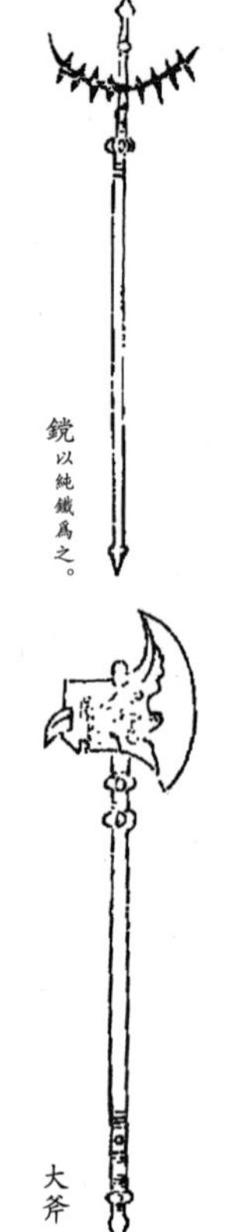
鎲 以純鐵爲之。

大斧

大斧一面刃長柯又有開山静燕日華無敵長柯之名大抵其形一耳。

鏟

長小尺一丈，尾有刃以便後刺。

馬叉

上可叉人下可叉馬。

狼筅

茅子曰，狼筅古所無也。戚少保與倭戰水田中，其爲陣四散，不可施蒺藜與拒馬木，故以竹支之，使其利刃不得遂入，而我徐有以置之。今將吏習矣而不察，欲以禦敵，竹至沙漠，枯枝欲墮，胡馬者馳驅千里，安所用之！可發解者一噱也。

狼筅

長一丈五尺重七斤，有竹鐵二種。附枝必九層，十層十一層尤妙。

狼筅必用九枝，此器形體重滯，轉移艱難，非若他技之出入便捷，似非利器也。殊不知乃行伍之藩籬，一軍之門户，如人之居室，未有門户扃鍵，而盗賊能入者。雖然，得人而用之，則可以制人。不得其人，則制于人矣。干將、大阿之利，使童子而持于國門之外，則必有袒臂而奪之者。何也？其所能，乖其所使故也。今當擇力大之人，能以勝此者，勿爲物之所使。然後以牌盾佐其下，以長鎗夾其左右，鎲鈀、大刀接翼于後。夫筅能禦而不能殺，非有諸色利器相資，鮮克有濟。兵中所以必手用此者，緣臨敵白刃相交，心奪膽怯，他器單薄，不見可恃。雖平日十分精習，臨時張惶失措，忘其故態，惟筅則枝稍繁盛，遮蔽一身有餘，眼前可恃，足以壯膽，庶人敢站定。如賊用大旗，則只將有鈎狼筅，遇旗展來，不與鬭，只將筅三四枝齊斜立，送于大旗面上，旗着筅鈎所墜，重不能舉，即以我長鎗戳去，此必破之方也。如筅枝不足層數，則取他枝增而縛之以藤，足數後已。如根輕，則加以他木接之使重，筅鋒重半斤以上，亦可附枝，除近手二層外，餘俱用倒鈎冠其杪，根後要粗重，手執于中，要前後相稱，寧後重，毋前重。附枝軟則刀不能斷，層深則長鎗不能入，故人膽自大。用爲前列，乃南方利器。筅竹浙閩不如兩廣，浙閩用茅竹，兩廣用簕竹，往日浙江等處兵士，未練無膽，執前臨敵，每每棄之，反以阻戳我兵馬，幾乎棄而不用。此因練兵既成，便違人言。必用爲前列，遂百戰全勝，始無異議矣。

又　卷一〇五《陣練制・練三十八・器械四》

盔

茅子曰，盔，即古之鍪牟也。其式甚衆，見於《武經》者凡五，而今所用者六，又續圖之。其説，則今之制也，古不可考矣。

頭鍪頓項

造斋式，每頂用浄鐵五六斤，加鋼一斤，重團起細皮爲止，如連圍腦重二斤，其製諸如此，頂樣不一，有名一塊鑶，有四明盔，有六葉盔，有皮穿柳葉盔，南方用舊綿花作盔以水濕爲利。

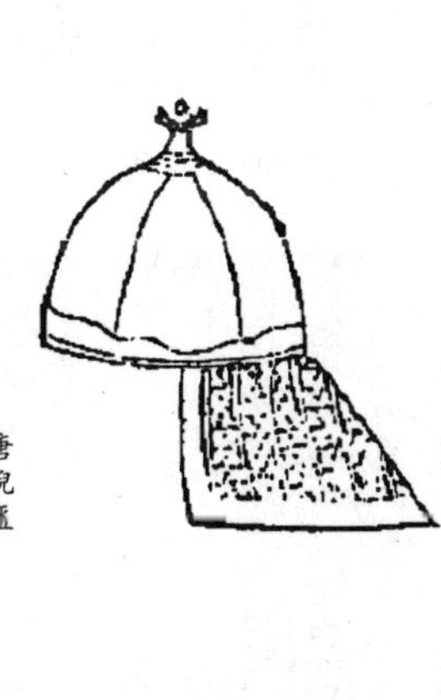

唐猊盔

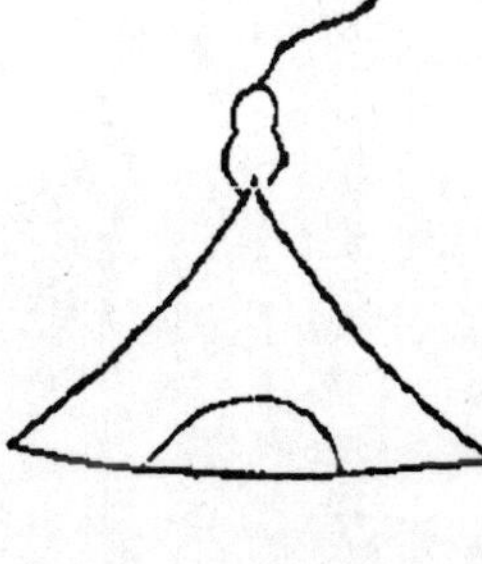

藤鍪牟

藤鍪牟，以細藤爲之，用藤若干，内用綿帽一件。帽表用布二層，帽裏用布一層，内用絲綿若干，繭紙若干，用絹線緝之。帽後不合，口開，高三寸，以便人頭有大小，臨時自綴。盔内、盔頂上俱用紅纓，一則壯觀，一則順南方之色。

甲夷甲盔、馬甲、銀鋼附

茅子曰，甲之制不一，制甲之説亦甚夥。我圖其圖，集其説，以告來者，亦可以大成矣。

身甲

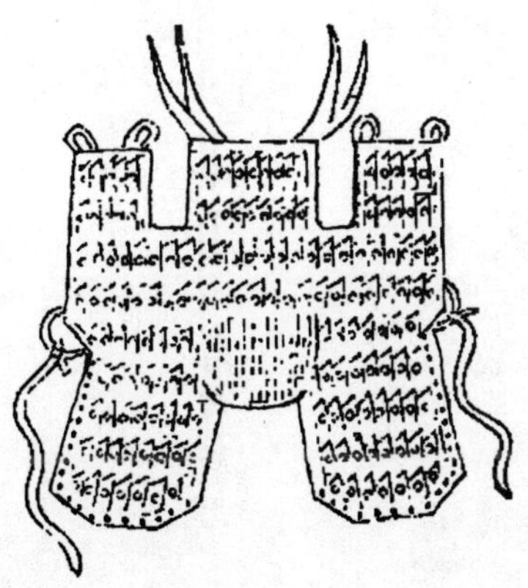

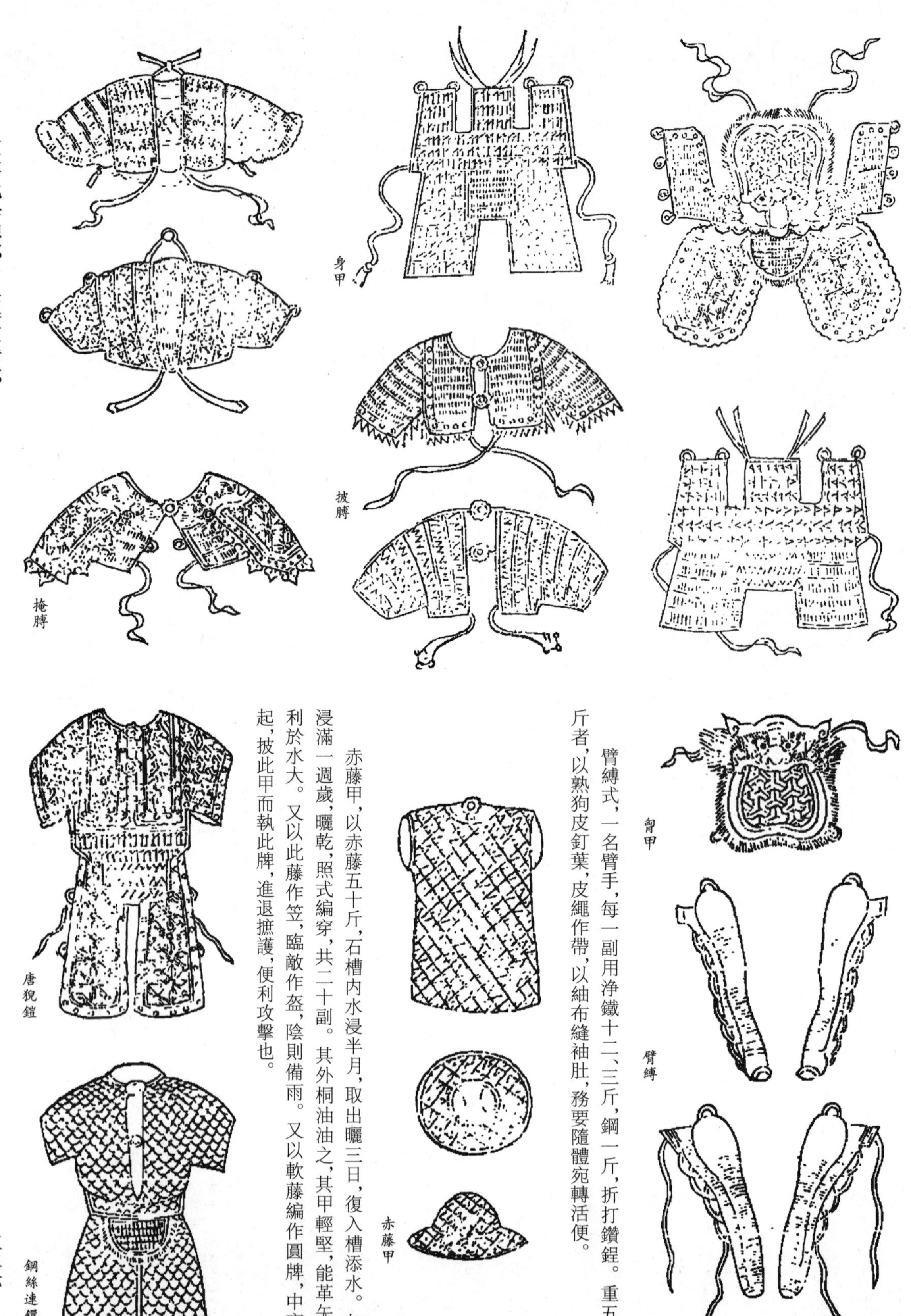

臂縛式，一名臂手，每一副用浄鐵十二、三斤，鋼一斤，折打鑽鋥。重五、六斤者，以熟狗皮釘葉，皮繩作帶，以紬布縫袖肚，務要隨體宛轉活便。

赤藤甲，以赤藤五十斤，石槽内水浸半月，取出曬三日，復入槽添水。如此浸滿一週歲，曬乾，照式編穿，共二十副。其外桐油油之，其甲輕堅，能革矢刃，利於水大。又以此藤作笠，臨敵作盔，陰則備雨。又以軟藤編作圓牌，中高邊起，披此甲而執此牌，進退搪護，便利攻擊也。

唐猊鎧，先用透骨草五斤，蘿蔔子三斤爲咀，入清水一百斤，煮二百沸，去查。入川山甲五張，大同鹽三斤，皮硝三斤，硝石五兩，硇砂半斤，封鍋嚴密，煮一晝夜。取開，用杓鑄如牛皮厚，其樣不一，如匙頭、柳葉、魚鱗、方葉方長之類，穿作甲輕利，南方多用。

鋼絲連鐶甲，古西羌製其制度，即今大鐵絲圈，如錢眼大，鐶煉如貫串，形如衫樣。上留領口如穿，自上套下，鎗箭極難透傷。

甲爲用命之本，當鋒鏑而立于不敗之地者，此也。南方地形險陷，固多用步，步馳難以負重。天雨地濕，鐵甲易生銹爛，必不可用矣。倭夷土賊率用火銃神器，而甲有藤有角，皆可着用，但鉛子俱能洞入，且體重難久。今擇其利者。步兵惟有緝甲，用絹布不等，若紙綿俱薄，則箭亦可入，無論鉛子。今須厚一寸用綿密緝，可長至膝，太長則田泥不便，太短則不能蔽身。惟舟中可用重甲，蓋不行路，不蹈泥田，賊惟銃子可及，非堅不能禦。

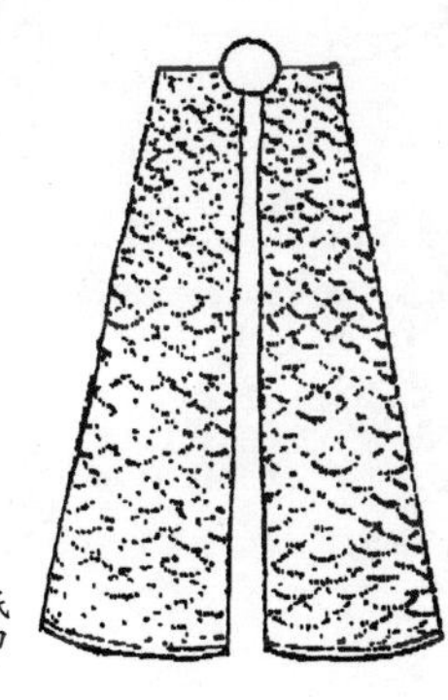
紙甲

鞓帶，南方用布一疋，圍束腰間，種種可繫，更妙。

紙臂手，每一副用布内外四層，若干丈尺，綿花若干，繭紙若干張，絹線若干錢。如北方之鐵者同此，則活便輕巧。俱用整袖，上厚下薄，中有薄處在肱曲之間，以便屈伸。

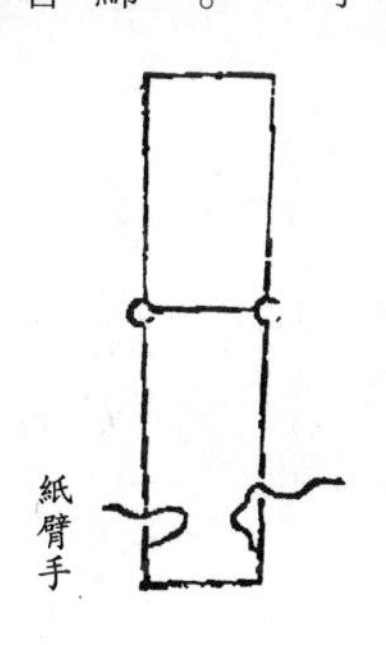
紙臂手

馬面簾

馬搭後

盪胸

程大昌曰，三代秦漢以前，軍旅多用皮甲，其曰犀兕者是也。然更傳所載，已有鍛金爲甲者矣，顧其用者尚少耳。筦子曰，葛盧之山，發而出黃金，蚩尤受之以爲劍、鎧。鎧，即甲也。然則前乎三代，已有金甲矣。若其軍旅之所通用，不勝其多，則直鍛皮爲之耳。許氏《説文》：鎧，甲也。釬，臂鎧也。錏鍜，頭鎧也。三者字皆從金，則可知其必以金鑄矣。《周禮·函人》：所典犀甲、兕甲、牛甲，凡三甲也。此三甲者，率皆以皮爲扎，扎成，堅之以火，故《函人》曰，凡鍛不摯則不堅。

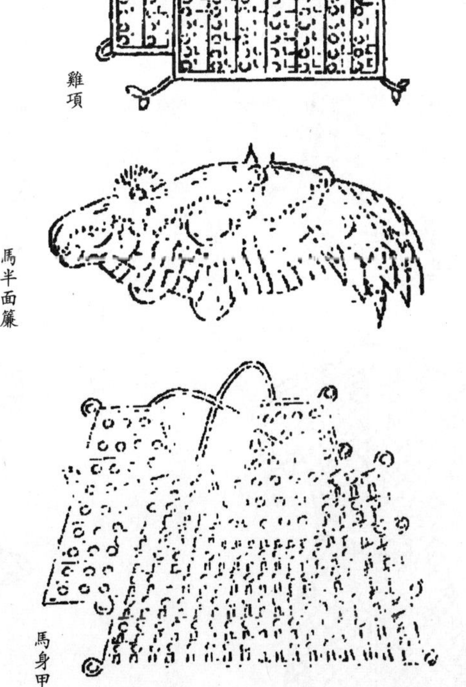
雞項

馬半面簾

馬身甲

又 卷一三二《軍資乘·火十四·火器圖説十一》

柱木高三尺五寸，闊七尺，中錠轉板五尺，兩頭用轉軸。如火攻敵糧草，無風可使摧火，一馬馱二副，征進多備。

用堅木造車，下設四輪，以便推轉。載以冶爐，鎔以鐵汁，剖竹爲槽，塗以漿泥，曬令極乾。如賊城下攻打，隨推神車，以鐵汁注於城下，如萬道火星，四散迸擊。雖厚水牛革，遇之無不穿透。用生鐵常炙火上令熱。主，易化。

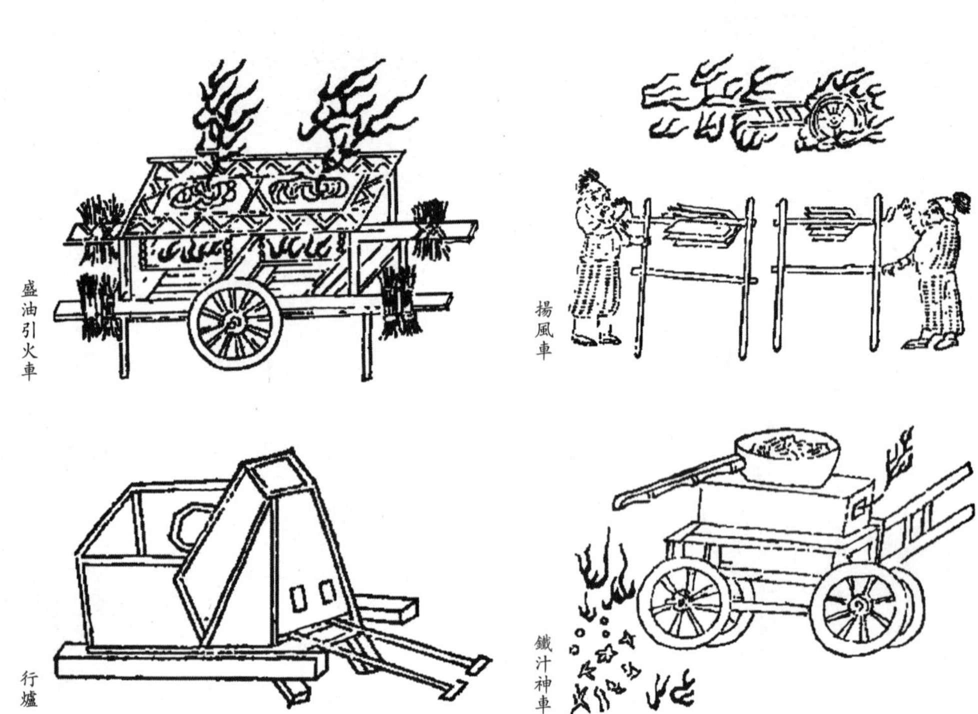
揚風車
盛油引火車
鐵汁神車
行爐

明・宋應星《天工開物》卷下《佳兵》

以木做兩輪，框架上釘鐵條，橫順架油鑊，中懸鐵盤，燒炭火沸油。車角撐帶茅草，推至城門樓下縱火而去，敵必下水沃之，油得水，其焰益高，則樓可燔也。

鎔鐵汁，舁行於城上，以潑敵人。

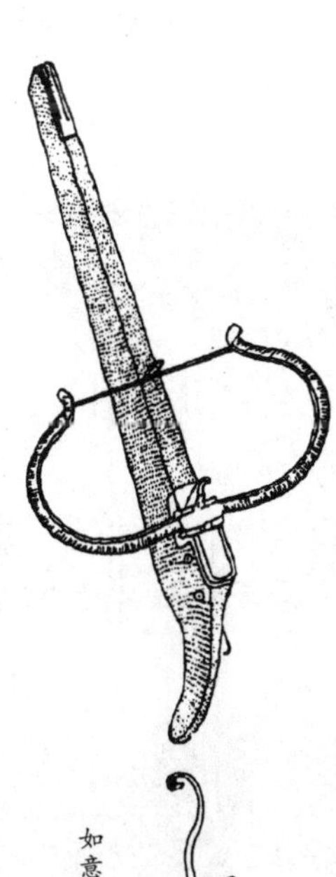
如意弩

如意弩　謹按《周禮·夏官》：司弓矢掌六弓四弩八矢之法。凡弩，夾庾利攻守唐，大利車戰、野戰。許慎《説文》：弩弓，有臂者。劉熙《釋名》：弩，怒也。有勢怒也。其柄曰臂，似人臂也。鈎弦者，曰牙，似齒牙也。牙外曰郭，爲牙之規郭也。下曰懸刀，其形然也。合名之曰機，言如機之巧也。亦言如門户樞機，開闔有節也。本朝定制，如意弩，木弓傅角，背飾紅樺皮，兩弰圓曲，朱絲弦，徑五寸三分。弦中施扣臂，以鸂鶒木爲之。通長一尺二寸四分，面平末俯，首飾象牙，微凹。弩牙及機俱以鐵，中以鐵鍱束弓之弣，弣向内别以鐵鈎着扣挽弦加於牙上。注矢入括，矢當臂中，撥機發之。鈎長二寸五分，下施圓木，横二寸四分。

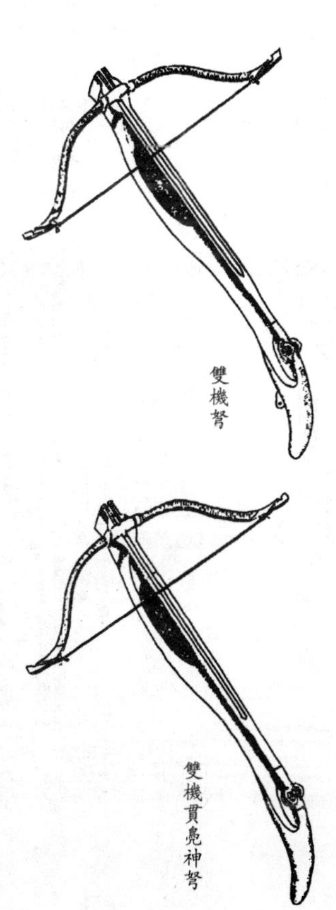
雙機弩

雙機貫兕神弩

雙機弩　謹按本朝定制，雙機弩，木弓傅角，背飾紅樺皮，兩弰飾角，弦牀以骨白絲弦，徑三尺四寸，臂以樺木爲之。背飾椿皮，通長二尺四寸七分。面平末俯，弩牙鋄金鏤花，左右各一，旁飾瑇瑁。素鐵機，前飾象牙，鐫四力半雙機弩清漢文。臂面通凹，端亦飾象牙，以革束弓之弣。弣向外，手挽弦加於牙上，注矢

入括，撥機發之。

雙機貫帛神弩　謹按本朝定制，雙機貫帛神弩，牙前鐫五力雙機貫帛神弩清漢文，餘俱如雙機弩之制。

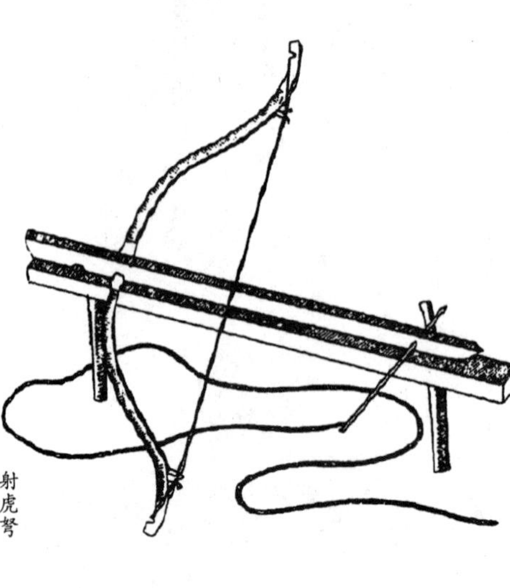
射虎弩

射虎弩　謹按本朝定制，射虎弩，弓如雙機弩弓之制，臂以柟木爲之，長三尺二寸二分，面平，通凹，背空半以限弓。弰向外，後開孔，橫笴貫之，以木片扣弦入括。置地，覆葦繫繩爲機，觸之則發。臂下平銜直木，前後設樁如凳式。

如意弩箭　弩鈚箭

如意弩箭　謹按《周禮》鄭康成注，八矢者，弓弩各有四焉。絜矢、鍭矢、茀矢、痺矢，弩所用也。本朝定制，如意弩箭，樺木爲笴，長七寸八分，鐵鏃長六分，如鈚箭之制。笴首飾黑桃皮，皂鵰羽，左右相對，羽間書一錢漢文，括髹黑。

弩鈚箭　謹按本朝定制，弩鈚箭，楊木爲笴，長二尺一寸四分。鐵鏃，長一寸二分。圭首後修，鏞澀不磨。笴首飾黑桃皮、皂鵰羽。

弩骲箭　射虎弩箭

弩骲箭　謹按本朝定制，弩骲箭，骨骲長九分，環穿五孔，餘俱如弩鈚箭之制。

射虎弩箭　謹按本朝定制，射虎弩箭，樺木爲笴，長二尺九寸。鐵鏃，長三寸，前微圓，後爲兩却刃，如燕尾。笴首飾黑桃皮、皂鵰羽，左右相對，括髹朱。

親王郡王櫜鞬　謹按本朝定制，親王郡王櫜鞬，皆以青倭緞爲之，紅氈裏緑革，緣飾皆鏤金花文，銜紅寶石、緑松石、青金石，惟便繫金黃縧，懸以金黃帶紅片金裹金版九，銜飾亦如之。

貝勒至入八分公櫜鞬　謹按本朝定制，貝勒至入八分公櫜鞬，繫石青縧，餘俱如親王櫜鞬之制。

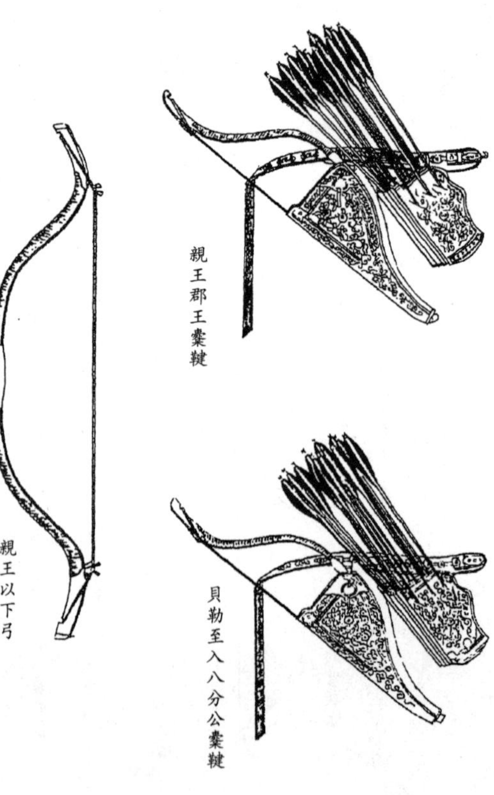
親王郡王櫜鞬　貝勒至入八分公櫜鞬　親王以下弓

親王以下弓　謹按本朝定制，親王以下弓，樺木爲幹，面傅黑角，背傅筋，蒙樺皮。弰加煖木，兩弰以桑木，飾白樺皮。弣飾角，紉皮爲弦，長四尺九寸。凡官造，親王十、世子九、郡王八、長子七、貝勒貝子皆六，鎮國公、輔國公皆四，鎮國將軍至奉恩將軍皆二。

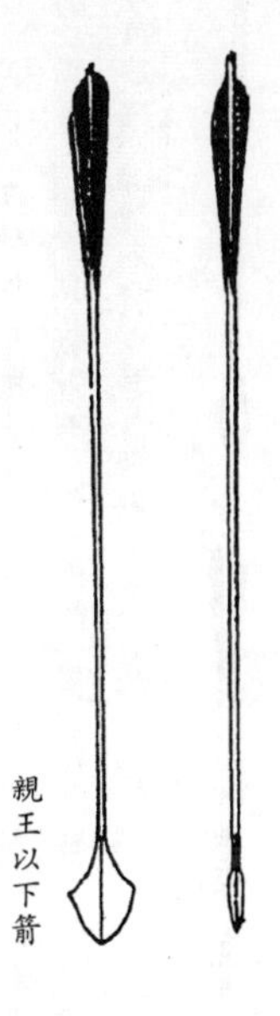
親王以下箭

親王以下箭　謹按本朝定制，親王以下箭，樺木爲笴，長三尺。鐵鏃，長三寸。笴首飾樺皮、皂鵰羽，羽間親王、郡王書爵，貝勒以下書名。括髹朱。凡官造，或以鈚箭，或以梅鍼。親王三千，世子二千五百，郡王二千，長子千七百，貝勒千五百，貝子千，鎮國公七百，輔國公六百，鎮國將軍四百，輔國將軍三百，奉國將軍二百，奉恩將軍百七十。

職官一等櫜鞬　謹按本朝定制，職官一等櫜鞬，均以革爲之，白罽裏緑革，緣加紅黄線三道，各綴鐶二，懸革帶，藍布裏，前繫以鈎，左右及後帶版各一。帶及櫜鞬鐶飾皆鐵質鋄金，一、二品職官佩之。

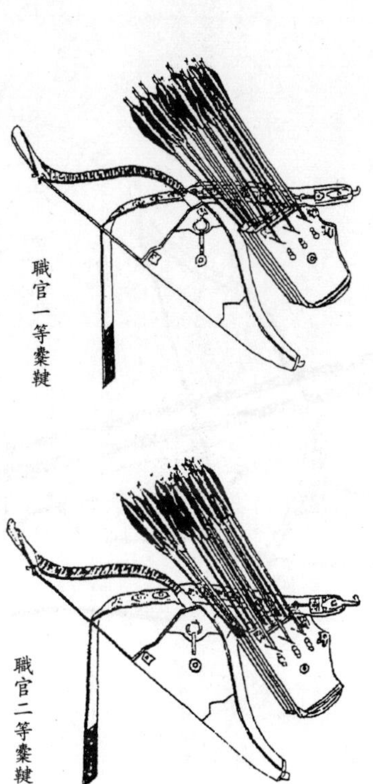
職官一等櫜鞬

職官二等櫜鞬

職官二等櫜鞬　謹按本朝定制，職官二等櫜鞬，紅織絨裏，帶及鐶飾皆鐵質，鋄銀塗金，餘俱如一等櫜鞬之制，三品至五品職官佩之。

職官三等櫜鞬　謹按本朝定制，職官三等櫜鞬，緣加紅黄線二道，紅織絨裏。凡帶及鐶飾，皆銅質，鏤花，餘俱如一等櫜鞬之制，六品至九品職官佩之。

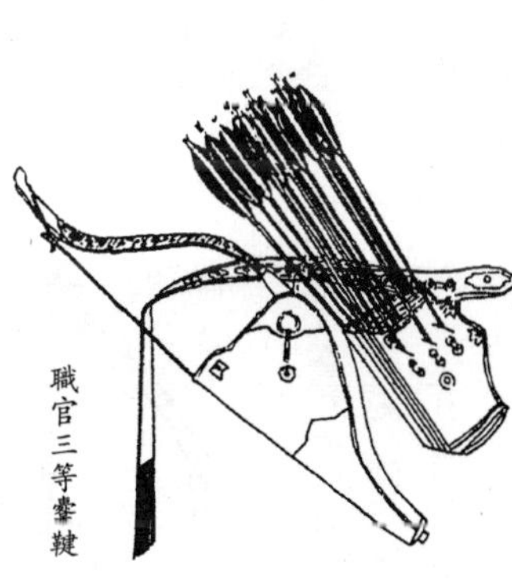
職官三等櫜鞬

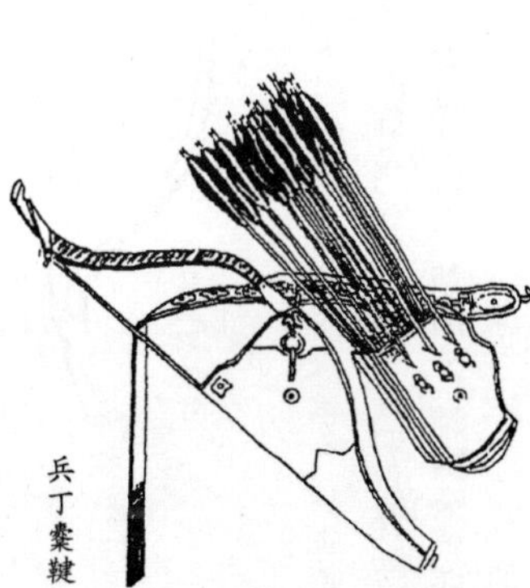
兵丁櫜鞬

兵丁櫜鞬　謹按本朝定制，兵丁櫜鞬，黑革，緣不加線，紅織絨裏，帶及鐶飾皆銅質，不鏤花。餘俱如職官一等櫜鞬之制。

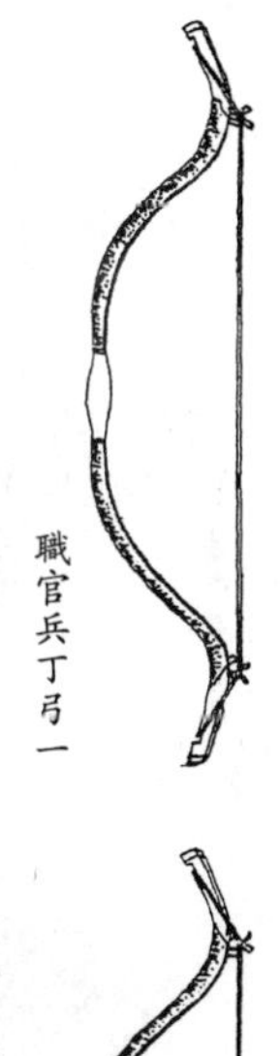
職官兵丁弓一

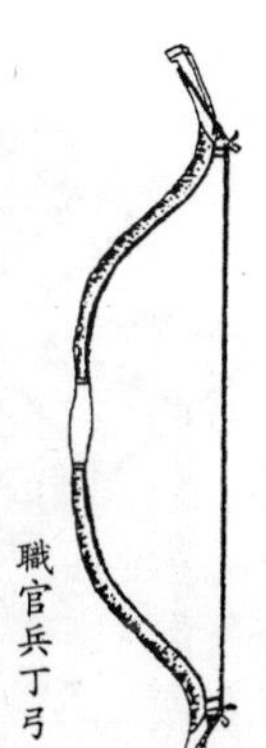
職官兵丁弓二

職官兵丁弓一　謹按本朝定制，職官兵丁弓，榆木爲幹，傅以黑角，背傅筋，蒙樺皮，弝加煖木，兩弰以桑木，刻其末爲弦彄，弦牀飾鯊魚皮，弦以絲，長四尺九寸，習射用之。

職官兵丁弓二　謹按《説選》、《遼志》：契丹弓，以皮爲弦。《宋史·夏國傳》：弓皮弦。

本朝定制，職官兵丁弓，弦紉鹿皮爲之，餘俱如弓一之制，軍事用之。

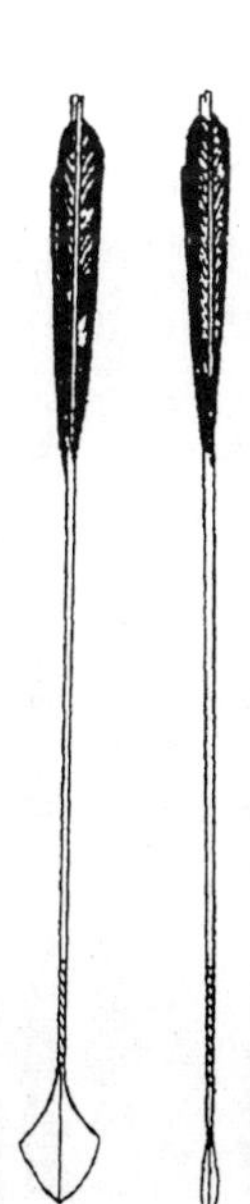
職官兵丁箭

職官兵丁箭　謹按本朝定制，職官兵丁箭，樺木或柳木爲笴，長三尺。鐵鏃，長三寸。笴首飾樺皮、鸛羽，羽間職官書銜名，兵丁書名，括髹朱。凡官造，或以鈚箭，或以梅鍼。八旗世職民，公五百五十，侯、伯、子、男各以五十爲差。輕車都尉二百五十，騎都尉、雲騎尉各以五十爲差。武職一品至五品，視子、男

以下。六品以下百，文職一、二品視子、男，三品京堂視武二品，四品京堂科道郎中視武三品，員外郎視武四品，主事鳴贊廕監生視武五品，筆帖式視武六品，護軍前鋒領催人七十，驍騎人五十，馬軍步軍以十爲差。直省督撫提鎮武職兵丁各視其品級，所得與八旗同。

又　卷一五

皇帝大閱佩刀　謹按《詩・小雅》：鞞琫有珌。毛萇《傳》：琫，上飾；珌，下飾。《大雅》：鞞琫容刀。孔穎達《疏》：容，飾之刀鞞者，刀鞘之名。《後漢書・輿服志》：佩刀，乘輿。黄金通身貂錯，半鮫魚鱗，金漆錯，雌黄室，五色罽隱室華。《百官志》：尚方令，掌作御刀劍。乾隆十三年欽定大閱佩刀，鍊鐵爲之，通長二尺七寸七分，刃長二尺三寸，闊一寸五分，右鋄銀，横爲天字一號，縱爲鍊精，皆隸書。左横爲乾隆年製，亦隸書。下爲鼓冶鑄刀形，銎爲金盤，厚二分，週飾紅寶石、緑松石、青金石相間，各四，外銜珍珠。柄長四寸五分，木質，纏明黄絲，末鈷鐵塗金，周飾紅寶石、緑松石、青金石三道，銜珍珠，繫明黄絛。中飾緑松石。室長二尺五寸，木質，飾金桃皮。琫、珌皆鋄金花文，飾紅寶石、緑松石、青金石各一，中横束鋄金二道，飾亦如之。背爲金提梁，左右各飾紅寶石四，青金石二，緑松石二，繫明黄絛，屬於金鐶，加革版懸之，版亦飾金。

皇帝大閱佩刀

皇帝吉禮隨侍佩刀　謹按乾隆十五年欽定吉禮，隨侍佩刀，鍊鐵爲之，劒首單刃通長三尺，刃長二尺五寸，闊一寸四分，中起脊三道，背銜金龍，龍口外刃二寸二分，近柄鋄銀花文，左爲神鋒，右爲乾隆年製，皆隸書。銎爲銀盤鋄金花，厚二分，柄長四寸八分，木質，蒙白鯊魚皮，横飾九行，中緑松石，兩旁青金石、紅寶石相間，上圍飾緑松石、紅寶石，貫明黄絛，室長二尺七寸，木質，中蒙緑鯊魚皮，旁以鐵，皆綴金花文。琫、珌皆綴銀花文，亦飾緑松石、青金石、紅寶石。

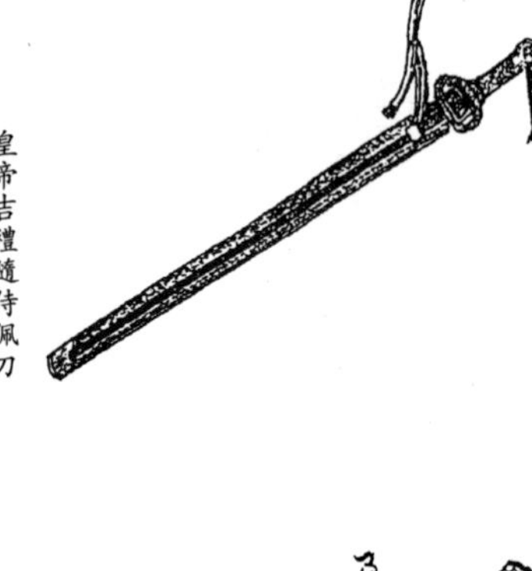
皇帝吉禮隨侍佩刀

皇帝隨侍佩刀　謹按本朝定制，皇帝隨侍佩刀，鍊鐵爲之，通長三尺，銜金龍口，刃長二尺一寸七分，闊九分，銎爲鋄金龍盤，厚二分。柄長八寸一分，木質，纏明黄絲。室長二尺五寸，木質，蒙緑革。凡飾皆鋄金花。

皇帝隨侍佩刀

親王郡王佩刀　謹按本朝定制，親王、郡王佩刀，鍊鐵爲之，通長二尺七寸，刃長二尺二寸五分，闊一寸四分，銎爲鐵盤鋄金，厚二分。柄長四寸三分，木質，纏金黄絲，末鈷以鐵，亦鋄金，繫金黄絛。室長二尺五寸，木質，髹漆，繪五色蓮花，雜飾珊瑚、珍珠、青金石、緑松石，惟不得用東珠。

親王郡王佩刀

貝勒至入八分公佩刀　謹按本朝定制，貝勒至入八分公佩刀，柄纏青絲，繫石青絛，餘俱如親王、郡王佩刀之制。

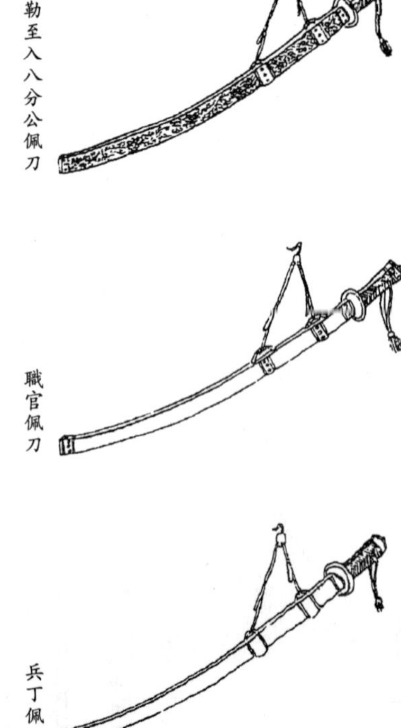
貝勒至入八分公佩刀

職官佩刀

兵丁佩刀

職官佩刀　謹按本朝定制，職官佩刀，鍊鐵爲之，通長二尺六寸四分，刃長二尺二寸，闊一寸三分。鋈爲鐵盤鋟金，厚二分。柄長四寸二分，木質，纏線藍色，末鈷以鐵，亦鋟金，繫藍綏。室長二尺五寸，木質裹革，飾皆鐵質鋟金。

兵丁佩刀　謹按本朝定制，兵丁佩刀，飾皆黃銅，餘俱如職官佩刀之制。

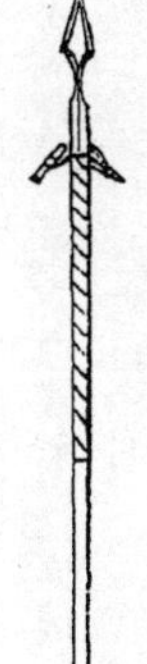
虎槍營虎槍

虎槍營虎槍　謹按本朝定制，虎槍營虎槍，鍊鐵爲之，通長八尺三寸，刃長九寸，圭首中起稜，柄長七尺四寸，白蠟木爲之，柄首橫繫鹿角二，長一寸，末角鐓，刃蒙革囊，樺皮裹，繫革帶負之。

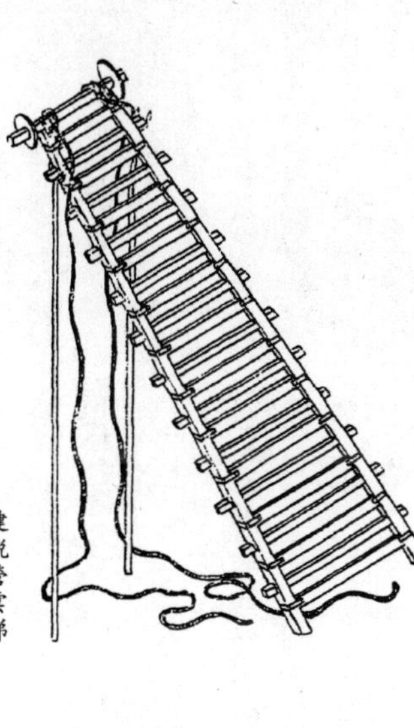
健鋭營雲梯

健鋭營雲梯　謹按乾隆十四年欽定健鋭營雲梯，規木爲之，通高二丈二尺，旁植木二，中施橫木二十四道，上闊一尺二寸，下闊二尺，每間一道，稍長穿出，植木左右，首橫木，兩端施鐵輪，別以木柄鐵叉二推之。

健鋭營雲梯刀　謹按乾隆十四年欽定健鋭營雲梯刀，鍊鐵爲之，刃長二尺三寸，柄長三寸二分，飾皆黃銅，餘俱如職官佩刀之制。

健鋭營雲梯刀

健鋭營長槍　謹按乾隆十四年欽定健鋭營長槍，鍊鐵爲之，通長一丈三寸，刃長九寸，圭首，中起稜。木柄長九尺，圍四寸六分，旁銜鐵刃如刀，貼於槍下，長一尺四寸，闊五分，下綴木圓珠，黑氅，末鐵鐏，長四寸。

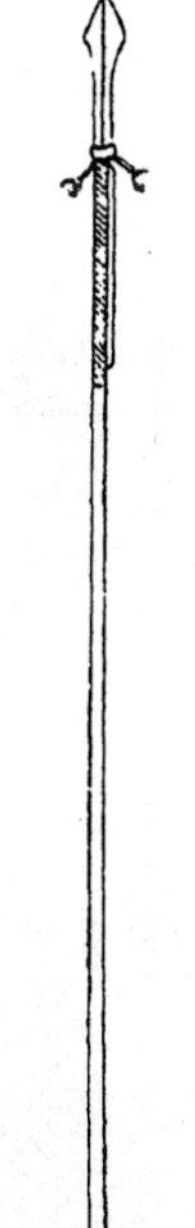
健鋭營長槍

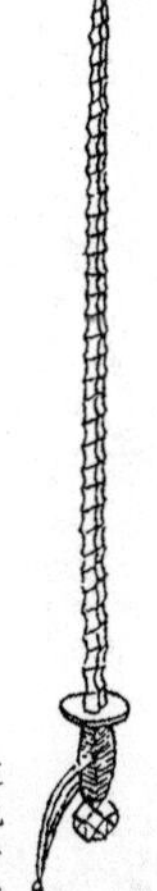
健鋭營鞭

健鋭營鞭　謹按乾隆十四年欽定健鋭營鞭，鍊鐵爲之，橫稜如竹節，長二尺三寸五分，鋈爲鐵盤，厚一分五釐。柄長六寸，圍三寸，木質，髹以漆，末鈷以鐵。室木質，裹綠革，鋟金飾。

前鋒左翼順刀　謹按本朝定制，前鋒左翼順刀，鍊鐵爲之，鋭首，中起脊如劍形，通長一尺二寸，刃長八寸，闊一寸，柄長四寸，木質，塗黃油，末鈷以鐵，室長九寸，木質，裹革，兩端鈷以鐵，中束鐵二道。

前鋒左翼順刀

前鋒右翼順刀

前鋒右翼順刀　謹按本朝定制，前鋒右翼順刀，鍊鐵爲之，鋭首，中不起脊，通長一尺一寸，刃長八寸，闊一寸，梨木柄，長三寸，末鈷以鐵，繫藍綏，室長九寸，木質裹革，近口束鐵。

前鋒左翼鐮　謹按本朝定制，前鋒左翼鐮，鍊鐵爲之，形如鋤，刃削背俯，橫置柄首，自刃至背五寸八分，榆木柄長一尺三寸，圍二寸二分，末穿孔，繫藍綏。

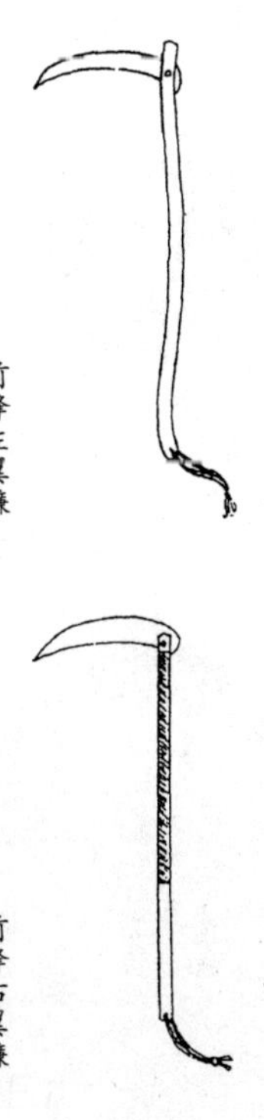
前鋒左翼鐮

前鋒右翼鐮

前鋒右翼鐮　謹按本朝定制，前鋒右翼鐮，鍊鐵爲之，形如左翼鐮而闊，横置柄首，自刃至背五寸，樺木柄長一尺二寸，圍二寸，末裹煖木皮，亦穿孔，繫藍綏。

前鋒左翼斧　謹按本朝定制，前鋒左翼斧，鍊鐵爲之，刃如半月，背削而脩，刃徑四寸，鋟銀龍火珠，背闊一寸一分，自刃至背四寸五分，横置柄首榆木柄，長一尺二寸，圍二寸四分，末鉆以鐵。

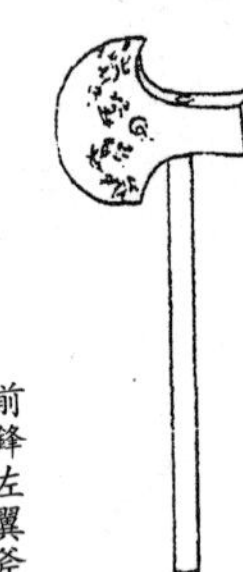
前鋒左翼斧

前鋒右翼斧

前鋒右翼斧　謹按本朝定制，前鋒右翼斧，鍊鐵爲之，刃平，背微狹。刃闊三寸四分，背闊二寸，自刃至背三寸二分，横置柄首。樺木柄長一尺，圍三寸，末裹煖木皮，穿孔，繫藍綏。

護軍驍騎長槍

護軍驍騎長槍　謹按本朝定制，護軍驍騎長槍，鍊鐵爲之，通長一丈三尺七寸，刃長一尺一寸，銎爲鐵盤，厚二分，下注朱氂。木柄長一丈二尺二寸，末鐵鐏，長四寸。護軍驍騎二人合給長槍一。

藤牌營藤牌　謹按戚繼光《紀效新書》，圓長二色，其來尚矣。主衛而不主刺。國初木加以革，重而不利步。以藤爲牌，近出福建，銃子雖不能隔，而矢石鎗刀皆可蔽，所以代甲胄之用。茅元儀《武備志》：老粗藤，如指，用之爲骨。藤篾纏聯，中心突向外，内空，庶箭入不及手腕也。週簷高出，雖矢至不能滑泄及人，内以藤爲上下二環，以容手肱執持。本

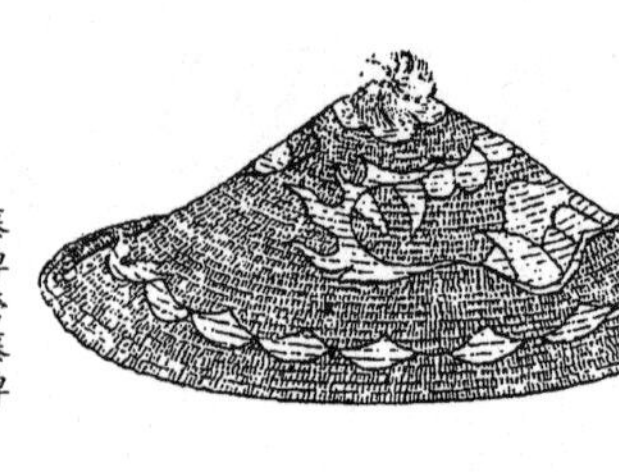
藤牌營藤牌

朝定制，藤牌營藤牌，編藤爲之，形圓中凸，簷徑二尺六寸，高八寸，采繪虎頭，中綴朱纓，背施鐶二，以挽之。漢軍藤牌營，每旗百。直省緑營，各隨其地有差。

藤牌營劚刀

藤牌營劚刀　謹按《宋書・宗越傳》，刀楯步出，挺身單戰。景祐《集韻》：劚，削也。茅元儀《武備志》：近世南兵率用圓牌，而間之以腰刀。本朝定制，藤牌營劚刀，鍊鐵爲之，形如佩刀，通長二尺八寸，刃長二尺二寸，闊一寸，銎爲鐵盤，厚二分，柄長五寸八分，木質髹朱，末鉆以鐵，繫藍綏。漢軍藤牌營，每旗百。直省緑營，各隨其地有差。

藤牌營挑刀

藤牌營挑刀　謹按本朝定制，藤牌營挑刀，鍊鐵爲之，通長七尺六寸二分，刃長二尺二寸，闊一寸五分，上鋭而仰，銎爲鐵盤，厚二分。柄長五尺，圍四寸六分，木質髹朱，末鐵鐏，長四寸。漢軍藤牌營，每旗五十。直省緑營，各隨其地有差。

漢軍連耞棒　謹按杜佑《通典》《衛公兵法・守城篇》曰，連耞，如打禾連耞狀，用打女牆外上城敵人。《宋史・狄青傳》：馬上縱鐵連耞擊之。茅元儀《武備志》：本出西戎，馬上用之，以敵步兵。其狀如農家打麥之耞，以鐵飾之，利於自上擊下。本朝定制，漢軍連耞棒，規木爲之，左右雙持，棒長一尺五寸八分，耞長七寸五分，圍俱二寸五分，皆塗黄油，兩端鉆以鐵，首各加鐶，以鐵索相連爲一具。漢軍每佐領四，直省緑營各隨其地有差。

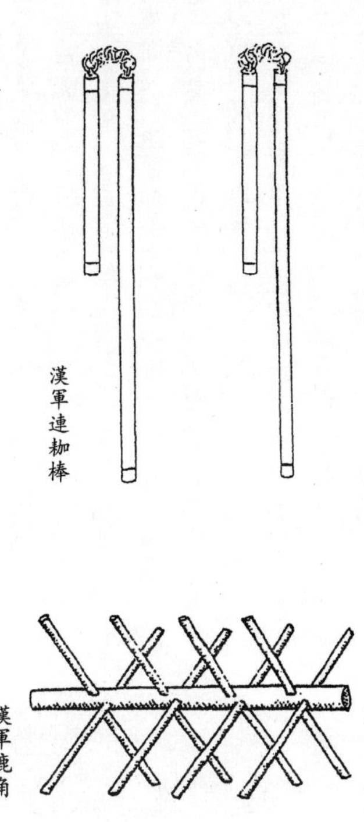
漢軍連耞棒
漢軍鹿角

漢軍鹿角　謹按《魏志·徐晃傳》：鹿角十重。《晉書·馬隆傳》：地廣則爲鹿角、車營。《南史·韋叡傳》樹鹿角爲城。本朝定制，漢軍鹿角，規木爲之，横木一，長八尺，圍四寸。斜木八，長五尺五寸，圍一寸五分。皆貫横木，當斜木之半，首末相屬，塗以黄油。漢軍每佐領一，直省緑營各隨其地有差。

金　謹按《六韜》，凡領軍者，必有金鼓之節。《唐六典》：金之制有四，一曰錞，二曰鐲，三曰鐃，四曰鐸。本朝定制，金，範銅爲之，面平，徑一尺五寸三分，深二寸，旁穿二孔，以繩繫於木柄，提之擊以椎，形如瓜，以韋爲之，末穿藍綏。漢軍鳥槍營每旗五，直省緑營各隨其地有差。

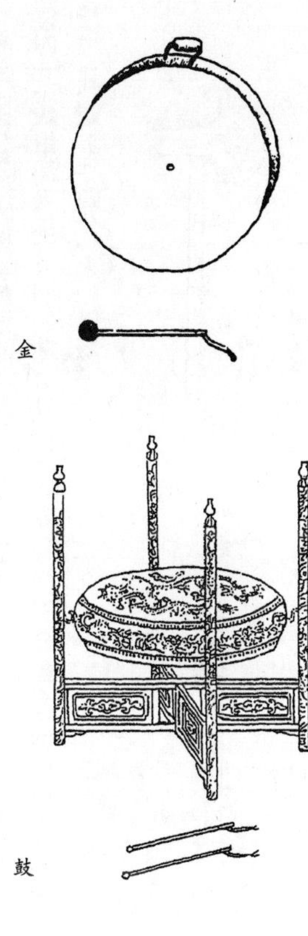
金
鼓

鼓　謹按《詩·小雅》：鉦人伐鼓。《司馬法》：奏鼓輕，舒鼓重。《周髀經》：萬人之將執大鼓。《吴子》：一鼓整兵，二鼓習陳，三鼓趨食，四鼓嚴辦，五鼓就行。李筌《太白陰經》：警嚴鼓十二面。本朝定制，鼓木匡冒革面，徑一尺六寸二分，中圍一尺八寸二分，厚十寸二分。面繪龍，匡緑緣，朱繪花文，上下銅釘二層。匡半銅鐶四，承以髹朱架，高三尺五寸五分，四柱相距二尺七分，繪花文柱半，各以銅鉤附鐶平懸之柱端，刻花文。高四寸四分，下横木交十字以樞合之，擊以雙木椎。漢軍鳥槍營每旗一，直省緑營各隨其地有差。

海蠡　謹按本朝定制，海蠡，刳蠡吹之，以爲進止之節。凡大閱，設親軍海蠡十二於纛前，設傳令海蠡於臺下，前鋒營左右翼各八，護軍營每旗三十六，驍騎營每參領二，佐領一，火器營隨礮每旗五，鳥槍護軍驍騎十四，藤牌營每旗五，直省緑營各隨其地有差。

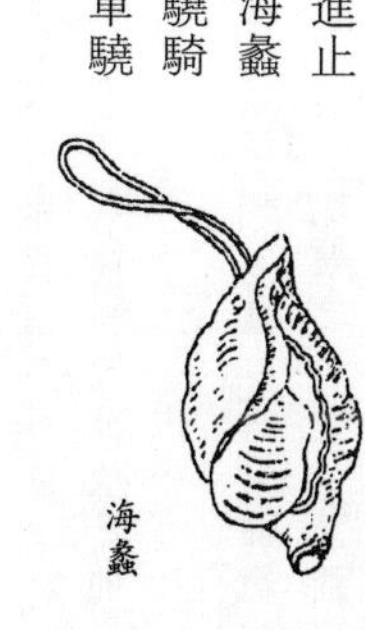
海蠡

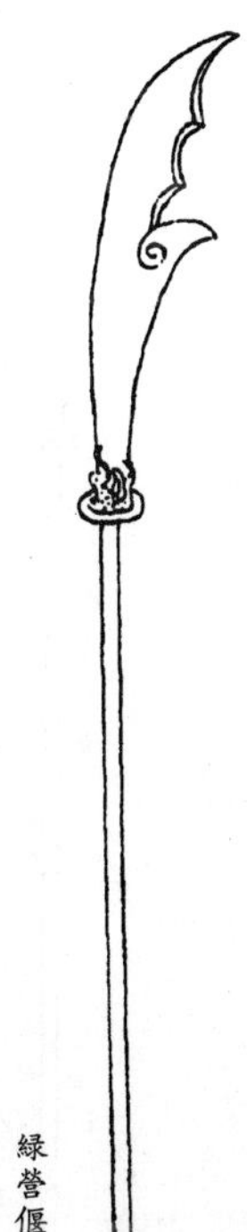
緑營偃月刀

緑營偃月刀　謹按王充《論衡》：當與刀劍偃月鉤爲比。茅元儀《武備志》：偃月刀以之操習示雄，實不可施於戰陳也。本朝定制，緑營偃月刀，鍊鐵爲之，通長七尺，刃長二尺四寸五分，上豐而仰，背爲岐刃，衡以龍口，高一寸五分，銎爲鐵盤，厚二分，柄長四尺二寸八分，圍五寸二分，木質髹朱，末鐵鐏，長四寸。

緑營撲刀　謹按劉熙《釋名》，短刀曰拍髀，帶時拍髀旁也。又曰，露拍，言露見也。本朝定制，緑營撲刀，鍊鐵爲之，通長一尺九寸二分，刃長一尺四寸，上闊二寸四分，下半之，銎爲鐵盤，厚二分。柄長五寸，木質纏紅黄革，末鉆以鐵，繫藍綏。

緑營撲刀

緑營斬馬刀　謹按王應麟《玉海》，熙寧五年作坊造斬馬刀，長三尺餘，首爲大環，上出以示蔡挺，挺奏制作精巧，便於操擊，戰陳之利器也。本朝定制，緑營斬馬刀，鍊鐵爲之，形如佩刀而長，通長四尺八寸，刃長三尺四寸，闊一寸五分，銎爲鐵盤，厚二分，柄長一尺三寸八分，木質纏紅黄革，末鉆以鐵，繫藍綏。室長三尺五寸，木質裹革，髹朱，飾以鐵。

緑營長刃大刀　謹按茅元儀《武備志》，長刀，倭奴之製甚利於步，刃長五尺。本朝定制，緑營長刃大刀，鍊鐵爲之，通長五尺一寸，刃長三尺三寸，闊一寸五分，柄長一尺八寸，室長三尺二寸，髹以漆，餘俱如斬馬刀之制。

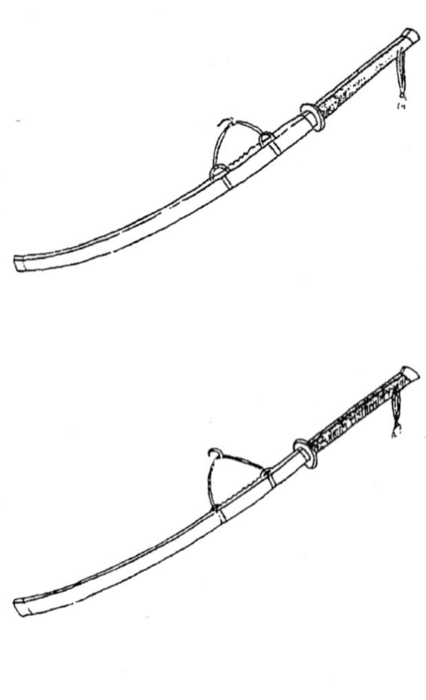

緑營斬馬刀

緑營長刃大刀

緑營寬刃大刀　謹按茅元儀《武備志》，掉刀，刃首上闊，長柄施鐏。本朝定制，緑營寬刃大刀，鍊鐵爲之，形如偃月刀而無岐刃，通長六尺九寸二分，刃長二尺五寸，上闊三寸，下半之。銎爲鐵盤，厚二分。柄長四尺，圍四寸六分，木質髹朱，末鐵鐏，長四寸。

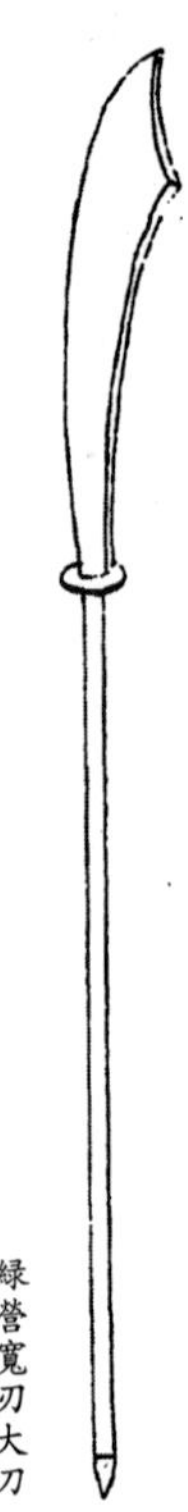

緑營寬刃大刀

緑營寬刃劘刀　謹按本朝定制，緑營寬刃劘刀，鍊鐵爲之。通長四尺六寸二分，刃長二尺四寸，上闊二寸四分，下闊一寸四分，銎爲鐵盤，厚二分。柄長二尺二寸，圍三寸一分，木質纏紅藍線，末鉆以鐵。

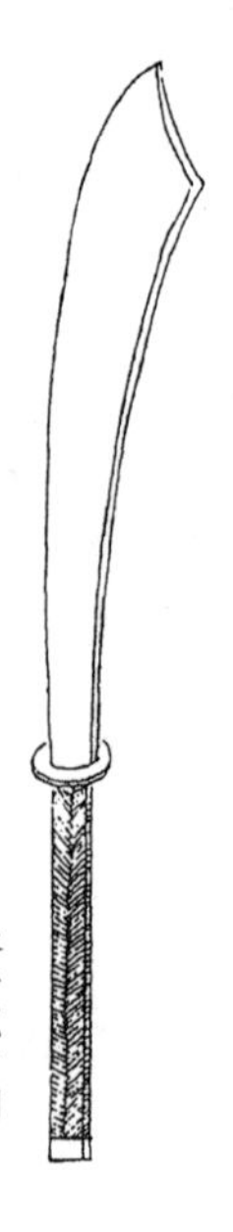

緑營寬刃劘刀

緑營雙手帶刀　謹按本朝定制，緑營雙手帶刀，鍊鐵爲之，形如斬馬刀而微短。通長四尺二寸二分，刃長二尺七寸，闊一寸五分。銎爲鐵盤，厚二分。柄長一尺五寸，木質纏紅藍線，末鉆以鐵。室長二尺八寸，木質裹緑革，飾以鐵。

緑營雙手帶刀

緑營背刀

緑營背刀　謹按本朝定制，緑營背刀，鍊鐵爲之，形如斬馬刀而短。通長三尺二寸二分，刃長二尺三寸，闊一寸三分。銎爲鐵盤，厚二分。柄長八寸，木質纏緑線，末鉆以鐵，繫藍綏。室長二尺四寸，木質髹朱，飾以鐵。

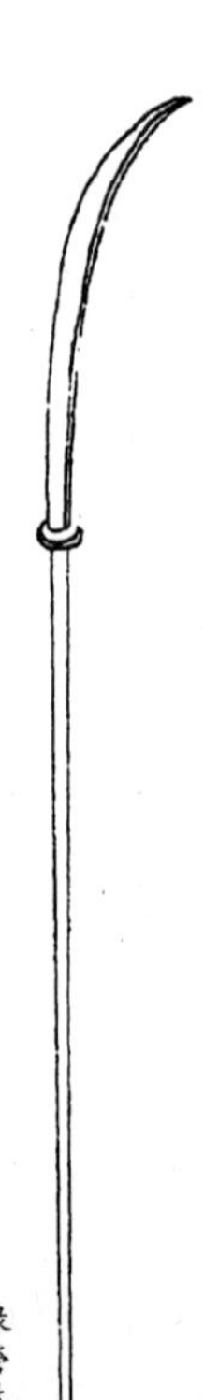

緑營片刀

緑營片刀　謹按本朝定制，緑營片刀，鍊鐵爲之，通長七尺一寸二分，刃長二尺，闊一寸三分，上鋭而仰，銎爲鐵盤，厚二分，柄長四尺七寸，圍四寸，木質髹朱，末鐵鐏，長四寸。

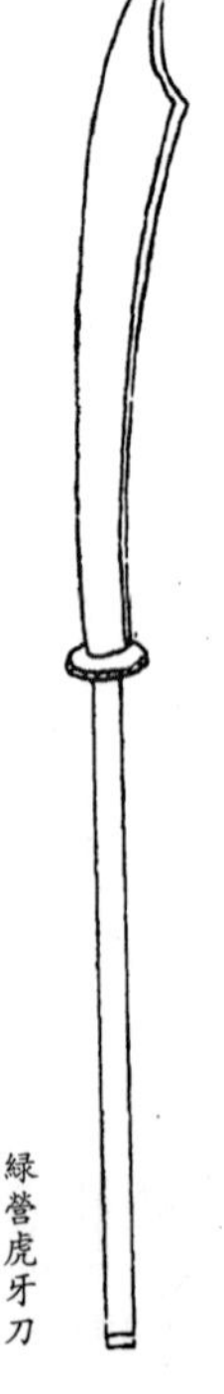

緑營虎牙刀

綠營虎牙刀　謹按本朝定制，綠營虎牙刀，鍊鐵爲之，形如寬刃大刀而上鋭。通長五尺四寸二分，刃長二尺七寸，闊一寸一分。銎爲鐵盤，厚二分。柄長與刃等，圍三寸七分，木質髹朱，末鐵鐓。

綠營窩刀　謹按茅元儀《武備志》，倭刀，所用刀制略同，但短而重。程宗猷《少林棍法闡宗》：倭刀、竹節鞭，同一類。本朝定制，綠營窩刀，鍊鐵爲之，形如佩刀。通長三尺四寸二分，刃長二尺六寸，闊一寸。銎爲鐵盤，厚二分。柄長八寸，木質縛藤或纏革，髹綠。末鈷以鐵，繫藍綏。室長二尺七寸，木質，裹綠革，飾以鐵。

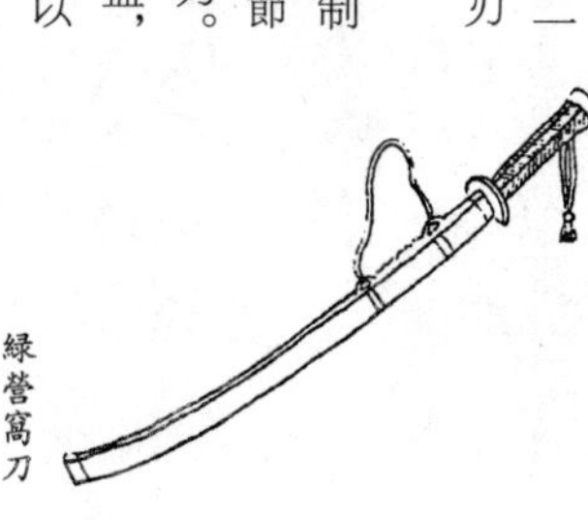
綠營窩刀

綠營船尾刀

綠營船尾刀　謹按本朝定制，綠營船尾刀，鍊鐵爲之，形如寬刃大刀而上鋭。通長三尺四寸二分，刃長二尺二寸，闊一寸。銎爲鐵盤，厚二分。柄長一尺二寸，圍三寸一分，木質，髹朱，末鐵鐓。

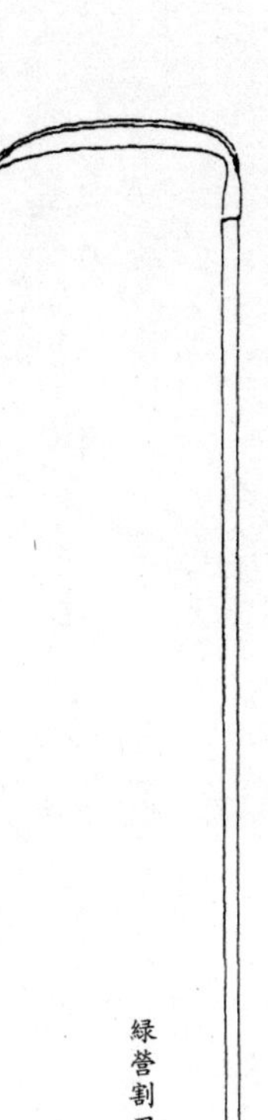
綠營割刀

綠營割刀　謹按茅元儀《武備志》，鉤鐮，刃闊一寸，舟中或割其繚，或勾其船，或割其棚間繩索，刃彎而利，乃得實用。本朝定制，綠營割刀，鍊鐵爲之，形如刈鉤。通長五尺二寸，刃橫長一尺四寸，闊一寸，前曲而俯。銎長二寸，柄長五尺，圍三寸一分，木質髹朱。

綠營繚風刀　謹按本朝定制，綠營繚風刀，鍊鐵爲之，形如割刀，刃綢柄脩，通長一丈二寸，刃橫長一尺，闊一寸，銎長二寸，柄長一丈，圍三寸一分，木質髹朱。

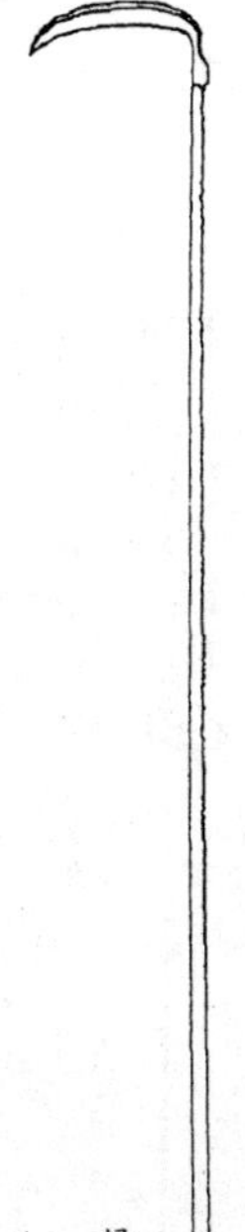
綠營繚風刀

綠營長槍　謹按《衛公兵法》，聽角第二聲，諸隊一時捺槍；第三聲舉槍，第四聲籠槍。《唐書》：羅士信執長槍，立於馬上。《通鑑·宋紀》：吴璘疊陣法，每戰以長槍居前。本朝定制，綠營長槍，鍊鐵爲之，通長一丈四尺，刃長七寸，柄長一丈三尺，圍三寸七分，木質髹朱，注朱氂，末鐵鐏，長三寸。

綠營長槍

綠營火燄槍　謹按本朝定制，綠營火燄槍，鍊鐵爲之，通長六尺六寸，直刃，上出旁刃十，爲火燄形，中空如鐶。銎長四寸，柄長五尺五寸，圍四寸，木質髹朱，末鐵鐏，長四寸。

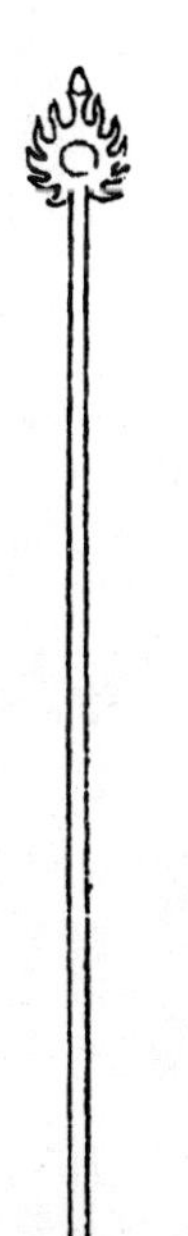
綠營火燄槍

綠營鉤鐮槍　謹按《六韜》，飛鉤，長八寸，鉤芒長四寸，柄長六尺以上，千二百枚。大鐮，長七尺以上，三百枚。茅元儀《武備志》：鐵鉤槍，挨牌而進，甚利。本朝定制，綠營鉤鐮槍，鍊鐵爲之，通長七尺二寸，刃長八寸，上鋭，旁刃曲向內，

綠營鉤鐮槍

徑二寸，柄長六尺，圍四寸，木質髹朱，末鐵鐏，長四寸。

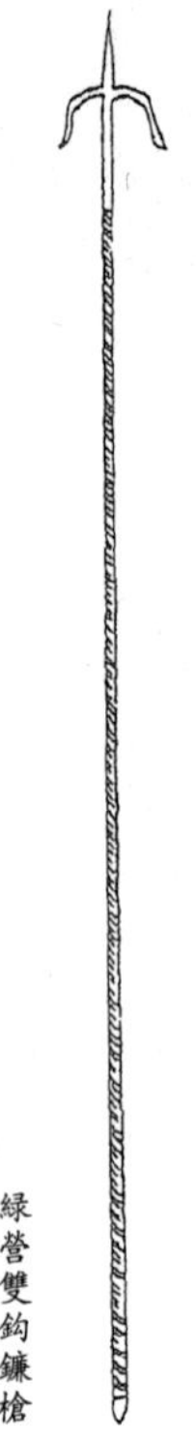
緑營雙鈎鐮槍

緑營雙鈎鐮槍　謹按劉熙《釋名》，鈎鑲，兩頭曰鈎，中央曰鑲。或推鑲，或鈎引，用之宜也。杜佑《通典》：鈎竿如槍刃，兩旁有曲刃，可以鈎搭。本朝定制，緑營雙鈎鐮槍，鍊鐵爲之，兩旁刃曲向內，餘俱如鈎鐮槍之制。柄長七尺，圍二寸七分，木質，裹樺皮。

緑營虎牙槍

緑營虎牙槍　謹按本朝定制，緑營虎牙槍，鍊鐵爲之，通長九尺一寸，刃長七寸，圭首起稜，兩旁短刃向內如虎牙，各一寸七分，注朱氂，柄長八尺，圍二寸八分，木質髹朱，末鐵鐏，長四寸。

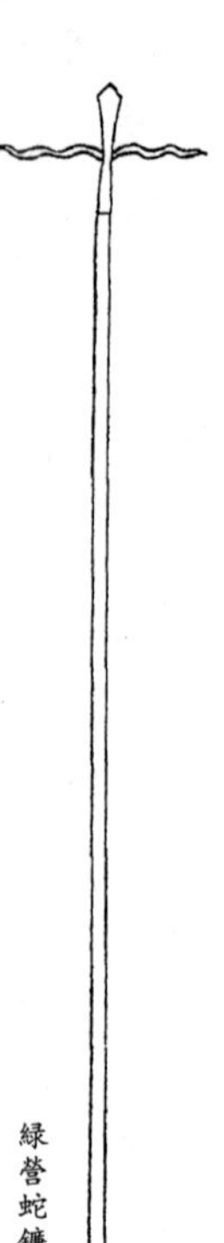
緑營蛇鐮槍

緑營蛇鐮槍　謹按本朝定制，緑營蛇鐮槍，鍊鐵爲之，通長七尺二寸，刃長八寸，圭首下綱，兩旁橫刃三折如蛇行，徑七寸，柄長六尺，圍四寸，木質髹朱，末鐵鐏，長四寸。

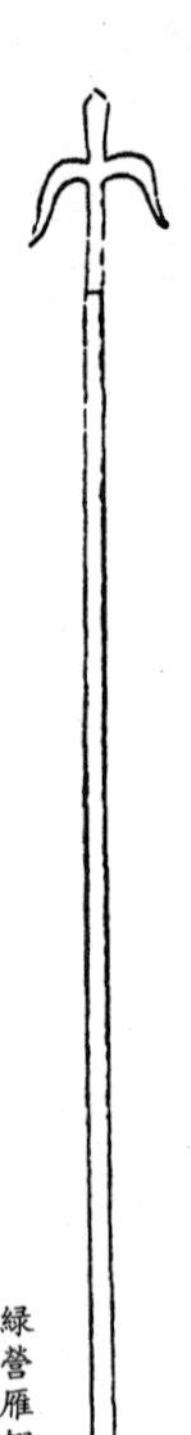
緑營雁翎槍

緑營雁翎槍　謹按本朝定制，緑營雁翎槍，鍊鐵爲之，通長七尺二寸，刃長八寸，圭首下平，兩旁刃如雙鈎鐮槍而闊，徑五寸，柄如蛇鐮槍之制。

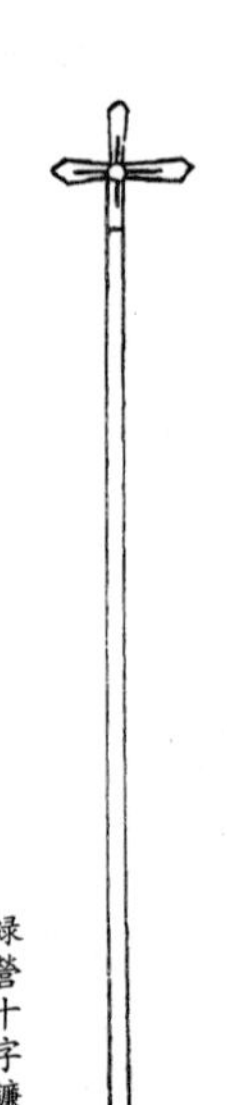
緑營十字鐮槍

緑營十字鐮槍　謹按本朝定制，緑營十字鐮槍，鍊鐵爲之，通長四尺六寸，直刃長六寸，横刃徑一尺，皆圭首，相交如十字形，柄長四尺，圍三寸一分，木質髹朱。

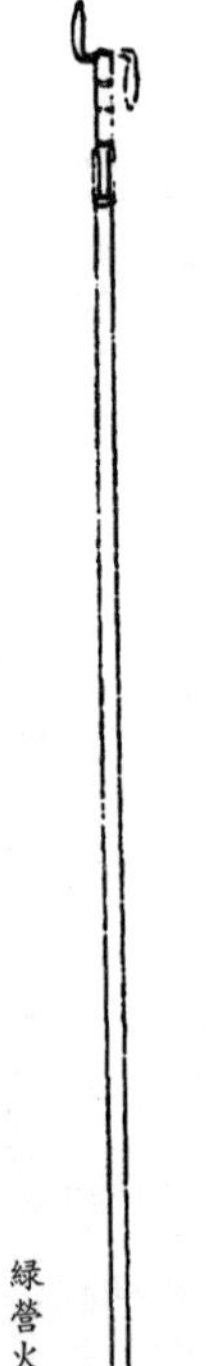
緑營火鐮槍

緑營火鐮槍　謹按茅元儀《武備志》，火槍柄長六尺，槍頭長尺許，木柄，下有鐵鑽，兩邊叉上作鈎鐮，夾槍有二噴筒，用時先放一筒，藥線引轉，復放一筒。完，即作短兵。此槍有二噴筒，故名火槍。頭長尺許，槍也。兩刃向上，鑲也。兩刃向下，鐮也。一器而四用之。本朝定制，緑營火鐮槍，鍊鐵爲之，通長九尺二寸，管長八寸，以受火藥。管端横鐵，兩末加刃，一前一却，前刃爲槍，長四寸。却刃爲鐮，長三寸。鋈長四寸，周傅小箭四，各長二寸，以藏蒺藜。下鈷以鐵，柄長八尺，徑三寸一分，攢竹髹朱。

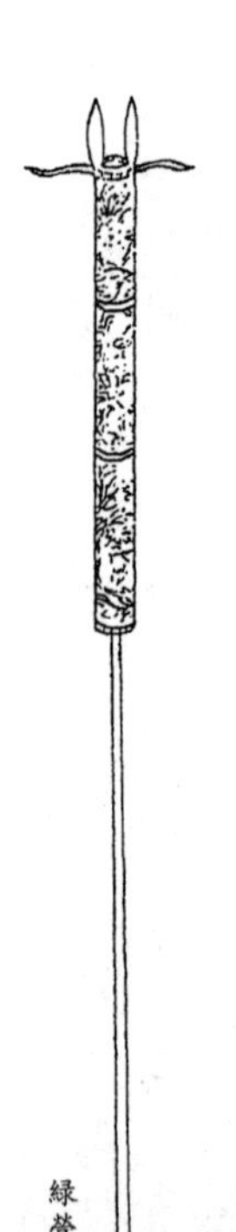
緑營梨花槍

緑營梨花槍　謹按茅元儀《武備志》，用梨花一筒，繫於長槍之首，臨敵時用之，一發可遠去數丈。火盡，槍仍可以刺賊。李全嘗用之，以雄山東。所謂二十年梨花槍，天下無敵手是也。本朝定制，緑營梨花槍，通長七尺三寸，鍊鐵爲雙刃相並，各長五寸，旁爲横刃二，各徑六寸。下施竹箭，長二尺六寸，綵繪花文，束鐵三道，中藏狼烟。柄長三尺八寸，圍四寸，木質髹朱，末鐵鐏，長四寸。

綠營手槍　謹按本朝定制，綠營手槍，鍊鐵爲之，通長三尺四寸二分，刃長五寸七分，上銳。柄長二尺九寸，圍一寸七分，攢竹裹樺皮，末骨鐓。

綠營手槍

綠營釘槍　謹按戚繼光《紀效新書》：過船釘槍一百根。本朝定制，綠營釘槍，鍊鐵爲之，通長一丈四尺九寸五分，刃長一尺，上銳，以藤縛於柄端。柄長一丈四尺，圍三寸七分，攢竹髹朱。

綠營釘槍

綠營矛　謹按《詩・秦風》：厹矛鋈錞。劉熙《釋名》：矛，冒也。刃下冒矜也。《諸葛亮集・勅作部》：皆作十折矛以給之。本朝定制，綠營矛，鍊鐵爲之，通長一丈一尺，刃長七寸，上銳中豐，下綱如柳葉形，柄長一丈，圍三寸七分，木質髹朱，末鐵鐏，長三寸。

綠營矛

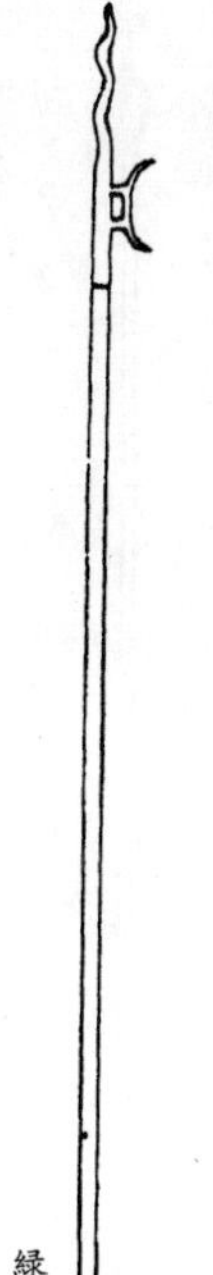
綠營戟

綠營戟　謹按《六韜》：矛戟扶胥七十二具。本朝定制，綠營戟，鍊鐵爲之，通長七尺五寸，援首三折，長一尺一寸，胡外曲徑八寸，中二舥，各横二寸五分。柄長六尺，圍四寸，木質髹朱，末鐵鐏，長四寸。

綠營雙鐧　謹按《宋史・兵志》：楊偕獻所製鐵鐧。《張玉傳》：玉單持鐵鐧出鬭。《金史・烏延察喇傳》：察喇左右手持兩鐵鐧，鐧重數十觔，人號爲鐵鐧萬户。茅元儀《武備志》：四稜者謂之鐵鐧。言方稜似簡形。本朝定制，綠營雙鐧，鍊鐵爲之，左右雙持，通長各二尺七寸一分五釐，鐧長各二尺一寸。圭首方稜，銎爲鐵盤，厚一分五釐，重各一觔六兩有奇。柄各長六寸，圍三寸，木質髹朱，末鉆以鐵。

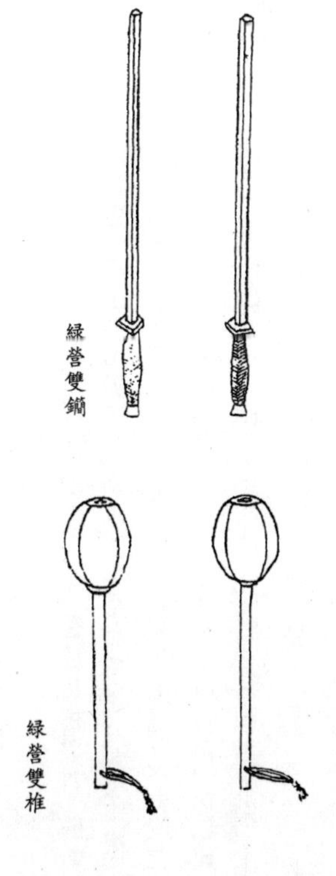
綠營雙鐧

綠營雙椎

綠營雙椎　謹按《六韜》：椓杙大鎚，重五觔，柄長二尺以上，百二十具。劉熙《釋名》：椎，推也。許慎《説文》：椎，繫也。齊謂之柊揆。《宋書・朱齡石傳》：別齎大鎚。本朝定制，綠營雙椎，鍊鐵爲之。左右雙持，通長各一尺九寸，椎圍各六寸，形如瓜稜，重各一觔三兩。柄各長一尺三寸，圍二寸五分，木質髹朱，繫藍綫。

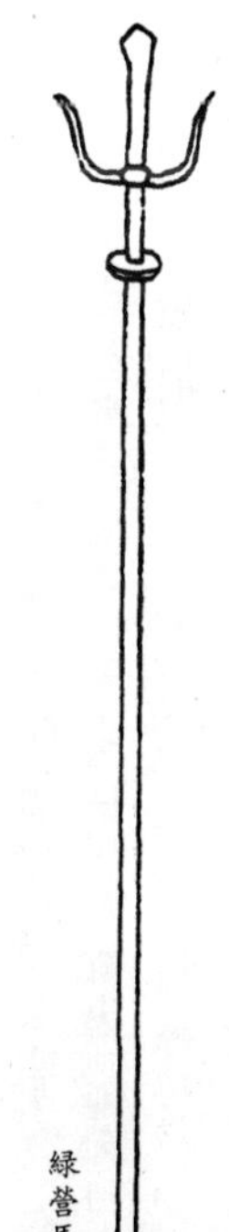
綠營馬叉

綠營馬叉　謹按《六韜》：方胷兩枝鐵叉，柄長七尺以上，三百枚。《明會典》：軍器局造馬軍叉。俞大猷《劍經》：馬叉者，中上可叉人，下可叉馬。本朝定制，綠營馬叉，鍊鐵爲之，通長六尺六寸，中刃長一尺二寸，圭首，兩旁刃岐出，各横四寸，縱一尺。銎穿鐵盤三，相擊作聲。柄長五尺，圍四寸，木質髹朱，末鐵鐏，長四寸。

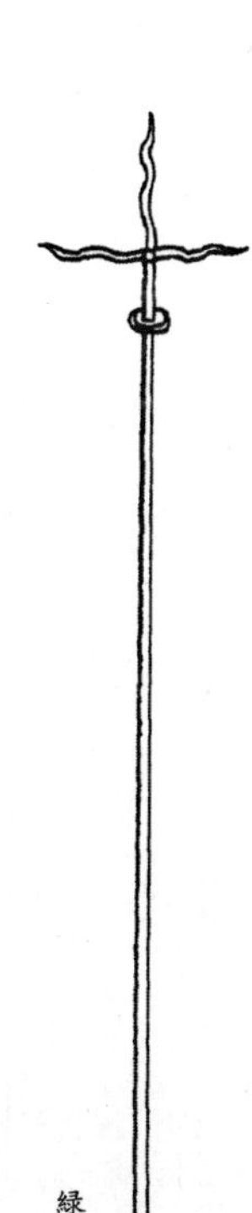
綠營鳳翅钂

綠營鳳翅钂　謹按本朝定制，綠營鳳翅钂，鍊鐵爲之，通長七尺一寸，直刃如戟，長七寸，横刃如蛇鐮，徑一尺二寸。銎穿鐵盤三，相擊作聲。柄長六尺，圍

四寸，木質髹朱，末鐵鐏，長四寸。

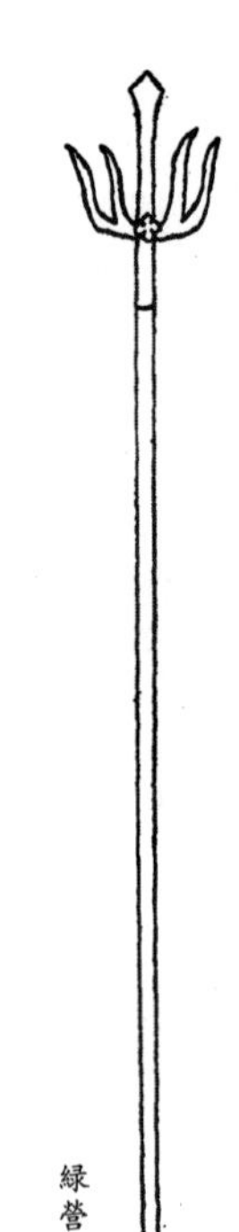
緑營五齒欓

緑營五齒欓　謹按本朝定制，緑營五齒欓，鍊鐵爲之，形如馬叉，而旁多二刃，餘俱如馬叉之制。

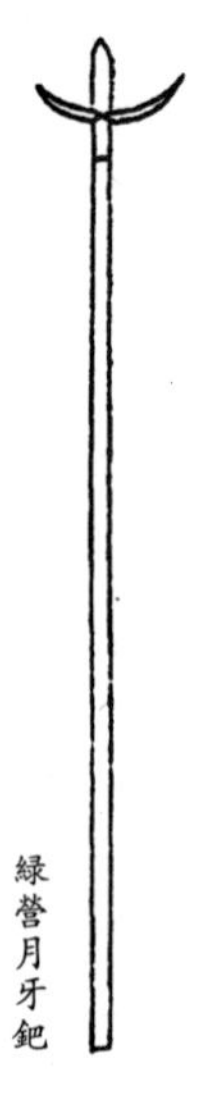
緑營月牙鈀

緑營月牙鈀　謹按戚繼光《紀效新書》，鈀，自有倭時始用，乃軍中最利者。茅元儀《武備志》：鈀，上用利刃，横以彎股刃，用兩鋒，中有一脊，仍用一釘關之。本朝定制，緑營月牙鈀，鍊鐵爲之，通長四尺三寸八分，中刃長四寸八分，上鋭。兩旁刃如月上弦，距五寸。柄長三尺九寸，圍四寸，木質髹朱。

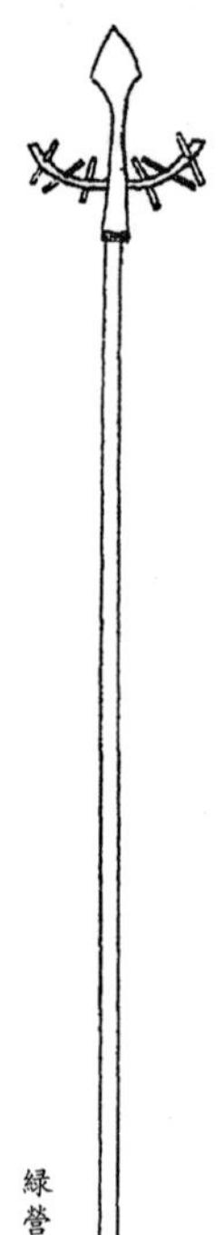
緑營通天鈀

緑營通天鈀　謹按茅元儀《武備志》，扒，以木爲之，而外施鐵。本朝定制，緑營通天鈀，劚木爲之，通長七尺，中爲圭首，長一尺，横爲半規，皆塗銀。兩旁施鐵齒，上下各三，各長一寸四分。柄長六尺，圍四寸六分，髹朱。

緑營長柄斧

緑營長柄斧　謹按《六韜》，大柯斧，刃長八寸，重八觔，柄長五尺以上，千二百枚。一名天鉞。《唐書・李嗣業傳》：以陌刀、長柯斧堵進，所向無前。本朝定制，緑營長柄斧，鍊鐵爲之，自背至刃八寸五分，刃徑七寸，背徑四寸，厚一寸，横置柄首。柄長四尺，圍四寸，木質髹朱。

緑營雙斧　謹按本朝定制，緑營雙斧，鍊鐵爲之，左右雙持，刃如半月，背方刃，徑各四寸六分，背徑一寸五分，厚四分，自刃至背各四寸五分，重各一觔，横置柄首。柄各長一尺六寸，圍三寸一分，木質髹朱。

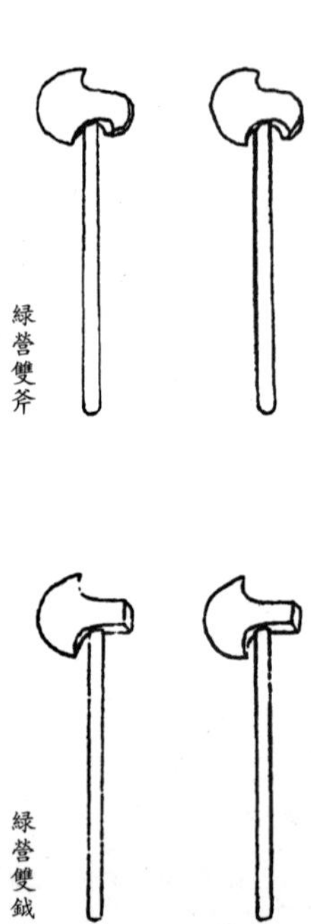
緑營雙斧

緑營雙鉞

緑營雙鉞　謹按劉熙《釋名》，鉞，豁也。所用莫敢當前，豁然破散也。本朝定制，緑營雙鉞，鍊鐵爲之，左右雙持，刃如半月，背圓而俯，刃徑各四寸六分，背徑二寸四分，厚四分，自刃至背四寸七分，横置柄首。柄如雙斧之制。

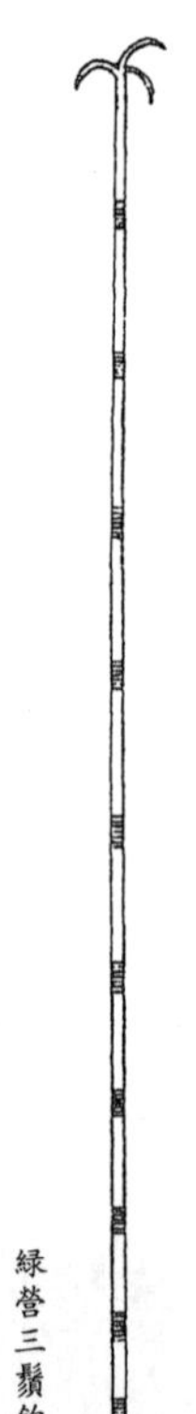
緑營三鬚鉤

緑營三鬚鉤　謹按茅元儀《武備志》，撩鉤三筲，長一丈五尺，須用三勾。本朝定制，緑營三鬚鉤，鍊鐵爲之，通長一丈五尺七寸，鉤各長七寸，分置三面，下曲如雞距。竹柄長一丈五尺，圍一寸八分，髹朱，束藤八道。

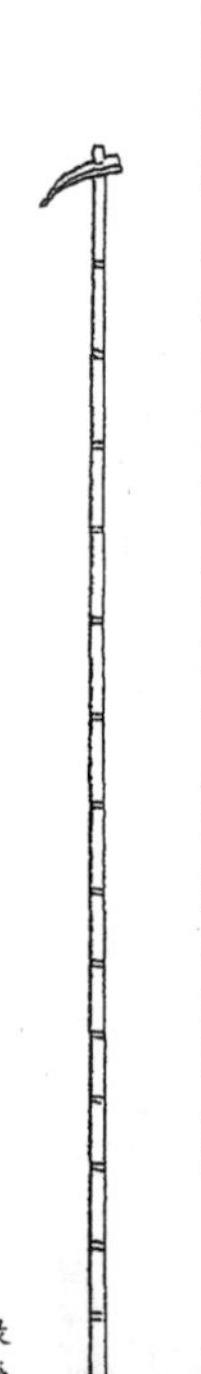
緑營鐵挽

緑營鐵挽　謹按本朝定制，緑營鐵挽，鍊鐵爲之，形如鋤，長五寸，斜置柄首。竹柄長一丈二尺，圍三寸二分。

緑營犁頭鏢

緑營犂頭鏢　謹按《後漢書注》：《通俗文》曰，刀鋒曰鏢，或省作鏢。茅元儀《武備志》：斗手，遇賊則上，斗用犂頭鏢下射。本朝定制，緑營犂頭鏢，鍊鐵爲之，形如犁，通長三尺五寸，刃長五寸，上鋭，下闊三寸。柄長三尺，圍四寸，木質髤朱。

緑營鐵斗鏢

緑營鐵斗鏢　謹按茅元儀《武備志》：小鏢重四兩，首徑六分，擲之如雨。本朝定制，緑營鐵斗鏢，鍊鐵爲之，通長三尺四寸，刃長四寸，上鋭，兩旁曲刃向内，徑二寸七分。柄長三尺，圍二尺七分，木質髤朱。

緑營棒

緑營棒　謹按《史記》：天官，紫宫右三星曰天棓。晉宣帝教諸圍上守者，皆作棒，人一枚。《魏書・尒朱榮傳》：人馬逼戰，刀不如棒。茅元儀《武備志》：今之棍，即古之梐。棒，白棒也。本朝定制，緑營棒，規木爲之，長五尺四寸，圍四寸六分，通髤黃，兩端鈷以鐵。

緑營虎頭棒

緑營虎頭棒　謹按本朝定制，緑營虎頭棒，規木爲之，長四尺，圍四寸六分，通髤黃，繪虎文。

緑營盾　謹按《詩・秦風》：龍盾之合。《毛傳》：畫龍其盾也。本朝定制，緑營盾，削木爲之，長二尺六寸，上闊一尺六寸，下闊一尺三寸，通髤藍，繪龍首。背髤朱，横木二道，繫藤挽之。

緑營盾

緑營虎頭牌

緑營虎頭牌　謹按王應麟《玉海》：元魏以虎頭楯破蠕蠕。本朝定制，緑營虎頭牌，木質蒙革，長二尺九寸，上闊一尺五寸，下闊一尺一寸，面繪虎頭雙爪，背横木二道挽之。

緑營燕尾牌　謹按茅元儀《武備志》：燕尾牌，其長與手牌相似，但闊不滿尺，背如鯽魚，以柁木、桐木爲之。本朝定制，緑營燕尾牌，削木爲之，上正方，下岐出如燕尾，長二尺三寸，闊九寸，通髤藍，面繪虎頭雙爪，背髤朱，穿帶挽之。

緑營燕尾牌

緑營挨牌

緑營挨牌　謹按茅元儀《武備志》：捱牌，亦用白楊木爲之。每面長五尺，闊一尺五寸，用繩索及木橄欖挽之。本朝定制，緑營挨牌，削木爲之，長六尺四寸，上爲仰月形，闊二尺四寸，下闊一尺八寸，通髤黃，繪虎頭雙爪，背髤朱，穿帶挽之。

緑營圓木牌　謹按《唐書・黠戛斯傳》：以圓盾傳肩，可捍矢刃。本朝定制，緑營圓木牌，削木爲之，圓徑二尺一寸，中髤藍，繪虎頭。週髤紅，加黃斑文。背亦髤朱，繫藤挽之。

緑營圓木牌

緑營戰被

绿營戰被　謹按本朝定制，绿營戰被，墨色布爲之，凡三等，長一丈至一丈五尺，闊一丈至一丈二尺，面繪飛虎，週以火燄，中敷以棉，背綴革以挽之。

绿營滾被　謹按本朝定制，绿營滾被，藍布爲之，長五尺五寸，闊四尺，背綴革，繫藤以挽之。餘俱如戰被之制。

绿營滾被

绿營滾被雙刀

绿營滾被雙刀　謹按本朝定制，绿營滾被雙刀，左右雙持，通長各二尺一寸一分，刃長一尺六寸，闊一寸，鋻爲半規，厚二分，並納於室。柄長四寸九分，木質纏紅絲，末鉆以鐵，繫藍綫。室長一尺七寸，木質裹革，飾以銅，繫藍綫，以銅鈎佩之。

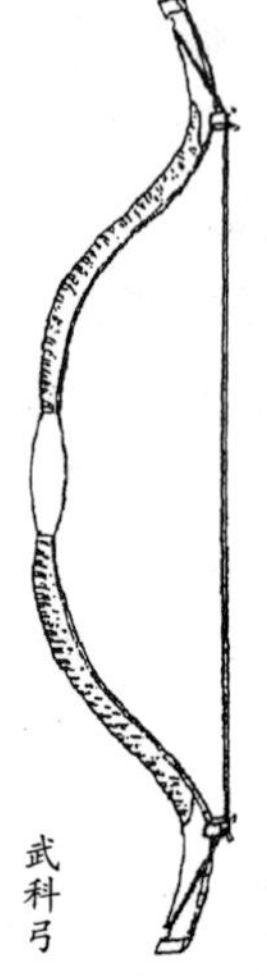

武科弓

武科弓　謹按本朝定制，武科弓，徑三尺七寸，鹿皮弦，分爲三等：一等十二力，次十力，次八力。視所挽以較力。復有强弓六，自十三力至十八力，能挽者聽。

武科刀

武科刀　謹按本朝定制，武科刀，制如偃月刀，刃及柄俱以鐵，下圓如椎，末爲鐏。亦分三等：一等重百二十觔，長八尺一寸五分。次百觔，長七尺八寸七分。次八十觔，長七尺四寸。視所舉以較力。

武科石　謹按本朝定制，武科石，形如方礎，左右鑿孔以容手。亦分三等：一等重三百觔，高一尺七寸八分，闊一尺三寸，厚八寸。次二百五十觔，高一尺六寸，闊一尺八分，厚七寸六分。次二百觔，高一尺五寸，闊一尺五分，厚七寸。視所舉以較力。

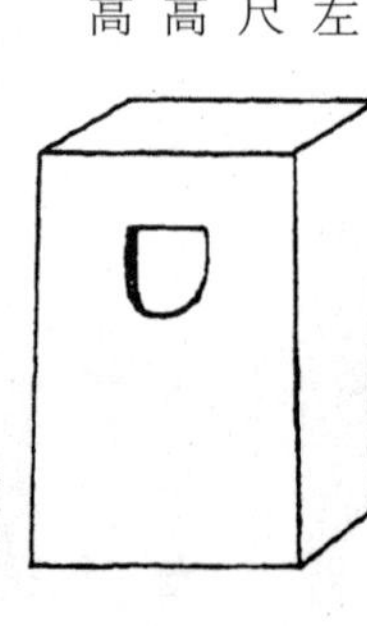

武科石

清・龔振麟《鑄炮鐵模圖説》　銕模全圖説

鐵模全式

炮心與泥模所用同，仍用各土按層製配。

泥炮心式

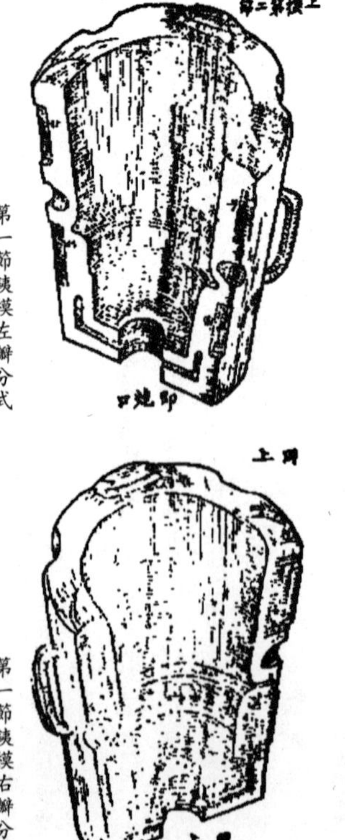

第一節銕模左辦分式

第一節銕模右辦分式

第二節銕模式

第三節銕模式

第四節銕模式

第五節銕模左辧分式

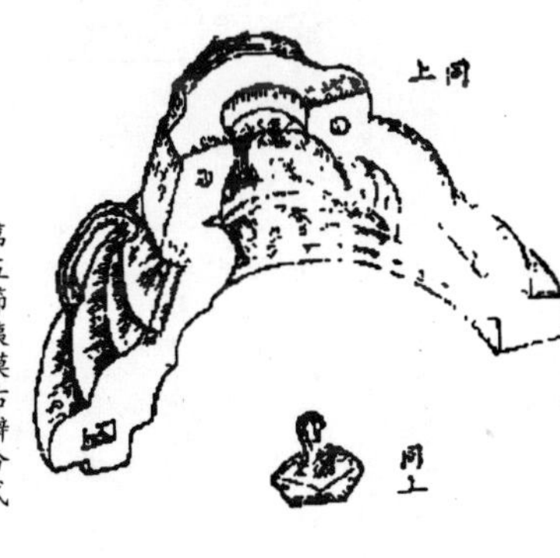

第五節銕模右辧分式

藝文

《尚書・費誓》 公曰：「嗟！人無譁，聽命！伯禽爲方伯，監七百里内之諸侯，帥之以征，歎而勑之，使無喧譁，欲其静聽誓命。譁，户瓜反。監，工銜反。徂兹淮夷、徐戎並興，今往征此淮浦之夷、徐州之戎並起爲寇。此戎、夷帝王所羈縻統叙，故錯居九州之内，秦始皇逐出之。善敹乃甲胄，敿乃干，無敢不弔！言當善簡汝甲鎧胄兜鍪，施汝楯紛，無敢不令至，攻堅使可用。敹，了彫反。敿，居表反。弔音的。鎧，苦代反。兜，丁侯反。鍪音矛。楯，常準反，又音允。紛，芳云反。不令，力呈反。備乃弓矢，鍛乃戈矛，礪乃鋒刃，無敢不善！備汝弓矢，弓調矢利，鍛錬戈矛，磨礪鋒刃，皆使無敢不功善。鍛，丁亂反。礪，力世反。錬，來見反。

疏：「公曰」至「不善」 魯侯將征徐戎，召集士衆歎而勑之，公曰：「嗟，在軍之人，無得喧譁，皆静而聽我誓命。今往征此淮浦之夷、徐州之戎，以其並起爲寇故也。汝等善簡擇汝之甲胄，施汝楯紛，無敢不令至攻極堅。備汝弓矢，一弓百矢，令弓調矢利。鍛錬汝之戈矛，磨礪汝之鋒刃，無敢不使皆善。戒之使善，言不善將得罪也。

唐・李嶠《寶劍篇》《全唐書》卷五七 吴山開，越溪涸，三金合冶成寶鍔。淬緑水，鑒紅雲，五采焰起光氛氲。背上銘爲萬年字，胸前點作七星文。龜甲參差白虹一作蛇。色。轆轤宛轉黄金飾。駭一作文。犀中斷寧方利。駿馬羣騑一作驅。未擬直。風霜凜凜匣上清，精氣遥遥斗間明。避災朝穿晉帝屋，逃亂夜入楚王城。一朝運偶逢大仙，虎吼龍鳴騰上天。東皇提昇紫微座，西皇一作王。佩下赤城田。承平久息干戈事，僥倖得充文武備。除災辟患宜君王，益壽延齡後天地。

唐・李白《戰城南》《李太白全集》卷三 去年戰，桑乾音干。源；今年戰，葱河道。洗兵條支海上波，放馬天山雪中草。萬里長征戰，三軍盡衰老。匈奴以殺戮爲耕作，古來惟見白骨黄沙田。秦家築城備蕭本作「避」。胡處，漢家還有烽火燃。烽火燃不息，征戰一作「長征」。無已時。野戰格鬭死，敗馬號鳴向天悲。烏鳶啄人腸，銜飛上挂枯樹枝。一作「銜飛上枯枝」。士卒塗草莽，將軍空爾爲。乃知兵者是凶器，聖人一作「君」。不得已而用之。

又《從軍行》《李太白全集》卷六 從軍玉門道，逐虜金微山。笛奏《梅花曲》，刀開明月環。鼓聲鳴海上，兵氣擁雲間。願斬單音蟬。于首，長驅静鐵關。

又《軍行》《李太白全集》卷二五 騮馬新跨一作「誇」。白玉鞍，戰罷沙場月色寒。城頭鐵鼓聲猶震，匣裏金刀血未乾。

又《從軍行》 百戰沙場碎鐵衣，城南已合數重圍。突營射殺呼延將，獨領殘兵千騎歸。

唐・達奚珣《劍賦》《全唐文》卷三四五 代有劒兮，物之至珍。精鋼百錬，處匣千春。含光匿耀，守静全真。藴切玉之姿，咸稱往歲。呈斬蛇之鋭，幸在今

辰。至如歐冶素蘊，風胡久委，許提拔而非遥，期磨礱而在邇。蓮鍔熒煌，思緑水之是投。霜鋒煜爚，諒碧天之可倚。孰云巨闕？亦曰龍泉。借衛身而用光眉壽，將行佩而永保流年。俯而察，乃白光略地。仰而觀，則紫氣射天。若乃取舍從人，沈淪委質，埋厚地之聲有年，望司空之來何日？擊兕之名已彰，決雲之勢不失。大哉寶劒之神用，等天地而齊畢。

又《豐城寶劒賦》 劒之利者，有豐城之寶鍔。夫其始也，赤山破，邪溪涸，洪鑪洞融，金景煽爍，雖發揮於人事，乃兆朕於天作。爾其爲狀也，鍛霆雹，明秋水，殺氣森映，光輝四起。歐冶失律，風胡愕視，豈徒決浮雲，絶地紀，若斯而已矣。爾其大運迴薄，陵谷推遷，東南地没，不知夫數千百年。騰精動地，直上衝天，斗牛之間，夜雄雄然。異金陵之浮王氣，同寶鼎之在汾川。本知浮精粹，剛決必備。明而用晦者，君子之時義。窮而待達者，丈夫之志事。兼此數德，難乎見棄。知我者寡，大賴張公。每讀舊書，多兹感通，不覺毛髮盡樹起，雷息於胸中。迨乎發蒙泉，開祕匣，文積幽翳，上藏鱗甲，磨礪畢兮見文章，摇白日兮星煌煌。鋒稜可畏動人膽，表裏分明照眼光。黄金裝兮緑龜飾，荷提攜兮耿霜色。豈辱命於洪造，冀成能兮武力。君其試將倚天外，不日爲君清絶塞。苟軍國之用在，豈能雌伏於一代。

唐·杜甫《兵車行》《全唐詩》卷二一六 車轔轔，馬蕭蕭，行人弓箭各在腰。耶孃妻子走相送，塵埃不見咸陽橋。牽衣頓足闌一作橋。道哭，哭聲直上干雲霄。道傍過者問行人，行人但云點行頻。或從十五北防河，開元十五年，以吐蕃爲邊害，詔隴右、河西兵集臨洮，朔方兵集會州，防秋，至冬初無寇而罷。便至四十西營田。去時里正唐制，百户爲一里，里置正一人。與裹頭，歸來頭白還一作猶。戍邊。邊亭一作庭。流血成海水，武一作我。皇唐人稱太宗爲文皇，明皇爲武皇。開邊意未已。君不聞漢家山東太行之東。唐都長安，凡河北諸道，皆爲山東。二百州，千村萬落生荆杞。縱有健婦把鋤犂，禾生隴畒無東西。況復秦兵耐苦戰，被驅不異犬與雞。長者雖有問，役夫敢申恨。且如今年冬，未休關一作隴。西卒。一作役夫心益憤，如今縱得休，還爲隴西卒。《通鑑》：天寶九載十二月，關西遊奕使王難得擊吐蕃，克五橋，拔樹敦城。縣官急索租，一作縣官云急索。租税從何出？信知生男惡，反是生女好。生女猶是一作得。嫁比鄰，生男一作兒。埋没隨百草。君不見青海頭，古來白骨無人收。新鬼煩冤舊鬼哭，天陰雨溼聲一作悲。啾啾。錢謙益曰，天寶十載，鮮于仲通討南詔蠻，士卒死者六萬。制大募兩京及河南北兵以擊南詔，人莫肯應。楊國忠遣御史分道捕人，枷送軍所。此詩序南征之苦，設爲役夫問答之詞。君不聞以下，言征戍之苦。海内驛騷，不獨南征一役爲然也。

唐·盧綸《和張僕射塞下曲》《全唐詩》卷二七八

鷲翎金僕姑，燕尾繡蝥弧。獨立揚新令，千營共一呼。

林暗草驚風，將軍夜引弓。平明尋白羽，没在石稜中。

月黑雁飛高，單于夜遁逃。欲將輕騎逐，大雪滿弓刀。

野幕敞瓊筵，羌戎賀勞旋。醉和金甲舞，雷鼓動山川。

調箭又呼鷹，俱聞出世一作百中。能。奔狐一作猿。將迸雉，掃盡古丘陵。

亭亭七葉貴。蕩蕩一隅清。他日題麟閣。唯應獨不名。一作誰知獨有名。

唐·元稹《奉和浙西大夫李德裕述夢四十韻大夫本題言贈於夢中詩賦以寄一二僚友故今所和者亦止述翰苑舊游而已次本韻》《全唐詩》卷四二三 聞有池塘什，還因夢寐遭。攀禾工類蔡，詠豆敏過曹。莊蝶玄言秘，羅禽藻思高。本篇稱六句皆夢中作，三聯亦多徵故事也。戈矛排筆陣，貔虎讓文韜。彩縝鸞凰頸，權奇驥騄髦。神樞千里應，華衮一言褒。李廣留飛箭，王祥得佩刀。傳乘司隸馬，繼染翰林毫。辨穎□超脱，詞鋒豈足櫜。金剛錐透玉，鑌鐵劍吹毛。自戈矛而下，皆述大夫刀筆贍盛，文藻秀麗，翰苑謨猷，綸誥褒貶，功多名將，人許三公，世總臺綱，充學士等矣。顧我曾陪附，思君正鬱陶。近酬新樂録，仍寄續離騷。近蒙大夫寄《觱篥歌》，酬和才畢，此篇續至。阿閣偏隨鳳，大夫與稹偏多同直。方壺共跨鼇。借騎銀杏葉，學士初入，例借飛龍馬。橫賜錦垂萄。解已具本篇。冰井分珍果，金瓶貯御醪。獨辭珠有戒，廉取玉非叨。麥紙侵紅點，書詔皆用麥紋紙。蘭燈燄碧高。麻制例皆通宵勘寫。代予言不易，承聖旨偏勞。稹與大夫，相代爲翰林承旨。繞月同棲鵲，驚風比夜獒。吏傳開鎖契，學士院密通銀臺。每旦，常聞門使勘契開鎖，聲甚煩多。神撼引鈴絛。院有懸鈴以備夜直警急文書出入，皆引之以代傳呼。每用兵，鈴輒有聲，如人引。聲耗緩急具如之，曾莫之差。渥澤深難報，危心過自操，犯顔誠懇懇，騰口懼忉忉。佩寵雖緺綬，安貧尚葛袍，賓親多謝絶，延薦必英豪。自阿閣而下，皆言稹同在翰林日，居處深秘，與頻繁奉職、勤勞、畏慎、周密等事也。分阻杯盤會，閒隨寺觀遨。學士無過從聚會之例，大夫與稹，時時期於寺觀閒行而已矣。祇園一林杏，慈恩。仙洞萬株桃。玄都。澥海滄波減，昆明劫火熬。未陪登鶴駕，已訃墮烏號。痛淚過江浪，冤聲出海濤。尚看恩詔溼，已夢壽宮牢。本篇言此兩句是夢中作，故言夢字。再造承天寶，新持濟巨篙。猶憐弊簪履，重委舊旌旄。渤海已下，皆言舉感先恩、捧荷新澤等事。北

望心彌苦，西回首屢搔。九霄難就日，兩浙僅容舠。暮竹寒窗影，衰楊古郡濠。魚鰕集橘市，鸖鸛起亭皋。越州宅窗户間盡見城郭。朽刃休衝斗，自謂。良弓枉在弢。竊論。早彎摧虎兕，便鑄墾蓬蒿。漁艇宜孤棹，樓船稱萬艘。量材分用處，終不學滔滔。

清·朱彝尊《曝書亭集》卷六一

弩銘　唐也剛克，夾也柔克，不剛不柔，茲器維則。

古銅銃銘　雖有韓白，爛其額。雖有孫吳，熸其膚。雖銷茲器，改煎尊壺。

雜録

《戰國策·韓策》卷二六《蘇秦爲楚合從説韓王》　蘇秦爲楚合從説韓王曰：「韓北有鞏、洛、成皋之固，西有宜陽、常阪之塞，東有宛、穰、洧水，南有陘山，地方千里，帶甲數十萬。天下之強弓勁弩，皆自韓出。谿子、少府時力、距來，皆射六百步之外。韓卒超足而射，百發不暇止，遠者達胸，近者掩心。韓卒之劍戟，皆出於冥山、棠谿、墨陽、合伯膊。鄧師、宛馮、龍淵、大阿，皆陸斷馬牛，水擊鵠鴈，當敵即斬堅。甲、盾、鞮、鍪、鐵幕、革抉、㕹芮，無不畢具。以韓卒之勇，被堅甲，蹠勁弩，帶利劍，一人當百，不足言也。夫以韓之勁，與大王之賢，乃欲西面事秦，稱東藩，築帝宮，受冠帶，祠春秋，交臂而服焉。夫羞社稷而爲天下笑，無過此者矣。」

漢·劉安《淮南子·説林訓》　鼓造辟兵，壽盡五月之望。鼓造，蓋謂梟。一曰：蝦蟇，今世人五月望作梟羹，一作蝦蟇羹。言物不當爲用。

又　人性便絲衣帛，或射之則被鎧甲，爲其不便，以得所便。便，利也。陳觀樓云：「便絲衣帛」，當作「便衣絲帛」。「衣絲帛」與「被鎧甲」相對。《文子·上德篇》作「衣絲帛」。

晉·葛洪《西京雜記》卷六《魏襄王冢》　魏襄王冢，皆以文石爲槨，高八尺許，廣狹容四十人。以手捫槨，滑液如新。中有石牀、石屏風，宛然周正。不見棺柩明器蹤跡，但牀上有玉唾壺一枚，銅劍二枚。金玉雜具，皆如新物，王取服之。

宋·李昉等《太平御覽》卷三四五《兵部七六》　《蒲元傳》曰：君性多奇思，得之天然，象類之事出若神，不嘗見鍛功，忽於斜穀爲諸葛亮鑄刀三千口。熔金造器，特異常法。刀成白言：「漢水鈍弱不任淬，用蜀江爽烈，是謂大金之元精，天分其野。」乃命人於成都取之。有一人前至，君以淬，乃言：「雜涪水不可用。」取水者猶悍言不雜，君以刀畫水云：「雜八升，何故言不？」取水者方叩頭首伏云：「實於涪津渡負倒覆水，懼怖，遂以涪水八升益之。」於是咸共驚服，稱爲神妙。刀成，以竹筒密内鐵珠滿其中，舉刀斷之，應手（靈）［零］落若薙生芻，故稱絕當世，因曰神刀。今之屈耳環者是其遺範也。

又　卷三四六《兵部七七》　曹植《寶刀賦》曰：建安中，家父魏王乃命有司造寶刀五枚，三年乃就，以龍、虎、熊、馬、雀爲識，太子得一，余及余弟饒陽侯各得一焉。其餘二枚，家王自杖之。賦曰：有皇漢之明后，思潛達而玄通。飛文義以博致，揚武備以禦凶。乃熾火炎爐，融鐵挺英。烏獲奮椎，歐冶是營。扇景風以激氣，飛光鑒於天庭。爰告祠於太乙，乃感夢而通靈。然後礪以五方之石，鑿以中黄之壤。規員景以定衆，攄神思而造像。垂華紛之葳蕤，流翠采之晃燿。陸斬犀象，水斷龍舟；輕擊浮截，刃不瀸流。逾南越之巨闕，超西楚之太阿。實真人之攸禦，永天禄而是荷。

宋·王欽若等《册府元龜》卷六六〇《奉使部·敏辯第二》　後魏燕鳳，初爲道武代王佐長史。時前秦苻堅遣使牛恬朝貢，令鳳報之。堅問鳳：「代王何如人？」鳳對曰：「寬和仁愛，經略高遠，一時之雄主，常有并吞天下之志。」堅曰：「卿輩北人，無鋼甲利器，敵弱則進，強即退走，安能并兼？」鳳曰：「北人壯悍，上馬持三仗，驅馳若飛。主上雄儁，率服北土，控弦百萬，號令若一。軍無輜重樵爨之苦，輕行速捷，因敵取資。此南方所以疲弊而北方所以常勝也。」

宋·陸遊《老學庵筆記》卷一　鼎澧羣盜如鍾相、楊么，鄉語謂幼爲么。戰舡有車船，有槳船，有海鰍頭，軍器有拏子、其語謂拏爲饒。有魚叉，有木老鴉。拏子、魚叉以竹竿爲柄，長二三丈，短兵所不能敵。程昌禹部曲雖蔡州人，亦習用拏子等，遂屢捷。木老鴉一名不藉木，取堅重木爲之，長財三尺許，鋭其兩端，戰船用之尤爲便習。官軍乃更作灰礮，用極脆薄瓦罐，置毒藥、石灰、鐵蒺藜於其中，臨陣以擊賊船，灰飛如烟霧，賊兵不能開目。欲效官軍爲之，則賊地無窑户，不能造也，遂大敗。

明·李詡《戒庵老人漫筆》卷四　江陰侯賜刀　江陰侯吴良有賜刀一口，上有金錯龍鳳文，其銘曰：「百鍊金鋼，殺氣難當，

將軍佩此，威鎮四方。」其後人貨於余近里顧山周氏，藏之踰百年矣，近爲常熟楊憲副五川公儀得去。

清・顧祖禹《讀史方輿紀要》卷二一《南直三》 濠塘山，府東南七十里。濠水東源發於此。一名鍾乳山，以山穴中出鍾乳也。又鏌鋣山，府南八十里。相傳昔人鑄劍處，濠水西源出於此。

又 卷二五《南直七》 秦望山，縣西南二十七里。本名峨耳山，秦始皇嘗登此四望，因名。明初遣兵取江陰，張士誠據守於此以拒王師，諸將乘風雨奪其山，進薄城西，遂克之。今自縣之郡，此爲通道。又青山，在縣西南十里。秀鋭孤立，上有干將冶鑪九所。

又 卷二六《南直八》 冶父山，縣東北二十里。相傳歐冶子鑄劍處。山比衆山獨尊，故曰「父」。

又 卷二八《南直一〇》 林歷山，縣西南十里。高三百仞，周三十里，四面壁立，徑路危陿。漢末山越陳僕、祖山屯此，恃險爲害，建安十三年孫權遣賀齊討之。齊陰募輕捷士，於隱險處夜以鐵戈拓山潛上，懸布以援下人，得上者百餘人，令分佈四面，鳴鼓角，賊驚，守路者皆逆走，大軍乃上山擊破之。

又 卷三八《山東九》 挹婁，即肅慎種，亦靺鞨之異名也。杜佑曰：「國在不咸山北，夫餘東北千餘里，濱大海，南與北沃沮接，不知其北所極，廣袤數千里。人衆雖少，而多勇力，處山險善射。又其國東北有山，出石利於鐵，取爲砮。弓長四尺。矢用楛，長尺八寸。所謂肅慎氏之楛矢石砮也。」

又 卷四七《河南二》 馮池，在縣西，東北流歷河陰縣敖山南。《水經注》：「池水經滎陽縣北斷山，東北注于濟，世謂之礫石澗，亦謂之礫溪。」司馬貞曰「戰國時韓有宛馮之劍」，蓋宛人鑄劍于馮池而名。

又 卷七四《四川九》 柏林山，衛南十里。多松柏，翠色參天，柏興府之名以此。【略】又衛西北七十里有鐵石山。山有砮石，燒之成鐵，爲劍戟甚剛利。

又 卷八五《江西三》 弋陽江，縣東二十里。其上流即上饒江也，又西弋溪流合焉。志云：弋溪源出靈山，西流合葛溪。曰弋者，以水形横斜似弋也。又西南會於上饒江，俗名弋陽江。 葛溪，在縣東七十里。源亦出靈山，下流合弋水，晚港水並注於上饒江，又西流經貴溪縣謂之薌溪，亦曰貴溪。舊記云：葛溪水經縣西二里，昔歐冶子居其側，以此水淬劍。溪旁有葛玄塚，故名。

又 卷九一《浙江三》 銅山，府西南九十五里。【略】莫干山，在府西南百五十里。上有鑄劍池，旁有磨石，相傳吳王鑄劍處，亦曰莫邪山。府境西南諸溪水皆環流其下。

又 卷九二《浙江四》 雲門山，府南三十里。亦謂之東山。【略】赤堇山，在府東三十里。一名鑄浦山，歐冶子爲越王鑄劍處，《國策》「破堇山而出錫」，《越絕書》「赤堇山破而出錫，若耶溪涸而出銅」，張景陽《七命》「耶溪之鋌，赤山之精」是也。旁有井，亦以歐冶名。又日鑄嶺，在府東南五十里。歐冶子嘗鑄五劍，採金銅之精於此。

赤鄞山，縣東五十里。亦曰鄞城山，古鄞縣治其下，相傳歐冶子造劍處，《會稽記》「破赤堇而取錫」，即此。

又 卷九七《福建三》 湛盧山，縣南二十里。山形削拔，常有雲霧凝其上。相傳越王命歐冶子鑄湛盧之劍於此下，有石井亦名劍池。

清・徐珂《清稗類鈔・工藝類》 吳吉人教部卒以工藝

吳吉人總戎杰常言：「國家招兵易，退兵難，解甲而欲歸無田者，無以爲生，必悍者跳梁，弱者凍餒而後已。」心恒憫之，乃延治銅、治木、治錫諸技師，居於營，使部卒於操練之暇，兼習工藝，人精一技，待退伍，咸能各就所業以治生。吳嘗掀髯曰：「此吾爲同袍諸昆弟籌備之穩固養老年金也。」

金丹化學總部

綜合部

綜述

唐・孫思邈《太清丹經要訣》　諸丹目録三品

初陳神仙大丹異名三十四種

太一玉粉丹、太一召魂丹、返魂丹、更生丹、全生歸命丹、四神丹、太一神精丹、神變丹、神液丹、假使通神丹、五靈丹、昇霞丹、靈化丹、三使丹、捧香丹、太一丹、使者丹、奔雲丹、控鶴丹、八石丹、麗日丹、素月丹、度厄丹、持節丹、絳色紫遊丹、雄黄赤丹、赤雪流珠丹、紅景丹、赤曜丹、重輝丹、紅紫相間丹、艮雪丹、月流光丹、水銀素霜丹。

右所陳諸小丹法等，雖時所稱用，然其丹異名，未必各知之，所以今並列之。

次陳神仙出世大丹異名十三種

黄帝九鼎丹、九轉丹、大還丹、小還丹、九成丹、素子仙童丹、九變丹、太仙霞丹、太和龍胎丹、張大夫靈飛丹、昇仙丹、神龍丹、馬仙人白日昇天丹。

右諸大丹等，非世人所能知之。今復標題其名，記斯篇目，而終始不可速值也。是以其間營構方法，並不陳附此。其有好事者，但知其大略也。

次陳非世所用諸丹等名有二十種

八景丹、金華丹、玉味消灾丹、神光散馥丹、凝霜積雪丹、奔星住月丹、墮月驚心丹、金液玉華丹、茅君白雪丹、白雪赤雪丹、紅絳垂璧丹、七星辟惡丹、七曜靈真丹、流石鮮翠丹、金輝吐曜丹、太清五色丹、北帝玄珠丹、感靈降真丹、群鬼昇雲丹、太白精丹。

右按其方，服之神仙。既藥物難具，營作非易，所以但列其名，不復陳其法式。若好事者，宜以廣知其名也。

唐・梅彪《石藥爾雅》卷上　飛鍊要訣

釋諸藥隱名

玄黄花：一名輕飛，一名鉛飛，一名飛流，一名火丹，一名良飛，一名紫粉。

鉛黄華：一名黄丹，一名軍門，一名金柳，一名鉛華，一名華蓋，一名龍汁，一名九光丹。

錫精：一名黄精，一名玄黄，一名飛精，一名金公華，一名黄牙，一名伏丹，一名制丹，一名黄輕，一名黄轝，一名紫粉，一名黄華，一名黄龍，一名黄池，一名河車，一名太陰，一名金精，一名金公河車，一名素丹白豪，一名假公黄。

鉛精：一名金公，一名河車，一名水錫，一名太陰，一名素金，一名天玄飛雄，一名幾公黄，一名立制太陰，一名虎男，一名黑虎，一名玄武，一名黄男，一名(曰)[白]虎，一名黑金，一名青金。

水銀：一名汞，一名鉛精，一名神膠，一名姹女，一名玄水，一名子明，一名流珠，一名玄珠，一名太陰流珠，一名白虎腦，一名長生子，一名玄水龍膏，一名陽明子，一名河上姹女，一名天生，一名玄女，一名青龍，一名神水，一名太陽，一名赤汞，一名沙汞。

水銀霜：一名金液，一名呉沙汞金，一名白虎腦，一名金銀虎，一名赤帝體雪，越楚名水雲銀。

丹砂：一名日精，一名真珠，一名仙砂，一名汞砂，一名赤帝，一名太陽，一名朱砂，一名朱鳥，一名降陵朱兒，一名絳宫朱兒，一名赤帝精，一名赤帝髓，一名朱雀。

雄黄：一名朱雀筋，一名白陵，一名黄奴，一名男精，一名石黄，一名太旬首中石，一名天陽石，一名桑黄雄，一名丹山月魂，一名深黄期，一名帝男精，一名帝男血，一名迄利迦。

雌黄：一名帝女血鍊者，一名玄臺月半鍊者，一名黄龍血生，一名黄安鍊者，一名赤厨柔。

赤雌：煉者，一名帝女迴，一名帝女署生，[一名]帝女血黄，[一名]安赤厨柔雌。已上煉者玄臺丹半。

石硫黄：一名黄英，一名煩硫，一名硫黄，一名石亭脂，一名九靈黄童，一名黄硇砂，一名山不住。

硇砂：一名金賊，一名赤砂，一名狃砂，一名濃砂，一名白海精，一名狃砂黄，一名黄砂，一名赤狃砂。

曾青：一名樸青，一名赤龍翹，一名青龍血，一名黄雲英。

空青：一名青要中女，一名青油羽，一名青神羽。

磁石：一名玄石拾針，一名玄水石，一名處石。不拾針者，一名緑秋，一名

伏石母，一名玄武石，一名帝流漿，一名席流漿。

陽起石：一名白石，一名五精全陽，一名五色芙蕖，一名五精金精，一名五精陰華。

理石：一名立制石，與石膽同名。一名肥石，一名不灰木。

胡桐律：一名胡桐淚，一名屈原蘇。

金牙：一名虎脱幽。

石鍾乳：一名公乳，一名盧布，一名殷孽，一名薑石，一名乳華，一名通石，一名乳牀，一名夏乳根，一名殷孽根，一名孔公孽，一名逆石，一名石華。

胡粉：一名錫粉，一名鉛粉，一名丹地黃，一名流丹，一名解錫。麤者，一名鵲粉，一名流丹白豪，一名白膏。

白玉：一名玉札，一名純陽主，一名玄真赤玉，一名天婦，一名延婦。

白青：一名魚目青。

緑青：一名碧青，一名畢石，一名扁青即。

石緑：又名銅勒。

石膽：一名黑石，一名碁石，一名銅勒，一名石液，一名立制石，一名檀摇持，一名制石液。

雲母：一名玄石，一名雲華五色，一名雲末赤，一名雲英青，一名雲液白，一名雲沙青，一名磷石白，一名雲膽黑，一名雲起，一名泄涿，一名雄黑，一名雨華飛英，一名鴻光，一名石銀，一名明石，一名雲粱石，一名浮雲滓。

消石：一名北帝玄珠，一名昆詩梁，一名河東野，一名化金石，一名化金石生，一名水石。

朴消：一名東野，一名罩丹，一名海末。

白礬石：一名羽澤，一名黄石，又名黄老。

雞矢礬：一名玄武骨，一名赤龍翹，一名尋不見石赤者。

滑石：一名石液，一名共石，一名脆石，一名番石，一名雷河督子，一名今石，一名留石。

紫石英：一名紫陵文質。

白石脂：一名白素飛龍。

白石英：一名素玉女，一名白素飛龍，一名銀華，一名水精，一名宫中玉女五色。

青石脂：一名五色赤石味，一名黑石脂，一名黑石。

太一禹餘糧：一名石腦，一名餘糧，一名天師食，一名山中盈脂，一名石飴餅。

雞矢礜石：一名青烏，一名鹵礜，一名五色山脂。

握雪礜石：一名化公石。持生礜石，一名鼠生母。

太陰玄精：一名監精，一名玄明龍膏。

太陽玄精：一名無主。

凝水石：一名水石，一名寒水石，一名凌水石，一名冰石。

礜石：一名白虎，一名白龍，一名制石，一名秋石，一名日礜，一名固羊，一名太石，一名倉鹽石膏，一名細石。

長石：一名方石，一名土石，一名直石。

青琅玕：一名石味，一名青珠，一名白碧珠。

方解石：一名黄石。

石黛：一名碧城飛華，一名青帝流石，一名碧陵文侯，一名青帝流池，一名帝流青。

牡蠣：一名四海分居，一名石雲慈。

金：一名庚辛，一名天真，一名黄金，一名東南陽日，一名男石上火。

銀：一名山凝，一名白銀，一名女石下水，一名西北墮月。

鍮石：一名黄石。

熟銅：一名丹陽，一名赤銅。

鉛白：一名丹地黄，一名金公，一名青金。

白鑞：一名崑崙毗。

水精精：一名陰運，一名真珠，一名夜光明，一名蚌精，一名明合景。

紫石英：一名西龍膏，一名浮餘，一名上白丹戎鹽，一名仙人左水，一名西戎上味，一名西戎淳味，一名石鹽，一名寒鹽，一名冰石，一名光明鹽，一名紫女，一名上味，一名石味，一名倒行神骨。

代赭：一名血師，一名白善，一名白玉。

鹵鹹：一名青牛落，一名石脾。

大鹽：一名石鹽，一名印鹽，一名海印末鹽，一名帝味，一名食鹽，一名味鹽。

石鹽：一名石味。
黑鹽：一名黑帝味。一名玄武味，一名玄武腦，一名北帝髓，一名北帝根。
赤鹽：一名赤帝味。
白鹽：一名白帝味。
青鹽：一名青帝味。
右四鹽，並合藥造作諸物，名聖無知。
烏頭：一名黄烏首。
附子：一名烏烟，一名香附子，一名烏頭子。
鬱金：一名五帝足，一名黄鬱，一名烏頭。
五牙者，穀、粟、豆、黍、大麥等牙是也。又一本云：粟、黍、蕎、豆、麥也。
桑汁：一名帝女液，一名鵲頭血。
葱涕：一名空亭液。
覆盆子：一名缺盆，一名龍膏，一名雲水，一名白馬汁，一名秋膠，一名義物錫。
西龍膏：一名黄龍膏，一名黄澤，一名五穀孽，一名童兒禾。
桑樹上露：一名上清。
蚯蚓屎：一名龍通粉，一名蚓場土，一名地龍粉，一名寒獻玉，一名土龍屎。
白露汁：一名白雲滋。
白茅：一名白羽草。
桑木：一名蠶命食。
蘇膏：一名三變柔，一名三變澤生，一名谷釜生。
白項蚯蚓汁：一名玄龍地强汁，一名土龍膏，一名土龍血。
白殭蠶：一名蟻强子，一名白苟。
白狗膽：一名瓠汁，一名陰龍瓠汁，一名陰色白狗糞，一名龍膏。
狗尿：一名陰龍汁。
白狗耳上血：一名白龍柒，一名陰龍膏瓠汁。
黑狗糞汁：一(各)[名]黑龍，一名陰龍膏。
黑狗血：一名陰龍汁。
牛乳汁：一名蠢蠕漿，一名首男乳。
牛膽：一名陰獸當門。
黄牛糞汁：一名陰獸精汁。
水牛脂：一名烏衣脂，一名黑帝烏脂，一名烏帝肌。
羊脂：一名味物脂。
猪頂上脂：一名負革脂，一名黑龍脂，一名黑帝孫肌，一名玄生脂。
猪脂：一名陰龍膏。
母猪足猴猻頭：一名封君，一名二斤石腦。
大蟲睛：一名山君目，一名王母女爪。
鸛鵲血：一名陰烏汁。
雨水汁：一名靈光液。
野鵲腦：一名飛駿馬。
鯉魚眼睛：一名水人目。
馬糞：一名馬通，一名靈薪。
蝟脂：一名猛虎脂。
螢火蟲：一名後宫游女，一名夜游好女兒。
蜂子：一名飛軍，一名飛粽。
蜂：一名羅叉。
蜜：一名百卉花醴，一名衆口華芝。
葦麻火：一名虚消薪。
鰾膠：一名騏驎竭，一名天筋縫鰾。
蝦蟆皮：一名龍子單衣。
蛇脱皮：一名龍子衣，一名脱皮，一名蛇符弓皮。
墻上草：一名土馬騣。
楸木耳：一名金酒芝，一名金商芝。
章陸根：一名芬華，一名六甲父母。
桃膠：一名薛側膠。
竹根：一名恒生骨。
松根：一名千歲老翁腦。
栢根：一名太陰玉足。
石苔衣：一名長生石。
松脂：一名丹光之母，一名木公脂，一名丹光母，一名波羅脂。

牡丹：一名兒長生。
青牛苔者：一名鹹。
西獸衣者：一名駝毛。
石灰：一名五味，一名白灰，一名味灰，一名惡灰，一名希灰，一名染灰，一名散灰。
甘土：一名白單，一名白墡，一名丹道，一名土精。
黃土：一名黃牛母。
赤土：一名赭堊。
黃鸚頭：一名黃烏首。
莧根：一名地筋。
鼎：一名天器，一名登瓦，一名陰華明蓋，一名赤色門。
鐵釜：一名金匱，一名登日，一名地下釜。
土釜：一名天器，一名神室，一名赤門，一名神釜，一名非赤堅，一名土鼎。
陰華羽蓋：一名釜蓋，一名登瓦。
陽曹萼：一名釜底。
越竈：一名風爐。
酢：一名左味，一名玄池，一名華池，一名玄明，一名玄水，一名弱水，一名神水，一名苦酒，一名青龍味，一名西海父母，一名醋，一名醯。
銅青：一名黃龍汋。
五茄皮：一名牙石。
地榆：一名豚榆係。
蜂：一名蜂精。
砌黃：一名黃龍華，一名赤帝華精。
井華水：一名五水，一名露霜，一名雪雨。
鉛丹：一名黃龍肝。
燭燼：一名夜光骨。
桑寄生：一名木精。
地黃：一名土精。
黃精：一名重樓，一名兔竹，一名豹格，一名救窮。
茯苓：一名天精。
天門冬：一名大當門根。
蜂子蜜：一名白葩。
澤瀉：一名萬歲。
未嫁女子月水：一名童女月。
小兒尿：一名水精仙人水。
水泡沫：一名海潮沫。
五茄地榆灰：一名紫灰。
肉蓯蓉：一名地精。
死人血：一名文龍血。
杏人：一名木落子。
白昌：一名地心。
持子屎：一名摩幾。
烏頭沒：一名黃附琴。
人糞汁：一名玄精。
紫鉚：一名尚臼丹。
千尋子：一名大調汁。
牡荆子：一名夢子。
蝙蝠：一名伏翼。
青蚨：生崔南形女蜱也。
更有子東灰，紫亭脂，此是大丹之事。
至藥，元君不許妄傳，爲盟誓重，此不敢載矣。

又　卷下

載諸有法可營造丹名

太一金丹，太一玉粉丹，太一金膏丹，太一小還丹，還魂駐魄丹，召魂丹，太一玉液丹，華陽玉漿丹，華漿太一龍胎丹，太一三史丹，光明麗日丹，熱紫粉丹，黃丹，小神丹，安期先生丹，太一足火丹，真人蒸成丹，硫黃液丹，裴君辟祭丹，無忌丹，主君雞子丹，東方朔銀丹，石湯赤烏丹，冷紫粉丹，太一小玉粉丹，太一小金英丹，韓衆漆丹，雄黃紫油丹，劉君鳳駐年丹，五嶽真人小還丹，紫遊丹，太一赤車使者八神精起死人仙丹，太一一味硇砂丹，太一八景四蘂紫漿五珠絳生丹，四神丹，艮雪丹，八石丹，八神丹，流黃丹，龍珠丹，龍虎丹，龍雀丹，五靈丹，紫蓋

丹，三奇丹，朝霞丹，肘後丹，凌霄丹，羡門丹，日成丹，穀汁丹，七變丹，太黄丹，菀血丹，日丹，酒丹，棗丹，蜜丹，乳丹，椒丹，太一琅玕丹，杏金丹，紫金小還丹，石腦丹，赤石脂丹。紅槿丹，紫霞丹，石膽丹，紫蓋丹。

釋諸丹中有別名異號

召魂丹：一名返魂丹，一名更生丹，一名皈命丹，一名金生丹。

無忌丹：一名堅骨丹，一名無畏丹，一名凝神丹。

紫遊丹：一名步虚丹，一名舉輕丹，一名到景丹，一名華景丹，一名凌虚丹。

四神丹：一名太一神丹，一名神變丹，一名神液丹。

艮雪丹：一名水銀霜丹，一名流珠白雪丹，一名飛仙英丹，一名流珠素霜丹，一名玄珠絳雪丹，一名太陽紅粉丹，一名朝霞散彩丹，一名夕月流光丹，一名傾相珠丹，一名疑堦積雪丹。

五嶽真人小還丹：一名金精丹，一名仙萼丹，一名救世丹。

太一小還丹：一名太清丹，一名朝景丹，一名凝霞丹，一名落耀丹，一名絳雪丹。

太一硫黄丹：一名太陽玉粉丹。

八石丹：一名麗日丹，一名度死丹，一名濟世丹。

龍珠丹：一名曳虹丹，一名垂露丹，一名金光丹，一名吐耀丹。

還魂駐魄丹：一名駐顔丹，一名朱雀丹，一名定神丹，一名延齡丹。

八神丹：一名昭日丹，一名流霞丹，一名八精丹，一名神光丹。

華陽玉漿丹：一名陽元丹，一名玉髓丹，一名靈壽丹。

太一赤車使者八神精起死人丹：一名還神丹，一名迴命丹。一名通靈丹，一名再生丹。

太一小玉粉丹：一名素紹丹，一名玄鶴丹，一名飛雪丹。

太一小金英丹：一名陽明丹，一名玄珠丹，一名日精丹。

太一金液華丹：一名金華丹，一名天真丹，一名金仙丹，一名躡雲丹。

太一一味雄黄丹：一名赤流珠丹，一名素耀丹，一名赤耀丹，一名紅紫相間丹。

太一八景四蘂紫遊玉珠生神丹：一名黄老丹，一名虚無丹，一名含漿丹，一名散華丹。

太和龍胎丹：一名持節丹，一名捧香丹，一名獻壽丹。

太一三使丹：一名捧香丹，一名持節丹，一名奔雲丹，一名控鶴丹，一名本命丹。

五靈丹：一名昇霞丹，一名凌霄丹，一名靈華丹，一名太一使者丹。

五石丹：一名五星丹，一名五精丹，一名五彩丹，一名五帝丹，一名五嶽丹，一名五霞丹，一名八仙丹。五石者，空青東、朱砂南、白礬西、磁石北、雄黄中。

太一一味硇砂丹：一名飛翼丹，一名鹽粉丹，一名素砂丹，一名定神丹，一名凝華丹。

顯諸經記中所造藥物名目

造紫河車爲轉寧王金苟子法，黄礬伏火法，五石蒲樞法，安静虚無法，造藥歸色法，令飛法，令飛者伏法，令飛者飛法，玄女如意解五尸法，造通明金虎符法，造通明九流符法，造朱雀符法，造通明青龍符法，造通明玄武符法，造黄龍表符法，造金經符法，造石精法，造乘龍符法，造五色鹽法，造五石銅法，造三精六液法，造五色鉛金法，造三十六水法，造行厨招遠法，鍊雄黄法，造水法，鍊五礬法，太一禹餘糧法，鍊鍾乳法，鍊紫石法，服玉法，鉛華法，消玉法，玉丸法，玉漿法，柔玉法，伏米法，伏金法，造金液華池法，造牡荆酒化藥法，造朱砂酒法，造理石酒法，造金粉法，造銀粉法，造銅粉法，造鐵粉法，造金膏法，造銀膏法，水銀膏法，造柔赤期法，柔黄雌法，造白河車法，赤河車法，單青河車法，造黄華法，硭硝河車法，石亭脂河車法，東野河車法，鐵河車法，紫河車法，造銅青法，五鹽法，雄雪法，雌雪法，玄女五符法，玄女白雪飛符法，造鉛白法，玄女神丹九轉法，造飛霜赤雪法，造玄黄法，作犢食法，造石灰煎法，造玄珠法，涓子菊華九變法，元子神鐵法，作水華法，土龍汋法，伏雄黄法，伏雌黄法，鍊礬石法，伏空青法，造銀玄珠法，造鉛拒火法，造空亭液法，柔爍法，拒鐵法，液蠟法，造鉛華法，作灰杯法，作水杯法，造鍊雌法，造炮礬法，造黄塼法，造礬華池法，九轉鉛精法，造大黄牙法，青丹牙法，漏鼎牙法，秋石牙法，苞裹流帝漿牙法，攪柳牙法，涀鉛法，縮賀法，造烏鉛法，造黑銅法，液銀法，造鉛粉法，鍮石粉法，小還丹牙法，造黑牙法，水鍊雪母粉法。

右件經方，世上並有文本，或可以資經貸利，或可以養性全生。但遇一方，並可營造。若遍留意，其途實繁。然此衆之中，唯道有優劣，但隨閑器之所入，而各尋其所好也。故水不可以乘駿駁，陸不可以駕輕舟，稻粱葅肉，終同於飽，麻紵紈繝，終同於煖。飽煖雖一，而精麤有殊。逐甘利者，即重小丹

如金。好延生者，敬太丹似寶。金寶之利，各齊其分，故具載於前矣。

論諸大仙丹有名無法者

黄帝九鼎丹，大仙昇霞丹，紫青仙童丹，太和龍胎丹，張真人靈飛丹，太一八景丹，馬明生白日昇天丹，金液華丹，茅君白靈丹，白雲赤雪丹，絳陵垂壁丹，七精辟惡丹，三味消灾丹，九光神景丹，流霞鮮翠丹，含暉吐耀丹，太清五色丹，北帝玄珠丹，神光散馥丹，凝霜積雪丹，奔星却月丹，墮月驚心丹，感靈降真丹，通神役使丹，九變丹，大還丹，九成丹，紫精丹。按《楚澤經》已上諸丹，並是往古得道者，出世仙丹。服之白日昇天，身生羽翼，變化自在，坐有立無。藥味方法，既非塵俗所知，莫得測其至要也。自非宿有仙骨，積代累功，夢中神受者，不可得其方法也。

題鄭思遠《真元妙道要略》

黜假驗真鏡第一

夫道者，黄道赤氣，七九迴精，三一少女爲要妙，在採氣還丹，是得聖人，隱於八素，仙者秘在鉛汞。故訣曰：鉛汞識真，萬化窮矣。洞曉八素，真道立矣。此上至要，闕一之道，即無成也。余竊聞見學人不遇明師，悮認糞穢，錯修鉛汞，損命破家，其數不可備舉，略而述記，並解八素少女鉛汞，列之如後。

有用凡朱汞鉛銀，取抽臺水銀，號爲天生牙，服而死者。

有用硫黄炒水銀爲靈砂，服而頭破背裂者。

有以蜜陀僧、鉛黄黄花，號黄芽者。

有炒黑鉛爲水鉛，用鉛不用鉛，服成勞疾者。

有燒桑木，爲六八四十八淋煎，取灰霜，號爲秋石者。

有燒金鏁草，及糞灰取霜，號爲鉛汞者。

有用胞衣，號河車者，亦云紫芳也。

有以九鍊硝石，於葫蘆内，以水精玉環，採月水日火，號爲大藥者。

有燒砂錫錢，取鉛珠，號爲丹中真鉛者。

有以銀雞子，養朱砂及汞，伏火礬。張果老云：龍虎丹者，即伏火死水銀一色者。

有以鹽硇砂，啖十六歲童兒童女，取大小便，燒淋取霜，爲鉛汞者。

有以四黄八石，都合燒爲大藥者。

有爲大藥，用八般石藥者。

有以猪牙皂莢，十一月採之，燒鍊取灰霜，莢天生牙者。

有以胡蘆成硝石，並白石英，號紫石英，爲一物含五彩之道者。

有煎霜雪，並百草上露，號神水華池修鍊者。

有燒鍊薑石、雲母、硫黄，及土爲至藥者。

有認鐵鋥銅緑，爲自然之藥，便指陰真君訣云：金花生天地寶者。

有以桑椹子並蚕沙赭石子，號爲大小聖石，自然丹砂者。

有燒熏松煙，號爲一子真黑鉛者。

有燒絲紬取灰淋煎，爲大藥者。

有燒鍊硝石并二江水，及青鹽三年，擬爲至藥者。

有以水火鼎，燒赤白二樟柳根，號玄牝者。

有以曾青、空青，結水銀燒伏火，號真金者。

有以硫黄、雄黄合硝石，并蜜燒之，焰起燒手面，及燼屋舍者。

有以水火漏鑪櫃，九徧燒水銀青砂子，號九轉七返靈砂者。

有以黄丹、胡粉、朴硝，燒爲至藥者。

有合燒雄黄、雌黄，號爲知雄守雌之道者。

有以鍊黑鉛一斤，取銀一銖，號知白守黑，神明自來，爲真鉛銀者。

有以盆於十一月合地土，取陰氣，認爲真水者。

有燒火糞灰，以臘水淋汁煎霜，號大藥者。

有以黑鉛一斤，投水銀一兩，號爲真一神符白雪者。

其前件所用，迷錯爲道之人，【略】如此之流，學者同毛，成無一角可中。《參同》云：由盲者不柱杖，聾者聽宫商，没水捕雉兔，登山索魚龍。又云：使二女一處，令張儀、蘇秦説媒，遣爲夫妻，弊髮腐齒，終不相交。又云：和膠補釜，以硇塗鑄，夫冷加冰，除熱用湯，飛龜舞蛇，終不可得。何以言之，蓋非類不可合。魏君云：假使黄帝臨鼎，太一執火，八公擣鍊，淮南調合，立宇崇壇，玉爲階陛，麟鳳脯腊，把籍長跪，祝章神祇，請哀鬼神，沐浴齋戒，待有所望，亦不可得也。世人不知，少女乃是兑卦之素，三一即鉛汞之祖，黄道乃十數之始，赤氣即七元之要。蓋碧通子《玄微訣》云：長嘯道引，是密法運氣之機，存想萬神，是初絶外緣之計。氣因感而成形，精爲還元而作氣。鉛汞是天地之母，少女即金華之別

號。愛生爲衆善之宗，好死爲衆惡之本。略而言之，蓋微妙要道者，悟如返掌，迷隔天地，無師執文，萬無得一。故淳于真人曰：世間多學士，高妙美良才。邂逅不遭值，好火亡貨財。據按以記文，妄以意爲之。端緒無因緣，量度不可持。蓋須師資相授，受得其真，萬無一失。又張君五篇云：鉛汞得真，修未圓滿，服亦長生。不要錢物廣大，唯在法度周旋。魏君曰：古來聖人素無前識，兹因師覺悟者焉。又《南華論》及《立通曆》《玄綱論》《三姓子口訣》皆云：羲受圖，軒受符，高辛受天經，大禹受洛書，而況今人者焉。蓋先聖口訣云：五三與一，天地至精。可以口訣，難以書傳。不敢深露天機，略而述記，以俟好道君子，審而習之，改惡從善，無使虚滯待光已矣。【略】夫爲世利之藥，非真汞了者，不可爲也。爲假者必加殃咎，尤須慎之。

又　凡銅鐵錫變銀，不得要妙，不可爲也。凡曾青、石膽、砂子之櫃，亦成上色黄金也，絶勝點諸物。夫曾青結砂子，先研青，令極細，水飛其夾石令盡，乃結水銀，忌冷水。好曾青一兩，結得四兩水銀。結出停之一宿，硬如堅石，其色如黄金，即是曾好也。如若未櫃之，即擣爲末一兩，合伏火。雄三銖，粉霜一分，合研點白石末，并黑鉛二斤，成紅璃玉二斤半。若用伏砒三銖，即成藥玉，即金市上白玉，除砂子末也。如櫃好，此曾青等砂子伏出，各成上金，出時色赤如黄土色者，鎔成絶上金也。青黑色者，成紅銀也。深色者，不成。不成者是不堪，鎔成銅也。其金銀等砂子櫃好，即各各隨母色成真物也。凡鐵銀堪與錫銀，若成就曰聖汞，點化五金硬石，皆成真寶。何以言之，凡生八石一斤，不如伏火硇石一兩。伏火硇[石]一斤，不如伏火硇一兩。伏火硝一斤，不如伏火四黄一兩。伏火四黄一斤，不如立採紫光香砂一兩。紫光香砂一斤，不如龍虎聖砂一兩。龍虎聖砂一斤，不如大九轉丹砂一銖。世説真七靈砂者，余不知其神力何似，蓋不得其法，惟見其師云。

太上老君口訣，只傳尹喜、張道陵二人，得此法也。余竊見凡夫，多以凡水銀，用硫黄結爲青砂子，於水火鼎内，燒之七徧，服食，云是七返靈砂，甚有所折，良可悲哉。奉勸學者子切在審斆真訣，不可輕命，慎之慎之。

凡伏四黄八石，若犯草霜，未經久錬成汁者，無所用何爲也。蓋是君臣乖錯，暫伏相返，鎔錬五徧，必漸去而玄枯，稍枯者不可用也。伏火試驗之，的不謬耳。

凡諸藥伏火，但知君臣多少，成汁肥膩，將一豆於赤炭火上燒之，成油流入火中，無煙焰者，不計其色，悉可變化世利，服食亦可治病，不須多喫，多即所損也。

凡硫黄伏火，有制藥之功，無獨點化之能。雄雌二黄、砒黄等伏火，皆有用處。又朱砂得君臣伏火，亦可雜用。或自成紅銀者，每兩點化伏火雌黄三銖，成上金。亦可雜用砒霜伏火，能白銅脆。五金得伏火水銀，并粉霜、硇砂等，即軟成物。又伏火硇砂，雖能軟物，亦能燋爛物，少即引助四黄，多則傷敗五金。可將伏火硇一豆，於銅片上燒三徧，其銅即燋黑，此爲驗也。

凡砒霜、砒黄、水銀、粉霜等，多伴死伏諸三黄，但得好櫃，即永伏。悉有立可變化五金之功。唯硝石伏火，不能獨化五金、石硫黄，宜服養諸藥。硝石宜佐諸藥，多則敗藥。生者不可合三黄等燒，立見禍事。

凡硝石伏火了，赤炭火上試成油，入火不動者，即伏矣。若瓶内燒成汁者，即未。可知生熟，何爲耳。蓋緣硝石戀櫃，火炭上試之不伏者，纔入炭上，即便成焰。

凡白礬伏火，味如生時，瓶内燒之通赤成汁，冷了似燒白銀色，或青白色者，敲之作金玉聲，實堪服。朱汞等此物，最難伏之，即須感櫃獨體伏。若和諸藥伏，即無味，及敗諸藥不堪也。

又凡藥有頑伏火，汁伏火，枯伏火，及假藥一一須試之。又硫黄有似大硼砂，以砒黄染色，爲假伏火成汁，硫黄服之傷人也。有似自然銅制作，假頑伏火朱砂者。有似硫黄夾石，熏燒爲假頑伏火硫黄者。此等皆無用處。略而述之，學者鑒之。若人遇虚無紫光聖砂者，諸四黄八石，悉可制伏。及二十四化漿液、金蘇膏、金華等丹藥，非我真鉛汞，而不成也。自古聖人皆秘鉛汞之妙，不形紙墨，唯口傳也。

凡初地聖砂，點鐵立白如銀，未能全成實用，此驗丹砂真假也。世利之藥，具前説畢，故無謬述，但少試之，即知也。余所具説諸凡藥，及聖砂者，蓋見《神農玉石本草》，李勣添注多有錯謬，遂述此訣，論諸藥變異，曉示同道君子，更希廣學，無令謬度時光，虚棄人命，審而詳之，鑒而驗之矣。

證真篇第二

然先聖雖廣留經訣，悉祕其要，致令後學錯認鉛汞，修不成也。何以言之，蓋凡鉛汞五行不備，四象非全，乃即少氣頑滯之物，終不能濟命。學人欲委丹道之來宗，但思自身及萬物從何而來，即悟聖理。是故老君云：有名，萬物之母。

即是。若採得此虚無之藥，爲田産育日月之精，成金丹即可矣。若不遇此要道，未得的證活道，而必尸解遺形，無能定其形質。此玄微之事，不遇明師，無因了達。復見學人往往有竊聽之徒，迷迷相教。今故述此訣，令同道君子辯識大綱，免生疑惑。雖即不陳龍虎凡名，實顯陰陽之行狀。行狀者，金丹之祖宗，龍虎之交精，金木相尅，水火相刑，五神現相矣。

古歌曰：聖人奪得造化意，手摶日月安鑪裏。微微騰倒天地精，攢簇陰陽走神鬼。日魂月華若箇識。秘經云：志當歸一，精義無二。此之是也。識者便是真仙子，鍊之餌之千日期。千日者，大九轉還丹也，身既無陰那得死。此是上歌者述還丹之始末。

唐・獨孤滔《丹方鑑源》卷上

金銀篇第一

麩金　出漢江、昌江五溪，或如茈子形。新羅金帶青色，怯，甚有僞者，銀作却鞴了白色，若鍮石者，燒黑天生牙，此是也。亦曰黄牙。

生銀　出洛平藍盧氏縣，暈色，打破内即白，生於鉛坑中，形或如笋子。此有變化之道，亦曰自然牙，亦曰生鉛，亦曰自然鉛也。

山澤熟金　大，凡可爲器物。此死質性已堅頑矣。制朱砂水銀。若爲器，可爲利術，不堪食。緣納金氣於内，金性有毒。

白銀　可爲器物，與前同。可用結砂子，入用也。

水銀銀　可以鈎金，亦湧泉匱中用蓋，藉其死水銀也。

朱砂銀　用母制者，不堪不用。母成者，亦可鈎黄金也。

鉛銀　亦鉛中所出，此銀冶中者稍似精異，可爲器，養丹砂。

錫銀鐵銀　無變化之氣也。

紅銀　可鈎金，亦可點爲獨體丹陽。

子母銀　以汞結銀，養炬火不走，可分養，無休息。

武昌銅　出鄂州，白慢，可點丹陽銀，及鍮石蓄摺銅、東川赤札銅，爲丹陽，熱打不裂。

自然銅　可服食也。

銅粉　熟銅粉，補人傷折，可與丹砂同制伏。

鐵磁石　鐵精，可用。

鉛銀　鉛者不出銀，鉛是也。嘉州隴陀和出，鉛精精華也，有變化。

白鉛　亦曰紫真鉛。

釣脚鉛　出雅州諸縣，形如皂了，如科斗子，黑色，出土山澗沙溪中，可乾汞銀，亦曰於鉛。

草節鉛　即嘉州生鉛，未鍛爲熟者。打破脆燒，如硫黄。

信州鉛　全不可用，蓋雜銅氣也。尤不可作玉。

盧氏鉛　此鉛用，即力不及嘉州，直須洲瀛砂惡。

陰平鉛　出劍，剛鐵之苗，不可入用。鉛蘇入汞了，以醋氣蒸之，白硫與霜同。

鉛黄花　投汞入出養，自浮面上，取之炒黄丹，入取之亦是也。

錫可爲銀　硇砂入即硬，入鉛止聲。

水銀　朱砂中抽者妙，帛上動有鼠尾，是入鉛也。大段，畏酸澀之石也。訣曰：欲得水銀死，無過死水銀。《契》曰：狐兔不乳馬，鸞雀不生鳳。又曰：種禾當用粟，覆雞當用卵。又曰：異類不同宗，安能合體居。元陽曰：金化金兮銀化銀。金蛺蝶銀蠶皆大治，黄白術皆用。

諸黄篇第二

雄黄　訣曰：雄黄千年，化爲黄金。黄帝曰：雄黄化銅，武都者上，西蕃者次。鐵色者上，雞冠者次。沉水銀脚，鐵末上拭了，旋有黄衣生者上。

雌黄　淄成者即黑色，乾，輕如焦錫塊。臭黄作者，硬而無衣。試法：但於甲上磨，上甲者好。又熱燒熨斗底，以雌劃之，如赤黄線一道者，好。造黄金，非此不成。

雌黄　背陰者雌也，能柔五金，亦可乾汞。舶上如嘆血者上，湘南者次，青者尤佳。葉子上可轉硫黄，可伏粉霜。

砒黄　出信州，可飛爲白霜，能化銅，可食，可乾汞，可爲丹砂匱。

蛇黄　可爲丹砂匱，伏火可爲匱。

石中黄　可乾汞，出金色也。

石硫黄　可制汞。訣曰：硫黄見五金而黑，得水銀而赤。亦曰黄男，亦曰黄牙，爲根是也，臭黄化銅。

諸砂篇第三

朱砂　記曰：丹砂水精，得金乃并。辰錦及五溪有，芙蓉箭鏃，鏡面鐵色光

明等砂，已上皆可餌食，變錬黄白之道。

商州砂　不可用。黔中朱砂，亦不可用。含水銀大陰之氣，隨金銀銅鉛之氣，火可化爲異質也。

硇砂　出北庭，有黄者。

訣曰：謂之金賊，能制合群藥之中使也，亦有制雄雌之力也。

大朋砂　能制汞，能啞銅聲。大朋砂出果州，可結砂子。

針砂　可制硫黄爲紫粉，可鐵泥固濟。

胡女砂　一名銀黄，出銀治中。能軟鐵，可伏丹砂。

鸞砂　出藍田，江豆大，黑色，可作匱。

海白砂　可爲外匱，能通火氣。

諸礬篇第四

黄礬　舶上者好，瓜州者上，文會者次。西川於皁礬中揀黄者，將出不出，堪引得金線起者爲上。可化水銀爲金，亦能化鐵。

紫礬　波斯者，如紫石，能化銀爲金，亦乾汞。文州者，如黑錫塊。

白礬　乾汞用，可淬錫，可制諸黄。

波斯白礬　形如棘針，能乾汞。

青礬　可養丹砂，煮銅。

緑礬　可制汞，出金色。

皁礬　可制汞，爲粉霜。

雞屎礬　制汞，出金色也。

崑崙礬　制汞，養丹砂。

鐵礬　出太原文水縣，狀如赤石脂金星者是真，可制硫黄。

柳絮礬　可養丹砂，結汞和匱。

絳礬　結砂子。

雲母礬　結汞。

膽子礬　蒲州，可化銀爲金，結汞出金色。

雪礬　乾汞，制粉霜。

天漏礬　軟葉子鐵，出蓬州天漏山，白色。

粥礬　煮銅。

鴨屎礬　出藍田，銀冶結汞。

雞毛礬　結砂子。

句容礬　出金色，結汞。

宣州期礬　出緑礬中，深青瑩浄者，可爲匱。

礬石　能化銅鐵爲銀。

諸青篇第五

空青　能化銅作銀，結汞砂子。

曾青　結汞制丹砂，蓋含金氣之所生。

白青　堪爲劍。

大青　造緑玉用。

石青　化銅。

又　卷中

諸石篇第六

磁石　四面熷鐵者上。伏丹砂，養汞，去銀暈，硬汞。

乳石　可爲外匱也。

鉛牙石　出鉛坑中，黄白色，可制丹砂。

握雪礜石　出曲灘驛，盛寒有髓，生於石上，可採一分，結十兩汞。

金星礜石　乾汞，用制丹砂，制硇砂。

銀星礜　乾汞，用制硇砂，制丹砂。

特生礜　可用伏硇砂。

紅皮礜　伏丹砂，養汞。

桃花礜石　乾汞。

紫礜石　可制汞。

陽起石　爲外匱。

長理石　可食。

賀母石　如銀礦，養丹砂。

滑石　制雄雌，爲外匱。

寒水石　爲匱，制丹砂，制玄精。

秋石　可作白玉硫磺。

浮水石　去藥中惡物。

辟石　黑色，伏砒粉霜，縮賀中用。

蜂窠石　可作外匱。

凝水石　可作油衣，可食。

獨石　外匱。

硝石　玉金之使，制砒，制硫黄，可作玉。

諸石中藥第七

石膏　桂州，可結汞。

石脂　固濟外匱。

石膽　河中八稜，化銀爲金，化鐵爲銅，出色去暈。

石麒麟碣　出金色。

石炭　伏硫黄，去錫暈，制雄雌，制硇砂，少可用。

石乳　可作外匱。

石花　可結砂子。

石甘穗　文如錫，結砂子，出金色。

石緑　結砂子。

石霜　結砂子。

石殭蠶　制丹砂。

石髓　可結砂子。

紫石英　赤白者可食，爲匱用。

諸霜第八

粉霜　化銅。

砒霜　化銅，乾汞。

大便霜　制丹砂，治風。

桑霜　制丹砂、硫黄。

諸鹽篇第九

鹽精　如水精，出鹽池，制汞，制丹砂。

戎鹽　赤黑二色，出西戎壘卯，制丹砂，乾汞。

蠻鹽　可伏雄雌，作金，用紅鹽爲上也。

青鹽　鄜州，可乾汞，制丹砂。

新羅黄鹽　化汞成金，可養丹砂，煮汞。

鹵鹽　煮四黄。

崖鹽　出陵州，亦曰生鹽，如白礬，養丹砂，乾汞。

鹽緑　結砂子。

鹽膽　煮四黄，銲物。

諸粉篇第十

定粉　可制雄，養丹砂。

胡粉　可制硫黄，作匱。

蚌粉　制硫黄。

膩粉　伏者化銅。

雲母粉　制汞，伏丹砂，可食。

諸硝篇第十一

馬牙硝　養丹砂，制硇砂。

朴硝　煮硫黄，反雌雄。

縮水硝　乾汞，養丹砂。

芒硝　伏雄。

坑硝　可伏朱砂。

諸水篇第十二

水精　養丹砂。

茅屋雨水　煮雲母。

蜜水　煮丹砂。

諸土篇第十三

土母　赤色，三學山，伏硇砂。

土黄　制雄黄。

伏龍肝　十年竈下掘深一尺，有一行如紫磁，是也。伏丹砂，能縮賀。

苞金土　結砂子。

代赭土　出金色。

鉛坑赤土　造丹砂銀。

地髓　出均房，制丹砂。

赤烏脚　可爲外匱。

又　卷下

雜藥篇第十四

黄丹　伏砒，制硇砂，制硫黄。
玄精　養丹砂，制硫黄。
蚩尤骨　作外匱。
雲英　可養丹砂。
雲母　制硫黄，乾汞。
五色禹餘粮　乾汞。
太陰玄精　制丹砂，伏硫黄。
玉末砂　養丹砂。
銅黄　固濟。
蜜栗子　乾汞。
香墨　能固濟。
乳香　啞銅。
榆甘子　柔五金。

雜藥汁篇第十五

酥　溲藥用也。
乳　出一切火毒。
苦酒　膽礬左味，米醋右味。煮四黄，化諸藥。
小便　煮白礬，伏硫黄。

諸油篇第十六

大麻油　煮鉛自結汞。
苣勝油、紫酥油　柔五金，潤八石。
骨律蔓子　煮汞。
草麻油　煮錫。
礬石油　結汞。
石腦油　化銅，制砒霜。

諸脂髓篇第十七

牛脂　軟銅。
羊脂　柔銀。
銅骨　可伏硇。
羖羊角　縮錫。
猪脂　煮銅錫。
蝟脂　伏雄。
駱駞脂　柔金。
驢馬脂　柔五金。
烏賊魚骨　澹鹽。

諸鳥獸糞篇第十八

雀糞　伏砒。
馬糞　養一切藥力大。
狗白糞　煮銅。
牛糞　抽銅暈。
蚯蚓糞　固濟。
鵓鴿糞　縮錫。
寒號鳥糞　縮錫。

諸灰篇第十九

紅心灰蓧　制礬。
蕎麥灰　煮粉霜。
仙娥草灰　制硫黄。
不灰木灰　煮汞。
苞金草灰　結汞。
馬齒灰　煮丹砂，結汞。
益母草灰　制硫黄。
紫葛灰　制硝。
桑灰　制硫黄，伏硇砂。
茵草灰　制雌雄二黄。
婆羅門灰　煮汞。
禾草灰　抽錫暈。
芹槿灰　制朱砂硫黄。
鬱金根灰　結砂子。
冬瓜蔓灰　煮汞丹砂，淬銅錫。
紙灰　能藏火可久。

打銀灰　點緑玉。

諸草汁篇第二十

五枝草　結砂子。

章陸　拔錫。

蒼耳　抽錫暈。

五色仁莧　煮砂子。

猪皮草　結砂子。

天劍草　煮汞。

蕣麻汁　渡藥。

續荽草　結汞。

虎耳草　煮砂子。

水田翁草　煮汞。

獨麥草　一名山封子，淬錫。

梔子　淬金。

七節草　結砂子。

萵苣　以硫黄種之，結砂子，制朱砂。

馬鞭草　縮錫砂。

銀線草　結砂子。

海芋　伏硇。

五倍子　枯鉛。

柳膠　結砂子。

雜要篇第二十一

黑豆　柔丹陽。

附子　煮丹陽。

巴豆　軟銅，去暈，結砂子。

苦瓠　煮汞。

浮萍草　伏硫黄。

藥泥篇第二十二

鐵泥　淬針砂爲粉，入六一爲泥。

鹽膠泥　以鷄子清杵鹽成泥。

礬泥　研爲粉，入六一固濟，尤妙。

辯火篇第二十三

牛糞火　句藥力大，子東炭是也。

馬糞火　同上。

糠火　均力倍常。

竹火　蓋養汞，性慢也。

青剛　大有力也，如羊脛者。

造銅銀鉛砂篇第二十四

銅砂　消爲汁，下磁瓦末攪，即成砂子。

銀砂　消爲汁，瀉以白礬汁濃，濕紙爲卷子，攪作之。

鉛砂　消爲汁，瀉入沙盆中，以木槌研之，即隨手成砂子。

雜論篇第二十五

朱砂油　此未是熟藥，蓋以消石並牙消，引而爲汁，久服亦無大效。

硫黄酥　此或以蜜蒸服之，此生硫黄，毒在不可服之。

磁石　此堅頑之物，無融化之炁，或假其炁服食即可長久。若以磁石爲藥，多服必有大患矣。

硇砂　此性有大毒，有沈冷之病，可食之，疾損藥便止。多服積聚，成諸大擁塞。

龍虎頭　夫水銀見硫黄即赤，或見燒未旬日，已見紅色，謂之好藥。殊不知硫黄毒在水銀上，生雖感炁而紅，未可服也。

佚名《金石簿五九數訣》　夫學道欲求丹寶，先須識金石，定其形質，知美惡所處法。

朱砂　出辰錦州，大如桃棗，光明四暎徹瑩透，如石榴者良。如無此者，次用馬牙上好者爲。次紫色重者爲，下並不堪用之。

雄黄　出武都，色如雞冠，細膩紅潤者上。波斯國赤色者爲下。

玉　出藍田，形質不同，有五色，其中白者爲上。但取明浄潤澤無瑕，扣之作清聲者，爲上。

石硫黄　出荆南林邑者，名崑崙黄，光如瑠璃者上。波斯國亦堪所事用特生。

礜石　出鸛鵲窠中，形質亦多，出處又衆，但梁漢并州及嵩山及雍州山谷，

斫破如側楸，又似碁子，大如椀，小如拳，白如玉者，上。其餘所出處，並不堪用。

赤石脂　出吴郡及澤州，色如臙脂細膩者，爲上。

白石脂　出吴郡，與赤石脂同處，色如凝脂狀者，爲上。

白石英　出壽陽及澤州，種數亦多，但取表裏光明而無點汙，著水中與水同色者，爲上。無問麤細，皆堪也。

雲母　出瑯琊、彭城、青齊廬等州，並有此物。有六種，向日看乃分明，其色黄白多青者，名雲英。色青黄皛日者，名雲液。色唯皎然純白無雜者，名雲精。色青白而多黑者，名雲母。焕然五彩，曜人目爲上。

石鍾乳　出邵州，凡於銷爍之中，不必要須上好，但顔色潤澤，麤而且厚者，即堪用也。

磁石　出磁州，但引得六七鍼者，皆名上好，即堪用。

石腦　本出茅山四平，色亦多種，但取蒲州出者，其色如握雪者，即堪入用，波斯國者爲上。

陽起石　是雲母根，其色有黄黑，唯太山所出黄白者上，邢益齊鵲山純白者，最良。

金精　取未經鍊生者，色如翠碧之，狀有金星極多者，良。

黄礬　出瓜州，此物有五種，合鍊道中，多用黄白，餘者不多入用。黄礬形如金，打破有金星葉點文，揩著銀上，便爲黄色，能制水銀住汞，汞即著上不落，似馬牙形，燒色上碎末者，不堪用。

白礬　出吴地者上，趙地者次，餘處者不堪使用。

絳礬　出波斯國，形如碧瑠璃，明净者則爲上好，餘所出並不堪用。

雞屎礬　出波斯國，形如雞屎，色亦帶青黄白，於此道中，深爲祕要。

硇礬　出安南及呵陵，形赤黄黑色，此物五礬數内事，須得此爲使，打破有金星點是真。

空青　出柳州廬越州，紺色，紫青而且碧，形若螺文，旋空而不實，中心有孔，如崑崙頭，又以樹科子恰相合。況似栲栲有金星點，是真上。又出廣州。此物多假，世上少有真者。此道之中，深爲祕要。其藥空中小丸顆者，即名空青。曾青與空青不異，妄立别名。但有丸之青，並所懷之母，亦名曾青，不但爲顆者。今諸藥本皆立别名，不可非他古人，吾亦依别列矣。

曾青　出蜀山及越州佳，問其色如翠碧，又似黄連，亦如蚯蚓糞青紫色爲上。

石桂英　出有乳之處，其色甚白，握之便染手，如把雪者良。

理石　出梁州青寧三州，並好，如索針，顔色黄白潤澤可愛者，良。

朴硝　不中風者爲上，出益州，顔色狀不枯燥，色帶青者，良矣。

硭硝　出於益州，如陰地積。問人云：火山亦有，雪色潤者，良。

石膽　出梁州，信都亦有，用羌理者，色青帶碧者，良。有用嶗山所出，形如月，黄緑相間者，好。此二所出，嶗山稍勝，餘所出者，不如蒲州者爲上。

硝石　本出益州羌武都隴西，今烏長國者良。近唐麟德年甲子歲，有中人婆羅門支法林，負梵甲來此翻譯，請往五臺山巡禮，行至汾州靈石縣，問云：此大有硝石，何不採用。當時有趙如珪、杜法亮等一十二人，隨梵僧共採，試用全不堪，不如烏長者。又行至澤州，見山茂秀。又云：此亦有硝石，豈能還不堪用。故將漢僧靈悟共採之，得而燒之，紫烟烽烟。曰：此之靈藥，能變五金，衆石得之，盡變成水。校量與烏長，今方知澤州者堪用。金頻試鍊，實表其靈。若比烏長國，乃澤州者稍軟。

天明砂　出波斯國，堪捍五金器物。此藥尤多假僞，但自試之，辨取真僞。口含無苦酢酸鹹，好青白色，燒之不沸，汁流如水，粘似膠粘，即真矣。若燒有紫烟氣，燒上有漆者，並是真也。可擇而用之。

黄花石　本有名無用，中有黄花石，出波斯國者上。江東北亭虔州者次，諸路有銅礦之處皆有，最下，不堪用。其形似銅礦質，有金星點，赤色，重燒有腥烟之氣，研水銀便上，波斯國生，即是真也。又云：似紫礦欲，似麒麟竭，此説非真。真者顔色甚光潤耳。

不灰木　出波斯國，是銀石之根，形如爛木，久燒無變，燒而無灰，色青似木，能制水銀。餘所出處，不堪所用。波斯者爲上。

戎鹽　出郭三十里高崖下，自然流出，非人能造。嘗之不鹹不螫人口。若是真者，累卵即知好惡。一云：出戎州，色青白者上。未窮其本，何者是真。此道用之，與河東關内顆鹽對試用之，戎鹽全勝諸鹽。既知如此，須貴戎鹽。

太陰玄精　出河東解縣鹽池中，鹽根是也。近水採之，形體如玉質，又如龜甲。黑重者不堪，黄白明净者爲上。此亦制汞化之作粉矣。對試比鹽州稍最，故知如此鹽州者爲上。

鹵鹹　出同州東北可十七八里陂澤中，亦是鹽根，形似河東細小顆鹽，味苦

而不鹹。本方無何方處。世人錯用平澤中地生白軟之炁，將爲鹵鹹，深爲誤矣。

滑石　本出蔡州、青州者爲上，時人錯用崑崙中所出者，入六一泥用，全非所元。若用療病，即崑崙者勝，其體柔白而色，削之如蠟者爲上。

寒水石　極白而似水者，良也。

胡同律　本自西域樹中而出，有津流出，化爲此藥。亦名胡同淚。今人不知其意，遂妄名胡同律。律之與淚聲勢相似，其有不知方之人，誤寫作律字，以此舉世共錯。其物形如地下鹽石，金銀匠用之捍作，極佳，鍊金銀食，尤善。

石榴丹　出太和山，形如石榴，外帶赤色，腹内有子，如石榴子。自古相傳云：許由服之得仙，亦未知其的實。於此道中，深爲祕要。

禹餘糧　出東海東陽澤州諸山，並有五種色，青黄赤白黑，比來人用皆取黄色。如蒲黄者良，赤色亦好，唯白净者最上。

硇砂　但光明映徹者堪用。云：火山有，不如北亭者，最爲上好。

雌黄　出武都，顔色黄明如金薄，破看如雲母光，無夾石者爲上。

金芽　本出蜀郡，又出荆襄道。色黑而滑，打破中有碎脉，如金縷之狀。比患脚炁者，皆以此藥醖酒服之，而得除差，名金牙酒。

代赭　出雁門界山，赤色者良，黄色者不堪。又云：尉州界大王城出，有赤脉者上好。

石鹽　出平州北奚界之中，形狀似黑雲母，光潤者爲上。鹽州亦有，炁力稍軟，波斯國者爲上。

紫石英　出太和山，形如㨜蒲頭，光明徹透，色裏輕明者爲上。陳州界亦有，於此道中，亦爲大要。表裏紫瑩，則爲上好。

石中黄子　出沁水源，形如鵝卵之狀，打破其中有黄汁，如雞子黄。若得三二升服之，則長生不死矣。

佚名《鉛汞甲庚至寶集成》卷二　口傳秘訣

凡欲修鍊，先須選擇名山大川，或觀宇，或净室，方可安藥。若所居處，在昔屠坊囚獄，墳墓産室，及有伏屍鬼魅，人足常到處，虚用心力，不可安爐。次有魔也。

凡安爐，須先嚴净齋潔净室，三日或七日。先祭醮所在神祇，供養太上真容，若此則鬼魅亦來護助。仍須逐日持念經呪，無缺香火，此乃養藥之先要，不可不知法也。夫法用黄者，蓋方出山澤之麩金，其受天地之靈氣尚在，固養之可以變化。設或熟金之類，皆是觸惡之物，不可入大藥。然而法中不用他藥爲匱，而獨用金硫者，蓋子母可以産化之靈也。

凡銷金汁及用匱合之類，皆須以新未曾用者。及將經用器物，並以乳香水浴過，安神聖前，潔净處安爐，下藥時大忌雞犬婦人見。及深密，毋使閑人知之，亦須戒慎。其法内説分兩，須是仔細，切忌分兩不匀。若失之毫釐，藥飛壞也。夫金硫惟擣細如麵爲上，若粗，進火兩日不一日難透。

凡固濟，須是依法仔細。先陰得匱乾，然後日乾。若有風裂缺損，並不可用。須擇吉日，方可入爐。

凡云三兩火，養三日者，即是每一伏時，以火三兩。餘准此。但每將匱合，先入灰池内，其灰池須柴火灰、紙灰相拌，四面以匙將灰捺實。即以火筯校合子一寸來闊，灰令徹底虚後，將稱到熟火，徧簇合上，以灰蓋覆，毋令透風，及不缺火。其火自得，多時不化。近合子灰，切不可緊，緊則火力不行，火外面。灰四向却須是緊實。若犯之一切觸污，及用火失度，亦走失損也。如增匱頭，走却硫黄，但據所走者錙銖，依法别進，再依前來日數養，候日數足，開稱如不折，便次更增硫黄，候數足減增之。

凡進硃砂，須先入净室，器量多少入水，用土、馬鬃、硼砂、硇砂各少許，文武火煮一伏時取出，後再依法制入匱。

凡糝制之法難爲，此法甚奇捷，但毋終久，無盡其匱，至此以爲驗。但更依法入汞，每一伏時，取物四兩也，决有准矣。其物初出，莫便見猛風。仍先烏梅、包金，土虎、耳草各半許，同物於石器，水煮一伏時，復入鍋子，坯三次，方可用。今恐遺此并匱頭口訣，盡録藏之，永爲家寶，非人勿示焉。

又　卷四　金二十種論《本草金石論》云。

雄黄金，雌黄金，曾青金，硫黄金，土中金，生鐵金，鍮石金，砂子金，土碌砂子金，金母砂子金，白錫金，黑鉛金，朱砂金，熟鐵金，生銅金。

已上十五件，唯只有還丹金、水中金、瓜子金、青麩金、草砂金等五件是真金，餘外並是假。

佚名《諸家神品丹法》卷二　凡鍊還丹，須是清虚之士三人，共侣同心結願，唯願還丹成就。將欲下手，先須齋戒沐浴，醮謝穹蒼，一人管滴漏，一人管調鼎器，添换水火，一人管輪筭陰陽，更變卦象，進退水火，隨其節候。三人所執，各

不得分毫有差。真人曰：午夜守衛，三人共虔祈祝，雖然各分所管逐急，又須更替夜間，遞相眠歇。蓋爲晝夜不停，日月時長，恐修丹之人，久遠困劣，有誤修製。丹室之内，常焚香不絶，仰告上真。除二時蔬食，務要精嚴。更若水火不差，陰陽有準，神胎鼎内自變化。從十一月起首，至四月屬陽，鼎左轉。自五月至十月屬陰，鼎右轉。丹至亢極之時，不得暫抛藥室，專聽龍吟盛位之聲。過此陽極之數，丹以無憂。漸退火數，直至十月，全陽歸坤，還丹已熟，色變紫赤，光華赫然，九轉陽成，五行炁足，上至天子，下至庶人，及禽獸之類，服食而並獲長生，枯樹得之再榮，枯骨得之再肉，點瓦礫而變化黄金，其神功變化不可測也。

宋・吴悮《丹房須知》

擇友一

《參同録》曰：修煉之士，須上知天文，下知地理，達陰陽，窮卦象，並節氣休旺，日時升降，火候進退，鼎爐法則。然後會龍虎法象之門，識鉛汞至真之道，兼須内明道德，外施惠慈，心與丹合，自達真境。是知還丹之術，非一朝一夕可會也。凡煉丹，須是清虚之士三人，共侶同心結願，惟望丹成。將欲下手，先須齋戒，醮謝穹蒼。一人管鼎器，添換水火。一人輪陰陽，更變造化卦象，進退水火，隨其節候。三人所管，各不得分毫有差。葉真人云：午夜守衛，三人共虔禱祝，雖然各分所管，逐急須臾更替，夜間遞相眠歇。蓋有晝夜不停，日月時刻長，恐修丹之人久遠困劣，有誤修制。

擇地二

《參同録》云：將欲修煉，先須擇地，惟選福德之地，年月吉利潔浄之地，方可修煉。若是古墓寺院之基，廢井壞竈，戰争之地，及女子生産穢汙之所，皆不可作，陰真君曰：不得地，不可爲也。

丹室三

《火龍經》曰：選旺方。司馬子微注云：煉丹之室，歲旺之方。擇地爲静室，不可太大，不可益高。高而不疏，明而不漏，處高順卑，不聞雞犬之聲，哭泣之音，瀨水之響，車馳馬走，及刑罰決獄之地，唯是山林宫觀浄室皆可。

禁穢四

青霞子曰：一室東向，勿令女子、僧尼、雞犬等見入。香烟長令不絶，欲入室，次得换新履衣服，及勿食葱蒜等。《參同録》曰：丹室之内，長令香不絶。仰告上真，除是蔬食，務在精嚴。

丹井五

《參同録》曰：雖得丹地，便尋丹井。井是煉丹之要也。晝夜添換，水火添换，滴漏唯在於井。自古神仙上昇之後，盡有丹井，以表井爲煉丹之急也。丹井成，勿令穢汙，待水脉伏定，須滌去滯滓，然後任露天通，星月照，水既定，土色已收，方可取之。若得石脚泉清白味甘者，是陽脉之水，運丹最靈。若青泥黑壤，黄泉赤脉，鐵澀腥味，有此之象，並是水脚交雜，陰陽積滯，不任煉丹。《火龍經》曰：須新水。葛仙翁云：須取泉以備用，不得雜汲使用。若近山有泉清浄之水，不須甘水，仍不可雜人用。

取土六

《火龍經》曰：葛仙翁云：修煉之器，壇爐之土，並須潔浄。司馬氏云：神室之土，不可以凡土爲之。自古無人跡所踐之處，山巖孔穴之内，求之，嘗其味不鹹苦，黄堅與常土異，乃可用也。

造炭七

《火龍經》曰：葛仙翁云：燔堅於浄窑中爲炭木，臼杵之萬下，糯米拌和，搗丸如雞子大，曬乾，烈爐預焚令通紅光，稱斤兩旋旋進火。若一候用一兩者，旦夕常令數足。

添水八

《火龍經》曰：司馬氏注：用新瓦鐺釜等煮水，常如入體，旋旋添之，不得冷添也。黄氏《金碧經》云：火易勿過度，分兩合宜，其上水鼎過火盛，只得温煖，勿令成湯，慮有過失也。

合香九

青霞子曰：降真香半斤，丹參五兩，蘇合香四兩，老栢根四兩，白檀香四兩，沉香半斤，白膠香少許。

右七味，以蜜拌和，丸如彈子大，每日只燒一丸。

又 煥養十五

葛仙翁曰：至藥未煉，先須煥養之法，至妙且玄。夫含育元炁，滋茂至神，苟有不真，失之俄頃，仙凡頓異，可不謹哉。其法堅石或玉石，爲乳槌鉢，以乳二物各八兩，令相制入鼎内，面于東向，研三千遍，訖聚之成塊，命曰胚暉元始，現天地未兆之形，煥養太和，顯至神潛伏之狀。然後入有蓋土釜中，法泥。泥乾，

入灰池，文武火煐七日。冷出之，或紫色，如兩數不足，則火候有失。別作灰池，預作文武火煐之，以備用二十一日，頃刻不可離。故煉丹非三人不可煐養。訖再研之，乃入鼎。鼎中先實黃土爲基，厚二寸四分，象二十四炁，安二物於中，乃下火。

中胎十六

青霞子曰：藥在鼎中，如雞抱卵，如子在胎，如果在樹，但受炁滿足，自然成熟。藥入中胎，切須固密，恐泄漏真炁。又曰：固濟胎不洩，變化在須臾。中胎所制，形圓如天地，收起似蓬壺，閉塞微密，神運其中。《金碧經》曰：爐竈取象，圖固周堅，委曲相制，以使無虞。黃真君注云：爐鼎神室，鉛汞重重相制，故爐斂火炁以制胎，胎斂火炁以制鉛，鉛得火炁以制汞，遞相制伏，須器圓密，方保無虞。

用火十七

如雲子曰：下火時，用實心石七箇，燒令通紅，以醋淬之，拋於藥房內。臾取桃柳東南枝，各七莖，浄火焚香，精心虔祝，安慰百官。云：大道弟子某，謹啓玄元皇帝、太上老君。今修至道，願降仙旌靈官，爲宗土地安寧，內魔不撓，外惡無侵，速成大藥，永保長生。謹辭。安静訖，夜半子時起火，勿令女子雞犬見。起火時用炭五兩，燒令通赤，入爐灰蓋之，平旦不可失也。其鼎當如雞卵，其火取日之火，次楠木火爲世敗火，堪用九年，並不得用別火，號曰長火水火。

注云：火隔正月起午，水隔正月起戌，並逆行六陽。辰，燒丹起首日，大忌潮生日，及甲戌、甲午、甲辰、甲寅、甲子。

又 火候十九

古法只是十月。故青霞子云：未嘗聞人受胎，年三歲而生者也。其間或三年者，作用不同，理則一也。火之斤兩無定，爲器有大小，藥有多寡，要在臨時消詳陰陽之理，靡差毫厘。故黃真君解《金碧經》，於火候至爲剖露真機。恐後學猶或輕言，乃留詩曰：物因不識翻成賤，言爲玄微却被輕。昨夜凭欄幾長歎，一輪秋月爲誰明。嗟乎，聖人利濟之心，如此其功。緣福薄之人，自棄自暴，邪見失正。痛哉惜哉。

開爐二十

《參同録》云：從十月起首，至四月屬陽鼎，左旋。

注云：弦望晦朔，乃日月四時也。旦則暗魄中魂生而爲明，則曰上弦。上弦之後，魂爲體而魄爲用，魂中又魂，魂生而曰望矣。望則明魂中魄生而爲暗，則曰下弦。下弦之後，魄爲體而魂爲用，魄中又魄，魄生而月晦矣。一月之中，魂魄往來，不失其度。黃真人託月以爲火候，因此可見矣。

《參同録》云：五月至十月屬陰鼎，右轉。丹至困極之時，不得暫拋離藥室，專聽龍吟之聲。過此陽極之數，丹已無憂。至十月日全，陽歸坤遇，丹成就，色變紫金，光華赫然，九轉成陽，五行炁足。如雲子曰：開鼎時須齋戒沐浴，各披道衣，頂星冠，面南，跪捧藥爐，焚香浄身，虔誠禱告，啓請大道天尊、太上老君，一切十方上聖真君。奉道弟子某甲，功成丹鼎，法應乾坤，陰風消散，日華赫明，純陽變體，龍虎持身，上歸紫府，永離紅塵。凡開鼎取藥之時，勿令婦人雞犬見之，所飛鼎上白者紫金丹，赤爲龍虎丹，鼎周四面者爲大丹，中間白如魚鱗片者，名神符白雪。

服食二十一

如雲子曰：丙黃蠟毬子內閉，入東流水，浸三七日，出火毒。入竹筒內，麵貯於甑中，蒸一伏時，去水毒。訖煮汁爲丸，如胡麻子大，以祭山。

[以下原闕]

傳記

劉安

《漢書·淮南王傳》 淮南王安爲人好書，鼓琴，不喜弋獵狗馬馳騁，亦欲以行陰德拊循百姓，流名譽。招致賓客方術之士數千人，作爲《內書》二十一篇，《外書》甚衆，又有《中篇》八卷，言神仙黃白之術，亦二十餘萬言。時武帝方好藝文，以安屬爲諸父，辯博善爲文辭，甚尊重之。

劉向

《漢書·楚元王傳》 向字子政，本名更生。年十二，以父德任爲輦郎。既冠，以行修飭擢爲諫大夫。是時，宣帝循武帝故事，招選名儒俊材置左右。更生

以通達能屬文辭，與王襃、張子僑等並進對，獻賦頌凡數十篇。上復興神僊方術之事，而淮南有《枕中鴻寶苑祕書》。書言神僊使鬼物爲金之術，及鄒衍重道延命方，世人莫見，而更生父德武帝時治淮南獄得其書。更生幼而讀誦，以爲奇，獻之，言黄金可成。上令典尚方鑄作事，費甚多，方不驗。上乃下更生吏，吏劾更生鑄僞黄金，繫當死。更生兄陽城侯安民上書，入國户半，贖更生罪。上亦奇其材，得踰冬減死論。

寇謙之

《魏書·釋老志》 世祖時，道士寇謙之，字輔真，南雍州刺史讚之弟，自云寇恂之十三世孫。早好仙道，有絶俗之心。少修張魯之術，服食餌藥，歷年無效。幽誠上達，有仙人成公興，不知何許人，至謙之從母家傭賃。謙之嘗覩其姨，見興形貌甚强，力作不倦，請回賃興代己使役。乃將還，令其開舍南辣田。謙之樹下坐算，興墾發致勤，時來看算。謙之謂曰：「汝但力作，何爲看此？」二三日後，復來看之，如此不已。後謙之算七曜，有所不了，惘然自失。興謂謙之曰：「先生何爲不懌？」謙之曰：「我學算累年，而近算《周髀》不合，以此自愧。且非汝所知，何勞問也。」興曰：「先生試隨興語布之。」俄然便決。謙之歎伏，不測興之深淺，請師事之。興固辭不肯，但求爲謙之弟子。未幾，謂謙之曰：「先生有意學道，豈能與興隱遁？」謙之欣然從之。興乃令謙之絜齋三日，共入華山。令謙之居一石室，自出採藥，還與謙之食藥，不復飢。乃將謙之入嵩山。有三重石室，令謙之住第二重。歷年，興謂謙之曰：「興出後，當有人將藥來。得但食之，莫爲疑怪。」尋有人將藥而至，皆是毒蟲臭惡之物，謙之大懼出走。興還問狀，謙之具對，興歎息曰：「先生未便得仙，政可爲帝王師耳。」興事謙之七年，而謂之曰：「興不得久留，明日中應去。興亡後，先生幸爲沐浴，自當有人見迎。」興乃入第三重石室而卒。謙之躬自沐浴。明日中，有叩石室者，謙之出視，見兩童子，一持法服，一持鉢及錫杖。謙之引入，至興尸所，興欻然而起，著衣持鉢、執杖而去。先是，有京兆灞城人王胡兒，其叔父亡，頗有靈異。曾將胡兒至嵩高別嶺，同行觀望，見金室玉堂，有一館尤珍麗，空而無人，題曰「成公興之館」。胡兒怪而問之，其叔父曰：「此是仙人成公興館，坐失火燒七間屋，被謫爲寇謙之作弟子七年。」始知謙之精誠遠通，興乃仙者謫滿而去。

謙之守志嵩岳，精專不懈，以神瑞二年十月乙卯，忽遇大神，乘雲駕龍，導從百靈，仙人玉女，左右侍衛，集止山頂，稱太上老君。謂謙之曰：「往辛亥年，嵩岳鎮靈集仙宫主，表天曹，稱自天師張陵去世已來，地上曠誡，修善之人，無所師授。嵩岳道士上谷寇謙之，立身直理，行合自然，才任軌範，首處師位，吾故來觀汝，授汝天師之位，賜汝《雲中音誦新科之誡》二十卷。號曰『並進』。」言：「吾此經誡，自天地開闢已來，不傳於世，今運數應出。汝宣吾新科，清整道教，除去三張僞法，租米錢税，及男女合氣之術。大道清虚，豈有斯事。專以禮度爲首，而加之以服食閉練。」使王九疑人長客之等十二人，授謙之服氣導引口訣之法。遂得辟穀，氣盛體輕，顔色殊麗。弟子十餘人，皆得其術。

泰常八年十月戊戌，有牧土上師李譜文來臨嵩岳，云：老君之玄孫，昔居代郡桑乾，以漢武之世得道，爲牧土宫主，領治三十六土人鬼之政。地方十八萬里有奇，蓋（歷）［曆］術［九］章之數也。其中爲方萬里者有三百六十方。遣弟子宣教，云嵩岳所統廣漢平土方萬里，以授謙之。作誥曰：「吾處天宫，敷演真法，處汝道年二十二歲，除十年爲竟蒙，其餘十二年，教化雖無大功，且有百授之勞。今賜汝遷入内宫，太真太寶九州真師、治鬼師、治民師、繼天師四録。修勤不懈，依勞復遷。賜汝《天中三真太文録》，劾召百神，以授弟子。《文録》有五等，一曰陰陽太官，二曰正府真官，三曰正房真官，四曰宿宫散官，五曰並進録主。壇位、禮拜、衣冠儀式各有差品。凡六十餘卷，號曰《録圖真經》。付汝奉持，輔佐北方泰平真君，出天宫静輪之法。能興造克就，則起真仙矣。又地上生民，末劫垂及，其中行教甚難。但令男女立壇宇，朝夕禮拜，若家有嚴君，功及上世。其中能修身練藥，學長生之術，即爲真君種民。」藥別授方，銷練金丹、雲英、八石、玉漿之法，皆有決要。上師李君手筆有數篇，其餘，皆正真書曹趙道覆所書。古文鳥迹，篆隸雜體，辭義約辯，婉而成章。大自與世禮相準，擇賢推德，信者爲先，勤者次之。又言二儀之間有三十六天，中有三十六宫，宫有一主。最高者無極至尊，次曰大至真尊，次天覆地載陰陽真尊。次洪正真尊，姓趙名道隱，以殷時得道，牧土之師也。牧土之來，赤松、王喬之倫，及韓終、張安世、劉根、張陵，近世仙者，並爲翼從。牧土命謙之爲子，與群仙結爲徒友。幽冥之事，世所不了，謙之具問，一一告焉。經云：佛者，昔於西胡得道，在三十二天，爲延真宫主。勇猛苦教，故其弟子皆髡形染衣，斷絶人道，諸天衣服悉然。

始光初，奉其書而獻之，世祖乃令謙之止於張曜之所，供其食物。時朝野聞之，若存若亡，未全信也。崔浩獨異其言，因師事之，受其法術。於是上疏，讚明

其事曰：「臣聞聖王受命，則有大應。而《河圖》《洛書》，皆寄言於蟲獸之文。未若今日人神接對，手筆粲然，辭旨深妙，自古無比。昔漢高雖復英聖，四皓猶或恥之，不爲屈節。今清德隱仙，不召自至。斯誠陛下侔蹤軒黄，應天之符也，豈可以世俗常談，而忽上靈之命。臣竊懼之。」世祖欣然，乃使謁者奉玉帛牲牢，祭嵩岳，迎致其餘弟子在山中者。於是崇奉天師，顯揚新法，宣布天下，道業大行。浩事天師，拜禮甚謹。人或譏之，浩聞之曰：「昔張釋之爲王生結襪。吾雖才非賢哲，今奉天師，足以不愧於古人矣。」及嵩高道士四十餘人至，遂起天師道場於京城之東南，重壇五層，遵其新經之制。給道士百二十人衣食，齊肅祈請，六時禮拜，月設厨會數千人。

世祖將討赫連昌，太尉長孫嵩難之，世祖乃問幽徵於謙之。謙之對曰：「必克。陛下神武應期，天經下治，當以兵定九州，後文先武，以成太平真君。」真君三年，謙之奏曰：「今陛下以真君御世，建静輪天宫之法，開古以來，未之有也。應登受符書，以彰聖德。」世祖從之。於是親至道壇，受符録。備法駕，旗幟盡青，以從道家之色也。自後諸帝，每即位皆如之。恭宗見謙之奏造静輪宫，必令其高不聞雞鳴狗吠之聲，欲上與天神交接，功役萬計，經年不成。乃言於世祖曰：「人天道殊，卑高定分。今謙之欲要以無成之期，說以不然之事，財力費損，百姓疲勞，無乃不可乎？必如其言，未若因東山萬仞之上，爲功差易。」世祖深然恭宗之言，但以崔浩贊成，難違其意，沉吟者久之，乃曰：「吾亦知其無成，事既爾，何惜五三百功。」

九年，謙之卒，葬以道士之禮。先於未亡，謂諸弟子曰：「及謙之在，汝曹可求遷録。吾去之後，天宫真難就。」復遇設會之日，更布二席於上師坐前。弟子問其故，謙之曰：「仙官來。」是夜卒。前一日，忽言「吾氣息不接，腹中大痛」，而行止如常，至明旦便終。須臾，口中氣狀若烟雲，上出窗中，至天半乃消。屍體引長，弟子量之，八尺三寸。三日已後，稍縮，至斂量之，長六寸。於是諸弟子以爲尸解變化而去，不死也。

又《崔浩傳》 天師寇謙之每與浩言，聞其論古治亂之迹，常自夜達旦，竦意斂容，無有懈倦。既而歎美之曰：「斯言也惠，皆可底行，亦當今之皋繇也。但世人貴遠賤近，不能深察之耳。」因謂浩曰：「吾行道隱居，不營世務，忽受神中之訣，當兼修儒教，輔助泰平真君，繼千載之絶統。而學不稽古，臨事闇昧。卿爲吾撰列王者治典，并論其大要。」浩乃著書二十餘篇，上推太初，下盡秦漢變弊之迹，大旨先以復五等爲本。

《北史・崔宏　崔浩傳》 天師寇謙之每與浩言，聞其論古興亡之迹，常自夜達旦，竦意斂容，深美之。【略】因謂浩曰：「吾當兼修儒教，輔助太平真君，而學不稽古。爲吾撰列王者政典，并論其大要。」浩乃著書二十餘篇，上推太初，下盡秦漢變弊之迹，大旨先以復五等爲本。

宋・司馬光《資治通鑑》卷一一九《宋紀一》 浩纖妍潔白如美婦，纖，細也；妍，美好也。常自謂才比張良而稽古過之。既歸弟，因脩服食養性之術。

初，嵩山道士寇謙之，讚之弟也，修張道陵之術，自言嘗遇老子降，命謙之繼道陵爲天師，張道陵，後漢人，修五斗米道，俗所謂天師也。授以辟穀輕身之術及《科戒》二十卷，今道家科戒蓋始於此。使之清整道教。又遇神人李譜文，譜，博古翻。云老子之玄孫也。授以《圖籙真經》六十餘卷，使之輔佐北方太平真君，出天宫静輪之法，其中數篇，李君之手筆也。謙之奉其書獻於魏主。朝野多未之信，朝，直遥翻。崔浩獨師事之，從受其術，且上書贊明其事曰：「臣聞聖王受命，必有天應，《河圖》《洛書》皆寄言於蟲獸之文，河出圖，伏羲象以畫八卦；洛出書，禹得之以叙九疇，故曰：「龍圖授羲，龜書畀姒。」又《尚書・中候》曰：「堯沈璧於洛，玄龜負書，背中赤文朱字，止於壇畔。舜禮壇于河畔，黄龍負卷舒圖出于水。」未若今日人神接對，手筆粲然，辭旨深妙，自古無比；豈可以世俗常慮而忽上靈之命！臣竊懼之。」帝欣然，使謁者奉玉帛、牲牢祭嵩嶽，迎致謙之弟子在山中者，以崇奉天師，顯揚新法，宣布天下。起天師道場於平城之東南，重壇五層；《水經註》：灅水南逕平城之東，水左有大道壇，寇謙之所建也。灅水即漯水。給道士百二十人衣食，每月設厨會數千人。

臣光曰：老、莊之書，大指欲同死生，輕去就。而爲神仙者，服餌修鍊以求輕舉，鍊草石爲金銀，谷永説漢成帝曰：「諸言世有仙人服食不終之藥，遥興輕舉，登遐倒景，覽觀縣圃，浮游蓬萊，黄冶變化，皆姦人惑衆，挾左道，懷詐僞，以欺罔世主。」服餌修鍊以求輕舉，即谷永所謂服食不終之藥遥興輕舉者也；鍊草石以爲金銀，即谷永所謂黄冶變化者也。其爲術正相戾矣；是以劉歆《七略》叙道家爲諸子，神仙爲方技。以其相戾，故《七略》不得合爲一。其後復有符水、禁呪之術，符水、禁呪，即張道陵之術。至謙之遂合而爲一；至今循之，其訛甚矣！崔浩不喜佛、老之書而信謙之之言，其故何哉！喜，許記翻。昔臧文仲祀爰居，孔子以爲不智；海鳥爰居避風，止於魯東門之外，臧文仲使國人祀之。孔子以爲臧文仲不智者三，祀爰居其一也。如謙之者，其爲爰居亦大矣。「《詩》三百，一言以蔽之，曰思無邪。」君子之於

擇術，可不慎哉！

韋文秀

《魏書・釋老志》 時有京兆人韋文秀，隱於嵩高，徵詣京師。世祖曾問方士金丹事，多曰可成。文秀對曰：「神道幽昧，變化難測，可以闇遇，難以豫期。臣昔者受教於先師，曾聞其事，未之爲也。」世祖以文秀關右豪族，風操温雅，言對有方，遣與尚書崔賾詣王屋山合丹，竟不能就。時方士至者前後數人。河東祁纖，好相人。世祖賢之，拜纖上大夫。潁陽絳略、聞喜吴劭，道引養氣，積年百餘歲，神氣不衰。恒農閻平仙，博覽百家之言，然不能達其意，辭占應對，義旨可聽。世祖欲授之官，終辭不受。扶風魯祈，遭赫連屈孑暴虐，避地寒山，教授弟子數百人，好方術，少嗜慾。河東羅崇之，常餌松脂，不食五穀，自稱受道於中條山。世祖令崇還鄉里，立壇祈請。崇云：「條山有穴，與崐崘、蓬萊相屬。入穴中得見仙人，與之往來。」詔令河東郡給所須。崇入穴，行百餘步，遂窮。後召至，有司以崇誣罔不道，奏治之。世祖曰：「崇修道之人，豈至欺妄以詐於世，或傳聞不審，而至於此。古之君子，進人以禮，退人以禮。今治之，是傷朕待賢之意。」遂赦之。又有東萊人王道翼，少有絶俗之志，隱韓信山，四十餘年，斷粟食菨，通達經章，書符録。常隱居深山，不交世務，年六十餘。顯祖聞而召焉。青州刺史韓頹遣使就山徵之，翼乃赴都。顯祖以其仍守本操，遂令僧曹給衣食，以終其身。

鮑靚

《晉書・鮑靚傳》 鮑靚字太玄，東海人也。年五歲，語父母云：「本是曲陽李家兒，九歲墜井死。」其父母尋訪得李氏，推問皆符驗。靚學兼内外，明天文河洛書，稍遷南陽中部都尉，爲南海太守。嘗行部入海，遇風，飢甚，取白石煑食之以自濟。王機時爲廣州刺史，入厠，忽見二人著烏衣，與機相捍，良久擒之，得二物似烏鴨。靚曰：「此物不詳。」機焚之，徑飛上天，機尋誅死。靚嘗見仙人陰君，授道訣，百餘歲卒。

葛玄

梁・陶弘景《吴太極左仙公葛公之碑》 道冠兩儀之先，名絶萬物之始者，固言語所不得辯，稱謂所莫能筌焉。云何以文字述，云何以金石傳，古其遂休也，則日月空照遂嘿也，則生人長昏。是故出關導以兩卷，將升摛其玉文，令懷靈抱識之士知杳冥之有精焉。自時厥後，弈代間出雲篆龍章之牒，炳發於林岫，瓌辭麗氣之旨藻蔚於庭莚，其可以垂軌範著謡誦者迄于兹辰。昔在中葉甘左見駭於魏王象奉擅奇於吴主，至如葛仙公之才英俊邁蓋其尤彰彰者矣。公于時雖歷游名嶽，多居此嶺，乃非洞府而跨據中川，東視則連峰入海，南眺則重嶂切雲，西臨江滸，北傍郊邑，斯潛顯之奧區，出處之關津。半尋石井，日汲莫測其源，三足白麃百齡不異其質，精靈之所弗渝，神祇之所司衛。麻衣史宗之儔，相繼棲託，後有孫慰祖亦嗣居彌歲山陰。潘洪宇文盛少秉道性，志力剛明，前住餘姚四明陝國爲立觀，直上百里榛途險絶既術識有用爲物情所懷。天監七年，郡邑豪舊遂相率與出制不由己，以此山在五縣衝要舍而留止，于兹十有五載，將欲移憩壇上，先有一空碑久已摧倒，洪意以爲蔭其樹者尚愛其枝，況仙公真聖之遺蹤而可遂淪乎。乃復建新碑於其所，願勒名迹以永傳，隱居不遠千里寓斯石而鐫之。仙公姓葛，諱玄，字孝先，丹陽句容都鄉吉陽里人也。本屬琅琊後漢驃騎僮侯。盧讓國於弟來居此土。七代祖艾，即驃騎之弟，襲封僮侯。祖矩，安平太守黄門郎。從祖彌，豫章等五郡太守。父焉，字德儒，州主簿，山陰令，散騎常侍大尚書。代載英哲，族冠吴史。公幼負奇操超絶倫黨，神挺標峻清輝卓逸，墳典不學而知道術，纔聞已了，非復軌儀所範思識所該，特以域之，情理之外置之言象之表。吴初，左元放自洛而來，授公白虎七變鑪火九丹。於是五通具足，化遯無方。孫權雖愛賞仙異，而内懷精害，翻埮之徒皆被挫斥，敬憚仙公動相諮稟。公馳涉川嶽，龍虎衛從，長山、蓋竹尤多去來，天台、蘭風是焉遊憩。時還京邑，視人如戲，詭譎倜儻，縱倒河山，雖投舄履墜叱石羊起，蔑以加焉。于時有人漂海隨風渺漭無垠，忽值神島見人授書一函，題曰：寄葛仙公。令歸吴達之，由是舉世翕然，號爲仙公。故抱朴著書亦云：余從祖仙公，乃抱朴三代從祖也。俗中經傳所談，云已被太極銓授居左仙公之位，如《真誥》并《葛氏舊譜》，則事有未符，恐教迹參差，適時立説猶如執戟侍陛，豈謂三摘靈桃，徒見接神役鬼，安知止在散職，一以權道推之無所復論其同異矣。仙公赤烏七年太歲甲子八月十五日平旦升仙，長往不返，恒與郭聲子等相隨久，當授任玄都祇秩天爵，佐命四輔，理察人祇，瞻望舊鄉，能無纍纍之歎，顧眄後學庶垂汲引之慈，敢藉邦族末班仰述，真仙遺則云爾。

九垓夐絶，七度虚縣。分空置境，聚氣搆天。物滋數後，化起象前。命隨形轉，神寄業傳。

霜野於衰，竹栢翠微。泉墟共往，彭羡獨歸。生因事攝，年以學祈。如金在冶，如帛在機。

仙公珪瞥，臨齠發穎。襄童比迹，項孺聯影。濯質綺闈，凝心黛嶺。虎變已攄，龍輈遂聘。

竭來臺霍，偃蹇蘭穹。碧壇自肅，玉水不窮。巡芳沐道，懷古惻衷。表兹峻碣，永扇高風。

蘭風寓憩，已勒豐碑。此土舊居，未鎸貞琰。今之遠裔，仰慕清塵。敬思刊樹，傳芳來葉。

宋勑封，勑云：山川勝境仙聖所居，其盛德茂功顯聞於世者，朕必秩而祀之，惟真人寄言立稱，咸造宗極，出入無畛，與道翱翔，壇宇琳宫，積有年矣。祈禳休應，美利在民，肆加褒榮，特建崇號。尚祈歆懌，永福此邦，可特封冲應真人。崇寧三年。

勑云：莊周氏云：神人使物不疵癘而年穀熟。仙之謂與爾，修于名山以成妙道，世傳飛升尚矣，在崇寧間，固已錫封。乃者部使者從邦甿之請，復以祀禱應響，歲事屢豐之狀來上。朕於方士，説無所嗜，嘉其有功於民，爰命禮官用衍稱謂。若夫乘雲御風，遊乎八極之表，何有於名，然姑以見朕褒表之忱，可特封冲應孚佑真君。淳祐六年。

明·朱綽《太極仙公傳序》 仙道尚矣，繇神農氏雨師而來，代有人焉。至周老氏以清静無爲爲宗，學焉者奉之以爲教父，其道益顯白於天下。秦漢之君好長生，方士雲集，霧布飛騰變化者亦班班有人，載之傳記，不誣也。吾邑葛仙公，吴時得道而仙者也，距今蓋千二百年矣。種民相傳，觀宇祀事，逾久而逾盛，香燈晨夕崇奉如一日。然非夫道德有在亦烏能臻此歟？余宦山東秩滿丁家艱還鄉里，青元觀高士譚道林偕其同門友五人過余，袖書一通出以示余曰：此吾仙公傳也。觀本仙公故宅，仙公昇舉之後即宅爲觀以奉之，幾將千載矣。聞風訪道者恒至而問焉，患未有以語其詳也。先師竹巖翁有志於此有年所矣，間嘗語吾曰：夫蔭其樹者猶愛其枝，矧學其道而可不知所自哉。昔吕先生嘗撰《仙公傳》一卷，《道藏》之燬有間矣，訪求未之獲也。世遠而事逸，事之逸，兹非吾山中之甚闕典歟，僅得閤皂山所記《仙公傳》一卷，此書是已。將鋟諸梓，病其弗備而未果也。既而先師厭世羽化，弟子將圖踵成先志，以無忘先師平素惓惓攸念。惟先生爲加潤色，而傳諸好事者，則豈惟山林是幸，抑亦一邑神明之觀也。余再三辭不獲命，乃受書讀數過。顧其叙次繁蕪而尚多放失，於是重加編次，爲傳一卷。《易》曰：神而明之，存乎其人。仙公之道神矣，學其道者，能修而明之，則真其人也，仙道亦烏有不可幾哉，道林勉之。竹巖翁姓貢氏，名惟琳。世家丹陽之柳茹，通儒者，善鼓琴，慕仙公之道而學焉者。道林受業師也。道林名嗣先，世家丹陽之於溪。師弟子皆丹陽望族云。歲在丁巳二月朔朱綽序。

題譚嗣先《太極葛仙公傳》 仙公諱玄，字孝先，姓葛氏，句容人也。

《列傳》云：葛天氏之後，封于葛，遂以國爲氏，歷代諸侯也。陶弘景《仙公碑》云：丹陽句容都鄉吉陽里人。張侃《句容誌》云：青元觀，梁天監七年建，在縣西南三百餘步，吴葛仙公宅也。鍊丹井在焉。

其先琅琊人，後漢驃騎將軍僮侯盧讓國於弟艾，來居此土。

《抱朴子》曰：葛盧有大功，受爵立宅舍於博望里，于今基兆石礎在焉。《别傳》云：高祖盧，漢驃騎大將軍，封下邳侯，讓國與弟艾，託遂南遊江左逍遥丘壑，適丹陽句容，見其山水秀麗風俗淳厚，因居焉。《金陵誌》云：《列仙傳》曰：本姓諸葛，遠祖征江漢次丹陽之句容，因止而歎曰：獨身在此何諸之有？葛姓始此。

祖矩安平太守黄門郎，父焉字德儒，州主簿、山陰令、散騎常侍、大尚書。

《雲笈七籤》云：父諱孝儒。《别傳》云：父孝儒，歷大鴻臚。

仙公生於漢延熹七年甲辰四月八日。

按《别傳》云：仙公父素奉道法，即遣人詣本里玄静觀求香水浴兒。時有自然道士支道紀，莫知其所由來，欣然謂曰：吾昨夢通玄真人自大羅天下降，明日當往賀尚書生奇男。越一日，果來賀，求兒看。父令抱兒出，道紀起敬，尚書驚問。道紀曰：此兒有紫氣覆之，狀如寶蓋，神光焕耀，當爲神仙，非常兒比。尚書曰：仙聖寥邈，得壽考以爲宗嗣足矣。道紀因作禮十方仙聖，爲讚曰：身雖輪聖化，魂神無暫滅。宿福積重緣，昔願非今日。大羅真人降，仙聖含真出。天龍漱香花，濯我鍊胎質。微言將誰信，靈期玄佑畢。道心超不二，混成表元一。獨悟本無想，放則大乘逸。頌畢長揖而出，倏然不見。

生而秀穎，英姿振發，天才超軼，性識明茂，學通古今，經傳子史靡不該覽。

葛洪《神仙傳》曰：公備覽五經，又好談論。

八歲父薨，繼遭母喪，克盡孝道，每見園池臺榭有父手澤履跡，輒仰天號哭，飛鳥爲之悽鳴。服既闋，即有邁俗之志，居常好彈琴，誦《老》《莊》，安閒淡泊，內足無求。年十五六名振江左，州郡欲辟爲掾，仙公笑曰：蔬食被褐枕石漱流吾所樂也，豈能以彼而易此哉。卒辭之。志欲遐跡靈嶽遐求異人，乃着羽服入赤城山，精思念道，常服餌術，能絕穀連年不饑。

《列傳》云：仙公年十八九，東入括蒼省其叔彌，彌字孝公，時授業於其居。曰：予常念子幽窈與人事疏闊，仰眄青雲，俯臨滄海，險阻艱難，備嘗之矣。今天下求士子，才術奇博盍出仕乎？答曰：玄禀性愚鈍，不適世用，負愧先緒，謝干祿之客，辭負鼎之士，當絕志巖穴，棲心煙霞，流浪山水，期與涓子爲友，赤松結交。惟叔父遠弘道藝，講論五經，俾洙泗之風翕然，復振策名王室，亮天熙載垂裕後昆耳。彌曰：子絕穎離倫，超凡入聖，吾不及也。陶碑云：從祖彌，豫章等五郡太守。《別傳》以爲叔，誤。

恒周旋括蒼、南嶽、羅浮、金精、玉笥、長山、蓋竹、天台、蘭風等山，雖歷游名嶽時還京邑，或止石頭四望山所，或游於烈州。恒與謝稚堅、黃子陽、郭聲子相隨。

《真誥》云：鹿跡山洞主有謝稚堅。又云：謝稚堅張兆期就毛伯道劉道恭請道，與之茯苓特行方服之，皆已數百歲，游行五嶽也。黃子陽者，魏人也。學道博落山中九十餘年，但食桃皮飲石中黃水，後逢司馬季主以導仙八方與之，遂以度世。晉初有真人郭聲子在洛市中作卜師也。

漢光和二年正月朔，仙公於天台上虞山感太上遣玄一三真人太極徐真人授以三洞四輔經籙，修行祕訣，金書玉誥符圖。又命王思真披九光玉蘊出洞玄大洞靈寶經典七品，齋目勸戒法輪無量通玄轉神入定等經以授仙公。

《別傳》云：今天台桐栢觀有法輪寺，三真降經之所存焉。李含光《大洞經序》云：太極真人徐來勒以大洞經授仙公。

吴初左元放自洛而來，仙公從受白虎七變太清九鼎金液丹經，鍊氣保形之術，治病劾鬼祕法，三元真一妙經，行之三年，於是五通具足化遯無方矣。

《真誥》云：漢建安中，左元放聞江東有神山，故渡江尋之。《神仙傳》云：公尤長於治病，鬼魅皆見形，或遣或殺。

是時，吴主愛賞仙異，尤敬憚仙公，欲加榮位。仙公不聽求去不得，以客禮待之，常共游宴，動相諮稟。一日與吴主坐樓上，時久旱，見道間人民所作請雨。吴主曰：百姓請雨寧可得乎？仙公曰：易得耳。即便書符令人着社中，一時之中天地晦冥大雨流潦，中庭平地水尺餘。吴主曰：水寧可使有魚乎？仙公曰：可。復書符水中，須臾有大魚百許頭，各長一二尺，走水中。吴主曰：可食乎？曰：可。遂使取治之，乃真魚也。又嘗從吴主船行到烈洲，還遭大風，百官船無大小多漂没，仙公船亦不知所在。吴主歎曰：仙公有道亦不能免此乎。乃登四望山使人鉤船，船没已經宿，忽見仙公從水上步來，衣履不濕，既至尚有酒色。謝吴主曰：昨因侍從，而伍子胥見强牽逼卒不得捨去，煩勞至尊曝露水次。吴主欣然曰：先生爲神靈所招，道德所致也。

《吴越春秋》云：伍子胥伏劍而死，吴王乃取屍盛以鴟夷之器投之江中，子胥因隨流揚波依潮來往。

仙公一日之間能至數十處，嘗有客，仙公於坐上方與客語，門中又見有一仙公迎他客，而水側又有一仙公投鈞，不能別何者爲真也。又嘗有客至，爲客置酒，無人傳杯杯自至客前，客飲不盡杯亦不去也。仙公性好酒，飲酒一斛，每飲醉便入深淵潤中臥，竟日酒解乃出，身不濡濕。亦積薪烈火而坐其上，薪盡而衣冠不灼。畫流水即爲逆流十丈許。

《抱朴子》云：余從祖仙公每大醉及夏天盛熱輒入深淵之底，一日許乃出者，正以能閉氣胎息故耳。

又嘗與客對食，客曰：食畢請作一奇戲。仙公曰：得無促，欲有所見乎？即吐口中飯，盡成大蜂數百頭，飛行作聲，或集客身，莫不震悚，但不螫人。良久張口，羣蜂還飛入口，嚼之故是飯也。又時天寒，仙公謂客曰：居貧不能人人得爐火，請作天火共使得暖。仙公因張口吐氣，赫然火出，須臾滿屋中客盡得如在日中，亦不甚熱。又盛暑中，諸書生請仙公作可以戲者，仙公時仰卧，使人以粉粉身，未及結久，答曰：熱極不能，起作他戲。因徐徐以腹揩屋棟數十過，還復床上，及下冉冉如雲氣，腹粉着屋棟連日猶在。仙公嘗行，卒逢所親，邀止道間樹下，折草刺樹以杯器承之，汁流如泉，杯滿即止，飲之皆如美酒也。又取土石、草木以下酒，入口皆是鹿脯。其所刺樹以杯承之，杯至即汁出，杯滿即止，他人取之，終不爲出也。有好事少年數十人，從仙公游學，嘗船行見器中藏書札符數十枚，因問此符之驗能爲何事，可得見否。仙公曰：符亦何以爲乎。即取一符投江，中流而下。仙公曰：何如？客曰：吾投之亦能爾。仙公又取一符投江中，逆流而上。曰：何如？客曰：異矣。又取一符投江中，即停立不動，須臾下

符上，上符下，三符合一處，仙公乃取之。又江邊有一浣衣女，仙公謂諸少年曰：吾爲卿等走此女何如？客曰：善。乃投一符於水中，女便驚走數里許不止。仙公曰：可以使止矣。復以一符投水中，女即止還。人問女何怖而走，答曰：吾自不知何故也。又於水濱見鬻魚者，仙公謂之曰：欲暫煩此魚到河伯處可乎？漁人曰：魚已死矣，何能爲？曰：無苦也。乃以魚與仙公，仙公丹書紙納魚口中，擲魚水中，魚即躍躍而去。俄頃魚還躍上岸，吐墨書青色如木葉而飛去。又嘗以數十錢使人散投井中，以一器置井上呼錢令出，錢皆一一飛從井口出，悉入器中。又嘗爲客夏致冰雪冬設生瓜棗，能拍床使行，指蝦蟆及諸蟲飛鳥燕雀魚鼈之屬使之舞，皆應弦節如人，止之即止。仙公與人俱行，能令去也三四尺，乘虛而步。或有請仙公，仙公意不欲往，主人强之，不得已隨去。行數百步言腹痛，止而卧地，須臾死，舉頭頭斷，舉四支四支斷，便臭爛蟲生，不可復近。請之者怖遽走，告仙公家，見仙公故在堂上。此人亦不敢言之，走遠死處，已失尸所在。

陶碑云：公馳涉川嶽，龍虎衛從，詭譎倜儻，縱倒河山。《真誥》云：亦能乘虎使鬼，無所不至。

仙公又感太上授以霹靂火府雷法，策役雷神誅伐不道。時有神廟，此神常使往來之人未至廟百步必下騎乘步行，否則立致變怪。廟中有大樹數十株，上有衆鳥，人莫敢犯。仙公乘車過不下，須臾有大風回逐仙公車，塵埃漫天從者皆辟易。仙公乃大怒曰：小邪敢爾。以手指風風便止，以符投廟中樹上鳥皆墮地而死。後數日，廟樹盛夏皆枯，廟屋尋火起焚燒悉盡。嘗至武康過主人家，主人病祭祀道精，精人使仙公飲酒。精人言語不遜，仙公大怒曰：姦鬼敢爾。勑五伯曳精人付柱鞭脊，即見如有人牽精人出者，至庭抱柱解衣投地，但聞鞭聲，血出流離，精人故尚鬼語乞命。仙公曰：赦汝死罪，汝能令主人病愈否？精人曰：能。仙公曰：與汝三日期，病者不愈當治汝。精人乃見放病者，果愈。又嘗過華陰，有大蛇爲妖，化美婦惑一士人。仙公乃作田夫驅黄犢而耕，回，語士人以蛇妖狀，復引視古井中蛇所啖人骨，教令東走。其蛇在網帳中張口將向士人，仙公即時爲斬蛇，又誅小蛇無數，以符令士人服之，俄吐蚯蚓蝦蟆之類甚多，士人乃無恙。于時有一道士頗能治病，從中國來，欺人言我已數百歲。仙公知其誑，後會衆坐，仙公謂所親曰：欲知此公年否？所親曰：善。忽有人從天上下，舉坐矚目，良久集地，著朱衣進賢冠，入至此道士前。曰：天帝詔問公之定年幾許，而期誑百姓。道士大怖，下床長跪答曰：無狀，實年七十三。仙公因撫手大笑，忽然失朱衣所在，道士大慚，遂不知所之。

《真誥》云：公長於變幻。

初仙公嘗於荆門紫蓋山修鍊，值天寒衣服藍縷跣足而行。時有屈氏二女見之，憐其忍冷，夜作雙履次日往獻。暨至則仙公已去，所鍊丹鑪灰尚温，二女撥灰得丹一粒，分服之，自是即不饑，後俱隱去，時人以爲得仙。又在盱江麻姑山小有洞天修鍊，鑿五井以象五行，上應五星。至今其泉消息盈虚從一至五周而復始，若有度數焉。

《上清集》云：葛孝先初鍊丹時，常以念珠持於手中，每日坐丹鑪邊常念玉帝全號一萬遍。《别傳》云：仙公凡經行七十二處修鍊，皆有仙壇鍊丹靈跡。

最後於閤皂東峰建卧雲庵，築壇立竈以鍊金丹，于時瑞氣祥光照映山谷，嘗於洞口金沙池中浴丹，其泉忽然涌漲，金沙騰沸，至今丹池之内金沙自沸。又嘗於西峰石壁上石臼中擣藥，因墮藥一粟許，有飛鳥食之，遂不死，至今月夜其鳥鳴作丁當杵臼聲，世名擣藥鳥。仙人琴高嘗騎雙鯉訪仙公於卧雲庵，相與置酒酣飲醉而卧，及醒雙鯉已化爲石，仙公乃以雙鶴與之，琴高遂乘鶴去。雙鯉石至今在後山門。仙公鍊丹既成，乃藏之於東崖石室，曰：吾以待廣積功行，超度羣品，醮謝天地，然後服之。庶幾三天書名，九霄列職，無愧于心也。

《别傳》云：仙公丹成作頌曰：流珠流珠，役我形軀。奔馳四海，歷覽羣書。披尋不悟，惟思若愚。焚遍金台，燒竭汞珠。資財蕩散，抱膝長吁。吾年六十，功效躊躇。賴師指授，元氣虚無。窈冥中起，恍惚中居。真陰真陽，一吸一呼。先存金鼎，次認五鑪。離火激海，坎水升虚。玉液灌溉，洞房流酥。天機真露，萬類難如。真人度人，要大丈夫。天長地久，同看仙都。念兹在兹，語吾記吾。

仙公山居，嘗慨然念窮魂滯魄沈淪惡趣，於是删集靈寶經誥撰成祭鍊大法、生天寶籙、靈符秘訣等，奏聞天帝建立法壇，每於三元八節吉日良宵，普召地獄魂魄詣壇祭鍊，行持之後屢有感格。

《别傳》云：甲午歲下元祭鍊時，有一鬼王長五丈衣緋袍稽首再拜，言曰：諸鬼每蒙真仙祭拔數百萬衆俱獲超生矣，且聞北帝勑示云：葛真人祭鍊年深，名書金簡上列天曹也。言訖而退。

吴主嘗清齋焚香延仙公，訪以仙道，于時弟子張泰言、孔龍、鄭思遠等侍仙公，對曰：仙道微妙，大學道者從微至著自邇陟遐，國君萬機之餘能清心守一，其則不遠矣。吴主歎美其言。

《别傳》云：吴主曰：朕以暗昧未達玄旨秘典齋直修真捷徑，道經之品何者爲先？符圖秘要何者爲妙？仙公避席曰：學道求仙先修戒行方見漸階，道行既立乃可服食，靈藥導引元氣，噏納和津，呼吸陰陽，如此可爲地仙。救度灾厄却禍來祥者須齋直，此經出《太上靈寶洞玄大道無極自然真一五稱文》中。其文義趣弘深，難可槩舉，唯九轉還丹金液玉醴，皆得乘雲駕鶴，白日昇天。如《大洞真經》誦之便可昇舉，《三皇内文》五嶽十地神洲七變七寶靈圖内篇皆上仙之所寶，至尊至重可度陽九百六之灾。真人超邁三界者由此道也。吴主書之金簡，封以玉函，終身欽奉焉。

太子登以仙公有道術，築别館延之，訪以長生之道，對曰：至道之精，窈窈冥冥，至道之極，昏昏默默。無視無聽，抱神以静，形將自正。必静必清，無勞汝形，無摇汝精，乃可長玄。此廣成子以告黄帝者也。今殿下位居儲副，將嗣大寶，要在清心寡欲，遠佞尊賢，拔擢英豪，光宅天下，燮調四序，撫育羣黎，此四海無疆之休也。太子善之。

《别傳》云：嘉禾二年正月朔日，辭太子而去。

一日仙公辭吴主曰：山林微賤久藉恩庇，今當違遠丹陛，恐未有再見期，願陛下息兵子民推誠惠物永安宗社長享太平。吴主曰：卿名隸丹臺，豈久淹塵世者也。嘉禾三年正月一日登括蒼山，謂弟子張泰言、鄭思遠等曰：吾比爲吴王所留未誦洞經，於是以所受上清靈寶諸經精心研誦。赤烏元年戊午十一月初一日甲子，太上遣天吏以金簡玉書册文錫命仙公，第一錫命曰：太上玉書勑無上學仙弟子葛玄，先世苦行累劫立功，損身布施濟度危亡，積感太上，遂令名注玄都上仙定籍，是故英明智慧誕降德門，所以才質玉秀馨蘭清發，天姿逸穎卓然挺拔，道模淵偉獨步羣萃，高辭世榮抱朴尚質，注意仙經含光守一，徜徉林麓不戀朝市，慈心度人拳拳不輟，道德既充宜有錫命，今賜子天寶羽服丹霞繡帔，飛羅之裙芙蓉寶冠，金真神虎仗命魔幢，役海召山所爲在意。第二錫命曰：無上學仙弟子葛玄，索隱緇經長齋静念，存思專精苦而不倦，再錫子八景玉輿龍駕乘雲，項生圓光，金章玉文以酬宿德，紀綱道門後賢仰止，秉持法輪太上尊教，三天所詮矣。第三錫命曰：無上學仙弟子葛玄，體德弘道開化未悟，普濟羣品俱超妙覺，功成名揚高真信伏，三界羣靈尊奉穆穆，恩盈十方咸濟所欲也。宜錫子位爲太上玉京太極左宫仙公，總統三界六天大魔王之官，主行三洞經籙，給真仙玉童玉女各五百人侍真，左執九曜之華旛，右捧洞玄之真經，龍旂虎節遊行上清九宫，一年三朝太上玄都玉京金闕，太上錫命天帝承書一如三天故典，天帝諱遠，奉勑命告行於霍童山。仙公乃謂門人曰：五芝吾已盡服，受書已定，當以七年秋八月十五日上昇也。

王氏《神仙傳》云：葛真人七世修積方證左宫仙公之任。《别傳》云：昔十方諸天啓請真王大帝演説《九霄大梵雷霆玉經》，勑元卿等可同太尉黄鉞雷霆大使尚父等侍衛瓊輿，上登三境，奏聞元始求旨流傳。俄頃二帥還奏曰：百辟會集於三省。大帝遂升元皇洞真之輩，諸天車從火鈴侍衛部衆詣三天門下，首謁太上玉京左宫仙公於天機省，次謁九州都仙於天樞省，後謁三天大法師於太玄都省。又元始天尊昔勑太清無上元君令九州都仙判雷霆太省事，太上玉京太極左宫仙公判雷霆玄省事，三天大法師判雷霆都省事，浮丘大仙僉書雷霆三省事。乃知仙公天職亦在三省矣。

赤烏二年正月一日，仙公登勞盛山精思念道，是日中感太上授以千真科戒，乃與衆真演説勸戒未悟流傳於世。時吴主於方山爲仙公立洞玄觀。

《金陵六朝記》云：仙公於方山上得道，白日昇天，山有洗藥池名白上池見在。《建康實録》云：今方山猶有仙公煮藥鐺及藥臼在。

仙公弟子五百餘人，入室者張泰言、孔龍、鄭思遠也，及李參、王玄冲也。

《别傳》云：于時李參蜀郡人，及王玄冲訪道鶴鳴雲臺嵩山少室間，聞吴有仙人葛公，往師焉。問曰：道始於無，無先無後，無古無今，不審孰爲先後？仙公曰：本無先後左右高下貴賤形象之殊，是以字之曰道也。仙公又曰：子宿命當度世，遂於天台山立壇授《五嶽真形圖》，告之曰：此太上傳命之信，西王母之所尊，執山神魔王皆得役使，三界奉迎也。又以《太上金丹大經》《靈寶自然五稱寶曜文》《三皇内文》《大有妙經》《金真玉光靈書紫文》《大洞三十九章》《太霄隱書》《明鏡圖録》《金書玉字》凡十卷，及大極龍騰芝草告盟仙官各令佩帶，令入室弟子鄭思遠具宣口訣云。《金陵六朝記》云：白仲都，仙公弟子，亦白日昇天。

仙公嘗告思遠等曰：吾昔從左元放所受《太清》等丹經，今悉以付汝，然上天禁重勿傳非人也。若有志心之士宜依四極明科盟跪授之。其諸品符籙洞真

洞玄洞神真經等，是太極真人徐來勒授我。此乃上方禁文，自有飛仙守衛，吾昇舉之後可傳諸名山洞臺，勿閉天道也。又以仙藥各一丸并流明七曜紫丸之丹與令服之，既服丹即神怡體輕不復飢渴，乃謂玄冲等曰：子等當還嵩山齋三年，復往王屋山精思大法也。玄冲等請留侍，曰：子心但存我我即可見，不必依戀也。嵩高諸真當復教子矣。後五年復當付子秘訣，成子之道，方得洞視無形如明鏡中物也。又謂曰：子等當處閬風臺三百年，然後乃昇天耳。夫仙道有即時昇天者，亦有十年數十年百年數百年，亦有千年數千年至萬年而後昇天者，由其挺分與功行多少也。未得昇舉之時，皆居五嶽名山，及八海中十洲三島，其中皆七寶宫殿瓊樓玉房，仙藥衆寶尤多，不可名狀，鸞鳳、麒麟交躍戲舞，玉樹、瓊林自然音樂，凡仙人之未昇舉者，多居此諸名山也，要在勤而行之耳。

《別傳》云：玄冲等長跪曰：竊聞有七聖披七色法服，而二聖高仙或在終南、赤城、嵩山，不審何經所載，可得聞否？仙公曰：高仙是南極真人與南極侍郎也。所謂十方神仙化形是正真也，《七聖玄紀》云：赤君下教變迹與六弟子俱皆顯姓名也。

仙公以昇舉有期，當立壇醮謝天地山川百靈，乃於福庭之中築壇名八景，擇吉日登壇告謝天地。于時天花舞空神光燭天，至赤烏七年八月十五日，忽仙樂寥亮旍幢翳天麟駕羽車浮空沓至，仙童玉女靈官翊衛下降壇所，有飛天神王手捧玉詔謂仙公曰：太上有命。仙公再拜受詔，詔曰：勑無上學仙弟子靈寶經籙大法宗師葛玄，久專至道善養胎精，演真經祭鍊於沈魂，集仙典開明於後學，可謂陰功濟世，密行齊真，名隸玉都身歸天界，可特賜玄位爲太上玉京太極左宫仙公，總統二界六天大魔王之職，主行三洞四輔經籙事，可於甲子歲八月十五日午時上昇，徑赴闕庭。仍賜玉函金丹仙衣等，太上詔命天帝承書依法啓迎，一如三天舊典，勑天帝諱遠奉旨告行於閤皂福庭。仙公受詔畢，跪服金丹，遂與弟子言別，登着衣臺身披離羅之服，頭戴芙蓉之冠，項負圓光，手執玉簡，絳裙朱履玉佩鳴珂，坐八景琅輿，霓旍絳節前後導從，仙童玉女左右擁衛，祥雲白鶴盤繞碧空，冉冉而昇。弟子鄒明等攀戀不已，於是仙公停駕空中，賦詩(二)[三]篇，然後上昇而去。其一曰：真人昔遺教，愍念孤癡子。蔽邪不信道，禍亂由斯起。身隨朝露晞，悔恨何有已。罪大不可掩，流毒將誰理。冥冥未出期，劫盡方當止。轉輪貧賤家，仍復爲役使。四體或不完，瞥躄行乞市。不知積罪報，怨天神不恃。大道常無爲，弘之由善始。吾今獲輕舉，修行立功耳。三界盡稽首，從容紫宫裏。停駕虛無中，人生若流水。臨別屬素翰，粗標靈妙紀。其二曰：我今便昇天，愍念諸儒英。大道體虛無，寂寂中有精。視之若冥昧，窈窈中昭明。莫言道虛誕，所患不志誠。奚不登名山，誦是洞真經。一諷而一詠，玄音徹太清。太上輝金容，衆仙齊應聲。十方散香花，燔煙栴檀聲。皇娥奏九韶，鸞鳳諧和鳴。龍駕翳空迎，華蓋曜杳冥。倏閑劫仞臺，帝釋欻降庭。八王奉丹液，挹漱身騰輕。逍遥有無間，流朗絶形名。神童俠侍側，自然朝萬靈。飄飄八景輿，遊宴白玉京。七祖生福堂，先亡悉超生。王侯能篤信，必爲天下貞。大人體至德，一切蒙其成。其三曰：散誕遊山水，吐納靈和涎。鍊氣同希夷，静詠《道德》篇。至心宗玄一，冥感今乃宣。飛駕乘九龍，飄飄升紫煙。華景曜空衢，紅雲擁帝前。暫紆蓬萊宫，倏忽已賓天。偉偉衆真會，渺渺陵重玄。體固無終劫，金顔隨日鮮。歡樂太上境，悲念一切頑。誰能離死壞，結是冥中緣。悠悠成至道，無有入無間。微妙良難測，智者謂我賢。若能弘衆妙，輕舉昇神仙。仙公上昇時年八十一，仙公在世時恒凭一桐木几，及上昇後其几化爲三足白麃，時出山上。

陶碑云：三足白麃百齡不異其質。孔曄《會稽記》云：仙公得道後，几遂化爲三足獸，至今上虞人往往於山中見此案几，蓋欲飛騰之兆也。

初仙公嘗遊會稽，有賈人自海中還，云經一神廟，廟神使主簿傳教語賈人曰：欲附一書與葛公，可爲致之。主簿因以函書擲賈人船頭，如釘著不可取。及達會稽輒以報仙公，仙公自取之，即得題曰：太極左宫仙公也。

賈善翔《高道傳》曰：乃東華小童君書也，字皆科斗古文。

仙公嘗著《道德經序》及《清静經傳授次第》，又著《斷穀食方》三卷，《入山精思經》一十九卷，集《慈悲道場九幽大懺法》十卷云。

《唐書・藝文志》云：葛仙公録狐子方金訣三卷。

葛洪

《晉書・葛洪傳》 葛洪，字稚川，丹陽句容人也。祖系，吴大鴻臚。父悌，吴平後，入晉爲邵陵太守。

洪少好學，家貧，躬自伐薪，以貿紙筆，夜輒寫書誦習，以儒學知名。性寡欲，無所愛翫，不知棊局幾道，摴蒱齒名。爲人木訥，不好榮利，閉門却掃，未嘗交游。於餘杭山見何幼道、郭文舉，目擊而已，各無所言。時或尋書問義，不遠數千里，崎嶇冒涉，期於必得。遂究覽典籍，尤好神仙導養之法。從祖玄，吴時

學道得仙，號曰葛仙公，以其煉丹秘術授弟子鄭隱。洪就隱學，悉得其法焉。後師事南海太守上黨鮑玄。玄亦內學，逆占將來，見洪深重之，以女妻洪。洪傳玄業，兼綜練醫術，凡所著撰，皆精覈是非，而才章富贍。太安中，石冰作亂。吳興太守顧秘爲義軍都督，與周玘等起兵討之。秘檄洪爲將兵都尉，攻冰別率，破之，遷伏波將軍。冰平，洪不論功賞，徑至洛陽，欲搜求異書，以廣其學。洪見天下已亂，欲避地南土，乃參廣州刺史稽含軍事。及含遇害，遂停南土多年，征鎮檄命，一無所就。後還鄉里，禮辟皆不赴。元帝爲丞相，辟爲掾，以平賊功，賜爵關內侯。咸和初，司徒導召補州主簿，轉司徒掾，遷諮議參軍。干寶深相親友，薦洪才堪國史。選爲散騎常侍，領大著作，洪固辭不就。以年老，欲煉丹以祈遐壽。聞交阯出丹，求爲句漏令。帝以洪資高，不許。洪曰：「非欲爲榮，以有丹耳。」帝從之。洪遂將子姪俱行，至廣州，刺史鄧嶽留不聽去，洪乃止羅浮山煉丹。嶽表補東宮太守，又辭不就。嶽乃以洪兄子望爲記室參軍。在山積年，優游閑養，著述不輟。其自序曰：「洪體乏進趣之才，偶好無爲之業。假令奮翅則能陵厲玄霄，騁足則能追風躡景，猶欲戢勁翮於鷦鷯之羣，藏逸跡於跛驢之伍，豈況大塊稟我以尋常之短羽，造化假我以至駑之蹇足？自卜者審，不能者止，又豈敢力蒼蠅而慕冲天之舉，策跛鼈而追飛兔之軌。飾嫫母之篤陋，求媒陽之美談，推沙礫之賤質，索千金於和肆哉？夫僬僥之步而企及夸父之蹤，近才所以躓礙也。要離之羸而强赴扛鼎之勢，秦人所以斷筋也。是以望絶於榮華之塗，而志安乎窮圮之域。藜藿有八珍之甘，蓬蓽有藻梲之樂也。故權貴之家，雖咫尺弗從也；知道之士，雖艱遠必造也。考覽奇書，既不少矣，率多隱語，難可卒解。自非至精，不能尋究；自非篤勤，不能悉見也。道士弘博洽聞者寡，而意斷妄説者衆。至於時有好事者欲有所修爲，倉卒不知所從，而意之所疑，又無足諮。今爲此書，粗舉長生之理。其至妙者不得宣之於翰墨。蓋粗言較略，以示一隅，冀悱憤之徒省之，可以思過半矣。豈謂闇塞，必能窮微暢遠乎？聊論其所先覺者耳。世儒徒知服膺周孔，莫信神仙之書，不但大而笑之，又將謗毁真正。故予所著子，言黄白之事，名曰《內篇》；其餘駁難通釋，名曰《外篇》。大凡內外一百一十六篇。雖不足藏諸名山，且欲緘之金匱，以示識者。」自號抱朴子，因以名書。其餘所著《碑誄詩賦》百卷，《移檄章表》三十卷，《神仙良吏》《隱逸集異》等傳各十卷，又《抄五經史漢百家之言方》技雜事三百一十卷，《金匱藥方》一百卷，《肘後要急方》四卷。

洪博聞深洽，江左絶倫，著述篇章，富於班馬。又精辯玄賾，析理入微。後忽與嶽疏云：當遠行尋師，剋期便發。嶽得疏，狼狽往別。而洪坐至日中，兀然若睡而卒。嶽至，遂不及見，時年八十一。

陶弘景

《梁書・陶弘景傳》　陶弘景字通明，丹陽秣陵人也。初，母夢青龍自懷而出，并見兩天人手執香爐來至其所，已而有娠，遂産弘景。幼有異操。年十歲，得葛洪《神仙傳》，晝夜研尋，便有養生之志。謂人曰：「仰青雲，覩白日，不覺爲遠矣。」及長，身長七尺四寸，神儀明秀，朗目疏眉，細形長耳。讀書萬餘卷。善琴棊，工草隸。未弱冠，齊高帝作相，引爲諸王侍讀，除奉朝請。雖在朱門，閉影不交外物，唯以披閲爲務。朝儀故事，多取決焉。永明十年，上表辭禄，詔許之，賜以束帛。及發，公卿祖之於征虜亭，供帳甚盛，車馬填咽，咸云宋、齊已來，未有斯事。朝野榮之。

於是止于句容之句曲山。恒曰：「此山下是第八洞宫，名金壇華陽之天，周回一百五十里。昔漢有咸陽三茅君得道，來掌此山，故謂之茅山。」乃中山立館，自號華陽隱居。始從東陽孫遊岳受符圖經法。徧歷名山，尋訪仙藥。每經澗谷，必坐卧其間，吟詠盤桓，不能已已。時沈約爲東陽郡守，高其志節，累書要之，不至。

弘景爲人，圓通謙謹，出處冥會，心如明鏡，遇物便了，言無煩舛，有亦輒覺。建武中，齊宜都王鏗爲明帝所害，其夜，弘景夢鏗告别，因訪其幽冥中事，多説祕異，因著《夢記》焉。

永元初，更築三層樓，弘景處其上，弟子居其中，賓客至其下，與物遂絶，唯一家僮得侍其旁。特愛松風，每聞其響，欣然爲樂。有時獨遊泉石，望見者以爲仙人。

性好著述，尚奇異，顧惜光景，老而彌篤。尤明陰陽五行，風角星算，山川地理，方圖産物，醫術本草。著《帝代年歷》，又嘗造渾天象，云「修道所須，非止史官是用」。

義師平建康，聞議禪代，弘景援引圖讖，數處皆成「梁」字，令弟子進之。高祖既早與之遊，及即位後，恩禮逾篤，書問不絶，冠蓋相望。

天監四年，移居積金東澗。善辟穀導引之法，年逾八十而有壯容。深慕張

良之爲人，云「古賢莫比」。曾夢佛授其菩提記，名爲勝力菩薩。乃詣鄮縣阿育王塔自誓，受五大戒。後太宗臨南徐州，欽其風素，召至後堂，與談論數日而去，太宗甚敬異之。大通初，令獻二刀於高祖，其一名善勝，一名威勝，並爲佳寶。

大同二年，卒，時年八十五。顔色不變，屈申如恒。詔贈中散大夫，謚曰貞白先生，仍遣舍人監護喪事。弘景遺令薄葬，弟子遵而行之。

《南史・陶弘景傳》 陶弘景字通明，丹陽秣陵人也。祖隆，王府參軍。父貞，孝昌令。

初，弘景母郝氏夢兩天人手執香鑪來至其所，已而有娠。以宋孝建三年景申歲夏至日生。幼有異操，年四五歲，恒以荻爲筆，畫灰中學書。至十歲，得葛洪《神仙傳》，晝夜研尋，便有養生之志。謂人曰：「仰青雲，覩白日，不覺爲遠矣。」父爲妾所害，弘景終身不娶。及長，身長七尺七寸，神儀明秀，朗目疎眉，細形長額聳耳，耳孔各有十餘毛出外二寸許，右膝有數十黑子作七星文。讀書萬餘卷，一事不知，以爲深恥。善琴棊，工草隸。未弱冠，齊高帝作相，引爲諸王侍讀，除奉朝請。雖在朱門，閉影不交外物，唯以披閲爲務。朝儀故事，多所取焉。

家貧，求宰縣不遂。永明十年，脱朝服挂神武門，上表辭禄。詔許之，賜以束帛，敕所在月給伏苓五斤，白蜜二升，以供服餌。及發，公卿祖之征虜亭，供帳甚盛，車馬填咽，咸云宋、齊以來未有斯事。於是止于句容之句曲山。恒曰：「此山下是第八洞宫，名金壇華陽之天，周回一百五十里。昔漢有咸陽三茅君得道來掌此山，故謂之茅山。」乃中山立館，自號華陽陶隱居。人間書札，即以隱居代名。

始從東陽孫游嶽受符圖經法，徧歷名山，尋訪仙藥。身既輕捷，性愛山水，每經澗谷，必坐卧其間，吟詠盤桓，不能已已。謂門人曰：「吾見朱門廣厦，雖識其華樂，而無欲往之心。望高巖，瞰大澤，知此難立止，自恒欲就之。且永明中求禄，得輒差舛；若不爾，豈得爲今日之事。豈唯身有仙相，亦緣勢使之然。」沈約爲東陽郡守，高其志節，累書要之，不至。

弘景爲人員通謙謹，出處冥會，心如明鏡，遇物便了。言無煩舛，有亦隨覺。永元初，更築三層樓，弘景處其上，弟子居其中，賓客至其下。與物遂絶，唯一家僮得至其所。本便馬善射，晚皆不爲，唯聽吹笙而已。特愛松風，庭院皆植松，每聞其響，欣然爲樂。有時獨游泉石，望見者以爲仙人。

性好著述，尚奇異，顧惜光景，老而彌篤。尤明陰陽五行、風角星算、山川地理、方圖産物、醫術本草，著《帝代年曆》，以算推知漢熹平三年丁丑冬至，加時在日中，而天實以乙亥冬至，加時在夜半，凡差三十八刻，是漢曆後天二日十二刻也。又以歷代皆取其先妣母后配饗地祇，以爲神理宜然，碩學通儒，咸所不悟。又嘗造渾天象，高三尺許，地居中央，天轉而地不動，以機動之，悉與天相會。云「修道所須，非止史官是用」。深慕張良爲人，云「古賢無比」。

齊末爲歌曰「水丑木」爲「梁」字。及梁武兵至新林，遣弟子戴猛之假道奉表。及聞議禪代，弘景援引圖讖，數處皆成「梁」字，令弟子進之。武帝既早與之游，及即位後，恩禮愈篤，書問不絶，冠蓋相望。

弘景既得神符祕訣，以爲神丹可成，而苦無藥物。帝給黄金、朱砂、曾青、雄黄等。後合飛丹，色如霜雪，服之體輕。及帝服飛丹有驗，益敬重之。每得其書，燒香虔受。帝使造年曆，至己巳歲而加朱點，實太清三年也。帝手敕招之，錫以鹿皮巾。後屢加禮聘，並不出，唯畫作兩牛，一牛散放水草之間，一牛著金籠頭，有人執繩，以杖驅之。武帝笑曰：「此人無所不作，欲斅曳尾之龜，豈有可致之理。」國家每有吉凶征討大事，無不前以諮詢。月中常有數信，時人謂爲山中宰相。二宫及公王貴要參候相繼，贈遺未嘗脱時。多不納受，縱留者即作功德。

天監四年，移居積金東澗。弘景善辟穀導引之法，自隱處四十許年，年逾八十而有壯容。仙書云：「眼方者壽千歲。」弘景末年一眼有時而方。曾夢佛授其菩提記云，名爲勝力菩薩。乃詣鄮縣阿育王塔自誓，受五大戒。後簡文臨南徐州，欽其風素，召至後堂，以葛巾進見，與談論數日而去，簡文甚敬異之。天監中，獻丹於武帝。中大通初，又獻二刀，其一名善勝，一名威勝，並爲佳寶。

無疾，自知應逝，逆剋亡日，仍爲《告逝詩》。大同二年卒，時年八十一。顔色不變，屈申如常，香氣累日，氛氲滿山。遺令：「既没不須沐浴，不須施牀，止兩重席於地，因所著舊衣，上加生裓裙及臂衣靺冠巾法服。左肘録鈴，右肘藥鈴，佩符絡左腋下。繞腰穿環結於前，釵符於髻上。通以大袈裟覆衾蒙首足。明器有車馬。道人道士並在門中，道人左，道士右。百日内夜常然燈，旦常香火。」弟子遵而行之。詔贈太中大夫，謚曰貞白先生。

弘景妙解術數，逆知梁祚覆没，預制詩云：「夷甫任散誕，平叔坐論空。豈悟昭陽殿，遂作單于宫。」詩祕在篋裏，化後，門人方稍出之。大同末，人士競談玄理，不習武事，後侯景篡，果在昭陽殿。

初，弘景母夢青龍無尾，自己升天，弘景果不妻無子。從兄以子松喬嗣。所著《學苑》百卷，《孝經》《論語集注》《帝代年曆》《本草集注》《効驗方》《肘後百一方》《古今州郡記》《圖像集要》及《玉匱記》《七曜新舊術疏》《占候》《合丹法式》，共祕密不傳，及撰而未訖又十部，唯弟子得之。

唐・賈嵩《華陽陶隱居内傳序》

或曰：貞白先生在《梁書・高士傳》，今而爲傳，何謂？《梁書》云：陶君諱弘景，字通明，丹陽秣陵人也。母夢兩天人手執香鑪云云。齊高作相，引爲諸王侍讀。雖在朱門，不交外物。永明十年，脱朝服掛神虎門，上表辭禄。詔許之。公卿送之征虜亭，供帳甚盛，咸云江東以來未有斯事。於是歷名山尋訖仙藥。每經澗谷，必坐卧其間。特愛松風，庭院皆植。及梁武即位，書問不絶，月常信數。時人謂爲山中宰相。大同二年卒，時年八十五，顔色不變，屈伸如常云云。今具此傳於注者，蓋明其簡略也。此又兼鄭曄、史雋《陶傳》同録於此。

曰：《梁書》之傳先生，猶《史記》之述老氏也。其叙事頗删略，俾仙聖行業不得昭著而紛綸其間。韓非與老子同傳，論之者多矣。而《梁書》列先生在沈麟、阮孝緒、范元琰，馬之間矣。夫先生識洞古今，事炳山世，神棲寂泊，精騖玄樞，定三品以黜浮僞，分五域以鏡區貫，著《隱訣》以析綱目，述《真誥》以旌降嘎。激揚隱微之外，馳騁清虚之際，乃玄中之董狐，道家之尼父也。況發揮墳典，游泳百家，窮天地星辰之文，究陰陽龜筮之術，至於鯨死彗出，麟鬬月蝕，銅山崩而鐘鐸響，蠶珥絲而商絃絶，龍吟雲起，虎嘯風生，此性理冥濛，僉謂之感，先生商榷其微，非感非應。夫然將叔向、子産、京房、郭璞擬先生以爲人博乎？齊永明十年，謝詹事瀹自吴興聞先生棄官隱華陽，乃於道中作《傳》。謝詹事作《傳》云：先生諱弘景，丹陽人也。幼標異操，聽明多識，五經子史皆悉詳究。善書，得古今法。在人間便有乘雲御龍之志，不肯婚官。以資營未立，且薄游下位，爲宜都王侍讀。雖處朱門，恒獨居一室，罕接外物。晝夜尋寫、研集奇奥，二十餘年，稍就服食。殆通幽洞微，其事多祕，於是業用漸進，乃拂衣，止於茅山焉。觀其神儀明秀，眄睞有光，形細長項，耳間矯睞，顯然異衆矣。謝《傳》訖此。此《傳》並《梁書》彌爲脱略。吾不解謝瀹既聞先生隱山，甚懷嗟賞，乃忻然道中作《傳》，所宜詳究功行，而卒然如此也。陶翊乃云：王右軍作許先生傳者，正如此也。《傳》疏略不用，陶翊乃作本起録。翊先生，猶子也。本起録乃粗似詳究，而患文氣太卑，叙述繁雜。自云：今此未便爲傳，且撰行業以備遺失耳。不知何緣至永元元年遂絶也。其後潘泉文復踵其作，泉文，先生門人也。自云：陶翊本起録訖於齊末，從此已後二十餘年並未有題記，謹且隨年載録，後撰《傳》人自更詳述。始天監元年，至七年夏四月。于時先生改名氏，潛訪遐嶽，天監七年夏四月先生改名南遊，其事具於《傳》中。旁無知覺，於是泉文又絶筆於此。嗚呼！前二《傳》既太簡，謂《梁書》及謝詹事所作《傳》。門人編録復無條貫，俾君子辟世之道，清真養翮之跡，其幾乎磨滅歟？乃於《登真隱訣》及《真誥》《泰清經》、先生文集揣摩事迹，作三卷焉。

又　卷上

先生諱弘景，字通明，丹陽秣陵人也。

《本起録》云：宅在白楊巷。

其命氏自帝堯。帝堯治冀州，世居平陽。西漢丞相青翟，東漢司空敦皆赫然有名，論董卓燒雒陽。十三世祖超始渡江，是爲丹陽人。七世祖濬仕吴爲鎮南將軍。

《本起録》云：即交州刺史璜之弟也。

封句容侯。吴滅，入北。永嘉之亂，南遷。

《本起録》云：世祖濬第三子也。

永嘉中爲東海王越司馬，領屯兵隨王出許昌。因敗，仍復過江，爲大將軍王敦參軍。敦乃啓分屬籍，晚乃起爲車騎丞相參軍，不就。高祖毗，清拔尚氣不肯仕。曾祖興公爲郡功曹。

《本起録》云：多才藝，頗營産殖。舉郡功曹，察孝廉，除廣晉縣。

祖隆，長七尺五寸，笑姿表，善藥術，以拯救爲勞。從宋武帝破姚泓有功，封晉安原豐侯。

《本起録》云：顔峻就求宅以益寺，弗與，因辭官。見讚削爵，徒廣州，後稍遷新會郡。

父貞寶，字國重，爲江東名人。中南臺侍御史作江夏孝昌相。

《本起録》云：亦善騎射，解藥術，博涉子史。美風儀。與蕭思話、王釗、劉秉友善。元徽四年冬，銜使虜庭，通鄰國之好。作游歷記并詩。

初，先生母郝夫人

《本起録》云：夫人東海人，諱智湛。及終，有異焉。

夢青龍自懷而出，拏空東上。

《本起録》云：有青龍忽從身出，直東向上昇天。《梁書》云：夢兩天人手執香鑪來至其所，已而有娠。與此頗異。《本起録》是先生猶子翊所作，其究詳事理，豈漏於史官乎？

逐視之，無尾。明日謂人曰：當生非凡男，然必無後。或對曰：無乃爲仙乎？

《本起録》云：既覺，密語周：旋必當生男兒，應出非凡也。

以宋孝建三年四月三十日夜半先生誕焉。

《本起録》云：歲丙申，日甲戌。此年閏五月。明旦便是夏至。

詰旦，母沐浴，體忘微苦，乃起。先生始生，無驚啼。始坐，殊警惠。五六歲時酷愛學書，雖戲弄羅前，唯執筆硯。八九歲時讀書千餘卷，頗善屬文。讀葛稚川《神仙傳》，見淮南八公事。

《本起録》云：鄉親鞠氏舍得葛洪《神仙傳》弟六一卷。

夜抱卷與寢，乃曰：攀青雲白日，其何云遠？繇是躭重信悟，窅然有方外之志矣。神表孤邁，膚色皙澤。每出，路人輒聚觀，咸曰：陶郎是玉京中落仙。乃執羽扇以自障蔽，雖冬月不除。年十一，作王昊博士。

《本起録》云：昊是司徒長史釗之子。

作昊對答書，啓如老成人。十五自南州還，

《本起録》云：先生年十三，父隨吏部尚書劉秉之淮南。十五歸都，寓憩中外徐胄舍。

作尋山誌。

其《誌》云云，具集中。

先生既冠而不肯婚，

先生澡潔去嗜慾，蓋一生全不邇於聲色也。

且曰：吾欲蕭條其魂也。長七尺二寸，疏眉長額，右肩有紫誌如錢。

按《金闕後聖列紀》青童君云：此皆仙相也。

右股有數十黑子，闌干如斗形。不樂葷羶，唯進青餸飯。

《清虛真人傳》內有方，以南燭爲主，蓋上仙所服餌也。

酷愛松聲，居必手植。常嫌讀書未滿萬卷，乃以內書兼之。於是少出州府，辟召皆不起。初父與劉秉友善，秉爲丹陽尹，其子俁，少知名，酷好文學。先生復與之遊，出則共載，食乃同味。于時宋氏失德，蒼梧王遇害，

《宋書》云：廢帝昱，明帝長子也。既即位，荒亂酷暴，以齊高帝復爲射的，既遇害，進謚蒼梧王。

蕭道成立，順帝仍執政。荆州刺史沈攸之擁兵不從，道成入守朝廷。

《宋書》云：順帝，第三子。齊高既專廢立，不從者半，齊高乃入守朝廷。

司徒袁粲擄石頭謀誅道成，劉秉預焉。遂奔石頭，以其屬隨。先生與韓賁、麋淡同管文檄。道成勒兵攻破石頭。

《宋書》云：司徒袁粲擄石頭謀誅道成，不果，旋見覆滅。《本起録》云：先生年二十二，隨劉丹陽入石頭，就袁粲建事。先生終始久要，不遺舊故，雖危疑患難，不求自退也。

先生乃得出，俁爲沙門間行，

《本起録》云：爾夕城潰，俁與第侅逃走向京。

爲人所獲，死建康獄。人莫敢視，先生哭其尸，躬自收殯。

《本起録》云：先生躬自收殯瘞葬，杳硎舊慕。

先是，俁與江斆、褚炫等俱爲順帝四友，作《宋德頌》連珠七讚，當世稱絕。至是遂亡其本。先生乃喟然歎曰：人無愚智，同盡百年，所貴身名遺芳寄世，惜乎劉生名迹俱喪。

《本起録》云：劉俁既石頭奔潰，文章皆零落。先生欲爲纂集，竟不能得。

明年，道成封齊公，假黄鉞，天命識所歸矣。先生既常結劉氏，內懷憂惕。

《本起録》云：先生自石頭出，仍欲棄世尋山，而正值宋齊之際，物情未安，既世結劉欒，恒懷憂惕。

乃因紀真求見於新亭，大相推愛，俾居帳內。沈攸之平，從還東府，仍爲其子侍讀。

《本起録》云：沈攸之平，從還東府，使爲弟五息曄、第六息暠侍讀，兼知公間管記事。時年二十三，除巴陵王侍郎。

齊高帝既登極，除太尉豫章王侍郎。

《梁書》云：齊高帝作相，引爲諸王侍讀。誤矣。

先生知爲帝之左右者排逐，再除不授。明年，隨安成王出鎮石頭。世祖初拜振武將軍宜都王侍讀。齊世，侍讀皆總知記室參軍。先生於吉凶內外牋啓疏牒莫不絕衆，凡濡毫落紙，人皆楷模之。

《本起録》云：先生於吉凶內外儀體表筆，爰及牋疏啓牒，莫不絕衆。數王書佐典書皆來承受，以爲准格。

數王侍讀咸切齒讒忌，先生處之怡怡如也。桂陽王登雙霞臺，置酒召宗室侯王兼其客，先生從宜都豫焉。桂陽採名頒號，各令爲賦，寘十題器中。先生探

獲水仙，大愜意。

其《賦》云云，具集中。

沈約、任昉讀之，歎曰：如清秋觀海，第見澶漫，寧測其深。其心伏如此。

尋除左衛殿中將軍，時論稱屈。庾道經亟言於武帝，帝曰：先帝昔親作此官，裴松之從此轉員外郎，吾之重也，卿那不知。

《本起録》云：時年二十九。青溪宫新成，帝鋭意遊宴，先生拜表獻頌，于時稱絶。

忽一日於石頭恍然，若有所適，無所覺知者七日，乃豁然自差，云：睹見甚異事。祕不得知。

《本起録》云：年二十九，於石頭中忽得病，不知人，不服藥，不飲食，經七日乃豁然自差，説多有所睹見。從此容色疲悴，言音亦跣宕闡緩者矣。

是歲，東陽孫遊嶽始授先生道家符圖，雖云相承真本，而歷經摹寫，意所未愜。明年遊茅山。

《本起録》云：戊辰年始往茅山，按先生木披訪經法，而拂衣長往，經始於是行也。

獲前真楊、許興寧中手書。

按《真誥》：晉興寧三年，太元真人茅君、紫陽真人周君、紫微夫人九華安妃及諸真仙並降楊君義於茅山，及許長史父子皆同傳受，而楊、許感降，皆有文迹炳然。先生於是併獲，蓋天付其人也。

誠心感躍，如親睹靈人。乃尋三真往來書疏，知所獲者猶多亡闕，更搜訪遠近，於是啓假而東，謁樓惠明於大洪山，遇杜京産於太平山，又尋沙門鍾義山於兆山，皆卑辭膝請，獲真人手跡十餘卷。遊歷二百餘日，乃還都。

《本起録》云：遊歷山水二百餘日，乃還。

未幾復往，更求遺迹，多有所得。爰及東陽長山、吴興天目，於潛、臨海、遂安諸名山無不探歷。身本輕捷，登陟無艱。每遇崩崖斷壁，但褰搊跳越。或逢幽巖深澗，便吟嘯盤滌，盤桓坐卧，採掘花藥，洎猿鳥吟棲，尚不能去，往往獨宿麋鹿中。常言曰：見朱闈廣厦，雖是華樂，而初無欲往之心。望高巖廣澤，亦知此難立。正自恒欲往就，不解所以，必是緣使之然。還都，由振武將軍除奉朝請。先生爲兒時，每言朝市非樂。既然長大，值宋齊相授，見時之未可，遂棲下位，盤桓風火，及是知兵灾紛起，乃振衣東顧，曰：去矣。常言大天之内復有三十六洞天。

《茅傳》云：大天之内有地中洞天三十六所，又八海中諸神山皆亦有洞宫，或方千里、五百里，非三十六之例。

江左伏龍山乃其第八，謂之金壇華陽洞。漢有三茅君得道，實居之。吾其長往於此。仲尼云：隱居以求其志，行義以達其道，吾聞其語，未見其人。我今日義達，無復其方，請從求志之業。乃自稱華陽隱居。

《本起録》云：絓人間書疏，皆以此號代名。

亦猶士安之玄晏，稚川之抱朴。是歲永明十年也。

《本起録》云：壬申年，時年三十七。

行有日矣，約左右令先出都。吾辭省已，乃抱朝服掛神虎門，襄鹿巾，逕出東亭。因與王晏別，語及此事。晏云：主上性至存嚴治，不許人作高奇事，脱致忤旨，坐自貽咎，便恐違卿山志，如何？先生默思良久，曰：吾本爲身，非爲名，若有此慮，亦奚如此爲？於是不詣省，直表辭而已。

鄭暐、史雋云：先生永明十年脱朝服掛神虎門，上表辭禄，詔許之。此乃知其始，而不知其末也。表云云，具集中。

表既入，詔答。

詔云云，具集中。

將行，與宜都王別，彼此嗚咽，各不能發一言。左右莫能仰視。或謂宜都王云：王相愛重如此，那聽其去？王云：今爲天下勝事，天子許其不臣，吾何敢然？以裘鏡贈別，給在山吏役數人。

《本起録》云：先生昔爲安成、宜都二王侍讀，而通與諸王少長款狎。武陵、鄱陽、桂陽、衡陽皆眷遇殊常，每一往，輒言話終日。永泰之世，慎避形迹，恒示疏退，由是無聲累。宜都幼有識度，且待受最久，彌盡親密。先生亦竭誠陪贊。及聞先生當辭世絶俗，屢致涕泗，臨行告别云云。或謂宜都：那聽其去？王曰：近武陵欲引其領郡五官，我苦論得免。慎之，三日不與武陵相見。今爲天下勝事，我豈得以私情割其久仍停省？餞集明旦，裘鏡九種贈別，給衣、書、車乘出使，親侍左右五六人送至湖熟，吏役數人長給在山觸事管理，書驛旬朔。武陵、桂陽、鄱陽亦各贈詩并諸致遺人力經紀云云。

先生既命舳東川，齊公卿並送於征虜亭，舉酒揮袂，皆云江東比來未有此事，乃今日見之。二疏聚金歸田園，亦何得稱高？先生乃曰：秦皇、漢祖、楚羽、

吴策，並勢横海外，雄架天維，寸氣不續，則爲一丘之壤，況乎二三子之徒也？高居雲嶺，訪真幽府，正爲此耳。日暮乃别，執御者亦歔欷，送者相謂曰：孤鴻已摩天去，吾儕戀稻粱，跳躑網羅中。明年齊大亂，西昌侯蕭鸞弑其君，於是乎知先生預見之明也。

又　卷中

初，先生以大茅、中茅間有積金嶺，其地可修上道，

《真誥》云：大茅、中茅相連，長阿中有連石，古時名爲積金山。其處宜人住，可索有水處爲居室静舍。乃住，快可合丹，以修上道也。

乃於嶺西立華陽上下館。

《登真隱訣》云：上館以研虚守真，下館以鍊丹治藥。

襲紫皮巾帔，三易裓褐。

《集卷》云：有人遺紅絲帔，先生責而還之。乃云：近有人遺晉安三易裓，甚佳。褐者著條爲之，左九條，右十條，法二景也。

神棲寂泊，精騖玄極。雖蕭蕭獨往，眇眇真貴，而親舊書驛，遠近參同，蓋未能抑絶。常題桐葉作詩，寄宜都王。其末云：願爲雙白羽，長拂轝前塵。未幾，夜夢宜都云已亡，復二年當受生。先生曰：何往？王曰：未知也。因問鬼神中事云云。乃相執悲别。先生更留，云指痛不得久停。明日俾出都參訪，已遇害矣。

《本起録》云：永明十一年，宜都出爲南豫州，鎮姑熟。延興之末，例非天命。先生以十一月十八日忽夢王云云。先生眠覺，悲恒驚怪。明日使人出都參訪，云以此月十日致斃矣。

明帝即位，深相喜賞，詔勑日至，備安車厚禮迎出居蔣山。先生拒之，乃已。

《本起録》云：宋明帝三年二月，勑迎先生出居蔣山。先生固辭，并因江祐陳啓，乃停。從此使人往來，月有數四，餉賜重疊，隨意所求。先生亦每事抑遣。

乃於上館更建層樓。永元初，乃登樓長静。

《本起録》云：四年，築架層樓，規欲杜絶。永元元年移住，便與物頓隔。外間簡牘亦削去。

於是便與物頓隔，晨昏供侍一兩人而已。潛光隱耀，蓋無爲而無不爲也。所居堂静，榛蕪不生。常患去水稍遠，至是飛溜湧出，靈芝秀於下館，甘露被於昭臺，毛龜泳於前塘。白鼠見於藥屋，皆致真之鉅符，瑞聖之丕迹。是歲命弟子戴坦、秉策、執簡，授門人吴郡陸敬游建連石之邑并十賚。

世謂之錫，仙謂之賚。九者陽極，君之位也。十者陰終，以之制焉。孔子曰：周有大賚，善人是富。故以十賚稱焉。

爲棲静處士。

其文曰云云，具集中。

時東昏不君，江表危動。

《齊書》云：廢帝東昏侯諱寶卷，既即位，殘忍酷暴，書契未聞，刳剔孕婦，格煞百姓，每一月凡三十餘出，往無定處，東行驅北。明旦應出郊，即驅逐吏司，奔馳叫呼盈路，鼓聲所聞，便徒跣奔走。犯者皆手刃，工商廢業，樵蘇路斷。或委病棄屍，不得殯葬。萬姓嗷嗷，甚乎塗炭之上。

征東將軍蕭衍軍次石頭，東昏寶臺城義師頗懷猶豫。先生上觀天象，知時運之變，俯察人心，憫塗炭之苦，乃亟陳圖讖，貽書贊奬。

《本起録》云：先生目永元已來深記向晦，聞義師西下，日夕以覬，及届于新林，便指毫贊奬，遣弟子戴猛之假道傳送。行達皂莢橋，不能得造。至登石頭，復使李嗣公仰奏，即獲聞答。時十一月朔日也。臺堞猶自嚴固，時人懲崔氏覆賈，多懷猶豫，先生不疑，庶事必决也。

受封揖讓之際，范雲、沈約並乘策佐命，未知建國之號。先生引王子年《歸來歌中》水刃木處，

王子年《歸來歌》亟論水刃木皆是羕詞，兼引王君《回文讖》焉。榮牽三詩，並盛稱梁字爲應運之符。

及諸圖讖並稱梁字，爲應運之符。洎將昭告，復令用四月丙寅。

《本起録》云：至春末夏初，當就昭告，沈約宣旨，又請尅日。先生雖疏數日，而正據四月八日丙寅也。

乙丑夜凝云灑雨，朝廷懼之。詣朝昇曜，既而復雨。

《本起録》云：乙丑夜凝雲灑雨，朝廷深慮致疑。詰朝遲明，登壇焚燎，受終禮畢，鑾駕還宫，百司陪慶。冥夕之間，雨復滂沛。朝廷恇惋，莫不謂天命矣。

梁武帝即位，彌加欽重。使朱嗣之及舍人黄陸賫勑至山，因召先生。晝二牛，一在野，甚自得，一衣以文繡，有人扣刀執繩以隨。帝曰：是將學曳尾龜，寧

有可致之理？乃與先生書曰：今萬乘爲累，欲東向修弟子禮，其可得乎？因問享國之期曰：吾曆數奢促如何？先生啓云：再環辰。次又云：光武一去四八，今則直上七七，然後乘彼白雲。帝在祚四十九年，其預軫來兆，皆此類也。先生眇尋上道，究括綱領，若梯景轡雲之速，無加刀圭。潛心注想，唯朱黄爲闕。

嘗九轉丹丹砂，雄黄最爲主領。于時後魏及宇文泰强盛，武都路梗，雄黄不可致也。

天監三年，夜夢有人云：丹亦可得作。是夕帝亦夢人云：有志無具，於何輕舉？式歌漢武帝。久之方悟。登使舍人黄陸告先生：想刀圭未就，三大丹有闕，宜及真人真心，無難言也。先生初難之：吾寧學少君邪？帝復以夢旨告焉，乃命弟子陸逸冲、潘淵文開積金嶺東，以爲轉錬之所，鑿石通澗水東流矣。先生以謂丹品，蓋多黄帝九鼎九丹、

《登真隱訣》云：此方《泰清中經》而治變駁，非後人能究也。

王君虹景、

王君即清虚小有真人也。

左慈九華、

《真誥》曰：左慈得鑪火九華之益，即是也。方未顯於世。

五靈七變、神精召魂之屬。

此例凡三十許種，止還年及老遠爲地仙耳。

或方法舛略，難可憑用。或品例卑近，不得高通。

前所列諸丹，皆泰清中小法，非上清太極。冲虚控景之術也。

復有二金液，亦嘗合有礙。

《登真隱訣》云：一者太一金液，抱朴子所注。此乃可就而闕在消石，兼無真人手跡，彌所未安。二者即泰清金液，此乃安期所傳，而用鹵鹹。

虜鹽，此世難多，兼祭法用牢俎，以爲憚礙之也。

高真上法有四，而四藥未顯。

世雖有其方，疑有假附。

琅玕淵重，

《登真隱註》具有其經，是上清法。

曲晨精妙，

《登真隱訣》具有經方，是太極法。二法非唯下識未敢措心，亦並須虜鹽、消石，爲難致也矣。

唯九轉所用藥石，皆可尋求。製方之體，辭無浮長，歷然可解，乃緘願畢志。

《登真隱訣》云：九轉神丹，昇虚上經，是太極真人傳長里先生，長里先生傳西城總真王君，王君傳太元真人也。

四年春，先生出居嶺東，使王法明守上館，陸逸冲居下館，潘淵文、許靈真、楊超遠從焉。是歲有事于鑪燧。明年元日，開鼎無成。

《集卷》云：天監五年春正月旦開鼎，唯近上二黄輕華已飛，其餘丹青始緣邊焕赤也。

重九復燧，亟多不偶。

《本起録》云：九月九日復嘗，自起火鼎，多細坼，兼山中雷震，慮精華驚歇，更加補治，不敢烈火也。

限竟開鼎，復無成。

《本起録》云：年末限意開鼎，下鼎繞。

先生平居，凛然如齋戒。自攝心轉錬，彌能謹篤。至於燃鼎，用陽燧日中取火，蓋其精如此。性少睡，未嘗晝寢。夜坐往往及曉。常於月明讀書，及是爲積煙所薰。

《登真隱訣》云：四年初嘗，自起火至限竟，用礱穀糠凡一千二百斛。藥屋入夜復慮精物干觸，必宜閉户，其煙氣蓬勃可知矣。

火下欲不見字，帝知之，送波律燭。

《集卷》云：波律，外國香名，燒此可以明目也。

先生以爲嘗非常事，宜聲迹曠絶，而此山密邇朝市，巖林淺近，人人皆云有望，是丹家酷忌。

《登真隱訣》云：此事朝野聲邇顯著，人人皆有望，此最犯戒忌之大也。

姑改服易氏，遐遁東邁。當去建晉中，以其山海深曠，民不知道，見所云爲，無關視聽。吾若委形枕杖，非不可爲，是獨濟小道。

委形枕杖，此尸解下法，蓋不得旋及故鄉，無由更議嘗合。

若脱爾便逝，不可以爲教迹。乃以意啓梁武，梁武難之。

《集卷》有帝答書，知欲徙卜，想諮請幽勝，謀及蓍龜，但遷徙之日爲當使人，爲當使鬼，猶躡蹻因地，其不滅也。

先生撰意直往，不復疑異。唯是心計，旁無知覺。稱静齋五旬，一皆斷絶。乃以夜半出山，天大晦冥，人莫能見。負笈以從者二人，改名氏曰王整官、稱外兵。

真人所爲，非凡識所辨。此名氏官位當有玄旨耳。

初欲入剡，或度天臺，至浙江，值潮波甚惡，乃上東陽，仍停長山。聞南路有海掠不可行，稍進赤巖，宿瞿溪石室，夢人告云：欲求還丹，三永之間。乃自思惟，知是永嘉、永寧、永康之際。

先生初造朱陽，創立基址，在永明、永泰、永元之中。今夢旨當指此耳。若是永嘉、永寧、永康，何營理之不證耶？

因是出訪，村人咸云：過此室，上百餘里，至永康蘭中山，最爲高絶。詰朝乃往經紀，山良可居，唯田少無議聚糠。

《集卷》云：此土居人合把稻，旦旦擣舂，以給日用，收糠不可得也。

後入楠溪青嶂山，愛其稻田，乃居。會荒儉連歲不諧，兼寇掠充斥。

《集卷》云：先生因以此行皆不偶，自緣海數郡，從來晏如，二三年來無山不寇，先生亦僦田自作，復值歲飢。

乃曰：嘗聞《五嶽圖》云：霍山是司命府，必神仙所都。

《名山記》云：霍山在羅江縣，高三千四百丈，上方八百里，東卿司命茅君所居。

乃自海道往焉，過牛岑，出海口，東望扶桑，乃慨然歎曰：所謂觀海難爲水，游聖難爲言。平生俠無學而不學，今日一皆休矣。霍山連略當六七百里，隱隱如陣雲。巖崿驚拔，特異他處。先生足躡真境，心注玄關，大有靈應感對，事祕不書。亦人稀田寡，復以無糠爲患。

《集卷》云：先生深歷四面，無議投足。

復自海道還永嘉，至太溜，形勢殊好。

《登真隱訣》云：壬辰年六月便乘海還永嘉木溜嶼，乃大有古舊田塍，孤立海中，都無人居，甚可營合。

會上使司徒慧明迎還舊嶺。

《登真隱訣》云：八月至木溜，見其可居，始上岸起屋。十月司徒慧明至，于時願得且停木溜，與慧明商榷，往復積日，永不敢許，於是相隨而還也。

道中書勑相望，仍欲先生至都下。先生至晉陵，辭以疾，乃還華陽。上使營朱陽館以居，先生三讓之，詔不從。

《登真隱訣》云：甲午年勑買故許長史宅、宋長沙館，仍使潘淵文與材官師匠營起朱陽館。

自於館東建藥屋静院，云躡玄洲之跡。

《登真隱訣》云：昔李明於此下合九鼎丹，以外玄洲發掘基址，屢得破瓦器，乃其舊用。

自南霍還，鼎事累營，皆不諧。乃非都無彷彿，每開鼎，皆獲霜華。門人僉謂此爲成，先生驗丹家説，云：琅玕丹成，其飛華光彩三十七種；曲晨丹成，其飛華百雜亂色，光照流煥，玄炁徘徊；太清金液丹成，其飛華狀奔月墜星，雲繡九色，其氣似紫華之見太陽，其精似青大之映景雲；九轉丹成，則飛精九色，流光煥明，不爾未成也。累年所得，皆輕華霏霏，或光明廉稜如霜雪，無雜色。十八年所獲嚴鍔，光華過於前者，皆似五六出華，劍鋒厲齒，而下滓枯礚浹黑，碎之如星，焚作朱黄煙炁。當猶火勢或羸或猛，朱黄不得飛翥。時有鄧郁之居南嶽，

《登真隱訣》云：宜都夷陵人，天監四年湘州刺史楊公則携下都啓聞進見，權住蔣山，後勑給九轉藥具，令還山營合。

勑給九轉丹具，令營合。限竟開鼎，上有鐘乳、霜雪，光明照耀，永無雜色。鄧不以獻奉，自餌之，

丹經説云：乙未正月開鼎。云上有鐘乳、霜雪，下滓作丸，紫黑色，多分人服之，而飛華都不與人，亦無獻奉，獨將往南巖間，一皆藏之也。

乃云病。病八日，云是夕衡嶽本風雪，忽暫明朗。

《登真隱訣》云：鄧先生初云顔色如故，後三日安與中停置，積日尸不毁壞。

丹訣云：丹成無雜光彩，是毒丹，餌當暫死，須臾起去。

丹經云：丹數限未，色診不全，皆名毒丹。故《太清》云：頓服一兩，亦即暫死。昔魏伯陽與弟子合丹成，共一人服，服亦死。餘人行走，比還，已去也。

先生有乘雲御龍心。自云年十二時，於渠閣法書中見郄愔以黄素寫太清諸丹法，乃忻然有志。及年二九，授上道，見上清太極法，遂鄙而不爲，奚況餌毒丹求遁去乎？累年所得，一皆埋藏。而十八年飛華雖無雜色，光彩特異，欲試作黄白，以驗成否。

丹經云：取鉛十斤著鐵器中，猛火煎之三沸，投丸轉之華一銖於鉛中攪之，須臾立成黄金也。

是夕攝心乞感，忽見有人來，朦朧如煙雲中，語云：不須試，試亦不得，今人多貪。忽聞金玉可作便求，竟毁天禁，正此是成，但未都具足。仍復作歎聲，云：世中豈復有白日昇天人？漸服自可知。言訖，颯然東去。於是乃不試。先生常云：去世之日如茅太元之發咸陽，

《太元真人傳》云：真人發咸陽時，約親友鄉人其日皆至，有珍殽異樂自空虚而至，既而從千乘萬騎，而南人皆瞻睹也。

趙廣信之翥剡白。

葛稚川《神仙傳》云：趙廣信於剡白山白日昇天。

欲以曉悟迷方，永題竹史。從來感遇，正恐挺運潛嘿，不得從志。至是乃歎曰：昔聞幽説，云仙障有九，名居其一。使吾不白日登晨者，蓋三朝有浮名乎？南真高尊既非輕舉。

南真，紫虚元君魏夫人也。以夜半解化矣。

小掾蕭邈復是變解，

小掾，許長史子玉斧也，因禮拜乃變遯。

玄師舊轍，誠宜仰遵也。普通五年，復塗鼎起火。明年正旦甲子開鼎，光炁照燭，動心焕目，形質似前者，而加以彩虹雜色。始天監四年初有志於此，及是凡七營乃成。先是，吏部尚書謝覽夢人告曰：華陽先生得道，未久職位且掌録籍。無幾何，有女子姪錢亦居華陽，師事先生，授經及符圖。忽一日辭，先生問何之？錢曰：上賓于金闕。先生曰：吾門人先吾去者數矣。錢曰：師當爲蓬萊都水監。先生乃過嶺送之，因贈詩云云。先生晚歲眸子忽爾正方，

《紫陽周君傳》云：君常於市中遇黄泰者，見其眸子正方，乃知是仙人，因求乞長生之術，乃自云是玄洲上卿蘇君也。或云眸子方，壽萬歲。

顧眄皆有奇異光象。文章氣調，彌更英逸。所居樓，雖入室弟子不許窺伺也。在世八十一年，以梁大同二年丙辰三月十二日癸丑解駕違世。其曰詰朝作告逝篇，示其門人，

其篇云云，具集中。

巳時恬然乃去，支體柔弱，顔色不變，異香奇靈繚繞山谷。將斂，乃見空衣。變解之道，初宛然見尸存，存未幾，但冠劍及空衣存耳。

十四日窆虚柩於雷平山。梁武帝謚曰貞白先生。先生以猶子松喬爲嗣，仍居華陽。

先生在世所著書：《學花》一百卷 《孝經論語序注》十二卷 《三禮序》一卷 《汪尚書毛詩序》一卷 《孝子内外集》四卷 《玉匱記》三卷 《三國志贊述》一卷 《抱朴子注》二十卷 《世語闕字》二卷 《古今州郡記》三卷 《續臨川康王世説》二卷 《撰太公孫吴書略注》二卷 《員儀集要》三卷 《七曜新舊術數》二卷 《風雨水旱飢疫占要》一卷 《卜筮略要》一卷 《靈奇祕奥》一卷 《舉百事吉凶曆》一卷 《筭數藝術雜事》一卷

右一百六十六卷。

先生在山所著書：《登真隱訣》二十四卷 《真誥》十卷 《本草經注》七卷 《肘後百一方》三卷 《夢書》一卷 《效驗施用藥方》五卷 《集金丹黄白方》一卷 《服雲母諸石方》一卷 《服食草木雜藥法》一卷 《斷穀祕方》一卷 《消除三尸要法》一卷 《服氣導引》一卷 《人間刦灾患法》一卷

右五十七卷。

齊梁間侯王公卿從先生授業者數百人，一皆拒絶，唯徐勉、江祏、丘遲、范雲、江淹、任昉、蕭子雲、沈約、謝瀹、謝覽、謝舉等，在世日早申擁篲之禮，絶迹之後提引不已。沈約嘗因疾，遂有挂冠志。疾愈，復留連簪紱。先生封前書以激其志，約啓云：上不許陳乞。先生歎曰：此公乃爾蹇薄。

夫樂鍾鼎者，以巖谷爲擯逐。戀山林者，視紱冕爲桎梏。若論臻其微，鍾鼎不及巖谷，明矣。脅肩於榮辱之途，翹足於羅網之間，與夫嘯傲林澤，咀嚼芝朮，可同日而言？即以沈休文之貴盛，先生歎爲蹇薄，是知道德貴矣。

唯奇謝覽。覽年少自疑壽不永，先生曰：我在此，不使君子如此也。

先生作渾天象，高三尺許，天轉地静，列宿度數，七曜行道，昏明中星，見伏早晚，以機轉之，宛與天會。云脩道所須，非史官家事。又因流水作自然漏刻，十二時循環自轉，無勞守視。先生冲深粹和，性不嚴毅，小大見之皆忻然樂悦，而真儀靈炁，自令人畏服。門人承奉祇肅，有如宫廷。入山之後，巾褐未嘗離體。每云：人之稟挺，命録實自懸天。桐栢之棄捨王宫，文成之褫斥侯服，三茅之違視絶胤，二許之遺室擯形，未必正由識見，兼是爲運所引。我從來遇諸機際，並幾成而失。永明中五過啓禄，得輒差舛。若不爾，豈得今日之事。身中既有仙相，益使人守信彌篤。而思識精深，凡所尋閲，皆人不至。尤好五行、陰陽、

風角、烝候、太一、遁甲、星曆、筭數、山川、地理、方國、物産，及醫方、香藥、分劑、蟲鳥、草木，考校名類，莫不畢該。常言：我自不能爲仲尼，而能教人作仲尼。猶如管仲不能自霸，能使齊桓霸也。

又　卷下

《宋宣和封誥》

朕膺琅霄之景命，握龍漢之寶符，蓋將敷暢靈音，恢隆道化，闡微言於至教，薦休命于列真。蓬萊都水監陶隱居振迹榮羅，濯精華闕，神交無累，迹雖相於山中，誠感夙通，賦已仙於海上。顧德名之莫擬，豈妙廕之敢忘。尚都顯號之榮，永介涵生之祉。可特封宗元翊教真人。

蕭綸《解真碑銘》

夫夜光結緑，非胠篋之恒珍；逸羽翔鱗，豈園池之近玩？寧期心於遠大，蓋不知其所以然也。是以穎陽高蹈，洗耳於唐朝；漢陰貞棲，滅跡於周代。盛德流風，有自來矣。應期而曜質者，其在茲乎？先生名弘景，字通明，本冀州平陽人。其先出自帝堯陶唐氏之後，堯治冀州平陽，故因居此。龍馬見五色之符，欽明表八采之瑞。光被于天下，允釐於庶職。洪源夐遠，系緒綿長。漢興，舍爲高祖右司馬。子青翟，位至丞相。後漢末南渡，始居丹陽。七世祖濬，仕吳爲鎮南將軍、荆州刺史。祖隆，宋南中郎、參軍事。父貞寶，司徒建安王國侍郎，並立履清約，博涉文史。先生含元精之和氣，蓄淩飆之雅資，兼宣七善，總修九德，行仁蹈義，嶽峙淵淳，墻仞無以睹，清濁不能測，道風與星漢同高，勝氣與煙霞共遠。六歲便解書，能屬文。七歲讀《孝經》《毛詩》《論語》數萬言。曼倩幼習墳典，公幹少讀詩賦。方之於古，彼有多慚。是以岐嶷流聲，中黄著頌。有鄉人得葛洪《神仙傳》，見淮南八公諸仙事，乃歎曰：讀此書使人有淩雲之氣。於是寢興諷誦，晨昏不輟。年二十七，爲宜都王侍讀，總知管記事。牓道求賢，禁林招士，朝難其選，咸曰得人。阮瑀之書記不足扶衡，孫楚之辭才何以捧轂？齊代好治宫室，方修苑囿青谿舊館，更就起築，仍奏表上頌，辭事兼美，邁彼樂職之篇，踰乎景福之製。帝省覽久之，益以爲善，除奉朝請。恪居官次，夙夜惟夤，春朝秋請，是謂棫樸者也。先生本不希榮，常欲辭退，乃與親友書曰：疇昔之意，不願處人間，年登四十，畢志山藪。今已三十六矣，時不我借，知幾其神乎？母爲自苦也。明年遂拜表自解，抽簪東都之外，解組北山之阿，同稷丘之棲隱，慕留侯之却粒。便具舟檝，永言東邁。朝遷錫問，時賢餞别。祖以二疏，括茲四隱，超然輕舉，異代同符爾。乃杖策遐征，遊踐名嶽。既而到于句容，登於茅嶺。以此地神仙之宫府，靈異之棲托，往不知返，遂卜居焉。先生曰：夫子云：隱居以求其志，行義以達其道。吾聞其語，未見其人。今我義達，無復其方，請同求志之業，故自稱隱居。亦猶稚川之抱朴，士安之玄晏。倚巖棲影，依林遁跡。交柯結宇，剗徑爲門。懸岸對溜，悲吟灌木。深壑峭嶺，組織煙霞。枕石漱流，山禽無撓；採藥偶逢，野獸不亂。逍遥閑曠，放浪丘陵。嗒然若喪，確乎難拔。屬齊末道喪，天命既否，水鬬洛谷，地震甲辰。先生靜思冥數，預識其兆。於是近遠書問，悉皆杜絶。昔乃聞之夏甫，今則見之先生。我大梁休運應期，受天明命，三辰開朗，四海寧謐。先生奉表稱慶，於是信問復通。自天監已來，嘗有勑旨，供給藥餌，不乏歲時。渥澤深恩，莫之與比。先生七年暫從南嶽，茲山也，闢閬風之地軸，若崑陵之天鎮，八柱旁臨，九純間設，樹有琅玕，草生車騎，遺世獨往，是用忘歸。十一年有勑遣左右司徒惠明徵先生還茅山，别給廨宇。軒君之降情天老，漢帝之致禮河上，況於茲日，弗能尚也。養志山阿，多歷年所。攝生既善，冥祥亦降。猛獸不攄，魑魅莫逢。庭無荆棘，遠同闕里。階吐神泉，遥扶疏勒。於是羽人徘徊，仙客上下，鸞鳳游集，芝英豐潤矣。以大同二年歲次丙辰三月壬寅朔十二日癸丑，告别遷化，春秋八十有一。天子嗟惜，儲皇軫悼。有詔稱譽，追贈中散大夫，謚曰貞白先生，禮也。以其月十四日窆于丹陽郡句容縣之雷平山，若軒轅之葬衣冠，如子喬之藏劍舄，比於茲日，可得符焉。先生器宇凝深，思儀精贍，含章貞吉，不修廉隅。年將中壽，匪踰於矩。眉目疏朗，儀貌鮮潔。寔忘勸沮，多行德惠。寶惜光景，愛好墳籍。篤志勵節，白首彌至。若乃《淮南鴻寶》之訣，隴西地動之儀，太乙遁甲之書，《九章》曆象之術，幼安銀鉤之敏，允南風角之妙，太倉《素問》之方，中散琴操之法，咸悉搜求，莫不精詣。爰及羿射、荀棊，蘇卜、管筮，一見便曉，皆不用心。張華之博物，馬均之巧思，劉向之知微，葛洪之養性，兼此數賢，一人而已。門人桓法闓等，慕遥風於緱氏，結遺想於喬陽，勒玄碑而相質，騰絳霄之流芳。乃作銘曰：

留舄表化，棄劍凝神，徘徊紫烝，照曜丹林，厥跡猶在，餘風可遵。誰其嗣此淵哉。淑人高行邁種，盛德日新，朗猶懸鏡，鬱似貞筠，身以弘道，行不違仁。昔遊纓紱，頡頏搢紳，厭乎匡救，勞彼問津，亦既解組，乃襲山巾，遠尋丘壑，高蹈風塵，情無緬世，隱不隔真。結宇崇巖，貞棲茂草。冰玉留年，精華却老。乃有令聞，康莊壽考，白水過庭，危峰臨洞，露綴蘭階，雲生桂棟，日斜櫚席，花落窗甕，

尚平未返，王孫不旋，海桑交易，陵谷變遷，豐碑有竪，遺芳萬年。

司馬道隱《碑陰記》

大哉道元，萬靈資孕，其自然也，忽恍不測，其生成也，氤氳可知。若夫禀習經法，精思涌感，調轉丹液，形神鍊化，歸同一致，舉異三清，自古所得，罕能盡善。兼而聚之，鑒而辯之，静而居之，勤而行之者，寔惟貞白先生歟？蓋特禀靈氣，胎息見龍昇之夢；卓秀神儀，骨録表鶴仙之狀。心若明鏡，洞鑒無遺。器猶洪鍾，虚受必應。是以天經真傳，備集於昭臺；奥義微言，咸訣於靈府。纂類篇簡，悉成部帙。廣金書之鳳篆，益琅函之龍章，闡幽前祕，擊蒙後學。若諸真之下教，爲百代之明師焉。睹先生寫貌之象，則道存目擊；覽先生著述之義，則情見乎辭。縱逾千載，亦可得之一朝矣。至於思神密感之妙，鍊形化度之術，非我不知，理難詳擿。敬以修身德業，受書道備，按夫科格，固超真階。命分殊途，顯默異軌。應從解景，不事登晨。冥昇上清，弗可得而測已。然隱几云化，盧室仍存，代劍未飛，陰丘尚閉。道尊德貴，終古不渝。披文相質，迺今無睹。朝代累革，山世轉睽。永懷仙烈，久增誠慨。子微將遊衡嶽，暫憩茅山，與諸法義聚謀刻石，邵陵撰製美具當年，今以書勒，言全往行。因運拙筆，聊述真猷，紀于碑陰，式昭年世。時大唐開元二十年甲子九月十三日己巳書。

梁昭明太子《墓誌銘》

維大同二年，龍集景辰，克明三月，壬寅朔十二日癸丑巳時，華陽洞陶先生蟬蜕于茅山朱陽館。先生諱弘景，字通明，春秋八十有一。屈申如恒，顔色不變。有制，贈以中散大夫，謚曰貞白先生。遣舍人主書監護喪事。十四日巳時窆于雷平之山。若夫真以歸空爲美，道以無涯爲真，不知悦生，大德所以爲生，不知惡死，谷神所以不死。妙矣哉，隱顯變化。物莫能測。既而岫開析石，天墜玉棺，銀書息簡，流珠罷，竈九節麗於天中，千和焚於地下，仙官有得朋之喜，受學振空谷之悲。余昔在粉壤，早逢圯上之術；今簉元良，屢禀浮丘之教。握留符而惻愴，思化杖而酸辛，乃爲銘曰：

無名之道，不死爲仙，亦有元放，兼稱稚川，逃形解化，自昔固然。猗歟夫子，受籙歸元，梨傳宛吏，書因賈船。虎車照景，蜺拂凌煙。餘花灼爍春澗，潺湲鬱鬱茅嶺。悠悠洞天，三仙白鶴，何時復旋。

《沈約酬華陽先生》

三清未可覿，一氣且空存。所願迴光景，拯難拔危魂。若蒙九丹贈，豈懼六龍奔。

早欲尋名山，須待婚嫁畢。一事雖云已，此外復非一。忽聞龍圖至，仍睹龍光溢副。朝首八元，開壤賦千室。冠纓曾弗露，風雨未嘗櫛。鳴玉響洞門，金蟬映朝日。慙無小人報，從叨令尹秩。豈忘平生懷，靡監不遑恤。

側聞上士説，尺木乃騰霄。雲駢不展地，仙居多麗樵。卧待三芝秀，坐對百神朝。銜書必青鳥，嘉客信龍鑣。非止靈桃實，方見大椿凋。餐玉駐年齡，吞霞反容質。眇識青丘樹，迥見扶桑日。爛熳屢雲舒，嶔崟山海出。

《後湖蘇庠贊陶先生像》

蘂珠妙言，字照編簡。雲霾三館，其人則遠。世衰道喪，完節者鮮。臨終之歎，作世和扁。

明・高濂《遵生八牋》卷一九《塵外遐舉牋》 陶弘景，字通明，秣陵人也。幼有異操，年四五歲，恒以荻爲筆畫灰中學書。至十歲，得葛洪《神仙傳》，晝夜研尋，便有養生之志。謂人曰：仰青雲，睹白日，不覺爲遠矣。神儀明秀，朗目疏眉，細形長額聳耳，右膝有數十黑子作七星文。讀書萬餘卷，一事不知，以爲深耻。善琴棋，工草隸。朝請雖在朱門，閉影不交外物，唯以披閲爲務。朝儀故事，多所取焉。

家貧，求宰縣不遂。永明十年，脱朝服挂神武門，上表辭禄。詔許之，賜以束帛，敕所在月給茯苓五斤，白蜜二升，以供服餌之需。

景爲人圓通謙謹，出處冥會，心如明鏡，遇物便了。言無煩舛，有亦隨覺。永元初，更築三層樓，弘景處其上，弟子居其中，賓客至其下，與物遂絶，唯一家僮得至其所。本便馬善射，晚皆不爲，唯聽吹笙而已。特愛松風，庭院皆植松，每聞其響，欣然爲樂。有時獨游泉石，望見者以爲仙人。

性好著述，尚奇異，顧惜光景，老而彌篤。尤明陰陽五行、風角星筭、山川地理、方圖産物、醫術本草。所著《學苑》百卷，《孝經》《論語集注》《帝代年曆》《本草集注》《效驗方》《肘後百一方》《古今州郡記》《圖像集要》及《玉匱記》《七曜新舊術疏》《占候》《合丹法式》，共秘密不傳，及撰而未訖又十部，唯弟子得之。卒年八十五，謚貞白先生。

張遠遊

《魏書・釋老志》 遷洛移鄴，踵如故事。其道壇在南郊，方二百步，以正月

七日、七月七日、十月十五日，壇主、道士、哥人一百六人，以行拜祠之禮。諸道士罕能精至，又無才術可高。武定六年，有司執奏罷之。其有道術，如何東張遠遊、河間趙静通等，齊文襄王别置館京師而禮接焉。

《北齊書·由吾道榮傳》 又有張遠遊者，顯祖時令與諸術士合九轉金丹。及成，顯祖置之玉匣，云：「我貪世間作樂，不能即飛上天，待臨死時取服。」

《北史·張遠遊傳》 又有張遠遊者，文宣時，令與諸術士合九轉金丹。及成，帝置之玉匣云：「我貪人間作樂，不能飛上天，待臨死時取服。」

《山西通志》卷一六一 張遠遊，河東人，有道術。齊文襄别置館京師，而禮接焉。

孫思邈

《舊唐書·孫思邈傳》 孫思邈，京兆華原人也。七歲就學，日誦千餘言。弱冠，善談莊、老及百家之説，兼好釋典。洛州總管獨孤信見而歎曰：「此聖童也。但恨其器大，適小難爲用也。」周宣帝時，思邈以王室多故，乃隱居太白山。隋文帝輔政，徵爲國子博士，稱疾不起。嘗謂所親曰：「過五十年，當有聖人出，吾方助之以濟人。」及太宗即位，召詣京師，嗟其容色甚少，謂曰：「故知有道者誠可尊重，羨門、廣成，豈虚言哉！」將授以爵位，固辭不受。顯慶四年，高宗召見，拜諫議大夫，又固辭不受。

上元元年，辭疾請歸，特賜良馬，及鄱陽公主邑司以居焉。當時知名之士宋令文、孟詵、盧照鄰等，執師資之禮以事焉。思邈嘗從幸九成宫，照鄰留在其宅。時庭前有病梨樹，照鄰爲之賦，其序曰：「癸酉之歲，余卧疾長安光德坊之官舍。父老云：『是鄱陽公主邑司。昔公主未嫁而卒，故其邑廢。』時有孫思邈處士居之。邈道合古今，學殫數術。高談正一，則古之蒙莊子；深入不二，則今之維摩詰耳。其推步甲乙，度量乾坤，則洛下閎、安期先生之儔也。」照鄰有惡疾，醫所不能愈，乃問思邈：「名醫愈疾，其道何如？」思邈曰：「吾聞善言天者，必質之於人；善言人者，亦本之於天。天有四時五行，寒暑迭代，其轉運也，和而爲雨，怒而爲風，凝而爲霜雪，張而爲虹蜺，此天地之常數也。人有四支五藏，一覺一寐，呼吸吐納，精氣往來，流而爲榮衛，彰而爲氣色，發而爲音聲，此人之常數也。陽用其形，陰用其精，天人之所同也。及其失也，蒸則生熱，否則生寒，結而爲瘤贅，陷而爲癰疽，奔而爲喘乏，竭而爲燋枯，診發乎面，變動乎形。推此以及天地亦如之。故五緯盈縮，星辰錯行，日月薄蝕，孛彗飛流，此天地之危診也。寒暑不時，天地之蒸否也；石立土踊，天地之瘤贅也；山崩土陷，天地之癰疽也；奔風暴雨，天地之喘乏也；川瀆竭涸，天地之燋枯也。良醫導之以藥石，救之以鍼劑，聖人和之以至德，輔之以人事，故形體有可愈之疾，天地有可消之災。」又曰：「膽欲大而心欲小，智欲圓而行欲方。《詩》曰『如臨深淵，如履薄冰』，謂小心也；『赳赳武夫，公侯干城』，謂大膽也。『不爲利回，不爲義疚』，行之方也；『見機而作，不俟終日』，智之圓也。」

思邈自云開皇辛酉歲生，至今年九十三矣，詢之鄉里，咸云數百歲人，話周、齊間事，歷歷如眼見，以此參之，不啻百歲人矣。然猶視聽不衰，神采甚茂，可謂古之聰明博達不死者也。

初，魏徵等受詔脩齊、梁、陳、周、隋五代史，恐有遺漏，屢訪之，思邈口以傳授，有如目覩。東臺侍郎孫處約將其五子侹、儆、俊、佑、佺以謁思邈，思邈曰：「俊當先貴；佑當晚達；佺最名重，禍在執兵。」後皆如其言。太子詹事盧齊卿童幼時，請問人倫之事，思邈曰：「汝後五十年位登方伯，吾孫當爲屬吏，可自保也。」後齊卿爲徐州刺史，思邈孫溥果爲徐州蕭縣丞。思邈初謂齊卿之時，溥猶未生，而預知其事。凡諸異迹，多此類也。

永淳元年卒。遺令薄葬，不藏冥器，祭祀無牲牢。經月餘，顔貌不改，舉屍就木，猶若空衣，時人異之。自注《老子》《莊子》，撰《千金方》三十卷，行於代。又撰《福禄論》三卷，《攝生真録》及《枕中素書》《會三教論》各一卷。

《新唐書·孫思邈傳》 孫思邈，京兆華原人。通百家説，善言老子、莊周。周洛州總管獨孤信見其少，異之，曰：「聖童也，顧器大難爲用爾！」及長，居太白山。隋文帝輔政，以國子博士召，不拜。密語人曰：「後五十年有聖人出，吾且助之。」太宗初，召詣京師，年已老，而聽視聰瞭。帝歎曰：「有道者！」欲官之，不受。顯慶中，復召見，拜諫議大夫，固辭。上元元年，稱疾還山，高宗賜良馬，假鄱陽公主邑司以居之。

思邈於陰陽、推步、醫藥無不善，孟詵、盧照鄰等師事之。照鄰有惡疾，不可爲，感而問曰：「高醫愈疾，奈何？」答曰：「天有四時五行，寒暑迭居，和爲雨，怒爲風，凝爲雪霜，張爲虹蜺，天常數也。人之四支五藏，一覺一寐，吐納往來，流爲榮衛，章爲氣色，發爲音聲，人常數也。陽用其形，陰用其精，天人所同也。失則蒸生熱，否生寒，結爲瘤贅，陷爲癰疽，奔則喘乏，竭則燋槁，發乎面，動乎

形。天地亦然：五緯縮贏，孛彗飛流，其危診也；寒暑不時，其蒸否也；石立土踊，是其瘤贅；山崩土陷，是其癰疽；奔風暴雨其喘乏，川瀆竭涸其焦槁。高醫導以藥石，救以鍼劑；聖人和以至德，輔以人事。故體有可愈之疾，天有可振之災。」

照隣曰：「人事奈何？」曰：「心爲之君，君尚恭，故欲小。《詩》曰『如臨深淵，如履薄冰』，小之謂也。膽爲之將，以果決爲務，故欲大。《詩》曰『赳赳武夫，公侯干城』，大之謂也。仁者静，地之象，故欲方。《傳》曰『不爲利回，不爲義疚』，方之謂也。智者動，天之象，故欲圓。《易》曰『見機而作，不俟終日』，圓之謂也。」

復問養性之要，答曰：「天有盈虚，人有屯危，不自慎，不能濟也。故養性必先知自慎也。慎以畏爲本，故士無畏則簡仁義，農無畏則墮稼穡，工無畏則慢規矩，商無畏則貨不殖，子無畏則忘孝，父無畏則廢慈，臣無畏則勳不立，君無畏則亂不治。是以太上畏道，其次畏天，其次畏物，其次畏人，其次畏身。憂於身者不拘於人，畏於己者不制於彼，慎於小者不懼於大，戒於近者不侮於遠。知此則人事畢矣。」

初，魏徵等脩齊、梁、周、隋等五家史，屢咨所遺，其傳最詳。永淳初，卒，年百餘歲，遺令薄葬，不藏明器，祭去牲牢。

孫處約嘗以諸子見，思邈曰：「俊先顯，侑晚貴，佺禍在執兵。」後皆驗。太子詹事盧齊卿之少也，思邈曰：「後五十年位方伯，吾孫爲屬吏，願自愛。」時思邈之孫溥尚未生，及溥爲蕭丞，而齊卿徐州刺史。

明・高濂《遵生八牋》卷一九《塵外遐舉牋》 孫思邈，京兆人。通百家説，善言老子、莊周。思邈於陰陽、推步、醫藥無不善，孟詵、盧照鄰等有惡疾不可爲，感而問曰：高醫愈疾，奈何？答曰：天有四時五行，寒暑迭居，和爲雨，怒爲風，凝爲霜雪，張爲虹霓，天常數也。人之四肢五臟，一覺一寐覺，古孝反，吐納往來，流爲榮衛，彰爲氣色，發爲音聲，人常數也。陽用其形，陰用其精，天人之所同也。失則蒸生熱，否生寒，結爲瘤贅瘤，音留；贅，之芮反，陷爲癰疽，奔則喘乏，竭則焦槁，發乎面，動乎形。天地亦然：五緯縮贏，孛彗飛流，其危證也。寒暑不時，其蒸否也。石立土踊，是其瘤贅。山崩土陷，是其癰疽。奔風暴雨，是其喘乏。川瀆竭涸，是其焦槁。高醫導以藥石，救以砭劑砭，甫廉反；聖人和以至德，輔以人事。故體有可愈之疾，天有可振之災。

照鄰曰：人事奈何？曰：心爲之君，君尚恭，故欲小。《詩》曰「如臨深淵，如履薄冰」，小之謂也。膽爲之將，以果決爲務，故欲大。《詩》曰「赳赳武夫，公侯干城」，大之謂也。仁者静，地之象，故欲方。《傳》曰「不爲利回，不爲義疚」，方之謂也。智者動，天之象，故欲圓。《易》曰「見機而作，不俟終日」，圓之謂也。復問養性之要，答曰：天有盈虚，人有屯危，不自慎，不能濟也。故養性必先知自慎也。慎以畏爲本，士無畏則簡仁義，農無畏則墮稼穡，工無畏則慢規矩，商無畏則貨不殖，子無畏則忘孝，父無畏則廢慈，臣無畏則勳不立，君無畏則亂不治。是以太上畏道，其次畏天，其次畏物，其次畏人，其次畏身。憂於身者不拘於人，慎於小者不懼於大，戒於近者不侮於遠。如此，則人事畢矣。卒年百歲。

孟詵

《舊唐書・孟詵傳》 孟詵，汝州梁人也。舉進士。垂拱初，累遷鳳閣舍人。詵少好方術，嘗於鳳閣侍郎劉禕之家，見其敕賜金，謂禕之曰：「此藥金也。若燒火其上，當有五色氣。」試之果然。則天聞而不悦，因事出爲台州司馬。後累遷春官侍郎。睿宗在藩，召充侍讀。長安中，爲同州刺史，加銀青光禄大夫。神龍初致仕，歸伊陽之山第，以藥餌爲事。詵年雖晚暮，志力如壯，嘗謂所親曰：「若能保身養性者，常須善言莫離口，良藥莫離手。」睿宗即位，召赴京師，將加任用，固辭衰老。景雲二年，優詔賜物一百段，又令每歲春秋二時特給羊酒糜粥。開元初，河南尹畢構以詵有古人之風，改其所居爲子平里。尋卒，年九十三。

詵所居官，好勾剥爲政，雖繁而理。撰《家》《祭禮》各一卷，《喪服要》二卷，《補養方》《必效方》各三卷。

《新唐書・孟詵傳》 孟詵，汝州梁人。擢進士第，累遷鳳閣舍人。它日至劉禕之家，見賜金曰：「此藥金也，燒之，火有五色氣。」試之，驗。武后聞，不悦，出爲台州司馬，頻遷春官侍郎。相王召爲侍讀。拜同州刺史。神龍初，致仕，居伊陽山，治方藥。睿宗召，將用之，以老固辭，賜物百段，詔河南春秋給羊酒糜粥。尹畢構以詵有古人風，名所居爲子平里。開元初，卒，年九十三。

詵居官頗刻斂，然以治稱。其閒居嘗語人曰：「養性者善言不可離口，善藥不可離手。」當時傳其當。

張果

《舊唐書・張果傳》 張果者，不知何許人也。則天時，隱於中條山，往來

汾、晉間，時人傳其有長年祕術，自云年數百歲矣。嘗著《陰符經玄解》，盡其玄理。則天遣使召之，果佯死不赴。後人復見之，往來恒州山中。開元二十一年，恒州刺史韋濟以狀奏聞。玄宗令通事舍人裴晤往迎之，果對使絶氣如死，良久漸蘇，晤不敢逼，馳還奏狀。又遣中書舍人徐嶠齎璽書以邀迎之，果乃隨嶠至東都，肩輿入宫中。

玄宗初即位，親訪理道及神仙方藥之事，及聞變化不測而疑之。有邢和璞者，善算人而知夭壽善惡，玄宗令算果，則懵然莫知其甲子。又有師夜光者，善視鬼，玄宗召果與之密坐，令夜光視之，夜光進曰：「果今安在？」夜光對面終莫能見。玄宗謂力士曰：「吾聞飲堇汁無苦者，真奇士也。」會天寒，使以堇汁飲果。果乃引飲三卮，醺然如醉所作，顧曰：「非佳酒也。」乃寢。頃之，取鏡視齒，則盡燋且黧。命左右取鐵如意擊齒墮，藏於帶。乃懷中出神仙藥，微紅，傅墮齒之齗。復寢良久，齒皆出矣，粲然潔白，玄宗方信之。

玄宗好神仙，而欲果尚公主，果固未知之，謂祕書少監王迥質、太常少卿蕭華曰：「諺云娶婦得公主，真可畏也。」迥質與華相顧，未曉其言。即有中使至，宣曰：「玉真公主早歲好道，欲降先生。」果大笑，竟不奉詔。迥質等方悟向來之言。後懇辭歸山，因下制曰：「恒州張果先生，遊方外者也。跡先高尚，深入窈冥。是渾光塵，應召城闕。莫詳甲子之數，且謂羲皇上人。問以道樞，盡會宗極。今特行朝禮，爰畀寵命。可銀青光禄大夫，號曰通玄先生。」其年請入恒山，錫以衣服及雜綵等，便放歸山。乃入恒山，不知所之。玄宗爲造棲霞觀於隱所，在蒲吾縣，後改爲平山縣。

《新唐書・張果傳》 張果者，晦鄉里世繫以自神，隱中條山，往來汾、晉間，世傳數百歲人。武后時，遣使召之，即死，後人復見居恒州山中。

開元二十一年，刺史韋濟以聞。玄宗令通事舍人裴晤往迎，見晤輒氣絶仆，久乃蘇。晤不敢逼，馳白狀。帝更遣中書舍人徐嶠齎璽書邀禮，乃至東都，舍集賢院，肩輿入宫。帝親問治道神仙事，語祕不傳。果善息氣，能累日不食，數御美酒。嘗云：「我生堯丙子歲，位侍中。」其貌實年六七十。時有邢和璞者，善知人夭壽。師夜光者，善視鬼。帝令和璞推果生死，懵然莫知其端。帝召果密坐，使夜光視之，不見果所在。

帝謂高力士曰：「吾聞飲堇無苦者，奇士也。」時天寒，因取以飲果，三進，頹然曰：「非佳酒也。」乃寢。頃視齒燋縮，顧左右取鐵如意擊墮之，藏帶中，更出藥傅其齗，良久，齒已生，粲然騈絜。帝益神之。欲以玉真公主降果，未言也。果忽謂祕書少監王迥質、太常少卿蕭華曰：「諺謂娶婦得公主，平地生公府，可畏也。」二人怪語不倫。俄有使至，傳詔曰：「玉真公主欲降先生。」果笑，固不奉詔。有詔圖形集賢院，懇辭還山，詔可。擢銀青光禄大夫，號通玄先生，賜帛三百匹，給扶侍二人。至恒山蒲吾縣，未幾卒，或言尸解。帝爲立棲霞觀其所。

劉道合

《舊唐書・劉道合傳》 道士劉道合者，陳州宛丘人。初與潘師正同隱於嵩山。高宗聞其名，令於隱所置太一觀以居之。召入宫中，深尊禮之。及將封太山，屬久雨，帝令道合於儀鸞殿作止雨之術，俄而霽朗，帝大悦。又令道合馳傳先上太山，以祈福祐。前後賞賜，皆散施貧乏，未嘗有所蓄積。高宗又令道合合還丹，丹成而上之。咸亨中卒。及帝嘗奉天宫，遷道合之殯室，弟子開棺將改葬，其尸惟有空皮，而背上開坼，有似蟬蜕，盡失其齒骨，衆謂尸解。高宗聞之不悦，曰：「劉師爲我合丹，自服仙去。其所進者，亦無異焉。」

《新唐書・劉道合傳》 又有劉道合者，亦與師正同居嵩山，帝即所隱立太一觀使居之。時將封太山，雨不止，帝令道合禳祝，俄而霽，乃令馳傳先行太山祈祓。得賞賜輒散貧乏，無所蓄。

咸亨中，爲帝作丹，劑成而卒。帝後營宫，遷道合墓，開其棺，見骸坼若蟬蜕者。帝聞，恨曰：「爲我合丹，而自服去。」然所餘丹無它異。

張志和

明・高濂《遵生八牋》卷一九《塵外遐舉牋》 張志和，字子同，婺州金華人。始名龜齡。母夢楓生腹上而産志和。以親既喪，不復仕，居江湖，自稱烟波釣徒。著《玄真子》，亦以自號。有韋詣者，爲撰《内解》。志和又著《太易》十五篇，其卦三百六十五。兄鶴齡恐其遁世不還，爲築室越州東郭，茨以生草，椽棟不施斤斧。豹席椶屩居勺反，每垂釣不設餌，志不在魚也。

觀察使陳少游往見，爲終日留，表其居曰玄真坊。以門隘，爲買地大其閎，號回軒巷。先是門阻流水，無梁，少游爲構之，人號大夫橋。帝嘗賜奴、婢各一，志和配爲夫婦，號漁童、樵青。

陸羽嘗問：孰爲往來者？對曰：太虚爲室，明月爲燭，與四海諸公共處，未

嘗少别，何有往來？顏真卿爲湖州刺史，志和來謁，真卿以舟敝陋，請更之，志和曰：願爲浮家泛宅，往來苕、霅間。苕，音條。霅，直甲反。水名，在吴興。辯捷類如此。善圖山水，酒酣，或擊鼓吹笛，舐筆輒成。舐，甚爾反。嘗撰《漁歌》，憲宗圖真求其歌，不能致。李德裕稱志和隱而有名，顯而無事，不窮不達，嚴光之比云。

著録

《漢書·藝文志》

《宓戲雜子道》二十篇

《上聖雜子道》二十六卷

《道要雜子》十八卷

《黄帝雜子步引》十二卷

《黄帝岐伯按摩》十卷

《黄帝雜子芝菌》十八卷

《黄帝雜子十九家方》二十一卷

《泰壹雜子十五家方》二十二卷

《神農雜子技道》二十三卷

《泰壹雜子黄治》三十一卷

右神僊十家，二百五卷。

晉·葛洪《抱朴子内篇》卷一九《遐覽》 道經有《三皇内文天地人》三卷，《元文》上中下三卷，《混成經》二卷，《玄録》二卷，《九生經》《二十四生經》《九仙經》《靈卜仙經》《十二化經》《九變經》《老君玉歷真經》，《墨子枕中五行記》五卷，《温寶經》《息民經》《自然經》《陰陽經》，《養生書》一百五卷，《太平經》五十卷，《九敬經》，《甲乙經》一百七十卷，《青龍經》《中黄經》《太清經》《通明經》《按摩經》，《道引經》十卷，《元陽子經》《玄女經》《素女經》《彭祖經》《陳赦經》《子都經》《張虚經》《天門子經》《容成經》《入山經》《内寶經》《四規經》《明鏡經》《日月臨鏡經》《五言經》《柱中經》《靈寶皇子心經》《龍蹻經》《正機經》《平衡經》《飛龜振經》《鹿盧蹻經》《蹈形記》《守形圖》《坐亡圖》《觀卧引圖》《含景圖》《觀天圖》《木芝圖》《菌芝圖》《肉芝圖》《石芝圖》《大魄雜芝圖》，《五嶽經》五卷，《隱守記》《東井圖》《虚元經》《牽牛中經》《王彌記》《臘成記》《六安記》《鶴鳴記》《平都記》《定心記》《龜文經》《山陽記》《玉策記》《八史圖》《入室經》《左右契》《玉歷經》《昇天儀》《九奇經》《更生經》《四衿經》十卷，《食日月精經》《食六氣經》《丹一經》《胎息經》《行氣治病經》，《勝中經》十卷，《百守攝提經》《丹壺經》《岷山經》《魏伯陽内經》《日月廚食經》《步三罡六紀經》《入軍經》《六陰玉女經》《四君要用經》《金鴈經》《三十六水經》《白虎七變經》《道家地行仙經》《黄白要經》《八公黄白經》《天師神器經》，《枕中黄白經》五卷，《白子變化經》《移災經》《厭禍經》《中黄經》《文人經》《涓子天地人經》《崔文子肘後經》《神光占方來經》《水仙經》《尸解經》《中遁經》《李君包天經》《包元經》《黄庭經》《淵體經》《太素經》《華蓋經》《行廚經》，《微言》三卷，《内視經》《文始先生經》《歷藏延年經》《南闕記》，《協龍子記》七卷，《九宫》五卷，《三五中經》《宣常經》《節解經》《鄒陽子經》，《玄洞經》十卷，《玄示經》十卷，《箕山經》十卷，《鹿臺經》《小僮經》，《河洛内記》七卷，《舉形道成經》五卷，《道機經》五卷，《見鬼記》《無極經》《宫氏經》《真人玉胎經》《道根經》《候命圖》《反胎胞經》《枕中清記》《幻化經》《詢化經》《金華山經》《鳳網經》《召命經》《保神記》《鬼谷經》《淩霄子安神記》《去丘子黄山公記》《王子五行要真經》《小餌經》《鴻寶經》《鄒生延命經》《安魂記》《皇道經》《九陰經》《雜集書録》《銀函玉匱記金板經》《黄老仙録》《原都經》《玄元經》《日精經》《渾成經》《三尸集》《呼身神治百病經》，《收山鬼老魅治邪精經》三卷，《入五毒中記》，《休糧經》三卷，《採神藥治作秘法》三卷，《登名山渡江海敕地神法》三卷，《趙太白囊中要》五卷，《入温氣疫病大禁》七卷，《收治百鬼召五岳丞太山主者記》三卷，《興利宫宅官舍法》五卷，《斷虎狼禁山林記》《召百里蟲蛇記》，《萬畢高丘先生法》三卷，《王喬養性治身經》三卷，《服食禁忌經》《立功益筭經》，《道士奪筭律》三卷，《移門子記》《鬼兵法》《立亡術》，《練形記》五卷，《郄公道要》《角里先生長生集》，《少君道意》十卷，《樊英石壁文》三卷，《思靈經》三卷，《龍首經》《荆山記》，《孔安仙淵赤斧子大覽》七卷，《董君地仙却老要記》，《李先生口訣肘後》二卷。凡有不言卷數者，皆一卷也。

《隋書·經籍志》 經戒三百一部，九百八卷。餌服四十六部，一百六十七卷。房中十三部，三十八卷。符録十七部，一百三卷。

右三百七十七部，一千二百一十六卷。

道經者，云有元始天尊，生於太元之先，稟自然之氣，沖虚凝遠，莫知其極。【略】而又有諸服餌、辟穀、金丹、玉漿、雲英，蠲除滓穢之法，不可殫記。云自上古黄帝、帝嚳、夏禹之儔，並遇神人，咸受道籙，年代既遠，經史無聞焉。

推尋事迹，漢時諸子，道書之流有三十七家，大旨皆去健羨，處沖虚而已，無上天官符籙之事。其《黄帝》四篇，《老子》二篇，最得深旨。故言陶弘景者，隱於句容，好陰陽五行，風角星算，修辟穀導引之法，受道經符籙，武帝素與之遊。及

禪代之際，弘景取圖讖之文，合成「景梁」字以獻之，由是恩遇甚厚。又撰《登真隱訣》，以證古有神仙之事；又言神丹可成，服之則能長生，與天地永畢。帝令弘景試合神丹，竟不能就，乃言中原隔絶，藥物不精故也。帝以爲然，敬之尤甚。然武帝弱年好事，先受道法，及即位，猶自上章，朝士受道者衆。三吴及邊海之際，信之踰甚。陳武世居吴興，故亦奉焉。後魏之世，嵩山道士寇謙之，自云嘗遇真人成公興，後遇太上老君，授謙之爲天師，而又賜之《雲中音誦科誡》二十卷。又使玉女授其服氣導引之法，遂得辟穀，氣盛體輕，顔色鮮麗。弟子十餘人，皆得其術。其後又遇神人李譜，云是老君玄孫，授其圖籙真經，劾召百神，六十餘卷，及銷錬金丹雲英八石玉漿之法。太武始光之初，奉其書而獻之。帝使謁者，奉玉帛牲牢，祀嵩岳，迎致其餘弟子，於代都東南起壇宇，給道士百二十餘人，顯揚其法，宣布天下。太武親備法駕，而受符籙焉。自是道業大行，每帝即位，必受符籙，以爲故事，刻天尊及諸仙之象，而供養焉。遷洛已後，置道場於南郊之傍，方二百步。正月、十月之十五日，並有道士哥人百六人，拜而祠焉。後齊武帝遷鄴，遂罷之。文襄之世，更置館宇，選其精至者使居焉。後周承魏，崇奉道法，每帝受籙，如魏之舊，尋與佛法俱滅。開皇初又興，高祖雅信佛法，於道士蔑如也。大業中，道士以術進者甚衆。【略】而金丹玉液長生之事，歷代糜費，不可勝紀，竟無效焉。今考其經目之數，附之於此。

唐・梅彪《石藥爾雅》卷下　叙諸經傳歌訣名目

《太清經》《玉鳥經》《九霄君經》《廣成君經》《狐子剛子粉圖經》《抱朴子金丹經》《真人天玄録面上經》《狐剛子河車經》《陵陽子經》《黄仙子經》《稷丘子經》《青林子訣》《泉石子論》《九元子訣》《青霞子訣》《黄帝纂要經》《玄女録圖中經》《茅君金藏經》《茅君丹陽經》《桐柱經》《黄老金公經》《元君經》《雲宫玉華經》《四海神水記》《八公枕中記》《金碧潛通火記》《玄女五符記》《金石靈臺記》《石壁記》《洪寶記》《天台石室記》《召河伯記》《謁上皇日月記》《紫房虎書記》《山嶽流傾記》《流金火鈴記》《落羽建青記》《陰長生守爐記》《迴老返嬰記》《猛將朱兵記》《七返靈砂歌》《八仙歌》《中還歌》《三白歌》《參同契》《魏君訣》《參同指歸》《太清訣》《衛靈訣》《九奇訣》《傳道訣》《龍雀隱訣》《登真隱訣》《塗山訣》《守真全生訣》《句留訣》《金靈訣》《五鹽訣》《金樓先生訣》《甪里先生訣》《鼓下錫黄訣》《東林集》《琳房集》《丹瓊集》《八紀集》《契道祕録》《隋唐祕録》《白子高玄圖録》《太清丹論》《混成論》《胡王治葛論》《金石論》《婆落魔地神伏火論》《五明論》《太清太鏡》《司馬錬師精義論》《紀仙玄鏡》《中還經》《杏金經》《青龍地經》《龍虎丹經》《丹家病源》《六甲玉女訣》《行厨金盤玉饌訣》《黄寧訣》《李少君訣》《西蜀樊德先生伏火訣》《太原胡列山人訣》《吉章經》《東都陳少府訣》《王倪伏火丹砂傳》《孫思邈經》《揚羅開伏火丹砂傳》《麻姑八石傳》《蘇遊經》《清源經》《太山孫杓赤龍金虎歌》《中還丹論》。

佚名《太清金液神氣經》卷上　《太玄清虚上皇太真玄丹經》，一名《三光神符》，一名《絳晨朱霞》，一名《剛華上丹》，一名《八瓊飛華》，一名《太微紫蘂明珠》。

《太玄無常品第九剛七化丹經》，一名《陰陽神符》，一名《日月玄剛》，一名《素華明景》，一名《九晨朱房》，一名《欻化靈童》，一名《無極沈暉》，一名《八明神丹》。

太玄九陰靈華丹，一名九晨陰剛丹，一名素靈明珠，一名月影玉華，一名紫瓊靈腴，一名丹蘂九符液。

《新唐書・藝文志》　凡神仙三十五家，五十部，三百四十一卷。失姓名十三家，自《道藏音義》以下不著録六十二家，二百六十五卷。

《神仙得道靈藥經》一卷　《罔象成名圖》一卷　《丹砂訣》一卷開元二十二年上。　孫思邈《馬陰二君内傳》一卷，又《太清真人煉雲母訣》二卷　《攝生真録》一卷　《養生要録》一卷　《氣訣》一卷　《燒煉祕訣》一卷　《龍虎通元訣》一卷　《龍虎亂日篇》一卷　《幽傳福壽論》一卷　《枕中素書》一卷　《會三教論》一卷　《龍虎篇》卷青羅子周希彭、少室山人孺登同注。　朱少陽《道引録》三卷浮山隱士，代、德時人。　張志和《玄真子》二卷　王仲丘《攝生纂録》一卷　高福《攝生録》三卷　郭霽《攝生經》一卷　上官翼《養生經》一卷

宋・王堯臣等《崇文總目》卷九

《陰符太丹經》一卷　《陰符經元義》一卷　《玉清内書》二卷　《黄帝九鼎神丹經訣》十卷闕。　《老君八純元鼎經》一卷　《太上真君石室秘訣服食還丹驗法》一卷闕。　《龍虎上經金丹訣》一卷闕。　《三皇經》三卷　《五金髓經》一卷　《日月混元經》一卷　《龍虎上經金碧潛通訣》三卷　《還丹金術黄老經》一卷闕。　《太洞鍊真寶經修服丹砂妙訣》一卷闕。　《太清石壁記》三卷　《陰陽統畧周易參同契》三卷闕。　《參同契太易志圖》一卷闕。張處撰。　《參同契太易志圖》一卷闕。重元子注。　《參同契太易二十四氣修煉大丹圖》一卷闕。　《參同契太易

丹書》一卷闕。《太易丹書》一卷闕。《太易陰陽備訣手鑑圖》一卷闕。《丹華經》一卷闕。《太洞鍊真寶經》一卷闕。《五相類》一卷闕。《太丹記》一卷闕。《太丹九轉歌訣》一卷《指黃芽成大還丹歌三十首》一卷闕。《中還丹糝製術》一卷闕。《金虎元君訣》一卷闕。《還金丹訣》三卷闕。《土兑訣》三卷闕。《龍虎丹》一卷闕。《五金龍虎歌》一卷闕。《龍虎太丹訣》一卷闕。《爐鼎要妙粉圖經》一卷闕。《金液丹秘訣》一卷《金木萬靈訣》一卷《靈砂聖石玉露丹訣》一卷闕。《剛子丹訣》一卷闕。

不著名氏集諸家

《剛子丹訣》一卷張道陵撰。《五金龍虎歌》一卷《元君肘後方》三卷《大還丹金虎白龍論》一卷闕。《秦鑑語》一卷闕。《蓬壺集》三卷《草衣子還丹契秘圖》一卷闕。《還金篇》一卷闕。《點假驗真》一卷闕。《大丹歌》一卷《張果進服丹砂訣》一卷闕。《七返靈砂歌》一卷闕。《金丹賦》一卷闕。《青霞子龍虎金液還丹通元論》一卷《太一真人五行重元論》一卷《日月元樞》一卷

道書六共五十五部計四十七卷。以下原卷五十。

《中元論》一卷闕。《神仙金汋經》三卷闕。《燒煉秘訣》一卷《元君傳道傳心訣》一卷闕。《道術指歸望江南》一卷闕。《金石相數篇》一卷闕。《金液歌》一卷闕。《證大丹訣》一卷闕。《陰君金本火丹論》一卷闕。《修丹砂狀》一卷闕。《密州金丹大還丹口訣》一卷闕。《葛仙翁歌訣》一卷闕。《靈砂受氣用藥訣》一卷闕。《龍虎丹訣》一卷闕。《龍虎丹訣別名》一卷闕。《金陵子龍虎還丹訣》二卷闕。《通幽訣》一卷闕。《雜丹訣》一卷《李真人還丹歌》一卷闕。《金精石液訣》一卷闕。《諸家丹訣》一卷闕。《上清真秘訣》一卷闕。《注金丹訣》一卷闕。《還金丹訣》三卷闕。《金丹真訣》一卷闕。《金液丹秘訣》一卷闕。《金液指掌論》一卷闕。《得一歌》一卷闕。《龍虎通元訣》一卷闕。《道術藥經絡歌》一卷闕。《大藥秘盟了議口訣》一卷闕。《五經雜訣》二卷闕。《王君立制丹砂訣》一卷闕。《茅魏真人詩》一卷闕。《訟求五行圖》一卷《大丹至論》一卷闕。《修真立驗抄并圖》一卷闕。《九轉真訣》一卷闕。《羅公遠記》一卷《真儀總鑑》三卷闕。《龍虎亂日篇》一卷《靈砂受氣用藥訣》一卷闕。《大丹龜鑑》一卷《太白山十練聖石神妙經二十一轉訣》一卷闕。《麻姑歌》一首闕。《孤剛子粉圓》四卷《唐朝鍊大丹感應頌》一卷闕。《龍虎大還丹訣》一卷《陶真人金丹訣》一卷《神丹經訣》十卷闕。《金水萬靈訣》一卷闕。《魏伯陽感應訣》一卷闕。《龍虎還丹通元要訣》二卷闕。《明真證道論》一卷闕。《懸解録》一卷

又 卷一〇

道書七共五十一部計八十一卷。以下原卷五十一。

《四家要訣》一卷闕。《龍虎金液還通元論》一卷闕。《陶真人金丹訣》三卷闕。《真元妙道經》一卷闕。《修身立驗》一卷闕。《服龍虎丹訣》一卷闕。《還元丹論》一卷闕。《金液丹訣》一卷闕。《青霞子寶藏論》一卷《元珠歌逍遥歌内指黃芽歌》一卷闕。《金碧要旨》一卷闕。《金液神丹經》三卷闕。《金液神氣經》十卷闕。《金華玉女經》一卷闕。《蓬萊山東西竈還丹經》一卷《金石真宰通微論》一卷闕。《金液還丹龍虎歌》一卷闕。《水簾洞大還丹賦》一卷闕。《道書口訣秘法》一卷闕。《還陽先生鈆黃芽傳》一卷闕。《金液三魂法》一卷闕。《太清論石硫黃經》一卷闕。《金石還丹術》一卷闕。《金石靈臺記》一卷《巨勝歌》一卷《學道神仙藥方》一卷闕。《雲母論》二卷闕。《服雲母粉療患方》一卷闕。《蓬萊山草藥還丹訣》一卷闕。《太清真人鍊雲母訣》二卷闕。《靈寶神仙玉芝瑞草圖》二卷闕。《太上靈寶芝品》一卷《芝草黃精經》一卷闕。《神仙芝草圖》二卷《靈寶服食五芝品經》一卷闕。《延壽靈芝瑞圖》一卷闕。《白雲仙人靈草歌》一卷闕。《金石藥方》一卷闕。《太清諸石變化神仙方集要》一卷闕。《丹房鑑源》三卷《藥枕方》一卷《神仙得道靈藥經》一卷闕。《峨嵋山神異記》三卷闕。《太清經藥方》一卷闕。《仙翁煉石訣》一卷闕。《伏藥經》三卷闕。《石藥爾雅》一卷闕。《養生神仙方》三卷闕。《洞靈仙方》一卷闕。《仙茅根方》一卷《黑髮酒方》一卷闕。《煉三十六水石法》一卷闕。《達靈經》一卷闕。《菊潭法》一卷闕。《小黃消丹應候訣》一卷闕。《九靈指元篇》一卷闕。

道書八共五十五部計八十五卷以下原卷五十二。

《墨子枕中記》二卷闕。《女青神律》十卷闕。《老子六甲秘符妙録》一卷闕。《修六丁八史用事斜法》一卷闕。《九天元女六甲將軍手訣》一卷闕。《六丁通應玉女真録手訣》一卷闕。《祭六丁神法》一卷闕。《老子六甲秘符妙録》一卷闕。《靈飛六甲左右内名玉符》一卷闕。《天蓬神呪》一卷《太上北帝天蓬壇場印圖》一卷闕。《靈寶五嶽真形圖》一卷《八卦仙人秘訣》一卷闕。《黃帝八卦真形圖》一卷闕。《太神左仙翁説法符經》一卷《太上洞黃

靈寶元始五方赤書自然真文經》一卷 《太清起章》一卷闕。 《太上習仙經契符録》一卷闕。 《太上北帝靈文》一卷闕。 《金書玉券》一卷闕。 《太上洞元靈寶投簡符文要訣》一卷闕。 《太上靈寶護身符録》一卷 《太清洞真紫蘭北壁真文》一卷闕。 《太上禳解災厄吉兆玉篆》一卷闕。 《太上玉真章訣》三卷闕。 《太上靈寶吞服真文玉字》一卷闕。 《太上靈寶洞元大道無極自真一五稱符經》二卷 《天乙太乙日月星辰二十八宿行藏記》一卷闕。 《北帝三備經》三卷闕。 《罔象成名圖》一卷闕。 《北帝神呪經》十卷 《三尸經》一卷闕。 《孫真人長生延壽經》一卷 《北帝靈文》三卷 《延壽赤書》一卷 《天神經》一卷闕。 《太上北帝治病道法》一卷闕。 《高上紫虛法籙》二卷闕。 《上清洞真瓊宫五帝靈飛六甲内文》三卷闕。 《北帝元樞内章》一卷闕。 《秦乾秘要》三卷闕。 《九微心戒》一卷 《三五思神圖》一卷 《山栖要録》一卷闕。 《守庚申服藥法》一卷闕。 《青崖子神仙金銀論》一卷闕。 《掌訣圖》一卷闕。 《太上三五禁氣步罡法》一卷闕。 《太上靈寶飛行三界妙經》一卷闕。 《太上洞真飛行羽經》一卷 《太上靈書三魂七魄經》一卷闕。 《嘯旨》一卷 《問天老歷》一卷 《金柯四時色氣元機歌》一卷闕。

道書九共六十部計一百六卷。以下原卷五十三。

《議化胡經狀》一卷 《樓觀内傳》二卷 《列仙傳》二卷

《翊聖保德真君傳》三卷 《老子内傳》三卷闕。 《老子出塞記》一卷 《老子開天記》一卷 《皇天原太上老君現迹記》一卷闕。 《尹喜東行記》一卷闕。

謹按：《直齋書録·解題》曰：《崇文總目》作二卷七十二人。

《續神仙傳》三卷 《神仙内傳》一卷闕。 《神仙傳畧》一卷闕。 《晉洪州西山十二真君内傳》一卷闕。 《賓仙傳》一卷 《疑仙傳》一卷闕。 《道教記》一卷闕。 《歷代帝王崇道記》一卷 《神仙纂要録》一卷闕。 《真教元符》三卷闕。 《墉城集仙籙》十卷 《洞仙傳》九卷 《真系傳》一卷 《道經降代傳授年載記》一卷闕。 《成都山望仙宫十真記》一卷闕。 《八仙圖》一卷闕。 《玉清虛真人内傳》一卷闕。 《茅山新小記》一卷闕。 《茅三君内傳》一卷闕。 《元洲上卿蘇君記》一卷闕。 《周義山内傳》一卷闕。 《南嶽魏夫人内傳》一卷 《劉真人内傳》一卷 《蘇耽傳》一卷闕。 《裴元人傳》一卷 《許邁傳》一卷闕。 《劉善慶傳》一卷闕。 《許遜修行傳》一卷闕。 《馬陰二君内傳》一卷 《葉君善傳》二卷闕。 《謫仙崔少元傳》二卷 《東極真人傳》一卷闕。 《瞿童述》一卷 《潘尊師傳》一卷 《洪崖先生傳》一卷 《吴大師内傳》一卷 《胡慧超傳》一卷闕。 《鍊師傳》一卷闕。 《平都山仙都觀記》一卷闕。 《神光寺聖迹記》一卷闕。 《南嶽小録》一卷闕。 《元始上真記》一卷闕。 《寧州通真觀主宿真形圖賛》一卷闕。 《聖記賦》一卷闕。 《山水穴實圖》一卷 《二十四化記》三卷闕。 《正一真二十四治圖》一卷闕。 《元化圖》一卷闕。 《福地記》一卷 《混元圖》十卷闕。 《紫庭秘訣》一卷

宋·鄭樵《通志·藝文略·道家四》 《玉清内書》二卷 《黄帝九鼎神丹經訣》二十卷、《老君八純元鼎經》一卷、《老君丹經》一卷、《龍虎經》一卷、《太上真君石室秘訣服食還丹驗法》一卷、《龍虎上經金丹訣》一卷、《三皇經》一卷，陰長生修。《五金髓經》一卷，王白雲撰。《日月混元經》一卷，元光撰。《龍虎上經金碧潛通訣》三卷，劉演撰。《大洞煉真寶經修服丹砂妙訣》一卷，唐陳少微撰。《太清石壁記》一卷，晉蘇元明撰。《太清金丹》一卷、《太易丹書》一卷、《太易陰陽備訣手鑑圖》一卷、《丹華經》一卷、《大洞煉真寶經》一卷，陳少微撰。《九轉流珠神仙九丹經》二卷、《神仙庚辛經》一卷、《大丹記》一卷，魏伯陽撰。《大丹九轉歌訣》一卷，魏伯陽撰。《指黄芽成大還丹歌》三十首一卷、《中還丹糝製術》一卷、《龍虎糝製法》一卷、《秦鑑語》一卷，唐隱士守真子撰。《金虎元君訣》一卷、《還金術》一卷，陶植撰。《士兑訣》一卷、《龍虎丹》一卷，侯道華録。洞源子《龍虎歌》一卷、《五金龍虎歌》一卷，葛洪撰。《龍虎大丹訣》一卷、《爐鼎要妙圖經》一卷、《金木萬靈訣》一卷，葛洪撰。《靈砂聖石玉路丹訣》一卷、《黄輿金丹密訣》一卷、《剛子丹訣》一卷，張道陵撰。《元君肘後方》三卷、《大還丹金虎白龍論》一卷，唐隱士還陽子撰。《太上肘後玉經方》一卷，盧遵元撰。《九真中經四鎮九方》一卷、《紫靈丹砂表》一卷、《太丹會明論》一卷、《玉碑子》一卷、《靈飛散傳信録》一卷，齊推撰。《大還心鑑》一卷、《丹論訣旨心鑑》一卷，張元德撰。《金丹肘後訣玉清内書大樂終篇》一卷、《龍虎展掌訣》一卷，嚴真人撰。《太上龍虎展九都金祕指仙經》一卷、河上公注。《修煉太一三使還命大丹指訣經》一卷，太上老君撰。《黄帝神竈經》三卷，孫思邈撰。《黄壺經》三卷，陶植撰。《草衣子》《還丹契祕圖》一卷，元子撰。《金藏經》二卷，茅君撰。《還金篇》一卷，唐海蟾子元英撰。《黜假驗真》一卷，楊無名撰。《太丹歌》一卷，通元子撰。張果進《服丹砂訣》一卷，開元二十二年進。《九室指元篇》一卷，陳圖南撰。《七返靈砂歌》一卷，後漢魏伯陽撰，黄君注。《金丹賦》一卷、青霞子《龍虎訣妙簡》一卷、太一真人《五行重元論》一卷、《日月元樞》一卷，唐劉知

古撰。《火鑑周天圖》一卷，魏伯陽撰。《中元論》一卷，唐李延章集。《神仙金汋經》三卷、《燒煉祕訣》一卷，孫思邈撰。《元君付道傳心訣》一卷、《道術指歸望江南》一卷、《金石相數篇》一卷、《金液歌》一卷、《證太丹訣》一卷、《巨勝歌》一卷，陰君《金木火丹論》一卷、《修丹砂狀》一卷、《丹樓子》三卷、《密付金丹大還丹口訣》一卷、《金液小還固命丹砂論》一卷，朱房撰。《葛仙公歌訣》一卷、《靈砂受氣用藥訣》一卷，崔元真撰。《龍虎丹訣》一卷，魏伯陽撰。《龍虎丹櫃訣》一卷、《龍虎丹名別訣》一卷、金陵子《龍虎還丹訣》四卷、《龍虎指真訣》一卷、《通幽訣》一卷、《雜丹訣》一卷、彭仲堪易成子《大丹訣》一卷、李真人《還丹歌》一卷、《金精石液訣》一卷、《諸家丹訣》一卷、《上清真祕訣》一卷、《注金丹訣》一卷，陰長生撰。《還金丹訣》三卷，陶植撰，朱辭注。《金丹真訣》一卷、《金液丹祕訣》一卷，羅浮真人撰。《金液指掌論》一卷，蘇元素撰。《得一歌》一卷、《丹臺新録》九卷，夏有章撰。《神丹中經》一卷、《九丹神祕經》一卷、《道證》一卷，左掌子撰。《丹經訣要》一卷，孫思邈撰。《石精大丹法》一卷、《神丹方》一卷，蘇遊撰。《紫金白丹訣》一卷、《煉五神丹法》一卷、《赤龍金虎中鉛煉七返丹砂訣》一卷，馬明生撰。《靈寶還魂丹訣》一卷、《服金丹應候訣》一卷、忠州仙都觀陰真君《金丹訣》一卷、《鉛汞指真》一卷、徐真君《丹訣》一卷、《龍虎通元訣》一卷，孫思邈撰。《道術藥徑歌》一卷、《大藥祕盟了議口訣》一卷、《龍虎還丹詩》一卷，和士安撰。《五金雜訣》二卷、王君立《制丹砂訣》一卷、《茅魏真人詩》一卷、《鉛汞五行圖》一卷，曹聖圖撰。《大丹至論》一卷，唐嚴靜撰。《修真歷驗抄并圖》一卷，羅子一撰。《九轉真訣》一卷、《黄白祕法》一卷又二十卷、《真儀總鑑》三卷，夷真子撰。《龍虎亂日篇》一卷，孫思邈撰。《靈砂受氣用藥訣》一卷、《大丹詩》一卷、《大丹龜鑑》一卷、《龍虎大丹作用頌》一卷、《太白山十煉聖石神妙經二十一轉訣》一卷、《麻姑歌》一首、狐剛子《五金訣疏》一卷、狐剛子《粉圖》四卷、《唐朝鍊大丹感應頌》一卷，李林甫撰，開元中道士孫太沖鍊神丹事。《龍虎大還丹訣》一卷、《龍虎大丹行狀》一卷、陶真人《金丹訣》一卷、《神丹經訣》十卷、《金木萬齡訣》一卷、魏伯陽《感應訣》一卷、《龍虎還丹通元要訣》二卷，晉蘇元明撰。《造化伏汞圖》一卷，昇元子撰。《賢解録》一卷，唐紇干衆序。《明真證道論》一卷，張龜撰。《龍虎金液還丹通元論》一卷，晉蘇元明撰。《四家要訣》一卷、集劉向、陵陽子、抱朴子、狐剛子所記煉丹事。《群仙論金丹大藥歌訣》一卷，任逍遥撰。陶真人《金丹訣》三卷，陶弘景撰。《服龍虎丹訣》一卷，麥積山仙人誨老述。《金液丹訣》一卷，陶植撰。青霞子《寶藏論》三卷，蘇元明號青霞子。青霞子《授茅君歌》一卷，青霞子，晉太康時人。《玄珠歌》《逍遥歌》《内指黄芽歌》一卷，通元先生撰。《金碧經》一卷、《金碧潛通經》一卷，羊參微撰。《金碧潛通入藥火鑑記》一卷，崔元真撰。白雲子《通真祕旨五行圖》一卷，黄鶴白雲子撰。張子陽《周易潛契神符白雪圖》一卷、《大還丹照鑑登仙集》一卷、《玉芝五大還丹訣》一卷、《鬼谷先生還丹歌》一卷，元陽子《還丹訣》二卷、《元陽九轉金丹歌》一卷，馬明君《龍虎傳》一卷、真一子《還丹内象龍虎訣》一卷、《龍虎變化神候訣》一卷、達元子《大道指歸金丹祕訣》一卷、老君授尹喜《煉丹訣》一卷、《丹砂妙訣》一卷、《服龍虎丹訣》一卷、元悟真人《還丹》一卷、《十二時龍虎神丹歌》一卷、魏真人《還丹訣》一卷、《金碧要旨》一卷，真人劉演集。《金液神丹經》三卷、《金液神氣經》十卷，混元皇帝撰。《金華玉女經》一卷、《東竈丹經》三卷、《蓬萊山東西竈還丹歌》一卷，魏伯陽撰。《蓬萊西竈還丹歌》一卷、《金石真宰通微論》一卷、《金液還丹龍虎歌》一卷，元陽子撰。《水簾洞大還丹賦》一卷、《通元祕要術》三卷，唐青蘿子道光撰。《道書口訣祕法》一卷、還陽先生《鉛黄芽傳》一卷、《金液三魂法》一卷、《金石還丹術》一卷、狐剛子撰。《丹房鑒源》三卷，獨孤滔撰。《草金丹法》一卷、《蓬萊山草藥還丹訣》一卷，黄元鍾撰。《靈劍子》，許真君撰。《劍訣大丹法》一卷、《峨嵋山神異記》三卷，漢張道陵撰。《黄芽河車法》一卷、《返魂丹方》一卷、《圃田通元祕術方》三卷，鄭元撰。

右外丹。二百三部，三百一十卷。

《金石靈臺記》一卷、《金石靈臺刊誤》一卷、《太清論石流黄經》一卷、《雲母論》二卷，唐崔元真撰。《服雲母粉療病方》一卷，韓藏法師撰。《太清真人煉雲母訣》二卷，孫思邈撰。《金石藥法》一卷、《金石要訣》一卷、《太清諸石變化神仙方集要》一卷，陶弘景撰。《仙翁鍊石經》一卷、《石藥爾雅》一卷，梅彪撰。《鍊三十六水石法》一卷、《金石藥方》一卷、《小玉消丹應候訣》一卷、《伏藥經》三卷、《煉服雲母法》一卷，陶弘景撰。《神仙餌石并行藥法》一卷，京里先生撰。《淮南王煉聖石法》一卷，楊知元撰。《赤松子金石論》一卷、《還金術》一卷，陶植撰。《五金題術一卷、《金石薄五九數》一卷、《服朱砂訣》一卷、《龍虎制伏丹砂雄黄法》一卷、《鍊金丹秋石訣》一卷、棗篙子《金石真宰通微論》一卷、《變煉二石術》一卷、《石藥異名要訣》一卷，王道沖撰。《鐵粉論》一卷，唐蘇遊撰。《鍾乳論》一卷，褚知載撰。《新修鍾乳論》一卷，尚藥吴弁等撰。

右金石藥。三十一部，三十五卷。

《靈寶神仙玉芝瑞草圖》二卷、《太上靈寶芝品》一卷、《芝經》一卷、《靈芝記》

五卷、《種芝經》九卷、《芝草黄精經》一卷、《神仙芝草圖》二卷、《靈寶服食五芝晶經》一卷、《延壽靈芝瑞圖》一卷、白雲仙人《靈草歌》一卷、《經食草木法》一卷，陶隱居撰。《神仙得道靈藥經》一卷，漢張道陵撰。《養生神仙方》三卷、《洞靈仙方》一卷，梁邱子撰。《仙茅根方》一卷、《黑髮酒方》一卷，葛洪撰。《達靈經》一卷，陶弘景撰。《菊潭法》一卷，記服薏苡，似菊。《採服松葉等法》一卷，司馬承禎撰。《神仙長生藥訣》一卷、《辨服至藥人形神論》一卷、《漢武服餌法》一卷、《至藥詩》一卷，王賢芝撰。《神武藥名隱訣》一卷、《神仙服食經》一卷、《老子妙術靈草》一卷、《老子服食方》一卷、《草石隱號》一卷、《神珠草藥證驗》一卷、《太清石壁靈草記》一卷，蘇元明撰。《服餌仙方》一卷，孫思邈《枕中記》一卷、《大道静神論》一卷、《攝生服食禁忌》一卷、《攝生藥忌法》一卷、《鍊花露仙醽法》一卷、《服餌保真要訣》一卷、《李八百方》一卷、《太清經諸藥草木方集要》一卷、《太清神仙服食經》五卷、《神仙服食經》十二卷、《服玉法并禁忌》一卷、《古今服食藥方》三卷、《服食神祕方》一卷、《神仙金櫃服食方》二卷、孟氏《補養方》三卷、《神仙服食經》一卷、《集録古今服食道養方》三卷。

右服餌。四十八部，八十六卷。

宋·晁公武《郡齋讀書志》卷三上

《抱朴子内篇》二十卷、《外篇》十卷

右晉葛洪撰。洪字稚川，丹陽句容人。元帝時累召不就，止羅浮山鍊丹。著書推明飛升之道、導養之理、黄白之事，二十卷，名曰《内篇》，十卷名曰《外篇》。自號抱朴子，因以命書。

《宋史·藝文志》　魏伯陽《周易參同契》三卷、《參同大易誌》三卷　徐從事注《周易參同契》三卷　《參同契合金丹行狀十六變通真訣》一卷　鄭遠之《參同契心鑑》一卷　張處《參同契大易圖》一卷　劉向《列仙傳》三卷　王褒《桐柏真人王君外傳》一卷　周季通《玄洲上卿蘇君記》一卷　葛洪《神仙傳》十卷、《馬陰二君内傳》一卷、《上真衆仙記》一卷、《隱論雜訣》一卷、《金木萬靈訣》一卷、《抱朴子養生論》一卷、《太清玉碑子》一卷，葛洪與鄭思遠問答。《二女真詩》一卷紫微夫人及東華中候王夫人作。　施真人《銘真論》一卷　旌陽令許遜《靈劍子》一卷　淮南王劉安《太陽真粹論》一卷　黄玄鍾《蓬萊山西鼇還丹歌》一卷　婁敬《草衣子還丹訣》一卷　魏伯陽《還丹訣》一卷、《周易門户參同契》一卷、《太丹九轉歌》一卷　張果《紫靈丹砂表》一卷、《内真妙用訣》一卷、《休糧服氣法》一卷　《黄帝九鼎神丹經訣》十卷　《黄帝内丹訣》一卷　《太極真人風鳴爐火經》一卷　《紫微帝君王經寶訣》一卷　《太上老君服氣胎息訣》一卷　《老子中經》二卷　《老子神仙歷藏經》一卷　《王母太上還童採華法》一卷　《紫微帝君紫庭祕訣》一卷　《茅真君静中吟》一卷　《王茅君雜記》一卷　《陰真君還丹歌》一卷　《金液還丹歌》一卷　《元君付道傳心法門》一卷　《徐真君丹訣》一卷　《張真君靈芝集》一卷　《彭君訣黄白五元神丹經》一卷　《太一真君元丹訣》一卷　陳大素《九天飛步内訣真經》一卷　河間真人劉演《金碧潛通祕訣》一卷　大白山李真人《調元妙經》一卷　陳少微《大洞煉真寶經》一卷　申天師《服氣要訣》一卷　張天師《石金記》一卷　玄元先生《日月混元經》一卷　鄭先生《不傳氣經》一卷　建平然先生《少來苦樂傳》一卷　赤城隱士《服藥經》三卷　青霞子《旨道篇》一卷，又《龍虎金液還丹通玄論》一卷、《寶藏論》一卷　易元子《勸道詩》一卷　逍遥子《内指通玄訣》三卷、《攝生祕旨》一卷　升玄子《造化伏汞圖》一卷　顥陽子《神仙修真祕訣》十二卷　元陽子《金石還丹訣》一卷　真一子《金鑰匙》一卷　《九真中經》一卷赤松子傳。　暢元子《雜録經訣尊用要事》一卷　狐剛子《粉圖》五卷　左掌子《證道歌》一卷　中皇子《服氣要訣》一卷　桑榆子《新舊氣經》一卷　玄明子柳沖用《巨勝歌》一卷　葉真卿《玄中經》一卷　丁少微《真一服元氣法》一卷　洞元子通元子《通玄指真訣》一卷　真常子《服食還丹證驗法》一卷　煙蘿子《内真通玄歌》一卷　獨孤滔《丹房鏡源文》三卷　天台白雲《服氣精義論》一卷　徐懷遇《學道登真論》一卷　曹聖圖《鉛汞五行圖》一卷　張素居《金石靈臺記》一卷　高先《大道金丹歌》一卷　陳君舉《朝元子玉芝書》三卷　吕洞賓《九真玉書》一卷　陶植《蓬壺集》三卷　《修仙要訣》一卷華子期授於角里先生。　楊歸年《修真延祕集》三卷　陰長生《三皇經》一卷　馬明生《赤龍金虎中鉛鍊七返還丹訣》卷亡。　《内外丹訣》二卷集王元正、李黄中等撰。　《崔公入藥鏡》三卷　《混元内外觀》十卷　張君房《雲笈七籤》百二十卷　耿肱《養生真訣》一卷　青霞子《丹臺新録》九卷　張端《金液還丹悟真篇》一卷　彭曉《周易參同契分章通真儀》三卷、《參同契明鑑訣》一卷　《大丹會明論》一卷　《太清真人九丹神祕經》一卷　《金鏡九真玉書》一卷　《八公紫府河車歌》一卷　《大還祕經》一卷　《神仙肘後三宫訣》二卷　《太極紫微元君補命祕録》一卷　《老君八純玄鼎經》一卷　《海蟾子還金篇》一卷　《太清篇火式》一卷　《太一真人五行重玄論》一卷　《龍虎大還丹祕訣》一卷　《煉五神丹法》一卷　《太清丹經》一卷　《神仙

庚辛經》一卷 《紫白金丹訣》一卷 《仙公藥要訣》一卷 《三十六水法》一卷 《金虎赤龍經》一卷 《玉清内書》一卷 《太上老子服氣口訣》一卷 《燒煉雜訣法》一卷 《太清金液神丹經》三卷 《休糧諸方》一卷 《胎息根旨要訣》一卷 《修真内煉祕訣》一卷 《上清修行訣》一卷 《大道感應論》一卷 《太上習仙經契録》一卷 《回耀飛光日月精氣上經》一卷 《攝生增益録》一卷 《神氣養形論》一卷 《服餌仙方》一卷 《鉛汞指真訣》一卷 《服食日月皇華訣》一卷 《神仙藥名隱訣》一卷 《鍊花露仙醽訣》一卷 《繕生集》一卷 《道術旨歸》一卷 《按摩要法》一卷 《醮人神法》一卷 《上清大洞真經玉訣》一卷 《草金丹法》一卷 《十二月五藏導引》一卷 《大易二十四篇》一卷 《服氣鍊神祕訣》一卷 《老君金書内序》一卷 《尹真人本行記》一卷 《陶陸問答》一卷 《諸家修行纂要》一卷 《谷神祕訣》三卷 《太清導引調氣經》一卷 《大玄部道興論》二十七卷 《富貴日用篇》一卷 《入室思赤子經》一卷 《餌芝草黄精經》一卷 《治身服氣訣》一卷 《玉皇聖台神用訣》一卷 《燒金石藥法》一卷 《神仙服食經》一卷 《三天君烈紀》一卷 《養生要録》三卷 《神仙九化經》一卷 《調元氣法》一卷 《太上保真養生論》一卷

右神仙類。三百九十四部，一千二百十六卷。

《明史・藝文志・道家類》 《道藏目録》四卷 《道經》五百十二函 《神仙傳》一卷成祖製。 寧獻王權《庚辛玉册》八卷、《造化鉗鎚》一卷 陶宗儀《金丹密語》一卷

紀事

《史記・秦始皇本紀》 齊人徐市等上書，言海中有三神山，名曰蓬萊、方丈、瀛洲，僊人居之。請得齋戒，與童男女求之。於是遣徐市發童男女數千人，入海求僊人。【略】因使韓終、侯公、石生求仙人不死之藥。始皇巡北邊，從上郡入。燕人盧生使入海還，以鬼神事，因奏録圖書，曰「亡秦者胡也」。始皇乃使將軍蒙恬發兵三十萬人北擊胡，略取河南地。

又 侯生盧生相與謀曰：「始皇爲人，天性剛戾自用，起諸侯，并天下，意得欲從，以爲自古莫及己。專任獄吏，獄吏得親幸。博士雖七十人，特備員弗用。丞相諸大臣皆受成事，倚辨於上。上樂以刑殺爲威，天下畏罪持禄，莫敢盡忠。上不聞過而日驕，下懾伏謾欺以取容。秦法，不得兼方不驗，輒死。然候星氣者至三百人，皆良士，畏忌諱諛，不敢端言其過。天下之事無小大皆決於上，上至以衡石量書，日夜有呈，不中呈不得休息。貪於權勢至如此，未可爲求仙藥。」於是乃亡去。始皇聞亡，乃大怒曰：「吾前收天下書不中用者盡去之。悉召文學方術士甚衆，欲以興太平，方士欲練以求奇藥。今聞韓衆去不報，徐市等費以巨萬計，終不得藥，徒姦利相告日聞。盧生等吾尊賜之甚厚，今乃誹謗我，以重吾不德也。諸生在咸陽者，吾使人廉問，或爲訞言以亂黔首。」於是使御史悉案問諸生，諸生傳相告引，乃自除犯禁者四百六十餘人，皆阬之咸陽。

又 《封禪書》 自齊威、宣之時，騶子之徒論著終始五德之運，及秦帝而齊人奏之，故始皇采用之。而宋毋忌、正伯僑、充尚、羨門高最後皆燕人，爲方僊道，形解銷化，依於鬼神之事。騶衍以陰陽主運顯於諸侯，而燕齊海上之方士傳其術不能通，然則怪迂阿諛苟合之徒自此興，不可勝數也。

自威、宣、燕昭使人入海求蓬萊、方丈、瀛洲。此三神山者，其傳在勃海中，去人不遠；患且至，則船風引而去。蓋嘗有至者，諸僊人及不死之藥皆在焉。其物禽獸盡白，而黄金銀爲宫闕。未至，望之如雲；及到，三神山反居水下。臨之，風輒引去，終莫能至云。世主莫不甘心焉。及至秦始皇并天下，至海上，則方士言之不可勝數。始皇自以爲至海上而恐不及矣，使人乃齎童男女入海求之。船交海中，皆以風爲解，曰未能至，望見之焉。其明年，始皇復游海上，至琅邪，過恒山，從上黨歸。後三年，游碣石，考入海方士，從上郡歸。從五年，始皇南至湘山，遂登會稽，並海上，冀遇海中三神山之奇藥。不得，還至沙丘崩。

又 是時李少君亦以祠竈、穀道、卻老方見上，上尊之。少君者，故深澤侯舍人，主方。匿其年及其生長，常自謂七十，能使物，卻老。其游以方徧諸侯。無妻子。人聞其能使物及不死，更饋遺之，常餘金錢衣食。人皆以爲不治生業而饒給，又不知其何所人，愈信，争事之。少君資好方，善爲巧發奇中。【略】

少君言上曰：「祠竈則致物，致物而丹沙可化爲黄金，黄金成以爲飲食器則益壽，益壽而海中蓬萊僊者乃可見，見之以封禪則不死，黄帝是也。臣嘗游海上，見安期生，安期生食巨棗，大如瓜。安期生僊者，通蓬萊中，合則見人，不合則隱。」於是天子始親祠竈，遣方士入海求蓬萊安期生之屬，而事化丹沙諸藥齊爲黄金矣。

《魏書·釋老志》 道家之原，出於老子。其自言也，先天地生，以資萬類。上處玉京，爲神王之宗；下在紫微，爲飛仙之主。千變萬化，有德不德，隨感應物，厥迹無常。授軒轅於峨嵋，教帝嚳於牧德，大禹聞長生之訣，尹喜受道德之旨。至於丹書紫字，昇玄飛步之經；玉石金光，妙有靈洞之説。如此之文，不可勝紀。其爲教也，咸蠲去邪累，澡雪心神，積行樹功，累德增善，乃至白日昇天，長生世上。所以秦皇、漢武，甘心不息。靈帝置華蓋於濯龍，設壇場而爲禮。及張陵受道於鵠鳴，因傳天官章本千有二百，弟子相授，其事大行。齋祠跪拜，各成法道，有三元九府、百二十官，一切諸神，咸所統攝。又稱劫數，頗類佛經。其延康、龍漢、赤明、開皇之屬，皆其名也。及其劫終，稱天地俱壞。其書多有禁祕，非其徒也，不得輒觀。至於化金銷玉，行符敕水，奇方妙術，萬等千條，上云羽化飛天，次稱消災滅禍。故好異者往往而尊事之。

初文帝入賓於晉，從者務勿塵，姿神奇偉，登仙於伊闕之山寺。識者咸云魏祚之將大。太祖好老子之言，誦詠不倦。天興中，儀曹郎董謐因獻服食仙經數十篇。於是置仙人博士，立仙坊，煮鍊百藥，封西山以供其薪蒸。令死罪者試服之，非其本心，多死無驗。太祖猶將修焉。太醫周澹，苦其煎採之役，欲廢其事。乃陰令妻貨仙人博士張曜妾，得曜隱罪。曜懼死，因請辟穀。太祖許之，給曜資用，爲造静堂於苑中，給洒掃民二家。而鍊藥之官，仍爲不息。久之，太祖意少懈，乃止。

又《崔逞　崔賾傳》 賾，字泰沖。初爲太子洗馬，後稍遷散騎常侍，賜爵清河侯。後世祖聞劉義隆以諲爲冀州刺史，乃曰：「義隆知用其兄，我豈無冀州也。」乃以賾爲平東將軍、冀州刺史。又爲大鴻臚，持節策拜楊難當爲南秦王。奉使數返，光揚朝命，世祖善之。及驃騎大將軍、樂平王丕等督諸軍取上邽，使賾齎詔於丕前喻難當奉詔。後與方士韋文秀詣王屋山造金丹，不就。真君初卒。

又《崔浩傳》 浩纖妍潔白，如美婦人。而性敏達，長於謀計。常自比張良，謂己稽古過之。既得歸第，因欲修服食養性之術，而寇謙之有《神中録圖新經》，浩因師之。

《北史·崔逞　崔頤傳》 頤字太沖，散騎常侍，賜爵清河侯。太武聞宋以其兄諲爲冀州刺史，乃曰：「義隆用其兄，我豈無冀州地邪？」乃以頤爲冀州刺史。入爲大鴻臚，持節策拜楊難當爲南秦王。奉使數返，光揚朝命，太武善之。後與方士韋文秀詣王屋山造金丹，不就。真君初，卒。

又《李先　李預傳》 鳳子預，字元凱。太和初，歷祕書令、齊郡王友、征西大將軍長史，帶馮翊太守。府解，罷郡，遂居長安。羨古人飡玉法，乃採訪藍田，躬往攻掘，得若環璧雜器形者，大小百餘。頗有粗黑者，亦箧盛以還。至而觀之，皆光潤可玩。預乃椎七十枚爲屑食之，餘多惠人。後預及聞者更求玉於故處，皆無所見。馮翊公源懷弟得其玉，琢爲器佩，皆鮮明可寳。預服經年，云有效驗。而世事寢食，皆不禁節，又加好酒損志。及疾篤，謂妻子曰：「吾酒色不絶，自致於死，非藥過也。然吾尸體必當有異，勿速殯，令後人知飡服之妙。」時七月中旬，長安毒熱，預停屍四宿，而體色不變。其妻常氏，以玉珠二枚唅之，口閉，常謂曰：「君自云飡玉有神驗，何不受唅？」言訖，齒啓納珠。因嘘其口，都無穢氣。舉斂於棺，堅直不傾委。死時有遺玉屑數升，囊盛納諸棺中。

《舊唐書·憲宗紀下》 十一月乙亥朔，以户部尚書李鄘爲太子賓客、東都留守。辛卯，靈武大將史敬奉破吐蕃於鹽州城下，賜敬奉實封五十户賞之。丁酉，以原王傅鄭權爲右金吾大將軍，充右街使。上服方士柳泌金丹藥，起居舍人裴潾上表切諫，以「金石含酷烈之性，加燒鍊則火毒難制。若金丹已成，且令方士自服一年，觀其效用，則進御可也。」上怒。己亥，貶裴潾爲江陵令。

十二月乙巳朔。庚戌，國子祭酒鄭餘慶奏見任文官一品至九品，外使兼京正員官者，每月於所請料錢每貫抽十文，修國子監，從之。乙卯，以諫議大夫、守中書侍郎、同中書門下平章事、上柱國、賜紫金魚袋崔羣爲潭州刺史、兼御史大夫，充湖南觀察使。爲皇甫鎛所譖。及羣被貶，人皆切齒於鎛。

十五年春正月甲戌朔，上以餌金丹小不豫，罷元會。庚辰，鎮冀觀察使王承宗奏鎮冀深趙等州，每州請置録事參軍一員，判司三員，每縣請置令一員，從之。壬午，以前湖南觀察使崔倰權知户部侍郎、判度支。丙戌，沂海四州觀察使府移置於兖州，改觀察使曹華爲兖州刺史。乙未，命邠寧李光顔修築鹽州城。此月七日已後，晝常陰晦，微雨雪，夜則晴明，凡十七日方澄霽。丙申，月犯心大星，光彩相及。廢齊州豐齊縣入長清，廢全節縣入歷城，廢亭山縣入章丘縣。義成軍節度使劉悟來朝。戊戌，上對悟於麟德殿。上自服藥不佳，數不視朝，人情恟懼，及悟出道上語，京城稍安。庚子，以少府監韓璀爲鄜州刺史、鄜坊丹延節度使。是夕，上崩於大明宫之中和殿，享年四十三。時以暴崩，皆言内官陳弘志弑逆，史氏諱而不書。辛丑，宣遺詔。壬寅，移仗西内。

五月丁酉，羣臣上謚曰聖神章武孝皇帝，廟號憲宗。庚申，葬于景陵。

又《郝處俊傳》 郝處俊，安州安陸人也。【略】又有胡僧盧伽阿逸多受詔合長年藥，高宗將餌之。處俊諫曰：「修短有命，未聞萬乘之主，輕服蕃夷之藥。昔貞觀末年，先帝令婆羅門僧那羅邇娑寐依其本國舊方合長生藥。胡人有異術，徵求靈草祕石，歷年而成。先帝服之，竟無異效，大漸之際，名醫莫知所爲。時議者歸罪於胡人，將申顯戮，又恐取笑夷狄，法遂不行。龜鏡若是，惟陛下深察。」高宗納之，但加盧伽爲懷化大將軍，不服其藥。

又《天竺傳》 是時就其國得方士那羅邇娑婆寐，自言壽二百歲，云有長生之術。太宗深加禮敬，館之於金飈門內，造延年之藥。令兵部尚書崔敦禮監主之，發使天下，採諸奇藥異石，不可稱數。延歷歲月，藥成，服竟不効，後放還本國。太宗之葬昭陵也，刻石像阿羅那順之形，列於玄闕之下。

又《李德裕傳》 敬宗爲兩街道士趙歸真説以神仙之術，宜訪求異人以師其道；僧惟貞、齊賢、正簡説以祠禱修福，以致長年。四人皆出入禁中，日進邪説。山人杜景先進狀，請於江南求訪異人。至浙西，言有隱士周息元壽數百歲，帝即令高品薛季稜往潤州迎之，仍詔德裕給公乘遣之。德裕因中使還，獻疏曰：

臣聞道之高者莫若廣成、玄元，人之聖者莫若軒黃、孔子。昔軒黃問廣成子，理身之要，何以長久？對曰：「無視無聽，抱神以靜。形將自正，神必自清。無勞子形，無摇子精，乃可長生。慎守其一，以處其和。故我修身千二百歲矣，吾形未嘗衰。」又云：「得吾道者，上爲皇而下爲王。」玄元語孔子曰：「去子之驕氣與多欲，態色與淫志，是皆無益於子之身。吾所告子者是已。」故軒黃發謂天之歎，孔子興猶龍之感。前聖於道，不其至乎？

伏惟文武大聖廣孝皇帝陛下，用玄祖之訓，修軒黃之術，凝神閑館，物色異人，將以覿冰雪之姿，屈順風之請。恭惟聖感，必降真仙。若使廣成、玄元混迹而至，語陛下之道，授陛下之言，以臣度思，無出於此。臣所慮赴召者，必迂怪之士，苟合之徒，使物淖冰，以爲小術，衒耀邪僻，蔽欺聰明。如文成、五利，一無可驗。臣所以三年之内，四奉詔書，未敢以一人塞詔，實有所懼。

臣又聞前代帝王，雖好方士，未有服其藥者。故《漢書》稱黃金可成，以爲飲食器則益壽。又高宗朝劉道合、玄宗朝孫甑生，皆成黃金，二祖竟不敢服，豈不以宗廟社稷之重，不可輕易。此事炳然載於國史。以臣微見，倘陛下睿慮精求，必致真隱，唯問保和之術，不求餌藥之功，縱使必成黃金，止可充於玩好。則九廟靈鑒，必當慰悦，寰海兆庶，誰不歡心？臣思竭愚衷，以裨玄化，無任兢憂之至。

息元至京，帝館之於山亭，問以道術。自言識張果、葉静能，詔寫真待詔李士昉問其形狀，圖之以進。息元山野常人，本無道學，言事誕妄，不近人情。及昭愍遇盜而殂，文宗放還江左。德裕深識守正，皆此類也。

宋·司馬光《資治通鑑》卷一九八《唐紀一四》 春，正月，開府儀同三司申文獻公高士廉疾篤；辛卯，上幸其第，流涕與訣；壬辰，薨。上將往哭之，房玄齡以上疾新愈，固諫，上曰：「高公非徒君臣，兼以故舊姻戚，（高士廉，長孫后之母舅也。士廉識帝於龍潛，因以甥女妻帝。）豈得聞其喪不往哭乎！公勿復言！」帥左右自興安門出，長孫無忌在士廉喪所，聞上將至，輟哭，迎諫於馬首曰：「陛下餌金石，於方不得臨喪，奈何不爲宗廟蒼生自重！且臣舅臨終遺言，深不欲以北首、夷衾，輒屈鑾駕。」（死者北首。夷衾，覆尸之衾。鄭氏曰：夷之言尸也，尸之槃曰夷槃，牀曰夷牀，衾曰夷衾，移尸曰夷于堂，皆依尸而爲言者也。）上不聽。無忌中道伏卧，流涕固諫，上乃還入東苑。

宋·孫沔《上仁宗論許申妄薦狂人》《四庫全書》史部《宋名臣奏議》卷八四

臣聞左道亂政，大姦不可逃刑，閑邪存誠，明哲故能早辨，言僞既誅於兩觀，德凶必屏於四方，俾諸謟佞之臣，以絶僥求之路。竊見三司判官工部郎中許申，久塵寵禄，莫著功名，昔居刑獄之司，劾無狀而寢命，後列尹京之幕，起公議以歸班，既已黜而復升，見多歧而挾詐。近者風聞罷官漕運，入覲闕廷，旋列計司，累膺殊用，不思展効，惟急趨時，乃妄薦於狂人，妄言精氣，俾先容於内寺上瀆威顔，而況氣行無間，隙不在大，毫芒之失，爲害必深呼吸之中，其慮安測！古人謂服藥有害，微臣謂行氣亦然，豈可肆行幻惑。柳泌以合煉丹藥，終不免誅。杜景之求訪異人，盡爲怪誕。苟久習於左右，必貽患於君親。衆實有言，罪當無赦。又聞錫以白金五百兩，無名受寵，亦駭聽聞。忝爲人臣，不知忠孝，接引詭道，狂冒天聰，盜竊厚恩，益長奸弊，將巧圖于進用，必有玷于觀瞻，大紊國綱，宜除君側。伏望追還所賜，免摽濫賞之名，黜去匪人，以杜傾邪之漸。（景祐元年二月上，時爲監察御史裏行。）

宋·趙抃《上仁宗論董吉燒煉》《四庫全書》史部《宋名臣奏議》卷八四 臣等風聞散直剩員兵士董吉以燒煉之術爲名，因緣入内，副都知鄧保信援引入留禁中，

外議籍籍，以爲不便。臣等伏以自古亂臣賊子興妖造奸，必僞稱化金寶、益年壽之術，以取媚人主，外託愛君之迹，内爲亂政之弊。漢之文成、五利，唐之普思、静能，濫恩既深，顯戮旋被。至其甚者，權移羣小，勢傾朝廷，稔成禍殃，延及宫禁。唐太宗、憲宗二帝，號爲英主，亦以服餌貽疾，取笑四夷。文宗之時，中尉王守澄引薦李訓、鄭注訖，成甘露之亂，皆由依宦官而結主，假藥術以市奸故也。或謂燒變金銀，則天子以慈儉爲寶，不當務此。或謂合煉丹藥，則前世爲藥餌所悞，可以爲鑒。左道無赦，古制有刑。今保信復引董吉禁中，蓋當事之初理如無害，泊爲弊之末禍或從生，其董吉伏望聖慈早賜斥逐，免致熒惑聖聽，鄧保信亦乞誡勵施行。嘉祐五年十月上，時爲右司諫。

宋・石公弼《上徽宗論道士燒煉丹砂》《四庫全書》史部《宋名臣奏議》卷八四

臣伏覩近降指揮内東門司自今後應使臣醫官等並不得將帶經火製煉毒藥，如伏火砒、硫黄、朱砂之類入會通門入内，許諸色人陳告酬賞。臣有以見陛下造道深妙，聖慮獨高，凡挾方伎進者，所不能欺也。蓋丹藥出於方士之説，事不經見，率是誕誕，凡人尚當審謹，豈可供進宫禁，固宜重爲關防，以塞妖妄之源。臣愚以爲，皇城諸門禁令，尤不可不嚴，亦宜此施行。如臣寮以此陳獻，或援引製煉之人，亦乞立法止絶。所有見今燒製道士挾持惑衆，臣訪聞稍稍招權作過修，蓋葆真宫約費錢十二萬餘貫，今既不用其術，臣以爲其人不宜留置京師，欲乞特降睿旨，奪去師名，押歸本貫。葆真宫修造如可減節，即乞減節施行。大觀三年八月上，時爲御史中丞。

《宋史・王陶傳》 王陶字樂道，京兆萬年人。第進士，至太常丞而丁父憂。陶以登朝在郊祀後，恩不及親，乞還所遷官，丐追贈。詔特聽之，仍俟服闋，除太子中允。

嘉祐初，爲監察御史裏行。衛卒入延福宫爲盜，有司引疏決恩降其罪。陶曰：「禁省之嚴，不應用外間會降爲比。」於是流諸海島，主者皆論罰。中貴人導煉丹者入禁廷，陶言：「漢、唐方士，名爲化黄金、益年壽以惑人主者，後皆就戮。請出之。」陳升之爲樞密副使，論其不當，升之去，陶亦知衛州，改蔡州。明年，復以右正言召。陶言：「臣與四人同補郡，今獨兩人召，請并還唐介、吕誨等。」

明・王世貞《弇山堂别集》卷九三《中官考四》 弘治十年，禮科左給事中葉紳等奏八事。内禁傳奉謂，太監李廣以千户王英選用乳保，爲之傳陞指揮，以周玉、李恕僕隸厮役，爲之令陞官職。名器之濫，莫甚於此，乞行裁革。一，黜異端。謂太監李廣熒惑聖心，召集道流，以黄白修煉之術，丹藥符籙之伎，雜進並興，傷風壞化，乞加斥罷。一，去大姦。謂太監廣有大罪八：一，誑陛下，以燒煉之名，而進不經之藥；二，爲太子立寄子壇之名，而有煖炕之説；三，撥置皇親希要恩寵；四，盜引玉泉，經繞私第；五，首開倖門，大肆姦貪；六，太常卿崔志端、真人王應祚皆稱廣爲教主主人，而廣爲傳陞官職，求賜玉帶，要結邪人，玷辱名器；七，畿甸百姓，疲憊已極，乃假琬户爲名，侵奪土地，幾至激變良民；八，東南民力，困竭亦甚，凡有輸納，巧取其利，以致遠方之民傾蕩家産。

《明史・葉紳傳》 葉紳，字廷縉，吴江人。成化末進士。除户科給事中，改吏科，歷禮科左給事中。

弘治十年，太子年七歲，猶未出閣，紳請擇講官教諭。尋以修省，陳八事。斥中官李廣，又劾尚書徐瓊、童軒、侯瓚，侍郎鄭紀、王宗彝，巡撫都御史劉璥、張誥、張岫等二十人，乞賜罷斥。而末言「去大奸」，則專劾李廣八大罪：「誑陛下以燒錬，而進不經之藥，罪一。爲太子立寄壇，而興煖疏之説，罪二。撥置皇親，希求恩寵，罪三。盜引玉泉，經繞私第，罪四。首開倖門，大肆奸貪，罪五。太常崔志端，真人王應裿輩稱廣爲教主真人，廣即代求善官，乞賜玉帶，罪六。假果户爲名，侵奪畿民土地，幾至激變，罪七。四方輸納上供，威取勢逼，致民破産，罪八。内而皇親駙馬事之如父，外而總兵鎮守稱之爲公。陛下奈何養此大奸於肘腋，而不思驅斥哉！」御史張縉等亦以爲言。帝曰：「姑置之。」踰數月，廣竟得罪，飲酖死。

清世宗《硃批諭旨》卷一三三《四庫全書》史部 嗣據常州府報稱，正月初五日，在東嶽廟拏獲道士趙秉中，并在伊家搜出紅揭等物，比對字跡無異，已據該犯供認不諱等情具詳到。臣因該府文内並未訊供敘入，隨即據詳駁飭，一面差役嵩檄武陽兩縣會審切供，去後直至二十一日，始據録供敘詳前來。内開該府縣歷經嚴訊，據趙秉中供稱，向好煉丹，緣雍正六年被管同受出首做銅銀子，經前任陽湖縣枷責，懷恨計圖報復，因於手本上寫「御弟同受」四字下，寫排日輪管的管字，自然要向管同受追問，可消積恨，不料弄巧成拙。那中天净梵王是先前亂裏批出來，華青侯等俱是心上造出來寫的，此外並無别情，亦無同謀夥黨等語。又訊據管同受供稱，從前因趙秉中煉丹，弄成假銀騙人，公同送縣枷責是實。據代趙秉中挑送皮箱之王二供稱，係途遇秉中得錢八文，代爲挑箱至府儀門。内據雕刻印板之匠人何志遠供稱，止信爲道家齋醮所用，得銀一兩六錢，刻

成花板木戳，伊等均不知別項情由等語。臣查趙秉中將怪誕不軌之語寫藏箱內，私放府堂，或有陷害情事亦未可知，但該犯素學煉丹邪術，煽惑誆騙，已非一日，或見事敗，藉此支吾，均未可定其有無姦謀別圖，尚當嚴究。

雜録

唐・孫逖《爲宰相賀中岳合煉藥自成兼有瑞雲見表》李舫等《文苑英華》卷五六二

臣某言，臣等伏見道士孫太冲奏事，奉進止令中使薛履信監臣於中岳嵩陽觀合煉，其竈中著水，置炭於竈側，對三却廻，已經數月，泥拭既密，緘封并全，即與縣官等對開門，其炭並盡灰，又別聚不動人力，其藥已成。初乃五色發端，終則太陽暉於鑪際。又河南裴敦復所奏，并奉勑令右闕李成式往驗並同者。臣聞神變無方式昭於幽贊，聖心有感必驗於玄通，陛下至德奉天，精誠契道，動無不應，事若合符，故得煉藥之所瑞雲先見，丹爐不爇，金液自成。太陽降精，宜假於人工。飛廉扇炭，諒關於神力。殊祥特異，曠古未聞。靈跡既彰，用資於聖壽，羣生何幸永覩於昌期！况在微臣實倍常品，無任抃躍之至，謹奉表陳賀以聞。

五代・何光遠《鑒誡録》卷一　九轉驗會昌末

武宗皇帝酷求長生之道，訪九轉之丹，茅山道士杜元陽製藥既成，白日輕舉，弟子馬全真得殘藥，詣京表進，上因餌之，徧體生瘡，髭髮俱脱，十日而崩。此《唐實録》隱而不書。又梁朝方山道人自號龐九經，身長七尺，不知年幾百歲，每于石室修氣，經年絶食。太祖往往遣使賜乳頭香，及茶藥而已。忽一日詔入内殿，求延生之術。龐奏曰，夫神仙之法，亦因積學而成，是須息萬慮于人間，棲一身于巖穴，與天地合德，與鳥獸同羣，斷其喜怒悲哀，去其滋味淫慾，然後存神養氣，辟穀休糧，欲究還丹，審窮爻象，故曰内真外應，其丹自來。而又功滿三千，方得羽化。今陛下身居九有，心役萬幾，孽毒三軍，誅殘百姓，怨滿天下，恩虧一家，豈同軒居清静自化、鼎湖上昇者哉。太祖怒曰，知卿是龐勛本身，朕欲問卿行止，何得妄議難易，非斥朕乎！龐度太祖言深，慮遭其誅責，復奏曰，臣有靈丹，可延九五之數，儻放臣棲隱，即敢進之。上復笑曰，朕不希白日上昇，只希更得三五十年在位，是朕願也。龐乃于肘後解一青瓢子，取金丹二粒進曰，望陛下清素守真百日，方可餌之。不然者疢惡耳。上既深信，龐得歸山。後帝久患石淋，忽宣至，服藥後眉髮立墮，頭背生癰，及至彌留，爲穎王所殺。乃知九轉悞非一君。其次諸侯遇之死者無數，非丹有損而人不知，或曰武宗因坼寺患癩而崩，實庸説也。

又　卷三　躭釋道

裴休相公性慕禪林，往往掛衲，所生兒女多名師女、僧兒，潛令嬖妾承事禪師，留其聖種，當時士族無不惡之。李德裕相公惟好玄門，往往冠褐修彭祖房中之術，求茅君點化之功，沙汰緇徒，超昇術士，俱無所就，身死朱崖。議者以裴、李二公累代台鉉，不守諸儒之行，各迷二教之宗，翻成點污空門，妖婬玄教。自莊老之後，彭、黄已來，未有因少女以長生，皆向陰丹而損壽。蓋夫心之難制，氣之難防者也。

宋・王欽若等《册府元龜》卷九二八《好丹術》　丹術之興，始於西漢。風流寖遠，好尚滋多。或以黄金之可成，或以長生之可致。貴嚮方士，讀誦祕書，佩服靈符，鍊餌神藥，以至謝免爵位，高蹈巖穴。徇其所尚，代有人焉。采於簡編，咸用論次。

漢江喜，爲轑陽侯。坐使家丞上書，還印符，隨方士免。

劉向，本名更生。宣帝時爲諫大夫。帝復興神仙方術之事，而淮南有枕中《鴻寶苑》《祕書》《鴻寶苑》《祕書》竝道術篇名，藏在枕中，常存録之，不漏泄也。書言神仙使鬼物爲黄金之術。及鄒衍重道延命方，世人莫見，而更生父德，武帝時治淮南獄，得其書。更生幼而讀誦，以爲奇。獻之，言黄金可成。帝令典尚方鑄作事，尚方，主巧作金銀之所。今之中尚署。費甚多，方不驗。帝乃下更生吏按。吏劾更生鑄僞黄金，繫當死。更生兄陽城侯安民上書，入國户半贖更生罪。帝亦奇其材，得踰冬減死論。

蘇樂，善方術。王莽篡位二年，興神仙事，以樂善起八風臺於宫中。臺成萬金。費直萬金也。作樂其上，順風作液湯。《藝文志》有《液湯經》，其義未聞也。又種五粱禾於殿中，五色也。谷永，所謂耕耘五德也。各順其色，置其方面。先鬻鶴䯛、毒冒犀玉二十餘物，漬種鬻，古煮字也。䯛，古髓字也。冒鬻取汁，以漬穀子也。毒音代，冒音莫内切。計粟斛成一金，言此黄帝穀仙之術也。以樂爲黄門郎，令主之。

晉葛洪，丹陽句容人。尤好神仙導養之法。從祖玄，吴時學道得仙，號曰「葛僊公」，以鍊丹祕術授弟子鄭隱。洪就隱學，悉得其法焉。後師事南海太守上黨鮑玄。玄亦内學，逆占將來。見洪，深重之，以女妻洪。洪傳玄業，兼綜練醫術。初，洪以年老，欲鍊丹以祈遐壽。聞交阯出丹，求爲勾漏令。帝以洪資高

不許，洪曰：「非欲爲求榮，以有丹耳。」帝從之。洪遂將子姪俱行，至廣州，刺史鄧嶽留，不聽，去。洪乃止羅浮山錬丹，嶽表補東莞太守，又辭不就。嶽乃以洪兄子望爲記室參軍。在山積年，優游閑養，著述不輟。

鮑靚，爲南海太守。嘗行部入海，遇風，饑甚，取白石煮食之，以自濟。

宋劉亮，爲梁州刺史。忽服食修道，欲致長生。迎武當山道士孫懷〔道〕，使合神仙藥，至益州。泰豫元年，藥始成。未出火，毒。孫不聽亮服，亮苦欲服。平旦開城門，取井華水服。至食鼓後，心動如刺，中間便絶。及就殮，屍弱如生。後人逢見乘白馬，將數十人，出關西行，共語分明，此乃道家所謂尸解者也。

梁陶弘景，仕齊，爲奉朝請。武帝永明末，上表辭禄，許之。勑所在月給茯苓五斤，白蜜二升，以供服餌。既得神符祕訣，以爲神丹可成，而苦無藥物。武帝給黄金、朱砂、曾青、雄黄等，後合飛丹，色如霜雪，服之體輕。及武帝服飛丹，有驗，益敬重之。

鄧郁，荆州建平人。少而不仕，隱居衡山極峻之嶺。立小板屋兩間，足不下山，斷穀三十餘載，飲以澗水，服雲母。日夜誦《大洞經》。武帝敬信殊篤，爲帝合丹。帝不敢服，起五岳樓貯之供養。家道吉日，躬往禮拜。白日神僊魏夫人忽來臨降，乘雲而至。從少嫗三十，竝着絳紫羅繡袿襹，年皆可十七八許，色艷桃李，質勝瓊瑶。語言良久，謂郁曰：「君有仙分，所以故來，尋當相侯。」至天監十四年，忽見二青鳥，悉如鶴大。鼓翼翔舞，移晷方去。謂弟子等曰：「求之甚勞。得之甚逸近。青鳥既來，期會至矣。」少日，無病而終。山内唯聞香氣，世未嘗有。武帝後令周舍爲《鄧郁傳》，具序其事。

後魏徐謇，字成伯，善醫術。謇常有藥餌，及呑服道符，年垂八十而鬚髮不白，力未多衰。除右衛將軍。謇欲爲孝文合服金丹，致延年之法。乃入居崧高，採營其物，歷歲無所成，遂罷。

李預，爲征西大將軍長史帶馮翊太守，府解罷郡，遂居長安。每羨古人飧玉之法。乃採訪藍田，躬往攻掘，得若環璧雜器形者大小百餘。稍得黑鹿，便篋盛以還。而至觀之，皆光潤可玩。預乃椎七十枚爲屑，日服食之。餘多惠人。後預及聞者更求玉於故處，皆無所見。馮翊公源懷等，得其玉，琢爲器佩，皆鮮明可寶。預服經年，云有效驗。而世事寢食，皆不禁節。又加之好酒損志。及疾篤，謂其妻子曰：「服玉屏居山林，排棄嗜欲，或當大神力。而吾酒色不絶，自致於死，非藥過也。然吾尸體，必當有異於常，勿便速殯，令後人知飧服之妙。」時七月中旬，長安毒熱。預停尸經宿，而體色不變。其妻常氏，以珠玉二枚含之，口閉。常謂之曰：「君自云飧玉有神驗，何故不受含也？」言訖，齒啓納珠，因嘘屬其口，都無穢氣。舉尸於棺，堅直不傾委。死時猶有遺玉屑數斗，橐盛納諸棺中。

北齊張遊遠，善方術。文宣令與諸術士合九轉金丹。及成，文宣置之玉匣，云：「我貪世間作樂，不能即飛上天。待臨死時取服。」按本傳，遊遠本無官。

唐師市奴，方術人。高祖武德中，合金銀竝成。帝異之，以示侍臣。封德彝進曰：「漢代方士及劉安等，皆學術，唯苦黄白不成，金銀爲食器，可得不死。」

張道鴻，平棘人。少遊名山，得服食之術。後居人間，每每餌金膏。太宗貞觀十九年，車駕次平棘，幸其廬，賜以衣服。時六百四十六歲。

尉遲敬德，累遷開府儀同三司。貞觀末年，篤信仙術，飛鍊金石，服藥餌、雲母粉。靜居閒處，修理池臺。嘗奏《清商樂》一部。厚自奉養，不與外人交通。

劉道合，宛丘人，爲道士。高宗令合還丹，丹成而上之。咸亨中卒，唯有空皮，而背上開折，有似蟬蜕。高宗聞之，曰：「劉師爲我合丹，自服仙去。其所進者，亦無異。」

孟詵，汝州梁人也。少好方術，嘗於鳳閣侍郎劉禕之家，見其勑賜金，謂禕之曰：「此藥金也。若燒火其上，常有五色氣。」試之，果然。後歸伊陽山，第以藥餌爲事。

孫太冲，隱於嵩山。玄宗天寶三載，河南尹裴敦復上言：「太冲於嵩山合錬金丹，自成於竈中，精光特異，變化非常。請宣付史官，頒示天下，以彰靈瑞仙聖之應。」從之。

李抱真，德宗貞元中爲昭義軍節度使。晚節好方士，以冀長生。有孫季長者，爲抱真錬金丹，紿抱真曰：「服之當昇仙。」遂署爲賓僚，數謂參佐曰：「此丹秦皇、漢武皆不能得，唯我遇之。他年朝上清，不復遇公輩矣。」復嘗夢駕鶴冲天，寤而刻木鶴，衣道士衣，以習乘之。凡服丹二萬丸，腹堅不食，將死，不知人者數日矣。道士牛洞玄以豬肪穀漆下之，殆盡。病少間，季長復曰：「垂上仙，何自棄也？」益服三千餘丸，頃之卒。

鄭注，文宗太和末爲鳳翔節度。注兩目不能遠視，自言有金丹之術，可去痿弱重膇之疾。始徐州節度李愬自云得效，乃移之監軍。王守澄亦被其事。

後唐士鎔，唐末爲成德軍節度。宴安既久，惑於左道，專求長生之要。常聚

淄黄合錬仙丹，或講説佛經，親受符録。西山多佛寺，又有王母觀。鎔增置館宇，彫飾土木。道士王若訥者，誘鎔登山臨水，訪求仙跡。每一出，數月方歸。百姓勞弊。王母觀石路既峻，不通輿馬。每登行，命僕妾數十人，維錦繡牽持而上。

晉盧革，莊宗時爲平章事。登庸之後，不以進賢勸能爲務，唯事修煉，求長生之術。常服丹砂，嘔血數日，垂死而愈。

晉史圭，仕後唐，爲河南少尹。有嵩山術士，遺圭石藥如斗，謂圭曰：「服之可以延壽。然不可中輟，輟則疾作矣。」圭後服之，神爽力健，深保惜焉。清泰末，圭在恒山，遇祕瓊之亂，時貯於衣笥，爲賊所劫，便不復得。天福中，疾生胸臆之間，常如火灼。圭知其不濟，求歸鄉里，詔許之。及涉河，竟爲藥氣所蒸，卒於路。

宋·黄休復《茅亭客話》卷五《黎海陽》 道士黎海陽，其父僞蜀時爲軍職，天兵伐蜀，海陽隨父戍劍門。蜀軍潰散，子、父遂還於川城東門外丁村古冢，忽聞冢内有非常香氣，一日，因晴明微隙中見少骸骨朽腐至甚，旁有一囊黄粉，因撥開，乃見三小塊雄黄。海陽父頗好燒錬，素知冢内雄黄可用，遂以衣襟裹之。至中夜，忽聞人語。父子問之，曰，語者鬼耶？答云，某非鬼。某，宋人也。家世食禄，而某不樂名宦，退身學道于楚丘，有別墅稍遠囂塵，凡五金八石難得者，必能致之。或方法之士欲合煉試驗者，必資其藥品，給以爐鼎，使成之。時德宗疑韋中令在蜀與蠻人連結，遂令某爲道士入川，見中令，伺其動静居止。皇觀三年，又遣僧行勤入蜀，伺察中令，初以談議若空，後謊燒錬點化之事，中令歷試，一一皆驗。凡三年，中令甚誠敬之。或一日説還丹延駐之法，中令愈加景奉。後煉丹既成，中令齋戒餌之，初覺神氣清爽，嗜好倍常，僧遂辭去。至貞元二十年暮春，藥毒發而薨。某爲與行勤往還，遂罹其禍而及此，遭樵夫牧竪蹂踐遺骸，潛壞朽骨，憤憤不已。海陽父曰，君去世已遠，何不還生人中而久處冥寞？應曰，某曾遇一高士，以陰景煉形之道傳我，遂於我楚丘別墅深山濬谷中，選得一嵌室，囑我祇持六年，慎莫令諸物所犯，歲滿則以衣服迎我於此。其人初則支體臬敗，唯藏腑不變，某遂依其教諭，乃閉護之。至期開視，則身全矣，端坐于嵌室之内，髮垂而黑，髭直而麄，顔貌光澤，愈於初日。某具湯沐，新衣迎之。云，能如是三迴，乃度世畢矣。某傳得此道，今形已不全。某今却自無形而煉成有形爾。則上天入地，千變萬化，無不可也。某之形雖未圓，且飛行自在，出幽入明，軒冕之貴不樂於吾，吾已離人世勞苦，豈復降志於其間。吾今之死，不愈昔之生乎？海陽父曰，敢問其衣襟中藥是何等藥？對曰，某常從道士入山煉丹，修葺爐鼎，爨薪鼓韛，靡不勤力。每嘆光景短促，筋骸衰老，所聞者，上藥有九轉還丹，不離乎神水華池。其次有雲母、雄黄，服之雖不乘雲駕鳳、役使鬼神，亦可袪除百病，補益壽年。某得煉雄黄之法，自二十歲服至四十歲，獲其藥力，苟再以火養就，以水吞，可冀道於髣髴。海陽父告之曰，餌藥之法則聞之矣，煉形之道少得聞乎？言未畢，值天曉人行，恐有人搜捕，不及盡聽，因別少逃竄之所，自後不復至此。海陽父乾德中卒，海陽遂依其教，服煉雄黄，衣道士衣，尋師訪道二十餘年，不食，唯飲酒，衣服、肌膚常有雄黄香氣。淳化中，在益州錦江橋下貨丹，筋骨輕健。甲午歲，外寇入城，海陽不出，端坐繩牀，爲賊所殺。惜哉！

宋·方峻《仙公煉丹井銘》 仙公冲晦，營錬長林。仙公顯明，海島流音。方臺白麂，丹砂黄金。神飛萬天，井存于今。碧甃函文，銀床半尋。涵清冽寒，滌慮洗心。德地不改，短綆汲深。我長斯民，知宗青元。周詢故里，景仰遺研。勒銘琳館，庸永闕傳。

宋·陶嶽《五代史補》卷五 韓熙載帷箔不修

韓熙載任江南官至侍郎，性每脱略不羈。女僕百人，每延賓客請謁，先令女僕與之相見，或調戲，或毆擊，或加以争奪靴笏，無不曲盡，然後熙載自始緩步而出，習以爲常。復有醫人及燒煉僧數輩，每來無不升堂入室，與女僕等雜處。僞主知之雖怒，以其大臣不欲直指其過，因命待詔畫爲圖以賜之，使其自愧。而熙載視之安然。

宋·曾敏行《獨醒雜志》卷六 世傳燒煉點化之術，有乾汞、死朱砂、雌雄黄、硫黄之法，因鏖爲金銀，誑誕欺人者甚多，然不可謂無術。余族祖少嘗好之，挾是伎者日至，卒不能得其傳，資用以此而匱而好之未厭也。一日，遣一僕入城市水銀，道遇一客，亦舊常至其家者。呼僕來前，問其主翁之無恙，且問所携何物。對曰，市水銀歸也。客開壺，撚少土投之，笑遣僕曰，爲我謝主翁，水銀若容易乾得，無處着錢矣。僕歸以告，族祖惘然，視壺中水銀則皆凝而爲銀矣。自是始悟，不復留意。

元·陶宗儀《説郛》卷二九下 富鄭公少好道，自言吐納長生之術信之甚篤，亦時爲燒煉丹竈事，而不以示人。余鎮福唐，嘗得其手書《還元火候訣》一篇於蔡君謨家，蓋至和間持其母服時書以遺君謨者，方知其持養大概。

又 卷三四下 黄裳酷嗜燒煉，晚年疾篤，喻諸子曰，我死，以大缸一枚坐之，復以大缸覆之，用鐵線上下管定，赤石脂固縫，置之穴中足矣。

明·趙崡《石墨鐫華》卷三 唐嵩陽觀碑

嵩陽觀聖德感應頌，乃道士孫太冲爲明皇煉丹六轉而移緱氏山九轉，而李林甫紀其瑞、徐浩書其碑者也。碑于天寶三載，是時開元之政已弊，而林甫以姦佞爲詞，本無足採，但浩分隸與史惟則輩幾欲伯仲矣。

明·郭宗昌《金石史》卷二 唐嵩陽觀碑

嵩陽觀碑，是徐浩分書李林甫述其道士孫太冲爲明皇煉丹至九轉而作頌者也。在昔如秦皇、漢武，皆希心仙術，然徐市三千畏誅不歸，文成、五利終至大戮，而明皇尚爲太冲起觀、立碑，終始不悟，當由林甫奸佞蠱之耳。林甫不足言，侍中分法簡穆不墮，明皇豐艶之習是當以筆諫，而復爲書碑，亦遇之不幸也。評者謂子敬、元常異代，同友孔氏，升堂得門窺牖，過矣。

清·顧祖禹《讀史方輿紀要》卷一一 宛平縣，附郭，在城内西北隅。本薊縣地，唐建中二年析置幽都縣，遼開泰二年改曰宛平。今編户七十五里。陰鄉廢縣，府西南二十五里。漢置陰鄉縣，屬廣陽國，後漢省。其遺址俗謂之籠火城。唐武德三年，竇建德遣將高士興擊羅藝於幽州，不克，退軍籠火城。藝襲擊，大敗之。未幾，復敗建德軍於籠火城是也。玉河廢縣，在府西四十里。本薊縣地，五代時劉仁恭置。《遼志》：「仁恭於大安山創宫觀，師煉丹羽化之術於方士王若訥，因分薊縣，置此縣以供給之。」遼亦爲玉河縣，今廢。

又 卷八四 西山，在城西大江之外三十里。一名厭原山，又名南昌山。高二千丈，周三百里，跨南昌、新建、奉新、建昌四縣地。宋余靖云：「西山在新建縣西四十里，巖岫四出，千峰北來，嵐光染空，連屬三百餘里。」《郡圖經》：「初濟江十里爲石頭津，並江北行，有銅山，即吴王濞鑄錢之所。山有夜光，遠望如火，以爲銅精也。自石頭西行二十餘里得梅嶺山，嶺峻折，羊腸而上，十里有梅仙壇，即梅子真學仙處。自嶺紆徐南行六七里，得葛仙峰山，下有川曰葛仙源。自葛仙羊腸而下，高下行三十里有洪厓，石壁陡絶，飛湍奔注。下有煉丹井，亦曰洪井。自井南繞溪五里，有鸞岡。岡西五里最高一峰曰鶴嶺。又有大蕭、小蕭二崖，亦曰蕭史峰。又蛇行十里得天寶洞，洞爲西山最勝處。又自梅嶺而北上下行四十五里得吴源水，高下十堰，每堰溉田千餘頃。其極源至山椒得風雨池，風雨池者，能出雲氣作雷雨云。度西山之勢，高與廬阜等，而不與之接，餘山則枝附耳。志云：天寶洞在府西八十里，道書所載第八洞天也。洞門噴泉如縷，名玉簾泉，泉水注入山下金鍾湖。又秦人洞，在府西五十里齊源嶺側，亦幽邃。其風雨池則在府西北七十里。《豫章記》：風雨池是西山絶頂，四面懸絶，人迹罕至，中通洪井。《寰宇記》：「梅子真種蓮其中，亦名梅福池。」城西三十里吴源水，乃風雨池之餘波也，下注十餘里，爲陂十有一。明太祖幸南昌，放陳友諒所畜鹿於西山云。

又 卷八七 武功山，縣西百里。根盤八百餘里，跨袁、吉二郡境，亦接長沙府界。峰巒峻拔。旁有瀑布，懸流甚長。葛玄煉丹處一名葛仙峰，上有仙翁壇。志云：山本名武公，昔有武姓者隱此，後更今名。高踰三十里，中夜登頂，可觀日出。其最高處曰雷巖，延袤亦數十里。唐初林士弘走保安成山洞，即武公山中矣。又高峰山，在縣西百二十里。山徑峭險，人罕徧歷，上有龍潭三所。鴿湖山，在縣北六十里。上有鴈峰、白鶴、仙人等峰，景物皆幽絶。

又 卷八九 金華山，在金華府北二十里，亘金華、蘭谿、義烏、浦江之境。一名長山，山嶺有雙峰，皆流泉下注，《輿地志》：「長山本名長仙，赤松子採藥于此，後訛仙爲山也。」志云：山高千餘丈，周三百六十餘里。山嶺雙巒，曰玉壺，曰金盆。玉壺之頂有徐公湖。湖分兩派，一瀉于山之陽，一注于山之陰，而爲溪泉。金盆亦有飛瀑下垂，爲赤松澗。兩巖對峙，高數百仞，有石横跨其上，溪流折旋，爲瀑爲湍，分合凡數處。《唐六典》：「金華，江南道名山之一。」山西南五里曰芙蓉山，高千餘丈，孤峰獨起，秀若芙蓉。一名尖峰山。相接者曰赤松山，亦在府北十五里。有赤松宫，祠黄初平。太祖初下婺城，駐蹕于此。其東有卧羊山。即晉赤松子黄初平叱石成羊處。其北有山甚峻特，崎嶇五里至絶頂，夷曠可居，曰煉丹山。又北數里曰梁山，盤泉危石，透迤幽勝。山之北有鹿田峰，去府城二十五里。峰巒聳拔，上有沃野可耕。又有金華洞。道書以爲三十六洞天。今洞在府北三十里，有朝真、冰壺、雙龍三洞。朝真居山巔，冰壺居中，雙龍最下，相傳與四明、天台諸山相通也。柳宗元《龍城録》云：「金華山有仙洞，内有三十室，廣三十二里。」《吴録》云：「長山之南有春草巖、折竹巖。皆在府北二十里。山之西有紫薇巖，《一統志》：『在府北二十五里。』石室深廣數丈。一名書堂，梁劉峻著書處。東曰九龍洞，志云：在府西北三十里，有石奔湧如龍。潛溪之源出焉。山之東巖曰上霄洞，石壁環抱如城郭。或謂之優游洞。距城東北三十里。又五里曰新洞，舊時可入，今則否。洞始于宋紹興七年，故曰新也。」金華之稱，或謂始于天寶間，或謂起于蕭梁時。

又 卷九二 象山，在縣治北。形如伏象，縣以此名。亦名圓峰山。相接者有象潭、鳳躍諸山，環峙城郭。又煉丹山，在縣治西。峰巒圓秀，其頂平夷。一名蓬萊山。鼓吹山，在縣東八里。峰巒崒嵂，巖壁空虚，天將雨洞中有聲如鼓吹。又瑞龍山，在縣東南十里。一名烏龍山，周回蟠曲，狀如伏龍。又縣東三十里有甸平山，山頂平夷，廣數十畝。志云：縣東北三十五里有屏風山，過山爲湖頭渡，乃鄞、奉之界也。

清·林侗《來齋金石刻考略》卷中 嵩陽觀聖德感應頌

在登封縣故嵩陽觀遺址，李林甫文，徐浩分書，裴迥題額，天寶三載。石高一丈，廣五尺八寸，計二十五行，每行五十字。碑高大，爲諸碑冠。宋廣平碑方豪記云高二丈許，然石身不過八尺，廣僅五尺。若此碑，下龜上螭，不知如何壯麗，惜乎其爲林甫所撰，與道士孫太冲煉丹九轉，諛飾方術，以邪事主，不足稱也。

丹道理論部

論説

晉・葛洪《抱朴子内篇》卷四《金丹》 抱朴子曰，余考覽養性之書，鳩集久視之方，曾所披涉篇卷，以千計矣，莫不皆以還丹金液爲大要者焉。然則此二事，蓋仙道之極也。服此而不仙，則古來無仙矣。往者上國喪亂，莫不奔播四出。余周旋徐、豫、荆、襄、江、廣數州之間，閲見流移俗道士數百人矣。或有素聞其名，乃在雲日之表者。然率相似如一，其所知見，深淺有無，不足以相傾也。雖各有數十卷書，亦未能悉解之也，爲寫蓄之耳。時有知行氣及斷穀服諸草木藥法，所有方書，略爲同文，無一人不有道機經，唯以此爲至秘，乃云是尹喜所撰。余告之曰，此是魏世軍督王圖所撰耳，非古人也。圖了不知大藥，正欲以行氣入室求仙，作此道機，謂道畢於此，此復是誤人之甚者也。余問諸道士以神丹金液之事，及三皇内文召天神地祇之法，了無一人知之者，其誇誕自譽及欺人，云已久壽。及言曾與仙人共遊者將太半矣，足以與盡微者甚尠矣。或有頗聞金丹，而不謂今世復有得之者，皆言唯上古已度仙人，乃當曉之。或有得方外說，不得其真經。或得雜碎丹方，便謂丹法盡於此也。

昔左元放於天柱山中精思，而神人授之金丹仙經。會漢末亂，不遑合作，而避地來渡江東，志欲投名山以修斯道。余從祖仙公，又從元放受之。凡受《太清丹經》三卷及《九鼎丹經》一卷，《金液丹經》一卷。余師鄭君者，則余從祖仙公之弟子也。又於從祖受之，而家貧無用買藥。余親事之，灑掃積久，乃於馬迹山中立壇盟受之，并諸口訣訣之不書者。江東先無此書，書出於左元放。元放以授余從祖，從祖以授鄭君，鄭君以授余，故他道士了無知者也。然余受之已二十餘年矣，資無擔石，無以爲之，但有長歎耳。有積金盈櫃，聚錢如山者，復不知有此不死之法。就令聞之，亦萬無一信，如何？夫飲玉粭則知漿荇之薄味，睹崑崙則覺丘垤之至卑。既覽金丹之道，則使人不欲復視小小方書。然大藥難卒得辦，當須且將御小者，以自支持耳。然服他藥萬斛，爲能有小益，而終不能使人遂長生也。故老子之訣言云，子不得還丹金液，虛自苦耳。

夫五穀猶能活人，人得之則生，人絶之則死，又況於上品之神藥，其益人豈不萬倍於五穀耶。夫金丹之爲物，燒之愈久，變化愈妙。黄金入火，百鍊不消，埋之，畢天不朽。服此二藥，鍊人身體，故能令人不老不死。此蓋假求於外物以自堅固，有如脂之養火而可不滅，銅青塗脚，入水不腐，此是借銅之勁以扞其肉也。金丹入身中，沾洽榮衛，非但銅青之外傅矣。世間多不信至道者，則悠悠者皆是耳。然萬一時偶有好事者，而復不見此法，不值明師，無由聞天下之有斯妙事也。

綜述

題陰真人註《周易參同契》卷上

乾、坤者，《易》之門户。

《繫辭》曰：乾、坤，其《易》之門户邪？乾，陽也。坤，陰也。陰陽合德，而剛柔有體。陰陽者，氣也。剛柔者，形也。禀陰陽之氣，成金水之形。易者，變易也。象其物宜。金象乾以其剛直，水象坤以其柔順，金水合體，凝而正堅，是變易也。金性不敗朽，是爲萬物寶，是不易也。萬物變化，必由陰陽之中，如人出入，皆從門户也。

衆卦之父母。

《易》曰：乾，天也，故稱其父。坤，地也，故稱其母。震一索，而得男，故謂之長男。巽一索，而得女，故謂之長女。坎再索，而得男，故謂之中男。離再索，而得女，故謂之中女。艮三索，而得男，故謂之少男。兑三索，而得女，故謂之少女。衆卦之父母，即乾、坤之謂也。

坎離匡郭，運轂正軸。

坎爲水，離爲火。火性常動，水性常静，静以比軸，動以比轂。言坎離二氣，含受匡郭，運轉以轂軸。《坎》卦《彖辭》曰：習坎，重嶮也。水流而不盈。盈剛在中也。即是水注器中。《離》卦《彖辭》曰：離，麗也。剛化成柔，故亨通。麗，著也。重明者，陽也。柔者，陰也。火著器外，水著器中。水火氣交，然後通達其情，化成其實。坎中盛陽，離中盛陰，亦匡郭之義。

牝牡四卦，爲槖爲籥，覆冒陰陽。

牝牡者，雌雄也。雌雄者，陰陽也。乾、坎二卦爲陽，坤、離二卦爲陰。橐籥水火之氣，運於其中。覆冒，猶包裹也。金爲陽，水爲陰。一陰一陽，變易之道也。

道猶御者，執銜轡，准繩墨，隨軌轍。處中而制外，數在於曆紀。

車中者，君也。駕車者，馬也。馬雖至順，非人君無所制之。君雖在車。非馬不能行。以金爲君，剛之極也。以水爲馬，順之至也。金在中而時動，水居外而常轉。水欲逃逸，金能制之。故曰處中以制外也。

月節有五六，

五六者，三十也，爲一月之數。剛柔各半，晝爲剛陽，夜爲柔陰。剛柔相交之時，即是金水會合之際。

經緯奉日使，兼開六十四卦。

《白虎通》曰：日月爲經，五星爲緯。月者，太陰之精，積而成象，魄質合影，稟日之光，以明照夜。日爲君，月爲臣，稟日之光，故爲日之所使。水稟和於金，亦如是也。兼開者，爲《易》卦兼陰之謂也。

剛柔爲表裏。

《繫辭》曰：陰陽者，言其氣。剛柔者，言其形。變化始於氣象，而後成形。形者，金水也；氣者，水火也。以水火之氣，變金水之形也。

朔旦《屯》直事，

《序卦》曰：屯者，物之始生也。王輔嗣曰：此卦，陰求於陽，弱者不能自濟，必依於强。弱者水，强者金也。金既用事，水來順之。金能應焉，所以交也。《彖》曰：剛柔始交而難生。動乎嶮中，大亨貞。剛者，金也；柔者，水也。得水火之氣而相交，動乎陽中爲水，輪轉於器中。亨通貞正。陰陽既交，然後通達其情，而成正性。正性者，即真實之謂也。謂朔月一日，旦言平明也。直事者，謂當直之人，執其事也。《遁甲經》曰：八門直事，即其義也。陰陽始交，屯難之際，故以《屯》卦執其事也。

至暮《蒙》當受。

《序卦》曰：物生必蒙，故受之以《蒙》。蒙者，物之稚也。王輔嗣曰：此一卦，陰亦先來於陽，陰昧而陽明，陰困童蒙，陽能發之，非獨此兩卦，陰求於陽，自十一月至四月，皆純陽用事，陰求於陽也。《彖》曰：匪我求童蒙，童蒙求我。我者，陽也，陽則金也。童蒙者，陰也，陰者水也。金能用事，陰求於陽也。水故求之，故曰：童蒙求我。《象》曰：九二，包蒙，吉。納婦，吉，剛柔接也。陽爲男，陰爲女，陰合於陽，故云納婦。剛者，金也。柔者，水也。金水相交，即剛柔合也。

晝夜各一卦，用之如次序。

晝用《屯》，夜用《蒙》。童蒙求我，《屯》謂陰陽始交，循環不絶也。

《既》《未》至晦爽，終則復更始。

晦昧，爽晦也。月初爲明，月盡爲晦。《既》《未》至晦爽之時，晝夜用《屯》《蒙》矣。《屯》《蒙》者，金水始交之義也。

日辰爲期度，動静有早晚。

辰謂十二時，每辰至一月十五日，受一氣乃有小變易。每受一氣，則一變焉。一年二十四氣，萬物大成。金水受氣成形，形亦如之矣。日行遲，一日行一度；月行疾，一日行十三度。日則一歲一周天，月則一月一周天。金象日，水象月，轉之遲速，取此喻焉。測此度數，而知運轉之期候。候此動静，而知凝結之早晚。動静謂水火，早晚言文武也。

春夏據内體，從子到辰巳。

子、丑、寅爲春，卯、辰、巳爲夏，此六月，純陽用事，陰求於陽也。

秋冬當外用，自午訖戌亥。

午、未、申爲秋，酉、戌、亥爲冬。此六月，純陰用事，而陽求於陰也。即是水已凝而納金，金消散而入水。夫卦有内體外體，内爲陽下三畫也，外爲陰上三畫也。上三，即下三之用。伏羲畫卦，本有三畫以象天、地、人，謂之三才，未盡天地之物宜，因而重之，更畫三畫，内爲體，外爲用。春夏據内體，即當《乾》之初九、九二、九三也。秋冬當外用，復當《坤》之初六、六二、六三也。處陽之時，則水求於金也。在陰之時，即金求於水。金居内，水居外，内外之際，取象卦中也。

賞罰應春秋。

春生萬物，如天之行賞；秋殺百草，如天之行罰。火氣行，則金水冲融，是春也。水氣行，而金水凝結，是秋也。

昏明順寒暑。

雖晝夜用，而不違寒暑。寒則以文，暑則以武，以順其時，不違天道。

爻辭有仁義，隨時發喜怒。

爻者，畫也。仁義者，陰陽也。謂卦六畫之内，有陰陽，陽則生物，故稱仁；陰則成物，故稱義。在陽則舒，故喜；在陰則慘，故怒。還如，金得水氣則喜，水得火氣則怒。《繫辭》曰：禁人爲非，曰義。即是禁其金水，不令流逸。

如是，四時之氣順，五行得其理，

四時謂春、夏、秋、冬，五行謂金、木、水、火、土。順四時之氣，依五行之用，則金、水不失其宜。

天地設位而易行乎其中矣。

《繫辭》曰：天尊地卑，乾坤定矣。卑高以陳，貴賤位矣。天地既立，易乃生焉。天地謂陰陽，陰陽交而萬物化生。陰陽交而萬物化生者，即變易之義也。金水爲天地，水火爲變易也。

天地者，乾坤也。

天地者，形也；乾坤者，氣也。始於氣象，而後成形，亦由金水受水火之氣，而後成形也。

設位者，列陰陽配合之位也。

陰稟陽受，謂之配合，即金、水相交之謂也。

《易》謂坎離者，乾坤二用。二用無爻位，周流行六虚。

乾坤者，天地之用；坎、離者，乾坤之用。四方上下，爲之六虚。言其器中，非六位。坎離者，水火之氣；乾坤者，金水之形。形者有質而塊然，氣者無形而潛運。周流六虚之内，變化之義也。在二用之中，金水用之，故無爻位。《繫辭》曰：變動不居，周流六虚。上下無常，剛柔相易。即金水、水火變易之義也。

往來既不定，上下亦無常。

水火之氣相蒸，金水之形常轉，自然往來不定，上下無常也。

幽潛淪匿，昇化於中。

水得火而昇騰，金居水而潛匿，遞相變化，凝結器中也。

包囊萬物，爲道紀綱。

綱爲陽，紀爲陰。此言紀綱者，陰在上，陽在下也。包囊萬物者，天地也。爲道紀綱者，陰陽也。包囊金水者，爐器也。爲器紀綱者，水火也。

以無制有，器用者空。

金水之質爲有，水火之氣爲無。水火之氣相交，金水之姿自合。用此二氣，等於虛無也。

故推消息，坎離没亡。

《易・正義》曰：能消息者，必專無敗，謂消息水火也。消息以時，即金水相得；消息不以時，即水火相尅。水火者，即坎離也。没亡者，非水盡也。日没即月生，月没即日出，蓋謂陰陽循環相用事也。

言不苟造，論不虛生。

《參同契》依此三聖之至言，以極陰陽之變化，非不師古，虛生此文。

引驗見効，校度神明。

日月爲金水之驗，陰陽爲神明之度。欲知金水之會合，但候日月之運移。日月相推之謂變，陰陽不測之謂神也。

推類結字，原理爲證。

字謂日下著月成易字。類謂以龍喻乾，以馬喻坤也。

坎戊月精，離己日光。

坎爲水，離爲火。戊爲陰，己爲陽。陽之精，積而爲火；火之精，積而爲日。陰之精，積而爲水；水之精積而爲月。故曰：坎戊月精，離己日光。還如，水火之氣，薰蒸金水之形。

日月爲易，剛柔相合。

日下著月爲易字。晝爲剛，夜爲柔。金水象日月之相合，終一載之凝結。

土旺四季，羅絡始終。

日與月，一月一相合，十二合而成歲。土無正形，常王四季，即爐之四面也。終始而爲羅絡焉。

青赤白黑，各居一方。皆中宫所稟，戊己之功。

於爐四面，隨方畫其神也。東方青龍，木之精；南方朱雀，火之精；西方白虎，金之精；北方玄武，水之精；中央戊己，土之精。故以土實器中，兼畫此四神以防金水之逃逸。制水者，惟土而已，故云戊己之功。下文曰，水以土爲鬼，土填水不起是也。

《易》者，象也。懸象著明，莫大乎日月。

象也者，象其物宜。離爲日，坎爲月。日月者，水火之精是也。運天之

道，唯日月爲先。晝則陽剛，日之正也。夜則陰柔，月之功也。以金水之用，莫先於水火。水火之精，日月之謂。萬物非日月不生，金水非水火不成也。

窮神以知化，陽往則陰來。

《繫辭》曰：陰陽不測之謂神，一陰一陽之謂道。能窮陰陽之道，則知變化之源。金水即變化之源，水火乃陰陽之道。陰陽往來，相盪成寶。夫子曰：知變易之道者，其知神之所爲乎。

輻輳而輪轉，出入更卷舒。

謂水火之氣，爭湊於器中，薰蒸金水之形，如車輪之常轉。水氣入，則火氣卷；火氣入，則水氣舒。卷舒不離於器内。

卦有三百八十四爻，據爻摘符，符謂六十四卦也。

爻者，畫也。摘者，別也。一卦六畫，六十四卦都三百八十四畫，以當一斤之數。一斤之金，都有三百八十四銖也。用金水、水火之際，或象卦體，或象爻辭，爻象雖殊，不出於六十四卦也。

每至朔旦，震來受符。

每至月朔，即地氣動出地上也。是以震卦當其位焉。《震》卦《象》曰：震厲，成剛也。震者，動也。厲者，危也。陰在上，而陽在下，陽既昇矣，變柔在剛。陰居陽上，是以危也。水在金上，是乘剛也。得火則動，常危厲焉。候氣之法，以十二律依神理之，於室内取蘆莩灰實中，羅穀幕上，氣至則吹動灰也。以此候之，即其驗也。

當斯之際，天地媾其精。

《繫辭》曰：天地絪緼，萬物化醇；男女媾精，萬物化生。天地者，男女也；精氣者，陰陽也。男女結媾，精氣乃舒。男女相交，精氣爲物。金水者，天地也。精氣者，水火也。金水感水火之精，而化爲真寶，即是水火震動之時。金水結其精氣，非唯一月，而氣一動。一日一夜，亦有陰陽之氣也。

日月相撢持。

撢持者，杼柚之貌。日月者，天地之用。天地之氣交接，以藉日月運移。還如，金水須水火變易也。

雄陽播玄施，雌陰化黄色。

《坤·文言》曰：玄黄者，天地之雜色。天玄地黄，即是陰陽相交也。雄陽者，武中之武。雌陰者，陰中之陰。猛武之氣既施，弱水之姿潛轉，一寒一暑，變化黄色之芽，即此謂也。

混沌神交接，權輿樹根基。

天地未分，謂之混沌。混沌之時，乾坤默默，雖未變易，終爲萬物之根，即是金水湛然之時，乃爲還丹之本也。

經營養鄞鄂，凝神以成軀。

經營者，運爲之貌。鄞鄂者，喦稜之詞。運爲水火之功，以讃喦稜之美，神理凝寂，寂然自成其軀。軀者，還丹稜之氣也。

衆夫蹈以出，蠕動莫不由。

衆夫者，人民之稱。蠕動者，含靈之流。俱在天地之中，任其陶鑄者也。金水、水火並出陰陽，有爲無爲，莫不由斯道也。

於是，仲尼始鴻蒙，乾坤得洞虚。

仲尼，孔丘之字。鴻蒙者，混沌之名。孔丘依《十翼》以闡幽，彰《易》道之玄妙，始分混沌之理，方見乾坤之德，傍通情也。合彼虚無，未由不因《參同》之文，豈識還丹之理也？

稽古當元皇，《關雎》建始初。

稽，考也。元皇，天皇也。考上古天皇之時，男女不求而自合。自黄帝已後，男女非求而不成，即《關雎》之義也。詩曰：關關雎鳩，在河之洲。窈窕淑女，君子好逑。逑，匹也，蓋謂求其淑善之女，以配君子。金者，男也。水者，女也。金既先動，水乃應之，即是男求女也。

冠婚氣相紐，元年乃芽滋。

冠婚之時，男女交會，精氣紐結，滋蔓成軀，亦如九層之臺，起於壘土。元年，歲首。萬物芽生，漸漸滋多，非笄能及金水相感，亦如是耶。

聖人不空生，上觀顯天符。

聖人，謂伏羲。伏羲畫八卦之時，仰則觀於天文，俯則察於地理，中觀萬物之宜，與鳥獸之文，近取諸身，遠取諸物，始作八卦，以通神明之德，以類萬物之情。天符，謂七曜，配五行，即還丹之始也。

天符有進退，屈伸以應時。

《繫辭》曰：變化者，進退之象。往者屈也，來者伸也，屈伸相感，而利害生焉。謂日月五星，陰陽晝夜。是以剛柔相感而萬物生，金水相感而真寶成。

故《易》統天心，《復》卦建始萌。

復者，陰陽返本之謂。天地以無爲之心，無爲即天地之本。《易》曰：復，亨。出入無疾。亨，通也。冬至之日，陰陽氣復於地下，亨通之際，出入俱無病焉。又曰：復，其見天地之心乎？且夫雷動風行，千變萬化，寂然至無，是其本也。本者，即天地之心矣。復，既非静而自静，則天地之心可見。十一月，一陽爻動於黄泉之下，萬物萌動，故云始於萌。當此之時，金在下，居一陽之位；水在上，處五陰之位。陰爲陽變，漸成堅冰，及至金水俱伏之後，即是無爲之際。無爲者，大道之本。得一者，還丹之功。非還丹而莫契其道，其唯無思無爲也。不捨有爲，寂然不動，此即真無爲之理也。

長子繼父體，因母立兆基。

震，是乾之長子。夫子曰：震一索，而得男，故謂之長男者也。震居東方，純陽之位，承乾之功，長養萬物，萬物之旨，非動不生。是以稱長子。因母者，謂震卦二陰在上，漸化爲陽，故曰母也。一陽初動於下，即其萌。兆，根基也。金，長子也。鉛是父，是五金之精，而生於金，故云長子。母者，水也。金因母化，却化爲金，即是因母之義也。

消息應鍾律，昇降據斗樞。

消息，謂伺候也。伺候金水，得陰陽之時，須測十二鍾律。鍾以度天上之文，律以測地中之氣。用火之際，以此伺候焉。金得水火之氣，昇降旋轉，象彼樞星之移建。欲知器内形狀，但候此而爲驗也。

三日出爲爽，震受庚西方。

爽，明也。月生三日，而後有明，出於西方庚地。火動三日，氣方達於器中。當是時也，水亦居庚。水爲陰，月之象也。謹候月之生，生即知水之動静，故云震受庚西方。

八日兑受丁，上弦平如繩。

月生八日爲上弦者，象弓之掛，弦平如繩。八日，月方見南方丁地是也。金亦隨焉。金爲君，轉遲，故八日而後行。水爲臣。轉疾，故三日而已行。金水流行，驗此知候時矣。

十五乾體就，盛滿甲東方。

月至十五日，出於東方甲地而圓滿。是時，金合水於甲地，而受一氣，有金之形體。

蟾蜍與兔影，日月兩氣雙。

蟾蜍與兔，俱居月中。影者，光明之貌。至十五日，一獸之氣雙明於月中，餘日則虧缺，不復全其貌。每十五日，則萬物各受一氣。一氣至，金水之姿亦雙明白，蓋取象於二獸焉。

蟾蜍視卦節，兔者吐生光。

《白虎通》曰：兔者，吐也。言其吐月之光華。蟾蜍見，則月圓。蟾蜍没，則月缺。以此爲金水之候也。

七八數已訖，屈折低下降。

七八十五日已後，其月漸漸虧缺，歸功於日，受符復行。金受水符，復周遊也。

十六轉受統，巽辛見平明。

月爲臣，日爲君，故月禀日之光，三日成魄，八日成光，十六日歸功於日，受符復行也。月出巽地，至辛平明，金受水符。還如，日變於月也。

艮直於丙南，下弦二十三。

二十三日，爲下弦，月欲盡時。還如，初生之象。其時，月出艮，至丙南平明，乃以水之候也。

坤乙三十日，東北喪其朋。

至三十日，月出乙，没於坤。坤者，陰也。故云得朋，東北及西南者也。故云喪朋，水自東北流至西南，同喪朋也。

節盡相禪與，繼體復生龍。

節盡，月終。禪與者，陰禪位於陽也。月終爲陰，月初爲陽。陽即龍也。繼陰之體，而復生陽，故云繼體復生龍是也。金繼水體，復生於陽。陽，火氣也。王輔嗣曰：以龍喻乾，以馬喻坤，從其類也。

壬癸配甲乙，乾坤括始終。

括，結也。壬癸，水以配坤。甲乙，陽以配乾。蓋言一月之内，陰陽各半。成結萬物，實在陰陽。陰陽者，即水火之氣，故能成金水之形。《繫辭》曰：乾知太始，坤作成物。始終之義也。

七八數十五，九六亦相應。

七、九，陽數。六、八，陰數。陰陽相配，已成一月。金水、水火變化亦然。

四者合三十，易氣索滅藏。

四者，謂七、八、九、六，共成三十日。變易之道，順其陰陽，陰至則藏，陽

至則出。

八卦列布耀，運移不失中。

八卦，爲乾、坤、坎、離、震、巽、艮、兑也。八卦布列，運轉陰陽。陰陽和平，不失中道。亦如金水，用水火之氣，而不失於器也。

元精眇難視，推度効符證。

元精者，元氣也。《易》謂：太極生兩儀，兩儀生日月，日月生四時，四時生五行，五行生十二月，十二月生二十四氣。十五日成節，二節成一月。四時成一歲，周而復始。推度謂日月，符證謂八卦。元氣懸遠，不可見其形容，故推日月以度寒暑，占其卦象以明吉凶。即金水稟精氣於器中，不可見其狀貌，亦以寒暑、日月、卦象測焉。他皆倣此。

居則觀其象，准法其形容。

《繫辭》曰：仰則觀象於天。象，謂日月、五星、二十八宿。日月合，則金水合。金水合，則內外之形可見矣。

立表以爲範，占候定吉凶。

範，法也。立日月以爲法則，乃金水凝結可候而知。《繫辭》曰：吉凶者，得失之象；悔吝者，憂虞之象。既有失，則悔吝生。悔吝生，則憂虞至矣。謹候消息，無乃憂虞，則還丹可見也。

發號順時令，勿失爻動時。

冬至後，一陽爻動於黄泉之下。此時起火，可謂順時宜也。

上察河圖文，下序地形流。中稽於人情，參合考三才。

天文謂火，地形謂水，人情謂候文武。火炎於下，水流於上，人情候於中，即三極之道備矣。

動則循卦節，静則象《彖辭》。

《震》卦，動也。《復》卦，静也。火炎而動，順其卦也。水流而静，象其辭也。《復·彖辭》曰：復，其見天地之心乎？天地以静，無爲之謂也。

乾坤用施行，天下然後理。可不慎乎。御政之首。

《乾·文言》曰：時乘六龍以御天。乾道變化，各正性命。乾坤者，天地之用。乾坤行而萬物化生，則天下之物，各得其理。水火象此，不失其宜，則金水得其理也。

管括密微，闓舒布寶。

爲還丹之法，務在納閉管口，使其堅密。然後，金水舒暢，樂得陰陽，是以能成其真，無差失也。

要道魁柄，統化綱紐。

《金海》曰：北斗七星，輔一星，太微、北斗爲帝車，運于中央，臨制四方，分别陰陽，建于四時。杓立五行，移應節度，定諸紀綱。太乙之使，第一至第四爲魁，第五至第七爲杓，合爲斗，居陰布陽，故稱北斗。開陽重寶，故置輔易。夫斗上一星主天位，二主地，三主火，四主水，五主土，六主木，七主金，是以日月會焉。若順於斗，則知五行。能順五行，紀綱自立。紀綱既立，何患乎金、水、火之不理焉？

爻象內動，吉凶外起。

夫列卦者，爻象也。爻象動乎內，吉凶見乎外。謂金水取准於爻象焉。吉者，金能留水。凶者，謂水逃亡。二者之中，在於水火，少失時候，凶其降之。

五緯錯順，應時感動。

《乙巳占》曰：日月爲經，五星爲緯。五星，則水、火、金、木、土也。五星順則陰陽調。五星錯行，則陰陽逆，所經之國，無不灾害。水火若調，金水則順。水火不節，金水則亡。感動之間，以此之爲候。

四七乖戾，侈離俯仰。

四七，二十八宿也。乖戾者，差跌也。侈離者，失位也。二十八宿以應五行所歷，而皆侈離差跌，此即金、水、火之象也。

文昌總録，詰責台輔。

《乙巳占》曰：文昌六星，在北斗魁前，經緯天下文德之官，謂金、木、水、火、土、穀。第五爲司中，主司過詰咎。第六司禄，佐理揚寶，亦主集計禍福。三台六星，兩兩起居。文昌行，承太微。太微階平，則陰陽調，風雨順。時輔一星，在北斗杓傍。丞相之位明，則四時序，五行理。五星、二十八宿、三台、輔星等，番爲文昌所管。陰陽順時，則衆星受符復行。陰陽過差，則文昌詰之以爲過咎。言此者，皆爐火取象於中。文昌者，土之象也。陰陽者，水、火、木、金也。四者之中，土能制之，所以廣引譬喻，以大其功也。

百官有司，各典所部。

《神樞靈轄》曰：柱史一星，主記過失；三公三星，主宣德化；九卿三星，

主理萬事；尚書五星，主納言；諮謀、大理二星，主刑獄事；其餘衆官，各有其位。恐繁文墨，不復盡書。中國之官，皆象於此。即謂五方之神，水火之精，各有所主也。

日合五行精，月受六律紀。

《乙巳占》云：日月與五星，一月一合，於午月受律氣，亦與日合。金、木、水、火，各效於此也。

五六三十度，度竟復更始。

日，一日行一度。月，一日行十三度，而與日合，合而後行也。月初爲陽，月盡爲陰。一月之中，而有陰陽更始，終而復始。如循環金水，象之輪轉。

原始要終，存亡之緒。

始爲陽，終爲陰。陰陽之道，即文武之謂。文武以時，則金水存。文武不節，則金水逃逸。終始存亡，在乎水火也。

或君驕溢，亢滿違道。

君者，金也。亢，極也。言金得猛武之氣，至多則亢極，不成正道。正道者，其唯還丹乎？

或臣邪佞，行不順軌。

臣者，水也。水得剛陽之氣，流盪不順循軌則，既非其道，邪佞之行於是彰焉。君臣之象，此之謂也。必使乎金水相得，實藉於水火以時也。

弦望盈縮，乖變吝咎。

月，八日爲上弦，二十三日爲下弦，十五日爲望。望者，日月相望見也。月有盈縮，度數不明，則難知金水之期。悔吝過度，則咎生矣。

執法刺譏，詰過移主。

《金海》曰：太微、十星、翼、軫，此天子之庭，諸侯府也。列宿受符，諸神考節。南蕃一星，曰端門。東曰左執法，廷尉之象。西曰右執法，御史大夫之象。所以刺舉凶奸者也。五星二十八宿及諸雜星，轉離其次，不循陰陽，則左右執法舉其過失，移其所主。主者，金也。執法者，火也。金不能制水，則使火氣逼而逐之。

辰樞受正，優游任下。

《乙巳占》曰：北極五星，謂之北辰。天之中，以正四時。天運無輟，而極星不移。含光出氣，以斗布常。闔命運節，神明流精，生一以主黄帝。辰極者，金象也。金在器内，優哉游哉，任其水火薰蒸，自然而成其正體。

明堂政德，國無害道。

明堂三星，天子布政之宫。明堂，器之象也。金者，君之象也。金在器内。修德而居。水火薰蒸，亦無害矣。

内以養己，安静虚無。

内，謂器内。金水自安於器中，寂然無爲，與虚無同體也。

原本隱明，内照形軀。

謂鑛中出金，金雖昭昭，而内明。外如頑愚，常暗也。

閉塞其兑，築固靈株。

株者，根本也。兑者，器口也。根本者，金水也。金水爲還丹之根，故曰靈株。固塞器口，勿失毫釐。金水雖靈，不能流逸。

三光陸沉，温養子珠。

日、月、星爲三光。日爲陽光，星、月爲陰光。陽者，金也。陰者，水也。倶沉伏於器中。子珠者，視子如珠也。金生於水，水是金子，受氣而存，故稱温養子珠也。

視之不見，近而易求。

謂金水在器中，不可得而可見也。常易於水火也。還丹易求。

黄中漸通理，潤澤達肌膚。

《坤·文言》曰：君子黄中通理，正位居體，美在其中，而暢於四肢，發於事業，美之至也。水白，金黄也。金入水中，其情通暢。金能變水，使色如身，非獨黄中肌膚亦爾。自然潤澤一體，美暢四肢。

初正則終循，幹立末可持。

陽爲幹，陰爲肢，即金水之謂。金雖唱，水尚力微，未可扶持，即成真寶。但初首火正，則一月正，一年可得而知之，終始循環，更相代也。

一者已掩蔽，俗人莫知之。

一者，謂水。水數一也。而水蒙蔽器上，制水使其不逸焉。而世俗之人，莫知有此道，虚亡貨財也。

上德無爲，不以察求。下德爲之，其用不休。

上德言水，下德言火。水則湛然常静，無爲之體。火則炎而常動，有爲之

宗也。處無爲之地，自求無爲。在有爲之時，則用不休矣。

上閉則稱有，下閉則稱無。

上者，水也。下者，火也。火以氣達，用氣者虚。無水以體，位見體者爲用。

無者以奉上，上有神德居。

神德者，水也。火氣者，無也。無以炎上，凝水而流水火氣及還丹之用也。

此兩孔竅法，吟氣亦相須。

兩孔爲經緯，上下口也，須相也。上口近水，下口逼火。水火之氣，兩相調和。調和順宜，金體成矣。

知白守黑，神明自來。白者金精，黑者水基。

水黑，金白也。金精者，黃芽。必使水之不流逸，莫先於金精者焉。神者，妙萬物之爲言者也。物之極妙，方化爲真，如神降之不知來跡也。

水者道樞，其數名一。

五行之中，水數一也。水能變化，爲道樞機。

陰陽之始，玄含黃芽。

玄者，水也。黃芽，金精也。金水初交之時，即是陰陽之始也。

五金之主，北方河車。

河車者，五金之精，即鉛之異名。

故鉛外黑，內懷金華。被褐懷玉，外爲狂夫。

鉛雖外黑，內有金華之象，如人懷玉，外衣褐而佯狂也。

金爲水母，母隱子胎，水者金子，子藏母胞。

金生水，故爲母焉。水生於金，復稱其子。未産之際，常隱胞胎。

真人至妙，若有若無。

雖有真寶之象，未爲真寶之形，故云若有若無也。

髣髴大淵，乍沈乍浮。

大淵者，器中也。水得火氣，浮沈無常。

進而分布，各守境隅。

謂水、火、金、木俱進之時，則四神分布，各守於境隅也。

採之類白，造之則朱。

採動之時，金如白色。造作既畢，其色如朱也。

鍊爲表衛，白裏貞居。

白者，水也。貞者，正也。採鍊之時，水爲金表。道成德就，水隱金中，合體而居，共成正道。

方圓徑寸，混而相扶。

金水兩相和同，方圓共有一寸。

先天地生，巍巍尊高。旁有垣闕，狀若蓬壺。環匝關閉，四通踟躕。守御密固，閼絶奸邪。曲閣相通，以戒不虞。可以無思，難以愁勞。神氣滿堂，莫之能留。守之者昌，失之者亡。動静休息，常與人俱。

先天地者，器也。天地有，金生水也。先立其器，然後入於金水，是以稱先。器首出於爐頭，故稱尊高矣。以土爲爐，狀如垣闕；爐器相接，有如山形，所以比其蓬萊，謂真人在內爐中。器外周匝如環，輪迴相通，象於曲閣。固塞際會，閼絶纖微，務使堅完，貴其牢密，識其妙理，則無思而成。失其本源，乃憂愁無益。動静休息之間，爲取捨之際，雖功在水火，而成在金水，亦由於人，非自得也。故曰動静休息，常與人俱也。

是非歷藏法，內視有所思。

謂胎息之道，視五藏而存思也。

履行步斗宿，六甲以日辰。

履行星，步北斗，服六甲之符，吞日月之炁也。

陰道厭一九，濁亂弄元胞。

一者，元炁。九者，陽道。爲房中之術，則元炁、陽道亂濁，而將亡也。

食氣鳴腸胃，吐正吸所邪。

身中爲正，身外爲邪。吐身中之正，吸身外之邪，常使腸之鴻滿也。

晝夜不卧寐，腸鳴未嘗休。身體既疲倦，恍惚狀如癡。百脉鼎沸馳，不得清澄居。

爲歷臟等法，日夜腸鳴，未常休歇，則百脉疲倦，狀若癡人也。

累垣立壇宇，朝暮敬祭祀。鬼物見形像，夢寐感慨之。心歡意悦喜，自謂必延期。遂以夭命死，腐露其形骸。舉措輒有違，悖逆失樞機。

此數者爲信鬼神之道，而數祭祀爲功，妄想心成，夢寐亦見以爲得道，遂自悦焉。不知失天命之中，更加夭折也。爲法者，多在山林之間。至于命終，自然腐露。胎息已下，皆非正道，所以引而明之，殊非合和之流，乃是亂常之類。《太清經》曰：長生之道，不在祭祀、事鬼神也，不在導引、屈伸也，不在呪呵、多語也，不在精思，自勤苦也。長生之道，要在神丹。知之甚易，爲成是難，唯待九轉八瓊丹。其餘雜法，多所誤人。苟知正道，愼勿爲也。

諸術甚衆多，千條有萬餘。前却違黄老，曲折戾九都。

《太清經》曰：黄老，謂中央黄老君；九都，謂九真之法，皆自然之道。

明者省厥旨，曠然知所由。

以要言之，黄者，土也；九者，陽也；土壓陽也，不令飛舉。諸術之中，唯《參同》最妙。審察聖意，知其事源，則道無不成，德無不就也。

勤而行之，夙夜不怠。

營之一年，晝夜不倦。

經營三載，輕舉遠遊。

日服一稻米，三年道成。即欲沖虚，任其多少。

跨火不焦，入水不濡。能存能亡，長樂無憂。道成德就，潛伏俟時。太一乃召，移居中洲。功滿上昇，應籙受圖。

太一之神，監護燒鍊。合丹之後，先白上清，上清知之，當受圖籙矣。身亦上昇也。

《火記》不虚作，演《易》以明之。

爐火之事，本法陰陽。人者，陰陽之元，取象以相明也。

偃月法爐鼎。

器形如偃月。

白虎爲熬樞。

白虎者，金也。先下金，後下水，水以金爲樞紐。

汞日爲流珠。

流珠，汞也，太陽之精物也。

青龍與之俱。

青龍者，水也。水與金，俱入於器中矣。

舉東以合西，魂魄自相求。

龍爲水，虎爲金。金水相合，如人之有魂魄。陰神曰魄，陽神曰魂。魂魄相求，即是陰陽相合矣。

上弦兑數八，下弦艮亦八。兩弦合其精，乾坤體乃成。二八應一斤，《易》道正不傾。

二八一十六，共成一斤。雖取象陰陽，乃變易之道也。

銖有三百八十四，亦應火候爻象之計。

二十四銖爲一兩，當三百八十四銖，一卦六爻，六十四卦都有三百八十四畫，即與易道相應也。

以金入猛火，色不奪晶光。自開闢以來，日月不虧明，金不失其重，日月形如常。

引喻以明之。

金木從月生，朔旦受日符。

月既受符於日，水亦受符於金。

金友歸其母，月晦日相包。

月晦之時，金包於水。

隱藏其垣郭，沈淪於洞虚。

金水未成垣郭之狀，且沈没於洞虚之内。

金復其故性，威光鼎乃嬉。

以金成金，復其本也。金既受已，鼎喜其功。

子午數合三，戊己號稱五。三五既諧和，八石正綱紀。

子爲水，水數一。午爲火，火數二。相合成三。戊己，土也，土數五。三與五合成八。爲金水之綱紀者，唯水、火、土而已。《中經》曰三物一家，都歸戊己者是也。凡言三物者，即是水、火、土之三物也。

呼吸相貪欲，佇息爲夫婦。

水火之氣，呼吸於器中。金水禀之而相交。金爲男，水爲女。金水合體，即夫婦之道存焉。

黄土金之父，流珠水之母。水以土爲鬼，土填水不起。

流珠者，丹砂之名。金生於土，水出於砂，土剋水，故言鬼。使水不飛者，唯土之功也。

朱雀爲火精，氣平調勝負。

朱雀火之精，爐南以晝之。能調金水者，唯火而已矣。

水盛火消滅，俱死歸厚土。

火雖熾盛，終爲水之消滅。俱息之際，土塊然獨存。還丹既成，水火亡矣。

三性已會合，本性共宗祖。

三性爲金、水、火，五行相生，更爲宗祖。水與金合，遇火而成。

巨勝尚延年，還丹可入口。

服巨勝，尚得延年。餌還丹，豈無羽化？

金性不敗朽，故爲萬物寶。術士服食之，壽命得長久。

金非常金，還丹之謂。

土遊於四季，守界定規矩。

爐之四面，以土塗之。

金砂入五内，霧散若風雨。薫蒸達四肢，顔色悦澤好。鬢髮白變黑，更生易牙齒。老翁復丁壯，耆嫗成姹女。改形免世厄，號之曰真人。

黄芽狀如金砂，入水之中，其疾如風雨。水爲金變，初黑後黄。金爲父，水爲母，故云老翁、耆嫗。金水化爲金，既成寶，自免陶甄世厄也。丁壯者，金盛之貌。姹女者，處子之名也。

若胡粉投火中，色壞還爲鉛。

鍊鉛爲粉，鍊粉爲鉛，歸其本也。

冰雪得温湯，解釋成太玄。

水凝而冰，冰消爲水，亦歸本也。

金以砂爲主，禀和於水銀。

砂者，黄芽之别名，投水銀而成矣。

變化由其真，終始自相因。

以金爲金，金必成矣。種粟望粟，粟亦生焉。

欲作服食仙，宜用同類者。

植禾當以粟，覆鷄用其子。以類輔自然，物成易淘冶。魚目豈爲珠，蓬蒿不成檟。

男生而伏，女偃其軀。自然之理，還丹成矣。何異陶冶之力也？

類同者相從，事乖不成寶。是以燕雀不生鳳，狐兔不乳馬，水流不炎上，火薫不潤下。

金水與鉛，是其類也。過此以往，事乖不成。

世間多學士，高妙美良才。邂逅不遭值，好火亡貨財。據案依説文，妄以意爲之。端緒無因緣，度量何操持。擣治羌石膽，雲母及礬磁。硫黄燒豫章，鉛鴻合和治。鼓下五石銅，以之爲輔樞。異性不同種，安肯合體居。千舉必萬敗，僥倖訖不遇。稺年至白首，用索悵狐疑。背道守迷路，履徑入曲邪。管窺不廣見，難以揆方來。

此歎世上之人，不誤還丹之道，廣求石藥，至白首無成也。

若夫至聖，不過伏羲，數畫八卦，効天地圖。文王帝之宗，修而演爻辭。夫子庶聖雄，《十翼》以輔之。三君天所挺，迭興更御時。優劣有步驟，功德不相殊。制作有所踵，推度審分銖。有形易忖量，無兆難慮謀。造事令可法，爲世定詩書。素無前識資，因師覺悟之。浩若褰帷帳，瞑目登高臺。

此歎三聖帝，猶不能知還丹之道，而閉目入於泉臺。況矻矻蒼生，鏘鏘冠冕，舉世迷惑，豈能爲之？《尚書》曰：知之非艱，行之惟艱。

《火記》六百篇，所取等不殊。文字鄭重説，俗人不熟思。尋度其源流，幽明本共居。輒爲賢者談，曷敢詐僞詞。若遂結舌瘖，絶道獲罪誅。寫情著竹帛，恐泄天之符。猶豫增歎息，俛仰綴慮思。陶冶有法程，未忍悉陳敷。略述其綱紀，開端見枝條。

恐人不悟，慇懃説之，猶尚昏迷，莫知道本。雖亂辭至博，門户逾深，智者參焉，無由不得也。

以金爲隄防，水入乃優游。

先爲隄防，水則不溢矣。隄防何爲？故先下金，後方投水。水遇金也，優哉游哉。

金計有十五，水數亦如之。

水成數六，金成數九。六九相計，共成十五。舉其陰陽，非斤兩之也。

臨爐定銖兩，五分水有餘。

十分爲一寸，一寸爲一斤。即金有五分，餘是水也。此爲定數也。

二者以爲真，金重如本初。

二者，爲金水。金水入器，共有一斤，及成真也，不減元數。

其三遂不入，水二與之俱。

金、水、土爲三。水與金，爲二。金水自入，土在外焉。

三物相含受，變化狀若神。

三物謂金、水、土。金水相成制者，土也。居中變化，若有神靈。

下有太陽氣，伏蒸須臾間。

謂火爲太陽也。

先液而後凝，號曰黃輿焉。

金水得火，而俱成。其液隨氣凝結，漸成堅冰，其色如金，故號黃輿也。

歲月將欲訖，毁性傷壽年。

還丹既成，金水性滅。

形體如灰土，狀若明窗塵，擣治并合之，馳入赤色門。

此言還丹，欲成變化之狀，象人捐節，而後歸真。

固塞其際會，務令完緻堅。

歲月欲終，火氣復猛，固塞不密，敗於垂成也。

炎火張於下，晝夜聲正勤。始文使可修，終竟武乃陳。

《歌》曰：首尾武，中間文。始七十，終三旬。二百六，善調均。謂初武七十日；復武七十日；後武三十日；中間三百六十日，文也。

候視加謹慎，審察調寒温。

寒温，文武也。

周旋十二節，節盡更始元。

以月爲候，候金水焉。

氣索命將絶，休死亡魂魄。

謂欲終時，冬三日，水王，木相，火死，土囚，金休。陰爲魄，陽爲魂，陰陽俱廢也。

色轉更爲紫，赫然成還丹。

還者，還其本色也。人稟道氣而生，服之却歸於道，故名之曰還丹也。

粉提一刀圭，九鼎最爲神。

還丹既成，日服稻米。即欲羽化，頓服刀圭。

推演詮五行，較約而不煩。舉水以激火，掩然滅光榮。

若知五行之道，事省不煩於人。水火之氣相蒸，本金之光自滅。

日月相激薄，常存晦朔間。

日月薄蝕，常晦朔之間，陰陽交會之時，更相掩冒也。此時，金水亦復如之。

水盛坎侵陽，火衰離晝昏。

水火氣交，更相休旺。

陰陽相吞食，交感道自然。

若非自然，誰使爲也？金水相感，理亦如之。

名者以定情，字者緣性言。

以金爲金，金名不易。黄芽金字，因性而稱。

金來歸性初，乃得稱還丹。

鍊金成金，即成還丹。

吾不敢虚説，倣傚聖人言。

倣傚《易》象也，非敢擅爲宗旨。

古記提龍虎。

龍虎，金水也。

黄帝美金華，淮南鍊秋石。

礬石粉也。

王陽加黄芽。

還丹之道，唯此二物。金水總三名，同出異名。

賢者能持行，不肖母與俱。

臆度銀之與鉛，同入金水。

古今道猶一。

年代雖殊，道無二也。

對談咄所謀，學者加勉力，留念深思惟。

聖人立法以自明，恐時俗之流不信也。

至要言其露，昭昭不我欺。

不我欺者，不欺於人也。

又 卷中

乾剛坤柔，配合相包。

乾，陽也，故剛直。坤，陰也，故柔順。柔順喻水，剛直比金。剛柔相包，以爲配偶也。

陽禀陰受，雌雄相須。須以造化，精氣乃舒。

陰陽配合，若雌雄相須。相須之時，精氣爲物，即是金水合體，禀氣成真也。

坎離冠首，光耀垂敷。玄冥難測，不可畫圖。

坎爲水，離爲火。火在下，水在上，居器之端。端者，首也。炎赫爐内，故云垂敷。玄冥謂道之幽微，言説莫契，況乎圖畫而測其源也。

聖人揆度，參序元基。

聖人，謂伏羲。元基，道之本。聖人仰觀俯察，而知道根。

四者混沌，徑入虚無。

四者，謂乾、坤、坎、離，即金、木、水、火之謂。四者渾合，自然生成。虚無，無心爲喻。

六十卦用，張布爲輿。

陰陽之用，如人之用車輿，運轉循環，無窮極也。

龍馬就駕，明君御持。和則隨從，路平不邪。邪遇險阻，傾危國家。

龍者，乾也。馬者，坤也。君者，火也。國家者，爐器也。火氣調通，則金水循常而不飛。火氣不和，則金水淫溢而流盪。流盪之際，壞器敗爐。以龍喻乾，以馬明坤也。

君子居其室，出其言善者，千里之外應之。喻金公處神室，爲萬乘之主，處九重之室，發號出政，順陰陽節令。藏器俟時，勿違卦日。

《繫辭》曰：君子居其室，出其言善，則千里之外應之，況其邇者乎？出其言不善，則千里之外違之，況其邇者乎？以喻金也。二至之日，陰陽俱復，先王以是日閉關，商旅不行。人君順陰陽以開闔。金木居器中，喻九重室也。發號出政，用水火也。順寒暑生成。候也。《屯》《蒙》以日用，則不違卦體，而合卦爻辭也。

《屯》以申子，《蒙》用寅戌。

《乙巳占》曰：同類異位者，寅、午、戌爲火，申、子、辰爲水。申、子、辰屬陰，寅、午、戌屬陽。平明至日中爲陽，日中至黄昏爲陰，即當朔旦《屯》直事，其暮《蒙》當受。

餘六十卦，各自有日。

即謂晦至朔旦，《震》來受符，《復》卦建始萌之類也。

聊陳兩象，未能究悉。當仁施德，立義刑設。逆之者凶，順之者吉。

兩象，謂水火。水有仁而好惠，火有義而多刑。順之，則金水調和。逆之，則金水逃逸。

按歷法令，至誠專密。謹候日月，審察消息。纖介不正，悔吝爲賊。

《繫辭》曰：吉、凶、悔、吝生乎動。動，有火也。火氣既動，審明消息，消息無方，悔吝生矣。若日辰過刻，纖介有差，則金水不凝，而生灾害也。

二至改度，乖錯委曲。隆冬大暑，盛夏霜雪。二分縱横，不應漏刻。風雨不節，水旱相伐。蟲蝗涌沸，天見其怪。山崩地圮，羣異旁出。

《乙巳占》曰：二至、二分之日，陰陽分至。先之一辰爲離，辰至此之位皆在四仲之月。八月、二月，陰陽分位。五月、十一月，陰陽俱至。二月，陽氣始出，陰氣始入，爲陰離。八月，陰氣始出，陽氣始入，爲陽離。陽生於子，陰生於午。五月，陰氣始至，陽氣始屈，故分至。先之一辰爲離，言陰陽以此辰分離也。上數事者，蓋謂陰陽不調，即有如此之應也。若水火不節，金水亦斯變也。

孝子用心，感動皇極。近起於口，遠流殊域。

孝子者，水也。皇極者，金也。即是水感於金，流轉不停，適於異域，處他方也。

或以招禍，或以致福。或興太平，或造兵革。四者之中，由乎胸臆。

四者，謂乾、坤、坎、離，謂甲、胄、兵、戈。陰陽不調則禍起，陰陽調則福來。福來之時，自太平也。二者之中，由於火。火之猛烈，有若兵戈。

動静有常，奉其繩墨。

火動水静，以順陰陽，不移如繩墨之准的。

四時順宜，與氣相得。

水火之氣，以順四時。

剛柔斷矣，不相涉入。

晝則陽剛，夜則陰柔。晝夜自分，不相凌鑠。

五行守界，不妄盈縮。

五方之神，各守本界，以衛金水，不使虧盈也。

《易》行周流，詘伸反覆。

變易之道，周流而行。陰屈陽伸，陽屈陰伸，反覆其位，循環無窮也。

晦朔之間，合符行中。

晦朔之間，日月交會。既以受符，復行金水。以此時，亦相結媾，將畢，還遊器中。符，謂直符，言朔及旦用《震》爲直符，《屯》爲直事；暮及月晦，用《巽》爲直符，《蒙》爲直事。

溷闊濛鴻，牝牡相從。滋液潤澤，施化流通。天地神靈，不可度量。

溷闊濛鴻，混沌之貌。水爲牝，金爲牡。金水合會，相從不違，遂能潤澤肌膚，流通施化，難測何異神靈？

利用安身，隱形而藏。

《乾·文言》曰：利者，義之和也。既以物和，身自安也。謂金水利用，隱於器中也。

始於東北，箕斗之鄉。旋而右轉，嘔輪吐萌。

日月右轉，五星左旋，起於斗中，而合於午。當是時也，月嘔其輪，物吐其萌，金吐其液，水嘔其光。

潛潭見象，發散精光。

潛潭，謂水。精光，謂金。金王可以發輝，水清可以見象。

畢昴之上，震出爲證。

畢昴，西方宿。月，三日魄生，而見於畢昴之上。起火三日，氣方達於器中。水得火氣而震動也，故以月爲證驗。

陽氣造端，初九潛龍。陽以三立，陰以八通。故三日震動，八日兑行。

九者，陽之極數，龍能變化，故以喻乾。二月仲春，枝葉成立。八月仲秋，根核始成。火之三日而水動，八而金行。金象日，行遲。水象月，行疾。三三相應，八八相通，謂陰陽感之，相須成物，潛龍勿用，正當建子之月，金水初入之時，故以潛龍爲喻也。

九二見龍，和平有明。三五德就，乾體乃成。

《乾·文言》曰：九二，見龍在田，君德也。德博而化。三五，十五日，月滿之時，即金體漸漸成就，正當九二之時。

九三夕惕，虧折神符，盛衰漸革，終還其初。巽繼其統，固際操持。

巽爲長女，長女者，水也。兑上離下，曰革。水火相戰，而後生變者也。《易》曰：九三，君子終日乾乾，夕惕若厲，無咎也。九三非龍德也，故以君子喻之。九三之時，陽氣盛，盛而必衰，陰陽終始也。陽氣既盛，陰氣則衰，陰陽相戰，所以革也。是以火在器下，水在器上，長女居中，外水火氣交，金水自變，即乾乾夕惕，而後變生。

九四或躍，進退道危。艮主進止，不得踰時。二十三日，典守弦期。

《乾·文言》曰：九四，或躍在淵，無咎，何謂也？子曰：進退無常，非離羣也。《艮·彖》曰：艮，止也。時止則止，時行則行；動静不失其時。艮其止，止其所也。九四或躍在淵之時，即當金水沸涌，居其器之中，或進或退，不離其居，順時候也。復當二十三日，下弦之際也。

九五飛龍，天位加喜。

九五飛龍在天，即是君王之位。君既當位，能無喜乎？純陽之時，金正用事也。

六五坤極，結括終始。温養衆子，世爲類母。

《坤·象》曰：六五，黄裳元吉。王輔嗣曰：黄，中之色；裳，下之飾。垂黄裳以獲元吉，非用武也。極陰之盛，不至疑陽，以文在中，美之至也。《坤》卦六五之位，乃是純陽之時，陰極陽生，相承變化。坤爲萬物之母，故韞養衆子。陰爲終，陽爲始。當是之時，水亦全盛，而代於金也。

陽數已訖，終則復始。推情合性，轉而相與。

陽生於子，終於巳。陰生於午，終於亥。陽生則陰復，陰生則陽復。雖性自然，而有如禪位。

上九亢龍，戰德于野。

亢，極也。陽極陰生，故戰于野。金水之道，與此無殊也。

用九翩翩，爲道規矩。

九者，陽也。陽，剛直之物，唯乾體取用之。乾金，陽火也。金能用火，是以成其真也。

循據璇璣，昇降上下。

璇璣，北斗星也。北斗左轉，日月右璇。璇主金，璣主水。昇降輪迴，無常也。

周章六爻，難可察睹，故無常位，爲《易》宗祖。

謂《乾》《坤》六爻變化，循環無常位。《乾》《坤》立，而變易生焉。是以稱其宗祖也。

朔旦爲《復》，陽氣始通。出入無疾，立表爲剛。黄鍾建子，兆乃滋亨。播施柔煖，黎蒸得常。

十一月一日，陽氣始復。復者，入也。陽氣初生。生者，出也。各稟自然，俱無疾病。冬至之日，律中黄鍾，陽氣始生於子，萬物方動，萌芽漸滋，黎衆蒸進播布也。謂天布其陽氣，衆庶進其常道。常道，火道也。是時，金水初復器中，俱稟陰陽，亦無疾病。

《臨》爐施條，開雲正光。光耀浸進，日以益長。

《晉·象》曰：晉，進也。明出地上，順而麗乎天。《益·象》曰：天施地生，其益無方。凡益之道，與時偕進。明爲陽火，地上爲爐；下火者，器也。言火進爐下，而著於器。金象於天，水象於地。金水施生，自然相合也。

丑之大吕，結正低昂。

建丑之月，律中大吕。吕，申也。陽氣火申之時，金水正低昂也。低昂者，高下無恒之貌。

仰以承《泰》，剛柔並隆。陰陽交接，小往大來。

《泰·象》曰：泰，小往大來，吉亨。則是天地交而萬物通，上下交而其志同。剛柔者，金水也。陰陽者，水火也。金水變而水火通，水火通而其志同。蓋取象於六十四卦也。

輻湊於寅，運移趨時。

建寅之月，陽氣大申。當此之際，金水輻湊運轉，順時也。

漸歷《大壯》，俠列卯門。

《大壯·象》曰：剛以動也，故大壯。剛者，金也。即是金初化液，漸至大壯。壯者，堅冰之貌也。

榆莢墮落，還歸本根。

立春木王，甲往召乙，乙懷金氣，以還應甲，故仲春殺榆莢。莢，白象，金色也。榆莢歸根，金以還本。

刑德相負，晝夜始分。

《遁甲經》云：天地之道，陰爲刑，陽爲德。出則萬物犯刑，入則萬物存德。故曰：刑德集聚，俱會於門，天地解離，不可復合。二月、八月，陰陽分位。二月，陽氣始出，陰氣始入，爲陰離。八月，陰氣始出，陽氣始入，爲陽離。金水、水火，亦順於此也。

《夬》陰以退，陽昇而先。洗濯羽翮，振索宿塵。

《夬·象》曰：夬，決也。剛決柔也。柔乘五剛也。剛，金；柔，水也。金化於水，欲至無刑。五剛一柔，決無難也。

《乾》健盛明，廣被四鄰。

乾，健也。陽氣剛健，盛於四月，故曰廣被四鄰。當此之時，金亦如是。

陽終於巳，中而相干。

陽生於子，終於巳。陰生於午，終於亥。一年之中，陰陽各半。相干，謂陰相干犯也。陰附於陽，故戰于野，即相干之義。金水亦時相干。

《姤》始端緒，履霜最先。

《姤·象》曰：姤，遇也。天地相遇，品物咸亨。《坤·象》曰：履霜，堅冰，陰始凝也。馴致其道，至堅冰也。天地相遇，即是金水相親。履霜堅冰，金水變化之貌。《參同契》取象至深，研之唯深也。

《井》底寒泉，午主蕤賓。賓服於陰，陰爲主人。

《井·象》曰：改邑，不改井，乃以剛中也。以剛處中，故能定居其所。器以象金，以喻剛。剛處器中，不離其處。夏至之日，律中蕤賓，陽也。賓服於陰，建午之月，陰生陽，復於陰，陰者爲主。當是時，金方用事，金復水中，則水爲主。

《遁》去世位，收斂其精。懷德俟時，栖遲昧冥。

《遁》之爲義，以陽附陰，陰道欲浸而長，正道亦未全滅。夏至已後，陰長陽消，陰爲主人，陽附陰也。即是金附於水，水道盈，陽斂其精，待時而動。建子之月，即是其時。栖遲，猶隱遁，潛龍勿用，晦跡於昧暗之中，遁身於幽冥之內也。

《否》閉不通，萌者不生。陰伸陽屈，没陽姓名。

《否·象》曰：大往小來，則是天地不交，而萬物不通。天地不交，以象金水未合。金水未合，復由水火不通。陰氣既伸，陽氣自没。金水象日月。十二月合而成真。

《觀》其權量，察仲秋情。

北斗第四星，權。權爲伐。伐者，陰也。仲秋陰盛，以此相應。此時，以其凝結也。

任畜微稚，老枯復榮。

微稚，爲姹女。老枯，爲耆嫗。耆嫗成真人，真人既成，榮枯自無也。

薺麥芽蘖，因冒以生。

卯，冒也，言物生長，覆地因以爲冒。建酉之月，萬物死，薺麥生，當六三含章可貞之位。陰之月，陽氣盜生。水盛之時，金亦盜變於水也。

《剥》爛肢體，消滅其形。

《象》曰：剥，剥柔變剛也。謂陽氣剥盡其形也。此時，金體散盡，水能變金，《剥》之象。

化氣既竭，亡失至神。

言陽氣變易，八月而竭。陰陽不測之謂神。陽氣既衰，神將亡矣。

道窮則反，歸乎《坤》元。

陽道既伏，歸長於《坤》。金德既衰，水其用事。

恒知地理，承天布宣。

地爲陰，天爲陽。陽宣而陰閉。陰非永閉。要待陽而始生。陽雖育之，必藉陰而成物。

玄幽遠眇，隔閡相連。

天玄地黄，相去玄遠，雲霧隔閡，不可得而親之。至于日月著明，山澤通氣，雷風恒若，寒暑運行，則如循環相連，不知窮極，况乎金水近，而感之不難也。

應度育種，陰陽之源。

育養衆類，皆應度數。而生度數之源，即是陰陽之本，還丹之根也。

寥廓恍惚，莫知其端。

言寥廓之内，恍惚之中，陰陽潛運，莫測端倪。寥廓，謂爐。恍惚，謂器。金水流轉，循環其中。

先迷失軌，後爲主君。

《坤·象》曰：先迷失道，後順得常。西南得朋，乃與類行。謂陰也。《文言》曰：坤至柔而動也剛，至静而得方。後得主而有常。水柔動，漸成堅冰，是其剛也。金爲水主；水之得金，得常道也。

無平不陂，道之自然。

《泰》卦曰：九三，無平不陂，無往不復。九三，陽之極位，陽極則陂。陂者，坦蕩之貌。復者，反本之謂。陰陽通泰之時，蕩蕩而無疾病，自然之理，非是有爲。金水交通之時，與此無異也。

變易盛衰，消息相因。

陰陽變易，更爲盛衰，消息其原，皆相因也。陽育而陰成，陰殺而陽生。金水之道相因，愈深矣。

終《坤》始《復》，如循連環。

乾爲陽，陽生萬物，故言初。坤爲陰，陰成萬物，故言終。陽生則陰復，陰生則陽復，陰陽生復無窮，如環之無端也。金水、水火展轉以如此。

帝王永御，千秋常存。

九五飛龍在天，則是帝王之位，乘六龍以御天。復是永御之義。常存者，不滅之貌，謂乾道不息，千秋常存，以《乾》象金常存也。

將欲養性，延年郤期。審思始末，當慮其先。人所稟軀，體本一無。

人欲延其性命，悟道歸真，則必思慮其軀從何稟受。稟受知已，道即可爲。苟慢於斯，徒勞竭力。亦由還丹之道，須識其源。未曉端倪，虚爲好火也。

元精雲布，因氣託物。

元精者，元氣也。元氣生於陰陽。陰陽，精爲萬物，人則天地之中一物耳。有金水之體，用水火而成還丹。

陰陽爲度，魂魄所居。陰神月魄，陽神日魂。魂之與魄，互爲室宅。

室宅者，爐器也。陰陽尚相配偶，况乎金水而不相須？《上經》曰舉東以合西，魂魄自相求是也。

性主處内，立置鄞鄂。

諸葛武侯曰：性者，命也。性能與命通。謂金水處於器中，金水凝形，成其鄞鄂。鄞鄂者，堅冰之貌也。

情主營外，築垣城郭。城郭完全，人民乃生。

情者，意之主。此言器居於爐，如城郭；人民，謂金水。爐堅密，則金水化生。爐器不堅，則金水逃逸，喻人無城郭，則何所依投也。

當斯之時，由乎乾坤。

乾爲金，坤爲水。還丹之用，只在乾、坤，非自爲之，由人情之所致也。

《乾》動而直，精布能流。

《繫辭》曰：夫乾，其静也專，其動也直。是以大生焉。乾爲金，金能流通，布其精液也。

《坤》静而闢，爲道舍廬。

《繫辭》曰：坤，其静也翕，其動也闢，是以廣生焉。坤爲水，水居金上，故曰舍廬。

剛施而退，柔化以滋。

剛，陽；柔，陰也。陽極自退，陰生自滋。陰陽循環，誰使爲也。是以金入於水，變化爲真也。

九還七返，八歸六居。

一、三、五、七、九，陽之數也。二、四、六、八、十，陰之數也。共五十有五，即是天地之數。九當《乾》卦亢龍之位，七當《乾》卦飛龍在天。飛龍在天，大人造也。亢龍有悔，窮之災也。故從九位而反六。八當《坤》卦龍戰于野，六當《坤》卦黄裳元吉，文在中也。故從八位而居六焉。取此陰陽天用之時，衰極之際。正用者，金水和合。元極者，水火道窮也。

男白女赤，金火相拘。

金爲男，金色白。離爲女，離色赤。金得火氣，留水不逸。水數一，爲五行之首。變化還丹者，其在於水乎？

上善若水，清而無瑕。

《老子》曰：上善若水。水清而浄，浄無瑕穢。至道之源，與此同，即還丹也。

道之形象，真其難圖。

至道無形，非圖畫之所測。還丹之道，豈是凡俗之能知也？

變而分布，各自獨居。

金水初變之時，各自居於一處。

類如雞子，白黑相扶。

金白水黑，相會器中，未化之時，狀如雞子。

縱横一寸，形爲始初。

金體至重，方圓一寸即一斤。金水入時，各有八兩。及成真時，不減於初。

四肢五臟，筋骨乃俱。

歲月欲終，冰乃凝結。四肢之内，一體之中，俱化爲金，秋毫無失也。

彌歷十月，脱出其胞。

十一月起火至十月，則一歲之事畢矣。歲終後，還丹乃成。出離器中，如嬰兒之出胞胎也。

骨弱可捲，肉滑若鉛。

還丹既成，美麗柔軟，至于細滑，不減於鉛。

陽燧以取火，非日不生光。

以火鏡向日，以艾承之。須臾之間，火自生矣。

方諸非星月，安能得水漿。

以水鏡取水，鏡承月下，以椀承之。片時，盈椀。

二氣雖懸遠，化感而相通。

二氣，謂日月在天，水火在地，相去三十餘萬里。感化咫尺之間，即明陰陽相通，非遠近能隔也。

何況近存身，切在於心胸。

《繫辭》曰：近取諸身，遠取諸物。近取者，金水之道。遠取者，日月之精。雖陰陽出微，而不脱於人意也。

陰陽配日月，水火爲効證。

積陽之精爲火，火之精爲日。積陰之精爲水，水之精爲月。不信陰陽感通，水火從何而至？還丹之道，本自陰陽。既有證明，還丹豈無神驗也？

耳目己之寶，固塞勿發揚。

《説卦》曰：坎爲耳，離爲月。言水火爲金水之耳目。閉塞耳目，無妄發揚。

真人潛深淵，浮遊守規中。

真人，謂真寶。真寶，謂還丹。還丹，謂金水。金水潛於泉内遊泳，守其規模。深泉，謂器中也。

旋曲以視覽，開闔皆合同。

爐中器内旋曲，徘徊之間，不離金水、水火，合同其精也。

爲己之軸轄，動静不竭窮。

爲金水之轂軸，唯水火之最先。火炎而動，水清而静，二氣感化，不竭不窮，已爲金水也。

離氣内營衛，坎亦不用聰。兑合不用談，希言順以鴻。

離爲目，坎爲耳，兑爲口。火氣營衛於内，水形沈静於外，口乃三緘於中。口既緘之，自無談也。耳既寂默，自無聽也。順彼鴻鵠，希其音聲。此謂火既發動，水助飛昇，同際不堅，恐其逃逸也。

三者既關鍵，緩體處空房。

三者，水火、器、口也。合有關鍵，非鑰不開，則金水寬緩其形。處此空房，謂器中也。

委志歸虚無，無念以爲常。

金水在於器中，寂然無所爲也，即與虚無合體，無念爲常。無念虚無，是其常道也。

證難以推移，心專不縱横。

謂金水隨水火之氣推移於器中，專一而居，不復有縱横。縱横，謂逃逸也。

寢寐神相抱，覺寤候存亡。

爲道之人，守一無雜，則睡夢之内，髣髴神來。神，謂太一。存亡，謂水火也。

顔容浸以潤，骨節益堅强。

金得水而顔容浸潤，水得金而形體堅强。非獨陰陽感之，亦由水火之用焉。

排却衆陰邪，然後立正陽。

衆陰謂二水，正陽謂一金。水變爲金，邪氣自消。

修之不輟休，蒸氣雲雨行。

雲行雨施，乾道變化。變化金水，却成於乾。

淫淫若春澤，液液象解冰。

言金水得水火之氣，流液狀如冰之釋也。

從頭流達足，究竟復上昇。

謂金水合和，昇爲真人。真人謂真寶，真寶是還丹也。

往來洞無極，怫怫被器中。

怫怫者，怫静之貌。言金水得水火之氣，往來怫鬱於器中也。

反者道之驗，弱者德之柄。

陰陽反本，即道之驗。反本者，歸之於器。器者，大道之體。弱者，謂水。水有志德，能成於金也。

耘鋤宿污穢，細微得調暢。

細微，謂金。穢污，謂水。芟夷水體，而變成金，則細微之間，皆得和暢。

濁者清之路，昏久則昭明。

昏濁，謂水。清明，謂金。金體既成，水性自滅也。

世人好小術，不審道淺深。

小術，謂吞日月之精，爲房中之法，導引服氣，正念存思，徒積劬勞，終無利益。豈知大還丹之道，神妙無方也。

棄正從蹊徑，欲疾閡不通。

閡，塞也。正，謂大還也。疾，謂小術。言還丹遲而無效，謂小術疾而有徵，孰知塞其所爲，反其正道？

盲者不柱杖，聾者聽宫商。

好小術之人，如盲者不策杖，聾者聽音而無所辯。

投水捕雉兔，登山索魚龍。

雉兔居山，魚龍在水，捕索異處，豈可得乎？亦如還丹，非類不合也。

植麥欲穫黍，運規以求方。

以喻還丹，非類不獲。

竭力勞精神，終年不見功。

雖竭其智力，勞其精神，不知金水之由，徒盡終年之費。

欲知服食法，事約而不煩。

還丹之道，唯金、木、水、火四者之用，省約不煩。雖日月至多，而所費甚寡。

太陽流珠，常欲去人。卒得金華，轉而相因。

流珠者，汞也。汞出於丹砂。丹砂者，太陽之精，汞之别名，得火便走，故曰常欲去人。燒合之時，非金華不能留水。金華水造，水被金留，是以相因展轉，無失者也。

化爲白液，凝而正堅。

火氣銷金，金化爲液，金與水合，漸成堅冰也。

金華先唱，食頃之間，解化爲水，馬齒瓓玕。

金華得火，先化爲水。水與金結，如馬齒形也。

陽乃往和，情性自然。迫促時陰，拘畜禁門。

陽者，金也。陰者，水也。金和於水，性禀自然。拘繫器中，人所爲之也。

慈母養育，孝子報恩。遂相銜咽，咀嚼相吞。

金生於水，故云慈母。水反爲金，故曰報恩。咀嚼相吞，金水會同之貌也。

嚴父施政，教勑子孫。

土生金，金生水。土是金父，水是土孫。使金水不離流，唯土之功也。

五行錯王，相據以生。火性銷金，金伐木榮。

春木王，夏火王，秋金王，冬水王。還丹之道，春、夏金王，秋、冬水王。又火王，此即五行錯王者也。土雖生金，而制於金。金被陽銷，入於水爲正道，安得不榮？

三五與一，天地至精。

水數一，火數二，一與二爲三。土數五。一者，器中之水，是三五與一也。

還丹之道，唯此四般。四般合成，和遂成真寶。至精者，陰陽之精氣也。

可以口訣，難以書傳。

書不盡言，言不盡意。道之微妙，書豈能傳也？

子當右轉，午來東旋。

子爲陰，右轉。午爲陽，左旋。陽爲金，陰爲水，俱得火而流轉。

卯酉界隔，主定二名。

日出在卯，月生在酉。月以喻水，日以喻金。金水相成，唯水能定。二名之謂金水也。

龍呼於虎，虎吸其精。兩相飲食，俱相貪榮。

青龍爲水，白虎爲金。金水纏食，甘於人口。

熒惑守西，太白經天。殺氣所臨，何有不傾。

熒惑，火也。太白，金也。金得火氣，流轉器中，故云經天。殺氣，謂熒惑也。

狸之捕鼠，雀之畏鸇。各得其剋，何敢有聲。

陰水之得火，如狸犬之捕田鼠，鷹鸇之逐鳥雀，無敢不伏也。

不得其理，難爲妄言。

不得金水之理，徒懷妄想之言。

竭殫家產，妻子飢貧。自古及今，好者億人。訖不諧偶，希有能成。廣求名藥，與道乖殊。

廣求石藥，竭盡資財，既與道違，自無成也。

如審遭逢，睹其端緒。以類相況，揆物終始。

以類者，金生水，水結爲金。揆度陰陽，即知終始也。

五行相剋，更爲父母。母含滋液，父生禀與。凝精留形，金石不朽。審專不泄，得爲成道。

《神樞・靈轄》曰：二氣交會，各立五行。金、木、水、火、土如循環之無竭也。故金作而水生，水流而木榮，木動而火明，火炎而土平，土積而金成，此五行相生也，而更相愛者也。金入火而銷亡，火得水而滅光，水遇土而不行，土植木腫瘡，木逢金而折傷，此五行相剋而相惡者也。金爲父，水爲母，父母相交，禀精氣於水火。水火不息，金水各流其形。形不流，得成正道。正道者，還丹之謂也。

立竿見影，呼谷聞響。豈不靈哉，天地至象。

立竿則影見，呼山則響應，睹此尚爲靈異，陰陽豈不神哉？陰陽者，天地之源。乾坤者，還丹之本。天地，謂金水也。

若以野葛一寸、巴豆一兩，入喉輒殭，不得俛仰。當此之時，雖周文揲蓍，孔父占象，扁鵲操針，巫咸叩鼓，安能令蘇，復起馳走？

謂野葛、巴豆毒，人食必死之徵。金水，大還丹必成之物。

河上姹女，靈而最神。得火則飛，不染垢塵。鬼隱龍匿，莫知所存。欲將制之，黃芽爲根。

河上姹女，水之異名。儻不入黃芽，獨燒於火，雖器厚盈尺，固塞百重，火動則飛。黃芽之能止，須臾去盡，不見纖毫。如鬼之隱於冥中，如龍之匿於泉下，縱有驪珠之目，亦不睹其蹤由，必使水不東西，唯黃芽之力能制，故曰金之根。

物無陰陽，違天背元。牝雞自卵，其雛不全。夫何故乎？配合未連，三五不交，剛柔離分。施化之精，天地自然。

天地者，陰陽也。陰陽合萬物。萬物變化，有如牝鷄食穀，肥則自生其卵，雖成復無雛也。蓋謂雌雄未合，達彼事原。三五，謂水、火、土。剛柔，謂金水。水火之氣未交，金水之形不合。水火、金水，皆是陰陽。陰陽之精，化爲真寶；自然之理，違此無成也。

猶火動而炎上，水流而潤下。非有師導，使其然也。

自然之理，證使爲之。金水相須，亦如是也。

資始統政，不可復改。

《乾·彖》曰：大哉乾元，萬物資始，乃統天。謂乾道變化，不可改移。乾，金也。金能變化，故取喻於斯矣。

觀夫雌雄交會之時，剛柔相結而不可解，得其節符。

剛柔，謂金水。雌雄，謂水火。水火氣交，則金水凝結而不可解，爲得節符。節符，謂八卦依八節而施寒暑，順八卦而列陰陽也。

非有巧夫，以制御之。

巧夫，謂造物者。剛柔自然而交，非造物之能制御也。

若以男生而伏，女偃其軀，稟乎胞胎，受氣元初，男則背陽而向陰，女則背陰而向陽，非徒生時看而見之，及其死也，亦復效之。此非父母教令，乃陰陽之順宜其然。率在交媾，定置始先。

以喻金水自然生成，非由於人抑令和合。

坎男爲月，離女爲日。日潛遁而沈彩，月施德以舒光。日受月化，體不虧傷。

《説卦》曰：坎再索，而得男，故謂之中男。離再索，而得女，故謂之中女。坎爲男，離爲女。坎卦陽在陰中，故稱男。離卦陰在陽中，故稱女。日沈其彩，謂金入水中。月施其德，謂水入金内。月變日化，受符復行。水化於金，體不虧缺也。

陽失其契，陰浸以萌。晦朔薄蝕，掩冒相傾。陽銷其形，陰凌生灾。

日月薄蝕，必於晦朔之間。月掩於日，謂之薄食，蓋謂陰凌於陽也。言水冒於金，此於日月陰陽交會，常有此灾也。

男女相須，含吐以滋。

男女，謂金水相含，漸成滋蔓。

雄雌雜錯，以類相求。

雄雌者，金水也。金合於水，以類相交是也。

金化爲水，水性周章。火化爲土，土不得行。

金得火氣，化而爲水。水入於金，周章成文。火變爲土，土填水凝，即是水以土爲鬼，土填水不起。

故男動外施，女静内藏。

男，火也。女，水也。火動之時，水藏器内。

過度淫節，爲女所拘。

金得火氣，散入水中，却爲水之拘執也。

魄以檢魂，不得淫奢。

陽神曰魂，陰神曰魄。魂魄相合，水不淫奢。淫奢，過差也。

不寒不暑，進退得時。各得其和，俱吐證符。

看進退以候時，順寒暑而施火。欲知金水之和合，先視卦節而證明。即是朔旦《屯》直事，其暮《蒙》當受也。

丹砂水精，得金乃并。

水生於砂水，得金而體易。體易之後，即是金水相并。

金水相比，水火爲伍。

金水既相比和，水火自相鄰伍。

四者混沌，列爲龍虎。龍陽數奇，虎陰數偶。

四者，謂金水、水火也。金水得水火之氣，混沌而未分。龍爲水數一，虎爲金數四，而爲奇爲偶也。

肝青爲父，肺白爲母。腎黑爲子，氣爲五行之始。

肝主東方木，木色青；東方，純陽之位，故稱父。肺主西方金，金色白；西方，純陰之位，故稱母。腎主北方水，水色黑，水是金之子，故稱子也。五行，子者氣之始。氣者，五行之源，還丹之始。以直言之，青爲木，白爲金，黑爲水，氣爲火，赤也。

三物一家，都歸戊己。

戊己者，土也。三物，謂金、水、土。水欲去，土能制之，故言都歸戊己。

剛柔迭興，更歷分布。

剛，金；柔，水也。金位在西，金水得火，流轉無常，故言更歷分布也。

龍東虎西，經緯卯酉。

東方，青龍，木也。西方，白虎，金也。日月爲經，五星爲緯。此言陰陽交感，如經緯之織絡也。日出爲卯，月生爲酉，爲金爲水。日月爲金水交錯，亦如經緯之相逐矣。

刑德並會，相見歡喜。

陽爲德，陰爲刑。陰陽相會，感而遂通，故稱歡喜。陰陽者，金水也。金水和會，歡喜亦同也。

刑主殺伏，德主生起。

陰爲刑，刑主殺。陽爲德，德主生。即是金水、水火之位。

二月榆死，天魁臨卯。

立春，木王，甲從召乙。乙懷金氣，以還應甲，故仲春殺榆莢，榆莢，白象，金也。春分，金氣在卯，盜殺春草，故榆莢落。《神樞・靈轄》曰：卯爲河魁。二月建卯，日月合，宿在卯，其神河魁，萬物皆生，各依本根，以類合取水，故曰河魁也。

八月麥生，天剛據酉。

立秋，陽氣在酉，盜生施養，故麥生。《神樞・靈轄》曰：枝條已定，核實俱剛，故曰天剛。榆死麥生，皆是陽盜施生養。即是金王之時，水入金也；水王之時，金入水中也。

子南午北，互爲綱紀。

子爲水，午爲火。水火氣交，更相爲長也。

九一之終，終則復始。含元虛危，播精於子。

九者，陽也。一者，陰也。陰陽循環，終而復始。元者，道之本。爲還丹之道，起於建子之初也。

關關雎鳩，在河之洲。雄不獨處，雌不孤居。

雎鳩，黄離也。關關者，雌雄相求之聲。言金水和合於器中，亦如黄離相求於洲上。水中可居，曰洲。

玄武龜蛇，盤糾相扶。

玄武者，龜蛇也。龜與蛇合，盤虬相依，即今之人畫龜以蛇盤之是也。以喻金水陰陽相須也。

以明牝牡，竟當相須。

須，相也。牝牡兩求之，亦如金水俱來合也。故取龜蛇明之。

假使二女共室，顏色相殊。令蘇秦通言，張儀結媒。發辯利口，奮舒美辭。推心調諧，成爲夫妻。弊髮腐齒，終不相知。

蘇秦、張儀同事鬼谷先生學，擺合六國，談説却秦。然猶使二女爲夫妻，不可得而成也。亦如使二水相合而成金焉。謂純陽、純陰不能交結也。

若藥物非種，名類不同。分劑參差，失其紀綱。

以水投石，種類不同，若更分兩乖張，自然差失綱紀。

雖黄帝臨爐，太乙執火，八公擣鍊，淮南調合，立宇崇壇，玉爲階陛，麟鳳脯腊，茅藉長跪，祝禱神祇，請哀諸鬼，沐浴齋戒，冀有所望。

藥物既乖，分兩殊別，雖先聖咸集，鬼神並臻，刺血刳腹，亦無所成也。

亦猶和膠補釜，以硇塗瘡，去冷加冰，除熱用湯，飛龜舞蛇，終不可得。

諸石藥和水用合還丹，同此數流反相乖戾也。

又　卷下

惟昔聖賢，懷玄抱真。服食九鼎，化洽無形。含精養神，通德三元。精液湊理，筋骨緻堅。衆邪闢除，正氣常存，累積長久，變形而仙。

聖賢爲黄帝，鑄九鼎於荆山而得道。其一曰天光鼎，二曰地光鼎，三曰人光鼎，四曰日光鼎，五曰月光鼎，六曰星光鼎，七曰風光鼎，八曰音光鼎，九曰靈光鼎。三元者，氣之本。正氣者，道之宗。若欲白日昇天，必成仙道，神丹之外，徒竭精神也。

憂憫後生，好道之倫。隨傍風采，指畫古文。著爲圖籍，開示後昆。露見枝條，隱藏本根。託號諸石，覆謬衆文。

魏公憂其後生之徒，撰《五相類》以明其道，故引諸石，兼書亂辭，使智者用心辯其真僞也。

學者得之，韞匵諸身。子繼父業，孫踵祖先。傳世迷惑，竟無見聞。

若非通爐火之道，窮乾坤之源，百代猶不可知，況乎子孫矣？

遂使宦者不仕，農夫失芸，商人棄貨，志士家貧。

不知至道，空竭貨財，如此之流，可爲愚癡矣。

吾甚傷之，定録此篇。

魏公傷之，闡斯文也。

字約易思，事省不煩。

四卦五神，真爲省學約文。

披列枝條，實核可觀。

披尋藥物，真實不虛。

分兩有數，因而相循。故爲亂辭，孔竅其門。智者審思，用意參焉。

金水斤兩，依爻象以取定。其餘雜數説，並是亂辭，智者參詳自知的審也。

法象莫大乎天地兮，玄溝數萬里。

取象於天，取法於地，天地雖遠，感而遂通也。

河鼓臨星紀兮，人民皆驚駭。

河鼓一星主兵。紀星在北斗傍。河鼓臨北斗，則天下兵起，是以人民驚駭也。

晷景忘前郤兮，九年被凶咎。皇上親覽視兮，王者退自改。

此喻用火。九者，陽之極數。皇上，土地也。王，金也。火之至極，則土能鎮之，使金退而改過。改過者，謂水逃逸也。

關鍵有低昂兮，同氣而奔走。

關鍵，謂固濟不堅，則水隨火氣而奔走。

江淮之枯竭兮，水流注于海。

河海縱枯竭，器上之水恒流也。

天地之雄雌兮，徘徊子與午。

雄雌者，陰陽二氣。陽生於子，陰生於午。循環徘徊，不離子午。陰陽，水火也。金水得水火之氣，亦不越於南北矣。

寅申陰陽之祖兮，出入終復始。循斗而招摇兮，執衡定元紀。

寅辰，曰吕申。建寅之月，陽氣大申，故言吕申。申神，曰武德。建申之月，萬物欲死，薺麥生，故曰武德，以爲正當六三含章可貞之位。陰陽者，水火也。金水得水火之氣，隨斗而轉。衡星主水，謂金執水，而定其元之綱紀。

昇熬於甑山兮，炎火張設下。

謂器象甑山。炎火設下，周武之時也。

白虎倡導前兮，蒼液和於後。朱雀翱翔戲兮，飛揚色五彩。

四神在外，土居其中，是爲五色。

遭遇網羅施兮，壓之不得舉。

四神及土共爲羅網，鎮壓於爐器，令水不得飛也。

謕謕聲甚悲兮，嬰兒之慕母。顛倒就湯鑊兮，摧折傷毛羽。漏刻未過半兮，魚鱗狎獵起。五色象玄耀兮，變化無常主。潏潏鼎沸馳兮，暴湧不休止。接連重疊累兮，犬牙相錯距。形如仲冬冰兮，瓓干吐鍾乳。崔嵬以雜厠兮，累積相支拄。

此皆水爲火逼，變化無常。或作嬰兒之聲，終日號而不嗄；或爲暴湧之勢，晝夜沸而不休。象鳥摧折其毛羽，如龍鼓怒鱗甲。既類鍾乳，又似堅冰。崔嵬嵯峨，積疊枝拄。有四神之衛，畜五星之光。其狀難名，約文申義而已。

陰陽得其配兮，淡薄而相守。

金水爲偶，守道器中。

青龍處房六兮，春華震東卯。

房六星，東方之宿。青龍，木也。二月建卯，春華火動之時也。

白虎在昴七兮，秋芒兑西酉。

昴七星，西方之宿。白虎，金也。八月建酉，兑金火盛之時。當是時也，純陰用事。陰既用事，金水俱凝結也。

朱鳥在張二兮，正陽離南午。

火，數二。朱鳥，火之精。正陽離南午，謂陽没復陰生也。

三者俱來朝兮，家屬爲親侣。

三爲青龍、白虎、朱雀。青龍者木，白虎者金，朱雀者火，三物相親，同爲伴侣也。

本之但二物兮，末之爲三五。三五之與一兮，都集應二所。

二物爲金、水，三爲水、火、土。土之數五，水之數一，火數二。二與一爲三，即是三五也。一者是器中之水，二即金水之謂。集會器中，唯此三物耳。

治之如上科兮，日數亦取甫。

擣治之法，文武火候，一如上經文，不再説。

先白而後黄兮，赤黑達表裏。

金水相和，狀貌如此。

名曰第一鼎兮，食如大稻米。

即黄帝第一鼎也。日食稻米，三年成道。

自然之所爲兮，非有邪僞道。

禀自然而爲，非邪僞之道能致也。

若山澤氣相蒸兮，興雲爲風雨。泥竭遂成塵兮，火滅化爲土。若蘗以染黄兮，似藍成緑組。皮革煮成膠兮，麴蘖化爲酒。同類易施功兮，非種難爲巧。

以汞投鉛，黄芽自出。以芽投汞，還丹自成，是其種也。取諸石藥，使水爲金，非類不同，徒施功巧，終無成之也。

唯斯之妙術兮，審諦不誑語。傳於億後代兮，昭然如可考。

魏公恐後人不信，重此自明也。

焕若星經漢兮，昺如水帶海。

星入漢中，焕然明白。水流潮海，心景之光。言水之得金，狀貌如斯也。

思之務令熟兮，反覆視上下。千周燦燦兮，萬徧將可睹。神明或告人兮，魂靈乍自悟。操端索其緒兮，必得其門户。天道無適莫兮，常傳於賢者。

皇天無親，唯德是輔。至誠不歇，神必自來。神衣白衣，循上從下。

《參同契》者，敷陳梗槩。不能純一，泛濫而説。纖微未備，闊略髣髴。今更撰録，補塞遺脱。潤色幽深，鉤援相連。旨意等齊，所趨不悖。故復作此，命《五相類》，則大《易》之情性盡矣。各如其度。

古人則辭寡意深，今人乃辭多而義寡。魏公恐學者難悟，故潤色於其中，更撰《五相類》以證其《易》道。《五相類》者，以五行相類也。

黄老用究，較而可御。爐火之事，真有所據。

中央黄老君，自然之術。爐火象自然，以爲之，豈無據？以真言之，黄老是土，土鎮壓水，不能飛耳。

三道由一，俱出徑路。

三道，謂金、水、火。五行相生，皆從一起，故云由其徑路耳。

枝莖華葉，果實垂布。正在根株。不失其素。誠心所言，審而不誤。

根株者，金水也。其餘雜説，盡是枝條華葉，不足取也。

象彼仲冬節，竹木皆摧傷，佐陽詰賈旅，人君深自藏。

冬至之日，陰氣傷物，先王以是日閉關，商旅不行，順候也。仲冬，謂十一月也。

象時順令節，閉口不用談。

以土實器，不使開張。

天道甚浩廣，太玄無形容。虚空不可睹，匡郭以消亡。

太玄虚寂，不得見其形容。中爲稜郭，消亡而凝結。太玄虚寂，即是寥廓虚無。稜郭消亡，即是金水之謂也。

謬誤失事緒，言還自敗傷。

謬誤之中，即失金水之事緒也。

别序斯四象，以曉後生盲。

四象，謂乾、坤、坎、離，亦謂之金、木、水、火四象也。

魯國鄙夫，幽谷朽生。挾懷朴素，不樂歡榮。栖遲僻陋，忽略利名。執守恬淡，希時安平。

乃謂北海徐從事。《參同契》起於徐公之作矣。

晏然閑居，乃撰斯文。

即魏公自謂也。

歌詠大《易》，三聖遺言。

大《易》，言《易》道。三聖，謂伏羲、文王、孔子也。

察其所趨，一統共論。

三聖定《易》道，更無差别也。

務在順理，宣耀精神。神化流通，四海和平。

陰陽不測之謂神。陰陽調和，四海自然清。

表以爲歷，萬世可循。序以御政，行之不煩。

魏公潤色之後，則可循而行之。

引内養性，黄老自然。含德之厚，歸根反元。

黄老有自然之術，即道之本元，亦道之源也。黄土不動，可謂自然也。

近在我形，不離己身。

我形，謂金。金之不離己身也。

抱一毋舍，可以長存。

一者，水也。金抱於水，故得長生，是爲毋舍也。

挺除武都，五石棄捐。

雄黄出武都山。五石，謂雲母、礬石、磁、硫、雄黄之類，須棄之，即還丹自然成。

審用成物，世俗所珍。羅列三條，枝莖相連。

三條，謂金、水、火。唯此三物，共成還丹。既成，則世俗之人乃爲珍寶。

俱出異名，皆由一門。

三物異名甚多，由乎一門而出。智者詳之，終自悟也。

非徒累句，諧偶斯文。

撰此本爲還丹，豈徒累其文句。

殆有其真，礫硌可觀。

此文礫硌，理甚可觀。

使余敷僞，披却贅愆。

是文字令妙理之紛，敷去贅愆，使不見有謂之辭。

命《參同契》，唯覽其端。辭寡意大，後嗣宜遵。

辭寡而意大，言微而旨深。學道之人，宜其遵奉也。

委時去世，依託丘山。循遊寥廓，與鬼爲鄰。

虞翻以爲委邊著鬼是魏字，斯得與鬼。不然，其悟道之後，何得與鬼爲鄰行耳？

化形而亡，淪寂無聲。

魏公初服丹時，化形而亡。亡後，乃與雞犬同仙矣。

百代一下，遨遊人間。

仙人百代一下，遊於人間。

陳敷羽翮，東西奔傾。

羽化之後，隨意東西。

湯遭厄際，水旱隔并。柯葉萎黄，失其華榮。

謂水厄火，如湯逢旱也。

吉人相乘，安隱長生。

吉人學道者，負荷此法而爲還丹，必得長生也。

題無名氏註《周易參同契》卷上

乾、坤者，《易》之門户。

乾、坤，謂鼎器也。乾爲上釜，坤爲下釜。《易》者，金汞象於日月，以爲藥物。又《運火訣》云：乾，形西北，借陽而居陰位；坤，形西南，借陰而居陽位，故乾借陰，坤借陽。乾借陰者，謂乾五月，一陰爻生；坤借陽者，謂坤十一月，一陽爻生。故乾發火，而坤直至震來受符，終乎十五日；後即坤發火，亦終十五日。乾出坤入，開閉鼎器，故爲門户，二義俱通用也。

衆卦之父母。

謂乾、坤爲六十四卦之父母，故大丹非鼎器不能養成。《説卦》云：乾爲父，坤爲母；乾天，坤地。宇宙之内，莫非乾、坤所養也，萬物皆由天地陰陽而生長，故曰父母。

坎離匡郭，

言伏汞爲丹，上安水，下安火，亦將鼎時蘸水，令受水火之氣。故歌云：上水成湯，流珠彼防是也。亦謂藥物，坎是金公，離是朱汞，以二寶爲丹，用水火匡郭上下釜也。謂匡是輔，郭爲器，故輔之二義通也。

運轂正軸，牝牡。

轂，器也。故乾爲陽，牝爲上。蓋坤爲陰，牡爲下。鼎釜，謂運火轉其鼎器，如日月在乾、坤之内輪轉，又似車軸而轉也。

四卦爲之橐籥。

四卦者，乾、坤象器，坎、離象藥。橐是器，籥是鼎。四邊安紐關籥，令牢密也。故云：橐，喻器也；籥，喻關也。老君曰：橐，鞴也；籥，笛也。喻笛空心以鼓，口鞴氣而吹之，成宫商之語辭。言鼎内空象如笛，用鞴火氣而運之，如氣吹笛。

覆冒陰陽之道，

陰陽，是金、汞二藥。冒，喻在鼎内用金花等急按之。覆，藉上下冒者，謂之牢固際。故乾、坎爲陽，坤、離爲陰。故曰：陰陽之道，如籥運鞴火氣乃成丹。

猶御者之執銜轡。

是守御鼎器，恐有走失。衡在口關須密閉，在固際牢如轡，在手以運之，故不停者。

有準繩，正規矩，隨軌轍。

繩者，界。伴隨十二時轉，如車軸轉也。軌轍，軸也。準平常令軸逐平，故隨軌轍而轉也。

處中以制外，

謂鼎在爐中得外火制之，又藥在鼎中得外火水所制，故云處中以制外也。外須牢固際，乃調水火以相伏制，四義通也。

是故在曆紀。

紀，月也。若論上六十年爲一紀，爲月言曆。六十卦爲一紀，爲旦暮運火

常用一卦，經曆十一月而成一轉丹。

月節有五六，

五六，謂三十日成一月。每月一開看覷，淘研重入鼎中，而成第一鼎大丹也。

經緯奉日使。

言運火依奉，晨使是擇日，經是秉持也。緯五星，言秉持皆依星宿。故月受日化，化生萬物，所以擇元日涅竈，火日殺汞，成日合搗，收日鍊治，閉日入鼎，建日祭爐，王、相日服藥，十一月上元日發火者依遯甲。假如冬至前後見甲子爲上元，又見甲巳之日，故取夜半時發火也。

兼并六十四卦，

兼并，是夜也。謂一依遯甲計五十日，有六十日行六十卦，一時行一卦，并前在乾、坤、坎、離四卦，成六十四卦，是一日運火，一月亦用六十四卦。一日用二卦，謂從《屯》《蒙》所起也。一日用六十四時，時者，謂五日一易符，以折論入小時，計有六十時。

剛柔有表裏。

乾剛坤柔，是陰陽之運動。東爲表，是子終於巳；西爲裏，是午終於亥。又陽爲表上，蓋陰爲裏下。蓋又剛是外器，柔是内藥。言三義俱通。

朔旦《屯》直事，

言一日有一直事、一直符也。震是朔一日直符，爲坎在上，震在下。坎是藥汞，震是鼎從子至午，器仰是《屯》卦直事。震是直符，即是一日用事。一月亦然。後十一月，坎卦用事。坎有三爻，上下二爻是陰，中一爻是陽。十一月陽爻於盛陰中生，外制二陰爻令入，陽爻令出。至五月，離卦用事。離有三爻，上下二爻是陽，中一爻是陰。一陰爻於盛陽中生，陰制於陽屯，陰出陽入，故旦用《屯》者也。

至暮《蒙》當受。

暮用艮在上爲直符，坎在下，《蒙》卦。從午後至子，轉器向下成《蒙》卦，卦直事，故云《蒙》受。晝夜十二時，六時艮《蒙》，六時震《屯》，故晝《屯》夜《蒙》。所以用《頤》爲鼎器，上艮下震，故山雷曰《頤》卦。用坎爲藥，坎是水銀，在震艮中也。

晝夜各一卦，

言一日十二時，晝《屯》夜《蒙》，各用二卦。一月即用六十卦。

用之有次序。

言一日、一月、一年，皆行用六十卦。一月從《屯》次《蒙》，二月從《需》次《訟》，以次盡終乎《既濟》成丹，故云次序。前論晝《屯》夜《蒙》者，即是反轉鼎器。後論次序者，即是依卦據爻用火數也。

《既》《未》至晦爽，

《既》是《既濟》，《未》是《未濟》。言既濟爲水在火上，謂汞屬坎，本是陽而居陰位。陰中有陽，喻硃砂是太陽精，居南屬離；離，陽中有陰，故離屬陰，是陰居陽位。今變爲汞在北方，硃砂南方，位變汞爲硃，令北歸南，令復本位，故爲既濟。未濟者，火在水上，本未伏位爲水銀，本是硃砂生，屬離，今爲陰，居北，今未歸南，未位本體，故云未濟。又謂運六十卦，起《屯》《蒙》，終《既》《未》，二卦至月晦及月朔更循環。爽，明也。其二卦乃是一陰一陽之道。

終則還復始。

言《既》《未》二卦，一月訖至後月，亦從《屯》起，次《蒙》，終《既》《未》二卦。十二月皆然。是十一月《坤》《復》卦起，至月末，後月朔，亦從《復》卦終。是月末始爲月初，一月訖更依前起是也。

日辰爲期度，

一日行十二時，取一周天三百六十五度足日之，一日辰謂十二辰。又用二卦，卦有六爻，一爻主一辰，所以用《屯》《蒙》二卦爻足十二時。

動静有早晚。

言動器皆據子午前後反復，陽動爲早，陰静爲晚；春夏亦爲陽動，秋冬亦爲陰静也。

春夏據内體，

言春、夏爲陽，從冬至後十一月建子起，首左行四月，陽氣終，爲東方，爲内是也。

從子到辰巳。

言發火從子起，左行終於辰巳，爲陽氣絶，汞死也。

秋冬外當用，

言秋冬爲陰，從五月夏至後，從午終亥，陰氣滅。陰生於午，而終於亥，故象在外。西爲外。

自午訖戌亥。

午起事訖戌、亥，陰道滅也。汞欲伏也，爲亥子，爲水神，坤黑色，亥正位。乾也，汞此伏也，經十二月俱終於乾位也。陰陽交通，初乾終坤，自然之理也，故大還丹成也。

賞罰應春秋，昏明順寒暑。

春夏暑爲陽爲明，則賞用武火。秋冬寒爲陰爲昏，則罰用文火。昏謂夜，明謂旦，言一年及一月、一日皆應春秋，運火行器須順寒暑。寒爲文火，暑爲武火。夏至後加炭用武火，冬至後減炭用文火，故順寒暑。

爻辭有仁義，隨時發喜怒。

言運火皆據卦依爻辭，隨卦之爻用火。火有仁有義，仁爲文火喜，義爲武火怒。又春夏爲仁文火喜，秋冬爲義武火怒，此是用文武火。故得其理則喜，失其辭則怒。如君得臣，萬姓喜，風雨調；得逆諂之臣，則君常有怒，宇宙不安。丹道亦然。用文武之火，須順其理。

如是四時之氣序。

氣者，火也。言今用四時火氣使用，則四序氣足。

順五行，得其理。

順五行氣火，則得其理。夫合大丹大藥，伏制成敗在火。火若均調，文武得所，藥則無火。火若不順，藥雖精華，即有飛散。故謂心勤務在火也。如國安萬姓歡，立國不安即萬物憂遯者也。

天地設位，而《易》行乎其中矣。

乾，天也；坤，地也，是鼎器也。設位，是陰陽配合也。《易》者，是日月，是藥。藥在鼎中，居乾、坤之内。坎爲月，是鉛。離爲日，是汞。上日下月，配而爲易字，喻於日月在其鼎中，故曰《易》行其中。

天地者，乾坤也。

乾爲天，上鼎蓋。坤爲地，下鼎蓋。

設位者，列陰陽配合之位也。

言鼎脣作雄雌相合陰陽，是雌雄配合也。設位者，是爐上列諸方位、星辰、度數，運乾坤，定陰陽也。

《易》謂坎、離。坎離者，乾坤二用。

言大丹同日月之精，故日月爲易。坎月是金，離日是汞，故用坎離爲藥。乾、坤爲鼎，故此四卦不同六十卦，而自一用也。亦云須水火上下攻之，運乾、坤之鼎，故二用也。汞居鼎内，事須水火而伏制成大丹。

二用無爻位，

言坎、離爲藥，乾、坤爲鼎。其爻用位不同六十卦，而無爻位。

周流行六虚。

言坎、離二藥在乾、坤鼎中，常被水火攻迫，運轉飛伏東、西、南、北、上、下，故云六虚。六虚者，六位也。

往來既不定，上下亦無常。

言汞及反覆其鼎。一日十二時，六時向上，六時向下，無常定。言從子至午已下，言從午至亥上。陽往則陰來，陰往則陽來，反覆不定，故曰上下無常定。言汞幽潛鼎内，上被水火攻，下被文武火迫，乃無常定而成大還丹也。

幽潛淪匿，

言金公潛匿於汞中，汞得金公而淪没。二物相伏隱於鼎中，故幽伏淪没也。

斗化於中。

斗者，言爐上著秤衡，如象天北斗。斗柄逐月建而轉，一日亦柄指，一時一月亦然。假如上月末間開，即斗柄指子，後月指丑，起次順之。其取時須定漏刻。又鼎運火亦然。言鼎象北斗而能運化。

包囊萬物，爲道綱紀。

包，言金花等能包於汞，如子遇母，龍虎相吞，故稱爲道。又用土、金花等爲泥，包囊金汞内於鼎中。囊者，盛萬物也。言其丹成後，號曰紫金砂大還神丹，點化萬物，枯骨重榮，土石爲寶，人服成真，故爲道之綱紀也。

以無制有，氣用者空。

夫陽者是無，陰者是有。有是坎金，無是離汞。此乃坎離水火之位也。空，道也。道者，是空、虚、無之稱也，化而生萬物。無者，謂陽形，人無見之，是爲沖和氣。有者，是陰凝滯不通，名曰沖和二氣相感，風雨乃成。故汞是陽而反歸金。金者，正陽丹也。又其汞金是陰，以陽得陰，是名以無制有。氣者火，亦屬陽，其金汞得火而制伏，火即空，無藥而成有，故曰氣用者空。

故推消息，

消息者，論陰陽昇降。消時減炭，息時加炭。昇時器向上，降時器向下。

坎離没亡。

坎爲金，離爲汞。汞得金華相配，故没亡也。

言不苟造，論不虚生。

言留法傳文，不苟謬而言，皆據陰陽爻象。金汞相親，同類而生，故不立虚論，真説也。

引驗見効，授度神明。

言據爻象運火，每月驗者皆有變，有通於神明，乃相教示。度者，法也。取其法則，而成大還丹。

推類結字，原理爲證。

言大還丹，皆推陰陽以取坎離之象，結爲易字而取同類者，金類汞以爲丹，非類無證驗。

坎戊月精，離己日光，日月爲易。

言鉛精象月，爲坎，屬戊；汞光象日，爲離，屬己，故引日月之精光，配而爲易字。且陰陽二寶者，至九月、十月、十一月是坎戊之位，陰之極也。陰之精上昇爲月，屬金，爲水，故經中言金是九鍊鉛精金花也，非是用真金精也。經云：乍用道中寶，不用世中金。大丹若有金銀雜，即不可服餌。但汞一味向成金丹，即是神藥。雖云用九轉銀精，鉛乃成灰矣。借銀之氣以陰助陽也。陽至三月、四月、五月是離己之位，陽之成也。陽之精上昇爲日，屬汞，爲火，故日月爲易。丹若得金汞合之，自然精光變化。

剛柔相合。

坎陽汞爲剛，離陰鉛爲柔，故陰陽相合而成大丹。

土王四季，

土者，華也，亦是鼎也。又曰四黄屬土，而王四季，此非黄土爲鼎。若是用金鐵鼎，即用黄土塗鼎内。土然生金，乃用也。亦金華，黄牙乃稱土也。

羅絡始終。

始是月朔，終是月晦，羅絡是器也。又用黄土塗鼎内，上又塗金花、黄牙等，用黄土鎮之。

青赤白黑，各居一方。

青是東方木，青龍，汞也。赤是南方火，硃砂也。白是西方白虎，金精也。黑是北方水，鉛也。所以金汞各配居四方，又屬戊己而居中宫。

並由中宫所禀，戊己之功。

言金汞二名而屬四方，並屬中宫戊己，屬土之所成。若正陽及獨化之藥，不要雄曾，唯任汞金相配，日久火養自化成丹。事須塗黄土，及鎮土塗藥，金花、黄牙可厚半寸。金花者，是真鉛，鉛入汞所成。黄牙者，是燒黄丹所作成。爲坎鉛屬戊，離汞屬己，正稱戊己，故禀戊己，屬土之功，化汞爲丹也。或人云丹硫黄化汞爲硃，號硫黄爲上，應非。

《易》者，象也。懸象著明，莫大乎日月。

故日爲硃汞，月屬鉛銀。七十二石之中，莫過於鉛汞，故得稱日月之號，所以日月爲易字，託於《周易》也。故夫子曰：懸象著明，莫大乎日月也。懸象著明，至妙莫大乎《易》，故以《易》象於金汞。

窮神以知化，陽往則陰來。

窮神，火也。火化萬物。陽往，是坤十一月一陽爻生，終坤至乾，乾則往。陰來，是五月一陰爻生也。故陽往則乾消，陰來則坤息。來者伸，往者屈。皆是加減變卦運火也。

輻輳而輪轉，

言運火轉器，如車輪轉也。輻者，謂三十輻共一轂。三十者，一月也。轂，器也。所以一月輪轉鼎器也。

出入更卷舒。

陽出陰入，言出震成乾，入巽成坤。消即爲卷，息即爲舒。運火用丹成卦也。又法專法，每月開鼎，倍添生汞，令汞撥入鼎，計從一兩起至一周年，若九轉添撥法。後一年一火紅赤色，至伏火，即鎔成鋌黑色，打碎重研入鼎。又火一月，至紫色即休。又有正陽法，以凡鉛汞等分，從冬至起，首夏至加火漸武，至來年冬至停，每一月一開看，知存亡。至一周，其汞獨出鉛上紫色，名曰陽元正陽之丹。取此正陽，又重入浄金花器。又經一月，紫色即了。又法一月一開，出虎入龍，增龍減虎法。龍是汞，虎是鉛。花更著雄黄而重入鼎爲丹。是三法，此《契》論正陽之法。

卦有三百八十四爻，爻據謫符，符謂六十四卦也。

其六十四卦，有三百八十四爻象。一斤藥，有三百八十四銖。計一日行一周天，小火氣足。又計一周年，其藥受大火氣足，藥已成也。象自然還丹，

受太陽之氣生焉。符者，言每日及月，皆用二卦。一卦直事，一卦直符。又符者，五符、金花等也。正云天地之符，金汞是也。謫者，度也。是《易》之爲丹，用一周年成也。體運火，取周天度數，數足而爲丹，其丹有二義。此《參同》説者，是半斤汞，半斤花，合爲丹，用一周年成。若白雪，九轉三年成專陽丹，上可百斤，下可一斤、二斤，十五月成也。

晦至朔旦，震來受符。

言月晦終坤，月朔變坤。一爻爲震，震爲直符，復爲直事，當此一日十二辰轉也。從子至巳，陽道已終，陰道已起，壬午發火也。又一卦當直終亥，每朔旦初一日即震動，如符如印，所使必定也。

當斯之際，

接也。孔子曰：天地洽合。是用火之鼎，密固其際。

天地媾其精，日月相撢持。

天地者，鼎也。精者，藥之精華也。日月，金汞也。撢，探也。扶，持也。言二寶在器，當天地鼎器之間，運太陽之火而化，使日月之二藥交媾精氣，相探扶持成丹。如天氣下降，地氣上騰，日月相交，陰陽媾會，即有祥變而應丹道象。此謂震來受符、應命之時，剛柔交媾，金汞俱吐精華，繫日月，天地媾精，萬物化生。丹道亦然，皆稟陰陽而生。

雄陽播玄施，

雄陽是汞，玄是鉛。鉛精謂九鉛之精，得火即成水。而入其汞，鉛精即施而受其汞，汞得鉛而布散入於鉛中，待冷凝擣碎入於鼎中後，運火成大還丹。

雌陰化黄包。

雌陰，金公也。其金公得汞，猛火食頃而吐金華，號曰玄黄之花。將此花烊包汞，入鼎得火之後，諕諕作聲，重沓狀似魚鱗金花。而相拒聲若定，汞即伏火，紫色即丹成，未紫更重燒，故下文云：諕諕如嬰兒慕母，漏刻未過半，魚鱗狎獵起是也。又《金碧中篇》云：此議者雄陽，即是雄黄。玄是汞，雌是雌黄。言將雄曾擣爲泥上合蓋，雌黄和燒礬石末爲下合蓋，皆和左味爲泥，包裹乾汞砂如毬子形，納於金鼎中。不者土器中周一年之火成，名曰紫金還丹。然點化五金，服之長生。如論此《契》中不用雌雄，用鉛精爲根，養汞一味而成正陽，真一神丹也。神仙羽化。中篇云：將欲制之，黄牙爲根。牙者，鉛精也。下篇又云：挺除武都。是據此一句，不合用雄雌，只用鉛汞二寶，故西國貴黄丹，中國貴朱汞爲鉛丹。中國所出，故號中丹。

混沌既交接，權輿樹根基。

樹者，汞也。根基者，黄牙也。權輿，始也。坤，鼎也。言汞得華、黄牙，混沌交接入於鼎中而自成丹，故萬物皆因元始。元始是天地之氣，乾坤所育，故乾坤爲器，生長成丹。又云：坤是雌黄。混雜金爲丹，故云根基也。

經營養鄞鄂，

言金汞得火一年，經狀如嚴霜，亦似魚鱗起。

凝神以成軀。

軀，體也。凝，言金汞得火，先液後凝，合爲一體，而爲神丹，故十一月一陽爻生。《易》曰：初六，履霜，堅冰，陰始凝也。故合丹起取十一月上元日子時一陽爻生。發火制於汞陰，被陽伏陰，故凝一體。

衆夫蹈以出，蠕動莫不由。

言十一月一陽爻生，坤一爻化，爲震，陽氣動。震爲雷，爲春，蟄蟲皆動，莫不由陰陽之氣也。喻汞爲蠕，得人陽之火氣。又一陽爻生之發火，汞又是擁陰陽感應，所以震動欲飛。衆夫者，是衆共造丹之首，所以其汞欲飛，被人衆等將火所制。欲飛欲伏，所以蠕出震，衆動而不自由。喻於萬物蠕蠢，皆由道之所生，所以仙人得丹，所化變爲金骨玉體，莫不由丹之所化也。

於是，仲尼贊洪濛，乾坤得洞虚。

乾、坤者，釜也。洞，爐也。虚宿火，言金汞得火，在器中通暢也。

稽古當元皇，《關雎》建始初。

元皇，是初皇太上元始皇老君所建，此神丹伏制之法。錬汞成丹，令人長生，所服羽化。關者，閉也。雎者，汞也，亦號姹女。關閉汞入鼎中，文火養之，不令飛散。詩云：關關雎鳩。雌雄相命，喻其汞得金花相和順，是雌雄相命成丹也。若無雌雄，將何伏制變化成丹。雄者，汞也。雌者，鉛精也。九元君曰：單服其汞硃，名曰孤陽。單服其鉛花，名曰孤陰。故鉛汞相須而成丹也。又經云：凡錬鉛精，固我軀命；七返硃砂，變我常性。又云：化汞爲丹，可坐玉壇。夫丹不得陰陽而成，終無得理；二味成丹同服，正合陰陽之道。經云：借鉛氣爲丹，復須出鉛。單服汞丹，亦當有理。若是九轉鉛花，即堪久服。若一轉花牙爲種理，然須出除鉛，恐鉛使人出鉛法成砂，伏火後水團。藥爲團，用黄丹水溲其砂，坐甑上四邊，著火以鼓之，其鉛自化。漏出其汞，獨坐

零壠，而坐出鉛了；又入合中養六十日成丹，經紫色即休。又在合中，時以急火逼之，上安水盤，其藥獨坐中央，或吐出鉛上，成鉛餅，名曰鉛脱胎法。故云：用鉛精爲種。其汞伏化成丹後，自透出其鉛，鉛久乃爲灰；或火太盛，其花牙化爲鉛裏汞，於中而自成丹也。亦止出鉛灰上，罕見今人略得其法。云用七返硃砂，和九鍊鉛粉，入鼎而燒。不測其理，不曉陰陽，運火度數，汞即飛走。唯鉛得在，色似黄丹，即云用汞伏火成丹矣。故令人服者，腰重體沉，瘦人衰陰，必無長生之理。伏火試之即知。若鉛火燒，即有汁硃生，冷之即軟白而重。若伏火燒之，即與火同歸本色，紅紫如粉，指楷之入，故知所服非伏火汞不可服。夫大丹但從鉛起，鉛盡汞伏，即可服之。若不從鉛，必無得理。其鉛須九轉精花，非白鉛也。若能七返，亦妙也。

冠婚氣相紐，

言汞得鉛伏，如夫妻。汞爲夫，鉛爲妻，故爲冠婚。氣者，火也。得火即相合和，紐結如夫妻。會陰陽之氣，乃得相交結。

元年乃芽滋。

元者，周年也。布六十日爲一元。《遁甲經》云：六十甲子爲一太元。其汞經一年火氣，即陰陽交媾，因肇立形，萌芽乃生，滋茂成丹，赤索美理，謂汞從十一月起首，漸漸滋生也。夫運卦定元氣者，五日一行旬，至十五旬，甲子是六旬六甲，訖一日又六十時。一日運行，亦須取一元氣足也。

聖人不虚生，

聖人，言太上真人變化大丹，令人長生羽化。唯汞靈變，非聖人不能知，故立此法不虚生。

上觀顯天符。

言符者，直符也。徐真人仰觀卦象，以定陰陽。言上釜底玄黑如天，下釜如地，中居日月，以表三才，故託顯於天地、日月、星辰。故以汞象日，以鉛象月，以器象星，上下二釜以爲天地。故大丹象日月之精，通自然變化，如符若契。故顯天符。符者，天之信。故立《易》卦象焉。

天符有進退，

進退者，直符也。定陰陽，加減炭數。十一月一陽爻生進，一陰爻退；至五月一陰爻追，一陽爻退。退時減炭，過一斤半。進時加炭，不過三斤。

屈伸以應時。

言朔至望伸，從望至晦屈。屈時陰消，伸時陽息。息時加炭，消時減炭。火訣具明之。

故《易》統天心。

易者，日月也，是鉛汞也。在於器中，器如天，故居天心。所以《易》統論天地之事，故立象以盡言，立言以盡意，此已前論。丹意從此以後，論火至喪其朋。

《復》卦建始萌。

《復》卦以明初起火，十一月坤卦一陽爻化爲震《復》卦。始者，初也。初從《復》卦而起，漸立萌芽，而既生長，終於《乾》。

長子繼父體，

既震卦以明其變。震，是乾之長子。謂坤一爻化爲震，至四月成乾卦，故繼父體也。

因母立兆基。

既坤卦以明其化。坤爲震母，所以因母立兆基，而化爲震。

消息應鍾律，

黄鍾，是十一月之律管名也，故黄鍾是十一月一陽爻生之律息。至五月，應於蕤賓之律消也。十二月二陽爻生，律大吕，《臨》卦也。正月三陽爻生，律太蔟，《泰》卦。二月四陽爻生，律夾鍾，《大壯》卦。三月五陽爻生，律名姑洗，《夬》卦。四月六陽爻生，陽欲絶，陰氣興，律仲吕，《乾》卦；是《坤》一爻生陽息也。全五月變《乾》陽爻，一陰爻生，律蕤賓，《遘》卦。六月二陰爻生，律林鍾，《遯》卦。七月三陰爻生，律夷則，《否》卦。八月四陰爻生，律南吕，《觀》卦。九月五陰爻生，律無射，《剥》卦。十月陰氣滅，陽氣興，應鍾之律，《坤》卦。故陰爲消，陽爲息，輪環不息。運此二卦，寒爻看火，所以真人殷勤屬在於火，其火是陰陽之氣也。故火急即藥燋而失，火緩又恐不伏，所以令消息應律候，則炭數，其藥不失色而滋潤。故一年用乾、坤二卦，二卦有十二爻，一爻主一月。又一月用二卦，主二日半，乾、坤各主十五日。又一日用二卦，一卦主一時。是故須消息年月，及日加減炭數，應於鍾律不失之也。

昇降據斗樞。

從子至巳陽降，午至亥陰昇。昇之時鼎口向上，降之時鼎口向下。只論反輪鼎器，又是爐上安斗柄。隨月建而順轉亦然，此月建及十二時著火。

三日出爲爽，震受庚西方。

既震卦以明言月。初三日，月出西方庚地。爽，明也。庚屬震，爲坤一爻化爲震，是一陽爻生，故震以明。初一日發火，陽火陽爻當得火氣，汞一兩變困。二日陰又起，汞又欲飛。三日陽爻又伏，汞又欲伏。十五日内，汞一飛一伏。至十五日外，汞半伏，狀如月圓滿。稍乾，未全伏火。

八日兑受丁，上弦平如繩。

既兑卦以明其中。兑是西方金，其卦一陰爻在上，二陽爻在下。以二陽爻，故月八日月出於丁。丁者，兑也。言汞得八日火氣，金汞相入成汁，而平未變化。

十五乾體就，盛滿甲東方。

既乾卦以明其體。至十五日，火變坤至乾，故金汞十五日稍乾，就剛卦，如半月圓滿。又其日日出東方，三陽爻足，故云滿甲屬乾也。

蟾蜍與兔焕，日月兩氣雙。

蟾蜍是月精，鉛是也。兔是日精，汞是也。言日月二精之氣，故云雙也。焕者，明也。言汞十五日雖乾，如水圓滿明浄，仍未矩火。若黄白一月伏火，若作大丹，其汞三百五十日伏火矣。仍未成丹，喻月水之精，不能自明，皆假日照。言汞雖靈，不得九轉鉛精，不能自伏火化成丹。故經云：覆鷄須得子，種禾須得粟，非類不生長。汞非鉛爲種不成丹，黄白非金銀所爲句。而不成寶也。似兔日之精吐光射於月，故云兔焕明。

蟾蜍眂卦節，兔者吐生光。

眂，視也。鉛視汞，汞即鉛。視汞汞，即交汞，乃得鉛。鉛則吐光，得火已伏，俱吐精光，似月雖明假日所照，光射天下。至月晦，日月即同宿，二光並相映，不明名之變化。至月晦即相離，離而明。八日兔形消，十五日蟾蜍全視，故言焕。至十六日兔景消，吐去其光，故蟾蜍眂卦節。

七八道以訖，屈折低下降。

既此卦以明其陰陽之正位矣。十五日，其陽折損，月滿則虧，形漸消滅，變乾爲巽，折剛爲柔。七八是十五日至望，亦如從至中用此，故借此卦用以成乾卦象，故云乾以道訖從朔。

十六轉受統，巽辛見平明。

既巽卦以明其減。至十六日，變乾一爻爲巽卦。一陰爻生，變剛爲柔，巽受乾化，故云受統。統，領也，是巽受領也。爲月十六日，月出於巽，行至辛地，即乃平明。言至十六日，光明欲伏火而成其丹。

艮直於丙南，下弦二十三。

既艮卦以明其止伏。艮卦一陽爻在上，二陰在下。二陰爻生，其乾漸損變爲艮。二十三日，其月行至丙，即平明。言汞至二十三日，如山不動，魚鳞以成，若作黄白伏火。艮，止也。

坤乙三十日，東北喪其朋。

既坤卦以明其終。乾以損盡，三陰爻生，變而成坤。坤者陰，陰初坤屬乙也。又其月三十日，月虧於乙地。乙是坤之位，而居西南。今見乙地東方，晦朔交分，從艮爲坤，故曰東北喪朋。《易・坤卦》曰：東北喪朋，乃終有慶。慶者喜以陰就陽，喻鉛汞得火交媾後，終成丹而喜也。若爲黄白，是一月用功即了。若作大丹，即一年火氣畢，小還丹成也。若是月，一月盡以變乾爲坤，月月輪環，周而復始，終乎一年，即周天火氣足。

節盡相禪與，繼際復生龍。

節盡，是一月盡也。禪與者，是從月朔分。交爻之際，又從坤一爻生震，震爲龍，故云生龍。是前一月畢，以將生汞添之。若是金丹，即添龍減虎，入鼎重修。又重坤初六一陽爻，而起爲《復》卦，故坤節盡，震復受更，依前相繼，坤際而起。

壬癸配甲乙，

甲是陽之始，壬是陽之終。乙是陰之始，癸是陰之終。乾主甲、壬，坤主乙、癸。乾知太始，坤代有終，以明變化一周旋也。亦爲藥物。甲乙青龍是汞，壬癸玄武爲鉛，以二物相配。

乾坤括始終。

言一年、一月、一日，皆用乾、坤二卦運火。言初發火從乾起坤，即是初起首也。常用此二卦，故乾爲陰之初，坤爲陽之初。乾生於始。始，初也。坤主於終。終，月末也。故用乾坤二卦，輪環相括結也。

七八數十五，

七八是十五日，即是汞得十五日火。

九六亦相應。四者合三十，《易》氣索滅藏。

九六十五日，并上七八，合三十，以一月火運訖。《易》者，藥也。德火運

陰陽之氣，月月漸滅藏，伏火也。故陽滅即陰藏，一月一周旋。故七爲少陽，八爲少陰，九爲老陽，六爲老陰，四者合爲三十，成一月，故有陰陽之氣，而有滅藏也。

象彼仲冬節，草木皆摧傷。佐陽詰商旅，人君深自藏。象時順節令，閉口不用談。天道甚浩廣，太玄元形容。虚寂不可睹，匡郭以消亡。謬誤失事緒，言還自敗傷。別序斯四象，以曉後生盲。八卦列布輝，運移不失中。

八卦列布，爐八方。輝，火也。言太一爐布卦於八方，運火於十二辰。坎爲陽中，陰爲離中，不失一陰一陽之道。鼎在中，其運火轉鼎，不失中也。故乾甲坤乙，天地定位，艮丙兑丁，山澤通氣；震庚巽辛，雷風相薄；坎戊離己，水火不相射，所以日月行於八卦而經黄道，故不失中。

元精眇難睹，

元精，汞也。眇，純粹精。喻金汞禀陰陽二氣，象色精微，是天地之靈。眇難睹，不可見也。

推度效符證。

言運火行卦，皆周天法度，以取真符爲證。

居則觀其象，准儀其形容。

象，謂日月在天成象，在地成形。運火觀鼎，不得失儀式。推陰陽之氣，象時而動，故《易》者，觀其氣象，察其成形，以爲儀准。所以徐真人仰觀卦象，丹道准此也。

立表以爲範，

範，法也。言爐上安筒。晝作十二辰形爲漏刻。子時即鼠頭，辰現以順次見之。運火轉，亦一辰一移，表於十二辰，不令有失也。

候占定吉凶。

言依漏刻占候十二卦，以定吉凶。

發號順時令，勿失爻動時。

時，謂十二時。令，順四時，勿廢其號令。故春養秋成，夏長冬藏，剛極則亢，陰極則邪，一以貫之，莫失四時之道。若《巽》卦先庚，《蠱》卦先甲，言運火轉器，皆依乾、坤二卦。又生變發動，順時應令者也。

上察河圖文，

文，天文也。河圖，八卦也。言運火常察八卦所在，故《易》曰：觀乎天文，以察時變。

下序地形流。

序，置也。言上置爐竈、藥院等，須擇名山，選於勝地，順其地形水流，向利則吉也。

中稽於人情，

論合丹好道。稽，考也。同共營丹之士，須考其情。和純志道，即可共爲事丹道。

參合考三才。

三才，天、地、人也。夫合丹鍊藥，事乃非輕。上擇吉辰，則其星象。下觀其地，背陰向陽。中考人情，宜須温善。飛丹鍊石，皆通神明者。不擇地山，精損人。不定陰陽，丹有危敗。自心有慮處，同伴亦疑。二人如此順和，不可造次營合。故河洛出圖，聖人所作如周、召相宅，營於洛、汭。三才若有備，必無休咎。

動則循卦節，

節，言冬、夏二至。夏至後，依乾、坤卦，所以運火，皆據乾、坤爻動而變。

静則因《彖》辭。

故《彖》者言乎象，爻者言乎變，所以陽動陰静，因循卦節。言運火皆逐陰陽動静變化，如《彖》辭動静。

乾坤用施行，天下然後治。可不順乎？

言若依乾、坤運轉，剛柔施行，何所不從。故乾道施仁，坤道施義，故天下理，四時豈不順乎？如君臣有德施行萬姓，宇宙之間，可不順之安泰也。

御政之首，

御，統也。政，理也。首，始也。言常守御依理，存終始治也。

管括微密，

管，籥也。括，結也。微，細也。言固濟如關結鏁籥，令甚微細牢密，其精不失也。

開舒布寶。

言每月一開，研治陶洗。增龍，減虎，塗土，更依前月。安布二寶，内於器

中，日滿開舒成丹。

要道魁柄，統化綱紐。

紐，帶也。言爐上安秤莖，以北斗柄承其漏水。斗柄指月建，轉斗鼎運火皆以助之。紐是斗邊安之，又伏汞作乾銀壺子，即着小長鏁子繫如帶，常紐繫鼎懸爐中汞。若欲走其鏁，即動即須醮水。又丹器若鏁鼎日然，須醮水者，西方之王，金得剛而制，喻將伏汞必順無失。又《易》者是變化之綱紐，還丹亦然。

爻象動內，吉凶始起。

依爻象卦，順陰陽而動。鼎内吉凶，起失順之。

五緯錯順，應而感動。

五緯，五星也。言器爲鎮星，火爲熒惑星。上安水爲北辰星，金花爲太白星，汞爲歲星。四時若應，必無動敗，不以丹則無感應。

四七乖戾，侈離俯仰。

四七，二十八宿也。侈，奢也。人若奢佚不勤，藥則離散。俯仰者，是一日反鼎也。故運火須依二十八宿也。

文昌總録，

文昌者，言北斗邊六星名，主六宫也。凡典録總稱，詰問衆星。喻丹道，皆依星象主之。

詰責台輔。

輔，是北斗輔星也。是鼎，言上安斗，下安鼎，象之北斗星台。三台，星名也。三釘，配合也。各有所主，令文星主也。

百官有司，各典所部。

部，管也。司，掌也。言燒大丹，皆取象天地、星宿、日月，各有所掌。管，典録者也。

日合五行精，

日者，汞也。汞感五行之精，上昇爲日。硃砂爲火，火精化爲青龍，爲木精。水銀爲水精也。其汞形而白如銀，號爲濕銀，爲金精。化爲金花，又爲土精，故合五行精也。

月受六律紀。

月，金公也，屬陰。陰六爲紀汞，陽六爲律調，金汞含陰陽之正氣，故受律紀之德而爲丹。

五六三十度，度竟復終始。

五六三十日，是一月也。取前日月，借五六之數以爲一月，故每月看所以不過一月。度者，是度數。計一日、一月、一年，皆周天度數。一日行一度，三百六十日一周天。月一日行十二度。一云：十三度一月一周天。天則一日一夜行三百六十度四分度之一。一周天三十日，皆日月一合。正月合在亥，二月合在戌。左行，乃在十二月合在子。所以運火皆依二十八宿度數，遍曆看之。終始者，是一月度畢，又一月起者。

原本要終，存亡之緒。

陽爲始，陰爲終。陽亢陰極，除邪則亡。原始反終，死亡之道也。物極則反，月盡復生，所以每月一開看，知存亡、得失、更續。緒，相添入更造也。

或君驕逸，抗滿違道。

君是火，號曰陽君。若文武不調，必有抗逸於道。又君者爲金，不得多分兩者也。

或臣懷佞，行不順軌。

臣，陰水也。上安水當行。順軌，令平而滿。又云汞若多分兩於雄黄，失切須慎之。

弦望盈縮，乘變恡咎。

言汞得火八日上弦欲平生，至十五日望欲乾成砂，二十三日下弦欲伏化，故金汞一月之間乃有盈縮。故象日月有盈昃也。若不順，即有恡咎。如君臣不務於道，如日月薄蝕，五星孛彗，天垂殃咎。若修丹洩穢，則神靈懲罰殃咎，故注精謹者。

執法刺機，詰過移主。

言修丹運火，心不精勤，不執法録，致失機過。主者，汞也。心必移動不在，如國有執正，忠臣見君有過，方便諫之，冀君應機移改。若丹術不修精謹，神必殃過人也。

辰極受正，

辰，北辰星也。言鼎如北辰星之不移正，受靈汞無不失。衆星仰之，亦依日辰正位而行者也。

優游任下。

任下，火也。任火調適，汞在器中，優游四時。又失文武不均，下火養之。火若急，即藥飛有失。若在藥，亦燋枯色弱也。喻如北辰爲君受國，王理委以臣佐，優游百姓，如北辰衆星所仰之。

明堂政德，國無害道。

明堂，言器也。火字于明爐，均調鼎器，堅固蒙密，即無害也。爐喻國，鼎喻君，以政德興道，天下太平，國無邪害者也。

内以養己，安静虚無。

己者，藥也。内，是器内。若内外安静，即能養成丹。無虚失如人凝淡，虚寂其心。安静，即内智自明養己。

原本隱明，内照形骸。

言金汞如日月爲明，隱於鼎内。得火於金，成汁受於汞，形本爲一體，白而且静，内當自照。火氣足後，汞自吐出花居鉛上，故見形骸。此是元陰之丹。若黄牙爲根之丹，汞入花芽之後，研之成粉入鼎，如丹其花芽，得火日久，自爲灰形，露出鉛骸。喻如坐忘遺照，玄覽澄凝，内照自見，五臟内朗，明徹而成道也。

閉塞其兑，築固靈株。

靈者，汞也。株者，金花也。兑者，鼎口也。築者，固際也。言牢固塞際口，莫令靈汞飛失。喻如人口爲門，舌爲籥。籥動即門開，口舌不慎，於禍而出。

三光陸沈，温養子珠。

珠子，汞也，亦名長生子，亦名流珠。三光者，日、月、星也。日爲汞；月爲金；星爲鼎，亦爲藥。三光者，水、土、金三物也。陸沈者，火也。謂金汞得火，温養變成丹。喻三光者，人之三宫。陸沈爲六府。存三宫之氣，灌於六府，温養精神，神令不散，魂魄長存。丹道亦然。得四時之火，温養三光，神丹即成也。

視之不見，近而易求。

言汞在其内變化不可得見，其法在近而可易求。故《老子》曰：視之不見，名曰夷。夷者，希夷之道。故不可見，求之不遠，心悟乃通。成准如銀壺，伏汞爲白，汞在壺子内。一時一分一四分度之一，每上鼎爲一刻，一日一夜有二十四刻，一月有七百二十刻，計汞一月死，伏火成寶也。此是分刻，非漏。一日，百刻也。其汞若伏，至月末其瓶通紅，赤冷即白。如微有黑點，未伏此，作黄白法。其先結汞爲砂入壺也。視之不見，爲藥即不可見者也。

黄中漸通理，潤澤達肌膚。

言金汞得火温養。玉之所化，日月久後，火多漸漸成丹，紫色潤澤，人之所服，達於肌膚。

初正則終修，

言月初正理入器，日終重以修理也。

幹立末可持。

幹，乾華也。言將本乾花芽研入亦可，火鎔花成汁入汞。或先乾汞硃砂，皆立爲本。研入花芽等爲末。如粉可持入鼎，不得其本爲種類，萬無一失，成丹之日入幹持。成丹之日入幹持，幹也如人才雖幹秀，道與行違，託意自裁，兼用勢望，亦未可修於丹術。故知修丹得本類，如無本難成。本，是金花、黄芽也。

一者已掩蔽，俗人莫能知。

一者，道也。故人知一，萬事畢。一是水銀，水銀屬北方水。水數一，一是法。又一是鉛，鉛黑屬水，水數亦一。鉛中有白金掩蔽，鉛中子含其母二義，故俗人莫能知也。

上德無爲，不以察求。下德爲之，其用不休。

上德之人，無名之士；無爲無事，無欲無思；心若死灰，形同枯木；坐忘内照，唯慕長生；不求利養，乃修丹術；志在求成，唯在一心，不以察求諸事。下德之人，是顯名之士，用爲而求，口雖好道，心在黄白，唯貪名貴財，色性耽學，得丹方即顯，且使用而不休，泄漏天符，去道甚遠。若修丹者隱德合道，即合大道，丹法必成。露泄名丹，爲科必敗矣。

上閉則稱有，下閉則稱無。無者以奉上，上有神德居。

有者，藥也。無者，空也。上閉稱有者，是上釜則藥飛上。下閉則下釜，即藥空。以此返轉鼎器，水奉上下，故神丹上居。上有下無，是其理也。

此兩孔穴法，吟氣亦相須。

言兩孔穴是上下二鼎也。開閉汞於鼎中，得火氣作呻吟聲，故龍吟虎嘯，龍虎在内，故内相須。從首至北，論以運火，卦爻鼎器，君臣道德，爲此丹道，至尊至貴，故言君臣之德也。以下漸論丹意者也。

知白守黑，神明自來。

白是水銀，黑是金公。金公守，得其汞，故神明自來也。

白者金精，黑者水基。

金精，汞也。爲是金之孫，又號濕銀，故曰金精。黑者，金公。金公屬北方水，故曰水基。白爲銀，是一義。又金精者，是汞入金公中吐花，號曰金精，亦名玄黄之花，亦名金花。故金公得汞，即金花之精流。見金公色黑，即汞之根基。而吐黄牙，名曰金公。黄之花，亦號單門，亦名紫粉，亦號立制石，亦名石膽，亦名流珠，亦名秋石，亦名玄白，亦名黄輕，亦名天地之符，亦名天地之約，亦名河車，亦名金狗，亦云金虎，甚有多名，不能具録。所以合丹不得花牙爲根。及塗鼎器，及覆藉固際等，萬無一成。

水者道樞，其數名一。

爲鉛汞，俱屬北方水。水數一，謂天一以生水。又道生一，一爲五行之初，道之樞機，故用鉛汞各一斤。據此經所説，用汞一斤，應天之度，應《易》之數，即是陰元之丹，以一斤爲一劑。若用朱砂一斤，黄丹覆藉，名陽元丹。若專陽化之丹，即用黄牙。不者，金花一兩爲本，月月而添，九月計得三十斤，亦名特行九轉法。故還丹之法，乃有數家，變轉雖乃不同，造作還同一法。得理由人，並是大丹。但至伏火，即是上上神仙之藥也。

陰陽之始，玄含黄牙。

爲鉛，屬水，故稱玄。礦鉛内有黄牙，如金狀，故號黄牙。

五金之主，北方河車。故鉛外黑，内懷金華。

陰者金公，陽者汞。五金者，鉛名也，亦金公也。金公者，鉛名也。謂鉛内懷五彩，造五色之金，故號五金，爲汞之主，爲屬於水，能載丹船。又如車乘，故號河車。内有金色，故懷金花。若黄丹所化，冷凝如鏡，打破如馬牙，乃號黄牙。若貴黄牙者，未抔礦鉛，是其金花與黄牙，雖俱出鉛中，造作有别。金花者，是取九轉鉛去除，上如鏡，計一斤鉛投入汞四兩。一云二兩。諸家所説不同，或云等分，或云四六，多應不爾，唯三四爲寶。所以古人有秘，入汞唯須急下火半日，即金花吐狀如雲母五色玄黄，以鐵七接取。若金花令色不變如金，即是汞花。若冷後色變帶青，青即是鉛花。其花不中，造亦無花出。有汞即有花，花盡更投汞，取足即休。亦云：不要九轉鉛，多應不爾。不者，亦須三轉始可出花。若依此《契》云，即將其花一斤烊成汁，入汞一斤凝，搗碎入鼎。若專陽之丹，即將花以鉛砂，郁一百日，令花赤色而褐，一兩花入生汞一兩，和研如粉入鼎。其郁花名曰秋石，亦名立制石。作若特行將花塗鼎，唯入生汞，不限多少，亦得成丹。若作黄牙者，取京丹一斤入汞，四兩壽州瓷，椀中唯火急鼓之，成汁如鏡，即下椀冷凝如黄金之色，打破狀如馬牙，用亦如金花。餘説多誤也。其郁花牙須入鉛砂中。鍊金九轉者，炒鉛爲砂，鼓砂爲鉛，如此九轉，名曰九鉛之法，未能具陳。玄含者，玄是汞，含爲鉛花，花爲黄牙，故曰玄含黄牙。

被褐懷玉，外爲狂夫。

言鉛外黑帶黄，故如被褐。懷玉者，内白。如狂夫者，鉛白如玉，如狂夫被褐，故曰狂夫也。

金爲水母，母藏子胎。

金者銀，水者鉛。鉛中有銀，以爲鉛母；鉛是銀子，故藏子胎。

水者金子，子藏母胞。

母是銀，水是鉛，銀爲子，故居藏母胎胞。故知其銀是七寶之良媒，陰陽之骨髓。經云：莫敗我鉛，廢我命金。莫破我車，廢我還家。又云：若鉛不真，使汞難親。其鉛若實，不失家臣。青腰使者，赤血將軍。和合兩姓，異族同群。所以大丹非鉛不成。夫用鉛須得錯鉛鹹。白膩者，即出得花牙。抔了者，青淡無花也。玄鉛青腰者，曾青也。赤血將軍者，雄黄也。二家一是汞，一金花也。

又　卷下

真人至妙，若有若無。

無是陽鉛也，有是陰汞也。又銀屬陽寶，真人是太上寶人，知鉛中有寶，化汞爲丹者矣。

髣髴大淵，乍沈乍浮。進而分布，各守境隅。

大淵者，是烊鉛成汁，投汞入鉛汁，汞入鉛中。乍沈乍浮，是作金花法，其汞入鉛汁之中，分布鉛内，所以被鉛所守，不得飛出境隅，故知合丹先鍊鉛作花伏汞。又一解大淵者，是灰池抔鉛取銀。故經云：灰池炎灼，鉛沈銀浮。潔白見寶，可造黄金。二義俱通。

採之類白，造之則朱。鉛爲表衛，帛裹貞居。

言烊鉛成汁而白，入汞造作，色變如朱。鉛爲表上衛如帛，鍊汞入内被裹

漠之不得飛，故貞正而居，從白守黑。至此論造花牙，此後別陳入鼎。

方圓徑寸，混而相扶。先天地生，

生，混雜也。謂汞入鉛華中混雜相扶，後入玄白金華鼎中。汞是金體，方圓一寸，計重一斤，《契》中所用一斤也。先，作鼎也。上蓋爲天，下蓋爲地，故天地既立，萬物生焉。宇宙之間，莫非天地所養，故道生天地。丹是於道，故須天地所養，所以先論鼎器而養成大丹也。

巍巍尊高。

言鼎在太一爐中、三台之上獨尊，而故巍巍焉。所以道德尊高，巍巍焉然，故丹道至尊而高者也。

傍有垣闕，

垣墻，是太一爐也。言爐四面，而開八門，而通八風。安十二突象十二時，窟象十二辰，乃有四層而應四時，故云垣闕者也。

狀似蓬壺。

壺，鼎也。亦似投壺，瓶準如鼎，有數種。樣似瓜形，亦得方作，亦得邊，皆有取耳。著小長鏁子用時，時蘸水及秤。若伏火爲黄白，即作銀壺。蘆子徑二寸，長一寸半，受一斤汞。蓬是爐。爐按五嶽，似蓬萊山。

環匝關閉，四通踟蹰。

環匝者，鼎四耳，或二耳。下關關之汞，居内踟蹰不出。

守御密固，

固是固際，守御是看火。晝不得怠慢，失固際最是急事。固若不牢密，藥即走失盡。假在固密，精華若無，只有鉛丹在耳。若銀壺子不謹密，唯丹在，汞走盡。經云：六一者，以六及一爲七合，固際如漆物，非乎七種泥。若八石、四神、金英、玉粉等。丹即礜石粉，赤石脂二味爲上下，可使灰鹽也。著此丹，唯在金花、黄牙。不者，鉛、砂皆細研和醍如泥，用之上與鹽灰。若銀壺蘆子，即用大鵬砂和鍮銀末等，輸下硇砂。餘説云：不灰、木、戎、鹽等。非也。

閼絶奸邪。

謂固際牢密，即無敗虧。邪，飛失也。

曲閣相通，以戒不虞。

虞，失也。言作雄雌，犬牙相合。外著象鼻。殷勤深囑，務在牢密。

可以無思，難以愁勞。神氣滿堂，莫之能留。守之者昌，失之者亡。

神氣者，火也。堂者，爐也。滿者，武火盛滿也。其火若盛，汞力難當，滑利莫過於汞，去之無蹤，尋之無所，故須牢固際若密。鼎無穿穴損壞，得四時火性，文武應期，所以無諸多思。在即昌盛，成即爲丹，失即消亡。凡欲飛鍊，先鍊鼎器，後明固際，火氣均調，勤心不怠，豈有損敗也。

動静休息，常與人俱。

言反覆鼎器及運火，常須三人看守，故陽動陰静，或進退不得離爐，思有動乃無休息，故常與人俱。

是非歷藏法，内視有所思。

歷，遍也。言運火動氣，皆歷星宿藏法得所。又其室内須得清浄，燒辟鬼，九爐畫，五嶽真形，八方真文，天童玉女，八公九真，十二神王，三大將軍，壇八方懸鏡，四面卓刀，燒香步虛，清浄潔戒，及精思常存太上、九真八聖、玉女仙童、天兵力士。左右龍虎，前後朱雀、玄武，在一室之内。若得其丹妙理，不能繪畫形象。有置太一爐，但清浄思存衆聖，隨事爐竈亦得。

履行步斗宿，

言房内壇中初發火，及雷雨惡風等，皆須禹步。步斗星，三步九跡。

六甲次日辰。

運大皆依十二辰次第，而轉曆六十甲子。從先天至此，論鼎及固際運火作法，此再三深屬者，又令人細心也。但初文後武，漸漸養火，即得不失。

陰道厭一九，濁亂弄元胞。

陰道者，陰元法也。一是鉛精，屬北方坎水，水數一。九者，汞也。汞爲朱砂生，屬於南方離，火數九。以烊鉛精爲水，投入鍊汞相和，得亂汞壓在鉛，鉛乃蔽其汞，在鉛内如子居胎，不得飛遁，被鉛胞包裹，或上或下，故云弄胞也。

食氣鳴腸胃，吐正吸所邪。

邪是鉛，正是汞，氣是火。言汞得火氣相食乃成一體。故龍吐虎吸，言龍虎呼吸也。汞於鉛内，故湏鳴腸胃。日滿已後，其汞吐出鉛上，狀如朱砂，其色紅紫，名曰正陽丹也。俗喻人服氣，吐死納生也。

晝夜不卧寐，陽明未常休。

陽明，火也。言一年之内，上至三年，朝夜火不得休息。俗喻朝夜服氣，無有休息。

身體以疲倦，恍惚狀若癡。

言汞在鉛花汁中，以經晝夜火稍，恍惚狀若癡。伏亦喻人侍其爐火，日夜不休，以至疲倦，神情恍惚如癡。又作丹及黄白，皆先煑汞結爲砂，若丹用三年左味以入金花和煑，亦入銀器中煑，續續向四邊到取乾汞，若黄白以對半入母同煑汞以成砂，如石將砂入器中。一百二十日伏火爲寶，以充用不堪爲藥，爲有金鉛故也。若作九轉丹，煑汞爲砂，擣碎入鼎，五符覆藉。若此經正議如前。金汞入鼎，俗喻服氣休粮，精神恍惚，身體癡倦矣。

百脉鼎沸馳，不得清澄居。

言汞居鉛内，在鼎中被火迫，常漫湧沸，汞馳入鉛，百脉中不得清澄居。而俗喻從服食其氣，咽元至此氣，至丹田滿，其百脉常若雷鳴，亦如沸湯，至久亦不得長生。虚動疲倦，不得丹服。神若如癡，終無長生之理也。

累土立壇宇，朝暮敬祭祀。

言丹院内立壇，朝暮祭祀。俗喻人求道立壇，對祭勤苦，亦不能得道。

鬼物見形象，夢寐感慨之。

言術士恭勤爐火，常以精心，得鬼神見護，夜夢神感教汞也。亦喻人立壇祭祀，感得鬼見夢通，謂言得道也。

心歡意喜悦，自爲必延期。

期，壽年也。爲心身勤苦得神助，心意喜悦。神丹一成，服必延年不死。俗喻感得鬼見夢祐通，心將喜悦，言得長生。

遽以夭命死，腐露其形骸。

言汞一年伏火已後吐出鉛上，伏死成丹，名曰正陽之丹。故曰伏火腐露其形也。經云：十月脱出其胞。是汞火足，脱出鉛上也。俗喻人求道服氣，休粮立壇勤祭，感夢神現，心懷其喜意，謂得長生之道。如此之輩，不免其死。不得大丹服之，終不免腐露而死者也。

舉錯輒有爲，悖逆失樞機。

言伏汞爲丹，悖不得理，輒自氣意心羸，逆失樞機之秘法。若求法不明，費火喪財，遽失生路而夭其命。假得丹成，不曉出毒，輒爲便服，爲毒所中，亦喪其命。喻如人不得其丹理，徒費其功，服氣立壇，終不免死，失其機要也。

諸術甚衆多，千有萬餘言。

言飛丹鍊石千萬餘方，大丹之秘不過一二。具此《參同契》經内，亦説三二之法，但明其金石陰陽藥性，但得汞伏火成丹紫色，即是大還丹藥。任諸方所説，終不離鉛汞。但學鍊鉛精，妙即是伏得汞也。無其種類，萬無成日，乃妙者要務在由人制作。故知學道須廣集經方，莫耻下問，道無不成也。若恃心高自執一理，必不能成，成亦不妙。所以，其丹不出鉛汞也。古歌曰：白汞生朱砂，黑汞化黄丹。其中數九九，變化五三般。若至紫河車，黄金無處安。故知大丹不離鉛汞，只是變化由人，且大丹若化得五金入汞成寶，始是大還丹也。罕見今人學得一法，制汞始至伏火即云大還丹。上更無法，甚愚甚愚。夫大丹，但莫著金銀、石藥等所雜，即是上無毒神丹。若雜諸石，只可治病，有毒損人，但調得鉛汞，即是長生神丹也。又見愚人只得調鉛制汞之法，云炒鉛九轉爲丹，燒汞七返爲朱，相和入鼎，雄雌所制，礜石固際，或黄丹蕩治，亦有取銀爲末，用金爲泥，將和雄雌曾等，飛鍊入瓶。一年之火伏養，及其年畢，無有半成，唯有金銀鉛在，餘盡爲灰，靈汞獨飛，更無一分。愚瞽之士云：是神丹服後不調，體沈腰重，忽有毒發，便當傷逝。即云犯觸被神懲罰。據此不知藥性，何大之甚？故人命至重，一死更無再生，服毒乃在其身，仙路如何可望。但明鉛汞爲丹，雖未至精，但得伏火，即是長生之藥。雖知用鉛仍不得，鉛居汞内須去，鉛盡然可服之。故暫借鉛爲根，豈應堪服？故知其法甚多，須廣商量，不可造次，得一小法即將世法，言無過此法，乃非也。

前却違黄老，曲折戾九都。

夫飛丹鍊石，起自黄老，次太上老君。九轉者，是仙宫調服丹學道之士名。戾九都者，仙宫又是九教丹經，是老君度關授與尹喜説三化五轉、九還七返之法及諸丹術。非其一二，或前或後，不依科禁，故云前却曲折經法矣。

明者省厥旨，曠然知所由。

令學丹術之士曠然明其法。多集仙經，自悟其理，故知其所由也。

勤而從之，夙夜不怠。經營三載，輕舉遠遊。跨火不焦，入水不濡。能存能亡，長樂無憂。道成德就，潛伏俟時。

言好道之人，勤求丹術，供侍爐火，朝夕不休，不敢怠惰，乃經三載得丹，成後服之得仙，道成德就。水火不害，坐在立亡，千變萬化，役使鬼神，壽同天地，長樂何憂，潛遁人間，待時而仙也。

太一乃召，移居中洲。

太一是仙伯，中洲是仙宫也。服丹之後，金骨玉髓，乃非凡體。及行陰德，精思坐忘，餐霞行氣，太一使玉童、玉女取召入仙宫也。

功次上昇，應受圖籙。

言服半劑且住人間，待功滿三千，然後服盡一劑昇天。籙是仙人戒，圖是五嶽真形。圖一斤爲一劑，大還丹四兩爲一劑，此應是二斤藥也。

《火記》不虚作，演《易》以明之。

火記者，謂大還神丹，象於《周易》，以明其用爻卦轉鼎運火，故託於《周易》明述其妙，而不虚作之也。

偃月法鼎鑪，

鑪，鍋也。言鼎如仰月，亦如瓜形，亦有太一鼎也。

白虎爲熬樞。

《草堂註》云：白虎爲礜石。熬，煎熬也。言用礜石爲汞之樞機。恐不然。爲礜言至毒，若作乾汞爲白，即用特生鸛巢中者，或用紫礜石及烏卓草爲灰淋煑汞，不然三毒灰、五礬、二使藥等。若大丹大藥不應用礜石。據白虎者，又二議。若作白，即用銀爲壺蘆子，號銀爲白虎。若依此《契》，白虎者是金花、玄白等，和醢研如泥，塗鼎，爲汞之樞機也。熬，爲火也。

承日爲流珠，

汞是日精，因日而生，光明流轉，滑利如珠，故曰流珠。是鉛入汞爲九轉，花承日爲流珠。又將玄白釜盛汞爲砂如珠，亦曰流珠。汞是日精，故云承日。

青龍與之俱。

青龍是汞，汞屬水，水數一。朱砂屬火，火數二。二與一成三，三數屬木，木位東方，故號青龍。將龍和流珠合爲丹，故與之俱，前白虎俱也。白虎者，九鉛精爲汞之樞機。是熬鉛也，化爲汁投入青龍汞也，得火已後，吐花五色，名曰流珠，一名天地之符。此符化重花汞爲丹，名曰還丹。《草堂》云：青龍是曾青。應不然。若作九丹，即先用曾青爲水，此經應不用。

舉東以合西，魂魄自相求。

東方是青龍，屬木，木主肝；肝是陽神，曰魂，魂是汞。西方是白虎，屬金，金主肺；肺是陰神，曰魄，魄是鉛。故以鉛汞相合，故以魂魄相求。據經引東西求合，豈是礜石、曾青？

上弦兑數八，下弦數亦八。兩弦合其精，乾坤體乃成。二八應一斤，《易》道正不傾。銖有三百八十四，亦應爻之計。

《訣》云：上弦八金，半斤汞也。下弦八金，半斤鉛花也。兑主金，故二八應一斤。斤有三百八十四銖，象《易》三百八十四爻。汞爲日，鉛爲月，日月爲易字，故《易》不傾。應計汞本屬金，汞中有金，金赤屬南方，故號赤金。鉛屬金者，鉛中有銀，銀白屬西方，故稱白金。又懷金花，故號金。又一釋作白法，上弦兑八，下弦兑八，都十六兩銀爲壺子作乾汞法。兑者，合也。故乾坤乃成。乾坤，器也。若正解，是作藥斤兩也。

金入於猛火，色不奪精光。

汞金之性，本無損折，得火不失精光。成丹之後，經火色不變，有雜即變。亦云金銀爲器，被火不損。又云著金銀爲丹，金不失，其性亦在。

自開闢已來，日月不虧明。

喻日月自從本有天地開闢已來，至今日月常明。喻藥在鼎，每月一開之看，不有虧失也。

金不失其重，日月形如常。

汞者，金也。體如金重，且其汞自有日月之形，在朱砂爲日，在汞爲月，故汞爲日月爲金也。罕見愚人執此金，議云：大丹用金。故不敢造，不知其金是汞及金花。古歌曰：乍用還中寶，不用錯中金。豈用真金銀爲丹？言用者甚誤也。

金本從月生，

言金花本從鉛生，鉛是北方水，水爲月，故金本從月生。金是鉛花者也。

朔受日之符。

日是汞。謂《坤》卦皆從月朔一爻變爲震，震爲直符，《復》爲直事。震爲下器盛汞，故云受用朔。朝用震卦，暮用艮卦，所用一日及一月，用此二卦也。又議是汞入鉛中而吐金花，名曰天地之符，故曰朔受日符也。

金反歸其母，

言汞本是金孫，朱砂之子。朱是汞母，今燒汞成砂，變砂爲金，故歸其母。從金復化爲砂，號曰金砂。還丹道畢。

月晦日包居。

言月晦火氣足是一小周天，陰陽數備即重開研治。又從月初一日起，重

包裹居之。

隱藏其垣郭，沈淪於洞虛。

垣是太一爐，郭是太一鼎，虛是南方之火宿。謂金汞藏鼎中，得洞中之火，潛陰伏隱而未見，故曰沈淪。

金復其故性，

言汞本屬於金，今得陰陽火養化成金砂，故復其故性也。

威光鼎乃嬉。

嬉，美也。言丹欲畢，汞爲砂，鼎藥乃有光明威德，人乃嬉者也。

子午數合三，

子是水銀，午是朱砂。朱砂屬火，火數二。水銀屬水，水數一。一與二爲三，故合三也。亦是汞一名而有二號，居南北二方也。

戊己號稱五。

戊是陽，屬銀。己是陰，屬鉛，是北方水，水數一。內有銀，爲白，金數四，以一及四，故稱五也。亦金花於鉛汞中，故稱五是也。

三五既和諧，八石正綱紀。

三是水銀，五是金花。上二釋以三及五，故云八。及八月金王，故八石。世人不曉，云用八石爲大還丹，甚誤也。爲汞得金，俱共和諧，丹之綱紀也。

呼吸相貪欲，佇思爲夫婦。

言汞屬木，鉛屬金。金是木夫，木爲金婦。龍呼虎吸，遂相貪欲，勾制相伏，故以佇思相爲夫婦。龍者汞，虎者金花，故知大還非陰陽同類而相伏。所以諸石傍助不入其汞，非金汞不可也。

黃土金之父，

黃土是金，爲鼎內塗玄白、金花，號曰金鼎。非是用金銀爲鼎，爲土能生萬物，金之是土生，故爲金父。金者，是汞化爲金砂。又議：號金化黃芽有戊己之號，戊己屬土，用和汞及塗鼎內。又《訣》云：黃土者，雄雌砒流是也。爲四黃屬土，土王四季，無正形，因火立名，一王十八日，託在四季，用以爲泥，塗於鼎內。此《契》寶不用四黃。

流珠水之母。

流珠是金花，水是汞。汞屬水，故爲水母。又流珠、金花之別名，得汞亦爲汞母。

水以土爲鬼，土填水不起。

《草堂註》云：用黃土填壓上之多。不然，唯以諸訣皆云，用金五符等覆藉，不唯用土填壓用亦得，故知土即是金花、黃牙等，水是汞。被土伏，故不起，非硫黃爲土，用於化汞爲朱。

朱雀爲火精，

朱雀是火也。南方火之宿日精。

執平調勝負。

勝負是昇降。昇時加炭，降時減炭。平平者，斗柄看斗所指定漏刻，如知時候調火者也。

水盛火消滅，俱死歸厚土。

水是鉛，火是汞。言水得火，即烊成汁，故曰盛也。汞入其中，得火汞死成砂，砂如土如灰，故歸厚土是也。

三性以合會，本性共宗祖。

土是祖，金花也。一汞、二金、三朱，本是一宗。三性共奉土爲祖，所以宗祖共相會也。

巨勝以延年，還丹可入口。

巨者，大也。大勝一切諸丹，故稱巨勝。巨勝是日名，亦是還丹之別名，亦名十勝丹，亦名紫粉，亦號金砂，所以丹成服後延年益壽，入口長生不死也。

金性不朽敗，故爲萬物寶。

汞本是金性，今化爲金砂，此砂最尊最貴，萬物之中上妙寶。乃化五金，所以金汞成丹，服之與天地畢也。其丹千變萬化，人服之乃無休敗，不死而得長生者也。

術士服食之，壽命得長久。

言好道之人服此大還金丹壽長久，變形神仙飛空。

土遊於四季，守界定規矩。

土者，黃土爲鼎，或以鐵鼎內塗黃土。及塗黃牙，及將覆黃牙藉，故能守界定於規矩，土爲王於四季也。又土者，雄雌二黃也。故雄爲將能守四夷，故云守界。界者，是色裹承汞也。規者，圓汞也。矩者，方金也。土能制也，故云界。二義俱通。

金砂入五內，

金砂，即大還丹也。言汞本是金體，經三年火及變爲金砂。五内者，五臟。言術人服金砂入五臟四肢。

霧散若風雨。

言凡人服金砂入五臟之内，流散若風雨，皆令蹔死。爲身宿穢，穀氣不除，有七病、九蟲、三尸等皆在，所以蹔死蟲即蘇，兼丹内或有礜石及雄黄曾青，并火毒未除，故令蹔死。亦有不死者，或是一年之藥，及無別毒藥，又人常行修德，休粮日久，腸浄臟浄，故不死。故造大丹莫雜石藥。若作黄白，及點化五金，制汞令乾。若無毒制，不能乾者也。

熏蒸達四肢，顔色悦澤好。

言服丹後，老得童顔，四肢潤澤好，筋堅髓滿。

鬢髮皆變黑，

服丹後，白者變如黑。

更生易牙齒。

牙齒毀落者，必更重生也。

老翁復丁壯，

言老翁反少歸童，多力丁壯。六十曰老人。

耆嫗成姹女。

女是處女。服丹後，顔色如處女。老女曰嫗。七十曰耆。九十曰頤。

改形免世厄，號之曰真人。

言人稟陰陽精成。今鍊陰陽精爲丹，所以服丹之人改形易容，生羽翮，隱淪變化，役使鬼神，久視長生。陰陽不能陶鑄，水火不侵。與死長辭，壽同天地，金骨玉髓，號曰真人。此是大丹之功積無限，三灾不能害也。

胡粉投炭中，色壞還爲鉛。

此喻水銀本是金。今燒必成金，變金爲砂，必成金砂。還丹如胡粉，本是炒鉛，和酢鹽作，令安火上炒，必變爲鉛。

冰雪得温湯，解釋成太玄。

太玄，水也。如冰雪得陽，必化爲水，自相制伏變化。又云玄伏金汞爲丹，豈不成也？

金以砂爲主，稟和於水銀。

金者，久鍊鉛花也。言將鉛出花，名曰金砂。將砂和水銀，亦燒黄丹爲黄牙，亦名金砂。亦將黄丹鼓燒出鉛，炒鉛爲砂，亦鎔鉛化砂，爲汁入汞，得理並通。不曉者云：將金銀作末爲砂入汞。甚非也。此是作勾留黄白法。若作丹，非金花、黄牙不成。《草堂》云：用朱砂，及用黄金和水銀未能烊。

變化由其真，終始自相因。

言金與汞爲真，自有變化爲丹，終始自相因，非此真不入寶妙也。

欲作服食仙，宜用同類者。

若合大丹爲汞，難制滑利。又屬太陽，不得其鉛金，終無得理也。其金屬太陰，以陽得陰，乃爲同類。夫大還丹者，象自然天生，還丹其自然，丹生於有砂之地，四千三百二十年即生，生時光明照山，徹於千里。至三元之日，上元紫微天官、諸天仙人、玉清仙官下採，非凡世人之可得也。生時上有曾青，左有雄黄，右有雌黄，下有金砂，南有朱砂，北有水銀，爲天地太陰、太陽沖氣交騰。一千八十年則生金礦，礦一千八十年生丹砂，丹砂一千八十年生水銀，水銀一千八十年生自然還丹，合四千三百二十年。計一年十二月有四千三百二十時，一時爲一年，故則一年火氣成小還丹，二年火氣成中還丹，三年火氣成大還丹也。爲用乾、坤二卦運火，其二卦有十二爻，一爻主二日半，二爻主五日，五日一行旬，合六十時。一爻三十時，二爻六十時，計一月三百六十時，象一年三百六十日也。是一月火氣足，故一月一開。以此計一年，得四千三百二十年，火氣足，故成大還丹。用三大元半及一小元，長十年火氣，言於中有閏及大小月也，一千三百二十年爲一大元，六十年爲一小元，今造大還丹則此氣計火數而造也。且朱汞專生以南，爲南方向太陽，日氣盛照生焉。《十洲記》云：若扶南林邑及五天竺國，朱砂狀如瓦礫，今辰、錦州及五溪甚多。嶺南外國，汞一斗一升始有百斤。若辰、錦州等汞，每斗一百斤也。據此，辰州、五溪汞爲上也。其汞有生有熟，若天生流出者清而白，利堪爲丹。若蒸燒水銀爲熟，白濁而鈍，是麤燒之不堪入藥也。只堪入粉家及金用，所以燒大丹大藥皆取光明砂，自燒出汞乃爲丹也。使丹砂大方三四寸，有文理似馬齒，光明通徹曰光明砂。如小兒拳似人齒，名朱兒。似粟米大者，名朱砂。外白内紅，名曰白馬齒砂，但砂色紫。色赤光明者爲上，次如石榴子亦可用，無石即並堪也。《五金訣》曰：金得銀而虚，銀得銅而疎，銅得鐵而殊，鐵得錫而俱；銅得汞伏而無憂，汞得金而濡，金得雄而事通，銀得雄而始終；銅得雄而異性同，鐵得雄而去危凶；金得雌制一時，銀得雌變無疑；銅得雌成道去非，鐵得雌

自令堅持，錫得雌成壠令宜。故知物有同類，非類難伏，所以大還丹非陰陽伏制，不成丹也。故經云：伏汞爲丹，可坐玉壇。若獨制汞爲丹，爲真一法，亦名如意法，亦名真一特行法。九元子曰：不許單制。故用其鉛爲單制，汞名孤陽，事須陰藥。又《訣》云：用銀爲同類。用銀爲末八兩，汞七兩，雄黄一兩，每月除虎添龍。龍者生汞，虎者伏汞。乾銀亦是好法。計大丹無理。又法用銀器煑汞爲砂後，用雌雄曾流爲泥，裹汞砂入銀，合子中礜石、赤石脂，固際赤鹽覆藉，名曰特行。此法亦同類，多是小紫未審實，成不成必有毒未審，堪久服否。又法有黄金和汞入雄，又法朱砂和汞每月添朱砂，名赤龍屢降，白虎飲之。又法朱砂和汞等分，每七日添生硫黄，待成砂入瓶，亦有用銀、朱汞，一向十二月添雄修、赤鹽覆藉，總爲同類。若依此《契》即非唯金汞爲真同類。

植禾當以粟，

喻如種禾須得粟爲種，作藥須得鉛丹爲種，丹成後用丹爲種，餘非種類。

伏雞用其子。

言伏雞須卵，必得雞兒，故還丹須金花爲同類必成矣。

以類轉自然，物成易陶冶。同類易施功，非種難爲寶。是以鷰雀不生鳳，狐兔不乳馬，水流不炎上，火熏不潤下。

言鉛汞所合，事須諧和，後得丹成，復以丹爲種，故以物轉自然，成易陶冶。類若同，豈不成寶哉？不同類者，鷰雀豈生鳳，狐兔不生馬，水流必不向上，火炎必不向下，故知同類即成，非類不可。

世間多學士，高妙美良才。邂逅不遭值，耗火亡貨財。

言世人多好學長生神丹，術士志慕爐火，不遇明師示其真訣，自恃才高，學得一小法，以意爲之，或云用金銀，或云用雄雌曾、空朱等，或云一年，或云六十日，或云九轉斤兩不明，或伏得汞即言是大丹，或成丹而又不得伏火，或有敗失悵望即休，或羞而不伏問於人，以此懈怠，經訣不明，進退狐疑，遂成敗失，棄火損財，如斯之輩多矣。

據案依託文，妄以意爲之。端緒無因緣，度量可操持。擣治羌石膽，雲母及礜磁。硫黄燒豫章，鉛湏相鍊治。

言好道爐火之士，不得真訣，遇一小法，或尋古文及諸隱言，又執此《契》，云金是銀，稱水爲木，云虎是礜，云龍是曾青，稱土爲雄黄，稱金花爲白銀，號黄牙爲硫黄，號秋石是礜石，稱石膽云出蒲州，一云羌道。用碧翠者託意自能，强稱我解，豈知神方秘重，隱亂真言，豈石膽出於鉛中，秋石、黄牙俱出金公之體？《經》云豫章者，是道州，古屬饒州豫章縣，非今洪州。豫章爲道、永等州，出朱砂、水銀，今人將爲用洪州。豫章之土爲器，及擣雲母、礜石、磁石、硫黄、石膽爲丹，豈非大謬？託意爲之，故《經》云：持之有法禮，則未忍悉陳程敷。豈秘直説也。如斯之士，未足可言。湏，水銀之別名。

鼓下五石銅，以之爲𥁕樞。

𥁕樞，器也。不知其理，妄將五金爲鼎，豈有得耶？五星、五金皆出石中，故云五石。非鼓石能出金銅也。若伏乾汞爲銀，即須銀器。若作丹，須土鼎。用鉛不鍊玄白，金花塗内即成也。

雜姓不同種，安肯合體居。千舉必萬敗，欲黠反成癡。僥倖訖不遇，聖人獨知之。稺年至白首，用索悵狐疑。

物非種類，雜何可成？千舉萬敗，至老不悔，心生悵望，猶自狐疑。又僥倖不服膺於師，廣集經訣及《參同契》，索盡財貨，謬雜諸石，至老不可得也。

背道守迷路，履徑入曲邪。

言人尋《參同契》及隱訣，云：法非在此中。不識真經，妄屈曲邪路，故把道守迷。此之謂歟。

管窺不廣見，難以揆方來。

謂人執一法，或得一經一訣，即云妙。猶如管中窺明，豈是廣見遠方處來？

若夫至聖，不過伏羲，始畫八卦，效法天地。

伏羲太皞氏木德王，仰效天象，龍馬負圖，由河出現，而定八卦。後神農重其卦，引而申之爲六十四卦。《繫》云：天生變化，聖人則之。

文王帝之宗，修而演爻辭。

後周文王演《易》而定爻辭、繇言。

夫子庶聖雄，記《十翼》以輔之。

夫子是衆聖之雄，故作《十翼》。爻辭、彖、繫、卦、象辭并前爲十卷，名曰《十翼》。後夫子讚《易》道，述《彖》《象》，所以《易》者，微妙之宗旨，照玄志命之書，故在夏曰《連山》，在殷曰《歸藏》，在周名《周易》，在漢名《太玄書》，在晉名《同林》。故丹道至妙，託《易》象焉。

三君天所挺，迭興更御時。優劣有步驟，功德不相如。

言天下至聖無過伏羲、文王、孔子三君，是天下之挺，特畫卦演爻作《十翼》，知盛衰，猶不敢御爐火，同彩不能明。何況凡流而輒合造化？此道幽玄，親承火訣，然可合之。又三皇已前人乃淳素五帝，已後世法日澆，所以古人用二味成丹，後人乃知衆石。所以論其功優劣不相得也。

制作有所踵，

言制作自有踵，非類不成。

推度審分銖。

銖者，一斤藥有三百八十四銖。應天度數，須審分銖，應度數也。

有形易忖量，

言汞得金花，爲形爲丹必成，如作黄白用金銀和汞易忖量也。

無兆難慮謀。

謀，計策也。兆，基本也。汞不得金，爲基本難謀計，故水火有形尚不可調制；汞甚神化無兆，實難謀思也。

造作令可法，爲世定詩書。

法，則也。言真人造作丹術著於經方，在世人自不悟。詩是古歌，書是《參同契》，故《同契》詳古歌，而造俱流在《契》。丹方了了，人自不明其理，謬自出意，猶如孔子删《詩》定《禮》，永爲法則，故丹術若不明《同契》之人，道必不成，成亦不長，不得神妙變化之理。

素無前識資，因師學悟之。

素者，白汞、金、鉛、汞也。非師不悟，所以徐君自言因師始悟。今言《同契》及别經訣，多有隱祕，或前或後，故亂著文言，素既不明，皆因所學經師而悟者也。

浩若褰帷帳，

如曠野之中，而無帷帳。託空出意，而造何益也？

瞑目登高臺。

閉目自意，終無得理。如瞑目上高臺而無所見，如人好此丹道，見登於此，所費無成，瞑目不悟。

《火記》六百篇，所趣等不殊。文字鄭重説，俗人不熟思。

《火記》是丹經也。言神丹大藥六百餘條，雖有多方，其趣雖殊，終歸一

理。恐人不曉，故文字重重而説。何故不真説者？爲神丹祕重，始不直説；恐泄漏天機，始祕此文。又恐長生之道絶，人不修道，謗世無有長生神仙之藥。又其道在近，俗人自不熟思，使尋金汞陰陽，一金一石可曉者也。

竊代賢者談，曷敢詐爲辭。

辭者，經方、《同契》也。言我此書實説，不詐爲謬，傳於後代。諸賢竊心見之，須自思取悟。

若遂結舌瘖，絶道獲罪誅。

始實説之，恐人不遵道，始結舌不言。又恐道絶獲罪也。

寫情著竹帛，恐泄天之符。

符，汞也。是天之心汞，又生五符也。

猶豫獨增歎，俛仰綴思愚。

謂始寫情竹帛流文，恐泄漏不説，道絶獲罪於身，故猶豫二途。思情綴録，故隱言亂説。

始之有法程，未忍悉陳敷。

言修治丹法，自有法程。未忍悉陳敷，露程數。

略述其綱紀，開端見枝條。

所作有法，未能盡説，略述紀綱，開視枝條，敷露此法。故制伏之道，表以天心，立象以言，象若不立，天心不可見，故以敷露枝條，知其表象。從此以後，直論金汞成丹，所以重程敷露其條也。

以金爲隄防，水入乃優游。

金者，是九鍊鉛精金花牙也。以金花爲隄防能制汞，其隄防是勾留法，能勾其汞，故曰隄防。制汞成丹，非用金銀勾汞，用即是黄白勾留法。又云用金爲鼎，號曰隄防，此是銀壺子法。非丹所用，所以其汞得金花相入相諧無失，故曰優游。本云水爲木字，非也。云用曾青爲木，未詳也。

金計有十五，

用金花十五兩。水銀性燥難制，故用金花。不者黄牙勾留爲根，以陰制陽也。

水數亦如之。

水是水銀，亦十五兩象一月之數。《草堂》云：水爲木字。云：用曾青十五兩爲五分，則三兩爲一分。云：金花三分用九兩，曾青二分用六兩，其汞即

用一斤。若論丹法甚真，唯曾青有疑。口訣皆云不用石藥，當審用曾青通否。計曾青明目來神，是金之精，入亦何妨。若云水爲木字，呼曾青，恐有非。又云金是汞，義亦通。云木是曾青，用十五兩，更詳准。如草堂真人，豈是凡夫？註應不謬。若將水銀爲木，呼號青龍，既有金數，水銀之數何在？如有金汞數，必即合相汞對，必非曾青，水銀真也。古人特行唯用曾青一味制汞成丹，今此《契》唯論金汞二物，應無曾青。

臨鑪定銖兩，五分水有餘。

五分者，即三兩爲一分，五分者即是用十五兩。餘者，加一兩爲一斤。有三百八十四銖象其《易》，所以合用一斤。前云用十五兩，雖象半月，未應《易》之道也。臨著餘加一兩，成十六兩，爲一斤定也。又釋餘者爲一斤，汞重如金，金二寸可有十分。五分是汞，餘五分是金，如前十五兩，故同前十五兩。乾體就後，十五兩坤乙成。三十日爲一月，故金汞各十五兩者也。

二者以爲真，

唯金、汞二物爲真。據此可言將爲木，號爲曾青。假如用曾青，未合言數者也。

金重如本初。

言金汞之體常如初重，故令時時上秤。秤莫令失，失即火急，急即微退火。

其三遂不入，水二與之俱。三物相含受，變化狀若神。

一金，二汞，水是三，非三味也。云：其三不入，二者爲真。何得三物？唯金、汞二真得火，十月脱胎後，六十日變化爲正陽神丹者也。

下有太陽氣，

氣，火也。言鼎下有火。夫合鍊成敗在火，火急有失，在亦枯燋，寬又不休，狀如驅雞，准如汞，甚難得成火。前云四時火者，令人細心。但火從文入武即得也。

伏蒸須臾間，先液而後凝，號曰黄輿焉。

爲未消花爲液，别煖汞投中。一云：入曾青末去火，令冷擣碎入鼎，下火漸漸如蒸物狀，年月滿爲丹，黄金紫色，故號黄輿。亦云：黄輿如車輿，服藥昇人，故號黄輿。又初伏汞，須臾之間從液後凝，色微帶青黄，亦云黄輿。此一註至前以金爲隄防，具論藥味斤兩、合治入鼎已訖，如若不悟，不可求道矣。

歲月將欲訖，毁性傷壽年。

言年月滿爲汞性傷毁，而自然伏火。

形體爲灰土，狀似明窗塵。

言經十月脱出胎，其汞獨出鉛上，紅赤若陰陽二炁，從冬至起首，至夏至文火，至冬至武火，後開其汞亦出鉛上，名曰正陽丹。狀如塵灰，收取其藥，更入鼎。夫汞火氣未足，皆黑如死炭灰。人至此皆心退，休罷不知從此。但與火其藥色，即歸就紫。如燒小還丹，令伏火亦至黑灰，從此變褐，後爲紅紫之色，故後人見黑便休。夫汞成粉皆輕如塵，失其汞體莫疑，但任以年、日、月長久火養之，色變自成丹也。但研之，即知重。但以此一年火即成塵。更入赤門，又經一年，即成大丹。

擣治併合之，馳入赤色門。

門者，是赤土鼎，以金花塗鼎之令赤，是故收其前塵藥脚擣治入鼎。《二元》云：鍊丹即收下脚鉛砂。又如黄土擣爲泥塗鼎，然正陽之藥，經武火六十日，其丹紫色，未紫更燒，故紫赤爲上上，青黑爲下下。若二元丹無覆藉，若九轉丹每轉用玄白、金花四兩覆藉，若紫遊丹用赤鹽覆藉，呼爲赤門。

固塞其際會，務令完緻堅。

言固際須令牢密。

炎火張於下，

言下火常炎炎，不得火猛。《别記》出，先小武火七十日者也。

晝夜聲正勲。

言汞得火作聲，狀似嬰兒啼。啼聲若息，其汞即是伏火，故其火晝夜更不得停。

始文使可修，

始，初也。初，文火也。《别記》云：三百六十日文火。謂中間文，又前云炎炎，今何須文？其汞伏火，故令小武火也。

終竟武乃陳。

月末年終，事須武火，後須大武火，鼎須與火同色。又專陽丹，須經大武火方伏火，後須化成鋌，擣爲末，開頭燒經一伏時，此應須三年火。一年火亦得服，未有變化三年，丹爲上。《别記》云：若三十日武火，即成一年火也。

候視加謹慎，審察調寒温。周旋十二節，節盡更親觀。

每一月一開看，洗重入鼎。節是一月，故經十二節也。

氣索命將絶，休死亡魄魂。

氣，火也。索，盡也。言經十二月火畢，汞死伏火。魂日是汞也，魄月是鉛也，故一年魂魄散化爲大丹也。

色轉更爲紫，赫然成還丹。

還丹紫色，一名紫金砂；二名紫粉；三名河車；四名巨勝。巨勝者，日名也。其汞象曰巨勝；五名十勝丹；六名大流靈砂，謂老君度關津往流沙西國，故留此法授與尹喜，名曰流靈砂。色若不紫赤，不名爲大藥，未赤紫更燒。若色如黄丹赤土，未名爲丹，只是小伏火汞藥也。

陰陽相飲食，

陽汞，陰金。謂金得汞自相飲食，伏制成丹也。

交感道自然。

謂金汞相交感，故丹道自然成，亦長生能除萬病。若伏火乾汞，只堪爲膏爲粉，服亦長年，亦非大丹。大丹者爲汞，本是金孫朱砂之子。今令歸本復如金體，赤紫如丹，故曰還丹。丹者，赤色之名。還者，返歸之義。故曰還丹。若不者，何以爲還丹？

粉提以一丸，刀圭最爲神。

去毒了，以棗肉丸。不者黄龍膏爲丸。丸如梧桐子大。一丸是一刀圭。圭是金之一小兩，一刀圭通二十四氣，丹成取一刀圭鼓成金，若不化五金，不可輒服。其丹生有毒，未有靈化，更依前燒之成金。有靈化深紫色，始號爲大還丹。服此一丸，即通神也。又將一刀圭化五金，及一斤生汞，立成黄金。若至此，即四兩爲一劑。若且住人間，即服半劑。若欲沖天，即服盡一劑。

推演詮五行，較約而不煩。舉水以激火，掩然滅光榮。

言大丹推詮不出五行也。汞屬水，朱砂屬火，鉛銀屬金，曾青屬木，雄黄屬土，只如大丹唯用二寶金、汞是也。其金、汞自有五行之名。朱砂屬火，水銀屬木，鉛黑屬水，銀白屬金，又號戊、己以當屬土，故曰五行。激者，灌也。水陰火陽，以水灌火，陰入滅陽，故曰滅光榮也。水是金花，火是真汞，以金得汞，是水灌火中，故不煩。非上有水，下有火也。

日月相激薄，常存晦朔間。

日汞月金，常存一月之間，候火存亡，朔月初，晦月盡也。一陰一陽之間，常自激薄也。

水盛坎侵陽，火衰離晝昏。

坎爲水爲月，離爲火爲日。陽，乾旦也晝。陰，坤昏以著也。言陽時水王，至六日後坤，故侵陽即火衰。

名者以定情，字者緣性言。

言汞一是太陽生，金含朱赤色，故曰名丹。濕如水，白如銀，故號水銀。白赤之情，似銀之性，故號水銀是也。

金來歸性初，乃得稱還丹。

言水銀本是金性。丹者，赤色之名。還者，返歸之義。伏汞爲朱，變朱爲丹，故曰還丹。此爲正陽，名外還丹。爲人素禀，沖和元氣，虚無自然，而生本從空來。今服丹後，令歸虚無，昇天而去，故曰還丹。丹丘，仙宫地名。雖服外還丹，亦服内還丹，内是還精補腦，故二還同服，乃得長生也。

吾不敢虚託，倣傚聖人文。

徐真人云：吾録此《龍虎上經》大還之法，不敢妄託。倣傚聖人文，則《易》之文也。

先聖

一本云古記。

提龍虎，

虎是金花，龍是金汞，所以上古先聖號曰《龍虎上經》。又一義直云：水銀、朱砂有龍、虎之號，故朱砂曰赤龍，汞爲白虎。亦汞有二名。汞爲木精，號曰青龍。而白似銀，號爲白虎。所以金花亦有龍、虎之名。爲鉛若不投汞，必無金花五色，亦無花出。假令冷後色青黑，亦名龍虎。所以作丹以花爲虎，以汞爲龍，將龍取龍，以虎爲虎，非此二寶不能伏也。假用雄曾入亦無妨，久爲灰亦無制伏之理，只是用爲傍助染色取氣也。《草堂註》云：虎是礜石，號爲白虎，稱曾青爲青龍。既云曾青、礜石爲真將，金、汞何號？應不然也。直言龍虎者，金花、水銀亦不用金銀諸石也。

黄帝美金花。

若非金花爲虎，黄帝豈應美之爲水銀？姦滑性燥難伏，爲金花，鉛入汞所

成，故是同類又有金性。故能吸汞勾制，相留變化爲丹。又金花有數法，若得錯鉛白膩饒州者，但猛火炒三轉可用，不者但鍊了未抔熟鉛入仰月爐，下火令急，略除麤皮，黑末令盡，即投汞。但猛下火，食頃之間，金花咄出。又將此花烊成汁，更投汞，其花五色，名曰天地之符，亦名流珠，花化汞爲丹是也。若一轉花用，即須郁郁者，是專陽丹法。一兩花勾一兩汞，研如粉入鼎，鼎内用黄牙，不去未郁花，但一物即得爲泥塗鼎内，入汞可一月養之。又二兩添二兩生汞，月月以一倚添，得此汞色如土青黑，添金得一百日後用九轉鉛砂育之，令伏火，色黄微赤。更月一日一度蘸水，若土鼎不須蘸熟鐵，須蘸生鐵，柔令爲熟鐵，若柔入土坑没頭。大火通赤一日一夜，即熟若土鼎，即用甘土及黄土漿，並壽州破瓷末等分，爲之量大小厚，作乾後用鉛砂研泥、蘸揩之，火漸熾之，令赤熟後内塗花牙，用將前未伏藥。九月畢不要多，亦得。但三五月間者，量多少旦伏亦得伏，即將添了藥重入鼎一百五十日，漸從文火入武，臨未著大武火，可一日二日。又更將此藥烊成汁爲鋌，擣碎又更入鼎一月日，不烊亦得服也。前添汞火須養火，不得猛火。若陰元正陽之法，即將再轉花。不者一轉花，不者九轉鉛烊成汁，計一斤鉛入一斤汞，從今年冬至至來年冬至畢，畢日猛火一周，其汞吐出鉛上，收取其藥。又入鼎中武火六十日，名正陽丹。丹畢，若陽元法，用朱砂以黄丹覆藉；亦如陰元法，若流珠九轉法，但煮汞令乾治碎入鼎，以金花、玄白覆藉，每月一開，每日用四兩炭，若良雪神水法，火不録。若此經，唯烊花入汞，如二元法，唯用朱曾雄稍異，即不著亦得。是故黄帝唯重此金花也。

淮南鍊秋石，

秋石是將前金花入鉛砂一百日，都名秋石。又爲金花屬西方，西方爲秋，故號秋石。劉演云：《草堂》云礜石，應非也。礜至毒，如何堪入藥？唯四神八石丹用及乾汞家用，此應不用，故秋石可量。淮南王立號，豈應礜石？淮南王重之，亦如玄白出於鉛中，號爲石膽。時人云用蒲州者，豈非謬乎？淮南王是漢劉安厲王之子，封於淮南，因號淮南王。王性好道，感八公授道，王棄位隨八公往壽州，飛鍊丹成而去，今八公山見在。

王陽加黄牙。

黄牙是錯鉛及黄丹，亦名京丹一斤，用汞四兩，入壽州瓷椀中，猛火燒之，食頃成水如鏡，待冷凝如黄金，打破如馬牙，因號黄牙。是王陽爲金花、秋石，難作燒黄丹爲上據力，亦與金花同等，稍優劣耳。時人云金花爲黄牙，亦得終稍别耳。更有人去硫黄及雌雄等，甚謬也。只據流黄制汞爲朱，豈知黄牙所出？《十仙記》具明，亦有鉛、汞、石膽、黄礬，所作此經應不用也。唯錯鉛及黄丹，作爲真王陽。漢時有益州刺史常好道，以作金救人，故陽貴此，立號黄牙。故知人但調鉛得理，即大還丹可致也。

賢者能特行，不肖與母俱。

特行者是伏汞一味爲丹，非用二青也，及四黄也。母者，金花也。故上古真人，唯謂汞一味任火日月久長火養成丹，入曾青同養，故上賢者是上古人也。今不肖後賢者，言與金花、黄牙制力一同，故云不肖，不許與母俱也。所計上古之人，非一二年丹成也。據《九丹經》云，亦用金花塗鼎養汞，豈應將汞獨入空鼎而成者，何得陰陽龍虎之名？必應加減别耳。若論特行，妙名曰孤陽。九元君曰：孤陽之丹不可輒服，須借陰成丹。若成鉛即盡，何執特行？而無陰藥，准如特行，其性甚冷。丹成已後，又熱毒性生。爲鉛屬水，而汞屬火，故須水滅火。丹成無毒亦有伏，得乾汞色如紅玻瓈，將爲世絶，作粉爲膏，冇服五兩之後，徹骨如冰而冷，狀似長病人，乾汞銀只可爲世寶，何得長生之理？經訣具明。陰陽龍虎而成，豈獨化汞？故汞爲主，金花爲君，曾青等使，雄黄爲佐。君臣相使，返惡伏制成丹，入身散如風雨，立能輪骨續筋，故能長生不死也。且天爲陽，地爲陰，日爲陽，月爲陰，一陰一陽曰道，亦二氣相化萬物而生其中，闕一不可。豈去天留地，去日留月？故須金汞雄曾所成甚妙。如不著雄曾，其丹最尊至重也。

古今道由一，對談咄耳謀。

自古及今，唯一味爲丹，借鉛花句伏。細論其金花，亦與汞等分，何妨對談不悟也。

學者加勉力，留念深思惟。至要言甚露，昭昭不我欺。

昭，明也。我示此法，深思此經，我不欺謬於汝。其加勉力者，爲昔特行任士養今，令加勉力金花、黄牙之力，而成大還丹矣。

佚名《黄帝九鼎神丹經訣》卷一〇　明鍊藥禁慎陰陽制伏

臣按：彭君曰：古之聖人，皆以丹藥保骨長生。後之學者，以丹藥朽骨害

命。所謂今古不同也。此由古人淳朴殊深，末代澆浮，不得真訣。雖有好生之始，而無久固之終。不自調鍊其心，焉能調其藥性也。假有古注經法，據而合作，雖似丹藥，其毒不去，服之即死，故云害命。

臣又按：彭君曰：但耳中雖聞金石等藥，若不先飛伏火藥，即有烟散失無定，滓在精華去，驗何所憑，是以皆須先伏火也。

臣今訣之，夫神丹者，上品石藥粹也。至如朱砂打破，其光洞徹曜目，是其精也。譬道之杳杳冥冥，其中有精。怳怳惚惚，其中有物。不可急取，難以緩求。似有而無，似無而有。欲速必不達，取之自有法也。喻以牛食水草，得成於乳，因乳成酪成酥，展轉而熟酥成醍醐，初雖因乳，非酪非酥，亦無醍醐，不可以無謂之不有，不可以有謂之不無，巧取之則不無，拙取之則不有。巧拙之義，取類驅鷄，緩之則不行，急之則四散。鷄散有後呼之法，藥失無却收之理。故云唯有麤滓，無復精微。精微既無，以何變化，成神丹也。

【略】

臣聞彭君之法，各依陰陽自制煞諸藥，使訖，即合諸藥訣即合丹，不問大小，皆即成就，服之皆仙。諸求大道大藥，不得此訣，終自勤苦，徒費萬金，白骨狼藉者。

臣按：《易》云：二女同居曰革，乾坤交會曰泰，故天地氤氲，萬物化淳，男女媾精，萬物化生。陰陽不測之謂神，一陰一陽之謂道。故能陶鑄萬品，埏埴生靈。此並造化之神功，陰陽之妙力。神丹祕要，亦同此義。太陰者鉛也，太陽者丹砂也。二物相生，成其大藥。九鼎之法，長生之道，原始要終，莫不皆以丹鉛二物爲主也。

故《真人歌》九鼎第一。【略】

又《狐子歌》云：草得陰陽，精氣常青。石得陰陽，精氣常形。天得陰陽，精氣常生。故化萬物者，莫不以陰陽爲父母也。陽氣爲天，陰精爲地，天氣爲靈，地精爲寶，二物成丹，服之長生。又五石者，丹砂太陽之精也，磁石太陰之精也，曾青少陽之精也，雄黄石上之精也。感陰陽之正氣，配五方之正位，能相制伏，無所發動，調鍊去毒，故能令人不死者也。

又伏鍊水銀，要用陽月陽日陽時。假得餘法，失此是即毒亦不盡。但問三陽，雖失小法，其毒亦盡。鉛汞者，陰陽精也。若不得此三陽時，日月陰氣之精，不可制也。黄白者，太陽之精氣也。左味者，朝陽之津汋也。金賊者，夕陽之筋髓也。用三陽之氣味，以制鉛汞，萬無不盡。俗不解此耳，和合服即煞人，不可不慎。直用酢煮之，去道愈遠矣。此並陰陽相制之義也。

晉・葛洪《抱朴子内篇》卷一六《黄白》 夫變化之術，何所不爲。蓋人身本見，而有隱之之法。鬼神本隱，而有見之之方。能爲之者往往多焉。水火在天，而取之以諸燧。鉛性白也，而赤之以爲丹。丹性赤也，而白之而爲鉛。雲雨霜雪，皆天地之氣也。而以藥作之，與真無異也。至於飛走之屬，蠕動之類，稟形造化，既有定矣。及其倏忽而易舊體，改更而爲異物者，千端萬品，不可勝論。人之爲物，貴性最靈，而男女易形，爲鶴爲石，爲虎爲猿，爲沙爲黿，又不少焉。至於高山爲淵，深谷爲陵，此亦大物之變化。變化者，乃天地之自然，何爲嫌金銀之不可以異物作乎？譬者陽燧所得之火，方諸所得之水，與常水火，豈有別哉？蛇之成龍，茅糝爲膏，亦與自生者無異也。然其根源之所由緣，皆自然之感致，非窮理盡性者，不能知其指歸，非原始見終者，不能得其情狀也。狹睹近識，桎梏巢穴，揣淵妙於不測，推神化於虚誕，以周孔不説，墳籍不載，一切謂爲不然，不亦陋哉？又俗人以劉向作金不成，便云天下果無此道，是見田家或遭水旱不收，便謂五穀不可播殖得也。

佚名《九轉流珠神仙九丹經》卷上 真人曰：第二之丹名神符，本生太陽河伯餘。本生太陽者，言水銀本生太陽也。太陽者，丹砂也，生於丙丁。丙丁者，火精，上爲熒惑星，下爲丹砂也，故言生於丙丁。丙丁居南方，爲太陽，故易謍虚日，南方爲太陽。太陽者，丹砂生於日，日生於火，火日之子。北方壬癸爲太陰，太陰者水也。故易謍虚月，北方生磁石。磁石者，鉛也。其精上爲北辰星，生坎。坎位在北方，離位在南方。河伯餘者，水銀也。取水銀多少自在，置赤土釜中，飛之九上九下，和以鯉魚膽，復取水銀多少自在，復封塗閉固如法，丹華法復九上九下，和以龍膏，名曰神符。其子四千相與俱者，謂曾青、礬石、戎鹽、硫黄也，故言相與俱也。

河上姹女誠獨姝，娥眉白易如明珠。長沙好砂色由由，少小貞信不用夫。東西南北父母俱，身不沾汙清若珠。好待賢士相待須，勇悍敢語言若書。安心懷能才有餘，不校人女妄吹噓。河上姹女者，鉛黄華也。子明媒之，使共居也。賢士者，水銀。子明媒之使共居者，言取鉛黄華一斤，置鐵器中，以炭火之，即復取水銀七斤，投鉛中，猛火熅之，須臾精華俱上出現，狀若黄金紫赤，狀若流星似流珠，五色玄黄，即以鐵匕接以取之，得九一之斤，即三化九轉，名曰丹黄之華，一名玄黄之汋，一名天地之符。即以治汞化爲丹，名曰還丹，乃名曰仙藥神丹。

佚名《魏伯陽七返丹砂訣》

天生玄女，

玄女，水銀，位居太陰，故曰玄女。

地出黃男。

黃男者，硫黃也。太陽之精，故謂之黃男也。

皆受性太和，感靈妙之氣。

言此二物，皆禀冲和靈妙之氣。

以陽守陰，借位而居。

汞本丹砂，化爲水銀，即居其陰，是借位也。

以陰返陽，還歸本性。

鍊汞成砂，還歸本性。

張翼飛虛危，此乃一變。

張翼者，南方之宿。虛危者，北方之宿。丹砂化汞，汞反成砂，南北往來，易其形貌，此一變者也。

受生七返，變化神靈。

鍊變七轉，乃神靈也。

太陽白汞，本含赤水。

汞本出於丹砂之中，故云含赤水也。

反我丹液，是交歸也。

汞本丹砂之精液，來往變化，爲交成丹，爲歸也。

元氣恍惚，變化成形。

純元太一之氣，恍惚杳冥無形，内結靈精，而化生丹砂之形。

形體既彰，轉生陰質。

從虛無而生丹砂，丹砂居陽，而轉生陰，即化爲水銀者也。

魂魄分布，反而相拘。

陰陽分布，反而拘歸，此乃變化無窮之象。

既定陰陽之體，昇騰歸於上宫。

上宫爲南方，既定陰陽之體，升騰變化，歸於南方本宫也。

既元氣虛無，任於萬物矣。

丹砂本元氣，虛無而生變，至于水銀。今既不迷，而歸本宫，是知道源，即任萬物變化者也。

且二性合和，爲夫爲婦，爲子爲母，爲君爲臣。

二性合和，不可捨一。

今得節符，而制御之，如水滅火，即形體自然，歸於后土也。

歌十首

窑瓶圓固，瓷盞全光。

瓷缸子一，盞子爲蓋，通静圓固也。

上下相得，犬牙相當。

上下合，隱密相當也。

三分之一，天地之常。

缸藥分數三分之一，合天地之常法。

徑寸闊狹，一升之强。

器可受一升半，即受二十四兩藥也。

非限高崗，豈論原隰。勿棄純元，外際是急。

外際之泥，不限高下，務元土爲之也。

藉藤攪和，務令相入。

以藤紙爲筋，務令相入也。

固至于再，每盡内濕。

再泥缸子，每徧待乾。

審定銖兩，銷鑠相得。

定其斤兩，入火銷鎔，倏忽之間，自然相得。

乍紫乍黃，或白或黑。

銷鑠之次，色將變動不定。

攪和渾沌，不變南北。

須臾之間，二體和合，不可分別，令相離也。

天地自然，聖賢之則。

天地自然變化，而聖賢則之，通太虛之妙，造運動而爲法則。

立制唯火，蠣粉唯膩。

立制名得火乃良，蠣粉潤膩爲妙。

但令堅密，不必五二。

古用七味六一之泥，此不用古法也。

際會欲固，應須引氣。

固閉之，次須引内氣令盡，則固之。

聖賢傳法，消息在意。

前賢雖得其法，即亦在臨時，看其變化，意而審之也。

始定城郭，終竟武陳。先巡五節，后轉六神。

先以五節文火，以定氣之城郭。後以六時武火，成其本體也。

上下騰曜，赫然有文。形體銷化，乃變靈真。

文火相迫，上下不定，銷鑠變化，而成靈砂。

悟者非難，迷徒不易。失在抽添，得在受氣。

差之分銖，與道永隔。有却抽歸汞，或每偏添硫黄者，非也。皆是失道，迷惑之要，而不知受氣之真源也。

不死之術，非道須祕。余傳天師，崆峒石記。

從古歷今，學者如麻，不得其妙，竭力傾家。欲知其要，須猛三花。

三花，火也。其要在節候消息在意，不得此要，徒竭其力。

渾沌昏默，務散丹霞。

次轉返渾沌昏默，忽如霞散，而成丹霞也。

欲得靈通，七返乃妙。

欲反駐長生靈通，在七轉而成丹砂，此上古神仙之術。

色奪殷紅，輝連日照。

輝通太陽之照，色過殷紅，此乃七返靈砂之妙者也。

楞角挺生，徹體金耀，古賢祕傳，神仙之要。

藥之成形，顆粒楞角可喜。此神仙之術，不可妄傳，受非道學。

寒泉沉伏，驅去太陽，温甑飛騰，辟除陰傷。

藥成，沉於寒泉中七日，去火毒，出之，又蒸三日，去其陰毒，乃可服食也。

研之唯微，藥法之常。丸如菉菽，不可令强。

研之務細，丸如菉豆，不可加減。

每旦三粒，甲子爲始。

服此藥以甲子日爲首，平旦，面南，安心定坐，酒下三粒，想藥成赤霞，從天而降入五藏，赤霞散流入四支，閉氣三十六息，叩齒三十六通，須臾藥入四支，耳目聰明，是藥之功效也。

至于千日，通靈徹視。

準法服之，日足，乃目視無晝夜，鬼無藏形，日誦萬言。

膚色紅白，顔如童子。

却反童顔，容貌如處子，此神仙之貌也。

安神定息。千秋不死。

若安神静慮，入於九室，長生不死，其道畢矣。

唐·陳少微《大洞鍊真寶經修伏靈砂妙訣序》《靈砂七返論》曰：丹砂者，太陽之至精，金火之正體也。通於八石，應二十四氣。丹者是金，感於火，名之爲丹。汞者是火，去於金，而名之爲汞。丹者受陽精而候足，汞即離本質而體不全。故丹砂是金火之精，而結成形，含玄元澄正之真氣也，此是還丹之基本，大藥之根原。德含則萬象生焉，體離而杳冥難測。經曰：陽精赫赫，得之可以還魂反魄。故知餌陽精者，所以長生。服陰魄者，而爲死鬼。丹砂是正陽之主，赤帝之君，據於南方，火之正位也。只如丹砂之體數種，受氣不同，唯三種堪爲至藥。上者光明砂，中者白馬牙砂，下者紫靈砂，餘有溪土雜類之砂，不中入至藥，服餌所用。且光明砂一兩，服之力敵白馬牙砂四兩。白馬牙砂一兩，服之力敵紫靈砂八兩。如溪砂土砂之力，不可比量也。或曰：一等是丹砂，俱受太陽之精氣，因何有溪土雜類之砂，力有大小者。言光明砂者，受太陽清通澄朗正真之精氣降結，而紅光曜曜，名曰光明砂。白馬牙砂者，受太陽平和柔順之精氣降結，而白光瑩瑩，如雲母色者，名曰白馬牙砂。紫靈砂者，半受山澤之靈氣結，而色紅紫，名曰紫靈砂。如溪土雜類之砂，俱受濁滯不真之氣，結而成砂，即混沌無精光，故不中入至藥所用。且如光明砂一斤，伏鍊而得十四兩，伏火鼓得至寶七兩。白馬牙砂一斤，伏鍊而得十二兩，伏火鼓得至寶六兩。紫靈砂一斤，伏鍊而得十兩，伏火鼓得至寶四兩。溪砂土砂雜色之砂一斤，伏鍊可得六七兩，伏火鼓下得至寶一二兩。以來明知溪土之砂，受氣不清，澄濁參雜。高上賢明之士，先揀其砂，次調火候，在意消息，而成七返九還。且金石之中，至靈至聖，至神至明，而無過於丹砂者也。懷袖致之一兩，尚自辟去邪魔，況乎伏鍊，入於五臟者哉。且如七返九還，異名而同體。返者是砂化爲金，還者是金歸於丹。經曰：返我鄉，歸我常，服之白日朝玉皇。或曰：七返者，是丹砂，屬火變鍊成金，便名

爲七返者乎。

論曰：火之成數是七，七度變轉，以應陽元之極體也。且七度變轉者，將丹砂伏鍊得伏火後，鼓成白銀，即是一返。將白銀化出砂，令伏火鼓成黄花銀，即是二返。將黄花銀化出砂，伏火鼓成青金，即是三返。將青金變化出砂，伏火鼓成黄金，即是四返。將黄金化出紅砂，伏火鼓成紅金，即是五返。將紅金還化出砂，伏火鼓成赤金，即是六返。將赤金復化爲砂，伏火鼓成紫金，至紫金，即是七返靈砂之金，而含積陽，真元之精氣足矣。而將紫金變化爲砂，運火燒之一周，迥然通徹洞耀，名曰紫金還丹。得服之者，形神俱合，當日輕舉。且世人多誤取石硫黄，呼爲太陽之至精，和汞而燒七返。且硫黄受孤陽偏石之氣，汞又離於元和，二物俱偏，如何得成正真之寶。切見世人伏鍊衆多，終無成者，蓋緣迷迷相傳，至於後世。余甚哀之。只如第一返伏火丹砂，服餌一兩，即去萬病。服之二兩，即鬚髮青緑。服之三兩，即顔悦色紅。服之四兩，即延年益壽。第二返藥，服之一兩，即體和神清，返老歸童。第三返藥，服之一兩，即虚夷忘情，心合至精。第四返藥，服之一兩，即身體明徹，通於表裏。第五返藥，服之一兩，入水不能溺，入火不能焦。第六返藥，服之一兩，即造化不能移，鬼神不能知。第七返藥，服之一兩，即超然於九天之上，逍遥乎宇宙之間。更服至紅英九丹，便居金闕，功位真人。故知丹砂之力，昭然而可觀乎。自余得其真旨。常欲周濟爲功，大道垂明，咸願同歸玄境。遂作靈砂七篇，金丹二章，并述火候次第，藥物品次，篇數高下，列之於後章别品，以授賢明至誠。君子得之寶之，即福壽無疆。輕泄之人，殃其九祖。亦不可誣言而蔽道，慎莫寫示於凡情。用測賢愚，可鑒而後授之此篇章矣。

又《大洞鍊真寶經九還金丹妙訣》 夫還丹本陽九之精，降受二十四真。真水真火，内外包含，含化五神，五神運氣，積而爲砂，積砂成丹，禀積氣極，乃號紫華紅英大還之丹。大還丹訣，皆因師師相承，傳之口訣，靈文藏於洞府，金簡祕在仙都。仙人恐絶道源，演述隱文祕言，留傳於世。遂使後來明俊，博採尋幽，曠日劬勞，終無所悟，漸漬沈溺，倏忽形腐神消，尸魄化爲魔魅，深可悲哉。然大道所運，禀之專精。專精變通，功必歸於鍊汞。鍊汞要妙，備載二章。二章之中，分爲九品。上三品則抽砂出汞，鍊汞投金，修金合藥，合於七篇。中三品略陳五石之金，四黄伏制，陽金變通。下三品和合大丹，鑪鼎火候，成丹證真之訣。俱列於九品二章之中也。

又《證品含元章》陽金變通品第六

陽金者，所禀陽之精，五神吐符會氣，託形爲丹砂。丹砂而外包八石，内含金精。金精則先禀氣於甲，受形爲丙，出胎見壬，結魄成庚，增光歸戊，陰陽昇降，各歸其源。且如鉚石、五金，俱受五陰神之氣結，亦分爲五類之形。形質頑狠，志性沈滯。汞則禀五陽神之靈精，會符合爲一體。故能輕飛玄化。感御萬靈。汞本託胎於丹砂，位居南方，易胎乃爲壬水。水則見汞形於北方。降魄成庚。庚則西方白金，鍊形來甲，是東方青金，增精於戊，戊則中宫黄金也。化質歸離，功成於九。是以陽金遷變，動用化機，運質易胎，合其五方之體。然後授天地，革陰陽，超於三元，脱質歸真，號之還丹。

又《成丹歸真章》

夫合大丹者，先須積陽之精，七反紫金，運動變鍊，遷化五神，銷形去質，輕化流通，假之真水。然要火功，推演至精，九九數終，真水内火，黑鉛石，硫黄是也。鉛屬北方壬癸水，硫黄性禀南方丙丁火，真鉛者含其元氣。從鉚石燒出，未經炋抽鍊者，爲之真鉛也。

【略】

成丹歸真品第九

夫僊有品類，真則一同。如七反之砂丹，功力甚著，服之亦得爲高僊。尚未證其真者，何也。緣尚有質礙之體，未能輕化，離於五濁，猶爲真水世火，所能銷鑄。且九還之丹成，飄飄輕化，迥脱去質。圓光洞耀，紫氣衝天，遇物而化，無有礙也。千鼓萬鞴，終不銷鎔，而精光轉益，炎火之内，亦不能燒。首得服之者當，則羽化雲飛，便爲高上之真人也。故積精而致僊，積僊而成真。真者則超於至陽，與天地長久，凌雲氣出没，宰制萬靈，役使羣僊，巍巍高上，昇其紫闕，乃號曰真人矣。然乾坤不渝，陽精豈滅。世類淪化，惟真長存。

題張果《玉洞大神丹砂真要訣》 第一品 辨丹砂訣

丹砂者，萬靈之主，造化之根。居之南方。或赤龍以建號，或朱鳥以爲名。上品者，生於辰、錦州石穴之中，而有數色也。中品者，生於交、桂，亦有數類也。下品者，出於衡、邵，亦有數種也。皆緣清濁體異，真邪不同。受正氣者，服之而通玄契妙。禀偏氣者，服之亦得長生。上品光明砂，出辰、錦山石之中，白交石床之上，十二枚爲一座，生色如未開紅蓮花，光明耀日。亦有九枚爲一座生者。十二枚、九枚最靈，七枚、五枚者爲次。每一座當中有一大者，可重十餘兩，爲主

君。四面小者，亦重八九兩。亦有六七兩已下者，爲臣，圍繞朝揖中心大者。於座四面，亦有雜砂一二斗抱，朱砂藏於其中，揀得芙蓉頭成顆者，夜安紅絹上，光明通徹者，亦入上品。又有如馬牙，或外白浮光明者，是上品馬牙砂。若有如雲母白光者，是中品馬牙砂也。其次又有圓長似笋生而紅紫者，亦是上品紫靈砂也。又有如石片稜角生而青光者，是下品紫靈砂也。如交、桂所出。但是座生，及打石得者，形似芙蓉頭，面光明者，亦入上品。如顆粒或三五枚，重一兩通明者，爲中品。片段或明徹者，爲下品也。如衡、邵所出，總是紫砂打砂石中得而紅光者，亦是下品之砂。如䃁砂有顆粒，或通明者，伏鍊服之，只去世疾耳。如土砂生於土穴之中，䃁砂生於溪水砂土之中，土石相雜，故不中入上品藥。伏鍊服餌所用，如得座生最上品。座中心主君砂一枚，伏鍊餌之，可輕舉成上仙者矣。其諸商砂，及餘不屬南方而生者，其中縱有光明砂，但丹砂經元不載。

唐・董師元《龍虎元旨》　龍虎者，鉛汞是也。汞者是龍，鉛者是虎。母藏子胞，子隱母胎，知白守黑，神明自來。白者金之精，黑者水之基。用鉛之法，其道微玄，此之謂也。不可識之知之，但假天性，自然而遇矣。今舉天之魂，加地之魄，合日月之精，爲陰陽之道。汞爲青龍，卦主震，藏主肝，東方甲乙木。木能生火，其形本青，遇火乃赤，故化爲砂。爲朱雀，卦主離，藏主心，南方丙丁火。離爲陽，陽極則陰生，故砂中生汞也，離卦中二畫也，日中金鷄也。鉛爲玄武，卦主坎，藏主腎，北方壬癸水。坎爲陰，陰極則陽生，鉛中白金也，坎卦中一畫也。月中玉兔也。金爲白虎，卦主兑，藏主肺，西方庚辛金。來歸性，被水火銷鑠，色轉爲黄。黄芽爲變化，因水火銷鑠。聖人不傳，顯之以口訣。黄主脾，爲中宫戊己土。四物盡歸中宫，而成寶。古歌曰：易有孤成功易獨也滿歸后土。夫肝青爲父，木也。肺白爲母，金也。腎黑爲子，水也。脾黄爲土，土無正形，王在四季，五行相推，在乎其中矣。

夫五行相生，還復相制。是以金生水，水生木，木生火，火生土，土生金，此謂之相生也。火剋金，金剋木，木剋土，土剋水，水剋火，此謂之相剋也。牙爲金也，以金伐木。砂爲火也，以火銷金。鉛爲水也，以水滅火。水既盛，以土鎮之。成乎其類，制乎其氣，此謂返制也。古歌曰：黄土金之父，流珠水之母。水以土爲鬼，鎮水火不起。是一水二火三木，三性會合，以爲宗侣。陰陽得偶，恬惔自處。雲從龍，風從虎。影之隨形，響之應語。水性潤下，火性炎上。大還金丹，體亦如此。

訣云：陰中有其陽，陽中有其陰。既識砂中汞，須求鉛裏金。二味實天地之大寶，日月之至精。夫日猶陽之魂，好動而不息，所以金雞而類。陽極陰生，故日中有鷄也。月猶陰之魄，好静而不動，所以玉兔而類。陰極陽生，故月中有兔也。是以水中無陽不能載，火中無陰不能照，陰氣自天而降，陽氣因地而升，雲雨霧露是也。男白女赤，乃爲雄雌。陰生於陽，陽生於陰，合天地之大道也。夫硫黄四兩，制汞一斤，四黄位在中宫，皆主於水土相制，漸爲一體。汞在黄中，不在汞中，此爲非其種類，不能成矣。今人盡以硫黄爲太陽，非也。且日爲太陽精，是金鷄者陰也。故日中有太陰陽精，金雞是也。硫黄是土，四黄八石之類，非陰陽之精也。變化由其真，終始自相因。

狐剛子問曰：玄黄化藥，盡有其真。八石之功，其效不少。何忽丹砂，獨得延齡。

魏君曰：雌石雄黄，辟邪去惡。石英鍾乳，補髓添精。陽起磁石，治腎之疾。雲母久服，寒暑不侵。玉屑多餐，精神不亂。孔公紫石，身體充肥。火山硇砂，破冷立效。曾青空青，煮汞令乾。古今記傳，硫黄散癖。仙籍具論，赤石丹砂，自然不死。若以氣衰血散，體竭骨乾，八石之功，稍能添益。若以長生久視，保命安神，須餌丹砂。八石見火，悉爲灰燼。丹砂入火，化爲水銀。能重能輕，能神能靈，能黑能白，能暗能明，五行之性也。遇火輕速上昇，鬼神尋求視無。所有龍虎交結，化體堅貞。作粉服食，變腸爲筋。是以泥燒爲瓦，千載不朽。鹽入於肉，物莫能爛。金丹服在身中，歷千年而不死。

又曰：金丹入五内，霧散若風雨。薰蒸達四支，顔色悦澤好。老翁變丁壯，耆嫗成姹女。更生易齒牙，改形免世厄，號之爲真人。豈可金丹之功，而喻八石者哉。夫修大丹之法，不在藥味廣多，而在用法度周旋也。古歌曰：鉛若是真，不失家臣。鉛若不真，其汞難親。青腰使者，赤血將軍，白虎作腦，黄芽爲筋。白虎者銀也，黄芽者土也，青腰者曾青也，赤血者雄黄也。

青霞子云：鉛火鉛也，與汞木是一家，故云家臣。黄芽是砂中之土，爲宗根也。義不可知，真大師之訣也。青霞子曰：道非常道，玄之又玄，迎之不見其首，隨之不見其後，忽於無中，其形乃有。爲陰中之陽，忽於有中，其形却無，爲陽中之陰。誰名黄芽，爲夫相守契合。

狐剛子曰：黄芽何物爲之。魏公曰：用鉛不用鉛，五金生於鉛。鉛是五金之筋髓，七寶之良媒，八石之尊主。五金切忌鉛，不得誤用之。鉛精鉛精，鍊鉛而成。

狐剛子曰：黄芽幸而聞之，敢問鍊鉛之法，用何鼎器。魏公曰：鼎鼎元無

鼎，藥藥元無藥。黄芽不是鉛，須向鉛中作。欲得識黄芽，亦不離鉛脚。不得黄芽門，用鉛亦須錯。青霞子曰：芽若是鉛，棄鉛萬里。芽若非鉛，從鉛而始。鉛爲芽母，芽爲鉛子。若得金華，捨鉛不使。又曰：鼎且非金鼎，爐且非越爐。離從坎下發，兑向土中居。三性既會合，二味自然俱。固濟胎不泄，變化亦須臾。

訣曰：白金爲君，是黑鉛之精，西方位也，而含少陽之精。更以鍊於鉛中，神功自真。灰池炎鑠，鉛沈銀浮，謂之黄輕，亦曰金華，亦曰秋石，亦曰黄芽。其性微熱，已是長生之寶。然孤陽之牙，未可獨立。次以陰陽，方爲君臣。若黄帝得金華之美，故謂之美金華。淮南王云秋石者，八月之節，西方之位，以其色白，故號秋石。王陽謂之黄芽，以黄色如萬物之初芽，故曰黄芽。體在一源，分爲數號，各因其人名之不同。曾青爲氣，達於上下。雄黄爲使，光明四隅。如假良媒，會合相須，大功既就，各有分區。八石棄捐，黄出武都。惟金與水，炫耀明珠。子了其義，神道自扶。

訣云：金性冷，生於至陽，汞産於砂也。石性熱，生於至陰，銀産於鉛也。二味各得天地之元氣，水火銷鑠，石沈金浮，君臣相返，陰却是陽，君却是臣，然後陰陽相須，君臣相得，此乃神仙要妙，大道之宗源。上下水火，依時升降，千變萬化，莫過於鉛汞。類同者相從，事乖者難爲一種。是以鸞雀不生鳳，狐兔不乳馬，故須種類。

青霞子云：萬物芸芸，各歸其根。金生於水，衆妙之門。陰陽交熾，上下騰奔，神胎不泄，制魄拘魂。類同則合，事乖者分，鸞不生鳳，狐非馬羣。

訣云：黄芽八兩，屬乾屬剛，屬陽龍。汞八兩，屬坤屬柔，屬陰虎。故曰：乾坤剛柔，陰陽龍虎。牙八兩，汞八兩，合爲一斤，以應兩弦。每兩有四分，計六十四分，以應六十四卦。每分有六銖，以應卦之六爻，計三百八十四銖，以應三百八十四爻。亦象一年有三百六十日，并二十四氣，以成三百八十四數也。水一，火二，木三，金四，土五，以應五行。五日一候，四十五日一節，故古人託易而象焉。孤陰不成，孤陽不生，一陰一陽，其道乃昌。其藥如子在胞，如果在樹，但睹成熟，莫測其變化。固濟綿密，不使漏泄，起自於寅，王在於午，墓在於戌。初起火一陽生復卦，至臨卦，泰卦，大壯卦，夬卦，乾卦，姤卦，遁卦，否卦，觀卦，剥卦，坤卦，至姤卦滅火，至坤卦畢止。其藥得金味而辛，得木味而酸，得水味而鹹，得火味而苦，周迴四隅，而歸中宫，得土味而甘。故謂之還丹五行，味足而歸中宫戊己土。到中宫，方得名還丹。今云丹者，赤色之名。還者，還其本體。其味不甘，徒有赤色，非還丹也。五行既遍十二卦，將周二八之數，不減一斤，上下兩弦，通乎大道，鬼神莫能測，聖賢莫能知，藥從汞結，如果從花結實，如子從氣成形，藥從金水成丹，惟聖與賢，方表鑪中之變化。但天地自然成功，實玄化之妙道。太上微言，非人不可傳，罪及七世。得人不傳，亦受其殃。故先聖書之，藏于石室金匱，得者切以爲深戒也。

【略】

太上誡詞云：受吾文百年之内，可傳三人。三十年可傳一人。若無同心者，三十年寫一本，須盡其理，藏於名山石室中，以俟有分者得之。東嶽董師元於貞元五年，受之於羅浮山隱士青霞子。貞元十九年，傳受劍州司馬張陶，開成三年，京師傳族弟李汾。長契五年，傳成君隱士。口訣不載於文，祕之祕之。

唐・金陵子《龍虎還丹訣》卷上

紫葉紅英大還丹訣

夫還丹者，本自九天之精粹，受二十四真。真水真火，外内包含，化五神運氣，積而爲水砂，稟積氣極，乃號紫華紅英之丹。又從戊己中宫黄金，化質歸離，功成於九。是以陽金遷變，動用化機，運質易胎，合其五方之體，然後超於三元，脱質歸真，號曰還丹，殊靈化也。其還丹無方，《金碧經》及《參同契》是其方也。自古真仙，悉皆隱祕。靈文藏於洞府，金簡祕在仙都。縱口訣書在紙墨，亦須師傳，不可輕用。理玄深而莫測，旨祕奥而難尋。今有好道之士，志慕長生者，先須辨其藥品高下，識其真汞真鉛，知金石之情性，然後運火鉛汞，爲藥之本也。

辨水銀。按仙經隱號，一名河上奼女，一名長生子，一名汞，一名太陽流珠，一名神膠，一名陵陽子，一名玄明龍，一名玄水，一名白虎腦，一名金銀席。

金陵子曰：水銀者，五陽靈之神精，五神會符，合爲一體，託胎於丹砂，位居南方。其鉚石中，五金七十二石，多受陰氣，形質頑狠，至性沈滯，功力懸殊，不可比量。易胎乃爲壬水，水則見水銀也。故能輕飛玄化，感御萬靈。金石總其一體，號曰丹陽，水包八石，内含金精。其丹砂上有至靈至神，至聖至明。懷袖中致一兩，尚辟去邪魔，況伏治入於五藏。五神叶符，會氣託形爲丹砂，是太陽至精，赤帝之君，金火之正體，通於八石，應二十四氣，萬靈之主，造化之根，明神之本，能變化也，故號曰赤龍。若翱翔，名之曰朱鳥。其丹者，是金感於火，名之爲丹。汞者，是火去於金，而名曰汞。金火之精結成，含玄元澄正之真氣，還丹

之基本，大藥之根源，德合則萬象生焉，體離則杳冥難測。經曰：陽精赫赫，得之可以還魂返魄。按《受壽記》亦云：陽精赫赫，固魂固魄，神仙之上品。若得上品丹砂，不假燒合，便堪服餌，是自然之還丹也。

丹砂雖是正陽之精，靈於萬物。然爲所出州土山谷，受氣不同，而有數十種，大須精鑒。只如凡人靈性，尚乃不等，鳥獸肉血，亦有不同，須明辨之。上品者生於辰錦州石穴之中，而有數色。中品者生於交桂，亦有數類。下品者生於衡邵，數種品類。皆因清濁體别，真邪不同，降氣分精，感通金石。受正氣者，服之而通玄契真，爲上仙矣。受偏氣者，服之亦得長生留世。且上品光明砂者，出於辰錦山石之中白交白床之上，十二枚爲一座者，十二枚、九枚最靈，七枚、五枚生者其次。每一座中有一大珠，可重十餘兩，爲主君。四面小者，亦重八九兩，亦有六七兩已下者，爲臣周繞，朝揖中心大者。於座四面，又有雜砂一二斗，迴抱其玉座朱床。於其座外雜砂中，揀得芙蓉頭，安紅絹上，光明通徹者，亦入上品。又有如馬牙成，外白浮光明者，是上品。白馬牙砂，有長似笋生，而紅紫色者，即上品。紫靈砂，若如石片稜角，生青光者，是下品。紫砂如交桂所出，但是座生，及打石中得者，形如芙蓉頭成，而光明者，亦入上品。如顆粒成，三數枚重一斤，通明者，爲中品。片段成，明徹者，爲下品，如衡邵所出。總是紫砂及打石中得，而紅光者，亦是下品之砂，如溪砂。有顆粒成，而通明者，伏治餌之，亦得長生留世，未得爲上仙矣。如土砂生於土穴之中，溪砂養於溪水砂土之内，而出者相雜，故不中入上藥，服食所用。如座生者，是最上品之砂。得其座中心主君砂一枚，伏治入於五藏，則功勳便著，名上丹臺，正氣長存，超然絶累。更服至七返九還，輕舉也。

故知陽之真精，降氣而圓光周滿，無有偏邪。但是伏治之砂，作芙蓉頭成，而圓光通明者，即是上品神仙服餌之藥。經言丹砂者，自然還丹也。又只如玉座之砂，世人總知之，如金座、天座是。太上紫龍玄華之丹，非俗人凡夫之所見知也。其玉座則俗流志士積功，修治服之致仙。其金座則宿有仙骨，清虚治神，隱之巖穴，則其神仙，採與食之，便當日羽化，昇騰其天座，則太上天仙真官所取服餌，非下仙之藥也。

其玉座砂，受得六千年陽虚之清精，則化爲金座。金座則座黄色當中，有五枚，層層而生，四面四五小珠周遶。金座受萬六千年陽虚之清精，則化爲天座。天座則座碧色，當中有九枚，層層而生，四面七十二枚周繞。在於飄飄太虚之中，常有太一之神護持。上元之日，真官下採，其山忽開，光明照曜，一山如火。其天座砂，真官收採，世人不可得也。

【略】

夫修至藥，切忌水銀雜。此是真訣。《大洞真經》皆祕其真汞，取上品丹砂，一色不雜者，抽得水銀，轉更含内水内火氣，爲之真汞。故經云：雜類不同種，焉能合體居。同類者，是其真汞也。亦名子母。仙經祕而不泄。金陵子曰：投汞於金上生砂，而成朱砂，此亦是金座砂也。真汞者，則上品丹砂中抽得汞。轉更含内水内火之氣，然後名爲真汞。

又 金陵子曰：陽精火也，陰精水也。陰陽伏制，水火相持，故陽陰制之。又其丹研水銀。雖辨别其品位高下，亦有曾被穢惡者。水銀非論雜亂，曾近死人來者，甚難辨識。其丹砂若經生死穢觸者，向上一重朱衣便落，其顆粒却光浄無其衣者，是曾經穢也。今但揀擇取上色丹砂一色者，自抽飛變，取水銀用爲精妙也。

【略】

龍虎還丹訣

金陵子曰：大還者，難乎哉。故經云：夫大還者，先授之於天，而還之於人。【略】自古還丹，有黄帝九鼎丹，老君還丹，琅玕、曲晨、神符、白雪、五靈、二十四丹等。亦有從西國而來者。雖流教於世，並無正方。縱有文字，皆指陰陽託號而言。聖人共祕斯門，真處不書，書處不真。若自恃聰智，按文責實，以意推校，用意愈巧，去真逾遠，非論惑其南北，黄芽金水之妙，從何得窺。切在火候受氣，若一象不足，則與瓦礫無殊。而況途程尚遥爾，皆須口受良師，覺悟學者亦須審其方便，明智專一。非常之心，而有非常之事。久受勤苦，而及得成。不然外名丹鑑，絶跡無著，或感神人而授之。過此皆常徒虚勞生耳，不如且美酒紈素也。

余亦非先覺者，給侍長者，苦辛歲久，側聆斯義。坎離二卦，爲藥之根源。朱砂南方火之位，内含水銀也。黑鉛北方水，内含銀也。銀是鉛中之精，水銀是砂中之寶。精寶既分，各歸其根，故爲之青龍白虎。經曰：用鉛不用鉛，其義可知也。據此白銀是鉛中之至精，水銀是砂中之真寶。若將此銀及水銀爲丹藥，恐無得理。故經云：若向鉛中求，玄髮成白頭。此是世間凡銀，豈堪爲藥。又若用鉛及水銀，固不可也，去道遠矣，深宜省之。又别一説，衡銀者非真也。又

一説，鉛銜銀者非真也。又一説，鉛中真鉛也。又一説，嘉州鉛能制水銀，可使立乾。

唐・金竹坡《大丹鉛汞論》　第一　夫大丹之術，出乎鉛汞。而鉛汞之藥，乃大丹之基。觀其互換感發之機，交相制伏之妙，皆出乎天地自然，非人力所能致也。且鉛屬陰，黑色，而爲玄武，其卦爲坎，位屬北方壬癸之水，水能生金。水中有金，其色白，而爲白虎，其卦爲兑，西方庚辛金也。汞屬陽，色青，而爲青龍，其卦爲震位，稟東方甲乙之木。木能生火，故砂中有汞，其色赤，而爲朱雀，其卦爲離，南方丙丁火也。以是論之，則坎爲水，爲月，爲鉛。離爲火，爲日，爲汞。當無一毫之差，可也。僕每至半途而悔，中道而廢，復參異人乃曰：天生於坎，地生於離。坎屬水，爲月，爲鉛。離屬火，爲日，爲汞。坎離互用，日月相交，鉛汞相持，虎龍相返，然後相成。僕遂先以水鉛而制離汞，後以離汞爲真鉛，復以真鉛制汞魂，而爲真汞，然則外丹，得造化之大全。由是始悟五行顛倒術，龍從火裏出。五行不順行，虎向水中生。丹經言不妄發。吁，以鉛制汞，得汞中之寶，而汞伏於鉛，得水中之金，而鉛始見。以鉛制汞。以汞制丹，曰鉛曰汞，不偏其用。曰汞曰鉛，不專其用。鉛汞制伏，黄婆會遇，外丹夫何遠之有。

第二　採取真鉛真汞：以浄鉛八兩，取山澤銀四兩，投入鉛内，鎔搧取花，得八兩，謂之鉛黄花。朱砂八兩，同研細，入神鼎，水火打經三轉，自然真死，爲大丹之基，汞脱無窮之寶。

第三　結法：黑鉛取花於山澤，名曰鉛黄花，白虎，丹經爲水中金是也。朱砂取汞於水火，名曰玉液，位居青龍，丹經爲砂中汞是也。石水中，金砂中，[鉛]汞合爲一處，各用八兩，以體乾坤之妙，和合匹配，同歸神鼎，封固牢密，埋入神爐，水火既濟，運用抽添，鉛得汞而降，汞得鉛而伏，乃爲龍虎大丹。再歸土釜，脱養辰砂，增添無極，三七四六，感炁白雪黄芽，皆自鉛汞中産。張真人曰：不識真鉛正祖宗，萬般作用枉施功。鐘離先生曰：抱太一之炁，爲八石之首者，朱砂也。砂中有汞，汞乃砂之子也。抱太一之炁，爲五金之首者，鉛也。鉛中有銀，銀乃鉛之子也。難取者鉛中銀，易取者砂中汞。鉛汞相合，煅鍊成至寶。此神仙簡秘之妙，得此者無忽焉。

第四　三姓會於元宫：母砂、靈砂、朱砂，謂之三姓。用母砂包靈砂，入鉛黄太乙匱養死。次以靈砂包朱砂，又以母砂包靈砂，入鉛黄太乙匱内，養七日。母在靈在朱在，謂之三在，混而爲一，謂之四象。乃神仙之秘法，爲世上之至珍。

第五　三姓再會：生靈砂包朱砂，用母砂包在外，入四象匱内，養七日，三姓再死，研細，增添無有紀極。

第六　白雪化生：粉霜四兩，生雄貼身，入大匱末内，養七日，其粉真死，雪白可愛。此粉有大功，乾汞點化，無施不可。

第七　白雪變黄粉：白雪取乾真寶，碎爲白屑，上火下水，既濟未濟鍊養，色變如黄粉，見火成汁，傾出成膏，其味甜，有回陽起死之功，糁制成功之妙。

第八　鉛黄信轉爲大寶：用浄鉛一斤，銀半斤，合鎔成汁，入信半斤，投之良久，取出坐鍋放冷，打碎。此信一陀，分胎去鉛銀，以信爲末，與朱對勾，入水火鼎内，打死。信在上，朱在底。此朱有大藥之基，須是煎去折半，其藥方靈，可爲蓋頭。

第九　鍊養鉛汞大丹：鉛坑至寶形如布線者八兩，乃老翁鬚是也。攪爲碎屑，以砂合貯之，入汞八兩，鍊養四十九伏，自然化爲丹粉。炋之成丹，不復成寶。此可爲大匱，養辰砂。

轉制四神爲大丹

一秘：用神仙三丹妙訣，山澤至寶一十六兩，山澤先天太乙一十二兩，同入甘鍋煎，鉛黄半斤爲末作匱，將朱五兩逐旋於中，脱死爲末。靈砂五兩作一陀，以死朱五兩貼了，外用四六母砂一斤，包令固密，再以鉛白霜死。大凡包裹外墻，築入油缸固濟了。畢用養七日，一煅，寒取出，其朱靈母砂，杵爲末，作大匱。此爲一秘也。

二秘：山澤鉛銀煎取黄花半斤，先將母砂一斤，逐塊包裹朱砂，逐漸養死，剥去母砂。次以朱砂靈砂對停包裹，逐漸於黄花匱末内養死，取出搗爲一處，以成大匱。此二秘也。

三秘：依前黄花半斤，將靈砂四兩，逐漸於内養死。却將死靈砂與硃對停爲末，煅作一陀。外以四六母砂一片包裹，黄花匱内養令真死，與母混而爲一，以作大匱。此謂之三秘也。夫是三秘，乃大洞真訣，皆以凡鉛死汞爲真鉛，以真鉛死朱爲真汞，鉛汞一處，合鍊養嬰兒，靈中之靈，聖中之聖也。

脱養嬰兒

夫嬰兒姹女，雖同其源，實易其體。姹女者，未結胎。嬰兒者，已結秀。嬰兒既産，能神能聖，能通能變，運用無方，變化莫測。在天爲白雪，在世爲鉛壺，在人則爲粉霜，神仙比之爲姹女，不過一水銀爾。以其産朱砂之腹，爲汞之精，

砂之汞，攪之不濁，澄之不清，竟在高山，裂石不能碍其形，柔和明浄，糠粃不能汙其質。此爲長生之藥，點化之珍，世之至寶，無可比倫。凡夫濁質，不明造化之根，不遇神仙之訣，乃欲其成乾汞至寶，以歸一身之所用，以縱一己之私欲，何其不自揣量。然人欲求其訣，當先尋師。欲得其方，先修其行。察陰陽之動静，驗天地之循環，明辯藥材，扣求水火法，參稽互考，徧閲丹經，尋訪明師，直與天地同其軌轍，與内丹同其關鍵，可不秘乎。泄之非人，罪及七祖矣。

脱養粉霜成大藥

粉霜四兩，入銀末一兩，同研匀，入油缸内，上以前三洞藥丹末捺頭，用黄土末作蓋，封固堅牢，用火四兩，煅養五日五夜。次取出粉霜，再研細，銀薄捲作筒子，入粉在内，捲裹令緊，入三洞丹頭中，養之三七日。此粉有大功，可作大丹轉黪之法。

外丹大乘濟物利人肥身養道

嘗聞異人曰：天盜地，地盜人，人盜萬物，三才相盜之道，外丹之術，莫不由是乎。外丹以鉛爲祖，以銀爲母，以汞爲婦。鉛盜天之炁，銀盜鉛之炁，汞盜銀之炁，互相盜竊，其理一也。其外丹欲以變化，生生而不窮，非得此三才相呑相盜交和之理，其何以知外丹相生相養相呑相合之妙也。且夫外丹之術，與天地造化，初無少異。大丹以鉛爲祖，以銀爲母，以汞爲婦，以鉛用銀，是感先天一元之炁也。去鉛用銀，以銀養汞，是感後天銀母之炁也。汞既以死爲鉛，故謂之真鉛。由是以知汞之盜銀，子之盜母，其理與天之盜地，地之盜人，而有感異之説乎。真鉛既死，得所謂之真汞，又果何物耶。殊不知汞者，即感後天之炁而生也。未經煅鍊，故謂之真汞。能將真鉛杵爲細末，又將真汞混而爲一，復求朱砂而養之，則鉛汞相合，陰陽配匹，互相鍊養，而可謂之鉛汞真死之藥耶。汞既已死，母炁散耗，不言可知。至此須明其形神俱妙，與道合真之理，方與天地造化，異事而同其源。是故銀者，汞之母。形者，神之舍。神歸乎舍，形神合一。鉛交其汞，汞死爲鉛。銀與鉛合，子與母會，不相分離，不相間隔，所謂和合四象，得外丹大全之用矣。且四象五行，不可缺于一。此一者何也，土也。土者何也，硫黄是也，黄婆也，黄芽也。丹經曰：雖用黄婆作媒禮。又曰：反鉛爲黄芽也。又水銀爲真汞。又曰：灰池炎灼，鉛汞成銀。潔白見寶，可造黄金。若是真死鉛汞二兩，煎出聖銀，正丹經所謂反汞爲黄芽。依前脱養出硃砂，正所謂反水銀爲真汞。反還之妙，不容於不知。然則道家何以曰順則成人，逆則成道。以銀養硃則銀折，全在乎貼身。以砂養砂則耗折，以砂澆汞則砂活。雖千百載，亦無成功。謂其孤陰不能自生，孤陽不能自成。世之用銀則銀折，所幸有汞，則益其銀。世之用砂則砂脱，所幸有硫，以固其汞。銀無耗散，汞精不飛，以銀養汞，投胎奪舍，返本還元，再煅黄婆，以爲媒禮，何謂無成功之效乎。古賢有云：不得硃硫汞不乾，鉛無硃硫汞不耐，正所謂歟。蓋鉛汞者，日月之精，出於天而光照四表。日月之光，着乎山澤，而五金生焉，八石産焉，珠玉結焉。光者何也，精神之發現也。丹者何也，鉛汞真精，感化而爲還丹者也。丹久而光，光而明，由是黄白生焉，衆寶出焉。曰乾汞，曰點化，皆由此丹而出。凡世之謂感氣母砂澆淋，皆自此出，此丹之生也。雖然黄白之術，此特神仙之餘事爾。

唐·歸耕子《神仙鍊丹點鑄三元寶照法》　鍊丹點五金法

《神仙文》曰：五金者，自然之質，未能變化爲寶，須用火龍丹點之，方得通天地之靈也。火龍丹者，本乎南方，朱雀火位，襲化北方壬癸之中，歷涉五行，包含五彩，功齊天地。其氣騰而爲天，其質降而爲地，所以至藥之本，謂見火即飛，故有火龍之稱也。乃有三一之數，雄雌混而未分，清濁浮沉不定。故君子固窮候時，知白守黑，神明自來。聖人祕之，不形文字，口口相傳。

唐·羊參微《元陽子金液集》

真陰真陽是真道，只在眼前何遠討。凡流歲歲燒還丹，或見青黄自云好。

真陰者，聖人只説北方壬癸水，是五行之首。陰君曰：北方正氣爲河車，東方甲乙生金砂。説此一物者，爲五行之首。訣曰：北方有水，水中有金，金始隄防，水中有金，呼名爲庚辛之金，其卦屬坎宮也。真陽者，南方熒惑星是也。生自甲乙，寄位丙丁。燧人能發其光，變化生爲熟，名爲太陽之精，卦屬離宮，内有砂汞。時人不可知之。世人不達其理，遂將雜物及朱砂水銀，修之爲至藥，忽見青黄之色，自言其藥好矣。

志士應須承法則，莫損心神須見道。但知求得真黄芽，人得食之壽無老。

注曰：志士須知規則，而行規則者，即是天地之機也。運動法象，火候進退，皆似連珠合璧，忽聚或散，往來出入，貫串内外，相應更無差失，測候及時，即成至藥。古訣云：失在抽添。得在受炁。得至成寶，號爲真黄芽者。且不以凡物製造，得成此物。是天地之精，微妙之氣結成。凡人極難會，所以云莫損心神須見道。

黄芽不與世鉛同，徒以勞神不見功。虚失光陰生白首，何處悠悠訪赤松。

黃芽者，不是世間黑鉛、黃丹燒成。黃芽出自太陽之內，從虛無而生，歸在中宫，黄帝之位。《道德經》云：狀若明窗塵。故非世人家所有之物，淮南子、赤松子知之。赤松子者，即是淮南王也。訣云：淮南王，錬秋石。呼黄帝，美金花，更無別道。志士不知此真訣，徒自一生白首。所以受之歸身師，師者是口訣也。

神水華池世所稀，流傳不許俗人知。還將世上凡鉛汞，相似令教人不疑。

神水華池者，出自太陽之内，爲火之精，仙人採用，號爲神水華池。其精凝白，似馬牙硝，未伏火者。若經錬之後，呼爲金液華池，名爲真鉛，亦名白虎。若修之後，即汞無黑色。若要住火，感應只在咫尺間。此在口訣，難以書傳。仙人將黑鉛和水銀，採神符白雪相似，令教人不疑。如用黑鉛水銀，皆不是真法，縱遇至人，終日相隨，與至道不相契，終不傳付此術汴訣，只要世人悟會。自是人之根性，與至道不相契會，聖人終不欲令其絶於後代，所以三百二百年方傳一人。夫學道之人，切須廣修陰德，見於道師，敬如父母，首尾相似，不辭辛勤，得此方可傳授。《參同契》云：虛有好道之名，殊無錬丹之志。未有小失，便起大怨，如此之人，去道遠矣。

青龍逐虎虎隨龍，赤禽交會聲嗈嗈。調氣運火逐離宫，丹砂入腹身自冲。

青龍者，是木也，位在東方甲乙之宫，卦主震，内含離氣，爲太陽之精，赤禽之志。其性猛急，聖人呼爲汞。白虎者，是西方金神，位在庚辛之上，卦在兑。此金無形質，生北方壬癸水中，煆錬之後，則永無黑色，名爲白虎，亦名金液。此物能尅東方甲乙之木，當兩情相尅之時，自有聲爆動驚人，星曜流暉。當此之時，即便交會，自然相合，體似瑠璃。未交會，其色凝白。食木精之後，色乃方變爲甲乙之色，青龍也。調氣運火，逐離宫起，自復卦一陽爻生，相次運行，周而復始，連珠合璧，或聚或散，往來貫串，出入無定。若運行度差錯，即退而不要，無論年月，終不成也。《參同契》云：三日，月出庚，狀象鉤。八日，上弦平如繩。十五日，乾體就。十六日，相次缺。至二十三日，爲之下弦。到二十七日，没也。故云滅没也。此數合在口訣。太陽初出東都桃山，上應中國酉時，雞盡鳴。唯有戌、亥、子三時，是絶聲之處。世人只聽凡聲，未辨三時之説。但解明雞法，霄漢亦相侔矣。月初出之時，前後各餘三日，只明二十四日。學道之人，不知此要，徒用一生至功，而迷者不可知矣。

五行深妙義難知，龍虎隱藏在坎離。還丹之術數過百，最妙須得金華池。

五行者，是金木水火土。龍藏者，藏在坎離宫。離卦二陽一陰，内虛受其龍也。龍者火也，火者汞也，名爲姹女。若見白虎，即便受胎，十月滿足，自然相生，白金生水中。坎卦二陰一陽爻，金在水中，不現其形。唯有一法，採而取之，名爲真鉛。即是水火二性，爲之陰陽，更無雜物。《陰符經》云：金丹之術數過百，要在神水華池訣。離龍爍動迸金星，杳杳含光藴至精。潛應四時生萬物，運窮三載保延齡。消鎔碧水飛雲渌，火爍金花混氣清。錬出華池逢虎後，節符進退變黄輕。如斯之訣，甚至露矣。

丹砂其位元非赤，四季排來在南宅。流珠本性無定居，若識其原似秋石。

丹砂者，本只説白金一味，元非赤色，配位在南方，流珠者即是流汞也。其性猛急，須以秋石製之，方可得住。秋石味能苦辛酸甜鹹，五味氣足，能具五色。古歌曰：一物有五彩，永作仙人禄。

日魂月華二氣真，含胎育子自堪神。變轉欲終君自見，分明化作明窗塵。

日魂者，是太陽之精，生在木有火，火化而成土，土是火之子，故云五行火。火化爲土，爲之至藥，聖人獨知之。月華者即是白金名，號爲玉兔，生在水中。訣曰：月華屬坎自虛行，水沃之時得至精。精氣遂能成變化，感通元質應時靈。霜飛皎潔凝如雪，素體凝新體夜星。若錬真陰逢虎後，木龍和會契同情。此説一味白金爲鼎氣，上下兩弦。八日上弦，金半斤，于丁上。十五日乾體就，三五圓暉。二十三日下弦，數三五，水半斤，有一十六兩，一兩有二十四銖，計三百八十四銖爻，應三百八十四爻，爲六十四卦，一銖應一爻，一年有三百六十日，内有二十四氣，應天之大數，謂之天符。其鼎應上下兩弦，爲之乾坤，能生萬物。《陰符》云：爰有奇器，採氣爲之，鼎始生萬象。《金碧》云：神室者，丹之樞紐，非世間五金。其丹如成，狀若明窗塵，服之貫入三丹田中是也。所以云：黄帝得之，先固三宫，後理萬國。自古聖人皆服此藥，得道長生，更無別藥，志士從而行之。

鉛汞一門不可依，金丹祕訣聖無知。莫將世上凡鉛汞，論年運火競相持。

鉛者，北方之水，五行之初，其數一，其色黑。訣云：北方黑帝精，一身無定形。若逢三尸物，姹女當時驚。此物名真汞。鉛者生在水中，與離氣。《潛通訣》云：金不露形，汞不呈才。聖人訣法象，彩玄冥之氣，成其妙質，爲住世

之藥聖。無知者，秋石是也。亦名白金。能流能滑，故非凡物，不是世間凡物製造。志士如修至藥，不用朱砂水銀，最爲精妙者也。本只説白金一味，留住玄冥之氣，白金與汞，是聖人真訣矣。

天生二物應虚無，爲妻爲子復爲夫。三五之門唯日月，能分卯酉座爲初。

天生二物者，即是陰陽二氣，聖人以法象運動火候，故名爲採火者之異名。微妙之氣，結實成其至藥，即是日月之精。日爲夫，月爲妻，藥爲子，子是日月之精。人食此精，與日月齊年。三五者，是土木之數。三者木也，五者土也。木中有火，火化爲土，謂之至藥。服在中宫，能分卯酉。卯者，東方甲乙，位在丙丁。西者，西方庭辛，金在水中，煆錬之後，其色凝白，又能食木精，所以得金尅木。座爲初者，起自復卦，陽爻初生，行度至離宫，没在坎宫，太陽初出在扶桑，上行兑宫，没於西上，陽爻漸衰，陰爻正王，謂之滅没。此數者難申説，自古學道之人，無一知者。要在口訣，難以書傳，謂之天符，大殺之神。

含養天然禀至神，沖和之氣結成身。富貴只緣懷五彩，心知鉛汞共成親。

至神之藥，是沖和之氣，將金養汞，以有合無。一有一無謂之道。有者虎也，無者龍也。陶真人云：練空者至於錬砂，錬砂者合於至道。古訣云：一物有五彩，永作仙人禄。只是説此一味白金，修錬之時，而有五色，光明照目，煆錬得成，即見其寳。陶真人修寳錬寳，見寳别寳，賢人得道，謂之真人也。

乾坤不許相爲避，志士元知在天地。十月養成子母分，賢者何曾更運氣。

乾坤，上下釜也。上蓋象天，金有半斤，下坐象地，金數三五。銖有三百八十四，應一斤，爲之乾坤。天否地閉，水火自生，神精現焉，不得亂失。十月滿足，自然成形質者，何曾更運其氣。藥成體就，却入大庚合内，周遊赤鳥，經營三載，其道畢矣。人得食者，壽同天地。

玄黄冥寞不可辯，鉛汞之門義難顯。世人不曉定其原，細視至行自然見。

玄黄者，藥之本體。名字極多，學道者不可辯真假鉛汞之門，不可説其原來處。學道人切在深會陰陽，細視五行，自然相見。志士相傳，父子難遇，縱此得其人，難體其事，不可以意求之。縱有學道，只是好燒金錬銀，終不求住世長生之道。或云終無知此道。如此用意，去真遠矣。

嬰兒漠漠不可悟，徒以勞神虚見苦。但知會得聖人言，即是分明上天路。

愚迷之意，不可操持。遂用他物修營至道，無論年月，終無成者，自勞其神，至於白首。如會至人之言，准其繩墨，修錬得成，上天何難。

三四同居共一室，一二夫妻爲偶匹。要假良媒方得親，遂使交遊情意密。

三者木神也，四者金神也。二物爲夫婦之道，汞入金中，同居一室，須要良媒。良媒者，即南方丙丁火神也。不知此要，虚受辛苦。

浮沉恍惚性難辨，悮取迷徒年月遠。欲知靈藥何日成，陽數終須歸九轉。

金沉石浮，世人不知解，迷徒之人更難親。錬變至九轉，極陽之數，紅紫射人，號爲大還之丹，豈非容易，天機張而不死矣。

陰陽冥寞不可知，青龍白虎自相持。年終變轉自相瞰，白虎制龍龍漸希。

陰陽之道，難究其原。若信百方，終無所成。成龍虎，兩相飲食。白虎制龍，兩相交持。其汞欲飛，被水相拘留，汞去不得，即成至寳也。

乾天爲父坤老母，南方朱雀北玄武。年終歲久俱成土，時人何處尋龍虎。

乾者爲天爲父，坤者爲地爲母，此意白金爲鼎器也。南朱雀，火神也，名爲鉛。修錬功畢，俱成於土，即是龍虎呼吸之理也。

三人義合同爲宗，常飲日月照其中。已過三花金再液，九轉須終歲月功。

三人者，即是水火金三物也。其宗祖日者，太陽之精，月者，玉兔之精。往來照曜其中，留精於鼎内，化歸坤室。三花者，火之異名，遇金液不可捨也。兩相交會，歲月將滿，其丹必成也。

青龍本質在東宫，配合乾坤震位中。白虎自兹相見後，流珠那肯不相從。

青龍者，東方甲乙，位居震宫，其數三，其色青，王春之三月，汞陽氣，能布枝條芳榮，天氣下降，地氣上騰，即木宫中有其父，號爲青龍。白虎者，七殺之神，能尅木，木龍欲走，被金制之，不能去也。木龍者即是真汞。火氣纔動，漸被收之，還被歸本宫，故云還丹也。金木相返之義。

龍虎修來五轉强，爐中漸覺菊花香。如今修錬正當節，莫恨悠悠歲月長。

夫修大丹，志意巖谷，休糧停厨，晝夜精心專思，漏刻抽減無差。不辭得失，希望丹成。臨爐瑞應，香氣如菊花也。

欲識丹砂是木精，移來西位與金并。凡人何處尋蹤跡，恍惚中間在杳冥。

丹砂本是木之精，精是離炁，故名汞。恍恍惚惚，其中有物。杳杳冥冥，其中有精。此義深遠，難究其根也。

悟者猶如返歧蹤，迷途不易尋路苦。三人運合同一原，本性何曾離宗祖。

悟者非難，迷途不易。三人即水火金三物，事同一原，唯聖人獨知之矣。

一人本有一人無，金公爲婦木爲夫。玄冥深奥不可度，志士何曾肯語圖。

一人有者，即是金公也。一人無者，即是青龍也。其義深遠之事，學者不可語圖。夫學此事者，切須勤苦志，忘飢罷寢，不辭辛勤，審察師旨。縱遇至人，終日話論，自己根性不契至道，如何得成。志士未得至道之時，亦甚茫然。及至得了，覓人傳付，猶萬萬中不遇一人。學得之者，不可閉其大道矣。後來學者心自嗔嗃我慢，只求乾銀濟世之寶，終不求濟命之藥。如此之人，實可痛乎，虚棄一世。或云終無此道，蓋爲正氣不真，邪氣參雜，則與道爲隔也。此訣三十首，句句華秀，字字顯理。偶以愚情注解其文，重疊事同一原，令人不用水銀朱砂，及五金有質之物，修營至道。至藥根本，不是世間凡物。後來學者，切宜細詳其事，不出象中，忝爲忠臣孝子，不解尋真，實爲苦哉。

玄天汪汪配地黄，男精和合並同房。白液爐中隨月化，時人服者瑩心凉。

天地玄黄，是陰陽二氣，男精汞也，白液者金也。合歸一處，爲之黄白，象雞形。入鼎燒之，然後變色成丹。人得食者，能殺三尸，去九蟲，令人無所染，謂之真人也。

金木相傷誰定原，五行相返自相連。世上共藏陰火白，誰能識得黄芽鉛。

金能尅木，木中藏火，火能消金，五行相返，又能相成。從子到午，是相生。自午至戌，是相尅。如斯相連相返之事，合在口訣所傳。

世間鉛汞不相依，志士元知在坎離。賢者共藏人不見，淮南修祕在華池。

世間凡鉛汞，且藏府無類，服者隨滓而下，終不入丹田中華池者，即神水也。訣内華池是白金，不載方書訣在心。沐浴須傳外烝法，陽數還令反作陰。金體水銀也，非作水銀形。鍊藥須通訣，無師莫謾施。不傳神水法，由來歲歲飛。

九轉丹成歲欲終，開爐忽見藥花紅。水火變來俱作土，時人何處覓金公。

陽數日滿開爐鼎，狀如朝霞，其色紅赤黄，歸在中宫，水火二物，俱化成土也。

鉛汞相傳世所希，丹砂玉質雪爲衣。朦朧只在君家舍，日日君看君不知。

砂汞非赤色，古人只説白丹砂，亦爲名白馬牙砂，只是西方金是真也。

還丹入口身自輕，能銷久病去袄精。貪愛自兹無所染，能改愚人世與情。

至丹入口，三尸並死，令人無所染，謂之真人也。

誰悟靈丹出世塵，三花合會與龍親。君看前後鍊丹者，誤煞千人與萬人。

三花者，火也。如能運合，青龍自生。五行顛倒術，龍從火裏出。五行不順行，虎向水中生。將銀投水，將水投銀，是水是銀。

題元陽子修　通玄先生注《還丹金液歌注》

和氣和太初，初氣終歸一。

和氣，和者天地元和之一氣也。能生萬物，故天乾地坤，受元氣也。

母子本相生，相生又相失。

母者，水基。水銀母也。因母而生金，金須臾變化歸母，容貌相變，先生云子母。

陰鍊玄陰精，月旬嫁於日。

嫁，往也，初起火相令屯卦起，旬加一爻，至於既濟，六十四卦終而更始也。

日月既相交，還丹艴然出。

依陰陽爻卦得之，日月乾坤，元氣還丹，艴然明顯也。

北方取河車，

河車者，水基，中有姹女，水銀也。

南方朱雀一。

南方者，丙丁火。中二氣相合，成其還丹。

碧水生妙花，白花懷玉質。

碧水者，水基也。生白花者，金花隨陰陽，鍊出西方金，花如玉花也。

龍虬入相交，刀圭須謹密。

龍虬者，金火也。初入爐制伏未定，恐有失走，故須謹密，不可漏泄，刀圭器物牢密也。

獨弄在乾坤，能滋於萬物。

唯金花水銀，能成還丹。生於萬物，制其死生，與天地齊畢，非八石金銀之類。今人之愚，以水銀合諸金燒之，害人性命非一也，舉上如然也。

姹女玄陰精，二種皆歸一。

姹女水銀，玄陰水基，二氣相合，一體而成還丹，故此言之。

河上無水銀，

非人間朱中水銀也。

乃合著陰律。

火候陰律足也。

蕩蕩赤龍蟠，

赤火也，龍藥也，二氣相合，千變萬化，神聖如龍，不可知也故然。

火候看容質。

隨晦朔也，見其容質也。

變作褭蹄金，

褭蹄金，還丹之名。

黄芽無根術。

黄者，金色也。芽者，萌花也。從天地氣而有，非烹石中水銀，鉛中取花，故爲根術，非滓穢之生。

火記三百篇，知之萬不失。

知水銀，識金花，解火候還丹，萬不失一也。

如騾懷姙駒，自懷其形質。

騾駒者，母懷子出，金花合之，還丹成金花，水銀變矣。

題元陽子《還丹歌訣》卷下 歌曰

真陰真陽是真道，

真陰陽者，是真水火，非世間水火也。

只在目前何遠討。

世人日見其道，不自悟也。

凡流歲歲燒神丹，忽見青黄自云好。

時人不知正道，悮用鉛汞也。

志士應須求法則，

須知規矩，則而行之。

莫損神心虛見老。

不得真訣，皓首無益。

但知求得真黄芽，人得服之壽無考。

若得真黄芽，服之自成道。

青龍逐虎虎尋龍，

龍汞也，虎鉛也，汞愛飛動，被鉛制之不起也。

赤禽交會聲嗈嗈。

汞被朱雀吞之，自作嬰兒之聲。

調氣候，

運火不失節候也。

運離宫，

離宫者，火神也。

靈藥入腸身自沖。

靈丹入口，爲真人也。

黄芽不與世鉛同，

黄芽是大藥根基，非俗人所解。

徒以勞神不見功。虛室自茲生白首，何處悠悠訪赤松。

赤松子者，仙人號也。

神水華池世所稀，

神水華池，大藥根本，非世間凡鉛汞也。

流傳不許俗人知。

抱朴子云：此樂若使尸人知之，天下仙人成群也。

還將世上凡鉛汞，相似令教總不疑。

諸仙共祕，但説世上凡鉛汞而已。

五行深妙義難知，龍藏虎隱元坎離。還丹之術數過百，最要須得金華池。

陰陽之道，難究根源，若信古方，終難成也。《參》云：黄帝美金華。故鉛外黑内懷金華也。

丹砂之位元非赤，四季排來在南宅。

丹砂非赤，位居南方，所以世人不可得源也。

流朱本性無定居，要識其源是秋石。

大丹須得秋石，故淮南王鍊秋石也。

日魂月魄二炁真，

此二炁日月之精，非世間所解也。

含胎育子身最神。變轉欲終君自見，分明化作明窗塵。

《參》云：狀若明窗塵也。

鉛汞一門不可依，金丹祕説聖無知。

此祕聖道，無人知之，世人呼鹽爲聖，無知也。

莫將世上凡金石，論年運火競相持。

若將世上凡鉛汞，修鍊無益也。

天生此物應虛無，

此物應微妙之炁結成，非造作結而成也。

爲妻爲子復爲夫。

此藥如君如臣，如母如子，如夫如妻，如魚如水也。

三五之門唯日月，分明卯酉坐爲初。

若人知三五，終身無憂。若卯酉是長生之位也。陽炁所生，陰炁坐位也。

乾坤不得相違避，至事元歸在天地。

天地是大道也，世人日用不知也。

十月懷胎母子分，賢者何曾更連棄。

言其轉數終，鍊靈藥迥然，棄母而子獨居，故賢者何曾連棄。

含養天然禀至真，冲和之炁結成身。

《參》云：天生玄女，地産黄男。

富貴總緣懷五彩，豈將鉛汞共相親。

此物含受五行正炁，今人呼胡鉛是也。

玄黄冥漠不可辯，

世人不識鉛汞也。

鉛汞之門義難顯。

言世人不識陰陽也。

世人不曉定其元，細視五行君自見。

言五行者，金木水火土是也。

嬰兒遑遑不可悟，徒自勞神虚見苦。

世人不識靈妙之要，虚勞神思，不見其效也。

但知會取聖人言，分明即是上天路。三五同居共一室，

龍虎號三五也。

一夫二妻爲偶匹。

一二者，水火數，土五也。

要假良媒方得親，遂使交遊情意密。

陰陽之道，須得良媒，良媒者神水也。若得良媒，夫妻自然和合也。

陰陽冥漠不可知，青龍白虎自相持。

龍虎入室，而不可解也。

年終變轉相吞噉，白虎制龍龍漸稀。

年終轉數畢矣，似能別汞漸乾成寶也。

乾天爲陽坤老母，

言一陰一陽謂之道也。

南方朱雀北玄武。

南方火神，北方水神。

年終歲久俱作土，時人何處尋龍虎。

水火俱成土也。

三人義合共爲宗，

三人者，鼎三足。

常欽日月照其中。

日月二炁，入於鼎中死也。

已遇三花今再液，九轉能終歲月功。

九轉者，陽數極盡。三花者，火也。

青龍本質時言東，

東方甲乙木，汞也，震象青龍也。

已合乾坤借位中。白虎自兹相見後，

白虎者鉛，黄芽爲之。

流朱那肯不相從。

流朱者，汞也。性好飛走，得鉛制之，不可走也。

欲識丹砂是木精，移來西位共金并。

丹砂是木精，合鉛金，成大道。

凡人何處尋蹤跡，恍惚之間在杳冥。

《老子》云：杳杳冥冥，其中有精。恍恍惚惚，其中有物。

龍虎修來五轉强，鑪中漸覺菊花香。

言藥鼎中如菊花香。

如今修鍊正當節，莫恨悠悠日月長。

修鍊運轉，須看火候。

悟者由如返其路，迷徒不易尋蹤苦。

　悟者非難，迷人不易。

三人運合同一源，本性何曾離宗祖。

三人者，三物也，是水火金也。

一人本有一人無，

西方白虎爲有，東方青龍爲無。

金鄉爲婦木爲夫。

　金陰爲婦也，木陽爲夫也。

玄冥深奧不可度，

大道深玄，不可制度。

至事何曾肯畫圖。

　保祕大道，不可畫圖明之。

天玄汪汪配地黄，

　天玄地黄。

兩精和合歸洞房。

　二炁俱入鼎中也。

白液鑪中隨月化，

　隨日月變化也。

時人服者瑩心凉。

　時人服之，能除萬病。

金木相傷誰定源，乾坤運合自相連。

　金尅木，木生火，火能消金，相生相尅，世人不了其根源也。

世上共藏陰大白，何人能解黄芽鉛。

　黄芽非世間所有，故人不測也。十一月壬癸水位，以一陽生，反爲陰大白。

至事元歸在坎離，

　言真水真火，是即黄芽，非世間水火。

世間鉛汞莫相依。

　若使世間凡鉛汞，誤殺人。

賢者共藏人不見，

　賢者能行持，故凡人不可得見也。

淮王修鍊金華池。

　淮南王鍊三十六水，能變化五金，盡爲寶也。

九轉鉛精數欲終，開鑪忽見藥花紅。

　言大丹數終九轉，其色紅蓮花也。

水火變來俱作土，

　水火相持，自成灰土。

時人何處覓金公。

　鍊至九轉，俱死成灰土，非正色也。

鉛汞相傳世所稀，

　若遇靈丹，不可妄示非人。太上科罰，七祖受罪。

丹砂玉質雪爲衣。

　丹砂色白，至士呼爲秋石是也。

朝朝秪在君家舍，日日君看君不知。

　世人日日見之，不知道源也。

還丹入口身自輕，

　大丹入口，令人羽化身輕。

能除久病去妖精。

　大丹入口，法三尸九蟲，安和五藏六腑，無病所入也。

貪愛自茲無染著，能改愚人性與情。

　大丹入口，令人不染惡疾，愚者變成賢人，與古仙齊名並軀矣。

沈浮恍惚性難辯，誤取迷神年月遠。欲知靈藥何日成，陰陽應須終九轉。

誰料靈砂出世塵，三花合會虎龍親。君看前後鍊丹者，悞殺千人與萬人。

題百玄子《金丹真一論》

夫靈丹之源，稟乎真一之氣。論曰：真一者，大道之源水也。水者氣也，氣者道也。道本無名，因氣生質。

　質者，有形之物也。道始無形，從一氣而受化，化及有形，形者名也。故曰：道本無名，而强名曰道。道本爲一也，一者母也。一能布化，生成萬物，利用天下。太上曰：布一名於天下。凡遇大丹，莫不尋本求末。本者真一之

源，爲之母也。子者丹也。嘗丹之士，莫不求乎真一之源，而化氣成子。神丹之妙，見於此矣。

形質既分，清源有異。

清者，黄芽也。此芽能輕能浮。濁者，鉛也。此鉛能沈能滯。大茅君謂青霞子曰：鉛沈銀浮，謂之黄芽。亦曰鍊秋石，亦曰黄芽。凡經鍊九轉神丹，鼎中須分清濁二氣，方悟造化之權。二氣者，一氣全陽，守六爻正位。一氣全陰，亦守六爻正位，定陰陽兩全之義。《陰君還丹賦》曰：至道還丹，陰陽兩全。化瓦礫而成金，度凡人而作仙。此芽鍊至九鼎，方爲老芽，始堪入用。丹書曰：黄芽者，造化之終也。況老陽之芽，神氣方足，堪用作丹也。

數起北方河車，

車者，還丹日數也。謂言行火須滿三十日，要法逐月節度，運火勿停，陰陽各半，互相受用，氣行一周，丹轉一次，始起北方復卦，從陽爻運氣，而終十月，陰陽數足矣。

定神水之受用。

凡運大丹，先定神水華池，爲之受用，得水方與真鉛同類。丹書云：同類氣合，相須如神。若鉛不真，神水無以能受。仙家所忌。忌類不同，是以先定神水，後議真鉛。《參同契》曰：若鉛不真，其汞難住。凡稱汞者，是神水華池也。此氣若非真鉛，無以制其汞。汞若得伏，有諸異名，且非獨汞之名。一名流珠，一名金液，一名金漿，一名玉醴，一名紫遊膏，已上俱是神水華池中真鉛也。真鉛真汞，二味華氣，凝結成丹。丹家先定神水華池，爲之受用。修丹之士若明神水華池，定知仙路不遠矣。大丹不得神水，無以變其靈通。神水不遇真鉛，無由吐結精氣。二物相合，乃成還丹。

論曰：水數屬一，含氣混真，配位而黑，得合真鉛。

真鉛受性，養在北方黑氣。黑氣即神水是矣。

此鉛含光隱迹，造化自然。

真鉛含五色之象，道家每三百六十時，一度開鼎，添合銖兩，便見其靈異，時黑時白，或黄或紫，或紅或青，應金木水火土之正位。《陰真君流珠金鏡》云：一物有五彩，永作仙人禄。又云：鉛含五彩，汞吐三花。二物合體，名爲河車。河車是丹之異名也。

或沈或浮，能有能無，散即潛龍，聚則秋石。《金虎元君訣》曰：浮沈恍惚，渺邈如雲，其中有精，可以經綸，似有似無，難辯素真。

此乃元君指顯真鉛，有此浮沈變化之妙。

論曰：浮沈者，鼎中收結也。結精華之花，透出其上，謂之輕浮之精華，又名神符白雪，又名鐘乳，又名馬齒欄干。俱是黄芽一體，鼎中變化異常也。嘗丹高士，若運玄功及此，定知九轉神丹，全科畢法在乎手矣，可以將近仙都，名標玉籍。

已上並是黄芽運化之道，殊聖之功，仙家貴重之事。

黄門侍郎蕭子雲大丹歌曰：千言只爲祕黄芽，萬卷方書説閑石。論曰：黄芽未入鼎已前，先須定時日，化鍊黑鉛，以騰倒精華之氣。又輕浮者配合青龍，同入金鼎。雖入金鼎内，猶是未分清濁。何故，蓋未受造化正氣，憑何節令推遷，擬分清濁。此須是治丹之人，妙運五行，能驅造化，審看刻漏，進退節符，黄芽始可化成。其或水火數差，漏刻無准，陰陽失度，氣候不交，黄芽萬一不生，斯乃理丹之人慢怠，差其候也。茅真人謂青霞君曰：陰陽不能順，畢竟不生牙。斯乃道家共禁之法，恐洩天機。且見今人鍊藥，擬效長生，不知靈丹之源，妄認朱汞。

世上多悮認朱砂，用此爲汞，更以鉛花合造，燒煆爲丹，傷人之命甚矣。

且自古高真之士，不無丹書仙經，洞文藏經，衆真内禁聖訣，備顯人間，開露玄意，引接後人。凡舉大丹，先具清釜之竈，丹井醴泉，是修丹急務之要。未審今人鍊藥，以何物爲真鉛，如何是神水華池，井竈之用。而況衆仙相繼，丹成之後，各有丹井具存。當日若或無用，豈真聖造化無端，惑亂後人也。且如内禁訣中，凡丹井成後，無令雜穢使用，水脉定後，更宜换之，滌去滯泉，然後任露天通，星月照之。大凡井水，或有沙虫，視之不見，但以金銀寶器盛之，旬日虫化爲脚。

注云：如道家未辦，但以通油新瓶器盛之，以蠟紙封頭，勿令塵入耳。

水性既定，土氣已收，方取合丹。凡造丹井，若得石脚泉青白色者，元是陽脉之水，運丹復靈，若值青泥黑壤、黄泉赤脉、鐵腥味澁，有此之象，並有水脉交雜，陰壞積滯，土氣昏濁，不任鍊丹，宜須别造。但得清泉味甘而醴者，切宜寶之。已上内禁訣中論丹井第十二篇論曰：且水者，利生萬物，五行之首，北方陰氣一也。故言水一火二木三金四土五，五行之數，一以貫之，始自虛無，從無入有。

緣水是虛無之體，故言從無也。入有者，從此虛無氣中，運五行造化，忽

生還丹，故言入有也。

從有返歸於無。

其丹雖然有也，遇換鼎器之時，是逐月添合青龍，乳育白虎，還復無也，故曰歸於無也。

還返數終，神丹自睹。

鼎中靈藥，數轉已足，滿鼎殷紅，又如血滴，中有白酥湧起之狀，惟聖與賢，莫測靈通變化也。

隨日月之變遷，順五行之情性。且如十五、十六日月正圓，明丹亦氣盛光明也。月將虧損，丹亦伏藏收結也。如是返覆之數，九轉皆總如斯。凡丹書云九還七返者，此之謂也。

九爲陽氣之初，七爲太陰之始。凡運大丹，並須陰陽對用，昇降輪還，九六爻變。《易》曰：乾元用九，天下治也。又曰：用九，乃見天德。是以治丹之象，並奉天時，合節須節，合行即行。《易》曰：天地節而四時成，陰陽節而萬物生。所以丹家盗之，一如推化萬物，變移種種奇異，花蘂紅黄，枝條垂布，俱存鼎中，聖人效之變化也。《易》曰：天地變化，聖人效之。天垂象，聖人則之。凡治丹言運符節者，此之謂也。還丹得不生焉。已上明論注解九還七返大義，俱是還丹成熟之訣。丹若不節不尅，不止不殺，無能成寶者哉。又丹書聖人類天地萬物之情，窮陰陽配合之道，治符造化，盡妙五行，春氣發而草木華，秋氣收而萬物實也。

《太易丹書》云：還返既老，精凝不飛。若以朱砂抽汞，鉛花取芽，八石三黄，五金雜類，此俱不入大丹之源。但可以制伏，變化黄白，添爲世寶，濟貧助道，救接孤危。若將此頑滯之物爲丹，奈仙經云：朝服一刀圭，暮可生羽翼。料茲頑質，必不及斯。且朱砂水銀有質之類，又經火煅，陽毒相含，服之發渴爛腸，喉結如火，千萬莫能療，五藏已亡，萬金之身誤傷何苦焉。馬明先生曰：還丹者，見水歸水體，入火復金液，服食如風雨，消融歸百脉。

還丹從漿液化，故言金液。可以融百脉，服之注灌百脉，疾如風雨，驅除邪氣也。

陰君曰：無質生質是還丹，凡汞凡砂不勞弄。論曰：無質者，虚無之氣是也。此氣呼吸動静，騰躍伏藏，非離母也。母者水也，水合真鉛，配爲華池，華池便是丹田也。丹書云：用鉛不用鉛，鉛是舊丹田。既産其丹，名爲生質，故曰無質生質是還丹。論曰：水雖有形，終而無質，神仙以法制之，能生質也。生質之由，始緣昇降致茲有也。

昇即鼎中陽氣上騰，降即壺中陰氣下結也。

論曰：丹處虚無者，與橐籥而伏華氣是也。

河上公云：橐籥空虚，故能有聲氣者也。

一氣純乾，全行陽道。一氣純坤，全行陰道。並是陰陽交媾，二氣成真，真者丹也。丹者凝結之象，紅液是也。

丹成故非檀末之形，俱爲紅液之象也。

訣曰：切在先憑刻漏，晝夜無差，或退水進火之時，俱在午前分漏，焚香勿絶，仰告上真，乾火盛明，恐鼎有失。

亢龍有悔，是此時也。治重剛之險，九天之德，莫盛於斯，故曰乾火盛明也。

不可輒抛藥堂，專聽龍吟盛位之聲，審察陰陽調理之候，或聞雄聲稍武，

武是亢龍之火，純陽也。緣陽道將退，未免進火，應其時數也。須滿鑪之火得，不憂茲驚失，又慮鼎器難禁。有此雄聲，切在小心，以時消息也。

暫開午門。

午門，是下次進火之門。納陰之首，暫且開之。放火氣伸緩，候聲稍和，清幽絲竹之類，却掩之，氣和者也。

微通火氣，其聲清幽，徐而復掩，又恐歇氣，多時節滯，神丹變化。

自此已上俱是乾道變化，治丹君子善守護持，方保貞吉。

訣曰：其次遇進水退火之時。

時在姤卦，治一陰而御五陽，乾元亨利，萬物資生，承順乎天，乃終有慶也。

履霜堅冰，陰始凝也。盛暑雷震，息以葳蕤。芽體漸成，循善無失。漏應二更，貞而復吉。《太易》曰：姤結其瑞，雪霜其素。胎滯濛肥，陰爲陽主。道之樞機，伏藏爲虎，履霜光耀，堅冰寒沍。此時丹漸凝結矣，神水已變，大道功全造化，既成黄芽，鍊徹九轉，靈質可觀，號曰老芽，以茲方熟。

黄芽澄鍊須熟，方堪入用，鍊化爲丹。太一真人玉壺頌云：十月霜飛雪又濃，黄芽内熟色顒顒。修丹若見黄芽熟，安得不思金虎龍。是知黄芽九轉方熟，或如欄干鐘乳，疊石嵯峨，科計萬條，絲文馬腦，玉柱玲瓏，種種靈異之

象，直候九轉將足，收此靈芽，上壇呈天，誠心仰告，弘願惟深。再鍊靈芽，願成大藥，晨昏朝拜，開啓壇爐，從此之後，志鍊還丹。

《參同契》云：黄芽者，是大藥之根基，長生之至寶。其奈孤陽之芽，未可獨立。水合陰陽，方爲大藥。論曰：故知水者，大藥之宗，内固營丹，外化萬物，合陰合陽，神仙之母。太上曰：天得一以清，地得一以寧，萬物得一以生黄芽。得水改性换形，變爲還丹，正名大藥。所以《參同契》云：孤陽之芽，未可獨立。水合陰陽，方爲大藥。是知天機之事，不可得而聞之，玄誡也。論曰：水本非神，得數則真。故言神水也。此水莫不五行共化，四象相推，陶家之輪返，圓轉數極，知來者成化備矣。況乎真人，運造始而有則，終而有歸，兆之未萌，萬物斯睹，何難之有。如日月輪還，晝夜恒則。所以造成世界，化及人民無窮也。斯乃始得陰陽度數，運轉有恒無竭也。若言營造大丹，須藉感時相應，是以功殊物外，世法莫同，神水非神，從數而妙。又《陰符》曰：金丹之術百數，其要在神水華池。是知還丹得一，變化無窮，昇舉常個，永齊天地也。論曰：水性全陽形而能陰。置百斛於釜中，煎而乾之，顯兹無質也。而潤及於大地，百物生焉。何故有質也。此質盗天地正氣而生。經云：天地萬物之盗，俱是抱一負陰而生。斯乃並論天象化備，萬物有歸，故成就也。論曰：金丹化備，神水何歸。論曰：神水爲母，真鉛合胎。胤化於金鼎之中，盗五行之數應用，日辰旋運，綱斗相隨，符節催逼，其水自神，其氣降真，黑鉛吐精，金花湧生，俱不洩内外結爲丹，此是聖人化備，還丹成質也。此質且非與地質而同其氣，聖人猶托易而明象焉。王弼注云：居中得正，極於地質，任其自然，而物自生，不假修營，而功自成，故不習焉，而無不利者也。論曰：何故不習而能利焉，豈不然也。但返乾數而復坤位，是以無所習也。旋路還鄉，始明於本，何憂末乎，故不習耳。此説並論天道常用，日月輪還，乾坤剛柔，以時消息，象數所由，盗而用之，賢賢相受，世人罕遇。故經云：萬象不能逃其數，而況於人乎，況於鬼神乎。此律曆數不能契者，自是人之味也。聖賢之道即不然。《陰符》曰：天性人也，人心機也。立天之道，以定人也。所以易天心，闢造化，返五行，運八卦，定節候，分晝夜，此乃天之機，人之盗也。得不宇宙在乎手，萬物在乎身，冲天之機於人而見矣。玄象既明，還丹成矣。論曰：元陽子云，乾天爲陽坤爲母，南方朱雀北玄武。年終歲久俱成土，時人何處尋龍虎。土者是有質之象，德居黄位。黄位是九九數滿之義，化物已成，得土之號，是丹牙也。謂土能尅水，是消化鼎水之大義，聖意明顯，水歸土也。故非地土之土也，是丹牙之初體，得白虎之號，能嚙食青龍。丹書云：龍虎相嚙復相吞，立生定位此中存。八節運移寒與温，看看漸變黄芽根。故知黄芽屬土，能消水也。論曰：水無滯質，含氣混真，精華既結，金液復凝。丹書曰：金液大還丹者，此是也。世人不悟，亡家失業，罔測此焉。論曰：所言金丹者，故非金石之類爲丹，借位而呼之，禀西方之色，而本素也。《參同》曰：丹砂本素元非赤，四季排來在南宅。緣南宅是納陰雌、降女子之脉，脉聚而赤，陰氣紅澤，行血信也。徐君云：男氣白精，女氣赤血。乾道爲男，坤道爲女。聚氣成胎，納陰爲主。丹至納陰，始變其色，元非赤也。故經云：丹砂本素元非赤。秋石者，亦同前説白石也。白象西方，故曰秋石。論曰：凡開啓大丹，取金旺之象，白露爲首，旺於西地，此是金水氣正澄，鍊煎金秋月圓盛，金花滿盈，是煉丹之時候也。魏真人曰：採有日，取有時，世人用之而不知。況乎古仙鍊藥，但取金氣圓明，蟾光滿盛，真人共用，萬一皆同無二也。又曰：金丹得水互兆滋，隆起自虚無，從無生有。凡運金丹，須明真一。真一者，水也。育丹爲母，真者氣也，氣爲道化。

化者是行氣之義，直候氣足，方名爲道。行氣者，二氣是也。

況乎非遠，目前可見矣。包真人云：真一法朝，日在眼前。太上曰：大道汎兮，其可左右。萬物恃之而生，生而不辭，又何遠乎。又經曰：母藏子胞，子隱母胎，知白守黑，神明自來。

白者，西方金也，金者便是母也。黑者，北方水也，水者便是子也。知有西方金也。丹首起北方壬癸，壬癸是水也。經云：金胤於水但安水，必存其丹，斯言黑白二義明矣。故丹書云：知白守黑，求死不得，此之謂也。

青霞君云：水爲凝而納火，金消散而入水，水火之氣相蒸，金形相轉，往而不定，上下無常。水得火而昇，金得水而潛，相須變化，凝結氣中，又何朱砂潛火，水銀結霜。丹書云：晝鏡照膽，登山網魚，何日獲之。夫煉丹煉神水，有水始生牙，火釜燒金藥，金藥是三花。

金虎元君云：鍊三花但去其玄色，色歸西方之色正白。經云：潔白見寶，可造金花矣。

此花入鼎，須憑刻漏，始分清濁。如無漏刻，靈芽不生，三花入鼎。歌曰：入鼎須憑漏，無漏不成丹。如盲弃却杖，聾者抱琴彈。

大丹無漏，如盲者弃杖，無以能進。雖加減水火，奈時候不正，默而不分，又何定氣昇降，如聾者彈琴，自不能分别也。

論曰：漏者便是此日直符，使者符到奉行，筭陰陽水火正數，一進一退，定其斤兩，合日辰，應運金鼎，先定天地時而後行事，順天地也。《陰符經》曰：陰陽相推，而變化順矣。論曰：且如此日陽時將至，漏已來報，即稱太陽應數，累功成乾。其或陰時將至，漏已來報，即稱太陰應數，累功成坤。如是乾坤俱備，陰陽兩全，奪天地造化之功，盜四時生成之務，鼎中靈藥，萬一成真，紅液流珠，天人共愛。論曰：已前分漏，時在運火，牙必成矣。時在運丹，丹必成矣。並同茲法天象成形。又《紫陽金碧經》云：還丹之道，與九鼎法同，神水化功，更相運入斯。乃前九鼎煉牙，後九鼎煉丹，故曰還丹之道，與九鼎法同。《周易參同》曰：漏刻未過半，魚鱗狎獵起。如是明分刻，漏顯配五行。晝夜玄功，應運符節。

經云：符節者，是分管此日十二時之候也。晝夜應運，曾無暫停，至道神功，准漏消息，陰陽變化，恍惚而遷，水被火逼，時不相容。故元君曰：恍惚變化，在於當時。

《參同》曰：隆冬大暑，盛夏霜雪，二分縱橫，不依漏刻。此是《參同》聖意，微密之妙旨也。訣曰：若運丹昇降之次，輒勿暫抛藥爐，聽察吟聲，調燮火候，進火稍麄，前功恐失。

失者，是火數與時不相應也。春木未滿，夏火已行，夏暑炎炎，却行冬令，此是掌爐之人懈怠之過也。

是何灰暗日久，火養歲年，顆塊朱砂，猶言未伏。論曰：且如金液之丹，是金華之氣凝結而成，人得服之，流胤百脉，駐顔返老，行疾如風，萬灾莫及，龍神仰敬，土地護持，服之歲月，別有異常之事。

服藥三年，別有真聖靈異之事。

更資陰隲，直候上昇。此是九轉金液，凝結化爲還丹。豈是朱砂作粉，水銀爲霜，悞之甚矣。是謂學不稽古，暗詳經論，以意自裁，背道返德，萬家傾産，一無可成，實爲世愚，孰能開悟。而況前賢後聖，大丹理貫一源，故無二三，盡明真一，妙筭五行，攢簇陰陽，潛運寒暑，仁賢相授，廣業經綸，知鉛汞之根源，定水火之大數，如斯明白，始可經營矣。訣曰：且如脉同一身，漏行百刻，時隨漏應，准刻定時，漏既不得，丹隨時變。

此一法衆仙共禁之訣，筌蹄之義，息忘經綸，途遠妙極之理，神明丹中要義，無過此訣矣。

《太易》曰：一日有十二時，陽六時，陰六時，便是時計之數也。轉運輪還，時内消息，又如何頑心度日，弊意彌年，一向灰暗，將延歲月，故堪取笑，實謂痛哉。可惜光陰散亡，學仙之士，請細詳焉。且如定氣分節，大凡五日一候，計六十時，禽類胎卵，應節變遷。書云：後五日，雀入水化爲蛤。後五日，野鷄入水化爲蜃。後五日，鷹化爲鳩。後五日，田鼠化爲鴽。制不自由，時至化也。理丹玄象，運化亦同。後五日，神水冰丹形變，斯乃天時共造，律曆同遷神化也。

諸聖玄意，丹家多議，此一科也。

又聖意一科，且如今日直符，開啓運丹，復卦爲首，起火子位，發爻通靈，而終於巳，純陽也。姤者，納音之首，收攝元氣，而終於亥，純陰也。此日行火大數，理乾坤二卦，變一十二爻，計一十二時，時數之内，有陰有陽，有明有暗，有動有静，有進有退，昇降隨時，周而一匝，鼎中靈藥，隨卦變通，五色流光，天人共賀。此訣外鐫金簡，内寶存心，凡傳於人，賢聖相授，齋修重誓，莫妄輕洩。乃元始玄言，畢法金科，勿違師誡。茅君誡文曰：天門開，地户閉，聖人機密，勿妄漏洩。妄洩真訣，殃及絶滅。豈非容易哉。

又云：得者不洩，洩者喪德。付之以言，誡守玄默。

論曰：若得藥源，萬一成矣。必利衆生，且非一人。

此藥得成，有全家拔宅之功，非獨一人昇舉也。

且見今人煉藥，雖有其言，而無其實。朝朝説道，日日言丹，究論真詮，罔知聖意。如斯暗昧，自尚未能，孰爲利衆，而全家昇舉者哉。經云：若昧藥源，一身難存。若明神水，全家歸真。

神水聖石，一龍一虎，二物知宗，神仙之侣，此之謂也。

論曰：得者日學日新，

但得藥源，經營有神，一月一合，開鼎沐浴，觀其顔色，漸睹幽深，鼎鼎見信，轉爲玄功，其道日新，可見重矣。

迷者日學日昏。

迷者錯認朱砂水銀，便爲大藥，千燒萬煆，如末如灰，罔合經綸，無由取信。既差玄旨，轉益昏迷，皓首如絲，何以開悟。其道轉加，日昏迷之甚矣。

推道守一，

推道紀綱，妙在守一。起甲攢筭，春令發揚。經云：三五之道，天地常用，以時消息，巡歷后土，歸於中宫，其數見五。三五與一，天地至精，可付口訣，難以書傳。大丹之要，非數莫能知其神。神水華池，非真鉛不能合其道。

若明守一，已知大道綱紀，無不盡者也。

皇天無親。

上天普育萬物，愛人最深，玄象天機，與人相合，道成德就，玉皇可見，惟道可親，昭于上帝也。

我命在我，

非天制我有其生，非天縱我亡其壽。三才永固，各保元精，惟人攝養多乖，不悟營修大藥，上天明鑒，法象昭然，大道經營，丹書遍載，自無志學，負己辜身，棄命如泥，却爲鬼物。且積修而難得者，莫貴於我身。因循而易失者，不聞於仙道也。況且真鉛不遠，百姓日用而不知。大藥非遥，滿市黄芽而莫測。凡夫不學上士難傳，而況常人有言，大命由乎天也。如斯不悟，何以聞之。若言命既由天，子之服毒，何致死乎。歷觀今古得道者，千萬餘人，始自常夫從學，安得玉皇垂詔，白日沖天。故知求生者，必遂其生，昧死者，任從其死。昇沈得失，未可言天，我命在我者也。

非丹不存。

塵痾下士，恣慾飲酒，腥羶血肉，沈滯五臟六腑，穢氣蒸薰，身重百斤，何以輕舉。若非金丹妙藥，無以滌蕩，神藥一化，返老爲童，位列真人，名標玉籍，與天地齊休，若非金丹，不可存也。

鍊之可久，

運造神室之丹，且非一朝一夕之功。凡九轉成牙，九轉成丹，開啓造化，須處名山，同道數人，晨昏資備，藥室壇鑪，穿砌井竈，二時朝拜，齋粥資修，志念歸真，神明如一，實非容易，歲久方成，故曰鍊之可久也。

餌之長新。

服藥之後，三屍之蟲漸去，還精補髓都全，暗室有光，童顔日盛，精神爽異，道氣吉祥，五嶽靈真，自然而會，神魂徹視，玉髓全身，趣戲仙都，故曰長新也。

數通即化，

聖人鍊化靈藥，大數運通四時，春季發而萬物生，夏季旺而火炎盛，秋季收而金實，冬季伏而水凝，丹家制造，但得通此四時行氣，金丹自然變化，故曰數通則化也。

數極乃神。

言數之極滿也。但論陰陽數滿，藥方乃神。陰極則陽潛，陽極則陰屈，二氣互用，道之自然。又言極者，是窮變之道盡矣。乃得陰陽之道，極數者也。是神仙之妙，變化之法，故曰數極乃神。

獲斯天機，

天下能事者，不過得道。得道簡易，莫出於丹。治丹之妙，擒制於氣。化氣有形，不過於數。數造金丹，三五與一，獲此天機，神仙事畢也。

永列真人。

世有數千玄術，繼約萬端，若言永列真人。一粒還丹，昇舉霄漢。

佚名《太古土兑經》卷上　土兑者，天地之精，山川之靈。此二體者，或陰氣所養，陽氣所生。或陰氣所生，陽氣所養。研精覃思，乃變化之由，且金生水土之中，銀産鉚石之内，據其質體道頗同，其錫與鉛本性各異，施於銅鐵，行止道殊，事在人情，察其去就。學道之士，先變鉚石，次審爐火，三明藥性，四達制伏。不曉四事，徒勞神思。金銀銅鐵錫，謂之五金。雌雄硫砒，名曰四黄。朱汞鵬硇硝鹽礬膽，命云八石。或陽藥陰伏，或陰藥陽制，明達氣候，如人呼吸，皆有節度。學道之人，先調氣，次論藥物，二者相扶，是曰道真。宿習積慶，方遇神文，保祕勿泄，深藏金匱云耳。

【略】

夫水銀之體，能入五金，以伏煉成金粉。故狐剛子曰：金粉相投，黄白可求。銀得伏汞，所作無憂。銅得伏汞，不過一周。錫得伏汞，其性和稠。鐵得伏汞，五金可修。

金得伏雄，萬事流通。銀得伏雄，必有始終。銅得伏雄，異性和同。錫得伏雄，畢了其功。鐵得伏雄，能去危凶。

金得伏雌，制之一時。銀得伏雌，變轉無疑。銅得伏雌，成真是非。錫得伏雌，自合堅持。鐵得伏雌，自合無離。

金得伏砒，變見門西，銀得伏砒，有合無睽。銅得伏砒，柔弱自低。錫得伏砒，有眣成畦。鐵得伏砒，剛柔自隨。

右件前五金，皆論三黄相入之道，若中不得三黄，未可論其調和之性也。

夫五金之物，須煉治而自相入，添減之術，黄白之妙，以此明之，必見真僞。黄白赤黑，柔堅之性，具件如左。

金得銀而虚，銀得銅而疏，銅得鐵而縮，鐵得强而舒，縮爲汁少，舒爲汁多。銅得錫而殊，錫得鐵而俱。

右此是五金相入與不相入之類。但有明道之士，閑制伏之方，即巧以相入，亦得成於玉寶矣。

金性柔而實重，入鍋與火同色炊三百下，丑糞妙。銀不過二百下，木炭。銅不過三百下，木炭。鐵不過五百下，石炭乃妙。鉛不在下限。炊音吹，鼓也。

若以銀變爲金，以色染之法可伏雄，點生汞亦爲黄矣。若將生汞入銀，先用蔚金根、赤石脂、紫蘇油煎上件藥，及汞銀之等，三二日必成黄色，其物抽汞，可作器。須更入諸藥，具在中卷。不過二十一日，以意消息。

夫變銅，以色染之，以汞點之，亦得白妙。若以生汞入之，莫過石腦、清膠、同律、石膽、鹽鹵汁中煎三五日，然後入鍋鼓之，還入前煎者銅藥汁中，不過四五度，成其真矣，消息任情。

上件銀藥中，君臣相使明了。五金百法，百中不過七八味之藥矣。

夫錫性爛，能制伏得之者，亦爲上法之中最佳也。夫伏錫不過不灰木、石腦、老牛溺、石腦煎之，三十日的伏。如未伏，更加鹵汁，猛火煎之，必得伏之，可爲至寶。夫鉛不可伏，若欲伏之，不過前伏錫藥也，煎而得伏之，皆真寶也。若將伏雄入之，即成真黄矣。

夫論五金，未是真道大法。若明達五行，次論制伏，乃可與言點化之道，五行盡曉，乃是正真之人，三尸外出。故張先生先得道，而後論此三卷聖法，以爲濟世養生之術，故言非正真大法。

若欲伏汞作金，先且伏鉛。鉛伏而汞炬亦須伏雄。但得此物，作黄不難，無勞諸藥爲。時人伏汞不得，乃以諸藥助之。

夫五金成色之藥，莫越伏朱，其次伏雄雌，最下伏砒。故朱一分敵雄七分，雌三分敵雄一分，砒一斤敵朱一分。若得雌雄砒依倍加之變見，皆以銀爲金，鐵爲銅，錫爲銀。若得錫伏火，爲黄中之上法。

夫藥有炬火，燒之不飛上謂之炬火，飛上謂之不伏。又石藥凡燒而不變動者，一兩可敵燒而化藥五倍之力。若草木之藥堅實而重者，亦一兩可敵石藥三倍。若言温伏，汞可安草石藥等，不在無烟變用一種。若言乾伏，須明藥性，知炬火，若是炬火，須是一食久不變。如一爲炬火。

夫鐵物煉之可百遍，其物一煉一打，亦柔潤不焦。銅物可煉十五衮，一煉一入藥中，亦可二十度。如明了鑪火，可百遍不焦。不可知者，三五度即焦。銀可煉三兩度，不失變常性。若是銅銀，亦須依銅法銷鍊，如是諸真者不假如此。

又　卷下　諸方家合煉，皆有異同。只如《太清丹經》，凡流莫測。加之玉訣，賢者罕聞。故黄帝、淮南，尋真棄位。茅君、尹喜，得道忘機。狐罡子粉圖，流傳三卷。張君金石，題授五篇。玄妙養生，先論氣候。陶公藥性，不達君臣。若了此原，即知要妙。且諸家所述者，或説藥性，不曉飛冶。或説飛冶，不明合餌。或説爐火，不解堅柔體性。若明斯訣，無事不諧。今述諸經之祕要訣，列之於後，授者祕之。

【略】

金石抄録

明君臣

右鉛汞爲金石之主。鉛爲君，汞爲臣。鉛能理五藏，汞能去三尸。曾青爲使者，能明目。來雄爲將軍，能净四夷。鍊此四神之藥，服之而得長生。

明飛伏

右有陰飛，有陽伏，有陽飛，有陰伏。鉛能制汞，故曰陰伏陽。汞能伏鉛，故曰陽制陰。夫硫黄一兩，制汞五兩，是陽伏陽也。信知汞力不如鉛力也。且硫入汞曰飛，鉛投汞曰伏。

明陰陽

居飛曰陽，居制曰陰。飛而伏者，却居其陰。伏而飛者，反入其陽。陽伏而飛者，陰極即陽生。陰飛而伏者，陽極即陰生。夫制伏金石，以一陰一陽，乃得合和。以陽伏陽，以陰伏陰，終無得理。硫汞成霜，和九轉鉛精一兩，又飛之。服一刀圭，令人變易。又投生汞於鉛中，飛之九日出霜，必伏盤之上。每一兩變寶一斤，人服延齡也。

明剛柔

鉛投於汞即剛，汞投於鉛即柔。其物柔，若得之，則剛柔相伏矣。夫汞與鉛，能柔剛其性，能柔其物。柔若得之則剛，剛若得之則柔。夫變化五金，不得鉛汞，終無得理也。

明浮沉

金性沉，石性浮，服之返有投上功，得金而相貫，而不能浮。故云一石而貫一金，亦號還丹之名也。

明相類

夫鉛與雄同，舍化受於金之類。雌雄類硇砂，雄不得硇砂相和，而其色不行。夫鉛者，金之主。雄者，石之主，故鉛能變金石。夫欲變金石，不得雄鉛，終

不妙也。夫變五金，無四黃變蒸，亦終不妙也。夫雌亦能變伏五金八石類，於蜜水見母。夫硫黃伏得，本色不移，亦能變伏，染金石類，入磁石作汁，汞類石亭脂，砒類石腦，立凝不飛，硃醯醇酒鉛類，桑柴之灰錫類，蜜陀僧曾青類，於代赭夫論相類者，陰陽和合，即變化順宜也。

明相惡

金惡水銀，銀惡生鐵及硇砂。金得銀而虛，銀得銅而疏，銅得鐵而强，得錫而俱。夫五金八石，皆惡餘甘子，及代赭不灰木，化一切金石爲水。若不得硝石，終無得理。夫鉛汞雌雄，兼一切金石伏火藥物，將火試之，火之不動，鼓之不流，色無精光，並不能變諸金石。

明性靈

夫朱砂者，太陽之精，日之子，而能生。生者能飛一切金石。若不得汞皆飛不上，得倒行神骨則立而並飛。用石膽、黃礬、白礬爲使，用金銀以爲母，用曾青爲將，用四黃以爲君。夫四黃之中，不如雄也。三青之內，不如曾也，雄能通於神，曾能明於目。大結子三華煮之爲上，次以猪脂煮之，兼以滋潤，妙也。切忌冷熱相淘，亦能變爲末也。

夫朱砂好者，入赤鹽黃鹽，覆藉磁器，火養十日，名曰立制神粉。點汞成紫庚，五石爲軟金，亦號曰神妙，又點上真庚合之固神。夫硫黃用吐番紫礬一味，立制汞爲黃金。波斯赤鹽亦然。俱不用諸藥，並成上寶。

夫欲作庚，先須鍊鉛及伏雄汞，即伏四黃。但伏得雄汞二味，自成其真寶。不勞諸藥，兩味相和合，作土金相和，用黃赤二鹽覆藉，以清虛薪火，燒之五十日，成紫光丹，點化五金。點白金，以青與代赭。陰伏金公，可修忽於飛霜湯制立，要石亭脂、帝女血，和汞砂銀，火養百日成庚。

又黃童一斤，帝女一斤，作汁煮三十日，不失本性。亦以制汞，汞生硫黃，火之六神，生爲赤霜也。

又五金有不真物，但投硇砂，則真僞自見，亦能均色也。麒麟竭亦能駐色。黍米酒能柔軟，梔子能染色，餘甘子能去不浄，代赭亦能潤色，兼能美質，黃礬能出染一切金石汞砂，投猪脂千遍，而成銀，爛如泥，服之長生，大堅筋骨，朱砂以硇砂煮用之，清矣。

明銀汞

鉛爲九返，汞曰七還。合喰煮之，六十日如埃塵，又飛如爛銀，住還丹。能入五金，駐紅顏，煞三尸，去九蟲，能剛其性，柔其物，鉛汞相投，其體則剛。入於五金，其性則柔。能煞金鉛，能喰汞鉛。鉛汞相入，亦號七還。加硫飛之，即號九鉛。令喰九鍊，亦號九五七還。用華池三升。草西灰二升，五度重淋，淘煮一日。又猪脂煮三日後傾出訖，又於皂莢灰汁中煮之，令浄，乃可使之。

明黃芽

取九鉛七還，和飛成伏盤霜七遍，收取霜和華，溲之浥浥作團，安三台釜上，鼓之如銀，亦硬，唯不炬火，能入五金、未堪服食。更鼓七遍，用子明下，如銀鉛汞相入伏火，名之藥鉛。又將此藥鉛重入地下釜烹煉，出黃芽。將此黃芽和生汞研飛之，上者名曰輕舉，不上者名曰水母。飛上者，子戀其母，故處其上。不飛上者，亦母戀其子，故有飛上下之藥，用之不別塗也。

佚名《陰真君金石五相類》 假如陰石在離山，南方是也。北山出水銀，從水銀變成朱砂，朱砂離之，所出何也。北山勢雖陰，緣類相反剋，乃先成水銀，後成朱砂。朱砂受離火之炁，假赤暈成形，終未免水銀之體。被陵陽子明傳得一經，知金液深淺，皂白始分，以法脱其赤暈，還其真性之身，號曰脱體丹砂，亦名換骨丹砂，亦名白虎腦，而成分明。叙經而説，配金石門户，五類相成，不失其所云。

配合金公相類門第一五條。

第一配金成質，用同相類，兼辯得真骨肉法。

假如用鉛，鉛是陰中有陽，陽是鉛中有銀，兼銷成水，採黃華。黃華是鉛之炁，銀是鉛中之精，三物爲命，合其一體。若仙士用鉛採華，即鉛無炁，採精即鉛無骨肉。如一物有命有質者，去其肉則骨何有之，去其骨即肉何有之，去其華即無炁，鉛何用之，一體若令魂魄不備，即如何用之。仙士傳文，如何解辯矣。陰君解云：鉛黃華，是鉛中之炁爲華，將對水銀爲用。雖即二炁合形，終不成質。成藥之後，未免去焉。如其不信，銷成汁三度，即可知其去就，不在作法之限。夫至藥百鍊成汁，展轉通明，不折分毫。然乃存其魂魄，始堪服食，可得長生。若爲藥了自制，形神不住，豈可堅人之性命者乎。此則鉛失黃華之炁力，即知其不全也。爲類返乖，失其筋骨，永各别也。

第二採鉛中銀，號天生芽。直下制水銀成質，質憑鉛生，去肉取骨，骨即無炁，名曰形神不足。歌曰：莫壞我鉛，我命得全。若壞即鉛無骨無肉無炁，三才不全，何名丹田。又歌曰：用鉛不用鉛，鉛用三才全。鉛用三才全，即是真丹

田。鉛須全，即可知其類也。凡認鉛者，不合損其真鉛，鉛即不得雜其外物。雜即神形無炁力，至丹田如此，豈能成象。自古仙士用鉛黄華及鉛精，事理殊異，與常流不同，相類不乖，道能歸一。

第三用不損金公，即神符純體爲玄元。玄元是天鏡，天鏡即三才全，未分別。鉛黄華爲炁，鉛精銀爲骨，鉛質是肉，三才全用，不失純元之體。一曰水，二曰火，鉛中三才全，可用成道，所以萬不失其功。神符爲天地之首，上藥出自《五符經》中。其五符出於靈水仙宫，因水成符，以符爲藥。

第四用九轉成鉛，鉛須全。若鉛全則存三才，即黄華不失其位，其黄華約鉛力全爲用。凡鼎有三足，不可闕一。一炁闕即萬不成其道，藥無神魂即不靈。何也。且黄華中並無筋骨及肉，即三才不備。如至半年，終試之銷訖，走猶不住，豈乃用其無力者乎。類不相從，保合以成，客主終共，水銀反乖，各自走去。

第五成金公之道，全其大丹，形神俱備，不動真性，生靈之寶在我真鉛。鉛若不真，其汞難親，真者已全三才也。肉爲天，亦爲母，乾中之母，内含陽天鉛中銀，爲陰地，地能生萬物。黄華爲炁，炁能長萬物，如仙士用之，不破其車，即爲真鉛矣。歌曰：莫破我車，令我還家，我由命也。車是鉛之别名也，破即三才不備，無所用也。又曰：黄龍汁，是鉛中黄精銷成汁。世人以汁投之，號曰鉛黄華是也。鉛若無汁，何堪爲用。所論真鉛，非五金土石之類。學道者審而明其理也。

配合水銀相類門第二十名。

一名玄水，玄水是水炁初胎，一千年後成結，似凝未凝，似胎未成胎，名曰玄水，不堪爲用。

二名玄珠流汞，流汞是水光之炁，二千年名玄水流珠，已成水銀，尚未堪修錬爲丹，是水銀初地之名。

三名河上姹女，是三千年水炁，已成水銀，帶青色，號曰初名水銀，如飛錬對陽，被火炁影著即走，亦未禁火，未堪燒錬，但用水銀道者，須用此事。

四名太陰，是四千年水銀，已過三千年，故名太陰，是老水銀，始堪用也。

五名赤帝流汞，又名赤血將軍。此出自離宫赤水，含陽炁赤色，成朱砂，斯爲汞之别名。積混元之炁，而成陰山。陰山極危險，出水銀。水銀真混沌之炁也。終是太陰之精炁，如拒火不飛，銷瀉不折分毫，即合大造化之力，其中有長生出世之大功。

六名玄水金液，亦名玄水水銀，憑水而生，凝結成水銀，後大造化。仙人修入水藏形，號曰玄水丹鉛。蓋其上凝結，號名金液。即是得名神符，神符出自水精宫也。

七名玄明龍膏，亦名抽暈丹砂。玄明者，無黑暈也。龍膏者，白雪之異名。伏火後不去，服食一道，有不可思量之功。但有惡瘡等，末著其上，即當日見效，名曰龍膏，有大功也。

八名水銀虎礬，水銀入一切礬石中，用合成藥，煞一切毒蟲，及成五金，以爲世寶。若入諸礬石，即不堪服食。

九名白虎腦，玄武骨。此是都名，亦名白朱砂，别名天生芽。直下制汞，見火而合本體。亦云子母相生，不離其本，此名爲天生芽也。

十名砂湏，亦名金湏，亦名太陽流珠。此三者水銀，有變化之功，已成世寶，爲利兼療諸疾惡病，亦有上昇不死之丹，奪天地造化之景，萬物歸依，共成一道。陵陽子明是水銀之别名，其仙君歷劫仙人，窮其丹性，配合三黄二青一白，出處生靈，採子午入於中宫，類二儀合於胎息，穿陰山知其水銀之性，用定别名。如堪服食，即隨其制度呼之，亦不以一名爲總者。看水銀之性，臨爐當火所用。如道士得其真性，配合三才，成丹萬無一失。如不得真性，臨爐當火，彊爲煥伏，雖能將爲藥用，無諸制度，亦不免飛走，亦無出世之大功。萬般巧僞，不如識真水銀之性，相類合同，俱成一體。而乃子明歷劫考尋陰陽二山用之，知其皂白，靈妙無差互。乃觀真水銀，含紫色赤脉如血者，此老陰山之精，絶上也。青色名姹女，白色名玄水流珠，又名白虎腦。白虎腦者，號曰白丹砂。仙人抽却黑暈，見潔白之體，遂名白丹砂，是三千年後四千年名號也。今辰錦砂，時人亦呼爲朱砂，如道士配合陰陽，巧令伏火者，此名伏火熟朱砂，不得號爲丹砂。其白虎腦有三名，第一名白虎腦，二名白金液，三名白丹砂。陵陽子明易知水銀之性，變水銀之成金，亦有不死之功，相類成品，造化者不虚其道。

配合曾青相類門第三三名。

曾青一名青龍膏，其青龍膏是水銀之命。若變化得曾青成膏，即水銀之聖道合矣。亦是水銀之使，亦能制水銀爲丹。言其膏者，水銀之中得成丹。其丹通靈，可爲上昇之藥。如不得曾青膏水銀。如龍見火却飛，所以曾青水銀之使，亦是水銀脂膏。

二名青龍翅。曾青本配東方之木，木中有火，象曾青中有金。木中不見火，

曾青金不明，如人有魂魄陰陽，豈有形。此四義象水銀含於朱砂之體内。

三名青腰使者。曾青居水，一名亦無二三。爲仙人當配合之時，類同得成上藥，便以所得意爲名。然相類制伏，各取其功，論其得失，乃知曾青合水銀之性易之。云青龍膏、青龍翹者，因水銀而生二名。水銀如龍，見火即走。曾青膏伏制得住，號龍虎丹。五相類了，知曾青有駐水銀之功，又能駐生靈之命，合配水銀之性，與曾青類同也。乃知曾青配木，合於水銀，子明制之不錯。

配合硫黃相類門第四六名。

一名攼始初之名，號硫黃，出在陽石之山。當女蝸尋得鍊石停脂穴，數真人共論之，緣穴深數百丈，穴中有石汁流出，見風堅硬如石，似黃金色，因而爲名硫黃。元本名號石停脂。

二名黃英，黃英本從陽石中生黃水，化爲石，遂名黃英。

三名黃燭，黃燭者亦是石停脂，性帶太陽炁，見火而生焰，而名黃燭。

四名法黃，當女媧鍊之得法，而成黃道，遂名法黃。

五名九靈黃童。九靈者，太陽，有九名，故曰九靈。黃童，純陽之名，謂童子之性，無陰故也。

六名黃白砂。准仙法，凡伏得石停脂，伏火帶黃白色，其道化五金成寶不遠。後説云：亦獨行一門，乃有救貧之法。獨有一門，能化五金爲世寶。若能稟天仙之法，住水銀成白金，反曾青爲太陽者，即是天人之仙藥焉。鍊石停脂名號，出自女媧，得其神化之功，易名垂於後世。天地至精，莫過於道。道中至微，莫過於炁。養炁安魂，莫過於水銀太陽。鍊魄存神，莫過於硫黃。宣制解釋，含藏育養，莫出於黃龍汁。黃龍汁乃鉛之别名耳。安静不動，莫過於青腰使者。青腰使者自有神化之功，壓强撫弱，含金液之百靈，定水銀之真性，安四神，調五藏，助氣海，能昇能沉，解作黃神之法則昇，不解則沉，沉之則斃，昇之則仙。如定得石停脂，即有育人之功。若不定伏得硫黃之性，即遲晚終有殺人之毒。如道士定伏得硫黃雄黃黃芽，並水銀之異性，解使曾青爲黃神，膠鍊曾青黃色是也，隱名是至道中。伏定三黃之大訣如會得，即兼變化萬物，無物不可變化。若三黃伏火，各令不奪其元色，並須得各用子母相承。若用别性物難入類，願思知見，以寶生寶。解者須臾，不解者對面陌路。道在我身，得之名相，類考尋知，所用不雜者善。

配合雄黃相類門第五一十一名。

雄黃者，出自西方兑宫，何也。雄黃是庚辛，兑金之苗，借庚辛之炁，結成雄黃出武都山。生此雄黃，其山甚靈，非理之人，採之不得。事須祝醮啓告，然始採得，些些萬人採，無一人知其所用，相類得門。後漢陰君尋知其處，辯其色目，元非獨會，考其衆仙聖之術，方得明白。且雄黃自有十一般名，各有所用，用藥道士切須要知其根源。若取武都雄黃，擬伏鍊丹，乃都不解用藥，亦未會道之根源，縱得偶成丹，亦不堪服食。或作不成，過後妄推鬼神所作，云祭祀無功，不知誤憑古文偶錯，使雄黃信手稱情，此非知道之流也。

一名朱雀筋，朱雀筋者，伏炁成質，先帶朱色，五千年後，變成黃色。尋朱雀筋，帶朱色。其黃新者不堪大用，力又薄。世人見此，争言云好雄黃，甚錯。如將合草藥小丹方，即且任意用得。若入理大用，擬制伏變化，即實未堪用。

二名勾陳，是雄黃初脱朱色，漸變黃色，乃名勾陳。若用爲藥，十得八九，不得全功，且不堪入火鍊之爲用。

三名太一，旬首中石，其藥已成黃色，堪入火試。

四名溧黃，其雄黃已成，大劫數終，縱横用得不疑。

五名黃奴，黃奴者是水銀之使，得號爲黃奴，入汞中即陰陽不失其氣。

六名帝男精，帝男精者黃奴别名，與太陰合同，交會日變其炁，如女受男之精也。

七名丹日魂，其雄黃極陽，是日之魂，號爲太陽之名，得丹日魂之號也。

八名石黃，其石黃是雄黃之精，非唯制伏用之，人帶身上，刀箭射之不着，如得之生帶，不用修鍊，如更合成三黃，伏火變異，成大造化之寶，及有出世之門，而不虛也。

九名黃金，此之一味，伏火鍊作黃色，入微微黃神膠助之，獨變五金爲黃，成黃金，不在用諸礬石之限。

十名黃蒼，黃蒼是老雄黃也。不唯合鍊成丹，有邪魅鬼病孩子生帶少許，魅病立差。

十一名帝男血，其雄黃表帶白衣，裏帶血色，光透如空，鮮明如血，好雄黃也。此者若合時得炁，相類成品，不失三才。出鑪鼎後，三年洗濯精潔，服食依法度，立可上昇矣。出離極南武都山也。元一物數名，各有用處。仙人留法，莫不遍知，下手得成。上藥經歷萬過，因而名之。或各立異名，得之總解，妙理難窮，類合根元，用之不錯，相類成品，得炁成功。若總用藥，不分根源，徒名道者。

且天之相類極陽也，地之相類極陰也，潤下水爲江海，利地之血脉。天有河，連地之通炁，爲懸象本天上無水。天地至精，不過守一，而分三才，象三大丹也，承五德而生。後人之就上法而生，萬般類求，諸邪異施而用之，將無炁之物，以時推移，自生大患矣。世人豈知，至精不過守一，立義不過三才，相生不出於五行，伏藏不出於水火，相類之道，元從一焉。配合兩情，能夫能妻，陰極陽生，而成至藥者，莫不依我太陽、太陰者也。

配合鉛精相類門第六二十一名。

按鉛精，仙人配用，方有多名。人若知使用，即不失其道。一鉛花，二鉛精，三玄黄，四黄芽，五飛輕。已上五名，蓋是神符、丹鏡同用之法。釋曰：一鉛華者，是鉛之炁，堪伏汞，雖暫駐伏於火，終無了義，能消三毒，盡化爲空。二鉛精者，是鉛中之銀，合水銀之藥成類，因鉛質成胎，終始藥中大患矣。三玄黄者，是鉛中精，合汞炁用之，三才俱存，不動真性，爲神符玄録，天鏡爲用，而入鉛中，爲筋骨也。四黄芽者，是鉛中黄華。黄華是鉛中之炁，合汞爲用，用即不失鉛體，即爲黄芽。五飛輕者，是鉛中精華，雖採用合鉛，只丹砂是也。用之人不覺，又須知兩般共炁太陽，一種不得，交錯用之。天蓋在鉛内，天蓋華池也。華池水基也。

六黄轝，七紫根，已上二名，百錬堪成絶粒之藥，其功不可量也。八黄華，九河車，已上二名，堪伏汞遍周天，遠近不走，亦不減分毫。十立制石，十一鉛精，十二黄輕，十三黄龍，十四伏丹，十五黄池。立制石，是鉛脱胎化白色，似石，堪制伏汞，爲至藥鉛精。仙人解用制金石，中有毒自消，有毒則不堪服食。黄輕者，是黄華之别名，用時如輕華，而能重用之。用之而能制黄白物成寶。黄龍、伏丹，是鉛華之别名。黄池是修鉛之異名。已上並是諸雜丹方迴名立字，古仙流行制汞之方，以得當年之號，亦不上實録。

十六金公，十七假公黄，十八木錫，十九飛雄，二十太素金，二十一天玄。已上並出《神符録丹術大道記》中。金公者，鉛之别名。兼本州土人用，要知當用勿錯。假公黄者，是鉛已出銀並華了，謂無精華，不堪用。木錫是鉛之精華，堪入汞爲至藥，不失其道。飛雄者，是鉛入太陽，成純陽，可作鼎。亦黑銀之類。木錫、飛雄二名，並是神符，録丹術不得失鉛精，炁魄合數。鉛本是銀質，銀本是鉛胎。陰主太陽，陽主太陰，陰中之陽，是鉛含銀精。陽中之陰，是朱砂懷水銀之炁。若相配類，總名胎息之炁，未見成寶之位。若能解用之意即潤，又成之則無象。三才必備，四象不傷，全炁而行，於其大道。若巧計用意，取無炁之物，相配成丹，自大誤矣。

三靈丹祕訣云：所用鉛炁合元，事須體全，如人交合，採少女之炁，須合本體，所以配類陰陽二性，主客兩情，親不親之，得不得之，兩儀相類，道德展轉。後學用以不用，任情而爲。我終不敢隨意而行也。太素金，又名鉛白，一曰丹地黄。其名從胡粉中化爲鉛白，又名青金，亦太素金之别名。其名配太陽，同和錬，瀉成汁出，爲青丹天玄，又名伏玄丹。其名以鉛華爲華池，入水銀爲華汁，合入鼎燒成藥，餘雜鉛漿汁，亦無用處。

右已上配鉛精了義，鉛功最大，神化無窮。自是淺見其道，不能求之真理，妄爲穿鑿，輒將他物，染我純粹之體精。欲求至理者，要在求其真鉛，勿令錯雜。

配合白丹砂相類門第七六名。

一名天生芽丹砂者，是白丹砂。伏元神炁太陽者，號自然之炁。含火之精，名曰靈砂，衆砂之芽長，有説自丹書《黄録記》中云：真丹砂色如真珠，乃真人立名真珠砂，亦名天生芽。直下制汞，更不别用藥。水銀得此芽，見火無問多少並伏火。能變乾水銀爲利，錬至金色。能化五金成寶。

二名仙砂。仙人本無藥爲藥質，亦未有造化之器爲鼎竈，即取此白砂爲服食，遂得長生。亦不燒錬至水銀爲丹藥，故仙人立號爲白丹砂。是天生芽也。

三名朱鳥砂，其砂出自離宫南方，屬火，因方而立號焉。

四名汞砂，其名未赤之象，潔白成砂，因此爲名汞砂。

五名石脾砂，其砂出於石床夾石床帶，白色，砂同石色是也。

六名赤帝鹵鹹，南方是赤帝位，出砂之象，如顆鹽白色，以象其名，就方取號。仙人所置，各各不同。

配金相類門第八四名。

一名庚辛白金，金數四，乃有四名。元本無象，以西方庚辛爲象。可知大道仙人神化，以炁配合，相類成質。亦木知水銀出金水中，黄金不堪作丹。仙人指象立諭，不可知懸數。庚辛白金，實非水中金而成質，即是自然氣而成質，豈不因炁成大造化之金寶。非吹砂金而成象，乃服積金而成神化之身。故知大道至幽靈隱，尋常之流莫能深測耳。二太素金，其名乃始初之名。三東方日陽，四卯木青金，從三皇號，黄帝後立名。東方日陽，兼名男左，爲卯木青金，皆憑仙人制造，各立一名。三皇相類，配合西方，後太上詣流沙，採真鉛錬化成藥，皆起自庚

辛之教。

是我大道元始君之垂法象，以世人本非自有法象而成金質，是服積金而成靈化之身。後至龜甲元年，爲帝位遞相煞伐，時代滅亡，仙人歸天，不同助理，人世暫絶元教，並無神化之金，可爲至藥。後至龜甲上元元年，有仙人婁敬指，託水砂採金，可爲至藥。鑿陰山，採其銀礦，取白金，生民勞苦，不可勝計。爲世帝行無道，君臣不睦，兆人怨上，遂使世絶道教，有是有非，以煞止煞，人流亡於平野，咸怨天道耳。自後遇仙人出世，隱於市朝，漸化世人，靈金遂顯，人漸樂藥，視金寶如灰土，天下太平，人不怨天道矣。

上古天地始分，未有金木水火土五行相配，亦無巧僞萬端，人執淳朴，聖人在上，仙教奉行。自後黄帝制甲曆，箕子推五行，亦不知上古誰人起初。推求至藥，以救生靈，皆云三皇所造。當時無可依信，緣文字未生。後成道者，皆賴避世。仙人垂法遺教，即藥有名號，載于實録。後人修練得道者，亦不可勝計。

按實録古之明帝，先得至藥，後傳寶位，迤邐相推，洎至夏后氏禹。求人太速，不待諸侯之寶，得益而卒。授之天下，益事禹日淺，於諸侯未洽，寶位遂歸於啓，而帝王至藥，絶於世矣。雖然臣下多得之，隱而不顯，或處市朝，或祕山林，樂道者一時覩至寶焉，非人間土石水砂所出也。後學者切要知我識我，玄元大造化之金也。

配合硇砂相類門第九五名。

一名狃砂，其物出於陰山，積冰凝之，結水變成也。

二名赤狃砂，帶赤色者，老壯堪用，無物不利。

三名硇砂，此砂人不解用，兼不知來處，損物壞人。

四名白海砂，其砂鹹，如海水結成，緣北庭凝寒之地，狀如白雪，土鹹如滷，故號白海砂，實堪服食，爲至藥。

五名五金賊，其名因化五金，始知是賊。若解用則五金不壞，若不解用是物必壞。其砂若相類用之，不得過甚，但得力即止，過多即損物。如人要服食，疾愈即休。欲求他力，多服之，即必速死，何也。此砂出自毒山，積陰之炁，而凝結成砂。若劫力則得物成之後，宜退之。若用過多，所服必死，速壞五藏，五金必敗，萬萬如此矣。若得其妙理識我真硇砂，仙人用之通大道。

配合硝石相類門第十四名。

一名硝石，是秋石陰石也。出積寒凝霜之土地而生，取此霜土，煎鍊淋漓如法結成，亦如煮水成鹽。然用處各别，緣性較寒，取北方坎子爲炁，積陰而用，制陽之毒。上古仙人將制物，兼化五金成寶，假合成道。

二名北帝玄珠，其源採北方之炁，化成玄珠，是冰霜之炁，與硇砂相鄰，作法則又與硇砂性不同。硇砂能導引諸藥，硝石能制伏之，是其性不同也。硇砂是陽石炁，硝石是陰石炁。

三名烏頭，其名因秋葉黄落時霜始降，因而得名，是草枯之意。

四名黄烏首，時鴈北向，首迎霜，而採之。仙人用制巨陽之大毒，故列名相類，與聖道抗行，作世利之門，而用即通。此間之妙也。偏治女人血炁塊。

配合空青相類門第十一三名。

一名空青，色帶雌，如陰中之炁，帶雌配類，西方之炁象，乃西方庚辛金，白虎之炁也。緣曾青配類，東方甲乙木雄，乃東方甲乙木精，青龍之炁也。空青象西方庚辛金，金木相化，木之炁尅於金，而懷金性。二事名一，用類不同。曾青能制伏水銀，爲使屬陽，乃雄。空青性弱體空，遂名空青，屬陰。乃雌能感曾青之炁，而成制藥也。如世上空青雜用，及合諸服食藥，總得即不堪對。水銀定伏，三黄爲使，用即乖矣。

二名青腰中女，其名中女，謂不同水銀之炁，與水銀同和，無男太陽之力，故得中女之名也。

三名青砂，乃空青中心空忽，有懷一銀星子，中有一粒，青如麻子大，可以爲至藥，服食便得長生。亦名玄珠，又名爲玄砂。若分配合造藥物，不得其門，妄施勞力。知者不妄，空青中還丹自然之藥，仙士知之，服而不死。空青有銀星子，乃陰，是雌。曾青中有金星子，乃陽，是雄。能爲水銀之使，可以定服三黄之大訣也。空中青子，爲天生芽，自然神丹也。

配合黄芽真性相類門第十二四名。

一名黄芽鉛，能制汞，謂之黄芽。其鉛須三才全不損傷者，可爲黄芽。將制汞，先白後黄，轉成五彩色，各執一方，始爲芽，全其大道之功。

二名白丹砂，是爲黄芽。其白丹砂，是朱鳥真胎體之骨，直下制汞，爲道初地，力通神化。先白後帶黄暈，後復五方之色，得其兑，兑是庚辛金之藥，化汞變成象也。經云：採鉛之精炁，爲天生芽。

三名硫黄，亦名黄芽。其硫黄用制汞，雖然暫住，終久還走。不斷鬼焰，毒炁常在，汞炁懷病，或暫得伏火，終不堪服，止療病可也。異類不同種，無延駐之

功，終害人也。歌曰：天生芽，白丹砂，合二炁，同一家。路不錯，入神華，道在此，是河車。

四名鉛黄華白丹芽，其鉛中有銀，所以因法而採之，得銀之精炁，號曰白丹芽。白丹芽者，是炁結成胎，銀精是也。其銀精炁，制伏水銀爲藥，有神仙之道。如用之不得損其三才，兼不失其炁力。歌曰：鉛黄芽，全三華，採我炁，結成砂。初門白，運火加，輪五彩，起雲霞。曾青爲使，大道無邪，三者備，是仙家。

夫芽者，稟天地人三才，全名爲芽。芽含天地之炁，成萬類而生，其根綿綿不斷，號之曰芽也。其白丹砂，本是水銀之寶精，如用之制水銀，如君如臣，無不相稟也。其水銀准年數變成朱砂，從朱砂變成金，從金變成白虎，四千年之石液也。唯仙教亦多不定，得其形神，亦自變改，即未號真丹砂，緣水銀性不定也。唯我白朱砂，仙人號曰玄元砂者，蓋爲萬載不易。其元白之性，與水銀有殊。其砂猶如世國主，雖是人體，炁與凡人不同，生殺在手，變化在心，其白丹砂亦復如此，始知此砂是玄元之首。其砂非宿有仙道者，採之不可得也。

如諸道士，要成天生芽者，須求玄元砂，即是天生芽，白丹砂也。近地不生，生在遠山。山有坎離之穴，道士不能深入，採我玄元，莫測丹之淺深，只取錦州朱砂成顆者，以法抽暈，却歸舊體，伏火不損其道，亦名爲黄芽。遞相承制汞，如臣見君，如火見薪，如風得雲，未有不伏者也。然成丹之後，不堪服食。或能制爲世利，或偶以愈疾，終無出世之功，自可驗也。服經一二年後，男子陽道俱絶，蓋純陰之所積故也。後學同志，但依古教，若採得此砂服食，無不成道。

緣白丹砂，自然之藥。法有三才，以天地爲鑪，四時爲炭，經水過火，歷劫而成質焉。道士須知，妙道不遠矣。如得此砂服食，但去却夾石，研鍊如粉麵，九蒸爲度，研及百過如麵，以棗穰或爛飯爲丸，丸如菉豆大，日服一丸，不得過，其炁如服。經一二年間，方有出世之功。未聞觀之，與常人不同。精光耀日，炁自明達。凡至道之理，只在含精返本，資神炁也。採其真液，却歸元祖，填其血腦，自然老而復少，枯而復榮。故經曰：胡粉投炭火，色壞還爲鉛。冰雪入温湯，解釋成太玄。且胡粉本鉛燒成，再鍊之却歸鉛體。冰雪本是水結成，得温暖之炁還歸水質。人本年少，得至精而服食，返其童顔，還歸少質。

此前賢古聖，殷勤教諭同志之士也。亦哀憫當世之人，貪生失理，夭枉於聲色，衰悴於滋味，所以元炁漸衰，大期奄至。故孜孜著論，以警將來者耳。我玄元大聖，文武神化之丹，不過黄芽真性，是玄元之教。所以黄芽一字，不可意求，未可法則。天仙祕術，古人傳之，須在口訣，遞遞爲師，不可輕泄。若此不得其妙理，不可妄起異端之心也。

配合丹鉛魂相類門第十三

曾青鉛是水銀之魂，水銀是曾青之魄。白丹砂、天生芽是水銀之天魂，無水銀之精魄，硫黄是水銀之冤魂，隱水銀之横魄。雄黄、雌黄、砒黄、硝石、碙砂、太陰玄精石、空青并礬石，各稟炁成形，都與仙術不合，魂魄不相類，其道不同。若相稟者，力不過鉛，使不過曾青，功不過水火，失不過雜類。曾青者，木精也。鉛汞者，金相類也。

三魂，曾青甲乙爲第一，木精也。姹女白丹砂丙丁爲第二，朱雀汞也。鉛庚辛爲第三，鉛銀金水芽也。此三色各有神化之功，能制水銀之力。如得此妙，即不失其仙道焉。其次硫黄，亦是中仙之道。用者使其相類爲表裏，爲臣佐，爲炁力，得之者即爲中仙，不解用之，即爲死士也。硫黄有大毒，一種名硫黄，乃凡常硫黄也。

我仙家硫黄，能殊别，如大用，如三台之臣，亦能有出世之路，亦能化五金之功，亦有獨行一門，救貧之法。經云：鍊如金色，可以點鍮石成金，不虚。如大用者，助成仙人神丹胎，無不用之。用即須無鬼焰。曾青同本類一色，獨有神化之功，引水銀之炁，流散百脉。若獨行一門，能化五金爲世寶。用化爲液，五金見之，無不變改。

水銀一門，仙丹白朱砂寶，是天生芽。本從水銀中生，精神不變，成白朱砂者，始名天生芽。得此芽，水銀無不伏化。今道士無天生芽，何不借炁而成白丹砂，即同其大造化。上古仙士立言大造化者，以天地爲爐，四時爲炭。若純妙用，亦同大造化，不在遠取其則焉。然三一相須，其居不同，其致一也。若種類不同，用意參差，分兩有異，即如何解摘，唯我神化祕術，信心所從。

配合神丹宫相類門第十四

三魂，水銀靈魄，成三品神仙之月。從三一起，分别道元，爲一。一生二，二生三，三生三才，三丹相類，神符白雪，九轉金液，從九至九，液之不斷，不斷是有炁之名。積炁成功，爲上清三宫。一名紫霞宫，二名天皇瓊宫，三名紫宸宫。天一宫合神丹，其三品丹，都在一門。藥中三物共成，入天一宫也。天一宫是天皇瓊宫之别名也。若修神符上丹，從紫霞宫起首，從黄至紫，不奪舊色者，不可載其名。天一宫最大。

三宫，三清之境，從虛無紫霞宫天皇前，一切大聖悉皆歸集。世人若得此真仙之門，不雜亦同天地大造化也。大道者，天地也。凡水銀如得曾青，以火試伏，而於鼎中，其靈變光芒，火燒不燼，變成仙丹，以應上仙天宫真神丹也。號明皇元君，從玉晨君化成，其名因白雪而成道焉。按《本行經》中載元始五老，太上之尊也。其丹上關天宫諸仙聖智，下在人身中而伏藏，上下知之，可名成大道矣。

配合胎宫雌雄相類門第十五

胎中配丹，以硫黄、水銀相類。四神，以雄黄、朱砂、空青相類，鉛錫金銅相類。雜諸丹藥，合以礬石，并草藥相類，黄丹、硝石相類。金合木，水合火，炁合風，陰合陽，並相類成品，以炁合道焉。凡所置雜丹方藥，並無出世之功，暫有治疾之能。若將此礬石雜類，染我神仙之術，水銀爲丹者，雖爾暫住，終久還去。

且水銀性自滑净，不染諸塵垢，道士豈不相類求象，以合聖道焉。假如鉛屬北方，子，水位，黑之質也。爲含銀胎，其銀胎爲黄花，如木中含火，禀類相求，而配其黑鉛也。白者金精，黑者水基。水銀内含火炁，象木中含火，水刑火，爲卯合寅爲火，曰重陽，火在其中伏藏。所以道經云：知白守黑。黑者，北方之位，鉛精所居爲雄，雄者爲鉛中含銀也。雄配雌，雌者水銀，體性含陽也。雌雄相須，陰陽相合，爲藥初門，爲化成白液，伏汞而死。

《易》曰：百姓日用，而不知其道。五行水爲初，一能生成萬物。道士豈不知神化之術，在其中也。雄是鉛中銀，能化水中銀爲白液。白液者，從雄以雌而化。此其仙丹，上元玄教一品，號名神符丹字，出《五符經》中。其次用曾青、空青、雄黄、雌黄、砒黄、硫黄、硝石、硇砂、戎鹽、鉛華，鉛華是鉛中銀精别名，已上等藥，助成上道，亦須當用之，曰相類同體。即合於易象，不得失錯。若臨鑪定火，三才具全，天道共成，更無不利也。

若言三品上丹，並不用硝硇、礬石等之類。若《潛通訣》五金制度，在世利之門，即須用礬石，相類制引，使其通利，助佐其門，不用不成。如爲小丹，治冷熱之疾者，世人皆錯用諸礬石，共制於水銀，以助佐成丹者。世人不識相類，浪取其根，縱服得病暫除，不知元是患人有命，非干丹事，必取無端。何也。人五藏不納諸礬。

又説按諸草藥方書，多載用白礬之類，火化爲生熟二元，不易礬性。如生水銀死了，豈免離水銀之性乎。熟飯豈免生米之性乎。只爲用時較生，生即性急，使即疾速，熟即和同，使即遲慢。遲疾兩炁終始，元是一般。如人自少至老，元是一性，不可改易也。唯我神丹三品，用炁相和，以炁相類，不失五行，配合兩性，不遺水火之法，象其顔色，未越東西，相類成形，不離南北。受炁行令周迴，不出於八卦，役使筋骨，不過於曾青。配合陰陽之精，變化不出於鉛金白液，伏藏不過於水火，得志不過於水基。隱形爲神，硫黄第一。砒黄一物，天一獨行，雄雌硝硇，轉白入黄，轉黄入紫，相類品物，不出神丹。雜錯施行，大誤其道。

配合神丹伏鍊相類門第十六

第一神丹神符，上品之丹。其丹以炁相合，而成大丹，名曰天鏡。鉛中黄華爲銀，含在鉛中，名黄華，蓋其華池。華池是水基，水基名曰雌，即銀，是西方太白星宫，號庚辛少女，雌也。鉛精元炁爲精華，名曰雄前者，十名雄鉛黄華。精炁能化水銀，是以鉛精炁爲之中男，北方。與兑西方雄鉛也，作華池。蓋與金少女相合，爲雌雄華池。水銀脱胎化白液，液正元爲一黑者，水之基，水位在北方子位。

第二白雪，白雪乃從汞，爲姹女之用，中還白雪配類，合道元本，衆成一炁，别名號曰特行丹。何爲衆味，可得所扶，助成其炁。造之甚易，得之甚難，何也。由助佐臣第一曾青，乃天一木精也。黄芽鉛精，白液金精、秋石等，出陽入陰，禀天地之炁，通大道之正元。一造永了，更無二功。亦名金砂之丹，日月遞加，硫黄爲芽，青腰爲使，調成金砂，周遭一帀，名出雲霞。相類得之，服而不死。

三丹相類，各禀其炁。神符應春夏，白雪應三秋，九轉應三冬，春夏屬陽，陽者雄也。鉛黄芽神符也。秋冬屬陰，陰者雌也。丹砂白汞，姹女白雪，白雪者丹陽也。九轉應三冬，何也。神符應春夏，天色清明，發一年之號令，感萬象而生成，應蠢動而受命，合四時，應八節，此亦上仙之丹，號曰神符。其次白雪，三秋之首，憑寒露而成霜，積陰炁而爲雪，從煞止煞，百草燼於灰塵，蠢動伏於地炁，號神化無窮特行之丹，服之永不死，造之永留根，不可思量。

第三九轉，九轉神符，亦名金液丹相類九九之數。初九用九轉，相類九九之數。初九用硫黄，硫黄是太陽。以陽成陰，名曰純乾。純乾成大造化炁，號九轉。九轉合五行三才，得此丹象東方木，木王正純乾。十二月半，得正月節，解凍之春首，即神符爲上功，九轉爲次功，白雪爲武功，神符爲文功，經天地以春爲上也，神符功最大。

凡神仙之術，不過三丹。三丹三皇所造，其丹雜法，科有萬數，不得品類相

配，不在載於仙録之中。九轉使者用黃神膠，白雪使者用天一黃芽，同黃神膠爲一房，神符使者用鉛黃芽。三品上丹，使用各別，造丹日不得錯，其仙教即恐相類不同也。而不涉入，自大謬也。

配合傳炁相類門第十七

硝石、硇砂、雄黃、雌黃，此四者相類用炁，同於一般造伏，制水銀成丹之化，有感炁之法，刊在要門。分數有功，即天生類别。其如雄黃類水銀成金之炁，亦輔金之苗，亦成金之色。其中用曾青爲使，即是雄黃之類，同成炁也。雌黃爲陰，輔佐空青。即是空青爲使，亦同水銀也。硝石爲臣，輔佐雄雌水銀，如關閉門牖不走失也。類同一家之人，亦同一國之君臣，無四夷諸雜之類，以破三才也。凡制丹及黃白術，不可過此四般爲類也。硇砂與五金，亦須借炁用之。用須知其多少。若不相類，則事不成。凡萬物皆然，非論至藥。修煉之門，取類同即合。除此四味，別有橫入者，是非多端，未可聞命。

配合波斯鉛精相類門第十八十六門。

波斯鉛不損三才，爲五符天鏡，成我大丹，爲黃芽，是畢天之上法。波斯鉛是白虎庚辛金鉛，號西國黃芽。嘉州鉛以水銀同於猛火中，鍊成金色爲黃芽，名破三才分金公二字，亦名壞性，縱成黃芽，號曰中天之次法，法無三才也。波斯鉛如著水銀，於猛火中鍊如金色。若未至金色，須百鍊取金色，然後堪點化。採黃華爲芽用之，點鍮石及雄雌黃、空青等，成黃金爲世寶，亦名畢天之法。嘉州鉛與硫黃，同鍊水銀成粉，將鍊水銀，成太一含化丹，亦名中天之法。嘉州鉛入硫黃，微微同銷成汁，兼用大功力，水煮之，以盛器成水銀，煮經一百日，其水銀亦成丹用，亦成白銀用之。嘉州鉛爲華池，煮一切水銀成質，號名真鉛金公華池水。波斯鉛入水銀，同於猛火中，鍊取六兩黃華，於熟丹砂，是陽藥木精，櫃中養一百日，修鍊擘出，丸如梧桐子大，每日空心服一粒，津下，益心神，明目黑髭髮。不經二百日，白髮再黑，是小功之法，知神仙之道不虚矣。嘉州鉛及雜州土，鍊成爲粉，燒成黃丹，亦成蜜陀僧，亦成胡粉。作櫃子伏丹藥，堪爲利用之門。嘉州鉛能成黑銀，亦能成銅器，亦能抽銅暈成銀。波斯鉛不用，入水銀空鍊一伏時，取黃華以制水銀，無不伏者。並空鍊一伏時，取黃華將制水銀成砂子。若入火伏得住，亦名中丹。若大藥，即不用諸鉛。

歌曰：大藥不用鉛，用鉛即須會。會即三才全，不會壞物碎。黃華皆憑鉛，鉛中有變改。天地自全功，功成鉛須退。至藥無二三，因鉛始得會。會本從心生，生須鉛華在。變法任鉛情，不道不成蓋。蓋是天鏡也。

鉛黃丹，世人亦將爲黃芽鉛。胡粉，世人亦將爲黃芽鉛。令伏火作器，受水銀，亦號白金黃芽。嘉州鉛一斤百，鍊成一兩，白如雪。下硫黃一兩，用水飛水銀一兩，禹餘糧、孔公孽各一兩，先銷成汁。然後下水銀，次下硫黃，次下孔公孽、禹餘糧等，以竹枝子餘攪之。總待相容受出之，入磁盆中，細研成一段紫粉。又入坩堝中，密固濟燒百日，用火不下一斤。燒畢，出之細研成粉，絹袋盛，懸入地坑中，三日出之。於磁合中盛飯，上蒸兩遍，以人乳汁，和爲梧桐子大，空心服一丸。初日用酒下，增至十丸，即止，後並用津下。服經百日，益人顏色，黑髭髮，亦可以休糧，此是道門次中之藥，即無出世之路。何也。此緣非類無質之物，然且要知鉛中，有不思議無量之功，與仙道抗行。若要休糧服食，治風病，即可無長生出世之大功矣。

波斯鉛華池，能與曾青成合，五金相變易世寶，獨行爲一使。所用方法，在祕要訣中。但鉛有華池，能煮鍊五金，伏火如能解，感炁相類，用藥分數，不失其理，於華池中有，畢天大造化之功力。

道士切須在意，參詳上件鉛功，有十六門之法，齊天地之道，解修鍊者爲仙人矣。及有世財，並出此鉛中，兼有變形容作處子之力，長生久視之功，畢天地之門，皆出於此也。但得其真訣，無不定矣。今略而記述之。

傍通氣法相類門第十九

夫傍通氣，用伏三黃八石事要，不奪元色，各令伏火。伏火勿令銷灼者，皆因傍通用炁，從炁歸真性，共本質不殊，號名伏火三黃。凡伏此藥之法，如日月交蝕，雖暫昏暗，終久還明，却歸元體。凡伏三黃之法，亦須假硝石之力。硝石自名秋石。何名秋石，道士學飛鍊，且須一一知來處。

其秋石者，三黃，屬春太陽王炁，殺於秋，故硝石能制陽藥。若伏鍊三黃，不用硝石伏之，陽毒無由去矣。其三黃八石，並屬火，是純陽之炁，生三黃亦同水銀性，但有水銀伏火成銀乾，得不失水銀之體。其三黃八石，一種是陽炁所生，豈知各有變易乎。但伏得二黃八石，不奪元體本性者，其功不可量也，此則全賴秋石之功也。故知秋石，是陽藥之主，用藥得其妙理，亦如聖主得賢臣佐助之，秋石如賢臣也。

用伏硝石之法，先得白朱砂石，以火水化爲粉，將伏秋石。秋石元自生於寒地之炁，積冰霜而成白朱砂，亦是積萬歲凝冰土，而結白石床。白石床始生朱

砂，其硝石相類合炁，故傍通用之，能伏水銀、朱砂，二性都不走。故知秋石是元類不錯，用伏三黄八石，被至陰伏制得住，不奪真容者。蓋由此二藥至性也。其次用硫黄對秋石，其硫黄元出於硝石，自帶白色。雖硫黄未伏火，假以硝石，傍通炁用之，壯秋石、硝石之力也。

配合同炁别名相類門第二十

假如波斯鉛，本出西方庚辛金，鉛裏有金，金華象西方庚辛金，鉛質象北方壬癸水，可知自古仙士，認金華爲黄芽。不知鉛中採者，象炁同類而用之，一物之中，便有金水相生之象。象者，形質之謂也。

陰君師帛和君，解曰：玄元上教，出自流沙，爲配名配鉛。東方是漢國鉛，漢國鉛雖有華輕，不得純體，不同西國流沙鉛。太上因度流沙，認其真鉛。得流沙鉛爲三品丹金，七仙第一真鉛也。元教玄胎之化，號名流沙鉛，此波斯鉛是也。其配鉛中華，如人身中有才有藝，皆是内懷，不顯其外。

所以按《靈寶五符經》云：還丹之士，挹其清流，子能得之，真人可求。若用鉛不損三才，即爲畢天之上藥。若損三才，即鉛須採華。若採華，即鉛無氣力。雖即不離鉛中取，其鉛必不得真，便不堪爲臣佐也。何爲鉛力不備，闕其元氣，真性不全也。凡三才若全，是畢天之上法。如採其鉛華，是中天之次法。若以匡佐用之，是中天之下法。此三者都出在鉛中一十六門用之。若擬用之，須明其大道元始之教，分明不錯，即三丹成法，上應三宫。三宫者，三清也。太清、上清、玉清，合一元始天一宫。

三丹須備三方，鉛、水銀、硫黄之真性。曾青又獨爲一使，象東方之真性。東方春上首也，春生萬物，無物不利到，即萬物盡感春生成，曾青是也。能合鉛，合水銀，合硫黄，乃知一合三才，三才合五行，曾青是鉛丹之使，水銀之筋骨。如木中含火，能令鉛、水銀、硫黄爲黄神膠，共爲臣佐之炁力不虚。若修丹不識三才之理，浪用五金八石，雖得成丹鉛，服之五粒，使髭髮十日内變白成黑，顔如處子。雖即如此，元無出世延年之功，算窮即死。若三才得全，須備相類成丹，即服之，身便永在，壽與天地齊畢。

所以自天地始分以，只知有青腰使者，後人都不知用元教之化，不解採四時之炁，不解稟春夏秋冬爲黄芽，既不能出世，亦無小小造化之門。亦不解借五行四炁，假爐火以鉛炁爲華池。蓋鉛骨爲黄芽，鉛粉爲臣佐，鉛水爲華池，鉛質爲五金之器，此鉛功合五行，入一十六用之，用即各别，别中有至寶。其鉛屬右將軍，亦云女子性，又云陰，並屬右，主陰煞陽，陽主左，左爲男子，亦生三黄八石，性終被陰煞，象男子遺精於婦人之腹，不二也。故陽死於陰者，明矣。世人故合惜精保命，至藥之理在此矣。但三黄之性，須得陰殺，即伏之不走，亦不失元色者。何也，爲陽伏於陰故也。世人不見日中有陰精，如人有妻，出入有常准矣。是男子思婦人不去也。是陽被陰煞，陽建即交陰殺也。月中有陽精，如女人得婿之眷，爲得陽之精炁所食，好殺陽精，而不相離也。此是陰陽相感，男女交合，眷戀和暢，而成大道也。日猶男，外陽而内陰。月猶女，外陰而内陽。二炁相感也。三十日一交媾，而各相採其精華之炁，生育子孫萬物也。

《易》曰：陰陽之義配日月。又曰：一陰一陽之謂道。又曰：懸象著明，莫大乎日月。凡大丹亦呼爲日月。丹歌曰：聖人奪得造化意，手摶日月安鑪裏。微微騰倒天地精，攢簇陰陽走神鬼。日魂月魄若箇識，識者便是神仙子。修之餌之千日期，身已無陰那得死。

是知三黄，能得陰殺而成藥焉。如人懷孕十月而生，豈不是從陰腹伏養而成體也。陽無陰不生，陰無陽不育，日無月不曜，月無日不明，終是歷數。陽畢死於陰者，感上將軍處右之力，上者右也。主煞伏。男子脉左行，女子脉右轉，乃知水銀性雖含陽炁，未免於太陰之體。鉛雖處壬子之位，不那内含金華之質，金水相類，得火成象矣。水銀是太陰之精，爲内懷朱砂之體。其朱砂元從陰宫變化，而居離位，與鉛同宗，生於金華池，本乃一也。華蓋者，象天蓋萬物，雖密雲不雨，然陰炁成霧露之炁，亦可潤澤於萬物。鉛華蓋能覆育也。白虎金鼎黄芽也，感氣相類也。

凡龍是雲之魂魄，雲是雨之華蓋。雨水象鉛水，於金隄防也。虎是風之魂魄，風是雨之使者，各執一元元知，是炁法象於世界，囚死休廢生王，只在其中。萬物生成，亦在其所。

故知從上古仙士。存我玄元大造化之景，修鍊三丹，計窮百液，成其至理，出於三元，變易載於天地，攀援引證，採摘名文，覽自古之仙書，見神仙之妙理，合我玄元一教，儒釋悉在其中。齊通法象，起於庚辛，德號生於甲乙，根本伏於壬癸，得失不過丙丁，四象立天，八卦立地，三丹真理相須，類在於二十章中。傳而行之，審用勿錯，名流大要，萬載無斁。

凡修至藥，古之忌諱，祛其鬼魅邪魔，亦須取相類物，而成利器，常置鑪邊，日移一方，名大要寶金之器，爲用其器，取鬼鑌鐵，出白爲刀，可長一尺二寸，下

至五寸亦得。如無此鐵，純鋼亦得。其次銅刀，亦須有雌雄之龍虎者，始得有靈。切須人未曾用者，用者即不堪近鑪。凡以器制汞，須假雌雄之物而制之，諸器不入也。且水銀與鉛，自禀雄雌之類，以合成其汞者。假龍虎之質，相衛而行，龍虎是大道之質，所以邪魔鬼魅不敢近其鑪鼎。此刀若不燒藥時，長在頭邊，一年一度出之，以香水沐浴，磨洗供養。燒藥即出巡行鑪，則諸惡鬼魅遠而畏之。然亦知大道以器制汞，緣我玄元上真三丹，從金汞而成，還丹須得金利器以制之，助成其道焉。相類品物，合成雌雄，鉛汞二名，龍虎雙得，坎離不離，相類一物，無不成焉。通靈大道，祕要玉真訣中，道士用心，豈不見矣。

佚名《玉清内書》［前闕］元君訣曰：黄芽者，五行甲子是也。甲屬木，木是陽之父母。母屬北方之氣，冬至後一陽生衝，其日一陽生，萌芽受氣於母，故名甲。甲依於土，吐甲以生芽。芽依於母，母曰坤，即是癸之黄芽，六甲之位，因死休廢，同其一甲，在癸而絶位。立五穀五果草木花卉，長養萬類，胎卵藥物人民，皆從黄芽所生，陽氣氤氲運動，地爲胎，息爲氣，萬物以春夏發洩爲黄芽，秋冬收斂同成熟。各歸其色，反本味，不改舊容盡，名曰還丹之義，反本也。夫人改常即死，物改色即壞。乃知一物經火運動，陽氣般載，不改舊容，與天地同造化，還丹受氣反本也。陽氣照耀，凝結自然之道，故曰黄芽。世人莫知天地三光，清濁初分，人民萬物，皆從黄芽所長，不越五行而生。黄芽者，萌芽伸屈始初也。因陽而結，因陰而生，陰陽交接，當受氣之時，初爲混沌，清濁分後，始有黄芽。在甲曰黄，在旬曰萌，在伸曰芽，名曰黄芽，乃元和之氣，不離五行。五行，水火金木土。水潤下，火炎上，金從革，木曲直，土稼穡。

【略】福莫大於生，禍莫大於死。既惡其死，復欲其生，是體大道也。且余所注，類異諸家，義合正經，理歸大道。論卦象則火候爲先，釋藥物則陰陽爲正。參者雜也，水土金三物同爲一家，如符若契，契其一理，故曰參同。

訣曰：萬物非日月不生，金水非火土不成。金水即變化之元，火土乃陰陽之道。天地混沌之時，天地默默，雖未變化之初，終爲萬物之根。金白水黑，相會氣中，狀如雞子。陽燧以取火，非日不生光，犬戎以火鏡乘艾化之，須臾即生，象還丹陰陽。今大唐國内時時有之，書不盡言，言不盡意。然則聖人之意，其不可見乎。若用凡水銀爲丹者，妄人也。言朱砂未得理能駐貌者，不知道也。即去真日遠矣。或曰：用凡鉛爲水銀者，而爲之無靈。蓋不悟水銀真鉛之正體，唯讚凡鉛之功效，不説水銀之精妙，必以二事而成。何得不兼，而美之乎。若用凡鉛爲藥，即去道乖遠。若安水銀爲金丹，即不是真法。若悟正法，須悟水鉛火鉛爲主。但得鉛本氣，遇五而成丹，不遺本也。若悟元化一施，妙用無極。若以外物爲情，則性不可合。以水銀代汞，則鉛不可親，情性不可依，三宫其何固乎。鉛不可親，八石豈能妙矣。金重如本初，金不失其重，日月形如常，汞不失斤兩，是日與金本重。我命在鉛不在天，還丹成金億萬年。鉛汞本一體，無二也。故曰天鉛莫壞我鉛，令我命全。莫破我車，載我還家。鉛者，砂中自生曰鉛。車者，砂中抽出之液曰車。金得火運動曰還丹，金精黄牙制水不流溢。金精之力，玄水也。金精黄牙，同名自生鉛也。水者，是砂中抽出之液也。用鉛不用鉛，不用得長年。用鉛者，朱砂自有鉛相制。不用鉛者，世銀之母凡鉛也。鉛若不真，其汞難親。鉛若是真，不失家臣。鉛若不真，凡鉛也。鉛若是真，朱鉛也。寧修鉛中金，是丹砂中自生者曰金。不修金中寶，是水銀也。聖人明喻，以示後學。鼎鼎是何鼎，用丹砂本土爲鼎也。藥藥是何藥，用丹砂中自然流出汞是藥也。

辯男女三一説黑白大易參同

火鉛是丹砂，被日月運動，自生出汞，爲火鉛也。水銀，汞之異名，是丹砂陽氣未足，抽出爲水銀。水銀在丹砂中，舍甲精氣足，迴然自生曰男。男女相配，陰陽自然，其情更無異類。金丹本乎一物，而無二物。入陽氣運動，故名三一之道。白者金精，黑者水基，歸一無二。聖人託喻於《周易》爻象，運動成丹。制伏皆由父母，運動豈越五行。順其陰陽，不失其時。逆而用之，即魂魄喪亡，如日月交蝕失位，不相賓伏。聖人祕惜，不能正論，多有隱秘之言。從此經訣差互，多作不成。金鼎之訣，宜慎守之。胡藥合和，固不然矣。天道難泄，或隱玄象，或託附陰陽，潛説人間，言微妙理，群惑自迷。暨乎羲皇已來，好道求長生者甚衆，遇而得之者寡矣，擔率留臆而不鑒乎。不求師授口訣，只按古文立喻，求出世之方，虚自勤勞名山五嶽，深谷幽溪，朽敗腐儒，自古迄今，不死者未見得之。食五穀，縱六情，生人在陽，而鬼在陰。陽耀陰藏，更相朦昧。復不能驅使鬼神，策役陰陽，未得出世之方例，皆而死歸汩没於世。寒舉綿裘而内暖，熱即單衣而飲水。生於陰陽之界，五行所管，況食土所生之物，死歸於土，返本也。若不遇日月之華氣，運轉精液，三一還丹，焉能度行屍比肩。若墜石投川，而不能返，淪殁而化，亦可嗟乎。若遇内外金丹，餌之，運形軀，駐貌異常，然可出陰陽之界，五行不管，死籍不録，鬼神侍衛。

訣曰：道有仙傳祕籙丹經《龍虎》《上清》《五金相類》《周易參同契》歌訣。

古人之意，至於前聖後聖，並得此道。今之世人，迷愚不悟，爲是修行得道之人，次遇之不顯名，得者隱之不一。先後指訣，密術祕籙，歌訣爻象，皆露枝條苗裔，不肯具載而指逕門。自古迄今，遇者皆頌師受口訣，而身之有分，即非學矣。傳得肘後方者，密心自祕，天道不可轉露，泄之養虎自齧。付不道之人，殃罰七代，謫身爲下鬼。世人知之有數，非有分而遇之傳授，並須探賾。內行不二有分者，乃可虔志誓言，啓百靈，對日月星辰，分符受券，方可傳之。修行不二，至藥無雙，天人合道，理契自然，不可倉卒，漁獵而得之。遇師悟者，一言大藥只有一門，而有三物，水土金，非世間水土金凡物也。得之魂魄所歸，但行不二之心，道師必當自至金砂内外丹得門，餌之不死，與天地齊畢，叙長生肘後方，以示後學不悟者矣。

右造鼎入金，及直符用卦刻漏，不載於此。

佚名《大丹問答》 晉道士鄭思遠，授入室弟子葛洪。字稚川，號抱朴子。稽首我尊師先生曰：洪竊謂人之權輿，陰精陽精。陽精魂立，陰精魄成，兩精相薄，而生神明。神以形用，形以神生。神之云逝，形亦斯斃。敢問先生，其神可全乎，其形可延乎。先生曰：神以道全，形以術延。

洪又問曰：道術之旨奚若。先生曰：道隱無名，術彰有實。有實而術可行，無名而道可成，道成而神自全矣。

洪曰：道隱無名，始存乎象外，術彰有實，本在乎彀中，唯願先生少垂開奬。先生曰：夫術有俯仰屈伸，胎息嗽津，御女以還精，餌朱兒以存身，過是以往，非吾所聞。

洪曰：還精之方昔已聞命，存身之術，願更發蒙。先生曰：取金之精，合石之液，結爲夫妻，列爲魂魄，一體混沌，兩精感激，河車覆載，鼎候斯扼。洪爐烈火，炎焰熻赫，煙未及黑，焰不霞碧。如蓄扶搖，若藏霹靂，姹女氣索，嬰兒聲寂，透出兩儀，麗乎四壁，時歷幾多，馬馳一驛，宛其死矣，釋然從革，惡黜善遷，情迴性易。紫色内達，赤鋩外射，熠若火生，潤如血滴，字曰中還，可超大厄。退藏於密，服之無斁。霧散五内，川流百脉，骨變金石，顔迴玉澤。陽德乃敷，陰功斯積，南宫度名，北帝落籍，爲道之首，爲仙之伯，勿授非人，以招譴謫。

又曰：天地至大，比身即小。制至精以成藥，孰淺識之能了。夫何慮乎，若有所少。氣雙則和，體獨則悄，和則增壽，悄則趣夭。命也一絶，難乎再紹，然而理以意求，意在言表，今試言之。夫一陰一陽謂之道，一金一石謂之丹。石乘陽而熱，金乘陰而寒。其服食也，取壯陽而伏陰。其徵應也，俾魂壯而魄殫。類水流而趣濕，若火動而赴乾，其勢必然，其理可觀。伏望先生更容請益。

先生曰：吾子之言，精義可採，彼陽之終，已陰之極。亥分爲四時，周行不殆，天地相感，日月相會，胡可闕諸，略舉其大。且石液鬼隱，金精山在。寔孤陰之獨化，諒九幽之可待。曷若君子之好逑，得淑女之良配，然後陰陽得中，魂魄無外。嗟世人之電光，指桑田之變海。斯言乃合於仙祕，吾道得傳於真宰。

洪曰：率臆之言，偶符真理。伏鍊石液其術，奈何。先生有曰：物有狀，可大可久。採乎蠶食之前，用乎火化之後。成湯自止而淋下，刳釜虛中而見受。日月周旋，五復伺候，槖籥疾鼓，金汁不走，以水沃之，則從有而入無，以火温之，則從無而入有。施素粉而委靈，甦蘇黄而凝醜。轉制不已，神趣鬼驟。提挈意氣，返覆衰朽。金歟石歟，天年地壽。無著於文，訣之在口。《太清真人歌》曰：照徹數里，皆上界仙官。下來收採，非但世人所遇也。皆生在南方，向日相近，感氣積年而生也。四千三百二十年，乃生自然還丹，上古仙人則知。今用三年火，象自然之氣。今之仙人祕教，但火候依節符斤兩，炭數應爻卦乾坤用，施行運轉，逐日火候，自然相邀。

夫一爻生二日半，二爻生五日，六十時。一月有三百六十時，得一年十二月，得四千三百二十時，一時當一年四千三百二十年，象自然之氣，從黄芽一周，抽成龍虎，從虎從龍，一年形體如炭，又去更一年，赫然成還丹。皆是陰陽交感，變通靈化，人之不測，謂之神妙。運火一晝夜，象一周天。四時生成，陰陽合度，自然之道，抽添和合，火候合符。若無師授，據按文修，終無成理，固不可造次也。若專志不怠者，必當遇師付訣矣。石壁古文。

佚名《大丹記》 龍者汞也，虎者銀也。汞於砂中而受炁，銀於鉛中而受炁，二炁各得天地之元炁也。論曰：金性冷，産南方水中，汞生於砂是也，故云陽中有陰之位也。石性熱，産北方黑基之中，銀生於鉛是也，故云陰中有陽之位也。論曰：五金之主，北方坎卦之中，玄含黄芽。又曰：子藏母胎，母隱子胞，知白守黑，神明自來。汞從砂中出，離南方母胎，歸東方甲乙木震卦，爲龍也。銀從鉛中出，離北方母胎，歸西方庚辛金兑卦，謂之白虎也。反砂爲汞，反銀爲金，謂之雌雄也。歌曰：龍呼於虎，虎吸其精，兩相飲食，遇金乃并。故記題云：龍虎丹是也。須反砂爲汞，反銀爲金。故云：鉛非鉛也，汞也。黄帝見其色如金之華，故曰美金華也。淮王鍊秋石者，八月之節，金之正位也，緣其色白，故曰秋

石。見其色黄白，如萬物之初芽，故曰黄芽。四名各異，原同一體。歌曰：鍊銀於鉛，神功自然。灰池炎鑠，鉛沉銀浮，謂之黄芽。芽性微熱味尤甘，雖爲長生之至藥，然孤陽爲芽，未可多服也。須合之以汞，爲雌雄黄芽也。歌曰：用鉛不用鉛，還向鉛中作。五金切忌鉛錫，不得錯而用之。

狐剛子請問魏伯陽曰：既切忌鉛錫，將何藥物爲鼎器而制之。伯陽曰：鼎鼎元無鼎，藥藥元無藥。黄芽不是鉛，不離鉛中作。狐剛子曰：既無鼎藥，又不是鉛，何物制之，得名黄芽。魏公云：植禾當以粟，覆雞用其子。燕雀不生鳳，狐兔不乳馬。異類不同種，安能合體居。制金須得金，制銀須得銀。物類轉相因，假炁自相須。不怕藥不聖，只恐藥不真。若明真正，曉會義理，何慮藥不成。經云：夫物芸芸，各反其根。金生於土，太妙之門。

用藥斤兩訣

取黄芽八兩，屬乾剛，屬陽，屬虎。汞八兩，屬坤柔，屬陰，屬龍。故曰：乾剛坤柔，陰陽龍虎。每兩有四大分，一斤有六十四分，每分有六銖，以應爻數。水一，火二，分兩三，藥四，土五，應五行之數。從復卦起火，至臨卦，至泰，至大壯，至夬，至乾，是陽極。至姤，至遁，至否，至觀，至剥，至坤終，是陰極。計十二卦，應一年之候。藥在鼎如子在胞，上水下火，以順陰陽。水炁下降，火炁上騰，二炁交泰，寒暑不失，自然化成。雖聖與賢，不測爐中之變化。十二卦，火候足，二十四炁周遭。火味苦，木味酸，水味鹹，金味辛，土味甘。從南方周天，却還中央。戊己之味，是曰還丹，丹者赤也。名還丹者，是歸其本質，故曰還丹。

又　真鉛真汞用藥鼎器肘後訣

鼎鼎用何鼎，須用土龍子。

真訣不合用鐵及瓷爲鼎，即合用戊己土器爲鼎。所言土龍子，即合黄土鼎。如夫婦在房室之中，自相愛慕，日滿自死。又父母胎鼎，亦取中宫之象。

藥用陰陽精，俱來歸戊己。

陰陽之精，真汞也。真鉛生於黑鉛中，真汞産於朱砂裏。且二物變於天地，日月運行之氣，是日月之精，亦名龍虎，亦名坎離，亦名陰陽，亦名夫婦。戊己土是五行之母，因母懷養，而成大藥。人服長生，五金土木瓦石等，並化爲寶。

戊己不自專，却是由黄鉛。

戊己即土龍之子，黄鉛即黄芽，爲外色微黄也，故名黄芽，亦名黄銀。其功不可測，千變萬化，能制伏朱汞，能死八石五金，是大丹之祖也。

太一陰家兒，離九陽之女。

太一陰是月名，離九陽是日名。言二物是日月之精華，得交會之方，將匹配爲夫婦也。

顔貌恰相當，不能自相許。

一物俱白，所云顔貌恰相當也。不能自相許者，爲二物本不相見，一東一西，須得爲之匹配，片時會合，運動火氣，安置土鼎，即情意密密，自成至藥。

火候不在多，只如雞抱子。

用火温養，常如雞抱卵便即是，多則傷氣并漏也。

黄芽爲氈被，厚煖不輕舉。

汞性本飛走不定，被黄芽制之，火氣温養，不能飛走，自然成至藥自死。

聖人會天機，只是識龍虎。

聖人達天機，妙在識真龍。真虎温養成丹。救死延生，濟拔孤危。

顔貌既衰老，改過移别主。

黄芽制汞，汞漸老死，減出移入，别鼎中養。乂爲傳神，種轉相制伏。所以呼爲改過移别主。

其三遂不入，子母還同處。

汞見黄芽死，終不入黄芽。減出别養爲，子母頭假死。汞爲母，又假黄芽同處，入水銀吸食而死，所以云子母還同處。古歌曰：淮南王煉秋石，黄帝美金華。秋石是真鉛，金華鉛是黄芽，本非是凡鉛，鉛内取精華。子母同一處，如在仙人家。

衆子皆長成，顔色悦澤好。

其母黄芽制汞，已成至藥，顔色轉加鮮明，呼爲衆子皆長成，顔色光澤好。太一歌曰：雲物將欲似黄芽，紅菊含如帶紫花。服之長生飛雲霞，用爲財寶濟汝家。

洗滌用華池，去惡除煩燥。

言至藥已成，更入汞母光明砂温養，却着水銀，飛在砂上，名曰洗滌用華池，去惡也。此是五行顛倒相養之術。

陰陽數既滿，合體成金砂。

言至藥熟，號金砂。

却入九家翁，赫然成河車。

藥熟別減入金合中，養六十日，三兩成紫光河車，能點土木瓦石鉛錫銅鐵，並爲紫磨金。火數如前，金主四，土主五，内用金合外用土鼎，呼爲九家翁。

遇吾此真訣，宿福信無涯。

遇此真訣，皆是宿世名係仙籍，方遇也。

勿妄傳非人，殃禍發如麻。

言若亂傳非人，爲三官所咎。

唐·陶植《陶真人内丹賦》 賦曰：

道法自然，

自然者，元氣也。元氣者，是天地虚無之氣。天地虚無之氣，即化生萬物，玄元之始也。學丹之流鍊此，得虚無之氣，名真一自然之道，爲萬物化元也。《老子》曰：無形不可名狀，故强名曰道。守一之道，曰道者是自然之氣，即是水銀。志士但依法鍊之，出無入有，脱胎見真一，自然之道也。

術明真假。

真名鉛也，鍊得銀，銀號曰真一，亦曰白金，位屬兑宫西方。俗士不曉真一之道，鍊鉛擬求其真，物被坏了豈有真。故經云：莫壞我鉛，令我命全。求真象之道，上禀三光，下應三才，六律既備，變化無窮，即真一之道也。假者，是學仙之流，不考經典，不從師授，託意自造，遂將凡常水銀，不依法則妄施陰陽，擬爲至藥，故不成也。李澄云：豈將凡鉛常汞，便喻至藥。所以不法天地，謬用虧明，致陰陽結互，寒暑不時，豈不用假而自悞。故經云：凡聖淺深，愚智真假，自古有之。

法效兩儀，

兩儀天地。

取象八卦。

大藥變轉，體骨皆依法象。金水運氣，周功二十八宿，合度八卦，成八卦者。每四十五日一節成，是一卦也。一年三百六十日，有八箇四十五日，故取象八卦。太易至有八卦，日月有八卦是也。

闢天地以區分，

闢者，開也。明天地以區分。天地位者，乾坤鼎器也。言先論鼎器，後言其藥，天地位定，然後區分周天之義也。寒暑駕馭，陰陽勝負，取時勿失節候，是取象。

混陰陽之變化。

混陰陽者，水火爲藥也。是水銀混沌，清濁未分，故號太易者，是陰陽之象，傾一處之義也。然後陰陽合德，而剛柔有體。陰陽者氣也，剛柔者形也。故志士則而行之，候水火主也。分判有時，方辯陰陽之變化。《通玄論》云：此天地之母，砂汞也。

指乾坤而以經以緯，

乾爲金，西爲位。坤爲水，是金。水火二物，交轉往來，出入屈伸，體段也。郭真人曰：東西爲緯，甲處爲東。甲爲十干首，甲者神子，爲十二神之先。將甲配子，故云以緯也。

類南北而有取有捨。

故歌云：捨南取北，子母相尅。轉北成西，配合夫妻。此不虚也。故丹石一藥獨負陰，謂之有取有捨。

氐房騰躍於蒼龍，

氐房，是東方宿，故汞寄處於房星。房星屬卯爲青，又木生於水，水屬北方爲黑。青與黑謂之蒼，號曰蒼龍者也。

張翼襟帶於白馬。

張翼，是南方火宿，象丹砂也。是古仙以法脱其赤暈，還其真性之功，號曰脱體丹砂，一名白砂，亦名白馬牙是也。

故玄黄之形質，脱筋骨而瀟灑。

玄黄者，天地也。爲器物之形質，筋是汞，骨是銀，得火氣薰蒸，金水等自脱其鉛，漸除滓穢，於器上飛搏往來，拂鬱加霧而瀟灑也。

棲巖隱蟄，跨岳臨川。

汞在鼎内，得金水伏，被煎灼涌沸不得停，漸結吐花於上，或成其兎，棲巖隱蟄。或伏盤不起，如山岳之形狀也。

候日華之月彩，亦彌歲而歷年。

日華是汞，月彩是金。金汞成形，非日盈月滿而不就也。故一年主十二月，有三百六十日，時積日爲月，積月爲年，至一周天有四千三百二十時，象四千三百年運氣。故云：彌歲之歷年，志士審而察之，以大藥陰陽相配，而成寒

暑，陰煞陽養，還丹非四時五行而不伏，皆取其象。

窮造化而變化，順天時而奉天。

窮陰陽之道，知變化之源。夫子曰：知變化之源，其知神乎。故演八卦，父子君臣，剛柔相配，度其尊卑，運終六律，合成大道，定五行六律，七十二候，四十五節，推二十四氣刻漏，取定大小，而諷興三才，取象天地。《參》云：窮神以知化。是故聖人法爲順天，無別義也。

始雄雌而偶匹，終翶翔而昇仙。

始，初也。《參》云：初正則終辯，幹之未可持。即是雄汞雌金，實相配爲藥，可中服食。翶翔者，義朱雀汞也。得之伏徘徊，禀氣漸昇火，名曰正陽之丹矣。

爰有物外之人，性禀天真，抱沖和之精氣，厭寰海之囂塵。

吴筠先生云：仙者，人之所美也。死者，人之所惡也。所以神不清骨不峻者，非禀於陽靈之氣，所禀者必無慕仙之心矣。慕仙之心者，受氣之時，得值長生之宿，兼逢陽王之宫，所以人性禀天真，起於物外，恬淡純粹，體和神清，厭於寰海，棄於囂塵矣。

夫求不死之方，尋延齡之訣，得金丹之奥旨，洞玄妙之真説。

不死之方，出自黄老。老子丹經，延齡之訣者，即《參同契》《金碧經》是也。如志士得獲此本，先須上告三官，下告土地真君，然後沐浴齋心，凈室焚香，習而考之，方得心開悟解，了釋真元。學道之士，須廣求師友，請益毫釐，不可妄作也。

故杳杳冥冥，其中有精。

杳冥者，是陰黑玄之貌。其中有精者，銀也。精者，汞也。即是銀於太陰之中，但受太陽之氣，温養日久，冥遁其形，潛伏於太陰之内。如有根萌烝足成形，號曰伏火水銀是也。又杳冥者，不正之貌。若無若有，不之而可見也。故經云：冥冥凝神，不出我身。鉛不呈朴，汞不露形。還陽子云：鉛受辛盲，故被褐懷玉。金禀汞甲，胎自著緋而入水。

灌金花之一氣，察水火之兩名。

郭真人曰：先鎔金花爲水，别器暖汞投入池中，其色凝白，狀如鉛蘇，義亦同否。又一氣真一也，一化受符，青龍之位，爲東方震。震屬木，木生火，謂之汞。土能生金，謂之陰銀。故云：察水火之兩名也。

分布四象，陶均五行，駐日魂而呼月魄，遵虎性而契龍情。

李澄云：金木二字，坎離四象，急藥之體。鉛汞者，玄妙之門，還丹根基。此言青龍白虎，朱雀玄武，爲四象也。四象成而五行了。二十八宿周天，日月合度，龍呼於虎，虎吸其龍，性情交泰，日月周畢，豈不是四象五行陶均也。

由是演易示機，杓星設位，循箕斗而散彩，

李淳風曰：北斗七星也，近紫微宫，在太微北，是爲帝車，以主號令，運乎中央，而臨制四方。建四時，均五行，移節度，定諸紀分，繫之於斗。其魁爲璿璣，其柄三，爲玉衡。書曰：璿璣玉衡，以齊七政。箕斗者，是寅巳之位，起火於此，甲之散彩。

綿艮兑而通氣，

艮爲山，兑爲澤。《易》曰：在天成象，在地成形，變化見矣。韓康伯曰：象況日月星辰，形況山川草木，懸象運轉，而成昏明。山澤通氣，而雲雨施，行連循環，上下通氣，此義深矣。

播刑德而合剛柔，入中宫而歸戊己。

播，施也。刑主陰煞，德主陽汞，而剛柔自合，故入中宫，而歸戊己。戊己者，是土位，稱黄帝生處玄立。又能尅水銀，而玄伏矣。《金碧經》云：以制太平，並中宫土。《參》云：三物一家，都歸戊己。三物，水火金也。

爾乃九還變態，七返呈妍。

九當乾卦，亢龍立位。七當坤卦，飛龍在天。大人造化，亢龍有悔，窮之灾也。故從九位而返七。夫修真之士，須明卦象，屈伸動静，出入卷舒，昇降進退，各有所配，方守一而鍊真，即見交泰呈妍之理，配男女以時也。

運水火而相鮮，

《參》云：本在交媾，定至生人。以坎男離女配合，日居月諸，精彩潛媾。盡　氣而成牙蘗。

《易》曰：日月運行，一寒一暑，乾道成男，坤道成女。乾知太始，坤作成物。是日月以天地之用，金水交精，水火運移，還盡一元之氣。一元者，六十日也，四烝成。《契》云：元年乃牙潛也。

由内貞而外順，

内者金，外者水。金水欲行，蓋順陰陽之法，用候卦爻。内爲陽三畫，外爲陰二畫，處陽之時，外求於内。在陰之時，内求於外。金居内爲春夏直符

也，水居於外爲秋冬直符也。內外之際，蓋取象於卦中。

乃玄之而又玄。

玄者，玄元也。如太上分一氣爲二義，二義天地也。地也者，剖一氣而真素，號曰真一，故是真玄也。又玄者，是變白爲黃金，黃金爲至寶，故云玄之又玄。經曰：術士服食之，壽命得長久。金性不敗朽，故爲萬物寶。非服常金也。金也，當其變也。

即火東旋而爲龍，水西轉而成虎，虎脱胎而棄子，龍辭丙而致雨。

崔皓山曰：其神化之而爲液，凝之即成汞，如霜璨爛，似玉闌干。素魄流晶，光影星攢，千鍊萬化，其體常然，從無入有，壞而復成。自有入無，滅而復生。陽與陰合，陰與陽并，展轉變化，遂爲物精。仙人百鍊，而爲通靈。還返不窮，還丹是名。又歌曰：五行顛倒術，龍從火裏出。五行不順行，虎自水中生。此是明至藥法，准此陰陽相剋，五行錯王而成者矣。

氣惟先白黑而後黃，始水火而終土。

此是金水狀貌，從復用事，至十月終坤，變轉體段，先白後黃，赤黑連表，各還本位，其骨是大還丹也。始火者，火數二，水數一。火既滅，四時輻凑一氣，十五日二十四氣，生成萬物。夫還丹者，象水火成萬物，禀天地陰陽之氣，氣以剛柔，合度四時，不能陶鑄，則真一之道畢矣。

捨南取北，甲乙宗祖。

經曰：陽中有陰，陰中有陽。陰中有陽者，砂中産汞也。汞離陽，故歸北方自然水。水能生木，木居甲乙，與火爲宗祖也。一文云：即火東旋而爲龍是也。

神水聖石，帝男金女。

神水者，非酒醋之鍊者，石不可作也。是陰一制陽一，爲華池之義。故云帝男龍女，實三一之要也。

道本不離於玄黃，守一要存乎三五。

道本者，汞也。天地與三五之氣。守一要存乎，不離金汞巳金也。志士細而詳之，言真實理也。

信由青腰致遠，玄素鉤深。

青腰曾青，玄素是金，即青龍白虎。鉤深，致遠之義也。

風謂七八之水，水生九六之金。

風者，陽氣也。從十五日前，震卦用事，汞得金氣鉤留，自然調暢也。水生者，陰氣也。十六日巳後，轉受巽，變剛爲柔，是金消，故入汞而歸坤卦也。《參》云：七八數十五，六九亦相應。是一月運六十四卦也。

剛表柔裏，內陽外陰。

剛表者，金也。柔裏者，汞也。經云：陰銀而陽汞是也，故內陽而外陰。别注云：剛者乾也，柔者坤也。陰陽合德，而剛柔有體。陰陽者氣也，剛柔者形也。禀陰陽成金水，金水之形既成，合體凝而成堅，是變易也。

青龍躍而白虎伏，朱雀飛而玄武沈。

青龍木神，白虎金神。經云：丹砂木精，得金乃并。取天之汞，合地之銀，聚魂魄而成還丹。天玄地黄，合度砂汞，乃當合之時，俱入神室之中，鍊此神精，火土金運，摧文武急緩，以應鍾律。朱雀者火，南方之位也。玄武者水，北方之位也。言汞或走或飛，從南方朱雀中，北方水火。二水一合數三，爲東，青龍鉛水，故先踴躍而伏白虎也。經云：龍陽數奇左，虎陰數偶右也。

由是日爍中男，月迷姹女。

日者，火也。中男者，金精爲月，得火氣而自消散，與汞合爲一體，其汞傳金氣自迷，故不走不飛，謂之月迷姹女。姹女者，汞也。中男者，金也。魏君曰：火能消金，金伐木榮，三五與　，天地至精者矣。

土彊金勁，一寒一暑。

土者雄黃，得位中宫，將軍之名。能偃於水，又能生金。一寒一暑者，發火文武及時者也。

龍呼虎吸，烏蟾吞吐。

龍者汞，虎者金，烏蟾者日月精也。金汞得火水氣，於鼎內變化，高低之貌，運文武火戲，一上一下，一俯一仰，出化没化既定，吞吐依時，黄白乃成，號曰金星美砂、巨勝紫覆粉。若不化定，伏在金中者，名曰金龍丹，亦名伏火紫粉，都是大還丹。

南北交媾於水火，卯酉周旋於子午。

水銀是北方之位也。火是朱砂，南方之位也。二方往來，各守定性。寒從北方來，暑從南方至，二方各在用，還往本宫也。卯者東汞，西者金汞，合水火而歸於子午。紫河車訣云：十二月生兒，子午是也。

總括乾坤之策，優游變化之主。

運乾坤二卦，皆有策數。乾策陽爻，半支得六千九百一十二。坤策陰爻，半得四千六百八。總括萬有一千五百二十。主者金也。金爲君，象北辰。乾坤交動之時運無轂，而居極是不移。金水在器内，任其水火薰蒸，自然而成正體，優游隨節變化也。

母子包羅於匡郭，修養因依於鼎釜。

此是金法，世人造次豈能知。子母者，金水也。金水者，坎離二用，爲内象外象也。二氣合牙之道，交合於鼎。鼎之中舒光照耀，象日月連環，在六合之中。水火爲藥，乾坤爲鼎，可理匡郭，金鼎之理。《參》云：坎離匡郭者，城郭也。《五相類》云：城郭完全，人物乃生。是也。世人不曉金鼎，多以金銀及鉛黄花爲，此大悮也。

配銖兩以定循環，察爻象而校火數。

配銖兩者，六銖爲一分，四分爲一兩，一兩爲二十四銖，一斤爲合三百八十四銖，象六十四卦有三百八十四爻。循還增減，察察動而定其火數。經云：火記不虚，演《易》以明也。

若夫二至啓閉，

冬至夏至。

陰陽遞遷。

從子至巳陽生，從午至亥陰生。

終坤姤而始遯，起復臨而盡乾。

直純乾訖，乃從初九一變爲始。九二爲三，三爲否，九四爲觀，九五爲剥，上九爲坤，九還七返，火天大有。此是終乾始遁。又置純坤卦，依前從下位初六變爲復，二爲臨，六三爲泰，六四爲大壯，六五爲夬，上六爲需，八歸六居水地比也。故經云：起臨而盡乾也。

飛龍偃月，

飛龍是汞，偃月是器。

上下兩弦。

李澄曰：青龍二八白虎中，是初八與二十三日，金水各半斤也。

黄金白雪，神化自然。

黄金者，還轉鉛精，凝爲紫磨，赫然赤也，故曰黄金。白雪者，飛伏水銀，色如雪，故曰白雪。乃是神化自然之道，服之羽化矣。

融坤艮以成地，

坤爲陰，艮爲銀，三篇云：聚陰爲地是也。

仰乾兑而爲天。

乾爲陽，兑爲金。陶君曰：積陽爲天是也。《易》曰：山澤通氣。又云：天地不交之氣何也，爲形質各易。

母子恩戚，相主交連。

母子恩戚者，鉛制於汞，汞能伏鉛，鉛汞合爲，黄白之道畢矣。銀本從鉛中生，蓋鉛抱於子也。藏鉛在銀，銀隱於鉛中，故是相主勾連。喻人之在道，道不離人。魚在水中，水離魚。魚無水即死，人失道則亡，主相通玄理也。

一色三五，水激雲煙。

一者，真一也。三者，汞也。五者，雄黄土也。真一與土，是陰重之物，故不受飛也。得汞相和，即飛也。飛之爲霜粉，謂之水激雲煙，亦由器。

佚名《上洞心丹經訣》卷上 仙翁曰：欲求神仙，當得至要。至要在寶精行氣，服食大藥。雖云行氣，而行氣有數十法，大要在還精補腦。雖云服氣，而服氣之法百餘事，大要在胎息。雖云服藥，而服藥之方千餘條，大要在金液還丹。【略】

訣曰：仙翁云服藥之方千條，末學豈能周知，其大要在金液還丹者。今古登真達道而成仙者，未有不由金液還丹，而能成者也。其金液還丹者，外丹也。【略】

今仙翁玉笈所珍心丹一方，乃太上上洞仙經之所載，金液還丹之次方也。藥材乃九鼎中之第一性味，乃八石中之上等。制鍊有方，轉鍊無異，不用雜類，止用一珍，九轉鍊之，而成金液還丹，自换骨而至飛昇，井井有條，接引真仙，上入太清，與無中生有之金液還丹，殊途同歸，功用不異，實爲至道不煩之妙也。凡世希有之仙方也。

【略】

人之爲體，易傷難養，攻毁之者非一條。過於尅剥，劇乎摇拔，精靈固於焦擾，榮衛消於數用，煎熬形器，尅削平和，飲食失宜，榮衛過度，當風卧濕，變起膏肓，方托命於草木之醫，或投誠於祭祀之助，猶渴穿井於高阜，若飢起畊於石田，草木之藥，何所補之，神鬼之力，曷能濟之。若命可以草木延，病可以祭祀除，則醫人悉長生，巫師永不病。故經云，不在祭祀事鬼神，不在誓願多言語，養生之

道，唯在神丹。知之不易，行之實難。而學道之人少進多退，競知者衆，克終者鮮。如井不達泉，終爲棄井。故非長生難聞，若聞道行之爲難，非行之難，終之難也。非至明不能察也，非至勤不能學也。【略】

仙翁曰：世之錬靈砂者，乃用抽出砂中汞，配硫黄，二八而成靈砂。但至一轉者，至十服之，可以通靈，故號靈砂。愚人服之，百病皆愈。若到九轉，號稱還丹。依法錬服，亦能變化飛昇。其硫黄乃火輪，與日輪之氣相交，而生此丹。砂者具南方正色，禀太陽真精，含天地之至神，列仙藥之上品。蓋其内具硫體而含汞，若依仙方，錬之九轉，乃真靈砂也。修煉之士服之，指日昇仙，飛昇太清，其功莫可言也。

上洞太一心丹祕方

按《本草》：丹砂味甘，微寒，無毒，主療身體五藏百病，養精神，安魂魄，益氣明目，通血脉，止煩滿消渴，益精，悦澤人面，殺精邪惡鬼，除中惡腸痛，毒氣疥瘻諸瘡，久服通神明，不老輕身神仙。

又 卷中 仙翁曰：《参同契》云：植禾當用粟，覆雞用其子。燕雀不生鳳，狐兔不乳馬。斯言盡之矣。夫人五行順而形生，逆而成真。禀陰陽五行之氣，而後有此身。然身中之寶者，神也。神之在天爲熱，在地爲火，在人爲心神也。心也爲道之祖，修仙之正法也。今以丹砂一味，九轉錬之，爲金液還丹者，實此理也。若悟此理，修行外錬還丹，依方服之，内求玄珠於赤水之中，結還丹於黄庭之内，使内外丹成，九轉變化，須臾與道合真，蓋内修者陰丹也，外修者陽丹也。陰丹就而命延，陽丹就而昇騰。故修道之士，有内丹者可以延年，得外丹者可以昇天。内丹成而外丹不應，外丹至而内丹未克，皆未能昇舉。吾所以授三一九室者，内修之要也。還丹金液者，外錬之極也。勉而修之，可成矣。弟子即再拜受教，終身祕之。

仙翁曰：凡欲長生，而不得神丹金液，徒自苦耳。故呼吸導引，吐故納新，及服草木之藥，可得延年，不免於死也。若服神丹，令人神仙度世，與天地相畢，與日同光，坐見萬里，役使鬼神，擧家昇虚，無翼而飛，乘雲駕龍，上下太清，漏刻之間，周遊八極，不拘江河，不畏百毒。

按：草木之藥，可以攻療疾病，不可以致長生也。金石之藥，可以必獲延年，而亦能兼除百邪也。夫草藥之爲物也，虚脆柔軟，不堪而久，煮之則爛，埋之則腐，燒之則灰，停之則朽，不能自堅，豈能堅人乎。不能自生，豈能生人乎。若丹砂之爲物也，是稱奇石，最爲上藥。細理紅潤，其質堅固，貞祕積轉，逾久變化逾妙，能飛能粉，能精能雪，能爲真汞，能爲還丹，能拒火，能化水，消之可以不耗，埋之可以不壞，靈異奇祕，我難以稱。然而得要則全生，失法則傷壽。人見《本草》云丹砂無毒，謂不傷人。不知水銀出於丹砂，而有大毒。故云水銀是丹砂之魂，水銀因丹砂而出。末既有毒，本豈無毒。淺識狹觀，不思遠大性命之功，蹉跌不追。所以古人深懼，除惡務本，必先煮錬，方入大丹。殊途同歸，皆令伏火，不拘日數，莫限人功，事資於養，不宜急速。人見丹砂是石，乃言諸石燒之爲灰，其丹砂何得獨爾不化。殊不知丹砂色赤，而能生水銀之白物，變化之理，頗亦爲證。以丹砂而爲金液，猶土得水而成泥埏也。山之下有金，其上多有丹砂，變轉不已，還復成金，歸之本質，無可怪也。故昔漢朝有李少君者，乃數百歲人也。不聞有它能，唯以丹砂作還丹，或以還丹爲金，以金爲器，以器盛食，以食資身，漸漬腸胃，沾洽榮衛，藉其堅貞，以駐年壽。事漢武帝不盡情實，乃以祠竈左道之術奏進，不以還丹金液之正訣上聞，徵至卒以化去，武帝思之。故知惟有丹砂轉錬之道，金液還丹之妙，令人不老不死，可謂大善焉。

仙翁曰：此丹砂轉錬之道，非獨服餌長生，用以浴身，俗疾不能干，衆灾莫由害也。此法本出玉皇祕藏隱文，非俗所有。自非禀其仙籙者，終不能見。吾留此訣文，以開後聖。若得此訣者，必須依傳授法受之，不得輕吾告，受非人也，非所受作不成，亦萬劫學仙道，永不得成也。

又云：受法不得輕告。傳法日取旺相日，結齋立壇，師與第子並在壇前，日夜燒寶香，奏帝祈請所願，長生藥録名目。稱某少好長生上道，萬劫以來，常蒙道福，今得奉恩聖允，蒙師慈念，許受訣文。某今不敢許納，一一奏請皇君，師言弟子某求道，日夜無怠。某欲授某訣文，不敢自許，一一奏請皇君。如此謹心，滿七日夜，然香登壇，飲血爲盟，分金鐶投東流水中，請師傳授諸神金丹，若及傳口訣圖籙，皆同此法傳授。若不依傳法諸受，師與弟子所造不成，此金液還丹中訣文也。

狐丘先生授葛仙翁曰：命屬仙星，名録繼我，今故授汝金丹訣等，及修仙法，汝依而用之。汝若傳之，自非決志山巖，不規俗利者，歃血分鐶，立壇爲誓，終不得妄傳，傳非其人，名削福簿，殃及累代，慎之勿妄傳也。此是神丹萬金訣也。

佚名《大丹篇》 元陽子曰：金虎者，還丹之根本。金虎非二物之名，蓋述於鉛汞也。鉛黑屬北方水，數一，是子能知一萬事畢。《契》云：鉛含五色屬五方。又云：三黃一黑，求死不得。三黃一黑，靈丹之名。能修三一，飛仙必得。一水也，三木。鉛砂之汞爲青也。

又曰：金丹得就後，須出火毒。如不出火毒，服令人口鼻中生瘡，時常衝口乾頰似火燒，須出之。先取楮汁，丸如麻子大。次用棗穰丸子，以生絹袋子貯。掘地坑子，可深一尺五寸，更疊好紙裹襯，却濕土培擁一七日。開取懸入井，去水三五尺，三日。呼入寒泉去毒。取之於合中，於至夜晴露七夜。呼天河出毒，如丹發動，以甘草煎濃去滓，令日夜漸漸呷之，即解火毒也。

太一陰君曰：金液華丹生羽衣，千變萬化無所疑。此上仙之要道。

又《龍虎上經》曰：丹砂木精，得金乃并。若求長生汞須死，汞若不死徒自苦。丹木之子金刻之，水爲母土堰之。飛仙之道不待時，還丹之功畢在兹。若識大道之理，候鍾律二氣，黃白必就。

黃牛山《金碧歌》曰：水火獨相配，徘徊生景雲。七反砂也。汞者陰之正氣，而能生長萬物，故陽躁而陰静，静則不死之道也。經曰：天玄地黃，得而服之，不死之方。經曰：白虎含赤龍，一飛還一伏。一物貫五彩，永作仙人禄。金石之門而多隱祕，緣世人無智，不明此道，故不顯鉛汞大丹之妙。所以庸昧者多，貪毒者衆，就功者少，不可輕泄天道隱文，好道君子，求賢真士，更加思焉。丹砂之母汞，是月之精，而生於陽，應天而爲臣，助人身而能不死。丹砂屬南方火。火，木之子，水之孫，土之母也。故土石是丹砂魂魄。陽藥有七金，二石五黃，白雄雌、砒黃曾青，陰藥七金，三石四水，金銀鉛錫、硝石朴硝之類。

【略】

劉真人歌

三山鼎上九重關，女子披顔表裏看。玄武若能擒白虎，三宵五夜自凝還。神水煮歸，還本色也。

又歌曰：能用水火，子母對坐。六十卦就，黃金滿馱。古人不要一馱金，即要丹服之可也。

【略】

荆南李真君大丹金液訣 李君諱託，是劍南司馬真君弟子。張君，名陶，性好玄文，自小慕道，在世四百餘年，後昇化去。

真君曰：良無頭，釜有底，兩物相逢自合體。良無頭，是艮也，象山即山就也，山就之物也。釜有底，金也。金未離母，是真鉛也。鉛含五彩，屬北方水中金。金是陽防也，久鍊鉛自金也。兩物相逢自合體。就銀字，此銀是北方水銀之銀，非西方金銀之也。西方銀是鍊出之銀，是白虎位，亦名市上爛銀。

《潛通訣》中不許用銀也。唯堪作器物，不堪任用。取山中天生銀，就之生用之，乃大丹之田也。故《潛通訣》云：昔者古人不炡於銀，取礦中者生用之。言其中有真鉛，真鉛者銀是也。又云：真鉛是紅銀朱結就，可爲丹頭用之，化陰爲陽。不鍊於汞，將朱鉛二物入鼎，牛糞火銷鍊之，自就於内，作還丹也。

《參同契》云：赤黑達表裏，是第一法也。意云：但取山洞中生銀，用爲火藥種，是正真之法，天生牙是也。

歌曰：莫破我車，廢我還家。若炡却鉛名壞車。壞却車體，不住藥也。又失北方坎男義不成。但取銀用之，即是真一水數也。亦是月之精，地之魂矣。亦名銜鉛銀之銀，銀之屬水也，自然礦石之癲者，日礦即朱砂是也，亦是天生自然之物，爲七十二石之長，長生藥之君主。亦名之日精，變化生成也。南方屬火，火數二，中含一陰爲女。取辰錦州朱砂爲上等，生用之。日月天地寶，神仙羽化根本，志人依憑，必不悟道也。

歌曰：莫壞我，命得全。

又歌口：日月自相催，朱鉛合鉛炡。日月即坎離也。藥之正體，陰陽相催自合朱，是木之子，汞水在其内。轉向東南方爲龍也，震卦是也。不用藥，直下制。水火是藥，不安别藥，故云不用藥，直下制。制者是陰制陽，陰在上，陽在下，奔水火，是坎離日月之精靈魂。自相求者，水火之候也。水火作媒相配隸，陰用水爲媒，陽用火爲媒。即汞成陽，流珠備，須謹防。若運於火，周流六虚，用六卦。三日震動震卦，三五成德，乾體乃成，三陽足美。十六轉成巽卦，一陰生也。二十三下弦二陰，生成艮卦。三十日終坤，三陰生成，歸土。還丹始終二體合，東北喪朋，西南得朋，配合陰陽始終矣。修到紫宫人出世。紫宫，南方九宫也。汞從南方來，至北方紫色。西方水銀修鍊運火，却歸西方本位。經紫色謂之還丹，服之冲天，故云人出世也。

《潛通訣》云：金粉雄，朱汞水，入銀壺，中數轉是也。不識火鉛與水，縱解萬般無所濟。火濟者，火銜水銀者，水隱其寶。人不識鉛汞水火，丹雖多，皆不爲身之寶。金尅木生火，火尅金生水，水生金。大丹修鍊，相生相尅，運用五行。

《金石靈臺訣》云：此乃天地自然爲道。且陰陽坎離，日月剛柔，晝夜情性。魂魄對持，而相制伏。然以權衡法度，剛柔相代，陰陽相生，變化無窮，乃合於天上爲日月星，下爲水火金。故聖人應天符，達變通之道理，以萬物生焉。如懇於

道深誠好術者，可以觀此金石之性。學淺管見心垢之徒，不可求之。

《彭真君歌》曰：水流潤下，火性炎上。水火夫婦，有衰有王。若似參商，一俯一仰，不立隄防，久覺難養。

《術中經》云：夫汞者，姹女之别名。砂者，鉛中之至珍。爲砂汞者，此真訣也。鉛之有砂汞，有人有情性也。汞於人非外物也。砂汞爲鉛，非雜類也。三一之道，修情合性，然後可以歸真復卦矣。金液之術，以金養水，而後可以返本還元也。若别物爲之，則情性不可合。故《參同契》云：名者以定情，字者緣性言。金來歸本初，乃得稱還丹。

又曰：情主治内，立置鄞鄂。性主營外，恒築城郭。是知汞。汞者鉛之情性也，元氣者人之根本也。金主營外，故爲之性。汞主治内，故謂之情。以金制汞，推情合性之義。含精養神，修性合真之道也。

又曰：龍呼於虎吸其精，兩相飲食俱相榮。乃謂東方甲乙木，曰青龍也。西方庚辛金，曰白虎也。龍爲情，虎爲性，情性相依，還反之義。

又歌曰：束身斂魂充虎饑，虎來噉食生體髓。脂脉也。則呼吸之義明矣。

又歌曰：太陽流珠，常欲去人。卒得金花，轉而相因，化爲白液，凝而正堅。金花先唱，有頃之間。散解爲水，馬牙闌干。陽乃往順，情性自然。是知立乾坤，運水火，應天符，合三才，然後爲之丹砂。妙言至遠，大道至簡。銀爲牙母，爲鉛脚。但子知宗枝，用之即不錯。朱砂爲金，水汞爲銀，立可制成，成即爲真。修丹不悟三五一，悟者還從坎裏出。一生男女並相依，變轉青公爲金質，更無關鎖及隄防，内外自家爲神室。服者長生兼救貧，通靈不過於千日。

又歌曰：白馬牙，好丹砂，配二八，和兩家，知上下，猛三花，萬生定不死，君莫誇。

鬼谷先生《九轉金液大還丹歌》曰：仙人鍊丹不用藥，唯有神室是金作。世人尋道不知源，枉損金銀作城郭。爲世人不知丹訣，青霞子曰：莫破貨財，莫使家貧，若不得真口訣，鍊丹不得就。金銀就是他乾死，死了却能變生藥。造化不離水銀中，精魄結就金花藥。藥換不離造化原，還丹須是陰陽作。四兩一斤共合體，一陰一陽相配隸。七十二日一周天，熟了却從甲乙起，服之永歲保長年，真仙妙訣斯至已。

又歌曰：我家有五物，三種少人知。本來爲一體，分作五鄉離。東方甲乙青龍兒，西方庚辛金女娉爲妃。南方丙丁火，雙生合二儀。北方壬癸水，得一自堅持。中央戊己土，修城種寶基。用火火一，莫令人知。水火不相壅，圓敗總由伊。一轉兩轉安魂魄，三轉四轉定半期，五轉六轉神光泰，七轉八轉上仙追，九轉通靈昇天漢，造化功深勿二疑。

宋・張君房《雲笈七籤》卷六三《金丹訣》 玄辨元君辨金虎鉛汞造鼎入金祕真肘後方上篇

夫金虎鉛汞者，不出五行。萬物生成，因陽而結，因陰而生。陰者道之基，陽者盈之始。陽不能獨立，陰不可自生。人民萬類，皆稟一氣。判二儀，從混沌分後，因兆立基，句屈伸達而生，因造化父母成形還本，各歸其根變化也。陰陽相奪，法象乃立。坎一離二，從陰歸陽。火一水二，從陽歸陰。水二火一，前者象，後者質，如身内修道之真源。重玄義幽，闡契真理，雙喻鉛汞二陰，水之二也。火性炎上，寄方自守，火之一也。在天地之間，配象五行。在人身田中，心爲火藏，在肺下，其數一；腎爲水藏，雙居命門，其數二。足明火一水二，爲道之祖。悟者修行，神仙不難。玄珠優遊於赤水中，胚結成胎。還丹亦生於玄一，因陽發騰爲流珠。足明三五與一，天地之至精，變化須臾。且如内修得一者，陰丹氣也，氣能存生。外修得一者陽丹，丹成服餌，功能内固性命，外化五金。乃知修行不二，至藥無雙，天人合道，理契自然。非陰不生，非陽不成，還丹交媾，不出於水，火金木土，猶即符應候，丹自成矣。丹基在一，但辨得真鉛真汞二物。真陰真陽，大道也。故託易象，藥不須斤，立三百八十四銖。象月兩弦，上下對望。二八十六，故立一十六兩。剩少即不合爻象，節符用事也。坎離爲藥，天地爲爐，乾坤震巽，爲運卦生成。但以符結，陰氣變爲白馬牙，陽氣變爲金砂。金砂入五内，霧散如風雨。雖無外一施，妙用無極，此皆長生出世之方，還丹之至道。元君、三景真人每至元日，會議得道之子，有分者感天曹赤帝君敕以金簡朱書，乃示此訣。若内行不真，心生猶豫，口是心非，終無得理。學者但行不二之心，道師必當自至，以戒後來者也。

旨教五行内用訣

訣曰：辨藥並火候法象，上清真經諸仙籍祕録纂要及歌中，但遇五行，不出數内，水一火二木三金四土五。土無正位，遊於四季。五行生於土，土生於金，金生於水，水生於木，木生於火。甲之精結媾，萬物成形，生死歸於后土。土主黄，金主白，但看鷄子内黄外白，二氣相感，分判自然，豈假外物爲情而反也。

一、北方，黑，子水，金之寄位，五行之始，道之基。黑鉛朱砂中自生者，牙

也。日月照曜時足，在砂中性白伏火，名曰天生鉛也。

二、南方，赤，午火之正數，火寄位朱丹。丹者，南方之異名。朱砂，鉛之父母，仰月也。

三、東方，青，卯木，道之本宗，陰陽父母，萬物各稟一氣，皆同此祖。所資負陰抱陽，甲之精，曰火之本父母，日魂也。

四、西方，白，酉金，神水之寄位。轉北成西，卯酉相望，金木相尅，水火交運，以成大道。陰之精，月魄也。

五、中央，黄，戊己土，華池之寄位。黄能制水，不流自死。土是還丹父母也，生死在於父母。父者火，母者土，制伏萬物不起，各依本父母。故曰金鼎土釜，故云三五與一，不差也。

訣曰：日者，積陽之精，其數有九，在天成象，在地成形，含和萬物，布氣生靈。日之烏，黑也，色黑，象北方壬癸水，名曰陽中陰精，陽含陰也。是以離支，丙丁火宫，得九之名，結氣朱英，鍊之固形。三五與一，龍虎來迎。古之仙者，鍊日之精，身歸純陽，飛遊太清。且水銀水類，而含陽性，外陽而内陰。陽象黄，陰象白，是知外赤裏白，故水銀生於朱砂中，是汞産於鉛也。此明陽中有陰，不孤陰寡陽也。

訣曰：月者，積陰之精，而成坎位，其數守一，陰陽含牙，魂魄相應。陰陽也，如日月之有蟾烏，陰陽兩氣雙白色，象西方庚辛金，名曰陰中陽精，陰含陽也。是以坎支壬癸水宫，得一之名，氣結玄英。諭人皆因父母傳氣而成形，遞相含育，自然之道。藥物象月，從陽而受陰，胎而含陽精，外陰而内陽。陰象白，陽象黄，故外白裏黄，是以白金生於河車。河車者，火赤色之名，朱砂也，故云砂産於金。此明陰中有陽，不孤陽寡陰也。

訣曰：朱鉛二物，入爐合銷爍，取其精，添入丹魂之中，用立乾，其聖如神。故得稱姹女者，鉛也，砂者，白金也。金基黄輕黄礜也。

訣曰：一者，丹基，水也，鉛在内；二者，火基，木也，符在内；五者，土基，母也，金在内。修丹不悟真一之理，互説金石爲藥，又不得節符火候，還丹因何而立乎？

訣曰：大丹並非金銀、銅鐵、鉛錫、曾青、雄黄、五礜諸雜金石等，蓋各有毒，備諸制伏君臣，可治疾，並無延駐之功。

訣曰：朱砂得傍門制伏，治世疾，駐顔，無長生之分，何也？緣不得本父母及爻象，失其元氣故也。

訣曰：汞者，水精之名，受含符信曰汞，飛起爲流珠。故云：丹砂流汞父，戊己黄金母也。

訣曰：凝流珠爲白金，此明白金從一中成形貌也。金水道并使，以金爲黑鉛。陰中陽生，反老爲少，陰之精，物極即反，已老却少，遂之長生。故水銀生於北方，來居火位，相交以成大丹。

訣曰：上聖隱祕，愚昧自迷設用。凡鉛黑金汞銀爲河車，雄黄爲土，金銀爲母，並非至藥之源。凡鉛者，銅鐵草並有鉛及有礦鉛，並凡鉛也。真鉛者，子母鉛也。有銀者，是鉛爲大丹神水，金之母也，子母相得其情也。

訣曰：金爲月精，以處陽位。汞含離氣，以應六爻。天地之靈，孕日月之精，否極泰來，陰盡陽生，皆順天道而爲也。

訣曰：從月一日受符，六氣從性成情，十六至三十，六氣從情成性，象偃月魄月出没之象。

訣曰：金爲父，木爲母，震爲長男，兑爲少女。白者，歸一之名；金者，得位之稱；黑者，性含水色；鉛者，同金之類；黄者，象土，牙者主生；子者，九轉之運名；河者，水之基；車者，符育之功。

訣曰：世人不悟朱砂者，鉛之母；符者，丹之父。生死歸於后土，黄能制水不流，自生自死。生亦依於土，死亦依於土。土者，火之母也。

訣曰：朱砂是鉛之祖，還丹之基，鉛生於朱砂。故云：汞生於鉛，砂産於金。悟者萬無一焉。

訣曰：朱砂陰汞，天符運育，日月滿足，自生出曰陽汞，此是陽爲君，陰爲臣，二汞本一物無二。

訣曰：寶丹本乎一物而生，自無外入。譬如蚌吸月華之氣，爲珠在腹，豈有異類而成？

訣曰：太丹有三品：上者汞，中者丹，下者砂。悟者歸一無二。金虎含陰，位屬西方，真氣内藏，寄生太陰，玄鉛而爲至精，名曰龍虎。卯酉相尅，子午相望，此是天地陰陽輪軸轉運造化也。

訣曰：九轉二百七十日，每月换鼎至九鼎，换之便妙，不换亦得受符。金性低昂，十五金性全滅，三十日道窮乃歸子，坤元受符，三物同没於土。陽符上騰，至於宗廟即下降，巽生受符。乾坤震巽，蟠虬上下，五行藏伏，陰陽變理，往來天

道之用，周而復始。

造金鼎銘

后土金鼎生死長，七神室明，三圓五陰一混沌，徘徊天地五里。陽陽兩頭，狀如鷄子。形具莫差，黄白在裏。厚薄均匀，六一固濟。好守午門，參同自契。

訣曰：一者，五行之始，月之陰魄，位居坎中，藥生於陰暗之處。時人不知金公之理，金者太白之名，公者物中之尊，呼之曰鉛。

訣曰：金入中宫，太一大庚成，赤烏守黄烏，蒼龍伏籍，白虎制取，本類相聚，故曰參同。

訣曰：黑鉛入仰月，配合爲夫妻，陽魂合陰魄，兩情自和同。世人不悟，正五金八石是陰之總數，配合運動爲丹者。八石者，八卦；五金者，五行火候也。

訣曰：不容之木，是甲之父母，所以受制於金。金孕水安，水必存金；木孕火制，火必假木。

訣曰：鉛水者，砂中自生之液，主陽；汞水者，砂中抽出之液，主陰。是鉛水制汞水。

訣曰：鉛水者，符也；汞火者，砂中抽出之液，故云鉛火制汞火。水合其性，火合其形，二物在鼎中被真符制之，遂不飛走。然氣相臨，呑蝕變化，得稱大還。

訣曰：丹砂木精，得金乃并。參銖不偏，至聖至靈。世人不悟，見金視之如土。藥曰：太玄陰符，道生陰陽，陰陽生五行，合爲還丹，故名龍虎。龍者，陽氣，木也；虎者，陰氣，金也。

訣曰：受持二木漸順，汞雖得伏，未是大丹。且要服食，可治世疾延壽。守至九轉，蒼狼黄色。守三年，太元之氣足，色歸北方黑色。服之一刀圭金粟之小分，長生住世。刀圭可制汞一斤，成白道。守五年，服食可三銖，長生。一銖，可點鐵水銀各一斤，成赤道。守九年，畢法，服食可二銖，長生住世，點水銀及五色瓦爍各一斤，用藥一銖，各隨本色成寶。

訣曰：太丹守運，三年氣足，以木蜜爲丸麻子大，依分兩服食，奉藥跪坐面東向，念天真，餌之。其丹九粒，繫之臂後，出入往來，奏表上書，登壇拜謁，人皆欽重。或有悖惡逆黨，生意向人自散；或入山林，居迥野，猛獸毒蟲，山林物魅，摧心伏藏，不敢爲害；至於交戰鬬敵，周迴待衛五百人，不遭弓矢鋒刃損傷。所在之處，土地靈祇，悉皆侍衛。古今法造神鏡及凡銅鐵鏡，用藥一粒磨之，自然通靈；若用一粒書符，作法口解，召集五嶽，天仙龍神，萬靈立至，驅策自由。世人有疾，書一字呑之立愈。死七日未壞者，内二丸口中，返魂却活。七日外不得已死者，内一丸口中，埋之不腐，禽獸並同。藥守九年，取四銖和黄土一斤水煮，三日成黄金。用之不道，殃罰七祖，身爲下鬼。天道祕密，容易輕泄，見世必招仙官譴謫，種種不稱意，神理同煞，順慎無咎。

宋・楊在《還丹衆仙論》 元始天尊曰：杳杳冥冥清静道，昏昏默默太虛宗。體性湛然無所住，色身都寂一真空。又曰：混沌未分之時，内含真一。真一既分，清炁爲天，濁炁爲地，真一之炁，上下往來，呼吸不住。炁中生精，天精氣者日月星也，地精氣者鉛與汞也。鉛是月魄，汞是日魂。

道君曰：日魂月魄，還丹骨髓。得陰炁而成白芽砂，得陽炁而成金砂。金砂入五内，霧散如風雨，通達於四肢。

老君曰：外丹生神水之間，内丹生法水之際。

神農曰：丹砂水銀，是日月之精氣。若在日名曰光明砂，即太陽之精也。若在月爲汞，即太陰之精也。

《黄帝九鼎經》曰：鉛不獨行，行必無偶。審而用之，鉛與汞同一宗，能生金華，曰美金華也。

上皇曰：素色人輕薄，花粧世重多。庚辛但等分，銷爍共相和。出彩雄雌藥，修持在上稟。剛柔同一體，真比不如他。茅君謌曰：陰中有陽，陽中有陰，寒暑相反，虎嘯龍吟。青黑赤白，各居一方，不得參差，乃失紀綱。陽却作臣，陰乃爲王，消息在意，天道自昌。

又曰：還中亦無丹，丹中復有還。無鉛不成丹，還丹生在鉛。

又曰：白雪粉，黄金芽，不得妙，莫謾誇。時人不識真黄芽，唯知盡認鉛黄花。花本是死物，焉得到仙家。

又神室謌曰：天地玄黄，鉛白爲匡。神室上下，不離本章。考和六一，與上同行。虚而爲賊，實乃自防。三台五嶽，隨鐐最强。悟之者得，失之者狂。

龍樹謌曰：黄龍黑精三十斤，得火不飛名最神。底小鑪形闊二分，上開星路通天津。是故白虎作腦，黄芽爲根，經營一周，得成黄銀。

陰真君曰：金華三銷九鍊，名曰老陰，鑄之爲鼎。學人若修此鼎成，丹霞碧霄不難到。

《金碧折疑論》云：水銀得金華，爲形同類，是龍虎相合，故成還丹也。金華

得金銀，爲形可爲至寶，此二者不可得聞也。若説金華，只黄芽是也。

《百問論》云：真人以藥成金銀，豈須要母砂子。必要成金寶，有母又何妨。況母是真銀，未歸母體，豈非理也。水銀除黄芽至藥外，諸藥難制得也。水銀無假，阿魏無真，諸物莫入黄芽體，是水銀感五行之精，受正陽之氣，年終丹足，骨立神全，水銀被此制之，有何不死。若有雜類，無此得成。

《還丹心鏡》云：鉛含五彩，汞吐三花，二物合體，名曰河車。世人迷之，竭産傾家。至人得訣，可涉雲霞。又曰：汞有墜腰之弊，須得真鉛之精。若不識真鉛之精，歷劫修煉，終無所成。

元陽子注云：白金若要伏火，感應只在咫尺之間，須是口訣，難以書傳。

《魏伯陽五相類》云：夫金丹切在理鉛爲根，根成即芽生，芽生即汞伏，汞伏即丹成，非外物也。道人修丹，切不得用世間金銀。

《金丹祕録》云：但將九轉鉛精爲神室，内養金水，暫借鉛氣之力也。

狐剛子云：諸仙皆不説此一味，未得變化，不爲真成也。如九轉鉛精伏火，未得服食，喫者當時便死。

《抱朴子》云：神仙作成金，自欲餌之，不緣要富貴也。神仙銀亦可餌之，即非詐僞也。

《參同論》云：金丹無衆藥相成，萬鍊而終無伏火。經曰：丹砂可作金，河車可作銀。銀則立成，成則爲真，得其此道，可以仙身。

《金丹祕録》云：夫鉛性白而内赤之，丹砂性赤而内白之，以爲水雲而霜雪，皆天地之氣，而以藥作之，與真無異矣。

《太一丹書》云：以真鉛八兩作合子，謂之神室，以鵬砂塗燒，入汞一斤，以水火尅之，更不用外匱。又從水火相凌辱生玉笋子，有五色，謂之紫牙丹砂。其形有二十四般，唯象丘塚形，不堪，棄之於東流水中。

《狐剛子神汞論》云：煉鉛精作黄土，將黄土作匱，匱中養飛霜作丹。土爲河車，任用覆藉。諸丹未成，河車不得用之，用之無功也。

《陰真君五相類》云：鉛若採花，即鉛無氣。採精，即鉛無骨。黄芽者，三才全，骨肉不相離。

歌曰：水銀一味無他物，先爲肉兮后爲骨。骨肉相繼得長存，從此河車無了畢。如人生男女，父母宛然在，以表真金本初元存。若不悟此文理，終無所得也。

《華池經》云：配合金銀，此定法也。備通金石之變，只以藥入華池，制水銀，應手而死，在一日之間，何以難哉。但詳十二華池，飛伏去就，只將消鹵一味，尚制水銀，何況金銀，及十二時也。金醘銀醘河車伏水銀也。

《陰符經注》云：真鉛中有汞，名曰虎，汞號曰死水銀。古仙人云：欲得水銀死，先須死水銀。故曰鉛中死水銀，爲地也。硃砂内水銀，是活水銀也。修丹須知三汞同興。若不知三汞，縱解萬般用計，並無出世之路。須要知三汞者，汞汞汞是也。

《參同論》云：硃一變成汞，汞一變成雪，三變成砂，四變成土，五變成鉛，鉛者金也。經云：一物含五彩，永作仙人禄。

《陰真君三丹釋論》云：硃砂有仙士，會調赤暈令白，以陰伏火，不失本體。其體亦白，名曰白馬牙。依此用入混沌四象，得不二水也。

又曰：混沌之氣都在紫宫中，養成神化之丹。爾亦如人，從母胞胎中裹成胎，不覺十月成人無異也。如會得紫宫，已有仙人之號矣。紫宫有三，或一月成，或一日成，或一年成，用水銀硫黄，令伏火是也。二名金鼎，是一年鉛粉伏火也。元氣去處，從木而生火，火亦歸木，乃象其青。青爲水，水得火，火得於其青木炁，木氣結精，曾青相似。初調曾青，一象春三月採陽和炁，運移律吕，可得萬物發生。至丹若調得曾青，亦如陰陽之律吕，是元神三丹之大造化也。

訣曰：混沌五行之祖，甲日曾青。曾青是木之精，精爲使，使爲氣，氣爲筋，亦曰陰中陽。陽爲日之魂，魂爲日之精，精爲陽，陽爲父，父胞衣變白液，化白堅冰，是陰中之陽也。陽爲骨，因氣生白液，白液爲自然名有四。世人不悟曾青是火，錯用曾青也。一曰水，水銀爲肉之氣，氣爲血，血化毛髮，髮爲皮膚匡郭之成質，三月乃知成形，十月而生，餘兩箇月沐浴。

張天師云：山石金銀，性堅而熱毒，作金液而難成，亦如麫糊，亦不堪服食，消人骨髓。若是藥金作液，其道必隆，黄赤如水，服之冲天。

《陶埴三篇》云：白金從北方水中，變轉成形質，至於鍛煉，修營成大丹，水體不絶，故曰壞解爲水也。

鄭真人傳葛稚川云：有物有物，可大可久。採乎蠶食之前，用乎火化之後。承湯自上以淋下，沃釜虚中而見受。日月周旋，五伏伺候，槖風疾鼓，金汁不走，水以沃之，從有而入無，火以燒之，自無而生有。素粉委而雪漸，黄酥凝而金配，提挈意炁，反覆衰朽，金歟石歟，天年地壽，展轉不已，神趨鬼驟，無著於文，訣之

心口。

《大道密旨》：太白金星者，金之精也。受月之魄，含土星之氣，而内色黄，爲金華。月氣之感爲魄，魄屬水，遂得金水之氣，應北方辰星，而生鉛也。歲星者，木也。日之魂，水之精炁也。其魂赤火也。火生木，應熒惑之炁而生朱砂，朱砂内含木之陰氣，故有水銀。水銀號曰青龍，青龍者屬木也。辰星者，水也。水之精，傳太白金之氣，流精應土，又受月之魄而生鉛。故鉛産金華，金華有五色，名曰黄芽。水宿之氣降於木，而生曾青也。熒惑星者，火也。火之精，得木星之炁，又傳日之魂，流精入土，而生朱砂。魂屬火，生自於木，内有陰而生汞。火生土，土含正陽，生雄黄，其味甘也。鎮星者，土也。受火土宿之氣，含正陽而有雄黄。故五星傳受日月之精華，輪轉相生，自合其道。日之正名道父，月之正名道母。金星號白虎，土宿爲勾陳，水星名玄武，木宿應青龍，火星爲朱雀，流炁轉五星。

《元君肘後訣》云：還丹有内外，各有三一法。内三一者是丹藥，外三一者爲助佐。

《正隱甲經》云：此二物用器不用器，用質不用質。方始是汞中汞，鉛中鉛，知此者更無惑也。

宋・盧天驥《參同契五相類秘要》 昔真人魏伯陽與淳于叔通，授青州徐從事《參同契》及古歌。魏君丹成，撰此《五相類》。後昇雲而去，令弟子大篆。諸本並無，皆云《參同契》中卷是也，深屬淺見矣。且《五相類》者，論諸相類，伏制三黄二寶也，故云五也。

陽一二三四五
水火木金土
陰六七八九十

篇曰

天生元女者，水銀也。地生黄男者，黄金也。皆禀性太和微妙之炁，左陽右陰，即位而相通，謂水銀與金，是天地冲和之正炁而生。初爲朱砂，屬左，居東方。後化爲水銀，居西方，爲右，是借位也。張翼飛虚危，此乃一變也。張翼南方，朱砂也。虚危北方宿，是汞。從朱砂中所化出，乃從南飛向北方，即是一變也。受生之性，一化爲丹。反砂爲汞，反汞爲丹，是丹一化矣。既定昇騰上宫，宫，南方朱宫，定汞變化也。即無任萬物矣。爲汞任化萬物也。太陽白汞，汞，水銀也，陰之精者也。本含赤水。汞本是生出朱砂，故云含赤水者也。返我丹液，返汞爲朱砂，是夫婦也，汞本是朱砂也。純黑精元含青是也。黑鉛者，汞色青也，位屬東方爲朱，是木精，故云青也。

今四象定本，各有解者，則從性而和之。悟者易，迷者難。悟者甚易，迷者甚難。元精春隨斗柄，元精，子汞也，十一月建子，春陽炁生。故十一月受陽分寸，言十一月斗建子起首也。且東西互相吞也。東方朱，西方銀，以二物相吞之也。陰凌據在西，來往中宫。中宫，雄黄也。陰汞西金，二物相據，初伏雄炁凌汞也。二姓合和以金和汞也。一云以汞和砂也。爲妻爲子，爲母爲君，爲臣爲佐。水銀用鉛爲妻，亦如子母君臣也。今得節符而制御之，如水滅火，火必伏矣。若依時節火候進退，五行轉制，金汞自伏矣。直符直事，定昇降而必成。

今參同以五行，内外六律，皆定分兩而知同類。夫大丹若不依陰陽五行，刻定同類，必不得成之矣。今所説五行，赤髓同類。太陽水銀，是太陽赤髓，朱砂汞也。又名太陽汞。太陽是朱砂之别名也。太陽雄黄，雄精含受，太陰雌黄，凝津同類，是還丹之大道也。雄精雄黄也，陰津雌黄也，此是大還丹别名也。且雄類於硇砂，雄得硇砂，入鍋子内，須臾成水如血汁，日夕火燒，閉塞已伏，故知不謬矣。夫雄不得硇砂色不行。雌黄類於蜜水貝母，入小鍋子，消雌煞以貝母末，急攪之後，瀉出蜜水中，各不損本性，自餘方法甚難同類，勿可信之也。砒黄得石脂，立凝而不飛。入磁末，築入筒中，火之二十日而伏，將此伏不失本體。石硫黄入磁石，殊汁煎而同類。殊，鹵殊也。將入磁器中煎，不得令有餤，及有火不沸火，亦不得用武成帝硫流五化五金，百日而煎，畢之矣。汞類亭脂，得火倏忽成水。亭脂，硫黄也。成水急取之，遲即有火出自燒。至七徧作中還丹，餌之長生，堪點化也。亭脂是石硫黄，化汞爲朱砂，汞得石硫黄，更不動爲被土制也。硫黄屬土，汞被制如泥，入爐燒成丹砂。太陰山魂，類同砂子，立成白泥。砂子，汞也。山魂，雌黄。和銀下養之十五日。辛酉，金之位也。太陽丹魂朱砂，同類於醇醢。醢，大春酒也。從三月入泮，至五月盛日中安泮之，自然返爲霜，豈不信乎。此陰陽自化爲還丹，與俗之異，皆天地自然之理。何言人能制造，化而得成也。鉛同類於桑灰死魂。入灰坯鍊九徧後，入赤鳥脚脂霜，成九徧神仙丹，理八石五金，人餌者長生也。錫類蜜陀僧加五色山魂。山魂者，五種石脂也。成霜五色，將以入砂牛津中，塗丹釜上，木盆子合頭飛之，從寅至戌，伏盆霜，二十日武火，晝夜不止，金鼎五金不愛大祕，其霜五色無比也。鑞同類於重砂子魂精。精者，結砂。言砂入漏爐藥五十徧後，鑞三五數成白金，可以立救貧乏矣。波斯折鍮五斤，入素白霜而同類。波斯鍮石五斤，白霜是銀和土鍋，上以到行神骨覆之，厚五寸，一時一徧，入陰獸汁淋取實堅漸漸與火三季，是成鍮屑之獸汁者。黑牛尿到行神骨，是戎食鹽也。崑崙同類羯羊。崑崙，曾青也。似羊津，是羊脂也。曾青治之如粉津，拌羊脂，入砂甑蒸十五徧，後於小室中伏。不問五金，總可爲依伏法。勿使精華炁出。飛可十周，成青龍，翹立制

朱。元精，汞也。汞素亦可制丹陽赤銅也。空類於代丹。空即空青也，代丹代赭也。同於鉢中，研如粉。以元精拌之，入砂甑中蒸之，後入黄土堝中固濟，子東炭燒之二十日，立化五金，乾汞須臾成白金。亦救世之法。元津是鹵殊汁亦號太陰元精也。陰伏金公，倏忽於飛霜，陽制立要亭脂。亭脂，硫黄也。金公飛霜以水銀，須臾成黑泥，入豐城磁器中，得絳霜還精，大祕矣。子受母，即被褐而留之。子，水銀也。母，銀是也。母變子，即有庚而句定。庚，金也。子汞被銀丹句定也。因轉成物，即用之。根微畢伏之，緣摯不使飛凝，實賴太陽，陽合汞也。而相俱敵，互爲化用。汞銀同敵，互相制伏也。亦能空同洞長，以金爲號昇降。是空大剛。若欲飛魂，至九歸命，七符不還，九是朱，七是汞也。歸金成丹，餌之即神魂長生，與日月天地齊畢矣。返成五行父母君臣，如何可置大丹，次也。汞屬五行之一，爲父母君臣能制御之返爲大丹者也。

吾見諸家所説，皆自謂我能不辨陰陽，不知同類，或大聖隱説其訣，又不解看，用意自裁，殊失聖旨。夫欲知爐火，制御石藥，須尋方疏，志閑經術，必洞曉古人之文，更致意思，即是大道也。今諸山名洞，遂尋師旨，各各不同。但多經方諸家，盡説義解商量，亦自能下手。皆稱云須諸方疏細義，推陰陽至理，而知同者矣。龍馬受駕，龍，乾也。馬，坤也。器物是也。龍虎相吞。龍汞虎銀，二物相和，交互相吞食也。男女交媾，男女交媾，男雄女雌，二黄和其金汞者也。父子善欽。父朱子汞。母變含類，母金含汞子也。白赤相浮。白礬赤鹽。黑青俱拘，黑銀曾青。左旋六神，從子至巳。已歷我宮。謂從汞爲朱砂，從子是汞，轉到於巳午，返汞爲赤砂矣。從來右轉暫過，故符天地。謂汞自左至于右，成金之體也。周巡八節，而定四時，迭凑争先，依二至，定日時，養火矣。以驗五之位也。五土也，謂雄雌合烝也。

讚曰

至聖大賢，著在三變。朱在南方，又屬東方水銀，又屬北方也。各知部位，龍虎争先。赤髓漸紫，虎銀龍汞，赤是丹砂，丹砂者，爲赤色之名也。白礬通元。特生礬石，内有明礬，能制汞也。載我八石，三黄五金，是曰八石。俱定乾乾。北方汞爲金也。設陳五方，五方者，朱砂當於五行陳設，令相合。雜類難言。定取赤帝，赤帝，汞別名也。率土五捐。批母之義，子特行之。去石也，用一拘九，一銀九汞也。金拘汞，而相制伏也。將五定七。七金也，五雌黄也。一烝三節，一烝十五日，五日一節也。七八合成。七八之道，七汞七兩，八銀八兩。一云七八，乃十五日而成象也。即還丹之見焉。使礬石，即用三使藥，三使，石膽黄白二礬。用二青，曾空謂也。而不得用太陰元水石，鹵鹽是也。雄雌砒黄，三徧霜也。石硫黄。以火溜過。用水石鹽煮之一月，令伏火。此四黄煎制。即不用五礬之類也。二礬蒼持，用火之訣，長先文，短用武，即不失制也。大丹藥不得下著生炭，須熟火也。

歌曰

稜深長合取陰陽，鼎器狀如仰月，亦如毬子，兩頭以下稜合著上稜，須著意作之，不令小有參差。底厚能存藥永昌。謂以鉛銀爲之，如混沌之形，存養神藥，以獲昌隆也。太陽流珠入華池，流珠，汞也。黑池左味，用煮汞銀，用結了砂子，和研之入器用矣。赤鹽白雪成雄雌，礬鹽合煉，以成赤色，故號曰赤鹽。用以飛造丹之霜雪也。白雪並雌雄二雪，皆其名矣。去道非遠人不知。言法目前，而人不知。赤龍化爲粉，汞化爲赤粉。白虎利如霜。鉛和汞一時總變，如霜雪也。其中投石液，石液謂硫黄也。還用帝流漿。伏制石液，當用玄帝流漿，玄帝流漿者，磁母之液也。調神五藏清，調持運火，存養五行神烝，於丹室之中，如人能保五藏於清肅也。欲得煉三黄。鉛汞須得伏火三黄，以返純陽之質，三黄屬土，土能生金，故用之矣。兼性太熱，並是太陽之精，汞冷故用之。三黄，一雄一雌一硫是也。曾青能通神明，是金之苗，爲金之使，雄雌硫金乃爲之華也。夫大還丹，用鉛爲主，用水銀爲君，硫黄爲臣，雄黄爲將，雌爲佐，曾青爲使。故君臣配合，主將拘伏，使佐宣通，雖用借爲傍助，久久爲伏火灰矣。未審堅性，素汞堅銀也，未審分辨之性也。謂子母如未分。如何使陰陽，陰陽乾坤是矣。謂先定二藥，及鼎器伏制，火記運用，乾坤二卦，遞相承制也。從子到辰巳爲直符，從午到戌亥爲直事，體法卦象，定火數也。

題谷神子註《龍虎還丹訣頌》

余生於巴蜀之地，長居齊魯之鄉。

余者，先生自稱也。先生姓林，名太古，字象先，道號淳和子。其先並州太原人，因官生於梁州，洎長訪道尋師，多遊齊魯之地。太宗皇帝知名召見，賜與京兆山居，遂稱京兆山人。後隱居于益州之華陽，復號華陽先生。

久慕安閑，常視寂默。

薄名利，守恬淡，蓋其志也。

道本自然之理，化歸綿邈之源。

言道以自然爲宗，能施用者，則臻於綿邈耳。

考定坎離，指歸鉛汞。

坎水離火也，鉛虎汞龍也。謂真火真水，真鉛真汞也。

頌成還丹訣六十四首。

先聖所述還丹之要，皆取法易象。故丹訣六十四首，以擬卦數也。如有後學詳而習之，習而知之，乃見其妙。

自從金室啓神爐，

室常珍嚴，故曰金室。爐能變化丹砂，故曰神爐。

蕩蕩玄風扇八隅。

爐有八面，而風無不扇，故太白君歌曰：壇置三層爐八面。

幸得九重觀萬化，

九重者，鼎器，匡郭陰陽也。玉囊頌曰：古先名作神龍髓，還丹功畢籍九重。即其義也。

豈無謌詠贊皇圖。

皇圖者，所以喻神丹之尊貴。

混沌分來我獨尊，

萬物芸芸，至尊者莫若大丹也。

包含四象立乾坤。

須識天地金木水火之精氣，乃能鍊成至藥也。

還丹須向此中覓，

運用無成，乃造妙門。

時人競燒水銀朱砂，以爲靈丹。豈知金丹之要，自在華池也。

時人皆取五金燒，誰識元君在海濤。

欲鍊鼎中紅玉粉，先調爐裏白金膏。

《陰符經》云：知之修鍊，謂之聖人。然則辨金膏玉粉者，其唯聖人乎。

凡欲燒丹認取砂，光明鑑面始爲佳。

砂者自真鉛而産，非世間朱砂也。陶真人曰：砂者，鉛中之至寶。元陽子曰：丹砂不用辰錦州，路遠應須近處求也。

根基本是青龍骨，仙者呼爲白馬牙。

青龍者，木也，汞也，汞産於砂也。尹真人曰：丹砂木精。又曰：壞解爲水，馬齒闌干。陶真人曰：白馬牙，好丹砂。即馬牙之稱，丹砂之美者也。

八卦神爐五嶽形，

爐之形象八卦五嶽，立而爲之。

中排陽鼎制陰精。

水火互用，陰陽相制也。

君看龍虎交馳處，鼓動風雷百怪驚。

古歌曰：五行顛倒術，龍從火裏出。五行不順行，虎向水中生。水火既在鼎中，則龍虎交馳於內，風雷震動，百怪恐懾也。

纔出滄波現杳冥，

金生於水，彰其化育。

鼎中堪重雪花輕。

元陽子曰：丹砂爲質雪爲衣，雪花所以喻其輕明。

莫辭寒暑終陽九，鍊出靈光五帝精。

節候既足，則五行精氣變化，而成大丹也。

時人欲鍊日晶魂，

還丹以日爲魂，月爲魄也。

先覓玄源造化根。

玄源靈祕，爲藥之基。陶真人下篇曰：太玄之精，爲道根本也。

後立坎離爲匹偶，

坎男離女，匹偶之象。

始交情性合乾坤。

性者，砂汞也。情者，金也。《參同契》曰：性主處内，立置鄞鄂。情主榮外，以築城郭。又曰：龍爲情，虎爲性，情性相依，還返之義也。

每見時人論大丹，競燒八石或居山。

古歌云：八石無非傷赤血，五金多是損黃芽。時人或居山鍊八石，以爲大丹者，皆非道也。

不知龍虎真形質，只在玄溟恍惚間。

至藥不遠，迷者莫悟。

鑄金爲鼎鼎爲真，金鼎真時汞自親。

古歌曰：真鼎元非鼎，故能用真鼎者，則真汞生矣。

二物包持成至藥，餐之方作出塵人。

非二物包持，則大丹無成也。

乾坤二卦方成體，水火千朝乃見功。

法乾坤二卦，運用水火，千日而成還丹。故青霞子授茅君訶曰：大丹運用千日期，千日赫然成紫芝。

上下兩弦通二八，不差毫末應西東。

青霞子曰：芽八兩爲上弦，汞八兩爲下弦，合爲一斤，以應兩弦。故曰上下兩弦通二八，應藥一斤之數也。

金丹祕訣在華池，

神水華池論曰：池者，水火也。又中元論曰：華者，火也。池者，水也。

學者如麻得者稀。

迷迷相指，得者蓋寡。

淮王悟此成真後，雞犬相兼拔宅飛。

漢淮南王劉安，丹成之後，雞犬舐鼎，亦昇雲路也。

汞在砂中金在鉛，若能如此自通玄。

砂中産汞，鉛中産金，自然之妙，知之者乃造真境也。

雖然未得刀圭力，已向人間作地仙。

心悟至寶，非仙而何。

坎裏藏金人不知，離中有水識還稀。

陶真人下篇：金生於月，故坎男也。流珠生於日，故離女也。茅真君歌曰：陰中有陽，陽中有陰，即是也。

若能認得真金水，白日驂鸞上紫微。

能辨真金真水者，自凡躋聖，列位仙官矣。

金花採得是鉛精，狎獵魚鱗雪色輕。

言金花凝結狎獵，若魚鱗雪彩爾。

若向此中知巧妙，華池金鼎自分明。火中鉛是水中金，

互相爲用，變化無窮。

百度坯銷色轉深。

真精粹和，鍊之益妙也。

不遇至人傳口訣，只憑經論卒難尋。

大丹祕要，不載經論，聖聖相授，數句口訣而已。

陰裏抽來却屬陽，時人不解細消詳。

水以煮之，火以鍊之，解此義者，丹砂可造。

若能認得陰陽祖，頓入長生不死鄉。

能知此道，乃可長生。

地魄天魂是虎龍，

天陽爲魂龍也，地陰爲魄虎也。

千家經論載朦朧。

前聖贊述，大道不遠。元陽了曰：朦朧只在君家舍，日日君看君不知。

時人要識真鉛汞，認取金公與水工。

金公鉛也，水工汞也。

火裏有鉛鉛豈錫，木中藏水水非銀。

真鉛真汞，非世間黑錫水銀之類。直曉真人歌曰：不識火鉛與水銀，縱解萬般無所濟。

唯賴坎離憑震巽，令教甲乙合庚辛。

甲乙爲木，庚辛爲金。尹真人曰：丹砂木精，得金乃并。故坎離震巽，常施用於其間矣。

一池秋水色顒顒，

顒顒，靈丹凝瑩貌。玉囊頌曰：十月雪霜飛又濃，還丹内熟色顒顒。

九轉陰陽降復昇。

九轉者，自正月至九月也。古歌曰：第九轉，九秋殘，黄芽瑞色紫光妍。吕先生曰：上昇下降谷神粮。

直待白金潛化盡，一團精魄鼎中凝。

金體還丹，方爲至寶。《參同契》曰：金來歸性初，乃有稱還丹。

一氣凝爲鼎内霜，神仙稱是藥中王。

諸藥惟能療病，至於還丹刀圭之效，變凡爲仙，故爲衆藥之主也。

天然造化如雞子，外應庚辛裏面黄。

鼎器藥物，狀同雞子。

常究《陰符》《道德經》，此來堪重吕先生。

吕先生名洞賓，蓋近代得道也。

養藥未論三載火，鍊丹直指半升鐺。

吕先生詩云：一粒粟中藏世界，半升鐺内煮山川。

杳冥中有日精華，

言微妙中有至陽之精，生育萬物也。

天地根基萬物牙。志士知之依法鍊，自然靈液變河車。

河車即黄芽之別號也。晉陽子曰：乾鍊至精爲黄芽，坤轉數足爲河車。

又歌曰：河車載甲是君師，密守此道心自知。

鍊海坯山制五行，其中擒得向幽冥。

言節制五行，擒捕元氣也。

夫人若見真根蒂，請讀玄元《道德經》。

玄元皇帝太上老君，所授關令尹喜《道德》五千言，其間備藏還丹真一之旨。

兔走烏飛西復東，百年全似夢魂中。人間有箇長生路，貪戀浮華死不窮。

《神農經》曰：知白守黑，求死不得。歎世人不知仙聖度世之術，但汲汲於浮華，而遽至殞滅。

一中有一最難尋，名列西方位屬金。

一，水也。水中之一，白金也。陶真人曰：三五與一，天地之至精。金爲水母，母隱子胎。水者金子，子藏母胞。又曰：白者金精，黑者水基。水者道樞，其數名一也。

志士探之知則例，自然黑白兩浮沈。

黑者鉛也，白者銀也。鉛沈銀浮，自然之妙。

天地爐烹日月晶，庚金甲木自相并。人能認取真金木，萬化都來掌上輕。

曉達金木之旨，則造化歸乎掌握。陶真人下篇曰：得之者天地在乎手，造化在乎身，自凡躋聖，列仙籍矣。

悟了還如涉大川，

悟者涉川，無有阻礙。

常修陰德感明天。若爲不道兼輕露，必有神靈致禍愆。

苟不修功行，而洩祕理，則殃禍及之。

萬卷仙經理盡同，還丹不離五行中。

不離五行，五行能爲至藥。

欲知九轉陰陽足，只候三年水火功。

千日水火，乃成大丹。

微微收得木中津，自黍成參積到斤。

從無入有，積少成多。

力倦心疲寧不苦，大都先聖總辛懃。

言先聖皆由懃志，而得度也。

煮石烹金鍊太玄，神仙不許等閑傳。

用藥之要，神仙寶祕，世莫得聞也。

人能認得玄中理，

玄是藥之根基，識者功參造化也。

勝秉乾坤造化權。一月還丹發兆基，陰陽相感達希夷。

希夷，謂杳冥之道也。

潛龍位應於初九，陽氣先須起子時。

潛龍十一月之位，火符取法初九，一陽生子時爲首也。

二月青龍漸見形，微微攢集五行精。

木汞凝精，漸彰靈液。

懃知火候温和色，鼎内令聞虎嘯聲。

茆真君曰：寒暑相返，虎嘯龍吟。

三月靈丹號小還，

三年爲大還，三月爲小還。

小還凝結類真鉛。直須用意調文武，莫遣陰陽氣候愆。

固濟周密，懃知火候，漸見汞鉛。火記曰：首尾文，中心武。故曰文武也。

四月功成已立魂，

如子在胎，魂神生矣。

青龍白虎競相吞。此時玉液潛凝結，陽立陰銷虎漸奔。

五月陰陽二氣交，黄芽漸漸長靈苗。

五月姤卦，陽初遇陰，二氣交感，漸孕靈芽。

靈苗便是長生藥，水火仍須應候調。

六月真陰結就砂，迷徒將甚作河車。

慇懃爲報同人道，莫向時流取次誇。

先聖嚴誡，不許輕洩。

七月潛通藥已成，青黄赤白狀難明。

陰陽之氣漸盛，則顏色變易無常。

全憑水火無私力，鍊得陰陽二氣精。

非水火運用，二氣無由降精。

八月循還到兑宫，

兑金應候。

却歸元體色顒顒。仍須謹密牢神室，

神室，即安藥之所也。

養就長生火裏龍。

火龍成就，人得長生。

九月含靈汞已乾，一壺霜雪逼人寒。

藥漸凝精，色同霜雪。

莫將點化浮生寶，直候功成作大還。

若便貪利，點化世寶，即靈丹無成也。

十月金丹已脱胎，此時纔始作嬰孩。

仙聖喻金丹如果在樹，如子在胎，莫測其作，育至十月，則脱胎而爲嬰孩矣。

嬰孩便是還丹質，誰信無中養得來。

自虚無而有形質，非天下之至精乎。

陰魄銷來陽自立，白金灰後赤龍成。鼎内只知凝翠玉，爐中不見有黄輕。

變化融結，相須如神。

騰倒頻頻去宿塵，

騰倒所以增其氣數。《太易歌》曰：微微騰倒天地精，攢簇陰陽走神鬼也。

莫辭遲久更慇懃。龍争虎戰終還始，陰退陽滋藥漸真。

龍虎互相爲用，藥漸通靈。元陽子歌曰：青龍逐虎虎尋龍，所謂龍争虎戰者也。

鍊得陰精却返元，神仙呼作白琅玕。

琅玕蓋爲金丹之别號，言潔白如玉之美也。

時人不見真形質，將謂還丹色似丹。

《神水華池論》曰：還者歸根，丹者色赤也。

一源三物契三才，

陶真人中篇曰：立乾坤，運水火，應天符，合三才，然後成丹砂矣。是知金丹雖處一源，而用三物，同燒共一門也。

交感陰陽結聖胎。

自然成胎，名之曰聖。

水火數中君自見，紫河車就彩鸞來。

無名道者歌曰：修到紫河車，白日沖天去。

華池神水始知能，

《神水華池論》曰：華池者鉛，神水者汞也。

一派秋波徹底清。鍊入鼎中陽火逼，依依時有虎龍聲。

逼以離火，鼓以巽風，即虎龍交戰，聲聞于外。

口中餐少體猶寒，豈憚迢迢歲月難。堅意自於懃裏覓，不將行止貴門干。

高尚其事，不事王侯。

九還七返義難尋，

青霞子曰：自十一月至七月，爲九還。自正月至七月，爲七返。

氣結爲砂水變金。

砂從氣結，金自水生。

會得五行并四象，自然龍向鼎中欽。

能用五行四象，則龍在鼎中欽應也。

崑崙山下得玄珠，二物元同一處居。

玄珠以喻至寶也，二物指藥根基也。古歌曰：兩物如知生一體，三花方悟隱孤輪也。

鍊得陰陽元氣足，始知成立自虚無。

兀兀陶陶鈍又癡，無心無事復無機。一從認得希夷旨，始覺玄門路好歸。

先生自言樂於幽奇，玄妙之門也。

休慕腥膻愛綺羅，長生門路好來過。争名争利貪癡者，不顧流年似逝波。

歎愍世人肆志聲色，貪染名利，不入長生門路，遂至衰殞，如逝波之不返也。

汞變爲金金變砂，金砂漸變紫河車。

金砂氣足，乃作河車。

修丹若得河車就，應去蓬萊路不賒。

至藥炳靈，神仙可冀。

乾坤鼎就虎龍成，四象迴旋二氣并。會得華池真正訣，自然丹向此中生。

知四象推遷，識二氣交感，然後丹砂化生。

無中生有有還無，

無而忽有，有而忽無，恍惚杳冥，至精誕育。

日月交馳在碧虛。不遇至人傳口訣，空勞讀盡五車書。

真經曰：少則得，多得惑。又曰：無師執文，終無得理。是知不遇至人傳口訣，則博覽無益矣。

長生基址是黄芽，

夫黄芽者，藥之真質也。狐剛子問魏公曰：黄芽何物爲之。魏公曰：用鉛不用鉛，五金生於鉛之精也。青霞子曰：芽若是鉛，棄鉛萬里。芽若非鉛，從鉛而始。鉛爲芽母，芽爲鉛子。既得金華，捨鉛不使。又曰：灰池炎鑠，鉛沈銀浮，謂之黄輕，亦曰金華，亦曰秋石，亦曰黄芽，又曰王陽。名黄芽，以其色黄也。如萬物之初芽，故曰黄芽。得者爲長生之寶也。

制伏令歸戊己家。

戊己，鼎器也。老君歌曰：戊己是元基，水火定優劣。又曰：須達戊己功，不得言於鐵。玉囊頌曰：欲知大藥立元基，須得中央戊己土。

直候水銀成白液，方將白液作丹砂。

丹砂自金液而生也。

麻衣蓬弊處埃塵，落魄狂遊混此身。自有清澄一泓水，不求名利不求人。

言自有水中之寶，不求豪貴，不務簪纓。

黄精赤髓結爲砂，

黄精則黄芽之精也。金碧歌曰：赤髓流爲汞，汞結爲砂。

白虎青龍本一家。

白虎青龍者，皆强名，本金木之氣耳，混合爲凝粹成丹也。

只在眼前皆不識，却將雜類作黄芽。

《參同契》曰：同類者相從，事乖不成寶。又曰：植禾當以粟，覆雞用其子。青霞子云：類同即聚，事乖則分，鸞不乳鵲，狐非馬羣。

三千少女事幽微，八卦循還巽木知。

巽爲風，女爲刻漏，推排舉其成數。

學者不明軒后旨，唯將聲色縱行屍。

經曰：黄帝御女三千，白日上昇。凡人一妻，乃至喪命。故世人貪色務多，遂至殞敗。殊不知軒后成仙之要，還丹之功也。

玄中玄理妙難知，已向玄中曉細微。只在坎離返復用，

玄中細微，坎離是也。

自然玄理合天機。

轉轉修來漸有功，菊花黄變蓼花紅。

如菊之黄，如蓼之紅，是其變化也。

鍊經千日開爐看，萬象都攢一鼎中。

千日功滿，萬象可見。

莫把還丹取次傳，聖人深祕在心田。時流競覓砂中汞，不道玄中自有玄。

傷世人競抽朱砂，取水銀以爲丹砂，殊不知丹砂玄中之旨也。

九轉無辭沐浴頻，

沐浴頻仍，氣數堅雄。

五行偏是水相親。丹成只假刀圭力，得作高真會上人。

霹靂聲狂吼巽風，此時秋虎戰春龍。

龍虎相吞，聲同霹靂也。

元君自有三台助，不動巍巍坐九重。

言元君安然處於三台之上，無所撓動。魏真君火候歌曰：三台披繞胎成形，受氣須得丙丁記。

大道玄門路不遥，奈何塵世競錐刀。

歎世人唯利是親，常競刀錐之末。

疏名疏利超真者，此後知誰繼我曹。

言仙得其人也。

寂寂真靈事可窮，休尋《金碧》與《參同》。欲知龍虎還丹訣，至要分明在此中。

言還丹真祕，具在此詩之中。誦之者足以知其樞要，不必遠求金碧之文也。

佚名《還丹肘後訣》卷上　訣曰：寶丹本乎一物，而生二。二生火，寄位丙丁，生於甲乙。初九，潛龍一陽生，建子天符，發泄驚蟄，受炁於母，母者土也。

道生一，一生二，二生三。三者陽之父母，陽者天地之精。故名三五與一，還丹之本基也。天符曰信，日者天地之元精，五行之始照耀。以年計月，以月計日，以日計時，以時紀年，所以紀遠近，則同異也。

混沌初分，精炁陰陽，斗建十二辰，推移運轉，刻漏不停，發洩交姤，萬物化生而成形。天符者，信也。能發泄，萬物化生而成形，運動反本而成精，陽炁潛運，結化爲精。精化爲砂，色禀南方丙丁火，外陽而內陰，主男、日，主陽魂，日月之華炁，照耀天地。太陽太陰炁合中和，交接受炁一千八十年，結精爲砂。又天符照耀一千八十年，成形名朱砂。汞於朱砂中生也，陽中陰，號曰太陽朱雀，主水。元和炁未足曰丹砂，又云天鉛、男龍、女血。化南作北，抽出朱，化爲陰汞，主水，數一，故云汞陽爲臣也。天鉛神水，天符運動，照耀丹砂，養育又一千八十年，天火造化，陽炁受足，而陰炁衰，陽炁盛滿，流溢迴然，而自生色，禀北方壬癸水，而外陰內陽，主月之陰魄，非人間凡物，故赤石中自有生者，流爲陽汞，名曰天鉛之精，黄芽之祖，是日月之精華，化爲天然還丹，自然伏火黑色，化北成西，主金，數四，水基也。故云三五與一，天地至精。三者，火之父母。五者，砂之父母。一者，砂之元祖。迴還運轉，精炁元和而相感成形，不越于一。一者，大道之本宗，水也。學者不知朱砂是鉛，鉛中生子是金也。一物陰陽，自運轉，自制伏。陽中陰，陰中陽，玄中玄，名曰玄武石。化水成金，故曰砂。産於金陰中，爲君名鉛金。天符運動，計四千三百二十年，照耀父母，養成天鉛，自然還丹也。

訣曰：後世聖人用火喻爻象，一月計三百六十時，一年氣候計四千三百二十時，合自然還丹，名曰朱砂汞，金中水。水北火南，龍東虎西，五行合體，歸一無二得五。以地符依對節候運動，以成金丹。

訣曰：其丹砂出自中華，十二分野內二宫，西南坤地。其寶乃天地之至精，元和之正炁，以日月天符，運動交姤在五。五者，戊已，中宫土也。所生之處，生於福德山岡，形勢之地，氣血骨肉俱金，水木咸秀，骨肉俱全者。乃草木俱茂，土石堅貞，則異境神靈衛護，陰陽之炁施泄，包含孕育，照耀精炁，得土而生，化爲丹砂。凡有砂處，晝夜初晴之後，或陰暗之時，則有光彩，如日之出，或隱或現，惟採匠識之。其所出之處名丹砂，亦名朱砂。丹砂，朱鉛，天鉛，火鉛，鉛中金，神水華池，陰汞，陽汞，水銀，陽中陰，陰中陽，五彩石，五金，七寶主，還丹，天生黄芽，五行之始。其地名桂府、辰錦、衡丘、句漏、雲夢、都山、郴永、全道，潭岳等管處，巖石穴洞，形勢滋茂之處，即有新舊坑穴，皆有不定丹砂，光明鏡面，如蓮花芙蓉，鮮紅透徹，並爲上品。其次中下，不及枚舉，亦可取汞制伏別用，不作上丹大藥也。上品丹砂，如人主登位，百僚奉上。中者如名臣，下者如庶人。但可指使，無自專之才。天符者，日也。陽之精魂，天之理也，照耀光明。《淮南》曰：聚陽之炁爲火，火之精爲日，光明純晶，日之義也。

又云：日生於甲，重陽之位。火生於震，震爲長男，巽爲長女，火之父母。火曰曾，木曰青，萬物之使，故云曾青。言月者陰之精魄，地之理也，照耀光明。《淮南》曰：聚陰之寒炁，交騰爲水，水之精爲月，滿之而缺，月之義也。

又云：月生於庚，重陰之位。水生於兑，兑爲少女，坎爲中男，水之父母。所以男依日出東，女象月升西。故經云：丹砂者，日月之精華，性命之根基，與內外元和，般載成形，餌之長生不死，日月之感精。故曰：月之所生，日之所育也。生成依於母，母者土也。是日月二寶，天地至精。甲庚感精變化，照耀成形，結而爲砂，始名朱雀，乃七十二石中最尊，莫過於汞。感於二十四炁，通於二十四名，雞餐成鳳，蛇吞化龍，人食長生，天地壽同，斂魂聚魄，返老爲童，呼吸風雲，玉女來從，此大還丹之力也。

訣曰：紅鉛者，丹砂也。砂中抽出之液，主水，陽中陰汞也。從砂中自出者，主陰，金中陽汞也。是以不容之木，受制於金，金孕水，安水必存。金木孕火，制火必假水，所以鉛水制汞水，鉛火制汞火。木含其性，火合其形也。

訣曰：鉛水者，是砂中自生出者，爲陽汞也。汞水也，砂中抽出之液，乃陰汞是也。故云：鉛水制汞水。

又云：鉛火者，自生之金。汞火者，抽出之液也。且鉛火制汞火，世人多不曉此義，故曰鉛汞道也。日者，太陽之火精，則汞木爲龍是也。月者，太陰之水精，則鉛金爲虎是也。龍者，陽炁，九之極數，木之精炁也。虎者，陰炁，四之極數，金之精炁也。

訣曰：以無制有，合成其道。故云：丹砂木精，得金乃並，分銖不偏，至聖至靈。世之不悟，見金如土也。藥曰太玄。陰符之道生陰陽，陰陽生五行，合之爲還丹，故名龍虎。天有三，日月星。地有三，江河海。人有三，精炁神。藥有三，水土金。故乾坤，上下釜也。坎離者，水火爲藥也。震巽者，進退也。運經三年，象自然還丹，即天元之炁足，豈不成丹者哉。

訣曰：計三年一萬二千九百六十時，大小月并閏月也，並不在用限，歸其實數也。一炁不足，與瓦礫無殊。萬象通靈，神明自契。號云金砂，名曰大還。還

者，返本之義也。

訣曰：陰符運轉，炁化爲精，精化爲朱，朱化爲汞，汞化爲金，金化爲藥。丹者，赤色之義。汞者，本體金水相制，故號金砂。還歸本體，故號大還丹也。一云：五炁金鼎也。

訣曰：五炁制伏不飛，能生五彩，返歸其母，服之長生。丹砂流汞父，戊己黄金母，母數五，五者是用土爲鼎，制伏不飛，號曰金鼎。土能生萬物，金是土生，故云金父。金父者，本土。故曰土父，曰母水。以土爲鬼，土鎮水不起，戊己之功也，名曰五符。汞者非土不可制伏，土旺金鄉，三物俱之象帝。如人主之有道，則四方來貢。但辨得真，鉛汞二物，是一鼎法。故三物一家，都歸戊己。金水無土制御不成丹。土每一季王十八日，餘日休囚。伏鍊金鼎，惟究陰陽，精炁返還，刻漏不停。雄陽喻土而定四維。土者，是生金之土，雄者是男，黄者是土。土能制水，土是金父，非干雄黄也。鼎主外土，名五符也。世人不悟還丹本父母，錯用金銀爲父母，或爲鼎。故炁不足者，不離於五，五不離於六炁。混其名即一，辨其功即殊。元炁五材之君，五材之炁，君臣相臨，而不可去也。金丹用元炁，不曰五符。五符者炁，炁者無形，因精而生，内外含真，得服者不死長生。金鼎者，藥之表轄。表者炁，炁者鼎也。鼎象雞子，外白而内黄也。與汞合，是用白金爲器。器者不離於五，五者土，土者生金之土，委曲相制，以使無虞，令水不飛，戊己之功也。

訣曰：提劍偃戈，籠罩四方。提劍是金精，本炁五也。偃戈戟，其如水得而不飛，是死於土也。大丹之基，丹砂是鉛，本生於土，死亦依於土也。是丹砂本土，達於至道者知之。

訣曰：鼎之異名，外神水華池，神室匡廓，表轄五炁，白衣丹衣，母金母舍，五宫，金鼎神罏。

訣曰：元炁者，其大籠罩八隅，小則潛藏一毫。吐坤嘔輪，出有入無，流珠九轉，父不語子，化爲黄白，自然相使，一陰一陽曰道，欽伏於金鼎也。金丹者，天地日月元和之炁，照耀潛運，而成丹砂。砂中乃迥然而生自然還丹也。如人孕育男女，皆由父母陰陽精氣，相感而有。還丹者，象男生而覆，女生而仰，非但生也，死亦如之。但投於水，雄者覆而雌者仰，天使其性，非父母使然。金水在鼎中，象男女相感，男上而女下，自得其情，兩精相搏，以成大道。

訣曰：金丹須得元基，須得本父母養育制伏。父者，陽炁也。父能發洩，運動而成之。母者，土，陰炁也。母能含育而生之。母主中宫。黄土者，是本生金之土也。丹砂初受炁，依土而生成，故云黄芽之本母也。得陽而成，得母而生，故云土父。土父曰水母。五者，五行之母，生生而土也。水火金木土，各居一方，而運動正位。火尅金，土尅水，水乃丹砂之子。土者鼎也。火者，運動而成形，得土而生成。土能制水，本炁相感，而成道。故云：知白守黑。世人盡不知同類相從相生，相制相尅。水以土爲鬼，土鎮水不起，戊己之功，名曰五符金鼎，知之者萬中一焉。地符，火木之精，火能炊熟萬物，以育人命。火者，甲之精，陽之元炁，結姤交會，而同日月之精，歸一無二。甲之精火，火數二，二生三，成數九，九者陽之極數，火炁也。甲曰曾，木曰青，萬物之使也。東方青龍木，木火之父母，火木之子孫。震爲長男，一爻生坎，而生中男。二爻生火，生於辰巳，巳離爲中女。二爻生陽，寄位丙丁，火寄位也。木孕火，制火必假水。三者正陽之道，甲乙之位，曰天符，信也。能發泄萬物。月，陰符，能生育萬物。土，陰符，能生長萬物。火，地符，能成熟萬物。金水元炁，並同陰符，能生育萬物。直符乎鏡，喻日月六十四卦，六爻發泄，天符以成金鼎。服之而仙，子明之德也。

訣曰：用火微微，不失節候，萬物自然，河車之義。功用在火候，失在抽添。一云：河車，北方正位，如車般載之義。一云：子是金，河是水，車是火，故曰子河車。

地符直卦節候進退之圖

訣曰：本用四卦法，用四時直符循環，一如車轂運轉，陰陽成數，造化載運萬物。故在於律紀月節，有五六經緯奉日使。載在《參同契》内，不再録。進退爻象，並在内直符，從一至九，金虎吐精，用訣直符，不在於此。

訣曰：託附陰陽爻象，六十四卦立喻也。但以用火起首之初，便是十一月，受陽節候用之。自十一月復卦，至四月純乾，六位極陽。自五月姤卦，至十月純坤，六位極陰。乃一周炁足。

訣曰：月前十五日，白月火木用事。其數七八也。震主春，木生三，成數八。離主夏，火生二，成數七。七八十五也。

訣曰：月後十五日，黑月金水用事，其數九六也。兑主秋，金生四，成數九。坎主冬，水生一，成數六。九六十五也。

訣曰：五行之基，一者北方壬癸水，二者南方丙丁火，三者東方甲乙木，四者西方庚辛金，五者中央戊己土，父少而子老。父者，天鉛也。天鉛者，朱砂也。

子者從父而生金，黑鉛也，故父少而子老。子數不定，父數二十五也。水火金木土，五行移易。五日一候，五五二十五，故知父二十五。子年般運動不停，故父少而子老。舉世不知，萬物從五行而生成者，父母也。用火訣曰：六爻直符，運動卦候，用火斤兩，從純坤起，終於坤，周而復始。

訣曰：一月換鼎，九鼎即止。第十鼎任意消息，用鼎不用，並得用之轉妙，緣是生金之本元炁也。故曰土釜，曰母。母者，金鼎也。

訣曰：其金水運用，依卦節候十五日，金性已滅，三十日丹成。至十月，不用本土爲鼎，子母脱胎。九轉者，九鼎也。符者，父之用事。鼎者，母之用事。象人受炁後二百七十日而生。九月是陰陽俱盛，十月土旺俱生，子母俱分，故名脱胎還丹。象人四氣足而生。亦如小兒，三年養育而元炁足，而成金丹，乃曰黄轝。變得却歸北方，黑色通透，始得名爲大還丹。世人莫知之矣。子是藥，母是鼎，感炁相生相産，相制相伏，迭盛迭衰，昇降在鼎，飛伏上下，陰陽相受，交會吞食，四物相薄，君臣相加，土性生，金性死。四物者，陽中陰，陰中陽。但本土爲樞轄，直符運動，故有四物，各居一方。四物性滅，歸一返本，故名金丹也。

訣曰：守運一年，服之一兩，凡疾不生。守運二年，成白道，可服半兩。守運三年，太元炁足，成赤道，可服一分，住世長生，刀圭制汞成赤道。守運五年，七粒麻子大，服之長生，刀圭點鐵並汞一斤成赤道。守運九年足，服三粒，三尸九蟲並去，長生不老。五金八石瓦礫，並成至寶。

訣曰：用火所指喻爻象，手鏡記火斤兩，同用之。假令十一月建子，一陽爻動，火生二，成數七，運動般載如車輪，一月進一爻，至五月一陰生，一月退一爻，至十月歸於土，終而復始。金砂是日月運動，自然成丹。因燧人解火，後聖用之成丹。周天大造化，志在更漏分明，用火不失斤兩，節候有準，漸漸如蒸物，年月滿足，自然成功。急則飛走，緩則不伏。但依直符爻象，則金水自伏矣。六月陽絶，終於巳。十二月陰絶，終於亥。

訣曰：丹砂者，陽炁流珠之精，是立乾坤，運水火，應天符，合三才。金爲月精，以處陽位。汞合離炁，以應六爻。天地之靈，日月之精，否極泰來，陰盡陽生。故云：丹砂木精，得金乃並。是三一之道。三者火，一者藥，名曰守一。

又曰：砂是藥，金是鼎。故云：三道由一併根蒂，大道至理門無二。其砂性温和，無毒，味辛，元炁通靈，萬錬而不枯，名曰黑鉛。鉛者，砂中自生液，仰月抽出之液，黑。入仰月配合爲夫妻，陽魂含陰魄，兩姓自和同。

訣曰：然用五行，乾坤艮巽，直符孕育，從建子初一陽生子，子午相應，五六相通，推移刻漏，日月五星，寒暑來往，晝陽夜陰，交會三十日一。節節相臨，陰陽寒暑，調順潛伏，循環六十四卦，周而復始，水火相伏，更無外物，五金八石，由人造化。五金者，五行也。八石者，八卦也。水得龍而變化，火得人而運動，還丹養育，不越於五八也。

訣曰：直符初發之時，文不過九，武不過九。九者，陽之極數。三三如九，過之極陰生之首。陰盡陽生，皆順天道陰陽，而爲運動。若均金水即順，節候失序，金水乃乖。運動如垂韞抱卵，受炁而生用事。相生如寒谷變條，發生應期互用，皆立喻也。

訣曰：日之精元炁，本生南方丙丁火，離位，二陽之中一陰生，日魂，陰汞，水也。受炁足，移位北方壬癸水，坎寄位，二陰之中一陽生，月魄，陽汞，金也。水即湛然而不動，無爲之體。火即焰動而乃飛，有爲之宗。將無制有，合成其道。故知金生陰暗處，始初生是子母相生應也。

訣曰：金入中宫，是名太一，孕育含黄，黑混其青，白虎制度，本炁相從，故曰參同。又云：坎離數一二，南北獨爲經。一者水，二者火，萬物因水而生，因火而成，火金相伐，水土相尅而成丹。

訣曰：直符初發在子，從震而生。四月火旺，極陽合退。又從巽而生二木漸順。汞初伏雖乾，未是大丹。守三節名曰丹砂，五節名曰金砂。一年名倒長砂，亦名小還。二年名魂砂，亦名中還。三年名金液大丹，人得餌之，乃爲上仙。

訣曰：金丹不悟玄理，蓋不知丹砂，是鉛造化根本。迷迷相指，誤用凡水銀、凡鉛、凡銀，不知凡鉛是世銀之母。雄是藥之子，砂乃鉛之母，黄是土，土乃砂之父祖。不知錯用水銀凡鉛金銀，以爲鼎器，爲子母。或錬鉛，取其雜石爲藥。自古至今，未見得之者，爲不知道之本根。夫神仙之道，道在目前。砂者木精，得土而生，得土而滅，不離於五行互用，更爲父母，相生相滅而成形也。

訣曰：炁能存生，内丹固形，外丹長生，莫過於内外二丹也。日月之精華，精華者丹砂，元和之炁，乃性命之根基。除内外金丹精華之外，其餘未足論也。

訣曰：且如水銀，孤陰之物，能腐肉搜腸。金性損肝，銀性損脾，銅性損腎，鉛錫損胃，四黄大毒，損人元氣。但指於一金一石，三十六水，七十二石，皆有大毒，服之雖時下無事，久則終爲大害。丹砂縱有傍通小門制伏，止能小益耳，延駐長生之道，即不可也。

訣曰：且如水銀凡鉛，本母在礦，受陽炁足，性自伏。如用火炋出，則世水銀是也。世水銀與丹砂中水銀，形貌相似，象人男之與女各别。丹砂象男，老陽，是精魂，留人性命，内有水銀相伏，不與世水銀相合，並外物抑遏而得也。

訣曰：世之水銀象女，太陰之月精，奪人性命，孤陰寡陽，有毒不可服也。故曰：水銀有陰陽，性貌雖同，乃天地之精，象男女有異也。丹砂如有傍通小門伏之，則用凡鉛爲器，匡廓成藥。

訣曰：世人不知黄白根本，悮用凡水銀，凡鉛金銀爲至藥。殊不知汞生於鉛，砂産於金，金丹假本炁而成丹，何得遺本而好末乎。鉛者子，丹精也。炁者母，是本土金之土，故名本鉛，又云：天鉛者，丹砂也。金本從鉛中生，即是子隱母胞。子藏於金中，即是母隱子胎。鉛者黄芽，黄芽者丹砂，土能生芽，故曰黄芽。鉛者七寳之良媒，五金之筋骨，解即萬事俱通，迷則千途並塞。然鉛能伏汞，汞能伏鉛，鉛汞相成，合爲黄白。故一陰一陽之謂道，一金一石之謂丹。石則乘陽而熱，金則乘陰而寒，魂魄相應，至理必然。石液定魂，金精定魄，非陰陽之感化，詎九幽之可恃。君子良求，淑女相配，理乃得宜，而道有所在也。經云：河上姹女，靈而最神。得火則飛，不見埃塵。鬼隱龍匿，莫知所存。將欲制之，黄芽爲根。若不入黄芽，獨燒水銀，雖器厚盈尺，固塞百重，火動即飛，莫知能止，須臾去盡，不見毫釐，如鬼隱幽冥，龍潛水府，縱有離婁之目，莫之能睹。使汞伏而不動者，黄芽之功也。

金仙訣曰：黄芽一兩，制汞一斤，如子得母，顔容忻忻，終不飛走，如忠臣之愛君。世人用生金爲黄芽，又曰黄芽者鉛之正體，錬而取之。歌曰：黄芽鉛汞造，陰殻含陽華。是不離於五行也。故曰：五行成功，人服長生。五者，鉛中生金之土，是鉛正真之母也。得黄芽之訣者，大藥門中了矣。餘存火候分曉，審於進退，日夕無倦，終始一心，而成真一也。故云：金砂入五内，霧散若風雨，熏蒸達四肢。故聖人祕易，不祕難也。得之者，得一耳。若强心賊道，不慕修心，不敬師尊，心高自滿，縱有所授，志在榮身，定知反有所損，非天不容，心不合道也。

又 訣曰：取元炁金水，分爲兩停，相和合爲一體。本立喻月上下兩弦，應二八一斤之數，以應陰陽。金水本乎一物，而生二象。炁候雌雄黄白，自然之情性，依陰陽而爲，其體無二。二曰火，一曰水。除水火爲藥，外無别入。若有異類，終不成丹。得之不在斤兩也。但得金水入鼎，如法固濟，取四煞陽日陽時，起火刻漏分明，金水在於鼎中，混沌未分，被直符運動，變化清濁，上白下黄，含真抱一焉。

訣曰：丹砂，金砂，金液，長砂，黄芽，天鉛，砂汞，鉛汞，陰陽，金土水火，坎離乾坤，龍虎，金丹玉液，九還七返大丹，皆是别名。蓋古人祕藏，隱密不一耳，悟者歸一無二。還丹有返，忌血物。上古之人慎密其道，非同心者，勿泄天道也。凡修之所，切要清静，無死亡、生産、哭泣、安葬、坵墓、不浄之地，須擇福地名山，方可修錬。仍祀土地靈官神聖祈祐，晨夕香燈，勿令一切下俗，窺視觸穢，祕密行之。若有清浄之所，同志之人，心行無虧，精專惟一，亦可爲之。必要護衛潔浄。外有圖本，具在别録。

又　卷中

龍虎金液還丹心鑒

真訣云：只恐鉛不真，丹成藥自靈。只恐汞不正，丹成藥自聖。古仙惟論鉛汞二宗，不言四黄八石。若言四黄八石者，非也。大丹用之於五行，成之於四象，此是陰陽元炁，感通自然之道也。如人受炁結胎，本受赤白二炁，男精白，女血赤，二炁交結，十月滿足，相貌俱全，受炁若足，爲人聰明强健。受炁不足，爲人愚鈍衰懦。悉相類也。此實至理之論，學人當以思之。何爲之龍虎。龍者，汞也，木也，火也。虎者，鉛也，銀也，金公也，水也。金生水，水生木，木生火，火生土，道在其中矣。鉛含五彩，汞吐三華，二物合璧，名曰河車。世人迷此，竭産破家。至人悟此，昇雲步霞。道之不遠，目前可見。伯陽演《易》而作《參同契》，明陰陽離坎五行之妙用。事明而隱，學者難明。雖知鉛汞藥物，火候精微，鼎爐法象，必究己心。心者，丹之元也。若心不契道，雖遇至人得訣，亦恐天理神明不祐，返生魔障，故言難得者人之心也。心若合道，修之必成。是知誠心恪志之士少也，非仙聖祕傳，蓋不得其人也。陶植三篇，隱而難悟。《金碧》《參同》，無師豈明。余撰《心鑑》，鑑者明也。明照于心，常握于手，釋《參同》之易象，分藥數之斤兩，了而會之爲鑑也。亦不敢廣述多詞，又恐招難究之慮。凡古仙玄旨，本一陰一陽謂之道，陰陽不測之謂神。神化者，化成萬物也。故《參同》云：植禾當以穀，覆雞用其子。類同者相從，事乖不成寳。

陶真人云：砂産於汞，金生於鉛，此即真理。同類不相雜，汞與水銀别，迷人用之拙。鉛若是真，不失家臣。汞生水銀死，鉛困黄芽真，此乃真説也。古仙惟言鉛汞，不説四黄八石。學者可爲明鑑，所以再三委祝，猶慮後學之人，迷迷相悮。所名還丹者，還其元丹之色，故曰還丹。但伏火候，不失其本體之元，號

曰還丹。所言九轉者，乃九九易其鉛之元氣，鉛非九鍊而成也。凡靈丹至藥，全是陰陽化炁而成，非用他藥，雜入于中，純用方真。須得真鉛之精炁。若不認真鉛，永無成理。且真鉛不變色，真汞有神力。古仙之言，不可不明也。黑鉛入火，悉爲灰燼。蓋爲其間真物被銷化去矣，爲失其元炁。若將此廢殘之物，合汞修之，焉得成至藥乎。此説是蕩滌凡蒙，顯露真奥。有道眼者，聞余此説，可爲醉得凉漿，昏逢朗月，精窮聖典，毋惑靈文，可與神仙共侣，豈不至神仙之境也。愚者聞之，狐疑不信，故不合與之言也。仙經云：還丹之妙，在乎三一。龍虎之英，天地之精。不用别藥，惟用五行。此至人之言也。後人得者，不虧古賢之言，不達古賢之法象。法象者，是天地之本，本立而道生，天地與人爲三才，可以總持造化，運動陰陽，在乎三要，事可忘乎。失之毫釐，天地懸隔，言何容易哉。

指真訣云：丹砂，太陽之精，本受南方之正炁，得陰陽水火制度，乃居青帝之首，爲汞之名，是生于火，自含德而至靈。鉛者，北方黑水之精，化歸西方庚辛之金，是以金生水，水生木，二物自相匹配，若非至靈至聖，何以爲之神丹乎。世俗凡庸，豈信此至真之道。余嘗憫之，自古真人皆修鍊此神藥餌之，故得形神俱妙，與道合真，豈有不信者哉，多指秦皇、漢武爲喻。然大丹之靈，不救自刑之禍。昔劉玄穆事魏先生，看罏一年，妄情有疑，遂自退而不遇，以致夭喪。余景休即勤心精德，奉師不息，乃得神丹，餌之而仙，今在太白山仙洞，一千餘載，常游人市。二子者疑與不疑耳，咫尺萬里，得與不得，泥途雲霄。且五穀尚能養人之命，況神藥之靈乎。【略】

《參同》云：金以砂爲主。稟和於水銀。變化由其真，終始自相因，二物自含孕也。又云：不用藥，用五行。又云：天生芽，自然體。又云：白馬牙，真丹砂，卯酉二八和兩家。又云：淮南鍊秋石，黄帝美金華。又云：芽不是鉛，鉛不是芽。真鉛真丹砂，二物玄旨也。伏鍊一家。巡火近九轉，自然成黄芽。又云：火化白，藥化紅，靈砂秋石自相同。又云：孤陰不獨化，寡陽不可成。本來清浄質，自有變通靈。又云：龍虎相逢遇，何時不相顧。白液共相吞，相吞爲夫婦。隨變成黄芽，逐時依后土。若了紫河車，自然昇天涯。又云：神丹修得訣，神用便由人。生煞在我手，參詳在僞真。又云：修丹不得訣，終歲損心神。莫鍊枯鉛汞，拋功似土塵。又云：天地日月中，靈藥號金公。金公不是鉛，本向鉛裏蒙。分明向君説，迷者又匆匆。點汞安鉛裏，金華意略同。此華不是藥，徒自枉拋功。此事神仙説，何曾不大通。細看《參同契》，仍依五類融。但覔直鉛汞，修之可見功。又云：鉛汞合天地，修作大還丹。丹成自見寶，非此實爲難。太古真人説，如今達者慳。方知真切意，須契道將安。其中有五彩，靈變伏其盤。十月脱胎去，令人見者歡。爲報榮華子，百年凋與殘。如何空棄世，兀兀道情寬。細説君猶謗，靈詞理更謾。嗟見南北塵，積年爲丘山。茫茫苦海中，生死成波瀾。自古帝王居，而今何足看。又云：白液罏中化，黄芽變漸成。憶初相見日，難覔水銀形。陽極生陰火，火衰陽炁並。自然變黄芽，服食乃長生。一箇月白液，初凝卻如雪。兩箇月狀似，融蘇漸漸結。三箇月半含，蘂綻垂珠劣。四箇月二物，抱持如點血。五箇月飛騰，戀母聲嗚咽。六箇月行到，紫宫陽氣絶。七箇月乘陰，受炁手足厥。八箇月欲成，臟腑含凝血。九箇月點點，成珠長毛髮。十箇月母子，分離欲相别。此時母困子體全，已見肌容變白雪。鉛脱胞後，鉛白如雪。更看罏中温養之，兼爲全體肌容悦，出兒毒炁當依訣。經云：此藥如子在母胎精中，爽朗分肌骨，有次第，莫虧越，但知修得黄芽，成變轉之功，無休絶，餌長生，換白髮，有白銀，濟貧乏。仁者得之終不輟，與道契宿緣深。傳若得人，須在心。非道者罪愆深，得亦爲灾禍自侵。關造化不容易，不可取次輕相示。不見古人有誡詞，妄有傳之殃祖禰。君須信，不在疑，賢者通明須得之。今日祝君千萬意，歷歷設盟當戒之。陽起復陰起，姤罏寄中央戊己土鼎。上下互相，輳保守固之，勿令走消息。不失看節候。有龍有虎相奔驟，嬰兒寂寂顔如幼。猶母養之，母體瘦子成，母困長相救。陽極乾，陰極坤，四象五行易之門，六十四卦遁中尊，龍虎相啖復相吞，立其定位此中存。水火爲媒拘我魂，陰陽育我明晨昏。千秋八節運移寒與温，看看漸變黄芽根。日月相催感母恩，因之結實立真門。千萬歲生子孫，審藏神法慎勿言。此道玄微不可論，世人笑道渾濁昏。莫將神藥示凡人，見之生謗言語喧。君切記，勿妄示，慎而藏之置金櫃。長生之道傳賢哲，自有天官録名字。

指真祕訣

陰真君云：金丹之道百數，其要在神水華池，河車伏汞。達者得之，飛丹鍊石，千百餘方，大丹之要，不出乎《金碧》《參同》二書。但能精修鉛汞，伏火成丹，便是大還，至妙無可加矣。只要認得真鉛汞，即伏得丹砂也。若非真種，類萬無可成。學者必須廣尋師指，不耻下問，方希覬。如或心高氣强，自執一方，至老無成。古歌云：白汞生丹砂，黑鉛化黄芽。其終數九九，變化在三華。修到紫陽宫，黄金無處誇。但得金公合，修成金液砂。如未至此之至妙，但得伏火成丹，便

是長生至藥。又云：然自用鉛，不得令鉛居汞内，須漉盡其鉛。去盡柤然後可修事服食，此是妙用，爲黄芽之道也。且草藥黄精，尚能延駐年命，野葛多食，必致殺人。豈不目擊，何不信有長生之道耶，只是世人福緣淺薄也。經云：龍虎相投，還丹可求。神仙之道，不示凡流。乃知大丹之妙，不離于真鉛真汞，神符白雪也。

又　**卷下**　玄迪祕奥

凡鍊金液神丹者，須要洞曉陰陽，深達造化，明五行相尅之幽微，識金水相生之妙理，採先天之一炁，用作丹基，會乾坤爲鼎器，以坎離爲藥材。夫坎離者，日月也。日象者，陽含陰也。日中有烏，卦主於離，外陽而内陰也。砂中有木之一炁，青龍之位也。五行顛倒術，龍從火裏出，父之精也。月象者，陰含陽也。月中有兔，卦主於坎，外陰而内陽也。鉛中有金之一炁，白虎之位也。五行不順行，虎向水中生，母之血也。父精是真汞，母血是真鉛，真鉛生在黑鉛中，真汞産於朱砂内，二物爲真陰真陽也。真陰乃離中汞，真陽乃坎中鉛。故云：日精若與月華合，自有真鉛出世來。若得真鉛，是爲丹之祖也。真鉛便是丹之祖，何必區區鍊鉛母。鍊鉛非鍊石中鉛，自有天鉛波裏取。鉛爲芽母，芽爲鉛子。若得金花，捨鉛不使。轉轉自相因，一子别一子。若能轉制汞，萬變與千通，世間無比類。學人多以五金八石，草木灰霜，皆爲悮用也。夫五金八石，乃天地之後生，有質之物，不與水銀同體。夫水銀者，天元之秀炁，日月之精華，不與世之五金八石，草木灰霜同體。故云：有質不堪爲伴侣，無質生質是還丹。又云：水銀一味仙家禄，自古流傳伏火難。若遇河車成紫粉，紫粉一時化金丹。夫金丹者，决鍊鼎器，非五金八石磁土爲之。夫鼎者，乃以鼎其鼎。夫藥者，乃以藥其藥。鼎藥者，本一也。故云：鼎鼎元無鼎，藥藥元無藥。黄芽不是鉛，不離鉛中作。又用鉛不得用凡鉛，用了真鉛也棄捐。若捨其鉛，如棄父母，而求子也。若用其鉛，離鉛萬里。不用其鉛，從何而起。既得金華入腹中，還是捨鉛終不使。紅鉛黑鉛大丹頭，將紅入黑是真修。紅取精兮黑取髓，便是還丹真妙理。紅鉛離卦，黑鉛坎卦，若把坎離二卦攝於鼎中，採一日之火候，奪造化之千年，都來片餉工夫，永得真鉛至寶。水銀死者爲鉛，活者爲汞，此自相制伏也。若雜以他藥，終不能成。汞與鉛合，砂與金親，陰爲汞，陽爲鉛，是爲真男真女，真陰真陽也。若將真土爲金鼎，養育庚辛，歷歲寒年，終月滿，離母腹，點汞何愁不肯乾。此丹一年運火，十月開爐。開爐則紫粉成金，啓鼎而黄芽耀彩。包含五彩，聚集萬神。用之則化汞爲金，餌之則長生不老，形神俱妙，昇爲上仙矣。望江南云：十月滿，開鼎一團紅，幾片曉霜含五彩，解胎神水響玲瓏，炁馥異香濃。

佚名《修丹妙用至理論》　九轉九

九轉者，謂其藥在神鼎中，運用火候，每百日三轉，應三年之大數，奪得天符正氣一千二百年之功，三三合九，當其九轉，是奪得三千六百年之功，應九年之大數，而大丹始成。故《内經》謂一片火輪，九年丹竈者是也。真人張果曰：白汞生朱砂，黑鉛化黄芽，三三合九數，變化有三般。又有以九轉之後，復制爲一十八轉，爲三年之功。《畢法》曰：一年爲小還，二年爲中還，三年爲大還。又曰：藥一年已下，雖堪服食，終受氣不足。蓋其説亦要在三化爲功也。《黄庭經》云：通利天道存玄根，百二十年猶可還，過此守道誠甚難。唯待九轉八瓊丹。則運火應卦，以修大丹，不可不審知此也。

佚名《諸家神品丹法》卷一

金丹龍虎經

龍虎内祕，真文妙訣。夫龍虎大丹者，起自三皇之後，遞相傳受，上古以來，並無文字，皆以口傳心受。自五帝之後，其法始行，天下歷代以來，得道之衆矣。至人中尚且無一二親傳其口訣。況老子述五千文，釋氏演三乘教，只説無爲見性之理。生而有死，唯全其性，作虚明之神，終不能堅固其形，爭似還丹，生前不死不息，内質而獲飛仙，乃是有爲之真法。況古今得道神仙不少，皆不言還丹一事。蓋此道至大，不可輕泄。只教人以呼吸日月之光還精運氣，思神守一，御女秘精之法，及服食草木，五金八石藥，且暫延年命，與俗人稍殊，終無長生之路。若遇水火刀兵，毒蟲猛獸，毒藥惡禍，鬼神傷害，性命不能出五行造化，如此千條，皆不可久賴。豈不見古人有全家飛昇者，皆大還丹，至寶至尊至貴，至妙至玄之力也。還者，反歸之義。丹者，赤色之名也。是將丹砂化出真汞，汞借鉛而變作黄芽，黄芽復變作丹砂，丹砂伏火，變化還丹也。有如反還之功，故能令老者反壯，死者復活，枯者即榮，點瓦礫成至寶，其神聖之功，豈不大哉。

大還丹有三品

上品九轉金液琅玕大還丹，上天之寶，不傳下世。中品龍虎大丹，下品八石變水銀九品神丹。自軒轅黄帝鍊丹飛昇之後，是我龍虎大丹，其功最大。若一刀圭入口，永定延年，去邪歸正，三尸九蟲，當自皆除，固住丹田，精神不散。上古得道神仙無數，盡秘還丹之理。塵世雖有丹經略言大槩，悉皆隱秘玄元，又無

口訣。後世有好道者，無所措手，空自蹉跎衰老矣。予今泄露天機，直書口傳訣法，以貽有志之人。欲修性命之道者，不須疑誤矣。

真龍真虎口訣

真龍者，是丹砂中水銀也。因太陽日晶降泄真氣，入地而生也，名曰汞。真虎者，是黑鉛中白銀也。因太陰月華降泄真氣，入地而生，號曰鉛。此二寶者禀日精月華之真氣，故鉛則有氣，汞本無形。七十二石之尊，莫過鉛汞，可造龍虎大還丹。經曰：生水銀能固死人，死水銀能固活人。目前有驗，柰何行尸之輩，不究大丹者。有如此之神效，遇者宿有仙分，祖宗遺慶。得遇此法者，且在秘塞保守，慎勿輕泄，如或泄之，一身受殃。雖父子至親，亦勿言之。若遇至人同心合道者，可付口訣耳。

又　卷二　凡用鉛汞爲丹，多誤將黑鉛爲真鉛，或忍水銀爲真汞。及取鉛黄華爲黄芽者，亦有煎水鹻鍊鹽採精，並水銀、朱砂、鉛爐，密陀僧，及二青三黄、五金八石之類。凡用五金八石一切有質，並非至法。陰真君曰：有質不堪爲伴侣，縱强修製服傷人。學丹之士切宜慎之。然所論鉛汞二物，丹經盡秘。若不直説，無因曉會。鉛者銀也，謂銀從鉛中得，故以聖銀爲真鉛。感月之精氣而生，是太陰之水精也。若人能製伏成丹，服食豈不長生乎。真鉛決定用銀，更無疑誤。青霞子曰：黄芽不是鉛，須向鉛中作。欲得識黄芽，不離鉛中物。汞者水銀，從朱砂所得，有形而無質，吸銀炁而凝體，故號曰真汞。感日之精炁而生，是太陽之真火也。若能製伏爲丹，服食豈不能固命乎。真汞者必用水銀，更無他説。《龍虎要訣》云：生水銀能固死人，死水銀能固生人。鉛汞者，是天地之至寶，日月之靈氣，法象謂之龍虎，一切萬物之内，唯有鉛汞可造還丹，餘皆非法。鉛則有氣，汞本無形。鉛内陽而外陰，故以爲丹地。借氣而生黄芽，明知得其真氣，而靈芽自生，遂捨真鉛。青霞子曰：鉛是芽之母，芽是鉛之子。既至得金華，遂捨鉛不使。汞本無形，若氣之狀，性全陽而形全陰，以百斛入於釜中，煎而乾之，顯兹無質，種入鉛中，吸鉛精氣，而變其質，謂之黄芽，豈不是從無而有質也。陰真君曰：無質生質是還丹。

黄芽者，是大丹之基本也。《太易志》曰：不得黄芽妙，還丹應路賒。凡制黄芽，須用旺之旺，以白露爲首。謂此時金色圓明，蟾光滿盛，是鍊丹之時候也。許真君曰：八月鍊頭冬養子。自八月初下手，以九鼎取黄芽，至十月之内，全在水火停匀，陰陽得所，自然化出靈芽。若水火不匀，次過鉛脚，透入靈芽，不堪入用。如人眼中不可入纖毫之物。黄芽八兩爲上弦，汞八兩爲下弦，上下兩弦共合一斤。每斤一十六兩，每兩二十四銖，一斤計三百八十四銖，應其爻數也。上弦八兩，須是調其火候，盗取鉛炁滿足，方堪入用。李真君曰：下弦須假上弦實。謂黄芽是丹之基也。若受炁不足，丹亦不伏。青霞子曰：藥在鼎中，如雞抱卵，如子在胎，如果在樹，但受炁滿足，自然成熟。藥入中胎，切須固密，恐漏泄真炁。又曰：固濟胎不泄，變化在須臾。中胎所製，其形圓如天地未分，混若雞子圓，高中起伏若蓬壺。開閉微密，神運其中，藥入中胎。

宋·程了一《丹房奥論》

一論真土凡土

土爲天地之中炁，功能攢簇五行，生育萬物。金得土則生，木得土則旺，水得土則止，火得土則息。修鍊者無土不可成丹，不死此硫黄芽。猶農家不耕田，而欲得禾，難矣。故先賢立真土之説，以悟後學，可不知之。夫八石禀炁於天，成形於土，其性嗜陰而畏陽，遇火則飛，莫知所向。若經草木煮鍊，金石温養，留形住質，能與天地齊堅，日月共久。若以點化五金，制養諸藥，皆可成寶，此名真土。如磁石、石中黄、陽起石之類，亦可作外匱養藥。惟其形質頑嚚，志性愚濁，故其功不侔耳。

二論真鉛凡鉛

真人云：真鉛不與世鉛同，修鍊全憑造化工。一鼎可藏龍與虎，方知宇宙在其中。此言真鉛奥妙，世人不知是何物，拘泥黄丹韶粉。或者鉛中取銀，砂中取金，謂其元炁未散，認作真鉛，去道遠矣。真鉛即水銀一味，更無餘物。須是不經母氣，入真土匱，温養日久，遇火成質，鉦鞴不折分耗，其功可以起死回生，返童還老，瓦礫遇之，立成至寶。此名真鉛，乃五金之母，還丹之祖。黑鉛再爲藥中之害，若用非其法，則諸藥隨成懦質，竟爲棄物，尤難改制。修丹之士，深宜察焉。

三論真汞丹汞

按八石《本草》云：朱砂，乃陰中金液，與離宫所交之炁，下降入地，結汞而成，借南方爲體。所以真人取砂中之汞，鍊而爲丹。其謂曰：抽爲砂中汞，還燒汞作砂。胎中受五彩，火裏現黄芽。此之謂也。夫大丹以真汞爲先者，經云：萬般修行，先要伏心。萬般修鍊，先要伏汞。蓋汞者，水銀也，即朱砂所出，仙經所謂真汞者。世人不究根源，妄求配合硫黄，雖可爲靈砂，及其還返，

則便疏虞。此葛真人所謂但能求赤髓之意，砂中汞是也。今修鍊之家，又不能考究，朱砂受氣之深淺。夫天地五行之炁，鍾於山川秀發之地，爲金爲玉，爲瑞草，爲醴泉。朱砂之與水銀，尤爲天地精英之炁，結聚而成也。若以受年月日計之，則相去又遠。經中真液與離宮之炁，千餘年聚爲水銀。又壹千年，結爲朱砂。如松脂入地，千年化爲琥珀之類是也。若取凡汞爲用，則何以到同體乎。蓋凡之與真，相去千百年之遠，則運幾周，而可以足其炁數，以是言之，其差可知矣。

四論三砂

大凡制汞成寶，須要子母留戀，夫婦歡合，方能成丹，舍此而求不可。汞以硫爲夫，金銀爲母，得硫則堅，得金銀則實，夫婦子母之道存焉。子母尚義，時乎可離。夫婦尚情，理不可去。所以朱靈二砂，雖出處不同，俱是硫汞配合成體，得全夫婦之道。若經神草煮煅，縱無靈藥制鍊，但得鹽礬、硝鵬及磁石、石中黄等頑石匱養，便能住火成汁，惟不能成寶耳。如受母炁，亦可到家。母砂乃母汞交結而成，經草木鹽礬醋等煮之則堅，用梅核、石蓮毬煅，便可乘槌。若遇大火坯冶，則汞走而母僅存。蓋因母體遇火先燥，逼汞逃去，非徒無益，而又害之。近世學丹之士，不知所自，但以母砂爲捷徑，理入玄微，誠難措論。夫水銀成寶，則與糝制同功。故母砂須得真鉛等靈匱制養，或作貼身煅鍊真死，可過大冶不拆，謂之倚母糝制。雖得真死匱溫養，若非至神至虛之藥，一坏一拆，母子仍舊分離，亦復何用。今人或以草死朱砂及丹養二砂，二砂作母砂貼身，入梅核固煅，稍能住得半錢一銖，便謂之母砂成寶。殊不知所住者，二砂中之翻身汞耳，非母砂汞也。然感氣砂，雖借母炁而成體。不爲母所拘禦，得以自如，見火未便飛走。若用草藥煮堅，須入水火鼎養煅，令受得火力，再入靈匱溫養，返易成功。機緘盡露，學丹者須踐履而後知之。

宋・陳大師《碧玉朱砂寒林玉樹匱》 夫龍虎者，乃鉛汞之本也。二物相交，乃有變化。水中鉛，火中汞，汞鉛同一元，不知咫尺是神仙。强把硃砂酒醋煎，千千萬萬化成煙。此明鉛汞一體也。鉛汞相交不須見，伏火硫黄便停焰。

生育之道，本自父母精血，交姤成孕。故鉛汞相交，龍虎成質。且硃砂不假鉛汞之功，無由氣定。全藉鉛汞匱定火焰，故不能走失。朱砂出汞，而復死於汞，乃玄中之玄也。

故伏火朱砂，必死於砒。又曰：朱伏於鉛，而成於硫。此名若要水銀死，先須死水銀。又云：隨例死不離其父母。又云：龍虎打合，謂之真鉛。一體獨用鉛，謂之頑物，無變化之道。龍汞虎鉛，陰陽交感，精氣相姤，故成玄關。

宋・孟煦《金華沖碧丹經秘旨》卷下 本經云：太極爲宗，五行爲用，乾坤爲神室金胎，坎離爲烏兔藥物，以二情爲魂魄，以龍虎爲變機，會三性作夫妻，育姹嬰，成男女，六十卦互爲直符，以屯蒙爲起復，三才咸治，四象爲爐，正於五行，周於既未，調和則六候相須，生尅則九還交互，陰陽有則，水火相停，斤兩無差，基於百數，總於一物，變化大千，與大造同途，萬化合體，功歸太極，會宗祖而金液神丹就矣。華池祕訣有云：鉛液返于汞髓，名曰華池。汞水返於金津，名曰神水。功歸七返，德備九還，養畢周星，靈胎斯蜕，此乃神仙祕密，古聖遺書，後學於茲，毋令輕忽。

佚名《修鍊大丹要旨》卷上

外丹要訣

山澤之物，二八爲元。山澤之物，四六爲團。以團入元，丙丁合乾。山澤之物，以硫炒堅，用元爲匱，養死爲鉛。既得真鉛，用汞方全。朱砂同研，再養以元。其砂既死，是謂大全。取元合體，可長於天。觸類而長，真死九還。五者既備，豈可妄傳。某仰觀天地，盜大虛而濟人，鉛汞盜大乙而利物。蓋盜我者，盜我精氣，鍊我魂魄。在我未能收十全之功，何以濟人利物哉。天地相盜之理，愚不可以輕傳。而鉛汞相姤之道，安敢不講究，而推利人濟物之事哉。其術以鉛爲本，以汞爲元。世人莫不知鉛汞爲大丹之基，往往多不明真鉛真汞之理，與夫互相吞竊之道，是以不知生生無窮之妙也。且鉛汞之盜大乙，當以大乙而資鉛汞，鉛汞之自相吞盜。當知其所本，識其所藏，明其所用，察其所返，斯始得造化之機也。抑又考之，雲龍風虎，則神氣之道者。神由母，氣由子，以神召氣，以母召子，孰召不至，爲其有吞竊之患。故鉛汞而無成功，外丹之術，全在乎形氣，亦不可不知也。一氣之運斷，可知其靈否。孰不知靈者，形不靈而氣靈，生不靈而死靈，水至清而結冰不清，神至明而結形不明。使冰一泮，其水返清，使形一定，而神返明。能知真死之理，可以爲大丹矣。

【略】

金丹論

僕嘗歷考古今神仙，立大丹之名曰金丹，未聞有一家銀丹之説也。夫金丹者，取其不滅不壞，不變不易，堅剛之義，可以永保長生。究其爲寶，三黄不能汙

其質，丹砂不能吞其形，可與天地同其長久，與日月並其精華，無一物可以比並。且丹曰金丹，鼎曰金鼎，二者並取金爲名也，其必以金之寶而造之也。然後既以造成，賴此金之元氣，可以化世實三黄，同登玉闕，謂其以金寶而造之，然後化之，則明造化之機。胡爲丹經仙方，充積棟宇，其間所論丹母，獨言乎真鉛。及其分辨陰陽，和合四象，乃曰白金硃砂，黑鉛水銀。至於點化，乃曰黄芽白雪，雌雄二精。閲盡丹經，未嘗有一書，及用金爲丹之母。特取金良者，以養丹砂，徒費工夫，用火而去。及借白金，以助生育，所養雖存其色，未能盡善。十年之内，參之造化。或以白金造室，或以白金作蓋，或以白金而作外墻，上體陰陽交接之道，下體蜾蠃孕子之法。細而詳之物情，能傳其情，交其精，混其氣，和其神，隨物而轉，參合造化，體驗施爲，雖漸有所得，而皆未造夫一蹴而就者也，一日而成，簡易明白之境，精一純良之妙矣。

僕因思之曰，丹砂染銀氣之深，被金氣之淺，則昔之所以爲金，今變而爲銀矣。染銀氣之淺，被金氣之深，則昔之所以爲銀，今變而爲金矣。感銀之氣尚淺，被金之氣未深，則爲金爲銀，而未辨乎顔色，尤不可不明乎，生養感變之道。夫既感而爲銀矣，而欲復還而爲金，不亦可乎。大抵氣聚而成形者，可以氣而變其形。以質混而成形者，終不能以氣而化其質。僕造此法，多失之。金氣大薄，銀氣大深，爲銀以轉爲金，未既徒事乎。炋罨之功，雖復還其爲金之性，終不免有耗折之偏。繼自以往既識此病，當以金而變養，以氣化氣，色不牢者，而自還可也。吁，黄白之物，雖産於天地造化之妙，亦利於人生養之道，變化之功也。色之淺深，實不逃乎一氣之用，譬之接物，正爲梨接桃者，其實甘。以梅接杏者，其實酸。各有本然之性，亦可積習薰陶，蒸染之久，與之俱化，不見其所以爲本然者矣。僕夜以繼日，焚香禱告，參驗古今要圖簡易。早遇真仙，傳授大法，乃出世之金丹，頓空之上乘。雖藏之以自祕，亦不敢隱而無傳。

鍊硃靈去硫存汞成寶論

夫靈砂硃砂，見寶乾汞成銀，世之絶學也。往往煅鍊靈硃者，世傳之久矣。所作者莫知其數，得寶成事者未審其人。靈砂者，若以草木煮鍊，八石資養，不用母者，不能成其事業。用母而不用草木制者，蝕母甚而不能靈通，母少子多者，亦不能制其真死。既云有母不靈，無母不成，既母多而子少，但不借體還魂者爲妙。母少而子多者，但不疏碎堅體者爲佳。無母者，但疏碎而不能堅剛。純食母者而汞去，借母之體也。有母無母，母多母少，二者皆死，燒炋青脆，無寶者何也。大抵有母無母之義，學人不知。皆爲硫之所拘，始者無硫，獨汞不能成二氣之妙。儻成靈砂，既死之後，硫不去寶不能成，其間母與汞事然一體，皆爲硫氣所攝，燒之青脆，作汁有艷。有母者，外有白衣，中間青脆。無母者，但青黑作汁。二者俱有，鬼餤黄煙尚存。若便以炋煎硫蝕，母汞經火，愈燥愈裂，汞母難以存焉。皆爲硫火，一時盡化爲油糖而已，自可嘆哉。空費施爲，徒勞作用。古仙云：硫黄在金石之中，爲將軍謀慮出焉。又爲黄婆，又能擒汞而伏，又能媒合銀母而成其質，殊不能分胎離體成銀爾。有云：太平只許將軍定，不許將軍見太平。汞既伏矣，硫不去而及有所惡，正此義也。僕今既事業在手，漏泄機緘，不爲得罪於天，庶幾有補於將來。志誠之士得者，幸無輕視。但念學事業勤苦不易者也，戒之戒之。

佚名《九轉靈砂大丹資聖玄經》 夫鍊丹之法，鼎有三足，以應三才。上下二合，以像二儀。足高四寸，以應四時。爐深八寸，以配八節，下開八門，以通八風，炭分二十四斤，以生二十四氣。陰陽顛倒，水火交爭，上水應天之清氣，下火取地之濁氣，天氣下降，地氣上騰，天地相接，交感氤氳，相媾合成二氣。二氣既合，混而爲一，乃名二氣大丹，妙用盡在於此。十二時中，奪千年造化，此乃爲初丹之道也。

藝文

佚名《黄帝九鼎神丹經訣》卷一〇 故《真人歌》九鼎第一，定外丹之華曰：父在神山母在河，本在南越亦在巴。出于武陵會長沙，先祖昆弟豫章家。道士將我遊五華，子明配鉛與赤蠡。變化生彼玄黄多，流珠熠燿内懷河。合彼雄水及丹砂，轉相會合成一家。牡蠣赤石使不邪，霜雪紫色忽若華。後若相感兩性和，日暮復動否臧佳。嬉戲光彩色勿華，陰陽令會系不過。二氣生子加積沙，鵶羽掃取土龍和。一銖一斤無少多，食以黍粟飛相過。坐觀天地遠見遐，忽然萬里渡江河。以龍爲馬雲爲車，光同日月所欲何。諸天賢聖相對羅，靈龜駢輜轉暇蓋。伯牙鼓琴玉女歌，青腰起舞悲相和。由身服食食丹華，邪氣不生疾不過，即得久視吉無他。此真人之至言也。

唐・董師元《龍虎元旨》 歌曰：

天地初分日月高，狀如雞子復如桃。陰陽真氣知時節，直待三年脱戰袍。

大道分明在眼前，時人不會誤歸泉。黄芽本是乾坤氣，神水根基與汞連。

龍虎丹砂義最幽，五神金内汞鉛流。千朝變紫雲飛去，直至大羅天上頭。

認得根源不用忙，三三合九有純陽。潛通變化神光見，從此朝天近玉皇。

用鉛須得汞相和，二性爲親女唱歌。鍊到紫河車地動，白雲相伴鶴來過。

合其天地合其元，子母相逢不敢言。先汞後鉛真道大，莫教失伴鶴歸天。

此寶從來二八傳，吉年吉月入爐安。千朝火候依時節，必定芽成汞已乾。

佚名《鉛汞甲庚至寶集成》卷二 九轉出塵穇制大丹

第一轉

詩曰：三黄二子及猪牙，蒼术還同藋麥花。大火鍊成通體黑，丹砂從此是根芽。

第二轉煮出鉛炁

詩曰：磕破青金更莫疑，玄胎煮鍊兩三時。藥神逼去黄芽氣，功效如神神可奇。

第三轉青金匱朱砂成寶

詩曰：伏火朱砂甚足誇，將來爲匱養神砂。偏鋪合内栽蓮樣，五日功成更可嘉。

第四轉丹陽匱靈砂見寶

詩曰：養出丹砂能换骨，切言造化脱靈砂。入爐七日成仙體，若遇鉛池號雪花。

第五轉超凡入聖養母砂成寶

詩曰：火力相資入大鈞，丹陽爲匱愈通神。超凡入聖趍真境，五日陶成出世珍。

第六轉養七寶成大藥匱

詩曰：朱砂體性合雌雄，更和硫黄至聖功。三七母砂包裹定，丸成靈寶入其中。

第七轉朱砂穇製

詩曰：七寶源流養大還，朱砂受氣共成丹。一朝造化參真宰，乾汞成金頃刻間。

第八轉出塵穇製

詩曰：神仙大藥超生死，點化凡軀試有情。豈特水銀能立死，誰知凡骨可飛昇。

第九轉號曰紫霞大丹

詩曰：須信人人有洞天，志誠修鍊自昭然。紫霞丹就蓬萊近，修合成時度有緣。

宋・楊在《還丹衆仙論》 老君曰：紅鉛黑鉛大丹頭，紅鉛入黑是真金。紅鉛取精黑取髓，解用赤黑藥無比。用赤入黑保長年，用黑入赤天仙矣。赤黑兩般總稱還，黑能變化赤能先。函谷關邊梁山側，老君鐫石留此言。

陰真君曰：若要黄芽先炬鉛，陽壬不向火中走，陰癸如何得作烟，雞抱卵兮須日足，蟬到成形殼自分。

《馬明生金虎訣》云：黑鉛化黄芽，其中數九九，變化只三般，修到紫陽宫，黄金無處安。

《太一三使訣》云：鉛中還有子，不必要三黄。火兼同如此，兼更作黄芽。芽中還有子，不必母攔遮。子中還變母，子母亦同然。世號涌泉匱，此法不虚傳。三黄須記著，一黑不留言。

日華子云：黄鉛伏黑鉛，白汞聖通玄。西澤東南偶，東宫姹女賢。成親隨日月，化道證神仙。九鍊丹光曜，長生不記年。

又曰：靈鉛水銀君，靈汞火鉛臣。鉛之與真汞，黄白之要也。

《陰真君三丹釋理論》云：煮鍊不用數，洗澤亦無門。入鼎須知數，真言得火門。門用火候別，混沌氣難分。胎息華池管，成人會火門。門門不失錯，還成胎息身。

《三宫參鉛訣》云：烹鉛爲餅作金花，收餅歸鑪九轉砂。金水左調平蚌粉，汞液黄漿路不賒。元只水銀天上水，金生麗水是河車。若弄凡鉛多誤世，水土相扶是一家。

又黄芽歌曰：求仙覓黄芽，須識真鉛花。真正自成者，乃可作金砂。重飛服一丸，騰身入雲霞。悠悠天地外，處處是仙家。

又曰：自然黄芽吐紅花，戊己變化成金砂。生在玄黄秋石裏，時人不悟覓金花。

又曰：欲得水銀死，先須死水銀。水銀不先死，如何死水銀。水銀自相制，

相制自通靈。若用諸雜類，終始不成真。青龍對白虎，朱雀連玄武。四物各一方，要且相含護。終始自相親，無時不相顧。爾得紫河車，白日昇天去。

又曰：天生自然物，通靈誰能測。解住三丹田，瑩徹五般色。見火即鬼隱，逢土便能逆。真火未必赤，真鉛何處黑。金銀世雖重，至理難調伏。四黄及八石，究竟氣不足。姹女雖柔弱，萬人無一得。我有五神時，威光甚奇特。水欲正東流，提劍北偃塞。青龍欲逃走，黄犬當頭撲。飲氣成一家，吞聲不敢哭。漸漸成灰土，雄雌遞降伏。結作紫河車，抽却黄金毒。能救死病苦，返老顔如玉。抱一正恬和，冥心絶嗜欲。只服一刀圭，綵雲捧兩足。

又曰：用鉛須得汞相和，二姓爲親女唱歌。煉到紫河車動地，白雲相伴鶴來過。

又曰：青龍白虎合爲胎，十月懷躭滿始開。此是鉛芽真口訣，世人何處覓三才。

又曰：滿市黄芽無所歸，世人輕賤作塵泥。公卿總是識靈藥，只被貪婪渾却伊。

元陽子云：五行深妙義難知，龍藏虎隱在坎離。還丹之術數過百，最妙須得金華池。

又曰：鉛汞一門不可依，金丹祕訣聖無知。若將世上凡鉛汞，終年運火競相持。

又曰：真陰真陽是真道，只在目前何遠討。凡流歲歲煉神丹，或見青黄自云好。

又曰：九轉丹砂是欲終，開鑪方見藥花紅。水火變來俱作土，時人何處覓金公。

彭君謌曰：黑鉛入偃月，子時自消散。上帶青溪砂，下有金花見。舉東復起西，往來取方便。良久不停手，黑鉛散青砂。猛火炒不歇，逡巡變黄花。青砂淬胡粉，黄花爲黄丹。世人盡知見，不悟將爲難。萬煉本不易，所服宜長安。

尹先生受得青丹謌曰：女媧煉石成五彩，飛上大羅爲華蓋。碧落空中陰輪生，硫黄木精能相配。人皇煉銀得長生，將離入震就五行。十二月遊行九轉，金丹本是木中精。金翁兩字坎之水，飛入艮宫永不起。陰陽成質自東方，周匝事須歸戊己。天地至道莫相傳，金銀是吾青丹子。審知太上不思議，尹喜受得女媧記。

金丹歌曰：龍虎雖然有二名，根元總向一中生。時人若覓還丹法，只把金精養木精。

又曰：真空妙義理分明，隱在鉛中不顯名。辨得黄芽應出世，了知白虎定長生。

又曰：銀爲匡郭含三物，金作堤防受五行。好是華池神水訣，時人不曉萬無成。

《金碧入藥火鏡》云：子明結入金神匱，能變形骸色青紫，二十八宿合天心，此是真鉛能化水。

詩曰：大藥切須是黄芽，鉛汞相傳出一家。修煉分明知次第，自然方得號金華。金華艮鼎專依法，好好爲我伏黄芽。此者太玄深祕訣，得之修煉御雲霞。

明道先生論華池曰：陰一陽一生南北，鉛水汞水出鉛中。會得四般玄妙理，始見華池赤黑通。

《金制汞訣》曰：鉛向鉛中出不虚，將來東面拌流朱。金華制汞鸇伏雀，變作還丹事甚殊。

金丹水火圖云：欲識丹砂火試看，無煙深紫是還丹。世人不識真龍虎，將謂黄芽有兩般。

孟参云：留心除是究玄元，既悟深機似等閑。未説丹靈歸洞府，且論神變濟塵寰。浮生乍棄榮兼貴，處世須知造化間。擬把虎龍休制伏，奈何寒暑老人顔。

又曰：且將鉛汞結成砂，長養無非在一家。不向灰池爲白液，豈教嚴赤變黄芽。金光熠熠中堪惜，玉蘂顒顒更可誇。固濟直須重入鼎，莫令陰炁損精華。

長白山人云：淮南錬秋石，黄帝美金華。秋石元非石，金華不是花。華從秋裏錬，石向春中葩。又訣曰：秋石是真鉛，金華是黄芽。黄芽不離鉛，因鉛取精華。子母同一處，如若在仙家。

《孫真人石壁記》曰：千經萬論不虚言，只説烏金在目前。採者不依方位採，却道神仙不肯傳。採取鉛精煉取砂，不過旬日見河車。河車只是烏金造，水銀便是還丹道。不用烏金與水銀，徒費心神空到老。

《華山石壁記》：三陽聖石各争功，唯有玄精是大通。煉得太陽筋力敗，自然姹女不西東。

《吕先生正陽篇》云：姹女住南方，身邊産六陽。蟾宫烹玉液，坎户煉瓊漿。

過去神仙餌，今來到我嘗。一盃延萬紀，物外意翱翔。

又曰：頓了黄芽理，陰陽稟自然。乾坤鑪裏煉，日月鼎中煎。木産長生汞，金烹續命鉛。如人明此道，立便反童顔。

易玄子云：真鉛與世鉛，清濁地論天。若共灰砂雜，難教禮義全。迷應爲下鬼，得者是高仙。儻問其形質，玄中又更玄。

又曰：姹女號明璫，潛身住洞房。水中聽虎嘯，火裏見龍光。得者身應貴，聞之道亦昌。祖師曾有語，此是藥中王。

海蟾子云：海風飄浪颭金船，只向其中悟却玄。子母乍逢堪眷戀，君臣纔會喜團圓。八方周匝龍行火，四位推排虎降泉。爲報後來修道者，煉丹須用水鄉鉛。

又曰：一片澄清一朵花，白芙蓉裏紫丹砂。寰中物外應無敵，天上人間事莫加。金虎乍降潛黑彩，火龍初伏變黄芽。神明洞徹歸真景，不遇奇人不得誇。

雜録

題陰真人註《周易參同契序》 蓋聞《參同契》者，昔是古《龍虎上經》，本出徐真人。徐真人青州從事，北海人也。後因越上虞人魏伯陽，造《五相類》以解前篇，遂改爲《參同契》。更有淳于叔通，補續其類，取象三才，乃爲三卷。叔通親事徐君，習此經，夜寢不寐，仰觀乾象而定陰陽，則以乾坤設其爻位，卦配日月，託《易》象焉。故夫子曰：懸象著明莫大乎日月。所以服此還丹者，皆得壽同天地。故日者太陽之火精，則朱汞爲龍是也。月者太陰之水精，即鉛銀爲虎是也。此之二寶，天地之至靈。七十二石之尊，莫過於鉛汞也。感於二十四氣，通於二十四名，變化爲丹，服者長生，乘龍紫府。朱砂者，火之子。水銀者，金之孫，金者，日之所生。銀者，月之所育。日月互用，水火合成，龍虎相須，陰陽制伏，而成大丹。其大丹者，有八而三品。最尊上品，有神符白雪，九轉金液大還丹，神水化之五符蒙覆，人食者當白日冲天，八石五金被化爲寶。次中品，有金花黄芽所制，養汞而成紫金丹砂，或有月月倍添，名曰正養之道。下品有雄黄，屬土，得位中宫。將軍之號，能偃於水，曾青屬木，明目養神，變化水銀，成砂洞耀，名紫金丹。八丹之中，唯三法爲貴也。烏食成鳳，蛇餌爲龍，人服長生，天地同壽。收人魂魄，返老歸童。呼風叱雲，玉女來侍。此實還丹之功力也。故乾、坤者，上下釜也；坎、離者，水火爲藥也；震、艮者，運卦合符也。中安金汞，傍助金華、黄芽，赤門養成，運火三歲，象自然之還丹，即太玄之炁足矣。何不成丹？夫大丹者，朱化爲汞，汞變爲金，金變爲砂，砂化爲丹，故曰還丹。還者，返舊之義；丹者，赤色之名。汞者，本體是金，成砂之後，故號金砂。紫赤成丹，還歸本體，故稱大還丹。其《參同契》具顯，人不能明究，擅意自裁，遂成敗失，所以無長生度世，非丹不能長年也。若服金丹大藥，雲騰羽化。不服金砂，而不可駕鶴。嘗聞無能生有，有能成無，既有既無，何不服金汞之藥？且五穀猶能益壽，何況神藥金丹？毒藥尚能殺人，還丹豈無仙壽？人無堅固之心，道豈違人之願？何棄紅顔白日，玉貌成塵，若不學長生，須臾而爲下鬼。惟此還丹之理，《參同》皎然，遂見諸賢所注，悉皆隱密。余翫其術，頗得其旨，勞苦不辭，所失無怨，志在金鼎。而翫《參同》，被褐常思雲林，性好常存道教。雖在世俗，其心不羣，思慕長生，而依仙術，道不違願。忽遇真人，明旦而受之，親蒙口訣，兼夢神授，握筆記之，伏火汞成，還丹豈得謬也？余長嗟學道之人，未經爐火而欲疾成，纔有小失而起大怨，如此之流皆爲習氣不真，邪正參雜，心生猶豫，彌歷歲年，血氣纔枯，奄歸朝露，深可悲哉。徒爲學道之名，而無鍊丹之志。若有清虚志士，立性淳和，見世務如探湯，棄妻子如脱屣，睹浮生之遄速，知大道之攸長，即可以授之此經，研尋義理，莫辭得失之必成。一成之後，看海水爲丘陵，睹人生如聚沫，飛騰於太虚之上，逍遥於造化之中，此非天地之功，實爲還丹之力，但尋《參同》，必曉其由，沿波索源，何憂不可？余今所注，頗異諸家。合正經理歸大道，論卦象即火候爲先，釋陰陽則藥物爲正，其事顯，其理明，看之炯然，必無疑惑，使後來君子同歸大道，豈不善歟？

題無名氏註《周易參同契註》卷上 周者，乃常道也。易者，變改之義。言造大還丹，運火皆用一周天，故曰周易者。汞爲日，南方離火屬己，太陽之精爲青龍。鉛爲月，北方坎水屬戊，太陰之精爲白虎。亦爲丹砂爲日，汞爲月，故日月爲易字。參者，雜也，雜其水、土、金三物也。同爲一家，如符若契，契其一體，故曰參同契。昔真人號曰《龍虎上經》。龍者，汞也，汞是水銀之别名也；虎者，金公也，亦丹砂。赤色曰赤龍，汞白色爲白虎。水銀爲濕銀，故稱白虎。後魏君改爲《參同契》，託在《周易》，謂《易》者有剛柔、表裏、君臣、父子、水火、五行，其神丹不出陰陽五行，所以託於《周易》也。經者，常也。常經聖人傳授，故曰經也。所以，凌陽子於崆峒山，傳與徐從事，徐從事傳與淳于君。淳于君仰觀卦

象，以器象於天地，配以乾坤；以藥象於坎離，配以水火，則爲日月；以鼎象於大白，亦爲鎮星；以爐爲城郭；餘六十卦以定升降消息、陰陽度數、二至加減、翻轉鼎器，所以便造篇名《五相類》，類解前文，集後一卷，并前三卷，以表三才、鼎藥，以象三光。第一卷以論金汞成形，日月升降；第二卷論增減、十月脱胎；第三卷淳于君撰，重解上、下二卷，疑于始傳魏君。

唐・陳少微《大洞鍊真寶經修伏靈砂妙訣序》 余自天元之初，從衡嶽遊於黄龍，止于賓府，忽於巖穴之中，遇至真之人，授余靈砂要訣。至人曰：吾自得於許僊君之後，僊君受訣於吴天師，天師本受於同郡丁真人所出也。假如丹砂之本訣，玄理深奥，固難思尋。遂求好道之流，志慕神僊之侣，不究竟其真原，長沉淪於塵俗，自上古僊經文，皆幽密隱蔽藏言，不流傳於世。余常愍然。今述爲靈砂七返七篇，及金丹至訣二章，並爲序論，以示後人同志之士者也。

題元陽子修　通玄先生注《還丹金液歌注序》 夫論龍虎者，蓋鉛汞之别名也。《參》云：金虎是還丹之根本。金虎者，即非二物之名，蓋述於鉛也。鉛色黑，而屬北方。北方屬水，水數一，是以子能知一，萬事齊畢。《參》云：一物有五彩，永作仙人禄。鉛含五色，而屬五行。五行者，金木水火土也。鉛稟五行，是以爲五彩。老君云：天得一以清，地得一以寧，神得一以靈，萬物得一以生，王侯得一以爲天下正。此言喻於大道，然並指事而説，非俗士之所知也。又云：抱一守中，子身自沖。一之大矣。《參》云：三黄一黑，求死不得。三黄一黑者，靈丹之號也。在人爲三一。能修三一，飛仙必得。一屬水，水者鉛也。三者屬木，木即丹砂也。丹砂者，南方太陽之精，精者汞也，汞者爲青龍。《參》云：丹砂木精，得金乃并。鉛即屬金，汞即屬木。木爲青龍，位居東方，爲中男。鉛即屬金之位在酉，居西方，爲白虎，是中女。故《二十四聖歌》云：中男中女子午居，卯酉之門惟日月，分明長最爲初。又歌云：中男御少女，皆成共水土。此五行大數也。汞成朱砂，爲太陽之精，名青龍。丹砂屬木，木色青，木中出火，火赤而屬南方，父母乃在東方，故名青龍。古歌曰：白馬牙，好丹砂。汞從朱砂出水銀。水銀屬陽，陽精好飛，故名姹女，難制伏也。故《參同》云：河上姹女，靈而最神。得火即飛，不見垢塵。鬼隱龍匿，莫知所存。將欲制之，黄牙爲根。黄牙者，鉛也。色黑，而屬北方壬癸水，爲太陰之精，善能制陽。陽性至剛，能被陰伏。汞屬火，鉛屬水，水能滅火也。木性雖直，而被金所傷。水性至柔，能被土尅。土雖德厚，而被木之所尅。金性雖堅，被火銷滅。此五行相尅，大道之常。鉛汞深根，世人莫測，耆年白首，據案而尋古方，疑惑之間，便云文義不實。鉛汞之義，金石浮沉，世人但將世上鉛汞相承，而成大丹，伏丹出毒，寶之服餌，呼爲大丹，未見服食之人，得終天命，皆至少亡，世人多被所惑，而被自悮也。且如修鉛服食，張果先生云：鉛有大毒，善能殺人。世人未曉其端，專功修鍊，徒自苦耳。《參同》云：没水獵雉兔，登山索魚龍。以驗明之，何遠於此。世人修制靈藥諸石，都未辨陰陽浮沉，不知剛柔，不辨君臣，莫測制伏，未知修鍊何藥。夫陽藥陰伏，陰藥陽伏，須知君臣，明審制伏。知朱雀而調火候，審聽嬰兒之聲，九九數終，靈藥伏火。服食之道難矣，非藥難求，爲世人口是心非，難傳授也。

昔王陽頗得其術，而患家貧，以其方上獻於武帝。云：丹砂伏火，堪作黄金。猶假帝主之力，方以成道。右軍事白雲先生，二十餘年慕其道。但先賢皆勤苦二十餘年，況世人重財輕義，口是心非，陰德不施，妄貪競作，羨其色，妒其賢，世情終日，何以求於至士。學道者須虚其心，輕財重義，且以大慈爲本，廣行陰德，矜孤卹寡，自守恬淡，似有似無，如此之人，方遂求道。世人但修鉛汞伏火，便云固濟生人。張果先生云：昔有二人，契爲兄弟，人各將水銀一斤，入陽城山中燒燒，三年水銀伏火，如紅玻瓈色，光彩可愛，呼爲大丹。各服二兩，行履之間，須人扶持，不逾百日而死，又何以益於身命。

又今人多將金公，以汞投中，接其金花，取精氣，修之經年黄輕黄轝者，其鉛花如紫磨金色，呼爲大丹。服之未過累月，令人面目痿黄，而成勞疾，顔色轉青。張果先生云：鉛有大毒，善能殺人，搜人血脉。淺學之流，未審其義，將世上鉛汞修鍊，且如世上鉛汞，秖有變化五金之功，豈能延於生命之理。鉛汞深妙難測，世人豈知淺深。且如汞有三種，今人只識一味水銀。《參同》云，及《五相類》、《金碧潛通》、張君五篇諸仙經中，有此箇汞汞湏。世人秖知用此，前二汞水銀都不識，緣學問不深，但以道聽途説，枉惜青春之年，竟無所見，被鉛汞所傷。是以服食求長生，多爲藥所誤。且如一陰一陽之謂道。又云：鉛汞二陰，還丹之心。又五金之主，陰爲主。又云：萬物負陰而抱陽。又云：陰即爲君，君即爲主。《陰符》云：金丹之術百數，要在神水華池，豈不明矣。世人但將鉛汞爲之神水華池，故知未識深妙之理。故《參同》云：據按託文，妄以意爲，玄妙之理，不書於竹帛。故《參同》云：寫情於竹帛，恐泄天之符。抱朴子云：此藥若使凡人知之，即天上仙人成群。老君云：知者不言，言者不知。左真人云：知者出於心源，得者皆宿生積慶，三世留恩向下，子孫不學而得。今人淺志，何以

求之，虚己勞神，終無得理。故知陰陽之道難成矣。古者勸人求道，教人尋方疏，至問經術，必洞曉古人之言，更若致意自思，必明大道。老君云：合抱之木，生於毫末。九層之臺，起於累土。千里之行，始於足下。夫學者且虚其心，勤苦積行，方乃漸進，而至通靈。今人情躁，何以求之，空生好事，未見至人傳法，而授輕浮者哉。

張果先生傳云：昔有二人，契爲兄弟，而不書姓字。業爲屠者，欠負官債，徒步入山，自求其斃。此人有志，忽遇一仙者，化爲凡徒，負草而賣，呼屠曰：此山幽絶人跡，子何得到此。屠曰：吾欠負官債，父子離隔，羞見閭巷，今入此山，自取其斃。吾聞山中多有仙者，忽遇求其道，終不返人間。仙者曰：子欠官債入山求道，夫人求道，須有其志。余是仙人，子能存志乎。子之坐石約厚一丈，能命木鑽之得透，吾付汝道。屠曰：此試余志焉。乃以山中木鑽盡，已經二十餘年，方深七尺，猶有三尺未透。此人志不退，山中木盡，而告於天仙者，愍之遂使石透，乃付金丹大藥，白日昇天。如此之人甚衆，左慈禮洞三年，晝夜不捨。陰君受業二十餘年。未見得道之人，端坐而得。今人且貪名利輕義，重財世情，終日雖即心存於道，何以求之骨敗氣衰，難成反老，數之欲盡，無以救之。豈知靈丹而有延年之功，納胎元氣，延生之理。今總纂集先賢遺文，以彰新學，並歌以示同好者，故無惑焉。

佚名《陰真君金石五相類序》 夫天地至精，莫過於道。五行至微，莫過於炁。蠢動至靈，莫過於人。明暗輪環，莫明於日月。血脉通流，莫過於江海。興王盛衰，莫過於四時。尅伐迴旋，莫過於六甲。此之相類，各憑大道，相承反逆，兩情莫不因時爲用，配合生成。若用陰陽，不辯其類，縱隨巧義，徒費其功。且天地不同，雄雌别行，相類交錯者，並無所憑也。

昔天仙至術，修命實書，共爲九卷。並三五相類，窮究至精，道德玄元，咸施天地。出自三皇，著論八卦，始分龍虎，龍虎相須，類同金石。禹鑄九鼎，地立九宫，分爲九州，丹有九變，人有九竅，七明二暗。頭有九真，北斗有九星，二星亦不現。國有九五，理有三元。所以相類叶同，合於大道。識之者三丹之法可通，道在目前，不合遠取。三丹之外，餘無所言，何也。三丹用大造化之炁而結成，應五行而爲人之真液，從九至九，九九三品之丹，爲上真經籙九卷之中，合於八卦之象焉。《實録記》中，名靈寶神符爲首，玄元之教爲經。混元白雪，九轉八瓊三丹，皆八卦九宫變化成象，亦更無别藥，修鍊可爲至藥。

若論雜門丹砂之法，世有萬般，縱得暫時療病，終無出世之功。何也，相類雜錯，用炁不同，牝牡不交，法則差互。假如金石用作，數有七十二石，石之出處，地厚藏伏，各有陰陽性格。陰山出陰石，諸青之類也。陽山出陽石，是硫黄之類也。若解陰陽相配，即如夫唱婦隨。若高下不和，用藥乖謬，即何以配合。故作五相類，列成二十篇，傳之同志。

唐・陶植《陶真人内丹賦序》 大人本以五行氣而成體，乃以四象精而灌身，得江海竭而命更延，日月虧而神轉壯。故聖人理金鎮玉，鍊石補天，體用玄黄，要崇日月。伏以龍虎大丹者，南北往來之位，本元二三，東西出入之名，運合歸一。青赤白黑，各定四維，上下俱通，輻湊八方，位成五帝，三才立象，萬物有形。六十四卦爻用，二十八宿合度，在七十二候之内，處三百六旬之中。始自元陽，終於晦臘。故經云：以天地合其德，日月合其明也。春夏進長滋隆，皆禀於四時。秋冬退伏蟄藏，豈離於一運。乾長於艮、巽之體，剛變爲柔。坤生於震、兑之形，陰歸陽位。然始陰陽之用，日月交暎，是以離女坎男，金夫木婦，姤其精氣，陶鍊髓筋，十月功成，一用方備其神也。化之爲液鎔凝質，若堅冰變之玄霜，烹剖形如素雪。方辨鉛汞之理，始驗水火之源。合兩象之精華，抽五行之血肉。故聖人研日月二字，通幽洞冥。窮金水五行，出凡入聖。《參》云：日月爲易，剛柔相當。此名水土金之三物，志士豈不省己者哉。欲達至真者，明閑卦象，痛會陰陽，曉察天文，精求易義，火候進退，生殺合宜，表裏清通，内外相應。《三元周神論》云：欲明其藥，先明自身。悟此一言，而知萬化矣。若天地變易，雌雄抗行，相類不同，炁元交錯者，如持梯而望昇星漢，懸鉤針而擬釣鯨鯢。幸請賢者，細而詳之，豈敢謬於神道耳。又緣賦内沉論祕義，潛匿幽詞，注解玄言，附成其旨。

宋・楊在《還丹衆仙論序》 粤謂丹者，華池爲初也。華池之中，能生神水。上下清靈，湛然明静。神水變化，潔白如霜，號曰白金黄芽。次入三陽之精，水煮火煉。若經九轉，變成紫粉，號曰紫河車。河車之中投汞，又經九轉，産出真金，號曰金公。將金公與汞相合，金水相見，再煉九轉，名曰金丹丹者。人餌長生，老者反少，有病自除，變凡爲仙，自然不死。夫金丹者，須是親傳口訣，方識鉛汞。鉛者真鉛，汞者真汞，鉛非黑錫，汞非水銀。鉛者鉛精，汞者朱汞。鉛汞交媾，産出黄芽。黄芽者還丹之祖，人藥之基。坎戊月鉛，内藏真虎。離己日汞，内藏真龍。龍虎會合，自成戊己。坎水生金，離火生木，自然四象俱備，五行

不虧。還丹者，金木水火土也。金者虎也，木者龍也，火者朱雀也，水者玄武也，土者四象聚也，非用世間金銀銅鐵鉛錫鹽鹵灰霜之類也。還丹者，鉛汞也。鉛得水而無體，汞得火而通靈，從無生有，真鉛因水化而有，真汞自火化而成。若論真鉛真汞，神水華池，青龍白虎，黄芽白雪，河車神室，自古以來，非口訣不能得解。余汾陽西河人也，弱冠好道，至三十餘年，得遇明師，親蒙口訣，方曉丹經之理，洞達幽微之文，得見造化之真，明了浮沈之妙。洎宋皇祐四年十一月八日，偶暇纂集諸家丹經節要，集成一卷，目曰《還丹衆仙論》，以俟同志者云。

題谷神子《龍虎還丹訣頌序》 肘後訣者，稚川葛真人所撰。十卷。其九則論天下方書，草藥救治之門，其一則辨金石大丹，黄芽之真，至於火候，皆曉然而書之，以垂範於將來學者，使無錯誤。得此訣者，大藥門中，分別其半矣。餘有口訣，苦不煩心。是知至真用意，汲引昏迷，俾皆得成於仙矣。後之學士，切宜詳之。

宋・孟煦《金華冲碧丹經祕旨序》 余之家世西蜀，孟君三世孫也。寓居峨嵋之西峰，生平酷嗜行持，而遍參雲水，游謁江湖，足跡半天下。偶於嘉定戊寅間，遊於福之三山，參訪鶴林彭真士，所論行持叙話間，深有所喜。一日彭君携出玉蟾白真人所授傳法書數階，閲之皆神靈祕典。於内忽挾帶出一書，急收之。余再拜請觀。彭云：子夙有仙緣，令吾挾出。展讀之，即號《金華冲碧丹經》。内外皆出塵事業，二事皆同。余下拜扣求玄旨，蒙彭君一諾而授，當以焚香誓告，狀盟天帝尊師，而得其傳。後至己卯月，吾歸川所，閲前項所得丹經。雖得其傳，未嘗下手親作，乍信乍疑。平昔亦不曾舉拈此事，於是不敢下手，恐虚費功力。

次嘉定庚辰年間，復遊至白鶴洞天，遊山至頂，遂極晚，見林巒幽古，蘿藤錯雜，鶴唳猿啼，於山嶺深處，似有草廬數間，扃户無人。煦遂扣其門，有一小山童一人而出。曰：誰氏至此。某答曰：西蜀人氏孟煦，聞遊訪道參玄，而來至此，略求少歇，未審可乎。小童入而復出，曰：師尊請入相見。乃得進入，拜見仙顔。先生容貌奇古，聲若嬰兒。某方展威儀，炷香下拜，告問尊師先生仙號。先生曰：蘭爲姓，乃號元白老人者，此也。先生少留一宿，當夜得齋，但出山醪、埜果，白芋、黄精而已。一餐頓覺五臟清凉，四肢和悦，非比尋常。某自知其夤緣在此，有遇奇真矣。

但先生請坐，所問某平日課何爲道。答曰：弟子行持爲功，内鍊爲道。先生笑曰：行持與内鍊，皆非至道。某遂下拜告曰：先生之付度弟子流派修持，未審師旨，如何可得聞乎。先生云：汝得誠信不怠，决志修之，吾當授汝。先生曰：内以玉鉛玉汞，外以金液金膏，一般調制，火候兩途。某且驚且異，再告先生曰：某曩遊三山，有彭鶴林真官所傳白玉蟾仙師丹法，却符合此理。先生云：汝既得所傳否。某曰：見有斯文於此，取出與先生看之。求教良久，先生視過，曰：此書玉蟾子爲彭君内學不明，以平叔外丹之旨印可，倣言真鉛一二。是書於探鉛結胎，分明法象，並火符缺欠。斯明彭君緣分淺，故以致不完者矣。先生云：聖人傳藥不傳火者，果如是乎。

復曰：此書上古丹經，自軒轅氏投廣成子，於崆峒山，傳授九鍊金碧大還丹法，扶天濟世，超脱塵寰之書，即金碧古文龍虎上經正文。外有九還七返，金液神丹隱旨，皆廣成君所傳於世。自後神仙隱士鍊丹，皆從此道，白日冲舉者，不可勝數。隱而不明者，亦多矣。知名者，漢天師、魏伯陽、唐葉靖能、繼長生、馬明生、杜光明等。得此書則形神俱妙。晉有吴許二君、葛金果，皆得斯旨，合家大小，咸得長生，改形度世。惟淮南劉安王，神人指授，皆自太極中鉛汞，煉成白雪靈丹。獨魏伯陽，吴之太守，棄官入山，與張李二子，同心修鍊大藥，完成不肯泄漏天機，隱去丹經隱旨，則作《參同契》，補完於龍虎丹經正文之末。託大易而言火候，而法象，而藥物，皆遺作詞，深古難令曉會，至今無傳。先生云：吾得是道於奇仙古，隱知其本源，修鍊已畢。汝今有緣，而能至此，可以歃血盟，誓告天，流傳祕要，隱書法象，九轉神丹。

某依師訓教，百拜誓盟，而得其傳。閲誦之間，大槩皆與彭君相類，運水火法象全殊。是夕已晚，早間拜謝先生，迴山出嶺，頓覺心下未釋懸懸，便欲再回所隱，重求玄奥。但見白雲遮嶺，林木依稀，恍惚若夢，人迹俱無，草廬並隱，驚異惶然，如癡如醉。少頃日高，山下有一道人過嶺，詢問其故。其道人云：昔此山有高隱仙人，在此修丹之地。某遂聞知思之，號元白老人者，即玉蟾之化也。又見白雲覆嶺，正顯師化。古仙蘭公之姓耶，得遇祖師，夙緣有幸，再與重傳玄奥。吾即派嗣玉蟾仙師，不敢自怠，本末繼於仙蹤，即號蘭元、白者二師，並其十一也。歸蜀，隱於峨嵋之西峰，告天築壇，建室復立，名曰金華冲碧丹室，亦依彭君之靖名也。

予得此書，齋戒沐浴，邀請至士三人，一志修鍊，周歲而成，時嘉定辛巳年也。予得合閭受福，老幼二十五人，皆男女親屬不等，悉霑天恩，俱服換質神丹，

一載間改形度世。蜀守臣吴晞叛亂，不能爲吾之害也。余思之奇文秘旨，元白先生云：遇奇人勿隱，見非人莫張。今將縑素編成，來歷書于寶匣，藏隱名山石壁之中，遇有緣得之，天所傳也。吾所知後，獲斯文者，仙家之子也。或再鍊畢，隱於名山，後復藏是書，吾之願也。時寶慶改元乙酉，純陽月圓之乙巳日，西蜀孟煦盟。

宋・程了一《丹房奥論序》 竊謂金丹大藥，上全陰陽升降，下順物理迎逢。聖人所謂格物致知，大槩不過子母相生，夫婦配偶之理。須藉水火無私之力，結搆鉛汞二物之精。要得真土擒鉛，真鉛制汞，加以手法火候，故能超凡入聖，返老還童。後世學丹之士，不識真土真鉛，不知手法火候，惟求世間罕有之草木，衒惑於人，各述己私，妄施工巧，迷迷相指，白首無成，深可歎惜。某幼慕清高，樂聞至道，求師訪友，未造玄機。後因天禧戊午宦遊金陵，遇仙師魏君顔真人第一，得傳太清六一紫虚九丹之妙，與夫造化口訣。遂回至湖湘，詣南岳，醮謝天真，依訣修持，一一可驗信。知手法火候，不易傳之於世，遂使後學莫窺端涯。某不敢私秘，敬將師授口訣，已試之效，集成一帙，目之曰《丹房奥論》。得之者不宜輕泄漏慢，自當珍藏寶惜。觀此若能觸類而長，實有益於同志矣。天禧四年庚申上元學仙子程了一書。

鉛汞化學部

論説

唐・陳少微《大洞鍊真寶經修伏靈砂妙訣・靈砂七返篇》 第一返丹砂

經曰：丹砂者，萬靈之主，造化之根，神明之本。而居九清，玄播總御，動之以離體，定之則乾成，能變化者，故號曰赤龍。若翱翔而名爲朱鳥。上品者生於辰錦石穴之中，而有數色。中品者生於交柱，亦有數類。下品者生於衡邵，數種品類。皆緣清濁體別，真邪不同，降氣分精，感通金石。受正氣者，服之而通玄契真，爲上僊矣。受偏氣者，服之亦得長生留世。且上品光明砂者，出於辰、錦山石之中，白交石牀之上，十二枚爲一座，生色如未開紅蓮花，光明曜日。亦有九枚、七枚、五枚、三枚、一枚爲座者。十二枚、九枚最靈，七枚、五枚生者其次。每一座中有一大珠，可重十餘兩，爲主君，四面小者，亦重八九兩，亦有六七兩已下者，爲臣周繞，朝揖中心大者，於座四面，又有雜砂一二斗，迴抱其玉座朱牀，於其座外。雜砂中揀得芙蓉頭成就，夜安紅絹上，光明通徹者，亦入上品。又有如馬牙，外白浮光明者，是上品白馬牙砂。有如雲母片白光者，是中品白馬牙砂。圓長似笋生，而紅紫色者，即上品紫靈砂。若如石片稜角生青光者，是下品紫靈砂，如交、桂所出。但是座生及打石中得者，形如芙蓉頭成，而光明者，亦入上品。如顆粒成三數枚，重一斤通明者，爲中品。片段成明徹者，爲下品，如衡、邵所出。總是紫砂，及打石中得而紅光者，亦是下品之砂。如溪砂有顆粒成而通明者，伏鍊餌之，亦得長生留世，未得爲上仙矣。如砂生於土穴之中，溪砂養於溪水土之内，而土石相雜，故不中入上藥服食所用。如座生者，是最上品之砂。得其座中心主君砂一枚，伏鍊入於五藏，則功勳便著，名上丹臺，正氣長存，超然絶累。更服至七返九還，自然魄化尸滅，神夷體清，陰氣都銷，則含形而輕舉，永爲上真之飛仙也。故知陽之真精，降氣而圓光周滿，無有偏邪。但是伏鍊之砂，作芙蓉頭成，而圓光通明者，即是上品，神仙服餌之藥。

經曰：丹砂者，自然之還丹也。世俗莫測其原，只如玉座之砂。世人總知之，如金座、天座。是太上紫龍玄華之丹，非俗人凡夫之所見知也。其玉座則俗流志士，積功修鍊，服之致仙。其金座則宿有仙骨，清虚鍊神，隱之巖穴，則其神仙，採與食之，便當日羽化昇騰。其天座則太上天仙真官，而所收採服餌，非下仙之藥也。其玉座砂，受得六千年陽靈之清精，則化爲金座。金座則座黄，當中有五枚層層生，四面四十、五十小珠，周繞金座。受一萬六千年，則化爲天座。天座則座碧，當中有九枚層層而生，四面七十二枚周抱。在於飄飄太虚之中，常有太一之神護持。上元之日，真官卜採，其山忽開，光明照曜，一山如火。其天座砂，真官所收，後世人不可得取採之也。故丹砂之元邈，若高山上賢明士志慕輕舉者，切須辨其藥品高下，然後調其火候，合其陰陽，伏制自然，而契於高真矣。

唐・金陵子《龍虎還丹訣》卷上 辨真鉛

按仙經隱號，一名立制石，一名黄精，一名玄華，一名白虎，一名黄芽，一名河車，一名黄池，一名黄龍，一名木錫。又真鉛，按《龍虎經》云：故錫外黑内華，金體。又按《潛通訣》曰：玄白生金公，巍巍建始初。

金陵子曰：真鉛者，取其鉚石中燒出，未曾烓抽伏治者，含其元氣，爲之真鉛。《大洞真經》皆隱祕其真鉛，不可輕泄。其真水内火者，黑錫石硫黄是也。鉛錫俱禀北方壬癸之氣。錫受壬精，鉛禀癸氣，金終於癸，故鉛禀於陰極之精也。按仙經：鉛若不真，其汞難親。故鉛須真也。

唐・李光玄《金液還丹百問訣》 先生曰：夫還丹者，且非別藥。真一爲基，鉛汞相依，黄芽是本，乃可成也。

光玄起再拜，而問先生曰：以見世上道人，皆説黄芽，未知至理。黄芽者將何物之所爲，以何藥而製造。

先生曰：鉛出鉛中，方爲至寶。汞傳金汞，鉛汞造氣，乃號黄芽子。不見古歌曰：黄芽鉛汞造，陰轂含陽華。不得黄芽理，還丹應路賒。世人鍊凡藥，盡認鉛黄花。黄花是死物，那得到仙家。黄芽非在藥，内象取精華。若到黄芽地，金銀徒爾誇。此之謂也。

光玄曰：竊見《金石五相類》中云：鉛有大毒，争堪成就至藥。

先生曰：鉛雖有毒，蓋爲世人不解取用之。【略】世人直下用鉛，希求黄芽，萬無得一，蓋不識其鉛也。

光玄曰：鉛有二耶。

先生曰：鉛非有二。譬如養子，若割父母身上之肉，内於母腹之中，而望孩子生，孩子生應難也。若離父母，孩子自何而生。古歌曰：鼎鼎元無鼎，藥藥元無藥。用鉛不用鉛，須向鉛中作。黄芽是鉛，去鉛萬里。黄芽非鉛，從鉛而始。鉛爲牙父，牙是鉛子。子隱母胞，母隱子胎。知白守黑，神明自來。此之謂也。直至諸經，唯讚鉛之功能也。若捨其鉛，如棄父母，而求孩子也。古歌曰：莫壞我鉛，令我命全。莫壞我車，令我還家。鉛斷河車，所作無功。鉛絶河車，所作無出。又曰：玄生因金公，巍巍立始終。又曰：一物含五彩，永作仙人禄。又《陶植篇》云：一者水數，爲五行之始。色稟北方之位，包含五行，修之得合道，了契自然。故能生天生地，爲牝爲牡，然後還日精於月窟，結精華於無中，能生紫氣之精，潛與真合符，非神仙莫能窺也。世人不解用之，遂致差之毫釐，失之千里，可不明矣。古歌曰：用鉛不用鉛，須向鉛中作。恰到用鉛時，用鉛還是錯。又云：用鉛不用鉛，鉛是舊丹田。此用不棄而解用，陰陽得序，悟之則得，只在鉛中，爾細研究之也。又《元陽子歌》曰：真陰真陽是其道，只在目前何遠討。凡流歲歲鍊神丹，忽見青黄自言好。志士應須求法則，勿使心神虚敗耗。但能求取真黄芽，人若服之壽無老。此可知也。

光玄曰：竊見世人云：朱砂水銀是黄芽，何理也。

先生曰：此非道人之言也。且朱砂水銀者，無定性，自無身形，陰自不生，女自無孕故也。李棲蟾云：朱砂水銀同處，二女終不相知。自立既難安，何得成大藥。夫黄芽者，坎離相孕，金水相生，男冠女笄，牝牡相得，從無入有，陰動陽交，方可得成，契於至理。故《陰真君歌》曰：北方正氣爲河車，東陽甲乙成金砂。兩情含養同一體，朱雀調運生金花。金花生，天地實，人會此言成至道。此可知也。

光玄曰：又見世人或以金爲黄芽，銀爲黄芽，研朱粉銀爲黄芽，生銀爲黄芽，鉚鉛鍊鉛枯鉛等爲黄芽，或以密陀僧爲黄芽，是何理也。

先生曰：此並非也。諸類皆是有質之物，頑滯之徒，鍊之即色悴形枯，燒之即塵飛土變，枯骨而粉，畢竟無成。蓋謂孤陰寡陽，爭同至藥。服之則灼人五臟，餌之乃促彼生年，豈可類於黄芽，叶於大道。夫黄芽者，鉛汞合體，金木相並，龍虎相交，水火相制，推情合性，以魄隨魂，成爲還返之因，明於呼吸之理，力得陰交陽孕，母在子全，得天地之精誠，授混元之大道也。古歌曰：金不露體，木不呈形。又言丹砂木精，得金乃並。又曰：東身歛魄充虎飢，虎來啖食生體脂。此甚明也。

光玄曰：黄芽既云鉛汞所造，金水相生。愚意尚迷未曉。伏願先生再垂指的。

先生曰：譬如人間種樹，世上良田果子，初先犂蒔耕墾，次選好地，及彼良時，仍賴風雨調匀，節候催促，年終稼穡盡獲。收成黄芽之因，亦復如是。合和鉛汞，配合坎離，水火相仍，時候周足，自然變化，無有比倫。黄芽若成，大道易矣。古歌曰：鉛汞牙，鉛汞牙，同三花，採我氣，結成砂，初聞日，運火加，輪五彩，入神華，曾爲使，道無邪，三者備出是仙家。此可知也。

光玄曰：黄芽既得，知其根本，至藥如何得成，再乞先生一垂指示。

先生曰：至藥唯用五行，更無雜物。若有諸類，不成至藥。古歌曰：捉取東方龍，配與西白虎。更將南朱雀，後會之玄武。就中玄處玄，莫失中央路。此可知也。此之五行，是鉛汞本類，乃得成丹。若有非類，即不成也。譬如一家父母夫婦，無有别人。鉛汞五行，亦復如是。制伏成藥，骨肉精氣血脉皆全，方堪服餌。古歌云：何言金木水火土，留身保神是龍虎。學人不識五行精，强認他人爲父母。木主氣兮骨主虎，血主水兮肉象土。不死之道在離宫，會得五行金有主。五行須是水銀親，殊質不堪爲伴侣。又賀蘭求大士歌曰：青龍起，白虎卧，玄武飛，朱雀坐，黄龍中央自結裹。母憐子，子憐我，爐中結成雲一朵，服餌刀圭無不可。此之是也。

光玄曰：大藥雖是龍虎制服，五行精氣成藥，餌服之時，最要何物爲丸。

先生曰：成藥之日，是一味水銀神水之胎，作紫金之粉，色含五彩，以表五行成身，號曰金液還丹，太古神仙，皆同一法。古歌曰：水銀一味成仙藥，水銀一味留傳伏火難。若遇河車成紫粉，一時化作金液丹。金丹正法本非赤，水銀一味獨幽玄。刀圭點化將爲驗，服者不死作真仙。又歌曰：却取抽成汞，還燒遣作砂。胎中受五行，月足見黄芽。迷途不可見，對面隔天涯。若到河車地，只此是仙家。此可明也。

光玄曰：伏火水銀，若成至藥，自古已來，亦有朱砂水銀伏火者不少，因何服餌，皆不延年。及將點化，又無所用。此何謂也。

先生曰：此皆不得神仙之妙術，不按仙經之理，不依五行製造，不得日月精華。或用諸類相和，或於至真違遠，縱得千斤伏火，亦與瓦石一般。非惟點化無堪，亦致服食，夭人壽矣。故《王真人傳》云：古有兄弟二人，將水銀一斤，於陽

山谷之中，鍊燒三年，伏火如紅玻璃之色，言是至藥。兄弟各服半斤，六月須著綿衣行，又要人扶策，此希延壽，返有墮身之灾。豈非藥類不同，方術錯悮，此可爲驗。切在求其真，若得真源，萬不一失。

光玄曰：既黄芽是大藥之根本。是五行所成，並曉其源，何知出世。未委幾多分兩，燒制起自何時，而得成就，伏願先生慈悲，再希指示。

先生曰：神仙至藥分兩，争無大道，金丹燒時有節，不依爐之法象。亦且鼎有乾坤。火從子離，須明卦兆。復自離而至亥，始見光華。亦同子在母胎，直須日足，雞居卵内，要待時分。分兩則二八同居，節候乃一星周帀，方可龍興雲雨，虎嘯巖前，定延世上之年，不是人間之物。古歌曰：二八姹女，十六鉛精。陽生起火，陰盡須停。星辰周帀，至藥通靈。又陶隱居望江南詞云：長生藥，本是五行作。子午二門開，卯酉四時運，火合乾坤，龍虎自相吞。此之謂也。

光玄曰：大丹既曉法度，實爲萬生有緣，此時獲遇。又見諸經訣云：日魂月魄，白虎青龍，丹砂河車，真鉛真汞，名字不少，疑惑人心，未審其中，誰爲正號。願先生一説，以釋千疑，令後人得知仙路有登，塵寰得免。

先生曰：多般名號，只是一途。日魂即是陽精，月魄還同陰體，青龍是木，豈離東方。白虎爲金，還居西面。河車金液，是仙家得意之名。真汞真鉛，乃達士當時之號。但令消息，何用遲疑。不越五行，更無別理。

光玄曰：又見《黄帝陰符經》云：金丹之術百數，其要妙在神水華池。未知神水華池，是何物也。華池之外，金丹更有成無，乞垂一指，永釋疑心也。

先生曰：華池之外，金丹無成。任是百數千般，妄爲虚設。若是華池之内，至妙至神。故黄帝遇此昇真，馬明因兹得道，華池之理，亦在五行前章之中，具陳仔細。故《元陽子歌》曰：神水華池世所希，流傳不許俗人知，多將世上凡鉛汞，相似令教人不疑。

光玄曰：又見諸經云：三五與一，天地至精。未知此言，是何事也。

先生曰：前以備陳，今再問三五者，亦是五行正數。且非別類，本無凡物。爾更宜尋究，必達根原耳。不見古歌曰：陰坎徒迷一，陽離五彩形。不知三所以，備抱木之靈。鍊藥須通訣，玄關諳古經。瓊丹君若就，天駕五雲軿。

光玄曰：世上諸藥，何止數萬般，唯金液還丹，即延生保壽，乃至昇真，是何理也。

先生曰：爾之愚鈍，猶不知之，聽吾細説。且世間之人，無不禀於五行而生，至於心肝脾肺腎，豈棄陰陽五行。還丹者燒五行之精氣，含萬象之神光，得紫金之妙，流津液之名，服之者豈不保固四肢，堅牢五藏，自然長生有地，去世成因，事在目前。迷人但執古歌曰：金砂入五内，霧散若風雨。薰蒸達四肢，顔色悦澤好。老翁復丁壯，耆嫗成姹女。髮白復再黑，齒落更重生。號曰真人子，度世免死厄。此方可知也。石藥者，亦屬五行不録，一體自然也。如生服之，即有毒損人。伏火又即同瓦礫，唯可醫小病，寧將此比並大丹，事理曉然，真源不昧也。草藥者，亦隨四時凋變，自不固於雪霜，方味相和，亦只理其風濕，豈比大丹至藥。真道深遠，須辨是非，可以知其深淺。

光玄曰：金丹大藥，服之長壽，乃至昇天，未審世間更將何用。

先生曰：迷人，金液還丹，豈無使用。此丹一年滿足，十月周圓，開爐而紫粉成金，啓鼎而黄芽發耀，包含五彩，聚集百靈。先將點制於水銀，立成黄金爲驗。服食之後，永固筋骸，濟命濟家，且非虚説。古歌曰：丹砂丹砂，濟命濟家。能濟我命，能濟我家。又陶隱居望江南云：十月滿，開鼎一團紅。數片殘雪含五彩，解胎神水響玲瓏，氣復異香穠。此得成至寶之謂也。

光玄曰：水銀除此藥制伏，得成金外，更有何藥擒之，得成至寶。

先生曰：水銀除黄芽至藥之外，諸般藥類，寧制於他。

光玄曰：何以諸藥制伏不得。

先生曰：水銀者，乃天地之至精，五金之魂魄，流利爲性，染雜無因。故俗士云：水銀無假，阿魏非真。此明真理，故知諸物不可入也。黄芽者，體是水銀，感五行之精，受正陽之氣，年周月足，骨立神全，水銀被制之，有何不可也。《陰符經注》云：飛鼠斷猿，河車伏汞。若有雜物，無因得成。又歌曰：河上姹女，靈而最神，見火即飛，不染垢塵。鬼匿龍隱，莫知所存。將欲制之，黄芽爲根。此可知也。

光玄曰：先生不聞凡末。夫指幽玄，金液之道盡知，龍虎之門頓悟，幾年海上，空悲萬里之波。今日塵中，忽見三清之境。雖知仙路，堪憫世人，今欲再有啓陳，更希先生指路，庶令迷昧盡達真源，是弟子之誠深願矣。

先生曰：爾之姓字，已在於丹臺。我道幽玄，悉無祕悋。但希來問，即可分明，莫抱疑情，虚度一世。

光玄曰：竊恐世人不曉鉛汞，不識五行，將四黄以制水銀，使八石用爲至藥，硇礬雄雌之類，無不遍尋，磁砒膽緑之徒，悉將入用。指神符霜於黑錫，認聖

無知作青鹽，火鍛百迴，水飛千遍，忽三年守鼎，五載臨爐，運火即山谷空虛，苦心則形神枯槁，都無所就，但怨神方，今啓問求諸石藥，五礬之中，終有至事，制得水銀已否。伏願先生慈悲，特爲開曉。

先生曰：世間之事，乃至纖毫，未有不因其理，制伏相依，種類相取，而成事也。若乃窮諸理例，得彼類形，何事不成，何因不立。《周易》所謂水流濕，火就燥，雲從龍，風從虎，聖人作而萬物睹。此理例相依也。即有水能共脂乳，相通入油，膠漆相須，雪霜同固，此形類相取也，可不明矣。夫水銀者，是金之魂魄，本五金之精華，與鉛同根，與水共體。若以五行相孕，金水相生，得氣傳華，方乃得成至藥。將制水銀，萬變千通，世無比類。故《陶植篇》云：金爲水母，母隱子胎。水爲金子，子隱母胞。水者金之子。子藏母腹。此言金水自相含孕，蘊櫝於母中。因造化而生，又子繼父體，爲母立兆基。此言砂產於金，汞流於子，以金養汞，繼體而榮，道合自然，事歸於至妙，不可不思之也。若用礬石之藥，雜類之徒，則金體全乖，祖宗並失，還返無由而得，金水無由而生，可謂雀鷂同巢，鼠猫共穴，將膠補釜，以漆塗瘡，但恣虛老百年，萬無一得之也。古歌曰：世人好假不好真，競將石藥和水銀。姹女化歸煙霧散，曾青磁石自相親。硇礬膽緑傾家產，多爲疏狂枉作塵。若遇神仙談至理，終知白首永無因。此可知也。且藥石者，大約七十二件，多至一百餘般。古之至人，盡辨酸鹹苦澀，著其經論，或擣研使用，治世人之諸疾。或修鍊合和，辟人間之邪沴，無關大事，得至長生。假饒別得玄方，窮極制度，亦是暫留髭髮，豈能久固筋骸。世間迷昧之徒，嚚薄之輩，謬傳方術，誣誷神仙，礬石欲同鉛汞，或以柳搥研合，或以桑葉相和，醋煮蜜蒸之時，不論遍數，水飛酒飛之日，動占時光。言固濟則鐵石非堅，説覆籍乃尋常莫匹，極至三年滿足，一鼎灰塵。却云鷄犬來衝，致得龍蛇變去。殊不知己之非理，但將怨恨於真仙。如此之流，世間滿目。更有用盡囊中衆石，海内諸礬銅精鐵精，石緑土緑，罄竭資金，皆無所就。情意稍迷，心神益亂，不信仙方寧遠，豈知大道無煩。謂靈丹不在此間，言至藥生於海外，便向波斯國内，而求白礬紫礬。或向回紇域中，尋訪金剛玉屑。動經多歲，惑説萬途，縱饒覓得將來，亦無用處。愁髮因兹變白，苦心爲此歸泉，如此皆爲不曉藥之情性，不知藥之類聚。且礬共石，不與金同。水銀既是金魂，石藥又如何入用。夫至藥者，紫金。爲五彩，成身成金，可因一體，五彩恰同五臟。又見古歌曰：金可作，命可保。金不作，徒自誤。此不虛傳矣。大藥既成，金液變體，元是水銀，何用礬石之徒，此得形類相須。前云至理人不知之，上山求魚，入海網兔，此則倒見，可不悲哉。

光玄曰：大藥既是金液成形，礬石又不相入。切見世人多假五金爲櫃，伏制水銀，亦是經歲經年，千機萬巧，皆無所成，多是虛費工夫，是何理也。

先生曰：五金者，是人間之質物，亦與至藥不同。黄芽篇中具陳，爾仔細研尋。術有幽祕之道，又有玄微，皆須口授親傳，方可成丹轉理。切見世人妄憑泛説，專按古方，亂制水銀，欲成至藥。殊不知五行含孕，如婦女之懷胎，鉛汞相須，若晨雞之抱卵。至真妙道，通變無窮，毫釐有差，通變失序。故陶植《望江南》云：還丹術，切要經手傳。若信故方終自誤，顛來倒去倒來顛，不得怨神仙。又《菩薩蠻》詞云：家家盡有長生藥，時人取用皆差錯。氣候若飛沈，問君何處尋。眼看猶不識，誤向鉛中覓，此物没黄芽，徒勞歲月。賒細思，此理真爲足矣。

光玄曰：先生云：四黄八石，全無大道之理，不與水銀合同。又見龍光黄一味，纔鎔成汁，立制水銀成砂，是何理也。

先生曰：汝未知之。聽吾細説。水銀者，正陰之體。硫黄者，假陽之形，正陰被假陽之制，暫變身形，終無所住。若遇正陽伏制，終始相依，此陰陽之大理也。又硫黄是礬石之液，礬者乃鐵之津華，磁石乃鐵之母，朱砂磁石伏制硫黄，立成紫粉，此一根也。硫黄既爲鐵之孫胤，水銀本是金之精魂，二氣雖暫相合，終無成事。但且細窮理路，兼乃可見根源。

光玄曰：先生所言諸礬，制伏水銀不得，亦不與水銀相同。又見緑礬共青鹽相和，制得水銀，成粉成霜，是何理也。

先生曰：水銀者，金之魂魄。緑礬者，乃是鐵之津華。體五金即二氣同根，議鉛汞則鐵銅疏遠。是以暫制水銀成粉，却再燒之，復其本源，終無成遂，恰同不制。

光玄曰：礬既如此，青鹽因何與礬，同入水銀爲用也。

先生曰：鹽於水銀，無以相類。只是礬制水銀之時，鹽助其色，別無其功。亦如飛燒砒黄，上覆其鹽，即得色白，若非鹽覆，其色不白，此之一例也。斯爲小事，非關大丹。爾但究窮，永除疑慮矣。

光玄曰：先生所言鉛汞五行，是大丹之根本。諸礬石藥，並不相干。深悟至真，盡其大理。又見世人多有廣積童便，再淋再漉，或煮或煎，燔取其霜，澄濾其滓，言是五行之本，至藥之根。或將服食，或轉制砂汞，是何理也。

先生曰：此是迷人所爲之謬事也。其童便是人所食之物而成，更有何物。

若有長生保固之道，人之日食，便合延年，更又何勞煎取查滓。修鍊之士妄以此物爲之，欲其延年，惑矣。故迷徒不知至理，縱然煎得，只成粉霜也。大共鹽花一般，爭可變通，得成至藥。細窮至理，勿信凡流。三島不遥，九天非遠。

光玄曰：又見世人多採桑柴灰煎鍊，言是至藥根本，同制朱砂水銀曾青。詰問所由，却言不見《陰真君歌》云：龍居震位當六八，乃四十八，是桑字也。引歌曰：採乎蠶食之前，鍊於火化之後。又樊曹元緒之龜，降聖人之質，此是大藥之根，更非别藥。此理如何，再請先生一説之也。

先生曰：大丹之本，前章具明，更無虚謬。桑柴灰者，亦是迷人之所作，愚人之所傳，遞互相承，一無實矣。且《陰真君歌》曰：龍居震位當六八，虎數元生在一宫。四十八者，此是大藥分之數，亦如是方位之名，非桑字也。凡流不達其理，妄認虚無，似鹿逐於陽光，猿探水月，終何所得，虚用心神。大藥之者，純是五行，更無别類。礬石相雜，猶尚不成。桑紫之徒，可知遠矣。故《參同契》云：狐兔不乳馬，燕雀不生鳳。此之謂也。

光玄曰：又見世人多取竈突中煙，云是木之至精，配在青龍之位，便引《元陽子歌》曰：要識丹砂是木精，移來西位與金并。迷人何處尋龍虎，恍惚之間是杳冥。言是此也。復覓鄜州井鹽，或以太陰玄精，配爲白虎之象，引歌曰：鹿邑相附力三口，四十相乘復相守。中田可養十一人，横目在下視左右。言是真龍真虎之道。大丹之心，此理如何，望垂指示。

先生曰：至真妙道匪遥，時人不見。大謬之辭易識，愚者長迷。故愚知相互，玉石不等，良可悲爾，可足憫哉。夫至藥者，是滑利之物，變化之身，上通仙籍，下延人壽。得之者五行自曉，迷之者萬象長懸。金丹一成，貧病永失。且煙臨玄精之類者，是世間之死物，與瓦礫之無殊。燒之則血脉不生，鍊之則精神轉竭，將何變化，得成大丹。理在目前，時人不見。故《元陽子歌》曰：真龍真虎是真親。所言木精西位，顯陰陽互養之靈，豈言煙曠之徒也。元陽子素是達人，且非昧士，豈得將達人之語，迷頑鈍之心，虚妄亦然，錯亂甚矣。夫龍虎者，是還丹之體，鉛汞之心，神仙悉明，經書不謬。故《金丹銘》云：丹砂真位元非赤，四季排來在南宅，位屬南方丙丁火。故説其形赤，抽取砂中水銀，屬東方甲乙木，其形乃青龍之象。黑鉛本性元非黑，懷玉内抱含五德，配屬北方壬癸水。其形黑，抽取鉛中精氣，配屬西方庚辛金，其形白，乃白虎之象也。又歌曰：五行不順行，龍從火裏生。五行顛倒術，虎從水裏出。又金丹職賦云：火東旋而爲龍，水西轉而成虎。又《李栖蟾歌》曰：太陰在南宅，太陽向北居，火之木曰汞，水之金曰鉛。制在中宫器，以類助相成。陰來去發陽，龍虎爲證驗。神丹龍虎有靈，豈以煙曠之徒，玄精之類，比之得同至藥也。再三思究，萬無一差，勿信愚人，有惑真的。

光玄曰：先生所説還丹之道，已盡幽玄。竊聞昔淮南王更鍊秋石，而成至藥，服食升天，未知秋石是何物也。又見丹經多説聖無知之號，世人云是青鹽，不知是否，伏願先生勿悋玄理也。

先生曰：淮南王劉安所鍊秋石之事，是大丹，更無别藥。還如一物，乃有數名。聖人臨時，亦復如是。緣金虎者，是丹之本色凝白，位屬西方，主秋，故得其號，亦復黄芽、河車一類也。聖無知者，亦是丹之心體，鉛汞之深門，當五行制伏之時，自生肌骨，及萬象包羅之日，血脉皆蒙。仙人尋真不知，聖人思之不測，故號聖無知也。更非别途。豈是青鹽，迷人錯誤之矣。

光玄曰：先生所云：藥及五行成體，萬象全身，鉛汞相因，虎龍含孕，餌之則堅牢五藏，潤澤皮膚，用之則制汞成金，回貧濟物，是何理路，名曰大還神丹。復是何神仙，初始知此妙道。

先生曰：金者水之子，汞者金之魄。與五行相生，是一根，歷萬載而不能合體。有陵陽子者，本是太初真哲，上古高人。知此根源，祕爲妙道。故將南對北，用西對東，配此四方，不違中道。一年運火，十月開爐，七返無虧，九還周足。及龍飛魂返，虎伏魄歸，故號曰紫金之妙訣，七返之神丹，此之謂也。古歌曰：九還七返三五一，龍虎相交入神室。灰池炎爍天地精，金液還丹功乃畢。

光玄曰：先生開闢天路，大朗玄門，陳不死之方，示長生之術。盡知真僞，備見是非。今者更有少疑，又須啓問。切見世上之人，多求草藥，將結水銀，指嶺南不是遠途，言塞北只同户外。遍求藥卉，散採芳枝，赤芹萵苣之徒盈諸兜籠，章柳瓦松之類盡滿篋箱，或擣末汕煎水煮多時，或用地膽杵自然之汁，採田公草則洗了除根，人莧與馬莧相兼，龍膽共兔絲共使，未成砂子，早望黄金，如此之流，如麻似蟻，至使資財散蕩，役心力以荒狂，究竟無成，却怨天而恨地，未知此事，到底如何。願先生細賜開悟，免懷迷昧，枉費心神。

先生曰：人雖一類，乃有愚智萬般，所禀不同，性情各異，智者暗通於心内，愚人不見於掌中。亦如雲氣生而上天，瓦礫成而在地。雲氣乃抑之而不住，瓦礫乃舉之而不升。愚知已然，改换安可。且水銀者，借陰之氣，玄水之精，過萬

歲而方成形，與五金而爲魂魄。重之則重於金，體潔乃不許塵侵，悉在目前，有何難睹。夫草藥者，春生夏長，秋落冬殘，枝葉豈堅，根莖不久，制之則成水沫，燒之則本是灰塵。若將結制水銀，可謂天懸地隔，足認無知之輩，苟利之徒，枉惑時人，言有成事。居河北則指三吳有草，在嶺南則云兩蜀得成，盡是虛傳，皆非實理。相承既遠，訛謬堪悲，智者則乃自明，愚者無因得達。

光玄曰：蒙先生之所説，得先生之所言，松樗之色顯然，玉石之形迥爾，迷情盡破，滯意俄消。未知草結水銀，畢竟有否。

先生曰：龜毛長短，兔角纖麤。

光玄曰：草結既同龜毛兔角。元來是無。又見世人多説三黃櫃中，以草結砂子，罨之成金，此何謂也。

先生曰：三黃四黃者，體與水銀不同，又是飛走之藥，何以制得水銀成金。若生將制伏，見火即爲焰。若得伏火，而與瓦礫何殊，别無變化之門。母既狀同瓦礫，豈可令子成金銀，如此非屬至理也。若是三黃櫃中，必有成事，亦如烏生烏兒，鳳生鳳子，螻蟻亦然，蟲魚並是。又不見相之時，三黃櫃中須是草結砂子，何如金是銀本，成了非夫其體。以不合於至理，契彼丹經，都是無成，故指草結砂子之類也。且草從古至今，只是鬼名。有同水上求塵，鑽冰覓火，令蟬乳鳳，使鶴懷蛇。石藥尚與水銀不同，草藥何因而得相入。遞傳虛語，妄使搜尋，嶺北嶺南，海内海外，巧論枝葉，廣説醋甜，到底至終，並爲虛僞，智者聞而心曉，愚者執之髮白，謂覓能舞之蛇，將求解飛之鱉，可不嘆歟。

光玄曰：三黃之櫃，草結水銀。已見根源，備知仔細。又見世人多求母結砂子，欲望成金銀，皆乃罄竭資財，虛然白首，終無成就，却致貧寒，未知此事，究竟如何。

先生曰：此非好道之人，皆是貪財之輩。夫道者希夷爲本，寂寞爲基，節嗜慾以居山，去貪愛而隱谷，存神養氣，餐栢飡霞，方乃漸得清凉，洞達真境。且金銀者，世上之物，濟於浮生。有分者不求自來，無分者求之不得。散之即彰於德，積之必害於身。石崇因而滅家，梁冀爲茲覆族。要之則但多途營運，百計希求，自然獲濟貧寒，無至饑闕。豈在須求丹結砂子，制造金銀，苟利何益，與道玄遠。且神仙之士，真境之人，以藥制成黃金，豈在須用母結砂子也。神仙道者，視榮貴如同泥土，金寶之徒非所愛耶。驗於變化，此用表至藥之功劇，及得將來，亦濟其窮苦，非自沽名貪縱，嗜慾以滅身心。凡俗之流，不同仙者之見。其母砂子，欲成金銀，心昧可知，情迷可悉。且母砂子，燒之不住，煆之即飛，燒煆纔終，一無所有。與生之汞相較無殊，必若有術乾得，直是無母，何爲此事。著在目前，可不思究。

先生却問光玄曰：無母砂子者，何因由却得其號。

光玄曰：只是水銀結成，並無五金諸藥滓，故號無母砂子。

先生大笑曰：要必成金寶，具有母砂子，何妨也。緣母是金銀，汞歸母體，豈非理也。爾何故須要無母砂子也。則世間朱砂靈砂，粉霜輕粉，及諸般感氣之類，亦是水銀結成，無有五金諸藥滓者，可不同乎無母砂子。爾今記所説，書吾所言，遍各指陳，得免時人捕影矣。

光玄曰：神符大道，金液至門，定德長生，必登仙路，誠不疑矣。未知世間諸石草藥，還有延年出世之道否。

先生曰：爾又至問，聽吾細言。諸石藥亦有延年出世之道。不見《十洲記》《神仙傳》言，極有此事出世也。若遇靈芝挺秀，朱草呈妍，黃精白术之英，採諸幽谷，赤箭茯苓之瑞，出彼高巖，桃花杏仁，栢葉松子，悉堪修事，皆在經書。亦有煮白石以充飢，錬玄霜而度世，此皆塵埃外士、山野奇人。或絶粒數年，或修真多載，名字早登於仙籍，精華不散於三田，故餌服有靈，草名有效。此可謂内真外應，表裏功全，豈不延年，豈不度世。且凡流之者，不知至道，不曉真詮，貪愛不休，苟求無已，爲積玉可延於算壽，爲堆金可駐於年華，唯恣驕矜，常營奢侈，無一日不閑滋味，無一時不愛綺羅，七竅長流，三田不固。任是萬般靈藥，服餌徒然，直饒九轉神丹也應無益。如此之輩，憫之不及。爾但依吾所教，必獲大道矣。

佚名《上洞心丹經訣》卷上　太極真人説

玉石三百六十種，丹砂爲上品第一。古以爲養性命，成神仙，長生之大藥也。仙方錬服之方，非一法製之。或以酒，或以醋，或以漆，或以蜜，然得法皆可養性命，致長生不死神仙。要之伏火而爲金液，九轉而爲還丹，比諸方爲上法。此丹欲爲地仙，壽千萬歲。欲爲神仙，便可朝金母，拜木公，膺圖籙，登靈臺，換骨而飛仙。欲爲天仙，便可逍遥乎鬱羅蕭臺，臣事乎三清之境也。有仙骨者，方遇此法。有道德者，方遇至人。如遇者勿以輕易而侮慢，或不盡其口訣，虛費爐竈，或招譴謫而身謝玄路。此乃自貽殃咎，又何咎焉。

草木三百六十種，而黃精爲上品第一。此亦養性命，致長生不死，神仙之靈草也。詳世之草木金石，萬物之性類，凡禀陰氣者皆含毒，而能令人死。凡禀陽

氣者，皆能令人生。黄精生於山之南，禀太陽之精。勾吻生於山之陰，禀太陰之精氣而生，故令人速死，毒能致腸胃寸斷，陰毒可畏之甚也。丹砂禀太陽之真精，火輪之正氣，與太陽同色，與黄精同功用，爲陽之精，又何疑。日中有烏，内舍陰也。砂中有汞，内舍陰也。錬之九轉，而成金液還丹者，純陽也。其丹砂之生，上有玉龕，下有玉牀，其爲造化之貴重，可知矣。

宋・張君房《雲笈七籤》卷六九《金丹部》

陳少微《七返靈砂論》

論曰：丹砂者，太陽之至精，金火之正體也，通於八石，應二十四氣。丹者是金感於火，名之爲丹，汞者是水去於金，而名汞。丹者受陽精而候足，汞則離本質而體不全，故丹砂是金火之精結成，含玄元澄正之真氣也。此是還丹之基本，大藥之根源。德合則萬象生焉！體離則杳冥難測。經曰：陽精赫赫，得之可以還魂返魄。故餌陽精者所以長生，服陰魄者死而爲鬼。丹砂是陽之正氣，赤帝之君，據於南方火之正位，只如丹砂之體數種，受氣不同，惟三種堪爲至藥：上者光明砂，中者白馬牙砂，下者紫靈砂，餘有溪砂，雜類之砂，不中入至藥服餌所用。光明砂一兩，服之力敵白馬牙砂四兩；白馬牙砂一兩服之，力敵紫靈砂八兩；如溪砂、土砂之力，不可比量也。或曰：一等是丹砂，俱受太陽之精氣，因何有溪土雜類之砂，力有小大者？答曰：光明砂者，受太陽清通澄朗正真之精氣，降結而紅光耀耀，名曰光明砂；白馬牙砂者，受太陰平和明徹柔順之精氣，降結而白光璨爛，如雲母色者，名曰白馬牙砂；紫靈砂者，中受山澤之靈氣，結而成砂，而色紅紫，名曰紫靈砂。如溪土雜類之砂，俱受濁滯不真之氣，結而成砂，即混沌無精光也，故不中入至藥所用。且如光明砂一斤伏錬得十四兩，伏火鼓得至寶七兩；白馬牙砂一斤伏錬得十二兩，伏火鼓得至寶六兩；紫靈砂一斤伏錬得十兩，伏火鼓得至寶六兩；溪砂、土砂、雜色之砂一斤，伏錬可得六七兩，伏火鼓得至寶一二兩。明知溪土之砂受氣不清，滯濁參雜。高上賢明之士先揀其砂，次調火候，在意消息，而成七返七還。且金石之中，至靈至聖至明，無過於丹砂者也。懷袖致之一兩，尚自辟邪魔，況乎伏錬入於五藏者哉！且如七返七還，異名同體。而返者是丹砂化爲金，還者是金歸於丹。經曰：返我鄉，歸我常，服之白日朝玉皇。或曰：七返者，是丹砂屬火，變錬成金，假名爲七返者乎！論曰：火之成數是七，七度變轉，以應陽九之極體也。且七度變轉者，是丹砂錬治得伏火也，鼓成白銀化出砂，令伏火鼓成黄花銀，即是第二返；將黄花銀化出砂，伏火鼓成青金砂，即是第三返；將青金變化出砂，伏火鼓成黄金，即是第四返；將黄金化出紅砂，伏火鼓成紅金，即是第五返；將紅金還遣化出砂，伏火鼓成赤金，即是第六返；將赤金變化爲砂，伏火鼓成紫金，至紫金即是第七返。靈砂之金，而含積陽精，真元之氣足矣。而將紫金變化爲砂，運火燒之一周，迥然通徹洞耀，即成紫金還丹。得服之者，形神合，當輕舉。且世人多誤取石硫黄，呼爲太陽之精，和汞而燒七返。且硫黄受孤陽偏石之氣，汞又離於元和，二物俱偏，如何得成正真之寶？切見世人伏錬衆多，終無成者，蓋緣迷迷相傳，至於後世，予甚哀之。只如第一返伏火丹砂，服餌一兩，即去除萬病；服之二兩，即髭發玄青；服之三兩，即顔色悦紅；服之四兩，即延年益壽。第二返砂，服之一兩，即體和神清，返老歸童。第三返砂，服之一兩，虚夷忘情，心合至精。第四返砂，服之一兩，即精神明徹，通於内外。第五返砂，服之一兩，即身光滿室，水不能溺，火不能燒。第六返砂，服之一兩，即造化不能移，鬼神不能知。第七返砂，服之一兩，即超然於九天之上，逍遥乎宇宙之間。更服九丹，即赴金闕，列位真人，故知丹砂之力，昭然而可觀乎！自上古高仙，或昭其旨，祕其踪，皆以隱言深密，好道之流，志慕輕舉者，莫究其根源。自予得其奥旨，常欲周濟爲功，大道垂恩，咸願同歸玄境，遂作《靈砂》七篇，《金丹》二章，並述火候、次第、藥物品數高下，列之於後章，以授賢明。至誠君子得而寶之，即福壽無疆。輕泄之人，殃其九祖。亦不可誣言而蔽道，慎莫寫志，用則賢愚，可熟鑒而授之矣！

第一返丹砂篇

本經曰：丹砂者，是萬靈之主，造化之根，神明之本。而居清玄，總御萬靈，動之則離體，定之則乾成。能變化者，故號曰青龍，若翱翔而爲名，謂之朱鳥。上品者，生辰錦石穴之中，而有數色；中品者，生於交桂，亦有數類；下品者，生於衡邵。數種品類，皆緣清濁體異，真邪不同，降氣分精，感通金石。受正氣者，服之而通玄契真，爲上仙矣；受偏氣者，服之亦得長生留世。且上品光明砂者，出於辰錦山石之中，白牙石牀之上，十二枚爲一座，生色如未開紅蓮華，光明曜日，亦有九枚、七枚、五枚、三枚、一枚爲牀座者，十二枚、九枚者最靈，七枚、五枚生者其次。每一座當中有一大珠，可重十餘兩，爲主君；四面小者亦重八九兩，亦有六七兩已下者，爲臣，周繞朝揖中心大者於座四面。又有雜砂一二斗，迴抱其玉座朱牀於其座外，雜砂中揀得芙蓉頭成，夜安紅絹中，光明通徹者，亦入上品。又有如馬牙成白浮光明者，是上品。白馬牙砂有如雲母片白光者，是中品。

白馬牙砂圓長似笋，生而紅紫色者，即上品。紫靈砂若是白片稜角生青光者，是下品。紫靈砂，如交桂所出，但是座生及打石中得者，形如芙蓉頭，而光明者，亦入上品。如顆粒成三四枚，重一斤，通明者，爲中品。片段成明徹者，爲下品。如衡邵所出，總是紫砂，打破石中得紅光者，亦是下品之砂。如溪砂有顆粒成而通明者，伏鍊餌之，亦得長生留世，未得爲上仙矣。如土砂生於土穴之中，溪砂養於溪水之内，而土石相雜，故不中入上藥服食使用。如座生者是最上品之砂，若得其座中心主君砂一枚，伏鍊入於五藏，則功勳便著，名上丹臺，正氣長存，超然絶累。更服至七返九還，自然魄鍊尸滅，神怡體清，陰氣都消，則合而輕舉，永爲上真之飛仙也。故知陽之真精降氣，而圓光周滿，無有偏邪。但是伏鍊之砂，作芙蓉頭成而圓光通明者，即是上品神仙服餌之藥。

經言：丹砂者，自然之還丹也。世俗莫測其元。只如玉座之砂，世人總知之。如金座、天座，是太上紫龍玄華之丹，非世俗凡夫之所見知也。其玉座則俗流志士，積功修鍊，服之致仙；其金座則宿有仙骨，清虚練神，隱之巖穴，則其神仙採與食之，便當羽化昇騰高清矣；其天座則天上天仙真官，而所收採服餌，非下仙之藥也。其玉座砂受得六千年陽靈之清精，則化爲金座，黄堂中有五枚層層生，四面四十五小珠，珠周繞金座，受一萬六千年，則化爲天座。天座則座碧，當中有九枚層層而生，四面七十二枚周抱，在於飄飄太虚之中，常有太一之神護持。上元之日，真官下採，其山忽開，光明照一山如火，其天座砂，真官收之，其世人不可得而取採也。故丹砂之元深祕，賢明之士，志慕輕舉者，切須辯其藥品高下，然可調其火候，合其陰陽，伏制自然而契於高真矣。

佚名《靈砂大丹秘訣》 抱一聖胎靈砂　夫靈砂者，丹竈之統轄，修養之領袖，大藥之祖，金丹之宗，硫黄本太陽之精，水銀本太陰之氣，陽魂死而陰魄亡，乃夫婦之合情，陰陽之順氣。無功無行，吝財棄命，不賢不禮之人，祕之不可聞視。

綜述

佚名《黄帝九鼎神丹經訣》卷一 玄黄法　取水銀十斤，鉛二十斤，納鐵器中，猛其下火，鉛與水銀吐其精華，華紫色，或如黄金色。以鐵匙接取，名曰玄黄。一名黄精，一名黄芽，一名黄輕。當納藥於竹筒中，百蒸之，當以雄黄、丹砂水和飛之。

第一神丹名曰丹華

作之法用真砂一斤，亦可二斤，亦可十斤，多少自在，隨人富貧，納釜中。云以鹵鹹覆，擣之。以六一泥塗釜口際會，無令洩也。謹候視之，勿令有拆如髮，則藥皆飛失其精華，但服其糟滓，無益也。塗訖，乾之十餘日，乃可用。不乾燥。不可火之也。先以馬通糠火，去釜五寸，温之九日九夜，推火附之，又九日九夜。以火壅釜半腹，又九日九夜。凡三十六日，可止火一日寒之，藥皆飛著上釜，如五彩琅玕，或如奔星，或如霜雪，或正赤如丹，或青或紫。以羽掃取，一斤減四兩耳。若藥不伏火者，當復飛之，和以玄水液、龍膏澤，拌令浥浥。復置玄黄赤土釜中，封其際如始法，猛火飛之，三十六日藥成。凡七十二日畢矣。欲服藥，齋戒沐浴五七日，焚香，乃以平旦，東向禮拜長跪，服之如大黍粟，亦可如小豆。上士服之，七日乃升天。中士服之，七十日得仙。愚人服之，以一年得仙成。以其丹華，釜飛第二之丹，及九丹、一切神丹，大善也。玄女曰：作丹華成，當試以作金，金成者藥成也，金不成者藥不成。藥未伏火，而不可服也。或塗釜不密，或是犯禁所致。云更准前飛之試之。龍膏丸之如小豆者，致猛火上，鼓囊吹之食頃，即成黄金。又以二十四銖丹華，點粉汞一斤，亦成黄金。黄金成，以作筒盛藥，又以一銖丹華，投汞一斤，若鉛一斤，用武火漸令猛吹之，皆成黄金也。斤與銖慎勿多，多則金剛，少則金柔，皆不中槌也。又云：金若成，世可度。金不成，命難固。徒自損費，何所收護也。

第二神丹名曰神符

取無毒水銀，多少自納在六一泥釜中，封之乾訖，一如調治丹華法也。飛之九，上下寒發，掃取和以鯉魚膽，復封塗如初，復飛之九，上下寒發，掃取和以龍膏，名曰神符。取鉛黄華十斤，置器中，以炭火之，即又取水銀七斤，投鉛中，猛火之須臾，精華俱上出，狀如黄金，又似流星，紫赤流珠，五色玄黄。即以鐵匙接取之，得十斤，即化九轉，名曰丹華之黄。一名玄黄之液，一名天地之符。即擣治汞，化爲丹，名曰還丹。聖人祕之。非凡俗道士之所知見也，非殊達者不能知也。火名子明，汞亦名子明。一者，鉛精也。一名太陰，一名金公，一名河車，一名姹女，一名立制石。下愚治調，直用山中立制石，實非也。真人曰：石膽皆出鉛中。凡人愚昧，治調神藥，反用羌里石膽，非也，去道萬里，爲藥故不成也。真

人曰：以丹砂精化爲流珠霜雪，鉛精化爲還丹，黄白乃成，服之神仙矣。不用此二物調治，藥雖得丹，服之猶候死矣。太陰者鉛也，太陽者丹也。取汞九斤，鉛一斤，合置赤土釜中，猛火上從平旦至日午上晡。一云：日下時水銀與鉛精俱出，如黄金色，名曰黄精。一名黄芽。一名黄輕，一名黄華。以井華水火之，名曰黄華池。一名黄龍，一名黄服，一名立制石。取玄黄和以玄水液，合如封泥，丸之，納赤土釜中，以六一泥內，伏之令各厚三分，令乾十日，無令泄。以馬通若糠火，火之八十日，當成金藥。取玄黄一刀圭，納猛火，以鼓囊吹之食頃，皆消成黄金。黄金若不成，藥仍生，未可用也。當更納赤土釜中，如前封泥，火之八十日，藥乃可用服矣。玄黄一名伏丹，一名紫粉。欲服之，當以甲子日平旦，向東再拜，服如小豆，吞一丸，日一，百日神仙，萬病皆愈，大癩大癩並愈，無所不瘥。即服以百日華池，和玄黄令如泥，以置苴兩赤土釜中，內外各厚三分，納水銀一斤，亦可十斤。作藥多少任意，三斤可以仙一人耳。可得玄黄精十兩，取汞三斤，納土釜中，復以玄黄覆其上，厚二寸許，以一土釜合之，封以六一泥，外內固濟，無令泄。置日中暴令大乾，乃火之。濕者不可，得火即坼破。如調丹華法，以馬通若糠火，火之九日夜，寒一日，發之藥皆飛著上釜，狀如霜雪，紫紅朱緑五色光華，厚二分寸餘，以羽掃取之，和以黄狗大膽，亦可以河伯餘魚者。訣云：是鯉魚膽和之。一云：以此玄黄，令如封泥。注云：其所丸之物，訣云是水泉也。復丸納土釜中，已下同。丸納土釜中，復以玄黄覆之，令厚一寸。一云：釜合蓋之，以六一泥封之，如初法暴十日令大燥，乃火之，濕者不可也，得熱釜即拆也。復火九日夜，可止，一日寒之，發開，以羽掃取著上釜精飛，若但紫名曰神符還丹，和以龍膏，丸如小豆。【略】

第三神丹名曰神丹也

先以六一泥，泥兩赤土釜内外，令厚各三分。又取牡蠣、赤石脂、磁石，法無磁石，存本不改。凡三物分等，調治之萬杵，令如粉。和以百日華池，令浥。一云：以苴釜中，塗釜内服，又以玄黄華，著此苴上，令厚一寸許。乃取帝男二斤，雄黄也帝女一斤雌黄也先以百日華池，小沾之濡之，乃即上不敢飛。乃鐵臼中調擣之萬杵，令如粉。上釜中，復蓋以黄粉，令厚一寸許，以一釜合之，封以六一泥，勿令泄氣，乾之十日。乃以馬通糠火，火之九日夜，火去釜邊五寸也。以推火擁之，九日夜也。推火至釜一日，猛火九日夜，以大壅至釜半腹，火之九日夜，止。凡三十六日。一日寒之。以羽掃飛精上著者，和以龍膏，通納釜中也。復泥封之，乾之，復火之三十六日。一云：二十七日。止，一日寒發之，以羽掃取之，名曰飛精，治之者曰神丹。上士服之一刀圭，日一，五十日神仙。中士服之百日，愚人服之一年，乃神仙矣。凡夫男女小兒奴婢六畜，以與服之，皆仙而不死矣。辟五兵，帶繫之，夫神多所衛護，辟兵。服丹百日，諸神仙來迎之，即玉男，即玉女，即玉童。山卿澤尉皆來侍從，見形如人。度代無種，事在人耳。

第四神丹名曰還丹

取礬石、礜石、代赭、戎鹽、牡蠣、赤石脂、土龍矢、雲母、滑石，凡九物。皆燒之一日一夜，猛其火，皆合治擣，令如粉。和以左味，令如泥。以苴一釜中，納汞一斤。次以帝男，次以曾青，次以礬石，亭脂，次以鹵鹹，次以太一禹餘糧，次以礬石。礜石在上，而水銀獨在下也。凡七物，各異器調擣之，令如粉。以水銀一斤，獨在下，餘先乃以次納之。以一釜合上，以左味和六一泥，泥之封令密，暴之十日。置鐵弋三柱上，令高九寸，以馬通糠火，火之，去釜底五寸，候其火九日夜没。增火至釜半腹，九日夜。常以濕布加釜上，令藥不飛。視布乾，取復濡濕之。凡八十一日止，寒之一日，發之藥皆飛著上釜，釜出五色，飛法一同，藥之要也。以鷄羽掃取之，合以百草花，以井華水一服之，【略】又以藥一刀圭，粉水銀一斤，火之立成黄金。一法以龍膏和藥，火之九日夜，乃成真金也。

第五神丹名曰餌丹

取汞一斤，置六一釜中。又取帝男一斤，擣之如粉，加汞上，禹餘糧一斤，擣之如粉，加帝男上。以六一釜合之，封其際，以六一泥泥之，令乾。加馬通糠火，火之九日夜止。更以炭火燒之，九日夜乃止。火寒之一日，發之藥皆飛著上釜，如霜雪。以羽掃取之，和以龍膏，少室天雄分等，乃鷄子服。一云鷄子血。【略】

第六丹名曰鍊丹

取八石而成之。八石者，取巴越丹砂、帝男、帝女飛之，曾青、礬石、礜石、石膽、磁石，凡八物等分，多少在意，異擣令如粉，和以土龍膏。乃取土龍矢二升，以黄犬肝膽，合爲釜。牡蠣、赤石脂各三斤，擣令如粉。以左味和爲泥，塗釜内外，各厚三分，乾之。一法八味多少自在，以土龍膏、土龍矢一升，以和黄狗膽，合土龍矢一升，牡蠣、赤石脂末之如粉，和以爲泥，塗釜内外，各厚三分，乾之。八石各異末之如粉者，乃納丹砂在下，次以帝男，次以帝女，次以曾青，次以礬石，次以礜石，次以石膽，次以磁石，磁石獨在上。以六一釜合之，以六一泥封其會際，乾之如上法。乃以馬通糠火，火之三十六日止。寒之一日，發之藥皆飛上

著如霜雪。羽掃取之，和以龍膏，丸如小豆。食後服一丸，【略】此丹下滓，可療百病。一法鉛合之成黃金，以錬丹，刀圭合水銀一斤，火之成黃金也。一云柔丹與錬餌丹相似，滑澤易食之。

第七丹名曰柔丹

用汞三斤，以左味和玄黃合如泥，以塗土釜內外，各厚三分。乃納汞合以一釜，用六一泥塗其際會，乾之十日。乃火之，如太丹華法，三十六日止。寒之一日，發之，以羽掃取上著釜者，和以龍膏，服如小豆，日三，令人神仙不死。以歃瓮汁和之，九十歲老翁服之，更二十日，白頭黑，益陽精陰氣，雖交則生子無數。以柔丹畫梧桐，爲人也。以柔丹書字，奴婢終不逃走。八十婦人服之，皆有子。長吏服之，得遷。與鉛合火成金銀，一名黃金。

第八丹名曰伏丹

其色頗黑紫，如有五色之彩。取汞一斤，亦可多之。以玄黃華苴其土釜，令內外各厚三分。復擣曾青、磁石，令如粉，以著玄黃華，及曾青、磁石末，覆汞，上以一釜合，以六一泥塗其會際，乾之十日。乃以馬通糠火，火之九日夜，轉以上釜爲下釜，復火之九日夜。又復以下釜爲上釜，火之九日夜。如是九上九下乃止。寒之一日，發之，以羽掃之，取其飛著上者。和以龍膏，後還納釜中，更火之一旬，乃止。寒一日，發之，以羽掃取飛上著者，擣之如粉，盛以金銀筒，若生竹筒中。【略】

第九丹名曰寒丹

法用赤土釜，以六一泥泥其內外，令各厚三分，乾之如治丹華法。取帝男、帝女、曾青、礜石、磁石各一斤，異擣之如粉。先以玄黃，苴以六一釜，如丹華法。乃內流珠一斤於釜中，次以帝男加流珠上，次以帝女，次以曾青，次以礜石，次以磁石，磁石最上。以一釜合之，以六一泥塗其會際，令厚三分。復以土龍矢、黃土各半斤，令爲泥。一云：以牡蠣、赤石脂塗其上，厚三分。又以土龍矢塗，厚三分。暴之十日令乾。乃微火，先文後武，九日夜。寒一日，發之，以羽掃取著上者。和以龍膏、黃犬膽，丸如小豆許。【略】

又　卷七　明守一閉邪及釜鼎丹屋

作仙釜中玄黃藥法

狐剛子用玄銀十斤，鉛白一斤，三轉鉛黃華五斤，藉覆升置土釜中，猛火從旦至日沒，鉛精俱出，如黃金，名曰玄黃。一名飛輕，一名飛流。取胡粉，亦鐵器中熬之如金色，與玄黃分等，搗萬杵，和以左味，搗令成泥也。

右此仙釜泥藥等法，非九丹正訣所用。臣以各試是至妙，故存之。一切別法，莫過此最上耳。

又　卷一一　明水銀長生及調錬去毒之術

臣按：昔葛洪晚充鄭君門人也，他弟子皆親雜役，而洪尫羸不堪勞苦，無以自效，常親掃拭塵墨執燭，及爲繕寫故書而已。鄭君謂洪曰：讀書卷卷而有佳事，但當校其精麤，擇而施行，不在盡諳誦之，以妨日月，而勞意思。若金丹一成，則此輩一切不用也。然丹之要者，水銀是也。

臣按：凡水銀，得涪陵字是符陵自在流沙水中青白色者，最佳。此水銀似錫，甚柔軟，氣中蒸之亦消。此物不可得，化柔金銀，唯此爲良。然以朱砂化爲水銀，亦不惡也。天生者代絕也。

臣又按：丹砂、水銀二物，等分作之，任人多少，鐵器中，或甘堝中，於炭上煎之，候日光長一尺五寸許，水銀即出，投著冷水盆中，然後以紙收取之。

臣又按：以生竹筒盛丹砂，若朱砂埋著地中，以雲母覆口，與地平，筒上僅可三四寸土覆之，以糠灰燒之，再宿三日，成水銀也。若未成，更燒之，再宿三日，成水銀也。若未成，更燒之，再宿三日，成水銀也。若未成，更燒之，以成爲限。此法一斤砂，還得一斤水銀。若銀折上減二三兩，市中之物，恐雜。如此等色物，長生之所出者，復須以藥成之，故非自作不堪。

臣按：《本草》水銀味辛寒，有毒，主去瘡疥瘻，墮胎，辟虱，殺金銀銅錫，轉鎔化，還復爲砂。久服神仙不死。一名汞。生符陵平土，出於丹砂，畏磁石。今水銀有生有熟。此云生符陵平土者，是出朱砂腹中，亦別出砂地，皆青白色，最勝。出於丹砂者，是今燒麤末朱砂所得，色白濁，不及生者。其能消化金銀，使成泥，人以度物是也。爲還丹事，出仙經。酒和日暴，服之長生。燒時飛著釜上灰，名朱粉，俗爲水銀灰，最去虱也。

臣按：狐剛子云：凡出水銀，有三種法。一名雄汞，二名雌汞，三名神飛汞。用各有別，作亦不同。神飛一汞，偏易伏火，雄雌二汞，伏火稍難。若欲昇天騰虛，長生久視，當用雄汞。或欲作水液，召鬼神，當用雌汞。若欲變化銅鐵，迴換五金，用神飛汞。各有所用，不宜舛雜。俗人不知錯亂，所作不成，違聖人方書，無效。審而用之，所作無差。此之一藥，道術之本，慎勿輕傳，乃至萬金，亦所保矣。此法俗無解者，見粉圖者少知意。況故此法真人所保，祕而不傳。

黃金百石，明珠萬筐，亦不傳此法也。若得此法，視寶如土，何用百石萬筐。唯寶翫長生，愛慕仙術者，歃血分鐶，重立信誓，乃可略而出之。

雄汞長生法

取朱砂十斤，酥一合，作鐵釜，圓一尺，深寸半，平滿，勿令高下不等，錯之使平，以爲釜竈，亦令平正。然後取青瓮口，與釜口相當者，四枚，以酥塗釜，安朱砂於中。其朱擣篩，令於釜中薄，而使酥氣，然後以瓮合之，以羊毛稀泥，泥際口，勿令泄氣。先然腐草，可經食頃。乃以軟木柴然之，所爲段木、楊柳木不蟲不腐者也。綿淹水數數漬之，備其燥不坼難乾也。放火之後，不得在旁打地大行頓足，汞下入火矣。從辰至午，當下之待冷，或待經宿，以破毛袋取著新盆中，以軟葦皮，裹新綿三四兩許，好急堅縛，如研米槌狀，於瓮中破之，安穩瀉取盡罷矣。其粉別裹，掌之爲六一泥，最祕。其燒汞之人，多食猪肉及酒。若不食者，汞氣入人腹中五臟塞，不能飲食，久久傷人，慎之。好朱一斤，可得十二兩。中朱十兩，下朱八兩，此法可寶，不可傳。初用腐草，可十束。

鍊雌汞法

臣按：若作此汞，用猪脂一升，和朱砂十斤爲泥，以泥釜中。若作神飛汞，用朱砂末十斤，吴黄礬一斤，梔子四十枚，石鹽一斤，鬱金根一斤，胡同律一斤，各異擣下篩，以牛糞汁和之爲泥，泥釜厚一寸，蓋固際柴草燒已收，拭一如上法。唯牛糞汁，宜以十二月預收貯之，臨時用以暖水浸漬，搦綟取用。若以春月牛糞，草青力薄也。方言陰獸玄精汁者，牛糞汁也。方言聖無知者，即赤石鹽也。方言屈原素者，是胡同律也。方言黑膏孫肥者，即猪脂也。臣今法擬供奉，所以不舊録也。他皆准此。

浄水銀方

水銀一斤，以帛兩重，絞去滓，以白鹽三升和之，輕手擣之，令汞白可住。以鐵器熬令烟出，即休，入煮所爲，接候烟出，以三年大醋三升中煮之，微火煮之，盡一石，滿七日，觀候其驗。若加藥物，擬入大丹，亦皆此浄法也。以醋和鹽下有證，用油蜜醋和之義是也。

擇時用藥制水銀法

臣按：水銀有毒，鉛配太陰，終不獨行，行必爲偶。若無制伏，二毒難消。所以擇三陽之時，用三陽之藥，以制鉛汞，萬無不盡。俗人不解，麤心率意，只爾和合，服即殺人。直用醋煮，去道逾遠。故三陽時，奇日奇時也。即謂方家尤重五月五日、七月七日之義是也。三陽藥者，即謂太陽之精氣，黃白是也。朝陽之津液，左味也。夕陽之筋髓，金賊是也。差此藥味，失彼時節，雖萬法治鍊，猶毒不盡。

故伏火水銀方云：用三年大醋，納礦沙末，百日煮之。

又方云：用黃礦沙，流黃是也；白礦砂，二物等分，醋中煮汞，三七日觀試者，伺候力强弱。

又方云：用油蜜醋和鹽，微加硝石煮汞，又加少胡粉，汞即白如銀雪，堪鑄作餅。欲入諸大丹，藥屑末，入飛加也。

又方云：以鐵器中，以上醋，微火煮之，數添勿令竭，三十六日不凝，更煮滿百日已來，凝下之。

又方云：取上汞納鐵器中，以淳苦酒泊汞上，微火煮之，其苦酒消更添之，恒令不竭，三十六日以汞凝乾，可用。不爾徒自苦也。

又方云：一切調鍊，皆當恒令煴熱，不甚湯人手，藥即白雪。比等諸法，並隱黃白左味之言，其將養節候，亦有可採，故不棄之。仍引正訣如後。

狐剛子伏水銀法

水銀二斤，水銀玄珠。以金屑、銀屑藥醋煮之云黃白左味也。三十日，三十夜，好伺候，勿使汁盡，即凝白如雪。若欲爲丹，各依三十六石水煮鍊，所用其毒未盡，去毒，入釜，立爲丹。若不凝，更煮，以凝白如雪爲限。所造神丹節度，各依其七十一丹訣中方法。

金玄珠法

玄珠一斤，金二兩半，凡五十鍊，鉛精五兩半。其金屑一時著鐺中，黃白左味煮之，十五日，十五夜，謹候無令汁盡，凝白如銀。其毒未盡，欲入諸丹，用煮還依三十六石水，煮鍊去毒入飛。如可入其金粉。散丸膏用黃乾伏之矣。

銀玄珠法

玄珠一斤，銀一兩半，五十鍊，鉛精六兩半。銀屑一時著鐺中，黃白左味煮之，九日九夜，謹候如上，表裏徹浄，凝白光明。若欲作白，即用礜石水煮半日許，白礬石水煮半日許，然後乾，伏作白，能成。若欲入諸粉，用須去毒，亦可入飛。

九丹鉛精玄珠法

玄珠二斤，九丹鉛精十二兩，黃白左味中煮之，七日七夜，凝白徹浄，然後乾伏去毒。合諸藥，即成河車。八種之法，丹鉛從一至九，任取其用，覆籍諸丹，無

有不成者，隨意入銅鐵，變化自在。七十二丹神器，皆用此作，諸各隨華應轉，深淺任量。

煮伏水銀訣

水銀四兩，銀一兩，作銀汞泥餅，著鐵函，桑灰必須細篩白浄。

臣按：上件諸法，日數皆少，人率依方，勘驗不成則止。或醋多火急，或汁盡汞乾，或藥味差違，或華池失法之所致也。今作之者，鐺厚五分，磨裏使極平滑，鐺中無布案，桑灰可厚七分，以醋拌灰，恒使浥浥，無置高下，四布平停。亦不堅捺，恐有拆璺，欲氣均湊，燻潤水銀。作一木棬，以絹爲底，於其絹上平布水銀諸藥，所謂石流黄白、硇砂、石鹽、磁石、鹵鹹、胡粉，六味各一兩，和桑灰六兩，擣篩，令均布水銀上，可厚二分，酢泊之，恒使如粥，不使乾竭令過多，恒令其氣調直，亂衝即是火急。其灰及藥，日一易之鐺。蓋一紙特忌塵穢，所添左味，例不冷投。留之物一如上法，要滿百日，其汞必成。煮之既了，研碎可乾服。

乾服玄珠法

用熟鐵鍋重八斤，其鍋初爲兩片，片重四斤，中心大小，可如雞子，繞四邊幅三遍，鉀之，都厚半寸，車窠展緣上鑽孔，大如箭竿。孔處偏厚，務欲釘牢。投汞入訖，以釘鉀之，勘可旁量，必須牢密。以鎚細藥，漸傳甘泥四遍，塗可厚半寸，暴五六日矣，使極乾。然後入炭火，排囊漸吹使赤，徹一食時，却彼排之後，從火自滅，經停一宿，待冷出之。從辰至巳，消息可了，去土搖鐵如瓦礫聲，秤鐵復本是不耗。或失聲即本耗。如足，鑿破出之，乾伏即了，訣須去毒。

去玄珠毒法

先作黄礬石水一斗，著銅鐺中，煮伏火玄珠，上可五斤，下可二斤，令礬石水盡。更別燒牛糞，燒不灰木作灰，取磁石破如小豆，湯中煮使極沸，用湯淋二灰，取汁著鐺中，煮玄珠一日夜，即別用三轉左味，更煮經一宿一日。煮後別用三轉好酒，和蜜經一宿一日。別取真酥，更煮之三夜。出取之置銅器中，還以銅器爲蓋，著黍米中，蒸之三日三夜，出其毒皆盡，可以入萬藥，服餌神仙。作黄白入火飛，此是道之至極畢矣。此言三轉好酒者，即是牡荆酒也。言三轉左味者，即黄白左味也。以礬石水煮汞，其器及鎔。如不消者，可作鐺餅子。若不得碎，亦可擣碎而煮之，蒸法亦然。五斤鐺可受二斗細理者，諸玄珠去毒，皆歸此之也。更無別異。唯有太玄君訣云：莫問乾，服玄珠。濕服玄珠，欲去其毒，但斤内一兩甜黄，即玄珠精不能散去。一名玄黄土，出西方胡國也。磁石亦以爲畏，蜜陀僧爲臣將也。若用黄丹胡粉，拘留玄珠精者，是俗間雜用，非正本訣。或用黄礦沙、石鹽之類，亦非正本口訣。

別伏水銀法

水銀一斤，磁石二兩，末之如粉，加曲獸汁即駞尿也。煮之，唯緩火也。不過七日一候，凝與不凝。此蓋丹砂惡磁石、畏鹵鹹水義也。水銀出丹砂，豈不畏惡，與亦同也。故玄珠磁石，亦以爲畏。明彼甜黄，亦是水銀之所畏者。一種有畏，何必外國之物，勝於中華乎。欲人不審磁石之可必用，故奇説化物，欲令志誠者思而以取意焉。其蜜陀僧出於金鉚藥中，又持參水銀等用之，令爲磁石，臣將不亦宜乎。煮伏之道，不可棄也。

濕伏玄珠法以鉤鉛

先取好細理鐵鐺，受三二升許者，泥如竈法，長開口，及突融先伏，及欲合藥，爲河車者。玄珠作餅，著鐺中，用銀粉爲覆藉，以銀爲粉，法在第九巳具。若無銀粉，可用丹鉛粉覆藉，亦得。即下油脂五升，蜜一升，合攪煮玄珠餅。一云三十日夜止，三日夜罷。立變銅鐵也前去毒煮法，用一日夜。今濕伏法，乃用油脂。明長生之法，與變銅鐵所用，幾微不同矣。亦如出長生水銀，用酥一合，塗釜，水液水銀，乃以猪脂和朱爲泥之義也。又前去毒法，以酒和蜜。今濕伏法，以油脂和蜜，是之別矣。此名曰濕伏之功，立變銅鐵也。以此濕伏之汞，和以餘伏火藥成，如此法之丹方能變矣。若以調伏玄珠，用藥攪合成者，即是河車之法，非是真伏玄珠矣。

臣按：欲以水銀作玄黄，及擬大丹者，即須空煮取擬。若不擬者，乍可以九丹鉛精爲，必可以五十鍊鉛精及金銀，爲拘留也。

又 卷一二 合九丹鉛法鉛力功能

臣按：狐剛子云：夫合丹藥，以鉛爲本。鉛若不真，藥無成者。故云：鉛者，陰陽之筋髓，七寶之良媒，解則萬事可成，迷則千途競塞。故曰：鉛絶河車空，所作必無功。功斷河車絶，萬計無所出。又云：莫破我車，廢我還家。莫壞我鉛，我命得全。車者即河車也。八河車法，未有不因鉛而成者。丹之覆薦之者丹也。二物成藥，服之神仙。丹鉛之精，能出流珠白雪。又加二水，凡百蒸之，取以一斤，分爲九分，轉變不已，即化神丹。其功既深，其力亦大。九上九下，覆薦水銀，化汞爲丹，三作九轉。故聖人祕之，非凡俗道士所知見也。所以

鉛精一名鉛，一名太陰，一名金公，一名河車，一名河上姹女，一名立制石。下愚之人合藥，乃用山中立制石。又真人以玄黄華，變化成立制石。膽本出鉛中，下愚調藥及用羌里石膽，非也。所以丹鉛秘目三十六名，今列如後。故方云：汞之與鉛，終不獨行，行必爲偶，二物相得，成兹妙藥焉。

丹鉛祕目三十六名

一名玄黄花，二名黄輕，三名龍鱗，四名伏丹，五名河車，六名丹液，七名驛丹，八名制丹，九名鍊丹，十名黄芽，十一石膽，十二陰陽父母，十三飛輕，十四黄精，十五黄龍符，十六河上姹女，十七制石，十八名汞，十九黄花，二十成已丹，二十一紫粉，二十二紅粉，二十三流珠液，二十四紫明，二十五玄丹，二十六黄龍，二十七金火符，二十八陰陽之精髓，二十九天地母，三十液神符，三十一金花，三十二飛丹，三十三黄華，三十四太陰，三十五金公，三十六河上遊女。

臣按：成此三十六名妙藥，皆是鉛精之力。故黄帝九鼎神丹第一之法，名曰丹華。復有一名，號曰流珠九轉，即是以鉛合汞成之。凡俗不知，乃以市錫爲鉛也。可謂日暮途遠，却行求進，不亦難矣。今作之法，皆須精專，轉至九方用之也。

狐剛子作九轉鉛丹法

鉛十斤，鐵杯中銷鑠，令作青沙，鐵盆中，鐵鎚研騰，取黄汁新瓦上暴，取粉黄和玄精汁，爲團如雞子，陰乾，鐐鑪中銷取鉛精，鐵杯中猛火還銷鑠，一伏時即鉛丹，如此九轉爲丹，名曰九轉鉛。其轉數用藥次第，在黄老九飛丹節度中。

九丹鉛玄珠法

玄珠三斤，九丹鉛精十二兩，黄白左味中煮之七日夜，凝白徹浄，然後乾，伏去毒，合諸藥，即成河車。八河之車，丹鉛從一至九，任取其用，藉覆諸丹，無有不成者。隨意入銅鐵，變化自在。七十二丹神器，皆用此作，各隨藥轉，深淺任量。此法雖於玄珠卷中已有，然用鉛之道雖重發揚，覽按兹文，即知河車所用之鉛，必須以黄白左味煮凝，乾伏並備，方可入用。

又云：丹鉛從一至九，任取。俗人不知，乃以任字作去聲讀之，當以平聲爲義是也。任，堪也。其鉛非至九轉，不堪取也。故云：丹鉛從一至九，任取矣。以九轉丹鉛作河車，及用覆藉諸丹，無有不成，所云七十二丹神器，皆用此造。即是以鉛黄花，和胡粉爲泥，泥六一泥上者。非九轉丹鉛，不堪作玄黄也。

又云：隨意入銅鐵，變化自在者，試藥點黄白之道，亦非此九轉丹鉛成者，皆不任用也。

出長生鉛法

臣按：丹鉛之道，雖法皆九轉。按其用處，三種不同。若欲長生久視，羽化昇天，當作雄鉛。若欲辟召鬼神，化液作水，當用雌鉛。若欲變化黄白，迴換五金，當用神飛鉛。俗人謂一乃混而無二，用之錯亂，所作不成，遂怨咎聖人方書無效。若審而用之，萬不失一。此法俗無有解者，自非見五粉圖，乃能略知少況。故真人寶祕而不傳。此之一藥，道術之本，慎勿輕傳，萬金不泄。假使黄金百石，明珠萬筐，亦不傳也。若得此法，七寶視之如土，何用百石萬筐乎。唯寶翫長生，愛慕仙道，歃血分環，重立信誓，乃可略而出之。此言並是汞方之所具載。然以三鉛三汞，一而已矣。故方云：功用别能，與汞無異。汞之與鉛，終不獨行，行必爲偶，審而用之，萬不失一。俗人多以錫爲鉛，去道遠矣。又云雄雌神飛三種，各須三轉，用方有效。轉之法用，不異於前，鉛至九轉，體爲神藥。用入餘藥，無不效矣。故言此法惟見粉圖者，知少意深。自餘仙聖，皆祕此方。故今所作，多敗少成矣。

出雄雌鉛法

取真丹百斤，青白陽起石十斤，又擣陽起石細篩之，以玄精汁溲之作團，暴之令燥。納鐵鍋中，以鑪鼓之，待爲汁消盡，瀉於煖灰中，待冷打擇，取之爲丹覆，最佳。言丹覆者，謂入神丹玄黄之藥也。

出雌鉛法

取真丹百斤，真粉十五斤，吴青礬一斤，石灰一斤，各别擣。其礬石細篩。四物合和，以玄精汁丸之，陰乾出之，法與前不異也。

出神飛鉛法

取真丹百斤，吴黄礬五斤，赤石鹽一斤，鬱金根二斤，黄硇砂五兩。此五味異擣下篩，以酒合丹溲之。勿令相著。暴之令燥，更擣篩之。然後取玄精汁，溲之爲團，陰乾之，出法一如前訣者。方云聖無知者，赤石鹽也。方云玄精汁者，牛糞汁也。方云黄山脂者，吴礬也。方云黄金賊者，石流黄也。凡以藥和丹一法，先黄礬，次赤鹽，次鬱金根，次石硫黄，次黄丹。訖，方以好酒潤和之，勿使相著。率黄丹五十斤，可用清酒五大升，於高架葦箔，上鋪厚紙，糊魚鱗，相壓兩重，暴可一日許，然用牛糞汁溲之爲團，於架箔上陰乾十日。

又法：先秤丹知斤兩，又别秤藥知斤兩，即以藥對丹，多少相配，以麤羅篩，

布一重丹，一重藥，重重相次並盡，然後以酒溲之。

鼓出鉛訣

第一轉：以所用味之藥，各異擣下篩，以酒如上法合溲，勿令相著，攤暴令乾，更擣下篩，以牛糞汁和溲爲團。其牛糞以臘月收貯，以煗水浸搦，取之團如雞子黄，若更大者難乾。二七日陰乾之，納鐵鍋中，其鍋底厚六分半，以下五分，以上四分，長七寸，明間三寸半，排鑪出看盡消爲汁，方瀉著煖灰中。其灰唯細篩白者，布於浄平上，厚三四分，四畔以乾泥捲繞灰，不使鉛汁流溢四散，以手摸鉛，待冷打擇取之，所用之酒，率百斤，可用一斗酒。若玄精汁，二斗即可，團得百斤丹。

第二轉：取上件鉛，於鐵杯中炒之，其杯底長三尺，厚一寸，深一尺，兩頭得稍綽。所以上長三尺五寸，闊一尺二寸，如槽之形也。摩裏令滑極浄，勿使嘶璺。以長鈍劍鐵篦攪之，炒令並作沙盡，從旦至午，看成細末，續續掠出，置冷器中，其器是厚鐵盆鑊也。著清水，以長鐵篦攪之，使兩三人更互攪，勿令住手，使成汁也。然於鐵杯中炒鉛，亦得換人，不得住手。若有間斷，其沙復鎔。鐵杯之下然以柴火，火冷不得沙成，大熱恐鎔不止。臨事看火，勿令緩急也。接取泔淀黄汁，置瓮子中，著水鑽腹作孔，候淀澄清，傾孔去水，以滑鐵篦匀率出澄淀，置新瓦上。預於瓦上鋪兩重紙，以瓦凡平布烈日之中，暴之一日，丹在瓦上硬裂乾定，收取擣篩，納鐵杯中。還以鐵篦攪炒令赤，三日夜，不得猛火，丹赤即成，不拘日數也。

第三轉：凡以酒溲藥，及以玄精汁拌丹，皆於直口深銅盆中，盆須滑浄，不得輒用瓦器，及綽口者。恐藥飛散，消耗酒汁，致失准則，餘法如前。其用藥隨丹增損，以爲多少衰降減之也。凡絞綟牛糞取汁，必須稠如粥狀。故俗間鍊鉛令色白法，以好酒任多少，納白硇砂於酒中，緩使硇砂鎔盡，以此硇砂酒拌糞汁，如稀粥狀，以麤路重布，絞取糞汁，即此汁拌其藥丹，和令浥浥，團如雞子，不團亦得。日暴令乾，入鍋鎔之，須臾鉛出，瀉牛膽中。如是鍊之五遍，可白。若以白蜜溲丹，如强泥，准前暴之，亦得前力。若丹硬不出，當去硇砂。此雖色白，乃非正法。若九轉丹鉛之精，不悦人目，其色青黑，其質亦柔，神化之力，不知所以然而然者也。

太極真人九轉丹

第一轉：取胡粉五百斤，以石鹽二十斤，置於一石水中，取牛糞汁一石和之，丸如雞子，陰乾。然後置鑪中，鼓之須臾，鉛出，此名粉鉛，號地之精也。取黄丹五斤，以牛糞汁和之，丸如雞子，陰乾之置鑪鍋中，鼓之須臾，鉛出，此名丹鉛，號天之精也。

第二轉：取前天地之精，合炒爲水色青沙。然後以石鹽三十斤明浄者，和湯八斗，曰鹹水。鹹水盆中，研之爲十色黄沙，擣爲末，置鐺器中，燒之三日三夜，變爲火色赤沙，與好丹色同，罷矣。

第三轉：取前丹，以首男乳一斗。若首男乳難得，取黄牛乳亦得。取牛糞汁一石，取石鹽明浄者三十斤，爲湯八斗，相和溲之，丸如雞子，陰乾，鼓之如法，餘如前爲之。

第四轉：取前三轉天地之精成丹者，以朱砂好色光明洞徹者二十斤，以酒煮之三七日，臼中擣之，和藥，復以地强汁即牛糞汁也和之，丸如雞子，陰乾之置鑪中，鼓之作法用，皆與九轉同法，但用藥有異。

第五轉：取雄黄色如雞冠者五斤，以真牛酥煮之七日，然後暴之，與藥相和。然後以酒一石，牛糞汁一石，合丸如雞子，陰乾，鼓之法如前，餘亦如前。

第六轉：取雌黄二十斤，吴黄礬石五斤，合之牛乳麻子汁，煮之三日夜，陰乾，擣篩，上和藥，以牛糞汁丸之如雞子，陰乾，鼓之如前法。

第七轉：取石曾青五斤，香附、白附各百枚，新實者良，餘法同上。

第八轉：取戎鹽三斤，朴硝、芒硝各三斤，擣篩同藥，以牛糞汁和之，丸如雞子，陰乾，鼓之如前也。

第九轉：取前八轉丹，依法置其人生命上，及王相上，依丹經立壇醮祭，潔清齋戒，置靈寶五符於五方，十二神卯符於辰上，八靈符置八方，掩天門，閉地户，歷華蓋，入陰中，取白玉五斤爲粉，金一斤爲屑，藥以青羊心肝各一具，和泥泥鑪，以牛糞和之如雞子，置生命上，陰乾，取天心日天心時，置九宫合藥者，在中宫侍鑪。先問曰：奇合尋出宫爲妙。三日夜，丹成，丸以白蜜，日服二丸，如黍米粒，可爲真人矣。祕之勿傳。

臣按：此方用藥，雖具至於九轉，即加隱祕。鉛至九轉，體爲神藥。及乃更料白玉五斤爲粉，黄金一斤爲屑，以二物奇寶，和而泥鑪，青羊心肝復極難得，首男乳汁動料十升，虚張色數，明不可得，令取其可得之藥，成其九轉之功，以此丹鉛，充九鼎之用，其道逾妙，其力逾大，所以具説功能，亦不須煩雜而録之耳。

臣按：草木之藥，可以攻療疾病，不可以致長生也。金石之藥，可以必獲延年，而亦兼能除百邪也。夫草藥之爲物也，虚脆危軟，不堪而久，煮之即爛，埋之則腐，燒之則灰，停之則朽，不能自堅，豈能堅人乎。不能自生，豈能生人乎。若丹砂之爲物也，是稱奇石，最爲上藥。細理紅潤，其質貞固堅祕，積轉逾久，變化逾妙。能飛爲粉，能精爲雪，能爲真汞，能爲還丹，能拒火，能化水，消之可以不耗，埋之可以不壞，靈異奇秘，我難以稱然，而得要則全生，失法則傷壽。人見《本草》丹砂無毒，謂不傷人。不知水銀出於丹砂，而有大毒。故《本草》云：水銀是丹砂之魂，因丹而出。末既有毒，本豈無毒。淺識狹觀，不思遠大，性命之功，蹉跌不追。所以古人深懼，除惡務本，必先煮鍊，方入大丹。殊途同歸，皆令伏火。不拘日數，莫限人功，事資於養，不宜急速。人見丹砂是石，乃言諸石燒之爲灰，其丹砂何得獨爾不化。殊不知丹砂色赤，而能生水銀之白物，變化之理，頗亦爲證，土得水而成。泥埏之山下有金，其上多有丹砂，變轉不已，還復成金。歸本之質，無可怪也。故昔漢朝有李少君者，乃數百歲人也。不聞有他能，唯以丹砂合諸丹藥爲金，以金爲器，以器盛食，以食資身，漸漬腸胃，霑洽營衛，藉其堅貞以注壽，事漢武帝盡情實。乃以祠竈左道之事奏進，不以丹金正訣之義聞徹，卒以化去。武帝思之。故知唯有黄帝九鼎之道，太一丹金之妙，令人不老不死，可大善乎。若去毒不盡，帶毒成金，雖有所成，亦無用。譬以飢餐毒脯，渴飲鴆漿，爲患必深，欲益反損。今再具調鍊性味等法，列之如後。

丹砂性味主療

臣按：《本草》丹砂味甘微寒，無毒，主療身體五藏百病，養精神，安魂魄，益氣明目，通血脉，止煩懣消渴，益精，悦澤人面，煞精邪惡鬼，除中惡腸痛，毒氣疥瘻諸瘡，久服通神明，不老輕身神仙。能化爲汞，調作末，名真珠，光色如雲母，可拆者良。生符陵山谷，採無時。惡磁石，畏鹹水。按此化爲汞，及名真珠，即是金沙也。符陵是涪陵，接巴郡南，今無復採者。

丹砂出處

臣按：《本草》云：符陵也。但以巴郡之南都，謂之巴沙。今無復採。及出武陵、西川諸蠻戎。昔通巴地，故謂之巴沙。仙經亦用越沙，即出廣州臨鄣者。此二處並好，唯須光明映徹爲佳。又如雲母片者，謂雲母沙。如紫石，其大形，謂馬齒砂也。並好，俱任用入藥。然非堪鍊之上物也。如大豆及作大塊圓滑者，謂豆沙也。細末碎者，末沙也。此之二種麤，不入藥。可磨作朱也。採沙皆鑿坎入數丈許，雖同出一郡縣中，亦有好惡。揀餌之法備載，長生之寶，非《本草》之所詳究也。然丹砂雖出巴楚二地，今之有出處，最不及辰州麻陽縣者爲上，打破亦明色焰焰然，有精似火星，向日看之，如動揺光明沙。若其體細，重破之白光昱昱然。又片版麤大如馬牙，或如小捲，晃晃昱昱，光明暉徹，其質堅祕，白光曜目者，號曰丹砂。紅明者上，紫者次，赤濁者下。天生已伏火者，徒聞其語，不見其物，縱使得之，亦須煮伏。興州有緊實堅重，其色亦赤，狀類丹砂，破之似鐵，燒之還赤，停之有黑，火之無烟，此之丹砂之正質也。

丹砂調鍊法

取丹砂上者末之，於鐵器中，以上上醋，微火煮之，數添勿令竭，三十六日已上，燒試無烟爲成也。若不伏火，即以百日爲限。以好春酒一斗，納瓷缸中，以帛袋盛丹砂十兩，納酒缸中，勿令到底，十日一易，滿百日，暴乾，入長生用之。

又法：取光明好色朱砂洞徹者，以酒煮三七日已上，以火燒試之，伏火。

又法：碎丹砂如大豆，和酒納竹筒中，又納釜湯中，煮之，火試伏火欲休半日，添水煮之。

又法：取丹砂上者，於鐵器中，微火煎之其砂末，令漸漸益醋，以物耗攪，勿令著底。每朱一斤，料醋一斗，候醋消盡出朱，暴乾，納甘堝中，鑪火燒之，不飛即成。若飛，更煮三日，一試，以成爲限。

又方：取丹砂上者，打破如豆，以好大醋，於銅器中，微火煎之，漸漸益醋，以物攪之，勿令著底，熬醋醋盡，日暴令乾，燒之不飛即成。

又方：取丹砂光明映徹者，細末，納新瓦瓶中，塞其口，釜湯中煮之百日，無毒。如此鍊者，入長生。瓶中著酒，亦得。以酒拌之，使潤入瓶釜中，著酒義不合水。

又法：取好明徹朱砂，細末，用好醋煮之百日，燒之不然烟，名曰伏火。此入變化用，不云入長生。

臣訣者按：鍊丹砂雖有多方，然不出於伏火爲候。古人深慮火性緩急，故以重湯煮之。又慮人心躁迫，故以百日限之。入長生藥，必須美酒煮之。若變化用，必須大醋煮之。鐵器中煮酒數攪，若納瓶中，須密塞之，熬醋用盡，出而暴之，凝之，未伏火試之。新瓶法，長牛用之。銅鐵之器，變化頃之。如此消息，萬無一失。

服丹砂别法

丹砂二斤，擣爲末，重絹篩之，盛著銅盆中，以淳苦酒沃之，令如泥狀。置高燥處使乾。復沃之如前法。一斤丹砂盡三斗苦酒，如此暴三十日，當如紫色，藥乃成，把之不污人手，引之如飴，乃可矣。丸如麻子，以井華水日服三丸，常以平旦吞之，服之一日，腹中三蟲下。服之六日，身中一切諸病盡皆除愈。服之六十日，則有所見，能令白髮更黑，齒落更生。凡服此藥，當先齋戒三十日，沐浴以五種香湯，乃可服之。

服丹砂法

丹砂一斤，擣爲末，下篩，以淳漆二升，好苦酒三升，三物和合相得，微火上煎之，令可丸服，如麻子，日三服之。十日百病盡皆除愈，三尸下。亦云：百日服膚强，服之三年延年。

臣按：丹砂一味，單服日久，尚獲如上之利。況去毒伏火，以合大丹，其置福爲益大矣。今按前件丹砂一味，及和漆二法，並同淳醋，不言用酒，以此驗恐或疑不用酒。又濾於瓦瓶中，不須用醋而漬者。今據别漆丹法，以真丹一斤，清酒一斗，白蜜一斤，淳漆一升，日暴酒蜜，數淹數暴，可丸即止。又方：以清酒和丹砂，納竹筒，蒸之日數，亦如暴漬丹法，白蜜丸之。又方：以桑根汁和丹砂，納瓶中，入釜湯中，煮之二日夜，以淳酒和，復納白蜜丸之。以上和合之法，先以酒和丹砂，令至調適，然後納漆火之極微，堪丸而止。又以上服法，丸如麻子，初服二丸，日再服，四十日三尸去，久服延年神仙，日中影不見也。是知凡錬丹砂去毒上法，莫過美酒也。或以新瓦瓶盛，或竹筒盛之。亦須先以清酒和丹也。蒸之亦得，暴之亦得。但以蒸則百日火不斷絶，竹筒恐爛。暴則百日，看手乾濕難均，豈若置之於新瓦瓶中。酒氣淹漬，瓶透潤，恒自浥浥，不勞開口，一煮便成也。

臣按：諸石之中，唯有丹砂、雄黄爲上。調錬之法，兼復不難，先並營之，以護身命，此亦度世要藥之基址也。雖未及大丹，其餘服餌，皆不能出此也。又丹砂之魂名水銀，以水銀消石等分合擣，相得納銅器中，蒸之經日夜出之，加炭上爲水，如是當紫赤色，蜜丸吞如豆，百日其力，亦與丹砂相似也。

又　卷一七　明事藥先後酢及華池由致

臣聞九鼎神丹，未有一丹，不以玄黄及土釜爲先也。所以第一之丹，名丹華者。先作淳醋重釀，及華池者。次作雄黄水、丹砂水。次調擣燒篩，礬石、礜石、戎鹽、鹵鹹、牡蠣、赤石脂、滑石，七味之藥，及胡粉等，各且先事三五十斤，爲六一泥。又當先作赤土釜也。土釜之法，已列前卷，玄黄等訣，備條如後。

玄黄法

玄黄者錫投水銀成之。錫本出於黄丹，不明錫質非精，則不堪入長生用。

作黄丹法

凡黄丹自作者，佳市得者，恐有黄土色闇也。若得真者，師不自作也。自作之丹，色乃紅赤，暉暉然，鮮明可愛，不如此者，即非真也。

造法

鉛二斤，多少任人淨洗，以鐵杯中炒之作沙，用清水淘之，置鐵鑊中，遍淘揀使極大淨，去水留滓，暴乾十日，錘打作末，以絹篩之，然後置鐵杯中，二宿三日，炒令赤，乃止，即是好丹也。

出鉛法

狐剛子曰：凡合丹藥，以鉛爲本。鉛若不真，藥無成者。出鉛之法，以丹玄精汁，加少金賊，搏如鷄子，陰乾七八口，鐵鍋中鼓之，名曰丹鉛，以此作玄黄也。其煮汞之鉛，自有别法，加遍數，在伏汞水銀法。

作玄黄法

水銀一斤，煮之三十六日，或凝者鉛二十斤。錬五遍，令淨。一味納鐵器中，猛其火，鉛與水銀，吐其精華，紫色而黄精，以鐵匙接取。一名黄芽，一名龍輕飛精也。

訣曰：取錫納鐵器中，加炭火火之，令沸。漸使火微，投水銀著中，生濕柳木攪之，五色出見，取鐵匙掠近一畔，然後接取，停使出，復接取。訖成候火，若熱花色即黄，火冷即花色青紫，兼帶氣。其火若調，即花色紅紫，仍似金色也。然燒之共火同色，酷似金狀。出之離火，還依本質。欲作丹釜，先作玄黄。又九鼎覆薦，皆用此物。若不預作多營之，臨事必闕。所以早煮水銀，及出鉛也。依太清覆薦之法，亦有須用玄白爲丹之薦，今即作之如左。

玄白法

九鼎第八服丹法訣，以玄黄若玄白一斤，布釜底，以水銀置其上，故須作也。取鉛瀉爲挺作板依，水銀一斤，鉛三斤，真金六兩，消鉛金。乃内汞，鼓以爲銀板，懸華池中，七日一發。未發當密覆華池瓮口，發之取其流白者，納青竹筒中，漆固其口，注華池中，三十日成水。又法：鉛一斤，金一斤，兩鼓之爲板，薄鍛如

縑。置木盤中，以布幕其下，納左味中，三十日皆爲玄白在盤，乃可用。玄白有金者，即可用，無金者不可用。太清丹即以玄白爲薦金，九鼎法唯用玄黃也。

又　卷二〇　九鼎丹隱文訣

夫真人經訣，即九鼎丹之訣也。第一之丹名丹華。此一丹中有二名，一名流珠九轉，二名丹華。

第一之丹作流珠九轉法

依本經，先作玄黃訖。取雄黃、丹砂水各一斤，和之。

臣按：此訣雖料二各一斤，不盡玄黃多少，又不言和溲稀稠之法，致使或得訣，作亦不成。今按第二丹名神符法，中乃有四法。其第二法云：作玄黃訖，以上流珠九轉玄黃水，和之令赤，但與火蒸法雖殊，如泥之狀，固無二也。又三十六水法中，實有玄黃水法。然丹華與九轉流珠，曾不用之。既言已上流珠九轉玄黃水者，正是玄黃所用，丹砂、雄黃二水和之，百蒸之物也。納青竹筒中，薄削其表，內中蒸之，剋白木塞筒中，覆以黃沙細沙也。若纚者氣易洩，所出細者，雜土而黃色者。是令没同蒸之，食頃成水。即下凝，復上爲水，如是百上百下。又以雄黃、丹砂二水，各一斤，以溲玄黃，納釜密封飛之，如此九遍飛之，玄黃精下，訖出之。取此玄黃一斤，分爲九分，而分之也。復取一分，又分爲二分。又當先作二釜，一如太清丹白雪土釜法，備在上秩第六卷釋訖。此不重載。次以牡蠣二十斤，合赤石脂七十斤，擣之如粉，以百日醯和爲泥，復擣三千杵，塗土釜訖，乃取水銀二斤，納土釜中，以玄黃二分，覆薦上下。復以牡蠣、赤石脂泥，泥兩釜緣上，乃合之令密，陰乾十日。立鐵鍋上，脚高九寸，以馬糞火若和稻等糠火，火之三日夜，寒之一日。寒訖，發取飛精，去其滓。其滓燒試有烟，是藥氣未盡。當更如上法，飛取令盡。以後則以意消息，增日飛之令盡也。復取玄黃一分，分爲二分，覆薦上下土釜，飛之封閉如前。如是九遍飛訖，發取飛精。次取土龍七枚。臣訣曰：經中或單言龍膏，或言土龍膏。無二義也，皆是白項曲蟮也。於器中以鹽塗覆之，皆消爲水。以溲飛精，復飛之。如上法三日夜，寒之一日，發掃取之，五色霜雪，名曰流珠九轉。【略】

余按第二之丹，名曰神符之丹。四中經其第一法，以玄液和之如泥，用此爲替可也。又按第一之丹名丹華法，藥若不伏，以玄水液龍膏澤，和之令濕浥浥，更飛之，如此三十六日伏矣。明此二物，不藉於曲蟮汁也。且西龍膏者，桑上露也。以曲蟮之蟲汁，皆秋晨之露，絞汁優劣，不可比方，存古之法，不敢删改，以替代臨事商量，其玄水液自具訣如後。【略】

臣按此訣曰：乍聞法，誠不可信也。聖人所説義，或難誣。昔八公謂淮南王曰：我能一煎泥成金，凝汞成銀，固即此丹之力也。然以公之只授淮南王以五靈之法，殊不與九鼎之事也。是以劉安叩頭，竟不得之故。知之道難聞見者也。但赤銅黑鐵，加之以丹力，鼓以成糖，自然與常質不同，實不可懸非之矣。又以鉛，若錫，若水銀，若銅鐵一斤消之，投以一銖，皆成黃金也。此張天師至禁，故本經不具載也。

第二之丹丹華法

其丹華唯作土釜，一如白雪法，內藥封塗，立三鐵鍋上火之，一如本經第二之丹神符，丹訣中有四法。

第一法以上經，用丹華之釜，飛二神符，具大善也。此神之丹一固，九上九下而不開也。以水銀納釜中，以牡蠣、赤石脂泥，泥兩土釜口，乃合之。陰乾之，立三鐵鍋上，去地九寸，以糠火火之一日夜，以下釜爲上，不須開之，復一日夜。如是九上九下，乃寒之一日，開取之飛精，和以鯉魚膽，令濕浥浥，復納土釜中，封塗以六一泥，如封丹華之釜法，令乾，火之如前法，一日夜。凡九上九下訖，和西龍膏。西龍膏者，桑上露也。令浥浥。又別取鉛黃華，合水銀火之，如經法，以作流珠五色玄黃。訖得十斤，分爲九分。取一分復爲二分。先作土釜三合六枚，訖乃取前九飛水銀，納土釜中，以五色玄黃二分，覆薦上下，以釜蓋之。封塗合際，以六一泥，令厚三分，陰乾十日。乃以糠火火之九日夜，寒一日，取上飛精，復納故土釜中。復取五色玄黃一分，分爲二分，覆薦上下，封塗火之，一如前法。如是九轉。其第三轉輒易二新土釜，如太清丹九鼎極曜土釜法。九轉合用三合六枚。故本經云：三作九轉，即此是也。藥力節度，與流珠九轉同等。此神符丹，亦可變化汞爲丹。其法取汞一斤，鐵器中火之，乃取神符丹一銖，投其中，攪之即化爲神丹。名曰還丹。故其經云：即治汞化爲丹者是也。服之如丹華法也。

又第二法神符，別作玄黃，一如本經，作玄黃訖。此玄黃者，謂水銀九斤，鉛一斤之玄黃，非如此華法中三玄黃也。乃取上流珠九轉玄黃水。

臣按：張天師《玄黃水本經》云：丹華明是第一華，爲水也。審細詳之，非丹砂、雄黃之水。其玄黃水法，三十六水中無正法。其水是蒸之水，不疑也。和之令如泥，以鐵器中火之令赤，乃和以玄水液。玄水液者，一名玄水澤，即是磁石水也。作之法磁石一斤，雄黃一兩，石膽精一兩，合擣納竹筒中，漆固如上，納

華池中，三十日成水也。本方削竹如鎌，戎鹽著中，埋之井中，不至水三尺，二十日成水。復納硝石，二十日水成矣。納雲母，二十日成水。常遲若不化者，更納埋之。言赤龍血，以丹砂納中。言青龍血，以曾青納中。言玄水液，以磁石納中。此法皆以井中埋之，臨事兩法，試取好者也。令如泥，納土釜中，封閉火之，一如經法。

又第三法神符，取上流珠九轉中玄黃，和華池爲泥，塗土釜訖，令乾。乃納水銀其中，以一釜蓋之，封塗以六一泥，陰乾十日。立三鐵鍋上，火之九日夜，寒之一日。發取服之，如丹華法。此之水銀，皆是成去毒九飛之水銀也。自餘皆不堪用。

又第四法所用玄黃，亦是流珠九轉中玄黃也。下訖九丹所用土釜，皆如太清白雪土釜訣法，無異也。

第三之丹神丹訣

擣調雄黃、雌黃，一如本經。當先以玄黃，和醯爲泥，以塗兩土釜內，令厚三分，陰乾十日。納雄雌二黃於其中，復以玄黃泥塗其兩土釜口，乃合之封塗，六一泥於合際上下釜外，通令厚三分，令乾。立三鐵鍋上，火之如前法。

第四之丹還丹訣

先以礜石、礬石，合九物等，燒之於炭火中。訖合擣篩，納土釜中，以玄黃一斤，布其上，水銀一斤，置玄黃上。次以雄黃一斤，擣千杵，布水銀一斤，置七物各一斤，擣之布上，一如經説。封塗火之，亦如經法，勿失節度。

第五之丹餌丹訣

先以玄黃泥塗兩土釜裏，厚三分，令乾，乃納諸藥封塗。訖立三鐵鍋上，高九寸，火之如經法。

第六之丹鍊丹訣

以土龍膏、土龍矢，合黃狗膽、牡蠣、赤石脂爲泥，塗釜訖。以玄黃布釜底，厚半寸，乃納諸藥封閉，火之一如上法。餘説如經。土龍膏者，蚯蚓汁也。

第七之丹柔丹訣

法如經，以水銀納釜中訖，以玄黃泥塗兩土釜緣上，乃合令密封，以六一泥，泥厚三分。立三鐵鍋上，火之如法。

第八之丹伏丹訣

如經法，以六一泥泥塗釜訖，以玄黃若鉛白一斤，布釜內底。以水銀內置玄黃上。以曾青磁石各一斤，別擣細篩。先以曾青布水銀上，次以磁石布曾青上，又以玄黃一斤布磁石上，其玄黃當先以龍膏溲令浥浥，乃覆薦。上下封閉，火之如法。法如經説也。又飛之九上九下，訖復溲龍膏，令浥浥，復飛之。

第九之丹寒丹訣

如經法，先以玄黃一斤，布釜底，乃納諸藥，如次第也。封閉如法。又云子明者，火也。

上第二神丹中，作玄黃是別法，餘丹皆同流珠九轉玄黃法也。

開釜法

臣按鼎釜堅密，號曰神室。兩釜之際，固以中黃，得火彌堅，其泥甚厚。理不宜槌鑿扣振，正應作利鋸兩三枚，遞用截之，亦可斲蠡礪石之狀，如刀口以磨之。須至釜質，方可以鐵物漸漸擿開。仍作空格，仍仰上釜，著上釜，拂取飛精也。方用雄雞羽，雞是酉禽，意謂用白羽爲宜。先預置覓白雌雄雞，養生卵伏出，純取其白雄鷄兩三頭，孤養於他處，至二年可用。當拔取兩翅頭料風毛，各三枚，勿水洗拭之，以掃飛霜華也。以丹納金筒中，密塞口，以錦囊盛之。方云：帶肘後者，正是。寶貴不欲離身，亦恐未服之間，脱能神化去故也。

試藥法

臣按丹經云：藥當先試造金，金成即丹成也。金若不成，丹亦未成。更須飛之，以成金爲候。分兩雖有正訣，臨試須以餘法詳驗。按九轉法，取鉛十斤，著鐵器中，猛火炊之三沸，投九轉之華一銖，投鉛中攪之，須臾成黃金九斤。又取錫七斤，著鐵器中，猛火火之三沸，投九轉之華一銖，於中攪之，須臾成白銀。所得之華，先秤之。若千人服之有餘，便可試金。不可一法望風輕賣也。其濃丹滓，乃將作銀，亦可。依此以滓試之矣。臨時節度，自依本經。

佚名《太清金液神丹經》卷中 金液還丹仙華流，高飛翱翔登天丘。黃赤之物成須臾，當得雌雄紛亂殊。可以騰變致行厨，靈人玉女我爲夫。出入無間天同符，其精凝霜善沈浮，汝其震敬必來游。

凡六十三字，本亦古書難了，陰君顯之，作金液還丹之道。其方用大銅筩，開孔廣二寸半，令筩厚四分，高九寸，用二枚。其以一枚爲蓋，蓋高五寸也。冶熟礜石一斤，鉛丹半斤。夫礜石先以火燒二十日，擣萬杵，又入鐵器中，猛火九日九夜，復萬杵下細篩，調之以淳苦酒，和之如泥，塗銅筩裏，令上下俱厚四分，是第一塗也。修之法即復，當以雄黃雌黃之精，以醇醯和復，塗兩筩裏，令厚半

分，此第二塗也。第三次雪霜也，其上甯蓋，亦如下甯法塗之，內霜雪不滿寸半，已內霜雪中，以上甯蓋之，輒代赭瓦屑，如之以塗其會牢，塗之無令泄，泄則華汋飛去。已復塗之，宜於陰熇潔處，令其大乾，置於蘆葦火馬通火中央，作鐵鋭竪安之甯，令去地高三寸，糠火亦佳也。火前後左右去甯皆三寸，不可不審詳精占之也。如是後至十日，更近左右前後各二寸。如是二十日，復更近火去甯一寸。如是至三十日，左右前後，火乃四面集之，至於甯下，令半甯復如此。至後五十日，名之曰黄金。黄金者，此中神藥，可以成黄金也。如是又火二十日，合七十日，藥成名曰赤金，所謂赤金者，此中神藥可成赤金也。名曰金液還丹。即欲作黄金，取還丹一銖，置一斤鉛中，即成真金矣。亦可先納鉛於器中，先火爲水，乃納刀圭赤藥於其器中，臨而觀之，五色輝華紫雲，亂映蓊鬱，玄黄無定，若仰看景雲之集也，名曰紫金，道之妙矣。其蓋上紫霜，名曰神丹。

【略】

又旦當漱華池玉漿，使常飽溢。瓊漿口中液也。玉漿主爲骨髓筋骨肉，益人精氣上升，不勞不倦，長生久視。龍膏澤者，桑上露也。露著桑葉上，平旦綿拭取之，煮大乾棗，取上清汁合駕羊髓分等，煎以爲棗膏。亦可長服，令人填滿有美色。銅甯亦可大作。向者所作寸數，是其還丹之一劑耳，增損隨宜也。作棗膏法，一劑用三斗大乾棗，六斗水煮之令棗爛，又納三斗水，又煮沸，合用九斗水，絞去滓清澄之，令得三斗，乃納駕羊髓六斗投汁中，微火更煎，如飴狀止。無駕羊髓者，駕羊膏亦可用。

佚名《九轉流珠神仙九丹經》卷上 ［前闕］ 丹砂所出，非一郡縣也。故言婚親多也。道士持戒，游五都。五都者，五嶽也，欲作神藥也。其子四千者，市水銀也。金銀加者，鉛與水銀合，故言金銀加也。子明炊婦與赤爐者，水銀與玄黄，合在土釜中也。故言與赤爐者，土釜名也。水銀者，釜也。言水銀與鉛合，大怒欲飛赤，故言口牙。用口牙如黄真多者，言鉛與水銀合，變化生玄黄也。蒸覆柔甯中如已者，言飛精玄黄，當百蒸之也。故曰蒸覆柔甯頭。中如已柔甯者，謂生竹甯也。子明惶悸，內懷河車。子明者，水銀，水銀得火，逃鉛中也。鉛一名河車，故言內懷河也。鄰里雄黄，及丹砂轉相和解，謝其家者。言當以雄黄水，丹砂水，和飛精也，故言謝其家也。牡蠣、赤石脂，使不邪者。當以牡蠣、赤石脂泥，封塗兩土釜表裏內外，令各厚三分也。使不邪者，使神藥諸飛精，不敢逃飛去也，故言使不邪也。言取牡蠣二十斤，合赤石脂治之，令如粉和，以百日醯和如泥，以塗土釜表裏，厚各三分，封塗之，令陰乾十日，乃飛水銀與玄黄，合火之九上九下，如雪霜紫色，色若葱華，後乃相聽兩性和。兩性和者，言藥不敢飛亡，與玄黄合也，故言兩性和也。日暮腸動應感加者，兩藥和合也，故言腸動應感加也。夫妻共戲色忽華，陰陽以會樂不過。樂不過者，神藥成，室家大喜，故言不過也。即日生子如積沙者，言水銀與玄黄俱飛，著上土釜，如積沙也。銅羽次藥土龍和者，言銅羽者，三歲雄雞羽也。言欲掃藥，當以雄雞羽掃之，取上飛精也。土龍和者，當以白頸蚯蚓汁，和丹華也，和以復飛之，故言土龍和也。可化金銀者，言丹華用一刀圭粉，鉛汞一斤，居猛火上，須臾立成黄金也，故言可化金銀也。水，黄牙也。一斤與一銖者，言取九飛丹華一銖，以粉水銀一斤，若粉鉛錫一斤，皆成黄金也。故言斤與一銖慎無多也。多者，金剛不中推。少者，金弱不中推。故言斤與一銖慎無多也。食如黍粟飛相過者，飛上天也。坐知天地者，言服丹華，須臾飛上，盡見天上諸神也。【略】

解曰：治丹華法，取礬石、戎鹽、滷鹹、礜石四物，先燒之二十日。東海牡蠣取左顧者，赤石、脂滑石凡七物，分等多少自在，合治萬杵，令如粉，於鐵器中，火之九日九夜，猛其火，藥正赤如火。可復治之萬杵，下鮮支篩和，以善百日醯，以和諸藥，名曰六一泥。以塗兩赤土釜內外，各厚三分，曝之日中十餘日，令乾燥。以取胡粉燒之，令如金色。可復取玄黄分各等，和以百日華池，令如泥，治之萬杵，以塗兩赤土釜裏，厚三分。復塗其外，厚三分。曝之十日，令大乾燥。因内朱兒二斤，去土釜中，作藥多少自在，下用朱兒一斤，上至十斤，若百斤作藥，無常多少自在，貧人少作，富人多作。土釜令受八九升大者，受一斗半土釜，滎陽河南洛陽及潁川郡者，大多一枚直十四五錢耳。皆先調塗，以六一泥塗其內外，各厚三分，曝十日，令乾燥，乃可用也。因内朱兒土釜中封，塗之令乾燥，十餘日，及釜口際會，無令洩洩者。朱兒飛去，先以通卿熅火，以壅土釜邊，火去土釜五寸許，通卿者，馬通也。無馬屎，用糠火。熅之九日九夜，推火附之九日九夜，釜著火上，復九日九夜，火壅釜半，復九日九夜。凡火之四九三十六日，可。復一口寒，發之朱兒皆飛著上釜，以雄雞羽掃取之，色紫赤，五彩琅玕，或如奔星鴻赤，或如霜雪，或正赤如丹，一斤減四兩耳。藥伏火不起，名曰丹華，和以龍膏，丸之大如小豆，置猛火上，以鼓囊吹之，飯頃成黄金。不飛藥成粉汞一斤，以二十四銖火之，即成黄金矣。以作金銀甯，以盛藥。欲服藥，大如小豆，向日再拜服之。藥不伏火者，當復飛之。和以玄

水汋龍膏澤，令濕浥浥，復置玄黃赤土釜中，封際如法，猛火飛之，復三十六日，藥成。凡七十二日，畢矣。

【略】

聖人祕之，非凡俗道人所當見知，自非賢聖開通導達，殊人乃能知之。故書不盡言，言不盡意也。故經曰：丹精生日精，光明也。日子者，火也，故火名子明也。水銀亦名子明，故易營虛日。丹精生日，太陰生月，位在北方坎，其數一，故能知一萬事畢。一者，鉛也。鉛精生月，鉛精名太陰石。一名金公，一名河車，一名河上姹女，一名立制石。

凡愚之人治藥，反用山中立制石，非也。去道萬里。真人自以鉛黃華變化，立制石膽，皆出鉛中。凡愚民方士好事者治藥，反用羌里石膽，非也，去道萬里，治藥由不成也。真人自以丹砂精，化爲流珠雪，霜鉛精俱化爲還丹，黃白乃成，服之神仙矣。不用此二物治藥，雖得丹服之，由復死矣。

太陰者，鉛也。太陽者，丹砂也。太陰者坎位，在子。太陽爲離位，在午。故坎生月，離生日也。日爲夫，月爲婦也。日爲雄，月爲雌也。磁石鉛屬太陰，位在子，其數一。丹砂屬陽，位在午，其數九。雄黃屬土，其數五，故曰一五九，凡十五，故真人名爲三五。知三五横行天下。能知三五，以治藥爲還丹，服之耳得長生不死，故曰横行天下。故真人曰：能知三奇六儀，何用餘爲。丹砂爲雄，鉛爲雌。故傳曰：父三奇，母六儀，審知此道，何用封侯，爲此之謂也。

子明媒之使共居者，言取水銀九斤，鉛一斤，合置赤土釜中，猛火上，從平旦至日落下時，水銀與鉛精皆俱出，如黃金色，名曰玄黃精，一名黃芽，一名黃輕。以丹華水之，名曰黃池，一名黃華，一名黃龍，一名玄制石。取玄黃和以玄水，令如封泥丸之，內赤土釜中，封以六一泥，內外厚三分，令乾十日，無令洩，以馬通若糠火，火之八十一日，當庚辛。庚辛者，黃金之名也。真人祕之，不言黃金，故字金爲庚辛。取玄黃一刀圭，納猛火中，以夾囊鼓炊之，飯頃皆消成庚辛。不成庚辛，火之飛去藥，生不可服也。當納赤土釜中，火之如前，封塗之，九九八十一日，藥乃可用也。

玄黃一名伏丹，一名紫粉。欲服之，常以甲子日平旦，東向日，再拜，服如小豆，日吞一丸，百日百病皆愈。玄黃藥治大癲大癩，百日皆愈，無所不治。

子明媒之使共居，與不相聽欲上書，後復會面神丈夫。欲上書者，水銀未與鉛和合也。復會面神丈夫者，水銀也。子明迫之者，用火也。子明迫用赤釜者，赤土釜也。子明者，火也。後竟相聽色由由，言鉛與水銀合飛之，爲玄黃也。色由由者，藥色殊好也。夫從外來，婦從內來，魚水相得，乃食行相須。

四時生子若神廬，五色光顔厚寸餘，言雌雄相得，不復飛去也。即復取玄黃，和以百日華池，令如泥，以苴兩赤釜裏及外，內厚三分，因納水銀三斤於其中，亦可納十斤水銀，作藥多少自在，飛三斤水銀，可以飛一人耳，令一人得道仙去，其藥少故也。飛一斤可得十兩。

飛玄黃耳，言取一斤水銀，納赤土釜中，覆以玄黃，其上厚二寸，所以一土釜合之，封塗以六一泥，如治丹華法，以馬通糠火，火之九日九夜，水銀皆飛上著釜裏，狀如雪霜，紫赤鴻生五色也，故言五色光顔厚寸餘，以毛羽掃取之，和以黃戍，若復如初也。黃戍者，黃狗膽也。若和以河伯餘者，鯉魚膽也。即取鯉魚膽，和飛雪霜者，水銀飛精合如封書，泥丸之，復納赤土釜中，復以玄黃精覆之，厚一寸，以一赤土釜合蓋之，以六一泥封塗釜口際會，無令洩，置日中曝之十日，大乾燥，乃可熅之。熅者，不可燒也。稍熱釜坼也，失大藥也。復火之九日九夜，可止。後一日寒，發之，以羽毛掃取上飛精鴻紫，名曰神符還丹。

和以龍膏，丸如小豆，常以平旦東向日，再拜長跪，服之百日，與諸神仙玉女相隨，從諸神行如飛也。欲渡江河海，以神符丹和以龍膽膏，若鯉魚膽，塗兩足下，以渡江海河淮渭濟，以行水上，足不濡者，不溺没，故言足不濡。得道度世，百病除身，得不死，無百病也。服藥百日，腹中三蟲三尸，皆自壞敗死下也。土龍魚膽，皆陰精也。水銀者，陽精也。故陰能制陽，爲藥伏不敢起也。真人神人仙人祕不得傳。

真人曰：第三之丹名神丹，五色參差誠可觀。本自正陽武都閒者，言真雄黃、雌黃，皆出正陽武都。武陽亦有雄黃，潔淨白，面又大。神者言八石之中，雄黃、雌黃辟五兵，治百病，尤大神良。潔淨白面者，取鮮好者也。常得賢士兩萬錢者，言能飛雄雌，得其飛精一刀圭，價直萬錢。面色較好目熁者，言飛雄雌藥，生五色好也。晨昏夜暮出遊止名山者，言以火飛精在上釜，故言止名山。

方士劫之不敢焉，言道人以赤土釜二枚合飛之，不敢者，不令其飛精去。取下土石也，取其飛精也。言法取雄黃二斤，雌黃一斤，凡三斤，小以華池傳藥，乃不敢散飛去華池者。百日醯取雄雌，合納鐵臼中，治之萬杵，合和如粉，納赤土釜中，蓋以玄黃粉，上下左右各厚一寸，以六一泥封塗，無令洩，曝乾之十日，乃可以馬通火，飛之九日九夜，火去釜邊五寸，以火壅之九日九夜，推火至釜下，猛

其火九日九夜，以火壅之，至釜半火之，復九日九夜，可四九三十六日。後一日寒發，以雞羽毛掃取飛，和以龍膏，復飛之如前治丹華法，火之三九二十七日止。後一日寒之發，以雞羽毛掃取之，名曰飛精，即治以爲藥，名曰神丹。道士服之，即神仙，亦不過百日仙矣，下愚服之，一年乃仙去。非有鬼神藥使然。凡人男女俗人小兒，服藥皆神仙，服之繫之皆大神。

子明合會使相親，子明者，火使相親也。雄雌合得火飛精，善塗其際致令堅。以六一泥塗土釜内外上下，各厚三分。先以玄黄和以華池，令如泥，以塗兩赤土釜裏，無令洩，故言致令堅。牡蠣、赤石脂、磁石凡三物，分各等，治之萬杵，令如粉，和以左味。先以華池平均其中，令不津不洩，取上飛雄雌黄精，和以龍膏物相因，言治九丹神藥飛精，不得龍膏藥不神。故言和以龍膏物相因，食之不死壽萬年也。

又 卷下 真人神水法

真人曰：第五之丹名曰餌丹，本自長沙武陵土，太一旬石朱氏子。朱氏子者，水銀也。武陵土者，雄黄也。太一旬石者，禹餘粮也。法取水銀一斤，雄黄一斤，治之如粉，加水銀上。禹餘粮一斤，治之如粉，加雄黄上。納土釜中，以一釜合之口際，封以六一泥，令乾燥，以馬通或糠火之，九日九夜，更以炭火之，九日九夜，藥皆飛著土釜上。子明媒之與賢士者，子明火也，賢士者黄金。俱與水銀，合入天雄，和以龍膏，少室人雄分各等。神爵子者，雞子也。【略】故名第五之丹母，一名餌丹也。

真人曰：第六之丹名鍊丹，所出微妙諸神仙。迺出蠻夷巴越間者，言越砂出巴郡越鄉。目如珠光口如丹者，取其鮮明者也。賢者不取人民間者，取土龍膏，飛流八石。三旬間者，飛石三十日。八石者，巴砂、越砂、雄黄、雌黄、曾青、礬石、磁石、石膽，凡八物分等作藥，多少自在，和以龍膏、土龍屎一斗，以和黄犬膽，合土龍屎二斗，以爲釜。牡蠣、赤石脂各三斤，以左味埏牡蠣、赤石脂治如粉。左味者，大米醯也。和爲泥，塗土釜内外，厚三分。子明和調，令可丸，小火以泥塗釜際，無令洩。

八石當飛，上著如雪霜，言其精色如雪霜，言和以龍膏，物相因者，丸如小豆，亦可服食。黄白成，言藥成可作金銀，諸神敬諾聽己言也，百鬼神皆可使，服之後飯者十日也。非獨男子，女子亦然。女子服之，亦飛仙。辟穀不食者，絶五穀，但飲水絶念。若與婦女交通，道必不成。作藥不食糖苦捐，如身塗汙，去之難治。八石各異治之如粉，巴砂、越砂在下，次以雄黄，次以雌黄，次以曾青，次以礬石，次以石膽，次以磁石，磁石在上，以一土釜合之，以六一泥封合兩釜，牡蠣赤石脂塗合際，飛之以馬通或糠火，火之如治丹華法，飛之三旬，取飛精，和以龍膏，丸如小豆，食後服之下滓，可以治百病，神驗也。

真人曰：第七之丹名柔丹，與餌丹相似，滑澤又易食。水銀三斤，先以玄黄和左味令如泥，以塗釜内外，厚三分。納水銀其中，封以六一泥，無令洩。乾十日，飛之如丹華法，二十日止。取上飛精，和以龍膏，則欲求子，和以缺盆。九十老公服之，陽氣大强，可復生子。以柔丹晝神木爲人神，木者梧桐也。以柔丹字奴婢，不敢逃亡。八十老母服之，即復生子。長吏服之，即時昇遷。

治藥法，飛之如丹華法，聖人齋戒成大神。理人者，真人也。不齋戒，藥不神。當求河女以爲婚姻，當得名鉛。河女水銀，與鉛合精，可作金銀，轉相成就，生子孫者，藥無不成，生無不化，令人不死，又可神仙矣。

真人曰：第八之丹名曰伏丹，其色頗黑紫，且烟五彩色集，可拘鬼却姦人。以丹書門户，殺惡鬼，辟盜賊。作之法，以赤土釜，若龍屎釜一枚，苴以玄黄華，若鉛釜中外，厚三分，封以六一泥，無令洩。内水銀釜中，封之令乾，以馬通或糠火之，九日九夜。以上釜爲下釜，復飛之九日九夜。復以下釜爲上釜，如是九上九下，藥成發取上飛精，和以龍膏，復飛之一旬。上飛者治之如粉，盛以金銀筩中，若生竹筩中。【略】

作藥法，以水銀一斤，多少自在，封閉如丹法，以六一泥塗，以兩土釜亦可，用玄黄釜，亦可用洛陽赤土釜，胡粉釜，大小自在。和以龍膏，飛之三日，取上著者，色如雪。復以龍膏和久一旬，一旬者十日。藥成，如治丹華法，四子共養一母，曾青、磁石、礜石、玄黄爲苴，覆頭上也。

真人曰：第九之丹名曰寒丹，法以金銀爲主，用金銀爲金。五藥集者，五石分等。五石者，水銀外雄黄、雌黄、曾青、礜石、磁石。凡五神各一斤，水銀二斤，異治，五神合粉之。先納水銀釜中。先苴以玄黄，乃納流珠釜中，次以雄黄布水銀上，次以雌黄，次以曾青，次以礜石，次以磁石，磁石最在上。以一土釜合之，封以六一泥，無令洩。龍屎黄土各半升，合爲泥，去其土，先以牡礪、赤石脂泥塗釜際，厚三分合。復以龍屎黄土，塗其上，厚三分。令乾十日，以子明調之，微其火，神藥當上著，正如鍾乳。火之九日九夜，寒發取上藥，用雄雞羽掃，和以龍膏若黄狗膽。服之輕身，百日病悉愈。【略】

第九丹法，如治丹華法也。土釜皆同，封閉皆同，泥塗火皆同法，火常先文後武者。先微其火，九日後小猛之，釜塗欲極乾燥，久久益善。火之釜有坼如髮者，藥飛去。治諸泥藥，皆欲熟令如粉，下細篩。如欲調左味者善。大米酢，一名華池。常以五月五日，七月七日，不如五月五日，獨取最良。龍膏液及龍膏澤，桑上露。欲取之時，以綿拭之，絞取汁。

九鼎者，九丹也。八十一首由一丹，能得之者昇太清。因火變化藥自然，物類相使轉相因。水火之道最甚神，曾祖九族水爲先。金木合符夫妻身，日月星辰託陰陽。謂精集會火爲王，姓爲陵陽字子明。攻擊胡虜誅豪强，延及巴越侵豫章。四夷來降合中央，三陰相制柔勝强。青龍白虎東西翔，鳳凰朱雀赫瞳瞳。黄金之樓十二重，中有玄武神龜倡。五彩爲帷覆玉房，真人御之昇九皇。游遨太清及明堂，精華踴躍如雪霜，能知此藥爲仙王。

真人曰：華蓋者，鉛黄華也。雄黄入者，可覆雄仙藥也。鉛爲華蓋，謂神水也，故言鉛黄華。夫造鉛水之時，從黄華起，故連名名言本耳。又言雄黄黄華者，謂飛鉛爲霜雪鉛者連，故言名本耳。又言雄黄黄華者，謂飛故言雄也，所以言解也，所以言入者，鉛太陽也，得陰則入，與黄華合，故言入耳。所以言可覆雄仙藥也，謂此二華混沌合爲，包懷流珠，使精神不去。故言可覆雄者，言陰抱陽包者覆也。故言可覆雄者，鉛也。所以云爲仙藥者，言鉛化爲丹，不死藥餌。

佚名《太清經天師口訣》 三景膏第八

作三景膏法，朱砂、雄黄、雌黄、禹餘糧、雲母粉、石肉、鍾乳、白石英、紫石英、石峰、石腦，已上朱砂等各十二兩，茯苓三十六斤，松脂二十四斤。凡十三物，精錬治作粉，用食蜜一石二斗，安銅釜中，内上藥等合煎七日，丸如梧桐子，一服三丸，日三服之。

晉·葛洪《抱朴子内篇》卷四《金丹》 抱朴子曰按黄帝九鼎神丹經曰，黄帝服之，遂以昇仙。又云，雖呼吸導引，及服草木之藥，可得延年，不免於死也。服神丹令人壽無窮已，與天地相畢。【略】

九丹者，長生之要，非凡人所當見聞也，萬兆蠢蠢，唯知貪富貴而已，豈非行尸者乎？合時又當祭，祭自有圖法一卷也。

第一之丹名曰丹華。當先作玄黄，用雄黄水、礬石水一本作汞。戎鹽、鹵鹹、礬石、牡礪、赤石脂、滑石、胡粉各數十斤，以爲六一泥，火之三十六日成，服之七日仙。又以玄膏丸此丹，置猛火上，須臾成黄金。又以二百四十銖合水銀百斤火之，亦成黄金。金成者藥成也。金不成，更封藥而火之，日數如前，無不成也。

第二之丹名曰神丹，亦曰神符。【略】

第三之丹名曰神丹。【略】

第四之丹名曰還丹。【略】以一刀圭合水銀一斤火之，立成黄金。【略】

第五之丹名餌丹。【略】

第六之丹名錬丹。【略】又以汞合火之，亦成黄金。

第七之丹名柔丹。【略】與金公合火之，即成黄金。

第八之丹名伏丹。【略】

第九之丹名寒丹。

又 若取九轉之丹，内神鼎中，夏至之後，爆之鼎熱，内朱兒一斤於蓋下。伏伺之，候日精照之。須臾翕然俱起，煌煌輝輝，神光五色，即化爲還丹。取而服之一刀圭，即白日昇天。又九轉之丹者，封塗之於土釜中，糠火，先文後武，其一轉至九轉，遲速各有日數多少，以此知之耳。其轉數少，則用日多，其藥力不足，故服之用日多，得仙遲也。其轉數多，藥力成，故服之用日少，而得仙速也。

又有九光丹，與九轉異法，大都相似耳。作之法，當以諸藥合火之，以轉五石。五石者，丹砂、雄黄、白凡、曾青、慈石也。一石輒五轉而各成五色，五石而二十五色，各一兩，而異器盛之。欲起死人，未滿三日者，取青丹一。

抱朴子曰，其次有五靈丹經一卷，有五法也。用丹砂、雄黄、雌黄、石硫黄、曾青、礬石、磁石、戎鹽、太一餘糧，亦用六一泥，及神室祭醮合之，三十六日成。【略】

又有岷山丹法，道士張蓋蹹精思於岷山石室中，得此方也。其法鼓冶黄銅，以作方諸，以承取月中水，以水銀覆之，致日精火其中，長服之不死。又取此丹置雄黄銅燧中，覆以汞曝之，二十日發而治之，以井華水服如小豆，百日，盲者皆能視之，百病自愈，髮白還黑，齒落更生。

又務成子丹法，用巴沙汞置八寸銅盤中，以土爐盛炭，倚三偶，塹以枝盤，以硫黄水灌之，常令如泥，百日服之不死。

又羨門子丹法，以酒和丹一斤，用酒三升和，曝之四十日，服之一日，則三蟲百病立下。

又有立成丹，亦有九首，似九鼎而不及也。其要一本更云，取雌黄、雄黄燒下其中銅，鑄以爲器，覆之三歲淳苦酒上，百日，此器皆生赤乳，長數分，或有五

色琅玕，取埋而服之，亦令人長生。又可以和菟絲，菟絲是初生之根，其形似菟，掘取剋其血，以和此丹，服之立變化，在意所作也。又和以朱草，一服之，能乘虚而行云，朱草狀似小棗，栽長三四尺，枝葉皆赤，莖如珊瑚，喜生名山巖石之下，刻之汁流如血，以玉及八石金銀投其中，立便可丸如泥，久則成水，以金投之，[名爲金漿，以玉投之]名爲玉醴，服之皆長生。

又赤松子丹法，取千歲蔂汁，一作汁。及礬桃汁淹丹，著不津器中，練蜜蓋其口，埋之入地三尺，百日，絞檸木赤實，取汁和而服之，令人面目鬢髮皆赤，長生也。昔中黄仙人有赤鬚子者，豈非服此乎？

又石先生丹法，取烏鷇之未生毛羽者，以真丹和牛肉以吞之，至長，其毛羽皆赤，乃煞之，陰乾百日，并毛羽擣服一刀圭，百日得壽五百歲。

又康風子丹法，用羊烏鶴卵雀血，合少室天雄汁，和丹內鵠卵中漆之，內雲母水中，百日化爲赤水，服一合，輒益壽十歲，服一升千歲也。又崔文子丹法，內丹鶩腹中蒸之，服，令人延年，長服不死。

又劉元丹法，以丹砂內玄水液中，百日紫色，握之不汙手，又和以雲母水，內管中漆之，投井中，百日化爲赤水，服一合，得百歲，久服長生也。

又樂子長丹法，以曾青、鈆丹、合汞及丹砂，著銅筩中，乾瓦白滑石封之，於白砂中蒸之，八十日，服如小豆，三年仙矣。一本作一年仙。

又李文丹法，以白素裹丹，以竹汁煮之，名紅泉，乃浮湯上蒸之，合以玄水，服之一合，一年仙矣。

又尹子丹法，以雲母水和丹密封，致金花池中，一年出，服一刀圭，盡一斤，得五百歲。

又太乙招魂魄丹法，所用五石，及封之以六一泥，皆似九丹也。【略】

又采女丹法，以兔血和丹與蜜蒸之，百日，服之如梧桐子者大一丸，日三。【略】

又稷丘子丹法，以清酒麻油百華醴龍膏和，封以六一泥，以糠火煴之，十日成，服如小豆一丸，盡劑得壽五百歲。

又墨子丹法，用汞及五石液於銅器中，火熬之，以鐵匕撓之，十日，還爲丹，服之一刀圭，萬病去身，長服不死。

又張子和丹法，用鉛汞曾青水合封之，蒸之於赤黍米中，八十日成，以棗膏和丸之，服如大豆，百日，壽五百歲。

又綺里丹法，先飛取五石玉塵，合以丹砂汞，内大銅器中煮之，百日，五色，服之不死。以鉛百斤，以藥百刀圭，合火之成白銀，以雄黄水和而火之，百日成黄金，金或太剛者，以猪膏煮之，或太柔者，以白梅煮之。

又玉柱丹法，以華池和丹，以曾青硫黄末覆之薦之，内筩中沙中，蒸之五十日，服之百日。【略】

又肘後丹法，以金華和丹乾瓦封之，蒸八十日，取如小豆，置盤中，向日和之，其光上與日連，服如小豆，長生矣。以投丹陽銅中，火之成金。又一法以油汁和丹，服之百日長生。

又李公丹法，用真丹及五石之水各一升，和令如泥，釜中火之，三十六日出，和以石硫黄液，服之十年，與天地相畢。

又劉生丹法，用白菊花汁、地楮汁、樗汁和丹蒸之，三十日，研合服之，一年，得五百歲。老翁服更少不可識，少年服亦不老。

又王君丹法，巴沙及汞内雞子中，漆合之，令雞伏之三枚，以王相日服之，住年不老，小兒不可服，不復長矣，與新生雞犬服之，皆不復大，鳥獸皆亦如此驗。

又陳生丹法，用白蜜和丹，内銅器中封之，沉之井中，一期，服之經年，不饑，盡一斤，壽百歲。

又韓衆終丹法，漆蜜和丹煎之，服可延年久視，立日中無影。過此以往，尚數十法，不可俱論。

【略】

小神丹方，用真丹三斤，白蜜六斤攪合，日暴煎之，令可丸，旦服如麻子許十丸，未一年，髮白者黑，齒落者生，身體潤澤，長服之，老翁成年少，長生不死矣。

小丹法，丹一斤，擣篩，淳苦酒三升，漆二升，凡三物合，令相得，微火上煎，令可丸，服如麻子三丸，日再服，三十日，腹中百病愈。【略】

又 卷一一《仙藥》 餌丹砂法，丹砂一斤，搗簁下淳苦酒三升，淳漆二升，一本和蜜二升。凡三物合，令相得，微火上煎之，令可丸，服如麻子二丸，日再。四十日，腹中百病愈，三尸去；服之百日，肌骨堅强。

佚名《太極真人九轉還丹經要訣》 用藥法

礬石一斤，空青三斤，如有曾青只用曾。白石英二斤，丹砂十斤，色光明不染紙者，辰錦州上。雄黄四斤，精明赤色，不染紙上。雌黄五斤，水銀六斤。

凡上物，唯汞不擣耳，其六般各擣三萬杵了。先入礬石著釜下，次納空青，

次納白石英，次納丹砂，次納雄黃，次納雌黃，雌黃獨在上，調按令平正。廼以水銀六斤，灌注雌黃上。都畢，廼以神釜蓋蓋合之。仍先用鉛丹泥，泥下釜際上。廼安上釜，釜際亦先泥縫之，使兩釜相合際密也。又以鉛丹泥，泥兩際之外，稍令厚一寸二分，此是用土釜法。若以土燒成者，甆釜子及金銀鍮銅爲之者，量其事而泥之，不在一寸二分厚也。其泥土釜凡三遍，上泥遍遍，須泥兩釜際，令乾，則再上之，至一寸二分畢也。又以六一泥，泥鉛丹泥之外，令厚一寸二分，如鉛丹泥法，漸漸乾。廼上泥也。共是二寸四分，都畢矣。然後安在鐵鐙上，閣之。鐵鐙脚四脚，如鏊脚狀，但令高九寸也。先以糠煨火入鐙下，令去釜底六寸，九日九夜。又加火，去釜底三寸，九日九夜。又加火，齊釜底三寸。九日九夜。又加火上釜腹三寸，九日九夜。又加火，再上釜腹二寸，共五寸，九日九夜。又加火，齊釜合際之下一寸，九日九夜。止，寒之十日。又加火，至釜際之下半寸，頓三十六日晝夜，凡合九十晝夜，名曰九轉還丹。日滿，寒之七日。廼出釜下竈，去上釜，其飛精九色，流光焕爛，皆懸著上釜矣。以三歲雄雞羽掃之，盛以密器，帶之肘後。秤二兩爲劑也，平旦向東，以新清水餌之，即能隱淪散形，飛翔太虚，太極遣使，迎以金丹羽輪，分形化景，作白鶴數千頭，上登太微，位爲真仙，壽同三光，還童却老，面生玉映，項有曜靈，寔九轉還丹之力也。取鉛十斤，著鐵器中，猛火火之令沸，投九轉之華一銖於鉛汁中，攪之，須臾立成黃金九斤矣。

取水銀一斤，錫七斤，著鍋中，火之三沸，投九轉之華一銖。於錫汁中，攪之，須臾立成白銀也。有此變化，是丹成耳。如試之未可，則依上法再燒九十日夜，無不成者矣。

取土釜中丹滓，合擣五萬杵，合和以白砂蜜，丸梧子大，名曰太極還命神丸。其已死未三日者，開其口，投二丸，以新水下之，皆即活矣。其傷敗殘屈，目盲耳聾，以神丸傅之，皆平復如故。病在内者，餌兩粒。病在外者，散二丸爲粉，以摩傅之，即立愈。所治隨意任手也。旦服一丸，壽同天地。以神丸塗物，出手自還也。

其故土釜，慎勿毁之。廼復可以合丹，因前泥用之。但當更密塞其上下釜之口，勿穢慢之。臨用之時，更泥内外，以鉛丹泥，令厚分寸如前法也。若火劣而日滿，其丹華未飛者，火少耳。更復固釜口際，如法再火之三十六日，萬無不成也，則不須九十晝夜矣。當先清齋百日，廼泥作神釜成，擣藥令訖，至九月九日平旦發火，自齋以始，便斷絶人事，令待丹成也。合丹可同心慕道，淳和忠信，不淫濫，守志行者，三人可也。若難其人，兩人可也。皆須齋戒沐浴，不得履殗穢見屍也，及雞犬，大忌之。人間難修養者，良由兹乎。此九轉神丹方，王君口訣，流利易合作也。若藥物盡精好，齋戒修整，深隱清静，此方神妙，無不成也。【略】

隋・蘇元朗《太清石壁記》卷上

黄帝九鼎丹方

雄黄、雌黄各半斤，朱砂五斤，石硫黄、白石英、鍾乳、朴硝、礬石各三兩，石牀、寒水石、石膏、禹餘糧、青石、太陰玄精、赤石脂、雲母、磁石，已上各五兩。

右十七味，並擣酢拌浥浥，吴鹽覆之，火三日夜，寒半日，開之重飛七轉，用治萬病，無發動。

召魂丹（法）一名反魂丹，二名更生丹，三名歸命丹。

朱砂、雄黄、雌黄、曾青、石硫黄、（礜石）礜石各五兩，水銀三斤，又云一斤。

右依四神丹方，飛之五六轉，精熟，可服。宜與石硫黄丸相和服之。

五味丹方

水銀霜一斤，硝石五兩，寒水石五兩，石膏五兩，石膽五兩。

右擣篩相和，不用酢拌，直爾飛之，入釜三日夜，如飛召魂。

五嶽真人小還丹方一名金精丹，二名飛空丹，三名仙蕚丹，四名救世丹。

丹砂、雄黄、曾青、磁石、石腦、朴硝、巴砂、玉英、禹餘糧、白礬石、玄石脂、凝水石、滑石、石膽，各十兩。

右新苦竹爲筒貯之，以蠟固頭，按之，納華池中，二十日出之陰乾，二十日擣篩色别，以酢和爲丸，納玉釜中，似鍊紫游丹法。勿使氣泄，以文武火三日夜。開之，色别擣下如粉。第一納丹砂，次玉英，合之上下相當，密用固濟。初用馬通火三日夜，後用炭火三日夜，前文後武，飛入上釜，丹成出用之，於乳鉢中，以玉碪研之如粉，以大棗去皮和爲丸，丸如粟米，一服三丸，用飲汁酒下之。

太一小還丹方一名太精丹，二名朝景丹，三名凝霞丹，四名落暉丹。

水銀一斤，石硫黄五兩。

右研石硫黄爲末，以白厚紙承之，取於炭火上炙，硫黄鎔滴水中，棄前紙。如此三遍鍊之，秤五兩。又取新瓷瓶可二升已下，内外通有油者，以黄土細篩，和石灰紙筋相爲泥，泥瓶子外，可厚三分，曝乾。又取一新瓷盞子，令與瓶子相當，内有通油者，還以前泥泥盞外，亦厚三分許，曝乾爲瓶蓋。又令鐵牀

子鍋脚與瓶底相當，坐瓶子於牀子上。又作風鑪，高於瓶子五寸許，四面各去瓶子五寸，塼瓦和泥作鑪，下開四風門，待乾用之。又先以水銀下瓶子中，微火温之令暖。又取一鐺子，鎔硫黄令如水，傾水銀瓶子中，攪之少時，待冷，水銀便如碎錫，可以爲塊。遂以前盞子蓋之，還用前泥密固濟，下鑪中，即以微火傍瓶四邊，炙之令固濟處乾。鑪漸熱，加火。初文後武，令稱瓶上火色紫焰出時聲動，其火令心虚，稍稍添炭，如此百夜，漸漸退火寒之，開看其丹並著瓶子四邊及上蓋，其丹狀如石榴子，紫黑色。水中研泛之，取細者，色過光明砂，紅赤非常。藥成細研，和粳米飯，丸之如小胡眼，每日服五丸，至五百丸，萬病除矣。一經云：從朝下火，至日午藥成，可服。亦和丸。蒸曝巨勝，服白飲汁酒送之，忌血羹魚膾大酢生冷。

五靈丹方一曰昇霞，二曰凌霄，三曰靈化，四曰太一召魂，五曰還霞丹。

汞霜、雄黄、石硫黄、朱砂、雌黄。已上各十兩。

右擣篩，以酢拌，曝乾七遍，入釜中，以白鹽花爲藉，然下石藥，以汞霜爲上，即以白鹽花覆之，厚三分，依召魂丹，用火三日夜，藥成，丸如麻子，一服一丸，治萬病。

又方

汞霜三斤，雄黄、石硫黄、朱砂各二斤。

右擣篩四味相和，以酢拌令浥浥，曝乾，可四五遍止。自外飛錬，用火日數，一依前法。

五石丹方一名五星丹，二名五精，三名五形，四名五帝，五名五嶽，六名五靈，七名八仙丹。

五石丹者，淮南王劉安好道，感仙人八公來授之，安以此方錫左吴，故得傳之人世。其藥飛五石之精，服之令人長生度世，與羣仙共居。五石者，是五星之精。丹砂，太陽熒惑之精。磁石，太陰辰星之精。曾青，少陽歲星之精。雄黄，后土鎮星之精。礬石，少陰太白之精。

右以此五星之精，其藥能令人長生不死。

又方

曾青者，東方青帝木行青龍之精。丹砂者，南方赤帝火行朱雀之精。白礬石者，西方白帝金行白虎之精。磁石者，北方黑帝水行玄武之精。雄黄者，中央黄帝土行黄龍之精。

右五味並屬太微五帝火神之精主之，欲合此丹之時，五味各十兩，並擣篩爲末，酢拌之，如八神丹法。又須得五帝神符鎮丹竈上，乃可飛之。不得此符，終不能成。符在别祕傳中，《老子三部符》中亦有也。五石者，五星生氣。服其真精氣，可以天地齊壽。自非至誠好道，莫輕傳之。若消石、紫石、鍾乳。名曰白入石也。

又　卷中

三使丹方

水銀霜一斤，朱砂二斤，雄黄一斤。

右三味擣篩酢拌，唯以水銀霜覆上，更加鹽花蓋上，餘更不異於四神丹，飛之五轉。

召魂丹方二名反魂，三名更生，四名歸命，五名全生。

朱砂、雄黄、石硫黄、磁石各五兩，水銀一斤。

右以石硫黄鎔成水，傾水銀中，攪成碧砂，和諸石藥，一時擣篩細研，酢拌，一依四神，唯轉數多於四神丹。

造水銀霜法

水銀一斤，鹽二斤，朴硝四兩，太陰玄精六兩，燉煌礬石一斤。絳礬亦得。

右先以錫置鐺中，猛火銷成水，别温水銀，即令入錫中攪之，寫於地上，少時即凝白如銀。即以鹽二斤和錫，擣之令碎，以馬尾羅重羅令盡，即以玄精末及礬石末和之，布置一依四神。唯以朴硝末覆上，用文多武少火七日夜，其霜如芙蓉生，在上甚可愛，取得霜更研。

礬石五兩，朴硝五兩，玄精五兩。

右已上更别擣碎，准前布置覆藉，更飛經數轉始好。

朱砂霜法

朱砂二斤，先研作末，細絹羅七徧。絳礬一兩半，黄礬一兩。

右並擣爲末，酢和日曝七徧，唯鐺下周匝著硇砂，及灰鹽爲埿埿鐺，即著鹽平滿鐺，看藥多少，擣鹽中作椀形，著藥訖，以銅匙按之令實，即加鹽一重覆之，更加伏龍肝一重，更以鹽上，更以朴硝蓋之，用匙按平，即以米酢噀之，即安上釜，固濟。先用麻擣泥，泥擇掃及固濟上釜，可厚三分，極牢密，漸加文火，經四日夜，即武火二日，極猛火一日，寒即以水濕固濟處，然後開用之。【略】

艮雪丹一流珠白雪，二流傾素雪，三玄珠絳雪。

水銀一斤，錫十二兩。

右取水銀，鐺中著火暖之。別鐺鎔錫成水，投水銀中，寫於浄地中，自成白銀餅，取銀擣碎，研麤羅之。

絳礬、白礬、太陰玄精，各四兩。

右並擣和銀粉，取伏龍肝、鹽末等，和上件藥，布置一依四神法，唯以朴硝一斤覆上，更用末白鹽花覆之牢，固濟。四日文火，漸漸加火，仍須微微，不得依四神武火，滿七日訖，用猛火一炊間，寒之，開取其藥霜，亦有不上者，並在鹽花内結作芙蓉頭子，其霜煮錬，依四神法。

造内丹法

右以前丹飛經三轉，並出之，不須出毒，直細研便丸，每内五丸，薄以綿裹其生丹，治疥癬、丁瘡、内癰、久瘻痔、蛇咬、牙疼，悉用之。

伏火法

水銀隨多少，以白瓷器盛之，以牛糞和灰鹽厚薦底，於灰鹽上著灰爲覆，密際陰乾。

以灰和細毛，苞瓶一寸，除此泥乾，亦得其器口。先以桑灰爲硬垍，綿裹塞之。然加苞法，只鹽灰爲垍，垍塞其口亦得。若欲速乾，微火及以堅灰相兼燒養之，養目牛糞爲裹，燒者炭爲裹，盡表附相次成矣。待冷取之，汞與鹽等霜色凝柔剛毳。

四神丹方

朱砂、雄黄、曾青、雌黄。

右四味分擣末篩，白鹽爲籍。次布曾青，次雌黄，次朱砂，次雄黄。又以白鹽覆之，以上下相合，以六一垍固濟訖。文武火常法飛，經七日夜，火法如此。

又方：任以四味直爾擣篩，以釅醋拌之浥浥，十徧曬，入釜安置依前法。若依此爲之，得藥倍多，而又色好。

唐・孫思邈《太清丹經要訣》

太一玉粉丹法

朱砂一斤，雄黄一斤，玉粉十兩。

右玉粉極硬，難擣，但以生鐵臼擣之，以輕疏絹羅之再度，即得入用。磁石粉十兩，其性極硬，亦依玉粉法治之，以水沉取細者用之，篩用亦得。

紫石英五兩，白石英五兩，銀粉五兩，空青十兩，流艮雪一斤，用銀雪。

右以打作薄，以河東鹽合擣研令細，絹篩下，不盡者，依前更著鹽研篩，以盡爲度。即以藥末等和，以釅醋，微濕拌之，曝干，可十遍餘上。先以白鹽爲藉，次布藥末等，訖，又以鹽覆之。即以上下釜相合，以六一泥固濟，以文武火九日九夜，寒之一日一夜，開看：焕徹如寒霜素雪之狀，又似鐘乳垂穗之形，五色備具，無可比象。又更還取藥三遍，以醋拌，如前以白鹽末覆藉，一依前法布之，更無別異。如此可四五轉訖，一依錬《金英丹法》錬之訖，然後將服。其勢力不若金英丹，二種藥並能延人壽命，愈疾。除此一小有陳丹消毒之者，並幽深難解，自非妙閑訣法，豈造次而可悟也？今所陳列，一無隱祕，冀有雅好之士，請於此無惑焉！

太一三使丹法

水銀霜一斤，朱砂十兩，石亭脂十兩，雄黄十兩。

右朱砂等三味別擣訖，和，布置不異前法，還以銀霜布諸藥上，帛覆之，合上下釜，固濟飛之。凡用猪負革脂者，是老母猪近脊梁邊脂也。

造紫遊丹法

朱砂、雄黄、曾青、石亭脂各五兩。

右別擣研，水銀十兩別研；石膽三兩，別擣篩，白石英別熬令沸，盡取三兩；此別味恐是錯，多是日礬，石英不沸也。陽起石三兩，別擣；石膽六兩，別擣篩，取東嶽者用之；礬石五兩，直爾篩；生用之；樸消六兩，別研篩；磁石三兩，別擣篩，又樸消三兩，和諸藥，餘三兩，用覆諸藥上，自外者並依前法治理，如前醋拌，令依法十遍餘止，其布置飛錬日數重轉，一依前，無異同也。凡承前已來飛錬諸藥等精訖，皆須重轉三兩度，然可堪用。比見丹無驗，唯覺毒害者，爲轉數不多，所以無驗矣。但飛錬未曾重轉者，如此雜石未得丹者，氣盛在藥中，不毒何待？然聖人設法，意在救厄難。且世中庸愚，情在名利。先不閑藥理，復不究方書。或見淺方，或聞傳説，因即孟浪頑心，自謂更無比類。復有無知之輩，視聽未弘，疾疹既纏，豈與力惜未之於彼！又偃仰風神，旨在得物，爲未欲，愧於容色。余亦不欲論之於此。然性命之事非輕，但雜石稍堪服食，實爲非久，請有道君子審而詳之，忽有失理於毫微，幸改之從正耳。

造小還丹法

水銀一斤，石硫黄四兩，飛錬如朱色，依大丹法出毒了研如粉。光明砂三兩，別擣

研。犀角末四兩，別擣研。麝香二兩。別研。

右五味攪和令調，以棗肉和爲丸，如大麻子許，每食後一丸，去心忪，熱風鬼氣，邪疰蟲毒，天行瘟瘧，鎮心，益五藏，利關節，除脹滿心痛，中惡，益顏色，明耳目。熱毒風服五百丸，瘟瘧服一百丸，天行飲下十丸，蟲毒准上，心忪二十丸，每食後只可二三丸，不可多服，壘至如前，功能不可具載。略而言之，余依本草。

又法：石亭脂四兩，水銀一斤，鉛黄華三兩，金一兩，成薄者。

右水銀、金、鉛黄等，加功細研，取大鐵瓶瑩磨之末。硫黄三兩，先布瓶下爲籍，次下前三味，訖，又布。餘一兩硫黄末爲覆，次下蓋。都畢，以六一泥固濟，火先文後武，七日七夜止。又寒半日開之，其中盡化爲丹，焕然暉赫，光曜眼目。準此丹一兩，用牛黄、麝香各半錢，重於洪州土鉢中，以玉鎚研之極細，用棗穰丸如梧子。每日食後，棗裹之食三丸，治風顛癇，失心鬼魅魍魎等，久服凝骨髓，益血脉，潤肌膚，出顏色，安魂魄，通神仙也。

造艮雪丹法

汞一斤，以鍊成十三兩錫，破以次計之，即時合者八兩汞、六兩半錫，其中雜藥，謹録如左：

吴白礬六兩，於鐺中熔，以火熬沸，盡使乾訖，即擣篩爲末。用此鍊白礬，今時鍊六兩秤得五兩，黄礬四兩爲末。於鐺中熬使乾，更擣篩爲末。太陰玄精二兩，擣篩爲末。樸消二兩，擣碎熬使水氣盡爲末。伏龍肝四兩爲末，取一兩和鹽及諸藥。增鹽六兩，擣篩爲末，於鐺中熬取乾。初鍊錫三遍訖，更熔，投好醋中殺錫毒，更於鐺中熔訖，以水銀投錫中，以鐵杖攪使相和置薄，掘地作淺坑子，以一張紙籍下，取寫勿流於地上，紙上留者，水銀和銀是也。仍以好醋噴之使濕，即急蓋其上，次熬鹽使乾訖，取黄礬、白礬、伏龍肝二兩總和擣，勿留於臼中，擣之爲末，以粗篩度之，入少許醋拌，勿使濕；取二兩伏龍肝籍釜下，鐵匙按之，使平實；次以鹽燥末二匙，按使平實；次樸消，還以匙撥使平實。即内藥，但平撥，不須實，以匙多少抿使平整。即以盆子覆上，固濟使密，著火三日兩夜，開藥收取。如恐不盡，所有惡者並鐺中藥滓，總和於一小盆中，取少醋噴之，使纔潤，細研之訖，以一匙内底，蓋鹽，依初飛法固濟訖，著火兩日一夜，即開看，所有水銀並皆盡矣，取藥即休。此藥主鎮心安藏，除邪瘴惡氣、疰忤、風癲風癇等疾。飛藥三兩轉已後，可研令極細，以棗穰和爲丸，丸如麻子大，每日服四丸。若不覺有異者，漸加至六七丸。每旦服之，不過三二丸。其藥性微冷，若先患冷疾，不宜服之。治傳尸，瘧瘴，癘時氣，一切熱病，入口立愈，神效。若用入面脂，治皯黯。太陰玄精出河東解縣界，鹽池中，水採之，其色理如玉質無異，其形似龜甲，以殊黑重者不堪，黄明者上也。

伏汞要法

夫汞遇火則飛，不能使住。凡所爲者，蓋亦多矣。若非物制伏，不可爲之。今以藥伏之，萬不失一。

烏頭、赤石脂、石鹽、白鹽、胡椒、雄黄、蓽撥、黄礬石、黄硇砂、黑鹽。

右擣爲末，以左味和爲泥，團作鍋形，以汞置中，巾裹之，以横木穿之，入釜煮以左味，三日夜出之，入霜鉢中；還以左味和烏頭，硇砂、雲母等分研之，七日三易藥，洗之。以油鹽硇砂少許，入釜中煮之一日夜，任用也。

鍊丹合殺鬼丸法

朱砂，雄黄、雌黄、黎蘆、鬼比目、桃仁、烏頭、附子、半夏、石硫黄、巴豆、犀角，鬼臼、麝香、白赤术、鬼箭、蜈蚣、野葛、牛黄。

右各二分，擣篩爲末，以茵草汁合爲丸，丸如鷄子大。燒一丸，百鬼皆卒。抱朴子用此藥飛三奇丹也。

鍊礬石伏汞法

並州礬石十斤。擣爲末，以瓜州礬和左味拌之三十遍，入釜飛之。每二十一日一開，更加生礬石三分之一，還拌生者飛之。生者性利，相接即止。三十日已上者，蝡蟻之狀，光明可愛，百日彌佳。右取帛裹之，内筒中蒸三日夜，末之。一兩粉制汞一斤，若令赤，左味煮之，令乾，色紫赤止。釜中不上，準法燒之，以赤瑾上團之，入風爐火之，百日，風化爲灰。準礬石三斤，用脂一斤，鐵器中炒之，以脂盡爲度。汞十斤、礬石、鐵器猛火火之，攪令煙入即成。然後土團前汞，密封，内釜中，火之九日夜止，任用之。能先以脂熟熬，後入堝中火之一百日，彌勝。取鐺中熬之，加礬石末一度，如錫，再度如石。【略】

造鉛丹法治一切熱及鬼疰、癲癇病及瘧疾。

鉛四斤，鍊熟使。水銀一斤，鹽研令净。

右取黍穀二斗蒸之，令破蒸熟，以醋漿水投穀中，密蓋五六日，令爲醋。次用車轍中土，篩安枰中，攪和似煎餅麵。取鉛銷之，投泥中拌半。即於好鐺中，更洋鉛令銷，暖汞投一斤鉛中，待瀉凝，以繩子繫之，懸於鐺中二七日，其精自下醋中。收淘洗令净，和朴消、消石各一兩，如飛丹法三遍，飛之，每轉三日。收取

精，以飯和爲丸，丸如麻子大。每有諸熱病者，皆治之。

鍊紫精丹法

水銀一斤，石亭脂半斤。

已上二味入瓶固濟，用黄土紙筋爲泥，泥瓶子身三遍，可厚一大寸已。上用瓷盞合瓶子口，以六一泥固濟之，可厚半寸。用火三日三夜，一日一夜半文，一日一夜半武。日滿出藥，打碎，取新青竹筒盛，和醋於筒中，又於大釜中重湯煮之三日夜，常令魚目沸，日滿，以冷水淘去醋味，曝乾一日，還内筒中，以清水和朴消，如前煮一復時，出藥，浄淘，曝乾，擣爲末極細，用棗穰和少麝香丸之。欲丸時，和少酥及用涂手，不然即著手。丸如梧桐子大，每日食上服之五丸，去諸風疾，明目補心。二斤已上變白，功力既多，卒難陳述。忌與《流珠方》同，亦用麝香一錢秤之。流珠方在後。【略】

七返丹砂法

汞一大斤，安瓷瓶子中，瓷碗合之，用六一泥固濟訖，以文火漸燒，數至六七日，即武火一日成。如此七轉，堪服。其火每轉須減損之，如不減，恐藥不佳也。

唐・陳少微《大洞鍊真寶經修伏靈砂妙訣》 陰陽伏制及火候飛伏訣

經曰：陽精火也，陰精水也。陰陽伏制，水火相持。故知冰炭不同處，衰盛終有歸。且丹砂是陽精，而須陰制，陰制者水也。當用曾青、空青、石鹽、馬牙硝、玄英、化石各是也。如玉座光明砂一斤，制之用曾青四兩，石鹽六兩，馬牙硝六兩，黄英、化石各二兩。座外生光明砂一斤，可用曾青五兩，石鹽及馬牙硝各四兩，黄英、化石各一兩。白馬牙砂一斤，用石鹽、馬牙硝各三兩，黄英、化石各三分。紫靈砂一斤，可用空青四兩，石鹽、馬牙硝各二兩，黄英、化石各二分。如溪土雜類之砂力小，每斤可用曾青四兩，沙鹽及馬牙硝各二兩，制之而得。其石鹽和黄英、化石，細研爲粉，入鍋中，文火養一日，即鼓成汁。成汁後和馬牙硝，重燒令赤。然可以用沙鹽，先須三鼓成汁，後方可入用之。其光明砂大者，須打碎如麻顆許，然後入於土釜中，下曾空、石鹽，馬牙硝，和水，武火晝夜煮三十日，不得火絶。日滿淘澄取砂。入於鼎中，用陰陽火候飛伏，其鼎可受一升。且鼎者有五，一曰金鼎，二曰銀鼎，三曰銅鼎，四曰鐵鼎，五曰土鼎，入砂於鼎中，用陰陽火候飛伏。

飛伏法。訣曰：五日爲一候，三候爲一氣，用八氣二十四候，一百二十日而砂伏火畢矣。每一飛伏，去五日，内四日用坎卦，一日用離卦。坎卦者，水煮四日是。離卦者，陽火飛之一日。初起陽火，用炭七兩，豎安鼎下，常令鼎下熱。炭七兩，不得增少。每一轉後，即增炭一兩飛之。增炭至五轉後，忽有黑氣，和汞霜飛出。即收霜，和鼓了石鹽半錢重，於鉢中，以玉槌輕手研之，令汞入盡。即依前，却安鼎中，用坎離火候飛伏之。至十二轉後，每轉加炭二兩。使入鼓了石鹽一分，作粉鋪安面上，合有汞霜，可二兩，候飛出其霜，虚光鼎中，藥色漸欲黄紫。收其霜及汞，和石鹽一錢重，於鉢中熟研了。入鼎，依前火候飛伏。伏至十八轉，加炭三兩，其藥色欲赤。至二十轉後，每轉增炭四兩，只有半兩已下，汞霜飛出，堅硬如青金片，黄白光明。亦和石鹽，於鉢中研之，入鼎飛伏。伏至二十四轉，其砂候足，伏火畢矣。而色紅赫，光明可觀。其砂伏了，更須用鹽花包之，重以黄土爲泥，裹緊固濟。入陽爐，武火白燒之三十日，後出砂，安淡竹筒中，封閉其口，入寒泉中，深埋三十日，然後淘研。輕飛者可以分抽服餌，沈重者即鼓成金汁。且上光明砂伏火了，其色紅赫，淘澄下可有金星砂六兩，光明璀璨。中品白馬牙砂伏火了，色赤紅鮮，淘澄下有金星砂四兩。下品紫靈砂伏火了，色稍紫赤，淘澄下亦有金星砂三兩。如溪土雜色之砂伏火了，而色雖紫赤，亦無光彩，不可見金星砂一粒耳。自上古高仙，皆鍊服其真丹砂，而成道也。其上品光明砂者，即是真丹砂也。賢明之者，須在意採索其真精，然可得合於靈丹耳。且如伏火丹砂，出寒泉了，可便鎔鼓，令見真寶。

鎔鼓。訣曰：每一兩伏火丹砂，可用鹽花半兩。先致鹽花於鍋底，次入伏火砂於鍋中，候鍋及砂與火同赤，然後鼓之千下，而金汁流下，名曰白銀，而面上黄花漠漠潤澤，光芒可言。此是天地之中至真之寶也。如將服餌，分抽取一兩，作三百六十丸，用棗肉和之爲丸。每日服一丸，一年服一兩。欲服此丹砂丸，先須潔齋七日，然以晨朝東向，虔心扣請。告三清、紫微真君，太一真人，先師仙官，水火之靈。得服此靈砂丹於五内，永保形神，合其至真。呪畢，禮七拜，然後服之。自服此砂丹，不得喫臭穢陳積之物，及諸生血豕屬之肉，生死之穢，尤不可觀。故經云：陽精好潔，陰尸好穢。常須虚和其志，洗雪其形，以助陽靈之真氣也。自然神悦體清，而神仙殆可得耳。

第二返寶砂

本經曰：鍊真者合於至妙，鍊砂者合於至靈，鍊靈者合於至神，至神者合於至道，道合則昇騰玉清，而爲高仙矣。且鍊砂而得寶者，是至真之藥，化寶而生砂者，即成玄感之靈丹也。

化寶生砂。訣曰：將其丹砂中白銀四兩，打作鍋子，安一通油瓷瓶子中，其瓶子可受一升。其寶鍋子，可瓶子底大小。先將此銀鍋子，著北庭砂一兩，石鹽一兩，麒麟竭一分，三物藥和研，以苦酒調如膏，塗於鍋子四面，令藥盡候乾，以黄土爲泥包裹之，可厚一寸二分。便於糠火中，燒三七日。然後白炭武火，燒二七日。去泥取寶，其鍋子安瓶子中，入真汞四兩，其汞須是本色丹砂中抽得者，名曰同類感真氣而轉生丹砂。故上仙真經，秘而不泄者，爲此子母之法，恐凡愚之心見知也。然入真汞於瓶子中後，即著水五合，常須添瓶子中水，至五合，莫令增減。文火養二七日，似魚目沸爲則。日滿更添汞四兩，依前文火，養一七日後，令乾。固濟其口，便武火迫之三日。而紅黄砂湧出於寶鍋子之上。收其砂，又依前添汞。常令有汞八兩在其瓶子中，不得增少，亦依前用文武火候養迫，令生砂。砂出即收之。每四兩寶計收砂一斤，其寶即枯槁焦脆，而精盡化而爲砂。其瓶子中母，只餘二兩青黑灰耳。將其砂依前篇入藥，煮三十日後，淘取砂入鼎中，還以陰陽火候飛伏，五日爲一候，用二十候，一百日足，其砂伏火矣。火候加增炭兩多少，一依前篇飛伏。其砂伏了，不用，著鹽包裹燒之，便可鎔鼓。

鼓訣亦依前篇。以鹽爲使，引令金汁流出。此寶砂一斤，修鍊而得十五兩。伏火鼓得黄花銀十三兩，色漸黄光，浮彩潤澤，而内白外黄，名曰黄花銀也。如將此砂服餌，須入寒泉抽火毒。

寒泉法。入土深埋三十日，取出淘研，用棗肉和爲丸，每兩亦作三百六十丸。每日清晨東向，虔心服之一丸。自服此寶砂丹後，自然慮静神清，濁氣不入，而志不擾，則漸證於神仙之階也。

第三返丹英砂

經曰：陽元積習，而英氣自會於真精。真精感化，而神丹可得耳。故曰：鍊真致真，真華通應，而化爲金英之玄砂也。

化寶砂中白金而生英砂。訣曰：將其寶砂中黄花銀四兩，打作鍋子，還依前篇，可瓶子底大小爲之。用蒲州石膽一兩，石鹽一兩，硇砂一兩，和苦酒研調如膏，塗其鍋子四面，令藥盡爲候。候乾，以黄泥爲毬包裹，於糠火中燒二七日，後用白炭武火燒一七日，去泥出鍋子。依前篇入安通油瓶子中，入真汞四兩，清水五合，文火養之二七日。後更添汞四兩，又文火養一七日。候乾，緊固濟，便用武火迫促之一日，其砂湧出，於寶鍋之上，而紅黄映徹，光耀難言。便收砂添汞，計收砂可得一斤，則數足矣。便將其砂，入於鼎中，依前篇用火候飛伏，亦五日爲一轉，内三日用坎卦，即水煮三日。用離卦二日，即陽火飛之二日。初起陽火，用炭七兩。每一轉後，即增炭二兩。至七轉後，有汞霜飛出，可二兩來，其色黄赫，紫光簇族，飛在鼎蓋之下。收其霜於鉢中，著蒲州石膽一錢，重和苦酒及砂，以玉槌輕手熟研之，令相入後，却入鼎中飛伏。伏經十八候九十日足，其英砂伏火畢，無分毫少折，便可鎔鑄。亦依前篇，用鹽花引鼓之，即寶流下，而青英光潤，名曰青金。青金者，是陽精漸著，從兑見震，然至坤歸離，此是陽精變轉巡歷之終始也。如將此英砂服食，每兩先用榆甘子半兩，生甘草二兩，煎取汁，於白銀器中煮二七日，後澄取砂，入安淡青竹筒中，入土深埋之，三十日然後出，以棗肉和爲丸，每兩還分爲三百六十丸。每日清晨東向，扣告三清上帝仙官，然後服餌。服至此英砂丹，乃自嗜慾無嬰，葷血不入，端居浄室，而神和體輕，漸得真人爲儔矣。

第四返丹妙化砂

經曰：乾體陽曜，離精漸明。艮雪輕鮮，陰魄消化。乃是青金精液，感汞而生砂，英氣相因，集而爲妙，名曰妙化砂。

妙化砂。訣曰：將青金四兩，還打爲鍋子，用赤鹽半兩，石硫黄半兩，大鵬砂半兩，北庭砂一兩，蒲州石膽一兩，和苦酒研如泥，塗其青金鍋子四面，以火炙漸漸塗，令藥盡爲候。候乾，一依前篇，用黄土泥爲毬包裹之，以糠火中燒二七日，後即白炭武火燒一七日。畢，去泥出鍋子，依前篇，安瓶子中，入真汞四兩，清水五合，不得增少。養之二七日後，更添汞四兩。又文火養，經七日後，令乾，固濟之，以武火迫之一日，而妙砂湧出，可有四兩。即收之，更添汞四兩，亦依前文火養之，令生砂砂出，即收取計收砂一斤，即數足矣。將其砂入鼎中，依前篇用火候飛伏，亦五日爲一轉。内二日用坎卦，是水煮二日。三日用離卦，則陽火飛之三日。飛火候一依英砂篇中，用火加增，炭數多少。經十六候八十日，而妙砂伏火畢，則金星光燦，映徹紅耀，可言爲至英至妙之丹砂也。如將鎔鑄，亦須用鹽花爲使，引令金汁流出，乃成黄金。其金凝黄，皎潤精彩光耀，既至坤形，離精漸見。故經曰：從陰而反歸陽，白濁而反歸清。此則是陽元變鍊，合於真妙而自然，位爲神仙也。若將服餌，每兩先須用榆甘子半兩，生甘草一兩，紫石英一兩，煎取汁，於寶器中煮二七日，後亦入淡青竹筒中，入寒泉埋之三旬，然後取出，以棗肉和爲丸，每兩分爲三百六十丸。每日晨朝東向，服之一丸。日服此妙砂，後漸而精思通徹，濁滯之氣消革，則形神虛白，洞合於至真，自然超其玉章，

而永離塵濁也。若志士得其含元鍊真之訣，如神仙之道，豈可遠哉。

第五返丹靈砂

經曰：陽德播功而垂光，運動其元精，元精流化而爲英砂，英砂轉而入妙，妙氣變鍊而生萬靈。故知玄妙玄聖，轉轉而增光，感激真精，自然靈化。且靈砂者，是前妙砂中黄金，轉感化汞，而生其砂。則紅光焕赫，璀璨金星，而絳色清虚，乃號爲靈砂者也。

化靈砂。訣曰：取妙砂中黄金八兩，打作圓鼎，可受四合。又將二兩金爲鼎蓋。其鼎内先著石硫黄半兩，赤鹽半兩，北庭砂半兩，蒲州石膽半兩，四種藥和苦酒研如泥，塗其鼎内及蓋内，令調匀藥盡。候乾，即以黄土爲泥包裹之，可厚一寸，文火四面，養之二七日，以不通手爲候。二七日後，漸武火白燒一七日，晝夜不得絶火。七日滿，寒之，去泥，重以甘土泥泥其鼎外，可厚二分。即懸安爐中，其鼎下周迴令通安火處，便入真汞四兩，於金鼎中，著水二合，以蓋合之。文火養經七日，其鼎下常令有熟炭火五兩，不得增少。其鼎中續續添水，長須應二合數，不得令乾。在意消息，莫遣失候。七日後更添汞四兩，又依前文火養七日後，令乾，緊固濟其口，即武火迫之一日。便生紅光靈砂，可收得五兩紅砂。便須更入真汞五兩於鼎中，其鼎中常須有汞八兩，不得增少。亦文火養七日後，令乾，即固濟之。便用武火迫之一日，而生砂。砂出則收其砂。更添真汞於鼎中，又文武火養迫，令生砂。砂出收之。此一鼎中，計收砂得三十兩便休，則數足矣。其金出砂後，精竭而枯脆，無光潤之色，秤只可重四兩以來耳，其精華與汞相感結，盡化爲靈砂也。故經言真汞者，皆是其本色丹砂中，抽得汞添用。若伏鍊光明砂爲藥頭者，即取光明砂中汞，轉轉添用。如用白馬牙砂爲藥頭者，即轉轉取白馬牙砂中汞添變。如將紫靈砂爲藥頭者，即取紫靈砂中汞添合。如溪土砂中所出汞者，名爲雜類，氣終不相感。且光明砂一斤，抽汞可得十四兩，而光白流利，此上品光明砂，只含石烝二兩。白馬牙砂一斤，抽出汞得十二兩，而含石烝四兩。紫靈砂一斤，抽汞可得十兩，而含石烝六兩。上色通明砂一斤，抽出汞只可得八兩半，而含石烝七兩半。石烝者，火石之空烝也。如汞出後，可有石胎一兩，青白灰耳。亦于前寶砂篇中，略述真汞之訣，而未周細，故鄭重言之。所是抽砂出汞，具列于金丹前章之上品也。其黄金鼎中，收得靈砂，計三十兩，數足訖不用陰煮。便依前篇，用陰陽火候飛伏，還五日爲一候。内一日用坎卦，是水煮一日。用四日離卦，即陽火飛之四日。初起陽火，用炭九兩，每轉後增炭二兩，至五轉後，每轉增炭三兩，便有五彩金輝霜三兩飛出。收其霜，和砂于鉢，鉢中著蒲州石膽半分，黄硇一分，和苦酒熟研之半日。依前安鼎中，用坎離二卦火候飛伏，伏經十四候七十日足，其霜砂伏火畢矣。其砂伏火了，金彩紅輝，色如石榴花，光精璨璨，輝曜日月，一切毒龍蛇惡鬼神，見之潛伏。目不敢舉，可得言至靈者哉。其砂靈而難鼓鑄。若欲鎔之，先于潔浄之處，取浄土爲鍋爐，絶穢雜，以鹽花和靈砂等入鍋，鼓之二千鞴，便得鎔之。鎔出即金汁流凝，而紅鮮焕焕，名曰紅金。紅金者，是陰魄之烝。變鍊而盡，正陽之精，挺立而垂光，此是陽靈之真金也。如將服食，一依前篇，著榆甘子、生甘草、紫石英，煎取汁，于寶器中煮二七日，火候藥數多少，亦依前篇。煮了，入安筒中，固濟其口，入寒泉並於土中，深埋二十日，然後出。以棗肉和爲丸，每兩還爲三百六十丸，其丸如大麻子大。此靈砂體漸重矣。每日清晨潔白，東向，啓告三清上帝真官，然後扣先師而服之。服此靈砂丹後，而便心神精明，徹達視通於表内，身生紅光，而洞合於至真也。

第六返丹神砂

經曰：妙極則靈通，靈通而致神，神合則道全，道全而玄真降，便昇玉清，而爲高仙矣。且神砂者，是九靈搆精，寶風凝集，玄華摽結，而化爲神砂，則焕燦玄黄，光輝照灼，而名爲神砂者也。

化神砂。訣曰：取前靈砂中紅鮮金九兩，鑄爲寶鼎，可受五合。又將三兩寶金爲蓋。其鼎内亦先著石硫黄一兩，大明砂一兩，赤鹽一兩，北庭砂一兩，和苦酒熟研如泥，塗其鼎内及蓋周迴，令藥匀盡爲候。候乾，以蓋合之，著黄土泥包裹，可厚二分爲則，一依前篇，文火養之二七日。後即武火迫燒七日，令與火同色。候冷，去其黄泥，重以甘土爲泥，泥其鼎外，可厚三分。即置其鼎於爐中，入真汞六兩安鼎中，著水三合，逐旋添之，不得令乾。文火養七日，後更入汞三兩。文火更養三日，後令乾，固濟封閉，令緊密。即武火迫經二宿，即盡化爲紅光之神砂。收砂，又添汞八兩，依前文火養七日，後便武火迫之二日，亦化爲砂。收砂，又添汞七兩，亦文火養，即武火迫之，令生砂。砂出即收，又添汞五兩，還文武火養。迫令出砂。收之，又添汞三兩，一依前文武火候養迫之，計前後收得神砂，可二斤三十二兩，足即乃已也。將其砂入石硫黄四兩，蒲州石膽子二兩，和於鉢中，熟研半日。便入安寶金鼎中，陽火飛伏。其陽火者，純離卦火候。伏之，還五日爲一候。初起火用炭九兩，每一轉後則加炭二兩，每轉轉出砂，於鉢

中熟研之。卻入鼎飛伏，伏至五轉後，每轉加炭三兩。如有絳金霜飛出，其霜紅赫照耀，光彩射目。收其霜，於鉢中和砂，著蒲州石膽一分，和苦酒熟研之半日，然後入安鼎中，用火候飛伏，伏經十二轉六十日足，其神砂伏火畢矣。而色赫奕含輝，紫光洞徹，不可言爾。若將鎔鑄，其訣一依前靈砂篇法度。和鹽花鼓之，即寶汁流出，凝成赤金，精光如火，故號曰離己之金者也。其神砂丹，便可以服餌。每兩亦分爲三百六十丸，以棗肉和之爲丸。服餌訣一依前篇。且服此靈寶神砂丹後，自然精靈骨輕，身有光明，足蹈真境，而爲上仙也。

第七返丹玄真絳霞砂

經曰：靈寶禀運，則感應而神棲。歸真積精，則自然玄霜絳雪，騰躍流通，流通則永爲高真之靈仙也。且玄真絳霞砂者，是神砂中赤金，寶鼎養汞而生砂，其砂則紫霞紅英，五彩輝灼，乃號爲玄真絳霞之砂。

化寶生砂。訣曰：取前神砂中寶金一斤，鑄作圓鼎。可受七合。又將寶金五兩，爲鼎蓋。其鼎内先須著石硫黄四兩，赤鹽二兩，北庭砂二兩，大鵬砂一兩，以苦酒和研如泥，塗其鼎内，以藥盡爲候。候乾則蓋合之，用黄土爲泥包裹，可厚一寸。依前神砂篇，文火養之二七日後，即白炭武火燒七日。寒之，去其泥，重以甘土爲泥，泥其鼎外周迴，可厚二分半。即懸安爐中，入真汞十二兩於鼎中，著水三合，不得遣乾，逐旋添水。則以蓋合其鼎。文火養七日，其鼎上常令通手爲候。七日養後，遣乾。緊固濟其口，即漸漸武火，迫之三日。開看之，其汞即盡化爲絳霞之玄砂也。其砂不得收之，便更添汞九兩，亦依前文武火候養迫，遣化爲砂。日滿開看，又盡化爲砂。又添汞六兩於鼎中，固濟，文武火候迫促之，日數足，又開看，亦化爲砂矣。更添汞五兩，還七日文火養，即武火迫之一日，而成其砂，紅紫五彩，霞光輝耀，在其鼎中，可三十二兩，分毫不欠。出其砂，於鉢中，著石硫黄七兩，以玉槌細研之一日。然後卻入此神砂赤金寶鼎中，固濟其口令緊，用紅陽火候，伏之七日爲一轉。即開之出砂，和苦酒一合，熟研而後，入鼎飛伏，每七日爲一候。初起火用炭十三兩，每轉加炭一兩，至三轉每轉加炭二兩。便有五色輕鮮絳霞霜一二兩，飛出於鼎蓋之上，連連如麥顆，即收之。和砂於鉢中，著蒲州石膽半兩，苦酒二合，熟研，卻入於鼎中飛伏。每轉轉須開看。即入石膽苦酒和研，方可入鼎伏之。伏經七轉四十九日足，其砂伏火畢矣。便以武火燒之一日，可用炭二十斤，分爲四座，迫燒之。然後寒一日，開鼎看其玄真絳霞之砂。伏火了，而文彩輝赫，雜錯霞光，洞耀於日月，可言至靈者哉，極陽玄元之砂丹也。如鎔鑄其玄真砂，一依前神砂靈砂訣。用鹽花和鼓引，令寶汁流見而凝紫光耀，名曰絳霞之紫金也。若將服餌，便以棗肉和爲丸，每兩亦分爲三百六十丸。每日清晨東向，服一丸。服至此紫霞妙砂丹後，倏忽則含形而輕舉，駕飛龍游於十天八極之外，豈不優游之哉。此玄真砂丹一丸，點汞及鉛錫銅鐵一斤，立化成紫磨黄金，光凝潤澤，不可言爾。

又陳少微《大洞鍊真寶經九還金丹妙訣》

證品含元章

《大洞鍊真寶經》，皆隱祕真鉛真汞。真汞之訣者，則上品光明砂中抽得汞，轉更合内水火之氣，然名爲真。而光明砂一斤，其中含汞十四兩。

抽砂出汞品第一

抽出汞。訣曰：先取筋竹爲筒，節密處全留三節。上節開孔，可彈丸許麤。中節開小孔子，如筯頭許大，容汞溜下處，先鋪厚蠟紙兩重，致中節之上，次取丹砂細研，入於筒中，以麻緊縛其筒，蒸之一日。然後以黄泥包裹之，可厚三分，埋入土中，令筒與地面平，筒四面緊築，莫令漏泄其氣，便積薪燒其上，一復令火透其筒上節，汞即流出於下節之中，毫分不折。忽火小，汞出。未盡尚重而猶黑紫，依此更燒之。令其汞合大數足，如紅馬牙、白馬牙、紫靈砂，抽汞一同此訣。餘別訣飛抽者，損折積多，而同抽訣最妙然，具列於其章上品也。

鍊汞添金出砂品第二

同類丹砂雖抽出汞，未可便添合於金化砂，砂終不出，七篇猶未周備。且投金化砂，祕於鍊汞。其汞則重受内水火之氣，遇本金相投，含化而便生砂。

鍊汞。訣曰：汞一斤，石硫黄二兩，先擣研爲粉，致於瓷鉢中，下著微火，續續下汞，急手研之，令爲青砂。後便將入於瓷瓶中，其瓶子可受一升，以黄土泥緊泥其瓶子外，可厚二分，以蓋合之，緊密固濟。致之鑪中，用炭一斤，於瓶子四面養之三日。瓶子四面，長須有一斤炭，三日後，便以武火燒之，可用炭十斤，分爲兩分，每一上炭五斤，燒其瓶子。忽有青焰透出，即以稀泥急塗之，莫令焰出，炭盡爲候。候寒開之，其汞則化成紫砂，分毫無欠，即取黑鉛一斤，將其黑鉛先於鼎中，鎔成汁。次取紫砂細研，投入鉛汁中，歇去火，急手炒令和合爲砂。便致鼎中細研，鹽覆蓋，可厚二分，緊按令實固濟。武火飛之半日，靈汞即出，分毫無欠。然依七篇，反數投化合金生砂。如第二反化寶砂，篇中用汞，汞則兩度，用石硫黄燒令成砂，兩度著鉛，卻抽歸汞，添金化砂。第二反英砂用汞，則三度燒抽

入用。第四反出妙砂中用汞，汞則四度抽燒。第五反化靈砂用汞，汞還五度抽錬。第六反出神砂用汞，汞亦須六度燒抽。如七反化出玄真絳霞砂用汞，汞一依前七度，著石硫黃燒成紫砂，七度用黑鉛抽歸靈汞，每度燒皆用石硫黃三兩，却抽歸汞，則用黑鉛一斤，轉轉燒抽火候，一依前訣。其汞燒抽變錬，則含其內，水火之精氣，亦合於七篇之大數。自然水火金三光稟氣，相會合精，而化靈證真也。

又　成丹歸真章

合和品第七

取其真鉛一斤，七反玄真絳霞砂中。紫金十五兩，二物各於別甘鍋，鎔銷爲汁後，則均合一處。去火，急手炒令爲細砂。入硫黃五兩，三物合於鉢中，熟研之一日。然後遷於鼎中，運火燒之六轉。轉添陽鑪鼎，火候列在於後火候品中。然大丹先受于天，運之於人，養育變錬，累積正陽，內含水火，外含三光，五神混蒸，忽乃輕揚，化赫成丹，還歸南方，清澄優游，坐紫微堂。此亦獨內外水火，運轉感化，而成大還丹也。

唐・金陵子《龍虎還丹訣》卷上　其光明砂，每一斤只含石氣二兩，抽得水銀十四兩。其白馬牙砂一斤，含石氣四兩，抽得水銀十二兩。紫靈砂，含石氣六兩，抽得水銀十兩。如上色通明溪砂一斤，抽得水銀八兩半，其石氣有七兩半。其雜色土砂之類一斤，抽得水銀七兩半，含石氣八兩半。石氣者，火石之空氣也。如水銀出後，可有石胎一兩，青白灰耳。其光明砂，受太陽清通澄朗正真之精氣，結而成砂。服之一兩，力敵白馬牙砂四兩。白馬牙砂受太陽平和柔順之精氣。服之一兩，力敵紫靈砂八兩。紫靈砂受山澤之虛氣，其溪砂土砂雜類等，俱受濁滯不真之氣，結而成砂，不可比量也。此既辨其丹砂品位，即知水銀高下。

【略】

右取筋竹爲筒，節密處全貯三節。上節開孔，可彈丸許大。中節用小孔子，如筋頭許大，容汞滴下處，先鋪厚蠟紙兩重，致中節之上。次取丹砂細研，入於筒中，以麻緊縛其筒，蒸之一日。然後以黃泥包裹之，可厚三分，埋入土中，令筒與地面平，筒四面緊築，莫令漏洩其氣。便積薪燒其上，一復時，令火透其筒上節，汞即溜下，於下節之中，分毫不折。忽火小汞出。未盡灰猶黑紫，依此更燒之，令其汞合火數足。諸法之中，此爲要妙。丹砂雖同類，抽出得水銀，未可添合於金砂中，不出須受內水內火之氣。

治汞法

汞一斤，石硫黃三兩。

右生擣研爲粉，致於瓷鉢中，著微火，續續下汞，急手研之，令爲青砂。後將入瓷餅中，其餅子可受一升。以泥固濟，令可厚二分，以蓋合之，密固濟全。致之爐中，用炭一斤，於餅子四面，長須有一斤炭。三日後，便以武火燒之，可用炭十斤，分爲兩分，每一上炭五斤，燒其餅子。忽有青煙透出，即以稀泥急塗之，莫令焰出，炭盡爲度。候寒開之，其汞化爲紫砂，分毫無欠。又取前紫砂，以黑鉛一斤，將其黑鉛先於鼎內鎔成汁。次取紫砂細研，投於鉛汁中，歇去火，急手炒令和合爲砂。致鼎中，細研，鹽覆蓋，可厚二分，緊按令實際，令武火飛之半日，靈汞即出，分毫不欠，此名爲內水火也。

【略】

又訣：夫大還七返九還者，異名而同體。返者是砂化爲金，還者是金歸於丹。經云：反我鄉，歸我常，服之白日朝玉皇。其丹爐鼎，亦須合天地人三才。其鼎用藥金二十四兩，應二十四氣。內八兩爲蓋，可受九合。取甲辰旬中戊申日，於西南申地，取淨土爲爐，內徑一尺二寸。三台十二門，門須具扇。以上品光明砂一味而成，以鉛、石硫黃、赤鹽、馬牙消等佐助。七返九還，是住世長生昇飛之藥也。以丹砂一斤，碎如麻顆許大，和石鹽、馬牙消，以水煮四十日，陽藥陰以伏也。然入鼎中，以陰陽火候，飛伏五日。內四日，用坎卦。一日，用離卦。坎卦者，煮四日。離卦者，火飛之一日。如此五日爲一候，三候爲一氣，用八氣二十四候，一百二十日，其砂伏火矣。

更須用鹽花包之，重以黃土爲泥，緊裹固濟金鼎，入爐，武火燒三十日。即將鼓出銀，亦名黃火銀，更一兩，轉便成黃金。如此七返，其丹以成，名爲玄真絳霞砂，服之長生住世。點水銀及五金，並成寶。又將此絳霞砂，鼓取紫金十五兩，取其真鉛一斤，石硫黃五兩，三物相和，入鼎燒之六轉，轉添陽硫黃，用金爲鼎，立壇爐，每從甲子日子時起火，兩月六十日爲一轉。其丹欲成，紫氣連天，日月失輝，山河震動。其丹成也，赫然輕飛，脱離於質，如芙蓉九層，連於鼎蓋，十五兩分毫不欠。其鼎內有滯灰二十四兩，如紫金色。其紫灰一丸如麻子大，立制汞一斤，及五金盡化爲上寶。【略】

金花還丹方

鉛八兩，水銀八兩。

右二物相和，以左味細研令相入。以甘土堝泥包裹爲毬，令乾，入鐐爐，用以灰擁其下，著文火養六十日出之。又以左味重細研，依前入毬，又火養六十日。日滿後，即每十日一度，添二兩銀。取真好者，錯爲末，細研令相入。都八度添，計用八十日，都成二斤藥。如本藥是半斤，每度添一兩，都成一斤藥。伏如希汞，漸有神用也。又入火養一百六十日，藥成，都三百六十日火，一周氣足也。一刀圭可乾一斤水銀。如日服一粒，壽逾萬劫。

有歌二首云：尋山河碌碌。又[云]：白汞生朱砂，黑鉛爲黄丹。

又 卷下

伏丹砂成紅銀法

右以朱砂一斤，上色者。不必顆粒成，但光明砂紅色者佳。納猪脂中，和水煮三十五日，入蜜水中，煮十五日。入華池，七日。將向甘土堝中鎔鉛汁，瀉入堝中，下前朱砂，其朱砂以礬泥裹之，投入堝中，直令刺到底，七日當伏火。入赤土、黄礬、硇砂出色，立成紅銀矣，亦號曰紅金。外白内隱隱作紅色，光鮮可愛。

又方：右取水銀，以石硫黄燒成砂，未曾經研淘者。取砂子一斤，麤打碎，以兩重絹袋盛，外更以竹疏袋重成。即以桑灰淋赤烏左味，淋亦得汁。中納黄丹一斤，懸前件袋，於汁中，勿遣著底。以文火如魚眼，煮七日當伏火。後入堝鼓，並成紅銀色，如桃花，鮮明可愛。

【略】

膽子團汞法此法及轉膽子爲紅銀類，故録入此。

右取汞一兩，膽子一兩，與左味二合已來相和，文火煮半日。又入膽子末半兩，漸漸添米醋煮之，並不得令沸。時時綟取砂子，令汞盡了。又將砂子與膽子末五兩煮，當五日五夜，藥成如茶末。一兩末化三兩汞成砂子。作藥七日，末一兩伏四兩汞作藥。十二日一兩，上手團汞七兩，成砂子。其火只可一兩已來，若惣結成砂子了，即火微急亦無妨。

【略】

結紅銀砂子

土緑，道永洲者，只用半斤，軟者上半斤。鹽二兩，白礬四兩，先成灰。汞一斤。

右先點米醋研藥，後汞相和熟研，令斷星子。然後以鐵匙抄納鐺中，如魚皮相。次平布於鐺底，中心留一寸餘地，莫令合。便以漿水有醋味者，煮前粉物良留。白礬二兩，鹽一兩，並末之，待布藥入鐺著水了，並散藥於汞藥上，水合纔没一指已來，火令至文魚目以下，鐺底猶著得手。如此半日，即漸加火，令如小魚眼已下疏疏然。又半日文，又漸加火，常如魚眼。半日，又加火加水煮。半日都兩伏時，並成砂子。一法説初結時，取三二兩先結了砂子，打破作小塊子，散投於鐺内，初此相鈎轉。又砂子總成了，却布於鐺底，還著一斤或半斤土緑，更煮一兩日，倍得砂子，並退暈淺去。又一説：但以前所結了藥汁，莫棄之，並收取，重煮結砂子，亦云倍多，兼暈却淺。右並入鉢研，以水淘洗抽生，約鼓得十兩成。

結砂子法本出劉君。

青礬五兩，北地者上。汞一斤，土緑一斤。用北地者，狀如澄了緑米粉顔色，軟細無脚。

右件汞藥，入鉢内，點醋熟研，納入新鐺中。鐺不用揩磨。以武火煮一伏時，並成乾砂，總無水銀膏也。當時秤得砂子二十兩。又取此砂子於砂盆中，入白礬煮一日。即以蚌粉研，淘洗三兩度。又和鹽淘半日，又以白礬和烏梅煮一日，又入砂糖煮一日，又以皂莢煮一日。每度皆研淘出黑汁，總令乾净。即入黄丹一兩同研，研了炒熬又研，又入霜一兩，熟研令相得。即分作十六分，以鹽裹散，刺作小孔子，曝令極乾。入鑪或鐺上，以灰蓋。初文養一日，便放武火，燒鼎底令紅。寒開，霜藥總化不見，令汞並在上釜，收取毬子砂鼓，得四兩紅銀。此常者色退一半，扣之無聲，甚軟。取入火燒試，微有煙暈甚淺。尊師云：毬内所生霜，其砂子便令全伏，白如玉也。此是神仙上品也。

結砂子法紅銀。

硇砂一斤，土緑一斤，白礬一斤。

右三物相和研，入瓶子内，以少鹽薄爲櫃，養燒一伏時。臨了用大火燒得通過，即以風化灰一斗，赤烏一斗，以醋漿水投石灰中取清，以石灰汁煮令熱，淋赤烏，取汁中煎砂子。其汞先以熟藥十兩，用研下鐺中，結一伏時，總盡其鹽櫃，便入鐺，用同結砂子更妙，時時攪之不用頻。如經一伏時，並結了如砂，並無生汞也。如又淘却，更入四五兩熟藥，重結當總伏，妙不可言。每一斤入四兩白鉛，於堝中熟攪，瀉於模中，令薄作碣。然以碣於灰中著上，以猛火燒，以鞴吹亦得。當作孔鏤鏤鉛，並瀉入灰，紅銀獨在。又入堝銷，又投鉛成堝令薄，又入灰中瀝，如此者三。即更鼓空瀝三兩遍，鉛當出盡，即又入堝，以壁土，又鹽攪略，又出却餘鉛並净矣。量至少，物甚柔。又 說：此物和丹陽及銀，三停入，甚好。

白鉛法

右鉛一斤，用松脂二斤生者，以猛火炒鉛爲水，即下少許脂，又少著些鹽，即

以物攪之。又續下脂及鹽，令脂遍遍，盡二斤鉛，但成灰粉，即堪以成爲度，即入甘堝，鼓成水，當得十餘兩，如雪。

結砂子法

土緑一斤，白礬五兩，鹽五合。

右件並相和研，以好黄土一斤，紙筋熟擣爲泥，作一箱樣，可厚二寸許。用裹前件藥，漸令乾，武燒一火，勿令箱子破裂。寒開之，作紫赤色，可結一斤。汞和同研一時下，時時緤之。此藥重重用，可結十斤、二十斤。每斤土緑，可分作兩，土箱爲准。

華池法：石灰和好酒熟攪，如煎餅麵用之。又法：凡結土、緑砂子，和黄土結暈。

又方

土汞二斤，白礬八兩。

右並擣羅，以二升米醋，少少灑灑，炒令盡。如無，好糠醋亦得。又擣羅成粉，減取一半藥，和一斤水銀，熟研令相入，納平底鐺中，以醋漿中常没一寸，如魚眼沸，煮經半日，當並成砂子，更無生者。如無漿水，以醋和水亦得。如此了，又將砂子，又依前入一斤藥，相和研，依前煮結，亦用半日。然後淘研令浄，抽生鼓鑄，當七兩成，甚佳。不並尋常者。

結砂子方

右取桑柴灰約三斗，穰草藉蒸熱湯淋淋，取三斗更重淋取粉脚，約准量二大斗，每斗重八斤。如塊大，即打破如彈子大，不得細研，恐泥淋不過，甚難調治。前件熱暖淋得汁赤，不中。如得碧緑色，乃堪用之。前汁淋之，用煎汞三升已上，器鼎中煎三日，添汁浸之，如常法，緤之如常法，唯緊是務耳。又用砒黄飛霜三遍，和水汞。竹筒除皮，如兩張紙厚，可長三寸餘。且將前灰汁煮之，管中滿著，鐺中亦滿，管中黑，即傾之。如此三度，即苦酒亦爾。熱湯湯石灰清亦如法。用苦酒拌，一如飛四神丹法，得霜。用太陽、太陰、玄精、黄礬石、如金色者上。硇砂，青黑者上。此五物和合末，著鹽藉細搗，鹽遍副鐺著邊，如一粒米厚，上覆亦爾。用炭固濟，一伏時，文八武四，亦不過一斤炭，急即不堪用。得霜了白膩火軟，擀之如兩紙厚，用裹上物爲丸，丸如小彈子大。又用煮五合麨將爲池，池六升已上，入堝子鎔，投累至三丸一入池，如此五度可止。後用塼上剋作痕，爲模深作，用油拭之，令甚潤濕可瀉。又云：先入鍊白礬灰爲妙。其法用桑火燒坑内，絶浄掃，用苦酒拌之，趁熱投乾礬於坑中盆合，固濟之。待冷開，用一兩投一斤，先於鐺中熬令乾，入坑爲柔用投霜，不用作丸。

結紅銀法

土緑五兩，緑色青軟者，手捻如胡粉好。白礬五兩，已上亦得。赤鳥半斤。已下亦可。

右以汞一斤，相和熟研，入鐺子，文火結半日，至午。全伏，並成砂子。便任抽生鼓，只得四兩已來抽生。鐺底先布鹽，厚一寸餘，即細擣白礬末，布於鹽中心，少布些些，即以薄絹裹砂子，捻令相著，絹纔裹足即休，勿令剩。安鐺内上，又著白礬蓋絹，便一時撥鹽，擁其上霜盆固之，武火半日止。

後法

汞一斤，緑子六兩，赤石脂二兩，鉛二兩。續添。

右三味，於砂盆中，取少許鹽，和左味槌研，可百餘下。候鐺沸，即以鐵匙挑下之，武火煮，從寅至辰，銀緤得之了。一斤用黄丹一兩，炒和研，可抽生便用之。

飛出汞抽生法

右取砂子，以寒水石爲櫃，稍薄，著砂子不然，重重隔之。上又著鹽蓋，鹽上又著灰。固濟，文武火飛，至鼎底乃止。其寒水石，即須生燒一火，通赤令熟，即急去火，以盆合固濟縫。待冷開，即堪用。

倒抽砂子法

右取一甘堝子，以砂子於堝底，上以浥浥汁鹽，滿堝實緊按了，即火邊炙令鹽乾。便合於地坑瓶子口上，瓶内著少水，以筋泥泥之，漸漸著火候，堝受火，便放一籠武火，寒開收之。凡抽砂子了，所收得生水銀，宜先以醋煮。即以煖漿水研淘洗，次以煖水洗，更以鹽和研，方得浄。

赤鳥砂子方

赤鳥者，膩粉之脚也，本是泥膽及鹽爲之。淮南者勝於向北，新好者佳。如經時月多力，在地停貯者少力，計每斗重八斤。緊實者良。

右取赤鳥，不限多少，以大瓮盛沸湯，投之攪令匀，以小木槌子熟攪打令匀，便於熱湯中破散，更連頭投熱湯。候總散碎了，即投於冷水，亦無妨。滿瓮盛停一日一夜，當並澄清。即以物掠取上清者，切不可用濃濁者，入釜中煎煮一飯久，便以薄口杓於釜底，刮掠取砂子。砂子似蠶砂，甚虚軟，安於一瓷椀中，椀中

須著少藥汁養砂子。時時掠之，以盡爲限。釜中汁少更添，亦以盡爲限。其瓮中水盡更添水，以物熟攪，候澄又煎煮，亦有砂子在其瓮中者，亦以盡爲限。待總了，計釜中汁只有一二斗，即止火，拔釜出於明處。其釜底人有砌千，以才日下收之，與前者一也。總收得砂子了。都納入瓷瓶中，還以赤烏汁，清煮四伏時，數攪之，一日一度研淘。即却他成水銀，得砂了至少。如不淘研及不數攪，但莫令著底，總成砂子。一説其清水秤重，每升重一兩，待後作時，先秤水，然後取赤烏清水，秤即知之。

又一法：以藥頭汁煮砂子四伏時，數數攪，切勿令著底，火須武。每至一伏時，須略淘去稠惡舊汁，更添新汁煮，煮日數滿，後煿令乾，秤知兩數。又一本方雖云：四伏時煮，其所出暈，將此砂子一兩，入二兩汞中，用皂莢梅漿煮，與諸家煮暈方非相類。如不要白添金，名紅金，本方説如此。又一説：赤烏汁俱入釜中煮，總不用旋旋略刮，日滿汁盡，其砂並自著釜底，任收之。又釜中煮了汁，納瓦盆中，經宿盡結成長大，消石長尺餘，麤如兩指，白色，質狀一如消石，見風亦不化變，有人呼爲白石膽。云將結得砂子無暈，亦堪作櫃用。又其瓶子中曾煎煮來藥汁，點著磚石，如空青色，經久不變。

結赤烏砂子法

右以麤糓糠二斗，已來襯赤烏。更以少糠抑赤烏，令相和一出又淋之，可著如停，隔日即泥。須淋取盡其汁，別更澄待清，煮得成結子多，又少暈，不知何也未詳。余意恐難淋，不如前説。又余意前拌砂子，煮時加句容膽子，必應易伏少暈，亦宜蓼子灰，至良。只依前大例煮砂子，更以蓼子灰煮，是上法。又見宿上人云：比煮赤烏，但一出手煮釜底，收取砂子，更入柴灰中，煮三伏時，並成上好乾砂子，每一斤鼓得十餘兩。後被崔中丞因造金器物，都有四五十兩，一時投入金中，用却去其金，甚好。故知前説云堪添金，亦不虚也。此物性至柔甚柔，於諸色紅金，亦柔於金銀也。又以汞三斤，已來砂盆子中，和赤烏點釅醋脚，研之如麵糊。兩炊久已來，不用著火，以水淘之，又加赤烏，又續續點釅醋研，候汞中有砂子，即綟取，以數足爲限。然淨淘洗砂子，以餘甘子煮，又以甘草煮，去暈無毒，得成銀膏。

燠伏砂子法

凡諸色砂子，每結一斤水銀，以伏多者爲煮多少暈，易爲修變，常手只是四兩已下，如能結得七八兩已上者，甚得其妙。若善能燠伏，更鉤制得水銀，加得兩數，或全伏者，爲含水銀多，物自無暈，深在燠伏。

又法：右取砂子，莫令成粉末，以絹及竹疏袋子重盛，以赤烏清水，水中加黄丹四兩，煮下七日。然後入赤烏，煎成白膽子櫃，中伏七日，便全伏火，不用抽生。又如不入櫃，但一出手，二七日煮，亦得。

又法：右砂子要全伏者，取土汞一斤，加膽子半斤，結總了，用所結了土汞等，煮令乾，和少鹽熟擣作櫃，於鐺中固濟，燒養十日，全伏。

又法：鹽一斤，消石四兩，白礬四兩。右件相和入瓶，燒一火，令至鎔。寒開之，又取礬石五兩，蜜陀僧一兩，已上相和，又武火燒一伏時。然取前件等，更加磁石五兩，却擣研爲櫃，文武火七日，至妙。又如不用鼓鹽者，此鹽作櫃，宜先於火上烘令至極乾。每斤可加伏火消石五兩，於鐵臼中熟擣如麵，唯宜擣爛熟，便可爲櫃，亦不必用鼓了者。又其鹽炒至赤，佳。

又法：右出暈了者，更空，以白礬漿水煮一食久，然後燠成銀之時，自然紅軟於鐺底。先布鹽可厚一寸餘，即細擣白礬末，便於鹽中心少布些些，即以薄絹却裹砂子，稍捻令相著所裹絹，纔裹足即休，勿令有剩絹。即燠雖出，便坐砂子裹，於白礬上，又著少許白礬蓋絹頭。便一時撥取鹽，擁却絹没頭，便以霜盆蓋，却便固濟細密，以鐵關楔令牢。恐汞力晃起，似有漏氣，汞即走出。以武火，燒火唯猛，佳。從平明至晚間。即去火，待冷開之，盆子中當有霜有汞相和，即撥開鹽，收取紫粉，以物擊之，作金聲，便堪入鑪任用。

出紅銀暈法

夫出紅銀暈，其中甚難。何者，所用皆非至藥。比有修鉛汞之士，其間稍差，點制猶不入，豈可能將諸石及草爲藥，生熟又殊，而欲望變凡爲真，不亦難乎。今於此得者，須各辨反惡，知其情性，用藥有多少，合和有前後，若合其理，與真無别，稍失其道則乖。學者詳而用之。

淘研煮洗砂子暈法

右應諸色砂子等，並不宜冷水，須用暖湯，切不宜著雜藥研淘煮洗，爲被外藥把捉，砂子暈却深牢，轉難得出其砂子。但且先空，以暖水研淘，唯變數多即淨。續加以鹽，及和飯研之，然以大麥、仁漿水、烏梅、鹽，大瓮盛糠火養十日，令極醋。臨用時，加章陸根，用煮砂子，至相宜。經此後，任將入諸色修理。

出紅銀砂子暈方

右取煮洗了砂子，作小挺子，以風化石灰納鐵箒中散安，將挺子插於灰中，

固濟，不固亦得。文武火養一月日已上，鼓之，每斤得十兩，成無量。

抽生出量法

右取砂子，以寒水石二兩，礬石一兩，章陸根一兩，與一斤砂子，相和熟研，三五炊久，唯研多轉佳。即淘洗，又依前著上件三味藥同研，又淘洗，如此三度，止。量當出盡。即重鍈却生汞，便入寒水石櫃，於鐺中，以醋和。寒水石下厚半寸，上厚一寸，其中砂子以寒水石末格之，不然薄作片亦得。櫃上著鹽，鹽著灰，飛之文武火，一伏時。然後入堝銷，投入寒水石池内。

池法

右以鹽水，調寒水石，如麵糊，投三兩遍，白如雪。【略】

點紅銀量法

右取鉛八兩，水銀二兩，並相和，納瓷器中，不用固濟，火養令如水，勿令火過，但纔作水，即得。十日後研作砂子，以砒黄及消石、白礬、鹽等，出量，研淘二十餘遍，即還以出量藥煮一日，又添半兩汞，入鉛中，又火養十日。便堪點物，和霜藥亦佳。【略】

坯紅銀法

金陵子曰：因讀丹經，忽悟斯理。其紅銀□□依丹陽例坯的無量。如不可，即取紅銀□□色修理一切了者，錯爲末，入汞同研，少著汞，多即被把量難出。又煮洗修理並了然，即更加水銀，並投入鉛中，熟攪和入鑪中，平布固濟，飛之。其鑪以黄土紙筋爲泥，襯鑪裏。更以乾黄土末，下藉五第，上覆一寸。第一日文火養，勿令汞上。第二日稍加火，第三日武火迫上水銀。寒開之上釜，收取上釜，收取汞。其鑪中取鉛，入坯池定白也。其鑪中並不得别著礬等，恐汞成霜也，亦損鉛力。如猶不斷手脚，更再坯，無不成也。又一説紅銀砂子不限多少，但緊鍈投入鉛中，如此生了者，亦得。加□一兩同研，入坯也無量。又一説，坯法□□細羅水拌，令浥浥爲窠，安少鹽於坯中，□□鉛等用火，依常法。

紅銀遂子法

右取紅銀，以藥抽點包拔一切净了者，八兩，加二兩好山澤，每堝都成十兩爲准，其母更多亦無妨，熟攪爲碢，令厚薄勻。即取一稍深鐺子，用水銀三斤，以堝平安水銀，上固濟，火當底著，用文火如盛夏日即得。後漸加火。每兩日開，如有水銀飛上，即略下火力，但汞纔及微微上，即得不用。□□如此二十日滿，即重鑄一遍爲碢。□□□作二十日滿，又鑄一遍。睹燒養六□□□其量並盡，便爲真寶。一本六兩折二。□□□碢子。第一遍著時，須用硇砂及少膽子，以汞煮一日，其碢並著底，與汞相入爲妙。一説其碢子四兩，以北庭硇砂一兩，石膽一兩，騏驎蝎一分，三物和研，以米醋調如膏塗上，以黄土爲泥包裹之，可厚一寸二分。便於糠火中，燒三七日，然以白炭燒三日。去泥取之本方，入汞四兩。出《丹砂經》。一本云：其器物中，先以黄丹和胡粉爲，泥鐺底然，内水銀及碢子，即一出手□□十日便無量，多少亦隨人意，所無□□□十兩爲准。又一云：遂子著消石□□□□日正一日倒，都七日了，當作黑灰□□□研淘，然抽生鼓便白。

遂子法夫遂子之道，且須本物少量則易□功，如思稍難也，此是訣語。

右取抽點一切了者紅銀一斤，和母四兩，都成二十兩，作一堝子稍薄作，如厚即打之。打了更須燒與火同色，更煮洗令净，用汞三斤，並納於鐺中，以少石膽，及硇砂□水煮一日，其汞與碢當相入，碢著鐺底□盡，便固濟，出陰氣。初文，後漸武二兩□□度用飛上者略下。如此二十日滿，□□抽却生汞，但入堝，還依前鉒作碢□□□前安汞中，亦依前法，二十日滿。又去□□成堝子，依前入汞出鼓，如此三度，都六□日量盡，山澤不如。金陵子曰：所經過煮□及經養紅銀，其汞皆被汙，可以鹽、白礬等淘研，及飯研亦佳。令汞净了，重用微佳。又余見七篇丹砂訣中，以藥燒養金堝子至是上法。今紅銀亦宜依此准例作之，殊上。其所用藥塗堝子燒者，以北庭硇砂一兩，石鹽一兩，騏驎蝎一兩，此三物和研，以□酒調如膏，塗於碢子四面，令藥盡□□黄土爲泥包裹之，可厚一寸二分，□□□中燒二七日，然後白炭武燒三日□□□之上件方，本説如此。今燒白物藥□□□總可加減入，遂子用良也。

又法：如燒銀堝子，可以白礬灰一兩，硇砂一兩，消石一兩，伏火者。鹽二兩。

右塗之，亦用左味和其泥包裹，糠火七日，白炭一伏時爲准。

佚名《太古土兑經》卷上

伏汞法變白。

汞一斤，丹中鉛半斤，鐵精半斤，三十煉者。錫半斤，石鹽一兩，代赭、五礬、特生礜石、石膽，已上各一兩，鹽一斤。

右取汞及鉛錫和鎔了，然將鐵精粉入鍋，著蓋洋了，即消汞鉛錫等，投孔子訖，即去蓋攪之，令相得。即取出，以擣藥作末，和苦酒爲泥，置鐵筒中。即

入前汞於筒，還以藥泥泥，汞上入藥，泥頭堅實，按之不得寬，寬即燒著，蓋以六一泥，四向上下如法。泥乾了，即入兩重鑪中，著微火燒，其爐微剥，赤色熱徹，即閉封門，候鍋蓋孔子中濕氣盡，即以六一泥泥孔，細心旋旋薄泥。泥乾更上，不得一向厚泥。泥乾了，即微關受門，著文火三周，須盡開風門，武火四周，必伏也。將此汞入五金俱得，唯未中所食用。此伏汞爲真白砂，自外藥成者，久而還變。

又　伏丹砂法見寶。

好丹砂一斤，戎鹽、石膽、礬石、朴硝，已上各一兩爲末。

右取丹砂，用綿裹了，先布諸藥於鑵中，上安砂裹，勿令著底。將猪脂煮五日，即入鹵汁中煮五日，又入醋中煮五日，即取乾鹽末二斤，和苦酒爲泥，沙亦以苦酒拌和好泥。後將藥滓作泥，裹朱砂在中心。次即取鹽泥裹藥泥上，待乾置猛火中，燒之兩日。即伏無烟，即伏矣。若用此法伏之，可作黄，可爲上真，亦堪服食。自外藥成者，久而還變。待藥乾，用火炊之，漸漸轉入猛火，即皺皮坼，乃見寶也。

凝汞伏丹法

錫五斤，煉净者一斤，凡入汞一遍，入脂一遍成煉也。汞一斤，白礬、硇砂、硫黄，各二兩，細研，入醋煮三五日。一白二凝，又以絳礬一斤。雄黄、玄精各半兩，朴硝二兩，已上各别杵爲末。

右取錫及汞，和鹽一斤，擣汞一斤，謂漉出如魚目，即伏成粉了。更加鹽籍，可厚三四寸。又以朴硝二兩布鹽上，次布雄黄等藥，次布錫，按之令實，乃以殘藥末覆上令實，即按蓋之。如飛丹法，四文三武，寒一周，又重飛之，細研，以鹽一斤，和擣絳礬、玄精、朴硝等藥，一如前法飛之，二文三武，寒一周，出研爲粉。每兩可點一斤成上真，其錫及汞，一時入飛之。自餘藥中勾分，取作兩度飛之，其藥丸散在作。如作丸，用棗肉一兩爲丸。如作散，即用不灰木燒之，作泥裹散。其下藥時，先洋銅了，將丸藥三五丸，内羊脛骨頭孔子内，入鍋攪之，如藥不出，以桃枝，如不散，亦須勻攪之。

又　卷中

變换黄白入藥法

右如入白將伏汞，入白最佳。若將生汞入銀，用雄黄半斤，朱砂半斤，投鍋中，又投一兩生鉛，同入酒中，煮之一日，傾出。又入雄黄末，和汞藥擣之。又入粟米酒中，煮十五日，其汞即成黄也。

伏汞法

汞一斤，丹中鉛十兩，二味一處銷。好朱砂二兩，真艮三兩，玄精石五兩，石腦二兩。

右取銷成鉛汞，和諸藥入鐵筒子，固濟，燒之三十日，的伏任入五金，用之即成真也。

伏朱砂法雄雌砒等並同法。

右件各一斤。朴梢五兩爲末，加醋煮之五日，又下白礬一斤，玄精半兩，礜石三兩。又與前藥，同入蜜水，煮二十日。又入鹵汁中，煮三日，的伏也。

又　卷下

茅君伏汞法

汞一斤，玄精三兩，五礬等各二兩，朴硝三兩，戎鹽三兩，黄丹五兩，金牙五兩，硇砂三兩。

右已上並擣羅爲末，以好左味，煮汞及藥於鐵鼎中，常令如魚目沸耗，即暖左味，漸漸添之，經五日一夜，安藥盡前藥煮之二十日，其汞伏也，任入五金。

狐罡子玄珠法吴無此法

玄珠一斤，鉛白末成鍊者五兩，玄精真艮各二兩。

右先銷鉛入器中，即投玄珠相和，别處銷入艮入汞，中和玄精，研之百下，醋中煎三十日，取出。若不伏，即卜河車一合，的伏也。乃取鐵精末二兩，和錫四兩，相投攪之，即出。醋爲末入前汞中，五日煎之，的伏也。

【略】

玄黄膏法

用伏汞、伏雄、伏雌、伏砯、伏硫、伏曾青。

右已上並飛三遍後，用水酒鍊伏。上黨伏苓、人參、松栢煉成者，桑柴灰汁霜、黄連、蜜煉煮水堅杏仁子，以水煮之七日，時時添暖水日足，用之是也。又以上伏藥與生藥，每蜜二升，草石藥各半斤，火不得大猛，猛即藥黑色。微微著火，煉之十五日，以乾柳木篦子攪之成膏，其藥盡作末入鑵。如蜜盡加蜜。至日足，空腹酒下一匕，百日神仙。但勿食五辛、十二獸肉，勿向穢處。若作黄用，每汞一斤，可投此膏半匙，即成上黄，亦堪服食。以青竹筒盛汞，不蓋上以左味煮之無歇，四日夜候黑烟盡，出之，可餅。入火即伏汞霜，飛此膏，

伏汞伏雄雌皆住。

黄連、杏仁、烏豆並令爲末，以蜜糖一升，藥各半斤。

右煉十五日，微火一如前法。服一匙匕，亦以酒下。亦可作黄白，妙得點化之性。

歌曰：還我二膏，廢我神勢。毀我二膏，戮我天曹。夫大小二丹，點化與其，一意可見，故不盡述。有大丹，但伏得汞，即伏得八石。知君臣在，人意修理，亦與古方大同小異。數家皆别，在人意斟酌消息，即伏成還丹矣。

歌曰：家有三還，天地聲顔。若修一石，二人妙丹，亦有點化之性。覽此三卷聖法，以意消息，自成黄白。凡大丹有三十六水，但得硝石，無事不辦。

【略】

紫油丹法

汞、雄各一斤。

右二味相和研搜，如麵裹之，入甑以黍。右先下甑中，一日换夜三度畢，將加汞研三，銅器下硝石半斤，和埋洎下十日。又以硝石一斤投中，重湯煮之，四日即爲漿矣。欲爲紫油丹，即和汞研，便於銅器中，加微火煎三日夜，顔色微微變，即加大火煎之九日夜，時時變色，即勿怪之，九日當爲紫色。即以定平日烽之，六日夜赫然赤色，乃成也。將以點鉛，即五色肥矣。

伏火紫粉法

汞一斤，硫黄半斤。

右以伏諸藥石法浮出，即掠取已成紫粉，亦可以鐵椀熬，令烟盡用之。

紫油丹成伏汞法

右取鉛精訖，每生汞二三兩，入甘堝子，下少許灰，内汞粉紫油丹，其上所和鉛錫者末，更以灰覆上，入灰爐良久，五上五下，最後令一度堝赤，即瀉地上，爲黄矣。

【略】

鍊鉛華法

右取鉛一百斤，入鐵爐中鎔，以鐵匙攪之，一依炒黄丹法，每一百掠得華一十斤矣。

轉白入黄法

右取乾汞，入鞏縣鉼子中，裹雄雌黄伏火者，和汞，内鉼中固濟。又以藥泥裹三重，文武火養三七日，候火色同，即黄成矣。

紫泥法

黄丹一斤，雄黄一斤，醋五升。

右取上藥，以醋中浸少時，日乾，如此數遍，令滲盡醋爲度。乃内堝中，以文火燒之。候色赤即止。如火色過白，即失力。如土成灰，不堪用也。

唐・張九垓《張真人金石靈砂論》

黑鉛篇

鉛者黑，金也，水也，屬北方，成數一，爲臣。服之通神。治三關，黑髭髮，少顔色，調血脉，治瘡瘻，殺九蟲，利五藏，而生於陽。白銀是其母，性微冷，有毒，可作黄丹胡粉蜜陀僧也。《九都丹經》云：修鍊九光神丹，將鉛抽作，千變萬化，不失常性，唯鉛與汞。《龍虎經》曰：九還七返，八歸六居，男白女赤，金火相俱。男白者，鉛也。抽取鉛精九數，象九炁，陽數極九也。女赤者，水銀也。作七返，象七炁，陰數七，陰極於七者也。鍊取鉛精，合鍊成藥金，其色甚黄，服之不死。

朱砂篇

光明砂，紫砂。昔賢服之者甚衆，而求度世長生者，未之有也。余明其理。夫光明砂紫砂，以火服之，逐邪氣，治熱病，未能童顔紺髮，何者。光明砂一斤，飛淘得汞十二兩，火鍊得黑灰一抄。黑灰者，朱砂。本質入爐，飛精英爲汞，餌之延年。不可以黑灰爲藥，服之得度世。故知服光明紫砂者，未經法度制鍊，則灰質猶存，所以不能長生者也。老君昔爲周柱史，知周室微弱，西游度關，恐金丹道絶，乃以丹砂法付尹喜。後世人得之，因兹僞謬，以鍊成靈砂，名之爲丹，亦曰光明砂，配合餌之，方得度世不死，點化黄金。一名藥砂，一名丹砂，一名靈砂，一名還丹。世人若純服光明砂紫砂，别無配合制度，以求不死，去道彌遠。靈砂九轉，父不傳子，化爲黄白，自然相使。夫光明砂紫砂，服之不得度世，何也。還丹者，取陰陽之精，法天地造化之功，水火相濟，自無入有，以成其形，豈若砂汞獨陰爲體，無陽配生，不能合四象，運五行，所以孤陰不育，寡陽不生，陰陽配合，方成還丹。余自開元間二十餘年，專心金鼎，頗悟幽微，竊見世人以此二砂服餌，以爲七返靈丹，服之無不夭横者也。

真汞篇

水銀者，月之精也。生於陽，爲臣。服之輕身不死，辟精魅，通神明，殺三尸，清五藏，除九蟲，斷邪氣，而生於丹砂。丹砂屬南方火，火是木之子，而生水

銀。水銀是青龍之孫，水之母也。性冷，微有毒，而生於土石，是丹砂魂魄也。埅代赭及九鉛，畏榆甘。婦人生服之，傷胎。丈夫生服之，陽銷。《龍虎經》曰：丹砂木精，得金乃併。真人云：不貴黃白，而重還丹。所以度世不死，必基於汞，合鍊黃白，飛伏成丹，神仙變化，皆猶砂汞，添貫三金，傍通四石者矣。《潛通訣》曰：水銀生萬物，聖人獨知之。水德最尊，汞是水之母，而在天爲霧露，在地爲泉源，方圓隨形，不與物競，善治萬品，而生群類也。夫水性至静，而不與物競。是以汞者，水銀之異名也。亦曰太陽流珠，亦曰長子，亦曰河上姹女，今人飛成輕粉，亦作熟珠用之。

成金篇

汞一斤，白虎八兩，雄雌白雪八兩，火伏六十日，成丹，服之必不死，以此金作液。服之，身如金色。用瓶盛藏於土二百日後，以火温百日，成液，服之，上升太清。陰君訶曰：金液還丹生羽衣，千變萬化無不宜。一陰一陽曰道，聖人法陰陽，奪造化。故陽藥有七，金二石五，黃金、白銀、雄雌、砒黃、曾青、石硫黃，皆屬陽藥也。陰藥有七，金三石四，水銀、黑鉛、硝石、朴硝，皆屬陰藥也。陰陽之藥，各禀其性，而服之，所以有度世之期，不死之理者也。

釋紫粉篇

水銀、硫黃，燒成小還丹，伏火名紫粉小還丹。服之，止虚熱，壓驚癎。未得度世，不堪點化。夫水銀、雄黃，燒之即飛，故言無也。黃金、白銀，燒之質在，乃曰有焉。譬猶人身三魂七魄。神明往來，不見其形，應之以五氣形骸九竅，則曰有矣。故有無所以相生，而立乎身。真經曰：音聲相和，物類相感，有無綜貫，陰陽負抱，而道在其中矣。故黃金成而爲赤金，赤金就而爲紫粉，則陰陽和合，二氣相生，而成金丹。金丹者以有制無，以無生有。故《潛通論》曰：兩無宗一有，靈化妙難窺。此之謂也。

釋還丹篇

言還丹者，朱砂生汞，汞返成砂，砂返出汞。又曰白金黃石，合而成金，金成赤色，還如真金，故名還丹。《龍虎經》曰：金來返本初，乃得稱還丹。汞與金石相貫，而成赤金，是曰還丹之正名，從黃金而轉之成紫金，名曰紫金還丹，其道畢矣。石流相注，成金色正赤，亦名金液還丹。亦有散屑，鼓之名曰金丹。錯之爲屑，研成粉，名曰金粉。經曰：金粉相投，黃白可求。世人不了還丹之理，或論謂一粒點成十斤，或説一銖化成百兩，虚張分數，未了端倪，廣施門户，諂詐相扶。但嫌黃白道微，闊演大丹，蕩漾其意，眩惑羣公，危脆之詞，何益之有，指空作實，麾假成真，而棄黃白正宗，不知大丹從何而有。古詞云：黃金成，世可度。黃金不成，徒自誤。此黃白者，乃還丹之骨髓，大藥之真宗。若不了黃白，徒勞勤苦。有聚財同造，按本看方，節度非時，銖兩不定，固兹差舛，所作難成，是以聖人祕密，不能正論，多有隱語，從此經方僞謬，互相嗤眩，又不思其真理，荒蕪其法。古人所以或隱名於形象，或託附於陰陽，潛説人間祕言，微妙有此難曉，羣惑自生。故謡曰：紫雲頂上生，白虎含真氣。自外閑文書，不及《參同契》。又訶曰：白虎含赤龍，一飛還一伏。一物貫五彩，永作仙人禄。《龜甲經》曰：我命在我，不在天地。天地有金，我能作之。二黃一赤，立成不疑。真人曰：還中復有金，金中復有還。故云：見金視之如土石也。一名天持龍虎，一名太一陰符。《龍虎經》曰：恐泄天一之符。《潛通》曰：三光六沉。三光即水土金也。三五者，道生陰，陰生陽，陰陽生五行，伏鍊還丹，成其一也。還丹三尊，水土金也。天有三尊，日月星也。地有三尊，山海河也。人有三尊，君父師也。身有三尊，三丹田也。真人張道陵曰：汝身有黃赤之道，陰陽三五七九之法。子得不死，可受之。三者，三魂，而屬左。七者，七魄，而屬右。青虹者，天之魂，而見於東。白虹者，天之魄，而見於西。頭有九宫，明堂有一，思見之則神仙也。人象天地，乃言三五七九之法。《龍虎經》曰：三五與一，天地至精。水土金三物，由變化飛騰伏鍊，成大還丹。除三物之外，傍助藥物，不是正用，故不足論也。

唐・沈知言《通玄秘術》

鄭氏三生丹

伏火丹砂、伏火北庭、硇砂。伏火龍腦、已上三味，各一兩半。同研如麪，以漿水拌令曬曬，日中乾之後，更細研之。磁石、一兩，引針多者爲上，醋淬，擣如麪也。鍾乳、一兩，細研。赤石脂。三兩。粘舌者爲上，細研。

右入一瓶子内，如法乾了，入灰爐中坐，瓶子入灰三寸已來。即以火二斤逼令通徹，即加火至十斤已來，漸逼令通赤一炊久。藥成，入水中，以鐵匙打蓋淘冷空開取之。其藥面上白色，内紫金色光，匙研如麪，安於净地紙襯，却以盆覆之一日，出火毒後，以粟米飯丸，如小豆大，空心水下三丸，解百毒。若有人被毒，於酒食中喫。治心腹痛，傳屍病，臭腋䵟黵，邪氣惡疰氣，及鬼疰氣攻心患者。醋調藥末三錢，服之神效。傳屍病人間惡疾，一家不計口數，一人死傳至一人，乃至滅族。有福者得遇此丹服之，一人痊愈，則終不傳也。其病是

急勞黄瘦之疾也。若患發背瘡膿血不止者，不計瘡在心上心下，醋調藥末，匀於薄紙上，可瘡大小貼之。隔日换，兼服丸藥。不過三五上貼之，其瘡漸漸皺歛自合。忌諸毒物味。即膿血定，十日半月，平復如故。若患頭面上刺痛，及頭旋風，醋調末三錢服之，永除根本。若曾服硫黄，失飯石毒發者，服兩丸立效。此是衆藥之君主，後即不發也。

凡燒鍊石藥，多見不出火毒，便充丸散，服食之後，補失將息，火毒即發。但先出火毒，後脩合，終不發。三消病，黄連湯下，以黄連末同爲丸服之亦得。陰黄背腫，茶下三錢即止。背腫是發背之徵也。口瘡，蜜調塗舌上。赤白帶下，酒調服之。若經陣箭鏃入肉，即以芘蔞蔓根研汁調藥，塗於痕上，其鏃自出。婦人産後風痛諸疾，血氣衝心不可忍者，醋酒調三錢服之，即止。漆咬瘡痒者，以荷葉湯洗了，藥末塗之，即差。一切毒蟲癎疾心邪，犀角摩水下三錢。吐血不定，依此服之神效。

華蓋丹

黑鉛。三斤，絶上者佳。即打拍爲方響片子，鐵作筋穿之，作孔以繩串之。

右取浄瓶甕，盛米醋一斗。將鉛片子懸於甕中，可去醋一寸已來，以紙密封固濟甕中。每一七日一度開，换取鉛片，出於浄紙上，小篦子及鳥羽毛掃取霜了，即却安入。但七日一度開取，經三四度後，即須换却鉛片子，力劣矣。每鉛霜一兩，入龍腦半分，同研如粉，以天露水爲丸，丸如梧桐子大。每夜臨卧時，含一丸便卧，勿語，任尤自銷。此丹能變人頭髮。如未白者，常隔日含之，一生不白。如已白者，含此丹至二十日後，拔却白者，即生黑者。不逾六十丸，或至一百丸，鬢髮盡黳黑色，光潤如漆。或拔却白者，一毛孔内生兩莖黑者。此丹世上希有，真人金口所傳。久而含之，延駐顔色，年五十人如童兒之貌。兼偏去熱毒風，筋骨疼痛。一生忌大蒜。

日滿曝乾，加火鍛通赤。冷，以湯沃去鹽味，日中乾之。以棗穰爲丸，丸如小豆大。每日空心，茶酒任下五丸，忌羊血葵菜。能治女子血氣，暖子宫，駐颜悦色，若患腸風瀉血不止，兼赤白帶下，曾服藥不差者，服此丹永除根本。但是冷疾，無不治之。

太陽紫粉丹

硫黄、馬牙硝、汞。各三兩。

右以無灰酒五合，旋點於鉢中，研三味如泥，銀星盡即止。日中乾之，布於鐺内，以椀合定，如法固濟乾了。於鐺下以炭火三五兩養，經半日來，漸加火至七八兩，經一夜時即住火。待冷開取藥，以白蜜拌令曝曝，於青竹筒子中盛貯，米飯上蒸一炊，久出更研細，以棗穰爲丸，丸如梧桐子大。每日空心，鹽湯及薑湯，酒任下三丸。治反胃痃癖，一切冷病，無不差者。有孕女子勿服，損胎。忌鯉魚。

勝金丹

朱砂、三兩別研後入。雌黄、一兩半。太陽。半兩。

右並研如粉，先以桑灰汁於鐺子中，銷二黄成汁，下朱砂末，攪令自匀相乳入，即下灰汁約一斗半中，煮三日三夜旋暖，灰汁添，日滿藥成泣即住。刮取藥入鼎子中，以文火逼乾陰氣盡，重固濟令如法。復以火二十斤鍛，火銷至三五斤即住。待冷，看藥已在鼎底作一片，鑿取成白金，研如粉。以甘草湯餘甘子瓷器中，煮一日出火毒了，更研令極細，以粟米飯丸，丸如菉豆大。每日空心，冷椒湯下三丸，加至五丸，治一切風疾，半身不遂，口不收歛轉動不得者，服半兩便差。忌羊血。

綺金丹

京黄丹、二兩。丹砂、六兩研。汞。六兩。

右並同研，汞星盡，令細如粉，以濃甘草湯拌令曝曝，日中乾之。入瓶中固濟，以文武火養一日，後漸加火至五斤，逼之一日。後以火十斤，煅令通赤。冷定，取藥研細，以糖蟾之蘇是砂糖也。丸，如麻子大。每日空心，冷椒湯下一丸，五十已上二丸。朝服暮差。久服駐顔延年，添益精髓，補陰陽，去腰脚疼痛，治冷風氣，女子血氣子宫冷絶嗣者，服之有子。破惡血，去邪魅。有孕勿服。二十已下，未有妻室，勿服。服必衝破頭面，反有所損。忌鐵粉牡丹。

下元走馬丹

伏火北庭、伏火硫黄。等分一兩，研之如麵。

右取雀兒二十箇，胸上肉及肝，以苦酒三升，煮酒盡爲度。研如麵泥，絞却筋膜，以藥同擣爲丸，丸如大豆大。每日空心，酒下五丸。補益精氣，暖水藏，其功如神。

走馬四神丹

□二兩。悉恪脂、朱砂。各一分。如無朱砂，以磁石代之。

右各研了，入汞更細研，令汞星盡入，固濟瓶。先埋水一瓶子平地面，坐藥於瓶上斷沃出。如此四五度了，取出研令細，入鹽匱。每日以火四兩養四

日，後取少許，火上試伏即住。便加火鍛，令通赤，候冷了，取甘草湯拌於飯上，蒸一炊久，後以飯爲丸，如菉豆大。每日空心，津下三丸，治丈夫女子一切冷病，去女子宿血，暖子宫，駐顔悦色，興陰陽，補益筋骨，壯氣脉，神效。

陰伏下元丹

汞、太、各二兩。汞曰水銀，太曰硫黄。　敗鐵。一斤，釜底爲上。

右先取鐵打碎，燒令赤，投水中。後於砂鹽内磨洗令浄，去赤水。如此三度，磨洗令極浄。即入瓶中，下汞及太，入一半瓶水。於釜中重湯，煮七日七夜，水耗即添暖水。七日滿出瓶，火逼令乾，加火鍛，令通赤。去火，投於水中，淘去鐵，取丹藥澄曬乾，入地埋三日，出火毒了。以伏火北庭同研如粉，粟米飯丸，丸如菉豆大。每日空心，茶酒任下兩丸。其功效自知如神。

題張果《玉洞大神丹砂真要訣》

第二品　丹砂陰陽伏制及火候飛伏訣

本經云：陽精火也，陰精水也。丹砂是陽精，而須陰制者，水石、鹽、馬牙硝是也。如辰錦光明砂一斤，制之用石鹽六兩，馬牙硝六兩。次光明砂一斤，可用石鹽、馬牙硝各四兩也。白馬牙砂一斤，可用石鹽、馬牙硝各三兩。紫靈砂一斤，可用石鹽、馬牙硝各二兩。如溪土雜色砂力小，可用石鹽制之，而得其石鹽及馬牙硝，若用制伏，須火燒，令通赤。可用之石鹽，先須三度鼓成汁了，然可入用。其光明砂大者，須打碎如豇豆大小，於土釜中，先下馬牙硝和水，武火晝夜煮一百日，不得絶火。日滿淘取砂於鼎中，用陰陽火候飛伏。其鼎可受一升者。一曰金鼎，二曰銀鼎，三曰銅鼎，四曰鐵鼎，五曰土鼎，土鼎者，瓷器是也。入砂於鼎中，用火候飛伏，五日爲一候，三候爲一氣，用八氣二十四候，一百二十日，而砂伏矣。每一候飛伏是五日，内四日用坎卦，一日用離卦。坎卦者水煮，四日離卦者，陽火飛之，一日初起陽火，飛時用炭七兩，常令鼎下有熟火七兩，不得增減。每一轉飛時，即增炭一兩。忽有汞及霜和黑氣出，即和砂於鉢中，以玉鎚輕手研，令汞入盡。依前安鼎中，用火候飛伏，至十二轉後，每一轉增炭二兩。即入石鹽一分，有汞霜可二三兩已上飛上，其霜靈光，鼎中藥色漸欲紫赤，至二十轉，加炭三兩，其鼎中有半兩已下汞霜飛出，在鼎蓋上。其霜堅硬如金片，黄白光明。至二十四轉，候足其砂伏矣。而色紅赫，光明可觀。其伏砂更用鹽花裹之，重以黄土泥，緊泥封固，入陽鑪，武火逼之三十日了，輕飛者可抽服之一兩，可三百六十粒，用棗肉丸之，然須出火毒也。沈重者即鼓成金汁，而爲寶也。

第三品　伏火丹砂可鎔鼓見寶訣

每一兩伏了砂，可用鹽花半兩。先置於鍋底，次入砂於上，待鍋藥通赤，便鼓之千下，而金汁流下，名曰白金，面上黄明潤澤，色光不可論也。

第四品　化寶生砂訣

將丹砂中白銀，打作四兩鍋子，安通油瓷瓶中，其瓶可受一升者。寶鍋子可瓶子底大小也。先將此銀鍋子，用藥如後。

北庭砂一兩，石鹽一兩，麒麟竭一分。

右三物和研，以苦酒調塗其鍋子四面，令藥盡乾。然以黄土爲泥包裹，可厚二寸。即用糠火中，燒三七日。然後用炭武火，燒三日。去外泥，取其寶鍋子，安前瓶子中，入汞四兩。其汞須本砂中出者。入汞於鍋中了，著水五合，不得增減，常令添瓶中水，至五合，文火養二七日，似魚眼沸。日滿又添生汞四兩，依前法火養二七日，令乾。固其口，武火逼之三日，而紅黄砂湧出寶鍋之上，收取其霜砂，依前添汞，令常有八兩汞在其瓶中，不得增減。依前火候養逼，令霜砂出，即收之。每四兩寶，計收砂一斤。即將其砂特，依前篇入藥，煮三十日。即入鼎中，陰陽火候飛伏，還用二十四候，一百二十日足，其砂即又伏矣。若要鎔鼓之，依前篇用鹽花爲使，引金汁流下，可得黄花銀十三兩，色漸黄明也。如要服之，勿斷翠，但出毒一兩，可以棗肉丸，爲三百六十丸也。

第五品　變金砂訣

將黄花銀四兩，打作鍋子，依前可瓶底大小，用藥如後。

蒲州石膽一分，石鹽一兩，硇砂一兩。

右件和苦酒研調，塗其鍋子四面，令藥盡。即以黄土泥包裹，於糠火中燒二七日後，用其炭武火燒一七日。去泥，出鍋子，依前樣安通油瓶子中，入本色砂中汞四兩，清水五合文火養二七日。後又添生汞四兩，文火又養二七日。候乾，緊固口，武火逼之令一日，其砂湧出，於寶金之上面，紅黄之色。而又收砂添汞，計收砂可得一斤，則數足也。更將前收得砂入其鼎，依前篇用火候飛伏，五日爲一轉。内三日用坎卦，即水煮。三日用離卦，即陽火飛之。二日初起陽火，用炭七兩。每一轉候，即增炭三兩。忽有汞霜飛出，其色黄紫，形似箭頭，可一二兩。已來收其霜，於鉢中和砂，以玉鎚研之，令入盡。依前入鼎中，用火候飛伏。經二十候，一百日足，其砂伏火。若要鎔鼓，亦依前篇，用鹽花引鼓，即寶汁流下，而成青金也。若服之，但去毒，勿斷翠也。

第六品　變青金訣

將青金四兩，還作鍋子，用藥如後。

赤鹽半兩，大鵬砂半兩。

右和研以苦酒調，塗其鍋子四面，以火炙漸漸塗藥盡，即以黄土泥包裹，以糠火中燒二七日後，又以炭武火燒一七日。去泥，出鍋子，依前安瓶子中。入汞四兩，水五合，不得增少也。養二七日後，又添汞四兩，又養二七日。令乾固口，武火逼一日，而湧出砂。收其砂，依前添汞，文武火養逼，出砂即收之，計至一斤，即數足也。又將收到砂入鼎中，依前法飛伏，五日爲一轉。内二日用坎卦，水煮二日也。離卦三日，火飛三日也。火候一依前篇，加增炭數也。經十六候八十日，而金砂伏火也。若鼓之，即用鹽花爲使，和鼓引令金汁流下，成黄金也。如要餌之，但勿斷翠，只出毒耳，可長存於世也。

第七品　變紫金砂訣

取黄金八兩，打作圓鼎，可受四合已來，又用金二兩作鼎蓋子，鼎内用藥如後。

硫黄一兩，赤鹽一兩，北庭砂一兩，大鵬砂半兩。

右四味和研，以苦酒調，塗其鼎内及蓋下，令匀藥盡。候乾，以黄土泥裹，可厚一寸許，文火四面養之三七日，似常通手爲候。三七日後，然武火一七日，晝夜不可絶火。滿日寒之，去泥，重以甘土泥鼎下，可三分許厚。懸安鑪中，其鼎下周迴令通安火處。即入真汞四兩，於金鼎中，著水二合，以蓋合之，養經七日，其下常令有熟火五兩，不可增減。其鼎中續續添水，長令有二合已來，不得遣乾。七日後更添汞四兩，又依前文火養七日。候乾，緊固口，漸漸武火逼之一日，便生紅光砂，可收五兩紅光砂。又添生汞五兩，拍鼎中其間常須有八兩汞，依前文火養七日，即固口。武火逼之一日，而砂湧出，則收之。以添汞出砂，都計得三十兩。數足，即依前篇法，别入鼎中，火候飛伏，還五日爲一候。内一日用坎卦水煮，一日用離卦，即陽火飛之。四日，初起火用炭七兩，每一轉後，增炭二兩。至七轉後，增炭三兩，而便有五彩金輝霜飛出三二兩。收其霜於鉢中，和砂，以玉鎚研之令相入，鼎中飛伏，經十四候七十日足，其砂已伏，紅明不測。若鼓之，以鹽花引之，令金汁流下，成紅金也。要餌之，但出毒，勿斷翠也。

第八品　變紅金訣

取紅金九兩，鑄一鼎子，可受五合許。又用二兩爲蓋子，其鼎内依前篇，以藥塗之。用藥如後。

硫黄、北亭砂、赤鹽、大鵬砂。

右件藥等各增前一分，和熟研苦酒，塗鼎内周遍，藥盡候乾，以蓋合之。黄土泥包裹，可厚一寸。依前篇文武火，養三七日後，即火燒一七日，令泥毬色與火同赤。候冷去泥，重以甘土泥鼎下，可厚三分，置於鑪中，入真汞六兩，安鼎中，著水三合，續續添不得令乾。固口，武火逼之二日，即紅砂出。收砂，添汞八兩，依前文火養七日，後又武火逼二日，亦化爲紅砂。又收砂，更添汞七兩。還文火養七日，即武火逼二日，又化紅砂。依前收砂，添汞五兩，亦文火養七日，武火逼二日。又收砂，添汞三兩，一依前文武火候養逼。計前後收得神砂，可三十二兩即止。將其砂和硫黄三兩，熟研令相入，便於金鼎中，陽火飛之。還五日爲一候，每一轉則增炭二兩，經七轉後，每轉又增炭三兩。每轉轉看，忽有絳金霜飛出，收霜於鉢中，和砂研，著苦酒一合，以玉鎚研令相入。依前安鼎中，用火候飛之，經十四轉，七十日足，其砂伏，其色紫光，若鎔之成紫金也。但用鹽花引之。若餌之，勿斷翠，去火毒耳，可長生也。

第九品　變紫金訣

取紫金一斤，鑄一鼎子，可受七合。又將五兩爲蓋子，其鼎内依前篇，用藥如後。

硫黄四兩，赤鹽二兩，北亭砂一兩，大鵬砂一兩。

右以苦酒和研，塗鼎内，以藥盡爲度。候乾則蓋合之，以黄土泥包裹，可厚一寸。依前篇文火養之三七日，後依前武火一七日了。寒之去泥，重以甘土泥鼎外周迴，可厚二分半。即得懸安鑪中，以真汞十二兩於鼎中，著水三合，不得增減，亦不令乾，續續添之。則以蓋合之，文火七日，令其鼎上常通手爲候。日滿令乾，固口，即漸漸武火，逼之三日。開鼎看其汞，即化爲絳霜。不得收，便更添汞九兩，亦依前文武火養逼。日滿開之，亦已化爲絳霜。更添汞六兩，還文武火候養逼，日滿開之，乃化爲絳霜。更入汞五兩，還七日文火養，一日武火逼，而成紅紫五色絳霜砂三十三兩。出於鉢中，著硫黄四兩，以玉鎚研一日，然却入此砂於鼎中，固口。其上用純陽火候飛之，七日爲一候。開之，又和苦酒半合，熟研，入鼎飛伏，七日爲一轉。初起火用炭十三兩，每一轉增炭一兩，至五轉後，每轉增炭二兩。忽有五色鮮明砂出，即收砂。以苦酒一合，鉢中研之，却入鼎中飛伏。每轉轉須開看。即以苦酒和研。入鼎飛伏，經十二轉八十四日足，其砂伏

火，而文彩輝赫，霞光錯雜，不可名言也。要鼓之，還用鹽花引之爲汁，流成紫磨河車金也。若餌之，但去毒留翠，一兩，用棗肉丸三百六十丸矣。餌之則輕舉也。以一丸河車丹砂，點汞及鉛錫銅鐵等一斤，爲黄金耳。

第十品　抽汞訣

先取鐵鼎，上下安鹽固濟。鑪上開一孔子，引内氣出。即用木柴火，燒之三日，一收汞出。未盡更飛之抽汞，此爲妙矣。

第十一品　鍊汞訣

汞一斤，硫黄三兩。

先研硫黄爲粉，置鉢中，下著微火，續續下汞，急手研令爲青砂。後便入瓷瓶中，其瓶可受一升，黄土泥緊泥其瓶外，可厚二分。以蓋合之，緊固口。置鑪中，用炭一斤，於瓶四面養三日，長須有一斤火。三日後，便武火燒之，可用炭十斤，分爲兩上，每炭五斤燒其瓶。若有青焰出，即以稀泥塗之，勿令焰出，火盡爲候。寒開之，其汞即成紫砂也。黑鉛一斤，將鉛先於鼎中鎔成汁。次取紫砂，細研投鉛汁中，歇去，火急手攪，令和合爲砂。便置鼎中，細研鹽花覆蓋，可厚二分，實按之，固口。武火飛之半日，靈汞却出。一依七篇返數，投化合金坐砂。如第二返寶砂篇中用汞，汞即兩度抽用著鉛，却抽歸汞添金花砂。第三返砂用汞，汞則三度燒抽入。第四返出砂中用汞，汞則四度燒抽。第五返砂用汞，汞還五度抽鍊。第六返砂用汞，汞亦依前度數，著硫黄燒成紫砂也。第七返用黑鉛一斤，轉轉燒抽火候，一依前訣，燒抽變鍊水火之精氣，亦合於七篇之大數，自然成大道化變也。

又　第十六品　造大丹訣亦云神雪。

取前篇埋者小神水藥，鑄作圓鼎，可受九合，並蓋全。取神水聖石一斤，爲粉，入鼎中，上下覆藉光明丹砂二十四兩，仍以藥泥緊固口，弗令泄氣。暴乾，入八卦鑪中安。訖取冬至日子時起火，隨斗柄朔，運之其火。以手摹鼎，常令熱於人體爲候。養一周年，開看其砂伏火，内外鮮紅，如未開紅蓮花，光明射日，若服之一兩，百病去除，邪魔不染，身生光澤，行如奔馬，顔色悦紅，神氣安暢。將此藥依前却入鼎，又運火一年。開看其砂，外白内紅，光瑩璀燦。若服之一兩，身體清和，返老歸童也。又依前將藥却入鼎，運火一年，開看其砂，内外俱白，通透光明，輕虚瑩徹，一似真雪輕舉。服此藥一兩，顔如少女，寒暑不侵，五灾不害，與日月同光，永離衰老，便住於世，長生不死也。更依前法運火，直至九周年畢，即成名曰神符白雪丹。服之即奇功莫測，造化無窮，鳥餐成鳳，蛇餌爲龍，人服神仙，坐致於風，立致於雨，玉女來侍，致給行厨，水陸畢備，畫地成江河溪谷，擁土爲山嶽丘陵，握土爲金，變枯朽爲生榮，懵俗以爲賢哲，在意所欲，無所不爲，服之當日沖天也。土石五金，爍之化成寶也。

第十七品　造藥鼎受氣訣

石鼎受氣，先白礬二兩，清水煮一日。又入鹽二兩，煮一日。硝石二兩，煮一日。太陽一彈子許，入氣畢，火逼一日，令極乾。真母四兩，子六兩，合爲膏，於銚子中，入土母二兩，水煮一日。鹽二兩，煮一日。硝石一分，煮一日了。入石鼎中，密固口，安懸鑪上，水下火養，常令通手爲候。每一候五日，開入汞四兩，其鼎中藥上如白雪生。第二候漸成峰巒。每一候入汞數，至一斤爲度。至十開後，其藥半紅。即十日爲一候一開，至十開後，其藥全紅。至十日脱胎入宫，養至一周年，出藥，入華池鍛了，入寒泉出毒，可餌之。第二轉取汞八兩，藥八合，入金鼎養之，名曰日月倍添無涯際也，寶藥俱可得也。千變萬化，遽莫紀耳，但自體而行之，祕之祕之。

題京里先生《神仙服餌丹石行藥法》

黄帝一物餌丹法

善丹一斤。凡一物作藥，於潔浄處，先齋七日，於高山避陰頭，按後法取丹砂，熟擣簁之，置銅盤中，醇酒上清九升，合丹砂於盤中，攪之，勿令人見，神不相入。入壇始從東門入，復南門入，復西門入，復北門入。奉藥中央，滿三日攪之，從三至五，復攪之，至七復攪之，從七至九，復還從三攪之，至五如前法。二十日藥乾可丸，丸之未乾，復如前法。即陰雨常以銅盤覆之，可丸爲度。丸如小豆大，日吞三丸，五十日智意精明。服積九歲，與天地通。三千四百二十四日，道畢成，所求盡得。朱光神丹，砂物精也。禁灸刺、過生乳家，令不復神。

神仙餌丹

好定牢丹砂、穀實，凡二物。丹砂多少自在，熟擣令下簁擣。穀實絞取汁，以和丹，令如泥，納銅筒中盛之，固以乾，瓦反箄置甑中，立筒箄中，乾蠶沙著甑中，堅按之，不滿四寸。所以乾土覆其上令滿，甑置釜上，白堊泥其會，猛火炊之，三日三夜，可出藥，當膠。挨破如大豆者，一納口中即消，日三服之，一年身輕目明，衆病除去。服之二年，鬼神自朝。服之三年，與日月通精。能常服之，鷄鳴雲中，狗吠天上，穀實欲得正赤白者。

輕身益氣三物餌丹砂

丹砂如麻者一斤，好大棗一斗，醇清酒一斗。凡三物，丹砂擣下，絹簁，取酒盛銅物中，丹納其中，攪令相得，居炭，去火三四寸，沸數攪之，無令著底。取大棗，以水二斗煮之，絞去皮核，但取其汁。稍稍納丹中，無令絶汁，盡成如飴。出之，盛瓶中，旦暮吞如棗一丸，服之二十日，自知。三十日，病愈輕身，益炁，齒落更生，黑髮生神矣。

神仙三物餌丹

丹砂三斤，鉛三斤，穀汁九升。凡三物，穀汁分取六升，用擣丹砂，盡六升止。乃納鉛合擣之，令鉛不見。復以三升穀汁，溲之合和，盛銅器中，覆以瓦器納甑中，蒸之三日三夜，當炊桑薪。此鉛皆還，爲丹引之從，手丸之，大如小豆。三丸，服之二十日，有效。服之三年，升天，擣砂鉛，當耿火置臼下，令熾爲法。

神仙四物餌丹

丹砂五斤，好蜜三升，楮實正赤者，清酒。凡四物擣，楮實絞取汁，以溲丹砂，曝令乾，復溲之，能滿溲益善。納大竹筒中，蒸之砂下，三日三夜，可出。納銅筒中，湯煎之，納醇清酒漬足，納蜜煎之三日三夜，如飴不汙手，可矣。服之如棗，日再服之，百日，仙人相候。服之一年，玉女迎之，上爲真人矣。

真人錬餌丹砂

丹砂一斤治末，重絹簁之令靡靡，以醇酒不見水者，沃丹砂，攪之令如封泥狀，盛以銅盤中，置高上處，勿令婦人見之，曝之，身自起居數耗燥，復沃之，常當令如泥。若陰雨疾風，覆藏之無人處，天晏出曝之。如是盡酒三斗而成，長曝之三十日，當紫色，握之不汙手，引之如飴。若令著手，未可丸也。法常錬三斤，可支三年。若用三斤丹者，用酒九斗，曝之大盤中。欲錬時，當先沐蘭芷，齋戒七日，無婦女過近藥旁也。將欲服時，復齋戒五日，沐浴，乃服之。藥丸大如麻子。常以平旦吞三丸，服之一日，三蟲出。服之五日，六日，心腹諸病皆有徵出。一年，皓眉更黑。歲加一丸，至九丸止。服之三年，神人至焉。當有婦人衣紫羅衣，持案食來，受而食之，勿畏惡人也。萬物皆來，給使其神。名爲上，一名可，一名須。此三物能使萬物，萬物可致也。可以入金木水火土，金木水火土當爲其狀。如左右須。無所不施。欲致神，禁食五辛、生菜生魚、猪狗肉，無近房室，避日出日中。服之一年，神明見千里内。服之三年，見三千里外，壽日延，從外見内，從垣東見垣西，爲真人矣。此方雍人王基，受之蜀馬明生。馬明生受王子喬，王子喬受赤松子，赤松子受羡門子高，羡門子高受馬左師。此法祕不妄傳也。秦子虛服之，以有驗矣，蘭芷取其香也。所謂金木水火土者，著木爲木也，著金爲金也。

又餌丹

丹砂一斤。熟擣下簁。醇苦酒三升，淳漆二升，合令相得，於微火上煎之，令可丸，如麻子。服二丸，日再，四十日腹中百病盡愈，三尸皆去。服之百日，肌體堅强，服之千日，司命削死籍，與天相保，日月相望，改形易狀，變化無常，日中無影。

又餌丹

真丹一斤，大黄六兩。釜蒸大黄，令再期乃治之，下細簁。並丹合和，封筒中，削筒令其薄，用以兩釜，更煮之再期，藥乃成。出著臼中，擣千杵。一服半錢，日三，常先食服之，神良。主疰病，除惡炁飲水，心腹有病皆愈，又治虚勞。二千杵，大善。得病三年，滿劑乃愈。隨病遠近，以此爲法。所以兩釜者，恐沾湯令清耳。又竹生槁，無在爲可用耳。

韓衆餌耳

丹十斤，治之。楮實正赤者，絞取汁溲之，能百溲益善。盛竹筒中，蒸砂下，三日三夜出，置銅器中，湯煎之，脂華清酒才足。食蜜三升，煎之三日三夜，狀如飴，不汙手，食如棗核。日再服，一歲，玉女來迎，爲真人矣。神仙真人服食皆足，功滿九年，時將以至，神通具足，應得上登金闕玉京耳。

神丹刀圭九光相生

用神丹砂爲真朱者十兩，水銀十兩，皆著銅器中，以一大銅器，盛鉛錫各一斤，以朱銀器著鉛錫，上微火者，下稍猛其火，令錫等皆鎔和銀，便化爲丹朱，乃成藥。取所餌丹，清旦向日，井華水服一刀圭，日一，可以飛升，可以陸沉。食此千日，玉女自至，雲車來迎，太一對言。慎避女人，不得交情，並汙穢辱死喪、産乳之婦，及亦不得交手犯觸，觸則辱神，辱神則不得延年，仙道乖矣。

餌流丹

流丹即丹砂也。以銅臼擣之研之，熟爲度。三斤爲劑，百日美。清酒五斗，以五斗酒，漬大小椒各一升，卒時去滓，以汁和流珠，令如湯狀。盛以銅器。加火上，數攪之，令汁盡，益酒藥流珠，可以長數尺，如絲狀，可藥成。常平旦向日，服如赤小豆大，一丸，日三。先食，服之百日，病盡去，壽與天地齊。所謂大椒者，蜀椒也。小椒，秦椒也。又治大風，甚良。

餌越丹

真越丹一斤，醇清酒合研令相得，於湯上煎之，三日三夜，攪之手不得息，令可引，乃丸如大豆，服一丸，日再，除百病，腹中安神，久服延年。

又餌越丹

越丹一斤，醇清酒三斗，細磨丹，盛銅瓮中，以醇清酒灌攪之，置沸湯上煎，常左轉攪，滿三日三夜，可引，乃丸之如大豆。服一丸，日再，令人玉澤，白髮更黑，齒落更生，並除面皺。

餌日曝丹

丹砂精者，多少自在，治下細簁，納銅器中，以白蜜和泥，密蓋其口堅完，漆其際，務使密內。明年此日出成，曝令乾，和以蜜丸，如大豆，服一丸，日再服之，除百病。長服，延年神仙。

餌鴈腹丹

丹砂三斤，治下簁，盛以重練囊，納鴈腹中，縫腹令合，蒸黍米下，炊以桑薪，三日三夜出之，丸以白蜜，服如大豆，二丸，日三，除萬病，神仙延年。

鷄子丹

取鷄雌雄純白者，別養得其卵，叩出黄白，取丹砂下細簁和，以此卵中，蠟密封其口，還令白鷄合子伏之，鷄出藥成，和以蜜，服如大豆，二丸，日三，久服長生延年。

神仙鍊餌還丹

丹砂一兩，秦銀一斤。凡二物，取秦銀置銅盤中，用五六月曝之，擣大丹砂末之，置銀中，以大刀環攪之，從食至晡時，盡爲丹矣。取丹置丹陽銅筒中，蓋覆之，以狗毛泥塗筒上，厚二寸，曝乾之。以馬通火炊之，九日九夜出。盛以白素囊，置鴈腹中，縫之。煮鴈，鴈熟出之，丸如麻子，平旦向日。吞一丸，以井華水飲之，日三，服之百日，髣髴見神。二百日，身輕，所苦悉愈。三百日，舉能淩雲，此名汋流珠。

神仙餌大黄丹

大黄丹十二兩，水銀二斤四兩。凡二物，以醇酒溲令淹淹，熟攪之。盛夏日加巳時，納銅鎗中，曝之。日照明堂，攪之，如熟二斗米，頃變爲丹。以醇酒漬和之，合浥以攪，復化爲銀。曝之，如熟二斗米，頃化爲丹。以酒和，如前法曝之，化爲銀。曝之，如熟二斗米，頃酒和，如前曝之，化爲丹。夏日加巳，爲之如前法。凡三爲銀，四爲丹，是乃爲神丹。常以王相日晏静時，以日正上南向日，攪治之，故曰：母生陽，立午鄉。號曰楚皇，名曰流珠之英，一名流黄。變爲神丹，一名赤鹽。此萬物之精也，令人神仙。

神仙餌巴丹

取巴丹一斤，戎鹽六兩，治合置銅器中，甌覆之三日，以醇酒半斗，漬一宿，澄去上清。嘗鹹未盡，復以酒半斗，漬之一宿，鹹盡用之。白蜜和，蒸之三斗粳米，中央炊之，三日三夜，藥熟。如餌服如小豆一丸，向日，以井華水服之，住年不老。

真人山子餌丹

先鑿地入三尺爲竈，以黄土作泥，表裏塗之，厚三寸，極令堅燥，勿使有坼。以安一石鐵釜，復泥治之。以水六七斗著釜中，更取三斗土釜，著鐵釜上，以盛鍊丹一斤，納土釜中，取桑根汁五升和丹，令相得，復以一土釜覆其上，以黄土泥，泥土釜際，及鐵釜際，皆令堅密，勿使氣泄。炊以桑薪，調適其火，勿令大沸，稍稍發溢釜中水，勿令汁盡。訖輒蜜塗之，三日三夜，發上土釜，以清酒五升沃藥中，攪令相得，密塗之，如前復三日三夜出，著銅器中，納白蜜五升，攪令相得。以銅器浮著釜湯上，微火煎之，三日三夜，攪令可丸便止。凡九日九夜藥成。

神仙治病延年返老丹

丹砂一斤，熟擣下細簁精。淳漆二升，白蜜一升，好苦酒三升。凡四物合著銅器中，微火上煎之，數攪之，香熟可丸，服如麻子一丸，肌體堅强，四十日病除。服之百日，三尸自去。【略】

佚名《上清經真丹秘訣》 一陰一陽，二物俱黄。不因配儷，自作梯航。沈於神水，浮在中央。重重血點，片片鱗光。用之即成金寶，餌之即壽延長。能變能化，通徹十方。此藥神仙鍊丹之法，地仙之術。蓋爲救施貧乏，因抽藥爲點化。今時道者得之，皆被業牽，只將求利門，終不能修服食，因此得者，皆廣用爲榮華，便被神明所折，修皆不成。修此藥者，須於浄室，及山谷無人之處，忌女子孝子雞犬等，先焚修香火，啓告乾象，廣發大願，自知辦其心，方可修鍊。若不如此，縱成亦爲雷電所怒，虚勞心力。所流傳在世，不許點化，只要救衆生疾病。此藥依法修鍊服食者，可爲地仙。所理救於疾苦，或減藥一分，入礬石同力。

療衆疾法

凡有百病之處，攻之如萬人同施，其功可知，此藥故有十號。一名消冰丸，

能消除諸冷，蕩却宿水，故名消冰丸。二名内炙丸，其藥入腹如火，能燒其疾，故名内炙丸。三名沃雪丸，如日消冰，如湯沃雪，故名沃雪丸。四名十瀉丸，如人能服到，瀉出惡物，故名十瀉丸。五名通利丸，宣通五藏，治之六腑安和，故名通利丸。六名治衆氣丸，凡有氣結之處，能消之，故名衆氣丸。七名蕩邪丸，能除蕩邪神鬼氣，無不除愈，故名蕩邪丸。八名通胃丸，能開通胃口，令人下食，故名通胃丸。九名掃疾丸，能掃蕩百病，無不瘥者，故名掃疾丸。十名萬病丸，能治萬病，入腹便瘥，無不效者，故名萬病丸。

又有七名治癥，一名氣癥，二名冷癥，三名積癥，四名結癥，五名瘕癥，六名痃癥，七名血癥。凡有此七疾聚結，或左或右，若久不治，變成虛腫，如龜形發腫而死。但人處世間，四大爲身，百病俱集，如天地不調，昏沉迷悶，即起百病，因斯喪亡，水火不調，令心中冷病，餘食不消，因斯喪亡。風雨不調，令人四體羸弱乾瘦，因斯喪亡。所病者有宿世因緣，或盲或聾，瘖瘂愚癡，體不完具，種種惡障，邪魔鬼神，痼瘵殃咎，皆由惡業宿命所爲。但志心服此藥，無不瘥除。久患疳痢，寸白蝕蜃，五般痔，帶下崩中，九種瘻瘡繞項，鼻孔出膿血，五藏反歷，擁腫背氣，心復鼓脹，胸膈滿痛，發背大風，天行時疾，應是世疾，無不理也。

其藥丸如麻子大，每日空腹服一粒，漸加至三粒，茶飲任下，已死者更生。日出服一丸，夜卧服一丸，服藥之人夜行五里十里，凡是百獸毒蛇鬼精，皆走不敢當之。有病初服，皆瀉出五藏惡物，即瘥。此藥皆因宿世有分，方遇此方藥。久服反老爲童，永爲神仙。或在世遭横事，身入土尸永不壞，肉色不變，永爲尸仙。修行達道，方可知之。服藥得道之人，不能具載，謹録修錬次第如後。

武都沈銀二兩，好雄黄是也。舶上雌黄二兩。

右用湖南合子，先以金薄十片其内，便以雌雄合和，於乳鉢内研如粉，入於合子中，實築，却以合子蓋蓋之，其合子口四面，以鹽泥固濟如法了。又取一瓷鼎，可盛一㪷餘者，以黄丹二十斤，先以黄丹三五斤漸築令實，約厚五寸，坐合子當中心，更下丹輕築都大令實，取鼎滿爲度，不計斤數，然後以六一泥泥鼎，可厚三二分，致鼎於盆内，著灰且令陰乾，使泥鼎子上下通連，固濟，候鼎乾發火。

第一日用半斤熟火，四面擁之，日夜不絶。至第五日，又加半斤火。每三日一度，添半斤火，至五斤火。即其藥外面罏團泥，只要擁火氣別無法，養至四十五日。後添三斤熟火，養至四十九日，且住，候火寒取出合子，開看内藥已如朱紅，或如金黄色，此狀候其黄丹大半如紫金色，收之。理一切惡瘡。取合子内藥頭一分，入汞一兩，於火上，以乳鉢慢慢研之，候逡巡成砂訖。以針條鐵十字繫藥合子。又以六一泥固濟合子，候乾，以水火罏内養之。水火罏者，取一瓦甑子，泥四面，只留中心底上一孔，然坐藥合子於孔上，出甑底半寸已來，甑下常以一椀水，水面去合子底半寸，但不濕著，即得其藥合子。初用三兩火，漸漸半日已後，添至半斤火養。每一度添一兩。候七日滿，火寒開看，其藥並伏矣。依前却固濟，更養一七日，開取少許，入火試之成金也。但甘草色耳。又添汞一兩，依前研成砂子，准前水火罏内養之，每一七日一度開，添汞一兩，添至一斤止。如要寶即輔取一半，如不要但養之，時時添二兩硫黄，研過入罏，即成朱矣。

又取前成金藥一分，以汞半斤，硫黄三兩，研成砂子，依前六一泥固濟，火緩緩逼，復爲水火鼎養之，七日開之。

又添汞一兩，硫黄一分，依前固濟養之，添至一斤止。養至半年後，又添汞一斤，硫黄四兩，准前法養。如要寶即輔取之，如不要但依前養之。

又法，如要真元，但將藥頭分減養之。養至三年，一粒粟米大可點一兩。養至四年，一粒可點二兩。養至五年，一粒可點三兩矣。養至九年，一粒可點一斤。此藥本是神仙大藥法，後來將救世人。先爲點化其藥，養至三年，便可服食治疾。

佚名《靈寶衆真丹訣》

還魂丹法

金薄二十四片，光明砂一兩一分，研如麵。以蕎麥灰汁煮三日淘取秤。雄黄三大分，研如麵，醋煮三日，淘取秤。石庭脂三大分，研如麵，酒煮三日，淘取秤。牛黄、麝香、膃肭臍、虎骨、龍齒已上各四大分，研如麵，生用。陽起石、磁毛石、紫石英、自然銅、長理石已上各三大分，遠志、巴戟、玄參、烏虵、仙靈脾已上各五大分，青木香、肉豆蔻、鹿茸，如乾柿者。肉桂已上各六大分，延胡索、木律各三大分。

右將石流黄、雄黄、朱砂、自然銅四味，同入一瓶子，用金薄覆籍，不固口，以火炙三日，火常去瓶子三寸，不得甚熱。又將陽起石、磁毛石、紫石英、長理石四味，同入一瓶子内，以金薄覆籍，灰埋瓶子一半，歇口燒三日，第一日火去瓶子二寸，第二日火去瓶子一寸，第三日以火簇瓶子，至夜火煆通赤，無火毒。

右將鍾乳十兩，以玉碓研七日，如麵即住。用熟絹袋子貯，繫定頭邊，懸於鍋中，煮以水二斗，煎取一斗，内取鍾乳水，三合研生犀一千下，將此水別收貯。候入皂莢仁時，同研用。又將其餘鍾乳水，煎前遠志等五味，仍加蔓荆子五大

分，拍碎同煮，令水至七升，去滓用。又取此藥水，煎青木香等四味，至四升，去滓。又取藥汁煎半夏炙以湯洗了捏破。當歸細剉。二味，各一大兩，煎至三升，去滓澄泚淨。又用地黄汁一升，無灰酒一升，童子小便一升，此三味與煎藥汁三升，都許六升，於淨器中，文武火養成煎，候至一升，即下諸般金石藥，攪勿住手，待如稀粥，即去火，下牛黄等五味生藥末，熟攪令極勻，即下皂莢仁炒其子，打取仁。杵爲末，秤取六大分。龍腦二分，於盆内研如麵，入藥中。並所研犀角汁，同入於乳鉢中，令壯士研三千下，候極稠，丸如芥子大，不得大。此藥功效造化無殊。又此藥就後分爲三大分，如品字，取一口即一分也。又加鍊了芒硝一大兩，差爲破棺丹芒硝，即上好蜀硝，有鋒鋩者即得也。於銚子内，火上鍊令汁盡，取爲末，入於藥中。或有暴亡，不問疾狀，但肢體未變者，可破棺打齒，熱醋滴下一粒。過得咽喉即活，十救八九。其丸如菉豆大，餘藥並依歌訣。

流黄砂隔銅居上，即前四味石藥依此次第入瓶中，依法用火炙。磁起長排紫作頭。即後四味石藥，依此次第入瓶中，依法用火燒。金上下三中各二，煆前藥，用金薄，上下各三片，中心各兩片隔定石藥。紫燒銅炙滿三休。用紫石英者，瓶子即燒之。用自然銅者。瓶子即炙之。各一日止。乳烹四五同歸一，烹即煎也。用鍾乳煎前二十味，以二斗水，煎至一斗，是歸一也。取一仍須十一修。再將前煎者鍾乳水一斗，煎草藥十一味，故云十一修也。煎到三時還要出，即煎至三升也。地和童酒一時句。地黄、童子小便，酒三味是也。若火石歸安靜室，是去火入石藥也。待如肌肉五生稠。肌肉和入體也，五生即牛黄五味是也。別盛三合中間水，外邊千下轉犀牛。此即用鍾乳水磨犀也。

右已上並用鐵鑰匙，打如皂莢子大。取一瓶子可受一升者，以三般物，以鹽膽煮之三七日，常如魚眼沸，不得令溢。取一顆砂出，以水洗，向明看之，如金色即止。如有赤黑暈，更煮七日，將出待乾，更於火上，炕出陰炁了，入櫃。

鹽花二斤，硝石一兩。

右已上於瓶中燒成汁了，擣碎，更燒了，細爲末，築成櫃了，即下曾雌一重了，以鹽末填築平，去口三分已來，封之以布，磨瓦子蓋頭，用六一泥固濟，泯抹令斷縫。訖以四兩火，養七日。六兩火，養四七日。半斤火，養二七日。三斤火煆。待冷出，以黄牛乳，於竹筒盛，用黑豆甑蒸三遍，入寒泉三日，更去飯上，蒸出陰炁。細研，以楮汁爲丸，丸如黍米大。每日三丸，酒下，治三十六種風偏，治筋骨風狂，風角弓風，腎藏風熱，毒風，一切冷風並消。久服肌膚毛髮皆變，延年益壽，身輕，其功不能備録。只可取四兩，依前入櫃，先布曾雌，即以熟砂、生砂層層鋪盡，四兩生砂了，以熟砂，次曾雌，即以櫃末蓋之，依前固濟，養火四十九日。畢，重重依此，長以四兩，將爲母也。

金碧丹砂變金粟子法

治一切風，延齡駐顏，治萬病，兼化寶。

法曰：先將泥毬子，泥用黄丹、白土、瓦末、鹽、醋滓，用蠟爲胎，不得令有微隙。陰乾，傍邊安孔，去蠟更燒過。即取好光明砂，研擣爲末，以紙卷灌入了，以一大蚯蚓和毬子泥，擣泥令爛，却固濟孔子。待乾，更打一鐵鐶子，安於鐵鼎子中安置，鎔鉛汁入鼎中，其上可二寸已來。即以糠火養，長令鉛軟爲候。如此一百二十日，加火，取出。更於地上，以火斷過，候冷出之，其藥如青紫螺子，揀取黑末不中。分藥一半，以青内筒貯，用牛乳蒸五遍，三度換乳，乳皮堪療皯黯。取出，入地坑子中，三宿。細研，以粟米飯爲丸，丸如粟米大。年四十，日一丸。年五十，日二丸。年六十，日三丸。其功力更別，不得多服。治一切風，延齡駐顏，治炁益顏色。餘者細末，於甘鍋中，用好黄礬一兩，以砂末上下布蓋，固濟頭乾了，灰火中養四十九日。以大火煆，候冷開，皆成金粟子。取鼠尾一寫，鍮三兩，用半分真庚者，先於甘鍋内鎔引鍮，乃下三四粒子粟，便化爲真，真西方也。罏長用火三大兩，將此去鼎中毬子，一切臨時，取毬子大小，其毬孔頭向上，安在鉛鼎之中。

羽化河車法

光明砂四兩，揀取如皂莢子大。瓜州黄礬半兩。

右已上，取三年米醋拌細，研如泥，將用一一裹其朱砂，待乾。別取上色西方庚半兩，打作薄，剪作小片子，更裹砂了。然後取武都上色雄黄一兩，曾青一兩，細研，以左味煎似膠調，將雄青末捻成小餅子，將裹前砂，待乾，擣鹽醋爲膠泥，更裹　重總了，直放待乾。用真鉛爲櫃，排鉛別有法。更燒三遍，三遍須擣篩如法。取鉛銀六兩，打作合子。其合子須相受處口，拒深下二寸四分，深廣上一寸二分，亦然。即取真鉛鋪於合底，可二分，即排砂如蓮子樣，更以真鉛蓋，更鋪砂，重重取盡了，即以真鉛蓋却取滿合，却先打銀束子束定，六一泥固濟，待乾。五斤鹽，用硝石鍊過兩度了，細擣羅，取鐵鼎可容得，前合稍寬者。實其鹽，擣於陷合處，是爲外櫃，以鹽填持了蓋却，鐵筋貫定固濟，待乾。掘一地罏，深一尺六寸，闊一尺四寸，以馬通火、糠火，燒四十九日。開鼎，以鐵筋撥鹽櫃，看銀合櫃變爲金色，即去火取出。如未，更燒七日取出，待冷開合，剥下黄礬及雄青，留著

取一粒，細研，水銀二兩於鐺中，微火取藥，半小豆大，糝上便乾鍜成寶。且惜莫用，此爲第一轉。

別取光明砂十二兩，研碎，和前伏火砂同研。依前用好醋煎溲成團，取前内櫃。細搗羅築爲櫃。即取前剥下黄礬，細研鋪底了，安砂團，更以蓋子上了，便著櫃末填滿，依前法固濟，待乾入鼎，别泥爐，著草灰半斤，火養一百二十日，以大火煆，出爐取藥，如前當成上色西方，此名第二轉紫金河車。

若要伏食，出毒，入寒泉一月日，却以乳蒸，用楮汁爲丸，丸如粟米大，延齡，治萬病，每日服只可一丸。若志心盡一兩，壽年五甲子。神祕不得，偶然輕泄，傳無道之人，受其殃。

別取光明砂一斤，細研，以左味拌，取一甆鼎子可貯得藥者，將拌砂築成外櫃，將前伏了砂，細研醋調泥櫃内，乾了，著汞八兩，以二兩火，入爐養一百二十日，成紫金。不宜用，先將投名山，告上玄，書名仙籍也。其神室收取，要用時坐於灰中，著汞六兩，用二兩火。養一伏時，真上色西方也。此名第三轉神室河車。

金華黄芽法

生銀芽半斤，生汞半斤。

右鎔芽與汞相入，狀若銀膏。如欠，將濕銀添滿本數，即取湖南通油瓶子上好者，受得二斤者，令貯得前藥，令其裏面寬轉，即通身固濟之，令頭平，使要返覆安之。更取一瓶大於前者，可貯得上瓶，爲外櫃，不固濟，權著物蓋頭。即放三釘上，以浄泥用麻筋作爐，爐須三段作者，象三才。中層著三釘横安，亦得下開二門，前後著二門，前面大門，高四寸。後面小門，可一寸半。其爐下火可三截，長四寸，常著灰蓋上。如進火時，但炭上安中心即得，用炭團更好。其火還從十一月發火，如此可十月後，一年内須六十日武火，似大些些子。其上須著一盆覆之，開一星露，可大一寸，從半夜子時，其藥瓶頂向上，午後轉上却下，至夜半依前轉，轉内瓶，外者不轉。轉了更須覆蓋。爐上一層，其爐似甑形，其上星露，從半夜將片紙掩之，至時除之。如是火候調順，不失節度，即是晝夜各一封，至五月足，秤看欠添，汞滿應數，成爲一塊，謂之成形。即破瓶取之，搗研淘令細，水飛曝盡令乾。更依前入新汞，可三分之一，按藥令平，不用固濟，依前火候，養待一月滿，更出淘洗畢，待乾，更養通前。都滿十月，其藥上有點化朱砂，此是藥精，出母胎上，可半斤，作褐色，已伏火也。收取别器貯，六十日武火燒畢，出赤色奇絶，出火毒，服食可長年益壽，其藥不可具論。其火得十月足，火似大，便化作液。更須緩火養，更得依舊，其藥本母，依前生汞半斤，養一月，更出母面上，還似褐色，養可一年。收前件藥，便作世利，伏火也，爛白。如要世利，可月月添之。若得九度添汞，養之一斤，神妙，與世長存，兼治萬病。云此是九鼎丹，功成上升。《參同契》云是金華，曾云是外丹。此甚祕訣，蘇臺一兩人得之，不得輕泄耳。

幾公白法

太上憫學士之困窮，上士之未遇，述之爲號，以助術人，故顯此方。

白虎三十兩，太陰玄精十二兩，礬石十二兩，胡粉八兩。

右三物搗研成粉，以左味和爲泥。先捏蠟八兩，作鷄子形。即以藥泥塗蠟鷄子上，令遍。以甘土泥藥上，令周帀，泥令厚半寸許。頂上開一小孔子，如豆顆許。然後曝乾，火燒去蠟，安前玄武於孔中，還以藥泥固鷄子孔中，其上還以藥泥固，然後緩火，鍊七九日，玄武俱乾，其色如銀，此名銀精。取此伏精一兩，入熟銅一斤，盡化爲泥，名制伏之法。若藥物不伏火，入銅鐵俱失紀綱，即不成制伏。八公號幾公，白者是玄武之别名。伏了之物，能入也。即不任服食者，何也。此是變轉之法，非真玄妙之門。幾白者，是汞鉛。能白者，此變伏。故八公號曰幾公白也。更有油醋煮之法，具别方。

九轉鍊鉛法

訣用鉛十斤，汞一斤，以器微火鎔之，用鐵匙掠取其黑皮，直令盡。每一遍傾在地上，復器中鎔之，凡如此九遍訖。即下汞，即用猛火熬作青砂色，如散即糠醋灑之，即變爲青砂矣。更於一鐵器中成醋，傾砂醋中訖，用鐵匙研令熟。又醋烹添，取鉛黄於瓦上，令乾，取黄牛糞汁，並小大麥麵亦得，和所熬青砂作團，如鷄子大，或作餅，日曝乾。一本云：陰乾。於燎爐火上，排鞴袋吹取鉛精，名鉛丹。其性濡，更著器熬令至熟，其色盡赤，又出醋中研令至熟，澄著瓦上使乾，於器中熬令熟，紫色。又别以一器，取好酒一升，下赤鹽二兩，和投酒中相得，即取紫色丹。一時寫著酒中，待冷出之，此即名九還鉛。九爲丹名，曰九轉紫鉛丹也。

神化金丹法

亭汁三兩，山池石鹽二兩，亦研細如麵。伏火北硫黄一斤。通明者，研如粉。

右三味藥，並同相和令勻。便取鐵合，用米醋研上好香墨，濃塗鐵合内三

遍，候乾。便入此三味藥於合內，以文火逼合令熱，候藥化爲汁，出盡北亭陰瓬，住火候凝冷。便用硝石四兩，細研如粉，入於合足內實按，上以粘紙封定，合足，候乾，方入於鼎內，用法泥固濟。其法泥用鴈門代赭，如鷄冠色者，左顧牡蠣、赤石脂等三味，各細搗研如粉，入伏火北亭汁，勻和，入臼內杵一千以來，方用固濟相合，并足周迴，唯務堅密爲妙。合鼎上用鐵關關定，切在緊密。候陰乾，便取鉛三斤以來，於銚子鎔化作汁，用小鐵杓子抄於合足四面，候勻遍，又更消鎔鉛汁，漸漸灌於鼎內，直至鼎滿合上二寸以來，便選成合日夜半子時起火，初六兩，日加一兩，至六十日滿足。候藥鼎冷定，用小鐵鑿子鑿去黑鉛，開合取藥，真如金色。便入於乳鉢內，細研如粉。

北亭砂三兩，白明者。以黃蠟一分半。鎔作汁，拌北亭令勻。

右作一團子，以紙裹。炒風化石灰一斗，用一甆罐，先將一半風化入於罐內實築，內剜一坑子，安北亭於內，上又將一半風化蓋，准前實築。初用火三斤，以來養，漸漸加火至五七斤，三伏時一弄，十斤火煅通赤。火盡候冷，取出，用生絹袋子內盛。又掘一地坑子，可受五七升，滿添水，候堨盡水，安一細甆椀於坑子內，上橫一杖子，懸釣北亭袋子於椀上，更用一瓦盆子合蓋，周迴用濕土擁盆子，勿透瓬，三伏時並化爲水。取此水，拌調前件二味藥。

上好庚一十兩，汞五十兩。

右貯於一罐內，常用火煖，將庚燒令赤，投於汞內，用柳篦攪，化盡爲度，用鹽花三斤，與金泥同研唯細，便入一大鐺內，令勻平，上用勘一盆子蓋鐺，以泥固濟，周迴令密，慢慢火，却令汞飛上，以汞盡爲度，次用煎湯沃鹽花，候鹽味盡爲度。其庚粉於盤內，日曝乾，後細研，入在藥內。

雄黃八兩，如鷄冠色者，研如粉。雌黃八兩，通明葉子者，研如粉。戎鹽四兩，研如粉。金粉十兩。

右五味藥，並細研如粉。別換鼎，合一依前法，用米醋濃研香墨，勻塗合內三遍，乾後，入藥於合內，還用文火逼合，令藥作汁。一依前法，用硝石四兩，細研如粉，安在合足內實按，以麵粘紙封定合足，便固濟合蓋，入於鼎內，准前法泥固濟合足，合上用鐵關關定，候陰乾。一依前法，先取鉛三斤，於銚子內鎔作汁，以鐵杓抄在合足四面相，次更鎔鉛汁，漸漸滿鼎內，至合上二寸以來，一依前法，選成合日夜半子時起火，火候准前，初起六兩，日加一兩，至六十日滿足。候鼎合冷定，用鐵鑿去黑鉛，取合，其藥當作紫金色。每一分於乳鉢內細研，可制汞一斤，立成紫磨黃金。此非人世所有，是神仙祕授，若於助道，須知足乎。

汞一斤，藥一分。

右於新鐵銚子內，藥置汞上，用茶椀子蓋，固濟如法，安銚子於火上，專聽裏面滴滴聲，即將銚子於水內淬底。如此十數度，其汞已伏，炒如黑鉛砂子，別入甘鍋銷鞴，當爲紫磨金。其於變化，不可具載。

佚名《玉清内書》　金丹服食變化五金制汞

訣曰：金丹守運十五日，金性死，一兩點汞一斤，成白道。守運三十日，堪服，可二兩。守運四十五日，或九十日，或經四時足，半兩點汞一斤，爲白道，服食可一兩半。守運二年，一分點汞一斤，爲白道，服食可一分。守運三年，大元之氣足，刀圭制汞一斤，爲白道，服食可三分。守運五年，刀圭點鐵及汞五金諸色瓦礫等各一斤，並隨本色各成寶，服食可一銖，長生住世。非止於人，雞犬禽畜與服不死。金重二十四銖爲一兩，刀圭一分也。

訣曰：隨其守運上下，日月年歲，用藥多少，制汞斤兩爲金銀，復將轉點銅鍮石爲大銀。每斤用藥銀二兩。其汞銀但守運一年，用三兩制汞一斤，爲白道。還將守運至二年，用二兩制汞一斤。守運三年，用一兩制汞一斤，爲白道。還將守運至一年、二年、三年，依法分兩制汞爲白道。還將守運，轉爲藥將頭制頭，種類不絕。是金丹元化一施，子母妙用無極。欲得神通變化，須用本土爲鼎，及火候並依潛伏，周而復始，可爲世珍仙祿也。

訣曰：但取本色天鉛，與世水銀，分兩停止，可配合至一斤。入匱訖，用本色爲外鼎，固濟，作鑪圈埋灰中，向上，灰可厚五寸，長上頭運用火。初五兩，一伏時加至半斤，一伏時加至十三兩，一伏時又加至一斤。只依此斤兩，晝夜都至三十日，取二兩，點汞一斤爲白道。其銀二兩，還將轉點銅一斤，爲大銀。

訣曰：其汞還將入匱守運。但作術訣，用火斤兩，晝夜日數，還將制汞，子母相隨，永無斷絕。

訣曰：若將點鐵五金諸石了者，並用得成珍。何也，緣是將頭制頭，不是本受元氣之藥。況不得本父母，爲氣神通有異，只化得下術爲白道。服即不在議限，緣有毒也。

佚名《紅鉛入黑鉛訣》

點汞用藥訣

汞藥和研，投鍋子中，還以些些藥蓋之。上以甆器蓋，四面濕紙纏郃，坐於

虛灰中。以火約半斤，遥逼一盤飯久，漸加火半日，已來燒通赤，須臾結硬作團，伏火鼓之。一本：冶鎔成質爲寶。

轉制并點頑訣

隨其守運歲月，用藥多少，制汞斤兩爲金銀。復將點銅鍮石爲大銀，每斤用汞銀二兩。其汞銀還，將守運爲藥，轉制汞無斷絶，但守一年。一本：運可用三兩，制汞一斤爲白道。守運二年，用二兩制汞一斤爲白道。守運三年，用一兩制汞一斤爲白道。

制汞入黄白利用訣

二汞入鼎釜，固濟作壇圈，埋灰中向上，灰可厚五寸，上頭運火。初五兩，一伏時加七兩，一伏時加十二兩，一伏時加至一斤。復八伏時，即於鼎四面，用武火逼通赤，半日許開取之，一兩點汞一斤爲白道。其藥换鼎子，還用火一斤，晝夜至一年，半兩點汞一斤爲白道。復换鼎子，還用火一斤，晝夜至一年，半兩點汞一斤爲白道。復换鼎，用火一斤守二年，一分半點汞一斤爲白道。復换鼎，守至二年，一分點汞一斤其鼎須逐年换制，與上同。依年月用藥分兩點化，並成珍寶。

佚名《太上衛靈神化九轉丹砂法》

第一轉化丹砂成水銀

取光明砂一十六兩，辰錦州出者良也。黄礬十二兩，用瓜州者。

右件藥二味，先取黄礬炒過，研成末，布於爐子底。次研朱砂末，安在黄末向上，以銀匕子均攤。令得所了，向上亦用黄礬末覆蓋之，令厚二分，却以一小瓶子蓋之，後用六一泥，固濟如法，須令堅密，勿使有泄氣之處。候泥乾了，擇日用子時，鐵釘三箇安向上了，然後下火。初先文火，養之一日一夜。訖後漸漸加武火，燒之經兩日夜。候藥爐通赤了，便止火候。藥爐子冷了，細細開爐看之，其朱砂盡化成水銀，以物掃之收取。如飛未盡者，須再准前，用黄礬末覆於爐子內，如法固濟，更加武火，重飛之一兩日間，以候飛盡水銀爲度，名曰河上姹女也。《參同契》曰：河上姹女，靈而最神。遇火即飛，不染垢塵。鬼隱龍匿，莫知所存。將欲制之，黄芽爲根。此言水銀得金之精氣，其萌芽漸漸生長矣。

第二轉將水銀却變成丹砂

取前抽飛成水銀，秤看每十兩，用石亭脂三兩。

右二味，先取石亭脂，於新坩器中研如粉了。却一時入銼之中，以炭火消鎔之。候硫黄成汁，然後細細將水銀，投入硫黄汁內，以鐵筯急攪之，令得所其水銀，與硫黄總結定，成青砂子。取出安爐內，依前覆蓋定，用六一泥，如法固濟令牢密。候其泥乾，無泄氣處，仍安於三箇釘上，先下文火，養一伏時。却漸漸加武火，燒之兩日夜。訖候爐子冷，開爐看之，其水銀已化成朱砂。光明可愛。《參同契》曰：丹砂木精，得金乃并。言丹砂本是金體，須得金養之，積漸成形。一云漸漸令堅硬也。

第三轉却化丹砂成水銀

取前燒了丹砂，爛研如粉，所有方法，一一並准前法。以黄礬末，上下蓋藉之，如法固濟。候六一泥乾，如第一度法，初用文火，養一日夜。後加武火飛之，如經兩日夜。爐冷開之，看朱砂化成水銀，細細取收之，於別坩器中研。如未化盡者，即須依前法，以黄礬末蓋之，如法固濟，再飛上一兩日夜，以飛盡水銀爲度，名太陽流珠也。《參同契》曰：太陽流珠。常欲去人。若得金華，轉而相親。化爲白液，凝而至堅。言流珠者，三鍊水銀也。此物無定性，亦好飛走，但得金華之氣，即漸成形質也。

第四轉化太陽流珠爲丹砂

又煮金銀水法，取一銀鍋子，可受一斗水。用上等金銀薄五十片，常以水八九升，用煮金銀薄七日夜，勿令絶火。煮日數足，只常以水三升許，煎之五日，一度抽添，以候日數足了，取鍊了金銀水，以坩瓶中貯之。其用水制藥法，取鍊了金銀水三升，鹵鹹汁一小合，大鵬砂一分，曾青一分，空青一分，石膽一分，礬石二分，黄礬二分，硝石一分。已上藥並須細細研如粉，總將入金銀水中合煎，其水常令魚眼沸，晝夜令滿，煮三七日訖，候其流珠凝結，如麵相似，即得停火，一時煎盡金銀水。若乾涸時，但續添水煎，令日足。以鐵匙漉取汞砂，用帛緘出取凝者，別置器中。餘所緘出稀者，即須準前更煮，以流珠結盡爲度。《參同契》曰：植禾當以粟，覆雞用其卵。又曰：類同則相從，事乖不成寶，燕雀不生鳳，狐兔不乳馬。注：言朱砂、水銀，本是金體，必須藉金銀精氣，然後成形質也。

第五轉入陰陽爐子令藥砂堅剛

先泥一陰爐，用坩土外泥之，須令如法，候極乾。取前藥砂，碎研在內用藥，雄黄二分，胡桐律三分，大鵬砂三分，曾青一分，朴硝一分。已上藥六味，總須細研內中。即以金銀水和鹵鹹汁，續添之，以文武火煮，常令魚眼沸。如是煮之，經七日夜滿，停火漉出砂，看之以絶堅硬爲限。然後將入神室內，養之三百六十

氣足，自然伏火，鼓鎔不折矣。《參同契》曰：物無陰陽，違天背源。雞子自卵，其雛不全。注：言物無陰陽之氣配合運用，無成，須藉陰陽之氣而成形也。

第六轉變硬成伏火黄銀

取前件藥砂，於鐵臼中擣碎，内入銀鍋中。以雌黄二分，鹽膽汁一升，用玄明水五升。合煮之二七日，滿。水涸即續續添之，慢火煎之，常令魚眼沸，兼晝夜須看守之，專候水銀砂微帶淺黄色爲限約，不得帶深黄色。黄銀砂雖然堅實凝結，未絶伏火，宜入神室内，如法固濟令密。將於灰池中，養之七日，入坩堝消，不折分毫，任上鍖鎚也。《參同契》曰：擣和並合研，無令赤色鮮。固塞示際會，務圖白至堅。注曰：黄銀雖然堅結，然未伏火，宜入神室内，如法固濟令密，將於灰池中，養之七日，入坩堝消，不折分毫，任上鍖鎚也。

第七轉變黄銀成赤鉛金

取前者淺色黄銀，入坩堝消鎔之，令作鋌子，打修作薄葉，厚如半分許板。然後取硇砂二兩，白鹽一升，以水二斗合和，用浸黄銀薄片，可經二七日滿。取出，向鍖鎚上試打，看如微帶脆。未禁鍖鎚打之時，則用羚羊角揩磨之。其法先燒黄銀扇令赤，用羚羊角，來去揩之其銀扇片。若冷時須臾火燒之，準前法更揩磨之，堪上鍖鎚爲限。總須打修作葉子，令薄似紙，看其多少，以打金葉爲度。則别取硇砂二兩，白鹽一升，赤土五升，胡桐律一兩。已上藥四味，相和擣研爲末，和烏牛糞拌，搜之如泥相。次用重重襯，金葉子重重叠之，以盡爲度。蓋覆如法，火周圍燒之，如是可經十餘日，以上金純赤爲度鉛金。《參同契》曰：金來歸性初，乃得稱還丹。注曰：言飛鍊赤金，稍得相似，本於朱砂之色，名曰還丹。

第八轉變赤鉛金成金粉

取前件燒成金葉一兩，則用朱汞一兩，餘藥金皆須准此，合和其水銀，自食金葉子，如泥相似，總須攤之，如指面許。然後一片，布之爐中。方乃於爐内，先布鹽花二兩，硝石二兩，胡桐律一兩。已上諸藥，皆細研如粉，用重重隔金葉子爲限，如法固濟之，須令牢密。專候爐乾，則以文火，飛之三日夜。訖候待爐子令細。

第九轉

造玄明粉法

取朴硝二兩，白鹽一兩。二味相和煎之，如鹽花相似，此名玄明粉也。待臨用時，即用水浸煎，使此物不堪久停。凡經二七日以上，即便氣歇，不堪使也。所煮銀砂，但續玄明粉水煮之，令滿二七日，候銀砂體色堅硬如石爲度。如未滿二七日堅硬者，此是硝石氣透盡也。更不必二七日夜爲限，有時三兩日夜，硬如石，此是着火急，硝石氣出盡，即不用玄明粉水煮，亦得。中有煮二七日已來，如退，得硝石氣出盡，方始得堅硬。其硝難退，盡緣硝石能化金石爲水，所以難退盡也。若不著，則諸石等難退盡也。着少許水銀，雖硬，稍須以意候之。

佚名《九轉靈砂大丹》

炒靈砂法

用水銀一斤，硫黄四兩。

右用新鐵鍋一口，用水洗净。火盆一箇，放小磚三塊，架起鐵鍋。鍋底用少炭火逼熱，先用黄蠟擦令鍋潤。鐵鏟亦烘熱，用蠟擦潤。先下硫黄，熔成汁。次下水銀，兩人對坐，鉗住鍋邊，用鐵鏟不住手炒，如有黄烟起時，即用米醋洒之，烟止再炒。如結成取下，用柳木槌擂碎，或入碾碾細。再擡上鍋炒，令青磚色爲度。約炒三箇時辰，炒得熟時，昇砂堅固。如此鏟出，入碾細羅過起，名青金頭末。

昇砂法

先用大鍋，内入黄泥并水，就放水火鼎在鍋内，煮滚約三箇時辰，取出。再以水洗净，烘乾，用米醋磨墨，以筆蘸墨，塗火鼎内並水鼎底。再用石斛並艾葉，燒烟薰之，隔鐵氣，候冷放穩，却將前青金頭末，以匙輕挑入火鼎中，令虚不可滿，約離水鼎底三指爲準。醋調赤石脂，封子口，坐上水鼎，按實，用鐵線串水火鼎上下眼，緊札定。外子口再用六乙鹽泥固濟，一寸厚。用麤鐵線條作鈎，長一尺五寸，火鼎邊眼内鈎起。上用麻索一條繫定，懸掛於爐上。爐内先以成塊硬炭五斤，排砌於内，下用引火四兩，擇日早辰起火，以扇去風門口搧之，先文後武。如炭軟加一二斤，水鼎内先下温湯八分，滚時常以冷水抽添，不要滚出。漸漸放鼎近火，看爐内火盡爲度，約有半日。隔一夜寒爐，取出，鏟去土，鑿開，其靈砂升於水鼎底，取出包起。

煮砂法

將靈砂一斤，或二斤，鑿成大黄豆塊。以净細麻布，縫一長袋。將魄砂傾入袋中，線札住袋口，不要動，用大磁瓶一箇，約盛五升湯者，將桑柴不問多少，於净處燒灰，放冷，量灰一斗。籮底先用夏布一層，放上灰，先用滚湯澆濕。每灰一斗。用冷水二斗。旋傾入籮内淋之，寧水少些，汁稠爲妙。取汁傾入瓶中，放在火盆内，用炭火煨滚。却將前袋中砂，懸挂在瓶内居中，謂之懸胎。用慢火煨如蟹眼滚，煮七伏時日足。再滚二三滚，取出曬乾。謂之困法。

一轉初真丹法

右用生鐵鑄盒子一箇，或熟鐵打盒子亦可。一盒約盛銀珠二十兩。先用白善土、米醋，調塗盒子内，一分厚。日乾，却將前珠子一斤，并煮過靈砂四兩。每用四一之數，如栽蓮子法。層間滿合，以崑崙紙蓋定。盒頂不滿，用乾碎黄土填實。用醋調赤石脂，封子口蓋住，用鐵線十字札定。合子外用紙筋、鹽泥通固，約半指厚。日乾，入灰缸内養火。又用小口缸一箇，約盛灰九斗者。用黄土先鋪缸底三寸厚，用三脚小鐵架一箇，高五寸。三脚仰放向上，將丹合放於三脚上頂住，不要側動，以紙錢灰埋之。再用大鐵架，罩定其架，圈上以鐵線串成隔眼，其隔離丹合一指，隔上放火，再用五寸灰蓋火。卯酉抽添，二七伏時，二三四五六七八，皆是兩數。候日足，冷定取出開合，其砂如新鐵色。將一塊用刀劈開，中間無紅色，其丹熟。如有些紅色，是换火不匀，不可動。再固濟，依前養三伏時，其火比前火加些，無不成矣。揀出銀珠分開。如要此砂見寶，用砂一兩，黑鉛一兩，入灰池對煎過，每兩砂得真銀八錢。惜之，留轉大藥。

二轉正陽丹法

右用初真丹一十六兩，作匱。依前用桑汁煮過靈砂一斤，先用四兩，同丹匱，依前入合，如種蓮子法。四一之數，層間滿盒，依前固濟。日乾，入灰缸内三脚上，依前罩定，依前下火，卯酉抽添，一七伏時，二三四五六七八，皆用兩數。日足候冷，取出其新砂，與丹匱一般揀出新砂，包起。再用煮砂四兩，依前入匱中，依前封固，入缸内養之。如此四次，共得一斤新砂。如要試丹成熟，依前用黑鉛煎之。每兩砂得銀八錢。如不煎用，留作丹匱，轉丹藥舊匱，任意用之。

三轉絶真丹法

右用正陽丹一十六兩，作匱。用不曾煮的靈砂一十二兩，同透明辰砂四兩，共入麻布袋中，入桑灰汁瓶内，依前煮七伏時。候日足。一滚取出，日乾，同入研細羅過，用玉女漿，即楮樹汁也，爲劑。按實，曬乾，鑿成大黄豆塊。先用膽礬四錢，硫黄一錢，研細同入銚内，炒令紫色，研爲細末，却將鑿成塊砂四兩，逐塊用熟米醋蘸過去，膽礬、硫黄末中滚之，名貼身藥。與丹匱，依前四一之數，層間滿盒，固濟，入灰缸内三脚上，依前罩定，依前下火，卯酉抽添，二七伏時，二三四五六七八皆兩數。日足候冷取出，開合，其砂亦如新鐵色。母子一般揀出，如此四次，共收得新砂一斤。如見寶，依前試之舊母，任意用之。

四轉妙靈丹法

右用絶真丹一十六兩，搥碎。用磁合一箇，揩净。將碎砂鋪於合内，用閉口川椒一兩，净水三碗。於磁器中，煮至二碗。去粗乾净，却傾入水銀四兩，煮滚約一時候，取下急傾去椒汁令乾。將水銀乘熱，傾入合内砂中。醋調赤石脂，封子口，鐵線扎定，合外以紙筋、鹽泥通固。日乾，合底下用水湯瓶一箇，約盛水五升，瓶口與合底一般恰好。瓶中先盛滚湯七分，坐上丹，合鹽泥固濟口縫。不用三脚。入缸内，灰埋之罩定，養三伏時，卯酉抽添，四五六兩數。日足，寒爐取出，開合看，其水銀不見。秤砂有斤兩。不要動，再依前煮水銀四兩，依前澆入合内砂中，封子口扎定，依前固濟。日乾，水瓶内添滚湯七分。坐上丹，合固口縫，入缸内，依前下火，依前抽添，三伏時。候冷取出開合，微見些峰角，秤砂亦有斤兩。如此四次，共澆水銀一斤，且住休動，固法如前，水瓶内湯添滿坐上合，依前封固子口，不澆水銀，虚養五伏時，卯酉抽添，四五六七八兩數，日足，冷取出，開合，其丹湧起，如瓊林玉樹，方可採摘白芽子，如此澆採無窮也。

五轉水仙丹法

右用妙靈丹内採丹芽一斤，要净，不可犯雜。鋪於净磁合内，好珠汞半斤，就傾入合内芽中。依前封固子口，扎定，合下用湯瓶，依前封固，入灰缸内，不用罩，其火四方，插養五伏時，四五六七八兩數，日足，候冷取出，開合，其丹峰巒湧起，休動，依前再澆水銀，依前固養，如滿合用剪下分開。如要成寶，以河水並乳香少許，煮一伏時，入甘鍋内，熔成至寶，任用之。至此不用鉛煎，自體成寶矣。

六轉通玄丹法

右用水仙丹，取四兩。依前用河水並乳香，煮過，熔成寶，打造室，合三兩做底，一兩做蓋。口縫彌密，恰好盛葉，雌透雄倭，黄紫硇各一兩，皆用精妙者，同研細，裝於合内，醋調赤石脂，封子口，放於前磁合内居中。却將水仙丹芽子鋪蓋，再固磁合子口，扎定，不用外固。入灰缸内三脚上，灰埋罩定，隔上放火，卯酉抽添，三七伏時，二三四五六七八皆兩數。日足，候冷取出，開合去鋪，蓋其室合，與三黄一等紫紅。將黄一小塊，試銀成庚，通赤爲度。如上面赤下淡，其丹未熟。如透底赤，方可點化，留轉丹藥。

七轉寶神丹法

右用不煮靈砂六兩，生雄黄二兩。用前養過三黄四兩，留一兩蓋面，餘一處研匀，入磁合内，留丹一兩，亦研細蓋面。以醋調赤石脂，固子口，鐵線十字扎

定，合外再以紙筋、鹽泥通固。日乾，入灰缸内三脚上，灰埋之罩定，隔上放火，五七伏時，卯酉抽添，二三四五六七八兩數，候日足，再加火三斤，四方插煆。候冷取出試之，將汞五兩，入建盞内，以丹末一錢摻之，下用小火逼汞，將却好盞蓋定，醋紙封子口，候作聲聲絶去盞。其汞成一塊紫庚，再入甘鍋内，化成金寶。留轉大藥，舊賣任用之。

八轉神寶丹法

右用寶神丹七兩，留二兩塗頭。用硫黄汞對昇的靈砂五兩，雌雄硫珠各一兩，並研細入合，留丹二兩，亦研細，蓋於面上。固濟，日乾，入灰缸内三脚上，卯酉抽添，七七伏時，二三四五六七八兩數。日足，候冷開，合成一塊，紫色射目，光彩可愛。可種金芽，變轉任用，留轉大藥。

九轉登真丹法

右用神寶丹六十兩，二八靈砂三十兩，一處研勻，用烏驢乳汁和爲劑。却摘取金芽二斤，熔成寶，打造金神室合。恰好盛衆丹藥在内，令滿。醋調赤石脂，封子口。復鑄一銅合一箇，比度大小，恰好入室合居中，四邊各寬一指。右用鉛丹、礬石，各另用器盛之，五斤炭火煆過，同研細末，殺埋芽合鋪蓋要勻。次固濟銅合，不用外固，入灰池。右擇卜壇場，按方位，擇日時下火，卯酉抽添，七七伏時，依前火數，日足就，加火三斤，四方插煆。候冷盡，取合子，去銅合，以黄芽丹合，盛大丹，於壇上掘地，深五尺，埋五十日，取出。用油紙裹三五重，再以布帛包三五層，淨麻索携墜於井中，五十日至底。取出爲細末，以黄精自然汁，或玉女汁，亦可丸如雞頭子大。候乾，再入金室合内，封子口，灰缸内三脚上，下火一七伏時，卯酉抽添，二三四五六七八兩數，日足。候冷取出，合試丹一粒，投入冷水中，其水隨丹滚如湯。以汞一斤，入建盞内，投丹一粒，恰好盞蓋定，醋紙搭口縫，以小火逼汞，如秋蟬之聲聲絶，去盞，汞以成上色紫寶，熔之紫暈爍人，乃丹成也。

將丹數供，具奏上帝，候有報應，取丹，井中水吞三粒。先置水缸，遂入水缸中，煩丹友外護，候水温熱即出。再入第二缸水中，復三缸，便覺身輕神變。次日準前。如是三次，九缸水，共吞九粒。自然身有光明，將見雲車下迎，如接侍雲升霞車矣。

又澆淋法

用恰好磁合一箇，將初真丹一斤，先用長流水於磁器内，慢火煮浴一時，微滚取出，日乾。鋪於盒内，却用川椒一兩，多揀閉口者好。以磁瓶内用淨水三碗，煎至二碗，去柤。却傾入水銀四兩，再煮一時，急去椒湯，用紙拭乾。將淨水銀乘熱，傾入盒内丹中，用崑崙紙蓋定。又用土塊填滿，依前固濟，日乾。合下用水湯瓶一箇，瓶口與合底恰好。其瓶盛水三升者。瓶内先下滚湯七分。瓶口用鹽泥一條圈住，將盒坐在鹽泥上，塗固口縫。入灰缸内，不用下三脚，只罩定。用頂火養三伏時，卯酉抽添，四五六兩數。日足，候冷取出，開盒看時，不見其水銀，盡入砂中，秤斤兩方有，不要動。依前再澆固濟。如此四次。每次添湯瓶七分爲準，乘熱坐上盒子爲妙。四次後，用虚養一次。虚養時，水瓶内添湯，滿其盒，依前封固，坐在湯瓶上，不用罩，四邊插火，養五伏時，卯酉抽添，四五六七八兩數。日足，候冷，取出開盒看，方可摘些芽，放炭火上試熔，看冷成珠，不折方好。有走折，再虚養一次。如要成寶，不用鉛煎，用甘鍋化成寶。如要轉澆，盒滿分之，依前四一之數澆養。每四次，用一虚養。試看成寶，方可再澆，如芽嫩切不可澆淋。依前再虚養，務要成珠，方可轉澆去。

佚名《九轉青金靈砂丹》

水銀一斤，硫黄四兩。

右用陽日，以淨土磚十餘箇，砌爐一座，高二尺，上圓下方。爐中一尺五寸。下用鐵條七根，隔炭火。隔下留風門五寸，爐口闊一尺。爐中約盛炭五斤爲準。候乾，用新鐵鍋一口，先用水洗淨，放於爐上烘乾，以生姜蘸醋搽鍋内。次用黄蠟少許搽潤，再用紙揩過。先下硫黄熔作汁，傾入水銀，用鉗住鍋，持鏟不住手炒攪，如有小火焰起，用米醋洒之，其火止再炒。醋洒至一碗，炒成青色爲度。候冷取出，研細羅過，名青金頭。

一轉伏火靈砂

用鼎一付，擦洗淨，烘乾。候冷，將前青金頭末，以匙輕輕傾入火鼎中，不可滿。醋調赤石脂，塗子口，坐上水鼎，按實，用鐵線扎縛要緊，外再用六乙鹽泥，通身一固，以鐵摇條掛起。用炭五斤，成塊排砌在爐中，以堅硬炭放於底下。再用引火五兩，將藥鼎懸於爐中炭上水鼎内，先下滚湯八分，用扇去風門口搧起火，先文後武。水鼎中湯不要滚出，亦不可淺，常要抽添。如有固封處有透氣出，即以薄鹽泥，竹匙挑塗固之，候爐寒爲度。次日取出，開鼎，其靈砂於水鼎底懸起，取出轉丹藥，此砂可成寶。外爐訣存之。

二轉重遊丹

右將伏火靈砂入，研細。先用硫黄四兩入，硫候溶，次傾前砂末，同炒成紅

紫色，交媾匀有些火起，以醋洒之。候冷，取出研細羅過，依前入鼎封固入爐，依前炭五斤，依前起火换水，候一伏時，寒爐取出，開鼎，其砂昇於水鼎下，取出轉丹藥。火鼎中有些灰，却是前轉硫黄，以成真死硫灰，收起，能治痢疾冷病。用米飯爲丸，如桐子大，每服三粒，棗湯服之，立效。

三轉紫霞丹

右將重遊丹入，研細，用硫黄三兩入鍋，熔成汁，傾入丹末，同炒成紫色，炒匀候冷，取出研細羅過，依前入鼎封固，入爐，依前用炭五斤，依前起火水鼎中湯，依前抽添一伏時。寒爐取開鼎，其砂仍前升於水鼎下，取出轉丹藥，灰依前收用。

四轉

右將紫霞丹入，研細，用硫黄三兩入鍋，熔成汁。次入丹末，同炒匀候。冷取出研細羅過，依前入鼎封固，入爐，依前用炭五斤，砌於爐中，依前起火水鼎内换湯，一伏時。寒爐取出，開鼎取出，再轉丹藥，其灰亦收之。

五轉

右將四轉丹入，研細，用硫黄二兩入鍋，候成汁，傾入丹末，同炒匀。候冷取出，再研細羅過，依前入鼎封固，入爐，依前用炭五斤，依前起火水鼎内，依前换湯，一伏時爲度。寒爐取出，開鼎，將丹砂取出，再轉丹藥。

六轉

右將五轉丹入，研細，用硫黄二兩入鍋，候成汁，傾入丹末，同炒匀。候冷取出，研細羅過，依前入鼎封固，入爐，依前用炭五斤，依前起火水鼎中，换湯一伏時爲度。寒爐取出，開鼎，將丹砂再入轉中燒煉。

七轉還返丹

右將六轉丹入，研細，用硫黄一兩五錢入鍋，候成汁，傾入丹末，炒成青色。候冷取出，研細羅過，依前入鼎封固入爐，依前用炭五斤，依前起火，水鼎中湯抽换，到此其丹藥不飛起，用橐籥催火。其籥用紙做成，似銀匠家用的風袋一般，去爐風門口用之，藥鼎中作聲不要懼，一伏時，寒爐取出再轉。

八轉

右將還返丹入，研細，用硫黄一兩五錢入鍋，候熔作汁，傾入丹末，攪炒。候冷，取入研細羅過，依前入鼎封固入爐，依前用炭五斤，依前起火水鼎内换湯。其丹伏定不起，用橐籥催火，養之一伏時。寒爐，取出，再入轉中轉丹藥。

九轉真陽丹

右將八轉丹入，研細，用硫黄一兩入鍋，候作汁，傾入丹末，炒成粉白色，炒匀。候冷取出，研細羅過，依前入鼎封固入爐，依前用炭五斤，依前起火水鼎中换湯一伏時。寒爐，開鼎，其丹四起鼎中，如銀碗相似。鑿出打碎，入净磁瓶内，用油絹封瓶口，線扎定，再用黄蠟熔汁，澆固彌密。用地穴三尺，將丹藥瓶放在底，用土埋之，七伏時出火毒。候日足取出，入乳鉢中，乳細羅過，用烏驢乳汁，丸如小梧桐子大，候乾，藏於爐中。此丹已曾全煉成了。

佚名《陰陽九轉成紫金點化還丹訣》

第一轉

朱砂三斤爲末，取瓜州礬一十八兩，以相和研殺。布鹽花爲匱。次布藥於丹釜中，以瓦甕子合之，六一泥固濟。蔡夫人云：甕底及肚，當安濕泥或布，用文武火飛之，三日三夜爲度。冷開之，鳥羽掃取已化水銀也。若未盡，更准前飛盡爲度。經云：河上姹女，靈而最神。得火則飛，不染垢塵。鬼隱龍匿，莫知所之。將欲制之，黄芽爲根。言得金氣，萌芽之漸也。

第二轉

取前飛成水銀，如經兩鍛得一斤水銀，著四兩硫黄，研殺之。多少准此加減。安釜中，六一泥固濟，文武火飛之三日三夜，候鍋底赤色與火同，即止。待冷取出，却化爲朱砂也。却以朱砂，准前固濟燒之，以赤爲度，飛之作丹。故丹砂經云：丹砂木精，得金乃并，金氣則漸成矣。

第三轉

取前丹砂研末，如第一轉者。又取瓜礬每斤，還同相和殺之。以甕子合之，固濟如前，文武火飛之，三日三夜止。冷取之，鳥羽掃取，又却化爲水銀也。未盡更飛之。經云：太陽流珠。常欲去人。卒得金花，轉而相因。待白液凝而至堅，言再得金花之氣，則堅性之漸也。

第四轉

先取金銀鐺，受二三斗者。取上好瓜礬石四十兩，以汞納器中，煎三十日後，煎至五升已來。取鹽汁五升，和礬水於器中煮之。又下大鵬砂、曾青、空青各一兩，煎之魚眼沸，可一伏時停。別取鐵鼎，可受三升已來，内礬水，續續添水銀，可七日七夜止。取汞於絹中絞之，收取稠者，餘汞更依前煮之，結盡爲度。經云：植禾以粟，覆雞用子。類轉自然，必須金氣而能相感也。

第五轉

泥一陰陽罏，上水下火，取前結汞，納磁石鐵瓶器中，可受一斗已上者。如無磁石器，黄土器瓷甘堝並得代之。納雄黄二兩，硝石一兩，胡桐律二分，大鵬砂二兩，曾青、生朴硝各二分。並細研，納稠汞中，入在器中，盡用殘末，固濟，燒之。乃用汞三斤，可入礬三兩，然後發火，可候時節，如前堝赤，不論早晚，唯候水銀絶硬即止。經云：物無陰陽，違天背原。牝雞自卵，其雛不全。何故乎。配合未連，三五不交，陰陽離而相成也。

第六轉

取第五轉微堅汞，於鐵鍋中，以雄黄二兩，硇砂五兩，大鵬砂一兩，爲末於藥器中。取第四轉礬石水，續續添之，如魚眼沸，三七日夜煎之，微黄堪上砧槌即止。如未再煎，宜消息之，如黄堪打爲度。經云：擣和並合之，持入赤色門，固塞其際會，務令側致堅，然入藥和燒之，令堅得所也。

第七轉

取第六轉微黄堅汞，向堝中消之，令作一餅子。取硇砂十兩，鹽一升，和水三斗，浸之一伏時後，兼水銀入器中，煎之二七日，取出於砧上打。若脆，先燒餅子赤，以羖羊角來去揩。若冷，准前燒揩，轉轉打看，以堪打爲度。乃盡打爲薄葉如紙。又取硇砂十兩，鹽一升，赤土五升，胡桐律一兩，相和擣篩，重重襯已前金葉子，於牛糞火中燒之，如包金法，十餘日已上，令絶赤色爲度，此皆成伏金也。經曰：金乃來陽性。初得稱還丹。言鐐金還得消似本朱色，乃可稱陽，得爲金丹矣。

第八轉

取第七轉伏火金葉子，燒之至赤。每兩投水銀一兩，熱研之鬱鬱然，成金泥膏也。大小如指面許大，而片片布之於丹罏中。又取鹽、硝石、胡桐律各一大兩，相和細研，重重隔之，以布盡爲度，密封固濟，文武火燒之三伏時。冷開之，若汞飛盡，取金和鹽細研，用水飛取，令汞出盡，其形赫然紫色，而如細砂也。經云：金砂入五内，霧散若風雨。薫蒸達於四肢，顔悦色紅，光潤鬚髮，延壽命。長久服，神功不可比量也，免世之厄，號曰真人。言以朱砂爲金，故云還金砂也。

第九轉

取第八轉飛了金砂，以鹽藉之。如一斤金砂，即著雄黄八兩，和之，密封固濟，文武火燒飛之，以盡爲度。然以清水，淘去雄黄及鹽，令盡澄取金砂。蔡夫人云：雄黄輕浮水上，金砂重即自沈水下。以蜜爲丸，如黍米大。從八轉紫金色，至第九轉數，即赤也，故曰赫然成還丹，此之謂也。

此丹服驅萬病，久服延壽還年。又點汞爲金，每分點一斤汞，鉛錫亦然。

佚名《通幽訣》 訣曰：寶丹本乎一物，而生二。二主火，寄位丙丁，生於甲。初九，潛龍一爻生，建陽在子，天符發泄，驚蟄受氣於母。母者土也。道生於一，一生二，二生三，三者陽極之父母。陽者，天地之精，故名三五與一，還丹之本基。

天符者，日信。日者，天地之元精，五行之始照。曜以事繼日，以日繼月，以月繼時，以時繼年，所以記遠近，别異同也。

初分混沌精氣陰陽，斗建十二辰，推移運轉，刻漏不停，發泄交媾，萬物化生而成形。天符者，信也。能發泄萬物，運動返本，而成精氣。潛運結爲精，精化爲砂，色禀南方丙丁火，外陽而内陰，主男，日之陽魂。日月之華氣，照曜天地。太陽太陰冲和之氣，交騰受氣，一千八十年結精氣。

丹砂天符照曜，又一千八十年，成丹砂，名硃砂也。陽中陰，號曰太陽、朱雀石，主水。元和之氣未足，曰丹砂。一云天鉛，帝男精，龍女血，化南作北，抽出未化爲陰汞，主水。水數一，故云汞生於鉛，陽爲臣也。天鉛神水，天符運動，照曜丹砂，養育又一千八十年，天火化爲太陽，陽氣足，陰氣衰，陽氣盛滿流溢，迴而自生色，禀北方壬癸水，外陰而内陽，主女月之陰魂，非人間之凡物。故之赤水中自生者，流爲陽汞，名曰天鉛之精，黄芽之祖。是日月之華氣水，化爲天然還丹。

天符又照曜一千八十年，合四千三百二十年，元氣足，自然成還丹。天然伏火黑色，轉北成西，西主金，金數四，水基也。故知三五與一，天地至精。三者火也，五者砂之父母，一者砂之元祖。輪還運轉，精氣元和，相感成形，不越於一。一者，大道之本宗，水也。學者不悟硃砂是鉛，鉛中生子是金。即一物陰陽，運動自制伏，陽中陰，陰中陽，玄中玄，名曰玄武石，轉水成金。故云：砂産於金陰，爲君鈆金。天符運動，都計四千三百二十年照曜，父母養育，成天鉛，自然還丹。

訣曰：後聖用火喻爻象，月計三百六十時，年計氣候四千三百二十時，合四千三百二十年，氣候喻合，天符自然還丹。故云：硃砂汞金水，龍虎五行，合體歸一，無二得五。以地符依卦節氣候運動，以成金丹。

訣曰：其丹砂精魂，出自中華十二分野内，主一宫坤地西南隅，其寶天地至

精元氣，以日月天符運動，交媾在五。五者，戊己，中宫土也。所生之處，生於福德山崗形勢之地，氣候骨肉俱全，水陸草木秀茂，土石堅貞異境，神靈衛侍，陰氣施，陽氣泄，包含孕育，照曜精氣，得土而生，化爲丹砂。有砂之處，或晝或夜，或初晴之後，或陰暗之時，即有氣候光彩，往往如日光而出，或没或見，唯採匠而鑒之。今具載所出土産管屬州縣山谷之名，並異名等。曰丹砂，曰硃砂，曰硃鉛，曰鉛中金，曰天鉛，曰火鉛，曰神水，曰華池，曰陰汞，曰陽汞，曰陽中陰，曰陰中陽，曰水銀，曰五采石，曰五金，曰七寶主，曰還丹，曰天生芽，曰黄芽，曰五行之胎。

【略】

天符，日。《春秋》天符之日。日者陽之精魂，天之理也，故照曜光明。《淮南子》曰：積陽之熱氣，交騰爲火。火之精爲日，光明威精之義也。又云：日生於甲，重陽之位。火生於震，震位辰巳。震爲長男，巽爲中男，南火之父母。火曰曾，木曰青，萬物之使，故云曾青。

陰符，月。《春秋》陰符之月者。陰之精魄，地之理也，照曜光明。《淮南子》曰：積陰之寒氣，交騰爲水，水之精爲月，滿而缺者，感日之義也。又云：月生於庚，重陰之位。水生於兑，兑爲少女，水之父母。所以男依日東立，女之象月，生而西端。丹徑之丹砂，日月之華氣，性命之根基，與内外元和，般載成形，餌之故長生不死，日月之感精，故曰陰符。月之所生，日之所育，陰陽用事，生成依於母，母曰土。

日月二寶，是天地至靈。卑情感精，變化照曜，結成砂，始名朱雀石。七十二石最尊，莫過於汞。感於二十四氣，通於二十四名，變化成丹。烏餐成鳳，蛇餌成龍，人食長生，天地同壽，收人魂魄，返老歸童，呼吸風雲，玉女來侍，即大丹之功力也。

訣曰：鉛者，即砂中抽出之液，主水，陽中陰，汞也。從砂中自生出者，主金，陰中陽，汞。

訣曰：是以不容之木，受制於金。金孕水安，水必存金。木孕火制，火必假木。所以鉛水制汞水，鉛火制汞火，水合其性，火合其形。

訣曰：鉛水者，是砂中自生出者，主陽汞。汞水者，是水中抽出者液，主陰汞。是鉛水制汞水。又云：鉛火者，自生之金。汞火者，是抽出之液也。水是鉛火制汞火，多不曉此，故名金汞道耶。

日者，是太陽之火精，即朱汞，爲龍是也。月者，是太陰之水精，是鉛銀，爲虎是也。龍者，陽之氣。九之極數，木之無也。虎者，陰之氣，四之極數，金之有也。

訣曰：以無制有，合成其道。故云：丹砂木精，得金乃並。參銖不偏，至聖至靈。世人不悟，見金視之如土。

藥歌曰：太玄陰符，道生陰陽。陰陽生五行，五行合而爲還丹。故名龍虎。天有三尊，日月星。地有三尊，江河海。人有三尊，君父師。身有三尊，三丹田。藥有三尊，土火金。故乾坤者，上下父也。坎離者，水火爲藥也。震巽者，運卦也。運經三載，自然還丹，即太元之氣，何以不成丹矣。

訣曰：計一萬二千九百六十時，大小月及閏月並不在用限，歸其實數也。一氣不足，與瓦礫無殊。萬象精通，神靈自契。

訣曰：陰陽運轉，氣化爲精，精化爲朱，朱化爲汞，汞化爲金，金化爲藥，故號金砂，名曰大還。大還者，返歸之義。丹者，赤色之名。汞者，本體是金，金水相制，故號金砂，運本體得稱大還丹。

土是陰符，戊己中宫五符，一云五氣金鼎。

訣曰：五氣制伏不飛，能生五彩，返歸其母，餌之長生。

訣曰：丹砂，流汞父。戊己，黄金母。母數五，五是土，用土爲鼎，制伏號曰金鼎。土能生萬物，金是土生，故爲金父。母者，金本生土，故曰土母。水以土爲鬼，土填水不起，戊己之功，名曰五符。

汞者非土不可制伏，土王金鄉，三物俱求，依象帝王。如人主有道，即四方來貢。但辨得真鉛汞二物，即是第一鼎法。故爲三物一家，都歸戊己，金水無土制馭不成丹。

土母，季王十八日，餘日休廢囚死藏伏。凡伏鍊金鼎，推究陰陽，精氣返還，刻漏不停。

雄黄喻土，而定四夷。土者生金本土。雄者男，黄者土，能偃水土，是金火，非關雄黄。鼎主外上名五符。世人不悟還丹本之父母，錯用金銀爲母，或爲鼎器，故元氣不離於五，五不離於元氣，混其名即一，辨其功即殊。元氣者，五才之君。五才者，元氣之臣。君相臣臨，而不可去也。金丹用其元氣，不越於五，五者五符也。五符者，氣。氣本無形，因精而生，内外含真，得餌不死不生。金鼎藥之表轄，表者氣也，轄者鼎也。鼎象雞子，外白裏黄，與汞相合，是用白金爲

器，器不離於五。五者土，土者生金之土，委曲相制，似使無虞，令水不逃溢，戊己之功也。

訣曰：提劍偃戈，籠罩四方。提劍者，金精本氣五也。偃其戈戟，如水得土而不流，是金死於土也。大丹之基，丹砂。丹砂是鉛，本生於土，死亦歸依於土，是用生丹砂土也。世人知之有數。

鼎之異名，有曰外神水，曰華池，曰神室，曰匡郭，曰表轄，曰五氣，曰白衣，曰丹衣，曰母舍，曰金鼎，曰神廬。

訣曰：五氣者，其大籠罩八隅，小則潛藏一毫，吐坤嘔輪，出有入無。

訣曰：流珠九轉，化爲黄白。自然相使，一陰一陽。日道須伏於金鼎，中宫之功，神通自在，孕育制伏，故云金鼎。

夫金丹，天地日月元和之氣，照曜潛運，成爲丹砂，砂中迥然而自生，乃爲還丹。如人育孕男女，皆由父母陰陽精氣相成，而有還丹，象男女。男生而覆，女生而仰，非但在生，死亦如此。但投於水，雄者覆，雌者仰，天使其然，非干父母教令。金水在於鼎中，象男女弄戲，男上女下，自得情意相符，以成其道。

訣曰：金丹雖得元基，須知本父母養育制伏。父者，火之陽氣也。父能發泄運動而成之。母者，土之陰氣也。母能含育生之。母主中宫黄，黄者土，是生金之土。丹砂初分受氣，依於土而生，故云黄芽之本母也。得陽而成，得母而生，故名土釜，曰母。土者，五行之土，生成土也。水火木金土，各居一方，運動正位，火來剋金，土來剋水。水者，丹砂之子。土者，鼎。火者，運動相伐，而成形，得土相生。土能制水，本氣相感，以成大道之宗。故云：知白守黑。世人盡不知同類，相從相生，相剋相制，以金生水，以土爲鬼，土塡水不起，戊己之功，名曰五符金鼎，知者無一焉。

【略】

金丹是日月運動，自然成丹。因燧人改火，後聖用之，同於天火，造化至在，更漏分明，節候用火，斤兩運動，漸漸如蒸，四時年月刻漏足，以成金丹，火候所然。如驅雞即走，寬又不伏。但依直符爻象，即金水自伏。六月陽終於巳，十二月陰終於丑。

訣曰：丹砂，陽氣流珠之精，是立乾坤，運水火，應天符，合三才也。金爲月精，以處陰位。汞含離氣，以應陽爻。天地之靈孕，日月之精。否極泰來，陰盡陽生。故云：丹砂木精，得金乃並，三一之道。三者，火一者藥，故名守一。

又云：砂者，藥。金者，鼎。故云：三道由一，併在根蒂。大道至理，得門無二。砂性温和，無毒，味辛。元氣通靈，萬物不枯，名曰黑鉛。黑鉛者，砂中自然之液，仰月抽出之液。故云：黑鉛入仰月，配合爲夫妻。陰魂合陽魄，兩性自和同。

訣曰：然用五行，乾坤震巽，直符孕育，從建之初一陽生，子午相應，八八相通，以推移刻漏，日月五星，寒暑來往，晝陽夜陰，交會四十五日一節節相臨陰陽調順潛伏，運動輪還，巡於六十四卦。周而復始，水火相從，處無外物，五金八石，由人之造化。五金，五行也。八石，八卦也。

訣曰：水得龍而爲雨，火得人而運動陰陽。氣用事萬物長，龍行雨施萬物生。還丹養育造化，不越五行。

訣曰：直符初發之時，水浄不失時，文不過九，武不過九。九者，陽之極數。三三如九，大過之極，陰生之首，陰盡陽生，皆順天道，陰陽爲之運動。若匀金水，即順節候。失序金水即亡。運動如垂温抱卵，受氣而生。用事相生相殺，如寒谷變春，陰陽五行所生互用，皆立喻者也。

訣曰：精，元氣。本生於南方丙丁火，離，寄位二陽之中一陰生，日之魂，陰汞，水也。受氣之足，移位北方壬癸水，坎，寄位二陰之中一陽生，月之魄，陽汞，金也。水則湛然不動，無爲之體也。火則炎動不已，有爲之宗。將有制無，合成妙道。故知金生於陰暗之處，始初也，是子午相應。

訣曰：金入中宫，太一庚城。含育黄黑，混其元精。赤馬守黄烏，蒼龍藉白虎，制馭本類相從，故曰參同。

又云：坎離一二，南北獨爲徑。一者，水。二者，火。萬物因水而生，因火而成，火金相伐，水土相剋，以成大丹。

直符初發在子，十一月，從震而生。四月火王，極陽合退。又從巽生，二木漸順。汞初伏雖乾，未是火丹。守運三節名丹砂，五節名金砂，一年名長砂，一名小還丹，二年名還魂丹，一名中還丹。一千日受氣足，名黑獸大還金液丹，餌之不死。

訣曰：修金丹不悟玄理者，蓋爲不悟丹砂，是鉛造化根本。迷迷相指，錯用凡水銀、凡鉛、金銀、雄黄、曾青。不知凡鉛是世銀之母，雄是藥之子，砂是鉛之母，黄是土，土是砂之父母。曾屬甲，火之父母。青屬木，位東方。世人不悟，錯用水銀、凡金銀鉛、雄黄、曾青爲藥，或爲鼎器，或爲子母，或鍊鉛取花，及雜石爲

藥，自古至今，未有得者。夫道之根本，神仙之道在於目前。丹砂木精，得土而生，得土而死，生滅不離於五行，互用更爲父母，相伐相生成形也。

訣曰：氣能存生，内丹也。藥能固形，外丹也。服餌長生，莫過於内外丹，日月之華氣。華氣者，丹砂元和之氣，並是性命之本。除内外丹精外，五金二青，四黄雜石，磁礜五礬等，並不在議限。

訣曰：只如水銀，孤陰寡陽，能腐骨搜髓。金性損肝，銀性損脾，銅性損腎，鉛錫損胃，四黄大毒，並有質性，絶陽而損元和之氣，但指於一金一石，乃非凡金石也。世間六水，皆有大毒。餌之縱目下未虞，終爲大害。丹砂如有傍小門制之，能治世疾，小益延駐，不可長生。法曰：用硇硫雄曾四味爲器，相伏即得。如用諸毒藥抑遏，感氣聚雜而成，即不可餌也。慎之。

訣曰：凡鉛是世銀之母，在礦受陽氣足，性自伏火，坯出即世銀是也。

訣曰：水銀與丹砂中水銀，形貌雖相似，然象人男與女俱別。丹砂象男，太陽日之精魂，能留人性命。内自有水銀相制伏，不與外水銀情合，及外物抑遏而得，故益人性命。

凡水銀象女，太陰月之精魄，能奪人性命，孤陰寡陽，有大毒，不可餌也。

訣曰：水銀陰陽性雖異同，是天地之精，象男女陰陽有異。丹砂有傍小門制之，即用凡鉛爲器，匡郭成藥。

訣曰：世人不知黄白之根基，錯用凡水銀、凡鉛金銀爲至藥。殊不知汞生於鉛，砂産於金。金丹但知鉛本氣而成，何得遺本，存乎外物。鉛者，子，丹之精也。氣者，母，本土生精之土，故名本鉛氣。

訣曰：天鉛者，硃鉛也。金本從鉛中生，即是子隱母胎。

又子藏於金中，即是母隱子胎。鉛者，黄芽。黄者，土。芽者，砂。土能生芽，故云黄芽也。

鉛汞者，本是七寶之良媒，五金之筋髓，解則百事俱通，迷則百途並塞。然鉛制汞能伏鉛汞相成合爲黄白之道。

訣曰：一陰一陽之爲道，一金一石之爲丹。石乘陽而熱，金得陰而寒。此乃魂魄相應，理勢必然。夫石液定魂，金精定魄，非陰陽感化，諒九幽之可待。故曰：君子好逑，淑女之良配。河上姹女，靈而最神。得火即飛，不見垢塵。鬼隱龍匿，莫知所存。將欲制伏，黄芽爲根。儻不入黄芽，獨燒水銀，雖器厚盈尺，固塞百重，火動即飛，莫之能止，須臾去盡，不見纖毫，如鬼隱冥中，龍匿水府，縱有離婁之目，亦不能睹蹤也。使水不能東西，黄芽之力也。

元君訣曰：黄芽者，五行甲子是也。甲屬木，木是陽之父母。母屬地之氣，冬至後一陽衝，其日一陽生，萌芽受氣於母土，名甲。甲依土吐，甲以生芽。芽依於母，母曰坤，即是癸之黄芽。六甲之位，因死休廢，同其一甲，在癸而絶位。五穀五菓，草木茂榮，萬類胎卵，藥物人民，皆從黄芽生，陽氣氤氲，運動地爲，胎息爲氣。萬物以春夏發泄爲黄芽，秋冬收斂同成熟，各歸其色及本味，不改舊容，故名還丹之義，反本也。

夫人改常必死，物改色必壞。乃知藥物徑運動，陽氣般載，不改舊容，與天火同造化，還丹受氣，反本也。陽氣照曜，凝結自然之道，故曰黄芽。世人莫知天地三光，清濁初分，人民萬物，皆從黄芽，不越五行而生。黄芽者，萌芽伸屈始初也。因陽而結，因陰而生，陰陽交接。當受氣之時，初爲混沌。清濁之後，始有黄芽。在甲曰黄，在旬曰萌，在伸曰芽，故名黄芽。乃知元不離於五行，五行金木水火土也。水曰潤下，火曰炎上，金曰從革，木曰曲直，土曰稼穡。

訣曰：天地大道，萬物久長，元和之氣，長生不過日月星辰，陰陽五行，盡依土而生，終歸於土。隨四時更變然有期，亦是自然之道。假令毛脂，含受太陽氣一千年，化爲伏神。又一千年爲琥珀，又一千年爲水精。皆是日月之華氣，照曜成精。又假如蟾蜍弄月，蚌蛤有珠。並是採弄含受太陰月華之氣，成胎爲珠。其珠是月之陰魄所結，二味並堪服食，偏治肺氣，驚邪、健忘。以木蜜爲丸，如麻子大，食後津下三丸蚌珠，能制汞。

夫人内脩道德，元和之氣沖融，脩養含道，結精爲珠，自然長生。珠居於赤水中，赤水血也。假令禽獸蟲蟻魚蟹蟄伏者，皆得元和之氣，所託存生，非關父母教令，得悟之哉。自固其志，音聲相和，物類相感，有無相貫，陰陽抱而全其大道，二氣和合，有無相别，無有相成，成其真道也。

河車者，五金之主，亦北之位。水能渡車，般載萬物，輪還不住，是陽居陰位，陰合陽精，金汞相得，故曰河車也。

元和之道祖，立天地，調陰陽，四時行焉，萬物生焉。受氣曰命，最靈曰人，人福莫大於生，禍莫大於死。既惡其死，又欲其生，爲失道而不得生也。勉之勉之。且余所注類異諸家，義合正經，理契大道，論卦象則火候爲先，擇陰陽則藥物爲正。參者，雜也。水土金三物，同爲一家，如符若契，契其一理，故曰參同。

訣曰：萬物非日月不生，金水非火土不成，金水則變化之元，火土乃陰陽之

始。天地混沌之時，天地默然，雖未變化，終爲萬物之根。金白水黑，相會氣中，狀如雞子。陽燧以取火，非日不生光。犬戎以火鏡盛艾，化之須臾。則火出象還丹，陰陽金火。大唐國内時亦有之，書不盡言，言不盡意。然則聖人之意，其不可見乎。若用凡水銀爲金丹者，妄人也。言硃砂未得理者，不知道也。即去真遠矣。或曰：用凡水銀、凡鉛而爲之者，無靈。蓋不足悟水銀真鉛之正體，唯讚凡鉛之功效。不説水銀之精妙，必以一事而成，不得兼而美之耳。若用凡鉛爲藥，即去道乖遠。若安水銀爲金丹，即不是真法。若悟之者，正以水銀、火鉛爲主。但得鉛本氣，遇五而成丹，不遺本也。若悟元化，一施妙用無極。若以外物爲情，則性不可合。以水銀代汞，則鉛不可親。性不可合三宫，其可固乎。鉛不可親八石，豈能妙乎。

金重如本初，金不失其重，日月形如常。陰汞不失斤兩，是日與月金重，不失本初。我命在鉛，鉛不失天。鉛還丹成，金億萬年。鉛者二汞，本一體無二，故曰天鉛。莫壞我鉛，令我命全。莫破我車，廢我還家。鉛者，砂中自生曰鉛。車者，是砂中抽出液曰車。

鉛中有金，金中有還，見寶别寶，賢人得道。鉛者砂中自生曰，金得火運動月還。

真人言金精黄芽，制水不流溢之力，玄水也。金精黄芽同名，自生鉛也。水者，是砂中抽出之液。用鉛不用鉛，不用得長年。用鉛者，是硃砂自有鉛相制。不用鉛者，是世銀之母，凡鉛也。鉛若不真，至道難親。鉛若是真，不失家臣。鉛若不真，凡鉛也。鉛若是真，硃鉛也。寧修鉛中金，是丹砂中自生曰金。不修金中寶，是凡水銀也。聖人明立喻，以示後學也。

鼎鼎是何鼎，是用生丹砂之本土爲鼎也。藥藥是何藥，是用丹砂中自流生汞爲藥也。

火鉛是丹砂被日月運動，自生出汞，爲火鉛也。水銀，汞之異名，是丹砂陽氣未足，抽出爲水銀也。

水銀在丹砂中含甲，精氣未足曰女。火鉛在丹砂中含甲，精氣足迴然自生曰男。男女相配，陰陽自得，其情更無異類也。

金丹本乎一物，而無外物入之，陽氣運動，故名三一之道。白者金精，黑者水精，其歸一無二。聖人託喻於周易爻象，運動成丹制伏，皆時逆而用之。即魂魄喪亡，如日月交蝕失位，不相賓伏。聖人祕惜之，不肯正論，多有隱祕之言。從此經訣差互，多有不成。有鄙之以失，而起大怨者。金鼎之訣，宜慎守之。凡藥合和，見功難矣。天道祕泄，或隱言玄象，或託附陰陽，潛説人間，言微理妙群，或自迷而不解。自羲皇已來，好道求長生者甚衆，遇而得之者寡矣。擅率胸臆而不鑒悟，又不求師受，自立方書，求出世之方，虚自勤苦名山大谷，朽敗愚儒，求不死者，未見得之。食五穀，縱六情，人在陽，鬼在陰。又不能驅役鬼神，策使陰陽，不得出世之丹，倒皆死没於世。寒舉綿求以自暖，熱飲水而乘風馭涼，生於陰陽之界，五行所管，食土之物，死歸於土，以身報土，而返本也。若非遇日月之華氣，運轉其精液，三一之還丹，焉能度世。行屍比肩，若墜石投川，往而不返，淪没歸化，實可悲夫。若遇内外金丹，餌之運形駐貌，異常然。可出陰陽之界，五行不管，死籍不録，鬼神侍衛。

宋·張君房《雲笈七籤》卷六六《金丹》 丹論訣旨心照五篇

旨叙訣第一

《參同契》云：諸術甚衆，條有萬餘。即知大丹之妙，唯鉛汞二物爲至藥也，非用四黄八石。若大丹有石藥之氣入二物中，即有大毒。凡言死水銀固生人，即須陰陽之炁，水火結成爲大丹，服之即長生。若用礬石、硫黄、硇砂等，燠伏乾爲藥，服之有大毒，久久損人。硇砂有食鋼壞鐵之功，豈堪服食？礬石有殺虎之能，此可固爲深誡。大凡學者，傳得一小法，即言世人少雙，將丹與人服之，反有夭横之斃，深可哀也！自後見者生嫌，皆言丹石發於瘡腫。蓋此謬惑之徒，致謗金丹之功，不可。凡石乳之類，能不食爲妙，不可以徇情索，强而服之，致枉夭者，世有之矣。宜審省解之藥，須宣瀉，喫防葵甘草湯漸出之，可服大藥也。且大丹是天地玄元正真之炁，太皇衆仙之食，包四象以成形，依乾坤而自化，結成紅紫色，變爲丹，名曰正陽、專陽，元陽，一名還丹。豈凡夫容易而會？奉道君子，審而保之，傳付得人，道不廢矣。天生造化，用合三才。依《易》象而布封，順陰陽之炁候，一年之火，終日月之度數，而成丹也，固可得之，古仙皆因此而成仙也。長生久視，凡夫聞之，撫掌大笑，智者一聞，悟解大契真元。余實不才，故引三聖真人歌證之，金丹論明之，更不煩他説。

夫還丹者，被日月運成，還其本元，却歸本丹砂玄色，名曰還丹。丹有三等：一名止陽丹，上元也；二名專陽丹，中還也；次名元陽丹，三元也。本一體而三品，並大還之宗也。不知此妙，不可言修丹術事。又單以滷水煮伏丹砂，獨伏水銀，並不可服。何也？孤陰無陽也，久久損人，不是正陽之位。又有用曾空

煞水銀。雄雌咸亦不堪服食。此互相傳受，非真聖之良藥。何也？八石俱有毒。《金碧經》云：損去五礬，不用八石。訣云：不用藥，用五行。理之要也。

明辨章第二

夫硫黄三兩，能制水銀一斤，故知汞力不如硫黄。汞一兩之力，如牛一頭，即知硫黄一兩制水銀五兩，水銀力不如硫黄也。如此説功力，大丹不用硫黄用真鉛也。真鉛五兩，能制水銀二斤，信水銀力不如鉛也。故知陰能伏陽，非陽能伏陰，此之爲反也。夫至道求長生養志，不得大丹，終無得理。忽遇此訣，皆多積福，方得知此祕文。若傳非人，皆七祖受殃，及損子孫。凡修大丹，不在藥味，事在五行，精究易象。明辨節序之運移，知日月之度數，陰陽相使，神仙之要，合道之宗。輒不可信八石四黄，非長生妙藥。夫鉛汞大丹之根，五行之本，八石之主。金性冷，居其陽坎中一陽。汞即生於朱中是也。石性熱，居其陰離中二陰。鉛中金，真鉛也。故曰陰陽相合。所以陽即是君，陰即是臣，石浮金沉義之明矣。君臣相得，浮沉得度，藥物和合，即神仙之要妙也。若不知君臣，不明本類，徒費千金，終無得理。必知君臣合乾坤之要，大丹之術自明矣。且以鉛爲君，能引五藏，以汞爲臣，能煞三賊，通於神明，光于四海。故真人訣云：用鉛不用鉛，五金生於鉛中；用鉛不用鉛，五金出自鉛中。此至玄之言也，賢者審而知之，方知道可成也。用鉛不用鉛，鉛者，五金之精髓，七寶之良媒。夫大丹味與天地而齋畢。五金切忌於鉛，將何物而制之？《五金歌》曰：以黄牙爲根。黄牙是何物？又欲用何鼎器？黄牙不是鉛，不離鉛中作。狐剛子問曰：用何物而作？又曰：不用五金八石，用何物而生？魏生答：種禾當用粟，非類不可成也。若以五金八石爲之，即狐兔不乳馬，燕雀不生鳳，何異將膠補釜，醫病用野葛乎？異類不同種，安能合體居？點金須用金，化銀須用銀，黄牙鉛裏得，方知道此親。鉛若得真，不失家神。鉛若不真，其汞不親。白虎是腦，黄牙爲根，青要使者，赤血將軍。此青汞中有丹砂也，非用曾青也。若人得此術，可保重之，若泄之，當減壽，殃子孫。《陰符》云：師者言，不同道者祕之，恐招有咎也。夫慕道之人，至誠感神，曉會其義。方知大道難求，世人罕會。蓋是愚迷不見其義，雖積覽方書，一無成者。何也？由其不遇至人明師，一一言之，乃措意罔象自爲，多有此輩。余曾於嵩山見司馬希夷修大丹，喜乃問訪之曰：火已五月。余再請之，希夷又祕。奈何欲明此道，恐此子虚爲累日久見之不成也。希夷又云：大道有三般，內用一人看。遂於鉛汞中制伏雄黄也。果非大藥之妙，只是罔象，尋文自爲之爾！又見李尊師子虚於二味中入硫黄，亦言內用一人即看。此二子並非正解，傳處誤也，余愍而哀之。二子根性不純熟，迹不及於真，終無得年。且內用一人即看，戊己之鼎。此子不了，虚而爲之，徒經皓首，果不遇人，非余之過，皆道不合人。《五金歌》曰：不慮藥不聖，恐藥而不正；不怕藥不神，恐藥而不真。若智者曉會此義，是正真通靈真人也。何愁龍虎大丹不成？可謂日月在手，造化由心，真實不虚之説耳。《龍虎真文》云：虎者真鉛也，龍者真汞也。反鉛爲黄牙，反水銀爲真汞。真鉛不枯，真汞不飛，即此非世間水銀也，已出一切塵俗耳。《馬自然歌訣》云：汞生水銀死，鉛因靈牙是。出世爲還丹，迷人不能委。汞與水銀別，迷人用之拙。若了此真源，可以凡俗隔。後之學者，固不遇真師傳矣。

訣曰：用鉛八兩，爲陽、爲乾、爲虎；又水銀八兩，爲陰、爲坤、爲龍，此二物能變化無窮。鉛亦陰也，本黑，水一也，一陰也，又一爻陽也。水銀木三也，朱砂爲火，火數二，火中陰也。故藥自有陰陽，遞相制伏，爲於至藥。此二靈物是天地陰陽之正象，豈有凡間八石四黄爲丹乎？智者詳之。此太古一切真仙人云真境真母也。故言乾坤剛柔，配合龍虎，八兩屬乾，八兩屬坤。一兩有四分，一分有六銖，一分應一卦，一兩應四卦，八兩有三十二分，以應三十二卦；坤有八，亦應三十二卦。合六十四卦，道之本也。二八共一斤，以應六十四卦。銖有三百八十四，象一年三百六十日。古仙觀《易》象，合乾坤，應於節候，一年火畢，合用天數，豈更有四黄八石，何以合之乾象乎？口訣云：黄牙一、水銀二、木三、火二、水一、金四、土五，法象天地在此中矣。孤陰亦不可，孤陽亦不可。訣云：白金爲君，本黑金精也。西方之位，太陽之精。《金碧經》云：錬銀於鉛，神物自生，灰池炎鑠，鉛沉銀浮，潔白見寶，可造黄金牙。又隱言名黄輕，又曰黄牙，又名秋石。秋是西方之位，石是兑長之名，其性陰，陰中陽也，是長生之至藥。牙是萬物之初也，故號牙，緣因白被火鑠色黄，故名黄牙。淮南王號秋石，王陽得之名黄牙，太古真人名還丹。至訣言：二物至靈，而堪爲大丹。真人曰：金於鉛中九錬，受水火炁呈，水銀於太陽中受炁呈，此二物各於陰陽中受炁畢。故聖人採之爲大藥，相和入土器中，上下水火昇降功畢，千變萬化。物遇相類相從，此龍吟雲起，虎嘯風生，道之交感，非類不可。若以他石藥參雜，意希化寶，舉浩劫而無成。此二物太古真人之法，千金不可傳也，金丹之證矣。

金丹論第三

夫丹砂，太陰之精，本受太陽之正炁，因火變白，居青帝之首，爲汞之名，是

木生于火，自含德而至靈。鉛本黑精，化爲西方庚辛正位，是以金生水，水生木，二物自相匹敵，若非至靈至聖，何以成丹乎？大凡愚人或言，豈有餌金丹而長生久視？余常愍而傷之。自力真人、聖人皆鍊藥致長生，蓋百千萬數，人皆知之，豈有不信乎？皆指秦皇漢武。然大丹之靈，不救自形之禍。昔劉玄穆事魏先生，看火一年，忘情有疑，遂不遇而早夭。徐景休懃心積德，不怠昏旭，師授以藥，長生而仙，今在太白山，亦一千餘歲。此二子，疑以不疑，咫尺萬里，得與不得，雲泥有殊。今喻而言之，足可信矣！且陽春既發，令節已行，萬物承春之炁，花落子孕，感炁而實，堪人食之，此炁非目擊自然乎？且五穀而可濟人之命，豈目擊而不見之乎？況至藥靈丹服之，而不變骨爲真人矣。自是世人迷忘所計，不信不修，不遇不爲，乃虚度百生，沉累多劫，足傷乎！貪榮顯，求色慾，以名利所係，形枯質朽，三官奪命，被陰司誅罰，又何以得長生乎？又狡計多非，損己敗正，奪人物而成自家業，又何遇至人傳受乎？修心静念，攝心歸道，可遇；若謗毁先德，侵擾無辜，又何以聞之也！夫五穀尚能滋神養炁，是敗腐之物，猶延人益生，豈況神丹而無玄德之功，換凡肌，脱病質，駐顔益命，與子論之，目擊可知耳！不欲廣陳委細，事涉繁詞。其餘妙旨清虚，盡著金簡。徐君、魏先生、淳于公，此三人各通至術，並神仙之流。近謝玄沖、蘇耽二子，亦羽化金丹之客，人皆知之，何言及矣！況名山鄽市，往往有物外之人，混俗之間，自忘姓字，非志道同好，何以知之？請審非言，勿輕泄侮，令子得罪，將謗金丹與聖人，令子沉千劫之困矣！子不聞《參同契》云：金與砂爲主，禀和於水銀。即二物自靈矣。又聞：不用藥，用五行，即具金木水火土也。又不聞：白馬牙，好丹砂，酉二八，和兩家。又：淮南王鍊秋石，黄帝美金華。又：鉛不是凡鉛，真鉛真丹砂，二物相疋敵，伏鍊成一家，巡火近九轉，自然成黄牙。又：火化白藥變花紅，流汞秋石自相同，流珠入體虎吞食，不知何處認金公？又：自古燒丹者，難窮鉛汞情，若人知此理，修制自通靈。又：孤陽不獨化，單陰獨不成，本來同二物，自有變身明。又：龍虎相逢遇，何時不自顧？白液共相吞，相吞作夫婦。隨化成黄牙，逐時依后土，若得紫河車，便是神仙顧。又：修丹若得訣，神用便由人，生煞在我手，參詳定爲真。修丹不得術，終歲損心神，莫鍊枯鉛汞，拋功似土塵。又：天地日月中，丹藥號金公，金公爾是鉛，本向鉛裏蒙。分明向君説，迷者又匆匆。點汞安鉛裏，金花約略同。此花不是藥，圖自枉拋功。此者神仙術，何曾不大通？熟念《參同契》，仍依古類同。但得真鉛理，修持必見終。又：鉛汞合天地，修作大還丹，丹成牙自見，非此實爲難。太古真人説，如今得見懽，方知神不誑，須道將即安。中有五彩靈，變化伏其般。十月脱胎出，令人見可觀。爲報榮華子，百年凋與殘。如何空棄世，兀兀道將闌。孰説君猶謗，詞虚理更漫。嗟見南山塵，積年爲丘山。芒芒苦海中，生死成波瀾。自古帝王居，至今何足看？又：白液爐中化，黄牙變漸成。憶初相見日，難看水銀形。陽極生陰火，火衰陽炁并。自變紫河車，服食堪長生。又：一個月，白液初凝恰如雪；兩個月，如酥漸漸相凝結；三個月，半含藥綻垂珠劣；四個月，二物抱持如點血；五個月，飛騰戀母聲嗚咽；六個月，行到子宫陰炁絶，顔色似鵝兒，請君分明别；七個月，垂陰受炁手足厥；八個月，欲成臟腑含凝血；九個月，點點成珠長毛髮；十個月，母子分明欲相别，此時母困子體全，似見顔容上如雪。鉛脱胞後，鉛上肉白如雪。更向爐中温養之，名爲食乳肌膚悦，出兒毒炁當依訣。藥成，入赤色六十日出毒，服食。此藥如兒在母胎，精神爽玄分肌骨。勸君學者須精微，莫枉悠悠拋日月。此中玄妙不能説，有次第，莫虧越，但能修得黄牙成，變轉之功不休歇。食長生，換白髮，有白銀，救孤拙，仁者得之修不闕。與道契，宿緣深，傳之得人正在心。非道者，罪將沉，得亦爲灾禍害侵。闢造化，不容易，取次不得輕傳付。君不聞，古人有祕詞，妄有傳之殃七祖。君須信，不仕疑，賢者通明必得之，今日囑君千萬意，歷歷結盟當記之。陽初《復》十一月用下火也。陰起《始》十一月用至四月陽極，至五月一陰生，轉火候也。爐寄中央戊己土，鼎上下，互相凑，寶守固之勿令走。消息不失看節候，有龍有虎相奔驟，嬰兒寂寂顔初幼，由母養之母肌瘦，子成母困長相救。陽極《乾》，陰極《坤》，《乾》《坤》四象《易》之門，六十四卦修中尊，龍虎相嚙自相吞。立生定位此中存，水火爲媒掬我魂。陰陽養我明神昏，八節運移寒與温。看看漸變黄牙根，日月相催母感恩。因之結實立真門，千秋萬歲生子孫。審藏祕慎勿須論，此道玄微未可言。時人笑道濁昏渾，寧可深居市與村。莫將妙藥示凡人，見之謗之言語諠。君切記：祕而藏之貯金匱。長生之術付道人，自有天官録名字。

大還丹宗旨第四

夫言還丹者，即神仙服食也。自古之天人留此術，降下人間，傳付於後。自黄帝得之，白日鼎湖昇仙。若古往神仙，不一一具言也。夫論還丹皆至藥而爲之，即丹砂之玄珠，金汞之靈異。有仙自然還丹，生太陽背陰向陽之山。丹砂皆生南方，不生北方地。自然還丹，自流汞抱金公而孕也。有丹砂處皆有鉛及銀，

四千三百二十年丹成，左雄右雌，上有丹砂，下有曾青，抱持日月陰陽炁四千三百二十四萬三千二百年，成上仙天人還丹。下界神仙，修鍊鉛汞一年成，取十一月一陽生下火，至來年十一月成丹象。上界仙人天人聖人取食者還丹，此自然還丹，是仙人天人聖人取食之。今修者象而成之，大千之數，服之亦長生羽化，與天同功。問曰：何以一年象天生還丹之數？答曰：上界一日一夜，爲人間五年。且人間一年十二月三百六十日，一月三十日，又一日十二時，一月三百六十時，合一年四千三百二十時，象天生自然還丹。此亦上界真仙流傳人間，有依法度，日月精炁，四時運移得成，服之皆延年上昇。上士修真契理，羽化上昇，中士服之地仙，下士延年，長生不死。服食之間，別有法矣！

赤松子玄記第五

赤松子曰：丹砂之精，有白有朱，含火得白，是虎，號朱，是火丹，丹中生汞，三者同一體也。白虎金象，西方之艮，含五彩之瑞，包八石之異。鉛是白虎，與汞爲匹敵也。二物爲之君臣，爲天地夫婦，爲子母，神也妙之，與三黄同，不與八石類，迥然造化，而修制之爲丹也。

又　卷六八《金丹》　太上八景四蕊紫漿五珠降生神丹方一首一名《三華飛綱丹》

取八景丹滓擣三萬杵，日服一丸如小豆大，身生玉光，壽同九晨，體香聞三十里。燒一丸如小豆大，辟百疾、惡氣、諸鬼不祥，而香芳十日不絶。取一丸如黍米，含之而唾，則變化隨意任心，藏形蔽影，從横天下，欲止，即吞此丸乃息。已死未三日，服一丸如大豆，立活，當發口扣齒，送以水，又以一丸鎮心，則魂魄自還，而四體温軟也。

取鉛十斤於鐵器中煎熬，投此二丸如鷄子黄，合攪，須臾成金。投三丸即成紫金。帶一丸則山海之神來朝。以一丸涂門户，則一家無病，辟鬼精。日服一丸，百日則色如處子，三年而面反嬰童也。以一丸如小豆大投水中，龍魚浮出，而水沸。以一丸如大豆大投火中，而光停一日許。

《九還金丹二章》

第一章六篇。上證品含元章叙　夫還丹本九陽之精，降受二十四真，真水真火，内外包含，含化五神，五神運氣，積而爲砂，積砂成丹，禀積氣極，乃號紫華紅英大還之丹。大還丹皆因師師相承，傳之口訣，靈文藏於洞府，金簡祕在仙都。先人恐道絶源，演出隱文謎言，留傳於世。遂使後來明俊，博採尋幽，曠日劬勞，終無所悟，漸潰沉溺，倏忽形腐神消，尸魄化爲魔魅，深可悲哉！然大道所運，禀之專精，變通之功，必歸於鍊汞。鍊汞要妙，備於二章。二章之中，分爲九品：上三品，則抽砂出汞，鍊汞投金、修金合藥，合於七篇；中三品，陳五石之金、四黄伏制、陽金變通；下三品和合大丹、爐鼎火候、成丹證真之訣，俱列於九品二章之中也。

抽砂出汞品第一

《大洞鎮真寶經》皆隱祕真鉛真汞。真汞者，則上品光明砂抽出汞，轉更合内水火之法，然名爲真。而光明砂一斤，其中含汞十四兩。

抽出汞訣：先取筋竹爲筒，節密處全留三節，開孔如彈丸許，中節開小孔子如筋頭許，而容汞溜下處。先鋪厚臘紙兩重致中節之上，次取丹砂細研，入於筒中，以麻緊縛其筒，蒸之一日。然後以黄泥包裹之，可厚三寸，埋入土中，令筒與地面平。筒四面緊築，莫令漏泄其氣。便積薪燒其上一復時，令火透其筒上節，汞即流出於下節之中，毫分不折。忽火小，汞出未盡，尚重而猶黑紫，依此更燒之，令其汞合大數，足如紅馬牙。紫靈砂抽汞，一同此訣。餘别訣飛抽者，損折積多，而筒抽訣最妙，然具列於章上品也。

鍊汞添金出砂品第二

凡同類丹砂雖抽出汞，未可則添於合金化砂，砂終不出。七篇猶未周備。且投金化砂，祕於《鍊汞訣》，其汞則重受内水火氣，遇本金相投，合化而便生砂。

《鍊汞訣》：取汞一斤、石硫黄三兩，先擣研爲粉，致於瓷鉢中，下著微火，續續下汞，急手研之，令爲青砂後，便將入於瓷瓶子，可受一升。以黄土泥緊泥其瓶外，厚可二分，以蓋合之，緊密固濟，致之爐中。用炭火一斤，於瓶子四面，養之三日，瓶子四面長須有一斤炭。三日後，更以文武火燒之，可用炭十斤，分爲兩分，每一分上炭五斤，燒其瓶子，忽有青焰透出，即以稀泥急塗之，莫令焰出，炭盡爲度。寒三日，開之，其汞則化成紫砂，分毫無失。其紫砂用黑鉛一斤，於鼎中熔成汁，次取紫砂研細，投入鉛中，歇去火，急手炒，令和爲砂，便就鼎中細研，鹽覆蓋，可厚二分，緊按令實，固濟，武火飛之半日，靈汞即出，毫分無失，然依七篇，反數投化合金生砂。如第二反其《化寶砂篇》中用汞，則兩度用石硫黄燒令成砂，兩度入黑鉛却抽歸汞，添金化砂；第三反英砂用汞，則三度燒令抽入；第四反出妙砂中用汞，汞則四度抽燒；第五反化靈砂用汞，還五度抽鍊；第六反出神砂用汞，汞亦須六度燒抽；如第七反化出玄真絳霞砂用汞，汞一依

前七著石硫黄燒成紫砂，七度用黑鉛抽歸靈汞。每度燒皆用石硫黄三兩，却抽歸汞則用黑鉛一斤，轉轉燒抽，火候依前一訣。其汞燒抽變鍊，則含其内水火之精氣，亦合七篇之大數，自然水火金三光，稟氣相合，會精而化靈證真也。

又 陽金變通品第六

陽金者，所稟陽之精，五神吐符會氣，託形爲丹砂。丹砂而外包八石，内含金精，金精先稟氣於甲，受形爲丙，出胎見壬，結魄成庚，增光歸戊，陰陽昇降，各歸其類。且如鉚石五金俱受五神陰之氣，炁結亦分爲五類之形，形質頑狠，至性沉滯。汞則稟五神陽之靈精，會符合爲一體，故能輕飛玄化，感遇萬靈。汞本託胎於丹砂，位居南方，易胎乃爲壬水。水則見形於北方，降魄成庚。庚則西方白金，鍊形來甲之東方青金，精增於戊。戊則中宫黄金也。化質歸離，功成於九。以陽金遷變，動用化機，運質易胎，合其五方之體。然後受天地，革陰陽，超於三元，脱質歸真，號之還丹。

第二章三篇。下三品丹砂叙　夫合大丹，先須積陽之精，反紫金運動，變遷化五神，消形去質，輕化通流，假之真水，然火功，推演志精，九九數終。真水内火，黑鉛、石硫黄是也。鉛屬北方壬癸水，硫黄性稟南方丙丁火。真鉛者，含其元氣，從鉚石燒出，未經栢抽鍊之者，爲其真鉛也。

合和品第七

取其真鉛一斤，反玄真絳霞砂中紫金十五兩。二物各别於其鍋内消爲汁，乃均合一處，去火，急手炒，令爲細沙，入硫黄五兩。三物於鉢中熟研之一日，然後遷於鼎中，運火燒之六轉，每轉添陽。鑪鼎火候，列在於《火候品》中。然大丹先受于天，運之於人，養育運鍊，累積正陽，内含水火，外含三光，五神混蒸，或乃輕揚。化赫成丹，還歸南方。清澄優遊，坐紫微堂。此亦猶内外火運轉感化，而成大還丹也。

又 卷六九《七返靈砂論》 陰陽制伏及火候飛伏法

經言：陽精火也，陰精水也，陰陽伏制，水火相持，故知冰炭不同處，勝負終有歸。且丹砂是陽精，而須陰制。陰制者，水也；當用石鹽、馬牙消、玄英、化石是也。如玉座光明砂一斤，制之用石鹽六兩，黄英、化石各二兩。座外生光明砂一斤，可用石鹽及馬牙消各四兩，黄英、化石各一兩。白馬牙砂一斤，用石鹽、馬牙消各二兩，黄英化石各三分；紫靈砂一斤，石鹽、馬牙消各二兩，黄英、化石各三分；如溪土雜類之砂力小，每一斤可用石鹽及馬牙消各二兩制之。其所用石鹽和黄英化石，細研爲粉，入鍋，以文火養一日，即鼓成汁。後和馬牙消，重燒令赤。先用砂鹽鼓成汁後，方入前藥用之。其光明砂大者，須打碎如江荳大小，然後入於土釜中。先下石鹽，次下馬牙消，和水，文武火晝夜煮三十日，不得火絶。日滿淘澄，取砂入於鼎中，用陰陽火候飛伏，其鼎可受一升。且鼎者有五：一曰金鼎，二曰銀鼎，三曰銅鼎，四曰鐵鼎，五曰土鼎。土鼎者，瓷器是也。入砂於鼎中，用陰陽火候飛伏之。

【略】其砂伏了，更須用鹽花包之，重以黄土泥裹緊固濟，入陽鑪，武火白燒之。三十日後，出砂，安淡竹筒中封之，入寒泉中深埋三十日，然後淘研，輕飛者分抽服餌；沉重者即鼓成金汁。且上品光明砂伏火了，其色紅赤，淘澄，下可有金星砂六兩，光明燦爛。中品馬牙砂伏火了，色紅鮮，淘澄，下有金星砂四兩。下品紫靈砂伏火了，色稍紫赤，淘澄，下亦有金星砂三兩。如溪土雜色之砂伏火了，色或赤，亦無光彩，下無金星砂。上古高仙，皆鍊服其真丹砂而道成也。其上品光明砂者，即是真砂也。賢明之者，須在意採索其真精，然可合還丹耳。且伏火丹砂出寒泉了，可便溶鼓，令見真寶。

《鎔鼓訣》：每一兩伏火丹砂可用鹽花半兩，置鹽花於鍋底，次入伏砂於鍋中，候鍋及砂與火同赤，然後鼓之千下，即金汁流注，名曰白銀，而面上黄花漠漠潤澤，光芒可愛，是天地之中至真之寶也。如將服餌，分抽取一兩，作三百六十丸，丸用棗肉和之爲丸，每日服一兩丸。欲服此丹砂，先須潔齋七日，然以晨朝東向，虔心叩請告：三清紫微真君、太一真人、先師仙官、水火之靈，願服此靈砂丹於五内，永保形神，合於至真。咒畢，禮拜七拜，然後服之。凡服丹砂後，不得喫臭穢陳積之物，及諸生血家屬之肉，生死之穢，尤不可觀。故經云：陽精好潔，陰尸好穢。常須虚和其志，澡雪其形，以助陽靈之真氣也。自然神怡體清，而神仙可俟也。

第二返寶砂篇

《本經》曰：鍊真合於祕妙，鍊妙合於至靈，鍊靈合於至神，至神者合於至道，道合則昇騰玉清，而爲高仙矣。且鍊砂而得寶者，是至真之藥；化寶而生砂者，即成立感之靈丹也。

《化寶成丹訣》曰：將其丹砂中白銀四兩打作鍋子，安一通油瓷瓶子中，其瓶中可受一升，其寶鍋子可瓶子底大小。先將此銀鍋子著北庭砂一兩、石鹽一兩、麒麟竭一分，三物和研，以苦酒調如膏，塗於鍋子四面，令乾，以黄土爲泥包

裹之，可厚一寸二分，便於糠火中燒三七日，然後白炭武火燒三日，去泥，取寶鍋子安瓶子中，入真汞，須是本色丹砂中抽得者，同類感其氣，而轉轉生砂。故上仙真經祕而不泄者，爲此子母之法，恐凡愚之心見知也。然入真汞於瓶子中後，即著水五合，常須添瓶子中至五合，莫令增少，文火養一七日後，令乾，固濟其口，便以武火迫之三日，而紅黄砂涌出於寶鍋子之上，將其砂又依前添汞，常令有汞八兩在瓶子中，不得增減，亦依前用文武火候養迫，令生砂出，即收之。每四兩寶計收砂一斤，其寶即枯乾焦脆，而精盡化爲砂，瓶子中每只餘二兩青黑灰耳。將其砂依前篇入藥，煮三十日後，淘取入鼎中，還以陰陽火候飛伏，五日爲一候，一百日足，其砂伏火矣。火候加炭兩多少，一依前篇。飛伏五日，爲其砂伏了，不用著鹽，包裹燒之，便可。鎔鼓訣，得亦依前篇，鹽爲使，引令金汁流注。此寶砂一斤，修鍊而得十五兩，伏火鼓得黄花銀十三兩，色黄光浮，容體潤澤，而内外黄，名曰黄花銀也。如將此砂服餌，入寒泉，出火毒。寒泉法：入土深埋三十日，出後淘研，用棗肉爲丸，每兩亦作三百六十丸，每日清晨東向，虔心服一丸，服此寶砂丹後，自然慮静神清，濁氣不入，而志不擾，則漸證於神仙之階也。

第三返英砂篇

《本經》曰：陽元積習，而英氣自會於真精，真精感化，而神丹可得耳。故曰鍊真致華，真華通應，而化爲金英之玄砂也。化寶砂中白金而生英砂訣曰：將其寶砂中黄花銀四兩打作鍋子，還依前篇作用，可瓶子底大小爲之。用蒲州石膽一兩，石鹽一兩，硇砂一兩，共三物，和苦酒研調如膏，塗其鍋子四面，令藥盡爲候。候干，以黄泥爲毬包裹，於糠火中燒二七日後，用白炭武火燒之一七日，去泥，出鍋子，依前安入通油瓶子中，入真汞四兩，清水五合，文火養之二七日後，更添汞四兩，又文火養一七日，候乾，緊固濟，武火迫之一日，其砂涌出於寶鍋之上，而紅黄映徹，光耀不可言。而乃收砂添汞，計取砂可得一斤，則數足。便將其砂入於鼎中，依前篇用火候飛伏，亦五日爲一轉，内二日用坎卦，即水煮之，三日用離卦，即陽火飛之三日，初起陽火，可用炭七兩，每一轉後即增炭二兩，至七轉後，有汞霜飛出，可二兩來，其色黄赫，紫光爍爍，飛在鼎蓋之下。收其霜於鉢中，用蒲州石膽一錢，重和苦酒及砂，以玉槌輕手熟研之，相入後，却入鼎中飛伏，伏經十八候，九十日足，其英砂伏火畢，分毫無少，便可鎔鑄，亦依前篇。用鹽花引鼓之，即寶汁流下，而清英光潤，名曰青金。青金者，是陽精漸著，從兑見震，然坤歸離，此是陽精變轉巡歷之終始也。如將此英砂服食，每兩先用餘甘子半兩，生甘草二兩煎取汁，於白銀器中煮二七日後，澄取砂，入安淡竹青筒中，入土深埋，三十日後出，以棗肉和爲丸，每兩亦分爲三百六十丸，每日清晨東向，叩告三清上聖仙官，然後服此英丹後，自然嗜欲無嬰，葷血不入，端居浄室，而神和體輕，與真人爲儔矣。

第四返妙砂篇

本經曰：乾體陽曜，離精漸明，艮雪輕鮮，陰魄消化，乃是青金精液，感汞而生砂，英氣相因，集而爲妙，名曰妙化砂。

《妙化砂訣》曰：將青金四兩還打爲鍋子，用赤鹽半兩，石硫黄半兩，大鵬砂半兩，北庭砂一兩，蒲州石膽一兩，凡五物，和苦酒研爲泥，涂其青金鍋子四面，以炭火炙，漸漸逼令藥泥盡乾爲候，一依前篇，用黄泥爲毬包裹之，以糠火中燒二七日後，即白炭武火燒之一七日畢。去泥，出鍋子，依前篇安瓶子中，入真汞四兩，清水五合，不得增減，養之二七日後，更添汞四兩，又火養經七日後，令乾，固濟之，以武火迫之一日，而妙砂涌出，可有四兩，即收之。更添汞四兩，亦依前文火養之，令生砂，出即收取，計收砂一斤，即數足矣。其砂入鼎中，依前篇用火候飛伏，亦五日爲一轉，内二日用坎卦，是水煮，三日用離卦，則陽火飛之。飛伏火候，一依英砂篇中用火加增炭數多少，經十六候八十日，而妙砂伏火畢，則金星光璨映徹，紅耀不可言，爲至英至妙之丹砂也。如將鎔鑄，亦須用鹽花爲使，引令金汁流出，便成黄金。其金凝黄皎潔，精彩光耀，既至坤形，離精漸見，故經曰：從陰而返歸陽，自濁而返歸清，此則是陽炁變鍊，合於真妙，而自然位至神仙也。若將服餌，每一兩先須餘甘子半兩、生甘草一兩、紫石英一兩煎取汁，於寶器中煮二七日後，亦入淡竹青筒中，入寒泉埋之，三旬後出，以棗肉和爲丸，每兩分爲三百六十丸，每日晨朝向東服一丸，自服此妙砂後，漸漸精思通徹，濁滯之氣消革，則形神虚白，洞合於至真，自然超其玉京，而會金闕也。若志士得其含元鍊真之訣，如神仙之事豈遠哉？

第五返靈砂篇

本經曰：陽德播功而垂光，運動其元精，元精流化爲英砂，轉而入妙，妙氣變鍊，而生萬靈。故知玄妙玄聖，轉轉而增光，感激真精，自然靈化。且靈砂者，是前妙砂中黄金轉感汞而生，砂則紅光焕赫，燦爛金星，而絳色清靈，乃號爲靈砂者也。

《化靈砂訣》曰：取砂中黄金八兩打作圓鼎，可受四合，又將二兩金爲鼎蓋，

其鼎内先著石硫黄一兩，赤鹽一兩，北庭、大朋各半兩，共四物，和苦酒研如泥，涂於鼎内及蓋内外，調勻，藥盡候乾。即以黄土爲泥包裹之，可厚一寸，文火四面養之三七日，以不通手爲候。三七日後，漸以武火迫燒一七日，晝夜不令絶火。七日滿，寒之去泥，重以甘土泥其鼎外可二分，即懸安鑪中。其鼎下周迴令通安火，便入真汞四兩於金鼎中，著水二合，以蓋合之，火養經七日，其鼎下常有熟炭火五兩，不得增減。其鼎中續續添水，長須二合，不得令乾，在意消息，莫遣失候。七日後，更添汞四兩，又依前文火養之，七日後令乾，緊固濟其口，即武火迫之一日，便生紅光靈砂，可收得五兩紅砂。即須臾入真汞五兩於鼎中，鼎中常令有炭八兩，不得多少，亦文火養之，七日後令乾，即固濟之，便武火迫之一日而生砂，砂出則收之。更添真汞於鼎中，又文火武火養迫，令生砂，砂出收之。此一鼎中，計收砂得三十兩便止，則數足矣。其金出砂後，精竭而枯脆，無光澤之色，秤只可重四兩以來耳。其精華與汞相感結，盡化爲靈砂也。故經言：真汞者，皆是本色，丹砂中抽得汞添用之。若伏練光明，爲藥頭者，即光明砂中汞，轉轉添用，如用白馬牙砂爲藥頭，取白馬牙砂中汞添用變轉。如將紫砂爲藥頭者，即收紫砂中汞添合，如溪土砂中所出汞者，名爲雜類，氣色終不相感。且光明砂一斤，抽汞可得十四兩，而光白流利，此上品光明砂，只含石氣二兩；白馬牙砂一斤，抽汞得十二兩，而含石氣四兩；紫靈砂一斤，抽汞得十兩，而含石氣六兩；上色通明一斤，抽出汞只可得七兩，而含石氣九兩。石氣者，火石之空氣也，如汞出後，可有石胎一兩青白灰耳，亦於前寶砂篇中略述，真汞之訣而未周細，鄭重言之，所是抽汞用事，具列於《金丹前章》之上品也。其黄金鼎中抽收得靈砂三十兩，數足訖，不用陰煮，便依前篇用陰陽火候飛伏。還五日爲一候。内一日用坎卦，是水煮一日，；四日用離卦，即陽火飛之四日。初起陽火，用炭九兩，每轉後增炭二兩，至五轉後每轉增炭三兩，便有五彩金輝霜三兩飛出。收其霜，和砂於鉢中，著蒲州石膽半分，黄硇一分，和苦酒熟研之半日，依前安鼎中，用坎離二卦火候飛伏之。經十四候，七十日足，其霜砂伏火畢。砂既伏火，金彩光輝，色如石榴花，精彩璨璨，光曜日月，一切毒龍蛇神鬼見之潛伏，目不敢擧，可得言至靈哉！其砂靈而難鼓鑄，若欲鎔之，先於潔净之處，取净土爲鍋鑪，絶諸穢雜，用鹽花和靈砂等入鍋，鼓之二千鞴，始得消鎔，即金汁流注，凝而鮮焕，名曰紅金。紅金者，是陰魄之氣，變錬而盡，正陽之精，挺立而垂光，此是陽靈之真金也。如將服食，一依前篇，用餘甘子、生甘草、紫石英煎取汁，於寶器中煮二七日，火候藥數多少亦依前篇。煮了，入安竹筒中，固濟其口，入土深埋三十日，出之，以棗肉和爲丸，每兩丸作三百六十丸，丸如麻子大。每日清晨潔心東向，啓告。三清上帝君真仙官衆，然後叩拜而服之，即得心神明達，徹視表里，身生紅光，而調合於至真也。

第六返神砂篇

經曰：妙極則靈通，靈通則致神，神合則道全，道全則玄真降，便昇玉清而爲高仙矣。且神砂者，是九靈構精，寶風凝集，玄華標結而化爲神砂，則焕燦玄黄，光輝照灼而名爲神砂者也。

《化神砂訣》曰：取前靈砂中紅金九兩，鑄爲寶鼎，可受五合，又將三兩作寶蓋蓋之，其鼎内亦先著石硫黄一兩，大朋砂一兩，赤鹽一兩，北庭砂一兩，共四物，和苦酒熟研如泥，涂其鼎内及蓋周迴，令勻盡爲候，候乾，以蓋合之，著黄土泥包裹，可厚二分。爲則一依前，文火養之二七日後，即武火迫燒之七日，令與火同色赤後。令去黄泥，重以甘土爲泥，泥其鼎外，可厚三分，即置其鼎於鑪中，入真汞六兩入鼎中，用水三合，徐徐添之，不得令乾，文火養七日後，更入汞三兩，文火養之三日，候冷，又固濟封閉，令緊密，即武火迫，經二宿，即盡化爲紅光神砂，收砂。又添汞八兩，依前文火養七日後，便武火迫二日，亦化爲砂，收之。又添汞七兩，亦以文火養之，武火迫之，令生砂，砂出即收。又添汞五兩，亦文火養之，武火迫之，令出砂，收之。又添汞三兩，亦依前法文武火候養迫之。計前後收得神砂，可三十二兩，足即止。將其砂入石硫黄四兩，蒲州石膽二兩，和於鉢中，熟研半日，便入安寶金鼎中，陽火飛伏。其陽火者，純離卦火候伏之，還五日一候。初起火用炭九兩，每一轉後加炭二兩，每轉轉出砂於鉢中熟研之，却入鼎飛伏，至六轉後，每轉加炭三兩，如有絳金霜飛出，其霜紅赫照曜，光彩射目，收其霜於鉢中，和砂用蒲州石膽一分，和苦酒熟研之半日，却入安鼎中，用火候飛伏，伏經十二轉，六十日足，其神砂伏火畢矣。其色赫奕含輝，紫光洞徹，不可言爾。若得熔鑄訣，一依前《靈砂篇》法度，和鹽花鼓之，即寶汁流注，凝成赤金，精光如火，故號曰離，已之金者，神也。其丹砂便可以服餌，每兩亦分爲三百六十丸，以棗肉和之爲丸，服餌訣一依前篇。且服此靈寶神丹後，自然神靈骨輕，身有光明，足蹈真境，而爲上仙也。

第七返玄真絳霞砂篇

本經曰：靈寶稟運，則感應而神棲歸真，積精自然，玄霜絳雪，騰躍流通，

流通則爲高真之靈仙也。且玄真絳霞砂者，是神砂中赤金寶鼎養汞而生砂，其砂則紫霞紅英，五彩輝灼，乃號爲玄真絳霞之砂。

《化寶生砂訣》曰：取前篇神砂中寶金一斤，鑄作圓鼎，可受七合，又將寶金五兩爲鼎蓋。其鼎内先須用石硫黄四兩、赤鹽二兩、北庭砂二兩、大鵬砂一兩，共四物，以苦酒和研如泥，塗其鼎内，以藥盡爲候，候乾則蓋合之，黄土爲泥包裹，可厚一寸，依前《神砂篇》文火養之二七日後，即武火燒七日，寒之，去其黄泥，重以甘土爲泥，泥其鼎外周迴，可厚二分半，即安爐中。入真汞十二兩，於鼎中，著水三合，不得遣乾，徐徐添水，則以蓋合其鼎，文火養之七日，其鼎上常令通手爲候。七日養，候乾，緊固濟其口，即漸漸武火迫之三日，開鼎看之，其汞即盡化爲絳霞玄砂也，其砂不得收之，便更添汞九兩，亦依前，文武火候養迫之，日數滿開看，又盡化爲砂。又添汞六兩，於鼎中固濟，文武火候迫促之，日數足，又開看，亦化爲砂矣。更添汞五兩，還以七日文火養之後，即武火迫之一日而成，其砂紅紫，五彩霞光晃耀在其鼎中可三十二兩，分毫無失，又出其砂於鉢中，用石硫黄七兩，以玉槌細研之一日，却入於此神砂赤金寶鼎中，固濟其口，令緊。用純陽火候伏之，七日爲一轉，即開之，出砂，和苦酒一合熟研，而却入鼎飛伏，七日爲一候。初起火用炭十三兩，每轉加炭一兩，至三轉每轉加炭二兩，便有五色輕鮮絳霞霜二兩飛出，於鼎蓋之上，連連如麥顆，即收之。和砂於鉢中，用蒲州石膽半兩、苦酒二合熟研，却入於鼎中飛伏，經七轉，轉轉須開看，即入石膽、苦酒和研，方可入鼎中伏之，伏經七轉四十九日足，其砂伏火畢矣。便以武火燒之一日，可用炭二十斤，分爲四座迫燒之，然後開之。一日開鼎看，其玄真絳霞之砂，文彩輝赫雜錯，霞光洞曜於日月，可言至靈哉！極陽玄元之砂丹也。如鎔鑄玄真訣，用鹽花和，鼓引令寶汁流注，而凝紫光耀，名曰絳霞之紫金也。若將服餌，即以棗肉和爲丸，每兩亦分作三百六十丸，每日清晨東向服一丸。服此丹砂後，倏忽則合形而輕舉，駕飛龍遊於十天八極之外，豈不優游哉！此玄真丹砂一丸，點汞及鉛錫銅鐵一斤，立化成紫磨黄金，光澤不可言耳。

宋・楊在《還丹衆仙論》

辨真鉛汞訣

夫鉛者，取上銀初煉去鉛者一斤，臨爐充用。汞者，取芙蓉箭鏃大塊砂半斤，臨爐充用。鉛謂之白虎，汞謂之青龍，此辨鉛汞之理也。

辨華池匹配訣

華池匹配，會合一元。其鉛汞丹砂，得火則化，得酢則婬。真人之制，以酢合之，以火化之，是以造千日米酢澄清，用煮合其鉛汞丹砂，其制則妮。

辨伏鉛汞訣

鉛能伏丹砂，非婬不就。丹砂能伏銀，非銀不化。汞能婬鉛，非火不合。火能化物，非酢不妮。

辨入爐訣

以鉛爲地，地須得三。以汞爲澤，一可兼三。以丹砂爲種，種二爲式。以酢爲耕，耕十是并。以火爲殳，半之爲精。以器爲倉，固濟乃成。砂成鉛契，入與砂并。返還于元，傾汞不停。本法自然，何術而興。百日之中，達神仙之情。

砂中抽汞訣

光明砂一斤末之，取筋竹筒，節密處留三節。上一節開孔子，如彈子大。中一節開孔子，如筯頭大，容汞流下之處。於中節孔子上，先布蠟紙兩重，蠟紙上放朱砂末，入了筒上，以麻皮緊縛訖，將其竹筒入甑，蒸一日。然後以六一泥包裹，可厚三分，埋入地中，令竹筒與地面平，筒周迴緊築，勿令漏泄其氣。便積薪燒其筒口上一伏時，使火力透其筒上節汞，即流下入下節中，分毫不折。如忽火小，汞出未盡，灰尚重，猶有黑紫，依前更燒之，令其汞合本數。及十四兩足即止。紅馬芽砂，白馬芽砂，紫靈光砂等抽汞，一准此訣，餘法非也。

佚名《鉛汞甲庚至寶集成》卷一　湧泉匱法丹序

世有黄芽大丹，乃伏火四神，而成金寶。剪其黄芽，點銀成庚。又紀丹養火十二年，歲丹養火一年。有獨體朱砂，獨體硫黄，獨體雄黄，四熟養匱，六甲飛雄，太一中丹，有琥珀砒白硃砂，白靈砂，金靈砂，太一神精砂。有單制母砂，粉霜，鉛白霜，見寶朱砂法，神符白雪，黑靈砂，金鼎砒，白虎匱，黑虎匱，硝匱，砒匱。有硃靈共匱澆淋砂，見寶九轉靈砂，見寶九真靈砂，名烏團。烏團轉養靈砂，爲烏團養火成寶，至百千萬兩。又有一法，公領孫就澆淋匱中，帶養一七日，色青黑，炬火聚下，過明爐，作湧泉匱。烏團一兩，寄養一錢，每湧泉匱丹頭十兩，澆汞二兩半，乃四兩養一兩汞也。此小養法也。以十兩丹頭爲率，養煮靈砂二兩半，出爐即名烏團。二十兩爲率，則養五兩也。只以湧泉匱丹頭四十兩，養汞一十兩，只一七日養火。丹頭百兩，則養火一七日。乾汞二十五兩，則收多矣。大爐小爐，只依此法。又有一法，三七母砂，寄湧泉匱，養火合中，名瓊花擁雪，可謂利益無窮矣。與夭梅核銀，皆

微末之法。藥中有八般龍芽草，及十六般奇草，皆有其名。萬法多門，乾汞則一。爲妙成寶之後，所乾之汞砂，過明爐一坯鎔成汁，有關藥數般，有硫磺關，有鐵砂關，脱殼見白，乃九真之法也。有富貴關，乃銀葉子包乾汞砂，三七爲數，過明爐一坯成汁，有鉛黄關。此二者乃靈砂見寶之關藥也，萬無失一。

聖鼎長生湧泉匱法

辰錦朱砂一斤，舶上硫黄二兩，二味成顆和勻，用馬尾羅底縫袋盛貯，用桑柴灰汁二斗許，入鍋内懸胎，煮三七日，勿令着鍋底。如乾旋添熱汁，火不可大緊，常魚沫微沸煮，至日數足，取藥一粒，火上燒紅試之，如無煙焰，爲之伏火，方可入匱養之。養法用鐵合或磁合一箇，可容半升大者，將合子火炙熱，用生姜自然汁裹外擦炙。再用鹽醋擦，炙乾用。

櫃法

用山澤銀一斤，錯爲末，或走作珠子一半，鋪合底。將前朱砂排在銀末上。次用良無頭末四兩，蓋之，上用崑崙紙一層隔之，上用潤黄土填實令滿，用蓋蓋之。以醋蜜調赤石脂，固口縫，令銜蜜，用鐵線十字拴定，通身用鹽泥固濟，勻厚半寸，炙曬乾，方入爐養之。

爐法

爐法於浄地上掘坑，可深二尺五寸，徑一尺四寸許，用火燒乾，以浄桑柴灰鋪底於内，可厚四指許。

又　神仙養道術

鉛黑鉛草伏得成寶，可點銅爲銀，並鑄作鼎，養朱砂住得火，養水銀住火，煅粉霜住火。

又水銀煞金銀銅錫毒，化還復爲丹，久服神仙不死。一名汞，能消化金銀，使成泥，人以鍍物是也。還復爲丹。

又曰：先以紫背天葵，并夜交藤自然汁，二味同煮一伏時，伏其毒自退。若修十兩，用前二味汁各七鎰，和令足爲度。又曰：得鉛則凝，得硫黄則結，并棗肉研之則散。别法煅爲膩粉，粉霜唾研死虱，銅得之則明，灌屍中則屍弗腐，以金銀銅鐵置其上則浮，得紫河車則伏。

又　卷二

虚源九轉太丹硃砂銀法

第一轉　用朱砂一兩半，細末。汞一兩，同研極相着。用綿子裹，懸胎石灰汁，并芫花末一兩，同煮一伏時。取去，蜜調芫花、草烏、天南星、嫩地榆葉，如指厚。又用白芨、白蘞，用椒末，以雞子清調，又包一重。入合，用白虎末鋪蓋，用油調蚌粉固縫，入瓦瓮中，養火七日。初一日二日，火一兩。至三日四日，火四兩。五日六日，火六兩。七日一斤，火煅一日，候冷取出，是爲第一轉。

第二轉　用汞二兩，依前結砂煮藥，同前煮了，入合内，養二七日。一日二日，火一兩。三日四日，火四兩。五日六日，火六兩。七日八日，火八兩。九日十日，火十兩。十一日十二日，火十二兩。十三十四日，火三十兩。

第三轉　汞二兩，同前結砂子煮，又封固，入火養三七日。初一日初二日，火一兩。三日四日，火四兩。五日六日，火六兩。七日八日，火八兩。九日十日，火十兩。十一十二日，火十二兩。十三十四日，火三十兩，養至日足。

第四轉　取元砂子，秤看折多少，秤汞等分，依前法煮結，入火養三七日，取出。用新砂合子一箇，用砂子鋪蓋光明砂十兩在内，用蜜調紫□□□□□末貼合子，身外用雞子清，調細墨貼身，又用前藥封白虎，鋪蓋前藥，爲固濟砂禁法也。火合子内鋪蓋了，用油調蚌粉固縫，入火缸内，用三斤火，養四十九日足。

第五轉　取明窗塵五兩，乃納朱砂也。依前朱砂法鋪蓋了，用硫黄五兩，七日取出，硫可制汞。

第六轉　取五兩藥，鋪蓋雌黄，封固，養七日，制汞成庚。

第七轉　取六轉丹砂末，鋪蓋雄黄，封固，依前養七七日，可點鐵成庚。

第八轉　取七轉丹砂末，楮汁丸如粟米大，每一粒水吞下，可延年益壽，與天地同也。

第九轉　取七轉丹砂，鋪蓋砒十兩，養七日，可點五金，皆成至寶。

太上聖祖金丹秘訣

修鍊金丹變化金石　太上聖祖金硫匱頭，變化金寶，滋養無窮之法。説三品金丹，第一品金丹，服之飛昇金闕，名曰天仙。第二品還丹，服之住世長年。第三品神丹，變化五金八石，立成大寶，濟世利身名曰人仙。得此術者，名曰王公。然不可傳於下士，受之人并授之人，大殃，藥亦不成。可傳授者，必須濟人利物，所用有節。枉費至藥，永爲下鬼。得法遇人不傳。名隱天寶。傳得人者，同志可也。若傳非人，名曰泄天機。此皆不可，亦招陰累。修鍊之士，宜慎焉。

又　次用養寶法

右將小塊硃砂，如豆大者。先以無油銚子一箇，將匱末在銚内，用硃砂一

兩，慢火炒紫色止。放冷匱末，入在合內，以砂如栽蓮子成勻，固濟，合三兩火，養三日。六兩火，養七日。開合，其砂如紫金色。與前匱末同研，入汞二兩，研無星，再入合，四兩火，養七日。開合取出，撚研此汞，爲長生匱。如糝製之功，用硃砂三兩，如栽蓮成匱內，上用匱末，更栽硃砂一重，上更用匱末蓋一重，依法固濟，入灰池中，四兩火，養七日。開合子，硃砂三兩，顆顆如金色，上槌可打如片。但准此一法，養就二十兩足。將十兩用七寶鍋手，脱出真硃砂金八兩，打作一金合子。將砂十兩研細，生硫一兩同研勻，合了固了，入灰池中，依前養七日。開合研細，此藥可白，制汞成真金。如舊將金合入匱末，不損匱末。撥開中心作坑，傾汞四兩在內，上以匱末蓋，赤石脂固，入灰池，四兩火，養一伏時，成金一鍋。此法須詳，更有口訣，方可成藥。仍須有福德之人，修之必然成也。無福德者，不可修鍊。

次入金池法

衫子軟金有方。碧礬、黄礬各一錢，紫礬、絳礬各一兩，四味並以火伏研末，醋一升，煮金魚目沸，取金器燒赤，投入華池內，文火燒金似赤，於醋槽中，乘熱便入華池中，能令赤色正定，黄紫光眩目。每徧須皆以烏梅湯，以故氈毛揩拭。

次入潤金華池法

清油一升，黄牛脂、猪脂各一斤，白硝石八兩，小便四升。

右先煮油熱，下牛脂消耗六分，下小便，更四十餘沸，即下硝石、朴硝二味，候成汁，以金入池內，即潤澤奇妙。前匱內用藥體法，在次篇中。如後法，凡入匱之物，皆陰制陽，伏方成至寶。所爲諸丹，皆陰制結胎，而後陽伏成形。其諸滅暈之藥，若丹陽伏成形，則無色也。見火多燥。若只陰制成形，其色多暗。大凡制伏金硫八石藥，皆先須陰伏，後入陽爐，此法通妙也。如用金裹硃砂，入匱便成金。若銀箔裹硃砂，入匱則成銀。焙不用母，自然成寶也。如入少母，生焙亦妙矣。

伏火礬法

硫二兩，硝二兩，馬兜鈴三錢半。

右爲末，拌勻，掘坑，入藥於罐，内與地平。將熟火一塊彈子大，下放裏面，煙漸起，以濕紙四五重蓋，用方磚兩片，捺以土塚之。候冷取出，其硫黄住。每白礬三兩，入伏火硫黄二兩爲末，大甘鍋一箇，以藥在內，扇成汁，傾石器中，其色如玉也。

伏青鹽法

青鹽一斤，入甘鍋內，用桑螵蛸二兩許，調之自然成汁。

進七寶鍋子法

白蘞、白芨、糯米、棗肉、桑火灰、白堊子、赤石脂，右爲細末，水和成鍋子了，乾用。

九轉出塵糝制大丹

第一轉　右法煅硃草，以大黄、黄芩、黄藥子、決明子、猪牙皂角、蒼朮、瞿麥花，七味爲末，入建盞，鋪蓋辰砂五兩，捺實，小盞覆蓋，鐵線十字結，固濟，令乾。灰抱定合實，二斤火一煅。冷開取出草灰，其辰砂黑色。如此四次，共煅二十兩。方入後段，每鉛二兩，對砒一兩。以鉛先入甘鍋內，鎔成汁子，却將砒塊投入鉛汁中，候火煙盡提退冷，打破砒鉛分胎，砒在上，鉛在下，用砒不用鉛。砒如琥珀色，通紅。煅得砒二十兩，與丹砂二十兩，同研勻，入甘鍋，瓦陀蓋口，入爐煅紅提出，放坐温灰中冷，打破其丹成寶，如一塊生銀可愛。其砒無顔色，不用。此丹砂成寶，號曰青金頭。要用硬石好炭排布爐內，煽紅火猛，却入甘鍋了，以元瓦蓋上，再用熟火蓋之，用煽候作聲，朱成寶，却提起。

第二轉煮出鉛汞　右以草烏、川椒、白礬、龍骨、五倍子、甘草、磁石、狼毒、南星針、砂十味藥，入米醋中，將青金頭打作片子，入生絹袋中，懸胎煮三日夜，又以沸煮一日，三次淘洗，要去鉛氣，方焙爲匱。

第三轉青金匱朱砂成寶　右將煮了青金砂爲末，作匱，頂火四兩，子午卯酉換虛，養五日足，鉛氣已斷，却通靈也。

煅信硼作母砂貼身法

右將白芍藥、知母、石斛，燒煙熏甘鍋令黑，燒紅，以硼信等分，入甘鍋成汁，傾出如玉色也。明淨朱砂，以米醋潤過，以三七母砂逐塊裹，更衮蜜，以椒末貼身，入前寶匱內，如前火候，固養七日足。取出砂鐵色，可壘至一斤，作長生丹陽匱，養靈砂。若不作匱，鉛煎成寶得八分。

第四轉丹陽匱靈砂見寶　右丹陽三斤，靈砂四兩，重以醋潤銀末，貼身入匱，子午卯酉火四兩，養七日，一斤火就煅。冷開壘作匱，或見寶體，皆可愛。

第五轉超凡入聖養母砂成寶　煅硼信法見三轉內，又取丹陽匱中，養黄坯成銀，結成三七母砂。五錢一丸，白礬鹽湯煮一伏時，硬了，蜜潤貼身，入前丹陽匱內，子午卯酉四兩火，養五日足，二斤火煅。此匱經火五次養母砂後，方入第

六轉。

第六轉養七寶成大藥匱　右以前五次積火養成丹陽匱末二兩，入生硃砂，與三黄各一兩。汞一兩，研細不見星。以芸香草二兩，入銚化汁。次下衆藥末炒之，慢火即成膏，刀刮丸如彈子大，乾如鐵。次用聖銀結三七母砂，貼身，入前五積火大匱内，如前火養七日，二斤火煅。次開如金彈子，號曰大藥也。積得三十兩，作匱養後段。

第七轉朱砂糝製　右將三十兩七寶藥爲匱，生硫三兩，生朱砂七兩，用楮汁丸如彈子大，入寶匱，如前火候固濟，養七日，不煅。冷開，朱硫彈子紫金色，精神沉重，光澤奪目。爲末，每三錢糝汞一兩成寶。

第八轉出塵糝製　右以新鐵銚，百花蜜潤過，入汞十兩，糝朱砂末一兩，建蓋蓋，醋赤石脂固縫，下熟火四兩，候内作車聲，即乾也。朱硫依舊不動，掃入匱中養，再糝足日出塵糝，養之一年，只一粒糝一兩。

第九轉號曰紫霞大丹　右以前積七寶匱三十兩爲末，作匱。通明辰砂七兩，爲末，楮汁九，不貼身，入匱内，固濟，四兩火，子午卯酉養四十九日。寒爐，焚香，拜謝三清上帝。開之有光射人，爲末，棗肉丸爲梧桐子大，絳紗袋，入井中，離一尺水許，七日足出火毒，號紫霞大丹。一粒糝汞一兩，成十分庚。服之蟬蜕昇仙，超凡入聖。

又　卷三　子午靈砂法

靈砂，其桑灰要三四淋，濃汁煮方下，不侵母。此靈砂打時，不要十分碎。

第一煆　靈砂不以多少，研作小骰子塊，以桑灰汁，煮二伏時，取出。每一兩煮了，取靈砂，用六錢銀末，一兩二錢汞，同入鐵銚，結成一兩半母砂。厚裹法，用鹽一斤，知母四兩，研細和炒令煙，待知母煙盡，去知母，以鹽安合子内，將裹了靈砂，如栽蓮狀，栽徧合子内，上用砂鹽蓋之，合定，以赤石脂固濟，可厚半寸，日乾，埋於灰缸内。第一日二日夜，頂火四兩。三日四日夜，合頂火五兩。五日六日夜，頂火六兩。七日，頂火七兩，至夜頂火半斤。第八日早，去餘火。伺合子十分冷，去泥開取靈砂，不得去裹者母砂。次用菠稜子、苦蕒子、搭水花、田字草、金燈草根，五味爲末，以紫葛自然汁溲逐一毬，定其靈砂，入鼎内。如三才法，七八斤火煆之，火消自至成汁，出靈炒去母砂。次方入鉛池煎，以一兩靈砂，用鉛一兩煎之。

第二煆　以煎煮銀錯爲末，結母砂，煮養火煆之。

第三煆　汞八兩，石停脂二兩，雄黄一兩，用制研爲末，勻傾入銚内，炒青金頭，打靈砂，煮煆如前法。若不變轉，只依匱子煮養時，只依第三煆，煆了靈砂爲末，每四兩末，可汞一兩。和研不見星爲度。且率以二十兩爲匱合，撚五兩汞，即以十兩靈砂末，五兩汞同研不見星。外有十兩，分五兩入甆合底，次同汞撚者十五兩，安在中心，又以無汞者五兩末蓋面，以合合之，赤石脂泥固濟縫，通身以紙筋泥固濟，入灰池内，七日至半斤火足。寒爐，輕輕以鐵匙，挑取面上五兩無汞末，次取中十五兩有汞者，又取合底五兩無汞者。將此上下無汞者十兩，作一處。又用汞七兩同研，不見粉星。即以前來先撚養有汞者，分爲兩處，將一半先入合底，即將近和汞末在中間，又以前來一半末蓋面，固濟如前法，入灰缸，增火養。並亦如前法。七日取出，一處撚勻，仍汞八兩同研，固濟養火復如前，二十兩靈砂，共成四十兩匱。此謂之餵餤登對法。此可養母砂及粉霜，冬之後見火多，而愈有力，而無黄土頭之義。若覺十數養取物，其匱有枯色。四十兩匱，可研一十兩汞入内，合白養其匱，取出養物又滋潤。纔覺枯色，又四兩研一兩汞，餵之精增不竭，斤愈靈。

第四煆　以汞八兩，雌雄各一兩。先將硫汞交媾了，方得將雌雄同打作靈砂，煮養火了，不用母砂，但於第三匱内，養七日，其火候亦如第三煆餵餤登對了，方可作匱，而養庚砂，七七日而成匱。養若覺枯，餵餤如前法。

第五煆　用三黄靈砂煮了，入第四匱，養出靈砂，餵餤登對，更入鹽匱。及不用母砂，包草藥煆此匱，宜養金砂更靈。以七錢點一兩赤肉，漸有脚靴皮之蟲。

第六煆　用三黄靈砂，不用煮，只於第五煆靈砂匱内，養火七日，取出看意下，要取多少兩數。此第六煆靈砂，可以七錢點一兩赤肉，成真丹陽換骨，乃正脚黑靴二法也。此煆方可入死龍蟠，亦曰白雪，又曰明窗塵也。

第七煆　死龍蟠法：（几）〔凡〕以第六轉靈砂一兩，對汞一兩，細研不見星爲度，法正三十三兩。三十兩靈砂，同三十兩汞，合研成六十兩。入鼎，朝昇暮降，打作白雪。

【略】

日華子口訣

黄芽白雪金精第一

黄芽搗碎，水飛淘。隨水過者，鼎器養爲大藥。不隨水過者，白砂銷爲寶，

不可爲藥。

黄芽添汞産塵第二

用先内金分黄芽五兩，入華池，添汞五兩半，在火上結成砂子。再挑量入鼎，封固，文武火養一日一夜。再取出，澆汞五兩，依前火候養之，取出皆成至寶。

黄芽修轉玉田採寶第三

黄芽半斤，汞半斤，銀末半斤，擣和如泥。三味共入華池中，淬五十徧，取出，入爐鼎中，固濟，養火，依前火候養之，取銷成寶。青霞子曰：黄芽一兩，可點赤杖子一兩爲至寶。或將芽子五斤爲母，五日一澆，五兩採摘。入生取熟，永不竭也。

明窗塵轉修朱汞本源第四

明窗塵二兩，入神室中，用顆塊朱砂好者一兩，入合子内，明窗塵上下鋪蓋，澆汞一兩，同固濟，入灰池瓮中，養四十九日。取出開看，皆成紫金粉，炟之成寶，上色真金明窗塵，是紫粉不變藥者是也。若人服食，取研如粉，棗肉丸如菉豆大，空心，井花水下一粒，安魂定魄，去病延年。有卒經一七不壞者，用朱砂半錢，冷水傾入死人口内，片時自活。其明窗塵，用楮汁丸如麻豆大，空心，下一粒，至二粒，延年，極有神效焉。

明窗塵修二氣法第五

明窗塵二兩，入鼎内。生硫黄一兩，汞一兩，二味一處細研，入鼎中，明窗塵鋪蓋上下，固濟，入爐，養火五日。取看皆紫金色，然後一處細研，每入生硫黄五錢，一處研之，楮汁丸如菉豆大，一丸可糁汞一斤成寶。

明窗塵修河車第六

明窗塵五兩，入神室中，乃大神室也。爲用汞五兩，如蓮子栽塵内，固濟，入爐，依前火養七日。開看皆作其芽，飛於鼎上，紫河車粉，芽子銷之成真寶。

紫河車變金液第七

紫河車五兩重爲末，子醋和成膏，捏作合子，候乾，將汞在内，入神室内，固濟，養火七日。開看皆成丹砂汞，銷之成真寶。

紫河車修黄轝第八

紫河車一兩，辰砂一兩，細研如粉，入神室中，固濟，灰池，養火四十九日。取出細研，楮汁丸如胡麻子大，空心，用無灰酒下一粒。此丹能返魂起死，服之十日，三尸自離。青虚子曰：人卒亡經七日不壞，用此丹半錢，冷水調入口内，隨時自活迴生。

黄轝伏雄黄變質第九

黄轝一兩，辰砂一兩，汞一兩，雄黄五錢，一處同研細，入神室中，養火七日足。取出細研，棗肉丸如菉豆大，每日空心，井花水下一粒。如陽衰氣絶，精神恍惚，服之固陽生力，剛强倍加，返老還童，回生起死。内臣服之，再童顔，功難比。汞一斤入銚内，丹二粒糁之成寶。

雄黄點化第十

將前黄轝丸子，入神室内。再用黄轝末一兩，上下鋪蓋固濟，依前火候，養百日足，取出丹一丸，可點鐵一斤作真金。神驗不可議論，至此通靈變化也。

紫河車糁汞成寶第十一

將黄轝并芽一處，入辰砂四兩，神室中鋪蓋固濟，依前火養三十五日足，取出。將朱砂爲末，楮汁爲丸，如菉豆大，每一粒糁汞十兩，成至寶。

黄轝修成紫河車第十二

將粉霜一兩，鋪蓋入爐，養三七日取出。每粒糁汞十兩爲寶，將此物别有變化。

紫金丹修製五金第十三

河車粉一兩，入神室中，依前固濟，養火一年，其火力與大藥同。楮汁丸如菉豆大，一粒點五金爲至寶。

紫金神化法第十四

將前紫河車粉，再入神室固濟，養一年取。棗肉丸如麻豆大，入神室固濟，四十九日取出。用物包裹，東流水浸四十九日，取出。齋戒沐浴，空心，無灰酒下一粒，别有靈驗。

變紫金丹第十五

將此金河車四兩，或半斤，入金神室中。將成芽子一兩，用紫河車上下鋪蓋封固，養一年取出，方分五丹。

至寶遇金丹第十六

依前賈養火一年，開爐，齋戒沐浴，醮謝天地，方開鼎收取諸丹。若見鼎上凝結，如真紅色者，名曰龍虎大還丹。服之百日，冲昇長生不死，雲遊紫府，雞犬服之，化爲龍鳳。其合内四面金花，如魚鱗片相似，名曰神符白雪丹。如四畔淡紅色者，名曰紫極丹。紫色不變諸色，又名曰紫金丹。如鼎畔皆花，金色光燦，

名金液小還丹。已上諸丹，楮汁丸如麻子大，候乾以物包，以東流水浸百日。取井花水，下一粒，服丹四兩，爲一劑。此丹仍精心詳密，自覺神驗。服千日，骨體五臟皆金色。世上金石草木丹皆不清，此丹無毒，入水入火，皆不能近，諸邪遠離，亦爲地仙也。

又十六變

黄芽見寶第一

黄芽令碎，水淘之，浮者養之爲藥，水内砂子銷爲寶，號曰白金。

黄芽抽添産藥第二

取水内砂子五兩，添汞華池，結成壘，入鐵合子固濟，養三日，常用火一兩，又曰五兩，至一斤。入神室，養九轉。點五金服之，長生，號赤石丹。

赤石丹種玉田第三此名入仙玉本，又名大湧泉。

取赤石丹砂一兩，養汞十兩，醋爲末，水銀十兩，同攪爲泥，然後入華池，淬十徧。更以汞十兩，却入鐵合中，上用砂石蓋之，固濟。常用火五兩，灰池中養七日滿。再入汞三兩，養七日，生白笋，取三兩，入三兩。入生艰熟，烼爲寶，永不盡，金殼之術固也。

轉爲四神丹又取明窗塵第四

四神丹一兩，船上硫黄半兩，汞三兩，同研爲粉，入湖南瓶子，内灰池，養三七日，半兩至十兩，即住。二十一日取出，研二千徧。養至一年，漸化輕塵，水不能溺，火不能焚。日當午，抛少許於虛空，化爲白雲，漸漸昇天，莫測高深也。

明窗塵轉修汞第五

明窗塵五兩，米醋和爲膏，乾入汞合中固濟，文武火養一伏時，出爲寶，可作器，辨諸毒。

明窗伏不奪元色伏朱砂法第六

取明窗塵，上下鋪蓋朱砂，文武火養一伏時，成。棗肉丸，服之安魂定魄。人卒死經七日，用伏火朱砂半錢，冷水調，入口即活，能返魂。其明窗塵伏火朱砂，養之一年，變化與大丹同，但不能昇騰。

明窗塵點銅化銀第七

取砒爲粉，明清園之，用明窗塵上下鋪蓋，養一伏時，每兩點杖子一斤爲寶矣。

修黄礬第八又名紫河車。

黄礬一十兩，或一斤，修如大藥法，養十月，如紫金粉也。

紫河車添汞第九

紫河車一兩，汞一斤，入華池，淬三徧，汞自爲白霜。入合固濟，養七日，即爲黄金。取出，添汞，依此法，是人種金，乃殼子術也。

紫河車雄黄木第十

河車粉要成塊，雄黄不拘多少，用粉於合子中，上下蓋之固濟，灰池養七日，成伏火雄黄。每一兩爲粉，生龍腦一錢，楮汁丸爲菉豆大，空心，無灰酒下三粒。

伏火雄黄乾汞第十一

汞十兩，伏火雄黄末半兩，銚内糝汞上，濕紙茶盞蓋之令恰好，以文武火一伏時，漸燒銚子通紅，即成寶也。

紫河車修紫丹第十二

紫河車四兩，汞八兩，雄黄四兩，入鐵合子中固濟，灰池養火四十九日，如養一年，如紫磨黄金色。楮汁丸如麻豆大，每粒制汞一斤爲至寶。

紫金還丹乾汞成金第十三

汞一斤，丹一丸，同入銚子内蓋之，灰池中慢火養一伏時，偶成黄色，烼之爲寶。

紫金還丹變鐵成金第十四

生鐵一斤，烼爲水紫金。還丹一粒，入鍋點之，成上色金也。

紫金還丹點銅成金第十五

銅一斤，烼爲水。丹一丸，入鍋中點之，成上色金也。

服紫金還丹第十六

每日空心，清酒下三丸。服至千粒，一切毒蛇猛獸，精魅邪神，皆不能害。非世上金石草木之比。服之千日，五臟骨髓皆金色，長生不死，陸地神仙，昇騰紫府。

太微帝君長生保命丹

九還七返寒林第一

製真鉛法：用山澤銀，入甘鍋内，煆成汁，作粟米珠。養硃砂法：用透明硃砂一兩半，懸胎煮一伏時，煮藥用硼砂、膽礬、白礬各二錢，青鹽半兩。右同用爲末，苦酒内煮了沐浴。沐浴用芫花、遠志、川椒各三錢，水煮半日取出，火上焙乾，濃研松煤墨於盞内，滾之令黑。却用貼身藥，用鍊過蜜滾上貼

身礬石末，入合時，先用野苧根、芫花、遠志、鹽四味，調擣成膏，塗合內，然後下鉛末，如我蓮狀，重重蓋之，以荷葉隔定，煅過鹽末蓋頭，固濟，入灰池，養火。三兩火養三日，三兩半火養三日，四兩火養一日。取出，火上試之成汁。如尚有未伏，再養之候伏。却取出，再以朱砂一兩半入匱養，並依前法火候，亦如七日取出，共得砂三兩。

就將此砂三兩爲匱，再用生硃砂二兩半，依前法煮鍊，入頭轉三兩伏火。朱砂匱内養之，不用野苧根護匱，但用砂蓋頭填實封固也。入灰池，養火。二兩火養二日，三兩火養三日，取出三斤，熟火煅之，候冷取出，其色赤白，細研，亦添入匱，養第三轉用。

第三轉　增砂成寶質法：將此前五兩砂，研細爲匱。再以朱砂三兩，並依前法制度貼身，亦如火候。如第二轉火候出，其色白而不改。此第三轉同前，共得八兩作匱，又加藥養通靈，爲九轉之法。

第四轉　除胎氣不增添法：將前八兩硃砂，同研入合，以雲母石片蓋之，滑石末填實固濟，入灰缸中養火，以三兩火養三日，取出去滑石。

第五轉　還土體變黄色能生物。將第四轉硃砂，再入合，亦用雲母石片蓋了。以好雄黄二兩，研爲細末，又蓋。依前火三兩養三日，色反黄如土色也。其雄黄收起別用。

第六轉　不用蓋頭仙基之法：五轉之中見接上。土體但以草藥固之，六九者還質也。以陽火煅之，而作灰也。將前砂入合，不以雲母石蓋之，但用蕎麥稈灰拌蓋之，以火三兩養三日。

第七轉　稱七返。朱砂至七轉，色返紅，復爲母砂，故曰還丹。至此靈變出也。初產時色碧，像母也。不用鉛，則五黄三白變化之中，須候同藥。及至七返九還之數，却以元産之鉛爲外固，此乃返本還元之道也。凡萬物返歸本元，乃長生變化也。自此還元質，可以死汞爲七轉也。七轉將前朱砂，再研入合，蓋之。却以第一轉鉛蓋之，以火三兩養三日，取出，其色返紅，能變化黄白六兩。母到不用七返，既定八轉，可以生物。將此七返朱砂爲匱，養三七母砂二兩，分作四塊固濟，養之，以二兩火養三日，四兩養一日。如此養三次了，再用養二分母砂，火候如前，再養九一。母砂並養三次，坯之成寶。却將七返朱砂匱末二停爲底，入砂合子，於内作坑子四箇，每箇入汞半兩，上却以一停匱末蓋之，下火二兩，養三日，取出。再作坑子，依前添汞二兩，並依前法。右如此澆三十次之後，澆二兩汞倒下，二兩火養之一宿，到此方通靈也，方入八轉之妙。

第八轉　離母造化入合澆汞玄中也。用生硃砂四兩，金箔裹之，入丹合内，用火養之，此一轉通在第一變内說。

第九轉　亦名九還丹。取出所養朱砂，別用一合澆養之，此通十六變内説其詳細。

又　卷四

造丹法

凡造丹，用鉛一斤，硫二兩，硝一兩，先鎔成汁，下醋點之，滚沸時下硫一小塊，續下硝少許，沸定再點醋，依前下少許硝黄，沸盡黄亦盡，炒爲末，成黄丹胡粉，可制硫黄，亦可作外匱，即今化鉛所作胡粉也。武昌銅作丹，打之不裂。化戎鹽純制赤黑二色，累卵乾汞制丹砂，滷鹽純制四黄作鉡藥，握雪礬乾汞制汞，並丹砂、礬石甆瓶盛中，於火中煅令内外通赤，用鉗揭起蓋，旋安石蜂窠於赤瓶中，燒蜂窠盡爲度。將鉗夾出，放冷敲碎，入鉢研如粉。於屋下掘一坑，可深五六寸，以紙裹留坑中，一宿取出，再研。每修事十兩，用蜂窠六兩。又方研如粉，甆瓶中可盛三升者，以六一泥泥於火畔，炙之令乾，置研了礬於内，用五角草，天葵二味自然汁，各一鉢，旋旋添礬於中，下火逼令藥汁乾，用盞子蓋瓶口，更以泥，上下用火，火煅從巳至未。去火取冷，細研如輕粉。用者硝研如粉，以瓶，於五斤火中煅令通赤。用雞腸葉、栢子仁和作一處，分丸如小帝珠大，投赤瓶中加硝四兩，用雞腸，栢子仁煅珠子，盡爲度，硝石草伏住不折。一切物砂，先以香水浴過，拭乾碎擣，白鉢中研之三伏時。取甆鍋子，着砂子於内，用甘草、天葵、五方草各剉之，着砂子上下，以東流水淘淨晾乾，又研如粉，用小甆瓶子盛之。青芝草、山鬚草半兩蓋之，下十斤火煅，從巳至子方歇。候冷，再研如粉用。如五兩砂，用甘草二兩，天葵一鉢，五方草汁一鉢，東流取足雲母光瑩者如水一斤，用小地膽草、紫背天葵、生甘草、地黄汁各一鉢，乾者細剉，濕者取汁，於甆鍋内安石并諸藥，下天池水三鉢，煮七日夜，水火不可失度，石自然成碧，玉漿在下。却以天池水猛投其中，攪之，浮如蝸涎者去之。如此三度淘淨，取沉香湯三升已來，分爲三度，再淘漿水了，晾乾任用，硃砂草伏住火，胎色在成汁，可點寶。水銀逢硫則結，得鉛則凝。死，水銀，用紫河車。水銀要死，用紫背天葵、夜合交藤自然汁，二味同煮一伏時，加藕節，煮阿魏，死銅紫河車，白銅汞不退。益母草可制硫黄，鬱金灰可結砂子，楮汁溲藥砂子，乳香啞銅軟銅，桑灰結汞，拖子柔金，

五倍子佐鉛，楊柳膠結砂子，馬脂柔五金，糞養一切藥力，牛屎抽銅暈，羊脂柔銀軟銅，羖羊角縮賀，白狗糞煮錫，蝟皮脂伏雄黄軟銅，烏賊魚骨淡鹽，胡麻巨勝，黄丹砂粟，草灰抽錫暈，蕎麥灰煮粉霜，苦瓠煮汞，糠火力要信常，堇菜灰制朱砂、硫黄，馬齒灰煮丹砂結汞，五色莧煮砂子，冬瓜蔓灰煮汞及丹砂，碎銅錫。

白雪聖石經

白堊石二升，白石二十兩。

右用水三升，於鼎内相和，用炭火煎，至水少更添，須臾水波没，即便石花出。次以柳木匙捺取花於紙上，候乾入罐内，以泥固濟，燒作火色一日夜，候冷破罐取之，已作團白雪，名曰第一鍊聖石。

右將此石細研，准入前白石四兩，同水煎取花，候乾入瓶内實築，後用白蜜大合傾藥上，後用火三四斤，周回圍藥瓶子，熁後蜜乾，漸進火燒，候瓶紅一食久，退火冷，破瓶取出。又准前入白石二兩同煎，取花候乾，入合固濟，燒作火色一伏時，候冷破瓶取之，其石轉青色，名第二變戎鹽，能軟雞子。

右法伏雌黄、滑石等，名爲玉法。用滑石末半斤，取此石五兩同研，米醋和匀，以瓶盛重湯，煮三伏時，成上色真霜白玉。又法：如此用此藥半斤，雄黄半斤，依前法作，即成紅琉璃。又將此石，入白石二兩，准前煎取花，候乾，入漿水、米糊醋，烏驢乳共半斤，均攪此藥，以瓶重湯煮，候乳乾，名爲第三變琉璃，吸砂石，能伏汞。

用法汞一斤，此石三兩，同研半日，後入鍋中，以火三四斤，周回熁，漸漸退火，其汞湧沸定，作一元伏火真寶矣。

右將此石細研，入白石三兩，准前煮取花，用蜜和作餅子，入瓶中，生絹封口，後坐鼎中，重湯煮一伏後取瓶，漸漸進火，燒作火色半日，候冷破瓶取之，名第四變青砂石。

又將此石細研，入瓶中，以米醋均和，重湯煮五日夜，名第五變黑便神石，湛色，裹鉛汞錫，燒成金。如服食，法用黑神石五兩，同汞一斤，和匀，半日後以泥裹，入新糞中埋，却以糠火和馬糞燒作火色，三日夜，冷取出，作一圓伏火，光明輝赫五彩，如紅琉璃色。其形或作龍形，雖無昇天之功，服之永爲長生。

又將此石四兩細研，白石二兩，准先煮取花，入器中燒作火色，一日夜，候冷破瓶取之。名第六變紫衣砂石，能伏汞。

法用汞一斤，此石一大兩，研匀後入鍋，以火燒，其汞湧沸定，即成赤金一斤，柔軟炬火，扇鞴方鎔。又將此石四兩細研，入白石二兩，准前煎取花，入器中燒作火色，一伏時，候冷破瓶取之，名爲第七變道玻璃。

法用此石一兩，用汞一斤，和匀入火燒沸定，即成紫磨金一斤。以汞度作一兩，倍勝常金五兩。又法：此石四兩細研，入白石二兩，准前煎取花，入器中燒作火色一伏時，候冷破瓶取之，名爲第八變潛龍碧波石，能伏黑錫爲金。

法用黑錫十斤，打作薄片，以碧波石四兩入鼎内，次下米醋煮，次旋旋添醋煮，一日夜即成赤黄金十斤，倍勝諸金。又將此石二兩，白石二兩，依前煎取花，候乾入器内，燒作火色一伏時，後入鍋中，鎔作鋌紅色，名爲第九變紅石，可伏汞。

法用汞一斤，此石四石，同研入鍋，火周回燒，汞沸定，即成赤金十斤。又將此石四兩，白石二石，准前煎取花，入器燒作火色一伏時，鍋中鎔爲鋌，名爲第十變青帝河車，又爲黄石，能伏一切硬物，皆爲玉，能作銅鐵鉛錫汞，皆爲赤金。

諸石花一斤，入黄石末一兩，投入攪之，即成金。如各將此石服之，亦得長生。諸玉石如要作器物，每物各一斤爲末，與黄石一兩，和匀研後，入無皮青竹筒中盛，重湯煮化爲水，欲得器物，以滑石末和膘膠和溲，合作模樣，瀉出水於模中，隨模成物器，通透表裏，光明可愛。造化水晶亦然。

又將黄石四兩，白石二兩，同前煎取花，候乾入瓶，燒作火色一伏時，鍋中鎔爲鋌，候冷破瓶取之，名爲第十一變寶光明砂耀石，又名炻石寶。

法用黑錫十斤剉末，以砂澤石四兩，和米醋煮一伏時，後用糠火、牛馬糞，燒作火色一口夜，成葳蕤紫金十斤。剉爲末服，長生不死。又將砂澤石四兩，白石二兩，依前煎取花，候乾入器中，燒作火色一伏時，候冷破瓶取鎔爲鋌，名爲第十二變瑟瑟碧玉光石。

法用鍊過鉛十斤，打成餅子，以瑟瑟石五兩，和醋煮一伏時，即成紫磨光色黄金十斤。如熟銅十斤，鎔爲汁，以此金一兩投攪，即成黄金十斤。又將此石四兩，白石二兩，水五斤，同煎取花，入器中燒作火色一伏時，後冷鍋中，鎔作鋌，名爲第十三變赤石。

法用鍊過鉛十斤，拍作薄片，取赤石四兩爲末，入米醋調作稀糊，塗鉛片上，曒乾，上用牛糞塗厚半寸，候乾，於平底鍋中安排，後用糠火、馬糞燒作火色三日夜，其鉛成熟金十斤。一兩信勝常金五兩。又將此石四兩，白石二兩，水五升，同煎取花，入器燒作火色一伏時，候冷鍋中鎔成錠子，名爲第十四變日月光華，

又名五色石。

法用蚌頭，去麤皮，細研如粉，每斤粉用五色石一兩，和研均，以瓶盛安鼎中，重湯煮半日，溲得如糊藥，即衆手丸爲珠子，以針穿孔，安石灰中，良久便硬，即成珍珠。以鵝呑食，再宿糞內，取洗光明非常。欲要光明滿宂者，蚌粉加水晶末等分，依前法作，即成夜明珠。又將此石四兩，白石二兩。張秀訣只至五變即通，神渠須到二十一變。

法用上件石三兩，和汞一斤，同研半日，用火三斤，燒作火色一伏時，候冷成金。剉爲末，以硝二兩和研，後入無皮竹筒，重湯煮三日夜，便化成水，見風便硬。每日空心，服一豆許大，服至三日，永得長生。服至百日，即有昇天之功，立見神，朝拜即爲真人矣。石乃太陽之精，汞乃太陰之精，但依上件鍊法，銀即爲金，況此入火無不成金也。石五味爲主，汞金爲主，鉛是石之精，汞是金之氣。但鍊二十一變，即大通神聖也。幸蒙上真大聖流傳，慮恐一失聖道，萬劫不復。既然得聞聖賢開鍊石之法，元君傳世，故不教隱蔽也。鍊石號八石，神水華池聖無知諸帝祐味胡藥潑施雲坑根，已上是八石，是八石異名。世人不知聖意，妄説方八書。古歌云：號之紫遊丹。《龍虎經》云：若得紫遊丹，不死亦不難。葳蕤從此出，此藥生萬般。亦曰紫河車，黄金滿我家。赤乳還炁母，一物混三華。第一變善下二斗，用鹺二升。云即如此，若至精好鹺斤數，則善下即不定。其鹺隱於善下中，銷鎔成汁，重重澄濾，以浄爲好。所以《參同契》云：恍恍惚惚，其中有物。周者徧徧十字乃玄，玄是水之數。故《龍虎經》云：水倫生萬物，人獨知之。此乃龍虎丹之機也。付於有道，勿示非人。包君歌云：白雪法，姹女伴劉郎。二八相逢藥下死，更須火煅又歸陽，日暾色如霜。

母硃砂

同煎取花，入器中，燒作火色一伏時，鍋中鎔爲錠子，名爲第十五變保生丹，又名玻璃石。法用雌雄、空青、石碌、水銀、朱硫砂，此七種石，皆得成寶。以上諸石各一斤，别搗爲末，以玻璃一兩和研，見風便硬，表裏光明，火燒不熱，即是上等美玉，服之固命長生。若以汞一斤，此石和研半日，入鍋燒沸定，須臾成赤金一斤。其諸石爲粉，各一斤，玻璃石一兩，和研，以米醋一升和，安無皮竹筒中，重湯煮一伏時，其玉如溲了麵相似，任意捻作器物。以蚌頭研令光白滑，後安石灰中，良久硬爲玉，光通透表裏非常。至於車磲、瑪瑙、瑟瑟七寶，並得成矣。世人不曉此理，將爲有别術異方。此石燒至五變，即爲白虎，十變爲青帝河車，二十一變爲玄天紫河車，與大還丹同功。至四十九變，點汞成金。此石鍊二三百變，亦可況二十一變乎，一切變化，皆由此一法也。

鍊鉛法

以前二石分等，入石灰中、牛糞中、柴灰中、冷水中、猪脂中、醋糟中，各鍊十徧後，打薄片子，然後使用，成金也。此法並依上方世界法，燒至二十一變，神聖鍊至戎鹽，即能軟柔，便堪生鉛汞，燒三日夜，成金矣。如急造物，即用鍊石五兩爲末，生汞一兩，黑鉛二兩，和搗了，此名石末。覆籍錠子，泥固，燒三日夜，候冷取出，鎔去滓，只得一兩鎔汁，入新牛糞汁三次，即成庚也。如得五鍊石豆大，和汞一兩，於口中含之，良久吐入火中燒，便不飛走，即成金也。

試問金公若半斤，撲於新瓦去埃塵。五星鐺内烹成汁，汞兩硇錢會有神。

鉛垜平鋪四兩砂，化亭一分兩礬加。甆鉢井花煎一伏，熟時紫霧映丹霞。

半兩明礬一分硇，硫珠二字最風騷。兩奩滿貯輕英粉，纏定丹砂意氣豪。

銀屑由來八兩賒，一層銀裏一層砂。醋調白善來封口，七日薰陶事可嘉。

一一二二火星中，四二二至半須紅。六七四朝加半兩，六星鉛裏有奇功。

當取此硃砂銀爲匱，再養硃砂，是云真鉛真汞，此以是頭煅也。

又　卷五　黄芽大丹秘旨

造丹砂識真鉛服元氣秘法

出山真鉛，要極軟嫩者，元氣足，經火成汁，投以雪白砒，要輕嫩者，不用黄硬及紅黑者。此等皆是鉛炁重，不中用。每十兩真鉛，要投二兩小塊子砒，用瓦錢蓋面，鍋中微有煙出不妨，四面少着火，只要煅得成汁，便傾於砂器內，候冷輕輕打取，砒淡黄色不妨，最爲上也。不要深黄色並紅色，雖好看，折砒多，最第一病。折少，其砒色嫩黄，是鉛體在内少，元炁多，其砒大靈。故仙經云：此傳炁之道，不用其質，即用其炁。如此則妙用通神，最爲玄妙，可不深究。既云此法天下人皆做得，向後不成功何也。訣云：蓋不得靈鉛真炁故也。

三家相見死硃砂法

金鼎砒一十兩爲細末，辰砂十兩，二物相和，入水火鼎内，封固口縫，鐵線扎定，上水下火，漸慢至緊，令水蟹眼沸爲准，不得加火，其火亦不得滅，常令如水鼎，只添沸湯，常令八分滿火，如常湯不沸，是水鼎下面藥厚也。只不得添火。常常要依前火，一般直打六箇時辰，退火，經宿取開，剗下鼎内藥，碾令細末，依前入鼎，打第二次。畢，再打至第五次，墜鼎真死。取辰砂，與金鼎砒同死，共二

十兩，取出研細，入甘鍋，烸成汁，坐鍋候冷，打開已分胎也。

分胎出辰砂法

如辰砂打得一十兩浄者，研細作匱，養生砂四兩，依常法，七日火候，日足取出，便可點物爲寶也。

用分胎出砒去鉛通靈法

如辰砂内分出砒，浄者一十兩，打作小塊子，用花銀十兩，烸成汁，逐塊投入銀汁，慢慢成汁，以盡爲度。大火烸成汁，坐鍋打開，其銀黑色，鉛在銀内也。收砒，别用花銀。每次用銀十兩，將砒如此過於銀汁内四五次，分胎破鍋取出，銀雪白不黑。時鉛汞方盡，其砒通靈。或作匱子，或點化頑物，或養丹砂，或養粉芽，或作烸藥，其靈無比。

第一轉　塊子硃砂五兩，用米醋拌濕，於分胎煆出辰砂末内滚過，放在真死砒匱中，封合，頂火三兩，養七日，加火半斤，就灰煆盡。冷取朱五兩汞不動，可爲長生匱子。只取其中養出者生硃，粒粒鐵色，已伏火真死，可烹鍊成汁，入槽成錠，自然分胎點化。

第二轉　點鐵分胎。每生鐵一兩，入甘鍋中，大火烹鍊成汁清。次用養出砂子七分，只作粒子，投之鐵汁内，便用紅炭攪之一兩時。次取出鍋子，坐於灰上，冷打開，其鐵已成一兩。已上之色蜂窠好銀在下，七錢砂子依舊粒粒不動，浮於面上，精神不損，分兩不耗，是爲分胎，見寶藥也。

右件分兩過度如前，五金銅錫鍮鐵鉛，皆爲好銀也。此丹砂如經用一次，若再將點物力已慢，須再入前匱養過七日，依舊可用。或不欲再養，却將經用丹砂細研爲末，蜜和餅，依後煆。

第三轉　煆紅荔枝銀法：每三七砂子，入朱砂生者一粒在内，如皂子大，用砂裹朱，次用皂絹二層包裹，線扎定，懸胎於磁罐子内，以水同白礬末少許，同煮半時，取出。次用經使分胎砂末，蜜調成餅子裹定，煮出母砂子，厚成毬子，令乾，坐於平地上，用醋濕灰兩椀抱帽形。先以四兩火團定，發頂火三斤，然後旋添至七斤一煆。候冷去灰，先三斤，後三斤，又一斤，火候耗三分通赤，中心生砂，皆成至寶，是爲紅荔枝。所裹丹砂，仍舊不動。又留可聚八兩，或十兩，入生汞四兩研，入合固濟令乾，頂火四兩養七日足，加火一煆，冷取汞並砂，伏火依舊作匱，養母砂法也。

第四轉　養三七母砂匱法：將再聚丹砂二十兩爲末，先鋪十二兩在合底，次三七母砂五兩，以白礬水煮過，栽在合内，次以八兩蓋頭，如法固濟，頂火四兩，養七日足，加火三斤煆，冷開母砂已伏火，其匱日久愈靈。但是七日，入生取熟，養至二十次，漸減母加汞去矣。

第五轉　變養汞法：先以前母砂一十二兩入合，以匙按實，心中作一窩子。次澆入汞，與藥等分，已下尤佳。次用八兩匱蓋頭，固濟，候乾，頂火四兩，養七日足，加火三斤煆，冷開汞成寶。但七日一次，取熟入生，久而愈靈，至二十次，可糝制也。

第六轉　糝制。將前匱研末，每汞一兩，入在銚内，上用匱末一錢糝蓋了，次用黑盞一隻蓋却，用醋濕紙條糊縫，將銚於三斤火上，候銚内作聲定，銚底紅多時，移於冷灰上，冷開汞已伏火，其匱藥依時不動。或且澆汞，且糝制二十度，其色漸漸變黄，可入庚匱矣。

第七轉　養庚母砂。以前匱頭末二十兩，入雄雌黄各二兩，膽、黄柳、三礬各半兩，揭緑二分，已上六味一同研，細生絹袋盛之，懸胎銀磁罐内。别用前六味各一分，入皂礬、青鹽各一分，同研細，入醋，同煮前袋子半日。然後取袋子内丹砂，却入合子，如法固濟，令乾，放平地上，發頂火三四斤，一煆火盡，冷取出，再研細，吹去輕灰，乃成丹砂庚匱也。

第八轉　初養重頭庚母砂法：前煆出匱十分，先鋪七分在合内，然後結六庚四汞砂子二兩半，用絹裹二重，懸胎，於前煮匱藥醋中煮二時，取出，入在匱内栽蓮却用餘上匱藥三分蓋頭，固合口縫，外固如法，通令乾，頂火五兩，養七日，加熟火三斤煆，盡冷取其母砂，已成上色庚，其匱永爲長生庚匱。但七日一次，取熟入生，至二十次，即減母加汞也。

第九轉　減母加汞法：汞六庚四，結成砂子，如前法藥汁内煮過，入匱，並依前法火候，取之數度，匱老已有庚體，方可養庚砂及丹砂。

第十轉　養輕頭庚砂法：庚三汞七，如前法結砂，煮養加煆，並依前法，及數次更減母加汞，然後至九汞一母，又數次畢，煆養並依前法。

第十一轉　變養庚朱砂法：大顆硃砂，入前藥醋，煮法如前，一日畢取出浴浄，却將煆倒九一庚砂子研細，以蜜鍊裹丹砂，逐塊包裹，令厚實不露體。銚内枯令蜜乾硬，如此貼了朱末四兩，以前細匱入合，上下鋪蓋，如前，養煆火候，並依前法。冷開，其朱砂皆粒粒透骨成庚，可作大丹，是爲金丹矣。或要打庚，可投母砂同烸鎔，攪匀取出，即成上等神庚砂也，汞爲世寶。

第十二轉　再述造丹頭分胎。其黄芽如前法造，恐費耗。只將浄金足色者一十六兩，鎔攪成粉。次用如前法鉛鼎造過黄芽砒一十兩，過一次銀鼎烹之。次與金末同碾勻，入水火鼎封固，自文至武，用火一秤，打一晝夜，來日取出，再同金末研勻，逐旋投紅母鍋中，漸漸下之，瓦錢蓋口，不可入灰。煅盡止火出，安冷灰中坐鍋，候冷打開，自然分胎，去金不用，只取此黄芽砒十兩，變養大丹。

第十三轉　變養庚砂。明浄無灰石，朱砂四兩，用前煮庚砂藥醋内煮過了，以金箔子包之，將前十兩黄芽末鋪蓋了，入合内封固，令乾，入灰池中，三兩火貼頂，養七日。四兩火貼頂，養七日。加火二斤一煅。寒爐取出，再與匱同碾勻，水火鼎封固，打一伏時，取出研細同勻。再鞴甘鍋通紅了，旋旋投成金汁，坐鍋取之，冷自然分胎，去黄芽砒，只用朱砂四兩。

第十四轉　養庚芽。將前砞四兩，爲末入合，二八庚砂一兩，同前煮。煮過莪蓮，入朱匱内封固，水火鼎下，底火二兩，插火二兩，養九日。加火半斤，周圍簇轉，火盡取出，其芽已成寶色。如此澆沓數次，與朱同庚，重八兩爲度，後二兩九一庚砂也。

第十五轉　混胎法變金汞。將朱與砂子同研勻，虚養半月取出，與黄芽砒十兩同研勻，入水火鼎封固，令乾，大火打一晝夜，來日取出爲末，同再攧成汁，坐鍋冷，取自然分胎朱與砂子，成大丹庚藥也。去砒，只用庚朱匱，便可乾汞。

第十六轉　雌雄、膽硇各二兩，研勻，鍊蜜和成餅子，却入黄芽砒匱中，封養四十九日，取出真死。却與前朱八兩同研勻，水火鼎打一晝夜，取出再爲末，將一十二兩入藥醋煮過，硫黄三兩，莪蓮封固，養火三七日，加火半斤煅，出總成末，此丹大藥也。

第十七轉　糝汞成庚。辰砂四兩，用藥醋煮過，以匱藥一斤，戳孔入汞，封養七日或九日，取出盡成庚寶也。

第十八轉　糝點法：却將死汞四兩，黄芽砒捺頭，炢成汁，去砒，以汞寶打成合子一斤，如混沌形，入辰砂一兩在内，外用黄芽砒莪入混沌鋪蓋，無令露體，厚二指，固令乾，入灰池中，養火四十九日，出真死。點化五金，糝制世汞，不可具述。

金丹法

只用死汞金一味，入朱砞一兩，入混沌合中，外匱莪籍封固，周天火候，進退抽添沐浴，法象一年，成大丹矣，故號曰金丹。一兩分爲三百六十粒，每粒乾汞十兩，即成上色紫磨至寶矣。

又　硫櫃養鉛成瑶

硫不以多少，用魚腥草、酸漿草二味，擣汁，煮碾細硫滴，煮三日，乾，入合，用火蒜十箇，擣爛捺頭。滷調蛤粉固縫，鐵線扎，鹽泥封固。入灰池，養火七日。一日二日，用火二兩，作二塊插，四兩。三日四日五日，三兩。六日頂二兩，插二兩。七日頂四兩，插四兩。

死鉛

以胡孫頭，取自然汁，滴炒令死了爲末，入硫櫃鋪蓋，封固，四兩火養五日，取出擘脆爲度。如未脆斷，後點時有病，須再養令脆。取出再炢作汁，用後丹頭，點鉛一兩，點化换骨，拒火就用後母砂點成瑶。每鉛五兩，用母砂一兩充之，母亦得。

養母砂法

三七母砂結了，用藕擣碎鋪蓋，入油缸内，不蓋鉛。煅之，藕煙盡絶，取起。次用五倍子、老桑葉、呵子醋調，蓋鋪入缸内，如前煅，煙盡取出母砂，入硫櫃養，崑崙紙包四兩，養子一七日，各二兩插火。

丹頭點前鉛法

如金鼎砒一兩，乳香三錢，同研細，用大蒜五箇擣爛，水浸取青汁一碗，去滓，滴煮砒乳，乾爲度。入水火鼎，打三盞水乾。打時以大蒜捺頭，打用生砒則可。打金鼎砒打不得了。雌雄各半兩，用滷水一瓶，煮一日方出，去得鉛氣。如無滷水，以鹽水清煮，取出，以沸湯洗去黑水，焙乾。次方用大葉艾煮雌一日，用生地黄煮一日，焙乾。

死硇

用鐵塔草煎汁，建盞滴煮半日，用鐵塔草末鋪蓋，入甘鍋，瓦盤蓋，固濟，入灰養煅成汁，頂火五兩，火過冷取，去草灰。

死硝

以皂角薰鍋，攧硝作汁，以甘草投之，傾槽，每死硝半兩，入死硇半兩，木律一兩。如無，以水楊柳樹上木鵝代之。爲末，建盞内湖水滴煮一日，取出候乾，入木律末半兩，研勻入鼎，輕慢火打一盞水乾。右以五物合胎作丹頭，點前鉛成瑶。

又法：茅七錢，錫七錢，入砒半錢，礬五錢，銀朱五錢，甘鍋內，初入茅，次入錫，次入砒礬末，後入銀朱，鎔成汁，入油槽成瑶。

佚名《修丹妙用至理論》 藥訣三

真鉛八兩，真汞八兩。

右二味正一斤。每兩有二十四銖，計三百八十有四，應易卦之爻數，以合一年有三百六十日，並二十四氣，均其火候。內除六十日，是卯酉金丹沐浴之月，所得三百日三千六百時，奪三千六百年之炁，爲真丹成就之積數，丹竈之功見於此矣。火候有斤兩。初一月半斤，二月一斤，三月一斤半，四月二斤，五月二斤半，六月二斤，七月一斤半，八月一斤，九月半斤，十月四兩。每十日一加，以至於減。如候藥成，寒定後開，慮失精氣。蓋火生於寅，王在午，墓在戌。且以一千八十時計之，奪得天地大數三周，其藥已變紅色，光輝奪日，乃謂之小還丹。內包五色，外形一體，其要在用八卦以應其月，推卦氣以盡其候。人以十月成胎，丹以十月脱胎，人道相通，陰陽造化，自然符會。《黄帝經》曰：日月有數，小大有定，聖功生焉，神明出焉。此之謂也。

佚名《諸家神品丹法》卷三

造黄芽法

取真正山澤銀五兩，以鐵鎚打之爲餅，圓如日形。更以鐵鎚杵之千下，以來極實。恐水銀入黄芽內藏。於坩筩內坐汞三兩，即下銀餅，入坩筩內，去汞上空二寸以來，平穩如法。以六一泥四圍泥之無縫。向上坐水餅子，蓋坩筩口，而乃陰之向下。以三兩炭火不停養，晝夜七日爲滿。開此水銀，並上銀上生黄芽，如針形無數，俱白銀，此名第一轉黄芽。又添水銀三兩，養七日夜足，開看如蘖色也。又添水銀三兩，養七日足，開看其色深黄，不得取之，迤邐長大，如種麥苗相似。如至七日開爐，添汞三兩，至七七日足，此乃七轉添汞，都計二十一兩，此名紫金黄芽。各偏爐內變轉不同，形色各别。得此黄芽，名曰還丹之母也。其筩内水銀猶在蓋上，紅如朱色，取之可有三二兩，亦名子戀母，號曰獨體朱砂。此藥可用牛乳拌，蒸過，研如粉，以棗肉爲丸。每日空心酒下三丸，補下元，鎮心安魂定魄，治諸風冷等病，功效頗多，不可盡述。其面上生者黄芽，可取得十二兩以來。其銀餅子下頑汞三四兩以來不化者，緣此汞受炁足，所以不化，可於别器收之，自有入藥用處。其水銀黄芽，即可爲丹母，號爲還丹之母也。朱砂者曰日魂，水銀黄芽者曰月之魄也。歌曰：聖人奪得造化機，手搏日月安爐鼎。

製丹法

取光明如火大塊朱砂五兩，用上好左味三升，一時入鐵鼎內，以帛裹懸胎，煮七日夜，不得住火。若醋乾，更添。左味日足，取出朱砂，以熱水洗浄，用金箔裹徧朱砂，研好墨塗裹者朱砂，重重塗半分厚，直須細意塗了，微火上焙乾。取上好金五兩，打做合子，可受物十五兩以來，並不得有損及薄了。又以好墨爲細末，雞清調塗合子內半米厚。又以曾青、雄黄、代赭石、膽礬四味，各一分，左味研爲泥，又塗合子內。然後取黄芽都研如粉，實築合子內，令滿，可作一竅，將朱砂裹坐於內，如母懷胎，安然不動，候月滿而生，不得參差。更都用黄芽一時覆蓋了，又以合蓋蓋了，即用麻皮緊纏，勿令動轉。先且向熱灰中坐，出其陰氣，取青鹽一斤，硝四兩，都入甘鍋中，消之成汁了，令冷杵成麵。又用上好銀一十兩，打一大合子，可受藥三十兩以來。先入鹽硝末一半，銀合子內築實，次坐金合子在中心，又以一半硝鹽蓋之，合滿亦築令實。亦用麻皮纏之，以六一泥團團固了，厚一寸，微火炙乾透。掘地坑作爐，內安灰爲池了，方下合子，又以灰壅合頂上。先下二兩火，養七日後。方下四兩火，不得着死灰。至六十日下六兩火止，養至八十一日藥成也。勿令雜人見之，恐觸忤。次出鼎合了，坐淺爐中，下五斤火煅之通赤，即住。先焚香啓告，後方開合子，藥不損胎色，光香明浄，不可思議。如不曾經小火一般，此名糝製丹。即取朱砂一顆，入鐵鍋子內，下火燒之，當時如油停之，更鮮不可名狀。即取水銀坐於甘鍋內，以丹砂爲末糝之，其汞立乾成銀。若小竹筩內盛糝此朱砂末，坐煻灰中，煨之良久，亦乾成銀，微有黄色，未堪便爲服藥。却取伏火朱砂，去其黑了，一時坯之，其藥不折也。

又，雄黄五兩，無夾石鮮明絶上者，如箭頭。固濟。朱砂法金箔一片裹，以用好墨塗之，拌於朱砂內，養二十一日。常於灰池內四兩火養之，還用黄芽覆蓋，如法固濟，養之日足出鼎，坐淺爐中，下五斤火煅通赤，去其火。冷拆開，其雄黄如紫金色。取雄黄一顆，細研爲末，糝汞一兩，入小鐺中，仍下三兩火，二物所制便乾，化爲紫金也。若要點銀鍮、石茅、丹陽，並爲男石上火，不可比量。

又，其朱砂五兩已伏火，並擇日出，用爲服食。研如粉，煮棗肉爲丸，每一兩朱砂，爲丸　千粒。每隨甲子日爲頭服，須斷肉味，大忌房事。先須行陰功三年，啓告天地，發願施慈，方可服餌。常面東嚥液二十四徧了，方服丹三粒。其上件伏火丹砂末研之時，先取余甘子二兩，漢防己甘竹一握，並細切下入鼎，同

朱砂煮一伏時，取出，却入夾絹袋子内盛，懸於井中，或井水中浸一七日，又用牛乳拌蒸一炊久，如此出火毒盡，方可丸之。若要制汞一兩，立乾成寶矣。

服藥法

【略】

又，其伏火雄黄一年，可用棗肉爲丸，每日空心酒下一粒，治一切風冷氣病。不過一粒，永除。若不服食，即將雄砂末坐鍋子内，以銅筋插雄黄作竅，坐池中，將汞安裏面，以微火養一伏時，收取黄金，鮮明潔潤，不可名狀，亦名紫金河車，河者能度，車者能載，故曰河車。其功不可盡述。若要服食，出火毒，方可服之。其朱砂號銀穀子，雄黄號金穀子。

其術先製黄芽頭，將爲湧泉。其芽有十兩，入生汞十兩，相混同研少時，便成砂子。入坩鼎中，常以火三兩養之，不計日數遠近。若要取時，便取出消之爲寶。又或旋，即添汞，不問多少月日，倍添之，名曰正陽之道。如作獨體丹陽，便取湧泉一兩，點得一斤。

凡欲製造之時，先須白礬鹽一斤，汞一斤，同研，棄去黑暈，添湧泉。時將此水銀，先用温水洗令净了，方入鼎中，其火去藥鼎底，常令相控二指許，常用火三兩養，日夜勿令歇絶。其鼎用蓋拍着者，最妙。勿令損破，及有沙縫，但體厚者爲妙。

長壽真人素砂訣

丹砂成塊者四兩，青鹽半斤，硇砂一兩，别研石青鹽爲末，醋拌令浥浥，分作四分。一停鋪底，似砂栽蓮一層，上用硇砂一分蓋之。次以石鹽蓋了，又布砂一重。如前布三層外，餘一分蓋了按實。先以瓦片子蓋合子，更用净塼爐底，塼上鋪灰四寸，上坐合子，更用灰蓋合上周匝各四寸厚，須火四兩，養七日足。冷取出，去了瓦片，却用合蓋蓋了，赤石脂泥固口縫濟，用六一泥固濟牢密。入灰池内，以生熟火三斤煆通赤。良久退火，以灰五升罨。待冷取出，輕輕取砂看伏火，如灰色除却匱，其砂不折，乃第一轉也。再用硇砂一兩，青鹽半斤，二味同研如粉，入少水，研如糊，入前匱中相拌和匀，乾濕得所，準前布砂鋪藥蓋了，不須固濟。入灰池，三兩火養之。每一伏時，五六次添火，勿令間斷。養至七日足，冷定，取出砂，紫色乃佳，是第二轉也。若只軟脆，即將砂研如粉，入青鹽少許，同研匀，用重抄紙裹作一丸，以線繫定，醋磨細墨厚塗，曬令徹裹。乾，坐丸于合内，蓋定不固濟。上以灰匀蓋，三兩火養三伏時，用五斤火一上煆通赤。冷取出，砂丸當如雪色，是第三轉成也。取砂淘净去鹽味，焙乾，用牛乳一合并砂，入有節竹筩内，緊繫口，下懸井中，七日取砂曬乾，研如粉。煮棗丸如菉豆大，於甲辰日齋潔焚香，服一丸，每日加一丸，至七日却減一丸，次又減之，如此周而復始，加減至六十日有效，應至一年，身輕返老。至三年，顔如童子。走及奔馬。久服長生，齒落重生，更若能運炁定爲長生神仙。如欲點化，不須出火毒，便用之是也。

换骨留形降雪丹

孟要甫親驗，予患腎臟風下痒痔疾二十餘年，服此丹一月，其疾頓愈。服經百日，三尸俱下，行如奔馬，面目有光，齒髮再换，顔如室女，神效不可具述。如要點化，一粒伏汞三兩，立成至寶矣。

修丹製法

辰錦砂四兩，銀器内，用百花蜜煮七日夜足，取出，以松蘿末一十兩，好真蜜搜拌，如濕香狀，合子内先鋪底，次將砂如蓮栽之，更用一半蓋之按定，六一泥固合子。候乾，入灰池中，四兩火養三伏時。候冷取出，將砂子洗净，逐塊用金箔裹了後。取石中黄半斤，擣爲細末。將一半入銀合内鋪底按實，將砂栽之，又一半石黄末蓋滿按實，醋調赤石脂固合口縫。却入一大鼎内，用金色雲母粉作匱，固濟了，入灰池内，一斤火養三七日。待冷取出，如金色。如服食，以絹夾袋盛，懸井中，離水一尺許，經宿取出，細研爲粉，用生黄精自然汁，銀器内熬成膏子，和丸如菉豆大，每日空心，井花水吞下一粒。若點化不去火毒。將丹一粒，與汞三兩，入銚内，以甆蓋蓋定，周回濕紙四重固濟，勿泄炁。坐灰池内，以火養之成寶。若作黄，又用雄黄一兩，佛頭青一兩，同伏火丹砂一處爲末。却入前匱子中固濟了，亦入外匱固濟，灰池中一斤火養三七日足。以一稱火煆之，候冷取出，如紫金色。其銀合緣着丹氣，亦化爲黄物。以此丹點汞，乾成上等黄金。秘之秘之。

又 卷四 五金

朱砂部

朱砂者，能水能火。取上好真朱砂八兩，用光滑新磁器内盒之，使濕土築磁器楞上，勿令走煙。取水銀八兩，海馬五箇，杵爲末，與前件朱砂、水銀和匀停。次取上好赤莧苗曬半乾濕，用火燒灰，入瓦甕内，下水淋汁，用生鐵釜竈底上霜，鋪底蓋頂，於磁器内，用文武火燒，令磁器漸熱。次發大火煆，次鎔作汁，取出成白朱砂。置鼎安爐，用前丹經内法，秤斤兩分銖，依陰陽位次，加減循環，依易象《參同契》四時八節，二十四炁，七十二候，年月日時内象炁候，不得分毫差錯，

温温包養，如雞抱卵，至一百二十日。取出研爲細末，川半夏汁爲丸，如黍米大，人食一粒，可延三百歲。食十粒，延三千歲。功轉在腸，名神符白雪丹，善轉血爲乳。若遇至人指玄牝真一之氣，但能定胎存神者，三年必可上昇矣。丹藥功轉内，各依乾坤節令，無錯四時之功，是初轉之理也。蓋世間山澤銀金石類，用藥點之，立變爲至寶。若取丹藥，制水銀必死之，點白爲寶。可令一處勾五六十下，下金成上色至寶。此藥大丹中號曰神符白雪。上士輕財重命，下士重財輕命，此藥非上士勿傳。

又 伏製五金法伏製朱砂爲首。

葛仙翁紫霄丹經内草伏朱砂法

顆塊朱砂，不以多少約量，用羊肚結草，收取曝乾，亦不拘多少。通研爲末。於磁合内，先下末一半，以來中心安砂子，又以末一半蓋實，填之固密，用三五斤炭火煆之，取勾庚用之。

伏朱砂成銀法

白礬末二兩，硝石末一錢，金翅少許，朱砂一兩。

右件藥爲末，於香匙上，先鎔鵬砂一兩半，生半熟，研如粉，方入諸藥末。一研入茶椀内，慢火熬，再研如粉。將砂子逐塊於口中含過，用藥末塗。將一兩半山澤銀，打兩箇圓葉子。先用一葉子於定磁合子内襯底，安朱砂塊子，更用銀碎如大麥許，於其間，後用一葉子蓋之，更着銀實填，以六一泥固濟綿密。候乾，先文後武火煆，通赤爲度，冷取出，於華池坯之成寶。

伏白朱砂法

苣女草、甘遂、續隨子、萵苣等分。

右都爲末，於合子内，先下草末一錢，次安砂，後蓋頭，填實蓋，文武火養一伏時。

伏朱砂法

銀末五兩，好朱砂五兩，金箔八片。

右以定磁，合子内先下金箔四片，次下銀末一錢，後安朱砂在中，又以銀末一重，朱砂一重，相次重重鋪蓋，又以鉛末蠣粉填實，牢固固濟，候乾蓋頂，以火四兩，養一一七日戌。

草朱砂法

地膽草、章柳、大戟、芍藥、剪刀草、馬齒草。已上用草藥青苗各等分，都擣如泥，入砂在中，固濟綿密。候乾，以二三斤炭火，煆之成汁。

草伏朱砂法

馬齒五方草去根，用右以砂三兩，入磁合子内，先鋪草，次安砂子，又以草蓋頂，固濟，火煆之。

伏朱砂法

朱砂一兩，白礬一兩。先鋪礬一半，於銚子内消爲汁，次安砂，又以一半礬蓋之，直候安排盡，以火煆之，通赤爲度。

伏朱庚法

上好神錦砂半斤，黄礬、石膽、雞冠雄黄、硇砂各半兩。

右都研如粉，米醋和如泥，入磁鍋中煮微沸便得，煮十日已上，試不去，即得。如未住，再煮，以伏火爲度。糯米飯爲丸，如桐子大，匭汞一兩，於器物中，以一粒納汞中，四兩火養一茶時，成寶。

鍊伏朱砂爲至寶藥法

右用好砂一兩，如骰子大者，以庚箔二重裹，入磁合子，以九轉伏火青鹽末爲匱鋪底，蓋頂實填築了，上更入牡蠣粉蓋勻平，固濟如法。先用火一兩，自辰時養至午時，加火三斤煆赤。放冷取出，開合，先去牡蠣，後取砂，以伏火也。不易胎色爲匱，去了火毒，堪服食。用蜜爲丸，如麻子大，服食益壽。如再用合子，將砂以金箔，或銀箔裹之，用火養二十一日，養足成寶，金箔裹成庚，銀箔裹成銀。

九轉伏水銀朱砂法

用上好朱砂五兩，於背陰古墻上採苔衣，不以多少，曝乾爲麤末。將砂研如粉，入在通油合子内，以苔衣末鋪底蓋頂，以地龍糞、鹽末和如泥，固濟合子一指厚。候乾，坐在塼上，以火一斤煆赤。冷取出作塊子，其色紫紅。再研如粉，依前法燒之，其色加倍，勿慳。至後却變紫紅色，光明如鏡照人。依法燒之，至九次，堪服食益壽，此九轉朱砂匱也。

丁先生寶鍋子伏朱砂法

上好朱砂五兩，研如粉。階州石鹽末一兩，鳳翔東門外秦土二兩。令研如粉。

右別用墼土，作一鍋子胎，削令作甘鍋子形狀，務令光滑。仍將紫桿萵苣並莖葉，杵絞自然汁，和前鹽末、秦土攪令勻，硬軟得所，於鍋胎子上裹捻爲甘鍋子，可厚五分以來。或不堅實，更入紙和杵令勻熟，再作之。取了胎子，以微火煬

令透乾，入朱砂於鍋口上齊，剪紫桿蒿苣莖一束子，勘鍋子口，令塞實，勿令走氣。上可存一半以來，其束子用線扎定，用塼一箇，中心鑿一小坑子，可坐得鍋子，令平穩，簇火一煅令通赤，煙絶良久。去火冷取出，其砂如琥珀色形狀，光明照人，堪服食益壽。如要作匱，准前法燒三五度，轉轉光明，體重神功，不可盡述。匱伏諸般石藥，一一成就如意。唯三黄不易胎包，燒時常用火二斤已上爲准。

曾獻金吾使王令公。

孫真人丹經内諸伏朱砂法

石中黄伏朱砂法

朱砂四兩，石苗一斤。

右二件細末，入砂合子内，或磁合子，約一半許，按實。立一木胎子，用石黄周回按實，取去木胎，將朱砂以水微濕了，入硼砂内滚。訖入石中黄令滿，又用石黄蓋頭，固濟，令乾。入一二尺深地坑内，用乾馬糞填令滿，燒二七日，將糞旋添之，勿令火候間斷。日足，就上用三斤火，煅盡爲度。候冷取出，色如桃花，作汁成寶，任意用之。

伏火朱砂法

朱砂顆塊者，不以多少。

右先將紫皮蒜研如泥，於新甘鍋内塗，匀厚一指許。用枸杞葉鋪底，將朱砂用蒜泥拌匀，入於鍋子内，上用枸杞葉蓋，又用蒜泥按實，瓦片蓋了，固濟口縫，用赤脂塗上，用紙筋鹽泥固濟，通身一指厚。候陰乾，入灰池内，文武火養一伏時後，用十斤火，煅盡爲度。冷取出，將砂子於火上燒，候紅入鹽水淬之，以色爲度，伏火矣。如咬着碎散，准前法固濟，再燒五斤火，即成也。

伏火白朱砂法

川椒二兩，水一升，煎至半升，放冷。銀箔一兩末，汞四錢，同椒杵成泥，用生絹裂出汞泥，相度朱砂顆塊多少大小，作餅子一兩塊，於口内爛嚼。丁香七箇，將朱砂口内度過，以汞泥餅子兩箇，夾定裹合，令厚薄得所爲佳。再用官桂、白附、瓦松、川椒、荷葉，各等分爲末，捺半在合中，作窩安砂餅。如要服食，即使黄丹一錢許厚，上放砂子，又以黄丹一錢厚蓋之，却令藥蓋滿合，醋和赤石脂末，固濟口縫，鹽泥固濟，半秤炭火煅作白朱砂，不用丹。

煑朱砂成寶法

右用荳萁草五葉，酸顆塊、朱砂，三味各一兩，用絹袋盛裹了，纏綿袋子，米醋内半蘸過，入鐵器，内用米醋半斤，水二升，木芙蓉枝葉共二兩，同煎一伏時，慢火爲妙，取出控乾，揀擇朱砂，餘藥不用。

又錬砂法

以砂三兩，罐内鎔成汁，慢火爲妙。次下煮極沸定，潑在地上，拾之，將朱砂再入甘鍋子内，炷成汁，瀉入麩槽中，成銀矣。

張子厚草見寶丹術

第一煮法

羊蹄根、地丁、酉草、地膽草、益母草。

右五味各二兩，爲麤末。用河水一斗五升，將光明辰砂八兩，不用細碎，及夾石者同藥，於銀石器内懸胎，煮一伏時，常令魚眼沸湯，如耗旋添不妨煮，畢用河水洗浄。

第二煅法并養火候

松蘿、地榆、白花菜、陰地蕨。

右四味各二兩。爲末。用生蜜拌和，如濕香相似，三停中將一停鋪底，安砂於其上，如蓮子様，安頓不令相着，用藥蓋隔之。再如此安砂一重，用藥一重，至於砂藥，蓋盡爲度。蓋頭按實，以醋調赤石脂，固濟口縫。又用六一泥，徧身固濟一指厚。直待陰乾，勿令有縫，有即用泯合，用醋調草灰蓋三指厚，按實。先下炭五斤，從頂發火，煅過一半，再添炭五斤。又過一半，又添五斤。直候過至半已來，將一浄盆覆之，經宿取出辰砂，别入一浄砂合子，用赤石脂泯縫口，安於一小小瓦甕内，仍用一鐵具三脚子閣起，用紙錢灰埋之，合子上約灰及四指厚，於子午二時，添熟火四兩。如此養二七日，方大火煅赤，不走真伏火矣。如欲服食，研爲細末，以半夏糊爲丸，如桐子，空心温水下。如欲點化及作匱，須一次煮三次，換藥煅，依前法添火。每點化，用楮汁爲丸，每兩十丸，每丸點銅一兩成寶。如匱，將三錢銀，七錢汞，研爲砂子，分作十丸，將火煅了者砂八兩爲麤末，將一半鋪底蓋頭，如法安頓，三七母砂子及火候之類，並依初養砂子法。第一次養二十一日，一次減一日，至於火力壯盛，只養一伏時，便成至寶，此乃長生匱。

玄真子參同録内半兩錢伏朱砂法

半兩錢，不以多少，逐一於火上燒通赤，以醋内投之。然後用硫黄末，先以將錢温水濕過，蘸硫黄末，徧鋪在合子内，更以硫黄末蓋，訖固濟，候乾蓋頂，以

火四兩養三日，一煅通赤。冷取出，細研，却栽朱砂，依前伏火候養，收爲匱。其伏火過朱砂，只增生砂，唯多爲妙，若母砂子極佳。

伏火朱砂法

用竹圍入合子内鋪蓋，固濟，大火煅通赤，候冷取。不養砒霜二兩，粉霜半兩，寒水石一兩，晉礬一兩，硝一分。右另研如粉，入小瓶内，以黑紙隔出。却入一大瓶中，周匝以石灰填之。如此不限度數，直待聲盡，漸去其火，冷取出，如玉一塊也。每用皂子大一塊，點茆一兩，用柳枝攪，傾出成寶。

甘草匱朱砂法

甘草八兩，並要緊實者爲細末，朱砂二兩半爲細末。

右將甘草末於磁合子内，布少許約厚三分已來，後布朱砂末，上又布甘草末如前，布砂重重相間。布盡砂末，以甘草末約三五分蓋頭，後於合子内，周回以紙泥固濟，仍用鐵絲子絡定，方以紙泥固濟，如毬子相似。掘一地坑子令寬，用碎火周回壅合子，更着碎糠於碎灰上，用炭火一秤已來，燒通赤，後欲移時即住火。取出合子内，並不着物燒，只依前法固濟合子，着碎火糠，似前火法燒之一度。冷取出，便伏火矣。宜入甘鍋合子，沉於井底，出火毒。一伏時，將朱砂細研，糯米粥爲丸，豌豆大，隻日服一丸。如要點化，不出火毒。依前入匱，至九轉其功神妙。

又 卷五 紫霄丹經中伏汞法

淮南王草砂子伏汞法

用地錦春採，荷葉藤秋採，柳癭子、五方草秋採。

右件等分，濕擣如泥，裹汞一兩，以一二斤火煅，冷取匱，取白花益母草霜三兩，以水和納砂子在中，三五斤火煅，即成寶也。

小還丹三品立製汞法

玄胡、蘆花、光明砂汞，三味各五兩。

右件都研一處，入鍋中，以石鹽滿築實，水潤其口令平，以鐵釵子引五七箇孔子，一片墼穿面上，陷鍋口中一寸已來，中心作一孔，坐在平底水瓶子，上下須密固濟，候乾，四面儘自下炭，從半斤至三斤，盡一伏時，鍋火同色，其汞並下於小瓶子内，各五兩。並不煅折，其汞藥等並通赤。再將此藥，又取硫砂十五兩，先消如油，攪爲清，金研如粉，用礬紙裹之，取枯鉛末十分，入鼎内作外匱，内用紫英末一斤，中心安金裹子，以紫英末上下覆之，又以枯鉛蓋頭，無非築實，慢慢出盡陰氣，令乾，鼎蓋蓋之，又重固濟，極乾，然後入爐中，須火一斤，常定六十日，直候滿日，勿令闕。如有闕絶，更延五日。名曰紫金砂，然後取一兩擣爲末，釜内着汞十兩，以藥末蓋之三日，更以鐵蓋子陷稜裹封固，上火六十兩，下火四兩，盡三伏時，自然作一片白銀，任便使用。又却用前藥，並總研成末。更取硫砂半斤，還再入前匱，依前覆籍，固濟乾，六十日火，名曰紫神砂。依前再取一兩藥爲末，汞一斤，上藥蓋固定，盡一日自成一鍋白銀。又都爲末，硫朱再半斤，還攪爲砂子，一依前法，養六十日，名曰小還丹。一兩丸五百粒，每粒乾汞一兩，立成白銀矣。

又製汞法：用銚子投汞一兩，極熱，將藥一粒投汞中，其藥於汞上面縱横而走，須臾藥没，汞自乾也。却取出藥，投之，瀉汞於槽子内，冷定便成白銀，任便使用。又將此藥作丸子，服之長生久視，與天地齊畢。帶此丹一粒，在曠野之中，百獸來服，禽飡爲鳳，犬餌成龍，人服長生，號曰小還丹，超大厄，爲仙之首。歌曰：白金若成世可度，白金不成空自誤。若遇此法者，皆是宿生有仙分，名居録籍，自非仙梯，終不遇此丹藥服之。

伏汞青布術

鋪下地錦作茆兒，只喫蓮花、水葉梨、槐角、遠志、五倍子，合時莫遣婦人知。

右藥如後地錦、茆兒眼草、蓮花、荷葉、槐角子、遠志、五倍子，已上各一兩，並爲末。先將地錦鋪甘鍋内底，次鋪茆兒眼草末，不以多少，用汞入在内，上用蓮花、荷葉、槐角、五倍、遠志蓋滿，用瓦片子蓋了鍋口，上用鹽泥固濟二寸已來，陰乾，用木炭火五斤煅爲度。去火毒一宿，來日打破鍋子，已作塊子，一任使用。

草匱養青金頭成銀法

汞八錢，硫三錢，晉礬一錢，母三錢，錯爲末。

右先將汞硫礬慢火炒成砂子，後用白芨、白蘞、川椒、川烏頭、細辛、馬齒莧等分，爲細末，擣如泥，貼在甘鍋子内，着鍋壁貼，在内放青金砂子，又着山澤末蓋頭捻合，以瓦片子嵌定，外用六一泥固濟一指厚，陰乾，旋補縫。乾却用一大砂鍋，或鐵鍋内，坐三脚子上，放藥毬子了，用金粟火養頂上，存木炭火四兩，常要温温地，候底上常温則好，大則減，小則添，如此養三日已固住，後用大火煅。放冷，取山毬子，摇着其中響，其物已成也。

孫真人丹經内草伏汞法

芙蓉葉、鹿蹄，右先將硫黄水浸一宿，取出陰乾爲末，同研汞一處銚内，炒成砂子，用紙包裹，埋入地中，一兩時辰取出，已便成砂也。

又法：萆麻葉、三角酸白、旱蓮、地丁、金蓮、續添、魚腥草，或用馬齒莧。右爲細末，除馬齒擣爛，却與汞同於鉢内研，却將五味藥蓋於内，將莧於灰火養煅微煙起，未盡便傾入水中軟砂却取出紙裂之每一兩其莧汞如彈丸矣。

又法：倒垂藤，蔓陀羅花也。鐵腸草。右二味陰乾，碾爲末，用水一盞，於鐵銚内，文武火煮之令乾，就炒之，令藥成灰，將汞已成砂，傾出手心中，丸成一塊。

伏汞結西方砂法

汞一兩，膽礬一錢，好青礬二錢，硇砂一豆大。

右同研細末，入龍膽草末二錢，同一處和，用酸虀汁一盞，於鐵銚内煮，亦得兩飯兩時久，乾爲度，不要十分沸，但四邊微微滚二時，以竹仗子挑起，看如稠時取出，用紙裂砂子不盡者，依前煮用，盞蓋收過宿，方赤。銚要新，不曾使爲妙，忌油膩。

關煅法

蘆甘石有星者，代赭石，泥和礬等分。

右三味細末，傾甘鍋内，將砂子安中心，鋪蓋藥令實。又將赤石脂、蛤粉，水調成硬劑，蓋鍋口，要十分堅實，用炭火一斤秤煅之，候青煙不盛欲絶時，取出放冷，打開成寶矣。

又方：汞五兩，膽礬五兩，青礬五兩，白礬三兩半。

右細末，用鐵銚子，安汞在内，用三礬末蓋之，微微文武火，於風爐上，入虀汁一大椀煮之，其汁先温動，逐一盞下銚中。若要庚砂時，用龍膽草末五兩，入在諸礬内同煮。如將龍膽草別煎成濃汁，下入銚中，同虀煮藥，亦成庚砂。煮時要略略微沸動，四邊不可大沸，恐溢出汞，四邊煮乾，即取起冷，輕輕撥開礬，傾出砂甘鍋子中，浄洗，却出過一宿方赤，方可作過關藥。

伏汞結西方砂法

母三錢，打作箔子剪碎。汞七錢，用椒湯碾，如感氣法。却用下項藥茆卷，栢天雀粉無名異，右細末，蜜和成劑包，外用帛子包，入麻子油四兩煎，以瓜蔞子四十九箇，下入油内，候焦取出，一箇又下一箇，如此下訖，直至油三分去二分爲度，以刷牙子洗去油爲度，即入匱養之。

伏汞換骨丹法

薜荔、夏枯草、魚腥草、白旱蓮、木饅頭。

右細末，鍊蜜爲丸，中心揑一窟子，水銀頓其中，用鹽少許，收聚孔竅，按平入於盞内，上下相蓋，用蚌蛤粉醋調封盞口縫，又用紙條打濕重封粉，上下固濟。然後用鐵釘三箇，釘地中作三錯脚，四圍着炭火，用乾頭糠一斗，盡漫盞勿扇着燒。至次日，候冷取，出結成也。烏梅三箇，煎湯三椀，用馬杓一柄，盛住物，然後用烏梅湯澆之，色白爲度。再入砂罐煮鎔之，又用模子一箇，再入壁塵土，以洒暈，再用焰硝撮之，却入砂罐子，汁澆成寶也。

伏汞結砂丹法

汞不拘多少，銀母少許，荆芥、瞿麦、藜蘆、红椒。

右爲麤末，旋入藥於鍋内炒，候藥黑取出。次去藥末，用絹二重濾之，其餘未成者，又依前製之。取時蘿根，用好醋一椀，懸胎絹裹瓶内煮一宿。次用南星大者裹，用蜜調汞銀末，扶星内，用硼砂、芫花末少糁上面，硼砂少用入内，又以星末覆之，再使黄丹抹口，用鹽紙泥固濟得所，候乾，入子母火養一宿，天明再入炭火煅之。

又法：章柳汁一椀，用粉霜一兩，將絹子裹，煮汁盡爲度。用三錢銀，一兩粉殺勻。以黑瓶子一箇，入胡椒三粒，放底下，便下藥築實，更下川椒四粒蓋，亦築實封口，將瓶子別着地，用赤石脂固濟，鹽泥固四圍，更用塼壓，用炭火五斤燒煅之。

又法：母三錢錯末，水銀七錢成砂子，用黑紙包，椒湯煮三時，放冷，以生蜜纏定，用川椒、黄花、地丁，或用草烏頭，三味爲末，衮纏包子上。又以南星、五倍子、白芨、白蘞、地錦，或草烏頭等分，生蜜和半指厚，裹前包子，又以鹽泥固濟毬子，三斤火煅用。

伏汞砂法

母一錢，汞九錢，於慢火上，用盞子安之。芫花、蛇床子、豬葉、五葉藤、狼毒、旱蓮。

右已上麤末，糁一大錢在汞上，候煙起，用竹杖子攪，候成屋塵色，即取起盞。次去藥灰，將汞傾在紙中，細結成硬砂子。未成者，再依前結之。如結訖，團作一塊，用五倍子末，并白梅肉，同乳鉢内研成膏子，包裹砂子，外用綿子包，不可太緊，以線子扎之，入白虎池盞内，炒綿子焦黄爲度。取出，用過關藥、天南星、半夏、五味子、白附子、蜀葵花、五倍子外關。又蜀葵花、五倍子，以蜜調劑包外，用鹽泥包，十分乾，三斤火煅赤爲度糁。

糁製汞法

汞一兩，入在無油銚子內，上糁三黄薄着右，以雞翎掃汞面上三黄末薄勻，用一小楪子蓋之。次用一小片濕紙，搭了楪子口縫，令勿透氣。次坐銚子，在文武火熱灰，自寅至卯，又加文武火在銚底，文武火灰火中半，又卯至辰，辰至巳時，均三斤大火，一煅銚紅。少時取出開看，其乾汞有如白礬相似，上有金花爲度。後入火爐過炁，却鎔成垛子，成上色女石，下水光白可愛，如多做，依上加火候，依前法。已上劉器之傳。

結汞砂法入匱法

水銀五兩，白女石下水半兩。好者。

右錯銀爲末，用生鐵銚子一箇，厚白盞一隻，水銀及白女石，下水母於銚子內，文武火熬成，女石下水，却入一片白熟細絹，將瀉於盞內，以手攬取死者，用紙裹入懷內，近人氣生。又却依前着殘白礬蓋頭上，方用微火養二七日，其火每日只用三兩炭火，至七日後加四兩，不得過此兩數。至第二七日後，四日至五日後，加五兩。二七日後冷定，却取出入甘鍋，錬如常法。其二七日養時，並用軟火。此法雖父子不傳，如輕傳十世無手足。本方隨身，臨終之時，須密囑付親戚骨肉，候去世後，將砂匱子送在長流水中，不得把墮了。每月只可兩度爲之，不可過分。戒之戒之。

葛仙翁紫霄丹經法

【略】

長生匱法

定州磁合一箇，用六一泥固濟了。生汞、朱砂各一兩，生銀末一兩。先下水銀，次下朱砂壓汞糁，一重朱砂，一重銀末，如是重重，盡爲度。更令封閉，當後入小爐子內，用糠火脛炭兩握長短，於合子四邊，各一兩火，爲四堅炭，養七日夜。候日足，一斤火煆，取出合子內藥，却入藥合內，又入生汞二兩，依堅炭七日。又依前入汞二兩，養七日取出，錬之成寶也。又入汞二兩，七日火數足。如是出入二兩，長生不絶也。

又　卷六

金丹法

白上硫黄一斤，通明者，細研如粉。山池石鹽二兩，細研。伏火北亭汁三兩。

右三味，并同相合和勻，便取鐵合，用米醋研上好香墨，濃塗鐵合內三徧，候乾，便入此三味藥於合內，以文武火逼令熱，候藥化爲汁出盡北亭陰氣。住火候冷，便用硝石四兩，細研如粉，入於合足，內實按了，以粘紙封定合足。候乾，方入於鼎內，用法泥固濟。其法泥用鴈門代赭石，如雞冠色者。左顧牡蠣、赤石脂等分，細研如粉，入北亭砂汁勻和，入臼杵一千下以來，方用固濟相合，并足周回，唯務緊密爲妙。合鼎上用鐵關關定，切在緊密。候乾，便取鉛三斤，於銚子內，鉛化作汁，用小鐵杓子抄於合子，足四面候勻徧，便鋪鎔鉛汁，漸漸灌於鼎內，直至鼎滿合上二寸以來。便選成合日夜半子時起火，初六兩，日加一兩，至六日滿足。候藥鼎冷定，用小鐵鑿子，去其黑，開合取藥，真如黄金色。便於乳鉢內，細研如粉用。

伏藥成點汞爲庚法

每汞一斤，用藥一分，於新鐵銚子內，藥置汞上，用茶碗子蓋定，固濟如法。安銚子火上，專聽裏面滴滴之聲，將銚子於水內淬底，如此十數度，其汞已伏，砂如黑砂子，别入甘鍋內銷鞴，當爲紫磨黄金。其於變化，不可具載。

佚名《靈砂大丹秘訣》　抱一聖胎靈砂

爲法用二八硫汞砂，成青金十兩。其青砂子，用膽礬半兩，烏梅三兩，砂鍋內米醋浸，將青金頭胎煮一伏時，不用水火鼎打，便入真死硫黄匱中，用砂合鋪底，蓋頭，安輕灰爐內，養火二十一日。取出研細，作匱，脱養白體靈砂。火候法：一日早晚，各用熟火二兩半。第三日早晚，各火二兩。第七日早晚，各火四兩。第十日早晚，各火五兩。第十五日早晚，各火五兩。第十六日早晚，各火六兩。第十七日早晚，各火七兩。第十八日早晚，各火半斤。十九日早晚，各火十兩。二十日早晚，各火一斤。二十一日早，火一斤半，晚，火二斤。候寒爐取出，便要作銀用過，鉛池煎之，要作聖胎匱，可爲末，脱養白體靈砂。

凡修成聖胎靈砂三兩，可養一兩白體靈砂。煮法同前。養法火候日數，亦同。其白體靈砂，不可煮用。將來爲末，作匱脱去，生玉笋靈砂。

第二轉　白體靈砂有一斤，並爲末，可入合鋪上下，脱養長生玉笋靈砂半斤，乃一斤養半斤，即是二兩養一兩也。火候十四日，不用煮法。以此玉笋靈砂二錢，可點一兩水銀，成丹陽至寶。若作匱脱養澆淋匱法，火候第一日、二日，早晚熟火各一二兩。第三日、四日，早晚各四兩。第五至七日，早晚各五兩。第八至十日，早晚各六兩。十一十二日早晚，各半斤。十三日早晚各一斤。十四日

早晚，各一斤半。候寒爐取出，作匱脱養澆淋。

第三轉　長玉笋靈砂半斤，入合澆淋，便可澆汞四兩。早晚養火一日，至來日天明，其汞已死。未可取，便再澆四兩汞，亦養火一日，來日亦死，亦未可取。似此三次澆汞，方可取初頭澆者一次，芽子要常留，兩次澆汞，汞在匱中，此法號朝種暮收之法也。乃爲長生不死之匱矣。以一錢澆淋芽子，可點一兩水銀，爲上色至寶。若作匱，可脱養丹頭硃砂。火候早用熟火六兩，晚用半斤，只來晚取之。

第四轉　以採取澆淋芽子四兩，可脱養辰砂一兩作丹頭，火候十四日。若養彩霜一兩，以彩霜一兩，可摻汞成銀，亦可點水銀一兩，成以至寶。以脱養辰砂一錢，可點水銀黑鐵一兩，分胎成寶。若硃砂丹頭四兩，入金合中，可脱金體，丹頭火候斤兩，同白體匱法。

第五轉　將脱出丹頭硃砂四兩，用金合子盛之，須研細入合，如法以藥封固，鐵線繫定，虛實養三七日，每日早晚，只上一兩半，熟火灰高二寸。此砂可點縮浄結硬了，賀成赤金。一錢點賀一兩，成庚半錢，成銀矣。

第六轉　取金石養者丹頭硃砂四兩，再研爲末，作鋪底蓋頭，似於金石内爲匱，脱養金體硃砂二兩，點化汞成庚。以一錢砂，可點二兩汞爲上色金。以此四兩，可作匱，脱養三奇匱。其金體硃砂，用楮汁爲丸如麻子大，每日空心冷水服一粒。服至一月，延三十年。服一年，可延三百歲。火候養法用十四日，同澆淋火，並同。

第七轉　取出金體匱硃砂，脱養黄，三黄各三錢，名曰三奇也。三黄點化賀成庚一錢，可點一兩。以四兩三奇匱，可脱養一兩大丹頭，點用鐵成上色紫磨金。火候四十九日，一七日四兩，二七日六兩，三七日半斤，四七日十兩，五七日十二兩，六七日一斤，七七日二十兩。日數足，養火丹頭硃砂一兩，三奇丹可點賀四十兩，成至真之寶。

第八轉　取出金體硃砂脱養大丹砂，火候八十一日，一兩硃砂，可用楮汁丸一百二十九丸。一丸可點汞銅鐵賀五兩，或紫金。如作丹服，用楮汁丸如麻子大，先將此丹入寶器，或金器瓶中，以油單固口，安井中四十九日，取出，方可香湯沐浴，焚香禮謝三清上真，成道神仙。畢，面北方，可服之。火候一九日半斤，二九、三九、四九日早晚，各一斤。五九、六九、七九日，早晚各一斤半。八九日二斤，九九日早晚不住，三斤火煅之。【略】

第九轉　取出大丹頭硃砂，養混元大丹，以入金，合硃砂四兩，脱養混元朱砂一兩。養火候一年，逐月一日，取出丹砂，沐浴一次。每一兩丹砂，用半兩水銀浴過，再入匱養火。當熟火一斤，養一年，取出爲末，用楮汁爲丸如芥子大。只可服一粒。服至一年，可延千歲。須用沐浴浄身齋戒，濟惠貧者，以功行爲先。此丹丸了不可便服，須辦香花酒果，供養七日畢，然後盛于玉器之中，油單紙密封固了，安井中，日數足取起，拜謝天地還用之後，上真存護之德，父母生育劬勞，師尊傳度之恩，懇祝了畢，方可服矣。

【略】

秤斤兩立媒第一

君子四十未會親，

君者，陽也。四十者，四兩硫黄也。

妾守空閨十六春。

妾者，陰也。十六者，水銀一斤也。

欲藉良媒相匹配，

良媒者，先以銀器，不拘多少，入醋内煮半日，去銀器不用。却將水銀去醋内煮，乾醋爲度，取出水銀，以并紙拭乾。

大都天意在人寬。

得此法者，寬人心也。玄子曰：得之身富貴，聞知道德昌。

入銚炒合夫婦第二

堂上公婆堂下親，

堂上者，銚子也。堂下者，火也。

並皆文武舊功勳。

用文武火炒也。先針銚子，以慢火燒熱，入硫黄在内，化作汁。次下水銀，急用鐵匙攪匀，令乾如塊。有鬼焰起，以醋噴之，莫令焰起爲妙。

莫嫌賤妾容枯槁，

汞名奼女，曰作莫嫌我顔容枯槁，内懷其真珍寶也。

蓋爲懷躭一滴金。

蓋爲見其青金黑内，以變成真金也。

入鼎煅錬第三

今朝方至舅姑家，

舅姑，乃翁婆也。其鼎内有曰，取炒者青金，入乳鉢内細研，傾入臼内。上鼎曰内臍上，微閉，蜜調硫黄少許，塗於上。却於三山處，赤石脂水調令稠，粘固濟，令十分牢。上面鼎口縫，同鹽泥通身固濟。

表裏煎熬六七差。

表者，水鼎，上添水也。裏者，是鼎内藥化成汁。差者，炭也。用炭十二三斤。

門縫彌封無處出，

固濟令密，無令透漏也。易玄子曰：水中聞虎嘯，火内聽龍吟，潛身入洞房。

陰陽顛倒作生涯。

乃上水下火也。易玄子曰：水虎火龍，此之謂也。

煅鍊未堅其物坯慢第四

出來門外自摧殘，

去鼎内，取出砂子，如一片，未堅硬時，一齊研細，再入鼎打不硬。

却入家中六七蘭。

依前用炭十三斤也。

庶使依然人不見，

固濟令密也。

願同瑶珮響珊珊。

其坯砂打令硬，如瑶珮聲響也。

懸胎煮鍊第五

斧劈安胎入袋中，

用斧劈破成小塊，如皂莢子大，盛入小布袋中，玄胎煮制。

道君心沸用炎洲。

用火煅之。

硼硇瀹瀹聖無知，鼎内同熬火逼伊。

汁少時時添上汁，懸胎煮鍊一伏時。誰知一宿先生意，笑指紅膏下釣磯。

上貼身藥第六

火裏飛砂石裏油，

火飛硼砂，用石腦油煮也。

入門粉霜最堪修。

粉霜，乃膩粉也。將煮靈砂，以水洗浄控乾，於石腦油煮兩三時辰，漉出，入一大盞子内。先將枯硼砂研細，摻在砂子上，拌匀令白色。次摻輕粉，次上鉛白霜，拌匀令白爲度。然後入合子内，栽蓮養之。

分明別有窮通理，免向天涯地角求。

若能通得此理，免得去八方尋覓也。

入匱鼎第七

四一元來是五金，

用四兩山澤末，養一兩靈砂也。

母多子少似蓮英。萬錢池内精誠養，火候合天造化機。

蓮英者，如栽蓮子時，勿令相挨也。

母體末一斤，微微醋拌匀。靈砂心内隱，鎖縫兩三擒。紙灰實抱脚，下火節節匀。五兩半斤火，分胎見寶形。

匱母末一斤，用好醋拌令匀。先於合内鋪匱末一重，直後栽盡砂子四兩，上面又用匱末蓋之，無令露出砂了。用赤石脂固濟口缝上，又用泥通身固濟。候乾了，入灰池内，坐合子在三脚上面，依火候教養之。

誰知此是超凡路，不種元來莫動心。

明知有昇仙之路，若無宿緣不遇之，休動心，安貧守分，樂天知命也。

用火候第八

一二二加三四五，四八周圍五八身。

第一日下火，去灰池内合子上，用紙錢灰蓋兩指厚，上用熟炭火秤二兩，常换草令火死。第二日加火三兩，第三日加火四兩，勿令大過。第四日加火至八兩，内將四兩插在合子周迴，將四兩火放在合子灰上，令合子通赤爲度。第五日與第四日火候同。

此是杳冥真像本，勿令大過恐傷生。

其火以小至大，火候緊大則飛走也。火候須要慢慢停匀，方即成就也。

出匱第九

没齒無忘囓臂盟，觀伊心赤未忘形。

七日火候功畢，取出合子，放冷開之，取砂子看之，用牙咬開，其色青黑體重，即成寶也。若色赤，未死也。入匱再養，依前六日火候，須是七日足矣。

分胎第十

二器相投一器盛，和汞分胎要惺惺。

二器，甘鍋與藥鍋也。藥鍋用巴豆、草麻子、知母、貝母等分，一處搗細，用棗同搗，令稠粘捻，作藥鍋子，放於甘鍋内，陰乾。次將養下砂子，投於藥鍋子内，使氣爐溶作汁，不住攪，焰硝在内，直與後藥鍋子，一時作汁，青白色。時成傾在錠槽内，一認打造不懼也。

三車門外宜般運，

三車者，羊車，鹿車，牛車也。此三車能般運衆生，出火宅也。得此法者，離諸煩惱也。

須藉三門鼓搧傾。

入炁爐内傾三遍，則見寶也。又曰：三固者，是第三轉也。第一轉未能入聖，至第三轉自然超凡入聖，最奥妙也。

佚名《九轉靈砂大丹資聖玄經》

靈砂大丹真父母篇第一

凡造化靈砂，須擇靈藥一母。欲安置爐鼎，先居山林，揀其静處上旺之方，安爐吉地。於四煞日取白上陽精四兩，太陽宫液一十六兩，相和炒成青金，乃東方甲乙木，爲之青炁也。於臼中，以柳杵研之爲末，入鼎中，上水下火。其火候在後篇。自寅時起火，至一伏時，可奪千年之造化。出爐紅色，屬南方丙丁火也，爲之赤炁。剉成塊子，如蓮子樣，入稀布袋中，懸胎虚煮鼎内，用桑柴灰汁，入硼砂、硇砂、青鹽、晉礬各三兩，煮一伏時，取出浴浄，日中曬乾。再用石腦油，煮二時辰，取出浴浄，令乾。用白沙蜜逐塊，於枯硼内滚過，貼身。次取鉛白霜貼身。又用鉛黄華貼身，爲黄色，乃屬中央戊己土，爲之黄氣也。將父母末一斤，取烏梅、瞿麥、麻黄、遠志四味等分，藥爲末，同炒令黄色，好苦酒拌匀，如蓮子，栽養母父母一斤，配合靈砂四兩，如法固濟，令乾。入爐，以萬錢灰覆藉於合子上，灰高二寸，養火七日，足矣。其火候在後篇。爐冷取出，拒火黑色，乃屬北方壬癸水，爲之黑氣也。將靈砂於大鍋中鎔成汁，用知母、巴豆、草麻、焰硝、海鹽等分爲末，用紙包之，投於汁内。如此七遍後，用焰硝，不住手拋之，則成清汁，其色皓然，乃屬西方庚辛金之白氣也。此爲大丹會聚，五行之首。始爲一轉。爲依母水銀，銀也。

靈砂大丹聖胎産生篇第二

將前養下依母汞銀一斤，急用剛剉爲末，用緊磁石攝去鐵末，擇光明者鏡面辰砂四兩，用銀合子一隻。先鋪依母汞銀末二兩，於合内栽砂一重，又鋪汞銀末一重，又栽一重，如此畢，將依母汞銀末四兩蓋頭，以赤石脂固濟縫，再用崑崙紙二指闊糊口縫一重，上用鹽泥一指厚，令乾。入灰池中，用鐵三脚坐上合子，以萬錢灰覆藉於合子上面，灰高二指許，以火養之，令火通紅，以香匙擁四邊灰蓋脚火，當中心以筯留一竅子，令通火炁，上以物蓋之，亦留一竅子。如前養蓮子火候，用文火二七日後，冷輕手取出，以刀劈開合子，逐塊丹砂盡成至寶。拒火不折，去母汞銀末不用，只將丹砂入一鐵合子中，内澆汞二兩，依前固濟口縫畢，入灰池内，如法依前火候養七日足，冷一宿，取出其汞自乾也。如此七日一澆汞，澆至合滿，只得下火五兩，不可以上。如至合滿，以物打砂合子，取出物來，用刀子截下上面乾汞，或三五十兩爲末，或槌碎入合子内，一依前法固濟口縫，令乾，入灰空養火七日後，冷取出。先鍊真父母一兩而成汁，次徐下乾汞，亦和成清汁，傾入槽内，此方名爲真水銀銀也。欲要水銀死，先須死水銀。銀也。或將初取下乾汞砂二十兩，内取一斤，與粉霜拌金脚信砒砂二兩，同研極細，入一合子内，上用餘汞砂二兩蓋頭，如法依固濟口縫，令乾，養火二七日後，爐取出。先將赤銀八兩成汁，下焰硝半兩，撮去暈令浄，再銷成汁。取前養下粉霜三兩，作四次下，用炭杖攪匀，傾入槽内，成上等换骨丹陽也。每赤銀八兩，入父母一兩二錢，爲定法也。其餘諸茅法，自有還性。此法最妙，永不還性。其真水銀銀與茅相親。視其成功，不可具述。

靈砂大丹瑶池皓蓮篇第三

將前取下者丹砂，及乾汞共十兩，入一合子，依前七日，澆汞三兩。如此澆至合滿，取出乾汞，依前法，又空養七日。投母坯煅成至寶，取出上面丹砂，及乾汞共十兩，澆汞，汞爲長生匱也。此第三轉止，爲長生增轉數矣。如增數則將有光明鏡面砂四兩，真金一斤，爲末。栽前辰砂四兩，將真金末鋪蓋畢，上以瑶池皓蓮砂四兩爲末，用崑崙紙隔了，次後蓋頭也。如前法固濟口縫畢，入灰池養火三七日，其火候在後篇。爐冷一宿，取出丹砂塊，塊盡成金也。將浄合子取出金丹砂，入一合子内，依前七日，一澆汞二兩，澆至合滿，取出面上乾汞，用藥別養投母，將皓蓮砂坯，煆成寶，名曰换骨丹陽砂，其功甚大，此方名爲金穀種也。

靈砂大丹仙掌月明池篇第四

將金穀種砂，入在合子内，澆汞三兩，如法依前固濟口縫畢，入灰池中，養火七日。一澆汞，澆至合滿，取上面乾汞淡黄色，下面丹砂及乾汞，共十兩爲母澆

汞，汞爲長生金匱也。將淡金汞爲末，入一浄合子中，用膽礬、青鹽、代赭石等分爲末，鋪底蓋頭，依前固濟口縫，養火三七日足，赤上色，紫磨黄金也。如將金穀種砂爲末，澆汞，可朝種暮收，則成庚也。轉製則增成紫府金蓮，其功甚佳。可生金白二筭，方可點化用也。

靈砂大丹紫府金蓮篇第五

將金穀種十兩，入一合子内，如要金笋，用膽礬煮汞澆之，即成金笋也。如要玉笋，以晉礬煮汞澆之，乃成玉笋也。如不煮汞，澆之七日，成淡金，氣未足耳。澆之滿合，取出依前栽上乾汞金末，養成投母坯，銷成上色黄金，乃爲出世之寶。取紫府金蓮子砂十兩爲母，再澆造化氣足，則澆汞如湧泉矣。

靈砂大丹紫府湧泉篇第六

將紫府金蓮砂十兩，入合子中，澆汞三兩，朝養暮收也。又澆至滿合，取出將乾汞金不養，便可鍊製，及可造化五金，盡歸真矣。將下面砂汞十兩，增及七返，則爲七返金液，通玄至妙幽微也。非宿有仙骨，不遇至人點化，則不能至此矣。

靈砂大丹七返金液還丹篇第七

將湧泉金砂四兩，不用汞澆之，只用丹砂爲細末，入一浄合中，如法固濟，養火七七日，後冷取出，於井中出火毒，七日，研爲細末。以此棗肉和圓。若人已死未出三日者，開口投丹一粒，即活。服之不死。點化五金，皆成至寶也。

靈砂大丹歸元靈液金丹篇第八

將金液還丹爲末，入一浄合子内，如法固養八八日，爐冷，取出，入地七尺埋之，出火毒也。七日畢，取出細研爲末，以棗肉爲圓，如菉豆大。久服延年長生久視。若以點化，則點丹成黄金，爲至寶也。

靈砂大丹九轉金丹篇第九

將靈液還丹爲末，入一浄合子内，如法固濟，養火九九日數足。爐冷取出，入地一丈，出火毒，二七日，取出爲末，棗肉爲丸，如菉豆大。服一粒延年，二粒長生久視，三粒五粒換骨輕身，服之百粒，則白日飛升，純陽羽化矣。若將黑鉛十斤，於鍋内猛火煎銷三沸，投九轉之華一銖，須臾立成白銀九斤。將汞十斤，於鐵鍋中煎之，下膽礬十兩，以火煎之數沸，下九轉之華五銖，須臾立成黄庚九斤。【略】

又 陰制水銀法

水銀一斤，醋一升，桑灰汁二升，硼硇各二兩，白礬、緑礬、黄礬雞糞礬、柳絮礬已上各二錢，信一錢。

右將上藥研細，同入砂鍋内，用醋灰汁，煮五箇時辰。却將硫黄與水銀，各自控乾，方炒青金，仍將藥汁，熬成膏子。

佚名《金華玉液大丹》

金華玉液大丹

硃砂一斤，十分光明者用。三友木、二月收。新荷葉、四月收。馬鞭草。八月收。

右各燒灰斗許，取淋下十分濃汁，煮硃一月，共三百六十時，硃俱成雪白色，名曰玉英，服之可治百病。

煮法

入前硃於小瓶内，三草灰汁八分浸滿，擣碎生薑，用布包塞瓶口，重湯煮之，日足取出硃，用皂角煮一日，乳細，以長流水淘五七次。

養法

用陽起石、磁石、禹餘粮、石代赭石、紫石英、礜石，已上六石，醋淬擣碎。又以硝石並太陰玄精二味，同煅成汁，一處俱乳細，作外匱。仍用銀十二兩作神室，置前硃於中，納入外匱砂合，封固如法，灰池頂火養一月，火候二至四兩。日足取出，名曰玉液，可以點銅成銀，堅鉛成寶。

用前玉液，以金十二兩作神室，納其中，外以前匱固之，入砂合，封固如法，灰池頂火養一月，火候四至六兩。日足取出，其狀緑褐色，如明窗塵，名曰紫粉。每用半銖，可乾汞一兩，成至寶銀也。

用前紫粉，以漢椒、防已煎湯，沐浴少時。又用銀十二兩作内神室，雌三雄四，一處和研，入内神室中。又用金十六兩，作外神室，納紫粉於其中，内神室入外神室，外神室入前八石匱中，沙合封固，養火一月，火候二至六兩。日足開合，銀室紫粉俱成黄色金，名曰金華。每用半銖，可乾汞一兩成庚。到此去八石不用，但以前金華，並内養出牡牝，一處和研，作外匱。又以金十六兩作神室，納生硃十兩於其中，置在金華匱内，砂合封固，如法灰池，六陽火養四十九日足，開合，金華成紫金色，可作長生匱。硃砂如膽礬色，此名紫霞丹。每用養出硃砂半銖，楮汁爲丸，糁汞五兩，成黄金。亦能化五金，俱可成寶，生生變化無窮。

銀精丹

硃砂四兩，粉霜六兩，三友霜半斤。如鍊霜以夾布袋盛硃，懸胎煮爲妙。

右取桑柴燒灰，淋取濃汁，以軟火鍊之，鍋内著一握稻草，其汁自結霜在上。

以清水淘之，再熬乾成霜。先鋪霜底，四面及中間鋪粉霜，入朱砂在內，仍以粉霜蓋之。次用桑灰霜蓋瓦片，封口，六一泥固灰池，陽火養七日，火候九兩。養之日足，火煆通紅，取出灰池，候冷取砂，其色雪白如銀屑，妙甚。金曾以此代金華大丹頭，其功與之並駕，今書此以記之。

又　朱砂澆芽四神匱芽養硃爲糝制

朱砂四兩，用大魚腥草、何首烏，同煮三日，一煆，入母養一月成寶。火候常存四兩。用硃治作陀，澆汞二兩，養火一月，火候一六日二兩，二六日三兩，三六日四兩，四六日五兩，五六日六兩，火共計百二十兩。又澆汞一兩，又如法養一月，並是上火下水養之。如此澆至五兩足，換水火鼎內，又澆一兩，又如前養一月。如此澆至七日。次入朱砂一兩，又如前養火一月。至九次。又入朱砂，又養火一月。已上並上水下火養之，共澆九次，得黄芽十兩。九月數足，十月脱胎，入四神匱養之。

四神匱法

雄黄用艾一煆八分死了，再養令真死。入野薄苛煮了，雌同煆，又養死。入即躑躅花未驚草。煮了硫，養死。又入前草煮了朱砂，同養死。然後以前芽子，入真汞二兩，用母一斤，作室匱。芽子入四神匱，養之一月，一至十五，十五復歸，元之數日足，取芽子作匱，以金箔包朱砂入內，養火七七日，火候四至八硃，可糝制矣。

硫黄汞爲匱養雄點金

死硫十兩，用厚金泊三兩，重重鋪蓋，養火七日，硫真死。再入生硫，同養死，取爲匱。另養三七母砂成芽，火候一日二兩，三日四兩，五日三兩，六七日四兩，或六兩。取芽子，用硫黄蓋頭，養二七日，一煆其芽真死。方與硫黄對停，合胎爲匱，養四六庚砂一兩。其庚砂以朱硇膽爲末作貼身，入梅核內，養火七日，火候依前。取對雄兩，其雄先用膽白水煮一日，青礬煮半日，取出與死庚砂同研，入硇少許，蜜爲丸。養火二七日。【略】取出，以二錢點聖銀一兩，爲黄矣。

聖銀法

以硫黄養靈砂爲銀。

攛硇轉庚道

硇不以多少，用車前草汁煮一分，炒乾。以貝母、知母熏鍋，仍用二草末撒在鍋內，待煙起攛下硇，大搧三五十扇，作汁真死，可養雌雄石膽，轉制庚砂。雌雄以臙脂菜，煮三伏時。石膽用鵝不食草，煮一日，同乳成粉，蜜丸如黄子大，入前匱養火三七日，其藥俱死匱中。與硇合胎名爲元陽匱，可養庚砂四藥，各四兩爲匱。朱砂以川紅寥，煮七十日，外用金箔包令密，入前匱內，養火七日。取朱二錢，可點世銀一兩，爲足色金。須用三七勾爲上硃一兩，用母箔二錢。

鴛鴦庚母砂法

凡養庚母砂，不問三七四六，須抽砂中真汞，先與銀母對停，結成砂。入鼎虚養一七日，再逼出汞。用龍膽草、荞草川、鬱金、赤松香右爲末，先鋪在鍋底一半，下庚澆汞，次一半蓋頭，用皮紙糊鍋口，用火煨，時時搧動，過日取砂子，方用貼身入匱。

庚道變化

摘取牙子，依元法虚養煙氣十分少，然後如常煮令堅老。方用銀室，納芽其中，死鉛作外匱，養火七七日，取芽出。每八兩加真汞二兩，同乳成粉，再用庚十二兩作神室，納芽其中，用硫黄作外匱，養火七七日。取芽乳細，再入真汞二兩。如此入金室養火，積至一斤，名曰龍虎大丹。可以作匱，養朱砂四神。朱砂四兩大光明者，先入桑汁內，煮三伏時。次用米醋膽硇同煮，令斷燄。方用金箔顆顆包裹了，外用膽硇貼身，入前龍虎匱覆蓋，養火三七日，硃砂真死作汁。可轉制三黄，作四神丹。三黄各二兩，以桑汁內，煮五伏時。入前硃砂四兩，同乳勻。再用新庚十二兩作室，納四神於其中，外用龍虎丹作匱，入金室在內，封固，養火一月，火候四兩，日足，用火三斤一煆。寒爐取出，四神俱成紫色，住火。每一錢乾汞一兩，成上色紫磨金。養火三月，一錢可乾汞四兩。養火一期，一錢可乾汞四十兩。或以前龍虎匱養膽礬，住火，可點世銀成上等金。

胎息法

第一次，七日一澆。丹基四兩，澆真汞一兩，封固，養火七日。【略】

硫黄斷靈砂成金

靈草死硫黄，用金久久養過一七日，大火一鼎。如此養七七鼎，七次遍遍換金，其硫黄金色。每靈砂一兩，用硫二錢，代赭石少許，同乳用硝鹽捺頭，大火一搧，可得赤金七錢重，成至寶。

【略】

貼身硃砂法

右用白蜜，與水鍾半調開，火上瓦器，熬令交姤。先滴點蜜在白器內，却下硃打拌，令遍體皆有蜜。又傾過白器，軟紙徐徐揩盞，看硃砂身上微遍有蜜水。

先用紙册，以熟紙一片在上，却以尖頭筯逐顆劫硃，勻勻排在紙上，却以貼身藥上之。再用熟紙，再上貼身草藥。了却以手排動貼身藥都勻，烘乾，以紙包候冷，便入合母作五分，下用二分，上用三分。火候同青金法，煮硃用淮椒橘葉。

青金法

右用母五錢重，汞二錢重，入甘鍋内，油蓋面，緩火結砂令母化。或一二錢重，却取起母，刮下汞砂，去母定有三錢半足。却將汞砂用好紙紐過，取半兩已煮汞於内，止要母半錢重，其餘通留下。四錢半重母，此母已後，再可節次煮汞二十餘兩，每次只是二兩半爲則。却將前半兩汞硃，入瓜鍋物一錢半重，炒成青金。次入金苗半錢重，雌婦半錢重，草伏硃砂半錢重，一處炒令交姤，通乳再炒霎時，却用篾轉成，當四錢大圈子。其藥用飯飲湯洒令潤，入圈内，下用皮紙，上用乳槌，捺令緊噘乾。却用好山澤一兩半重，攪爲陸續末子，下用二停鋪紙，上用三停蓋面封合，約令四分高下，火。一二三日，一兩二錢火。四五六日，一兩三錢火。七八九日，一兩四錢火。十日十一十二日，一兩五錢火。十三十四日，一兩六錢火。右足取出，就青金鏨下一粒，如米大，火上吹看無燄作珠子，便離母。將青金入合，虚養十日，又吹看無燄爲度。如有焰，再將虚養，却將此七錢已死丹頭，再用元煮母汞，依前法炒一兩半了，入已死丹頭，通乳又炒片時，分作兩餅，用山澤七兩作兩合。火候一兩四錢，至二兩住。十四日了取出，吹看成白銀硃。再虚養十日，却將二兩已死青金，炒元煮母汞八兩，依前炒了，分作五餅，作五合養。每合用山澤六兩，養火一兩六錢，起至二兩二錢住。如此十四日取出，作兩合，虚養半月，至此方可試藥。

用足氣法

記取制母方炡，元煮母汞。

炡母法

右將母紙紐令乾，入五十兩甘鍋内，上用紙封口，以火逼出汞。却將母鹽紙包兩三層，外用黄泥毬厚三四分，入緩火内煨一夜。次日去泥，入風爐，連鹽炡坐鍋取。

支筆涯硃砂轉庚梅核

硃砂八兩，以三角酸兩大擔，取自然汁二斗，烏梅三斤，煎汁斗餘。懸胎煮硃三伏時，取出控乾。用石腦油或硇砂水，衮磁石末貼身，十分堅者。然後以赤金六兩，汞十兩，濃煎椒汁結成砂。以枸杞苗汁煮一日，取砂子再入，研研令潤。每硃一兩，以母砂二兩包之令密，置净處一夜令堅。以代赭石八兩，十分乳細，醋浸七八分滿，就磁器内煮，用杖攪勻，以火蝴蝶四兩，即鐵花好真正膽礬二兩，懸胎煮之，旋旋添熱，醋煮半日。去火蝴蝶不用，止取代赭膽礬凉乾。用山筩一筩，即養火合子，薑汁制了。次用雞清調墨，塗筩十餘層，約米粒厚。又用雄膽曾代四味，雞清調塗十餘層，以前石並礬入筩中作匱，次將母砂包了硃，如栽蓮狀，鋪蓋如法，封固，入灰池，養火一月，火候一至十五，十五復至一。此應周天，百四十兩火候。俱用未濟法養之。日足取硃，剥去母砂，可見寶矣。

二轉黄芽

用前見寶硃，以金星草即菅仲苗。濃煎汁，沐浴一時。然後取筩子，亦用薑汁、雞清調墨，及用陽雄膽曾代五味醋，調制筩子。制硃於筩中，如澆淋法。澆汞四兩，子午卯酉，當存四兩火養之。亦用未濟。三日開看，切不可動，芽嫩故也。次又澆三兩，至五日或七日，又澆之。凡三五次，澆至十二兩，開合取芽，置净室中。

三轉紫河車

明雄五兩不損動者，以醋濃煎皂角，懸胎煮三伏時，洗净控乾，用雞子清，調陽膽曾代塗之，石腦油炙透。或加硇砂亦得。以金箔包裹令密，又用雞子清調墨，塗十餘層了。方用前芽子，入砂中真汞二兩，同研爲粉。用剥下母砂，添赤金五兩，餘同炡成汁，打作神室，如雞子狀，亦如制砂筩法制之。方入芽子，一半在下，納雄於中。又用一半芽子在上，蓋之。依法鐵線纏扎，用泥封固畢，以瑠璃藥蘸之。次用赤鹽四兩，硝二兩，研細旋旋添入大甘鍋中，炡成汁，傾入磁器、石器中，研細，入沙筩中，以金室内其中，封固畢，入灰池，未濟火養之。火候一日一兩，至六日六兩，第七日以六陽火養之。四十九日足，取筩懸於鉛中，同煎半日，然後開筩取藥，合研細。每一兩分作四百丸，以楮汁蠟劑爲丸。每用梅核一箇，當頭成實處開一小孔。去仁，入汞八九分，入藥一丸在内，以柳木塞竅子。次用包金土、代赭、石膽、礬、伏硝、白芨津調塗紙，裹梅核四五重，鹽泥固了，入甘鍋中，黄泥築實，大火煅良久通紅，刺水中汞成金矣。

宋・陳大師《碧玉朱砂寒林玉樹匱》 法用銀鉛半斤，入鍋鎔之，下石灰、白膠、香樸，數遍撥去穢濁，取净者。次下桑白皮拌炒之，多少净鉛，以三之二，入汞於内鎔，下南星末，徐徐撲之，柳枝攪碎成粉，水淘去藥灰，又入八味佐藥拌勻，再入銚炒半日，方作匱。

八味佐藥

硼砂、硇砂、石中黄、玄母石各一兩重，死硫、石膽、硝石、青鹽各五錢半。

右朱砂一兩半重。金箔貼身，入前藥匱内封養，候朱砂碧色。又换新朱砂一兩半，依前火候養之，共得三兩死朱。去匱藥，别作丹基。此是去鉛離母子成珍也。

右將伏朱三兩，研作匱。再養生朱二兩，蜜滚柳末貼身，入死朱匱中，養七日，加火一煅。冷開，其朱白色。

右將三次養出朱共五兩，研作匱。再養生朱三兩，用黄蘗、黄芩、豆粉、蜜温爲貼身藥，入朱砂匱中，封養三日足，一煅。其朱白色，故曰白雪不消。

右將三轉成龍，其朱共得八兩，研末，可作養寶長生匱。一應金母砂、銀母砂、靈砂、朱砂、三黄、粉霜，並可養之，變化之道備矣。在人意對寒林玉樹。凡物有生皆歸死，故有寒林之名。法將匱藥入合作穴，用生汞一兩，醋一盞，煮過入穴中，封養三日。冷開，已生汞苗一二寸，逐旋採摘，任意轉變凡點化也。

右將前朱末八兩，以物隔了，用雲母滑石細研，鋪滿實封固，養火三日。冷開，其朱白色。更將前藥去了，雲母、滑石將朱作匱，入合，用好信石一兩，崑崙紙包鋪朱末蓋了，上復以雲母石築實，封養三日。冷開，其砒可以點化伏成器，不誤後世。如入汞苗同點，更妙。又將前匱入合築實，醋調蕎麥灰物隔了，放上面蓋頭，封養三日。冷開，其色復紅。又復以明雄黄一兩，經煮煅，煮前藥中，築實，封養三日。冷開，其藥盡黄色。此爲黄芽，至靈同汞芽，可點化爲金也。

右將朱細研，作匱物隔了。將元來初養鉛汞砂匱藥，放上面令實。其朱匱内養生朱三兩，封養七日。冷開，朱復紅，故曰七返長生變化也。朱砂養至七遍，極紅，丹質成也。故曰還丹，至此大備。且夫初養色碧象母，其後色白象父，七遍復紅，已全七返歸真，故曰歸元也。

再將上等雌黄，煮過二兩，金箔貼之，墨紙又包，入七返匱内封固。養火三日。冷開，同汞芽，可點庚爲世寶。烣之，用白鹽安鍋子下。汞芽子在中，又入鹽蓋之。烣不走不用關藥，謹謹記之寶之。

碧玉朱砂匱養庚砂第一

銀鉛一斤，桑白皮炒令白，只有十兩，鎔作汁。灰五十包。鉗入汁中，傾下汞三兩，鉗退冷灰中攪成粉，冷取出篩細。麤者依前鎔化，二兩汞下，又急攪成汁。水淘去灰後，藥炒死匱服藥，伏硫五錢五色。餘艮石四錢，硇三錢，同研細末，入大銚内，旋旋入藥，炒前鉛汞砂，一旦即死作匱。

煉煅第二

鮮明大砂三兩，蜜滚死硫貼身。次用金箔，逐塊包裹，入前鉛汞藥中一斤，熟火養七日。取出，其朱盡成金體可叟。此朱研作匱，温養後段而矣。

脱胎聖第三

前朱三兩爲匱，養大朱砂一兩，死硫貼身，金箔外貼，入匱封養十日足，大火一煅。冷開，如前研細。又養大朱一兩二錢，如後滚貼。養至半斤，共五十日，一切同研細伏火矣。

轉養粉霜第四

好粉霜二兩，共前庚砂匱藥，合研爲匱。别養外來堅實粉霜一兩，煉蜜搜丸，墨紙包之，入庚粉匱中心，封養七日。冷開取死粉，或作後段庚母砂貼身，點化换骨，靈驗大妙矣。

結庚母砂第五

取朱砂汞三兩，庚母六錢，結砂子分作八塊。用漿水、白礬、石灰、皂角灰、蛇床子等分，懸胎煮一日夜，取出。用緊砂法，用苛子末三兩，先將一兩鋪甘鍋底，入包了庚砂安于中心，又將苛子末上面蓋之。入火屋内，候烟起濃，又將苛子末連慘在上，以盡爲度。取退冷看砂力，刀斫不入，方入匱。如不堅，再如前作一次。將前回養，出餘下粉霜，滚在貼身。將大合一箇，入緊朱研，栽培庚砂在内。又將前零粉霜半兩作毬子，蜜調生硃五錢，滚貼身。蜜滚死硫末，再以金箔包。先安排此粉於匱中心，其庚砂於四傍，封固，入池爐養火七日，二日，共九日。就爐一煅。冷開，其庚砂以成寶。烣鎔不折，十分足色。如再後，但前法結砂入匱。其外養倒朱砂半兩，再添入匱中細研，逐次栽養。粉霜半兩，而或添至一兩，留作庚子貼身。且如添養朱。積至一年，可分爲二匱，長生湧泉，名爲種火田，綿綿妙道不窮。如不養物，如法封固，入地坑灰池内，温温火候，養之不絶。方使陰氣不生，其匱轉通靈矣。變化甚多，功效不一，名養雌雄，點化皆可爲也。非知人不能推，故曉此大造化也。

此方乃上代元傳授於太原白雲翁王元中家，祕寶之術，不誤後人。汴梁吕相府得之，傳於錢府，皆下手經驗有成，非有德者不傳。子後於京府得之，祕之，皆鉛汞三段，奇絶之甚，乃天下第一之術。元得於危侍郎東叟宅及京相府，其體用皆一道理，盡淮南王真文，玄中之玄，妙中之妙，誠不誤人，祕之，戒之戒之。

佚名《修鍊大丹要旨》卷上

火龍玄珠大丹

採得龍虎一斤，秤四兩研細，以熟帛二重包裹，扎成雞卵之形，剪去剩者令淨，以黄土白砂炒成末，秤一斤四兩，扎成鵝卵形，外以皮紙剪作條子，以雞子清調糊，掃在鵝卵上，留一頭，可頓得雞卵大口子，便令乾其殼，約令厚半指。候乾，以刀子刓破砂土包子，逗出其中砂土，用帛子拭令淨，方可用也。先以大殼口在上，於底中先下青龍末八兩，次安玄珠毬子，次用崑崙紙剪環子，搭在青龍末上，留一半許，不得近殼。次下白虎末八兩了，却以皮紙條襯在白虎末上，外以紙條子蘸雞子清，糊令殼子口了，如殼子厚，令乾。用一大錢，令納生炒了土二升許，在鍋子，坐大鵝卵殼於其中。次以炒了砂土三升許，四下並頂上填實了，以藥合子鹽泥固濟，方可入爐。凡下火添水，從本月上入火，留對户出氣，其十户皆塞之。上以木盆蓋之，亦留門，户與下同。逐月轉移門户用之，如四兩火，子午卯酉四時，抽換新舊之火。初四十九日足，冷取出去砂土了，成一玉毬子。旋旋以刀中心勒破，分成兩片，專記上下弦號之，勿令妄記。中取玄珠，去帛子灰了，以黄蠟封，入油瓮内，以土埋三日，取出細研，半夏糊丸，如菉荳大。每服三丸，漸加至九丸，鹽湯下，日三服，空心服。所得靈汁收起，隨多少依前鍊成，四兩盡爲度。再秤，如欠少，以前玄珠添成四兩，再研，扎成一雞卵，入上下弦内封固，入爐火，如前四十九日足，取丹研細，半夏糊丸，如菉荳大，依前服之。收靈液再鍊，藥盡爲度。秤成四兩，再研包入上下弦内封固，入爐，四十九日足。如此第五轉玄珠出。時鑽一孔子，可入汞一兩在内，以上下弦合了，入合養火，子午卯酉六兩，火養三日出銀也。第九轉，入汞試之，成庚也。第十轉，打有四兩，入上下弦内，養火一周年，半夏糊丸，如黍米大。每服一丸，新汲水下，服一兩地仙也。用一丸點汞一兩成寶，三丸救死人立活。凡夫服一兩，長年不老。修行人服一兩得仙。秘密勿泄非人，天條甚重。

金丹法

朱砂四兩或半斤，用草汁並四十八津，重淋之液，入硫半兩，同煮一伏時，久愈佳。如無草，以醋脱煮。却不用硫庚四兩，用丹頭四錢，入甘鍋作汁，提起用鐵火筯，攪作黄粉，傾入浄甆器内，盡成粉爲度。以水淘之，秤得元分兩不折，爲妙。將粉秤一兩在外，餘三兩却與煮了朱砂，同研匀。庚硃過氣，方入甘鍋中。外一兩金粉，秤七錢蓋面，以紙隔定。再用山澤銀末四兩蓋頭，以土築實，入灰池中，封固，養火四兩，七伏時。啓合，加火貼鍋，一煅通紅，一宿天明，取出銀末，其金硃真死。可以細研，入油缸中，用火五兩，養二伏時。以西硼蓋頭，大火一煅，坯成至寶。此一坯聖，凡混合血氣流通，金得聖體，剛居柔位，方能産化。

右聖凡既已交媾，可再鎔成汁，每兩庚入丹頭一錢，如前攪成黄粉，再研。以煮過硃砂二兩，同入甘鍋中，上覆以前金粉七分，糝面隔絶銀氣。换新母銀硃四兩蓋頭，封固鍋口，入灰池中，用火四兩，養煅二伏時。亦用半斤炭煅通紅，一宿天明出爐，所有金硃真死，研細。蓋金氣既多，硃盡變爲金末。又用此一鬲銀末在上，乃是神仙之法。神交而形不相交，金木不相間隔，可爲長生大匱，永脱硃砂成寶匱，養三黄而點化五金。【略】

造靈砂貼身要訣

粉霜一兩成塊者，用三淋荷灰汁，煮一伏時。以雌雄末醋調貼粉身，先入銀母硃匱内，養三日，可以真死。硃砂一兩，硫黄一兩，同於四十八津三淋之液内，煮一伏時，取出。入甘鍋中，上以死粉霜捺頭，以銀硃再捺粉上，養鍊七日，真死。取出，先用死粉貼身，次用死硃，又用伏火飛硇貼。此三貼身，非人世所有，並不吞母。每兩各用半錢重，匀爲貼身，切宜祕之。

養白雪要訣造成五行法

前四象既以真死，却將粉霜六兩，薑自然汁，煮一伏時，荷灰汁同煮爲妙。取出，在銀瓶内，上用四象末捺頭，外用蕎麥、川椒、香附子、樟柳根、訶利勒五味，通固合外，養煅。再取出，入象末内，養火二七日，真死。研入四象末内合，成五行大丹之匱。却將粉霜成塊者，用三黄煮貼了，遂入獨粉匱内，養令真死，號曰白雪獨神匱。

白雪獨神養粉要訣

粉霜堅鍊者，用一味薑汁，一味藕汁，同煮三伏時，常如魚目沸。入三黄在汁中同煮，略借氣之用也。次以生雄貼粉身，入白雪匱内鋪，再養火三七日，候粉真死，可擣爲末，作獨養粉匱。又於獨粉匱内，養出粉霜。其妙難窮。不過鉛池，便是山澤至寶。又以死粉爲匱，復將生粉，用前二汁，入生硫雄，同煮三伏時，取出。可以生雄貼粉於前死粉内，脱出粉霜，可養二黄化物。

糝制要訣

僕自幼鍊養靈砂，非不知以母養子，以子爲母，脱經三次，轉至九還，慣養黄芽，鍊成紅粉。幾二十年不獲，未免含羞忍辱，持鉢於人門，閲盡丹經，參求稽

考，皆無所取。就後得異人點化，和合四象，攢簇五行，得合天地之造化，雖點頑成物，變貨成真，尚未造安身立命，利物濟人之域。復思異人言，子母有吞竊之患，鍊紅粉有長生之功。推其所旨，凡三煅而不全就，七養而未全成，後養紅粉，依方煑鍊，別求一匱法，始得大有效驗。今將養粉火訣，載之方軸。後人得之，不可輕泄。大抵紅粉爲之藥，附金水長銀芽，凡母之氣，結成其體，與硃靈附陽者，大相遼遠。非假神室煅之不就，非用神符匱養之不成，非三淋荷葉汁煑之不伏。養法常用温火，先蒸後煅，留而不去。若遽加大火，一煅而折，一養而去。如養嬰兒，如弄奼女，調停火候，方得真死。紅粉死，乃水銀乾。水銀乾，而糝制成寶。若泄此事，禍不旋踵矣。

訣曰：煑如蟹眼，煅不純陽，養令温暖，始不飛揚。一二三日，旦夕各一兩。四日旦夕各兩半。開罐上在下，下在上。五日六七日，一兩半。

硃靈口訣

夫硃靈者，皆有吞竊之患。惟粉見母，而無吞竊之憂。硃依硫而成體，硫能竊耗母，所以見硫而氣過。雖竭天下之金石，窮天下之靈苗，亦不能免此患也。硃也，靈也，粉也，三者互相制伏，始獲點化之功也。靈砂已成，垛用刀削，去硫氣，移下鏡面，顛倒入鼎，扶持埋向鼎口，外再納泥正固砂邊，勿令火傷砂體。用炭緩緩煅之，勿令鏡面皮膚破裂。用醋調藥貼身，先入母匱，以陰爐，上火下水，温養七日。次陽鼎，上水下火，鍊養七日。甑得秘密，硫氣不出，汞氣不飛，子母兩全，始獲其利。某得養靈砂之妙旨，亦得師傳之法，利在點化之妙，止於丹陽。丹陽之法換骨，與世寶争衡於世，豈爲易事耶。衆藥之用，莫如白雪。白雪之藥，即是粉霜。其物甚難於養鍊，雖用沸湯衝過，荷在汁煑一伏時。入在紅粉匱內。或以神室，上以四象末蓋頭，外用黄藥子、川狼毒、紫河車、八角鏡、瓦松、細辛、鳳尾、石韋八味，蜜調固濟，用火養煅。寒爐取出，剥去外藥，將神室栽粉，入四象末內，養令真死。無拘日數時，依師旨教，深有效驗。先又白金三錢，雜以赤金七錢。投下雌粉二錢，並投死靈半兩。其靈分胎在上赤，既以白而死靈，亦不復爲赤所染矣。再將赤金一兩同鎔，又以死靈半兩，併前投之，砒粉二錢，先點其靈，後分胎在上，赤物復變爲純陽之寶。二以死靈共一兩，止得八錢。又以死信粉二錢點之，同鎔作汁，投下生鐵半兩，生硝三錢，以泥塞口，大火一扇。破鍋，取净。再換鍋。更得鉛五錢煎之净，二兩七錢，此換骨之法也。白雪之效，初成上乘之丹法也。後有神符一丹，亦是粉霜養鍊，功效之大，不可與白雪同日語。此某於神符，誠然造於極至之妙。

神符要訣

白雪中傾下汞，候乾成芽。取聖芽八兩或一斤，鍊養成粉，栽蓮粉霜在內，可煑可煅，養之二七日，每二錢可點赤，而化上色換骨丹陽。此丹依師變轉，又名神符白雪。一錢可點一兩赤物成寶，亦可糝汞一錢，乾一兩成寶。某在丁亥歲造成白雪，脱出神符，又變玉神符白雪，乾汞成寶，點化丹陽。及將前四象炛燒，每一兩只有寶三錢已上。某夜不能寐，日不能食，又參明師，乃曰靈砂硫氣不斷，粉中有汞，汞能活硫，日往月來，死而復生。每三兩只主有寶三錢，餘者爲膠油糖之物而去矣。某再告師，遂將存汞去硫之訣，始獲十全效矣。

鍊硃去硫第一法

先養靈砂，成寶去硫。後養硃去硫，四象去硫，五行不去。

訣云：小玉即硝。四兩，以長流水同煑。獨神即鐵花。一斤，一日爲度，硃靈死者，但以獨四兩養一兩，封固，入匱灰池中，四圍離灰，可簇火一煅。來日取出，靈砂雪白色。如來日未白，再以靈砂，用小玉，煑少時，再入匱。匱火簇養一夜，定成白體之物。入炛爐中，只以死硼硝些子點之，下生鉛少許，其物成絶色世寶矣。

神雪丹陽四皓丹

粉霜二兩，水晶砒一兩，硼砂二錢，硇一錢，乳香三錢，焰硝一錢。

右六件擣細，拌和之，用銀末四兩，拌入水火鼎內，以八斤火足秤，依靈砂法火候一同。寒爐開，其藥飛在鼎口四向，其色黑，可收之。其銀母墜底，去母不用，取藥收之，名曰四皓丹。

四皓丹轉四寶神雪丹

四皓丹末三兩，粉霜五錢，砒二錢半，硼半錢，硝一錢，乳香一字，硇半字。已上並用生者。

右用銀粉二兩半，同前藥拌擣細匀。生薑汁和爲劑，以銀鑾子捲成筒子。入藥在內，用細鐵線縛定。用水中金爲匱，上下鋪蓋，固濟。入灰池，去令一寸，養火一十六日，子午卯酉各一兩，抽換新火也。日足，冷剥去銀薄，收之，可化丹陽。不然將藥鐵臼杵爲細末，可爲子母匱。

四寶神雪丹轉神符白雪丹

將前四寶丹四兩，或半斤一斤，爲匱。內轉養粉霜，作白雪丹口訣。

神符白雪丹轉輕紅粉丹

大光明硃砂四兩，四十八津，煮一伏時。用銀鑾子半兩裹之，入白雪丹，養火七日，一兩，子午卯酉，抽换成寶。亦可充杖子爲丹陽，亦合庚道點黄。不然將此物和神符，同養火三七日，可以糝制。一錢紅粉，可乾汞五兩。湯瓶之上寶成，方過氣爐，炁成上等至寶，亦轉爲庚矣。

神符白雪丹養靈砂爲紫河車丹

白雪丹匱内，養靈砂七日，成銀。其靈砂和白雪，亦可點杖爲十分丹陽，三錢一兩，成上色銀矣。

紫河車匱，養三七母砂，二八感氣，一兩火候，二時卯酉。一七日，母砂子白炁成寶，亦對衝杖子，成上等丹陽。將紫河車養出母砂，爲銀蟾丹匱，轉養得粉霜，制金矣。

養成神粉轉雌黄名金英丹

葉子雌黄四兩，四十八津，煮一伏時。洗净，用十分好庚箔一兩包之，鐵線十字縛之，於神粉匱内，養一十六日。出剥了金箔，一錢點一兩花銀，成菜花金矣。

神粉匱養雄黄爲金雄丹

雄黄四兩，四十八津，煮一伏時。出净淘洗，用足色庚一兩包之，於神粉匱内，養十六日。取出，金箔一錢，化花銀一兩，成官金矣。

丹房雜法

藥石一斤，乳細，用瓦鉢盛之。以鳳尾草，又名鵝青草，或山慈姑，或馬齒莧，或躑躅，或芭蕉根。但死砒草，皆可用。以四五擔，擣擂碎榨自然汁，或添入清水，用大缸盛之，澄定二三日，取上面清汁，煮藥石七日了，如粥糊狀。再添汁煮三五日，以藥石炭火上燒看煙盡，有半石，可用熬藥，至八九分乾，用好皮紙盛爐灰，頓在鉢内藥上，滲去水，烘乾，入合，如法固濟，四兩火養月餘。用甘鍋固濟，窟煆，再入合固濟，養令真死。雪白輕淞無煙爲度。方過母氣爲匱，每八兩藥，以好銀八兩，火煽鎔作汁，用杭州鍋盛之。將上藥分作六箇小包，逐包攛在銀上，其藥亦微作汁略攪轉。又下一包。如此六包，皆盡通攪轉。提起鍋，候冷，破鍋取出，其銀在下依然白，其藥在上帶黄色，方可爲匱。其銀不折分毫。用鉛三兩，入銀内同鎔，煽去鉛，方可打得其銀，亦可養硃。

打靈砂法

水銀八兩，好硫二兩，乳細炒成青金，加些雌雄或半兩，入水火鼎，封固得密，下手便下半鼎火，纔火紅上面固藥氣起得盡，用鹽泥刷之，如此半箇時候，方加火至七分。鼎下裹面藥升時，水自然滚。候滚將静時，加大火鼎一伏時，其堅如鐵。

打硃靈法

假以前炒成青金頭五兩，入硃砂五兩，同乳細，再加生硫二錢，加再炒半箇時辰，如前法入鼎進火。

打硃砂法

硃砂十兩，入好硫六兩，加雌二錢，亦可同乳細，入銚中様火，炒半筒時辰，入鼎固濟，如前法用火。每硃一兩，出鼎止有八錢重。

煮砂法

硃砂每兩，分作十塊，用絹袋盛之，入藥内煮三日，方貼身入匱。

煮藥

地榆、五加，或橘葉、漢椒，或貫仲、荷葉灰。

貼身法

每砂一兩，作十塊，用銀薄一錢，杭州名鑾子，每一兩約二十片，貼上砂，逐塊務要捺得緊實。然後鋪蓮入砒匱，半斤養六兩砂，上下二層，入合固濟。以三兩火養六日，以四兩火養三日。取出，其硃青黑色，裏面紅，方可入母匱。

入母匱法

山澤銀八兩，以炭末作粉亦得。或以麤糠鋪在大浴盆内，用水和之。次將銀鎔成汁，用竹筒左手拏住，右手提鍋，納銀於竹筒上，淋下糠内，自然珠圓。每母硃半斤，以砒匱藥二兩，拌在母上作衣。每斤母養硃四兩，作兩合，入封固。養火五日三兩，四日四兩火。出合，將靈炁成寶，或點化。

點化

養得硃靈真死，母子兩全。用硃靈一兩，在甘鍋底。次用骨頭粉一兩蓋，又以鉛粉或黄丹蓋頭，自上發火，大煽作汁。候冷，破鍋取之，用鉛煎得一兩五錢九成銀。

炁靈硃法

養死砂一兩，用鉛一兩，先鎔作汁，然後下砂，扇去，鉛盡自然雪白。

炁母匱

將養過母銀，用黄丹二兩，打拌令勻，丹食火一伏時，取出，投鉛煎之。靈砂不倒，再煆即死。硃砂如入母匱了，有八分死。用慈姑草擣碎，或大金螃蟹，但

伏硫草，皆可以短樣。砂鍋下面用草，中間用硃靈，上面厚用草蓋，用瓦陀蓋面，不必封固。却以磚石砌爐中，安藥鍋，四圍用炭，上面亦用炭。自上發火，至下通紅，其鍋亦紅。先以爐灰一斗在邊，用水拌濕，候藥鍋通紅，草煙將盡，取藥鍋在濕灰内，用濕灰蓋之。候冷取出，其硃自然真死。

添補靈砂

砂二兩，用前藥煮乾。以母四兩成粉，用生砒一兩爲末。先炒母熱，次下砒再炒入。却以此母養砂二七日，一七日二兩火，五日二兩半，二日三兩，再六兩火。一夜取出，其砂得一兩八錢重。用鉛煎成寶。一兩砂得八錢銀。其母銀用黄丹二兩拌匀，皮紙裹，再布裹，埋地内，三日取出烘乾。先以鉛四兩，入甘鍋鎔作汁，次下母同鎔，爲添補法。

結母砂法

母一兩，打作二三片。用水銀五兩，同裝在建盞内，上面黄蠟一兩，清油三四兩，同煮，其油蠟大鎔，半箇時辰取起，候冷，用刀四圍取起，其油蠟作一塊，下面銀與汞交媾，將銀子取下砂，又銀子如前法結之，以銀盡爲度，此法度只結二八母砂。

硃砂取汞

硃砂十兩，乳細，用松炭末和之，裝在大甘鍋内，至六分，用松炭末蓋之。上用小瓦片裝在上，用鐵線結成一團片，蓋在鍋口，用鐵線縛之。打一土窟，先安小瓶在窟内，瓶内用水將甘鍋蓋覆，轉在瓶口，用泥封口，四圍磚砌，上面用大火一煅，再加半爐火。每硃一兩，可得真汞七錢。在瓶内去水，洗得淨。

分庚銀

每淡庚一兩重，用生硫一兩，或半伏者七錢。忍冬藤，又名鷺鷥藤，兔絲子藤亦可。或躑躅花、荷葉，煮硫四五日，自倒伏。硝二錢半，皂角末拌硝，逐旋添入鍋内作汁，礬二錢半，鹽二錢半，上件藥同研細。

右將淡金作汁，先用些小硫擲之，提起候冷。次下前藥蓋面上頭，用陳壁土和鹽蓋頭。又用小鍋蓋之，鐵線扎縛，封固，通身用泥固之。大火精得十分好，候冷，破鍋取出，其金作一塊在内，銀在外包了。打去外銀，仍將金用前法，再用藥一半，再如此煻之，又如前去銀。第三次於一半藥内，又去一半藥，亦如前法，其金方净。其銀及藥，投在鉛内煎之，儻金銀内有銅時，先用硝提得净了，却分金銀，分銀銅。即次銀，先用壁土泥鹽蓋在上作汁了，不可攪，令其自然二氣相感。破鍋取出，再作汁。用硝伏硝多礬少，再三再四提之，攪得硝礬在鍋内邊上，傾出銀了，再鎔礬，再有銀，以無即止。若七成者，只得七分。

【略】

吕仙賜方

明窗之外著桑柴，一滴方纔養聖胎。七七之中分造化，等閑一笑作金釵。

硃砂四兩，桑灰汁二斤，懸煮净爲度。次膽礬四錢，明信四錢，石炭四兩，韭杵真汁煮信黑魚膽煮礬，入六乙匱，玄晶石固定，只在有熟之藥。

夫丹者，乃禀天地之氣候，奪日月之精光，有陰有陽，調和須序。先明子母，後察其詳。藥品不知，空自爲之，則不成矣。得此者，宿緣有慶，仙籍書名，積行累功，濟人利物。如或非爲，甘遭玄憲。純陽吕祖師仙嵓，洞中親書賜方。

又方：明窗要桑柴一味制。枸子根四兩，酸薑草四兩，紅四錢，柴一升，醋一斗，用鍋内煮一宿，煎鍊成膏，以乾爲度。碾碎爲末，黄臘爲丸，一點四兩，每一丸重一錢。即此便是神方。薑草、枸子根二味，可以爲汞捷法。

又方：六乙匱，七日，火二兩炭。硃砂四錢。桑灰一升，水銀四錢，硃砂四錢。水銀占住硃砂，一處乳了，便煮倒信韭菜根汁，金銀花根著了，便成癩頭硝硼砂也。煮信裹，若要信成汁，除非衆石爲硼，一石硝一石，蜜陀僧能點金。

又方：藥頭一錢，錫四兩，水銀二兩，護信二錢，用醋折過，與前方詳用。

火田農務

混元丹。以見寶砂半斤，入合，澆汞二兩，醋調赤石脂、蚌粉，封口縫了，更不固濟，入以二兩火養三日，第四日加火二兩，通養七日夜，以子午卯酉互换火。日足，取出開看，其汞皆乾。如有些小油汞未乾，再封合，養火三日，候汞乾。再開合，澆二兩。如此四次，得乾汞半斤。如作長生匱，每次澆四兩，七日七夜火，轉汞至百兩止。取上色坯，成無比之寶。

靈砂九轉。每澆汞二兩，用火五兩，候申時入火，來日開看，水銀已死。老子曰：朝種暮收，早澆晚乾。

青芽子砂三兩，澆汞三兩，寅午戌，火各四兩，三日夜開看，如未生芽，又澆四兩，養三日夜，必生黄芽。如生芽不得取動，又澆四兩，養五日夜，又澆四兩，養五日，計一月六次，澆四兩，共二十四兩。日足，取出上面飛成黄芽者，摘稱或

半斤，或十兩，或一斤，可取收起。却別入火養，湧泉變化。其餘合子底不飛者，作芽子不中用，但和先砂，作草匱，一煆成寶。黄芽擣碎，水飛淘，隨水過者，鼎器養爲大藥。不隨水過者，白砂硝爲寶，不可爲藥。或將芽子五斤爲母，五日一澆五兩，採摘入生取熟，汞不竭也。四兩砂澆一兩汞，火三兩，養三日，候冷取出。又澆一兩，養三日，候冷開合，寒林芽子生，起不得動。又澆一兩，四次，汞四兩，將手扺芽子硬時，方可摘下，若高二三寸，妙也。逐旋收，任意化物，可變十六變，乃長生室匱澆汞一絶。

靈砂九轉。將養成汞五兩，不可犯雜，别作一合子，每日澆汞伍兩，入合内，入灰缸中，每用鼎火五兩，每三日一次澆，其汞湧起，如瓊林玉樹，作珍珠虬，頭帶紅色，及珊瑚之狀，其寶可愛也。

又　卷下

丹華丹

好金脚人言四兩爲末，硇砂、硼砂、乳香各半錢，入水火鼎，昇於鼎蓋下。臨用時，入輕粉，以黄蠟油和丸，每二兩可點十兩重。赤毛入真寶，三七四六皆可。然後入梅鍋内，再三煮之，即成寶也。不審輕粉與黄蠟油多少。

通神丹

水銀八兩，硫黄二兩，用新鐵鍋炒成砂子，或有煙焰，即以醋洒，候研細，入水火鼎，醋調赤石脂封口，鐵線扎縛，晒乾，鹽泥固濟。用炭二十斤煆，如鼎子裂，蘸石脂頻抹其處，火盡爲度。經宿取出，研細，再入水火鼎。凡七次。忌尸氣婦人猪犬等物，須浄室齋戒，擇日時爲之。

又　混元九轉金丹訣

第一轉　養砂成丹寶

陰真人曰：良無頭，釜無耳，不用藥，直下制。老子曰：紅鉛黑汞大丹頭，水銀一味獨爲優。紅鉛硃砂也，黑汞水銀也。先以紅鉛製成白硃砂，然後和水銀，相和合爲寶，而成造化之基，滋養無窮之理。次用良無頭十二兩，於鐵合内鋪底，上安好辰砂半斤，再上良無頭末四兩蓋之，以生黄土實填，用醋蜜調赤石脂蚌粉，封口縫。又以六一泥固濟。令乾。入神仙爐，下火四兩，養七日足。候冷，取砂塊成寶，碎之作匱。歌曰：用鉛不用鉛，須向鉛中作。若也用鉛時，用鉛還是錯。又曰：燕雀不生鳳，狐兔不乳馬。若無真父母，所生都是假。

第二轉　見寶成寒林玉樹

以見寶硃砂半斤，入合子内，澆汞二兩在上，以醋蜜調赤石脂末、蚌粉，封口縫，乾了，更不固濟。入爐，先以二兩火，養三日。第四日加火二兩，通養七日，以子午卯酉時换火。日足，取出開看，其汞皆乾。如有些小油汞未乾，再封口，養火三日，火候依前，候汞乾，再開合。又澆二兩，依前火養七日足，開看其汞皆乾。如此澆養四次，得死乾汞八兩。與見寶硃砂，共一斤。更不澆汞，只虚養七日，其合乾汞俱成寒林玉樹，造化無窮。如作生湧泉匱，每次澆汞四兩，養火依前法，七日夜轉轉如此，增汞至百兩，且止之。取上色乾者，炷之則成無比之寶。其物安置室中，夜有光明，鬼神見之潛伏。若打器皿，飛蟲不敢親傍。若用未經炷者一兩，可點紅銀十兩，如山澤之先出者。

第三轉　寒林變玉笋

將前砂汞對停十六兩爲末，以十二兩入合，令半實，以筯插數孔，量大小可澆汞四兩，如栽蓮子相似。上以餘四兩末蓋之，醋蜜調赤石脂、蚌粉，封口縫，令乾，不固濟。入爐，如前養火七伏時日足。開看，其汞自然成錠子，一如玉笋。若過爐炷之，即成至寶。不養丹任用無窮，修道之士仍加消息。

第四轉　養小丹

將前汞銀四兩，鑄合子一箇，如雞子樣。内盛好辰砂一兩，蜜調赤石脂封口縫，令乾，不固濟。將前件養玉笋匱，鋪蓋，四時换火，養七日。取出，其砂一兩，不折不奪，胎色拒火不動，研爲細末。以楮汁丸爲八十一丸，以絳紗袋懸井中，七伏時出火毒。須擇三元、甲子、庚申，或旦望甲辰，清浄新井花水，向太陽，服一丸，可延一紀之壽。要丹知靈驗，但將汞四兩，於無油銚子内，上放丹一丸，以盞合，以濕紙擁塞縫口，於炭火中熬之，其水銀作嬰兒笑泣聲相似。良久聲絶時，取看成垜上色之銀，即丹之驗也。餘丹置浄室中，以絳紗袋盛之，安於隱密處。仍要積德助貧，自貪富逸，必遭其禍。

第五轉　小靈丹養黄芽

將小丹八兩，虚養七伏時，不用匱，火候依前法了，其藥成黄芽。

第六轉　小丹黄芽養種金硃砂

右將黄芽爲末作匱，以辰砂塊子四兩，用真金箔蜜貼身，逐塊裹了，入匱内蓋了，以醋蜜調赤石脂、蚌粉，封口縫令乾。次花淬上等茶芽，同作六一泥固濟，半指厚，令乾。入爐，如前火候，七日足，取其塊成紫磨金，又名金鼈。

第七轉　金蠶作匱養黃芽

以金蠶四兩入合，澆汞一兩，醋蜜調赤石脂、蚌粉封口縫，令乾，更不固濟。却入黃芽匱内，再以醋蜜調赤石脂、蚌粉，封口縫令乾。依前火候，七日夜。開視，其汞皆抱金蠶，生成金芽，乃真仙物也。亦依前澆汞一兩，封固如前，轉轉如此增養，四次成四兩。同金蠶八兩，第五次澆汞二兩，火候如前轉轉，一次澆十六兩，更不增澆，只虛養七伏時，得庚寶十六兩，乃可鼓鑄鼎也。

第八轉　鼓鑄金鼎

於歲朔及三元、甲子，或上寅日，擇浄室，置爐，建壇三層。上列九星，中畫八卦，下開八門。立劍四維，懸鏡，祭祀三清。然後將庚寶十六兩鑄鼎，如雞子樣，可養大丹成寶，立妙無極。

第九轉　金丹大藥

一依鼎法祭謝，然後好辰砂四兩，納金鼎中，用醋蜜調赤石脂、蚌粉，封口縫。依前火候，養九九八十一日足。然後取出，杵研極細。以不近墳墓，取自然楮汁和丸，九九八十一丸，絳紗袋子盛，懸井中七伏時。擇良日，祭天地三清，日月星辰，諸神百鬼，龍神社主，本宅元辰，誠心盟誓。先將一分祭名山大川，有道師衆。

至寶訣

千里根不以多少，新潤者，交廣生者，老大而佳，即根也。

右用一新生鐵銚子，未經用者，入汞於中，以麻油煮之，旋削藥根，如爪甲片大，投入。候黃黑去，再削，旋以帛子裂之。却取砂子，安别所匱。法以匱至尋常，故古今秘其名，云四氣子末，水和爲匱，包而火之，自辰至巳，即成赤金也。四氣之草，人皆識之，是處皆有，人之所仰，如日不可缺。有頌讚曰：

秋生夏死，養育人命。粉如玉屑，水調稍硬。包彼神砂，置之午家。自辰至巳，脱出金華。

外注結時用乾感，煅時用渾沌也。

寶主軒轅，亦三年而後悟之，後訣於此。此物乃五谷中一物，禀金氣者，秋冬乃茂，春秀夏枯，取其子粉如玉塵也。人之所常食也。若取其頭白至妙者，水和匱之安灰中，自辰至巳，大火煅爲金也。篤志之士，自有神告。悟之者毋輕洩漏，恐貽禍焉。

昔人不輕易授受。漢期門郎程偉妻，通神變化，煎水銀成銀。偉從受方，妻謂偉骨相不應得之，逼之不已，妻乃尸解去。

賀知章謁賣藥王老，問黃白術，持一大珠遺之。老人得珠，即令易餅與賀。賀心念寶珠何以市餅。王老曰：慳吝未除，術何由成。

宋・程了一《丹房奧論》

七論用鉛

仙經云：用鉛不用鉛，却向鉛中作。及至用鉛時，用鉛還是錯，蓋嘗至此而疑之曰：用鉛是錯，則不可用。須向鉛中作，何耶。此非神仙謾語，乃常人不知其用爾。苟得鉛之法，何患乎丹之不成。學丹者先當明其理，而後用之。銀由鉛而生，鉛銀未分胎之前，神炁混成，用之匱養水銀等藥，則可成功。分形之後，元炁既散，則鉛爲鉛，銀爲銀矣，豈可若銀而求鉛，遽欲以鉛而成寶者乎，天下寧有是理耶。法當鉛三銀四，同擣成末，再以靈草煮制，進火養鍊日久，令其神炁歸復，方可匱養朱靈二砂，或作鉛砂，入母匱。母砂入鉛匱，久養而能成寶。但非歲月久遠，恐難成就。凡八石曾經母匱養過，真死無性，再入鉛匱養鍊月餘，其功又倍於常矣。若見寶之藥，亦入鉛匱養煅，或用感鉛氣藥作關坯銷，庶無耗折之患。嗚呼，龍居蛇腹，母隱子胎，物理迎送，造化之妙，非天下之至神，其孰能與於此。

八論用母

凡奪天地造化，修鍊金丹，唯水銀一味而已。須假祖炁，以全其質。猶嬰兒在母胞胎中，神炁温養，方能成形，故喻金銀汞爲母子。汞性輕飛，隨物感遇，不易制伏。必先養鍊朱靈二砂爲丹基，然後制汞，成生生變化之道。法當靈草煮制，火燒不動，大鞴作汁，胎色不移。次入金母，温養日久，可成大丹。如火上燒之，猶有光焰，蓋是硫炁未死。若便用母養鍊，則吞汞食母，互相吞啖，必致耗折母體。母身既虧，元炁羸弱，豈能長生。須要受母炁不吞，母爲上。有母不靈，無母不成，即此義也。或謂硫不蝕金，輒便用金爲母，養鍊滿，擬可成。豈知金至剛，汞至柔，二炁偏負情不相親，徒費歲月，不能成寶。所以焦金不入丹砂。故朱靈二砂用母，必先銀而後庚，名爲金筋玉骨。若去銀從金，不遇明師，豈能成就。愚得口訣云：硫信未伏，必先吞汞，而後食母。每銀四兩，入粉霜一兩，同研和勻作匱，養鍊二砂，則硫吞汞炁未竭，力已摧矣，何暇復母耶。此爲添子援母，又爲姹女抱嬰兒。若以金養二砂之理言之，金汞雖剛柔不親，久久相處，亦能情同。世之用金養砂者，蓋不明金遇火則燥，汞見火則飛，金汞難以共久，精神不交，所以無成。每金四兩，入粉二兩，一處研細，用養二砂，則金欲燥而遽

未能燥，汞欲飛而遽未能飛，得以久處，情相親狎，何患丹不可成。愚悟其理，遂歷試之，一一果驗。但不可輒加大火，使汞易爲飛走，不能成功。宜緩火温養爲妙。如無粉霜，以母汞結砂爲之亦得。還源出母之法，入地坑中埋一二日，去其火毒。金用青鹽捺頭，大火一煅，銀四兩，入水銀一兩，黑鉛二兩，夜明砂少許，同煅，後方入爐炋煹庶無屈折。

【略】

十論制轉

修鍊者不患爲母之爲難，惟患轉制之爲難。若明轉制之理，則一可成十，十可成百，生生變化，無有窮盡。所謂得其一，萬事畢，豈易爲事哉。今人不達斯理，恣意揣度，盲修瞎鍊，至老無知，尤可哀憫。夫五金八石，雖有遞相制伏之説，中有可制不可制之道，存乎其間。經云：硫養雄，道在同。雌養雄，各西東。又云：砂養砂，則砂折。砂澆汞，則砂活。若此之内，儻非師授，雖智過顔閔，不可得也。轉制之法，妙在神水華池。經云：以鉛入汞，名曰華池。以汞入鉛，名曰神水。聖人喻真死之藥爲鉛，未死之藥爲汞。以鉛制汞，則汞形全。以汞滋鉛，則鉛氣盛。彼此相益，庶能長生。真人云：以神養神，出幽入冥。以氣補氣，壽永天地。猶此理也。今人却以鹽礬露水沐浴死藥，爲神水華池，誠爲可笑。所以古聖秘藏，不可輕傳於世。修鍊之士，尤宜細詳。凡八石真死，須是添得，方能通靈。謂其本體曾授藥毒凌持火逼，形質枯槁，精神疲弊，故加入本類添養，復其神炁，全其形體，方可轉制諸石。惟朱靈二砂，乃硫汞成體，勢有偏枯，便難變化。須當知砂養砂，則砂折。砂澆汞，則砂活之妙。雖是二砂真死，若欲養砂澆汞，須再用硫黄炒過，更加草藥煮制，進火加養，大煅成汁，方可匱養生砂，及作丹基。澆淋芽子，凡經三四次，必須又依前法，用硫制之，方能綿遠，庶幾不致崩塌。或云：一黄死，衆黄隨。一黄不死，衆黄飛。誠非確論。若硫黄真死，可以轉制諸石。若雄黄真死，則可轉制雌黄。未聞有雌養雄，雄能養硫之理。世人但知真死砒，可以養粉點骨。豈知以此養二黄點庚，尤更捷徑。所以古有云：家有死砒，金銀如泥之言。粉霜真死，亦與真鉛同功，不可拘泥於點骨。學者自宜消息，不必形於多言。

十一論澆淋

澆淋亦轉制法耳，但八石伏火，皆可轉制。惟有澆淋一法，須用朱靈二砂，草伏住火，入母養令真死，作汁，可以成寶。再加母力，久久養鍊，使其精神充備，根本堅固，立爲丹基。庶得母壯子靈，可以長生。倘制度之不合，温養之未成，或獨善猶且未可，又安能兼善哉。今人不明此道，惟只計較糜費，祇誇母少爲奇，殊不知所用各有法度。若屑屑如此，非惟無益，亦且徒枉前功。若欲二砂作丹基，須是多多换易新母，養過取出，添硫炒制，以不粘銚爲度。再以元草汁煮過，仍用滴炒，入水火鼎内，大煅成汁。每丹基四兩，初次澆汞四兩，或二兩。其砂乾渴，汞不成芽。至七日或半月，啓合，又澆汞二兩，或三兩，或一兩，方成芽矣。如此澆至三次，或四次，看其形勢如何。或如龍蟠虎踞，或如鸞飛鳳舞，或如瓊林玉樹，如此形狀，皆爲吉兆。若見如塚墓之象，及油汞過多，則是丹基力竭矣。急抽去芽子，取丹基，再如前用硫制過。其芽子若有四兩，抽砂中真汞一兩，同研如粉，亦用硫黄煮過，更加些小母片，及生雌雄少許，依本法封固，再入爐養火，則汞又復起成靈芽。澆及七次與九次，須以生砂代汞入之，此名七返九還。如此積至一斤，取芽，又入砂中汞四兩，及生雌雄少許，再以硫黄白水同煮，三五伏，以銀二十四兩作神室，納芽於其中，入真土等匱，養鍊三七日，或五七日，或七七日，芽俱成寶。取出分作五處，入水火鼎，大煅作陀，則又成五匱丹基。仍依前法澆汞，生生化化，其道無窮，古仙所謂子生孫，孫又生孫也。到此地步，脱胎在此矣，變化在此矣，糝制在此矣。世人不見亦不識，借問何時得到家。學者不可視爲泛常，更宜加意於此。

佚名《玄霜掌上録》 夫玄霜者，一名女玄霜，二名瓊漿，三名玉液，四名地母乳，五名甘露漿，六名九轉陰丹，七名醍醐酥。自古神仙雖餌金丹，無不修此陰丹。且如黑鉛屬水，其數一。一生二，二生三，三能生萬物，豈不因陰陽者哉。夫大丹者，是陰陽龍虎，即生時龍虎，及至修鍊了，號爲正陽，如此即孤陽也。既是孤陽，不可立身，須假陰丹而相負，以爲梯航也。其數隨陰陽數用九也。若論津潤五藏，灌注華蓋，上添泥丸，下補精光，大藥不得玄霜，服久而難見其功。大丹出於《契》中，陰元玄霜出自《祕籙》，所以術士難知也。今具修陰丹白雪玄霜法。

取上好黑鉛一生者二斤，汞半斤。先於銚子中撲鉛，令細絶灰。便將汞投在鉛中，熟攪瀉作碢子大小。臨時用瓷瓶子一口，表裏通油者。便取上好醋五升，貯在瓶内，即於穩便房内。又須明室向陽處，下手制作，假陽極之時，當合道氣也。便安瓶子於土坑内，其口與地平，將鉛堝安瓶口上，更以紙三四重紙上，又安瓷椀蓋之。若是陽極時，七日一度取出。其碢上如垂雪倒懸。見風良久自硬掃取。後其瓶内醋損，即須换。如此重重，取至一斤霜。即於瓷椀内入甜漿

水，用柳木槌殺研漸漸入漿水，如麵糊末，在椀四面，安在飯甑中蒸。蒸了又研，以清水淘澄乾，又用清水殺研末，在椀上，土甑內，又蒸又研淘。准此法五度入飯甑，四度入土甑蒸之。其土甑蒸時，椀口上別用一口椀合之。如此九轉足，即須用熟絹袋清水，於銀器中擺過，候一伏時，却用清水濕綿蓋器口，日內曬乾掃下，又用柳木搥研了。其色如春雪，如麵勃，其味甜澹甘美，捻在口中，冷如春冰。若有人修得者，以蜜丸如梧桐子大。日服五丸，至一歲，萬病不侵，經夏不渴。但洗頭，生油調塗頂，須臾至脚心自冷，神功難述。

佚名《庚道集》卷一

砒匱養丹陽法

煅砂法

砂一兩明者，用一小小罐兒，約盛一兩者。下砂在內，上用庚，作一捺口，不要有縫，封固。又坐甘鍋內，上安水鼎，用銅打鼎，其底到庚上。外放大盛水，又封固，乾。十二斤頂煅約一日，冷取出其砂中汞，飛在庚上，白色已乾。取下，又再依前煅節，次煅得乾汞約四兩，可坯鑄匱，養三黃等藥，皆伏。

又 信匱亦爲大藥，靈砂母砂，總成大器。

一轉者，砒匱養硃靈。

二轉，硃靈內獨化硃砂。

三轉者，又硃砂內養澆汞砂，汞砂者，乃感天地炁之砂。

四轉，乃汞砂內澆，汞生成玉笋瓊枝也。

五轉，玉笋內再轉硃砂。

六轉者，則以硃砂半斤，或一斤十六兩，大按天象，則以神寶，安頓硃砂，養之四兩，爲大象轉轉無窮之計。若爲大丹，服之用楮汁，丸如桐子大，一粒可延年，一粒可乾汞。

七轉，以神室內硃砂，養雌雄一兩，爲大藥，則化爲金母，其象以代白爲赤，後還光明之赤。赤庚也，乃返本還元之象。

八轉，以硃砂內養雌雄，養之成庚。右以硃砂八兩，養雌雄二兩，七七日成四兩，合胎於庚，神室內養之，日足得藥，一錢可點硃砂銀，作赤庚。

九轉，以雌雄爲匱，硃雄號大丹藥，可。右以硃砂雄雌各一兩，前雄雌匱內，以庚神室內養之，七七日足，用前藥一斤爲匱，大妙，則成大象。以楮汁爲丸梧桐子大，一丸可乾汞十兩，爲上色庚。

又 二八靈砂

硫黃漿水者，研細二兩。水銀白色者用，黑色不可用。八兩。

右二味，同入乳鉢內，旋入米醋盞半，同研勻細，傾在鐵銚內。先用麻油擦潤銚子，慢火不住手攪，炒成砂子。再入乳鉢研細。復傾在鐵銚中，慢火不住手攪，再成砂子，名青金頭。再研細，入甘鍋兒，用建盞蓋定，盞內盛水，用赤石二兩，寒水石二兩，煅黃丹半兩，研勻，用米醋調成膏子，固濟口縫，用大鐵線周回扎定，上做兩鐵線環，准備穿鐵火筋用，閣在慢火上烘，下候乾，更添末少許，然後用鹽泥旋旋，逐層固濟，逐層烘乾。烘之時火不可猛，恐走了藥。候固濟厚一寸以上，可以熬火，然後入爐，用鐵火筋立在爐外，兩側橫鐵筋一條，掛水火鼎在其中，水鼎滿着水，乾則旋添。先少下炭，逐旋增添至八斤止。其炭只到水火鼎中腰，須是築疊令實，庶火氣不走也。如灰多，取出炭別疊實。如火有焰，用塼遮攔風孔，候炭盡。或云，水至五盞爲度，取出水火鼎，置別爐中候冷，先去盡鹽泥，次去鐵線，次去水鼎，次用刀背打破火鼎下段，方輕敲破火鼎上段，取藥，揀去灰泥，研細無聲。如欲再轉，十兩靈砂，添生硫一兩，添青金頭，佳。然後再令同研細，仍如前法固濟，炒煅鹽泥，用好黃泥，入紙筋，并鹽四兩，隔日拌和水調勻，熟水火鼎，水鼎足，用好紙筋鹽泥，做出子口并足，齪六七箇小孔，烘乾。無孔則浮起不實。入藥後，將甘鍋時，却用固濟藥塞小孔，平足，固濟口縫，用赤石脂三兩爲細末，米醋調，隨厚薄用炭，不要大者，刀削去皮，長三寸許，約十六斤。鐵線子、鐵火筋三條，米醋約半盞，麻油此少，水約五盞，入爐。

又 洗汞法

用米擦，直至米白爲度。再用燈心擦，燈心不黑爲度。

熟汞法

硃砂通明者，不拘大小，爲末，用炭末糯米湯調勻，頓甘鍋子內，以火筋扎爲蜂房窠，內候乾。用一般鍋子一箇，先埋在地下，盛水八分。一甘鍋子將乾硃砂、甘鍋子合在所埋水罐上，以紙筋鹽泥固濟縫密，火炙乾，以五斤炭，火自頂發火，信在上。甘鍋子通紅，則去炭火。候冷取出，則熟汞自在所埋水罐子內也。尋常硃砂一兩，止取得八分。

伏火硃砂

硃砂四兩，用米醋一盞，銚內煮乾，用墨醋塗黑硃砂，熟絹縫袋，盛硃砂在

內，縛緊，雞子白研墨，塗絹袋，令乾。研薏苡仁末，蜜搜裹硃砂作一團，捻緊令實，用砂合，將管珠葉即薏苡仁葉。剉碎，鋪合底。却用硃砂在內，其上更用管珠葉合定，猪肝和泥，園合縫，鐵線十字縛合，令乾。萱草花根取汁，和泥通固濟。用灰從地裏合子，惟尖用炭圍起一重在上，發頂火煅爲度。

擦鍮石如金法

用鐵艷粉水調傅上，隔宿用帛兒重揩擦去，則其色如金色也。

擦鍮石如銀法

用汞與積雪草，并新磚灰，將二件搗細，乾汞，却以此藥擦鍮石，其色即如銀也。或薄苛，白礬末，和搽擦。

又 卷二 月桂長春丹

黄芽大丹養火方法

丹頭四兩，杵碎。真汞一兩，朱砂内抽出。金銀屑各少許。

右先以六一泥固濟，水火鼎丹爐子一箇，焙乾。次用井花水浴過丹頭，入爐內。次將真汞一兩，同金銀屑和袞，澆入丹頭爐內。次以水鼎安爐上，先用紙條糊縫。次用六一泥通身固濟，焙乾，緊密令無縫。擇一室中，如法泥飾爐竈，用浄紙灰，先安爐内，以火暖過，方將鐵三脚架子頓放，後將丹爐坐三脚架子上，令平穩。別燒焰炭火秤四兩，排在丹爐四面，令火與藥齊，遠近高低得所。少候火氣通暖，復用灰覆之。次用溫水放水鼎内，常切點檢，勿令乾涸。每日卯酉二時，如前進火添水，不可失時。養火至半月，開爐再添汞，再固濟，養火。如此養火添汞第四番，計丹頭并汞共有八兩，可添汞二兩，古法謂之四加一也。或者以七日一番開爐，恐吞汞未盡，則母氣弱，反難成就耳。若是養成十兩以上，或一月一開爐，或七七四十九日，亦不拘此。養成丹頭一斤以上，且不添汞，仍前養火三箇月，候丹頭結實，如黄金色，方開爐取出，碎研，揀擇十分堅實無游汞者，看得幾兩，用作後段服食。其餘仍前法，澆汞養火，謂之丹母。母子相生相養，則其用無窮矣。

右抽汞法

朱砂八兩或五七兩，亦不拘定其分兩。炭末五兩，蜜一兩。

右先固濟一丹爐子，或甆罐子一箇，焙乾。次以硃砂同炭末，調蜜水和袞，入爐，築令實了，爐口内用泥餅子封定，焙乾。鑽五七箇竅子。次掘一地坑，先將大餅一箇，盛水八分滿，埋在地坑内。次將砂爐倒卓在水瓶上，令大小銜合，仍用六一泥固濟縫，十分牢密。次用鹽泥泥飾地面，以隔水火相激之患。用二十斤炭火，從頂上燒煅。次添十斤或二十斤，從早至晚，斟酌火候，勿令過與不及。候次日爐冷，開取其砂，化爲真汞，在水瓶內，淘出焙乾。若砂好，每一兩砂得汞七八錢上下，或砂不好止得一半。其砂石之數，盡在炭末瓶内，可淘出驗之，皆無用炭蓋。所抽之汞，皆砂之精華。大凡用火只在斟酌火候，勿令過與不及，則無得失之慮。口傳心授，當自得之。

養黄芽法

每養丹頭，先將上水下鼎子，用黄土松砂合半，用紙筋和爲泥，打熟固濟，曬令乾。將丹頭頓鼎內，取水鼎後蓋其頂。是未蓋頂時，每丹頭一兩，用熟汞四錢澆添了，方用水鼎蓋，以先來所和泥紙，泥其縫令密。却用泥自水鼎通下固濟。如瓜樣，不必太厚，厚三分足矣。火炙乾，其丹頭蒼硬者，須先研爲碎磈子。

養火法

以大口小瓦甕一箇，將燒紙灰，紙灰五七日要結，不若前草灰，或茅草灰。盛甕子内，以一箇鐵三脚架，不須太高，放灰甕子内，用坐丹鼎，令穩，注水於上鼎内，不須大滿，燒紅炭火，長塊約四五寸，秤定斤兩，若將來藥成，添作四塊，自卯時下火，酉時出舊火，卯時南北下，酉時東西下。欲下炭火，將瓦片子蓋水鼎了，用火筋攪灰，令火氣均，方下炭，復取了瓦片。欲添水時，須是常用湯瓶燒溫水，令與水鼎之水一般，方可注添，其水鼎不可少涸。每七日開鼎添汞，若將來盛藥，不拘七日，或半月一月，皆可。若丹頭吞汞，决游汞少，則是藥靈矣。消得藥用，則開取之，別有後段制法。若吞汞遲游汞多，瓊林玉樹少，別有製法。

黄芽大丹後段訣

黄芽丹頭者，仙聖修煉甚精。水火既濟之妙，陰陽交感分明，添汞養火，如子母相養法。若添汞既多，空有數目，母弱子怯，不能住火，服之無益，見火汞則飛矣。不若少於數兩，依時火候，久以養之，不必添汞，連年養火。若取用之在內，擇其至堅者，剉如豆粒大，盛爐子內，仍安水瓶在上，每日用熟火圍定，煅令爐子丹頭，表裏通紅，掃去水瓶底炎汞，日一次用之，使經大火，而汞静方可。却將出丹，以熟絹袋盛之，懸于沙罐子内，以甘草細剉，四五兩慢火，煮一日取出。却別用餘甘子一二十枚，以水更煮一日，取出。却別用熟絹片子，小裹包之，每包三二分許。包定，使大蘿蔔十枚，去蓋，大開中竅，每一蘿蔔可藏一小包。仍用蓋子籖定，以帕子裹，甑上蒸熟，每日如法一次，以蘿蔔内無黑色爲度。取出，

研細，再入煅爐紅一次，方可用白粥爲丸，如粟米大，服之，自然無吐瀉之患矣。

神仙大藥四神匱方可大。

舶上生硫一觔，透明無砂石者，鑿成荔枝核大塊子，用益母、鴨舌草二味自然汁，各二斗，將硫以葛布袋盛，於汁內懸胎煮一伏，晝夜不得住火，煮七日足，取出。以少許火上試之，如未伏，再煮，以伏爲度。却分作兩次，入大甘鍋，用硬炭三十觔煅，相對用兩人，以扇急扇，合炁成汁，傾在兩隻建盞內，其硫不奪胎色，已成至藥，即乳成極細末，別用生硫四兩，依前小塊，以二草汁煮一伏時，取出。用前一觔作匱，却將後四兩，如栽蓮法，入砂合內，以崑崙紙二三重隔定，用鹽研如麵，攤紙上一層，又以固藥鋪一層，上以白虎末填滿合子，封固，入灰池，四兩火養七日。取出，其硫已伏如法。却又用葉子雌黃四兩，亦打如前大小塊，以羊蹄根汁，如前煮一伏時，取出研細。却與第二次硫四兩，同乳極細，以蜜丸如龍眼大，入前硫匱內，養七日，四兩火，至此不用捺頭。其雌已伏。又用雞冠雄四兩，以山萵苣煮一伏時，取出，與前雌硫同乳細，以蜜丸如龍眼大，如前入匱養七日，亦已伏矣。

丹經曰：一黃死，衆黃悲。一黃不死，衆黃飛。先將硫制煉令死，然後制伏雌雄，三黃既死，又伏硃砂，乃成大藥變化也。

硃砂揀顆粒鏡面者，四兩。用地丁、雞腸草汁，煮一伏時，取出。用白附子、朋砂末，煉蜜衮作貼身。如前入匱，養七日，取出，其砂已成寶矣。將起初硫匱一觔，收起別用。只將前所養四神，共足一觔，爲細末，作四神匱。始初先用足色庚三分，汞七分，結成砂子，以紫河車、粟米漿水三升，煮一日。其砂子用熟絹帛裹作數丸，如小龍眼大。先於石灰內炒，令乾硬，然後方煮。如栽蓮法，入四神匱內鋪蓋，以四兩火，養七日。取出，火上試之，如未伏，更養兩日。如此養三五次，覺匱力漸靈，則結二八庚砂。養之又養，三五次，如所養物堅重色深，炁銷不折，則結九一輕砂。養之如輕砂，養出顔色深好，不異真金，則其匱通靈，可用辰砂養。

含胎庚，每大顆硃砂一兩，以金箔裹之，握令實，依前法栽插鋪蓋，養七日足，取出，其砂不脱胎色，光彩射人，而含紫金。

若欲澆汞，則將四神匱末，分作三分，先入二分在合內，以筋頭築作竅子，以筋頭築金箔一重在內，然後以小湯瓶注汞在金箔內，却將餘一分匱末蓋之，准前養七日。每匱一觔，本法可養四兩。恐損匱力，日久困乏。若只養三兩，則匱力日壯，無時而困矣。此匱始初一年之內，須用七日火候。若過一年，則五日或三日，成矣。若後及三年，則造化至於玄境，一夕可就，又其匱三年之內，所感金寶之炁已多，成紫磨真金，又可以爲摻制之用。

其法更將硇砂一處，朋砂一處，煞研在內，養七日，取出。每汞一兩，入在水磨銚內，用前匱末，一字摻在面上，以小盞蓋定，以醋搗皮紙，築塞其縫，頓於三觔火上，俄頃立成上色真金矣。

此法古今口口相傳，不記文字。予今編録，流傳世間。七百年內，許傳三人。得此法可爲國之師。觀此妙訣制用法度，至簡至易，而奪天地造化。得之須多濟人利物，慎勿妄用輕泄，祕之祕之。

陳庶子傳砒匱

養粉霜點化法

紫河車爲末，每砒末一兩，河車末一兩半，拌勻入甘鍋內，用火從微至猛，火煅立死，作匱，養粉霜最靈，皆勝他方。

升粉霜法礬枯者用。

汞一兩，以食鹽一兩，明礬二兩，硝六錢。乳爲細末，入汞一兩在內，同殺研，不見星。入水火鼎，赤石脂固縫，鹽泥再固縫口，以竹絲擦口縫中，乾取出竹絲，留一小孔，名玄關一竅。上火逼鼎內水氣出盡，以赤石脂填實此竅。如不留此竅，則鼎內水氣攻要出固濟口縫，則作裂縫也。以前死砒養粉霜一錢，點骨頭一兩，大妙。

方可大傳煅粉霜點化法

粉霜一兩。研，用夾絹帛子包，於椀內，以百沸湯浸，擺去礬藥，曬乾，用崑崙紙包定。以銀楪子一片，重一錢，緊裹令實。以川狼毒、猪牙皂角、瞿麥、石韋，各半兩爲末，煉蜜搜勻，包毬於外。又以樟柳根一兩，大蒜二頭，去皮，同研如膠，再爲外毬。入合子內，封固，坐在半箇塼上，以醋灰擁定四畔令勻，以炭五觔頂火煅，候灰塚子纔赤，退火。約一餉久，却進火，候火盡冷，取粉見寶矣。每用粉八錢，點紅物五兩，此乃換骨獨聖丹陽，祕之。

急煅砒粉

砒汞各一兩，硇一錢半，同乳不見星。入泥鍋內，上以炒鹽捺頭，泥餅蓋定，鹽泥通固入炁爐。其爐底先以硬炭二層排定，却安泥鍋，簇炭發頂火，候紅至底，動鞴，候底下通紅，取出。冷開，每二錢化一兩。

急煅獨雄點化

雄以羊蹄根煮一伏時，甘鍋圍簇慢火，仍以庚母三錢，投入作汁一煅，冷取點物。

伏雌黄法

用雞腸草汁煮一伏時，却以陰乾草末鋪蓋入合，十觔火煅，候冷取出，每一錢點硃砂銀爲至寶。

制黄芽法

用鉛精五兩或三兩，鎔作餅子，或打成以甆桶。入汞三兩，與鉛餅子，去汞二寸蓋之，以六一泥泥令密。上以水瓶子，蓋甆桶子口陰之下。以三兩熟火，養七日足。開看此汞，並上於鉛餅，生芽如針，鮮潔金色，名爲第一轉。又添三兩，依前養七日足，其藥如黄金色。不得取出，又添汞三兩，又養七日，其芽如深黄色，迤邐長大，一如種麥苗相似。如此七開鼎，添汞七次，四十九日，計二十一兩，可取。此名紫黄芽。遍於鼎内變轉，形色不同，名曰還丹之母。其鉛塊上，可得十二兩。鉛下亦有頑汞三兩以來。又有汞飛在蓋上，如紅朱色，可有三兩以來，號爲獨體丹砂。

又 卷三

昇靈砂丹法

第一炒靈砂法

硫黄四兩，舶上者，選透明不夾石最好者。可用水田公子草汁，煮一伏時，即田字草也。如無，瞿麥代之。爲細末，入河水煮之，水銀一觔，用管仲五倍子各一兩，松香二錢半，通明者，同碾勻，好米醋浸煮半日，候如稠糊爲度。

右件取出，用新鐵銚，先將生姜汁煮半日，拭乾，安慢火上，先溶開硫黄作汁，次下汞。却以鐵匙慢火炒，或成魂，用柳木槌碾令細，再於慢火上炒，切不可令煙焰起。如覺有黄煙起，急取銚離火。亦不要住手，炒不得心性急迫，亦不要用醋灑。若犯此戒，最爲靈砂之後患也。須要炒一日爲度，如炒得青金老，則靈砂堅實，貴無遊汞。

第二造爐鼎法不録。

第三打靈砂入鼎法

青金十兩，硃砂一兩。顆塊者好者，用研令極細。

右先將好醋濃研好墨，塗水鼎下三五次，令厚，庶靈砂易取。外用醋調蛤

粉、赤石脂，入蜜少許，封固令密。又以鐵線扎定，再用六一泥黄丹和勻，通身固之。候一日一夜乾透，入爐水鼎内，安水令滿，鼎下着炭火三觔，燒底，候水耗一二盞許，再添炭二三觔，候水乾，三鼎許，不住添湯添炭，候五箇時辰，加炭五六觔一煅，待十五觔，火數足。寒爐取出，看其砂要堅硬有聲。大凡砂不堅硬，更有油汞，不能成丹，其養不斷胎色。又食母多已上諸病，皆因煮硫汞不伏，炒青金不熟，不用米醋，火數不勻，火力微小之故也。更昇法，水鼎内須要添湯，忌添冷水，添火忌高，不要過水鼎縫處。

太上曰：真甲庚號曰青金，入鼎爐，下十五觔火，既濟成砂體要實。其用十五觔火，可敵九百年，太陽十五周，甲子之數。是一日夜，有九百年造化也。故曰：靈砂内藏白，屬坎。本色赤，屬離。所謂坎離交姤，既濟煎烹，水火金木土，混一造化，凝結而成大藥也。

第四煮制靈砂法

青桑條，燒灰淋汁。明礬二兩，雄黄二錢，川椒一兩，青鹽一兩，膽礬三錢。

右五味藥，入灰汁，加醋，安新鐵銚，或砂石器中，將靈砂成塊子，細密竹籮盛之，入藥汁内懸胎，煮三伏時，候乾同炒取出，以川椒湯汁浴。

或問曰：何以煮之。

太上曰：硫汞成形，須要真死。必用煮倒，其五味藥，按五行也，故曰五行桑灰汁煮硫法，謂硫倒則汞死也。

第五煉道華池鉛硫匱法

黑鉛一斤，硫黄二兩。舶上者透明，恐水田煮熟者。

右件將凈銚安火上，鎔鉛作汁，次將熟硫研細，旋投入鉛汁中，鐵匙不住手攪之，任其硫炎如火蛾兒飛，如見星斗現，即取銚離火，仍不住手攪之，候火星漸息，再安火上鎔，徐徐下硫末，不住攪之，以盡爲度。候冷取出，碾爲細末，立爲華池。謂鉛汞交姤，二氣相扶，陰陽配合，榮衛和同，乃火中得其水，陽中得其陰也。是故長生之道，運轉無窮，滋養不竭，其理明矣。立成艮道華池。用度有訣。

第六立艮硫匱法

右件如熟硫四兩，用山澤半觔，打作箔子，稍厚，不拘片數，逐片於火上炙令極熱，糝上熟硫末子，再炙再糝，直候硫作青黑色，如釜焦片剥起，依上炙糝，候鑚入山澤箔内了，再炙糝，漸次剥盡爲度，碾作細末，別入藥和勻作匱。

代赭石、火煅七次，醋淬酥爲末。無名異、爲末。赤烏脚三味。各四兩，艮硫四兩。

右件三味爲末，如艮硫一兩，此用三兩，和勻作匱。又將前炙硫、真山澤作粉，如法細用作貼身，用醋膏濕其靈砂，衮上貼身山澤粉。次用上等山澤箔，逐塊裹之，綿子包紐，令其堅實。去綿，入艮硫匱，栽蓮排定覆藉。次用山澤作神室。如無，只打山澤圓片子，安艮硫匱上，却安上貼身靈硫，再用山澤片蓋之，合定，過華池，固濟口縫，鐵線扎定，外通固濟，入灰缸内，進火二兩，養二日。加火二兩半，又養二日。再加火三兩，又養二日。第七日，加火五兩，插四維，養一伏時。七日數足，取出砂，去貼身藥。再煮二味。

膽礬四錢，舶上硫黄八錢，黄藥子、白藥子。研令細。

右礬硫二味爲末，衮上靈砂，候乾。再用前黄藥，白藥二味，同入銚，微火炒，紫黑色爲度。爲細末，以醋膏衮靈砂令濕，衮上藥末，令不透藥。次用崑崙紙包，綿扎定，入母匱養之。

或問曰：何用此藥貼身。

太上曰：此藥皆死汞之根，用之死汞，萬無一失也。

第七化母匱温養法

右用上等山澤一觔，依法粉之，或如黍米，亦可作匱，仍用神室。

或問曰：何用神室。

太上曰：恐上下鋪蓋不到，神室則周旋徧滿，又庶砂受母氣之壯也。

第八温養火候法

將前砂貼身了，入母匱，栽蓮排定鋪蓋，如法固濟，入灰池。第一日火，卯酉各二兩。第二日，各三兩。自此每日，各添一兩。至七日加火半觔，養一日。寒爐取出，將一塊，用兩半白梅肉裹定，入火煨一食時頃。次入醋中浸之，取看雪白色。如覺輕，是硫去也。止餘汞存，其母不耗不折。如未十分倒，當時去貼身，便有胎色，只是火太高，力不到也。次用米醋，入白礬煎過母匱，於手心揩洗令净，候乾，入合再養三日，卯酉火各五兩，無有不成一也。

或問曰：用醋浴匱。

太上曰：恐母力弱，再以助之。

如有力者，别用山澤一觔，依前造匱，再養七日，其砂堅固無比，用之轉制，其力浩大，沐浴超凡入聖，方入第一轉，制珍成寶。

第一轉　制珍成寶。地丁花，乃一幹黄花也。如無，金燈根代之。巴荳肉、草麻子肉，已上各等分。

右將前件靈砂，去貼身，入鐵臼中，搗爲末，崑崙紙裹作一毬。却用前藥三味，搗作膏子，裹定前砂，入大砂合内，用鹽花鋪蓋鹽花上，穿孔子二三千箇，安鉛餅子一箇在上，再用鹽花填滿，封固口縫，通身固濟，候乾，入灰池，火五觔，煅一夕，寒爐，取出一片，如銀鑛樣，取出作匱。

右將前靈砂沐浴，用米醋一升，青鹽半兩，盆硝三錢，同入銚煮一日，要堅造化，方成第一轉丹頭也。

第二轉　脱凡入聖。

【略】

右將前砂，别作匱，再煉一觔，生硃砂入合匱養。

胡椒一兩，蓽撥一兩，知母、貝母各五錢。

右用黄子醋，懸胎煮珠一伏時。次用椒湯浴珠净，令乾，依後法。

粉霜、硇砂、鵝管石、白膠香、枯明礬各二錢。

右五味爲細末，用蜜或醋衮貼身，入第一轉匱中，依法栽蓮排安，固濟，入爐温養，火候並同前法。火足開匱丹成，方是聖胎。蓋無一點凡氣。如此養就一觔，不可炡鎔，只剉碎養大藥，匱法一依四一之數。

如欲服食，將埋土中七日，去火毒，木蜜爲丸。

火候妙法

初一日，一兩。二日，一兩半。三日，二兩。四日，三兩。五日，四兩。六日，四兩半。七日，六兩。第七日：旦頂，三兩。東，三兩。夕頂，三兩。西，三兩。第八日：旦頂，三兩。南，三兩。夕頂，三兩。北，三兩。

第三轉　温養真陽。

【略】

汞既成珍，只是獨體，不得真陽，不能變化，用如箭頭珠砂一觔。

川椒、草烏、南星、芫花、明礬、青鹽各一兩，膽礬、硇砂各五錢。

入好米醋，懸胎煮三伏時。次用野蓼自然汁煮半日，椒湯浴令乾，濃研好墨，傾瓦盞内，將朱砂衮墨上，於净瓦上焙乾，再衮墨，又焙乾，如此五七次，却用法信貼身，令厚。將第二轉靈砂炡銷爲末，入合作匱，栽蓮養硃砂，固濟如法。

仍先用靈砂三錢或五錢重，打圓片子，蓋匱末上。次下華池末，封固，入灰池，依前法火候養之。日足取出，磨試如山澤色，即成也。如未成，尚帶赤色，再用火三兩，養三日，定成也。匱法四一之數，四次養之，就一觔作匱澆淋。如不作九轉正丹，可糁養二轉丹頭，作長生湧泉匱養母砂。所謂一生二，二生三，三生萬物之道也。

第四轉　澆淋黄芽。木晶金液，乃前靈砂丹砂，乃所養硃砂。《參同契》云：丹砂木精，得金乃并。將此伏火硃砂，只作塊子，入合虚養三日，每日火三兩，開合澆汞四兩，其汞先用皮紙三四重裂過，澆於砂上，固濟，入灰池養之，火候並依前法。七日寒爐取出，其汞已乾，未生芽子。如或不作正丹，可養靈砂，作匱養母砂，名朝種夕收。

汞既養成，不須摘取，如前再澆再養，得匱二十兩，可澆汞五兩，依前火候養七日，開看其汞方靈，湧生玉芽，如琅玕也。

汞養兩次，火力轉加。又將生汞七兩澆淋，依前法固濟，養火七日，開看粲然瑶蘂琪華，瓊林玉樹也。通前共得汞芽一觔，摘取號曰神符白雪，可養大丹也。若只摘取，可以享用無窮之利也。

堅芽子法

右將汞芽一觔，細剉入銚内，用米醋餅藥酒脚炒二時辰，後以藥水灑之再炒，後入匱鋪蓋，養三七日，要芽子堅實有力，可以養火也。

第五轉　大丹糁制法。

【略】

右將所養硃砂芽子，剉碎入匱，虚養二七日。亦依四一之法，澆汞，火二兩，養四十九日，數足開看，生瓊林玉樹。仍先前硃砂炁出，作神室養之，乃妙其玉筍一錢，糁汞一兩，成丹。法建盞下，汞在内，糁藥在上，封固，安火上，自然作蟬鳴聲，聲絶即乾。

第六轉　産五庚伏三黄點解成珍法

將三黄各一兩，同研一伏時，入玉雪末一兩，即玉筍也。再研勻，安甘鍋内，用伏火硇砂半兩，蓋上面歇口下，九觔火三上煅。寒爐取出，作一塊丹，紅色。如欲試之，將五金五兩，明爐作汁，下三黄一錢，點之盡成紫色庚，至此功成，切宜量度爲之。德行深重者，方可受用，更須濟貧困，救孤寒。修身養命。如或恃術貪婪，過度受用，立見禍殃，戒之慎之。

伏硇砂法

右用硇砂半兩，用天茄子末一錢，入合固濟，火一觔煅。寒爐取出，盡伏矣，細研鋪蓋。

第七轉　七返還丹。

將硫八兩，汞二兩，同研黑色。次入前伏火三黄一兩，再研勻，安磁合内，用三黄三兩鋪蓋，赤石腊封口縫，鹽泥通身固濟，候乾，入灰池，每日卯酉時火，各四兩，養七日足，取出爲末。

第八［轉］　糁汞成庚八卦全也。

將所養出硫汞五兩，加上等生三黄各半兩，南硼砂一兩，同研勻，入合固濟，入灰池，每日火二兩，養三七日夜，已用火二兩，日數足取出。每用一字，糁汞五兩，成紫庚。如六轉尚不敢受用，況至此造化更大，非知命君子，可不畏哉。可不懼哉。

如欲遂轉服餌，並用木蜜爲丸，如梧桐子大，空心，取長流水吞下一丸，九轉成功，列前叙矣。自古丹砂，無出此矣。

第九轉　丹起死回生。

太上曰：如修煉至此，服之凡軀成聖體，返老作童顔。可於高原福地作壇，用碧油車，朝真禮斗，立鼎安爐，如法修煉大藥。將楮汁和泥，塗鼎裹，方下丹劑，次下水盆，固濟，入壇爐，每日火五兩，養一百日。足取出丹，入地三尺，埋之一年。

或問曰：何以埋之。太上曰：埋之令出火毒，一年足，取出懸井中一年，取出長流水浸一年，如此三年足，取出研爲細末，用甘草汁，丸如雞頭大，入爐，養火七日，取出。如欲試驗，但將一丸與雞犬服之，久則皆能變化，成龍鳳耳。人服之，形神俱妙，白日飛昇矣。作丸子後火足，可用水缸數隻，滿盛新汲水，安丹水中浸之，水温又移一缸。方止矣。

黄芽金鼎九轉法李洞玄神丹妙訣。

金鼎第一變

用砒十兩，作三十包。黑鉛二兩，先甘鍋内鎔成汁，次下砒，逐包候作汁。又下一包，次第下至三四包，可傾出，再入砒，如前盡爲度。如十兩砒，只得六兩成。如金色不用鉛。法曰：用鉛不用鉛，須向鉛中作。及至用鉛時，用鉛還是錯。

入煅硃砂第二

硃砂五兩，和前砒五兩，研和令細，入建盞内，上用死砒三二錢蓋面，入爐

中，候通紅，即用氣袋鞴之，煅成汁，即摻少生砒，投之再引起死砒，不住扇，直候砒盡見清，乃硃砂熟也。即鈐出，候冷打破盞，取硃砂再烌，令砒盡，却打成皂角子大塊，用藥煮之。

麩鹽子、茜草、苦杖、狼毒、浮石、磁石、針砂。

右各一兩，煮硃砂五兩，入砂鍋子內，煮三伏時，出墨色，却用白沸湯泡洗六十遍，不可令少，泡彼搗碎爲末作匱。則別取生硃砂一兩，顆塊者，用醋蘸之金箔爲衣，如栽蓮狀，入磁合中，以醋調赤石脂固縫，鐵線十字繫了，通固候乾，入灰池中，頂火二兩，養七日。所養者，依前法再養。

點化銅鐵第三　用犁頭鐵二兩，燒過打碎。以鍋子，先下硃砂一兩在下，次下鐵在上，用大火烹之成汁，其硃砂返升在上，其鐵歸下，如啄木之聲，直候聲絶藥成，不可傾出。以冷水浸其鍋子面上，硃砂自然凝結成片在上。打碎鍋子取之，其鐵成上色好銀，在下打開。再用前砂，作三次烌點。但第二第三色差青，頗硬。即以第一次者銀，同烌之，乃一色，成上銀，非世間之物，皆謂之藥銀也。此乃神仙之至寶。點銅亦然，並依此前法。或第三次用了硃砂，如不添匱中，即別作一匱，養母砂子并生硃砂成寶。亦然，以鉛煎成銀，不折。

脱凡入聖法第四

每四兩養成砂，聚八兩或四兩，作一匱。別取生硃砂，如前法，以金箔爲衣，養火七日，取出再聚，與母等分。或八兩，或一觔，一處杵碎，入雄黄一兩，雌黄一兩，三味衮研入匱，七日二兩火，取出共得十兩，一處烌成上色庚。

移魂合魄第五

前十兩藥，如不烌成庚，即再作匱，別取生硃砂三兩，顆塊雌雄各一兩，三味一處，並作塊，以金箔爲衣，依前法養火七日，共得五兩，成研一兩。伏火硼一錢，同黄蠟丸作十粒，點出山艮，一兩成庚。

以魂制魄法第六

已上十五兩，如不點庚，即再搗碎，入生硃砂五兩，雌雄各二兩，金箔爲衣，三兩火養七日，取出成二十四兩。取一兩，入伏火硇一錢，硼一錢，三味同研，黄蠟爲丸，作十粒，每粒乾汞一兩成庚。

煉陽消陰法第七

已上二十四兩，爲之丹頭。如不點化，即創丹室，及擇名山福地，下手修煉小還丹也。用前藥二十四兩，研碎作匱。以汞十兩，作三次澆。第一次二兩，第二次澆三兩，第三次澆五兩，並須三兩火，養之七日，共成三十四兩。其色紫金光明，燦爛清香滿室。當以沐浴香湯泡出，再養七日，出復沐浴。如此經甲子致次月，成小丹也。

煉氣成神第八火三兩。

以前件小還丹，再入匱温養七日，一沐浴，經一周天，一歲之期，功滿數足，其色返白生光如毫相。出之即光明滿室。

煉神合道第九火四兩。　當依法七日一沐浴，三年千日之期，功滿數足時，有金光透出，乃功成也。

又　卷四

東坡三黄匱法大有力驗。

用紫花益母草，爛搗取自然汁，煮硫半觔或一觔，不拘日數，試之無鬼焰，或煙者，方住。入甘鍋，烌銷成鋌淨了。如用入盒固，灰池內，四兩。養雌一兩，七日足，又養雄一兩。如要多養，已一觔或半觔養雌雄，但四扛一。每日七次，添黄雌雄，皆要骰子塊大，栽蓮養。如要作匱，三黄各停多者，硫留起，却將雌雄養出者，再用葵菜，取自然汁，煮三伏時，方一同三黄勻研細，作匱澆淋汞。但用細竹於匱內，捌孔數十，澆汞在內，養火七日，足開盒，即成黄金，上色者也。汞亦四澆一矣。大妙，祕之祕之。

辰砂澆淋法

辰砂半觔，用無漿粉，綿帛虚包扎定，入沙鍋，用米醋懸胎，慢火煮一伏時。入川烏、草烏、川椒、胡椒、梧桐律、黄連、狗脊、地錦天、茄兒草，爲細末。四兩，重入醋內，同再煮三伏時。取出拭浄，乘熱，急用汞砂子逐塊包，極要如法密包，稍包不到，即换一塊辰砂包了，即塗蜜，於梧桐律末内衮過，次以草藥末内衮過，次入盒子，將草藥鋪底，上勻排丹砂，或作三二重，又用草藥蓋了。以醋調赤石脂、續斷、石膏，三爲末，入六一泥，崑崙紙包泥，訖固濟兩指厚，有損補之，陰乾。先於浄地上埋一瓶子，盛水九分，其瓶子與地平上，安盒子，以鹽泥其縫。別細柴灰醋和，壅之盒子，簇生炭五觔上，發火令自然着，候火兩六七分，即以黄土蓋了。來日取出，去草藥灰，丹砂盡如銀豆。

結汞砂法

以花銀一十兩，鑿作五七塊。以麻油半觔，入建盞內，慢火熬，入水銀，並花銀同煎，以百步斷碎，一粒一粒慢入油小，二伏時，即成硬塊砂子。

澆淋訣成火訣

將煅成丹砂，再用前草藥鋪底，於磁盒内。又用梧桐律一層，丹砂銀豆不拘多少，排於草藥末，如栽蓮法，二三重，上澆水銀二兩，再用梧桐律一重，草藥蓋面，慢火養三日足。開盒，盡作寒林玉樹，即摘取收之。再依前法澆養，候養至五次，其丹砂金靈，即不用使藥，便可澆養。仍添養汞作四兩，收芽子如多，取山銀坯作珠子，如用藥鋪蓋，養芽子一七日。每芽一兩，養花銀珠二兩。便先焙出花銀珠，投入養了芽子，即於上品，其銀非凡銀也。可以勾庚作匱，無所不通。其芽子若不坯作銀，再入丹砂匱，養至九轉，即爲大丹，點礬石爲金，煅之刀圭，便作飛砂。

龍虎匱法

好辰砂光明三兩，硫黄半兩。

右用同研細，以熟絹裹，扎築實擊定，然後用針砂一觔，淨淘洗曒乾。仍用甘鍋子大者，先入針砂在下，次入藥裹子在内，用餘針砂覆蓋上歇口，一昇火煅成，火化爲灰爲度。取出，其藥乃緑色，是名龍虎匱。又將此伏火砂二兩研，入生硃半兩，與熟砂同研令勻，入厚磁盒，固濟，入灰池内，養火七日。開取，依前法再入生硃半兩，與熟砂研，入盒養七日。開研硃砂，待養熟砂三兩入盒，養火依前法。但熟砂一兩，管生砂一分，計養至五兩，或半觔，便將汞三兩或五兩，傾入伏火砂中，固濟，養七日。其汞三兩，並噏入砂中，其砂即成顆也。然後更入汞二兩，養七日，砂體當有白霜覆其上。此霜取服，乃長生不死之道，點汞成寶。但添汞養之，至寶無窮矣。若度以生砂水銀增入砂中，不可説也。火不過四兩，不可妄傳。

金丹祕訣

夫大丹之術，不出乎鉛汞。而鉛汞之藥，乃大丹之基也。鉛汞互相感發，交相制伏，皆不離於天地牝牡之理。且鉛屬陰，其色黑，而爲玄武，以言其卦則爲坎位。禀北方壬癸水，水能生金，其色白，而爲白虎，其卦爲兑，西方庚辛金也。汞屬陽，其色青，而爲青龍，以言其卦則爲震位。禀東方甲乙木，木爲硃砂，其色赤，而爲朱雀。其卦屬離，南方丙丁火也。則坎爲鉛，爲水，爲月。離爲汞，爲火，爲日。坎離會用，日月相合，鉛汞相搏，龍虎相交，不偏其用，互相制伏，須得黄婆會遇，方得大全之域，而金丹之道不勞而成矣。

一，先用上等山澤，每兩投入淨鉛四兩，鎔開，扇取鉛花四兩作匱，蓋丹基者此也。

一，硃砂一兩爲則，入生硫四分，乳細，入水火鼎，如常法升水七八鼎。寒爐取出乳細，又入生硫半錢，生雄三分，鉛煮過母末二錢，同乳細，入小鍋内，實捺，軟石膏，滑石等分，爲末捺頭，令十分緊。瓦陀蓋鍋口，鐵線扎縛，固濟，入未濟爐，一進火半伏時。待冷取出，所成骰子塊，以絹縫袋，入硃在内，懸胎入瓦罐内，慢火煮三伏。

一，煮藥石壁荔，羊角藤，用扎細槌細煮之，加生姜自然汁一盞，令均，下汁内，煮硃三伏。煮畢，又以前二味草藥乾生者，同硃塊炒，令草焦黑，吹去草，又添草炒，至一日，却入草匱。

一，草匱藥。側栢葉一兩，鐵脚婆羅門一兩，分細。五倍子末一兩，縮砂末一兩。

右拌和令均，入盒内鋪頭蓋底，封固，入灰缸養煅三次。如前一日，早三兩火，晚二兩三錢火。次早一兩七錢。並頂火。三次畢，取出硃塊，以煉蜜滚過，鉛白霜和母末貼身，却入母匱。

朱砂一兩爲則，以鉛煎過母作末三兩，於小盒内鋪蓋硃，封固爲内盒，外用大合，以小合置於大合内。鉛花每兩入黄丹三錢拌勻。同乳細，鋪蓋内合填滿，作外匱令實，却封固扎縛，入灰缸，慢火養二十一日。足開看，如未死，再養七日，真死矣。

二兩半頂火，三日。三兩頂火，二日。三兩半頂火，五日。四兩頂火，五日。至十六日至二十日，四兩頂火，三兩插三方。

日足，取出硃砂真死矣。母須次次救過，方可再作匱。如母每一兩，入汞三錢，於小盒内封固，一兩半火，虚養四五日。再以入母硃，又如前養一次，日足。母又依前法，養硃一次，日足。母又如前入汞，又虚養三五日。又依前法，養硃一次，日足爲度。如母三兩，一起養硃一兩，二起又養硃一兩，三起又養硃一兩。共轃得硃三兩。通和一處搥碎，每硃六兩搥細，入生硫六錢，同入水火鼎封固，大火一煅作汁成陀。如有遊汞在水鼎上括下却，碎鼎取出，硃搥碎，再入瓦銚内，炒硃令紅，去却硫氣。丹經謂以硫炒堅者，此也。却再入元養母，六母同作匱。丹經曰：復求生母，共以養之。是謂和合四象是也。却養赤膊硃砂，是謂嬰兒之道也。硃砂顆塊光明墻壁者，依前法，用草藥煮製，亦入草匱，煅養七次，法則並火候並同前。並不加增煅。畢取出硃砂，以水洗令淨，却以煉蜜滚過，以鉛

白霜貼身，入母硃匱，戕蓮鋪蓋，且如死硃半觔，以元養母亦半觔爲匱，養赤膊嬰兒，硃砂也，可養硃砂四兩。以後作長生匱。

一，火候一兩半，頂火養十五日，加至三兩，只頂火，共二十一日足。開看真死如何。如有小煙，再拌勻，依前戕蓮鋪蓋，封固，三兩火養五七日，乃真死矣。脱養姹女，夫嬰兒姹女雖同一源，實異其體。姹女者，乃未能結胎。嬰兒者，已嘗結秀。嬰兒既産，能神能靈，能通能變，運用無窮矣。

夫婦匹配嬰兒與姹女同居

硃砂二兩，即嬰兒。粉霜四兩，即姹女。右獨粉，用紙包，絹帛重包，懸胎，以地丁草，或紫河車，或荷葉灰，汁於瓦瓶內，慢火煮二三伏，去却鹽礬之氣，却與死硃砂同研細，以楮汁調成膏，捏作餅子，約一錢重，逐塊令緊。外以黑匱紙包二層，入小盒內，逐層實捺，上以聖母打作菱片隔面，不令分毫滲漏。上又以黑匱紙隔面，却以好死靈砒捺頭，鐵線扎合，如法封固，入未濟爐養火。夫姹女者，在天爲白雪，在地曰玄壺，在人曰粉霜，神仙比之爲姹女，不過一水銀耳。以其産於生硃之腹，爲汞之精，砂之炁，攪之不濁，澄之不清，産在高山裂石，不能凝其形，柔和明浄，糠粃不能污其質。此爲長生之藥，點化之珍，世上之寶，無一物可以比倫也。

未濟爐上火下水。

並頂火。一日至五日，一兩[火]。六日至十日，一兩半[火]。十一日至十五日，二兩[火]。日足，却入明離爐養。

右取出硃粉，每兩硃粉，以赤膊硃二兩，細爲匱。却以硃粉塊入小盒內，戕蓮鋪蓋了，上亦用金匱紙隔住，仍前以聖銀片蓋面，令蜜死砒捺頭，封固，入大盒匱，外以砒硫鋪蓋，封固，入明離爐內，盒上以鐵線作罩，於盒上約高半寸許爲則，入灰缸養火，每換火時，以火只在罩上，則火之高低，自有準則矣。

明離爐

並頂火。養一七日，三兩火。七日，三兩半火。一七日，四兩火。一七日，五兩火。一七日內三兩頂火，二兩插三方。日足，開看，以粉真死爲度。如有煙焰，却又再養火一七，則真死矣。且如所養的硃砂粉霜，有六兩，看合之大小加減。如有六兩，抽出四兩朱粉，别貯。外剩下朱粉二兩，又以生粉二兩相和，亦作餅子，入前硃砂匱內，依前法養火日足。却取出此硃粉，湊前所貯四兩，共得半觔，方可爲玉田匱，增養白雪。

玉田匱半觔爲則。

以生粉四兩，打成豆子大塊，以荷葉灰或皂角，燒灰淋汁，絹帛懸胎，慢火煮一二伏。以生雌雄末，鉛白霜醋調，貼身死粉，又貼身入玉田匱，戕蓮，封固，慢火養一十五日，真死。否則再養三二日，則真死矣。到此時，以此二錢點化一兩，成寶。日足取出。

火候並頂火

一兩火，五日。一兩二錢火，五日。一兩五錢火，五日。日足取出，得白雪四兩收貯。再入生粉四兩，亦以荷葉灰等淋汁，煮一二伏。亦船生雌雄鉛白霜貼身，依前入玉田匱，如前法養三十五日足，到此得白雪半觔，名曰白雪匱，增養神符大丹。

白雪半觔爲匱

以生粉塊四兩，打如小豆大，以生姜汁、藕汁二味，及生雌雄各半錢，入内同煮一伏，取出洗浄，又以白雪貼身，入白雪匱內，封固如法，入明離養火。

火候並頂火

一兩火，五日。一兩二錢火，五日。一兩半火，五日。日足取出，得神符四兩收貯。再入生粉四兩，亦以藕汁、生姜汁煮一伏，依前入生雌雄同煮，以白雪貼身，如前法入白雪匱，養火一十五日，待其真死，又得神符四兩，共得半觔爲匱。

神符大丹長生匱

神符半觔，以硃砂汞，用紙裂過四兩，用鵝毛筒澆種，入神符匱內，一兩火養三日，成玉條芽。抽取此芽，不煮不煅，就以此芽打成骰子塊，就入此匱內，依前法養火一十五日，成至寶。一錢點頑一兩成至寶，一錢可乾汞一兩成至寶。後節節如此去，永無休歇，名長生大藥，世世不絶。

丹陽換骨法

死砒，以紫河車爲末，每砒末一兩，河車末一兩半，拌勻入甘鍋內，從微至猛火煅，立死，作匱，養粉霜最靈，皆勝他方。

升粉霜，煮過，生雄爲衣，入匱養。汞一兩，鹽一兩，明礬二兩，硝六錢。

先將三味藥爲細末，入汞一兩，同殺研不見星，入水火鼎，慢火從微至猛，四盞水乾。候冷，次日取出，皆升在盞底。取下，以埸水荷葉灰淋汁，煮一伏時，浄湯滚數。次出礬藥味，入伏砒匱內，如戕蓮，養二七日。一日，二兩[火]，

頂火灰池。二日，二兩半[火]。三日二兩半[火]。四五六日七日三兩[火]。八九十日三兩半[火]。十日至十四日四兩[火]。取出火上試，如未伏，再養七日。

又法：死砒，以菠菜葉搗自然汁，煮砒一伏時，立死。以脱梯牙，即北回回盧甘石爲末，和北棗肉，搗勻爲膏，塗泥甘鍋底，亦作鍋樣曒乾，却入骨頭一兩，死砒一錢，蓋面在脱梯牙棗肉鍋內，上又用棗脱梯膏蓋，上又用鹽滿鍋，火從微至猛，一煅鍋通紅，取出即上等白銀。

硃砂匱澆淋法

火候，文武火自上而漸至底，火爲要固濟法，神驗丹道第一上品，祕之，大火並無走洩。

善一觔，虎半觔，泥合粉半觔，勻研千百極等細，羅過，入井花水，石杵千百杵，如膠膏固濟。

用油法

用磁碗片青白好者，碾細，入鐵銚內，猛火炒，入竹葉、燈草二味，等分同炒磁碗，末成灰，入小絹帛內，用井水汀淋，油水固濟，前藥抹面積下，此油儘陳儘好。如固濟口縫，先以唐信連撚作紙條，兩頭尖，先掐入縫內令實，然後用前膏子固平，却用油水抹面，候一日乾了，再上膏子一層，方用鹽泥固濟。如固濟罐底，并通身有沙眼，或小孔走藥者，先微用些少膏子，帶水上薄薄一層，然後上信連紙三二層了，却膏子藥，令厚三二分，上亦用油，然後鹽泥固濟。千萬固藥，無出於此，上品上品。

丹法

辰砂半觔，於好米醋內，緩緩懸胎，煮三伏。仍以草藥四兩末，同煎煮乾，取出拭净，乘熱，急用汞砂子逐塊包如法。稍包不到，即損一塊辰砂。包了即塗蜜，衮梧桐律末在上，又以蜜塗，又以草藥末衮在上。候乾，盒子內先用草藥鋪底，上却入丹砂塊子，勻排遍，又以草藥間鋪，又以丹砂塊子勻排一層，又用草藥蓋，如此三五層令了後，又用草藥蓋頭了，以赤石脂固濟盒口縫，或通身二指厚，有損處補之，陰乾。又以鹽泥外固，陰乾。先於净地埋一瓶子，盛水九分滿，其瓶口與地平，上安固了盒子，以泥泥其盒底瓶口接處，别用柴灰醋和，壅定盒子，簇生炭五觔，上發火令自然着，候火兩六七分，即以黄土罨之。來日取去草藥灰，丹砂半觔，盡如銀豆。

川烏、草烏、胡椒、川椒、黄連、狗脊、南星、半夏，梧桐律每丹砂半斤，草藥各用半斤銷蓋。

包丹砂汞砂子法

水銀五兩，花銀五兩。作三五塊，俱入芝麻油內，慢慢入甘鍋內煮結，以結爲度，剥銀汞砂再結，結盡水銀爲度。

煅丹砂成了澆淋養火訣

鉛砂拒火已無煙，捷徑修成造化丹。內匱只消九味藥，外墻皆賴一生鉛。鉛離母兮子從婦，入聖超凡事機玄。肩取丹砂伏火後，教君立見水銀乾。

澆淋訣成大丹

將煅成丹砂，再用前藥草鋪底，更别用梧桐律末鋪一層，出意隨多少用之，安丹砂勻排，作二三重，上澆水銀。且以二兩爲初養，三日足。開盒盡作寒林玉樹，即摘取收之，研令極細。再依前法，鋪藥排丹砂，却用前摘下寒林末，摻在丹砂面上令遍，再澆二兩，如此再取摘研細，鋪藥排丹砂，摻寒林末，丹砂上再澆，却翕於寒林末內，不下丹砂內。如此五次，其丹砂愈靈，即不使草藥鋪，便可作長生匱。澆淋仍添作汞四兩，取收芽子。如多取山銀烎作珠子，或白靈砂已伏者，如栽蓮，每二兩養芽子一兩，七日爲上等仙銀，上品非凡銀也。可以勾庚作匱，養三黄，或作黄芽點庚。久久摻汞，成上色紫金。若不作匱，入丹砂匱內，養至九次，即爲上丹。點凡石銅鐵八石爲金，服之刀圭，便爲仙矣。

真死硃砂成汁作匱澆淋成大丹法西山儘有，又名金蓮草。

硃砂不以多少，以黄花雞腸草，又名步步蓮，又名仙人對坐草。不以多少，搗取汁，煮硃砂三伏時，候乾，將草滓毬裹硃砂，崑崙紙裹了，外用鹽泥固濟，候乾，火煅從微至著通紅，久候冷取開，其硃死，火燒不動真死。或只用草滓裹硃砂，入合上，用黄泥實填令十分滿，鹽蛤粉固縫，二兩火養七日，真死。却用雄黄、雌黄、鉛黄花入硃砂中，十分一分，汁三分，同硃一處研勻，先燒甘鍋令極紅，將藥攛之，大火搧作汁，候冷俱成寶。如澆汞，四扛一。入前丹內，二兩火養三日，汞死生芽。候澆壘養芽子，多取任用，皆成至寶，入庚道矣。

取鉛黄花法

或用苓苓香莖葉，揉成小團，入汁內。如未成汁，再放一團黄丹一兩，實築

甘鍋內，火煅令紅，於中心內，用火筯穿成一竅，插白附子一箇於竅內，大火煅，候丹成汁。久取出，冷打開鍋取，則鉛黄，花色亦好，與雌黄無二。其鉛撤在鍋底，可有三二錢已，如銀色了。却只將前死硃砂放鍋內，將墜鉛成汁，澆在硃上，火煅之俱成至寶。妙，此是神仙術。

真死硃砂點鉛成銀及作匱頭澆淋法

硃砂一兩。用野葛搗自然汁一小碗，煮硃候乾。却用葛滓毬裹硃砂，入罐兒內，用滓實填，外用鹽泥固濟，乾以炭火三觔煅之。寒爐取出，硃砂已死，不折分毫。每一錢點淨鉛一兩，成紅色銀，拒火成真寶。或點頑物亦然。或作匱澆淋汞，寒林玉笋成大丹。

又法：龜背姜黄、天南星二味爲末。用水同煮硃砂三伏時。又用細末蜜調，毬裹硃砂，安甘鍋內，火煅之，其硃已死。却用金頂砒，同硃砂煅之作汁，或只用死朋砂煅之，亦作汁可用。

死朋法

用知母爲末鋪底，入朋砂在中，又用知母蓋頭，火煅成汁用。

又法：先以蝦蟆草，裹三五層硃砂在內，鐵線扎定，入銚，用白芷、草烏爲虆末，炒裹硃，候得所，却用細末，用米醋和膏，入甘鍋鋪底蓋頭，瓦陀蓋口，鐵線綁定，固濟，三斤火煅之。良久取出，候冷，其硃已死，不脫胎色。甚妙，點化物，或作匱養硃，或澆淋。

祕授不脫胎陽君，作匱養日月丹後，澆淋成大丹

好硫一兩。杵碎末。先將五倍子煮一日，取去滓。次換黄芩、黄連、大黄煎濃汁，加煮兩日，足待伏爲度，却再用五倍子熏合。以雞清汁，先塗抹盒子內一次。又再濃熏，又再抹上二三次。徑用此硫，虚養七日，出其色，如黄金之狀。用此加養得鬆作靈聖匱，養二黄丹頭，二七日成功。養硃靈變化無窮矣。養硃靈伏十兩爲主。取出見寶，杵爲末，先成寶匱。次感結母砂五兩，逐依法作用伏制。每兩分此砂子四五圓，栽蓮排種寶匱，先養七日，開取此汞砂，便抽出老翁鬚，乾汞篩出，白者如柳花絮，成條之狀，此乃真死乾汞，爲丹之寶與，至藥之華。天地得之焕麗，萬物得之以靈，此乃造化無窮，變豹生生，永爲不朽之計，千經萬卷，不出此理，爲有妄求，難與道合。

澆汞訣

先取所養前段見寶硃砂作丹基，杵作菉豆狀，且如十兩。先澆五兩，一七日一次開，爲再封固，虚養五日，取出此汞乾得堅牢。再將此伏汞五兩，養煉七日，再開又養七日。取出此項真寶，大乾變化之汞，名曰白雪神丹，十兩心授，澆汞化寶。

乾訣

獨用前段養出硃靈十兩爲主，略杵碎，用伏汞收。羊蹄根，龍膽草，杜牛膝三件。

靈草煮汞，伏澆入基上，天澆此伏汞四兩，七日開拆。地又澆伏汞三兩，養七日開拆，爲此時不用澆此汞，却虚養五日出。再加澆入伏汞三兩，養七日開拆。前後轃作元伏汞十兩，丹基數目，共淨有二十兩寶留下。先將元伏汞丹基十兩，作用過爐炷寶留下，此坐胎作母。次將澆出汞寶十兩，權且留下，變化無窮，爲天下之大魁。

伏制澆出乾寶坤汞

此訣用十二兩鍋，便入前澆出寶汞二兩，鍋底生汞十兩在上，却加用真死硃二錢摻蓋，用帛紙綳固在外，用羊蹄根汁徐徐刷，煅於鍋內，漸漸伏制酥爛，守待却提出地上，氣冷開剥，見寶共十二兩。其間用瓦陀一箇蓋定，扎縛封固於內，仍用羊蹄根滓搗膏，併捺頭封固好，就地坑戀陰，簇炭發頂火，至下盒一宿，取出過關成寶矣。

經曰：水銀死後水銀死，死水銀兮死水銀。生汞轉成真寶汞，從君變化妙通神。

第一轉　此訣妙用，先將硃靈砂二件合體，入礬母爲匱，養成見寶行事。

第二轉　此訣在硃靈匱內，養成母砂子，抽生老翁鬚出世，乃感結天地之氣，成砂乾汞。

第三轉　此訣就將得老翁鬚，積得爲匱，澆伏汞，生成玉筍瓊枝。

第四轉　此訣前玉筍瓊枝，與老翁鬚等分，作聖匱，却轉硃砂神丹。

第五轉　此訣用此硃砂，揍入聖寶匱內。却養雌雄，爲大藥神丹也。

此二轉入金丹仙藥，力未及此。乃後二轉。

肘後靈藥

此用前項寶大聖匱，先養粉霜四兩爲丸。每兩分作五丸。徑入匱養作用，七日一開，爲在外却結三七母砂一兩，捏成餅毬粉，扎定，加養七日，出二次開。又再加入寶匱內，七日足，取出爲白雪神丹，三錢伏一兩紅銀矣。

煆硃砂作汁爲匱

入庚道硃砂一兩，雄黄半兩，同研。黄花、雞腸草煮三伏時，取汁和硃雄成毬，却將草柤裹了外，又用石膏末蜜和成膏裹了外，又鹽泥固濟。候乾，從緩至猛，加火煆令透紅。候冷取之，其硃砂作汁真死。爲用入庚道，却用貼藥金箔，逐塊裹了，用鉛白霜雄黄爲末，炒硃，候金箔入硃同炒，藥入鍋，一煆成金硃砂，堪點化，亦可作匱。

死硃法

硃砂一兩，用萬州黄藥子，如雞子樣者是，餘皆非真。瞿麥各半兩，爲細末。又用生義搗取汁，和二藥得所，先將一半入鼎底，放硃砂在中。又用藥膏蓋頭，輕手按令平實，上又用濕皮紙兩重蓋定，上了水盞，固濟，乾。從微至猛，升打添湯，候簇火煆紅飦頃，候火爛提出，冷開，其硃砂真死。

又法：硃砂不以多少用，桑白皮、枸杞子、南星、烏頭爲麤末，煎汁懸胎，煮三伏時取出。以西朋、大青、白礬、硇、粉霜爲末，醋衮硃作貼身固了，又以朋砂、食鹽入甘鍋底，安硃砂毬在中，又以朋鹽蓋頭，令實滿，瓦陀兒蓋，固濟，候乾。一煆成寶，可作匱養母砂子，七日出匱成寶。一日二日，一兩半火。二[日]三日，二兩。三日四日五日，二兩半。六日七日，三兩。

又法：硃砂一兩，益母草一兩半，羊蹄葉。二味爲末，鋪底蓋頭，令實，固濟乾。五觔火一煆。

太上洞玄大丹訣

【略】

四黄須用四砂扶，

解曰：四黄者，水窟雄黄，舶上硫黄，葉子雌黄、砒黄。四砂者，辰錦硃砂，精光硇砂，瑩浄西朋砂，針砂。八味，先將針砂入乳鉢内，滴好米醋研令細，再入鐵銚内，炒令赤色，次入衆藥。

捧向霜臺合伴偶。

解曰：霜臺，粉霜是也。已上九味，粉霜陰之精也。八味群陽。用此一陰，謂之老陽奪少陰也。

研遍三千觔二兩，

解曰：三千遍研之，二九一十八，是一觔二兩藥也。除了一處研也。

葛公和會要工夫。

解曰：葛公者，紫葛是也。取五觔許，去麤皮，擣取自然汁，將前九味藥和作膏子，令軟硬得所。孫真人曰：紫葛者，乃土之精，能擒四黄四砂成寶。

黄金殿裏宜三轉，

解曰：前藥膏子，用金箔貼身，裹之三重也。

碧水宫中煆一爐。

解曰：碧水者，乃青鹽是也。鹽乃水之精。用砂盒子一隻，鐵盒更好。内以青鹽蓋頭，亦要滿盒子。縫用鐵線扎定，以赤石脂、白善土、鹽花、牡蠣固濟，擇日入爐。爐高三尺二寸，闊一尺八寸。地下要水缸，亦一尺八寸，謂之曰戀陰。上安爐須是新磚泥造，内中一壍座，上安藥毬，用輕灰蓋之。火離藥八寸四分，如人心取腎亦八寸四分。須是齋沐浄室，念道思真，養火三日，須是火候法不錯，每日四次添炭，須應子午卯酉四箇時辰，火候日足，入汞如后。

奼女嫁時須匹敵，

解曰：前藥養火了，入乳鉢内研細，入汞二兩，研不見星子爲度。再用紫葛汁和，依前法固濟用也。

文終武畢世應無。

解曰：聖人解看火，使心火如外火。天有形，日月星也。地有形，金水火也。以文武煆之。

用時紫葛丸如豆，

解曰：開毬取藥，再研細，每用紫葛汁，丸如豆大，浄盒子盛之，則有光明。

一粒能令五兩枯。

解曰：以汞五兩，用建盞盛之，於滚湯瓶上，用藥一粒，研細摻之，以濕紙蓋盞并縫，用猛火燒湯瓶，少刻則有聲如細雨下，良久聲絶，但聞一聲如裂帛聲，其汞乾矣。傾槽内，見風處即硬，成第一等軟爛白銀矣。

真銀五兩，鎔作汁，用藥三粒，作三次下，點之傾出，則成百分。鱔血赤金銅五兩，去鉛氣盡，以藥二粒，作二次下，點之則成丹陽，換骨潔白銀矣。

世上若人能服餌，

解曰：如一切重病，不問老少，用藥一粒，再煆過爲末，棗肉丸菉豆大，每服一丸，空心，井花水下，則延年益壽，百病不生。

只應平地變仙都。

解曰：此丹祕密，不可輕泄，則殃九祖也。

又　卷五

煅硃砂法

百花爲底座，蜜也。紅鈴作蓋頭。川椒是也。牽牛爲伴侶，白牽牛也。地骨作良儔。炭火元觔數，硃砂死便休。十年學丹竈，此去更何求。

右用磁盒子，將蜜塗在內，次用牽牛地骨末在上，次入成䰟砂，上用川椒蓋定，鐵線縛定，封縫鹽泥固濟，入火煅也。

澆淋法

硃砂不以多少，用葵紅葵亦好。爛研成膏。先鋪一重在盒內，以硃砂磨去尖稜，以柳葉金星草爲末，蜜調作貼身包了，栽在葵膏上，更以葵膏蓋之。赤石脂固口縫，鹽泥固濟外，候乾，八觔火煅。候冷取出，再換貼身內匱等，並依前固濟了，再用八觔火煅。如此三煅，則硃死也。用此死硃三兩，便養生硃砂一兩。如此漸漸增之，轉增轉靈，可以澆汞。每三兩匱，可澆一兩汞，頂火二兩，七日成。

再添養生硃砂法

以一兩死硃爲末，入一兩生硃，同研細。先鋪一兩死硃在盒子底，次人和者，上又鋪一兩死硃了。用赤石脂固縫，鹽泥外固，候乾。頂火二兩，養七日。後更以三觔火一煅，則生硃亦死也。就末子上澆，先捺令硃砂實平，中作一坑子，澆汞在內。赤石脂固縫，鹽泥固，頂火二兩，養七日，成一塊在坑內，妙。

伏硃砂法

每一兩，以五方草末實填窩口，用火一觔，煅盡。再此煅一度，後可白煅也。

伏火硃砂見寶又名九轉增添湧泉匱，亦名佛點頭。

銀末二兩，水銀四兩。

右件同入甘鍋子內，入芫花末半匙，頭在上。又以兩重圓紙，以津潤了，封鍋子口。以二斤炭火逼之，直候紙微焦，又覺芫花香，便拈在冷灰上，少時如通手便去紙，傾在瓦器內，吹去芫花，將砂子於鐵碾內爛碾爲末，以兩重熟絹裂之，秤等如不及六兩，再結之。如此六兩已下亦得，便只對母，更妙也。用水淘洗三度，再裂之，已成砂子也。又先將辰州砂顆塊者五兩，或十兩，以一兩重生絹袋盛，用瓶子一箇，懸胎，用漿水或淡醋，及用芫花末、地榆末、威靈仙末，各一兩在瓶內。先着三匙頭同煮，次日旋添，使盡此藥重湯煮三日了。取出，温水洗，銚內炒乾。每塊硃砂，用前項所結砂子裹之，看大小令緊密，六兩砂子裹二兩時硃砂也。又將不灰木五兩，或十兩，不拘多少，爛碾爲末。便用浄潔瓦盒一箇，先鋪灰木末一重在下，便如蓮子樣栽硃砂了，又用灰木一重蓋，却又栽硃砂，又灰木蓋頭，看緊慢捺之，次蓋之。便以醋調蚌粉，固盒口縫。後以紙筋鹽泥固濟了，不候乾，入灰池內，以三四兩炭火，養五日或七日。取出盒子，再以五六觔火煅通紅，儘多不妨。火候三分去二，便除火，冷開盒，其硃砂塊塊成銀也。便秤只得四兩已下。其汞已去也。只得硃砂銀母，此爲之丹頭也。又將此硃砂擣或碾，依前法結砂子裹硃砂，入盒子，以灰木蓋鋪，一盡之煅了，取出硃砂，此是第一轉也。秤之分作兩處。又將一半結砂子裹硃砂，又養鍜又秤又分，此乃二轉也。又將一半結砂子裹硃砂，又養又煅，如此九轉方虚，謂之從凡入聖，其礬銀已盡一切，是水銀也。便將此藥碾令爛，細澆半兩汞，安在盒內。或四兩澆一兩，更不用灰木，只合定固了，養之七日，一度澆灌。如盒子滿出一半，又澆之。如得一二觔死水銀，擣碎作外匱，以木盒盛之，如養硫黄，以小盒盛一盒，入在外匱內，養七日死也。如是雄黄、雌黄、朋砂、硇砒、粉硃砂、水銀，亦依此養。如要煅母砂子砂子，死硫黄煅一兩，先以砂子，以津潤之，裹硫在上。又將胡椒、漢椒、細辛，三味等分爲末，挑二三錢，以醋調爲餅子，裹一重，又以泥裹一重，用五觔炭火，煅之成也。或死硫黄，三炒十兩成青金，入盒子，便煅。候冷取爲末，作長生匱，養一切物及金砂子。此藥甚有，變態無窮。又如養汞出來，以酒煮半夏成糊，爲丸如菉豆大，每服一丸，空心，面向東，冷水吞下，此謂之小還丹。治一切病。三五日再一丸。只可服三五丸，一生無病也。

摻制大丹法

信、白礬、焰硝各四兩。

右入餅藥少許，各煮乾爲度。再入大建盞，用鐵床安頓，入前三味藥於盞內，復以建盞合之，用五觔炭火煅之，候藥沸定成墮，其火不要動，漸漸退火，候盞冷取藥，如水晶色相似，不折觔兩，研爲細末，入砂盒子合。

次用下項：雄黄、雌黄、信黄各二兩。乳細，用紫葛根取汁，調成餅子，側入砂盒內蓋之，用鐵線扎定，用四兩泥六兩鹽和，通固濟，曬乾，入灰內藏之。上用一兩炭火，次以灰蓋之。似此一日一次換火，養四十九日，乃取出藥餅子，入水銀二兩，同藥餅研細。再以紫葛汁，調作餅子，依前法入砂盒固濟，日日用火温養，再以四十九日了。又取出，依前法入水銀二兩，研細，用紫葛汁調作餅

子，入盒内固濟，用火温養，四十九日了。取出研細爲丸，每用一字末，點汞五兩成寶。

煅白硃砂

硃砂不以多少，用藕節内藏砂了，外用鹽泥固濟，煅紅取出。

澆淋硃砂匱

好硃砂四兩，用大戟一兩，鉛白霜二錢，芫花一兩，草烏一兩。

右爲末，同淡醋三升，懸胎煮硃一伏時，取出，次用貼身藥如后。

朋信、白礬，各三錢爲末，煉蜜調藥，作貼身藥如后。每一粒砂，用銀片包定，次用銀母八兩，拍成碎硃子，同硃砂入合内，重重疊疊，又蓋頂上下，用聖無知實築，用水調赤石脂固縫，養火三日，取出用過天地。

信、礬、焰硝、蛤粉，四味和匀，先微煅了。又用白梅肉十箇，細研成膏子，包定砂子，入窩子煅藥，爲灰爲度。再入天池，用白礬五文，信少許，白梅五箇，白善土五文，同研細。又包硃砂，微煅候冷，取出，用湯浄洗，作匱，澆汞一兩，養三兩，取芽子半兩，白炁成寶。

死貼身藥

知母五文，貝母五文。

右研細，先燒熜窩子内黑，却將窩子再燒紅了，急投入聖無知、焰硝、白礬，在鍋内成汁，須急扇，傾出爲末，作貼身，養火七日，取出過天池了，後方可養汞澆淋取寶也。先虚養火候，一日，半兩。二日，八錢。三日，一兩。四日，一兩。五六日，一兩半。七日，二兩，止。後澆汞，養火候。初一日，早下火一錢，晚下火半錢。二日，早下火七錢，晚下火半錢。三日，早下火一兩，晚下火半錢。四日大足，取芽子半兩白。炁成寶也。

長生伏火澆淋硃砂匱

煉好成塊辰硃八兩，將硃用生絹包扎定，却用米醋懸胎，煮一伏時，醋内入石竹末，即良姜是也，同煮取出砂，去絹。

貼身藥：川狼毒，台細辛。

右等分爲細末，用蜜調爲膏子，却將煮了硃，逐塊包定了，令微乾。

入匱法

右用砂盒子一箇，却將石竹末入盒内，實杵一半，次將包了砂，如蓮子栽在藥末内，上再用藥末一半蓋頂，令實了，却合定，醋調赤石脂固縫，養火。

養火法

右將盒子入灰缸内，上用紙灰蓋二指厚。第一日，早晚火四兩。二日三日並同。四日，早晚火六兩。五日同。六日，卯酉火七兩。七日，卯火四兩。至日晚提起藥合子，上用三斤火一煅紅。退火候冷，取出砂子。

再養火法

銀八錢，汞八錢。

右二味結成砂子了，洗令浄，同硃砂一處細研，入盒内，赤石脂固縫，入紙灰缸内，同前法養火至足。日早晚共二兩火，不用大火煅，次日冷取出。

養母砂法

三七母砂子洗浄了，每一兩分作三餅，用生絹扎定了，次用木通知母。

右等分爲末，水一盞，懸胎，文武火煮乾，取出，却用百合羅毬定，外用鹽泥通固，大火一煅令紅。取放水内，取出砂子了，却入硃匱内，如栽蓮，養火候同前，七日取出，入爐炁成寶也。

神仙頻累庚法

庚一錢，汞一兩。

右件用真麻油半盞，將庚汞在内，於火上煮沸，却下瓜蔞子一粒，同煎候藥子黄，又下一粒，共七粒止。却旋下白膠香六七錢重，同煎少時，拈起於冷處，却傾出油了，用楮紙四五重，傾庚汞在内，取出庚了，擠出油，汞成者在内。却將汞庚，依前法煮，盡庚爲度。將砂子用湯手内洗，令浄光色爲度。

入匱養法

右用烏梅核，斫成兩片，將庚砂在内，填成梅仁子，令滿，却取出砂。次用蜜濕梅核内上下了，用伏火硃砂研令極細，摻内上下令遍了，却入庚砂在内了，核週迴用楮汁濕了，却合定，用線扎定了，週迴又用蜜濕過，却用草决明末摻四邊縫上週迴了，外用白梅肉四五箇，杵爛裹却梅核子了，外更用醋調草烏頭末，裹一重了，外用鹽泥，固一指厚，令乾。

入灰缸法

右用甆罐盛紙灰了，將藥毬安中心，上用灰蓋，却四邊用星火，養一宿。次日取出庚核子，餘藥已成灰了。

又固濟法

右將紫河車根末，蜜調成膏子了，丸如彈子大，安庚核在中間，再毬定，外用

絹帛裹實扎定了，外更用：細辛、草烏、百合、江子，等分爲末，用蜜調，都包了藥毬子，外用鹽泥固一指厚，候乾，入灰缸内，四邊簇火，養一宿取出。

過爐法

鹽精石三錢，鴨觜礬、黄礬、包金土、礬紅、代硃是也。死硃砂、山梔子、瓜蔞子，已上各半錢。爲末，用醋調成膏子，裹庚在内毬定，外用蛇黄石、代赭石爲末，作衣，入鍋内，扇炁成寶。

煅硃砂作貼身法

硃砂一兩入建盞内，却用川椒末蜜調，蓋硃上厚一指，上用盞覆定。次用醋調赤石脂固縫，次用鐵線扎定。外用：草烏、黄栢皮、黄藥子、瞿麥穗，等分爲末，醋調固盞外一指厚。次用青龍匱，醋灰是也。上下留盞足，安地上，八觔頂火一煅通紅，漸退火，候冷取出用也。

煅硃砂法

硃一兩，右用雞腸草煮一日一夜，留草滓，曬乾。用南星、黄芩、白芨、白歛、黄藥、土馬鬃、石蘚，已上各一兩半。仙靈皮、金釵石斛、甘草，已上各一兩。

右將先煮草滓三兩，同入砂盒内鋪蓋，蜜調赤石脂固縫，外用鹽泥固一指厚，陰乾，用五觔火秤，炭盡寒爐。

硃砂澆淋法

硃砂一兩，用三七母砂一兩。半包裹砂，入在石中黄匱，養三觔火，一煅。取出砂，去貼身藥，入甘鍋内，入汞一兩，砂一錢，用細辛末蓋，入火煅取砂子半兩，逼去油汞，炁一錢半銀了，又將硃砂用醋煮，并礬煮了，再依前煅，再結砂如前法。

如要燒淋法

用三七砂一兩半，包硃一兩，入在石中黄匱，卯酉火四兩，養七日，取出了母砂，只將硃砂四兩，澆汞二兩，下水上火，卯酉火四兩，養三日或五日。一澆五次，住火不澆。將硃砂固芽子爲末，入盒，用老茶葉爲細末，作匱，養七日，火四兩。日足取出，用水淘洗過，焙乾。每四兩芽子，養硃砂一兩，亦七日取出芽子，用毬元母砂貼身了，入匱養了，炁取銀了，却將硃砂養出者，依前法澆淋五次。如此番番，換至七次，愈靈也。

炁藥法

右用黄丹炁成汁了，坐鍋，取上者炁前芽。

硃砂澆淋法

硃砂四兩，銀五兩。成骰子塊。

右同一處匀，用斷腸草汁、地蜈蚣汁，同煮三日。取出砂銀，入盒内，虚養七日，卯酉四兩火。次澆汞二兩，火候如前。又澆二兩，至第三次，去銀澆汞。至五次，止，再煮澆轉成長生也。

獨體硃砂

硫一觔，如骰子塊大。絹袋盛之，懸胎，入田字草半觔，川心鴨舌草水邊者半觔。

右二味用河水八升，先煎取五升，入硫煮一日夜，取出令乾爲末。每硃一兩，用末半兩蓋之，入盞内，再盞合定。盞下用三大炭，團養七日。如硫飛上盞，再刮下蓋之。如此七日了，取硃砂在盞内，澆汞二兩。再硫蓋之，養七日，再澆汞二兩，亦蓋如上盞下蓋之，亦七日取出。硃用皂角水洗浄，入盒中澆汞，口縫封固，卯酉火四兩，養七日一澆，候芽了老，漸採炁之。

獨體硃砂靈验 薛自立家傳。

以山澤母十兩，擲作珠子了。將人稑粟豆粒硃砂四兩，用白花商陸根剉碎，取自然汁，須煮三晝夜了。取出，用棗湯浴過。却將硼砂，以南星、草烏煮一日了，取出，乾研細爲貼身。却將煮過硃砂衮過，以硼末粘之，作貼身，待乾了。將母珠子鋪底一層，却將硃砂戕蓮，在珠子裏，又加一層母珠，又將砂戕蓮，又以母珠蓋之，固濟，入灰缸，卯酉火二兩，養十四日。出硃皆青白色，於火吹成珠子，則此砂遂倒了。如要匱頭壯，則多用母珠。大抵每二兩半，養一兩砂，此第一轉也。將前養出已倒硃砂，搗碎，入盒子，每四兩養煮過砂一调。煮貼身藥如前法。九日可倒，取出，試如前吹作珠子法，得八兩作匱最好，此乃第二轉也。將第二轉養倒死砂四兩，或八兩，作匱頭。又以生砂、白花、商陸煮三晝夜，或五晝夜亦好。就以草滓團硃砂在内，緊實了，却以紙筋鹽泥裹在草團外，陰乾了，就地上以温灰擁之，用炭二觔一煅。待炭六分將過，以紙灰盦紅火，聽其自冷。寒爐取出，其硃砂已帶青色，不紅矣。却以甯衮糊硼作貼身，入第二轉死砂匱中鋪蓋，戕蓮固濟如前，養七日火。第一第二第三日，用火一兩半。四日以後，至第七日，二兩火。待足寒爐出，試吹珠子如前。以此至靈三轉砂子，每二錢半，可點雜色一兩，成至寶。

又 卷六

第四造粉霜法

汞一兩爲率泥，礬、食鹽各三錢許，入赤皦脚少許，同研，入甘鍋內，實抐納半鍋，用瓦陀兒蓋口，如法封固。掘地坑一箇，築令緊實，貯水在坑內，安甘鍋向下面，令水浸，須離一寸許，鍋外四邊用土築實，用火簇煅，候地烈爲則。候冷之，其霜已結成，可用。

結煅粉霜丹陽換骨法

汞五兩，信二兩，鹽五兩，枯明礬三兩，牙硝三兩。

右件先將枯礬研烘熱，研礬細，徐入信，略研細，入汞鹽硝研，無星爲度。帶熱匙挑入甘鍋，令虛浮平正，以瓦盞蓋口。先用姜和濃墨，刷盞底三二次，乾了。安鍋口，用赤石脂無名異細研，以鹽滷練打十分匀好，泥固鍋外十指厚。做天盤，如昇靈砂一般，火從微至著，候盞內湯沸滾，此是藥升了，更放火猛，良久住火。候冷，盞底取藥，作頭子塊，絹裹，先用羊蹄根及苗一處，搗取真汁，先滾一沸，取出冷令清，再澄清汁，入滿缸內，將先包裹藥，懸胎煮三伏時。取出，再碾前礬、硝、鹽，於鐵碾口碾細，一同又煅二日，候冷取出盞足藥，再敲碎如前，再用真單藥汁煮三伏時，取出，每凈骨一兩重，用此藥二錢重點之，雪白。

硃砂法

大戟、芫花、遠志各等分。以硃砂一兩，成塊有墻壁好者，將藥爲麤末，炒硃，先煮用藥三兩，煮一伏時。却用前藥炒焦了，吹去灰再炒。如此三度取出。將砂子研細，入蜜和成一塊，用帛包了，捏匾入盒子內，用四白頭匱鋪底，中放砂子，上用匱藥蓋了，將盒封固，入灰缸，養火二兩頂火，四邊些小遠，養一晝夜取出。研細，添上銀母五錢，依前法，又養一晝夜，取出研細。再將好花銀甘鍋溶開，鈴出冷定成一塊，蜜內滾了，放於盒內銀上，摻上前養了硃砂，次固濟了，再入灰缸，養火三兩頂火，四邊少插火，養一晝夜，取出，剥下寶了，與粉霜一兩相和了，再入灰缸砒匱內，養火五七日，以一口日爲則，取出點化。

砒匱中入水銀賀二物手法

賀煎化作水，用白膠香少許，攪賀中荷自清，却入水銀。但以砒五兩，入三兩賀，九錢重水銀，以此爲等分，均入砒匱中。

白靈砂茱萸頭法

汞二十兩，信二十兩。同研末，以汞無星爲度。旋入西朋五兩，礬芷五兩，

二件同前藥並研細，入水火鼎打茱萸頭，一日取出，粉作棋子塊，却用木鱉、斷腸菊、馬蹄香、川椒，入水三大碗，將茱臾頭懸胎煮一日了，却入砒匱，養火十四日，即倒取出，作匱用。

金鼎粉

粉一兩，爲末。絹扎定用。五倍子、河車、猪牙皁角。

右用水一大碗，煮粉乾爲度。

打金鼎砒法

砒三兩，鉛四兩。

右鉛入在窩子內成汁，用三四點水入內，其汁成清水，下砒。其砒研如骰子大小，逐旋下在窩子內，直候了時拈起，在冷處打開，窩子自然分胎，內鉛在底下，其砒金色在面上。次將砒煞細了，却將煮了粉細研，入銀碟子一錢，碎剪，一半在內，一半上下鋪蓋，入粉在中間。又將汞些少在內並了，再將金鼎砒九錢蓋頭，入建盞，斷其盞，須用燈盞蓋定。上用灰蓋滿，打尖樣。四畔用火，五觔一煅，三分去二。候冷取出，須是下用水瓶座盞於上面，方可煅之。再煅如前蓋之，不用砒，只白煅盞蓋三斤。火寒爐來早取，取出煞細，入明亮生信一錢，用酸漿搜和爲丸。乾，銀箔裹定，入捲栢敗荷蒂各一分，酸漿搜作貼身。又將酸漿草、浮萍紫者，並不以多少，研成膏了，作外貼身毬之用。六一泥固濟，用火三斤一煅，三分去二。候冷取出，每一錢化一兩三七合。

鉛煎丹陽粉

粉六兩，白湯洗過，用土硃，白善。食鹽、玉簪各四兩，代赭三兩，赤石脂二兩，青礬四兩，水晶四兩。

右同用爲末令匀，用米醋搗如泥。先用黃蠟，看粉大小。如粉大，小爲丸。用前藥固濟，後乾，用火化開蠟毬，出盡，却將粉填入內。又用藥封盒口，後乾，用鐵線扎定。入鐵罐中，用鉛汁煮三日三夜，取出黑色，一錢點物一兩，不用勾母。

王母宮一輪月法

粉霜一兩，水銀半兩。

右二味同研，不見星爲度。以雞子一箇，一頭用孔子，取出黃白了，以樟腦不拘多少研細，入在雞子殼中，蕩了傾出，却入粉汞在內，上以黃芩末不以多少，入在上蓋了。又別以雞子殼一半，以固口。藥固之，入死聖無知匱實築實，更以固口藥固匱口，外只以鐵線擊，安三角架上，以紙灰養匱，鼎上灰厚一寸半，火候

如左。卯酉火。

一日，一兩。二日，同。三日，二兩。四日，三兩。五日，四兩。六日，五兩。七日，六兩。八日，取出再研細，仍舊用藥，再養七日火候。

一日，二兩。二日，三兩。三日，四兩。四日，五兩。五日，六兩。六日，七兩。七日，七兩。八日，取出，以一錢重，點紅銀一兩，成至寶也。

神仙縮賀白神丹法

辰砂、硫黄各半兩，滴乳香一兩。

右三味同研如粉，入胡桃肉少許，同研成塊。次用濕紙二重，乾紙一重，裹之，以麻皮片子扎纏了。次用膽、礬硇各一錢，好甆石半兩，同研細末，入馬齒莧半兩，同研令匀，用米醋一升，慢火熬成膏子，打成餅子，裹前藥毬在中心，又用紙三五重裹之。次入在盒子内，上下週迴並用石灰築實令滿，蜜調蚌粉封合口，外以鹽泥固濟，候乾。掘一地坑，深一尺二寸，闊一尺二寸，用金粟火三斗，先入盒子在地坑内，次入粟糠在上蓋，匀填令實。從上發火，候火盡爲度。直是煙絶冷，打開露盒子，又用硬熟火五斤，煅去三斤火，取出其藥，不打分毫。再以甘鍋歇口煅成汁，便傾地坑内，分兩亦不折。此藥是點藥，每十兩浄賀，用白神丹一兩，同入甘鍋内，炷成汁，候有蟬聲，以柳枝急攪，聲盡傾入地坑内成陀，任意打用也。

炒賀法

賀十兩。先入新鐵銚内溶作汁，却入羚羊角二兩，太陰玄精石爲末二兩，即便入攪之。如不見賀時，不要驚，添大火，攪之復出。賀傾在地上，其賀却折一半。所賀白如雪，斷聲巨齒妙也，然後點之。

偭母砂子法

母二兩，汞八兩。

右用母打成碟子，安在鼎内。次入汞在碟上，次下藥末蓋之。如後。

川椒、細辛、黄栢、乾老、茶葉，荆介，各用三錢。爲末，入鼎蓋母汞。次用炭一秤煅爲度。取出砂子，研成骰子塊，用蜜陀僧末蜜調滚過，次入鉛匱養之。

死鉛作匱子法

鉛一斤，餤硝半斤。

右先將硝，入甘鍋溶成汁，次入鉛在内，煮一日，取出，碾末。用沸湯泡，曬乾，爲匱，用四兩也。將前砂入匱，卯酉火四兩，養火三日，取出炷藥。如後。

炷寶藥

蕎麥灰和信等分爲末，水調成毬，煅碾爲末，膽礬、白藥玉末，丁頭、代赭石煅等分，焰硝一兩，入火煅溶，入韶粉二十文，硼砂二十文，煅爲末，每用三錢蓋頭鋪底，煅過一兩砂子也。

煅鉛法

黑鉛半斤。入鐵銚内，以大竹篦炒，入焰硝末在内，同炒，鉛乾爲度。每鉛一兩，用硝半兩末也。

右將鉛末入砂合子内，中間入汞砂毬子，去帛包，以末蓋之，養匱用鐵線扎定，外縫用石脂醋調固濟，入爐内，用紙灰令乾。篩過，作爐中，安盒子上，用炭火一兩，發頂上，一日一夜。如此三日三夜，火足取出，入窩内，上用前藥草相壓定，更用食鹽封面，大火烹成汁。

結母砂子法

汞五兩，銀二兩。

右二物作一處，放在乳鉢内。次用知母二兩，剉細煎湯，傾在前藥中，同熟研，候物成就，即止。如未就，又煎湯同研。便用白紙絞作彈丸，用線繫定。次用酸漿水二升，如無漿水，只用虀汁亦得。放於一浄潔罐子内盛貯，却將砂以線懸胎入罐中，煮一伏時。取出，放在冷水盆中，其物自硬。

貼身藥

川椒、川烏、細辛。

右等分，生用，搗爲末，用蜜調裹砂子上，放浄處令乾，便入匱子内養之。

匱子法

黑鉛三兩，石灰一斤，硇砂一兩半。

右先將黑鉛，於鐺子内溶作汁。次下石灰二味，攪令匀。次下硇砂，着鐵匙攪，直候成水。然後取在地上，令冷取出。便用甆盒子一箇盛定，用平子，却用砂子，如栽蓮養。次用蛤粉、鹽二味，用水調作泥，封定盒子口。次用新瓦盆一隻，滿盛灰，便將匱盒子埋在中心，以灰蓋定。用火一斤半，漸添養一伏時。次日，又用一斤半，依前法養。第三日，用火三斤，亦以漸添，又一伏時。候冷取出，入烏梅水内，煮一時辰，却炷成寶也。

結庚砂

庚一錢，汞三錢。

用真麻油半盞，入瓜蔞子一粒，同煎，候藥子黄，又下一粒，共下七粒爲度。旋入白膠香六七分重，同煎少時，旋傾旋擠結了。再將湯水洗浄，去藥氣，令砂子光色之時，方可住手。入烏梅核滿子，用硃貼身。次以白梅肉裹外，又用草烏末醋調，再都包了，更用紙泥都包，焙乾。用灰蓋頭，并四畔簇火，養一夜，砂出了。再以紫河車末蜜調上，於絹帛上裹一重。外再以細辛、草烏末、百合、江子等分，蜜調裹一重。外更以鹽泥固濟，候乾，入爐，星火養一煅。

隨母三在法

庚一錢，汞一分。

右二味結成砂子。硃砂一錢。

右三味同一處研勻，用魚腥草汁，調成毬子，滚黄礬作貼身，晉礬外固。如做銀時，晉礬貼身，黄礬外固。又將連紙包了，放陰石上一宿，又用魚腥草爛研，固貼身一指厚。又用黄花、雞腸草、蛇茂草五葉者用。搗爛碎，固一指厚。又用炭灰一兩，青鹽一錢，湯調作匱，名曰柳絮匱也。次熟火五六斤一煅，候藥過，取出。

過爐

玉石，雲母石。

右各二兩，米醋一碗，煮盡爲度，焙乾，以磁盒子盛之每一兩物用半兩蓋了，用煅，用水化開，再用得。

硃砂金法

用大塊硃砂四兩，絹包定，懸胎煮。如後。

地榆楮實子、巴戟、甘遂各一兩。

右件爲細末，分作四包，用好米醋煮一伏時，一次添醋，一次添藥，四次下煮盡，取出硃砂。

右將銀一兩，庚四錢，合溶打成箔子，剪成片子，包了炒，如蓮子法，入硃在内，外用蜜調蜜陀僧末，作貼身，半米厚。又用煉蜜調魚腥草根、茘枝草末，外貼身一米厚。如此貼身，入青鹽匱中，四兩火，養七日。冷取出，在磚上，用炭火三斤煅，冷取出，入窩傾煅，入鹽、礬、膽一處煮熟，傾入，數十次成寶也。

造匱法

青鹽半斤。藕汁兩碗煮，汁乾爲度。焙乾，入甘窩内，煅成汁，傾出，少時研細末，入盒子。先下死白鹽在下，次下青鹽，上又入死白鹽蓋，醋調蛤紛固縫，死白鹽用知母煅死也。

打靈砂法

汞八兩，先硫一兩半，地雷硫半兩，雄黄半兩，雌黄一錢。

右件三黄爲末，依法炒成青金頭，入鼎上水下，火打成靈砂，一二錢魂。

煮法

芫花、五倍[子]、大戟、川椒、狼毒、荷葉灰，硇砂二錢，白礬。

右等分爲末，用河水醋同煮三日，取出，入銀匱四兩，養一兩。

貼身藥：膽礬三錢　西硼半兩　硃砂一錢。

右三味爲末，蜜調上令炒，上養火七日，取出令炒。

用草藥匱法

南星、狼毒、五加皮、荆芥、黄芩、黄連、地榆、川椒、黄蜀葵。

右等分爲末，蜜調成膏子，入盒内，如此固濟，三兩火，養七日。

再煮墨梅二兩，白礬，白鹽、五倍[子]各二兩。

右三味爲末同煮，令炒一伏時，用河水，取出洗浄，令炒四兩，澆淋汞二兩，二兩火，養三日。如此澆淋只二十次，不可澆芽子。

過爐法

右用黄丹一兩，先入鍋内，芽子在中，再黄丹半兩蓋頭，入爐扇成汁，取出，打破甘窩，成一鋌寶也。

葛仙翁九轉靈砂金丹

脱殼換胎靈砂法

硃砂五兩，硫黄、青鹽各二兩，五倍子二兩半　硇砂三錢半。

右三味，同硃砂，用米醋煮一時。如耗盡，再添醋煮。取出硃砂，用膽礬貼身。

煮膽礬法

鴨嘴膽礬二兩，朴硝一分，食鹽二兩，水銀二兩。

右四味一處研勻，罨一宿，入生鐵銚中，用河水，去炭火上煮令沸，如湯耗，常以熱湯添，不可用冷水添。如此不住火煮一日，或半日，以鐵匙於鐵銚底取水銀，看成砂子，住。傾出餘藥不用，只取汞砂，用水淘浄，用紙揩乾，再用。如紙兩重包砂子，攪裂餘汞，却將攪了砂子，在紙内逐一塊。却用浄鐵銚内安定砂，用建盞覆定，皮紙封盞子週迴口縫，去慢火上坐銚子，待良久，離火取出砂子，真死者紫色成塊在銚底，未死者飛在盞上。却將死者研爲末，將煮了硃砂用蜜調

過，以汞砂子末裹之令勻，又將三七母砂砂，再逐塊包定。

結三七母砂法

用山澤銀末三錢，用汞七錢，二味一處研成砂子，將裹了硃砂，逐塊薄薄包勻。如裹不就，再結了，依前鐵銚子鋪硃砂，以紫盞覆定，濕紙封口，去慢火上坐銚子，逼出餘汞。如此逼盡，用山澤銀五兩成末，入合鋪蓋硃砂了，上用黃丹一兩，再銀末上蓋之。一方：用銀末八兩，黃丹二兩，封口鹽泥固濟，待乾，入灰池。從寅時用炭四兩，作熟火，如此養三日三夜。養過日足，取出硃砂，不用銀末。此是第一次，去其凡胎，不用母也。

添汞養火生黃芽採摘收取法

將母砂已煉成硃砂三兩，再入合內，用汞二兩，澆於硃砂上，固濟，待乾。入灰池中，用炭五兩，生作熟火四兩，鋪在合頂上，灰罨。又至午後，再添四兩。至一更盡，再添。早晚三時添，如養三日三夜。開合，看如硃砂生黃芽於合頂，又用汞一兩，再澆入合，封口固濟，依前養火三日三夜，取看生黃芽。如此生黃芽於合頂上，週迴便別澆汞二十四兩，澆養採摘，收取入大丹，變化成丹法。

大丹變成成丹法

將前合子內并生成芽子，不得取了，但用汞四兩，澆入合內，依前赤石脂固縫。先入水瓶一箇，在合子底，坐合子於水瓶口上，却用紙灰蓋令滿，頂上，灰厚二寸。用熟火四兩，在頂上鋪養，寅午戌三時添火，只可四兩。如此循養二日半，取出水瓶，再添水令滿。如此共養五日五夜，開合便更澆汞四兩，火數依前，養之一月，共六次。每次澆汞四兩，共二十四兩也。如此開合，首飛頂上成黃芽者，逐旋採摘收取看，採得八兩，或十兩，或一斤，在別收起，大丹養火，湧泉變化。其餘合底不飛起此芽子者，亦不中用，但和先硃砂，用草藥一煅方成。

九轉金丹大藥取丹造化服食法

黃芽迫華池入大丹變化火候先過華池訣：欲將乾汞變成銀，須伏鹹酸作主人。衆朋烈焰硝礬態，立至超凡入聖真。

硼砂、焰硝、白礬、食鹽各一兩。

右四味，一處細研，入砂銚內，上下鋪蓋勻，入先採摘者黃芽在中，用楮汁半碗，米醋一升，和勻，令逐旋滴藥上，游汞透底，以紫盞覆定，直候用盡醋汁。大火煎逼令乾，密封蓋，一時久至令焦乾。移退火候，冷取出，沐浴。

再沐浴訣：紫袍銀帶色鮮鮮，合口須教莫亂傳。更使漢防相輔佐，和芽一處水中研。

紫草、白芨、合口椒、漢防已各一兩。

右件四味一處，用商陸根水，於砂鍋內濃煎汁三碗，去滓，將藥水浄浴洗，先過華池了者芽子令浄，不可用生水，以紫盞盛，慢火上逼炒令乾，去盡水氣，然後去潔浄處，露天一宿，稟天地冲和之氣，然後入爐。

又 卷七《陰真君金丹訣》曰：丹砂名碌碌，未得丹食服。乾坤法象成，陰陽數方足。上有黃龍蟠，下有白虎伏。一物有五彩，永作仙家祿。

又紫霞君曰：紫龍頭上蟠，白虎含精氣。户内閉學者，不離《參同契》。

大凡修丹之士，若見紫彩五色明窗塵，乃丹之靈化矣。如開合子，見五彩色，便以黃芽銀打作團葉一片，或三兩，看盛黃芽合子大小樣一般，打令四邊厚，中心薄，陷在砂合上蓋，却每日依前養火，自然紫粉在銀片上。每遇五日一次開合，收用鵝毛刷，聚以銀合盛，看聚得成兩，別入神室，變轉紫粉，自然冲氣結成，不是砂汞之質，如砂汞之精英耳。

紫粉別入神室變轉法

將好銀打作合子一箇，安紫粉在內，或二三四兩。先用好金三錢作箔子，碎剪，入小甘鍋子，燒金微紅，鉗出甘鍋子，急將水銀七錢，傾在內，隨即用鐵筋攪成砂，以水銀砂白湯洗浄，紙揩乾，圓作三塊，釅灰汁，並收取露水，一處煮砂子半日，或一日，令緊方取出。入在粉內，埋定合子，却入在灰池中，文武火養七日。取出，砂子入氣爐成寶，分毫不折，此粉靈也。

夫神室者，乃銀合子是也。須外用砂合，合定銀合子，方可入文武火養，早晚各六兩。紫粉如不用變化，養金砂子，此寶便可服食。將紫粉研細末，用楮汁爲丸，如麻子大，候乾，用黃蠟包裹，却以帛絹裹定，於長流水浸四十九日，或新井水亦得。如此浸了，方可取出來服，空心，一丸，井花水下。如服此丹，萬邪不侵，長生安樂，永爲地仙，骨髓皆爲金石之堅固，靈變之道，卒難毀滅。如紫粉明窗塵，未欲服，再入金丹九變化，養大藥通靈。

第一變　金液還丹變化：鉛汞幾人修，靈通事轉幽。寒林添緑水，紅粉逐波流。煉作真金色，花光瑩月秋。與君須保守，凡欲莫遺流。

師乃紫華先生曰：黃芽摘令細，用水飛淘，隨水過者，入鼎器養之爲大藥。依前法養火，進退用水火養之，別有變轉水飛。不隨水過者白砂，銷之成寶。隨水飛過者金，乃是黃芽之金精也。

第二變　黄芽添汞産藥法：寒泉流白雪，添汞又生芽。蜜固黄金鼎，燒成紫菊花。芬芬飛落葉，漸漸結成花。此道人知少，忘機不可誇。

葉先生曰：先用水淘過白砂黄芽五兩，入在華池中，澆汞五兩，坐水上，結成砂子。再排疊入鼎器内，固濟，入爐中，文武火養一日一夜。再取汞五兩澆，依前法火候，養七日，皆成寶，别通造化。

第三變　明窗塵修六氣法：神變幾千回，真人作上媒。寒雲連地軸，陰虎激陽雷。二氣青霞湧，三峰玉雪堆。調和真妙理，須是太陽催。

（右）用明窗塵二兩，入生硫黄一兩，二味研細鼎内，入明窗塵鋪底蓋頭，以明塵硫末在中。又以明窗蓋之，固濟，入爐，養火五日。一處取出，皆金紫色。然後一處研細爲末。又入生硫五兩，一處研細爲末，用楮汁爲丸，如菉豆大，每一粒可摻汞一兩成寶。如未靈，再養三七日。

第四變　明窗塵修紫河車法：觸取日精華，清心煉紫芽。玉真真不遠，守道道無涯。玉笋堆成寶，黄金滿我家。自爲心内寶，豈可作驕奢。

（右）用明窗塵五兩，入神室内，乃太乙神室也。用汞五兩，如蓮子栽於明窗塵内，蜜封固濟，依前入爐，養火七日，皆成真芽子，成條子是也。銷之成上色金，飛在鼎器上者，乃河車粉也。

第五變　紫河車變轉黄轝法：黄轝爲真道，變化亦通津。莫與凡人説，幽奇休露伸。精功金萬厲，服已去三神。真凝源妙道，方可謁宸君。

（右）紫河車五兩，一處細研如粉，入神室内，依前固濟，入爐養火四十九日，取出變黄轝也。取研爲末，楮汁爲丸，麻子大，黄蠟裹之，水浸四十九日，出火毒，空心，無灰酒下一丸。此丹能返魂魄，迴生起死。

第六［變］（右）將黄轝研爲末，入神室鼎内，養火三七日，取出細研，棗肉爲丸，如菉豆大，每日空心，酒或井花水下一粒，如陽衰氣絶，精神恍惚，服之固陽生力，剛强益倍，返老還童，其功不可測也。

第七［變］　紫金丹神化法。（右）將紫河車粉，再入神室，養火四十九日。

第八［變］　養一年，開爐方分五丹收采，再入金鼎内，養火服食。一名龍虎大丹，二名神符白雪，三名紫微丹，四名金紫丹，五名金液小靈丹，第九變名曰金液小還丹。

第九［變］　金將體自然，魂魄性相連。開爐飛白雪，滿鼎折紅蓮。昔日乘槎客，今爲拔宅仙。一家游紫府，白日上冲天。

右件依節次，再入金鼎，養火一年。齋戒沐浴，醮謝天地，方開爐取出鼎器，收取諸丹，演結真紅色者，名曰龍虎大還丹。【略】如鼎内皆結紅色，蓮花相似，名曰紫微丹。或紫色不變諸色者，名曰紫金丹。如鼎内皆金色光燦者，名曰金液小還丹。

天寶長生神符匱

十分好北石亭脂，一斤爲率，去石屑，用瓦松花葉根搗自然汁，將亭脂絹袋，懸胎於磁罐内，慢火煮五日五夜，不得火緊了，不可見鐵器。日足取出，入罐内，以元草滓鋪底蓋頭，封固，用火養七日。三日，四兩火。三日，六兩火，一日，八兩火。其伏火者作一朶在底，取出，以水火鼎窟煆成汁，取出，去面灰令浄。入沙罐，虚養十四日，並用元滓灰捺頭。前七日，三兩火。後七日，四兩火。日足，取出成匱。

神變白雪

用二鼎粉霜四兩爲率，用姜汁煮半日，以約五錢一塊，劈作成片，以蜜略衮，用生陰拌過，每一兩用母箔包之，入匱養二十一日。養法看神符精英有力，十四日出試點，如面黑。二十一日足，如不死魂。過日最要子細看火候。用骨一兩，白雪一錢半，成足色寶。若火力到，一錢點一兩。如要點，用匱爲長生匱，養粉霜。如不要點，别有轉功，養出粉霜爲匱，脱出粉霜爲明窗塵。

白雪匱

以養粉霜一斤爲率，入沙罐内，養硃四兩。用瓦松煮七日，入匱養七日，每日晨昏候，三日三兩，三日三兩半，一日四兩，硃已真死。如不欲養汞粉，依前法十四日，一錢點一兩滲銀。

結霜

用硃四兩爲末，用硃一兩，瓦松煮五日，入在匱内，用帛扎定毬子，上下鋪蓋，養八日。二日二兩，三日三兩，三日四兩。硃出用雌一兩，以木通煮一日，見黑便换。如此十數次，將雌殺細，同養七日。二日二兩，三日三兩，二日四兩。又同硃雌殺細，養七日。每日養火了，又將雄抽過精英一兩，同蘿蔔汁煮一日，研勻，三物併此一處，養七日，火候同前。又將硫十分好者一兩，如豆大，用天苦蕒煮一日，同前四件，養七日，四兩火。其四物並足色金矣。

起變

却將四神四兩爲率，用薄片母六錢，汞一兩四錢，同浸一宿，碾成砂子，作八

丸，却入前匱固濟，入灰池，養十日，每日五兩火。取出十分赤金。

通神

却將所出金四兩，打成一合，將硃二兩，瓦松煮五日，在合内養七日，每日四兩。如此脱出八兩，取出，每汞一兩，用硃一錢糝成至寶。

糝法

用茶末醋和調勻，作小鍋兒，入汞在内，丹頭一錢爲末，鋪蓋上下，用鹽裹定，於建盞内，二斤火一煅，成足色紫金。

此是有道之士内能，會點轉作大丹，非常人所能及也。但志誠極苦，助貧爲上。

嬰胎八真

用大魄硃二兩，生硫一兩，另包，瓦松真汁煮七日。如無，以玄公代之，其力亦甚。取出，將硫入鐵銚内炒，硃入草滓同炒，硫盡爲度。用庚母四錢作珠，入拌令勻，將黑雞子一箇，剜孔令空，入硃並在内。如雞子少，不拘，仍用雞殼皮掩了，用雞子清調崑崙紙，包七層了，用黄泥固濟，令投縫。用生鉛八斤挫碎，上下蓋定雞子，雞子上用鐵叉叉住，不致湧起，瓦堝封閉，用灰火覆之，四圍稀火，但令鉛錫化爲。如此七日火候，取出去母，但用硃砂半兩爲末，入鵝子内，爲貼身，結九一感氣十兩，入鵝子内，依先前法，鉛匱内養七日。取出，其芽子開出，至寶大有，無窮造化。若無鵝子，但取硃二兩，入在五十兩甘鍋内，成鐵罐内，澆四兩汞在内，七日對澆關法，取老者成寶，亦無窮造化，爲之長生芽子。如老亦可分匱，有道之士，必能點會之。

梅核白銀法

先以黑鉛一兩爲率，汞一兩，同入甘鍋内，炒成砂子。次以黄花地丁草洗浄，搗自然汁，以硃砂一兩，浄用挾鐵石，引出砂鐵之類，用草汁煮一週時，取出曬，焙乾爲細末。用時以五倍子一箇，約盛多少分兩，其中藏得二錢，則先下一錢硃砂末，次下銀母分半，上入汞砂一錢，以瀝青灌竅，却以鹽泥赤石脂固，五倍子以筆記其口，向上曬乾，鐵香爐内，先以末香一半，其中藏五倍子，再以末香滿之按實，臨夜焚之，天明灰冷取出，搥碎，寶成内矣。

又　卷八　昇仙大丹九轉靈砂訣許真君。訣曰：取透明硫四兩，先用水田公子草，即水上大浮萍，葉圓大，中十字畫開路者。搗自然汁煮三伏時。如無，只用瞿麥末，以河水煮，亦好。其汞用管仲一兩，五倍[子]一兩，松脂一分透明者。上件三味爲細末，用釅醋，進慢火煮半日，候凝結如糊爲驗。裂取癡汞，方用鐵銚一隻，搗生姜自然汁，又煮汞半日。候乾，用文武火上炡煮了硫成汁，取起離火，傾入癡汞，鐵匙慢慢攪和，得所成青金頭。次用柳木槌研細，再於慢火上炒，不得有鬼焰起，常將柳枝灑酸醋，至七箇時辰方住。且如寅時下手炒，換人直炒至申時住。炒得砂子老，方入水火鼎打，時貴無遊汞也，又得靈砂堅實。

打靈砂入鼎法

將前砂炒了青金頭，又乳二三千轉，入鼎中，酸醋調赤石脂塗鼎上三山，次下水鼎盤，天地相合，如法固濟口縫。一宿，入爐内盤中，入水爐中，着火水，勿令溢，火不欲高。初進火三斤，候水耗一二琖，次添上熱湯。再進火一二斤，更候水耗三琖許，不住添湯，直候打得五箇時辰。次又上火五斤，一煅，候煅至一十五斤，火足煅絶。寒爐取出，具造法如後。

大凡打靈砂不堅實，有遊汞則不成寶，養之不斷胎色，靈砂吞母，以上諸病者，只因炒青金頭不熟之故。如不制硫，則汞不成矣。如不癡汞，則功不立矣。入水火太高，火力小，不知鼎底厚薄，俱不成也。水火鼎須造鐵者，庶無敗壞之患。

老君曰：其甲庚之元，號曰青金。入爐安鼎，假令火十五斤，用既濟一伏時，周足天地，乃成靈砂。須要体堅實者，是也。然用火十五斤，可敵九百年，太陽十五周，甲子之數。一日一夜，可有九百年之造化，汞成砂也。内藏離坎，本汞内赤色屬陽。故曰：坎離交會，既濟烹煎，水火金土，混一造化。故立此别之，以顯正道。

煮靈砂藥方

將前鼎内打出靈砂，以刀斫作珠子大塊，以竹籮盛貯，投桑灰汁中，懸胎煮三晝夜，須是新鐵鍋。入藥如後。

白礬一兩，川椒一兩，去目。解鹽一兩，膽礬二錢，雄黄二錢。

已上五藥，次第研細，添釅醋，煮靈砂三晝夜，長遠尤佳。取用川椒湯沐浴過，去藥柤，控乾方可。

老君曰：何必用煮，謂其硫汞成形要死，方用煮倒。惟用此五靈藥，按真五行，此是死硫汞之藥，故曰五靈。桑灰煮者，制硫也。硫倒則汞死，故假死硫，而後汞可死。既死則何用硫，然則硫可作糝制，有此大功也。

造匱法

山澤艮一斤，烹成汁，入荷葉末攪之，旋令離火，攪作碎珠子，傾入水中，洗

去灰，篩取碎細元者。若用大者，則匱不靈。如黍米大者，要令透氣，亦在好母。母若不好，則功難成。

但以母四兩，養子一兩爲率。其靈砂須用貼身藥隔之，入匱覆藉，層層須遍了，固濟合口，入灰池，進火養之，以受靈氣。

貼身藥：膽礬透明片子者。四錢，研。舶上黄一錢。研用水田草汁，煮七伏硫。

右將二味，入新銚中炒，至色轉紫方住。候冷，細研爲末。將靈砂於釅醋中拌令潤，入藥末内滚過，遍令爲貼身。却又用銀箔逐塊裹紐令緊着，入匱栽蓮法。

老君曰：何以金石硫膽爲貼身，此二藥乃死汞之根原。汞見膽可成粉，見硫可成砂，故兩用之，不失其義。

入灰池養法火候數

入匱訖，封合畢，入灰池内，用紙灰五斗，將藥合放中心，下以鐵三脚子架，閣起合子，覆藉留頂上三寸口上，每日卯酉時，各進新火二兩，於頂上抽添，去舊火，養一晝夜。至二日，加火至四兩。如是三七，或四七，晝夜足。直候絶冷，只取出一塊，看用多年白梅肉裹定，煨一食久，入釅醋中焠浸，所出雪白色，如覺輕，其硫去也，只有死汞，其母不耗。如未十分倒，當時去貼身，便見有膽色，只是火太高，不是灰力不到也。便將酸醋煎沸，用母末匱入於苦酒中，用白礬二錢，入手心重重揩之，洗浄控乾，入合，再進火五兩，卯酉抽添，養三日，無不成功。藥合須用鐵鑄成，約重五斤，火係熟火。

老君曰：何故用卯酉下火。故曰：日月出入之門，間隔不得之意。乃水火土加之，卯酉二時進火，則五行全備也。

老君曰：以醋中沐浴其母，再養之。緣其母被汞硫及貼身氣衝，無光精則質塞不悦，不能造化也。如此母養子三五次了，若折些小，但用四一之數添之。如人有力，所將前養砂子，却用别山澤艮，依前造化，准前火候，抽添進火，養之七日，其物堅固無比。若用轉數，其力浩大，但聚得二十以上，兩入沐浴，謂之超凡入聖。

第一轉　去貼身及餘硫，並盜食者。但用此法脱之，萬不失一。火凡煉靈砂到此，乃漸入聖域。

用鉛不用鉛，須向鉛中作。及至用鉛時，用鉛還是錯。

將養出靈砂，入鐵臼中擣碎，以崑崙紙包作一毬，又採地丁花根葉全者，拜草麻仁、巴豆仁等分，擣成膏子，毬定靈砂，入大砂合内，用銀箔四下圍了，四圍却入聖無知實填，靈砂毬子中心，毬子上鑽孔二十三箇，坐合中，固濟口縫，如法入爐，進火半秤，養一宿。取出開看，但見一片在合中心，如銀鑛，取出烹之，依前匱撲碎珠用。

將沐浴了靈砂，用釅醋一升，青鹽半兩，硝石三錢，同入鍋中，煮一日，要緊堅實，造化成新真寶，此爲第一轉功法。良無頭，釜無耳，不用藥，直下制，天地理，審斯義。

第二轉　靈砂點化成真法。每以母匱脱出沐浴了者靈砂，造匱一斤，依前入合，却用二八數，將打了省靈砂，依前煮，又用脱殼白體靈砂。

貼身藥：粉霜三錢，硇三錢，鵝管石四錢，朋四錢，白膠香二兩。

右件五味爲細末，用苦酒調作貼身，再將崑崙紙裹定兩重，更用麻線緊扎了，剪去餘者，入第一轉銀匱内栽蓮，並依前固濟口縫，入灰池，火候抽添，依前法養七日足。候冷開合，其靈砂顆顆如荔枝狀，其硫汞與貼身作一塊白體銀。亦不須過鉛池，其貼身藥若聚得四兩，可作三七母砂子長生匱，用亦靈砂矣。

老君曰：此乃除凡胎脱俗骨也。其匱亦不必酸醋，亦不耗折其母，號曰長生匱。所以養出者靈砂。若聚得十六兩，更不必坯，可作種金脱殼之法。其白體銀，每二錢點化赤銅一兩，成至寶。號曰丹陽。亦不用煮撲罨之類也。

第三轉　靈砂種金脱殼法。但將二八青金，每十兩，入硇半錢，辰砂半兩，研細，取出，用崑崙紙裹一兩作塊子，麻線扎定，却用烏驢乳楮汁衮之。衮上第二轉内貼身藥是也。可一粒米厚，入白體銀砂匱中栽蓮，依前固濟合縫了，入灰池，如前抽添進火，養三日數足。取出，其金自然脱殼也。取出死汞毬子，打碎，朝種暮收，其匱子一兩，可勾銀一兩成庚。其白体銀一錢，可點化赤銅一兩，成至寶矣。

老君曰：何故曰種金脱殼法，以其謂青金故也。

第四轉　朝種暮收澆淋法。但將所養出脱殼死青金毬子，以鐵搥打碎，如芡實大顆，秤半斤，入砂合内作匱，每次澆汞二兩，以寅時固濟口縫，一一入灰池，添進火五兩，候申時下，以半斤。至來日開合，看汞皆死在合底。日逐澆汞一次，乃長生無盡時。若積得半斤死汞，便可轉作玉笋，琳琅變化。

老君曰：何謂朝種暮收，乃謂伏火死汞二兩，早澆晚成是也。又云：藥何如得至此。用草藥與金石藥，自然變化通靈，故號曰靈砂。入聖無知，故曰先難後易。凡人不曉此理，何緣得見識耶。其餘匱每一錢，可點浄賀一兩成至寶。更有千轉萬變之功。

第五轉　玉笋琳琅法。但將前者盤倒青金死汞五兩，不别犯雜制，别入合中，灑汞五兩，下灰池缸底，進火五兩，每日寅卯抽添進火。次用鐵三脚架，起藥合子，進頂火養之，每三日一倒，其汞湧起，如玉笋琳琅，似瓊林玉樹，真珠乳頭，微帶紅色，若珊瑚狀，真寶可愛。

老君曰：謂玉笋者，以其汞湧盤旋凝結如玉林也。其死汞每一錢，可點化净鉛一兩，立成至寶。有變化靈妙之功。

第六轉　産孕五金伏雌雄化假成真法。但用三黄各一兩研，一伏時。次入玉笋末一兩，同研得所，入大甘鍋内，用伏火硇砂半兩覆藉了，又將玉笋末半錢蓋之，揭口進火九斤，作三上煅絶，冷寒爐，取出其藥，當如丹紅色。不問銅鐵錫鉛，入爐烹作汁，投三黄末一錢，化五兩成紫磨真庚矣。

伏火硇法：用半兩硇砂煞碎，入砂合内抄，天茄末一錢面上，固濟合口，候乾，進火一斤，煅令通紅，鉗出候冷，然後研爲細末，以砂合盛用。

老君曰：何故死三黄，謂點化假成真。然汞者乃水之精，以返純陽，故能制陽，化假成真也。

第七轉　變化糁汞成銀七返硫法。但將硫八兩，汞二兩。一處研至黑色，此爲返制之道也。次入前伏火三黄一兩，同研入坩合中。又用三黄末三兩，覆藉了，如法固濟，入灰池，每日卯酉抽添，進火四兩，養七日數足。取出爲末，每用一字，入生鐵合内，糁汞三兩，進文武火，養三日，候汞死，次進火三斤，一煅成銀。

老君曰：何謂七返靈砂，元用汞八兩，至此却用汞二兩，硫八兩，返覆之意謂七返，乃七轉也。

第八轉　白體成金摻汞成庚號爲八卦庚法。但將七返硫汞五兩，加上等三黄各半兩，南硼一兩，一處同研令極細，入合，固濟口縫，入灰池，養火二兩，每日卯酉抽添，養二十一日數足。取出，研細爲末，每將藥末一錢，可摻汞五兩，成真庚。

老君曰：何故摻汞成庚，以其八卦數足，陰陽極備之至矣。

第九轉　長生永壽仙丹飛昇大法。但將前件靈砂，逐轉可服，以煉蜜爲丸，每服一丸，用長流水送下，病痾即愈。其轉數造化神功，已述於前，自古及今，修藥煉丹者，無過此藥。到九轉之功，又非人力之所可致也。老君曰：若能修煉至此，一點可以飛昇，換盡凡骨，自成真人，相貌形軀，俱入妙趣，莫測幽深。但選擇高原福地，造觀築壇，並用碧霞細事，每日朝真，造爐鑄鼎，用二八打者靈砂三斤，細研。又用第八轉加三黄硫汞二斤，共合作五斤，一處研細，如塵，入鼎器中，謂之曰明窗塵。可以入合産，養金蠶，成妙道。

老君曰：用黄丹一斤，曾青一斤，雲母粉一斤，色金土一斤，水晶一斤。

右五味，可以並研如粉，水飛過，以烏驢乳和泥，托鼎内，候乾，方下丹劑，次下上盤，令天地相合，入爐。每日抽添，進火五斤養之。候百日數足，取出，入地三尺，埋一年。取出，又懸井中一年。取出，水浸一年。取出，再用入地三尺，埋一年。欲令不放霞光也。用甘露汁爲丸，如雞頭大，又入合進火，再養抽添，七日數足。取出，將藥一丸，與純黑犬喫，便將投入水中，須是新汲水一甕，浸之，其水當大沸熱。又易水浸之，如此易水九甕，其犬化爲龍昇矣。況人服餌乎。人服之，亦復如是，易水九缸，足便又飛昇，故號曰九轉大仙丹。世俗之流，如何便妄意修煉。若能修得一轉，儘可服餌，能保身延年。未嘗有人不奉天行道，而能修煉成大丹之理。

凡修煉大丹，惟有三成方可。一則夙垢自除，慧性自通。二則尋師訪道，養性安然。三則法緣濟會，動用自然，感得神寶精光，自然靈通擁護。

青霞子十六轉大丹

煮丹砂甲　硫黄、青鹽各一兩，五倍子打破，去蛀屑，乾布拭净，勿見火，取末。一兩半。

右三味，乳碾拌匀，置沙鉢内，注酸陳米醋滿，及八分，懸丹砂三兩，煮一伏時。常令魚眼沸，醋耗添熱醋，忌用寒者。竟取温湯洗净。

結膽礬砂子作衣乙　石膽經濾者。五兩，白鹽、汞各一兩，朴硝一分。

右四味，同乳匀細，以不見星無聲爲度。入絹袋，懸胎磁器内，河水煮一日，以鐵匙於銚内，取汞看成砂子，方住。傾去餘藥，取砂子洗净，拭乾團作一丸，置銚中，建盞覆之，文火逼去游汞令盡，乳細蜜潤經煮丹砂，就其中衮纏作衣，令匀厚。

包指丙　汞七錢，母三錢，椒三錢。

右同研細，慢火椒湯，碾之成砂子，如泥方佳。用水洗去藥，拭乾，以夾紙擠去游汞，方可做貼身。着身丹砂，或以重頭砂子，逐塊裹之，置陰地，候堅，疏排於熨斗内，建盞覆定，久火逼去游汞令盡，砂子緊確定丹砂。

入櫃丁　銀珠子五兩，覆藉包指丹砂，入黄埜批黄牛退汁，和黄丹二兩，以滓毬定鍊泥固濟，候乾，大火煅紅，徹經久去火。寒取，乳細内養黄，以一兩蓋

頭，封口固濟，候乾，入爐，頂灰厚二寸。

火候戊　頂火三兩，寅午戌抽換，養三晬時，竟去火。寒取，剥去砂子銀，其丹砂不得溶，便作澆淋用。

試可己　伏火丹砂，排入黄埿內，一作未。澆汞二兩，封口，入爐，頂火四兩，寅午戌抽換。養三晬時。開看，如未生芽，再澆二兩，如前法。開看，又未生芽，再澆二兩，如前法。開看，必生芽。别用汞二十四兩，澆養之。

澆淋庚　丹砂及黄芽勿取，便澆汞四兩，置水鼎穩坐黄埿於上，頂灰厚二寸，頂火四兩，寅午戌抽換，養五晬時。每二晬時，有半即去灰。起黄埿，注寒水，一作熱湯入水鼎，令滿。竟開黄埿，增澆汞四兩，皆如前法。如此六次，然後採黄芽，或得一斤，或十兩，或半斤，積之入大丹，養火湧泉，變化十六大丹用。其餘合底不飛起者，但和前辰砂。作草匱，一煆成寶耳。

華池辛　蓬砂、焰硝、白礬、白鹽、黄芽各一兩。

右味秤等分，同乳勻細，覆藉上下，穀汁半升，米醋一升，攪勻澆灌令潤，火逼令半乾，再澆灌，火逼候汁盡，建盞覆之，文火逼一時久，令焦，移置陰地，寒取沐浴之。

沐浴壬　川椒、白芨、紫草、漢防己、黄藥子。一本有此。

右四味秤等分，㕮咀，砂石器內，以流水煎濃汁，重綿濾過，以洗過華池黄芽，令極浄，忌生水。置建盞內，文火逼乾，攪動，露一夕，以稟天地冲和之炁，謂之經露黄芽。

草櫃癸　川椒、知母、貝母、玄參、苦參、黄連、黄蘗、大黄、甘草、杏仁、南星、草龍膽、五倍子、山栀子。

右擣爲末，米醋和成劑，以澆了丹砂。及不成芽子者汞，一處毬之，厚一指許，崑崙紙包之，煉泥固濟，候乾，補苴罅漏。火五斤煆一作三斤。紅徹，投水中，擣爲末，米醋成劑，以澆了丹砂不成芽子者汞，一處毬之，厚一指許，崑崙紙包之，煉泥固濟，候乾，補苴罅漏。火五斤，或三斤，煆紅徹，投水中，打取鎔成銀。

丹頭

經露黄芽，納黄埿，澆汞四兩，五日一澆，養火二日半，用上火下水。養之二日半。上水下火。養之合成五日，水火之數。且如火上水下，勿令水乾。若水上火下，須用鐵三脚架，於底坐下安火，合頂上安水，如此水火之功。凡遇室日用火。一日二日，火二兩。每日增一兩，漸增至十六日足。却退火數，至一兩。此乃一月火候。後過室日，下火一兩，養一月，此乃漸進火候之法，加減汞不竭矣。欲倒芽死，須見五彩紫粉色。遇開合頂上飛起，結成紫粉，掃入銀合，聚之作大丹。其餘芽子，收入神室中。十五日一次沐浴，始通造化。包真君云：不得華池終不美，假饒成粉也輕飛。燒了始應知。是以上仙祕於此訣，亦不言火候，乃金丹變化之祕爾。若至於此，亦萬無失一。《易》曰：消息盈虚，天地造化。《參同契》所謂内有湧泉，火候養成於五彩，入紫河車制度，養之湧泉。一日澆之，開合忽見合内芽子，或碧色，或茶色，紫紅色，白光色，此本色。或滿合黄土色，或金色，此真五彩也。蓋亦不出一二澆，則别入鼎器内，取將紫粉，證其五彩矣。修煉至此，開合紫粉色，號曰明窗塵。大丹之基，見有五彩。可用銀箔一兩，或二兩，大小四下打厚，中心薄，嵌在砂合上。次入黄芽於合内，封固，火候同前，自然粉飛合頂箔上。遇五日一次開合，鵝毛掃之，聚入銀合，收之或一兩，或二兩，或四兩，入神室中變轉。白然冲靈，結成不煉砂汞之質，乃砂汞之精英矣。

紫粉别入神室變化大丹法

右用三七庚砂，擠去游汞，恰好一兩，分作三丸，入餅藥一作炭灰汁。汁，並露水同煮一日，令堅，入合，用紫粉四兩蓋定，入灰缸内，以文武火頂火一兩，寅午戌養七晬時，取溶成紫磨金，分毫不折，此粉之靈驗也。夫神室乃銀合也，須外用砂合封固了，方入灰缸，文武火一兩養之。如不用變化，研細，楮汁爲丸，候乾，以黄蠟裹，却投於長流水中，或於井内，浸四十九日，取出，井花水下一丸，使萬邪不干，五臟如金色，可爲地仙。變化之道，卒難盡述。如紫粉明窗塵未欲服食，再入變化，養造金丹。

第一轉　黄芽修白雪金精法。

子華先生曰：黄芽擣碎，用水飛淘，隨水過者，入鼎養之，變爲大藥，同前進退火候。如不隨水過者，白金銷之，立成寶。隨水過者，號曰黄芽金精。

第二轉　黄芽添汞産藥法。

右用黄芽五兩，入華池中，添汞五兩，坐於火上，結成砂子，再入鼎，紙縫封固，入爐，文武火養一伏時，復取出，澆汞五兩，封固，火候同前養之，取之成寶。

第三轉　黄芽證用成藥法。

右用黄芽、銀末、汞各半斤，同入華池中，淬五十遍，取出，入合，封固，火候同前養之。取出，一煉成寶。五日一澆，採摘，入生出熟，汞不竭，號曰湧泉。

第四轉　明窗塵轉修硃汞本源法。

右用明窗塵一兩，入鼎内，次入大䰟硃砂一兩，上下明窗塵鋪蓋，復入汞一兩澆之，依前固濟，入爐，養火四十九日，成寶。一作七日銷之，立成黄金，飛上鼎者，名紫河車。

第五轉　明窗塵修二炁法。

右用硫一兩，汞一兩，同研細，入鼎中。次用明窗塵二兩鋪蓋，同前封固，入爐，養火五日，成金色，或紫色。然後取出，研細，再入生硫五兩，同研，楮汁和丸，如菉豆大，每用一粒，摻汞一兩成金。

第六轉　明窗塵修紫河車法。

右用明窗塵五兩，入神室中，乃太一神室也。用汞五兩，如戕蓮法，於明窗塵中，封固，同前入爐，養火七日，成黄芽，銷之成真金，飛於頂上者，號曰紫河車。

第七轉　紫河車變金液法。

右用紫河車五兩，醋和成膏，攤入合内，鑽竅子，候乾，入汞五兩在内，依前封固，養七日成庚。

第八轉　紫河車變黄轝法。

右紫河車五兩，辰砂一兩，研細如粉，入神室内，依前封固，養火四十九日，取出研細，楮汁丸如麻子大，空心，無灰酒下一粒。此丹起死回生，回骸返魄，服之十粒，三尸離身。或暴亡，用丹半錢，冷水調灌，隨即活。復能再生，非有神功，安可奪此。

第九轉　黄轝伏雄變質法。

右黄轝、辰砂、汞各一兩，雄四兩，研細，入神室内封固，養七日，取出研細，棗肉和丸，如菉豆大，空心，井花水下一粒，或陽炁絶，精神恍惚，服之可返老還童，回魂起死。神聖莫測。

第十轉　雄黄點鐵成金法。

右將雄黄入鼎内，用黄轝末一兩蓋，封固，火候如前，養百日，取出一粒，可點鐵一兩成金。

第十一轉　河車糝製汞成寶法。

右將黄轝、黄芽各一兩，同辰砂四兩，入神室中鋪，室中鋪蓋，封固，入爐，養三十日取出。只用辰砂、楮汁爲丸，如菉豆大，一粒點銅一兩，作换骨丹陽，糝汞一兩，立成寶。一本銅藥一兩，作一斤汞，一兩作十兩。

第十二轉　黄轝修紫金丹法。

右粉霜二兩，研細，以膠和爲丸，如菉豆大，用黄轝末一兩，上下鋪蓋勻，同前封固，入爐，養火二七日，取出。一粒糝汞一兩成寶。一作一宿。

第十三轉　紫河車修製五金法。

右紫河車五兩，入神室中，同前封固，入爐養火一年，其火力與大丹同功。楮汁爲丸，如豆大，每服一粒，可點五金爲寶。

第十四轉　紫金丹神化法。

右紫河車粉，入神室，固濟，入爐養火一年，取出。楮汁爲丸，如麻子大，又入神室，固濟，養火四十九日，取出。包之，入東流水。浸四十九日，無灰酒下一粒。

第十五轉　河車證驗法。

右紫河車四兩，或半斤，入鼎内。次用黄轝蓋令勻，封固，入爐，養火一年足。開鼎，分五種丹，然後收採，復入鼎内，養火七日，服食其丹。始有五名，一名龍虎，二名神符，三名紫遊，四名紫金丹，五名金液小還丹。

第十六轉　分化五丹。

右用節次養火一年，諸丹了畢，然後齋戒沐浴，醮謝天地，開鼎取丹，鼎上凝結，如真紅色者，名曰龍虎丹。服之白日飛昇，神遊紫府，雞餐成鳳，犬食成龍。鼎内片片如魚鱗白光者，名曰神符丹，服之枯骨變形，回生起死。鼎内淡紅似蓮花色者，名曰紫遊丹，或紫色不變諸色，名曰紫金丹。或於四邊皆成金色光者，名曰金液小還丹。以上諸丹，楮汁爲丸，如麻子大，候乾，以絹包，入東流水，浸百日，取出。井花水下一粒，至二粒三粒，至四粒，乃爲劑此丹，精心密意，立見通靈。服之一粒，五臟骨髓皆成金色，入水入火不能侵害，虎狼蛇虫悉皆奔懼，諸邪精怪遠避他方，脱胎神化，白日飛昇，乃無上至真之妙道。

又　卷九

西蜀玉鼎真人九轉大丹

第一轉　好硃砂十兩，以赤芍藥㕮咀，投酸米醋内，煮五伏時。仍用草末蜜拌勻，勿過濕，層層鋪蓋煮了硃砂，入合封固，養火七日足。寒爐，取出，去草灰，取硃砂。再用芫花，投酸醋煮三伏時，如已伏火。熾炭燒不動，便作匱養硃砂。如略有氣燄，山澤艮十兩，撲成珠子，相間鋪蓋硃砂，入合，上用伏鹽捺頭，封固，

入灰池，養七日，即真死成寶。

第二轉　以前匱養出硃砂爲匱，用前藥煮硃砂五兩，眼乾乳細，入水中金細粉三錢，真岩蜜搜拌作一餅，絹扎定，再以銀箔三兩重包之，要十分緊密。入前匱，養七日，取出，其砂不脱胎色，此硃方可轉製大藥。若以此珠炻之，即見寶，點丹陽則换骨成至寶，澆淋即起芽子，水中金乃銀母也。

第三轉　以第一轉養硃爲匱，山澤艮打小合子，作神室。合子四邊留細孔，以前匱入母砂砂安在合内，頭轉硃合外爲匱，合内入硃砂汞二兩，埋合於匱中心，固養七日，開無汞星已凝，再澆二兩，再養七日，汞起芽子取出，合開看不要動，又澆硃砂汞二兩，又固養積芽子十餘兩，取出沐浴。

華池法：硼、硝、硇、青鹽、白礬。五件等分爲末，鋪銚底，却將芽子鋪在藥上，又以藥蓋頭，以楮汁一碗，米醋一升，相和淋於藥上，以盞蓋之，慢火煮熬乾了，就封固盞縫，略增少火，養一時許，取起冷開，却沐浴。

沐浴法：紫草、黄藥子、漢防已、白芨。各一兩爲末，用三碗水煎濃汁，濾去滓，將芽子於藥汁内煎數滚，洗净，入銚，慢火逼乾，露天露一宿。

第四轉　沐浴出芽子，搗碎爲匱，却以前銀合於内，澆硃砂汞五兩，安合子内，固養三日，取出，其汞凝結矣。再取出合看，再入硃砂汞三兩，又封又養三日，取出，其汞生起白玉笋。積澆十餘兩爲匱，此芽笋白炻成至寶。

第五轉　以芽笋爲匱，却以雄二兩，硃砂汞二兩，同研爲粉，入前神室内埋，養三日，一次添汞一兩，添至十兩，數足二十八日。又研又養，不計日，至漸化輕塵爲。此水不能溺，火不能焚。日當午時，抛少許於青空。化爲白雪，漸漸昇天，莫測高遠，積此爲匱。

第六轉　以前明窗塵爲匱，用金四兩，硃砂汞半斤，同研入神室内，固養四十九日，取出，盡成金粉。

第七轉　以金粉爲匱，以硃四兩，硃汞半斤，同研入前神室，固養四十九日足，其砂汞盡成紫金粉。

第八轉　以養出紫金粉爲匱，以硃汞八兩，雄四兩，同研入神室，固養四十九日足，盡成紫磨金粉。用楮汁爲丸，如麻子大，每二粒點汞一斤，成紫磨精金。

第九轉　以前匱紫金還丹，用生鐵一斤，鎔成汁，入前丹一粒，入鍋作聲，純成紫金。口訣：從前至後，並要硃砂中取汞。雄要飛英。火候卯酉各二兩。熟火，須是火離合三寸許頂火。

葛仙翁長生九轉靈砂大丹

第一轉　汞八兩，硫二兩。炒青金頭了，入水火鼎煅昇，研成塊用。硝、硇、青炁礬、黄藥子、雷丸、狼毒、木律、南星、五加皮。米醋煮三晝夜，日足浴過，又用陳葉汁煮二日，入母硃匱，養火，直候色透白，方可作聖匱。如未白，再養七日一候，直候真死方止。

第二轉　真死靈砂十六兩，作末，生靈砂四兩，以硫黄、膽礬、青鹽、白雪、飛符貼身，入蜜調匀，逐塊衮上，却以靈砂末内，養七日取出，大火一炻成寶。

第三轉　以二轉靈砂，不炻，便用點丹陽，每二錢可點赤物一兩，透白也。傾槽内，濕紙蓋之雪白，此乃驗靈砂艮之法。如入後轉者，不用。

第四轉　只用養靈砂匱頭養母砂，依前法制度靈砂，一般七日成寶也。

第五轉　用二轉了靈砂一十六兩，作匱，養硃砂四兩，以金箔逐塊包裹，養三七日，取出。鹽精、石膽各一兩。柳絮礬半兩。餅藥一大碗，煮乾前藥，同入甘鍋。又用一鍋，將養了硃一兩，庚一兩炻作汁。却以前藥甘鍋入爐，亦作汁，以鈐鈐出硃庚汁，投入藥鍋内，候清，入槽成寶，則成二兩上色好庚也。

第六轉　用靈砂匱内養出硃砂，不炻，以雌雄各二兩和匀，入合内，養火四十九日，取出。以黄蠟爲丸，如雞頭大，每丸可點山澤艮成庚一兩。

第七轉　用真死靈匱内養出靈砂一十六兩，作匱，澆汞四兩，養七日，一開已成至寶。直候芽起滿合，方可採取，炻之成寶也。養日久成寒林玉樹。

第八轉　以寒林末二十四兩，前養出硃砂十二兩，生硫一斤，同研匀，入合，養七日，取出。澆汞四兩，養火三七日，其芽皆黄色，炻之成庚也。

第九轉　造藥須擇吉日，將八轉靈砂作一合，火候一日一兩。二日二兩。三日三兩。直加至十五日，出之。寒爐，沐浴十六日，減一兩。至一月一日，再起養，三年則成大丹矣。丹成，乾汞成金人。若服之，飛昇。蜜和一珠，乳香湯下，雞犬服之，立化龍鳳。

九轉十六變靈砂大丹

一轉　舶上硫黄半斤，打成塊子，馬蹄香、虎耳草各半斤，河水二斗，煮七伏時。

汞半斤，用川椒、芫花根各四兩，同煮七伏時。將新鐵銚一枚，先下硫二兩化開，下汞八兩，炒成砂子，研匀，入水火鼎固，以五斤火，打三日三夜。

二轉　將一轉硫汞打成靈砂，再入硫二兩，下銚鎔化，下一轉砂炒，入鼎，五

斤火，打一日。三斤火，打一日。二斤火，打一日。

三轉　將二轉砂，入硫一兩，銚内化，下砂炒，入鼎，五斤火，打一日。三斤火，打一日。一斤火，打一日。

四轉　將三轉砂，入硫一兩炒，入鼎，五斤火，打一日。二斤火，打一日。一斤火，打一日。

五轉　將四轉砂，入硫七錢半炒，入鼎，五斤火，打一日。一斤火，打一日。半斤火，打一日。

六轉　將五轉砂，入硫半兩炒，入鼎，五斤火，打一日。一斤火，打一日。半斤火，打一日。

七轉　將六轉砂研，入生硃砂一兩，同研炒，入鼎，三斤火，打一日。一斤火，打一日。半斤火，打一日。

八轉　將七轉砂，入生硃砂一兩，同研炒，入鼎，五斤火，打一日。一斤火，打一日。半斤火，打一日。

九轉　將前已成砂子，却用好銀一斤，溶作珠，養砂子在内，入合固，灰池内，三兩火，養七日。取出，沐浴。却以此砂養新砂成寶，變化無窮。以丹一粒擊之鶴頂，令善射者射之，經日不中，故曰靈砂。以此治病，如風捲浮雲有起死回生，返老還童之妙，其驗不可盡述。

一變　汞一斤，用青礬、膽礬、白礬各三兩，青鹽、白鹽各二兩，硝一兩，同研，用米醋一斗煮三日，沐浴浄。

舶上硫黄，用馬蹄香、魚腥草煮三日，將鐵銚内溶化硫二兩，入汞八兩，同炒成砂，入鼎，五斤火，打一日。二斤火，打一日。半斤火，打一日。取出作塊，以松黄灰汁，煮一伏時。洗浄，以蜜滚銀箔貼身，入前銀珠匱内，養七日。初日，二兩火。二日至四日，三兩。五日至七日，四兩火足。

二變　將前九轉大丹母作小塊子，先以一半入合内，以前養出新砂子在内鋪之，上却以丹母一半蓋之，固入灰池，養七日。初二兩次三兩，次四兩，次五兩，足取出。如此養砂七次，共得一十四兩丹頭。各自收起，却用朝生草煮一日。

三變　用第三次養出新砂子，鐵臼内搗碎成末，用崑崙紙包一重，却用地丁花、巴豆、萆麻肉爲膏子，毬住砂子，坐合内，固濟，入爐，用火半秤，煅一宿。冷取出，一片如玉。乃至寶，再打碎作匱子。

四變　將前煅出玉片砂子作塊，以粉霜、硇砂、硼砂等分爲末，以蜜滚砂子，以此末貼身滚之，以崑崙紙包，以栽蓮在前，於聖無知匱内，灰池内，養七日，四兩火。白體成寶。此丹七次方足收起。

五變　將前養出白體匱子，却將在鼎内鋪下，上傾汞二兩，固濟，下入灰池，用火二兩至三兩，養七日。取開，又澆汞二兩，又養七日。又澆二兩，再養七日，又澆汞二兩，養七日。共二十八日。再入汞三兩，陰火四次，二十八日。第四次却入四兩，陰火六兩，第四次共二十八日。又澆五兩汞，六兩火，四次二十八日足。

六變　將前養出玉筍，不可損壞，再入花銀盒子内，坐成火爐上，陰火五兩，澆汞五兩。三日一次，用三無盡，只管澆之，後起如瓊林玉樹，形如虬頭紅色如珊瑚之狀，坯之成寶。

七變　將前玉筍二兩研細，先入一半在鼎内，次以雄黄、雌黄、硫黄、硇砂各一兩，同研入在鼎内。却以玉筍末一半蓋之，固濟，伏陰火一斤，養三日，取出，作一塊如金。打碎四兩，入硃砂一兩，温之七日，四兩火也。取下，坯之成上色紫磨金。第二次養硃砂二兩，七日，火四兩也。

八變　將前養出硃砂八兩，澆汞三兩，陰火四兩，四正火四兩，養七日成寶。每七日一次澆汞，展轉無窮，到此切宜量福力爲之。

九變　將硫半斤，入銚溶化，下汞二兩，同炒黑色，再研末。前七變三黄末鋪蓋，固濟，四兩火，養三日。六兩火，養四日。澆汞四兩，成上等山澤白寶。如此節節澆之，七日火也，四十九日足。

十變　將前九變丹頭研末，先用鐵銚一枚，安汞五兩下面，用火半斤，却以丹末三錢糝之，以盞封定，濕紙固封，候蟬聲住火，一煅成五兩山澤至寶。

十一變　將九變玉末一兩，第十變糝制汞一兩，合研爲末，以紅銀一斤溶化，投此末一兩，化成白體至寶。

十二變　用七變三黄一兩，第六變硃砂一兩，第十變汞牙一兩，和合一餅，入鼎，温養七日，收起。却以銚内，以汞五兩入前，養出四神二錢，以盞覆之，下以火半斤，候蟬聲起，加火一煅，成上色紫昌至寶。

十三變　用九變汞硫五兩，加上色雄雌、硫硼砂各一兩，同研入合子内，固濟，入爐，養火三七日足。日用二兩火，夜用四兩火，取出，點化五金八石成至寶。

十四變　將前制出三黃四兩作匱，養上等硃砂二兩，三七日，初二兩火，次三兩火，次四兩足。取出硃砂，與三黃和研作末，露水元如黃豆大，以長流水下，可延壽百年，長生不老，走如奔馬。

十五變　將前養出硃砂，脱出成金，鑄就神鼎一枚，可容藥物。又鑄鐵鼎一枚，以雲母、曾青、水晶、中英石、鉛丹，以楮汁和泥，托在大鼎內，內安神室，方擇高原福地，造庵結壇，修煉大丹。

十六變　用十四變三黃汞二斤，二八靈砂三斤，混合研勻，搗三萬杵，入在神鼎內，封固。再入大鐵鼎內，封固口縫令密。次以六一泥固濟，安灰池，或天地爐內。上水下火鼎相合，五斤火，養一月。三斤火，養一月。二斤火，養一月。五斤火，養十日。共一百日。取出，入地埋之，出火氣一年。次懸井水中百日，取出。研三萬杵爲粉，以甘露水爲丸，如菉豆大。再入神室內，養火七日，四兩火也。養足取出，與一粒雞食之，化鳳飛去，犬一粒化爲龍飛去。以此丹祭謝天地北斗，將一分棄於名山大川，然後可服之，成真仙也。非有福力，不能到此，戒慎之焉。如人服却，以金甘露汁浸，一月三次搗倒，去火毒，然後服之，直造仙階。務在周貧，濟度世人，可也。修煉之際，每一變皆可服餌。但不若能至九轉十六變，成功妙用，真是仙材。功在堅心勤力，修持爲妙，未有不達也。

外丹

取銀末作匱法

將銀拍成箔，用醋蘸過，用硫末摻。次以水田草五七葉蓋之，固濟口縫，以火煅令通赤，放冷取出，以成粉矣。

硃砂法

好硃砂一兩，以硇硫各一分，硼半分。右用醋和漿水，於磁石器內，煮三晝夜。如醋耗，常於火畔別用一器煖醋，逐旋添之，三日足。取出，用溫湯浄洗，量度藥多少，用合大小，固濟，將銀末先鋪一重，栽盡硃了，以蜜調蛤粉固口縫，候乾，安灰池內，頂上灰可厚一指。初用火一兩半，養三日。次添二兩火，養七日。次添三兩火，養至二十日。次又添火至四十兩，養四十九日。取出，火上燒，直候伏火爲度，方可用。若要出銀，用鉛池煎之。如要增匱，不用銀末，依前栽鋪養，養火增一日，子午下火，須是依時行之。

三聖法亦名小九轉

硃砂好者。十兩，硫一兩，汞一兩。

將三味同研一日，極細不見汞。入合子內按實，用佛耳草即芸薹也。生者一兩搗，入鹽一錢，更用研杵成塗，合蓋內，即用蓋藥。合子外以石脂、聖無知神聖、醋炭灰些，同杵爲泥，封固合口了。却卜一吉地坑，深闊一尺二寸，以釘釘入定住火門，却以熱醋，用炭灰二錢，攪醋，於坑子內外解穢了，方安下合子，定了杵羅細炭灰，覆之没合子，厚一指許，上面別鋪炭灰厚五寸許，用火于後。

第一日一斤。第二日二斤。第三日三斤。第四日一秤。炭火煅一日盡住，直待冷定，第六日取出。開看其砂如血點，似鏡面也。

右件辰砂一兩，研用極細，用紙帖安合內蓋子上，換葉一如前法，固濟，火候所有三五六七度，一一如初。固濟，火候，一同第八次。取出合子內，研細，再投藥如後。

硝石、硇砂、白礬、青鹽、柳絮礬、硼。

六味各一錢，與上藥同研細，入合捏實，上面更鋪研細硫一兩，蓋合偏。所有蓋合藥并固濟，一如上法同，用火法于後。

四兩，養七日。半斤，養七日。一觔，養七日了。將一秤火煅了，待冷取出，其硫在上，不與藥相合。輕以匙挑之，令出別處，不用相和硃藥。則將前煅了本藥研細，入前煅了硃一兩，同研細，入合，固濟，其火候亦如前第八次一同，亦用火一秤，煅盡爲度。取出研細，分作三分。

一分用紅米飯丸，如一錢重，陰用之一錢。一丸可乾汞十兩。入甘鍋內，下以半斤熟火逼之，似微煙起，碎前藥一丸，摻在上，即時鈐熟火一條，横在鍋口上，其汞奔走作聲。直候聲絶，簇火三斤，一煅通紅，欸欸傾入池坑內，以濕紙蓋之，取出分毫不折。

一分入好葉子雌黃、好膽礬各一兩，同研合和了，入合內，依前法固濟，入灰池內，用火三斤，養三日畢。再以二秤火煅盡，令冷取出，研細一兩藥，分作十處，每一錢可乾汞十兩，作上色庚辛之物也。

一分入粉霜一兩，滚研細，入盒子內，固濟，火候如前法一同。二秤火煅令紅，待冷取出，細研一兩，分作十處。每一錢可縮賀十兩成寶也。

考異

脱胎芽子　伏火丹砂一兩，入黄埊澆汞一兩，頂火三兩，寅午戌抽換，養三晬時，汞已伏，狀如玉笋。再澆再養，一如前法，可摘堅而老者用之，謂之脱胎芽子。如此四次，歷十二日，即可轉澆也。

離母芽子　轉澆，用脱胎芽子五兩，澆汞四兩，頂火四兩，養三晬時，下用水鼎，如此六次，歷十八日，後得二十四兩，自然成片塊，前後不相粘，謂之離母芽子。過華池沐浴，露一宿，然後可用其脱胎芽子，青翠堅如石。

華池法　用硫黄、硇砂、蓬砂、青鹽，更添醇酒一升，他皆同。

天産黄芽　丹砂、石膽、五倍子。

右三味同碾，羅爲細末，米醋潤丹砂，就其中衮，纏作衣，令匀厚重。頭金砂子厚裹，用包指法，米醋一斗，青鹽一兩，懸煮令乾。每丹砂一兩，脱胎芽子細末三兩，覆藉入黄堥伏火，鹽蓋頭封口，頂火一兩，寅午戌抽换，養七晬時，竟取，鹽已化盡，撥取丹砂，剥去金砂子，洗浄丹砂，通赤如金，勿鎔。每一兩入汞五兩，同乳匀，納神室，坐黄堥内，封口固濟，火半斤，煅火盡已半乾。更加火一斤，火盡寒取，其汞已乾，狀如金笋，謂之天産黄芽，又謂之白馬芽，又謂之真鉛。其丹砂飛在神室頂上，如蜂窠而輕，真紫河車也，任用。每天産黄芽一兩，入汞三兩，頂火四兩，卯酉抽换養一晬時，汞已乾，每乾汞三兩，入丹砂或靈砂，同乳匀細，置鐵合内澆汞，汞不枯竭。

造紫金白雪

紫粉二兩，汞、硫黄各一兩。三味同乳，不見星無聲爲度。納太乙天宫，坐黄堥内，頂火二兩，卯酉抽换，養五晬時竟。入汞一兩，再養，如前法增汞至十兩，取則丹體散，色如金。每一錢製汞五兩，成紫金。此力與大丹同。颺少許在空中，化爲白雪，漸漸高遠，莫測其際。焙打作匙筯用之，如遇毒藥，其毒即四散開去。米醋煉紫粉五兩，製作合子，候乾，納汞三兩，坐黄堥内，封口，又火養一晬時，即乾。

丹砂、雄黄、雌黄各一兩。同乳匀細，納黄堥紫粉二兩，蓋頭封口，固濟。頂火二兩，卯酉抽换，養一十兩晬時。取，乳細，楮汁丸如菉豆大。每一元點汞五兩，立乾。以四神四兩，覆藉丹砂三兩，頂火二兩，養七晬時。取，乳細，楮汁丸如菉豆大，可以起死。紫粉半斤，汞一斤，同乳不見星爲度，納黄堥，封口固濟，頂火四兩，養一晬時，點五金成寶。紫河車、丹砂各一兩，雄黄四兩，同乳匀細，納鐵合，封固，頂火二兩，卯酉抽换，養四十九日竟。汞一兩，同乳匀細，頂火五兩，卯酉抽换，養五晬時，竟。澆汞五兩，火候如前法，汞乾皆成金，澆養不竭，謂之仙人金谷子種玉田術。

紫河車、丹砂各一兩，雄黄四兩，同乳匀細，納鐵合，封固，頂火二兩，卯酉抽换，養四十九晬時竟。汞一兩，同乳不見星爲度，頂火二兩，養七晬時，加汞再養，一一皆如前法，候加至汞一斤，取色如紫金璀燦。乳細，楮汁丸如麻子大，每一丸，製汞一斤，成紫金。

紫河車一兩，覆藉雄黄一兩，納太一天宫，置黄堥内，頂火二兩，養三晬時取。雄黄乳細，每半兩於鐵銚内，撓汞十兩，如常法候聲絶，更養一晬時，漸逼令紅徹，成紫金。

紫河車四兩，汞半斤，同乳不見星爲度。納鐵合，封固，頂火二兩，養四十九晬時竟。乳細，再養一年，穀汁丸如麻子大，每一丸製汞一斤，成紫金。

白金砂、汞各五兩，結成砂子。以黄白金精覆藉，入黄堥，頂火一兩半，卯酉抽换，養七晬時成，名寶笋。分作二分，以一分對汞結砂子，一一皆如前法竟，又分又結又養，如此九轉，可點五金。

寶笋以汞澆養，其火候爐鼎之制，温養用養丹頭法，澆至十次，寶笋力竭，可鎔作銀，亦謂之仙人金谷子種玉田術。

寶笋所生芽子，乳細，覆藉丹砂五兩，納黄堥，頂火五兩，養五晬時竟。取，不奪胎色，以生丹砂等，其多寡同乳匀細，納太一天宫内，置黄堥中，文火養二十一晬時竟。丹體散色如金，名赤石丹砂。用以作明窗塵，尤奇事也。

白馬牙變轉法

黄金八兩，甘鍋内氣火鎔焰硝，撮令浄。白馬牙乳細，逐一刀圭抄，入汁内自然鎔化，以盡爲度。候澄清，鉗甘鍋坐灰中，極寒打破，自然分胎，名黄芽。

黄芽、丹砂等分，同乳細，納甘鍋内，只可七分滿，瓦陀子蓋口氣，火鎔成汁，鉗置灰中，極寒打破，自然分胎，丹砂已伏，色如爛銀。斫作博骰，大絹裹，懸於砂鉢内，青鹽、石腦、油酸、石榴皮，右三味等分，投漿水煮一晬時，沸湯洗浄，四十五過，去盡藥氣，焙乾。每一斤，汞四兩同乳，不見星爲度。納黄堥，封固，候乾，坐平地灰塚，生熟炭五斤，圍煅火盡，寒取汞，皆入丹砂，骨髓與之俱化，分毫不折，謂之真伏火銀色丹砂。

銀色丹砂二十兩，乳細，以八兩鋪黄堥底，丹砂十兩，以銀末作衣，蜜排在中央，以銀色丹砂十二兩蓋頭，築捺平實，封固，頂火四五兩，養七晬時竟。火三二斤，煅火盡，寒取。其色丹砂入匱者長生，愈久愈靈。其丹砂黑如鐵，千回萬遍烹煉，皆成金汁，精魄不動，分毫不折，謂之鐵色丹砂，椎如兔矢大，以點五金。

銅鍮石、黑鉛、白鑞鐵各一兩，鎔成汁，以鐵色丹砂七錢點之，熾炭攪勻，候清良久，鉗置灰中，寒打破，其丹砂在上，粒粒不動，其五金在下，成雪花汞銀。其色點丹砂力已慢，只可乳細，作紅荔枝銀外匱。

丹砂如帝珠子大者，三七砂子裹之，崑崙紙絹兩重裹之，白礬朝生暮落花，投流水煮一日，取剪裁令齊淨，經點鐵色丹砂，乳細七錢，蜜煉成劑，再裹之崑崙紙兩重，裹定煉泥固濟，候乾。炭四斤，就地圍定，熟火三斤，簇煅紅徹，翻轉毬，再簇餘火，候火消及八分去火，寒取砂子丹砂，皆成至寶，謂之紅荔枝鐵色丹砂。更不動，亦不折，但力又慢。聚及一斤，入汞四兩，同乳不見星爲度，納黄埿，封固，候乾，穩坐平地，濕灰埱之，炭五斤，半生半熟，圍簇火盡，寒取分毫不折，作砂子長生匱。

三七砂子十兩，分作十丸，棕櫚寬裹白礬，朝生暮落花，投流水，懸煮一日，長生匱八兩，鋪黄埿底，勻排砂子於上，以十二兩蓋頭築捺，平實封固，頂火四兩，養七晬時。火三斤煅紅徹，去火，寒取砂子盡伏匱不動。如經久砂子，可自二八一九也。以漸至莪蓮，至澆汞，至糝製，其匱顔色漸黄。始信丹砂之功，異於八石。

長生匱

丹砂二十兩，雄黄、雌黄各二兩。黄礬、石膽、柳絮礬、蒲桃青各半兩。

右七味秤，同乳勻細，熟絹兩重寬裹之。

石腦、雄黄、雌黄、黄礬、皂礬、石碌、青鹽、代赭石、柳絮礬各一分。

右九味秤，同乳勻細，投米醋中，懸煮二晬時竟。取焙乾，納黄埿，封固，候乾，火五斤，就地煅火盡，寒取，去輕浮者，乳細作匱，養金砂子，一一皆如養銀砂子法。匱經久，可養丹砂，亦如養砂子，顆顆透骨，名金丹拱金，鎔過成金。然金砂子及丹砂，皆須九味醋中煮一晬時，方可養。九味醋可留久用，如竭增醋可也。

藝文

佚名《太清金液神丹經》卷上 歌(曰)

金液丹華是天經，泰清神仙諒分明。當立精誠乃可營，玩之不休必長生。
六一合和相須成，黄金鮮光入華池。名曰金液生羽衣，千變萬化無不宜。
雲華龍膏有八威，却辟衆精與魑魅。津入朱兒乃騰飛，所有奉祠丑未衰。
受我神言宜見迎，九老九炁相扶持。千年之鳥水人亡，用汝求生又所禳。
太上景電必來降，玄氣徘徊爲我用。委帛襜襜相繾綣，使汝晝一金玉斷。
弗尊强趣命必隕，神言之教勿笑弄。受經佩身焉可放，乘雲豁豁常如夢。
雄雌之黄養三宫，泥丸真人自溢充。絳府赤子駕玄龍，丹田君侯常豊隆。
三神並悦身不窮，勿使霜華得上通。鬱勃九色在釜中，玄黄流精隱幽林。
和合陰陽可飛沈，飛則九天沈無深。丹華黄輕必成金，水銀鉛錫謂楚皇。
河上姹女御神龍，流珠之英能延年。華蓋神水乃億千，雲液踴躍成雪霜。
挹而東拜存真王，陵爲山稱陽爲丹。子含午精明斑璉，是用月氣日中官。
明朗燭夜永長安，天地争期遂盤桓。傳汝親我無禍患，不相營濟殃乃延。
冥都書罪自相言，生死父母何其冤。爲子禍上考不全，祭書置廢千明宣。
玄水玉液朱鳥見，終日用之故不遍。山林石室身自鍊，反汝白髮童子嗾。
太和自然不知老，天鼓叩鳴響懷抱。天中之山似頭腦，玉酒競流可大飽。
但用挹焉仍壽老，千年一劑謂究竟。丹文玉盛務從敬，見我外旨已除病。
何況神經不延命，禍入泄門福入密。科有天禁不可抑，華精菴藹化仙人。
連城大璧逾更堅，長生由是不用牽。子將不信命九淵，祕思要之飛青天。

此《太清金液神丹經》文，本上古書，不可解，陰君作漢字顯出之，合有五百四字。

題元陽子《還丹歌訣》卷上 古神仙身事歌

世人不知道淺深，輕視端倪生信心。信心本自不堅固，誤失飜咍道莫據。
妄傳輕信終顛錯，生死玄門誰忖度。元機一萬六千門，鍊魄鍊形並煉藥。
博學天人必取完，上天以此擢大官。寡聞孤陋凡夫見，欲作天人應是難。
人間或得一方術，道術萬中未知一。自古修仙修不成，番皆此輩多乖失。
休信閙市閑道人，搏酥吐翫復呑津。河車導引矜初學，未達希夷謾屈伸。
房中採運誇奇特，不是迴黄並轉黑。泝流顛蹶必傷元，卦氣更應乖法則。
火毒炎時必耳聾，無丹空遣氣朝攻。少思寡慾元無病，諸術飜摧四大空。
忽復停厨綿歲月，藥停氣停無暫闕。落死根源本不然，徹頭五臟須虧竭。
口中或吐一朱櫻，非是身中内五行。不會陰陽成至藥，死生依舊屬三彭。
更或餐霞呑二景，害目轉旋如響影。行氣之人法度多，自取風邪殊未省。

或飛符篆驅鬼神，金丹未遇牢幻身。百骸散后還歸土，一物反讎寃鬼親。
或論出神修定觀，妙有真空元未見。謾云借舍與投胎，四生隨想還輪轉。
或巨餐兮或巨盃，朱顔巨力語如雷。時人歎有真仙術，只是全陽禀盛來。
或醉眠兮卧風雨，此緣酒力爲寒祖。醒時戰慄一單衣，筭來無異常人苦。
説内丹，空假相，妄想之人多罔象。思淫室女不生兒，牝卵之雞無實狀。
或稱異代永年人，劍訣曾傳遇洞賓。誑却顛頑無識者，晨昏盃斝兩相親。
或言黄白來相賊，草石萬端生幻惑。神仙藥在五行中，福行何人消遣得。
如此之徒事最多，飢寒苟且免蹉跎。不知大道真根蒂，老死如麻豈奈何。
古仙也有償前債，離相微行潛乞丐。迹同泥土瓦礫中，不同自藴瓊瑶在。
假道鄽中做此倫，口中無語可驚人。不知文字不行行，貧苦分明是墮民。
修仙須是先功行，行滿天人陶性命。空言慕道不修心，一死還因心未浄。
又有輕知便卓菴，沽名釣譽效圖南。無成迴首並身死，黐遺時人起謗談。
又有薄知禪語者，心頭萬象元難捨。一日行尸身暴亡，衆云遷化並尸解。
大道逢真理不然，上昇拔宅古今傳。迷徒術誤還身死，却話神仙形不仙。
試想妖訛邪幻術，飛空履水猶周悉。何況神仙變化門，不能反老留形質。
度生濟死須是丹，五行换過氣形完。金丹自得天人壽，諸術唯暫可延年。
仙訣明傳在人世，三洞四輔何勝計。高仙自古出王公，偏見凡愚安得濟。
昔日天師遇老君，受經千帙降天文。葛洪萬卷猶爲少，思邈隱居皆博聞。
昔人通悟憑文義，今人偏執師貧士。智者因文始遇師，下士尋之應未易。
古今學者甄《參同》，旨趣元中顯異同。不識本源真旨趣，此書到老的朦朧。
謂之内，説鼎説爐還似解。謂之外，無質生質還難會。《參同》意旨本分明，不遇師傳終自昧。
天付幽微度有緣，逢師遇訣見真鉛。真鉛本是水中金，生自恍惚天地先。
北方太陽南方月，黄銀白金齊二八。龍虎戰爭金木交，先液后凝膏體滑。
八十一色真坎離，藥生造化三五一。有時啓口問同侶，白虎熬樞誰得知。
黄鐘律迴加大簇，直符直事循星漏。戊寅申宫分至程，甲子己巳分元候。
卦火虧盈匝九元，青黄赤白相迴還。爐中别有一天地，寒暑晨昏經甑山。
造化賊來難顯説，五行相生更相伐。一日之中奪一年，一年更互是一月。
月行丁上藥低昂，此是金來歷火鄉。月行丙上還丹伏，巳上金生汞性亡。
子到巳宫乾體足，午至亥終重起復。返還消長鍊陰陽，誰人識得真金木。
卯酉從茲見木金，甲庚之體本浮沉。周迴既未三十輻，一月推排見轂心。
二月斗旋西首杓，四陽應候榆花落。八月魁臨正西方，薺麥秋芽知木作。
剥卦丹成却殺人，九還來活却迴魂。伯陽白狗暫亡處，此事問君聞不聞。
餌來宿疾般般起，遂易皮毛兼骨髓。玉肌皓齒反童來，别是桃源一仙子。
刀圭點汞變黄金，鉛錫霑時色愈深。肘後神之遊八極，經行山海鬼神欽。
神丹至真非有質，三卷《參同》標不一。好認日晶並月華，分明不是世間物。
誤者朱砂與水銀，更將金石用爲真。真金欲死如灰土，因此得名明窗塵。
我曾隱密逢師指，即是華池正神水。得道憑緣出自然，富有之門誰信此。
世眼窺余病染軀，便言病累此言虚。不知我是天魔試，大藥霑時疾自除。
我緣到此知其一，特地無心營小術。此心已達神仙門，凡軀暫有凡夫疾。
成聖成仙上上機，是人有分總皆知。三毒貪嗔幻化來，三宫注定有誰猜。
物隨否泰來兼去，物在昔人安在哉。世人色相爲身累，不得逍遥偷鍊己。
浮華萬物本來空，贏得一場榮辱死。曾棲淡薄已多時，經訣將通始遇師。
一鼎流珠天上藥，蒲桃酒熟海山期。君不見，天人須選天人學，玉圭須琢用美玉，上天不催下愚人，良工不選磚瓦璞。
勸君博覽須廣尋，一箭未能興羽林。仙師須飽天人學，真認赤毬青布襟。

吴真君歌

神仙術，實難遇，縱使勞神須見苦。旋修陰德旋尋經，功至一朝還頓悟。大還丹，非小事，人得服之遊天地。莫將死寶合生金，凡汞凡鉛皆不是。汝要識，世間有，子細思之如釀酒。木精作飯七迴蒸，金液作麴鍊須久。西方土兑華池水，此物從來動神鬼。密閉兑頭運一周，人得服之换骨髓。汝若識，黄芽麴，制了將來似花菊。時人不識世鉛爲，世鉛根本元來畢。木精金液非二味，陰陽炁極自然制。鉛汞米麴雖然似，須得四黄運柴水。若無柴水變化難，九運七還何自制。古仙從來論二味，不説從來制伏事。如今説破亦無多，只要九元尋火記。術士徒看千卷經，方知此歌是真義。木作青龍金作虎，日爲朱雀月玄武。四象交泰入中宫，長生不難於己戊。金木水火以成塵，不知去得誰爲主。世人不會至人言，自以胸襟日師古。更將失路指迷人，不覺自身化塵土。勸君鍊藥須識虎，陽得陰兮自合互。三百六十似凝素，淑女復爲長生母。功完只藉九重城，餌之千日身騰舉。

鉛汞三五一詠

鉛向鉛中出，鉛同性不同，若能知皂白，白日是仙宫。其一赤也。

用水莫安銀，其鉛不可親。但得青龍出，變化自然真。其二黑也。

火二水一，歸三在東，爲龍作雨，待虎生風。其三青也。

五者土位，戊己之功，帝王御物，無所不通。其四黄也。

一中有一，真一爲陽，是木之母，列在西方。其五白也。

真曉真人曰：金水白爲銀，水銀。白水土爲金。朱砂。陰陽與大藥，煎在此中心。四象五行，並在其内。以上二物變化成功，即是三清之士。

魏真人歌

震離坎兑分形象，鉛汞先須定僞真。龍别東溟雖隱跡，虎辭西虜始通神。南方有火候降制，北上泉生解换門。秪此兩般爲造化，漫將八石混凡塵。

逍遥子還丹結集

逍遥子還丹結集，假同婚媾，證義成就，以其藥物，君臣主客，感應相成，列成三件。如左好聽，好聽有物。有物幽幽冥冥，混混沌沌，精精靈靈，天不能殺，地不能刑，因何而有，從何而生，成而不死，故號長生。龜須九轉，雞須七還，骨節既强，肌肉又安，精神爽朗，各駐其顔。是以知女堪嫁，知男可婚，良媒引接，叙以乾坤，良辰吉日，親眷雲屯，肆筵設席，内外駢闐，阿喇喇甚華鮮。鋪黄金爲席，白玉爲氈，高低次序，班坐英賢。鹵人心膽大，直坐大蟲邊。餘諸豪俠客，迤邐共聯綿。紅紅赫赫，徧滿屏間，白頭翁鎮局，青龍子看門，門前車馬，合市庭軒，紫雲繚繞，金鑪香然，馨香郁馥，上徹九天。自然厨裏炮炙煮煎，坐上即呼唤，喏喏便相連。鬼子盧兄交酌酒，東家子弟遣添鐏，代赭郎君邀把板，諸家子弟命調弦。長長引拍春楊柳，一齊飛動紫霞煙，二黄四白當令全。來去上下，趨驟馳奔。人前馬後，吐納噏温，有禮有義，無黨無偏。或稱萬歲，吟悦千年。歌調渭沸，滿局忻歡，主人恰見，悦暢心寬。唤不灰子，來添鑪火。榆甘子來，拭臺盤，添蔬菜，益鹹酸，熱暖酒，莫教寒。好當户，舉平看，情人欲别無多日，莫憚更深與夜闌。主人翁和聲慰客勞，動諸賢。貧家禮會，是宿世因緣，無可秪待，深謝周旋。於是客皆踴躍，答以言謙。半稱醉，謝狂喧，空手冷面，惱亂吾賢，三日六夜，不得安眠。供養貧兄弟，悚愧實難論。主人曰：生長如樹，兄弟同根。有女及笄，不可不嫁。有男及事，不可不婚。今朝既相證，他日記深恩。主人住，客即去，心意懸懸。八九日來長閉户，今朝始得乍開門。是時也，禮已備。樂過時，親族散，婦人歸，唯男與女，獨自依依。如日與月，歷劫相隨。此之一法，道之根基。非聖賢之莫測，非神明之莫知。唯我與師子悦得之，切宜密行。密行不失，與道不離。勿令三泄，勿使五知。若當如是與道，祕之祕之，如此不可思議。逍遥子曰：曾在玄，雄在虎，可憐金木水火土。其中有箇白頭翁，終朝指示青天路。有緣至士若逢之，努力殷勤好收取。又曰：有道可傳揚，祕即天道昌。欲得長壽者，孝順阿耶孃。

蛾眉竇真人九轉詩

巖叟承恩寵，燒丹在禁闈。釜中諸藥化，鑪上水銀飛。璧合秋霜色，光含夜月輝。總由明主感，能使道精微。

却取抽成汞，還燒遺作砂。上仙方祕密，中禁藥精華。紫炁含真色，朱光雜曉霞。欲將同一體，須更猛三花。

轉轉窮微妙，重重入杳冥。由將藥砂體，却變水銀形。炁合秋霜静，朱光夜落星。自然成姹女，何慮不通靈。

白錫雖初化，黄芽制已凝。元如天降雪，映似結池冰。研土乾和炒，羅灰濕拌蒸。仍須看炁色。更待鹵鹹澄。

文武長調火，陰陽鎮作鑪。釜中看炁過，鍋裏定真虚。炬石重鐐養，防非六藥塗。已堅如合璧，何處覓流珠。

硝石臨湯沃，硇砂浸水煎。鹹麤只是轉，礬細不須研。舊白初凝硬，新黄色未堅。欲將持入火，由怯水銀煙。

罷火開丹竈，成金去藥泥。瑞光連日月，真氣雜虹蜺。形勝參金鼎，精華向馬蹄。由須九轉畢，看取一刀圭。

化粉初研錬，臨鑪定否臧。似塵鷩半紫，如麴訝全黄。瑞作三莖穗，靈含五色光。待抽金毒盡，特獻玉階傍。

玉律春初至，金丹帝感成。南山同聖壽，東海比時清。福是玄元德，功由至道呈。小臣雖有術，仙士謝茅盈。

青城羅真人上明皇白金小還丹歌

帝問真人曰：道本無二，同歸乎一。藥有多功，身寧濟惠。願垂憫念，速救餘生。

真人曰：身在和炁，藥同元滋，二道符機，衰朽自差。莫希大藥，日月難期。一味白金，延年益壽，仙人保祕，不妄虚傳，但能祕之，無輕泄爾。凡一十二首：

法藥變化，無非水精。六芝潤色，黄芽自生。陽光不起，陰流無聲。道方祕易，學者難成。

既養黃男，先禁家鬼。盡死扶金，餘生制水。世人能明，並窮斯理。親奉聖言，事難自揣。

籠虛其底，免被炎馳。知白守黑，清黃一支。能忌陰穢，不逾百時。延生大道，易解難知。

黃子淳淑，自娶玄妃。金成力厚，藥就身肥。土宅三分，火房二儀。至德消陰，純陽幽微。

一味白金，固人衰朽。雜性難防，同心易守。服食千粒，百日無咎。萬痾漸除，天年地壽。

言依口訣，親貴乎傳。七日自伏，萬刻牢堅。千鍊萬煮，託在五賢。好蘊金器，不絶玄關。

赭塗四壁，丹守圓扉。一居火匱，二處灰池。五蟾可保，三烏無疑。道情未速，益日加奇。

一黃二白，三銖兩作。養至滿蟾，生其高鶴。事忌他非，道身自樂。傳受非人，天殃地虐。

芽屬黃男，藥在玄女。外助無非，玉芝清醑。俗士多聞，道君少語。用物參差，虛受辛苦。

銅鐵壞形，丹灰損力。欲驗其神，須存本色。一陰一陽，事易候則。異族同群，自種荆棘。

殺青龍，須白虎，自然感化無風雨。雪花飛。雪花飛，魂歸魄已歸，聚散既由壬癸水，玉神華蓋體無爲。

湧泉水，湧泉水，春夏秋冬深無底。要行天下時，厚暖自然制。

太白韓蘊中火記歌

夫大道弘遠，陰陽難窮。造化發生，世人莫測。妄談虛而白首，謬制作以亡財，比求延命駐年，反却傷伐短壽。古今好者，過喪億人。例抱乖非，不明宗旨，及臨鑪火，盡鍊朱砂抽汞，稱陰對於黃石，或將鉛而入汞，或飛汞而入流，或鍊土而言金，或烏乳而爲蜜，銷鉛投汞，稱是黃芽，汞入庚辛，呼爲龍虎，汞爲大道咸盡非，心若爲利而可親，夫爲丹而大謬。余積歲好道，不悟真元，如斯制伏，皆親歷試。見世人之疫斃，深切哀傷，觀生死之倏爾，何處訪道。故述要妙，將顯學流，細詳陰陽，總願悟道。

夫鉛者，坎中之男，正屬壬癸，鍊陰銷爍，九轉浮沉，數足成乾，故配西位。世人常見，不曉真元。虎亦現形，爲剛利炁，上騰天而爲雲雨，下降地而爲泉源，玉質九還，金公滅火，全由白雪也。

夫汞者，離中之女，正屬丙丁，萬物滋榮，皆受其炁，上應青陽而有信，下隱白藏而潛沈，龍騰天而見木精，春發朿而花蘂卉，朦朧恍惚，只在目前，七返還魂，妙花碧水。若以省悟，玄奥皆明。瞑目之流，難爲眺望也。

是以月中之魄虎，鍊曦和日中之魂龍，伏桂影二炁，相感結爲夫妻。坎在三華，成爲至理。故彰要妙，以示知音。兼詠天符十三首，後學詳覽，必契真元。若獲此文，請不妄泄也。

復始纔陽發，循環順節移。龍潛騰未得，虎伏叫聲希。二炁相方會，三花兆啓期。火盈臨九數，虧折却來歸。

二九臨鑪日，乾坤氣正交。金童來剋木，土鎮水胎胞。感應相吞噉，和同在意調。進時加刻漏，退即卦依爻。

道泰親承候，陽和始發生。律移□孟月，斗建守寅行。君子心乾惕，陰陽順節萌。三旬終出户，擣治再還烹。

榆死魁臨卯，三無正是時。日魂和月魄，此兩精合爲大道也。龍虎自相持。大壯成規矩，花開向桂枝。罷鑪停火候，青色轉光輝。

萬木盡含陽，花開滿路香。金雞乘大火，朱火精。玉兔却虧傷。水精。至士憂生死，尊卑倏忽亡。藥成朝大帝，服餌滅灾殃。

苦節鍊成乾，修丹在志堅。虎傷龍帶血，金殺木無煙。陽盛陰將至，榮來衰自然。擊聲同磬響，觀視得延年。

初六到南宫，陰昇姤啓蒙。刻頻移律吕，持節遞相攻。五日纔虧折，三花運數供。取來臨户看，血點幾千重。

小吉柄天符，陰來遁積孚。金公凑筋髓，朱鳥握機樞。道體同天地，冲和藥在鑪。莫將爲變化，服餌死皆蘇。

否閉三陰降，將軍殺炁多。牽牛星漢會，織女渡天河。甲乙變傷木，庚辛劍始磨。令行巡節候，寒暑總經過。

月合天剛至，風生薺麥芽。土公親祭祀，埏埴養金砂。桂影圓霄漢，曦和韻紫霞。鴻來玄鳥去，將見水中楂。

冷炁傷時物，陰來萬木凋。菊花尋戊己，赤血斬龍腰。剥爛將爲土，離鉛見即消。苦心修至道，莫恨路迢迢。

上六居坤位，陰陽括始終。帝男業作髓，離女血殷紅。二八當交合，三人義不同。開鑪看至寶，服即變衰翁。

重歷純元地，陽潛造六寒。三旬攻荐至，六九始成丹。金牓書名字，仙宫立醮壇。厭離人世患，羽化去乘鸞。鹽膽米，左味煮帝男帝女，三日三夜，左味調黄作匱，養一七日也。

楊行真人歌

世上人人總愛藥，箇箇元來尋不著。也道用鉛不用鉛，及至用鉛還只錯。尋不著，莫生嗔，都爲黄芽不得真。有信有行堪分付，財色不染是真人。潛拯濟，莫彰露，本覓長生却短祚。慎勿將身遊貴門，醫卜經求且閑處。未能隱，没閑處，且去經求無病藥，長生樂道何憂慮。

鉛爲君，汞爲臣，火爲使者。赤血將軍，守陰守陽，制御伏藥。藥成先用點水銀，水銀被點堪服餌，鬼官不追人不死，世世喧喧若得之，閑處經求莫干貴。心口訣，手眼傳，制伏只在黄芽邊。心口不決，手眼不傳，躭荒酒色，與道無緣。丹田水結黄芽起，百日養來伏火矣。陰居陽鼎是金丹，十月養之堪服餌。服餌由來駐顔色，容鬢不衰定心力。賣丹賣藥住人間，壽命千年人不識。

長生藥，不死丹，世人欲作尋復難。心猶豫，意遲疑，八丹方法由來有，如何不取一門知。二人語，共商量，日夜尋思不死方。若取黑鉛並姹女，騰身天上自翱翔。一爲左，一爲右，陰陽具足還丹就。真須鍊，必長生，逍遥自在紫雲庭。

世上喧喧車馬人，紅顔緑鬢不長春。藥術相傳萬甲子，學者忙忙尋不真。若交箇箇識黄芽，世間那得有貧人。

老翁老婆造大藥，鉛汞二金用不錯。出湯入火少精神，半生半死相依約。依約由來一甲子，上陰下陽相伏矣。世上喧喧若得之，鬼官不收免生死。鉛是鉛，汞是汞，世上人人總能用。草黄芽，木黄芽，世上人人謾誇。自古口傳不形紙，燒者徒勞盡破家。

西方白帝居武都，裏有鷄冠衆所須。華池固濟經七日，姹女因媒尋得夫。看鑪切候四時炁，冷暖寒温心不痳。供養仙人禮度周，一點黄金應滿地。

鉛汞二陰，還丹之心。相制不難，人迷不尋。學者不見，徒費千金。堪得指教，作福拯貧。如斯之用，天人不嗔。非道破除，天之大怒。惡病加之，遭官刑獄。

黑類不同居，母子相依約。不得鉛黄芽，制伏還不著。黄芽陰中伏，白雪陽中作。將入火中燒。陰陽相繫縛。母子不能逃，生死不離却。

丹砂丹砂，濟命濟家。能濟我命，能濟我家。能生姹女，嫁與黄芽。事夫潔素，無喜無怒。禮樂周旋，晨昏節度。金亦可作，世亦可度，作金不成，徒然自悮。

汞結本在丹田中，次居陽鼎炁相通。和合三朝方始住，還知大藥在鉛中。先入陰鑪成大白，后居陽鼎變金丹。世人若達其中理，水銀被制不爲難。朱砂水銀入鉛池，收得黄芽人不知。本是仙人留口訣，有緣相遇還要師。師須分明傳口訣，世上喧喧少言説。七十年中付一人，分明還須有仙骨。

世上求道，酒肉愚癡，百年欲過，顛顛不知。金公制伏，還丹一支。朱砂伏火，治病無疑。長生有望，堅固無疑。不衰不老，彭祖同時。

古仙取得赤銅精，一兩水銀一兩精。硇砂半兩漿水煎，從朝至暮體能堅。入銅入鐵鑄鏡力，鬼神怕懼不能言。若得至人留口訣，事須保愛始長年。

陽精若堅魂自立，陰精若堅魄自成。魂魄堅强心有聖，紅鉛朱汞更能靈。得遇仙公留此術，魂神魄立自長生。

能知少女，必定還精。能伏朱皃，必定堅貞。金精石髓，是魂之靈。能修者聖，能伏者靈，鬼官不追，仙籍有名。

五十六十堪分付，此處由來始堅固。還須醫卜掩行藏，行住坐卧無憂慮。自古來多少人，都緣此術損亡身。須學陰陽兼卜相，混俗經求且外貧。堪分付，遞相傳，拯濟元來此道門。妄傳之者遭殃禍，父子麤疏不合言。

欲覓丹田本是鉛，朱砂被制體能堅。但得至人傳口訣，紅鉛入水大丹圓。一一事須心口記，造作還須手眼傳。河車覆載丹田裏，伏火總在黄芽邊。

金公能住水，黑鉛有黄芽。變此黄芽水，用水作河車。

南方赤帝髓，本是太陰精。古仙能奪剥，却取水銀形。

二精合會，還丹之心。若逢此理，不假遠尋。黑鉛取陽，朱砂取陰。

佚名《太白經》 施肩吾頌(曰)

神水華池便是丹，東西高下白相看。勸君莫把凡鉛弄，活計生涯便好捐。

鉛則何妨本自鉛，鉛中何處覓神仙。東西南北還丹了，争奈仙家不肯傳。

同色同名合好音，亦能爍爍亦沉沉。乾坤顛倒驅雷雨，龍躍安能出上陰。

佚名《大丹篇》

龍虎三伏兼通幽微火候黄芽歌(曰)

黑龍變兮赤龍生，黃神膠裏水泓澄。仙人名爲立制石，百鍊始得歸蛇形。陰功光晶耀鮮色，擊觸幽幽作磬聲。金光鼎内觀乾象，水土相拘混甲庚。龍藏虎制不敢伏，二氣悠悠在丙丁。三陽甲子體乃成，千淘萬鍊流黃輕。

劉真人歌

三山鼎上九重關，女子披顔表裏看。玄武若能擒白虎，三宵五夜自凝還。神水煮歸，還本色也。

九霄真君大丹歌七首

天地玄黃，鉛白爲匡。神室上下，不離本鄉，悟之者道，失之者狂。

鼎鼎是甚鼎，藥藥是物藥。爲當四象成，爲復五神作。異類不同宗，子母相假託。黃芽不用鉛，不離鉛中作。智者審思之，安知道可學。不得黃芽砂，縱是亦須錯。

金公作筋髓，七寶上良媒。姹女勾砂入，玄黃定魄迴。何勞詢道者，自得往蓬萊。

日月自相交，乾坤合兩爻。中宫爲覆藉，白液重相包，金汞爲夫婦，水火兩相邀。若變陰陽性，先文後武調。但能知固一，控鶴入雲霄。

玄冥之精天所育，白石欲冶去沙蹙。冥精苦鍊紫光生，白石投砂又經宿。三六二分水入母爲基，能汞室中人莫掬。丙丁施北月上宿，一百五十餘三六。三六更除藥更靈，黃芽感之爲金精。若將此物同河車，還與河車俱在北。仙藥至妙妙難得，萬病能除髮却黑。忌猪魚鱉食不得，唯與覆盆最相尅。

流珠得火自然飛，唯有黃芽能制之。金入猛火色不變，自然之道常有期。朱兒皇皇多朴質，志在鉛花同一室。陰陽之道要在一，子諦思之莫使失。先入水兮復入火，玄黃之液化爲丹。身生羽翼爲九仙，五色光曜化千般，當此之時當自歡。

黃龍黑鉛三十斤，得火不飛石最神。北方白石極求匀，可以化之無垢塵，河上姹女必須真，見火不走如君臣。未能大器爲小人，九十一日吠黃銀。雄黃伏火，黑水自然爲金矣。

裴相公大丹歌

大道留丹竈，清心慕煙霞。陰陽成造化，水火結河車。鉛汞須歸戊，爐開紫金花。華池再修養，神水各爲家。志士得之須保惜，定我性命育神室。下士聞之多暗笑，真人見説安魂魄。焚香禮之萬事畢，皆感天地作仙質。

佚名《還丹肘後訣》卷下

黃芽歌

黃芽鉛汞造，陰殼含陽花。世人鍊至藥，錯認鉛黃花。黃花是死物，那得到仙家。黃芽非外藥，内象最精華。若到黃芽地，黃金徒衆誇。問道有何言，分明向君説。莫認雜花鉛，金公太難别。鉛本是金公，金公得鉛發。學者誇金公，金公却成拙。流珠爲姹女，見火自然飛。忽見金公到，相憐一處歸。同行又同坐，終日掩雙扉。又被陰陽化，隨君變所依。二性皆歸土，三花氣不爲。行到紫陽宫，共變黃華蕤。立月看應易，年終色紫輝。化盡黃芽了，仙人見者稀。此汞名真汞，焉能返解飛。堪笑大還丹，世間爲妙微。不得真師訣，千金徒爾爲。

金丹鉛汞歌

古今學道制還丹，誤認黃芽汞與鉛。例向水銀徵至藥，豈知平地不生蓮。由來異類難相感，須向根求始得緣。一陰一陽坎離主，日魂月魄分龍虎。世上咸聞著此名，誰向其中辨藏否。左旋來卯見木精，自巽抵乾至陰土。朱砂水銀俱是陰，二女同處非瑟琴。剛柔情性詎爲匹，燕雀鸞鳳非同林。金銀作鼎非山澤，又須金銀竟誰識。火之居木水處金，鉛汞分明是此得。汞非水銀鉛非黑，太陰在南太陽北。含陽之汞受金炁，然後爲砂審方位。處陰之鉛結金體，乃能生汞彰其白。陰中有陽水生金，陽中有陰砂汞是。天資二物相配成，真汞真鉛真水名。互爲母子更含孕，修持須得兩弦平。經説三乘本從一，人體三田亦還一。爲金於西肇生坎，爲火於南亦藏坎。爲木於東産在北，金火未分變由此。水一金四謂之戊，火二木三謂之己。戊己合成處正中，陰陽數足方具美。可憐三五並與一，黃白紫光交横出。九旬俱勝號還丹，便可長生駐容質。若使十月脱胞胎，神伏鬼驚萬事畢。出世雖獨指蓬壺，昇天可以當白日。河車華池莫外求，八石四黃難可儔。豺狼寧伏驊騮皁，荆棘奚同松桂秋。鼎中更有虚無號，非世金銀自然造。達士如修此鼎成，丹霄紫府不難到。君臣夫婦皆相承，三人同志終得朋。衆流畢竟朝滄海，暗室須資點慧燈。春風一夜開桃李，寶馬香車携緑螘。輕肥繡騎樂繁華，豈信鑪中有神水。韶華美景留不得，百歲爲翁能有幾。青鬢成絲瞬息間，朱顔落日平生已。和嶠愛錢不肯用，王戎鑽李畏人共。何似淮南真藥成，雞犬相隨入仙洞。世人皆爲刀錐長，鍊雌點銅爲丹陽。那知神藥回天力，一丸高步朝玉皇。莫迷莫悞窮恍惚，靈丹不用人間物。

金水能全造化功，永壽蟾烏遞明沒。玄元括象甚分明，自是迷人心兀兀。若能頓悟一真宗，悟了潛修莫憔悴。還丹還丹歸本元，不歸本元非還丹。疊石無因能敖浪，積水何曾作得山。求魚不結截江網，安得紅腮滿玉盤。爲勸巖棲並市隱，莫拋甘美味辛酸。此一篇妙盡玄微，但不言火候耳。

快活丸歌

快活丸，天木地金惟兩般。左手使，右手尋，兩手到時把藥擒。入赤臼，恣意搗，和就一丸如意寶。採得藥，小如錢，因何搗得大如拳。但尋思，堪失笑，連搗至搗哮吼叫。六丁裏，實求覓，一紅一黑不可失。白似雪，玉不如，恰似一顆夜明珠。時中討，那裏要，莫教走了藥不妙。元成粒，爐中燒，燒時故使水銀澆。開爐看，霞光迸，入臼再搗粘又硬。漸漸長，臼中溢，杵臼連忙如霹靂。十箇月，三十辰，依爻火鍊自然成。合有法，元有數，元元盡合周天度。誰肯合，誰肯服，會合能服天地福。知者祕，怕人聞，此藥可駐千萬春。元合時，最怕風，自古從今藥一同。藥不遠，是人有，往往迷徒八方走。休多說，静悄悄，勿使人知怕人笑。元成粒，日影看，始愚終聖無生亂。投入壺，莫亂傾，依時按節補天真。一元子，十六兩，三百六十四爻養。地雷復，應陽爻，恁時將藥向口抛。真水送，嚥九嚥，切忌莫教俗人見。過重樓，達五内，散入經絡天人衛。治已疾，除未病，誰肯奪真補自命。從一爻，至六位，此藥便是日月義。可却老，再少年，命歸藥力不由天。藥炁下，鎖玄關，莫教藥力外邊鑽。藥力轉，神炁清，玄珠隨炁變流星。日月照，腹中鳴，照見世事盡不平。按月法，六箇節，一節一節莫教缺。基脚動，基動服藥不做用。服此藥，有所忌，除煩除惱除縈繫。密固室，守空房，一歲不若體如鋼。黑變白，白變紅，志在心堅鍊在功。快活丸，色如雪，藥味易尋難求訣。不因我爲立紀綱，藥味歸身走八血。藥相隨，傳百脉，三載變化内日月，快活丸，不漏珠，騰空登天從此去。依爻養就大還丹，父子君臣不可洩。

金晶歌

欲取金晶，須用功程。金鼎居地，復求本身。火飛水發，辨驗浮沉。鼎口沸出，復用收吞。今方訣破，此是真晶。莫生愛念，害及其身。父母爲本，鉛汞爲根。此非穢濁，返化仙真。如子事父，如臣事君。依天依地，人方生人。陰靈空性，何能生人。父母生身，方有此靈。此身一壞，此靈歸空。若得金精，保命生根。千朝功畢，永劫長存。

詩

玄玄，先地先天，恍惚裏，自綿綿，大道之祖，陰陽之源。古仙傳此法，賢士達深淵。學人若明此理，留形住世長年。直候金丹成九轉，方知换骨化神仙。

丹丹，難會難言，龍之髓，虎之肝，陰陽造化，日月兩間，要採中秋月，温時冬後寒。得服能歸紫府，進火全借機關。後學若能依此訣，功成必定駕翔鸞。

藥藥，勤用勤作，長瓊樓，生鳳閣，上穿玉兔，下連日脚。採來入鼎烹，和合莫教錯。煅鍊抽添，運用沐浴，全在匡廓。任時功行滿三千，仙童詔我歸碧落。

鉛鉛，水鄉真源，庚辛産，位屬乾，常居坎位，隱在北邊。得遇離宫汞，烹成玉一團。永守神爐密固，使人性命牢堅。直待玉皇符到日，穩騎鸞鳳上青天。

汞汞，愚人竊弄，隱砂中，藏石縫，順則成人，逆爲丹用。有火鍊成丹，無火空勞動。與鉛一處調和，更用黄婆相送。九還七返入中宫，群仙命我乘鸞鳳。

爐爐，本出虛無，堪鍊養，有玄珠，上闢天象，八卦中鋪。下接地理處，周回四象居。運火周天度數，修丹切莫差殊。直候中宫炁足日，雲生足下别賢愚。

劍劍，至靈至驗，飛太空，走雷電，斫斷三峰，劈開海面。辟盡陰魔魂，魔鬼心膽戰。半夜奪得明珠，神光往來出現。他時保我命長生，携鋒直上三清殿。

火火，工夫最大，待時刻，莫蹉過，志士之機，愚人之禍。鍊藥憑巽風，主客分位坐。朝昏爻接陰陽，進退抽添在我。直待工夫用到頭，男女跳出塵勞鎖。

鼎鼎，難逢易省，玄元立，黄帝名，陰陽制造，潛於凡聖。渺渺難尋源，水中看日影。位應庚辛坤地，寶藏三峰尖頂。仗劍劈開三姓門，翻身跳出真仙境。

黑金變白金，白金變黄金，黄金成至藥，盡之矣。玄中有玄是我命，命中有命是我形。

佚名《靈砂大丹秘訣》

抱一聖胎靈砂　詩曰：太一靈砂少有聞，陰陽交感上昇騰。天地造化分明旨，大道須還内外同。

第二轉　詩曰：還丹七返又三成，求詩妙旨要分明。黑白奇珍分造化，華池沐浴自飛昇。

第三轉　詩曰：不用凡銀身體輕，離他胎氣自惺惺。故我通靈能變化，丹陽從此得成名。

第四轉　詩曰：磂殼自離披，青分弄月龜。縱横能變化，引聖破凡迷。只見辰朝種，那知泄聖機。犬餐鷄若食，化鳳作龍歸。

第五轉　詩曰：看看功積至靈如，賀賊將來入正徒。得我化形能改質，玄理無貪是丈夫。

第六轉　詩曰：種功累德遇師傳，大藥金丹不妄言。更也捨心無誑悋，長生處世證高仙。

第七轉　詩曰：丹頭感氣賀黄郎，立見硃砂體放光。制得五金成大寶，陰陽剥盡見純陽。

第八轉　詩曰：真陰真陽轉轉成，自然丹熟性明清。無爲大道通神妙，頂禮三清上太真。

第九轉　詩曰：混元一炁大丹頭，積行施功幾世求。真心學道三清許，方得丹成經數秋。外藥就時家國富，内丹結就上蓬游。焚香禮謝諸仙聖，今日方知不早修。

九轉金丹訣

靈砂煅鍊第一

靈砂煅鍊説元因，四兩硫黄二兩銀。先溶作汁傾鍋内，焰起之時用醋噴。入鼎青金頭一味，藥瓶泥固莫令津。度量火候休交錯，前後仍須節次匀。成後劈爲皂子大，製之造化十時辰。入匱貼身無脱漏，十朝變化始爲真。出鼎觀時顏色黑，炬火應知牙齒痕。華池脱去硫黄氣，恁時方信汞成銀。

聖胎生産第二

二轉方知點化功，聖胎生産見真宗。汞末四兩先鋪底，丹砂如蓮栽一重。次第鋪排四兩畢，匱母從頭蓋一重。合用鹽泥同固濟，養之二七始爲終。開合觀時已成寶，仰贊神仙造化功。

瑶池皓蓮匱第三

三轉瑶池綻皓蓮，焚香浄室要精專。汞澆二兩無多少，多則力不能加七日成時再用前。依前在澆收取可爲長生匱，靈砂生養理幽玄。學人同志聽斯語，此訣無令俗士傳。

仙掌月明池匱第四

四轉名爲金穀種，鼎中排定得其宜。流珠二兩澆温火，火候抽添七日期。數滿周天奪造化，玉容翻著紫金衣。暮收朝種分明説，莫使貧夫取次知。

紫府金蓮匱第五

五轉金蓮紫府幽，膽礬煮汞莫淹留。此名黄笋無轉泄，蓋是從前至藥匀。入鼎超凡非細事，産生子母是因由。法中玄妙神仙術，服了乘雲島外游。

紫府涌泉金匱第六

六轉工夫養就芽，鼎中玉笋自然花。頻頻澆汞鉛中造，暮種朝收見寶華。燦爛爐中成紫色，玲瓏金碧晃流霞。須知此道人難會，减口藏言莫亂誇。

七返金液還丹匱第七

七轉丹成有返還，辰砂養就不須鉛。五金立點成珍寶，去毒埋時下井泉。瘦夫得餐熬便化，老翁服了駐童顔。山林隱士如能遇，一粒吞之上九天。

歸元靈液金丹匱第八

八轉歸元名靈液，陰陽匹配理難詳。丹砂爲末爐中養，七日開時總是黄。立點五金爲至寶，雞餐一粒化鳳凰。神仙昔日留真訣，輕示凡人九族殃。

九轉金丹匱第九

九轉丹成號大還，八翁昔日授劉安。幽巖洞府驚神鬼，射日祥光色萬般。有道服之能變化，陰君吞了躡雲端。超凡入聖須憑此，事與凡夫總不干。

太極靈砂賦

神丹不值於下士，玉帝賜禄於上仙。感聖人之情憫，以靈砂而口傳。合二味以炒成形，始能見寶。至九轉而吞入腹，立獲昇天。原夫硫郎四十家，未求美人二八身。無主所以兩結，婚姻一憑媒妁。金臺燭焰兮不須生，玉池苦酒兮頻爲酌。壺中夫婦意相親，堂上翁婆情不樂。自此憔悴玉顔，合和靈藥。真砂結像，更資文武以調停。至寶潛輝，莫棄形容之醜惡。切以鼎像二儀，堅完最奇。兩番製一兩姜汁，三次固半指斤泥。入洞房兮，杵築其青金末，固口縫兮，蜜調其赤石脂。加蛤粉等分兮，再固黄土泥，緊纏絶白鐵線。方當打板之時，切宜審耳。及待養丹之際，亦復如之。於是鍊日月之精，契坎離之理。鼎置爐内，瓶埋地底。固之密兮，火遶一周。簇之遍兮，炭高四指。鼎中堆下四兩火，腹内可容八分水。五金俱熾，聽龍吟虎嘯之聲。二日方開，候火冷灰寒而止。大抵砂猶葱碎兮，可再煅以加火。體既堅剛兮，方言妙以如神。用刀劈如皂子大，懸胎煮如魚眼匀。加鉛霜以少許，添醯物以斯頻。或伏一晝夜，或煮十時辰。袋中取出兮，浴之以熱水。舌上微潤兮，調之以玉津。同以四粉，鉛白霜輕粉。粉霜硼砂等分，研之極細，貼其一身。十錢靈藥諭爲子，四兩匱母還數親。如栽蓮實以斯列，入金鼎以重温。使排布而勿相投，中間各離。可鋪蓋而勿露，上下埋匀。異哉，《史記》無文，仙人傳訣。草煤玲瓏兮，池腹俱暖。炭火温養兮，鼎心均熱。

灰微焙則氣不散漫，盆坐覆則數難耗折。四進至四兩七八終用八後三錢，依四正以羅列，遍七日而通徹。常令室密無透風，直須灰冷渾如雪。恐未形忘齒嚼，觀心朱而尚赤。且養火更宜如期，透骨黑而全青，成就可決。既而真本已具，丹砂至靈，入華池而煅鍊，加炭火以調停。用鉛二星兮，終久爲棄。內子一兩兮，須臾自寧。夫然後陽極陰消，剥見黄華之像。日來月往，愈觀素鶴之形。信夫玄之又玄，祕之又祕。此明變寶之神驗，别有還丹之口議。及指陳於內事，又豈止於小利。是道也，得人而方可以傳。若授非其人，天殃立至。

靈砂祕訣

妙哉神藥，列聖傳方。烹鍊日月，攢簇陰陽。精調水火，若歷星霜。騰粉硼信，三龍可降。金華作藥，玉樹含芳。壽齡無極，地久天長。宿有仙骨，深可祕藏，傳人不當，己身受殃。僕乃略集京師。交結權貴，性命二理，稍得其趣。常覽丹經，此紫書多説黄白之法，鉛汞之術，三千餘年，千舉萬敗，歷世無求。一日幸遇高士先生，論金鼎靈砂至藥，孤陰而不生，獨陽而不化。陰藏陽而有孕，陽抱陰而成形。陰氣而産，陽氣而生。浩劫以來，傳氣到今。至精感結，真一生焉。萬物從母而生，千靈感氣而化。子肥母瘦，子大母衰。若不從父母胞胎之中生者，未之有也。夫作丹者，使天之魂，地之魄，金之精，石之液，龍之骨，鳳之髓。此乃和合陰陽，以氣化氣，以人化人，胎卵濕化，山海陸地，飛潛動植，皆感氣而生。龍能伏虎，虎能降龍，龍呼虎血，虎吸龍精，遞相制伏，丹道方成。五金之性别，八石之原探，一日之火候，奪千年之造化。設天地於逡巡之內，死鉛汞在頃刻之間。增修鼎鼒，氣變通靈，龍虎交媾，日沸月騰，此中妙用，朝種暮收，陽丹換骨，點化如神，內丹可益壽延年，外丹可以羽化飛昇，分明聖理，顯達天機，恐昧仙蹤，細書終始，僕乃向雙檜堂前，揀良時吉日，都無一日之功，養就千年之寶。非仙骨不能而成，非道德不能而遇。若非祖先久積善慶，豈可得遇哉。

老君靈丹訣

良無頭，釜無耳，庚爲表，艮爲裹。無别味，直下製，惟有水火相配類。拔茅終是假，縮賀未須真。欲要知端的，無過死水銀。

佚名《九轉靈砂大丹資聖玄經》 大藥良無頭，金丹釜無耳，造化不用藥，聖胎即須製。會合真父母，方應天地理。後學宜結詳，一一審斯義。

金化金兮，高真祕訣。銀化銀兮，神仙顯説。造化功成，祕之勿泄。

宋·陳大師《碧玉朱砂寒林玉樹匱》

詩曰：鉛汞相交結聖胎，聖胎中有一嬰孩。嬰孩便是鉛中寶，誰信鉛中養得來。

詩曰：真鉛玄妙大丹頭，汞合金公造化優。交姤靈機成五彩，龍吟虎嘯老人脩。

其四神，獨有真汞可伏鉛。陽虎陰龍，故汞爲鉛。子母之道，金公生虎之肌膚，汞乃堅鉛之筋骨。

詩曰：離鉛去母全歸聖，入聖超凡玄又玄。養出朱砂能伏火，教君立見水銀乾。銀乾便出神仙境，誰謂神仙别有丹。認得真鉛造化機，全君容易入玄關。

詩曰：龍虎相交自相和，陰陽物感倍歡歌。本是一元分元質，却來入聖離龍坡。

詩曰：陰陽大道妙真傳，只用水銀與黑鉛。不傷朱體不傷鉛，此法玄中玄又玄。若人識得真龍虎，變化成功在眼前。笑他幾輩頭如雪，不知妙道只虚言。

詩曰：二氣依鉛結就成，更含素質鼎中凝。如初温養無多力，莫使熒高力不升。

詩曰：三轉成龍氣轉高，却嫌元祖是塵囂。朱砂功就烹成汁，潑向爐中雪不消。

詩曰：伏得丹砂作地仙，其砂欲伏在真鉛。鉛砂不棄依然誤，離母除鉛是湧泉。

詩曰：七返還丹如入許，不拘黄白盡成珍。瓊林玉樹花争發，點化超凡不誤人。

宋·李真人《龍虎還丹訣》《望江南·龍虎訣》

初學道，須認得真鉛。採取鉛中金白雪，却將金雪作丹田，方始見重玄。

真鉛者，是鉛中丹砂也。此丹砂從無而生有，從有而還無，稟冲和氣而生，謂之丹砂，亦曰河車，亦曰鍊秋石，亦曰金花，亦號中男，亦曰白馬牙。此丹砂象太易混沌一氣未分也。一氣者，是元氣始萌。從一生二，二者陰也。得白金之名，從白金二生三，三者丹砂也。三屬木，木者屬氣，氣者非金銀質色也。學道之士遇此丹砂，於金鼎內，專志修學，十已得八九也。若以朱砂爲丹砂者，徒竭功力。

分明道，不離黑鉛中。鍊取五行尋藥體，五行之內覓金公，法象在《參同》。

陰中有陽，不離北方。若黑鉛燒鍊爲藥，何用更言恍恍惚惚，此産在五行虚無之體。《太易》云：故黄芽産於河車也。河車者爲之太素，形之神變，謂之有質。若用鉛，非用鉛。若棄鉛，無有是處。經云：芽若是鉛，去鉛萬里。芽若非鉛，從鉛而始。學道之門，切忌鉛錫，何況棄鉛尋真。故經云：鉛非黑錫，汞非水銀。

分明道，朦朧在君家。龍虎見君君不見，徒將金寶作河車，争得見黄芽。

朦朧是天玄地黄，陰陽大象之氣，降在五行，爲坎離之象，乾坤之根。《易志》云：在天成象，在地成形。聖人以法象陰陽，採摘五行，反見有形。若容易採時，只在君家舍。日日看君君不見，此言屬大道冲和之氣，五行之初，杳冥充妙之象，非人家之所有，非凡人可知也。

還丹道，金水是良媒。須得華池終見寶，徒將砂向黑鉛坯，莫妄損三才。

金水二字，自生於物。亦曰金水，亦號鉛汞，亦爲青龍白虎，亦稱坎離。良媒者，真水真火也。經云：内有一飛一伏，外有一佐一助。木者本是東方真汞之象，金者是西方真鉛之名，故知金水從一物中生。今人多將銀末伏硃砂鉛，坯成世寶，認此爲白金，豈是自然。且用鉛不用鉛，三才全既。坯成得銀，已損三才，豈是真正之理。三篇云：莫壞我鉛，我命得全。莫破我車，廢我還家。豈不明損鉛之氣，須認得真華池者。千經萬論，不載於文。故《易志》云：白者金精是一陽，黑者水基是一陰。此實露玄機，學道之士細而覽之，自然解悟。

丹砂道，學者亦如麻。不識鉛中含白虎，競燒糞穢覓金華，争得跨雲霞。

【略】

佚名《修鍊大丹要旨》卷上　鍊硃去硫第一法

詩曰：以硫結汞斷靈砂，用母栽蓮養我家。留汞去硫爲大寶，三還伏火見黄芽。死汞一味最爲佳，却以硃汞結成砂。水火鍊來經四七，周天火候聖黄芽。黄芽一味養丹砂，四星匱一是生涯。火候調停纔七七，乾汞成真足可誇。

又　卷下　混元九轉金丹訣

第一轉養砂成丹寶　詩曰：白向白中取，赤向赤中求。從教金紫貴，争奈勝王侯。

第四轉養小丹　歌曰：赤白二物先伏之，方能擒得火龍兒。但教金木歸洪治，自得精成銷絳闈。一點明星開鼎燦，半輪紅日出爐飛。丹成解變人間物，始信權移造化機。

第五轉小靈丹養黄芽　歌曰：小靈丹驗早爲佳，造化功夫不用誇。七七四時温養了，開爐一見變黄芽。

第六轉小丹黄芽養種金硃砂　歌曰：金砂養就色堪怜，莫用多辭向外傳。花滓好求經潔後，萌芽須採未分前。三龍共處庚辛就，五虎同周辰巳圓。從此紅娘脱身去，一堆金骨始驚然。

第九轉金丹大藥

歌曰：造化工夫熟見涯，火龍大体是丹砂。解將凡骨爲仙骨，能使貧家作富家。祕訣既從達士得，靈機休對小人誇。好修隲隙皆天地，反此應當禍不差。

歌曰：仙方一卷世稀聞，莫向愚癡説此門。漏洩天機遭横禍，祕藏神訣入仙源。造時莫使凡夫見，養就休同俗子論。三分一分須濟世，丹成家積氈崑崙。

佚名《玄霜掌上録》　孫氏歌曰：玄白霜，玄白霜，龍虎君中立爲長。萬物不從陰所生，即問孤陽何處養。

佚名《庚道集》卷三

昇靈砂丹法

詩曰：二八配陰陽，離宫子細詳。誰知真造化，姹女嫁劉郎。

第三打靈砂入鼎法

詩曰：五金既濟坎離宫，混一成形體本紅。妙禀陰陽交姤力，九旬甲子一朝終。

第四煑制靈砂法

詩曰：陰陽相制未成珍，全藉桑青可濟貧。煉至九功能化石，皆因母力見仙真。

第七化母匱温養法

詩曰：母正子靈通造化，子靈不與母相親。南星更使三稜助，若用烏龍亦作星。

第八温養火候法

詩曰：金木交加入丙宫，須知卯酉可參同。七問姹女成仙質，再見劉郎入碧空。

詩曰：無精光兮子不滅，母體尫羸子不生。不會玄機三要法，如何造得大

丹成。

第一轉制珍成寶

詩曰：靈砂七返有三乘，妙旨師傳最要明。黑白能分通造化，華池沐浴自飛昇。

第二轉脱凡入聖

詩曰：不用凡胎養聖胎，依前法度好壅培。這回脱體成仙骨，始覺淵深不可猜。

詩曰：不用凡媒白體成，離他胎氣自惺惺。通靈變化皆由此，頃刻丹陽换骨清。

第三轉温養真陽

詩曰：欲立神仙大藥基，先須擒縛赤龍兒。煉成九九純陽體，始信爐中造化奇。

第四轉澆淋黄芽

詩曰：木晶金液得丹砂，靈藥丹砂事可誇。一味只憑滋養力，結成滿鼎水晶芽。

詩曰：再添再養汞頻乾，至道明明自不繁。火候徐徐無太過，開爐光粲玉琅玕。

詩曰：瓊林玉樹憑三次，瑶藥奇花色更鮮。至此保全無懈怠，却宜固守要心堅。

詩曰：白雪神符豈易逢，赤龍旋復鎮中宫。雲雷鼎沸三朝足，别作仙家上等功。

第五轉大丹椮制法

詩曰：赤龍伏火號還丹，祕在仙家遇即難。四十九朝功用足，輕投一粒汞全乾。

第六轉産五庚伏三黄點解成珍法

詩曰：爲愛黄花點白霜，何難變化可參詳。三元受得爐中雪，不許愚癡暗度量。

第七轉七返還丹

詩曰：雙鬟女子自相資，返覆優游事合斯。藥熟了然顛倒變，相投父子得無疑。

第八椮汞成庚八卦全也

詩曰：丹砂八轉成，更不用辛勤。一點純陽藥，能成上等庚。若能修至此，積德省貪嗔。功行三千滿，長生久視人。

第九轉丹起死回生

詩曰：丹藥修成幾月深，神功變化自堪任。金章紫綬何須貴，明月清風樂此生。

又　卷四　詩曰：七轉丹砂造化功，凡胎已作大仙翁。白衣跳出龍門外，大相之身萬象從。日月乾坤隨手掌，化赤飛騰作鶴蹤。大藥煉成金在汞，任君變化有神通。

又　卷八

昇仙大丹九轉靈砂訣許真君。　詩曰：二八配陰陽，離君子細詳。調和變萬化，姹女嫁劉郎。

詩曰：五斤既濟坎離宫，混一功成體固紅。內禀陰陽交會力，九旬甲子一周終。煉時大火精神透，藏處千年不朽宗。若服長年延得壽，明知一法萬皆通。

煮靈砂藥方　詩曰：陰陽相制可成金，全假桑君方濟貧。煉至九功能變化，皆緣丹力見仙君。

造匱法　詩曰：子母正靈通造化，子靈不與母相親。造成大藥君須愛，不共迷途受苦辛。

貼身藥　詩曰：金木交加入火宫，須尋卯酉好參同。七周姹女無情外，更請劉郎入碧空。

入灰池養法火候數　詩曰：無精光兮子不靈，食母肌損子反生。不曉玄機達要處，何時造化九功成。

詩曰：狐兔不乳馬，鷹鸇不卵雀。金丹不離鉛，終不離鉛脚。

第一轉　詩曰：再坯再煉故令堅，盜去玄精體自然。修得容颜端的矣，神仙口口遞相傳。

詩曰：

再坯再煉故令堅，盜去玄精體自然。修得容颜端的矣，神仙口口遞相傳。

第一轉靈砂點化成真法　詩曰：不用凡媒白體成，離他胎氣自惺惺。原我通靈能造化，丹陽從此得功昇。

第三轉靈砂種金脱殼法　詩曰：硫殼自離皮，青頭卉日窺。縱橫皆變化，

引聖破凡迷。但見晨朝種，難看造聖機。犬鷄若餐食，化鳳作龍兒。

第四轉朝種暮收澆淋法　詩曰：看看功積至靈龘，賀賊衝類作正徒。故我化邪能改正，得喪忘貪真丈夫。

第五轉玉笋琳琅法　詩曰：盤旋縈結自相交，獨體神功事可高。寒雪滿堂如玉笋，金公一見倒神毫。

第六轉産孕五金伏雌雄化假成真法　詩曰：爲愛黄芽成白雪，何難於我好參詳。三元愛護爐中物，不許愚人亂度量。

第七轉變化黪汞成銀七返硫法　詩曰：丫角姹女身相期，返覆優游事合宜。藥熟了然顛倒變，相投子母必無疑。

第八轉白體成金摻汞成庚號爲八卦庚法　詩曰：故顯丹成熟，無不用辛勤。絶陰一點化，誰爲我相親。若能修至此，立便得飛昇。

第九轉長生永壽仙丹飛昇大法　詩曰：凡聖修來日月深，神功暗喜自堪任。將相金璋何足貴，明月清風屬我心。

雜録

晉・葛洪《抱朴子内篇》卷一一《仙藥》　余亡祖鴻臚少卿曾爲臨沅令，云此縣有廖氏家，世世壽考，或出百歲，或八九十，後徙去，子孫轉多夭折。他人居其故宅，復如舊，後累世壽考。由此乃覺是宅之所爲，而不知其何故，疑其井水殊赤，乃試掘井左右，得古人埋丹砂數十斛，去井數尺，此丹砂汁因泉漸入井，是以飲其水而得壽，況乃餌鍊丹砂而服之乎？

唐・孫思邈《太清丹經要訣序》　余歷觀遠古方書，僉云：身生羽翼、飛行輕舉者，莫不皆因服丹。每詠言斯事，未嘗不切慕於心。但恨神道懸邈，雲迹疏絶，徒望青天，莫知昇舉。始驗還丹伏火之術，玉醴金液之方，淡乎難窺，杳焉靡測，自非陰德，何能感之？是以五靈三使之藥，九光七曜之丹，如此之方，其道差近。此來握翫，久而彌篤。雖艱遠而必造，縱小道而亦求。不憚始終之勞，詎辭朝夕之倦？研窮不已，冀有異聞。良以天道無私，視聽因之而啓。不違其願，不奪其志，報施功效，其何速歟！豈自衒其所能，趨利世間之意？意在救疾濟危也。所以撰二三丹訣，親經試鍊，毫末之間，一無差失，並具言述，按而行之，悉皆成就。然人之志，所重者性命，其危春露，其脆秋霜，俯仰之間，相顧如失。榮華貧賤，誠爲不住之容；憂悲娱樂，並是難留之事。以此而言，深可嘆矣！

余比讀諸方，故亦不少，觀其梗概，例多隱祕。味之者，翻增其惑，説之者，返益其迷。遂使修鍊之流，不見成功之處，豈其古人妄説耶？抑由學道之輩，自不能考其旨趣也。余所陳方意，於文記間，如視掌中，一試披尋，莫不洞照。相知之士，通鑒名人，有所不同，心之取證，故列爲三篇耳。處士孫思邈撰。

唐・陳少微《大洞鍊真寶經修伏靈砂妙訣序》　余自天元之初，從衡嶽遊於黄龍，止于賓府，忽於巖穴之中，遇至真之人，授余靈砂要訣。至人曰：吾自得於許僊君之後，僊君受訣於吴天師，天師本受於同郡丁真人所出也。假如丹砂之本訣，玄理深奥，固難思尋。遂求好道之流，志慕神僊之侶，不究竟其真原，長沉淪於塵俗，自上古僊經文，皆幽密隱蔽藏言，不流傳於世。余常愍然。今述爲靈砂七返七篇，及金丹至訣二章，並爲序論，以示後人同志之士者也。

唐・李光玄《金液還丹百問訣序》　昔李光玄者，渤海人也。少孤連氣，僮僕數人，家積珠金巨萬。光玄年方弱冠，乃逐鄉人，舟船往來於青社、淮浙之間，貨易巡歷。後却過海，遇一道人，同在舟中，朝夕與光玄言話，巡歷新羅、渤海、日本諸國。

唐・沈知言《通玄秘術序》　夫人立身之本，以道德修術，固益肌體爲先。少年之盛，豈顧後衰。況人禀三才之貴，圓首方足，悉符天地之形，不可以自輕失也。知言丱角之年，棲心於道。昔太和初於霅君之上，遇道士馬自然，示余祕訣，兼玄通如意丸，五解之法。知言顧慙幽陋，罔測玄機，時於其間人寰。採補延生，往往得其一二。洎咸通五年春之淮南，有故友滎陽鄭公，示余神丹諸家秘要，皆是濟世治療人間一切諸疾延駐之門，并制伏五金八石，點變造化，辟除寒暑，絶粒休粮。或箭鏃入肉取不去者，不限年月深遠，點摩丹藥，其鏃自出，有造化之神功，在三卷之内。好道後學覽之，必瑩心駭目。其於伏火金石靈丹，備在卷中，知言輒編次之，勒成上中下三卷，號曰：《通玄祕術》，以奉好尚君子。養生之本，將貽同志，幸勿輕傳耳。

佚名《還丹肘後訣》卷下

唐仵達靈真人記

余自知命之年，從鑾輿西幸。當天寶丁亥十一月，遇青城丈人，授以真元丹

訣，旨意百不能曉。屬駐蹕行，在掌命頗煩。及肅宗至德丁酉歲，啣命禋于嵩岳，復遇丈人，始授神水黄芽之要。洎畢，請告回覲宸扆，乞骸歸田。會南曹郎張公去非，左史程公太虛，皆以故廬，共製神室，皇天下，睠丹鼎，融光服之浹辰，肌容發爽，凌空不慑，意愈通神，意至藥之靈，人不知其靈。或曰人之延齡，至有還精補氣，運息張機，出入之間，歸清出濁，此誠内出外入也。精之所還，何出而何入也。或以吐納爲精華，何有敗腰之冷。或以出入爲真氣，何有傷膚之勞。凡壯室之年，誠爲敗真之本。精華一失，神魂四離，此何以還之。其或幼全真炁，常習運動，長其年齡者，抑亦下品也，且無凌空之效。若外鍊火龍，内運金精，直證高真，上仙也。余自得餌靈丹，自至德丁酉，迄于今上乾符甲午，歷春秋一百一十二載，更十二朝。余自念宦身功行雖勤，及得返童復元，比張程二公相去十二載，意方通神。今天子蒙塵，姦臣竊位，余西邁，又值鍾離公得偕行同宿，超越三乘，感迷惑之徒，執往不回，良可悲哉。余誌辭者，闢下鬼之迷途，開上仙之真境。乾符乙未歲丙子日記。

吕真人寫真自贊

道包天地，不可有以迹。炁撼八極，孰能寫其形。出纖毫一時之揮洒，炳人間千古之丹青。跨海方蓬，飛入眉宇。横秋雕鶚，翻作精神。晚煙忽鬧梅花月，東風俄遍六陽春。彷象兮，僅可一二。變化兮，莫窮涯津。皎然悟物動人處，海上其誰步玉塵。

佚名《通幽訣》 州縣山谷名

桂府、辰、錦、衡、朗、邵、勾漏、都雲、象都、永、郴、容，湖南等界，山石巖谷，形勢滋茂處，並有。如要採砂精不烹鍊，天然自生出者，但於曾採砂處打石及穴填處，不問新舊，即有之。新阬及古者不定有之。丹砂光明在床，有君臣自然四面，有朝揖而生者，色如未開紅蓮，通透曜日，或如芙蓉，紫色通透，形貌如笋者，或片段稜角成就，分明通光，並爲上品。或如雲母片，白光者通透，一云白馬牙，或顆粒兩數，至一二斤者，在石中採得，顆粒碎紅光明者。或片段稜角白光者，入水中不見者。或青光分明，稜角成就者，並爲中品。與上品同用，堪爲至藥。或有鐵色者，及竹溪谷、土穴、並水中採得者，或顆不定分兩多少，及掏得末砂，並爲下品。但川源滋茂，抽得液制伏，只得治世疾，不延駐，不堪爲至藥。亦比人之百寮，爲上中品，無名位者爲庶品。則卑賤無自專之分，不能致人非常之事。故喻云：只治世疾，不延駐。

宋・張君房《雲笈七籤》卷六九 陳少微《七返靈砂論序》

予自天元之初，從衡嶽遊於黄龍，止于賓館，忽于巖穴之中遇至真之人，授於靈砂要訣。告曰：吾自得許仙君之後，仙君授訣於吴天師，天師授於同郡丁真人，今本即真人所出也。假如丹砂之本訣玄理深奥，固難卒尋。好道之流，志慕神仙之者，若不究其真元，沉淪於塵俗。自上古仙經，文皆祕密，隱蔽不言，不顯露于世。予常愍然，今述爲《靈砂七返篇》及《金丹志訣》二章，並爲序論矣。

佚名《鉛汞甲庚至寶集成》卷一 湧泉匱法丹序

夫天地原於陰陽，鉛汞本乎水土。水土長生在申，乃陽生於亥子。子乃天一，生水之旺方。火生於寅，陰生於巳午，午乃地二，生火之旺位也。萬物無陰陽無水火，則不能成物也，丹爐亦宗於此。水注於地，夫何能致雨於天。火運乎天，夫何能致熱於地。蓋天地之氣，升降交合。如此交合，而四時成，萬物備。天氣自上而下降於地，地氣自下而上升於天，所以生物成物，二氣抱負，凝神聚氣，而成形質也。各從其類，分玉石草木，禽蟲鱗介，走獸之類，惟玉石金銀爲貴，皆天地氣化自然之寶也，世所貴之。原夫金銀，原於丹砂，人之所以取而煅鍊，分其黄白之色。丹砂之中煅出精液，名曰汞，汞曰水銀也。名曰水銀，未嘗能濕物，不見其水濕潤於物，但含其水於中，流墜於地珠散，就下收聚之不可得，遇之於火，隨之煙焰輕飛，茫然視之不可得。物之有能制伏者。《本草》玉石部中有硫黄乾汞，所以作靈砂者。以二八爲陰，三九爲陽。古之以水銀八兩，硫黄二兩，爲一鼎，水火既濟而抽之。其有以硫黄三兩，水銀九兩，爲陽而抽之，以治病也。

昔上古以來，軒轅黄帝入羅霍山，遇黄蓋童子，授金銀方六十首，自茲流傳于世，已千百年矣。歷代寶之，去世久遠，俱不得其明人之名。自大唐寶應中《類編本草》，世人皆見《丹房鏡源》，刊具藥物之靈異，有仙聖之術，詳載《本草》玉石部中金銀諸石條下，明載其詳注說。世有術士，能乾汞母砂，而成真銀。自古至今，所有丹士隱秘，不傳於世，罕有之矣。能此術者，亦幾希矣。

予平昔自貧而憐貧，得義而重義，某得遇丹師，仙傳乾汞之術名，靈砂澆淋，湧泉長生，匱藥靈法妙徑，截然不繁，指日而成，百千萬兩，皆出於此，母多則子多，田多則禾多也。丹經云：如雞抱卵，無中生有也。經云：欲得水銀乾，須是乾水銀。欲得水銀死，無過死水銀。丹經云：五金逢類死，八石遇硝亡。俗諺云：種禾得禾，種豆得豆也。此法比之，爲田收禾，且無水旱之灾，水銀至難死之物，且謂燒爲銀朱，銀朱復燒爲水銀，可謂難死也。死得水銀，可謂仙矣。見

寶之後，不復再活，任便成器。丹經云：九轉大還金丹成。還丹金紫金粉成，糝制乾汞，成黄成白也。法度多門，乾汞則一。【略】

此乾汞之法，富貴而榮身，濟人而利物，誠不虚語，萬金不傳之仙術。一時輕付與高人，得之者保之，有義氣者而得之，有道心者而得之，前生有緣者今生而得之，秘而不傳，何以濟人利物，術不流世匿天寶。啓丹之初，出自西蜀張富壺、楊九鼎丹師一者，乃吾父之師練，鍊師乃吾之師，皆寶玄近名。吾師得傳，寶之罕有矣。今之得吾與傳，視之等閑，得貴重恩。所以傳不背師，不昧心，爲久長享富貴，宜濟貧救苦，當保而秘之，幸勿輕泄。是云。歲次丙辰迎富日，知一子趙耐庵書。

又　卷二　口傳秘訣

《修鍊金丹變化金石下篇》曰：太上説此金石之法者，蓋欲濟世利人，使人知道可修，如術之有驗矣。非正令無情金石，變成至寶。儻人修鍊服之，則延壽長年，決矣。何其後人遇之者全少，不遇者殊多。居當貴則貪好榮華嗜慾，處貧賤則矜於欺罔奸詐，如斯之人，雖遇此法，皆不能修養。設使修制，亦不能成，蓋無福德之助也。故此太上聖祖匱法，實太上之所説者，秘之金匱玉函，世人無有知者。

余授此法於有道之士，令傳受太上之法，利身利世，養生修鍊。至真之士遂拜受之後，初養不成，亦無物不損。再於師前，乃受口訣，火候上數言而已。余遂又依法及口訣，養之便成匱。余今不避，輕泄天機。依傳口訣及經驗，養藥過度，并内外匱中合子用要，伏火之藥餌，盡心口傳秘訣，重編刊之于後。庶使得遇之人，同志修鍊，訣所就矣。【略】

大唐元和三年戊申甲子月壬申日，金華洞清虚子撰。

佚名《庚道集》卷一　文真子金丹大藥寶訣序

東齊徂徠山退叟崔昉晦叔，號文真子。自集大丹藥訣，本草之後有叙。今略去餘方，録其尤異者於此，俟别編述，俾其名不泯。紹興甲子中元蒙軒居士，寓南嶽銓德觀之無極堂書。

慶曆癸未，昉之官湖南，警溪峒夷獠，治武岡縣東北，遠長沙三百里。是時故相劉沖之牧潭州，召昉監倄，因徙家寓青衣寺。一日郡人李弼相訪，年七十許，顔面紅嫩，多論丹術。因以魏真君青金丹法相惠，昉閲其製度無差，惟未詳其隱奥。弼再白：君可爲之。此法用二硫八汞，入水火鼎，九轉打之，則自然成矣。昉雖有公幹，亦常多暇。廼依法制之，作九轉，復成水銀。遂以問弼。弼無以答。昉熟思度之，此法大妙，第不識神仙密旨，故不能成。後出戍，廼至衡山，謁養素藍先生，求指迷。藍公曰：此法極妙，最易置者。但爾不窮仙經，因此硫汞差殊。第一轉入硫二兩，至第六轉逐旋減之，第七轉方不入硫。蓋硫是至陽，汞是至陰，每次炒合入鼎，下火打止，第七轉方不飛動，乃其伏也。然九轉後入外爐養，别有火數，却煅去硫，其汞獨體成丹寶。昉纔省李弼之言，於是再拜。自得藍公指訣，每制未嘗差忒。此丹上可永命，中可濟人，下可肥家。惟在秉心施惠，不可貪吝，即道成矣。門人大梁崔昉謹識。

又　卷三　太上靈砂大丹

朝議大夫知南劍州軍事楊勤序

採天地之精，日月之華，鍊成大藥。以火燒陰而破毒，服之則强壯筋骨，補髓填精，殺九蟲，斷三尸，聰明耳目，返老還童，回骸起死，延年益筭，所以成九轉之功。恐修丹之士狐疑而不信，故細論之。得之者全在積功累行，利物救人，切要製造精專，不可始勤終怠。正用陰陽匹配，水火相承，飛伏子母，温養金石，以成。飛伏子母，温養金石，以成變化。夫遺軀换殻，坐脱立亡，龍蟠金鼎，虎遶丹田，此内丹也。水火相承，鉛汞至寶，烹之不走，煉之不飛，此外丹也。世人好外而不能成内，達人修内而不肯爲外，内外兩全，其惟丹砂乎。雞餐成鳳，鵲食爲鸞，犬餌化龍，人服成仙，功高而後得傳，其造化不可測，其變動不可度，其精妙老者服之返少，死者得之再生。靈砂已就，撚白髭而换黑色，用乳汁制靈砂，則乳汁復成血矣，此靈砂之内景也。不假無名之藥，不用難得之草，其用省而不費，其功簡而不繁，下手而鉛色變，進火而汞體乾。加之以金石之藥，增之以貼身之匱，千年之氣，一日而足。山澤之寶，七日而成。十兩可以點百兩之鉛，一觔可以乾百觔之汞，此靈砂之外景也。前聖所傳，後聖所演，書之玉册，祕于神匱。非名山不可隱，非上士不可傳。始自太上授之徐真人，徐真人授之葛仙翁，仙翁授之抱朴子，抱朴子授之西華真人吕先生，西華真人吕先生授之張侍中，侍中授之任寶區，區得之而叙其法於前，張仲和因之而演其法於後。今則本末備矣，首尾全矣。獲之則七祖超昇，得之則必登雲路。施大用則富國安民，發於小用則肥家潤屋。若初學修行者，習爐火之士，聞靈砂妙訣，而尚生猶豫之心，遂使沉迷，不得省悟。是以再叙其事，以明其本，顯揚大道，指正玄機，九轉之功，一一具述。初煮以藥，次炒以砂，煅之於混元之鼎，養之以長生之匱，瓊林生而上士皆驚，玉樹粲而天仙皆喜，汞於是而真死，寶於是而發現，而更换骨，裹以金箔，若向之庚化赤，若向之辛化白矣。由此觀之，靈砂之法，論其要妙，合天地之造化。言其功績，成聖賢之修養。推其義，同周易之八卦。原其理，符老氏之九轉。是以變化出没，無所不在，縱横曲直，無所不合。《道德經》曰：視之不見曰

希，聽之不聞曰夷。故名曰希夷之道。今此神丹名曰靈砂，其義一也。正陽真人曰：金丹一粒定長生。乃此丹也。其名雖殊，其實則一。歷代聖賢皆修於此，萬卷丹經亦名於此。靈砂者，爐火之管轄，修養之領袖。或曰靈砂。既如此之妙，何假母而後見寶乎。殊不知燕雀不生鳳，狐兔不乳馬，孤陰不産，孤陽不成。汞乃純陰，鉛乃至陽。《易》曰：一陰一陽之謂道。是以假母而後見寶也。今世之人得靈砂者，服之不能輕舉，鍊之有諸障礙者，何也。曰：行淺也。經云：神而明之，存乎其人。苟非其人，道不虚行。是以制伏一藥，可以昇仙，而況靈砂乎。得其術而必誠，誠者行全也。聞靈砂之君子，修身修行，何慮不昇真乎。所用藥品，所製法度，敬而欲之，條列于後。

修丹鍊士，須要清浄身心，焚香發願，啓告天地，修丹謹行，濟物利生，得無魔障，方始下手。若不至誠，恣情放思，吾神不祐。張仲和先生曰：修鍊之人切要知，不修行業莫爲之。一朝行滿功成後，始信靈丹出世奇。

金·元好問《續夷堅志》卷一　鎮庫寶

趙王鎔煉丹成，不及餌，藏之鎮州庫藏中者餘三百年。貞祐初，真定元帥三喜棄城，取之以行。行及平陽，爲胥莘公所劾，收之。丹入汴京，下豐衍庫收，名色謂之鎮庫寶。京城變後，予同户部主事劉彦卿往觀之。丹以漆櫃盛，旁畫廣成子問道像。中復有漆合，高五寸，闊三寸。合蓋上作九環，外八中一，以金塗之，各有流去聲。道相貫，環中作小孔，予意其爲九轉也。合中復有銀合盛丹，合蓋上鏤佛一，左龍右鳳，在佛座下，亦皆金塗。開視，丹體殊輕，周匝合中，色如棗皮漆，而裂璺縱横，絶不與今世丹砂相似。予意頗輕之，問主庫者：「此有何異？」曰：「無他，但陰晦中恒出光怪，如火起然耳。」壬辰年親見。

又　卷二　延壽丹

神仙辟穀延壽丹，一丸，終身不飢。光明硃砂一兩，飛過用之。定粉一兩，燒之黄色者。白茯苓如雪者一兩，或加半兩。黄丹輕紅者一兩，飛過稱。乳香七錢半，水銀三錢，大金箔三清抄本作「二」。十片，白沙蜜一兩，浄蠟二兩。右各擇精細者，先將定粉入乳鉢研開，次下水銀再研，直候無水銀星子爲度。次下黄丹，硃砂、金箔再研。次下茯苓、乳香等細末同研匀。將藥入坩碗，坐熱湯上，勿令湯冷。另將蜜蠟開鎔入藥在内，木匙攪匀。衆手丸，每一兩作十二丸子，勿令有罅縫。或硃砂或水銀爲衣，不爲衣亦可。如欲以水銀爲衣，取水銀三二粒手心内，用津唾擦青色，取藥三五丸搓之。合時忌雞犬婦人。藥成，入坩器内貯之。如欲住食，先用油三兩、蠟一兩、白麵一斤，入蜜一兩，和燒餅或煎餅。如無，食不托麵或糯米粥亦可。須極飽然後服藥，以乳香湯下一丸。又一時辰，再將白麵炒熟，蜜蠟爲丸，如桐子大，温白湯或乳香湯下百丸，名曰後藥。先已飽食，又服後藥，故二三日不困，雖困亦無傷。服藥後當萬緣不染。夫心動則氣散，語多則氣傷。故辟穀者以寧心養氣爲本，事來則應，事過勿留於心。時時向日咽氣，以爲補助。茶湯任意，勿食有滓之物。忌怒，忌大勞。十日後，肌肉雖瘦，而筋骨輕健，神觀開朗。如欲開食，須二七日以後，候藥在丹田，可開食。不及二七日而食，則藥隨臟腑而下矣。開食之後，如更欲住食，不必服藥，止以乳香湯匀之。凶年饑歲，至父子夫婦相啖，擣爲泥丸作彈子大，黄丹爲衣，紙帶子盛此藥一丸，縫合著臍中，上用裹肚繫定。每遇箭鏃未出，先如上繫定，頃用象牙末擦瘡口。若中箭已久，須用鋒刃，或針少少取破，擦象牙末，則箭鏃自出。如魚骨鯁喉，以至針錢麥芒，不限久近，皆驗。此則，清抄本作二則：《延壽丹》、《出箭方》。案：此則前講延壽丹制作、服用，後講出箭鏃之方法，疑原系二則，後人合而爲一。

金銀化學部

題解

晉・葛洪《抱朴子内篇》卷一六《黃白》 抱朴子曰，神仙經黃白之方二十五卷，千有餘首。黃者，金也。白者，銀也。古人秘重其道，不欲指斥，故隱之云爾。或題篇云庚辛，庚辛亦金也。然率多深微難知，其可解分明者少許爾。世人多疑此事爲虛誕，與不信神仙者正同也。余昔從鄭公受九丹及金銀液經，因復求受黃白中經五卷。鄭君言，曾與左君於廬江銅山中試作，皆成也。然而齋潔禁忌之勤苦，與金丹神仙藥無異也。

論説

晉・葛洪《抱朴子内篇》卷二《論仙》 世人以劉向作金不成，便謂索隱行怪，好傳虛無，所撰列仙，皆復妄作。悲夫！此所謂以分寸之瑕，棄盈尺之夜光，以蟻鼻之缺，損無價之淳鈞，非荆和之遠識，風胡之賞真也。斯朱公所以鬱悒，薛燭所以永歎矣。夫作金皆在神仙集中，淮南王抄出，以作鴻寶枕中書，雖有其文，然皆秘其要文，必須口訣，臨文指解，然後可爲耳。其所用藥，復多改其本名，不可按之便用也。劉向父德治淮南王獄中所得此書，非爲師授也。向本不解道術，偶偏見此書，便謂其意盡在紙上，是以作金不成耳。至於撰列仙傳，自删秦大夫阮倉書中出之，或所親見，然後記之，非妄言也。狂夫童謠，聖人所擇。蒭蕘之言，或不可遺。采葑採菲，無以下體，豈可以百慮之一失，而謂經典之不可用，以日月曾蝕之，故而謂玄象非大明哉。

外國作水精椀，實是合五種灰以作之。今交、廣多有得其法而鑄作之者。今以此語俗人，俗人殊不肯信。乃云水精本自然之物，玉石之類。況於世間，幸有自然之金，俗人當何信其有可作之理哉？愚人乃不信黃丹及胡粉，是化鉛所作。又不信騾及駏驢，是驢馬所生。云物各自有種。況乎難知之事哉？夫所見少，則所怪多，世之常也。信哉此言，其事雖天之明，而人處覆甑之下，焉識至言哉。

又　卷一六《黃白》 余曾諮於鄭君曰，老君云，不貴難得之貨。而至治之世，皆投金於山，捐玉於谷，不審古人何用金玉爲貴而遺其方也？鄭君答余曰，老君所云，謂夫披沙剖石，而傾山漉淵，不遠萬里，不慮壓溺，以求珍玩，以妨民時，不知止足，以飾無用。及欲爲道，志求長生者，復兼商賈，不敦信讓，浮深越險，乾没逐利，不吝軀命，不修寡欲。至於真人作金，自欲餌服之致神仙，不以致富也。故經曰，金可作也，世可度也，銀亦可餌服，但不及金耳。余難曰，何不餌世間金銀而化作之，作之則非真，非真則詐僞也。鄭君答余曰，世間金銀皆善，然道士率皆貧，故諺云，無有肥仙人富道士也。師徒或十人或五人，亦安得金銀以供之乎？又不能遠行採取，故宜作也。又化作之金，乃是諸藥之精，勝於自然者也。仙經云，丹精生金。此是以丹作金之説也。故山中有丹沙，其下多有金。且夫作金成則爲真物，中表如一，百煉不減。故其方曰，可以爲釘。明其堅勁也。此則得夫自然之道也。故其能之，何謂詐乎？詐者謂以曾青塗鐵，鐵赤色如銅。以鷄子白化銀，銀黃如金。而皆外變而内不化也。夫芝菌者，自然而生，而仙經有以五石五木種芝，芝生，取而服之，亦與自然芝無異，俱令人長生，此亦作金之類也。雉化爲蜃，雀化爲蛤，與自然者正同。故仙經曰，流珠九轉，父不語子，化爲黃白，自然相使。又曰，朱砂爲金，服之昇仙者，上士也；茹芝導引，咽氣長生者，中士也；餐食草木，千歲以還者，下士也。又曰，金銀可自作，自然之性也，長生可學得者也。《玉牒記》云，天下悠悠，皆可長生也，患於猶豫，故不成耳。凝水銀爲金，可中釘也。《銅柱經》曰，丹沙可爲金，河車可作銀，立則可成，成則爲真，子得其道，可以仙身。黃山子曰，天地有金，我能作之，二黃一赤，立成不疑。龜甲文曰，我命在我不在天，還丹成金億萬年。古人豈欺我哉？但患知此道者多貧，而藥或至賤而生遠方，非亂世所得也。若戎鹽鹵鹹皆賤物，清平時了不直錢，今時不限價直而買之，無也。羌里石膽，千萬求一斤，亦不可得。徒知其方，而與不知者正同，可爲長歎者也。有其法者，則或饑寒無以合之，而富貴者復不知其法也。就令知之，亦無一信者。假令頗信之，亦已自多金銀，豈肯費見財以市其藥物，恐有棄繫逐飛之悔，故莫肯爲也。又計買藥之價，以成所得之物，尤有大利，而更當齋戒辛苦，故莫克爲也。且夫不得明師口訣，誠不可輕作也。

夫醫家之藥，淺露之甚，而其常用效方，便復秘之。故方有用後宮遊女，僻側之膠，封君泥丸，木鬼子，金商芝，飛君根，伏龍肝，白馬汗，浮雲滓，龍子丹衣，夜光骨，百花醴，冬鄒齋之屬，皆近物耳，而不得口訣，猶不可知，況於黄白之術乎？今能爲之者，非徒以其價貴而秘之矣，此道一成，則可以長生。長生之道，道之至也，故古人重之也。凡方書所名藥物，又或與常藥物同而實非者，如河上姹女，非婦人也；陵陽子明，非男子也；禹餘糧，非米也；堯漿，非水也。而俗人見方用龍膽虎掌、鷄頭鴨蹠、馬肺犬血、鼠尾牛膝。皆謂之血氣之物也；見用缺盆覆盆、釜鬲大戟、鬼箭天鈎，則謂之鐵瓦之器也；鈎一作鉤。見用胡王使者、倚姑新婦、野丈人、守田公、戴文浴、徐長卿，則謂人之姓名也。近易之草，或有不知，玄秘之方，孰能悉解？劉向作金不成，無可怪之也。

佚名《九轉流珠神仙九丹經》卷上 使藥不成，謹候視之，無令釜有坼穿缺傷者，有如髮穿蟻鼻者，藥皆飛去，亡其精神，失其魂魄，但得其石，又失其重寶，即藥不良，服之無益於人。神藥一銖，投水銀一斤，火之即成黄金。不成黄金，藥不可服也。故玄女曰：金可作，世可度，金不可作但自誤。即以丹一銖，粉鉛錫水銀各一斤，粉之皆成金銀。故言斤斤與一銖，慎無多也。【略】欲作神藥，服藥時皆先齋戒，沐浴五香，不如法，藥不成也。以丹華釜飛神符，大善。

唐·金陵子《龍虎還丹訣》卷下 按：仙經有黄銀、白金、紅銀者，是上藥所致。一名紅金，一名紅鮮金。又有離己金，又有青金，又有寶金，亦有丹砂四黄染汞銀而成，又有黄花銀。且汞銀萬化，亦本含此染，若兼染色者，或黄赤紅紫，蓋隨藥變。亦有狀如血裹，看如地黄根。亦有如日色者，似黄不黄，似赤不赤，似紅不紅，似紫不紫。蓋是神仙上藥，非凡情而能測别，其方訣今所載矣。

伏丹砂爲紅銀，以水銀和青緑、石膽及諸藥礬第，納鐵器中，煮結而成者，狀如丹陽，體並有暈。今亦可使其無暈。又此門外甚有深玄，比見道者一斤制得一斤，二兩制得一兩。亦有投煮不逾時，便成銀體。亦有轉相鈎制，亦有結出便無暈者，亦有取結銀爲器，用本色藥結者，不用鐵器者。亦有只先取一兩水銀，結成砂子，以瓷椀地上合之，須臾便硬，即以鐵臼擣，加投一兩汞，還依前以椀合，須臾即硬。又擣，又加汞二兩，依前制四兩，又合硬。如此一倍倍加，可增至百斤，當日而成，凡數十般法藥。至道玄遠，妙理難究。蓋隨所遇，非造次而得窺。

又饒信等州銀山有礦，質狀一如光明砂，其色紅紫，鮮明可愛，堪入鑪用，鼓鑄便成白銀，一斤可得十四五兩，甚難遇。今代稀有古經方中，並不見載，遇未詳也。或疑是銀之紅礦，其紅銀以青緑及石膽，俗呼爲膽子等，所結鼓得四五兩，或六七兩，色如丹陽者。且汞和青緑及膽子諸礬等，於鐵器中煮結而成。每一斤汞砂鼓鑄了，只得四兩紅銀，此並是鐵，非水銀也。或云膽子、青緑等，並是銅苗，其中有銅，故水銀鈎得，切恐非也，並不干藥事。所得四兩已來者，並是水銀鈎得鐵而致，非關汞藥。

余曾各秤諸色，分明記録，一度煮結鐺，欠五兩紅銀，只得四兩半，故都是鐵，不虚也，只爲證據。又凡結砂子，若器中絶滿，火稍武，其汞迸走，細如針鋒，不可得覺。用心麤者，失總不知。又用藥淘研，稍若亦化，似塵如灰，隨藥水而去，不知頭頭欠折，將爲所欠，汞盡爲紅銀也。今後來學人，見無所成，悉皆抛棄，亦相承皆爲水銀，却非也。又有一本，一斤水銀也，其紅銀即是鐵，鐵本有暈，又加青緑等染來，固合有暈，亦難修治，與銅何殊。今時輩藥道中人，爲難制治，亦輕此道。

余今年深學苦，輒議此門，殊可佳尚。且水銀鈎鐵，皆是鐵中精華。若言汞住，去道則遠矣。若以鐵中而求，是上上精華鐵也。用將鑄鏡，是上色鐵鏡。所見鑄得者，甚明徹深沈，與常鏡殊，是知是鐵中精華也。又何以知之。且水銀至靈，入雜惡類。今與汞俱是，蓋是五金精華。又看結了器中，又侵削鐵器面，鐵面上分毫無損。異日因藥力，被汞遥吸出鐵精華，便與汞合體，理實靈異。今將以爲鏡，是不可思議之物。今世人只尚此爲水銀，殊不解重其鐵也。

余自恨藝淺功微，不知黄帝之術，儻加以金膏雄黄，法象鑄成，照其鸚鵡，亦不後於當時。今世若將爲鏡，是上上鐵鏡，太原古者不如亦無比。若爲銅，亦是上色鐵化爲銅也。今世人只呼爲紅銀，見有暈，輕易如熟銅之流，不知是五金精也。余以水銀爲紅銀，紅銀亦與爲銅爲鐵，作鏡化銅爲銀。方訣既臻，理無惑也。

佚名《太古土兑經》卷中 夫五金之寶者，世之貴物也。切見學道之人，廣求方法，放性岳嶺，逸志林泉，將此爲歡，言仙可就。夫真修道者，不在憩於深遠，貴在冥心悟理。且旦暮之内，足以和光，不得妄求，廣説辛苦，將此招携，以求至道。或受一言一法，便謗同聲，或將神方，廣求黄白。當時本心求道，望得其道，返以忘道，苟求非利，且救目前之榮，豈能患冥中之苦，舉目所驗，萬萬千千如此之流，不可輒録此五金妙要而授之。夫五金飛伏，煉冶石物之宗，調合和

氣之體，具陳其訣，罄之此篇。若有求治道養性之人，可貽此養學貴寶。賤身之士，必不傳授與之。今擇此篇，以寄同聲好學之士。

凡言金藥，一色藥須金，若依此作之，亦得。次黄若得伏雄雌硃砒，都不須金性。上卷中法藥，但投上伏雄於銀中，亦成真黄。若投雌砒，亦可伏雄雌。次耳若投伏硃於黄中，立成紫上真物，即不可服食也。

凡銀藥，須三一去暈，二柔三食。若依此法，亦成。次白若得伏雄雌砒，即抽點得成真黄白矣。

夫伏汞，用礜石末作泥，裹伏汞。先須銷銅，令洋礜末裹伏汞，投於銅内，即成白矣。即須以銀性中藥柔之，乃成真物也。

凡鐵性第一，須伏錫及鉛。若不得此法，亦有餘藥物所成之法，即不及伏鉛錫耳。

綜述

佚名《黄帝九鼎神丹經訣》卷九　明用金銀善惡服鍊方法

臣聞金銀二寶，能鎮心腑。所以狐剛子服玄珠法，以之爲鈎留也。然金之善惡，不可不擇。若銀雜則其色青黄，若金雜則其色紫赤，燒之有黑爊在肌上，並不可用也。若好金者，其色黄赤，百鍊不耗。求雖得之，猶應打爲薄，依俗間法，以鹽土炮之一日夜，又出之，更鎔更打炮，燒取不耗乃止。是知金以欲用，不可以市得之物，即任服食也。古者狐剛子作七轉鍊金粉法，皆用鉚金。今合神丹，亦宜鉚金，新出者爲上。

凡服金銀，金銀多毒，必須鍊毒盡，乃可服之。是以狐剛子立五金盡有毒，若不鍊令毒盡，作粉，假令變化，得成神丹大藥，其毒若未去，久事服餌，小違禁戒，即反殺人。是故狐剛子其有出金鉚圖録，今取其要者，列之如左。

凡金鉚，或在水中，或在山上水中者，其如麩片、碁子、棗豆、黍粟等狀，入沙石土下三寸或七寸，此爲水南北流金，在東畔。入沙石土下五寸或九寸，此謂水東西流金，在南畔生皆是第一上金也。山中者，其形皆圓，根脉向陽，入地九尺或九十尺，雜沙夾石土而生，赤黄色，細膩滑重，折之不散破，以火消鎔，色白如銀，以藥攪和，合入八風淘石鍊成之，此謂山東西者金。在北陰中，帶水雜沙挾石出而生，深淺如上也。入雜沙挾土下，根脉向陽，或七尺，形質如上，此謂山南北者金。在西陰中生也。此謂第二金也。變白攪和，入八風爐淘石鍊如上。其金鉚若在水中，或在山上，浮露出形，非東西南北陰陽質處而生，大小皆有稜角，青黄色者，盡是鐵性之鉚，其似金，不堪鼓用。

出水金鉚法

用甘土作鍋，火爊使乾，用松木炭置鍋爐中，即下金鉚堝中，即排囊火炊之使，即下鹽末合攪，看鎔盡，以荆杖掠去惡物，更下鹽末更攪。掠去惡物，盡瀉脂膜中，出入打看，若散裂，即以鐵醋濾爲屑，和牛糞灰鹽末等分，還用牛糞火中，養之還沙，取更鎔打，看若柔軟，即打使薄。用黄礬石、胡同律等分，和鎔和泥，塗金薄上，炭火燒之赤，即罷。更燒，如此四五遍，即成上赤金。以餘藥投之。別作方法者，而皆是不實，故淫人耳。若欲作金薄金泥塗飾物者，即更鎔金一斤，與石硫黄、曾青等分一兩，入堝中合攪，即柔軟隨意打用之。若一遍入牛糞灰食鍊猶不好者，重食鍊，即惡物無不盡。

後灰坯食錫金法

黄礬、胡同律、鹽等分，和醋煎爲泥。今此無鹽及醋，直言鎔之出山石。

金鉚法

金精、石膽、朱砂、雄黄、石硫黄、朴硝、硇砂、白礬、騏驎竭等各二兩，唯騏驎竭研作末，瓷器中以醋浸之，著糠火中，勿令沸即爛，從辰至未，出用蜜陀僧、紫石英已上各五兩，鹽一斤。凡十二物藥，各擣爲末。別用水銀八兩，於小銅鐺中，以醋沃水銀，鐺下小猛火。別鐵器中鎔錫，瀉著水銀中，即合相得。看醋欲盡，更添一斗，如此盡二斗罷矣。即取諸藥，著瓷器中，並水銀一時與藥合研，半日成藥也。即取細膩鉚打令使碎，如黍豆等。十斤鉚與藥二兩，與黄礬石末十兩，相合入八風沃爐中，用檉柳木炭。剛柔兼好裝鉚，勿使不均，即火不徹，盡火力止。若鉚熟即停，如不熟更一遍入爐，即無有不熟者。用沙盆中精沙，取熟金如麩片，或如細沙糖屎，自與金別。沙託取牛屎灰一斗，鹽末半升，與二兩熟金沙，一時和攪，以玄精水和，團如雞子，爊乾，還入牛屎火，食之若好，一遍即罷。未好更一遍，入食。沙取堝中消之，瀉脂膜中，打薄，用胡同律、黄礬石等分，醋和塗薄鋌，燒出色一如水鉚金法，即成上金。若作薄泥塗飾物者，還依前法，一斤金，黄礬、曾青等分一兩，堝中令鎔攪，即柔軟隨意打用矣。若鉚金稱無楞角者，十斤鉚加前藥一兩，黄礬石末加前十兩，無不得者。若鉚非真體物，强鼓造

徒費功也。藥力得星化氣消即爲鐵，悔終無銖兩，真物可得。其藥分中駃驎竭不可得者，以紫鉚代用，亦得矣。

【略】

却收灰坯中錫法

取銀訖，急以油脂和石硫黄末，從出銀孔中瀉脂，令入灰坯中，看焰火起，即以鐵條從鉚下孔剌之，急攪灰中，錫還出流下爲團矣。

蒸鍊食銀灰坯中灰法

其出銀灰，必須蒸淋去滑汗，錘打使令甚熟，得銀倍多。灰鍊不熟，得銀倍少。中道裂破，錫還倒土，漫却銀也。會須精打甚熟，燒桑灰之好炭灰，亦得。

作銀鉚藥法

生雄黄、白石英、硇砂、戎鹽、石膽、白礬，已上各一兩。青礬十兩。

訣曰：出銀藥，特云用生雄黄。若依出金鉚中所有雄黄，即同鍊丹砂法鍊之。明知雄黄即無定性，生用發銀色也，熟用發金色也。凡此七種藥各末，取水銀四兩，錫二兩，小鐺中，以醋沃水銀，鐺下猛火，别鐵器中鎔錫，瀉水銀中相合，煮二斗醋，盡罷矣，出著瓷器中。取前七種藥，一時合研，令相得。看灰坯中錫不動，文園起，即以此藥如棗等散著中，錫須臾動，文園不起，得錫甚疾。

金銀用炭法

金用樫柳木炭、松栢石炭、土壇木炭、乾牛糞等，逐堅濡性，以火出之。唯有柴木似樫乾之，直用燒金鉚，金即流出，用功甚少，得金最多。銀銅鐵一種，用剛木炭。錫用松木燒之亦得，剛炭出亦得。

作出銀色藥法

取蜀地白梅子、烏梅子，擣之使熟，銅器中，以水一斗，梅二升，醋一升，鹽末一升，一時煮使極熟。取銀先打薄者，著炭火燒赤，以木杖壓著梅漿中，承赤入漿也。更煮之，更燒更入，可半日，莫問好銀，表裏盡白矣。火燒不異，復有一種出色法，直爾取净者，用硇砂和水燒銀著中，銀即白色矣。

柔前所出上金法

消鑠上金，淬於荆酒中十，上下因漬釀其荆酒中，一日即柔潤。若以作金液者，先應柔之爲上矣。

鍊金法

取未經用者，甘堝消，投好清酒中三百遍，即不沸，握之堪指間出，名曰鍊金。但能精心鍊餌者，亦昇太清。鍊銀亦同。以此柔質，打爲薄，作金液，用彌良。

鍊金銀法

消新出鉚金銀，投清酒中，淳醯中，若真蜜中，二百度，皆得柔潤，握之亦出指間。直漬之多日，亦堪服餌爾。消投猪脂中二百遍，亦得成柔金。打爲薄，細剪下，投無毒水銀爲泥。率金一兩，配水銀六兩，加麥飯半盞許，合水於鐵臼中擣千杵，候細好傾著盆中，以水沙去石，詳審存意，勿令金隨石去。以帛兩重絞去半汞，取殘汞泥，置瓷器中，以白鹽末，少少漸著，研令碎，著鹽可至一盞許，即止研訖，篩麤物更研令細，惣置土釜中，覆薦以鹽末。飛之半日許，飛去汞訖，沙去鹽即自然成粉。以此金粉一兩，和鍊丹砂五兩。丹砂取光明映徹者。以上醋，微火煮之，數添勿令醋竭。宜用鐵器，三十六日成也。鍊訖，仍擣研以水烹取細者，和棗膏爲丸。

造棗膏法

大乾棗三升，以水六升，煮之令棗爛。又納三升水，更煮和用九升，絞去滓，清澄之，令得三升。乃納好羊髓六小合，微火更煎如飴，乃此膏。亦可長服，令人填滿，有美色。可分爲三，許九日服一九。亦云以此膏合前藥，丸如小豆，日三服，經三十日，無復寒暑，役使神靈。金柔無毒，雖加少多畏也。銀亦同金法。其劣金，取壯荆根煮汁，釀赤黍爲酒，以漬金，金亦消化。其金屑入漬，以雄黄納此酒中，亦消也。何但宜柔金。

又法：取好磁石能引鐵者，碎之，淳醋漬之出之，又漬卒出之，更好擣篩，取金屑無毒成鍊，陳著手中，磨之立消。石水服一藥汁，日至再，不飢不渴，長生久視。

佚名《太清金液神丹經》卷上　先以一銖神丹，投水銀一斤，合火即成黄金，不可服。當急火之，以金打成筒盛丹。丹經以繡囊裹之。先浄潔作苦酒令釀，不釀不可用也。既成清澄，令得一斛。更以器著清凉處，封泥密蓋泥器四面，使通市半寸許，以古秤秤黄金九兩，置苦酒百日，可發以和六一泥之用，名金液也。金在醯中過三七日，皆軟如餌，屈伸隨人，其精液皆入醯中，成神氣也。百日欲出金，先取冷石三兩擣爲屑，以絞三斗冷水，徐徐出金，清之一宿，金復如故。初發器中取金，勿手撓之，則金軟碎壞。若無金者，亦可借用。若土釜大則醯多，不限之一斛也。又隨醯多少。或減損金兩數也。丹砂，雄黄，雌黄，先擣下重絹篩治令和合，且著密器中。又令器上口如火也。又取雲母粉二十斤，擣下細篩，

布於地令上見天，以穿中。桑葉十斤，布著雲母上，酉時以清水三斗，灑桑葉上。既畢，冥出丹砂，露器於桑葉上，發其蓋隱，彰日欲出，還丹砂蓋，內於室中。別以席覆桑葉於地。如此七日，從甲子齋日，如訖辛未日旦，於是黃龍雲母液，盡入丹砂中，天雨屋下爲之露丹砂，當每謹視護，或恐蟲物穢犯之。夕夕反側丹砂，令更見天日。訖，又治一萬杵，閉鑠。須甲申日俱內土釜中筒容令平正，勿手抑之令急，急則難飛。

佚名《太清經天師口訣》【略】其法用新出鉚金三十六兩鍊訖者，用鐘乳末七兩，把金打作薄。凡三十六兩金，分爲六分，一分六兩。把六兩金薄細劈，安玉臼中，用玉杵研之五百徧，下鍾乳末五分，合研之成粉。若欲純取金粉者，以水汰沙，乳末自去。若不能汰沙者，合乳服之，亦佳。所以和乳研之者，以金性滑，若獨研之，不可成粉。會得乳末粉，立可成。故曰：金粉散和乳半，緩研之自然爛。又曰：消金毒，不灰木，牛屎磁石自相和，祕之不言入仙屋。

服靈飛散法

用食蜜安銅鐺中，微火煎之，使強作餅子，如錢許大。著金粉如小豆許大，把蜜餅合裹，凌晨面向東服之。服訖，即入密室坐，不欲見禽獸，亦莫見人過作言語。但正心，默念十方仙聖威神助藥，令我長生。初服一日一丸，二日二丸，三日三丸，還從三丸始，百日仙也。

一切金銀多毒，若不精鍊，恐畏傷人。先鉛鍊三七徧，次水銀鍊三七徧，玄水鍊三百六十徧，石灰汁鍊三七日，消毒灰蒸鍊三七徧，消毒灰炒鍊三七徧，醋鍊三七日，然後毒盡，方可服之。

鉛鍊金法

用金三十六兩，用鉛七十二兩作灰杯，火燒令乾，蜜閉四邊，通一看孔，安鉛杯中。作一鐵杯，大小可灰，杯上偏鑿作孔，用合灰杯。杯上累炭，炭上覆泥，火之，鉛盡還收取金，更作灰杯。如是三七徧，名曰鉛鍊金也。

次作水銀鍊金法，將此鉛鍊金三十六兩，打作薄，用水銀三十兩，安甆器中，微火緩緩之，漸下金薄。訖將一甆器密合其上，經宿成泥，甘堝消之，水銀消，唯有金在。如此三七徧，名曰水銀鍊。漸漸減毒，取合水銀也。

次玄水鍊法，取金堝消注，安玄水中，須精好，作三百六十徧，金即濡弱，名曰玄水鍊法。

次作石灰汁鍊法，將此玄水鍊金作薄，安甆器中，石灰汁煮三七日止，名曰石灰汁鍊也。

次作消毒灰鍊法。用此打作薄，用此消毒灰汁，安甆器中，下金薄煮之，三七日止也。

次作消毒蒸鍊法，薄削竹筒，內消毒灰汁，用好麤沙安竹筒中，次內金薄，一重沙，一重金薄，令滿筒，密塞筒口，甑中安，用沙覆，蒸之三七日，名曰蒸鍊也。

次作炒鍊法，用好新鐵鐺，磨洗令淨，用消毒乾灰細末，安鐺中，細破金薄，灰和炒之，三七日止。炒時微火，火猛恐鉛流，此名炒鍊也。

次作醋鍊法，用三迴重釀好醋，內醋甆瓶中，下金薄，密固瓶口，安消毒灰汁，大釜中煮之三七日，毒盡，名曰醋鍊也。

次作石汁法，用好新石灰，蒸之氣出徧徹，下金湯熱淋取汁，名爲石汁也。

次作消毒灰法，用牛屎灰、理石灰分等，取磁石碎之，用東流水熟煮，取湯將淋二灰得汁，此灰能消金毒銀毒，是名消毒灰也。

燒理石作灰法，理石世云不灰木，燒之不灰，唯牛屎火燒立成灰也。其理石似腐木，名山有之，長理硬者非。

又 白精固命散第三

次作之法，用新出鉚銀三十六兩，鉛鍊三徧，自餘鍊法悉依鍊金節度，鍊訖，還用六兩作一臼，亦安鍊乳五分，合研之，一如金粉法。服亦法同金粉也。

乾元子黃神膏第四

【略】次作黃神膏法，取成鍊茯苓三十六斤，百鍊松脂二十四斤，食蜜一石二斗，金粉三十六兩。凡用四物，取新銅鑊，內蜜鑊中，訖，先納茯苓，次納松脂，作二日煎之，始納金粉。內金粉之時，稍稍散鑊中，密煎之上，慎勿攪之，沸自沈下。煎經七日七夜，膏即成。服法用初精散，丸之如小豆許大，一服三丸，一日三服。

又 太真未央丸第七

此方大本上論其功能，說不可盡，今直抄藥。

次作太真未央丸法。用白碼碯粉一斤，白玉粉一斤，珊瑚粉十二兩，水晶粉一斤，琥珀粉一斤，真珠粉一斤，紫石英粉十二兩，雲母粉十二兩，金粉銀粉各一斤，朱砂末一斤，雄雌二黃末各一斤，石峰粉八兩，石肉末十二兩，鍾乳末一斤，茯苓末三十六斤，松脂二十四斤，食蜜二石四斗。

上件十八味，並好鍊治作粉，用上食蜜，先內新銅釜中，煎經一日，次第下諸

藥粉，合煎之，七日七夜成。

服法，用四時王相日，日辰不相剋日，取藥丸作小棗許，一服三丸，一日三服。

晉・葛洪《抱朴子内篇》卷四《金丹》 抱朴子曰，金液太乙，所服而仙者也，不減九丹矣。合之用古秤黄金一斤，并用玄明龍膏、太乙旬首中石、冰石、紫遊女、玄水液、金化石、丹砂，封之成水，真經云，金液入口，則其身皆金色。老子授之於元君，元君曰，此道至重，百世一出，藏之石室，合之，皆齋戒百日，不得與俗人相往來，於名山之側，東流水上，別立精室。【略】

以金液爲威喜巨勝之法，取金液及水銀一味合煮之，三十日，出以黄土甌盛，以六一泥封，置猛火炊之，六十時，皆化爲丹，服如小豆大便仙，以此丹一刀圭粉，水銀一斤，即成銀。又取此丹一斤，置火上扇之，化爲赤金而流，名曰丹金。以塗刀劍，辟兵萬里。以此丹金爲盤椀，飲食其中，令人長生。以承日月得液，如方諸之得水也，飲之不死。以金液和黄土，内六一泥甌中，猛火炊之，盡成黄金，中用也，復以火炊之，皆化爲丹，服之如小豆，可以入名山大川爲地仙。以此丹一刀圭粉水銀立成銀，以銀一兩和鉛一斤，皆成銀，金液經云，投金入八兩於東流水中，飲血爲誓，乃告口訣，不如本法，盜其方而作之，終不成也。凡人有至信者，可以藥與之，不可輕傳其書，必兩受其殃，天神鑒人甚近，人不知耳。

抱朴子曰，九丹誠爲仙藥之上法，然合作之，所用雜藥甚多。若四方清通者，市之可具。若九域分隔，則物不可得也。又當起火晝夜數十日，伺候火力，不可令失其適，勤苦至難，故不及合金液之易也。合金液唯金爲難得耳。古秤金一斤於今爲二斤，率不過直三十許萬，其所用雜藥差易具。又不起火，但以置華池中，日數足便成矣，都合可用四十萬而得一劑，可足八人仙也。然其中稍少合者，其氣力不足以相化成。如釀數升米酒，必無成也。

抱朴子曰，其次有餌黄金法，雖不及金液，亦遠不比他藥也。或以豕負革肪及酒鍊之，或以樗皮治之，或以荊酒磁石消之，或有可引爲巾，或立令成水服之。或有禁忌，不及金液也。或以雄黄雌黄合餌之，可引之張之如皮，皆地仙法耳。銀及蚌中大珠，皆可化爲水服之。然須長服不可缺，故皆不及金液也。

小餌黄金法，鍊金内清酒中，約二百過，出入即沸矣，握之出指間令如泥，若不沸，及握之不出指間，即削之，内清酒中無數也。成，服之如彈丸一枚，亦可一丸分爲小丸，服之三十日。無寒温，神人玉女事之，銀亦可餌之，與金同法。服此二物，能居名山石室中者，一年即輕舉矣。止人間服亦地仙，勿妄傳也。

兩儀子餌消黄金法，猪負革脂三斤，淳苦酒一升，取黄金五兩，置器中，煎之土爐，以金置脂中，百入百出，苦酒亦爾。【略】無多少，便可餌之。當以王相日作，服之神良。勿傳示人，示人令藥不成不神。欲去，當服丹砂也。

又 卷一一《仙藥》 小餌黄金方，火銷金内清酒中，二百出，二百入，即沸矣。握之出指間，令如泥，若不沸及握之不出指間，即復銷之内酒中無數也。成復如彈丸一枚，亦可汁一丸外爲小丸，服三十日，無寒温，神人玉女下之。又銀亦可餌，與金同法。服此二物，可居名山石室中，一年即輕舉矣。人間服之，名地仙，勿妄傳也。

兩餌銷黄金法，猪負革肪三斤，醇苦酒一斗，取黄金五兩，置器中煎之，出爐，以金置肪中，百入百出，苦酒亦爾，飡一斤金，壽弊天地，食半斤金，壽二千歲，五兩，千二百歲，無多少，便可餌之。當以王相之日，作之神良，勿傳人，傳人，藥成不神也。欲食去尸藥，當服丹砂。

又 卷一六《黄白》 【略】 當先取武都雄黄，丹色如鷄冠，而光明無夾右者，多少任意，不可令減五斤也。擣之如粉，以牛膽和之，煮之令燥。似赤土釜容一斗者，先以戎鹽石膽末薦釜中，令厚二分，乃内雄黄末，令厚五分，復加戎鹽於上。如此，相似至盡。又加碎炭火如棗核者，令厚二寸。以蚓螻土及戎鹽爲泥，泥釜外，以一釜覆之，皆泥令厚三寸，勿泄。陰乾一月，乃以馬糞火煴之，三日三夜，寒，發出，鼓下其銅，銅流如冶銅鐵也。乃令鑄此銅以爲筩，筩成以盛丹砂水。又以馬屎火煴之，三十日發爐，鼓之得其金，即以爲筩，又以盛丹砂水。又以馬通火煴三十日，發取擣治之。取其二分生丹砂，一分並汞，汞者，水銀也，立凝成黄金矣。光明美色，可中釘也。

治作赤鹽法

用寒鹽一斤，又作寒水石一斤，又作寒羽涅一斤，又作白礬一斤，合内鐵器中，以炭火火之，皆消而色赤，乃出之可用也。角里先生從稷丘子所授化黄金法：先以礬水石二分，内鐵器中，加炭火令沸，乃内汞多少自在，攪令相得，六七沸，注地上成白銀。乃取丹砂水曾青水各一分，雄黄水二分，於鑪中加微火上令沸，數攪之，令相得，復加炭火上令沸，以此白銀内其中，多少自在，可六七沸，注地上凝，則成上色紫磨金也。

小兒作黄金法

作大鐵筩成，中一尺二寸，高一尺二寸。作小鐵筩成，中六寸，瑩磨之。赤

石脂一斤，消石一斤，雲母一斤，代赭一斤，流黃半斤，空青四兩，凝水石一斤，皆合搗細篩，以醯和，塗之小筩中，厚二分。汞一斤，丹砂半斤，良非半斤。取良非法用鉛十斤內鐵釜中，居爐上露灼之，鉛銷，內汞三兩，早出者以鐵匙抄取之，名曰良非也。攪令相得，以汞不見爲候，置小筩中，雲母覆其上，鐵蓋鎮之。取大筩居爐上，銷鉛注大筩中，沒小筩中，去上半寸，取銷鉛爲候，猛火坎之三日三夜，成，名曰紫粉。取鉛十斤於鐵器中銷之，二十日上下，更內銅器中，須鉛銷，內紫粉七方寸匕，攪之，即成黃金也。欲作白銀者，取汞置鐵器中，內紫粉三寸已上，火令相得，注水中，即成銀也。

務成子法

作鐵筩長九寸，徑五寸，擣雄黃三斤，蚓螻蠰等分，作合以爲泥，塗裹使徑三寸，匱口四寸，加丹砂水二合，覆馬通火上，令極乾，內銅筩中，塞以銅合蓋堅，以黃沙築上，復以蚓蠰重泥，上無令泄，置爐炭中，令有三寸炭，筩口赤，可寒發之，雄黃皆入著銅筩，復出入如前法。三斤雄黃精，皆下入著筩中，下提取與黃沙等分，合作以爲爐，火大小自在也。欲用之，置爐於炭火中，爐赤，內水銀，銀動則內鉛其中，黃從傍起交中央，注之於地，即成金。凡作一千五百斤，爐力即盡矣。此金取牡荊赤黍酒漬之，百日，即柔可和也。如小豆，服一丸，日三服，盡一斤，三蟲伏尸，百病皆去。

隋・蘇元朗《太清石壁記》卷上

太一金英神丹方

金五兩打爲薄，鉋之擘之，納土堝中。計先用金五兩，水銀六兩，先於火中籠金薄，與火同色。即別暖水銀，暖須土堝中，入金薄於水銀中，分而消矣。即以金泥重鍊，微耗去水銀。然後以玉椎研盡乃止，堪入藥用。

雄黃一斤，擣篩羅之。鍾乳五兩，好酒煮盡二日夜，玉碓研。雌黃一斤，擣篩羅之。丹砂，擣篩。雲母一斤，水飛擘之，鍊如白鹽。白石英八兩，擣篩。曾青五兩，擣篩飛去上浮花。礜石三兩，擣篩。水銀一斤，以黃鹽相得真水銀。凝水石八兩，擣篩。石膏八兩，擣篩。朴硝八兩，擣篩。芒硝八兩，擣篩。空青八兩。擣篩。

右件十五味，並須精好，擣篩，瀑飛之。

太一金膏丹方

金五兩，打作薄鉋飛。雄黃一斤，擣篩。白石英一兩如前，雌黃一斤，紫石英十兩，空青十兩，朴硝一斤，硇砂十兩，石膏一斤，芒硝一斤，礬石十兩，雲母一斤，石乳十兩，滑石一斤，水銀一斤，太一禹餘糧一斤，石硫黃十兩。

右十七味，並須精好，飛一依前法。已上小丹，皆是神仙救世療病之丹，服之身輕延年。其法具在卷後。其小丹亦不妄，須依古法固濟。

又 卷中

金銀二粉法

金銀各二兩，胡同律二兩。擣作末。

右打金銀作薄，即用猪脂於鐺中，煮十五沸，用皂莢洗令猪脂盡，即取瓷盆研薄令碎，和鹽及銀研之，七日已來，即用生絹三重，去水取銀粉，向硇砂竈中鍊，微火，不得令猛，出之更研。然後取胡同律末共粉，一時水鍊，即用生絹三重，裹粉瀝去水令乾，研極細任用。

又 卷下

紫雪法

治脚氣毒偏，內外煩熱，口中生瘡，狂惕叫走，發解諸草石熱藥、毒發卒熱、黃瘴後毒等，最良方。

黃金一百兩，白銀二百兩，左側寒水石四十八兩，石膏四十八兩，磁石四十八兩，並以清水一石煮取四斗，去金銀石等藥，又入前料中。升麻、玄參各十六兩，羚羊角五兩，犀牛角五兩，沉水香五兩，丁香四兩，青木香五兩，甘草八兩。炙。

右已上並細切，和煎取汁一斗五升，去滓，又入硝石四兩末，消精四兩末，和汁微火上煎之，可七升，盛木盆中。又入成研朱砂三兩研，麝香二分和攪令調勻，經二日成紫雪霜耳。凡病人强壯者，一服酒二三分，和水銀服之，勞痢熱毒風，小弱老人，或熱毒，增減服之。若合一劑，可十年用之，神妙不同。凡藥脚氣經服石藥發熱毒悶者，服之如神水，和四分服，勝三黃湯十劑。

金英丹方

雄黃、空青、石硫黃、太陰玄精、鍾乳、白石英、雲母、紫石英、吳白礬、硝石、石膏、禹餘糧、寒水石、絳礬，已上各二斤；朴硝、芒硝、吳鹽，已上各二斤；金十兩，汞四斤。

右取金打薄，納汞四斤爲泥，研令極細，以布絞去汞二斤，即吳鹽一斤，和泥研之。即取前十七味藥擣篩，一如九鼎丹法，布置鍊之。且下一半，即入金泥，著諸藥上。又取藥餘末，共鍊一百日，分爲五竈，其金泥亦爲五分，一依鍊法覆藉，以文火飛之，收丹精了。次重鹽著於湯中，其鹽銷鎔，金色如銅，仍減

三兩已來。若欲用之，還取鹽和燒之半日，出來還赤，轉依前滿七轉，取熱任用。

佚名《抱朴子神仙金汋經》卷上

金汋還丹，太一所服而神仙，白日昇天者也。求仙而不得此道，徒自苦也。其方列之如後：上黄金十二兩，水銀十二兩，取金鑪作屑，投水銀中令和合。

恐鑪屑難鍛，鐵質鍛金成薄如絹，鉸刀翦之，令如韮葉許，以投水銀中，此是世間以塗仗法。金得水銀，須臾皆化爲泥。其金白，不復黄也。可瓦器爲之。

乃以清水洗之十過也。

以生青竹筒盛之，多少令得所，勿令長大。

加雄黄、硝石，各二兩。

古者秤重，今所謂吴秤者是晉秤。殊不知起魏，武帝作之，以賞賜軍功，金銀半斤耳。今秤此藥，宜用古秤計之。雄黄、硝石亦然。雄黄須武都，色如雞冠者，無夾石者。今鴈門始興郡雄黄似，黄土色不赤，又多夾石，恐不消化，其氣又薄，不能殺金毒也。硝石難得好者，不好則不能化雄黄。以少許先試之，化雄黄爲水，即佳。若不化，則不可用也。硝石化諸石方，在三十六水方中。雄黄、硝石二物，擣之千杵，如粉乃秤之。

漆其口板，固之帛際，須令際會，內左味中百日，勿令少日也。日足即藥成，日數少即不能化也。却如此置之，令藥成也，筒不能顛倒也。

又當板蓋，覆器物上，五十日水銀伏火不起。是爲五十日，則金水爲汞水，别不復合，可知也。聖人以審其動驗之候矣。藥不伏，須五十日燒水銀也。凡開，如前際之令牢密，不爾即亡失藥物，虚費功夫矣。

百日皆化爲水。

皆化者，即是金及雄黄、硝石，化爲水也。

以金水煮水銀二斤，以淳苦酒汨漬其上，苦酒與水銀自别不合。

自更取水銀煮之，非謂用筒中水銀也。金在竹筒中久，則與水銀各别成水，其色理亦不相似也。何以知之。方下口云：取金水汞水，各一兩服之。故知此二物在筒中别也。但不知雄黄水當復不别耳。若别者，其色當有異。若不見有雄黄水者，是雄黄水入金中去也。金中有毒，故内雄黄以殺金毒，又内硝石，正欲以化雄黄也。

猛火中煅之三十日，水銀皆紫色。

須水銀出紫色，乃止。

水銀以黄土甌盛之。

出此煮水銀，内黄土甌中也。方不具疏。黄土甌者，意是土釜也。出在廣州及長沙、豫章、臨川、鄱陽者，皆可用之，又此諸郡皆作黄土瑩，亦可用之，皆耐火不破。他處出者，如似瓦器，不堪用，得火便破也。南方黄土器者，亦可。馬毛若江離，合黄土擣之千杵，以作甌器，陰乾使佳，乃燒令堅。用之，先六一泥泥甌中，乃内水銀，此方實也。

以六一泥。

六與一合爲七，聖人祕之，故云六一。

從旦至暮，皆化爲丹，所謂之還丹也。

水銀本丹，燒成水銀，今燒水銀，復成還丹。丹復本體，故曰還丹也。

刀圭粉提，黄白成焉。

凡服丹，皆先試作金銀。金銀成，即可服。今此方作還丹，而不即服之，而先言刀圭粉提黄白成焉者也。此是復先試之，以作金銀。黄者金也，白者銀也。仙人祕之，不指其名，故言黄白也。然道刀圭，而不别道何所粉提。祕之，口口相傳，不盡書之。今依《九丹經》，試作金銀法。小試之耳，九丹一銖丹華，投水銀一斤，即成金也。人以丹華投鉛一斤，亦成。依此爲例。其法當取水銀若鉛，内鐵器中燒，使水銀若鉛，大沸良久，乃以藥投中，以鐵耗之，須臾下地凝成也。

黄土甌中所煅作還丹，可服餌也。吞如小豆，白日昇天，神明奉迎，龍虎煩冤。

此還丹先以金水煮之，令得金水之氣味。今又燒之，還丹成，不與常水銀同，故能使人得仙也。仙官下降，所在山川土地之神，悉爲下官，故云奉迎。神人皆左青龍，右白虎，煩冤懇也。凡服仙藥，皆推四時王相之日，甲子開除平旦，向日，日始出時服之。此方不道日數，似是一服便仙也。然丹經有一品，上士服之即日昇天，中士服之十日而仙，下士服之一年乃仙。今若服此丹一丸，而無異者，可旦旦服之，有異爲度。但服此丹，便是仙也，不復須服金水也。汞水在人意所欲服，服此丹久無益，可服金水及汞水也。

金水汞水，極用不耗，但漬苦酒耳。

上言金水煮水銀，似是別取筒中金水，不用汞水也。此言金水汞水極用，汞不是耗，應兼用二水，以煮水銀，作還丹也。

此二物水，可煮萬斤。

此一句論之，多是兼用二水煮之，金多可作兩劑，各自試之，恐金少不定也。

神丹道畢矣。

萬斤，謂煮他汞，非筒中水銀水也。又金水汞水煮他汞，輒成還丹。此二水不耗，苦酒乾即益之，故言可煮萬斤成一輩。藥畢後，故丁復煮汞也。

取丹一斤，置猛火上。

取所煅他汞水，以成還丹也。正爾燒之不，復以甌罏也。恐藥散，可以苦酒紙五六重，以裹丹，炭火燒之，可下地作小溝子，以注小陷中也。

極扇鞴之，神丹爲金下也。

囊鼓鞴扇之，如鍛金銀工小皮鞴，簇作管以吹火，神丹銷合流下，如燒鉛錫之流也。

其色正赤，名曰丹金，以塗刀鐔，辟兵萬里。

用之塗刀劍也，如塗物，可用新燒未凝時塗之。

以丹金作盤椀，飲食其中，長生不死。

可作土形範，以火銷丹金而鑄器仗，大小在人意也。飲食其中者，爲常人不服立仙之藥者，以器飲食，但不得神仙，可以久壽耳，得仙者與天地相畢也。

與天地相畢。

天地無窮，故言相畢。以證長生，猶非仙人，但不復死也。

以此盤承日月，當得神光醴。

亦如方諸承月，得水在其中也。

男女異器食之，立升天也。

此器已神，復加以日月神光炁入其中，故能令人升仙也。

又取金水汞水各一兩。

五十日伏火，不越百日，皆化爲水。古人隱之，使不相次，使有智者自求之也。

向日飲之，立爲金人。

日初出時，向日服也。昔韓衆服之，身立金色。又經云：服之面皆黃色，此蓋得道之證，作此色也，非爲身內堅剛如金人。

身則光明，羽翼即生，上爲中黃太一，承敘元精。

昔上輔仙官者，皆隸屬中黃丈人，及太一君。此二君者，仙人之主也。服金汋還丹，升天則爲此天神，調和陰陽也。承猶奉也，敘猶行也，元精者天氣也，言此上仙，便成天神，助天奉行四時之氣，皆得次敘也。

金水各飲半兩。

古之半兩，今之一兩也。

長生無窮。

半兩力不足以升天，但長生不死而已。

又以金水汞和黃土，猛火鍛之一日，盡化黃金。燒之二日，皆化成丹。

但和黃土燒之，著炭在底，恐燒此黃上，成金作還丹。丹成當散。上恐以金著黃土甌中燒之，如上作還丹時方法也。

名曰辟仙，服之如小豆，可以入名山大水，而爲仙也。

辟仙者，辟死。説云但辟穀長生，不升天。故入名山大水而仙也。地仙作山川之神，如東海小童、五岳君之屬也。入大水者，非入水中去也，但以大水爲其封，譬如南海太守之類也。

唐・孫思邈《太清丹經要訣》 造金丹法

黃金八兩，錯碎爲末。水銀八兩，以前金末水銀欑一宿，化爲泥。雄黃一斤，雌黃一斤。

右以前雄雌二味細研，如粉，乃和之，皆於六一土釜中密固濟，炭火九日九夜煅之，寒二日，刮取飛精。先別作筒，用淳左味鉛釵丹作泥，涂筒裏，令極干。又以左味飛精如軟泥內筒中，堅之。以銅蓋覆上，六一固濟。作鐵鈎懸筒，令底去地二三寸，馬通火熅之，常令筒底微熅六七十日。寒之，發取藥赤如丹，即成也。更研治，以棗穰和丸如小豆大，旦以井花水向日服一丸，七日玉女來侍，二百日行厨至，三百日壽與天地齊。此方似金液而小異，若馬通難得，用糠火亦得也。

唐・陳少微《大洞鍊真寶經九還金丹妙訣》 證品含元章

中三品陳五石之金品第四

夫五石之金，各皆禀五神之陰精，合於山澤異氣，結而爲魄。且鐵所禀南方

陰丁之精，結而成形。銅所禀東方乙陰之氣，結而成魄。銀禀西方辛陰之神，結精而爲之質。鉛、錫俱禀北方壬癸之氣，錫受壬精，鉛禀癸氣。陰終於癸，故鉛所禀於陰極之精也。金則所禀於中宮陰巳之魄，性本至剛，服之傷腸損肌。銀性戾，服之傷肝。銅性利，服之傷腎。鐵性堅，服之傷肺。鉛性濡滑而多陰毒，服之傷其心胃。其五金陰毒之甚，服之久皆傷肌敗骨，促壽損命。凡見之士本求長生，不明五金之性，擅意將其鉚石之金，轉轉修鍊。且其鉚石之金，皆受五神陰濁之氣，結而成質。質體沉頑，雖遇四黄，能變易其體，陰毒之性，終不輕飛。縱令鍊化爲丹，服之亦乃傷於五藏。知其本性，則至理殊乖，欲服求僊，與道彌遠。

佚名《九轉靈砂大丹》 做銀珠子法

約用花銀二十兩，再用黑鉛灰池煎過，十分淨徹。入甘鍋内，化成汁。用新竹梢一把，連葉札成箒，横放在大磁缸内，將銀汁細傾於箒上，急擺動，其銀成粟米細珠。如大者，再化再傾，揀取細珠用更好。

唐·張九垓《張真人金石靈砂論》

黄金篇

黄金者，日之精也，爲君。服之，通神輕身，能利五藏，逐邪氣，殺鬼魅。久服者皮膚金色。金生山石中，積太陽之氣，薰蒸而成性，大熱，有大毒，傍蒸數尺石，皆盡黄化爲金色，況煆煉服之者乎。近金生者，名曰金英。次而生者，名曰金華。遠而生者，名曰金賊。百步而生者，名曰金芽。若以此金作粉屑，服之銷人骨髓，焦縮而死也。黄金者，太陽之正氣，日之魂，象三魂也。白汞者，太陰之正氣，月之魄，象七魄也。合而服之，即不死。黄金是西方庚辛金，白汞是北方壬癸水，水乃金之子也。古人曰：食金如金，食玉如玉，金之性堅。煮之不爛，埋之不腐，燒之不焦，所以能生人。藥金服之，肌膚不壞，毛髮不焦，而陰陽不易，鬼神不侵，故壽無窮也。上金有老聃流星金，黄帝樓鼎金，馬君紅金，陰君馬蹄金，狐剛子河車金，安期先生赤黄金，金婁先生還丹金，劉安馬蹄金，茅君紫鉛金，東園公上田青龍金，李少君煎泥金，范蠡紫丹金，徐君點化金，皆神仙藥化，與大造爭功，洞神明之旨，契黄白之妙，不可輕用，而有譴責。外有生於山川溪澗者，是下金也。

白金訣

銀者，白金也。少陽之精，而生於陰，爲臣。服之通神不死，堅筋骨，微熱，有小毒，即鉛中所産也。位屬西方，太白之精。《龍虎經》曰：離女爲日，坎男爲月。九霄君曰：南方之水，北方之火，陰以處陽，陽以處陰。往來有則，一浮一沉。爲夫爲婦，并意齊心。年終性毀，共枕同衾。是子午之位，龍虎列居者也，不可單服。《龍虎經》曰：白虎爲敖樞，青龍與之俱。黄金爲君，白銀爲臣，曾青爲使，雄黄爲將軍，合鍊成金丹。經云：金丹入五内，霧散若風雨。薰蒸達四肢，却老返嬰孩。又曰：玉液黑髮，金丹駐顔。但白金成黄金，成赤金，是還丹之大義也。

釋金液篇

若修金液，先鍊黄白。黄白得成，乃達金石之理。黄白若不成，何修金液乎。石金性堅而熱，有毒，作液而難成。忽有成者，如麫糊，亦不堪服食，銷人骨髓。藥金若成，乃作金液，黄赤如水，服之沖天。如人飲酒，注身體散如風雨。此皆諸藥之精。聚而爲之。所以神液就而金石化。如服金液，以甲子日，鶴坐向日，心念天真，服之，其身金色，羽節龍車蟠蜿而下，迎之上昇，白日輕擧也。

佚名《太古土兑經》卷下 金粉法

兑一兩，汞五兩。

右鎔相入訖，以帝味三兩，和研成泥，内堝中倒抽之訖，淘去帝味，研爲粉，任用也。

佚名《鉛汞甲庚至寶集成》卷一

見寶靈砂澆淋長生湧泉匱

一、透明生硫黄二兩，如鵝脂塊子不夾石。水銀八兩，不拖龜尾者。先以硫黄研細，下水銀同研半日許，直候不見星子，謂之陰交媾。次以新鐵銚下青金頭，文武火炒半日，慢火頻上頻下炒，不要煙起，青色成砂爲度。

二、以水火鼎一付，可容十五兩者，各先用水於内，經一宿試之。試之無滲漏了，烘乾，用生姜擂自然汁，塗焙數徧，火鼎外以鐵線穿耳。

三、固濟，用好黄土細絹篩過，每乾土六兩，以鹽一兩，名六一泥。同紙筋作一處，搗打千百下，方以固濟鼎，一指厚，陰乾，或慢火烘乾。

四、以雞子清磨好京墨，塗火鼎之内，併水鼎之下，烘乾。名崑崙墨。然後將青金頭再研細，入於鼎之内，築實，却以好米醋稠調，赤石脂末及牡蠣，用泥裹煆過爲末等分，塗火鼎口下、水鼎捎定，鐵線緊扎鼎口，周匝再塗固藥放厚，陰乾，有龜坼再塗之。此法但凡煆諸丹，皆只用此法。

五、磚砌四方爐一箇，深六寸，内闊一尺，四面着底，留風門各一寸。按地風井卦。爐内釘三台丁，各長五寸，釘二寸入地，留三寸高，閣鼎子。先以水鼎量水七鼎，備堅炭十斤。先以火燒爐内，無濕氣，鼎上掛救命鈎索一條，掛鼎。

六、用炭一十斤，分三進紅炭。第一進三斤，至鼎之底，候火將伏，再第二進火三斤，至火鼎之半。第三進火四斤，可分作兩進，至火鼎盤下。次將瓦片蓋火，伏火焰以竈中麩炭末帶濕蓋。直候火消伏，次早開鼎。

凡進水，法未固濟，先以水鼎量水七鼎，本六鼎四分正。以瓶盛水，常温忌冷。每進水之時，只進五分，不可十分滿。如水沸急，以鉛垛或瓦片入内。又一法，用燒殘油燈草於内，即定沸。恐滚湧水出，濕了口縫，走失靈砂。凡遇鼎罐及口縫開拆，走出青煙，急以筆蘸固口藥塗之。不然，先安灰缸一隻在畔，急提鼎於灰内，却將藥固，此件最緊。子時下火，至午時住火，卯時下火，至酉時住火。

七、開鼎，將所出靈砂，用薄刀子劈開，作四方塊，如大拇指大。用厚生絹夾袋，盛了靈砂塊子，用甕罐一箇，約盛水五升者。將好米醋三升，每升約二酒。白梅二十一箇，白芨、白蘞作塊各半兩，荷葉灰半兩，同醋入罐中，將前靈砂懸胎，入於醋中，煮一伏時。即一晝夜，如醋乾再添醋煮，慢火煮之，勿交溢了。取出沐浴，用甘草煎湯，陰陽湯。洗過焙乾。次以黄丹半兩，韶粉半兩，米醋調稠，名貼身。以一半塗所煮靈砂塊子，周徧焙乾。若塗厚了，則藥氣不相感。若薄了，則走藥氣。但盡此藥一半塗之，留下一半别用。

【略】

十、關藥，每取乾汞砂子一兩，用好銀葉子三錢重，包砂子，於明爐烕之成寶，任意打造，此名富貴關。

又一法：建康好黄丹半斤，用生姜自然汁，大盞稠調，乾入銷銀鍋内，用瓦片蓋之，火煅通紅作汁，覆傾石上作垛鉛，在四圍及底下，鉛黄花在中心。候冷，研細，以水飛黄花作關藥，每砂子一兩，用黄花一兩，蓋於砂子上，烕之作汁，傾油槽内，關藥包定分胎，冷打開，成至寶。其關藥可以再用，此名鉛黄關，又名金華關，大妙。

匱法補遺

匱頭名曰長生，養之力竭，不能乾汞。上有蜂窩酥碎，又當資助丹頭之力。有大救法、小救法，有領孫法，有真死硫再同匱頭烕法，有烏團養烏團法，有瓊花湧雪法，則如此澆淋水銀，而無休息，可謂長生無窮盡期。

大救法：用銀硃四十兩，煮過靈砂一十兩，依前火候日足，同烕作錠，截塊下汞養。

公領孫法：每常匱頭十兩，可用前煮藥煮過靈砂一兩，作塊沐浴過，以貼身挨埋匱中，澆汞在上，依本法養七晝夜，火足切添養靈砂塊，看内紅爲養未足，再於後次，依前七晝夜無妨，愈堅愈好，亦烕鎔截作匱頭，長生日多，則如周歲匱頭更多也，澆汞數如前。

真死法：以靈砂塊八錢，添入死硫二錢，同匱頭鎔作汁，傾錠截作匱頭澆養。

烏團養烏團法，又名大救法。以匱頭四兩，下藥煮靈砂一兩爲率，若匱頭二十兩，或養五兩，七晝夜火足，寒爐開看色青黑，火力足，可入明爐，成汁成錠，截塊作匱，不澆汞，再轉養成匱。

又 櫃法

用山澤銀一斤，錯爲末，或走作珠子一半，鋪合底。將前朱砂排在銀末上。次用良無頭末四兩，蓋之，上用崑崙紙一層隔之，上用潤黄土填實令滿，用蓋蓋之。以醋蜜調赤石脂，固口縫，令銜蜜，用鐵線十字拴定，通身用鹽泥固濟，勻厚半寸，炙曬乾，方入爐養之。

又 點毛秘訣

凡赤毛七錢，用人言三錢半，鎔開，徐徐點藥，盡傾入油槽，取出打碎，茶頭紅。前藥少，再下前藥一錢或半錢，再入火開攪勻，仍傾入槽，取出打碎，茶頭青爲妙。如蜂窠泡。是藥多用新磚打碎，放入鍋内，或三五塊十塊，取出藥氣味來，還傾出槽中，打碎看得所，入銀三錢或四錢，攪勻入槽，入梅水内煮，多多爲好。如要急，用鹽二錢，白礬一錢，研碎水調勻，搽在物上，用火燒紅，取出，用炭灰擦洗净，仍入梅鍋煮白，再用前礬搽再燒，多多爲妙。

一法：梅燒底銀，明礬三錢，食鹽七錢，研爛水調如糊搽上，大火燒上三次，後入梅。又換淡梅三次水，未上藥，先要梅白，方上藥燒之，後入梅，凡三次。

凡用赤毛一兩，用鎚打或方或圓，用底銀子半錢，剪碎。用飛過硼砂二分，攪勻搽在毛上，用火燒底銀，混入毛上相着，用鎚打光了，再搽前物，仍依前法燒藥，盡爲度了，却入梅鍋内煮白，多多爲妙。

凡金子一兩，用白礬二分，皂礬一分，焰硝一錢二分，鹽二分。把金梅净搽於金上，放在火上，燒的色發起黑色，取出入水中，復入火炕，熱用刷閂盡，多多

亦好。

凡金子一分，水銀一分，放於手心內，將金於水銀中研開成泥，搽在鍮石上，用火燒紅取出，鎚打方圓。如泥有，再搽再燒，入梅煮。

悟真洞陽子曰：以上四法，乃神仙戲術耳。凡有不得已處，可濟急而用之，不可專執爲事，誤人損善念也。得者思之。

又　卷二　修鍊秘訣

用生麩金一兩二錢，舶上硫黃二兩。右將金鎔成汁，鑄成錠子，剉研成末，研極細。取金末七錢，加硫二錢，同研如粉麵。用小磁合一箇，可盛得藥盡者。先將合子，以生姜磨墨塗三次。炙乾，將金硫入合，以匙捺半實，用餘金末半兩，蓋頭令實。上用醋墨紙蓋七重，上用白礬末蓋頭，與合口平，赤石脂固封。外以針砂磁石碾末，雞子清調爲膏，固濟白合子了。又用外匱一箇，以伏火鹽泥末，栽小合子在內，外匱合子內白合上面末，只可厚一指。又將外匱合子，以赤石脂固口縫了，鹽泥固濟。日乾，入灰缸內，養火三兩，火養三日。六兩，火養六日。如灰燼，即換去泥，開外匱取出小白合子，亦去却藥皮，並口縫淨，取出白礬末，並吹去黑紙灰，揩拭合子四方令淨。後用快刀取金硫，一如蜜陀僧色。秤時依舊，一兩四錢。又將金硫入乳鉢內研，秤出半兩金硫蓋頭，將九錢金硫末，又將生硫二錢，准前法入合，將餘半兩蓋頭，依前次序，入外匱固濟，再入灰池，其法火候依前分兩日數。開合研細，秤時依舊一兩六錢，其硫已大段伏火。又用金硫末再研，入生硫二錢入合，以餘金硫六錢蓋頭，依前固濟，准前火候法温養日足。但加絶硫二兩，盡爲度。如合小換大合，依法養，共三兩二錢，伏火聖祖匱。

佚名《諸家神品丹法》卷一

金婁先生從青林子受作金法

先煅錫方廣六寸，厚一寸一分。以赤鹽和石灰汁，令如泥，塗錫上，通厚一分，累之納於赤土釜中。率錫十斤，赤鹽四斤，合土釜封固其際，以馬矢火温之，三十日發之。視錫中悉如灰狀，中有顆顆如豆者，即庚也。合治納甌中，以炭火鍊之成也。率錫十斤，得庚二十兩。唯長沙、桂陽、豫章、南海土釜可用耳，彼土人以炊食用，自多也。

角里先生從稷丘子所受作庚法

先以礬水二分，納鐵器中，加炭火上令沸，乃納汞，多少自在，攪令相得六七十沸，注地上成白銀，乃收。取丹砂水、白青水各一分，雄黃水二分，於鑪中加微火上令沸。此以白銀納於其中，多少自在，可六七沸，注地上即成上色紫磨庚也。數攪之令相入，復加炭火令沸，以此爲妙。

小童作庚法

作大鐵筩，盛中一尺二寸，高一尺。作小鐵筩，盛中六寸，瑩磨之。以赤石脂一斤，硝石一斤，雲母一斤，代赭石一斤，硫黃半斤，空青四兩，凝水石一斤，皆合擣細篩。以醯和塗小筩中，厚二分，取汞一斤，丹砂半斤，良飛半斤，攪令相得，不見汞爲度。置小筩中，雲母覆其鐵蓋鎮上。取大筩，去爐上，消鉛注大筩中，没小筩去上半寸，取鉛消爲候，猛火吹之，三日三夜成，名曰紫粉。取鉛十斤，於鐵器中消之，二十日上，更納銅器中。須鉛紫粉七方寸匕耗之，即成黃庚。欲白銀，取鉛置鐵器中，納紫粉方寸匕，上火令相得，注水中即成銀也。

取良飛法

用鉛十斤，納鐵器中，坐火上露炊之，鉛納汞三兩，早出者以鐵匙抄取之，名曰良飛也。

務成子作庚法

作器筩，長九寸，徑五寸。擣雄黃三斤，螻蚓土等分，合爲泥，塗裹，使徑三寸，遺口四寸。加丹砂水二合覆，馬矢火上令極乾，納梧桐中，塞以銅蓋，堅以黃沙築上，復以螻蚓壤重泥上，令無氣泄。置炭火中，令上有三寸炭火，至筩口赤，可寒之。發視雄黃，皆入著銅筩中，復出之。如前法，三斤雄黃皆下入著銅筩中，下提取與黃丹等分合，以爲爐，大小自在也。欲用之，置爐於炭中，爐赤，納水銀。水銀動，納鉛。其中黃從旁起交中央，即注之地上，成黃庚。凡作三千五百斤，爐力盡矣。此庚取壯荆子、赤黍酒漬之百日，柔可丸也。

玄真子伏汞金法

雄黃一斤，汞一斤，膽礬四兩，硝石四兩，胡葱四兩，苦酒三升。先將雄黃、葱、苦酒一同枯乾，研爲末，以水飛去，葱將雄汞一處研細勻。取青竹筩一隻，先以礬硝二味同研末，入一半末在筩中，次入雄黃，以硝礬蓋。次取骨灰二兩，生漆二兩，和爲丸，塞筩口。以磁罐盛左味數升，浸藥筩上，以蓋蓋罐口，埋地陰處，深三尺。盡四十九日，取出化爲水。如用，以甘鍋盛藥水半合，汞一斤，同一處，於文武火上枯即爲庚。用此庚一兩，化山澤十兩，爲上色紫磨庚。如用之者，宜秘慎之，不可輕泄也。

又　卷二　呂洞賓述長生九轉金丹

用西方上色黃庚八兩,錯爲末。次用水銀八兩,二物一處相合,入鐵臼杵一時辰,自然金泥砂子,内洗出青黑色濁污水,乃是木精中陰惡氣物也。須頻頻换水,洗令潔净。乃取砂子,用新净熟白絹一尺,裹定砂子,如毬子相似,令實。用礬醋煮之,明净青碧色。膽礬一兩,研爲末,用好醋五升入銚,燒令礬醋沸,將砂子懸胎煮之。如醋耗更添。温醋煮一伏時爲度,煮時須慢慢着火,燒之微微沸。煮畢,砂子自然緊實,如鐵石之硬。煮成砂礬醋,亦非惡類也,乃是緊砂子一妙訣也。次用六一泥固濟也。

【略】砂子如毬,號曰丹藥胎包也,又謂之神室也。即真土之精,乃是中央之正氣矣。餘六件佐輔也。火燒以丹藥胎包,牢固以鉛汞,有間隔之靈變也。固濟畢,用一箇鐵合,内可盛受得二升物許,堪用也。合子内盛伏火真鉛之精,滿一合子。鉛精中心内,坐定丹藥胞胎,上下周圓不令偏側,須是用意專心,使令密實拍塞,滿足合子。蓋口,和六一泥填塞固濟,勿令泄氣。又合上,更用造塼瓦細膩土,入净紙筋,用鹽花水和泥,固濟厚一寸許。候乾,不令有裂縫。如有即補之,令十分完全。次用運火爐鼎一箇,是鐵造者,亦如常造食鐺子之象也。内可受一斗八升許,堪用。又如泥鍋子,泥定,留一進火門。子爐鼎内盛炭滿。爐鼎灰中心坐定藥合子,上下周圍不令偏側,填滿令實爲度。候泥乾,擇六甲元首日,先前三日,用香燈酒菓金錢雲馬,供養爐神。訖便於卯時,用十分熟炭火一斤,打令碎進入鼎爐内底下,安排令匀平,熱灰薄薄蓋其火,上常留露一二分火氣,蒸灼爐鼎,温養丹藥胞胎也。至酉時,亦依卯時手訣也,進火一斤,晝夜十二時中,不得暫絶火氣。養七七日正數足,其丹藥方成子母金也。又名水木火丹頭。此還丹第一轉也,乃號龍虎至寶也。金能尅木,則汞立便結成砂子。木能尅土,則六一泥固濟,其泥不能污丹體也。土能尅水,則是用也。水能尅火,則汞不能飛走。五行相尅,金木靈質。五行相生,還丹結實。智士思之,萬不失一。如第一轉養火日時,候冷開爐鼎,取出丹粉,爲細末。又只添入水。木精八兩,準前一轉手訣,擣細洗煮,造六一泥,固濟,入爐,進火養七七日足,得其正數,乃成號曰神丹。如至第四轉,養七七日足,開爐鼎取出丹粉,已成細砂子,到此四神丹就也。更不用盛鉛合子,并鉛精矣。便别用一小鐵合子,内中心可盛得四神丹藥末,存留二分許,不滿合子口,堪用也。即取上等辰砂一斤,内揀八兩大塊子者了,便分四神丹藥末八兩,入在合子内,撥令均平,將朱砂如蓮栽安排了,又以丹藥末八兩,蓋定平匀,又栽砂三兩,又丹藥末八兩,蓋定。重重安排,丹藥五重,朱砂四重,丹藥四十兩,朱砂十二兩,如此相隔了畢,令密實爲妙。合子口縫,用六一泥填塞密實。合子外,又别用鹽紙泥固濟,厚一寸許。候乾,入在運火爐鼎内灰中坐定,上下周圍不令偏側,爐鼎口縫鹽泥固濟。候乾,依前第一轉手訣,進火養七七日正數,足成就也。開爐取其獨體朱砂,如紫色。只此朱砂,號曰聖金黃芽也,又名脱凡胎聖石英也。揀取朱砂,將四神丹藥末入氣爐,烹成汁,瀉作挺打,作一箇金合子,如雞子樣兩扇。次取二兩朱砂,與養成者朱砂八兩,一處研爲細末,入在合子内盛定,口縫六一泥固濟,勿令泄氣。外又六一泥固濟,厚一寸許。候乾,便入運火爐鼎灰中心坐定,上下周圍不令偏側,鼎口縫鹽泥固濟。候乾,便選六甲元首,先於卯時用十分熟火一斤。又打令碎,進入爐鼎下,令匀熱薄灰蓋定,常露二三分火氣。至午時,亦依卯時手訣,進火一斤。至酉時、子時同,只於子午卯酉四時進火也。辰巳等八時,逐時撥去火上灰,只留二三分灰,令火氣熏灼爐鼎。至七七日正數足,乃成,號曰美金花。開鼎取出,又入生朱砂二兩,一處同研爲細末,入合,亦依第一轉手訣,固濟進火,養七七日數足,乃成,號曰靈金霜。取出,又用朱砂二兩,入一處令研細,入合,亦依第一轉手訣,養七七日足,乃成,號曰反魂聖金液。開取,又依前入生朱砂二兩,令研細,入合,養火日數足。至九轉數足,擇福德日辰,候午對太陽下,開合子,使日光照見丹砂子母之體也。毋兩爲三十丸。供養天地山川江河市井龍神、三界聖賢。畢,乃取汞四兩,净水一升,丹一丸,入在新净鐵銚内。又用净器蓋定,坐在炭火上,燒令水沸,盡汞已乾,成上色男石上火。用銀銅鐵錫一斤,爐内烹成汁,投丹一丸,攪令匀,傾出作錠子,亦成上等男石上火也。如點化不出火毒。如服食,出火毒。和合子坐一伏時,出陰毒,再埋入地三尺,或一丈,或懸井中。又却交太陽光射爲妙也。

又　卷三

化庚粉法

用上好庚一十兩,汞五十兩,貯於磁罐内,常用火煖,將庚燒令赤,投汞中,以柳篦子攪化,庚盡。用鹽花三斤,與金泥同研細,入大鐺中匀平,上用盆子勘蓋定,泥固濟周圓令密。慢火煅之,令汞飛上盆子,以汞飛盡爲度。次用前水沃淘鹽味盡,將度庚粉放盤内,日曝乾後,細研,入在藥。用雄黃若雞冠者八兩,葉子雌黃八兩,戎鹽四兩,金粉十兩,金粟五兩,右五味令合研如粉。别换

鼎合，亦依前法，仍用米醋磨香墨，勻塗合内，將藥入合，文武火逼，令藥作汁。硝石四兩，細研如粉，安在合内，實填以麵糊，紙封定合口，以蓋蓋定，固濟，乾。亦依前入鼎關定，灌鉛汁合子上二寸以來，選成日夜半子時起火，初六兩，日加一兩，至六十日滿足。候冷，以鏨鏨開，去鉛取合，其藥如紫金色。每一分於乳鉢内研細，可制汞一斤，立成金也。非常人所得，是神仙秘授。若於助道，須知足矣。

罨庚

綠礬一兩，白礬五錢，鹽三錢，焰硝八錢，同爲細末。用甘泥捏成槽子，將造成釵畢，於水内濕過前藥内滚勻，放槽子内，上火燒藥，却取出，於水盆内蘸，如此五次，爲上色寶也。

又 **卷五** 點青金法

用膽礬、綠礬、青鹽，各等分爲末。將淡庚打作片子，以醋調藥末，如麵糊相似，塗於金上。又以赤石脂爲末，牛糞調固濟，陰乾，文武火燒三伏時，再入甘鍋，消作汁，成色寶矣。

又 **卷六**

日華子點庚法

百鍊赤銅一斤，太原爐甘石一斤，細研水飛過石一兩，攪勻，鐵合内，固濟，陰乾。用木炭八斤，風爐内，自辰時下，火煆二日夜足。冷取出，弄入氣爐内煆，急扇三時辰取出。打開，去泥水，洗其物，顆顆如雞冠色。母一錢點淡金一兩，成上等金。又金、汞各一兩，二味成砂子，用青鹽石中黄鋪底蓋頭，膽礬匱，水火既濟鼎了，辰時下火，三日夜成，甚妙。

點庚貧女法

汞一兩，用金箔五十片，與汞同研如泥。芫荽茉自然汁，絞杵汁一大盞，將汞於無油銚子内，煮了去汁。將汞用絹帛，絞之爲砂子。又煮之，又絞盡爲砂。用黄丹四兩，與白虎末醋調拌，臼内擣令勻，將砂子用烏紙三五重裹，將白虎匱，捻作餅子，將砂子裹了，外用鹽泥固濟一寸厚，陰乾。用火煆通赤。候冷取出，任便點化用之。如無箔，用馬兒半錢亦妙。宜秘之。

罨庚法四神金術

一兩生銀半兩金，解鹽青膽又同秤。更加硇硫甘半兩，罨成一塊紫庚珍。

姹女金，解鹽膽礬，硇砂硫黄，甘草罨成。

罨朱砂庚法

取上好朱砂顆塊五兩，每塊以金箔五重裹之，安在藥中，罨一伏時頭日，火半斤，漸加至三斤，煆通赤。冷取其物，不折失，任使用。

太虚丹經内罨金碧油池法

綠礬七錢，白礬四兩，青鹽一兩半，淡金一兩，槌作片子。以新磁合子一隻，先糁藥一兩在内，將庚片子入了，上庚川藥一兩蓋，固濟，煆一時，取出湯養成深色。

罨金法

解鹽一兩半，膽礬一兩三錢，白礬四錢，青鹽七錢半，焰硝二錢半，石腦油半錢，右六味細末，如無石腦油，以硇砂二錢代作内匱。又用懸匱皂四兩，解鹽一兩，一處研細。如罨時别用磁餅子一箇，先以二味懸匱藥三五次，入在餅子内，甕四圍成窩子。次入内匱藥三五次，在藥中。次入金在藥内，又以内匱藥蓋頭，上用瓦片埯定。又以鐵絲十字繫了，鹽泥固濟一指厚。候乾，安平地上，用灰抱定，上發頂火金十兩者，用火二十斤。五七兩者，用火一秤。三五兩者，用火十斤。一二兩者，用火五斤。火消盡，冷取出，看其色已成紫金，再入鍋内烒消無妨。

罨金法省力而奇。

每金一兩，用白石脂半兩，白土半兩，白礬一錢半，鹽四錢，代赭石三錢，黄礬半兩，硇砂半錢，白土裹面白者。右細末，用小磁罐子内盛，更以代赭石末一錢，糁在罐子底，上用先藥一半，入在罐内，上安金子。更以一半徧蓋，以瓦片蓋口，炭火三斤，或五斤燒過時不妨，冬月燒半日。如金多，用磁罐子深者。如舊釵釧，須先燒一二次，去垢膩净，方用前藥，只燒一火，其火殘留起藥，候再燒時蓋頭用之。

伏火朱砂詠泉法

右取銀一兩半，好朱砂三兩，如骰子大者。先用百花蜜塗過，以硇砂半兩，用水花煮三伏時了，將朱砂細研，骰子者不研。次入汞少許，與秦礬拌過，入塊子砂，一處再拌勻。令銀末，以重抄紙一張，香墨一大錢，細研，入百花蜜中，和合勻度於紙上。候乾，裹砂塊子，以線扎定，取黄膠土和油作泥，重裹紙毬子，勻厚一指許，不可稍有裂縫。微火上坐，出陰氣盡，却用通油磁器，合青鹽一斤，留一半鋪底蓋頭，合定固濟了，入地坑子内，作灰池坐藥。合常用半斤火爲率，不絕養七日定。就上加二斤，再養一宿。去火，取開合子，令收鹽花，將毬子打開，取砂如黑錫，再入甘鍋子，消爲汁，瀉作錠子，都作四兩半，以鐵錯爲末。又取生

朱砂六兩，如骰子者，與伏火朱砂同研勻。却入合，用鹽花鋪底蓋頭，固濟，入灰池，長用四兩火，不絶養七日足。就上加火二斤，養一宿去火，冷取出，爲上等銀。分取一兩半使用，却將生銀一兩半，依前入朱砂二兩，銀錯末與砂同研勻，依前入合子，固濟，養七日，加火二斤。再燒一宿，取出。又分取一兩半備費用，長留一兩半爲本，添砂燒不絶。若不取長添，可作二十兩，鑄爲鼎器，大如雞卵。將鼎坐在熟煻灰火中，別以汞二兩入鼎中，口上用濕紙三重蓋之，便以越磁盞合定，漸加火煅一時間，其汞成銀。却以前法匱養，以火二斤，不絶一伏時，冷取出，任意打造。次後於鼎内，常養汞二兩，成銀不絶，故號湧泉法。其所用新生朱砂，先須用硇砂半兩，水化煮過，後用少許，與秦礬拌過方用，徧徧如是妙也。

勾銀法對合母法

母五錢，汞六錢，如常椒湯潔，用米醋一升，白礬半兩，川椒，荷葉各三錢，草烏頭二錢。右懸胎煮，醋乾爲度。其砂如鐵硬，取出黑紙包三重，上貼身伏，硼、膽、硇、礬，并食鹽炒乾等分爲末。先以清蜜三錢，調藥半兩貼身。再以崑崙紙包二重，其紙剪破，作六花糊粘。後用五倍子末醋，調包一二重。其末用一兩，包塗上令丹滿，更以崑崙紙如前包。知母、貝母、白芷、仙靈、脾草、烏頭、黄藥子，各一錢同爲末，醋調包之。再以崑崙紙包外，以黄泥入鹽半兩，盞白蟮二兩，千里急一隻，研碎和泥成膏，固裹，入灰火内，煨灰，上以三四兩火，時時移轉，候乾取出。裂縫處補之，再入灰火内煨一二時辰，方以五斤熟火勻簇，煅盡爲度。取出帶貼身，烌之不拆，宜先以火秤六斤，以磚作爐，以生火簇煅固爐。

化庚粉法

上好庚十兩，汞五十兩，貯於罐内，常用火煖，將庚燒令赤，投於汞内，用柳篦攪化盡爲度。用鹽三斤，與金泥同研，唯細便入一大鐺内勻平，上用勘盆子蓋鐺，以泥固濟周匝令密，慢火煅之，却使汞飛上，以汞盡爲度。其庚粉於盤内日曝乾後，細研如粉。雌黄八兩，通明葉子者研，如粉。戎鹽四兩研，金粉十兩，雄黄八兩，研如粉，如雞冠色者妙。右五味藥，並細研如粉，別换鼎合一，依前法用米醋濃研香墨，勻塗合内，還用文武火逼合，令藥作汁，一依前用。硝石四兩，研如粉，安在合足内實按，以麵糊紙封定合足，便固濟合蓋，入於鼎内，準前泥固濟合足，上用鐵闕闕定，後陰乾，一依前法。先取鉛三斤，於銚内鎔成汁，以杓子抄在合足内，四面相次，更鉛汁漸漸灌滿鼎内，至合上二寸以來，一依前法。選成合日夜半子時起火，初起六兩，日加一兩，至六十日滿足。候冷定，用鐵鑿去黑鉛，取合，其藥當作紫金色。每一分於乳鉢内研細，可制汞一斤，立成紫磨金。

伏火神錦砂法

用山澤六十四兩，打作葉鉸，爲棋子樣。用顆塊朱砂一斤，懸胎音製畢，拭乾，用百花蕊將砂子滚過，上貼身藥，以緋帛各顆裹了，於日中曬乾。用磁合内，養一月火，從慢至緊，日數滿足。別用水火鼎，先將養出神砂，放於鼎，澆入音製汞二兩，固濟了，燒二日夜，火候足。放冷，開如伏火。再澆汞二兩，如未再燒，燒汞至三斤止。別用甘鍋消汁爲寶。

懸胎

將前神砂，以布袋内貯之。用新砂鍋，以苦酒一十瓶，白上硫黄一兩半，用鐵杖子横於鍋上，勿令着底。慢火上煮醋盡爲度，曬乾，貼身。將砂子用煉過百花藥滚過，用西硼砂、鉛白霜、白礬三味爲細末，貼身在砂子上，以緋帛裹了，於日中菓乾，入匱。匱法將山澤打銀作葉，鉸爲碎棋子樣，以醋拌勻，一半銀葉子舂於磁合内，將砂子如栽蓮之法勻，勿令相犯。後將一半銀葉蓋頭，後用寒水石、白礬爲灰，固口縫上。更以鐵絲十字勒定，上更以鹽泥固濟。乾，入爐灰池。土釜一箇，内可盛一斗五升。先下三脚子，上坐合子，將萬錢灰羅上，可用一斗二升，下頂二兩，從慢至緊，卯時下番火，申時添一番火，覷火大小勻，勿令斷絶，養至一月火足，其砂堅硬，出入水火鼎。

又 鉛砂法

靈砂一兩，鉛一兩。

右先將鉛鎔爲汁，次下靈砂末爲砂子，便窨製。

四神丹法

靈砂一斤，加雄黄四兩，加硫黄二兩，爲末，窨製一日夜，却入罐子内，再燒爲靈砂。又研爲細末，加雌黄四兩，又雌黄一兩爲末，窨製一日夜。又入罐子内，燒爲砂子，又研爲末，入朱砂四兩，硫黄一兩爲末，窨製一日夜。又入罐子内，燒爲砂子，研細，點製萬無一失。

三對粧玉女投胎法

銀汞銀各三兩，右先將鉛爲汁，次入汞同炒成汁，次用藥於後。磁石、花椒、信硇砂、青鹽、枯白礬、乾藕、血餘已八味等分，右細末，投於鉛汞汁内數次，直至鉛汞色潔白爲度。後用真銀三兩，先消成汁，次投鉛汞砂在銀汁内，若有煙起，

投玄青三五次，傾入油槽内，以爲上等之寶。

玉女投胎法

真鉛三兩，打做薄葉子，剪碎，入汞三兩，煎水一升。用白礬半兩，椒三錢，右件於臼内杵，同如泥丸，如櫻桃大，用布袋子盛了，於好醋一瓶，入白礬鹽椒爲末，同煎煮袋子，醋盡爲度。將丸子取出，袋子用冷水浸一時，入匱。

又　雜法

獨體法

上好銀一兩末，汞一兩，和石臼中，用前藥搗三五百下，結爲砂子，以熟絹濾過，入石鍋中，以鹵鹽、白礬、青鹽，以醋漿相和熟攪，煮三日三夜，取出入鹽匱中。文武火養一日，取出細擣，入粉霜一兩和之，又入鹽匱中。以鹽泥固濟，用馬過火養七日七夜，火不得絶。後大火煅了，冷取出藥一兩，分三徧，點十兩以成，秘之。

宋・程了一《丹房奥論》　十二論點化

刀圭入口，換骨成仙。錙銖入質，易賤爲貴。非丹頭之至靈，造化之至妙，何由竟灌溉於骨髓哉，此乃移神易氣之道。猶世之染法，非透骨藥及諸礬，不能成其妙用。然汞真死，皆可點銅爲銀。何故先賢惟以粉霜，爲點銅之上藥，蓋其間曾受礬氣故也。若以朱砂靈砂、母砂粉霜之類點銅，先須用點銅砒同砂一時。每一兩丹頭，用砒三錢，或用貳錢者。然後將丹頭砒與銅珠相拌同，崑崙紙數重包裹，裝在甘鍋内，上面下藥關實築，須用濕炭頂火坯之熟，搧二三千鞴，慎勿觸動，常令頂火實。少歇，再搧一二千下，提出爐候冷，破鍋取之，其物成一陀在鍋底。如有黑色，再用鉛煎，不可用硝提。如欲點銀成金，非砒硇膽礬不能透骨，非雌雄二黄，非曾空二青，不能正色，非點聖銀不能成。至道有此數理，若非真土真鉛匱養成諸藥，不可爲也。舉世皆知砒粉可以點骨，豈謂砒粉匱養雌雄膽硇、曾空二青，點庚尤妙。或點化凡銀，須用藥瘦其本體，然後結成丹砂，和丹頭同乳成粉，入鼎裝頓封固，逼去水銀，加以大火一煅，取入爐鞴，冶成至寶矣。靈丹若就，雖瓦礫亦可成金。非苦酒苦醋金鹽玉豉煮鍊，不能成也。此理玄微，不傳于世，學者亦當知之。

佚名《金華玉液大丹》　盒金法

又用足色金子五錢，足色銀子五錢，同鎔作汁，打成片子，或成塊。却將瓦片，打如物長短大小。先鋪藥厚一分，上安物，再用藥厚一分多蓋面，仍用瓦蓋面，四圍用泥作墻，入火爐内，下用數塊火，捺令平，却安瓦物上，以紅火數塊排蓋令遍，用扇扇令瓦微紅便住，扇以熱灰蓋，約七八箇時辰，取出水洗，用剥法。

花減一兩，氣膽礬一兩。先將花減，用水半盞淘去砂脚，以小風爐，以瓦盞緩緩熬令減，水熱了，逐旋下礬，熬令乾。取之研碎，用剥法。鹽、礬、硝、石膽、青礬、黄礬，研細，瓦器醋調如稠糊，以雞翎刷上，火上炙，撇水中三四次。

佚名《庚道集》卷一　魏真君頌藍子真註

打煉青金依古法，硫二汞八，炒成青金。又乳極細，方入水火鼎煅。初入乾坤由二八。義見上註。第二天元勿改更，二八炒煉，仍如上法。方號神功有遭匝。自一至七，方成靈砂。第三減半但爲之，用硫一兩。第四一陽慎抛撒。用硫同上炒時，勿令粘銚，切須收拾。第五三分莫加添，用硫七錢半，於爐下鞴之。第六半星毋妄發。用硫半兩。第七困在火宅中，七轉變赤成青，是火中之木也。又云：龍從火裏出。凡七次被硫擒制，不能飛上，將伏火成寶矣。第八天魂休放點。青金成質，更無游汞。第九還丹號返陽，九轉功成，陰返陽性。死者服之須再活。青金成丹後，繫一粒於鶴頂上，令善射者數十人，去五十步更射之，終日不能中也。此丹極能延人壽命，返人魂魄。遍遍炒煉敷辭辛，九次皆宜精專炒煉。火法五斤自通達。自一至九，火皆五斤。第五次安橐籥扇火，共用四十五斤炭。再養靈砂令拒火，每打砂至三轉，其色甚妙。却將此砂入於九轉青金之中，養之則拒火成寶。須得金公方結果。凡拒火訖，即將用鉛，作華池煎之。一兩河車二兩鉛，鉛倍砂數。煎之雪瑩方爲可。華池煎煉，潔白成寶，可貴重也。祭天祀地施陰功，煉丹既成，以其所得，祭謝天地神祇，利濟孤貧疾厄，行方便，不可多貪。脱離凡塵免湮墮。施惠群生，立功建德，則自天祐之，得長生久視，升入金闕，而遊宴玉京矣。

又　**卷二**

月桂長春丹

死朋硇

朋鐵脚，鳳尾草自然汁，煮半餉。硇，水田草擣汁，煮半餉，皆死。

劉浪仙感氣大丹

每用母一兩爲率，感五錢砂子，母多儘好。用大鐵線，紐作三脚兒一箇，坐定盞子於炭上，上下俱用炭火，盞居中，盞用鐵盞建盞。次之入麻油七分，一盞草麻三十粒，川椒一掬，子母一處，安在油内，但以草麻焦色爲度。取出，以絹帛在外，將信連在内，鈐出盞子油藥并母，獨絞砂子成丸。次用冬青葉，爲貼身毬子。去葉上筋，盡裹定砂子，名爲老君毬。却用好米醋打麵糊，和滋泥爲毬子外衣。次又用信連，和水搭裹三兩層，令無縫。罏須先浄了，再入爐炭火中，一扇

煅令通紅，待火慢，然後出砂子，已拒齒了。次用鹽五兩，投甘鍋内作汁，以此過闢。預先掘一地穴，如甘鍋大小模樣，待鹽三分爲汁，記取安穴内，急投砂子在内，急將磚蓋定，脚踏實，任其滚了。取出，再入甘鍋一煅。又預先將水半碗，内安一紙槽，傾出砂子在槽内，便成寶。以朋砂些少撮清了，然後傾出。未投砂子在鹽内時，切記先掘一地穴，試鍋大小一般，併試得十分平穩，無縫。罅用磚一片，一下毬子，便要掩蓋。此是至捷之法，感庚與此略異。

感庚如前，用母入砂子了，頓在好建盞内，亦用草麻并椒，加千年仞數片，一處安在油内，不用老君毬，只用津唾，調盧甘石末、鉛白霜些少爲衣，入火煅便成寶。以好明礬，用五方草，並金城稻草二件，燒灰淀淋汁，於沙糖甕内，用籠糠火煮乾作匱，用五十兩，可養一兩。

炙金法

雌雄各一兩，硫黄一兩，硇砂一兩。

右用大甘鍋子一箇，以雞子清塗於鍋内。又以麻黄節爲末，糝於内。然後將前四味藥，入於鍋内，四面用桴炭火逼之。却用蟾肚鬱金四兩爲末，逐旋攏之，迫盡取出，碾爲末，再入甘鍋内，復用蟾肚鬱金四兩爲末，蓋頂，以大火煅之。畢，研爲極細末，用之。用法以好銀打成極薄葉子，以津液遍塗於上，却以藥末糝於面上，以烈火炙之背，其色一炙即透矣。

闢庚法

江西青氣礬二兩，明礬二兩，青鹽二兩，薄苛一兩半，汞二兩。懸胎煮。

右用未經使新鐵鍋一箇，用河水二三碗，同前藥煮汞，至汞乾取出。絞去油，汞用紙裹之，埋於地内，一伏時取出，即堅硬矣。又闢法，用北盧甘石一兩，即回回名脱梯牙。棗肉、小麥、栢葉三味，不拘多少。右入釅醋，同搗如泥，裹前乾汞，用鞴爐煅兩箇時辰，取出，爐傾於韲水内，即成上色庚。道盧甘石紫色者，成紫色。用死硇死硼作貼身，入砒黄少許，亦妙。

擦銅如銀法

朴硝湯煮物過，鹽石膏煅過，相思子、馬牙硝，右研細擦如銀，有半年之功。

又 太上資聖玄經内四神匱王君錫。

硃砂、硫黄、雄黄、雌黄各一兩。

四味打碎，細米大，用白帛紙重包固實，用藥煮，黄花、雞腸草擣汁，於重湯内，慢火煮七伏，曬乾再用。

朋砂五錢，膽礬五錢，硇砂一兩。

用温湯，慢火重湯，煮十四日取出，曬乾。用赤金五兩，打成合子，却放四神藥，却好封固。用銀子八兩，掃成珠子。先將一半銀子，入瓦合内，却放金合子在上，再用銀珠子蓋上安實，却用瓦合子封固，用鐵線，内金合，外銀合，却用鐵線扎定外瓦合，却用鹽泥固濟，候乾，入灰缸内，養火。

火候四十九日

一日至七日，用熟火。一兩五錢，早晚二時進火，不可缺，缺則不好。二七日，用熟火。二兩，早晚二時進火，如火衰增熟火半兩。三七日，用熟火。二兩五錢重，早晚二時進火，衰則增熟火半兩。四七日，用熟火。二兩七錢半，早晚二時進火，衰則添火半兩。五七日至六七，至七七日，用熟火。三兩，早晚二時進火，不可缺，火衰增熟火一兩。火候足了，取看藥，若是黑色，將火燒看。如有黄色，即住。如未，如此再養十四日，即成。每一兩重作十包。

點法

銀子一兩重，須十分佳者。化開，每一兩用藥三錢，作三次下，待銀面上清無垢，方傾出，即成寶。

雜録

晉·葛洪《抱朴子内篇》卷一六《黄白》 近者前廬江太守華令思，高才達學，洽聞之士也，而事之不經者，多所不信。後有道士説黄白之方，乃試令作之，云以鐵器銷鉛，以散藥投中，即成銀。又銷此銀，以他藥投之，乃作黄金。

宋·李昉等《太平廣記》卷四〇〇 成弼

隋末，有道者居於太白山，煉丹砂，合大還成，因得道。居山數十年，有成弼者給侍之。道者與居十餘歲而不告以道。弼後以家艱辭去，道者曰：子從我久，今復有憂，吾無以遺子，遺子丹十粒，一粒丹化十斤赤銅，則黄金矣。足以辦葬事。弼乃還，如言化黄金以足用。辦葬訖，弼有異志，復入山見之，更求還丹。道者不與，弼乃持白刃刧之。既不得丹，則斷道者兩手。又不得，則刖其足。道者顔色不變，弼滋怒，則斬其頭。及解衣，肘後有赤囊，開之則丹也。弼喜，持丹下山。忽聞呼弼聲，回顧，乃道者也，弼大驚。而謂弼曰：吾不期汝原作與，據

明鈔本改。至此，無德德原作得，據明鈔本改。受丹，神必誅汝，終如吾矣。因不見。弼多得丹，多變黄金。金色稍赤，優於常金，可以服餌。家既殷富，則爲人所告，云弼有姦。捕得，弼自列能成黄金，非有他故也。唐太宗問之，召令造黄金。金成，帝悦。授以五品官，敕令造金。要盡天下之銅乃已。弼造金，凡數萬斤而丹盡。其金所謂大唐金也，百煉益精，甚貴之。弼既藝窮而請去，太宗令列其方。弼實不知方，訴之，帝謂其詐。怒，脅之以兵。弼猶自列，遂爲武士斷其手。又不言，則刖其足。弼窘急，且述其本末。亦不信，遂斬之，而大唐金遂流用矣。後有婆羅門，號爲別寶。帝入庫徧閲，婆羅門指金及大毯曰：唯此二寶耳。問，毯有何奇異而謂之寶？婆羅門令舒毯於地，以水濡之，水皆流去，毯竟不濕。至今外國傳成弼金，以爲寶貨也。出《廣異記》。

金·元好問《續夷堅志》卷一　神霄丹寶

宣和方士燒水銀爲黄金，鑄爲錢，在神霄者，其文曰「神霄丹寶」；五福者，曰「五福丹寶」，太乙者亦如之。汴梁下，錢歸内府，海陵以賜幸臣，得者以爲帽環，服之不中暍云。内藏庫使五壽孫説。

又　卷三　金寶牌

宣政間，方士能化泥爲金，名金寶牌，長三寸半，闊二寸半，文曰「永鎮福地」，代州天慶、壽寧二處有之。天慶者今尚在，承平時人傳玩，顯是泥所成，指文宛然。

雜藥化學部

論説

佚名《上洞心丹經訣》卷上　心丹

丹砂上等紅明，如菉豆大者。不拘多少。一云約斤半分兩可矣。用無根草煮之，即紫背浮萍也。其草多寡，對丹砂分兩，同濃煎水，約可浸二七日之多，藥水浸丹砂二七日。每日早温熱草木，浸之二七日，皆温之。止用元煎草水，不用續添，至日數滿，搬去水晒乾，裝入神室。

作神室法

用好雞彈八箇，醋浸，略去豈皮，頂上微開一小竅，約小指拇大，慢慢傾去黄白，洗净控乾。然後磨上等京墨，濃磨墨汁，傾入雞彈中，摇轉令上下皆遍，微於火上炙乾，令遍黑。如不黑，再用黑汁，如前三上之，尤妙。此即崑崙紙法也。選四箇好者，作裝藥者。余作蓋。迺用鞋底針，於四箇雞彈周圍，匀針七箇針孔，以象心之七竅也。四箇殼蓋，亦如前墨汁塗之。凡雞彈色白，神不可居。墨色染黑，故神可安藏，故號神室也。

右將神室於香上，用名香真香薰之。亦行禱願，感天動地，祈祝焚香，再拜如前。香烟滿神室中，然後將丹砂裝入，直要裝滿。稍若不滿，則虧火力。裝訖，用雞子清搽在神室口外，蓋口内亦搽之。蓋定後，用後藥固之。四箇神室裝藥，蓋合皆如上法。

固神室玉牀藥法

訣云：丹砂之生下有白，白牀上有白玉龕。此丹固神室藥，種地匱藥，皆白者，象丹砂之玉牀玉龕也，猶人之心包絡也。

石灰搗羅爲細末，用極酸漿水，浸七日了，去水晒乾，復搗爲細末，取净灰半斤，生砒石半斤，搗羅爲細末。

右二味，用白礬煎水調固之。固訖，然後裝入五行玉匱。

五行玉匱法此玉匱象玉龕也。

砒石五斤，打作小塊，用紙裹絹帛包住。復用死硝半斤，鹽豈小，朴硝壹兩。三件和在釅醋内，乃以上件帛包砒石，於醋内懸胎煮之。須煮七日，其醋約五六瓶方可煮。七日煮了，取出砒石晒乾。

死硝二兩，死硝用皂角伏之，每斤硝石須用皂角二斤，烈火上伏之。鹻二兩，硇砂二兩。

右件玉匱藥，通計五斤六兩，搗爲麤砂末，用砂碢一箇，大小約可裝藥者，此名土釜。下安玄精石一抄於釜底，後裝四玉匱，藥薦藉匀，安四神室於中，又用玉匱藥覆蓋。訖後用玄精石湊滿，泥封釜口，瓷碟子緊蓋，毋令不滿，有妨火候。用鐵線八道扎縛，鐵線餘者紐成疙疸，約二指高。復用薄泥，約一分厚，護蓋鐵線瓷碟。訖，裝入灰爐，養火。

五五周天火候法

訣曰：仍以十箇月爲節，以象胞胎也。後五箇月，土數也。故五五二十五，足土氣也。一十箇月火候，一兩四錢。次十箇月火候。一兩六錢。後五箇月火候。二兩一錢。

周天火足，次行補火，止補月小日數，蓋此乃月之周天數也。

行補火法

法用平底灰爐中，乃換鐵架，閣丹，釜架脚可高四寸。

早火每絡七錢，三絡計二兩一錢，脚高三寸下火。晚火每絡八錢，三絡計二兩四錢，飛火平於頂上鐵線上。

火絡法

其法用鐵線造絡六箇，分作早晚用，絡形闊一寸，長一寸半，有蓋，下新絡，起舊絡宿火，不可留宿火。

其行補月小日數火足，然後開爐，取出丹釜，剪斷鐵線，去瓷碟，取出四箇神室，鋸開其神室，必體硬如瓷瓦難鋸。當於木上，先開一彈窩，可容神室一半，然後放上神室，輕手按住。緩慢鋸齒，來往鋸開，取出丹砂，用藥水沐浴，甦醒丹火，補其元氣。

浴丹補氣藥水法

用山葡萄子乾者一兩，煎水濕者，用四兩紐汁用，加入石腦油、樟腦油，各四兩重，三件和匀，約水大半碗，開彈傾入水内必滚，儘其滚聲住，候冷取出試丹。

試丹法

試丹用赤銅一兩，鞴鎔成汁，以丹半錢中點化，然後將生硝一塊，如青梅大，

放入其丹碗内，有硫黄，其氣能令點化銅色黑，須再用壁土一塊。入甘堝收硫氣，必用鉗攪，令如水光浄，然後傾出。如不浄，再加入生硝壁土，如上法，直候如水光浄，傾出八箇正色之寶，不須加母。若似此點化，出其丹靈矣。此爲九轉丹母也。丹體雖靈，猶未可服，止可作匱，昇入九轉丹法，亦不可以多用點物，虚費丹母，有妨九轉。

論試丹説

按方書銅之爲物，能補人骨損折處。凡服銅藥，直至損折骨上，如鋪筋漆堅固，其損骨硬如金石。令試丹以銅，化成至寶。其仙方换骨之道歟，若節節昇轉，九轉而服之，當知骨化寒瓊必矣。

又　卷中　神仙九轉祕方

訣曰：凡轉丹，皆須於爐前施祭。其祭法如前，造藥、起火、祭法，九轉並同。

第一轉法

訣曰：其轉法，每一兩生丹砂，可用四兩伏火丹砂匱養之。此第一轉丹砂四兩中，必用伏火砂一斤作匱，生丹砂若見伏火砂，如猫見鼠，如羊見虎，隨性伏火，不復敢動矣。

朱砂紅明，如黄豆大者。三兩。重山菁葡水浸七日，每日温熱水浸，去水晒乾。法用滑石作一盒子，如當三錢厚，約可盛二十餘兩，微加大些子，裝滿剉之。先裝一層熟砂鋪底，復以生砂，如栽蓮栽之。又蓋一層熟砂，又一生一熟裝之。裝了復用熟砂蓋頂，蓋頂了然後剉去盒子餘弦，令與丹砂平。却用盒子蓋蓋之，令砂貼蓋爲妙。蓋訖，用泥封固，古用石膏固則難開，泥固易開故也。既有伏火砂匱，雖不固亦不飛走，此用泥故也。然不若依古法，用石膏爲妙，緩開之可也。仍用鐵線八道扎縛，餘下鐵線紐疙疸，二指高。九轉同。

綜述

佚名《黄帝九鼎神丹經訣》卷一四　明鍊雄黄法

臣按：雄黄者，與雌黄同山，雌黄之所化也。天地大藥，謂之雌黄。經八千歲，化爲雄黄，一名帝男精。又經千歲，化爲黄金，一名真人飯，此乃至神之石也。但求齒不落，髮不白，續筋堅骨，輕身目明者，莫過此藥也。又能辟虎狼百毒，不使近人，入水不畏蛟龍，一切毒蟲妖魅不能加也。又辟五兵，甚有威武。耳目聰明，役使百靈，乃神變之獨紀，長生之上藥，攻病之要味，還年之功，物無所不入也。故昔圓丘多大蛇，又生好藥。黄帝將登焉，廣成子教之帶雄黄，而衆蛇皆去。明其力用大矣。又仙經之大藥，乃以雄黄爲一味者也。

雄黄主療

臣按：《本草》：雄黄味苦而甘平寒，有毒，主治寒熱，鼠瘻，疽瘡，痔，死肌，疥蟲，匿瘡，目痛，鼻中息肉，絶筋破骨，百節中大風積聚，癖氣中惡腹痛，鬼注殺，精物惡鬼，邪氣百蟲毒，勝五兵殺，諸蛇虺毒，悦澤人面，鍊食之輕身神仙，餌服之皆飛入腦中，勝鬼神，延年益壽，保中不飢，一名黄食石也。

雄黄出處

臣按：雄黄生武都山谷，燉煌山陽，採無時，好者作雞冠色，不臭而堅實也。若黯黑及虚者，不好也。燉煌在凉州西數千里，古以爲藥最要，奇難得也。昔與赤金同價。今聖朝一統寰宇，九域無虞，地不藏珍，山不祕寶。武都崇岫，一旦山崩，雄黄曜日，令馱運而至京者，不得雇脚之直，瓦石同價。此蓋時明主聖，契道全真，福祥大藥，不求而自至。其色濁赤者不佳。唯赤徹者爲上。

雄黄調鍊去毒法

臣按：雄黄雖是長生上藥，然有大毒，去不盡，不可入大丹。夫石藥之毒，得火彌烈，縱百飛之伏火，毒仍未除。凡人不妙究其理，乃謂代火之物，是無毒也，失之遠矣。是故必先煮鍊，然後伏之。此與伏汞耿槩相似，夫伏雄黄有醋煮者，有油煮者。若有所爲，用處不同，列如左。

雄黄用酒漬浮湯上鍊法

取雄黄上者十斤，打去石脉，擣如小碁子大，或末之如沙，或碎之如粉。若以油煮，即如碁子。若以酒煮，擣之令碎，以好酒於銅器中拌漬之，伺盡更添，盡二石止。更以油煮，去油擣碎，入大丹，用苦酒煮訖。欲單服者，末之如粉，納竹筒，加石鹽一斤，爲之覆薦，密其口，沙中蒸之七日夜，出之有水，瀉取別用也，取其不爲水者，以絹袋盛，納蜜瓶中，封固勿洩，埋馬糞下七日滿，藥成，名紫宫飛丹。以白蜜丸之如豆，服久久延年。

雄黄醋鍊法

雄黄以醋鍊，取好雄黄一斤，擣之如粉，以好苦酒和之，於銅器中相和，微火

煎之，不得急火，盡一石止，如膠成藥。

訣曰：此苦酒者，非是醋也。煮訖，擣爲末，納竹筒中，蒸之一日夜。欲熟時氣當青赤，出置水中，引之如綿，丸如梧子，先食服一丸，日三，神仙。若以雄黄和漆服之者，亦以好清酒，緩火煎之，令如膠卒。雄黄一斤，料漆二斤，其漆必須青，煮絞去滓，合著銅器中，攪令相和，藥成矣。丸如黍米，日三。若丸如小豆，日一。常先食服之，咽去汁，二七日，百病皆愈。二十日，身浮死肌脱，此是藥力。夜行如晝，行如飛龍，時寒則熱，時熱則寒，百日腸中堅厚，皮膚血脉盛强，骨節耳目聰明。三百日漸可加至吞如黍粟，三丸爲常。此方神祕，不妄傳洩。雖曰小丹，絶勝餘石及諸上草木也。大丹未成，必須先以此藥豫填骨髓，自支持也。若以此鍊入大丹者，則宜煮滿百日，不得如膠爲度也。

雄黄鍊入長生藥法

凡漬訖出之，皆暴乾，皆抽研作用，取赤光映徹者，細末，新瓦瓶中，漬之以酒，密塞口，重湯煮百日，以酒著釜中，煮瓶最佳。此入長生，合丹藥用也。直以好春酒一升，納瓷缸中，以白袋盛雄黄十兩，納酒缸漬之，十日一易，百日止。

雄黄鍊入變化銅鐵

取好雞冠色者，於銅器中，以好淳醋，煮之百日，試以伏火無烟，成，名曰伏火。可變化立成。

雄黄油煮重鍊去處法

取好雞冠上色者，打擇精，去石脉，碎之如小碁子許大，油鐺中煮之。皆須先以酒鍊日足，然入油煮之，滿九日夜，無懈，謹伺候緩急，可即脂焰必發，緩即毒氣不消。以瓦器蓋鐺，恒令湯手爲候。日數滿足極熱，傾油用意瀝，當使油並盡，冷即凝住不下，必須極熱傾之，瀝盡正鐺以均率，取以絹袋，可容二斤，五袋十斤，各長九寸。又作土竈，高可一尺，其口八寸，向上。竈上四面各竪一墼，狀如土甑，於上著沙，沙上布其藥袋，使袋隙間相去一寸，填沙布滿。上亦一寸，下著柴火，可限七束，看袋有脂，沙吸自然漸盡矣。

還伏雄黄法

取上砂蒸鍊訖，雄黄以新瓦器盛之，瓦瓶以甘土泥裹之，厚半寸，炙令乾。且以净物蓋口，權置一處，先以黄泥揑作一形，如瓶缸是狀。此泥形口厚如側掌，高若竪拳，填以白沙，捺使滿實，統爐使乾。然以瓶口倒覆形上，瓶口塞以亂髮，沙上鋪紙一重，以小鐵釘横口礙髮，務欲油氣下洩，藥不亂墜也。安置瓶訖，伺乾，以馬糞實捺了，從上放火，火從上熱向下燒，瓶油氣滴沙被，逐俱盡。經一日夜，待冷，取之。承熱以鉗夾瓶使正，摘其瓶口，穿一孔子，藥在瓶中，狀如濁水，鑄之作器，任所方圓，此謂無烟，辟邪之物。瀉若不盡，打破收之，油去藥存，毒氣絶矣。直爾服之，即得者當擣篩入飛，取三轉雪，蒸之三日，以白蜜丸之，然服如彈丸。日三服，稍減之，去三蟲，長生。以鍊松脂和之，亦佳。此可多作而服也。

鍊松脂法

若桑灰，若石灰汁，煮之多遍，復以水煮之，令苦盡止。

鍊雌黄法

臣按：鍊雌黄法，與雄黄不殊。然據《本草》云：主療則與雄黄有異，若合大丹，特須此味，故[列]如左。

雌黄味甘辛而平，有毒，療惡瘡、頭秃、癣疥，殺毒蟲虱，身痒，邪氣諸毒，食鼻中息肉，下部䘌瘡，身面白駁散，皮膚死肌，及恍惚邪氣，煞蜂蛇毒。鍊之服輕身，增年不老，令人腦滿。

雌黄出處

雌黄與雄黄同山，俱生武都山谷，其陰也。山有金，金精薰則生雌黄。採無時。出於武都仇池，黄也，其色小赤。若出扶南林邑者，謂爲真崑崙，黄也，色如金，而似雲母錯，而爲畫家所重。但丹家合化，多共雄黄同飛，既有雌雄之名，即是陰陽之義。復與雄黄同山用者，必宜以武都爲上也。擘破中有白堅文者，最佳也。

又 卷一五　明諸石藥之精靈

明石流黄功力

臣按：石流黄能化金銀銅鐵器物，仙經頗用之。燒有紫烟，而黄白以爲切物，故車法中之所要也。伏水銀者，乃號此藥爲黄礦沙也。得硝石能化爲水。此法出於三十六水中經也。又取石流黄擣末，納竹筒中，削其表令薄。埋馬糞中，二十日化爲水。以此水漬丹，謂之流黄液也。

作法取上上光明砂，酒漬鍊訖，末之，以流黄液於銅器中漬丹，微火煎之，重湯煮之，最佳。七八日色變，十日如泥，丸如梧桐子，日服三丸，漸漸加至四十丸。久而輕舉，亦可昇仙。此乃流黄之功力也。

石流黄主療

臣按：石流黄味酸而温，有毒，主治婦人陰蝕，疽痔惡血，堅筋頭秃，心腹積

聚，邪氣冷癖，并欬逆上氣，脚冷疼弱無力，及鼻衄惡瘡，下部䘌瘡，療瘡止血，煞疥蟲。俗方用之，偏療脚弱及痼冷，惟良。

臣又按：石流丹者，石之赤精，蓋石流黄之類也，非石流黄也。皆浸溢於崖岸之間，其濡濕者，可丸服，其已堅者，散服。此一色石，是百二十種石芝之數，雖有其名記，不睹其目，亦仙藥之上也。五嶽有，而箕山爲多。其方言，許由就服之而長生，故不復以富貴累意。不受堯禪。

石流黄出處

臣按：石流黄生於東海牧陽山谷中，及泰山，及河西山。礬石液也。東海屬徐州，而箕山亦有。今第一出扶南林邑，如鷄子初出殼，名崑崙黄，色深而佳也。此色尤爲俗方療脚弱痼冷所要。若以入大丹，此林邑者必不及徐州及箕山者。且南方無礬石，不知何以稱爲礬石液也。

鍊石流黄入長生藥法

臣按：九霄君作九轉鉛丹，鍊石流黄入長生藥法，四味大藥，雖各别鍊，皆同用酒湯上煎之。其法朱砂、雄黄、雌黄、流黄四味之藥，皆令作末，各一銅器，好酒沃之，即於浮湯上煎之。率酒五升，可漬五兩，恒使浥浥，勿使頓添之，方可入用，此入長生之藥。又方：碎如大豆，並醋納竹筒中，三日夜煮之，欲休半日，加水也。此入變化，用之不如酒煮也。

明曾青入長生藥油致功力

臣按：曾青亦仙藥方上品也，久服令人輕身不老。化銅鐵鉛作金也。

曾青主療

臣按：曾青味酸，小寒，無毒，主療目痛，止淚出，風痺，利關節九竅，破癥堅積聚，養肝膽，除寒熱，煞白蟲，療頭風腦寒，止煩滿，補不足陰氣。

明曾青出處

臣按：曾青出蜀山谷，及越巂，採無時。畏蟲絲，主療與空青亦相似。今同官，便無曾青。惟出始興，今出蔚州、鄂州也。然蔚州者，勝於鄂州也，餘州皆惡。其形如蚯蚓糞，又如黄連者，佳。滑者好。色理小勝空青。難得而貴。仙經用之亦要，而陶隱居乃言少也。化金之法，事同空青也。

鍊曾青法

臣按：曾青以好酒漬之，置銅器中，以紙蓋鎮，於日中暴。若夏日，待七日亦得，唯多日益有力矣。若無日，以火暖之，調暴乾訖。以瓷器玉槌研之，令極碎。釅醋拌使，乾濕得所任用。又以絹厚密者爲袋。盛曾青，置瓷缸中，率曾青十兩，用醋一升，懸其藥袋於醋缸中，十日一易，醋盡，一百日用醋一斗，而止也。其懸絹袋不得到底。又法：曾青與金精鍊一種，皆以瓷器，各别漬之，擣藥爲末，以三轉左味漬之，二百日出，暴乾，以瓷盆玉槌研之極甚。

又法：鍊法與石流黄同，碎如大豆，並醋納竹筒中，水煮三日三夜，欲休半日，又添火煮之。此法非不知之，但是迫急小道，不足據也。

又法：碎之爲末，三轉左味煮之，一斤曾青，微火盡醋五斗，止。暴乾研訖，堪入藥用矣。

鍊磁石法

亦同曾青，此是九霄君九轉鉛丹法，雖有典據，亦不如狐子上件鍊金精曾青之上法也。

明空青功力

臣按：空青久服輕身，延年不老，老人不忘，志高神仙。又以合丹，成則化鉛爲金矣。神農云：化銅鐵鉛作金也。其主療亦同曾青相似，大同小異，今録如左。

空青主療

臣按：空青味甘酸，大寒，無毒，主療青盲耳聾，明目，利九竅，通血脉，養神，益肝氣，療目赤痛膚瞖，止淚出，利水道，下乳汁，通關節，破堅積矣。

空青出處

臣按：空青生益州山谷，及越巂，今出同官者色最鮮深，出始興者不如益州也。涼州西平有空青山亦甚多，但並圓實如鐵珠，無空腹者，皆並鑿於土石中取之，採無時。今聖德多感，物無不至。故蔚州、簡州、宣州、梓州皆出。然宣州者最上。其蔚州者無孔，塊大色深也。

鍊空青入長生藥法

臣按：空青擣爲末，同曾青法，以酒漬滿一百日，訖出暴，更擣以醋拌，暴十遍止。大都消息，與曾青同也。若鍊絳礬者，直爾同其空青一遍，持暴之法則不煩，以酒漬之也。

鍊石碌法

臣按：今合大丹，不須此物。但以太一神精小丹方云：若無曾青，以崑崙石碌，研沙取用。又按《本草》：石碌出空青中，相帶而生。本法謂之碌青，其味

酸寒，無毒，主益氣，治肝鼻，止洩利，生山陰空中，色青白。此則用畫緑色，畫工呼爲碧青，而唤空青爲緑青矣。欲替曾青而入用者，當水飛。取精粹十兩，可得三兩。然以其精鍊之，同空青法。此於小丹則可，若入大丹，必不得代以他物也。

又 卷一六 明鍊諸石由致皆有長生之用

明磁石功力

臣按：磁石入五石之數，太陰之精，其味辛鹹寒，無毒，煞鐵毒，爲朱砂水銀之所畏惡，仙丹方黄白多用之。

磁石主療

臣按：磁石主治風痺風濕，百節中痛，不可持物，洗之酸疼，除大熱煩滿，及耳聾，養腎藏，强胃氣，益精，除煩，通關節，消癰疽鼠瘻，項强喉痛，小兒驚癇，鍊水飲之，人有子。一名玄石，一名處石，柴胡爲之使，惡牡丹、莽草，畏黄石脂也。

磁石出處

臣按：磁石生泰山川谷中，及磁山山陰有鐵者，則生其陽。採無時。其好者能懸吸針，虚連三四爲佳，今最生相州也。

鍊磁石入長生藥法

磁石一斤，入長生用，擣爲末，以左味煮之，微火盡五升止，出暴，餘不堪用。方鍊法

宜與曾青者，即盡五升醋也。非關須漬之。一法云：以磁石作麤末，以苦酒煮之，三日夜可用。

明礜石功力

臣按：礬石少陰之精，入五石之數，鍊而服之。令人不老不死。丹經及黄白，皆多用此善能。柔金生礜石内水中，水不冰。一名青介石，一名立制石，一名固羊石，一名白礜石，一名太白石，一名澤乳，一名石鹽。

礜石主療

臣按：礜石味辛甘，大熱，有毒，主療寒熱，鼠瘻蝕瘡，死肌，風脾，腹中堅，邪氣，除熱，明目，下氣，除膈中熱，止消渴，益肝氣，破積聚，酒癎，冷腹痛，去鼻中息肉，久服令人筋攣，得火良，畏水，惡毒公，細辛、虎掌爲之使。

礬石出處

臣按：礜石生漢中山谷，及少室，採無時。蜀漢亦有。而好者出南野，及彭城界中，洛陽南垣。鑿其少室，生礬石最熱。若用者似黄泥色，厚半寸，炭火燒之一日夜，解破，可用療冷結，不堪入大丹也。丹家所用，謂此白礜石，非特生礜石也。

礜石鍊入長生藥法

臣按：礜石有毒，復大熱得火良。故《本草》云：須火鍊百日，生服刀圭，煞人及百獸。若化爲水，偏有伏水銀之功。鍊法取好者，細末，紙裹爲顆，然以作瓦家黄土泥，泥厚半寸，作筒爐，壘以炭火，火之二七日，中入藥用，藥用滿百日，彌佳，堪入黄白。

一法：以猪脂煮七日夜，出暴乾，擣爲末，以苦酒溲之，作團，猛火鼓之，得銅。然後擣爲末。和凝水銀末，依方使用。

九霄君九轉鉛丹鍊礜石法

擣爲末，牛糞汁和團，入爐火之，一日夜出。置臼中更擣研之，即得入用。

臣以諸方上者，皆不如百日也。若能先猪脂煮滿七日，然更筒爐，燒滿百日，此最上法也。

明礬石功力

臣按：礬石亦八石之上藥也。神農云：鍊餌服之，輕身不老增年。岐伯云：久服傷人骨，能使鐵爲銅者，絶白。蜀人乃以當硝石。其黄理者，名雞矢礬。投苦酒中，塗鐵皆作銅色，不能變肉理。仙經單餌之丹方，亦用。俗中合藥，皆先火燒令沸燥也。一名羽涅，一名羽澤。

礬石主療

臣按：礬石主治寒熱洩痢，白禿陰蝕，惡瘡目痛，堅骨齒，除固熱在骨髓，去鼻中息肉，其味酸寒，無毒，甘草爲之使，惡牡蠣。

礬石出處

臣按：礬石生隴西山谷，及隴西武都石門。採無時。亦出益州北部，亦從河西來。色青霜，名馬齒礬。今出茂州，乃益州管内者也。

礬石鍊之入長生藥用法

取吴白礬石，用新桑合盤一具，細末礬石，著盤中，密蓋勿洩。浄一室，水灑地，著盤地上，一日夜，其石精飛上蓋上，掃取更如前法。合滿三遍，飛成之矣。此入長生用，仍先熬汁盡。

一法醋拌暴，同絳礬十遍止。此不及前方也。先擣鍊之，沸定汁盡，若水

法。上礬石三斤，擣末之，以新桑盤一面，經宿燒地了，以苦酒灑地。布礬末，可盤不合之著地，四面以白灰擁之，待地熱氣盡，去四邊灰，開盤取著上者，出之，羽掃取精，此亦收礬石之上法也。若欲作水，即以此精，納三年苦酒中，一斤料一斗酒漬之，其精號曰礬華也。若急用，漬之七日，亦可也。若不急者，百日彌佳。作法斤兩及苦酒之數如前，臨時多少任人。

明朴硝功力

臣按：朴硝是八石之數也，能化十二種石，百日鍊餌，服之輕身神仙。鍊之白如銀，能寒能熱，能滑能澀，能辛能苦，能鹹能酸，入地千歲不變。人擇取白軟者，以當硝石也。《本草經》云：能化十二種石。故用之者，燒之汁沸出，狀如礬石也。仙經惟三硝石能化他石，不言朴硝，今此又云化石。故隱居云：必爾可試之取驗。言燒之汁出者，皆須令沸定汁盡，與燒礬石法同。

朴硝主療

臣按：朴硝味苦辛，大寒，無毒，主治百病，除寒熱邪氣，六腑積聚結固，留癖胃中，食飲熱結，破流血閉絶，停痰痞滿，推陳致新，畏句麥、薑。

朴硝出處

臣按：朴硝生益州，及益州北部，故文郡西川，蠶凌二縣界，生於崖上。色多青白赤雜黑斑，言擇白軟者，以當硝石，即此物也。鍊之色白如銀，青白者佳，黄者傷人，赤者殺人。一名硝石朴。

鍊朴硝入長生藥法

以朴硝三兩，納瓷器中，以水二升煎之，可一合在，即停下之成。若作朴硝漿者，以好朴硝一斤，無急以芒硝代。以水二斗，煎減五升，出寒一宿，當微凝以出之。以三年苦酒一斗，煮三沸，密器貯之，泥頭，二七日開，看上作稜厚二分。以此朴硝漿之精，覆太一招魂丹，凝水銀之上，以鍊精入長生用，必勝於不鍊者也。

明芒硝功力

臣按：芒硝者，鍊朴硝作之。故《神農本經》無芒硝，正有硝石，芒硝耳。然有變化之能。故彭君曰：其硝石、戎鹽、石膽、芒硝真者，雖有陰陽正質作者，變化功效乃神。若有求仙，不得此道，徒損萬金，終無一二。就明是仙家之功味也。其主療與硝石正同，疑此即是硝石。故《神農本草》無別芒硝也。其正質者，舊出寧州，白，粒大，味極辛苦。若醫家煮鍊作者，色絶白而粒細，而味不甚烈也。依此生於朴硝，而作者亦好也。又按春酵華池法：取七轉春酵，三石色正黑者，中用五山脂三斗，所謂五色山脂一解，即云吴黄礬是也，非别五種之物也，芒硝、朴硝各五斤。今按二硝，即有各字，五脂惟云三斗，蓋明五山脂是一物也。華池方云：各異擣，納春酵中，封三七日成矣。諸有變鍊黄白，改易五金，皆用此華池。最祕萬金不傳。但芒硝是鍊朴硝所作，此方用其二物，成彼神化之力，其明芒硝之力，其功大也。

芒硝主療

臣按：芒硝味辛苦，大寒，主五臟積聚，人熱胃閉，除背氣碎留血，腹中痰實結聚，通經脉，利大小便，及月水五淋，推陳致新。石葦爲之使，畏麥句、薑。若以芒硝煮成硝石，煮療熱腹中飽脹，養胃消穀，去邪氣，亦得水而消，其主療與真硝石同，鍊法在硝石法中已具。

芒硝出處

臣按：芒硝生於朴硝，生益州山谷。硝石，又云與朴硝同山，明三物功力及出處略同也。又朴硝，硝石朴也。雖非一物，大同小異。朏朏如握鹽雪，不冰强，又燒之紫青烟焰起，仍成灰，不沸無汁者，是硝石也。若沸而有汁者，即是朴硝也。若重據色理，則不可造次而分辨也。生山之陰地，有鹽鹹苦之水，則朴硝生其陽也。出寧州者，云是正質也。

鍊芒硝法

臣按：芒硝雖有陰陽正質，其變化功效造者乃神。既是朴硝而成者，已是經鍊之物，更不可以成鍊之物又鍊之也。今以朴硝鍊作芒硝法者，朴硝多少無在，擣篩麤研，以暖湯淋朴硝取汁，澄清，煮之多少，恒令減半。出置净木盆，以冷水漬盆，經宿即成，狀如白石英大小，皆有八楞。起作之，勿令污穢。特忌雜人臨視，即壞精氣，變化不成。惟换冷水漬木盆，成即疾也。不得使不冷，此變化諸水盡效也。

臣按：此是造八種硝石所須。又八種硝石之中，有石脾、硝石。擬化三十六水，石脾亦是造物，然猶不能獨成，必須得此鍊朴硝。云芒硝相助，方可成其變化諸水，盡效之功也。今人見芒硝方下，有此盡功效之語，乃謂芒即能成水，惑之甚矣。石脾一味，無人識者。不得此物，硝石水無成理。能造得之者，功用乃神。所以其方之用，此作硝石，無有不效驗，神道畢矣。其芒硝方又云，此變化作諸外水，盡效也。

造石脾消法

造石脾消，又須戎鹽。戎鹽方又變鍊，與真不異，共成硝石，以化諸水。雖並備於硝石法中，今因芒硝，重以注顯。

作石脾法

真白礬石一斤，戎鹽一斤，二物各别擣作末，取苦水二升，著鐺中，煮四五沸，即下二物，煎令半在。以物濾却滓，復煎令盡。即著鐺中沸起，成石脾，色白如雪。用此作硝石，無有不驗，神極畢矣。

作戎鹽法

用明净石鹽多少，無在鐵器中鎔，使沸，投著白礬石末中，復鎔鹵水中，復鎔投著乾鹽末中，鹽覆之，如是三鍊，成戎鹽也。變鍊與真無異。

五色神鹽

彭君曰：此鹽衆藥之主，若作此五色神鹽。以五帝精作之，即成五色神鹽也。

東野芒硝法

鹹精多少無在，以苦水著土釜中，煮鹹精十沸許，漉出澄清，納若骨草鹹汁中，漬經二日，即取若骨草汁著銅釜中，煎令汁盡，即凝白成芒硝。若欲令作楞起，勿使汁盡，盛瓮中冷，陰地著經三日有楞起，成作大壘也。謂芒硝。與真無異，亦能冷利人也。

訣曰：苦骨草者，苦參也。其苦入骨，故以爲目。其草極冷，又苦。芒硝味又辛苦，以之爲成，故言亦能冷利也。然可以入主療之用，不可以之變化也。或疑苦水是醋，所以必須。若欲變化者，非鍊朴硝，而成元正質者，不堪也。勝用真物也。作石脾硝石法，此中苦水，又不合是法，合藥偏宜冷水，醋既大熱，不合交叉也。

石脾硝法

石脾一斤，芒硝一斤，朴硝一斤。臣於硝石訣中，雖已備載此法，然於失下更録者，彼卷辯明真僞，并雜諸法，按而取一，或失指歸。今芒硝、戎鹽、石脾，俱是合成。彭君又言變化功效，不劣正質。又令求仙之人，須依此法。故硝石之法，即附於後。物各擣研作末，取苦水三斗，銅鐺中煎十沸，即下三物末，煎之半在，去滓澄清，煎之文園起，即瀉著瓷器中，以瓷器冷水中，漬經一日，即成硝石，如霜雪成，如凍稜。以水投之，立即爲水。復以火煎之，文園起，瀉瓷器中，還冷水漬之，即作硝石。如此三轉。鍊其方有徵。不得穢處作，勿使風日觸之。其脾者，陰陽結氣，五鹽之精，因礬而長，託石而生，峨嵋山多有之。俗人無一識者，用處少，人不覓，惟求道術士須用也。往以四方分隔，莫能得者，所以古人作代用，乃勝真物也。石脾者，陰陽之結氣也。苦水極冷，礬性又寒，二物同煎，因火結聚。五鹽之精者，因戎鹽堪作五色鹽，主者成也。因礬而長，託石而生，即白礬石。而成就者也。

又 卷一八 明鍾乳等石及諸銅鐵由致皆有長生之用

明鍊鐘乳功力

臣按：鐘乳雖非藥之上，乃是八石華池之所要味也。故陶隱居服之，亦延年益壽，好顔色不老也。

鐘乳主療

臣按：鐘乳味甘温，無毒，主療欬逆上氣，明目益精，安五臟，通百節，利九竅，下乳汁，益氣補虚損，療脚弱疼冷，下宜傷竭，强陽，令人有子。不鍊食之令人淋。蛇床爲使，惡牡丹、玄石、杜榮，畏紫石、蘘草。

鐘乳出處

臣按：鐘乳生少室山谷，及太山。採無時。一名孔乳，一名盧石，一名夏石，生少室，猶連嵩高山也。出始興，而江陵及東境名山石洞，亦皆有。惟通中輕薄如鵝管，碎之如爪甲，中無有雁齒，光明者爲善。長挺乃有一尺二尺者，色黄者，以苦酒洗刷則白。仙經用之少。俗方所重，亦甚貴也。

鐘乳鍊入長生華池法

取鐘乳，無問多少厚薄，但令水洗已光明者，即得入鍊。惟黄赤二色，不堪入用。鍊時取鐘乳。安金銀器中。若無上件瓷器，亦得於大鐺中。令投煮之，恒令調如魚眼，即得水減即添。其乳薄者，用三日夜。若鴈翅及厚管者，七日夜。候乳色黄，其乳即熟。若疑生，即須十日夜沸之，其沸乳之水，一鐺盡黄也。其濁水皆須棄之脱爾。誤飲此水，便穿人咽喉令人頭痛。多服即痢，食猪肉可止。棄此黄水，竟不安。清水復納乳於鐺中，煎之半日許，看其水色清不變，即止。作鍊不精而服者，令發背瘡，是以必須精鍊也。

鍊訖研法

取乳安瓷鉢中，用玉鎚研之令碎，著少許水研之，水盡更添，恒令水如稀粕狀，其研乳細者皆浮在上，麤者下沉，繞鎚研之雖易碎，要須滿五六日，以

晝繼夜。如此細研，如人乳汁。可滿十日，其乳色放白光，非常可愛。試取少許，自塗臂上，泯泯如白魚脂在紙上，而有白光，水洗不落爲候也。如此之乳，方可堪服。熟以澄取，暴乾更好，熟研，乃可入丸散，任所别用。又法：欲用好乳，絹篩，以清酒漬之，一日夜，去上浮者，即取沉者，暴乾，方研之鍊之，法如法。其鍊乳研鍊訖，細末之如粉，置三石米下，蒸之佳。又法：其鐘乳研鍊訖，以金銀盆盛之，率乳一斤，用硝石二兩，和之，密蓋勿洩氣，蒸之。

紫石英

臣按：紫石英者，是石之精末，服之長生，常含之不飢渴也。紫石英者，八石華法之要味也，久服輕身延年，味甘辛温，無毒。生太山山谷。採無時。所以太山之石，其色黑明徹。其下有根，故謂之最上也。餘有綿石，色亦黑而不明徹。又有材邑石，腹裏别有一物如眼。吴興石，四邊有紫色，而無光澤。會稽石，形色如石榴子。此四色石，先並醫人雜用。今若精採擇，總不如太山有根者爲上。可入華池用也。

代赭石

臣按：代赭特是丹方之要，並與戎鹽、鹵鹹，皆欲急須。故黄帝之丹，亦所切要味也。而好者紅赤色，如雞冠，有澤，染爪甲不偷者良。俗出齊國山谷，採無時。一名須丸，出姑幕者，名須丸。出代郡者，名代赭。此爲俗用，乃疏。其味苦甘寒，無毒。

鹵鹹

臣按：鹵鹹、戎鹽，最爲丹家之用也。亦是黄帝九鼎丹中要味。其味苦鹹寒，無毒。生河東鹽池。一云是煎鹽釜下凝滓，又云是河東大鹽，形如結冰，圓强。又黑鹽疑是鹵鹹，柔鹽疑是戎鹽。又云有赤鹽，駮鼻鹽，馬齒鹽。四種並不入食，馬齒鹽即大鹽也。

戎鹽

臣按：戎鹽，虜中甚有，從凉州來茜（疑此草下下著丙）。茜河南使，及胡客從燉煌來，亦得將來。其形作塊片，或如雞鴨卵，或如凌片，其色紫白，味不堪鹹，口嘗氣息，正如段雞子者，言是真也。又河南鹽池泥中，自有凝鹽，如石片，打破皆方，青色，善療馬脊瘡，又疑此是也。大都既目之爲戎，可取胡將來者爲上。

右紫石代赭鹵鹹、戎鹽，並是無毒之物，而爲丹家所用。至如鹵鹹火鍊，已具泥法，自餘不鍊，用亦無憂矣。

鉛丹

臣按：鉛丹者生於鉛，即合熬鉛，所作黄丹盡用者。俗者亦希用，唯仙經丹釜所須，調化還成九光者，當爲九光丹。以此作釜，無别變鍊。一名鉛華。其味辛微寒，久服通神也。

胡粉

臣按：胡粉者，乃真人九轉鉛丹之首物也。又黄帝九鼎神丹釜法，先明此物，合玄黄花爲泥矣。非不至要。然《本草》乃云：粉錫一名解粉。仍釋云：此是金化鉛，所作胡粉也。其味辛寒，無毒，有金色者，彌良也。

殺鉛毒法

一轉至九，皆一也。用好春華池一斗，赤鹽一兩，朱砂一兩，攪溲相得，其鉛精熟炒，使赤，瀉著春華池藥中，如此九瀉，其毒皆盡。一斗春華池，二兩赤鹽未可殺一斤鉛精，令毒盡也。

去銅惡物法

先打爲葉，温膠汁如薄餳，越竈中燒使赤，封鹽厚三分，即納越竈中燒赤，徹出之，打洗更納，如是二十遍。若百度過，即惡物俱盡矣，其銅漸柔而浄也。

去鍮石及鐵惡物法

又去鍮、鐵二物惡穢，亦與銅法不殊。鍮、銅欲打爲葉，先須預小鍊三遍，其體益浄，其水必須浄，而且暖，不得全投，恐致散失。所爲鍱者，闊一寸，長六七寸，厚可二分。燒訖，冷拍膠鹽使盡，若熱即折，不終百遍之功，燒十兩穢銅，可得五兩以下浄體。鍮亦准此作。

鍊石鹽

石鹽十斤，浄淘，以沸湯煮之，令消出，停經一宿，澄之取清，煎之水欲盡，漉之，置木器中，瀝却水，暴乾，勿令塵土污之。作之者，石鹽上好者，擣爲末三斗，浄簸入水中，急淘出之，緩淘即消耗矣。又以水纔可淹著，只候消盡出之，停一宿，澄之取清，淀在下矣。以清煎之水，欲盡漉取鹽花，置木器中，側其水器，瀝却水，暴乾即好。

鍊白蠟法

取好崑崙白蠟，甘土鍋消，投醋中，三百遍成。和合煮藥，服立斷穀，亦可作

長生骨體，鍊銅等用同。

服白蠟法

茯苓三斤，胡麻二升，人參三兩，硫黄三兩。凡四物，各擣合蜜丸。後食口嚼白蠟如棗大，乃加此藥，如黍咀嚼，須臾成水，乃咽之。日中三過。三十日，内外通和，肌色悦澤。百日爲之怪、一年伏尸自去，病皆愈，還爲少童也。

鍊錫法

亦同上鍊白蠟法同，功力略同也。一鍊錫法，每消著鹽末一把，以濕柳攪使烟盡，傾著酢中，遍數如前，若直取浄者，傾著濕地，若浄十遍得浄，仍須著鹽和之。

鍊茯苓法

取好茯苓白細膩者，以桑灰汁煮之，即散投冷水中，即凝堅，用之佳。

鍊土法

取好黄土如脂蠟者，暴乾擣篩，水淘如甘飲狀，攪數百遍，停一宿，去上清水，接取細泥，暴乾。其下麤者，更擣淘如前。破之如梅李大，猛火燒之三日，通赤如丹。畢寒之，更擣絹篩，三斤加一斤黄丹，即是泥。又法：取黄土一斤，堅實細理者，擣絹篩，沸湯煮之三日。此泥擬黄帝九鼎丹中第一之丹流珠丹用。

辟神蟲臭法

收得五月雨水，著在瓮中，未及得用時復温熱，必有蟲出臭。宜預辟之者，取浄黄軟土三二斗，投瓮中，即辟也。蓋頭，勿使有客塵入也。

取葱涕法

擣葱，以疏布盛之，壓取汁，名曰涕也。

鍊棗膏法

大乾棗三斗，以水六斗，煮之令棗爛。又納三斗水，更煮沸，合取用九斗水，絞去滓，澄浄之，令得三斗。乃納羖羊髓六升，投汁中微更煎。如飴乃止。無羖羊，羯羊髓亦得。分等，以爲棗膏。如此膏可長服，令人填滿，有美色。羖羊者，雄羊也。此出金液棗膏和丹用法。

又　卷一九　明鍊銅鐵鍮石等毒入用和合事防辟法

臣按：銅鐵鍮石，皆有大毒。毒若不盡，假令丹變化成物，必不堪服食也。故上聖殺丹毒法，今列如後。

殺丹陽銅毒法

依上卷，用鹽膠百遍，炮銅令浄。訖鑢此銅精爲屑，用硝石水一斗，煮令盡。又用青礬石水一斗，煮令盡。又用戎鹽水一斗，煮令盡。又用真穌一斗，胡椒末，更煮之令盡。又用赤黍米一石，布裹屑，和胡椒末調均，甘蔗水汁合，蒸之三日夜出取，其毒皆盡。如此用藥，得殺十斤丹陽銅，然以銅入粉，及變化用。

殺鍮石毒法

取真波斯馬舌色上鍮，依此上卷，以鹽膠百鍊石令浄。訖鑢之爲屑，其用煮蒸方法，一與丹陽銅殺法無異也。

殺鐵鏵精毒法

亦依上卷，鹽膠浄訖，必加百遍，惡氣方盡。鑢此鐵精十斤，都並爲屑，用左味煮之三日夜。又用雌黄水三斗，煮之令盡。復用戎鹽，必作戎鹽水也，水煮之一日夜。又用磁石水，鐵鏵一斤，著浄鐺中，布令平均，上加末鹽。堅抑之，鐺下猛火一日，冷却鹽取華精。又用磁石水，煮一日夜，其毒皆盡矣。以此無毒鐵精，方可入粉，及變化等用。三十六水經中有鹽水法、戎鹽水法，故知鐵用鹽水，銅用戎鹽水也。

佚名《太清金液神丹經》卷中

取雄黄、雌黄精法

雄黄、雌黄各一斤，細擣治萬杵，一篩得所，用六一泥固土釜，以著其中，上下合之。即取新燒瓦屑，合并和泥釜固濟，無令泄氣。曝令燥坼，又泥之。次以葦薪火，三日三夕燒釜底及左右也。或精華上著如霜雪，即成矣。若筩大，亦可作取釜蓋上精霜雪者用之。

作霜雪法

取曾青、礬石、石硫黄、戎鹽、凝水石、代赭、水銀，分等七物，合治萬杵，不須篩也。以醇醯和之，令浥浥剛淖自適。即置土釜中，封泥皆如泥神丹土釜法。又以代赭，白瓦屑塗固濟，不可令泄也，事事如封前者無異。以葦火坎其下及左右，四日四夜少猛之，神華霜雪上著，以三歲雄鷄羽掃之，名曰霜雪。可加丹砂雄雌黄三種，並與前分等合爲十種也，名曰金華凝霜雪，如此還丹之道畢矣。還丹不先祭作不成，當齋三日，以清酒五斗，白脯一十斤，祠竈神矣。銅筩用蘆葦者，是天馬極當用葦耳。要宜須馬通火也，葦火自難將視。至於燒雄雌黄之精，及燒霜雪，自宜用葦火，不與銅筩火同也。金華凝精霜止可服，使人不死耳。非是霜雪，不中納著銅筩中用也。霜雪所用曾青、戎鹽、凝水石皆貴藥，不可用交代，非真則藥不成也。太清金液神丹，凡五百七十六字，句凡七字。金液凡五百四字，還

丹凡六十三字。

鄭君曰：夫仙人飛沈靈驗難論，實非凡庸可得闚闇。自丹經神化者，著在實驗，是故天尊貴人隱祕此道。

夫真諦二事不相離，愚人不反迷，故見示之高遠。然達者亦奚不以方寸知之，故見祕其文，爲不達者耳，其智豈論耶經。非有求仙之志，固不授也。是以太真夫人猶語馬君云：與安期相隨少久，其術可得而傳。如淺希近求，則房户閉堅，真人尚寶惜如此，豈是下流所宜豫哉。

佚名《九轉流珠神仙九丹經》卷上　真人曰：第四之丹名還丹，男子兄弟通九人。九人者，言藥凡有九物，以爲土釜，以爲苴也。取礜石、礬石、代赭、戎鹽、牡蠣、赤石脂、土龍屎、雲母、滑石，凡九物。皆燒之一日一夜，猛其火，皆擣治令如粉，和以醯，令如泥，以用苴塗土釜裏内外，各厚五分，令陰乾十日。即納水銀土釜中，以雄黄覆其上，次以曾青，次以礬石，次以硫黄，次以鹵鹹，次以太一禹餘糧，次以礜石，礜石獨在上。凡七物各異治之，令如粉。水銀一斤，獨在下，餘次第之，釜合上。即以六一泥和善醯，封塗其際，勿令洩，曝乾之十日。

即置鐵五柱上，令高九寸，以馬通或糠火熅，去土釜底五寸，微其火，九日九夜。復增火至金半，復九日九夜。常以濡布加覆釜上，令藥不飛亡。布乾輒復濡之。如治丹華法，凡九九八十一日，藥成皆飛上著，生五色，即以雞羽掃取之。【略】一刀圭粉，水銀一斤，火之立成黄金。當用龍膏和之，九日九夜，乃成真黄金矣。

又　卷下　雄黄方好者一斤，以黄土釜二枚，以雄黄納中，以一釜蓋之，以白狗毛爲泥，塗其會，令厚三分，亦可用赤石脂及牡礪若石堊灰爲泥，塗其會，無令洩，陰乾七日，若數十日爲佳。炊以葦薪，臨燒時視釜有細拆者，當更泥之。臨燒當作三頭泥雀，先以一雀著釜上，雀燥下去，復一枚，燥復下去。復上一枚，三雀盡燥，藥成下釜冷之，間其火，無使大猛，亦勿令羸，藥當上著釜，其色飄飄，或如霜雪白色，鍾乳相連。若燒之不熟，更與火如前法，亦當更泥釜如前。成者，以取三歲白雞羽左翼毛七枚，便掃下之，著銅器中。

若槃上訖已，取二百斤猪腸，熟洗之訖，以布拭腸令浄潔訖，以藥著中，緊結兩頭，著蒸箄中，以甑安上，以粟米一斛五斗若二斛，無者一石亦可，蒸之。若腸爛，復以一腸加其上，一宿許，復加一腸著其上，蒸之三日三夜，用腸三枚，藥成可丸。【略】

一方云：武都雄黄成，當如銀。若燥，以蜜和之。道士常齋戒。一云：勿以衣物履屨借人。

佚名《太清經天師口訣》

艮雪一名白雪，又作雄雪。云作之者，當以六一泥於大鐺中，四方累之如升形，陰乾，以艮雪置其下，銅板覆其上，以大醋少少灑其中，炭火燒之，則艮雪及銅板皆消，復鼓之爲板，懸華池上，餘如經說。

作雄雪，内飛器中，加以赤鹽盤封閉，火之如艮雪法。飛器者，赤土釜也。

胡冲子玉靈膏第五

計此膏功能，説不可盡，直略抄取藥訣。

次作玉靈膏法，用成錬茯苓細末二十四斤，百錬松脂細末二十四斤，食蜜二石四斗，玉粉十二斤。凡四物。先内食蜜銅鑊中，次内松脂，次内茯苓，次内玉粉，攪令相得和合，煎七日藥成。服法亦用初精散，丸之如小棗許，一服三丸，一日三服。

又　凝靈膏第九

作凝靈膏，用茯苓三十六斤，松脂二十四斤，松子中仁十二斤，柏子中仁十二斤。凡四物，錬治細末，用食蜜二石四斗，内大銅釜中，煎之一日，次第下諸藥，攪令相得，微火煎之七日止。

服之法，丸如小棗許，一服七丸，一日三服，若絶食頓服之，隨多少足飽爲度，即絶食身輕，變老爲少。

初精散第十

赤松子告雲陽子曰：吾本未仙之時，真華子告余曰：若求長生學仙之者，可先服初精散，次服凝靈膏。若先服此二藥，宜服上藥，身輕易學也。

次作初精散法，用茯苓三十六斤，松脂二十四斤，鍾乳一斤三斤，亦佳。凡三物，好錬之，並作粉，用食蜜三升，攪令相得，内甆甕中，固閉口，陰乾百日，出如粉。服之三方寸匕，日三服，服一劑，不同餘散，大好大好。若不先服此初精、凝靈二藥，徑服大藥者，遲得力也。

凡合大藥，必在山林静所，作大藥屋，四面懸劍，並作却鬼丸、却鬼符，安之懸之，始可合大藥，不爾者，鬼神噏藥精氣。必作符藥，却惡鬼神也。

作却鬼丸藥法：用朱砂　雄黄　雌黄　鼈甲　藜蘆　桃仁　烏頭　附子　大半夏　野葛石　硫黄　巴豆　生犀角　鬼臼　麝香　鬼箭　蜈蚣。凡十

七味，等分擣篩，用茵草汁和之，丸如雞子黃大。合仙藥之時，四面懸之，中燒一丸。

題太白山人《神仙養生秘術》

其一靈砂　靈少一料石七斤，水銀一斤，硫黃四兩。

先將硫黃化開，次下水銀，炒成砂子，住火了。或是湘陰瓶，或是西蜀嘉定瓶，或是沙瓶老酒瓶，甘泥固濟，三寸厚，陰乾，裝入瓶內。用鐵燈盞一箇，坐其口盞內，水長要不乾。用甘泥固濟口縫，留哨眼一箇，用鐵線一條，穿定燈盞瓶耳，入爐。用炭一百二十斤，早晨下火，至來日早晨住火，晌午出爐，打破瓶。取出要做心紅，研爲細末，若做靈砂，再有別法。

其二心紅　水銀一斤，硫黃四兩。

先將硫黃化開，次下水銀，或是湘陰、西蜀嘉定瓶，或是沙瓶老酒瓶，甘泥固濟，三寸厚，陰乾，裝入瓶內，用燈盞一箇，坐其口，盞内水長要不乾。甘泥固濟口縫，留哨眼一箇，用鐵線一條，穿定燈盞瓶耳，入爐，用炭一百二十斤，早晨下火，至來日早晨住火。午時出爐冷定，打破瓶取出，揀了核子，研爲細末，用水五桶，或是盆甕，一處再研之。伏時或是盆甕内坐起水定，上面是板紅，第二是二紅，底坐是心紅，用刀劃開，用花日頭曬，用銀紙包裹，隨更用紙包。

其三死汞　水銀一斤，黑錫一斤，山澤一斤。

黑錫打成盒子一箇，山澤打成盒子一箇。山澤盒子先裝水銀，封閉不透風。錫盒子盛銀盒子在內，入鐵鼎內，用赤石脂、生蜜固濟鼎口牢固，用鐵線上下縛定，入丹房静室處，用炭二百五十斤，戌時下火，來日卯時出，打開鼎，不見黑錫不見汞，山澤二斤任意使用，此是祕術。

其四點白　硇砂四兩，膽礬四兩，雄黃四兩，雌黃四兩，硝石四兩，枯礬四兩，山澤四兩，青鹽四兩，各自制度。

右爲細末如粉作匱，用樟柳根、鹽酒醋調和爲一升，用甘鍋一箇，裝雲南銅四兩，入爐，用風匣搧，又瓦蓋鎔開，下硇砂二錢攪匀，次下前藥二兩，山澤一兩，再搧混茸一處，住火，青如滑池內冷定，成至寶也，任意細軟使用。

其五拔毛　山澤一兩，白礬一兩，硇砂一兩，水銀一兩，白鐵一兩，膽礬一兩，硝石一兩。各自制度。

石斫爲細末，甘鍋一箇，用銅半斤，入炒煉三便如桃花色。甘鍋一箇，下銅二兩，於在爐內，炭火燒之，用風匣搧，一瓦蓋之下，山澤五錢，硇砂半錢，混茸再下前藥二錢半，住火，出爐，走滑池三便，再入甘鍋，消成至寶，任意使用。或作細軟，或作器盒，此是祕訣也。

其六縮賀　用白錫十斤，鑄成牌子，縮賀勝如法，人間世罕聞。闊一寸，長三寸，頭上留眼子一箇，用菉豆鐵條穿牌子，放在池內，不要着地，三七二十一日取出牌子，鐵鍋內化開，再鑄牌子。八十一日取出化開，再鑄成牌子。一百五十日取出化開，再鑄牌子。三百日取出化開，再鑄牌子。六百日伏火爲度，更着鐵鎚爲度，造成器盒。如要做細軟，再六百日成至寶，千年不變，此是祕術也。

其七作池　方圓二丈，七尺深，用磚砌合麻，搗石灰泥縫，池上蓋厠室，存大糞，可用五尺深，別無疑慮，經心修時，用錢馬獻供，不許人知，泄漏天機，非人勿示。

其八潑銅緑　用銅十斤鑄板，用銅鍋一口，淳醋一槍，硇砂一斤，與醋相和，用火燒煎，火常不離，用藥醋澆板。到二時辰住，刮去緑再澆。如板白剩三分，不用。將澄緑就便焙乾，任意使用也。

其九作線頭　用黃牛膝骨一箇，旋成珠子，如豌豆大，鑽眼子，用銀箔百十餘箇，金脚信一錢，用處磁内煞研細，口含膠水，旋旋的吐在碗內，研一遍，用清水淘一遍，七遍爲度。用線一條，一頭結榾柮，一箇穿珠子，用新筆一管，塗箔在珠子上。又用净綿花按定，如有毫光者爲度。如淡再度入口，不退色爲度。任從使用，非人勿示，不問大小，隨意做造，此是祕術。

聚八仙點阿

其一　桑花、槐花、梔子花、皂角花、白鶴花、蜜蒙花、款冬花、地棠花。

右八味各二兩，研爲細末，用蜜一斤，於銅鍋内化開，隔年葱白不拘多少，點蜜滴水不散，下藥一兩，姜黃半錢，住火攪匀，坐水盆内定，任意使用。

其二　松花、地丁花、皂角花、蜜蒙花、桃花、黃茨梅花、黃菊花、杏花各一兩。

右爲細末，用蜜一斤，於銅鍋內化開，用隔年葱白五七根，用手攪蜜，滴水不散，下藥一兩，姜黃半錢，住火攪匀，坐水盆内定，任意用之。

其三　金剛花、兔絲花、芙蓉花、夜合花、曼陀羅花、白芍藥花、木荆花、白樟柳根花。各一兩。

右爲細末，用蜜一斤，銅鍋内化開。用隔年葱攪蜜死，滴水不散，住火攪匀，下藥一兩，再攪匀，下姜黃末一錢，坐水盆内定。

其四　松花、曼陀羅花、蒼耳花、桑花、蜜蒙花、牡丹花、銀杏花、春花、杏花各一兩。

右爲細末，蜜一斤，銅鍋内化開，用隔年葱白汁點蜜死，滴水不散，下藥一兩，姜黄末一錢，住火攪匀，水盆内坐。

其五　金盞花、望江南花、摘金盞花、白葵花、皂角花、桑花、梔子花各一兩。

右爲細末，蜜一斤，銅鍋内化開，用隔年葱汁點蜜死，滴水不散，下藥一兩，姜黄一錢，住火攪匀，入水盆坐。

其六　黄菊花、曼陀羅花、蒼耳花、望江南花、白鶴花、松花、皂角花、桑花、苦參花、黄芫花、天仙子花、白牽牛花、甘菊花、蜜蒙花、款冬花、黄茨梅花、梔子花、珍珠花、地棠花、牡丹花、春花、白芍藥花、金靈子花各一兩。曬乾。

右爲細末，用蜜五斤，銅鍋内鎔開，用隔年葱五斤，取汁入蠟，内前藥一斤半，攪成一塊，丸如彈子大，重二錢半。蜜一斤，銅銚子内化開，下藥一丸，藥化盡去了甜味，滴水不散，坐入水盆内，如色淡加姜黄末一錢。

其七　青蒙花、皂角花、銀杏花、桑花、狗兒花、臘梅花、西瓜花。

右七味各一兩，蜜一斤銅鍋内化開，用隔年葱白，攪蜜死，滴水不散，下藥一兩，姜黄末一錢，住火，攪匀坐用。

其八　金錢玄胡、白玄胡、瓜蔞根、甘草、桑黄、卜固因各等分。

右爲細末，蜜一斤銅鍋内化開，用隔年葱白攪匀蜜死，滴水不散，下藥半兩，姜黄半錢，住火攪匀，坐用。

歌曰：金錢玄胡瓜蔞根，甘草桑黄卜固因。百花一斤藥半兩，此法益利勝燒金。

其九聖蠟法　菉豆粉十斤，梔子二斤，因粉鵝黄色蠟一斤。

右置銅鍋内化開，下粉一斤，松花一兩，有松花下一斤，無松花下半斤，住火，攪匀乾，盆内坐用。

其十　寒水石五斤，姜黄四兩。攪匀爲末，二味和爲一處。

右爲細末如粉，細蠟一斤，下藥半斤，住火，攪匀乾盆，坐用。

其十一　白膠香十斤，用茄桿灰五斤。

右淋水一桶，煮白膠香，共升炁息爲度。蠟一斤，銅鍋化開，下藥一斤，姜黄二錢，住火，攪匀乾，坐用。

其十二　陳葵子一斗，炒香熟去皮，研爲細末，十斤。姜黄末一兩，一處攪匀。蠟十斤。銅鍋内化開，二味和一處，住火，攪匀乾，盆坐。

其十三造白蠟法　烏桕油五斤。

右銅鍋内化開，住火，用綿濾過。蠟十斤，銅鍋化開，下入烏桕油一處，住火，攪匀，分作三塊。

其十四造黄蠟法　松花四兩，黄米粉二斤，梔子二兩。

右熬水同粉黄色曬乾，蠟一斤，銅鍋内化開，共藥一處攪匀，住火乾，盆坐用。

其十五　菉豆粉一斤，寒水石一斤，葵子末半斤，蛤粉一斤，姜黄末一兩半。

右五味研爲細末如粉。蠟五斤，銅鍋内化開，共下藥一處，住火攪匀乾，盆坐，分作三塊，住香下共藥一處，住火，攪匀乾，盆坐。

其十六　松花四兩，白礬四兩，寒水石四兩，蛤粉四兩。

右爲細末，蠟三斤，銅鍋内化開，下共藥一處，住火，攪匀乾，盆坐作二塊。

其一秤輕粉訣　水銀一斤，硫黄四兩。

先將硫黄於鐵銚内鎔開，次下水銀於硫黄内，一處炒成砂與。用蜜陀僧四兩，焰硝二兩，作麯子。春夏三日，秋冬七日，將前件砂子於麯子一處攪匀，用鐵大鏊一箇，攤砂子在上，用瓦盆一箇蓋鏊，用蜜調赤石脂固濟口縫，底下用木炭火文武燒之。早晨下火，午時住火。冷定揭起，藥在盆上，掃下用木匣子盛之，四兩一匱，任意使用。盆底是粉霜，上面是輕粉，此是奥妙祕術。

其二七寶温凉硫黄盞　用舶上硫黄一斤，分四處，一箇是四兩。硃砂、心紅、膽、輕粉、青黛、官粉、銅緑。

右每味各一兩，各自制度，研如粉。盞一箇，用藥三錢，水盞内坐，用處州磁盞一箇，用生絹手帕一箇，中心留眼，用茶托子一箇，或酒滿，上蓋之。日晚放上酒，來日早晨空心服，冬暖夏凉，治一切下元虚冷。

單硫黄盞。

治下元虚冷，同前七寶盞一般，用嗅硫黄一箇，不問大小，同前盞一般置造用度。

其三擦揩白如銀治銅法　膽礬、枯白礬、真燒銀、水銀、鹿角灰、硇砂各五錢。

先將白鐵於鍋内化開，次下水銀，就熱攪匀，研爲末，次將銀子化開，下硇砂朋砂，就熱研爲細末。枯白礬、膽礬、鹿角灰，研爲細末，總藥八味，一處再

研如粉。如要使用，先將皂角水洗銅器三遍，然後用葉揩之，用紙封裹，七日一遍，三遍爲度，此是妙祕或定也。非人勿示。

聖蠟燭法

白膠香四兩，硫黄四兩，槐角子四兩。

八月收，先將槐角子搗爛，將白膠香、硫黄一同鎔開，用竹筒長七寸，將藥灌之，一條可燃一月，神妙。

省油方：浮萍草、六月收。瓦松、六月收。遠志、黄丹、蛤粉各一兩。

右爲細末，每油一兩，用藥一錢，可點一月。

聖蠟燭法

槐角子二斤，八月收。白膠香一斤，硫黄四兩。

先將槐角子搗爛，用沙鍋化開白膠香，次入槐角一處熬爛。次下硫黄一處，用槐條攪勻，用竹筒長七寸，麤如大指，灌入筒内，陰乾，去其筒子不用，每一條可點六十日，妙。

治墨法

松煙十兩，阿膠四兩，藿香、甘松、姜汁、猪牙皂角。

四味用水熬少時，去滓沾清，十兩中化阿膠四兩膠用，金箔三箇，銀箔二箇，和煙一處攪勻，用杵搗一萬下，取出過成錠子。次入灰池内，春五日，夏三日，秋七日，冬十日，取出任意用。

死蜜法

先用白沙蜜一斤，用無油鐵鍋一箇，次下蜜在銚内，隔年葱十根攪。葱熟取出，再將新葱十根攪勻，文武火煅之。次用水一椀，將蜜滴水中不散，不沾牙，不沾手，此即成寶，脱胎换骨也。悟修合祕之後，同細藥取，顔色如黄金。

馬皮包去皮取裏面白的好。一兩半，桑花、皂角花、槐花、白天門冬、葱花、兔絲子、臘梅花、蜜蒙花、甘菊花各一兩半。

右爲細末，和勻一處，每一斤蜜，用藥一兩半，攪勻取出，傾在冷水成塊，此即是死蜜祕法，任意用之仙方。

百花膏

蜜蒙甘草瓜蔞根，玄胡桑黄白芨停。

百花一斤藥二兩，勝如燒金共燒銀。

右爲細末，用爲一處，銅銚内化開百花，將前藥倒在一處，攪勻，用生絹濾入水中，摶成塊，任意用。

妙靈丹

食栢葉百草，常飽不飢，避難絶食。

杜仲一斤，去麤皮，醋浸一宿，焙乾，炒搗羅爲細末。荆芥穗一斤，搗羅爲細末。白茯苓一斤，去皮。甘草一斤，去皮。薄苛半斤。

右爲細末，煉蜜爲丸，小指大，將栢葉水洗浄，和藥同入口内，細嚼食爲妙。

知命丹避難絶食濟饑

木香、白茯苓、赤石脂、乳香、水銀。

黑錫與水銀同結子，砂器另研細。

硃砂、雄黄、蜜陀僧，已上各一錢，黄蠟六錢，松脂三錢。

右九味都爲細末，將松脂黄蠟鎔開爲丸，可重一錢，如服藥時，飽喫糯米粥一頓，後用乳香湯下一丸，至五七日，又服一丸。服至二丸盡，用棗七箇，初一日都服七枚，每日或盡棗，永不饑已發，渴飲水。

呪水法

唵霹靂火公奉勅攝。

存太陽，取炁一口，吹在水中，飲水時呪之。絶食後心清意浄，内想不出，外想不入。昔日有傳方太醫嚴仲山，自癸巳年七月初三日，逃避唐州危難，無食至死，嶮矣。服藥全家絶食四十九日，得保身安康，復舊如初。

仙酒方

糯米用一二升亦可用度，好麯四兩，大麥蘖一兩半，酵子二兩。

右爲細末，用水五升煮粥取出。次入藥一處攪勻，復明酒香，其效如神，不誤修合。

乾酒方

肉桂一兩，黑附子一兩，好蜜一兩，川椒一兩，生姜二兩，杏仁二兩，去皮如泥。神麯一斤。

右爲細末，用粟米二升淘浄蒸熟，將藥末和飯一處攪勻，入瓶罐内，三宿取出，搗爛丸如雞頭大，入瓶内盛了，用紙封口，勿令透風。至七日取出，見風時一箇時辰，再入瓶内，依前封，不計年分。若要喫酒時，將熟水五升，藥一丸，放在水内，濕紙封口，不多時聞酒香，蓋用獻聖飲。

神仙餌生地黄延年法

生地黄不以多少，肥者陰乾爲細末，煉蜜爲丸，如梧桐子大。每服如湯酒下，三十九日，進三服，百日顔如桃花，至三年令人長生矣。

神仙餌蒺藜方

蒺藜一石，常以七八月熟收之，採來曝乾，先入臼舂去刺，然後爲細末。每服二匙，新水調下，日進三服，勿令斷絶，服之長生。服一年後，冬不寒，夏不熱。服之二年，老返少，頭白再黑，齒落重生。服至三年，身輕延年。

絶粮方

黑豆四升，妙去皮。火麻子四升，煮搗爲末。每服一合，水調下，日進三服。十日可斷穀，冬夏不令寒熱也。

神仙服槐子延年不老方

常以十月上巳日，取在新甆器内盛之，以盆合其上，密泥勿令走氣，三七日開取去皮，從月初日服一粒，以水下。日加一粒，直至月半，却減一粒爲度，終而復始。令人可依夜看書，久服此，氣力百倍。

辟穀住食方凡欲住食必先住心

秫米一斗，小油六兩炒冷。鹽末、川姜、小椒，各等分十兩。蔓菁子三升，乾大棗五升。

右六味爲細末，每服一大匙，新水調下，日進三服。如饑渴漸有力，如喫諸般果木茶湯自意，不可食肉，大忌也。

走死的馬，飲殺的驢，脹死的牛，紅眼的羊，自死的猪，有彈的鱉，懷胎的兔，無鱗的魚。自古有書云，皆不可食之。若食之者，生百疾也。

辟穀方

永寧二年二月十七日黄門侍郎劉景先表言，臣遇太白山隱士，得此方。臣聞京師米粮大貴，宜以此濟之，令人不饑，耳目聰明，顔色光澤。如有誑妄，臣一家甘受刑戮。

四季用黑豆五升，淨洗後蒸三遍，曬乾去皮，又用大火麻子三升，湯浸一宿，漉出曬乾，膠水拌曬，去皮淘淨，蒸三遍，碓搗。次下豆黄，共爲細末，用糯米粥，合和成圓，如拳大。入甑蒸，從夜至子，住火，至寅取出，於磁器内盛蓋，不令風乾。每服三塊，但飽爲度，不得食一切物。第一頓七日不饑，第二頓七七日不饑，第三頓三百日不饑，容貌佳勝，更不憔悴。渴即研火麻子漿飲，更滋潤臟腑。若要重喫物，用葵子三合杵碎，煎湯飲，開導胃脘，以待冲和無損。此方勒石漢陽軍别山太平興國寺。

晉·葛洪《抱朴子内篇》卷一一《仙藥》　抱朴子曰，神農四經曰，上藥令人身安命延，昇爲天神，遨遊上下，使役萬靈，體生毛羽，行厨立至。又曰，五芝及餌丹砂、玉札、曾青、雄黄、雌黄、雲母、太乙禹餘糧，各可單服之，皆令人飛行長生。又曰，中藥養性，下藥除病，能令毒蟲不加，猛獸不犯，惡氣不行，衆妖併辟。又孝經援神契曰，椒薑禦濕，菖蒲益聰，巨勝延年，威喜辟兵。皆上聖之至言，方術之實録也，明文炳然，而世人終於不信，可歎息者也。仙藥之上者丹砂，次則黄金，次則白銀，次則諸芝，次則五玉，次則雲母，次則明珠，次則雄黄，次則太乙禹餘糧，次則石中黄子，次則石桂，次則石英，次則石腦，次則石硫黄，次則石粘，次則曾青，次則松栢脂、茯苓、地黄、麥門冬、木巨勝、重樓、黄連、石韋、楮實、象柴，一名純盧是也。或名仙人杖，或云西王母杖，或名天精，或名却老，或名地骨，或名苟杞也。天門冬，或名地門冬，或名莚門冬，或名巔棘，或名淫羊食，或名管松，其生高地，根短而味甜，氣香者善。其生水側下地者，葉細似蕴而微黄，根長而味多苦，氣臭者下，亦可服食。然喜令人下氣，爲益又遲也。服之百日，皆丁壯倍駃於术及黄精也，入山便可蒸，若煮啖之，取足可以斷穀。若有力可餌之，亦可作散，並及絞其汁作酒，以服散尤佳。楚人呼天門冬爲百部，然自有百部草，其根俱有百許，相似如一也，而其苗小異也。真百部苗似拔揳，唯中以治欬及殺蝨耳，不中服食，不可誤也。如黄精一名白及，而實非中以作糊之白及也。按本草藥之與他草同名者甚多，唯精博者能分别之，不可不詳也。黄精一名兔竹，一名救窮，一名垂珠，服其花勝實，服其實勝其根，但花難多得。得其生花十斛，乾之纔可得五六斗耳，而服之日可三合，非大有役力者不能辨也。服黄精僅十年，乃可大得其益耳。俱以斷穀不及术，术餌令人肥健，可以負重涉險，但不及黄精甘美易食，凶年可以與老小休糧，人不能别之，謂爲米脯也。

五芝者，有石芝，有木芝，有草芝，有肉芝，有菌芝，各有百許種也。

石芝者，石象芝生於海隅名山，及島嶼之涯有積石者，其狀如肉象有頭尾四足者，良似生物也，附於大石，喜在高岫嶮峻之地，或却著仰綴也。赤者如珊瑚，白者如截肪，黑者如澤漆，青者如翠羽，黄者如紫金，而皆光明洞徹如堅冰也。

晦夜去之三百步，便望見其光矣。大者十餘斤，小者三四斤，非久齋至精，及佩老子入山靈寶五符，亦不能得見此草也。凡見諸芝，且先以開山却害符置其上，則不得復隱蔽化去矣。徐徐擇王相之日，設醮祭以酒脯，祈而取之，皆從日下禹步閉氣而往也。又若得石象芝，擣之三萬六千杵，服方寸匕，日三，盡一斤，則得千歲；十斤，則萬歲。亦可分人服也。又玉脂芝，生於有玉之山，常居懸危之處，玉膏流出，萬年已上，則凝而成芝，有似鳥獸之形，色無常采，率多似山玄水蒼玉也。亦鮮明如水精，得而末之，以無心草汁和之，須臾成水，服一升，得一千歲也。七明九光芝，皆石也，生臨水之高山石崖之間，狀如盤椀，不過徑尺以還，有莖帶連綴之，起三四寸，有七孔者，名七明，九孔者，名九光，光皆如星，百餘步內，夜皆望見其光，其光自別，可散不可合也。常以秋分伺之得之，擣服方寸匕，入口則翕然身熱，五味甘美，盡一斤則得千歲，令人身有光，所居暗地如月，可以夜視也。石蜜芝，生少室石户中，户中便有深谷，不可得過，以石投谷中，半日猶聞其聲也。去户外十餘丈有石柱，柱上有偃蓋石，高度徑可一丈許，望見蜜芝從石户上墮入偃蓋中，良久，輒[有一滴，有似雨後屋之餘漏，時時一落耳。然蜜芝墮不息，而偃]蓋亦終不溢也。户上刻石爲科斗字，曰得服石蜜芝一斗者壽萬歲。諸道士共思惟其處，不可得往，唯當以椀器著勁竹木端以承取之，然竟未有能爲之者。按此石户上刻題如此，前世必已有得之者也。石桂芝，生名山石穴中，似桂樹而實石也。高尺許，大如徑尺，光明而味辛，有枝條，擣服之一斤得千歲也。石中黃子，所在有之，沁水山爲尤多。其在大石中，則其石常潤濕不燥，打其石有數十重，乃得之。在大石中，赤黃溶溶，如鷄子之在其殼中也。即當飲之，不飲則堅凝成石，不復中服也。法正當及未堅時飲之，既凝則應末服也。破一石中，多者有一升，少者有數合，可頓服也。雖不得多，相繼服之，其計前所服，合成三升，壽則千歲。但欲多服，唯患難得耳。石腦芝，生滑石中，亦如石中黃子狀，但不皆有耳。打破大滑石千許，乃可得一枚。初破之，其在石中，五色光明而自動，服一升得千歲矣。石硫黃芝，五岳皆有，而箕山爲多。其方言許由就此服之而長生，故不復以富貴累意，不受堯禪也。石硫丹者，石之赤精，蓋石硫黃之類也。皆浸溢於崖岸之間，其濡濕者可丸服，其已堅者可散服，如此有百二十，皆石芝也，事在太乙玉策及昌宇一作字。內記，不可具稱也。

及夫木芝者，松栢脂淪入地千歲，化爲茯苓，茯苓萬歲，其上生小木，狀似蓮花，名曰木威喜芝。夜視有光，持之甚滑，燒之不然，帶之辟兵，以帶鷄而雜以他鷄十二頭共籠之，去之十二步，射十二箭，他鷄皆傷，帶威喜芝者終不傷也，從生門上採之，於六甲陰乾之，百日，末服方寸匕，日三，盡一枚，則三千歲也。千歲之栝木，其下根如坐人，長七寸，刻之有血，以其血塗足下，可以步行水上不没；以塗人鼻以入水，水爲之開，可以止住淵底也；以塗身則隱形，欲見則拭之。又可以治病，病在腹內，刮服一刀圭，其腫痛在外者，隨其所在刮一刀圭，即其腫痛所在以摩之，皆手下即愈，假令左足有疾，則刮塗人之左足也。又刮以雜巨勝爲燭，夜遍照地下，有金玉寶藏，則光變青而下垂，以鍤掘之可得也。末之，服盡十斤則千歲也。又松樹枝三千歲者，其皮中有聚脂，狀如龍形，名曰飛節芝，大者重十斤，末服之，盡十斤得五百歲也。又有樊桃芝，其木如昇龍，其花葉如丹羅，其實如翠鳥，高不過五尺，生於名山之陰，東流泉水之上，以立夏之候伺之，得而末服之，盡一株得五千歲也。參成芝，赤色有光，扣之枝葉，如金石之音，折而續之，即復如故。木渠芝，寄生大木上，如蓮花，九莖一叢，其味甘而辛。建木芝實生於都廣，其皮如纓蛇，其實如鸞鳥，此三芝得服之，白日昇天也。黃盧子、尋木華、玄液華，此三芝生於泰山、要鄉及奉高，有得而服之，皆令人壽千歲。黃蘗檀桓芝者，千歲黃蘗木下根，有如三斛器，去本株一二丈，以細根相連狀如縷，得末而服之，盡一枚則成地仙，不死也。此輩復百二十種，自有圖也。

草芝有獨搖芝，無風自動，其莖大如手指，赤如丹，素葉似莧，其根有大魁如斗，有細者如鷄子十二枚，周繞大根之四方，如十二辰也，相去丈許，皆有細根，如白髮以相連，生高山深谷之上，其所生左右無草。得其大魁末服之，盡則得千歲，服其細者一枚百歲，可以分他人也。懷其大根即隱形，欲見則左轉而出之。牛角芝，生虎壽山及吴坂上，狀似葱，特生如牛角，長三四尺，青色，末服方寸匕，日三，至百日，則得千歲矣。龍仙芝，狀似昇龍之相負也，以葉爲鱗，其根則如蟠龍，服一枚則得千歲矣。麻母芝，似麻而莖赤色，花紫色。紫珠芝，其花黃，其葉赤，其實如李而紫色，二十四枝輒相連，而垂如貫珠也。白符芝，高四五尺，似梅，常以大雪而花，季冬而實。朱草芝，九曲，曲有三葉，葉有三實也。五德芝，狀似樓殿，莖方，其葉五色各具而不雜，上如偃蓋，中常有甘露，紫氣起數尺矣。龍御芝，常以仲春對生，三節十二枝，下根如坐人。凡此草芝，又有百二十種，皆陰乾服之，則令人與天地相畢，或得千歲二千歲。

肉芝者，謂萬歲蟾蜍，頭上有角，頷下有丹書八字再重，以五月五日中時取之，陰乾百日，以其左足畫地，即爲流水，帶其左手於身，辟五兵，若敵人射己者，

弓弩矢皆反還自向也。千歲蝙蝠，色白如雪，集則倒懸，腦重故也。此二物得而陰乾末服之，令人壽四萬歲。千歲靈龜，五色具焉，其雄額上兩骨起似角，以羊血浴之，乃剔取其甲，火炙擣服方寸匕，日三，盡一具，壽千歲。行山中，見小人乘車馬，長七八寸者，肉芝也，捉取服之即仙矣。風生獸似貂，青色，大如狸，生於南海大林中，張綱取之，積薪數車以燒之，薪盡而此獸在灰中不然，其毛不焦，斫刺不入，打之如皮囊，以鐵鎚鍛其頭數千或作十。下乃死，死而張其口以向風，須臾便活而起走，以石上菖蒲塞其鼻即死。取其腦以和菊花服之，盡十斤，得五百歲也。又千歲鷰，其窠戶北向，其色多白而尾掘，取陰乾，末服一頭五百歲。凡此又百二十種，此皆肉芝也。

菌芝，或生深山之中，或生大木之下，或生泉之側，其狀或如宮室，或如車馬，或如龍虎，或如人形，或如飛鳥，五色無常，亦百二十種，自有圖也。皆當禹步往採取之，刻以骨刀，陰乾末服方寸匕，令人昇仙，中者數千歲，下者千歲也。欲求芝草，入名山，必以三月九月，此山開出神藥之月也，勿以山佷日，必以天輔時，三奇會尤佳。出三奇吉門到山，須六陰之日，明堂之時，帶靈寶符，牽白犬，抱白鷄，以白鹽一斗，及開山符檄，著大石上，執吴唐草或作花。一把以入山，山神喜，必得芝也。又採芝及服芝，欲得王相專和之日，支干上下相生爲佳。此諸芝名山多有之，但凡庸道士，心不專精，行穢德薄，又不曉入山之術，雖得其圖，不知其狀，亦終不能得也。山無大小，皆有鬼神，其神鬼不以芝與人，人則雖踐之，不可見也。

又雲母有五種，而人多不能分別也。法當舉以向日，看其色，詳占視之，乃可知耳。正爾於陰地視之，不見其雜色也。五色並具而多青者名雲英，宜以春服之。五色并具而多赤者名雲珠，宜以夏服之。五色並具而多白者名雲液，宜以秋服之。五色並具而多黑者名雲母，宜以冬服之。但有青黄二色者名雲沙，宜以季夏服之。晶晶純白名磷石，可以四時長服之也。服五雲之法，或以桂葱水玉化之以爲水，或以露於鐵器中，以玄水熬之爲水，或以硝石合於筒中埋之爲水，或以蜜搜爲酪，或以秋露漬之百日，韋囊挻以爲粉，或以無巔草樗血合餌之，服之一年，則百病愈，三年，老公反成童子，五年，則役使鬼神，入火不燒，入水不濡，踐棘不傷，與仙人相見。又他物埋之即朽，燒之即燋，而五雲以内猛火中，經時終不然，埋之永不腐敗，故能令人長生也。又云，服之十年，雲氣常覆其上，服其母以致其子，理自然也。又向日看之，晻晻純黑色起者，不中服，令人病淋發瘡。雖水餌之，皆當先以茅屋霤水，若東流水露水，漬之百日，淘汰去其土石，乃可用耳。中山衛叔卿服之，積久能乘雲而行，以其方封之玉匣之中，仙去之後，其子名度世，及漢使者梁伯，得而按方合服，皆得仙去。

又雄黄當得武都山所出者，純而無雜，其赤如鷄冠，光明曄曄者，乃可用耳。其但純黄似雄黄色，無赤光者，不任以作仙藥，可以合理病藥耳。餌服之法，或以蒸煮之，或以酒餌，或先以硝石化爲水乃凝之，或以玄胴腸裹蒸之於赤土下，或以松脂和之，或以三物鍊之，引之如布，白如冰，服之皆令人長生，百病除，三尸下，瘢痕滅，白髮黑，墮齒生，千日則玉女來侍，可得役使，以致行厨。又玉女常以黄玉爲誌，大如黍米，在鼻上，是真玉女也，無此志者，鬼試人耳。

玉亦仙藥，但難得耳。玉經曰，服金者壽如金，服玉者壽如玉也。又曰，服玄真者，其命不極。玄真者，玉之别名也。令人身飛輕舉，不但地仙而已。然其道遲成，服一二百斤乃可知耳。玉可以烏米酒及地榆酒化之爲水，亦可以葱漿消之爲粭，亦可餌以爲丸，亦可燒以爲粉，服之一年已上，入水不霑，入火不灼，刃之不傷，百毒不犯也。不可用已成之器，傷人無益，當得璞玉，乃可用也，得于闐國白玉尤善。其次有南陽徐善亭部界中玉及日南盧容水中玉亦佳。赤松子以玄蟲血漬玉爲水而服之，故能乘煙上下也。玉屑服之與水餌之，俱令人不死。所以爲不及金者，令人數數發熱，似寒食散狀也。若服玉屑者，宜十日輒一服雄黄丹砂各一刀圭，散髮洗沐寒水，迎風而行，則不發熱也。董君異嘗以玉醴與盲人服之，目旬日而愈。有吴延稚者，志欲服玉，得玉經方不具，了不知其節度禁忌，乃招合得招一作始。珪璋環璧，及校一作裝。劍所用甚多，欲餌治服之，後余爲説此不中用，乃歎息曰，事不可不精，不但無益，乃幾作禍也。

又銀但不及金玉耳，可以地仙也。服之法，以麥漿化之，亦可以朱草酒餌之，亦可以龍膏鍊之，然三服，輒大如彈丸者，又非清貧道士所能得也。

又真珠徑一寸以上可服，服之可以長久，酪漿漬之皆化如水銀，亦可以浮石水蜂窠化，包彤蛇黄合之，可引長一四尺，丸服之，絶穀服之，則不死而長生也。淳漆不沾者，服之令人通神長生，餌之法，或以大無腸公子，或云大蟹，十枚投其中，或以雲母水，或以玉水合服之，九蟲悉下，惡血從鼻去，一年六甲行厨至也。

桂可以葱涕合蒸作水，可以竹瀝合餌之，亦可以先知君腦，或云龜，和服之，七年，能步行水上，長生不死也。

巨勝一名胡麻，餌服之不老，耐風濕，補衰老也。桃膠以桑灰汁漬，服之百

病愈，久服之身輕有光明，在晦夜之地如月出也，多服之則可以斷穀。

柠一作楮。木實芝赤者，餌之一年，老者還少，令人徹視見鬼。昔道士梁須，年七十乃服之，轉更少，至年百四十歲，能夜書，行及奔馬，後入青龍山去。槐子以新甕合泥封之，二十餘日，其表皮皆爛，乃洗之如大豆，日服之，此物主補腦，久服之，令人髮不白而長生。玄中蔓方，楚飛廉、澤瀉、地黄、黄連之屬，凡三百餘種，皆能延年，可單服也。靈飛散、未央丸、制命丸、羊血丸，皆令人駐年却老也。

南陽酈縣山中有甘谷水，谷水所以甘者，谷上左右皆生甘菊，菊花墮其中，歷世彌久，故水味爲變。其臨此谷中居民，皆不穿井，悉食甘谷水，食者少不老壽，高者百四五十歲，下者不失八九十，無夭年人，得此菊力也。故司空王暢、太尉劉寬，太傅袁隗，皆爲南陽太守，每到官，常使酈縣月送甘谷水四十斛以爲飲食，此諸公多患風痺及眩冒，皆得愈，但不能大得其益，如甘谷上居民，生小便飲食此水者耳。又菊花與薏花相似，直以甘苦别之耳，菊甘而薏苦，諺言所謂苦如薏者也。今所在有真菊，但爲少耳，率多生於水側，緱氏山與酈縣最多，仙方所謂日精、更生、周盈皆一菊，而根、莖、花、實異名，其説甚美，而近來服之者略無效，正由不得真菊也。夫甘谷水得菊之氣味，亦何足言。而其上居民，皆以延年，況將復好藥，安得無益乎？

【略】

昔仙人八公，各服一物，以得陸仙，各數百年，乃合神丹金液，而昇太清耳。人若合八物，鍊而服之，不得其力，是其藥力有轉相勝畏故也。韓終服菖蒲十三年，身生毛，日視書萬言，皆誦之，冬袒不寒。又菖蒲生須得石上，一寸九節已上，紫花者尤善也。趙他子服桂二十年，足下生毛，日行五百里，力舉千斤。移門子服五味子十六年，色如玉女，入水不霑，入火不灼也。楚文子服地黄八年，夜視有光，手上車弩也。林子明服术十一年，耳長五寸，身輕如飛，能超踰淵谷二丈許。杜子微服天門冬，御八十妾，有子百三十人，日行三百里。任子季服茯苓十八年，仙人玉女往從之，能隱能彰，不復食穀，灸瘢皆滅，面體玉光。陵陽子仲服遠志二十年，有子三十七人，開書所視不忘，坐在立亡。仙經曰，雖服草木之葉，已得數百歲，匆怠於神丹，終不能仙。以此論之，草木延年而已，非長生之藥可知也。未得作丹，且可服之，以自楮持耳。

或問，服食藥物，有前後之宜乎？

抱朴子答曰，按中黄子服食節度云，服治病之藥，以食前服之；養性之藥，以食後服之。吾以咨鄭君，何以如此。鄭君言，此易知耳，欲以藥攻病，既宜及未食，内虚，令藥力勢易行，若以食後服之，則藥但攻穀而力盡矣；若欲養性，而以食前服藥，則力未行，而被穀駈之下去不得止，無益也。

或問曰，人服藥以養性，云有所宜，有諸乎？

抱朴子答曰，按玉策記及開明經，皆以五音六屬，知人年命之所在。子午屬庚，卯酉屬己，寅申屬戊，丑未屬辛，辰戌屬丙，巳亥屬丁。一言得之者，宫與土也。三言得之者，徵與火也。五言得之者，羽與水也。七言得之者，商與金也。九言得之者，角與木也。若本命屬土，不宜服青色藥；屬金，不宜服赤色藥；屬木，不宜服白色藥；屬水，不宜服黄色藥；屬火，不宜服黑色藥。以五行之義，木尅土，土尅水，水尅火，火尅金，金尅木故也。若金丹大藥，不復論宜與不宜也。

又　卷一七《登涉》　又《金簡記》云，以五月丙午日日中，擣五石，下其銅。五石者，雄黄、丹砂、雌黄、礬石、曾青也。皆粉之，以金華池浴之，内六一神爐中鼓下之，以桂木燒爲之，銅成以剛炭鍊之，令童男童女進火，取牝銅以爲雄劍，取牡銅以爲雌劍，各長五寸五分，取土之數，以厭水精也。

隋・蘇元朗《太清石壁記》卷上

造大還丹方

空青十二斤，光明砂十斤，雄黄十斤，雌黄十斤，金二斤，白石英一斤，鍾乳一斤，硇砂五斤，水銀七斤，石琉黄八斤，水銀霜七斤，玉屑三斤，石膏五斤，朴硝五斤，特生礜石八斤，雲母十斤，降英十斤，太陰玄精六斤，磁石五斤，鉛丹三斤，石膽八斤，青石三斤，陽起石四斤，芒硝三斤，蛇牀子四斤，錫八斤，礬石七斤。

右擣拌一依四神法，唯金錯作末，分爲竈飛，服之令人仙矣。

黄帝九鼎大還丹方

雄黄、石膏各一斤，寒水石、禹餘糧各半斤，硝石一斤，太陰玄精一斤，三轉煮六十日方解。礜石一斤，三遍煮三十日。金牙半斤，二遍煮一日一夜。雌黄一斤，朴硝，理石，絳礬石、硫黄、芒硝、黄礬、戎鹽、空青、石牀、白石英、孫公孽三轉煮。朱砂、鍾乳、礬石、紫石英、雲母、磁石、硇砂、石腦、青礬、石膽一轉已上。各一斤。

右件藥精擣，更研，酢拌合和，飛之九轉，丸如大麻子，一服一丸，服五丸，萬病皆除。一千丸，改形易體，久服仙矣。

石硫黄丹方

石硫黄、蒲黄、禹餘糧、茯苓各二兩。

右四味擣篩，密和爲丸，丸如小豆，一服二丸，召魂。一丸和石硫黄，二丸同服，治萬病，神驗。疑太熱，除石硫黄，亦得。其丹不得水銀，以水銀霜二兩代之，甚佳。恐水銀貴，不辦用之，不厭甚多。

無忌丹一名堅骨丹，二名無畏丹，三名凝神丹。

金牙一兩，寒水石二兩，石乳一兩，雄黄、雌黄各四兩，白石英一兩，芒硝二兩，紫石英一兩半，硝石一兩，麥飯石一兩，朴硝二兩，牡蠣二兩，鍾乳一兩。

右飛一如四神丹法，飛三日三夜，細研丸如麻子，服一丸無不差。召魂丹，久服延年，無忌。

紫游丹方一名步虛丹，二名藥景丹，三名輕舉丹，四名倒景丹，五名凌虛丹。

雄黄、雌黄、白石英、紫石英、鍾乳、玉屑、朱砂、石腦、石膽、礜石、空青、陽起石、赤石脂、磁石、朴硝、礬石、石膏、寒水石、汞霜、消石各三兩。

右依金英丹法，飛之，極妙。

艮雪丹方一名水銀霜丹，二名流珠白雪丹，三名流汞素霜丹，四名玄珠絳霜丹，五名太陽紅粉丹，六名飛虹化藥丹，七名朝霞散彩丹，八名夕月流光丹，九名辰錦流暉丹，十名凝階積雪丹。

錫十二兩，鴻霜一斤，特生礜石一斤，絳礬石一斤，朴硝五兩，太陰玄精六兩，鹽一斤。

右以錫置鐺中，下猛猛火燒令鎔成水，以鐵匙撩去上滓末，別以鐺子中炒令稍熱，傾著錫水中，以鐵匙攪之令勻，便急傾著浄地，少時凝冷如白銀，即取礬霜，輕手擣之，以馬尾羅篩，朴硝、玄精各別擣篩。即以鹽末和水銀、錫合擣，以馬尾篩之，以諸藥總相和，調和相得，更以白鹽作下藉三分許，以物按之令實，即下諸藥。又以朴硝覆之。即下文火四日夜，其火炭不過一斤已上。但候上蓋常如人體暖，即漸加三五莖。過此已後兩日，即下武火，常使上釜灼人手，不得久住。武火經七日，寒一宿，然後開之，若調火緩急得所，其精並飛出上釜，如霜雪狀，或作伏鑪盤在上釜，其色妙甚霜雪，光輝煥然，驚駭耳目，好士見之，無不嗟嘆。若用火不調，冷熱不均，其藥精即飛著上釜，顔色青黑。既飛得精藥，又飛之更以後藥。

礬石三兩，朴硝三兩，白鹽一斤，玄精三兩。

右並依前法擣篩，先以流汞霜研訖，與諸藥相和布置覆藉，飛之日數，一如前法，可作三五轉，然後用之爲佳。恐太陰玄精難得，可往河東解鹽池近水次浮之，其色理如玉質，形狀似鼊甲，其黑重者不堪，其黄白明浄者爲上。其鴻霜得此藥，自爛如粉，飛之三五已後，可研極細，以棗肉膏和爲丸，如麻子大，一服四五丸，加至六七丸，萬病皆愈。

太一硫黄丹方一名太陽粉丹。

石硫黄三斤。

右擣研，入丹竈中飛之，以兩盆子爲上下釜蓋，文火飛三日夜，並飛上釜，如金粉色，可研丸服之。

八石丹方一名麗日丹，二名素月丹，三名度厄丹，四名濟世丹。

朱砂、雄黄、雌黄、曾青。

右件四物，飛之三轉，堪服。

又方：雄黄、雌黄、石琉黄、空青、碌青、礜石、朱砂、礬石，已上各十四兩。

右擣篩飛鍊，並同前法。

又方：朱砂、雄黄、雌黄、曾青，已上各四兩。礜石、磁石、朴硝、礬石，已上各一兩。

又一方云：白石英、無礜石。一依前法。

龍朱丹方一名曳絲丹，二名桑露，三名含光，四名吐暉。

朱砂、雄黄、雌黄、石琉黄、空青，已上各十兩。

右擣篩細研，用召魂竈中，飛之三日夜，其藥盡飛入上釜，其下滓碎如灰滓，若硬如鐵屎堅塊者，其藥盡。更擣篩，依前飛之，還三日夜，藥精飛盡上釜，收取。和好麝香及白粳米飯，丸之如麻子，一服一丸，和飲汁酒送。

八神丹方一名元精，二名照日，三名流霞，四名神光。

丹砂、曾青、雄黄、礜石、石腦、磁石、朴硝，已上各十兩。

右各別絹袋，入三年米酢中，二日夜出，陰乾，各別擣篩。次第下釜中，總下訖，以朴硝覆之，以六一泥固濟，文火三日夜，武火三日夜，寒一宿，開取上釜者。又更研，重飛五六轉，色白如雪，可服之。

太一雄黄丹一名赤流，二名素暉，三名紅景，四名重光，五名紅紫相間丹。

雄黄三斤。

右以銅器盛之，酢煮三日夜，毒盡。九日更加曝乾擣篩，以酢拌之，曝乾七遍。然後一依召魂丹法，飛之七日夜，白如雪，服之。

又方：雄黄一斤。

右一味擣篩，輕紗羅篩，以醇酢拌令浥浥，日曝令乾，又依前更拌又曝，可十餘遍止。先以白鹽置釜爲籍，按之令實。次以雄黄粉與白鹽末相和，置於藉鹽上，還以白鹽末覆之。即以上釜相合，六一泥固濟，不得泄氣。一日夜微火候，六一泥乾。以後漸漸加火，勿頓猛。一日一夜，過此已後，可與極猛火，令其下釜旦暮常與火同一色，不得暫時令火微弱。如此旦暮猛火常相續不絶，三日三夜，寒之一日夜，開其釜取藥，更細研下釜中。餘滓又別擣篩訖，即以藥之精滓相和，更加以酢拌令浥浥，一依前布置，其文武火勢及日多少，一依前法，如此再遍，其藥必成。

又 卷中

八神丹方

空青半斤，磁石、白石英、朴硝各半斤，鍾乳五兩。

右擣篩細研酢拌，一准前四神，唯以朴硝蓋諸藥上，異於四神，飛之七轉。

流珠丹二名紅景，三名赤曜，四名重暉，五名紅蘂，六名紅霜。

雄黄一斤。

右擣篩細研，酢拌浥浥，一依四神，唯以鹽末拌和布置，更以鹽蓋上，固濟，一日夜文火，以漸加武火，使猛三日夜，寒之，取飛三轉也。

又方：飛雄、雌黄等二物。各十兩。

右細研，以米酢拌曝，一如四神丹法。

又方：伏龍肝、鹽末倍於雄黄一倍。

右二味研令細，及總和雄黄等，並攪和布置固濟，一依四神丹法。唯火寬於四神，使火欲文多武少，七日一轉。

朝霞丹方

雄黄、雌黄、石硫黄水泛取浮者，傾器中更研以盡。鍾乳、白石英、磁石、石牀、雲母。

右擣一依四神，唯數須多，可用酢拌，曝乾之。

光明麗日丹方

雄黄、雌黄、白石英、雲母、孔公孽礜石。

右擣篩依四神，唯轉數多。

凌霄丹方

雄黄、雌黄、空青、朱砂、鍾乳、礜石、石膏、禹餘糧、太陰玄精、白礬。

右擣篩依四神法。

説薰黄法

薰黄味辛平，大温，有毒。主治疥癬，殺蟲蛇毒，却邪魅餘。餌且與雄黄無别。若化銅鐵爲金銀，非武都不得。若作世間治病小丹，此即武都與雄黄無異，直爾取之，拌曝一依前飛，飛用極好。此一味自古及今皆祕之，不顯於方上，良由此物時間多，無有所宜，恐時人輕，皆共祕之。余今説者，幸諸知心同相傳之，勿示非人也。此丹鏡一卷，必請得者，盡百年傳之取一人，幸勿妄洩，彼此同殃。

伏火硫黄丹

鍊硫黄一片，桂花二斤。

右直爾取㪷鐺絶厚者，可安置飛處，以鹽納鐺中，可四面，各厚三寸，中心作窠，硫黄安窠内，上頭著鹽，亦厚三寸，皆擣作末，遣密底下，漸漸著火，作飯無異，一日三徧換鹽。若了可著水濤曬，然後始著甘土泥苞裹，待乾，漸漸著火，不得令絶，赤少間即休。更別淘曬乾，乃研，以白粱粟飯丸如梧子。一日服二十丸。

丹經祕要口訣

黄茯苓烏頭俊　青神羽理空青　白素禹餘糧　青龍膏曾青　白虎腦水銀　玄武骨礬石　東野朴硝　單青青硝　朱雀並帝男精俱雄黄　黄龍肝錫丹　帝女髓生朱砂　赤帝流珠水銀　銀丹者黄丹　青帝味青鹽烏牛　五嶽脂五礬　西戎淳味戎鹽　石停脂石硫黄　金賊硇砂　石味石鹽　陰獸玄精烏牛糞汁　烏墟香附子　黑帝味黑鹽　陰龍肝狗血，一云狗糞。　石味灰石灰　陰獸當門烏牛膽　夜光骨並虚銷薪麻葦　越竈曲風煙　天器土釜　三變得蘇骨澤瀉　蠢蠕漿乳汁　義物銀　猫虎脂蝟脂　青牛落鹹土　昆濤梁原缺　黄鳥首黄鳥頭　黑龍膏黑狗糞

合藥訣

蚌精真珠　陰運水精　棲龍膏桑上露　青油羽空青　黄帝足鬱金根　尚丹田紫朴　天師食禹餘糧　兒長生牡丹　屈原蘇胡同律　雷何督子滑石　西獸衣馳毛　四海分居牡蠣　白陰瓠汁狗膽　五色扶桑五色陽起石　帝流漿並定臺引針俱磁石　絶陽白玉　時空亭葱　幾公白錫　聖無知赤鹽　陽華羽釜蓋是　陽曹萼土釜　六一泥六種作一泥　五栽五穀芽　大洞滑汁千尋子，一云槐子。

又 **卷下**

鍊鍾乳法

《太清經》云：取好鍾乳細末，納金銀瓶甌中，內瓦一片，用消石一分，密蓋瓶甌上，勿令泄氣，蒸之。用時自然作水，名曰鍊乳，服用時最佳。

作鐵粉法

又取好鑌鐵爲上，細錯爲末，淘去土氣，以三年好醋於小瓦盆子中，拌令浥浥，以糠火中燒盆子底令乾，入鐵臼擣之，以絹篩之。餘脚依前擣，以盡爲度。造二十土堝子，微令作佛家嵐様令缺。後以醋拌鐵末浥浥，內堝子中，密封不得虛泄氣。臺上坐廿土堝，以牛糞火燒之一日夜，廿土堝令紫色出，以水飛之。如有脚，依前水飛之，以細爲度。即以甆盆中細研之，和入藥服之，與五金同。並忌龍葵，烏牛肉，鯉魚、蒜等。

又作鐵粉方：取鐵一斤白色者，用鏡膽折者上，如好鑌鐵亦得。以鉋刀削令細盡，不得和土石，取一斤浄淘二十徧訖。取好白浄硇砂三大兩，取水一升，以鐵砂水三味攪，令硇砂消盡鐵，納鐺中，以火煎水盡，即以硝石一兩，以水一升，浸經七日，又納鐺中。依前煎水盡，日曬，兩日訖。即內堝中，以蓋密固濟，從微火漸漸加火猛一伏時，少間令冷即出，勿令灰土入。即以甆盆石鎚，研之令極細，水飛三徧，比去水令乾，其粉即成，蜜和爲丸，丸如小豆。每日食後一丸至兩丸，忌龍葵菜。

又 神仙鍊金石形質，各有美惡。朱砂光明照徹，如石榴子者，良。雄黄色如鷄冠紅色温潤者，良。玉質多種不同，取其色白浄，有温潤之氣，無瑕纇之玷，扣之作清聲者，良。白石英無問麤細，但其表裏光静，明徹無點污，置水中與水同一色者，良。紫石英形如樗蒱子，光明照徹，輕明可愛，無可比類者，良。磁石但取引針相連五六者，爲良，連針唯多最好。雲母薄擘之，向日看焕然，并有五色晃曜人目者，良。鍾乳於飛化銷鑄之中，亦必須上好者，但取其顔色潤澤、麤而且厚者，良。礬石有五種，有黄白青黑赤色者，但世人唯用黄白礬二種，自外不堪多用。黄色但是燉煌出者，皆好。白礬出吴地者，良。其餘不知。硝石，遠古相傳硝石能化一切金石爲水，服此者咸可長生不死，難言之藥，竟不言所出之處，徒有硝石之名，其與無不異。近代有貞白先生陶隱居，條撰《草木方》，言朴硝是硝石之朴，又言一名芒硝。尋其事由，俱殊爲乖僻。又按《岐婆論》云：硝石本出烏場國，其氣臭，飛鳥聞其氣，則不敢上過。直爾單服之，則能使人身內所有蟲，其藥入口，立化爲水。又鍊一切金石服之者，皆可長生。服朴硝，取不中風而形質又不枯燥，色帶青潤者，良。芒硝如陰地積雪温而且潤者，良。金銀二種雖是人貴，不廢人盡，惜故不言。禹餘糧出澤州界諸山。其色有五種，白赤黄紫黑色，所用者皆以色黄者爲，新熟似蒲黄者爲良，餘色者不堪爾。石中黄子出沁水源，形如鷄鴨子之狀，打破有黄水，如鷄子黄，得三升五升，服之長生不死。

造砒丹法

取上好砒一斤，研篩爲末，絹羅之令盡，取頭酢三升，白礬三兩，擣篩爲末，投在酢中，消以酢，拌砒令浥浥，即漉令乾，又日曬，如是經二十度止，曬令乾。取鹽五兩，擣篩如麫置鼎中，以火熬之。又於鼎中，亦著火三兩，莖和鹽攪之，令鹽乾爲度。然後却擣鹽爲末，即布在鼎中令平，取前砒藥入於鼎中，以鷄翎掃之令平。然後取一盆蓋，與鼎上下相當。即取炭灰水飛，取細者澄濾令乾，以酢和研之，入鹽二兩，灰相和研相乳入，稀稠得所用，將固濟盆唇，勿通風，厚一米已來。即鼎下著炭火。其炭長五寸，初三莖横在鼎底，飛之第三日。更加一莖，到午時後更加一莖，到初夜更加一莖，其第四日辰時，即寒爐一日夜。爐冷即開，以濕布向固濟處濕灑，即去泥開之，其霜飛在盆底。取之置在盆中，又斫著酢拌，一依前法。如是三轉止，取盛之於鐺中，酢煮一日夜，即取擣研之。又取甘草三兩擣碎，以水二升煎取一升，即投藥在鐺中，以甘草汁煎之，乾以粳米飯和研，丸如麻穀大，曬乾，服之能治瘧、心痛、牙疼。第一三丸，和酢研服之，自喫飛七徧。

唐・孫思邈《太清丹經要訣》

造赤雪流朱丹法

右雄黄一斤擣，輕紗篩訖，以苦酒拌和之，令浥浥，日干，干更拌，如此十遍止。與白鹽末拌和，以鹽覆藉，固濟，一日一夜後，以微火炙六一泥，令極干。漸加火，勿須猛，更一日一夜。即加猛火，令其下釜旦暮常須與火同色，不得暫時令火微弱，如此燒三日三夜止。寒之一復時，開取上釜藥精，更微研之。下釜餘滓亦擣，以藥精相和，飯拌令浥浥。依前布置，文武火一如前法燒之。藥成，焕然暉赫，並作垂珠色絲之狀，又似結綱張羅之勢，光彩鮮明，耀人目睛，見之者不覺心神驚駭，惟宜安心。若有卒暴之病，及垂死欲氣絶，及已絶者，以藥細研之，可三四麻子大，直爾鷄子黄許酒灌之，令藥入口，即扶起頭，少時即差。其口噤

不受藥者，可斡上齒而灌之，令藥入口，以手按之下腹，及摇動之，使其藥氣流散，須臾即甦。治其鬼邪之病，小小瘧疾，入口即愈。此藥神驗，不可具説，但恨造次，無人解鍊用之。

鍊太陽粉法

石亭脂十斤，鹽花五升，伏龍肝二斤，左味三斗。

右石亭脂破如豆大，用鹽花和左味煮之七日七夜，其脂以布袋盛之，懸勿令著鐵，煮毒性盡出，研，和前伏龍肝令均入内釜中。先布鹽花，安亭脂盡，上還將白鹽爲蓋了，固濟之，三日三夜文武火，依前法鍛訖，寒之半日開。謹案《本草》云：石亭脂味酸，温有毒，主治婦人陰蝕、疽痔惡血，堅筋骨，治頭秃、心腹積聚邪氣、冷癖在脅，嘔逆上氣，脚冷疼弱無力，及鼻衄、惡瘡，兼下部漏瘡，止血殺疥蟲，治脚氣。男子陰痿、陽道衰弱，婦人體冷血氣、腹内雷鳴，但是患冷，諸藥不能療者，服之不過三五日愈。服之法，令研粉令極細，以飯和爲丸，丸如梧桐子大，每日空腹服五六丸，酒送之，若兼餘草藥爲丸，服之益佳也。

造流珠丹法

硫黄一斤，鐺中以小麻油煮之，取黑爲度；即用灰汁煮之，去油訖，即研鹽，於鐺中伏之，用六一泥固濟鐺口，以文火經一日兩夜，又用武火漸加，以鐺赤爲度。去火，待寒出藥，清水淘去鹽味，取酒七升，蜜半升，亦云一升蜜，一如《紫精丹》法煮之，三日三夜。出藥，清水淘去酒味，曝干擣篩，以棗穰丸之，更擣五六千杵，至萬尤佳。丸如梧桐子大。空心服，每日三十丸，覺熱即減至十五丸，長年服者，每日只可五丸。所有冷風等病，無不愈者忌蒜米醋。

造玉泉眼藥方

右取水精二兩末之，乳半合和，瓷瓶中盛之，蜜固濟，勿泄氣。埋地下百日，出之，置一竈孔，熏之一日。開之，青白如玉。取鉛錫成鍊者二斤熔之，以此藥丸如梧桐子大，投中攪之，爲真白矣。若眼不見物及赤，但不損睛，取一丸如黍米大點目眦，尤良。

太山張和煮石法

章柳根六斤，杏仁五升，酸棗仁五升，槐子一升。別擣。

右三味先擣，槐子以水攪之，去滓取汁，和前藥，内不津器中，埋舍北陰地，入土一尺，以土覆之，百日發取，名曰太一神水。取河中青白石，如桃李大者五升，取北流水九升，煮之一沸，以神水二合攪之，又煮一沸。候石熟，任意食。

【略】取神水二升，漬生鐵二斤，十日化爲白銀矣！

添離用兑法凡四法。

離一兩，兑半兩。

石以堝洋之，先下離，次下兑，取柳木攪令均；次下黄礬一分，準前攪之，令均瀉出成鋌。取黄土和左味作堝，干之，即取黄礬硇砂，胡同律各一兩，赤土一升和左味爲泥裹之，内中三四，固之令密，火之十餘遍，以氈拭令黑氣盡爲度。如難盡，取赤鹽和左味爲泥裹之，亂髮纏之，入火燒之，其赤鹽作聲，如是更爲數遍，以黑盡爲限。然取硇砂作漿，牛糞火燒之佳也。

又法：離一兩，兑七錢，熟銅一錢。

右合洋成鋌，待冷，又入火燒之，令極熱。投馬通中冷，將錘錘之，入火燒之，又錘，令離錠薄如紙。剪破如指大，取黄礬一升末之，同律三分，硇砂二分擣爲末，取黄土爲泥作堝子，堝子蓋之訖，布離葉於中，以前藥重重裹之，密固堝口，於牛糞火中燒之一日一夜，常令堝赤，以好爲度矣。

又法：離兑對作，波斯鹽、緑赤土、胡同律、硇砂等分，以左味爲泥裹之，厚三分，猛火火之，如此五十遍已上。即以金牙一兩末之，以漿水三升煮之，從旦至暮時，以布裹離，横木懸之，勿使着器，任用之。

又法：硇砂一兩，紫鉚一兩，石膽一分，胡同律一兩。

右以猪脂和爲泥襯堝底，洋離出之，如朱而光，洋了爲薄鋌，以赤土十兩末之，風化灰三兩、硇砂三兩、赤鹽五兩、赤石脂五兩、石鹽三兩，右已上藥必須精治之，以左味和爲泥，可離鋌大小布紙上，厚一二分，裹三鋌寸，洋火之，以赤煙盡爲度。開之，以左味洗之，準前裹火之，以漿洗之三十遍，即表裏赤光，爲梵天寶也。

素真用錫去暈法

右以取白不限多少，打令薄厚似紙，方二寸，十斤已上始可爲之，多則熱氣相蒸，少則不堪。取一瓷器，可物多少令滿，從下布之一重蒜韮，如此重重相次，令滿，器口大小蓋之，漆固令密，埋地中。經百日出，即成，不得欠一日。其馬通屋下安置，日滿出之。熔一斤和上鍮一兩，若軟加鍮，堅加白。其蒜取赤皮者佳，左味取三年者然可用，著少鹽一如食法。

素真用兑添白銅法

白銅一斤，錫一兩。

右令洋之瀉酒中，出之打破，取伏汞一兩、胡同律二兩、油脂一升，煮令脂盡，胡粉色赤，即伏火。即以前兑體熔之投水中，取白黑二礬、胡同律、硇砂、白鹽各二兩合洋之，瀉安鋌池中，成矣。若脆不任用，即火之令赤，投牛脂中，十遍即柔矣。

赤銅去暈法

右取熟銅打作葉，長三寸，闊三寸，取牛皮膠煮之如粥，以銅葉内中，以鹽封之，内爐中火之，令煙盡極赤出，冷之，於砧上打之，黑皮自落，如此十遍已上止。即以醋漿水煮令極沸，燒葉赤，内漿中，出之，以刷刷之，於堝中洋之，瀉灰汁中，散爲珠子，其色黄白，至十遍止。不須更瀉成。兑凡十兩，可得三兩成，入梅漿洗之，令白也。

波斯用苦楝子添鍮法

烏梅一石，苦楝子一石，硇砂一斤，波斯鍮二斤，雀糞一升，賀州鑞一斤，兑五兩。

右取苦楝子二升，熟酒研之，新醋二升，雀糞半升研之，鹽一合，相和令調，取桑木作槽，長八寸，闊三寸，深七寸。置前藥於槽中，熔波斯鍮一斤，下少硇砂，熟攪之。候清，瀉槽中藥汁裏，冷出之，用氈揩洗令淨，炙令干，明時用之，攪藥忌鐵物也。如此十遍，洋瀉藥槽中佳也。白兑十兩，波斯鍮四兩、鍊錫一兩，須先熔兑，次下波斯鍮，次下錫，下硇砂，攪之，瀉爲鋌甚妙。如脆，入牛脂中，煮柔之，色不明，以梅漿洗之。

素真用鍮要法

成鍊波斯鍮二兩，兑二兩，硇砂三豆許。大鹽三指撮。

右置堝中相和，熔之成，熔少時，又火之令赤，瀉著鹽水中，如此四五遍止。即以梅漿洗之六七遍，以白爲度。入梅漿先燒令赤，然後投漿中，其漿亦瓷器中火之令熱。

素真用雄黄要法此法内雌黄似合入近後伏二黄法内。

雄黄一兩，雌黄一兩。

右置猪脂中，煮之三百沸，即取熱銅十兩、兑三兩令洋，攪之，取黑礬末投中佳也。

素真用鐵法

右取生鐵擣碎、篩、細研，十兩。打錫爲薄，如杯形裹上末。用擸木爲灰，熟研之令光。然後入錫杯了，重入甘堝中，入風爐内火之，候鐵欲動不動即取，勿令絶碎。紙裹著爐中鐵上，其鐵即沸，看錫凝定，即安兑添之沸，其兑以鐵上如不相入，即更下勿郎藤，其兑鐵即和。即以鐵鉀研兑下，掠却不浄，看兑不動，即下爐中熱灰覆上。良久，還將鉀抉餘熱氣，以竹筋點水沃兑上，三兩遍止，任意用之。勿郎藤，其莖大如指，其子亦堪食，稍飴少許，生在山中，或生平地，纏草而生，莖上有刺，刺相對生，葉如邊雁，齒大如指，葉葉相對。取時勿驚動，仍取其根，必須陰干，勿令日干，七月八月，子熟赤色。其鐵取犁頭鐵，白色佳，餘並不堪用。

伏雄雌二黄用錫法據法合有雌黄，今元本内闕。

雄黄十兩，末之。錫三兩。

鐺中合熔，出之入皮袋中，揉使碎，入甘堝中火之。其甘堝中安藥了，以蓋合之密固，入風爐吹之，令堝同火色。寒之，開其色似金，堪入伏火用之，佳也。二物準數别行。

造硇砂漿池法

硇砂五兩，烏梅半升，碎。左味一升。

右以土釜中煎之，五分減二，堪用。

造梅漿法

梅二升。去仁碎之。

右以水一升，鹽半升，土釜煮之，燒令赤洗之。

造白玉法

右取大蛤蒲擣爲末，細研之，取一斤内竹筒中，復内消石，密固之，内左味中，二十日成水後，取白石英半斤擣作末，投筒中，即凝。出之，好炭火火之，令赤，即成白玉，亦服餌之也。

造真珠法

右取光明蚌殼削去上皮，以醋中煮之令熟，出，細條之，丸作珠大小，任意取鯉，破腹開，内珠置中，還隨令合，蒸之令極熟，出珠。未蒸前鑽孔，以猪毛穿中。又取雲母，以白羊乳煮之數沸，出令温，以珠著中漬之，經宿然後洗令淨，成矣。

又法：以鰾膠和蚌屑作珠，隨意大小，鑽孔，近草火後炙令干。以兩塼支一甖，置珠瓦上，復以一瓦蓋上，泥塼四邊作竈形，以草火燒之令赤。出之，取蚌屑盛筒中四個口，内於瓷器，以左味浸之十日，即色變珠成。

造石碌法

銅青一斤，石黛半斤，雌黄五兩，柏汁一斤。

右和合，日干，入盡，用之精妙也。

造石黛法

蘇方木半斤。細碎之。

右以水二斗煮取八升，又石灰二分著中，覺之令稠，煮令汁盡出訖。藍汁浸之，五日成用。

題張果《玉洞大神丹砂真要訣》

第十二品　辨諸石藥訣

辨石鹽　石鹽，陰極之氣結成其質，而稜角如片石，光白似顆鹽之類，味微淡於顆鹽，功能伏制陽精，銷化火之毒力。亦以礬石、硫黃敵，體變錬之功，性能發明金精。去麤滯氣。七篇之中，用之爲使也。

辨馬牙硝　馬牙硝，亦是陰精，形如凝水石。生於蜀川，其功亦能制伏陽精，銷化火石之氣。要獨伏制力，稍異於石鹽耳。

辨北亭砂　北亭砂，禀陰石之氣，含陽毒之精，功能銷化五石之金，力頗並於硫黃，去穢益陽，功甚大。質亦作顆生，而淺紅色光明通透者，爲上也。七返二篇之中，用之爲使也。若合於大鵬砂、赤鹽、硫黃之變錬，功則高於造化也。

辨麒麟竭　此藥出於西胡，禀熒惑之星，生於陽石，陰結成質，色如紫礦，形若爛石，共功於汞，能添益陽精，去陰滯氣，勾添其深，亦有大功。真者於火中燒之，有赤汁湧流，久而灰不易本色者，是其元也。

辨石膽　此藥出嵩嶽及蒲州中條山，禀之靈石異氣，形如瑟瑟，本性流通，精感八石，化五金精，用於中宫。若欲試之，塗於鐵及銅上，火燒之色紅，伏制變化，頗有大功也。又以銅器盛水，投少許入其水中，色不青碧，數日不異者，是真也。

辨大鵬砂　此藥禀陽精，但陰氣所養，形如琥珀，質似桃膠，其性和。若合硫黃、赤鹽變錬，其功甚大。

第十三品　四黃制伏變化訣

雄雌砒硫，其質皆屬中宫，戊己土之位也。性含陽火之毒。然咸易變轉五金之質，而不易本光。有汁流通者，功能轉五石之精銅，而化成黃金也。如伏火，色變白，如輕粉，津液通利者，五金化成白銀也。且四黃功力，各禀本氣，變化其五金也。雄黃功能變鐵也，雌黃功能變錫也，砒黃功能變銅爲銀爲金，轉轉變化也，其硫黃功力最高，然且添陽益精，返濁歸清，是七十二石之將也。其四黃遇赤鹽、大鵬砂、石膽，則伏質歸本，不易其色。若遇石鹽、馬牙硝、硝石、石膽，亦入於火，則變返而爲白色也。是以《大洞真經》中七十二石制伏訣，皆須合胞胎也。若以土碌等分，和鉛粉及石腦，作鼎伏之，則土碌與四黃同類也。又能銷火毒，而成變化也。

第十四品　紫金變真丹訣

取真汞十斤，七返絳砂中紫金三十五兩，二物和合，於別甘堝中，銷鎔爲汁。後即匀合一處，去火，急手攪令爲細砂。入硫黃五兩，三物合於鉢中，熟研一日。然後遷於鼎中，運火燒之六轉，轉轉添陽鑪鼎火候，滿日即成大丹也。鼓之即成紫金，留翠擣研，即爲大丹也。

第十五品　錬聖修丹石訣

北池玉石鹽一十二斤，及本色玄精八斤。二物以冬至之日夜半子時，合擣爲粉，細羅了，於新淨八斗鍋中置藥，用小神水添，常令八分，煮如魚目沸，時時以柳篦攪之，晝夜不絶水火，煮至四十五日，自然於鍋底結硬，如白石。比去水，以無蛀孔皂莢八兩，神水八斗，挪過取汁，絹濾澄清，入鍋煮藥五日夜，自散其鹽，却爲水，其玄精爲粉，澄在鍋底。比去鹽水，取精粉曝乾，秤得八斤數足然。乃文武火燒九轉，每四十五日，即以神水煮一日，其柳篦子，夏至日日午時，正南採，無節病者，長二尺四寸作篦，收留，至煮藥時用也。

唐・金陵子《龍虎還丹訣》卷上

黃花丹陽方

砒黃性以雄黃略同，大温，有毒，生澧州山谷。一名薰黃。久與鉛同處，其色變黑如鐵。但金石之中，有含鉛氣物，與青碌之輩，總不可相近，宜別貯之。又久見風，亦損顔色。雄黃亦然。切畏鉛。若同箱篋，不可久也。定如鐵色，砒黃性與丹陽相宜。

右經云：銅得伏砒，柔弱自低。銅得伏雌，久類帝男。雄黃也。是四黃雌雄硫砒也正數。有人飛砂一味，至九九八十一轉成丹。取一丸投亡者口中，立活。固知砒力不可思議。既類雄黃，亦應勝五兵，殺蛇虺。服餌皆飛入人腦，長生不死，理然也。比見王渙司業，將雄黃和汞，於鐵鐺子中研不停手，下著文火，不用火冷研亦得。一日内結成砂子，伏火者得如皂莢子大，成上色黃金。如無雄黃，用上色澧州砒黃代用亦得。其力不相弱，是靈藥也。一説雄爲君，雌爲臣，流爲使，

砒爲將。

按《本草》：雄黄生武都，得銅可作金。砒亦類之。砒黄生數處，並不及澧州者。雄黄色如雞冠，向日通紅，緊細潤膩，實而不硬，有氤氲香氣，不並臭黄，就中紅赤中帶黄色，故曰雄黄。任以水洗，待乾，一炊久，當生黄衣。不然以口含之，亦得，並有黄衣上。毒蛇見之，立死。此是真者。漏天南雋州亦有，並不如武都者。砒黄雖次雄黄，並不作前件狀樣，色黄亦鮮明，稜角生硬，有臭氣，通紅易破者良也。其丹陽之道，甚難舉世。學者雖多，明曉者殊少。且丹陽質性難柔，外暈形赤，内懷青黑，鐵稟南方陰丁之精，結而成形，故赤。銅稟東方乙陰之氣，結而成魄，故青。銀稟西方卒陰之神，結而爲質，故白。鉛錫俱稟北方壬癸之氣，故黑。金稟中宫陰已之魄，故黄也。甚難制治。一説暈是銅，銅是暈。暈盡銅盡，銅盡暈盡，無若非巧能制合。子母合體，知其性情，剛柔分等。即須以伏火鉛汞，上丹上藥，然變其質。又五金入土，埋之千歲，唯金與銀，不變其質餘，並化成灰土。

余今此方，抽化質了，入火不變，入土不銷，便能翻制，造化陰陽，豈容易哉。若骨分仙材，宿命素定，早逢靈訣，點制刀圭。一兩二十四銖，六粟爲一刀圭。或揩塗藥於堝挺上，入火燒炙，便成真寶。此是神仙上品，非造次而能知。若素非此流，必須精詳物理，廣博方書，辨别君臣，識其忌諱。其藥有剛柔，有制有伏，拒火與伏火，别生用與熟用殊，亦有兼假鉛汞，獨用四黄。神仙流教，萬法千方，並皆隱閉，悉不明文。縱傳方書，是迷迷相授，後學之士，多無所成。亦是賢者不苦精研，不得學聖之意，功用微淺。兼有堝爐鉗鞴不全明曉，燒投點化，不究精微，炎黑火中，須臾則過，憑何見其成功。

夫用熟藥稍易，生藥甚難。今此一方，悉用生藥，遣變質成真，切在銷停，及抽换投拔，節候爲妙，亦解鉛汞傍通。經云：器内方徑一寸，可受水銀一斤。又准筭數，金方一寸，重一斤。銀方一寸，重十四兩。鉛錫重九兩半，鐵重六兩，玉重九兩，一本云玉重十兩。白石重三兩，土重二兩。物各稟氣自然之性。汞者稟五陽神之靈精，不可比校。其餘高下懸殊，唯熟銅與銀斤兩相類，形質細膩，柔軟頗敵。除有暈一色，餘並相似，實可通變。且《五金訣》云：雄黄功能變鐵，雌黄功能變錫，砒黄功能變銅，硫黄功能變銀化汞。四黄功亦能反鐵爲銅，反銅爲銀，反銀爲金，如穀作米，是天地之中，自然之道。磁石引針，琥珀拾芥，豈是他靈。又經云：但有道術士，能制治方便，巧使相入，亦可爲寶。余今化鐵爲銅，用砒成銀，理無二也。方具如左。

點丹陽方

砒黄三十兩，澧州者，無夾石，赤如鷄冠，向日通紅者良。諸處者力次之。雌黄八兩，狀如金葉子者佳。若黄軟如石，不堪。又有夾雄黄者，雖如，此方不用。胡同律二兩，用石律如薑石狀，投釅醋中，良久沸不定如。鹽二兩。取花炒令變色。

右件四味，共四十二兩。先取砒如小棗大，其碎末，别收秤取三十兩，納鐵鐺中。准藥一斤，用生胡麻油五升，緩火煮之，令壘壘小沸，不得火猛。如此九日九夜止，若油稠强，即宜抽去之，更添新油，日足訖，便盛於帛袋中，納甑中，滿甑著砂絹袋，於砂中心蒸之七日，油膩併入砂中，即自鮮赤。本經云：帝男帝女，帝女雌黄必須如此修理。一旦去毒。毒去能入五金。二又得霜倍多。又如無上色好，用次者，慮有頑石，但倒抽一遍，取精者用，亦妙。其澧州砒有力，諸處者次。雌黄准砒例修理，但煮時不得同在一器内，餘並一也。其性甚能柔物，與砒同力成功。

金陵子曰：蒸時同在砂甑内，但相去遠，亦無妨礙。按《鉛錫經》云：朱砂三分，雄黄一分，右合研置銅鉢内，著釅醋，細細添之湯上，煮醋盡，更添，如是三伏時令乾。出之，入油鐺中，緩火煮令魚眼沸，兩伏時出飛取精，大佳。如若不飛者，即以雞子白和泥瓷器，盛密蓋砂甑中，蒸之一周時出，用大佳。如不者，和赤鹽，點銅成黄，餘並在本經中。

胡同律甚難得真者。一説獨將生用，點銅得白金。但以漿水於瓷器中煮，續添令盡五升，即可用能去黑暈。一本：不煮生用亦得。鹽用花炒令黄，急用，不待煮蒸，亦得。末鹽，不如顆鹽，顆鹽不如井鹽，井鹽不如池鹽。然取前三味同擣，羸砂羅過令匀，以鹽投醋中待消，用拌前藥令濕，日中暴乾，熟和攪揩接令相得。次又拌一遍，日暴，令浥浥，便將入鼎。一説以桑灰汁拌藥。如用醋，恐損銅。不知如何，未詳。

其藥分作兩鼎。每一鼎只可二十餘兩爲准，多少得所也。以兩匙頭石灰，和前件拌了藥，同拌令匀。即著石灰藉底，令厚一分已下，按令實。便下前件藥末於鼎内，如鏊背裝，四面不用苦著爐，微著匙按，即且少著兩匙覆上，便以手摩挲藥面破，令與石灰相入，以匙微微按，令却如鏊形。更以石灰覆厚二分。

已上微按令得所，即以少水灑上面，至散濕，遂以盆子蓋之。其盆子稍高，於常者一尺五寸。文武火燒兩伏時，比常飛霜文武火，稍文爲度。候寒開之，其霜當總在爐面上已卧訖，下並無脚，作白色，柔軟細潤可愛，揩臂如

粉。其霜在爐内凝結，爲一脾，約厚一寸餘，紋理如束絲，不飛上盆子。余故號曰卧爐霜。別有半兩，已來在盆子上，顔色不同，當别收，任將别用。又如有火候失飛不盡者，亦准前任重飛。其卧爐霜，甚能柔物，不並常霜脆硬。比見諸法中飛一遍白霜，少用即無力，多用物即硬，是爲大病。此霜任意多用，物終不硬，與諸霜不同，殊於常也。其砒但將好者成倒抽了，若待用油煮及蒸，便將飛霜用亦得。又孔氏商量亦云：用一遍白霜，佳。此兩訣亦甚符會。

又成卧爐霜後，取前件霜，每二兩點一斤。已上並用大斤大兩。經修理了者丹陽，可分作兩堝，每堝只可著八兩，多少爲得所乍可。已下不可過多，又不可少，少則堝中乾。每一兩藥，分爲六丸。每一度相續點三丸，待金汁如水，以物直刺到堝底，待入盡，即以炭攪之，更鼓三二十下，又投藥。如此遍遍相似，即瀉入華池中，令散作珠子，急用柳枝攪令碎，不作珠子，亦得。又依前點三丸，亦投入池中，看色白。未若所點藥，不須將火燒，却藥其物，即不白。更須重點一遍，以白爲度。生藥點堝甚難，所投點大，須在意冷熱相衡，金汁迸出堝。遍遍如此，折損殊多，其堝稍宜深作。若能使金汁如水點者，爲上。

又　卷下

青結紅銀法

凡青有數十種，曾青最爲上。其狀如黄連，又似貫小真珠，長一寸半寸，或三兩枚相綴，或直或曲，或深或翠色，時有金線，還繞其間，光縷璨璨。句容山谷中有，近甚難得，價重於金。其空青出於梓州，大小中心皆空，色甚鮮翠，其間有含水者。崑崙頭青似楊梅，峰頭颯颯然，大者如彈丸，中心實。句容、梓州青作片子，如碎鉢盂，色青無彩翠，揀擇並可用。又有白甘青，生甘土中，鮮翠美顔色，如豆許大，稍軟，以指甲掐之得破，破處轉鮮翠。此一味彼土人呼爲白甘青，古來仙方及本草並不見載。又長偏青、白青、魚目及善青散，出饒信等州，並雜青也，亦相類。今煮結砂子，乃是畫人淘研出者，彩色，家多用結水銀，甚有力。又一説老銅化爲緑，老緑化爲青，其暈最淺少。

結砂子方

白善青一斤，末。石腦半斤，醋煮。水銀一斤。

右件相和，以醋漿中，於平底鐺中，文火魚目已下沸，少少添漿水，勿令沸，止一伏時當成，並全作砂子。更能將鐺藥汁添水，武火煮三兩日，彌佳，物亦增暈，亦稍淺。然任抽生鼓鑄。當得六兩成紅銀。大抵用青，不並石膽、土緑等，其暈稍少。

又方：青二兩，稍好者。白礬六兩，句容膽子六兩，用水銀一斤。

右並擣研令細，和汞，依常法煮結言，便以黑豆皮四兩，煮得無暈。

青花結砂子方

青花一斤，白礬四兩，水銀一斤。

右青花與白礬，先相令勻然，取兩匙頭，和水銀熟研，納鐺中，武火煮三五十沸，出之淘洗一度。緃如此已盡爲限，任抽生鼓鑄，紅色甚淺。

石膽紅銀法

石膽生蒲州山谷，狀似折篦頭，如瑟瑟淺碧色，燒之變白色者，是真。次宣潤等州，淋取汁煎煮而成，上者青碧色，作塊片數等級。下者如黄泥爛濕，名爲泥膽，唯堪和水銀燒爲粉。其宣州者，不如句容，氣力懸殊，力倍於十。其句容上者，狀如碎瓦子，堅重，鮮碧色，一半帶深緑色，甚可愛。經夏不潤，見風不損。次於蒲州，今所用結砂子者。但中色已下，並可用。又有山谷坑洞裏自然生者，色稍淺於煎成者，亦作片塊，忽遇即有，常無採處。近日市肆人有假僞，將太陰玄精，及句容相和，於銅器中煎成，僞作蒲州石膽。其句容亦被添宣州相和重煮，合成形，改色理，亦相類，甚難辯識，大須審細。青礬出太原，一名緑礬，一名皂礬，力勝宣州者。砂子之道，甚有深妙，膽子全土緑。

結石膽砂子法

句容石膽子一斤，水銀一斤。

右先取一平底鐺，受五六升，或一斗已下者。以瓦石盡日揩磨鐺内底上，令白净。就中揀取鐺底平細者，即易揩磨，切忌油膩。如用舊鐺，即須燒過，與火色同止，磨洗亦中。水没汞半寸已來，令容得汞藥即得，不可令深。即下藥一兩，顆塊，不碎總得。投於汞上，以文火魚眼沸已下，如水少，以匙抄熱水，散瀉於鐺，緣令散流，入煮兩炊久，一度，緃計得一兩砂子已上。須著氣力緊緃爲佳。遍遍如此，以盡爲限。所結一炊久，即可緃，大抵不如多時。其句容每度下二兩，亦得。藥多結亦校多，口訣是水亦云火須淺火須文，爲妙入。此法只用一味清水，不兼諸藥，結時成，不同諸方，甚是上法。結以口吹水面開，當見水銀自遍散，如煎餅狀滿鐺底。加火臨藥時更秤意，其水銀直上鐺四緣來，故知藥力氣感化也。收砂子時，每度須以瓷片，於鐺底熟刮下

令浄，收之遍遍，如此以盡爲度。如用銚子，中結亦得。又一説：夫石膽砂子，初要出暈，但宜以暖湯水淘研令浄，切忌著諸雜藥煮。云被諸藥把令，本暈藥色却牢，志須在竟，不可輕用。如要且煮，只可空以白礬，於瓷器中煮之。

緑石膽砂子法

句容膽子一斤，鹽一大合，水銀一斤。

右並相和研，令斷星子，納入鐺中，著七分水，以火煮似沸即得。便以砂盆子合之，以一筋枝令通氣，時時以水於砂盆子上，少少淋下，令水散下。如此兩日，當得六兩已來砂子。又如能更加半斤，或一斤，取前砂子重結，向前藥汁惣留重煮汁，兩度叠結了，更都將藥汁添水，加煮三日，尤妙。砂子倍多，暈色却淺，有一出暈。訣云：如石膽結砂子了，更以新石膽煮能去暈，故知深妙再煮結。

結砂子法

宣州石膽十斤，如結汞不盡，更添三五斤，其法更不得著諸藥，只須一味膽子。若加諸藥，其暈即難去，所結並如常法。

右總結了，取砂子緊縩去生者，令盡。以拔葜根細剉，煮兩三日，常作龘紙色。即又入黄土，煮兩三日，當白如雪，亦鉤留得水銀，有三般稍相似。一日雞厥，其根節不相對，枝莖長大。二曰苦杖，葉節目疏，並不堪用，其拔葜根稍緊，細節相對，生葉稍圓，苗細短，此藥出暈無比，又皆結。時曾剉此根同一時，結其砂子便白。況更入煮此藥，只出得石膽暈，諸藥不相當。又一説：其拔葜先於别器中，煮令濃稠，用添煮砂子，亦妙。一本云：煮一月日定白。又一説：金剛根生銀山者，赤色，藤子小高三數尺者，其藤有制汞之功。一名銀苗，生於銀山者，即堪。每結一斤砂子，並結後重煮。都用十六斤藤子，煮後炙蘸三日，便當惣伏火。其蘸藥汁法，用赤烏清水，及黄礬一斤，二味熟和攪用之。

土緑結紅銀法

土緑有數般，生宣州、饒信州、道永等州山谷，但有銅處即生。乃是銅坑中般出壤土，經雨便生，色淺軟，爛如胡粉塊子，以手捻便成粉末者佳，硬如軟石者次。其北地亦有，狀如澄了緑米粉，好顔色，軟細無脚。

燒寒水石法

右取一火，急去火，以盆合固濟縫，待冷用之。

點紅銀暈法

粉霜一兩，毒者。句容膽子半兩。已上相和細研。

右先取石灰，一如淋灰法熱暖，白馬尿淋之，約得二升已來汁，向瓷瓶子中盛。納二味於中，以重湯武火煮兩伏時止。待冷，去餘汁藥帶泥，便和半兩伏火消石，同拌和爲團，又入藥櫃中，文武火伏之兩日。當伏火，每一兩點一斤如雪。

藥櫃法

特生礬石二兩，青半兩，龘者。蜜陀僧一兩，句容膽子半兩。

右相和醋拌，納一小瓷瓶中，燒七日。每日一度入醋，又燒，即堪爲櫃。又此櫃重用多時轉，佳。

伏消石法

右取消石一兩爲末，納瓷盞子中，按令平緊，上布兩錢鹽末，按令平。以瓷盞蓋，不用固濟。文武火候，消鹽汁盡，即伏。

點紅銀暈方法

上色好砒，如無，用老鼠藥亦得。以灰襯厚半寸，上以壁土蓋，厚二寸，飛三轉止。白霜一斤伏火，消石四兩用一兩。硫伏四兩，一日漸漸養，鉤硫取少硫黄。令伏在消石内佳。

右二物同擣研令相入，鼎中平布，上以消石末，以手捻散於藥上，可用半分已下。固濟，飛一伏時。當有二兩上，餘並伏在下。又掃下相和研，又飛一伏時。如此三度，上遍遍，並看生消石，並當伏火然。取徐州石腦三兩細研，鐵鐺中炒一食頃，余意改作銅器中。待大段火力盡，帶熱便投釅醋五合中，熟攪，名曰醋石腦也。即便著伏火了霜，投入石腦中，都熟攪火上泣，令乾。更用生消石十二兩，余改作伏火消石。白礬二兩，都研納瓶中，伏十日火，火從上燒。臨了須一籠大火，令鎔作汁，便堪點物。每四兩點一斤，成上上白作池口訣云：其盆子須數數以冷水試之。又點物白了，每一斤入四兩母，相和熟攪，寫爲挺任諸色化爲末，投汞中令成膏，細細研令相入。取後件伏火藥一錢已，下於砂盆子中，用漿水煮煮了，淘研却黑汁，又煮，如此可三度。至夜間，即更入汞，又入少藥，乾熓固濟。計煮兩日，乾熓兩夜，當白無暈。但取少許火上燒，即自知之。

伏火藥法

先取白礬一兩，朴消三分。

右二物同研令細，於瓷盞子中，布作一櫃，櫃内安消石末一兩，漸漸以文火

養一日，即漸進火，令通赤即止。然取汞一兩，伏火留一分。已上二物，同研令極細，直一兩日研，加功細研尤妙。又入前件伏了白礬等半兩，又和汞藥，同研令細。以鹽花爲櫃，用瓶子，其櫃可厚一寸以來，固濟，文武火七日，十日更佳。火從上燒瓶子通赤，止。藥作青紫色。計此一櫃藥，可化砂子十斤，成純白。霍君曾作來，時在揚州龍興觀，云如此。

成碙挺出暈法

石灰一分，黄土二分，鹽一分。

右都作挺子，用攪堝，以挺子黑即易，以挺子不黑爲度。當盡其挺子後燒却黑自落更重用得無遍數。又意石灰甚能去暈，只是硬脆物。若用攪堝，宜未入母時攪。如已入母了，恐損銀。又以滑石末，醋和，塗器物及碙挺上，燒灰無聲，兼閉暈。只要一度爲之，後經燒暈不起。宜居深屋中不見風。

出紅銀及砂子等暈法

右砂子緊鍱，和磁石、消石、白礬、朴消、鹽、寒水石、母蠣，以少糯米飯團，和研諸藥，作餅。以布一重，裹砂子令薄，即掘地二尺已上，埋之一百日，當去暈也。如未可經年亦妙，以暈盡爲度。不著藥空埋，亦可也。又如堝挺，但打稍薄埋之，並去暈。此是供奉山人李景陽法。

又方：伏龍肝、石灰、礦炭灰、桑灰，煮得白無暈。又出，以餘甘子煮，能去暈。

又方：以石灰淋，去灰味。又以水浸，又蒸又淋，不論遍數，以至精爲妙。又團燒，又淋，如此三五遍，乃至以此灰，重重研洗砂子，得無暈。

又方：若出，却生，以燒了寒水石二兩，煮，煮汁黑甚，即易，數數試看，以白爲度。此法本煮石膽、砒黄結者，不知諸藥結得可否。

又法：砒黄二兩，寒水石二兩，鹽一兩，和煮，不用鐵器，良。

又法：鹽研三日，每日一淘，至乳汁止，暈自出盡。

又法：以馬齒汁煎取濃，加消石、朴消、甘子汁攪之，鼓紅銀，投三遍，去暈。

又法：章陸根和薑研淘，去暈，煮亦佳。

又法：石灰清竈砂汁中，煮砂子，無暈。

又法：荏子油中煮十遍，去暈。一云，能除鐵暈。

又法：以紅銀入汞了，以生附子煮，無暈。

又法：酒家酒客小便爲池，及煮物，去暈。一云：老人尿老是久也。

又法：砂子以砒黄，於砂盆中煮，加鹽，七日，或二七日，無暈。

又法：紅銀入汞了，以苘草煮，無暈。

又法：白梅煮，去暈。云稍勝烏梅，並宜去核。

又法：黄芽研煮七日，砂盆内煮，無暈。

又法：伏翼糞煮，無暈。蝙蝠也。

又法：擣蓮子草汁爲餅，陰乾，以備非時用，煮洗，去暈。

又法：每研洗砂子，須著少蚌粉和研，良。

又法：口含水停少時，手中洗，去暈。

又法：紅銀及砂子、松脂煮，無暈。

又法：白章柳根、膠清、朴消、石灰研煮，無暈。

又法：黄土、石膽包燒煮，無暈，甚妙。

又法：爛蒸草屈水，出暈。亦能去丹陽暈。

又法：多和汞飛在下者，黄土和鹽，研爲泥包燒，去暈。

又法：羖羊角及松明木，攪堝，重淋栗灰，去暈。

又法：砂子入糠灰汁中煮，數數換池，七日暈盡。須每一日六七度，換汁淘淨。

又法：理石、玄精等分爲末，銷砂子作水投入，去暈。丹陽亦得。

又法：紅銀銷薄，或未鼓，入蓼灰汁中，去暈。一云：蓼子灰煮，得霜伏。

又曾將砂子如銀膏狀者，和蓼灰，研作末，便和灰，煮半日已下，便成。乾碎即當時有故便止不終篇，此灰甚覺結砂子有力。又大抵灰和研甚，與暈最相當。孔氏以燒灰中具述。

燠出砂子紅銀暈法

右取砂子緊鍱了者，二斤。先以暖鹽漿水於鉢内，以柳木槌研淘，旋溲洗却藥，淘洗二十遍，令白淨。即散破納一瓷器中，以糯米漿中煮，納烏梅一升去核。如用酒家醇漿，亦得。煮兩日，不得更別著藥。每日四度淘研，並用暖漿中淘研，前後並不得入冷水。淘研下時，每遍著少胡同律，一錢止分爲四度用爲准。其胡同律者，性情銅鐵俱宜，甚能去暈。

又以遠年土壁土爲湯，亦佳。其間用石灰少者，水於鉢内，以柳木槌研淘，旋溲洗却藥，淘洗二十遍。椀中著漿水，强半椀浸之。每一斤砂子，用硇砂一分，於漿水中放，椀微暖處，一伏時，其砂子藥自見。以篦攪，以水淘研，手中挼

洗令淨。然後取大鐵臼，以砂子和鹽二升，壯夫擣□□當如青泥。每日三度淘洗，和鹽擣，致□□以小便淋桒灰煮一日。又和鹽擣一日，每日亦三度。換鹽，又用小便灰汁煮一日，並合堪用也。如未更擣煮，計三日煮，並當無暈。一説其汞經此擣後，汞亦易制伏。

又如尚有暈，即更入醋漿中煮，合納白礬二兩，鹽二兩，烏梅二升，寒水石二兩，洗了。用砒霜半兩，砒也得。硇砂一錢，朴消二兩，章柳根細擣一茶椀，煮兩日，每日出砂子三兩度。依前用胡同律研淘，壁土爲湯，其物當暈盡也。又如未了，即將砂子，投入伏龍肝、白善各二兩，石灰礦一分，桒灰炭灰中□兩日，亦依前淘研，當白無暈。又如未了，□每斤入一兩黃丹，於瓷器内，微火炒令相入熟研，即入砂糖一斤，少著水，煮一日，不用淘洗。沙糖能去黑暈。又入濃米醋，如無糠醋，亦得内加皂莢，煮兩日，能去黑暈。便即數淘洗令淨。【略】一法：從此煮後以砂子，作小挺子，以風化石灰納鐵筩中，散安砂子，挺子插於灰中，固濟，火養一月日已來。後鼓之，無暈。每斤可得十五兩已來，暴砂子令乾。其砂子前後，並不得入冷水。每斤和伏霜一兩，同研令相入。如無伏霜，生者用亦可。分作十六彈子，以鹽裹。鹽□先擣令細熟，鹽外更以泥裹，各各爲□□。仍以釵子剌毬子上，各作三五孔子，暴令乾，納於鼎中。鐺亦得。以細末黃土覆藉，用石灰亦得。又布炭灰於上，以物合之，固濟，文火養一日。然漸用武火，鼎底紅赤，一炊久即止。寒開之，收取飛出水銀。銀有落在灰上，亦盡收取。其鐺勿動，著於鐺上横著炭火，武燒一火通令赤。寒開之，打破毬，收取砂子，打破入烏梅、白礬，鹽，煮半日，令乾。又入泥毬鹽拔一火，又入藥煮半日，又如更能入汞研令相得，又入鼎中，飛三五遍。汞且飛引，暈故出也。然後入堝堝内，以□牛糞末及少鹽覆藉，便慢火鼓之。□□□汁又未知物好惡深淺，即使鼓如已知□。當初鼓之時，便入母同鼓，甚良，殊勝第二遍入母。

又砂子抽生淘研多者，體質輕虛，被鞴風吹著，物多飛走，大須在意。其鐺中武火燒者，大是上法，物且得伏成得藥力。入堝又免飛走也，更不折落。又毬子中用霜者，一説云，用波斯白礬，並胡同律，甚良。又物既不折落，銷成汁後，乾瀉，不如投入華池中。池法用水及酒，朴消、白礬、脂油無在。

又一法：空以鹽和水爲池，稍濃作柔而□□。又用皂莢爲池，亦得濃烈爲佳。其□□柔白無暈。

又法：如未可，即更入堝銷。每斤用霜藥二兩已下，依丹陽方法抽點，瀉爲碣。即將碣入泥毬包一日，又投三十遍，又入泥毬包。即重入堝銷，每十兩入二兩母，其母切須真好，是本山澤者，切須自試，無分毫雜者，此是要節。於堝中熟攪和，又瀉池中，令成堝稍薄。作此物中，先有黃丹，每入堝中之時，大須在意，令鉛出盡。如不出，自是一病。即又投三十遍，又泥毬包一日，即入堝銷。又每十兩，更入□□兩，熟攪瀉入池内，令成堝。並成□□□光白。又如尚未十成，即須更入六兩母，都成二十兩，是對添也。入堝熟攪，以壁土、白礬、硇砂、鹽投堝，去面上惡，令清淨，然瀉爲堝挺，稍令薄。納火中燒通赤，鈐出令冷。又燒三四遍。即以鹽揩洗令淨。即入瓶煮一炊久，出之。又燒又煮，每一度煮，即一遍入堝銷。如此七遍，銷無暈。又如尚未盡得斷了，即須入後件坯法中，並各得成真寶。

唐·陳少微《大洞鍊真寶經九還金丹妙訣》 證品含元章

修金合藥品第三

且陽元之魂，遇陰氣所感，伏形成魄，謂之兑金。兑金則見陰質，而更含藥精，漸令去其滯氣，靈汞投化，轉轉增光，反濁歸清，然後正陽之體。其修金用藥，窮真合元，令其靈通於七篇也。

空青，曾青，甲乙之氣，赤金之精，精結受其陰靈而所化也。功能成汞爲金，偎經號曰秋石，金之隱名也，與丹砂類合。丹砂亦號曰秋石。其曾青出於蜀川、蔚州、鄂州，始興但出赤金，處年古即生，從寶至空，從空而曾，故號曾也。形如黃連。累累相綴。又似蚯蚓糞，方稜色深，如波斯青黛，層層而生，打之如金聲，是其真也。空青似楊梅，新從坎中山打破，其中有水，久而即乾，如珠金星璨璨，近泉而生，常含其潤，受極陰之氣，與硝石同功力，亦不可知耳。

玄英者，本是顆鹽之津液，流入土久，而深至泉面，而結形如龜甲，其色白光通徹。益州赤鹽液化者，稍紅光，爲上。蒲州者功次。功能制伏飛揚之金，與硝石合功用之力，敵於曾青者也。

化石，謂能消化金石，故號化石。是太陰之極氣，至陰之靈精，功能制極陽之金石，能伏能化，變鍊之力，合於玄英，力至靈也。

石鹽，本稟坤坎之精，陰極之氣，結成其質，方而稜，如片石，光白，似顆鹽之類，味微淡於顆鹽，功則能伏制陽精，銷化火石之毒力，亦與石硫黃敵體變鍊，功性能發明金精，去麤滯氣。七篇之中，假之爲使。

馬牙硝，亦是陰極之精，形若凝水石，生於蜀川。其功亦能制伏陽精，消化火石之氣。獨用伏制則力稍微，合於石鹽，陰毒則甚矣。

北庭砂，所稟陰石之氣，性含陽毒之精，功能銷敗五石之金，各遣證於本性，能成能敗，力頗並於硫黄，去穢益陽，其功甚著。本質亦作顆生，而淺紅色光明通透爲上。七篇中用之爲使，使引其陽金之精，破敗陰魄。若合於大鵬砂、赤鹽、硫黄，用之變鍊，功則高於造化。

麒麟竭，出於西胡，稟於熒惑之氣，生於陽石之陰，結而成質，色如紫鉚，形若爛石。其功亦能添益陽精，銷陰滯氣，增添其彩，亦有大功。真者於火中燒之，有赤汁湧流，不易本色者，是其元也。

石膽，所出於嵩嶽蒲州，稟之靈石異氣，形如瑟瑟，性本流通，精感八石，液化五金，陽精遇之，得歸中宫。若欲識真，塗入銅鐵，火燒色似紅金。伏制變鍊，頗最有功。又以銅器盛水，投少許入其水中，水色青碧，數日不異者，是真也。

大鵬砂者，雖稟陽精，從陰所養，體如琥珀，質似桃膠，其性和，而能消漉陽金，革陰滯質。若合硫黄、赤鹽，變鍊其陽精，轉轉增光益色。七篇之中用御正陽之氣，復歸真元，其功甚大矣。

赤戎鹽，所出西戎之上，味稟自然水土之氣，結而成質。其方王土氣本而黄赤，其鹽亦隨王氣而生，號言戎鹽。味微淡於石鹽，力則能鍊伏陽精，增明光輝。若合石硫黄用，其功能反魂成魄，鍊魄生光，制伏四黄，定質還歸戊己。欲辨其真元，於火中燒汁，流紅赤，凝定轉益其色，則是本元也。

石硫黄，本出波斯南明之境，稟純陽火石之精氣，結而成質。質性通流，含其猛毒，藥品之中，號爲將軍。功能破邪歸正，反濁還清，挺立陽精，銷陰化魄，元真運轉，偏假其功。鉚金遇之，精銷魄敗。色微稍青光者力大，凝黄色者力次，赤黄色者力小。合和大丹，伏鍊銷化，須其力大者。用之審察元氣，辨其高下，然合於七篇。化金生砂，砂漸演精明威，乃證於九丹也。

又 四黄制伏品第五

四黄者，雄、雌、砒、硫。其質皆屬於中宫戊土之位，性各含陽火之毒，毒能敗五藏之氣。若别制伏去其火毒，則能成易變轉五金之質。若能制伏，拒火色而不易本元，有汁流通，曰功能變轉五石之銅銀，而化成黄金之質。若伏火色，變白如輕粉，泮液流利者，化於五金，盡成白銀，而四黄功力，各稟本氣變化。其五金，雄黄功能變鐵，雌黄功能變錫，砒黄功能變銅，硫黄功能變銀化汞。且四黄功，亦能反鐵爲銅，反銅爲銀，反銀爲金，轉轉變化，其硫黄功力最高，能添陽益精，反濁歸清，此乃是七十二石之將也。其四黄遇於赤鹽、大鵬砂、石膽，則伏質歸本，不易其色。若遇石鹽、馬牙硝、石膽，亦伏於火，則變質反而爲白色，如輕粉。是以《大洞寶經》、《鄭君修真内傳》論其七十二石制伏訣，皆須含元胞胎，以黄土等分，和鉛粉及石腦，作鼎伏之。緣土與四黄同類，鉛又能消火之毒，石腦伏石。其《修真傳》中諸石變通之訣，文理稍煩，不能具載。且略陳四黄五金伏制之弘規，乃列之於品彙。

佚名《太古土兑經》卷上

黄芽術

雄黄、雌黄、砒黄、赤石脂、代赭石、丹砂、曾青、黄蓮、黄蘗、牛糞汁。

染藥術

硇砂、石膽，已上皆俱蝕氣。麒麟竭、光明砂，駐顏色。硫黄，去暈。麻灰汁、戎鹽、梔子，煎汁色。黍米酒、紫蘇油，桑潤。浮海末。去諸惡，已上是入黄，若用爲丹，添減在人。

白藥術

蔚金、胡桐律，潤色。梔子，潤色。石膽，去暈。鹽鹵、膠清、石灰、硇砂。已上蝕氣亦去暈。

銅藥

雄黄、雌黄、砒黄、朴硝、戎鹽、丹砂、硇砂、白石脂、牡蠣、石灰、五礬、銅黄、凝水石、曾青、鐵精，並末。童子糞、老牛尿。已上入銅外，及白並用之。

右如此藥法，是作白中用藥。

又 《魏君五金訣》：化鐵要須入伏鉛，及錫餘藥物所成，不必如入錫所成者，取三十煉鐵，及丹中鉛抽成錫，與煮凝汞，以意量之，亦成白銀。如得白汞，即成上真，惟不堪服食也。

又 **卷中**

伏鍊鐵法

丹中鉛五兩，煮成凝汞二兩半，牛脉鍊硇砂一兩，牛尿鍊錫三兩，礜石一兩半。

右先下鐵令洋，取鉛錫汞合銷，投於鐵中，乃取羊脛骨攪之，良久即下硇砂，食久更下礜末覆面，及熱打之，如此五六度，即傾槽匣中，自成白矣。一斤鍊鐵限也。

鍊鐵精法

右取生鐵四兩鍊之，一銷一入黍米酒中，又洋投之，米許硇砂，半兩礜石，

食久急攪，又傾酒中洋之，如此三十遍，得精矣。

鍊鐵法

右銷投牛屎中，五十遍即成精也。

伏錫法

右取錫於略中，抽之十遍，又投玄精中十遍。凡錫一斤，玄精三兩，依法銷錫及玄精末，一時投鍋中，急攪之。次又投生朱一兩，鍊鐵半兩，覆上，即入前養伏錫方中藥煮，即成上好白銀。

伏白礬法

右先以入鹽鍋中，內白礬於鍋內，同燒之一日，可伏矣。

伏石腦法與石膽同法。

石腦二斤，玄精二斤，硇砂三兩。

右爲末，加鹵五升，同煮二七日，即伏也。其鹵汁候盡，即更添之。

飛磁石法礜石、曾青、石碌等並同法，礜石，一本作礬石也。

右諸藥一斤，用汞二兩，搗研相入，飛三日三夜，寒一日，任入五金中用。常時一斤者，可用半斤耳。

伏硫黄法

硫黄一斤。

右入鹵汁中煮一日，乃取黄入絹袋貯之。又入牛膝灰汁中煮一日，又入蜜水煮一日，又入桑灰汁煮五日，又更入牛膝灰汁煮一日，即下汞半斤，准前三三日以成，出之作散。又取好牛乳一升煮之，還取前煮汞半斤，和乳煮三日，即伏。百種用得，服食更佳。

又　卷下

伏流硃作黄白並服食

硫硃一斤，磁石三兩，黄丹五兩，丹中鉛五兩。

右治石藥了，入白礬、礜石三兩，並搗爲末。取前鉛黄丹磁石硫硃等，同下猪脂中煮七日，即白。次取宕州朴硝，瓜州黄礬，嵩山礜石，北庭硇砂，已上各三兩。又取前白汞及磁石，同入醋煮兩日，即出，號曰硫硃。汞名流珠，此云硫硃，字異名同。取硃投丹中鉛，合成鋌子。却搗碎，入猪脂煮三十日即伏。如不伏堅硬，加二兩真艮，亦入猪脂煮之，即伏也。將此入五金，亦要和硝石作粉，和雄硃飛成丹。服之延年。其法先銷汞粉，入鹽覆籍飛之，二日文火，二日武火，一日寒之，即出。投硃雄五兩，即成庚矣。《太清丹經》中，第一法能入五金，全用第二堪服食。玉訣釋如此入雄，更飛三日，文中武，武中文，即成霜也。

伏雄黄法雌砒硃並同此法。

雄黄一斤，石膽三兩，白礬一斤，玄精五兩，不灰木三兩，礬石五兩。

右並爲粉，乃取雄打破，如小麥許，以絹袋子貯之，入醋煮，和其諸藥末，同煮二十日，出之。取雄與醋相和，捻作餅子，取煮了，藥滓還作泥，將裹前雄餅，入鹽鐺中燒之十日，伏火亦好，與五金伏相似，用一種也，任入五金用之。

又　鐵粉法成水。

右取鐵錯爲末，以烏牛屎中浸一宿，出之，內甆器中，一重鐵末，一重餘甘子末，如是三十一重，密蓋埋屋北陰下，三七日成矣。

又　鍊黄鹽粉法

帝味一斤，黄脂一斤，華粉一團。

右以惡灰一升，已上相和，火養十日，成矣。

唐・張久垓《張真人金石靈砂論》

雄黄篇

雄黄爲君，服之通神。向陽生曰雄，背陽生曰雌，一體同産，故夾錯而生山石中。至熱，有毒，乃少陽之精，作丹服，補泥丸，實腦户，養三宫。用雄雌各二兩，和汞一斤，鉛精四兩，火伏之成黄金，作液，服之能冲天。《龍虎經》曰：出武都者佳，諸石不可用。唯雄黄能辟衆邪，故名之爲將軍。

砒黄篇

砒黄生於山石間，服之通神。少陽之精，至熱，有大毒。世人流飛之作丸，療冷病。甚武烈，忌熱麪。若人服一丸，或二丸，霜氣透出，而面腫身虚。流俗不曉，以爲丹，茲乃大悞。亦名曰霜，以其色白，故曰霜也。作黄白術者用之。

唐・沈知言《通玄秘術》

青花丹

空青一兩，研。定粉一兩，白石脂半兩，光明砂半兩，白鹽花、桃花石各半兩。如無，以磁石代之。

右件藥研如麵，入餅子，即以鹽花蓋其上，固濟之乾了。以一二兩火於餅四面逼之，漸漸近餅子，候熱徹四面，著一秤炭火漸漸燒之，任火自銷，可一餐久。如瓶子沸，更伺候少時即住。待冷定，開取藥擣碎，水飛去却鹽味，乾了，

入少麝香同研，以飯丸，丸如麻子大。每日空心酒下五丸，忌羊血冷水。此丹治霍亂，肚脹冷氣，小子疳，痼腸風，女子血氣一切冷疾。久遠服之珍妙。

太陽流珠丹

太陽一斤，馬牙硝四兩，鹽花四兩，炒令煙盡。北庭三兩。

右四味同研如麵，入鉼實按之，上更以少許炒鹽蓋，出陰氣了，如法固濟，即坐一鼎内下。先鎔半斤鉛礶藥鉼子了，以鐵條擒据定。又銷鉛注入鼎，令没鉼子，固濟遍了，入灰爐中，以火養令鎔常半，以鉛爲候。如此一百日滿，即出鼎内鉼子。别以火養三日，常以火五六兩，日滿加火煅，似赤即住。冷，取出如琥珀色，以寒泉内出火毒，研細，以棗穰爲丸，丸如菉豆大。每日空心茶下兩丸，能破一切宿冷風氣，癥癖結塊，女子宿血氣塊，赤白帶下，腸風瀉血，多年氣痢冷痃，吐清水，反胃吐食，一切諸疾，並皆治之。

黄庭丹

硫黄、北庭各一兩。同研如麵。

右入一合子内，如法固濟了，入灰爐中養，常以火四兩，養一七日，復入於合底養一日。取出，看太陽在合上，北庭在合下。又重同研，依前入合，又養七日，後更於合底養一日，即住。取出，看太陽不在合上，已伏火矣。和蠟煮出火毒，蠟黑如漆。去蠟焞乾。重研令細，以飯丸，如粟米粒大。每日空心，酒或醋湯下兩丸，破女子宿血氣，身輕健。此丹服後，百病不生。其藥九伏在人身丹田穴中，十年五歲後，若更有身上，或因打撲損年深，即發疼痛徹心，念之云：先曾服食靈丹，今在身有此疼痛，願爲救療。但以别人手更互相摩其患處，須臾覺肉内有物如火，來至痛處，痛處即愈。此是丹藥靈驗也，其功不可備述。

紫金丹

伏火北庭五兩，别研，在後入於藥中。生地黄十斤，擣碎，以生絺絞取汁。杏仁五升，去尖皮研。金州椒半斤，蜀附子半斤。炮去皮秤之。

右已上除地黄汁外，並擣羅爲末，便取地汁於鐺中，銀鍋爲上。使炭火一斤已來，以灰罨四面慢慢煎之，勿令火急。便入諸藥末，以柳木篦攪三百下後，即入北庭又攪，勿住手。但看稠厚可丸，丸如梧桐子大。每日空心，酒下一丸至十丸爲度。每服後良久，以飯壓之。女子服亦得。忌羊血。有娠勿服。此丹偏治丈夫五勞七傷，一切冷病風氣。久服變白駐顔，延年補益筋骨，神驗之丹。

黄英丹

玉屑一兩，砒霜一兩，左味一升煮曝乾。左味是醋也。蜜陀僧□兩，乳頭香一兩，人糞霜一兩，乾者，以瓦一口，炭火燒之令通赤，用瓦蓋候冷定，勿令作灰取出。

右同研如粉，以真米醋多年者半升，煎乳頭香令銷，即入。寒食乾蒸餅末，更重研如泥，以錬蜜爲丸，如黑豆大。偏治冷氣心痛，女子血氣心病發。空心，醋湯下一丸子，所患須臾即定。先有病根不差者，每日空心，服一丸，至二十服，一切病皆除差。女子心病有根者，止於三十丸，一生不發。懷孕女子勿服，服必損胎。忌羊血毒魚等物。

陰伏紫金丹

硫黄五兩，碎研，水飛。鹽花一升。

右布鹽花半升，於小平底鐺子内，次鋪太陽末，又以餘鹽蓋之。别以一瓦器蓋定鐺子面，以水没得藥上二寸已來，以濕紙固縫。文火養，長令魚眼沸，七日七夜，勿令火絶水耗。旋换添之時時開攪，勿令粘綴鐺底。住。便加火鍛令通赤，候冷了，取甘草湯拌於飯上，蒸一炊久，後以飯爲丸，如菉豆大。每日空心，津下三丸，治丈夫女子一切冷病，去女子宿血，暖子宫，駐顔悦色，興陰陽，補益筋骨，壯氣脉，神效。

延生保命丹

錬了陽起石、伏火硫黄各四兩，雄黄一兩，生研如麵，以水飛之。石鹽一兩。

右前三味同研，次入石鹽更研，以熟水拌作一毬，勿令水多，拌了，以三重紙裹，日中乾之。又取白鹽十二斤，擣成泥拔，杵如漆即止。取一鉼可盛得鹽盡者，先入一半鹽，旋按之令實，中心作一坑子，可容藥毬者。即安於坑子内，下餘鹽築，令至瓶口，入灰壕，周迴以火逼令乾。陰氣然盡，以瓦子蓋鉼子口，如法固濟乾了。依前入爐，瓶上三寸灰，灰上一斤炭火，養五日後退火。鉼上灰一寸，依前火一斤，更養五日。又去鉼上灰一寸，加火至二斤，更五日滿，住火一炊久，取瓶出冷了。打破瓶，去蓋，鹽匱取藥作一團，紫色不耗，折又細研，以沸湯沃沃淘去鹽味。露一夜，明日以甘草湯拌重湯煮一日，久令乾，更細研，入龍腦、麝香少許，以棗穰爲丸，丸如麻子大。每日空心，酒下三丸，極冷五丸。治男子女人冷病，女子血氣，功力不可備述。初服旬日，忌房事、羊血、鯉魚、大蒜、豉汁等物。

抵聖固陽丹

雄雀兒肝二十四枚，羅雀兒時，看雀兒項下黑多是雄，少是雌也。犬内腎並莖切薄片子，於瓦上煿乾爲末。雄蠶蛾四十枚。枸杞子，酥炒。雄黃一分。如無雄黃，以麝香代之。

右並細研如粉，以雀兒卵爲丸。如無雀卵，以鷄子黃代之，丸如梧桐子大。每日空心，酒下五丸。治男子陽道衰弱不興，水藏積冷，腰脚煩疼，行步無力，服之神效，三服已後，自知得力，不可具述。

下元補骨丹

補骨脂二兩，楮實二兩，百饋二兩，附子二兩，炮。桑螵蛸三七枚，炙。殺野田内小桑窠子螳螂窠子是也。茯苓二兩，蛇牀仁二兩，五味子二兩。

右並擣爲散，蜜丸，丸如菉豆大。每日空心，酒下十五丸，加至二十五丸，治男子水藏冷，補筋骨，建陽益精。

御仙丹

鹿茸三兩，破作兩片，酥炙令黃香，更以生薑汁塗，炙破爲末。天雄一兩，炮。山附子一兩，炮去黑皮，後爲末。莨菪子一兩，淘了須煮令牙，生炒令黃黑後研。硫黃一兩，油煮令紫色。蛇牀仁一兩，磁石霜一兩，韭子一兩，炒末。桂心一兩，伏火北庭一兩，龍骨一兩。

右都一處研如泥，以羊腎三五隻，去脂膜切碎，砂盆内以藥同細研爲丸，丸如梧桐子大。每日空心，酒下十丸。功力自知。如無羊腎，以猪腎代之亦得。

羊腎丹

白羊腎一具，去脂膜薄，切片子於瓦上煿乾爲末。雀蘇一兩，白者雀糞是。鍾乳粉一兩，如無，以鹿茸代之。伏火硫黃一兩。如無，伏火者油煮令紫色。

右同研如麵，粟米飯丸，丸如梧桐子大。空心，冷椒湯下二十丸。良久，飯壓。補暖水藏，興陽道。年五十人服之，筋血壯如二十。後生服之，功力自知。

辟暑丹

雌黃細研水飛。白石脂，研細水飛。丹砂，光明者研細，曲灘黃泥裹燒，水飛如輕粉。磁石。生擣，水飛去赤。

右並等分各飛研，更如法同研，令乳入，以鍊白松脂爲丸，丸如小豆大。空心，以湯下四丸。三兩服後，夏月可以衣裘，並無炎氣相逼。此術曾奉懿宗皇帝修合，服食有功效。後又與司勳士郎中修合，頗有神驗，無能知者。

又方：雄黃、赤石脂、粘舌者水飛。丹砂、光明者。乾薑。

右四味等分，飛研如麵，鍊蜜井白松脂丸，丸如梧桐子大。每日空心，酒下四丸，十日止。一冬不寒冷，不著綿衣，可以赤體於水中行坐。此二術神仙所述，宜敬重祕之。

擲果丹

伏火北庭，雄雀兒二七箇，去頭足腹肚，留肝。雄鷄肝七具，白羊血半斤已上，除北庭一味，以真酒四升浸，文武火煎黃盡爲末。牛黃半兩，白馬莖一具，炙末。青金半兩，人參、桂心、當歸、乾地黃、芎藭、芍藥、防風、黃蓍、甘草、杏仁，去尖皮。郁李仁、石菖蒲、兔絲子、車前子、决明、肉蓯蓉、草豆蔻、黃牛酥，已上各一大兩。肉豆蔻。

右擣細爲末，入酥鍊蜜，入前三味相和，擣三千下丸，丸如菉豆大。二十已下，每日空心，酒下五丸。三十已上，十丸。兩日内有效微轉，只可減，不可加。服後飯壓。此丸子治男子無力，虛小弱者，服三十日增長。未有妻室者勿服。緣曾近女子來入夢思，故號爲擲果丸。

鹿茸散

雄蠶蛾八分，陽起石十分，鍊丁者。紫菀八分，遠志八分，桂心八分，桑螵蛸十分，炙。黃蓍八分，兔絲子十分，肉蓯蓉八分，蛇牀仁八分，鍾乳十分。酒研入之。

右並擣爲散，空心，酒下五錢。服後暖即減，冷即加。治男子五勞七傷，補益筋血，添精起陽，去陰汗，夜多鬼交失精者，一服有效。

冷飲子

茴香三分，春夏使根，秋冬使子。遠志三分，去心。附子兩顆，炮。京澤瀉三分，萆薢三分，肉蓯蓉三分，桑螵蛸二十枚。炙。

右擣羅爲散，分爲兩貼大，羊腎一具，去脂膜切細，以水一升半煎取五合，去滓，承露一宿。每日空心，冷服一合已來。每季四劑，能去温疫，補下元，神驗。秘之。

造化露粉別有口訣。

五粒松花。一云松黃。在終南山太一峰者，上。南嶽者，靈華山明星池邊

者，入神。古者秦王美人服之，化爲毛仙。衛叔卿亦服之。其花採取十碩，置大松木甕中，接春時草露浸之。若得麥上露，最妙不可說。兼石崖白蜜，亦上好也。浸滿二十日，看似爛即漉取花，置栢木盆，踏令如粥。即更用新露水淘取稠汁，以紗羅濾之，置瓷甕中。其滓更踏，使穰盡爲度。一如造粉法，澄取淀曝乾，以栢杵臼擣爲末，盛紙袋中。每袋盛一升。其粉亦有玉屑，可煮和酪，服之甚美。益人肥盛延年，展皺有子，甚健身輕。服玉屑一年，行及奔馬，二年可通道仙矣。

練花粉別有口訣。

又取前粉一升，以白牛乳三升，以大銀鐺煎之，使如稀餳。即盛大銅器中，縛草船於大釜中，重湯煎之，以五茄木爲篦攪，勿住手，使熬如膏。即更於日中曝乾，擣篩爲粉。餘粉皆准此練法。其粉亦有玉屑，煮和麻飲，服之甘美，生髮明目。令二百歲老婦人有子，三百歲父有子。服滿十旬，靈不可說。其粉鍊訖，即別盛紙袋中，每袋盛一升。

釀仙醽別有口訣。

又取大瓷甕，可受兩碩八升，取藥芽水一碩五升，置盆中，以糯米一碩五升炊飯。用前粉，水、桃花、杏花乾末，各五大斗，和蒸炊拌饋，亦用粉水拌。其釜下所然柴，亦用金鹽木五茄也，陽實木松木也。餘者並不堪炊。飯熟停，寒温適所，即入大盆中，取花鍊乳粉五斗，炒麥麴二十斤，擣作末熬黃，停冷相和盆中，熟揉相入。取蓮子三斗，茯苓八斤，擣作末入前盆中。苣藤二斗熬香擣作末，和入盆中。又取生地黃汁二斗，和拌。即入甕中，蜜封頭，滿三七日開，看中心有一盞渌醽，半赤如琉璃色，是藥精英。酌而服之，可以長生。餘者盡壓取汁，別盛三瓷甕中。即取金鹽花、玉豉花共兩碩，分入三甕中。更炊糯米兩碩，分入三甕中，必使寒温得所。仍以麴三斗擣作末和之，使封閉滿七日即熟，澄漉別盛，甚香美。

服醽神驗

凡服醽法，取雞鳴時於東方，鋪五色綵爲太玄老君座，其服藥人著道士衣，執簡在西立，面向東，望太陽出處，想上帝玉女如在目前。燒香啓請云：大道天尊，願垂聖護。使藥山神王，并甘露海神，持赤瓊花盃，添弟子醽飲，使弟子服之，延壽還童，即大濟蒼生，忠孝君父。啓請訖，即取白茅七束，分爲七座，座上各敷絳繒七尺，取銀盃子七箇，共盛醽九合，分置七座上。呪云：上清妙醽，太玄降精。我今勤服，令我長生。呪訖，即各取盃醽，盛一大五尊中，分爲三服之，令人甚健。初服十日，令人體多汗。十日已後，即無汗，使人身漸香滑若瑠璃。滿六十日，瓊骨鮮潤。七十日，丹田麗明。九十日，顔如桃李。一百日，皓髮變青。半年，八十老翁却如三十壯少，令人力可百夫。再一年，神會通晤。二年，可爲地仙。三年，雲昇可致也。服此藥莫限早晚，須即服之，仍量性多少。若服至十石，骨髓俱換爲仙矣。此方要妙，萬寶莫傳。如其輕泄，殃及七祖。不授下士，惟傳大仙尹喜，頂戴迺往洞府，諸仙受此，咸盡飛騰。若欲令萬仙來師，諸靈衛侍，即取白龍骨爲粉，並赤金粉和而服之。百無所忌。唯須齋潔合之，無食臭味，謹如仙法。其造藥訣，列之於別卷。

採藥芽訣正月一日已後，採陽坡百草芽者，是百草藥新芽，兼採百草。如藥芽微小，即歛根代之。

款冬芽五斗　括蔞芽五斗　巴戟天芽五斗無巴戟天芽，以竹芽代之。　麥門冬芽五斗　柴胡芽五斗　天門冬芽五斗　紫菊芽五斗　覆盆子芽五斗　地榆芽六斗　旋覆芽六斗　連錢芽五斗無連錢芽，以細辛代之最妙，一名積雪草。　防風芽五斗無防風芽，以紫蘭芽代之。若得防風根取汁最上。　茈胡芽五斗　鼠粘芽五斗　車前芽五斗　升麻芽五斗無升麻芽，以麻黃代之。　忍冬芽五斗無忍冬芽，取葉莖蒸壓取其汁。皆無，只以水蘇代之。　萎蕤芽五斗　白茅芽一碩　地黃芽一碩　赤箭根芽三斗　黃芩芽五斗若無，只取嫩根一百斤壓取汁。皆無，以白蒿代之，能令黑髮　菝葜芽五斗　芍藥芽六斗　白芷芽五斗　薯蕷芽六斗兼別取根作粉，和麴熬之共釀。　麥門冬汁兩碩五斗　牛膝汁一碩五斗　地黃汁一碩五斗

口訣曰：藥草芽多温，爲春陽氣盛，必須揀擇良者，其陽坡百草芽。取法且連根斸取，即摘取芽於乾土塊上試之，汁入土不起者是良收之，土分起者不堪用去之。若先曾服丹乳金石等，即多取前件藥芽，少取百草芽。

唐·齊推《靈飛散傳信録》

靈飛散方

雲母一斤，鍊成者。茯苓半斤，亦可一斤。栢子仁七兩，石鐘乳七兩，菊花五兩，亦可十五兩。朮四兩，一本人參七兩。乾地黃十二兩，亦可十五兩。桂心七兩，續斷七兩。

凡九物治下篩訖，以生天門冬十九斤，擣麋絞取汁以丸。此藥汁多可和之，汁少者溲之。著銅器中，懸著甑下，蒸黍一斛二斗，熟出藥曝乾。更治擣

之令細篵。服一方寸。七日一服。無毒，可多服耳。當食十日身輕，二十日耳目聰明，七十日髮白返黑。髮盡落齒皆去者，取藥二十七匕，以白蜜和之，擣二百下止，丸如梧桐子，可得八十一丸。曝令燥訖，視丸表裏相見，如明月珠，或似熒火精珠，或赤或白，此仙人隨身常所服藥也。欲令髮齒時生，日服此七丸，日三服，至髮生不白不落。若入深山不食，亦可作此丸，日七丸不饑也。若頭髮不落未白，但可服散，可壽五六百年不白耳。白者如前法。已白，服藥可至七百年乃落。求道服藥，不頭白齒落者，日兩服之，得仙之要。齒骨尸解，道之下者。凡作此靈飛散，服之三日力倍，五日血脉盛，七日身輕，十日面目悦澤，智慮聰明，十五日力作不知極，徐行及馬，二十日不復當，三十五日夜視有光。

治雲母法

白鹽一斤和合，雲母一斤。並擣之。

右雲母擣糜勿篵，内重布囊中挼挺之，水汰鹽味盡，内絹囊中，懸令乾即成粉。

一法：以鹽湯煮之，盡解如泥狀，挺之爲粉。又法：雲母一斤，大鹽一斗，漬之銅器中三四，蒸之一日，於臼中擣之爲粉。

又法：用朴硝水三斗，煮治雲母一斤，取成粉，燥舒之，向日光看無芒，便好。有芒，勿服。服之久後，病殺人。宜精治。此本於盧司勳所得正經上傳寫記。經中云：擣雲母糜後，入重布囊中挼挺之，令須入皮囊中，挼挺，大抵不如取廬山水碓舂擣者，最爲輕細。自造恐功不至，忽有麤芒者，損人慎之。服藥後，禁食鯉魚，能斷一切魚爲上。恐刀砧相染，所害不輕。又禁食血，是生肉、生乾脯之類。血羹是熟血，劫非所忌禁。生葱蒜、生韭、醶醋、桃李、木瓜、酸物等，並不宜食。又忌流水。若江行及溪澗無井處，但煎熟食之亦得。大麥損雲母力，亦宜慎之。服此藥能斷葷血，兼修静心氣，得效尤速。不得面受，故此批上。

唐・盧道元《太上肘後玉經方》

乾天父地母七精散方

竹實，三天兩日之精，九蒸九曝，主水氣。地膚子四大兩，太陰之精，主肝明目。黃精四大兩，戊己之精，主脾藏。蔓精子三大兩，九蒸，主邪鬼，明目。松脂三大兩，鍊令熱，主風狂痺濕。桃膠四大兩，五木之精，主鬼忤。巨勝五大兩。五穀之精，九曝。

右方昔傳黃帝服之上昇。欲傳立壇焚香，啓上帝，然可授之，立盟不泄，四十年一傳之。不爾太上奪算，七代考於水官，慎之。

坤風后四扇散方

五靈脂三大兩，延年益命。仙靈脾三大兩，强筋骨。松脂三大兩，生風痼。澤瀉三大兩，强腎根。术二大兩，益氣力。乾薑二大兩，益氣。生乾地黃五大兩，補髓血。石菖蒲三大兩，益心神。桂心三大兩，補虚乏不足。雲母粉四大兩。長肌膚肥白。

右方風后傳黃帝，高丘子授之，後傳茅固。欲傳立誓，不妄泄之。各擣爲散，仍合擣三萬杵，蜜丸亦得也。

艮王君河車方

紫河車一具，王母歌曰：紫河車一，龍潛變易。却老還童，枯楊再益。下文注曰：紫河車者，首女是也。東流洗斷血一百遍，酒洗五十遍，陰乾曝合和。生乾地黃八大兩，補髓血。牛膝四大兩，主腰膝。菊花三大兩，去筋風。五味子三大兩，主五藏。蓯蓉三兩，助莖，女人去之。覆盆子四大兩，主陰不足。巴戟天二大兩，欲多世事加一，女人去之。訶黎勒皮三大兩，主胸中氣。鼓子花二兩，磯筋骨。苦躭二大兩，治諸毒藥。甘草代菖蒲三大兩，益精神。乾漆三兩，去肌肉五藏風沙，令黃。柏子仁三兩，添精。茯苓三兩，安神。雲英粉三兩，縮腸。黃精二兩，補脾胃。金釵石斛二兩，添筋。澤瀉三大兩，補男子女人。遠志二大兩，益心力不忘。杏仁四大兩，炒令焦，去尖皮，去惡血氣。巨勝四大兩。延年駐形神。

右二十二味擣散，蜜丸，服三劑，顔如女子。昔傳蘇林子，欲傳立盟歃血，不爾太上科之。

巽飆臺王母四童散方

丹砂七兩，朱砂三兩已上，胡麻四大兩，天門冬四兩，茯苓五兩，术三兩，乾黃精五兩，桃仁四兩。去尖皮。

右八味合擣三萬杵，冬月散，夏月丸之，服八年，顔如嬰童之狀，肌膚如凝脂。昔傳茅哀，立盟，勿傳違者，太上科之，慎歟慎歟。

離彭君麋角粉方

麋角三具、兩具，不限多少。解開，厚三分，長五寸許，去心惡物，米泔浸。夏三日一換，冬十日一換，一月已上，似欲軟，入甑中蒸之，覆以桑白皮，候爛如芋，曝乾粉之，每斤入伏火硫黃一兩。糜食菖蒲，精實入角也。

此方彭君服之，壽七百七十九歲，後入地胇山去，不知所在。今人云彭逝，謬耳。別自有傳。此方有人於鶴鳴山石洞獲之，誓不宣泄也。

兑夏姬杏金丹方

杏子仁六斗，水研之，取一石八斗，入鐵釜中煮之。先以羊脂揩鐵釜，令三斤脂盡。即下杏仁汁，以糠火煮之四十九日，乃取以楮子煎，丸如大豆，日服一丸，三兩爲一劑。

此夏姬，服三劑，爲少女，後白日上昇。其方出《羡門子上經》。立盟勿泄，殃及七代，慎之慎之。

坎南嶽真人赤松子枸杞煎方

枸杞根三十斤，取皮別著，九蒸九曝，擣粉，取根骨煎之，添水可三石。後併煎之，可如稀餳，即入前粉和丸，丸如梧桐子，服之一劑，壽如百年。

此方傳李八百，立盟勿傳，天殃將罰。

震青精先生䭀米飯方

白粱米一石，南燭汁浸，九蒸九曝乾，可三斗已上。每日煮一匙，一月後可半匙，兩月後可三分與一，腸化爲筋，風寒不能傷，鬚鬢如青絲，顔如冰玉。

此方傳綵女服之，役使六丁，天兵衛侍。祕之勿傳，當獲神仙，切慎切慎。

題京里先生《神仙服餌丹石行藥法》

神仙餌雄黄

天地之寳，藏於中極，命曰雌黄。雌黄千歲，化爲雄黄。雄黄千歲，化爲黄金。服食黄金，命曰真人。餌金之術，微妙難成。輕身益氣，莫過雄黄。餌雄黄法，用好者一斤，治之如粉，以醇酒三升，和之銅器中，白炭上煎之，微火令小沸，勿使大熟，其狀如膠。以好漆二升，熟絞去滓，投著其中，攪令和合藥成，丸如大豆，常先食漬一丸，咽其汁，日三服，十日即知病悉愈。二十日身皮膚至足，藥炁帀行，命曰真人，時寒則温，時熱則凉。服之百日，腸中肥厚，皮膚堅筋，骨强，耳目聰明，無衆患，三百日以後，吞如黍粟大，日三丸，以爲常也。

雄黄當得武都者，取其陽色。陽色者，正鮮好者，一斤，治令極靡。水銀半斤，雲母六兩，治之皆令靡。白蜜三升合和，盛以竹筒，薄削之，蓋其口，約以枲，黍米下蒸之，五日五夜即成。以置水中，綟之如綿，即不汙人手，在地草土不著。日吞如大豆一丸，常服之，與天地相保，勿妄傳也。

雄黄正陽赤好鮮者，多少自在，置釜中，以一釜覆之，塗其際，無令泄。先以犬毛爲替，乃用滑石，赤石脂合和，以水塗厚三分，乾，用上釜不須塗也。爲鐵叉，令釜居上，去地五寸，炊以葦薪，以土爲三丸，以置釜上，乾之，復置一丸著其上，如是盡三丸止。寒可發，以鷄羽拂取，以肥猪胴腸入藥，結兩頭，置銅器中，復蓋之，加甑中，裝黄土其上，蒸之一日一夜，復加一胴，三日三夜盡三胴，可引，丸大如彈丸，服一丸，乃可飲玉漿。

又神仙餌雄黄

真人餌雄黄，價直千金，服之與天地無極。可引，長三尺。治之法，好雄黄一斤，盛以竹筒，復以大筒重合，以白蜜六兩，雲母粉五兩，水銀八兩半，合置筒中，善封塗，無令泄。置黍米中央，蒸之五日五夜，出置水中，濯之如巾，即成餌矣。服如彈丸，日一。

又餌雄黄治病辟毒延年

用雄黄一斤，擣合如粉，傾半斤，雲母六兩，擣合，令和白蜜三升，皆合和，盛以竹筒，薄削之，約以枲，蓋其口，蒸之黍米中，五日五夜，即成。以置水中，引之如綿，即不汙人手，在地草土不著，成也。

太一仙二物餌水銀雄黄

雄黄一斤，水銀一斤，凡二物，先取雄黄治，納甑中，蒸之三日三夜。乃與水銀，令擣合相得，納銅物中，置甑中，裝黍米五斗，其上炊以桑薪，氣出止。須臾復上，如前十五上，當爲水，乃出。加炭上消爲水，出置温土上，復加炭上，如前藥當紫色。取一刀圭粉，一斤鉛，即得物矣。

東方朔餌雄黄

多少自在，細治，肥鴨去腸臓，納雄黄腹中，蒸三日三夜，裝沙其上，服如棗核，日再，尤妙。

神仙餌鷄子雄黄

雄黄一斤，治之令如粉。取生新鷄子黄白和之，置銅銚中，以一銚覆上，封塗其際，微火令手可捫，燒然盡三日夜，勿令火絶。寒乃發之，掠去上滓，清者在下，當湧湧如水銀，寒則堅，得人氣復軟。銖一斤，得十兩，盛以竹筒，勿使見風。服如麻子，使人玉澤潤色，冬則能温，夏則能凉，辟除諸寒氣。

延年神仙一物餌雄黄

雄黄三斤。凡一物，治置去釜中，會塗以狗毛，泥塗其會，無令泄，均厚半寸，令乾。置黍米中，炊以葦薪。丸一丸泥，置其上，以爲候。丸燥可下，掃取上

著。取肥猪胴腸盛藥，約其兩端，置炊黍中，蒸之二日。以好膏塗一胴腸，裹加藥上，一日復重腸，凡三日三夜，用腸三枚，藥成白。如餌可引，丸如彈丸，吞之即延年不老矣。

神仙餌雄黄致玉女

但取雄黄鷄冠色者，熟擣下細簁，和以成鍊松脂，旦服一枚，如彈丸。至十日，腹中伏尸三蟲下，面皯皆除。服之二十日，百病除，耳目聰明。

神仙酒鍊雄黄

雄黄一斤，熟擣下細簁。清酒五升漬之，置器中，卒時作東向竈，安釜已畢，薄塗之，以銅盤加釜上，令水不及三四寸，以赤土塗其際，勿令泄。炊之以桑薪，釜中水盡，輒復益之。藥汁盡，以酒五升當五益之。合爲二斗五升，調適其火，炊之可丸乃止。雄黄莫過大猛火，猛火飛去，藥不成也。

神仙鍊餌白雄黄

先爲土重罏，廣五寸，長尺爲鈴，中間裝炭，其中取雄黄，則置其門，五六斤多少自在。以木甑盛玄龍汁，承其下，并塗之，高尺五六寸，猛火炊之，火稍益炭，卒時雄黄皆下，漉於槽汋中，正白如米，久久堅絶，可治也。以蜜丸大如小豆，旦向日，吞一丸，即辟百邪諸凶之屬，能十反互之益良，令人通神明。

神仙延年不老保精神制魂魄却百痾鍊餌白雄黄方

以雄黄五十斤，當盛以鐵筒，筒長二尺二寸，中徑四寸，底廣三寸半，厚五分。以鹽和朴硝，泥苴筒中，厚三分，乾之。㕮咀雄黄，納其中，以鐵爲箄，穿之百餘孔，如薰簁狀，覆箄筒口，以鐵銚盛以麻油，埋地中通半，取大繩繫穿其中央，以蓋銚上。取雄黄倒覆空上，以六一泥塗其會，令堅不動。徑以炭火燒之，作小偶圖形，炭爐去筒七八寸，然其中筒赤紫色黄，即消下入油中，長尺餘，短者七八寸，復取裝之如前法。凡五十上下，色正赤白如玉，乾折㕮咀，盛以筒中，去油，代以白酒，亦互之如上法。復五十上下，復㕮咀之，合太一餘糧一斗，并合和令相得，互之如前法。去酒，代以肪蜜，互之如前法。入蜜三十上下，可藥成正白，皋如餌。常日飲如梧實，五丸。服之一旬，三蟲皆消。靡散服一月，魂魄內守。

神仙服食餌石

白石先生所受東華真人煮石之法，以致神仙，變形萬化。食石者，使人百病除愈，痕瘕皆滅，腸厚藏香，六腑調適，骨堅氣正，面體玉澤，魂魄柔鍊，三尸消滅。夫石者，蓋金玉之父母也。將以鎮固骨液，凝和血脉，又亦是瓊瑶之類也。將能堅齒明目，髮白反黑矣。金玉石之精焉，猶麻油也，亦巨勝之膏也。瓊瑶乃金玉之凝津焉，猶桃膠亦桃樹之流液也。古人有服巨勝者，而速驗於延年。飲麻油，乃不必愈於巨勝散矣。桃皮有膠，成於神仙，餌桃檑更遲後於散屑也。物有麤而必治，妙而難會，煮石之於服玉，其如是耶。夫食石之道，鮮有不合。食玉之道，貴而覯全。所以然者，藥難得則難恒也。難恒則不久，難得則不專。成敗之者，恒由於此耳。豈若食石者，觸地而必曉哉。豈若用藥者，大澤之中皆凡草乎。由是能石之術徑而可尋，水玉之方希而叵具也。東方人得丹仙者少，何故耶。丹法用戎鹽、曾鹹二物，非東地所生，故法不具，不具則藥不成。不成則無丹仙矣。非都無丹仙者，得丹益者鮮也。北方得石仙者少，何故耶。煮石者用地榆、五茄二物，北方所不生也。不生則難得，難得則石不可食，是故北方少石仙也。故尹公度聞孟綽子、董士周，共相與言曰：寧得一把五茄，不用金玉一車。寧得一斤地榆，不用明月寶珠。按此二人是服石得仙也。常患二物不可得，故言不用金玉與明珠矣。公度聞其語，意中密悟，乃請問用此物之故。首問不已，久許時乃告之煮石方也。一名丁歎子。子欲得不死，當食丁歎子。子欲無憂懷，當帶地榆灰。公度乃慨然，與同學者，及弟子家中數十人，專索市此藥，並煮石而食之，皆得仙道。晚共相將入南陽太和山中，多好石子故也。是以公度作讖曰：金鹽玉札子丹吞，千秋萬歲爲天仙。何爲急坐成泥塵，子丹吞者丁歎子也。究言及語迴隱之耳。五茄一名金鹽母。地榆一名玉札父。北羌人呼豉爲札，當言玉豉也。唯有金鹽玉豉，可用煮丁歎子耳。故帝舜登蒼梧山曰：厥金玉之香草，朕用偃息正道，此五茄、地榆耳。是以西城真人王屋山王常言：何以支長久，何不食石，畜金鹽母。何以得長壽，何不食石，用玉豉父。此亦道煮石之術耳。蓋五茄者，天五車之星精也，金應五湖，人應五德，位應五方，物應五事。故青精入莖，則有東方之液。白氣入節，則有西方之津。赤氣入華，則有南方之光。玄精入根，則有北方之粕。黄煙入皮，則有戊己之靈。五神鎮生，相輔育成，用之者真仙，服之者反嬰焉。魯定公母單服五茄酒，以致不死。臨隱去陽，故託死，時人自莫之悟耳。張子聲仲陽、建始王叔才子世彦等，服酒而房室，得壽三百年，有子二十人。世世有得服五茄酒散，而獲延年不死者，不可勝數矣，而況兼之以食石乎。北方既無二藥，而好石之山亦少，唯陸渾、抱犢、青天、貝母數山，爲有白石者耳，其餘皆麤大盤石，巨峰累固，皆不可卒破壞，味又不

美，如食土狀，謂此巖理石爲土石者也。服之亦辟饑而已，無所延益矣。夫凡食石，欲得細理緬緬，專是自然，無有破缺之形者也。五色石子絶美，如肉同甘。紫青石子，有如檔脯，白石子如飯味，黃石子如芋味，碧石子小辛，緑石如棕味，真人多貴，以遊宴五色石，亦以貯樏。凡五色各一種味，真爲奇矣。

地榆者，内有少陰之德，外稟太陽之氣，下屬戊己之神，上受熒惑之精，其實正黑如豉，陰之象也。其葉赤如旗，陽之類也。霧露而實不濡，太陽之氣盛也。類生平澤而結葩，憑之潤也。内外育陰陽之二氣，表裏包水火之至德，所以鑠玉爛石，摧堅伐難矣。越人或呼爲豉母，有以火炙其黑子，著石中，以調食令香也。又煮其根，以作飲，亦如茗氣。煮其根取汁，以釀酒，治八風濕痺之病，有效。剉五茄莖，煮之取汁，以納麴米，合釀之成酒，既美，常服之，治百病，令人耐老，髮不白，强中。擿其根，亦可釀，與莖不異，但當有勝耳。五茄根及莖皮，亦可散，服辟疾病，住老，患人自不能久服耳。

五茄根十斤，以七月七日採取，亦可用七月九日，諸以庚午、壬午日，皆可採。亦可用十七日、十九日、甲戌甲申日，向日掘之，得南行根及直下根，益佳。掘藥人先齋一日一夕，沐浴燒香，其時又不得語他人云，掘藥及履諸殗穢也。取訖陰乾百日，以布囊盛之，住好，淨洗，納囊中，乃陰乾。忌女人鷄犬，慎勿令見之。

地榆根十斤，以七月七日採，亦可九日採，用丁卯、癸卯、己卯及九日，皆好，背日光掘之，得南行及直下根佳。掘者齋戒，一如掘五茄法。陰乾百日，亦是忌殗穢。亦可以此二物，各著一土釜中，燒之成灰。臨用時，各投一方寸匕。無此二物，多用蘇及香葉，南行根，皆可以煮石。此二藥唯令分等，令土釜足相容受而已，不必根十斤也。陰乾出百日，乃佳。過二百日不復中用。當用兩土釜，以蒲梨及毛和白土，白土當篩擇令細，苦酒和爲泥，兩土釜内外數過上泥，令外厚一寸三分，内厚七分，坼又塞之，取令蜜細。切五茄、地榆根，方四五分許，如竹箸厚薄也。令和調分等，乃蓋上土釜，密泥兩際會，陰乾九日，坼復泥之。畢以安著甓上，乃以薪火燒之，七日七夕，計當用三百束樵。樵皆令燥淨，無用故薪。七日限訖，寒之三日，乃發視之，灰正當作紫青色，藥成也。若故不作紫青色者，更火之七日，不以夜也。七日訖，復寒之三日，無不成者。皆當四面發火，以燒釜。初先微火，若七日未竟，而樵盡，增樵也。增七日已竟，而樵剩者盡樵也。樵束大圍半長五尺，計隱商爲率。亦可於屋下發火。自非同志，勿令臨見，及知其靈藥之名。名其灰爲紫灰也。名藥正白，擣萬杵，别器盛之。色赤者不可用。牝桂卒驗者，擣萬杵，别器盛之。削去上厚皮，用辛味者。五茄根、地榆根分等，陰乾百日，擣萬杵，别器盛之。

初作紫灰時，先齋三七日，亦可於齋中作泥，泥兩土釜，不得在人間作也。

直取地榆、五茄二根，陰乾百日，露燒之爲灰，合擣萬杵，别器盛之。唯煮時不畏人耳。

煮一斗石，用二方匕，諸藥盡爾，紫灰亦可用三方匕。

又取細理石子，細細者，大者搥破，並令如鷄子已下者。洗澡之，納釜中，令石上有三寸水，起火一沸，乃納土釜中，紫灰二方寸匕。若煮二斗石，便用四方寸匕，計斗計匕也。攪之令藥和市，水盡復益水，如故六七沸計，乃刺視之。若刺不入，便以六藥屑二方匕納中，攪令一沸。若故不熟，又納桂屑二方匕，又攪一沸。若故不熟，又納五茄、地榆合屑二方匕，攪令一沸。若故不熟，又納地榆根屑二方匕，攪令一沸。若故不熟，又納五茄、地榆根灰屑二方匕，又得一沸。無不熟者，亦可與紫灰三方匕，此是煮一斗石子法也。亦可頓煮一斛石，石皆作芋子氣，石各有美與不美，隨其石色也。既熟畢，乃以清水煖湯，更洗去諸灰，乃食之。亦可更煮，和調五味，下薑橘葱豉，正如肉羹味。食石一斤，解饑三日。亦可多食，任人也。亦可頓煮十斛，解多許時，不復稍爲煩也。煮時亦不欲令人見之，同志者可耳。若人求石方，寧以煮石與之，勿傳方，豫煮石子，可解三十年，過此漸漸久堅如初，後不可復再者也。煮終不熟也。若釜中忽有終不熟石子者，是已經煮也。食石人起居便利，糞香不臭也。煮石汁有似煮蜊蜆汁，氣飲之，令人通利血脉。久服石者，神仙不死。

若用紫灰石，便熟者，不復須加後六種屑也。六種屑者，以防石之難煮耳。名山中多生葱薤韭者，正是古人食石者種之者也。今欲煮石，便可即採，以調石味也。又其處亦必有佳石，可謹尋之。食石三年，目中有火生。可令食石人向日，令一人操艾，以向面，如注目童，未及童三四寸許，須臾火出附艾也。食石十年，骨髓充滿，百病不生，耐寒耐熱，冬月常欲入冰水中，體休休然也。

此紫灰兩土釜，可任十餘過用。唯患樵少難得耳。若欲土釜中大者，乃作令受一斛灰也。初安藥，當令藥平滿下釜中耳，勿令溢也。燒之七日畢，當有飛精著上釜，名之曰金鹽母、玉豉父。亦可用以煮石，用半方匕耳。平旦單以井華水，服此飛精，夜視有光。三年，行厨立至，所欲如意，患其不可得多，其人不肯

久服之耳。此是五車火星之微精，所以能通靈致食，故名之爲金鹽玉豉父母，此之謂也。食石別有方。

仙人食石祕

令人延年不老，丁壯，可以負重，力作不極。以七月七日，取五茄根地榆根，洗之，陰乾百日。各㕮咀令如爪甲許，各納一赤土釜中，又以一土釜合之，以馬通馬毛，合擣黃土無沙石者爲泥，以泥釜表，厚一寸許，乾之一月。目視之有細坼，隨復泥其坼，勿復坼也。燒之以薪火，晝夜七日，發視色皆青者，可也。未青者，復泥燒之七日，復寒之一日，發視未青，復燒如前，以色青爲效也。各異器盛之。又取好名藥純白者，多少在意，擣之千杵，以雲母水淹之令泥，泥爾正三物，各異器藏之。欲用時，取流水中白石子，大如桃李者，打令中破甚細者，良。用之一斗石子，以著煮器中，水淹之，令上有三四寸水。取三藥各重一方寸匕，投中攪之，猛火煮之，以物數數刺，視石子水盡，復益，熟則刺之入也，狀如煮芋，可飽食取足，以當穀。有葱鹽豉及肉者，在意所加，益美耳。

又法：直取五茄地榆根，陰乾，上釜中灰之如上法。灰成，以三方寸匕，煮一斗石便熟，不須名藥雲母水也。

又煮石

常以七月七日，取地榆根，多少自在，陰乾百日，燒之爲灰。復取生者，與灰合擣萬下，灰三分，擣生者末一分，合之。欲爲石二斗，若三斗漬石，水出石三寸，所用藥粉水中攪之，然火煮之數沸，而爛如餌，可食取飽。亦可與葱及鹽豉煮如肉，所謂仙人石芋羹也。

真人服食餌石

取石大如鷄子，青白細澤如脂者，十枚，納銅器中，漬汁一斗，納地榆灰，大如鷄子者，炊一石米，頃成。擣木玉大如鷄子，復煮之。炊一石米，頃以箸刺之，熟如芋可食。地榆根葉並燒作灰，用之木玉者，桂也。或云筒母桂。

入山服石絕糧

取三色石，大如雀卵圓兒者，三七二十一枚。欲服石時，先懷温，清旦吞青石七枚，日中吞赤石七枚，日暮吞白石七枚。絕穀滿十日，作葵子湯，虀去滓，服汁半升，須臾石即下矣。淨洗石，後日復服。先作碎米粥，清飲之二日，可食。復洗故石服之，復絕食十五日，復作葵湯下之，如前復食粥清，可五日，復洗故石服之，可絕食百日。復作葵湯下之，又服粥清，可食十日，復服故石，可絕一年。

一年之後，可至萬日。常洗故石服之，渴飲水，不食餘物。服石二年，日能行六百里，顏色轉好，與神明通。

神仙舉形

取石粉置寒水中，少頃水熱如湯，可飲之。如飲玉粉。常服之可以輕舉，涉水導山，可以去矣。石粉所居者，氣獨上出。天雨上乾，天燥上温，太一副世仙。經曰：石有玉白，或在山澤地氣，必有美泉之源。飲此泉水，皆通於神明。

神仙服食石鍾乳

石鍾乳，味甘，無毒，温。一名孔公乳，主明目，下氣益精。故服食石鍾乳，擣下篩，服之，恣口酒送，無酒水送之。服百日，通神明。久服，除百病，堪寒不饑。服鍾乳，當得其乳頭，高二寸，已下一寸，才觸便折，爲好。其房曰：孔公孽，不如乳頭也。

神仙服食餌赤石脂

赤石脂，味酸，無毒。白石脂，味甘，無毒，平。黑石脂，味鹹，無毒，平。黃石脂，味苦，無毒，平。青石脂，味酸，無毒，平。皆養性長年藥也。

錬五石脂

擣末納水中，研之令靡微淨沙狀，其泥石在下。取其上者。如此十五過，乾之。日服三合，絕穀不饑，身輕益氣，耐風寒。服之當精意齋戒，不能齋戒，不可輕服。此藥不化，害人。藥不化，煮大麻子，得其汁令熟五升則下矣。若無麻子服，煎肥羊脂一斤，飲之亦善。五石難得，當謹慎之。

神仙服食紫石英

紫石英，味辛温，無毒。服食紫石英，壽三百歲，含之不饑渴。

佚名《太清金液神氣經》卷上

《太玄清虛上皇太真玄丹經》

第一八靈神童八斤，第二玄陽流精五斤，第三沈華神女四斤，第四玄英玉華八斤，第五素靈雲石九斤，第六五英沈精二斤，第七八瓊流膏十二兩，第八素靈明景八兩，第九日耀沈精七兩，第十月精剛華十兩，第十一玄景珠琳八兩，第十二日精合耀十兩，第十三素景飛剛十二兩，第十四東華清景七兩，第十五素符龍剛八兩，第十六九陽明光六兩，第十七北剛玄華十三兩，第十八飛剛金兵八兩，第十九五雲明英六兩，第二十日景七華七兩，第二十一北極丈人九兩，第二十二金虎餘骨六兩，第二十三玄剛子明八兩，第二十四九靈沈石九兩，第二十五威七明七

兩，第二十六兩華沈精十兩，第二十七玄符石母七兩，第二十八太靈甘華八兩。

凡二十八物，象二十八宿星之靈符也。刻於清虛之堂，太皇君之寶章也。見古文者有九人，命曰紫藥明珠之丹。

太皇君合神丹之要，先作太一土釜二，令受一斛二斗，使內外令厚，內二寸極使精密。畢乃擣二十八石，各四千杵，皆以絹素篩之。凡二十八物，合擣十一萬二千杵也。如是治藥畢。又用天玄地黃，以薦覆之。當以礬石水和地黃六斤，令如封泥，泥下釜爲薦也，使厚一寸五分，置日中乾之，使精燥，乃納諸石物。次納神童，次納流精，次納神女，次納玉華，後納二十八石，又覆以天玄五斤，於是安藥都畢，可以一釜上合之。又以太一泥封其會際，復陰乾十五日，使內外堅密，無令有坼。畢乃安釜於鐵鐼之上，令鐼脚高二尺五寸，以糠火燒之。初起火之日，可半鐼脚，至一十二日日足，令火去下釜七寸。又至二十四日日足，令火去下釜五寸。復足十二日，令火去下釜三寸。又十三日，火去下釜一寸。復八日，可引火平釜下。復至二十四日，可進火令平下釜腹也。從九十二日後，可小進火，令未及下釜之上一寸，復二十八日，止，凡一百二十日也。

又清之五日，可以開之。藥當丹紫寶耀，華光文蔚，不可名字。或化爲五雲之精，或結成日月之明。乃以三歲雄鷄左羽掃取之，藏金器銀器，夜則降覆焉。

右太皇絳晨第一篇，服之白日昇晨，出入虛無，萬化隨心。若火日足而光華未發五色不具者，此日未服於火故也。當更泥如先，可重火之。初火之日，使以火釜下，至二十八日，可引火至下釜之上，復三十二日止。凡六十日，萬無不成也。又清之五日，開之如初。

《太玄無常品第九剛七化丹經》

第一八靈朱童四斤，第二玄陽沈精二斤，第三沈華神女十八斤，第四玄陰玉華一斤，第五六液沈華十兩，第六日暉沈精五兩，第七八靈雲光八兩，第八素景飛剛七兩，第九太虛素女十二兩，第十靈華沈液十兩，第十一華泉水母十兩，第十二月景沈剛六兩，第十三七曜靈童五兩，第十四玄剛子明八兩，第十五靈符石母九兩，第十六黃元甘石一斤。

凡十六種，以象九晨七元之靈符，結五行之精微氣，法玄宿之元圖也。以次擣之，各三千杵，以絹篩之畢，納於九晨土釜之中，上下二釜，令各受七升，太陽玄精七斤薦覆之，於是安藥都畢。又以一釜合之，更以九晨土塗其會際，又乾之十日，使極堅燥。安釜於三台之上，皆高三尺，以糠火燒其下。初火之日，令火去釜下一寸。又至十五日，令火平之下。又至二十二日，可引火進下釜之半。復至九日，可齊下釜之上。又九日止。清之五日，徐徐開之，藥當光華符耀，流霞洞明，有八十一種之色。以白鷄左羽掃，藏之金銅之器，勿令潛泄也。

取三化之丹，和以白英水內，於九晨釜中，以白礬之精各二兩，上下薦覆之，封如初，以微火伏養之。初火之日，令去釜下三尺。至九日日足，令火平釜下。十八日止。清之三日，開發如初，丹當光明而白，命曰一化白輝之丹，以一化白輝之丹，更以磁石水和之，以黑磁石之精薦覆，各二兩火如初，命曰二化黑輝丹。以曾青水沈飛門上膽，和二化黑輝之丹，以曾青之精薦覆，火之如初，命曰三化青輝之丹。以朱砂水和三化青輝之丹。以赤朱砂之精薦覆，火之如初法，命曰四化赤輝之丹，以雌黃水和四化赤輝之丹，以雌黃之精薦覆，火之如初法，命曰五化黃輝之丹，三迴五化七靈之道成矣。

太玄九陰靈華丹

第一玄陽流精六斤，第二沈英神女四斤，第三玄陰玉華二斤，第四青影飛剛十四兩，第五日輝沈精十二兩，第六八靈雲光八兩，第七素景飛剛七兩，第八靈華隱曜十兩，第九華泉石母二十兩，第十六液沈精八兩，第十一中黃童子二十四兩，第十二太靈甘華二十兩。

凡十二石，以合十二神之氣，和五行之靈符，結日月之輝影也。可使童子二人，沐浴清静，以次擣諸藥各四千杵，皆以絹素篩之。竟納於六一釜中，令釜上下二枚，各受六斗。先以太陽玄精三斤納薦釜中，次納流精，次納神女，次納玉華，次納飛龍，次納甘石，十二石都畢，好安穩抑按之，於是他藥竟。又以一土釜合之，更以六一泥封其會際，乾十日，令釜精密，乃可納之於四鐼，高二尺，以馬通若糠火於下燒之。初火之日，令火半四鐼之脚。至十二日，可又進之令去土釜五寸。又至十二日，令火去釜下二寸。復至二十四日，可進火齊釜下。又至二十四日，復引火下釜之半腹。二十四日，以火平下釜之上。又至二十八日，止可。又清之三日。徐徐開之，藥當精華，仰著文光，寶輝慶雲之色。即以鷄羽掃之，藏於金銀之器，懸之暗室，則朱光見焉。

又以此丹九兩，納於青竹筒，薄削其表，以白蠟密固其口，藏之於北極之下，令深三尺畢，又平至三十二日，當化成水，命曰紫藥之腴。又以瓊腴和上清九靈

之玄水三斗，則以新器藏之，以白蠟封其口，至二十一日，成丹藥九符之玄水。玄水成，開之上生靈華五色之煙。

又 **卷中**

靈飛散方

雲母一斤成鍊者，茯苓半斤，亦可一斤。栢子仁七兩，續斷草七兩，石鐘乳七兩，菊花五兩，亦可十五兩。朮四兩，乾地黄十三兩，桂七兩。凡九物治下篩訖，以天門冬一十斤，㕮咀絞取汁，以丸此藥。蒸黍米一斛二斗，下熟出藥曝乾，更治令細篩。服一方寸匕，旦服，無毒可多服耳。當食十日，身輕。二十日，耳目聰明。七十日，頭髮白返黑，故齒皆去。若落去者，取藥二十七匕，以白蜜和之，擣二百下止，丸如梧子，可得八十一丸。曝令燥訖，視凡表裏相見，如明月珠，或似螢火精珠，或赤或白。

治雲母粉法

白鹽一斤，和合雲母一斤，并擣之雲母糜，勿篩納重布囊中，挼梃之水汰鹽味盡。納絹囊中，懸令乾，即成粉。一法以鹽湯煮之，盡解如泥狀，梃之爲粉。

又法：雲母一斤，大鹽一斤，漬之銅器中三四，蒸之一日，於臼中擣之爲粉。

又法：用朴硝水三斗，水煮法雲母一斤，取盛粉燥舒之，向日光看，無芒便好，有芒勿服，服之久後病殺人，宜精治之也。

漆丹法

漆三斗，亦可二升，淳不澆者丹砂一斤。色如雄雞冠，無釁雜者。二物下細篩，淳大醋三斗，和合相得，著銅器中，火上微煮之，三日三夜，向欲成時，當如水克欲熟如油澤，以銅器著地，須臾凝可丸。服如小豆二丸，清玄水進之。不堪玄水者，亦可咽液吞之，勿雜食。

未央丸方

雲母二斤，松脂四斤，水銀三兩，天門冬一斤，亦可二兩。凡四物㕮咀，納著大竹筒中，復以大竹筒例沓之，令得强下。下訖，復以麻約其筒，三上塞其口勿令泄。蒸之十斛米下，若不能一頓炊之耳。訖出筒不須出藥，筒著户上裏面二十一日，內氣出爲陰，外氣入爲陽，二氣足藥乃成。更出治之五百下，若藥燥者可以蜜和之。常以成日西北向服之，如大豆二丸。却五十日，復服二丸，復五十日，復服二丸。自此之後，二百歲復服二丸，却千九百歲，復服二丸。若鬢髮變白者，服四丸即不白矣。自此之後，可不服也。若力氣弱者爲五六千歲，後可復服一丸。當絶房室，斷陰陽。

佚名《軒轅黄帝水經藥法》 龍芽易名辯證

對節龍芽。益母。 地盤龍芽。荷葉花同。

銀鬚龍芽。葱。 道生龍芽。編竹。

地膽龍芽。兔絲子，伏砒點硫黄。 側栢龍芽。栢子。

青樹龍芽。春樹。 酉苗龍芽。雞腸草。

已上伏製五金八石，不失胎光。

仙力龍芽。韭。 玉汁龍芽。蒿苣。

花寶龍芽。牡丹。 金麥龍芽。羊蹄。

異花龍芽。芍藥。 無心龍芽。半夏並砂點銅。

已上伏製丹陽成寶，點赤金爲世寶。

金絲龍芽。章柳。 三黄龍芽。地黄。

金蘂龍芽。菊花。 二氣龍芽。荷葉伏汞。

桑笋龍芽。桑葉取霜點硫黄。 仙衣龍芽。松蘿，製五金八石，點化伏砂。

長生龍芽。耐凍。 懸毬龍芽。茄子點銅。

已上伏製硫黄不走。

紫金龍芽。章柳。 地錦龍芽。衣班。

碧玉龍牙。竹。 天刃龍芽。菖蒲。

木耳龍芽。佛耳草。 慈砂龍芽。南星。

白雪龍芽。秀瘡草。 味甘龍芽。甘蔗生點銅。

已上伏製雄黄不走。

天焰龍芽。蓮花。 禽住龍芽。舍松。

耐凍龍芽。夏枯草。 金色龍芽。兔絲子。

中央龍芽。黄草。 玉英龍芽。柳絮。

青龍龍芽。葛根蔓。 地丁龍芽。車前子。

永青龍芽。松。 赤爪龍芽。波菜。

金精龍芽。大戟。 帖索龍芽。半甲。

纏樹龍芽。凌霄花。 味棠龍芽。杜黎兒。

已上伏製汞法朱砂，九轉成大藥。

玉瓶龍芽。蘿蔔。　圓葉龍芽。仙靈脾。

五葉龍芽。馬齒。　地參龍芽。知母。

烏石龍芽。黑荳。　甘露龍芽。甘草。

浄土龍芽。獨德箒。　紫背龍芽。油點葉。

金苑龍芽。椒。　鹿茸龍芽。藍葉，作霜點砒。

萬丈龍芽。藤蘿。

已上並伏朱砂精英，留連伏成寶。

金鈎龍芽。酸棗。金花龍芽。　五鳳龍芽。管仲。

已上並伏五金八石成大藥。

通頂龍芽。谷精草。　地骨龍芽。枸杞。

已上伏朱砂異色，而日如寶。

天寶龍芽。赤芥。　錦砂龍芽。桑葉。

懸豆龍芽。槐角。　錦鎖龍芽。點銅接續焰硝。

已上並同。

水浮龍芽。浮萍。　虎爪龍芽。萱草。

香爐龍芽。紫蘇。

已上伏製硼砂，點五金八石。

碎焰龍芽。護宅草，伏硇砂點金。　香附龍芽。莎草根，伏雄。

已上並同。

唐·獨狐滔《丹方鑒源》卷下　點制五黃丸子方

雄黃一兩，雌黃一兩，砒黃一兩，硫黃一兩，黃礬一兩。

已上並消，都用米醋研令浥浥。後以火迫出，却陰炁爲用。只先飛鹽一斤，作鹽花，取一銚臺，以鹽花鋪在底上，以新小瓦盆子恰合得者，以鹽上安藥，然後用盆子合定，周回鹽泥固濟了，下安火熁，令飛上盆子底，直至飛藥盡，掃取。又研入米醋，准前出陰炁，依前安排飛盡藥。又研，别入匱未作底，上安藥，燒一斤火。取研，猪脂爲丸，白豆大，一丸制一兩汞。取新銚子一隻，先安一黃土作坑子，安汞一兩在内，煖動入一丸子，候作聲聲盡，便成炁也。莫同山澤第三度斷，别用匱法。

佚名《通幽訣》

不變色硫黃法

取鴨子去黃白了，以紙拭其中令浄，其口須小，候裹乾，取黃細研，以雞子白拌令浥浥，入鴨子中，以筯頭築令實滿，口上以雞子白和胡粉固令密。即以黃丹和雞子白爲泥，泥鴨子周迴，可厚二分許。候乾，以黃泥泥，令厚二分，曬乾。又以鉛細細裹之，可四五分，已來三如之。叢立於鐵臼中，消鉛汁淋取一半，候冷，又淋以没頭，頭上可厚五六寸。即臼外如泥火爐法，三處安火，常令臼微熱，不令鉛銷。至第十四日，即大火令鉛銷，銷即浮出收。候冷開之，已伏火，其色不變，可作伏汞砂子匱。用一兩伏了者，勾得半兩生者，五日伏火亦堪。

服朮方

朮一斛，水清浄洗，乾，細擣爲末。以清水二斛煮令爛，以絹絞取汁，於銅器中湯上蒸之。又入白蜜一升，乾棗去核爛研，令皮肉相得，取一升入朮中，攪令相入，如餔狀。日服如彈子大，三四枚，百病皆除，萬惡不傷，面有光澤，耳目聰明，三年顔如女子，神仙不死。

又方：朮一斛，浄洗，乾，擣爲末。大棗四斗去核，酒五斗和，慢煎攪令成煎。日服李子大，三丸，百病不傷，面如童子，耐寒凍。

佚名《太上衛靈神化九轉丹砂法》　造玄明粉法

取朴硝二兩，白鹽一兩。二味相和煎之，如鹽花相似，此名玄明粉也。待臨用時，即用水浸煎，使此物不堪久停。凡經二七日以上，即便氣歇，不堪使也。所煮銀砂，但續玄明粉水煮之，令滿二七日，候銀砂體色堅硬如石爲度。如未滿二七日堅硬者，此是硝石氣透盡也。更不必二七日夜爲限，有時三兩日夜，硬如石，此是着火急，硝石氣出盡，即不用玄明粉水煮，亦得。中有煮二七日已來，如退，得硝石氣出盡，方始得堅硬。其硝難退，盡緣硝石能化金石爲水，所以難退盡也。若不著，則諸石等難退盡也。着少許水銀，雖硬，稍須以意候之。

宋·張君房《雲笈七籤》卷六八《金丹》

太上八景四蕊紫漿五珠降生神丹方一首一名《三華飛綱丹》

藥名口訣：

第一絳陵朱兒七兩口訣是丹砂，巴越者是也。

第二丹山日魂四斤口訣是雄黃，取明者。

第三玄臺月華三斤口訣是雌黃也。

第四青要玉女五斤口訣是空青也。

第五靈華沉腴三斤口訣是薰陸香。

第六北帝玄珠一斤口訣是消石。

第七紫陵文侯五兩口訣是紫石英，精好者。

第八東桑童子七兩口訣是青木香。

第九白素飛龍八兩口訣是白石英。

第十明玉神珠七兩口訣是真瑰拾芥者。

第十一五精金羊五兩口訣是陽起石。

第十二雨華飛英五兩口訣是雲母，光明者。

第十三流丹白膏九兩口訣是粉霜。

第十四亭炅獨生六兩口訣是鷄舌香，味辛者。

第十五碧陵文侯五兩口訣是石黛。

第十六倒行神骨五兩口訣是戎鹽。

第十七白虎脱齒四兩口訣是金牙石。

第十八九靈黄童三兩口訣是石硫黄。

第十九陸虛遺生五兩口訣是龍骨，舐之著舌者佳。

第二十威文中王六兩口訣是虎頭腦陰骨，擣用。

第二十一沉明合景四兩口訣是蚌中珠子，已穿者亦可用，但令新者。

第二十二章陽羽玄四兩口訣是白附子。

第二十三緑伏石母五兩口訣是磁石，取懸針者可用。

第二十四中山盈脂七兩口訣是太一餘粮，取中央黄也。

右二十四味合二十四神之炁，和九晨九陰之精，凝液結日月之明景也。以次别擣，從丹砂始，令各四千杵。藥皆用精上鮮明者，擣藥人當得温慎無多口舌者。當先齋戒三十日，訖，擣藥别處盛室，潔其衣服，沐浴。合藥可三四人，同心齊意，隱静而處。禁忌之法，亦如齋禁例，擣藥都畢，以藥安著釜中。安藥次第之法，先内丹砂，次内雄黄，次内雌黄，次内空青，末後乃内太一餘粮，太一餘粮在衆藥之上也。二十四種都畢，皆當循次令竟釜中，以小柳篦子按令相薄。又以水銀五斤灌諸藥之上，都畢，又徐徐安上土釜，以黄丹泥泥其平際，以牡蠣泥泥其外際一寸，陰乾十日取，燥拆。又上泥之，畢，又通以牡蠣泥泥其外面，上下四邊，厚六分。又應先作六一泥土釜内外。

又　以已鍊麻腴一斛，取四蘂華三兩，合投之，以炭火於銅器下微煎之，三日藥成，名曰四蘂紫漿。【略】此丹或名八景丹，或名四蘂紫華，或名太微紫玉腴，或名五珠華丹，或名降生晨華，或名三華上丹，或名太上飛綱，或名九晨上丹，凡八名也。

鍊麻腴法

鍊麻腴之法，用清水五斛，麻腴一斛，葱薤白各二斤，合水腴葱薤四物，合煎取一斛止。作紫蘂腴，當以寂静處發火，以木蓋蓋銅器上，勿令腴煙散出。鍊腴亦可單服，以致延年。凡糠火火八景神丹，日數既足，勿發，復更火之，如初，日時進火之日法，如先。都畢，寒之七日，乃發。藥煙變成明月珠五枚，仰綴著上蓋，皆裹以絳幙。【略】名此丹五珠絳生。以行上清者，用一倍火之。五珠既成，勿發，復更火之，日如前。火畢，又寒之二十一日，乃開，明月五珠，又變成三華飛剛之龍。發釜之後，便恍惚長大，神光采華，吐氣興雲，所謂隱龍者也。既乘之而行，以造九晨之宫，故《高上經》曰：子乘隱龍，與天無窮。夫火之倍者，計先火一日，後火則應二日，又後火則應四日，又後火則應八日，又後火則應十六日，每事效此爲數。

取作虎腦之法，用馬銜芎藭一斤，細擣爲屑，以虎腦六兩和此屑爲餅而陰乾。既乾，更擣，而秤取六兩，餘者投之於東流水中。陰乾虎腦，三年内亦可用也，不必新干而必佳也。乾時以絹囊盛之，勿以塵附。用薰陸香而膠者，先多塵濁，當以湯水洗鍊去垢，取令光明而無滓者可用。

取錫十斤，於鐵鑊熬之半日，投四蘂紫華一銖合攪，須臾，成委蕤金，紫金屈伸在人，而用之，謂初成之時耳。投二銖成紫蘂玉，投三銖成玄梨緑景玉。

又　九還金丹二章

修金合藥品第三

且陽元之魂，遇陰氣所感，伏形成魄，謂之兑金。兑金則成見陰質更而含陽精，漸令去其滯氣。靈汞投化，轉轉增光，反濁歸清，然後正陽之體。其修金用藥，窮真合無，令其靈通於七篇也。

石鹽本禀坤坎之精，陰極之氣，結其成質，方而稜如片石，光白似顆鹽之類，味微淡於顆鹽，功則能伏制陽精，銷化火石之毒，力與石硫黄敵，體變鍊，功性能發明金精，去麤滯飛昇。七篇之中，假之爲使。

馬牙消亦是陰極之精，形若凝石，生於蜀川，其功亦能制伏陽精，消化火石

之氣。獨用伏制，則力稍微，合於石鹽，陰毒則甚矣。

北庭砂所禀陰石之氣，性含陽毒之精，功能消敗五石之金，各遺證於本性。能成能敗，力頗並於硫黄，去穢益陽，其功甚著。本質亦作顆，生而淺紅色，光明通透爲上。七篇中用之爲使，使引其陽金之精，破敗陰魄。若合於大明砂、赤鹽、硫黄用之，其變錬功則高於造化。

麒麟碣出於西胡，禀之於熒惑之氣，生於陽石之陰，結而成質，色如紫鉚，形若爛石，其功亦能添益陽精，消陰滯氣，拘添其錬，亦有大功。真者於火中燒之，赤汁湧流，火不易本色者，是其色真也。

石膽所出於嵩嶽蒲州，禀之靈石異氣，形如琵琶，本性流通，精感八石，液化五金，陽遇之清歸中宫。若欲識真，塗之銅鐵，以火燒之，色似紅金。伏制變錬，頗最有功。又以銅器盛水，投少許入其水中，水色清碧，數日不異者，是真也。

持明砂者，雖禀陽精，從陽所養，體如琥珀，質似桃膠。其性和，而能銷漉陽金，革陰滯質。若合硫黄、赤鹽，變錬其陽精，轉轉增光。七篇之中，用御正陽之炁，復歸真元，其功甚矣！

夫赤鹽戎鹽是也。所出，西戎之上，味禀自然水土之氣，結而成質。其方水土氣本而黄赤，其鹽亦隨氣而生，號言赤鹽，味微淡於石鹽，力則能錬伏陽精，增明吐輝。若合硫黄用，功能反魂成魄，錬魄增光，制伏四黄，定質還歸戊己。欲辯其元，於火中燒，汁流紅赤，凝定轉益其色，則本元是。

石硫黄本出波斯南明之境，禀純陽火之精，精氣結而成質。質性通流，含其猛毒，藥品之中，號爲將軍，功能破邪歸正，反濁還清，挺立陽精，消陰化魂，元真運轉，偏假其功，鉚金遇之，精消魄敗。色微稍青，光者力大，凝黄色者力次，赤黄色者力小。合和大丹，伏錬消化，須其力大者。用之，察元氣，辨其高下。然合七篇，化金生砂，砂漸澄清明，威乃證於九丹也。

又 四黄制伏品第五

四黄者，雄、雌、砒、硫，其質皆屬於中宫戊土之位，性各含陽火之毒，能敗五臟之金。若别制伏，去其火毒，則能成易變轉五金之質。若能制伏，拒火色而不易本元，有汗流通，即其功能變銅銀而化成黄金之質。若伏火色變白，如輕粉，泮液流利者，化五金盡成白銀。而四黄功力，各禀本氣，變化其五金。雄黄功能變鐵，雌黄功能變錫，砒黄功能變銅，硫黄功能變銀化汞。且四黄功能反鐵爲銅，反銅爲銀，反銀爲金，轉轉變化。其硫黄功力最高，能添陽益精，反濁歸清，此乃是七十二石之將也。其四黄遇於赤鹽、大朋砂、石膽，則伏質歸本，不易其色；若遇石鹽、馬牙消、石膽，亦伏於火，則變質反而爲白色如輕粉。是以《大洞寶經鄭君修真内傳》論其七十二石制伏訣，皆須含元胞胎，以黄土等分，和鉛粉及石腦作鼎伏之，緣土與四黄類。鉛又能消火之毒，石腦伏石毒。其《修真傳》中諸石變通之訣，文理稍煩，不能具載，且略陳四黄五金伏制之弘規，乃列之於品第耳。

佚名《鉛汞甲庚至寶集成》卷一 瓊花湧雪法，用緑礬一兩，汞一兩，以新銚子一箇，以水半盞，煮汞礬。不結砂子，再添水煮，直候成砂子，方住。如結十兩，以大新鐵銚煮之，礬亦用十兩，水不以多少，添煮以成砂爲度。却用鹽梅湯洗去緑礬，厚紙襯焙乾，更桑柴灰淋汁煮砂子，可以拒火，入湧泉匱中，養火七日。寒爐開合，已成寶了。可用鬬坯，又可作母，養靈砂作匱。如不用丹頭，如煎銀法入灰池，用鉛煎成元寶。前項澆淋砂子，可入此分三錢，造器作十分足色。

黑靈砂砒八錢，明浄者，用五焙子四兩，生姜大蒜各半斤，萆麻去殼四十九粒，俱擣碎。用河水瓦瓶盛之藥并水，却以絹袋盛砒懸胎，文武火煮三伏時。取砒焙乾，入汞二兩，或四兩，乳細不見星，入鼎内固濟，以炭十斤，如靈砂法煅伏火。開鼎取藥，又懸胎，以羊蹄根煮一伏時，每赤一兩，以藥一錢半點化，入銀二錢，成器。

第一池，將赤煅紅浸於人中黄内，七日，愈多愈好。

第二池，用半夏、南星、當歸、麻黄、乳香、没藥爲末，白酒脚浸之，將前赤物鎔作汁，傾於内，候冷取過第三池。

第三池，用鵓鴿糞、東瓜汁、鹽蒜醋，加韭過之。再加池，用淘鶴油，如收即以鶴素收過之。蜎油，紅鵝油、石腦油，皆可用。又方，赤一兩，人言半錢，用米醋煮，蘆三錢，硇三分，並爲末。赤如水，伍次下，點之成錠了。用礬末燒五次了，用礬水煮三時，再燒微黑，方用單梅水煮三時，先下母三錢，重任用。

又 神仙養道術

馬牙硝、硝石、若草伏，而斤兩不折，軟一切金銀銅鐵，硬物立軟。

空青久服，輕身不老，令人不忘，志高神化，能化銅鐵鉛錫作金，生益州山谷及越嶲山有銅處，銅精重則生空青，其腹中空，三月中旬採無時。

曾青久服，身輕不老，能化金銅，生蜀中山谷及越嶲，採無時。

又曰：凡使勿夾及銅青，若修事一兩，要紫背天葵、甘草、青芝草，三件乾濕各一鎰，並細剉，放於一甆鍋內，將曾青於中，以東流水二鎰并諸藥等，緩緩煮之五晝夜，勿令水火失時，足取出，以東流水浴過，却入乳鉢中，研爲粉而用之。

又曰：曾青結汞制丹砂，金氣之所生。

又曰：曾青若住火成膏，膏者可立制汞成銀，轉得八石。

雄黄得銅，可作金。一名金石食，或云雄黄金之苗也。

又曰：雄黄若以草藥伏住者，熟錬成汁，胎色不移。若將制諸藥成汁添得者，正可服食，只可點銅成銀，不可變銀成金。

雌黄伏住火，胎色不移，鞴鎔成汁，點銀成金，點銅成銀。

信，人言。若草伏住火，胎色不變，鞴鎔成汁添得者，點銅成銀，若見質枯者，不堪用。

硇砂，若草伏住火，不碎可轉制得諸石藥硇砂，爲五金賊也。若石藥并灰霜伏得者，不堪用也。又曰：北庭白黄者，訣曰爲之金賊，能制合群藥，中之使自制雄雌黄。又曰：及爲銲藥，硼砂及銲金銀用。

礬石能使鐵爲銅，及黑黄者，名雞屎礬，不入藥，惟堪鍍作，以合熟銅，投苦酒中，塗鐵皆作銅色，外雖有銅色，内質不變。

蜩油能軟一切銅鐵。

石膽錬而服之，不老，久服增壽神仙。能化銅成金銀。一名畢石，一名黑石，一名銅勒，一名碁石。

石硫黄能化金銀銅鐵奇物，可煎錬成汁，以模瀉作器，亦鵝子黄色。仙方爲黄硇砂能壞五金，亦能造作金色。凡使勿用青赤，及半白半青、半赤半黑者。自有黄色，内瑩淨似物命者，貴也。凡用四兩，先以龍尾蒿自然汁一鎰，東流水二鎰，紫背天葵汁一鎰，續遂子生莖汁，四件合之，攪令均一坩堝中，六一泥固濟，底下恃硫黄碎之，入於鍋中，以前件藥汁，旋旋添火，用火煮之，汁盡爲度了。再以百部末十兩，柳蚌末二斤，一簇草二斤，細剉之。以東流水并藥等，同煮硫末，一伏時日滿，去諸藥，取出，用熟甘草湯洗之了，入鉢中研二萬遍，方用此硫黄。見五金而黑，得水銀而赤。又曰硫黄，號爲將軍，功能破邪。

【略】

煮膠法：鹿角不以多少，先用瓦缸盛水，浸三日漉出，用江中沙子揩洗要見黄色。然後用鋸二寸長一塊，别换江水，入缸浸三日，用一大瓦鉢有蓋者。用鹽泥和陳壁土，作泥固濟。隨鉢大小，作一竈。用第二次所浸水，入鉢內，和鹿角煮。常以鐵瓶燒水，在竈門前。如鉢內水耗一寸，又添一寸，斷不可添冷水，須用純櫟炭。凡三日三夜，不可斷火，以煮盡爲度。第四日旦漉出，用乘熱修去皮，修去皮便成鹿角霜。鉢內所餘汁，須要熬取十分稠粘，却竹筒溜出，掛在陰凍處，隔宿即凝結。破開竹筒，用鋸成餅子，收頓。

又煮膠法：鹿角，不用自死者，不以多少，三寸許。截斷，去麤皮，將角河水内浸七日，其每日一易，候日足洗淨，入鍋內煮。每角五斤，用桑白皮半斤，楮實子一斤，舶上硫黄二兩，朱砂二兩，同煮之。如水盡旋添湯，及一伏時，自然已軟。或火不相斷，未軟，再煮一伏時。如軟，放冷取出，於當風處掛起，便可入藥用。煮鹿角水，濾去諸藥，慢火再熬，便可爲膠。

丸藥法：蜜劑每藥一斤，用蜜一斤，麵糊濟。每藥末一斤，用藥四兩，米粉一如之。

又煮法：須用兩鍋，常要温湯，准備添用。

又 卷四 丹房製錬藥材

趙仲明先生用驗六法

死鹽：每鹽十兩，以羊蹄根葉汁一大碗，將鹽於藥汁内洗濾過，煎乾，以皂角末二兩，鋪和入砂鍋内，大火一煅通紅，取煙盡爲度。

死明礬：以五方草灰汁燒半日，乾，大火煅紅爲度。蒼耳汁亦可。

死硝：先以姜汁蕩鍋子數次，再下姜汁，同硝煮三時辰，候姜汁乾，上火蓋通煅略數，次取出，真死。此乃入粉霜内用之。若煅硝作用，栢枝、皂角湯煮半日，一煅，此爲真死，爲匱。

死硫：先以黄粟稍草燒灰，淋煮一日，到晚取在地上，冷一夜，次早用菠菜擂自然汁二三盆，用鐵銚燒紅，鎔開硫黄，傾入冷菠菜汁内，如此三四次，燒試無煙爲度。如有煙，再如此鎔入汁三兩度，直要無煙方住。入銚之時，先將所淋過稍草灰柤，及用濃灰汁和爲爛泥，伺候，如見硫有大煙，急以灰蓋住火，大妙。

死雄：蒼木、當歸取汁，同雄末入罐內，煮一日，候乾，用所煮藥滓蓋頭，入明爐火煅略紅，急取出，候冷碎罐，雄結爲一陀在底。

死朋：以好川牛膝吹咀，生牡蠣爲麤末，去細末不用，却以川牛膝煎湯，煮朋牡蠣一日，入砂鍋，却將牛膝柤蓋，用大火一煅，取出候冷，其牡蠣與朋自然分胎。六法用驗全。

固鼎口藥

針砂，蛤粉，鹽醋調搽。一法：白善土，蛤粉，鹽醋調搽。一法：以灰相醋調搽。一法：六一泥内所用之鹽，先以火煆過，然後用度。

金二十種論《本草金石論》云。

【略】

伏火四神丹：朱、硫、雄、雌。

磁石丹：朱砂、磁石。

養正丹：硫、鉛、汞、朱。

沉附黑錫丹：沉香、黑鉛、附子、補骨脂、金鈴子、硫黄、木香、肉桂、陽起石、胡蘆巴、豆蔻、茴香。

八寶震靈丹：朱砂、代赭、靈脂、紫英、没藥、滴乳、赤石、餘糧。

丹房鏡源

雲母粉制汞伏丹砂，亦可食之。芹花立起貧，形如芍藥花，色赤青，可長三尺已來，葉上黄班，色味苦混，堪用煮雌黄，立住火。雷公云：雌得芹花，立便成庚。補天石，又名修天石，伏鉛立拒火。紫背天葵，背紫面青，能堅鉛形，反死鉛。宗心草，今呼石竹花，能留砒住鼎。青鬚草，今呼虎鬚草，煮硇砂即住火，立便成庚，硇遇赤鬚玉，末可養丹砂。芒硝可伏雌黄，石鍾乳可爲匱養丹砂，可制硇砂，紫礬石可制汞，滑石可制雌雄二黄爲外匱。石膽出蒲州余鄉縣，如雞卵大，爲上擊之，縱横解皆成叠，文色青，見風久則緑，其中亦青也。今信州鉛山縣有苦泉，流以爲澗，挹其水熬之，則成膽礬，即成銅。煮膽礬鐵釜，久久亦化爲銅矣。曾青，蔚州者真，勿用夾石，及銅青者。若修事一兩，要用紫背天葵、甘草、青芝草三件，乾濕各一鉢，并諸藥等分，慢慢煮之，五晝夜勿令水火失度，時足取出，東流水浴過，却入乳鉢内研如粉，用曾青結汞制丹砂，金氣之所生。又云：曾青若住火成膏者，可立制汞成銀。轉入八石，空青亦如法，出蔚州者佳。雄黄千年化爲黄金，雄黄似鷓鴣肝色者，用甘草、天葵、地膽、碧稜花四件，並細剉，每件各五兩。雄三兩，下東流水，入於堝内，煮三伏時，漉出搗如粉，水飛澄去黑者，曬乾再研用。内有劫鐵石者，不可入鹽硝作汁，住火力。石硫黄可乾汞。語曰：此硫見五金而黑，得水銀而赤。又曰：黄芽硫黄色瑩者，方用。硫黄四兩，龍尾蒿自然汁一鉢，東流水三鉢，紫背天葵一鉢，續遂子莖汁四件合之，攪令勻，入甘鍋内，用六一固濟，底下將硫黄碎之，入於鍋内，煎藥汁旋旋添入，火煮之，汁盡爲度。再以百倍末十兩，柳蚌末二斤，一簇草二斤，細剉之，以東流水，並藥等同煮二伏時，日滿去諸藥，取出，用熟甘草煮過，入鉢研萬萬匝，用葉子雌黄，可轉硫黄，伏粉霜，記之不可悮使。雌四兩，用天碧枝、和陽草、續遂草各五兩，三件乾濕加一倍，用甆堝子煮三伏時，其色如金汁。一垛在下，用東流水猛投於中，如此淘三度，去水，取出，拭乾搗篩如塵可用。大忌觸穢。即黑雌伏住火，胎色不移，成汁點寶。石膏桂州者，可結汞傾砂中生者。先以天葵、夜交藤自然汁，二味同煮一伏時，其毒自退。十兩用藥，各鉢合煮足爲度，傾粉即煆煙也。磁石四兩，協物上者，伏丹砂養汞，去銅暈。軟硬汞堅頑之物，磁石一斤，用五花皮一鉢，地榆一鉢，故綿十五兩，三件並細剉，以鎚於石上碎作小塊，於甆器中下草藥，以東流水煮三日夜，漉出拭乾，布裹，向石上搥細，入鉢研細如塵，用凝水石，可作油衣，可食。製丹砂爲匱，伏玄晶陽起石，可爲外匱。不灰木可煮汞，潞州者妙。伏龍肝，或經十年者，釜下掘深一尺下，直片紫甆色者，可伏砂縮賀妙石灰，伏硫黄，去錫暈，制雄黄，制硇砂，可用之。又可爲匱，名曰白虎匱。紅皮礬石，能伏丹砂，養汞砒霜，化銅乾汞。用草伏住火，胎色在成汁。得氣者可點實枯拆，不用代赭石，出金色硇砂，能制雄雌黄，草伏住火不碎。可制諸石黑鉛，以草伏得成寶。可銅爲銀，並鑄作鼎，養朱砂住得火，養水銀住得火，煆粉霜住火。

又 卷五

石中青取紫庚法

石青一斤，膽碌石四兩，石硫黄半兩，代赭石二兩。

右件爲末，甘鍋内，大火鎔成汁，傾出成庚也。

冷黄結神砂

右以雌二兩，硇半兩，牡蠣一兩。先以雌入合，蠣粉蓋頭固縫，鹽泥通固，候乾，四兩火養一伏時，研細，以湯淋去蠣灰，焙乾，再入銚炒，雌硇成汁，候冷取出。研，蠟丸如茨菇大，每丸點淨黑鉛一兩，色佳。

真死硼

右以硼一兩，用横紋草、防風各一兩。重薰鍋子煆通紅，入硼在内，瓦盤蓋之，一煆成汁。

死硝

右以巴豆、皂角薫鍋，留些子同硝研。令得所燒鍋紅，傾硝入鍋，扇成汁。

又冷黄

以黑鉛半斤，鎔汁，青鹽、西朋、硇砂各半兩，砒三錢。炒紫色爲度，取丹頭，每錢點鉛十分，赤色。

造丹頭法

右雌一兩，硇二錢半。研細，絹毬定，外用海螵蛸緊，磁石末蜜調毬定，辣蓼擣膏爲匱，養十日，早晚火二兩。日足取出，點物妙。硇砂半錢，膽礬二錢半，白礬六錢，代赭半兩，包金土半兩，焰硝半兩，青礬四錢半，青鹽半錢。

右件爲細末，鹽滷少許煮乾，如茶褐色，鋪底蓋頭了，更以食鹽捺頭，熟炭十數塊，煅紅通赤，以火盡爲度。

伏法別方

硇一錢半，海螵蛸煅白礬一錢，青鹽煅焰硝天竺黄煅三十分兩。又用青礬一錢，膽礬一錢半，鹽精石一錢。

右爲細末，每物一錢，以藥一錢，上下鋪蓋，食鹽捺頭，大火煅成汁，妙。

又印方

黑錫一斤，以鵓鴿糞一斗，水内攪濾去砂土。將鉛於銚内鎔成汁，投入鴿糞汁内，取白爲度，打作片。以雄黄一分，雌黄一分，合研。以坩合一箇，用猪鼻孔草汁油合子内，乾著雄雌黄末向内，又以草藥四五片蓋，固濟口縫，候乾，於灰池内，三兩火養三日。取出研細，於合子内，以鉛片一重，入雌雄末一重，如此入滿，築令實，泥固合縫，五斤火一煅。取出黑鉛鎔成黄色，任自打裹家事，好看之甚。

又法：雌半兩，硇砒各一分，先將雌研，次砒硇二味單研如粉。取雞子一枚，開竅一箇，去黄留清，將砒硇一半鋪在雞子底，次入雌在中心，却以砒硇一半蓋定。取雞子殼小半蓋口，以緑礬水調塗，封閉雞子。取黄丹一斤，鐵鼎子一箇，下黄丹一半鼎内安，中安雞子藥，又以黄丹蓋盡，微壓，石灰填滿，固濟。用炭半斤，灰池内養，取出已成也。每一兩白錫，用小豆大，先鎔成汁，下藥點之，瀉出候冷，即便是金色也。

佚名《諸家神品丹法》卷三

赤雪流珠丹法

取通明透徹雄黄一斤，擣篩訖，以苦酒拌令浥。二日乾，又拌如是，十徧止。與白鹽末拌和，又以鹽覆，固濟，一日夜後，以微火炙乾，漸加火，不可猛。更一日一夜，即加猛火，令其下釜旦暮與火同色，不得暫時，令火力微弱，如此燒三晝夜止。寒之一伏時，開取上釜藥精，更微研之，下釜餘津，亦擣與藥相和，飯拌令浥浥然。依前布置，文武火亦如前法燒之，藥成焕然輝赤，並作垂珠色絲之狀，又似結網張羅之勢。光彩鮮明，耀人目睛，見之者不覺心神驚駭。若有卒患及垂死欲絶，及已絶者，以藥細研之，可三四麻子大，雞子黄滴灌之，藥入口即扶頭，少頃即差。小小虐疾，入口即愈。神驗不可具述。但恨無人造次，解修鍊用之作金。

碧丹砂變金粟子法

治一切風疾，延壽駐顔，治萬病，兼化寶。用黄丹、白土、瓦末等，鹽醋和作硬泥，搏蠟爲毬子樣，作胎，將搏毬子上，不得有微隙。陰乾，開一孔子，燒去蠟胎。即用好光明辰砂，研爲細末，以硬紙卷裹砂，灌入毬子内，用蚯蚓泥固濟孔竅，待乾，別打鐵環一箇，作如此樣。將藥毬子嵌在鐵環中，安於鼎中，關定，周回上下皆虚。取鉛硝汁入鼎中，其上可二寸以來，即糠火養之，勿教冷，鉛消爲候。如此一百二十日加火，取出更於地上，以火煅過。候冷出之，其藥如青紫螺子。揀取黑未不中用者，分藥一半，以青竹筩貯，固濟訖，用乳蒸五徧，三度换乳。乳皮可療鼾䵟。取出入地坑中，埋三宿。開出細研如粉，粟米飯爲丸，如粟粒大。四十者服一丸，五十者服二丸，六十者服三丸，不得多服。治一切風疾，延齡駐顔。將餘者細丹末，入於甘鍋中，用好礬石一兩，別作末，上下鋪蓋，固濟了。當候乾，入灰中養四十九日，大火煅。候冷開合，皆成金粟子。取鼠尾一寫成挺，取鍮石三兩，用半分真庚，先於甘鍋鎔成汁，下三四粒金粟，化爲真西方也。前毬子孔須向上，安在鉛鼎之中，下火養之也。

又　孫真人丹經内五金八石章

五金，朱砂、水銀、雄黄、雌黄、硫黄。八石，曾青、空青、石膽、砒霜、硇砂、白鹽、白礬、牙硝。五金逢汞死，八石遇硝亡。朱砂、白上黄、雌黄三物，名曰有性之物，用處不同。僧溪黄、石亭脂、甜硫黄，三物名異體同。若炬火者，善點銀變赤汞，成大寶。

又　卷四　五金

雄黄部　雄黄者，出武都山，行金木二氣，取上好紫紅色雞冠雄黄，研爲細末。以好穀明成者緑礬，及紫金、龍芽、霜好酸菜苗，亦名赤堇。先將七等物，於新磁缸子内鋪底，入藥在内。次蓋頂，用文武火燒，漸漸添之。次發大火煙成

汁，取出頂在石上，放三日，如紅色金。次置於磁缸子内，用糠火養九日，取出。又用山澤銀銷作金汁，用藥點之，立變成寶，萬十成金也。

雌黄部　雌黄者，出武都山，亦行金木二氣。取上好薤葉子雌黄金色者，研爲細末，以上好光明緑礬、益母草、亦烏壽、龍芽草，燒灰淋汁，煎成霜膏，用新磁缸内鋪底，入藥在内。次蓋頂，用文武火燒，漸漸加火。次發大火煅，斷煙成汁，可點上好山澤銀，成至寶矣。

硫黄部　硫黄者，用甜硫黄，或僧溪黄、石亭脂，三物名異體同。用上好光明成核緑礬，或用赤堇菜燒灰淋汁，煎成霜，新磁缸内鋪底，入藥蓋頂，以文武火燒，漸加火，後用大火煅，斷煙成汁，亦點銀成寶。

白上黄部　白上黄者，出上黨山頭，其色紅粉之狀。次用上好朱砂透明如水晶，五金中爲首。取上好赤堇灰、紫金、龍芽、黄芩，燒灰淋汁，煎成霜，用新磁缸鋪底，入藥蓋頂，以文武火，漸漸加火，次發大火煅之，斷煙成汁，可點生鐵銅成寶，制水銀亦成寶。

又　八石

曾青部　曾青者，出泰山頂上，色如青碧，新如青黄子，形狀似此。研爲細末，用法製焰硝，於磁缸子内鋪底，入藥，次蓋頂，用文武火，漸漸加火，煙斷成汁，點黑銀爲寶。

空青部　空青者，出泰山頂上，如青黄色，光明，如水晶之狀。研爲細末，用法製焰硝、烏壽、龍芽草，燒灰淋汁，煎成霜。於新磁缸内鋪底，入藥蓋頂，用文武火，漸添之，大火煅，煙盡成汁，點銅鐵成寶。

石膽部　石膽者，出蒲州界上，似玻璃色光明，細研爲末，用法製焰硝，或鳳尾、龍芽草，燒灰淋汁，煎成霜。於新磁缸内鋪底，入藥，蓋頂，用文武火燒，漸添火煅，斷煙成汁。點山澤高麗銅，立成至寶。

砒霜部　砒霜者，出信州界，上好黄類白者用之。研爲細末，以法製焰硝，或益母草燒灰淋汁，煎霜，於新磁缸子内鋪底，入藥蓋頂，以火燒之，漸添火，次加大火，斷煙成汁。點鍮石成銀，及點諸物，皆可用之。

硇砂部　硇砂者，上好成核明净者，研爲細末，用牡蠣或鳳尾龍芽草，燒灰淋汁煎霜，於新磁缸子内鋪底，入藥蓋頂，以文武火燒之，漸加大火煅，煙絶成汁。善能除猫銀青黑暈，及點銀。

鹽部　用上好光明天生結硬鹽，研爲細末，以羚羊角錯爲末，或鳳尾龍芽草，燒灰淋汁，煎成霜。次用益母草，研爲細末，於新磁缸子内鋪底，入藥蓋頂，用文武火燒，漸加大火，煙斷成汁。能治眼昏及翻胃病，蓋利内毒，大能去猫銀赤暈。

白礬部　上好白礬，研爲細末。用五方龍芽草、對節龍芽草，燒灰淋汁，煎成霜，鋪底，入藥蓋頂，用文武火燒，漸漸加大火燒，斷煙成汁。能去猫銀黑赤青暈。

馬牙硝部　上好明净者，研爲細末。葛子末及鳳尾龍芽草，法製焰硝，燒灰淋汁，煎成霜。用新磁缸子鋪底，入藥蓋頂，用文武火燒，漸漸加大火煅，煙斷成汁。善能去猫銀青黑暈。

夫五金八石者，是天地五星五岳五行。人之五臟，以應五金。八石者，八卦也。若能制之，善能點化，服餌可以延年，耐寒暑。五金八石法，製黄白及點化諸物。

又　卷五　葛仙翁紫霄丹經法

伏火硫黄法

舶上或僧祚皆得一斤。

右研如粉，用平底鍋中平攤，用桑條灰汁，經雨淋過者妙。取清釅汁三斗，硫黄上二指厚，沸煎一伏時，頻攪撥令匀。先取些於火上乾伏，即伏生，即更添煎水。又煮以伏爲度，黑如漆也。於甘鍋中，三五斤炭，火煅爲汁，瀉成錠子，後搗碎澄洗，曒乾爲末，煅鑄爲器物，或伏制服食錯用。

孫真人丹經内伏硫黄法

硫黄一兩，硝石一兩，硇砂半兩。

右三味爲末，甘鍋坯成汁，瀉入槽中，成伏矣。

黄三官人伏硫黄法

硫黄、灘石、白南礬、各四兩。

生姜自然汁半碗，磨刀水半碗，將此水搡皂角五定，取汁半碗，化前三味藥成汁，如稀相似，以鐵器於火上煎乾爲末，括取末作匱，養三七日。

伏火硫黄法

硫黄、硝石各二兩，令研。

右用銷銀鍋，或砂罐子，入上件藥在內，掘一地坑，放鍋子在坑內，與地平，四面却以土填實，將皂角子不蛀者三箇，燒令存性，以鈐逐箇入之，候出盡焰，即就口上，着生熟炭三斤，簇煅之。候炭消三分之一，即去餘火，不用冷取之，即伏火矣。

葛仙翁丹經内伏雄黄法

七夕日採桑葉，不以多少，陰乾。每末一兩，雄黄一兩，入磁瓦合子內，上蓋底鋪，雄黄在中間，固濟。蜜十斤，炭火煅定。如要轉粉，准此造之。如治病，用黄蠟一兩，鎔剛子七箇，研和爲毬，汞一兩裹之，用物於臍中抹繫之，一兩日瘥。六年後汞硬，看之不中用。

太虚丹經内伏雄黄法

雄黄不以多少，研末。

右以麵清和如食麵，用數重毛頭紙包定，綿子緊了，燒水一鍋令沸，懸藥包在內，不得着底，水少旋添，滚湯不犯生水，可盡一檜水許。取出，如鐵搗羅極細。糯米粥清爲丸，桐子大，空心温酒送下一粒。

葛仙翁丹經内伏雌黄法

雌黄不以多少，用伏火硇砂鋪底蓋頂，投硼砂皂子大，每鉛一兩即成。

孫真人丹經内伏火雌黄法

葉子雌黄半兩，硇砂二兩。

右爲細末。用雞子清調匀，入雞子殼内合之，用紙花貼處。又用白鹽一兩爲末，雞清調塗在殼上，炙乾。又用焰硝一兩細末，調塗在殼上，炙乾。後用黄丹一斤，入合子内鋪底，中坐雌硇，上用丹蓋頭爲匱，用鹽泥固濟，乾用半秤炭火煅之，盡取出，每鎔朱砂水銀坯成汁，入藥一粒，用黄蠟丸如雞頭大。

伏制八石法

葛仙翁丹經内伏膽礬法

膽礬一兩，用伏硇砂四兩。依匱入合固濟，用三斤炭火煅赤，用木炭，將硇砂作坑子，中心安膽礬，以硇砂蓋之，斗子鹽作匱，亦可先養一日，後用三斤火煅之。

孫真人丹經内伏膽礬法

膽礬、青鹽等分，同爲末，大火一煅成汁。

死膽礬法

芙蓉葉取汁，生姜汁盞内煮乾，用鍋子一箇，乳香一塊薰過，用紙包礬，安鍋子中，煅成汁，傾熱鐵盞内，礬死矣。

伏火信法

焰硝白礬，同爲細末，鋪底蓋頭，將信安在中心，於甘鍋子內，上用白虎調塗固濟，以火煅通紅，取出瀉爲錠子。

死信法

信三兩，砂六錢，粉霜六錢，硝礬不以多少，合子滿爲度。

右用磁合子一箇，先以硝鋪底約半，内安信三兩，再用藥一半蓋之。次用礬蓋，再用硝蓋滿合子，上以鹽泥固濟。又用麻皮纏徧，再用鹽泥固濟。候乾，入匱，每日用一斤火煅之，可煅三日，取出如霜雪白色，即伏死矣。

伏砒法乃太上伏火白英丹法。

盆硝半兩，信砒一兩，同研細末。

右入在一有油磁罐子内炒，入白灰末二兩，用炭火四斤，漸逼煅。候火消灰寒，出之，則一握皓然如雪。每三錢入白蟮二錢，同研滴水和丸，桐子大，新汲水下一丸，治瘧痢。

太虚丹經内伏硫二兩，焰硝二兩，硇砂三錢。

右細爲末。入在大錠鍋子內，用風化白虎末，糝滿合子，不得按。以醋調蛤粉，再泥鍋子，厚兩指已來。就地坐着，離鍋四指已來，排炭一秤，上高一尺，用着火三斤，從上燒之，有二斤退候。冷取其砒，在中間一團，如玉砢細水浸。蒸餅和丸，如黄米大，空心一丸，冷水下。可入諸藥使用，兼治男子婦人沉寒痼疾，若點化至奇。

製伏玉砒法

石腦油真者，入髮即展，上舌即卷，着衣服不污，是真。

右用玉色砒霜四兩，研細，以腦油一兩，生姜自然汁一兩，一處同調匀，即拌和砒末，如硬麵劑，入小磁合子。先以生姜汁，表裏製過。入藥了，不用蓋子，只恁露口，四面小火逼之，令無陰氣。乾了，取出再研。又以姜汁和如麵劑，再入合子，用小火逼之乾。如此五度，與好硝一兩，同研匀細。次取生鐵罐子一箇，可受三升，煮入一兩生姜、黄土。其土令細潤，按實至罐唇之下。内以刀子剜一坑子，去罐邊一寸已來。又於坑内，入風化細白虎末，令滿按實。又以白虎中心剜一小坑子，入前砒罐在内按實，再入白虎，蓋頭其上。又用胡桃肉一斤，作小塊子，排在白虎上。次於罐口唇上，以黄土紙筋泥糊了，上坐一磁，碗令與罐口相着牢密。又用鹽泥罐外通身固濟，約半指厚，直下剜唇之下炙乾。碗子着漿

水八分，於乾地上，將藥罐子坐三脚上，以五斤火，煅令罐子通赤。住火自消，候冷取出，其砒已作一塊，如水晶，映日光明，爲五金之大藥，作八石之刀圭。世上萬法，皆不出一爐，神妙無比。宜秘之秘之。

葛仙翁丹經内伏硇砂法

硇砂二兩，取酸石榴皮肉子汁，煮之一椀，更用。及燒灰淋汁熬霜，刮入合子，固濟，火煅伏矣。煮時更入五葉草五兩末，其草生葉長，菱花紋，花紋背莖有紫者，西川地多。如無，以石榴，只用葉，柴灰汁煮之磁器中，二伏時令乾，刮入合子，固濟令乾，出盡陰氣，七斤火煅之，冷出。

伏硇砂法

以焰硝鋪底蓋頂，鹽泥固濟，燒之伏火矣。若將硇砂灰汁煮了後，方用楮葉、蠶沙同養火了，然後以湯化淋，訖以火煅赤，必愈佳。

伏火硇砂法

硇砂一兩，牡蠣、螵蛸、蚌蛤各半兩，如無一味，伏礬代之。

（又）［右］同爲細末，先煅甘鍋通紅，逐旋投之，伏火成灰，取出同研爲末。淋汁於有聲，磁器内燒，將乾之際，取入甘鍋，一坯成汁，如雪也。

伏火硇砂法

硇砂一兩，海螵蛸一兩。

右味同研，先燒一建戴紅，化藥成汁，取出候冷細研，用百沸湯泡開，淋汁再煎成霜，再煅。用楮實子、晚蠶沙二味，爲細末，鍋子中先鋪一半藥築實，次下兩黑紙，蓋入硇砂，又以兩重黑紙，上用一半藥築實，不固濟，四斤火煅盡，候冷取出，即伏火矣。

葛仙翁丹經内伏白礬法

上好白礬一兩，打碎如皂子大。（右）［又］地錦草五兩，如無以夏枯草代之。用黄土川鹽、紙泥和得所，將通油磁器可盛得者，用泥固濟，約厚半寸。候乾，先於地上磚半塊，更固濟底周圍，然後用生熟炭火旋燒，直候藥漸漸作汁，以柳枝子攪匀，更候一兩茶時，迤邐去火候，冷打碎器取出。

如粉，用桐子二兩，上下須停鋪底蓋頭，朱砂在内，實填上下。赤石脂、鹽泥固濟口縫，用鐵二條，十字勒定。滑石三兩，炭火二兩，白土少許，鹽水浸紙泥，固濟合子。窨乾，用火半斤，養二十一日。後添火半斤，養七七日。數足，用研如粉，糯米粥丸如菉豆大，一丸制汞一兩成寶矣。

又　卷六

伏火北亭法

北亭砂三兩明白者，以黄蠟一分半，鎔作汁，拌北亭令匀，作一團子，以紙裹。炒風化石灰一斗，用磁罐，先將一半石灰，入於罐内實築，内剜一坑子，放北亭在内上。又將一半石灰蓋了，準前築實。初用火三斤，以來漸漸加至五七斤，三伏時足，乃再用十斤火煅通赤。火盡候冷取出，用生絹袋子盛。又掘一地坑，可受五七升滿添水，候浥盡水，安一細磁碗在内，上横一杖子，懸釣北亭袋子於碗上，更用盆子蓋了，周回用濕土壅盆子，勿令透氣，三伏時化爲水。取此水拌和前件二味藥。

神仙鍊金成丹一名换骨丹。

粉霜五兩，砒霜五兩，九轉飛者。如不能轉，但以火煅之，亦可。

右二味同研，以左味可團之者，晾乾，以北亭砂、硝石、白礬、太陰玄精、石鹽花，已上各一兩。礬石赤色者。右取一箇固濟瓶子，先以鹽花三兩，或四兩，築入瓶子底令實。即入粉砒團子在内，上北亭等，旋入鹽花，築令緊實。如瓶不滿，更以鹽花填令滿。如法固濟，不得少有皴裂，直待極乾了，入鼎。鼎底先鋪鉛一斤，即坐瓶子在鉛上，以鐵條關定，別鎔瀉入，没瓶子三寸。即埋入灰中，以蓋子蓋定。常以火養，令鉛軟爲度。候六十日夜滿，加火於鼎上下，令通赤。一日即待冷，更燒鼎令鉛鎔，即瀉出瓶，打開去匱，藥其二味，色如雞黄可愛。細研之，飯丸如菉豆大，每丸點汞一兩成寶。若要服食，空心茶酒送下一丸，補虚煖水臟，神效難述，以糯米飯爲丸。

神仙濟世術

砒霜四兩，白者爲上。粉霜一兩，母五錢末，汞五錢，同上藥研匀不見星。

右將磁鼎一箇，用鹽泥固濟一寸厚，陰乾。鼎内用生汞塗過，取前藥下在鼎内，用飛過白礬半兩，寒水石一兩，研細，醋調固濟口縫上，再用鹽泥固濟。候乾，將鼎入爐。先將熟火三斤，下在鼎周回，從寅至卯，漸加火，須管炭一秤半。罷火候冷，開鼎取藥出，用後藥匱養之。

匱法

取白磁合一箇，不要見水。先用風化粉，次寒粉，捻作一坑子，放前藥在内，上却先用白礬粉，次寒粉，次風化粉，裝滿合，築實，用元蓋，又用前泥固濟口縫，固了又用鐵線纏定，通用鹽泥固濟。乾下灰池，養火七日，取出爲度。淨茆一

兩，點藥一錢，製三粉白礬寒水石燒風化，亦再燒爲灰。

拔茆法

用桑灰、玉女草灰、灰滌灰三物，同淋爲汁。又瓜蔞、猪胰、白丁香，等分爲末，入於汁內，放於柳槽內，板之十次，甚浄，一斤可得十兩。

窨製法

舍松浮萍、草芰女桑葉。

右爲灰，以左味淋成汁，數次，將前砂子，音製二日夜，拭乾，用甘鍋便消，消時以白礬焰硝鹽，各等分爲末，蓋頭成汁，傾出成寶矣。後入神室內，若不入神室用。

分胎法

皂角末血餘焰硝撮掠，爲上色之寶。一法用鐵炮滓分亦可。

匱法

用伏火砒霜四兩，擣爲細末，入磁合子內，鋪底蓋頭，丸子在內，外用赤石脂末，固濟口縫，勻令透氣。上用鹽泥固一指厚，炙乾，下灰池，火養七日。候足取，咬着無草聲可用。如有草聲，再養無了草聲。去了諸藥，用伏死砒霜消作汁，將丸子拋在金汁內，煎一碗飯時，傾在鐵器內，放冷取出丸子，用溫水洗浄浄丸子藥，再入浄鍋內，同消一處作汁，傾在油槽內，決成寶也。每三錢可點化七錢茆成銀也。

伏砒霜法

砒霜二兩，焰硝四兩，白礬五錢，白虎五錢。

右件四味，同研細末，入甘鍋，上用五七重濕紙固口頻，以水濕紙勿令乾了。下用木炭火五斤，煅半時辰，作汁傾在器內，放冷擣爲細末，乃是前過氣鋪底蓋頭藥也。

又　結汞法

白礬油四兩，伏硫黄二兩，先着礬油二兩，入鍋子硫黄一兩，安在油中，以鹽泥固濟，燒鍋子通赤，中自然成匱。然後取出，待冷，下汞二兩，上更着硫黄二兩，着醋紙一重，上用黄土醋拌，半乾半濕，得所安。紙上以鹽泥固濟，安爐中。先用牛頭墼四口，開四門向上，平安，墼一口，開一孔子，上安甘鍋子，令穩，周迴向上。側墼爐甘鍋周迴，用稈草灰填實，外向上厚一寸，於灰上長養灰火半斤，養七日後便成。其藥如附子，或如構子之樣，上有焦黑色。然後別入鍋中，大斷鞴成汁，入少許井鹽，待鹽盡，即瀉入模中，成錠子。此藥便爲藥主白礬。油白礬細末，用厚白磁碗，着米醋調如餳稠，如是也厚薄。從下漸漸着炭火，養經一兩餐。開待欲乾，稍冷便卸紙上，擣爲末，一依前者用之。

伏火硼砂法

硼砂一兩，知母一兩。

右細末，用炭火一斤，將甘鍋子坐於火上，先將一半知母末，入甘鍋內炒成灰，傾出，便入硼砂在內，良久作汁溢沸，用知母末壓下，自然伏火矣。傾在磁盞子內，成垜子，每庚銀砂子入於匱，內將硼砂爲末，用好米醋，於手中調塗在砂子令勻，如匱內出來時，却於砂子上刮取，後亦再使用得。

伏火焰硝法

焰硝一兩，砒霜半兩。

同研細，白虎末作坑鋪蓋，砒固縫，外固之了，三五斤炭火煅赤。次增入砒半兩，再增至四兩，作匱養母砂子一兩，砂子用二氣尤佳。

又方死信法

信朴、硝各一兩，白礬二兩。

右細末。先化開硝礬一半入信了，後以半硝礬蓋之，枯定爲度。後藥味陽起石三兩，白石脂二兩，寒水石三兩，枯右入前藥，同爲末。水和丸皂子，大噉乾，入砂合子內，以炭火燒之，至五色霞光出現，即成此神仙術也。

伏信玉女拔

金脚信一兩。

右將信末，三二重帛子裹定，以生姜自然汁，調白麵作糊糊了。又取地膚子末二斤，以醋和作塊，裹前藥，以木火炭五斤燒，自寅時至申時中。

金鼎伏砒法

砒一兩，用定磁甌兒一箇，盛錫三兩，坐火上銷開，將砒如皂子大，逐旋下之，少時浮起，取出放冷，取砒與朱砂等分，同研入甘鍋內，入風爐，煅之立死，可以作。

伏焰硝法

朱砂要好者三兩，桑白皮二兩，苦參一兩。

右細末。先取硝一斤，一箇匱，藥末鋪蓋，入硝末在中間，不固濟，火燒通赤，成金汁如玉，可以成物作器。用法硝不以多少，放在甘鍋子內，以苦竹葉塞

鍋口。

佚名《九轉靈砂大丹資聖玄經》

累砂陰製硫黄法

硫黄半斤，左味半斤，桑灰汁一升。

右將硫黄研細，傾入竹筒内，醋灰汁煮三箇時辰。

妙青金法

先將硫黄研細鐵銚内，鎔成汁，後入水銀一處，同鐵匙攪之，如有鬼焰，灑投上所熬者醋膏子，攪之微轉，於好紙上裹之五層，紙上用生絹裹，於濕土内埋之，兩三箇時辰，冷如鐵硬。又搗碎，入鼎，上水下火，從慢至緊打八箇時辰，爲二氣碎砂，下木炭二十四斤。

陰製二氣砂法

黄礬二錢，白礬二錢，青鹽二錢，川椒二錢，地榆二錢，細辛二錢，巴豆二錢，硇砂二錢，明信一錢，烏頭二錢，菖蒲二錢，硼砂二錢，桑灰汁三升，醋一升。

右將上藥搗研細，入砂鍋内，二氣蓮子入絹袋，懸胎煮一伏時爲度，後入匱養。

佚名《靈砂大丹秘訣》 赤松子四轉訣

制度

一轉，飛花霜法：雄黄一斤，雌黄一斤，朱砂一斤。各别處治之，合末熟研精細。訖納于土釜中，丹華半兩藉之，次安雄黄末，次安雌黄末，上更丹華半兩覆上，固濟不令洩氣。坐三台五嶽上，用葦荻火煅三日三夜，冷一宿，出之，此藥點成黄金三十斤。

二轉，用前霜納土釜中，用鉛黄華覆上，固濟，陰乾十日，如前法文火三日三夜，候冷發取之，此藥一兩，點成黄金一百斤。

三轉，白蠟河車覆之，三日三夜，候冷發之取。此藥一兩，點成黄金二百斤。

四轉，用鉛白河車，以上礬石粉溲河車，令如泥浥浥，以爲覆藉，封火，如前三日三夜，冷取。此藥一兩，勾黄金四百斤。

抽茅法

石緑一兩，焰硝二兩半，硼砂一錢，明信二錢半。

右四味研細一處了，以猪脂煎油，調四味藥末，如濕沙相似了。用甘鍋，先安爐内燒，令通紅，用匙逐旋挑入鍋内，令七分滿，用瓦片蓋頭。再簇炭煎，令藥用成汁了妙，用乾柳枝攪數十下，不可令十分透底。候硝汁漸乾，傾出地上，子母分胎。再用鍋子消了，任意勾點打造，細膩甚妙。

輕粉法

皂礬一斤，鹽半斤。

作一處研，入瓦罐中，用熟湯煮令成糊，攪令匀約，煮半日，令黄色。用黄麴四兩，入汞一兩，和研作一處，須臾汞攤在麩上，瓦盆封蓋固濟，進火昇之。候冷收下掃之。

粉霜法

明信半兩，白礬四兩，鹽二兩，焰硝半兩，汞二兩，皂礬二兩。

右同一處細研，不見汞星爲度。以鐵銚内炒成末，堆在大椀内，蓋之濕紙塞縫，再用好泥封之。冷取下掃取霜。右取前霜一兩，同鹽、礬各二兩，細研，入水火鼎中，依靈砂法昇之即是。

佚名《金華玉液大丹》

四聖丹

砒八兩，粉六兩，雄三兩，雌三兩。

砒用蕁蔴汁二椀，旱蓮汁三椀，煮盡洗浄。又用蕁蔴汁半椀，炒盡爲度。粉以蕁蔴三斤許，濃煎汁煮盡。雄以鴨舌草二斤，上下米泔水浸煮盡。雌以紫蘇草二斤許，米糠醋煎汁煮盡。粉六兩，用山澤銀六兩，攪爲末。四兩和粉末在火鼎底，上用二兩銀末捺頭，入水火鼎，如法通身固濟。汞每粉一兩，加了脚半兩，同煅，如用湯煮過用之。固藥用無名異蟮粉、紙筋、鹽泥，同擣千萬下。灰平築鼎，倒露出水鼎，及受煅處。先下火一斤，煅二時提起。用瓦陀磚起半寸許，再下火簇煅一箇時。又如前法，添盡四箇瓦陀子，各過一時提起，添好炭一二塊在底，令藥受煅，火有三斤。用瓦圍了，添火一斤。此是全料，火候到此，消詳用之。却用灰蓋寒爐，冷取粉母分胎。

右用粉細研，同砒等研匀入鼎。留二兩砒，醋搜捺頭固濟，養火三七日。一七火候，初日二兩，二日二兩半，三日至七日四兩。日足，寒爐取之，通研細，再入鼎，如前法一煅，取出研細入合，再養，此煅不必用母。二七火候，初日二兩，二日二兩半，三日三兩，四日二兩半，五日四兩，六日早四兩，晚四兩，七日早五兩，晚六兩，頂二兩，四圍四兩。首尾三斤，取出研細入鼎，如前法一煅研細，又入鼎再養，換新炭。三七

火候，初日二兩，二日三兩，三日四兩，四日五兩，五日五兩。六日五兩。七日就煅，末香三斤，炭團二箇，同擣細放在四邊，熟火六兩。按五方安之，以瓦四片蓋了，頂上出煙，三日後寒爐，方取。可以作匱養雌雄粉。

一轉變化　每粉一兩，先用荷灰汁煮一日。仍用水調白芨末，顆顆包了，同菖蒲末同炒一日許，取出，去白芨，以粉研細，加入赤了脚半兩，共爲末，和銀粉一兩，依前煅粉法煅之。取粉再入銀室中，以前匱覆籍，養火七七日，每粉一錢可點骨一兩，爲十分徹滲，不過鉛池。

二轉變化　辰汞成粉霜如本法，亦如前用荷灰汁煮銀母，煅銀室，養死。每養死辰汞一兩，入雄四錢，雌二錢，同研勻，用庚母作神室，納雌雄於其中，養火。每以前四聖丹作外匱，火候四兩，二十一日早晚换火，日足，寒爐，取雌雄粉，每一錢可點銀一兩，成上色矣。

三轉乾汞　以養死雌雄粉，納入金室中。大光明顆塊砂，先用膽硇硫桑汁，內煮三伏時，取出控乾，金箔包了，栽在雌雄粉內，以四聖丹作外匱，封固養火七七日，火候二至六兩，日足，取硃一錢，可乾汞四兩，成上等金。

六神匱

砒用馬莧菜、柳葉同擣汁，煮五日就，用草毬煅。硇每兩用半夏、草烏二兩，鋪蓋，二斤火煅。乳入葱管內，裝入藕竅中，泥固兩頭，二斤火煅。硼一兩用白酒脚一盞，煮盡粉，山梔子、細辛、雷丸、瓜蔞煮五七日，用川狼毒、石榴皮、鬼舊、五倍子、石韋包煅。

右取粉四兩，對各物一兩，同乳成粉，裝入合。加蝟油一盞，養火七日，火候二兩。取出，又入蝟油一盞，再養七日，火候三兩。取出，又入蝟油一盞，養火七日，火候四兩。如此養三七日了，其藥作匱養物。以粉七兩，對汞七兩，入母二兩，結成砂。和粉研細，負陰窟煅取出，分開作顆塊，用赤了脚貼身，入前匱栽蓮法，養法二十一日，火候二至三，取粉半錢，點骨一兩爲丹陽。

獨砒匱變化

用川狼毒煮砒半斤，兩箇時候。用梧桐律半斤，對砒同乳攛成汁，作碧玉色，取研細入爐，養火七日，其色雪白，方可變化，作匱養物。

一點金

蒲礬二兩，黄礬五兩，桐律二兩，硇一兩，青鹽一兩，解鹽一兩，雌黄二兩，石油半兩。

右件仙人草裹之，一煅成汁，打開光明可愛。用楮汁研如彈子大，金泊裹了，入前匱內養一日，或三日。取之細研爲末，黄臘丸如雞頭大。每用物四錢，或五錢，對丹一丸，點透骨十二分真色，若三七勾之，尤妙。

罨法

牙硝、白礬、石鹽、蟮粉各等分，用鹽滷調裹燒之，其色便出。

又法：仙人草、巴豆、五倍、百部、骨補、川烏、草烏、半夏、南星。

養粉

每粉八錢，真汞二錢，母二錢，結成砂，同研爲泥，楮汁丸爲龍眼大。更用母箔包裹，入匱養七七日，可一錢點化丹陽一兩。

養硃

每生硃一兩，生砒衮作貼身，用二八母砂二兩，包裹令密，入前匱養火三七日，可成寶。亦可一錢，點骨一兩。

養硇膽

每硇二錢，膽八錢，對養出粉霜一兩，同研納在合底，用金箔間隔，以前匱搽頭，養火二七日，或一七日，可二錢點庚道一兩。

養雌雄

每雌四錢，雄六錢，研爲末，用蜜丸如圓眼大，金箔包了。次用前養出硃一兩，研細包裹，入匱養三七日，可一錢點一兩，轉白爲黄。

宋·陳大師《碧玉朱砂寒林玉樹匱》　醉金池

乳香二錢，硼砂一錢，白鹽三錢，硇砂五錢。

右前件分作八處，每點一兩，用藥一錢。同銀入甘鍋鎔成汁，傾入槽中，冷打去藥，其物軟而精潔，無惡暈斑，妙不可言也。

右此紅出蜀青城山，乃蒲先生傳，自杭州西湖道院范東叟得之，乃經驗祕方也。

佚名《純陽吕真人藥石制》

天寶龍芽赤芹。

草中第一最爲先，點假成真遇有緣。伏製五金并八石，會點頑銅軟似綿。

寶砂龍芽桑葉。

青葉白華在野田，農人栽種也爲先。凡流不解神仙果，亦點頑銅軟似綿。

對節龍芽益母。

青葉白華長野田，燒煉成霜大有賢。伏製五金并八石，鴉餐尚自得延年。

味棠龍芽杜梨兒。

不栽不種在高坡，成時米醋莫輕他。伏製水銀成頑定，術人用意自消磨。

二氣龍芽山荷葉。

水火造化結成砂，水山背後我出家。硫黄水銀伏成寶，術人會得玉無瑕。

五鳳龍芽管仲。

五鳳多生深澗中，意生高長一叢叢。只在五月中秋採，恰似鳳凰翅尾同。

天刃龍芽菖蒲。

初生時與劍同形，根白遍地葉青濃。但於四月中間採，雄黄一點勝金容。

地錦龍芽衣班。

紅華長深山，葉赤圓似錢。伏製雄爲藥，服之得延年。

錦鏁龍芽續斷。

凡流伎藝輕輕手，豈料神天入藥方。能製焰硝爲寶用，點銅成寶最爲良。

甘露龍芽甘草。

獨科幾葉最神通，黄帝封爲國老名。採得根苗爲大藥，伏砒如霜就如銀。

金美龍芽羊蹄。

根紅葉紫似三稜，正濕臨津夏便成。只候仲冬收取葉，粉霜伏住點銅銀。

覓烏龍芽櫻桃。

如龍樹掛嶮崖遮，葉似初生猛麓村。採取窨乾大者藥，硼砂點就玉瓊瑩。

金絲龍芽兔絲。

狀如金線掛枝梢，七月收之用水熬。伏住硫黄成妙寶，人服百日勝飛遥。

無憂龍芽萱草。

一般草藥號無憂，宅中欄檻長臺頭。凡流不識神仙法，撫字蓬萊逐幾秋。

碎焰龍芽護宅。

盆池小院種偏多，智者如真理若何。能製硇砂白銅銕，人服咳嗽立消磨。

白雪龍芽禿瘡花。

華如白雪葉如藍，伏製雄黄本性堅。神仙每欲思荒草，服餌飛昇入洞大。

無心龍芽半夏。

捲葉偏宜長葉圓，蕤賓分便長新芽。三葉堪與成大藥，丹陽伏住化銀砂。

金絲龍芽兔絲。

野田淨外熬金色，識者方知品性高。能製水銀發便定，神仙部内最偏饒。

鹿茸龍芽藍草。

陸地種偏宜，經年長葉肥。作霜依法用，伏住朱砂砒。

玉瓶龍芽蘿蔔。

頭大根圓似玉瓶，朱砂逢遇自然能。取根作竅朱砂裹，此聖神妙自得成。

玉英龍芽柳絮。

末春三月遶華堤，近傍亭臺處處飛。收取正伏方製法，神仙誇好得便宜。

懸豆龍芽皂角。

如刀似劍掛懸空，術士知之有大功。能伏硇砂令拒火，功成便點硬頑銅。

金精龍芽大戟。

金葉初生倚樹鮮，根長黄泉不記年。二月仲春神炁足，採時汞伏舍中安。

五葉龍芽馬齒。

皮紅子黑葉青春，骨白華黄按五方。丹砂製伏成金色，丹田養命壽延長。

水浮龍芽浮萍。

無根水上長青錢，五月池塘嫩葉圓。採得窨乾成大藥，伏製硇砂神妙全。

通頂龍芽谷精草。

如雪荒田不種多，叢叢簇簇若池荷。賢士見時如珍寶，硃砂一點色如鵝。

地骨龍芽枸杞。

子若丹砂葉似雲，冬根春夏葉華成。秋時採取紅娘子，製服丹砂色似銀。

地丁龍芽車前子。

地丁長葉不生根，住處偏宜獨一莖。伏製水銀成至寶，丹人豈識立神通。

木耳龍芽佛耳草。

木上生時狀耳同，人看不識豈無功。能變八石爲大藥，雄黄一點色金容。

地盤龍芽荷葉。

粉霜變化點成銀，團團浮水色青青。爲見常人不止住，伏製砒霜有大靈。

萬丈龍芽松蘿。

數條萬丈掛高松，張蔓開花交淡濃。伏製丹砂成大藥，雞鴉化作鳳凰形。

紫華龍芽刺薊。

紫華青幹長荒田，根葉全收不記年。仲夏採時申曬暴，伏成砒汞不還元。

香木龍芽椿木。

深苑密院長春枝，根葉收時孟夏宜。伏製砒霜成白雪，點銅化鐵不思議。

金藥龍芽菊華。

奇異根株別様華，直至重陽開好葩。伏製硫黄真似寶，人服冷病去根芽。

烏荳龍芽黑荳。

高山嶮嶺長春苗，識者方知枝葉高。伏製朱砂明似鏡，儼然胎色不移毫。

圓葉龍芽仙靈脾。

團團細葉長青山，夏間恰用可窨乾。伏住雄黄如金色，九轉成時作大丹。

香附龍芽莎草。

根名青附長香科，華側溪邊則甚多。須信解伏砒作汁，服之性命化仙河。

慈砂龍芽天南星。

穗似葱華先肉紅，根葉人收有大功。伏得雄黄爲大藥，變移死鐵化頑銅。

異華龍芽芍藥。

季春穀雨欲開華，華葉同根採入家。粉霜化粉作銀汁，何愁點化一殊差。

龍寶龍芽牡丹。

亦逐穀雨長紅苞，混色傾城艷最高。解製粉霜光耀色，術人會得詣仙曹。

永青龍芽松。

青山高險有此枝，葉青鸞鳳尾相齊。伏製水銀能點化，千賢萬古永無時。

側栢龍芽栢。

陰山溪子有萬朵，萬葉之中有大名。不老爲緣心結實，能伏砒霜變白銀。

金華龍芽葵。

春日融融長是芳，纔逢長就便華黄。功成大藥神通聖，仙家所在是良方。

紫金龍芽章柳。

紫根白葉樹邊生，達士安排上聖方。能製飛走金石住，硫黄一點便伏藏。

地膽龍芽兔絲子。

紫花青葉長田生，能伏砒粉入硫神。

[原闕文]

帖索龍芽羊角苗。

[原闕文]

浄土龍芽獨箒草。

不栽不種自然生，舍中宅畔倚長亭。能交日月爲大藥，伏住朱砂獨有靈。

道生龍芽地編竹。

葉細華紅長道邊，行人豈認藥中仙。能製砒霜化爲汁，一點頑銅軟似綿。

仙衣龍芽松蘿。

高掛松蘿分外長，術人深山採得將。能伏飛走金石藥，水銀伏住死硫黄。

赤爪龍芽波菜。

能當大熱拒嚴霜，却被風流烈此傷。砒霜伏住如同玉，神仙採取入丹房。

仙掌龍芽蒼蓬、金勾、酸棗。

長在寒池出洞傍，孟夏肥濃採作霜。伏住硫黄人不會，服之髮黑改衰蒼。

銀髮龍芽葱。

根生似蒜鬢髮長，伏砒一點不飛揚。人間不會神仙藥，伏製砒霜死粉霜。

仙力龍芽韭。

伏得丹陽狀若銀，通神仙骨貴相逢。勸君莫向人間説，葉成偏醫骨瘦人。

長生龍芽奈凍。

四時不華旺羣華，緑水池邊長嫩芽。伏住硫黄真似玉，點銅化鐵貴堪誇。

三黄龍芽地黄。

溪邊野地立中身，識破三黄妙通神。伏住硫黄精英在，拒火不能欲藥靈。

纏樹龍芽凌霄。

龍芽凌霄有宿根，遶樹張蘿夏方成。七月採得爲藥寶，汞精一點變白銀。

舍生龍芽瓦松。

不在地上不居山，長在屋舍瓦壠間。術人採得爐中用，水銀一點自然乾。

耐凍龍芽夏枯草。

稠葉節節紫白華，春生榮旺夏枯查。收得作汁通神妙，汞精一點變乾砂。

桑笋龍芽桑葉並條。

初春科斫盡成灰，淋汁熬霜立望基。硫黄大通紅焰起，一點低頭汞不飛。

中央龍芽黄草。

龍芽爲末桑間希，甘堝燒紅裏爐之。合在平地熏製過，水銀滚沸汞不飛。

玄毬龍芽茄子。

華間成結狀如毬，伏住硫黄甚更幽。點化頑銅如白雪，萬年不可與凡流。

香爐龍芽紫蘇。

黄華緑葉長陂池，伏住硫黄八石痿。神仙留下此般法，凡人難會卒難醫。

青龍龍芽葛根蔓。

春生引蔓長龍頭，曲曲盤盤到處遊。解使八石爲大藥，亦能伴汞自然稠。

地參龍芽知母。

知母貝母與南星，搗羅爲末醋拌匀。草母團砂金鼎内，三斤火煅化爲銀。

紫背龍芽油點葉。

蛇麻紫葉人間少，李瘦華紅葉帶班。朱砂見時皆自死，水銀伏了便枯乾。

天焰龍芽蓮華。

長生根葉在水中，華如火焰葉背紅。六月採時堪供養，更能伏汞變成銀。

存性歌

凡燒龍芽製其煙，煙去精華力便堅。慢火五斤難擒製，却道仙家法不玄。

辯真

收採龍芽要及時，真是依法永不虧。根葉莖實各使用，使用差錯有疏危。

有緣

七十二般龍芽草，依時採折爲家寶。解將假物變成真，天賜衣禄濟貧道。

宋・程了一《丹房奥論》

六論三白

經云：硇砂在五金爲賊，五金皆畏之，附砒粉可通造化。又云：砒霜草伏真死，可以點銅爲銀。與粉霜最爲相宜，得硇相附，可成至藥。世人謂此不過點化丹陽而已，殊不知砒硇真死，久養無毒。若得母炁鬱蒸，亦能轉制諸石。及用之匱養膽石雌雄，名曰五靈神丹，轉白爲黄，其功尤大。粉霜獨水銀一味，借鹽礬、硝石搆鍊爲霜，丹經稱爲神雪。或云：佐以草死砒，同作丹頭，入於神室，緩火養死，即是真鉛。其功豈秖换骨耶。但其體本全陰，極難制伏，不易真死。若非伏火朱砂，不能住質。大抵亦須憑母炁而後成，去母離陽，萬無一可。經云：粉霜以陰造陰，微陽，亦無非真死三黄。曰神砂銀等，非靈根不能成寶，非伏砒不得軟骨，非伏硇不得軟潤。愚因見此説，常以粉霜，以砒硇合胎，入四神匱，養經百餘日，用之點化丹陽，適然俱成黄金。其神靈變化如此，豈易度哉。

又　九論假借

古云：家有死三黄，不用置田莊。又云：家有真死砒，金銀爛如泥。此説固然不明，假借其理，幽微未易知也。世所修鍊者紛然，其真死三黄砒中間，豈無一二，不能成丹。何哉，失其假借之道耳。燕雀不生鳳，狐兔不乳馬，若無真父母，所生俱是假。今人但得一藥真死，便欲制汞成寶，久而無成，則歸咎於草之不靈。非草之罪，蓋不得母炁薰蒸，精神不全之故也。凡修鍊雌雄硫砒，不要十分真死，須是存性。先用金母養成其形，後用銀母足成其炁，然後用此轉養朱砂、靈砂、粉霜、汞牙、無母之藥，亦可成寶。前用母篇朱靈用母法，既言先銀而後金，此却言先金而後銀者，何。蓋取其汞易相親也。如硼砂硝硇等草伏住火，若用銀母養煅，亦能制汞藥。雖真死，不經母養，祇可轉制諸石，若欲乾汞成寶，不可同日語矣。

又　十三論灰霜

灰霜乃草木之精液，味鹹，惟毒，殘賊五金，丹竈家所以多不敢用。若以煮鍊八石，立能拒火，功力甚大。苟得手法，去盡鹹味，加火久養，亦可變通。緣其毒炁能透金石。用之煮制，多是化藥成水。若得如此，則藥死矣，切不可棄懷。經云：不見其形，方爲真死。蓋謂此也。急用藥水，傾入凈器中，澄定十餘日，候其上清下濁，逼取上清水，煎熬成霜，取下濁底，乃藥也。熬乾，入合裝制，以熬成霜，捺頭，養火七日，或十四日，藥真死矣。再用研細，用沸湯陶化攪匀，又入凈器中澄定。藥若墜底，又逼去上清水不用，再换湯澄之。澄時須是緩性爲之，不然藥隨水去。直待去得鹹味盡，大火久鍊，此藥方靈。用之轉制諸石，可爲至藥齊功，不可以爲灰霜而忽之。余試之有信乎。葛玄所言灰霜最爲下法，諸藥見爲厭死。若得變轉，亦成上法，非謬言也。惟硝硼硇礬，用此煮制者，切不可用。

十四論煙煤

煙煤乃草木之神炁，丹竈家亦多用此。緣其精神不足制養諸石，未見全功。若用本草煮鍊過，却以煙煤捺頭，入爐温養，方能伏火。如獨用此，不可成也。余親試有驗，書以記之。

十五論作虀

凡用草煮制諸石，皆以新草汁爲良。安知一草制一藥，若非有毒，其藥不死。人視之雖不見其毒藥，視之即有毒矣。先賢恐草毒傷殘藥性，不能通靈，故立作虀之訣。法當用草絞自然汁，置凈器中，用紙蒙蓋，春秋三日，夏二日，冬五日。然後逼取上清水，煮藥，庶幾藥性不受傷殘，則有全功，試之可效。

砒匱養丹陽法

用不夾石明淨者半斤，碎作小豆粒大，尤好。以二兩作一包，白紙包入麤布袋內。依時採夏枯草，日乾燒灰，沸湯淋濃汁，磁罐懸胎煮，頻添汁，五六日布袋漸輕汁濃，火上試之有煙。乃以藥煮出汁內煮，至七八日，藥已在汁內。如些小不下，是石脚也，不必盡。却將藥汁別用一罐，徐徐煎之，待乾作一塊褐黑色，乃伏也。慢焙十分乾，無濕氣，方入鼎封固，下灰池，頂火一兩半，離寸半，養三日。漸加二兩，養三七日。取看合子不損動，養至三十五日，開看灰白色，上如水濕，成矣。燒看作汁，如有煙未斷魂，以鐵匙下乳碎，入好合封，再養一月。又開看如黃色，漸乾不濕，火上燒之，作汁無煙，全死也，未真死。再依前法，封養一月，其藥白色光澤，火燒不作汁如石，乃真死了。乃灰霜被火養去，全砒體真死。碎爲米粒作匱，用此法絕妙，非他可比，口訣手法盡之矣。

煮養砂法

好砂二兩，魚腥草同米醋搗汁，懸胎煮七伏，取出，將草柤包了，入合或罐，牢封固濟，慢火一煅。或下用水罐，尤妙。取砂，用前草柤搗作匱，入合一兩，頂卯酉養三伏。取出，又將砂崑崙紙包，以死礬貼身，入母匱，封養四七日。一兩半頂起，至二兩住，日足乃伏也。將作內匱貼身，却養粉霜。

粉法

兩三四升打，尤妙。如水精堅實霜四兩，作小塊兒。先以白紙包外，以密絹袋盛，荷葉灰汁煮五伏。又以拒雪草，五頂草也。剪刀草，慈菇也。二草汁煮一伏，真銀箔貼身，或再以銀箔包，入死砂匱，以徹銀打神室，將砂先鋪底，次安粉一層，又鋪砂一重，如此重重鋪了，以死砂蓋頭，鹽泥固令乾，方入死砒匱外合，又封如法。二兩頂火，養七七日。取火上燒看無煙爲則，如末。又養一錢，可點一兩爲上色寶。若多時砂匱乏力，可將砂共養出粉霜，同乳爲末一錢，點一兩，却別依上法作匱，奇妙神聖，切不可輕忽之。

凡匱法

白礬一斤，非明礬也。用蕎麥灰淋濃汁一大盞，於磁石器內，將礬滴煮，汁盡礬成水，慢慢火焙乾。又用磁罐入礬在內，封固乾，下灰池，頂二兩，養三伏，取出，任用之。

神室

合中神室可打，令厚不要薄了。

烏驢汁，乃木蜜楮汁也。人言八兩，作四分，爲麤末。每二兩先以白紙二重包外，又以麤布包了，懸胎入草汁，作四瓶兒煮，以紙蓋罐口，乾添汁，日足取出，煮時常提動布袋，其藥易下。如有些少未能盡者。收起，另將一罐子煎之，候三五分乾，又傾上汁煎之，待煎盡乾，慢火逼乾，打破罐子，取出，與前未化藥些小，一處研細。始初八兩藥，入了灰霜，增添分兩多，入合封養，一月一開。向後三四月，其霜養去灰，止有元藥如雪，方伏也。前件夏枯草灰淋汁，用紙一層，鋪筲箕底，澆湯泡灰，細細滴下，用凈磁器收，澄定清汁，傾別器內，又澄之，取清汁收，去盡灰脚，方可煮藥，此活法也。

凡八石，須是煮煉養伏，方倒火功，日久方死。可用礬澆淋，摘下芽子，又作澆匱，澆下芽子，又摘作澆匱，直至九轉，可作匱，養砂汞，爲服食藥。

煮粉砒九轉法

煮粉法

大黃五倍，與山梔、川椒，更入細辛枝、姜汁、蜜，和濃米醋，同水煎之一日，期煮之黑色，纔爲準。候乾，再用煅，方奇。須知此法神仙術，留與丹人作祖基。

右以大黃、五倍子、山梔子、川椒、細辛爲麤末，然後用生姜汁、蜜、米醋各一二碗，同水懸胎煮一日，待粉霜黑色爲度，另收粉，再用砒，同煅之。

煮砒法

訶子同隨遠志稱，地膚牛膝與苦參。知母芫花并大戟，㕮咀河水煮交靈。以絹作囊玄胎法，晝夜徐徐用火勻。助成大藥無可比，轉轉無窮作大乘。

右以訶子、遠志、地膚子、杜牛膝、苦參、知母、芫花、大戟，八味各等分，爲㕮咀用信，以綿作袋盛之，河水內煮一晝夜，取出細灰盒，令乾，研之爲末。

煅砒粉法

燈盞一隻平地埋，盞內先須亥脂揩。銀母隨心鋪在底，上排煮粉擺平哉。却使煮砒安粉上，粉三砒五秤無來。地膚灰調車前子，分兩高低砒上排。堆之盞下無透縫，纔安熟火簇鋪開。煅之火勢三斤力，去一安灰蓋藥材。

右法用燈盞一隻，埋在地中，上用亥脂火燒少許，在盞內，然後安銀母砂，或銀母末，隨意。次安粉霜，粉霜上又安煮砒，鋪蓋粉霜，粉霜上方用三件，地膚、車前子灰調草藥子末，堆蓋信上。用熟火三斤，煅去二斤，退火，用冷灰盒之，候冷取出，砒作一處，粉作一處，各收起，如此三煅方可用。

砒粉煅通靈，田禾已種成。人言貧士術，果爲是分明。點化紅銀寶，堪能作

匱精。粉能變赤物，砒可養銀身。

右法解云：若以點化法，依序行用，到此地叚，大能成就。先以祿取紅銀，化爲嬰兒，令入瑶池，沐浴了三次，使令食天母乳汁，浴三次，脱其紅色，且天母乳者，蓋頭砒也。如赤物一兩，以天母乳一錢半，三次點之，候嬰兒脱衣畢，却以白雪神丹點之，入仙境，則爲天仙骨也。白雪神丹，乃粉霜也。分作三次點之，一次令嬰兒投母，食天乳畢，隨母化形，再入瑶池，一次令浄。然用神丹，作三次點之，後略以出山鉛老霜鬚教訓草，改立形體，自然成大器矣。若以大七霜粒爲上，色對半爲中，小三七爲下。留此略爲大象，自斟量用之，則作粉爲匱，姹女嬰兒，合宅大象，乃三七母砂也。若以信爲匱，則養白雪爲神丹，其丹既成，轉轉無窮。

又　卷二

蒲真人上品大藥葛可久傳陳庶子，庶子傳授。

先以舶上硫一觔，擊作如豆大，取水易木之皮，挫碎曬乾，濃煎汁五斗，澄清，用甆器大甏内，以帛懸胎硫。又用細眼籃，亦懸胎架定，在甏内，入前汁，慢火煮三伏時，勿令火緊及缺。煮足，出硫曬乾，分作八處，與溶上等庚亦一觔，作八處烌過母氣。

先以水易木之皮，曬乾，燒煙厚薰五十兩，甘鍋八箇，置桴炭火中，令穩實，却溶赤庚二兩，烌成汁，急入薰過鍋内，煎煮過硫亦二兩，投庚汁上，速用瓦垛兒蓋鍋口，切勿遲，恐走氣。如此烌金入硫，感氣八鍋八次。待冷，打碎鍋，取出分胎硫，一觔作匱養庚。神室陰陽烌過庚，止可打外合，不可作内神室。

死陰陽法變化

陰黄一兩，陽黄四兩，以地榆、續隨子、鹿葱、萆麻子、水楊皮、鴨舌草，荒田或淺河内，生水底下如舌者。六味曬乾剉碎，同煎濃湯四五斗，澄清，用砂罐内懸胎，陰陽二黄在内。入草藥清汁，慢火煮十五伏時，勿令住火，汁乾逐旋添，燒汁直待日數足，以赤庚五兩，打神室一箇，入二黄在内，却又以死硇五錢，在内和之。外再打大合一箇，入前硫匱，陷神室居中心。上下週圍死硫匱之令實，合子外用醋調赤石脂，封盒口。又用六一泥封固，厚二指，陰乾。入灰池，卯酉二兩頂火，養百日足。取出，陰陽二黄爲末，一錢點汞一兩，爲上等赤庚至寶。

死硇法

硇不拘多少，用慈茹草搗自然汁，煮煅即死。或田字草搗自然汁，煮煅亦死，更靈。

點法

以汞一兩，先入甘鍋，用養足二黄末一錢，入於甘鍋，散在汞上。再以透明松香少許蓋面，又以香油三五滴入内，鍋口用平穩瓦垛兒蓋，鍋口無縫，用炭簇定鍋，於鍋口上發火。次第至下鍋内聲絶，待鍋通紅，傾出已作汁，即上等至寶。如極赤，可入銀，破作平常赤庚。此點成者，乃聖庚也，變化無窮。

變化法

將點成聖金六兩，可鑄作一神室，入陰陽并舶上硫，各二兩爲末在室内。又以聖金打作薄片，煎作棋子片，混入三末内，養火固濟日足，點化庚神驗矣。

又法：將前百日火養足，二黄五兩，點成聖金。依前鑄作一神室，將養過二黄入神室内，鋪底蓋頭，養陰四扛，一至五兩。去前陰陽匱，又以養過陰一錢，點汞一兩，爲上等赤庚。如不點，便以陰五兩，亦入聖神室内，鋪蓋作匱。養硫亦四扛，一至五兩。此養過硫亦一錢，點汞一兩，作上等庚，變化無窮矣。

又　卷四

伏硫黄成汁

地黄汁煮七伏時，住火，胎色不動，見火成汁，其地黄水浸，浮者天黄，半浮者人黄，沉者地黄也，乃没氣。

伏硫

用大青自然汁，煮二十八日，養鬆真死三次，入汞一斤。硫每次入汞二兩，後添生還元用，不許見鐵器。

又法：用韮花自然汁，瓦器内煮七伏時，立死。養鬆真死，如前入汞衣，要參生還元用。

又法：用白花益母草自然汁，煮七伏時，火上試之，未伏再煮三二日。用益母草滓鋪底蓋頭，慢火至猛，加煅三五日，即死，作匱大靈，養三黄。

又法：水芭蕉搗取汁，煮硫一二日，伏死，後煅。

又　卷五

祕授不脱胎陽候作匱養日月丹頭

此法用老硫一觔，杵碎末。先將五倍子煮一伏時，取去滓。次換黄芩、黄連、大黄煎濃汁，加煮兩日足爲度。却再以五倍子薰盒，以雞清汁先塗抹盒内一次，再濃薰，又再抹上二次。徑用此硫，虚養七日，出其色如黄金之狀。用此加養，得鬆作靈聖匱，養二黄丹頭，二七日成功妙用。

伏制青龍寶匱

乃伏硫也。養青金母砂，變化庚道，無窮之妙。養粉霜，取青龍，搗真汁，煮硫三伏時，入盒內，用黑紙隔，赤石脂搗滷水成膏餅蓋頭，又入白虎一重，封固扎縛，先養七日，後地穴捻煅，出爲真死。此庚匱作用硃雄，丹頭變化於內，入藥升打獨雄，取出合珠成丹頭，作用變化，此匱養出丹頭，不脱胎色。

且如煅養青金出來，有藥十兩爲主，於內先抽二兩青礬，二兩二八母砂，共煞爲一處合體，先築實盒底了，就再入前青金八兩蓋面，封固，養煉七日，一次取出。又如前，以二八母砂二兩，合前八兩，內青金二兩，同研，亦築合底，以六兩青金蓋面，又養七日取出，留下六兩青金寶。此時元養四兩寶，柞爲末，却和入六兩青金，來爲匱，共有十四兩，變化從便，依法度積踏，以多爲勝，隨力可行，無不通靈。如若要水銀死，先須死水銀，故也。

一爲寶匱養砂，二爲炒金公成體，三爲點化物成，四爲分寶出世，五爲砂母貼身，六摻蓋砂子面。

此法係伏制摻煅青金丹頭，變化妙用，真方後段。

又死硫法

用硫十兩，以藕併蘿蔔，取自然汁，煮硫一伏時，却將藕、蘿蔔滓裹前煮硫，入砂盒內固濟了，以鹽泥毬定，安地上，用火三十斤一煅，寒爐用作匱，養母砂二黄。

又製硫黄

以硫黄不拘多少，研細，魚腥草、菠菜同搗，取汁二大椀，於鐵銚內，煮硫一日夜以來，汁乾硫已伏矣。

又死硫

以硫四兩爲末，鐵銚內用黄藥子煎汁，煮硫黄約一日，取出油埍罐子一箇，先用蜜搽罐內並蓋內，却用麻黄節並根入罐內，坐火上燒之，候煙過成灰吹去，再入根節，依前燒之，候煙過。如此三五次，入硫在罐內，固口縫，入灰池，養三日，其硫倒，堪爲匱，養庚砂靈砂母砂，三黄作點藥。如養三黄，先用後法，多取猫兒眼睛草、薄苛，搗汁煮三黄，候汁黑去之，別換汁再煮，如黑又易之，候其汁青爲度。却入硫匱養之，後來點物不黑色。

煅死硫黄法作匱

五葉藤、大鳳尾草，同搗取汁，煮硫。後用楂裹硫在內，外鹽紙筋泥毬，候乾，安地上，大火煅之，立死。

煮硫砂青金立倒法

硫不以多少，用黄藥子水煎汁，硫銚內滴炒之，候硫半死，入汞同炒之一兩時辰，青金立倒。又用雄黄、青礬、硝、鉛霜同研和，倒青金，火燒甘鍋紅，攙之作汁成寶。又法，只用單生硝和青金實，納鍋內中心，取一竅，插苓香梗少許，煅之，取韶粉內鉛，在鍋底只用硼粉坯之，亦作汁，大妙。

煅死硫黄作匱

硫不以多少，用羊蹄根搗汁，煮硫一伏時，用羊蹄滓裹硫在內，外用鹽泥固濟，候乾，火煅真死。

又死硫

冬瓜汁加糯米些子，煮硫三日，養一七日，取出如紫金色。再煮，又養二七日，復元色，試住火。

祕授伏制養煉獨粉點化妙用訣法入前青龍硫匱內養。

粉霜五兩作小骰子塊，大黄、五倍子、山梔子、川椒、細辛枝、姜汁、蜜和濃米醋，河水，煮一伏時，煮之黑色，纔爲准。候乾，入銚內，仍用生硫五錢末，微微摻炒得所老熟，漸漸乾如前，元有五兩一錢，以上爲驗。此粉便可上石寶體，每一兩炒粉，次加一錢母片，重重包毬扎定，外加白芨末二錢，益智仁末一分爲末，爲貼身，徑入硃硫，前青龍匱，養二七日，取出成寶。如燒有煙，加養七日，點化大妙。

祕授母匱養砂不呑

此法妙用，且如真母十兩爲主，先化如水。次投入净鉛五兩，在元母汁，左旋右攪撥和勻，掃作小末珠兒，可養煮靈砂五兩，栽蓮排種此母匱內，七日成功，取出粒粒真死，青鴉色，在火上燒作銀珠爲度。後煅待養出成寶，分出聖胎。詩曰：良宵三點孤星轉，打破甘鍋露玉肌。

此法分藥爲天下之魁，切勿示人。先用真鐵漿滴煉硝，炒乾爲度，留下。每分一兩靈砂，先將砂爲末，次入此伏硝二錢，先將拌煞築實鍋底，在上加銀蟾子二兩作捺頭，敞口入氣爐，發頂火逼至通紅，徹底片時，方可徐徐風袋鼓之。若上下化開，如水清明定，提出鍋內，面無蟬孔窠，其色焦黄，靈驗奇異，千萬之方，無出於此，祕之祕之。

制伏先取血膏後潔肌成體妙用

先此法將此赤龍入鍋內，加藥陳土一分。食鹽、盧甘石、北硝各三分。共同，一專蓋頭，令厚築實了，入大旺氣爐坯一次，過火取出破鍋，先取了此赤血，

再入新鍋，加硼末一重，和生硝生鹽等分，填實平滿，得如水提出，冷敲取出，分胎在下，如一嫩嬌之色。

後一訣，每用浄物化開，投下小丹頭二錢，養出瓦芽子。暗加生信末半錢，滚上砂子上，捺入汁内，就將此點物撲入，烏豆煎汁，臘糟漿水、天門冬煎汁各一分。

凡撲二次過化，開投鹽硝少許，掃作末珠，留下待用。此法先養煉丹頭，行火候日久，積此陽炁受足，其丹點化方成，謂之丹陽，乃純陽也。後將此純陽之藥，點合純陰，乃是赤龍也。今來好道之士，師不明，弟子拙，但聽一時快心易得之藥，其實有千年之氣，從何而來。此乃按天地四時之炁，用草木金石相輔而成功矣。

一曰廣大，二曰大伯，三曰赤肉，四曰杖子，五曰骨頭，六曰點茆，七曰丹陽換骨。

打砒粉霜點化法

砒粉霜、萆麻子、巴豆各等分，搗爲膏。多少得所，入水火鼎打之，立死任用。

製砒點杖

砒、川練子末各一兩，同研匀，入甘鍋，上用水盞打之，一盞水乾爲度。候冷取砒，升在盞底，如雪山炡杖子一兩。用此砒一二錢，點之雪白母，對合成寶。

點丹陽砒匱

粉霜二兩，明砒八兩。二味各打成小塊子，絹袋盛，用羊蹄根葉，入生姜，搗取自然汁。恐汁少入水數碗。一處煮三伏時，留柤曬乾，先將煮出粉霜，却將絹綿毬裹，次將砒八兩爲末，裹在面上，亦用絹帛毬了。又用前柤外護，入合器中，三觔火一煅，待透取出。候冷，將砒乳細爲匱。次將粉霜作四塊，用銀鑵子實包，我蓮封固，入灰池，早晚火二兩，養十四日。取出，粉每二錢，點丹陽一兩砒作匱。

煅粉霜點丹陽

粉霜一兩研細，用兩重絹帛裹之，用巴豆、萆麻子各一百粒，並去殼。又用生姜一觔，搗取汁澄清，留脚下姜粉别用。同前二藥，一處懸胎，煮粉霜，候汁乾爲度。取出粉，再研細。却將姜粉和粉霜爲丸，用崑崙紙裹之，又將前煮者巴豆、萆麻搗爲膏，再裹一層，外又用食鹽、焰硝、白礬、牡蠣粉等分，搗成膏。如不成膏，入少酸米醋少許，同搗成膏。又裹一層，於灰火中略衮過，日曬乾。候摇得相離響，放地上，用磚閣，以五觔火一煅。寒爐取收，粉只有六錢真死。每用一錢，鎔杖子七錢，點之潔白。更入銀三錢，同炡並成花銀。

煅玉環砒法

砒四兩爲末，入甘鍋，用兩層麻布包鍋口，線扎定，坐鍋火上煅之。却用生姜汁，時時灑布上令濕。久之，取其砒似玉環，在鍋口内，取收點賀成寶。先將賀用蠶食剩桑葉絲梗燒灰，炒賀，令潔浄，將砒點之，却合杖子成寶，只堪打器皿使用。

煅砒養粉霜點丹陽法爲匱

砒一觔，研細，入大罐内，用萆麻枝葉莖，不用子，搗取汁二大碗，煮砒，候汁盡乾爲度。便簇大火三觔煅之，其砒真死。只收得十二兩，爲匱養粉于後。

粉霜四兩，顆塊一般大者。片子姜黄，用酒脚浸令軟，逐片裹粉。又用細鐵線纏定，入前砒匱内，晝夜用火一觔，養之三日。冷開取，其粉已死，色如黑青。每用二錢，點杖子一兩成至寶。

死粉霜法

粉霜不拘多少，研細。用木蜜和爲丸，入苦杖筒兒内，以苦杖塞口，用苦杖葉爲末，木蜜調成膏，裹苦杖筒兒。如葉乾時，用木蜜調膏。生葉只搗爲膏，裹之作筒。却入死硝匱内，養之即死。堪點杖子，或點石菉砂子，尤佳。柔軟潔白可愛。若入銀三七合之，只爲十分，寶死硝于后。

硝二兩，入甘鍋内，以火煅之成汁。放猪牙皂角一寸許，在硝汁内，又下肥皂一小塊在内，硝滚二物過，再依前下之。如此五次，候硝衮定，簇大火一煅，其硝真死成粉，在鍋内。如火小時，只作汁定，如罐子玉相似，入盒火養之一二日，便鬆作匱，養前粉霜立死，點化用。如養三七母砂，只過得對住，不如養粉霜點丹陽。

死砒法

猫兒眼睛草、鐵脚婆羅門草，取汁煮砒，却用草柤毬砒，外用鹽泥固濟乾。掘地坎，坐毬之在坎内，一半用灰盡罨，用炭五觔煅，候炭略消，更添三觔，後又添二觔，一煅。寒爐真死。

丹陽砒方

砒四兩，乳香四錢，同研匀。用葱搗取汁，調和得所，於建盞内。又用辣母藤燒灰，攤衲砒上令厚，坐火上煅，盞足如白煙起時，又用辣母藤灰衲煙起處，直

候盞紅。久令冷開，去灰取砒。每用一錢銀箔，一錢裹砒，在炡杖子作汁，用紅炭火，夾着抐下汁内，自然軟白可愛。

死粉霜

粉霜一兩研細，生姜自然汁，和爲膏，用新絹帛裹成毬，線扎去蒂，生蜜四兩，白膠香二兩，同蜜熬化，入粉霜毬，於火上炒，候蜜膠乾爲度。入盒内，固口縫，慢火養一宿。開看如未倒，再養三日。候粉成汁，或只倒。火上燒之無煙，乃死。堪點化用之。

死砒法

以苦杖曬乾燒灰，不以多少，用水煮砒一日，可倒，最妙之法。

金鼎砒養煅靈丹真死法

後入礬再煅爲妙。砒四兩爲末，白礬四兩爲末，鉛四兩，先鎔成汁，用紙灰炒成砂，水淘净，焙乾，同砒礬一處和匀。先煅甘鍋令極紅，攄之其砒成汁，儘火煅之良久，其砒已死，如雌黄色。其鉛自墜在砒下，取出砒，研細，用汞一兩，母三錢，生硫黄二錢。先將汞母結成砂，後入硫，同死砒一錢炒之。又入砒二錢，甘鍋内蓋頭，火煅之，其靈砂作汁在下已倒，只是黑色。再入鉛池内煎之，立成潔白之寶，或將其死砒作匱，養有母靈砂，或母箔裹靈砂二兩，火養七日取出，煎之立成寶。

又 卷六

丹陽術廣德沈先生傳華亭張道人。

第一先製杖子法

開通錢五十文，潤好者，放甘鍋内，炡成汁。次下製礬，用瓦作指頭攪之，候汁清瑩，先用酸虀二碗，柿漆一盞，相和煎令滚熱，傾在匾桶内，中心安磚一塊，勿令汁過滿磚面，旋旋傾杖汁於磚上，令自投水中，即净軟可愛。

第二製礬法

白礬二兩，好明净者爲末，酸漿草末二錢，同礬拌匀，候炡杖子成汁，逐旋下杖子汁内，用瓦指頭攪之，候汁清瑩，傾投前桶内磚上。

第三製砒粉法

砒二兩，粉霜一兩，同研匀，入知母末一兩，再同研匀，入水火鼎打之，用水三觔，足秤候水盡爲度。如無粉霜，只用汞一兩，同砒藥一處研，令無星打之，亦得水，却用四觔，足秤盡爲度。每一錢點前仗子一兩，軟白無暈黑色。却對入銀一兩，同炡明槽，傾之便可過鋪。

出骨法

杖熔汁了，死信、白礬、盧甘石、死硝，一並研匀了，挑入鍋杖汁中，令沸鏡面。並豁無雲翳，再衮再投，又用新瓦於中，又惹出赤血，候血盡鏡面開無雲爲度。每一兩赤熟銅，净取五六錢方好。

死信法

以明亮信，先劈作頭子塊，用絹袋包定，以桔梗濃煎汁，入沙鉢内，懸煮三伏時，取出已死。

死硝法

牙硝不拘多少，用防風、防已各五兩重，薰鍋了，投硝於内，攄成汁。以猪牙皂角子投内，不旋其硝已死，如尚旋走，再當熬之間藥，令杖軟如綿。

猪脂、狗脂、芝麻花，三件各一兩。入沙鍋内，緩緩火煎熬成膏了，如溶骨成汁，以出血藥。出乾净了，挑此油藥於鐵槽内，瀉杖汁於内，漬之三二次，即綿軟，然後用丹頭點化。

四白頭丹陽法

朋一，硇二，砒三，粉霜四。

右爲細末，先用紫草一條瓶中，然後入藥末齊瓶口令實，瓦陀兒蓋口，鐵線綁定，擂丸和赤石脂固口縫，羊蹄根和泥乾了，三兩火，戀陰冷氣了，煅加至三觔火煅，一錢點一兩，白如雪，先出血，去黑暈，然後點化。

出血藥杖子，以十兩，先用生荸薺一觔，雜杵千百下，却取出入甘鍋，溶成汁了，却攪作珠子。次用生鹽少許，白善粉些少，用鹽滷拌匀令濕，入甘鍋内，溶自在，令紅待火過，取出洗净，再入甘鍋内，烹成汁，上面成赤油，下面成清水，撥開油殼，用傾在條帚水中成珠子，却用去黑藥攪去黑藥。

山茵東，伏道艾，金絲藤汁。

四白頭爲匱養白砂子

砒、粉霜、硼、硇、硃是也。作匱養粉銀一兩，點二十四兩爲寶。

煮藥煮匱頭

河車，川椒，姜汁，地丁，藕汁。

製砒粉丹陽法

以砒粉霜等分，入水火鼎升了，入煮藥。不蛀皂角七觔，燒灰，不要十分過，

存性用。好醋五升，燒執重淋五次。又將皂角搥碎，入好醋五升，略浸兩箇時辰，揉碎濾滓，與前灰汁相合，懸貽煮三日。再入鼎升，從緩至緊，升至二更，冷出鼎。又以梧桐律裹懸胎，再升。升之後研細，又升。墜底爲驗，或托圈。取出一錢，點一兩雪白。

炒粉霜法

佛座草，子粟草，谷精，山孤，地榆，胡孫頭草，鬼芋。

右等分爲末，用桑灰汁、藕液一處拌匀了，除了一半，用一小半煮一伏時，出又用銀箔包了。上再用前件藥，柤與藕液桑汁相和一塊，却將銀箔包了粉霜上，再用綿帛裹定。

升砒硃粉霜硇點化法

粉霜一兩，砒半錢，硃砂半兩，硇砂二錢。四味綿帛裹扎定，葱姜汁虀水煮一夕，取出令乾，入鼎。鼎藥：地膚子，半夏，貝母，黄芩，草烏，捲栢，灰莧。

右爲末，同前藥相和，入鼎内上，又用藥蓋頭，固縫乾。水火鼎打之，點化雪白。

葛仙翁見寶砒

川椒，蒼术，川狼毒，川楝子，石韋，紫背虎耳。

以信十兩爲末，一處研匀，入沙罐内，用水鼎打一盞水，大沸爲度。候火消，次日取出，色如銀，可以作匱，立可點化。

將前十兩砒，研細如粉，以粉霜四兩，銀箔裹之，入合鋪蓋，養火三日，卯酉頂火各三兩，日足取出，始可點化。溶杖子一兩，先用好信豆大開面，次用死粉一錢，點之奇妙。如不以死粉點化，只爲死粉匱養硃砂，硃砂西朋貼身，養七日，立可點化。如不以死砒匱點化，只爲死砒匱養雄黄，亦以西朋貼身，養七日，可點庚。又以死粉養母砂，十四日成寶。如以死砒養母砂，七日成寶。

製砒粉點化骨作骨頭匱養靈砂法

粉霜六兩，砒四兩，用地膚子，車前子，五倍子，白附子，韮子，川練子，松子，訶子，楮實子。

右等分爲麤末，將砒粉入鐵銚子，用東流水煮一日，炒乾，入水鼎打升，用炭十五觔，打一日。寒爐取出，來日再煮，再炒，再入鼎，再打一日，取出。每用一錢，點骨一兩。將骨頭打碎，作母匱，每一觔養靈砂四兩，用火二兩頂火，養三日，加至四兩，又四日足。寒爐取出，去母，將靈砂入甘鍋，用硝鹽等藥提之，將靈砂四六三七對母，大妙。

砒匱養煆粉霜又養白靈砂茱萸頭作匱用

砒一觔，細研，以萱草搗細，拌水煮三日，取出焙乾，入水火鼎，升一日，取出，用卯酉火二兩，養七日。後加火，又養七日，以無煙爲度。却將生砒二兩踏入，又二兩踏，又每踏七日，一次踏至四兩生砒，始匱方靈，可養白靈砂。先踏了砒之時，入水銀賀二物在中間，方靈，始可養粉霜。

煆粉霜入砒匱養法

將粉霜用魚罨草汁煮製了，却用甘草節煎湯，調三稜、石斛、地榆、五加皮爲末，作貼身，於砒匱内養，入茱萸頭匱前。茱萸頭升打了，煮了，用前砒匱末，上下各用二兩鋪蓋。却用鐵塔草、生姜汁二件自然汁，浸藥末令濕，帶水養七日，卯酉火二兩。取出研細，仍前入合，再用香芹、生姜二件真汁，再浸藥末，又養七日，兩半火。取研細爲匱，方入粉養。

養粉火候

一日二日三日四日，各一兩，五日，六日，各一兩半。七日，二兩。

伏火硫雄法

硫雄各一兩，鶴頂霜一分，同研入盒子。更以霜一分蓋頭，固濟，入土釜内，外火五觔煆養之，加火半秤煆，伏火。此是純陽二氣丹也。

煆硫黄法

硫黄一兩，麻黄一兩，大戟二兩。

右件燒灰鋪頭底，固濟，火籠井口煆紅，傾入水中，候浮收硫於器，鎔却依前法煆，任用。

煆三黄匱法

雌、硫各一兩，細研如粉。

右用小甆盒子一箇，内有油者，盛雌硫，微安令實一半以來，用夏枯草爲末，摻些子藥上，别用夏枯草半兩，外面用水調和，如泥固濟盒子口。更用田字草四兩，爛研再固濟之合。然後用鹽泥固濟，厚一寸。候噍乾，勿令裂縫。於浄室中安地上，用桑柴灰一兩碗，以醋噴令潤，後於地上，以醋灰緊緊擁盒子，勿令見盒子。用炭半秤已來，裝簇令匀，於頂上發火煆之。候火盡通冷，取出打破盒子，取藥細研。又雄一兩，亦同細研，入盒子内，同前如法固濟，候乾火煆，並依舊待火冷，再研。入生三黄各一兩，同研。又入三黄三兩，一處

研，入大盒內，添草末固濟，煅火冷，入水銀三兩，並黃子一處研細，候無水銀星，再入盒內，用鹽泥固濟，入灰池內，即是養火灰池內也。頂上下熟火四兩，養至七日，早晚添之，常用四兩，以火四兩養終七日，看之黃成末，作金母匱子。然後開熟金一兩，拍作箔子，用汞五兩，一處入甏瓶中，用秦椒末五錢在內，以生姜塞口，用灰火煨之，時時摇動，頻用秦椒末，結成砂子，取出緊裂如蓮子様，和真金子。別用砂盒子一箇，先鋪金匱末四兩，種砂子一重，更鋪四兩。又種一重了，却將餘末蓋定，用鹽泥固濟，候乾入灰池內，初以二兩，計熟火養一伏時，添三兩，又養一伏時。又用四兩火，復添火養五日。後用熟火三觔，煅合通紅，取出作匱用。

煅硫黃法

硫黃不以多少，入甘鍋子內，用微火煅，候有鬼焰起時，用櫸樹葉自然汁滴之，候伏無焰。次用葉滓塞鍋口，用火煅紅，取出作匱子用也。養硃雄雌硫母砂，作匱養之。

煅雄黃法

雄黃一兩，打成塊，用冬青自然汁煮一伏時。次用燻甘鍋子，入藥于后。

草、艾、捲柏、地榆。

右等分爲末，燻鍋子令煙厚，入雄黃在內，上用藥末蓋頭，用慢火煅鍋紅爲度。取出候冷，打破鍋取雄，用鵝脂煎二時辰，每銀一兩，用黃一錢，作三次點下，成赤庚也。

伏硫黃法

硫一兩，以艾灰二兩同研，入甘鍋中，上以寒水石末蓋緊築，進火三觔。候冷取於紙上，同水一碗淋澄清者，再以艾灰二兩伏了，再以水淋，候乾研之，可以點化。

伏雄黃法

雄不以多少，以瓦松、牡蠣爲末，以水搗成爛膏，以泥甘鍋表裏，令緊其口，上出三兩指高，可一指厚，內雄黃在中，先爲末，方入，用火五觔揭口煅，常守着之，候煙盡，視如鑑光明者，傾出成也。

伏硫黃法

每一兩，以醋墨紙裹，以五方草鋪蓋頭，用硝石蛤粉固縫，方以竹葉灰和鹽泥，爲合之外固，用半觔火養二度，再加火五觔，煅盡爲度。

四神匱

大塊硫黃一觔，須是拳大塊者。用生地黃三觔，取自然汁，先將塊硫黃入在鐵鍋子內，用地黃滓鋪蓋成塊硫黃，就鍋底堅捺實，却將地黃汁調真桑柴灰三升，鋪在地黃滓上，若週迴四邊有鬼焰，却將乾桑柴灰摻在上，莫令焰起。以木柴火燒鍋底，共硫黃通紅爲度。却取硫黃面上滓並灰，再細研爲一處，取起鍋底硫黃，將二件藥灰以湯汀淋，候湯清爲度。若二件灰汀淋汁未清，再添湯澄淋，直候如水清，方可住。却取了硫黃，就鍋同汀淋藥灰清汁，煮乾爲度。取硫黃入在鎔銅罐內，用大火如銷銀坯，得硫黃如金汁，傾在槽內，成金鋌，不脱胎色，沉重。却將坯了硫黃，取一兩，同雌雄各一兩，將雌雄在砂合底下，用坯了硫黃蓋頭，熟火一簇，合通紅，却將雌雄二件，一處再研細，入死硇一兩，一處再研爲末，入鎔銅罐內，上安盞內，水火鼎打五盞，水乾爲度，各分胎去灰霜面，上是硇，中間是硫黃，下是雌雄。却取三件黃雌雄養硃一兩，研細，鋪底蓋頭，養火七日，早晚二兩火。再用四兩，火養七日。取出作四神匱，養庚銀母砂，或隨母轉法，砂子不用團，却用長條子，插入四神匱養煅。若硇砂作一路白色，分胎在面上，可取却。硇不可同研，在三黃內。合子面上有灰霜，却不可用，乃分胎去灰霜盡爾。

死硇砂

硇不以多少，用莙薘菜，一名恭菜，取自然汁兩碗，煮硇砂，用絹帛包，懸胎煮汁盡。去絹包，入建盞內煅，用菜滓鋪頭蓋底，煅得滓焦黑，取硇分胎坯了三黃，作匱用也。

煅硫黃法

硫黃四兩，用田字草、菠菜二味等分，搗汁五六碗，將硫爲砂子細，用帛包懸胎煮一伏時。取出，入合子內，上下用草滓鋪頭蓋底，先養火三日，要內面草乾。次以三觔火一煅，取出，將梅核砂以醋濕摻，養末在上。次以入砂子合定，以線扎外，以五倍、天南星等分爲細末，蜜調毬核。又用六一泥外固，候乾，入文武火內，煨一二時辰，取出過法。

先將鍋子於爐內燒半紅，次下砂子，次硫黃末一錢蓋砂子，候物化。再下一錢，候化再下一錢，急扇火候，化入硼砂，少許如見物瑩浄色，傾下寶也。

煮死硫黃法

車前草汁、艾汁、芭蕉油。

右各等分煮一日，如沸，用紙灰汁點下，要一錢點銀爲庚。

伏三黄法

葉子，雌黄，水磨雄黄，舶上硫黄。研極細。用苦酒和爲塊。崑崙紙包。防風、黄芩一兩半，羊蹄菜。即非羊蹄，乃鹿蹄菜是也。

右三味同蜜，搗爲膏子，裹之令徧。次用千針草取汁，盛缺字葉根、鹽同搗，黄泥固濟。如無，用韮菜、地上蚯蚓糞，亦可。固濟厚半寸許，令乾。座於地上淺坑子内，灰抱之，一發用火三觔，煅盡三分，再用火煅盡，用冷灰罨之，候冷爲度，任用。

詩曰：草伏三黄功，深知造化通。神仙傳妙訣，歸入道心同。

煅硫黄法

生硫十兩，搗如粟米。用搭水荷十觔，艾二十觔，去梗燒灰，浄取三十兩。將十兩用湯泡灰汁，煮硫一伏時，取出焙乾。却用三升瓶新者一箇，先以六一泥固濟瓶，厚半寸已上，日乾。將煮了硫入内瓶底，用灰一兩上蓋頂，時時添上灰，時抄一兩匙添，纔覺黄煙起，便抄。用火三十觔，作五次添上。煅一伏時，放冷，取出面上灰，只取硫，再爲末，用一兩碗湯澄淋銚内，熬霜刮下，入鍋烹成汁，傾槽内，成金鋌。再爲末入合，固濟，虚養七日，火一兩。七日足，卯酉各一兩，養七日足，盒子内成褐色，養母砂子用也。

養雄丹頭

雄黄一兩好者，研細。黄蠟半兩，先入建盞内溶成汁，方下雄末打匀，取出傾入青竹片内，用火逼之，入温湯中，其蠟在上，雄墜下，取出冷乾，再入砂一錢，同雄研匀極細，用楮汁丸作九丸，陰乾，如栽蓮入匱中，養七日，如前虚養法。一七日取出，火上燒試，如覺煙多，再養七日。如燒煙少，不須養也。

用制法

右用有油甘鍋子，先用焰硝些子入鍋底，却入汞一兩，丹頭半錢，摻蓋之，再用瓦蓋封口，蚌粉封縫，坐風爐上，用黑炭火簇定，再用竹柴三五條襯之，急扇候作聲絶，取出鍋子，在水中成寶也。

伏火砒法

砒一兩，五方灰霜一兩，同研入盒子内，一分蓋頭，固濟乾，入土釜中，准前硫黄煅之。

煅信法

砒一兩研末，用紙裹緊扎，如大蒜頭大，剪去餘紙。黄連、黄芩、五味子、瞿麥、若參。

右各等分爲末，用白砂蜜調成圓，前砒又用紙包定，用鹽泥固濟，陰乾，用炭火三觔，煅紅爲度。取出，用盆覆定，冷後打碎，泥毬，其砒如黑角色，甚硬。

又法：信一兩二錢，研細。汞半兩，次入硼砂二錢，用研匀。乳香二錢，細研。

右都極研，令汞無星，入絹袋子。次用皮紙，内用線扎定用，固濟。如后捲栢四兩爲末，用調包前信、地榆四兩，同前。

右件搗鹽泥固濟，厚一指，令匀。坐在灰上，用炭火五觔，鼎火無風處煅，去火一半，去火以灰蓋之。候冷，再以硬炭三觔，連前炭又煅，火去半，取出。仍前灰蓋之，候冷打開，一錢點一兩。

閉運法

人中白、洛河石。二味用朴硝水煮之。粉霜、苦杖、白炭灰各等分。

右爲細末，以冷水調如糊，塗在物上，炭内燒微紅，取出明浄。如此五次上藥，却用烏梅湯煮之。

去運法

五苓脂、白礬、餤硝、鹽各分等。

右爲末，用烏梅汁調藥，塗在物上，火炙，如乾急入烏梅湯浸之。如此三五次，入烏梅湯煮之。

丹砒法

砒一兩爲末，入鍋内，上草麻子壓定，鍋口用絹帛蓋住，上用薑汁一盞，以筆刷絹上，汁盡爲度。側覆冷灰内，罨定取出，每一兩物，用一錢點也。

五金粉法

砒、五硼粉、水銀各一，硇砂半兩，真端的逐味入鉢，乳無星，二幅紙裹厚塗。蜜椒與苓五苓脂，草决明。各用一二味，匱頭裹裹訖，細將麻縷緊排纏，外再用醋調細灰，裹之爲妙。剛炭八斤，頂火急煤過也。

訣曰：七分藥半熟分開，火用鐵掀簇番來，底上再燒紅火，盡成灰。瓦盆覆，土條圍經一宿。用土條圍下縫一宿。三兩骨，一兩肉，先投骨頭成汁，入半錢藥末，急攪瀉出，後再煅。又入藥半錢，如此四次。須用底火好安排，二錢藥末須相續。用槽時，火燒訖，水滴彈珠無走失，傾來槽内有蜂窠。兩錢硝石僧砒一，事已成，須去碧。硇砂半錢朴硝一，香秤一分乳塗遍，用火燒之不見迹。三味爲末，以乳汁調成希膏子，用鵝毛蘸藥上，而上用火逼之。

製粉法

粉一兩，銀末二錢，二味先乳勻，用絹帛包之。次用南星一兩，川烏一兩。地榆一兩，猪牙皂角一兩，千年潤一兩，草烏一兩，爲細末，分作兩處。將一半用蜜調包之，一半用樟柳根同大蒜汁搗勻，包一重令實。次用鹽泥固濟，三觔火煅通紅，退火候，冷取出。

又粉一兩，作十塊，用絹帛包，去餘者，懸胎，用薑汁蜜米醋煮一宿，次於銚內，用馬兜苓九炒。

三存法

砒一，粉半，三七銀砂一兩，研勻，用熟絹包定，懸胎，煮樟柳葱汁各一碗，蜜四兩煮乾。次用杜仲、陳皮，各一兩爲末，用甘鍋子，上下蓋築實。次用生礬末一兩蓋，以水噴濕，次石灰填滿，以瓦蓋口，用鐵線十字扎定，鹽泥固濟，候乾，三觔頂火煅紅。取出，用刀斫成塊子，一兩物用一錢也。

煅粉霜法

粉一兩，盆口者，研爲末。用楮樹汁調粉成一塊，皂絹扎二重，急包定粉，用線扎，剪去頭，用藥如后：

山梔子，五倍子，片子薑黃。

右三味等分，每半兩細末，用米醋半盞，生姜汁並蜜共半盞，和合。用建盞一隻，坐藥蜜在內，二觔熟火上，候藥汁沸，入三件藥在內，調如稠糊，坐粉毬子，在藥汁中心上，用井子火候，藥火着，去井子火，大火煅藥，煙盡爲度。盞中心內如彈大，取出盞子，用半乾半濕灰盒之。候冷取出，每物一兩用一錢，作三次下。

煅信法

信一兩，盆中研細。苦參，南星，五加皮。

右三味等分，爲麤末。用六兩甘鍋子一箇，投入藥薰鍋子，上用濕紙蓋之，候薰鍋子黑，揭去藥灰，投入信，上用前藥末蓋頭。如有信香，又摻藥，候半餉飦時取出。候冷，打破鍋子，取出信物一兩，用一錢作三次下，先信，次下粉。

煅砒粉法

砒一兩，粉半兩，硇二錢，西朋半兩，硃砂二錢，汞二錢。

右一處研爲末，用帛扎成毬，用甆盒子一箇，盛芭蕉灰汁，霜內埋藥在中間，養火十四日，外用地膽草固合，又用鹽泥通固，入爐養火，初一七日，用卯酉四兩火。二七日，用卯酉五兩火養。五日第六日，六兩。第七日，半觔。足取出，安地上七日，方開盒子取藥，每點一兩，用一錢。

煅信粉法

信二兩，粉一兩。

右同研細末，次入破故紙末三錢，又同一處研勻，用帛包成毬子，用菠菜自然汁煮令內透。次用菜滓毬固入瓶內，用火炮，候草滓焦，取出。每物一兩，用一錢半，點作三次下。

又法：信四兩，研如粉。粉霜三兩，分作三包。

右件採五方草，不以多少，爛搗絞取自然汁，以調砒和作毬子。次用五方草滓，拍作餅子，裹砒入在砂盒子內。方以生姜細搗，填滿合上。赤石脂泥固濟口縫，外用鹽泥通體包，厚半寸許。候乾，入灰池，進火四兩，養一伏時。次日進火四觔，一煅火盡爲度。隔日取出開視，其砒已死，成一塊。研如麪，入粉霜一兩，同研勻，亦用五方草，如前法調固濟，候乾，進火三觔煅赤。隔日開取視，又再入粉霜一兩，一如前法。若此三次，與獨煅砒，共四火煅記。其藥如琥珀色。細研如粉，每物一兩，以琥珀砒一錢，同溶傾出，已成上色者，任造器。入梅湯內煮，永無暈色，及無燥烈也。

又法：砒黃一兩，伏火硇一兩，粉霜半兩，信半兩。

右件一處研，入砂盒子，如法固濟，進文武火，養七日，只加武火一尺爲度。冷研，每一兩分作二裹，每裹點熟好者一觔。

伏火硇砂

每硇一兩，以烏賊骨一兩。

右二味同研，先燒紅鍋子，方投藥在中，以溶即便傾。

伏粉霜法

粉一兩，以金燈花汁，結作毬子，用醋墨紙裹，入盒子內，以天南星一兩，鋪蓋其上，更以荷葉五重覆，如法固濟，進火三觔，一煅成也。

煅信

信不以多少，用石膏末鋪蓋，入甘鍋子內，上用碗蓋定，信飛上碗內，取出。次用信，將草麻肉搗膏，包信在內，次用崑崙紙包了，外用鹽泥固濟，用火三觔煅，冷爲度。

五神擒七魄

粉一兩細研，就建盞，用沸湯泡去礬氣，五六次，口嘗無味爲度。用白絹

分作兩毬，急扎定。又用生薑、蘿蔔，共取汁一盞，入蜜一兩，入粉毬子在内，懸胎煮乾。入鐵銚炒，候絹焦黑爲度。不去絹片，用狼毒、苦参等分爲末，用胡桃肉四箇，同藥末細研，入蜜少許，作餅子裹粉毬，外用地膽草搗爛，又裹定，入盒内，用二桑葉、茄子葉細末，鋪頭蓋底，固濟合口縫，早晚火二兩，養三日。就爐，用火三斤煅紅，候冷取出，作碎粉，入汞二兩半，依前法固濟，又養七日，又煅紅，冷取出，入臼内打碎粉，入汞二兩半，依前法固濟，又養火三日，又就爐三斤火煅紅，出作一塊。將凈杖子七兩，入爐坯溶汁，投下前藥，成上銀。

百一粉

粉一兩細研，絹包作四毬，用蜜三兩，重湯煮蜜乾，取粉毬凈洗，再用皂角濃水煮一伏時，取出。又用雞腸草自然汁一盞，煮硼砂半兩，作貼身。外用皂紗一片扎定，入鐵銚内，炒三兩時辰了，取出研細。入三七母砂一兩，同研再包定。又用百藥煎鉛白霜，馬兜苓。右三味等分爲麤末，炒粉毬子兩時辰，取出，入地穴一夜。將粉一錢，點下一兩物，分作三次下，用銀箔子包粉下，三七四六任用，妙。

煆信粉法

信一兩，粉半兩，硼三錢，硇一錢。

右四味爲末，崑崙紙裹作一毬。次用草烏、南星各一兩爲末。五葉草如無，菠菜代用。搗爲膏，搜作劑，以前藥裹定爲貼身。外用鹽泥固濟，厚一寸許，曬乾。火六斤，頂上一旋煆，煙出即退火。如此三度，煆出濕灰罨冷，研細如粟米大。每物七錢，母三錢，藥一錢半，三次投下，打成物，鹽、礬、梅煮半日。

四神點化

三七母砂一兩，粉一兩半，信一兩，硼一錢，硇一錢。華陰細辛，捲栢，草烏，白芨。

右四味草藥等分，爲細末，用罐子一箇，藥半兩蓋頭，鋪底半兩，放前藥在中心内。用火半斤，水三盞爲度。第二次火二斤，水五盞爲度。第三次水五盞，火五斤爲度。每一兩一錢砒砂點。

伏硇砂

硇砂一兩，桑灰霜半兩。

右同研入盒子，上更用一分蓋頭，固濟。二兩火養三日，加火三斤，煆令通紅。後冷取伏火。

又法：每一兩以乳香一塊爲末，先溶硼，次投香，攪勻纔成汁，傾出，每一字可點一兩。

死硼法

硼四兩，陳皮一兩，知母二兩。

右件碾爲細末，熏甘鍋，入硼砂，急扇成汁，傾出。

又 卷七

鑞製賀如銀法

用荔枝核爲末，炒賀，候核末成灰眼去，再用炒之。投牛皮膠滚湯内，三五次，其賀已如銀可愛，粉紅色，三五分，不潮黑暈。

銅又法

用鼓槌草根盒煙，薰甘鍋令極黑暈畢，於内入硼溶即成汁。候冷，硼汁凝成塊。別用甘鍋溶銅成汁，投死硼在内，銅即分，赤在上，白在下。却用新瓦紅條攪，抽去無浮雲，如清水之狀，方妙。

煆諸物黑色令真潔凈寶法

硝一兩，輕粉五筒，青氣礬三十文，海浮石當二錢大一塊，硼砂一塊浮石大。

右爲末，放物在鍋内，用藥鋪底蓋頭，火煆之，其物内滓雜自分，黑色已去，真潔凈寶，鍋底至妙。

軟杖子法

乳香五十，焰硝一兩，同研，每杖一兩入一錢，多則太軟。

出血法

木律五文，砒五文，並用好者。

右鎔杖子一兩成汁，以紙包前藥攪勻，瀉槽内，濕紙蓋之，自白。

又法

乾蝎五文，信五文，依前法研細，點向汁中，攪勻瀉出，亦白。

死砒點化法

砒四兩，細研。川練子十五箇，穀精草五葉藤各二兩。

右三味，各細剉，各炒黑焦色，存性，研爲末。與前件砒同研，又入銀一錢半，乳香一錢。如不用此二味，亦得。用磁白瓶一箇，即水火鼎，打水四盞爲度，候冷取開，亦如玉銀，相似可愛。其藥止在盞子底上，此是一錢半，可化一兩，臨時加減。

死砒作匱

砒不以多少，用桑柴灰汁，煮三伏時。然用水火鼎打之，伏火。如未伏，再煮再打之煅。可用膽礬，入鉛粉，可養粉硃，三黄、母砂子，皆可用之，妙。

又法：麥門冬，雞冠花，金鎖天。三味取汁，煮一日，草滓裹煅，伏火也。

又法：車前子，樟柳根。

右搗取汁，和砒末，用藥滓同裹，入合，慢火養三日，後用大火煅伏。

又法：木律，砒各一兩，用殺研細，先燒罐子通赤，入二味在内，良久，大火煅之，即伏。

又法：用霹靂子末鋪底，入罐内，入砒一層，入藥末一層，又入砒，層層隔之，三四重，上安焰硝一重，又着白虎一重，填滿口緊按，固濟，候乾，出陰炁，大火煅之，至冷取出，碾碎。

又法：苦練樹皮，牽牛子。

右二味爲末，鋪底。入砒鋪蓋，固，煅立死。

又法：砒三兩，焰硝三兩，同爲細末，用崑崙紙裹包砒硝，却用白虎末三兩，先入罐口内鋪底，入砒硝在中心，又以白虎末三兩左右，並蓋面滿合，罐口緊按實，固濟，候乾，用火從微至著，大火煅，冷取。

四白頭五刻點化法

亦可入鼎打煅伏死作匱。砒二兩，粉霜一兩，南硼砂半兩，硇砂半兩。

右同研爲末，以銀楪一片裹定，外又以絹帛一片裹之，以白芨、白斂、草烏、知母，各一兩爲末，入新大砂鍋内鋪底，却放絹包在上，又以草藥末蓋頭，覆令實，上以净潔黄土填滿，火三斤，一煅微紅，取出，用新土一堆蓋罨少時，再燒。如此五次，每次一刻。第五刻次，以土罨至冷，取出，作小塊子，每用二錢，點杖一兩。

換骨法

砒老，粉霜。各等分，同研爲末細。用生姜自然汁，和成塊子，白絹包扎定，外以蜜調大戟、捲栢末，衮塗令厚了，坐放盒子内，用蚌粉油調固口。次以紙筋鹽泥裹固，令乾，火煅，聞香爲度。取出研爲末，每一錢點物一兩。次入母，中半爲上等，四六爲中等，三七爲下等。

伏粉霜法

粉霜一兩，銀末三錢。剪碎，二味研極細，用熟帛包扎定，用生姜汁、蓼汁、如無，葱根汁、帶樟柳根汁，亦同煮，以汁盡泣乾，取出剪去臍帶，却用銀楪子包扎。方用前藥汁各一盞，芫花、陳皮、杜仲三味爲麤末，撮入甘鍋内，候煙將盡，急入白礬半兩，入鍋中，方入粉包了，又再入白礬末蓋簇火，急扇乾下，取出候冷，爲用。

又法：紫參、知母、天門冬各半兩，共爲細末，裂生姜汁，和作膏子，包藥毬外。次用乾柿三箇，爛嚼爲膏。青州棗三十箇，去核，爛搗爲膏，再裹藥毬外。又以紙筋鹽泥固濟定，加火五斤煅過，火消大半，翻傳毬子再煅，火盡撥去毬，拋入水坑中，良久取出，候冷少時，去火上試之。如未甚伏，依前再煅通赤，不過三次，拒火也。若點時，每用硼硇一字點之妙。

又法：樟柳根，即當陸。曬乾燒灰，淋取汁，入磁瓶内，將灰汁濃者，更淋芽二次，灰汁煮乾，入盒子歇口，煅其粉，伏火也。

又法：鐵脚婆羅門草，鋪罐底，入粉中間，上又用草麻子搗膏蓋頭。其罐上用水盞，鐵線扎定，水火鼎打之。如未伏，再用上火下水，如此三五次，可伏火死也。别有制度，或點茆丹陽，奇妙。

又法：白煅先將粉，以楮汁爲丸，日曬乾。次用净絹帛包扎了，次以地蓮、延草取汁，雞腸草汁，各取一碗，將前藥包了，於瓶器中懸胎，煮一伏時，惟慢爲妙。次用匱藥貼身，黄連、黄栢、黄芩、草龍膽、苦杖，等分爲末，醋調和包子上，包令一寸厚，闊簇五斤火煅，五斤去三分，去火，用濕土蓋罨。此粉不用泥毬，元武博士法。

四白頭作匱養諸物或丹陽

伏砒四兩，伏硇六兩，伏粉霜半兩，伏硝二錢半。

伏砒，以當陸根大者，切一塊，剜一窠兒，入坐砒小塊在内，却用當陸根自然汁煮，但大塊根黑色者，即伏火。或未伏，再换一塊作座座砒，再取汁煮，即火伏矣。累驗。

伏砂，地膚子爲末，拌匀，入罐固煅。或紫背虎耳草，或天茄兒末，皆可伏硇，累驗。

伏粉霜，野紅花根汁煮伏。

伏硝，用側栢枝葉搗自汁，炒伏却，側栢葉搗膏，一半鋪底入硝，一半蓋頭，大火煅紅作汁，如玉一塊，任用，累驗。

四味伏了，入水火鼎，打七八盞水了，大火一煅，真死，可作匱。如要丹陽，入乳香二錢半，黄丹二錢半，鼎内打了，取出點物。

又　卷九

葛仙翁寶硝祕法

硝不計多少，用地黄汁、芸薹草汁相和煮過，入鳳凰胎内。又用崑崙紙糊一粒米厚，又用滑石末鋪蓋前胎殼上，又用雲母數片蓋頭，白虎蓋上了，固濟，一秤火煅成五色，有紋，妙不可言。此硝作匱，養靈砂硃砂粉成寶，更妙，勝諸匱。號曰太陽匱，又曰純陽匱。

分胎見寶法

將伏火硝八兩，打碎，研作粗末，入合内作匱，養諸藥金石。

辰砂二兩，以銀箔裹之，外用崑崙紙一重，入匱内，養卯酉火半斤，三日真死，其色不改，銀箔不折，可摻汞爲寶。

雄黄二兩，以庚箔裹之，如前入匱，養火六兩，五日真死，其色不改，可點銀爲十分庚。雌黄二兩，如前養火，點銀成庚。七分色陽候二兩，先用崑崙紙裹之，次用米醋調石中黄再裹之，陰乾一宿，次日入匱，火六兩，養三日，真死，其色如朱，紅燄透徹，可坯。感炁砂並草砂，不退爐。

粉霜二兩，銀箔裹之，外用崑崙紙一重包之，入匱，四兩火，養三日，真死，其粉轉加堅硬，銀箔不折，可點赤頑成白，有千變萬化。

信二兩，崑崙紙裹之一二重，入匱。養火一日死，此亦不脱胎色，其信可點銅。

石膽二兩，金箔裹之如前，崑崙紙又裹，六兩火，養三日，自然真死，其色如赤金，可點銀成八分庚。

硼砜硝礬，以箔包養死，但只用崑崙紙裹一重，入匱，斟酌養火五日，自然真死，胎色不脱。

藝文

題黄玄鐘《蓬萊山西神竈還丹歌》卷上　石藥黄牙歌一首，是造黄牙五言。草藥形狀名，採時節應用生死，一百七十二味草藥歌。

造黄牙第一

歌曰：鋪壬爲疊疊，鉛黄粉次重重。牛酉白黄三色，依東尾鹹漿味共通。一安丙丁上，齊入赤炎中。

右依歌，並須重重，以壬盡爲度，應夏至之節，以冰石研之佳，依東尾，忌甲戊庚除定等日。

露容草第二

俗爲地録，書云石録。莖花赤，性毒，惡理求體脉，生巖石，出河南，生甲乙，死戊己，甲寅，葉圓。春分後二十日採，上治惡瘡，應春分節。歌曰：此藥人間有，河南出最珍。拈來和汞點，一夜應天真。

霜容草第三

俗爲天涯，書爲白微，性與上同。出荆南道，生甲壬，死戊癸，引蔓三花，應夏至節，立春後採之。歌曰：遶樹攀崖上，三花葉對峰。拈來埋乙地，依東尾法。還入癸壬中。

雙夫草第四

俗名芙蔓，書爲紫瓊。性與上同，治勞，出安南府。生丙丁，死甲己。葉紫緑，大小不定，應小暑節，立夏後採用。歌曰：引蔓生天水，池中好。開花傍石間。度宵丙丁候，姹女體須堅。

石天第五

俗爲綸草，書爲武草。性淡毒，生朔方，埧形金，長色青。生甲壬，死丁卯，治汞，又治腸風。歌曰：遍地開尖葉，尋山展緑微。用漿應夏至，採須鴻雁歸。

石玄第六

俗爲茶蔓，書爲録支。性温，堅汞，色緑，生戊己，死丁壬，治腹癖，應小暑節，立秋後採用。歌曰：蔓黑開青葉，還生野澤中。從容安丙上，唯能巨壯功。

萬年春第七

俗名水藍，書爲地鏡。性冷，生江南道。如藍，小青老赤。生戊丁，死甲己。治小兒疳，應大寒節，春分後十日採用。歌曰：青色尖赤様如藍，亦在高山亦在潭。先共還丹爲舍宅，亦能性冷味能甘。

千秋錦第八

俗呼地幕，書爲青喬。性温，出劍南。生甲乙，死戊己。葉大如手面皺，治大風，應大暑節，立夏後採用。歌曰：面緊開敷遶澗泉，大時尖緑小時圓。唯有劍南生最好，真人呼作草丹田。

年年春第九

俗呼蒔芝，書爲青心。性熱，生嶺南道。生戊壬，死丁己。葉紫，治白風。應清明節，立秋後採之。歌曰：葉紫枝青遶水頭，春風到日自芳幽。可憐紅展仙人愛，八般石藥總拘留。

寒蟬葉第十

俗爲美草，盡爲温草。出巴蓬州。形如蟬葉，苗青赤不定。生戊丁，萎甲戌。治赤白帶下。應雨水節，立秋後採之。歌曰：葉如蟬翼帶如繩，常在潭邊映水澄。恰到用時合三五，八銖金粉汁三升。

千靈第十一

俗爲水蒿，書爲白章支。性冷。出蕃中。形如蒿，數葉，色青。生丙戊，死甲壬。治惡瘡及酒癥。應驚蟄節，立冬後採之。歌曰：叢叢吐葉遶澤生，夏時花發近春青。紅竈更添將内煮，一旬藥内此多靈。

赤馬州第十二

俗爲地容，書爲紫蓋。性毒。出北濟。莖葉紫。生甲壬，死丁己。療嘔逆。應春分節，春分後採之上。歌曰：枝紅葉紫遶山崖，此藥真人暗以排。恰到罏中開竈後，始知我有玉靈才。

萬日榮第十三

俗呼胡波葰，書爲美菜。性善。生河北。葉青花紫。生甲己，死丁壬。治惡瘡。應夏至節，白露後採用。歌曰：葰頭片片剪刀裁，每歲真人自送來。欲得紫房無紫艷，拈來共煮石中胎。

寒泉鏡第十四

俗爲大葉萍，書爲池容。性涼。出雲南。葉圓，浮水上。生丙丁，死甲乙。治惡瘡。應小滿節，立夏後採上。歌曰：浮生池中葉青青，碧牙藥内最多靈。從此水銀加日影，黄金争得不聞名。

洞章支第十五

俗爲周支，書爲盧容。性熱。出羅州。葉緑枝白醆。生甲丁，死戊己。治毒風。應小滿節，立夏後採用。歌曰：葉青莖醆生乎墳，有茨開花似覆盆。還丹不得池中過，仙人争得萬年魂。

公無取第十六

俗爲石藤，書爲潤春。出長安南山上。葉如豆，引蔓紫。生丁己，萎戊壬。治惡瘡。應大寒節，白露後採上。歌曰：叢叢紫影出長安，生在春初色耐寒。薄闕採時防大雨，摘時仍慮萬妖看。

天鏡寒第十七

俗呼石扇，書云背青。出河南道。每一枝一葉。生戊壬，死甲己。治冷。應立夏節，原缺後採上。歌曰：葉如紈扇遶崖生，每樹還生一箇莖。丘墓死泉無用效，絶人斷犬始爲靈。

逍遙引第十八

俗呼紫貝藤，書爲崖艾。性冷。出三元縣。葉鋭。應白露節，冬至後採上。歌曰：抽枝引蔓發金蘭，但是真人手把看。欲度紫微天上闕，可憐光彩入仙壇。

屍解紅第十九

俗呼石被，書云地紋。性温。出揚州。形如水萍，枝莖細。生乙癸，死酉戌。治一切五藏反惡。應小寒節，立夏後採上。歌曰：緣崖近石翦成形，紫閣蓬萊有兩名。獨體丹陽兼汞煮，後兹火下絶銅聲。

仙節芝第二十

俗呼石荳，書云九積。性涼。出河南。形尖細，擁節。生戊丁，死乙癸。治熱悶脚氣。應秋分節，立冬後採用。歌曰：天上全無人世有，人間不識自凋零。今朝自開好金訣，從此君王記取名。

遍金臺第二十一

俗呼馬莧，書爲緑微。性冷。出河陽府。葉鋭圓醆。生甲丁，死壬己。治瘡及惡癖，應寒露節，立冬後採用。歌曰：同羅新婦未仙時，折得金臺數百枝。經得三周周甲子，三年身駕慶雲飛。

輕金微第二十二

俗爲石支，書呼上遠。出樂陽。治通耳。歌曰：寒葉叢叢遶路逵，天上爲珍世上稀。拈向白英鍋内煮，始知此藥最多奇。

高天芝第二十三

俗爲京人丹，書爲天莫。出洛州。治中風。歌曰：紅珠爲子樹青青，紫苑仙人別作名。還共丹陽爲白色，緑微始肯入玄冥。

寒瑶池第二十四

俗呼玉池柳，書云英芝。出江州。莖青白，葉尖細。治牙疼風疳。歌曰：山庭玉柳本來無，更説人間是已疏。堪用採時須少與，藥院仙囊莫遺餘。

蒻成荷第二十五

欲呼山甘菊，書云蘋夫。様似甘菊。治鬼氣。歌曰：先生白日上昇天，還因此藥每宵煎。及至採時須便用，不須將過五湖船。

同巨舟第二十六

俗爲石桑，書爲景芝。出蠻中。葉如桑成樹。治一切風。歌曰：彤彤山艷怯高坡，因此承陽出處多。將得便須隨用却，莫令天使渡江河。

天上玄第二十七

俗爲石甘，書爲地甘。出忠萬州。葉緑，生石上。治反胃病。歌曰：石中有火火藏陰，陽氣潛生效比金。採日用須防犬吠，犬吠採之用不任。

石天琴第二十八

俗呼石可，書云還芝。葉三色。治一切風。歌曰：京州皇郡人人病，病者還因地氣衝。添放還丹經宿煮，從兹百歲絶無風。

毛章第二十九

俗爲大成，書云林芝。性冷。出河南道。形如蔆葑。治風瘇。歌曰：此樸彫成花擁節，毳毛籠裹子分枝。可憐此物人間有，惆悵人間識是誰。

右已前八味，生甲壬，死乙癸，應冬至節，立春後採用。

成萬歲第三十

俗爲五靈芝，書無名。葉紫，性冷。治鬼氣心邪。歌曰：摇揚錦蔓出長安，對雪開花入上闌。不要春榮潛茂實，大羅天女鎮長餐。

粟金寒第三十一

俗呼皺面，書爲武芝。性温。出恒州，葉大如手面皺，治風癬。歌曰：葉葉鋪沙遍地生，仙人多種遶仙庭。但知戊己庚辛日，採之何得不通靈。

胡菊花第三十二

俗呼楊柳池，書爲闌心草。性温。葉如柳引蔓。治女人血氣。歌曰：緑金散翠引金條，緑葉零丁遶碧霄。三月春時和蔓採，可憐汞在火中燒。

右已前三味，生戊己丁，死甲乙。應大寒節，立冬後採上。

天尖金第三十三

俗爲胡署蔓，書爲美容。性熱，有毒。治蟲蛇毒。出美元縣，様如署預。歌曰：厚葉青金愛在谿，可憐仙藥俗人迷。欲得飛昇天上去，只將此藥是雲梯。

玉展春第三十四

俗爲山斛，書爲江春。性温。出于闐國。三葉，葉如榆。治風。歌曰：每樹生三葉，遥光葉似榆。冬分春節近，仙人把步虚。

荆豆蔓第三十五

俗爲真芝，書無名。性温。出劍南。三葉，葉如豆。治血風。歌曰：每葉生仙意，含虚得大音。三旬金櫃裏，不用未投深。

夜合木第三十六

俗爲還心，書爲松南。出商州。成樹葉小，夜即合。治心狂。歌曰：美樹低新葉，晨開暮掩枝。可憐天上木，堪載俗人飛。

紫方天第三十七

俗爲楊葉芥，書無名。性熱。出青州。葉如楊長數寸，有津液。治一切風邪。歌曰：小葉傍山開，真人手自栽。從兹辨真藥，目下往天台。

王葼第三十八

俗爲青風，書無名。有毒。一叢數葉。出葼美茂。治經脉并痔。歌曰：地開玉葉展枝叢，獨自抽莖占碧空。石藥數般能壓伏，唯共陰神最得功。

紅蓬第三十九

俗呼石劍，書無名。性熱。出甘州。一叢數刃。治一切風。歌曰：錦石苔生雲雨處，紅蓬能展劍鋒形。消湯煮玉無過此，因得仙人別作名。

胡辛蔓第四十

俗名三葉草，書名深真。有毒。出江州。葉三尖。治蟲毒。歌曰：枝條條葉葉如刀，近夏當秋蔓始高。恰到第三三轉後，始將方就火中燒。

紫仙芝第四十一

俗呼天池，書無名。性熱。葉如枇杷葉。治心痛。歌曰：摇摇仙菓長山谿，堪作蓬萊方丈梯。每在人間人不識，桃源因此去人迷。

石豆蔓第四十二

俗爲留君，書云單章。性冷毒。葉尖，引蔓莖，紫青。治蟲毒。歌曰：黑玉爲莖金作芳，抽條引蔓散巖崗。秦南少女當時用，抽汞無煙在火鐺。

山石蔓第四十三

俗呼真魚，書無名。性温。出文代州。葉三尖，如大豆。治逆瘡。歌曰：玉鋪金器寫人間，苗在蓬宫菓在田。應是五心須似雪，況當諸物擬昏煙。

玉粟草第四十四

俗爲行針，書無名。出河南。性冷。如還藤，有子如糜。治風熱。歌曰：調金鋪玉顆如珠，天上人間様有殊。天上生時生紫翠，人間有者緑疏疏。

層金第四十五

俗呼小署藥，書無名。性温。出辰錦州。葉如署藥，有根。治水病。歌曰：埋根金櫃展蓬頭，造化真人昔日留。五轉轉開須好記，煮將爲水五金柔。地蘇也。

石蕨第四十六

俗爲失蒜，書云留金。性熱。出楚地。枝次數葉。治風冷。歌曰：銅瓶内裹布丹霜，霜似煙籠未有光。忽更添消重固際，可憐顔色過於璋。

荆蔛第四十七

俗呼槿木花，書無名。性温，出山南道。蔓四稜，葉尖。治血氣。歌曰：叢開尖葉四稜莖，光占春分滿野生。後輩習真皆用此，即知從此得長生。

重臺蔓第四十八

俗爲人眷，書云渠迫。性熱。出江南道。小小葉生，大葉引蔓。治一切瘡。歌曰：隆隆真氣上昇天，恰至春分降野田。若遇青鹽相拌合，即知生駕出人間。

還骨草第四十九

俗呼鼠英蒿，書云單蒿。性熱。生劍州。一如蒿莖，紫葉。破治風瘡。歌曰：塠塠埋處是千還，輪轉存亡上碧山。但能識此鍋中煮，火罷金身出世間。

稍紫第五十

俗呼紫貝，書無名。治癧瘇。歌曰：排蔓抽莖遶碧谿，四時改變採人迷。直須好記莫令錯，萬里蓬萊此是梯。

寒石葵第五十一

俗爲附蒿，書云間芝。葉圓似蒿。性堅。治風。歌曰：山含山色遶山庭，無限仙人種在京。唯共丹陽陽粉合，一朝煮罷絶銅聲。

絹文蔓第五十二

俗爲蛇葱，書呼宜人。性熱。出蘄州。如絹文。治反胃。歌曰：排蔓開枝長緑谿，可憐氣力與山齊。若能連夜添魚水，白骨埋年尚也迴。

雞腸蔓第五十三

俗爲林更，書無名。性温。出白州。葉如雞腸。治一切難産。歌曰：引蔓開枝萬里生，抽條得色占春榮。從此丹陽無黑色，汞中須有紫河名。

烏金脚第五十四

俗呼太芝，書名不祥。性熱。出江陵府。脚如烏釵，葉如蕨。治腰脚。歌曰：插金烏脚散寒山，學道仙君望眼穿。從此既合含元識，切須不使別人傳。

蛇銜菊第五十五

俗爲單芝，書云未有。性温。出太原。葉如蛇銜，花似菊。治喉閉。歌曰：前草含花似緑楊，花排金蔓引谿傍。採日切須防孝子，犬吠罏人被鬼傷。

還椿第五十六

俗爲哲芝，書闕名。性温。出安南。狀如椿，色紫。治邪氣。歌曰：落落金字展青天，紫道人間玄又玄。若共還丹從此造，即須煮過十宵看。

金桃蔓第五十七

俗呼留恐，書云單夫。性温。山河中府。狀如葡萄引蔓。歌曰：刻出青羅展緑微，真人不遺俗人知。玄河河内但能煮，汞迷金章遶紫衣。

地傘第五十八

俗爲鋮花，書無名。性熱，生湖州。葉文如繭大指面。治癲癇。歌曰：三三葉葉映枝紅，最向還丹道有功。但向汞中二更煮，任拈直用火墻籠。

稍紅第五十九

俗爲穿崖布，書云紫天天，亦名武容朱芝。性凉。生于闐國。一枝一葉，葉背紫枝。歌曰：界外遶林泉，必向經鐺煎。三度煮八石，如何體不堅。

右已前二十七味，生丁已，死戊壬，應冬至後採。

狗舌蔓第六十

俗爲魚藻，書無名。性寒。出陳許州。引蔓如狗舌。治蛇毒。歌曰：狗舌還如狗舌形，俗客真人字兩名。不是人間無此草，渡江見孝用無靈。

玉壘第六十一

俗爲番頭，書無名。性凉。生岐雍。花如盖幢，花稍紫。治霍亂。歌曰：花如纛幟葉如緋，山北河南各兩儀。欲採之時須固惜，内園莫使外人知。

玉菾第六十二

俗呼閏芝，書名兑。性冷，出濟南。莖微葉小，色黄。治熱痢。歌曰：秦王得地擬求仙，恰到岐陽岐上山。向遇洞真親指點，交共礬石一處煎。

紅廿第六十三

俗無名，書云單齒。性温。出河西道。葉如柑，色赤，石上生。治浮瘇。歌曰：引雲首月生崖上，鏤出王公入羽衣。若見鳳凰他自舞，不須晉客把笙吹。

粟金第六十四

俗無名，書爲單舟。性凉。出綿遂州。抽莖葉尖圓。治一切血氣。歌曰：堂堂仙藥在人間，恰見凡人似等閑。若共金沙和夜煮，即知長在比龜年。

紫石莧第六十五

俗呼云裳，書爲紫蓋。性熱。出通州。如莧三道。治骨癰。歌曰：通芝三背影朧朧，丹藥藥中最有功。不等能添金色潤，又能一夜煮黄銅。

浮真草第六十六

俗呼交綿，書云大羅。性温。出鄆州。如豌豆，以花葉治血暈。歌曰：陽陽紅影遶人途，人間雖有世間無。若遣衛真天女見，必應摘滿滿裾裾。

土芩第六十七

俗爲江中草，書云牽女蔓。性温。引蔓有子。治腸結。歌曰：綠楊幽院家家有，恰取玄河用者稀。從此内園須剩種，用方莫使外人知。

石青第六十八

俗爲帶青，書云鬫渠。性熱。出單州。引蔓葉尖。治氣結。歌曰：碧陽天子獻金丹，須茲神水合和餐。若向青鍋鍋内著，可憐雪散及人看。

窈冥第六十九

俗呼石衣，亦云魚衣，書云太周。性熱。出江陵府，如石衣。治冷氣。歌曰：窈窈冥冥石上生，人間雖有不知名。大藥之中安少許，即知足下慶雲迎。

右已前十味，生甲丁，死戊巳，應立秋節，立夏二十日採上。

還年第七十

俗爲木相珠，書云含紫。性温。出崑崙。葉如榆，上有珠。治風。歌曰：天長地久水洋洋，靈草含珠色自芳。從此月濱濱海上，又堪煮錬作瓊漿。

歷章第七十一

俗呼南天，書無名。性温。出鳳翔府。四稜，花紫，葉尖小。治一切惡冷疾。歌曰：紅章寺裏生春草，不似春終見歷章。若向白天鍋内合，即知九雪散精光。

紫金茅第七十二

俗呼齊蒿，書無名。性冷，出劍南。莖紫青，葉尖長。治心痛。歌曰：青青新婦獨行行，勿遇金華遶院生。因折將來煮金地，無煙從此始知名。

紫海椿第七十三

俗爲交周，書無名。性熱，出江州。葉如椿，色紫成樹。治中風。歌曰：同同金櫃影春山，無限真人手把看。一種自糜開樣度，不如此箇起金丹。

金微第七十四

俗爲重金，書無名。性温。出劍南。遶石生，葉如雷葱，有子根。治小兒疳。歌曰：離陽新婦愛芝魚，獨寄仙翁萬紙書。因識金微煮寒石，河車身駕入青虚。

紫蓼大夫第七十五

俗呼鄉周，一名石蓼，書無名。山河北道。色紫。治心痛。歌曰：花周萬里對秦川，萬里雖生不肯言。若共三河同更煮，生身應踏九霄天。

石芥第七十六

俗爲地花，書爲南草。性温。出京中。葉如南芥菜。治小兒驚。歌曰：紫微天女不裁衣，會要人間石芥枝。忌向白章鍋裏煮，便將砂毒水銀飛。

山稜第七十七

俗爲澗下芝，書云莫上芝。性冷。出益州。葉如波稜翦成。治風。歌曰：丁丁伐木聲從鳥，淼淼江波草自靈。唯有山稜宜好採，八般石藥自然成。

尖尾葵第七十八

俗呼爲風草，書無名。性寒。出恒定州。一葉三尖。治一切惡瘡。歌曰：渭州河北便生此，生處人多冷曝之。五鹽共煮爲鄞鄂，如何不得命長時。

王騎第七十九

俗爲綠天，書云無慶。性温。出江南道。葉如車前莖文。治毒瘡。歌曰：都都太府青丹藥，要此靈媒作主人。從此和漿方服了，眼前親見萬年春。

尖苟蔓第八十

俗呼大對。生劍南。葉如苟引蔓。治惡瘡。歌曰：人生不識金丹意，尖苟須爲玉藥泥。不説硫黄添白色，亦能瓶内伏雌砒。

成天命第八十一

俗呼有命，書無名。性冷。出忠萬州。治熱病，餘不言。歌曰：玉陽宫女煮天漿，要得成天命始香。須與水銀開逕路，兼爲青丹作院墻。

朝天草第八十二

俗爲鬼尿筒，書無名。性冷。出同華州。心空有節長。治惡瘡。歌曰：遥

遥天影入端虚，同華生時帀地鋪。看取紫河車内草，無此黄金事不居。

輔蟬質第八十三

俗呼九宗丹，亦云景天，書無名。性冷。出漁陽縣。葉如車前，引蔓根長。治熱疾。歌曰：團團翦葉出蘭枝，唯有漁陽出得時。三殿西埋十月用，然堪入藥和精微。

金鎖天第八十四

俗爲灰藋，書云落藜。性温。出巴南。葉方小，赤。治上氣。歌曰：金天剩進遣成灰，須共黄牙拌作泥。從此水銀須壓伏，只此還丹路是梯。

還蔛蔓第八十五

俗云天毋，書無名。性温。出美原縣。引蔓三葉。治血暈。歌曰：千尋山石上遍川，萬古人傳出美原。六戊鍋中經宿煮，八般頑石自無煙。

同陽芰第八十六

俗呼馬齒菜，書無名。性冷。葉圓，味滑。治腸熱。出單方州。歌曰：茸茸引蔓滿單方，能共還丹作郡鄉。水銀不敢當頭坐，謾趁朱砂迷在鐺。

同陽糜第八十七

俗爲人莧，書爲結針。性冷。出蕃中。葉尖。治痏疾。歌曰：調神理魄發銀光，石藥玆囊作一方。今日玉堦依表進，亦能壓伏四神霜。

同巨天第八十八

俗爲紅鹽花，亦爲慶節蒲，書無名。性温。出益州。葉尖狹，花如茨。治血氣。歌曰：同巨宫中同巨天，燒成灰燼煮寒泉。陽壬不得此灰過，陰癸終須飛作煙。

芙花舟第八十九

俗呼米囊，書無名。性涼。出黔南。葉青青，花含子。治惡熱悶。歌曰：青天萬里入幽無，唯有花舟接道隅。雖共根苗和藥煮，一般沉石自然浮。

右已前二十味，生戊壬，死丁己，應立夏節，立秋前四十日採用。

同變春第九十

俗呼崑崙葵，書爲紫堦。出西天。葉圓成角，花紫。治油瘇。歌曰：巔巔孤上占崖栽，每在人間院内開。恰至還丹能計會，硫黄争得不當灰。

狐孫藤第九十一

俗爲地錢，書無名。性熱。出最南。引蔓葉尖，枝有聲。治惡瘡。歌曰：遥遥引蔓逸天津，長至南風不至春。三月進來朝帝意，欲使生身蹋碧鱗。

石渠第九十二

俗呼下魚菜，書無名。性涼。出開通州。葉如竹，花黄。治小兒痏。歌曰：碧花洞裏展江魚，萬藥之中最是模。療得紫丹黄色潤，兼洗青丹色脱朱。

右已前三味，生戊丁，死甲乙，應立冬節，後二十日採上。

魚腸蔓第九十三

俗爲靈花，書爲茨梨。性温。出宣州河北。葉如馬莧，有茨。治惡瘡。歌曰：人間有藥是魚腸，解與還丹好作方。三鼎煙中開瑞色，九霄宫裏鎮靈香。

山菊第九十四

俗爲真浮人，書無名。性冷。出渭南縣。葉如茶，花似菊。治酒病心忪。歌曰：花如黄菊葉如茶，俗人不識出仙家。能與青丹出顔色，兼將紅粉作黄牙。

單真第九十五

俗爲薺蘋，書無名。出河南府。性熱。葉如薤，近水生。治蛇咬。歌曰：天真天地本由人，自是凡夫不識真。從此八靈甘受死，凡人自此免爲塵。

金鏡寒第九十六

俗爲人芝，書無名。出安南府。如葵菜，有毛。治蟲蛇毒。歌曰：石中石上總秋生，葉上生毛紅點莖。三接外幾數般樣，樣中最好是東京。

青枝第九十七

俗爲苦啓木，書無名。出西龍州。性冷。成樹有枝條。治脚氣。歌曰：成木生條長萬山，西王親種在人間。善使青礬無惡氣，又能不失紫金班。

紫樓春第九十八

俗爲白馬菜，書無名。又爲留著茉。葉紫青尖。出江州。歌曰：堂堂開色紫樓春，獨占人間白背鱗。還丹藥就須添煮，青霄得上九天真。

輔天台第九十九

俗爲背醋木，書無名。性温，成樹帶子。出終南山。治反胃。歌曰：籠籠成樹長南山，萬木之中此最賢。天藥燒時須剩點，應得生身白骨全。

勁金骨第一百

俗爲緑魚沼，書名天文芋。性温。如茅有果。治漏胎。歌曰：疏疏引葉恰

如茅，每歲真人玉水澆。能與還丹生羽翼，凡人身喫入青霄。

木瓜第一百一

俗爲天同果。歌曰：摇摇天樹長巴南，帶日花繁每日含。大藥合時須剩裂，經秋採摘始宜堪。

零零草第一百二

俗爲無青，書無名。性冷，出巴州。一叢三兩葉，含露。治疫病。歌曰：一叢花帶葉零零，人間知好不知名。看取藥成金色美，取之符呪鬼神驚。

右已前十味，生戊子，死甲巳，應立秋節，夏至後立冬前後採之。

又 卷下

黄帝春第一百三

俗爲芙蓉水，書無名。性冷。花紫黄不定，遶水生。治毒風。歌曰：棟宇雖生梁柱功，還丹道要水芙蓉。若説西王生最好，南山採得用通同。

山濁第一百四

俗爲水濁，書無名。每枝三葉，如蒴藋。治風血。歌曰：玉樓開鏡影三山，此草生時不等閑。若不高峰峰石上，即須長養在崖泉。

畢録秋第一百五

俗爲白茂樹，書無名。成樹葉如柳。出嶺外道。治一切惡瘡。歌曰：天長月在碧霄懸，月在千山萬藥前。採合藥時須記取，拈共黄牙一處煎。

浮林池第一百六

俗爲地皺，書無名。葉如柳面皺。性熱。治冷風。歌曰：玉塘水冷冷天心，此藥將堪價比金。能共硫黄相把捉，就中最好走鉛壬。

鶴來枝第一百七

俗爲女貞，書無名。宜治霍亂。歌曰：平平天地自侵臨，不到龍門是海深。仙藥人間成樹木，人間不識自埋沉。

山紫蘇第一百八

俗爲界州萊，書無名。出歙州宣州。莖紫，葉如真紫蘇。性冷。歌曰：玉潭深底見深波，好藥人間核似羅。唯共丹陽除黑色，染成如雪石中磨。

調神芝第一百九

俗呼爲還骨，書無名。出忠萬州。如句樹。宜治癆及狂癲。歌曰：人間自有草還丹，抛向人間不肯餐。任是生來還又死，可憐仙藥放教閑。

香葋引第一百一十

俗爲綿木是，書無名。生茂州。性温。成樹木，内有綿。治血擁氣。歌曰：逍遥天路道能平，自是凡夫不學生。能取此來和汞煮，眼前争不白雲迎。

崖藍一百一十一

俗爲附槽草，書無名。味苦，有毒。一葉數尖，如焬草。治白風。歌曰：金成似玉火中砂，此草多靈伴作牙。心共女人同火本，只緣不伏是河車。

懾龍迴第一百一十二

俗爲豫樟木，書無名。有毒。葉大三指，成樹。孟夏州近漢山有之。治鬼注。歌曰：稍稍同木也同材，張騫乘上碧雲來。此樹生過一千歲，一切江河路自開。

右已前十味，生甲壬，死戊壬，應立冬節，並春分及秋分前後採之。

紫雞腸第一百一十三

俗爲水蔓，書無名。性熱。出江南道。近水生，引蔓。治癱瘓。歌曰：碧谿生處遶閑磎，後學真人路自迷。壬癸硬時須好煮，若過再宿耎如泥。

壽容第一百一十四

俗爲冬青，書無名。性温。出河北道。葉青成樹，有子。治折傷。歌曰：四時不改黛雲遮，解共還丹作一家。千歲生時空服食，況論與汞作河車。

蘆口寒第一百一十五

俗爲英芝，書爲奉宜。性冷。出雲安。葉圓小莖。治中風。歌曰：團團天地卵成形，靈草仙方帀地生。此物堪將救人世，今朝由惜載仙經。

帶絲金第一百一十六

俗爲楸樹，書無名。性冷。出綿劍州。成懸絲。治婦人經脉不通。歌曰：萬條垂下緑金絲，仙藥人間總不知。須向炎中汞身在，即須百過入玄微。

防石硝第一百一十七

俗爲銷草竹，書爲草苟芝。性熱。出廣州。葉圓如指莖。備治惡寒毒。歌曰：三峽峡中千水氣，化成寒草廣州生。八石煙中爲父子，九天天上又多名。

禦酒醒第一百一十八

俗爲丹芝，書爲樓春草。性冷。出河内道。三花，葉色青。治心痛。歌曰：青丹消酒緣何事，靈草先須煮度宵。從此飲多醉便醒，況拈同向火中燒。

暹玉芝第一百一十九

俗爲浮水藍，書無名。性冷。出嶺外道。如小藍，葉尖長。治肺癰。歌

曰：行行遶澗起青苗，八石同功力不饒。一切爐中須少許，不然同向火中燒。

琵琶芝第一百二十

俗爲附除，書爲白天。性冷。出雲南。葉圓長，帶子。治大風。歌曰：秦王天上玉京東，曾有真人上碧空。因得琵琶芝草喫，生身身坐紫陽宫。

土㷔蔓第一百二十一

俗爲巨玉，書爲勞寒。性冷。出巴蓬州。葉三尖，引蔓。治風病。歌曰：盈盈方知天台上，須共青鹽引白漿。砒上有煙煙不起，即須要此作籬墻。

銅蹄蔓第一百二十二

俗爲太玉芝，書云林芝。性冷。出秦川。有葉尖長，引蔓。治風邪。歌曰：東王公母行雲雨，恰遺銅蹄蔓不生。惟須陛下秦川採，採時不得預稱名。

胡金毒第一百二十三

俗爲瘴天樹，書無名。有毒。出雲南。治蛇毒。樹不高三尺，葉尖，破味殺人。歌曰：陰陽不交生此樹，味毒枝條不肯高。第二亥河河内煮，即知陰癸不炎消。

尋河草第一百二十四

俗爲江風，書無名。性冷，出黔南。生苗長數丈。治喜病。歌曰：巨海海長千萬里，此藥尋河二復然。問取張騫必知處，採時切忌用鹽煎。

精蕈第一百二十五

書俗無名，色黄白，無苗莖，不應節，不治病。歌曰：春時生即多黄白，秋夏生時帶黑青。殿前但問東方朔，此人知處又知名。

石渠第一百二十六

俗爲寒竹草，書無名。性冷。殺蟲。出荆南。如竹苗長。歌曰：遍地敷天長翠根，功能定魄又安魂。但是人家三月種，此户當知足子孫。

野成荷第一百二十七

俗爲槊草，書無名。性冷。出淮南道。葉大如盤，有根子。歌曰：全身長養在溪傍，詔取張騫問本鄉。採得根苗一時剉，又能煮白惡丹陽。

含金枝第一百二十八

俗爲紫檀，書無名。性温。出嶺南。樹有金影。治五般蛇毒。歌曰：排金金影影重重，此樹人間不易逢。臣到鼇山山北面，真人親手賜玄鍾。

地脈第一百二十九

俗爲茨芋，書無名。性冷，出在五湖。葉長一尺，根同。治一切熱病。歌曰：温涼日月浸長天，好藥人間自滿田。八石之中安少許，永知金骨骨長存。

金影銅第一百三十

俗爲黄楊木，書無名。性冷。山茂州。能治大風。歌曰：林林萬木凡木盛，唯有此真聖眼穿。若欲採時玉龍入，不得如常似等閑。

潭沉草第一百三十一

俗爲支頤天，書無名。性冷。出錦州。葉細莖長，色青黄。治瘰癧。歌曰：沉沉細草遶閑谿，委葉抽條傍水坻。無限真人喫仙去，二親曾贈右軍妻。

紫殿第一百三十二

俗爲負霜花，書無名。出河北道。葉指面大，紫莖。治焦熱。歌曰：玉陽宫女學藏鉤，紫殿藏形形自收。飛得九天天女局，仙經抄出至今留。

武陽種第一百三十三

俗爲連天草，書無名。性温。山崑崙。苗長葉細。治骨癰。歌曰：纖纖細草武陽種，生苗引稼避春風。大藥藥中功最甚，見水不得莫從容。

尖玉第一百三十四

俗爲人壽，書無名。性冷。葉大如手，似車前。治馬癬。歌曰：遶湖水澗入天山，苗高數尺葉尖圓。白金一片如霜在，亦是靈芳豈得全。

不月芝第一百三十五

俗爲無菌，書無名。性温。天下有。色紫赤，無莖。治惡瘡。歌曰：陰陽繁氣自然生，不受陰陽一月情。能共水銀相壓伏，陽王當共失柔情。

海通第一百三十六

俗爲顔芝，書無名。性温。出嶺外。葉如通背白。治經脉不調。歌曰：先朝太后教人採，自後人間更不尋。莫説金丹丹内用，人間若得過於金。

吴網草第一百三十七

俗書無名。性毒。出江淮。成樹，葉如兩指。治贅盤。歌曰：葉葉能生生似月，服之得本便神仙。況共還丹同煮鍊，金骨如何不得全。

吴梨蘆第一百三十八

書俗同一名。性温。出江南。有蔓引枝。治金瘡。歌曰：蓱蓱引蔓葉如藤，汞中最巧又多能。打薄不成但更煮，還須軟膩引如繩。

吴粟隨第一百三十九

俗爲間芝，書無名。性温，有毒。出雲南。細葉有子。治冷病。歌曰：金

章亂引碧英花，吳蜀生時各兩家。恰至採時須致意，採時不得日光斜。

遶崖還第一百四十

俗爲略杓苗，書無名。出蜀。有引蔓，帶子。治漏瘡。歌曰：章敬天皇天女仙，因得茲靈得上天。今朝既識三真草，必知朝見舊羲軒。

金花舟第一百四十一

俗爲拜婦芝，書無名。性冷。出渭南。尖葉莖長。治諸風。歌曰：登登紅葉遶青冥，萬朵英花帀地生。採取之時問方朔，唯君不得犯神靈。

遶河公第一百四十二

俗爲赤柳，書無名。性冷。出梓州。如樹。亦治癖結塊。歌曰：仙人自美種天台，每歲真人密遣開。方朔去年家亦有，詔看何不進將來。

菌草第一百四十三

俗書無名。性毒。出蜀地。成樹，葉大如兩指。治瘡癬。

歌曰：長生遠地生靈草，能共還丹一處行。不與諸方兼色潤，唯能善合水銀情。

葈蘆第一百四十四

俗書無名。性溫。出蜀。有蔓引。皮治金瘡。歌曰：名山深處有，日月照中生。還爲丹輔佐，朱生不敢爭。

續隨草第一百四十五

俗爲間芝，書無名。性毒。細葉有子。治冷。歌曰：地滿千河廣，山含百草靈。從茲九天到，山涯見玉京。

元卷更諸色藥，無歌，共八十五味，如後。

天將將、大猪猪、乾女芝、烏飛、鷺花、秦女羅、蝦蟆菜、天女衣、浮真、孤兒、三泉菜、九尾蟲、秦真人、雷葱、青青、玉女花、天生芝、鏤玉草、孤羊、茵花、零零草、防石消、白馬菜、石劍、天都、水紫蘇、婦羞芝、人面菜、石母、孤蒿、陳公車、水巨勝、輔魚脂、天筒、鬼幕、江猪耳、秦地班、苦瓢花、羊尾、狗耳、歸末草、白楊芝、白鮮皮、鬼芋、單煎、武陽種、團錦衣、寒加草、芋茵、大段、二尺頰、萬里長、御酒醒、苟艾、苟椒、白茂樹、金影同、天堂女、神荆、細辛、紫苦味、陳后蕈、高羊尾、南風、紅母、草常春、瘴天樹、拜婦芝、石花、石芝、芙人春、蘆靈草、奉真人、竹堂、紫檀、秦女芝、山紫蘇、狗銜草、天台樹草、山姑草、銅蹄蔓、皺面草、霖雨淫草、白花木、紫神芝。

右計八十五味。

白蘿蘋第一百四十六

俗爲雲芝，書爲紫扇。性善。出嶺南。葉如油撥圓缺，苗紫青不定。生戊丁，萎甲壬。高數尺。治滑痢。應白露節，立秋五日採之。歌曰：不高數尺葉如油，常在高山上嶺頭。此物雖生立春後，用之力足待經秋。

青天心第一百四十七

俗爲白微，書爲單蒿。性涼。生于闐國。葉如蒿，三瓣成枝，青黃花。生甲戊，死丁壬。治中傷。應立冬節，白露後採之上。歌曰：花如金色遶山開，葉成三片翦刀裁。計會水銀成活後，兼能善作大還媒。

鳳凰窠第一百四十八

俗爲山竹，書爲負雪容。性冷。出南天竺國。葉如竹，枝如木，如葱尾，花紫。生甲丁，死戊己。治反花瘡。應處暑節，立夏後採用。歌曰：葉如寒竹傍崖生，亦在人家亦在庭。花帶紫緋開不定，可憐光彩四時榮。

赤蘿藤第一百四十九

俗呼赤蘋草，書爲地心。性冷，味苦。形如桐葉，色紫赤。出新羅國。治逆瘡。生戊壬，死丁癸，應小寒節，立春後採之。歌曰：葉如緋榜遶欄生，亦在山頭亦在庭。欲謝但知投九水，水中自識紫芝靈。

白鶯相第一百五十

俗呼三葉草，書爲紫余。性和諸藥。生中天竺國。無枝，三葉。生戊庚。治勞疾。應芒種節，立秋後採之。歌曰：蔓開三葉葉纖纖，半在池傍半在巖。欲識但經和日煮，月過成錬以爲鹹。

掃天魚第一百五十一

俗爲碧章芝，書爲絹文草。性寒冷。出瑞州。葉如指面，不高數尺。生甲戊，死丙丁。治水病。應立冬節，冬至後採。歌曰：谿生文理緋絹字，周帀年年葉轉青。摘日用時須忌諱，忌諱無過見水精。

奉真人第一百五十二

俗爲水結，書爲黃茨。性熱。出岱州。葉緑有子。生甲丁，死癸己。治牙疼。應寒露節，小暑後採。歌曰：莖莖白色遶山崖，重重開葉傍花排。緑水池邊安少許，青丹從此絕塵埃。

天周芝第一百五十三

俗呼石柳，書爲地芝。性熱。出隴右。形如楊柳，不高數尺。歌曰：枝同楊柳色青青，秋景凋零春景榮。不遇至人親指引，縱能何處覓清名。

水桃第一百五十四

俗爲緑紅，書爲英芝。性温。出江州廬山。生戊丁，死庚己。形如桃，近水生。治癰瘇。應大寒節，春分後採之。歌曰：靈芝異草出靈山，立幹生於曲澗泉。好用英華散水氣，採時須得受春暄。

幽微芳第一百五十五

俗爲石髓，書爲地微。性冷。生湖南。葉小花細。生戊丁，死甲乙。治胸隔氣熱。應立秋節，處暑後採之。歌曰：叢叢細葉小花排，亦在平坡亦在崖。翦出西王南架草，審看莖脚小於釵。

緑重重第一百五十六

俗爲重臺草，書爲茨影子。性温。出隴右。葉小大重疊。生丙丁，死庚己。治惡瘡。應芒種節，立春後採。歌曰：葉中有葉最多功，天上人間一樣同。採摘之時須浄潔，易中將用應屯蒙。

山錦芝第一百五十七

俗爲山雲臺，書爲九孔菜。性冷。出咸陽。枝葉一如雲臺。生甲丁，死卯酉。治一切熱風。應冬至節，驚蟄後採之。歌曰：枝條體本遶山嵐，亦在崖中亦在潭。若向花中頻煮後，即知從此味能甘。

縷金寒第一百五十八

俗爲紫石蘋，書爲江蘄。性温。有毒。出終南山。葉如翦出，莖紫。生戊丁，死乙癸。治氣腫。應立秋節，立冬後採之。歌曰：月光金閣引真人，第三池内最多神。恰是立冬冬後採，採時須避鶴鳴群。

貝殊紫第一百五十九

俗爲風石蔓，書爲地油。性冷。出白馬山。葉圓引蔓。生甲乙，死戊己。治急勞。應小寒節，春分後採之。歌曰：引蔓排枝葉葉圓，可憐生處傍崖泉。八石不應無用日，用時須待緑芙研。

鶴春芝第一百六十

俗爲烏脚雞草，書爲細芝草。性熱。出荆州。葉小枝莖細。生戊壬，死甲乙。治滑痢。應夏至節，小暑後採之。歌曰：鏤出西王裙帶花，枝莖纖細出仙家。採摘之時須浄潔，仍憂金影向西斜。

石節第一百六十一

俗爲寒種，書爲擁春。性熱。出藍田縣。葉大鋭，枝紫有節。生癸己，死子午。治心痛。應白露節，立冬後採之。歌曰：葉如桑葉莖如節，愛向巔崖崖上生。若向人間能辟鬼，又能天上懾神靈。

右巳前應節候六甲冷熱採之靈。

石椿第一百六十二

俗爲景芝，書爲黄風。出江南道。治心嘔逆。歌曰：枝枝抽蔓傍崖巖，海脉滋通味帶鹹。翦出紫陽天上草，堪將人世煮紅鹽。

石胡蔓第一百六十三

俗爲九田，書爲天周。出貝州。治妳癰。歌曰：遥遥引蔓入天羅，後學仙君莫厭多。採日採時防大雨，將行不用渡江波。

吟鶴枝第一百六十四

俗爲石葉，書爲間盧。出代州。一枝數葉，生石上。治一切風冷。歌曰：龍芝鳳蘂出奇山，時居月磧傍崖巔。空生柳坻明絮後，和汞一處用鹽煎。

右已前性温熱。生甲壬，死乙癸。應冬至節，立春後採之。

土竹第一百六十五

俗爲金蘋，書爲更芝。性冷。出河北。様如竹莖，青。治喉閉。生戊丁，死甲乙。應大寒節，立冬後採之。歌口：纖枝小葉色青青，天上人間有兩名。此物四時看不定，落花時節採多靈。

紫金英第一百六十六

俗爲石心，書爲魚葉。性熱，有毒。出羅州。葉圓背紫。治惡瘡。生甲己，死戊壬。應春分節，立夏後採之。歌曰：音世人間草，葉圓貝點朱。還同玄内煮，沉石自然浮。

日水蘇第一百六十七

俗爲太平，書無名。性温。出陳許州。葉如紫蘇，莖紫。治一切瘇。歌曰：葉裁金底皺金光，生在長年緑水傍。別有真人來採用，紫陽宫内軟衣裳。

石紫蔓第一百六十八

俗爲努頭草，書爲示見。性熱。出新羅。葉蔓莖有茨。治惡瘡。歌曰：葉葉彎彎遶澗隅，可憐真草世人疏。唯有太行南山客，將來箇箇煮仙魚。

紫貝蘿第一百六十九

俗爲鏡寒，書無名。性熱。出羅州。莖紫，葉出花上。歌曰：婆娑紫葉長藤蘿，山野生時亦不多。採得却能除百疾，惜乎生没在巖阿。

千桑蔓第一百七十

俗爲花桑，書爲敬桑。性熱。生陳許州。葉葉引蔓。治腰背疼。歌曰：傳得仙人玉樹方，當年陳許獲親嘗。採時齋戒忘言話，服餌除疼壽命長。

水菊第一百七十一

俗爲金緣，書無名。出河南府。葉如喬，花如菊。治一切水氣浮瘇。歌曰：人間到處種難成，遠地幽林却自生。生處定須無別樹，周迴荆棘密層層。

獐蹄第一百七十二

俗爲蘄芝，書無名。性冷。葉如獐蹄，莖紫。治滑漏。歌曰：俗號花桑葉似條，條長引蔓遶谿傍。還共獐蹄同氣味，一時和合入冰湯。

雜録

唐·孫思邈《太清丹經要訣序》 余歷觀遠古方書，僉云：身生羽翼、飛行輕舉者，莫不皆因服丹。每詠言斯事，未嘗不切慕於心。但恨神道懸邈，雲迹疏絶，徒望青天，莫知昇舉。始驗還丹伏火之術，玉醴金液之方，淡乎難窺，杳焉靡測，自非陰德，何能感之？是以五靈三使之藥，九光七曜之丹，如此之方，其道差近。此來握翫，久而彌篤。雖艱遠而必造，縱小道而亦求。不憚始終之勞，詎辭朝夕之倦？研窮不已，冀有異聞。良以天道無私，視聽因之而啓。不違其願，不奪其志，報施功效，其何速歟！豈自衒其所能，趨利世間之意？意在救疾濟危也。所以撰二三丹訣，親經試鍊，毫末之間，一無差失，並具言述，按而行之，悉皆成就。然人之志，所重者性命，其危春露，其脆秋霜，俯仰之間，相顧如失。榮華貧賤，誠爲不住之容；憂悲娛樂，並是難留之事。以此而言，深可嘆矣！

余比讀諸方，故亦不少，觀其梗概，例多隱祕。味之者，翻增其惑，説之者，返益其迷。遂使修鍊之流，不見成功之處，豈其古人妄説耶？抑由學道之輩，自不能考其旨趣也。余所陳方意，於文記間，如視掌中，一試披尋，莫不洞照。相知之士，通鑒名人，有所不同，心之取證，故列爲三篇耳。處士孫思邈撰。

唐·梅彪《石藥爾雅序》 夫爾雅者，古人以訓釋難尋之所作也。每想此機捷妙無以加。故朝廷用之，兼經多歷年代。余西蜀江源人也。少好道藝，性攻丹術，自弱至于知命，窮究經方，曾覽數白家論功者，如同指掌，用藥皆是隱名。就於隱名之中，又有多本。若不備見，猶畫餅夢桃，遇其經方，與不遇無別。每噫嗟此事悵恨，無師由何意也。因見《參同契》云：未能悉究，當施直義，其理盡矣。經曰：吾欲結舌不言，恐畏獲罪誅，寫情於竹帛，恐泄天之符。故知聖賢至道，玄妙之法，不欲流俗，偶然之所聞解也。故委曲其事，令上士勤而習之，使下士棄而笑之，理昭然也。但恐後學同余苦心，今附六家之口訣，衆石之異名，象《爾雅》詞句，凡六篇，勒爲一卷，令疑迷者尋之稍易，習業者誦之不難。兼諸丹所有別名。奇方異術之號，有法可營造者，條列於前。無法難作之流，具名於後。時唐元和丙戌梅彪序。

唐·齊推《靈飛散傳信録序》 余與憲臺察史博陵晦叔，有遺世保形、超蹈山海之契。嘗共語：求學之士，探擬眸謬，耻營近實。虛務遐闊，未易凡鄙，便冀飛昇，謂金丹坐延，而仙籍立致。夫處心不寘於道，鍊形未異於常，齒髮不駐，顔色隨謝。是氣血内耗而容狀外變，病疾未脱，嗜慾交煎，天生速死，不及常理，區區貪昏，多此類也。今所爲異，必求良方。先驗容齒，與俗流自别，知常限不迫，方可冀久視修仙材。鍊神清虛，求餌芝玉約索精要，近拯形骸，有新聞閲，互相曉導。

晦叔異日謂余曰：有客話裴都尉者，鶴髮早垂，童顔近復，訪其所餌，曰靈飛散之功。共知此方，在《千金》第二十八卷。晦叔又曰：聞勳曹員外即范陽君彛，嘗與修氣道客吴含人丹，講求此方丹曰：《千金》近略，多不真定。此方本出《太清仙經》，可求正文，如法合餌。君彛私誌，亦未卜所獲。時寓累于故李中書泌之宅，暇日偶入一小室，有書籍盈几，皆斷爛罕全，雜委無次。軸閲將半，忽遇一軸，標首完整，文墨甚華，題曰《太清真經》，發視乃靈飛散方卷。君彛執讀，欣契誠求，驟告於丹。乃焚香頂奉，滌手持捧，謂君彛曰：此真官曲遺，靈應特延，紀於仙書，足勸後學。晦叔以余與君彛莫逆分至，傳信可憑，約就諮訪，便求傳寫。余驅乘詣門，問與聞叶，因得抄録，與晦叔同之。

又方中分味，以雲粉爲主。是歲余授鍾陵奏辟，而廬阜在封部之内，鑪峰跳波，脉注谿壑，居人方士，皆引湍舂雲，水汰日曝，流霜瑩雪，丸珠旋螺，宛若天造。貨於村市，資爲衣食，常肆所積，日取無限。此方難要，唯兹一物，有是行也。實天借心謀，亦將旁利同志，不然何契會如此，以先約話。

余私貯靈感，不忘寢興，行商洛數程，息豹藏舍。郵客有自內鄉來者，曰有鄧掾融，攝宰前邑，年踰從心之五，而姿鬢不老，目瞳不昏，理劇接賓，與强仕等力。問其所得，曰嘗獲神方。余至邑徵訪，乃靈飛散所致。考其傳授及藥力驗應，云昔歲見唐主簿，有道流口付，説是靈仙上方，欲窺功用，可立變鬢髮。融有親容，顔鬢已衰，將試靈驗，因求合分，服三十日，融之親容，顔髮頓易前狀。融半劑之效，亦保數十年不改。恨其藥力未成，便闕服餌，又遠謫窮領。資貨多乖，今比凡流，猶有所異。復説在長安日，傳張裴二駙馬，皆目變效，重符前聞。則此方神奇，驗實相接，眼覩口問，積爲明徵。又孫處士，道問上流。精窮方要，掇此編録，固非偶然。余與晦叔幸君彝之遇，果求向之約，誓心服食，以邀效證他日之異，續此編書。元和七年四月五日，高陽齊推書心記實。

題黄玄鍾《蓬萊山西竈還丹歌序》 臣聞鷦鷯在木，不逾一枝之巢。偃鼠飲河，無過一腸之滿。伏惟陛下名逾東户，調美南風，在於兆民，無不咸止。何重萬乘之榮，而輕不死之道。臣伏以元封年奉詔蓬萊，親求妙術，經過海難，涉歷幽陽，不憚危亡，而求至道。先是，皇恩遠賚，以感微臣盡忠，得遇大仙，躬賜靈藥，極誠進上。何謂陛下安聽佞臣，信爲祆詐，賜臣自餌。臣俄別皇庭，不勝悲望，游宫未遍，少許十年，恐慮從容，自爲永阻。又承陛下令東方朔召西王母，夜置承露盤，即知陛下後悔之甚。臣又聞事君盡忠，在朋立義，於君不忠，則人臣共罰；不義於朋，則交友共棄。臣於紫陽宫少微院西竈，躬受還丹妙道訖，依方潛録。伏惟陛下，須納忠臣諫，必效此方，莫比昔年，却從俗佞。其藥令左拾遺陳方景擣合，右丞周真宜候火，臣男志誠啓鑪并醮等，必鍛鍊精微。願勳誠志，紫瓊暫逢，長爲金骨。陛下莫重含元大内，爲上極精華。北闕西堂，殊非至廣。太常九部，不足爲聲。粉黛諸房，全爲醜質。矧此蓬萊妙絶殊境，得號仙山。日殿月宫，雲房金閣。堂排金碧，樓焕珊瑚，鵲遶靈芝，鸞飛瓊樹。天男玉女，沸鼎絃歌。異鳥名禽，朝來不歇。水精簾外，颯颯玄風。碧玉户中，泠泠細雨。瓊漿一飲，少許千年；大藥暫餐，應期萬載。等閑見桑田爲海水，見海水作桑田。或即上朝天老，或自適雲關，時下入瀛洲，散尋異寶。寰中黄屋，不足爲尊，補衮之流，未足爲貴。陛下何不生親異境，而苦戀凡間。目看冠葬石堂，身埋后土，使子孫空拜，灑酒寒陵，朝暮之間，即當見矣。縱百年天子，不及一日仙人。伏惟聖智審裁，莫自求其斃矣。謹差南陽執藥童，奉表以聞。蓬萊山南陽紫微右長丞黄玄鍾頓首謹言。

僉舉臣此聖道，世不異求，惟在清齋，存心念静，設鑪安竈，不得抵忤方神，舉措發機，須合天道。其石藥等，並須上好草藥，勿令錯誤。其藥皆是州土進上，唯三般，出臣此山，以人間六味替用，並列如後。

佚名《太白經序》 《黄帝聖記經》曰：黄帝元年寅月寅日，齋於首山，方明、力牧從黄帝，以上具茨，謁大隗君，授以黄帝《神芝靈圖》十二卷，金銀方十九首。黄帝又登王屋山，開石函，發玉笈，得九鼎神丹飛雪鑪火之道。黄帝復到蛾嵋山，見天真皇人，禮請神仙之道。皇人曰：子豈不知天有玄一，生於太陽，名爲流珠，爲衆妙之門，得而修之，可令子長生，昇雲飛朝玉帝。黄帝拜受，於荆山鑄金鼎，修合流珠大還神丹。令傳後人，而於鼎湖，服而上昇。時有大臣七十二人，得丹服者，亦從黄帝上昇。先是黄帝恐金丹道絶，授與元子九鼎神丹。令傳後人。而誡之曰：此道至重，必以授賢。苟非其人，自招灾咎。元子則齋於東明山，以金魚投於東流水，歃血而盟。後元子又傳東山子。自此以聖傳聖，以賢傳賢，以仁傳仁，得道者不可勝計。天之愛人甚矣。而人自非心不合道，固難成也。返成不信，天下十有九矣。聞道撫掌，此亦明矣。是則天機不可輕泄，鼎器不可竊弄，愚下狡詐貪婪欺妄者，故不可令見，不可與語。然傳修鍊有十不可者，有十可者，爲之十誡云耳。

十不可者

一、以巧言媚容，急向熱取。謂他人爲癡，謂我爲奸，自云若是道不違人，即心無悋惜。一言道合，必傳與我。或説他事並此事，或指他人喻此人，狡詐多方，甘言出口，此輩慎不可與語也。

二、先自説大丹方術，金石門庭，伏砒撲茅，尋草結汞。又曰曾親經手嫌，不能爲意在。先説我彊，博換他事。謂我機關，羅籠天地，頻來數到，東問西探，慎不可與語也。

三、只以盞醪臠炙，雙襪綳鞋，自説貧寒，望垂救拔，生成荷德，死歿知恩，指天地爲盟，向神祇作誓，此輩慎不可與語也。

四、入頭相狎，巧語多辭，探賾淺深，考求道理，問得即喜我，乃稱揚彼人者，神仙中人。難問則嗔我，則誹謗彼人者，誑妄之士，浮學日淺，不及我長，此輩慎不可與語也。

五、立性好利，秖待要金，悋貪不使於一文，奸狡但求於好事，乾語濕喏，低

拜屈腰，自稱爾好事，必然不要我錢。空把兩拳。堅求至藝，此輩慎不可與語也。

六、自無見識，不按方書，任意看量，不從師授，或一千文爲一火，或五百文作一灰，金逐煙消，石隨焰散，不稱愚意，却謗真賢，以謂從來伏丹萬無一成，大約世間終無此事，見仙人則謗，逢處士即嗔，將謂他人並同於我，此輩慎不可與語也。

七、自觀彼人，言此人無福，以讎滅士，言此人惡心。我尚不成爾，焉能遂我已。歲時久歷爾，且年紀未多，以老人爲徧知，以廣行爲歷事，便擬指呼賢達，孩問智人，握管窺天，抛磚引玉，此輩慎不可與語也。

八、根性淺劣，寧知造化之源。見識昏蒙，不達乾坤之道。只求小術，專在利門，所務家資，懶成意氣。伏砒伏粉丹砂，以銀鉛銅，用碌煮汞。論此事即忻心歡喜，聞至藥則冷笑不言。自此以假求真，且説從小入大，此輩慎不可與語也。

九、既知出塵之術，能求得道之人。偏能屈節低心，亦甚瞻顔望色。入夜則尋思計較。明朝則便去推求。但有納璧之心，殊無割城之意。專呈小巧，擬弄大賢。敢於容易之間，獲起殊常之事。又曰：下坡不走快，便難逢事在。乘時人不再遇，或自談儉素，自説忠良，於己自恡，勸人行陰騭，假陳慈惠，妄説方書，迷誑小人，平欺君子，爲求好事，干送小心。又曰：傳我者衹爲於人情酬爾，不言於財寶，此輩慎不可與語也。

十、偶遇名人，少知宗旨，自爲輕薄，不辯陰陽。或得其頭，不盡其尾。得其尾，不得其頭。是何小器易盈，向人自衒。或知者則慇懃承侍，拜告仙兄，而見妄出妻，同生同活，願爲奴蹇，永奉指呼，唯期地久天長，終願粉身碎骨。後乃薄知去處，將謂萬全，便於仙兄，當時解體，姿顔漸冷，盤酌日疏，自以得魚忘筌，到岸捨械，我今已得大事，不要前人，請去門欄，自修鉛汞。殊不知至人鑒人識物，占往知來，先審斯人，終非大器，豈以口言貌笑，杯酒家餐，而傳授神仙大事，天地至機者哉。如此輩始則自謂事了，先負仙兄，終則漸覺事非，却謗高士，自貽伊戚，誰致悔尤。噫，茫茫古今，世間此輩甚多，慎不可與語也。

右此十不可與語者，得道君子慎而鑒之。若泄玄機，自招悔咎。然則得人不傳，謂之祕藏天道，亦不可也。非其人而傳者，枉泄天道，竊弄陰陽，大不可也。

十可者

一、不問貧窮富貴尊卑，帝王宰輔，侯伯文武，庶人士農工商等，但有道者可傳。然先審其人，評其可否，方可傳授。

二、不以黄白事，不以勢力所知，在富如貧，居官若庶，志求大道，只慕長生，言不諂諛，行無狡曲，不可以暫時爲事，故審平昔之期，若是其人，此可傳付。

三、先與言論，審察根基，儻若不昧陰陽，能明卦象，知造化之理，識天地之恩，洞達晦明，深曉進退，五行四象，七返九還，行與業同，身將心正，又慮福而無德，聰而不明，始吉終凶，先得後失，不可追悔，必也藏機密事，抱智而愚，慎審其人，此可傳授。

四、若見孜孜於家事，苦苦於身名，務於意氣，事於風雅，此不可與語也。若見守真任直，少能自足，薄於人事，不與家累，淡薄名利，於親無情，於人不詐，此可傳授。

五、有慈惠之心，無親疏之意，欲博施而力不備，重高人而家具貧，細察行藏，此可傳授。

六、事君忠節，居上不矜，俸薄家貧，守真不躁，而能恬淡自牧，不事輕浮，心在虛無，不急名禄，此可傳授。

七、事親於家，孝聞閭里，仁德兼著，清淡自持，志慕長生，此可傳授。

八、與物無競，心絶冤親，自將天道爲心，不以還丹爲念，無心合道，道自目前，此可傳授。

九、無家絶累，野鶴孤雲，不爲人事所拘，不備時宜之禮，人不識我，我不識人，心慕長生，不逢至道者，此可傳授。

十、時有道侣，多居巖室，獨處雲林，歲臘齊高，親交雙泯。然後察言觀行，不欺彼弱無心者，此可傳授。

右此十可者，得道之士，百年之内，可傳三人。前有十不可者，慎勿傳也。然傳授之時，須具十全，方得成就大丹，若不十全，不可妄爲也。

十全者

一全，有修鍊之地。慎擇名山大嶽，來山去水，五行相生，不爲凶山惡水，虛耗所忌，不爲凡人俗眼，來去穢惡混雜，此未可也。

二全，備其財本，財本若備，無所牽率，不令所少短，並須修鍊之人心意，自然而然，不得將無作有，遲疑之間，有所憂悔。

三全，直時童子，須是奇人。若非高上靈性，不可指使，秖令直符，不可與知道。慮若小驗，輕泄於人。

四全，起鑪竈，高低尺寸，闊狹厚薄，並依法則。取土方向泥，起火時日，門户開閉，多少方所，重疊數目，各臻其道。

五全，鼎器法則，須依其道，亦有高低小大，將狹斤兩，厚薄深淺，並須子細究尋玄妙，契合真文，不可妄爲。若識真鼎，已是智人。

六全，須識真藥。既識真藥，須知收採之時。故准南王曰：採於蠶食之前，用於火化之後。則知非金石，則木也。木王於二月，廢於八月，伏於十月，此昭然可見矣。八月秋動霜零，乾條葉落，還歸於地也。

七全。闕。

八全，採取收持，須能洗濯，謂之沐浴。沐浴既浄，除根收葉，去骨留肥，迎入房櫳，從兹會合。

九全，若入鼎鑪，安排依法，分明四象，匹配五行，不乖二儀，並交兩曜。造物者我，發生者誰。

十全，水火也。有無並合子午，依時虧圓，並在於月中。飛伏盡由於卦裏，精修到此，方好用心，名爲十全，得稱至士。然十全無有一者，則不可與言道。十全而有一不全。即亦闕於道。故至士審而行之，不其然乎。

佚名《軒轅黄帝水經藥法序》 蓋聞萬古之靈，變化自别。艮以一氣爲初，三才並立，點化凡軀而成聖。煉就凡石而成寶，本自然也。世間草木，一秋而有變化。人遇之服，而延年千載。何況萬年之變異爲水，豈不能超凡入聖，本亦自然之理也。昔徐久居山，偏歷學場，可謂煉丹而未滿，長吁歎息而已。因遊天台蓮溪洞邊，見古仙，不知何處人也。古仙曰：吾還丹妙訣，君肯爲之。徐久稽首曰：曾爲之久矣，未能得成。古仙曰：還不還，勿勞心耳，神仙之道自輕耳。因於此從之五載。後見古仙指草爲龍，方知其道矣。稽首拜曰：伏望吾師慈悲憫物，伏濟沈淪，未敢禮也，願求一小術耳。古仙曰：子當證道而已，天時已至，吾有水經一卷，可付於汝。時古仙道言未畢，忽睹三人齊至。古仙曰：此三人亦有分成道，授於四人水經，後不經半紀，皆成其仙道。得遇此水經者，得成道了性三千餘人。所有之藥，所製之法，皆按陰陽列篇于後。聖異靈通，變化無窮，萬無失一。時歲機稔甲子辰日序。

佚名《通幽訣》 訣曰：道書仙傳，祕録丹經。《龍虎》《上清經》五相類《周易》爻象，《參同契》歌訣，卷卷述聖人之意。黄帝、老子、宣尼，二十四聖諸仙，並是得道之仙。世人迷遇不會，須修行始得之。次有不顯名之士，得而隱之者，不一以爲無仙道者，實愚迷哉。所有歌録經訣爻象，皆露枝條苗裔，不説徑門。自古至今，皆須師受口訣而成，非有分者，不得而學矣。傳得此訣者，祕之寶之，天道不可輕露泄矣。養虎還自噬，付與不道之人，殃罰七代，謫身爲下鬼，長役鬼官，可不懼哉。得其賢人，猶須探賾，内行不二，徵兆有分，始可傳受。仍先虔志，啓告百靈，分誓立券，方可傳之，切宜慎之。

修行不二，至藥無雙。夫人道合元理，自然可遇。必須勤苦疲勞，無怨，不可倉卒，漁獵而得之。遇明師，悟於一言大藥，只有一門。而三物水土金，非人間水土金凡物等。得之魂魄歸，長生不死。但行不二之心，師必自至矣。金丹内丹得門，餌者不死，與天地齊畢也。

敘訣長生，號肘後訣，以示後學不悟之者。其造鼎並入金，及直符用卦刻漏，並不載於此，知道者審而詳之。

宋・吴悮《丹房須知序》 予嘗遇神仙之道，雖曰功行積累，莫不皆憑大丹。【略】因集諸家之要，以爲指歸，可謂深切著明矣。猶慮學者未悟，復編進真鉛真汞，華池沐浴，鼎爐法象，火候次序。凡諸家互説不同者，推載其理，若合符契，謂之須知，皆出古人之傳，曾非臆説。凡厥同志，開卷斯有得焉。隆興癸未中元日書。

方法部

水法分部

題解

佚名《黄帝九鼎神丹經訣》卷八　明化石爲水并硝石法・明化石序

臣聞凡合大丹，未有不資化石神水之力也。此水之法，雖自黄帝，至於周備，則是八公三十六水之道也。八公者，漢淮南王安之師。劉安者，漢高祖之親孫，其父厲王也。於時天下貴人莫不以都邑、畋獵、犬馬爲事也，王獨愛仙道，偏崇祕術論仙之道，聞有變化道術之士，雖遥千里，卑辭厚幣，請致之，莫不集之如雲，數千人也。所撰《内書》二十一篇，《中篇》八卷，《鴻寶方》三卷，而又布遠近。遂降八公，感之願爲之師也。初門吏不納八公，八公現以老少之質，門人以聞之，王足不暇履，肘步而前，延公登思仙之臺，設錦綺之帳，進金玉之機，執弟子之禮，請長生之訣。八公曰，修學仙道，先作神丹，乃可長生不死耳。我能煎泥成金，凝汞成銀，水漬八石，飛騰流珠，轉化五金，凝變七寶，服之者能乘雲龍，浮遊太清，出入紫闕，宴寢玄都矣。此是雲騰羽化之妙事也，王宜修之。安重叩頭流涕，乞長生之訣。公遂哀矜授《五靈神丹上經》及《三十六水法》與安，安即登壇立盟，歃血跪金以受神丹方。起鑪火也，遂獲藥成。【略】

昔太極真人以此神經及水石法授東海青童君，君授金樓先生，先生授八公，八公授淮南王劉安。安昇天之日，授左吴。左吴者，安所念也，臨去告左吴曰，欲求長生，當作神丹。神丹若成，恣意所爲也。然此諸仙傳神丹乃是五靈神丹也，合之謹慎，揀藥石亦與九鼎相似。至於功用，乃劣於黄帝九鼎神丹力，但化石水法出自八公，故具列由致如後。

又　卷一七　明事藥先後酢及華池由致　【略】

臣按：造合神丹，先作諸水，及鍊一切石毒，溲六一泥，煮伏水銀。凡所措手，皆憑醋内過百日者，謂之淳醯。三年已上，謂苦酒；投之以藥，即曰華池。古人祕之，號之左味。欲求大道，好慕長生不老，若不營之，百無一就。

綜述

佚名《三十六水法》　礬石水　取礬石一斤，無膽而馬齒者，納青竹筒中，薄削筒表，以硝石四兩，覆薦上下，深固其口，納華池中，三十日成水。以華池和塗鐵，鐵即如銅，取白治鐵精，内中成水。

又法：取礬石三斤，置生竹筒中，薄削其表，以紬綿纏筒口，埋之濕地，四五日成水。

又法：先以淳醋浸礬石浥浥，乃盛之，用硝石二兩，漆固口，埋地中深三尺，十五日成水。

雄黄水　取雄黄一斤，納生竹筒中，硝石四兩，漆固口如上，納華池中，三十日成水。

又法：用硝石二兩，以甌瓻瓶盛苦酒，納筒中，密蓋，埋中庭，入土三尺，二十日成水，其味甘美，色黄濁也。

雌黄水　取雌黄一斤，納生竹筒中，加硝石四兩，漆固口如上，納華池中，三十日成水。

又法：加礬石、硝石各二兩，以甌瓻瓶盛，埋地中，二十日成水，其味甘色黄。

丹砂水　以丹砂一斤，納生竹筒中，加石膽二兩，硝石四兩，漆固口如上，納華池中，三十日成水。

又法：石膽、硝石各二兩，甌瓻瓶盛，埋如上，三十日成水，味苦色赤。

曾青水　取曾青一斤，納生竹筒中，加硝石四兩，汞二兩，漆固口如上，納華池中，三十日成水。

又法：用硝石二兩，甌瓻瓶盛，埋如上，三十日成水。

白青水　取白青一斤，兔血一合，並安竹筒中，納苦酒中，五十日成水。

又法：加硝石二兩，甌瓻瓶盛，埋如上法，三十日成水，其味酸而色青。

礬石水　取礬石一斤，丹砂二斤，硝石一斤，納竹筒中，漆固口如上，納華池中，百日成水。

又法：以雲英水溼令浥浥，加硝石二兩，以甀瓶盛，埋如上，三十日成水，味辛苦，其色青黑。

磁石水　取磁石一斤，雄黄一兩，石膽一兩，合擣納竹筒中，漆固口如上，納華池中，三十日成水。

硫黄水　取硫黄一斤，八月桑上露一升，硝石二兩，納竹筒中，漆固口如上，納華池中，三十日成水。

又法：先以淳醋溼硫黄，溲令浥浥，納竹筒中，加硝石二兩，如上法，埋地中，十五日成水，名曰包天之汋。

硝石水　取硝石擣篩，鹽漬浥浥，納竹筒中。密固口，埋地中四尺四寸，五日成水。

又法：硝石三斤，納生竹筒中，薄削竹，纏約口，埋濕地四尺，五日成水。

又法：治硝石以土龍血溼之，令浥浥，納竹筒中，漆固口，埋地中三尺，十五日成水，味苦，名陽汋。

白石英水　取白石英一斤，鶴子血一升，硝石四兩，合納筒中，漆固口，納華池中，三十日成水。

紫石英水　取紫石英一斤，納竹簡中，加硝石四兩，漆固口，如上法，納華池中，四十日成水。

赤石脂水　取赤石脂一斤，烏犬血一升，和之。加硝石四兩，納筒中，漆固口，如上法，納華池中，三十日成水。

玄石脂水　取玄石脂一斤，硝石四兩，合納筒中，漆固口如上，埋入地五尺，三十日成水。

渌石英水　取渌石英一斤，曾青一兩，丹砂二兩，合納竹筒中，納華池中，百日成水。

石桂英水　取石桂英一斤，生薑汁一升，合納竹筒中，訖納華池中，十日成水。

石硫丹水　取石硫丹一斤，磁石一斤，合擣，納竹筒中，埋之，十日十夜成水。

紫賀石水　以紫賀石一斤，麻汁一升，合溼納銅器中，十日成水。

華石水　取華石一斤，丹砂二兩，合納竹筒中，埋入地一丈，十日成水。

寒水石水　以寒水石一斤，石膽一兩，合納竹筒中煮之，一日成水也。

凝水石水　以凝水石一斤，青鳧血一合，擣納竹筒中，埋濕地入三尺，十日成水。

冷石水　以冷石一斤，伏翼矢一升，合擣納竹筒中，埋之，百日成水。

滑石水　以滑石一斤，雲母一升，戎鹽一升，合納竹筒中，埋之，十日成水。

黄耳石水　以黄耳石一斤，八月百草上露一升，合納竹筒中，漬苦酒中，百日成水。

九子石水　以九子石一斤，樗汁一升，合擣納銅器中，停之，十日成水。

理石水　以理石一斤，竹瀝一升，合納竹筒中，漆固口，埋入地五尺，三十日成水。

又法：治理石，以淳醋溼令浥浥，土釜盛炭火，熬三日而赤，治之納竹筒中，率一斤，加硝石二兩，漆固口，埋地中深三尺，二十日成水。

石腦水　石腦一斤，硫黄一斤，合擣納竹筒中，埋之，十日成水。

雲母水　取熟挼雲母粉一斤，鹽水二兩，硝石水一兩，攪溼令浥浥，納竹筒中，埋入地五尺，二十日成水。

又法：治雲母粉，以桂水、戎鹽、水分等溼令浥浥，納竹筒中，率加硝石二兩，漆固口，如上法，埋地中深三尺，並空井無水者蓋之，二十五日成水。盛以銅器，置濕地，名曰雲英液，以凝化石九英。

黄金水　以金一斤，緑礬二斤，納生竹筒中，漆固口，納華池中，五十日成水。

白銀水　以白銀一斤，麥醬清二升，淳酒二升，赤黍牡荆酒一升，合納竹筒中，漆固口，如法納華池中，三十日成水。

鉛錫水　削鉛二斤，相和硝石四兩，合納筒中，漆固口，如法納華池中，百日成水。

玉粉水　玉粉一斤，芍藥灰一升，白犬血一升，蠐螬十枚，擣絞取汁合擣，納竹筒中，漆固口，如法納華池中，三十日成水。

又法：取白玉如猪肪者，以蟾蜍汁塗之，即消潤如餌，即粉解治之，以棠梨實屑粉蟾蜍，一日一夜化爲水。

取土龍汁，和雲母水，以溼玉粉令浥浥，銅銚盛之，一宿化成水，名曰玉漿。

漆水　漆一升，大宿蟹十八枚，覆之，五十日成水。

又水　取淳漆一斤，置銅器中，以大宿蟹十八枚，納漆中，一宿化成水。復

以雲母粉一斤，納漆中，一宿化成水。復取白玉屑粉三斤，納漆中，三日化成水。名曰神漿。以藥汁即徹視神明，光于四海，無所不通。

桂水　粉桂一斤，葱涕三升，合納竹筒中，蒸之，三日三夜成水。

又法：治桂屑，以白葱汁溞浥浥，復以山中露水，若雨雪及千里流水皆可，以溞雲母桂令溫，置生竹筒中，率一斤加硝石二兩，塞甑中，蒸之，三日三夜即化爲水，名曰木石得。

右三十六水法，古本省要，易可遵用，而諸石中亦有非世所識，丹藥不盡須之者。其朱點頭十五種，是後薦之限。石名既同，所以合此也。

鹽水法　治下篩鹽，以水溞之令浥浥，薄削筒令盛之，重密塞其口，埋入地四尺四寸，以水濕其上，四日成水。

石膽水　治石膽一斤，溞以淳醋浥浥，納竹筒中，硝石二兩覆薦之，漆固其口，以瓻瓶盛醋，納竹筒於中，埋入地深三尺，十五日成水，名曰雲梁石汋。

銅青水　治銅青，溞以五汋水，溲令浥浥，納竹筒中，一斤加硝石二兩，漆固口，埋之如上法，十五日成水，取蒸消之，名華龍汐，狀若青碧，一名雲英汋。

戎鹽水　治戎鹽一斤，溞以土龍汁浥浥，納竹筒中，一斤加硝石三兩，漆固口，埋地中深三尺，十五日成水。

鹵鹹水　治鹵鹹，溞以淳酒令浥浥，納鐵器中，炭火上熬之，三日三夜赤出，治之。納竹筒中，一斤加硝石二兩，漆固口，埋地中入三尺，十五日成水，名曰金溜液。

鐵華水　取鐵華，治之以雲英鹽水，溞令浥浥，納竹筒中，一斤加硝石二兩，漆固口，納甀瓻瓶醋中，埋入地三尺，四十五日成水，名曰玄靈金慈汐水，可以仙。

鉛釭水　以五勺蜚霜雪，以合金翁華粉，溞以雲英鹽水，令浥浥，納竹筒中，一斤硝石二兩，漆固口，置甀瓻瓶醋中，埋入地三尺，以馬通火熅之，三十日成水。

釭水　治積雪，溞以黄輕水銀，令浥浥，率一斤釭粉，用水銀三兩，納竹筒中，漆固口，置甀瓻瓶醋中，埋入地三尺，馬通火熅，三十日成水，名曰流静。深邃處按此方合，萬無不成也。

高起曰：當先投漬酒五石，於所止流水之中，若地無流水，當作井。如上投酒於井中，以鎮地氣，令學者皆飲食此水也，發火羸火也。頓火之者，令糠火至際一寸也。傳授神經，皆約齋盟，用金魚一兩，玉龍銀鐶，以代剪髮歃血之誓。今世無此物，又不可虛涉乖儀令。謹撫青布四十尺，以准金魚之信。帛絹四十尺，以承銀環玉龍之約。並奉有經之師，師當將散施山栖之客，不得自割以爲身用。所以明天約也，永無私矣。違盟則四極有法也。

作丹忌日

春戊辰，夏丁巳、戊申、己巳、丑未辰，秋戊戌、己亥、辛亥、庚子，冬戊寅、己卯、癸酉、未戌。及壬丙、戊丁、亥土、戊癸、辛巳、日建、日殺、反支、無季、孟仲、季月、收閉、晦朔、上朔、八魁、往亡、留後日，皆凶，作藥不成矣。作六一泥，亦須擇日，即吉。

佚名《黄帝九鼎神丹經訣》卷八　明化石爲水并硝石法

黄礬石水法

造九鼎神丹，所用水銀，皆須去毒。去毒之法，不得礬石水，其毒不盡。今作按諸法，皆以五十日成。存古依舊，日數不輒加也。取礬石一斤，無以馬齒者，盛於青竹筒中，薄削其筒表，以硝石四兩覆薦上下，係漆固其口，納華池中，四十日成水，以華池和塗鐵鐵銅色。諸法皆用，每十筒得斗許水，計藥數作之，加石膽三兩者。

又法：礬石三斤，置生竹筒中，薄削其表，以細約筒口，埋之濕地，五日成水。

又法：先以淳酢溲礬，令浥浥，乃盛之，以硝石二兩漆固口，埋地中深三尺，十五日成水。

玄珠法

礬石一斤，石膽三兩，薦覆上下，納筒中，以漆固口。納華池中，五十日成水。三法同用玄珠一之。

三精六液法

白礬石一斤，納青竹筒中，薄削其表，以硝石二兩覆薦上下，漆固口。納華池中，四十日成水矣。

又造九鼎神丹第一之丹丹華之法：先作玄黄訖，即須雄黄水、丹砂水、和玄黄竹筒中，薄削其表。

爲百蒸九飛法

雄黄一斤，納竹筒中，即加硝石四兩，漆固如法。納華池中，四十日成水。

又法：用硝石二兩，塘埘盛苦酒筒內，中塞蓋，埋中庭，入土三尺二十日，成水。其水甘美，其色黄濁也。

作丹砂水法

丹砂一斤，納生竹筒中，加石膽、硝石各二兩，塘埘盛苦酒筒內，中覆蓋，埋中庭，入地三尺，二十日成水，其水甘美，其色黄濁也。

又法：丹砂一斤，納生竹筒中，加石膽二兩，硝石四兩，漆固如上。入華池中，三十日成水。

又法：加石膽、硝石各二兩，塘埘盛埋如上法。三十日成水，其味苦，其色赤。

臣按：礬石、雄黄、丹砂化之爲水，一依八公三十六水正經，其法皆用硝石乃成之。又化丹砂即須石膽，諸大丹中有戎鹽，當今四海清通，諸藥皆足，唯硝石一藥不能得之。俗人乃有不假硝石成水者，亦有假以别藥合成硝石，仍云變化成者，其力乃神。

臣竊尋究其方，必恐不及真者，故疏出假以别藥合成如左。

假别藥作礬石水法

礬石三斤，搗末，以桑薪木盤一面，取炭燒浄地可盤面，經宿燒之，以苦酒灑熱地上，布礬石末可盤下合之，著地四邊以白灰擁之，待地熱，盡去四邊灰，開盤取著上者，出羽掃之，納三斗苦酒中，率一斤華料，一斗苦酒，漬之七日，急用火，好待一百日，始大佳也。作法，斤兩與苦酒如前，臨時任人。

作朴硝硝石法

假别藥成，此謂芒硝石也，非硝石也。取朴硝石無用擣篩，麤研，以暖湯淋朴硝取汁，清澄者煑之，多少恒令減半。出，置浄小盆中，以冷水漬盆中，經宿即成。狀如白石英，大小，皆有楞角起。作之勿令污，若雜人臨視，則損精氣，變化不成。唯換冷水漬水盆中，成即疾也，不得使不冷。此變化諸水立効。

假别藥作戎鹽法

用明浄石鹽，多少安在鐵器中，復鎔使沸，投於白礬石末中復鎔，投箸鹵鹹中復鎔，投箸乾鹽末中覆之，如是三鍊成戎鹽也。變化與真同不異也。此鹽衆藥之主，若作五色神鹽，五帝精投之即成。

假别藥作石膽法

青礬石二斤，黄礬一斤，白山脂一斤，大鐵器銷鑠使沸，即下真曾青末二斤，急投攪，瀉出作鋌，成好石膽。看礬石等剛鎔不盡，即投曾青末和苦水使相得瀉，著礬石中消鎔，瀉出作鋌亦得也。

假别藥作硝石法

石脾一斤，朴硝一斤，芒硝一斤，三物各搗研作末，取苦水三斗，於銅鐺中煎十沸，即下三物末，煑之，半在澄，取清，緩火煎之，文圓起即罷。瀉著瓷器，著冷水中漬，經一宿即成硝石，如霜雪，成如凍淩，以水投之，立即爲水。復以火煎之，文圓起，還瀉瓷器中，還以冷水漬之，即作硝石。如此之轉鍊之，其力即微。不得穢處作，又勿使風日觸之。其石脾者，陰陽結氣，五鹽之精，因礬而長，託石而生。峨嵋山中有之，俗人無一識者。所處小人亦不見，唯有求道之士時須要用也。古人以四方分隔，覔不可得，使作代用，乃勝真者。

假别藥作石脾法

真白礬石一斤，戎鹽一斤，二物各搗末。取苦水二升，著銅鐺中，煎四五沸，即下二物，煎令半在。以物除却滓後，煎令盡，即鐺中沸沸起石脾，色白如雪。用此作硝石，無不効，神驗之道畢矣。

彭君曰，其硝石、戎鹽、石膽、芒硝，真者雖有陰陽正質，作者變化功効乃神。若有求仙，不得此道，徒損萬金，終無一就。其石脾一種，流俗莫能辯識，所造之代用并出，其性庶以濟事。葛洪長生之神藥，功効變化道極寶重者，莫先此訣也。洪今撰録示之，後同志非其人，乃至父子，萬金不傳耳。

太一曰，余聞三十六水，患在硝石。黄白之中，凝乎戎鹽。今具得之，道無以妄傳之，後學共寶守，勿示非人。

假别藥作東野硝石法

此藥入河車用，不關丹所用也。恐合鍊之際，見現俱别藥成，謂便通用，今故别疏出，唯入河車。若作河車，此硝石其藥無力，今作之法，取鹵鹹末五斗，取三年不食井水七斗半，煑之十沸，漉取清三斗，加芒硝十兩，煎至一斗。再以朴硝二斤，末之投此汁中。朴硝皆消，乃下火澄去滓，取上清，煎令水盡，皆著器中霜雪即成矣。用此合河車，乃諸藥皆有効驗耳。訣曰，言東野者，東野鹹味所出河東之地也。河車法中言晉硝者，是此東野物也。此東野法，亦是太一於元君邊，聞八種硝石法中一法也。行各偶對，不得錯以河車之藥誤者，是神丹之硝石也。

速成水法

狐剛子注《珠經》末云，其神泉亦中。

諸水法

自有正本三十六水方，更無別作。若欲令神泉速成，即須著華池甕炊，竈上鐵圈承底，以馬通火。若糠火，去甕底七寸。置筒於甕中，温之七十日，恒令纔温，好謹伺候。若作諸金石之水，盡著中同作無妨。合此藥，人不過二三，必著新淨衣，不得血食在旁，即觸藥精，服之不得道矣，切須祕慎之。神泉就變化難識，此謂上聖之功力。

作三轉酒法

用赤黍米一石，釀如酒法，待熟，插取用漬麴二斤，經三日許，後炊一石黍米令至爛，更和乾麴末一時，納著甕中，封口，三七日成兩轉。復取其牡荆根莖合其中，微火煎之，令可五斗許，即去滓。更用七月七日神麴末和之一時，入甕中，封口，還三七日成也。可鍊諸毒，能令剛者亦變爲柔，此名三轉酒。

又三轉牡荆酒，大丹所要能柔、又能去銀毒，與黄礬相資成因也。好弱不畢備，金與水銀等毒不可輒盡，所以凡作九轉九鼎大丹，必須先覔三年淳醢大酢，其味驗重，謂之左味。投藥和釀，轉作硝石華池水。又別須作金藥華池。金藥華池以驗五石之精，令精不揚。又須別作三轉黄白左味，煑泊水銀仍須轉。此轉更投五栽華池，若不得五栽華池煑伏水銀，餘並非正法。但牡荆三轉好酒，及諸華池，并諸石水，有一或闕，無以成煑鍊之功也。煑鍊不了，毒則未盡。急事爐鼎，其丹食毒不堪服也。然此其毒諸物，不得硝石必無成理。故先須得真好硝石，與朴硝相似，奇難別識。若得者必須試作雄黄、雌黄、丹砂、礬石等水者，是硝石也。按硝石味苦辛，實無毒。其五臟積熱，腹中止熱，止煩滿消渴，利小便，久服輕身。天地至神之石，一名芒硝，出益州山谷，及武都、隴西，西羌採無時節。

陶隱居云，主療與朴硝相似，經多用此硝化諸石，竟無正別。識者頃來尋訪，猶云與朴硝同山，所以朴硝硝石名朴硝也。如此則非一種也。先時有人得一種石，其色理與朴硝大同小異，朏朏如握鹽雪不殊，燒之紫青烟起，仍成灰，不停沸如朴硝者，云真硝石也，一名芒硝。今芒硝乃是鍊朴硝作之，與皇甫説並亦未得窮研其驗效，當文證記耳。

化硝石法三十六水方

隴西屬秦州，在長安西羌中。今鞏昌以北，山有鹹土處皆有之。皇甫士安説方無朴硝，可以硝石替之。硝石生山之陰，鹽之膽也。取石脾與芒硝以水煑之，一斛得一二斗，正白如雪。以水投中即硝石，其味苦無毒，三月採於赤山。朴硝亦得水即消，主療與硝石小異。按此説，即是芒硝煑成真硝石，但不知石脾復是何物。皇甫既是安定人，又明醫藥，或當詳鍊之。今益州人乃鍊礬石作硝石，雖服柔白，而味猶是礬石也。

孔氏解散方又云，熬鍊硝石，令汁盡，沸定。如此硝石猶是有汁也。今仙家所用硝石，須能化石爲用，於理未盡。又朴硝生於益州，故決山郡西川、蠶陵二縣界山崖之中，色多青白，亦雜異斑。時人擇取白軟者，當硝石用之，燒汁沸出，狀如礬石也。仙經數云硝石能化他石，今此又云能化石必爾。可各試之。此朴硝經云，化七十二種石，鍊之如白銀，服之輕身神仙。已有寒熱、澁滑、辛苦、鹹酸，八種，又更能化石，即此朴硝之功，何異於硝石也。訣曰硝石難得好者，不好則不能化雄黄、丹砂爲水也。若得真物，少先出數兩硝石，試化雄黄及他石，視之成與不成。若不能化石者，不可用，非真物也。形極似朴硝，小虚軟，當先以一片子置火炭，上有紫烟出，仍成灰者爲上。若沸良久者，由是朴硝也，難得其真，亦宜必須先作雄黄丹砂水試之，不然不可定也。

又　卷一七　明事藥先後酢及華池由致

作醋法

赤黍米一石，淨簸淘取，泔三石，爛炊作飯，及泔依前三石之數一時下著瓮中，細擣篩訖，以麴末黍飯及泔，依前三石之數一時下著瓮中，攪之使均，以紙七重蓋其瓮口。每經七日卸却一重，四十九日去紙盡也。初以紙蓋，重重別繫，凡七七日其醋即熟。別以好帛幕其瓮口，待滿始堪投藥。欲取投藥，接取醋清。若未須用糟密貯，勿開之也。其作醋，水以五月雨水作之最神。百石、千石分料放此，醋瓮之底必須著塼，不欲數移即健壞。挹率空物宜用訖，瓢時以枯棘漉去毛髮也。

太清中經上篇作華池法

華池者，一曰溺水，一曰四海水母，一曰玄池。天上自有之，在北極。今人作之法，用淳左味五石，三分之，取一分納蜜一斤、穀五斗，以水溲，令生芽，乃暴令乾，擣篩，納華池中。合擣萬過，乃以米粘，裹礬石三十斤浸其中，封之三日，成。其味苦而甘酸，復納硝石十斤，都合料理也以水，金、玉、五石、金、銀、珠、鉛，三十日、百日皆化爲水。承天雨水作左味尤佳，用古秤。

天師太清華池口訣

按：本經作華池，如本經説唯以穀五斗以水漬之，令生芽，乃暴令乾，擣篩

以納華池中，合諸物攪之乃得成。若不生穀蘖，則池不成。此大道之大要也。以華池水，金、玉、五石、鉛等皆化，爲經在三十六水經，皆須華池而成水也。

作三轉黄白左味法

取三年苦酒重釀者六石上清，更用春酒糟一石，熟攪，投中。更取上黍米一石，溺水極爛，納中，待消盡，更壓取清，更納黄衣八斗，五栽各三斗，納中，三七日壓出。安大瓷瓮，中納金屑、銀屑各一斤，次納青礬石二斤，黄礬石十斤，五十鍊鉛白屑三斤，布裹懸其中，經七十日，鉛精消入藥也，成黄白左味，一名華池，天上自有之。五栽者，謂穀、豆、黍、麥、稻等，用水溲之生芽，七八日成床也，名曰五栽。若欲合諸丹及金液，鍊諸水，殺八石，天地衆方，先須預作十瓮、二十瓮。瓮瓷作不可臨時始作，藥即無力，變化不成。

訣曰，青礬石者，吴白礬中擇取青黄者是，本草謂之鷄矢礬也。黄衣者，不破麥黄蒸也，以不破麥作之者是也。

按《狐子玄珠經》，但伏玄珠皆云黄白左味者，即此之華池是也，一切他法不過此也。

黄帝九鼎神丹華池方

合丹作金華池，以驗五石之精，令不飛散方，小麥五斗漬之，令擇蒸之使熟。麴五斗，青白石大如栗者五斗，鉛七斤熬作屑，丹砂五斤細末之，赤黍米五斗炊作飯，先以石子置瓮底，次以丹砂，次麴，次麥，次黍飯，次以水一石五斗淋之，密覆之。夏七十日，冬百四十日成。作之于盛室之中王相之地，勿令鷄犬、婦人、六畜見之，使神功不成矣。

玉燭萬金訣伏汞華池方

取黄白左味三石，吴青礬一斤，五栽各一斤，取左味三轉之，然後細擣青山脂，納七日後，開封，納五栽，更封，固勿洩，三七日成也。按單華池末云若欲伏汞，要用五栽華池之方，若用餘方，則不能伏。俗人不知，直用醋煮，或三日三夜，或十日十夜，徒用功力，必無伏理。不得五栽華池，設經千日，終無成者，此之謂也。訣曰，此五栽華池之法，乃以黄白左味作之，明非轉之醋也。又按《玄珠》，凡所酢皆言是黄白左味，今復以此《玄珠》之金屑、銀屑、鉛白等，青、黄二礬之大華池，更以庚寅辛卯之日，重投五栽及青礬等物四七日，以之伏汞，無不有効。法之舛互，乍莫知之所以的無錯失。似此玉燭五栽華池方，取左味三轉之，即此之謂也。何者？前三轉黄白左味法，取三年苦酒重釀者六石，此一轉之義也。言重釀者，即淳酢之别名，以其味不薄耳，固非俗間求利之味也。又云取重釀者六石之上清，更用春酒糟一石，熟，攪投中，更取上黍米一石，弱炊極爛，納中待消盡者，此是二轉之義也。又云取此二轉，更壓取清，更納黄衣八斗，五栽各三斗，納中三七日，壓出，安大瓷瓮中，納金屑、銀屑各一斤，次納青礬石二斤，黄礬石十斤，五十鍊鉛白屑三斤，布裹懸中，經七十日鉛精消入藥中，成黄白左味，此三轉之義也。今復以三轉黄白左味，候鉛精消盡七十日之成者，更以三石之上清，投吴青礬細擣一斤，納之七日，復開封，方納五栽各一斤於中，更封固勿洩，三七日乃成，此所謂再著青礬重投五栽者，取其至驗也。是以單華池末云不得五栽華池，設經千日終不成者，是也。又玉燭五栽之目，即號華池玄珠伏汞之方，唯稱左味明至五栽四轉方是真法，又據《太一金液還丹》注釋云，凡不成者，莫不以硝石非真、華法失法是也。又據五轉霜粉法之華池，若不如法，假至十日、二十日，縱加鈎留，亦不成餅者之類也。若和泥用苦酒者，亦可依金液左味爲佳也。但稱苦酒，皆不壓久，云，曰百者，必不可減百也。得三年者，彌佳。

作太一金液還丹華池法

以五月天雨水三石六斗作苦酒，用米麴，如常封泥二十一日，内大麥蘖末糌一斗八升，復經七日或三七日，清澄，别納大瓮中，名曰左味。又作三斗秫米糌，先擣礬石十斤，令如米豆大，以糌裹之，作三十許餅，納左味中，百日成，名太一華池。華池成，便可漬金液，餌八石也。

八石華池法

取三轉左味兩石一斗，紫石英一斤，真鍾乳一斤，特生礬石一斤，磁石一斤，青陽石五斤，石膏一斤四兩，石亭脂八兩，五栽三斗，凡九味，異擣下篩，擇寅日，瓷器中合納之，封固勿令洩氣，七日成矣。以金屑、銀屑、黄衣，投此八石華池中，依方日滿足成黄白左味。此黄白八石華池也。以此左味煮水銀，及和丹入飛成丹可長生。

青山脂華池法

取三轉左味三石，色如琥珀者中用。吴青山脂五十斤，一云三十斤。擣篩青山脂納左味中，封固勿洩，四十九日，作八石七寶水，入七寶栽五斗，更封三七日，納藥無件不爲水矣，祕之勿傳。加十件黄白等屑，化水化液有驗也。

春醪華池

取七轉春醪三石，色正黑者中用。五山脂三斗，芒硝、朴硝各五斤，各異擣，

納春醪中，封三七日成矣。諸有變錬黄白、改易五金，皆用此華池。最祕，萬金不傳。上上一種華池，用作百七水，悉用之。凡伏水銀，皆用黄白左味，明須以金屑、銀屑等物投此春醪華池之中，以錬神飛鉛汞之水銀也。

凡用作三十六水諸硝錬變化者，即取太一金液華池，及《太清中經》神丹溺水華池，亦是也。若煑長生水銀，即以八石五栽黄白三轉左味華池用之，若欲和溲金泥，即取三年及百日苦酒用之，其合丹金華華池，擬九鼎神丹和合觸塗通用，其有別華池法，與此不相涉入者，不具載也。

又　卷一九　明煉銅鐵鍮石等毒入用和合事防辟法

硝石水法

取硝石擣篩，鹽水漬之令浥浥，納竹筒中，密固口，埋地中，入土四寸，五日成水。疑是入土四尺四寸，臨事兩試之。

青礬石水法

取吴礬中擇取青色者，一斤，先以淳酢溲令浥浥，乃盛之。用硝石二兩，漆固，埋之地中三尺，十五日成水也。

石硫黄水法

取石硫黄一斤，八月桑上露一升，硝石二兩，納筒中，漆固，納華池中，三十日成水。其取露法，以清旦，令細心童子洗手，以浄綿浥綟取之。

淳鹹水法

此是鹽水也。調理好鹽，下篩，以水溲之，令浥浥。薄削其表竹筒，如綀重密其口，埋地中，入土四尺四寸，以其上四日成水。

右件四水，是錬丹陽銅及鍮用。

雌黄水法

雌黄一斤，納竹筒中，加硝石四兩，漆固口，納華池中，三十日成水。一方加礬石、硝石各二兩，以塘瓶盛，埋地中，二十日成水。其味甘，色黄。鹽水即上淳鹽鹹水法是也，但異名而法同。

磁石水法

取磁石一斤，雄黄一兩，石膽一兩，合擣，納竹筒中，漆固口，納華池中，三十日取磁石水用。凡言漆固，皆加灰布陰乾。

右件三水，是錬鐵華精，去毒法用。

凡欲以神丹變化，試作黄白者，一切水土以上，皆須精錬，況銅鐵物乎。又作金銀，經中言須赤白銅。銅者皆消錬以成之，非是山中自然有也。欲以神丹，變化銅鍮，爲黄白者。以伏火者去毒，雄黄變銅色已，然後試丹。若以神丹變化，銅鍮爲白。先以上卷無毒白蠟，食銅令白，然后試丹，事無獨成，即是神藥矣。

晉・葛洪《抱朴子内篇》卷一六《黄白》

作丹砂水法

治丹砂一斤，内生竹筩中，加石膽消石各二兩，覆薦上下，閉塞筩口，以漆骨丸封之，須乾，以内醇苦酒中，埋之地中，深三尺，三十日成水，色赤味苦也。

治作雄黄水法

治雄黄内生竹筩中一斤，輒加消石二兩，覆薦上下，封以漆骨丸，内醇大醋中，埋之深三尺，二十日即化爲水也。作曾青水方，及礬石水同法，但各異筩中耳。

佚名《九轉流珠神仙九丹經》卷下《真人神水法諸法附》

真人作神水法

取好漆一斗，宿蟹大者十八枚，納漆中，三日化成水，藥成名曰神水。【略】

合藥用仙人鳳綱法

常以正月一日，取水一斗，諸生草木華置其中。二月二日，取水一斗，諸生草木華置其中。三月三日，取水一斗，諸生草木華置其中。四月四日，取水一斗，諸生草木華置其中。五月五日，取水一斗，諸生草木華置其中。封塗之，月月取水華訖，便封之，勿令洩，置陰涼處。自六月、七月、八月，有華之物輒納水中，不復增水也，以納前水中。到九月九日，復取水一斗，諸生草木華置其中，更盛以白壺中，更封勿令洩，著好涼處已，更埋著户内，入地三尺，百日皆消。以王日，微火東向煎之，以陳蘆松栢生竹炊之，令可丸爲得成。【略】若日月足而諸藥不消化者，去滓，以茯苓作棗膏和之，頓服三丸，大如大豆，旦服暮不服。

佚名《太清經天師口訣》　太清神丹經訣，按本經作華池。如本經説，唯以穀五升，以水漬令生芽，乃曝令乾擣篩，以内華池中，合諸物攪之，乃得成也。若不生穀蘖，則華池不成，此大道之要也。以水金玉五石金銀珠鉛，皆化爲水。其法在三十六水經，皆須華池而成也。

水真珠法

大者細篩之，率一斤，加硝石末二兩，内鳥翮中，刻木塞兩頭，漆骨垸之，亦可蠟密塞口，納華池中，亦可納醇苦酒中。封閉瓶口，七日以外數看之，慎勿

開鳥翮口，當向日看之成以否。其成水之時，狀如水銀，在鳥翮中。服如梧子。朝服，一百日神仙矣。若未成水，還納大醋中，以成水爲度。亦可取雜小珠，消鍊之如上法。以瀉珠襆中，作大珠也。亦可取蚌蛤光明白凈者，打破擇取精白者，率一斤，亦加硝石二兩，合擣細篩，納鳥翮中，消之如上法。以瀉珠模中，凝之成真珠。意大小之，亦作餘器物也。

消鉛錫爲水銀法

取鉛半斤，錫半斤，合鎔令相得，打令薄削之如韭葉。取生竹筒削去上表，令薄如絹，以削成鉛錫納其中，加硝石二兩，覆藉上下，尅竹節合際令密，漆其口勿令泄氣。取三年醇大醋，於甕中漬之，以蠟塞甕口，勿令泄氣。四十五日即成水銀，以填金，不入丹用。

銀雪法

本經云：取汞一斤，華石十五兩，合治令熟者。當以醇大醋煮水銀九日九夜，大醋欲盡，輒隨益之，水銀即凝，乃末之以和華石也。若有雜丹鍊合衆藥，及諸方術所用水銀，不依此者，則水銀不和，終不能成。

【略】

作法，取上美玉明徹絶凈者十二斤，用扇石解作板，厚二分。解訖，用河水作湯疏洗使凈，去扇石氣。取雪水兩石四斗，露水一石二斗，霜水一石二斗，雨水一石二斗，井水一石二斗，淩晨取井華者佳。用好甆甕不津者，盛此五水。先掘地深一丈二尺，以冬至日未夜半時，先下坑中。正夜半子時，下五水并玉板等，即用盆覆，上好厚泥，勿令泄氣。坑上安木，木上安草，草上安泥，泥上覆土，令厚三尺，即作欄障，勿令人獸經過，在上來去。至夏至日日中出之，此受陰陽氣備足。即先作生麻子粉，壓取脂，銅釜中安脂，內玉板，煮之三七日止。次作俠爐，安理石撩棧，置玉板在上，爐下然純麻子燭，燒此玉板板赤，內葱液汁中，三七徧止，次取玉，還用玉杵擣之成粉，使令極細，唯細是精。

【略】

又　初精散第十

作雲母粉法

取五色雲具者，用五水浸之，掘坑深一丈二尺，廣六尺，下甆甕內坑中，下五水入甕，冬至日夜半，內雲母甕中，甕合泥之，坑上安木，木上安草，草上安泥，泥上安土，令厚五尺。至夏至日日中出之，用爐火排之赤。訖，內五水中，一百徧止。次更排，內空亭液汁中，二十一徧止。五水者，雪、霜、露、雨、井水等，此名五水。

作空亭液法

取亭，擇凈，去皮鬚，細切，內瓠中，硬按令滿，漆固口，以冬至日夜半作坑，深一丈二尺，坑中得安三十四十瓠，下土填之，勿令人獸在上經過。夏至日日中出，取成液，用浸金銀玉石朱砂，並得成水，亦得如泥也。若鍊朱砂雄雌二黃，及石硫黃法，取四種細末，用亥下腸凈洗之，醋浸三日，將醋拌朱砂四物等藥，別成一胴腸中，急繫兩頭，甑中安草，草上安布，布上安腸，腸上覆草，草上安土，令厚一尺，猛火蒸之七日七夜，候看土上有黃色出之，更用消毒灰汁安竹筒中，煮之三七日，止。復用左味，內竹筒中，安朱砂等四味，別醋中煮之三七日，毒消中服。

隋・蘇元朗《太清石壁記》卷中

造硫黃水鍊法

石硫黃一斤。明凈者。

右直以研之，取一凈瓦，一頭高，一頭低，著紙一張，布硫黃於中，下著火，其下處瓦底著小盆子盛米酢，其硫黃入中，並成小珠然。更於酢中取置於瓦，更准前鎔之，可經七徧止。然絹重袋盛硫黃，縛一横杖，鐺中滿著米酢，取杖横於鐺上，勿令袋著鐺底，煮之三日夜，酢減即添之，更於醋漿水煮，又三日夜，清水中煮一日夜，然出曝之。安架研之使細，取牛乳五升，將拌硫黃末，即曝乾。乾訖，更拌以乳，盡煨乾，任丸散服之。

造鐵液丹法

剛鐵一百斤。

右打作鏡，中央開孔容指許，徑五寸，厚三分，兩面刮削並平凈，打作方鍱，長七寸，闊四寸，厚三分，上開孔。酒三升，胡椒末、蓽、橃、乾薑，已上各擣篩。鹽一升，磁石十四兩，酢一升，以酢和，稍將隤鏡穿於長鐵著上，片片去三分。先埋瓦甕於地中，甕內以木爲架，架上重安之，以瓦盆覆之，蓋甕口訖，覆土厚一尺。每日以鹽水灑上令濕，滿一百五十日開之，其鏡飛胤，以刀刮削，以酒研泛，取得傾器中，更研以盡然，澄取任用之。

又　**卷下**　水鍊雲母法

取其雲母，向日看五色煥爛然無瑕穢者，良。又取雲母細擘訖，盛於布袋中，凈洗釜內，於釜裏別以一木，横釜口上，懸袋，勿令著底。即以一二升成鍊白

鹽，投釜水中煮之，常令沸不絶，候少減即添水。每三日宜一度。易去舊水，更換水雜鹽，如此經七日七夜止。即以雲母水中浄淘之，漉出水，令水氣泣。計雲母五升，可加白鹽末二升，置木臼以木杵擣之，須臾即熟。訖以所熟雲母，置大盆中，以水灌攪之令散。良久，乃傾出。取上細者，別置一盆內，又更以水投攪之少時，依前傾出，取細者。不過一兩度，其細者即盡，其麤者不盡，漉出外令後泣，依前取白鹽擣了熟，又以飛取細者，曝之令乾，名曰水鍊雲母粉。無木臼以碓擣之，亦得。不如木杵臼擣之爲佳。

佚名《軒轅黄帝水經藥法》

第一神砂石水

神砂一斤，研如粉細，以井花水飛三次，曬乾。錦綵龍芽四兩，苦酒一升，入銀石器中同熬之，酒盡爲度。再以井水，飛去錦綵龍芽草末，日乾爲度。後以膽石、硝石各四兩，同研細。後取活竹筒一箇，大小得用所。上取一丸，約如彈大。便取前藥研細膽石、硝石一半在內，以朱砂末入在內，上更鋪地，一半膽硝石末蓋之。上以漆骨末丸封口，入陰地中三尺深埋，四十九日取出，成水。傾入銀石器中，其色光耀目。又如人服之一蛤蠡，能則時盡，退水澤穢，立可長生，目視鬼神，無寒暑。至百日外，自覺身輕，晝夜無寐，不畏險阻，舉步如飛越，若風雨之疾。至一年之外，自有陰靈侍衛，降虎伏龍，預知萬事，應若如神。服二蛤蠡，九霄之上，九地之下，變化出没，無所不通，無所不解，自然靈聖。服之三蠡，百日自然天真之道，脱離尸骸，直超三界，可作上仙之體，證無爲物外之身也。

第二雄黄石水

雄黄一斤，研如細粉，以井花水飛三次，日晒乾。以胡葱二兩，苦酒三升，同入銀石器中煮，酒盡爲度。入銀石器中，其色紅黄，別無他效。只可伏死一切飛走之物，如或前法。

又　第五海浮石水

海浮石一斤，研如細粉，以井花水飛三次。用海帶二兩爲末，苦酒三升，同入銀石器中煮，酒盡爲度。取出，以井水飛去海帶末，又以膽硝石各四兩，同研細勻，入藥，如前法，向陰地中五尺埋，五十日成水。取出傾入銀石器中，其色異別，無他效。如人服之一蛤蠡，只可入水不溺。服三蛤蠡，謁龍王，自然於契矣。

第六水晶石水

水晶石一斤，研如粉細，以井花水飛三次。紅蓮花蘂四兩爲末，苦酒三升，同入銀石器中煮，酒盡爲度。取出傾入井水內，飛去蓮蘂末，以膽硝石各四兩，同研如粉細勻，入藥如前法，於陰地中深埋三尺，四十九日取出成水，傾入銀石器中，其色光明瑩白如霜雪。如人服之一蛤觥，別無他效，只可入火焚，如履堅冰，並無畏懼。如人服之二蛤觥，炎如盛炭，卧着床席。服之三蛤觥，晝夜常坐火炙之中，萬無一畏，如常居止屋室也。

第七陽起石水

陽起石一斤，研細如粉，以井花水飛三次。用不灰木二兩爲細末，苦酒三升同煮，酒盡爲度。取出井花水，飛去不灰木末，以膽硝石各四兩，研細勻，入藥如前法，於向陽地中，深埋三尺，四十九日成水，取出傾於銀石器中。如人服之二蛤觥，別無他效，可離地百尺，而可延年三百歲。

第八玉石水

玉石一斤，先以鶴虱四兩，五靈脂半斤，淡漿一升，同入磁器中，浸三七日，取玉石，以鶴虱三兩，五靈脂四兩，苦酒三升，入銀石器中同煮，酒盡爲度。以井花水飛去草末，晒乾，約半時間外，其玉石作聲，自然粉碎。以膽硝石各四兩，研細勻，入藥如前法，向陰地中三尺深埋，四十九日取出成水，傾入銀石器中，其色青瑩，如明光相似。別無他效。如人服之三蛤觥，只可延壽一千歲，乃真玉液也。

第九金晶石水

金晶石一斤，研如粉細，井花水飛三次，以神草龍芽二兩，苦酒三升，入銀石器中煮，酒盡爲度。取出，再以井水，飛去神草龍芽末，以膽硝石各四兩，研細勻，入藥如前法，入陰地中三尺深埋，四十九日取出成水，傾入銀石器中，其色黄深。每汞一斤，入前藥水半蛤觥，同攪勻，少時其汞自乾。如以火扇之，自成金汁，傾出自成赤金，其色可愛，別無他效。

第十銀晶石水

銀晶石一斤，研如粉細，以井花水飛三次。鶴頂草二兩爲末，苦酒三升，入銀石器中同煮，酒盡爲度。取出，以井水飛去鶴虱草末。膽硝石各四兩，研細勻，入藥如前法，向陽地中三尺深埋，三十日傾出，入銀石器中，其色如玉。每汞一斤，入前水半蛤觥，攪勻，須臾而乾，如以氣扇之，成上等好銀。亦可點熟茆成寶矣。

第十一大青石水

第十二大碌石水

第十三白滑石水

第十四砒霜石水

第十五白礬石水

第十六硇砂石水

第十七硼砂石水

第十八望精石水

第十九寒水石水

第二十井泉石水

第二十一大赭石水

右件水法造化，同銀晶石做造，只各加枸杞草末半兩煮，皆只可乾汞點茆，伏一切飛走之物，悉皆伏火也。

第二十二磁烏石水

磁烏石一斤，研如粉細，以井花水飛三次。用蛇麻葉二兩爲末，苦酒三升，同入銀石器中煮，酒盡爲度。取出，以井水飛去蛇麻葉末。以膽硝石各四兩，研細勻，入藥依前法，入陰地中深三尺，埋四十九日成水，取出傾入銀石器中，其色黑瑩。如人服之一蛤蜆，別無他效，只可百刃交加之中，其刃不能傷害也。兼可破一切頑硬之物，堅柔手到自然碎拆也。

第二十三醉茆信水

取信三兩爲末，置鐵釜中，以蓋合定，入桑葉灰汁三斗下釜中，文武火熬之，火候調勻，煎灰汁盡，取出藥，入甘咼中煉之，作汁傾出，研爲末，使用碎茆。取赤茆十兩，熬作汁，點藥一兩在內，攪動候聲息時取出，傾向滚酒内，黑咼器再入咼，依前熬之，點自然成。如此三徧，自然如白雪。每茆十兩，入山澤艮六兩，一處熬之，自作西汁，自然白也。千火不變，作造甚好，白若凝脂，嫩如春雪，當可濟世，千年不還也。

歌曰：白玉霜逢灰汁熬，神仙妙訣醉時茆。生成別日分十裹，曾持十兩用鍋熬。熬成茆屑爲金汁，汁内時時點白膠。神光脱换爲真物，性還只在一千朝。

第二十四紫英石水

紫英石一斤，研如粉細，以井花水飛三次。以茜根二兩爲末，同入苦酒三升，入銀石器中煮，酒盡爲度。取出，以井水飛去茜根末。膽硝石各四兩，同研細勻，入藥如前法，陽地中深埋三尺，四十九日成水，取出傾入銀石器中，其色紅紫，如人服之三蛤蜆，只可教毒酒，不論盃數，餘外別無他效。

第二十五烏石水

烏石一斤，研如粉細，以井花水飛三次。呵子二兩爲末，苦酒三升，入銀石器中煮，酒盡爲度。取出，以井水飛去呵子末。膽硝石各四兩，同研細，入藥如前法，向陽地中深埋三尺，四十九日成水。取出，傾入銀石器中，其色輝黑。如人服之一蛤盞，移時返老還童，面有少容，髮鬢如鴉，去痾，亦可延年三千歲，別無他效。

第二十六禹餘粮石水

餘粮石一斤，研如粉細，以井花水飛三次。以瞿麥二兩爲末，苦酒三升，同入銀石器中煮，酒盡爲度。取出，以井水飛去瞿麥末。膽硝石各四兩，研細勻，入藥依前法，向陽地中深埋三尺，三十日成水。取出，傾入銀石器中，只可變化黄白二物，銀銅鐵錫，先以慢火燒紅，於前水中蘸之，可應手而成赤金，並能乾汞，永成寶也。

又金芽石水

金芽石一斤，研如粉細，以井花水飛三次。以槐花子四兩爲末，苦酒三升，入銀石器中煮，酒盡爲度。取出，以井水飛去槐末。膽硝石各四兩，研細勻，入藥如前法，向陰地中深埋三尺，四十九日成水。取出，傾入銀石器中，只可點化黄白二物，銀銅鐵錫，向慢火中先燒紅，入前水内蘸之，可應手而成赤金也。

第二十七黄烏石水

黄烏石一斤，研如細粉，以井花水飛三次。百合二兩爲末，苦酒三升，入銀石器中煮，酒盡爲度。取出，以井花水飛去百合末。膽硝石各四兩，同研細勻，如前法，向陽地中深埋三尺，四十九日成水。取出，傾入銀石器中，只可變化黄白二物。每銀銅鐵錫，先以慢火燒紅，入前水内蘸之，應聲而絶，可立成赤金也。

第二十八麩金石水

麩金石一斤，研細，以井花水飛三次。仙靈脾四兩爲末，苦酒三升，入銀石器中煮，酒盡爲度。又以井水飛去仙靈脾末。膽硝石各四兩，研細入藥，如前法，向陰地中三尺深埋，四十九日成水。取出，傾入銀石器中，其色深黄，可變化黄白二物。同前物水内蘸之，候聲絶成紫金也。

第二十九紫雲母石水

紫雲母石一斤，研如粉細，以井花水飛三次。遠志四兩爲末，苦酒三升，入銀石器中煮，酒盡爲度。取出，以井小飛去遠志末。膽硝石各四兩，研細，入藥

如前法，向陰地中三尺深埋，四十九日成水。取出，傾入銀石器中，只可變化黄白二物，立成紫金之體，其色異也。

第三十空青石水

空青石一斤，研如粉細，以井花水飛三次。以降真香二兩爲末，苦酒三升，入銀石器中煮，酒盡爲度。取出井水飛去降真末。膽硝石各四兩，研細，入藥依前法，向陽地中深埋三尺，四十九日成水。取出，傾在銀石器中，其色碧。如人服之一蛤蚕，以安息香擦於人中，遇有危難，亦在方位而去，不復回顧，使萬人之中，皆不能見其體，乃隱形之道也。

第三十一銀芽石水

第三十二白母石水

右二味法式，同下項第一朱砂做造，只各加入仙芽末一兩，其變化靈驗，並與神砂水同，聖異不可一一具陳。其物輕泄，恐殃九祖。

佚名《太古土兑經》卷下

水雲母法

雲母一斤，葱汁半升，蜜半升，桂汁半斤。

右並相和，並内竹筒中，以漆固濟口，埋七日即化爲水。如未化，更蒸煮一日，懸井中及水，自化。

水玉法

玉一斤，末之。磁石一分，末之。雲液一分。

右如前固埋十日，成水。欲住雄雌丹液，每雲母一升，水和硝石一斤，拌雄雌末各一斤，准上法固埋之，成丹液。

題張果《玉洞大神丹砂真要訣》　造小神水訣

小神水藥，用一鐵鼎，可盛八斗，拍蓋子鼎，内常添清甜水，火之常温，以備添鍋煮藥用。其鼎中用汞一斤，朱砂半斤，硫黄四兩，合爲粉，感氣用。至藥分解了，此藥投入不津器中，固口，入地三尺下，深埋之。至煮藥時出之，入鼎感氣，温水用。用了却埋之，至修砂時鑄鼎用之。前件玄精粉八斤，每斤入四小兩硝石，同研爲粉，入瓷鼎，固口，以武火逼令藥實。其鼎可空二寸已來，入鑪，常以熟火一斤，晝夜不絶周迴，養四十五日。即破鼎，取藥，細擣羅，入鍋，以小神水煮一伏時，煿水盡藥乾，即一轉畢。第二轉准前，入硝石，入鼎，文武火四十五日出。又小神水煮一伏時，煿乾了，即第二轉畢。第三轉，每斤用四小兩烏驢乳，拌和匀，入鼎，准前火候日數。向後更不入物，直至九轉畢，然成神水華池。此藥堅硬如石，打之作金聲，入口消化成津液，埋之不腐，煮之不消，鼓之有如金汁，能住不住之物，能伏飛走之物，能與衆石爲身，衆氣爲神，能化五金成寶，水銀遇之立乾也。用藥一小豆許，並汞一兩，吸在口中，煖徹須臾。以如麵劑子相似，見火便成白金也。一切飛走藥物，見之立伏。五金鍊之成寶也，然成丹胎也。

佚名《諸家神品丹法》卷一

作丹砂水法

治丹砂一斤，納竹筩中，加石膽、硝石各二兩，覆藉上下。筩口以漆骨丸封之，以須乾，以甆缸盛醇苦酒數升，納藥筩中，埋地深三尺，三十日成水色，赤，味苦也。

作雄黄水法

治雄黄，納生竹筩中一斤，加硝石二兩，復薦上下，以漆骨丸封，納苦酒中，埋陰地深三尺，二十日成。

作青白丸石水法

作青白水及丸石水，同法，但各異筩耳。

佚名《庚道集》卷一　寒林玉樹湧泉匱法

作華池法

用石灰同竈灰，以飲湯調匀，捏作楪子，盛金公與脱出靈砂，一同煎令白，則寶成矣。

泥法分部

綜述

佚名《黄帝九鼎神丹經訣》卷一　黄帝曰：又當作六一泥。泥法：用礬石、戎鹽鹵鹹、礜石四物，先燒，燒之二十日。東海左顧牡蠣、赤石脂、滑石，凡七物分等，多少自在，合擣萬杵，令如粉，於鐵器中合裏，火之九日九夜。猛其下火，

藥正赤如火色。可復擣萬杵，下絹篩，和百日華池以爲泥。當開，以泥赤土釜，土釜令可受八九升，大者一斗。塗之令内外各厚三分，暴之於日中，十日，令乾燥。乃取胡粉燒之，令如金色。復取前玄黄各等分，和以百日華池，令土釜内外各三分，暴之十日，令大乾燥。乃可用飛丹華矣。又法：作藥釜及六一泥訖之時，著瓮内蓋口陰乾，瓮去地三四尺，勿令濕。

又　**卷七**　明守一閉邪及釜鼎丹屋

六一泥法

礬石、礜石、戎鹽、鹵鹹，先燒之二十日。又取東海左顧牡蠣、赤石脂、滑石。凡七物，或多少者自在，擣一萬杵，細篩下之，以百日苦酒和爲泥丸。諸丹用者，皆云六一，亦有不皆七種，各自有法，唯有取牢密耳。以左元放所授狐剛子七寶未央丸，其泥釜藥，乃用紫石英、白石、赤石脂、牡蠣粉、白滑石，各二十斤爲泥，擣溲法亦妙，録付于六一數内，唯用三味。

且六一之目，雖充泥用，論其功力，堪助年壽。礬石乃輕身堅骨，增年不老。礜石則明目下氣，益肝止渴。戎鹽則能去毒蟲，使堅肌肉。鹵鹹則去藏中留熱，除嘔喘滿。赤石脂則益聖智，不飢，輕身延年。白滑石則輕身年長，耐飢止渴。以此爲釜，直取釜氣之藥，已有長生之功力焉，故古人用之，不無意全賴作釜，先成赤土釜爲骨體，次以六一泥重塗之，又以玄黄華傅之。故編之，其次第相類如後。

造丹爐六一泥法

取東海左顧牡蠣三百斤，剥取肉，于大鐵臼中擣，絹篩于盆中，水澆如白飲狀，攪數百遍，停一宿，去下滓，先傾却水也，接取細淀曝乾。其下麤者，更擣篩，如前法納鐵器中，加露竈上，木柴猛火燒之二十日，常與火同色。寒之一日，更以絹篩之，以百日藥池和之爲泥，以羊鬚筆染取，以塗土釜表裏。次取特生礜石、礬石、滑石、赤石脂、戎鹽、鹵鹹各分等，合擣不篩，亦燒之二十日。乃分取向牡蠣粉合七種，醋和爲泥，以塗釜表裏。牡蠣粉可一百斤，此七種各用二斤耳。

中黄密固泥法

取好黄土如脂臘者，曝乾擣篩水汰，如作牡蠣粉法。曝乾，破之如梅李大，猛火燒之三日，令通赤如丹。畢寒之，更擣篩三斤，納黄丹一斤，紙一斤，漬令爛，以酒和煮阿膠五斤汁足，以紙土爲泥，擣三千杵，於瓷器中蒸之半日，以塗六一泥上也。

泥丹釜法

取赤土釜，先以牡蠣泥，泥其兩赤土釜表裏，表厚五分，裏厚三分，陰乾十日令極燥。又次以六一泥塗之，厚二分，表裏各厚五分也。據此則是六一泥塗裏，不塗表也。

塗釜法

當稍塗十日中，令厚五分耳。塗訖，更陰乾十日，乃曝之十日，此内外各厚五分，於例亦薄，只二十日耳。

塗牡蠣法

亦當一塗六一之日數也。

丹爐固濟法

納藥訖，先以六一泥塗兩釜口，乃合之。乃以六一泥塗外際，以漸增之。乾燥復塗之，令厚寸餘，務令堅密也。又以中黄神泥通塗，上厚六七分，乃佳。封令釜形如覆盆，此形當正鵝卵形也。此謂密固法。若不爲此，則六一泥得火力，其精皆散則裂疏，疏則丹精奔洩也。昔安期師廣成丈人三十餘年，雖得丹經，及注説衆訣，而未傳此要，九鍊不成，重更請乞，乃賜此神泥之要，一合便成，上昇太清也。

臣按：此説有理，常疑諸丹用馬羊毛爲泥，毛得火便焦，焦則其處空虚，虚則泥不密，藥氣洩出也。更詳之所塗，須泥極乾，乃可起火。若猶小濕，得熱即坼。亦可以屯泥别塗他物，如釜節度時作，復剥其别試之釜，視之看其徹裏燥與不燥，亦可時試燒之，以爲釜候也。此法最要，前陰乾後，須更曝之十日。已燒之者，訣須如是。瓦物雖經陰乾數百日後，得火及必帶柔潤，今泥中有醋彌，是潤物必須塗小釜，數燒試之。

行泥法

先塗裏，乃泥外，别作欄格安處之，並爲尺度模樣，知其厚薄。若作圓規之取泥令調，當於欲乾未乾之時，恒以手摩，將令就手乾，不得一直放乾，宜停置，停即拆開。若天雨陰於屋中，然火使暖，日數既有准限，不得待其自乾，則失期候。

和泥法

當令淖淖，以羊鬚爲筆，取泥塗之，當以灰沐洗浄鬚，安管作數枚用之。

用和泥酢法

和六一等泥，直用好淳酢，不須華池。若作金沙，當依諸經作之，此不須也。

經云：百日者，不可不滿日也。若得多日多年者，彌佳。

擣藥法

凡擣藥之細篩者，好絹篩爲佳，不須研也。

狐剛子仙釜法

取南方赤黄土澄沙，惡物令盡，調理使熟，剛柔得所。先作釜，令深七寸，廣一尺二寸，勿令際會不均，四周不等，厚一寸，上下一等。自餘丹釜，亦准此作。大小隨所藥多少，並一時作。訖著陰中乾一月，然後作陶鑪，内釜著中，先文後武候也。稍微罷火，冷出之，置浄室不得穢矣。其釜不燒，用時將息稍難也。

狐剛子和釜泥法

紫石英、白石脂、牡蠣粉、白滑石各一斤，此是仙丹大藥釜也。各異擣下篩，然後和陰獸玄精汁爲泥，各團之如鷄子，暴乾，然壘鑪燒之十日夜，火盡更蓋十日罷矣。冷便團，更納鐵臼中，各異擣令粉細，以戎鹽下鹵鹹，以水和令浥浥，復和華池煎爲泥，泥釜乾更上之，每上率以一分爲度，三遍即罷也。土釜裹玄黄泥泥之，每泥一遍，厚只一分，最是神妙。常看視泥上，勿令有毛髮開裂，謹固使密爲要耳。

佚名《太清金液神丹經》卷上　作六一泥法

礬石，戎鹽，滷鹹，礜石，四物分等，燒之二十日止。復取左顧牡蠣、赤石脂、滑石，凡七物分等，視土釜大小自在令足，以泥土釜耳，合治萬杵。訖置鐵器中，猛下火九日九夜，藥正赤，復治萬杵，下細篩，和以醇釅苦酒，令如泥，名曰六一泥。取兩赤土釜，隨人作多少，定其釜大小，以六一泥塗兩土釜表裏，皆令厚三分，日中曝之十日，期令乾燥。復取水銀九斤，鉛一斤，置土釜中，猛其火，從旦至日下晡，水銀鉛精俱出如黄金，名曰玄黄，一名飛輕，一名飛流。取好胡粉，鐵器中火熬之如金色，與玄黄等分，和以左味，治萬杵令如泥。復更以塗中上下兩釜内外，各令厚三分，曝之十日期乾，無令燥拆，輒以泥隨手護之。取越丹砂十斤，雄黄五斤，雌黄五斤，合治下篩作之，隨人多少，下可五斤，上可百斤，納土釜中，以六一泥密塗其際，令厚三分，曝之十日。又擣白瓦屑下細篩，又以苦酒、雄黄，牡蠣一斤，合擣二萬杵，令如泥。更泥固濟上，令厚三分，曝之十日，又燥入火便拆，拆半髮者，神精去飛。若有細拆，更以六一泥塗之。密視之。先以釜置鐵鐐上，令安，便以馬屎燒釜四邊去五寸，然之九日九夜，無馬屎，稻米糠可用。又以火附九日九夜，當釜下九日九夜。又以火擁釜半腹，九日九夜。凡三十六日，藥成也。寒之一日，發視丹砂當飛著上釜，如奔月墜星，雲繡九色，霜流煒燁。又如凝霜積雪，劍芒翠光，玄華八暢，羅光紛紜，其氣似紫華之見太陽，其色似青天之映景雲，重樓綩綖，英彩繁宛。乃取三年赤雄鷄羽掃取之，名曰金液之華。若不成者，更燒如前法。又三十六日，合七十二日，無理不成也。要節通火令以時，不可冷熱不均，則三十六日而成，不復重燒之也。釜拆則無神，服之無益。泥之小令出三分，乃佳。又覺猛其火，增損之以意度耳。

佚名《抱朴子神仙金汋經》卷上　作六一泥法

以礬石、戎鹽、鹵鹹、礜石四物，先燒二十日，取東海左顧牡蠣、赤石脂等分，多少自在，合擣萬杵，細羅下，和百日苦酒，令如泥。乃可用泥黄土甌裹，令厚三分，可至五分，曝之於日，極燥乃用。

此正爾露甌，上不復以器合覆，如九丹法。

唐・孫思邈《太清丹經要訣》

造六一泥法

凡飛金轉石，唯以六一爲要。自遠代諸賢，銷鍊之流，莫不咸蔽其事。大都相傳法者，皆用礬石、赤石脂、左顧牡蠣、礬石、滑石、戎鹽、滷鹹等，或妄用蚯蚓糞者，以此等藥並亦具鍊作之方。其方法又各各不同，作之例皆不能精了。古來名方要術，無不備經試鍊，就此之中，未有不盡其理，不見一事近仿佛者。余常爲之發憤興嘆，不能已矣！自謂古人隱祕斯術，且誑將來學者。又按古方，並用礬石用黄土泥，燒之經夕，即自然成其細粉。余遂依法燒之，經兩三日，竟不覺有異。謹因閑暇，更依古方燒鍊，可經十日已來，以指微捻，乃成爛粉，光潤可愛，亦細膩希奇。更取新礬石燒之，二十餘日到，加乾石，全不一種。始知一切方法，不可率爾輕試之，不依古法，即云無驗，如此者觸目皆是。又礬有種類不同，所出之處各異。並州與嵩嶽出者爲良，自外者不堪入用。

【略】

礬石宜取敦煌者，輕手擣之，以馬尾蘿下篩之，訖，置鐵鐺中，以猛火熬令汁盡，又擣篩令細。每計赤石脂與礬石二分相和訖，計所和之粉五兩，内可加戎鹽一兩，滷鹹二兩，合和亦無妨，不著亦得。凡作六一泥者，只爲固濟，欲使牢固。今只二種藥爲泥，又加一二種亦損者，何煩多種？其六一之名，乃是古人隱祕之語，其六上加一，便是爲七，以七種藥爲泥，故云六一也。世人不識，不知何以名之六一也。滑石所出處，其石本出東華州，今人不究其根本，乃用崑崙所出者爲六一泥，所謂圖北向南，於理殊非所允。又其石性有數種，硬者細細擣之，篩研

令熟用之益佳。

左顧牡蠣法

左顧牡蠣者，意本取其細膩。比試向經二三度，亦經火鍊而用者，亦經不鍊而用者，皆無意。即知此一味乃是無用之物，若更有別法，用之爲佳者，非余所知也。

戎鹽法

戎鹽本方亦不的言出處，既不知所出，即知出戎鹽之地，亦不知用何者爲良？見人皆云識之，實不能知孰是南人所出？以南土無有此鹽，故關中所出者爲是。余復陳此愚見，亦不知是否識者，宜詳而用之。雖貴之有能，然用勢亦相似，好事君子知之焉。

滷鹹法

此物本出同州東北隅，去城可七八里，生陂澤中，其狀似河中細顆鹽，其味苦而不鹹，本方亦不言出處。人用平澤中地有鹹烝之處，因辯其土白嫩之色者爲是。今推其所由，於理又全乖錯，用之無驗，特爲於此。同州所出者，若入六一泥用，極理粘好。今但礬石、赤石脂、礬石等，並依所陳之法細用之，則不復須此藥矣，諸好事者，於此更勿猶豫也。本方亦云用蚯蚓糞爲泥，亦曾用之，乃與常土不異，於理殊非所宜。

凡六一泥所言諸藥等，其有所用之徒，並不能精識其委曲。雖時有識者，又不閑將用之法，求爐火之妙理，亦難爲具悉。今著條件六一泥者，味雖不多，用之極善。直云固際神膠，足得爲上，何必要須六一也。凡按古方合鍊，多不見成者。古人但恐文繁，所以不能具載其事，以此，作者遂無一法能就。非深知其本末者，則孰能照其出處乎！

用六一泥固際上下釜法

右留前所調和泥，用小鐵匙均厚三分以來，涂訖，又緣合下釜上輕手按之，勿令過度。即以六一泥周迴遍泥其際，干，即以文火細細使積漸就干。若有拆裂處，復以鐵匙取泥，泥之周悉。直至藥成以來，更不勞再視，此法易而且要也。

佚名《太極真人雜丹藥方》 合六一泥法

牡礪、赤石脂、白石脂、蟻糞等分，鹽一兩，好酸醋一升。

右用紙一張，浸三日，臼中舂令細熟，即固濟瓶子，令乾取如法，即入諸藥。紅礬、大期、玉黃血、金線礬、柳絮礬、雞屎礬、崑崙紫礬等藥，出在廣州。鐵礬出昝州，土碌、銅碌出金公山。帝女血出在武都。自然朱砂，北庭鵬砂，青腰使者，空青，硝石，聖石，黃芽，硫黃，鉛精沙子，砒霜，黃花，醋石，馬牙硝，紅石英，磁石，紫石英，白石英，黃石英，紫石粉，紅頂，鶴頂，黃芽匱，白虎匱，黑虎匱，黃匱，懸針匱，立制匱，糝制匱，湧泉匱，天生黃芽匱。已上藥物，並使州土者上。水火鼎，純陽鼎，同名。

宋・張君房《雲笈七籤》卷六八《金丹》 太上八景四蕊紫漿五珠降生神丹方一首一名《三華飛綱丹》

作泥法

東海左顧牡蠣、戎鹽、黃丹、滑石、赤石脂、蚓螻黃土，凡六物，皆令分等擣治，下細絹篩，和以百日苦酒極酸釅者，和畢，更擣二萬杵，六一之泥成。以泥雨土釜內外，漸漸薄泥，日曝令乾燥，使經時，稍上泥，都畢，令釜內外各厚一寸半，如此泥釜了，作六一泥隱量取足用。凡作泥之法，皆以苦酒和泥。無戎鹽者，河東大鹽可用。又以東海細鹽二斤內一斛苦酒中，攪之去滓，以和六一泥，計此爲準。

佚名《鉛汞甲庚至寶集成》卷一

固濟，用好黃土細絹篩過，每乾土六兩，以鹽一兩，名六一泥同紙筋作一處，擣打千百下，方以固濟鼎，一指厚，陰乾，或慢火烘乾。

（四）以雞子清磨好京墨，塗火鼎之內，併水鼎之下，烘乾。名崑崙墨。然後將青金頭再研細，入於鼎之內，築實，却以好米醋稠調，赤石脂末及牡蠣，用泥裹煅過爲末等分，塗火鼎口下、水鼎揹定，鐵線緊扎鼎口，周匝再塗固藥放厚，陰乾，有龜坼再塗之。此法但凡煅諸丹，皆只用此法。

佚名《諸家神品丹法》卷二 造六一泥法

用真土之精四兩，入炭火内燒，令紅色。取出却入醋内浸過爲度。又赤石脂、白石脂、地龍土，朱石包金土，六件各一兩。又用甘土一斤，七物合一處，同杵爲末。用鹽水化入紙筋少許，杵作硬泥，將砂子裹固濟，不令毫髮拆裂。漏烝之處如有，以泥補之固，令十分堅完爲妙也。

佚名《金華玉液大丹》

法泥

蚯蚓土半斤，赤石脂四兩，黃丹二兩。

右用兔毫盞末二兩，同擣細，用白芨汁調勻，杵千萬下，方用內室外合。

瑠璃藥

用鉛黄花半斤，加硝二兩，硼二兩。大搧作汁，入神室蘸之，使其封固得密。若養糝制，必然如此，使氣不出外，裏面造化自全矣。

佚名《庚道集》卷一　寒林玉樹湧泉匱法

固濟及煅法

先研令硫極細，方入汞一同，從卯至酉，或辰研至戌，研令交姤，不見星，方可。切勿暫時住手，若住手則三二日不得交姤。入鼎時微微焙温入鼎，鼎亦用火烘煖。用二八鹽泥，鼎口固濟。鹽八，泥二，同好醋合成一處，搗數千杵，密固爐，要七層塼，候固濟乾，可下火。先用底火四魂，勿令火有鬼焰起，火只可旋添，至鼎腰住。又固法，用赤石脂入針砂少許，用醋入鹽調，甚佳。又煅法，入水火中，如常法，煅一伏時，第二轉添硫，至第三轉不用水鼎，用瓦器蓋水鼎在下，發頂火煅。此一方亦奇特，有既濟未濟之理。此方天台陳本仁傳，極妙，祕之不可妄泄。

又　卷六　外固濟藥

大戟、當陸、威靈仙、大黄、黄連爲末，藕桑汁和作塊，又用逐塊包了，炒焦，再换，如此數度了，時入甘鍋。却用煎煮草藥查鋪蓋，又黄丹、陀僧粉、死硝研細上，更用藕汁桑汁和大黄等作餅蓋，固濟了，煅成一塊，打碎用之。

火法分部

論說

佚名《諸家神品丹法》卷二　大凡修製鉛汞，火候爲先，陰陽爐鼎爲次。且喻還丹，以十一月一陽初動，用火五日一候。陰轉火起於復卦，終於坤卦，自然陰陽合理，氣候無差。況鉛汞有經，爲憑火候，用周易爲準。若行火失其氣候，縱然鉛汞是真丹，亦無成。喻不時之物，豈有應時之來乎。譬如日月常照，瞽者不見，非日月之咎。自是修丹之人，造次而爲之也。

又　凡修丹，最難於火候也。火候者，是正一之大訣。修丹之士若得其真火候，何憂其還丹之不成乎。設若火候不全，如何制作。萬卷丹經，秘在火候。

綜述

唐·陳少微《大洞鍊真寶經九還金丹妙訣》　成丹歸真章

鑪鼎火候品第八

火候

訣曰：夫用火之訣，亦象乎陰陽，二十四氣，七十二候。五日爲一候，三候爲一氣，二氣爲一月，七十二候則應二十四氣，二十四氣則爲十二月，十二月爲之一周年，陰陽運數足矣，而丹成。夫起火之時，取十一月甲子日夜半甲子時，動火。先從子門起火，五日，用炭三兩，須常有熟炭三兩，在其鑪中，不得增少。次開丑門發火，五日，用炭四兩。次開寅門下火，五日，用炭五兩。次開卯門著火，五日，用炭六兩。次開辰門著火，五日，用炭七兩。次開巳門著火，五日，用炭八兩。此六門是陽門火。須豎安炭，如陽氣發動。次至午門著火，五日，用炭九兩。次開未門著火，五日，用炭八兩。次開申門著火，五日，用炭七兩，次開酉門著火，五日，用炭六兩。次開戌門著火，五日，用炭五兩。次開亥門著火五日，用炭四兩。至亥門，此六門陰門火，須横安炭，亦象爲陰陽氣候。從子門運火至亥門，周旋十二門，終計有炭七十二兩在鑪中，應於七十二候之數，則成四氣十二候。六十日兩月爲一轉，則開看之。更添石硫黄二兩，和紫金砂於鉢中，以玉槌研之半日。却入鼎中，封閉固濟。依前每門五日，運火燒之。次還從甲子日子時，於子門起火，用炭五兩。丑門，用炭六兩。寅門，用炭七兩。卯門，用炭八兩。辰門，用炭九兩。巳門，用炭十兩。至午門，却退炭歸九兩。未門，用炭八兩。申門，用炭七兩。酉門，用炭六兩。戌門，用炭五兩。亥門，用炭四兩。此第二轉運火，每門五日爲一候，周旋十二門，用十二候，六十日足，計有八十四兩炭在鑪中。增第一轉，炭十二兩，應十二節之數，則候鑪中火歇，開看之，色如褐土，金星璨然，而又添石硫黄二兩，和砂重研，却入鼎固濟之。又依前運火，周遭十二門，每門亦五日爲一候，還從子門起火，五日，用炭七兩。其炭長須應七兩熟炭在鑪中，不得增少。又丑門火，五日，用炭八兩。次寅門火，五日，用炭九兩。次卯門火，五日，用炭十兩。次辰門火，五日，用炭十一兩。次巳門火，五

日，用炭十二兩。次至午門火，五日，却退炭歸十一兩。次未門火，五日，退炭至十兩。次申門火，五日，退炭至九兩。次酉門火，五日，退炭至八兩。次戌門火，五日，退炭至七兩。次終於亥門火，五日，退至六兩。其十二門，門門須依本數，著炭周迴十二門，匝合有一百八兩炭在鑪中，增於第二轉炭二十四兩，應二十四氣之數，終十二門，六十日足。候鼎寒，開看色微欲紫。又添石硫黃二兩，出金砂和研令相合，却入鼎中，固濟之後，亦依前門門五日火候。亦從甲子日夜半甲子時，子門起火，五日，用炭九兩。則開丑門著火，五日，用炭十兩。次開寅門著火，五日，用炭十一兩。次開卯門著火，五日，用炭十二兩。次開辰門著火，五日，用炭十三兩。次開巳門著火，五日，用炭十四兩。次至午門，却退炭至十三兩。次未門火，五日，退炭至十二兩。次申門火，五日，退炭至十一兩。次酉門火，五日，退炭至十兩。次戌門火，五日，退炭至九兩。次終亥門火，五日，退炭至八兩。此轉十二門周遭，計鑪中有炭一百三十二兩。又增第三轉，炭二十四兩，亦應氣候。足寒之開看，其含砂色漸金，紫光之星，璀璨流輝。又添石硫黃二兩，出金砂於鉢中，和硫黃熟研。却入於鼎中，固濟令緊密，視上下無遣漏泄。然後依前門門運火。亦取甲子日子時起火，從子門先入炭十一兩，亦五日。次丑門入火，五日，著炭十二兩。次開寅門入火，五日，用炭十三兩。次開卯門著火，五日，用炭十四兩。次開辰門入火，五日，著炭十五兩。次開巳門入火，五日，著炭十六兩。則至午門退運火，五日，著炭却至十五兩。次至未門入火，五日。著炭十四兩。次至申門入火，五日，著炭十三兩。次至酉門入火，五日，著炭十二兩。次至戌門入火，五日，著炭十一兩。次至亥門入火，五日，著炭十兩。從子門終於亥門，巡十二門周，著炭計合有一百五十六兩。炭在鑪中，旋繞其鼎，積運燒之六十日炭數。又增於第四轉，炭二十四兩，其鑪內鼎四外，紫氣迴繞，看之如霧。候寒開鼎，看其金砂，色轉化爲紫光之丹，丹內紅星點點，似欲輕涌。更添石硫黃二兩，和於鉢中熟研半日，則却入鼎中，封固濟。然後依氣候，運武火一轉。還從甲子日甲子時，子門起火，五日，著炭十七兩，次丑門火，五日，著炭十八兩。次寅門火，五日，著炭十九兩。次卯門火，五日，著炭二十兩。次辰門火，五日，著炭二十一兩。次巳門火，五日，著炭二十二兩。次至午門火，五日，退炭却著二十一兩。次未門火，五日，著炭二十兩。次申門火，五日，著炭十九兩。次酉門火，五日，著炭十八兩。次戌門火，五日，著炭十七兩，次終亥門火，五日。合有炭二百二十八兩，在其鑪中。增於第五轉，炭七十二兩，應七十二候足，其鑪鼎中紫氣連天，日月失輝。山河震岌，乃是丹成之候也。歇鑪出鼎於香壇之上，然則開看，其丹赫然輕飛，脱離於質，如芙蓉花九層，連於鼎蓋之上，十五兩分毫無欠。其鼎內有滯灰二十四兩，如紫金色。其紫灰一丸如麻子大，則可以制汞一斤，及五石金，盡化爲上寶。然則遷其鼎於三洞，各鎮其功，功合歸真，逈然蟬蜕，此乃還丹之力，其實偉哉。

唐・董師元《龍虎元旨》　火候從十一月半斤，十二月一斤，正月一斤半，二月不用火，三月二斤，四月一斤半，五月二斤，六月一斤半，七月一斤，八月不用火，九月半斤，十月四兩，至十五日開爐。欲入養藥，先入小爐，十五日，定分兩不折，却入大爐，從十一月起首，至卯酉二卦，不用火，所以十箇月成丹。子丑寅爲春，卯辰巳爲夏，此六月純陽用事，陰求於陽，水入金也。午未申爲秋，酉亥戌爲冬，此六月純陰用事，陽求於陰，金入水也。二氣相蒸，金水之形常轉，往來不定，上下無恒，水得金而昇騰，金得水而潛匿，相須變化，凝結器中，還丹之體，神哉神哉。後之君子不可輒議之也。

題張果《玉洞大神丹砂真要訣》　鼎火候訣

大丹鑪鼎，亦須合其天地人三才五神而造之。其鼎須是七返中金二十四兩，應二十四氣。內將十六兩鑄爲圓鼎，可受九合，則應九陽極之數。蓋八兩，應八節。鼎蓋則二十四兩。十六兩爲鼎，以應一斤之數，合大數，然後將和了紫金砂，入於鼎中，緊密固口，勿令泄陽氣。則於鑪中訣，取甲辰旬內，取戊申日，於西南地，取浄土，先累爲壇，壇高二尺四寸，分爲三台，台下通氣。上台高九寸，爲天關，九竅，象九星。中台高一尺，爲人關，十二門，象十二辰，門門皆須具扇。下台高五寸，爲地關，開八闥，象八風。其鑪內須徑一尺三寸。然置鼎於鑪中，可懸二寸。下爲土臺子乘之，臺子亦高二寸，大小合與鼎相當。然後運火，火候之訣，象乎陰陽二十四氣，七十二候。五日爲一候，三候爲一氣，二氣爲一月。其火日午前用熟火八兩，夜間從子至午，用火十六兩。陰時加火，陽時減火也。運轉火火數足，而成大丹也。

唐・歸耕子《神仙錬丹點鑄三元寶照法》

鑪養丹法

《神仙文》曰：鑪者，鼎之造化，包容戊己，隔截外邪，高像蓮臺，横像五嶽。壇有三層，上圓下方。鑪有八門，上以鐵作天輪，立九星二十八宿，時行六甲，運轉正一，建隨罡宿，金鑄其像。然後以火伏硫黃，火伏雄黃，火伏雌黃，火伏砒

黃，各一斤。此四黃爲至藥之城郭。其四黃并丹，並在口訣。火伏丹砂一斤，有十六兩，每兩有二十四銖，周天三百六十五度二十五分半，天元甲子七百二十，是丙丁之大數也。有使者日行一度，是純陽之大數。有使者月一日夜行一十三度，一月行三百六十五度二十五分半，是純陰之大數也。陽以外掩，陽自中結。

歌曰：六十時中運丙丁，每用隨時辨五行。陽氣進時順天轉，陰氣減候逐星征。常以加臨須正午，岡宿周來至藥成。

火候法

《神仙文》曰：火候起自陽生之日，周其七十二候，循環加減也，每日合一兩一銖半。

冬至蚯蚓結，天元甲子一，添火五兩七銖半。糜角解，人元甲子七，一十兩一十五銖。水泉動。地元甲子四，一十五兩二十二銖半。小寒鴈北鄉，天元甲子二，二十一兩六銖。鵲始巢，人元甲子八，二十六兩一十三銖。野鷄始雊。地元甲子五，三十一兩二十一銖。大寒鷄始乳，天元甲子三，三十七兩四銖半。鷙鳥厲疾，人元甲子九，四十二兩一十二銖。水澤復堅。地元甲子六，四十七兩一十九銖半。立春東風解凍，天元甲子八，五十三兩三銖。蟄蟲始振人元甲子五，五十八兩一十銖半。魚上冰。地元甲子二，六十三兩一十八銖。雨水獺祭魚，天元甲子九，六十九兩一銖半。鴻鴈來，人元甲子六，七十四兩九銖。草木萌動。地元甲子三，七十九兩一十六銖半。驚蟄桃始華，天元甲子一，八十五兩。鶬鶊鳴，人元甲子七，九十兩七銖半。鷹化爲鳩。地元甲子四，九十五兩一十五銖。春分玄鳥至，天元甲子三，一百兩二十二銖半。雷乃發聲，人元甲子九，一百六兩六銖。雷始電。地元甲子六，一百十一兩一十三銖半。清明桐始華，天元甲子四，一百一十六兩二十一銖。田鼠化爲鴽，人元甲子一，一百二十二兩四銖半。虹始見。地元甲子七，一百二十七兩一十二銖。穀雨萍始生，天元甲子五，一百三十二兩一十九銖半。鳴鳩拂其羽，人元甲子二，一百三十八兩三銖。戴勝降于桑。地元甲子八，一百四十三兩一十銖半。立夏螻蟈鳴，天元甲子四，一百四十八兩一十八銖。蚯蚓出，人元甲子一，一百五十四兩一銖半。王瓜生地元甲子六，一百五十九兩九銖。小滿苦菜秀，天元甲子五，一百六十四兩一十六銖半。靡草死，人元甲子二，一百六十九兩二十三銖。麥秋至。地元甲子八，一百七十五兩七銖半。芒種螳螂生，天元甲子六，一百八十兩一十四銖。鵙始鳴，人元甲子三，一百八十五兩二十一銖半。反舌無聲。地元甲子九，一百九十一兩五銖。夏至鹿角解，天元甲子九，一百八十五兩二十一銖半。蜩始鳴，人元甲子三，一百八十兩一十四銖。半夏生。地元甲子六，一百七十五兩七銖半。小暑溫風至，天元甲子八，一百六十九兩二十三銖。蟋蟀居壁，人元甲子二，一百六十四兩一十六銖半。鷹乃學習。地元甲子五，一百五十九兩九銖。大暑腐草化爲螢，天元甲子七，一百五十四兩一銖半。土潤溽暑，人元甲子一，一百四十八兩一十八銖。大雨時行。地元甲子四，一百四十三兩一十銖半。立秋涼風至，天元甲子二，一百三十八兩三銖。白露降，人元甲子五，一百三十二兩一十九銖半。寒蟬鳴。地元甲子八，一百二十七兩一十二銖。處暑鷹乃祭鳥，天元甲子一，一百二十二兩四銖半。天地始肅，人元甲子四，一百一十六兩二十一銖。禾乃登。地元甲子七，一百一十一兩一十三銖半。白露鴻鴈來，天元甲子九，一百六兩六銖。玄鳥歸，人元甲子三，一百兩二十二銖半。羣鳥養羞。地元甲子六，九十五兩一十五銖。秋分雷乃收聲，天元甲子七，九十兩七銖半。蟄蟲坯户，人元甲子一，八十五兩。水始涸。地元甲子四，七十九兩一十六銖半。寒露鴻鴈來賓，天元甲子六，七十四兩九銖。雀入大水化爲蛤，人元甲子九，六十九兩一銖。菊有黃華。地元甲子三，六十三兩十八銖。霜降豺祭獸，天元甲子五，五十八兩一十銖半。草木黃落，人元甲子八，五十三兩三銖。蟄蟲咸俯。地元甲子二，六十七兩一十九銖半。立冬水始冰，天元甲子六，四十二兩一十二銖。地始凍，人元甲子九，三十七兩四銖半。野雉化爲蜃。地元甲子三，三十一兩二十一銖。小雪虹藏不見，天元甲子五，二十六兩一十三銖半。天氣上騰，地氣下降，人元甲子八，二十一兩六銖。閉塞而成冬。地元甲子二，一十五兩二十二銖半。大雪鶡鳥不鳴，天元甲子四，一十兩一十五銖。虎始交，人元甲子七，五兩七銖半。荔挺出。地元甲子一，減盡。

佚名《玉清内書》

用火直符六候進退訣

第一月一日初候，發火一兩，三十時。至二日半，加二兩，至六十時。第六日第二候，初三兩，三十時。加至四兩，滿六十時。第十一日第三候，初五兩，三十時。加至六兩，六十時。第十六日第四候。初還用六兩，三十時。退至五兩，六十時。第二十一日第五候，退用四兩，三十時。復退至三兩，六十時。第二十六日第六候，退用二兩，三十時。復退一兩，六十時。

右六候直符爻象生進退一月法例，周而復始。

第二月初候，二兩，三十時。加至三兩。以次每遇換鼎入月頭初候，加至一兩用事。至九箇月初候，用九兩。是從一至九，金虎吐精，三十時。加至十兩，六十時。以次直符合進合退，但依法刻漏，分明用火。火盛之時，象四月大王，極陽用事，進退潛伏，陰陽刑刻，過換鼎，即土王金鄉，三物俱喪，是金土本氣相

感也。直符合退之時，象五月陰氣用事，一陰生上九，亢龍有悔，直符運動，至九鼎。是第九月後初候，常九兩，三十時。加一兩，六十時。至第三候終，用十四兩，陽極。第五候陰生，却退十二兩，三十時。復退至十一兩。至第六候退守十兩，三十時。復退至九兩，六十時足。第十月後，不論年月，常如取九月初候，還用九兩，三十時。加一兩，六十時。至第三候，用十四兩，退至六候九兩，六十時足。以次序直符加減，刻漏分明，周而復始，晝夜運動，九祀而畢法。

訣曰：從第一月初候發火，用二十四銖火，爲一爻生也。象計二十四氣。守至二日半，加一爻，至五日爲一候也。以次用火加爻，每月有六候。常至第三候六十時下，與第四候三十時上，並用武火處也。其火斤兩進退晝夜，即須別添熟炭。常應露火面，則候爲本斤兩數也。其直符九箇月半，畢後即須常取第九月火候爻象法則，進退斤兩爲定，不論年月也。

復訣曰：惟火候最難，巡歷名山，上格有共論之，皆有所悟。惟士惟火世之不傳。余之肘後，真訣其源。

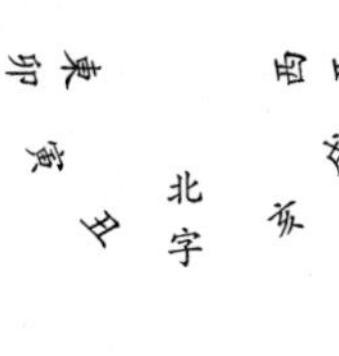

直符更漏進退圖

訣曰：直符合加減時節，須取刻漏，分明合進退，依法用之，更漏合加減定時，候盈縮有徑門而已。但取晝夜長短，刻十二辰子丑寅卯辰巳午未申酉戌亥等。從子時初，於水滴看日，照至丑時，合用多少水。但作桶子，高三尺，內圓闊一尺，近底稜邊鑽一小孔子，內鳥翅翎管緊安其中，蠟塞四面，即盛水令滿，任於滴下，盡即却投在內，任滴，看至一辰位，合用水幾桶子，即知諸時用水桶數。晝夜分十二辰位，約定桶子多少，與秤之更漏無別。如滴水有多有少，即晝夜長短，但用意消息，萬不失一。

用火進退直符火記正曆

一月火候訣六十時是五日也。

第一初候，一爻三十時，加至二爻六十時。第二初候，三爻三十時，加至四爻六十時。第三初候，五爻三十時，加至六爻六十時。第四初候，還用六爻三十時，退用五爻六十時。第五初候，退用四爻三十時，復退至二爻六十時。第六初候，退用二爻三十時，復退至一爻六十時。

二月火候訣

第一初候，二爻三十時，加至三爻六十時。第二初候，四爻三十時，加至五爻六十時。第三初候，六爻三十時，加至七爻六十時。第四初候，還用七爻三十時，退至六爻六十時。第五初候，退用五爻三十時，退至四爻六十時。第六初候，退用三爻三十時，復退至二爻六十時。

三月火候訣

第一初候，三爻三十時，加至四爻六十時。第二初候，五爻三十時，加至六爻六十時。第三初候，七爻三十時，加至八爻六十時。第四初候，還用八爻三十時，退至七爻六十時。第五初候，退至六爻三十時，復退至五爻六十時。第六初候，退用四爻三十時，復退至三爻六十時。

四月火候訣

第一初候，四爻三十時，加至五爻六十時。第二初候，六爻三十時，加至七爻六十時。第三初候，八爻三十時，加至九爻六十時。第四初候，還用九爻三十時，退用八爻六十時。第五初候，退用七爻三十時，復退至六爻六十時。第六初候，退用五爻三十時，復退至四爻六十時。

五月火候訣

第一初候，五爻三十時，加至六爻六十時。第二初候，七爻三十時，加至八爻六十時。第三初候，九爻三十時，加至十爻六十時。第四初候，還用十爻三十時，退用九爻六十時。第五初候，退用八爻三十時。復退至七爻六十時。第六初候。退用六爻三十時，復退至五爻六十時。

六月火候訣

第一初候，六爻三十時，加至七爻六十時。第二初候，八爻三十時。加至九爻六十時。第三初候，十爻三十時，加至十一爻六十時。第四初候，還用十一爻三十時，退至十爻六十時。第五初候，退用九爻三十時，復退至八爻六十時。第六初候，退用七爻三十時，復退至六爻六十時。

七月火候訣

第一初候，七爻三十時，加至八爻六十時。第二初候，九爻三十時，加至十爻六十時。第三初候，十一爻三十時，加至十二爻六十時。第四初候，還用十二爻三十時，退至十一爻六十時。第五初候，退用十爻三十時，復退至九爻六十時。第六初候，退用八爻三十時。復退至七爻六十時。

八月火候訣

第一初候，八爻三十時，加至九爻六十時。第二初候，十爻三十時，加至十

一爻六十時。第三初候，十二爻三十時，加至十三爻六十時。第四初候，還用十三爻三十時，退至十二爻六十時。第五初候，退用十一爻三十時。復退至十爻六十時。第六初候，退用九爻三十時，復退至八爻六十時。

九月火候訣

第一初候，九爻三十時，加至十爻六十時。第二初候，十一爻三十時，加至十二爻六十時。第三初候，十三爻三十時，加至十四爻六十時。第四初候，還用十四爻三十時，退至十三爻六十時。第五初候，退用十二爻三十時，復退至十一爻六十時。第六初候，十爻三十時，復退至九爻六十時。

元君潛運手鏡訣

訣曰：天地二氣相感，日月迭照，成自然還丹。上界仙官，守護收採。非俗士之所遇，皆仙人則而取之。三皇以敬至道修生，以直符運動三年，象自然之氣運，火候依節，符乾坤坎離，運動火候斤兩，須得真經師受口訣。凡言不載，若不從師受參差，藥物交雜，終無得理。聖人觀天符之門守一，但得本父母相制，必成大丹。則陰陽變化之道，神通自在，返歸其色。

訣曰：直符法喻，假令十一月建子，陽氣始生法象，夏至前一日夜雞鳴時一陰生，陰氣用事，是天地陰陽進退，一年十二月，生成用事也。故月有六候直符，生成潛伏，五行出没，交會形刻，並在内申。故云火木前十五日，白月三候，極陽用事。證後陽退陰生，九六陰水也，後十五日，黑月三候，極陰用事。周而復始，故七八九六道自合，三十終金水。本喻立月候晝夜，用火潛伏，象一年陰陽節候，用直符晝夜，此是天地樞機在乎手，名曰出世之方，神通變化，玄之又玄。但發火之時，便是十一月，受陽用事也。

訣曰：第一鼎第一月初候，火一爻生，直符象十一月建子，陽氣用事。初九，潛龍勿用。一爻生晝夜，二日半三十時。加至二爻，至五日一候六十時，巡十一日一辰。子丑寅卯辰巳午未申酉戌亥，五周各六十時，爲一候。初候五日，驚蟄震來受符，運至上弦八日，金性低昂半受死，守至十五日爲一氣，金性全滅。二十日，萌者不生，陽伸陰屈，水不動，剛柔相使，自然丹耳。二十一日，巽來受符，金水性已滅竭亡，二精呼吸，吞飲同死。震巽二木漸順，汞雖得乾，未是大丹。三十日，道窮返歸乎坤元，受符成丹，三物同没於土。四十五日，爲一節，一節相嘔相通運至。六十日，卯當夾鍾，夾到卯門，榆莢墜落，還歸其根。二月，榆死魁剛卯，刑德相負，晝夜始分，故云榆莢丹。

訣曰：日有三照，月有三移。日月合氣，故萬物三變而至極，經四時自然之道。月有三百六十時，時計象一年十二月，得四千三百二十時，一時當一年，計四千三百二十年，象自然之還丹，陰陽交媾，寒暑而成象。

訣曰：潛伏陽伸陰屈，餘並依節候卦象，直符氣候，法是九鼎。九鼎九箇月。

訣曰：九鼎各須三分者，每鼎各守三十日，受氣二百七十日足，陰陽俱盛，十月土王而生，故云子母脱胎，世人莫知之矣。水火相尅。互相制伏，更爲父母，不越五行，藏伏成形，守運一千日，大元氣足，性歸北方癸水，黑色，始得名曰大還丹也。

訣曰：取元氣金水，但分兩停相和，合其體本，立喻上下弦數二八斤之數，應陰陽二金，本乎一物，而生二象氣候，雌雄黄白，自然情性相依，陰陽合爲一體無二。二曰火，一曰水，除水火爲藥，無別入分。若有異類，終不成丹。得之不在斤兩數耳。

訣曰：但將金水入鼎，如法固濟，取四殺刑尅。陽日陽時發火，自置更漏，節候分明，知加減不失金水，在於鼎中，混沌未分，被直符運動，陰陽交騰，吞飲變化，元氣清濁，上下玄黄，金水成形，象雞子，元氣在殼中，受陽氣，含其真而抱一也。

訣曰：丹砂金砂，金液倒長砂，黄牙天鉛，砂汞鉛汞，真陰真陽，金土水火，乾坤坎離，化生龍虎黑虎，西靈金丹，玉液九轉，還返大還，盡是還丹之異名。皆是古人藏機之隱祕，不一悟者。若遇《肘後訣》、《參同契》其理歸一無二，故曰還丹。還丹有返，忌覆盆血。覆盆血者，不吉之人。慎勿與同心泄天道也。及合金入鼎，直符用事，鍊丹之所，守慎清淨不穢，無生死哭泣安屍靈屋宇不道之地。須擇福德形勝安淨之處，方可結壇，焚香，虔志祭祀土地靈祇，水陸等，方可安即，百靈助祐，天道和合，諸仙來護，但心行不二，若於常常之處修鍊，亦須謹淨觸穢，不可容易鑪樣，及指藥所在圖本，祭醮法則並在別訣中。

火瓶直符定節刻訣

假令五月十七日子時起，至二十日巳時過。一五。

二十日午起，至二十二日亥過。二五。

二十二日子起，至二十五日巳過。三五。

二十五日午起，至二十七日亥過。四五。

二十七日子起，至三十日巳過。五五。
三十日午起，至六月二日亥過。六五。
六月二日子起，至五日巳過。退六五。
五日午起，至七亥過。退五五。
七日子起，至十日巳過。退四五。
十日午起，至十二日亥過。退三五。
十二日子起，至十五日巳過。退二五。
十五日午起，至十七日亥過。退一五。

佚名《紅鉛入黑鉛訣》

足氣火候

子中三兩，寅初四兩，卯中五兩，巳初六兩。一本：午中六兩，申初五兩，酉中四兩。一本：亥初三兩。

金液火候

火數一斤，水數亦一斤。火一水十五，水六火十。數明火進即水退，水長即火消也。子丑寅卯辰巳六時，屬陽進火之候也。午未申酉戌亥六時，屬陰退火之候也。以一斤之數譬之，爲三百八十四銖。進退於一日之内，則一時進退六十四銖矣，其進也必。一本：以漸其退也。亦以漸細意調燮，一志而修還丹。

用火直符六候進退訣

月有六候。候有五日。二氣分二日半，三十時一氣。二氣一候，六候一月，一月換一鼎土神室也。至九箇月，九鼎即止第。一本：一十鼎任意消息，換鼎不換鼎並得換。一本：之轉妙第一月一日，初候發火一兩。至二日半三十時，進二兩至六十時。第六日，第二候初三兩三十時，進四兩至六十時。第十一日，第三候初五兩三十時，進六兩至六十時。第十六日，第四候初仍用六兩三十時，退五兩至六十時。第二十一日，第五候初退四兩三十時，復退三兩至六十時。第二十六日，第六候初退二兩三十時，復退一兩至六十時。一本：第二月一日，初候發火二兩。至二日半三十時，進三兩至六十時。以次每遇換鼎入月，諸候，比之前月諸候，加火一兩，至九箇月，初候用九兩，至三十時，進十兩，至六十時。第二候十一兩，三十時，進十二兩，至六十時。第三候十三兩，三十時，進十四兩，至六十時。第四候十四兩，三十時，退十三兩。至六十時。第五候退十二兩三十時，復退十一兩，至六十時。第六候退十兩，三十時，復退九兩，至六十時，足。第十月後常。一本：取一時第九月火候法則，進退斤兩爲定，不論年月也。其火進退，須別添熟炭，常應露火面，則候爲本斤兩數也。

佚名《通幽訣》

地符火木之精

訣曰：地符，火者。火能爨熟萬物，以育人民。火者，甲之本陽之元氣，結媾交會，同日月之精氣，歸一無二甲之精。火數二，生數三，成數九。九者，陽之極數，陽氣也。甲曰曾，木曰青。萬物之使，東方青龍木。木是火之父母，火木之子孫。震爲長男一爻生，巽爲中男二爻生，故火生辰巳。離爲中女二爻生。陽丙子寄位也。木孕火制，火必假木。三者，木之精，正陽之道，甲乙之位日。天符，信也，能發泄萬物。月，陰符，能生育萬物。土，陰符，能生育萬物。火，地符，能爨熟萬物。金水元氣，並同陰符，能生育萬物。《直符手鏡》喻日月六十四卦，六爻發泄，運動，天符，以成金丹，餌之羽化，子明之力也。混元皇帝真君，歷代變名，叙陰陽統略，五行相類，《周易》爻象，直符《參同》，如符若契，觀察天地徘徊，陰陽輪轉，子午正位，卯酉相望。十一月一陽生，萬物生也。五月一陰生，萬物結也。春生秋殺，自然之道也。

訣曰：用火微微，不失節候。萬物自熟，河車之義。

訣曰：子者，火候先在抽添。一云河者，北之位。車者，般載之義。一云子是金，河是水，故曰子河車。

訣曰：本用四卦法，日月四時，直符循環，一如車脚，轉運陰陽，成數造化，載運萬物。故在律紀月節，有五六諱，奉日使兼並。六十四卦，剛柔有表裏，朔旦長直事，至暮蒙當受，晝夜各一卦用之。次序既末主晦爽終，即復更始進退爻象，並在此直符。從一至九，金虎吐精，用訣直符，不載於此。

訣曰：託附陰陽爻象，六十四卦立喻也。但發泄用火之時，便是十一月用事，受陽節候也。

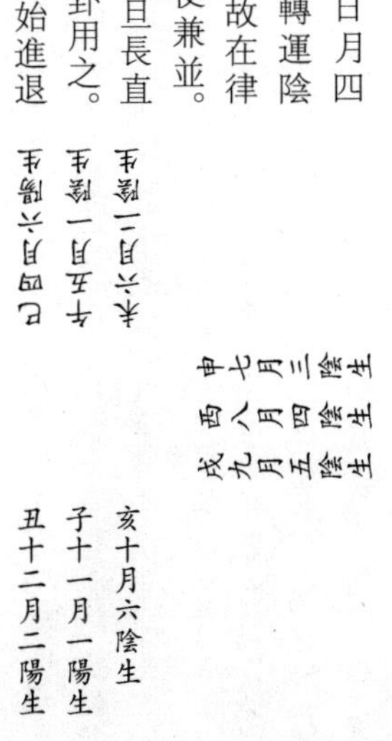

地符直卦節候進退圖

十一月初九，潛龍勿用。地雷復，豫直。十二月九二，見龍在田。地澤臨，萃直。正月九三，君子終日乾乾。地天泰，否直。二月九四，或躍在淵。天雷無妄，大壯直。三月九五，飛龍在天。天澤履，夬直。四月上九，亢龍有悔。純乾直，陽氣交騰。

右陽生六位，極陽之卦，亢龍大過，法象於天，故云自子終於巳。

五月一陰生。天風姤，小畜直。六月二陰生。天山遯，大畜直。七月三陰生。天地否，泰直。八月四陰生。風地觀，昇直。九月五陰生。山地剥，謙直。十月六陰生。純坤直。

右陰生六位，極陰之卦，氣潛伏法象於地，故曰自午訖於亥。

震主春木。生三，成八。離主夏火。生二，成七。

訣曰：證前十五日白，月火木用事，故七八也。

兑主秋金。生四，成九。坎主冬水。生一，成六。

訣曰：證後十五日黑，月金水用事，故九六也。並是直符六爻，用節卦翻譯氣候，五行相剋之數。故知七八數十五，九六亦相應，道自畢也。一二三四五，並是五行之基。

訣曰：一者，北方壬癸水。二者，南方丙丁火。三者，東方甲乙木。四者，西方庚辛金。五者，中央戊己土。

經曰：父少而子老。父者，天鉛，丹砂鉛也。子者，從父而出，金黑鉛，故父少而子老。子不定，父數世五。水火金木土，五行移易萬物。五日一候，五五二十五，故父年二十五也。子數不定，子年般載，運動不定，故知父少而子老。舉世不知萬物，從五行而生成父母也。

用火

訣曰：六爻直符，運卦用火，斤兩從純坤起，終於坤，周而復始也。

訣曰：一月换一鼎，故用九鼎，即止。第十鼎任意消息，用不用並得用之轉妙，緣是生金之本氣也。故云土釜，土釜曰母，母金鼎也。

訣曰：其金鼎依運氣候，十五日金性滅，三十日成丹。運至十月，不用本土爲鼎，子母脱胎，九轉九鼎。九者，火用事。鼎者，母用事也。凡丹象人，從受氣後三百七十日而生，九月是陰陽俱盛，十月土王，故子母相分，故名脱胎。

還丹象人，四氣足而生，亦如嬰兒，乳育三年，大元氣足，而成金丹。乃爲黄礜，變轉却歸北方，黑色通透，始得名大還。世人不知之矣。子是藥，母是鼎，感氣相生，相産相伏，相制相殺，迭盛迭衰，昇降在鼎，飛伏上下，陰陽相管，交會吞食，四物相薄，君臣相臨。土性生，金性死，火性滅，水性涸。四物者，陽中陰，陰中陽。但以本土爲軸轄，直符運動，故有四物，各居一方，四物性並滅，歸一返本，故名金丹。

訣曰：守運一年，餌一兩半，凡病不侵。二年成白道，可餌半兩。三年大元氣足成赤道，可餌一分，住世死籍不録。刀圭制汞爲白道，五年，麻子大，餌七粒，以刀圭點鐵及汞各一斤，並成赤道，守九年畢，法餌三粒，三尸九蟲盡出，長生不死。能化五金八石，盡瓦礫等，隨本色形成寶。又用火法曰：所立指喻爻象，手鏡火記斤兩，託附陰陽，隱祕變化之機，苗裔略同，用之正訣。假令十一月建子，一陽生爻動火，生數二，成數七，運動般載，如車輪。一月一陽生，加至五月一陰生，一月退一陽爻，至十月歸於土，終於坤，周而復始。

佚名《上洞心丹經訣》卷上

五五周天火候法

訣曰：仍以十箇月爲節，以象胞胎也。後五箇月，土數也。故五五二十五，足土氣也。一十箇月火候，一兩四錢。次十箇月火候。一兩六錢。後五箇月火候。二兩一錢。

周天火足，次行補火，止補月小日數，蓋此乃月之周天數也。

行補火法

法用平底灰爐中，乃换鐵架，閣丹，釜架脚可高四寸。

早火每絡七錢，三絡計二兩一錢，脚高三寸下火。晚火每絡八錢，三絡計二兩四錢，飛火平於頂上鐵線上。

火絡法

其法用鐵線造絡六箇，分作早晚用，絡形闊一寸，長一寸半，有蓋，下新絡，起舊絡宿火，不可留宿火。

又　卷中

一轉火候一兩四錢。

九轉皆不用補火，每轉十二箇月，滿開揀出丹砂四兩，其一斤丹匱，並不用。可點化用之，一轉靈丹依法凡劑服餌。

火候訣一月六候，五日爲一候，日數法如後。

初候，第一日直符一兩，二日半三十時。加至二兩，六十時。

第二候，三兩，二日半三十時。加至四兩，六十時。

第三候，五兩，二日半三十時。加至六兩，六十時。

第四候，不加不減，只用六兩，二日半三十時。却退至五兩，六十時。

第五候，用四兩，二日半三十時。退至三兩，六十時。

第六候，用二兩，二日半三十時。退至一兩，六十時。

六候直符進退一月法，列之如後，周而復始。至第二月初起火，加至二兩，三十時。加至三兩，六十時。每到逐月，至九箇月，須各加一兩，至九月，加至九兩爲定。故云：陽九陰九，更不加也。直至三年九年，更不加也，只依此法。

起火須用甲子日起，日火順行，時火逆行，子後午前，分炁到月終，每一月加一兩火，每年加火一兩。水星直日加火，火星直日減水。

佚名《大丹記》 火候訣

初一月半斤，十日。二月一斤，加至二十日。三月一斤半，至三十日。四月二斤，加至四十日。五月二斤半，加陽極五十日。六月二斤，陰生六十日。七月一斤半，七十日。八月一斤，八十日。九月半斤，九十日。十月百日寒定，乃開慮失精氣也。起自寅，王至午，墓在戌。如旦候則一百日成。又云：一日十二時，九十日計一千八十時，以象三周之候足矣。

宋·張君房《雲笈七籤》卷六三《金丹訣》 正隱甲法象天符用火并合金造鼎肘後方下篇

經曰：甲者，木火之祖，其數三，成數九，正位生於東方青，寄位丙丁，萬物之師，火之父母，日之精魂，陽之始祖，照曜成形，名曰魂。日者，在天爲直符，能發泄萬物；在地爲地符，爨熟萬物。陽氣分判，故稱木精，青腰使者。陰陽二性，契證參同，金砂火并，三五與一，還丹自靈。三者木，陽精之父母，陰汞陽汞並是，陽精照曜，結媾生成，强名金砂，天地之至精也。丹者，陽之陰汞，陽反爲臣，二也，朱砂是謂之火鉛。五者土，主母，陰中陽精，陰之陽汞，陰反爲君，一也，黑鉛是謂之水基。九銖陽魂謂之真水，喻居離位，陽中陰；三煉陰魄，謂之黄銀，喻居坎位，陰中陽，故號水銀。水火相交，混沌自并，克復歸一，成形無外物，故云陰火自會。其符理由人消息，即合天道聖意上品。

金丹第一訣曰：火鉛制火火自滅，陰陽進退數七八，受氣分離在半月，三十道窮起復處，養育通靈九個月。

又曰：陰陽二汞同一形，先後配合自有情；用金反應爲神水，華池得母由木精。直符交運依爻象，悟者得之丹自靈；化寶服食長生路，天地反還三一并。

行符合天符法象

訣曰：夫修金丹，合符法象，大演易道。行符初候，喻起建子月，陽爻動，喻生坎位。初九潛龍勿用，陽氣混沌分判。冬至後一陽衝，過甲子爲上元，從子時起，始爲一陽生。見龍在田爻動，驚蟄受陽用事，謂之一陽生。遇甲爲火之父母，故法喻用火，便象十一月受陽。故從子起，陽生於陰暗之中壬癸宫。符至建午月，陽中陰生，符喻同陽全也。

經曰：起計行符，子喻斤兩，爻動，初陰太陽，火陰奇陽，符共信。四五銘而兩合。

經曰：日月玄象，五行起伏，始數爲一陽，生象天地，發揮傍通，情也。驚蟄萌兆並行。

經曰：但取春分，晝夜停用符，陽爻漸生，至大壯，法喻從一至十五，象春夏火木用事，從文入武。十六日取秋分，晝夜停，陰爻漸生，至陰盛月盡，法喻秋冬金水用事，從武入文。並喻合更漏一百刻，故應天之玄象，藏伏没在晦閏，合朓朒之數也。即天道，日月行度無差。

經曰：符從子起，亦非火之父母。子者，陰中一爻之始。子喻斤兩，造化軸轄之總數，是陰陽起伏，法喻行符合刻漏分氣，用符合斤兩喻也。符動生於辰巳，至二周半，午首分氣，終於戌亥，非子之正位。

經曰：還丹行符法象，秖喻天符陰符行度，易道合更漏，五行四時，運轉無差，二十八宿斗杓諸星位，並所主休咎吉凶之兆。修丹法象正用，不在數用之限。行符定用法本，火在下，古法行符象喻也。

經曰：陰長生翻符在上，象冬至夏至，陽陰上下。故上用符守鼎，審依爻象，進退斤兩。然用陰谷子依灰覆藉，茗爐爲依尤佳。但消息皆陽向陰伏藏，通如土蜂穴，勿令氣泄。

經曰：從一至第七日半，便象一季，以次遇子即加。子生坎位，故明陰内一陽生。法象故從子起，漸加爻至立夏，夏至象火，王母相背，十五十六計符，共當六十符。望前爲陽，望後爲陰。陰生從十七合十四，漸退至立冬，冬至五行數盡，終三十實數。共計合符，日用都依六爻，上下生成，終始數。正用符日計，都合五行天符，六候足，爲陰符陽符各守界受氣之總數。

經曰：起伏法象，陽符陰符，藥物並不得逾斤。故合大演一周，周而復始，乾坤大理，運軸大數。又合乾策二百一十六，坤策百四十四，總喻合天符行度之

數，即火符自然。初候兩日半一氣，三十時二周半，至五分氣，符歷十二支五周，計六十時，行符五日一候足，當用五爻十符；第二候兩日半一氣，三十時二周半，至午分氣，還歷五周，計六十時，行符至十日兩候足，當用十爻二十符；第三候兩日半一氣，三十時二周半，至午分氣，還歷五周，計六十時，行符至十五日三候足，當用十五爻三十符。

經曰：十五日前爲白月，陽符，火木用事；後十五日爲黑月，陰符，金水用事。退符漸計，合還九起，爻動始數應，陽奇陰偶，合六四銘同兩用。二符初爻爲定，遇子則加，逢陰即退，周而復始。法象天符，建子發泄，陽動之始，混沌欲分，潛龍未見，須遇甲爲陽之父母，分氣屬陽道上元，始陽動行符，震復用事，便象初九，並用氣候，以喻孟春。每行符巡歷十二辰周半終已，三十時二日半；起午分氣，又二周半終亥，計六十時，以象仲春，二九象法，坤兑氣交，初候五日。第二候陰陽起伏，天地初交，法喻季春，屬上九事。後遇分氣計爻，符用翻譯，但從子至巳；午亥畢還復起。第三候至初九，分氣屬陰道上元，陰生退符，巽遘用事，便象孟秋，漸退候歸三十。五行數已盡起伏，志在用火，失在抽添，即氣候錯令。若依玄象無虧，神靈自契，一象不足，與瓦礫無殊。進退明守期候，還丹自成。夫修至藥，須用真鉛汞，子母混沌自相扶，炋爍應氣候，金水相并，歸戊己交合。象嬰兒受氣於母，母隱子胎，子藏於金中含孕，自然金精石液相反，一飛一伏，陽推陰證，像鷄子黄，精在母而隱伏，外白裏黄，河車運轉，須臾脱胎。象萌芽伸屈，萬類各禀一氣而受形。然未有功能變化，神足作用，故立養育，感動大丹，明喻故用法象，方合聖意。托易道，五金八石，六爻生成，乾坤互用，運轉正氣，定五周，分午首，終亥起子，進退加爻，藏伏時節，乃合天道，參同自然，須依更漏用火，即合符不差。但依晝夜停用符，每十二辰，遇子即如，行符一月，便象四時。或九月，或三年，或守畢法，九祀而終，喻大演九周，太一君臣人民合局之數，丹自靈矣。能内固性命，外化五金，轉弄顔色，服食多少，及變世寶，説在《辨藥龍虎肘後方》。

又　卷六八《金丹》　太上八景四蕊紫漿五珠降生神丹方一首一名《三華飛綱丹》

作竈屋，長四丈，南向，屋東頭爲户，屋南向爲紗窗，屋中央作竈。竈令四方，四面開口，以大鐵鐼鐼施四脚，以著竈之中央。上下相遠，高下之法，以意裁量安隱之。所盛藥土釜好安著鐼鐼上，以好糠火於下燒之，令去釜一尺許，調適視火。勿令暴猛，足十八日訖。更令火去釜下一寸，復五日日足；更令火齊底二十七日，日足；更令半下釜之腹，三十日日足；更令火末下釜之上二寸，二十四日，日足；都畢，藥成也。可復寒之七日，而徐發視，八景四蘂之華皆懸著上釜，以三歲白雄鷄羽掃之，盛以金銀密器，其華當作景雲之色，五十八種之氣，流霞玄映，紫光鬱曜，不可名字，名曰八景四蘂五珠降生神丹。【略】若藥華未盡起者，可更合泥固濟，如前法使密，更燒釜腹，頓六十日，萬無不成。復寒之七日，開發如初。

九還金丹二章

《火候訣》：夫用火之訣，亦象乎陰陽二十四氣，七十二候。五日爲一候，三候爲一氣，二氣爲一月。七十二候則應二十四氣，爲十二月。十二月爲一周年，陰陽運足矣而丹成。夫起火之時，取十一月甲子日夜半甲子時動火，從子門起，火五日，用炭三兩，須常有熟炭三兩在其鑪中，不得增少；次開丑門，發火五日，用炭四兩；次開寅門，下火五日，用炭五兩；次開卯門，著火五日，用炭六兩；次開辰門，著火五日，用炭七兩；次開巳門，著火五日，用炭八兩。此六門是陽門，火須竪安炭，如陽氣後發動。次至午門，著火五日，用炭九兩；次開未門，著火五日，用炭八兩；次開申門，著火五日，用炭七兩；次開酉門，著火五日，用炭六兩；次開戌門，著火五日，用炭五兩，次開亥門，著火五日，用炭四兩。此六門火須横安炭，亦象于陰陽氣候。從子門起火至亥門，周旋十二時門，終計用炭七十二兩，在鑪應七十二候之數，則成四象十二候。六十日兩月爲一轉，則開看之，更添石硫黄二兩，和紫金砂於鉢中，以玉槌研之半日，却入鼎中，封閉固濟，依前每門五日，運火燒之。

《運火訣》：還從甲子日子時於子門起火，用炭五兩，丑門用六兩，寅門用七兩，卯門用八兩，辰門用炭九兩，巳門用炭十兩，至午門却退炭歸九兩，未門用炭八兩，申門用炭七兩，酉門用炭六兩，戌門用炭五兩，亥門用炭四兩。此第二轉，運火每門，五日爲一候，周旋十二門，成十二候。六十日足，計有八十四兩炭，鑪中增第一轉炭十二兩，應十二節之數。則候鑪中火歇開看之，色如褐土，金星璨然而在。又添石硫黄二兩，和砂重研，却入鼎固濟之。又依前運火，同遭十二門。每門五日爲一候。

還從子門起火，五日用炭七兩，其炭長須，應七兩熟炭在鑪中，不得增少。又丑門火五日，用炭八兩；次寅門火五日，用炭九兩；次卯門火五日，用炭十

兩；次辰門火五日，用炭十一兩；次巳門火五日，用炭十二兩；次至午門，火五日，却退炭歸十一兩；次未門火五日，用炭至十兩；次申門火五日，退炭至九兩；次酉門火五日，退炭至八兩；次戌門火五日，退炭至七兩；次終于亥門火五日，退炭至六兩。其十二門皆須依本數著炭，周迴十二門，匝合有一百八兩炭在鑪中，增於第二轉炭二十四兩，應二十四氣之數。終十二門六十日足，候鼎寒開看，色微欲紫。又添石硫黄二兩，出金砂和研令相合，則却入鼎中固濟之，亦依前，門門五日火候。

亦從甲子日夜半甲子時子門起火五日，用炭九兩。則開丑門著火五日，用炭十兩；次開寅門，著火五日，用炭十一兩；次開卯門，著火五日，用炭十二兩；次開辰門，著火五日，用炭十三兩；次開巳門，著火五日，用炭十四兩；次至午門，却退炭至十三兩；次至未門火五日，退炭至十二兩；次申門，火五日，退炭至十一兩；次酉門火五日，退炭至十兩；次戌門，火五日，退炭至九兩；次終亥門，火五日，退炭至八兩。此轉十二門周迴，計鑪中有炭一百三十二兩，又增第三轉炭二十四兩，亦應氣候。足，寒之開看，其合砂色漸轉金紫，光色若星，璀璨流輝。又添石硫黄二兩，出金砂於鉢中和硫黄熟研，却入於鼎中固濟，令緊密，視之上下無罅漏泄，然後依前，門門運火。

亦取甲子日子時起火，從子門先入炭十一兩，亦五日；次丑門入火五日，用炭十二兩；次開寅門，入火五日，用炭十三兩；次開卯門，著火五日，用炭十四兩；次開辰門入火五日，用炭十五兩；次開巳門，入火五日，用炭十六兩；次至午門，退運火五日，用炭却至十五兩；次至未門，入火五日，用炭十四兩；次至申門，入火五日，用炭十三兩；次至酉門，入火五日，用炭十二兩；次至戌門，入火五日，用炭十一兩；次至亥門，入火五日，用炭十兩。從子門終於亥門，巡十二門，周計用炭一百五十六兩。炭在鑪中，旋繞其鼎，積運燒之六十日，數增於第四轉炭二十四兩。其鑪内鼎四外紫氣迴繞，看之如霧。候寒開鼎，見金砂色轉化爲紫光之丹，丹内紅星點點，似欲輕湧。更添石硫黄二兩，和於鉢中，熟研半日，則却入鼎中封固濟，然後依氣候運武火，一轉還丹。

從甲子日甲子時子門起，火五日，用炭十七兩；次丑門，火五日，用炭十八兩；次寅門，火五日，用炭十九兩；次卯門，火五日，用炭二十兩；次辰門，火五日，用炭二十一兩；次巳門，火五日，用炭二十二兩；次午門，火五日，退炭至二十一兩；次未門，火五日，用炭二十兩；次申門，火五日，用炭十九兩；次酉門，火五日，用炭十八兩；次戌門，火五日，用炭十七兩；次終亥門，火五日，用炭十六兩。計從子門運武火終於亥門，合有炭二百二十八兩，在鑪中增於第五轉炭七十二兩，應七十二候。足，其鑪鼎中紫氣連天，日月失輝，山河震岌，乃是丹成之候也。歇鑪出鼎，於香壇之上寒之，然後開看：其丹赫然輕飛，脱離於質，如芙蓉花九層，連於鼎蓋之上下，五日分毫無失。其鼎内有滯灰二十四兩，如紫金色。其紫金一丸麻子大，亦制伏汞一斤及五石，五金盡化爲至寶，然則遷其鼎於三洞，各鎮其功，功合歸真。迥然蟬蜕，此乃還丹之力，其寶偉哉！

又 卷六九《七返靈砂論》《飛伏法訣》曰：五日爲一候，三候爲一氣，用八氣、二十四候、一百二十日周而砂伏火畢。每一候飛伏法：五日内，四日用坎卦，一日用離卦。坎卦者水煮四日，離卦者陽火飛之一日。初起陽火，用炭七兩，竪安，鼎下須熟炭七兩，不得增減。每一轉後，却增炭一兩飛之，增炭至五轉後，忽有黑氣和汞霜飛出。則收霜，和鼓了石鹽半錢，重於鉢中，以玉槌輕手研之，令汞入盡，即依前却安鼎中，用坎離火候飛伏。至十二轉後，每轉加炭二兩，使入鼓了石鹽半分，作粉鋪安面上，合有汞霜可二兩來飛出，其霜虚光，鼎中藥色漸欲黄紫。收其霜及汞，和石鹽一錢，重於鉢中熟研了，入鼎，依前火候飛伏。伏至十八轉，加炭三兩，其藥色欲赤。至二十轉後，每轉增炭四兩，只有半兩已下汞霜飛出，其霜堅硬如青金片，黄白光明，亦和石鹽於鉢中研之，入鼎飛伏。伏至二十四轉，其砂候足，伏火畢矣，而色紅赤，光明可觀。

佚名《還丹肘後訣》卷上 用火直符訣

第一日初候，火一兩，三十時。至兩日半，加二兩，共六十時。一爻至二爻。

第六日二候，火三兩，三十時。至七日半，加至四兩，共六十時。三爻至四爻。

第十一日三候，火五兩，三十時。加至六兩，共六十時。五爻至六爻。

第十六日火四候，仍用六兩，三十時。退至五兩，共六十時。六爻至五爻。

第二十一日五候，退用火四兩，三十時。又退三兩，共六十時。四爻至三爻。

第二十六日六候，退用二兩，三十時。又退一兩，共六十時。二爻至一爻。

右件六候直符，爻生進退，一月法例如上，周而復始。次到第二月初候，二兩，三十時。加至三兩，共六十時。以次加去如前。每值换鼎入月頭初候，加一兩。至九箇月初候，乃火九兩。是一至九，金虎吐精。三十時，加至十四兩，共

六十時。以直符合進退，但依法刻漏分明，用火之時，象四月火旺極陽，用事進退，潛伏陰陽，刑德換鼎，即土旺金鄉，三物俱喪，是金土本炁相感也。直符合退之時，象五月一陰生，上九，亢龍有悔。直符運動至九鼎，是九月後初候，常九兩。三十時，更加一兩，共六十時。至十四兩，極陽也。又退至九兩。足第十月後，不論年月，常如取九月初候，終十四兩，退至九兩，六十時足。以次序直符加減，刻漏分明，周而復始，運動九年而畢。

訣曰：直符用火進退法，第一月初候發火，用二十四兩火，爲一爻也，以法二十四炁。守至二日半，加一爻，至五日是爲一候也。以次用火加爻，每月有六候。常至第三候六十時下，與第四候三十時上，並武火處，其火斤兩，進退日夜，須別添熟火，常令露火面，即候本斤兩也。其直符九箇月半畢後，則常取第九月火候爻象法則進退斤兩爲定，不論年月遠近也。

從子時放水滴，看至丑，合用多少水。但作桶子，高三尺，內圓闊一尺，近底稜邊穿一小孔，內翎管子，緊實其中，蠟塞四邊，貯水令滿，待滴下盡，却投其中，看待至一時辰，合用水若干，以定則諸時用水，日夜分明不失，與更漏準，無別方可用之。用火直符九鼎，潛伏進退，每月六候，火記正曆分排，逐件書之于後。一月一爻，次第而去。每月三進三退，毋令失次。

訣曰：聖人推移用火，以象天周而復始。《元君手鏡》曰：天地二炁相感，日月照耀，成自然還丹。上界仙官收採，非人間俗士所值也。皆是神仙則之，以弘至道。修生以立直符，運動三年，自然之炁，運火候依節，候乾坤坎離，轉加火候斤兩，須得真師，授以口訣。若不從師，參差藥物，別有交雜，終無成理。聖人觀天守一，但得本父母相制，必然成功，則是神通而變化。

訣曰：直符法，喻如十一月建子，陽炁始生。夏至一日，陰炁始生。是天地陰陽進退，一年十二月用事也。一月故有六候，直符潛伏，五行出没，交會刑尅，並在其內，甲得土火木。前十五日白月，三候極陽用事，震後陽運陰生，九六陰水也。後十五日黑月，用事三候屬陰，周而復始。故七八、九六，道合三十日終也。金水本喻以立月候，日夜用火潛伏，象一年陰陽節候，旦夕用火。此是把握天地，樞機在乎手也。名曰出世之方，玄之又玄。但起火之時，便是十一月，一陽始萌用事也。

訣曰：第一鼎第二月初候，火一爻，直符象十一月建子，陽炁用事，初九，潛龍勿用。一爻生，晝夜二日半三十時。加至二爻，五日一候，六十時。巡十一月，一辰自子順至亥，十二時。五周合六十時，一候。初候五日驚蟄節，震來受符，運至上弦八日，金性低昂，半受死炁。守至十五日，爲一炁金性滅。二十日，萌者不生，陽昇陰屈，水不動，剛柔相便，自然成丹也。二十一日，巽來受符，金水性已滅，炁乃竭，二精呼吸吞飲同死，震巽二木漸順，汞乃乾也，未是大丹。四十五日，一節一節，相驅相逼，至六十日，卯當夾鍾，刑德相負，日夜始分，故名榆莢丹也。故曰：日有三照，月有三移，日月合炁，萬物三變而至極，經四時自然之道，一月有三百六十時，象一年四千三百二十時，以象自然還丹也。

訣曰：九鼎是九箇月，九鼎各須三。每鼎守受炁二百七十日，陰陽俱盛。十月土旺而生，故云母子脱胎。世人臭知矣。水火相尅，互相制伏，更爲父母，不越五八，藏伏成形。守運一千日，天元炁足，性歸北方壬癸水，黑色，名曰大還丹也。

佚名《修丹妙用至理論》 火候一

每自冬至，陽氣起於湧泉，復卦用事，終於乾，六卦爲陽候也。夏至陽極陰生，姤卦用事，終於坤，六卦爲陰候也。周十二月，盡二十四氣運用，而合天符三百六十度，晝夜皆依漏刻中，奪取正氣，神鼎中合鍊汞鉛，此即運火之機要也。凡一年三百六十日，合四千三百二十時，每日旦暮各係一卦。成七百二十卦計多數，奪得四千三百二十年正氣，在金鼎中。聖人蹙之，一月中有三百六十時，係卦三百六十爻，應三百六十日一年之候。又奪得一年內四千三百二十年正氣，在一月之中。又蹙此六十卦氣候，於丑日六十時內，爲一小周，計三百六十爻，應一年之候。又奪得一月內一年三百六十爻，四千三百二十年正氣，在於五日之中。復以兩日半周，合三十時，應三十日，係卦三百六十爻，應一年之候。又奪得五日內一年四千三百二十年正氣，在兩日半中。又從此分三十卦，一百八十爻，應半月十五日用事。復將此十五日，配於十二位中，自子至巳六辰，係卦一百八十爻，應冬至後到夏至前，一百八十日爲半年。自午至亥六辰，亦係卦一百八十爻，應夏至已後到冬至前，一百八十日爲半年。凡一月三百六十時，應一年，合四千三百二十時，象四千三百二十年，內除卯酉二位爲沐浴之月，一年內合數除七百二十時，實得十箇月運用火候，只計三千六百時，象三千六百年，合天符三百六十度之數也。其沐浴傳在口訣，自古不載文字，得者深宜祕之祕之。

佚名《鉛汞甲庚至寶集成》卷一 見寶靈砂澆淋長生湧泉匱

用炭一十斤，分三進紅炭。第一進三斤，至鼎之底，候火將伏，再第二進火

三斤，至火鼎之半。第三進火四斤，可分作兩進，至火鼎盤下。次將瓦片蓋火，伏火焰以竈中麩炭未帶濕蓋。直候火消伏，次早開鼎。

佚名《諸家神品丹法》卷二　將進水火，先須調其滴漏，從朝至暮，不暫停滯。陰陽節候，取則於漏。漏若有差，水火無準，故全在於滴漏也。曾見後學修丹，不使滴漏，深爲不可。且還丹之效，大有神通，人服爲仙，犬啖成龍，雞餐化鳳。蓋爲能奪天地造化之功，有茲靈驗。若無漏滴，陰陽何以爲則。百玄子曰：入鼎不憑漏，無漏不成丹。如盲棄却杖，聾者抱琴彈。滴漏既準，爐鼎完全，芽入胎中，唯候一陽爻生，運行水火。

本法一年，上古仙人隱藏至法，故言三年、九年至十二年者。使後學之流，無由措手。所云一年爲小還，二年爲中還，三年爲大還，此其飾説還丹之次第，變化其理，非的用三年矣。從子至亥爲一年，從卯至酉爲二年，從子至申爲三年，三三如九，是陽數。青霞子曰：從子至申，謂之九還，即此理也。自酉至亥，是退陽數而歸陰位。丹家不筭，故云三年。九年者，自子至申九箇月，以一月爲一年，亦是降其陽數，九還之義也。故云九年。十二年者，爲一年全升降陰陽之數，盡其一歲，故云十二年，所用一月爲一年者，明知以一時爲一月也。一日十二時，一月計三百六十時，以應三百六十日，以一月爲一年。此則先聖惑其後人，秘惜至事，元法只是一年。青霞子曰：未聞婦人懷胎，二年三年而生者，所謂火候一年十二月，五日爲一候，四十五日爲一節，古人託易以象焉。易有六十四卦，以乾坤爲鼎，坎離爲藥，以四卦爲橐籥，餘六十卦以爲運火之數。始起於屯蒙，終於未濟。每日用兩卦，一月三十日，計用六十卦。終而復始，朝屯暮蒙，十箇月結胎成藥，兩箇月温養，如母養乳子之狀，十箇月方堅熟。火初起十一月一日，六十日養炁結胎成藥，至正月運節度卦火。自寅至申謂之七返，從子至申謂之九還。火旺在午，墓在戌，功畢在亥。火起一陽生十一月復，十二月臨，正月泰，二月大壯，三月夬，四月乾，五月姤，六月遁，七月否，八月觀，九月剥，十月坤，鍊藥成丹，功畢一年。此則大綱所説。若欲修鍊，但先於藥室内，自十月下旬中，安排使用家具什物，爐鼎水火，於大雪前一日，先且微火燒竈，只候直符報漏。纔得大雪十一月節一陽爻初生子時，便進水火，以六爻進退，每一爻占十時。下火進水，常記元頭，日行兩卦，謂之日卦。日用卦象，夾而行之，十五日爲一氣，每一氣前，除二日半，計三十時。至卯酉二八門，謂之死氣，丹家大忌，不進水火。一年十二月，共計二十四氣。却除二十四箇二日半，計六十日，恰成兩箇月也。只有十箇月，實行水火。明知還丹以十箇月脱胎，如人胞胎十箇月，脱而降生也。此理幽玄，人莫能知之，可謂神之聖之。前一氣二日半爲卯，暫住水火，不開鼎器。後一氣二日半爲酉，先住水火，後開鼎器。取丹沐浴，左研三千徧，謂之沐浴也。開閉鼎器，全在固密。進退水火，不得遲疾。專聽滴漏，恐差節候。運行水火，然則刻漏，雖更遇夜，須仰瞻斗柄所指何地，及日月出没之處，此量節候，責取陰陽合度。

佚名《靈砂大丹秘訣》　抱一聖胎靈砂

火候法：一日早晚，各用熟火二兩半。第三日早晚，各火二兩。第七日早晚，各火四兩。第十日早晚，各火五兩。第十五日早晚，各火五兩。第十六日早晚，各火六兩。第十七日早晚，各火七兩。第十八日早晚，各火半斤。十九日早晚，各火十兩。二十日早晚，各火一斤。二十一日早，火一斤半，晚，火二斤。候寒爐取出。

第二轉　養澆淋匱法，火候第一日、二日，早晚熟火各一二兩。第三日、四日，早晚各四兩。第五至七日，早晚各五兩。第八至十日，早晚各六兩。十一十二日早晚，各半斤。十三日早晚各一斤。十四日早晚，各一斤半。候寒爐取出。

第三轉　火候早用熟火六兩，晚用半斤，只來晚取之。

第四轉　丹頭火候斤兩，同白體匱法。

第五轉　如法以藥封固，鐵線繫定，虚實養三七日，每日早晚，只上一兩半，熟火灰高二寸。

第六轉　火候養法用十四日，同澆淋火，並同。

第七轉　火候四十九日，一七日四兩，二七日六兩，三七日半斤，四七日十兩，五七日十二兩，六七日一斤，七七日二十兩。

第八轉　火候一九日半斤，二九、三九、四九日早晚，各一斤。五九、六九、七九日，早晚各一斤半。八九日二斤，九九日早晚不住，三斤火煅之。

第九轉　每一兩丹砂，用半兩水銀浴過，再入匱養火。當熟火一斤，養一年，取出爲末。

佚名《九轉靈砂大丹資聖玄經》

靈砂大丹二炁武火之候

凡作二炁砂，從寅時下火四兩，卯時六兩，辰時半斤，如此續續一斤、二斤、

三斤。用去皮浄炭二十四斤，即止加火添湯，至申酉之間，其砂自結。後養火三時辰，炭絶水住，令火自消，提瓶出爐，候冷取堅硬者爲妙，如炁慢，以青金再煅之。此乃造二炁砂，武火之候也。別有一説。凡鍊丹砂，用四煞日，大吉也。

靈砂大丹父母文火之候

凡養靈砂火候者，第一日頂火二兩，第二日頂火三兩，第三日頂火四兩，第四日頂火五兩，邊火四兩，共計七兩。五日頂火四兩，邊火各一兩，共計下火半斤。不可以上加之，恐傷母也。六日、七日同子午卯酉時下火，一得用半斤，添新退舊，此乃真父母，文火之候也。

凡養靈砂火候者，第一日頂火一兩，第二日亦一兩，第三日加邊火一兩半，通得火二兩半。將一兩半熟火分作四條，約離合子三指許，插於四邊，用虚草灰隔了其傍火。勿令灰都蓋了。若蓋了，恐其火死。其火死，則急用鈐子提出，仍依元分兩，便換之。第四日加傍火三兩。分作八條，亦離合子三指許插，又用虚草灰蓋隔了，合子頂上以灰高三指許，下熟火八錢，以灰蓋之一寸厚，中心留火眼一竅，取其不死。勿令太速。如火太速，則傷其母也。第五日得傍火五兩，其炭分作十二條，周圍簇遍插，離合子約兩指半，依前用虚草灰隔了，用頂火一兩，共得六兩火，如灰爐無火，合子頂上無炭，急用鐵匙打起灰，以手試之，如灰池泥皮火熱，略待之，添火依前分兩，再添之。至六日七日，合得火半斤，同子午卯酉四時，添新退舊火也。已上七日，及真父母，文火之候也。

宋·孟煦《金華沖碧丹經祕旨》卷下　大丹周天火候

自冬至十一月吉日起火，三十日各增一兩，增至九月，復降之盡，立冬之前，住水火九煅。時須擇吉地吉日，建壇立鼎安爐，取正向南向，山水秀麗之地，所絶人事，却去雞犬猫伏屍故氣之地，清心齋戒，勿染塵勞，精心專志，守火看候，勿動名利色慾之心，須得三人同志，可也。

一日朔火一兩，水十四兩。
二日火二兩，水十三兩。
三日火三兩，水十二兩。
四日火四兩，水十一兩。
五日火五兩，水一十兩。
六日火六兩，水九兩。
七日火七兩，水八兩。
八日上弦火八兩，水七兩。
九日火九兩，水六兩。
十日火十兩，水五兩。
十一日火十一兩，水四兩。
十二日火十二兩，水三兩。
十三日火十三兩，水二兩。
十四日火十四兩，水一兩。
十五日火十四兩，水一兩。
十六日火十四兩，水一兩。
十七日火十三兩，水二兩。
十八日火十二兩，水三兩。
十九日火十一兩，水四兩。
二十日火十兩，水五兩。
二十一日火九兩，水六兩。
二十二日火八兩，水七兩。
二十三日火七兩，水八兩。
二十四日火六兩，水九兩。
二十五日火五兩，水十兩。
二十六日火四兩，水十一兩。
二十七日火三兩，水十二兩。
二十八日火二兩，水十三兩。
二十九日火一兩，水十四兩。
三十日晦火一兩，水十四兩。

右此火候，神仙之所，不傳下士。藥一斤，火一斤，一年三百八十四銖亦一斤。每一陽爻火二兩，每一陰爻水二兩半，六爻共得一十五兩，一斤之數。乾用九，坤用六，共一十五兩矣。

宋·程了一《丹房奥論》　五論三黄

凡修鍊三黄，須當知藥性火候。苟不究其藥性之緩急，火候之輕重，悉成灰燼，雖悔何及。硫内稟純陽，火石精氣而成質，其性通流，内含猛毒，見火易飛，最難擒制，藥器中號爲將軍，謂其有削平治亂之功。若得神草煮制，大火煅之，立可真死。惟有猛毒之威，不易消滅。若便用養諸石，反見傷殘。猶將軍難制而易死，雖千載之下，凛乎英氣，亦不可犯之。謂須是進火加養，直候脱去黑褐二色，隨草變動，成真金色，或成朱砂色，或成雪白色，然後用之，大能去邪歸正，返滯還情，健立陽精，消化陰魄。雄黄則偏陽而無陰，雌黄則偏陰而無陽，丹家所謂孤陰寡陽。雖易制伏，惟難真死。先須用草煮過，然後緩緩進火加養。死者良然，非得硇膽、死汞等藥，不可點化。非配合朱砂、硫黄，不可養物。故藥品中，以雄黄爲輔佐之官，雖能通靈，謂其初無全功，若不配以諸藥，實難獨用。直書以記，學者識之。

佚名《庚道集》卷一　砒匱養丹陽法

火候

第一轉至第四轉，一日火，早晚各二兩。第三日添一兩，作三兩。或三日至六日，再增一兩，作四兩。火勢熟爲度，若勢大，可忖度之徐徐爲上，灰高無礙。第五轉至七轉，如常法。七日之後，但日換四兩熟火，不令有虧，日足不到五兩。至大藥七七之數，則徐徐，不用發五兩，後復然矣。

又　卷七　湧泉長生火候訣

右件黄芽華池沐浴了一次，須露一宿，迎天地冲和之氣，方入合，依前固濟，

五日一澆汞四兩，養之。須要二日半，水在下，火在上，再養二日半。水在上，火在下，合成五日水火之數。凡遇水在下，先盛水一瓶，口上安合子，方入紙灰瓮内埋蓋，上用火養之。若遇火在下，須用鐵三脚架子，坐合子底下，安火合子頂上，坐水一瓶。如此是水火上下也。凡遇寅時下火，用一兩熟火，直候三時看覷。至明日，用二兩。如此添至十六兩，却退火數，復至一兩，此是促火法。但用每兩火，如欠一日，補輳，養一月足，只用一兩。此乃是漸進火數。如此加減養火，汞不竭矣。仍要倒芽。倒芽見五采紫粉，每遇開合，頂上飛結成者紫粉，掃收入銀合聚之，别入神室鼎器，作大丹變化。其餘芽子，但收採成寶。須要十五日後，一次華池沐浴，亦好。

包真人曰：不得華池終不美，假饒成粉也分飛。燒之始應之。凡養火法者，依此訣用度，萬無失一。自然變易，靈通造化。《易》曰：消息盈虚天行。此魏公《參同》祕之，内存湧泉火候。見五彩入紫河車，製度養湧泉，一一澆開合，忽見滿合芽子，如紫色，或碧色，如茶末色，或紫紅色，或白光色，及本色。長生如此遇合黄土色及金色，此真彩色。只不出一一澆，則别入鼎。若未取紫粉，證其五彩訣者。

又　卷八　昇仙大丹九轉靈砂訣許真君。

丹經凡言虚養五七日者，養火後開合，丹不熟，然後用虚養法，再固，候乾，入灰池，合上懸灰半寸，以二兩火已下，一塊灰蓋不動，温温養之，或五日，或七日，乃虚養也。

火候非前九轉用，乃煮砒粉作丹頭九轉法之火候也。

第一轉至第四轉，一日火，早晚各二兩。第三日，添一兩，作三兩。或三日至六日，再增一兩，作四兩。火勢熟爲度。若勢大，可忖度之，徐徐爲上，灰高無礙。

第五轉至第七轉，如常法。七日之後，但日换四兩熟火，不令有虧。日足不到五兩，至大藥七七之數，則徐徐不用發，五兩後然矣。

器具設備部

綜述

題陰真人註《周易參同契》卷下 《鼎器歌》

圓三五，

器腹圓處，圍之而有一尺五寸。

寸一分。

器口明間，闊一寸一分。

口四八，

從口上際至器下底，長三寸二分。

兩寸脣。

器脣横闊二寸。

長尺二，厚薄匀。

器頂并腹，並一尺二寸，令厚薄匀平相似。

腹齊三，

器腹外當中，安三箇齊孔，闊狹須匀，以鐵穿爲器足，則入火之際，免其動揺。

坐垂温。

空中懸物謂之垂，即明器於爐中，懸之而不著地。

陰在上，

器中流水。

陽下奔。

器下有火，密塞爐，令火氣下奔。

首尾武，

初時及欲終，並皆用武。

中間文。

中心用文火也。

始七十，

初，以七十日武火也。

終三旬。

欲終時三十日，還用武火。

二百六，善調均。

初，七十日武火。中間，二百六十日文火。終，三十日武火。通計三百六十日，即一年功畢矣。

陰火白，黄芽鉛。

黄芽，是鉛之中所出也。

兩七聚，輔翼人。

硇砂固口，金水不飛。

以理石，石腦固際之也。

子處中，得安存。

子謂水也。水是金子，故言子也。若以硇砂理石，石腦固濟，則子在器中而安存也。

來去遊，不出門。

固濟堅密，水遊器中。

漸成土，性情純。

金水凝結，漸至堅冰，即成還丹。

却歸一，還本源。

鍊金成金，是還本也。一者，道之根源也。

至一周，甚辛勤。

還丹之功，一年方畢。晝夜不歇，可謂劬勞。

密防護，莫迷昏。

固濟堅牢，不得體怠。

途路遠，復幽玄。

一年始成方可。玄遠變化無準，豈不幽玄？

若達此，會乾坤。

若達水火之道，即會乾坤之門。乾爲金，坤爲水也。

片子霑，淨魄魂。

日服一稻米，即爲片子也。

樂道者，尋其根。

尋其根源，不離金水等物。

審五行，

金、木、水、火、土。

定銖分。

一斤當三百八十四銖，以應三百八十四爻。

諦思之，不須論。

審思之，不得與非道者論説。

深藏守，莫傳文。

藏諸篋笥，毋妄傳人。

御白鶴兮，駕龍麟。遊太虚兮，謁仙君。録天圖兮，號真人。

道成之後，福應如斯。

佚名《黄帝九鼎神丹經訣》卷七　明守一閉邪及釜鼎丹屋

飛丹作屋法

先擇得深山臨水懸巖静處，人畜絶迹。施帶符印，清心潔齋，除去地上舊土三尺，更納好土，築之令平。又更起基，高三尺半，勿於故丘墟之間也。屋長三丈，廣一丈六尺，潔修護，以好草覆之，泥壁内外，皆令堅密。室正東、正南開門二户，户廣四尺，暮閉之。視火光及主人止。室中以其竈安屋中心央，密障蔽施，籬落令峻也。舍若不峻不辟，天大雨，蘺落亦然。

此皆舊法，今意不然。若巘絶懸崖，流水勝地，既是深山，不可多得人功，恐只除其朽壞，實以好土，當釜下埋符訖，堅築令實，即後充得。又丹經云：欲合神丹，當於深山大澤。若窮里廣野無人之處，若人中作，必須作高墻厚壁，令中外不相見聞。其間亦可結侶，不過二人至三人耳。先齋七日，沐浴五香，致加精潔，勿經穢汙喪葬之家往來耳。

居山辟邪鬼惡賊蟲獸法

【略】此是狐剛子造大藥禁慎符室法。庭前其室方十二步，高二丈四尺。南門著扉門前，使有東流水。東日西月。表裏香泥泥之，四方各作主丹符也。於室中立五嶽、三台，西方壁下別立層壇，置諸藥草及神丹經訣目録，並布於上。即有生藥使者護之，萬邪不能干也。

作竈法

屋下中央作竈，口令向東，以好塼石繕修之，以苦酒及東流水搗和細白土，并蒱臺泥泥之。竈内安鐵三脚，其脚器以生鐵爲之，佳。以藥釜置三脚上，訖使釜置在竈中央，勿傾邪也。四邊去竈壁各三寸半，令竈出釜上二寸，繞釜四邊，宜恒下糠續火增之，恐火之彊弱不均也。

五嶽三台法

先立五嶽形，當中別三台。以瓦器石壘之，以香泥泥之。諸經亦有作法。若令鍊丹，不能立五嶽三台，即須符室。符室中立竈，四周廣七尺，以瓦石壘之，黄丹爲泥，泥表裏也。

鐵鐼釴法

量釜大小周圓一等，著三脚，高一尺六寸。

土釜法

臣按：飛藥合丹神器，以土爲釜，不用鐵者，古豈不知，摸立圖樣，一鑄便成。特以五金有毒，不可輒用。故丹大法，未有一處用鐵器者。又以土爲釜，其法最難，毛髮參差，藥總奔洩。自古施功積累年歲，終老而不成者，莫不由此物也。古人重之不傳授。然作土釜，用六一泥者，六與一合爲七也。聖人祕之，故云六一。

作赤土釜法

取鷄肝赤土黄色者，細搗絹篩蒸之，從旦至日中下之，取薄酒和之爲泥，搗令極熟，以作土釜三合六枚者，正用數也。又別作二合六枚者，旁試乾與不乾之作也。隨藥多少，任意作之。通令厚五分許，陰乾三十日，小者容八九升，大者容一斗半。亦云厚三分，曬燒極令大乾。次用槲樹白皮三十斤，細剉，以水三石煮之一日，去滓煎取一升，其色赤黑，名曰槲漆。釜數若多，隨數若多少，加增塗土釜表裏，即堅勁不破，入火不裂，此是神丹土釜祕訣。

佚名《太清金液神丹經》卷上　然既已吉日齋合神丹，宜索大巖室足容部分處。若無巖室，及可於四山之内，叢林之中，無人迹處，作屋長四五丈，密障蔽施籬落，令峻避天雨，皆施祭於屋下。若發火之後遇雨者，可預作行屋障蔽之，令易拆雨輒施之。年中自有多水雨之年，山高林深，又常餘雲，自少功力不辦立雨屋，便都止於住巖屋下，亦好乃便，亦無視天之憂也。又欲得近水處，無水則難爲汲揵。若常近山洞之所，祭神及鍊丹處，常令本家子弟，廣羅摭宣，喻彼山有行者，勿得近所止，乃良。臨用乃取壇内所須之物，此等預將入山居也。是齋七

日，便各取其所須之物著壇中，以絳九尺覆著壇上。燒香再拜，向壇時加子初施祭，乃用其物，以絳安祭席後座處，其日主人助共辦，自取名香而上之，祭食不得分佗，人唯同齋合丹者，可共以爲挾糧祭果獻，生熟多少，施安斟酌，唯隨人意裁量取潔而已。若弟子共作丹，則饌合祭，至於座席杯盤，俱是同耳。

六一泥可共，當大作土釜，凡十斤丹砂，五斤雄黄，五斤雌黄，爲一劑也。土釜中可容百斤合共，則人數如先不過三人，其祭饌必多。多饌又不消泄，可作乾糧與人，須丹成以出，令家中子弟輩齋三日，乃將食之也。泄者不須以出祭，明日旦又須齋。甲申日發火於釜下，弟子共合，則宜各齋。各齋中或宜出取祭物，還當解淹更浴，乃止其奴，使非合者，雖不令同齋，亦宜禁忌出入。當得温吉良謹之人，還俱解淹矣。

佚名《太清經天師口訣》 又云：內六一、鉛白、赤釜中者。六一者，六一泥也，作之如九丹經法。鉛白者，取本經所作鉛白，和以大醋，擣千杵，以塗土釜內，令厚三分，陰乾十日，乃以水銀華石末内其中也。赤釜者，土釜也。作法取雞府土赤黄色者，細末絹簁蒸之，從旦至日中下之取，薄醋和之爲泥，擣之令熟，以作土釜，隨藥多少大小，以意作之，通令厚五分許，陰乾三十日。次取斛樹白皮三十斤，細剉，以水三石煮之一日，乃去滓煎，其汁可得一斗許，乃止，色赤黑，名曰斛漆，以塗土釜表裏，即硬韌不破，入火不裂，此是神丹釜大祕訣也。太清神丹九丹，金液八景，太虚琅玕之華，還丹、飛輕、玄霜、絳雪、太和、自然、朱光、雲碧、紫華、絳英諸太丹等，所作土釜，不得此訣，入火即破，終不成也。又云：覆以赤鹽，封以六一。錬丹者當以鉛丹和大醋爲泥，擣千杵，以塗土釜口，即以赤鹽盤蓋之。重以鉛丹泥，泥其會際令密，陰乾十日。復以六一泥，泥土釜表及蓋上，通令厚五分，陰乾十日。復以白土和醯及鹽，擣千杵，復塗六一泥上，復陰乾十日。乃四方立四墼，中央立一墼，名曰五嶽。亦可三角豎三墼，名三台，以安土釜其上，火之如經法。

佚名《太極真人九轉還丹經要訣》 西城王君曰：欲合九轉，先作神釜，可容三斗半者。當用滎陽、長沙、豫章土，釜厚四分。取東海左顧牡蠣、白石脂、雲母粉、蚓螻糞、滑石、白礜石，凡六物分等，各擣二萬杵，畢，都治合，又共擣三萬杵。畢，以細絹羅之了。又取百日苦酒，和之令如泥。又擣一萬杵了，以泥泥上下土釜内外，使厚三分，於陰室中乾之了。又於微日中，更上泥三分，乾之十日如前。凡三過上泥，令内外通厚一寸三分也。伺泥乾之，取鉛丹和苦酒爲泥，合擣三萬杵了，以泥兩土釜之內，而令厚三分。又陰乾五日夜，又加泥二分，陰乾，勿令有細坼如絲髪，即不可用。隨以羊鬚爲筆，和泥塗縫，令密塞之，作九轉還丹之神釜畢矣。然後當在名山無人跡之處，臨東流水上，作神竈屋，屋長四丈，廣二丈，起基四尺，又當先掘基下土三五尺深，如無故埳井冢瘞埋之所，然可築基蓋屋。開南户、東户、西户三户門也。迺立竈於屋中央。竈口向西，竈窠内須令安得鐵鐃，容坐得土釜，竈子四邊，令去釜凡九寸。以塼并細土泥構立之，亦勿令有穿坼也。神竈之法畢矣。

隋·蘇元朗《太清石壁記》卷上

又造丹鑪法

其鑪下須安鐵鐐，可十二三條，長一尺，四方厚四分，布其塹上，相去可二分，鐐下懸虚，去地二寸，中開闊四寸半，前后通門，擬通風來去，其鐐上著火，其火爲風氣相扇，極理快然，此法爲要。

又造藥釜法

其下鐵釜受一斗，徑九寸，深三寸，底拒火處厚八分，四畔厚三分，上下闊狹相似，平作底，周迴脣闊一寸半，厚三分，亦平。兩畔耳長三寸，去上脣三寸半，上蓋燒瓦作之，徑九寸四分，深八寸，厚三分，上蓋稍圓平作之。此釜様是初出精藥，所以大，若出精藥後，宜用小釜轉之。小釜様徑口六寸，深二寸半，自外形勢，厚薄，同前大釜。上蓋徑六寸二分，深六寸，自外形勢，與前不别。

又 卷下 凡造鼎釜，口闊六寸，深五寸，底闊四寸。

唐·孫思邈《太清丹經要訣》

錬礬石法

凡錬礬石器，以黄土作之，其狀似竹管，可長五六寸，闊三四寸。以礬二三分，其口已上，瓦作蓋蓋之。礬石内筒訖，別以細沙並黄土等分爲泥，泥筒周遍，可厚一二分許，緩火炙之，令干。又更泥，泥又更炙，炙令干熱，然後入爐燒之。但使將息伺候得所，必萬無一失。

造燒礬石爐法

其爐壘高二尺，明闊一尺，其下四面各開一小門子，擬牽風擊火也。又時時去積灰。一頭別一個鐵釜，大小與藥筒相稱，高可三四寸許。即以鐵釜置爐中，筒於釜上，以炭燒之七日明，使晝夜火氣不絶，恰好，更不勞多。日滿取之，研極細。別以赤石脂粗擣篩，相和爲泥作餅子，可厚半寸，闊四寸，曝之令干。內於礬石爐中

燒之一日，更細擣篩，極細研之，別入生赤石脂細擣篩訖，與成錬者等分相和。和訖，又以礬石及赤石脂二分和之爲泥，稀稠得所，攪之令極熟，用之，泥釜固濟。一泥以後，即一手取藥，更不得重看，其藥氣永不畏失。先余用之多遍，唯覺善，莫能加焉。

又　造上下釜法

右下釜鑄鐵作之，深三寸，明闊八寸，底厚六分，四面各厚四分，其唇闊半寸，厚三分，平穩作之，勿令高下之也。右上釜作之高一尺，明闊八寸，厚三分許，唯飛雄黄，上高五寸以外，不平，下釜並圓作。凡欲有心試錬者，其上下釜並依様作之，大都形勢更不過此法，其間上下釜但能將息用者，永無破壞之日。余自好道術已來，向二十載餘，種種歷試，備曾經涉，其中校殊，無所不爲之者，並無成法，資財罄竭，不免至於困弊。今用此上下釜，始離其艱辛，其上下釜即須用以六一泥涂之。其泥和稀稠得所，樓刷遍涂之，日曝令干。干後，依前涂。曝干之，可三四遍，計厚三分許，必無壞時。其上釜以泥一二遍亦好，不涂亦得。今以六一泥涂上下釜者乃久，亦何必須土涂釜也，糖和乃是舊法，用既無驗，雖舊何爲？若有所不知，亦不簡於今昔。古人賢則賢矣，然不廢於此事，多不能知其理也。

造竈法

右其門高六寸，闊五寸，以鐵爲之。其埃勿令向上，宜下開之，可高三寸半許，闊二寸半。若向上開者，火則微翳，向下開之爲佳也。

用六一泥固際上下釜法

右留前所調和泥，用小鐵匙均厚三分以來，涂訖，又緣合下釜上輕手按之，勿令過度。即以六一泥周迴遍泥其際，干，即以文火細細使積漸就干。若有拆裂處，復以鐵匙取泥，泥之周悉。直至藥成以來，更不勞再視，此法易而且要也。

唐・金陵子《龍虎還丹訣》卷上　然夫修丹之士，須揀名山良地，若非名山良地，即有魔邪等居，不福人爲善，鬼神多使人意壞也。精擇同志，只可與三兩人，多恐心志不同，損藥累功，尅取良時吉日，須依禁忌，出在《三洞要籙寶經》中。外棄塵事，內絶邪想，調治性情，使神氣安和，不得令有煩勞。忌食葷血，見屍冢陰穢，不與女人同食，飢飽喜怒，意思不精，食須面午，卧須首午，七日一浴，不與外人交往邪談，陰精不伏也。

唐・歸耕子《神仙錬丹點鑄三元寶照法》　金鼎養丹法

《神仙文》曰：金鼎者，上符天，下法地，中應民。民昌國泰，天清地静，萬物生焉。故曰：先天而天弗違，後天而奉天時。此可明矣。其鼎高下錙銖厚薄，一一依法。鼎高一尺二寸，重七十二斤，其數有九。內圍一尺五寸，底厚一寸半，脚去地二寸半，身厚一寸半。內受物可三升半，深六寸，蓋厚一寸，耳高一寸半。次有十病，不在用限，一金不精，二鑄不及時，三厚薄不匀，四模素不乾，五懸胎鑄，六砂孔，七唐膈，八夾横，九金皺，十高下大小厚薄，不依尺寸。若遇有此十病，並不在修至藥之限。

唐・陳少微《大洞錬真寶經修伏靈砂妙訣》　成丹歸真章

鑪鼎火候品第八

夫大丹鑪鼎，亦須合其天地人三才五神而造之。其鼎須是七反中金二十四兩，應二十四氣。內將十六兩鑄爲圓鼎，可受九合。八兩爲蓋。十六兩爲鼎者，合一斤之數。受九合，則應三元陽極之體。蓋八兩，應八節。鼎並蓋，則爲二十四兩，合其大數，其鼎須八卦十二神定位，然後將其合了紫金砂，入於鼎中，緊密固濟，莫令泄陽氣，則致於鑪中。

造鑪。訣曰：於甲辰旬中，取戊申日，於西南申地取净土，先壘土爲壇，壇高八寸，廣二尺四寸，壇上爲鑪。鑪亦高二尺四寸，爲三台，下上通氣。上台高九寸，爲天，開九竅，象九星。中台高一尺，爲人，開十二門，象十二辰，門門皆須具扇。下台高五寸，爲地，開八達，象八風。其鑪內須徑一尺二寸。然致鼎於鑪中，可懸二寸，下爲土臺子承之。其臺子亦高二寸，大小令與鼎相當然，則運火燒之。

佚名《九轉靈砂大丹》

造爐法

先擇陽日，用土磚十餘箇，砌爐一座，高二尺，上圓下方，着底用木板。爐中約盛炭五斤爲準，爐內高一尺五寸，下用鐵條七根作隔眼，隔下高五寸，作風門，泥之，候乾方用。

鑄鼎法

用生鐵造水火鼎一付，通高一尺二寸。火鼎高八寸，內子口徑過五寸，邊連子口闊一尺。火鼎底厚五分，水鼎高四寸，水鼎底厚二分。用大治爐中鐵汁，鑄造水火鼎，子口縫要合得。

佚名《玉清內書》　作外鼎制汞法

訣曰：若急速用藥，取本土捻爲鼎子外鼎，固濟如法。深淺還依前法，入金鼎固濟訖。還埋灰中，上頭用火。初五兩，一伏時加七兩，一伏時加十二兩，一伏時加至一斤，復八伏時。即於鼎四面，用武火逼通赤，半日許，開取之，一兩點

汞一斤。其藥换鼎子，還用火一斤，晝夜至一年，即半兩點汞一斤，爲白道。

訣曰：復换鼎，用火一斤，守二年，一分半點汞一斤，爲白道。復换鼎，守至三年，一分點汞一斤。其鼎得逐年换，制化與上同，依年月用藥，分兩點化，並成珍。服食即不可，爲不得元氣，直符刻漏守運也。

訣曰：制汞用藥之時，但取汞，用藥和研，便投於鍋子中。還以些些藥蓋之，上以甆器蓋，四面濕紙纏，却坐於虚灰中。以火約半斤，遥逼一盤飯久，漸加火，半日已來，燒通赤。須臾結硬作團，伏火，取鼓之始，鎔成質爲寶。

訣曰：大丹守運三年，氣足取之，以木蜜爲丸，麻子大，依分兩逐年服食。取生成捧藥，跪坐，向日念：天真餌之。其丹繫一兩於左臂，後出入往來，奏表上書，登壇拜謁，人皆欽仰。或有不意之心，向人者自散。入山及曠野，晝夜逢惡獸鬼魅惡人，皆自伏藏，不敢爲害。繫於戰敵之處，周匝侍護五百人，不遭箭矢鋒刃所傷。若所行之處，土地靈祇侍衛。若有藥書符籙，作法尸解，召集五嶽天仙，龍神萬靈，立至驅策自由。世人有疾病，將丹書字，吞之立愈。

【略】

訣曰：造鼎及入金訣，但取所生朱砂下土，或如黄蠟膩，或青黑色，取一二合研淘，有石砂子，或如油麻粒大小不等，或黄黑色者，研破有朱砂者，此土力大。擣篩訖，但以和作泥，熟爲妙，便固作鼎，形如雞子，長七寸，圓五寸，趁潤截兩斷，造丸所曝乾，鏇中心各闊三寸，漸漸底尖，各深二寸。神室明裏與外，並如雞子形。兩扇唇口，並鏇作雌雄，不得參差，將金水安在器中，但分兩停，不勒斤兩數入。訖如法固濟，任意臨時泥罏安置，用直符，長去鼎子底一寸。蓋覆運動。常以草灰掩蔽堅埋，直符用事，並依六候曆。

佚名《紅鉛入黑鉛訣》 真金鑄神室，鷄子其形容。紅鉛藏室中，封固本土封固口縫，又通身固一指厚。入鼎內。其下鼎用本土爲之，其上釜用真金爲之。外固口縫，懸於竈中。運用水火，九十日成。黑鉛名先天鉛，同天生黑鉛入灰池，脱去黑衣，十分精潔，名九鍊精。縱横變化，妙用無方。

鼎器訣

本土或如黄蠟膩，或青黑色，研淘有石沙子。或如油麻粒，大小不等。或黄色研破有朱砂者。此土力大。擣篩訖和作泥，惟熟惟妙，造鼎。通長一尺二寸，周圍一尺五寸，中虚五寸，厚一寸一分，上下通直口偃，如鍋釜卧唇仰折，周圍約三尺二寸。心横有一尺，唇環匝，高二寸，上水入鼎八寸。

制汞入河車訣

陽汞半斤，陰汞八兩，配合入鼎室，如法固濟。取四殺刑尅。陽日陽時火用直符，長去鼎子底一寸，蓋覆運動，常以草灰掩蔽堅埋。直符用事，並依六候進退訣。

只用本土爲神室真金，安室内，用汞澆固濟。入鼎釜，運水火而變河車。

陽汞半斤，世水銀八兩，配合入鼎釜，固濟。作壇圈埋灰中，向上，灰厚五寸，長於上頭運火。初五兩，一伏時加十三兩，一伏時又加至一斤。一本：只依此斤，晝夜都至三十日，取二兩點汞一斤，爲白道其銀二兩，還將轉點銅一斤爲大銀。

鼎釜

本土作泥，造之如鷄子形，長七寸，闊五寸，趁潤截斷曝乾。口虚各闊三寸，漸漸底尖，各深二寸，裏外並如鷄子形。兩扇唇口雌雄造之，不得差悮。利用術用此鼎器。

佚名《通幽訣》 鼎之異名，有曰外神水，曰華池，曰神室，曰匡郭，曰表轄，曰五氣，曰白衣，曰丹衣，曰母舍，曰金鼎，曰神盧。

佚名《上洞心丹經訣》卷上 作神室法

用好雞彈八箇，醋浸，略去皵皮，頂上微開一小竅，約小指拇大，慢慢傾去黄白，洗浄控乾。然後磨上等京墨，濃磨墨汁，傾入雞彈中，摇轉令上下皆遍，微於火上炙乾，令遍黑。如不黑，再用黑汁，如前三上之，尤妙。此即崑崙紙法也。選四箇好者，作裝藥者。余作蓋。迺用鞋底針，於四箇雞彈周圍，匀針七箇針孔，以象心之七竅也。四箇殼蓋，亦如前墨汁塗之。凡雞彈色白，神不可居。墨色染黑，故神可安藏，故號神室也。

又 卷中 轉丹立爐法

用板作爐底，周圍簽釘竹子作骨。又用蔑織成爐，上下桶直，約一尺闊，泥厚一寸，口闊九寸，身高一尺一寸，内安鐵架，其鐵架三寸高脚，藥盒子坐架上，灰蓋行火。此爐九轉皆用，法並同。

宋・張君房《雲笈七籤》卷六八《金丹》 九還金丹二章

鑪鼎火候品第八

夫大丹鑪鼎，亦須合其天地人三才，五神而造之。其鼎須是七反中金二十

四兩，應二十四氣。內將十六兩鑄爲圓鼎，可受九合，八兩爲蓋。十六兩爲鼎者，合一斤之數，受九合，則應三元陽極之體，蓋八兩則應八節。鼎并蓋則爲二十四，合其大數。然後將其合了紫金砂入於鼎中，緊密固濟，莫令泄陽氣，則致於鑪中。

《造鑄訣》：於甲辰旬中取戊申日，於西南申地取浄土，先壘土爲壇。壇高八寸，廣二尺四寸，壇上爲鑪。鑪高二尺四寸，爲三台，象通氣。上台高九寸，爲天關，九竅象九星；中台高一尺爲人關，十二門象十二辰，門門皆須具扇；下台高五寸爲地關，八達象八風，其內須徑一尺二寸。然致鼎於鑪中，可懸二寸，下爲土臺子承之。其臺子亦高二寸，大小令與鼎相當，然後運火燒之。

宋・楊在《還丹衆仙論》

辨井訣

煉丹井淘成後，切不得攪動穢污，待水脉定後，更須取換滌去滯泉，然後任露天通氣，星月照之，水性既定，土炁已收，方乃取水煉丹。若得石脚青白者，是陽脉之水也，運丹最急也。若值青泥黑壤，黄泉赤脉，鐵腥味澀，有此之象，並是水脉交雜，陰陽積滯，不任煉丹也。宜別擇地造之。

造鑪法

於甲子旬中，取戊申日，於西南申地，取浄土。先壘築土爲壇，壇高三層，鑪分八面，而有八門，門上有隔，隔上安鼎，水鼎在上，藥鼎在下。水鼎露口，以進其水，用蓋蓋之。鑪身長二尺一寸，闊一尺六寸，中心明闊一尺三寸，厚三寸。前開火門，高五寸，闊四寸。後留一竅，以泄火炁，如竈有突。

佚名《修丹妙用至理論》　具用八

壇三層，取浄好土，無砂石黑雜爲上。仞列四面，應四時，又應四月純乾用事。每層高尺二寸，應年有十二月，日有十二時。置爐高滿盡，應八卦。加鼎於上，鼎高三尺，應天地人。有三足，應三生萬物之象。上列九宮，應九星。其鼎有十病，亦宜細看。其壇下廣三丈六，應三十六旬。中廣二丈四，應二十四氣。上廣丈六，應二八一斤之數。先必齋潔焚香，排鏡劍，掛繒綵，列金銀信幣，乃與弟子升壇，按卦氣，看火候，以成就大藥。蓋示不爲慢易也如此。

佚名《鉛汞甲庚至寶集成》卷一　見寶靈砂澆淋長生湧泉匱

以水火鼎一付，可容十五兩者，各先用水於內，經一宿試之。試之無滲漏了，烘乾，用生姜擂自然汁，塗焙數徧，火鼎外以鐵線穿耳。

又　磚砌四方爐一箇，深六寸，內闊一尺，四面着底，留風門各一寸。按地風井卦。爐內釘三台丁，各長五寸，釘二寸入地，留三寸高，閣鼎子。先以水鼎量水七鼎，備堅炭十斤。先以火燒爐內，無濕氣，鼎上掛救命鈎索一條，掛鼎。

又　爐法

爐法於浄地上掘坑，可深一尺五寸，徑一尺四寸許，用火燒乾，以浄桑柴灰鋪底於內，可厚四指許。

佚名《諸家神品丹法》卷二　將欲修鍊，先須擇地，惟選福德地，年月利方，潔静幽閑之處，方可修鍊。若是古寺墳墓、廢井敗竈、戰爭之地，及女子生產穢污之所，皆不可修鍊。陰真君曰：不得地，莫妄爲。須要得地，更尋丹井。井是鍊丹之所最急也。晝夜水火抽添，滴漏唯在於井。自古神仙昇仙之後，盡遺丹井於世，以表井爲鍊丹之急務也。丹井成後，勿令穢污。待水脉定後，更須淘換，滌去滯泉。然後在露天，通星月照之，水性既定，土炁已收，方可取之鍊丹。若得石脚泉青白味甘者，是陽脉之水也，運丹最靈。若值青泥黑壤、黄泉赤脉、鐵腥味澀，有此之象並是水脉交雜，陰陽積滯，不堪鍊丹，宜別造之。樂真人曰：先擇吉地，後立井壇。切忌觸污，兼怕腥羶。

既得丹地丹井，更在修制鼎器。蓋爲還丹，非鼎器而不能成也。

《混元》經曰：坎離爲藥，乾坤爲鼎。四者相包，謂之橐籥。乾者金也，坤者土也，土生金，故號金鼎。非用金爲鼎也。鼎者，丹之室也。鼎器完全，萬物生焉。鼎象中宫，中宫屬土，土能生萬物，故鼎用土。陰真君曰：須向中宫求鼎器。明知用凡土燒磁爲鼎是也。至於中胎所用磁，長短寬窄，臨時製造，古人不書尺寸。又緣互説不同，豈可執而行之。寬則水火之氣不濟，窄則水火之氣不行，更在消詳。

既得鼎，須製爐，爐者是鼎之匡廓也。鼎若無爐，如人之無宅舍，城郭何以安居。故爐以遶鼎，收藏火氣。爐下有壇，壇高三層，登分八面，而開八門，門上有隔，隔上安鼎，水在鼎上，藥在鼎下。水鼎露口，以進其水，用蓋蓋之。身高二尺一寸，闊一尺六寸，中心明闊一尺三寸，厚三寸。前開火門，高五寸，闊四寸。後留竅道，以泄火氣，如竈之突也。然先聖各遺式樣，亦有異同，修丹之人更宜審詳。以黄芽既入於胎，胎復入鼎，鼎又入爐，重重固密，勿泄真氣。

又　卷六　水火鼎法

用鐵鼎一箇，可高六七寸。將砂子放於內，上澆窨製汞二兩，上用一鐵盞，四下鐵絲緊定，密固濟。乾，鐵盞內，添溫水，下火候。

宋・曾慥《道樞・參同契中篇》 鼎者，用土以變成之者也，非世之所爲之鼎也。陰陽造化乎真土，冶金而爲之歟！口勿巨，腹勿大，耳勿鋭小，足勿寬狹，鼻勿薄而高，下得其數口，無漏其氣，然後可用也。【略】

然鼎之變有十病焉：一曰春夏秋冬之鐵，二曰其模不均，三曰懸胎以鑄，四曰其腹大，五曰其足短曲，六曰厚薄不齊，七曰口耳狹小，八曰砂竅漏氣，九曰鐵黑不白，十曰鑄不以時。

宋・程了一《丹房奥論》 十六論裝制

大法爲丹裝制，手法最爲要緊。倘不明此，須有真鉛真土等匱，則子母混雜，新舊相參，孰是孰非，莫可考究。故轉制之道，以裝制爲先。且如八石匱養諸藥，若砒硇三黄等作汁之藥，秖可築在合底，用死匱藥捺頭，封固養火。若言鋪底蓋頭我蓮等名狀，此特言養靈砂朱砂母砂之法也。凡養母砂，亦須用梅核石、蓮橡斗藥、葫蘆等固定，方可入匱温養。倘非如此，終有所失。又如真土真鉛養三砂，如硫匱須用生硫貼身，朱匱須用生朱貼身，惟四神三黄真鉛等匱，須用粉霜貼身。各以其類貼之，中存類死之理。此雖是瑣碎之語，苟不知蹊徑，未可圖也。

佚名《庚道集》卷八 昇仙大丹九轉靈砂訣許真君。

鑄鼎法

鼎深一尺四寸，三山在外，水盤底不可太厚，只可一米來地爲准。

造爐法

用塼，先闔起高一尺，便在上泥一級，高闊在人。第三級約高三尺，至底爲風門，方圓一尺六寸，爐下一級，安鐵鼎。已上二級，著火。下一尺空脚，左一門方，右一門圓，配之日月。所以門闊八寸，二八卯酉。正路建左右二門，謂凡風只東西多，南北少故也。

圖録

佚名《黄帝九鼎神丹經訣》卷九 明用金銀善惡服鍊方法

先以甘堝中，鍊鉛錫二十遍，用三斤鍊錫，著熟鐵鍋中，鎔使赤沸，即納金錫碎者一斤合相得，掠去糖屎，瀉出。別鍊殺熟炭。以土墼壘作方爐，其中安鍊灰作坯模，以金錫著灰坯中，上安鐵鐐，上布剛炭火，于爐上用一孔，于爐前開一小孔，候之須臾，錫與金雜物相利，取其金，狀似銀，即以熟雌黄和好酒，銅器中煮之殺之，還復本性。若不徹好者，即打薄鍊食出色，一同上法。真錫鍊訖，著鐵鐐上，以胡同律、黄礬石、鹽等分，和醋煎爲泥，塗金錫鋌上，用牛糞火四周壘之，于錫鋌上用牛屎火，四周食錫盡，唯有金在，取著熟銅鐺中，以黄礬石和鹽，煮之半日許，出鎔作鋌。錯鑢屑食鍊用藥斤兩，一同上法也。

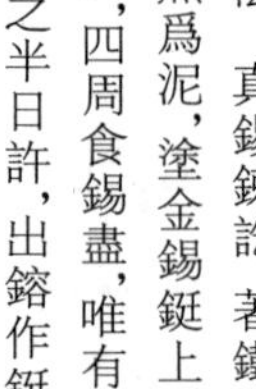

次作八風沃爐形樣

作鍊錫灰坯爐法

此是鍊金灰坯形樣。

錫投牛脂、赤土中，又投蒲挑汁芥子中，又投梨茗灰汁中，又投黑鹽宕白酒中，又投浪宕子胡酒中，各七遍，即好。

作赤鹽法

黄礬石一斤，石鹽八兩，並擣作末，鐵器中消鎔，看色赤足，即停下成赤鹽，研爲末用。狐子曰：其藥分中金精、曾青、朱砂、雄黄，若不鍊殺，用之者徒費千金，無閏金之分毫也。石膽亦須鍊取精華用之。金精、曾青二物，一種于瓷器中，以三轉左味漬之，二百日出，暴乾研搗甚可用。朱砂、雄黄二物，瓷器中，以好春酒漬一百日，出暴乾，研令細，甚可用。

鍊石膽取精華法

以土墼壘，作兩箇方頭爐，相去二尺，各表裏精泥，其間旁開一孔，亦泥表裏使精，熏使乾。一爐中著銅盤，使定即密泥之。一爐中以炭燒石膽使作烟，以物扇之，其精華盡入銅盤爐中，却火待冷，開取任用入萬藥，藥皆神。狐剛子金爐之法，都有六種，隨鉚性，隨多少，用一爐即得，不須盡作，虚費人功矣。今以二法最勝，具圖如前。

出鉚銀法

有銀若好白，即以白礬、石硇末火燒出之。若未好白，即惡銀一斤，和熟鉛一斤，又灰濾之，爲上白銀。

作灰坯火屋中，以土墼作土墻，高三尺，長短任人，其中作模，皆得坯中細鍊灰，使滿其中，以水和柔使熟，不濕不乾。用之小抑灰使實，以刀鈹作坯形，灰上薄布鹽末，當坯内鉚，各以黄土鍊覆，上裝炭使訖，還以墼蓋爐上，當坯上各開一孔，使大氣通出，周泥之。坯前各別開一孔，看時時瞻候以鐵鈎，鈎斷糖屎使出。

須臾火徹錫鉚，沸動旋迴，與銀分離，錫盡銀不復動，紫緑白艷起。艷起以杖擊少許布水濕沾之，其銀得冷，即起龍頭，以鐵匙按取，名曰龍頭白銀。

作土爐灰坯形樣。

作漏錫灰坯爐法

先打鐵坯，大小在人，其間參差開孔，孔容箭簳，孔多唯甚怕差土墻，土墻中如似竈形，鐵坯中薄布鍊灰，極抑之，以刀鈹使高下均平，還布鹽末覆鐐，裝灰、鈎爐屎、瞻候節度，一同前法。唯鐵坯下多著猛火，使錫分離下過速疾耳。

次作漏錫灰爐法

狐剛子云：出銀鉚爐，凡有三法。看鉚多少，作一爐用，即不須盡費功力。今取要者二法，立樣如前。

佚名《太極真人雜丹藥方》 大凡男子所傳受，志心堅意，護静身心，用藥州土，固濟如法，依鑪匱用火斤兩燒鍛。萬不失一。本方不許傳不公不道、不信不義之人。所作鑪藥，仍須空房幽室，肅静閑居，婦人不見，雞犬不鳴。其方一世傳受一人，具方及爐匱藥味，逐件如後。

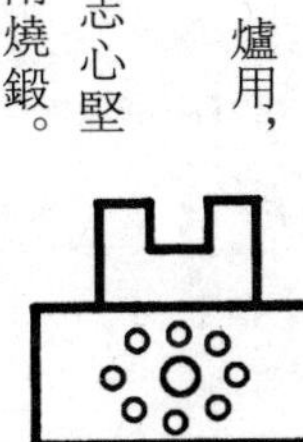

青腰使者，帝女血，鵬砂，北庭。

右件藥於乳鉢中，細研如粉。先將研了北庭，於桑柴灰汁内煮，令乾其藥。先將前二味，於金鍋子中，用汞三兩，於汞上用前諸藥末五兩蓋之。用文火五兩，養之三日。滿後用大武火鍛之，令三十斤可消止七斤即住。用一箇泥鍋子，盛前金鍋子，依前用文武鍛，令前金鍋子内成汁，令熟取出，瀉安挺槽中，上用濕紙蓋之教冷。取出，入好鍋子中，熟鎔瀉出，入少許鹽花，即瀉出打成鍋子。用文火養令熟，遂下汞一斤，文火養，武火鍛，令赤立成寶。其物色狀似紫磨之物。用七五日是其位，八六日是其訣。

同前。

青腰使者、帝女血、金星預、金線各五兩。

右件藥細研如麵，入瓶子中，以六一泥固濟瓶子如法。上用浄瓦子蓋之。依前固濟如法。用文火養之三日，火用四兩，日四時上火。養日滿後，放冷取出細研，入六味藥，同研如粉。

右件藥，先將七味細研如粉，入瓶子内，養七日。滿後用瓶子，下流九孔子，六一固濟如法了後。上流爐中流得藥知多少後，即用果子香茶，用白綵四尺九寸祭了。入文火爐中養七日，滿後，每孔子作一兩。

養爐

作

二十斤

同前。

鹽花三兩，硝石二兩，舶上紅礬一分，鵬砂一兩，好者。大期礬舶上者一兩，黄丹一分。

右件藥，皆是州土者爲妙真者，萬不失一。又入六味，同研如粉，和合一處，依前入瓶子内，固濟如法。用文火養之三七日，滿後取出。即用大火鍛之令赤，十斤火養之三七日。滿後取出，即用大火鍛之令赤，十斤火可銷七斤，即住。入陰爐養之一日。先將汞一斤入於鍋子中，文火令熟後，下藥一分。一餐飯間，又下二分，即住。以成寶也。八九是其位，四五是其訣。

金公法

紅、紫、柳、雞，已上各用一兩。皆是州土。鉛砂子二兩，黄丹一兩，鹽花一兩。

右件藥細研如粉，先固濟瓶了如法。遂入藥於瓶子内，上用瓦子蓋之，依前如法固濟。用文火養之七日。日滿後，入流爐中流。其爐高二尺四寸，用火二十斤，斷其瓶子是好者，下用九孔子，六一固濟如法。從早朝至夜即住，其藥無定，或得一千，或得五百。其有雌黄色，丸如粟粒許大，將此藥於小瓶子内養，用硝石可重五兩已來。每日用火四兩養，經二七日滿後。須志心祭之，用五色綵各一丈三尺，用果子香茶、酒脯、棗子等物祭之。切在虔誠，萬不失一。其藥祭了，每一丸子作一兩。物訣定是二女一男也。

流爐高二尺四寸，九孔子，如釵脚大。

同前。

銀星預一分，鵬砂二兩，汞一兩，鐵一分，雞半兩，崑崙一分。

右件藥於乳鉢中細研如粉，入匱中，是虎匱也。用文火養，經二十四日，每日用火二十四兩養。滿後加火二十八兩，亦是文武火養，五七日即住。其藥如

紫金色，更入三味藥，立見寶也。不可傳之。上通神明，下及九泉，即在志懇。臨入三味藥時，生藥用鹽花、黃丹、血石三味藥，細研如粉，合和前件藥同處。先將其物二斤下甘堝中，上用藥一分，將青竹篦攪之二百下，更下藥一錢熟攪之，將挺池燒令赤，下少許油，瀉出入槽子內，用濕紙蓋之。其物狀如山澤，妙也。

用匱法

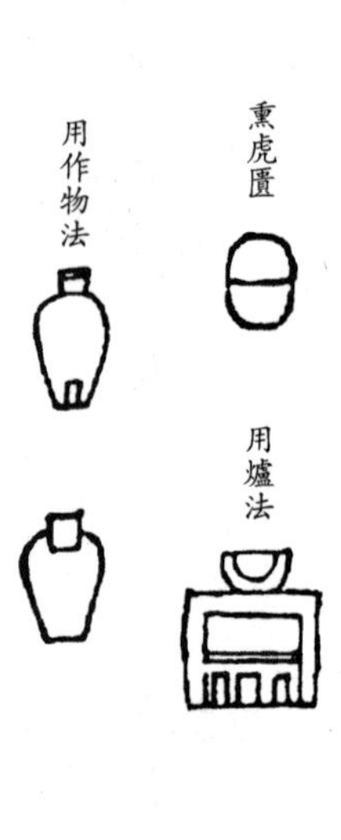

同前。

鵬，汞，紅，波，血，紅石英。

右件藥入乳鉢中，細研如粉，入黃芽匱中，養一七日，用文火養之。後入陽爐，用武火，每日四十二兩養，七日滿，即入陰爐，三日滿後，放冷取出。先將一斤入鍋子中，次下藥二錢，二斤下四錢，用柳枝子攪之，可三百來下，即更入藥，又攪三百下，即住。先將挺槽子安火上炙令熱，下少許油，次瀉出金汁，上用濕紙蓋之，法別行。

同前。

鵬，黃，紫，霜，嬰兒，砂子，大期，各等分。

右件藥於乳鉢中研三百下，令如粉即住。先將瓶子固濟如法，後入諸藥末下瓶子內，上用瓦子蓋之，令乾。遂將藥瓶子文火養二七日，滿後放冷。武火鍛令通赤，二十斤可銷十斤已來即住。先將前件物下甘堝子內成汁，下藥一錢，攪之一百下。即更下藥半錢，攪又即得。十兩用藥一錢半。七五之位是其數也，六三是其訣也。

同前。

雞，汞，流，磁，雄，青，血。

右件藥細研如粉。用瓶盛合子爲匱，合內用白礬爲匱，文火養令乾。後入太陽匱中，養經七日，每日用火一斤四兩。其一轉止，二轉止，三轉即住，其藥青黑色也。又却入乳鉢中，細研如粉。入碌半兩，依前入瓶子內，同養一日。見陽爐內用火，三斤文火，盡取令冷。用武火鍛之，十斤銷可七斤已來，即住，放冷取出。先將前件物，入甘堝子內成汁，後下藥二斤物，用藥二錢，三斤，下藥五錢。先燒挺池令熱，遂下少許油，瀉出金汁，亦用濕紙蓋之，成寶也。

同前。

熟，流，雞，白虎腦，雌，黃花，日魂，硝石，聖石，各用半兩。是州土者爲妙，雞船上妙。

右件藥細研如粉，用白礬爲匱，匱須煉白礬三遍，方始爲匱。文火，每日用火四兩。武足文生養七日後，武火二七日，滿即入用。

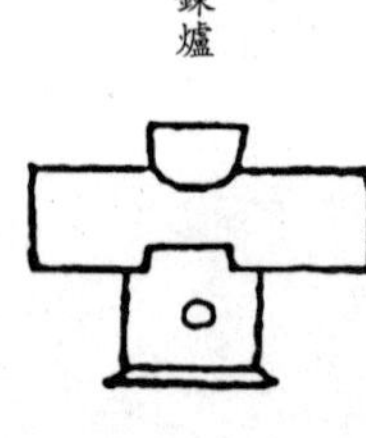

同前。

流，青，帝女血，帝男精，汞，鵬，庭。

右件藥細研如粉，可三百下即住。後又研一百下，即入白虎匱中，養十日自滿後。取出細研二百下，即入黃芽匱中，養二七日，滿後用武火鍛之，武盡文生，其法是也。臨取時用八六，是其位便其訣也。武火鍛之法，即別更有四十八訣，別行藥成後，每兩三斤。

同前。

血紫，帝女，白腦，鵬，鐵，波。

右件藥入乳鉢中，細研如粉，即入聖石匱中，養三十一日，滿後取出，依前細研如粉。又入三味流硃鵬入三味了，依前入匱中，養七日，滿後用武火鍛令通赤，放冷取出。臨用之時，其法別行，六數是其位，三五是其訣，別行臨藥。每日用文火、武火六兩，遂鍊聖石三斤六兩，入浄鉢中，以清水二斗，浸取清煎令乾。乾後入瓶子，盛置竹中間，流一孔如鵝子許大，入諸藥末於孔內，上以瓦子蓋之，即入陽爐養之了。臨時用乳鉢中，細研如粉，用醋調之，塗於物上，

立成寶。每斤用一兩。

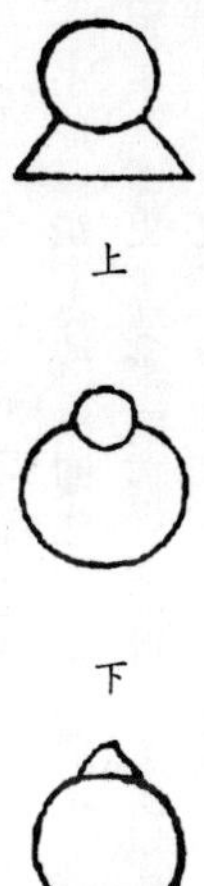

同前。

賀，鵬，雞，汞，黃，硝，波，玉。

右件藥入乳鉢中，細研如粉，入瓶子內，用六一泥固濟如法。瓦子蓋之，依前固濟如法。先文火六兩養七日，滿後取出。細研如粉，不得著風。更入六味藥同研，如法依前入瓶子中，養二七日滿後。臨用時一斤入一錢藥，使桑杖子攪三十來度即得。其訣別行。三六是其位，七八是其訣。

同前。

黃丹，硫黃，鹽花，血石，白礬，大期。

同前。

鵬，汞，波，柳，紫。

右件藥入乳鉢中，細研如粉，即入青龍匱中，上匱用湖南瓶子，入匱於瓶子中，甩六一泥固濟。文武火養七日，每日用火二十四兩，滿後入四味藥同養。

同前。

流，紅，艮，磁石。

右件四味，以前藥和同一處，研四百下即住。依前入匱中，養二七日文武火。滿後用武火鍛令通赤，三十斤火可銷八九，即住。放冷取出，入陰爐七日，滿後取出。臨用之時，先將前件物入於甘堝子內，鎔成汁，遂下藥一錢，用桑篦攪三百下，即住。

同前。

獨，紫，白血，流，花，汞，鹽，黃花。法別行。

右件藥，入黃芽一兩，汞一兩，同研如粉了。即入陰爐中，養二七日，每日用文武火六兩，六時上火不令冷。是日數足放冷，用武火鍛令通赤，一伏時法別行日足，却入陽爐也。先時將其物燒熱令赤，一斤用一分藥，醋調之，取其物塗藥三五遍，即成至寶也。

同前。

大期，波斯，黃礬，血，汞，砂子，鹽花。

右件藥，先將前七味細研如粉，入桑柴匱中，養七日後取出，細研如粉。入前二味，同研如粉，依前匱中養二七日後，用文武火鍛之十斤，令銷七斤，即住。冷後取出，先將赤物鎔成汁，即下藥末一錢半，用青竹攪之三百下即住，瀉出成寶也。

同前。

流，汞，血，紅，瓦，玉，腦，黃花，聖石。

右件藥於乳鉢內，細研如粉，入瓶子中養七日，滿後入二味同前藥，養二七日，用武火鍛之令赤。後用之時，先將其物入甘堝子中，鎔成金汁，後下藥。每斤入藥一錢。將挺池燒熱，下少許油瀉出物，將濕紙蓋之，立成寶也。又白朱黃花團流六兩，好朱砂二兩，細研金芽少許，和朱砂同研，入黃丹六兩，蓋之。臨時訣行，見寶丹砂好者二兩，硫黃二兩，先將黑虎，後成入鶴，頂足傾出，成寶丹用。

同前。

紅，大期，波，玉，黃，血，石，金線，雞屎，崑崙，紫。

右件藥出在廣州，白鐵出晉州，瓦子在池州，柳花出舶上，帝女血出武都，

青腰使者出在金公山，白腦出在湖南。

同前。

紅，紫，大，波，血，黄花，曾。

右件藥入乳鉢内，細研如粉，先將瓶子固濟，入前件藥，用瓦子蓋之，如法固濟了。文武火養一七日後，武火鍛之。其火十斤，止七斤已上即住，其藥成也。先將古錢不限多少，用米醋浸七日後取出，入火内燒三遍。即上藥。其藥用好醋調之，其法别行。

同前。

熟鐵薄，青腰使者，青礬，血石，金線，黄礬。

右件藥，文武火煮三日後，將熟鐵葉一片，用前藥米醋調之上一遍，如此上蓋此藥了，即住。用鹽花塗之，燒一遍，即得成寶。其法别行。

同前。

血石，柳花，醋石，鵬砂。

右件物，好醋煮之七日，滿後將其藥出，依前細研如粉，入生血石半兩，醋調之，一依前法。

同前。

青礬，醋腦，青腰使者，帝女血，雞屎，大期。

右件藥細研如麵，用酒煮五日，滿後又將藥細研如粉，用醋調之，將前件物火内燒令赤，塗藥上了。燒一遍，出一遍，又塗一上藥，又燒一遍。如此五度，即得成寶也。

同前。凡二法。

緑礬，血石，鐵，玉，雌。

右先將此藥於乳鉢中，細研如粉，用好醋調之。先將物燒赤，後上藥，一依火法。若不依火法即不成。上一遍，塗一遍，如此三五度，用鹽洗出，即成寶也。

同前。

粉霜，艮，土碌，嬰，白礬爲匱。細研。

右諸藥末，入匱養三七日，滿後取出，先文武火養七日半，足後即將出其赤物鍋子中汁了，每斤下後著藥二錢，先著半錢，桑木杖攪三十，下一錢半藥，攪二十下，瀉出成寶也。

同前。

生鐵血波大期，同鐵波紫血，同金鵬瓦雄，同血金雄紫，同大血紫雞，同鐵雞紅血。

右件藥物等，與臨時法别行。

【略】

佚名《鉛汞甲庚至寶集成》卷一　見寶靈砂澆淋長生湧泉匱

八、用好銀四十兩山澤銀、出山銀是也，元寶亦好。鎔作汁。用水缸一隻，傾于掃箒上，流下入水内，作珠子如雞頭大。或將銀打成四方塊子，如小指大，亦可。將前留下貼身藥，塗銀珠子周徧，焙乾，以養火合子一箇，處州者。内用硼砂水刷過，焙乾。用燒熟鐵線作耳，扣定，用六一泥固一指厚，陰乾，或微火焙乾，亦得。勿令龜坼。以銀鋪，養火合底。内次下靈砂塊，於合中心，四圍皆用銀硃填壅令滿，盡用銀蓋頭令實，用崑崙紙剪蓋蓋定，以雞子清磨京墨，厚塗紙曬乾，名崑崙紙，以合口用。固口藥醋，調赤石脂牡蠣末，塗口縫，合定以養火。合上鐵線耳扣定，好生固縫，勿令分毫漏泄。更以六一泥外固，微火逼乾，勿令龜坼，方入灰池。灰池以小缸一隻净者，要刷洗乾燥，以紙錢灰約淺缸許，先篩净炒乾。别用火盆，以炭燒紅用之。日久有炭灰在内沉重，可换灰一番。竹葉、茅草、桑葉灰皆可用。以鐵三脚架子，安於缸底，可以閣養火合子。先截羊脛堅炭，每塊長五寸，各重二兩六塊。名六合火。俱燒紅了，以熱灰平架子下，中心先插紅炭一塊，安養火合子於上，再以熱灰平至養火合子之上，上再用一鐵架子一箇，閣在合子上，按子午卯酉方，插火各一塊。離合三指。再以熱灰平滿合子一掌高，頂架上約離合三指，將炭火横安，合子四邊火各遠三指，周時添火炭。第一日下子午卯酉方火，第二日下辰戌丑未方火，第三日下寅申巳亥方火，如此周復，下火七晝夜足，開爐開合子，取出銀珠子，皂角湯濯洗净了，烏梅湯煮白，收下揀出所養靈砂塊子，拍開内外俱青黑色一般，方是養倒了。如内有紅色，謂之養火未倒，再入合内，如前法封固，再養。如靈砂紅得淺，少養一日。紅得深，多養一日，必須要内外青黑色一般了，方入明爐，鎔作汁，傾入銷銀槽内成錠。如鎔太緊，在此一節，才候靈砂將鎔，便傾之，若多時作煙去了。靈砂拒火作汁了，截作塊子，如大拇指大，用甘草湯浴過，焙乾，此靈砂已成湧泉匱。

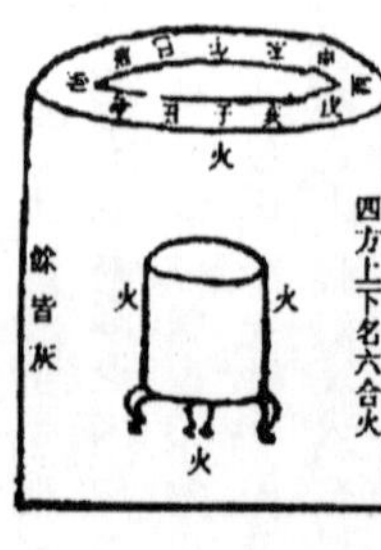

九、將養火合子內，用硼砂水刷過，焙乾了，亦依前用鐵線作耳了，外用六一泥固濟，煏乾了。下前湧泉匱頭，安在合內中心。每匱頭四兩水銀，下一兩爲率。如匱頭十兩，下汞二兩半亦可。崑崙紙蓋上，用合蓋蓋定，固口縫，更以六一泥外固了，煏乾。以火水未濟卦養火。將灰缸之底，安一小罐子，盛水八分，勿令滿。周匝以濕土築之，平水罐口上，以磚一片，當心鑽一小孔，筋頭大，蓋罐口。然後將養火合子，安於磚孔上，以養火炭五塊，每塊長五寸，重二兩，名五方火。遠離合子三指，插火炭蓋當合頂，安架子離三指，橫安紅炭二兩，四圍插四塊，如前按方位插，火七日足，取出開合，所澆水銀俱乾，拒齒硬，可坯成寶。如有油汞，則火力少，再養二日。

又　卷三　用鼎法

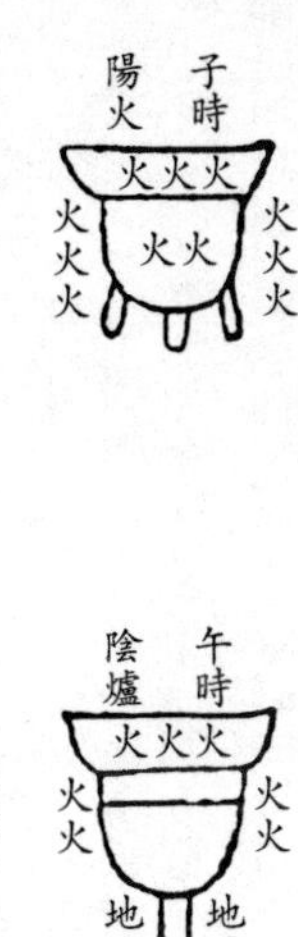

上下鼎身周十二寸，以應十二月。身長八寸，以應八節。上鼎身闊，倍下鼎一倍，乃按二十四氣。上鼎爲天，下鼎爲地，上昇爲陽，下降爲陰，陰氣欲昇，陽氣欲降，此應陰陽之陶冶也。尺寸闊狹，不可大，不可小。大則氣散不聚，小則逼溢，故不能遂昇降之勻和。蓋在於鼎，乃鼎中之包密，內調昇降，外稟陰陽，以成天地造化之機矣。上鼎圍闊二十四寸，下作三級，與鼎唇口三級相合。下鼎長八寸，身圍十二寸，唇三級，與上鼎覆下三級相合，不得差殊。此鼎不用足。別打鐵圍令厚，以三釘釘作三足釘，可以大姆指厚，高二寸半。次作陰陽二爐。陰爐鑿地作坑，埋一瓶，瓶口如大鼎，復大埋在地，與瓶口平。次作餘土築四邊，如無地相似。一陽爐，只平地疊成。及以六十兩藥，入在鼎內，用赤石脂調稀泥，塗上下鼎三級方捺合，以鐵線貫耳，固濟。如打靈砂法，用四時火，七晝夜，成其大功。水火藥三者，應天地人三才也。四時火者，春火欲暖，夏火欲烈，秋火欲溫，冬火欲微。此法擇子日子時，安鼎，安三足之上。乃入陽爐，鼎復底疊，至鼎身三分，用緩文火，用火使其內相交媾，一時半。乃便暴火，簇炭至半鼎，一時辰半。乃使烈火炭令盛上，增鼎身五分之三，一時辰半。乃漸漸退火，用微火，令鼎內溫溫氣定，一時辰半。至午時，撥鼎起入陰爐，乃坐鼎腹，於小罐口上，用灰埋鼎身五分之三，乃以布滲去上鼎水乾，方可上鼎槃內，安火一斤，內春火也。令鼎內之汞，徐徐而降投下，一時辰半方可。自灰之上，疊炭簇火，漸暴一時半。乃有盛簇火，自上鼎盤至灰上，皆生盛火烈，一時辰半方漸。次去上鼎火，次徐徐而去下火，用微火令鼎內樂定，溫溫一時辰半。至半夜子時，復撥鼎入陽爐，依前一昇一降，既濟未濟，七晝夜火功成矣。破鼎，取出白雪少許，入氣爐坯成汁，不折不耗，能事畢矣。如或少許損折不色，別又使一鼎，如前法打昇降七晝夜後，取出白雪汞，爲大寶。丹詩漏泄，取此死龍蟠如靜，鐵臼內研之如粉，使一薄鐵合子，常常安白雪三分，之三以插長孔，注汞於內滿，如此周插，如我蓮之狀。畢乃以如一分蓋面，以合蓋之定，固濟合縫。安入灰池合子上，常欲一寸半灰，灰上安四兩火起頭，增至十兩火，晝夜。第八日去餘火，候冷開合子，採白瓊條。每一錢可點赤肉一兩，爲真換骨丹陽。如以三二錢點作一兩，愈妙。不然獨烹爲銀，亦可。凡如此七次取物，至第八次，乃六日取物。六日畢，次五日。又四箇四日，又三箇三日，又二箇二日，方至朝種暮收白雪，至此一錢，可糝汞三黃四初之妙，至此無不靈也。

宋·孟煦《金華沖碧丹經秘旨》卷上

藥物

本鉛一十兩，明硫二兩，同爲末，炒砂復爲末，水火鼎鍊成丹胚入室。上等山澤二斤，用好黑鉛二斤，逐漸下灰池煎，令盡爲度，次掃成細珠子。

神室法象

足色真金八兩，鑄成混沌胎元合子一具，形如雞子，或若圓毬，皆可。又足色真金一兩，打作一氣筦子，中心如錢眼大，長出合子，兩頭各半寸許，其合恰好安置丹胚，不可寬窄。入丹畢合定，赤石脂包金土，醋調固口縫令乾。白金八兩，打作水海下底，嵌入鼎口二寸許，底相頂了令合，底面透入金筦子，于內通水入中宮，口縫用脂泥固塞，令乾，方下水入。

外鼎

甆器爲之，可容神室，並白金二斤，不可寬窄。內若寬，可用黃土醋調內固之。令乾。次入白金大半握，令平穩，方下金合子，再白金，撒令遍蓋。復用一

紙作圈，代水海安金合上，粧白金滿了，次下銀水海，插入圈子內，摇令平實，外固令緊密，掛入丹竈之中。

運水火符候

上水八兩，下火半斤，子午添换，或卯酉進退。半月開鼎，取丹胚，看其色碧緑光明則妙。若紫赤色未及，再運火符七日，得碧緑光明色方妙。皆過得其氣交，真種子也。其白金宛然無動，分兩無虧，如折些小，並不妨礙。此是過得其真炁也。

再水火斷魂法

花銀一斤，投天落水中，淬煅五十度。水中用三黄三兩爲末，吸取銀中精氣。再用紙帛滴淋，令水澄清，入金盂之中，煮養出丹胚。半日了水乾，炒燥，不可犯銅鐵器，方爲沐浴也。却用甃水火鼎，文武火一煅成汁。取出，打如豆粒大，用厚金箔逐塊包裹，令密。再用白金珠子二斤，鋪蓋入水火鼎中，上水下水，中火圍運坎離，一月取出，爲末，深碧絳色，光明曜日，乃號金液還丹之質也。此名錬丹真鉛是也。一云：先用三黄煮水一日了，去三黄，鎔銀投撲之。

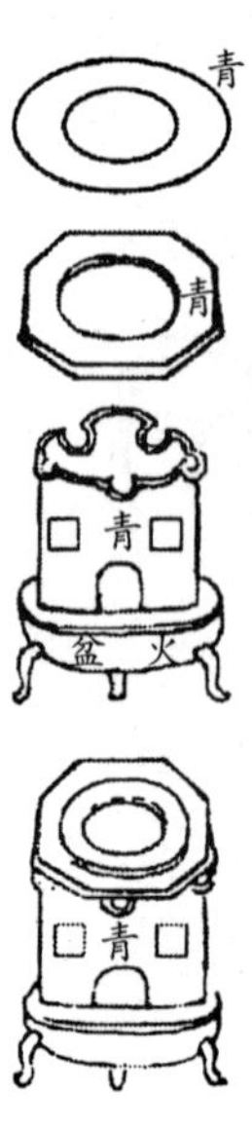

下用火盆一箇，平鋪磚砌滿上。造一甑，高一尺五寸，徑一尺二寸。中間子午卯酉四門，上至甑口，開通五穴，出火炁。出甑口厚砌之一磚，開口子五寸徑，圓孔方磚，一片蓋之。置罏匡一箇，闊一尺二寸，單定頂上，通用水火也。中掛丹鼎。

甑圖

又 卷下 本經云：太極爲宗，五行爲用，乾坤爲神室金胎，坎離爲烏兔藥物，以二情爲魂魄，以龍虎爲變機，會三性作夫妻，育姹嬰，成男女，六十卦互爲直符，以屯蒙爲起復，三才咸治，四象爲罏，正於五行，周於既未，調和則六候相須，生尅則九還交互，陰陽有則，水火相停，斤兩無差，基於百數，總於一物，變化大千，與大造同途，萬化合體，功歸太極，會宗祖而金液神丹就矣。華池祕訣有云：鉛液返于汞髓，名曰華池。汞水返於金津，名曰神水。功歸七返，德備九還，養畢周星，靈胎斯蜕，此乃神仙祕密，古聖遺書，後學於兹，毋令輕忽。

錬鉛汞歸祖既濟圖

鉛汞之法

辰砂揀光明紅纖色有墻壁者，一十兩。倭硫二兩，同爲末，炒令相呑，水火鼎飛錬，再爲末，取八兩。

足色黄金八兩，鑄成混沌雞子神室一枚。又金一兩，打作水筦子一條，有底不過水出，約長四寸許，插入混沌合內，至底上接，入八兩銀水海內，各用脂礬固塞口縫，令乾，通運水直至合內。次用山澤、好鉛，煎過花銀二斤，撲爲珠子，鋪蓋丹末於金混沌外，令遍，仍封口縫，外用已固畢。甃鼎一具，慳安銀珠與金室，不令有空處，坐上銀水海，通身固密，令厚指。半日乾掛，入丹竈之中，發底並四圍火，五斤生炭，簇煅消去太半。再火三斤生炭，作二次，或三次，添火。消一晝夜間，丹種氣自過矣。古有運火三斤，卯酉各一斤半。不擁灰，以七日爲期，恐受氣不足，故也名斷魂火。其銀不再用水，只頻進温湯，不可久涸無水。

斷魂之法

取出前丹種八兩，研細，用華池水沐浴，煮少時，炒乾。再入金鼎中，仍爲鋪蓋，如前封之，水火煅作汁，復煮少時成也。再用金箔厚者重包外，别以鉛煎花銀一斤，爲細末。珠子鋪蓋，入甆鼎中。仍以八兩銀水海，下貯三水筦銀，爲之者合抱，抵定藥跑至底水，筦直通水海。仍用脂礬塞定，令乾。進水頻添温湯，外用通身封固，仍再掛入丹竈之中，發火二斤。三方輪換，再養七日。其丹種始通靈，乃號真鉛也。其銀不再用。再取入地坑中掛起，再一火三斤，出者其色碧緑，真死。

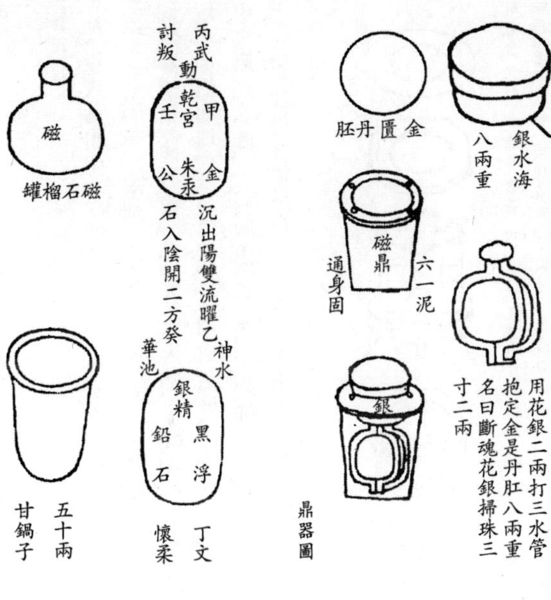

鼎器圖

鉛汞歸根未濟圖

明浄辰砂一十兩爲末，各用銀坑金坑者，其餘坑者有雜不可用。足色黄金八兩，用荷灰二兩，雄雌共二兩，研匀。先熔金作汁，次下灰與二兩，旋旋攪成黄粉。却用百沸湯淘洗，令十分至浄，焙乾。次與前朱砂末，一處拌和令匀，入已固小口石榴罐中，令九分滿，稻灰塞定，瓦錢透孔，鋪絲十字扎定，封口縫，反覆於寛口深水罐之上，二口相合，扎定。懸掛入丹竈之中，上火一斤，竈中火二兩，凡三次，上火三斤，任消其鉛汞，瀝下水罐内水，是華池水也。養就煮乾，每金再攪一次，又如前法，取辰砂汞十兩。次换金並煮汞乾了，以待真鉛種子，入丹之用。

合胎交姤汞法

每丹種真鉛八兩爲末，取瀝鍊過真汞八兩，同入乳鉢之中，坐於百沸湯罐之上，坐定，二物鉛汞，頻著力研極細。一日頻滴下華池之水些少，一日爲度，謂之結胎。火上試之不動，便入於偃月法象鼎中，運水火半月。加增研，如前瀝鍊過真汞，至丁三斤汞足。其後直取朱汞，以華池水煮過入之。次後轉制久，而不必煮汞，自然成真矣。

還丹第一轉　金砂黄牙初丹

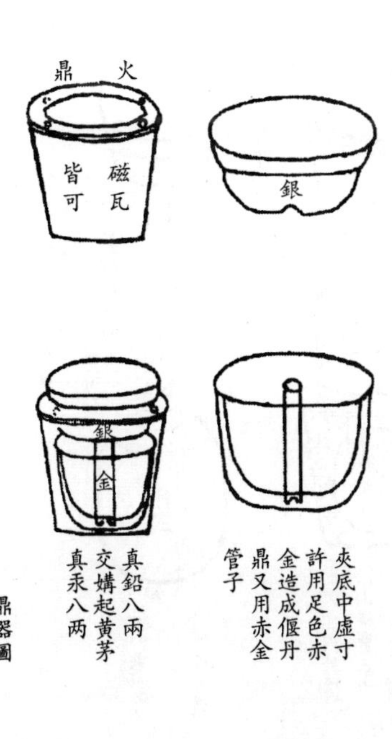

鼎器圖

次四兩，次五兩，次六兩，次七兩半，次九兩半，共三斤之數。

足色真金八兩，烃成汁，投明硫二兩，雄半兩，雌半兩，攪炒成粉，水火鼎烃成一色，打作夾空心盂子，如仰月之狀。心中虚開一寸許，不令相著。上一盂子心中穿透，栽入金水筦子，上透，入八兩銀水海中。仍用脂礬塞定，令乾，入水直入夾月之中，却入前交姤了鉛汞一斤，在偃月罏中。外用已固畢，寛甆罐一具，

仍用外固口縫，鐵線扎定，懸掛入丹竈中，用火四圍，並底用火，八兩至一斤，卯酉抽添，半月退水，插養五兩火。三日開合，其鉛汞真死。取出，再用華池煮過，水火鼎再鍊成汁，復爲夫。再將已瀝鍊真汞五兩，復如初湯上研之，復如前再入偃月罏鼎，運水火半月，日足取出。仍煮過炡之法，成汁重澆。加至三斤鍊汞，止之皆成至寶。金砂黃芽，火上未伏，仍運水火加之，至伏爲度，養至成黃土色金容，真戍巳也。大還丹法自兹而始，取黃芽多，更換偃月之室面子也。此法宜祕。

還丹第二轉　混元神朴丹並鼎器圖

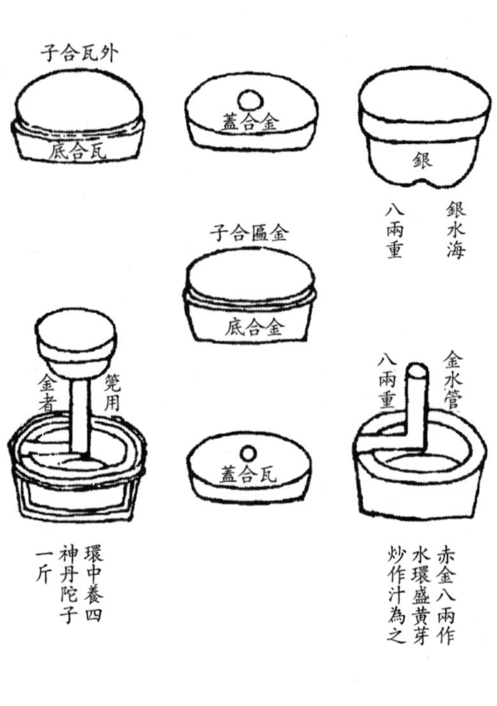

辰砂一十兩，雌雄英五兩，明硫一兩，爲末，水火鼎飛鍊，成陁子之後，約一斤藥陁。先以華池煮之一日，次用足色黃金一十兩作匾合子，盛前丹芽五十兩，中入朱丹陁子一斤，外用黃土鍊合，嵌入金合子，于土合內。次用金六兩作水環一具，或以黃芽物爲之亦可。量尺寸慳箍朱砂陁子高低取用。次用芽子上下鋪蓋，令平滿環面上穴，插入銀水筦一條，上至灰中，透過合蓋之面，上以水斗，以脂礬固塞口縫，令乾，不泄水爲度。通固，令乾，掛入丹竈之中，上用火八兩，五日止之。下用火五兩，五日止之。上再用火十兩，五日止之。下再用火八兩，五日止之。再用火十二兩，五日止之。下再用火十兩，五日止之。取出丹成水耗，攙湯不可令少時乾竭，每二錢半，可乾華池制過汞五兩，成上色黃金。

一法上下火足，取出地坑中，用火十斤一煅，任火自消，水耗頻進温湯，取丹如前，用二個月，火候一同。

還丹第三轉　通天徹地丹並鼎器圖

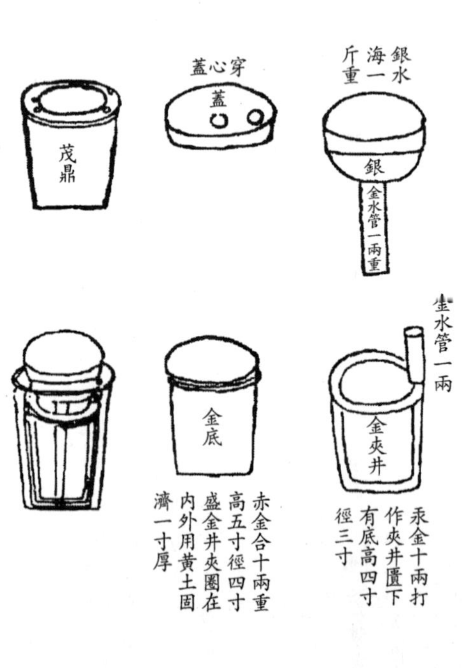

右取前朱丹八兩，再入硫昇過去石丹砂八兩，入雄英半兩，同研勻。用汞金一十兩，作一夾井圈，圈上下四圍有底，中空如井，上邊有一竅，插入金水筦，入水海中。水海中亦用一虛水簪，透入中宫井內，至合底。金合高五寸，徑四寸，慳入金井令寬。井高四寸，徑三寸，却用金砂黃芽末，於井內鋪蓋。朱丹一斤，朱丹打如棋子大小。外用甆鼎器匱，一十兩金合，或黃土作外鼎亦得。嵌入金合虛處，皆用金砂黃芽末圾實一斤，銀水海下二水筦，重封，掛入丹竈。運三方火，移換卯酉，各八兩，至十兩次一斤，止之。運此水火，三月日足，加火十斤，作二次。地坑中上火四圍並底通紅，水耗頻頻攙湯。寒罏取出朱丹，秤重半兩，可乾汞半斤，皆是紫磨大寶。仍用三黃銀水，煮汞爲體。

還丹第四轉　三才換質丹並鼎器圖

右用第三轉朱雄丹一斤，乳爲末。再取朱汞四斤，加雄英四兩，同研勻，慢火乳令紫色，死汞。却用前金砂黃芽三斤，鑄成一鼎，高一尺二寸，徑四寸。中

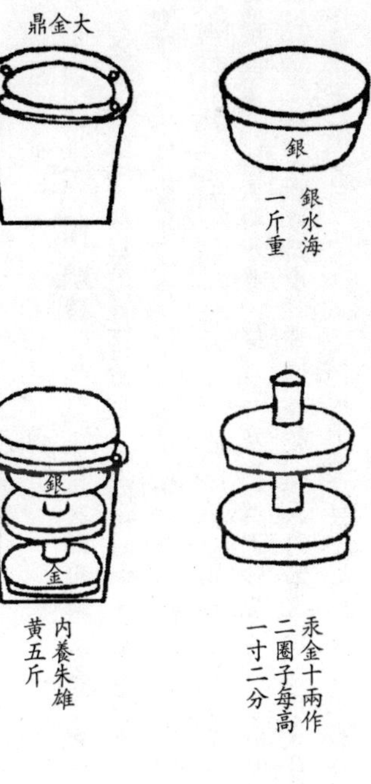

用十兩汞金，作二圈。名用五兩造一水池，尺寸並同。下一圈高一寸二分，徑三寸半，底面平，無竅，上面中心開一竅，中立金水筦，通入竅銲牢，其金水筦通圜相去五六寸長。上圈底面一竅，插通下圜之上面。上圜一竅，以水筦通入銀水海，底面相接通，運水入下圜之底，無令泄水出外。上一圜離水海一寸半許。二圜外空夾之中，安置前丹五斤，又滿，于藥鼎之内外，用銀皮包裹芽鼎，極外再以黄土法鍊固，令厚二指堅密。一斤銀水海，寬打令深盛水，嵌入鼎口外，鐵線扎牢，懸掛入丹竈之中，四圍各有火，通計三斤，卯酉添換，如此運之三月。取出掛入地坑中，三十斤火三上，任消，水耗頻攙湯。寒鑪取出，其丹色如朱橘，紫磨光聚一□，糝汞五兩，作大藥，紫金光輝並日。

還丹第五轉　三清至寶丹並鼎器圖

右將第四轉内乾汞金九斤，鑄成神室外鼎一座，高一尺五寸，徑五寸。上鑄水海一座，重一斤，亦用汞金鑄之，深五寸，徑如鼎闊，嵌入之。復以金砂黄芽鑄成内室一座，形如雞子，下有三足，各高一寸半，室高九寸，闊三寸半。仍蓋通運水法，做成黄芽，重三斤，鍊成此室。室頂夾虛之蓋，下有水筦，直穿透合内。仍以神室，可容藥物五斤。藥用辰汞五斤，先用雄英八兩，硫黄八兩，入辰汞五斤，同炒令勻，須神水煮半日，炒乾，水火鼎打成陁塊，取出爲末。將黄芽神室，入藥令滿合定，透入水筦，並合上夾水蓋，蓋上水筦，透入金水海中，俱用脂礬塞定，令乾。入至妙清水，于水海之中。外鼎六一泥封固通身，厚二指，鐵線扎定，懸掛於丹竈之中。開三方寅午戌之門，下火按時按方，每三斤火，一方入之，二門出火焎。日火三次，補之三斤，三移寅午戌，運火六十日。取出掛地坑中，坐灰上，四十五斤火，三上任消，水耗頻添温湯。寒鑪，取丹紫霞光色，神彩曜日。每一字點五金，俱爲紫金。乃一字化五兩也。一字仍乾世汞五兩，成上世天寶。復可點銀五兩成金。此藥内室之上，有紫粉輕塵在頂上，收之積入金合，便是大丹之體也，不可輕用，留爲九轉還丹。

還丹第六轉　陰陽交泰丹並鼎器圖

右將第五轉澆底重凝之質九斤，以水火鼎烡成汁，鑄成外鼎一座，高如初一尺二寸，徑四寸。却用金皮作外墻，包護丹鼎，恰好相著。次將乾汞紫金二斤，鑄成神室一具，雞子形。合高七寸，徑三寸半。内用積下輕塵八兩，入逼過制訖朱汞一斤，雄黄飛英四兩，研勻，令始不見星，入於神室中，再合定。外以金砂黄芽末填定，令平滿室，封口。室底用金八兩，造一圜，三寸半，慳入神室之底，圜高三寸半，兩邊有穴，插入金水筦，至神室頂上，合面爲一，直上通金水海底面，水海金重一斤。其水筦抱定神室，却用金砂黄芽末，補填室外令平實，不露出室。黄土鍊包外鼎，二指厚，令乾。次下水海，重封，掛入丹竈中，運水火符，候二箇月，卯酉三方抽添，各火三斤，一次日足，取丹坐於地坑中，五十斤火，三上

任消，水耗頻添溫湯。寒爐取出，其辰汞皆成紫金液雪。一字乾汞十兩，成上世天寶。每金一兩，可充世銀二兩或三兩成黃金。水海並神室之下，飛上紫霞液雪，收積入金合，皆大丹者也。

還丹第七轉　五嶽通玄丹並鼎器圖

右將第六轉神室内重凝之質，並前有重質之鼎，同鍊成汁，變化有紫色神光明。復用黃英點入，九斤至十斤，皆可成鼎也。傾出土模子中，成山地高低突凹之形勢。却用神水煮過朱汞五斤，傾入丹基地上，坐于三斤金混沌内，上用六轉丹末蓋面，外用法泥等鍊固蕘合，嵌入金合，仍以蓋蓋面，重封，下水上火，掛入丹竈中，每日火五斤，任消，水耗攙湯。至來日一換入，仍用五斤，不增不減，養至二月日足。去金陽蓋，換上金水海中者，抵下合中，封口縫，再外固，鐵線扎牢，仍懸掛入丹竈之中，再底火一月，三方各一斤，卯酉抽換。日足取出，掛地坑中，上下水中，用火三十斤，一上。又二十斤，一上，任消。取出開合，皆成金蠶玉筍，或成獅象牛馬之形，或如人之勇猛將軍之狀，其類不等，皆感日辰直宿之靈，天地英雄之炁，結靈異如此，水火陰陽之秀。每字制汞十兩，成上世天寶。每金一兩，可點世銀五兩成黃金。每次水海之下，皆有飛上五色慶雲之類，此是飛化靈英神炁輕清之大藥，收之金室，緊是水火溫養之，以候入大丹之用也。

六轉重質九斤

汞金混沌三斤鑄成

瓷

瓷鼎式

或十斤鑄成汞金水海一斤重

金

先下水上天

後上水下火去金混沌上合蓋安上金混水每在上

還丹第八轉　太極中還丹並鼎器圖

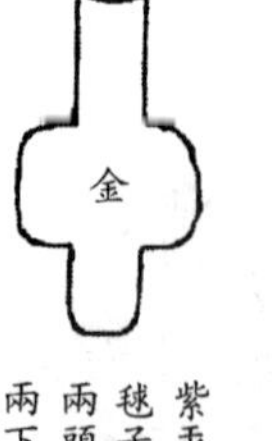

紫汞金八兩作金空毬子一個高共三寸兩頭各有金水管二兩下有底上有口

金

用第七轉已成神室丹地增添黃芽鑄成鼎十六斤作混沌形高二尺徑中八寸外用金五斤作皮裹護鼎身今相著也

金

内玉笋金蠶末五斤朱丹五斤共一十斤

右用朱汞五斤，入三黃飛英一斤，水火鼎飛鍊成丹砂。神水煮過，却用第七轉内玉筍金蠶等末五斤，同研。朱丹五斤。却用七轉已成神室丹地增添金砂黃芽丹一十六斤，同煮勻。大火鑄成鼎器一具，作混沌形，高二尺，徑中八寸。外

再用藥金五斤，作皮包護藥鼎，令相著。再以金汞金八兩，作空毬子一箇，高圓共三寸，兩頭各有水筦二兩。金水筦下有底，上有口，直穿出藥鼎之外。灰之面上下水斗，通運溫水，入之中虛之間，四畔入前十斤藥，實築令半滿，藥蓋蓋定，鐵線扎牢。法鍊黃土，外固二指厚，令乾。用鐵線結定，掛入神竈中。先運鼎火一斤，卯酉抽換五日。次下底火十兩，五日。再還鼎火一斤，五日。再下底火十兩，五日。水耗攙湯，勿令溢出于外，須用水斗攙之。如此火上一斤，下十兩，運之三月足，取出，于坑地中，五十斤火，三上，頻入溫湯，任火自消。寒爐，取出丹皆作金膏之物，紫光灼人，其味甘如蜜，而大藥熟矣。一兩可糝汞一斤，成紫色大金寶。若此丹一兩，可去點銀十兩爲大藥之金。又可一兩，乾汞十兩成金矣。此外有飛復金霜液雪，即大還丹也。

還丹第九轉　金液大還丹並鼎器圖

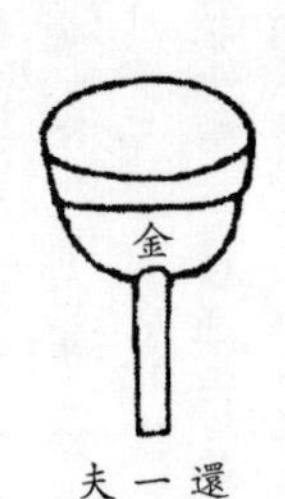

還丹紫金一斤鑄作夫底水鼎

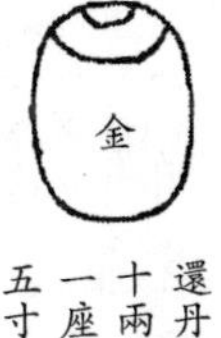

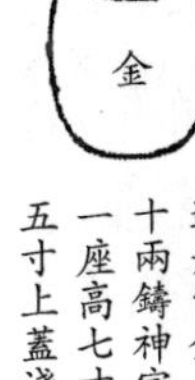

還丹紫金五十兩鑄神室一座高七寸徑五寸上蓋淺

黃芽合金晶二十四斤鑄成鼎高一尺五寸徑九寸內鑄五柱中低四高二寸半以峙神室外用黃土八十一大兩固鼎通厚二指

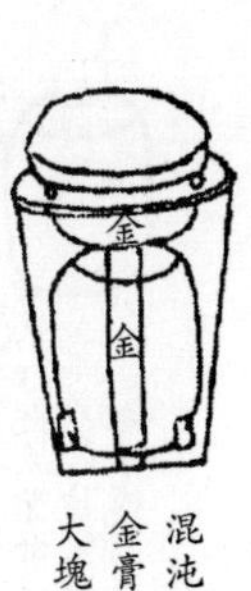

混沌外用八轉金膏作鋪蓋內養大塊丹砂一斤

右用前運出還丹紫金五十兩，鑄成神室一座，高七寸，徑五寸，上蓋頂。外用黃芽金精二十四斤，鑄成鼎一座，高一尺五寸，徑九寸。內鑄五柱，中低四寸，高二寸半，以峙神室。再還丹金一斤，鑄作尖底水鼎，可蓋過金鼎之外，尖底直筦，插入混沌合內，如鍊丹之初。次用第八轉丹末金膏，於混沌外作敷蓋之藥。混室之內，大塊丹砂一斤，神水煮過，却用久積丹糝，不拘多少，鋪蓋令滿止之。或將塵粉同研朱汞，亦得爲大還丹也。合定下水海金鼎，插入重封口縫，外固黃泥八十一大兩，百度，入鹽礬水紙筋等打熟，固外鼎一指半，或二指厚。鐵線牢扎，鐵絡懸掛，入三級法象神爐之中，置於壇前，香火晝夜不絕，立刻漏，運水火符候，八門開闔，下火上水，抽添移換，後有斤兩法度，行大周天水火之一年。外以罩蓋三級之器，另具不許一切人入。次歲起丹鼎於地坑中，醮盟上帝，不許水海。仍運水入內，發四圍火三十六斤，作三次上。如此九日，臨終灰罨定過，三宿寒爐，取丹皆成異色瓊瑰，玉蘂紫霞膏，光明奪日。

宋・吴悮《丹房須知》

壇式一

《參同録》曰：爐下有壇，壇高三層，各分八面，而有八門。

如雲子曰：南面去壇一尺，埋生砂一斤，線五寸，醋拌之。北面埋石灰一斤，東面埋生鐵一斤，西面埋白銀一斤。上去藥鼎三尺，垂古鏡一面，布二十八宿五星燈前，用純劍一口。爐前添不食井水一盆，七日一添。用桃木版一片，上安香爐，各處置，晝夜添至第四轉，其丹通於神明。恐魔來侵，安心守護，致祈禱之詞云：謹啓玄元皇帝、太上老君，運合乾坤，衆魔莫侵，觸吾至藥，乾公辟身，東方埋鐵，南方烈火，西方藏人，北立胡人，上方懸鏡，配合五行，鬼神莫及，土地安寧，真人衛我，至道堅貞。急急如律令。

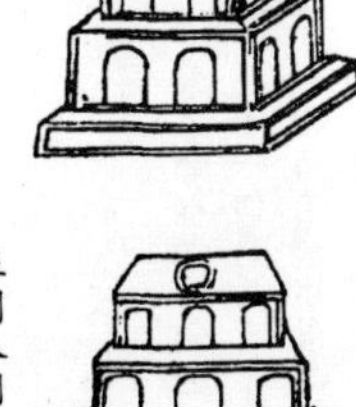

正開八門龍虎丹臺

採鉛十一三法。

《火龍經》云：騶虞白髯，元公素髮。不經凡火，天生神物，不能備見。求之純澤，是兩法也。騶虞，白虎也，白髯，自然生也。元公，黑石也，銀精抱之，狀如髯髮也，號曰老翁鬚。不經火煅，天生銀也。不得已，乃用純澤不親者，投之大海，採之八兩。解曰：每銀五十兩，一日煉取金華之用精十兩。偃月爐千鞴之，使沸面清，投白虎二兩，鞴之須臾，有物狀如雲母，黃色，晶光奪目，以鐵匙取之。盡，又投二兩，如前進十兩，得八兩淨者。此名水虎，又名黃芽，又名金華。老君曰：從紅入黑是真修，是爲三法。

《參同録》曰：凡採黃芽，須用金旺之時，以白露爲首。此謂金炁圓時，蟾光

盛滿，是煉丹之時候，煉時須八月。許真君曰：冬養子，八月下手，以九鼎取黄芽，至十月之内，全在水火停勻，陰陽得所，自然化出靈芽。若是水火不勻，盜過鉛脚，透入靈芽，不堪用也。亦須受氣滿足，若氣不足，丹亦不伏。

葛仙翁云：飛汞爐木，爲床四尺。如竈木足，高一尺已上，避地氣，揲圓釜，容二斗，勿去火。八寸床上竈，依釜大小爲之。《火龍經》云：飛汞於丹砂之下，有少白砂亦佳。若剛木火之，只可一晝夜，不必三夜也。丹砂之滓，有飛不盡者，再留之。砂無出溪桂辰，若光明者，亦可號曰真汞也。

抽汞之圖

注云：鼎上蓋密泥，勿令泄炁。仍於蓋上通一炁管，令引水入蓋上盆内，庶汞不走失也。

《參同録》曰：還丹非鼎器不成。故《混元經》曰：坎離爲藥，乾坤爲鼎。四者相抱，謂之橐籥。乾者金也，坎者土也。謂土生金，故號金鼎。非用金爲之鼎者，丹之室也。鼎器全備，萬物生焉。鼎象中宫，中宫屬土，能生萬物，故鼎用土。陰真君曰：須向中宫求鼎器。明知用凡土燒甆爲鼎，至於中胎，亦用坩。長短寬窄，臨時制造。寬則水火之炁不降，窄則水火之炁不行，更自消停。既得鼎，須置爐，爐是鼎之匡廓也。鼎若無爐，如人無宅舍城郭也，何以安居。故爐以安鼎，收藏火炁。司馬氏云：葛仙翁得口訣，予置土火鼎，用鄱陽瓷末爲白土，勻之入臼杵萬下，爲鼎形，如雞子，高一尺二寸，爲蓋安物於中，仍固濟以法，泥水鼎内，瓦盆堅者作底，容藥，乃進鼎三分，入瓦盆中，別以藥爐内外了，却以法泥，泥乾安爐上也。

又　藥泥十四

黄土、蚌粉、石灰、赤石脂、食鹽。

右六味各一兩，爲末，水調用之，名六一泥。

注云：若以蜜調之，尤緊密不洩。

後得正本校勘，却只用既濟鼎竈，云魏伯陽所謂蒸釜若神者也。青霞子曰：依樣造爐下鼎訖，東壁下火，先須祭爐。

清酒三斤，鹿脯十二缸，香一爐，時果十二分。

先須祭爐，然後持呪曰：皇皇上天，黄黄后土。生育萬物，萬物滋茂。聖舍樞紐，元受宗要。皇帝固鼎，玄女臨爐。還符陰陽，以成寶餌。三五神光，邪魔懾伏。直爐童子，衛火將軍，六甲統兵，蚩尤護真。謹以某月某日，授弟子某甲，獻奠之誠。上請真人洞府羣仙，咸寧默運，以奉勿輕。再拜。

未濟爐

既濟爐竈

又　沐浴十八

丹訣曰：卯酉爲沐浴，諸家皆以鉢研三千遍，此法至微至妙，非至人不能造也。

古歌云：女子着青衣，郎君披素練。見之不可用，用之不可見。《崔公入藥鏡》云：研龍使如粉，吸虎自相當。《參同録》云：卯酉二八之門，謂之死炁。前二日半爲卯，後二日半爲酉。丹家大忌，不進水火。因而語之曰：此理幽微，世人莫測，可謂神聖。若不明此，豈足以語煉丹哉。

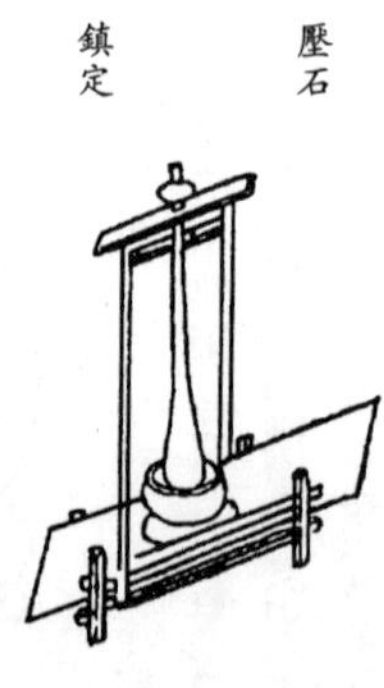

又　火候十九

古法

佚名《修鍊大丹要旨》卷上　縮法

《青緑篇》云：用泥法重四十九兩數，水銀半斤，錫半斤，千年草一枝，蜈蚣草一枝，同錬。

此處

又　卷下

硃砂鼎方

硃砂真正如箭頭、光明、出辰州者，以三斤爲則，用浣火絹袋盛之，以桑柴灰熱水淋汁了，再淋滿盛於砂鍋內。却將硃砂袋懸掛灰汁中，上不露袋，下不著底。又用一砂鍋蓋上，以灰滓固口縫。桑柴火文武燒煮。三七日夜，火不可太急，亦不可太慢，如常魚眼水沸。煮之至期，取出看黑色透明爲度。如不黑明，再煮三日夜。如常要看灰汁，如淺隨即添滿，又固口縫。每一夜一次看，如是黑明完了，將出來待冷。却將新山澤銀剪鑿碎，於砂合子。先以黑紙爲貼身，然後銀一層，硃砂一層，裝滿合子，用鐵線十字縛定。仍用赤石脂爲末，用紙筋調均，固濟合口，無令氣泄，謂之子母相生。用一土坑，深二尺四寸，埋之三七日。取出，於甘土鍋內銷，自然成汁，即係銷銀，一般比及。埋硃砂時，先做黃蠟鼎模，完備候乾，取出在內，黃蠟空其模子，等候臨期鑄。要燒熱模子，汁下則匀比。鑄之先要將鐵扇草末，放入模內，令乾疾成鼎。之後看鼎大小，蓋用花銀，打造一箇蓋，蓋上留一竅子。如將汞入鼎內，却於竅內放下鐵扇草末，用灰火溫溫煮之，自然片時，即乾成寶。每一斤，却用三兩赤毛入內爲骨，金公五錢爲閏，用乾柳枝攪之匀，又用硼砂焰硝少許入內，去其垢膩，傾內隨成真寶。如無鐵扇草，即用木律草根爲末代之，亦可。其詩曰：一葉一枝花，深山是我家。硃砂見我爛，水銀結成砂。

此草與天南星相類，一葉，如大麻葉一般，七瓣一花，如鈴鐸一般，倒垂，花紫心黃者是也。

鑄鼎之法，須用雄黃、硫黃、雌黃、五加皮、獨掃、紫河車、馬齒莧、人言。此八味各等分，另爲細末，用赤石脂和匀。先於蠟模上帖内外，却用爛熟紙筋、黃砂泥護塑令厚，伺乾烘出，原蠟鑄之妙。

砂鍋、山澤銀、沙合子、甘土鍋、汞入鼎，赤毛三兩，金公五錢，硼砂焰、硝各少許。

鐵扇草，青葉紫背，背有毛，青白花，花心黃而空，風吹不動，無風自搖，如有二種。朮律二種，根白葉青，子黃身赤。

妙寶真方

汞五錢，辰砂五錢，雄黃三錢。

右用黃蠟一兩，作彈子一箇。却將馬齒莧十兩煮汁，和白芨末五兩、紙筋，就入蘆甘石末、針砂磁石、代赭石、白硫黃、黃丹、金精石、鬱金，研如泥。得所作二分，先將一半裹蠟彈均無縫，候乾，方入汞砂黃等，封閉。就將前藥泥一半，再裹一層，令均候乾。方纔下銷銀鍋內，用磨瓦蓋頂，固濟，務在無令走氣。候乾，再用六一泥通身固濟，鐵線縛住，十分候乾。方用二十四兩炭火，慢慢煨之，一七候，通身紅，就去火。待冷取開，去其外匱，止留貼身之匱，用燒紙灰將米湯和，再燒過，用熟絹一袋盛之，著肉身養之七七。取開爲末，將杏核作一眼，去仁，灌入藥末，銅鐵線縛定，鹽泥固濟，入香爐火內，燒之一伏時，取出，即成真寶。每日止許食用一錢，不許富貴多用，並不許有違祖願。切不可亂傳非人，罪不輕恕。慎之慎之。有緣遇者，宜自保重耳。

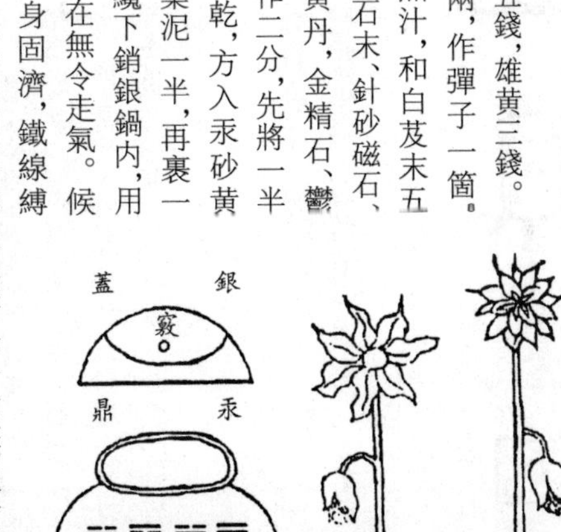

爐寘中室，圜象爐之南，其制外圓內方。圓徑一尺四寸，方徑一尺二寸，中深七寸，爲鐵栅以限，上下通身高一尺五寸，外作三級，每級高四寸，闊三寸，下級闊加倍。究其南面之下地，通虛至栅，以便出灰。上一級書五行，南火，北水，東木，西金，土居於中。次二級書八卦，震東，巽東南，離南，坤西南，兑西，乾西北，坎北，艮東北，後天位。次也下級爲罡道火，下時步三匝。于上爐南，設香几圜象。北後坐榻，一主人日守坐于上。具炒煮所用器物，皆列置左右兩旁。凡藥物鼎合，並須櫝藏，勿宜褻玩。于外執事者，俱令出次他所，無幹不許輒入。齋房主人有事或出，則扃鑰之。

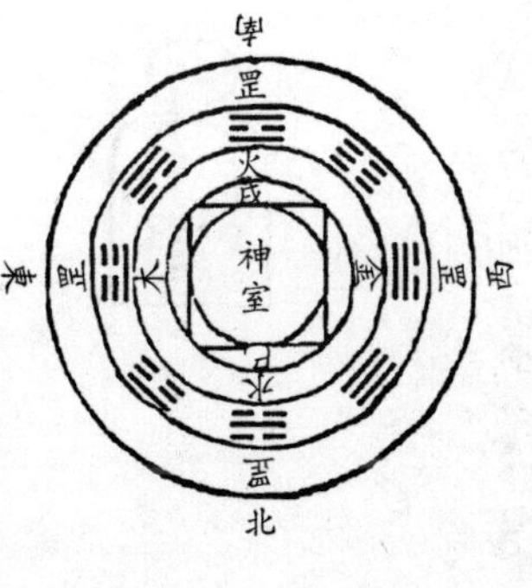

九還既濟爐圖

佚名《感氣十六轉金丹》 母一斤六兩，鑿成一十六塊，如法鎚打，令實無鋒芒。桑柴不拘多少。日乾，燒灰一斗許，做灰蘿，用百沸湯淋汁一斗許，盛於净器中。骨碎補，去葉皮净，一名土猴薑。千年潤，一名地蜈蚣，洗去土，去水脉，和葉並根秤。二味草各秤二斤。入石臼爛擣，用新布裂汁，乾再擣。凡八九次擣，取汁一斗許。如未至一斗，但以前灰汁揉擣，盛净器中。

右用砂銚一枚，可盛三升水者。將砂銚安鐵三脚子上，傾灰汁藥汁於銚內，只令六七分滿。將前母用小竹箬兒盛，懸胎於砂銚內，炭火上煮汁常沸，莫令涌出。頻於灰藥汁浸點煮，如是點煮一伏時。如灰藥汁少，更要將前灰蘿煮沸湯淋汁，和藥查再擣添，煮一伏時爲度。如是煮畢，取箬兒，取出母，逐塊以净布拭去水滓，令乾入砂合子。須是信州頭樣大合子，則可將前所煮母一十六塊，排砂合底。合定，以醋調蚌粉，封合子口縫。如闕蚌粉，用赤石脂尤佳。虛養一伏時，卯酉各火四兩。次日開合，則澆汞四兩於母上，如前法封固，下用水鼎，坐合子於水鼎上，具式如後。

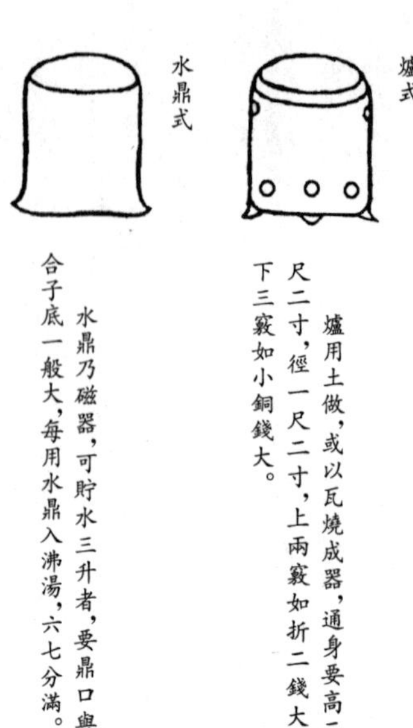

爐式

爐用土做，或以瓦燒成器，通身要高二尺二寸，徑一尺二寸，上兩竅如折二錢大，下三竅如小銅錢大。

水鼎式

水鼎乃磁器，可貯水三升者，要鼎口與合子底一般大，每用水鼎入沸湯，六七分滿。

養火都式

爐中所用灰，乃用紙錢灰。

依式造畢，養火如法。其火四兩，要三塊頓合子頂上，候通紅不滅，以灰覆之，卯酉抽换，七日火足，寒爐出合開看，其汞成魚鱗。色如霜四兩。

再燒汞四兩，如前封固，如前入爐添水，如前封水鼎口，如前卯酉，各火四兩，養七日。去火寒爐開看，其汞乾如玉犬牙。八兩。

再澆汞四兩，併如前法，七日火足，開看其汞乾如馬齒琅玕。壹拾貳兩。

再澆汞四兩，併如前法，養七日，火足開看，其汞乾如瓊林玉樹。一十六兩。

再澆汞四兩，併如前法，養七日，火足開看，其汞乾成黄芽。共二十兩。

更添水鼎湯坐合子上，如前封固，火數虛養七日，取出開合，摘黄芽，成大丹。要留爲匱則留之，不要留鉒銷如前，不折分兩。

九炒芽方

右將硝石、餤硝、白礬、食鹽四味，各二錢，研末用之。將砂銚一枚，取黄芽，先投銚內。次用前四藥，覆黄芽，座銚子上。更於銚子下，熳火逼炒，恐銚藥沸涌，挼皂角水洒之，莫令涌出。候藥不涌，用建盞覆定，更用濕紙封盞縫，聽銚內聲絶，去盞，去前四味藥汁，只取黄芽，沐浴轉成紅粉。

十沐浴方

紫袍金帶色鮮鮮，合口須教莫妄傳。更得杜防相輔助，和砂一處水中煎。

紫非，川烏，鉒世寶則用，不鉒不用。白芨，白歛，杜仲，防己，川椒合口者。已上七味，各二錢。

右剉如麻豆大，取長流水，投藥於銚內，將黄芽用新布包裹，懸胎，須坐於鐵三脚上，煮一時，如水耗則頻添之。火足取出，去布焙乾，轉紅粉大丹。

如要鉒成世寶，則將黄芽鉒之。到此可戒可慎，禁戒甚嚴也。

十一轉紅粉法

將前黄芽研細，投砂合內，如前用醋調蚌粉，封合子口縫。座砂合於鐵三脚架上，上入爐養之，到此不用水鼎也。用卯酉火各四兩，養一百二十日。去火，取出合子開看，皆成紅粉。將粉研爲細末，用一净盆，盛水八九分滿，傾出紅粉，於盆中水上，輕清浮者，用紙綽之，日乾，乃曰紅粉。留之轉爲明窗塵大丹。沉在水底者白砂子，鉒之成銀。其銀留之，向後打造混沌用。

十二轉明窗塵法

將水面所綽紅粉，投於砂合內，實捺合定，以醋調蚌粉，封合子口縫。座於鐵三脚架子上，用熟火四兩，卯酉抽换，養之一百二十日，成明窗塵。火日數足，去火出爐，取合開看，其紅粉輕清，如明窗塵。謂如窗隙中之飛塵，至細也。將明窗塵養丹砂，轉大丹。

十三轉大丹法

欲養大丹，當於僻静去處，不聞雞犬，不見婦人，方可爲也。將明窗塵一半，投砂合内，用成塊朱砂，六兩共一十塊則可。若朱砂太大，則難栽於明窗塵中也。更用明窗塵一半覆之。入合合定，以醋調赤石脂，固合子口縫。入爐座鐵三脚子上，卯酉頂火各四兩，養三百日，成大丹。取出合子開看，取明窗塵盛於浄器中，取朱砂轉紫河車。

所養丹砂六兩，除去四兩留轉大丹，其二兩逐旋研用。人死七日，魂魄未散，心頭微温者，取丹砂半錢，以井花水灌入口，其人立甦。如魂魄已散，丹砂入口，其屍千年不壞。如人可服，將丹砂研細，以楮汁圓如梧子大，面北，以井花水吞一圓，令人百痾不染，久而臟腑俱成金色，延年却期，永無危急之患。此丹砂可以扶危濟急。丹砂半錢匕，可乾汞一斤成銀。不可輕用，戒之慎之。

十四轉紫河車法

將丹砂四兩研細，入雄黄四兩，更入生汞二兩，同研細，狀如桃花粉。投於砂合内，用醋調赤石脂固縫。入爐坐鐵三脚子上，卯酉頂火各四兩，養六十日足。取出開看，其藥成紫河車。用一剜耳許，可乾汞一兩，其色轉黄。

十五轉黄轝法

將前紅粉淘下白芽子，所鉦銀半斤，打造混沌。恐銀少於别轉中，乾者添用。

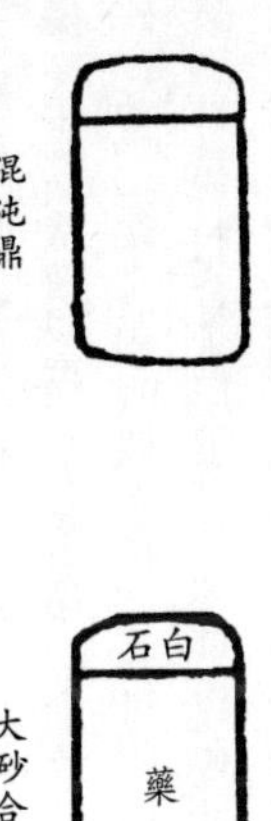

將明窻塵一半，投混沌底。將紫河車更研，入雌黄四兩，同研細，投明窻塵中，其上更以明窻塵覆之。醋調赤石脂，固混沌口縫。外更用大砂合，納以白虎石鋪蓋，其安混沌於當中。亦以醋調赤石脂，固口縫。入爐坐合子於鐵三脚上，卯酉各用頂火四兩，養四十九日。此黄轝用一剜耳許，將汞一兩，安建盞内，以黄轝糝汞，頓慢火上，乾成黄金。白虎石即白堊也。

十六轉紫金粉法

將黄轝點汞成金一十六兩，造一混沌。將黄轝一十六兩，或一十兩，其餘留以濟世救貧拔苦。研細投於金混沌中，醋調赤石脂，固混沌口縫。用砂合，投白虎石一半，坐混沌當中，更用白虎石蓋滿，亦以醋調赤石脂，固砂合口縫。入爐，卯酉各火四兩，養四十九日。火足，取混沌開看，已成紫金粉。此粉點五金俱成紫金，到此切戒輕舉妄用。

轉大丹法

前事俱備，選名山，擇福地，以藏風聚氣去處，更要周回三百步，無伏屍故氣。用古劍一口，古鏡一面，建壇三層，高三尺六寸，其壇方圓一丈，上以屋蓋。壇下當中，埋辰砂二十四兩，鎮壇。壇上有竈，竈中安鼎，鼎中安神室。預先告盟三界十方，自古得道真仙，當境祀典神祇，當山山神土地。禱以鍊丹之日，毋令陰鬼竊丹之氣。

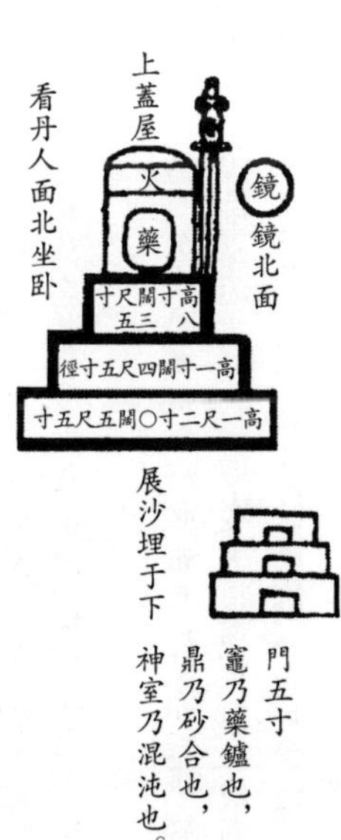

丹臺式

用前金混沌，更添金一十六兩，共前三十二兩，只如前者大，而如法厚打造。投紫金粉於混沌中，用醋調赤石脂封固，入大砂合。此砂合須别燒。先以白虎石一半，鋪砂合，方安混沌，更以白虎石覆滿，合定亦用醋調赤石脂封固。入爐，坐於鐵三脚子上，卯酉各頂火四兩，養十箇月足。開爐出砂合，取混沌開看，藥生成五品，隨人功行所結也。一法，以冬至日下手，來年冬至日取。

第一品，名曰龍虎大還丹。其丹結於混沌頂，如紫金，有内丹人服之，點化骨肉，同飛而成天仙。無内丹人服之，則成地仙。

第二品，名曰神符白雪丹。結於混沌四畔，色如美玉，服之如上。

第三品，名曰金液小還丹。其丹結於混沌四畔，如紫金。有内丹人服之，點化飛仙。無内丹人服之，長生不死。

第四品，名曰紫遊丹。其丹結於丹鼎四畔，紫色。有内丹人服之，可仙。無内丹人服之，久視長年。

第五品，名曰紫金丹。其丹只在混沌底成，紫金色。有内丹人服之，可仙。無内丹人服之，久視長年。

修鍊畢，看丹砂結成如何品數，此隨人功行而成。將丹藥看多少研細，以楮汁搜和丸，如桐子大，四十九粒。餘丹化瓦礫皆成至寶，可留濟世救貧拔苦，不可爲贍家及妄用。

佚名《庚道集》卷一　寒林玉樹湧泉匱法

先製靈砂

上等硫二兩，汞八兩。一處研令交姤，入磁水火鼎煉，鹽泥固鼎口，以鐵線扎定，鼎上着水炭，火簇鼎打靈砂，頂水五盞乾，内中不作聲爲度。退火，取出靈砂，劈作骰子樣魂。用川椒、白附子、川烏、天南星，四味等分爲細末，約度可煮上件靈砂魂子，以生絹袋盛砂，線扎定，取陳米醋大砂鉢内，將靈砂袋子用竹筯架在砂鉢上，令袋懸胎，不着鉢底，醋煮乾取起。用軟帛揾靈砂，令微乾，用鐵鹽粉貼身，匱之。先備一信州砂合子，不漏滲者。取第一等好銀屑作末，或爲珠兒，先着一層銀珠兒，却入靈砂塊子，如蓮房子安排，栽在銀珠兒上。又用銀珠兒蓋靈砂塊一層，更有未盡靈砂塊子，又間空栽一層，上又用銀珠兒蓋。上下鋪蓋畢，却以崑崙紙一圓片子蓋之，着少食鹽於崑崙紙上。崑崙紙，廼是以好墨染者。合子用鹽水調白善土，固濟合口，以鐵線扎定，留鐵線轉合頂之，作環可提，外用鹽泥通固合子，厚一分許，時時研令緊，勿令裂，陰乾了。先備一砂糖缸子，約可入得砂合子者。先覓廟中紙錢灰，火通紅煉過了，入缸内令滿九分，先入紙灰一半，以上却將合子入在中間，上以紙灰蓋了。先將上等好白炭，作三寸段子，秤見兩數了，熟火煉令紅火了，入缸内，離合頂三二寸許，養五日。第一日，火四兩省。二日，火五兩。三日，火六兩。四日，火七兩。五日，八兩。五日足，取出靈砂，又養。火候每日只是早上下火，直至來日早下火。所以應太陽躔度，法自然抽添之妙。世人不知，以早晚下火，皆失造化，逆天地生育之本，失陰陽造化之原，是以致敗。其法但是銀珠四兩，養靈砂一兩，如此積累得多了，去母匱，只用已養靈砂研末匱，仍四兩養一兩。係未養之砂，五日待多了，即以此靈砂末四兩，澆汞一兩，當中蓋之，火候固濟，皆如前法，養之日足，自生芽，逐旋摘之。此炭須用嚴州建德縣，地名盧慈表好白炭，如鹿脚打不斷者，爲佳。他處皆不中用也。

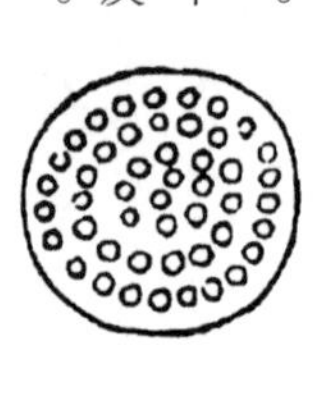

栽蓮樣

藝文

佚名《玉清内書》　金鼎銘

后土金鼎，生死長七。神室明三，圓五深二。混沌徘徊，天地四星。陰陽兩頭，象如雞子。形容莫差，黄白在裏。厚薄須勻，六一固濟。好守午門，參同自契。

雜録

唐·歸耕子《神仙鍊丹點鑄三元寶照法序》　歸耕子者，士之不遇所稱也。余幼習文武之藝，好奇異之術。洎乎立身之年，過梁適鄭，遊嵩少之間，憩於大樹下，遇一老叟，年八十許，眉目疏朗，神氣閑静，因揖坐石上，移時與語，多話虚無出世之言。謂余曰：叟居不遠，可一往焉。余唯唯同之，見所居皆古木脩竹，門逕閴寂，室無人矣。余因徵黄帝昇天，及戰蚩尤，使風后，鑄鐵照法。叟曰：子聞神仙鍊丹，點鑄三元天地人寶照否。曰：未曾聞也。遂稽顙再拜，願先生指陳幽賾，以去塵惑。曰：覩子骨氣，異常人也，可以教授。乃於囊中出其文，皆古篆也。曰：此非子之身之事，乃太平天子之所爲也。若遇道德淳素，合天地心，四海晏如，民有謳謡之詠，可依法鐵之。余稟是誡，叩首再拜。俟來旦叟曰：此非子久處，宜去也。後三紀復相見。余告辭，再拜之洛，秘之肘腋之間，未敢輕傳其非人也。時唐天復二年仲春月歸耕子述。

佚名《諸家神品丹法》卷二　孟要甫《修丹擇地儀式》序

泥爐安鼎

立壇設祭

儀式口訣

夫修金丹，先須擇地名山，結仙侶三人，須要同心合意，近甘泉之水，得年月日時吉，乃築室泥爐安鼎，取戊已之土鼎，用之燒埚爲者是也。至於中胎合子，亦用埚者。其鼎須寬窄得所，更須臨時相度，可安得中胎合子，周迴宛轉，容得火氣流行，最爲妙。鼎太寬則水火不濟，太窄則水火之氣不行，切在細意爲之。

其爐六壇，三層以應三才。爐上安鼎，水火既濟。其所造爐，高一尺二寸，闊一尺六寸，爐心中相去一尺，外厚三寸。前開一火門，高五寸，闊四寸，以進其火。後留冗道如突形，以泄火氣。將進火切在牢密。安爐立鼎訖，下火時傍祭拜，上告天地神祇，向北設酒果三分，香三案，先爇香拜，次長跪，低聲密祝曰：某年月日鄉貫某人，奉爲燒丹，欲求長生，誓願畢，再告神祇，唯願大道諸仙真君，表察虔誠，速成黄白，服之長生，上沖九天，壽同日月。弟子青詞。祭畢，自食之。

混沌未分，其道杳冥。纔分之後，一氣生焉，謂之真一。一生二，二生三，三生萬物。萬物之中，人稱最靈，所以配天地爲三才。三才之内，唯人壽數有限，其壽考者而不能滿於百歲，其夭促者不足以言也。静而思之，忽自傷嗟。予以弱冠，因讀丹經，稍知旨趣。説還丹之法有大奇之功，人服長生，壽同天地。於是反復披尋，怡然存思。自兹之後，志慕神仙，朝昏在念，夢寐留心，前後二十餘年，幸遇至人傳授藥物，方知鉛汞乃一金一水，火候用一陰一陽。所恨光陰遄邁，日月因循，未契同心，獨難修製。今將所得真訣，寫録于後，及引先聖丹經，徧釋其義，號爲《金丹秘要參同録》。莫非直指其事，故免緣飾。或有詩句重疊，或乃言辭鄙拙，蓋究其理而不假其文也。然則還丹之道，至玄至奥，是以不量荒斐，序録斯文。儻有同志，幸希光覽焉。

服餌與丹毒部

綜述

佚名《黄帝九鼎神丹經訣》卷七　凡服丹藥時，勿以天陰、雪寒、風雨、大露五日，服藥須在静處，得力大速。服藥須慎口味，五辛葷臭，房中污穢，臨喪視孝，並大禁也。

此是狐剛子造大藥禁慎符室法。庭前其室方十二步，高二丈四尺。南門著扉門前，使有東流水。東日西月。表裏香泥泥之，四方各作主丹符也。於室中立五嶽、三台，西方壁下別立層壇，置諸藥草及神丹經訣目録，並布於上。即有生藥使者護之，萬邪不能干也。

又　卷二〇　明合丹忌諱敗畏訣所明者，謂合丹忌諱敗畏。九鼎九丹不盡訣，開釜試藥訣，服餌真護訣。

臣按：夫大丹者，則金石之華精，真人之所珍。是故服之者，神仙變化，長生久視，役使百靈，上昇太清者也。俗人徒知其丹經之篇目，而不知合丹之忌諱，雖得其方，而無成者。夫神丹欲合者，有五忌、三諱、四敗、六畏也。若犯之者，丹精飛散，靈華墮落，神光沉遁，霜烟損失，服之無益，不可不慎也。所以真人請問其目。玄師答曰：五忌，一者合藥及發火時，無用五石死日也，謂春壬辰，夏癸未，秋丙戌，冬丁丑。以其日造神丹，起爐火，則石精伏結，飛花不起，霜烟合毒，服之無益也。二者忌市具神藥，及論説丹事，無用五邪生日。所謂春九轉，云齋起日，先投清酒五斗，於所止之流水中。若地無流水，當作好井，亦投酒於井中，以清地氣，令齋者飲此水。投酒雖無禮祝之辭，亦是投獻之義。上丹高絕，故假設有饌之祭，醮請之禮，下法所須。是以元君云：不在祭祝事鬼神也。明矣。藥未合成，不可不志誠也，故祭者正願藥成耳。若合之以竟，而更祭者，事理則非允也。【略】合丹在深山静處，東流水側，立壇屋，百事土釜，訖。藥精鍊畢，炭物並足，以開除日齋百日，同志契誓，不過三人，試釜知密，方可舉火。臨欲合藥，更齋七日，以甲子開除之日，釜邊祭之。【略】

九丹祭法，於合丹之所，黄土爲壇，方九尺，四面藩之，中方四尺，四面開門，爐在壇西，去壇六尺，於壇所設席，祭以白茅。爲席長一尺，壇上五藉，藉別一片，脯酒一杯。東座九藉，藉兩片，脯酒二杯，用黄米二升爲飯，用牛羊脯各三斤，或五斤，用鯉魚三頭重三斤，蒸之。用煮雞子二十枚，大棗三升，用梨一頭。若有橘柚及諸赤色木果，燒香，酌酒，拜座，以上法發火訖。收爐旁祭，更以新別酒脯，常安三案，各三杯酒，三斤脯。自此以後，常施三處酒脯，晝夜勿收。每三日一易脯，一日三易酒。酒輒當拜如常，自始立祭，便就燒香，晝夜勿絶，務加潔肅恭敬，勿怠。至藥成，當復祭如初，唯加猪肉三斤，在壇東一座，加白米一升爲飯，雄雞一頭蒸之，乾魚鮓等。祝云：神藥已成，今請開釜，隨意所言。祭畢，及開釜耳。

【略】五忌者，合丹男忌七月三日，及七月甲寅日，女合丹忌正月七日，及正月庚申日。此四日是石精交戰合鬼之日，以其日執事起火，則丹精不發，神靈不感。邪鬼來入，皆爲凶敗。此所謂五忌。言三諱者，一者諱合丹之時，泣淚悲惡也。二者諱犯丹弑賊名字也。三者諱凶衰殗穢，死産乳也。

臣按：犯此三諱，則石精難結，五華不曜，其丹必毒，入口殺人。凡八石至忌憂感泣淚，及臨屍凶殗之人，皆不可厠預飛鍊霜雪，造爐火等之事也。此是神丹，尤所禁忌。又丹有弑賊惡鬼，謂所名石葱子，字混泥洗，合丹始火之日，慎呼此名字也。若再犯之者，則烟霜墮落，鬼共來入，神爐破碎，精華散出。

四敗，一者合丹之處，地多震動，謂之車馬行處。二者見嫉妬之人，謂惡眼人也，見神藥則致鬼殃也。三者雷不釜震，丹精墮落，精華不飛。四者五辛臰物，及燒雞犬毛也。

臣按：此四敗者，八石之所大忌，不可犯。犯則精華不飛，作丹不成。若合丹日數未足，聞雷霆之時，急當以濡布覆於釜上，令藥伏精，飛烟不起。

六畏者，一初封藥之日，及始火之時，畏遇風雨雷霆也。二者合丹之日，畏聞唤魂魄聲。元本脱三四也五者合丹，畏聞悲哭聲也。六者畏見一切血腥污穢之事也。

臣按：此六畏者，皆神丹之所禁忌，有聞而犯之，則飛精驚擾，華烟損也。

佚名《九轉流珠神仙九丹經》卷上　凡欲作藥時，始以甲子開除日大吉。合藥，先齋戒三日，乃爲之。合藥不過二人至三人，二人同心，其利斷金。致加精，勿入汙穢家。欲飛藥時，釜邊施祭，以清酒香餅等，黄粱米飯一斗，大棗三斗，梨一斗。【略】

欲作神藥，勿令愚人、婦女、小兒、喪家、汙人見之，及妬嫉多口之人。若不好道，勿使見知也，使藥不成。慎勿令賓客婦女在藥傍。何者，作藥欲得寂然無聲響，神藥乃成。愚人不信道疑道，謂無神藥，故不使見也。使藥不成，謹候視之，無令釜有坼穿缺傷者，有如髮穿蟻鼻者，藥皆飛去，亡其精神，失其魂魄，但得其石，又失其重寶，即藥不良，服之無益於人。神藥一銖，投水銀一斤，火之即成黄金。不成黄金，藥不可服也。故玄女曰：金可作，世可度，金不可作但自誤。即以丹一銖，粉鉛錫水銀各一斤，粉之皆成金銀。故言斤斤與一銖，慎無多也。常以平旦日出時，東向再拜，長跪服之，如禾粟。上士服之，七日得仙昇九皇。下士服之，七十日乃得仙。愚人服之，一年乃得仙。欲作神藥，服藥時皆先齋戒，沐浴五香，不如法，藥不成也。以丹華釜飛神符，大善。子無貪財，但飛神藥，可得神仙，勿得妄傳。

隋·蘇元朗《太清石壁記》卷中

服丹法

凡一切老冷疼等病，每日平旦，取棗肉及裹豆豉，並丹二丸，温酒下。

服丹禁忌

服丹時不得食羊血、鯉魚，及臭味汙穢等物也。

服丹覺觸

服丹后，覺身面上癢，如蟲行身面，手足浮腫，見食臭，喫食嘔逆惡心，四肢微弱，或痢或吐，頭痛腹痛，並請不怪，此是丹效排病之驗也。

治丹發動

若覺丹發，即用生熟湯沐浴，葱豉酒一盞，同薰黄法飲。若不定，取露蜂房、甘遂、萎蕤、麻黄等分，煎取飲子，一服立愈。

又　卷下

服諸丹法

取棗肉裹如大豆，日服一丸，不得覺觸，加二丸。每一劑百丸。唯八十下二十上年，宜服。兩歲長病兒，三歲已下小兒女，恐力弱不得服之。自外服皆得。唯不治疸黄一色，餘病皆治。量病加減下内，最良兼服，此是表裏功有驗。如有吐痢，不畏，有氣腹中痛，並是丹之功力，勿怪。唯忌牛肉、白酒、麻子、血羹、生菜、蘿蔔、芥子、胡荽、芸薹、蒜、喬麪，自外無忌。服丹後七日外，任意當食。

療病狀法

大熱風，眉鬚墮落，服四百丸，並服杏仁。刺風，服二百丸。頭風，服一百丸。半身不遂，手不至頭，服二百五十丸。上氣嗽逆，服二百丸。賊風入心驚走，一百丸。傷寒風，四十九丸。歷節風，服一百五十丸。蠱毒，服二百丸。冷心痛，七十丸。歷節風，服二百丸。身上歷洩風，一百二十丸。婦人斷結，一百丸。疰卒、心痛、蛔蟲痛肚裏、冷氣腸鳴，各五十丸。婦人帶下，二百丸。婦人發乳、吐血，各一百丸。下痢，四十丸。發背，一百丸。婦人月水不調，七十丸。臍下絞結痛，五十丸。疳濕溺，服八十丸。時氣，二十丸，初三日已前服三丸，令吐。冷痺，五十丸。因産中風，五十丸。内癰腫，二百丸。骨蒸瘡，用末和水封之。蚛蟲，五十丸。反花瘡及冷瘻，末封。瘡上。丁瘡，末封。驚，服二百丸。面皯黯，一百丸。宿食不消，心腹脹滿，各五十丸。男子痔疾，一百二十丸。百節中大風，一百丸。風黄，一百丸。蜂蛇蜘蛛咬，並末封之。五臟中大風，一百丸。腹痛，五十丸。腸鳴結痛，五十丸。損傷，五十丸。胃中氣反胃，各五十丸。口乾、舌焦，各五十丸。喘息、咽熱、消渴，各五十丸。咳嗽喉痛，婦女崩中，血温瘴氣，各五十丸。頑痺風，三百丸。脚弱腰痛膝冷，手足熱疼，不可持物，各五十丸。疝瘕内，五十丸，並服之。絶筋破骨，損聚惡氣，各五十丸。鬼疰風飛屍遁疰，蟯蟲心痛，各五十丸。夢與鬼交邪病，各二百三十丸。破堅積逐，九府破，結固癖塊，疰氣冷癥，流血悶絶，各一百四十丸。鼻中宿肉，血出不止，身體白駮，驚邪心悸，癇死，肥發汗熱，風下乳汗，各一百二十丸。婦人斷孕，五勞七傷，各一百二十丸。男子虚損，弱陰下濕，陰痿下墜，一百二十丸。白蟲内，五十丸，並服。大風疾初覺者，服三百五十丸。女人下墜脱肛，服二百丸。殺精物疳瘡，諸瘻、癬疥、癰毒、瘰癧等，並服五十丸，及末封。血脉發者，服二百五十丸。偏風半身無汗者，二百五十丸。長患疰心痛，二百丸。四肢冷痺，二百五十丸。毒魅病，一百五十丸。虚病，三十丸。

服八石丹法

使飢平旦空腹，服一黍米許，以漿水送丹。若作丸，丸如小豆，一服兩丸，微吐痢爲度。初口服丹，不得飽食，食則傷人，常須節勒所病差後。服丹後百日内，覺四體昏昏欲得睡，並有沸子出，此是藥候滯氣，亦不須怪。

服八石丹加金銀粉共飛之法

無問飢飽，每欲卧時，以銀匙子取如麻子大，置於舌上，任消散。一服之後，

乃至終身。旦起漱口水，及食訖漱口水，並須咽却勿遺棄。百日外四體熱悶洪腫，偏身白瘡出，瘡出大好，勿怪也。即肥猪肋下肉五兩熟煮，令温水飯鹽噉，即愈。若不止，即以金渷兩大豆許，服即愈。

服八石丹慎忌法

五加皮、青蒿、鐵漿、諸血羹、白酒、陳米麴、臭穢、食酢、滑熱麫、五辛、生菜、瞋怒、憂慢、房室、女人，大忌。此藥大安穩無動。按《仙經》云：三兩爲一劑，服之二兩三兩，百鬼惡神不敢近人。五兩，五臟六腑變爲金花，名紀玉府，長生無死。治病之源，俱依後制。若也欲擬延年益壽補益者，可長服。以金薄二三兩，和成丹，與金飛取，研錬使熟，大小如法，不吐不痢，甚得安穩。若於深山空寂之處，夜暮獨宿，以丹一大豆許燒之，百鬼猛獸之類，自然逃避。若在路行瘴疫、天行時氣染病者。以緋帛裹之，任從多少，男左女右帶之，厭鬼病亦不畏也。

八石丹治人癩病法

眉髮墮落，支節腫爛，癲癇風邪，狂言狂走，癖塊堅硬如石，癥瘕九種心痛，天行時氣，心腹脹滿，八種風，十二冷痺，偏身頑麻，肢體惡瘡，服丹後百日内，不得飽食，雜食諸血肉，百日内慎之。凡癩有五種，一青風生青蟲，二黄風生黄蟲，三白風生白蟲，四赤風生赤蟲，五黑風生黑蟲。欲知此病，服丹即知差不差。服丹下諸蟲出，唯黑風生黑蟲，量拱手者，此名正報，不可治也。自外並治得差。

服金英等諸丹療病法

腹内冷痃癖癥塊如塼，又心刺胸不能轉動，積年累月食飲不下，服一百丸。腰疼膝冷，陽氣不興，夢與鬼交泄精者，一百丸。下部虚，三十丸，立驗。生熟二臟不慎食，最佳。四肢沈重多睡者，一百丸。手足不能收攝，半身不遂，全體總廢，久而不療，即便致困者，服一百丸。刺風，四十丸。腹中冷痛，一百丸。五勞七傷，一百丸。風狂走，一百丸。消渴，五十丸。宿食不消，一百丸。賊風入心，一百丸。夜卧咽喉乾燥，舌上及頑，服五十丸。

服艮雪小還丹等法

脚氣，服一百丸。食不下，心頭脹滿，腹内氣填胸，多吐冷沫，身體虚冷氣腸鳴，一百丸。食噎不下，五十丸。吐血不止，不下食，一百丸。頭風、刺風、熱風、腋風，各五十丸。傷寒，服十九丸。乍寒乍熱，五十丸。面黄水腫，一百丸。青風面脣爪青，服一百五十丸。暗風入頭，掣痛連眼精，一百丸。痰飲添酸者，一百丸，脚轉筋，一百丸。風顛狂走失心，服一百丸。若胃口急閉不能食，一百丸。身體羸瘦盜汗，一百丸。燥滯疳枯，一百丸。好睡，一百丸。婦人赤白帶下，血閉不産絶緒，服一百丸。牙痛不堪忍，取一丸於蚛孔中著，以蠟塞孔，立愈。蛇蝎蜂蠆蜈蚣諸毒咬，螫毒盛不可忍者，以丹及酢和調泥作餠子，如榆莢大，厚薄如三重薤葉，置瘡上，以艾灸之三五炷，立止。亦有酢和丹，向火微炙令乾，便薄之。毒蛇如傷經二日三日腫大者，酢研如泔汁塗瘡上。卒死氣盡，或經半日已來，宜以丹和酒，不爾飲灌之，令入腹内，以手按捺腹内，丹氣流通，死者便活。若口噤者，揭齒灌之，併與四五丸服之差。百蟲毒在腹中，無問遠近，一百丸差。牛馬疫氣相染，服五十丸。牛馬疫病，斟量畜之大小，以湯研五六丸灌之，再服二丸。瘧病無問日月深淺，未發前服二丸。欲發時服一丸，遠不過三服。婦人胎死腹中不出者，多日少日體困極垂死絶氣者，以丹三四丸研碎，酒温送之，少時覺腹中鳴，胎即出。若久不覺有異者，更與一二丸，酒半盞發之，立驗。夜卧不安，精神錯亂，覺如昏昏醉人之狀，以酢研三五丸丹，塗手足心上，不過三五日差，又服五十丸。雜蟲、痔病、蛔蟲、寸白蟲、心痛、吐水等等，明日平旦欲服丹，今夜少食令飢，空服三四丸，或加至五六丸，日午前蟲並出。若一服不差，他日更二丸，愈。痔病用三十丸，蜜和，痔孔納之，驗。疳蟲無問丈夫小兒，宜以成研丹二三丸，如大豆粒，與臘月猪脂可棗許，相和調綿，纏一筯頭，以丹塗著筯頭，納下部中，不過三度，差。諸毒腫，宜以丹和酢研。以泥腫上，乾易之，三兩度，差。丹乾重封。不爾將酢酒滴腫上。月經不調，服一百丸，半納下部出臭血黄水，立驗。乳癰，研塗上。邪魅妖精恐怖，各帶五十丸，每夜門前燒一丸。患肉癃無問處所大小，以針癃上作孔，以丹和臘月猪脂塗上，向火温然後灸之，夜再三摩，已摩亦摩灸，無不差。丁瘡，針刺多孔，即以丹十丸，於陰地持柔合大餠厚兩錢，當腫上，艾灸十壯，以疼爲度，差。瘻瘡，臘月猪脂和丹如葱莖，納瘡中，食惡血盡，以大豆汁洗之，以薰陸香和羊猪脂貼，即差。禿瘡，以酢泔汁洗拭乾，以丹末和猪脂塗，不待痂落，依前更塗，不過兩徧。冷瘡經年累歲，膿水不止，以丹深納孔中，以帛裹之，不令藥出，日著一丸，不過五日，即差。大痛不堪忍，亦不須去之，疸瘻赤疱，風瘑疥癬，十年不愈，針刺患處血出，以丹末和酢蜜塗之，痂落即差。月蟲遶人面口，此療之立愈。以成研丹末，和猪脂薄塗之，不過三五度，差。産後血不止，服一百丸。難産，三丸和酒服之。白癩，服一百丸，和酢塗之。狐臭亦然。緊脣，以成研丹半小豆許，薄塗之，即剥羊皮貼之，不過三五度，差。

服丹人消息法

凡人服丹，宜平明空腹，净漱口，洗手，面向東，服一丸。每朝如此，不可更加。皆須棗裹之，亦如蜜咽之，白飲清酒水送之，並得。服丹之時，慎黍米、牛肉、羊肉、血羹、白酒、煮麪、鯉魚、鱠等，並不得犯。凡服丹十五日已來，當覺有異之勢。或有偏身微腫，手足頑楚，四肢不遂，肉裏瘤瘤如蟲行，此人猶有冷風故也。或有嘔逆，口中吐水多涕唾者，此人猶有腹内脾肺間病故也。或有頭痛目眩，脣乾面熱，眼中淚出，鼻内水流，此人猶有熱風故也。或有手足煩燥，胸脊疼痛者，爲五勞七傷。或有大小便微痢，膿血不止，瀉出諸蟲，此人有三焦之疾故也。或不覺有異者，但有前應，並勿怪之。此藥氣流通，得神藥力，病動之狀。如不忍耐者，即便三日五日且停將息，以生熟湯沐浴爲佳，喫冷豉麥、冷粥一兩頓，亦好。待氣力平復，依前更服。勿見小困，即便停之。

夫藥不瞑眩，其疾不瘳。初須小困，後大效。凡服丹過八，吐痢不止者，宜食冷葵菹、冷豉粥、冷麥粥，並佳。又生鷄子五顆，打取白，一服五顆，頻三朝服之佳。又白乳一合，和冷水一兩，服亦佳。又冷水淋三升，細細須臾即定。若不定，依前更淋六七升，即差。又鍊朴硝一兩，和冷飲頓服，亦佳。又用硝石一兩，研和飲服，亦佳。又用水銀霜、寒水石、石膏各一兩，和研，冷清飲頓服一兩，服亦佳。又煎甘豆汁，冷服立解。又食冷飲三五口，又服生芹汁一升，亦佳。又人參一兩，甘草一兩炙，以水一升，煎取一合，冷服差。丹塗瘡痛不止，宜取黄蒿，擣取汁洗之，止。又方用乾棗湯洗之，亦止。

佚名《太極真人九轉還丹經要訣》

黄帝四扇散方

當欲修鍊九轉丹餌之者，則先餌服此已下藥，已漸去濁炁世間之疾耳。去其穀，清其五藏六腑，庶成其真也。

松脂，澤瀉，山朮，乾薑，雲母，乾地黄，石上菖蒲，桂。

凡八物精治，令分等，合擣四萬杵，盛以密器中，勿令女子六畜、諸殗穢者見之。旦以酒餌三方匕，亦可水服之，亦可以蜜，丸如大豆許。旦餌二十丸，至三十丸，半季則可去濁炁，除百病耳，然可絶穀餌丹也。此黄帝所受風后神方，却老還童之道也。

王母四童散方

未餌丹之前，先須服此散，以盪陰邪之炁，存陽炁，調和榮衛六府者也。

胡麻、天門冬、茯苓、朮、乾黄精、桃人。去赤皮，取白肉也。

右先熬胡麻令香。凡六物精治分等，合擣三萬杵。旦以酒餌三方匕，日再服之。亦可以水服之。亦可用蜜丸，旦服三十丸，日一耳。此返嬰童之祕道者也，善填精補腦矣。

茅君五種芝茸方

句曲山上有神芝五種，道士有好仙者當得之。求之法，當以三月九月開日，登山，齎鐶二雙，不限金玉耳，啓以奉誓。如此者三，以爲盟矣。必得之。投鐶於山石之間，勿顧念之。仙法貴青鐶之物，以效信也。

第一芝名龍芝，似蛟龍之相負也，以葉爲鱗，其根蟠龍，得而食之，當爲太極仙卿也。

第二芝名參成芝，赤色，有朱光煒煒，扣其枝葉，如金石之音，折而續之，即如，故得而食之，當爲太極大夫。

第三芝名燕胎芝，其色紫，形如菜葉，上有紫燕象，如欲飛狀，光明洞徹，得食一枝，當爲太清龍虎仙君，正一郎中矣。

第四芝名夜光洞草芝，其色青，其實正白，如李子大，高三四寸，其葉似栢，夜視其實，如月光洞照一室。一株有九實，實墮地時，須臾轉大，如徑七寸鏡盤著地厚一二寸許，夜視之如牛目，動盼以顧人，得食一枝，當爲太清仙宫左御史矣。

第五芝名科玉芝，剖食其腦，當爲三官御史耳。此已上五芝，三君所請，以種句曲山内外也。求仙之士，誠能篤志，以盡玄心，得見上芝也。若心不單竭於道德，則可見下芝耳。求道懈慢者，亦不得保其往也。可不慎乎，可不慎乎。五芝神茸，甚有靈異，故附之於還丹之末者耳。

唐・李光玄《金液還丹百問訣》 光玄曰：竊見《金石五相類》中云：鉛有大毒，爭堪成就至藥。

先生曰：鉛雖有毒，蓋爲世人不解取用之。如藥中巴豆之類，非無毒也。若解使用，即埋萬病，鉛亦是也。《陶植篇》云：鉛中有金，金中有寶，見寶別寶，賢人得道。寧修鉛中金，不鍊金中寶。此非世間之鉛也。世人直下用鉛，希求黄芽，萬無得一，蓋不識其鉛也。

佚名《紅鉛入黑鉛訣》 服餌并制汞分兩訣

守運十五日，一兩點汞一斤成白道。

守運三十日，堪服可二兩。

守運一年，半兩點汞一斤爲白道。餌一兩半，凡疾不侵。

守運二年，一分點汞一斤爲白道。服餌可三分，又公可服半兩。

守運三年，刀圭制汞一斤爲赤道。服餌可一分，住世不死。

守運五年，刀圭點鐵及汞一斤成赤道。服餌可麻子大七粒。

守運九年，畢法能化五金八石瓦礫等，並隨本色成寶。餌之三粒，三尸九蟲盡出。一本云：長生不死，非止於人，鷄犬禽畜與服，亦不死矣。服餌之法，以木密爲丸，麻子大。依分兩逐年服餌。取八節甲子上會之日，捧藥跪坐。向日念天真，餌之。

佚名《上洞心丹經訣》卷上

試丹法

試丹用赤銅一兩，鞴鎔成汁，以丹半錢中點化，然後將生硝一塊，如青梅大，放入其丹硫內，有硫黄，其氣能令點化銅色黑，須再用壁土一塊。入甘堝收硫氣，必用鉗攪，令如水光浄，然後傾出。如不浄，再加入生硝壁土，如上法，直候如水光浄，傾出八箇正色之寶，不須加母。若似此點化，出其丹靈矣。此爲九轉丹母也。丹體雖靈，猶未可服，止可作匱，昇入九轉丹法，亦不可以多用點物，虚費丹母，有妨九轉。

論試丹説

按方書銅之爲物，能補人骨損折處。凡服銅藥，直至損折骨上，如鋪筋漆堅固，其損骨硬如金石。令試丹以銅，化成至寶。其仙方换骨之道歟，若節節昇轉，九轉而服之，當知骨化寒瓊必矣。

又　卷中　服一轉丹法

一轉伏火朱砂一錢重，研碎爲極細末，用首男乳半合，華銷銀盞盛其乳汁。於重湯内緩緩熬熟，微下一豈白麵，打成糊圓，如黄豆大。將皮紙作一鍋子，懸虚於慢火上，銀銲子炒一箇時辰，不可炒破紙。如紙焦急换紙鍋，又炒令乾。取火力令乾故也。服用人參煎湯，五更向東正面立，吞服，約半箇時辰不久，渾身熱極口乾，當預備九大缸滿水，急入水缸中坐。如又熱，别入冷水缸。若熱，又入别水缸内。如九缸水皆熱，直候熱定身凉而止。過日皮膚盡退，鬚鬢眉髮俱脱落復生，老者返少，如蟬蜕殼。轉轉服之，各有功效，具如經説。有内丹者，不須水。

按：此服餌一轉丹法，若非志慕長生，心無疑慮，内丹腦滿，不可輕服。若浮躁性情，又多疑惑，反致殃害。何故，若常人不修内丹，腦髓虚耗不滿，服此則骨精有損，反致枯燥。若心疑慮，心火一發，烟燄燒身，不可救矣。故九轉丹成，常人服之，化爲鮮血，豈不信哉。此雖一轉之丹，服者不可不慎。服丹之後，當修内丹法要，打坐内外雙修，内丹與外丹相應出神，法皆在此矣。

題鄭思遠《真元妙道要略》

黜假驗真鏡第一

夫道者，黄道赤氣，七九迴精，三一少女爲要妙，在採氣還丹，是得聖人，隱於八素，仙者秘在鉛汞。故訣曰：鉛汞識真，萬化窮矣。洞曉八素，真道立矣。此上至要，闕一之道，即無成也。余竊聞見學人不遇明師，悞認糞穢，錯修鉛汞，損命破家，其數不可備舉，略而述記，並解八素少女鉛汞，列之如後。

有用凡朱汞鉛銀，取抽臺水銀，號爲天生牙，服而死者。

有用硫黄炒水銀爲靈砂，服而頭破背裂者。

有以蜜陀僧、鉛黄黄花，號黄芽者。

有炒黑鉛爲水鉛，用鉛不用鉛，服成勞疾者。

【略】

其前件所用，迷錯爲道之人，輪年修鍊，皆是費財破家，損身喪命，傷風敗教。如此之流，學者同毛，成無一角

證真篇第二

夫至道多流，不難便遇。修大丹之時，且須延駐還丹。漸可登真。未曾服此丹，須委應候。若不委之，的有疑退失真之功。凡初服丹之時，心意鈍悶，夢寐不祥者，此是三惡，被靈砂所侵，故惑亂人心，如此旬日即止。或夢嘔吐鼠糞，及亂髮茅藁淤泥，身手之上有大瘡，内有蜘蛛蜥蜴走出。又夢陰莖朽落，并大便惡物者，勿疑，此是三尸出去之兆。又經百日之後，時時聞腰背間如日炙，及手掌内真珠，影及身内，像嬰兒嫩肌。惑被拂觸著，易破損，後相次自堅。又肉色赤，是丹砂行血，除宿患之狀。如體有小瘡子，不痛不痒，亦膿血漸自退落，如麩片乾，落後即肌膚瑩。又漸目明，夜黑之處，在目中有黄花光一條，長三尺已來，出現筋許大。身上凡有缺損瘢痕，漸漸平滿不見。又多涕，鼻中清水，及多噴涕，目中淚出，勿怪，此之是邪所出之候。四肢輕緊，又時時聞兩腿膝通，如日炙而熱。又大便有黄膿黑血，一兩自止，是趁五藏内宿患。喜怒漸減，力作不倦，

更有諸般，不及一一備述。此上應候，皆師傳口訣，余候皆然。恐同道君子，有服此丹不得審細應候，宜記此訣。其有不周，龍虎丹應候，自有先聖及麥積山晦老訣，甚行于世，故此不述也。

先聖皆訣應候，試凡人之志，故少有傳得者矣。唯此訣真説相濟，切須秘之，忽傳不道之人。又服藥，忌無鱗魚、羊血、狗鱉，及自死馬牛，及猿肉、薑蒜、胡荽、苦菜、芸薹等物味，總不食爲上。慕長生人少喫米，喫即聞寒熱，身體重。此米喫之觸，不是師傳訣。余因盛暑月，多守鑪火，燒諸小藥。常以冬月，一般不聞寒熱，炎因食煎水淘飯一茶椀，七日聞熱。較後更試，亦復如是。志士君子，亦宜慎之。

佚名《雁門公妙解録》 辯金石藥並去毒訣

漢安帝時有劉泓者，久學至道，棄官入山。後至延光元年十一月，九霄君來降，爲憫道士不知燒丹正道，乃指陳至藥之根源，分别雜丹之門户，並解金石毒保仙丸方，傳付於泓，疏之於後。

九霄君謂劉泓曰：夫學鍊金液還丹，並服丹砂硫黄，兼諸乳石等。世人苦求得之，將謂便成至藥，不知深淺，競學服餌，皆望長生不死者也。並不悟金丹並諸石藥，各有本性，懷大毒在其中，道士服之，從羲軒以來萬不存一，未有不死者矣。

泓再拜稽首，問曰：何也。九霄君曰：世人所造金丹服餌，皆求長生。愚者即劫力以資，俗人又欲將至藥，求其點化金銀，榮其行尸，以養僕妾。但一起心，即是必死之兆，至藥亦無因而見也。惟仙教藥無雙能，功無二用。又不知藥有至毒，造成丹後，世人只知餘甘子制河車，磁石引針，硫黄乾水銀，將謂制金丹了，便無毒矣。假如先賢鍊秋石，秋石以地霜結成，能引生汞，亦能制金石毒。如有伏者，中路毒發，不可禁止，必見死矣。縱不死，亦卒患惡瘡，此爲先兆也。秋石云能解毒，且見朱砂、紫粉、毒霜并硫黄等，被秋石制伏，豈有毒矣。先聖遺教，世人難知焉，知之者真人也，不知者凡人也。

泓又問曰：變化銅鐵之藥，並不堪服，何也。九霄君曰：緣點化藥法，多用礬石、硝石、硇砂之類，共結成毒。雖能乾汞及化銅鐵，其用火時候亦與金丹藥不同，緣毒成結在其中，縱千消萬化，毒終不出。亦如人毒在心内，不從外入。亦如木中有火，火元在内。其點化之道，本毒在内，各受其性色目，法作不同，氣遞相生，各懷毒性，雄雌硝硇雜類，相助其火候，不依天時地理之法，或近或遠毒者，蓋不禀天道而成。則知古往仙人不服此藥，明矣。緣有大毒，造化之力不足也。

泓又問曰：點化之藥，爲有雜石衆毒，固不堪服。常聞换頭紫粉，七返丹砂，無礬硇所雜，可以服否。九霄君曰：此二藥，世人千百中無一人解者。縱能爲之，亦不堪服，何也。且换頭紫粉，是仙人所修，以爲宫室所用，緣有硫黄在其中，水銀入硫黄含大毒，豈可服哉。又七返丹砂，雖煉令伏火，本無四象五行，筋骨血肉，陰陽炁不全，如服之，令人五藏血乾。凡人血少即羸，血盡即死矣。

泓又問曰：世人修丹砂，顆塊不破顔色如故，大火燒之不動者，復如何。九霄君曰：凡朱砂凝結之初，皆於砂石中成質。縱是光明砂，飛之，每一斤只得十二兩汞，其四兩即是山澤滓漬之物，懷其大毒。道士若不解出滓，便相和服之者，則澀人氣脉，乾人血液，豈得益乎。況從古至今，道士未經至仙之教，皆謂伏火丹砂是死水銀，妄言金砂入五内，有不死之兆，甚錯矣。世人豈不知從生服者，未有不死之人。唯硫黄獨體，不入他藥，猶能去人積冷。不可多服，緣是孤陽，氣不全耳。其他小術，固所不論。

泓又問曰：何藥則堪服，可以延駐。九霄君曰：我仙人所鍊至藥，例是日魂月魄，四氣爲象。日魂不離日裏，月魄不離月中。假如至藥，亦不離從木而生，何也。木之從青，以水銀内含其火。火爲陽，以象朱砂。朱砂屬離，離爲南方火之位。火爲朱砂，亦同木中有火，配木火入中宫之土，土能尅水，火能生土，而成道。如人初生嬰孩，乃長大，還爲人父母，遞换相承，本處其一。至藥根本亦不處二。道之無根，以心爲根。道之無用，以四時受氣發生，各得其所爲用。道因氣之生，因氣而死。至藥服之不死者，蓋爲不參雜諸味，無毒。銷成汁爲器，或方或圓，並皆赫然通徹，晝夜光明，然始堪服。去人昏沉，定人神思，除邪魅，耐寒暑，皮膚潤澤，髭鬢不白，返老成少，千日可驗，故服之不死。

泓又問曰：至藥有幾般。九霄君曰：真正之門有三焉，一曰神符上仙上丹，二曰白雪中仙上丹，三曰九轉下仙上丹。其三般丹，同出一門而異名，各有三一禁法，亦不可輕傳於人。何謂不可輕傳。假如神符丹，若無太一宫天一宫成者，即名曰液，終不見成器。緣天一宫總名，其三一此不可傳。白雪若不堅不成冰，不入調青，不受青炁，共粉毒無别，亦如日無烏而不明，月無桂而無魄相似。緣凝成堅冰，調青如磁石引針，其三一不可傳。曾青白雪成質，其三一不可傳。白雪成結，即入其紫宫用，緣以四氣納萬象而成質，其三一不可傳。夫至藥

若不受四氣混沌氣，豈得號曰龍虎之丹。所以我仙人天地之玄化成寶，同日月之光。如神符白雪修錬功畢，即有上昇之路。九轉即返老成少，顔如童子，壽同南山矣。其三一之訣，不許輕傳，豈不宜哉。

泓又問曰：三一旨玄矣祕矣，未知何人，即可傳授。九霄君曰：如吾者即可傳授。夫三一者，造化之機關也。非獨至藥有之，人身中亦皆有之自備。若能修身中三一者，即子母不相離，神氣自相守，怡怡和煦，光照明白。子不見至陽之月，當晝之景乎。風雲不生，纖埃不動，碧空澄静，豈有障翳哉。人亦有之。若能常調三一，萬慮不生，與碧空之氣相合，内外光明，虚元同體者，亦可昇騰矣。世人或有竊聞此道者，云是服氣，乃鼻吸口吐，鼓腮嗽之，立可致其殞斃。亦如藥中錯服毒丹，不可救已。所以身中三一，與至藥三一不殊。其身中三一，亦不輕傳也。

泓又問曰：如有人先服丹砂及乳石、硫黄、紫粉毒發者，如何救解之。九霄君曰：已服死者，即不言也。如有已後服者，只可救之。遞相勸道士，急造保仙丸救之，可存性命。假如换頭紫粉，緣不入凝白雪爲骨，骨爲陽。及無調青入者，即名大毒紫粉，人服不看多少遠近，如喫雜物犯者，不問日月遲晚發，不在醫限例，不出三日五日，無藥可救之。如服硫黄、紫粉、伏火丹砂及諸乳石，若毒發，保仙丸猶可救之，十有二三命在。若曾服諸石藥之毒，雖未發，能防備，預服保仙丸，尤妙。

泓又問曰：三大丹既延駐人命，無毒，如未畢功，可以服否。九霄君曰：神符白雪九轉，未經太一宫天一宫者，四象未全，不可服。如有人悮服者，忽覺發動不安，但急服伏龍肝汁，並甘草湯、生菉豆汁，乃立定，少見命終，何也。緣此三藥並無雜類相撓，只空有火毒，遂不至於死。除此三般，其餘丹砂之流，雖然一朝一夕强餐，亦能益色。如忽發動，命即危矣。

泓曰：保仙丸法可得聞乎。九霄君曰：保仙五子丸，此法仙家所祕。然亦令擇有道之士以授之，護其性命。今一一教爾，並粗舉三丹大略。爾宜熟思之，流傳以救未悟者。無忘吾言，吾將往矣。泓乃雨淚稽顙再拜，九霄君舉手告别，入雲不見矣。

劉泓乃於山中刻石書記，後有道士見之録出，遂流傳於世。至唐開元中通玄先生張果，獻上此方。明皇喜悦，秘於禁中。通玄兼述三丹之功極備，但無修丹之法，今不書去繁也。

佚名《懸解録》　守仙五子丸方

餘甘子，覆盆子，兔絲子，五味子，車前子。

右已上五子，各五大兩，别擣，如粉麵。取二三月枸杞嫩莖葉，擣取汁二大升，拌藥末令盡，乾訖後。七八月採蓮子草，取汁一大升，亦拌藥末令乾。又取杏仁一大升，取好酒研，取汁五大升，於銀器中煎，令杏仁無苦味。次下生地黄汁半大升，真酥五大兩，鹿角膠五大兩，炙擣末都入前汁中，略煎過。又下五子末，一時以柳篦急攪，看乾濕得所，衆手丸之，如梧桐子大。每日酒下三十丸，如要加減，以意斟之。忌猪肉、蒜芥、蘿蔔等。服之百日，先服金石藥毒並盡，亦益金丹氣通流，於五藏潤澤，血肉萬毒悉除，髭鬢如漆，返老成少，皆因制其丹，陰陽氣兩性，彼此相備矣。秘之。

佚名《陰陽九轉成紫金點化還丹訣》

出金毒法

玄明粉五兩，以水三升浸之，第九轉金砂於器中，以梔子醋三伏時，玄明粉能制諸合錬藥毒，梔子能攝明氣得静也。

出火毒法

取蜜一升，和清水半升，於器中煎三伏時，以清净淘之澄取。又以五六重帛，練袋盛金砂。又以帛練重重裹之，沈井底，無所畏忌也。

宋・楊在《還丹衆仙論》

出丹火毒訣

入丹藥在薄磁瓶中，黄蠟固口了，上更用油丹絹裹，却牢繫定，下冷泉中二七日，取出。坐瓶入重湯中煮一日，出却冷氣，後取出，殺研如麪。用楮汁爲丸，棗肉亦得，丸菉豆大小，每服一丸，井華水下，半月後加至二丸，到三十日後，加至三丸，更不得加之。先將藥七粒祭天，七粒祭地，七粒祭星辰，然後沐浴齋戒，潔净絶嗜欲，乃可得餌丹。每服早旦面東，或立或坐服之。

服食金丹應驗候

初服丹砂，令人四肢無力，腰膝沈重，臍下結痛，口中常有臭炁，牙齒動摇，腥血滿口，夜間焦渴，或吐或逆，日有微利，飲食無味，漸漸羸瘦，眼目勞悶，精神恍惚，身上瘡腫，遍身疼痛，身上長似蟲行，口中生瘡，此者並是驅逐諸病。或咽喉澀痛，胸膈炁悶，下利青黄惡水，如蝦蟆衣，及似葵菜汁，或似紫草汁，腰間停滯，或下衆蟲，或皮膚腫，筋脉跳掣，或緩或急，旬日之間，風毒漸出，或腹内鳴

吼，下利肉塊，此是藥攻擊宿疾，直候若飢，即喫淡麫湯餅一兩頓，或喫解丹藥毒馭丹散。

麥門冬天門冬並去心。各四兩，乾地黄五兩，甘草一兩，人參三兩，茯苓二兩，紫苑二兩半，去蘆頭並。地榆三兩半，大赭、海藻各一兩半，山梔子四兩半。

右件藥爲散，每服二錢，米飲調隨丹喫下。

三尸欲退候

三尸欲退之時，令人煩躁，欲似發狂，精神恍惚，或驚或悸，或夢毒蛇虎狼吞咬，或墜山巖，或逢冤讎，或與親愛別離，如此是兆也。其三尸鬼離人，覺有此候，即須寬忍，自適意，節恚怒，但濃煎甘草湯，喫一兩椀，微汗出，即無諸動也。

三尸鬼去身候

若三尸鬼去後，自覺少人，我無念無慮，頓減嗜欲，心神喜悦，即是藥神應候，扶助之象也。

换骨皮膚候

服藥後，若有故疾之處，盡皆發動，或生瘡腫，微有腥血，瘢痕分明，如此並是久積毒炁，散出皮膚，受藥薰蒸之證驗也。

變顔貌藥生齒候

服丹千日，顔貌漸嫩，牙齒動摇，牙關急悶，即是换穀齒而生藥齒。或然頭面痒徹心髓，耳眉盡生毛，此是毛根得藥力也。服丹三年，宿疾皆除，骨肉膩滑，髭鬢變黑，血脉大通，顔色改易，齒落重生，耳目分明，筋脉益强。服丹三年日滿，骨髓炁血充盛，顔貌如童，南宫度名，北斗落籍，萬神敬仰，龍虎來欽，腸化爲金，體如寒玉，身變仙材，通神達聖，自然輕舉，寒暑不侵，與天地齊畢。

又出火毒法

五加皮、地榆、餘甘子，已上各一斤。硝石、甘草各四兩。

右件藥共擣羅爲末，和丹以水同煮，旋旋添水，煮七日七夜，取出，入寒泉中，一月日。即入牛乳中，煮一日後，又入瓶，以重湯煮一七日，取出，候乾，細研極細，以棗肉丸之。

又法：以火炙甘草，含化嚥津液，漸漸解之。更煎甘草湯放冷喫，亦得解之。

又法：立春前於天庭中，用瓮器物收雪爲水，煮之。屋上者不堪。

又法：入藥於竹筒中，筒須刮去青皮，用生絹布重重裹筒頭，坐於鍋中，須滿著黑豆，不得令豆没了筒口，旋旋添水，煮之三伏時。其筒中又以湯化蜜，著入，重湯煮之，耗即添，勿令筒側。如此日足即出，以水飛過，棗肉丸麻子大，空心津下二丸。

佚名《還丹肘後訣》卷上　訣曰：且如水銀，孤陰之物，能腐肉搜腸。金性損肝，銀性損脾，銅性損腎，鉛錫損胃，四黄大毒，損人元氣。但指於一金二石，三十六水，七十二石，皆有大毒，服之雖時下無事，久則終爲大害。丹砂縱有傍通小門制伏，止能小益耳，延駐長生之道，即不可也。

宋・張君房《雲笈七籤》卷六八《金丹》　九還金丹二章

中三品陳五石之金品第四

夫五石之金，各皆稟五神之陰精，合於山澤異氣，結而爲魄。

鐵所稟南方丁陰之精，結而成形，鐵形堅，服之傷肺。

銅所稟東方乙陰之精炁，結而成魄。銅性戾，服之傷腎。

銀所稟西方辛陰之精，神炁而爲之質。銀性戾，服之傷肝。

鉛錫俱稟北方壬癸之氣，錫受壬精，鉛稟癸氣。陰終於癸，故鉛所稟於陰極之精也。鉛錫性濡滯而多陰毒，服之傷心胃。

金所稟於中宫陰己之魄，性本而剛，服之傷腸損肌。

右金之五性，例多陰毒，久服之，即傷肌敗骨，促壽損命。凡世之士，本求長生，不明五金之性，擅意將其鉳石之金，轉轉修鍊。且其鉳石之金，皆受五神陰濁之氣，結而成質。質體沉重，雖遇四黄，能變易其體，陰毒之性，終不輕飛，縱令鍊化爲丹，服之亦乃傷於五臟，乃其本性也。至理殊乖，欲服求仙，與道彌遠。

傳記

《舊唐書・李道古傳》　元和十三年，入爲宗正卿。道古在鄂州日，以貪暴聞，懼終得罪，乃薦山人柳泌以媚於上。後又爲左金吾衛將軍。憲宗季年頗信方士，鋭於服食，詔天下搜訪奇士。宰相皇甫鎛方諛媚固寵，道古言柳泌有道術，鎛得而進之，待詔翰林。憲宗服餌過當，暴成狂躁之疾，以至棄代。穆宗在東宫，扼腕於其事，及居喪，皆竄逐誅之。鎛既貶責，授道古循州司馬，終以服丹藥，歐血而卒。

又《皇甫鎛傳》 穆宗在東宮，備聞鎛之奸邪，及居諒闇，聽政之日，詔：「皇甫鎛器本凡近，性惟險狹，行靡所顧，文無可觀，雖早踐朝倫，而素乖公望。自掌邦計，屬當軍興，以剥下爲徇公，既鼓衆怒；以矯迹爲孤立，用塞人言。洎塵台司，益蠹時政，不知經國之大體，不慮安邊之遠圖，三軍多凍餒之憂，百姓深凋瘵之弊。事皆罔蔽，言悉虚誣，遠近咸知，朝野同怨。而又恣求方士，上惑先朝，潛通奸人，罪在難捨。合加竄殛，以正刑章，俾黜遐荒，尚存寬典。」又詔曰：「山人柳泌輒懷左道，上惑先朝，固求牧人，貴欲疑衆，自知虚誕，仍便奔逃。僧大通醫方不精，藥術皆妄。既延禍釁，俱是奸邪，邦國固有常刑，人神所宜共棄，宜付京兆府決重杖一頓處死。」

柳泌本曰楊仁力，少習醫術，言多誕妄。李道古奸回巧宦，與泌密謀求進，言之於皇甫鎛，因徵入禁中。自云能致靈藥，言：「天台山多靈草，羣仙所會，臣嘗知之，而力不能致。願爲天台長吏，因以求之。」起徒步爲台州刺史，仍賜金紫。諫官論奏曰：「列聖亦有好方士者，亦與官號，未嘗令賦政臨民。」憲宗曰：「煩一郡之力而致神仙長年，臣子於君父何愛焉！」由是莫敢有言者。裴潾以極言被黜。泌到天台，驅役吏民於山谷間，聲言採藥，鞭笞躁急。歲餘一無所得，懼詐發獲罪，舉家入山谷。浙東觀察使追捕，送於京師，鎛與李道古懇保證之，必能可致靈藥，乃待詔翰林院。憲宗服泌藥，日益煩躁，喜怒不常，内官懼非罪見戮，遂爲弑逆。大通自云壽一百五十歲，久得藥力。又有田佐元者，鳳翔號人，自言有奇術，能變瓦礫爲金，白衣授號縣令。初，柳泌繫京兆府，獄吏叱之曰：「何苦作此虚矯？」泌曰：「吾本無此心，是李道古教我，且云壽四百歲。」府吏防虞周密，恐其隱化；及解衣就誅，一無變異，但灸灼之瘢痕浹身而已。鎛卒於貶所。

又《裴潾傳一一一》 憲宗季年鋭於服餌，詔天下搜訪奇士。宰相皇甫鎛與金吾將軍李道古挾邪固寵，薦山人柳泌及僧大通、鳳翔人田佐元，皆待詔翰林。憲宗服泌藥，日增躁渴，流聞于外。潾上疏諫曰：

臣聞除天下之害者，受天下之利；共天下之樂者，饗天下之福。故上自黄帝、顓頊、堯、舜、禹、湯，下及周文王、武王，咸以功濟生靈，德配天地，故天皆報之以上壽，垂祚於無疆。伏見陛下以大孝安宗廟，以至仁牧黎元。自踐祚已來，剗積代之妖凶，開削平之洪業。而禮敬宰輔，待以終始，内能大斷，外寛小故。夫此神功聖化，皆自古聖主明君所不及，陛下躬親行之，實光映千古矣。是則天地神祇，必報陛下以山嶽之壽；宗廟聖靈，必福陛下以億萬之齡；四海蒼生，咸祈陛下以覆載之永。自然萬靈保祐，聖壽無疆。

伏見自去年已來，諸處頻薦藥術之士，有韋山甫、柳泌等，或更相稱引，迄今狂謬，薦送漸多。臣伏以真仙有道之士，皆匿其名姓，無求於代，潛遁山林，滅影雲壑，唯恐人見，唯懼人聞。豈肯干謁公卿，自鬻其術？今者所有誇衒藥術者，必非知道之士，咸爲求利而來，自言飛鍊爲神，以誘權貴賄賂。大言怪論，驚聽惑時，及其假僞敗露，曾不恥於逃遁。如此情狀，豈可保信其術，親餌其藥哉？《禮》曰：「夫人食味别聲，被色而生者也。」《春秋左氏傳》曰：「味以行氣，氣以實志。」又曰：「水火醯醢鹽梅，以烹魚肉。宰夫和之，齊之以味。君子食之，以平其心。」夫三牲五穀，稟自五行，發爲五味，蓋天地生之所以奉人也，是以聖人節而食之，以致康强逢吉之福。若夫藥石者，前聖以之療疾，蓋非常食之物。況金石皆含酷烈熱毒之性，加以燒治，動經歲月，既兼烈火之氣，必恐難爲防制。若乃遠徵前史，則秦、漢之君，皆信方士，如盧生、徐福、欒大、李少君，其後皆姦僞事發，其藥竟無所成。事著《史記》《漢書》，皆可驗視。《禮》曰：「君之藥，臣先嘗之；親之藥，子先嘗之。」臣子一也，臣願所有金石，鍊藥人及所薦之人皆先服一年，以考其真僞，則自然明驗矣。

伏惟元和聖文神武法天應道皇帝陛下，合日月照臨之明，稟乾元利貞之德，崇正若指南，受諫如轉規，是必發精金之刃，斷可疑之綱。所有藥術虚誕之徒，伏乞特賜罷遣，禁其幻惑。使浮雲盡徹，朗日增輝，道化侔羲、農，悠久配天地，實在此矣。伏以貞觀已來，左右起居有褚遂良、杜正倫、吕向、韋述等，咸能竭其忠誠，悉心規諫。小臣謬參侍從，職奉起居，侍從之中，最近左右。傳曰：「近臣盡規。」則近侍之臣，上達忠款，實其本職也。疏奏忤旨，貶爲江陵令。

穆宗即位，柳泌等誅，徵潾爲兵部員外郎，遷刑部郎中。有前率府倉曹曲元衡者，杖殺潾以道義自處，事上盡心，尤嫉朋黨，故不爲權幸所知。憲宗竟以藥誤不壽，君子以潾爲知言。穆宗雖誅柳泌，既而自惑，左右近習，稍稍復進方士。時有處士張皋上疏曰：

神慮澹則血氣和，嗜欲勝則疾疹作。和則必臻於壽考，作則必致於傷殘。是以古之聖賢，務自頤養，不以外物撓耳目，不徇聲色敗性情。由是和平自臻，福慶斯集。故《易》曰：「無妄之疾，勿藥有喜。」《詩》曰：「自天降康，降福

穰穰。」此皆理合天人，著在經訓。然則藥以攻疾，無疾固不可餌之也。高宗朝，處士孫思邈者，精識高道，深達攝生，所著《千金方》三十卷，行之於代。其《序論》云：「凡人無故不宜服藥，藥氣偏有所助，令人臟氣不平。」思邈此言，可謂洞於事理也。或寒暑爲寇，節宣有乖，事資醫方，尚須重慎，故《禮》云：「醫不三代，不服其藥。」施於凡庶，猶且如此，況在天子，豈得自輕？先朝暮年，頗好方士，徵集非一，嘗試亦多，果致危疾，聞於中外，足爲殷鑒。皆陛下素所詳知，必不可更踵前車，自貽後悔。今朝野之人，紛紜竊議，直畏忤旨，莫敢獻言。臣蓬艾微生，麋鹿同處，既非邀寵，亦又何求？但泛覽古今，粗知忠義，有聞而默，於理不安。願陛下無怒芻蕘，庶裨萬一。

穆宗歎奬其言，尋令訪臯，不獲。

《宋史·吴玠傳》 晚節頗多嗜欲，使人漁色於成都，喜餌丹石，故得咯血疾以死。方富平之敗，秦鳳皆陷，金人一意睨蜀，東南之勢亦棘，微玠身當其衝，無蜀久矣。故西人至今思之。謚武安，作廟于仙人關，號思烈。淳熙中，追封涪王。子五人：拱、扶、撝、擴、揔。拱亦握兵云。

紀事

《魏書·太祖紀》 六年夏，帝不豫。初，帝服寒食散，自太醫令陰羌死後，藥數動發，至此逾甚。而災變屢見，憂懣不安，或數日不食，或不寢達旦。歸咎羣下，喜怒乖常，謂百僚左右人不可信，慮如天文之占，或有肘腋之虞。追思既往成敗得失，終日竟夜獨語不止，若旁有鬼物對揚者。

《舊唐書·憲宗紀》 十三年春正月乙酉朔，御含元殿受朝賀，禮畢，御丹鳳樓，大赦天下。【略】

十一月辛巳朔，夏州破吐蕃五萬。靈武奏攻破吐蕃長樂州羅城。丁亥，以山人柳泌爲台州刺史，爲上於天台山採仙藥故也。制下，諫官論之，不納。

十四年春正月庚辰朔。【略】

丁酉，以原王傅鄭權爲右金吾大將軍，充右街使。上服方士柳泌金丹藥，起居舍人裴潾上表切諫，以「金石含酷烈之性，加燒鍊則火毒難制。若金丹已成，且令方士自服一年，觀其效用，則進御可也。」上怒。己亥，貶裴潾爲江陵令。

十五年春正月甲戌朔，上以餌金丹小不豫，罷元會。【略】

上自服藥不佳，數不視朝，人情恟懼，及悟出道上語，京城稍安。庚子，以少府監韓璀爲鄜州刺史、鄜坊丹延節度使。是夕，上崩於大明宮之中和殿，享年四十三。

又《穆宗紀》 十五年正月庚子，憲宗崩。丙午，即皇帝位於太極殿東序。【略】詔曰：「山人柳泌輕懷左道，上惑先朝。固求牧人，貴欲疑衆，自知虛誕，仍更遁逃。僧大通醫方不精，藥術皆妄。既延禍釁，俱是姦邪。邦國固有常刑，人神所宜共棄，付京兆府決杖處死。」金吾將軍李道古貶循州司馬。憲宗末年，鋭於服餌，皇甫鎛與李道古薦術人柳泌、僧大通待詔翰林。泌於台州爲上鍊神丹，上服之，日加躁渴，遽棄萬國。

宋·司馬光《資治通鑒》卷二四八《唐紀六四》 上餌方士金丹，性加躁急，喜怒不常。冬，十月，上問李德裕以外事，對曰：「陛下威斷不測，外人頗驚懼。嚮者寇逆暴横，固宜以威制之；今天下既平，願陛下以寬理之，但使得罪者無怨，爲善者不驚，則爲寬矣。」

以衡山道士劉玄靜爲銀青光禄大夫、崇玄館學士，賜號廣成先生，爲之治崇玄館，置吏鑄印。唐有崇玄署令，掌僧道，屬宗正寺。又有崇玄學博士，掌教玄學生。玄宗天寶二年改崇玄學曰崇玄館，改博士曰學士。玄靜固辭，乞還山，許之。【略】

上自秋冬以來，覺有疾，而道士以爲換骨。上祕其事，外人但怪上希復遊獵，宰相奏事者亦不敢久留。詔罷來年正旦朝會。以有疾也。

又 上疾久未平，以爲漢火德，改「洛」爲「雒」；漢光武改洛陽爲雒陽。唐土德，不可以王氣勝君名，三月，下詔改名炎。唐以土德王，而帝名瀍，瀍旁從水，土勝水，故言以王氣勝君名。今改名炎，炎從火，火能生土，取以君名生王氣也。帝未幾而晏駕，厭勝果何益哉！

上自正月乙卯不視朝，《考異》曰：《實録》作「十五日」。按《獻替記》：「自正月十三日後至三月二十日更不開延英，時見中詔處分，莫得預焉。」今從之。宰相請見，不許；中外憂懼。【略】

甲子，上崩。年三十三。以李德裕攝冢宰。丁卯，宣宗即位。【略】

杖殺道士趙歸真等數人，流羅浮山人軒轅集于嶺南。

《明史·佞倖傳》 帝益求長生，日夜禱祠，簡文武大臣及詞臣入直西苑，供奉青詞。四方姦人段朝用、龔可佩、藍道行、王金、胡大順、藍田玉之屬，咸以燒

煉符咒熒惑天子，然不久皆敗，獨仲文恩寵日隆，久而不替，士大夫或緣以進。又創二龍不相見之説，青宮虚位者二十年。

仲文得寵二十年，位極人臣。然小心慎密，不敢恣肆。三十九年卒，年八十餘。帝聞痛悼，葬祭視邵元節，特謚榮康惠肅。世恩後至太常卿。隆慶元年坐與王金僞製藥物，下獄論死。仲文秩謚亦追削。

段朝用，合肥人。以燒煉干郭勛，言所化銀皆仙物，用爲飲食器，當不死。勛進之帝，帝大悦。仲文亦薦之，獻萬金助雷壇工費。帝嘉其忠，授紫府宣忠高士。朝用請歲進數萬金以資國用，帝益喜。已而術不驗，其徒王子巖攻發其詐。帝執子巖、朝用，付鎮撫拷訊，朝用所獻銀，故出勛資。事既敗，帝亦寖疎勛。明年，勛亦下獄，朝用乃脅勛賄，捶死其家人，復上疏瀆奏。帝怒，遂論死。

又　時遣官求方士於四方，至者日衆。豐城人熊顯進仙書六十六册，方士趙添壽進秘法三十二種，醫士申世文亦進三種。帝知其多妄，無殊錫。金思所以動帝，乃與世文及陶世恩、陶倣、劉文彬、高守中僞造《諸品仙方》《養老新書》《七元天禽護國兵策》，與所製金石藥並進。其方詭秘不可辨，性燥，非服食所宜。帝御之，稍稍火發不能愈。世恩竟得遷太常卿，倣太醫院使，文彬太常博士。未幾，帝大漸，遺詔歸罪金等，命悉正典刑，五人並論死繫獄。隆慶四年十月，高拱柄國，盡反徐階之政，乃宥金等死，編口外爲民。

顧可學，無錫人。舉進士，歷官浙江參議。言官劾其在部時盜官帑，斥歸，家居二十餘年。瞷世宗好長生，而同年生嚴嵩方柄國，乃厚賄嵩，自言能煉童男女溲爲秋石，服之延年。嵩爲言於帝，遣使齎金幣就其家賜之。可學詣闕謝，遂命爲右通政。嘉靖二十四年超拜工部尚書，尋改禮部，再加至太子太保。時盛端明亦以方術承帝眷，可學獨揚揚自喜，請屬公事。人咸畏而惡之。

帝惑乩仙言，手詔問禮部：「古用芝入藥，今産何所？」尚書吴山博引《本草》《黄帝内經》《漢舊儀》，王充《論衡》《瑞命記》，言：「歷代皆以芝爲瑞，然服食之法未有傳，所産地亦未敢預擬。」乃詔有司採之五嶽及太和、龍虎、三茅、齊雲、鶴鳴諸山。無何，宛平民獻芝五本。帝悦，賚銀幣。自是，來獻者接踵。時又採銀礦、龍涎香，中使四出，論者咸咎可學。可學尋以年老乞休。卒，賜祭葬，謚榮僖。

藝文

唐・李白《草創大還贈柳官迪》《李太白全集》卷一〇　天地爲槖籥，周流行太易。造化合元符，交媾騰精魄。自然成妙用，孰知其指的。羅絡四季間，綿微無一隙。日月更出没，雙光豈云隻？姹女乘河車，黄金充轅軛。執樞相管轄，摧伏傷羽翮。朱鳥張炎威，白虎守本宅。相煎成苦老，消鑠凝津液。仿佛明窗塵，死灰同至寂。擣冶入赤色，十二周律曆。赫然稱大還，與道本無隔。白日可撫弄，清都在咫尺。北酆落死名，南斗上生籍。抑予是何者，身在方士格。才術信縱横，世途自輕擲。吾求仙棄俗，君曉損勝益。不向金闕遊，思爲玉皇客。鸞車速風電，龍騎無鞭策。一舉上九天，相攜同所適。

唐・白居易《尋郭道士不遇》《白香山詩集》卷一七　郡中乞假來相訪，洞裡朝元去不逢。看院只留雙白鶴，入門唯見一青松。藥爐有火丹應伏，雲碓無人水自舂。欲問《參同契》中事，更期何日得從容？

又《同微之贈别郭虚舟煉師五十韻》《白香山詩後集》卷一　我爲江司馬，君爲荆判司。俱當愁悴日，始識虚舟師。師年三十餘，白皙好容儀。專心在鉛汞，餘力工琴棋。静彈弦數聲，閑飲酒一卮。因指塵土下，蜉蝣良可悲。不聞姑射上，千歲冰雪肌。不見遼城外，古今塚累累。嗟我天地間，有術人莫知。得可逃死籍，不唯走三屍。授我《參同契》，其辭妙且微。六一閟扃鐍，子午守雄雌。我讀隨日悟，心中了無疑。黄芽與紫車，謂其坐致之。自負因自歎，人生號男兒。若不佩金印，即合翳玉芝。高謝人間世，深結山中期。泥壇方合矩，鑄鼎圓中規。爐槖一以動，瑞氣紅輝輝。齋心獨歎拜，中夜偷一窺。二物正欣合，厥壯何怪奇。綢繆夫婦體，狎獵魚龍姿。簡寂館鐘後，紫霄峰曉時。心塵未净潔，火候遂參差。萬壽覬刀圭，千功失毫氂。先生彈指起，姹女隨煙飛。始知緣會間，陰騭不可移。藥灶今夕罷，詔書明日追。追我複追君，次第承恩私。官雖小大殊，同立白玉墀。我直紫微闥，手進賞罰詞。君侍玉皇座，口含生殺機。直躬易媒孽，浮俗多瑕疵。轉徙今安在，越嶠吴江湄。一提支郡印，一建連帥旗。何言四百里，不見如天涯。秋風旦夕來，白日西南馳。雪霜各滿鬢，朱紫徒爲衣。師從廬山洞，訪舊來於斯。尋君又覓我，風馭紛逶迤。帔裾曳黄絹，鬚髮垂青絲。逢

人但斂手，問道亦頷頤。孤雲難久留，十日告將歸。款曲話平昔，殷勤免衰羸。後會杳何許，前心日磷緇。俗家無異物，何以充別資。素箋一百句，題附元家詩。朱頂鶴一隻，與師雲閑騎。雲間鶴背上，故情若相思。時時摘一句，唱作步虚辭。

又《思舊》《白氏長慶集》卷二九　閑日一思舊，舊遊如目前。再思今何在，零落歸下泉。退之服硫黄，一病訖不痊。微之煉秋石，未老身溘然。杜子得丹訣，終日斷腥羶。崔君誇藥力，經冬不衣綿。或疾或暴夭，悉不過中年。唯予不服食，老命反遲延。況在少壯時，亦爲嗜慾牽。但耽葷與血，不識汞與鉛。饑來吞熱物，渴來飲寒泉。詩役五藏神，酒汩三丹田。隨日合破壞，至今粗完全。齒牙未缺落，肢體尚輕便。已開第七秩，飽食仍安眠。且進杯中物，其餘皆付天。

佚名《懸解録》　通玄先生製五子守仙丸歌，以讚其妙。

歌曰：反老成少是還丹，不得守仙亦大難。要見鬢斑令却黑，一日但服三十丸。松竹本自無艷色，金液因從大制乾。五子可定千秋旨，百歲如同一萬年。

佚名《還丹肘後訣》卷中　餌還丹應候歌

夫擬服還丹兮，澡心鍊炁。清齋省躬兮，存真息念。司命靈兮，降鑒糾録。司藥童子兮，察人虔恭。不可輕慢兮，毋生懈怠。宜須審細兮，方其靈感。或喉中温痒兮，熱而欲悶絶。或口中腥臭兮，如腐肉之在中。是心府開兮，逐滯邪之炁。都被趂出兮，有此神功。熱炙甘草兮，含津嚥五日。五神自爽兮，真炁皆和融。或腰臍下兮，停滯惡物。或腹鳴吼兮，瀉下諸蟲。或出血塊兮，如紫葵汁。又如虾蟆兮，或涎或膿。宿食在胃兮，時時鬱悶。食引欲吐兮，心悶冲冲。嘔吐宿水兮，飲食不進。並是宿疾兮，被神藥而攻。待至苦肌兮，多煎甘草飲。至半碗兮，湯味須濃。四肢拘急兮，或多燥悶。欲發狂亂兮，或致昏蒙。忽然怕怖兮，精神恍惚。或心不安兮，情意憧憧。或夢墜墮兮，高山大石。或夢軍陣兮，人馬相逢。或夢惡人兮，名狀論訴。或夢逢見兮，虎豹蛇蟲。或夢親愛兮，死亡離別。或夢惡人兮，擒捉追蹤。或夢哭泣兮，冤家傷害。並是尸鬼兮，欲離身中。覺有此候兮，切須消息。宜節喜怒兮，勿恣心胸。三尸若去兮，少人我思慮。舉動純和兮，體貌温恭。心意安穩兮，世情疏薄。嗜慾自斷兮，德合上穹。或喉頷間兮，微有少痛。咽物悶澀兮，熱痒重重。或小便兮，青黄紫汁。或痢泄兮，膿血死蟲。並是遠年兮，風勞之氣。百疾消除兮，方見神功。或生瘡瘇兮，齒根出血。此是攻去兮，皮骨之風。覺四肢勞困兮，是藥力之所及。四肢滑膩兮，乃藥氣之内融。但有宿疾兮，並皆發散。積聚毒炁兮，痕瘢黑紅。此乃毒炁兮，分明散去。熏蒸肌骨兮，目明耳聰。目開耳動兮，血腥在口。爲换轂齒兮，藥力方隆。毛髮生長兮，體輕身健。肌骨清和兮，改變凡容。服食一年兮，萬炁齊旺。服經二年兮，血脉大通。服經三載兮，筋骨堅壯。髓實朱筋兮，顔似嬰童。大小二便兮，都無穢氣。手足輕舉兮，腸化如筋。寒暑不侵兮，兵刃不害。入水不溺兮，入火如空。齒落重生兮，髮白再黑。身似欲飛兮，行步如風。不飢不渴兮，五穀自斷。不寒不暑兮，透出凡籠。千邪百怪兮，皆不敢近。山川鬼神兮，朝禮敬恭。五十以下兮，服經一歲。二十七八兮，稚子春容。五十以上兮，服經二載。如六十七八兮，朱顔再紅。出九陰之表兮，爲純陽之質。長生久視兮，天地齊同。若欲昇舉兮，一年斷穀。服滿一劑兮，便獲飛空。未欲上昇兮，且作地仙。而隱清齋一日兮，餌劑之功。可以畜妻子兮，住世居官。任意無所禁兮，和光同塵。後欲上昇兮，清齋更服半劑。駕雲乘鶴兮，白日登空。欲點五金兮，並化爲寶。雞餐成鳳兮，犬餌成龍。

雜録

《南史・劉懷肅傳》　懷慎弟懷默，江夏内史。子孫登，武陵内史。孫登子亮，少工刀楯，以軍功封順陽縣侯，歷梁、益二州刺史。在任廉儉，所得公禄，悉以還官，宋明帝下詔褒美。亮在梁州忽服食，欲致長生，迎武當山道士孫懷道使合仙藥，藥成，服之而卒。及就斂，屍弱如生。謚曰剛侯。

唐・韓愈《故太學博士李君墓誌銘》《韓昌黎文集》卷七　太學博士頓丘李于，余兄孫女婿也。年四十八，長慶三年正月五日卒，其月二十六日，穿其妻墓而合葬之，在某縣某地。子三人，皆幼。

初，于以進士爲鄂岳從事，遇方士柳泌，從受藥法，服之，往往下血。比四年，病益急，乃死。其法：以鉛滿一鼎，按中爲空，實以水銀，蓋封四際，燒爲丹砂云。

余不知服食説自何世起，殺人不可計，而世慕尚之益至，此其惑也！在文書所記及耳聞相傳者不説，今直取目見親與之遊而以藥敗者六七公，以爲世誡：

工部尚書歸登、殿中御史李虛中、刑部尚書李遜、遜弟刑部侍郎建、襄陽節度使工部尚書孟簡、東川節度御史大夫盧坦、金吾將軍李道古，此其人皆有名位，世所共識。工部既食水銀得病，自説若有燒鐵杖自顛貫其下者，摧而爲火，射竅節以出。狂痛號呼乞絶，其茵席常得水銀，發且止，唾血十數年以斃。殿中疽發其背死。刑部且死，謂余曰：「我爲藥誤。」其季建一旦無病死。襄陽黜爲吉州司馬，余自袁州還京師，襄陽乘舸，邀我于蕭洲，屏人曰：「我得秘藥，不可獨不死，今遺子一器，可用棗肉爲丸服之。」别一年而病，其家人至，訊之，曰：「前所服藥誤，方且下之，下則平矣。」病二歲竟卒。盧大夫死時，溺出血肉，痛不可忍，乞死乃死。金吾以柳泌得罪，食泌藥，五十死海上。此可以爲誡者也。蘄不死，乃速得死，謂之智，可不可也？

五穀三牲，鹽醯果蔬，人所常御。人相厚勉，必曰：「强食。」今惑者皆曰：「五穀令人夭，不能無食，常務減節。」鹽醯以濟百味，豚、魚、雞三者，古以養老，反曰：「是皆殺人，不可食。」一筵之饌，禁忌十常不食二三。不信常道，而務鬼怪，臨死乃悔。後之好者又曰：「彼死者皆不得其道也，我則不然。」始病，曰：「藥動故病，病去藥行，乃不死矣。」及且死，又悔。嗚呼！可哀也已，可哀也已！

佚名《靈寶衆真丹訣》 還魂丹法并序

夫人生稟於五行，拘於五常，則爲五味之所賊，八風之所攻。爰自飲乳，至於耄年，莫不因風而喪命。或多食而過飽，或失食而饑，或飲啜大多，或乾渴乏水，或食鹹醋，或啜酸辛，或畏熱當風，或惡寒親火，或庭前看月，或樹下乘凉，或刺損肌膚，或撲傷支體，或時餐燥藥，或時啜水漿，或久絶屏幃，或日多施泄，自此風趨百竅，毒聚四肢，遂使手足不隨，言詞謇澀。或痛鑽骨髓，或痺襲皮膚，或痒甚蟲螟，或頑如鐵石，或多痰唾，健忘，好嗔，血脈不行，肉色乾瘦；或久安床枕，起坐須臾；或頭面虚腫，雖活如死；或總無疾苦，卒暴而亡。男即炁引其風，女即風隨其血，未有不因風而喪命者也。世人不能治其風，但以藥攻其内，安有風在五臟六腑之中，四支百脈之間，而湯飲之類，曷能去乎。假令相疾而醫，用藥乖誤，雖《難經》《素問》，三世十全，欲去沉綿，其可得也。

余久居太白，抱疾數年，萬藥皆施，略不能效。後有一翁，遺余此藥，服都五粒，疾乃徐除。稽顙叩天，求其藥法，然肯傳授，爲誓不輕。余故録於身右，置諸靈室，後人得之者，宜敬之。無或輕傳，自貽殃咎。但依法修鍊，何慮不神。

夫炙藥制燒藥，燒藥制煮藥，煮藥制生藥，生藥使煮藥，煮藥使生藥，生藥使炙藥，炙藥使燒藥，遞互相制，遞互相使，君臣俱具，父子固全。後遂得陰陽，各有其緒。陽藥制陰，以引其陰。陰藥制陽，而引其陽。此藥但不能制致神仙，得之者但服一豆許，則壽限之内，永無疾矣。如已患風疾，及撲傷肢節，十年五年，運動不得者，但依法服之一粒，便效。重者不過十粒。有人卒亡者，但心頭未冷，取藥一粒，以醋調一粒，摩臍中一千餘下，當從臍四面漸煖，待眼開後，熱醋下一粒，入口即活。但是風疾，不拘年月深遠，神驗，不能具載其功力。每丸如芥子大，日曝令乾，收之。凡疾人，不問年月遠近。先以紅雪，或通中散茶，下半兩。如或風澀甚者，即服一兩，良久，以熱茶投之，令患病人瀉三兩行，依法潑薑豆湯，下一粒，當以他人熱手，更互摩之患處，良久熱徹，即當覺肉有物如火，走至痛處，所苦當時已失矣。一二百日及一年内，風疾下床不得者，服一粒後，當時便可行步，一如不患人。至重者，每服瀉後，服藥一粒，後歇三五日間，依前服紅雪，先瀉後服丹藥，但每日服不過一二十粒，平復如故。打撲傷損多年者，天陰即疼痛，動不得者，尤驗，只可一兩粒。服此藥多者，疾愈後，藥力當伏脚心下，男左女右。但有所苦，發心念藥，隨意則至。此藥神驗，功效非智能測，其法如後。

佚名《雁門公妙解録序》 余少抱其疾，專意修養，至於金石服餌，亦嘗勤求。竊見今時好事者，不顧貨財，大修爐火，謂河車立成，變土石爲金丹，丹砂立化，可壯筋髓。然而往往爲藥所悮，醫救莫及，何哉。豈根源不正歟，將師法不明歟，奚終不相副，如此之甚也。余因覽道書，偶見九霄君告劉泓丹藥要訣，乃論俗徒都未窺至道毫末，而妄自誇衒，誑誘時人，凡所施爲，無非自戕之捷徑，能無悲乎。真仙之言，定不誣矣。余以懷滯惑方困於是，今故訣其要語，書之座隅，目之曰《妙解録》。冀觀覽之時，疑撓盡釋，雖未達金液保身之術，當必免毒丹傷命之虞，亦天年之幸也。如有同我斯志者，固願攻其未悟耳。大中九年乙亥歲五月十八日甲子謹序。

《舊唐書·袁恕己傳》

袁恕己，滄州東光人也。長安中，歷遷司刑少卿，兼知相王府司馬事。敬暉等將誅張易之兄弟，恕己預其謀議，又從相王統率南衙兵仗，以備非常。及事定，加銀青光禄大夫，行中書侍郎、同中書門下三品，封南陽郡公，食實封五百户。將作少匠楊務廉素以工巧見用，中興初，恕己恐其更啓遊娱侈靡之端，言於中宗曰：「務廉致位九卿，積有歲年，苦言嘉謀，無足可紀。每宫室營構，必務其侈，若不斥之，何以廣昭聖德？」由是左授務廉陵州刺史。恕己俄擢拜中書

令，仍加特進，封南陽郡王，罷知政事。則天崩，遺制加實封滿七百户。後與敬暉等累遭貶黜，流于環州。尋爲周利貞所逼，飲野葛汁數升，恕已常服黄金，飲毒發，憤悶，以手掘地，取土而食，爪甲殆盡，竟不死，乃擊殺之。建中初，贈太子太傅。

宋・何薳《春渚紀聞》卷三《雜記》

仙丹功效

余族兄次翁鼻間生一瘤，大如含桃，而懼其浸長，百方治之不差。行至襄陽，於客邸遇一道人，喜飲而日與周旋，臨別解衣，出一小瓢如棗大，傾藥如粟粒三，授次翁曰：「汝夜以針刺瘤根，納藥針穴，明日瘤當自落。其二粒留以救奇疾也。」次翁如其言，因夜取針剔瘤根納藥。至夜半但覺藥粒巡瘤根而轉。至曉，捫之則瘤已失去。取鏡視之，了無瘢痕也。因大神之，祕其餘藥，不令人知。其女爲兒時，蹙倒折齒不生。次翁取藥納齒根，一夕齒平復。因以水銀一兩，置銚間，取藥投之，則化爲紫金，方知神仙所煉大丹也。

居四郎丹

密院編修居世英，彦實之父，人謂之居四郎者。遇異人得丹竈術，常使一僕守火，歲久不懈，因度之爲僧，居京師定歷院，幾二十年。時曾子宣當軸，有堂吏通解可喜，其婦得急勞，數日而殂，繼而病傳堂吏，國醫不能療。吏與居素善，居視之云：「應須我神丹療之。」爲啟爐取刀圭與服，十數日即完復如初。出參丞相，子宣大驚云：「汝非遇仙丹，不能起此病。」吏拜謝起白云：「某實幸獲居四郎之丹，服之，奪命鬼手耳。」子宣神之，使人邀居，不能至也。即使門下之人，宛轉啖其僧，前後資給備至，約竊丹爲贈，而僧誓不負心。丞相亦延顧不替。僧一日謁丞相，而許分竊爲獻。子宣喜甚，送僧降堦，而僧退揖爲馬臺蹶倒，應時折足，舉之而歸，數日遂卒。子宣即遣人厚貽其徒，並爐取之，不知所用，但取丹膏，圓如粟粒，服之一粒，即引水燥甚，分諸子服，皆然。獨子紆公衮服兩粒無異也。後不復加火，亦不敢服。子宣薨，丹盡付石藏用矣。

佚名《湖海新聞夷堅續志・警戒門》 警世

服丹自焚

主稱定觀者，政和末爲殿中監，時年二十八，酒食自娛。一日，忽宣召入禁中，上云：「朕近得一異人，能製丹砂，服之可以長生。久視煉冶，經歲而成，色如紫金，卿爲試之。」定觀欣躍拜。

服丹發疽

保州教授丁廣，家多侍妾，以酒色沈縱。會有道人過郡，自言數百歲，能煉大丹，服之可以飽嗜慾，而康健無疾，然後飛昇度世。守貳館之，以先生之禮事之。選日剏丹竈，依其法煉之，四十九日而成，神光屬天。置酒大合樂相慶，然後嘗之。廣聞之，裁書以獻，乞取刀圭，以養病者。道人以其骨凡不肯與，守貳憐之爲請，僅得半粒，廣欣然服之。不數日，郡將、通判皆疽發於背。道人宵遁，守貳相繼告殂。廣腰間生一癤，甚皇恐，飲地漿解之，得愈。明年，復作熱躁，因澡身，水入瘡口，不能起。金石之毒，有如此者，故書于此，以爲世戒也。

清・趙翼《廿二史劄記》卷一九 唐諸帝多餌丹藥

古詩云：「服食求神仙，多爲藥所誤。」自秦皇、漢武之後，固共知服食金石之誤人矣。及唐諸帝，又惑于其説，而以身試之。貞觀二十二年，使方士那羅邇婆娑于金飆門造延年之藥。《舊書・本紀》。高士廉卒，太宗將臨其喪，房玄齡以帝餌藥石，不宜臨喪，抗疏切諫。《士廉傳》。是太宗實餌其藥也。其後高宗將餌胡僧盧伽阿逸多之藥，郝處俊諫曰：「先帝令胡僧那羅邇婆娑，依其本國舊方合長生藥，徵求靈草異石，歷年而成，先帝服之無效，大漸之際，高醫束手，議者歸罪于胡僧，將申顯戮，恐取笑外夷，遂不果。」《處俊傳》。李藩亦謂憲宗曰：「文皇帝服胡僧藥，遂致暴疾不救。」《憲宗本紀》。是太宗之崩，實由于服丹藥也。乃憲宗又惑長生之説，皇甫鎛與李道古等遂薦山人柳泌，僧大通，待詔翰林。尋以泌爲台州刺史，令其採天台藥以合金丹。帝服之日加燥渴。裴潾上言，金石性酷烈，加以燒煉，則火毒難制，不聽。帝燥益甚，數暴怒，責左右，以致暴崩。憲、穆二《紀》，及《裴潾、王守澄傳》。是又憲宗之以藥自誤也。穆宗即位，詔泌、大通付京兆府決杖處死，是固明知金石之不可服矣。乃未幾聽僧惟賢、道士趙歸真之説，亦餌金石。有處士張皋上書切諫，詔求之，皋已去，不可得，尋而上崩。是穆宗又明知之而故蹈之也。敬宗即位，詔惟賢，歸真流嶺南，是更明知金石之不可服矣。尋有道士劉從政説以長生久視之術，請求異人，冀獲異藥。帝惑之，乃以從政爲光禄卿，號昇玄先生，又遣使往湖南、江南及天台採藥。《敬宗本紀》。是敬宗又明知之而故蹈之也。武宗在藩邸，早好道術修攝之事，及即位，又召趙歸真等八十一人，於禁中修符籙，鍊丹藥。《武宗本紀》。所幸王賢妃私謂左右曰：「陛下日服丹，言可不死，然膚澤日消槁，吾甚憂之。」《王賢妃傳》。後藥發燥甚，喜怒不常，疾既篤，旬日不能言，宰相李德裕請見不得，未幾，崩。是武宗又爲藥所誤

也。宣宗親見武宗之誤，然即位後，遣中使至魏州，諭韋澳曰：「知卿奉道，得何藥術，可令來使口奏。」澳附奏曰：「方士不可聽，金石有毒不宜服。」《澳傳》。帝竟餌太醫李玄伯所治長年藥，病渴且中燥，疽發背而崩。懿宗立杖殺玄伯。崔慎由、畢諴二《傳》。是宣宗又爲藥所誤也。統計唐代服丹藥者六君，穆、敬昏愚，其被惑固無足怪，太、憲、武、宣皆英主，何爲甘以身殉之？實由貪生之心太甚，而轉以速其死耳。李德裕諫穆宗服道士藥疏云：「高宗朝有劉道合，玄宗朝有孫甑生，皆能以藥成黄金，二祖竟不敢服。」《德裕傳》。然則二帝可謂知養生矣。其臣下之餌金石者，如杜伏威好神仙術，餌雲母，被毒暴卒。《伏威傳》。李道古既薦柳泌，後道古貶循州，終以服藥歐血而卒。《道古傳》李抱真好方術，有孫季長者爲治丹，云服此當仙去，抱真信之，謂人曰：「秦、漢君不遇此，我乃遇之，後升天不復見公等矣。」餌丹至二萬丸，不能食且死，道士牛洞玄以豬肪穀漆下之，病少閒。季長來曰：「將得仙，何自棄也。」乃益服三千丸而卒。《抱真傳》。斯真愚而可憫矣。惟武后時，張昌宗兄弟亦曾爲之合丹藥，蕭至忠謂其有功於聖體，則武后之餌之可知，然壽至八十一。豈女體本陰，可服燥烈之藥，男體則以火助火，必至水竭而身槁耶？

引用書目

書名	作者	年代	版本
國語	左丘明	春秋	續四庫本；上海古籍出版社一九八八年點校本；齊魯書社二〇〇五年點校本
尚書校釋譯論	佚名	春秋	四庫本；中華書局二〇〇五年點校本
詩經今注	佚名	春秋	四庫本；上海古籍出版社一九八〇年點校本
世本	佚名	春秋	四庫本；商務印書館一九三六年，叢書集成初編本
孟子	孟子	戰國	四庫本；上海古籍出版社一九八七年點校本
荀子集解	佚名	戰國	四庫本；中華書局一九八八年，新編諸子集成本
周禮注疏	佚名	戰國	四庫本；上海古籍出版社二〇一〇年，十三經注疏
春秋左傳注	左丘明	戰國	四庫本；中華書局一九九〇年，中國古典名著譯注叢書
管子校注	佚名	戰國	四庫本；上海古籍出版社一九八九年點校本；中華書局二〇〇四年，新編諸子集成本
墨子閑詁	佚名	戰國	四庫本；上海古籍出版社一九八七年點校本；中華書局二〇〇一年，新編諸子集成本
史記	司馬遷	漢	四庫本；中華書局二〇一五年點校本
禮記訓纂	戴聖	漢	四庫本；中華書局二〇〇一年，十三經注疏
楚辭集注	劉向	漢	四庫本；上海古籍出版社二〇〇一年點校本
爾雅注疏	佚名	漢	四庫本；上海古籍出版社二〇一〇年，十三經注疏
氾勝之書輯釋	氾勝之	漢	四庫本；農業出版社一九五七年點校本
方言校箋	揚雄	漢	四庫本；中華書局一九九三年點校本
韓非子集解	佚名	漢	四庫本；中華書局一九九八年，新編諸子集成本
漢書	班固	漢	四庫本；中華書局二〇一五年點校本
淮南萬畢術	劉安	漢	四庫本；中華書局一九八五年，叢書集成初編本
淮南子	劉安	漢	四庫本；上海古籍出版社一九八九年點校本
論衡	王充	漢	四庫本；上海古籍出版社一九九〇年點校本；上海人民出版社一九七四年點校本
蓬萊山西竈還丹歌	黃玄鐘	漢	四庫本；道藏本
潛夫論	王符	漢	四庫本；上海古籍出版社一九七八年點校本；中華書局一九七九年點校本
三十六水法	佚名	漢	道藏本
漢代畫像全集			學苑出版社二〇一五年
山海經校注	佚名	漢	四庫本；上海古籍出版社一九八〇年點校本
神農本草經	佚名	漢	四庫本；人民衛生出版社一九九五年點校本；上海古籍出版社二〇一三年點校本
神仙養生秘術	太白山人	漢	道藏本
釋名	劉熙	漢	四庫本；中華書局二〇〇八年點校本；上海古籍出版社一九八四年點校本

説文解字　許慎　漢　四庫本；天津古籍出版社一九九一年點校本；中華書局一九六三年點校本；中國書店二〇一一年點校本

四民月令校注　崔寔　漢　中華書局二〇一三年，新編諸子集成本

太平經合校　佚名　漢　中華書局二〇一五年，道教典籍選刊

太清金液神丹經訣　佚名　漢　道藏本

太清金液神氣經　佚名　漢　道藏本

太清經天師口訣　佚名　漢　道藏本

吴越春秋輯校匯考　趙曄　漢　四庫本；上海古籍出版社一九九七年

鹽鐵論校注　桓寬　漢　四庫本；天津古籍出版社一九八三年點校本

戰國策　劉向等　漢　四庫本；上海古籍出版社一九八五年點校本；齊魯書社二〇〇五年點校本

周易參同契古注集成　魏伯陽　漢　四庫本；上海古籍出版社一九九〇年

黄帝内經　佚名　漢　四庫本；鳳凰出版社二〇一二年

東觀漢記　劉珍等　漢　四庫本；中州古籍出版社一九八七年點校本；中華書局二〇〇八年，中國史學基本典籍書目

三輔決録　趙岐　漢　四庫本；三秦出版社二〇〇六年，長安史跡叢刊

全上古三代秦漢三國六朝文　漢　中華書局一九五六年

馬王堆漢醫書校釋　成都出版社一九九二年

注解傷寒論　張仲景　漢　四庫本；人民衛生出版社一九五六年

漢樂府詩集　佚名　漢　四庫本；中華書局 九七九年

四川漢畫像磚　四川美術出版社二〇〇六年

毛詩草木鳥獸蟲魚疏　吴陸璣　三國　四庫本；商務印書館一九三六年，叢書集成初編本

抱樸子校釋　葛洪　晉　四庫本；上海古籍出版社一九九〇年點校本；中華書局一九八五年，新編諸子集成本

華陽國志　常璩　晉　四庫本；上海古籍出版社一九八七年點校本；巴蜀出版社一九八四年點校本；齊魯書社二〇一〇年點校本

南方草木狀　嵇含　晉　四庫本；廣東科技出版社二〇〇九年；上海古籍出版社一九九三年，山川風情叢書

三國志　陳壽　晉　四庫本；中華書局二〇一五年點校本

拾遺記　王嘉　晉　四庫本；中華書局一九八一年

太極真人九轉還丹經要訣　佚名　晉　道藏本

西京雜記　葛洪　晉　四庫本；中華書局一九八五年，古小説叢刊

神仙傳　葛洪　晉　中華書局二〇一〇年，道教典籍選刊

後漢書　范曄　南朝　四庫本；中華書局二〇一五年點校本

世説新語校注	劉義慶	南朝	四庫本；中華書局一九八四年點校本，中國古典文學基本叢書；廣陵書局二〇〇九年
雷公炮炙論	雷斅	南朝	江蘇科學技術出版社一九八五年
齊民要術	賈思勰	北朝	四庫本；江蘇古籍出版社二〇〇一年影印本
魏書	魏收	北朝	四庫本；中華書局二〇一五年點校本
本草經集注	陶弘景	梁	四庫本；群聯出版社一九五五年，中國古典醫學叢刊；學苑出版社二〇一〇年
古今刀劍録	陶弘景	梁	四庫本；中華書局一九九一年，叢書集成初編本
鼎録	虞荔	梁	四庫本；中國商業出版社一九八七年，中國烹飪古籍叢書；商務印書館一九三六年，叢書集成初編本
荊楚歲時記校注	宗懍	梁	四庫本；湖北人民出版社一九八五年
南齊書	蕭子顯	梁	四庫本；中華書局二〇一五年點校本
古儷府	何遜	梁	四庫本；上海古籍出版社一九九二年，四庫類書叢刊
宋書	沈約	梁	四庫本；中華書局二〇一五年點校本
吴太極左仙公葛公之碑	陶弘景	梁	道藏本
太清石壁記	蘇元朗	隋	道藏本
安禄山事蹟	姚汝能	唐	四庫本；上海古籍出版社一九八三年
白香山詩後集	白居易	唐	大達圖書供應社一九三五年
抱朴子神仙金汋經	佚名	唐	道藏本
北齊書	李百藥	唐	四庫本；中華書局二〇一五年點校本
北史	李延壽	唐	四庫本；中華書局二〇一五年點校本
全唐詩	顧況	唐	中華書局一九六〇年點校本
茶經	陸羽	唐	四庫本；上海古籍出版社二〇〇九年；浙江人民出版社二〇一六年，藝文叢刊
朝野僉載	張鷟	唐	四庫本；中華書局一九七九年，唐宋史料筆記叢刊
陳書	姚思廉	唐	四庫本；中華書局二〇一五年點校本
初學記	徐堅	唐	四庫本；中華書局二〇一〇年
大丹記	佚名	唐	道藏本
大丹篇	佚名	唐	道藏本
大丹鉛汞論	金竹坡	唐	道藏本
大洞煉真寶經修伏靈砂妙訣	陳少微	唐	道藏本
丹方鑒源	獨狐滔	唐	道藏本
唐國史補	李肇	唐	四庫本；上海古籍出版社一九七九年點校本

還丹歌訣	元陽子	唐	道藏本
還丹金液歌注	元陽子	唐	道藏本
韓昌黎文集校注	韓愈	唐	上海古籍出版社一九八六年
元和郡縣圖志	李吉甫	唐	四庫本；中華書局一九八三年，中國古代地理總志叢刊
紅鉛入黑鉛訣	佚名	唐	道藏本
黄帝九鼎神丹經訣	佚名	唐	道藏本
集異記	薛用弱	唐	四庫本；中華書局一九八〇年，古小説叢刊
金丹真一論	百玄子	唐	道藏本
金石簿五九數訣	佚名	唐	道藏本
金液還丹百問訣	李光玄	唐	道藏本
晉書	房玄齡	唐	四庫本；中華書局二〇一五年點校本
經典釋文	陸德明	唐	四庫本；上海古籍出版社二〇一三年；中華書局一九八〇年，經典釋文匯校
九轉靈砂大丹	佚名	唐	道藏本
九轉流珠神仙九丹經	佚名	唐	道藏本
九轉青金靈砂丹	佚名	唐	道藏本
李太白全集	李白	唐	中華書局二〇一一年，中國古典文學基本叢書
梁書	姚思廉	唐	四庫本；中華書局二〇一五年點校本
靈寶衆真丹訣	佚名	唐	道藏本
靈飛散傳信録	齊推	唐	道藏本
龍虎還丹訣	金陵子	唐	道藏本
龍虎元旨	董師元	唐	道藏本
蠻書	樊綽	唐	四庫本；中華書局一九六二年
南史	李延壽	唐	四庫本；中華書局二〇一五年
備急千金要方	孫思邈	唐	四庫本；人民衛生出版社一九九八年
上洞心丹經訣	佚名	唐	道藏本
上清經真丹秘訣	佚名	唐	道藏本
神仙服餌丹石行藥法	京里先生	唐	道藏本
神仙煉丹點鑄三元寶照法	歸耕子	唐	道藏本
詩品二十四則	司空圖	唐	浙江古籍出版社二〇一三年
石藥爾雅	梅彪	唐	備急千金藥方，商務印書館一九三七年，叢書集成初編本

食療本草　孟詵　唐　人民衛生出版社一九八四年
隋書　魏徵　唐　四庫本；中華書局二〇一五年
太丹問答　佚名　唐　道藏本
太古土兑經　佚名　唐　道藏本
太極真人雜丹藥方　佚名　唐　道藏本
太清丹經要訣　孫思邈　唐　中央編譯出版社二〇一七年，道教典籍叢刊
太上衛靈神化九轉丹砂法　佚名　唐　道藏本
唐六典　李林甫等　唐　四庫本；中華書局二〇一四年，中國史學基本典籍叢刊
陶真人内丹賦　陶植　唐　道藏本
通玄秘術　沈知言　唐　道藏本
通幽訣　佚名　唐　道藏本
魏伯陽七返丹砂訣　佚名　唐　道藏本
夏侯陽算經　韓延　唐　道藏本
新修本草　蘇敬等　唐　續四庫本；上海古籍出版社一九八五年
續高僧傳　道宣　唐　續四庫本；中華書局二〇一四年，中國佛教典籍選刊
軒轅黄帝水經藥法　佚名　唐　道藏本
懸解録　佚名　唐　道藏本
雁門公妙解録　佚名　唐　道藏本
一切經音義　慧琳　唐　續四庫本；上海古籍出版社二〇一四年
藝文類聚　歐陽詢　唐　四庫本；上海古籍出版社一九九九年
因話録　趙璘　唐　四庫本；上海古籍出版社一九七九年
陰陽九轉成紫金點化還丹訣　佚名　唐　道藏本
陰真君金石五相類　佚名　唐　道藏本
酉陽雜俎　段成式　唐　四庫本；中華書局一九八一年點校本
玉洞大神丹砂真要訣　張果　唐　道藏本
玉清内書　佚名　唐　道藏本
元陽子金液集　元陽子　唐　道藏本
張真人金石靈砂論　張久垓　唐　道藏本
貞觀政要　吴兢　唐　四庫本；齊魯書社二〇一〇年點校本；上海古籍出版社一九七八年點校本
周書　令狐德棻等　唐　四庫本；中華書局二〇一五年點校本

資暇集　李匡文　唐　四庫本；中華書局一九八五年，叢書集成初編本

北堂書鈔　虞世南　唐　四庫本；學苑出版社二〇一五年

投荒雜録　房千里　唐　太平廣記，四庫本；中華書局二〇一三年

四時纂要　韓鄂　唐　續四庫本；農業出版社一九八一年，中國農書叢刊綜合之部

唐人宴飲圖　佚名　唐　長安縣南里王村唐壁畫墓・圖版三，文博，一九八九・四

全唐文　中華書局二〇〇九年

歷代名畫記　張彥遠　唐　四庫本；浙江人民美術出版社二〇一一年，中國藝術文獻叢刊；人民美術出版社一九八三年

北户録　段公路　唐　四庫本；商務印書館一九三六年，叢書集成初編本

三水小牘　皇甫枚　唐　續四庫本；中華書局一九五八年

嶺表録異　劉恂　唐　四庫本；廣東人民出版社一九八三年

評紙帖　米芾　唐　浙江人民美術出版社二〇一三年，美術叢書

柳氏家訓　柳玭　唐　山西經濟出版社二〇一一年，晉城文物通覽

備急千金要方　孫思邈　唐　四庫本；人民衛生出版社一九九八年

新修本草　孔志約　唐　續四庫本；上海古籍出版社一九八五年

本草拾遺　陳藏器　唐　安徽科學技術出版社二〇〇二年

劉賓客文集　劉禹錫　唐　上海古籍出版社一九九三年，四庫唐人文集叢刊

寶藏論　佚名　五代　道藏本

鑒誡録校注　何光遠　五代　巴蜀書社二〇一一年點校本

舊唐書　劉昫等　五代　四庫本；中華書局二〇一五年點校本

開元天寶遺事　王仁裕　五代　四庫本；上海古籍出版社一九八五年

太白經　佚名　五代　道藏本

唐摭言　王定保　五代　四庫本；上海古籍出版社一九七八年

雲仙散録　馮贄　五代　中華書局一九九八年，古小説叢刊

真元妙道要略　鄭思遠　五代　道藏本

稚川真人校證術　佚名　五代　道藏本

中華古今注　馬縞　五代　四庫本；商務印書館一九五六年

化書　譚峭　五代　道藏本

北苑別録　趙汝礪　宋　四庫本；中華書局一九八五年，叢書集成初編本

本草衍義　寇宗奭　宋　續四庫本；商務印書館一九五七年；人民衛生出版社一九九〇年，中醫古籍整理叢書

碧玉朱砂寒林玉樹匱	陳大師	宋	道藏本
泊宅編	方勺	宋	四庫本；中華書局一九八三年，唐宋史料筆記叢刊
參同契五相類秘要	盧天驥	宋	道藏本
蠶書	秦觀	宋	四庫本；商務印書館一九三六年，叢書集成初編本
册府元龜	王欽若等編	宋	四庫本；中華書局一九六〇年點校本
誠齋集	楊萬里	宋	四庫本；上海書店一九八九年，四部叢刊初編本
崇文總目	王堯臣等	宋	四庫本；商務印書館一九三七年，叢書集成初編本
春渚紀聞	何薳	宋	四庫本；中華書局一九八三年，唐宋史料筆記叢刊
純陽吕真人藥石制	佚名	宋	道藏本
全宋詩			北京大學出版社一九九八年
丹房奥論	程了一	宋	道藏本
丹房須知	吴悮	宋	道藏本
道樞	曾慥	宋	續四庫本；上海古籍出版社一九九〇年，氣功養生叢書
東都事略	王稱	宋	四庫本；文海出版社一九六七年
東京夢華録	孟元老	宋	四庫本；中華書局一九八二年點校本，商務印書館一九五九年點校本
東坡志林	蘇軾	宋	四庫本；中華書局一九八一年，唐宋史料筆記叢刊
東軒筆録	魏泰	宋	四庫本；中華書局一九八三年，唐宋史料筆記叢刊
獨醒雜誌	曾敏行	宋	四庫本；上海古籍出版社一九八六年，宋元筆記叢書
爾雅翼	羅願	宋	四庫本；黄山書社二〇一一年，安徽古籍叢書
感氣十六轉金丹	佚名	宋	道藏本
庚道集	佚名	宋	道藏本
癸辛雜識前集	周密	宋	四庫本；中華書局一九八八年，唐宋史料筆記叢刊
桂海虞衡志校補	范成大	宋	四庫本；廣西人民出版社一九八四年點校本
還丹衆仙論	楊在	宋	道藏本
還丹肘後訣	佚名	宋	道藏本
海録碎事	葉廷珪	宋	四庫本；上海古籍出版社一九九一年，四庫類書叢刊；中華書局二〇〇二年
華陽陶隱居内傳	曹嵩	宋	道藏本
黄氏日抄	黄震	宋	四庫本；商務印書館一九五九年
雞肋編	莊綽	宋	四庫本；中華書局一九八三年，唐宋史料筆記叢刊
建炎以來系年要録	李心傳	宋	四庫本；中華書局二〇一三年，中國史學基本典籍叢刊

金華沖碧丹經秘旨	孟煦	宋	道藏本
金華玉液大丹	佚名	宋	道藏本
靖康緗素雜記	黄朝英	宋	四庫本；上海古籍出版社一九八六年，唐宋史料筆記叢刊
九轉靈砂大丹資聖玄經	佚名	宋	道藏本
舊五代史	薛居正等	宋	四庫本；中華書局二〇一五年點校本
郡齋讀書志校正	晁公武	宋	四庫本；上海古籍出版社一九九〇年點校本
考古圖	吕大臨	宋	四庫本；中華書局一九八七年
孔氏談苑	孔平仲	宋	四庫本；齊魯書社二〇一四年；中華書局一九八五年，叢書集成初編本
老學庵筆記	陸遊	宋	四庫本；中華書局一九七九年，唐宋史料筆記叢刊
靈砂大丹秘訣	佚名	宋	道藏本
嶺外代答校注	周去非	宋	中華書局一九九九年，中外交通史籍叢刊
龍虎還丹訣頌	穀神子	宋	道藏本
茅亭客話	黄休複	宋	國家圖書館出版社二〇〇九年，中華再造善本
夢粱録	吴自牧	宋	四庫本；浙江人民出版社一九八〇年點校本；商務印書館一九六〇年點校本
夢溪筆談	沈括	宋	四庫本；上海古籍出版社一九八七年點校本；文物出版社一九七五年；中華書局一九七五年點校本
密齋筆記	謝采伯	宋	四庫本；商務印書館一九三六年，叢書集成初編本；中華書局一九八五年，叢書集成初編本
墨莊漫録	張邦基	宋	四庫本；中華書局一九八五年，叢書集成初編本；商務印書館一九六〇年
能改齋漫録	吴曾	宋	四庫本；上海古籍出版社一九八四年，宋元筆記叢書
平齋文集	洪諮夔	宋	四庫本；上海書店一九八四年
鉛汞甲庚至寶集成	佚名	宋	道藏本
清波雜志	周輝	宋	四庫本；中華書局一九八五年，叢書集成初編本；上海古籍出版社一九九一年
清異録	陶穀	宋	四庫本；中華書局一九九一年；中國商業出版社一九八四年
曲洧舊聞	朱弁	宋	四庫本；中華書局二〇一三年，唐宋史料筆記叢刊
容齋隨筆	洪邁	宋	四庫本；中華書局二〇〇五年；上海古籍出版社一九九六年
山家清供	林洪	宋	四庫本；中華書局二〇一三年，中華生活經典
事林廣記	陳元靚	宋	四庫本；中華書局一九九九年點校本
事物紀原	高承	宋	四庫本；中華書局一九八九年
宋高僧傳	贊寧	宋	四庫本；中華書局一九八七年，中國佛教典籍選刊
中國茶畫			浙江攝影出版社二〇一四年

書名	作者	朝代	版本
宋名臣奏議	趙汝愚	宋	四庫全書珍藏二輯
蘇軾詩集	蘇軾	宋	中華書局一九八二年
太平廣記	李昉　扈蒙　李穆等	宋	四庫本；中華書局二〇一三年點校本
太平寰宇記	樂史	宋	四庫本；中華書局二〇〇七年，中國古代地理總志叢刊
太平御覽	李昉	宋	四庫本；中華書局一九六〇年點校本
唐大詔令集	宋敏秋	宋	四庫本；中華書局二〇〇八年
唐會要	王溥	宋	四庫本；中華書局一九九八年點校本；故宮出版社二〇一〇年點校本
唐詩紀事	計有功	宋	四庫本；上海古籍出版社二〇一三年；中華書局二〇一五年
糖霜譜	王灼	宋	四庫本；中華書局一九八五年，叢書集成初編本
鐵圍山叢談	蔡絛	宋	四庫本；中華書局一九八三年
通志	鄭樵	宋	四庫本；中華書局一九八七年點校本
圖經本草	蘇頌等	宋	福建科學技術出版社一九八八年
文昌雜録	龐元英	宋	四庫本；中華書局一九〇〇年，叢書集成初編本
文獻通考	馬端臨	宋	四庫本；中華書局二〇一一年點校本
文苑英華	李昉等編	宋	四庫本；中華書局一九六六年點校本
五代史補	陶嶽	宋	四庫本；杭州出版社二〇一五年
武經總要	曾公亮　丁度	宋	四庫本；線裝書局二〇一一年
西漢會要	徐天麟	宋	四庫本；上海古籍出版社二〇〇六年點校本；上海人民出版社一九七七年點校本
歐陽修全集	歐陽修	宋	中國書店一九八六年
仙公煉丹井銘	方峻	宋	道藏本
新唐書	歐陽修　宋祁	宋	四庫本；中華書局二〇一五年點校本
新五代史	歐陽修等	宋	四庫本；中華書局二〇一五年點校本
修丹妙用至理論	佚名	宋	道藏本
修煉大丹要旨	佚名	宋	道藏本
續考古圖	趙九成	宋	四庫本；中華書局一九八五年，叢書集成初編本
續資治通鑑長篇	李燾	宋	四庫本；上海古籍出版社一九八七年點校本；中華書局一九五六年點校本
宣和北苑貢茶録	熊蕃	宋	續四庫本；中華書局一九九一年；商務印書館二〇一三年
玄霜掌上録	佚名	宋	道藏本
學林	王觀國	宋	四庫本；中華書局一九八八年，學術筆記叢刊
學齋佔畢	史繩祖	宋	四庫本；上海古籍出版社一九九二年，四庫筆記小說叢書

書名	作者	朝代	版本
演繁露	程大昌	宋	四庫本；中華書局一九九一年，叢書集成初編本
演繁露續集	程大昌	宋	四庫本；中華書局一九九一年，叢書集成初編本
燕翼詒謀録	王栐	宋	四庫本；中華書局一九八一年，唐宋史料筆記叢刊
野客叢書	王楙	宋	四庫本；中華書局一九八七年，學術筆記叢刊
游宦紀聞	張世南	宋	四庫本；中華書局一九八一年
輿地紀勝	王象之	宋	四庫本；中華書局二〇〇九年，中國古代地理總志叢刊
雲笈七籤	張君房	宋	四庫本；齊魯書社一九八八年
雲林石譜	杜綰	宋	四庫本；中華書局二〇一四年，中華生活經典
雲麓漫鈔	趙彦衛	宋	四庫本；中華書局一九九六年，唐宋史料筆記叢刊
重修宣和博古圖	王黼	宋	四庫本；廣陵書社二〇一〇年
周易參同契考異	朱熹	宋	四庫本；天津古籍出版社一九八八年
諸家神品丹法	佚名	宋	道藏本
資治通鑒	司馬光	宋	四庫本；中華書局二〇〇七年點校本
玉壺清話	文瑩	宋	四庫本；中華書局一九八四年，歷代史料筆記叢刊
證類本草	唐慎微	宋	四庫本；上海書店一九八九年
小畜外集	王禹偁	宋	四庫本；上海書店一九八九年
塵史	王得臣	宋	四庫本；上海古籍出版社一九八六年，宋元筆記叢書
酒爾雅	何剡	宋	四庫本；明崇禎兩浙督學李際期宛委山堂刊
北山酒經	朱肱	宋	四庫本；上海書店二〇一六年，宋元譜録叢編
曲本草	田錫	宋	線裝書局二〇〇四年，宋集珍本叢刊
東坡志林	蘇軾	宋	四庫本；中華書局一九八一年，唐宋史料筆記叢刊
酒經	朱肱	宋	天津劉氏古籍書坊
續北山酒經	李保	宋	四庫本；上海書店二〇一六年，宋元譜録叢編
酒名記	張能臣	宋	中國書店一九八六年
調燮類編	趙希鵠	宋	商務印書館一九三六年，叢書集成初編本
誠齋集	楊萬里	宋	四庫本；上海書店一九八九年
洛陽搢紳舊聞記	張齊賢	宋	四庫本；中華書局一九八五年，叢書集成初編本
類篇	司馬光	宋	四庫本；中華書局一九八四年，古代字書輯刊
唐語林	王讜	宋	四庫本；上海古籍出版社一九八五年
［嘉泰］會稽志	施宿等	宋	四庫本；商務印書館二〇一三年

晦庵先生朱文公文集	朱熹	宋	上海書店一九八九年；國家圖書館出版社二〇〇六年，中華再造善本叢書
營造法式	李誡	宋	四庫本；中華書局一九九二年，古逸叢書三編
萍州可談	朱彧	宋	中華書局二〇〇七年，歷代史料筆記叢刊
宋人軼事彙編			上海古籍出版社二〇一四年
文房四譜	蘇易簡	宋	四庫本；浙江人民美術出版社二〇一六年，藝文叢刊
邵氏聞見後録	邵博	宋	中華書局一九八三年，唐宋史料筆記叢刊
負暄野録	陳櫄	宋	四庫本；商務印書館一九三六年，叢書集成初編本
洞天清禄集	趙希鵠	宋	四庫本；上海古籍出版社一九九三年，四庫筆記小説叢書；浙江人民美術出版社二〇一六年，藝文叢刊
墨經	晁貫之	宋	四庫本；中華書局一九八一年
墨譜法式	李孝美	宋	四庫本；浙江人民美術出版社二〇一三年，古刻新韻
宋米芾晉紙帖			古吴軒出版社二〇一四年
全宋文			巴蜀出版社一九八八年
香譜	洪芻	宋	四庫本；浙江人民美術出版社二〇一六年，藝文叢刊
陳氏香譜	陳敬	宋	四庫本；浙江人民美術出版社二〇一六年，藝文叢刊
續博物志	李石	宋	四庫本；巴蜀書社一九九一年；中華書局一九八五年，叢書集成初編本
倦遊雜録	張師正	宋	上海古籍出版社一九九三年
甕牖閑評	袁文	宋	四庫本；中華書局一九八五年，叢書集成初編本
豫章黄先生文集	黄庭堅	宋	上海書店一九八九年
蘇沈良方	沈括	宋	四庫本；人民衛生出版社一九五六年影印本
聖濟總録	趙佶	宋	四庫本；上海科學技術出版社二〇一六年
外科精要	陳自明	宋	人民衛生出版社一九八二年
歸田録	歐陽修	宋	四庫本；上海古籍出版社一九八一年，唐宋史料筆記叢刊
小兒藥證直訣	錢乙	宋	人民衛生出版社一九九一年，中醫古籍整理叢書
欒城集	蘇轍	宋	四庫本；上海古籍出版社一九八七年
宣化遼墓壁畫	河北省文物研究所編	遼	文物出版社二〇〇一年
續夷堅志	元好問	金	續四庫本；中華書局一九八六年
元好問全集	元好問	金	山西人民出版社一九九〇年
醫學啓源	張元素	金	續四庫本；人民衛生出版社一九七八年
中國茶畫			浙江攝影出版社二〇一四年

湖海新聞夷堅續志　佚名　元　續四庫本；中華書局一九八六年
金史　脱脱　元　四庫本；中華書局二〇一五年點校本
全明文　上海古籍出版社一九九二年
遼史　脱脱　元　四庫本；中華書局二〇一五年點校本
南村輟耕録　陶宗儀　元　四庫本；中華書局二〇〇四年，元明史料筆記叢刊
農桑輯要校注　孟祺等　元　四庫本；農業出版社一九八八年，中國農書叢刊；中華書局二〇一四年點校本
農書三種　王禎　元　四庫本；中國書店二〇一〇年
山居新語　楊瑀　元　四庫本；中華書局二〇〇六年，元明史料筆記叢刊
宋史　脱脱　阿魯圖　元　四庫本；中華書局二〇一五年點校本
唐才子傳校箋　辛文房　元　四庫本；中華書局一九八七年；文津出版社一九七七年
全元詩　中華書局二〇一三年
析津志輯佚　熊夢祥　元　四庫本；北京古籍出版社一九八三年
飲膳正要　忽思慧　元　續四庫本；中國書店一九八五年，中醫基礎叢書；上海古籍出版社一九九〇年，氣功養生叢書
玉堂嘉話　王惲　元　四庫本；中華書局二〇〇六年，元明史料筆記叢書
元典章　佚名　元　四庫本；中華書局　天津古籍出版社二〇一一年
湛然居士集　耶律楚材　元　四庫本；中華書局一九八六年
真臘風土記　周達觀　元　四庫本；中華書局一九八一年，中外交通史籍叢刊
至正直記　孔齊　元　續四庫本；上海古籍出版社一九八七年，宋元筆記叢刊
昌國州圖志　馮福京　元　四庫本；北京古籍出版社一九八九年
熬波圖　陳椿　元　四庫本；國家圖書館出版社二〇一四年，中華再造善本
酒小史　宋伯仁　元　中國書店一九八六年
蜀錦譜　費著　元　四庫本；中華書局一九九一年，叢書集成初編本
碎金　佚名　元　故宫博物院文獻館一九三五年影印本
箋紙譜　費著　元　四庫本；臺灣商務印書館一九六六年，叢書集成簡編
浮梁縣誌　廣陵古籍刻印社二〇〇七年
世醫得效方　危亦林　元　四庫本；上海科學技術出版社一九六四年
古今圖書集成醫部全録　人民衛生出版社一九八三年
藥性賦　佚名　元　江蘇人民出版社一九七六年
醫學啓源　張吉甫　元　續四庫本；人民衛生出版社一九七八年

九靈山房集　戴良　元　四庫本；中華書局一九八五年，叢書集成初編本

沈氏宣爐小志　佚名　明　廣文書局一九八三年

本草綱目　李時珍　明　四庫本；人民衛生出版社一九七七年

本草品匯精要　劉文泰　明　人民衛生出版社一九八二年

表異録　王志堅　明　商務印書館一九三六年

兵録　何汝賓　明　明崇禎刻本

草木子　葉子奇　明　四庫本；中華書局一九八三年，元明史料筆記叢刊

長物志　文震亨　明　四庫本；浙江人民美術出版社二〇一六年，藝文叢刊

籌海圖編　鄭若曾　明　四庫本；中華書局二〇〇七年

登壇必究　王鳴鶴　明　續四庫本

帝京景物畧　劉侗　明　北京古籍出版社一九八〇年

多能鄙事　劉基　明　續四庫本；上海古籍出版社二〇〇二年，續修四庫全書

二如亭群芳譜　王象晉　明　汲古閣明版

説郛三種　陶宗儀　明　上海古籍出版社二〇一二

廣博物志　董斯張　明　四庫本；上海古籍出版社一九九二年，四庫類書叢刊

火攻挈要　湯若望　焦勗　明　續四庫本；中華書局一九八五年，叢書集成初編本；商務印書館一九三六年，叢書集成初編本

火龍經　焦玉　明　明刊清修本影印

火龍經二集　毛希秉　明　明刊清修本影印

火龍經三集　茅元儀　明　明刊清修本影印

紀效新書　戚繼光　明　四庫本；中華書局一九九六年，中華武術文庫

戒庵老人漫筆　李詡　明　中華書局一九八二年

金瓶梅　蘭陵笑笑生　明　吉林大學出版社一九九四年

金石史　郭宗昌　明　四庫本；中華書局一九九一年，叢書集成初編本

救荒本草校注　朱橚　明　四庫本；中國農業出版社二〇一八年

考盤餘事　屠隆　明　浙江人民美術出版社二〇一一年，中國藝術文獻叢刊

留青日劄摘抄　田藝蘅　明　商務印書館一九三七年，叢書集成初編本

閩部疏　王世懋　明　續四庫本；成文出版社二〇〇七年

閩書　何喬遠　明　福建人民出版社一九九五年

明會典　李東陽等　明　四庫本；中華書局一九八九年，明萬歷間重修本；商務印書館一九三五年，叢書集成初

編本

墨娥小録	陶宗儀	明	中國書店一九五九年，明隆慶五年吴氏聚好堂刻本
泉南雜誌	陳懋仁	明	商務印書館一九三六年，叢書集成初編本
三才圖會	王圻　王思義	明	續四庫本；上海古籍出版社一九八八年
神器譜	趙士禎	明	世界書局二〇一四年
石墨鐫華	趙崡	明	四庫本；中華書局一九八五年，叢書集成初編本；商務印書館一九三七年，叢書集成初編本
菽園雜記	陸容	明	四庫本；中華書局一九八五年，叢書集成初編本
四鎮三關志	劉效祖	明	明萬曆四年刻本
太極葛仙公傳	譚嗣先	明	道藏本
天工開物	宋應星	明	續四庫本；廣陵書社二〇一四年
通雅	方以智	明	四庫本；國家圖書館出版社二〇〇九年
文氏五家集	文彭	明	四庫本；瀋陽出版社一九九八年；商務印書館一九三五年
吴興備志	董斯張	明	四庫本；民國年間吴興劉氏嘉業堂刻本
五雜俎	謝肇淛	明	中央書店一九三五年，國學珍本文庫
陶庵夢憶	張岱	明	上海書店一九八二年點校本
萬曆野獲編	沈德符	明	中華書局二〇一二年，元明史料筆記叢刊
武備志	茅元儀	明	續四庫本；國家圖書館出版社二〇一三年；解放軍出版社一九八九年
物理小識	方以智	明	四庫本；過雲樓顧公碩藏書
中國歷代兵書		明	商務印書館一九九六年
西湖遊覽志餘	田汝成	明	上海古籍出版社一九八〇年，明清筆記叢書；中華書局一九五八年
新增格古要論	王佐	明	續四庫本；浙江人民美術出版社二〇一一年，中國藝術文獻叢刊
興化府志	周瑛　黄仲昭	明	明弘治一六年刻本
續文獻通考	王圻	明	四庫本；浙江古籍出版社二〇〇〇年點校本
宣德彝器圖譜	吕震	明	中國書店二〇〇六年；浙江人民美術出版社二〇一三年，古刻新韻
清秘藏	張應文	明	四庫本；清同治辛未翠琅玕館刻本
弇山堂别集	王世貞	明	四庫本；中華書局一九八五年，叢書集成初編本
蟫精雋	徐伯齡	明	四庫本；商務印書館二〇一三年
湧幢小品	朱國禎	明	續四庫本；中華書局一九五九年
元史	宋濂　王禕等	明	四庫本；中華書局二〇一五年點校本
竹嶼山房雜部	宋詡	明	四庫本；商務印書館一九七一年

遵生八箋　高濂　明　四庫本；巴蜀書社一九八五年點校本
蜀中廣記　曹學佺　明　四庫本；國家圖書館出版社二〇一四年，中華再造善本
蓬櫳夜話　李日華　明　四庫本
醉飲圖卷　萬邦治　明　中國美術全集，人民美術出版社二〇一五年
宋氏燕閑部　宋詡　明　書目文獻出版社一九八〇年
墨法集要　沈繼孫　明　四庫本；文物出版社二〇一四年；浙江人民美術出版社二〇一三年，古刻新韻
徽州府志　彭澤　汪舜民　明　黃山書社二〇一〇年
江西省大志　王宗沐　陸萬垓　明　臺灣成文出版社一九八九年
飛鳧語略　沈德符　明　中華書局一九八五年，叢書集成初編本
裝潢志　周嘉胄　明　續四庫本；山東美術出版社一九八七年；江蘇古籍出版社二〇一四年
髹飾録　黃成　明　續四庫本；山東畫報出版社二〇〇七年
飲流齋説瓷　許之衡　浙江人民美術出版社二〇一六年
敝帚齋余談　沈德符　明　望雲仙館影印本
升庵全集　楊慎　明　商務印書館一九三七年，萬有文庫
香乘　周嘉胄　明　四庫本；浙江人民美術出版社二〇一六年，藝文叢刊
鬱離子　劉基　明　上海古籍出版社一九八一年，明清筆記叢書
炮炙大法　繆希雍　明　中國書店一九九二年
遜志齋集　方孝孺　明　四庫本；寧波出版社一九九六年
博物要覽　谷應泰　清　續四庫本；商務印書館一九三九年影印本
兵學新書　徐建寅　清　續四庫本；上海古籍出版社一九九五年，續修四庫全書
博山縣誌　富申　清　鳳凰出版社二〇〇四年，中國地方誌集成
采硫日記　鬱永河　清　商務印書館一九三五年，叢書集成初編本
池北偶談　王士禛　清　四庫本；中華書局一九八二年，古代史料筆記叢刊；學苑出版社一九九九年，歷代筆記小説小品叢刊
滇海虞衡志　檀萃　清　商務印書館一九三六年，叢書集成初編本
滇南礦廠圖略　吴其濬　清　續四庫本；學識齋影印本
三希堂法帖　佚名　清　續四庫本；黃山書社二〇〇九年點校本
滇南新語　張泓　清　商務印書館一九三六年，叢書集成初編本；中華書局一九八五年，叢書集成初編本
調鼎集　佚名　清　四庫本；中國商業出版社一九八七年，中國烹飪古籍叢刊
讀史方輿紀要　顧祖禹　清　續四庫本；中華書局二〇〇五年，中國古代地理總志叢刊

費隱與知録　鄭復光　清　續四庫本；上海科學技術出版社一九八五年，神州科技名著
福州府志　魯曾煜等　清　海風出版二〇〇七年，藝文志續編
格物中法　劉嶽雲　清　河南教育出版社一九九五年，中國科學技術典籍通匯
格致鏡原　陳元龍　清　四庫本；上海古籍出版社一九九二年，四庫類書叢刊
工程做法注釋　清工部　清　續四庫本；中國建築工業出版社一九五五年
廣東新語　屈大均　清　續四庫本；中華書局一九八五年，清代史料筆記叢刊
歸田瑣記　梁章鉅　清　續四庫本；中華書局一九八一年，清代史料筆記叢刊
户部軍需則例・工部軍需則例　佚名　清　續四庫本；上海古籍出版社一九九五年，續修四庫全書
道古堂文集　杭世駿　清　續四庫本；清光緒十四年汪曾唯增修本
皇清文穎　陳廷敬　清　續四庫本；吉林出版社二〇〇五年
儆季雜著　黄以周　清　續四庫本；清光緒二十年影印本
丹午筆記　顧公燮　清　江蘇古籍出版社一九八五年
居易録　王士禎　清　四庫本；商務印書館一九三六年，叢書集成初編本
影梅庵憶語　冒襄等　清　續四庫本；鳳凰出版社二〇一六年
結埼亭集　全祖望　清　續四庫本；商務印書館一九三六年，萬有文庫
揚州畫舫録　李鬥　清　續四庫本；江蘇廣陵古籍刻印社一九八四年
來齋金石刻考略　林侗　清　四庫本；上海古籍出版社一九九五年
郎潛紀聞　陳康琪　清　續四庫本；中華書局一九九〇年，清代史料筆記叢刊
禮器圖式　佚名　清　四庫本；廣陵書社二〇〇四年
歷代詩話　吴景旭　清　四庫本；中華書局一九五〇
梅村集　吴偉業　清　四庫本；上海古籍出版社一九九〇年點校本
明會要　龍文彬　清　續四庫本；中華書局一九五六年點校本
明季北略　計六奇　清　續四庫本；中華書局一九八四年點校本
明史　張廷玉等　清　四庫本；中華書局二〇一五年點校本
廿二史劄記　趙翼　清　續四庫本；中華書局一九八四年點校本
曝書亭集　朱彝尊　清　四庫本；北京大學出版社二〇一〇年點校本
前塵夢影録　徐康　清　續四庫本；中國美術學院出版社二〇〇〇年點校本
黔書　田雯　清　四庫本；商務印書館一九三六年，叢書集成初編本
錢幣考　華玉淳　清　中華書局一九八五年，叢書集成初編本
錢録　梁詩正等　清　四庫本；天津古籍出版社一九八九年點校本

方拱幹詩集　　黑龍江教育出版社一九九二年

秦會要　孫楷　清　中華書局一九五九年點校本；上海古籍出版社二〇〇四年點校本

清嘉録　顧禄　清　續四庫本；上海古籍出版社一九八六年，明清筆記叢書

清史稿　趙爾巽　清　續四庫本；中華書局一九七七年

泉州府志　黄任等　清　泉州志編委會一九八四年

日下舊聞考　于敏中　英廉　清　四庫本；北京古籍出版社一九八三年點校本

三省邊防備覽　嚴如熤　清　續四庫本；廣陵古籍刻印社一九九一年；上海古籍出版社一九九五年

山東通志　岳濬　清　四庫本；蘭州古籍出版社二〇〇八年；上海古籍出版社一九九一年

山西通志　覺羅石麟修　清　續四庫本；中華書局一九九八年

雙橋隨筆　周召　清　商務印書館一九三五年，四庫全書珍本初集；一九三五年涵芬樓影印本

宋會要輯稿　徐松　清　上海古籍出版社二〇一四年點校本

隨園食單補證　袁枚　清　續四庫本；浙江人民美術出版社二〇一六年，譯文叢刊

陶廬雜録　法式善　清　續四庫本；中華書局二〇〇九年，清代史料筆記叢刊

桐橋倚棹録　顧禄　清　中華書局二〇〇八年，清代史料筆記叢刊

銅政便覽　佚名　清　續四庫本；湖南科學技術出版社二〇一三年

萬壽盛典初集　王原祁等　清　四庫本；北京古籍出版社二〇〇四年；線裝書局一九九六年

顔山雜記校注　孫廷銓　清　四庫本；齊魯書社二〇一四年點校本

顔神鎮志　葉先登　清　文化出版社二〇一四年

硯山齋雜記　孫承澤　清　續四庫本；上海古籍出版社一九九三年，四庫筆記小説叢書

春明夢餘録　孫承澤　清　四庫本；北京古籍出版社一九九二年點校本

一斑録　鄭光祖　清　續四庫本；中國書店一九九〇年，海王村古籍叢刊

禹貢錐指　胡謂　清　續四庫本；上海古籍出版社一九九六年點校本

樂善堂全集定本　乾隆　清　四庫本；吉林出版社二〇〇五年，欽定四庫全書會要

元明事類鈔　姚之駰　清　四庫本；上海古籍出版社一九九三年，四庫筆記小説叢書

棗林雜俎中集　談遷　清　續四庫本；中華書局二〇〇六年，元明史料筆記叢書

浙江忠義録　浙江採訪忠義總局　清　台聯國風出版社一九五九年

植物名實圖考　吴其濬　清　續四庫本；商務印書館一九五七年

周易函書　胡煦　清　四庫本；中華書局二〇〇八年，易學典籍選刊

朱批諭旨　允禄等　清　四庫本；吉林出版社二〇〇五年，欽定四庫全書會要

鑄炮鐵模圖説　龔振麟　清　清道光二十七年刻本

富順縣誌			四川大學出版社一九九三年
四川鹽法志	丁寶楨等	清	續四庫本；上海古籍出版社二〇〇二年，續修四庫全書史部
汪中集	汪中	清	廣陵書社二〇〇五年，國家清史編纂委員會文獻叢刊
醒園録	李化楠	清	四庫本；中國商業出版社一九八四年，中國烹飪古籍叢書
浪跡續談	梁章鉅	清	續四庫本；福建人民出版社一九八三年
粤西偶記	陸祚蕃	清	商務印書館一九三九年，叢書集成初編本
子不語	袁枚	清	上海古籍出版社一九八六年，明清筆記叢書
閲世編	葉夢珠	清	上海古籍出版社一九八一年明清筆記叢書；中華書局二〇〇七年，歷代史料筆記叢刊
將樂縣誌	徐觀海等	清	廈門大學出版社二〇〇九年
西陂類稿	宋犖	清	四庫本；國家圖書館出版社二〇一四年，中華再造善本
木棉譜	褚華	清	續四庫本；商務印書館一九六六年，叢書集成簡編
南學制墨劄記	謝崧岱	清	上海古籍出版社二〇〇二年，續修四庫全書
金粟箋説	張燕昌	清	續四庫本；中華書局一九八五年，叢書集成初編
養吉齋叢録	吴振棫	清	續四庫本；北京古籍出版社一九八三年
内務府墨作則例	佚名	清	續四庫本；欽定内務府現行則例，清光緒十年影印本
臨汀匯考	楊瀾	清	清光緒四年影印本
浦城縣誌	黄恬	清	中華書局一九九四年，中華人民共和國地方誌叢書
骨董瑣記	鄧之成	清	中國書店一九九一年
榕園全集	李彦章	清	續四庫本；本溪師專一九八七年
清代匠作則例彙編	清工部内務府	清	續四庫本；中國書店二〇〇八年點校本
本草綱目拾遺	趙學敏	清	續四庫本；商務印書館一九五四
茶餘客話	阮葵生	清	續四庫本；商務印書館一九三六年，叢書集成初編本
南窯筆記	佚名	清	四庫本；廣西師範大學出版社二〇一四年
景德鎮陶録	藍浦　鄭廷桂	清	續四庫本；上海朝記書莊印行
古銅瓷器考	梁同書	清	書林書局一九二〇年，美術叢書影印本
窯器説	程哲	清	書林書局一九二〇年，美術叢書影印本
浮梁陶政志	吴允嘉	清	續四庫本；巴蜀書社一九九四年
唐英督陶文檔	唐英	清	學苑出版社二〇一二年
熙朝雅頌集	鐵保	清	遼寧大學出版社一九九二年，遼寧民族古籍整理文學類之二
十國春秋	吴任臣	清	四庫本；中華書局二〇一〇年，中國史學基本典籍書目

清文海　　　　　　　　國家圖書館出版社二〇一〇年

元佑黨人傳　陸心源　清　桂林市文物管理委員會

讀書敏求記　錢曾　清　續四庫本；書目文獻出版社一九八四年，文史哲研究資料叢書

研經言　莫枚士　清　續四庫本；江蘇科學技術出版社一九八四年，中醫古籍小叢書

理瀹駢文　吴師機　清　續四庫本；人民衛生出版社一九九五年

袁枚全集　袁枚　清　續四庫本；浙江古籍出版社二〇一五年

吴醫匯講　唐笠山　清　上海科學技術出版社一九八三年

友漁齋醫話　黄凱鈞　清　上海中醫藥大學醫話名著注釋叢書

修事指南　張叡　清　抱經堂書局刻本影印

南雷文定前集　黄宗羲　清　續四庫本；商務印書館一九三六年，叢書集成初編本

古今圖書集成醫部全録　蔣廷錫等　清　人民衛生出版社一九八三年，中醫古籍整理叢書

清稗類鈔　徐珂　清　四庫本；中華書局二〇一〇年點校本

敦煌遺書　伯希和　　中華書局一九八四年

中醫古籍珍本集成　　　　湖南科技出版社二〇一三年

U0901924